国学经典文库

图文珍藏版

解开英雄的成功秘诀 把握现今的通赢智慧

智慧谋略全书

王艳军◎主编

线装书局

图书在版编目（CIP）数据

智慧谋略全书：全4册 / 王艳军主编. –– 北京：
线装书局, 2014.6
ISBN 978-7-5120-1379-7

Ⅰ.①智… Ⅱ.①王… Ⅲ.①谋略 – 中国 – 古代 – 通
俗读物 Ⅳ.①C934-49

中国版本图书馆CIP数据核字(2014)第087862号

智慧谋略全书

主　　编：王艳军
责任编辑：杜　语　高晓彬
装帧设计：博雅圣轩藏书馆 Boyashengxuan Cangshuguan
出版发行：线装书局
　　　　　地　址：北京市西城区鼓楼西大街41号（100009）
　　　　　电　话：010-64045283　64041012
　　　　　网　址：www.xzhbc.com
经　　销：新华书店
印　　制：北京彩虹伟业印刷有限公司
开　　本：710mm×1040mm　1/16
印　　张：112
彩　　插：8
字　　数：1360千字
版　　次：2014年6月第1版第1次印刷
印　　数：0001 – 3000套

定　　价：598.00元（全四册）

—— 兵家始祖姜尚 ——

—— 姜尚故里 ——

　　《六韬》是中国古代的一部著名的道家兵书，被誉为兵家权谋类的始祖。该书通过周文王、武王与吕望的对话，论述了治国、治军和指导战争的理论原则，其内容博大精深，逻辑缜密严谨，集中体现了古代汉族军事思想的精华。

—— 黄石公隐居图 ——

—— 高人隐士黄石公 ——

　　《素书》相传为秦末汉初黄石公作。该书以道家思想为宗旨，集儒、法、兵的思想，发挥道的作用及功能，同时以道、德、仁、义、礼为立身治国的根本。传说黄石公三试张良，而后把此书授予张良，张良凭借此书，助刘邦定江山。

—— 晚清名臣曾国藩 ——

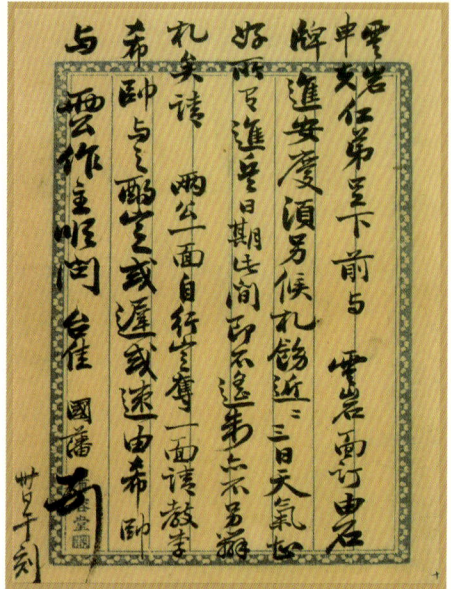

—— 曾国藩手书真迹 ——

《冰鉴》是晚清"第一名臣"曾国藩总结自身识人、用人心得而成的一部鉴人专著。此书因具有极强的实用性和启迪性而受到各界人士的重视和喜爱，据说蒋纬国在担任三军大学校长期间，曾将《冰鉴》一书指定为学生重要参考书籍。

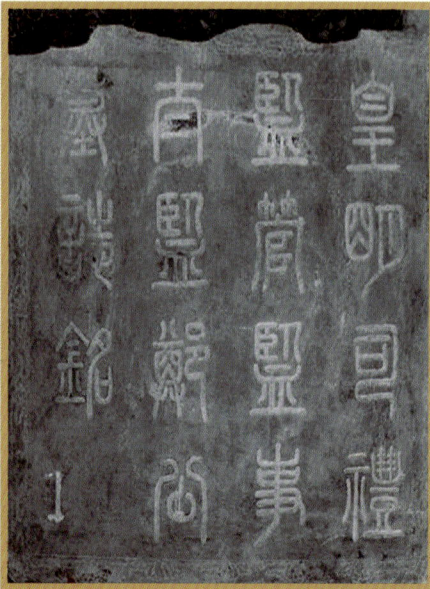

—— 明代太监郑真墓志（徐阶书）——

—— 内阁首府徐阶 ——

《官智经》是明代名臣涂阶总结出的一部为官"八智"的经典著作。该书言简意赅，寓万千道理于其中，非常人所能道破。书中所述的理论高度和智慧深度远远超出人们的想象，不仅对为官者大有助益，而且对世人的影响也同样深远。

—— 救时宰相姚崇 ——

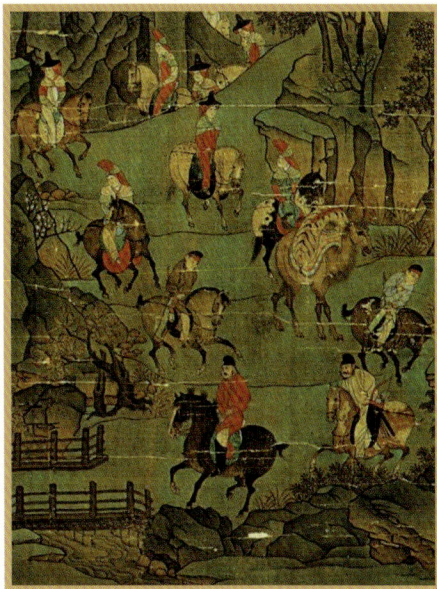

—— 明皇幸蜀图 ——

《官运经》是唐代名臣姚崇总结的做官的际遇、为官的长短、官阶的高低、官路的通达等为官心得。其主旨都关乎一个"运"字，为官之道，都融进"运"中——察运、应运、祁运、借运、转运、分运、承运、惜运。

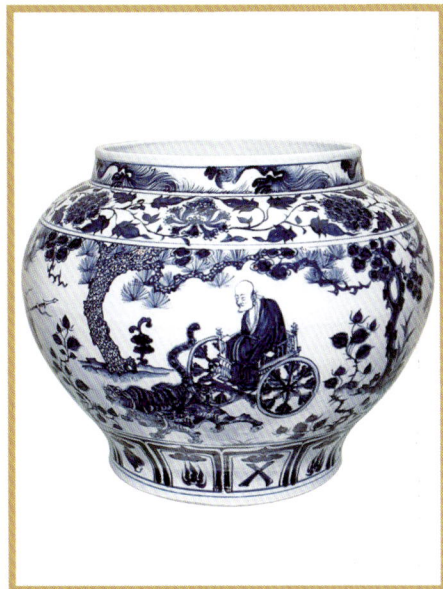

—— 元青花"鬼谷子下山"罐 ——

—— 纵横家鼻祖王诩 ——

《鬼谷子》是战国时期纵横学派流传下来的唯一一部子书，被称为是中华民族历史上的"智慧禁果，旷世奇书"。该书侧重于权谋策略，是乱世之哲学，是实用主义哲学，讲求名利和进取，其方法论是顺时应势，知权擅任。

——《孙子兵法》之"用间篇"——

——《孙子兵法》之"谋攻篇"——

　　《孙子兵法》是春秋末吴国将军孙武所撰的一部军事典籍。该书总结了春秋时代的战争经验，强调"慎战"、"知道"等军事思想，揭示出战争的本质和一些重要规律，对后世的政治、军事、哲学思想产生了巨大影响，历来被称为"兵经"。

——《三十六计》之"趁火打劫"——

——《三十六计》之"擒贼擒王"——

　　《三十六计》是指中国古代三十六个兵法策略，是根据中国古代卓越的军事思想和丰富的斗争经验总结而成的兵书。一般而言，人们都把《三十六计》和《孙子兵法》相提并论，事实上很多谋略思想确实源自于这部不朽著作的阐发。

—— 蜀汉丞相诸葛亮 ——

—— 民国《诸葛武侯兵法》书影 ——

　　《诸葛亮兵法》是中国古代一部专门讨论为将之道的著名兵书，是中国历史上全面介绍军事战略与战术相结合的军事著作中的集大成者。该书非常系统的论证了将领在军队中的地位、作用、品格和领兵作战时应该注意的问题，颇受后人重视。

—— 曾府三杰图 ——

—— 曾国藩庆贺太平晏（清末年画）——

　　《挺经》是曾国藩吐尽毕生的心血于临终前写成的一部"压案之作"，是一种以刚劲强硬为特征的处世哲学。该书详细记录了曾国藩在宦海沉浮中总结出的十八条心法，是其从自身的成败得失中总结出的一套独到的为人为官的基本原则和理论。

—— 万历首辅张居正 ——

—— 张居正故居 ——

　　《权谋术》是中国古代为数不多的权谋术著作，是对一代权相张居正处世兵法的最精彩总结。已深入到政治、外交、军事，乃至最为普通的人际交往中。

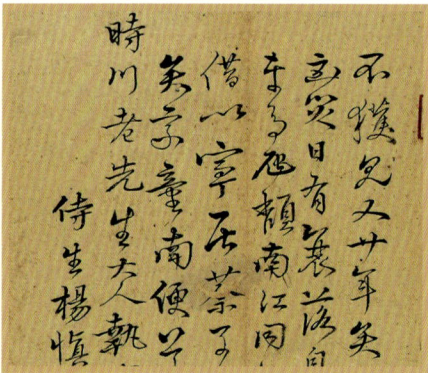
—— 杨慎书法 ——

—— 升庵簪花图 ——

　　《韬晦术》是中国历代智谋人士的枕箱秘笈。历史上许多著名人物由于对它的巧妙运用，不仅逢凶化吉，甚而获得了出乎本人预料的成功。

—— 晏殊《破阵子》词意图 ——

—— 太平宰相晏同叔 ——

　　《解厄学》是北宋智者晏殊的一部十分罕见的著作，它不仅立足于"解厄"，更关注致厄的根源。可以说，这是一部中国版的"人性的弱点"。

前　言

中华民族是一个长于思辨、善于筹谋的智慧民族，翻开五千年文明史，你会发现，其中的闪光之处多为先人的智慧谋略。从古至今，无论帝王将相，还是凡夫俗子，无不倚重智谋去用心、斗智、出奇、弄巧，以达到预想的目的。从统军作战到治国兴邦，从科技发明到企业经营，从决策应对到说服巧辩，无时无处不展现着智谋的力量。

谋略是人类的智慧之花结出的果实，它是随着人类社会的发展，知识的开拓，实践经验的积累，逐步升华、丰富起来的。在漫长的人类历史长河中，无时无处不闪烁着智谋之光。古人的智谋不但是我们取之不尽、用之不竭的智谋锦囊，更是值得我们用心去深入的学习与发现，并进行细致的研究与探索的宝藏；而且我们研究古人的智谋，也相当于在学习一门多彩多姿的"智谋课程"，它一定能带给我们意想不到的奥秘与惊喜。

中华智谋是中华文化中不可或缺的重要组成部分，对塑造整个中华民族的性格也起了很大的作用。历史上的一切斗争，无不是智谋与愚昧的斗争，结果毋庸置疑，皆为智谋的一方胜。如姜太公的神机妙算，张良的运筹帷幄，韩信的神机制敌，诸葛亮的料事如神……老祖宗饱蘸鲜血写下的生存忠告，道破中国千年历史的游戏潜规则。每一个中国人都应该知道的老祖宗留下来的生存潜规则；如何在险象环生的人性丛林中韬光养晦、保全自己；如何在权势的争夺中有效变通、进退自如；如何在人生困境中以弱胜强、绝地反击；如何在人生的辉煌时圆融处世、八面玲珑。

这套《智慧谋略全书》共四卷，举凡古今优秀的智谋故事无不尽量收录，涉及社会生活的方方面面，从多个角度清晰、完整地呈现了中华谋略文化的全貌。其中既有大智慧、大谋略，也有小才辩、小智巧；既有驭下、奉上、对敌、交际等方面的真谛，也有上智、察智、胆智、兵智、语智、捷智、闺智、杂智等各方面的精髓。雄心勃勃的帝王将相、能言善辩的文士说客、善于经营的富商巨贾、巧夺天工的能工巧匠，《智慧谋略全书》一书尽囊括其中。

一次伟大而又平凡的思想洗礼，造就你超人的智慧和完美的性格。全书故事丰富精彩，妙趣横生，并配有几百幅精美插图，图文并茂，融知识性、趣味性、哲理性于一体，处处闪烁着智慧的灵光。智谋不是公式，也不是教训，更不是放之四海而皆准的真理。但它是智慧之光，是人类宝贵的智力遗产。生活需要思考，才能让自己立足于社会，阅读本书，您将发现，造计用谋除了是个人本领与胆识的表现外，更是智慧的极致表现。一窥本书，您将更增添运用计谋的智慧。

目　录

国学经典文库

智慧谋略全书

目录

图文珍藏版

国学经典文库

智慧谋略全书

目录

图文珍藏版

3

国学经典文库

智慧谋略全书

目录

图文珍藏版

六　韬

周·姜尚

导读

姜尚(前1128~前1015)，字子牙，吕氏，一名望，被后人尊称为太公望，武王尊之为"师尚父"，世称"姜太公"。

可以说，姜子牙是齐国的缔造者，是周灭商的首席谋士、最高军事统帅，更是西周的开国元勋。此外，他也是中国古代一位影响极为深远的、杰出的韬略家、军事家与政治家。被儒、道、法、兵、纵横诸家追为本家人物，号为"百家宗师"。

因此，姜子牙的满腹韬略和非凡的政治才能，一直深受历代统治者推崇，唐宋以前，他曾被历代皇帝奉为"武圣"。这在《诗经》等唐朝以前的许多史

姜太公

料及文学作品中均有记载，像东晋文人干宝《搜神记》卷四就曾记载道："(周)文王以太公望为灌坛令。期年，风不鸣条。文王梦一妇人……文王觉，召(姜)太公问之。是日果有疾雨暴风，从太公邑外而过。文王乃拜太公为大司马。"

在唐朝时，唐肃宗册封姜子牙为武成王。到了宋朝。宋真宗又封其为昭烈武成王。到了元朝，民间又给其增加了一些神话传说。到了明代万历年间，许仲琳以他为原型，创作了小说《封神演义》。从此，姜子牙由人变成了神，并且被人们广为信奉。

1972年，《六韬》残简从山东临沂银雀山汉武帝初年的墓葬中被发掘出来，用它来校勘今天存世的各种《六韬》版本和本注，可以证明《六韬》一书在汉武帝以前就已经流行开了，这样就否定了《六韬》是古人伪托吕尚所著的猜疑，进一步说明姜子牙在军事理论上的著述是真实的。在军事理论方面，以及政治、经济斗争的策略思想方面，姜子牙都为子孙后代留下了宝贵的财富！

中国古代的军事理论学说，如兵法、兵书、战策、战术等，就其最早发端、形成体系、构成学说而言，都始自齐国，源于姜子牙。所以说，姜子牙是当之无愧的兵家宗师、齐国兵圣、中国武祖。没有他的理论及他所建立的齐国兵家，就不会有如此博大精深、智谋高超、理论完整、源远流长、影响巨大的中国兵学理论学说。

今天，我们在研究中国古代的治国方略、用兵之道时，就不能不重视姜子牙的

杰出贡献。中国古代著名的军事家孙武、鬼谷子、黄石公、诸葛亮等，都学习了姜子牙《六韬》中的精华，他的文韬武略被当今世界上政治、经济、管理、军事、科技等各个领域的人所借鉴。

由姜子牙及《六韬》的深远影响，我们也可以看出，他确实是一位"神人"，《六韬》不愧是传世经典！

文韬第一：学治国用人之道

本卷从十二个方面阐述了治国用人之道，特别重视要在政治上战胜敌人，对政治与军事的相互关系也做了精辟的论述。作为君主要热爱臣子，热爱自己的人民；以礼待人，礼贤下士，随时注意提升自己的修养；以仁义治理天下，使天下有才能的人都来归附；处理政事的时候要深谋远虑，为下一步做好打算；选择人才的时候要从多方面考查，选择名副其实的人才，考查其能力强弱，给予其适当的职位；赏罚分明，做到"赏贵信，罚贵必"；最后就是要做到料敌虚实，明察战机，使自己的国家更加强盛。

文师第一：情同而亲合，亲合而事生之

【原文】

文王将田，史编布卜曰："田于渭阳，将大得焉。非龙非螭，非虎非罴，兆得公侯，天遗汝师。以之佐昌，施及三王。"

文王曰："兆致是乎？"

史编曰："编之太祖史畴，为禹占，得皋陶，兆比于此。"

文王乃斋三日，乘田车，驾田马，田于渭阳，卒见太公，坐茅以渔。

文王劳而问之曰："子乐渔邪？"

太公曰："臣闻君子乐得其志。小人乐得其事。今吾渔，甚有似也。"

文王曰："何谓其有似也？"

太公曰："钓有三权：禄等以权，死等以权，官等以权。夫钓以求得也，其情深，可以观大矣。"

文王曰："愿闻其情。"

太公曰："源深而水流，水流而鱼生之，情也；根深而木长，木长而实生之，情也；君子情同而亲合，亲合而事生之，情也。言语应对者，情之饰也；言至情者，事之极也。今臣言至情不讳，君其恶之乎？"

文王曰："惟仁人能受直谏，不恶至情。何为其然？"

太公曰："缗微饵明，小鱼食之；缗调饵香，中鱼食之；缗隆饵丰，大鱼食之。夫鱼食其饵，乃牵于缗；人食其禄，乃服于君。故以饵取鱼，鱼可杀；以禄取人，人可

竭；以家取国，国可拔；以国取天下，天下可毕。呜呼！曼曼绵绵，其聚必散；嘿嘿昧昧，其光必远。微哉！圣人之德，诱乎独见。乐哉！圣人之虑，各归其次，而树敛焉。”

文王曰：“树敛若何，而天下归之？”

太公曰：“天下非一人之天下，乃天下之天下也。同天下之利者，则得天下；擅天下之利者，则失天下。天有时，地有财，能与人共之者，仁也；仁之所在，天下归之。免人之死，解人之难，救人之患，济人之急者，德也；德之所在，天下归之。与人同忧同乐，同好同恶者，义也；义之所在，天下赴之。凡人恶死而乐生，好德而归利，能生利者，道也；道之所在，天下归之。”

文王再拜曰：“允哉！敢不受天之诏命乎！”乃载与俱归，立为师。

【译文】

周文王要去打猎，一个名叫编的史官为他占卜后说：“您这次在渭水北边打猎，就会有重大的收获。这次收获的不是龙，不是螭，不是虎，也不是熊。卦象显示的是您会得到一位公侯。他是上天赐给您的老师，有了他的辅佐，您的大业将日益昌盛，并惠及您的子孙。”

文王说：“卦象预兆真的是这样吗？”

这个叫编的史官回答说：“我的远祖史畴曾经为大禹占卜过，结果他见到了皋陶。那次的征兆与今天的非常相似。”

于是文王斋戒三天，然后乘着猎车，驾着猎马，到渭水北岸打猎，见到了正坐在长满茅草的河岸边钓鱼的太公。

文王上前慰劳并询问：“先生，你喜欢钓鱼吗？”

太公回答说：“我听说君子都乐于实现自己的抱负，而平凡人则乐于做好自己的事情。现在我钓鱼，就与这个道理差不多，并不是真正地喜欢钓鱼。”

文王问：“这两者之间有什么相似的地方呢？”

太公回答说：“钓鱼就像人事，有三种权术。用厚禄吸引人才，如同用饵钓鱼；用重金收买死士，也如同用饵钓鱼；用官职招揽人才，还是如同用饵钓鱼。凡是垂钓，目的自然都是为了得到鱼，这其中的道理十分深奥，可以看到更大的道理。”

文王说：“我想听听这其中的精妙之理。”

太公说：“源头水深，水就流动，有了水的流动，鱼就可以在里面生存，这是自然的道理。树根扎得深，树干和枝叶就能长得旺盛，树干和枝叶长得旺盛，果实就可以长成，这是自然的道理。君子之间情投意合就可以亲密合作，亲密合作就可以共同缔造伟大的事业，这也是自然的道理。言语应对，是用来掩饰真情的。能说真情实话的，才是最好的事情。现在我说的都是真情实话，毫无隐瞒，也毫无避讳，恐怕会让您反感吧？”

文王说：“只有有仁德的人才能接受直言不讳的劝谏，才能不厌恶真情实话，我怎么会反感呢?"

太公说:"钓绳细微,鱼饵明显,小鱼就会上钩;钓绳略粗,鱼饵味香,中等大小的鱼就会上钩;钓绳粗长,鱼饵丰盛,大鱼就会上钩。鱼把鱼饵吃掉,就会被钓绳牵住;同样的,身为人臣接受君主的俸禄,就得服从君主。所以凭借鱼饵钓鱼上钩,那么上钩的鱼就可以杀掉用来烹食;凭借爵位和俸禄招揽的人才,这些人才就会尽心尽力地做事;凭借一个家族夺取的国家,这个国家就可能被该家族占有;凭借国家夺取了天下,那么天下的属臣就都会来归附。可叹啊!土地广阔,国祚绵长,它所积聚起来的东西,最终都会烟消云散;默默无闻,不动声色地暗中准备,它的光芒也会普照四方。微妙啊!圣人的德行,就在于独创地、潜移默化地招徕人心。欢乐啊!圣人所思虑的事情,就是使天下人各得其所,并确立起各种争取人心的办法。"

文王问:"那如何才能建立凝聚力使天下归心呢?"

太公回答:"天下不是一个人的天下,而是天下所有人的天下。能跟天下所有人共同享有天下的利益,就可以得到天下;独自占有天下利益的,就会失去天下。天有四时,地有财富,但能和人们共同享用的,是仁爱。仁爱在,天下人就会归附。免除人们的死亡,解除人们的痛苦,消除人们的灾祸,解救人们的危难,这就是恩德。恩德在,天下人就会归附。和人们同悲同喜、同好同恶的,就是道义。道义在,天下人就会归附。人们无不憎恶死亡而乐于生存,喜欢恩德而追求利益,能为天下人谋求利益的,就是王道。王道在,天下人就会归附。"

文王再次拜谢说:"确实是这样啊!我怎么敢不接受天命呢?"于是,他就把太公请上了自己打猎的车,一起回去,并且尊他为自己的老师。

【事典】

徐庶年轻的时候就非常敬佩那些劫富济贫的侠士,他立志要像他们一样除暴安良,为老百姓做些事情。为了实现自己的理想,他从小就开始学习武艺,到处游历,惩恶锄奸。不久,他就成为一名远近闻名的侠士。

有一次,徐庶的朋友因为和当地的恶霸结怨,被害得家破人亡。因为这个恶霸是豪门中人,他的朋友奈何不了对方,只好找到徐庶,希望他能帮助自己报仇雪恨。徐庶接受了朋友的恳求,当晚就闯进那个恶霸的家里结果了他的性命,在要离开的时候,却不幸被闻讯而来的大批官兵包围。徐庶虽然武艺精湛,但双拳难敌四手,最终还是被抓了起来。在大牢里,官吏们为了知道事情的真相,对他使用了酷刑。为了不牵连自己的朋友和家里的老母,徐庶咬紧了牙关,一个字都没有吐露。后来,朋友上下打点,才把他营救出来。

此事过后,徐庶对这个世道有了深刻的认识,他意识到一个人的力量是微小的,光靠他一个人是不能诛灭天下坏人的。看看当前的形势,东汉王朝腐败不堪,诸侯割据,烽烟四起,老百姓深处水深火热之中。于是,他决定弃武从文,学习一身用兵的本领,来造福天下受苦的百姓。

图文珍藏版

徐庶学习的时候非常努力,再加上他天资聪颖,所以进步很快。因为徐庶为人忠厚豁达,他的同学和老师都非常喜欢他。不久,他就有了很大的名气。

徐庶客居荆州的时候,荆州牧刘表多次邀请他出仕。但是徐庶不肯,因为他知道刘表虽然礼贤下士。但是骨子里还是优柔寡断,知善不能举,知恶不能去,没有成大器的势头,所以便多次推辞不就。公元201年,刘备来投靠刘表,徐庶也听说过刘备的大名,于是留意起此人来。

通过观察,他发现刘备胸怀大志,才略过人,并且能够善待下属,还非常有名望,于是,他前往新野去拜见刘备。当时,刘备正想结交荆襄一带的有识之士,见到颇有名气的徐庶前来投靠,喜不自胜。刘备当即把他留在营中委以重任,还让他参与整顿军事,训练士卒。

刘备的眼光没有错,徐庶的眼光也没有错。公元204年,刘备乘曹操出兵河北攻邺城之机,出兵攻打许昌。留守许昌的曹魏大将夏侯惇带于禁、李典等出兵抵御。刘表因为害怕曹操,拒绝出兵相助。刘备兵弱将少难挡曹军,眼看大势已去。在危急关头,徐庶献策,建议放火烧营,并伪装退兵,然后派关羽、张飞、赵云等人领兵埋伏以待曹军的追兵。夏侯惇不知其中有诈,遂不顾李典的阻拦,与于禁率轻骑追击刘备。刘备埋伏的军队同时发起进攻,将曹军团团围困,最终,曹军伤亡惨重、惨败而回。

这一战让刘备非常高兴,他立刻大加称赞徐庶的军事才能,并对其加以封赏。在以后的军事行动上,徐庶也同样表现出出色的才能。刘备喜不自胜,对他的封赏也不薄。徐庶最后被迫救母降曹,心里也是惦记着刘备的,在曹营一直没有什么大的作为。后世都称他是"身在曹营心在汉"的智勇双全的名士。

徐庶不接受刘表出仕的邀请,就是因为他觉得刘表没有成就大业的势头,刘备才是最合适的选择。事实也证明他的选择是正确的,刘备最终成就了蜀地大业。如果徐庶没有被迫降曹,一定能成为和诸葛亮一样的人才,让刘备和蜀国变得更加强大。

"情同而亲合,亲合而事生之"这一名言不仅能用于古代成就大事,还可以用于现代企业用人方面。企业的领导者可以选择与自己志向相投的人促进事业的发展,企业的员工也可以找和自己想法一致的上司实现自己的理想。创立了两家世界五百强企业的日本著名商人稻盛和夫早年曾经在松风公司做过小员工,他工作热情,待人诚恳,很多人都喜欢他。本来他是想在松风做出一番大事业的,但是却被一位新来的上司给气走了。那位新来的上司蔑视他的努力和学历,他怒不可遏。尽管当时很多人挽留他,但稻盛和夫还是毅然辞职。很多员工也随之辞职,跟着他走了,就连他原来的上司青山政次也提出了辞职。

青山政次是个有资历有技术的人,比稻盛和夫大30岁。有这样一个人欣赏自己,令稻盛和夫信心倍增。辞职的时候,青山政次对他说:"我找朋友商量,帮你办一家公司,让你的技术发扬光大。"

虽然大家信心坚定,但是当时在日本创办一家公司不是件容易的事情,他们面临的第一个难题就是启动资金。为了筹集资金,青山政次带着稻盛和夫一次次地去拜访京都大学工学部同窗、时任宫木电机公司专务董事的西枝一江和常务董事交川有这两位先生。他们第一次拜访就碰了壁,但是毫不气馁,后来又多次去拜访,西枝和交川终于决定向宫木社长汇报。宫木社长名叫宫木男,他本身就是一个风险投资者。听到此事后,他表示愿意投资,还向自己公司的董事会筹集资金。最终稻盛和夫新创办的公司的启动资金达到 300 万日元,其中宫木男及其公司董事会就筹集了 130 万日元。

虽然有了启动资金,但公司的前期发展还需要投入大量的运营和周转资金。西枝一江就用自己的住宅为稻盛和夫向银行作担保贷了一笔钱,这让稻盛和夫非常感动。新公司成立的那一天,为了表示自己办好公司的决心和感激之情,稻盛和夫与青山政次以及其他六个年轻人签订了血誓。这些人有着强烈的创业激情和对稻盛和夫的喜爱,他们表示,就算是公司失败,出去打零工,也要支持稻盛和夫将新型陶瓷的开发研究进行下去。和这样一群肝胆相照的人一起创业,稻盛和夫感到很荣幸。事实最终证明,跟着稻盛和夫干是正确的。27 岁时,他创办了京都陶瓷株式会社(现名京瓷 Kyocera),52 岁时,他又创办了第二电电(原名 DDI,现名 KDDI,目前在日本为仅次于 NTT 的第二大通信公司)。而曾经和他一起出来创业的青山政次也在两家公司担任要职,成为公司的精英,其他和稻盛和夫一起从松风出来的人,也为稻盛和夫的公司做出了不小的贡献。

【解读】

"情同而亲合,亲合而事生之"的意思是:君子之间情投意合就能亲密合作,亲密合作就能共同缔造伟大的事业。周文王和姜尚之间可以说是情投意合,两人一起缔造了大周王朝。如果想要实现自己的理想或者抱负,就要找和自己志向相投的人合作。作为君主,要任用或者提拔跟自己思想相通的人为臣子,这样才能更加顺利地推行自己的政策。作为臣下或者普通人,如果想实现自己的政治抱负,就要找适合自己的君主,帮助他完成自己的大业,从而顺利实现自己的想法与价值。三国时期的徐庶就是投靠了志同道合的贤主刘备,两人才得以一起成就一番伟业。

盈虚第二:君贤圣,则国安而民治

【原文】

文王问太公曰:"天下熙熙,一盈一虚,一治一乱。所以然者,何也? 其君贤不肖不等乎? 其天时变化自然乎?"

太公曰："君不肖，则国危而民乱；君贤圣，则国安而民治。祸福在君，不在天时。"

文王曰："古之贤圣，可得闻乎？"

太公曰："昔者，帝尧之王天下，上世所谓贤君也。"

文王曰："其治如何？"

太公曰："帝尧王天下之时，金银珠玉不饰，锦绣文绮不衣，奇怪珍异不视，玩好之器不宝，淫佚之乐不听，宫垣屋室不垩，甍桷椽楹不斫，茅茨遍庭不剪。鹿裘御寒，布衣掩形。粝粱之饭，藜藿之羹。不以役作之故，害民耕绩之时，削心约志，从事乎无为。吏忠正奉法者，尊其位；廉洁爱人者，厚其禄。民有孝慈者，爱敬之；尽力农桑者，慰勉之。旌别淑德，表其门闾。平心正节，以法度禁邪伪。所憎者，有功必赏；所爱者，有罪必罚。存养天下鳏寡孤独，赈赡祸亡之家。其自奉也甚薄，其赋役也甚寡，故万民富乐而无饥寒之色。百姓戴其君如日月，亲其君如父母。"

文王曰："大哉！贤君之德矣。"

【译文】

周文王问太公："天下纷杂熙攘，有时强大，有时弱小，有时稳定，有时混乱。之所以会这样，是什么原因呢？是由于君主贤明或不肖导致的吗？还是天命变化自然递嬗的结果呢？"

太公回答说："如果君主不贤明，那么国家危亡而民众变乱；如果君主贤明，国家就会安定，民众就会顺服。所以，国家的祸福在于君主的贤与不贤，而不在于天命的变化。"

周文王问道："古时贤君的事迹，可以讲给我听听吗？"

太公回答说："从前帝尧统治天下，上古的人都称道他为贤君。"

周文王问道："他是怎样治理国家的？"

太公回答说："帝尧统治天下的时候，不用金银珠玉做饰品，不穿锦绣华贵的衣服，不观赏珍贵奇特的物品，不珍视古玩宝器，不听荒淫的乐曲，不粉刷宫中墙垣，不雕饰甍桷椽楹，不修剪庭院中的茅草。以鹿裘御寒，以粗布蔽体。吃的是粗粮饭，喝的是野菜汤。不会因为征发劳役而耽误民众的耕织，反而会约束自己的欲望，抑制自己的贪念，以清静无为来治理国家。忠正守法的官吏，就升迁其爵位；廉洁爱民的官吏，就增加其俸禄。民众中孝敬长辈、爱护晚辈的，就给予敬重；尽力农桑的，就予以慰勉。区别善恶良莠，表扬善良的人家。提倡心志公平，端正品德节操，将邪恶诈伪用法制禁止。对自己所厌恶的人，如果建立功勋也会给予奖赏；对自己所喜爱的人，如果犯有罪行也一定会进行惩罚。赡养鳏寡孤独，赈济遭受天灾人祸的人家。至于帝尧自己的生活，十分俭朴，征用赋税劳役很少，因此，天下民众都会过上富足安乐的生活，脸上不会再有饥寒之色。百姓拥戴帝尧如同景仰日月，亲近他如同亲近自己的父母。"

周文王说："帝尧这位贤君的德行真是伟大啊！"

【事典】

夏朝是我国第一个王朝，它建于公元前2070年，消亡于公元前1600年。前期的夏朝是一片繁荣昌盛的景象，但是到了末期，夏朝的统治腐败，国家日益衰落。到了夏桀在位的时候，政治也变得十分黑暗。那个时候，各方诸侯已经不来朝贺，夏朝内忧外患不断，阶级矛盾尖锐。夏桀更是不思进取，荒淫无度，成为历史上有名的暴君。

为了满足自己的侈淫欲望，他动用了大批人力物力，不分日夜地"筑倾宫、饰瑶台、作琼室、立玉门"。不仅如此，他还从各地搜罗美女，藏于后宫之中，日夜贪欢。同时，他还任用小人，排斥忠良，这更加速了夏朝的灭亡。

此时，夏朝的附属国正在发生剧烈的变化。当时商的首领汤，是个抱负远大、精明强干的人。看见百姓处在水深火热之中，他决定推翻夏朝。他重用德才兼备的伊尹为师，暗地里与夏都中的反夏同盟祝融氏结盟，终于发动了讨伐夏桀的战争。夏桀的暴虐统治使他早已众叛亲离，夏军一击即溃。

击败夏军后，汤很快便任命奴隶出身的伊尹和仲成为左右相，辅佐朝政，同时对内下令减轻百姓负担，鼓励生产，发展经济，加强国力，积蓄力量，对外则逐一剪除夏朝的羽翼，削弱夏朝的力量。不久，历时四百多年的夏朝就彻底灭亡了，新的王朝商汤建立起来。

朝代的更迭是历史的必然。其实，不仅仅是一个国家的君主要懂得施行贤明的政策措施对国家兴衰的重要性，就连一个企业、一个学校，甚至一个家庭，这些任一形态的组织的领导者都需要施行贤明的政策措施。这样才能维持一个组织的正常运行，否则就会葬送组织的前途。昏庸的君主是一个朝代的终结者，兼听不明的企业管理者是一个企业的扼杀者，无策的家庭成员则是一个家庭的破坏者。

李嘉诚就是一个十分成功的企业管理者。作为一个管理者，他清楚，管理是一门高深的艺术，是一项艰巨的任务。他在公司里施行了透明公正的企业管理制度。他认为，传统的中国企业的管理模式非常单一，只是单纯的以从上到下为主。很多企业失败的原因在于决策者放不下自己的架子，听不进下属的意见。实施发展战略的时候，因为缺少沟通而导致决策缺乏理性，最终葬送了一个企业的前程。所以，对于一个企业来说，沟通和公平公正极为重要，而李嘉诚实施的措施也深刻地抓住了这两点。

贤明的管理和良好的沟通管理可以让下属和领导同心协力。李嘉诚认为，言行一致、上下一心的集体才能创造出良好的销售业绩和竞争优势。如果不能上下齐心，那么整个企业就会士气低落，员工见异思迁，进一步影响公司的整体表现和业绩。如果想留住优秀的员工，并且让公司广进贤才，就需要创造一个开放、合作、信任的工作环境。在一次行政会议上，李嘉诚两分钟之内就批准了一个下属所提出的建议。"全世界没有一个行政人员能那么快取得总裁的批准。"李嘉诚自己打趣地说。他是个开明的领导者,对待下属十分和蔼,很少用上对下那种命令的口气,对于下属的建议,他会仔细研究。如果建议有用,他会很快接纳和认可。下属在给他提出意见的时候,没有丝毫压力,大家谈得相当愉快。在这个过程中,一些正确的看法会被他采用,从而避免了许多错误的决策。

李嘉诚的管理模式是一种有效沟通、互动管理的模式,彻底改变了单向沟通的弊端,架起了富有活力的双向沟通渠道,让企业焕发出蓬勃的活力。一个企业如果缺乏沟通,也没有互动,那么,这个企业就如同人的身体各部位的零件没有相互磨合好,不能正常运转,久而久之,便会退化死亡。

在一次对中层员工进行的演讲中,李嘉诚说:"如果在一次互动中,有人提出一些与你不同的意见,你租鲁地警告别人不要自大,甚至打断对方说话,那么几次之后,所有的人都不会再有勇气对你的意见进行反驳,连正直的人也会冷眼旁观,你就变成了孤家寡人。大家发言时都会只看你的态度,所谓的互动就变成了你的'一言堂'。正确的做法是,他应该告诉那个提出批评的人:好,让我们仔细讨论你的意见,首先听听大家的意见,然后我们再进行选择。"

正是因为有了这种理念的指导,李嘉诚才能把自己的企业越做越大。他相信只要让员工参与进来,与员工保持良好的沟通,在企业内部形成由上而下,而不是自上而下的运行机制,就可以实现真正的管理。"君圣贤,则国安而民治。"对于一个国家而言,这句话有实际而深远的影响;对于任何一个组织而言,这句话也有着十分有益的借鉴意义。

【解读】

所谓盈虚,本意为表示满缺的程度词语,"盈"即充满,"虚"即空虚,"盈虚"在这里又引申为盛衰之意。"盈虚"这一节阐明了国家的治乱兴衰,在于国君的贤明与否,而不是由天命决定的。如果国君贤明,就会"国安而民治",反之则会"国危而民乱"。文章还以帝尧为例,论证要达到"国安而民治"的目的,身为国君必须做到轻徭薄赋、奖励农桑、赏功罚罪、生活俭朴、存养孤苦等。夏朝的灭亡和商朝的建立就是这一论断的最好例证。

国务第三:驭民如父母之爱子

【原文】

文王问太公曰:"愿闻为国之大务。欲使主尊人安,为之奈何?"

太公曰:"爱民而已。"

文王曰："爱民奈何?"

太公曰："利而勿害,成而勿败,生而勿杀,与而勿夺,乐而勿苦,喜而勿怒。"

文王曰："敢请释其故。"

太公曰："民不失务则利之,农不失时则成之,省刑罚则生之,薄赋敛则与之,俭宫室台榭则乐之,吏清不苛扰则喜之。民失其务则害之,农失其时则败之,无罪而罚则杀之,重赋敛则夺之,多营宫室台榭以疲民力则苦之,吏浊苛扰则怒之。故善为国者,驭民如父母之爱子,如兄之爱弟。见其饥寒则为之忧,见其劳苦则为之悲。赏罚如加于身,赋敛如取己物。此爱民之道也。"

【译文】

文王问太公说:"我很想听听治理国家的关键,要想国君尊贵百姓安定,应该怎么做呢?"

太公回答说:"爱护百姓就行了。"

文王问道:"怎么做才算爱民呢?"

太公说:"要使民众得到利益而不损害他们,使民众取得好收成而不耽搁他们的农时,让民众好好生存而不残害他们,给予民众实惠而不向他们掠夺,让民众快乐地生活而不给他们带来苦难,让民众开心而不让他们发怒。"

文王说:"请解释一下这样做的原因。"

太公说:"民众不失去养家糊口的事务,就对他们有利;农事不失去农时,就会让他们有好的收获;减少刑罚,就能让民众好好地生活,减少赋税,就是给予民众;不建造那么多宫室楼台,就会让民众得到安乐;官吏廉洁不严苛盘剥,就会让民众高兴。反之,如果民众失去养家糊口的事务,就是损害了民众的利益;如果农事违背了气节时令,就会受到损害;惩罚没有罪的民众,就是杀害他们;加重赋税,就是抢夺他们;多造宫室楼台使民力疲惫,就会让民众痛苦;官吏贪污严苛扰乱民众,就会让民众愤怒。所以善于治理国家的人,统御民众就如同父母爱自己的孩子、兄长爱护弟妹一样。看到他们饥饿寒冷,就会为他们担忧;看到他们辛劳受苦,就会为他们感到悲伤;奖赏惩罚,就如同施加到自己的身上;缴纳赋税,就如同取走自己的财物一样。这就是爱民之道。"

【事典】

海瑞是明朝嘉靖年间的著名清官,他敢于直言进谏,惩恶扬善,能够一心为民众谋利,从而被人们称为海青天、南包公,他的英名一直流传到了今天。

明朝隆庆三年(1569),海瑞升任右佥都御史,巡抚应天十府。在巡查的过程中,他发现当地人民在沉重的赋税和贪官污吏的压迫下生活得极为艰难。而且,这些地区的河道并不安全,非常容易发生涝灾。于是,海瑞便决定将治水和救灾联系在一起,共同解决,从而为民众谋取当下和将来的利益。而后,海瑞便召集饥民,赶在冬闲的季节带领他们疏浚吴淞江及其支流。后来海瑞又上书朝廷，允许他将应该上交的粮食留下一部分，用来解决灾民吃饭的问题。这些举措极大地调动了百姓的积极性，因而疏浚工程很快就完工了，当地的百姓都很感激他。

此外，为了维护百姓的利益，海瑞还进一步惩处当地的恶霸，要求他们将抢夺来的土地归还给农民。而且他还组织人员清查土地，简化赋税制度，减轻了人们的赋税负担。

在历来的社会中，爱民如子的官员和君王总是会受到人们的极大欢迎。清朝的康熙皇帝在自己执政的过程中便十分注重爱民这个问题。

康熙皇帝深深地知道"国以民为本，民以食为天"的道理，于是，在执政的过程中十分重视农业发展。他曾经多次下令放宽开垦荒地的免税年限，并且进行了赋税制度的改革，使得人民的税赋负担大大减轻了。特别值得一提的是，为了保证普通民众能生活得更好，他经常会豁免本来应该征收的钱粮。根据统计，终康熙一朝，豁免的钱粮总数就超过一亿四千万两白银，这真是一个极为庞大的数字。

此外，为了保证农业生产的正常进行，康熙皇帝更是不辞辛劳，多次南巡治河，力图为百姓创造更加安稳的耕作环境。

康熙二十九年春的时候，直隶一代旱灾严重，皇帝为此忧心不已，"轸念民生，日夜焦劳"沿途见耕种农民，即遣人访问。后来天降大雨，康熙皇帝龙心大悦，十分高兴地对左右扈从的大臣说："得此雨泽，既种之田，固可发生，而未种之田，亦可耕种矣。朕甚喜慰，谅尔等之心亦同也。"

在康熙四十三年正月的时候，康熙皇帝又下诏说："朕咨访民瘼，深悉力作艰难。耕三十亩者，输租赋外，约余二十石。衣食丁徭，取给于此。幸逢廉吏，犹可有余。若诛求无艺，则民无以为生。是故察吏所以安民，要在大吏实心体恤也。"他不仅自己爱护民众，也要求封疆大吏朝着这个方向努力，做到爱民如子。

正是由于有了这样爱民如子，能够"喜民所喜，忧民所忧"的君王，当时的社会才得以繁荣发展，并成就一代盛世。

设身处地地为人民着想，以满足人民的需求为己任，这样的君主如果不能赢得人民的爱戴，那么谁还能赢得人民的爱戴呢？我国有一句名言叫作"水能载舟，亦能覆舟"，这句话就是说：水能够让船航行，也能够让船沉没。到了唐太宗时，这句话就被引申为：人民可以让君主安坐于朝堂，也可以把君主从龙椅上拉下来。当时，唐太宗李世民与魏征在谈论治国之道。李世民问道："隋朝灭亡的原因是什么？"魏征回答说："失去民心。""人民和皇帝之间应当是什么关系？"李世民又问。魏征回答道："如果把皇帝比做是一条船，那么人民就是汪洋大海，船只有在水中才能乘风前进。水能载舟，亦能覆舟。太上皇（李渊）举义旗推翻隋朝统治就说明了这一点。所以作为君主一定要时刻记住水能载舟、亦能覆舟的道理。"因此君主只要能够施行德政、顺民心、不断修德于天下，就能使国家昌盛兴隆，百姓安居乐业；反之，如果逆民心，则最终会走向毁灭。

【解读】

国务就是国家的重大事务,在这其中,爱民应该排在第一位。只有君主、官员真正做到了爱民,国家才能安定。针对如何做到爱民的问题,姜太公说:"利而勿害,成而勿败,生而勿杀,与而勿夺,乐而勿苦,喜而勿怒。"而后,他又分别从利与弊、成与败、生与杀、乐与苦、喜与怒这五对矛盾的方面阐述了这样做的原因,并将其总结成一句话,就是要做到待民如子,己所不欲勿施于民。历史上著名的清官海瑞就是一位能够爱民如子的官员。

大礼第四:君主应具备的行为规范和品德修养

【原文】

文王问太公曰:"君臣之礼如何?"

太公曰:"为上唯临,为下唯沉。临而无远,沉而无隐。为上唯周,为下唯定。周,则天也;定,则地也。或天或地,大礼乃成。"

文王曰:"主位如何?"

太公曰:"安徐而静,柔节先定。善与而不争,虚心平志,待物以正。"

文王曰:"主听如何?"

太公曰:"勿妄而许,勿逆而拒。许之则失守,拒之则闭塞。高山仰之,不可极也。深渊度之,不可测也。神明之德,正静其极。"

文王曰:"主明如何?"

太公曰:"目贵明,耳贵聪,心贵智。以天下之目视,则无不见也;以天下之耳听,则无不闻也;以天下之心虑,则无不知也。辐辏并进,则明不蔽矣。"

【译文】

周文王问太公说:"君主跟臣民之间的礼法应该是怎样的?"

太公回答说:"做君主的最重要的是体察下情,做臣民的最重要的是顺服恭敬。体察下情主要在于不疏远臣民,顺服恭敬则应该不隐瞒私情。做君主的要遍施恩惠,做臣民的要安守职分。遍施恩惠,就是要像天空那样覆盖万物;安守职分,就要像大地那样稳重厚实。君主效法上天,臣民效法大地,这样君臣之间的礼法就圆满了。"

文王说:"身居君主之位的人,应该怎样做?"

太公回答说:"身居君主之位的人,应该安详稳重而沉着冷静,柔和有节而成竹在胸,善于施惠而不与民众争利,虚心静气而大公无私,处理事务公平正直。"

文王又问:"做君主的应该如何倾听别人的意见呢?"

太公回答说:"不要轻率地接受,也不要暴躁地拒绝。轻率地接受就会容易丧失主见,暴躁地拒绝就容易使言路闭塞。君主要像高山那样,令人仰慕不已;也要像深渊那样,令人莫测高深。神圣英明的君主之德,就是清静正直,达到极致。"

文王问:"君主怎样做才能洞察一切呢?"

太公回答道:"眼睛的可贵之处在于明察事物,耳朵的可贵之处在于倾听意见,头脑的可贵之处在于思虑周详。依靠天下人的眼睛去观察事物,则会无所不见;利用天下人的耳朵去倾听意见,则会无所不闻;凭借天下人的头脑去思考,则会无所不知。这样,四面八方的情况都会汇集到君主那里,君主自然就能洞察一切而不受蒙蔽了。"

【事典】

武则天是我国历史上唯一的女皇帝,也是一位女诗人和政治家。她为大唐盛世的出现做出了不可磨灭的贡献。在为君方面,她可以说真正做到了"目贵明,耳贵聪,心贵智"。

武则天当权的时候,非常注重运用人才,在用人制度上大胆进行改革创新。她改革科举,提高进士科的地位;举行殿试;并且开创了武举、自举、试官等多种制度,使得大批出身寒门的学子有了一展才华的机会。但是选的人多了,难免就有人滥竽充数。官员冗杂,国家财政的压力很大,老百姓对此颇有怨言。但是没有人敢对此发表过多的意见,因为在封建时代,皇帝的权力是至高无上的,批评皇帝的话叫作"逆龙鳞","逆龙鳞"极有可能被杀头,所以历代很少有人敢冒犯天颜。在朝堂上正义直言的人非常少,即使想说也只是在下面偷偷地说,不敢当着皇帝的面说,怕惹来杀身之祸。

当时,有一首打油诗在民间广为流传。"补阙一车一车载,拾遗满斗满斗量,用耙子才能推拢的侍御史,一个模子脱出的校书郎。"这首诗生动有趣地反映了官员冗杂的现象,据说,这是一个叫张鷟的文人写的。当时,有个叫沈全的人也听说了这首诗。他是一个被举荐的人,为人狂傲,放荡不羁。因为没有得到重用,心中颇为不快,于是在张鷟的诗后面又加了四句诗:"大理评事不读律文,文学博士不做文章。面浆糊心的存抚使,眯着眼睛不辨是非的神圣皇上。"这补加的诗句带有人身攻击的味道,不仅骂了巡抚,也骂了皇帝武则天眯着眼睛不辨是非,滥用人,传出去以后形成了很大的影响。当朝御史纪先知知道这件事以后,立刻将沈全缉拿归案,并上书弹劾他诽谤朝政,建议对其进行审判,将他绳之以法。对于此事,纪先知觉得自己做得很正确,皇帝一定会给予他褒奖。没想到武则天看完他的上书后,当着很多被举荐官员的面说了他一通不是。纪先知一下心里也有些害怕,怕武则天会给他定个什么罪名。最终,武则天只是笑着对大家说:"只要你们自己称职,何必怕人家在外面说三道四。不用给沈全定什么罪名了,立即释放了他吧!"纪先知灰溜溜地从朝堂离开,然后释放了沈全。

不得不说,武则天的做法是十分明智的,她明察秋毫,不仅教育了当朝官员要好好为官,而且显示了自己的宽宏大量。如果因为几句诗就斩杀了沈全,那么老百姓和官员们就更不敢说真话了,大唐也不会有一朝盛世。虽然当时任用官员有些繁冗,但是经过试用不称职的官员,武则天都会随时撤换掉。那些在工作中有失职或者犯罪现象的官员,会被毫不留情地判刑甚至斩首。这种优胜劣汰、大浪淘沙的用人政策,笼络了天下很多能人志士的心,这些人都一一为她所用,比如狄仁杰、魏元忠、张柬之、姚崇、宋璟等流传后世的名臣,都是武则天亲手提拔的。她善于决断,明察事理,求贤若渴,并且对人才比较宽容,善于听取别人的意见,不愧是一位英明的君主。

君主或者领导人的行为规范跟品德修养具有非常重要的作用。一个英明的君主或者领导人必定具备良好的行为规范和品德修养,只有这样才能使自己手下的团队具有蓬勃向上的活力。现代管理中,领导人的行为规范和品德修养更是决定着一个团队的生死存亡,所以现代很多大企业对于领导者的要求不断提高。成功的领导者一定要在"主位""主听""主明"三方面都做得相当到位。

美国《国际投资者》杂志曾经四次把泰国曼谷东方饭店评为"最佳饭店",这与饭店经理库特尔·瓦赫特法伊特尔的品德修养是分不开的。

库特尔经营这个大饭店就如同经营自己的家庭一样,对所有员工都很好,这就是他对饭店的管理方式。除此之外,他的人格魅力和品德修养也让人很敬佩。在东方饭店,库特尔当了数十年的总经理,属于饭店最高的领导人和负责人之一。但是他从来没有摆过领导的架子,对所有的员工都一视同仁,和蔼可亲。饭店里不论谁有了困难和疑问,都可以去找他面谈,他都会尽快给予建议或者直接把问题解决。为了和店员联络感情,库特尔经常在饭店举办各种聚会,邀请店员以及他们的家属参加。这些活动无形中缩小了上下级之间的距离,对于提高员工的积极性有很大的作用。

库特尔认为无论如何都要善待员工,多多倾听员工的意见。东方饭店的员工都有丰厚的工资,享受着众多福利待遇,比如年终红包、医疗保险、紧急贷款等。而店里的员工有了什么意见也可以直接跟他提出来,对于员工来说,这些都是激励他们为饭店积极效力的重要措施。

【解读】

大礼,指的是君臣之间的礼法。本节前半部分太公的回答很好地说明了君臣之间的行为准则。本节的论述重点是君主应遵守的行为规范和应具备的品德修养,从"主位""主听""主明"三方面论述,最终强调,做君主的需要做到"目贵明,耳贵聪,心贵智"。古往今来,有很多君主都非常注意自己的行为规范和品德修养,从而成就了一代霸业,开创了一朝盛世。

明传第五：认清并正确处理道义、倦怠和个人欲望的关系

【原文】

文王寝疾，召太公望，太子发在侧。

曰："呜呼！天将弃予。周之社稷，将以属汝。今予欲师至道之言，以明传之子孙。"

太公曰："王何所问？"

文王曰："先圣之道，其所止，其所起，可得闻乎？"

太公曰："见善而怠，时至而疑，知非而处，此三者，道之所止也。柔而静，恭而敬，强而弱，忍而刚，此四者，道之所起也。故义胜欲则昌，欲胜义则亡；敬胜怠则吉，怠胜敬则灭。"

【译文】

文王卧病在床，召见太公，当时太子姬发守在床边。文王说："唉！上天将要收回我的性命了，以后周国的社稷大事就要靠您了。现在我想再听您讲讲至理名言，以便将它们明确地传给子孙后代。"

太公问："您想要知道什么？"

文王说："古代先贤的治国之道，应该废止的是什么，应该推行的又是哪些？您能够把其中的道理讲给我听听吗？"

太公回答道："见到善事却懈怠不做，时机来临却犹豫不决，知道错误却泰然自若，这三种情况就是古代先圣治国所应废止的。柔和而冷静，谦恭而敬谨，强大而自居弱小，外隐忍而实刚强，这四种情况是古代先圣治国之道所应推行的。因此，正义胜过私欲，国家就能昌盛；反之，私欲胜过正义，国家就会衰落；敬谨胜过懈怠，国家就能繁荣；反之，懈怠胜过敬谨，国家就会毁灭。"

【事典】

三国时期，关羽被东吴杀害于樊城后，身为兄长的刘备执意要为他报仇雪耻，不听诸葛亮的劝告，亲自率领军队出征攻打东吴，最终大败而归。老迈的刘备也病倒了，退守到白帝城。在永安宫里，刘备自知时日不久矣，于是在弥留之际派人日夜兼程赶往成都，把诸葛亮请来嘱托身后之事。

刘备让诸葛亮坐在床边，对他说："自从有了丞相，我建立并发展了自己的事业，只是我的知识浅薄，没有听丞相的话，所以遭到今天的失败，实在是后悔万分

啊！我的病是好不了了，我的儿子没有什么能耐，我要把大事托付给你。"

刘备说完，泪流满面。诸葛亮也哭着说："希望陛下能够保重身体。"

刘备看了看左右的将官，见马谡也在，就叫他先退出去，然后对诸葛亮说："这个人言过其实，不能重用。丞相你要慎重考察他。"

说完，刘备又召集了众将官到场，亲笔写下遗诏，交给诸葛亮，感叹地说："我本想和你们一同消灭曹丕，不幸却要中途分手。今后就麻烦丞相把我的遗诏交给太子刘禅，以后的一切事情，都希望丞相能够指点他。"

在遗诏里，刘备告诫儿子刘禅："惟贤惟德，能服于人。勿以善小而不为，勿以恶小而为之。"这也是刘备一生都在践行的两句话。

诸葛亮看刘备有些体力不支，忙劝慰他保重身体。刘备却拉着诸葛亮的手说："我就要死了，有几句心里话要对先生说。"

接着，刘备费力地挣扎起来说道："先生的才能要比曹丕高十倍，必定能够安邦定国。如果我的儿子能够在您的辅佐下成就事业，那就辅佐他；如果他没有什么才能，无法成就事业，那么您就取而代之吧！"说完，刘备又嘱咐文官武将以后一切听从丞相的命令，切不可怠慢丞相。诸葛亮为此感激涕零。

刘备死后，虽然后主刘禅愚笨无能，但诸葛亮一直竭尽所能地辅佐他，直到自己死去，也没有取而代之，为后人留下了"鞠躬尽瘁，死而后已"的美谈，也为后世为臣者树立了忠诚、道义的榜样。

可见，如果君王懂得道德义理，并以此严格规范自己的行为举止，不但有利于形成良好的政局，更会影响周围的文武权臣以此作为他们自己的原则和规范，从而形成君臣一心、盛世繁荣的景象。

在现代，作为一个具有自我价值观的社会个体，如果能够像刘备一样，道义胜过私欲，敬谨胜过怠惰，推荐有才之士登上适合的位置，任人唯贤，而不是任人唯亲，就一定能使自己的事业或者企业登上一个新的高峰。通用电气公司的 CEO 杰克·韦尔奇就把"人"的经营放到第一位，把通用公司称为"生产人的工厂"。韦尔奇认为，在通用电气的发展中，发现合适的领导人是最重要的。他按照业绩以及潜

姬发

力把人分成 A、B、C 三级,这三所占的比例分别为:A 类 20%,B 类 70%,C 类 10%。韦尔奇对 A 类这 20%的员工采用的是"奖励奖励再奖励"的方法,提高工资,分配股票期权,并且有很大的职务晋升的机会。对于 B 类员工,他也会根据情况,确认其贡献,并提高其工资。但是,对于 C 类员工,他会将他们从企业中淘汰出去。

在 1997 年 1 月举行的高级经理参加的执行经理会议上,他向 500 名高级经理发出恳切的号召,要求管理者们要保持在 A 类,要讲求团队精神,要服从公司的价值观。同时,他决定去除那些没有融入通用电气的价值观中的、没有什么正事干的经理,把他们划分到 C 级范围内。至于 B 级领导人,他想再给他们一些时间,让他们继续前进。杰克·韦尔奇曾说过:"有能力胜任工作,却消极怠工导致工作不称职的人,我发现一个就开除一个,绝不留情。"老板们最不喜欢的就是有能力做好却不愿好好干的员工。职场中的确存在着一些"会干但不想干"的人,对他们来说,每天的工作可能只是一种负担、一种逃避,甚至是一种苦役。他们在工作中远离了"工作",不愿意为此多付出一点点精力,更没有将工作看成是自己获得成功的机会,所以这样的人留下来也没有用,不如找合适的人来取代他。韦尔奇认为,现代企业处在一个大变革的时代,在变革中,企业领导者首先要了解员工是否胜任他的岗位。韦尔奇经营人才的这种方法给通用公司培养了不少人才,很多人坐上了他们该坐的位置,并且在这些位置上创造出了不凡的业绩。

【解读】

本节先从"先圣之道"的起至谈起,认为新任君王应该傲到"柔而静,恭而敬,强而弱,忍而刚",认清并正确处理道义和个人欲望、敬谨和怠惰之间的关系,只有这样才有资格继承王位,才能使国家昌盛祥和。

六守第六:知人善任,用其所长

【原文】

文王问太公曰:"君国主民者,其所以失之者,何也?"

太公曰:"不慎所与也。人君有六守、三宝。"

文王曰:"六守者何也?"

太公曰:"一曰仁,二曰义,三曰忠,四曰信,五曰勇,六曰谋,是谓六守。"

文王曰:"慎择六守者何?"

太公曰:"富之而观其无犯;贵之而观其无骄;付之而观其无转;使之而观其无隐;危之而观其无恐;事之而观其无穷。富之而不犯者,仁也;贵之而不骄者,义也;付之而不转者,忠也;使之而不隐者,信也;危之而不恐者,勇也;事之而不穷者,谋也。人君无以三宝借人，借人则君失其威。"

文王曰："敢问三宝？"

太公曰："大农、大工、大商，谓之三宝。农一其乡，则谷足；工一其乡，则器足；商一其乡，则货足。三宝各安其处，民乃不虑。无乱其乡，无乱其族。臣无富于君，都无大于国。六守长，则君昌。三宝全，则国安。"

【译文】

文王问太公道："君主就是统治国家、管理民众的人，那他失去国家和民众的原因会是什么？"

太公答道："是用人不慎造成的。君主应该做到'六守'和'三宝'。"

文王问："什么是'六守'？"

太公回答说："仁爱、正义、忠诚、信用、勇敢、智谋，这些就是所谓'六守'。"

文王问："如何审慎地选择符合六守标准的人才呢？"

太公说："使他富有，以考查他是否会逾越礼法；使他尊贵，以考查他是否会骄纵不驯；委以重任，以考查他是否会坚定不移地去执行；命令他处理问题，以考查他是否会欺瞒；让他身临危难，以考查他是否会临危不惧；让他处理突发事件，以考查他是否会应付自如。富裕而不逾礼法的，就是仁爱之人；尊贵而不骄横的，就是正义之人；身负重任而能坚定不移去执行的，就是忠诚之人；处理问题而不欺瞒的，就是信用之人；身处危难而无所畏惧的，就是勇敢之人；面对突发事变而应付自如的，就是有智谋的人。但是君主不能把'三宝'交给别人，如果交给了别人，那君主就会丧失自己的权威。"

文王问："您所指的'三宝'究竟是什么？"

太公答道："大农、大工、大商，这三件事叫作'三宝'。把农民组织起来聚居在一起进行生产，就会获得充足的粮食；把工匠组织起来聚居在一起进行生产，就会得到充足的器具；把商贾组织起来聚居在一起进行贸易，就会得到充足的财货。让这三大行业各安其业，民众就不会焦虑不安。不要打乱这种区域结构，也不要拆散居民的家族组织。使臣民不得富于君主，城邑不得大于国都。具备'六守'标准的人得到重用，君主的事业就能昌盛发达；'三宝'发展完善，国家就能长治久安。"

【事典】

春秋时期，社会动荡，各诸侯国之间争战不断。齐桓公为了争夺霸权，任用管仲进行改革。在内政上，管仲施行了"叁其国而伍其鄙"的政策。"国"，指的就是国都及其郊区。"叁其国"就是把"国"划分成二十一个乡，也就是六个工商乡和十五个士（农）乡。"鄙"，指的就是乡村。"伍其鄙"就是规定三十家为一邑，设一个司官；十邑为一卒，设一个卒帅；十卒为一乡，设一个乡帅；三乡为一县，设一个县帅；十县为一属，设一个大夫。全国乡村共分为五属，分别由五个大夫管理。"叁其国而伍其鄙"这一政策就是为了"定民之居,成民之事",也就是使民众各有其居,各守其业,不要杂处或者任意迁移。

接着,管仲又进行了军制改革,施行"作内政而寄军令"的政策,也就是把军令寓于内政之中,即寓兵于农,兵民合一,把军事组织和行政组织有机结合起来,人民平时生产,战时出征。十五个士乡的行政组织是:五家为一轨,设一个轨长;十轨为一里,设一个有司;四里为一连,设一个连长;十连为一乡,设一个良人。与此相应的军事组织是:每家出一个人,一轨组成一伍,由轨长率领;一里出五十人,组成一个小戎,由有司率领;一连出两百人,组成一个卒,由连长率领;一乡出两千人,组成一个旅,由良人率领;五乡出一万人,组成一个军,立一元帅。这样十五个士乡就可以组成三个军,从而扩大了兵源,补充了军力。

管仲非常重视经济的发展,他打破了井田制的限制,采取了"相地而衰征"的政策,将土地分成不同的等级,按照好坏程度来征税。他还规定国家专营盐铁事业,并设立盐官掌管煮盐,设立铁官掌管制造农具,同时还鼓励人们进行鱼盐贸易等。

在选拔人才方面,管仲创设了"三选"制。他规定各乡把本乡中有才德武功的人推选给国家,此为第一选。有关部门对这些人进行试用考核,将其中优秀的人推荐给君主,此为第二选。君主再亲自考核,任命合格者为上卿的助手,此为第三选。为了加强君主的权力,管仲要求桓公掌握生、杀、富、贵、贫、贱"六柄",采取"劝之以赏赐,纠之以刑罚"的措施。

经过上述改革,齐国的实力迅速增强,为后来齐桓公成为春秋时期的第一位霸主奠定了坚实的基础。

"兵随将转,无不可用之才。作为一个领导,你可以不知道下属的短处,却不能不知道下属的长处。要能够容人之短,用人之长。能翻多大的跟头,就给多大的舞台。"在用人方面,海尔集团董事局主席张瑞敏如是说。

海尔曾经是一个亏空达147万元的集体小厂。在张瑞敏的带领下,它迅速成长为拥有白色家电、黑色家电和米色家电的中国家电第一品牌,产品包括58大门类9200多个品牌,企业销售收入以平均每年81.6%的速度高速、持续、稳定增长。2009年,海尔集团全球营业额达1243亿元(182亿美元),品牌价值达到812亿元。海尔一步步地走向了全世界。

海尔之所以能发展这么迅速,其中一个重要原因就是张瑞敏积极开发、利用人才。海尔集团有5万员工,文化层次有很大的不同,但是在张瑞敏眼里,他们个个都是人才。公司文化倡导要挖掘和调动每个员工的积极性、创造性,形成合力。海尔刚刚提出"人人都是人才"这一口号的时候,大家都没有什么反应。很多普通员工认为自己学历不高,"人才"二字跟自己根本不靠边,所以没有放在心上。对于这一点,张瑞敏早有预料。为了调动所有员工的积极性,他便把一个工人发明的一项技术革新成果用这位工人的名字命名。这件事在员工中产生了很大反响,很快地,员工中间形成了技术革新的风气。"人人都是人才"这句话说得没错,作为领导,最重要的就是要把下属的潜能开发出来,为企业所用。

海尔创新的第一个原则就是海尔人人有份。在海尔,人人平等,凡是在海尔工作过的职工,都应当承认他的老板身份,即便已经过世,他应当享有的那部分权益还可以由其子女继承。

在海尔,没有身份贵贱、年龄大小、资历长短之分,衡量人才的标准就是技能、活力、创造精神和奉献精神。有能力的普通员工可以升迁为管理人员,平凡而有才华的工人也可以走上领导岗位。任全晓就曾是一名农民临时工,因为他勤劳肯干,勤于钻研技术,最终晋升为车间主任。他说,"是海尔的用人机制给了我实现自己价值的上升空间。"

正如张瑞敏所说:成功的企业离不开资金、技术和设备等生产要素,但不等于说拥有了这一切的企业就是成功的企业。为什么?这里还有一个不可缺少的要素——人,充满活力和追求卓越的人。在他看来,企业不缺人才,人人都是人才,关键是我们能不能创造一种机制,能不能营造一种氛围,将每一个人所具备的最优秀的品质和潜能充分发挥出来。

【解读】

本节首先论述了国君失去天下的原因在于用人不当,接着又论述了选拔人才的六条标准,也就是"六守",即仁、义、忠、信、勇、谋,并进一步论述运用"富之、贵之、付之、使之、危之、事之"等六种手段来考查,就能知道其是否符合"六守"的标准。然后指出,国君必须控制和掌握"三宝",也就是关系到国家经济命脉的农、工、商三大支柱。最后归结出"六守长,则君昌;三宝全,则国安。"

守土第七:凡事皆有法可循,仁义为先

【原文】

文王问太公曰:"守土奈何?"

太公曰:"无疏其亲,无怠其众,抚其左右,御其四旁。无借人国柄;借人国柄,则失其权。无掘壑而附丘,无舍本而治末。日中必彗,操刀必割,执斧必伐。日中不彗,是谓失时;操刀不割,失利之期;执斧不伐,贼人将来。涓涓不塞,将为江河!荧荧不救,炎炎奈何!两叶不去,将用斧柯。是故,人君必从事于富。不富无以为仁,不施无以合亲。疏其亲则害,失其众则败。无借人利器;借人利器,则为人所害而不终其世也。"

文王曰:"何谓仁义?"

太公曰："敬其众,合其亲。敬其众则和,合其亲则喜,是谓仁义之纪。无使人夺汝威,因其明,顺其常。顺者,任之以德;逆者,绝之以力。敬之勿疑,天下和服。"

【译文】

文王问太公说:"怎样才能守卫国土呢?"

太公答道:"不能疏远宗族,不能怠慢民众,要安抚左右近邻,并控制天下四方。不要把治国大权交给别人,如果把治国大权交给别人,君主就会失去自己的威信。不要挖掘沟壑去堆积土丘,更不要舍本逐末。太阳正午时,要抓紧时机曝晒;拿起了刀子,就要抓紧时间宰割;手执斧钺,则要抓紧时机征伐。如果在正午阳光充足的时候不曝晒,就会丧失这个时机;如果拿起刀子却不宰割,就会丧失最佳时机:手执斧钺却不杀敌,敌人就会乘虚而入。不堵塞涓涓细流,它们就会汇成滔滔江河。不扑灭微弱的火星,它们就会酿成熊熊烈火,让人无可奈何。不采摘刚萌芽的两片嫩叶,就会使得最终必须用斧钺去砍伐它。所以,君主必须努力使国家变得富足,因为如果国家不富足就不能够实行仁政,不实行仁政就不能够团结宗亲。而疏远了自己的宗亲,君主就会受害,失去了自己的民众,君主就会失败。不要把统御国家的权力交给别人,因为如果把统治权交给别人,君主就会被人所害而不得善终。"

文王问道:"那什么是仁义呢?"

太公回答说:"尊重自己的民众,团结自己的宗亲。尊重民众,国家就会和睦,团结宗亲,大家就会欢喜。这就是行仁义的准则。不要让人篡夺你的权力,要根据自己的体察顺应常理地去处理事务。对于顺应自己的人,要施予恩惠并对其加以任用;对于反对自己的人,就可以动用武力给予消灭。遵循上述原则而毫不迟疑,天下就会和睦而顺服了。"

【事典】

在东汉初期,为了防止外戚、宦官专权,皇帝对他们的控制是比较严格的。但是到了东汉中叶的时候,皇帝即位时大多年幼,只有依靠母后临朝辅政。而皇太后又人多依靠自己的家族,这样皇帝的权力就落到了外戚的手里。等小皇帝长大了,懂得了权力的重要性,就开始和外戚争抢本该属于自己的权力。为了摆脱外戚势力的控制,他们只有依靠身边的宦官,铲除异己。于是又出现了大权落入宦官手里的现象。其实不管是外戚专权,还是宦官专权,真正的实权都没有落到皇帝手里。而拥有大权的外戚和宦官则是飞扬跋扈,任人唯亲,卖官鬻爵,打击忠良之士,由此就使得东汉朝廷极其腐败。

在东汉顺帝到桓帝的二十余年间,梁商、梁冀父子相继掌权,外戚势力达到顶峰。梁冀是个凶狠残暴的人,有一次,九岁的小质帝和他开玩笑,说他是"跋扈将军",他一生气就将质帝毒死,然后立他的妹夫刘志为桓帝,那时刘志年仅十五岁。桓帝即位以后,朝廷大权都由梁冀掌握着,桓帝根本不能干预,百官更是惧怕梁冀,不敢违背他的意志。梁冀之所以这么有恃无恐,是因为他的两个妹妹分别做了皇太后和皇后。后来,他的两个妹妹相继死去,他失去了靠山。这时,对他心怀不满的桓帝也长大了,就与身边的几个宦官合谋,消灭了梁氏势力。

梁氏势力消灭后,东汉依旧不太平,皇帝也依旧没有掌权,权力又落入了宦官的手里。帮助桓帝诛灭梁氏的宦官单超、左悺、徐璜、具瑗、唐衡五人便在同日被封侯,另外还有一些小宦官也被加官晋爵。这些人比梁冀好不到哪里去,他们公开贪污受贿,搜刮财富,敲诈勒索,广求珍宝,穷奢极欲。他们竞相修建华丽的宅第,任意搜刮民财。单超等五个宦官和他们的亲属"虐遍天下",使得民不堪命。人们痛恨地称呼他们为"左回天""徐卧虎""具独坐""唐两堕"等。东汉朝廷在他们的掌控下,变得更加乌烟瘴气,黑暗混乱。

就这样,国家权力在外戚和宦官的手中不停轮转,这种恶性循环最终葬送了东汉王朝。

【解读】

本节论述的是保守政权的策略。具体来说,有以下几点:一,对内"无疏其亲,无怠其众";二,对外"抚其左右,御其四旁";三,在政治上"无借人国柄",防微杜渐;四,在经济上富国殷民。接着进一步说明了疏亲、失众以及"借人利器"的危害。最后指出,应该仁义、敬众、合亲,这样才能达到"天下和服"的目的。

"借人国柄,则失其权""借人利器,则为人所害",这个观点是本节反复强调的。历史上因外戚宦官专权从而导致朝代衰亡的事例,就充分证明了这一点。

守国第八:发之以其阴,会之以其阳

圣人之在天地间也,其宝固大矣。因其常而视之,则民安。夫民动而为机,机动而得失争矣。故发之以其阴,会之以其阳;为之先唱,天下和之。极反其常,莫进而争,莫退而让。守国如此,与天地同光。

【原文】

文王问太公曰:"守国奈何?"

太公曰:"斋,将语君天地之经,四时所生,仁圣之道,民机之情。"

王斋七日,北面再拜而问之。太公曰:"天生四时,地生万物。天下有民,仁圣牧之。故春道生,万物荣;夏道长,万物成;秋道敛,万物盈;冬道藏,万物寻。盈则藏,藏则复起;莫知所终,莫知所始。圣人配之,以为天地经纪。故天下治,仁圣藏;天下乱,仁圣昌。至道其然也。"

"圣人之在天地间也,其宝固大矣。因其常而视之,则民安。夫民动而为机,机动而得失争矣。故发之以其阴，会之以其阳；为之先唱，天下和之。极反其常，莫进而争，莫退而让。守国如此，与天地同光。"

【译文】

文王问太公说："如何才能保卫国家呢？"

太公说："请您先行斋戒，然后我再告诉您关于天地之间的运行规律、四季万物生长的缘由、圣贤治国的道理，以及民心转变的根源。"

于是文王斋戒七天，并以弟子礼再度拜问太公。太公说："天有四时，地生万物。天下有民众，而民众则由圣贤治理。春天的规律是孕育，万物都欣欣向荣；夏天的规律是生长，万物都繁荣茂盛；秋天的规律是收获，万物都饱满成熟；冬天的规律是储藏，万物都潜伏不动。万物成熟就应收获，收获之后则又会重新孕育。如此周而复始、循环往复；既无起点，也无终点。圣人效法这一自然规律，并以其作为治理天下的普遍原则。所以天下大治时，仁人圣君就隐而不露；而天下动乱时，仁人圣君就会奋起，拨乱反正，建功立业。这是必然的规律。"

"圣人处于天地之间，他的地位作用非常重大。他依照常理治理天下，使民众安定。一旦民心不定，就是动乱发生的契机。如果出现这种契机，天下的权力之争夺得失必然会随之而起。这时圣人就暗中发展自己的力量，待到时机成熟时，便公开进行讨伐。圣人倡导除暴安民，天下必然群起响应。当变乱平息，一切恢复正常时，圣人既不会进而争功，也无须退而让位。这样守国，就可以与天地共存，与日月同光。"

【事典】

西汉宣帝在位时，他有一名贤相叫作丙吉，非常关心民间疾苦。暮春的一天，丙吉带着几个随从，坐着马车外出办事。路上，他看见几个人在打架，打得血流不止，惨不忍睹。对此，丙吉并没有理会，而是继续向前走。走了一会儿，他看见一个农民赶着一头牛走路，那头牛步履蹒跚，不停地喘着气，好像非常累的样子。丙吉马上下车，走到农夫面前，问道："这头牛走了几里路了？"农夫回答："根本没走多远，这畜牲就成这样了，我看它是偷懒。"说着在牛的背上抽了一鞭子。

丙吉身旁一个下属官吏对他的做法非常不理解，他问道："下官斗胆问大人一句，刚才您看见有人打得头破血流，都快死人了，您却不在意。现在看见一头牛，您却表示奇怪。该问的不问，不该问的反而去问，这样做真的让人非常费解。"

丙吉笑着回答："你有所不知。百姓打架斗殴，是长安令、京兆尹的责任，我只需要到时候考查他们的政绩，有功就赏、有罪就罚就可以了，这些事情不需要我亲自去过问。我作为丞相，关心的应该是国家大事，街头斗殴的小事情不是我该管的，这些事情都应该由地方官吏去管理。可是牛的事情就不同了，现在是暮春，天气不会很热，牛还没走多久就喘气，可能是节气失调的征兆。三公的职位是调和阴阳,我因为职权所在,所以很担忧,必须问个清楚。"下属听了他的话以后,对他的做法十分佩服。

俗话说"在其位,谋其政",顺应规律做好自己的工作,其他的顺其自然即可。做事情是有规律的,只要顺应规律,自然会水到渠成。如果做事不遵循"道",必然会被历史淘汰,元朝统治的结束就证明了这一点。

元末,黄河经常泛滥成灾,殃及冀、鲁、豫广大地区。那时,"里人乏食,草木为粮",人民生活在水深火热之中,流离失所,饿殍遍野。朝廷上下一团混乱,政治黑暗。统治者为了维护统治,借机施行压迫和民族歧视政策,使得土地高度集中在政府手中,人民根本没有土地。然而,他们还对这些没有土地的人民横征暴敛。这样就激化了阶级矛盾,各地反对朝廷的起义不断爆发。

公元 1351 年,元朝征发了十五万民工去修治黄河。这些民工在修治过程中遭受到非人的待遇。白莲教领袖韩山童、刘福通等人觉得这是一个绝好的起义机会,于是就在民工中上下活动,四处散播谣言说要天下大乱,号召大家起义。他们还暗地里做了一个独眼石人,悄悄埋在即将动工的河道上。同时,派出亲信四处散播早已编好的歌谣:"石人一只眼,挑动黄河天下反。"在开凿河道的时候,民工挖出了这一只眼的石人,便信以为真。他们群情激奋,随时准备起义。这时,韩山童觉得时机已到,就在河北永年杀黑牛白马,举起了反元大旗,各地的义军也纷纷响应。为了分辨敌我,他们头上都裹着红巾,因此被称为红巾军。

红巾军所到之处,杀掉所有昏庸无能的元朝官吏,开仓放粮,对人民"不杀不淫",得到民众的热烈拥护,因此起义迅速发展,队伍也很快壮大。元朝的统治在农民起义的冲击下土崩瓦解。

元朝之所以会灭亡,就是因为违背了"道",没有顺应潮流,使得阶级矛盾激化,最终葬送了自己。

【解读】

在这一节中,周文王和姜太公讨论的问题是怎样做才能治理和保卫好国家。文中总结了保家卫国的方法,甚至把这些方法提升到"道"的境界和高度,依靠天时、地利和人和,效法自然,契合天命,在天下动乱之时懂得"发之以其阴,会之以其阳"的道理,那么身为治道者,不用整日"案牍之劳形"就可以使"天下和之",从而守卫和拓展自己的疆土了。

上贤第九:高居而远望,深视而审听

【原文】

文王问太公曰:"王人者,何上何下? 何取何去? 何禁何止?"

太公曰："王人者上贤,下不肖;取诚信,去诈伪;禁暴乱,止奢侈。故王人者,有六贼、七害。"

文王曰："愿闻其道。"

太公曰："夫六贼者:一曰:臣有大作宫室池榭,游观倶乐者,伤王之德。二曰:民有不事农桑,任气游侠,犯历法禁,不从吏教者,伤王之化。三曰:臣有结朋党,蔽贤智,障主明者,伤王之权。四曰:士有抗志高节,以为气势,外交诸侯,不重其主者,伤王之威。五曰:臣有轻爵位,贱有司,羞为上犯难者,伤功臣之劳。六曰:强宗侵夺,凌侮贫弱者,伤庶人之业。"

"七害者:一曰:无智略权谋,而以重赏尊爵之故,强勇轻战,侥幸于外,王者谨勿使为将。二曰:有名无实,出入异言,掩善扬恶,进退为巧,王者谨勿与谋。三曰:朴其身躬,恶其衣服,语无为以求名,言无欲以求利,此伪人也,王者慎勿近。四曰:奇其冠带,伟其衣服,博闻辩辞,虚论高议,以为容美;穷居静处,而诽时俗,此奸人也,王者慎勿宠。五曰:谗佞苟得,以求官爵;果敢轻死,以贪禄秩;不图大事,得利而动;以高谈虚论,说于人主,王者谨勿使。六曰:为雕文刻镂,技巧华饰,而伤农事,王者必禁之。七曰:伪方异伎,巫蛊左道,不祥之言,幻惑良民,王者必止之。

"故民不尽力,非吾民也;士不诚信,非吾士也;臣不忠谏,非吾臣也;吏不平洁爱人,非吾吏也;相不能富国强兵,调和阴阳,以安万乘之主,正群臣,定名实,明赏罚,乐万民,非吾相也。

"夫王者之道,如龙首,高居而远望,深视而审听;示其形,隐其情。若天之高,不可极也;若渊之深,不可测也。故可怒而不怒,奸臣乃作;可杀而不杀,大贼乃发;兵势不行,敌国乃强。"

文王曰："善哉!"

【译文】

文王问太公说:"作为君主,应当尊崇什么样的人,抑制什么样的人?任用什么样的人,除去什么样的人?又应该严禁什么事,制止什么事?"

太公回答说:"作为君主,应该尊崇德才兼备的人,抑制无德无才的人;任用忠诚信实的人,除去奸诈虚伪的人;严禁暴乱行为,制止奢侈风气。所以君主应当警惕'六贼''七害'。"

文王说:"我想听听你说的这些道理。"

太公说:"所谓'六贼'就是:一、臣属中有人大兴土木,修建宫室亭榭,以供君主游乐观赏的,就会败坏君主的德行。二、民众中有不从事农桑,任意妄为,爱好游侠,违犯法令,不服从官吏管教的,就会败坏君主的教化。三、臣属中有结党营私,排挤贤智,混淆君主视听的,就会损害君主的权势。四、士人中有心高气傲,标榜节操,气焰嚣张,却又结交诸侯,不尊重君主的,就会损害君主的威严。五、臣属中有轻视爵位,藐视上级,不愿为君主冒险犯难的,就会打击功臣的积极性。六、强宗大族中有竞相掠夺、欺压贫弱的,就会损害民众的生业。"

"所谓'七害'是:一、没有智略权谋,却为了获得重赏高官而恃勇强干,轻率赴战,企图获得侥幸之功的,君主切勿让这种人担任将帅。二、只有虚名而无实才,言行不一,掩人之善,扬人之恶,到处钻营取巧的,君主必须慎重对待,切勿同这种人共谋大事。三、穿着粗劣,外表朴实,自称无为,实则是沽名钓誉,自称无欲,却是贪图利益的,这种是虚伪之人,君主切勿与他亲近。四、以冠带奇特、衣着华丽、博闻善辩、高谈阔论为自己装点门面,身居偏僻简陋之处,又专门诽谤时俗,这种是奸诈之人,君主切勿宠信。五、为求官爵,巧言谄媚,不择手段,为贪图俸禄,鲁莽轻率不惜性命;不顾大局,见利妄动;却又高谈阔论以取悦君主的,这种人君主切勿任用。六、从事雕文刻镂、技巧华饰一类的奢侈工艺,因此妨害农业生产的,君主必须加以禁止。七、用骗人的方术、奇特的技法、巫蛊左道、符咒妖言等迷惑欺骗善良民众的,君主必须加以制止。"

"由此可知,不尽力从事耕作的民众,就不是好民众;不忠诚守信的士人,不是好士人;不敢直言进谏的大臣,就不是好大臣;不公平廉洁爱护民众的官吏,就不是好官吏;不能富国强兵,调解各种矛盾,处理各类问题,确保君主地位稳固,整饬纲纪,核查名实,赏罚严明,使民众安居乐业的宰相,就不是好宰相。"

"做君主的如同龙头,必须高瞻远瞩,洞察一切,深刻理解问题,审慎听取意见;表情庄严肃穆,隐藏内心的真情。使人感觉君主像天那样高而不可穷极,像渊那样深而不可测量。所以,君主当怒而不怒,奸臣就会兴风作浪;当杀而不杀,大乱就会随之爆发;当兴兵讨伐而不讨伐,敌国就会强盛起来。"

文王说:"你说得对啊!"

【事典】

公元 588 年,隋朝为了统一整个中国,实施了兵分八路南下攻陈的军事战略。第二年,隋军攻入南陈都城建康,南陈就此灭亡。

当然,这与隋军的神勇不无关系,但是最关键的因素还是南陈后主陈叔宝不能"上贤,下不肖,取诚信,去诈伪,禁暴乱,止奢侈"。

这个南陈后主自幼生长在深宫中,每天过着锦衣玉食的生活,对"稼穑艰难""民生疾苦"这些词语全然不知其意,更没有见过那样的场面。故此,他继位后,整天只知道纵情享乐,寄意诗酒,沉溺女色。更为可气的是,他甚至都懒得自己上朝听政,干脆把政事悉数委派给自己当太子时的旧臣孔范、施文庆等一批华而不实的人处理。

于是,这些人便大肆"结党营私""卖官鬻爵",对横征暴敛、榨取钱财的官员不加惩治,反而与其狼狈为奸,弄得南陈民不聊生,怨声载道。

当隋军积极准备举兵南下时,南陈还在大兴土木,修筑殿阁佛寺。忠直的大臣章华上书劝谏道:"陛下即位,于今五年,不思先帝之艰难,不知天命之可畏。溺于嬖宠,惑于酒色。……老臣宿将,弃之草莽,诡佞谗邪,升之朝廷。今疆场日蹙,隋军压境,陛下如不改弦易张,臣见麋鹿复游于姑苏矣!"

南陈后主不但没有幡然醒悟,反而恼羞成怒,当即把他处死。当隋军发起进攻后,沿江布防的陈军相继急报于朝廷,却都被施文庆等人扣住了。孔范更是对陈叔宝说:"长江天堑,古以为限隔南北,今日虏军岂能飞渡邪!边将欲作功劳,妄言事急。"陈叔宝听后,也觉得隋军不会这么轻易就渡过长江,于是继续过着自己奢靡的生活。

后来,这个昏庸的陈叔宝竟不辨贤庸,滥施军职,致使优秀的将领无用武之地。施文庆、孔范都是只会诗词歌赋而无韬略的文弱书生,对打仗一窍不通,却凭着三寸不烂之舌取悦南陈后主,在战争的关键时刻取得了军事要职。孔范甚至还恬不知耻地扬言说,在外带兵的将领都是起自行伍,不过匹夫之勇,自己却是深谋远虑,他人岂能比得上?将领们稍有过失,孔范就夺其兵权。陈叔宝更是谨小慎微、鼠目寸光之徒,对起自行伍的将帅心存疑虑,总怕他们起兵谋反,因此经常无故削夺他们的职务。

陈叔宝这种轻贤将重小人的做法引起了众位将领的不满,他们与陈叔宝貌合神离,在战场上不是消极应付,就是临阵脱逃。就这样,亲奸佞、疏贤将的南陈后主最终自食恶果,丢掉了大好河山,成了亡国之君。

一个人要成就一番事业,仅仅靠个人的能力是不够的,还需要别人的提携和帮助。而这个"别人"必须是正直且有实力的人,只有这样的人才能很好地辅佐你迈向成功,相反,如果是虚伪而无才之人,只能让你更平庸,更不要说什么事业了。

政治如此,商场亦如此,新东方的成功就有力地证明了这一点。新东方的创始人俞敏洪多次强调,新东方的成功不仅仅属于自己,更是大家一起努力的结果。

俞敏洪刚刚创办新东方的时候,缺乏资金,可以说新公司就是一个没钱、没人、没设施的"三无"企业。俞敏洪一度陷入困境,每天思考着如何摆脱这种困境。后来,他决定没有硬件,可以先储备软件;没有优越的办学条件,就用教育质量让人们认可。功夫不负有心人,在俞敏洪和妻子的努力下,新东方渐渐有了起色,也有了小小的名气。

俞敏洪对此并不满足,他想走在企业发展的最前方。他意识到,在教育界,有一批优良的教师资源是至关重要的,教学质量关乎着一个企业的生存发展。

俞敏洪是一个喜欢结交各地有才之士,并能收到自己的麾下,使他们效力的领袖人物。于是,在企业慢慢走上正轨后,俞敏洪拿着一大笔钱出国旅行去了。那次旅行的重点并不在游玩,而可以说是一次"寻才之旅"。面对当时的形势,俞敏洪清楚地认识到,新东方要想有更长足的发展,光靠他和妻子两人是办不到的。要想发展就要请人,而且还得是值得信任的有才之人,没有几个得力的助手帮助,公司的规模也就仅限于此了。这时候,俞敏洪想到了自己在北大的那些同事和哥们儿,俞敏洪知道,他们的能力毫不逊色于自己。如果他们能够加入这个团队的话,将给企业带来跳跃性的、前所未有的发展。但是,许多优秀的朋友早就出国"淘金"去了。所以,俞敏洪才有了这次出国寻才之行。

俞敏洪的这次出国之旅招揽到了不少人才。许多朋友接受了他的真诚邀请,决定回国与他共同创业。有了这些人才的加盟,新东方不但在业务上实现了多元化,而且为这些人才提供了实现自身价值的大舞台。这下子。新东方的知名度大大提高了。

俞敏洪认为,新东方的崛起归结于他与朋友们同心协力,为了企业美好前景不遗余力地奋斗。直到今天,新东方里无论中层管理人员还是基层教职工都叫俞敏洪为"俞老师",没有一个人喊他"老板"。接受记者采访时,被问到他是否会介意这一问题时,俞敏洪这样回答:"新东方大量的人才在不同领域中的思想要比我先进,像向东老师是经济学毕业的,所以在经济领域、宏观领域中我根本就没法跟他比;徐小平、王强他们在国外待过好多年,所以在中西文化的理解方面,尤其是西方文化的理解方面,我永远都没法跟他们比。我唯一能做到的是,不管会议上大家讨论得多么激烈,不管意见多么不一致,最后我都能够把大家的意见综合起来,采纳其中最好的东西,再重新整合成新东方的战略、文化和发展设计,继续带着大家往前走。"

在俞敏洪这种理念的带领下,新东方的团队很快扩展到为几十、上百人的规模,这些管理精英遍布全中国的各个新东方分校和加拿大的多伦多学校,使得新东方的企业实力不断加强。

作为一个有理想、有涵养、有想法的个体,要想创立一番事业的话,就要做到胸襟宽广,能够高居而远望,深视而审听。不要凡事都亲力亲为,要为成员搭建施展才华的舞台,然后自己只要做到高屋建瓴,让整体方向不偏离就可以了。这样,我们就离成功不远矣!

【解读】

上贤,指的就是尊重德才兼备的人。本节首先论述了君主应上贤,下不肖,取诚信,去诈伪,禁暴乱,止奢侈。接着又论述了君主应防止"伤王之德""伤王之化""伤王之权""伤王之威""伤功臣之劳""伤庶人之业"等"六贼"。之后则阐明君主对"七害"的做法,即这七种人应"勿使为将""勿与谋""勿近""勿宠""勿使""禁之""止之"。其实,不管是治理国家,还是管理人事,我们只要懂得高居而远望,深视而审听,就可以轻松地完成手中的工作。只要我们能够把握住大方向,就可以带领成员向正确的方向前行,最终一定能够到达胜利的终点。

举贤第十:选才考能,实与名要相当

【原文】

文王问太公曰:"君务举贤,而不能获其功,世乱愈甚,以致危亡者,何也?"

太公曰:"举贤而不用,是有举贤之名,而无用贤之实也。"

文王曰:"其失安在?"

太公曰:"其失在君。好用世俗之所誉,而不得其真贤也。"

文王曰:"何如?"

太公曰:"君以世俗之所誉者为贤,以世俗之所毁者为不肖;则多党者进,少党者退。若是则群邪比周而蔽贤,忠臣死于无罪,奸臣以虚誉取爵位。是以世乱愈甚,则国不免于危亡。"

文王曰:"举贤奈何?"

太公曰:"将相分职,而各以官名举人。按名督实,选才考能,令实当其能,名当其实,则得举贤之道也。"

【译文】

文王问太公说:"虽然君主致力于举用贤能,却不能收到实效,而社会越来越动乱,以致国家陷于危亡,这又是什么道理呢?"

太公答道:"选拔出了贤能却不加以任用,这就是只有举贤的虚名,而没有用贤的实质。"

文王问道:"导致这种过失的原因是什么呢?"

太公答说:"导致这一过失的原因在于君主喜欢任用的往往是世俗所称赞的人,因而就得不到真正的贤人了。"

文王问道:"为什么要这样说呢?"

太公说:"君主以世俗所称赞的人为贤能,以世俗所诋毁的人为不肖,那么党羽多的人就会得到重用,党羽少的人就会遭受排斥。这样邪恶之人就会结党营私,并因此而埋没贤能,忠臣无罪却被置于死地,奸臣却凭借虚名骗取了爵位,所以社会就越来越混乱,国家也就

周文王

文王问道："那应该怎么举贤呢?"

太公答道："将相分工,根据各级官吏应具备的条件选拔贤能,再根据官吏的职责考核他们的工作业绩。选拔各类人才,应考查其能力强弱,使其德才与官位相称。这样才是掌握了举贤的原则和方法。"

【事典】

东汉王朝在起义军的打击下土崩瓦解后,人民迎来的并不是太平盛世,而是诸侯割据,群雄混战。在北方地区,曹操仅仅用了十几年的时间,就扫平了大小诸侯的割据势力,最终统一了北方。曹操能够统一北方的原因有很多,其中,他不拘一格地招揽和任用人才,无疑是最重要的一个因素。

在曹操的众多谋士中,很多人第一个想到的便是荀彧,说他是曹操的第一谋士。事实上,这一称呼他当之无愧,他为曹操制定了许多攸关成败的重大决策和计谋,为魏国的建立做出了巨大的贡献。

在曹操和荀彧之间,还有一个小故事。当年曹操带领三十万青州兵,想进军中原,一统天下。虽有兵有将却少了谋士,想了半天也找不到一个合适的人。于是他就去泰山请教一位高僧。高僧最后给了他一个锦囊,并且嘱咐他:"进兵中原的时候,如果有人骂你,你就拆开这个锦囊,那时候自有良将辅助你。"

曹操刚进兵中原,他的士兵就开始鱼肉百姓,老百姓苦不堪言。他进兵许昌的第二天早上,许昌城的四个城门上就都贴了一张纸,上书:曹操掠又抢,百姓苦难当,治军若不严,必然难久长。落款是:许昌荀彧。

一看到这张帖子,曹操大怒,没想到居然有人敢指名道姓地骂他,应该把这个人抓起来,让他看看自己的军威。就在这时,他突然想起高僧给他的那个锦囊,于是急忙拆开,里面是一张小纸条,上面写着:晌午才说话,日月叠相加,十天头长草,两撇把或拉,喜遇贝又臣,才过姜子牙。

这一看就是个字谜,曹操一边看,一边思考着这几句话说的是谁。突然,他灵光一闪:这首诗说的不就是荀彧嘛,原来这还是个才过姜子牙的人。

得知谜底后,曹操非常高兴,认为如果能够得到荀彧这个人才,成就统一大业便指日可待了。于是他立刻写了帖子派曹仁去请荀彧,但是却没有请来。荀彧看到曹操的帖子的时候,直接就放在了一边,心里嘀咕着:曹操啊曹操,我荀彧好歹也是个学富五车、才高八斗的人,怎么能被你轻易请了去。曹仁没有请到人,回去禀报曹操,然后想要派人把荀彧抓来。曹操立刻阻止了这种鲁莽的行为,亲自骑马去请,依旧是无功而返。曹操求贤若渴,于是又请了荀彧几次,结果还是徒劳无功。

日子一天一天过去了,曹操对荀彧朝思暮想,都快想出病来了。也许是他的真心感动了上天,老天决定给他一个机会。这天,曹操听说荀彧要去祭祖,立刻放下手头的事情,备了厚礼,骑着快马去了荀彧祭祖的家庙。曹操进入家庙的时候,荀或正在读书，但是他故意对曹操视而不见，曹操也不好意思打扰，就在一旁等着。忽然，荀彧手里的书掉在了地上。曹操立刻上前捡起来，双手奉上，然后说："久闻先生大名，我乃谯郡曹操，特来拜请，共扶汉室。"荀彧看了曹操一眼，然后傲慢地说："你找错人了，我是个山野村民，哪懂得治国之道？你还是另请高明吧！"曹操听后，更加诚恳地说："久闻先生有经天纬地之才、治国安邦之策，如今先生不愿与我共事，是怪我治军扰民，还在生我的气吗？"荀彧问道："你不怕我骂你吗？"曹操又诚恳地说："先生你骂得对，骂得好，让我知道了自己的愚钝之处，以后要多骂才是。"荀彧又推说有腿疾，走路不方便。曹操立刻牵来自己的坐骑，恭恭敬敬地让荀彧骑上，并且自己来牵马。这样，曹操终于把荀彧请到了自己的府中。

有了荀彧，曹操如虎添翼，力量更加强大起来。后来，荀彧又向他推荐了郭嘉、荀攸。这两人也都非常有谋略，他们都成了曹操的智囊。曹操没有亏待他们，任荀攸为军师，让郭嘉参与机要。后来，曹操每占领一处地方就遍访贤才，将有用的人收归到自己的旗下，壮大自己的队伍。曹操用人不拘一格，只要有才，他便任用，哪怕是曾经的敌人，如张辽、徐晃、张郃等人，后来也都成了曹操军中佐命立功的名将。他认为，国家战乱频繁，急需人才，如果过分拘泥于"世俗所誉"的品行，就会使"有治国用兵之术"的奇才异士埋没民间。他多次颁布求贤令，要求破除世俗，"明扬仄陋，唯才是举"。

曹操既有举贤之名，又有举贤之实，他能让这些人才的才华充分发挥出来。对于他们的建议，他会认真思考，即使最后没有采纳，也会给予鼓励。这样，曹操就能不闭目塞听，终于成就了一代霸业。

选才考能是关系到国计民生的大事，是国富民强的关键，不能等闲视之。名副其实的人才是团队的中流砥柱，所以选用人才的时候要特别慎重。三流的人才只能拥有三流的团队，一流的人才才能缔造一流的团队。萨耶·卢贝克公司在美国很出名，但是很少有人知道它的创始人理查德·萨耶是靠做小生意起家的。公司之所以后来发展得那么大，跟他善于发现和起用人才是分不开的。当然，这些人才都是名副其实的。

萨耶最开始的时候是在一条铁路上当运货代理商。那时的代理商有个共同的烦恼，就是你大老远把货物带过去，如果客户嫌货物不好，拒收，代理商就需要再把货物带回来。这样一来，代理商等于赔了笔运费。对此，萨耶很苦恼。一天，他灵机一动，想出了一个办法，就是用邮寄的方法将货物送给买主。这样，买卖双方都会很方便。

这种方式给萨耶带来了意外的成功，他的生意需要扩大规模。为了寻找到合适的人才，他用了五年的时间。"生意好做，伙计难找"，这句话不是没有道理的，激烈的商战中，好的人才就如同大海捞针一般难找。

终于苍天不负有心人，他遇到了一个叫卢贝克的人。刚开始的时候，两人聊了一会儿，就大有相见恨晚的感觉。

卢贝克热情地说:"我觉得你的想法非常好,坚持下去一定会前程远大。"

萨耶听到这个话很高兴,他感到眼前的这个人就是他日夜苦苦寻找的合作伙伴。于是他直接说道:"我有句话不知道该不该说,既然你觉得这一行很有前途,何不加入进来,我们一起干。"卢贝克看着热情的萨耶,两人隔着桌子拥抱在一起。这天开始,以两人姓氏为名的世界性的大企业"萨耶·卢贝克公司"就在拥抱中诞生了。

有了卢贝克的帮助,萨耶真是如虎添翼。二人紧密合作,公司第一年的营业额就比萨耶独自一人做的时候增加了将近10倍,达到了40万美元。第二年公司的发展更快,这是二人始料未及的。面对这一切,他们感到有点力不从心了。经过商议,他们决定为自己的生意找个经理人。

这时,萨耶·卢贝克公司的销售额已经达到了百万,为这样一个百万的生意找个经理人,比找好伙计难多了,因为这样的人必须是将相之才,即使有,也已经被其他人挖掘得差不多了。经过几番思虑,两人决定开阔视野,到一般的小商人行列中去找。

一次偶然的机会,萨耶发现了一个叫路华德的小布贩子,他的推销手段极为高明,于是,萨耶立刻和卢贝克一起去找他。见到路华德,萨耶开门见山地说:"我们想请你加入我们的生意,坦白地说,就是想请你去当总经理。"路华德要求给他三天的时间考虑一下。"可以是可以,但你要保证,在这个时间内不能接受其他公司的邀请。"萨耶严肃地说。事实证明萨耶的眼光非常不错,第二天就有两家化妆品公司请路华德去主持推销方面的业务,若不是有言在先,估计路华德就可能会成为其他公司的人了。

当上总经理的路华德为报答知遇之恩,天天废寝忘食地工作,做出了惊人的成绩。萨耶·卢贝克公司的生意越来越兴隆,在十年时间里,营业额就增加了600多倍。现在,该公司每年的售货额将近70亿美元,拥有30万员工。在零售业界,这简直是不可思议的天文数字。

其实,我们在选拔人才时只要能够做到识人公平、用人公正、惜才如命、爱才如子、彻底排除干扰、抛弃偏见、量才录用、知人善用,就能使我们的人才队伍"海纳百川有容乃大",真正实现英才辈出的目标。

【解读】

君子致力于举贤选能,却不能收到实效的原因是因为用世俗之誉取人,这样最终得不到实用的人才。要想让选用的人才名副其实,最好的办法就是"按名督实,选才考能,令实当其能,名当其实"。

赏罚十一：用赏者贵信，用罚者贵必

【原文】

文王问太公曰："赏所以存劝，罚所以示惩。吾欲赏一以劝百，罚一以惩众，为之奈何？"

太公曰："凡用赏者贵信，用罚者贵必。赏信罚必于耳目之所闻见，则所不闻见者，莫不阴化矣。夫诚，畅于天地，通于神明，而况于人乎？"

【译文】

文王问太公说："奖赏是用来鼓舞人的，惩罚是用来警示人的，我想用奖赏一人来鼓舞百人，惩罚一人以警示大众，那我应该怎么做呢？"

太公回答道："奖赏贵在守信，惩罚贵在必行。奖赏守信，惩罚必行，这些都是人们耳朵能听到、眼睛能看见的。即使没有听到和看见，也会因此而潜移默化地接受到。诚信于天地之间都能够畅行，还能上通于神明，何况只是对人呢？"

【事典】

齐威王是战国时期一位杰出的君主，他赏罚分明的故事，一直被人们传为美谈。

有段时间，齐威王总是听到他身边的人在议论两个人，一个是即墨大夫，一个是阿城大夫。他们总是赞扬阿城大夫如何好，而痛斥即墨大夫如何不好。他开始对这两个人感兴趣，于是偷偷派人去阿城大夫和即墨大夫那里进行了调查。结果和他听到的恰恰相反——"誉言日至"的阿城大夫原来是个贪官，而"毁言日至"的即墨大夫是个清正廉洁的好官。可是为什么人们要颠倒黑白呢？于是，他又让人做了进一步调查，结果却发现，说阿城大夫好的人都接受过他的贿赂。齐威王大怒，为了惩罚阿城大夫和这些人，就召集即墨大夫和阿城大夫到临淄城来。收到过阿城大夫好处的人都暗自高兴，觉得自己也一定会得到什么奖励。

即墨大夫和阿城大夫到来的那天，朝廷上百官齐聚。齐威王先召见了即墨大夫，然后当众说："自从爱卿到即墨任职。我天天都听到有人毁谤你。为此，我派人去调查，发现事实并不是他们说的那样。你所管理的地方，没有荒芜的农田，人民生活幸福富足，一片盛世。我还知道，你的名声之所以不好，是因为你没有奉承我身边的这些人，所以没人说你的好话，反而一直诋毁你。爱卿，我要好好奖赏你。"说完，当即宣布重赏即墨大夫一万户封邑。然后，齐威王又召见阿城大夫，脸色不悦地对他说："你在阿城任职期间，我几乎每天都能听见人们对你的赞扬。可是我派人秘密去调查,发现根本不是那么回事。你管理的地方人民贫困,土地荒芜。前些天赵国攻击鄄城,你不领军救援;卫国占领薛城,你又假装不知道。可见,我听到的那些赞美你的话都是你拿钱买来的。"说完后,就处置了阿城大夫以及那些收了他贿赂的人。这件事让朝廷上下大为震惊,尤其是贪官污吏,各个惊恐不安,生怕齐威王下一个处置的就是自己,而清廉的官吏都拍手称快。齐国的风气随即开始转变,能人云集,清廉正直之士增多,齐国渐渐变得更加强大。

齐威王在核准事实的基础上,对为官清廉、政绩突出者重奖,对不干正事、投机钻空者重罚。由于赏罚严明,因而收拢了民心,弘扬了正气,打击了歪风,换得了齐国的强大局面。一个身居九五之尊、一言九鼎的君主,在两千多年前就这样重事实、重调查、重赏罚,而且还能把三者的关系处理得如此纯熟、精到,是非常难能可贵的。

"赏贵信,罚贵行"不仅对于古代君主治理天下非常重要,对于现代的企业来说也是不可或缺的。只有这样才能让企业的员工对领导信服,尽心竭力为企业工作。

日本食品界有个著名的伊藤洋货行,最开始,这家洋货行是买卖衣料的。后来,它的生意做大了,又开始打入食品界。因为是刚刚进入,对食品行业不熟悉,公司内部也没有食品行业的管理人才,业绩便开始下滑。公司的创始人伊藤雅俊对此非常着急,他希望尽快改变这种情况,于是便费尽力气把东食品公司的岸信一雄挖了过来。岸信一雄确实非常有本事,来到伊藤食品行后,他重整了公司的食品部门,十年间使公司的业绩提高了数十倍,可谓是功勋卓著。

随着业绩和时间的增长,岸信一雄开始居功自傲,认为自己是公司的元老级人物,可以不必遵守公司的规章制度,这些制度都是制定给下级员工的。于是。他不仅对公司的规章制度不再遵循,而且对公司的改革也持敌对态度,公司的改革决策一到他那里就止步不前。后期的时候,他不仅自己不提高业绩,还对那些勤奋敬业的下属冷眼相对,嘲笑他们即使再干十年也休想获得成功。在他的影响下,很多下属对待工作没有了积极的心态,整个部门的工作效率直线下降,往日的生机勃勃变成了死气沉沉。

身为董事长的伊藤雅俊多次对他进行了批评,但是岸信一雄拒不接受。他觉得自己在公司里劳苦功高,别人没有资格批评他,就连董事长也是如此。最终伊藤雅俊忍无可忍,把他辞退了。

伊藤雅俊的做法在日本商业界引起了轰动,虽然很多人都知道岸信一雄在公司里飞扬跋扈,但还是觉得这位老臣为公司做出了巨大的贡献,就这么辞退他是不公平的。面对外界尖锐的质问,伊藤雅俊理直气壮地说:"秩序和纪律是我们企业的生命,我们不能因为他一个人而影响整个企业的战斗力!"这句话让很多人惊醒了,他们开始佩服伊藤雅俊的做法。作为企业的领导人,对于无组织、无纪律的人绝对不能姑息,不论他是谁,也不论他曾经作了多少贡献,必须赏罚分明。否则开了赏罚不公的先例,以后在很多地方就难以服众。若想让一个企业上下一心,就需要做到公平,该赏的赏,该罚的罚,不仅对下属有威慑力,而且也有很好的激励作用,这也是现代企业管理下属的一个原则。

【解读】

本节在一开始就写出了奖惩的目的是"存劝"和"示惩"。如果想达到这一目的,就务必要坚持赏罚的原则:赏贵信、罚贵必。

古人有云:无规矩不成方圆,就是说制度存在的必要性就是能够通过赏功罚过的规矩来制约和束缚组织成员错误的行为。赏罚是治理国家、管理人事最有效的措施。一方面,奖赏、褒扬可以起到很好的激励和嘉勉的效果,正如文中提到的"赏所以存劝",可以"赏一以劝百";另一方面,惩罚、制约则可以起到警戒的效用,只有"罚所以示惩",才可以做到"罚一以惩众"。至于具体到惩罚的措施,姜太公则认为应该做到"用赏者贵信,用罚者贵必",才能达到更好的实施效果。

兵道十二:兵胜之术,密察敌人之机

【原文】

武王问太公曰:"兵道何如?"

太公曰:"凡兵之道,莫过于一。一者,能独往独来。黄帝曰:'一者,阶于道,几于神。'用之在于机,显之在于势,成之在于君。故圣王号兵为凶器,不得已而用之。今商王知存而不知亡,知乐而不知殃。夫存者非存,在于虑亡;乐者非乐,在于虑殃。今王已虑其源,岂忧其流乎?"

武王曰:"两军相遇,彼不可来,此不可往,各设固备,未敢先发。我欲袭之,不得其利,为之奈何?"

太公曰:"外乱而内整,示饥而实饱,外钝而内精。一合一离,一聚一散。阴其谋,密其机,高其垒,伏其锐,士寂若无声,敌不知我所备。欲其西,袭其东。"

武王曰:"敌知我情,通我谋,为之奈何?"

太公曰:"兵胜之术,密察敌人之机而速乘其利,复疾击其不意。"

【译文】

周武王问太公说:"用兵的原则是什么?"

姜太公回答道:"一般用兵的原则,最重要的就是指挥上的高度统一。指挥统一,军队就能独往独来,所向披靡。黄帝说:'统一指挥符合用兵的规律,几乎可以达到神妙莫测的用兵境界。'运用统一指挥这一原则的关键在于把握时机,显示这一原则的关键在于利用态势,成功地利用这一原则的关键则在于君主。所以古代圣王称战争为凶器,只有在不得已时才会使用它。现在的商王只知道他的国家存在着,而不知道他的国家已面临危亡;只知道纵情享乐,而不知道他已大祸临头。国家能否长存,不在于目前是否存在,而在于能否做到居安思危;君主能否享乐,不在于眼下是否享乐,而在于能否做到乐不忘忧。现在您已考虑到安危存亡的根本问题了,那么其他小的细节问题还有什么好忧虑的呢?"

周武王接着又问道:"两军相遇,敌人不来进攻我,我也不去攻打敌人。双方都修建坚固的守备,谁都不敢贸然发起攻击。我想袭击他,但是没有有利的条件,这时候应该怎么办呢?"

姜太公回答说:"要假装外表混乱,而实际内部严整;假装外表缺粮,而实际储备充足;假装战斗力衰弱,而实际战斗力强大;使军队装作没有节制纪律,或合或离,或聚或散,以迷惑敌人。隐匿自己的计谋,掩饰自己的意图,加高巩固壁垒。埋伏精锐,隐蔽肃静,无形无声,使敌人无法知道我方的兵力部署。想要从西边发起攻击,则应先从东边进行佯攻。"

周武王再问道:"假若敌人已经知道我军的情况,了解我方的计谋,又该如何应对呢?"

姜太公回答说:"作战取胜的方法,在于周密地察明敌情,抓住有利的战机,在出其不意的情况下,给敌方以迅猛的打击。"

【事典】

公元 316 年十一月,司空刘琨发兵十万进攻山西沾县。当时,将军石勒正驻守在那里。得知情况之后,石勒立刻派兵抵抗。这时,他身边有个人对他说:"姬澹人多势众,兵强马壮,士气锐不可当。三军奋勇向前,所过之处,无不所向披靡。所以我们应该挖深沟,建高垒,用来挫败敌人的锐气,从而促使双方的攻守形势发生转变,这样我们一定能够打个大胜仗。"

石勒仔细想了想,然后说:"姬澹的部队远道而来,劳累不堪,现在已经是精疲力竭,看着人多,但大多是乌合之众,一战就会被打得落花流水,抱头鼠窜,根本就不是什么兵强马壮的精锐之师。现在,他们既然来到我们的面前了,我们就不能放弃这个打击敌人的绝好机会。何况我方的大军已经行动了,半途退回来算是怎么回事,会挫伤我军的锐气。如果姬澹此刻返回来袭击我们,我们就会陷入自顾不暇的困难境地。哪有时间修筑深沟高垒对付敌人呢?你说的话会让我军不战自乱。"说完,就下令杀了这个提建议的人,然后命令全军出击,下令凡是逃跑的人一律格杀。

石勒先派人抢先到山上布置疑兵迷惑姬澹的军队,又在侧翼埋伏了两支军队。然后他亲自率领骑兵正面迎战姬澹的大军。

两军刚刚交战,石勒就假装兵败后退。姬澹命令大军趁机追击,跑了一段路以后,石勒布置的伏兵前后夹击,姬澹的军队猝不及防,只好落荒而逃。

在此战中,石勒便是明察了姬澹大军的内部情况,对自己的军队做出相应的调整,最后取得了战争的胜利。

古今中外,很多人都是明察了敌人的内部情况之后取得胜利的,用兵要注意兵道,运用兵道就要想办法让自己的军队取得胜利,想让自己的军队取得胜利,"密察敌人之机"是一个重要的方法。其实"密察敌人之机"这一方法在现在的商战中也有颇多体现。具体地说,就是要明察竞争对手的弱点,快速做出应对之策,最终取得竞争中的胜利。

一提到可口可乐,大家立刻就会想到它的老竞争对手百事可乐。在20世纪的商战史上,没有比这两家可乐公司竞争得更激烈的了。最早,可口可乐以其独特的味道在饮料市场独树一帜,而百事可乐则如同一匹黑马一样突然杀了出来。百事可乐曾经以凌厉的价格攻势和广告宣传,让可口可乐一度失去部分市场。

二战以后,美国国内的变化很大。尤其是政治气候的变化引起了人民的心理变化,二战后成长起来的新一代青少年,萌生了强烈的叛逆思想。

对这种状况,百事可乐公司有所察觉,但是可口可乐忽视了,还是将自己的定位停留在欢乐、愉快、健康等老路子上,没有丝毫更新的想法。百事可乐此刻却在进行严密的市场调查,经过认真调查后,公司决定调整广告方向,不走原来的路子,而是向新的方向发展。因为许多迹象已经表明:谁能赢得青年一代,谁就会取得成功。对此,百事可乐确定了"百事可乐,新一代的选择"这一广告主题。

为了把新一代培养成百事可乐的忠实群体,百事可乐公司在大量的广告中重复着大批热血沸腾的年轻人形象,其中有一则广告最为典型:数百名大学生在大海中的皮筏上跳舞,一架直升机上的摄影机调焦放大镜头,发现这些大学生每个人手上都拿着一瓶百事可乐。他们对着太阳热情奔放地唱歌跳舞。然后,旁白出现:百事可乐是给那些"认为自己是年轻人"的人喝的。接着,大学生的歌声又清晰起来:今天生龙活虎的人们一致同意,认为自己年轻人是"百事可乐",他们选用正确的、现代的、轻快的可乐,认为自己是年轻的人现在就喝百事。这则广告在电台、电视台反复播放着,这一做法迅速扩大了百事可乐的知名度。因此到了二战后中期,美国平均年龄25岁以下的年轻人大部分迷上了百事可乐。

此后,百事可乐又进一步推出了"现在,百事可乐是年轻人的饮料"的广告口号,以及更富有诱惑力和鼓动性的"起来吧,你们是百事可乐年轻的一代"的震撼人心的口号,并耗费巨资请风靡全球的流行歌星迈克尔·杰克逊拍了两则广告片。随着广告片的播放,百事可乐的销量直线上升,取得了空前的佳绩,大批年轻消费者纷纷购买百事可乐,可口可乐被抢走了不小的市场份额。

竞争是残酷的,在竞争中取得胜利是困难的。要想取得竞争中的胜利,就要"密察敌人之机",把握住机会。

【解读】

本节论述了用兵的基本原则和方法,阐述了四点内容。分别是:集中兵力,集中指挥,行动一致;存时虑亡,乐时虑殃,灵活用兵,促使形势向有利于自己的方面转化;与势均力敌的敌人相遇,要懂得声东击西;兵贵神速,出其不意,即"兵胜之术,密察敌人之机"。

其中,"兵胜之术,密察敌人之机"是本节提出的一个重要命题。这句话的核心意思就是料敌虚实,明察战机,"而速乘其利,复疾击其不意"。历史上的石勒伏击姬澹一役就是正确运用这一原则的结果。

武韬第二：仿遣将用兵之术

本卷主要论述取得政权及对敌斗争的策略。强调在作战前必须先对敌我双方的情况了如指掌，进行比较，以己之长克敌之短，才能制胜，也就是所谓的知己知彼、百战不殆。本卷内容比较少，共分为《发启》《文启》《文伐》《顺启》《三疑》五章。认为："天下者，非一人之天下，乃天下人之天下也""天下者，非一人之天下，唯有道者处之"，旗帜鲜明地提出了争夺天下的战略目标，并指出战略的最高境界在于不战而屈人之兵，即"全胜不斗，大兵无创""善胜敌者，胜于无形，上战，无与战"。

发启第一：全胜不斗，大兵无创

【原文】

文王在丰，召太公曰："呜呼！商王虐极，罪杀不辜，公尚助予忧民，如何？"太公曰："王其修德，以下贤惠民，以观天道。天道无殃，不可先倡；人道无灾，不可先谋。必见天殃，又见人灾，乃可以谋。必见其阳，又见其阴，乃知其心。必见其外，又见其内，乃知其意。必见其疏，又见其亲，乃知其情。"

"行其道，道可致也；从其门，门可入也；立其礼，礼可成也；争其强，强可胜也。全胜不斗，大兵无创，与鬼神通，微哉！微哉！与人同病相救，同情相成，同恶相助，同好相趋，故无甲兵而胜，无冲机而攻，无沟堑而守。"

"大智不智，大谋不谋，大勇不勇，大利不利。利天下者，天下启之；害天下者，天下闭之。天下者，非一人之天下，乃天下人之天下也。取天下者，若逐野鹿，而天下皆有分肉之心；若同舟而济，济则皆同其利，败则皆同其害。然则皆有以启之，无有闭之也。无取于民者，取民者也；无取于国者，取国者也；无取于天下者，取天下者也。无取民者，民利之；无取国者，国利之；无取天下者，天下利之。故道在不可见，事在不可闻，胜在不可知，微哉！微哉！鸷鸟将击，卑飞敛翼；猛兽将搏，弭耳俯伏；圣人将动，必有愚色。"

"今彼殷商，众口相惑，纷纷渺渺，好色无极。此亡国之征也。吾观其野，草菅胜谷；吾观其众，邪曲胜直；吾观其吏，暴虐残贼。败法乱刑，上下不觉。此亡国之时也。大明发而万物皆照，大义发而万物皆利，大兵发而万物皆服。大哉！圣人之德,独闻独见。乐哉!"

【译文】

周文王在丰都召见姜尚,对他说:"唉!商纣王暴虐到了极点,任意杀戮无辜百姓,请您辅助我拯救万民,您看我应当怎么做?"

太公答道:"君主应修养德行,礼贤下士,施恩惠于民众,以观察天道的吉凶。当天道尚未出现灾害的征兆时,不可以先倡导征讨。当人道尚未出现祸乱时,不可以先谋划起兵。必须看到既出现天灾,又发生人祸的情况,这时候才可以谋划兴师伐罪;既看到他的公开言行,又了解他私下的秘密活动,才能知道一个人的真实想法;既看到他的外在表现,又了解他的内在,才能知道一个人的真实意图;既看到他疏远的是哪种人,又了解他亲近的是哪种人,才能知道一个人的真实情感。"

"实行吊民伐罪之道,就可以实现政治理想;遵循正确的路线,可以达到统一天下的目的;建立适当的制度,就能够获得成功;确立强大的优势地位,就可以战胜强敌。取得全胜却不是经过战斗,以大军临敌却没有伤亡,(能够达到这样的地步)真可谓是用兵如神了。微妙啊!微妙啊!和别人同疾苦而相互救援,同情感而相互保全,同憎恶而相互帮助,同爱好而追求共同的事物。这样就算没有军队也能取胜,没有冲车机弩也能向前进攻,没有沟堑也能防守阵地。"

"真正的智慧却显得仿佛没有智慧,真正的谋略却显得仿佛没有谋略,真正的勇敢却显得仿佛不勇敢,真正的利益却显得无利可图。为天下人谋福利的人,天下人都欢迎他;损害天下人的人,天下人都反对他。天下不是一个人的天下,而是所有人的天下。夺取天下,就像追逐野兽一样,天下所有人都有分割一份肉的欲望;这就好像是同坐一条船渡河一样,渡过河之后大家就都获得利益,失败了大家就都遭受灾难。这样做,天下人就会都支持他,而不会反对他了:不从民众那里掠取利益,实际上却能真正地从民众那里得到利益;不从别国那里掠夺利益,实际上却能从别国那里获得利益;不掠夺天下利益,实际上却能够从天下获取利益。不掠取民众的利益,民众的拥护就会成为他得到的利益;不掠取别国利益,别国的归附就是给予他的利益;不掠夺天下利益,天下就都拥护他,这是天下给予他的利益。所以,道的真正含义在于人看不见的地方,办事情重在人听不到的地方,胜利要发生在别人不可知的情况下。真是微妙啊!微妙啊!鸷鸟将要发动袭击时,会先收敛羽翼低飞;猛兽将要搏斗时,会先贴耳伏地;圣贤将要有所行动时,必定会先向人显示自己的愚笨。"

"现在的殷商,民众之中谣言四起,社会动荡不安,而纣王依然荒淫无度,这是国家要灭亡的征兆啊!我观察商朝的田地,野草盖过了禾苗;我观察商朝的大臣,奸邪之徒超过了忠直之士;我观察商朝的官吏,一个个都暴虐残酷,违法乱纪。这种危局出现,他们朝廷上下却依然没有察觉。这是到了该灭亡的时候了。旭日当空则天下万物都能普照阳光,正义所至则天下万物都能获得利益,大军兴起则天下万物都会归附。伟大啊！圣人的德行，独到的见地，这才是最大的欢乐啊！"

【事典】

武臣是秦末起义军领袖陈胜的部将，他在作战中曾经"传檄而定千里"，成为古代战争史上"全胜不斗"的典型事例。

陈胜起义大军攻下陈县（今河南淮阳）后，派武臣等将领率领三千多人北上攻占赵国土地。武臣等人所率领的军队所过之处所向披靡，攻城杀吏，势如破竹，接连攻下了十多座城池，队伍迅速地由三千多人壮大到十万人左右。因此，众人推举武臣为武信君，并且贴出告示，招降周围的其他郡县。虽然有些郡县投降了，但还是有些郡县誓死抵抗。范阳县令徐公缮甲厉兵，拒绝投降。

武臣等将领正为此头疼，这个时候，范阳人蒯通来到大营中，对武臣说他有办法让徐公投降。武臣请他快说办法，蒯通缓缓地说："将军作战，一般都是先打胜了然后占领土地，这不是上策。我有个办法，可以不用发动战争。只要一纸檄文就能得到一座城池。如今将军你要攻城的消息传到了范阳县令的耳朵里，他本来是个胆小如鼠、贪生怕死的人，而且城里也没有多少士兵。他们之所以继续坚持守城，是因为知道降也是死，战也是死，所以不肯投降。他们都知道，将军攻打前面十余座城池的时候，看见官吏就杀，看见士兵也杀。城里的百姓本来平时恨透了为非作歹的范阳县令，但是更害怕将军你攻占城池后会屠城，所以就跟士兵们一起血战到底。"

武臣听后，点点头说："那请问先生我该如何做呢？"

其实将军可以不费一兵一卒就将范阳县拿下。请将军下令赦免范阳县令，而且赐予他爵位，他一定会高兴地打开城门相迎，然后将城池交到您的手中。此后，将军你可以让范阳县令到周围的地区去游说，那么周围的郡县肯定会争先恐后地前来归降。这样将军便可不攻而取城，不战而服人，这就是所谓的传檄而定千里之计。如果将军依旧采取攻取前十座城池那样的做法，那么不但范阳，还有其他地方也都会变成金城汤池，将军即使能够攻取，恐怕也要付出很大的代价。"

武臣觉得有理，决定依计而行。这一做法果然立竿见影，范阳县令立即开城迎接武臣的大军。武臣让他去招降其余地区，沿途诸城望风而降。不到十天时间，就平定了三十余城。

蒯通这一妙计果真让武臣的军队不费吹灰之力就收降了数十座城池，可见这"全胜不斗"之机的确高明。而要想实施这一妙计，前提是需要指挥者在战事开始之前对敌方有比较客观而全面深入的了解和分析。战争的胜败与否，根本并不在于兵将的多寡和工事的强弱，而在于战略和战机的把握。充分了解和掌握敌方的优劣方面后，再权衡应该力战还是智取，最后再把握有利时机，坚定必胜的信念，做到"大智不智，大谋不谋，大勇不勇"，以达到"全胜不斗，大兵无创"的目的，这才是兵家用谋的至高境界。

诸葛亮也是一位善于用谋的韬略家,正是由于他总是善于运用"全胜不斗"的策略,才使得蜀国从一个兵少将寡的地方政权变成可以与魏、吴抗衡的三国之一,并威胁魏国达数十年之久。

公元219年,曹操统率大军兵临汉水,准备进攻驻扎在此处的刘备大军。刘备手下战将赵云领兵退守汉水西岸,与曹操大军隔水对峙。

当时,曹刘两军相距很近,蜀国军师诸葛亮观察汉水地形时,发现上游有一片土山,可以埋伏千余人,便令赵云带兵到那里去埋伏,嘱托他一旦听到擂鼓放炮的声音,就率领士兵喊杀,但只是喊战而不许出战。

当晚,诸葛亮等待曹营的灯火全部熄灭后,就给埋伏在山里的赵云燃放信号炮,要他做出夜袭曹营的样子。赵云得令后,立刻遵照诸葛亮先前指示的去做。刹那间,鼓声、炮声、喊杀声充斥了整个山谷水岸。此时,曹军大营的将士们刚刚休息,听到外面喊杀声震天,以为刘备的军队来夜袭了,马上起来准备迎战。但是起来之后却不见刘备大军迎上来,惊慌过后的曹军又回营休息。过了一会儿,外面又开始杀声震天,曹军又开始备战,却又不见风吹草动。就这样,赵云的伏兵一晚上折腾了好几次,把曹军个个都折腾得疲惫不堪。

一连三夜如此,曹操惊疑不定,只好拔寨退兵三十里。就这样,刘备大军除了一些信号炮等"道具"以外,没有损伤人马就逼退了曹操几十万大军,为后来智取汉中奠定了坚实的战略基础。

诸葛亮在大敌当前的情况下,没有

赵云

派遣一兵一卒出战,仅仅采取了扰敌、惑敌、疲敌之计,就让曹操退兵三十里,果然是善于谋算。其实这只是诸葛亮运用此计的战事之一,在后来的骂死王朗以及与司马懿的几次对决中,诸葛亮也都运用了这一计谋。

【解读】

本节论述了讨伐商朝的韬略,供统治者吊民伐罪、夺取天下。全篇可分为六个要点:一是对内"修德,以下贤惠民,以观天道"。二是正确认识战略形势,把握战略时机是否成熟。三是强调"全胜不斗,大兵无创",即不通过战争就能屈人之兵。四是统治者要想夺取天下,就必须重视收揽民心,与民同利。五是有所图谋时要隐藏自己的战略企图,"大智不智。大谋不谋""圣人将动,必有愚色"等等。六是指出殷商已经出现了亡国之征兆,此时出兵就会达到"大明发而万物皆照,大义发而万物皆利,大兵发而万物皆服"的效果,进而夺取天下。

在策略和基调都规划完善的基础上,姜太公又颇有见地地提出了"全胜不斗,大兵无创"的作战战略,立意高远,与当时的战略形势十分契合。这种作战用兵的战略和后面的"无甲兵而胜,无冲机而攻,无沟堑而守"的提法是相通的。这里所强调的"全胜不斗"是说完全的胜利不需要通过战斗来实现,它与孙子的著名观点"不战而屈人之兵"是一样的,意思是以实力仵为后盾,不通过直接交战就使敌人臣服。

文启第二:效法自然,清静无为

【原文】

文王问太公曰:"圣人何守?"

太公曰:"何忧何啬,万物皆得;何啬何忧,万物皆道。政之所施,莫知其化;时之所在,莫知其移。圣人守此而万物化,何穷之有?终而复始。优之游之,展转求之。求而得之,不可不藏;既以藏之,不可不行;既以行之,勿复明之。夫天地不自明,故能长生;圣人不自明,故能明彰。"

"古之圣人,聚人而为家,聚家而为国,聚国而为天下。分封贤人,以为万国,命之曰大纪。陈其政教,顺其民俗,群曲化直,变于形容。万国不通,各乐其所,人爱其上,命之曰大定。呜呼!圣人务静之,贤人务正之;愚人不能正,故与人争。上劳则刑繁,刑繁则民忧,民忧则流亡。上下不安其生,累世不休,命之曰大失。"

"天下之人如流水,障之则止,启之则行;动之则浊,静之则清。呜呼!神哉!圣人见其所始,则知其所终。"

文王曰:"静之奈何?"

太公曰:"天有常形,民有常生。与天下共其生,而天下静矣。太上因之,其次化之。夫民化而从政,是以天无为而成事,民无与而自富。此圣人之德也。"

文王曰:"公言乃协予怀,夙夜念之不忘,以用为常。"

【译文】

文王问太公:"圣人是如何治理天下的?"

太公回答说:"无须忧虑什么,也无须阻止什么,天下万物就能各得其所;不去制止什么,也不去忧虑什么,天下万物就会繁荣滋长。政令的推行,要使民众在不知不觉中受到感化,就像时间在不知不觉中自然推移那样。圣人就是遵循这一原则治理天下的,所以在这种原则的施行下,天下万物被潜移默化,然后周而复始,永无穷尽。这种从容悠闲无为而治的政治,君主必须反复探求。如果已经探求到了,就不可不藏于心中;如果已经藏于心中,就不可不贯彻执行;如果已经贯彻执行,就不必将其中的奥秘明告世人。天地不宣告自己的规律,但是万物还是按其规律生长着;圣人不炫耀自己的英明,终究还是可以成就辉煌的功业,说的就是这个道理。"

"古代的圣人,把人们聚集起来组成家族,聚集的家族多了然后组成国家,聚集成国家而后又组成了天下。把诸侯国分封给有贤能的人,上面的一切可以称为治理天下的纲纪。宣扬他的教化,顺应民俗。把邪曲的转化为正直的,改变他的形象。各国的习俗虽然不同,但能使民众安居乐业,人人尊敬爱戴君主,这就叫作天下大定。唉!圣人致力于清静无为,贤君致力于端正身心,愚昧的君主不能端正身心,所以会与民众抗争。君主政令繁多,就会导致刑罚严酷、繁杂,刑罚严酷、繁杂就会造成民众忧惧,民众忧惧就会流散逃亡。上下不安生业,社会长期动乱不休,这就叫作政治大失。"

"天下人心的向背如同流水,阻塞它就停止,开放它就流动,搅动它就混浊,安静它就清澈。唉!真是神妙啊!只有圣人才能看到它的萌芽,并进而推断出它的结果。"

文王问:"怎样能让天下清静呢?"

太公回答:"天有固定的运行规律,民众也有一定的生活方式。君主能和天下民众共安生计,那么天下就自然清静无事。最高明的就是顺应民意,其次是教化民众。民众被教化就服从政令。所以天道无为而生化万物,民众没有多余的负担就可让自己变得富有,这就是圣人施行的德政。"

文王说:"您说的正合我意,我一定要日夜铭记,把它当作治理天下的根本原则。"

【事典】

公元 25 年夏,刘秀称帝。第二年定都洛阳,建立东汉政权。刘秀在位期间,以"柔道"治理天下,采取一系列改革措施,恢复发展社会生产,缓和西汉末年的政治危机。

公元 26 年至 38 年,刘秀颁布六道释放奴婢的诏令,规定战争期间被卖为奴隶者免为庶人,未释放的官私奴婢必须有基本的人身保障。建武十一年,他连下三次诏令,规定杀奴婢者不得减罪,炙灼奴婢者依法治罪,免被炙灼的奴婢为庶人,废除奴婢射伤人处极刑的法律。奴婢的地位较之从前有了很大的提高。同时,他还多次释放刑徒。

另外,刘秀还注意施行与民生息的政策,首先是薄敛赋。恢复西汉较轻的田税制,实行三十税一。然后是抑武修文,不尚边功,开始重文轻武,尽量避免战争。建武二十一年,西域鄯善、车师等十六国"皆遣子入侍奉献,愿请都护。帝以中国初定,为邀外事。乃还其侍子,厚加赏赐"。建武二十七年,功臣朗陵侯臧宫、扬虚侯马武上书:请乘匈奴分裂、北匈奴衰弱之际发兵击灭之,立"万世刻石之功"。光武帝下诏说:"今国无善政,灾变不息,人不自保,而复欲远事边外乎!……不如息民。"

与此同时,他为了抑制豪强势力,还实施了度田政策。因为东汉是在豪强势力的帮助下建立起来的,豪强势力非常庞大,他们拥有大量的土地,不仅影响百姓的生活,还影响皇权。为了加强朝廷对全国垦田和劳动力的控制,减轻赋税徭役负担,光武帝命令郡县丈量土地,核实户口,作为纠正垦田、人口和赋税的标准。诏令下发之后,遇到豪强势力的强烈抵制,最终还引发了暴乱,度田政策失败,但是却给予了豪强势力沉重的打击。

光武帝刘秀所实行的各项政策措施,既维护了东汉封建统治,也维护了国家统一,他兢兢业业,勤于政事,使东汉初年国家出现了社会安定、经济恢复、人口增长的局面。《后汉书》作者范晔这样评价道:"虽身济大业,兢兢如不及。"

无为而治就是让事物按照自身的必然性自由发展,使其处于符合道的自然状态,不对它横加干涉,不以有为去影响事物的自然进程。光武帝的一系列措施便是抓住了事物的自身规律任其发展,最终出现了"光武中兴"的繁荣局面。

无为而治对于现在的企业来说也是有一定的作用的,"无为"并非什么都不做,而是要遵循大千世界的规律,尊重人的个性,有所为有所不为,这是一种独特的思维方式。

西安杨森是我国著名的一家制药公司,公司里面有众多的人才。优厚的待遇是西安杨森吸引和招聘人才的重要手段,而不断丰富的工作意义、增加工作的挑战性和成功的机会,则是公司善于使用人才的关键所在。

公司创建初期,主要依靠的是销售代表的个人能力,他们四处撒网,孤军奋战,对员工则是采用个人激励的机制。经过研究,公司决定从"人员—职位—组织"匹配的原则出发,选用那些具有冒险精神、勇于探索、争强好胜,又认同企业哲学、对企业负责的人作为企业的销售代表。这些人主要是医药大学应届毕业生和已有若干年工作经验的医药代表,他们跑业务非常合适,而且会给公司做很好的宣传。让他们跑业务是利用了他们的长处,也符合他们自身的优势。

此时,为了鼓舞士气,西安杨森开始大力宣传以"鹰"为代表形象的企业文化,"鹰是强壮的,鹰是果敢的,鹰是敢于向山巅和天空挑战的,他们总是敢于伸出自己的颈项独立作战。在我们的队伍中,鼓励出头鸟,并且不仅要做出头鸟,还要做搏击长空的雄鹰。作为企业,我们要成为全世界优秀公司中的雄鹰。"这样宣传下来,公司所有的人精神振奋,努力工作,为西安杨森做出了不小的贡献。

企业管理上,"无为"的思想就是说领导者的行为要顺应人、自然、社会发展的规律,并按照规律去制定相应的法律、制度,不轻易变更;人们在这样的法律、制度下,尽情发挥自己的聪明才干,努力去做,这就是"无为"。

【解读】

这节体现了道家清静无为的思想。文王问太公圣人是如何治理天下的,太公借机启发文王推行效法自然、无为而治的政策。"政之所旋,莫知其化;时之所在,莫知其移"。只要顺乎自然,合乎民心,就可以长治久安。无为而治是道家的主张,所以在下面的谈话中,太公还提到了"静"的学问,也就是道家清静无为的治国思想。

本篇中提到的治理天下除了顺应民意外,还需要教化民众,民众被教化就会服从政令。他把"天无为而成事,民无与而自富"看作圣人的德行,勉励文王像圣人一样治理国家。汉朝的"光武中兴"就是采用了清静无为的治国思想。

文伐第三:不战而屈人之兵

【原文】

文王问太公曰:"文伐之法奈何?"

太公曰:"凡文伐有十二节:

一曰:因其所喜,以顺其志。彼将生骄,必有奸事。苟能因之,必能去之。

二曰:亲其所爱,以分其威。一人两心,其中必衰;廷无忠臣,社稷必危。

三曰:阴赂左右,得情甚深。身内情外,国将生害。

四曰:辅其淫乐,以广其志,厚赂珠玉,娱以美人;卑辞委听,顺命而合,彼将不争,奸节乃定。

五曰:严其忠臣,而薄其赂,稽留其使,勿听其事。亟为置代,遗以诚事,亲而信之,其君将复合之。苟能严之,国乃可谋。

六曰:收其内,间其外。才臣外相,敌国内侵,国鲜不亡。

七曰:欲锢其心,必厚赂之。收其左右忠爱,阴示以利,令之轻业,而蓄积空虚。

八曰:赂以重宝,因与之谋。谋而利之,利之必信,是谓重亲。重亲之积,必为我用。有国而外,其地大败。

九曰:尊之以名,无难其身,示以大势,从之必信。致其大尊,先为之荣,微饰圣人,国乃大偷。

十曰:下之必信,以得其情。承意应事,如与同生。既以得之,乃微收之。时乃将至,若天丧之。

十一曰:塞之以道;人臣无不重贵与富,恶死与咎。阴示大尊,而微输重宝,收其豪杰。内积甚厚,而外为乏。阴纳智士,使图其计;纳勇士,使高其气。富贵甚足,而常有繁滋。徒党已具,是谓塞之。有国而塞,安能有国。

十二曰:养其乱臣以迷之,进美女淫声以惑之,遗良犬马以劳之,时与大势以诱之,上察而与天下图之。

十二节备,乃成武事。所谓上察天,下察地,征已见,乃伐之。"

【译文】

文王问太公说:"不用武力打击敌人的方法都有哪些?"

太公答道:"文伐的方法有十二种:

一是依照敌人君主的喜好,顺从他的志愿。这样,他就会滋长骄傲情绪,而肯定去做邪恶的事情。如果我再因势利导,就必定能把他除掉。

二是亲近拉拢敌君的近臣,以分化敌国的力量。敌国近臣如怀有二心,必然降低忠诚程度。敌国朝中没有忠臣,他的国家必定面临危亡。

三是暗中贿赂敌国国君身边的臣子,加深与他们的友情。他们身在朝廷心却在其他国家,那么敌国必将发生祸患。

四是助长敌国国君荒淫享乐,扩张他极端的欲望,用丰厚的珠宝贿赂他,用美女取悦他。对他说话的时候言辞谦卑,假意逢迎。这样他就不会再跟我国斗争,而会纵容、发展自己的奸邪行为。

五是尊敬敌国的忠臣,送给他们微薄的礼物用来贿赂,他出任使者前来交涉时,故意加以拖延,而对所交涉的问题不予答复,极力促使敌国国君改派使者,然后再诚心解决所交涉的问题,向他表示亲近以取得他的信任,从而使敌国国君弥合与我国的关系。这样用不同的态度对待敌国的忠臣和奸佞,就能够离间敌国君臣之间的关系,从而可以谋取敌国了。

六是收买敌国内部的大臣,离间敌君与统兵在外的大臣的关系,使其有才干的大臣里通外国,造成敌国内部自相混乱的状况,这样敌国就很少有不灭亡的。

七是要使敌国国君对我深信不疑,就必须赠送大量礼物加以贿赂,同时收买他左右的亲近大臣,暗中给他们好处,使其君臣忽视生产,财粮匮乏,国库空虚。

八是用贵重的财物来贿赂敌国国君,并跟他一起谋划事情。谋划的事情对他有好处,他知道事情对他有好处,就必然会相信我们,这就叫作更加亲近友好。更加亲近友好累积多了,敌国自然会被我国所用,他拥有国家却被外国利用,他的国土必定会受到侵占。

九是用煊赫的名号尊崇他,不让他身临危难,给他以势倾天下的感觉,顺从他的意志以博取他的信任,使他居于至高无上的地位;先夸耀他的功绩,再恭维他德比圣人,这样他必然会狂妄自大而荒废政事了。

十是对敌君要假意卑微屈从,这样必然获得他的信任从而获得他的情谊。秉承他的意志顺从他的要求,就像兄弟一般亲密。获得他的信任之后,就可以微妙地加以控制利用。一旦时机成熟,就可以像得到神助似的轻而易举把它消灭。

十一是使用各种方法闭塞敌国国君的视听。做臣子的,没有人不看重地位的尊贵和物质的富有，他们都是厌恶灾祸和死亡的。所以暗中许诺高贵的地位，并且秘密给他们贵重的宝物，拉拢敌国的英雄豪杰。虽然国内积蓄非常丰厚，但是要对敌国装出贫乏的样子。暗中将敌国的贤能之士拉拢过来，让他们为我图谋大业。暗中拉拢敌国的勇士，用来提高我军的军威，让他们足够富贵，并经常给他们增加财富。敌国的贤士勇士都被我国拉拢过来，这就叫作闭塞敌国国君的耳目。虽然他还统治着国家，但是视听已经被闭塞，这种统治如何能够维持下去呢？

十二是扶植敌国的奸臣，让他们来惑乱敌国国君；进献美女和淫乐，来迷惑敌国国君的意志；赠送良犬骏马，让敌国国君沉迷其中身心疲惫；经常给他讲形势大好的空话，来诱使他忘记忧患。这样，我看到时机成熟了，就可以号召天下来夺取敌国。

十二种方法使用之后，就能发动军队了。这就是所谓的观察天时、地利和人和等各种要素后，（确切判断出）各种征兆已经显现表明万事俱备了，就可以发动军队征讨了。”

【事典】

公元 189 年，董卓率兵占领了洛阳，废掉了当时的皇帝汉少帝，把一个九岁的孩子推上了皇帝的位置，这就是汉献帝。汉献帝还小，根本不懂朝廷权术，朝中的一切大权都由董卓一人独揽。董卓阴狠狡诈，滥杀无辜，而且野心勃勃。满朝文武都很担心，朝政由董卓这个奸臣把持，最终江山可能就要姓董了。但是董卓的势力庞大，身边还有个骁勇无比的义子吕布，正面攻击的话，恐怕朝廷上下无人能敌。

当时，有一位官员叫作王允，他家世代在朝为官，对大汉朝一片赤诚。他在朝廷中的威望很高，任职大司徒。他表面对董卓言听计从，实际上却对其恨之入骨，时刻想着如何才能将其除掉。

这天，王允正在为除掉董卓的事情发愁，突然看见了自己府里的歌姬貂蝉。貂蝉从小就被他买回来，因为聪明伶俐、姿色出众，被王允当做义女养着。如今，貂蝉已经出落得亭亭玉立，倾国倾城，王允见此情形突然心生一计。

一次，王允举行私人宴会，专门让吕布来参加，然后在宴会上提出要把自己的女儿貂蝉许配给吕布。吕布一见有倾城之貌的貂蝉，立刻同意了，并确定了择日成婚。第二天，王允又把董卓请到家里来，然后故意让貂蝉在董卓面前献舞。董卓一看这位绝色佳人，马上就心动了。王允借机说："如果董太师喜欢，我就把貂蝉送给你了。"董卓非常高兴地接受了，并且很快把貂蝉带进了自己的府中。吕布听闻此事后，向王允要人。王允说是董卓看上了貂蝉，强行带回了自己府中。吕布一听，立刻对董卓有了怨恨，心里大骂董卓夺人所爱。最终，在王允的挑拨之下，吕布杀了董卓。

貂蝉离间了董卓跟吕布的关系，最终使二人反目成仇，借吕布的手杀了董卓，也就是文中所说的"进美女淫声以惑之"。事实上，文中的十二种计谋都能暗中瓦解敌国的势力,最终为本国军队奠定取得决战胜利的基础。

【解读】

文伐——以文事伐人,不用交兵接刃而伐之也。用政治、外交手段让敌人屈服,而不是靠军事手段。本篇列举了十二种进行"文伐"的方法,阐述了如何不战而屈人之兵的道理。这十二种方法包括古代国家外交、政治斗争的各种权谋诡诈手段,可以说是无所不用其极,用这些方法扩大敌人内部矛盾,分化、瓦解和削弱敌人。这些都是春秋战国时期斗争经验的教训和总结,也是国与国之间争斗诡计权谋的总结。这些计谋运用之后,最终就可以"十二节备,乃成武事"了。

文伐起到的作用实际上是为最终用军事手段消灭敌人创造条件。敌力强大之时不能直接进攻,而要争取机会,采用能够瓦解他们斗志、制造他们分裂的方法,而能够达到这个目的的最好方法就是"美人计"。"王允计杀董卓"的故事就是"美人计"的经典运用案例。

顺启第四:天下者非一人之天下,惟有道者处之

【原文】

文王问太公曰:"何如而可为天下?"

太公曰:"大盖天下,然后能容天下;信盖天下,然后能约天下;仁盖天下,然后能怀天下;恩盖天下,然后能保天下;权盖天下,然后能不失天下;事而不疑,则天运不能移,时变不能迁。此六者备,然后可以为天下政。"

"故利天下者,天下启之;害天下者,天下闭之。生天下者,天下德之;杀天下者,天下贼之。彻天下者,天下通之;穷天下者,天下仇之。安天下者,天下恃之;危天下者,天下灾之。天下者,非一人之天下,惟有道者处之。"

【译文】

文王问太公说:"怎样才能把天下治理好呢?"

太公说:"器量盖过天下,然后才能包容天下;信守遍及天下,然后才能约束天下;仁爱施行天下,然后才能怀柔天下;恩惠遍及天下,然后才能保有天下;权威覆盖天下,然后才能不失去天下;遇到事情不犹豫不决,那么天道运行和时势变化就不会改变天下。这六个条件都具备了,然后就可以治理天下。"

"所以,为天下人谋利益的,天下人就欢迎他;使天下人受祸害的,天下人就反对他;使天下人遭到杀戮的,天下人就仇视他的残暴;顺应天下人意愿的,天下人就归附他;造成天下人贫困的,天下人就憎恶他;使天下人安居乐业的,天下人就把他

当作依靠；给天下人带来危难的，天下人就把他看成灾星。所以说，天下不是哪一个人的天下，只有道德高尚的人，才能拥有治理天下的权利。"

【事典】

罗马帝国克劳狄乌斯王朝最后一位皇帝尼禄·克劳狄乌斯·恺撒就是罗马史上出名的暴君，曾有人称他是"和血的泥巴"。

尼禄自继位以来，就奉行"君主所为，尽皆合法"的原则，给自己荒淫无度的生活找了一个很好的理由。宫廷甚至罗马的街道都是他寻欢作乐的地方。他长大后，为了夺回权力，居然狠心地谋杀了自己的母亲。

罗马在公元 64 年发生了一场空前的火灾，大火吞噬了罗马十个区（当时罗马只有十四个区），有三个区变成了焦土。大火持续了九天，哀鸿遍地，尸横遍野。但是尼禄没有对他的人民表现出关心，而是借此大发国难财。他命令人民为他修建新的宫殿，并且用了大量的珠宝装饰宫殿的内部，其中，餐厅的天花板居然是用象牙镶边的，而且可以转动，这样就可以从宫殿的上方撒花。宫殿的浴室也大兴土木地修葺了一番，里面有河水也有海水。当宫殿完成的时候，他满意地欣赏着这座宫殿，然后说："这才像个人住的地方。"可见他的生活是多么奢侈。

尼禄的奢侈让人难以承受，他的荒淫无度更是罗马前所未有的。

尼禄自己荒淫无度，而对他的臣民却异常残酷。公元 65 年，罗马贵族阶层组成了以富有声望的盖乌斯·卡尔普尔尼乌斯·皮索为首的刺杀尼禄的集团。最终刺杀失败了，尼禄没有思考为何别人要刺杀他，而是对这个集团的人残酷地追杀，甚至几位元老院的元老也被他下令自尽。

在敛财上，尼禄更是一把好手。国库没钱了，他就扣发士兵的粮饷，后来又以种种理由没收人民的财产。另外，为了更快地敛财，他还增加了很多种税收科目。

尼禄的种种行为引起了人民的频频暴乱，尼禄对此却毫不在意。这种昏庸无能的皇帝必然会众叛亲离。尼禄怎么也没有想到，一向被他视为心腹的近卫军居然也背叛了他。近卫军的长官看见他已经大势已去，干脆投靠到反对的阵营中。一向唯元首之命是从的元老院，面对既成事实，也宣告尼禄为人民公敌，要对他处以死刑。

这时，尼禄已经无路可走了，他从罗马逃出来以后，在自己城郊的住宅自杀了，在自杀之前他还没有悔悟，而是叹息一个伟大的艺术家要死了。

尼禄到死都不知道悔改，他如同一个跳梁小丑一般结束了他"伟大的艺术家"的一生。天下不是君主一个人的天下，而是所有人的天下。"水能载舟，亦可覆舟"，百姓的力量是伟大的，不可以忽视。君主治理国家千万不可荒淫无度、暴虐不堪，而是要以"礼"教化天下，以保境安民为己任。

在现代，这一内涵的意义可以引申到一个公司，或者一个集体。如果这个公司或者集体的领导者有"道"，那么就一定会发展壮大，否则，就会灭亡。

图文珍藏版

美国德州仪器公司，是全球第一的数字信号处理（DSP）和混合模拟技术的供应商。该公司的董事长兼首席执行官安吉伯谈到管理经验的时候说过："作为一个非常好的领导者，首先，要有清楚的战略，让每个人都知道你要去哪里，知道你的目标是什么，当然你要很好地与别人进行沟通；其次，要让别人追随你，相信你的策略，做一个有自信的领导人；第三，要建立你的执行能力。作为首席执行官，面临的一个挑战就是继续发展自己组织的领导阶层，要注意给他们一些不同的经验，来驱动员工做一些事情。一个首席执行官最重要的任务之一，就是要让每一个人都成为领导者。"

安吉伯认为，对于自己的员工，一定要诚实，与员工心心相印，你掏心掏肺地对待别人，别人才能跟你走。领导者和员工说话，也不要用命令的方式，那样的话，员工的心里就很不愉快，要让员工主动为你效劳，觉得为你效劳是他的荣幸。对此，安吉伯解释说："你必须要让你的员工在工作的时候感觉很愉快，不然他们不会让你的客户感觉愉快。因此，你要知道照顾你的员工。告诉他们你将带领这家公司朝一个什么方向去走。"而且安吉伯认为，一个公司不能有官僚倾向是一件很重要的事情，这样才能取得一定的效果。

"善待员工"是安吉伯的管理思想，他将这个思想贯穿企业管理的始终，让一个别人认为是垃圾的公司又焕发出了勃勃生机。

【解读】

本节中，太公认为国君应具备"大、信、仁、恩、权、事"这六个方面的素质与能力，这六个方面是取天下而"为天下政"的六个条件，为治理国家提供了全方位的参考和依据。然后，太公又从利与害、生与杀、彻与穷、安与威四个方面对比，最终得出"天下者，非一人之天下，惟有道者处之"的结论。

三疑第五：因势利导，慎用计谋，巧用钱财

【原文】

武王问太公曰："予欲立功，有三疑：恐力不能攻强、离亲、散众。为之奈何？"

太公曰："因之，慎谋，用财。夫攻强，必养之使强，益之使张。太强必折，太张必缺。攻强以强，离亲以亲，散众以众。"

"凡谋之道，周密为宝。设之以事，玩之以利，争心必起。欲离其亲，因其所爱，与其宠人，与之所欲，示之所利，因以疏之，无使得志。彼贪利甚喜，遗疑乃止。"

"凡攻之道，必先塞其明，而后攻其强，毁其大，除民之害。淫之以色，啖之以利，养之以味，娱之以乐。既离其亲，必使远民，勿使知谋。扶而纳之，莫觉其意，然

后可成。"

"惠施于民，必无忧财。民如牛马，数馈食之，从而爱之。

"心以启智，智以启财，财以启众，众以启贤。贤之有启，以王天下。"

【译文】

武王问太公说："我想要建立功业，但是有三个疑虑：害怕自己的力量不足以攻击强大的敌人、不足以离间敌国的君臣、不足以离间敌国的民众，我该怎么办呢？"

太公说："首先是因势利导，其次是慎用计谋，最后是使用钱财。进攻强大的敌人，一定要怂恿他，使其恃强骄横；放任他，使其猖狂自大。敌人过于强横，必定会遭到折损；过于狂妄，必定会导致失误。要进攻强大的敌人，必先助长它的强暴；要离间敌人的亲信，必先收买敌人的心腹；要瓦解敌人的军队，必先争取敌国的民心。"

"凡是谋划的计谋，考虑周全而思维缜密是最重要的。承诺给敌人官位和权力，给他钱财和利益，他们之间一定会为了争夺这些利益起内讧。打算离间敌人君臣之间的关系，就投其所好，给他想要的东西，给君主宠爱的人好处，给他喜欢的东西，给他有利益的东西。这样他们就疏远君主，不能有所作为。他们因为得到我们给予的好处而非常高兴，就不会对我们的图谋产生疑虑了。"

"大凡进攻敌人的方法，一定先要蒙蔽其君主的耳目。然后再进攻他强大的军队，摧毁他庞大的国家，以解除民众的痛苦。蒙蔽敌国君主的做法是：用女色腐蚀他，用丰厚的利益引诱他，用珍馐美味让他娇养，用淫乐迷乱他。这样做已经离间了他的亲信臣子，还需要进一步使他疏远自己的民众，不让他知道我们的计谋，把他推入我们的圈套，而没有觉察到我们的意图。这样我们就算是大功告成了。"

"给予民众恩惠，一定不能吝啬。民众就如同牛马一样，常常喂养他们，他们就会爱戴拥护你。"

"心灵可以产生智慧，智慧可以产生财富，财富可以养育民众，民众中可以涌现贤才。大批贤才涌现，就可以辅佐君主统治天下。"

【事典】

战国时期，匈奴十分强悍，他们经常派兵骚扰中原地区，掠夺中原人民的财物。秦始皇统一六国后，派大将蒙恬北击匈奴，匈奴被打得大败而归，势力遭到严重的削弱，于是只能继续往北方迁徙。秦始皇去世以后不久，朝廷开始不稳定，中原混乱，统治者为了争权夺利，根本不关心外敌。所以经过多年的休养生息，匈奴又逐渐变得强大起来。当时匈奴的头目叫作头曼，他非常偏爱后妻阏氏所生的儿子，而对自己其他的儿子不是很喜欢，所以打算废掉当时的太子冒顿，再改立后妻之子，但是一直没有一个合适的理由。太子冒顿颇有谋略胆识，早就知道父王的心思，于是在一次打猎途中，借机射杀父亲头曼，然后率众把后母和少弟以及不服从他的大臣统统杀光,自立为单于。

虽然匈奴强大起来了,但是一山更比一山高,在它的东边有一个更加强大的少数民族叫作东胡。东胡一听说匈奴的首领死了,自恃强大,就派人来向冒顿索要头曼的千里马。匈奴群臣知道此事后,都反对将千里马交出,因为这是头曼最喜爱的宝马。冒顿对此不大在意,他说:"我怎么会为了一匹马就破坏了跟强邻的关系呢?"于是就将千里马送给了东胡。后来过了不久,东胡又来人了,说是东胡的首领看上了冒顿的妻子,冒顿询问群臣该怎么做,群臣十分气愤,纷纷说:"居然让大王您的女人去伺候他,他太不把您放在眼里了。大王应该调集军队灭了东胡。"冒顿笑笑:"我怎么能为了一个女人去破坏和东胡的友谊呢?"于是让东胡的使者领走了自己的妻子。

东胡首领的两次无理索取都成功了。便骄傲自大起来,觉得一定是冒顿害怕自己,自然就不把匈奴放在眼里了。

当时东胡与匈奴之间,有一块方圆千里的土地无人居住。东胡又借机挑衅,派人前来告诉冒顿说:"我们东胡想独占这块土地,请您命您的臣民退出这块区域。"冒顿依旧询问众臣,一些人因有前例在,认为冒顿这次还会答应,于是也就不再反对,支持将土地交给东胡。哪知冒顿闻言勃然大怒:"土地是国家的根本,怎能轻易送人?"立即将那些人同来使一起推出处死。然后立刻集合兵马,突袭东胡。

这时,东胡首领因为前两次去匈奴无理索要都成功了,因而对匈奴不加重视,再加上自视甚高,所以每天都不理朝政。于是当冒顿的军队打来的时候,东胡就措手不及,最终惨败。

冒顿之所以能取得胜利,就是纵容了敌人,让敌人骄傲自满,对匈奴不加防备。而东胡恰好中了冒顿的阴谋,被前两次的胜利冲昏了头脑而太过骄傲自满,最终落得惨败的下场。

所以说,在战争中,除了要因势利导,还要会使用离间计,也就是文中所说的"慎谋"和"离亲以亲",让敌人不知道自己真正的意图,暗中渐渐瓦解对方的势力,让对方分崩离析,最后乘胜攻击,拿下对方。

三国时期,北方的霸主袁绍死了以后,把自己的地位传给了小儿子袁尚。袁尚的哥哥袁谭因此非常不服气,因为一般来说都是长子继承父亲的位置,现在居然让自己的弟弟继承,于是他打算集结自己手里的军队讨伐袁尚。那个时候,曹操正在攻打冀州,攻打了好几天,一直没有效果。袁尚身边的谋士郭图劝袁谭不要在此时讨伐袁尚,因为曹操大兵压境,应该先兄弟俩联合起来,共同打败曹操。袁谭觉得有理,于是就决定暂时跟自己的弟弟和平相处。

曹操这时也在头疼冀州总是攻打不下来的问题。曹操身边的谋士郭嘉看到他这样,就分析说:"袁尚兄弟必定因为废长立幼的事情不和。他们现在联合是因为我们攻打他们,他们为了抵御外敌,才会站在同一战线。我们先不要去攻打冀州,转去攻打蓟州。等到他们兄弟自相残杀的时候再回来,那时不就可以……"曹操明白了郭嘉的意思，于是就派兵先去攻打蓟州了。

曹操大军刚刚走，袁尚兄弟的矛盾就浮出了水面，两人兵戈相见，结果袁谭战败了。这时，郭图对袁谭建议说："袁尚的军队打了胜仗，军威不减，我们粮草不多，肯定难以抵挡他的军队。不如我们先派人去曹操那里，假意说我们投降，请他来派兵攻打袁尚。袁尚知道了以后，一定会带兵回去保卫冀州。那时，我们再配合曹操军队前后夹击，打败袁尚。而袁尚一败，我们就不用担心曹操了。因为曹兵远道而来，久战不宜，时间一长，就无法支持了。那个时候，我们再一举攻下冀州。"

曹操

袁谭觉得有理，就派人去联络曹操。

曹操觉得袁谭的归降有蹊跷，于是就找来群臣讨论此事。有人认为应该趁此灭了袁尚，然后再灭袁谭。因为袁氏兄弟占地颇广，人马也很多，两兄弟联合起来的话，有成为霸主的可能。

曹操觉得这个人分析得很对，于是就带领自己的军队去攻打冀州。

袁谭也借机攻打袁尚，袁尚大败，并且被袁谭俘虏了很多士兵。袁谭就把俘虏的人和自己的军队重新整编，然后带着浩浩荡荡的人马去攻打曹操刚刚得到的冀州。曹操一听说这件事情，立刻气不打一处来，马上率兵攻打袁谭。经过几场战斗，袁谭知道自己不是曹操的对手，于是就向荆州牧刘表求救。但刘表是个懦弱之辈，根本不敢插手这件事。袁谭逃到哪里，曹操就追到哪里，袁谭被逼得没有办法，只好去向曹操请降。但是这次曹操没有同意，还是诛杀了袁谭。

此战中，曹操、袁谭两人相互使用离间计，但还是曹操最终取得了胜利。

由此看来，要想建功立业，就需要重视"因之，慎谋，用财"这三方面。它们相辅相成，才能营造出一个良好的攻打敌人的氛围，才能真正战而必胜。

【解读】

本节论述的是"攻强、离亲、散众"三个方面的策略，解决方法也就是文中说的："攻强以强，离亲以亲，散众以众"，再简练些就是"因之，慎谋，用财"。"因之"就是因势利导，对待敌人"必养之使强，益之使张。太强必折，太张必缺"。要先助长敌人的气焰，让敌人骄傲自大，被自满迷惑了双眼，这样一来，敌人必将走向灭亡。这里运用了古代朴素的辩证方法，看到了事物本身所包含的"物极必反，相反相成"的规律。"慎谋"就是慎重周密地谋略,使用离间的计谋让君臣上下不一心,逐步瓦解他们。最后是"用财",要用钱财分化敌国的民众,也就是"散众以众",财政的支出还是要用于本国的百姓,对百姓不要吝啬,尽量多给予钱财,这样才能得到百姓的支持和拥护。

在战争方面,多用到"因之"二字,因势利导,"攻强以强",让敌人"养之使强,益之使张",最后让敌人"太强必折,太张必缺"。战国时期的冒顿就是运用这一策略消灭强敌东胡的。

龙韬第三：效军事组织之明

第三卷的重点是论述军事指挥和兵力部署的艺术，指出在战争中需要调动对方，如何选择将帅，如何做到纪律严明。然后确定如何发号施令，最后还指出了其他需要注意的问题，比如武器装备、物质装备，等等。本卷共分为十三篇，在军队建设方面，首先用大量篇幅论述了将帅问题，强调将帅的重要作用；其次，论述了军队的编制和训练问题；最后，提到了战场的纪律问题，即"无燔人积聚，无坏人宫室，冢树社丛勿伐，降者勿杀，得而勿戮"，这样才能使"天下和服"。

王翼第一：结构完整的团队容易成功

【原文】

武王问太公曰："王者帅师，必有股肱羽翼，以成威神，为之奈何？"

太公曰："凡举兵帅师，以将为命。命在通达，不守一术。因能受职，各取所长，随时变化，以为纲纪。故将有股肱羽翼七十二人，以应天道。备数如法，审知命理，殊能异技，万事毕矣。"

武王曰："请问其目？"

太公曰："腹心一人，主赞谋应卒，揆天消变，总揽计谋，保全民命。谋士五人，主图安危，虑未萌，论行能，明赏罚，授官位，决嫌疑，定可否。天文三人，主司星历，候风气，推时日，考符验，校灾异，知天心去就之机。地利三人，主三军行止形势，利害消息，远近险易，水涸山阻，不失地利。兵法九人，主讲论异同，行事成败，简练兵器，刺举非法。通粮四人，主度饮食，备蓄积，通粮道，致五谷，令三军不困乏。奋威四人，主择材力，论兵革，风驰电掣，不知所由。伏鼓旗三人，主伏鼓旗，明耳目，诡符节，谬号令，闇忽往来，出入若神。股肱四人，主任重持难，修沟堑，治壁垒，以备守御。通材三人，主拾遗补过，应偶宾客，论议谈语，消息解结。权士三人，主行奇谲，设殊异，非人所识，行无穷之变。耳目七人，主往来，听言视变，览四方之事，军中之情。爪牙五人，主扬威武，激励三军，使冒难攻锐，无所疑虑。羽翼四人，主扬名誉，震远方，摇动四境，以弱敌心。游士八人，主伺奸候变，开阖人情，观敌之意，以为间谍。术士二人，主为谲诈，依托鬼神，以惑众心。方士二人，主百药，以治金疮，以痊万病。法算二人，主计会三军营壁、粮食、财用出入。"

【译文】

武王问太公:"君主统帅军队,一定要有左右得力的辅佐大臣,来壮大军队的士气,这该怎么做呢?"

太公说:"凡是举兵兴师,都以将帅掌握全军的命运。要掌握好全军的命运,最重要的是通晓和了解全面的情况,而无须专精某项技术。因此,应该量才授职,用其所长,灵活掌握,并使其成为一项制度。所以将帅需要辅佐人员七十二人,以便顺应天道,应付各种情况。按照这种方法设置助手,就是掌握了做将帅的道理。发挥各种特殊人才的奇异才能,就可以圆满完成各项任务。"

武王问:"那么这七十二个人的具体情况是什么?"

太公说:"心腹是一个人,主要负责暗中谋划,应对各种突发情况,观测天象,消除隐患,总揽军政大计,保全人民性命。谋士是五个人,主管筹划安危大事,考虑形势的发展变化,鉴别将士的品德才能,申明军纪,授予官职,决断疑难问题,裁定事情可否。天文是三个人,主管观察日月星辰的运行,测度风向气候,推算时日吉凶,考察吉凶征兆,核查灾异现象,观察人心的向背。地利是三个人,负责三军行进和驻扎形势,权衡厉害情况,路线的远近和危险情况,水路和山地的情况,不失去地理上的优势。兵法是九个人,负责研究不同的意见和作战的胜败把握,精选兵器和指导士兵操练兵器,监督和发现不法行为。通粮是四个人,主管筹划给养,筹备储存,保证粮道畅通,征集军需粮秣,确保军队供给不发生困难。奋威是四个人,主管选拔有才能的勇士,配发优良的武器装备,组织突击部队风驰电掣般行动,迅猛快速地打击敌人。伏鼓旗是三个人,主管军队的旗鼓,明确视听信号,制造假符节,发布假命令以迷惑敌人,忽来忽往,神出鬼没。股肱是四个人,主管担负重要使命,从事艰巨任务,挖掘沟堑,构筑壁垒,以备守御。通材是三个人,负责给将帅拾遗补过,接待宾客,讨论问题,消除祸患,解除纠纷。权士是三个人,负责实施奇谋诡计,设置诡异的计策,不是一般人可以识破的,实行无穷的变化。耳目是七个人,主管通过与外界交往,听风声,观动静,查明天下形势,了解敌军情况。爪牙是五个人,负责扬我军威,激励军队的斗志,使他们敢于冒险犯难,冲锋陷阵没有害怕的。羽翼是四个人,负责宣传将帅的威名声誉,使其威震四方,动摇敌国的斗志,削弱敌军的锐气。游士是八个人,负责侦察敌人的叛徒及其动向变化,观察敌人的意图,承担间谍的重任。术士是两个人,负责使用诡诈之术,借助鬼神等迷信,来迷惑敌人的军心。方士是两个人,负责准备各种药物,治疗创伤,治愈兵士的疾病。会计是两个人,负责核算军队的营垒、粮食和钱财的收支情况。"

【事典】

明末,努尔哈赤攻占了沈阳、辽阳,明军此时面临着一个棘手的战略问题,就是要积极防御清兵,还是固守边关,消极防御,只要清兵打不进来就可以。关于这个问题,明朝前线的军事将领意见不一。辽西经略王在晋提出了"拒奴抚虏,堵隘守关"的主张,意思就是要用金钱收买蒙古对付后金,然后在山海关外再修一座关城用来抵御金兵。这样做无疑是置辽西走廊这一地带不管不顾,是消极的。王在晋的部下宁前兵备金事袁崇焕、孙元化等人坚决反对这一做法。他们极力劝阻王在晋修建关城,并且主张攻打清兵,并且一定要守住宁远(今辽宁兴城)。宁远"内拱岩关,南临大海,居表里之间,屹为形胜",它位于辽西走廊中部,守住这里就等于守住了辽西走廊的咽喉,至少可以确保两百里外的山海关的安全。

因为意见不一,当时的兵部尚书孙承宪便召集了很多的将士讨论如何防守,监司邢慎言、张应吾等附和王在晋的意见。袁崇焕主守宁远卫,王在晋则主张守中前所(今辽宁绥中县前所),监军阎鸣泰主张守觉华岛(辽宁兴城东三十里海中,今称菊花岛)。综合考虑了所有的意见,孙承宪权衡利弊得失,最终表示支持袁崇焕的意见。

孙承宪带着袁崇焕的意见回到了北京,然后向明熹宗阐述了其坚守宁远,以与觉华岛守军互为犄角、遥相呼应的战略计划,正式提出了"以辽人守辽土,以辽土养辽人"的战略方针。此外,他还建议熹宗解除王在晋兵部尚书以及辽西经略之职。熹宗接受了他的建议,将王在晋调职南京任兵部尚书。

王在晋调走之后,孙承宪和袁崇焕贯彻并施行了主守关外的战略。他们经过多年艰辛的努力,布置一条坚固的防线,金兵多次都没有逾越这条防线,屡次碰壁以后,只能望宁远而却步。

这道防线不仅确保了山海关免受攻击,而且在此后的二十余年间,基本上稳定了辽西走廊的战局。这一切就是因为孙承宪听取各方面意见,让众人各司其职,将王在晋调任,正确使用"以辽人守辽土,以辽土养辽人"的战略方针所造成的。

俗话说"众人拾柴火焰高",众人的力量是巨大的,让众人各司其职,运用好众人的力量必定会在很多方面遥遥领先。不光在古代,现代也是如此,结构完整的团队才容易取得成功。亚洲有家颇具规模的制造公司——申鑫公司,它有三个大的事业部门,分别是:蔗糖部、建筑与建筑材科部和矿业与化学品部,每个事业部下面又分成若干分公司。在这三个事业部里,要数艾达领导的矿业与化学品部的计划工作最为成功。

为了使各个分公司的步调一致,艾达会及时把总公司对各种经济因素的看法告诉各个分公司的经理,让他们把这些因素作为制订计划时的参考资料。各个分公司从每年的4月份开始就要制订自己的战略计划,大约用四个月的时间将计划制定完毕。8月份,将制订好的计划交给大部门的经理。公司规定,战略计划需要使公司在五年之内都可以使用,内容包括投资计划、生产目标等重要内容。大部门的经理收到各个子公司的战略计划后,先要进行一轮挑选,将切实可行地留下来,然后按照送来计划的时间先后排好次序,最后是在这些计划的基础上制定出部一级的战略计划。部一级的计划更加详细和具体,包括对各分公司未来五年的展望,主要的问题,所采用的战略,以及各种投资计划等内容。该计划还对投资报酬率和现值报酬率进行调整和修正。计划的说明书要简明扼要,让人一目了然。

然后,事业部要把自己的计划书送到总公司的财务部进行分析。财务部经过分析研究,一个月后,再将部一级的计划送到公司总经理办公室。下面一个月的时间里,总管理处跟各部门经理会仔细研讨和讨论送上来的计划。对有些单位的扩建计划,总公司可能予以批准,对另一些单位的扩建计划,总公司可能不予以批准,而是让他们先集中力量去降低产品的成本。总公司也可能让某个分公司推行增产某种产品的计划。

每年的 11 月以前,总公司将会把指导文件分给三个大部门,这些文件中会详细说明哪些计划通过考核,总公司对各个部门都有什么希望。最后,各部门根据这些指导文件,重新制订自己的战略计划。最终,总公司再根据这些计划制定出整个公司发展的总计划。

这一道道繁复的程序为总的战略计划把好了关卡。为了确保该计划能正常实施,该公司还专门设置了一套"追踪审核"制度。该制度规定,在每一个会计年度结束之前,各分公司都应指派专门的稽核人员,对计划执行的情况进行检查,并写出"追踪审核"报告,从而做到能使一年的预测更为准确。正是由于有了这样一个严密的计划制定过程和监督执行过程,众人各司其职又紧密联系,保证了申鑫公司在经营中很少发生失误,从而保持了公司蒸蒸日上的发展势头。

整体和局部密不可分,局部的每个效用发挥到了,整体才会更加协调向上发展。一个结构完整的团队,需要团队中的每个人共同努力来维持,这样才能一起走向成功。

【解读】

一个军队由很多人组成,最简单地可以分为领导者和被领导者。其中的领导者就是君主的"股肱羽翼"。本节讨论了"股肱羽翼"的构成、编制以及职能。作为一个完整的战斗系统,军队的各个部分是不可或缺的,每个部分必须发挥应有的价值,这样与敌军作战才能成功。作为军队统帅级别的任务,就是要处理好整体与部分的关系,部分的功能发挥了,整体的功能才会发挥。

随后,太公又强调了"股肱羽翼"的组成及其作用,这些人一共有七十二个,分别是心腹、谋士、天文、地利、兵法、通粮、奋威、伏股旗、股肱、通材、权士、耳目、爪牙、羽翼、游士、术士、方士、法算。他们负责军队行军作战过程中各个方面的工作,尽量确保军队作战的胜利。

军队是一个整体,整体的作用需要各个部分协作共同发挥。一个人的能力有限,但大众的智慧是无穷的,所以想要胜利就要发挥大众的智慧。明末最伟大的军事战略家孙承宪在抗击清兵的时候,就重用袁崇焕等一大批忠直的文武将吏,取得了战争的胜利。

论将第二：存亡之道，命在于将

【原文】

武王问太公曰："论将之道奈何？"

太公曰："将有五材十过。"

武王曰："敢问其目？"

太公曰："所谓五材者：勇、智、仁、信、忠也。勇则不可犯，智则不可乱，仁则爱人，信则不欺，忠则无二心。"

"所谓十过者：有勇而轻死者，有急而心速者。有贪而好利者，有仁而不忍人者，有智而心怯者，有信而喜信人者，有廉洁而不爱人者，有智而心缓者，有刚毅而自用者，有懦而喜任人者。勇而轻死者，可暴也。急而心速者，可久也。贪而好利者，可遗也。仁而不忍人者，可劳也。智而心怯者，可窘也。信而喜信人者，可诳也。廉洁而不爱人者，可侮也。智而心缓者，可袭也。刚毅而自用者，可事也。懦而喜任人者，可欺也。"

"故兵者，国之大事，存亡之道，命在于将。将者，国之辅，先王之所重也。故置将不可不察也。故曰，兵不两胜，亦不两败。兵出逾境，期不十日，不有亡国，必有破军杀将。"

武王曰："善哉。"

【译文】

武王问太公说："评价将帅的标准是什么？"

太公说："做将帅的应该具有五种美德，避免十种过失。"

武王说："请您说说这其中详细的内容是什么？"

太公说："所谓将帅的五种美德就是：勇敢、明智、仁慈、诚信和忠贞。勇敢就不会被侵犯，明智就不会被扰乱，仁慈就会爱护士卒，诚信就不会欺骗别人，忠贞就不会怀有二心。"

"所谓十种缺点就是：勇敢而轻于赴死，急躁而急于求成，贪婪而好利，仁慈而流于姑息，聪明而胆小怕事，诚信而轻信别人，廉洁而刻薄部下，多谋而优柔寡断，坚强而刚愎自用，懦弱而依赖别人。勇敢而轻死的，可以激怒他；急躁而急于求成的，可以持久而拖垮他；贪婪而好利的，可以贿赂他；仁慈而流于姑息的，可以骚扰他，使他疲惫；聪明而胆小怕事的，可以胁迫他；诚信而轻信别人的，可以欺骗他；廉洁而刻薄的，可以侮辱他；多谋而寡断的，可以突袭他；坚强而刚愎自用的，可以算计他，懦弱而依赖别人的，可以愚弄他。"

"所以战争是国家的大事,决定着国家的存亡,国家的命运由将帅掌握着。将帅,是国家的辅佐,为历代君王所重视。因此任命将帅不可不认真审查。所以说:战争中决战的双方不会全部胜利,也不会全部吃败仗。军队出了国境,不超过十天,不是一方国家灭亡,就必定有一方军队溃败,将领被杀。"

武王说:"您说得太对了!"

【事典】

李定国是明末杰出的军事家和民族英雄,他出身贫寒,十岁时投靠了张献忠,转战湖北、四川。在很多人眼中,李定国可以说是一个传奇人物,他智勇双全,文武兼备,在战场上屡建奇功。他二十一岁的时候,就单枪匹马射杀了明上将张令,而张令有个外号叫作"神弩王",由此可见李定国的骑射之术多么精湛;同年,他带着二十六个骑兵袭击襄阳,擒获了明朝亲藩襄王;二十四岁的时候,他被称帝的张献忠封为安西将军。此外,因为他英俊神武,有人送他外号"小柴王";因为他爱读书,战斗骁勇,又有人送他外号"小尉迟""万人敌"。

明末,清军大肆进攻中原,南明抗清军节节败退,岌岌可危。平东将军孙可望从全国大局着眼,为了打退清军,做出了联合南明的决定,然后领兵出滇,赴前线抗清。为了顺利联合南明,孙可望向南明朝廷上表请臣。李定国知道这件事的时候,非常不高兴地说:"我自为王,安用请?"经过这样几次反复,他最终获得了南明的封爵,又说:"若是,则为朝廷官,不再做贼,勿反复也!"

顺治九年,李定国等人进军湘桂。李定国很清楚战争给人民带来的灾难,所以在进军前,他就对将士们约法五条:不杀、不烧、不抢、不奸、不宰耕牛。当时,湘桂的统治者是清定南王孔有德,他凭借着湘桂有利的地势,骄傲轻敌。李定国抓住了他轻敌的心理,奇兵下贵。孔有德的军队被打得落花流水,而李定国的军队势如破竹,收复了大片州县。六月份的时候,李定国夺取湘桂全州。孔有德听到这个消息后非常吃惊,立刻率领自己的军队前往兴安县严关,企图扼险拒守,但是最终被李定国击败了,孔有德自杀。

八月,李定国挥军攻打梧州,用了半个月的时间平定了广西全省。十月份的时候,李定国攻打湖南衡阳,遇到了清将领尼堪的军队。李定国派部将领兵佯攻,随即后撤。尼堪刚愎自用,觉得明军不堪一击,便率兵急速追击李定国的军队,第二天黎明的时候追到了衡阳,与李定国的大军相遇。

事实上,这只是一个假象,在之前,李定国就看到尼堪非常轻敌,于是事先埋伏好重兵,决定来个突袭。他命令前线的将士,只要一和尼堪的军队接触就假装打不过,纷纷后撤,撤到自己的埋伏圈里。尼堪一看李定国的军队节节败退,就"乘胜"追击,追了二十多里,陷入了李定国事先设好的埋伏圈。

这时,李定国一声令下,杀声震天。尼堪才意识到自己中了埋伏,但是为时已晚。清军仓皇失措,迅速被打败,尼堪也在混战中丧命。军士割下其首级向李定国献功,全军欢声雷动,时人有诗曰"东珠璀璨嵌兜鍪,千金竞购大王头"。李定国勇败八旗,斩下敌人首级,军威名扬天下。

做将领,就要有好的带头作用和高尚的品德,这一点不论是古代还是现代都是通用的。在古代,"将"分为武将和文臣,武将用来平定天下之乱,文臣用来治理天下,宣传道德思想。而在现代来说,"将"大多是指企业各个阶层的领导者,一个领导的好坏,直接影响到企业的生存发展。这就是为什么有些企业越做越大,而有些企业则在某一天悄然陨落的原因。

IBM 是计算机行业的长期领导者,在大型/小型机和便携机(ThinkPad)方面的成就最为瞩目。但是从 20 世纪 90 年代初,IBM 陷入了有史以来最严重的危机之中。多年的成功使得 IBM 内部人员的骄傲和自满情绪无限扩大,开始不思进取。1991 年,IBM 的市场份额从六年前的 30% 急剧降到 19%,市值下滑到只有 180 亿美元。虽然公司有 647 亿美元的收入,但还是亏损了将近 6 亿美元。1992 年亏损更甚,居然达到 68 亿美元。从 1990 年到 1993 年,公司累积亏损 168 亿美元,股票狂跌至每股 40 美元。

这时的 IBM 面临着生死存亡的危机,IBM 董事会经过系统的分析和衡量,决定由郭士纳来替代 IBM 的现任总裁埃克斯。郭士纳的到来,标志着 IBM 第一次选择了一个外来人领导这一公司,此时,他可以说是临危受命。

为了迅速扭转 IBM 亏损的局面,郭士纳上任伊始就开始了大刀阔斧的改革。

他的改革大致分为四个步骤,分别是:舍弃不良业务,削减业务成本,大幅度裁员,削减红利。经过以上四步改革措施,1994 年 1 月,IBM 财务报表显示 1993 年第四季度公司实现盈利,这是 IBM 六个季度以来的首次盈利。三个月后,当 IBM 在年度股民大会上宣布第一季度纯利实现 3.92 亿美元的消息时,整个华尔街为之震惊,这远远超出了某些分析家的意料。短短八个月的时间,郭士纳就使这个重病缠身的蓝色巨人起死回生,这在 IBM 的历史上是前所未有的,在国际企业的发展史上也是一个奇迹。

后来的事实又证明,IBM 选择郭士纳成为 CEO 是多么正确的选择。郭士纳接手 IBM 八年之后,公司年收入就达到 870 亿美元。2001 年对于计算机行业来说可能是个灾年,数据库巨头 Oracle 股价跌了 60%,服务器之王 Sun 跌了 77%,存储设备的领头羊 EMC 跌了 81%,而 IBM 却独步天下,傲视群雄,股价仍然高达每股 121 美元。这与郭士纳的正确领导和他采取的一系列措施是分不开的。正是因为有了郭士纳,IBM 在曾经的生死线上转危为安;也正是因为有了郭士纳,IBM 才能在众多公司黯然神伤的时候独步天下。可见,存亡之道,命在于将。

【解读】

将帅是一个军队的统领,也是一个军队的核心,所以要具备五种素质,即:勇、志、仁、信、忠。但是还要杜绝十个方面的过失,即:勇而轻死,急而心速,贪而好利,仁而不忍人,智而心怯,信而喜信人,廉洁而不爱人,智而心缓,刚毅而自用,懦而喜任人。对于这十个弱点,太公一一给出了针对解决的方法,这为考查将帅提供了详细的判断标准。

将帅是国家的重要人物,对国家的存亡有着非常重要的作用。任命将帅的时候一定要小心谨慎地考查,文中最后说:"故兵者,国之大事,存亡之道,命在于将。将者,国之辅,先王之所重也。故置将不可不察也。"就体现了将帅举足轻重的作用。将帅的品德直接影响战争的结果,所以存亡之道,命在于将。明末抗清英雄李定国就是一个德才兼备的将领。

选将第三:慧眼独具,选择人才要慎重

【原文】

武王问太公曰:"王者举兵,欲简练英雄,知士之高下,为之奈何?"

太公曰:"夫士外貌不与中情相应者十五:有贤而不肖者,有温良而为盗者,有貌恭敬而心慢者,有外廉谨而内无至诚者,有精精而无情者,有湛湛而无诚者,有发好谋而不决者,有如果敢而不能者,有悾悾而不信者,有恍恍惚惚而反忠实者,有诡激而有功效者,有外勇而内怯者,有肃肃而反易人者,有嗃嗃而反静悫者,有势虚形劣而外出无所不至、无所不遂者。天下所贱,圣人所贵。凡人莫知,非有大明,不见其际。此士之外貌不与中情相应者也。"

武王曰:"何以知之?"

太公曰:"知之有八征:一曰问之以言,以观其辞。二曰穷之以辞,以观其变。三曰与之间谍,以观其诚。四曰明白显问,以观其德。五曰使之以财,以观其廉。六曰试之以色,以观其贞。七曰告之以难,以观其勇。八曰醉之以酒,以观其态。八征皆备,则贤、不肖别矣。"

【译文】

武王问太公说:"君王发动战争,要选拔智勇兼备的人充任将帅,想知道他德才的高低,应该怎么办?"

太公说:"士的外表跟他的实际情况不一致的有十五种情况:有外表看起来贤能实际上不贤能的,有外表看起来温顺善良而实际上是盗贼的,有外表看起来恭敬有礼而实际上内心骄傲的,有外表看起来廉洁谨慎而实际上内心不忠诚的,有外表看起来精干而实际上没有什么才能的,有外表看起来忠厚而实际上不诚实的,有外表看起来善于谋划而实际上犹豫不决的,有外表看起来勇敢果断而实际上无能的,有外表看起来可信而实际上不守信的,有外表看起来不可揣度而实际上忠厚老实

的,有言辞激烈而实际上办事奏效的,有外表勇敢而实际上胆怯的,有外表严肃而实际上平易近人的,有外表严厉而实际上内心温和厚道的,有外表虚弱、形体丑陋而实际上能受命出使无所不至、办事无所不成的。被普通人瞧不起的,却往往被圣人所器重。一般人不能了解,没有高明的见识,是不能看清其中奥秘的。这就是士的外表和他的内情不相一致的种种情况。"

武王问:"那怎么才可以了解他呢?"

太公说:"了解他们,有八种方法:一是问他问题,看他是否解释得清楚;二是详细盘问他,考验他的应变能力;三是通过间谍考查他,看他是否忠诚;四是明知故问,看他有无隐瞒,借以考查他的品德;五是让他管理财物,考验他是否廉洁;六是用女色进行试探,看他的操守高下;七是处理危难,看他是否勇敢;八是使他醉酒,看他是否保持常态。这八种方法运用之后,一个人是贤还是不肖,就可以区别清楚了。"

【事典】

哲别原名只儿豁阿歹,他是蒙古别速惕部人。别速惕部曾经与泰赤乌等部在一起对抗铁木真,哲别当时还是泰赤乌部一个首领秃答的部属。

公元 1201 年,铁木真与札木合所率十一部联军会战于阔亦田。战争中,哲别射伤了铁木真的坐骑——白嘴黄马。这次战争,铁木真成为最终的赢家,这对泰赤乌部的打击是非常沉重的。泰赤乌部由此转衰,毫无前途可言。哲别看到了这一点,便转投靠了铁木真。铁木真询问是谁射伤了自己的宝马,哲别立刻站出来承认,而且对铁木真说:"如果你饶了我,我为你赴汤蹈火,在所不辞。"通过这件事,铁木真觉得他是个很坦诚的人,也算是一条好汉,可以交朋友。然后将他改名为哲别(意为箭镞),要他"就像我身上的箭镞似的保护我"。从此,哲别成为铁木真麾下的一员大将。

公元 1203 年,仅仅两年的时间,哲别已经成为铁木真身边一名重要的官员。1204 年,铁木真进军乃蛮,哲别已经成为军中的前锋。当时,哲别被形容为具有"铜的额颅、凿子似的嘴、铁的心、锥子似的舌"的勇猛战将。这一仗,铁木真大胜,当然,哲别也在战斗中立下了不少功劳。1206 年,铁木真统一蒙古,接受了成吉思汗的称号。编组千户时,哲别便是他委任的 95 个千户长之一。

1211 年以后,成吉思汗开始征伐全国。而这一时期,哲别表现出了出色的军事才干,在征伐全国的战事中屡建奇功。1213 年 7 月,成吉思汗兵分三路大举伐金,哲别又创造出不凡的战绩。1218 年,哲别奉成吉思汗的命令,进击据有西辽国土的乃蛮部的屈出律。在当地民众的支持和帮助下,哲别将屈出律大军追击到撒里桓(色勒库勒湖附近某地),并将其歼灭。而后可失哈耳、押儿牵(今新疆莎车)、斡端(今新疆和田)诸城遂望风归附。

征服诸城后,哲别将掳获的一千匹白嘴黄马献给成吉思汗。他说,当年他射伤了成吉思汗的宝马,将这些作为赔偿。听了这话,威吉思汗很开心,觉得自己当初选择留下哲别是对的,他真是个言出必行的汉子。

当然,选择良将需要进行多方面的考查,需要谨慎行事,因为选对了将是自己的助力,选错了则是自己以后的阻力。古代对于选择大将是十分重视的,因为将才的选择关系着国家的安危。在现代社会,则衍化成了选择人才。对企业和国家而言,选择人才都需要进行严格的考核,这样才能知道被选之人能否适合他的位置。所以选拔人才的时候要独具慧眼,发掘人才的潜力,千万不要让好的人才白白流失了。

在人才的选择方面,中兴通信公司是非常严格的,这充分体现在中兴的每一次招聘中。中兴通信公司目前有1万多名员工,面试的人员超过10万人,搜索的简历则有大约50万份。

中兴通讯人力资源中心主任陈健洲先生很肯定地认为,花费如此大的精力挑选员工是非常值得的。高能力和低能力的员工之间的生产率之差估计高达3:1,员工的招聘就是要从一大堆求职者中选出最适合岗位要求的人。如果符合岗位要求条件的人不是很多,那么公司就挑选不出职位理想的人选。如果招聘来这样的人,公司就不得不进行培训,这就等于加强了隐性投入。所以,选择一流的人才等于给公司节省了一笔隐性资金。

通讯的特点就是高速发展,这就决定了通信公司的共同点也是高速发展。公司的快速发展往往要求人力资源的迅速扩展,人力资源的优劣往往决定着一个公司的基础如何。所以,在招聘中,中兴公司非常注意人才的质量。公司对于人才的背景是严格把关的,所招聘的人选在学历方面一般都锁定在重点本科院校。

此外,在专业方面,中兴公司把关也是比较严的,公司需要的是有良好技术背景的人,对于高校和专业都有明确的要求。公司甚至在招聘人员的体魄方面,都有明确的标准。如果一个人没有健康的身体,是会被中兴通信公司淘汰的。中兴通讯的面试非常严格,分别从技术能力和素质两个方面进行考核,面试者须通过6~7关,而且实行一票否决制。就是说面试的时候,如果考官中有一位对考生不满意,那么这个考生就会和他的工作失之交臂。中兴公司认为,招聘人才就要招聘一流的人才。对于这个"一流人才",中兴公司的定义是:在某一个专业领域里的国内前5%,这样的人才就是一流的人才。其实,看似复杂的招聘要求实质上很简单,就是招聘到的人才既要是优秀的人才,也要是符合公司文化原则的人才。这么复杂的招聘程序显示了中兴通讯对于人才选择的慎重性,正是由于这种慎重性,中兴通信公司才会飞速发展,并在通讯业立于不败之地。

【解读】

本节和上节联系紧密,进一步提出了选拔将领的方法,提出了十五种内心和外貌不一致的情况。接下来又提到了八种考查人的方法,即分别从言、辞、间谍、显问、财、色、难、酒八个方面来考察选拔对象的辞、变、诚、德、廉、贞、勇、态八个方面的特征，最终"八征皆备，则贤、不肖别矣。"

选择将帅要谨慎，不能单靠外貌及其外在表现，这样选拔出来的将帅往往不靠谱，表里如一的人毕竟不多，要通过多个方面进行考查，看他能不能胜任将领大任。铁木真手下的大将哲别便是铁木真慧眼识英雄"选"出来的。

立将第四：善于放权，发挥人才的最大潜能

【原文】

武王问太公曰："立将之道奈何？"

太公曰："凡国有难，君避正殿，召将而诏之曰：'社稷安危，一在将军。今某国不臣，愿将军帅师应之。'"

"将既受命，乃命太史卜。斋三日，之太庙，钻灵龟，卜吉日。以授斧钺。"

"君入庙门，西面而立；将入庙门，北面而立。君亲操钺，持首，授将其柄，曰：'从此上至天者，将军制之。'复操斧，持柄，授将其刃，曰：'从此下至渊者，将军制之。见其虚则进，见其实则止。勿以三军为众而轻敌，勿以受命为重而必死，勿以身贵而贱人，勿以独见而违众，勿以辩说为必然。士未坐勿坐，士未食勿食，寒暑必同。如此，则士众必尽死力。'

'将已受命，拜而报君曰：'臣闻国不可从外治，军不可从中御。二心不可以事君，疑志不可以应敌。臣既受命，专斧钺之威，臣不敢生还，愿君亦垂一言之命于臣。君不许臣，臣不敢将；君许之，乃辞而行。'"

"军中之事，不闻君命，皆由将出。临敌决战，无有二心。若此，则无天于上，无地于下；无敌于前，无君于后。是故，智者为之谋，勇者为之斗；气厉青云，疾若驰骛；兵不接刃，而敌降服。战胜于外，功立于内。吏迁士赏，百姓欢悦，将无咎殃。是故，风雨时节，五谷丰熟，社稷安宁。"

武王曰："善哉。"

【译文】

武王问太公："任命将帅的礼仪是怎样的？"

太公说："凡国家遭遇危难，国君就避开正殿，在偏殿上召见主将，向他下达诏令说：'国家的安危，全系于将军身上。现在某国反叛，请将军统率大军前去征讨。'"

"等将帅接受了命令，君主就命令太史占卜，然后斋戒三天，前往太庙，钻烧龟甲，卜问吉日，在这一天要向将帅授予斧钺。"

"到了吉日那天，君主走进太庙门，面向西站立着；将帅随后走进太庙门，面向北站立。君主亲自拿着钺的头部，授予将帅钺柄，并说：'从今天开始，军队里上到我的一切事务都交由将军处理。'然后拿着斧柄，授予将帅斧刃，并说：'从今天开始，军队里下至最小的事务都交由将军处理。看见敌人虚弱就去攻打，看见敌人强大就停止攻打。不要自恃军队的人数多就轻视敌人，不要因为任务重大就以死相拼，不要认为自己身份高贵就看不起别人，不要以为自己见解独到就违背众人的意愿，不要以为自己能言善辩就认为自己说的一定是正确的。士兵还没有坐下，你就不要坐下；士兵还没有吃饭，你就不要吃饭；冷热都要和士兵一样。这样做，士兵就会拼尽全力跟敌人作战。'"

"将军接受命令以后，拜而回答说：'我听说国事不可受外部的干预，作战不能由君主在朝廷遥控指挥。臣子怀有二心就不能忠心侍奉君主，将帅受君主牵制而疑虑重重就不能专心致志去对付敌人。我既已奉命执掌军事大权，不获胜利不敢生还。请您允许我按照上面的话全权处置一切，若不允许，我不敢担此重任。如果国君答应臣，那么臣将立刻辞君出征。'"

"军队里的俗务，不是由国君而是由将帅来处理。这样对敌作战就不会有掣肘之患。如果这样，将帅就上不受君主的限制，下不受士卒的限制，前面没有敌人抵抗，后面没有君主掣肘。这样，智慧高深的人为他出谋划策，勇敢的人为他冲锋陷阵，士气高昂直冲九天，行动迅速就如同奔驰的快马。战争还没有开始，敌人就已经被降服。战争取胜于国外，建功立业在朝廷。将领升迁，手下的士兵也受到封赏，百姓欢欣鼓舞，将帅也没有什么过失。因此风调雨顺，五谷丰登，国家安宁。"

武王说："您说得好啊！"

【事典】

北宋末年，金军大肆入侵各地，采取残酷的压迫手段，人民纷纷自动组织起来抗金，可谓是"仇怨金国，深入骨髓"。

但是北宋统治集团腐败不堪，根本没有把心思放在抗金上，而是一味地妥协、投降。北宋灭亡后，公元1127年，宋高宗赵构在临安（今杭州）重建宋朝，史称南宋。赵构是个懦弱无能之辈，根本没有想过组织军队攻打金兵，而是偏安于江南一带，成天沉溺于莺歌燕舞之中。那时，南宋朝廷分为两派，一派主和（实质上是投降），一派主战。投降派以秦桧为代表，主战派以岳飞、韩世忠为代表。赵构为了保住自己的皇位，一方面通过秦桧等投降派向金国做出一系列的求和活动，一方面又利用岳飞、韩世忠等将领全力抗金。

对于赵构进行的求和活动，岳飞坚决反对，要求南宋将士上下齐心，抗击到底。公元1139年，宋金和议达成。岳飞知道后，立刻上书申明，说"金人不可信，和好不可恃"，直接抨击了秦桧出谋划策、用心不良的投降活动，秦桧因此恨上了岳飞。

和议刚达成，赵构就得意忘形，颁布大赦诏书，对文臣武将大肆奖赏。岳飞得到的奖赏也不薄,他得到开府仪同三司(一品官衔)的爵赏和三千五百户食邑的封赐。对此,岳飞加以拒绝,他上书赵构说:"今日之事,可危而不可安,可忧而不可贺。愿定谋于全胜,期收地于两河,唾手燕云,终欲复仇而报国。"岳飞的拒绝与坚持抗金的行为让赵构觉得自己很没面子,于是心里多了一份记恨。

岳飞心里时刻记着要收复中原,他带领自己的属下,又联络北方的军队,向金军出击。金军的"铁浮屠"和"拐子马"都被打得落花流水,慌乱而逃。岳家军节节胜利,消灭了金军的有生力量,因此金军对岳飞很害怕,哀叹"撼山易,撼岳家军难"。事实也是如此,岳家军一口气接连收复了颖昌、蔡州、陈州、郑州、郾城、朱仙镇,所有人都觉得中原这次将有望收复。而岳飞也斗志昂扬地对手下的将士们说:"直抵黄龙府,与诸君痛饮尔!"

赵构

就在收复中原有望的时候,秦桧因为记恨岳飞,就向赵构进谗言,说了议和的事情以及金国退军后岳飞"功高盖主"的事情。赵构懦弱无能,相信了秦桧的话,于是连下十二道金牌让岳飞"班师"。对此,岳飞心知肚明,知道是奸臣胡言,蒙蔽了皇帝。但是为了保存抗金实力,岳飞不得不忍痛班师回朝。岳飞愤慨地说:"十年之功,废于一旦!所得诸郡,一朝全休!社稷江山,难以中兴!乾坤世界,无由再复!"岳飞回朝的消息很快在民间传开了,渴望早日收复中原的老百姓看着回朝的岳家军都恸哭不已。轰轰烈烈的抗金战争就此结束。后来,赵构以莫须有的罪名赐死岳飞,他的儿子岳云、部将张宪也被赐腰斩。

作为领导者,一定要注意善于放权,发挥人才的最大潜能,这是古代军事作战中应该遵循的原则,也是现代很多企业领导所追求的最高经营管理境界。

河岛是本田公司的第二任社长,当年本田决定在国外办厂的时候,他经过一番调查,决定进入美国办厂。为此,本田公司内部设立了筹备委员会,委员会里聚集了来自生产、人事、资本三个领域中最有才干的人,他们都是精英中的精英,能力很强。虽然总的决策人是河岛,但具体方案的制定是由下属组织完成的,河岛并没有参加。他觉得这些事情不需要他参与,他的下属会比他做得更好,而且这些下属都非常优秀。

类似的事情还有很多,比如设在俄亥俄州的厂房基地,他一次都没有去看过,这足以证明他对下属的信任。有人问他为什么不去美国考察一下,他笑着回答:"我对美国不是很熟悉,既然熟悉那里的人觉得那块地好,就该相信他们的眼光。

我不是房地产商,也不是账房先生,对于这些是不需要硬性管理的。"

在放权方面,本田的第三任社长久米在"城市"车系开发过程中也做得很好。这个车系的开发人员大都是 20 多岁的年轻人,思维很活跃。公司的一些老董事对此表示担心,几次对久米说:"都交给这些年轻人,没问题吧!""他们会不会弄出稀奇古怪的车型来呢?"对于这些疑问,久米不予理会,他相信这些年轻人的实力,相信他们会把汽车设计得非常合适。老董事们的话并没有使他阻止这些年轻人停止设计"城市"车系。年轻的技术人员平静地对公司的老董事说:"开车的是我们新一代人,不是你们。我们很了解顾客对车子的需要,也会把一切考虑到位。你们尽管放心,我们一定会把车设计得最好的。"

就这样,这些年轻的技术人员开发出了新车"城市"。这辆车的车型高挑,打破了汽车呈流线型的常规,是一种前所未有的创新。这时,某些故步自封的老董事又开始发话:"这样的车型太丑了,这样的车销售得出去吗? 真让人担心。"但是年轻人相信,这种车型正是如今大家喜欢的,这种车的销量一定会很好。他们说的果然没错,新车一上市,就在客户中风靡一时。这出乎了很多人的预料,但是却在久米的预科之中。

作为领导,要懂得放权,把权力下放到个人手中,将个人责任落实。最成功的上司就是不对下属指手画脚的上司,而最成功的下属也恰恰是不想要指挥的下属。这样上司省心省力,下属提高效率。很多时候,我们要相信,别人会把某些事情做得更好。

【解读】

本篇讨论的是发动战争以前,君主任命将帅的仪式和方法,强调了将帅作为军队的核心,在战争中的重要作用。文中说:"社稷安危,一在将军",可见将帅的重要性。作为将帅,要做到"见其虚则进,见其实则止。勿以三军为众而轻敌,勿以受命为重而必死,勿以身贵而贱人,勿以独见而违众,勿以辩说为必然。士未坐勿坐,士未食勿食,寒暑必同"。这样才能让手下的士兵为自己拼死效力。另外,文中还提到了一个关键的问题,就是放权,通俗地说就是"将在外,君命有所不受"。君主要充分相信在外出征的将帅,把权力授予他,让他充分行使自己的权力,正所谓"军中之事,不闻君命,皆由将出"。只有做到这两点,才能"无敌于前,无君于后""战胜于外,功立于内"。

给予将士充分的权力,是作战的一条重要原则。否则君主总是控制将士在外面的行动,将士的行动受到掣肘,必然会干扰前线将帅的决心和计划,贻误良好的战机,从而导致战争的失败。南宋君主赵构就是因为听信小人谗言,用十二道金牌召回了岳飞,才导致了抗金斗争的失败。

将威第五：刑上极，赏下通，是将威之所行也

【原文】

武王问太公曰："将何以为威？何以为明？何以为禁止而令行？"

太公曰："将以诛大为威，以赏小为明，以罚审为禁止而令行。故杀一人而三军震者，杀之；赏一人而万人悦者，赏之。杀贵大，赏贵小。杀及当路贵重之臣，是刑上极也；赏及牛竖、马洗、厩养之徒，是赏下通也。刑上极，赏下通，是将威之所行也。"

【译文】

周武王姬发询问姜太公说："将帅要用什么办法才能树立起自身的威信呢？怎样才能体现圣明、做到明察？又如何做到有禁必止，有令必行？"

姜太公回答道："将帅通过诛杀地位高贵的人来树立威信，通过奖赏地位低下的人来体现圣明，做到明察，通过审慎而严明的赏罚做到有禁必止，有令必行。因此，倘若是杀掉一个人可以使全军震骇的，那么就杀掉他；倘若是奖赏一个人而能使全军振奋的，那么就奖赏他。诛杀贵在诛杀地位高贵的人，奖赏重在奖赏地位低下的人。能诛杀那些官高位显担当重要职务的人，使刑罚能触及最上层；能奖赏牛童、马夫、饲养人员等这些地位低下的人，使奖赏能达到最下层。刑罚及于最上层，奖赏达到最下层，这就是将帅的威信得以树立，命令能够执行的原因所在。"

【事典】

三国时期的一代枭雄曹操，就十分懂得领导艺术。典故"割发代首"讲的就是曹操赏罚严明、以身作则，带头执行军纪的一件事。

公元198年的夏天，曹操率领大军又一次去征伐袁绍的部将张绣。当时正是麦子成熟的季节，曹操领兵从许昌出发，进入张绣的驻地穰城（今河南邓州市）。沿途的很多地方都能看见大片黄澄澄的麦子，一片丰收的景象。曹操当时就下了一道军令："在行军中，军队中的所有人，都不可以践踏农田，违令者斩头。"军令一下，将士们谁都不敢大意。经过麦田时，骑兵也会从马上下来，牵着缰绳走过。有一天，曹操经过一片麦田，一只受惊的斑鸠突然飞出，曹操的战马被这突如其来的情况惊到了，一下子蹿进了麦田，开始乱跑，踩倒了一大片麦子。

事发之后，曹操叫来了军队的主簿，问他自己该定什么罪。主簿说："您的战马之所以踩踏稻田，是因为受惊了，不是人为的。而且您是一军之主，我看就不要……"曹操的脸立马拉了下来，严肃地说："纪律不严，怎么统率三军？我下的军令

我自己先犯了，如果不治罪，如何让别人信服？我虽然是一军之主，但是天子犯法，与庶民同罪。虽然不能杀头，但也要受到惩罚。"于是，他命令自己的军队停下，言明情况，然后拔出随身佩戴的宝剑，把自己头顶的头发割去一绺，用来表示自己已经受过处罚了。全军将士对于曹操的做法都十分敬佩，曹操用这种"割发代首"的变通办法，既严肃了军纪，又教育了全体将士。

但是，并不是只做到"刑上极"就可以高枕无忧地让下属们为你打天下了，还要做到"赏下通"，也就是前面所说的"赏小"，才能够树立将帅体恤将士的作风，使全军将士乐于为将帅冲锋陷阵，效死立功。这一方法在现代管理实践中运用得很普遍。身为领导，如果想要树立自身的"将威"，唯有"将以诛大为威，以赏小为明，以罚审为禁止而令行"。说得更加透彻一些，就是要求在管理中要恩威并施，西方世界在比喻恩威并施的管理方式时，经常使用"胡萝卜与棍棒"（形容软硬兼施的手段）的意象来传达。

美国奇异（GE）前任执行长杰克·威尔许曾被誉为"全美最严厉的老板"。事实上，对于管理人才，他独有一套"胡萝卜"的哲学。他认为，懂得激励的经理人，将会引导出人们最好的一面，为员工注入信心，鼓舞他们持续地迎接挑战。威尔许曾经用了三年的时间和五千名员工共同拟出奇异公司的价值观。不过他认为，光揭示价值观还不够，必须确立信赏必罚的原则。也就是说，符合价值的员工，公司一定要奖励；与价值不符的人，就要受惩罚，甚至走人。在一次对奇异主管的发言中，威尔许说："看看你们的周围：这里比去年少了五名成员，一位因为特立独行而被开除，另外四位则是因为（缺乏）价值观被解雇。"这一席话引起了众主管深深的思考。

平常，威尔许很注重挖掘人才，他曾有言道："我的全部工作就是选择适当的人。"他和手下两名高阶人资主管，每天都会去各部门查访，仔细评估每个部门二十到五十名最出色的员工，并且给予他们相应的职位或者待遇，用来留住这些人才，让这些人才不致被埋没。

威尔许虽然爱才如命，但他砍人不手软也是出了名的：威尔许接任 GE 执行长的前五年，全公司就被他减少了大约四分之一人力，合计减少了将近十二万个职位。1982 年，美国《新闻周刊》（Newsweek）因此送给威尔许一个外号："中子弹杰克"（Neutron Jack，中子弹是一种只杀害人命而不损及建筑物的武器，隐喻威尔许无须拆办公大楼就能让员工消失）。

威尔许这种"爱惜人才"却又"六亲不认"的极端个性，在中国历史上有个类似的例子，那就是上面所说的曹操。

曹操和威尔许都是万中难求一的领导，他们一面讲工作绩效，一面努力维系和部属间的感情，也就是"工作导向"和"关系导向"两者兼具。两人的共同点便是恩威并施，赏罚分明，所以在下属中才有了很好的威信和执行力度。

【解读】

从上面的一番研习中,我们不难看出"将威"这一节主要是周武王和姜尚两人就将军的威信问题展开的讨论。的确,将军的威信在行军打仗的过程中起着至关重要的作用,因为它凝聚着全军将士的斗志和战斗力。针对武王"将何以为威?何以为明?何以为禁止而令行?"这个疑问,姜尚提出了"以诛大为威,以赏小为明,以罚审为禁止而令行"。

一言以蔽之,军队要令行禁止,离不开严明的军纪,而严明的军纪需要依靠赏与罚这两种手段来保障。不过,值得注意的是,赏与罚的原则是公正严明,罚不避亲,赏不避过,"刑上极,赏下通",否则还是流于形式,难以服众。

身为一个组织的领导者,要做到令出必行、指挥若定,必须保持一定的威严。道理很简单,在领导与经营上,没有让对方和下属感到畏惧的威慑力,是不容易尽责称职的。仅仅依靠一张和蔼的脸、一番美丽动听的言辞所起的推动作用,可以说是非常有限的。所以说,"杀鸡给猴看"的警示效能对树立领导者的威信很有帮助。

励军第六:以身作则、体恤下属的才是好领导

【原文】

武王问太公曰:"吾欲令三军之众,攻城争先登,野战争先赴,闻金声而怒,闻鼓声而喜,为之奈何?"

太公曰:"将有三。"

武王曰:"敢闻其目?"

太公曰:"将冬不服裘,夏不操扇,雨不张盖,名曰礼将;将不身服礼,无以知士卒之寒暑。出隘塞,犯泥涂,将必先下步,名曰力将;将不身服力,无以知士卒之劳苦。军皆定次,将乃就舍;炊者皆熟,将乃就食;军不举火,将亦不举,名曰止欲将;将不身服止欲,无以知士卒之饥饱。将与士卒共寒暑、劳苦、饥饱,故三军之众,闻鼓声则喜,闻金声则怒;高城深池,矢石繁下,士争先登;白刃始合,士争先赴。士非好死而乐伤也,为其将知寒暑、饥饱之审,而见劳苦之明也。"

【译文】

武王问太公说:"我想让全军将士攻城时争先恐后,野战时争先出击,听到停止的号令就愤怒,听到前进的号令就欢喜,我该怎么做呢?"

太公回答说:"将领有三种制胜之道。"

武王说:"请您详细说说它们的内容好吗?"

太公说："身为将帅,能冬天不穿皮衣,夏天不用扇子,雨天不张伞篷,这样的将帅叫作礼将;将帅不能以身作则,就不会体会到士卒的冷暖。翻越险阻关隘,通过泥泞道路,将帅必先下车马步行,这样的将帅叫作力将;将帅不身体力行,就不会体会到士卒的劳苦。军队宿营就绪,将帅才进入自己的军帐,军队的饭菜做好,将帅才开始就餐。军队没有举火照明,将帅也不举火照明,这样的将帅叫作止欲将;将帅不能克制自己,就不能体会士卒的饥饱。将帅能同士卒同寒暑,共劳苦,同饥饱,那么全军官兵听到前进的号令就欢喜,听到停止的号令就愤怒。攻打高深的城池时,乱箭和石头纷纷落下,但是士兵仍然会争先恐后地攀登。进行野战时,兵器一交锋,士兵就争先恐后地冲上去。士兵不是喜欢受死和重伤,而是他们的将领很清楚他们的冷暖和饥饱,了解他们的劳苦,因此深受感动而愿意尽力报效国家。"

【事典】

李庭芝自幼耳濡目染其祖辈的忠义之举,当国家面临危难之际,便毅然投笔从戎,转战南北。公元 1259 年,李庭芝奉命管理扬州。他初到扬州的时候,那里刚刚遭遇了战火之灾,再加上连年不断的战争,城中到处是断壁残垣,十分凄凉。人们根本无法安定,面对这种情形,为了尽快恢复经济,李庭芝下令免除扬州百姓所欠的全部赋税,同时借钱给当地老百姓重建家园,待百姓居舍建成后,又免除其贷款。这样,只用了一年左右的时间,当地百姓与官兵就都有了居室。

治理扬州期间,遇到辖区内有水旱之灾时,李庭芝就命令发放库存的官粟,如果不足,就拿出自己的积蓄赈济灾民。扬州百姓感激至极,交口称赞,奉他如父母。刘粲从淮南入朝,理宗(当时的皇帝)向他询问淮南之事。他回答说:"李庭芝老成持重,军民安定。如今边尘不惊,百事俱兴,全是陛下用人得当的结果。"

公元 1267 年,忽必烈决定进攻襄阳和樊城,命令征南都元帅阿术与刘整共同负责指挥。忽必烈的军队来势汹汹,一路上攻占了许多城镇。而南宋统治集团的一些官员却闭目塞听,对皇帝也封锁了消息。公元 1268 年,南宋朝廷得知事情的严重性,不断派兵支援襄阳、樊城二城,但总是不得力。当时蒙军主攻的城市是襄阳,他们认为襄阳破,则与其唇齿相依的樊城就会不攻自破。听到这个消息,李庭芝就去支援襄阳,颇为尽力。咸淳八年,襄阳已被围困了五年,但援兵还迟迟不至,而离其比较近的官员又竭力拒守,城中物资供给已经十分困难。就这样,外无援军,内无粮草,元军很快便攻破了襄阳。

攻破襄阳以后,元军乘胜追击,大举进攻两淮和四川。不久,元军包围了扬州,两淮安抚制置使印应雷暴死,朝廷立即起用李庭芝制置两淮。为了能够集中力量应付淮东局势,李庭芝请求分配夏贵负责淮西。咸淳十年十二月,元军攻破鄂州,度宗诏令天下勤王。李庭芝首先响应,遣兵入卫京师,以激励各地军帅。公元 1275 年春,贾似道在芜湖兵败,沿江诸将有的逃跑,有的投降,没有一个人坚守阵地。而与之形成鲜明对比的是,李庭芝所辖郡县的大多数将领都能坚守城垣。元军来势汹汹,形势已经越来越不利于扬州。为了激励士气,李庭芝时常发放奖赏给他手下的将士,将士受恩,人人为他拼命搏杀。十月,元帅阿术率军驻扎镇江,攻打扬州。阿术久攻扬州不下,就在城外筑起了长围。不久,扬州城中粮食已尽,死者满道。

公元 1276 年,有人对李庭芝劝降。李庭芝把使者放了进来,杀死了他,并且在城上烧掉了诏书,表示誓死不从。不久,淮安知州许文德、盱眙知军张思聪、泗州知州刘兴祖都因粮尽而降。但李庭芝仍在征收民间积粟供给士兵,民间的粮食吃完了,他就命令扬州的官员出粮,官员家的粮食也吃光了,就令军中将校出粮,掺杂上牛皮、麸曲供应士兵,他不希望有一个士兵饿肚子。士兵们感激李庭芝的体恤,表示会誓死效命,所以他们仍然天天坚持苦战。

虽然最后元军还是占领了襄阳,李庭芝被元军抓获并惨遭杀害,但正因为有李庭芝这样的忠良始终坚持抗元,才使得偏安一隅的南宋政府得以苟延残喘。公元 1279 年,腐朽没落的南宋王朝终于抵挡不住元军南下的攻势,灭亡了。

虽然南宋灭亡了,但是李庭芝的名字刻在了大家的心里。他体恤士兵,与广大将士同甘共苦,受到广大将士的爱戴。作为一个好的将帅,一定是一个以身作则、关爱手下的人。现代企业越来越讲究人性化管理,不光要关爱职工,领导的以身作则也显得日益重要。只有一个以身作则的领导,才能带领团队取得成功。

日本前经联会会长土光敏夫是一位地位崇高、受人尊敬的企业家。土光敏夫在 1965 年曾出任东芝电器社长。当时东芝公司的效率低下。不是因为没有人才,而是因为公司的组织庞大,部门众多,再加上管理不善,员工工作松散,导致了东芝效益的下降。土光敏夫接任东芝电器社长后,提出一条口号,要重建东芝,这条口号现在很多东芝的老员工还记忆犹新,"一般员工要比以前多用三倍的脑,董事则要多用十倍,我本人则有过之而无不及。"

他每天比其他人早到半小时,并且空出上午七点半到八点半的一小时时间,让员工跟他一起动脑,研究讨论关于公司的问题。他的口头禅是:"以身作则最具有说服力。"他是这样说的,也是这样做的。

有一次,为了杜绝公司的浪费现象,借着参观的机会,他给公司的董事好好上了一课。

一天,东芝的一位董事很想参观一艘名叫"出光丸"的巨型游轮。因为土光敏夫已经看过多次了,所以他事先和这位董事说好由他来带路。

他们约好在樱木町车站的门口会合,他在约定的时间准时到达。随后,那名董事乘坐公司的车赶到。

董事不好意思地说:"社长先生,抱歉让您久等了。我看我们就搭乘您的车前去参观吧!"他以为土光敏夫也是乘坐公司的专车来的。

土光敏夫平静地吐出一句:"我并没有乘坐公司的轿车,咱们去搭电车吧!"

这位董事当时就愣在那里,羞愧得无地自容。

原来土光敏夫是故意这么说的,他为了杜绝浪费,让公司合理化,以身作则不乘坐公司的车,对那位董事进行了"深刻的教育"。

这件事很快传遍了整个公司,所有员工立刻心生警惕,不敢再随意浪费公司的物品,怕被土光敏夫抓到。由于他以身作则,东芝的情况逐渐好转起来。

领导者的工作习惯和自我约束力,对员工有着十分重要的影响。如果领导者都能够按时上班,工作时间尽量不涉及私人事务,对工作尽职尽责,那么在管理员工的过程中自然就会事半功倍,使整个团队重新焕发精神。

【解读】

想要带兵打仗的时候鼓舞士兵的士气,将帅在平时就要以身作则。本篇提出了"将有三胜"的方法,即将领要做"礼将""力将""止欲将"。其实这"三将"就是强调作为将领要以身作则,与下级士兵同甘苦,共患难,这样士兵就会心甘情愿地为将帅抛头颅,洒热血,做到"闻鼓声而喜,闻金声而怒""士争先登""士争先赴",自觉地为国效命。

榜样的力量是无穷的,将帅只要能够身体力行,以身作则,就能够激发起高涨的士气,毕竟很多人还是愿意为一个体恤自己、关心自己的人去做事情。南宋将领李庭芝就非常体恤自己的士兵,因而他的士兵都十分爱戴他。

阴符第七:重要的保密、调兵工具——阴符

【原文】

武王问太公曰:"引兵深入诸侯之地,三军卒有缓急,或利或害。吾将以近通远,从中应外,以给三军之用,为之奈何?"

太公曰:"主与将,有阴符。凡八等:有大胜克敌之符,长一尺;破军擒将之符,长九寸;降城得邑之符,长八寸;却敌报远之符,长七寸;誓众坚守之符,长六寸;请粮益兵之符,长五寸;败军亡将之符,长四寸;失利亡士之符,长三寸。诸奉使行符,稽留,若符事闻,泄者告者皆诛之。八符者,主将秘闻,所以阴通言语,不泄中外相知之术。敌虽圣智,莫之能识。"

武王曰:"善哉。"

【译文】

武王问太公说:"率领军队深入敌国境内,全军突然遭遇紧急情况,或者对我有利,或者对我有害。我想从近处通知远方,从国内策应国外,以适应三军的需要,应当怎么办?"

太公回答说:"国君和将领之间可以使用秘密的兵符,一共分为八种:有我军大

获全胜、全歼敌军的阴符,长度为一尺;有击破敌军、擒获敌将的阴符,长度为九寸;有迫使敌军投降、占领敌人城邑的阴符,长度为八寸;有击退敌人、通报战况的阴符,长度为七寸;有激励军民坚强守御的阴符,长度为六寸;有请求补给粮草、增加兵力的阴符,长度为五寸;有报告军队失败、将领阵亡的阴符,长度为四寸;有报告战斗失利、士卒伤亡的阴符,长度为三寸。凡是奉命传递阴符的,如果延误时限、泄露机密,听到的和随便传告机密的,都一律处死。这八种阴符,由君主和将帅秘密掌握,是一种用来暗中传递消息,而不泄露朝廷和战场机密的通讯手段。这样,即使敌人有十分高深的智慧,也无法识破它的奥秘。"

武王说:"您说得太高明了!"

【事典】

三国时期,曹操在赤壁之战中遭到惨败,无奈向北方逃去,这样南郡就变得空虚。诸葛亮趁这个时机,派兵勇夺南郡。诸葛亮的军队俘虏了南郡的守将陈矫,取得了南都军队的虎符。然后诸葛亮拿着这个虎符,诈调荆州守军,让他们去救援南郡,而后趁势派张飞袭击了荆州。之后再用相同的方法调动襄阳的军队,让他们去救援荆州,随后派关羽袭击了空虚的襄阳。

就这样,凭借一枚小小的虎符,诸葛亮调动曹兵,兵不血刃地占有了三座城池。

小小的兵符有调动三军的作用,因其承载着重要的信息和使命,所以在古代,不论是统治者还是将领都非常重视兵符。

【解读】

在古代,生产力和技术水平有限,所以在战争中,通信手段比较简单,能选择的方法屈指可数。为了通信保密,我们的先人创造了一套行之有效的方法,阴符就是其中的一种。本篇首先阐明了阴符的作用:"引兵深入诸侯之地,三军卒有缓急,或利或害。吾将以近通远,从中应外,以给三军之用。"接着详细说明八种阴符的不同形制和内容。最后强调在使用阴符时应注意的事项:"诸奉使行符,稽留,若符事闻,泄者告者皆诛之。"可见古代行军打仗中阴符的重要性,毕竟阴符承载着重要的信息,甚至关系着国家的存亡。

兵符就是阴符中的一种,是我国古代帝王授予臣属兵权和调动军队所用的凭证,可以作为兵权的象征,有一个小小的兵符就可以调动千军万马。因为阴符非常重要,所以统治者会对其采取一些有效的措施。一符从中间分为两半,让相关的双方各拿一半,想要使用的时候,两半兵符必须扣合在一起才可以起作用。战国、秦汉时期,遇到战事,需要调兵遣将的时候,都要使用兵符。一般这样的兵符上面会画一只老虎,所以那时又称兵符为虎符。

虎符分为左右两半,一般右半边存于朝廷,左半边发给地方长官或者统兵的将帅。而且为了保险起见,都是专符专用,一个虎符只能用于一个方面或者一个地方。一个虎符绝对调动不了两个地方的军队。调兵遣将的时候,需要两半虎符合在一起才能生效。战国时期的虎节,可以说是虎符的前身。

为了维护统治,一般君主会掌握军队的征调大权,施行凭"虎符"发兵的制度,而且管理制度十分严密。调动的军队达到50人,就需要有君王的符命,可见兵符在战争中的确起着很大作用。

阴书第八:承载重要信息的阴书

【原文】

武王问太公曰:"引兵深入诸侯之地,主将欲合兵,行无穷之变,图不测之利。其事繁多,符不能明;相去辽远,言语不通。为之奈何?"

太公曰:"诸有阴事大虑,当用书,不用符。主以书遗将,将以书问主。书皆一合而再离,三发而一知。再离者,分书为三部;三发而一知者,言三人,人操一分,相参而不相知情也。此谓阴书。敌虽圣智,莫之能识。"

武王曰:"善哉!"

【译文】

武王问太公说:"率领部队深入敌国之内,国君想要集结兵力,根据敌情进行灵活的变通,谋求出其不意的胜利。但事情繁杂,用阴符难以说明问题,彼此相距又十分遥远,言语难通。在这种情况下应该怎么办?"

太公说:"所有秘密的事情和重大的计策,都应当用阴书来传达而不是用阴符。国君送阴书给将领传达意图,主将送阴书给君主请示问题,这种阴书都是一合而再离、三发而一知。所谓一合而再离,就是把一封书信分为三个部分;所谓三发而一知,就是派三个人送信,每人送的只是其中的一部分,相互参差,即使送信的人也不知道书信的内容,这就叫阴书。这样,无论敌人怎样聪明,也不能识破我的秘密。"

武王说:"您说得太高明了!"

【事典】

公元219年,刘备手下大将关羽北进到荆、襄地区作战。而当年的七月,孙权大军打算攻打合肥,这样一来就严重威胁到了曹操的统治。于是曹操调集大部分淮南军队防备孙权的军队。镇守在荆州的蜀将关羽抓住这个机会,率领主力攻打荆、襄地区。

当时,魏征南将军曹仁驻守樊城(今湖北襄樊),将军吕常驻守襄阳,右将军于禁及立义将军庞德屯樊城北,平寇将军徐晃屯宛(今河南南阳)。八月的时候,樊城北下了一场大雨,于禁七军皆被水淹,关羽趁机围攻樊城,并以一部分兵力包围襄阳。

樊城的守军仅仅有几千人,城墙因为大雨多处崩塌,守将曹仁考虑放弃樊城。汝南太守满宠极力阻止他这么做,他说:"虽然这场大雨来得迅疾,但并不会持久。关羽不敢攻打襄阳,就是因为樊城要点还没有被攻下,他怕我军攻打他的侧面和后面,断了他的退路。如果我们这个时候走了,黄河以南的地区就被关羽他们占有了。我们该坚守待援才是。"后来,曹仁听取满宠的建议,激励将士奋勇抵抗,说关羽一时也拿不下樊城。

这时,樊城附近的太守们协助关羽,杀了很多曹仁的官兵,关羽的军队声势浩大。曹操感到了危机,有了迁都的打算,但是立刻被司马懿等人制止。他们认为:刘备跟孙权虽然是亲家,但是外亲内疏,如果关羽夺得的地方多了,孙权一定会不乐意。所以建议曹操劝说孙权袭击关羽后方,以江南之地作为交换,这样樊城的危机就解除了。

曹操采纳了这个建议,派使者去劝说孙权。不久,曹操的使者带回了孙权的密信,说是会派兵袭击关羽,但希望曹操保密,防止关羽采取防备措施。这时,曹操身边的谋士董昭认为应该把秘密外泄。因为如果关羽知道孙权的意图,撤兵回防,樊城的危机自然而然就解除了;如果关羽回头跟孙权作战,就会两败俱伤,曹军可以坐收渔利。如果曹军方面保密,孙权就得势了,对曹军也不利。而且,被围的将士很久不见援兵到来,担心城内粮草短缺,如果大批人产生恐慌,局面就会不好收拾,所以还是泄密要好一些。

于是,曹操派人往围城的军队和樊城的守军里分别射了几支带有密信的箭。樊城守军拾到后,士气倍增,防守更加严密;而关羽知道孙权的打算后,既担心腹背受敌,又不愿意前功尽弃,因此处于徘徊两难的境地。最终,曹操的主力军到达,迫使关羽从樊城退走。

曹操仅仅利用一封密信就挫败了关羽强大的攻势,破坏了孙、刘联盟,掌握了主动权。小小的阴书居然有如此大的作用,因而很多人都非常关注敌方的阴书,希望通过截获对方传递的消息,取得战争的胜利。

张献忠是明末农民起义的领袖,明朝崇祯三年(1630),他在家乡积极响应王嘉胤的反明号召,在米脂起义。后来,他在南阳等地与明军交战失利,为了保存起义军的实力,他假意接受明朝的招降,驻守谷城,实际上暗中搜罗旧部,积蓄力量。崇祯十二年(1639)五月,他重举反明大旗,出兵攻占谷城周围各县,取得了胜利。

再度起义的张献忠使明朝廷开始惊慌,立刻改派大学士、兵部尚书杨嗣昌督师,再次展开对农民军的大规模围剿。杨嗣昌一到,就对起义军展开了残酷的围剿,并且传檄河南、四川、陕西、郧阳诸抚镇将领,命他们分扼冲要。就这样两军在四川、湖广一代对峙近一年。第二年七月,张献忠的部队突破防线,进入四川,杨嗣昌率十万大军随后追击。见有强敌在后,张献忠便进入了湖北兴山、当阳。名将袁继咸得知此消息后,就率兵前去湖北堵截张献忠的军队。张献忠命令将领罗汝才率军抵抗袁继咸,自己则是继续东进。

起义军在东进的过程中阴差阳错地活捉了杨嗣昌的军使。张献忠从其口中得到了襄阳城防空虚的情报,于是打算奔袭襄阳。他杀掉使者,搜出其身上的兵符,然后在将士们中间挑出二十八人,让他们换上明军的服装,拿着兵符先走。张献忠则带着两千多人在后面跟着。张献忠知道襄阳是明朝的重镇,内部储存了大量的财物。一旦攻占襄阳,会给明朝造成很大的打击,所以占领襄阳的意义是巨大的。

这二十八个人到达襄阳的时候正是晚上,他们对襄阳守军说自己是督师派来调运军械的,而且出示了兵符。守城的明军验明了兵符的真假,然后开门放人。城门一开,二十八个人迅速进入城内,砍杀守门的明军,占领城门。其他明军正要冲上来消灭他们,张献忠的后续部队便到了,顺利进入了城内。明军惊慌不已,被迫投降。起义军很快占领了襄阳,杨嗣昌闻讯呕血而死。

【解读】

本篇首先阐明了阴书的作用,接着具体介绍了阴书的使用方法,从而达到"敌虽圣智,莫之能识"的效果。

军势第九:攻伐之道,作战的一般原则

【原文】

武王问太公曰:"攻伐之道奈何?"

太公曰:"势因敌家之动,变生于两阵之间,奇正发于无穷之源。故至事不语,用兵不言。且事之至者,其言不足听也;兵之用者,其状不足见也。倏而往,忽而来,能独专而不制者,兵也。"

"夫兵,闻则议,见则图,知则困,辨则危。故善战者,不待张军;善除患者,理于未生;善胜敌者,胜于无形。上战无与战。故争胜于白刃之前者,非良将也;设备于已失之后者,非上圣也。智与众同,非国师也;技与众同,非国工也。"

"事莫大于必克,用莫大于玄默,动莫神于不意,谋莫善于不识。夫先胜者,先见弱于敌而后战者也,故事半而功倍焉。"

"圣人征于天地之动,孰知其纪?循阴阳之道,而从其候;当天地盈缩,因以为常。物有死生,因天地之形。故曰:未见形而战,虽众必败。"

"善战者,居之不挠,见胜则起,不胜则止。故曰:无恐惧,无犹豫。用兵之害,犹豫最大;三军之灾,莫过狐疑。善战者,见利不失,遇时不疑。失利后时,反受其殃。故智者,从之而不释;巧者,一决而不犹豫。是以疾雷不及掩耳,迅电不及瞑目。赴之若惊,用之若狂;当之者破,近之者亡。孰能御之?"

"夫将:有所不言而守者,神也;有所不见而视者,明也。故知神明之道者,野无横敌,对无立国。"

武王曰:"善哉。"

【译文】

武王问太公说:"进攻作战的原则是什么?"

太公说:"要根据敌人的行动决定作战的态势,战术的变化产生在敌我双方的临阵对垒之间,出奇制胜和正规战术的运用源于将帅无穷的智慧和思考。所以最高的机密不能泄露,用兵的方法不可以外传。而且机密极为重要,只能在心中领会但不能用语言表达出来。军队的作战部署,只能隐秘莫测而不能对外界暴露。倏忽而往,忽然而来,能够独断专行而不受制于人,这就是用兵的原则。"

"听说我军兴兵,敌人就会商议应对的策略;发现我军行动,敌人就会设计对我军算计图谋;敌人知道了我军的企图,我军就会陷入困境;敌人摸清了我军的规律,我军就会遭遇危险。所以善于用兵的,不等到军队开战就取得了胜利;善于消除祸患的,不等到祸患发生就把它消除了;善于战胜敌人的,在无形中就战胜了。最高明的战术,就是造成无人敢与我为敌的局面。因此,经过冲锋陷阵白刃相交而取胜的,不能称为良将;在失败之后再来制订措施守备的,不能称为智士;智慧与普通人相同的,不能称为国师;技艺与大众相同的,不能称为国工。"

"战争最重要的莫过于所攻必克,作战最重要的莫过于保守机密,不露声色,行动最重要的莫过于出其不意,谋略最重要的莫过于神妙难测。凡是未战而先胜的,都是先向敌人示弱,然后才与敌人交战的,因此可以事半而功倍。"

"圣人观察天地的变化,探求天地变化的规律,根据日月运行考察四季变化,推断事物变化的一般规律。万物的生死,都是天地变化的一般规律。所以说没有弄清战争的形势就贸然战斗,即便兵力众多,也必定失败。"

"善于作战的,静待时机不受干扰,看见可以胜利就打,无法取得胜利就停下来不打。所以说作战的时候不要恐惧,不要犹豫。用兵作战的隐患,最大的就是犹豫。军队的灾难,最大的就是狐疑。善于打仗的人,见到有利的情况绝不放过,遇到可行动的战机绝不犹疑。否则,失掉有利条件错过可行动的战机,自己反而会遭受其带来的祸殃。所以,明智的指挥者抓住战机绝不放过,机智的指挥者毅然决定绝不犹豫。这样,投入战斗才能像迅雷使人来不及掩住双耳,像闪电使人来不及闭上双眼一样,前进就像惊马奔腾,作战就像狂风迅猛。阻挡它的就被击破,靠近它的就被消灭,这样的军队谁还能抵抗呢?"

"将领用兵,能不动神色就坚守用兵之道的就叫作神,能不用眼睛看就可以洞察事物发展趋势的就叫作明。因而能够掌握这种不说话就知道、不看见就清楚的神明道理的,作战没有人是他的对手,天下也没有敢跟他为敌的国家。"

武王说:"您说得好啊!"

【事典】

灵活用兵指的是根据敌人的具体情况做出相应的决定。后周与南唐的六合之战中,赵匡胤就是利用这一原则取得了胜利。

公元956年正月,后周攻打南唐的正阳之战获胜后,周世宗柴荣趁势追击,一直追击到安徽寿县,在寿县北淝河安营扎寨,然后征召附近几个州的丁夫十万人,配合追击的军队攻打安徽寿县。柴荣急着攻下寿县,便指挥大军昼夜不停地攻城。南唐军队坚守抗击,后周久攻不下。柴荣很着急,下令把寿县围起来,任命李重进为淮南道行营都招讨使,李谷为判寿州行府事,继续围城;又遣赵匡胤、韩令坤等将分路出击,想要尽快拿下安徽寿县。

四天后,赵匡胤于涡口(今安徽怀远东北)首战告捷,缴获了50余艘战舰,并且斩杀了南唐军都监何延锡。然后,他带领数千兵马兼程而行,到达了清流关(今安徽滁州西北)。后来,赵匡胤的数千人马与南唐万余人的军队遭遇。因为实力悬殊,赵匡胤不敢轻举妄动。经过思考,他决定把南唐大军从山下引出来,然后在路上出兵截击。这一下子,南唐大军慌了神,便且战且退,一直退到了滁州城。毕竟这里是南唐的地盘,赵匡胤不熟悉,于是找了当地的村民作为向导给他们带路。夜间,他们在村民的带领下,走山间小路,直接到了滁州城下,出其不意地攻破城门,攻克了滁州。

这时,后周的军队各处告捷,南唐君主李璟没有办法,于是派使者去请和,但是遭到了拒绝,只得被迫反攻。三月,李璟命令齐王李景达、监军使陈觉率兵两万渡江,从瓜步(今江苏六合南)北上。柴荣看到这个情况,重新调整了部署,命赵匡胤率兵两千屯六合,迎击南唐军队的反攻。四月,李景达率两万大军在距六合三十里处安营扎寨。赵匡胤知道这次战争两方实力悬殊,不能硬拼。他观察地形,发现六合这个地方易守难攻,于是决定以逸待劳。为了防止南唐军队出击,赵匡胤的大军在六合虚张声势,使他们在虚实难辨的情况下,不敢轻易移动。过了几天,南唐大军终于没有耐心继续耗下去了,决定出战。赵匡胤带众人奋力拼杀,终于杀出一条血路,以少胜多。南唐军大败,剩下的一万五千人乘舟逃离,慌乱中又掉在水中淹死很多。南唐精兵在此战中损失了一半。

赵匡胤之所以能够以少胜多,取得胜利,就是因为他根据敌人的情况采取了相应对策。作为将帅,除了要辨别敌人情况,还要能根据敌我双方的情况沉着、冷静、果断正确地下定决心。文中说:"用兵之害,犹豫最大;三军之灾,莫过狐疑。"如果将领优柔寡断,当断不断,必然坐失良机。因此,刚毅果断是夺取胜利的重要保证,而犹豫不决则是作战指挥的大忌。所以,只有抓住稍纵即逝的战机才能取得战争的胜利。

在对刘武周的一战中,李世民取得胜利就是因为他及时抓住了有利战机。

公元 617 年二月，刘武周依靠突厥的力量起兵，杀掉了马邑太守王仁恭，被突厥封为"定杨可汗"。刘武周在马邑自称皇帝，改元天兴。

两年后，刘武周在突厥的支持下，南侵并州（今晋阳）。随后，他的大将宋金刚向他建议："入图晋阳，南向以争天下。"刘武周采纳了他的建议，相继攻陷了并州、介州、浍州、晋州等地，这些地方是大唐的河东之地。因为当时形势险恶。李渊打算放弃这些地方。这个提议遭到了李世民的反对，他认为河东是块宝地，物资殷实，绝对不能放弃，并且主动请缨，率兵三万前去讨伐。

十一月，李世民率军在柏璧（绛州西南）扎营，跟刘武周的军队对垒。因为柏璧"悬军千里，深入吾地，精兵骁将，皆在于此"，所以李世民为了避其锋锐，采取了坚守不战的方针，仅让偏师乘间抄掠敌军。五个月过去了，刘武周的军队因为供应困难，士气衰微，很快就面临人困马乏的局面。因为不能对峙太久，第二年二月，刘武周的军队开始后撤。李世民率兵急追，不肯放过刘武周的大军，一昼夜行军二百里，跟刘武周的大军激战了十多次。追到高璧岭的时候，士兵由于长期奔波，已经疲惫不堪，肚子也非常饿。李世民身边的人建议说："众将士连续兼程作战，又累又饿，希望可以停下来，吃顿饱饭休息一下，再继续作战。"李世民断然回绝，他说："功者，难成易败；机者，难得易失。刘武周的军队走到汾州，他们的军心已经开始动摇。我们应该继续追下去，就能势如破竹。要是现在停下的话，贼兵一定会有办法，我们就错过了诛灭他们的好时机。"于是李世民"策马而去，诸军乃进"，最后取得了战斗的胜利。

在这次战斗中，李世民坚守待机，当战机出现时，又坚决果断地抓住，终于取得了最后的胜利。

【解读】

本篇讨论的是作战的一般原则，也称为攻伐之道。作战指挥的一般原则有以下几个要点：一是用兵要根据敌人的行动而决定，灵活用兵，不拘一格；二是要不战而屈人之兵，即"故善战者，不待张军；善除患者，理于未生；善胜敌者，胜于无形。上战无与战"；三是讨论了用兵打仗要注意四个方面，即"事莫大于必克，用莫大于玄默，动莫神于不意，谋莫善于不识"；四是用兵要深信不疑，疑惑是用兵最大的祸害，强调要抓住有利战机；最后就是行军打仗要注意速度，俗话说兵贵神速，要"疾雷不及掩耳，迅电不及瞑目"，这样就会"赴之若惊，用之若狂；当之者破，近之者亡。孰能御之"。

奇兵第十：变化神妙的军势

【原文】

武王问太公曰："凡用兵之法，大要何如？"

太公曰："古之善战者，非能战于天上，非能战于地下；其成与败，皆由神势：得之者昌，失之者亡。"

"夫两阵之间：出甲陈兵，纵卒乱行者，所以为变也。深草蓊翳者，所以逃遁也。谿谷险阻者，所以止车御骑也。隘塞山林者，所以以少击众也。坳泽窈冥者，所以匿其形也。清明无隐者，所以战勇力也。疾如流矢，如发机者，所以破精微也。诡伏设奇，远张诳诱者，所以破军擒将也。四分五裂者，所以击圆破方也。因其惊骇者，所以一击十也。因其劳倦暮舍者，所以十击百也。奇伎者，所以越深水、渡江河也。强弩长兵者，所以逾水战也。长关远候，暴疾谬遁者，所以降城服邑也。鼓行喧嚣者，所以行奇谋也。大风甚雨者，所以搏前擒后也。伪称敌使者，所以绝粮道也。谬号令，与敌同服者，所以备走北也。战必以义者，所以励众胜敌也。尊爵重赏者，所以劝用命也。严刑重罚者，所以进罢怠也。一喜一怒，一予一夺，一文一武，一徐一疾者，所以调和三军，制一臣下也。处高敞者，所以警守也。保阻险者，所以为固也。山林茂秽者，所以默往来也。深沟高垒，积粮多者，所以持久也。"

"故曰：不知战攻之策，不可以语敌；不能分移，不可以语奇；不通治乱，不可以语变。故曰：将不仁，则三军不亲；将不勇，则三军不锐；将不智，则三军大疑；将不明，则三军大倾；将不精微，则三军失其机；将不常戒，则三军失其备；将不强力，则三军失其职。故将者，人之司命。三军与之俱治，与之俱乱。得贤将者，兵强国昌；不得贤将者，兵弱国亡。"

武王曰："善哉。"

【译文】

武王问太公："用兵的法则、要领是什么？"

太公说："古代善于作战的将领，并不是能战于天上，也不是能战于地下，他的失败跟胜利，都取决于能不能创造神妙的态势。能创造这种态势的就胜利，不能创造这种态势的就失败。"

"当两军对阵交锋，出动甲士列兵阵之时，卸下铠甲，放下武器，放纵士卒，行列混乱，是为了诱惑敌人；占领草木茂密的地区，是为了便于隐蔽撤退；占领溪谷险阻的地方，是为了阻止敌军的战车和骑兵；占领险隘关塞的山林地形，是为了借此优势以少击多；占领低谷、水泽等低湿幽暗的地区，是为了隐蔽军队的行动；占领平坦开阔的地区,是为了同敌人比勇斗力一决雌雄。行动迅速如同射出去的箭一样,猛如发机,是为了以迅雷不及掩耳之势打破敌人的深谋妙计;用诡诈的埋伏巧设奇兵,虚张声势,诱骗敌人,是为了击破敌军,擒获敌将;把军队分编成不同的阵形,是为了把攻破敌人的圆阵和方阵;围攻惊慌失措的敌人,是为了可以以一敌十;围攻困乏疲劳的敌人,是为了以十击百;利用奇妙的技术制造器械,是为了越过深水,渡过大河;使用强弩和长兵器,是为了越水作战;于边境处设置关卡,派出侦察人员,行动迅疾,不拘常法,是为了降敌之城,服敌之邑;故意大张旗鼓地喧嚣行军,是为了乱敌耳目,施行奇计妙策;在大风暴雨天气展开行动,是为了攻前袭后多方进击;冒称敌人使者潜入敌后,是为了切断敌人粮道;管用敌人号令,穿着敌军服装,是为了准备撤退;作战时对官兵晓以大义,是为了鼓舞士气战胜敌人;加封官爵,加重奖赏,是为了劝勉官兵奋勇效命;严刑重罚部属,是为了督促疲惫的官兵坚持战斗;或喜或怒,或赏或罚,或礼或威,或缓或疾,是为了协调全军意志,统一部属行动;占领高大而又开阔的地形,是为了警戒和守备;守卫险隘要地,是为了稳固自己的防御;占领山深林密的地形,是为了暗中行动;深挖壕沟,高筑壁垒,多储粮秣,是为了持久作战。"

"所以,不懂得进攻和作战的策略,就不要谈论和敌人交战;不能分兵移动,就不要谈出奇制胜;不知道军队治乱的道理,就不要谈应对的变化。所以说,做将帅的不仁慈关爱,军队就不会团结和睦;做将帅的不勇敢,军队的战斗力就不强;做将帅的不机智,军队就会迟疑;做将帅的不精明,军队就会遭到重大失败;做将帅的不精细,军队就会失去战机;做将帅的不时刻保持警惕,军队就会失去戒备;做将帅的不坚强有力,军队就会玩忽职守。所以将帅主宰着士兵的性命,军队会因为他而整饬,也会因为他而混乱。有了贤能的将帅,那么军队就会强大,国家就会昌盛;没有贤能的将帅,军队就会衰弱,国家就会灭亡。"

武王说:"您说得对啊!"

【事典】

对于将帅来说,制造神妙变化的军势很重要,因为这关乎着一场战争的胜败。古今中外的很多战争中,名将就是利用神妙变化的军势取得胜利的,如取得了奥斯特里茨战役胜利的拿破仑。

1805 年 12 月 2 日,一个非常平常的日子,但是这一天,世界战争史记载了拿破仑一生中最光辉的一页。上午七时,著名的奥斯特里茨战役开始了。

战斗一开始,俄罗斯跟奥地利联军便对拿破仑的军队展开了猛烈的攻击。看到这种情况,拿破仑没有硬拼,而是先让部队主动放弃普拉岑高地向后退,将联军吸引到高地的南边。达到目的后,他命令部队顽强抵抗,迫使俄国沙皇亚历山大将布置在普拉岑高地的俄军预备队全部用来攻击两翼的法军,使普拉岑高地的防守出现薄弱环节。拿破仑抓住这个有利时机,抽调一支精锐部队,很快占领了普拉岑高地。

这个消息传到了亚历山大的耳朵里，亚历山大立刻觉得自己犯了一个错误，高地的丢失会给联军带来可怕的后果，所以绝对不能丢失。于是他赶紧抽调兵力，打算把高地夺回来。法俄两军在普拉岑高地上展开空前激烈的搏斗，两方都是抱着必死的决心，没有一方愿意做出让步，很快，高地上便横尸遍野，血流成河。俄军付出了惨痛的代价，还是没有把高地夺回来。这时，联军的主力全部集中在高地的南部，暴露在法军的炮口之下。

拿破仑

这正是个好时机，拿破仑当机立断，让部队把大炮迅速拉上高地。在一阵猛烈的炮火掩护下，法军的总攻开始了。在惊天动地的喊杀声中，几万名法军官兵以排山倒海之势，向山下的联军冲杀过去。联军立即大乱，争先恐后地沿着那条唯一的通道退到了沼泽地里的湖边。那时湖面虽然结冰，但是还不够结实，绝对承受不住人的重量。联军停住了脚步，不敢走向冰面，怕掉进沼泽地里。

正在他们恐慌之际，一颗炮弹呼啸着从天上飞来，在密集的联军中炸开，一位将军立马跌倒在血泊中。这时，联军中有人喊："快跑呀，从冰上过去，不然我们就没命了。"这时，又一发炮弹打来，人们一齐拥到了冰面上。冰在人们的脚下咔咔作响，随时都会断裂。

这时，空中又打来几发炮弹，正好打在冰面上。冰面立刻四分五裂。几千名哭喊和挣扎着的联军官兵，很快就沉入了湖底。留在岸上不敢上冰面的士兵也不时被法军炮弹击中，血肉横飞。

战斗结束了。联军被俘两万多人，死伤一万五千多人，其余的四散溃逃。

四面八方的战士向拿破仑拥来，嘴里高喊着："皇帝陛下万岁！""法兰西万岁！"欢呼声在战场上久久回荡。

在奥斯特里茨战役结束的第二天，奥地利皇帝要求休战。他被迫将大片领土割让给法国，并且每年还要向法国支付四千万法郎的战争赔款。

这一战成就了拿破仑，很多人都说这是拿破仑一生中最光辉的战役，恩格斯在《奥斯特里茨》一文中曾评价过奥斯特里茨会战和拿破仑的才能。他写道："奥斯特里茨被公正地认为是拿破仑最伟大的胜利之一，它最为有力地证明了拿破仑的无与伦比的军事天才。因为，尽管指挥失误无疑是同盟国失败的首要原因，但是他用以发现同盟国过失的洞察力、等待过失形成的忍耐力、实施歼灭性打击的决断能力和迅速摆脱失败困境的应变能力——这一切是用任何赞美之词来形容都不为过的。奥斯特里茨是战略上的奇迹,只要还存在战争,它就不会被忘记。"这些话赞美了拿破仑的军事才能,也从侧面说明了统帅制造并运用"神势"的重要性。

【解读】

"奇兵"二字就是指奇妙变化的军势,与文中的"神势"相同,古代善于作战的将领都会创造神妙变化的军势。本篇列举了二十六种制造神势的方法,并指出能制造这些态势就会成功,不能制造这种态势就会失败,可见奇妙的军势在行军打仗中的重要性,文中还指出:"不知战攻之策,不可以语敌;不能分移,不可以语奇;不通治乱,不可以语变。"最后还论述了将帅应该具备的几种素质,即仁、勇、智、明、精微、常戒、强力,以及将帅对军队对国家的作用,即"得贤将者,兵强国昌;不得贤将者,兵弱国亡"。

五音十一:如何把音律运用到军事作战中

【原文】

武王问太公曰:"律音之声,可以知三军之消息,胜负之决乎?"

太公曰:"深哉! 王之问也。夫律管十二,其要有五音:宫、商、角、徵、羽,此其正声也,万代不易。五行之神,道之常也,可以知敌。金、木、水、火、土,各以其胜攻也。古者,三皇之世,虚无之情,以制刚强。无有文字,皆由五行。五行之道,天地自然。六甲之分,微妙之神。"

"其法以天清净,无阴云风雨,夜半遣轻骑,往至敌人之垒,去九百步外,偏持律管当耳,大呼惊之。有声应管,其来甚微;角声应管,当以白虎;徵声应管,当以玄武;商声应管,当以朱雀;羽声应管,当以勾陈;五管声尽不应者,宫也,当以青龙。此五行之符,佐胜之征,成败之机也。"

武王曰:"善哉。"

太公曰:"微妙之音,皆有外候。"

武王曰:"何以知之?"

太公曰:"敌人惊动则听之。闻袍鼓之音者,角也。见火光者,徵也。闻金铁矛戟之音者,商也。闻人啸呼之音者,羽也。寂寞无闻者,宫也。此五者,声色之符也。"

【译文】

武王问太公说:"从律管中发出的声音,可以知道军队的消长、预知战争的胜负吗?"

太公说:"大王您问的这个问题真是深奥啊!律管有十二个音阶,其中有五个是最重要的,分别是:宫、商、角、徵、羽,这五个音阶是最基本的,千秋万代都不会改变。五行相生相克,神妙无比,乃是宇宙间的永恒规律,借此可以预测敌情的变化。金、木、水、火、土五行,各以自己的优势相互克制。古代三皇的时候,崇尚无为而治,以便克制刚强暴虐。那个时候没有文字,一切都是按照五行相互生克的道理行事。五行相生相克,就是天地演变的自然规律。六甲分合是十分微妙的。"

"运用五音五行来探测敌情的方法是:当天气清明晴朗,没有阴云风雨,就在半夜派遣轻骑前往敌人营垒,在距离敌营九百步开外的地方,遍持律管对着耳朵,然后向敌方大声疾呼以惊扰他们。这时,就会有来自敌方的声音反应于律管中,这声音十分微弱。如果反应于律管中的是角声,就应当根据与白虎相应的方位从西方攻打敌人;如果反应于律管中的是徵声,就应当根据与玄武相应的方位从北边攻打敌人;如果反应于律管中的是商声,就应当根据与朱雀相应的方位从南边攻打敌人;如果反应于律管中的是羽声,就应当根据与勾陈相应的方位从中央攻打敌人;所有律管都没有声音就是宫声的反应,应当根据与青龙相应的方位从东边攻打敌人。这就是五行生克的应验,是帮助制胜的征兆,是征战胜败的关键。"

武王说:"这真是太妙了!"

太公说:"微妙的音律,都有外在的征兆。"

武王说:"那我们从何得知呢?"

太公说:"当敌人受到惊动时就要仔细辨听他们的动静,听到击鼓的声音是角声的反应,见到火光是徵声的反应,听到金铁矛戟等各种兵器声是商声的反应,听到敌人的呼喊叫嚣声是羽声的反应,寂静默然什么都听不到是宫声的反应。这五种音律与外界的动静是各有对称,互相符合的。"

【事典】

年羹尧是清代康熙、雍正年间人,进士出身,因为立下赫赫战功而集高官显爵于一身。

年羹尧一生南征北战,驰骋疆场,运筹帷幄,立下不少功勋。雍正元年秋,年羹尧率领清军去平定青海罗布藏丹津的叛乱。军队行至西宁附近的时候,天色已晚,于是年羹尧下令就地安营扎寨,生火做饭。

晚上三更时分,一群大雁从营帐上飞过,发出嘶哑的鸣叫,惊醒了睡梦中的年羹尧。他披衣而起,暗自思忖:夜晚天黑无光,大雁应该静静地停在水边休息才是,如果没有人惊动它们,它们是不可能半夜起飞的。而且这群大雁飞行的速度非常快,声音也非常嘶哑凄凉,一定是受到了惊吓。白天哨探报告说,前面不远处有群山水泊,那是叛军经常出入的地方。现在看来,肯定是叛军乘我军远道而来,人困马乏,夜间前来袭营,以致惊动了雁群。于是,他当即想出了设伏以待、消灭袭营敌人的计策。

他把手下的将士召集过来，告诉他们：四更的时候，叛军会来偷袭军营，要做好埋伏，叛军来后要沉着应战。然后，他指挥士兵在叛军的必经之路上设下埋伏，等待叛军的到来。

四更天左右的时候，叛军果然来了。等叛军进了伏击圈后，清军突然发起攻击，将前来袭营的叛军全歼。

年羹尧打了胜仗，便下令全军休整三天，犒赏三军。觥筹交错间，大家纷纷询问他是怎么知道昨天叛军会来偷袭的事情的。年羹尧就把大雁飞过的事情讲了出来。众人感叹道："大将军真乃神将也！"

年羹尧笑笑，对在座众人说道："带兵打仗光有匹夫之勇是不行的，还需要时刻戒备。如何戒备，没有固定的规则。做将领的该上知天文，下知地理，通达敌我长短，对于动物的习性也要熟悉。各类禽兽都有自己奇特的预警灵性和防卫本领，狡兔三窟就是藏身避祸的例子。常言说，打草会让蛇受到惊吓，老鹰来袭击兔子了，兔子会变得很警惕，马儿不停地嘶叫说明老虎在不远处，这就是见微知著。我昨天听到大雁的声音，因而警惕敌方，所以对敌军设下埋伏取得了胜利，这是前后联系、再三琢磨才定下的计策。只要诸位处处留意，长此以往就可以料敌如神。"诸将听完，无不点头称是。

【解读】

本篇把五音与五行结合起来观测和判断敌情，以便判断形势，采取相应的军事行动。这章是非常高深玄妙的，根据五音和五行采取军事行动，很多人是很难理解的。其实本篇想突出的意思是利用各种手段来查探敌情，通过各种蛛丝马迹判断敌情，进而做出相应决策。清朝将领年羹尧闻雁即警，就是通过天空的大雁捕获了有利的消息，歼灭了叛军。

兵征十二：士兵的表现、战争胜负的讯号

【原文】

武王问太公曰："吾欲未战先知敌人之强弱，豫见胜负之征，为之奈何？"太公曰："胜负之征，精神先见。明将察之，其败在人。谨候敌人出入进退，察其动静，言语妖祥，士卒所告。"

"凡三军说怿，士卒畏法，敬其将命；相喜以破敌，相陈以勇猛，相贤以威武。此强征也。三军数惊，士卒不齐；相恐以敌强，相语以不利。耳目相属，妖言不止，众口相惑；不畏法令，不重其将。此弱征也。"

"三军齐整,陈势以固,深沟高垒,又有大风甚雨之利;三军无故,旌旗前指;金铎之声扬以清,鼙鼓之声宛以鸣。此得神明之助,大胜之征也。行阵不固,旌旗乱而相绕,逆大风甚雨之利,士卒恐惧,气绝而不属;戎马惊奔,兵车折轴;金铎之声下以浊,鼙鼓之声湿加沐。此大败之征也。"

"凡攻城围邑,城之气色如死灰,城可屠;城之气出而北,城可克;城之气出而西,城可降;城之气出而南,城不可拔;城之气出而东,城不可攻。城之气出而复入,城主逃北。城之气出而覆我军之上,军必病。城之气出高而无所止,用兵长久。凡攻城围邑,过旬不雷不雨,必亟去之,城必有大辅。此所以知可攻而攻,不可攻而止。"

武王曰:"善哉。"

【译文】

武王问太公说:"我想在没有交战时预先知道敌人的强弱,看见战争胜败的征兆,该怎么办呢?"

太公说:"战争胜败的征兆,首先表现在敌人的精神上。精明的将帅能够察觉到,但能不能利用征兆打败敌人,则在于人的主观努力。严密地侦察敌人出入进退的情况,观察其动静,言语中谈到的吉凶预兆,以及士卒们相互议论的事情。"

"凡是全军上下心情愉悦,士卒畏惧法令,尊重并服从将帅命令,相互以打败敌军为喜,相互以勇猛为荣,相互以威武为誉的,这些都是军队战斗力强大的征兆;反之,军队里很多人惊慌,兵士凌乱不堪,害怕敌人强大,谈论的是不吉利的话,相互议论纷纷,军中谣言四起却无法制止,士兵之间相互说疑惑之言,不害怕法令,不尊重带领他们的将领,这是军队力量衰弱的表现。"

"全军步调一致,阵势坚固,沟深垒高,又有大风暴雨的有利气候条件,三军不待命令而旌旗飘扬直指前方,金铎的声音昂扬而清晰,鼙鼓之声婉转而嘹亮,这是军队得到了神明的帮助,必将取得大胜的征兆。军队不牢固,旌旗凌乱地缠绕在一起,遇到大风大雨等不利的条件,士兵恐慌,士气衰竭涣散,战马受惊狂奔,战车的车轴折断,金铎的声音沉闷,鼙鼓的声音因为被雨淋湿而低沉,这是将要大败的征兆。"

"凡是攻打包围城池,城墙上的气的颜色是死灰一样的颜色,城市就可以占领;城墙上的气流向北流动,城池就可以被攻破;城墙上的气流向西流动,城池就必定会投降;城墙上的气流向南流动,城池就不能攻占下来;城墙上的气流向东流动,城池就不容易攻破;城墙上的气流出来又回去,守城的主将必定准备逃跑;城墙上的气流出来覆盖在我军的上方,我军必然会失利;城墙上的气流出来向上流动很高而且不停止,围攻的时间就会非常长久。凡是围攻城池,过了十天仍然不打雷不下雨,一定要快速离去,因为这样的城池一定有贤能的大臣辅佐。这样就可以知道能攻打就攻打,不能攻打就停止的道理了。"

武王说:"您说得好啊!"

【事典】

公元前262年,秦赵发生了长平之战,以赵国的失败告终。长平之战后,赵国的国力大大削弱,秦国军队更加肆无忌惮,屡次进犯赵国,其他诸侯国也想趁火打劫,从赵国攫取利益。赵孝成王十五年,燕国丞相栗腹以给赵王祝寿为名去到赵国,刺探赵国虚实。回国后,他向燕王建议趁机攻打赵国。因为赵国经过长平之战,青壮年皆被秦将白起坑杀,国内都是老弱妇孺,这个时候攻打赵国一定会取得胜利。这时,燕国名将乐毅之子乐间却持相反的意见。他认为赵国连年征战,百姓对军事非常熟悉,所以攻打赵国,燕国一定会失败。这两个人谁也说不服谁,最后,好大喜功的燕王觉得这是个攻打赵国的绝佳机会,于是派栗腹为将,率领六十万士兵、两千乘战车,兵分两路大举进攻赵国。栗腹命令部将庆秦率部攻代(今河北蔚县东北),自己率领主力攻鄗(今河北高邑东)。燕军到达宋子(今河北晋州市南)后,赵孝成王命上卿廉颇、乐乘统兵二十五万前去抗击。

开战前,廉颇仔细分析了燕军的来势,认为燕军虽然人多势众,但骄傲轻敌,加上长途跋涉,人马困乏,决定采取各个击破的战略。他让乐乘率军五万在代坚守,吸引攻代的燕军,使其不能南下援助,自己则率军二十万在鄗迎击燕军主力。赵国的士兵知道燕国是趁火打劫,于是同仇敌忾,团结一心,决心誓死保卫国土。他们个个奋勇冲杀,大败燕军,斩杀其主将栗腹。攻代的燕军听闻攻鄗的军队大败,主帅被杀,也就军心涣散,失去了战斗力。乐乘率赵军趁机发起攻击,迅速取得了胜利,俘虏庆秦。两路燕军败退,廉颇率军追击五百里,进入燕境,包围燕的都城蓟(今北京城西南)。燕王害怕,被迫割让五座城邑给赵求和,赵军才退兵。

赵国在鄗代之战中能够取得胜利,跟廉颇对燕国军队的分析是分不开的。廉颇通过对燕军的分析,得知对方人困马乏,骄傲轻敌,因此决定采用各个击破的战略大败燕军,还得到了燕国的五座城邑,给了燕国惨痛的教训。所以,在战争中一定要注意观察,敌人的表现有时候也是一种胜败的信号,会透露出许多有用的信息,抓住了就能扭转战争的局面。这一观点放到现在便是要求人们注意观察,善于捕捉信息,最终利用这些捕捉到的信息成就事业。

20世纪20年代初期,美国企业家哈默打算结束在苏联的全部业务回美国。但是一次偶然的机会,他改变了回国的主意,并且在苏联一待就是二十年。

一天,他在莫斯科想买一支铅笔,问了下价格,发现贵得惊人,一支铅笔居然可以卖到26美分,价格远远高于铅笔的制造成本。他觉得很奇怪,于是开始分析铅笔这么贵的原因。

原来苏联一贯重视重工业的发展,比较忽视轻工业,所以文具基本靠进口,所以价格就很贵。这件小事给了哈默一个启发,如果在苏联本土开办一家铅笔厂,会有很大的优势,于是他决定暂不回国。

他没有做过铅笔生意,也不知道生产铅笔的技术。为了在苏联办厂,他跑到德国找了一位名叫乔治·拜尔的铅笔技师，高薪聘请他到苏联工作，并且答应分给这名技师部分红利。乔治认为有利可图，立刻答应愿意为其效劳。此后，乔治开始筹备开办铅笔厂的事宜，并且把制造铅笔的器材和原料运到了苏联。

哈默很快从苏联政府那里取得了生产铅笔的许可证，并且利用苏联廉价的劳动力和德国先进的生产技术，降低了铅笔的生产成本，使铅笔厂迅速运作发展起来。1926年底，这家铅笔厂的产量已经达到了1亿支，不但满足了苏联的需要，还能对外出口。小小的铅笔为哈默带来了400万美元的赢利。

一次偶然的买铅笔经历，哈默经过认真研究，竟然发现了其背后隐藏的巨大商机。由此可见，只要认真观察，就会有成功的机会。

【解读】

本篇讨论的是如何通过士兵的表现判断战争的胜负。行军打仗中，精明的将领可以通过敌人的士气盛衰、阵势治乱、军纪严弛来判断其强弱胜败。最后论述了通过观察城墙上的气判断攻打城池的结果这一问题。

"胜负之征，精神先见"，胜败的征兆，首先在敌人精神上表现出来，所以在打仗时，要注意观察敌人的士气、阵势、军纪，判断敌人的强弱，然后做出最有利于自己的决断。

农器十三：居安思危，和平时期也要备战

【原文】

武王问太公曰："天下安定，国家无事。战攻之具，可无修乎？守御之备，可无设乎？"

太公曰："战攻守御之具，尽在于人事：来耜者，其行马蒺藜也。马牛车舆者，其营垒蔽橹也。锄耰之具，其矛戟也。蓑薛簦笠，其甲胄干楯也。钁锸斧锯杵臼，其攻城器也。牛马，所以转输粮用也。鸡犬，其伺候也。妇人织纴，其旌旗也。丈夫平壤，其攻城也。春铗草棘，其战车骑也。夏耨田畴，其战步兵也。秋刈禾薪，其粮食储备也。冬实仓廪，其坚守也。田里相伍，其约束符信也。里有吏，官有长，其将帅也。里有周垣，不得相过，其队分也。输粟收刍，其廪库也。春秋治城郭，修沟渠，其堑垒也。"

"故用兵之具，尽在于人事也。善为国者，取于人事，故必使遂其六畜，辟其田野，安其处所。丈夫治田有亩数，妇人织红有尺度，此富国强兵之道也。"

武王曰："善哉。"

【译文】

武王问太公："天下安定，国家平安无事，作战的兵器可以不用制造吗？防御的

装备可以不设置吗?"

太公说:"作战的兵器和防御装备实际上都是百姓日常的生产生活工具。翻土用的耒耜,可作为行马、蒺藜等障碍物;马车和牛车,可以作为营垒和蔽橹等屏障器材;耕作用的耰耡等农具,可作为战斗的矛戟;蓑衣、雨伞和斗笠,可作为战斗的甲胄和盾牌;镢锸斧锯杵臼,可作为攻城器械;牛马可用来转运粮食物资;鸡狗可用来报时和警戒;妇女纺织的布帛,可用来制作战旗;男子平整土地的技术,可用于攻城;春季割草除棘的方法,可以用来同敌人的战车骑兵作战;夏季耘田锄草的方法,可以用来同敌人的步兵作战;秋天收割庄稼柴草,可用作备战的粮秣;冬天粮食堆满仓廪,就是为战时的长期坚守做准备;田里劳作的农民,平时可以编为伍,作战时就作为军队的编制;里设置的官吏,官府设置的长官,作战的时候可以作为将帅;里之间建造的围墙,不可逾越,作战的时候作为驻军划分;运输粮食,储藏粮食,作为作战时的储备;春秋时节修筑城郭,修挖沟渠,作战的时候可以当作营垒壕沟。"

"所以综上所述,作战的武器,都是来自平常的农事生活中。善于治理国家的人,所用的资源都取自农事。所以一定要饲养六畜,开垦农田,安定人民的住所,让男子种田有规定的亩数,妇女纺织有规定的长度。这就是富国强兵的方法。"

武王说:"您说得好啊!"

【事典】

春秋时期的晋大夫魏绛,就是一个居安思危的人。当时诸侯国之间相互攻击、战争频繁。晋、楚两个大国为争夺中原地区的霸权,更是经常发生冲突。

晋厉王在位的时候,沉迷酒色,信任奸臣,残害忠臣,导致晋国内乱频频,开始走下坡路。就这样,楚国慢慢占了上风。晋厉王的腐败统治引起很多人的不满。公元前573年,晋国发生政变,晋厉公被杀死。公子姬周即位为晋国国君,也就是晋悼公。悼公和厉王不同,他即位的时候就决心要把晋国变强大。晋国日后渐渐强大,确实和他的年轻有为是分不开的。

晋国的北方有许多游牧民族,统称戎狄。公元前569年,戎狄某一个部落派使者来找晋大夫魏绛,要求请和,并请求晋国与诸戎结盟。魏绛向秦悼公说了此事,悼公不同意,认为晋国力量强大,这些小游牧民族根本就不是威胁,可以直接出兵攻打。听悼公这么说,魏绛立刻劝谏道:"我们虽然国富民强,人民生活安稳,可是现在中原地区的其他国家经常遭受楚国的欺凌,日夜期盼着我国去援助。如果我们现在派兵剿灭戎狄,一旦中原出了事情,我们哪还有力量去对付楚国呢?"悼公觉得魏绛说得有理,就采纳了他的意见,并且派他主管"和戎"事务。魏绛带着诚意去了北方戎狄各部,与他们结盟。此后,晋国的边境安宁了,国家变得更加安定了。魏绛常常劝悼公要记得练兵,发展农业,及时帮助中原的兄弟国。

当时。郑国和晋国相邻。与晋国相比,郑国还是比较弱小的。楚国看郑国弱小,就一再出兵侵犯。郑国无力抵抗,就投靠了楚国。悼公知道后,非常生气,决定联合魏、曹等十二国攻打郑国,表示对其"投敌"的惩罚。这些国家很快响应了悼公,联军不久就攻到了郑国的首都。郑简公很惶恐,马上派人去请罪求和。悼公看来者态度诚恳,就表示同意求和。郑简公为了感激悼公的大度,送来了很多礼物。悼公觉得很高兴,想起了魏绛立过很多功劳,决定把郑国送的礼物分出一半来给他。魏绛却说:"这完全是您和诸位大臣的功劳,古书上说:'居安思危'。能思就会有备,有备可以无患。您要永远记住这些,就可以永享这样的安乐了。"悼公表示同意,在魏绛的帮助下,晋国变得更加强大起来。

居安思危的理念,不光可以用于古代治理国家、管理军事,在现在企业中也得到了广泛应用。作为企业管理者,绝不能为暂时的繁荣所迷惑,许多我们不曾注意到的问题也许被繁荣的表面掩盖了。居安思危能让我们更冷静、清醒地面对现状,制订出下一步计划。同时,面对现实社会激烈的竞争现状,一旦懈怠就意味着退步。面对同类竞争与社会发展,企业只有整体保持高度敏感性,才不会降低效率,拥有旺盛的生命力,一直高效地运转。

深圳航空公司的老板曾经说过这样一番话:"深圳航空的规模不是很大,生存条件相对恶劣,一路走到现在,我每天都在担心两个字,就是'失败'。世界上百年老店不多,企业界也遵守"森林法则"(即:1.耐心等待时机出现;2.专挑弱者攻击;3.进攻时须狠,而且须全力而为;4.若事情不如意料,保命是第一考虑),我们必须天天为生存而奋斗,稍有不慎就可能垮掉。'深航'努力使每个员工都具有危机感,意识到饭碗和乌纱帽都是捧在手上,而没有锁在保险柜里,然后通过管理把这种危机感所产生的紧张转化成生产力,只有这样我们才能活下去。"这番话含义深刻,引起所有工作人员的深深思考。于是,"天天都有危机感"成为深圳航空公司工作人员始终挂在嘴边、放在心里的一句话。所有员工都有危机意识,即使后来深航发展很好,也没有人敢掉以轻心。

深航的员工都明白,昨天的辉煌既不是今天的辉煌,也不是明天的辉煌。不管是今天的辉煌还是明天的辉煌,都只是一时的,始终都会过去,一旦忘记了危险的存在,就很有可能乐极生悲。

这家看似不大的国内航空公司,只拥有全国民航五十分之一的飞机。却取得了民航市场五分之一的利润。

【解读】

本篇讨论的就是和平时期如何备战的问题。"天下安定,国家无事"时,不可掉以轻心,必须修"战攻之具",设"守御之备"。和平时期,要寓兵于农、兵农合一,如果发生暴乱,劳作在土地上的农民可以拿起农具充当作战的士兵,农具也可以变成杀敌的武器。

最后,本篇说:"善为国者,取于人事,故必使遂其六畜,辟其田野,安其处所。丈夫治田有亩数,妇人织红有尺度。"这就是富国强兵的方法。

虎韬第四：思战备工事之虑

本卷主要论述在宽阔地区作战时的战术及其他应注意的问题，并广泛列举了各种类型的作战形式，如突围战、伏击战、运动战、防御战、遭遇战、攻坚战、突击战、夜战以及防止火攻的战法等。其要突出的中心是战前的准备工作要做好，作战之前把该考虑的考虑好，在战争过程中就会万无一失。对于敌人，要测敌虚实，察敌活动。根据敌人的动向做出相应的调整，确保战争胜利。

军用第一：兵器的数量、种类、用途

【原文】

武王问太公曰："王者举兵，三军器用，攻守之具，科品众寡，岂有法乎？"

太公曰："大哉！王之问也。夫攻守之具，各有科品，此兵之大威也。"

武王："愿闻之。"

太公曰："凡用兵之大数，将甲士万人。法用：武冲大扶胥三十六乘，材士强弩矛戟为翼，一车二十四人推之，以八尺车轮，车上立旗鼓，兵法谓之震骇；陷坚阵，败强敌。武翼大橹矛戟扶胥七十二具，材士强弩矛戟为翼，以五尺车轮，绞车连弩自副；陷坚阵，败强敌。提翼小橹扶胥一百四十具，绞车、连弩自副，以鹿车轮；陷坚阵，败强敌。大黄参连弩大扶胥三十六乘，材士强弩矛戟为翼，飞凫、电影自副；飞凫赤茎自羽，以铜为首；电影，青茎赤羽，以铁为首。昼则以绛缟，长六尺，广六寸，为光耀；夜则以白缟，长六尺，广六寸，为流星；陷坚阵，败步骑。大扶胥冲车三十六乘，螳螂武士共载，可以击纵横，可以败敌。辎车骑寇，一名电车，兵法谓之电击；陷坚阵，败步骑。寇夜来前。矛戟扶胥轻车一百六千乘，螳螂武士三人共载，兵法谓之霆击；陷坚阵，败步骑。"

"方首铁棒维盼，重十二斤，柄长五尺以上，千二百枚，一名天棓；大柯斧，刃长八寸，重八斤，柄长五尺以上，千二百枚，一名天钺；方首铁锤，重八斤，柄长五尺以上，千二百枚，一名天锤；败步骑群寇。飞钩，长八寸，钩芒长四寸，柄长六尺以上，千二百枚，以投其众。"

"三军拒守，木螳螂剑刃扶胥，广二丈，百二十具，一名行马；平易地，以步兵败车骑。木蒺藜，去地二尺五寸，百二十具。败步骑，要穷寇，遮走北。轴旋短冲矛戟扶胥，百二十具，黄帝所以败蚩尤氏，败步骑，要穷寇，遮走北。狭路微径，张铁蒺藜，芒高四寸，广八寸，长六尺以上，千二百具，败步骑。突暝来前促战，白刃接，张地罗，铺两镞蒺藜，参连织女，芒间相去二寸，万二千具。旷野草中，方胸铤矛，千二百具；张铤矛法，高一尺五寸；败步骑，要穷寇，遮走北。狭路、微径、地陷，铁械锁，参连百二十具；败步骑，要穷寇，遮走北。"

"垒门拒守：矛戟小橹十二具，绞车、连弩自副。三军拒守：天罗虎落锁连一部，广一丈五尺，高八尺，百二十县。虎落剑刃扶胥，广一丈五尺，高八尺，五百二十具。渡沟堑：飞桥一间，广一丈五尺，长二丈以上，着转关辘轳八具，以环利通索张之。渡大水：飞江，广一丈五尺，长二丈以上，八具，以环利通索张之。天浮铁螳螂，矩内圆外，径四尺以上，环络自副，三十二具。以天浮张飞江，济大海，谓之天潢，一名天舡。"

"山林野居，结虎落柴营：环利铁锁，长二丈以上，千二百枚。环利大通索，大四寸，长四丈以上，六百枚。环利中通索，大二寸，长四丈以上，二百枚。环利小微缧，长二丈以上，万二千枚。天雨，盖重车上板，结枲钮锯，广四尺，长四丈以上，车一具，以铁杙张之。"

"伐木大斧，重八斤，柄长三尺以上，三百枚。棨钁，刃广六寸，柄长五尺以上，二百枚。铜筑固为垂，长五尺以上，三百枚。鹰爪方胸铁耙，柄长七尺以上，三百枚。方胸铁叉，柄长七尺以上，三百枚。方胸两枝铁叉，柄长七尺以上，三百枚。芟草木大镰，柄长七尺以上，三百枚。大橹刀，重八斤，柄长六尺，三百枚。委环铁栈，长三尺以上，三百枚。橛杙大锤，重五斤，柄长二尺以上，百二十具。"

"甲士万人，强弩六千，戟楯二千，矛楯二千，修治攻具，砥砺兵器，巧手三百人。此举兵军用之大数也。"

武王曰："允哉！"

【译文】

武王问太公说："君王兴兵作战，军队的武器和进攻防御装备的种类及数量，难道有一定的标准吗？"

太公说："大王您问的是一个大问题啊！攻守的装备各不相同，这是关系到部队威力大小的问题。"

武王说："我想听您说说。"

太公说："凡是用兵作战，所需武器装备都有个大概的标准。统率甲士万人，所需武器装备的标准是：武冲大扶胥三十六辆，由有技能而勇猛的武士使用强弩、矛、戟在两翼护卫，每车由二十四人推动。车轮高八尺，车上竖旗立鼓。兵法上把这种战车叫作震骇，可用来攻破坚阵，击败强敌。武翼大橹矛戟扶胥七十二辆，由有技能而勇猛的武士使用强弩、矛、戟为两翼护卫。其车轮的高度为五尺，车上附设绞车连弩，可用它来攻破坚阵，击败强敌。提翼小橹扶胥一百四十辆，附设绞车连弩。

这种车装有独轮,可用来攻破坚阵,击败强敌。大黄参连弩大扶胥三十六辆,由有技能而勇猛的武士使用强弩、矛、戟在两翼护卫,车上附设飞凫和电影两种旗帜。飞凫红杆白羽,旗杆头是用铜做的;电影是青竿红羽,旗杆头是用铁做的。白天用大红色的丝绢做旗子,长六尺,宽六寸,名叫光耀;夜晚用白色的丝绢做旗子,长六尺,宽六寸,名叫流星。这种战车可用来攻破坚阵,击败敌人的步骑。大扶胥冲车三十六辆,车上载乘骁勇善战的螳螂武士,可以用来纵横冲击,击败敌人。辎车骑寇,也叫电车,兵法上称为电击。可以用来攻破坚阵,击败敌人的步骑。敌人乘黑夜前来突袭,宜用矛戟扶胥轻车一百六十辆,每车上载乘三个螳螂武士。兵法上称为霆击,可用来攻破坚阵,击败敌人的步骑。"

"方首铁棓维盼重十二斤,柄长五尺以上,共置一千二百把,这种武器又名天棓。大柯斧,刃长八寸,重八斤,柄长五尺以上,共置一千二百把,这种武器又名天钺。方首铁锤,重八斤,柄长五尺以上,共置一千二百把,这种武器又名天锤。这些武器都可以用来击败敌人的步骑。飞钩,长八寸,钩尖长四寸,钩柄长六尺以上,共一千二百枚,可以用来投掷钩伤敌众。"

"军队拒敌防守时,应使用木螳螂剑刃扶胥,每具宽两丈,共一百二十辆,又名行马。在平坦开阔之地,步兵可以用它来击败敌军的步兵和骑兵。木蒺藜,安放时要高于地面二尺五寸,共一百二十具,可以用来击败敌军的步兵和骑兵,拦截势穷力竭的敌人,截堵溃败逃跑的敌人。轴旋短冲矛戟扶胥一百二十辆,黄帝曾用此战车打败蚩尤,可以用它来击败敌人的步兵和骑兵,拦截势穷力竭的敌人,截堵溃败逃跑的敌人。在狭路、小道上,可以布设铁蒺藜。铁蒺藜刺长四寸,宽八寸,每具长六尺以上,共一千二百具,可用来击败敌人的步骑。敌人乘着黑夜突袭,前来逼战,白刃相接,这时应张设地罗,布置两镞蒺藜,与称为'织女'的蒺藜搭配在一起,每具芒尖相距二寸,共一万二千具。在旷野深草地区作战,应设置方胸铤矛,共一千二百具。放置铤矛的方法,是使它高出地面一尺五寸。以上这些器具,可以用来击败敌人的步兵骑兵,拦截势穷力竭的敌人,截堵溃败逃跑的敌人。在狭窄小路、小道和低洼的地形上,可以张设铁制械锁,共一百二十具。可以用来击败敌人的步骑,阻截势穷力竭的敌人,截堵溃败逃跑的敌人。"

"高垒营门拒敌防守,用矛、戟、小橹十二具,并附设绞车连弩。军队进行守御时,应设置天罗虎落锁连,每部宽一丈五尺,高八尺,共一百二十具。并设置虎落剑刃扶胥,每辆宽一丈五尺,高八尺,共五百二十具。渡越沟堑,要使用飞桥,每间宽一丈五尺,长两丈以上,飞桥上装备转关辘轳,共八具,用铁环和长绳来架设。横渡江河,要使用飞江,宽一丈五尺,长两丈以上,共八具,用铁环和长绳连接。天浮上有叫作铁螳螂的铁锚,内方外圆,直径四尺以上,并用铁环和绳索联结,共三十二具。用天浮铁螳螂架设飞江,可以横渡大河。称这种渡河工具为天潢,又名天舡。"

"军队在山林野外扎营,应编排竹篱作为营寨的防御。用铁环绳索锁连,每条长两丈以上,共一千二百条。带铁环的大通索,铁环大四寸,绳长四丈以上,共六百条。带铁环的中通索,铁环大两寸,绳长四丈以上,共二百条;带铁环的小号绳索,每条长两丈以上,共一万二千条。天雨盖,即辎重车上的车顶板,板上契刻齿槽,使它与车子吻合,每副木板宽四尺,长四丈以上。每辆车配置一副,并用铁杙加以固定。"

"伐木用大斧,重八斤,柄长三尺以上,共三百把;棨钁,刃宽六寸,柄长五尺以上,共三百把;铜筑固的大锤,长五尺以上,共三百把;鹰爪方胸的铁耙,柄长七尺以上,共三百把;方胸铁叉,柄长七尺以上,共三百把;方胸两枝铁叉,柄长七尺以上,共三百把。剪除草木用的大镰,柄长七尺以上,共三百把;大橹刀,重八斤,柄长六尺,共三百把;带环的铁橛,长三尺以上,其三百把;钉橛用的大锤,重五斤,柄长二尺以上,共一百二十把。"

"甲士万人,需要装备强弩六千张、戟和大盾两千套、矛和盾两千套。还要装备修理作战器具和制造兵器的巧手工兵共三百人。上述就是兴兵作战按一万人计算所需要的装备器材的大致数目。"

武王说:"您说得真是太好了!"

【事典】

宋朝的时候,有一本书叫《武经总要》,里面详细记载了许多当时新发明的武器。其中,有一种武器叫作"辟历火球",用火点燃后会爆炸,然后发出像打雷一样的声响。这也许是最早的可以爆炸的武器了。宋朝时对付金兵的入侵,就是用最新的武器——爆炸性火药取得胜利的,采石之战就是其中一个很典型的案例。当时的文学家杨万里记载,采石之战中宋军所使用的辟历炮,就是把硫磺和石灰用纸包上,然后内部分为两节,一节装石灰,另一节装火药。爆炸后石灰四处飞散,可以迷住对方的眼睛。

完颜亮

公元 1161 年,金国来势汹汹,金国的皇帝完颜亮企图一举灭亡南宋。南宋的形势非常危急,建康府(今江苏南京)都统制王权因无能被罢官,他所率领的一万八千人退至采石,接替王权的将领李显忠尚未到任,军无主将,士气低落,没有人有心情去应战。这时,宋朝统治者派出一个人去慰问那里的官兵,这个人就是中书舍人虞允文。虞允文到达采石后,先重整了军队,鼓舞军心。他对着众多的将士说:"国家遭难,我们的亲人同胞生活在水深火热之中,我们饱受金兵的欺凌,难道还要任由他们欺侮吗?"官兵们一听,都打起了精神,迅速做好了应战准备。完颜亮指挥大军强渡长江,虞允文则命令宋军的战船出击。那时,宋军驾驶的是一种海鳅船,这种海鳅船上面装有踏车,由人用脚踩踏,激水前进。因为金军的船面积比较小，在水里极不稳定，所以宋船乘势冲击，撞翻了很多敌船。同时，为了增加战斗的胜算，宋军燃放了辟历炮。辟历炮点燃后，立即升入空中，然后落入水中浮上来，在敌人面前炸开，发出巨大的声响，跟打雷一样。炮中还混合着大量石灰，如同烟雾一般遮挡了敌人的视线，阻止了金兵的长驱直入。

关于辟历炮的使用在宋朝还有一些记载。公元1207年，金兵攻打襄阳，襄阳守将赵淳命令放辟历炮，声音震耳欲聋，把金兵吓得抱头鼠窜。一次夜间，赵淳让一千名将士带着火箭、辟历炮等武器去偷袭金兵，这一千人到达金兵驻地附近后，就把火箭、辟历炮投入金兵大营，好好折腾了金兵一番。

在南宋的抗金战争中，辟历炮曾经起过很重要的作用。正是因为辟历炮的使用，南宋才一次又一次地挡住了金兵的入侵。在冷兵器时代，辟历炮已经算是很先进的武器了。

【解读】

武器，对于军队而言是非常重要的组成部分，很多战役的胜利取决于武器的数量和先进水平。本篇详细阐述了古代战斗中所需的各种兵器的数量和用途。兵器是战争中最基本的物质基础，其数量和先进水平制约着一个军队的成长和发展，并且也决定着战争的结果。文中以出兵一万人为例，详细介绍了攻陷坚阵、打败强敌需要的兵器的种类、数量、编配和运用；败步骑、要穷寇、遮走北所需要的兵器的种类、数量、编配和运用；军队拒守、越堑、渡河、结营等需要的器材的种类、数量、编配和运用。最后指出甲士万人，需用"强弩六千，戟楯二千，矛楯二千"，同时还需配备"修治攻具，砥砺兵器，巧手三百人。此举兵军用之大数也"。

三阵第二：天、地、人三阵

【原文】

武王问太公曰："凡用兵为天阵、地阵、人阵，奈何？"

太公曰："日月星辰斗杓，一左一右，一向一背，此谓天阵。丘陵水泉，亦有前后左右之利，此谓地阵。用车用马，用文用武，此谓人阵。"

武王曰："善哉。"

【译文】

武王问太公："用兵作战时布下的天阵、地阵、人阵，到底是怎么回事？"

太公说："根据太阳月亮星辰的位置变换，以及北斗七星的斗柄指向，来判断该在前后左右的什么位置布阵，这是天阵；在丘陵和水泽地带，利用前后左右的方位之分和便利的地形条件来布阵,这是地阵;运用车兵还是骑兵,运用文人智谋还是武将能力,这都要因敌方的状况而采取策略,这是人阵。"

武王说:"您说得对啊!"

【事典】

明末,倭寇在我国沿海地区四处横行,烧杀抢掠,十分嚣张。对此,朝廷给予了高度的重视,派戚继光去沿海地区剿灭倭寇。戚继光刚来的时候,发现明军被有组织的倭寇屡屡击败。他很奇怪,按说明军是不差的,战斗力不弱,但为什么会战败呢?经过几次思考,戚继光终于'发现'战斗的成败并不是取决于个人武艺,而是众人的配合。

于是戚继光在训练军队的时候,不仅要求士兵的战斗技术要娴熟,还多次强调每个小队要懂得协同配合。戚继光手下的步兵班都配置有长武器和短武器。长武器中,长枪是最具有代表性的。它长十二尺,要求必须和敌人保持一定的距离。否则,不但没有刺中敌人,反而还会让敌人进入长枪的范围内,武器就发挥不了作用了。于是,戚继光根据一个步兵班的人数和武器做了如下安排:队长一名,战士十名,伙夫一名。这十名战士作为主要的攻击人,挑出其中四名作为攻击的主力,前面再放置四名战士。最前面的两名战士,左边的战士持小的圆形藤牌,右边的持五角星藤牌,之后则有手执"狼筅"的两名士兵,"狼筅"即连枝带叶的大毛竹,长一丈三尺左右。长枪手的后面还有两名士兵,他们带着的武器是"镋钯"。"镋钯"呈山字形,用铁制成,七八尺长,顶端的凹下处放入火箭,即系有炮仗的箭,点燃后可以直冲敌阵。

这种配置左右对称,大家称其为"鸳鸯阵"。队伍最前面左边持小型圆形盾牌的人,要慢速前进,并且手持标枪,主要目的就是引敌人离开最有利的防御位置。如果引诱成功,身后的士兵就用手里的"狼筅"把对方扫倒,然后手持长枪的士兵立刻上前把其刺死。而右面拿五角形藤牌的士兵则是保持阵脚的关键人物。队伍最后面的两个拿"镋钯"的士兵负责阵脚的最后方,并且警戒侧面,必要时支援前面的伙伴,成为第二攻击力量。这十二个人是一个有机的整体,想要取得成功。就必须默契配合。所以戚继光不断和大家强调合作的重要性,并且以一体赏罚来做纪律上的保证。这种战术可以根据情况把队伍一分为二,成为横队跟敌人拼杀;也可以照旧在后面配置两个镋钯手,八个士兵在前面排成横列,长枪手则在藤牌手与狼筅手之间分列。

戚继光手下的士兵大都是朴实的青壮年农民,他们热血澎湃地来到抗倭战场。"鸳鸯阵"便是根据其特点设计的。一般这些人力气都比较大,所以持长枪的人不需要什么技术,只要臂力过人就可以。"狼筅"除了能扫倒敌人,隐蔽性也比较好。沿海地区多丘陵沟壑,道路狭小。"鸳鸯阵"以小股步兵为主出击,受到地形的限制较小,甚至可以充分利用便利的地形,所以也可以称为地阵。

历史上,很多战役都是用阵法取得胜利的,比如岳飞的撒星阵,就破了金兵的"拐子马"。撒星阵的队形布列如撒星,当"拐子马"连成一排冲过来时,士兵就散而不聚,使敌人扑空。散开的士兵在敌人后撤时又聚拢起来,猛力扑击敌人,并用刀专砍马腿,以破"拐子马"。

【解读】

天、地、人三阵都是古代打仗的阵法,古代打仗有很多种阵形,本篇说的是最基本的阵形,都是依据身边最常见的事物布阵。首先介绍的天阵,要根据太阳、月亮、星辰及北斗七星的斗柄指向前后左右位置布阵;然后介绍地阵,要根据丘陵和水泽等地形条件来布阵;最后介绍人阵,根据战车和人马、政治外交和武力进攻等不同的战法来布阵。阵法的布置非常玄妙,在一定的程度上会左右战争的结果。

疾战第三:四面受敌,如何突围

【原文】

武王问太公曰:"敌人围我,断我前后,绝我粮道,为之奈何?"

太公曰:"此天下之困兵也。暴用之则胜,徐用之则败。如此者,为四武冲阵,以武车骁骑惊乱其军而疾击之,可以横行。"

武王曰:"若已出围地,欲因以为胜,为之奈何?"

太公曰:"左军疾左,右军疾右,无与敌人争道,中军迭前迭后。敌人虽众,其将可走。"

【译文】

武王问太公:"敌人包围我们,断绝我军的前后联系,切断我们运输粮食的道路,该怎么办呢?"

太公说:"这是天下处于困境的军队。在这样的情况下,迅速地突围就会取胜,行动缓慢就会失败。被包围的军队突围时,把部队布成'四武冲阵'的战斗队形,使用强大的战车和骁勇的骑兵,冲击震骇敌军,使其陷入惊乱,然后迅速突击,这样就可以横行无阻地突破重围了。"

武王问:"我军如果已经成功地突围出去了,还想乘势击败敌军,又该怎么办呢?"

太公答道:"我左军应该迅速向敌军左翼发起攻击,我右军应该迅速向敌军右翼发起攻击,为免分散兵力不要和敌人争夺土地,我中军同时向敌轮番进攻,或击其前,或抄其后。这样,即使敌军人数众多,也能将其打败。"

【事典】

项羽与刘邦是反秦斗争中的主力。从公元前205年5月开始,西楚霸王项羽与汉王刘邦围绕战略要地成皋(今河南荥阳汜水镇)展开了一场持久的争夺战,经过几次交锋,最终刘邦占领了这个地方。项羽听说成皋失守,就调集了大批军队去和刘邦争夺。刘邦占据险要的地形,坚守不战,持久战让项羽越来越觉得力不从心。与此同时,韩信在黄河北岸连连大捷,攻占了那里的很多地区,对楚军形成了迂回包围的态势。这下,楚军陷入了进退两难的境地,因为久战,其粮草等的补给也出现了问题。于是项羽派人与刘邦讲和,刘邦表示同意。

讲和后,项羽东归,刘邦的大将建议刘邦趁此机会追击项羽的军队。公元前202年,刘邦率领大军在垓下追上了东归的项羽,并将其四面围住。项羽的军队在垓下驻扎,士兵逃亡得越来越多,粮食也快吃完了。夜晚的时候,项羽听到包围他们的汉军全部唱着楚地的歌谣,大惊道:"难道楚地都被汉军占领了吗,为什么他们都唱楚地的歌谣呢?"于是,他起身到账中喝酒,昔日的金戈铁马、美酒佳人历历在目,今日的狼狈让他无法面对。他自己作诗道:"力拔山兮气盖世,时不利兮骓不逝。骓不逝兮可奈何,虞兮虞兮奈若何?"他唱了一遍又一遍,虞姬也同他一起唱。项羽哭了,虞姬哭了,身边侍卫也都哭了。

项羽不想被困死在这里,于是骑上自己的战马,率领手下将士八百多人,从垓下南面突围。因为突围得比较隐秘,天亮的时候,汉军才有所察觉,于是灌婴率领五千骑兵追击项羽。项羽渡过淮河时,跟随他的只有一百多人了。到达东城的时候,跟随他的只有二十八人了。后面追击的汉军则有几千人。项羽估计这次自己是难以逃脱了,于是就对剩余的二十八人说:"我从起兵打仗到现在,已经过了八个年头,打了七十多次仗,还没有失败过,所以才能称霸天下。今天却被困在这里,看来是老天要亡我,并不是我打仗的错误。今天,我要在此决一死战,定要打胜三次,助各位突出重围。"于是就把他的随从分为四队,朝着四个方向突围。虽然暂时拖延了汉军的速度,但是已经无力回天。

一路苦战,项羽跑到了乌江边。乌江的亭长撑船靠岸等待项羽,他对项羽说:"江东虽然不大,但是也有方圆千里的土地,民众众多,还可以称王。请您快过江,这里只有我这一条船,汉军就是追到了,也无法渡江。"项羽笑道:"天要亡我,渡江做什么。当初我领兵八千,现在却只有我一人生还,即使回去了,大家怜惜我,拥立我为江东的王,我也无颜面对他们。"接着,他又对亭长说:"我知道您为人忠厚,没有什么可以感激您的。这匹马跟了我五年,日行千里,我不想它和我一起陪葬,请您带走它吧!"于是项羽转身带领所剩无几的人开始和追来的汉军交战,仅他一人就杀了几百人。最终,项羽精疲力竭,前有追兵,后无退路,长叹一声,拔剑自刎,一代枭雄就这样结束了自己的一生。

【解读】

行军打仗的过程中,难免会遇到被敌人围困的情况,这个时候就需要突围。本篇介绍了突围的方法,就是"四武冲阵,以武车骁骑惊乱其军而疾击之"。然后又讨论了突围后如何在逆境中转败为胜的方法,即"左军疾左,右军疾右,无与敌人争道,中军迭前迭后"。

首先,实行突围的战术必须有组织有纪律;其次,要想突围成功就必须选择敌人力量薄弱的地方,选择有利时机,出其不意地袭击敌人,迅速地突围,保存有生力量。如果有机会就反击敌人,扭转战局。突围过程中,军队的士气是非常重要的,一定要给予士兵必要的鼓舞,才有机会突围成功,否则就很可能失败。项羽垓下之围虽然成功,但是最终乌江自刎的惨痛教训是值得我们吸取的。

必出第四:突围有术,渡河有方

【原文】

武王问太公曰:"引兵深入诸侯之地,敌人四合而围我,断我归道,绝我粮食。敌人既众,粮食甚多,险阻又固。我欲必出,为之奈何?"

太公曰:"必出之道,器械为宝,勇斗为首。审知敌人空虚之地,无人之处,可以必出。将士人持玄旗,操器械,设衔枚,夜出。勇力、飞足、冒将之士,居前,平垒为军开道;材士强弩为伏兵,居后;弱卒车骑,居中。阵毕徐行,慎无惊骇。以武冲扶胥,前后拒守,武翼大橹,以备左右。敌人若惊,勇力冒将之士疾击而前。弱卒车骑,以属其后;材士强弩,隐伏而处。审候敌人追我,伏兵疾击其后,多其火鼓,若从地出,若从天下。三军勇斗,莫我能御。"

武王曰:"前有大水、广堑、深坑,我欲逾渡,无舟楫之备。敌人屯垒,限我军前,塞我归道,斥堠常戒,险塞尽守,车骑要我前。勇士击我后,为之奈何?"

太公曰:"大水、广堑、深坑,敌人所不守;或能守之,其卒必寡。若此者,以飞江转关与天潢以济吾军。勇力材士,从我所指,冲敌绝阵,皆致其死。先燔吾辎重,烧吾粮食,明告吏士:勇斗则生,不勇则死。已出者,令我踵军设云火远候,必依草木、丘墓、险阻。敌人车骑,必不敢远追长驱。因以火为记,先出者,令至火而止,为四武冲阵。如此,则吾三军皆精锐勇斗,莫我能止。"

武王曰:"善哉。"

【译文】

武王问太公:"率领军队深入敌国境内,敌人从四面包围我军,截断我军的退路,切断我军运输粮食的道路。敌军人数多,粮食也囤积不少,并且占据着险要的地形,防守牢固。我军打算突围出去,该怎么办呢?"

太公说:"要想冲出敌人的包围,武器装备是至关重要的东西,勇敢的决斗更加重要。要先侦察出敌人力量薄弱的地方,哪些地方没有人防守,就从这些地方突围。突围时将士们全都手持黑旗,拿着器械,口中衔枚,趁着黑夜行动。派遣勇猛有力、行动敏捷、敢于冒险犯难的将士担任先锋,攻破敌人的营垒,为我大军打开通道;派遣有技能而勇敢的武士作为伏兵,隐匿在大部队后面;让老弱士卒和车骑在中间行进。部署完毕后,沉着慢行,谨慎从事,不要惊慌。使用武冲扶胥在前后守御,用武翼大橹在左右掩护。如果敌军发觉我军的行动,我勇猛有力、敢于冒险犯难的先锋部队迅速发起冲击,老弱士卒和车骑紧随其后,有技能而带有强弩的武士则隐蔽地埋伏起来。等到敌人前来追击我军时,埋伏的精兵迅速地攻击它的后方,并大量使用火光、鼓声乱敌耳目,使敌军觉得我军仿佛是从地下冒出,从天上降下的。全军奋勇战斗,敌人就不能抵御我军的突围了。"

武王问:"如果前面是大河、宽堑、深坑,我军想要通过,但是没有船只等渡江器械。敌人又屯兵筑垒,阻挡我军前行,堵截我军退路,其斥堠又戒备森严,险要地形尽被敌人占据,敌人的车骑在我军前面阻截,勇士在后面攻击。在这种情况下,应该怎么办?"

太公说:"敌人一般不会在大河、宽堑、深坑地段派兵防守,就是防守,也不会有很多的兵力。如果是这样,我军就可以利用飞江、转关和天潢越过去。让勇敢有力的士兵按照指定的方向,冲破敌人的战阵,殊死搏斗。摆渡的时候,先把我军携带的东西焚烧,烧毁我军的粮草,明确告诉全军上下,只有勇敢地战斗才有生还的机会,否则就要丧命在敌人的兵器下。突围之后,让前面的队伍点火作为信号,让远方的侦察兵警戒,同时必须占据草丛树林、丘墓等险要的地形。这样,敌人的战车和骑兵就必定不敢长驱远追了。我军以火为信号,指示先行突围的部队到有火的地方集结,并布置'四武冲阵'战斗队形。这样,我全军将士个个精锐且战斗勇猛,敌人就无法阻挡我军了。"

武王说:"您说得对啊!"

【事典】

渡江作战是非常危险的,要想获得成功,首先需要做的就是振奋军心,让全军有视死如归的勇气,其次是边渡河边袭击敌人,不让敌人有松懈的机会。红军强渡大渡河就是渡河作战的一个经典事例。

1935 年 5 月 24 日晚,中央红军第一师第一团战士疾行八十余里到达大渡河右岸的安顺场。这里有两个连的敌人驻守,渡口还有川军第二十四军第五旅第七团的一个营筑堡防守。红一团团长杨得志率众人兵分三路,隐蔽地接近安顺场。为了分散敌军注意力,红一团政委黎林率第二营到渡口下游佯攻。杨得志到达安顺场后,发起突袭,仅仅用了二十分钟就击溃了川军两个连,占领了安顺场。安顺场对面高山耸立,川军第五旅第七团的一个营在红军到达之前就抢占了这个地区。而安顺场这一带的大渡河,水流湍急,宽一百多米,情况对红军很不利。

5月25日早晨,红一团开始强渡大渡河。刘伯承、聂荣臻亲临指挥。红一团第一营的营长孙继先从队伍中挑选了十七名精明干练的勇士组成了突击队,并且告诉他们这次渡河无论如何都要成功,因为这关系到全局的成败,完成了任务就是为红军打开了一条胜利的通道。早上七点,红军开始强渡大渡河。对岸的敌人也开始疯狂地扫射,枪弹和炮火交织成一张密集的网。但是红军战士毫不退缩,也向对岸发起了攻击,轻重武器同时开火,掩护突击队过河。突击队冒着重重困难,在激流中前进。在他们快要接近对岸的时候,红军再发两炮,再次打中了对岸的敌人。这十七名勇士在掩护之下,终于穿过枪林弹雨,冲到了对岸。敌人看见红军战士冲上了岸,就开始扔手榴弹。聪明的红军战士利用高且陡的台阶死角作掩护,向上冲杀。很快,后续部队赶来增援,终于拿下了渡口,一举击溃了川军的一个营。红一军团第一师和干部团随后渡过了大渡河。

【解读】

夜间突围跟渡河作战是本篇所讨论的重点。军队在夜间被敌人围攻,要想突围成功,必须满足以下几个条件:有充足的器械,有勇猛的战斗精神;了解敌情,将敌人力量最为薄弱的地方作为突破口;突围做到出其不意:突围时让勇敢善战的将士作为前锋在前面打开通路,大部队紧随其后,并设置埋伏,阻敌追兵。如果遇到的是"大水、广堑、深坑"等地形,又没有渡河的船只,敌人还"限我军前,塞我归道,斥堠常戒,险塞尽守。车骑要我前,勇士击我后",就需要破釜沉舟,"以飞江、转关与天潢以济吾军,勇力材士,从我所指,冲敌绝阵",最终取得突围的成功。

军略第五:渡水的装备和工具

【原文】

武王问太公曰:"引兵深入诸侯之地,遇深溪大谷险阻之水。吾三军未得毕济,而天暴雨,流水大至。后不得属于前,无舟梁之备,又无水草之资。吾欲毕济,使三军不稽留,为之奈何?"

太公曰:"凡帅师将众:虑不先设,器械不备;教不素信,士卒不习。若此,不可以为王者之兵也。凡三军有大事,莫不习用器械。若攻城围邑,则有辒辒、临冲;视城中,则有云梯、飞楼。三军行止,则有武冲、大橹前后拒守;绝道遮街,则有材士强弩,冲其两旁。设营垒,则有天罗、武落、行马、蒺藜。昼则登云梯远望,立五色旌旗；夜则设云火万炬，击雷鼓，振鼙铎，吹鸣笳。越沟堑，则有飞桥、转关辘轳、钼锯。济大水，则有天潢、飞江。逆波上流，则有浮海、绝江。三军用备，主将何忧。”

【译文】

武王问太公：“领兵深入敌国境内，遇到深的溪水和大的峡谷以及难以通过的河流，我军还没有完全渡过，天上就下起了暴雨，水位一下子涨得非常高。后面的军队被阻隔，跟不上前面的军队，我军既没有船只、桥梁，又没有堵水用的草料物资。在这种情况下，我想让全军渡过，不让军队在那里长久停留，该怎么办？”

太公说：“大凡统率军队作战，如果事先对可能出现的困难不做周密谋划，不事先准备器械，平时训练没有落实，士卒不能熟练掌握应该具备的技能，就不能算是王者的军队。凡是军队准备采取重大的军事行动，没有不训练士兵熟练使用各种器械的。如攻城围邑，要用轒辒、临车、冲车这样的攻城战车；观察城内的情况，要用云梯和飞楼；全军前进和驻扎，就用武冲、大橹等战车在前后护卫；断绝交通，阻隔街道，就用有勇敢的士卒手持强弩护卫两侧；设置营垒，就用天罗、武落、行马、蒺藜等防御设施；白天就登上云梯瞭望，并设置五色旌旗报告敌情；夜间就点燃众多火炬，并击雷鼓、敲鼙鼓、摇大铎、吹鸣笳，作为指挥信号；跨越沟堑，就用飞桥、转关辘轳、钼锯等器械；横渡大河，就用天潢、飞江等船只；逆流而行，就用浮海、绝江等器械。三军所需的这些器械用具如果都已装备齐全，主将还有什么可忧虑的呢？”

【事典】

北宋初期，各地割据势力并起。在消灭割据势力，尤其是南方和沿海的割据势力的过程中，赵匡胤就认识到了渡水作战的重要性。因为北方的军队都不大适应渡水作战，所以需要提前训练。于是他打算制造战船，训练水军，并把自己的想法付诸实践。公元929年，他接受江南人樊若冰的建议，在荆湖造巨型战船数千艘，以备渡江时架设浮桥，用于水战。当年九月，宋军各路人马十万人在荆南集结待命。

当时，赵匡胤训练水军已有一段时间，而且巨型战船也造了很多艘。一切准备就绪，赵匡胤就要率军攻打南唐了。十月，赵匡胤带领训练好的水军向江南进发，大军带着欲做浮桥用的船舰沿长江靠北岸一侧顺江东下。南唐军队对此没怎么在意，以为是宋军例行巡江，所以并没有加以阻止。赵匡胤的军队很顺利地就渡过了南唐屯兵十万的要地湖口。

宋军突然渡过长江，然后袭击峡口寨（今安徽贵池西），水陆并进，直取池州。到达石碑口（今安徽安庆西）的时候，他们把巨舰连接起来，按照采石矶一带江面的宽度，成功地搭设成了浮桥，然后顺江继续东下，攻取长江下游的重要渡口采石矶（今安徽马鞍山市长江东岸）。当宋军在采石矶架设浮桥时，南唐军队高傲轻敌，觉得长江是天堑，自古以来从没听说过靠浮桥通过的事情。所以只派了区区两万人去迎敌，没想到被宋军击败了。宋军大部队渡过长江后，立刻向南唐发起猛烈的进攻。公元230年八月，宋军在金陵城西南击败了南唐十万大军，并且打败了溯江而上企图夺取采石矶浮桥的江南水军。十一月，宋军发起总攻，大举攻破了金陵城，南唐灭亡。

【解读】

要想军队获胜，战前的充分准备是必不可少的。要想胜利，就需要先拟订好计划，准备好武器，落实每一次训练，士卒的技术要非常熟练，这在很大程度上决定了战争会胜利还是失败。文中接着又论述了攻城围邑、行军宿营、越过沟堑所应准备的各种装备器材。最后点明："三军用备，主将何忧。"

临境第六：双方对阵，如何对敌

【原文】

武王问太公曰："吾与敌人临境相拒，彼可以来，我可以往，阵皆坚固，莫敢先举。我欲往而袭之，彼亦可来。为之奈何？"

太公曰："分兵三处。令我前军，深沟增垒而无出，列旌旗，击鼙鼓，完为守备。令我后军，多积粮食，无使敌人知我意。发我锐士，潜袭其中，击其不意，攻其无备。敌人不知我情，则止不来矣。"

武王曰："敌人知我之情，通我之谋，动而得我事。其锐士伏于深草，要隘路，击我便处，为之奈何？"

太公曰："令我前军，日出挑战，以劳其意。令我老弱，曳柴扬尘，鼓呼而往来。或出其左，或出其右，去敌无过百步。其将必劳，其卒必骇。如此，则敌人不敢来。吾往者不止，或袭其内，或击其外，三军疾战，敌人必败。"

【译文】

武王问太公："我军跟敌人在国境上对峙，敌人可以进来攻打我军，我军也可以过去攻打敌人，两军都阵势牢固，谁也不敢率先进攻。我打算先去袭击敌人，但是担心敌人会来袭击我，该如何是好呢？"

太公说："遇到这种情况，就把我军分为前军、中军、后军三个部分。命令前军深挖沟堑，高筑壁垒，但不出战。布列旌旗，敲击鼙鼓，做好充分的守卫准备；命令后军多积粮食，别让敌人侦知我军的意图。然后，派遣中军精锐部队偷袭敌军要害部分，击其不意，攻其无备。敌人不知道我军的情况，就会停止行动，不敢前来进攻了。"

武王说："如果敌军已经侦察到我军的情况,掌握了我军所用过的计谋和我军所采取的行动,知道了我军的意图,派他们的精锐部队埋伏在深草中,在我军必经的狭窄的道路上阻击,攻击我军防守松懈的地方,这又该怎么办呢?"

太公说："命令前军,每天都前去挑战,以使敌人的斗志疲惫懈怠;命令我军的老弱士卒,拖动树枝,扬起尘土,击鼓呐喊,往来不停,或在敌人左边出现,或在敌人右边出现,距离敌人不超过百步。敌军不断受到骚扰迷惑,其将领必定疲于应付,其士卒必定震骇恐慌。这样,敌人就不敢前来进攻我军了。而我军则照样不停地袭扰敌军,或袭击其内部,或攻击其外部,然后,全军迅速地投入战斗,敌人一定会被打败。"

【事典】

井冈山,中国名山之一,是一块红色的土地。有人形容它"四面重峦嶂,五溪曲水漾。红根已深植,今日正繁荣"。它地处湘赣两省交界,高山密林,地势险要。1927年10月下旬,毛泽东率领秋收起义剩余部队来到了罗霄山脉中段的这个地方。中国革命最初的"星星之火"便是在这里诞生的。

因为红军的队伍刚开始只有几百人,没法跟敌人硬拼,所以毛泽东提出了"打圈子"这一策略。所谓的"打圈子"就是以根据地作为中心,强敌一来就先领他转圈,等他转晕了,暴露出弱点,再抓住他的弱点狠打。消灭敌人是目的,转圈只是手段。用毛泽东自己的话来说,就是"不战则已,战则必胜,每战必有俘获。以此逐步扩大红军"。

毛泽东说,红军不仅要会转圈,更要会打仗。于是,他指挥部队以宁冈为中心,四处游击,平均九天一战,把敌人引得团团转。就是靠着这样的战术,红军队伍在井冈山站稳了脚跟。

1928年1月,国民党军第27师对井冈山发动了第一次"进剿",毛泽东在遂川会场又将"打圈子"的战术进一步深化,提出了"敌来我去,敌驻我扰,敌退我追"的游击战原则。

在随后的对敌作战中,毛泽东将这十二个字化作具体的战斗行动,指挥部队避实击虚,接连粉碎了湘赣两省国民党军的"会剿"和"进剿",建立了井冈山革命根据地。

后来,毛泽东、朱德总结了红军游击战的经验,将游击战的作战原则进一步概括为著名的"十六字诀":敌进我退,敌驻我扰,敌疲我打,敌退我追。

就这样,井冈山游击战不仅锤炼出了红军独特的战略战术,也让毛泽东更深刻了解了游击战争的奥秘:这就是发动群众,开展土地革命,建立根据地,把游击战争和根据地建设结合起来。在红色根据地和深厚的群众基础上,壮大军队,红军取得胜利就指日可待了。

【解读】

战斗中,如果敌我力量相当,就会出现对阵的情况。不论交战的哪一方都不敢率先出兵。这个时候,就需要把军队分成前、中、后三部分:前军深挖沟堑,高筑壁垒,布列旌旗,敲击鼙鼓,做好守卫准备;后军多积粮食,不要让敌人侦知意图;中军精锐部队偷袭敌军中央,击其不意,攻其不备。

如果在对阵的时候,军队已经被敌人摸清了情况,就需要使用虚实的谋略。先让前军每天向敌人挑战,让敌人的感觉疲劳;然后让老弱的士兵拖动树枝扬起地上的尘土,击鼓呐喊,来回奔跑,以壮声势;最后打仗的时候在敌人的左右来回袭击,让敌人摸不清虚实,敌人就会大败。

本篇的中心意思是打持久战或者游击战,在两军对垒中,要想打败对方,就要创造条件,捕捉战机,出其不意,敌进我退,敌疲我打,捕捉胜利的先机。毛泽东创造的"打圈子"就是一种很好的战术。

动静第七:伏击跟迂回,打击敌人的好方法

【原文】

武王问太公曰:"引兵深入诸侯之地,与敌之军相当。两阵相望,众寡强弱相等,未敢先举。吾欲令敌人将帅恐惧,士卒心伤,行阵不固,后阵欲走,前阵数顾。鼓噪而乘之,敌人遂走。为之奈何?"

太公曰:"如此者,发我兵,去寇十里而伏其两旁,车骑百里而越其前后。多其旌旗,益其金鼓。战合,鼓噪而俱起。敌将必恐,其军惊骇。众寡不相救,贵贱不相待,敌人必败。"

武王曰:"敌之地势,不可以伏其两旁,车骑又无以越其前后。敌知我虑,先施其备。吾士卒心伤,将帅恐惧,战则不胜,为之奈何?"

太公曰:"微哉!王之问也。如此者,先战五日,发我远候,往视其动静,审候其来,设伏而待之。必于死地,与敌相遇。远我旌旗,疏我行阵。必奔其前,与敌相当。战合而走,击金无止。三里而还,伏兵乃起。或陷其两旁,或击其先后,三军疾战,敌人必走。"

武王曰:"善哉。"

【译文】

武王问太公:"率兵深入敌国境内,敌我双方实力相当,双方对峙,人数力量等都相等,谁也不敢先发兵。我想让敌人的将帅感到恐惧,士兵士气低落,军阵不牢

固,阵后的兵士想要逃跑,阵前的士兵军心动摇。然后擂鼓呐喊,乘机进攻,让敌军败逃,该怎么办呢?"

太公说:"要做到这样,就必须先派遣一支部队绕到道路两旁,在距离敌军十里的地方埋伏起来,另派遣战车和骑兵远出百里,迂回到敌军的后方,部队多悬挂旌旗,增设金鼓。在双方战斗发起后,我军擂鼓呐喊,各军听到后同时向敌人发起进攻。这样,敌军将帅必定惊恐,士兵必定惊骇,以致各部队无论人数多少互不救援,军中官兵无论身份贵贱互不照顾,敌军必然失败。"

武王问:"假如敌军所处的地势使我军不能在其两旁设伏,战车和骑兵也无法迂回到敌人的后方,同时敌人又知道了我军的企图,提前做好了充分的防范准备。我军士兵悲观沮丧,将帅心怀恐惧,与敌交战必定无法取胜。在这种情况下,应该怎么办?"

太公说:"大王您问的问题很微妙。遇到这种情况,应当在交战前五天,就派出斥候去远方侦察,窥探敌军的动静,观察敌人前来进攻的征兆,提前布置好埋伏,等待敌军的进犯。一定要在对敌最不利的地形同敌军交战。此时,我军务必把旌旗疏散,并把行列的距离拉开。我军必须快速奔至敌人阵前,并以与敌人相当的兵力向敌进击。在与敌人短暂交锋后即行撤退,并且不停地击锣发出退兵的命令,后退三里后再回头反击。这时伏兵四起进攻,或攻击敌人的两翼,或攻击敌军的前后,全军奋力作战,敌人必败而逃走。"

武王说:"您说得好啊!"

【事典】

伏击是古代常用的战术,其中最重要的条件就是地形,其次是善于运用佯动、示形、诱敌等手段,才能达到伏击运动之敌的目的。和尚原之战是南宋初年宋抗金的一次著名战役。这次战役中,南宋军队就是充分利用了和尚原的地形,最终取得了胜利。

川、陕是南宋的战略要地,金兵多次想占领这些地方,因此,宋金进行了多次交战。富平之战宋军失利,撤退到兴州(今陕西略阳)、和尚原(今陕西宝鸡西南)、大散关(今陕西大散关)及阶州(今甘肃武都)、成州(今甘肃成县)等地,阻挡金兵入侵南宋。这几个地方,数和尚原地势险要,是川陕之地的首要门户,"和尚原最为要冲,自原以南,则入川路散;失此原,是无蜀也"。宋将吴玠奉命带领几千人守护和尚原。

公元1131年五月,金军将领没立率部出凤翔(辖境相当于今陕西宝鸡、岐山、凤翔、麟游、扶风等地),将领乌鲁、折合从阶州、成州出大散关,北上屯兵,前后进攻吴玠军。两路金兵打算在和尚原会师,然后一举拿下南宋。

吴玠并不慌乱,他让诸将利用有利地形,分几批向先到达的乌鲁等人率领的大军出击。因为和尚原一带道路狭小,怪石林立,而且山谷多,金兵善骑射的本事根本发挥不了作用。前面有吴玠的军队,又因为地势问题不能轻易后退,金兵只能下马应战。宋军在和尚原与金兵展开了空前的搏斗,大败金兵。同时,吴玠部将杨政击退了金军从箭筶关方向发动的进攻。

金兵一战和尚原失败,并不甘心,很快又发动了第二次战争。

金兵统帅金兀术这次决定亲自出马,他召集了十万兵力,架设浮桥,渡过渭水,在宝鸡结连珠营,垒石为城,同吴玠所率宋军对峙。吴玠对此不敢轻视,积极备战,并且让人时刻注意金兀术的一举一动。

1135 年十月,宋金大战爆发。金兵在金兀术的带领下,猛烈进攻宋军。吴玠命令诸将向对面的金兵大举射箭,弓矢连发不绝。金军在狭小的地方难以抵抗,只好丢盔弃甲退却。吴玠看到此景,立刻派遣军队从两旁截击金兵,阻断了金兵的粮食通道。金兀术觉得情况不妙,夺路而逃。吴玠乘胜追击,半路设计伏击,金兵大乱。这一战,金兀术负伤,狼狈逃走。宋军俘虏金兵头目三百人、甲士八百人,缴获兵器数万件,可以说收获颇丰。

宋军两次在和尚原战斗中取得胜利,都是利用了和尚原险要的地形。当然,第二次战斗的胜利也与吴玠的精密部署分不开。

【解读】

两军实力相当,对阵的时候,就需要用伏击和迂回的方法打击敌人。在"两阵相望,众寡强弱相等,未敢先举"的情况下,应该埋好伏兵,虚张声势;在自己军队地势不利的情况下对峙,就需要提前做好安排,查探敌人的动静,设好埋伏,在交锋时,佯装失败,诱敌进入我方的伏击圈,这样就可以击败敌人。

金鼓第八:防敌、击敌、追敌,防其伏击的方法

【原文】

武王问太公曰:"引兵深入诸侯之地,与敌相当;而天大寒甚暑,日夜霖雨,旬日不止。沟垒悉坏,隘塞不守,斥堠懈怠,士卒不戒。敌人夜来,三军无备,上下惑乱,为之奈何?"

太公曰:"凡三军,以戒为固,以怠为败。令我垒上,谁何不绝;人执旌旗,外内相望,以号相命,勿令乏音,而皆外向。三千人为一屯,诚而约之,各慎其处。敌人若来,视我军之警戒,至而必还。力尽气怠,发我锐士,随而击之。"

武王曰:"敌人知我随之,而伏其锐士,佯北不止。过伏而还,或击我前,或击我后,或薄我垒。吾三军大恐,扰乱失次,离其处所。为之奈何?"

太公曰:"分为三队,随而追之,勿越其伏。三队俱至,或击其前后,或陷其两

旁。明号审令,疾击而前,敌人必败。"

【译文】

武王问太公说:"率领军队深入诸侯国境内,敌我双方兵力相当;但是正逢天气严寒或酷暑,日夜不停地下大雨。一连十天都不停止。沟堑营垒全部被毁坏,山险要隘也不能守卫,派出的斥堠麻痹懈怠,士兵疏于戒备。此时,敌人乘夜前来袭击,全军全无准备,官兵上下疑惑混乱,对此应该怎么办?"

太公答道:"所有军队都是因有高度的戒备才能巩固,都是因懈怠导致失败。命令我军营垒之上,口令相问答之声不绝;哨兵人人手持旌旗,与营垒内外联络,以号令相互传达命令,不要使金鼓之声断绝,士卒均面向敌方保持警戒,随时准备投入战斗。我军每三千人编为一屯,严加告诫和约束他们,使各处审慎守备。如果敌军前来进犯,看到我军森严的戒备,即使逼近我军阵前,也必会撤回。这时,敌军必定力尽气怠,我军应派遣精锐部队紧随其后攻击敌人。"

武王问:"敌人知道了我军要尾随追击,于是事先埋伏好精锐部队,然后假装败北逃走不断退却。当我军进入敌伏击圈时,敌军就掉过头来配合其伏兵围击我军。有的攻击我军前部,有的袭击我军后部,有的逼近我军营垒。我全军将士因而大为恐慌,自相惊扰,乱成一团,离开了自己的岗位。这时应该怎么办?"

太公答道:"应该把我军分为三队,分头跟踪追击敌人,注意不要进入敌人设置了埋伏的地区。在进入敌军的伏击圈前,三支部队要同时追上敌军。有的攻击敌军的前后,有的攻击敌军的两翼。每个号令都要清楚明白,使士兵疾速向前进攻。这样,敌人必败无疑。"

【事典】

在春秋末期,秦国国力日渐强盛,当时的秦国国君秦穆公便想着争霸中原,但是当时秦军东进的道路却被晋国遏制着。于是,秦穆公便想等待一个合适的时机,突破晋军的防线,从而进军中原。

这个时机很快便来临了。周襄王二十四年(前628),郑国的郑文公和晋国的晋文公相继病逝。秦穆公知道这一消息之后,非常兴奋,觉得趁这两个国家新旧交替的时候进军是一个绝佳的选择,于是就想趁机出兵越过晋国边境去偷袭郑国。

当时秦国的主政大夫蹇叔并不赞同这一做法,他认为这种师出无名的行为不一定能讨得了好,"劳师以袭远,不易成功。我军越千里以袭人,郑必知之。我军劳而力竭,而攻敌之有备,实无成功之望"。但是秦穆公完全听不进去,他一心想着的便是要称霸中原,这个时机他绝对不会放过。于是,秦穆公便不听劝阻,执意任命孟明视为大将,率兵伐郑。

此时,晋国的新国君晋襄公为了维护晋国的霸业,就决定趁机打击秦国。于是，他便召集臣下，商定了伏击秦军的地点——崤山。崤山是秦军从晋国往返的时候必定会经过的地方，而且这里四面绝壁，只有在东、西二崤之间有一条蜿蜒小道。而后，晋国君臣又商定，先不惊动秦军，等到他们攻打完郑国，疲惫回师之时，再发动突袭，将其歼灭。

秦穆公此时完全不知道晋国已经为自己准备好了"大礼"，还是在当年十二月的时候，派兵从雍都（今陕西凤翔南）出发，偷偷地越过晋国南部的边境，在次年的二月抵达了滑国。在这里，秦军遇到了郑国的商人弦高，于是便有了著名的"弦高智退秦军"的故事。此时，秦军看到自己偷袭郑国的计划已经暴露，便退了一步，趁夜偷袭滑国，掠夺了大量的财富，然后退兵，准备回国。

秦穆公

这个时候，晋国已经侦知了秦兵退回的消息，于是任命先轸为大将，率领军队迅速地赶到了崤山，与当地的驻军取得联系，秘密地设好了埋伏。为了鼓舞士气，晋襄公还亲自前往督军。

反观秦军，因为在出征路过晋国的时候没有遭到抵抗，便松懈下来，认为晋国害怕秦国，所以不敢拦阻。于是，在回军的路上，主将孟明视便放松了警惕，没有提前派人侦察，也没有采取什么防范措施，就率军浩浩荡荡地进入了崤山。此时的秦军，经过长途跋涉，并且拉着抢夺来的财宝，车驾很重，整个队伍的行动都迟缓下来。他们就在这崎岖蜿蜒的小路上，异常困难地行进着。

到四月十三日的时候，秦军便全部走进了晋军早已设下的伏击圈。晋军突然发动攻击，秦军猝不及防之下，根本就没有什么抵抗能力，整个队伍被分出了几段，首尾不能相救，很快便败下阵来。这一战，晋国大获全胜，全歼秦军，俘虏了秦国的主将等一干人。

其实，总结一下，这场战争中，秦军在进入晋国范围内之后放松了警惕，没有采取什么防范措施，因此才落入了晋军的圈套，最终导致了全军覆灭的恶果。

【解读】

本篇从防敌夜袭、防御反击以及追击敌人时防止被敌人伏击这几方面来进行论述，提出了具体的解决办法。在这一系列的过程中，在阵前加强警戒，严格防范，便是防止遭遇敌人袭击的最基本的要求，如果做不到这一点，那便是失了先机，在接下来的战事中会有不好的影响,所谓"以戒为固,以怠为败"就是这个道理。秦军在崤山之战中的失败就是源于此。

绝道第九:利用地形,扭转战机

【原文】

武王问太公曰:"引兵深入诸侯之地,与敌相守。敌人绝我粮道,又越我前后。吾欲战则不可胜,欲守则不可久。为之奈何?"

太公曰:"凡深入敌人之地,必察地之形势,务求便利。依山林险阻,水泉林木,而为之固;谨守关梁,又知城邑、丘墓、地形之利。如是,则我军坚固,敌人不能绝我粮道,又不能越我前后。"

武王曰:"吾三军过大陵广泽平易之地,吾候望误失,卒与敌人相薄。以战则不胜,以守则不固。敌人翼我两旁,越我前后,三军大恐。为之奈何?"

太公曰:"凡帅师之法,常先发远候,去敌二百里,审知敌人所在。地势不利,则以武卫为垒而前,又置两踵军于后,远者百里,近者五十里。即有警急,前后相救,吾三军常完坚,必无毁伤。"

武王曰:"菩哉。"

【译文】

武王问太公说:"率军深入敌国的境内,与敌军对峙相守,这时敌人截断了我军的粮道,从我军后方迂回,又从前后两面夹击我军。我想战,但没有胜算;我想守,但又不能坚持长久。这该怎么办?"

太公答道:"大凡要深入敌国境内作战,必须先要察明地理形势。务必要占据并控制有利地形,用山林险阻、泉水树木作为掩护,以求得阵势的巩固。要严密谨慎地守卫关隘的各处桥梁,还要事先掌握城邑、丘墓等地势的便利。这样,我军防守就能稳固,敌人既不能截断我军粮道,也不能迂回到我军后方,从两面夹击包围我军了。"

武王又问:"我率领三军穿过茂密的山林、越过宽阔的沼泽地及平坦的地形时,由于我方哨兵的失误,使得我军突然遭遇敌军。我想直接强攻恐怕不能取胜,要坚守阵地又怕不牢靠。如果这时敌人从两侧包围我军,迂回到我军后方,我军一定会自己先乱了阵脚。遇到这种情况,你说应该怎么办?"

太公答道:"大凡带兵打仗,都应当先去远方侦察地形,在距离敌人二百里时,就需要很清楚地知道敌人所在的位置。如果地形对我军行动不利,就把武冲大扶胥连在一起,像营垒一样冲向敌方,再派出两支精锐部队尾随其后,这支精锐部队和主力部队之间的距离,远的相隔一百里,近的相隔五十里。一旦遇到紧急情况,就可以前后呼应,互相救援。我军如能长时间保持这种完善而坚固的部署,就一定不会遭受伤亡和失败了。"

武王说:"说得太好了!"

【事典】

清将年羹尧有一次在青海平定叛乱的时候,敌军正好排兵在一片沼泽地的对面。清军因为这片沼泽地而寸步难行。虽然这片沼泽地并不宽,但是积水和淤泥很多,一不留神,就会陷进去,有生命危险。敌军觉得这是一道天然屏障,就算清军有三头六臂也不能奈何他们,所以在防守方面并不是很在意。

年羹尧看看前面的沼泽,先命令士兵扎寨;自己则带着几个侍卫观察这片沼泽地。他思考了很久,终于想出一个办法。他传令回营,要求全军每个人准备一捆干草和一块木板,第二天就去讨伐叛军。众人对此非常不解,但都按着他的吩咐做了。第二天清晨,天刚蒙蒙亮,年羹尧就把大队人马带到沼泽地面前,然后指挥士兵们把他们带的干草先抛到沼泽里,然后在上面盖上木板。没用多长时间,年羹尧的大军就全部通过了这片沼泽地。

当清军杀入了敌人的阵地时,驻守在对岸的敌军都惊呆了,他们怎么都没有想到清军会如此迅速地通过这片沼泽地。他们惊恐万分,无心应战,四散逃跑。而进入敌人领地的清军则斗志昂扬,精神抖擞,痛歼敌军,把敌人打得屁滚尿流。就这样,年羹尧把不利的地形转化为有利的地形,改变了战役的结果。

【解读】

地形是影响战争胜负的因素之一,打仗的时候一定要注意利用好地形,即使是处在不利的境地,如果能够很好地利用地形,也不一定就会吃败仗。

略地第十:强攻智取,夺得城邑

【原文】

武王问太公曰:"战胜深入,略其地,有大城不可下。其别军守险阻,与我相拒。我欲攻城围邑,恐其别军卒至而击我。中外相合,击我表里。三军大乱,上下恐骇。为之奈何?"

太公曰:"凡攻城围邑,车骑必远,屯卫警戒,阻其外内。中人绝粮,外不得输,城人恐怖,其将必降。"

武王曰:"中人绝粮,外不得输,阴为约誓,相与密谋,夜出穷寇死战,其车骑锐士,或冲我内,或击我外。士卒迷惑,三军败乱。为之奈何?"

太公曰:"如此者,当分军为三军,谨视地形而处。审知敌人别军所在,及其大城别堡,为之置遗缺之道,以利其心;谨备勿失。敌人恐惧,不入山林,即归大邑,走其别军。车骑远要其前,勿令遗脱。中人以为先出者得其径道,其练卒材士必出,其老弱独在。车骑深入长驱,敌人之军,必莫敢至。慎勿与战,绝其粮道,围而守之,必久其日。无燔人积聚,无坏人宫室,冢树社丛勿伐,降者勿杀,得而勿戮,示之以仁义,施之以厚德。令其士民曰:'罪在一人。'如此,则天下和服。"

武王曰:"善哉。"

【译文】

武王问太公:"如果我军可以乘胜深入敌国并占领其土地,但还有大城池没有攻下,而敌人在城外的另一队兵马固守险要地形与我军相峙。我想要攻打敌国的城池,又担心其驻守在城外的兵马突然向我发起攻击,与城内的守敌里应外合,对我形成两面夹击之势,以致我全军军心大乱,官兵恐惧震骇。在这种情形下,你说应该怎么办?"

太公答道:"凡是要攻打敌人的城池的时候,就应该把战车、骑兵等安排在离城较远的地方,起到守卫和警诫的作用,这样就可以隔断敌人内外之间的联系。这样,城内的敌人时间长了必然弹尽粮绝,而外面的粮食又不能输入。如此,城内的军民必然会发生恐慌,守城的敌将自然就投降了。"

武王问:"城内军民没有粮食,城外的粮食又不能输入,如果这时敌人内外暗中互相联系,密谋向外突围,趁着月黑风高夜出城拼命死战,敌人的车骑如此精锐,有的突击我军内部,有的进攻我军外围。我军将士惶恐不安,全军大败混乱。应该怎么办?"

太公答道:"如果遇到这种情况,就应该把我军分为三个部分,并根据实际的地形情况审时度势。详细查明敌人城外部队所在的位置,以及被我军围困的城池附近的大城市和堡垒的状况,然后专门给被围的敌人留出一条通道,以引诱城内敌军外逃。此时我军一定要严密戒备,不要让敌人从此通道逃走。由于被围的敌人惊恐慌乱,因此突围时不是逃入周边的深山老林,就是想撤往与之相邻的城池奔向其他军队。这时,我军车兵和骑兵要在远处截断敌军的逃路,不要让任何一个敌人逃脱。在这种形势下,守城敌军就会误以为先逃出去的人已经成功突围了,打通了撤退的通道,其精锐士卒就一定会往城外逃跑,只留下一些老弱残兵在城内。然后我军用早已准备好的战车和骑兵,长驱直入,直击敌后。如此,敌人守城部队就不敢继续向外突围。要达到此种效果,就要求我军在行事时格外小心谨慎,不要急于同敌人交锋,只要断绝其粮道后路,把他们困在城内就行了。这样一来,他们就撑不了多少日子了,到时候必然归降我军。在攻下城池之后,不要急于焚烧其仓库内的粮食,也不要急于毁坏城内民众的房屋,不要砍伐墓地的树木和庙祠的丛林,不要杀害投降的士兵,不要虐待俘虏。以此向敌国彰显仁义,施以恩惠,并向敌国军民宣布,有罪的只是无道君主一人。这样,天下就会心悦诚服地归顺了。"

武王说:"说得太好了!"

【事典】

宋朝完成南方的统一之后,就开始调集力量意图消灭北汉。而北汉有辽国支持,经常派兵南下骚扰宋朝边境,所以双方始终处于冲突的状态。宋太祖在位的时候,曾经三次进攻北汉。第一次是公元968年八月,北汉统治集团内部斗争激烈,宋朝趁机攻打北汉,打到了北汉的都城下,后来因辽兵救援,宋军只好撤退。第二次是公元969年二月,宋太祖亲自率兵攻打北汉,因为北汉军队顽强抵抗,再加上辽兵的增援,宋军又被迫撤兵。第三次是公元974年八月,本来宋军已经节节胜利,马上要攻下太原了,宋太祖却突然去世,宋军只能撤退了。

宋太宗即位后,根据以往攻打北汉失败的经验,决定这次绝对不能像前三次那样被迫中断,一定要一气呵成。他开始具体部署讨伐北汉的军队:让大将潘美带兵进攻太原。为了阻止辽兵增援,他派大将郭进率兵阻击辽军。而宋太宗则亲自率领一队兵马,牵制幽州的辽军大规模西援或南下。公元979年二月中旬,宋太宗率军从东京出发。一个月后,郭进大军进驻石岭关。听闻宋军来犯,北汉再次向辽求救。辽派南院宰相耶律沙、冀王耶律塔尔率兵由东面增援,然后派南院大王耶律斜轸、枢密副使穆济带领兵马断其后路,又派大将韩侼、耶律善布带领兵马从北面增援北汉。三月十六日,耶律沙与郭进的军队在白马岭相遇,两军开始了激战。最终,宋军取得了胜利,耶律塔尔战死。辽的北路援军听说东路辽军被打败了,就返回了辽国。四月中旬,宋军数十万军队包围了太原,宋太宗亲自督战。北汉外无援兵,内部厌战,最终灭亡了。

【解读】

城邑一般作为一国或者一地的政治、军事、经济中心,如果想攻占一国或者一地,就要先攻打城邑。攻城战是古代常见的作战方式之一。在冷兵器时代,生产力落后,攻城技术也不发达,遇到高深的城池就非常难以攻取。所以攻城的时候,必须强攻加智取。围城的时候,要截断敌人的粮道,歼灭敌人外面的援兵,才有机会攻克敌人的城池。宋灭掉北汉就是运用这一方法取得胜利的。

火战十一：草地驻扎，谨防火攻有绝招

【原文】

武王问太公曰："引兵深入诸侯之地，遇深草翁秽，周吾军前后左右。三军行数百里，人马疲倦休止。敌人因天燥疾风之利，燔吾上风，车骑锐士坚伏吾后。吾三军恐怖，散乱而走。为之奈何？"

太公曰："若此者，则以云梯、飞楼，远望左右，谨察前后。见火起，即燔吾前而广延之，又燔吾后。敌人若至，则引军而却，按黑地而坚处。敌人之来，犹在吾后，见火起，必还走。吾按黑地而处，强弩材士卫吾左右，又燔吾前后。若此，则敌不能害我。"

武王曰："敌人燔吾左右，又燔吾前后，烟覆吾军，其大兵按黑地而起。为之奈何？"

太公曰："若此者，为四武冲阵，强弩翼吾左右，其法无胜亦无负。"

【译文】

武王问太公说："带兵深入敌国境内，如果遇到茂密的树木草丛围绕在我军周围，我军已行军数百里，人困马乏，急需宿营休息。这时，敌人利用干燥刮风天气的有利条件，在我上风口放火，又将车骑锐士埋伏在我军的后面，造成我军恐慌，四处逃散，我军应该如何应对？"

太公答道："如果遇到这种情况，我军应该在驻地竖起云梯、飞楼，借此瞭望和仔细观察四周的情况。一旦发现敌人放火，我军应立刻在前方的开阔地上放火，扩大火焚面积，同时我军后面也要放火，以便烧出一块黑地。如果敌人前来进攻，我军就撤到这块黑地上坚守。来犯之敌此时就会落在我军后面，看到火起，一定退兵。我军在黑地上排列行阵，以劲兵强弩掩护左右两翼，并继续放火烧掉我军前后的草地。这样一来，敌人就不能成为我军的祸患了。"

武王问："敌人在我军前后左右放火，以至浓烟笼罩了我军，敌人突然向我驻守的黑地进攻，我军该如何应对？"

太公答道："如果这样，应当把我军组织成四武冲阵的阵势，以弓箭手掩护左右两翼。这种办法即使不能取胜，也不会失败。"

【事典】

公元前279年，燕国进攻齐国。燕国攻打到了即墨（地名），即墨大夫战死，田单成为即墨的将军。因为双方力量悬殊，为了激发军队的士气，田单想到了"火牛田单命人找了一千多头牛，把它们打扮起来。每头牛身上披着一条被子，上面画着艳丽的花纹，牛角上绑着两把尖刀，尾巴上系上了一捆浸过油的芦苇。

某天午夜，田单让人在城墙上开凿了很多很大的洞口，然后把牛从洞口里赶了出去，在牛的尾巴上点了火。牛尾巴一烧着，一千多头牛被烧得发起脾气来，朝着对面的燕军凶猛地冲过去。齐国的五千士兵立刻拿着大刀长矛，跟着牛队冲杀过去。

为了显得更有声势，城里的百姓都拿着铜盆、铜壶，使劲地敲打起来。

一时间，声音惊天动地，喊杀声、铜器敲击声惊醒了睡梦中的燕军。睡眼蒙眬的燕军看见帐外火光冲天，成百上千脑袋上长着刀的怪兽冲了过来。许多士兵吓得腿都软了，有的甚至吓得尿了裤子，根本无心抵抗。

那一千多头"火牛"头上的刀扎死了很多人，齐国五千多人砍死了很多人，燕军士兵惊慌之下到处乱跑，又被踩死了很多，最终结果便是燕国惨败。

火战是结合地利发挥作用的战术，如果指挥者对地利的选择不合适的话，就很容易导致失败。

蜀后主建兴十二年（234），诸葛亮六出祁山伐魏，率领三十四万大军向魏国进攻。魏明帝曹睿命司马懿领兵迎战。双方在祁山安营扎寨，对峙起来。

诸葛亮此时已经有了一个计策。他率大军出蜀汉，粮草的接济便成为头等大事。他一方面让蜀军在当地屯田自给自足，一方面用"木牛流马"从外地调粮，还故意向司马懿展示己方的运粮情况。司马懿坚守不出，原本想等蜀军粮尽而败，没想到对方却作了长久打算，于是司马懿准备去诸葛亮屯粮的上方谷烧粮草。上方谷的粮草实际上是诸葛亮布下的诱饵，专等司马懿前来。结果当司马懿用声东击西之法引开蜀军，自以为成功时，诸葛亮已经布置好火箭手在上方谷高处埋伏。等到司马懿"打败"粮仓守军进入山谷时，万箭齐发，地面的草房全部着火。大火将司马懿的军队烧得四处奔逃，伤亡惨重。

然而这把大火并没有烧死司马懿。正当诸葛亮以为大功告成的时候，突然出现了意外，天空降下了倾盆大雨，浇灭了大火，救了司马懿一命。眼看着司马氏父子逃走，诸葛亮只能叹息天意弄人。其实，这件事很好解释。上方谷的那把大火使谷中形成了上升气流，导致水汽在高空凝结降落，形成了对流雨。最终，这次火攻成为诸葛亮一生的遗憾。

【解读】

火攻也是攻击敌人的一种方法。本篇所言的火攻似乎没有实用价值，因为火攻比较迅速，难以持久，而且敌人对我军实行火攻的时候，一般我军都会处于下风向。这样，火攻对火攻，我军是占不到任何优势的，反而会殃及自身。火攻需要其他条件配合，比如配合天时、地利等条件，田单的"火牛阵"就将火和阵法很好地结合了起来。

垒虚十二：测敌虚实，察敌活动

【原文】

武王问太公曰："何以知敌垒之虚实，自来自去？"

太公曰："将必上知天道，下知地利，中知人事。登高下望，以观敌之变动。望其垒，即知其虚实；望其士卒，则知其去来。"

武王曰："何以知之？"

太公曰："听其鼓无音，铎无声；望其垒上多飞鸟而不惊。上无氛气，必知敌诈而为偶人也。敌人卒去不远，未定而复反者，彼用其士卒太疾也；太疾，则前后不相次；不相次，则行阵必乱。如此者，急出兵击之。以少击众，则必胜矣。"

【译文】

武王问太公说："如何知道敌军营垒的虚实以及他们来来回回的行动呢？"

太公答道："将帅必须上知天时，下知地理，中知人事。在高处瞭望，以观察敌军的变动情况；眺望敌军的营垒，就可了解其内部的虚实；观察敌军的动态，就可知道敌军的来去行踪。"

武王问："如何才能知道这些事情呢？"

太公答道："听不到敌营的鼓声和铎声，向敌军营垒望去，有许多没受到惊吓的飞鸟，空中也没有飞扬的尘土，靠这些就可判断敌营是空虚的，敌军这是在欺骗我们，实则用偶人守营。如果敌人仓促退军不远，又急忙返回，一定是敌军调动太忙乱的表现。因为调动太忙乱，就会没有秩序；没有秩序，行阵排列就必然混乱。在这种情况下，我军可以迅速出兵进攻敌人，即使是以少击众，也会取得胜利。"

【事典】

公元前 555 年，齐军发兵进攻鲁国。晋国和鲁国大军联合，齐灵公在平阴（今山东平阴东北）组织防御。大臣们建议分兵扼守平阴以南地势险要的泰山余脉，但是他没有采纳这些建议，而是固执地在平阴城外挖深沟，筑高垒，掘堑而守。

照此情况，晋军觉得齐军一定不会主动出战，于是兵分两路，以主力进攻平阴，另一路军队偷偷越过沂蒙山区，偷袭齐国首都临淄城。同时，为了增加胜利的机会，晋军决定来一场"心理战"。晋军主帅让中军副元帅士匄故意夸大其词，劝说与其常有往来的齐国大夫子家："晋与鲁、莒两国，以战车千乘自鲁、莒国境疾袭临淄，临淄危在旦夕。临淄被占领，齐国就等于灭亡了，你应该早做图谋，给自己留条后路。"子家立刻把这个秘密告诉了齐灵公,齐灵公对此非常惶恐。为了进一步让他信以为真,晋军主帅派兵在平阴以南的山泽险要处插满晋军的旗帜,又做了很多的草人穿上士兵的衣服冒充士兵,站在战车上,在车后面拖着树枝到处跑,扬起大量尘土虚张声势。齐灵公一看这情况,吓得失魂落魄,当晚就悄悄撤走,返回了临淄城。第二天,很多人都说齐军可能逃走了,因为乌鸦叫声欢快,在地面上盘旋。在参考众人的意见以后,晋军主将便率军进驻平阴城,然后派兵追击匆忙逃跑的齐军。晋军势如破竹,一连攻克了齐国很多城邑,最后包围了临淄城,齐国惨败。

这次战争,晋国虚张声势震慑了敌人,把敌人吓跑后,并没有马上进驻平阴,而是根据种种情况判断敌人是否撤走,判断平阴是空城后,才进驻城内,并且及时追击逃走的齐军,终于大获全胜。

在正规战中,通过观察确实可以了解敌军的虚实情况。在己方被动的时候,也可以利用这一计策让敌方自动退军,这就是著名的空城计。善用空城计的人除了众所周知的诸葛亮以外,还有马知节。

北宋真宗年间,马知节是延州的知州。有一年元宵节,他派出去侦察的士卒匆匆忙忙地回来禀报说:"边境敌寇的大队人马正在朝着延州的方向而来,我们应该怎么办?"马知节琢磨着:现在是元宵佳节,大家都在欢快地过节,要是让大家知道这个消息,肯定立刻大乱。而且自己手里的兵马不多,怎么能退敌呢?想着想着,他突然灵光一闪,决定冒一次险。

马知节让人打开城门,然后张灯结彩,大摆宴席,全军上下与民同乐,丝毫没有紧张的感觉。将士们看到知州大人如此镇定,也就放心了,知道他一定有办法退敌,所以没有慌乱。城中的百姓看见一切如常,也都开心地过节。边境的敌寇来到城下,看见大开的城门、欢乐的人民,心里泛起了嘀咕,觉得城内一定有重兵把守,不能轻易进犯,于是就撤走了。

【解读】

俗话说:知己知彼,百战百胜。要想取得胜利,就需要了解敌人的情况。本篇主要论述了侦察敌人营垒虚实和敌人行动的方法。通过观察敌人的营垒、士卒判断敌情,并据此运用相应的对策,这是作战指挥需要做到的。在春秋时期的平阴之战中,晋军就是以此击败齐军的。

豹韬第五：用排兵布阵之谋

本卷分为《林战》《突战》《敌强》《敌武》《山兵》《泽兵》《少众》《分险》等八篇，主要强调各种特殊的地形作战中的战术及其他应注意的问题。不但要占据有利的地形，而且要善于利用各种地形，只有这样，才能在战场上争取主动，从而取得作战的胜利。

林战第一：森林作战，以守则固，以战则胜

【原文】

武王问太公曰："引兵深入诸侯之地，遇大林，与敌分林相拒。吾欲以守则固，以战则胜。为之奈何？"

太公曰："使吾三军分为冲阵，便兵所处，弓弩为表，戟楯为里。斩除草木，极广吾道，以便战所。高置旌旗，谨敕三军，无使敌人知吾之情，是谓林战。"

"林战之法，率吾矛戟，相与为伍。林间木疏，以骑为辅，战车居前，见便则战，不见便则止。林多险阻，必置冲阵，以备前后。三军疾战，敌人虽众，其将可走。更战更息，各按其部，是为林战之纪。"

【译文】

武王问太公说："率军深入敌国境内，遇到茂密的丛林，与敌军各占一方林地对峙。我想要防御就能稳固，进攻就能取胜，应该怎么办？"

太公答道："将我军部署为冲阵，安排在便于作战的地方，在外层布设弓弩，在里层布设戟楯，砍伐草木，开拓道路，以便于我军行动。我军要高挂旌旗，严格约束全军，不能使敌军了解我军情况，这就是所说的林地作战。"

"林地作战的方法是：将我军使用矛、戟等不同兵器的士兵，混合编队。如果林中树木较少，就派骑兵辅助作战，把战车配置在前面，发现有利的机会就战斗，否则就停止。如果森林中险阻地段和突发状况比较多，就必须部署冲阵队形，以防备敌人偷袭我军前后。如果敌军来犯，必使全军迅速勇猛地进行战斗，这样，敌人即使人数众多，也会被我军击退。我军在战斗过程中要轮番作战，轮番休息，各部均按编组行动，这就是林地作战的一般原则。"

【事典】

明末清初,北方蒙古族以漠西厄鲁特蒙古、漠北喀尔喀蒙古、漠南蒙古三大部落为首。厄鲁特部落的准噶尔部势力最强,为其他三部之首。到噶尔丹为首领时,准噶尔的势力范围已经悄然扩大,噶尔丹强盛的兵力使其分裂割据的欲望日益膨胀。在沙俄的蛊惑下,噶尔丹发动了一系列分裂祖国的大规模兵变。康熙二十七年(1688),噶尔丹以日行千里的三万铁骑从伊犁向东行,绕过杭爱山,剑指喀尔喀。喀尔喀守军看到敌军兵临城下,十万火急地向清廷求助。康熙二十九年(1690)六月,康熙在警告无效后,御驾亲征喀尔喀,在乌兰布通击退噶尔丹。噶尔丹奸诈无比,使金蝉脱壳计逃脱,但他分裂的野心并未覆灭,不久后再次召集亡命徒卷土重来。康熙三十四年九月,噶尔丹再率三万铁骑作乱,扬言借得俄罗斯鸟枪兵六万,边境情况危急。

在如此危急的形势下,康熙决定身先士卒再次亲征。次年二月,康熙集结九支军队,以东路为先锋,西路为主将,以两翼之势策应中路大举前进。东路九千人,由黑龙江将军萨布素率领跨兴安岭西进,以克鲁伦河为界实行牵制性侧击。由抚远大将军费扬古为统帅,率领四万六千人由西路进发,过归化、宁夏,越沙漠,并由此北上,彻底切断噶尔丹西逃的路线。康熙御驾亲征中路,与其他两路夹攻,使其腹背受敌。噶尔丹连夜率部西窜。五月十三日,清西路军进抵土剌河上游的昭莫多(今蒙古乌兰巴托东南),在噶尔丹败军十五公里外扎营,欲守株待兔。

费扬古将部队分散,以使敌方轻敌。他将一部依山列阵于汗东,一部死守土剌河布防,主力骑兵隐蔽于树林中且全部下马,待听到号角响起再上马冲敌。孙思克作为振武将军率步兵居中,扼守山顶以获取有利信息。而后,清军略施小计,用四百骑兵前来诱敌,噶尔丹一路兵败如山倒,看敌方区区百名骑兵也敢横刀立马于此,暴怒之下失去冷静,率部大举压进,至昭莫多入伏。噶尔丹意图强攻,企图占领清军控制的山顶。孙思克将军率兵据险死守,双方酣战一天,未分胜负。此刻,费扬古率领的沿河伏骑分兵一部已经迂回到敌军后方,另一部已经冲进敌军阵营,强袭其家眷、辎重。据守山头的孙思克看到敌军后方的绿营军,群情激奋下也大呼出击。三面夹击之下,噶尔丹军大乱,只得夺命北逃。清军连夜追击三十余里,大败敌军,击毙噶尔丹之妻,噶尔丹最后仅率数十人向西逃窜。

清军利用昭莫多的特殊地理环境,以逸待劳,巧设伏兵,痛击敌人,最终赢得大胜。

【解读】

本篇详细讲述林野作战的战术方法。林野作战要追求"守则固""战则胜",在兵力分部上,部队编为"四武冲阵"。将弓箭部署在外,戟楯在里层。外围斩除草木,开辟道路以利于战斗。在行军过程中,严格约束三军不得透露我军军事部署,违者斩立决。在部队部署上，矛戟部队作为战斗主力，划分为若干小队，相互支援。

若林木稀疏，则骑兵平铺两翼，辅助战车，若发现敌方，第一时间抢先机战斗。如遇被对方先发现、中埋伏等不利时机，便立刻撤退。若遇到林内险道时，将主力部队变为"四武冲阵"，防止敌人前后夹击。如敌人从一方来攻，与敌接战速战速决，随后换另一部队前来支援，四路分队轮流与敌交战，轮流休息，方可取胜。

突战第二：如何应对敌人突袭

【原文】

武王问太公曰："敌人深入长驱，侵掠我地，驱我牛马；其三军大至，薄我城下。吾士卒大恐；人民系累，为敌所虏。吾欲以守则固，以战则胜。为之奈何？"

太公曰："如此者，谓之突兵。其牛马必不得食，士卒绝粮，暴击而前。令我远邑别军，选其锐士，疾击其后。审其期日，必会于晦。三军疾战，敌人虽众，其将可虏。"

武王曰："敌人分为三四，或战而侵掠我地，或止而收我牛马。其大军未尽至，而使寇薄我城下，致吾三军恐惧。为之奈何？"

太公曰："谨候敌人，未尽至，则设备而待之。去城四里而为垒，金鼓旌旗，皆列而张。别队为伏兵。令我垒上多积强弩，百步一突门，门有行马。车骑居外，勇力锐士隐伏而处。敌人若至，使我轻卒合战而佯走；令我城上立旌旗，击鼙鼓，完为守备。敌人以我为守城，必薄我城下。发吾伏兵，以冲其内，或击其外。三军疾战，或击其前，或击其后。勇者不得斗，轻者不及走，名曰突战。敌人虽众，其将必走。"

武王曰："善哉。"

【译文】

武王问太公说："敌人长驱直入，侵犯我国，掠夺我国牛马，敌军蜂拥而至，兵临城下。我军士卒极为恐慌，民众被拘禁成为俘虏。在这种情况下，我想进行稳固的防守，进行必胜的战斗，该怎么办？"

太公答道："这样的情况，称为'突兵'。这种军队的牛马必定缺乏饲料，士卒必定缺乏粮食，所以才疯狂地进攻我军。在这种情况下，应命令我驻扎在远方的其他军队，精心挑选强壮的士兵，迅速偷袭敌人的后方，一定要详细计算并确定会攻的时间，务必使其在黄昏时与我军会合，两军联合猛烈地和敌人作战。这样，即使敌人众多，敌将也会成为我军的俘虏。"

武王问："如果敌军分为三四部分，以一部分兵力向我进攻，侵占我方土地，以一部分兵力掠夺我方牛马财物，它的主力部队还未完全到达，而一部分士兵进逼我城下,使我全军恐慌,应该怎么办?"

太公答道:"我方应仔细观察情况,在敌人未完全到达前就做好准备,严阵以待。在离城四里的地方筑起营垒,把金鼓旌旗都布列张扬起来,并派一支部队埋伏在附近。令我营垒上的军队多集中强弩,每百步设置一个暗门,以便部队出击,门前安置拒马等障碍物,在营垒外面布置战车、骑兵,将精锐士卒埋伏起来。如果敌人来到,先派我轻装部队与敌交战,假装战败逃跑,并令我守军在城上竖立旌旗,擂鼙鼓,做好充分的防守准备。敌人就会认为我主力在防守城邑,必然进逼城下。这时,我军突然出动伏兵,攻入敌军阵内,或攻击敌军阵外。同时再令我全军迅猛出击,勇猛战斗,一部分攻击敌人前方,一部分攻击敌人后方,使勇敢的敌人无法战斗,轻装骑兵也来不及逃跑。这种作战方法称为'突战'。敌人虽然众多,其将领也必定会战败逃走。"

武王说:"说得太好了!"

【事典】

满宠,字伯宁,山阳昌邑人,三国时期魏国将领。

曹丕

黄初六年(225)十月,大将军满宠随魏文帝曹丕南征东吴。曹丕率领部队进军至精湖宿营时,满宠率诸军在前,与吴军隔江相望,这时正巧赶上"夕风甚猛"的天气。

满宠告诫诸将:"今天晚上风很大,敌人必定会来火烧我军营寨,大家做好准备。"然后部署部队认真做好了应敌突袭的准备。

到了半夜,吴军果然派十路人马前来偷袭烧营。等吴军一到,满宠便率军突然出击,打败前来偷袭的吴军,创造了以突袭反偷袭的成功战例。

突袭作为一种战术,良将用之可破敌一万,愚将用之可自损八千。

【解读】

本篇讲述反击敌军突然袭击以及诱敌攻城而突袭敌人制胜的战法。首先论述敌人长驱直入攻击我方城池,谨记"守则固""战则胜",必须针对敌军因长途跋涉而造成的身体疲乏,以及携带粮草不多、兵器运送不及时的弱点,令我军远方的精锐部队截断其退路。然后,再同城内被围部队约定会攻日期,尽量选择月光晦暗的黑夜,对敌实行内外夹击。

接着进一步论述敌人分路来袭、侵略我营或已攻至城下而大军尚未到达的情形,应先弄清敌情。做好准备,在城外设置伏兵。同时完善城防设置。装作极力守城的样子,引诱敌军攻城。这时我军快速发动伏兵,四面包围,让其进退不得,即可大败敌军。

在城池被敌军包围的情况下,要想取得守城战的胜利,有两个条件:第一是城内部队顽强防守,争取时间,拖垮攻城敌军;二是以最快速度争取援助,这样里应外合,内外夹击,即可击败敌军。

敌强第三:敌强我弱,如何退敌

【原文】

武王问太公曰:"引兵深入诸侯之地,与敌人冲军相当。敌众我寡,敌强我弱。敌人夜来,或攻吾左,或攻吾右,三军震动。吾欲以战则胜,以守则固。为之奈何?"

太公曰:"如此者,谓之震寇。利以出战。不可以守。选吾材士强弩,车骑为之左右,疾击其前,急攻其后;或击其表,或击其里。其卒必乱,其将必骇。"

武王曰:"敌人远遮我前,急攻我后,断我锐兵,绝我材士。吾内外不得相闻,三军扰乱,皆败而走,士卒无斗志,将吏无守心。为之奈何?"

太公曰:"明哉!王之问也。当明号审令,出我勇锐冒将之士,人操炬火,二人同鼓。必知敌人所在,或击其表,或击其里。微号相知,令之灭火,鼓音皆止。中外相应,期约皆当。三军疾战,敌必败亡。"

武王曰:"善哉。"

【译文】

武王问太公说:"带兵深入敌国境内,与敌军短兵相接,敌众我寡,敌强我弱,而敌人又在夜里偷袭我军,有的攻我左翼,有的攻我右翼,使我全军恐慌。我想进行必胜的进攻、稳固的防御,应该怎么办?"

太公答道:"这样的状况叫作'震寇'。对付这样的敌人,我军出战有利,而不适宜防守。我军应该挑选强兵劲弩,以战车、骑兵为左右两翼,凶猛地攻击敌人正面和敌人侧后。或者攻击敌人阵外,或者攻击敌人阵内。这样敌军阵势必然混乱,敌方将领也一定会惊恐失措。"

武王问:"敌军如果在远处阻截我军前方,迅速地攻击我军后方,阻断我方精锐部队,阻止我方援军,使我军前后方失去联系,导致全军混乱,四处逃散,士兵失去斗志,将帅无心固守,应该怎么办?"

太公答道:"大王提出的这个问题,真是英明啊!在这种情况下,我军应该清楚明白地发布号令,出动敢于冒死的兵士。每个士兵手持火炬,两人同击一鼓,必须打探到敌军的准确位置,然后向敌军发起攻击,有的攻击敌人的外部,有的冲击敌人的内部。攻击时,部队都携带暗号,便于互相识别,命令我军扑灭火炬,停止击鼓,之后内外互相策应,各部按事先制定的计划行动。全军迅猛出击,英勇奋战,敌军必然退败。"

武王说:"说得太好了!"

【事典】

建安三年(198)二月,曹操上奏称张绣作乱。同年四月,曹操调集精兵良将,亲自统领大军向宛城进军,征讨张绣。

张绣听闻曹操来攻,赶忙写信联络刘表,让其作为后援。张绣率领部队出城与曹军对战。三个回合后,张先被许褚斩落马下。张绣军大败,于是紧闭城门,闭关不出。

宛城易守难攻,护城河更是又深又宽,曹军对此没有办法。谋士贾诩看到曹操并未心急,反而骑马绕城而行。张绣对此不解,贾诩却已计从心来:"曹操绕城而观,三日都是如此,他必有诈。一定是见到城东南角的城墙颜色新旧不等,参差不齐,断定其鹿角多半已坏。因此想从此处攻城,却假装在西北堆积柴草,想让我们调兵防守西北角,而趁夜黑风高之时攻东南方向而进城。"张绣大骇,追问计策,贾诩笑道:"将计就计。"

曹营探马回报说,张绣已将军兵全部调往西北角。曹操听闻大喜,遂命部队一边准备攻城器械,一边佯装攻打西北角。到二更时分,曹操亲自率精兵从东南角过护城河,砍开鹿角,爬墙而入。只听一声炮响,伏兵四起。曹军大败,退守城外,败走十余里。曹军损兵折将,于禁、吕虔两人负伤。

现代商战中,敌强我弱的现象仍然存在着,很多小企业艰难地在夹缝中生存。有些小企业不久就彻底从商战中退出,而有些小企业则顽强地存活了下来,甚至最终有跟大企业一拼的能力。

在日本,曾经有一款叫"安妮"的卫生纸占领了大部分市场。这种卫生纸十分畅销,导致市场上其他小牌子的卫生纸受到严重威胁。日本魅力公司的老板高原庆一郎原是一家特殊纸制品公司的普通职员。他发现了这个现象,决定采取一些手段打破"安妮"的垄断地位。他将"安妮"卫生纸买回去仔细研究,发现其在吸水性和柔软性方面不够完美,还有提高的空间。于是,高原庆一郎便研制出了一款质量更好的卫生纸,其柔软性跟吸水性都优于"安妮",他将这款卫生纸取名为"魅力"。

另外,高原庆一郎觉得"魅力"还需要做一些行之有效的促销,但自己资金微薄,难以跟"安妮"那样的大生产厂家血拼,所以,必须用更巧妙的方法才行。

他不打算做广告,而是在包装上下了工夫。他用了密封性更好的包装材料,并且请有名的设计师设计精美的图案,打印在外包装上,让其看起来比"安妮"更加美观,更容易吸引女性的目光。最后,他还想到一招,就是要求商店把"魅力"与"安妮"并排放在一起,不动声色地利用了"安妮"的醒目位置。

他的种种做法收到了意想不到的效果。妇女们看到与"安妮"并排摆放的"魅力",被它更为漂亮的外观吸引,于是不禁拿来与"安妮"做比较。很多人都对新品牌有一种好奇心理,于是决定试着用用"魅力"。没想到,"魅力"一点也不比"安妮"差,妇女们开始认可"魅力"了,"魅力"的营销额开始上升。

弱者面对强者,硬拼是没有用的。"同行是冤家",在敌强我弱的情况下更要出奇制胜,才能在市场上占有一席之地。

【解读】

本篇讲述的是在敌国境内的作战战术,具体讨论了在敌人夜间偷袭我军,而且是在敌众我寡、敌强我弱的不利情况下的对应策略。对付这种敌人要"选吾材士强弩,车骑为之左右,疾击其前,急攻其后,或击其表,或击其里",这样敌人一定会一片混乱,从而一举粉碎其突然袭击的阴谋。接下来讨论的是我军被敌人切断,内外失去了联系的情况下的应对策略。这里使用了火炬和战鼓,这是重新接上联系的方法。最后,双方里应外合,敌军必然溃败。

提到夜战,人们会联想到古今中外的很多经典战役,小到取敌军将领首级,大到改变一场战争的走向。这是可以出奇制胜的手段,主要作用是能够击敌于不备,歼灭敌方有生力量,或扰敌不安。让其草木皆兵,产生惧怕心理。夜袭的主要条件是本方将猛兵精,熟悉地形,深晓敌情。

说夜袭有很多优势,那么,面对如此犀利的战术,我们该如何应对呢?其实防敌夜袭并不难。首先是运用地势,占据有利位置,比如山顶、背山等一些有利地形,尽量对周边状况一目了然,这样可以避免腹背受敌。其次是加强戒备,使敌无隙可乘。然后再通过天气等环境因素,或通过探报知晓,将计就计,设置埋伏,歼灭来袭部队。历史上不乏通过对敌方将领的性格了解,提前设防,诱敌深入的战役。

图文珍藏版

敌武第四：狭路相逢，善于用兵才是出路

【原文】

武王问太公曰："引兵深入诸侯之地，卒遇敌人，甚众且武，武车骁骑绕我左右。吾三军皆震，走不可止。为之奈何？"

太公曰："如此者，谓之败兵。善者以胜，不善者以亡。"

武王曰："用之奈何？"

太公曰："伏我材士强弩，武车骁骑为之左右，常去前后三里。敌人逐我，发我车骑，冲其左右。如此，则敌人扰乱，吾走者自止。"

武王曰："敌人与我车骑相当，敌众我少，敌强我弱。其来整治精锐，吾阵不敢当。为之奈何？"

太公曰："选我材士强弩，伏于左右，车骑坚阵而处。敌人过我伏兵，积弩射其左右，车骑锐兵疾击其军，或击其前，或击其后。敌人虽众，其将必走。"

武王曰："善哉。"

【译文】

武王问太公说："领兵深入敌国境内，与敌军突然相遇，敌军众多而且凶狠勇猛，并以武冲大战车和骁勇的骑兵包围我左右两翼。我全军恐慌，纷纷逃跑，无法阻止。对此应该怎么办？"

太公答道："像这样的情况叫作'败兵'。善于用兵的人，可以反败为胜；不善于用兵的人，就会因此败亡。"

武王问："面对这种局面应该怎么应对？"

太公答道："应该将我军的强兵劲弩埋伏在附近，并在左右两翼配置威力大的战车和骁勇的骑兵，一般选择在距离我军主力前后约三里的地方作为伏击地点。敌又如果前来追击，我军就出动战车和骑兵，向敌人的左右两侧进攻。这样，就会使敌军陷入混乱。我军逃跑的士卒就会自动停止逃跑。"

武王问："敌我双方的战车和骑兵相遇，敌众我寡，敌强我弱。敌人进攻我军，阵势整齐，士卒精锐，与敌对阵而战的话，我军难以抵挡。遇到这种情况，应该怎么办？"

太公答道："在这种情况下，应挑选我军的强兵劲弩，埋伏在左右两侧，并把战车和骑兵布成坚固的阵势进行防守。当敌人路过我军埋伏的地方时，我军就用密集的弓箭射击敌人的左右两翼，并出动战车和骑兵以及精锐士卒猛烈地攻击敌军的正面或侧后。这样，敌人虽然众多，但必定会被我方打败。"

武王说:"说得太好了!"

【事典】

楚军在进军途中,主帅子瑕病死。楚军失去了先锋大将军,将士们的情绪顿时变得低落。司马远越见状,被迫班师回返鸡父(今河南固始东南)。吴公子听闻楚军大帅子瑕身亡,楚联军未战先逃,借此判断这是击敌良机,即向吴王僚建议乘势追击,利用奇袭取胜。

吴王采纳了他的建议,令他率军追击。吴公子挥军向前直追楚军,于兵家所忌讳的七月二十九日突然出现在鸡父战场。此举完全出乎司马远越的意料,仓促之中,他让胡、沈、陈、蔡、顿、许六国军队列为前阵,掩护楚军。吴公子以三路主力预做埋伏,以不懂战法的三千囚徒为诱饵,进攻胡、沈、陈诸军。三千囚徒不是对方对手,急忙溃退。胡、沈、陈军见状贸然出击追敌,落入吴军包围圈。突然吴军从三方出击,很快打败胡、沈、陈三国军队。顿、许、蔡三国军队见状,顿时军心大乱,阵势不稳。吴军趁势擂鼓呐喊而进,顿、许、蔡军不战而败。楚军未等列阵,就因受猛烈冲击而迅速溃败。

这一战吴军以寡敌众,又处于"后据战地而趋战"的不利处境,最终却得胜,原因是正确地判断了敌情,利用"晦日"不宜作战的传统习惯,突然出现在战场,诱敌冒进,设伏痛击,乘胜猛攻。而楚军在这次遭遇战中的失利,关键在于士气低落,内部步调不一,对吴军的动向缺乏了解,临阵时指挥笨拙,缺乏机动应变能力,终于导致惨败。真正是"善者以胜,不善者以亡"。

这一小节讲的是遭遇战,及遇到强大的敌人如何取得胜利,也可以将意思延伸到现代市场竞争中。同行是冤家,他们之间的竞争是最激烈的。面对强大的同行,需要运用智慧去抗衡。俗话说"狭路相逢勇者胜,勇者相逢智者胜"。可见要想取得最后的胜利,有勇无谋是不行的,最终还是有智慧的人能走到最后。

"康师傅"和"统一"这两个词我们都很熟悉,相比而言,当"统一"在台湾市场大红大紫的时候,"康师傅"还是个名不见经传的小品牌。但是现在不同了,不论是在大陆还是台湾地区,"康师傅"所占有的市场都让"统一"不可小觑。

初入大陆市场的时候,"康师傅"通过万人试吃的活动研究大陆消费群体的口味,最终将产品定位为红烧牛肉面,并且坚持了十几年。而"统一"在进入大陆市场上的时候,曾把在台湾最畅销的鲜虾面、肉燥面等产品带了过来,并认为"我们爱吃,他们也应该喜欢吃",结果遭到冷遇。这其中的原因就是,与台湾人喜食清淡不同,大陆人的口味偏重,更喜欢刺激性强的食物。"康师傅"正是抓住了这一点,才在大陆赢得了市场,与强势的"统一"拉近了距离。早期的大陆战,"康师傅"是胜者。这个时期,"康师傅"的撒手铜是借助红烧牛肉面单品突破。单品突破是企业根基和品牌奠定的前提,是一个弱小企业走向成功的起点。随后的几年,"康师傅"又根据实际情况开发出很多口味的方便面。再看"统一"。仍然在"好劲道"

"统一100"的产品线上停留。2002年,"康师傅"终于在大陆市场上实现了超越"统一"的梦想。

对于最初的"康师傅"来说,"统一"是一个强大的对手。经过层层突破,"康师傅"最终超越了"统一"。对手强大时,己方并不是没有出路,要懂得运用智慧。遭遇战时,需要运用智慧退敌;市场竞争中,需要运用智慧立足并且超越对手。

【解读】

遭遇战的基本作战原则是争取主动,先下手为强。军队在运动过程中,组织不间断的侦察,尽可能提前发现敌方的走向和动机。探察敌情后,冷静果断地部署作战计划,先敌占据有利地形,先发制人,痛击敌侧翼实施突击。采用佯退的方式诱敌,设置伏兵,诱敌入伏。而在非预期遭遇战中,通常是狭路相逢勇者胜。决定性因素在于士兵的平日操练,还有对统帅的信任。

鸟云山兵第五:山地驻扎,防御有术

【原文】

武王问太公曰:"引兵深入诸侯之地,遇高山磐石,其上亭亭,无有草木,四面受敌。吾三军恐惧,士卒迷惑。吾欲以守则固,以战则胜。为之奈何?"

太公曰:"凡三军,处山之高,则为敌所栖;处山之下,则为敌所因。既以被山而处,必为鸟云之阵。鸟云之阵,阴阳皆备。或屯其阴,或屯其阳。处山之阳,备山之阴;处山之阴,备山之阳;处山之左,备山之右;处山之右,备山之左。其山,敌所能陵者,兵备其表。衢道通谷,绝以武车。高置旌旗,谨敕三军,无使敌人知我之情,是谓山城。行列已定,士卒已阵,法令已行,奇正已设,各置冲阵于山之表,便兵所处,乃分车骑为鸟云之阵。三军疾战,敌人虽众,其将可擒。"

【译文】

武王问太公说:"领兵深入敌国境内,遇到高山巨石,山峰突兀高耸,没有草木,四面受敌。我军因而恐慌,士兵迷惑混乱。我要想进行稳固的防守,实施必胜的进攻,应该怎么办?"

太公答道:"将军队安置在山顶之上,就容易被敌人隔绝孤立;将军队安置在山麓之上,就容易被敌人围困。在山地环境中作战,就必须将军队布成鸟云之阵。所谓鸟云之阵,就是对山南山北各个方面都要有所戒备。军队驻守山的北面或者南面。军队若驻扎在山的南面,就要戒备山的北面;若驻扎在山的北面,就要戒备山的南面;若驻扎在山的左面,就要戒备山的右面;若驻扎在山的右面,就要戒备山的左面。凡是敌人能攀登的地方,都要派兵把守,交通要道和能通行的谷地,都要用战车加以阻绝。高挂旌旗,以便相互联络;整顿三军,严阵以待,不要让敌人得知我军情况,这样就成了一座山城。部队的行列已经排定,士卒已经列阵,法令已经颁行,奇正相辅的阵法已经确定,各部队都编成冲阵,安置在山上比较突出的便于作战的地方。然后把战车和骑兵布成鸟云之阵。这样,当敌来攻时,我全军顽强抵抗,敌军虽多,必被打败,其将领就可成为我军俘虏。"

【事典】

公元 228 年春,诸葛亮为实现刘备的遗愿,匡扶汉室统一天下,再次发动北上伐魏的战争。他的作战计划是声东击西,由斜谷出发进攻郿城(今陕西眉县北),以赵云、邓芝为首扮为疑兵,而从箕谷(今陕西宝鸡东南)亲率主力部队自祁山(今甘肃礼县东北)占陇右。正月,他的计策成功,"扬声由斜谷道取郿",却"身率大军攻祁山",使魏国群臣大骇不已。以天水、南安(今甘肃陇西东南)、安定(今甘肃泾川)为主的三郡立即降蜀。魏明帝曹睿心急如焚,急令魏国名将张郃领步骑五万,西拒蜀军。

魏蜀双方展开了一场旷日持久的战争,以争夺陇右为目标的大战蓄势待发。诸葛亮一面攻打陇西(今甘肃陇西)、广魏(今甘肃天水东北)二郡,以最快方式占领陇右;一面时刻准备迎战魏国援军。魏将张郃率部以迅雷不及掩耳之势,横渡渭水,急扑街亭(今甘肃天水市东南街子口),打击蜀军侧后方,企图一举击垮蜀军,抢回陇右。诸葛亮为防主力遭受打击,命马谡率军驻扎街亭。

街亭是指渭河与麦积山之间的地方,是关陇间为数不多的通道之一,地势十分重要,大有一夫当关万夫莫开之势。马谡到街亭后,因地势之利傲慢怠敌,违反军师依山傍水的战术部署,不以守为攻,反而"以攻为守",将部队布在远离水源的街亭山上。见此情况,副将军王平指出:"街亭山一无粮道,二无水源。如曹军围困街亭,切断一切供给,我军不战而败。因此请主将三思,还是以军师原计划依山傍水扎营。"谁想马谡充耳不闻、刚愎自用,认为在此可"我军布于山上,居高临下,倘若敌军来攻,必可一鼓作气溃敌无数。置之死地而后生,这是兵家常识。使之义无反顾,这正是制胜的秘诀"。王平再三劝阻,无奈马谡固执己见,只得徒然悲叹。

张郃进兵,得知马谡舍水上山,喜上眉梢,即令士兵挖沟断河,切断水源、封堵粮道,将马谡部队围困于山顶,步步逼近后开始放火烧山。霎时间黑烟漫天,火光里燥热难耐,部队士气大损。魏军看准时机,以虎狼之势大举推进,蜀军节节败退。所谓兵败如山倒,最终街亭告失,统帅马谡狼狈逃走。诸葛亮无奈,只好撤军。这是蜀国第一次攻魏失败,也因此留下世人铭记、千古传颂的经典——诸葛亮挥泪斩马谡。

【解读】

本篇讲述山地防御的战术。部队驻扎在山上、山下的弊端:"处山之高,则为敌所栖;处山之下,则为敌所囚。"部队在山上驻扎时,应布为鸟云之阵。这样既可支援各方作战,又可控制住机动部队。山的四面八方必须警戒巡视,在敌军可能入侵的地段,派重兵严守,而且用战车阻绝通道和谷口,高竖旗帜,重视联络,全军待命,随时准备战斗。如此便形成牢不可破的"山堡"。当敌来攻时,即可将敌击败。

但是,山地作战地形复杂、交通不便,这些因素又给机动、联络和后勤补给带来很大困难,所以无论是攻是守,都有利弊。对于守方而言,可根据山险以逸待劳,但如对方切断我军补给和水资源,则容易不战自败,为敌所栖。对于攻方而言,有利于隐蔽接敌、迂回、包围和渗透敌军。但敌方占据有利地形,控制道路、谷地、险隘,则容易成为笼中的金丝鸟,为敌所囚。

总之一句话,对于攻守双方来讲,都应该趋利避害,根据此刻的地利因素,灵活应变,以获得胜利。历史上,三国大将马谡的街亭之败就是为敌所栖,最终咎由自取,品尝苦果。

鸟云泽兵第六:与敌夹河对峙,诈敌、伏兵不可少

【原文】

武王问太公曰:"引兵深入诸侯之地,与敌人临水相拒。敌富而众,我贫而寡。逾水击之,则不能前;欲久其日,则粮食少。吾居斥卤之地,四旁无邑,又无草木。三军无所掠取,牛马无所刍牧,为之奈何?"

太公曰:"三军无备,牛马无食,士卒无粮。如此者,索便诈敌而亟去之,设伏兵于后。"

武王曰:"敌不可得而诈,吾士卒迷惑。敌人越我前后,吾三军败乱而走。为之奈何?"

太公曰:"求途之道,金玉为主;必因敌使,精微为宝。"

武王曰:"敌人知我伏兵,大军不肯济,别将分队,以逾于水;吾三军大恐。为之奈何?"

太公曰:"如此者,分为冲阵,便兵所处。须其毕出,发我伏兵,疾击其后,强弩两旁,射其左右;车骑分为鸟云之阵,备其前后;三军疾战。敌人见我战合,其大军必济水而来。发我伏兵,疾击其后;车骑冲其左右。敌人虽众,其将可走。"

"凡用兵之大要,当敌临战,必宜冲阵,便兵所处。然后以车骑分为鸟云之阵,此用兵之奇也。所谓鸟云者,鸟散而云合,变化无穷者也。"

武王曰:"善哉。"

【译文】

武王问太公说:"领兵深入敌国境内,与敌军隔河对峙,敌军粮草充足,士卒众

多,我军资材贫乏,士卒寡少。我想渡河进攻,却无力前进;我想拖延时日,又缺乏粮草。而且我军驻扎在荒芜贫瘠的盐碱地,附近既没有城池又没有草木,军队无处掠取物资,牛马无处吃草,应该怎么办?"

太公答道:"军队没有战备,牛马没有饲料,士卒没有粮食,遇到这种情况,应当寻找机会,欺骗敌人,迅速向其他地方迁移,并在后面安置伏兵,以阻挡敌人的追击。"

武王问:"如果我军欺骗不了敌军,我军士卒迷惑恐慌,敌人包抄我军前后,我全军溃败陷入混乱而逃,应该怎么办?"

太公答道:"这时寻求退路的办法,主要是用财物引诱敌人前来掠夺,同时对敌方使者行贿。此事必须谨慎细致,一定不能使敌人察觉。"

武王问:"敌人已得知我方设有伏兵,大军不肯渡河,另派一支小部队渡河向我进攻,我全军恐慌,应该怎么办?"

太公答道:"在这种情况下,我军应部署为四武冲阵,配置在便于作战的地方,等敌军全部渡河后,出动我方伏兵,迅猛攻击敌人侧后,弓箭手从两旁射击敌人左右。同时把我军战车和骑兵布列为鸟云之阵,前后戒备,使全军顽强战斗。敌人发现我军与它的小部队交战,其主力部队必会前来渡河。这时就出动我军的伏兵,迅猛攻击敌军侧后,并用战车和骑兵攻击敌军两翼。这样,敌军即使人数众多,也会被我军打败,其将帅也必然逃走。"

"大凡用兵,基本原则是:当与敌对阵面临作战时,必须把军队布列为冲阵,安排在便于作战的地方,然后再把战车和骑兵布成鸟云之阵,这就是出奇制胜的方法。所谓鸟云,就是像鸟散云合那样,灵活机动,变化无穷。"

武王说:"说得太好了!"

【事典】

周敬王二十六年,越国被吴国击败。越王勾践卧薪尝胆,积蓄力量伺机灭吴。周敬王四十二年,吴国大旱,勾践认为灭吴的时机成熟,而自己也准备充分,于是决定出兵伐吴。

同年三月,越王与大将范蠡领五万大军侵入吴国边境。吴王夫差闻讯,立刻领兵六万迎战越军,双方在笠泽(今江苏苏州南,与吴淞江走向相同的古河道)隔江对峙。夜半,越王将部队分为两路,又从两路部队中各抽一队,命一队逆江而上,进至上游五里处,另一队顺江而下,进至下游五里处。午夜,两支部队此起彼伏,鸣鼓呐喊,佯装进攻。吴王忽闻江面上、下游擂鼓喧天,误以为越军趁夜渡江两面夹攻,自作聪明地兵分两路前去堵截,仅留中军待命。勾践得知吴军已分兵前去围追后,派中军六千锐卒为先锋,瞒天过海,衔枚渡江,步步围向吴军大营。在调虎离山、暗度陈仓之后。忽然向吴军发起破釜沉舟的冲击,这出其不意的突袭使吴军惊慌失措、士气低迷。出击的两路吴军听闻军营遭袭返程回救,未想又遭越军两队追讨,军心涣散,溃败。越军越战越勇、气势如虹,再战于没(今苏州南),三战于郊(今苏州郊区),连败吴军。一时间吴军犹如惊弓之鸟,退守姑苏后惶惶不可终日、草木皆兵,此后吴国一蹶不振。公元前473年,越王灭吴,吴王夫差自缢。

越军利用夜黑风高,两翼佯动,诱敌分兵,乘虚偷渡,中央突破,取得了古代战争史上一场著名的渡江奇袭战的胜利。

【解读】

前文我们一直未讲解何谓鸟云之阵。所谓鸟云就是,像鸟一样灵动,像云一样变化无穷。鸟云之阵一般多用于骑兵与战车,骑兵的快速移动像飞鸟一般快速出击,凶狠而高效;战车的缓慢移动就像天上的浮云,迟缓却变化多端,当敌方冲击战车时就像用拳头打进云朵里,让其深陷其中。

本篇描述我军进攻敌军遭遇河川战时的战术和方法。首先是同敌人"临水相拒。敌富而众,我贫而寡,逾水击之,则不能前;欲久其日,则粮食少",在器械不备、补给困难的情况下,应设法欺诈敌人,赶快脱离险区,并沿路设置伏兵,防止敌军追击。等敌人先遣部队渡河后,向其发起猛烈攻击。此时敌人大部队见先遣部队形势危急,必会渡河前来支援。这时我军从四周围攻,敌人必败。文章最后指出,用兵作战必须机动灵活,鸟疾云散,变化无穷。

河川战是古代常见的作战方式之一。河川战的关键在于渡水与反渡水。方法有强渡、分渡和暗渡。渡水在河川战里极其重要,有时候甚至关系到战争的胜负。反渡水的方法是立足于自保阻水而守,立足于歼敌半渡而击。

少众第七:以少胜多,并非无法

【原文】

武王问太公曰:"吾欲以少击众,以弱击强。为之奈何?"

太公曰:"以少击众者,必以日之暮,伏以深草,要之隘路。以弱击强者,必得大国之与,邻国之助。"

武王曰:"我无深草,又无隘路,敌人已至,不适日暮;我无大国之与,又无邻国之助。为之奈何?"

太公曰:"妄张诈诱,以荧惑其将。迂其道,令过深草;远其路,令会日暮。前行未渡水,后行未及舍,发我伏兵,疾击其左右,车骑扰乱其前后。敌人虽众,其将可走。事大国之君,下邻国之士;厚其币,卑其辞。如此,则得大国之与,邻国之助矣。"

武王曰:"善哉。"

【译文】

武王问太公说:"我要以寡敌众,以弱击强,应该怎么办呢?"

太公答道:"要以寡敌众,必须趁着暮色,在草木茂密的地带埋伏军队,在险窄的道路上阻击敌人。要以弱击强,必须得到大国的援助、邻国的支持。"

武王问:"如果我方没有深草地带可供埋伏,也没有艰险道路可以利用,敌军也不是在傍晚时候到达;我方既没有大国的援助,也没有邻国的支持,又该怎么办呢?"

太公答道:"应该虚张声势,用引诱欺骗的手段迷惑敌军。诱使敌人迂回前进,使其经过深草地带;引诱敌人绕走远道。耽误行军时间,使其正好在傍晚的时候与我军交战。趁敌人先头部队还没全部渡水,后续部队来不及宿营时,出动我军伏兵,迅速猛烈地攻击敌军的两翼,并令我战车和骑兵扰乱敌军的前后。这样,敌人即使众多,也会被我军打败。恭敬地侍奉大国的君主,以礼结交邻国的贤士,多送财物,言辞谦逊,这样就能够得到大国的支持、邻国的援助了。"

武王说:"说得太好了!"

【事典】

秦昭王十四年(前293),魏、韩两军联合在伊阙(今河南省洛阳市龙门)集结,欲收复秦国攻占的新城、宜阳等地,以解除秦军对魏、韩南部和西部的威胁。秦军也以伊阙为中心开始集结部队,整装待发。这时候,秦国的边境形势十分紧张。西面的少数民族政权义渠在赵国的支持下,不断侵入秦国陇东地区。赵国内乱结束,赵惠文王和相国李兑深信秦国将是赵国的劲敌,因而开始对秦采取压制。秦昭王、宣太后和魏冉被形势所逼,只好将秦军精锐的大半调到秦国北部与西部边境来抵抗赵军。魏、韩联军对秦国东部和秦通往中原的咽喉函谷关(在今河南灵宝东北。因关在谷中。故名函谷关)屡屡犯难,秦国短时间内无法调出精锐部队应战。

同一时间,来自新城和宜阳的秦军开始在伊阙集结,由秦国名将白起指挥。此时,东拼西凑的秦军部队在数量上以及武器装备上都不及韩、魏联军,仅仅魏军数量就已超出秦军好几万,而韩军装备更是精良无比,秦军明显处于劣势。在这种情况下,部队中的许多将领都未战先怯,主张以守为攻,紧布营盘采取守势,希望以其固若金汤的防御战术拖延到援军到来。

这支秦军并非秦国的主力部队,而韩、魏联军却是两国的精锐,可谓虎狼之师。所以,秦国诸将主张以守为攻等待援军的战术是很现实的想法。可名将白起明白,倘若两军对峙过久,这支曾被韩、魏联军重创的秦军士气会更加低迷,气势上、形势上会更加不利于秦军,最后会不战自败。现在的这支秦军急需一场胜利来找回气势,挽回尊严。而以秦国现在的国力,根本无法在短时间内解除来自赵国的威胁,也无法从西部和北部边境调大军来援助。所以,解决魏、韩联军只能靠这支并不精良的秦军,诸将的想法其实只是美好的一厢情愿。

为了扭转这种两线作战的不利局面,避免因秦军怯战而引来其他国家的侵犯,魏冉决意先解燃眉之急,反击魏、韩联军,令白起以迅雷之势尽快解决魏、韩联军。在伊阙的对峙中,秦军与魏、韩联军发生了几次小规模战斗,大战一触即发。

由于统帅白起身先士卒,这几场小规模战斗竟然取得全胜。虽然歼敌并不多,但秦军的士气大涨。反观魏、韩联军,初来乍到时的锐气已消失殆尽。几场战斗下来,秦军不再像刚来时那样畏首畏尾,提到敌军闻之变色。而且,士兵、将领们对这位用兵如神的统领更加信任、更加有信心。

名将白起通过细致的观察发现了魏、韩联军的一个致命缺点,如果用计得就可置敌于死地。而这致命缺点便是魏、韩两军没有一个统一的指挥,也就是说两军是各自为战的。魏军由魏国名将公孙喜统领,韩军由韩国名将暴鸢统领,两人同是当代名副其实的名将,在本国可谓是一人之下万人之上,怎会心甘情愿地被人呼来唤去呢?而魏、韩两国的国君在计划联合时,也未提这次作战将由谁作为两军统帅,最高指挥权究竟归谁。魏、韩两军心中都打着自己的如意算盘,希望以最小的代价换取最大的利益,希望盟军先向秦军进攻,两者鹬蚌相争,自己坐收渔翁之利。

通过几次小规模的战斗,韩、魏联军同时发现这支秦军看似不堪一击,真打起来却不容小视,心中都有了顾忌,谁也不愿杀敌一万自损八千。白起察觉魏、韩联军不过是个幌子,实际乃魏、韩两军,两军互相观望的态度给了白起逐一击破的机会。白起差使者与进韩境作战的魏军言好,希望魏军能保持中立态度,而公孙喜正有坐山观虎斗之意,毫不犹豫地答应了。因为公孙喜心中也有自己的如意算盘,他想等到秦与韩打到两败俱伤时,将两者一网打尽。

白起翌日便向韩军下战书,在书信中暗示魏军已保持中立,秦愿与韩择日决一死战。秦军更是将营寨全部驻扎在韩军这一侧,摆出与韩誓不两立之势。而原本唇齿相依的魏、韩联军因白起的挑拨离间而一分为二,悄悄走向唇亡齿寒、独木难支的境地。

韩军在接到战书后整装待发,全力备战。暴雨之夜,魏军部队驻营里,大家无所事事,难免放松戒备。秦将白起率领大军主力行至魏营后侧,向魏军发起猛烈进攻。秦军三路压迫。从三方一齐打击魏军。魏军只得向韩营方向逃窜,节节败退。魏军被秦军打得猝不及防,短时间内无法组织有效的反击,只得且战且退,狼狈不堪地拥向韩营,渴望援助。

由于大雨倾盆、云雾弥漫,韩营众将听见魏营隐约传来厮杀声,但暴鸢未敢贸然出兵。秦将白起向来诡计多端,用兵神鬼莫测,暴鸢认为这也许是他在使诈。很快厮杀声越来越近,迷雾中也逐渐出现了人影。韩军整装待发,准备誓死抵抗。等到两军兵刃相遇之后,才发现是联盟魏军。韩军此时已无法阻止溃败的友军冲向本营,追打魏军的秦军开始将目标转移到与之交战的韩军身上,而原本留在韩军对面的秦军此刻也倾巢而出,剑指韩营。

韩军先遭溃败的魏军冲击，而后再遇秦军的两面夹击。韩将暴鸢还未理清思路时，魏、韩两军已经兵败如山倒，难挽败局。秦军面对落荒而逃的魏、韩两军穷追猛打，不给对方任何喘息之机。但公孙喜和暴鸢无愧当世名将，在理清思路之后虽然逃跑，但还是布置了几次有力的抵抗。而在遭遇魏、韩的反抗时，秦将白起身先士卒，鼓舞了三军，最终将魏、韩两军赶向偃师。

伊阙在洛河、伊河之间，天降暴雨过后，伊河与洛河河面波涛汹涌，河水更是一泻千里，韩、魏两军只能望河兴

白起

叹。洛河与伊河在偃师一带两河同流，秦军将魏、韩两军最后赶至两河汇集处。前有汪洋，后有虎狼之师，魏、韩无路可逃，被秦军大量歼灭，跳河逃命的士兵被河水冲跑淹死十之八九。暴鸢在几名水性好的士兵的掩护下，得以渡河逃险。

伊阙一战，秦军最终斩杀魏、韩两军共二十四万余人，俘虏无数，活捉魏国名将公孙喜，并因此战的大胜乘机攻下五座城池。

这一战，秦国彻底地削弱了韩、魏两国国力，以至于韩、魏两国需要很长时间才能恢复，秦国东部的危机得到有效的缓解。秦将白起因此大功被封为国尉，这便是战神白起为历史留下的经典少众之战。

除了在战争中，生活中很多地方也存在着以少胜多的现象，比如已经走进我们生活的互联网。在互联网迅猛发展的信息领域，存在着三巨头，分别是：赶集网、58同城、百姓网。相比于前两者，百姓网显得有点微不足道。另外两家网站的工作人员有几百甚至上千，而百姓网只有区区30人。但是，这个小团队里面的每个人给公司创造的贡献都超过100万元。跟两个庞大的竞争对手相比，百姓网可以说是用最少的员工创造了最大的价值。

有人对此提出疑问，一个30人的小团队为何能创造出如此巨大的价值呢？这是因为百姓网专注于分类信息这个领域，他们的核心业务就是分类信息。不论时代如何变迁，人的思想如何改变，信息分类是永远存在的。百姓网在主页没做好以前不考虑其他业务，因此不会出现"本末倒置"的情况，同时运营成本也会大幅降低，这是百姓网一直以来保持不到30人团队的秘诀所在。

还有一点就是持之以恒。商战是持久战，速战速决是不可能的，想要"以少胜多"，就必须坚持下来。2006年以来，分类信息网站进入洗牌时期，很多网站都倒闭了，或者艰难维持者。但百姓网坚持了下来，并跟58同城、赶集网形成了"三足鼎立"的局面。

百姓网的案例说明,实现以少胜多的重要法则是对资源的合理利用,以及持之以恒。

【解读】

所谓少众,即以少胜众,也就是通常说的以少胜多,以弱胜强。历史上,有无数以弱胜强的经典范例。大部分都是在夜晚、草丛、窄路的条件下,采取伏击、截击等战法歼灭敌人。以弱击强,首先应虚张声势,示形动敌,诱使敌军经过深草、水泽等地,然后伏击敌人。同时利用各种外交手段,这样就能够得到"大国之与,邻国之助"。

分险第八:依山傍水,与敌作战

【原文】

武王问太公曰:"引兵深入诸侯之地,与敌人相遇于险厄之中。吾左山而右水,敌右山而左水,与我分险相拒。吾欲以守则固,以战则胜。为之奈何?"

太公曰:"处山之左,急备山之右;处山之右,急备山之左。险有大水,无舟楫者,以天潢济吾三军。已济者,亟广吾道,以便战所。以武冲为前后,列其强弩,令行阵皆固。衢道谷口,以武冲绝之,高置旌旗,是谓车城。"

"凡险战之法:以武冲为前,大橹为卫,材士强弩翼吾左右。三千人为屯,必置冲阵,便兵所处。左军以左,右军以右,中军以中,并攻而前。已战者,还归屯所,更战更息,必胜乃已。"

武王曰:"善哉。"

【译文】

武王问太公说:"引兵深入敌国境内,在险阻狭隘的地方与敌人相遇。我军左依山右傍水,敌军右依山左傍水,双方各据险要而对峙。在此情况下,我想进行稳固的防守、必胜的进攻,应该怎么办?"

太公答道:"当我军攻取了山的左侧时,应迅速戒备山的右侧;攻占了山的右侧时,应迅速戒备山的左侧。险要地区的大江大河,如没有可以利用的船只,我军就应用天潢等浮渡器材渡过。已经渡河的军队,要迅速在前方开辟道路,抢占有利地形,以便主力部队跟进。要用武冲大扶胥掩护我军的前后,布列强弩,使得我军行列和阵形稳固。交通要道和山谷的谷口,要用武冲大扶胥加以阻绝,并高挂旗帜,这样就铸成了一座用战车连接起来的车城。"

"大凡险要地带,作战的方法是:把武冲大扶胥配置在前,以大盾牌为防护,用强兵劲弩保护我左右两翼。每三千人为一屯,一定要编成进攻性的阵势,配置在便于作战的地形上。战斗时,左军用于左翼,右军用于右翼,中军用于中央,三军并肩作战,奋力向前推进。已战的部队,回到原屯驻之处休整,未战的依次投入战斗,轮番作战,轮番休息,直到取得胜利为止。"

武王说:"说得太好了!"

【事典】

绍兴九年(1139)秋,宋金议和,宋朝向金俯首称臣,遣贡银二十五万两,纳绢二十五万匹,金国将黄河以南以及陕西地区归还宋朝。仅过了一年,金兀术便撕毁和约,分路南侵。同年八月,金西路军统帅完颜果在攻陷陕西部分地区后,派部将蒲察胡盏、完颜习不住领兵五万,驻扎在秦州(今甘肃天水市)东北刘家圈,寻机南下入川。

宋将吴璘领兵两万余人,从河池(今甘肃徽县)北上,抵抗金军再次来袭,意图收复秦州等地。吴璘救下秦州后,火速移师刘家圈南边。刘家圈地势险要,前临峻岭,背靠腊家城(今甘肃秦安东),固若金汤,坚若磐石。金军自恃兵多将广,且占地势之优,"据险自固,前临峻岭,后控腊家城",攻守平衡,认为宋军不敢前来进攻。

遭遇如此劲敌,吴璘立刻招来众将,商讨对策。姚仲提议"战于山上则胜,山下则败",这一意见当场被采纳。吴璘观察地势后,为避金骑从上至下之锋芒,决意上原列阵。经过周密的准备,吴璘于二十一日正式向金军发出挑战。金兵自信凭此地势,此战必败宋军,便因过于自大而未做任何防备。吴璘乘敌警戒不严之机,当夜遣王彦、姚仲二将率精兵翻岭上原,相约火起为令,发动进攻。

另一方面,吴璘命宋将张士廉绕至原后,控扼腊家城,断敌后路。二将带兵上岭后,立刻布列阵势,在剡家湾设下"叠阵",以持多种武器为基础的步兵为主,以骑兵居于两翼。阵成之后,万炬齐发,等金军前来迎战。金将胡盏有恃无恐,率兵前来。宋将吴璘指挥"叠阵"中的弓弩手轮番射击,抵挡住金军的数十次冲击。金军看形势不对,开始后退,吴璘乘隙遣骑兵追击,金军惨败,千人被杀,万人投降。而因宋将张士廉误期,胡盏、完颜习不住等得以率残军败将如丧家之犬般逃回腊家城。

此役金军拥有人数优势、地势优势,但因指挥不当、目空一切、草率轻敌,最终导致战争的失利。反观宋军在人数劣势、地势劣势的情况下,却因指挥得当、众志成城,最终赢得了胜利。

【解读】

本篇主要论述了在山水险隘地带的作战方法。敌我双方在山、水交错的险要地形处交战,从而形成胶着的状态。在战略指导上,首先应该加强戒备,"处山之左,急备山之右",以防被敌人围剿,使敌人有机可乘。而后逐一讲述由山路、水路向敌军进攻的有效方法。如从水上向其进攻,先锋部队渡河以后,应该"广吾道,以便战所",也就说让战车行驶在前后两方,以材士强弩看守前方,从而阻绝其他道路,以最快速度建立起稳固的阵形,以此掩护部队的主力渡河过江。若从山路发动攻击,战术部署应以武冲大扶胥为先锋,大盾战车为后防,材士强弩驻扎左右两侧,让步兵为主力迎面攻击。攻击时三军齐头并进,"并攻而前",即可取胜。

所谓天时地利人和,缺一不可。因而地形往往是决定战争胜负的主要因素之一。有的依靠地形易守难攻,退敌无数;有的在被动情况下逃跑,依据地势逆转反攻,扭转乾坤。可占据了有利地势并不等于就赢得了战争的胜利。之所以天时地利人和缺一不可,就是如此。它是战斗胜利的重要因素之一,但不是全部。所以善用地势者能借势取胜,不善用地势者则很可能失败。剡家湾之战就是这样一个例证。

犬韬第六：拥治乱兴衰之能

本卷主要分为《分合》《武锋》《练士》《教战》《均兵》《武车士》《武骑士》《战车》《战骑》《战步》等十篇，主要论述了车兵、骑兵、步兵的不同特点、作用以及三者之间作战能力的对比，强调在战斗中发挥各兵种协同作战的优势，充分反映了战国时期军事领域中新的变化。

分合第一：军队的集结、将领的签到、赏罚的标准

【原文】

武王问太公曰："王者帅师，三军分为数处。将欲期会合战，约誓赏罚。为之奈何？"

太公曰："凡用兵之法，三军之众，必有分合之变。其大将先定战地、战日，然后移檄书与诸将吏：期攻城围邑，各会其所；明告战日，漏刻有时。大将设营而阵，立表辕门，清道以待。诸将吏至者，校其先后。先期至者，赏；后期至者，斩。如此，则远近奔集，三军俱至，并力合战。"

【译文】

武王问太公："君王率兵出征，三军分别驻在数处，主将需要按期集结军队与敌人交战，并且还要号令全军官兵，规定赏罚制度，应该怎么办？"

太公答道："一般讲到用兵的方法，因为三军人数众多，所以一定要掌握将兵力分散和集中的权变之法。首先，主将要确定作战的地点和日期，然后向部下下达战斗文书，要把攻打和包围的城邑、各军集结的地点规定明确，作战的日期及各部队到达的时间也要规定明确。然后，主将要提前到达集结地点，并对营垒进行布置，布列阵势，在营门竖立标杆以观测日影，计算时间。行人禁止通行，等待将吏报到。各部将吏到达时要核对先后次序，奖励先到者，过期的杀头示众。这样不管远近，都会按时到达目的地。等三军全部到达后，就可以集中力量与敌交战了。"

【事典】

唐玄宗开元二十一年秋天，吐蕃军大肆侵略，试图报新城之仇。驻扎在新城的

王忠嗣作为唐朝军队的左威卫郎将，临危不惧，泰然自若。他先以骑兵冲击敌方的两侧，使敌方的部署被扰乱，溃不成军。然后，王忠嗣集合三军主力，乘乱追击，最终，打败了吐蕃军。

纵观整个战局，整场胜利最重要的一点源自部队平日的严谨治军，行动力与机动性都是吐蕃军不可比拟的。

所谓兵贵神速，尤其是在战争中，只要快一刻就可以勘察地形，布置埋伏。而慢一刻不但会耽误战机。而且很有可能会因此中了敌方埋伏。

第二点便是讲究分合之道。所谓分合之道，分的时候，散如满天星；合的时候，能够齐心协力。"合兵以壮威，分兵以制胜"。分进合击就是一种有名的战法，具体而言，就是指从几个方向同时前进，进而围歼敌人。这种方略能够在适当的时候集结起战斗力。我国抗日战争中的徐州会战就绝妙地运用了这一战法。

1938 年以后，抗日战争的主战场已经扩大到了华北和华中地区。当时，国民党第 5 战区司令李宗仁已经在徐州附近集结了约 50 个师的兵力，他们成功地阻击了日军快速推进的步伐。

日军看到这种情况，决心消灭李宗仁率领的这支军队，进而瓦解中国军队的抗战意志。于是，日军大本营命令华北派遣军（5 师、10 师、114 师）和华中派遣军（3 师、9 师、13 师）从两个方向分进合击，希望能够在徐州周围歼灭中国守军。

日军的这两支部队行动神速，接连胜利，并且在 5 月 19 日的时候最终占领了徐州。在最终破城之前，蒋介石看到日军分进合击的进攻作战已经取得了成功，中国守军抵挡不住了，就在 5 月 15 日决定让部队向西撤退。在撤退的过程中，中国军队分成了若干小股部队，分散突围。日军兵力有限，无力进行全方位追捕，中国军队的主力得以成功后撤，并且还在后撤的过程中切断了日军华中派遣军兵力薄弱的后方交通线，给日军造成了一定的打击。

由此看来，分合之道能够在战争中起到极为重要的作用。

治军严明同样很重要，秦朝末年彭越起义之前先立法，就是这方面的一个例证。

彭越是秦末巨野泽中（今山东巨野县）的渔民，有一百多名青年一起请求他带头起义。当时，陈胜、项梁等已揭竿起义一年有余。彭越觉得时机已成熟，但是他知道这些渔民虽是热血青年，但是闲云野鹤的日子过惯了，很难加以控制。所以，他假意拒绝："起义之事岂是儿戏，如果不能成功，反会招来株连九族的大祸。"

众人见他不肯答应，立刻跪地起誓："我等真心相随，愿与大哥对天发誓，定会荣辱与共、风雨同舟，望大哥不要推辞。"彭越见大家决心已下，便说："请诸位明日日出之时在此会合，对天盟誓。迟到或过期不到者，斩立决。"

夜晚，彭越命人在草地上筑了一个平台作为祭坛，以便日出之时与众人祭天盟誓。第二天，多数人都守时在日出前赶到，只有十余人直到中午才到。彭越义正词严地说:"昨日已约日出即到,违者斩。如今仍有十余人未到,本应按照军法全部处斩。但向来法不责众,现将最后之人处斩,以正军纪。"众人议论纷纷,彭越果断地下令将此人推出斩首。

这一杀鸡儆猴之计严明了部队军纪。随后,彭越带领的这支部队不断壮大,在霸王项羽西进关中之时,军中已有一万余人。而后他率部臣服于刘邦,在楚汉之争中屡立战功。西汉建立后,汉高祖封他为梁王。

【解读】

以上详细描述了军队大战之前的精密部署,平日部队分驻各地,战斗时则需要集合起来。这就是分合之道。大战即将到来,统帅应冷静从容,军队部署应有条不紊。俗话说:"没有规矩不成方圆。"沦为乌合之众的部队都是慵懒成风的。

通观本篇,其中有三点尤为重要。兵贵神速是第一点,分合之道是第二点,治军严谨是第三点。在战争中,时间就等于生命,常言道"兵贵神速"。一场战争,部队本身的行动力与机动性通常影响着战局的走向。

武锋第二:作战中十四种有利的战机

【原文】

武王问太公曰:"凡用兵之要,必有武车骁骑,驰阵选锋,见可则击之。如何而可击?"

太公曰:"夫欲击者,当审察敌人十四变。变见则击之,敌人必败。"

武王曰:"十四变可得闻乎?"

太公曰:"敌人新集,可击。人马未食,可击。天时不顺,可击。地形未得,可击。奔走,可击。不戒,可击。疲劳,可击。将离士卒,可击。涉长路,可击。济水,可击。不暇,可击。阻难狭路,可击。乱行,可击。心怖,可击。"

【译文】

武王问太公说:"用兵的主要原则,有强大的战车和骁勇的骑兵是必需的,能够有冲锋陷阵的突击部队,察觉敌人有可乘之机就发起攻击。那么,究竟怎样的时机才可以发起攻击呢?"

太公答道:"如果要攻打敌人,应当详细察明不利于敌人的十四种情况。一旦出现这些情况,就可以发起攻击,必定会打败敌人。"

武王问:"这十四种对敌不利的情况,你可以讲给我听听吗?"

太公答道:"当敌人刚集结起来立足未稳时可以发起攻击,当敌人的人马没有进食而饥饿时可以发起攻击,当气候季节不利于敌人时可以发起攻击,当地形不利于敌人时可以发起攻击,当敌人急忙奔走赶路时可以发起攻击,当敌人没有警戒时可以发起攻击,当敌人疲惫不堪时可以发起攻击,当敌军将领离开士兵而没有指挥时可以发起攻击,当敌人长途跋涉时可以发起攻击,当敌军过河时可以发起攻击,当敌军忙乱不堪时可以发起攻击,当敌军通过险阻隘路时可以发起攻击,当敌人行列混乱不整时可以发起攻击,当敌人军心惶恐不安时可以发起攻击。"

【事典】

在安史之乱发生之后,唐王朝的中央政权对地方没有了节制的能力,各地藩镇纷纷拥兵自立,其中,淮西节度使吴元济就占据了申(今河南信阳)、光(今河南潢川)、蔡(今河南汝南)三州,成了当时一个重要的藩镇割据势力。唐王朝多次派兵去讨伐,但最后都无功而还。

元和十一年(816)十二月,时任太子詹事的李愬毛遂自荐,担任唐(今河南泌阳)、随(今属河北)、邓(今河南邓州市)三州节度使,指挥西路唐军参加了讨伐吴元济的军事行动。

第二年正月,李愬到达了唐州。当时,唐州和邓州的军士经过数次失败之后,已经是士气低迷,不敢出战了。李愬到任之后,首先做的第一件事就是稳定军心。他对将士们说:"朝廷派我来不是为了打仗。而是来抚慰你们的。"这些话当然也传到了吴元济耳中,他本来对这个名不见经传的李愬就非常轻视,听到他这么说,更是信以为真,也就不再对他严加戒备。

反观李愬,他在稳定军心之后,便在暗地里积极筹备,厉兵秣马,修缮军械,增调军队,加紧备战。同时,他还对吴元济的部下进行了不同程度的收买,招抚了一些人。从这些人口中,他详细地了解到了淮西的地形地势、兵力虚实等重要军事情况。

这一年三月,北路唐军在郾城附近打败了淮西军主力,成功拿下郾城。吴元济看到郾城失守,便急忙抽掉了蔡州方面的部队,将主要兵力都放在北线上。这样一来,他的老巢蔡州城便显得十分空虚了。李愬看到了这个有利的战机,便立刻决定奇袭蔡州。

十月十五日那天,北风怒吼,大雪漫天。吴元济认为,唐军不会选择这样的恶劣天气进攻,于是,更加松懈下来。而李愬恰恰是要利用这一点,他命令李忠义率三千精兵作为前锋,自己率领三千人作为中军,田进诚率领三千人殿后,而后便秘密地向蔡州进军了。

经过六十里的急行军,唐军终于在黄昏的时候来到了军事要地张柴村,这里的守军在毫无防备之下被全歼。唐军稍事休息之后,就留下五百人镇守此地,切断敌人从朗山方向而来的救兵;又调遣五百人截断通往洄曲的桥梁,防止洄曲的守军来救援。做完这些部署之后,李愬便继续率军东进。

当时天色已经晚了,风雪依然没有停,唐军克服了恶劣的天气状况带来的重重困难,急速前进,终于在凌晨的时候赶到了蔡州城下。当时,蔡州已经有很多年没有经历过战乱了,而且天气状况十分不好,所以,这里的守备异常松懈。唐军都已经到达城下了,城内的守军居然还没有察觉。看到这种情况,李愬便命人攀城而入,杀死了守门的兵卒,打开了城门,唐军的大部队就这样进了城。

等到吴元济最终被属下从被窝中叫醒时,他的宅院已经被团团围住了,只能束手就擒。

这一战中,李愬充分地运用了因势利导的方法,麻痹了敌人,然后又出其不意地利用了恶劣的天气,在敌人防备空虚、放松戒备的时候发动了突袭,攻其不备,终于取得了胜利。这一战之后,淮西割据的局面便彻底不存在了,同时又对其他的割据政权产生了重大的影响,促使成德、卢龙、横海、淄膏等藩镇势力先后归顺朝廷。

【解读】

前文我们讲到了兵贵神速,也就是时间的重要性。战场上的形势瞬息万变,有利的战机更是稍纵即逝,往往一时的优柔寡断便会让全军覆没。善于寻找、把握和创造战机,是取得一场战争胜利的关键要素。历史上著名的李愬夜袭蔡州的故事,就是善于创造和把握战机的结果。

练士第三:用人所长,避人所短

【原文】

武王问太公曰:"练士之道奈何?"

太公曰:"军中有大勇、敢死、乐伤者,聚为一卒,名为冒刃之士;有锐气、壮勇、强暴者,聚为一卒,名曰陷阵之士;有奇表长剑,接武齐列者,聚为一卒,名曰勇锐之士;有拔距伸钩,强梁多力,溃破金鼓,绝灭旌旗者,聚为一卒,名曰勇力之士;有逾高绝远,轻足善走者,聚为一卒,名曰寇兵之士;有王臣失势,欲复见功者,聚为一卒,名曰死斗之士;有死将之人子弟,欲与其将报仇者,聚为一卒,名曰敢死之士;有赘婿人房,欲掩迹扬名者,聚为一卒,名曰励钝之士;有贫穷愤怒,欲快其心者,聚为一卒,名曰必死之士;有胥靡免罪之人,欲逃其耻者,聚为一卒,名曰幸用之士;有材技兼人,能负重致远者,聚为一卒,名曰待命之士。此军之练士,不可不察也。"

【译文】

武王问太公说:"士卒的选编办法应该是怎样的?"

太公答道:"把军队中不怕牺牲、勇气超人、不怕负伤的人,编为一队,这一队叫冒刃之士;把年轻壮勇、锐气旺盛、强横凶暴的人,编为一队,这一队叫陷阵之士;把善用长剑、步履稳健、体态奇异、动作整齐的人,编为一队,这一队叫勇锐之士;把臂力过人能拉直铁钩、强壮有力、能冲进敌阵捣毁敌人金鼓、毁坏敌人旗帜的人,编为一队,这一队叫勇力之士;把能翻越高山、行走远路、轻足善走的人,编为一队,这一队叫寇兵之士;把曾经是贵族大臣而已经失去势力想重建功勋的人,编为一队,这一队叫死斗之士;把阵亡将帅的子弟,着急为自己父兄报仇的人,编为一队,这一队叫敢死之士;把曾经入赘为婿和当过敌人俘虏,要求扬名遮丑的人,编为一队,这一队叫励钝之士;把因为自己贫穷而愤怒不满,需要立功受赏而达到富足心愿的人,编为一队,这一队叫必死之士;把免罪刑徒、要掩盖自己耻辱的人,编为一队,这一队叫幸用之士;把才技胜人。能任重致远的人、编为一队,这一队叫待命之士。这就是军中选编士卒的方法,一定要详加考查。"

【事典】

战国时期,吴起是著名的军事家。吴起本是卫国人,起初为鲁国将领,率军大破当时强势的齐国。尔后他入魏为将,率军二十余载,与各国进行大小战役七十六次,其中六十四次取得全胜,十二次不分伯仲,使魏国拓地千里,强盛一时。后吴起辗转进入楚国,手握军政大权,主张变法,增强军队,使楚军成为当时一支威慑诸侯的劲旅,而楚国也成为战国时期的强国之一。

吴起在军事上取得的巨大成功,与他善于治军是分不开的。吴起主张"简募良才",并合理进行编组。他觉得,齐桓公征募五万强悍勇猛的士卒,才得以称霸诸侯;晋文公征募四万骁勇善战的士卒,所以成就称霸的凤愿;秦穆公拥有三万能冲锋陷阵的士卒,使得西戎许多部落都臣服在自己脚下。所以,必须"简募良才",把百姓当中那些胆量大而气力强、身手敏捷能够越高驰远、勇敢顽强的人挑选到军队中来。

吴起对士兵的选拔要求异常严格,他十分看重士兵的合理编组,用其所长,避其所短,使其发挥最大潜力。根据士兵身材的高矮、体魄的强弱、胆量的勇怯、智力的高下,进行明确分工。"强者举旌旗,长者持弓弩,短者持矛戟,勇者持金鼓,弱者给厮养,智者为谋主"。

正是由于吴起能够"简募良才",并且对良才进行合理编组,使得所率领的军队保持了强大的战斗力,攻无不克,战无不胜。

历史上,骁勇善战的军队不是天生的能征善战,而是层层选拔出来的作战精锐。只有果敢勇猛的士兵才会在训练中表现突出,并在战争中显示出巨大的战斗力。唐朝初期的玄甲兵就是这样一支精心选拔出来的队伍。

隋朝末年,各路人马起兵争夺天下。李氏父子建立的军队在作战中不断取得胜利,最终统一了天下。唐兵中的玄甲军可以说是战功赫赫,助李氏父子打下了半壁江山。玄甲军的成员身披玄甲,马匹也有甲胄保护头颈和身躯。这些如同黑云一般的武士在出动时,展现出惊人的战斗力。他们曾经多次以寡敌众,大破敌军,扫荡州城。

再传奇的军队也是由普通士兵组成的,这支闻名遐迩的劲旅始建于隋朝,是在与突厥骑兵作战时建立的。李渊在军队中选拔了两千名精锐日夜操练,使他们成为军队中的中坚力量。

玄甲军长期由秦王李世民掌控,这支军队又被他不断强化。唐军攻打刘武周等割据势力时,秦王得到了尉迟敬德、秦琼、程知节等将领,又从归顺的突厥军队中选拔出精锐进入玄甲军。兵力不断加强的玄甲军为唐朝立下了汗马功劳。

有人说过:"没有平庸的人,只有平庸的管理者。"高明的管理者会对员工的自身价值进行引导和开发。

美国南北战争时期,正是林肯总统在任期间。刚开始任命军队总司令的时候,他强调总司令应该没有重大缺点。但是根据这种方针选出来的几个将领带领的北军总是连打败仗,虽然他们在人力、物力、财力上有绝对优势,但还是不断被南军将领打败。1846年,林肯总统改变了用人方针,他决定起用在作战方面有特长的人。他任命格兰特为总司令,很多人都对此有意见,因为此人被称作"酒鬼将军",平常嗜酒如命。林肯知道,虽然格兰特爱喝酒,但是却有着超凡的军事才能,一定能够在战争中运筹帷幄,决胜千里。只要适当控制他的嗜酒毛病,他就可以很好地指挥军队。

后来,事实证明了林肯决策的英明。

【解读】

"兵熊熊一个,将熊熊一窝"的俗语直接表达了在选拔中用人所长、避人所短的重要性。练兵固然重要,更重要的是一个部队的体制是否完善,是否能合理地分配士兵。

教战第四:细节抓起,循序渐进才牢靠

【原文】

武王问太公曰:"合三军之众,欲令士卒服习教战之道,奈何?"

太公曰:"凡领三军,必有金鼓之节,所以整齐士众者也。将必先明告吏士,申之以三令,以教操兵起居、旌旗指麾之变法。故教吏士:使一人学战,教成,合之十人;十人学战,教成,合之百人;百人学战,教成,合之千人;千人学战,教成,合之万人;万人学战,教成,合之三军之众;大战之法,教成,合之百万之众。故能成其大兵,立威于天下。"

武王曰："善哉。"

【译文】

武王问太公说："全军部队集合,要使士卒战斗技能娴熟,训练方法应该怎样?"

太公答道："凡是统率三军,一定要用金鼓来指挥。这是为了使全军的行动整齐统一。首先将帅必须明确告诉官兵应该怎样操练,并且要反复讲解清楚,然后再训练他们使用兵器,熟悉战斗动作,以及根据各种旗帜信号的变化而行动的方法。所以,军队训练时,首先要单兵进行教练,单兵教练完成后,再合练十人;学习十人战法,完成教练后,再合练百人;学习百人战法,完成教练后,再合练千人;学习千人战法,完成教练后,再合练万人;学习万人战法,完成教练后,再合练全军;教练全军作战的方法,完成教练后,再合练百万大军。这样,就能组成强大的军队,立威无敌于天下。"

武王说："好啊!"

【事典】

戚继光训练士兵的方式很独特。他首先对士兵进行爱国教育,告诉手下为何要保家卫国,激励士兵奋勇杀敌,让士兵懂得为谁打仗。戚继光对武艺要求相当严格,必须进行实战训练。戚家军人人具有高超的实战本领。戚继光订立了各项条令,并要求士兵听懂号令,对这些条令"务要记熟"。在如此严格的训练下,戚继光让这支多为矿工和农民的部队脱胎换骨,成为一支纪律严明、武艺精湛、训练有素的威武之师,依靠他们抵御倭寇的侵略。

著名军事家吴起在镇守西河期间,提出过一个观点,"兵不在多而在治"。他首创考选士卒的方法。凡是可以身披甲胄,执十二石弩,背负五十个弓,携三日口粮,半日内跑完百里者选为武卒,免除其家庭赋税,并开始对其严格训练。由此,他最终组建了魏国雄师。用今天的话来说,吴起的方法就类似在部队里选拔特种兵。

吴起用兵的法则就是以教育训练为主要途径。一人学会打仗可以教会十人,十人学会打仗可以教会百人,以此类推。阵法与战术训练是必不可少的,包括圆阵变方阵、由前进变停止、由跪姿变立姿、分散变收拢、集结至分散。在复杂的阵法、战法和战术变化都训练合格后,才能给其配发武器。

不论戚继光还是吴起,他们在训练士兵的过程中都是非常细致的,把军队训练到完美,才能增加在战争中胜利的筹码。所以训练士兵的每一步都不可缺少,每一步都必须严格,尽量没有漏洞。

细节决定成败,性格决定命运,态度决定一切。无论是在古代战争中还是在21世纪的今天,一个人、一件事、一个集团、一个企业成功的背后都源于细节。

日本最著名的两个电子品牌——SONY与松下,20世纪80年代时在录像机销售上有过一场精彩的博弈,最终松下推出的录像机取得了罕见的成功。松下录像机 1985 年在日本国内市场的市场占有率约为 32%,在国际市场的占有率约为 30%。松下录像机创造的纯利润高达 7000 亿日元,远远高于历史上连续 10 年亏损的总和。

当时两家公司都推出了自己的产品——录像机与录像带。SONY 公司推出了 BETA 录像机和高质的录像带,不过有一个细节问题是,通常一部电影需要两盘录像带。也就是说,在看了一半时,顾客需要自行将已放完的录像带 A 取出,将 B 放进去。而松下推出的 VHS 录像机以及录像带,则省去了这一步骤。

虽然 SONY 公司以先发之势迅速抢占了市场,但松下公司推出自行开发完善的产品后,便立刻引起广泛好评,夺回了市场份额。

秉承顾客是上帝的原则,松下公司赢得了这场博弈。这告诉我们,哪怕是一个微小的细节,也可以改变全局。

【解读】

军事训练是为了提高作战部队素质而进行的一项教练活动,在军事活动中的地位和作用十分重要。提高部队作战能力的必要手段就是训练,部队如果没有经过训练就同敌人作战,就等于羊入虎口,因此提高部队战斗力的训练是必要的。在军事训练中,必须以从难从严、从实战出发为原则,循序渐进,只有这样才能训练出一支合格的军队。在这方面,民族英雄戚继光是值得人们学习的榜样。

均兵第五:协同作战,做到人尽其才

【原文】

武王问太公曰:"以车与步卒战,一车当几步卒?几步卒当一车?以骑与步卒战,一骑当几步卒?几步卒当一骑?以车与骑战。一车当儿骑?几骑当一车?"

太公曰:"车者,军之羽翼也,所以陷坚阵,要强敌,遮走北也。骑者,军之伺候也,所以踵败军,绝粮道,击便寇也。故车骑不敌战,则一骑不能当步卒一人。三军之众成阵而相当,则易战之法:一车当步卒八十人,八十人当一车;一骑当步卒八人,八人当一骑;一车当十骑,十骑当一车。险战之法:一车当步卒四十人,四十人当一车;一骑当步卒四人,四人当一骑;一车当六骑,六骑当一车。夫车骑者,军之武兵也。十乘败千人,百乘败万人;十骑败百人,百骑走千人,此其大数也。"

武王曰:"车骑之吏数与阵法,奈何?"

太公曰:"置车之吏数:五车一长,十车一吏,五十车一率,百车一将。易战之法:五车为列,相去四十步,左右十步,队问六十步。险战之法:车必循道,十车为聚,二十车为屯,前后相去二十步,左右六步,队间三十六步。五车一长,纵横相去二里,各返故道。置骑之吏数:五骑一长,十骑一吏,百骑一率,二百骑一将。易战之法:五骑为列,前后相去二十步,左右四步,队间五十步。险战之法:前后相去十步,左右二步,队间二十五步。三十骑为一屯,六十骑为一辈。十骑一吏,纵横相去百步,周环各复故处。"

武王曰:"善哉。"

【译文】

武王问太公说:"用步兵同战车作战,几名步兵能抵挡一辆战车?抵挡一辆战车要用几名步兵?用骑兵同步兵作战,一名骑兵能抵御几名步兵?几名步兵能抵御一名骑兵?用战车同骑兵作战,一辆战车能抵御几名骑兵?几名骑兵能抵御一辆战车?"

太公回答道:"战车,就像是军队的羽翼,具有强大的战斗力,是用来攻坚陷阵、截击强敌、断敌退路的。军队的眼睛是骑兵,可以用来侦察警戒,跟踪并追击溃逃之敌,切断敌人的粮道和袭击趁乱流窜的敌人。所以,如果战车和骑兵运用得不恰当,一名骑兵在战斗中的作战能力就抵不上一名步兵。整个军队布列成阵,车、骑、步兵配合得当。在平坦地形上作战的法则是:一辆战车可以抵御步兵八十人,八十名步兵可以抵御一辆战车;一名骑兵可以抵御步兵八人,八名步兵可以抵御一名骑兵;一辆战车可以抵御骑兵十人,十名骑兵可以抵御一辆战车。在险阻地形上作战的法则是:一辆战车可以抵御步兵四十人,四十名步兵可以抵御一辆战车;一名骑兵可以抵御步兵四人,四名步兵可以抵御骑兵一人;一辆战车可以抵御骑兵六人,六名骑兵可以抵御一辆战车。军队中战车和骑兵的战斗力量最为勇猛,敌人千名可以被十辆战车击败,敌人万名可以被百辆战车击败。敌人百名可以被十名骑兵击败。敌人千名可以被百名骑兵击败,这些是大概的数量比。"

武王问:"战车和骑兵的配置以及作战方法应该怎样安排?"

太公答道:"战车和骑兵的配置应该遵循这样的原则:战车五辆设一长,十辆设一吏,五十辆设一率,百辆设一将。在比较平坦的地形上的作战方法是:战车五辆为一列,每列前后相距四十步,左右间隔为十步左右,每队间的前后距离和间隔各六十步左右。在险阻的地形上的作战方法是:战车必须沿着道路前进,十辆战车为一聚,二十辆为一屯。前后距离二十步,间隔六步左右,每队间的前后距离和间隔各三十六步左右。战车五辆设一长,活动范围前后各二里左右,撤出战斗后的战车仍能原路返回。骑兵应配备的军官数量是:骑兵五名设一长,十名设一吏,百名设一率,二百名设一将。在平坦地形上作战的方法是:一列为五骑,每列前后相距二十步,每骑间隔四步左右,队与队之间的前后距离和间隔为五十步左右。在比较险阻的地形上的作战方法是:每列前后相距十步,间隔两步左右,队间距离和间隔各二十五步左右。骑兵三十名为一屯,骑兵六十名为一辈。骑兵每十名设一吏,前后活动范围左右各百步,撤出战斗后各自返回原来的位置。"

武王说:"好啊!"

【事典】

周安王十三年(前389)发生的阴晋(今陕西华阴东)之战,是魏国反击秦国的一次重要战役。在这场战斗中,吴起将车兵、骑兵和步兵三个兵种的配合发挥到极致,以少胜多,痛歼秦军。

当时,秦国调集五十万大军,进攻魏国重要城邑阴晋。秦军在城外布下营垒,阳晋的形势甚危。魏国急从河西调来一支精锐部队,河西郡守正是吴起。

吴起非常善于激励士兵的士气。他让国君魏武侯举办庆功宴会,立上等功者坐前排,席间使用金银铜等贵重餐具,猪牛羊三牲准备充足;立次等功者坐中排,贵重餐具逐渐减少;无功者站后排,不得用膳。

每每宴会结束,都会赏赐有功者的家属,并对死难将士的家人予以慰问。三年后,当秦军进攻河西时,魏军中立即有数万士兵自动穿戴甲胄,主动请缨。

面对势在必得的秦军,吴起请魏武侯遣五万未立功者为步兵,自己亲自带领去反击秦军。魏武侯同意了,并加派了战车五百乘、骑兵三千。战前,吴起向三军发布命令:"诸将跟我一起同敌作战,若车不得车,骑不得骑,徒不得徒,虽破军皆无功。"

到达阴晋后,吴起向秦军发动反击。魏军人虽少,但个个奋勇杀敌,以一敌十,战车与骑兵相互配合,牵制对方。魏军反复冲击,将秦国的五十万大军打得落花流水。由此可见,在战争中相互配合是非常重要的。

即使在现代,这一点也是非常重要的。一个公司、一个集体需要相互配合才能取得最终胜利。否则,即使这个公司或者这个团队里的每个人都很优秀,最终也会失败。

2004年6月,拥有美国篮球职业联赛史上最豪华阵容的湖人队竟然在决赛上失利了。他们的对手是十四年来第一次闯入总决赛的活塞队,实力并不强。

湖人是一个由巨星组成的"超级团队",奥尼尔、科比、马龙、佩顿这些人都是强者中的强者,另外,传奇教练菲尔·杰克逊还对其进行了完美组合。可以说,这个团队是无懈可击的。但就是这样一个豪华团队,居然在开场时就没有多少抵抗力,最终更是以1:4的战绩败下阵来,让人大跌眼镜。

其实,仔细分析便可以明白,湖人队失败的原因就是队中的巨星太多了。每个球员都是巨星,谁都不服谁,都觉得自己是团队中的老大,在比赛中完全没有配合,都是单打独斗。缺乏凝聚力的团队就跟一摊稀泥一样,当然会输掉。所以,不互相配合,再强的团队最终也会是弱者,这样的团队无法发挥出应有的水平。

【解读】

在古代战争中,骑兵高效的冲击力与移动力,战车巨大的杀伤力,是攻城拔寨的首选。步兵灵活的机动性,是战争最后终结的原动力。

三者各有所长,又各有所短,应合理地分配平衡,协同作战,相互配合。利用战车去冲击敌方的骑兵,利用骑兵高效的移动力去冲垮敌方的步兵,利用步兵去游击、缠斗敌方的战车,并最终取得胜利。

武车士第六:选拔车兵的标准

【原文】

武王问太公曰:"选车士,奈何?"

太公曰:"选车士之法:取年四十以下,长七尺五寸以上,走能逐奔马,及驰而乘之,前后左右,上下周旋,能束缚旌旗;力能彀八石弩,射前后左右,皆便习者,名曰武车之士,不可不厚也。"

【译文】

武王问太公说:"选拔车上武士的方法是怎样的?"

太公答道:"车上武士选拔的标准是:年龄在四十岁以下,身高七尺五寸以上;跑起来能追得上奔跑的马,能跳上奔驰的战车;能在战车前后、左右、上下各方应战;能执掌旌旗;能拉满八石弩,熟练地向左右、前后射箭。这种人称为车武士,不可不给予他们优厚的待遇。"

【事典】

自夏、商到春秋,战车以及车兵一直活跃在历史舞台上,是最具攻击力的兵种。后来因战车对地形和道路的依赖性很大,而且行军时缓慢,逐渐被淘汰,战场逐渐成为骑兵与步兵的天下。到了16世纪中期,戚继光、俞大猷等人,又让战车与车兵在历史上创造了新的辉煌。

俞大猷在舟山失利后,被贬到山西大同。他发现,明朝二百多年来,北方一直没有得到安宁的主要原因是缺乏有效抵抗蒙古骑兵的方法。他觉得打击骑兵最有效的武器是战车,于是开始建立车兵营。

车阵是由百辆战车组成的,每辆战车配备多门火炮,轮流射击。当时明朝的火炮是填充速度最快的,方便快捷。炮兵阵营在多兵种的协同下,如果训练有素,指挥

俞大猷

合理得当,从正面很难被攻克,易迂回。若单是配合车阵,将其布为圆形方阵就坚不可摧了。

炮车上配备大型佛郎机一门,小型佛郎机两门。他曾经指挥炮车百辆、步骑三千五百人,在安银堡大败数万鞑靼骑兵,从此京营有了兵车的配置。

这种战法的成功主要归功于明朝对老佛郎机的创新和改造。佛郎机在射击时,弹药安在炮车后座,发射一枚后换一次后膛。新型佛郎机是按剂量装药,很少炸膛。

当时明朝对佛郎机大炮甚是看重,虽然多为仿制,但仿造的火炮的各种规格与功能比之原型甚至有过之而无不及。从重达千余斤的多用重型火炮(包括要塞、野战、战舰)"无敌大将军"到百余斤的大"佛郎机",然后再到几十斤的"小佛郎机",点放时可驮在马上,完全是古代的一种自行火炮,就连士卒手中都有几斤重的"万胜佛郎机铳"(配九个子铳)。如果骑兵装备子铳更是火力十足,其精锐的骑兵每人配备六个以上的子铳,在冲锋的时候火器轮番齐射,在战场上简直就是轻装的甲师。

戚继光调到蓟镇后,他认真研究俞大猷建立和使用车营的经验,认为车营有五大优势。"凡攻战用之环卫,一则可以束部伍,一则可以代甲胄,虏马拥众,无计可逼,此车之堪用一也。行则为阵,止则为营,以车为正,以马为奇,进可以战,退可以守,此车之堪用二也"。

而后,戚继光建了七个车营,每营装备有重车、轻车。每辆重车配火炮两门、二十名士兵,其中正兵十名、两名管马、六名管炮、一名车长、一名舵手。外加十名骑兵,其中鸟铳手兼长刀手四名,两名为藤牌手,两名为把手,队长、火兵各一名。

这种车阵,可以有效打击蒙古骑兵的冲击。

【解读】

本篇着重讲解选拔战车武士的条件以及重要性。首先是年龄的限制,其次是身体条件,最后是超群的能力。

武骑士第七:选拔骑兵的标准

【原文】

武王问太公曰:"选骑士,奈何?"

太公曰:"选骑士之法:取年四十以下,长七尺五寸以上,壮健捷疾,超绝伦等;能驰骑毂射,前后左右,周旋进退;越沟堑,登丘陵,冒险阻,绝大泽;驰强敌,乱大众者,名曰武骑之士,不可不厚也。"

【译文】

武王问太公说："骑士的选拔标准是怎样的?"

太公答道："骑士选拔的标准是:年龄在四十岁以下,身高在七尺五寸以上;身强力壮,行动迅速敏捷超过常人;能骑马疾驰并在马上挽弓射箭,能在前、后、左、右四个方向自如应战,娴熟进退;策马能越过沟堑,攀登丘陵,冲过险阻,横渡大水,追逐强敌,打乱众多敌人的人。这种人称为武骑士,不可不给予他们优厚的待遇。"

【事典】

公元前403年,赵、韩、魏三家分晋。赵国原占据了晋国的北部疆土,在东北面、北面与林胡、娄烦、东胡等游牧民族相邻。

诸侯各国当时正逐鹿中原,进行激烈的战争。在强国环视的恶劣环境下,赵国屡遭欺凌,尤其是北方、东北方的少数民族,身穿短衣、长裤、腰束皮带。脚蹬皮靴,擅长骑射,不管是攻还是退都能日行千里。他们时常纵马南下,骚扰赵境。

在难题面前,赵武灵王发现要使赵国强大,就必须进行军事改革,提高国防战斗力。

经过各方面的考量,赵武灵王提出改革的方案:"将教百姓胡服骑射"。赵国官兵当初的衣服为传统的中原风格,领口宽、腰肥、下摆大,袖子又长又宽,战场装备盔甲笨重,结扎烦琐。

而胡人当时穿的是窄袖短衣,打仗时骑马射箭,十分便捷。赵武灵王决心效仿,实行"胡服骑射",改穿胡人服装,采用骑兵作战的方式。他最终克服了来自四面八方的阻力,下令全国改穿胡服,并以身作则第一个穿起胡服,使老百姓逐渐接受。

从胡服开始,赵武灵王广泛招募善于骑射之人,并训练士兵掌握骑术。为此,他专门设立"骑邑",作为训练骑兵的基地。经过改革后,赵国在短短几年就组建起一支人数众多、兵力强盛的骑兵部队。过去的车兵被这支骑兵取代了,成为赵国的主力。赵武灵王培养的这支铁骑,不仅横扫曾经时常骚扰赵国的中山国,而且大破林胡和娄烦等少数民族,向北方开疆拓土上千里。赵武灵王逝世时,赵已是战国七雄之一,在战国后期一度成为与秦抗衡的军事强国。

由于轻装骑兵的机动性、灵活性、特别适合在内地平原和北方草原地区作战等优点,其他国家纷纷仿效,大规模地组建骑兵。

【解读】

骑兵最早从春秋战国时开始出现,中原最早组建骑兵则是赵武灵王进行的"胡服骑射"。

战车第八：战车的"十死""八活"

【原文】

武王问太公曰："战车，奈何？"

太公曰："步贵知变动，车贵知地形，骑贵知别径奇道，三军同名而异用也。凡车之死地有十，胜地有八。"

武王曰："十死之地，奈何？"

太公曰："往而无以还者，车之死地也。越绝险阻，乘敌远行者，车之竭地也。前易后险者，车之困地也。陷之险阻而难出者，车之绝地也。圮下渐泽，黑土黏埴者，车之劳地也。左险右易，上陵仰阪者，车之逆地也。殷草横亩，犯历深泽者，车之拂地也。车少地易，与步不敌者，车之败地也。后有沟渎，左有深水，右有峻阪者，车之坏地也。日夜霖雨，旬日不止，道路溃陷，前不能进，后不能解者，车之陷地也。此十者，车之死地也。故拙将之所以见擒，明将之所以能避也。"

武王曰："八胜之地，奈何？"

太公曰："敌之前后，行陈未定，即陷之。旌旗扰乱，人马数动，即陷之。士卒或前或后，或左或右，即陷之。陈不坚固，士卒前后相顾，即陷之。前往而疑，后恐而怯，即陷之。三军卒惊，皆薄而起，即陷之。战于易地，暮不能解，即陷之。远行而暮舍，三军恐惧，即陷之。此八者，车之胜地也。将明于十害八胜，敌虽围周，千乘万骑，前驱旁驰，万战必胜。"

武王曰："善哉。"

【译文】

武王问太公说："战车的作战方法是怎么样的？"

太公答道："作战的步兵贵在熟悉情况的变化，作战的车兵贵在熟悉地形的状况，作战的骑兵贵在熟悉别的道路捷径。车兵、步兵、骑兵都是作战部队，三者之间不同的只是用法。作战的战车有十种死地，也有八种有利的情况。"

武王问："十种死地是哪些？"

太公答道："前进可以而退回不能的，就是战车的死地；越过险阻，长途追逐敌人就是战车的竭地；前面平坦容易行，后面险阻难通的，就是战车的困地；陷在险阻里而难以出来的，就是战车的绝地；毁塌在积水的黏泥地带，就是战车的劳地；左边险阻右边平坦，还需要向上爬坡的，就是战车的逆地；遍地盛草，还要渡过深水的，就是战车的拂地；战车数量不多，地形却平坦，而步兵与战车又配合不当的，就是战车的败地；沟壑在后面，深水在左面，高坡在右面，就是战车的坏地；日夜大雨，连续十天都不停,道路毁坏,前不能进,后不能退的,就是战车的陷地。战车的死地就是这十种地形。所以愚将由于不了解这十种死地的危害而失败被擒,智将由于能避开这十种死地而取得胜利。"

武王问:"八种有利的情况又是哪些?"

太公答道:"敌人的前后行阵还没有布置,就乘机用战车攻破它;敌人旌旗杂乱,不断调动人马,就乘机用战车攻破它;敌人士卒有的往前,有的往后,有的往左,有的往右,就乘机用战车攻破它;敌人阵势不稳,士兵前后互相观望,就乘机用战车攻破它;敌人前进时犹豫不决,后退时害怕恐惧,就乘机用战车攻破它;敌人全军突然惊乱,挤成一团,就乘机用战车攻破它;在平坦地形上敌人与我交战,至日暮时还没有结束战斗,就乘机用战车攻破它;敌人长途跋涉,至天黑才宿营,三军恐惧不安,就乘机用战车攻破它。这八种情况都有利于战车作战。将帅知道了上述战车作战的八种有利情况和十种死地,即便被敌人四面包围,用千乘万骑正面进攻。两侧突击,也能百战百胜。"

武王说:"好啊!"

【事典】

朱元璋就曾利用战车的弱点,围城打援夺取婺州。

公元 1358 年十二月,朱元璋派部下胡大海直取婺州(今浙江金华市)。胡大海攻城受挫,朱元璋震怒之下,御驾亲征统大军支援。途中遇探马回报,前去支援的元将胡深正带领一百多辆战车部赶往婺州,已达松溪。朱元璋明察秋毫,洞察到战机,立刻招众将商讨此事。"婺州现今仍誓死反抗,只因有处州这一手足。倘若断其手足,婺州必不战而降。如今处州援军已达松溪,松溪山势险要,山路多为崎岖小路,敌军战车,移动必十分缓慢。倘若我军随机应变,将其堵截在狭路,必可出奇制胜。"众将大赞。胡深所领部众与朱元璋的部队相遇后,就在松溪扎营,观望不前。朱元璋命精锐在山间埋伏,另派一路诱敌入伏。

次日,胡德济率部带队佯攻胡深,一路且战且退。胡深立功心切不知是计,率军死命追击。朱元璋伫立山顶,遥望元军已落入埋伏,军旗一挥。胡大海、常遇春两部由两侧杀出,胡德济见援军已到,命部队调头反击来了个回马枪。此时胡深已知中计,战车在山间小道上行动困难,兵车卡在山路中被围剿。半个时辰后,战车已损烧殆尽,部队士兵更是非死即伤。见大势已去,胡深只得乘乱逃跑。

婺州城听闻援军大败后,城内将士更是士气低迷。东门元军见敌军兵临城下,未战先怯,最终不战而降。

【解读】

本篇详细讲述车兵作战的十种不利地形和八种有利的应对方式。首先分别指出车兵、骑兵、步兵的战术特点:"步贵知变动,车贵知地形,骑贵知别径奇道。"接下来，具体讲解战车的"十死与八胜"。最后描述，将领如果知晓战车的十死和八胜，根据地形部署作战计划，即使敌军有千军万马，也将百战不殆。

在古代，战车属重型武器，相当于当代的坦克。战车的主要特点是有较强的正面攻防能力，冲击力和杀伤力巨大。但战车的作战方式比较古板，须列队成车阵，而后正面冲击。战车最大的毛病在于移动缓慢，而且，战车受地形限制较大，不宜在山林险道还有江河流域以及水泽地区，只适合在平原旷野作战。

因此，地形险易、地势高低、道路好坏等地形地貌直接影响到战车作用的发挥。而战车从某种条件上讲，是一场战争胜负的关键所在。

战骑第九：骑兵的"十利""九不利"

【原文】

武王问太公曰："战骑，奈何？"

太公曰："骑有十胜九败。"

武王曰："十胜，奈何？"

太公曰："敌人始至，行阵未定，前后不属，陷其前骑，击其左右，敌人必走。敌人行阵整齐坚固，士卒欲斗，吾骑翼而勿去，或驰而往，或驰而来，其疾如风，其暴如雷，白昼而昏，数更旌旗，变易衣服，其军可克。敌人行阵不固，士卒不斗，薄其前后，猎其左右，翼而击之，敌人必惧。敌人暮欲归舍，三军恐骇，翼其两旁，疾击其后，薄其垒口，无使得入，敌人必败。敌人无险阻保固，深入长驱，绝其粮道，敌人必饥。地平而易，四面见敌，车骑陷之，敌人必乱。敌人奔走，士卒散乱，或翼其两旁，或掩其前后，其将可擒。敌人暮返，其兵甚众，其行阵必乱；令我骑十而为队，百而为屯，车五而为聚，十而为群，多设旌旗，杂以强弩；或击其两旁，或绝其前后，敌将可虏。此骑之十胜也。"

武王曰："九败，奈何？"

太公曰："凡以骑陷敌而不能破阵；敌人佯走，以车骑反击我后，此骑之败地也。追北逾险，长驱不止；敌人伏我两旁，又绝我后，此骑之围地也。往而无以返，人而无以出，是谓陷于天井、顿于地穴，此骑之死地也。所从入者隘，所从出者远；彼弱可以击我强，彼寡可以击我众，此骑之没地也。大涧深谷，翳荟林木，此骑之竭地也。左右有水，前有大阜，后有高山；三军战于两水之间，敌居表里，此骑之艰地也。敌人绝我粮道，往而无以返，此骑之困地也。污下沮泽，进退渐洳，此骑之患地也。左有深沟，右有坑阜，高下如平地，进退诱敌。此骑之陷地也。此九者，骑之死地也。明将之所以远避，暗将之所以陷败也。"

【译文】

武王问太公说："骑兵的作战方法应该是怎样的？"

太公答道："骑兵作战主要有十胜九败。"

武王问："哪些是十胜？"

太公答道："敌人刚到，行列阵势还没有稳定，前后不能衔接，我用骑兵立即击破敌人先头骑兵部队，再夹击其两翼，敌人必定溃逃；敌人行列阵势整齐坚固，士兵都有高昂斗志，我骑兵应该缠住敌人两翼不放，有时奔驰过去，有时奔驰回来，如风般敏捷，如雷般猛烈。从白天战到黄昏，不断更换旗帜，更换服装，使敌人恐惧疑惑，敌人定会大败；敌人行阵不坚固，士兵没有高昂的斗志，我就用骑兵逼近敌人的正面和后面，袭击其两翼，敌人必定震恐；敌人日暮回营，军心惶恐，我就用骑兵夹击其两翼，夹击其左右，迅速袭击其后尾，逼近敌营垒的出口和入口，阻止敌人进入营垒，敌人肯定会失败；敌人没有险阻地形可以固守。我骑兵应该长驱深入，切断敌人粮道，敌人肯定陷入饥饿状态；敌人处于平坦地形，四面容易遭受攻击，我用骑兵协同战车攻击它，敌人肯定溃乱；敌人败逃，士兵散乱，我骑兵可以从其两翼夹击，或从前后袭击，就可以擒拿敌军将帅；敌人日暮返回营垒，部队众多，队形一定混乱，我就令骑兵一队为十人，一屯为百人，战车五辆为一聚，十辆为一群，旗帜尽量多插，配备强弩，或袭击其两翼，或断绝其前后，就可以俘虏敌军将帅。上述这些，就是骑兵作战取胜的十种战机。"

武王问："哪些是九败？"

太公答道："凡是用骑兵攻击敌人而不能攻破敌人阵势，敌人假装逃跑而用战车和骑兵攻击我们后方，这便是骑兵作战的败地；追击败逃的敌人，越过险阻，长驱直入而不停止，敌人埋伏在我两侧，又断绝我的后路。这便是骑兵作战的围地；前进后不能退回，进去后不能出来，这就是陷入天井之内，困于地穴之中，这便是骑兵作战的死地；前进的道路很窄，后退的道路迂远，敌人可以以弱击强，以少击多，这便是骑兵作战的没地；大涧深谷，林木茂盛，活动困难，这便是骑兵作战的竭地；左右两面有水，前面有丘陵，后面有高山，我军在两水之间同敌人作战，敌人内守山险，外居水要，这便是骑兵作战的艰地；敌人断我后方粮道，我军只能前进而不能后退，这便是骑兵作战的困地；泥泞低洼，遍布沼泽，进退两难，这便是骑兵作战的患地；左有深沟，右有坑坎，凹凸不平，看似平地，进退都会招致敌人袭击，这便是骑兵作战的陷地。上述这九种情况都是骑兵作战的死地，精明的将帅懂得竭力避开，愚蠢的将帅不知躲避就会陷于失败。"

【事典】

五代初期的时候，后梁太祖朱全忠与河东晋王李存勖之间存在着深刻的矛盾，他们为了扩张势力，相互争夺着成德（今河北正定）、义武（今河北定县）、卢龙（今北京)这三个藩镇。

开平四年(910)十一月,卢龙节度使刘守光发兵涿水,想要攻占成德。朱全忠便趁机假借帮助成德节度使王镕抵抗刘守光,向成德、义武两地派兵,希望乘机消灭这两股势力。成德节度使王镕和义武节度使王处直便向晋阳(今太原)的李存勖求救,推举他为盟主,共同抗梁。

李存勖欣然同意了这一邀请,于是派周德威率军屯兵赵州(今河北赵县)。而此时,朱全忠已经命令部将王景仁率兵八万向柏乡(今河北柏乡)进军。这已经属于成德地界了,于是王镕便再次向李存勖告急。李存勖便亲自领兵到达赵州,与周德威会合,然后一同进驻野河(今滏阳河支流)北岸,与梁军隔河相对。

此时,在战役究竟怎么进行的问题上,李存勖和他的部将周德威有着不一样的看法。李存勖认为。应该速战速决,趁着敌人还不知道自己的底细时打败他,否则的话,一旦对方了解了自己的虚实,要想再战就困难了。但是周德威不同意,他认为,梁军的士气现在非常旺,不应该在这个时候速战,而且敌人擅长的是守城而不是野战,应该诱敌出城。他为了让李存勖采纳自己的建议,还详细分析了双方的战力:"吾之取胜,利在骑兵,平原旷野,骑兵之所长也。今吾军于河上,迫近营门,非吾用长之地也。"

经过这样的解说,李存勖同意了诱敌的策略,最终决定退守高邑,引诱梁军离营,然后再以逸待劳,乘机出击。

定好计策之后,李存勖便派人前去挑战。柏乡守将王景仁是个急性子,见到对方不攻城,反而是行此挑衅之举,异常愤怒,便率领大部队倾巢而出。而晋军在李存勖的带领下,也按照预先定好的计策,一边打一边退,终于将梁军诱到了高邑南边。

李存勖登上高处向四周望去,见到处处有平原浅草,是可进可退之地,就想命令军队进行反击。

但是周德威又一次否定了他的看法,他料定,王景仁追击之时,必定没有带粮草辎重,现在打不如等到他们人困马渴、想要退兵的时候再打,那个时候肯定能够取胜。

于是,李存勖便耐着性子等下去。到了下午的时候,梁军果然开始慢慢后退了,这个时候,李存勖便下令自己的骑兵部队从东西两侧迅速出击。由于骑兵速度极快,梁军根本来不及抵抗,瞬间便被冲散,没了队形。接下来的战事就非常顺利了,最终王景仁的精锐部队被全歼,他只带了数十骑逃出重围。

在这一战中,我们可以看到。梁军的兵力其实是多于晋军的,但是晋军能够根据地形和敌军的具体情况,巧妙运用主动后撤诱敌的方法,使得梁军离开了对自己有利的地形,并且充分利用骑兵快速的机动作战能力,在瞬间给予梁军最有力的打击,使得他们很快溃败,从而赢得了战争的胜利。可以说,这是我国古代骑兵利用有利的地形,最终以少胜多的一次著名的战例。

【解读】

骑兵所具有的主要特点便是移动力快速、机动性强,尤其是具有强大的突击能力与冲锋到敌方阵营的可怕的冲击力。在地形有利的盆地、山地制高点、丘陵区作战时,骑兵的作用不可小觑。它在进行迂回、奇袭、断敌人后路、骚扰佯攻以及追击的时候,有着别的兵种望尘莫及的速度。但是有利必有弊,骑兵也有它的弱点,比如说骑兵作战不适合于险道、水泽,不适合于攻城拔寨。至于何时何地派骑兵出战,这就是将领的工作了。历史上著名的柏乡之战便是运用骑兵取得胜利的典范。

战步第十:因"人"制宜地使用战术,逢敌必胜

【原文】

武王问太公曰:"步兵与车骑战,奈何?"

太公曰:"步兵与车骑战者,必依丘陵险阻,长兵强弩居前,短兵弱弩居后,更发更止。敌之车骑,虽众而至,坚阵疾战,材士强弩,以备我后。"

武王曰:"吾无丘陵,又无险阻。敌人之至,既众且武,车骑翼我两旁,猎我前后。吾三军恐怖,乱败而走。为之奈何?"

太公曰:"令我士卒为行马、木蒺藜,置牛马队伍,为四武冲阵;望敌车骑将来,均置蒺藜;掘地匝后,广深五尺,名曰命笼。人操行马进步,阑车以为垒,推而前后,立而为屯,材士强弩,备我左右。然后令我三军,皆疾战而不解。"

武王曰:"善哉。"

【译文】

武王问太公说:"步兵与车兵以及骑兵的作战方法是怎样的?"

太公答道:"步兵与车兵以及骑兵作战,肯定要依托丘陵险阻的地形列阵,将长兵器和强弩配置在列阵前面,将短兵器和弱弩配置在列阵后面,来回轮流作战,轮流休整。当敌人战车和骑兵大部分到来时,我方就坚守阵地,顽强战斗,并且让材士强弩警戒后方。"

武王问:"我方所在地既没有丘陵,又没有险阻可以依托,敌军到来的兵力既众多又强大,并用战车和骑兵夹击我军两翼,突击我军前后,以至我军恐惧,溃败逃跑,这该怎么办?"

太公答道:"命令我军士兵制作一些行马和木蒺藜等障碍物,把牛和马集中编制在一起,步兵结合成四武冲阵。看见敌方战车骑兵即将到来时,就广泛布置蒺藜,并挖掘环形壕沟,宽五尺深五尺,这叫作命笼。步兵带着行马进退,然后用车辆

连接成营垒,推着它前后移动,停止下来时就成为营寨。用材士强弩警戒左右,然后命令我军猛烈战斗,不得松懈。"

武王说:"好啊!"

【事典】

五代十国时,契丹挥军直指幽州。当时晋国正与两国交战,大将李嗣源、李存审、阎宝率领七万步骑混合部队在易州会合,前往救援。李存审言:"敌众我寡,契丹军以骑兵为主,我军以步兵为主,如果突然在平原上相遇,敌方用骑兵来冲击我军的话,那我军就会一败涂地。"

李嗣源说:"敌军没有辎重,而我军出行必带粮草,如果在平原上相遇,敌军抢夺我军的辎重,我军就会不战自败,不如经山道潜行到幽州,与城中人马会合。如果中途遇到契丹军队,就占据险要地势抗衡。"

大军翻过大房岭,李嗣源带着三千骑兵为先锋,在离幽州六十里的地方遇到了小股契丹军队,这支契丹军队却不战而逃。当李嗣源带领先锋骑兵到了山口时,发现契丹军队有上万骑兵围在山谷口,晋军将士顿时失色。李嗣源带领骑兵奋勇冲锋,契丹军才稍稍退却,晋军步兵得以冲出山谷。李存审下令砍树做成鹿角,每个步兵拿一个,军队一停止前进就自动形成鹿角营寨。契丹骑兵只能环绕着这运动的鹿角营寨进攻,最终"寨中发万弩射之,流矢蔽日,契丹人马死伤塞路"。

靠近幽州时,契丹部早已整装待发。李存审下令步兵排在骑兵后面,让一些瘦弱的士兵拖着点燃的柴草前进,烟尘遮天蔽日。对方弄不清晋军有多少人马,主力在哪个方向,于是一顿大呼乱战。李嗣源率领军队从敌后方突然猛攻,"契军大败,席卷其众自北山去,委弃车帐铠仗羊马满野,晋兵追之,斩俘万计"。

这场斗争说明,步兵打败骑兵并不是不可能的,战争的成败主要在于主帅用兵是否得当,是否能够灵活指挥,出其不意。军队的主帅要懂得运用自己兵种的优势取得胜利。这两种兵种之间的对战不仅在我国古代出现过,在国外战争史上也有鲜明的例证。

1314年,英格兰国王爱德华二世率军侵入苏格兰,希望解除罗伯特一世领导的苏格兰军队对一座要塞的围困。当时,为了防备对付英格兰军队,罗伯特将军队部署在了离城堡不远处的一片沼泽地后面的小山上。英格兰军队要想解围,就必须攻占这座小山,这就成了战争的关键。

当时,苏格兰留在此处的军队缺少弓箭手,只能是依靠长矛兵,而英格兰军队则是有备而来,兵力雄厚。

战斗打响后,英格兰军队首先要做的就是突破沼泽地。一直到黎明时分,他们才终于全部通过。但是由于地形所限,他们的重骑兵还没有完全展开战斗队形,而后续的步兵更是都围成了一团。看到这种情况,罗伯特当机立断,决定趁英格兰军队立足未稳、战斗队形未完成展开的时候,进行一次大胆的进攻:他命令自己的步兵向前冲，由此展开了一场罕见的以步兵攻击骑兵的战争。

于是，在罗伯特的命令之下，苏格兰的密集的长矛兵阵慢慢地向英格兰的骑兵走去。很快地，双方便遭遇了。或许你会认为这场战争的结果必定是骑兵取胜，但事实却完全相反，就如同一位历史学家所描述的那样："这两支部队碰到了一起，英格兰兵骑着高头大马撞到了苏格兰士兵的长矛上，就好像撞到了一棵大树，发生了巨大而可怕的碰撞，他们的队形割裂了，马也被撞死了，散落在了一起。"于是，骑兵只能是停留在长矛阵之外，不敢向前冲。

这个时候，英格兰人急了，调来了弓箭手。如果他们能够连续射箭的话，想必会给苏格兰军队带来相当大的影响，但是很遗憾，这些弓箭手刚刚出现，就被苏格兰人早已准备好的重骑兵预备队给冲散了，完全没有派上用场。

就这样，英格兰的骑兵只能往后退，而步兵则被挤到了自己刚刚渡过的沼泽地里，几乎还没怎么正式交战便已经宣告了失败。

看来，并不能武断地判定骑兵和步兵的优劣，在不同的地形地势和组织安排下，步兵有时也能够以小博大，赢得胜利。

【解读】

本篇讲述步兵在对峙车兵、骑兵时该如何破解对方的攻势。众所周知，骑兵的冲击力和车兵的攻击不是步兵肉身所能抵挡的。所谓天时地利人和，那么步兵在遭遇骑兵、车兵时，必须依附地利，依靠丘陵险道打击敌方。

素 书

汉·黄石公

导读

一本书的智慧改变了一个人一生的命运，这个人的一生又影响了整个中国封建历史的进程。

这本书就是《素书》，这个人就是张良。

《素书》中博大精深而又极具实用价值的智慧却彻底地改变了张良的命运。熟读《素书》后的张良，逐步成长为一个精通进退方圆之道、运筹帷幄的谋略大师。在得到刘邦的赏识重用之后，他把《素书》中的智慧灵活地运用于攻城略地、安邦治国的实践中。"夫运筹帷幄之中，决胜千里之外，吾不如张良"，刘邦深知，自己之所以能推翻不可一世的秦王朝，打败楚霸王项羽，开创这大汉盛世，张良绝对功不可没。

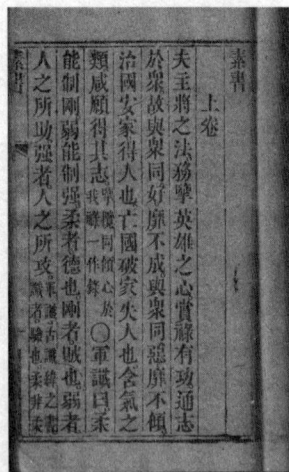

《素书》书影

更为值得一提的是，也是受《素书》的影响，在功成名就之后，张良急流勇退，从而避免了如韩信、彭越、英布等一干功臣那样被卸磨杀驴的下场，使得自己的一生得以保全。

在张良得到《素书》的十三年后，他如约到济北谷城山下拜访恩师，但是那位神秘的老人不知何故一直没有出现。为了聊表知遇之恩，张良从路边捡了一块黄石作为恩师的化身供奉在家。《素书》的作者"黄石公"便由此而来，其真实的姓名世间已无人知晓。

黄石公的《素书》并不是什么浩渺巨著，其内容共分六章，共计一千三百六十字而已。这短短的一千三百六十字可谓字字珠玑，句句经典，尤其是对复杂的人性的把握真可谓入木三分，世间万事万物的本质和发展规律观察得细致入微。

《素书》中的内容不仅包含治国安邦大谋略，更有修身处世、为人之道的"小智慧"，每一句箴言都是切中要害，一针见血，读来如醍醐灌顶、豁然顿悟，其对人生的指导意义不言而喻，值得我们每个人读上一读。

只可惜，历史记住了张良，记住了刘邦，记住了大汉王朝，却把《素书》忘在了脑后，以至于在张良死后的几百年人们都不知《素书》为何物，几乎失传而绝于人世。如今，我们能一睹《素书》的风采，还要感谢晋朝的那个盗墓贼。珍惜这来之不易的因缘，让我们用心细细品味《素书》的奥妙所在吧！

原始第一

一个人立身存命的根本是什么？黄石公的答案是：天道、德行、仁爱、正义和礼制。这五个方面既是为人处世的落脚点，更包含着立身成名的大道理。

【原文】

夫道、德、仁、义、礼，五者一体也。

【译文】

道、德、仁、义、礼这五种思想是浑然一体、缺一不可的。

【事典】

有一点自省的精神

孔子的学生曾子说："吾日三省吾身——为人谋而不忠乎？与朋友交而不信乎？传不习乎？"意思是："我每天多次自我反省：替别人办事是否尽心竭力了呢？同朋友往来是否诚实呢？老师传授我的学业是否复习了呢？"曾子学习勤奋，很快便有所成就。为养活父母，曾子曾经在莒地为官，而后他又收徒讲学。据《孟子》记载，他的弟子有七十多人，著名的军事家吴起就是他的学生。

我们在这里要探讨的不是曾子自省的内容：为人谋是否忠，与朋友交是否信，老师传授的知识是否已掌握，而是探讨其"一日三省吾身"的自省精神。追求外在成功也罢，精神为外物所累也罢，无论何时自省精神显得尤为难能可贵。

"一日三省吾身"，这句话所体现出来的自律精神，是每一个有志于做有"档次"的人，并成就一番事业者所必须学习的。做不到这一点，"道、德、仁、义、礼"也就无从谈起。

明代的张瀚在《松窗梦语》中有这样一段记录：

张瀚初任御史的时候，有一次，他去参见都台长官王廷相，王廷相就给张瀚讲了一则乘轿见闻。说他某一天乘轿进城办事时，不巧遇上了雨。而其中有一个轿夫刚好穿了双新鞋，他开始时小心翼翼地循着干净的路面走，后来轿夫一不小心，踩进泥水坑里，此后他就再也不顾惜自己的鞋了。王廷相最后总结说："处世立身的道理，也是一样的啊！只要你一不小心，犯了错误，那么以后你就再也不会有所顾忌了。所以,常常检点约束自己,是一个人必修的功课。"张瀚听了这些话,十分佩服王廷相的高论,终身不敢忘记。

这个历史故事告诉我们,人一旦"踩进泥水坑",心里往往就放松了戒备。反正"鞋已经脏了",一次是脏,两次也是脏,于是便有了惯性,从此便"不复顾惜"了。有些人,起先在工作中兢兢业业,廉洁奉公,偶然一不小心踩进"泥坑",经不住酒绿灯红的诱惑,便从此放弃了自己的操守。这都是因为不能事先防范而造成的恶果。

不慎而始,而祸其终,这道理谁都明白,但要做到一直"不湿",似乎也很难。一些人为达到不可告人的目的,会设置种种陷阱,包括利用"糖衣炮弹"来百般诱惑,让你"湿鞋"。

世界充满了诱惑,有时候,仅仅依靠人自身的意志作抵抗是不够的。由于"病毒"的无孔不入,所以必须经常性地给自己打"预防针",并且应随着"病毒"的升级而更新换代。其实,大多数人缺少的也正是这一种自我省察和约束的精神。让自己做到这一点,为自己的做人做事打造好优良的"软装备",就等于迈出了超越一般人的了不起的一步。

【解读】

黄石公是与鬼谷子齐名的谋略家,《素书》是一部权谋的经典著作,但本书开篇讲的却是似乎与谋略无关的仁义道德。这是因为在黄石公眼里,道、德、仁、义、礼是统摄一切权谋的纲领,是最高境界的谋略。

现在一讲到道德、仁义、礼节、信用,有人常常嗤之以鼻:靠这些陈词滥调能成事吗?成功需要的是勇气、智谋和机会,看看那些功成名就的人,我们并没完全见到所谓"道、德、仁、义、礼"的力量。

这些人的看法反映了现代社会的一种浮躁心态:急于求成,为此不惜弃道德的约束于不顾。但显然这是一种浅见,是缺乏做人修养的表现,因为大凡这种人,不论曾经拥有多么耀眼的光环,也注定只是过眼云烟。

在我国传统思想中,道、德、仁、义、礼是一个互相依存、互相作用的体系,应该系统地去认识。老子说,失道而后德,失德而后仁,失仁而后义,失义而后礼,说的就是这个意思。

道、德、仁、义、礼是古人日常修养的五个具体标准,历史上许多在政治、军事、人文等领域卓有建树的人物,正是依靠对这五个方面的严格要求和自我修炼,而达到令人仰视的高度,从而彪炳史册。

【原文】

道者,人之所蹈,使万物不知其所由。

天道是世间万物存在和发展所遵循的自然法则和运行规律。

【事典】

顺其自然而生,逆道而行则亡

黄石公所云之"天道"其实就是自然之力。

我们常说的自不自然的概念其实是针对人类自身而言的,是从人类角度出发的。人,自有文明以来,也就一直处于这样的矛盾之中:既认为自己是自然的一部分,又时常将自己置身于自然之外,以至于将自己看成一个能够影响"自然"的外力。这岂不是本末倒置了吗?

有的人认为,人类无须敬畏自然,更不必顺天。

但是,在人类制造了工具,有了一些发明,有了科学发展之后,开始提出人定胜天这类的口号,在处理人与自然的关系时,总是"以人为本"。结果如何呢?

因为"以人为本",树木被滥砍滥伐,野生动物被屠杀,地球的生态环境越来越恶劣。人类似乎已经完全忘记了自己本来就是自然的一部分,有什么道理不去顺应自然而非要以我们人类为本呢?民盟中央副主席张梅颖在看了德国一个小学生的环保纪实后很感慨地说:"那种不认为自然为母,反以自然为器,乃至要征服自然的反自然观念,助长了环境灾害中日益严重的人类。"

的确,许多天灾实为人祸,是因为人类的活动为自然环境带来无可逆转的伤害。

其实自然就像一个大家庭,这个家庭中不只有人类一个孩子,还有其他的物种。当面对自然的时候,我们考虑的不能仅仅是人类自身,否则就会被其他的"兄弟姐妹"所抛弃。

我们提倡敬畏自然,是要顺"道"而行,因为"道"是万物之所由。我们说敬畏,重点在敬,而不是畏,是要以深厚的现代环境科学作为支撑趋利避害,明了自己该做什么不该做什么。我们应该善待我们的环境,同时摒弃自以为能够对自然为所欲为的思想,以及对人自身的盲目崇拜。只有这样才会"得之者生,顺之者成"。

《易经》云:"在天成事,在地成形,变化足矣。"自然世界,人类社会,天地间没有不变的事情,万事万物,时刻在变,变是"天道"的法则,是事物发展的规律。一个人要想有所成就,想成其所事,个人的努力固然非常重要;但顺守天道,顺其自然,尊重现实,实事求是,量力而行,以变应变更是关键。

大道无术,若自以为是、不知天高地厚地一味偏激和固执,明知其不可为而强为,只能为自己增添无尽的烦恼和痛苦,带来无穷的失败和灾难。即使是神机妙算、被国人誉为智慧之神的诸葛亮在遇到挫折时也不能不仰天慨叹:"谋事在人,成事在天。"

无论历史上还是现实中,我们都不难见到有些人或愚昧无知、意气用事,或匹夫之勇、不自量力,或骄妄轻狂、倒行逆施。结果往往事与愿违,功不成名不就,落得个身败名裂,有的更为自然带来破坏,为社会带来损失,为他人带来灾难。这些人,除了没有真正了解自己,过高地估计自己的力量,就是悖时势,逆天道。

【解读】

我们以前会说"人定胜天",认为只要努力没有办不到的事,可是事实证明,这是人类的一厢情愿。事实上,人类只能顺应自然,而不可能去战胜它、逆转它。

比如说我们可以将果树嫁接,但是我们不能让一头牛的角上长出苹果来;我们可以人工降雨,可是我们不能控制一场海啸的发生;我们可以提高粮食的产量,但是不可能让 1 亩地里长出 1 万斤粮食来。

也就是说,我们尽可以利用大自然的馈赠,可以用人类的聪明才智去创造一些东西,但是不可能完全违背大自然的规律,不能逆"道"而施。否则就会自取灭亡。

什么是自然? 老子所讲的自然就是"自然而然",也就是没有"外力"影响的这个世界的本来面目。现在来理解,它既应包含所有"自然"的存在,也应包括"自然运行的规律"。可是,自然既然是至大无外的话,有什么能成为"外力"而使之"不自然"呢?

【原文】

德者,人之所得,使万物各得其所欲。

【译文】

德就是人们在社会生活中具有的品行操守,德促使人们依德而行,使一己的欲求得到满足,唯有"德"才能有所得。从宏观角度来讲,德就是让世间万事万物各得其所欲,各展其所能。

【事典】

有德者一定会有所得

德行就是你用什么样的态度对待你身边的人,有德之人必有所得:大德得天下,小德得朋友。

战国时期,魏国的公子信陵君最爱招揽天下贤能之士。当时有一个年过七十却只做了个看守大梁东城门的小吏的隐士,叫作侯赢,他家境贫寒,但颇有才华。

信陵君很希望将他纳入自己的门下，于是亲自去拜访侯嬴，并馈赠于他极为贵重的礼物。但令信陵君万万没有想到的是，侯嬴竟然婉言谢绝了。

一天，公子府大摆筵席。当酒席摆好后，信陵君带着随从亲往东城门迎接侯嬴。侯嬴也不谦让，直接坐到信陵君的身边，企图用自己的傲慢无礼激怒信陵君。而信陵君却还亲自驾驶马车，态度丝毫也没有不恭敬。刚走出不远，侯嬴就对信陵君说："我有个朋友在屠宰场，您能送我去看他吗？"信陵君毫不犹豫地就将车赶到了屠宰场。

侯嬴见到自己的朋友朱亥后，故意把信陵君晾在一边，而自己却和朋友谈话。侯嬴一边谈话，一边注意观察信陵君的反应，他发现信陵君的脸色更加温和。因为信陵君的亲朋好友都在等着他回去开筵，他的随从都暗骂侯嬴不识抬举，市井之人也都好奇地观看着眼前所发生的一切，可信陵君自始至终都和颜悦色。

来到公子府，侯嬴被信陵君请到了上座。信陵君还向他介绍了在座的宗室、将相，并亲自向他敬酒。直到这时，侯嬴被信陵君礼贤下士的德行，完全打动和折服，并最终为帮助信陵君"窃符救赵"的成功行动立下了汗马功劳。

信陵君能够招揽到侯嬴，与他的品行修养有着直接的关系。

在现实生活人际交往中，一个人道德品质和修养的高下，是决定与他人相处得好与坏的重要因素。道德品质高尚，个人修养好，就容易赢得他人的信任与友谊；如果不注重个人道德品质修养，就难以处理好与他人的关系，交不到真心朋友。我们身边就不乏这样的人：有的人看自己一枝花，看别人豆腐渣，处处自我感觉良好，盛气凌人；还有的人一事当前往往从一己私利出发，见到好处就争抢，遇到问题就相互推诿，甚至给别人拆台。这些人在生活中之所以难有朋友，归根到底，就是在自身道德品质和个人修养方面出了问题。

【解读】

孔子说"德不孤，必有邻"，一个有道德的人绝不会孤单，肯定会有人与他在一起。一个人不可能把自己孤立起来，真正的有德之人生活在人群中间。

也就是说，一方面，有道德的人自己有修养和风范，自然会影响周围的人，吸引周围的人与之成为朋友。另一方面，有道德的人既已献身于道德学问，就会耐得住孤单和寂寞，即便暂时没有得到他人的理解，也会在道德学问中，在先贤的思想和人格中找到神交的朋友，这样，他也不会孤单。说到底，因为道德是跨越时间和空间的局限而发展的，所以，有道德的人也不会受时间和空间的限制，总会找到自己的志同道合的朋友和事业伙伴。

而这些，不恰恰是成就伟业最急需的"本钱"吗？

【原文】

仁者，人之所亲，有慈惠恻隐之心，以遂其生成。

【译文】

仁是人所独具的仁慈、爱人的心理,仁使有志于天下的人互相亲近,人能关心同情人,各种善良的愿望和行动就会产生。

【事典】

仁者总能设身处地为别人着想

关于做人之"仁",很重要的一点就是"为别人着想"。能够设身处地地为别人着想,许多事情都可以顺利地解决,这个世界就会拥有更多的关怀。生活中的很多误解和隔膜实际上都是由于人与人的生活状态存在差异,因而造成的思维角度和方式不同所引起的。一个人如果能够充满仁爱之心,言行充满人情味,不但能给他人带来温暖,也会令自己的人生顺风顺水。

东汉的袁安就是这样一个充满仁爱之心的人。有一次,鹅毛般的大雪下了整整一夜。第二天清晨,天放晴了,应该是扫雪的时候了。这时,洛阳的地方官下去视察,发现家家户户都出来扫雪。可是,走到袁安家门前时,看见雪地上连脚印都没有一个,官员们怀疑袁安是不是在家里冻死了,急忙命人将他门前的雪扫开走进屋子,看见袁安在家里直直地躺着。地方官问他为什么不出去,且还可向亲友家借点粮食,袁安说:"这样的大雪天气,大家都没好日子过,我怎么好去打扰人家呢?"地方官认为他很贤德,就举荐他当了孝廉。

为自己谋取方便似乎是人们的天性,能够将别人放在自己心上来考虑的人,无疑是道德高尚的人。袁安因为怕妨碍别人就不出门扫雪,真可称得上是君子的行为,无怪地方官要把他举荐为孝廉。人在顺境中往往会沉浸在自己的快乐生活中而忽视他人的苦难和不幸,袁安却超脱于个人的情感之外,将关注的目光投向同样需要帮助的人,体现出他高于常人的境界。

北宋名臣张咏,官至吏部尚书。

一次,他办完公事回到后厅,见一名守卫正在熟睡。张咏就把他叫醒,和气地问他:"你怎么了,是不是家里出了什么事啊?"果然,那人闷闷不乐地说:"我母亲病了,哥哥外出很久了也没有音信。"

张咏派人调查,证实守卫说的是实话。

第二天,张咏派了一个仆人去帮助守卫照料他的母亲,帮他把事情安排好,守卫感激不尽。

事后张咏说:"在我的后厅怎么敢有人睡觉呢?这人当时睡着了,一定是心里很愁闷,所以我才询问他。"

像张咏这么有人情味的领导,下属能不愿为他尽力做事吗?的确,在生活中,一个充满人情味和爱心的人，往往具有很强的亲和力。无论其地位高低，都会赢得别人发自内心的尊敬。这样的人，无论走到哪里，可以说都不会有过不去的路的。

人作为社会的一员，必然不能只为自己着想，否则，不但有道德上的污点，更是做人策略上的失败。一个人，尤其是作为领导者，一言一行都应该带有令人亲切的人情味，多为他人着想一些。这不但能问心无愧，同时也会给自己增加"人气"，让自己得到更多的尊敬和拥戴。

【解读】

在《论语》一书中"仁"字出现了两百多次，但孔子并没有给"仁"下过一个明确的定义。韩愈说"仁"就是"博爱"。"仁"是一种内心的人生观、世界观，要求发自内心地爱自己、爱家人、爱乡里、爱国家乃至爱天下。但这种爱不是没有原则的滥爱，而是看到别人好，你要爱他，看到别人不好，你更要爱他，以此把他感化过来。

子曰："里仁为美。择不处仁，焉得知？"

里仁并不是说要住在仁人堆里，而是要怀着一颗仁心，以仁的标准来要求、磨炼自己。仁是一种生活态度，它能涤荡你心中的尘埃，还你一颗活泼纯净的心灵，让你活得潇洒，活得自如，活得理直气壮，活得无愧于心。

【原文】

义者，人之所宜，赏善罚恶，以立功立世。

【译文】

所谓义就是人们的行为要合乎事理，无论做什么都要合乎事宜。以此来奖赏善者，惩罚恶人，继而人心所归，建功立业自然水到渠成。

【事典】

正直守义是为人间正义

历史上有名的"强项令"（硬脖子县令）董宣，在自己的岗位上，疾恶如仇，不畏强权，为惩办凶顽，连皇帝都敢顶的精神，就是坚守道义立身立世的有力证明。

董宣字少平，东汉陈留郡（今河南开封东南陈留城）人。他勤奋好学，博通经史。光武帝建武初年，董宣做了几任县级官员，颇有政绩和清名，后又被提升为北海国相。

在他年近七十岁时，又被调任为洛阳令，洛阳是东汉的都城，京师的豪门贵族常常依仗权势，枉行不法。董宣任洛阳令，执法如山，蔑视权贵，对皇亲国戚的不法行为敢于惩办，皇帝的姐姐湖阳公主家有个恶奴，狗仗人势，青天白日在洛阳西市杀人，然后躲进公主府内。洛阳府衙的吏役们谁也不敢进公主府中捉人，杀人犯在公主的庇护下，竟逍遥法外。董宣决心要惩办凶犯，伸张正义。他不露声色地暗暗派人监视凶手的动向，寻找时机，缉捕凶手。那个凶手在府中躲了几天，听听外面没有什么动静，以为没事了，就大着胆子坐上公主的车子，随公主一起到城外去游玩。董宣探知这一消息后，立即带人抄近路赶到公主车马必须经过的夏门亭。当公主的车马一到，董宣手持利刃，突然往路中一站，迎面拦住公主的车，湖阳公主大吃一惊，怒声喝道："你是什么人？为什么要拦住我的车马？"

董宣镇定地回答："禀公主，我是洛阳令董宣，特来缉拿在逃的杀人犯，请公主马上交出凶手！"

湖阳公主根本不把小小的洛阳令放在眼里，态度十分傲慢地责问："董宣你身为县令，不顾朝廷的法度，竟敢手执凶器，拦劫我的车马，该当何罪？谁是凶手？！"

董宣见湖阳公主以势压人，异常愤慨，强压怒火，义正辞严地说："公主，你家法不严，致使家奴无视法律，胆敢在闹市上无故杀人，本来就有一定的责任，现在又公开庇护杀人犯，更是错上加错！自古以来，王子犯法，与庶民同罪，何况你的家奴！请速速交出凶手！"

湖阳公主见董宣毫不相让，一点不讲情面，不由恼羞成怒，十分蛮横地说："就算我的家仆伤了人命，如果我不把他交出来，你敢怎么样？"

董宣听了，勃然大怒，喝令身后的差役，从公主的车上揪下那个杀人恶奴，就地正法，湖阳公主被这个场面惊得三魂出窍，立即调转车头，径奔皇宫，哭哭啼啼到皇帝那里去告状。

光武帝刘秀九岁就失去父母，从小靠姐姐拉扯着长大成人，所以他对湖阳公主感情特别深。他听说姐姐遭到董宣的"凌辱"，不由大怒，立即派人把董宣传来，不容分说，喝令近侍将他拉出去打死，董宣毫无惧色，从容地对刘秀说："请陛下允许我临死的时候说一句话。""你还有什么话说？"刘秀怒冲冲地喝道。"陛下以圣德而中兴汉室，现在却袒护姐姐纵奴杀人，今后还怎么治理天下，用不着别人动手，让我自己结果这条老命算了！"董宣说罢，就以头猛撞殿柱，顿时血流满面。刘秀听了董宣的话，有所醒悟，又见董宣如此刚烈，不由暗暗佩服，怒气渐消，马上命殿上的小太监拉住他。

为了照顾公主的面子，刘秀对董宣说："你要是现在给公主叩头赔罪，我马上释放你。"

"依法办事，何罪之有！"董宣坚决不答应。

刘秀见董宣如此固执，弄得自己也无法下台，不由心头怒火又起，喝令侍从把董宣推到公主面前，用手强按他的脑袋，逼着他叩头。不料董宣两手用力撑在地上，就是不低头。公主见了，窝了一肚子火，转过身来激刘秀说："文叔（刘秀的字）从前做平民百姓时，家里窝藏亡命，官府明明知道，也不敢登门过问。现在贵为天子，操生杀大权，难道连一个小小的县令也制服不了吗？"刘秀深深地被董宣的不屈精神所打动，笑着对湖阳公主说："正因为我现在身为天子，所以做事才不能胡来。"立即下令，释放了这位"强项令"。

从此以后，洛阳城权豪缩颈，恶霸敛手，京师肃然。

董宣并不是显官宿儒，也不是几朝元老，不过是个普通的郡县官员，光武帝为什么不杀他，甚至奈何不了他？老百姓又如此拥戴他？原因既明了又简单，在于他为官以节操和道义为本。正是这种"义"让他为人正气凛然，不畏权势，执法如山；正是这种"义"，震慑了刁顽恶徒，感动了平民百姓；也正是这种"义"，使他名垂青史，世代受到人们的敬佩和称颂。

日行千里的良马，其力固然可观，但与它的内在的品性相比，则不足论，千里马更可贵、更可赞的是它那识途、护主的高尚的道义。同样，"义"乃人生事业的基础，是个人才能的统帅与主心骨。离开道义的建树，事业就失去了稳固的根基，如艳丽一时不可长存的花朵；缺乏道义的约束和指导，无论你有多么卓越的才能，也不会有令人称颂、经天纬地的成就。

【解读】

从另一个角度讲，义还是一套衡量人们的言行是否得"道"的标准，合乎这个标准，就一定会有一个好的结果，违背这个标准，无论是天道还是天理，都难容其立身处世。

不论是哪个朝代，哪个国家，人们对奉行仁义的人都充满了敬仰和爱戴。因此，在古代就出现了"仁义大侠""仁义之师"之类的称呼。老子对待这个问题是这样看的——"夫慈，以战则胜，以守则固。天将救之，以慈卫之"。后来，孟子对老子的这句话进行了进一步的解释——"爱仁者人人爱之，敬仁者人人敬之"。

汉朝著名的学者董仲舒也很支持老子的这一观点，在《仁义法》中，他讲道"仁之法在爱人，不在爱我；义之法在正我，而不在正人"，意思就是首先是要爱别人而不是爱自己，讲正义首先从自己做起而不是要求别人。

清朝学者吴敬梓讲"以义服人，何人不服"，就是指以仁义来服人，谁又会不服呢？

【原文】

礼者，人之所履，夙兴夜寐，以成人伦之序。

【译文】

礼，是规定社会行为的法则、规范仪式的总称。人人必须遵循礼的规范，夙兴夜寐，兢兢业业，按照君臣、父子、夫妻、兄弟等人伦关系所排列的顺序行事。

【事典】

礼多人不怪

诸葛亮可谓是整部《三国演义》中最具亮点的人物，人们对他的评价颇高。陕西岐山县五丈原诸葛亮庙有一副赞扬诸葛亮的对联：义肝忠胆，六经以来二表；托孤寄后，三代而后一人。很显然，这是对诸葛亮历史功绩的夸赞。但人们对于诸葛亮的认识却更偏重于他的计谋和为人处世方面。也可以说，人们更欣赏他的为人及处世智慧。

虽然在很多时候诸葛亮的礼数并不是最周全的，甚至有的时候在刘备面前还有点越俎代庖的嫌疑，然而有一次，他的礼数可谓是恰到好处。

在联合抗曹取得了一定胜利的时候，蜀、吴两家却为了荆州闹了起来。然后诸葛亮定计"三气周瑜"，使周瑜气绝身亡。当时，东吴上下对诸葛亮可谓是恨之入骨，欲杀诸葛亮而后快，两家的盟友关系也面临着分裂的严峻考验。

令人意想不到的是，此时的诸葛亮却亲自到柴桑口为周瑜吊孝以尽礼仪。当然，诸葛亮也不是没有准备、只身前往的，他也知道倘若自己有丝毫差错，必然会有去无回。因此他带上了威震长坂坡的赵子龙，以确保他到柴桑口之行的人身安全。

接着，诸葛亮才设祭物于灵前，亲自祭酒，跪在周瑜的灵位前，开始宣读祭文。祭文写得感人至深，诸葛亮在宣读完祭文之后，伏地大哭，泪如泉涌。他的表现令在场的东吴将士无不为之感动，甚至人们对于周瑜是否是被诸葛亮气死的产生了质疑，哪里还有报仇的意思？

这次祭拜，不管是不是发自诸葛亮的真心暂且不说，但是诸葛亮的礼数到了，而且诸葛亮祭拜的目的也达到了——不但消除了东吴诸人对他的恨，也修补了蜀吴两国合作的裂痕，真可谓是一举两得。

"礼"自古就是受人推崇的道德，人们一直将"礼"看得很重。《礼记·冠义》上说："凡人之所以为人者，礼义也"；《礼记·曲礼》说："鹦鹉能言，不离于禽。猩猩能言，不离于兽。今人而无礼，虽能言，不亦禽兽之心乎？"

当然，封建社会的很多五花八门的礼数都是徒有其表，可以借鉴，但并不值得极力推崇。但是，我们国家毕竟是礼仪之邦，所谓"礼多人不怪"，平时做个知书达"礼"的人还是不无裨益的。

"礼"是出自对人的敬重，而透过内心的倾慕和外在的尊崇表达出来。若对人没有那种敬重之心，即使表面的功夫做得有多出色，那都是假的，并不可说是礼，只能说是虚礼；相反，只要对他人产生敬重的心，不论你有否向人行"礼"，这已是真真正正的礼了！所以说，礼可以有形，也可以无形，最重要的是人的内心。

在生活中，我们常常忽略了那些看似不起眼的"礼"，也正是由于忽略了它们，才使得家庭矛盾升级、朋友关系紧张……从而导致一系列隐患的产生。

《左传·僖位公三十三年》上记载，春秋时一个叫冀芮的人在田里除草，他的妻子把午饭送到田头，恭恭敬敬的双手把饭捧给丈夫。丈夫庄重地接过来，毕恭毕敬地还礼后才用饭。妻子在丈夫用饭时，恭敬地侍立在一旁等着他吃完，收拾餐具辞别丈夫而去。这件事被当时晋国的一个大夫看见了，传为佳话。

《左传》上记载的这个故事，后来被人们作为"相敬如宾"这个成语的故事解释。在我们看来，夫妻间应该少些礼数，但是必要的礼数却能够增加彼此间的亲密度，使夫妻关系更加和谐。同样的道理，朋友、兄弟间倘若多一些礼数，也会减少那些没必要矛盾的产生；上下级间倘若多一些礼数，也能形成一种融洽的工作氛围，使工作能够顺利进行……

【解读】

礼，从大的方面说就是社会各种制度，包括等级制度、宗法关系、礼法条规等，从小的方面说就是个人行为准则、礼仪规范。在封建社会，这些条条框框是人们必须遵守的，其法律效力相当于今天的宪法。

以"礼"治国是儒家一直倡导的基本精神，而这种礼制恰恰很符合当时封建社会统治阶级的需求，所以很盛行。

那时的很多人都认为治国应以纲常礼义为先。因为纲常礼义是"性"与"命"，即所谓"以身之所接言，则有君臣父子，即有仁、敬、孝、慈。其必以仁、敬、孝、慈为则者，性也；其所以纲维乎五伦者，命也"。无论是"三纲"还是"五伦"，都是一种天性天命的礼，谁也不能违背。并且强调，修身、齐家、治国、平天下，则"一秉于礼"，"自内言之，舍礼无所谓道德；自外言之，舍礼无所谓政事"。

【原文】

夫欲为人之本，不可无一焉。

【译文】

凡是想要有所成就的人，对于道、德、仁、义、礼这五种思想体系，都是不可或缺的。

【事典】

高尚的道德品质是一个人的立世之本

高尚的道德品质是人的立世之本，是任何代价都不能换取的。我们要做一个顶天立地、堂堂正正的人，就必须在内心深处具备道、德、仁、义、礼这几种美德，要时刻注重自身的道德修养，而不仅仅是追求虚名。

道德是人们生活及其行为的一种重要的准则和规范。每一个人都是独立的，是具有个性的。但是，每一个人都生活在社会中，因而就必须自觉地遵循社会的道德准则与规范。

然而，大千世界，世象纷繁，人们的处世态度，行为方式是迥然不同的。有的人豁达大度，有的人斤斤计较，有的人积极进取，有的人自暴自弃，有的人坚持正义，有的人颠倒是非……造成这种差异的原因可能很多，但都与他们道德品质的优劣高下有关。每一个有良知的人，应正确判断孰是孰非，不断提高道德品质的水准，自觉地加强道德品质的自我修养。

曾国藩是个不折不扣的书生、文人，但后来形势需要他做湘军的统帅，他很快就适应了，而且做得比当时所有的专业军事将士要好，这原因就在于他的人格修炼。

大事业只能是人格完美的人才能担当得起。要立志做大事业，则只靠技能不行，还要注意人格的修养。

东汉时，羊续在南阳做太守。南阳这个地方土地肥沃，水源充足，气候温暖，农业和畜牧业非常发达。由于这里的人民生活富裕，社会风气难免奢侈浮华。特别是地方官府中请客送礼、讲究排场、讲吃讲喝的风气尤为严重。看到这种情况，羊续十分不满，他决定要移风易俗。但要改掉一些不正之风，必须先从官府和为官者入手。羊续觉得还是先从自己这个做太守的人做起，比较好。

一天，郡里的郡丞提着一条很大的鱼来看羊续。他为了让羊续收下他的鱼，就说这条鱼不是买的，也不是向别人要的，而是自己在休息的时候从白河里钓上来的。接着他还向羊续介绍了南阳的风土人情，并极力夸赞白河鲤鱼味美可口。他还说，自己绝不是拿这条鱼送礼，而是出于同事之间的感情，让新来的羊续尝一尝。羊续听他说了这么多，但还是决定不收他的鱼。而郡丞是无论如何都不把鱼拿回去。他说："太守您要是执意不收，那就是看不起我，我从此以后也不会和你共事了。"羊续盛情难却，只得将鱼收下了。

郡丞走后，羊续拿起鱼来看了一会儿，就吩咐家人用麻绳将鱼拴好，挂在自己的屋檐下。

几天后，郡丞又来看望羊续，手里提着一条比上次更大的鱼。羊续一看，很不高兴，就说："你在南阳这个地方，除了我以外，你的官位最高了。你怎么好带头给我送礼呢？"郡丞听了，轻轻地摇了摇头，还没来得及说什么，羊续就从屋檐下拿出晒干了的鱼，说："你看，上次的鱼还在这里，你一起拿回去吧！"郡丞一看到风干的鱼，脸马上就红了，他转身就离开了羊续的家。

从此，南阳再也没有人给羊续送礼了。

南阳的百姓听了这件事后，都很高兴，纷纷称赞新来的太守廉洁不贪。有人还给羊续取了个"悬鱼太守"的雅号。

时刻加强自己道德品质的修养,你就能获得周围人的关注与理解。

加强道德品质的自我修养,首先要自尊自重,要明确社会的准则与规范。只有有了自我反思、自我塑造的自觉性,才能不断地对自己进行自我解剖,自我洗涤,从而达到完善的境界。

加强道德品质的自我修养,还当从民族精神和伦理文化中汲取养分。我们的民族精神和伦理文化造就了众多的道德品质高尚优秀的人物,他们重气节,轻私利,轻富贵,甚至轻生死,如:司马迁秉笔直书,不避灾祸;关天培抗击侵略,舍生忘死;刘胡兰面对铡刀,大义凛然……他们的高风亮节,不正是我们道德修养的典范吗? 然而当我们在这学习过程中遇到挫折和困境时,还应想想那些哲理:"生于忧患,死于安乐","奇迹总是在厄运中产生的","不幸是一所最好的大学"。这是中外哲人从无数事实中提炼出来的哲理,这些对我们怎样在挫折和困境中优化自己的道德品质有很好的启示作用。

【解读】

道、德、仁、义、礼作为一种内心道德修养的外在表现,既是做人之德,又是做事之器。我们常可以在生活中见到那么一种人,他们态度蛮横,行为霸道,恨不得将所有的好东西都据为己有,但他们又真正得到了什么呢? 而且有道、德、仁、义、礼这五种美好品德的人,虽然他并未成心有意地去索取,但上天并不负于他,那些理应属于他的,以及他所配得到的东西,都会尽其所用,伸手可及。

朱熹《朱子语类》中有云:"圣人之德无不备,非是只有此五者。但是此五者,皆有从后谦退不自圣之意,故人皆亲信而乐告之也。"说的正是这个道理。

【原文】

贤人君子,明于盛衰之道,通乎成败之数,审乎治乱之势,达乎去就之理。

【译文】

那些有名的贤人君子之所以事业有成,很大程度上是因为他们都明白盛衰、成败的规律所在,掌握了这些规律很好地预见未来即将发生的事,从而给下一步的行动做出正确的决策,或者走,或者留,或者进,或者退,都可以从容应对。

【事典】

什么是真正的学问

读《素书》是为了学习做人做事,但《素书》告诉你,真正的学问并不全在书本上。真正的学问是要"人乎其内,出乎其外",用通俗的话来讲,就像学生读书,先是要把书通读,进入其中,然后要把书读厚,从一个论题衍出另一个论题,从一个知识点发散出其他知识点,将知识融会贯通。然后再把书读薄,将其中的重点归纳整理出来,将众多的知识点汇聚到一起,抛弃其中熟知的、无用的东西,最后和现实相结合,最好能把世间的事物本质统统看透,并以此来指导自己的人生实践。这样才算是学好了这一门课。

但是在这之前,如果自己的实践经验还不够,或是处于无知的状态,那又怎么可以去冒充已经通晓了大智慧呢?

《红楼梦》中有一个对子:"世事洞明皆学问,人情练达即文章。"对世事都洞明、透彻了,这是真学问,对人情世故都通达了,那是大文章。一个人的修养若能达到这种境界,就是很了不起的了。

错误和失败并不是百分之百一定的,只要懂得去总结整理,错误和失败也是一笔财富,而且可以向着成功转化。这也是世事洞明皆学问的道理。

我们的生命是有限的,所以我们所经历的不论是成功还是失败,都是我们人生里宝贵的财富,而对大多数人来说,所经历的失败会远远多于成功,如果因此而自认为是个失败者,那就不免浪费了生活赐给我们的珍宝。

在有限的生命里,使自己成为一个洞明世事、练达人情的智者,而不要用寻常人的眼光早早将自己限定为一个成功者或是失败者,这才是超然于物外的明智。

【解读】

这些事情看似容易,却不是一般人能做到的。要做到这一点,不仅需要清醒的头脑、足够的学识和阅历,更需要平日里细心观察和思考,不断地总结前人的经验,不断地实践,最后才有可能达到"明于盛衰之道,通乎成败之数。审乎治乱之势,达乎去就之理"的境界。

【原文】

故潜居抱道,以待其时。

【译文】

在时机不成熟的时候,君子就隐居深藏,等待但不失其意志,他们相信,终有一天,自己的价值会被明主发现。

【事典】

好酒不怕巷子深

有句俗话叫"好酒不怕巷子深"。孔子也说了,不怕别人不知道自己,就怕自己不知道别人。只要你德才真的出众，就不怕没有识你的伯乐。一时的不得志，只是因为时候未到罢了，姜太公钓鱼钓到 80 岁，还不是被周文王请出来了？姜太公又称姜尚，字子牙。他是周武王打败商朝、攻下殷都的首席谋主、最高军事统帅和西周的开国元勋，是齐国的缔造者、齐文化的创始人，亦是中国古代的一位影响久远的杰出的韬略家、军事家和政治家，被称为"周师齐祖""百家宗师"，在中国历史上占有重要地位。

姜尚出身低微，前半生可以说是漂泊不定、困顿不堪，但是他却满腹经纶、壮志凌云，深信自己能干一番事业。听说西伯姬昌尊贤纳士、广施仁政，年逾七旬的他便千里迢迢投奔西歧。但是来到西歧后，他不是迫不及待地前去毛遂自荐，而是来到渭水北岸的磻溪住了下来。此后，他每日垂钓于渭水之上，等待圣明君主的到来。

姜尚的钓法奇特，短干长线，线系直钩，不用诱饵之食，钓竿也不垂到水里，离水面有三尺高，并且一边钓鱼一边自言自语："姜尚钓鱼，愿者上钩。"一个叫武吉的樵夫，看到姜太公不挂鱼饵的直鱼钩，嘲讽道："像你这样钓鱼，别说三年，就是一百年，也钓不到一条鱼。"姜尚说："你只知其一，不知其二。曲中取鱼不是大丈夫所为，我宁愿在直中取，而不向曲中求。我的鱼钩不是为了钓鱼，而是要钓王与侯。"

后来，他果然钓到了周文王姬昌。姬昌兴周伐纣迫切需要人才，得知年已古稀的姜尚很有才干，他斋食三日，沐浴整衣，抬着聘礼，亲自前往磻溪应聘，并封姜尚为相。姜尚辅佐文王，兴邦立国，帮助姬昌之子周武王姬发，灭掉了商朝。自己也被武王封于齐地，实现了建功立业的愿望。姜太公钓出的可谓是一条"王侯大鱼"。

【解读】

在我们身边，这样的人和事很多。如果你有抱负、有能力，但就是没有机会，这该怎么办？那就"潜居抱道"等待时机，尽管这个过程很寂寞、很孤单。很多人都羡慕那些成功者头上靓丽耀眼的光环，却很少有人能体会到成功之前的寂寥和无奈。

守得云开见月明，终得梅花扑鼻香。经历过一些挫折，真正的贤能之人终有出头之日。

【原文】

若时至而行，则能极人臣之位；得机而动，则能成绝代之功。如其不遇，没身而已。

【译文】

假如能充分把握时机，并且立即行动，那就能很容易获得人臣的高级职位；如果得到机会就立即振臂奋起，那就能够成就当代独一无二的丰功伟业；如果运气本来就不好，又不懂得主动把握机会，那就只能被无情淹没，终身无所作为。

【事典】

适时把握时机即可一飞冲天

唐朝末年浙江以东的裴甫率农民发动起义，已攻占了几个城池，朝廷任命安南都户王式为观察史，镇压动乱。刚上任的第一件事，王式命人将县里粮仓中的粮食发给饥民。众将官迷惑不解，都说："您刚上任，军队粮饷又那么紧张，现在您把县里粮仓中的存粮散发给百姓，这是怎么回事呢？"王式微笑着说："反贼用抢粮仓中存粮的把戏来诱惑贫困百姓造反，现在我向他们散发粮食，那么，贫苦百姓就会不强抢了。再者，各县没有守兵，根本无力防守粮仓，如果不把粮食发给贫苦百姓，等到敌人来了，反而会用来资助敌人。"

王式的话说给各位将领听后，都觉得言之有理。果然，叛军到达后，百姓纷纷抵抗，不到几月工夫，叛乱被平定。

所谓"天有不测风云，人有旦夕祸福"，世上的事情不是以人的意志为转移的。随着情况、形势的变化，及时掌握有利时机，把握主动，灵活应对，这是一个人立身处世建功立业不可或缺的本领。

在生活中，我们必须处处时时以应变的心态看待社会，要做好应对变故的思想准备，并机动灵活运用应变之术，以使自己永立不败之地。

所以，驾驭时机在许多场合中都是靠"装糊涂"才会成功的，这种糊涂有进攻型的，也有退却型的，不同的场合要灵活运用，以谋求解决问题的最佳方式。

【解读】

适当地把握时机，适时掌握主动权，就会变不利为有利，变被动为主动，这是为人处世立于不败之地的要旨。

做好一件事情，客观条件极其有限，但只要把握时机，因势利导，善于动脑，主观能力自然会是发挥到极致。

【原文】

是以其道足以高，而名扬于后世。

【译文】

正是因为有些人道德的修养足够高尚，所以他们总是名垂千古、流芳百世。

为学做事应以道的修养为本

一个人无论想要学什么做什么,首先要在道德上立根基。这是做人的根本,没有这个根本,再高的学问、再大的本事也是没有益处的。举个例子,警察和小偷之所学,有许多相似、相通之处,但是,同样的学,却导致不同的结果,其原因就在于人之本。这就像今日所说的道德与科学的关系一样。如何运用科学技术,不是取决于科学技术本身,而是取决于人的道德观念。总之,道的修养是人之根本,"本立而道生",有了本,才可以言及其他。换言之,也就是先做人,再为学,再做事。

一个人有没有学问,学问的好坏,主要不是看他的文化知识,而是要看他能不能实行"孝""忠""信"等传统伦理道德。只要做到了后面几点,他就能够摆脱一些低级趣味和自私倾向。这样的人,即使他说自己没有学习过,但他已经是有道德的人了。在今天,道德修养和文化知识同等重要。只有这样,才能成为德才兼备的有用之人。

的确,一个人尽管学富五车、才高八斗,如果他的言谈举止、行为方式愚笨乖谬,不能解决一些实际问题,又有什么用呢? 相反,一个人即使没有什么文凭,没有进过大学校门,但他言谈文雅,举止得体,行为方式正确,能够有所发明,有所创造,难道你能够说他没有学习过什么吗?

世间什么最难? 做人最难,拼上三年两载工夫做成一件两件事不难,做人却是一辈子的事,弄不好一辈子也不会做人。不会做人怎么做事?

有一个名叫公明宣的人在曾子门下学习,三年不读书。曾子说:"你在我家里,三年不学习,为什么?"

公明宣说:"我哪敢不学习? 我看见老师在家里,只要有长辈在,连牛马也没有训斥过,我很想学习您对长辈的态度,可惜还没有学好。我看见老师接待宾客,始终谨慎谦虚,从来没有松懈过,我很想学习您对朋友的态度,可惜还没有学好。我看见老师在朝廷办公事,对下属的要求很严格,但从来不伤害他们的自尊心,我很想学习您对下属的态度,可惜还没有学好。"

曾子

曾子离开座位,向公明宣道歉说:"我不如你,我只会读书罢了!"

以往我们的教育偏重于告诉人们什么是好人、必须做好人。比较偏废于教育学生怎样去做人，以致学生对于为人处事的原则方法并不明了。因而不善应对不善交际，不能协调好人际关系，不能较好地把内在的美德变成外在的美行，把个人恰当地融入集体之中。

那么，一个人究竟该如何学做人呢？有人为此做出了如下界定：

其一，严于律己，宽以待人。这是做人的基本原则。以责人之心责己，以恕己之心恕人。

其二，与人为善，切忌骄横。众怒难犯，专欲难成。物极必反，器满则倾。肆无忌惮，焚己伤人。切勿恃强凌弱。倚势凌人，势败人凌我；穷巷追狗，巷穷狗咬人。

其三，谦和为美，多让少争。对人须有敬爱之心。相爱无隙，相敬如宾。荣辱毁誉，处之泰然。小不忍而乱大谋，不闹无原则的纷争。

其四，诚信待人，远离是非。君子重信诺，一字值千金。胸怀坦荡真君子，口蜜腹剑是小人。毋以己长而形人之短，毋因己拙而忌人之能。有言人前说，人后不说人。所谓：闲谈莫论人是非。

其五，仗义疏财，扶危济贫。钱财如粪土，仁义值千金，烈士让千乘，贪夫争一文。不因贫而舍，不以富为尊。

是以，做人决然是门大学问，绝对一言难尽，绝非一蹴而就。管窥蠡测，凭君撷取。

我们并不是主张不会做人，就不要学知识，而是要把做人的道德修养放在第一位，学知识放在第二位。因为，一个连人都做不好的人，学得再多的知识又有何用呢？

【解读】

老百姓的眼睛是雪亮的，不管你有多大的官职，也无论你在战场上杀了多少敌人，但凡你想要得到老百姓的口碑就必须有足够高尚的"道"的修养，而无"道"之人只有遭人唾弃的份。比如赵高、秦桧之辈，尽管位居宰相之位，一人之下万人之上，但身后留下了什么？不过是骂声一片而已。

通俗地讲，"道"的修养也算是成功的一项硬性指标。

正道第二

一提到"韬略",很多人马上就会想到"出奇制胜"。是的"出奇制胜"是兵家津津乐道的战场秘笈,可是战场上的制胜韬略并不一定适用于为人处世。为了把对方消灭而不择手段地运用"奇"招,有时可能会出现在战争中。但如果做人也如此,那肯定不会有什么好下场,反观历史,这样的悲剧太多了。所以黄石公说"守正"才是做人的关键。

【原文】

德足以怀远。

【译文】

一个人的道德品质足以使远方的人心悦诚服,前来归顺。

【事典】

得民心是做好管理工作的前提

第二次世界大战前,西方有些国家的政治家或军官为了要打胜仗,不断地要求人民万众一心、吃苦耐劳,但他们自己却过着夜夜笙歌达旦的奢靡日子。一般人看了这种现象,对这些政治家或军官产生了不信任感,他们因此失去了民众的支持,使战争走了不少弯路。

《六韬》中说:"利天下者,天下启之。"的确,民心向背是关系到国之存亡、事之兴衰的决定性因素,不可不为领导者所重视。历史和现实的许多事例都表明,凡是成长和发展比较快的领导者,大都是既受上级信赖,又受下级拥戴而"政绩"又比较突出的人。因而,作为一名领导者,应当注意协调这几者的关系,领悟其间相辅相成的作用,注意打好自己的群众基础。

"得民心"说得通俗一点儿,就是要有好人缘,与群众的关系密切,威望高,有号召力,群众愿意与之共事。民心不仅是领导者做好工作的群众基础,也是领导者求得事业进一步发展的保证。

群众基础好是领导者在事业上更进一步的前提条件之一。现在对干部实行群众考核评议,只有那些联系群众的干部,才会被群众推举。在上级组织提拔干部时,也往往要考察他们的群众基础如何。显而易见,凡是群众基础好的干部就比不得人心者占据更大的优势。

得人心并不难,能做到公正无私就已成功一半。

尽管管理者的工作方法各不相同,但必须树立公正无私的形象,才能大大有利于自己凝聚力的加强。

明智的管理者最在意的是名声,有好名声才有凝聚力,才能做到众望所归。因此,作为管理者,不能不领会公正无私的内涵。只有顾及下属对自己品质的评价,只有在下属面前树立一个公正无私的贤者形象,才能更好地立权树威,做到取信于"民"。

公正评价下属是优秀管理者公正无私的一个重要方面。为了客观评价下属,他们善于及时观察和做笔记。下属的表现只有通过长期的工作才能体现出来。只有长期注意记录他们的行为,才能对他们真正有所了解。在掌握这些资料之后,当你通过手头的记录去表扬某些工作干得好但又不被人注意的下属时,他会备感欣慰,从而促使他会努力地把工作做得更好;如果是批评某些下属干得不好,虽然他会在短时期内情绪低落,但很快就会了解你公正待人的做法,同时也会重新认识自己工作中的不足,变后进为先进。这样,下属才会逐渐消除对你的不满,对你的管理工作会更加满意。

深受下属欢迎的管理者还总是以大局为重,不计个人恩怨,充分地调动多数人的积极性,通过尽可能公正地使用人才来激发下属为单位效劳的积极心理。

用人上的不公正,会引起大家的不满,这是一个单位能否实现平稳发展的重要问题。如果待人失当、亲疏不一,则会在不知不觉中重用了某些不该得到重用的人,而冷落了一些单位的骨干力量,这样做的结果是严重打击了受到不公正待遇的下属的积极性和创造性,直接影响到单位的全局发展。因此,要想成为一名受下属欢迎并具有凝聚力的管理者,就应该对所有的下属一视同仁,这样,不仅积极因素可以得到充分调动,一些消极因素也会转化为积极因素。

管理者公正无私还表现在对下属的"论功行赏"上面。受下属欢迎的管理者,往往在论功行赏方面做得相当完美,能够充分地调动下属的积极性,形成人人争上游的局面,给单位带来无限的生机和活力。反之,如果论功行赏做得不好的话,不仅达不到激励下属的预期效果,反而会造成灾难性的后果。例如,优秀的下属在工作中做出了相当大的贡献,但他并没有得到相对应的奖赏,工薪、奖金都没有与贡献呈现正比例增长;而那些并没有做什么实际工作的人却得到了加薪、分红。任何正常的人都会非常自然地感觉到管理者对他的不公平,从而产生种种抵触心理。这种使中坚力量产生抵触情绪的局面一旦形成,单位的前途命运也就非常危险了。

另外,管理者在日常管理事务中要公私分明,切不可假公济私。

要了解一个人的品性很容易,只要看看他使用金钱的方式就可一目了然了。有些人乍见之下气度相当宏伟,可是一牵涉到钱,脑子里立刻盘算起来如何才能

"报公账"。以管人的资格来说,这种人的品性及能力都显得够不上水准。

最被下属瞧不起的管理者是使用公家的钱挥霍无度而自己则一毛不拔的人。这种类型的管理者为数不少,而对单位更是有百害而无一利,严格说起来,他不但没有存在的价值,甚至会对公司造成危害。

所以,作为一个高明的管理者,在日常事务中一定要公私分明,切不可因贪图小便宜而使自己的形象受损失去民心。

【解读】

"宽则得众,惠能使人。""得民心者得天下,失民心者失天下。"这些古人留下来的治国安民的宝贵经验,同样适用于今天。一个优秀的领导者只有具备较高的道德水准和良好的群众基础,才能更好地推动工作开展。

【原文】

信足以一异,义足以得众。

【译文】

一个人的信义昭著足以影响别人对事物的认知,从而最终达成统一的意见,获得众人的支持。

【事典】

诚实守信实为立足的法宝

诚信无价。虽然一时的坦诚可能会损失眼前的利益,但换来的却是比金钱更重要的信任,收获的是长远的利益。但有的人却不这样想,他们会为了眼前的利益,而失去了很好的发展机会。

从前有个商人,渡河时翻船了。他不会游水,差点儿淹死,而河面上有一捆枯草,他拼命抓住这捆草,大声地呼喊救命。

一个打鱼人听见喊声,急忙驾着小船来救他。商人看见渔人,连忙喊道:"我是济阳县的大富翁,你快来救我的命吧! 我有万贯家财,如果你救了我,我可以给你一千两银子。"

于是打鱼人就把他救了上来。当富翁带着渔人到家里取钱时,只给了渔人一百两银子。渔人说:"你原来说给我一千两银子,现在却变成了一百两,这不是不讲信用吗?"商人听了,不但不兑现自己的诺言,反而勃然大怒说:"你是一个打鱼的人,一天能赚几两银子? 现在你不费力气就赚到了一百两银子,难道还不满足吗?哼! '信用',它能值多少钱?"

渔人看出商人是在耍赖，心想再和他争辩也没有用，便转身走了。

半年后，这个商人从吕梁一带买了一批货物，顺水而下。中途不幸刮起了大风，船又翻了，商人在水中大喊救命。这时渔人正在岸边，不管商人怎么呼喊，他也不去救。岸上的人纷纷对渔人说："你怎么不去救他呢？"渔人说："我过去曾救过他。他是济阳的一个富翁，但说话不算数。还说'信用'不值钱。我倒不是计较几个酬金，但我一定要让他知道'信用'值多少钱。"当人们听了渔人的话后，都气愤地说："不讲信用的人，淹死活该。"

只见那个富翁在水面上翻了几番，便沉入水中，再也不见了。

济阳商人耍小聪明误了身家性命，落人耻笑。这就警告那些好算计的人，不要以为自己聪明、妙算，就算计别人。其实，这些小人因为用心太过，反倒算计了自己。只计较一时的小利而不惜毁掉信用的人，才是真正的愚蠢，因为他丢了信用，纵使有万贯家财，也不可能再挽回"信用"二字。

自古以来，诚实守信就是做人最基本的品德，"言出必行""一诺千金""诚实不欺"一直被公认为为人处世的基本准则。

西汉初年有一个叫季布的人，他为人正直，乐于助人，特别是非常讲信义。只要是他答应过的事，无论有多么困难，他一定要想方设法办到，所以在当时名声很好。

季布曾经是项羽的部将，他很会打仗，几次把刘邦打败，弄得刘邦很狼狈。后来项羽被围自杀，刘邦夺取天下，当上了皇帝。刘邦每想起败在季布手下的事，就十分生气。愤怒之下，刘邦下令缉拿季布。

幸好有个姓周的人得到了这个消息，秘密地将季布送到鲁地一户姓朱的人家。朱家是关东一霸，素以"仁侠"闻名。此人很欣赏季布的侠义行为，尽力将季布保护起来。不仅如此，还专程到洛阳去找汝阴侯夏侯婴，请他解救季布。

夏侯婴从小与刘邦很亲近，后来跟刘邦起兵，转战各地，为刘邦建立汉王朝立下了汗马功劳。他很同情季布的不幸处境，在刘邦面前为季布说情，终于使刘邦赦免了季布，还封他为郎中。不久又任命他为河东太守。

当时，楚地有个名叫曹丘生的人，能言善辩，专爱结交权贵。季布和这个人是同乡，很瞧不起他，并在一些朋友面前表示过厌恶之意，偏偏曹丘生听说季布又做了大官，一心想巴结他，特地请求国戚窦长君写一封信给季布，介绍自己给季布认识。窦长君早就知道季布对他印象不好，劝他不要去见季布，免得惹出是非来，但曹丘生坚持要窦长君介绍。窦长君无奈，只好勉强写了一封推荐信，派人送到季布那里。

季布读了信后，很不高兴，准备等曹丘生来时，当面教训教训他。过了几天，曹丘生果然登门拜访。季布一见曹丘生，就面露厌恶之情。曹丘生对此毫不在乎，先恭恭敬敬地向季布施礼，然后慢条斯理地说："我们楚地有句俗语，叫作'得黄金百两，不如得季布一诺'。您是怎样得到这么高的声誉的呢？您和我都是楚人，如今我在各处宣扬您的好名声,这难道不好吗? 您又何必不愿见我呢?"

季布觉得曹丘生说得很有道理,顿时不再讨厌他,并热情款待他,留他在府里住了几个月。曹丘生临走时,还送他许多礼物。曹丘生确实也照自己说过的那样去做,每到一地,就宣扬季布如何礼贤下士,如何仗义疏财。这样,季布的名声越来越大。后人用"一诺千金"来形容一个人很讲信用,说话算数。

诚实守信,在社会交往中有着十分重要的作用。一个人说话实实在在,说到做到,就会使人产生信任感,愿意同他交往、合作。相反,轻诺寡信,一而再地自食其言,必然要引起人们的猜疑和不满。只有彼此守信,友谊才会持久。因此老子的"信不足焉,有不信焉"智慧,仍然是现代人立足的法宝。

【解读】

东汉的许慎在他所著的《说文解字》中说,"诚,信也",又说"信,诚也"。由此可见,"诚"和"信",无论是单独使用还是相连使用,在古代都是同一个意思。诚实守信无论是在古代还是现代,都具有十分重要的意义。

【原文】

才足以鉴古,明足以照下,此人之俊也。

【译文】

真正有才能有智慧的人都懂得用前人的经验指导自己做人处世,也唯有此才能让人心清眼明,洞察未来。所谓人中之"才俊"皆由此而来。

【事典】

可以犯错但不要犯同样的错

世界上没有一个人能保证自己永远不犯错误。对于社会中的每一个人来说,我们应当牢记的一个法则是:不要犯同样的错误。正如那句谚语所说——只狐狸不能以同一的陷阱捉它两次,驴子绝不会在同样的地点摔倒两次,只有傻瓜才会第二次跌进同一个池塘。

不犯错误的人是没有的,但聪明的人能够吸取上一次的教训,为防止下一次挫败做好准备;愚蠢的人却不会这样做,仍然在犯与第一次相同的错误。所谓"吃一堑,长一智",我们应该从错误中吸取教训,确保下一次不再犯同样的错误。

有一次,一个猎人捕获了一只能说90种语言的鸟。

这只鸟说:"放了我,我将告诉你三条忠告。"

猎人回答说:"先告诉我,我保证会放了你。"

鸟说道:"第一条忠告是:做事后不要懊悔。"

"第二条忠告是:如果有人告诉你一件事,你自己认为是不正确的就不要相信。"

"第三条忠告是:当你爬不上去时,别费力去爬。"

讲完这三条忠告之后,鸟对猎人说:"现在你该放了我吧!"猎人依照刚才所说的将鸟放了。

这只鸟飞起后落在一棵高树上,它向猎人大声叫道:"你放了我,你真愚蠢。但你并不知道在我的嘴中有一颗十分珍贵的大珍珠,正是这颗珍珠使我这样聪明。"

这个猎人很想再次捕获这只放飞的鸟,他跑到树跟前并开始爬树。但是当爬到一半的时候,他掉了下来并摔断了双腿。

鸟嘲笑他并向他叫道:"傻瓜!我刚才告诉你的忠告你全忘记了。我告诉你一旦做了一件事情就别后悔,而你却后悔放了我。我告诉你如果有人对你讲你认为是不可能的事,就别相信,但你却相信像我这样一只小鸟的嘴中会有一颗很大的宝贵珍珠。我告诉你如果你爬不上某高处时,就别强迫自己去爬,而你却追赶我并试图爬上这棵大树,还掉下去摔断了你的双腿。"

"这句箴言说的就是你:'对聪明人来说,一次教训比蠢人受一百次鞭挞还深刻。'"

说完鸟就飞走了。

这则故事的寓意可谓深刻至极。同样,无论是在生活中还是在工作中,我们经常听到别人的忠告,有时自己也会对别人提出忠告。忠告一般都是从经验教训中总结出来的,目的就是为了避免下一次的错误。因此,我们应该从自己成功与失败的经历中得出经验教训,然后根据实际情况灵活运用,避免犯同样的错误。

卡恩的档案柜中有一个私人档案夹,标示着"我所做过的蠢事"。夹中插着一些他做过的傻事的文字记录。

每次卡恩拿出那个"愚事录"的档案,重看一遍他对自己的批评,这样可以帮助他处理最难处理的问题——管理他自己。

下面是一则关于一位深谙自我管理艺术的人物——豪威尔的故事,他是美国财经界的领袖,曾担任美国商业信托银行董事长,还兼任几家大公司的董事。他受的正规教育很有限,在一个乡下小店当过店员,后来当过美国钢铁公司信用部经理,并一直朝更大的权力地位迈进。

豪威尔先生讲述他克服危机的秘诀时说:"几年来我一直有个记事本,记录一天中有哪些约会。家人从不指望我周末晚上会在家,因为他们知道,我常把周末晚上留作自我省察,评估我在这一周中的工作表现。晚餐后,我独自一人打开记事本,回顾一周来所有的面谈、讨论及会议过程。我自问:'我当时做错了什么?''有什么是正确的?我还能做些什么来改进自己的工作表现?''我能从这次经验中吸取什么教训?'这种每周检讨有时弄得我很不开心,有时我几乎不敢相信自己的莽撞。当然,年事渐长,这种情况倒是越来越少,我一直保持这种自我分析的习惯,它对我的帮助非常大。"

豪威尔的做法值得我们每一个人学习,睿智的人知道,不吸取教训,不改正错误,是成不了大业的。

一般人常因他人的批评而愤怒,有智慧的人却想办法从中学习。诗人惠特曼曾说:"你以为只能向喜欢你、仰慕你、赞同你的人学习吗? 从反对你的人、批评你的人那儿,不是可以得到更多的教训吗?"

与其等待敌人来攻击我们或我们的工作,倒不如自己动手。我们可以是自己最严苛的批评家。在别人抓到我们的弱点之前,我们应该自己认清并处理这些弱点,及时完善自己虽然不能保证百战百胜,但至少可以避免敌人用同样的手法轻易地击败自己。

【解读】

所谓"才俊",所谓"聪明的人",应包含两个标准,一个是智商,一个是学习的能力。智商是从娘胎里带来的,谁都无法刻意改变。但智商高的人并不一定就是聪明的人,真正的聪明要体现在做人办事上。那些学习能力强的人完全可以弥补智商的不足,从而在做人办事上更胜一筹。当然,学习,并不是让大家去学书本上的教条,最值得学习的是前人成败得失的经验。学习这些目的就是一个:少走弯路,少犯同样的错误。

【原文】

行足以为仪表,智足以决嫌疑,信可以使守约,廉可以使分财,此人之豪也。

【译文】

一个人行为端正,足以成为众人的表率,他的智慧超群足以决断令人疑惑的事理,他的信义可以使人恪守诺言,他廉洁的作风可以让他分理财务,这样的人可谓是人中之豪杰。

【事典】

真诚正直的言行是一把金钥匙

真诚正直的言行是打开这个世界成功之门的一把金钥匙,你可能是一个一文不名的穷人,你可能一再地跌倒,至今仍然没有功成名就。这些并不重要,重要的是如果你能用自己的言行证明你是值得信赖的,就不会有人不尊重你。

众所周知,诚信自古以来被认为是"为人""处事"之本。一个人如果不讲信用,他就会受到人们的藐视;一个企业如果不讲诚信就会使企业蒙损,严重时可能影响到企业的生存和发展。国家亦是如此。

所谓诚信就是诚实、守信用、重承诺、负责任。每个人每天都要同不一样的人或单位打交道,达成协议或促进了解。如果每个人都不讲诚信的话,那么人与人之间无法正常交往乃至沟通,整个社会也将无法维持正常的秩序。言行要一致是做人立身之本。一个人只有"言必信,行必果"才能获得别人和社会的信任。

美国道格拉斯飞机制造公司为了卖一批喷气式客机给东方航空公司,创始人唐纳德·道格拉斯本人专程去拜访东方航空公司的总裁艾迪·雷肯巴克。

雷肯巴克告诉他说,道格拉斯公司生产的新型 DC-3 飞机和波音 707 飞机是两个竞争对手,但它们有一个共同的缺点,那就是喷气发动机的噪声太大。他说他愿意给道格拉斯公司一个机会,如能在减小噪声方面胜过波音公司,就可获得签订合同的希望。

这笔生意对道格拉斯而言相当重要,如果能同东方航空公司签署订购合约,他在生意场上能马上争得一席之地;反之,如果难以取得订单,或许就表明他将从此销声匿迹。

道格拉斯回去与他的工程师仔细研究商量后,认真地答复雷肯巴克说:"老实说,我不能确保把噪声降低。"

雷肯巴克说:"其实,我早就知道答案。我之所以这样做,目的就是想看看你对我是不是诚实。"

接着,雷肯巴克郑重告诉道格拉斯:"你现在得到了 16500 万美元的订单。"

"老实说,我不能确保把噪声降低。"这轻描淡写的一句话,说出来需要多么大的勇气啊!但道格拉斯正是凭着宁肯在商场销声匿迹,也不背上欺世盗名的骂名,才赢得了别人的信赖和他生命中至关重要的订单,也是靠这一秘诀,才得以把自己的事业推向成功。试想,如果当初道格拉斯没有勇气承认他不能降低飞机引擎的噪声,而是欺骗了雷肯巴克,他人生的第一桶金,不就随着谎言被戳穿而泡汤了吗?

在当今社会,诚信是一切德性的基础和根本。诚信意识的丧失与道德丧失是相互联系的,有时它们也是互为因果的关系。当今社会,无论是商业欺骗行为,还是假冒伪劣商品的制造;也无论是官场腐败行为,还是学府作弊现象,都在强烈地提醒我们,诚信社会氛围营造的必要与急迫。

相信你在这个世界上获得的快乐也绝不比那些亿万富翁少。我们都讨厌虚伪,讨厌表里不一,讨厌惺惺作态。我们都希望与真诚的人为伍,但同时不要忘了,首先我们自己要做一个讲诚信的人。诚信是人类社会永远的共识,任何时候,诚信都是带给人愉悦和信任的天使。在平平淡淡的生活中,似乎很容易就能做到诚信待人,因为你不需要付出什么,更不用损害自己的利益,你只要用动听的语言就可以打动你的朋友。但是在考验面前,诚信与虚伪却是一目了然的。

真诚地做人,就算暂时吃一些亏,但日后必然能够带来丰硕的果实,你付出了桃李，必然要回报你琼浆。好人自有好报，真诚的人一生都会得到必然的尊重。不管你所从事的是何种职业，也不管你的职位高低；不管你的知识是丰富还是贫乏，也不管你是多么伟大或是多么渺小，只要你是一个真诚的人，你的人生就没有什么可后悔的。一个人只要真诚地为人处世，就会很容易博得他人的好感，并且能够与他人愉快地合作！

我们通常一出口，就"君子一言，驷马难追"，甚至大呼"人无信不立"。然而，诚信就像迷彩服一样，成为许多人用来伪装掩护的幌子。这些年来，我们见过太多的贼喊捉贼的骗子，口口声声诚信为本，实际上骗你没商量。一个人的诚信，来自个人的价值观、所在组织的规范程度，以及如法律、人文、风俗习惯等的社会环境。西方人视信用为自己的第二生命，并非他们的道德观念使然，而是他们的法律所形成的游戏规则的要求。否则，把诚信当作儿戏的人，最终都将没有好的下场。

孔子

【解读】

孔子曾经说过："言忠信，行笃敬，虽蛮貊之邦，行矣；言不忠信，行不笃敬，虽州里，行乎哉？"讲的是一个人说话有信用，行为很诚恳，他的言行就足以能够说明他的品行，这样的人哪怕在蒙昧辽远的地方也能顺利自由地行动；反之，如果做不到这些，即使在自己熟悉的家乡，也会处处难行其道。

【原文】

守职而不废。

【译文】

一个聪明的人都知道忠于自己的职责，专心做自己该做的事，不可分心，不可因为聪明就给自己找不必要的麻烦。

【事典】

不要显得比别人聪明

在历史上，以聪明人自居而招灾惹祸的例子不在少数。如曾帮刘邦打天下立下汗马功劳的韩信,官封淮阴侯,不久就落下了杀身之祸,原因就在于他自恃有才而锋芒毕露,再加上其功高震主,所以一抓住其"谋反"的借口,刘邦就迫不及待地把他给杀了。另外还有大家耳熟能详的杨修被曹操所杀的故事,都说明了这一点。

英国19世纪政治家查士德斐尔爵士曾经对他的儿子做过这样的教导:"要比别人聪明,但不要告诉人家你比他更聪明。"

苏格拉底在雅典一再告诫他的门徒:"你只知道一件事,那就是你一无所知。"孔老夫子也说:"人不如,而不恨,不亦君子!"

这些话,有一个共同的意思,就是你即使真的很聪明,也不要太出风头,要藏而不露,大智若愚。也就是说,在做人处世中,不要卖弄自己的雕虫小技,不要显得比别人聪明。

世上有一种人很喜欢卖弄自己,他们掌握一点本事,就生怕别人不知道,无论在什么人面前都想"露两手"。这种人爱出风头,总想表现自己,对一切都满不在乎,头脑膨胀,忘乎所以。在做人处世中,这种人十个有九个要失败。

那么,在做人处世中应该如何做,才是不卖弄自己的聪明呢?不妨从以下三方面注意:

第一,要在生活枝节问题上学会"随众",萧规曹随,跟着别人的步履前进。

这种随众附和的做人方法,至少有两大实际意义:其一,社会上的群居生活,需要大家互相合作。其二,在某些情况下,当你茫然不知所措时,你该怎么办?当然是仿效他人的行为与见解,从而发掘正确的应对办法。

第二,不要让人感觉你比他聪明。

如果别人有过错,无论你采取什么方式指出别人的错误:一个蔑视的眼神儿,一种不满的腔调,一个不耐烦的手势,都可能带来难堪的后果。美国哈维罗宾森教授在《下决心的过程》一书中说过一段富有启发性的话:"人,有时会很自然地改变自己的想法,但是如果有人说他错了,他就会恼火,更加固执己见。人,有时也会毫无根据地形成自己的想法,但是如果有人不同意他的想法,那反而会使他全心全意地去维护自己的想法。不是那些想法本身多么珍贵,而是他的自尊心受到威胁……"

第三,贵办法不贵主张。换一句话说,就是多一点具体措施,少一些高谈阔论。

庇如,上司和同事或者朋友,希望你帮助他办某件事,你可以拿出一套又一套的办法,第一套方案,第二套方案,总之,你千方百计把问题解决了,这比发表"高见",不是有意思得多吗?不说空话,而又能干得成实事,你将给人一种沉稳的成熟者的形象。

在做人处世中,不要把别人都看成是一无所知的人。其实,我们周围的人,和你一样,都各有主张。但多数人都不喜欢采纳别人尤其是下属的主张,因为这往往会被认为有失身份,有损体面。如果我们把同事都看成是庸才,只有自己有真知灼见,于是在一个团体内多发主张,结果被采纳的百分比,恐怕是最低的,而且很可能是最先被淘汰出局的人。

"聪明"是相对的,是对某一具体的方面、具体的人而言的。你在这个人面前很聪明,而在另一个人面前很可能稍显逊色。所以,聪明还是不"聪明"并不足以成为做人的资本,根本不值得卖弄。

【解读】

聪明,无疑是一件好事。但如果因此而觉得自己不一般,处处显得比别人聪明,甚至总是倚仗聪明不把别人放在眼里,不仅得不到好处,往往还会把自己置于十分危险的境地。

【原文】

处义而不回,见嫌而不苟免。

【译文】

即使有被人误解猜疑的风险,仍然义无反顾地尽到自己的职责,不推脱,不扯皮,埋头做自己该做的事情。

【事典】

勇于负责可以改变一切

一位伟人说:"人生所有的履历都必须排在勇于负责的精神之后。"勇于负责的精神是改变一切的力量,它可以改变你平庸的生活状态,使你变得杰出和优秀;它可以帮你赢得别人的信任和尊重,从而强化你脆弱的人际关系;更重要的是,它可以使你成为好机会的座上宾,频频获得它的眷顾,从而扭转职业轨迹的方向。如果你已经足够聪明和勤奋,但依然成绩平庸,那么就请检视自己是否具有勇于负责的精神。只要拥有了它,你就可以获得改变一切的力量。

在商业化的社会里,无论哪个单位都越来越欣赏那些敢于承担责任的职员。因为只有这样的人才能给人以信赖感,值得人们去交往。也只有这样的人,才具备开拓精神,能为公司带来效益。所以,在做事的过程中,我们应该要求自己具备一种勇于负责的精神。

要想赢得机会,就得勇于负责。一个普通的员工,一旦具备了勇于负责的精神之后,他的能力就能够得到充分的发挥,他的潜力就能够不断地得到挖掘,从而为公司创造出巨大的效益。同时,也让他自己的事业不断向前发展。

安妮是一家大公司办公室的打字员。有一天午餐时间,她一个人留在办公室里收拾东西。这时,一位董事走进来,想找一些信件。

尽管这并不是安妮分内的工作,但是,她依然回答:"尽管这些信件我一无所知,但是,我会尽快帮您找到它们,并将它们放在您的办公室里。"

四个星期后,在一次公司的管理会议上,有一个更高职位的空缺。总裁征求意见,这时这位董事想起了勇于负责的女孩——安妮。于是,他推荐了她。

美国塞文事务机器公司董事长保罗·查来普说:"我警告我们公司里的人,如果有谁做错了事,而不敢承担责任,我就开除他。因为这样做的人,显然对我们公司没有足够的兴趣,也说明了他这个人缺乏责任心,根本不够资格成为我们公司里的一员。"

勇于负责的精神说到底就是一种踏踏实实地把事情做好、做到底的态度,也是专业精神的进一步责任化。

在一家电脑销售公司里,老板吩咐三个员工去做同一件事:到供货商那里去调查一下电脑的数量、价格和品质。

第一个员工5分钟后就回来了,他并没有亲自去调查,而是向下属打听了一下供货商的情况,就回来做汇报。30分钟后,第二个员工回来汇报,他亲自到供货商那里了解了一下电脑的数量、价格和品质。第三个员工90分钟后才回来汇报。原来,他不但亲自到供货商那里了解了电脑的数量、价格和品质,而且还根据公司的采购需求,将供货商那里最有价值的商品做了详细记录,并和供货商的销售经理取得了联系。另外,在返回途中,他还去了另外两家供货商那里了解一些相关信息,并将三家供货商的情况做了详细的比较,制定出了最佳购买方案。

结果,第二天公司开会,第一个员工被老板当着大家的面训斥了一顿,并警告他,如果下一次出现类似情况,公司将开除他。第三个员工,因为勇于负责,恪尽职守,在会议上受到老板的大力赞扬,并当场获得了奖励。

无论做什么工作,都应该静下心来,脚踏实地地去做。要知道,你把时间花在哪里,你就会在哪里看到成绩。只要你是勇于负责、认认真真地在做,你的成绩就会被大家看在眼里,你的行为就会受到上司的赞赏和鼓励。

聚沙成塔,集腋成裘。"千里之行,始于足下。"任何伟大的工程都始于一砖一瓦的堆积,任何耀眼的成功也都是从一步一步中开始的。不管现在所做的工作多么微不足道,我们也必须以高度负责的精神做好它。不但要达到标准,而且要超出标准,超出上司和同事对我们的期望,成功也就是在这一点一滴的积累中获得的。

那些在职场上表现平庸的人都有以下共性:不受约束,不严格要求自己,也不认真对待自己的职责;内心深处对一切岗位制度和公司纪律嗤之以鼻,对一切指导和建议都持抵触情绪和怀疑态度;在工作和生活之中,以玩世不恭的姿态对待一切;对自己所在机构或公司的工作报以嘲讽的态度,稍有不顺就跳槽;老板或上司稍加疏忽便自我懈怠,自甘堕落;如果没有外在监督,根本就不认真工作;对工作推诿塞责,故步自封……可想而知,任何工作到了他们的手里都得不到认真对待,最终他们得到的就是年华空耗,只能事业无成。

只要你是公司的一员,就应该抛弃借口,丢掉脑中的消极懒散的思想,以全部身心投入到工作之中,以勇于负责的精神去面对自己的工作,时时刻刻为公司着想。只有改变工作作风,主动清除头脑中的错误思想,才能成长为一个真正具备勇于负责精神的员工,才会被老板或公司视为支柱,才会获得全面的信任,并获得重要职位,拥有更广阔的工作舞台。

勇于负责才能赢得尊严。一个人要想赢得别人的敬重,让自己活得有尊严,就应该勇敢地承担起责任。一个人即使没有良好的出身、优越的地位,但只要能够勤奋地工作,认真、负责地处理日常工作中的事务,就会赢得别人的敬重和支持。

改变态度,努力培养自己勇于负责的精神,你将会产生出无穷的力量,积极地为自己的梦想和事业努力奋斗。

【解读】

勇于负责永远是一种值得称道的积极进取精神。一个人要想实现自己内心的梦想,下定决心改变自己的生活境况和人生境遇,首先要改变的是自己的思想和认识,要学会从勇于担当的角度入手,对自己所从事的事业保持清醒的认识,不管别人怎么看怎么想,仍然努力培养自己勇于负责的精神,因为这才是成就伟业的最佳方法。

【原文】

见利而不苟得,此人之杰也。

【译文】

见到有利可图也不忘乎所以把道义良心丢在一边,能做到这一点,就可谓"人之杰"。

【事典】

道义比挣钱更重要

许多人经商都以追求利益为最大目标,但真正的大商人却都信守"义、信、利"的经商哲学,将追求利润放在"义"与"信"之后,尤其不取违背良心之利。

如何看待义利关系,是见"利"忘"义",还是"取予有义",也是衡量商人们职业道德的标尺。我国古代商人刘淮在嘉湖一带购囤粮谷,一年大灾,有人劝他"乘时获得",他却说,能让百姓度过灾荒,才是大利。于是,他将囤聚之粮减价售出,还设锅棚"以食饥民",赢得了一方百姓的赞誉和信任,生意自然也日渐兴隆。

当前社会,在义利方面能给我们做出表率的,李嘉诚绝对算一个。

香港是一个自由竞争港,巧取豪夺而致富的人肯定是有的。所以李嘉诚认为,金钱的多寡并非衡量一个人价值的唯一标准。能像李嘉诚这样完完全全清清白白赚钱的,商界中堪为楷模。

李嘉诚在巴拿马国投资时,拥有集装箱码头、飞机场、旅馆、高尔夫球场以及大片土地,成为当地最大的海外投资商,巴拿马政府为表示感谢,拿出很多商人求之不得,一定可以赚大钱的赌场牌照,作为酬谢的礼物。面对送上门的钱财,他却婉言谢绝,对他们说:我对自己有个约束,并非所有赚钱的生意都做的。

巴拿马总理找到李嘉诚,说:"你这么大的投资,我一定要给你,你有三家旅馆,随便你放在哪一家都可以。"盛情难却之下,李嘉诚做出妥协,决定不接受赌场牌照,但是在旅馆外面另外建独立的房子,给第三者经营,并且由第三者直接跟政府洽谈条件。他的公司只赚取租金,李嘉诚对他说:"旅馆的客人要去哪儿我不管,但我的旅馆里,绝对不开设赌场。"

有人说,一般的商家,只能算作精明,唯有李嘉诚一类的商界超人,才具备经商的大智慧。舍小取大,李嘉诚是其中最聪明的人。而大部分商人的目光只会停留在眼前利益,做生意不舍一分一厘,只求自己独吞利益。恰好是一时赚得小利,而失去了长远之大利。可谓是捡了芝麻,丢了西瓜。李嘉诚却正好相反,他舍弃了小利,而赢得了大利。

李嘉诚说过:"如果一单生意只有自己赚,而对方一点不赚,这样的生意绝对不能干。"

李嘉诚认为,生意人应该利益均沾,这样才能保持久远的良好合作关系。如果光顾一己之利益,而无视对方的利益,只能是一锤子买卖,自己将生意做断做绝,以后再没有人找你做生意谈合作。

道理并不是深不可测,但为什么现实中能做到这点的寥寥无几?关键是在摆在眼前的现实利益面前,人们常把"道"放在次要的地位,能如李嘉诚于利中见义,自然可以脱颖而出。

【解读】

对"义"和"利"的态度,是孔子区分君子和小人的标准。因此,他才说:"君子懂得的是义,小人懂得的是利。"在孔子的眼里,道德高尚的人重义而轻利,见利忘义的人重利而忘义。前者受人尊敬,后者惹人生怨。

孔子这么说,并不是否定利益,只是反对以不正当的手段得到金钱和财富。他强调,如果财富可求的话,即使从事别人不愿从事的工作也去做,即不能唯利是图。

社会的进步,物质的丰富,离不开人们对物质享受的追求。所以,在今天,我们追求个人利益是合乎道德的。当然,这里的前提是不损害他人对利益追求的权利,即不损人利己。但是,从个人修养来说,淡漠的物质欲望仍是值得推崇的。一个脱离了庸俗趣味的人,一个有崇高理想和高雅志趣的人,对于物质享受都看得很淡。

求人之志第三

黑夜里一艘船航行在茫茫的大海上,如果没有灯塔的指引,它就不可能找到方向和停靠的港湾,甚至一不小心触到礁石,还有灭顶的危险。人生一世就犹如夜里行船,而我们的志向和目标就是指引我们顺利到达成功彼岸的灯塔。

【原文】

绝嗜禁欲,所以除累。

【译文】

禁绝无益的爱好,克制色欲的贪婪,这样可以让自己轻轻松松过一生。

【事典】

享受生活但不要被生活所累

翻开诗仙李白的《襄阳歌》,有一句叫"清风朗月不用一钱买"。醒时的太白可能还想着建功立业,大展一番抱负,可酒后的太白肯定是最能体会人间极乐的,抛开一切,大自然的幽静和美丽给了他无限的享受。此时,他不再想着生不得志的抑郁和悲愤,只体悟着宇宙中取之不尽、用之不竭的如斯美景。

与此遥相呼应的是古希腊哲学家第欧根尼。一次,亚历山大大帝和哲学家邂逅,当时哲学家正躺着晒太阳。大帝说:"朕即亚历山大。"哲人答道:"我是狗崽了第欧根尼。"再问:"我有什么可以为你效劳的?"答:"请不要挡住我的太阳。"多么曼妙的回答。他该是和太白一样,也正在享受着不用一钱买的午后和煦的阳光。无怪乎亚历山大大帝当时叹道:"我如果不是亚历山大,我便愿意我是第欧根尼。"

在古希腊,苏格拉底这个被雅典美少年崇拜的偶像,自己长得却像个丑陋的脚夫:秃顶,宽脸,扁阔的鼻子,整年光着脚,裹一条褴褛的长袍,在街头游说。走过市场,看了琳琅满目的货物,他吃惊地说:"这里有多少东西是我用不着的!"是的,他用不着,因为他有智慧,而智慧是自足的。若问何为智慧,希腊哲人们往往反过来断定自足即智慧。

在他们看来,人生的智慧就在于自觉限制对于外物的需要,过一种简朴的生活,以便不为物役,保持精神的自由。人已被神遗弃,全能和不朽均成梦想,唯在自由这一点上尚可与神比攀。

苏格拉底说得简明扼要："一无所需最像神。"柏拉图理想中的哲学王既无恒产，又无妻室，全身心沉浸在哲理的探究中。亚里士多德则反复论证哲学思辨乃唯一的无所待之乐，因其自足性而成为人唯一可能过上的"神圣的生活"。

明末文人洪应明在他的《菜根谭》中对这种特身处世的行云流水般的意念，有一些精妙的表述或形容：

风来疏竹，风过而竹不留声；

雁度寒潭，雁度而潭不留影。

故君子事来而心始现，事去而心随空。

这段话的意思是：当轻风拂过竹林的时候，竹子会发出刷刷的声响，但轻风过后竹林便变得寂静无声；当鸿雁飞渡清寒的潭面时潭水中会倒映出鸿雁的英姿，但鸿雁过后潭面上便不再有任何鸿雁的影子。所以修养高深的君子只有在事情到来的时候才显露出他的本性，表白他的心迹，事情一过去，他的内心也就立即恢复了空灵平静。

一个人达到了如此的境界，就会自得其乐，不会因得失荣辱而耿耿于怀。反之，就难以体验到工作与人生的乐趣；更严重者，则会执着于贪念，使人生面临着重重的危机。

【解读】

红尘滚滚，熙熙攘攘。很多人整天奔波劳碌，以获取更多的金钱，再让自己沉浸在消费的快感中，填充自己物欲的沟壑。挣钱、消费构成了无限循环的生活链条。然而，很多时候，当我们拥有太多花钱买来的东西时，却忽略了不用花钱买的享受。大自然、我们的人生都充满矛盾：有些东西看似毫不起眼，却无比珍贵，有些享受如此简单，众人却不知领略或无暇顾及。很多人过于热衷于纸醉金迷的声色犬马之中，真正的生活却被抛掷到了脑后。这不能不说是一种遗憾或悲哀。

【原文】

抑非损恶，所以禳过。

【译文】

面对诱惑时，抑制自己贪婪的念头，自然可以避免过失和灾祸。

【事典】

不赚黑心钱不做一锤子买卖

每一个人都关心自己的利益，上了当不可能无所觉察，受了损失不可能无动于衷。正如美国总统罗斯福所说："你能在某个时候欺骗某些人，但你不可能在所有时候欺骗所有人。"所以，损人利己的险恶之徒，迟早会自受其损，尤其是对于经商的人来说。

作为一个精明的人，被人称为"比猴子还要精"，你从不干"使自己吃亏的事情"，你总能把其他人"傻帽儿"般地骗得一愣一愣而不察觉。从小你就被认为是经商的料，"无商不奸，无奸不商"，经商似乎是你天才的职业，于是，长大后，你当了商人，准备大干一番事业，利用你精明的大脑，去大展你的宏图。但是，你失败了，你在商场上一再受挫。这是为什么？

其实原因很简单，只是因为你太过精明了，从而失去了别人对你的信任。你要记住诚实是成功的先决条件，因为别人并没有你想象得那么傻。在现代社会你一旦失去了信誉，那么你也就失去了一切成功的机会。

归根到底，这还是一个"德"的问题，一个成功的商人，必须具有良好的商业道德，必须以客户以消费者的利益为重。但还有一种"一锤子"买卖的做法，是想一脚上岸、一步到位，这个"商态"同样是不可取的。《庄子·列御寇》中有一个"纬萧得珠"的故事，说的正是第二种一锤子买卖的危害性。

古时候，在某地一条大河边，住着一户以经营草织品为生的商贩，他们每天把岸边人家用蒿草织成的草箱收购运到城里去卖，以此赚钱养家糊口，尽管做不大，但也能勉强维持一家老小的生计。有一天商贩的儿子纬萧在河里游泳，偶然从河底捞得一颗价值千金的龙珠。一家人十分高兴，纬萧对父亲说："你成年累月卖蒿箱，纵然是累断筋骨也只能是吃糠嚼菜，还不如到大河深处去捞龙珠，拿到市场去卖，必定发财！"但商贩不同意儿子的意见，并对儿子讲了一通道理。做生意如同做其他事一样，不能只见树木不见森林，只看到暂时的利益而忽略潜在的危险。一分生意三分险，对每一种生意，我们既要考虑到赚钱的结果，也要考虑到赔钱的下场，即使在眼前效果十分诱人的情况下。也必须从坏处打算，掂量一下该不该冒这个风险。倘若觉得某一笔生意赚钱的可能性很大，而且一旦赔了，损失最多只占资金的一部分，那么，这样的风险可以冒一冒；反之，一旦失败全盘皆输的风险，则绝对不可冒，况且你所得到的那颗龙珠，长在大河深渊黑龙的嘴里，你之所以能够得到它，是黑龙在沉睡的时候，不小心从嘴里吐出来的。一旦再下河去捞珠，遇见黑龙正愁不见偷珠的对象时，必然把你连骨头带肉吞到肚子里去，不仅捞不到珍珠，还会把性命赔进去。

当然，这仅是一则寓言。在商战中，从来就没有"搏到尽头"的可能，聪明的人总会客观分析事物，既能看到有利的一面，也会估计到不利的一面。商品社会市场经济永远充满变数，今天赚钱的东西，说不定明天就赔，今天热销的产品，说不定明天就会变成"死货"。因此，赚钱就赚清清白白干干净净的钱，要走正道，要放眼长远，绝不损人利己，做那些愚蠢的一锤子买卖。

【解读】

富贵,功名,利禄,各种各样令人眼花缭乱的诱惑无处不在。

人都喜欢富贵而厌恶贫贱。然而富贵的求取、贫贱的摆脱,都应该经由正道。君子所应走的正道是什么呢? 是"仁"。这种说法可能要让一些人失笑,他们认为这是与现实相脱节的。

富与贵的诱惑,摆脱贫贱的要求,其力量实在太大了,是许多人想用毕生的努力达到的。许多人就是因为抵挡不住"诱惑"和"要求"而不择手段,走上犯罪的道路。

子曰:"富与贵,是人之所欲也,不以其道得之,不处也。贫与贱,是人之所恶也,不以其道得之,不去也。君子去仁,恶乎成名? 君子无终食之间违仁,造次必于是,颠沛必于是。"

从一定意义上讲,孔子在这里讲的不仅是一个金钱观、人生观问题,更蕴含了当人面对眼前的诱惑时,该怎样进行选择这一现实命题。诱惑往往造成短视,因此,在许多时候,我们不应该认为吃亏就是傻;也不应该认为一时得了好处是走了大运,行得通,其实很可能因此而失去了得到更大好处的机会,甚至,你吃下的甜饽饽正是一个无法挣脱的圈套。

【原文】

贬酒阙色,所以无污。

【译文】

远离酒色,人生才能像莲花一样出淤泥而不染,洁身自好,平安一生。

【事典】

贪酒恋色者亡国

因贪恋酒色而亡国者,历史上不乏其人。

陈后主名叔宝,字元秀,是宣帝的嫡长子。太建元年,后主被立为皇太子。太建十四年正月甲寅,宣帝崩。三天后,太子在太极前殿即位。

当时的局面似乎比较稳定,后主便日益骄纵,不思外难,沉溺在酒色中,不理朝政。

后隋文帝得知此事,以替天行道之名欲灭之。

三年春正月初一,朝会时,大雾弥漫。后主一直昏睡,该吃午饭时才起身。这一天,隋将贺若弼自广陵渡江,韩擒虎自横江渡江,利用清晨顺利地攻克了采石,进而攻下姑孰。这时贺若弼也攻下了京口,沿江戍守者望风而逃。贺若弼分兵切断通往曲阿的要道后,攻入曲阿城。采石戍主徐子建到京城告急。

很快,韩擒虎率兵自新林抵达石子冈,镇东大将军任忠投降,并引导韩擒虎由朱雀航到达宫城,自南掖门进入。城内的文武百官都逃出来了,只有尚书仆射袁宪、后阁舍人夏侯公韵侍奉在后主身边。

迫于无奈,后主在井中躲了起来。接着隋军士兵对着井口呼叫后主,后主不应。他们便要往里面扔石头,这才听到后主的叫声。当隋军士兵用绳子把后主拉出井后,才发现原来后主与张贵妃在一起。

三月,后主与王公百官由建邺出发,来到长安。被宽赦后,隋文帝给了他丰厚的赏赐,几次引见,在三品官员的行列。每次有后主参与的宴会,隋文帝怕后主伤心,令不奏吴地乐曲。后来,监守后主的官员报告道:"叔宝说,既然没有官职,每次参与朝拜时,请求能有一品官的名号。"隋文帝说:"叔宝全无心肝。"

监守官员又说:"叔宝常沉醉,很少有醒的时候。"隋文帝让人限制他的饮酒,但接着又说:"任其性,不然,何以度日。"不久,文帝又问监守官员叔宝的嗜好。回答说:"嗜酒。""饮酒多少?"回答道:"与子弟们一天能吃一石。"隋文帝大惊。

后主随从文帝往东方巡视时,登芒山,陪文帝饮酒,赋诗道:"日月光天德,山川壮帝居。太平无以报,愿上东封书。"上表请文帝封禅,文帝答诏谦让不许。后来隋文帝来到仁寿宫,常陪同宴饮,到后主出去时,隋文帝看着他说道:"此人败亡难道不是由于酒吗? 有作诗功夫,何如思虑时事。当贺若弼渡江到京时,有人用密信向宫中告急,叔宝因为饮酒,便不拆阅。高颖进到宫中时,那封密信还在床下,未开封。这真可笑,这是天亡陈国,也是酒亡陈国。"

可见酒色这些东西,偶尔为之也未尝不可,但若像陈后主那样沉溺于其中,则轻者伤身,重者误事亡国,那才是名副其实的因小失大,得不偿失。

【解读】

玩乐不上瘾,饮酒不贪杯,好色而不淫,是做人的一种境界。喝酒误事的事常有,但在酒桌上不贪杯者鲜见。贪色之徒多是碌碌无为之愚蠢之辈,忠奸不分,庸贤不辨,凡能讨自己欢心,奉送美色者就重用之,除此之外一切都不重要。这样的人江山难保,事业也不会长久。

【原文】

避嫌远疑,所以无误。

【译文】

只有清醒地认识到周围环境的险恶,谨慎行事,才能避免误身误事。

【事典】

防人之心不可无

虽说人心向善,但由于环境使然,那"病入膏肓"的恶人在没有良心发现之前没有人知道他们的内心会有多么险恶。一般情况下,善良的人都是不设防的,在善良的人眼里,世间所有的人和事都应该是美好的。恶人有时恰恰会利用这一点,把善良人的本性当作他们手中的刀,为达到自己的目的去伤害善良的人。

东郭先生和狼的故事,广为人知。东郭先生对狼也讲仁义,结果险些送命。在生活中,如果行善不分对象,同样是错误的,会给自己带来很大的伤害。

现实生活中,因为缺少防人之心而受到伤害的事例也屡见不鲜。

工作勤恳,任劳任怨的张轻,进入目前的公司营销部后,一直努力工作,创造了不少佳绩。没想到,公司调来一位新经理,提出人事改革建议,而他的第一把火就烧到营销部头上,从部门主管到员工,全部换成新经理的嫡系部队,张轻被调到调研部做分析员。张轻怎么也想不通,无论工作态度还是业务能力,自己都没得说,以前曾共过事的现任副总还直说要提拔他做副手。可如今到底怎么了?自己究竟把谁得罪了?让他做梦也想不到的是,做出这个决定的正是他一直深信不疑的那位副总。

生活有美好的一面,也有严酷的一面。我们不能因为生活的严酷去否定生活的美好,我们也不能因为生活的美好而不去正视生活的严酷。

活在世界上,我们必须与各种各样的人打交道,一定会遇到许多风险。但是,如果缺乏对自己基本负责的态度,和对内外风险的防范之心,就可能造成生命财产、情感、事业等多方面的破坏。

如何保护自己,让自己的生命、事业等都得到必要保证,这就是基本的"生存智慧"。

"害人之心不可有,防人之心不可无",就是我们的生存智慧之一。

这句中国人的"古训",充分说明了对待他人的辩证关系:一方面,对待他人,不应该存有伤害之心;另一方面,当对他人没有足够了解时,需对他人有所防备,防备他人存有坑害自己的心。

战国时,楚王非常宠爱一位叫郑袖的美女。后来,楚王又得到一位新美女便喜新厌旧,把郑袖冷落到了一旁。郑袖是一个非常工于心计的女人,便暗暗筹划算计新美人。

郑袖先是想尽办法与新美人亲近。新美人对郑袖的热情没有任何怀疑,反倒心生感激。有一天,郑袖悄悄告诉美人:楚王心情不好时,如果看到女人掩鼻遮口的羞涩模样,就会开心。

新美人信以为真,每当楚王心情不好时,便做出掩鼻遮口的羞涩模样来。楚王觉得奇怪,郑袖乘机告诉楚王:新来的美人私下说,大王身上有臭气,见面时得掩着鼻子才行。

楚王一听,怒不可遏,便令人割掉美人的鼻子,赶出宫去。于是,郑袖又夺回了楚王的宠爱。

善良无论如何没有错,但是再善良的心也应该披上一件自卫的外衣。人生一世受伤是难免的,但无论如何不能让自己的善良成为他人手中的刀,反过来伤害了自己。

【解读】

世道艰难,仕途险恶。做人应该德行纯厚一点,但是不能做毫无防人之心的烂好人,善良也该有点分寸,把自己的仁义善良暴露在小人面前,就是在自取伤害。因此,记得提醒自己:生活是残酷的,害人之心不应有,防人之心不可无。

【原文】

博学切问,所以广知;高行微言,所以修身。

【译文】

博学而多问,这样的人知识将更加广博。身处高位仍然谦虚慎言,这样才可以更好地修身。

【事典】

三人行则必有我师

虚心求教、不懂就问的良好习惯,不仅体现出一个人良好的修养和深厚的内涵,而且在实际的学习和生活中,也会让自己受益匪浅,水平不断地得到提升。

"三人行,必有我师焉。择其善者而从之,其不善者而改之。"这句话,表现出孔子自觉修养,虚心好学的精神。它包含了两个方面:一方面,择其善者而从之,见人之善就学,是虚心好学的精神;另一方面,其不善者而改之,见人之不善就引以为戒,反省自己,是自觉修养的精神。这样,无论同行相处的人善与不善,都可以为师。

《论语》中有这样一段记载:

一次卫国公孙朝问子贡,孔子的学问是从哪里学的? 子贡回答说,古代圣人讲的道,就留在人们中间,贤人认识了它的大处,不贤的人认识它的小处;他们身上都有古代圣人之道。"夫子焉不学,而亦何常师之有?"(《论语·子张》)他随时随地向一切人学习，谁都可以是他的老师，所以说"何常师之有"，没有固定的老师。

孔子的"三人行，必有我师"受到后代知识分子的极力赞赏。他虚心向别人学习的精神十分可贵，但更可贵的是，他不仅可以以善者为师，还可以以不善者为师，这其中包含着极为深刻的道理。

现在，我们理解"三人行，必有我师焉"为：能者为师。在我们的日常生活中，每天都要接触到许多人，而每个人都有许多长处值得学习，可以成为我们的良师益友。例如，在一个班级里，就有许多小"能人"：有的写了一手好字；有的擅长绘画；有的是象棋盘上的英雄；有的是篮球场上的闯将；有的阅读了大量的古今诗词；有的通晓中外地理；有的富有数学家般敏捷的思维；有的具有歌唱家的天赋……多向这些同学学习，不就可以使我们——这置身于万绿田中的小苗——增添一些知识的养分吗？

"三人行，必有我师，择其善者而从之，其不善者而改之"的态度和精神，也体现了与人相处的一个重要原则。随时注意学习他人的长处，随时以他人缺点引以为戒，自然就会多看他人的长处，与人为善，待人宽而责己严。这不仅是提高自己修养的最好途径，也是促进人际关系和谐的重要条件。另外这对于指导我们处世待人、修身养性、增长知识，都是很有裨益的。

虽然"三人行，必有我师焉"可以说是家喻户晓，可是人们并不是经常能够做到。人们常犯的一个通病，就是往往看自己的优点和他人的缺点多，看自己的缺点和他人的优点少；或者只看到自己的优点和他人的缺点，看不到自己的缺点和他人的优点；或者喜欢拿自己的长处与他人的短处比较。在与人相处中，就表现为对比自己优秀、比自己强的人不服气；宽于责己而严于责人；看不起有缺点和错误的人；拿正确的道理当作手电筒，不照自己，只照他人。这样做，既阻碍了向他人学习提高自己的道路，也难免造成人际关系的不和谐，有的甚至会发生冲突。

所以，重温"三人行，必有我师焉。择其善者而从之，其不善者而改之"，认真领会它的深刻内涵，并且努力去做，还是很有意义的。

【解读】

那些真正的学术大家几乎都保持这样的本色，尽管已经学富五车，但仍然谦虚好问。这是一种明智的学习方法，更是一种修养。

子曰："盖有不知而作之者，我无是也。多闻择其善者而从之，多见而识之，知之次也。"

"有这样一种人，可能他什么都不懂却在那里凭空创造，我却没有这样做过。多听，选择其中好的来学习；多看，然后记在心里，这是次一等的智慧。"

孔子认为，要想获取知识，就必须要多听多看。听人说话是一种学问，有一句话叫作"兼听则明，偏听则废"，如果只听某一方的意见，而忽视了与之对立的另一方，则很难得出正确的结论。要想明白事情的真正面貌，就必须两边的意见综合比较地听才行。

【原文】

恭俭谦约,所以自守;深计远虑,所以不穷。

【译文】

恭谨自持,勤俭节约,所以才能守身不辱;想得长远一点,深谋远虑,这样可以不至于困危。

【事典】

俭朴是一种高尚的品质

春秋时期鲁国大夫御孙说:"俭,德之共也。"俭朴的生活,可以使人精神愉快,可以培养人的高尚品质。生活俭朴的人具有顽强的意志,能经受得住艰苦的磨炼,胸怀开阔。无心于考虑物质生活,更不会受钱财的诱惑。物质生活条件的好坏,对他们来说,没有丝毫的影响。因此,这种人住在简陋的茅屋中,也有清新的生活情趣。

司马光是北宋的宰相,历史学家,名重一时,可是,他却从来不摆阔。他给儿子司马康的信中说:"许多人都以奢侈浪费为荣,我却认为节俭朴素才算美。尽管别人笑我顽固,我却不认为这是我的缺点。孔子说:'奢侈豪华容易骄傲,节俭朴素容易固陋。与其骄傲,宁可固陋。'他又说:'一个人因为俭约犯过失的事是很少见的。读书人有志于追求真理,却又以吃粗粮穿破衣为耻辱,这种人是不值得和他讲学问的。'可见,古人是以俭约为美德的。现在的人却讥笑、指责朴素节约的人,这真是奇怪的事!"

司马光在信中批评了当时奢侈淫靡之风,并引述了几位以俭朴著称的人的故事。

司马光

宋仁宗时宰相张知白,当了宰相之后,其生活水平仍然像当年布衣时一样。有人说他:"你收入不少,生活却这样俭朴,外面人说你是'公孙布被'呢!"公孙指汉武帝的宰相公孙弘,当时汲黯批评他:"位在三公,俸禄甚多,然为布被,此诈也。"张知白听了这位好心人的话后说:"以我的收入,全家锦衣玉食都可以做到。但是由俭入奢易,由奢入俭难。像我今天这样的收入,不可能永远维持。一旦收入不如今天了,家人又已过惯了奢侈生活,那怎么得了呢? 无论我在不在职,生前死后,我们都保持这个标准,不受影响,不是很好吗?"

张知白确实是深谋远虑的,他看到了别人平时想不到、看不到的地方。

鲁国的大夫季孙行父,曾经在鲁宣公、鲁成公、鲁襄公在位时连续执政。然而,他的妻妾没有穿过绸衣服,他家里的马没有用粮食喂过。别人知道后,都说他是忠于公室的。

晋武帝时的太尉何曾,生活十分奢侈豪华,每天吃饭就要用一万钱,还说没有下筷子的地方。他的子孙也极其奢侈,结果都一个个破了家。到了晋怀帝的时候,"何氏灭亡无遗焉。"

司马光说,这样的事例是举不胜举的。他希望司马康不但自己记住这些事例和道理,身体力行,而且还要向子孙后代进行这样的教育。

是俭是奢,这不仅是一个人的自我修养或品德问题,更是一种对生活的态度问题,真正的智者总能宁俭不奢,不仅一生平安快乐,也能留下令人景仰的美名。纵观古今,那种追求奢华、生活糜烂的人,到头来总落得身败名裂,走向肉体和灵魂的双重深渊。

【解读】

宋儒汪信民曾说:"得常咬菜根,即做百事成。"节制而俭朴的生活能磨炼意志,锻炼吃苦耐劳、坚韧顽强的精神,使人们在通往理想的道路上,披荆斩棘,奋勇直前。如果在个人生活上,迷恋于吃喝玩乐,既消磨人的意志,又会分散工作精力,这样的人必将难成大器,甚至会在生活中迷失方向。清朝的吴敬梓,虽终生未有功名,但其穷而不堕志,乐观陶然地在别人的"怜悯"眼光中做自己喜欢的一切。应该说,他们的精神有某种相通之处。

【原文】

亲仁友直,所以扶颠;近恕笃行,所以接人。

【译文】

有仁慈、正直的朋友相伴左右,这样可以在逆境中得到帮助。接近那些正直忠诚的人,并原谅、宽恕他们的不敬和冒犯,这是待人处世之道。

交朋友是一门大学问

要学会判断什么人是自己真正的朋友，是一门大学问。战国时的名相蔺相如在宦官缪贤的门下作舍人的时候，缪贤曾经有罪，暗地里打算逃往燕国。蔺相如问他："您怎么知道燕王一定会收留您呢？"缪贤回答说："我曾经跟随赵王与燕王会见于边境之上，燕王私下里握着我的手说，愿意和我深交。因此，我想逃往燕国。"蔺相如阻止他说："赵国强大，燕国弱小，而您当时又被赵王宠爱，所以燕王想同你深交。现在您是逃出赵国去往燕国。燕王害怕赵王，他必定不敢收留你，而且恐怕会把您捆绑起来送还赵国。您不如脱衣露体背着斧子去向赵王请罪。只有这样，才能幸免。"缪贤听从了蔺相如的计策，果然获得了赵王的赦免。

春秋时晋国的中行文子逃亡，经过一个县城。侍从说："这里有大人的老朋友，为什么不休息一下，等待后面的车子呢？"文子说："我爱好音乐，这个朋友就送我名琴；我喜爱美玉，这个朋友就送我玉环。这是个只会投合我来求取好处而不会规劝我改过的人。我怕他也会用以前对我的方法去向别人求取好处。"于是迅速离开。后来这个朋友果然扣下文子后面的两部车子献给他的新主子。

蔺相如能在燕王的殷勤中看出祸患，救了缪贤一命；中行文子在落难之时能够推断出"老友"的出卖，避免了被其落井下石的灾难，这让我们悟出一个道理：锦上添花的朋友未必是真朋友，当某位朋友对你，尤其是你正处高位时，刻意投其所好，那他多半是因你的地位而结交你，而不是看中你这个人本身。这类朋友很难在你危难之时施以援手。

东晋的大将军王敦，生前权势熏天，向他卖乖讨好的人遍地都是，其中王舒是最殷勤的一个，而有个叫王彬的太守，独独不买王敦的账，王敦对王彬很是不满，于是两人交恶。后来王敦死后遭到清算，他的家人王含想去投奔王舒。王含的儿子王应则劝他去投奔王彬。王含说："大将军平时同王彬的关系怎么样？你还想去归附他！"王应说："正是因为这样，所以才应当去投奔王彬。江州王彬面对着别人的强盛，能不趋炎附势，这不是一般人的见识所能比得上的；他看到别人衰败危急的时候，必定产生慈悲怜悯之心。荆州王舒，做事墨守成规，又怎能破格行事呢？"王含没听儿子的话，投奔了王舒。王舒终于把王含父子沉没到江中。而王彬当初听说王应要来投奔自己，便偷偷地准备了船只在江边等候。没有等到王含父子的到来，王彬深深地感到遗憾。

能够雪中送炭的朋友，才是真朋友。在危难时，曾被怀疑的朋友往往成为救星，十分"信赖"的朋友却往往背叛你。这是因为人在有权得志的时候，有些小人会看中你的权势而虚伪地拍马，他们不讲原则地百般迎合，而真正的朋友怕你吃亏,则会以诚来告诫你。

【解读】

所谓"近朱者赤近墨者黑",判断一个人的人品,首先要看他有什么样的朋友,这是千古不变的道理。

子曰:"益者三友,损者三友。友直,友谅,友多闻,益矣。友便辟,友善柔,友便佞,损矣。"

这里孔子教了我们交朋友的标准。有三种朋友是有益的,当然这里的益不是利益,而是对辅助自身的仁德修养有益。分别是正直无邪的朋友,诚实守信的朋友,知识广博的朋友。这样的朋友,交多少个都不嫌多。另外有三种人,是不宜结交的,和他们相处久了,近墨者黑,会有损自身的品德修养,分别是谄媚逢迎的人,表面奉承而背后诽谤的人,善于花言巧语的人。孔子千年前的教诲到现在依然闪耀着智慧的光芒,值得我们时刻谨记于心。首先,我们要学会判断,什么是益友。然后还要学会克制自己的虚荣,因为这三种损友,都是善于说好听的话,惯常讨人喜欢的,而谁都喜欢被人奉承,喜欢听顺风话,所谓"良药苦口利于病,忠言逆耳利于行",要做到"闻过则喜",不是件简单的事情。

【原文】

任材使能,所以济世。

【译文】

任用人才的时候如果能做到量才适用,那就可以有大的成就。

【事典】

合适的就是最好的

在现实当中,关于什么是人才,存在一定误解,很多企业曾经在人力资源选拔上深陷在学历、能力经验、素质等硬性条件中不能自拔。从初中到高中、中专再到大专、本科,现在动不动就是研究生、博士了。当然,社会上人们学历的普遍提高,反映出教育的发展和全社会人口素质的提高。在社会大环境的影响下,很多企业管理者在选人时开始追求高学历,他们认为学历就等于能力,学历高能力就高。然而,有经验的管理者都知道,事实上并非如此。

其实,学历只能证明一个人过去受教育的程度,并不能说明他就学识渊博,也不能因此就认定他能力非凡。学历与能力之间不一定成正比,有学历不一定有能力,学历低也不一定能力低。也就是说,学历并不代表学识,能力才是最重要的。

有能力而无学历的智者，可以说不胜枚举，如美国著名发明家爱迪生、瑞典大科学家诺贝尔、俄国文学大师高尔基，还有当代集企业家、发明家于一身的 IT 界精英，世界第一首富比尔·盖茨也是大学没毕业，这些人都是没有高学历的人，但是他们举世公认的非凡成就，是无人能够匹敌的，我们能说他们没有能力吗？

相反，在现实生活中，许多拥有高学历的人，他们却能力平平，一事无成，毫无建树。

很多企业家认为，招聘人才的目的不是用他的高学历、高素质、丰富经验来作为摆设和炫耀，而是希望他们的学历、素质、经验能够为企业所用，给企业带来价值。如果不能实现这个目标，那高学历、高素质、丰富经验与无用便是等同，因此，适合才是最重要的，适合岗位的需要才是最重要的。

让一个手无缚鸡之力的书生上马杀贼，则书生肯定不是好的人才，但是如果让书生写奏章，作诗赋，则立刻显示出他的专业优势，说不定倚马千言可待。

这样说来，一个人是不是人才，倒并不是由他自身决定的，而是由选择他的人决定的，看这个选择的人有没有能力将他放在合适的位置上。因此，我们也就不难理解为什么我们经常看见在一个企业不怎么突出的人，换个环境就脱胎换骨了。

很多事实都可以证明，学历只是表明了一个人的学习经历。多煲了几个时辰的未必都是靓汤，多读了几年书，未必人人都已修成屠龙正果，个个都是经天纬地之才。在很多单位，"高学历"并没有发挥大作用，更没有带来"高回报"。

学历只是选人的一个因素，并不是选拔人才的全部或者唯一手段。企业在选人时，绝不要戴着有色眼镜，只要他能拿出良好的可行性计划，只要他是有能力的人，无论什么学历都可以用。对那些没有为企业做贡献拿着张文凭就讲条件的人，英明的企业领导者的回答就是 NO！

【解读】

清代思想家魏源讲过这样一段话："不知人之短，不知人之长，不知人之长中之短，不知人之短中之长，则不可以选人。"所以，作为人事管理者，在用人上，一定要深知人，并且要善选人。比如，对于遇事爱钻牛角尖者，你不妨安排他去考勤；对于脾气太犟、争强好胜者，你可以安排他去当攻坚突击队长；对于办事婆婆妈妈、爱"蘑菇"者，你最好让他去抓劳保；对于能言善辩喜聊天者，你可以让他去搞公关接待。

在日常的人事管理当中，如果坚持了这一原则，将能使组织发挥出最高效能。

【原文】

殚恶斥谗，所以止乱。

【译文】

震慑阴险之徒，痛斥小人的谗言，这样的领导才能控制局势，避免混乱。

【事典】

识破小人的嘴脸才可以拨乱反正

几乎所有的御人之道都要求管理者不拘小节和宽宏大量。的确,这些都作为一名成功的管理者所必须具备的重要素质。但你不能幻想着每个人都能像你那样大度。大到一个国家,小到一个企业,任何一个组织都一样,鱼龙混杂,免不了有一些小人之辈。如果管理者一味地宽宏大量,对这伙小人也掉以轻心,那结果只能是让你在阴沟里翻船。

一般来讲,小人祸害别人的方法主要有以下几种,现列举于下,以供你及早识破他们的险恶之处。

栽诬。即把自己的过失转嫁给他人,诬陷他人。武则天得宠于唐高宗李治,被立为昭仪,便暗结内外,潜斥皇后。皇后虽然上了年纪,但皇上还没有废除她的意思。刚好武则天生下一女,皇后怜悯她便去看看,皇后出门后,武偷偷掐死女孩,再用被子盖上。皇上来看时昭仪表示欢笑,打开被子发现女孩已死,昭仪装出惊恐万状,啼哭不已问左右可有人来过,左右说皇后才来过。皇上大怒说:"皇后杀死我女儿!"昭仪乘机哭诉皇后的罪状。皇后有口难言,无以自明。皇上便有废除皇后的意思。

造怨。即假借其人怨恨,挑其与他人矛盾,假他人之手以去我之政敌。唐高宗时,高力士得宠,王毛仲对之却十分鄙视,稍不如意,便破口大骂。高力士对他颇为不满,屡进谗言。刚好毛仲妻生一男孩,三日后,皇上命高力士代表皇上赐毛仲酒馔、金帛等物,并授予毛仲刚生的孩子五品官。高力士回来后,皇上问:"毛仲喜欢吗?"高力士说:"毛仲抱着儿子对我说:'我孩子能做三品官!'"皇上大怒说:"过去诛杀韦民时,他就心持两端,我都没有追究,今日还拿毛孩怨我!"于是,将王毛仲贬为兖州别驾。

怵患。即伪造某人之阴谋,挑起人主的猜忌,谓其隐患而加害之。明朝初年刘基(即刘伯温)曾上书说瓯、括之间有块地叫谈洋,南与福建交界,盐盗盛行,社会混乱,要求在这里设巡检司把守,以治其乱。胡惟庸当时以左丞掌省事,他却说谈洋之地有王气,刘基想霸占作为自己的基地,但当时臣民不同意,刘基便请求设立巡检司将臣民赶走。明太祖朱元璋听信谗言,虽然没有怪罪刘基,但内心却颇存疑忌,解除了刘基的职务。之后,胡惟庸当了宰相,刘基气得生病,到家后,病得更重,最后不治而亡。

买毁。即用金钱来收买敌人,使其诋毁上级将领,然后再行反间计。战国时,秦国派王翦与端和共同率兵攻赵国。赵国派李牧和司马尚抵抗。秦国方面则派人与赵王嬖臣郭开金接触,使郭开金攻击李牧和司马尚,讲他俩的坏话,说他俩打算谋反。赵王知道后，便派赵葱和齐将颜聚去取而代之，李牧拒不听命，赵王便派人将李牧逮捕杀害，同时也废除司马尚的职位。后来，秦国军队大破赵军，赵王也做了俘虏。

　　阴陷。即暗地教人写匿名信，罗列罪状，揭露当权者及其至亲，以激起当权者的愤怒，然后旁敲侧击，嫁祸于竞争对手。唐时，武三思为离间中宗与张柬之等五王关系，便暗地教人上奏皇上，诉说皇后秽行于天津桥，请皇上废黜皇后。皇上十分气愤，命御史大夫李承嘉将此事查个水落石出。承嘉奏道："此事乃敬辉、桓彦范、张柬之、袁恕己、崔玄韦教人所为，他们虽称为黜皇后，实际上是要谋反，我建议将他们诛灭九族。"三思还派人暗地做工作，教侍御史郑音加以宣扬。皇上命司法部门审理。最后，将敬辉、张柬之等五王长期流放边疆。为避免后患，武三思还先后派人刺杀五王。

　　可见，小人为了自己的目的都是不择手段的。所以，管理者在管理过程中，为了自己和企业的利益，必须小心谨慎，处理好和"小人"的关系。

　　聪明的管理者能妥善处理和"小人"的关系，主要是能把握以下几个原则：

　　不得罪他们。一般来说，"小人"比"君子"敏感，心里也比较自卑，因此你不要在言语上刺激他们，也不要在利益上得罪他们，尤其不要为了"正义"而去揭发他们，那只会伤害了你自己！自古以来，君子常常斗不过小人，让有力量的人去处理吧！

　　保持距离。别和小人过度亲近，保持淡淡的上下关系就可以了，但也不要太过疏远，好像不把他们放在眼里似的，否则他们会这样想："你有什么了不起？"于是你就要倒霉了。

　　小心说话。说些"今天天气很好"的话就可以了，如果谈了别人的隐私，谈了某人的不是，或是发了某些牢骚不平，这些话很可能会变成他们兴风作浪和整你的资料。

　　不要有利益瓜葛。小人常成群结党，霸占利益，形成势力，你如果功夫还没练到家，就千万不要靠近他们来获得利益，因为你一旦得到利益，他们必会要求相当的回报，甚至黏着你不放，想脱身都不可能！

　　吃些小亏无妨。"小人"有时也会因无心之过而伤害了你。如果是小亏，就算了，因为你找他们不但讨不到公道，反而会结下更大的仇。所以，原谅他们吧！

　　忍无可忍且时机成熟时予以铲除。当小人欺你太甚或者在你的组织中已经造成了恶劣的影响，而你也有实力能铲除对方，并且有把握不留下后患，那就不要心慈手软了。要记住，以君子之心度小人之腹在何时都是行不通的。你唯有正视小人，并干净利落地将之摆平，方能避免阴沟里翻船的悲剧。

　　【解读】

　　谗言始于小人，任谗言摆布者多无善终。无论在什么时代，小人都是制造混乱的罪魁祸首。

孔子说："世间唯女子与小人难养也，近之则逊，远之则怨。"世上什么人都有，当然小人也比比皆是。小人成事不足，败事有余。如果你这辈子叫小人盯上了，那么肯定就麻烦大了。小人没有什么事好做，因此他可以专心致志地琢磨你，并把这当作专业。

"小人"没有特别的样子，脸上也没写上"小人"二字，有些"小人"甚至还长得帅，有口才也有内才，一副"大将之才"的样子，根本让你想象不到。

【原文】

推古验今，所以不惑。

【译文】

用古人的经验指导今天的行为，这样才能明辨是非，远离灾祸。

【事典】

悲剧已经发生不要再重蹈覆辙

功名利禄的诱惑实在是太大了，以至于太多的人在逐权的道路上折戟沉沙，更多的后来人不思悔悟。这样的悲剧不知要到什么时候才能结束。

在这个问题上，一个女人给我们上了很好的一课。

后汉孝明帝的皇后是伏波将军马援的小女儿，十四岁入太子宫为太子妃，明帝即位后册封为皇后，儿子章帝即位后，因为年纪小，马皇后临朝称制，处理国家大事，史称明德马后。

章帝和自己的几个舅舅感情很好，便想依照惯例，封自己的几个舅舅为侯，太后却坚决不同意。

章帝向母亲请求说："从西汉以来，国舅封侯和皇子封王已经是国家的制度，您自持逊让却要让儿子背上亏负舅家的名声。"并早在建国初期，阴、郭两家的国舅都得以封侯为例子。

马太后耐心解释说："我并不是想得谦让的美名，让皇上落个刻薄的名声，而是鉴于西汉那些后族几乎没有不因荣宠过盛而导致灭亡的，阴、郭两家乃是先皇的后族，我也不敢比，先帝在封皇子为王时，国土和赋税收入比较建武时期减少了一半，我曾问过先帝为何这样做，先帝说：'我的儿子怎敢和先皇的儿子一样。'此言我一直铭记，然则我的娘家又怎敢和阴、郭这些开国的后族相比。"

这一年大旱，有一名投机官员想趁势讨好皇上和后族，便上奏说天灾乃是因为不封国舅为侯之故。

马太后看后大怒,下诏严词斥责:"你不过讨好我而已,怎敢妄言天灾与不封侯有关。汉成帝时,一日之间封王家五人为侯,当时大风拔树,黄雾四塞,这才是天灾示警,乃是后族过盛,乾纲不振之故,终于导致王莽篡汉之祸,从没听说后族谦逊守礼而导致天灾的。"大臣们见太后执意坚决,便没人再敢做这种投机生意了。

章帝总觉得舅舅不封侯,自己心有愧疚。大臣们碰了钉子不敢说话,便亲自向母后苦苦哀求:"舅舅们年纪都大了,身体又多病。万一有所不讳,生前得不到封典,儿子可要抱憾终生了。"

马太后虽然心里不愿意,但实在拗不过儿子,只好同意章帝封自己的兄弟们为侯,常为此郁郁不乐。

临下诏册封的前一天,马太后把自己的兄弟们召进宫,告诫他们切忌权势过大,自蹈覆亡之祸。

马太后的兄弟们体会到太后的良苦用心,第二天接受封爵后,便坚决辞去在朝中的职务,以列侯归第。

后汉选择皇后大多是开国功臣之家,主要是邓、马、窦、梁四家,而邓、梁、窦之族因权势过盛而遭灭门之祸,只有马氏一族谨守礼节,不敢稍有逾越,得以保全。

明德马皇后能深明古今成败大义,在她在位期间,始终压制自己娘家的势力,既不是不爱富贵,更不是不愿意娘家与自己同享富贵,而是深知富贵乃祸患之门,稍有闪失便会有不忍言之大祸,真是明理达义。

东汉的思想家王符曾经有个很精彩的比喻,他说:君主娇宠自己喜爱的贵臣和一般人养育婴儿犯同样的过错,人们喂养婴儿总是担心他吃不饱,尽量多给奶水吃。君主娇宠贵臣也总是嫌给予的权力不够大,财物不够多,所以无限制地赏赐财物,增大权柄,而婴儿因吃得过饱经常生病甚至夭折,贵臣也因权势过盛,财物过多而积成罪恶,经常会招来祸患甚至灭亡。比喻浅显通俗,可谓一语中的。推古验今,所以不惑,"后人到此宜明鉴"。

【解读】

如果社会充满浮躁的气氛,那么身处其中的人们就很容易迷失自我,恣意妄为。他们目空一切,把先辈们留下的明训忘之脑后,以至于"前车倒了千千辆,后车到此还复然。"这样下去,人们永远都是糊里糊涂地生活,也永远没有进步的时候。

【原文】

先揆后度,所以应卒。

【译文】

在做事之前多一些谋划,这样才能处乱不惊,临危不乱。这就是高明的管理和做事之道。

【事典】

多算胜少算不胜

《孙子》中说："多算胜，少算不胜，由此观之，胜负见矣。"这里的"算"是指"算计"，也就是事前充分的计划。算计多的一方稳操胜券，而算计较少的一方则难免见负。

战术要依情势的变化而定，整个战争的大局，必须要有事先充分的计划，战前的计划多，才会获胜，计划少则不易胜利，这就是计划求胜的道理。

没有把握的战争不可能一直侥幸获胜，终究会碰到难以克服的障碍。因此，在管理的过程中，当我们要有什么行动时，最好还是经过精确的算计后，有制胜的把握再动手，也就是有了比较大的"胜算"再行动。

在任何时代任何国家，有资格被尊为"名将"的人，都有个大原则，即不勉强应战，或者发动毫无胜算的战争。如三国时的曹操便是一例。他的作战方式被誉为"军无幸胜"。所谓的"幸胜"便是侥幸获胜，即依赖敌人的疏忽而获胜。实际上，曹操的制胜手段绝非如此，而是确实掌握相当的胜算，依照作战计划一步一步地进行，稳稳当当地获取胜利。

虽说要经过精确的算计才能胜算，然而管理活动是人与人之间的"战争"，所以不可能有完全的胜算。因为其中包含着许多人为的因素，诸如情感因素在内，所以不可能有完全的胜算，无法确实地掌握。不过，我们可以把握一个原则，即至少要有七成以上的胜算，才可以行事。

而要做到有把握，就必须知彼知己。话虽然很容易理解，实际做起来却颇难。处于现代社会中的管理者，均应以此话来时时提醒自己，无论做何种事均应做好事前的调查工作，确实客观地认清双方的具体情况，才能获胜。

经营管理有时候还是需要运用"不败"的战术来稳固现况。就像打球一样，即使我方遥遥领先，仍需奋力前进，掌握得分的机会。荀子说："无急胜而忘败。"即在胜利的时候，别忘了失败的滋味。有的人在胜利的情况下得意忘形，麻痹大意，结果铸成意想不到的过错。需知"祸兮福之所倚，福兮祸之所伏"，在任何情况下，都要预先设想万一失败的情况，事先准备好应对之策。拿企业经营来讲，一个企业管理者在从事经营时，必须事先设想做最坏的打算，拟好对策，务必使损失减至最低限度。如此一来，即使失败了也不会有致命的伤害，这一点至关重要。就管理者个人来讲，如果有了心理上的准备，情绪上就会放松，遇到问题也会稳稳当当地解决。

一个优秀的管理者必须拥有思维缜密的习惯，在采取行动之时，把每一步都精确地算计好，至少有七分胜算才可行动做事，这样才能避免在整个大势上出现差错。"一着棋错，满盘皆输"，这句名言管理者不可不记。

【解读】

看高手下棋，绝对是一种享受。每一步都走得恰到好处，而且为下一步甚至是下几步如何去走都做好了铺垫。这不是随手拈来的棋路，他们在走每一步时都做到精确的算计，整个棋路的发展都在他们心中把握着，这样胜算的机会就大得多。

做事如下棋，一个有作为的人做出每一个行动之时都会有精准的预测。他们会预测到这个行动将会带来什么后果，以及如何利用这个后果再采取下一步的行动。拥有了这种能力，对你整个事业的发展将会起到至关重要的作用。

【原文】

设变致权，所以解结。

【译文】

管人做事要懂得随机应变，这样才能化解很多难解之事。不能因为手中有了权力或者因为自己能力比别人强，就顽固不化、一意孤行，这样是没有出路的。

【事典】

管人管事要善于"变"

自然万物、人类社会无时无刻不在依照自身内在的规律运行。天体有天体的运行轨迹，社会有社会的发展轨迹，生命也有自己的成长轨迹。所以，万事万物不变只是相对的，变才是绝对的。什么都在随着时空的变化而发生变化，不过有的变化大，表象鲜明，有的变化微妙，表象模糊而已。尊重客观规律，进一步说就是尊重变化。顺其自然，就是顺应变化，应时而变。

中国古代思想家、哲学家，无论思想有多么局限，但"变"这一客观事实是许多人都意识到并反复论述过的。"社稷无常奉，君臣无常位，自古以然"。朝代更替，一朝天子一朝臣，自然"国无常强，无常弱"，强国和弱国也是"无常"的，在一定条件下，强可以变弱，弱国也可以强盛起来。《孙子兵法》中关于强弱、常势、常形等，也注述得相当精彩，"兵无常势，水无常形。能因乱变化而取胜者谓之神。故五行无常胜，四时无常位，日有短长，月有死生"。金、木、水、火、土五行，春、夏、秋、冬四时，哪有不变之理，连日月星辰都有短长、圆缺，何况其他事物，"万物生生而变化无穷焉"。

"变"是事物发展的规律，"应变"则是管理者能力的表现。现代人们的工作行为往往受多种因素的影响，例如情势、心理、关系等。因此，管理者管理下属的工作行为,以及由此调整工作计划、目标和办法都是常见之事。这就需要管理者提高应变能力,做到头脑灵活,及时找对策。

应变能力,是一种根据不断变化的主客观条件,随时调整领导行为的能力,也是确保管理者获得圆满成功的一个先决条件。

如果管理者的思维方法都是沿着既成的模式和程序而进行思维活动,那就等于把自己的思维限制在狭小的天地里,抑制了自由创造的生机,使之缺乏创造性和灵活性,这与管理者所面临的时代使命是不适应的。因此,要想提高应变能力,我们在改造常规思维(而不是抛弃)的同时,必须学会非常规性思维。

在一般情况下,按规范办事并不错。但是,当原有的规范已经不适应变化了的新情况时,仍然图省事,照规范行事,就可能犯大错误,吃大亏。而且,任何规范都是针对一般情况讲的,它不可能包括事物的所有可能性。当出现了特殊情况,需要采取特殊的对策时,就要有冲破规范的勇气。一个称职的管理者,遇事要善于和敢于拿出自己的创见和办法,才能开创新局面。"随人作计终后人,自成一家始逼真。"

具有应变能力的管理者,不例行公事,不因循守旧,不墨守成规,能够从表面"平静"中及时发现新情况、新问题,从中探索新路子,总结新经验。对改革中遇到的新事物、新工作,能够倾听各方面的意见,认真分析,勇于开拓,大胆提出新设想、新方案;对已取得的成绩,不满足、不陶醉,能够在取得成绩的时候,不得意忘形,能透过成绩找差距、挖隐患,百尺竿头,更进一步。

一个优秀的管理者,必须对应变管理运用自如。应变是由人的意识所支配的,因此,应变首先是人的思维方式的变化,即思维性应变。一个人必须思路广阔、头脑灵活、敏捷好动、审时静思,方能在变化中取得主动权。

【解读】

作为道家先哲,老子在为人处世的屈伸方面有这么一个著名的观点——"曲则全,枉则直"。他认为能够经受得住委屈,才能够保护自己的利益;能够弯曲,才能有一展宏图的机会。

老子的这一观点,正是我们为人处世时须时刻牢记的人生大智慧。在人生的舞台上,我们会遇到许许多多的不公与压迫,倘如仅凭一时之气奋起反抗,往往解决不了事情,反而会造成更不利的局面。

大丈夫能屈能伸,没有胜算的时候,就不能去硬拼,只能隐忍,隐忍并不可耻,只要在这段时间内积蓄力量,待形势一变,必能稳操胜券。

【原文】

括囊顺会,所以无咎。

【译文】

心中有数,闭口不言,凡事能顺长时机,这样可以远怨无咎。

【事典】

多听多看少说

有人把语言形容成刀剑一样,因此愈显得慎言的重要。孔子是一个非常慎言的人,他待人诚恳恭谦,看起来好像不善言辞,但在公开场合里,他又非常能言善辩。所以,孔子一直在陈说一个道理:"言忠信,行笃敬,虽蛮貊之邦,行矣!言不忠信,行不笃敬,虽州里行乎哉!"

人的脸孔上,有两个眼睛,两个耳朵,两个鼻孔,却只有一张嘴巴,这奇妙的组合,蕴涵着很深的意义,就是告诫人们要多听,多看,少说。

《伊索寓言》中有句名言:"世界上最好的东西是舌头,最坏的东西还是舌头。"中国还有句谚语:背后骂我的人怕我,当面夸我的人看不起我。因此,人要懂得"祸从口出"的道理,管住自己的舌头。

范雎在卫国见到秦王,尽管秦王求教再三,他都沉默不语;诸葛亮在荆州,刘琦也是多次请教,诸葛亮同样再三不肯说。最后到了偏僻的一座阁楼上,去了楼梯,范雎和诸葛亮才分别对秦王和刘琦指示今后方向,所以历史上的"去梯言",就表示慎言的意思。

东晋时代的王献之,一日偕同两个哥哥王徽之、王操之,一起去拜访东晋当代名人谢安。徽之、操之两人放言高论,目空四海,只有献之三言两语,不肯多说。三人告辞以后,有人问谢安,王家三兄弟谁优谁劣?谢安淡淡说道:慎言最好!

有些人喜欢信口雌黄,好谈论是非,说三道四,大放厥词,谬发议论,有时候危言耸听、故弄玄虚、轻口薄言、冷语冰人,这种习惯对于人生是有害无益的,必须注重改变。

【解读】

管好自己的口舌就能避灾免祸,儒家智慧提倡"少言""慎言",的确有一定的道理,很多时候都存在"祸从口出"的情况,因此把握好说话的时机、场合是很重要的。孔子认为,应该与人交谈沟通的时候却没有这样做,就失去了结交朋友的机会,可能与一个真正有益于自己的朋友失之交臂。还有一个经常犯错误的地方是,说话不看对象,把话对不该说的人说。聪明的人知道能够看出哪种人才是真正的人才、真正的朋友、真正的英雄,所以,他能做到既不失去结交朋友的机会,也不会对道不同的人浪费言辞,说错话。

【原文】

橛橛梗梗，所以立功；孜孜淑淑，所以保终。

【译文】

坚守自己的信念，不为外界所干扰，这样才能有所作为。孜孜以求，勤恳敬业，这样才能善始善终。

【事典】

不管别人怎么说只管专心做自己的事

常言道："谁人背后无人说，哪个人前不说人。"人与人相见，三两句话就说起别人来了，这是很平常的事；而且越是有名的人，甚至越是伟大的人物，毁或誉也就越多。一个真正干事业的人，不应轻易相信别人的议论，不要计较别人的毁誉，而是应该专心干自己的事，踏实走自己的路。同时对于别人，也不应当因个人恩怨进行不切实际的诋毁和赞誉。这既是一种做人的道德原则，也是一种处世的方法和策略。

在这方面，汉末时管宁"志于道"的坚定信念，可以给我们带来一些有益的启示。

管宁，字幼安，北海朱虚人，生于延熙元年（158 年），卒于正始二年（241 年）。

管宁家里很穷，而且他十六岁时就死了父亲，亲戚朋友可怜同情他，赠送了许多财物让他葬父，可是管宁一文不取，只凭借自己的实际财力安葬了父亲。

管宁好学，结交了几个后来很著名的学友，一个叫华歆，一个叫邴原，三个人很要好，又都很出色，所以当时的人把他们比为一条龙，华歆是龙头，邴原是龙腹，管宁是龙尾，他们最尊敬的大学者是当时著名的陈仲弓，陈仲弓的学识行为成了他们的追求目标。当时，他们求学的时候，常常是一边读书，一边劳动。有一天，华歆、管宁两个，在园中锄草，说来也巧了，菜地里头竟有一块前人埋藏的黄金，锄着锄着，黄金就被管宁的锄头翻腾出来了。华歆、管宁他们平日读书养性，就是要揍除人性中的贪念，见了意外的财物不能动心，平时也以此相标榜。管宁见了黄金，就把它当作了砖石土块对待，用锄头一拨就扔到一边了。华歆在后边锄，过了一刻也看见了，明知道这东西不该拿，但心里头不忍，还是拿起来看了看才扔掉。过了几天，两人正在屋里读书，外头的街上有达官贵人经过，乘着华丽的车马，敲锣打鼓的，很热闹。管宁还是和没听见一样，继续认真读他的书。华歆却坐不住了，跑到门口观看，对这达官的威仪艳羡不已。车马过去之后，华歆回到屋里，管宁却拿了一把刀子，将两人同坐的席子从中间割开，说："你呀，不配再做我的朋友啦!"

汉末天下大乱之后,人的生命财产都不能保障,中原一带就更没法再待下去了。管宁、邴原还有王烈几个人相约,到比较安全的辽东去避难。当时辽东太守是公孙度,很有统治能力,而且辽东地理位置偏僻,战乱没有波及,是当时一个理想的避难地。至于管宁几个人,在中原的名气很大,公孙度是知道的,所以对他们的到来非常欢迎,专门腾出驿馆请他们居住。见了公孙度,管宁只谈了谈经典学术,对当时的政治军事局势闭口不谈。拜见过公孙度以后,管宁没有再住驿馆,而是找了一处荒山野谷,自己搭个简易房子、挖个土窑居住。公孙度死后,他儿子公孙康掌了权,野心比他父亲还要大,成天想着海外称王的美事。他想给管宁封个官,让管宁辅佐他,可是慑于管宁的贤名,硬是开不了口。曹操做司空后,下令征辟管宁入朝,公孙康把诏命压下不宣布,管宁当然也不会知道了。中原局势稳定以后,许多流民都返乡了。但管宁依然不动,安居辽东。不久辽东的局势也有了变化,公孙康死后,他弟弟公孙恭继位,这个人身体有病,生性懦弱,没有统治能力,而公孙康的私生儿子公孙渊偏偏是个雄才,不安于下位。管宁看到辽东快要乱了,这才带着家属乘船回中原。公孙恭亲自送他,赠送了许多礼物,管宁先收了,出发时,连同以前公孙度、公孙康的赠物,全部留下来,一芥不取,保持了清白本性。算起来,他在辽东整整生活了三十七年。

船队在海上航行时,遇到风暴,大部分船都沉没了,管宁坐的这只船也很危险,但是管宁从容不迫,好像没发生事情一样。这时,奇迹发生了,夜幕中突然出现了一点亮光,给船只指引方向,到达了一处荒岛,这才转危为安。当时人们发现,岛上没有居民,也没有点火的痕迹,这光是从哪里来的呢?人们把它解释为奇迹,并说这是管宁的"积善之应"。管宁的回乡,名义上是奉了魏文帝的征辟诏书,实际上是躲避即将到来的辽东之难。但回到故乡以后,魏文帝就下诏封管宁为太中大夫,管宁坚决推辞,说自己老了,实在没什么才能,要求皇帝放过他。可是皇帝偏偏不肯放过他,魏文帝死后,魏明帝又多次征召他,华歆王朗陈群等朝中大臣更是反复地推荐管宁,华歆还提出把自己的太尉之位让予管宁。管宁呢,则是一律推辞,到死也没有答应出仕。

当然,要求现代人去像管宁那样做,无论从哪方面说都有些不符合实际。但他那种即使是"务虚"也坚定不移的精神,应值得我们去学习。现代社会物欲横流,无处不在的诱惑常常使我们陷入犹豫和迷失之中,令我们向着目标的努力半途而废。所以,从这个意义上讲,淡泊明志,不以物移,确实是成就一番远大事业的保证。

人贵有志。但"志"对于人来说,不能仅仅作为一个符号和标记。人一旦树立了远大理想和生活目标,就要对它负责;这同时也是对自己负责,在追求事业理想的过程中,坚毅自信、果敢不疑,不随波逐流,不轻信盲从,这些都是必要必需的品质。倘若总在口头上谈理想谈得眉飞色舞,临到阵前却又害怕艰苦,埋怨没有锦衣玉食,那么这种人要么是懦夫,要么是伪君子,不仅不宜与之"论道",甚至连与之交友都要三思。而对于自身,更要时时自查自省,看自己是否也有类似的毛病,以防影响自己前进的步伐。

【解读】

在开放的社会与生活中,人人都有自己远大而宏伟的目标;但无论你所树立的是怎样的理想,信念坚定、不以物移,应该是必须坚持的原则。只有如此,才会使自己理想的实现,不会一直遥遥无期。

本德宗道第四

世事如棋局般简单，又如棋局般复杂。所以无论做人还是成事，懂点权变和操控之术是不多余的，这一方面有助于我们更好地达到目标，另一方面也可以有效地避免灾祸缠身。诚如黄石公所言，在运用权变和操控之术的时候一定要遵循它的基本原则：本德宗道——以德为本，以道为宗。

【原文】

夫志心笃行之术。长莫长于博谋。

【译文】

在做人做事的过程中，最大的智慧莫过于对谋略的正确运用了。

【事典】

谋略的运用重在不显山不露水

老子在其《道德经》中特别赞赏这样一类人："上德若谷，大白若辱，广德若不足，建德若偷"。即在平日里很少"显山露水"、抢风光，这类人表面上看上去很不显眼，然而他们却能在暗中默默地将事情完成，丝毫不张扬。能做到不显山不露水，并且最终达到自己的目的，这是对谋略家们最基本的要求。

做事太张扬，虽然能够显得自己高人一头，然而却能引来众多人的妒忌，让别人也更关注自己的一举一动(确切地说是更关注我们的失误)，这样就会给日后自己的工作带来众多的压力和不便。

清朝皇帝雍正也曾这样认为："但不必露出行迹。稍有不密，更不若明而行之。"雍正不但是嘴上这么说，在他的执政生涯中也是如此做的。

在雍正皇帝之前，历代王朝都以宰相统辖六部，权力过重，使皇帝的权威受到了一定影响，如果一个君王有手腕驾驭全局，使宰相为我所用，这当然很好。但如果统领军队的宰相超权行事，时间一长便很容易与皇帝、大臣们产生隔膜和分歧，容易给国家添乱子、造麻烦。

在雍正即位之初，虽然掌管着国家的最高权力，但举凡军国大政，都需经过集体讨论，最后由皇帝宣布执行，不能随心所欲自行其是；权力受到了制约，皇位受到了挑战。雍正设置军机处，正是把自己推向了权力的金字塔顶端。简单地说，就是皇帝统治军机处，军机处又统治百官。

军机处还有一种职能，即充当最高统治者的秘书的角色，类似于情报局，有很强的保密性。军机处的由来，是在雍正七年（1729年）六月清政府平息噶尔叛乱时产生的。雍正密授四位大臣统领有关军需事务，严守军报、军饷等军事机密，以致二年有余而不被外界熟知，保持了工作的高效运转和战斗的最终胜利。

雍正帝

雍正对军机处管理得特别严密。他对军政大臣的要求也极为严格，要求他们时刻同自己保持联系，并留在皇帝最近的地方，以便随时召入宫中应付突发事件。军机处也会像飘移的帐篷一样随皇帝的行止而不断改变。皇帝走到哪里，"军机处"就设在哪里，类似于我们现在的现场办公。雍正对工作、对百官的一些看法，以便察言观色，去伪存真地选用人才。在当今，雍正的这些创造，已经渗透到我们的日常工作当中，并产生了不可低估的社会价值。

雍正的第二大特点是对军机处的印信管理得非常严密。印信是机构的符号和象征，是出门办事的护身符和通行证。军机处的印信由礼部负责铸造，并将其藏于军机处以外的地方，派专人负责管理。当需用印信时，必须报告皇上给予批准，然后才能有军机大臣凭牌开启印信，在众人的监视下使用，以便起到相互制约的作用。

设立"军机处"起到了意想不到的效果，以前每办一件事情，或者有关的奏折，要经过各个部门的周转，最后才能够送达皇上。其中如扯皮、推诿、拖沓的官场陋习使办事效率极为低下，保密性能也差，皇上的口气无法贯穿始终。而自从设立军机处以来，启动军机大臣，摆脱了官僚机构的独断专行，使雍正的口谕可以畅通无阻地到达每一个职能机构，从而把国家大权牢牢地控制在自己手里。

设立"军机处"，将"生杀之权，操之自朕"的雍正推向了封建专制权力的顶峰。"军机处"由于在皇上的直接监视下开展工作，所以处处谨小慎微，自知自律，奉公守法，营造了一种清廉的官场形象。"军机处"的设置，保证了中央集权的顺利实施，维持了社会的相对稳定和统一，避免了社会的动乱和民族的分裂，推动了社会的繁荣和发展，具有一定的社会积极意义。

无论在雍正的正史和野史的记载中，雍正帝都是一个喜欢在秘密行事的皇帝，然而这也正是他高明、智慧的一方面，故而在他死后的乾隆年间，才会出现康乾盛世的局面。

无论是做人还是处事，若想取得最大限度的成功，首先不要过分暴露自己的意图和能力。唯有这样,事情办起来才不会出现众多人为的障碍和束缚,办起事来就会出现事半功倍的效果;反之,我们将会受到许多意想不到环节的人为阻挠,事情办起来就会很难成功了。

【解读】

所谓"先谋后事者昌,先事后谋着亡",在事前就做好谋划,在做事的过程中又能恰如其分滴水不漏地运用,这就是高人。

【原文】

安莫安于忍辱。

【译文】

要想做到平安无事,最好的办法莫过于忍辱负重了。

【事典】

小不忍则乱大谋

"小不忍则乱大谋",这句话在民间极为流行,甚至成为一些人用以告诫自己的座右铭。的确,这句话包含有智慧的因素,有志向、有理想的人,不会斤斤计较个人得失,更不应在小事上纠缠不清,而应有广阔的胸襟,远大的抱负。只有如此,才能成就大事,从而达到自己的目标。

那么,到底要忍什么?

苏轼在《留侯论》中说:"忍小忿面就大谋。"这是忍匹夫之勇,以免莽撞闯祸而败坏大事。

忍小利而图大业。这是"毋见小利。见小利,则大事不成。"

忍辱负重。勾践忍不得会稽之耻,怎能卧薪尝胆,兴越灭吴?韩信受不得胯下之辱,哪能做得了淮阴侯?

因此,在中国传统的观念里,忍耐也是一种美德。这一观点尽管与现代这种竞争社会不合拍,但是,很多学者已经发现,中国传统文化里有些东西并没有过时,相反,其中的学问博大精深,如果运用于现代人的生活,必将使人们受益匪浅。其中,忍耐就大有学问,忍耐包括很多种。当与人发生矛盾的时候,忍耐可以化干戈为玉帛,这种忍耐无疑是一种大智慧。

唐代著名高僧寒山问拾得和尚:"今有人侮我,冷笑我,藐视目我,毁我伤我,嫌我伤我,嫌我恨我,则奈何?"拾得和尚说:"子但忍受之,依他,让他,敬他,避他,苦苦耐他,装聋作哑,漠然置他,冷眼观之,看他如何结局?"这种忍耐里透着的是智慧和勇气。

人生不可能总是风调雨顺,当遇到不如意、不痛快,甚至是灾难时,一个人的忍耐力往往就能发挥出奇制胜的作用。很多时候,因为小地方忍不住,而害了大事,这是得不偿失的。

三国时,诸葛亮辅佐刘备在祁山攻打司马懿,可司马懿就是不出来应战。诸葛亮用尽了一切手段,极尽所能地侮辱司马懿,但司马懿对诸葛亮的侮辱总是置之不理。总之,司马懿就是不出来与诸葛亮交锋。等到诸葛亮的粮食吃完了,不得不退兵回蜀国,战争就这样结束了。诸葛亮六次出兵祁山,每次都是无功而返。司马懿之所以不战而胜,就是因为一个"忍"。

与别人发生误会时的忍耐,那只是一时的容忍,比较容易做到。难得的是在漫长时间里,忍受着各种各样的折磨,而只为完成心中的理想。这种忍耐力是难能可贵的,但也是做人最应该拥有的一种能力。

非洲一位总统问邓小平同志有什么好经验,他就说了一句话:"忍耐"。忍一时风平浪静,退一步海阔天空。忍耐不是目的,是一种策略,但并不是每个人都能做到忍耐。人们常说,忍字头上一把刀。这把刀,让你痛,也会让你痛定思痛;这把刀,可以削平你的锐气,也可以雕琢出你的勇气。

有人说,忍耐就是一种妥协。其实,妥协不是简单地让步,而是在知己知彼的基础上达成一种共识。不管是生活,还是工作,妥协都不仅仅是为了"家和万事兴""安定团结",而且还隐藏着一种坚持,这种坚持实际上就是一种坚定的决心。

大庭广众之中,众目睽睽之下,如果互相谩骂攻击,不仅有伤风化,使你斯文扫地,还破坏了社会的文明形象。当然,有时要做到忍,也的确不易。虽然忍耐是让人痛苦的,但最后的结果却是甜蜜的。因此,遇事要冷静,要先考虑一下后果,本着息事宁人的态度去化解矛盾,我们就不至于为了一些鸡毛蒜皮的小事而纠缠不清,更不会使矛盾升级扩大。

人,贵在能屈能伸。伸,很容易,但屈就很难了,这需要有非凡的忍耐力才行。只要这个人真正有智慧,有才干,不管他忍耐多久,终究会有出头之日,而且他的忍耐力反而会更加富有魅力和内涵。人生很多时候都需要忍耐,忍耐误解,忍耐寂寞,忍耐贫穷,忍耐失败。持久的忍耐力体现着一个人能屈能伸的胸怀。人生总有低谷,有巅峰。只有那些在低谷中还能坦然处之的人,才是真正有智慧的人。走过低谷,前面就是海阔的天空。回过头来,那些在低谷里忍耐的日子,那些在苦难中挣扎的日子,那些在寂寞里执着的日子,都会显得弥足珍贵。

忍耐,这是一种宝贵的人生财富!

【解读】

大凡有人的地方,就会有矛盾。世界这么小,你不碰我,我还会碰你,关键是如何看待,如何处理。得饶人处且饶人,相逢一笑泯恩仇。一张笑脸,一句诚恳的道歉,就能化干戈为玉帛,冰释前嫌,何必为区区小事而斤斤计较、耿耿于怀呢?

没有爬不过去的山,也没有蹚不过去的河。忍一时的委屈,可以保全大家的宁静、和谐,并不损失什么,反而还会赢得一个更为宽阔的心灵空间。何乐而不为呢?

【原文】

先莫先于修德。

【译文】

无论做人做事,但凡想有所成就,首先应该做的是修养自己的德行,努力让自己成为一个道德高尚的人。

【事典】

做大事者品格培养是中心课题

古代人敬重有"德"的之人,尤其是孔子提出的"仁、义、礼、智、信"这五点"德"。良好的品格能带来持久而成功的人际关系。不管是下属,还是合作者,都会把人品作为考察这个领导者的重要标准。

任何一个领导者都应该把品格培养当作自己的中心课题。因为,领导是无法超越来自品格上的限制。很多有杰出才干的领导者,在取得某种层次的成就后就突然崩溃了,这其中有很大一部分原因都与人品有关。那些在事业上有高度成就,却在品格上有缺陷的人,常会在成功的压力下遭遇突然的失败,像"红塔"集团的褚时建,"伊利"乳业集团的郑怀玉都是在金钱面前败下阵来。

品格不是靠嘴说出来的,而是用行动做出来的。领导的品格和所作所为是不可分割的。如果一个领导者的心思和行动经常不一致,那么,他的品格当然就可能隐藏着不为人知的疑点,也就不能获得别人对他的信任了。

企业家冯仑曾经写过一篇文章,大意是说:他去香港,和李嘉诚先生吃了一次饭,感触非常大。"李先生 76 岁,是华人世界的财富状元,也是大陆商人的偶像。大家可以想象,这样的人会怎么样? 一般伟大的人物都会等大家到来坐好,然后才会缓缓过来,讲几句话,如果要吃饭,他一定是坐在主桌,有个名签,我们企业界20多人中相对伟大的人会坐在他边上,其余人坐在其他桌,饭还没有吃完,李先生就应该走了。如果他是这样,我们也不会怪他,因为他是伟大的人。

但是我非常感动的是,我们进到电梯口,开电梯门的时候,李先生在门口等我们,然后给我们发名片,这已经出乎我们意料——就是李先生的身家和地位已经不用名片了! 但是他像做小买卖一样给我们发名片。发名片后我们一个人抽了一个签,这个签就是一个号,就是我们照相站的位置,是随便抽的。我当时想为什么照相还要抽签,后来才知道,这是用心良苦,为了大家都舒服,否则怎么站呢?

抽号照相后又抽个号,说是吃饭的位置,又为大家舒服,最后让李先生说几句话,他说也没有什么讲的,主要是和大家见面,后来大家鼓掌让他讲,他就说我把生活当中的一些体会与大家分享吧!然后看着几个外宾,用英语讲了几句,又用粤语讲了几句,把全场的人都照顾到了。他讲的是'建立自我,追求无我',就是让自己强大起来要建立自我,追求无我,把自己融入生活和社会当中,不要给大家压力,让大家感觉不到你的存在,来接纳你、喜欢你、欢迎你。之后,我们就吃饭。我抽到的号正好是挨着他隔一个人的位子,我以为可以就近聊天了,但吃了一会儿,李先生起来了,说抱歉我要到那个桌子坐一会儿。后来,我发现他们安排李先生在每一个桌子坐 15 分钟,总共 4 桌,每桌都只坐 15 分钟,正好一小时。临走的时候他说一定要与大家告别握手,每个人都要握到,包括边上的服务人员,然后又把大家送到电梯口,直到电梯关上才走。"

尽管事情看起来有些琐碎,但谁都能感觉到李嘉诚先生伟大的品格,也正是这种优秀的品格才使他走到华人首富的位置上。

任何一个组织想要成功,组织的领导者必须树立起正确的行为规范和优秀的品格,并使之成为组织文化的一部分,当这种文化深入到组织的每个角落时,组织成员自然会被这种文化所感染,那又何愁领导不好这个组织呢?

也许有人觉得,有些人道德品质不好,个人修养难以恭维,身边不是同样有许多朋友吗?其实这种所谓"朋友"并非真朋友,而是"伪朋友"。别人与他交往不是冲着他的人品人格去的,而是奔着他的权势而去,是为了相互利用以达到个人目的,充其量只是"势利之交"。一旦其丧失了权力地位,没有了利用价值后,那些所谓的"挚友"也就会弃他而去。所以说,要想收获真正的友谊,拥有真正的朋友,最终要靠良好的个人思想道德修养,只有用高尚道德修养赢得的友谊和感情才是真诚的,才会历久弥坚。

【解读】

成功的标准不止一个,成功的路也不止一条。但要到达成功的终点,就必须有良好的德行修养。古人说:有德有才是圣人,有德无才是君子,无德有才是小人,无德无才是愚人。那些无德有才之人走了狗屎运也有可能一不小心收获些小成就,但那是不可能长久的,最终,他们会因为自己作恶多端而付出代价。

佛家说"境由心生",也就是说,一个人要想成功,首先要在心里做个"圣人",要修炼圣人的德行,然后才能在社会上取得成就。

【原文】

乐莫乐于好善,神莫神于至诚。

【译文】

人生最大的快乐莫过于乐善好施,最明智的生活之道莫过于诚心待人。

【事典】

用恩惠换取恩惠

在现实生活中,每个人每天都面临着天堂或地狱的生活。当我们懂得付出、帮助、爱、分享,我们就生活在天堂;若只为自己,自私自利,损人利己,实质就等于生活在地狱里。地狱和天堂就在自己的心里。帮助别人的时候,同时也就是在帮助自己。

有一个人想看看地狱和天堂的差别。他先来到地狱,地狱的人正在吃饭,但奇怪的是,一个个面黄肌瘦,饿得嗷嗷直叫。原来他们使用的筷子有一米多长,虽然争先恐后夹着食物往各自嘴里送,但因筷子比手长,谁也吃不着。

"地狱真悲惨啊!"这个人想。

然后,他又来到天堂。天堂的人也在吃饭,一个个红光满面,充满欢声笑语。原来,天堂的人使用的也是一米多长的筷子,不同之处在于——他们在互相喂对方!

天堂和地狱拥有同样的食物,相同的食具,相同的环境,但结果却大不相同!天堂与地狱的天壤之别,仅在于做人的"一念"之差;因心态不同,就造成了极不相同的结果。

1977 年的《向导》杂志报道了一则故事:

有一个人遭遇暴风雪,迷失了方向。由于他的穿着装备无法抵御暴风雪,以致手脚开始僵硬。他知道自己时间不多了。

结果他遇到了一个和他遭遇相同的人,几乎冻死在路边。他立刻脱下湿手套,跪在那人身边,按摩他的手脚,那人渐渐地有了反应。最后两人合力找到了避难处。他救别人其实也救了自己。他原本手脚僵硬麻木,就是因为替对方按摩而缓了过来。

西晋时。廷尉顾荣应邀赴宴。席间上来一道烤肉,侍者在布菜时,直咽口水。顾荣心中不忍,就把自己的那一份让给了侍者。同桌的人笑他有点呆气,他却认为,整天看着烤肉吃不到,是很难受的,因而对自己的做法毫无悔意。

此后过了许多年,西晋发生了"八王之乱"。宗室汝南王司马亮、楚王司马玮、赵王司马伦、齐王司马同、长沙王司马颙、成都王司马颖、河涧王司马颙、东海王司马越等八王为争权夺利而相互厮杀,国家一片混乱,民不聊生。这时远在边陲的匈奴首领刘渊发现了上天赐予的大好时机,派兵东下,灭掉了西晋。

这场灾难发生在永嘉年间(307~312年),后来,"永嘉"一词就成了一个伤心的象征。永嘉年间的确令人心伤,异族的入侵,引起汉民族极大的恐慌,他们纷纷抛家舍业,扶老携幼地加入向南方逃亡的难民队伍。相比之下,长江以南的东南地区成了一片乐土。滔滔江水隔开了燃烧于江北广大土地上的战火,北方难民也纷纷奔南而去。

顾荣本是江南吴人,自然毫不犹豫地率领全家加入逃亡的难民之中。世道混乱,兵匪横行,逃亡的路上自是险象环生。但顾荣每每身处危急之时,总有人来舍命相救。渡过长江之后,顾荣找到救命恩人表示感谢。问起来历,原来这人就是当年那个接受烤肉的侍者。这令顾荣感慨不已。

爱默生曾说:"此生最美妙的报偿就是,凡真心帮助他人的人,没有不帮助自己的。"这真是一句大实话。

现实生活中,有些人信奉"人不为己,天诛地灭"的信条。他们的自私本性暴露无遗,他们一味地希望能"人人为我",却不愿去践行"我为人人"这个前提条件。结果呢,必然导致他们在社会中没有安全感和关爱感。其实,假如人人都能够心怀他人,互相信任,互相帮助,即使它的前提是功利性的,那么也会最终惠及自身的。因为处在一个好环境之中,远比处于一个恶劣环境中能得到更多的精神、物质上的双重实惠。

【解读】

善良是人性光辉中最美丽、最暖人的一缕。没有善良、没有人与人之间真正发自肺腑的温暖与关爱,就不可能有精神上的富有。我们居住的星球,犹如一条漂泊于惊涛骇浪中的航船,团结对于全人类的生存是至关重要的,为了人类未来的航船不至于在惊涛骇浪中颠覆,使我们成为"地球之舟"合格的船员,我们应该成为勇敢的、坚定的人,更要有一颗善良的心。

《三字经》讲道:"人之初,性本善。"由此可见,人生来都是善良的,只是由于后天环境的影响,有些人不得已而误入歧途,直至后来变得十分凶残。不管怎么说,我们应该做一个善良的人,真诚待人,与人为善,善终有善报。

【原文】

明莫明于体物。

【译文】

若说明智,莫过于明辨事物的是非,看透事物的本质。

不要被得失、祸福的表面所迷惑

在老子的眼里,世间没有任何事物是绝对的、孤立存在的,同一个事物也都会以不同的面目呈现出来,就看你用什么样的眼光去对待。天堂或许就在地狱的隔壁,苦难也可成为一笔宝贵的财富,表面上看起来是祸,没准转瞬间就成了福。

古时,塞外有一个老翁不小心丢了一匹马,邻居们都认为是件坏事,替他惋惜。塞翁却说:"你们怎么知道这不是件好事呢?"众人听了之后大笑,认为塞翁丢马后急疯了。几天以后,塞翁丢的马又自己跑了回来,而且还带回来一群马。邻居们见了都非常羡慕,纷纷前来祝贺这件从天而降的大好事。塞翁却板着脸说:"你们怎么知道这不是件坏事呢?"大家听了又哈哈大笑,都认为塞翁是被好事乐疯了,连好事坏事都分不出来。果然不出所料,过了几天,塞翁的儿子骑新来的马去玩,一不小心把腿摔断了。众人都劝塞翁不要太难过,塞翁却笑着说:"你们怎么知道这不是件好事呢?"邻居们都糊涂了,不知塞翁是什么意思。事过不久,发生战争,所有身体好的年轻人都被拉去当了兵,派到最危险的第一线去打仗,而塞翁的儿子因为腿摔断了未被征用,在家乡过着安定幸福的生活。

这就是老子的《道德经》所宣扬的辩证思想。基于这种辩证关系,我们可以明白,即使是表面看起来很吃亏的事,也会带来意想不到的好处。生活中此类事常见,有时看似吃亏的事反而是获得更大利益的前提和资本。

生活中的聪明人善于从吃亏当中学到智慧。"吃亏是福"也是一种哲理,其前提有两个,一个是"知足",另一个就是"安分"。"知足"则会对一切都感到满意,对所得到的一切充满感激之情;"安分"则使人从来不奢望那些根本就是不可能得到的或者根本就不存在的东西。没有妄想,也就不会有邪念。表面上看来,"吃亏是福"以及"知足""安分"会有不思进取之嫌,但是,这些思想确实能够教导人们成为对自己有清醒认识的人。

人非圣贤,谁都无法抛开七情六欲,但是,要成就大业,在选择面前,就得分清轻重缓急,放眼长远,把握事物本来的发展方向。我国历史上刘邦与项羽在称雄争霸、建立功业上就表现出了不同的态度,最终也得到了不同的结果。苏东坡在评判楚汉之争时就说,项羽之所以会败,就因为他不能忍,不愿意吃亏,白白浪费自己百战百胜的勇猛;汉高祖刘邦之所以能胜就在于他能忍,懂得吃亏,养精蓄锐,等待时机,直攻项羽弊端,最后夺取胜利。

两王平日的为人处世之不同自不待说,楚汉战争中,刘邦的实力远不如项羽,当项羽听说刘邦已先入关时,怒火冲天,决心要将刘邦的兵力消灭掉。当时项羽40万兵马驻扎在鸿门,刘邦10万兵马驻扎在灞上,双方只隔40里,兵力悬殊,刘邦危在旦夕。在这种情况下,刘邦先是请张良陪同去见项羽的叔叔项伯,再三表示自己没有反对项羽的意思,并与之结成儿女亲家,请项伯在项羽面前说句好话。然后,第二天一早,又带着随从、拿着礼物到鸿门去拜见项羽,低声下气地赔礼道歉,化解了项羽的怨气,缓和了他们之间的关系。表面上看,刘邦忍气吞声,项羽挣足了面子,实际上刘邦以小忍换来自己和军队的安全,赢得了发展和壮大力量的时间。刘邦对不利条件的隐忍,面对暂时失利的坚韧不拔,反映了他对敌斗争的谋略,也体现了他巨大的心理承受能力。

刘邦正是把眼光放远,靠着吃一些眼前亏的技巧,赢得了最后的胜利。有人说刘邦是一忍得天下,相信这种智慧不是有勇无谋的人可以修炼成的。

这就是老子辩证的眼光,看事情不能只停留在表面。眼前的亏从另一个角度看,就是日后的福。

【解读】

如果被事物的表面所迷惑,就有可能把握不准是非,看不透祸福得失,以至于像没头苍蝇似的恣意妄为,那么结果肯定是自寻烦恼,自找苦吃。

老子有句话说得好:大成若缺,其用不弊。大盈若冲,其用无穷。意思是说:最完美的事物看起来好像总是残缺不全的,但它的地位和所起的作用永远不可忽视。最完美、最充盈的东西,看起来好像空洞无物不真实,但它的价值是不可限量、无穷无尽的。

老子的智慧就在这里,他总能以独到的眼光看到事物的本来面目。事物的价值取决于它的本质,如果我们的目光只停留于表面,必然会错过许多值得我们去拥有、去抓住的东西。

【原文】

吉莫吉于知足,苦莫苦于多愿。

【译文】

知足者可保一生平安,知足者幸福常伴左右。人世间的痛苦多半是由欲望太多而不知道及时地遏制引起的。

【解读】

随遇而安天地宽

人应当能够承受物质生活对人的身心所产生的影响。现实中的"俗人"往往因穷困而潦倒,但聪明的智者,却能随遇而安或穷益志坚,不受任何影响地充分享受人生,并且能做出一番不平凡的事业来。

苏东坡对人生的旷达态度在历史上是出了名的。

宋神宗熙宁七年秋天,苏东坡由杭州通判调任密州知州。我国自古就有"上有天堂,下有苏杭"的说法,北宋时期杭州早已是繁华富足、交通便利的好地方。密州属古鲁地,交通、居处、环境都没法儿和杭州相比。

苏东坡说他刚到密州的时候,连年收成不好,到处都是盗贼,吃的东西十分欠缺,苏东坡及其家人还时常以枸杞、菊花等野菜作口粮。人们都认为苏东坡先生过得肯定不快活。

苏东坡

谁知苏东坡在这里过了一年后,长胖了,甚至过去的白头发有的也变黑了。这奥妙在哪里呢? 苏东坡说:"我很喜欢这里淳厚的民风,而这里的官员百姓也都乐于接受我的管理。于是我有闲情自己整理花园,清扫庭院,修整破漏的房屋;在我家园子的北面,有一个旧亭台,稍加修补后,我时常登高望远,放任自己的思绪,做无穷遐想。往南面眺望,是马耳山和常山,隐隐约约,若近若远,大概是有隐君子吧! 向东看是卢山,这里是秦时的隐士卢敖得道成仙的地方;往西望是穆陵关,隐隐约约像城郭一样,师尚父、齐桓公这些古人好像都还存在;向北可俯瞰潍水河,想起淮阴侯韩信过去在这里的辉煌业绩,又想到他的悲惨命运,不免慨然叹息。这个亭台既高又安静,夏天凉爽,冬天暖和,一年四季,早早晚晚,我时常登临这个地方。自己摘园子里的蔬菜瓜果,捕池塘里的鱼儿,酿高粱酒,煮糙米饭吃,真是乐在其中。"

其实,一个人的思想,一旦升华到追求崇高理想上去,能够放宽心境,不为物累,心地无私、无欲,随时随地去享受人生,也就苦亦乐、穷亦乐、困亦乐、危亦乐了! 这是没有身历过其境的人所难以理解的。真正有修养、高品位的人,他们活得快乐,但所乐也并非那种贫苦生活,而是一种不受物役的"知天""乐天"的精神境界。

【解读】

我们常说:知足者常乐。这不仅仅是一句谚语,也是一种值得所有人铭记在心的人生态度。只可惜很多人只是把这句话挂在嘴边而已,所谓"知足"总是被无情的物质主义浪潮所淹没。

【原文】

悲莫悲于精散,病莫病于无常。

图文珍藏版

【译文】

世间最令人悲伤和痛苦的事莫过于心烦意乱、精神涣散,最大的病患莫过于内心不平静而导致喜怒无常。

【事典】

欲望太多内心就难以平静

有一则寓言:

有位书生准备进京赶考,路过鱼塘时正巧渔夫钓了一条大鱼。便问渔夫是如何钓到大鱼的。渔夫得意地说,这当然需要一些技巧。"当我发现它时,我就决心要钓到它。但刚开始,因鱼饵太小,它根本不理我。于是,我就把鱼饵换成一只小乳猪,没想到这方法果然奏效,没一会儿,大鱼就上钩了。"

书生听后,感叹地说:"鱼啊,鱼啊,塘里小鱼小虾这么多,让你一辈子都吃不完,你却挡不住诱惑,偏要去吃渔夫送上门的大饵,可说是因贪欲而死啊!"

欲望与生俱来。生命开始之时,欲望随之诞生。饿了要吃饭,冷了要穿衣,这是人的本能。仅从生命科学而言,人类绵延生息不绝,可以说欲望是生命的动力。生命停止,欲望则消失。同时,人的欲望的满足,又是生命消耗的过程。

从某种意义上讲,有效地节制欲望,是构建和升华生命,延伸和拓展生命长度的必由之路。

这就不得不让我们想起了性情淡泊、道法自然的庄子。

有一天,秋高气爽,太阳已爬在半空,庄子还长卧未醒。忽然,门外车马滚滚,喧嚣非凡,随后有人轻轻叩门。

原来是楚威王久仰庄周大名,欲将他招进宫中,辅佐自己完成雄霸天下的事业。

楚威王便派了几位大夫充当使者,抬着猪羊美酒,携带黄金千两,驾着驷马高车,郑重其事地来请庄周去楚国当卿相。

半个时辰过后,庄子才睡眼惺忪开门出来。

使者拱手作揖,说明来意,呈上礼单。

不料庄子连礼单瞟也不瞟一眼,仰天大笑,说了一套令众使者大跌眼镜的话:

"免了! 千金是重利,卿相是尊位,请转告威王,感谢他的厚爱。"

"诸位难道没有看见过君王祭祀天地时充作牺牲的那头牛吗? 想当初,它在田野里自由自在;一旦作为祭品被选入宫中,给予很好的照料,生活条件是好多了,可是这牛想不当祭品,还有可能吗? 还来得及吗?"

"去朝廷做官,与这头牛有什么差别呢? 天下的君主,在他势单力孤、天下未定时,往往招揽海内英才,礼贤下士。一旦夺得天下,便为所欲为,视民如草芥,视功臣为敌手,真所谓'飞鸟尽,良弓藏;狡兔死,走狗烹'。"

"你们说,去做官又有什么好结果?放着大自然的清风明月、荷色菊香不去观赏消受,偏偏费尽心机去争名夺利,岂不是太无聊了吗?"

使者见庄子对于世情功名的洞察如此深刻,也不好再说什么,只得怏怏告退。

其中一位使者还如临当头一棒,看破数十年做官迷梦,决定回朝后上奏威王告老还乡。

庄周仍然过着无忧无虑的生活。登山临水,笑傲烟霞,寻访故迹,契合自然,抒发感情,盘膝静坐,冥思苦想,在贫穷中享受人生的快乐和尊严。

老子说得好:"见欲而止为德"。邪生于无禁,欲生于无度。清代陈伯崖写的对联中有这样一句"人到无求品自高"。笔者很赞成这一观点。这里说的"无求",不是对学问的漫不经心和对事业的不求进取,而告诫人们要摆脱功名利禄的羁绊和低级趣味的困扰,去迎接新的、高尚的事业。

有所不求才能有所求,无求与自强是不可分割的。这正是这句对联所反映的辩证法思想。人生在世,不能离开名利等。但对这些身外之物,必须有一个清醒的认识,保持一定的警觉。一个人只有抛开私心杂念,砸掉套在脚上的镣铐,心地才能宽阔,步履才能轻松,才能卓有成效地干一番事业。

提倡"人到无求品自高",不是让人们去过那种清贫的生活,而是为了清除社会上的腐败现象,以使那些追名逐利者保持政治上的清醒和思想道德上的纯洁。

内心的踏实来自长久努力奋斗的沉淀。欲望是无止境的,人们为满足欲望想出了许多手段,赌博、诈骗、抢劫,还有出卖灵魂肉体。欲望满足的结果并非能心静。

无欲则静,多数人不能做到如出家高僧。在这样一个商品经济社会里,清心寡欲也变得很难。付出不图回报,但必有回报,尽管并非得如所付。尽心尽力地劳动也许不能暴富,总比出卖灵魂肉体来得踏实。

人在心理上追求个一定的平衡,欲望过少缺乏动力,欲望太多心烦意乱,你所要做的就是把握你的心,不要让多余的不着边际的欲心杂念扰乱你生命的脚步。

【解读】

我们的痛苦烦恼似乎永远也没有尽头,一下成功,一下失败,时而悲伤,时而喜乐;在生活里我们东突西窜,愈陷愈深,找不到一条出路。而黄石公告诉我们,道就是道,不生不灭,欲望太多的人就无法看透迷茫的前途,而平心静气着,却能够灵敏活泼地勇往直前,这才合乎天地所具有的德性。

【原文】

短莫短于苟得,幽莫幽于贪鄙。

【译文】

人生最浅薄最无耻的事，莫过于通过见不得人的手段取得不义之功名利禄，最大的幽险莫过于贪得无厌、不知羞鄙。

【事典】

不义之富贵于我如浮云

子曰："饭疏食，饮水，曲肱而枕之，乐亦在其中矣。不义而富且贵，于我如浮云。"

孔子说："吃粗粮，喝白水，弯起胳膊当枕头，这其中也充满生活的乐趣。用不义的手段取得富贵，对我来说，就像天上的浮云一样。"

孔子的这句名言，影响甚巨，不仅内化成了有道君子的人格精神，同时也在很大程度上影响了人们在现实生活中的具体方法和策略。这在西汉名臣疏广的治家方略中可见一斑。

疏广，字仲翁，西汉东海兰陵（今山东枣庄东南）人。他博览多通，尤精《春秋》，先在家乡开馆授课。由于学问渊深，四方学者不远千里而至。朝廷得知后，征调他去都城长安，任以博士太中大夫。公元前71年，宣帝拜请他充当东宫皇太子的老师，为太子少傅，不久转迁为太子太傅。他的侄儿疏受，也以才华过人被征为太子家令，旋又升为太子少傅。从此，叔侄二人名显当朝，极受荣宠。

疏广是一位识大体、知进退的人。他对太子的辅导极其认真，教之以《论语》《孝经》，晓之以礼义廉耻，希望太子日后担当起治国平天下的重任。当太子十二岁时，他以年老体衰为由，奏请朝廷辞官回家。临行前，宣帝赏赐黄金二十斤，皇太子赠以黄金五十斤。其他公卿大臣，也分别馈送财物，并特意在京城的东郭门外设宴为他饯行。站在大道两旁观看的人们，见送行的车子便有数百辆，都感叹地称他为"贤大夫"。疏广真可谓是家私丰足、荣归故里。

但是，说也奇怪，疏广回到家乡以后，竟绝口不提购置良田美宅。而是将所得财物赈济乡党宗族，宴请过去的故旧亲朋。不仅如此，他还几次询问余剩钱财的数目，意思是要把这些财物都花得一文不剩。疏广的儿孙们很着急，可又不敢言语，只好私下请了几个平时与疏广要好的老人，希望他们能劝说疏广，及时建造房舍和购买田地，使子孙后代也有个依靠。几位老人觉得这些意见是对的，便在相聚时从中规劝疏广，要他多为儿孙们着想，置办家产。

疏广笑着说："你们以为我是个老糊涂，不把子孙后代的事情惦挂在心吗？我的想法是：家里本来还有房舍和土地，只要子孙们勤劳节俭，努力经营，精打细算，维持普通人家的穿衣吃饭是不成问题的。"老人们还疑惑不解，疏广接着说："如果现在忙于为子孙后代买地盖房。子孙们饭来张口,衣来伸手,不愁吃,不愁穿,反而会使儿孙们懒惰懈怠,不求上进。一个人要是腰缠万贯,家中富足,贤能的容易丧失志向,愚笨的则变得更加蠢陋。再说,钱多了还容易招人怨恨,我过去忙于国事,对子孙的教育不够,如今不为儿孙们置办产业,正是希望他们能够自力更生,克勤克俭,这也是爱护和教育儿孙的一个办法啊!"老人们终于被说服,再也不为他的子孙们去说情了。

疏广对待子孙后代,务在劳其筋骨,苦其心志,以免使他们成为好逸恶劳的纨绔子弟,同时也使他们自觉地远离"不义"的富贵,表面看来似乎不近情理,但其用心是何其良苦,又何其明智!

人生在世,难免沉沉浮浮,时起时落,关键的是,倘若能够领悟生活的真谛,享受一点一滴的生活所给予的快乐,就可以了解人生的意义所在。虽然,任何人都不会喜欢或满足于吃粗粮、喝白水,但相对于用不义的卑劣手段去攫取所谓的"富贵",君子则宁愿安贫乐道,以此来换取良心上的轻松和精神上的舒畅。

【解读】

贪图私利,是人的本性;避害趋利,是人的本能。这是无可厚非的。虽自私自利,避害趋利,但并不危害社会、危害他人,实不足为奇。为吃穿而奔波,为富裕而奋斗,为地位而努力,为改变环境而拼搏,只要手段正当,没有危害他人,有何不可?

可怕的是,世界上总有那么万分之一二的恶人、坏人、贪官、污吏,他们不是一般意义上的自私自利,唯利是图,而是横行乡里,鱼肉百姓,无恶不作,危害他人,危害社会。这样的人是可耻之人,他们的所作所为可耻之极。

【原文】

孤莫孤于自恃。

【译文】

自恃有才,就狂妄傲物,目空一切,这样的人最容易成为孤家寡人。

【事典】

自以为是贻误大事

现在有些人,经常自以为是,对周围人的批评根本听不进,认为别人是在侮辱自己,或者瞧不起自己,或者明明知道错了也不改正,这和历史上扁鹊见的蔡桓公很相似。

战国时候,齐国有一个神医名叫秦越人。因为他治病的本领特别高,人们都管他叫"扁鹊"（传说扁鹊是上古时代一位有名的医生）。他原来的名字，反倒没有多少人知道了。

有一天，扁鹊去看蔡桓公。他瞧了瞧蔡桓公的脸色，说："您有病，病在皮肤里，要是不早治，恐怕要加重起来的。"

蔡桓公听了，很不高兴地说："别瞎说。我什么病也没有！"扁鹊走了以后，蔡桓公笑着对左右的官员说："医生总是喜欢挑毛病，明明你没有病，他偏说你有病，好显示他的医术高明！"

过了五天，扁鹊又去看蔡桓公。他看了看蔡桓公的脸色，说："您的病已经发展到肌肉里去了，再不治，会更加厉害的！"蔡桓公没有理他，他只好走了。

又过了五天，扁鹊又去看蔡桓公。他皱着眉头对蔡桓公说："您的病已经蔓延到肠胃里去了，再不治，就危险啦！"蔡桓公还是不理他，他只好又走了。

又过了五天，扁鹊又去看蔡桓公。这回他一见蔡桓公，扭头就走。桓公觉得挺奇怪，马上派人把他追回来，问他："为什么这一回你一句话不说就走呢？"

扁鹊回答说："病在皮肤里，用热水一焐，就可以治好；病在肌肉里，扎扎针，就可以治好；病在肠胃里，吃几付汤药，也可以治好；病在骨髓里，那就难办了。现在，大王的病已经深入到骨髓里去了，您想治，我也没有办法了！"蔡桓公听了，还是不大相信，只是笑了笑，就叫扁鹊走了。

又过了五天，蔡桓公果然浑身骨头痛。这时候，他才相信扁鹊的话是对的，可是已经晚了。过了几天，蔡桓公就死了。

后来，人们从这个故事中得出了一句成语，叫作"讳疾忌医"，意思是说：明明有病还不肯承认，不愿意医治。用来说明一个人有了过错，别人给他指出来，他还不承认，只落得自己没有好结果。

然而，与此相反的是，历史上有些人不仅虚心接受别人的意见，而且还经常自我监督，自我批评。

明代有个叫高汝白的人，他中了进士以后，曾培养他的叔父写信督促他说："你尽管考中了进士，我并不为此高兴，反而因此担忧。此后你可能会逐渐放松对自己的要求，所以我希望你每天将自己的行为举止用笔记在本子上，然后寄给我。"高汝白叹息着给叔父回信说："我一直在您老身边长大，难道您还不了解我，而担心我会放纵自己？"过后他试着问了一个伴随在他身边的老家的人，自己有没有改变。老家的人说："比起往日是逐渐有所不同。"他这才开始警觉起来，于是，用一个本子把自己每天的言行记录下来，进行检查，发现自己的缺点多得写不完。他很害怕，从此激励自己努力学习，修养品德，逐渐地改掉本子上记录的缺点，后来，高汝白成为一个著名的品行高尚的人，官至提学（主管教育的官吏）。

清朝有一位叫徐文靖的人，也是用类似的方法督促自己每天朝好的方面努力。徐文靖仿效古人：用两个瓶子分别放置黄豆和黑豆，每当做了一件好事时，他便念道："说了一句好话，做了一件好事。"于是投进一粒黄豆。要是办坏了一件事，便投进一粒黑豆。开始是黄豆少,黑豆多,渐渐地日积月累,豆子已黄黑各半,久而久之,黄的就多于黑的了。

能够做到胸怀坦荡地接受别人指出的错误和正确的批评,并且有意识地来约束自己,自觉地达到自己制定的标准,一步一个脚印,持之以恒地照这样做,做人做事就会达到圆满的境界。而讳疾忌医,到头来只会贻误大事。

【解读】

世间的才子们最容易犯的一个错误就是恃才傲物。多喝了点墨水就以为可以王侯将相了,就以为天下无敌了,并且听不进别人的意见和善意的忠告,一意孤行。黄石公的意思是,这样的人不仅孤陋寡闻,到最后也只能以孤芳自赏、孤苦伶仃收场。

【原文】

危莫危于任疑。

【译文】

最危险的事莫过于任用人才的时候却存有疑心。

【事典】

用人不疑疑人不用

实际上,"用人不疑"仔细分析起来应该是包含两方面的内容:第一是真的知人而不疑,由于太了解一个人了,所以不必怀疑;第二是以不疑的态度或表现去对待下属。事实上,任何一位管理者,在用人的过程中,很少能够做到真正的不疑,他们始终都是在观察手下的人才,时刻抱一份警惕之心,一旦发现员工有不轨行为或动向,立即先发制人。但用人不疑还是有它的用武之地的,它可以显示出管理者对下属的信任,从而提高其工作的热情。因此,管理者在这个问题上,尽量朝着不疑人的方向努力,让对方知道你不听信谗言,不乱生怀疑,让他本人和周围的人觉得你"用人不疑"就可以了。

冯异是刘秀手下的一员大将,他不仅英勇善战,而且忠心耿耿,品德高尚。当刘秀转战河北时,屡遭困厄。一次行军在饶阳德伦河一带,弹尽粮绝,饥寒交迫,是冯异送上仅有的豆粥麦饭,才使刘秀摆脱困境;还是他首先建议刘秀称帝的。后来,各将领每每相聚各自夸耀功劳时,他总是一人独避大树之下。因此,人们称他为"大树将军"。

冯异长期转战于河北、关中,深得民心,成为刘秀政权的西北屏障。这自然引起了同僚的嫉妒，一个名叫宋嵩的使臣先后四次上书诋毁冯异，说他控制关中，擅杀官吏，威权至重，万民归心，当地百姓都称他为"咸阳王"，且有反叛的迹象。

冯异对自己久握兵权，远离朝廷，也不大自安，恐被刘秀猜忌，于是一再上书，请求回到洛阳。刘秀对冯异虽然也不大放心，可西北地区却又实在少不了冯异这样一个人，也就只能暂时维持现状。

一次，冯异率军征讨外虏，领军几十万所向披靡，声名远扬，震动朝野内外。得胜回朝后，刘秀召见众将，对军功显赫的将领都一一进行加官晋爵、赐田封赏，唯独对大将军无封无赏。满朝文武百官无不迷惑，对此事议论纷纷。

刘秀对这些议论并不理睬，等了几天即下召命让冯异率众将仍回西驻守。一路上，冯异心中思绪如麻，翻江倒海，不知皇上心中何意，心想：如果皇上不信自己，嫌自己军权太重，那么我已必死无疑了！可是他却又派自己回西北驻守统领重军，说明还是相信自己的嘛！但是，自己手下众将都有封赏，而对自己却提都不提，这让我以后如何领导众将呢？……我乃朝廷第一大将，与皇上是患难之交，生死兄弟，执掌重兵，他刘家江山有一半是我打的，皇上的命还是我救的呢，没有我冯异，有他刘秀的今天吗？像我这样的功臣估计皇上轻易也不敢动。

冯异刚回到西北军中大帐，皇上派的使者竟随后又赶到了，冯异纳闷：刚从京师回来，有多少事说不了，还有什么事呢？使者交给冯异一只盒子，众将不解，都不知道装的什么东西。冯异打开一看，全是信件，再一阅读内容，全是冯异在率兵出征期间，朝廷内宋嵩等臣写给皇帝的奏章，说冯异拥兵自重，控制关中，乱杀权重，企图造反。直看得冯异汗流浃背、长吁短叹。

冯异心想，皇上没有听信别人的话，不但没杀我，又把这些信交给我，继续让我统兵，看来还是信任我的，还有什么比皇上的信任更高的赏赐呢！以后得好好干呀！于是，冯异连忙上书自陈忠心。刘秀回书道："将军之于我，从公义上讲是君臣，从私患上讲如父子兄弟，我还会对你猜忌吗？你又何必担心呢？"

刘秀真是驭人有术、手腕高明。他的这种处理方式，既可解释为对冯异深信不疑，又能暗示朝廷早有准备，既是拉拢又是震慑，一箭双雕。

事实上，刘秀当时也在心里猜测，冯异到底是不是反叛呢？但刘秀的高明之处就在于，他能够静下心来，表现出对冯异十二分的信任，在事情没有搞清楚之前，永远对部下抱有诚意。何况，刘秀深知，当时的情况下，即使冯异真的反了，自己不但拿他没办法，而且还可能有亡国的危险。与其这样，还不如让冯异觉得自己信任他，或许事情就不会那么糟了。后来的结果表明，刘秀的决定是正确的。

当然，"表面上"的用人不疑需要运用一套隐蔽的监督手段，这样才会在员工充分感到你的信任、热情百倍地去工作的同时又不敢轻举妄动。

【解读】

"用人不疑，疑人不用"，是古人留给后人的一句良言。然而话说回来，用人者又有多少完全不疑的呢？可以说，很少有人能真正放心地把事关自己前途的重要工作交与其他人去做。三国时的马谡因在攻打孟获之时向诸葛亮提出了"攻心"之策，从而赢得了诸葛亮的信任。但后来在派马谡镇守街亭之时，诸葛亮还是派了王平作为马谡的助手。王平名为助手，实为诸葛亮的眼线，他要随时将马谡的用兵情况向诸葛亮汇报。诸葛亮用人尚且如此小心谨慎，更何况不如他的后人呢？

【原文】

败莫败于多私。

【译文】

很多失败的事其根源就在于当事人的自私自利。

【事典】

私欲太盛者逃不过败身之祸

齐襄公二十八年，齐国的权臣庆封到吴国，聚集他的家族居住下来，聚敛财物比原来更富有。当时的子服惠伯对叔孙穆子说："上天大概是让淫邪的人发财，这回庆封是又富了。"穆子说："善人发财叫作赏，淫邪的人发财叫作祸患，上天将要使他遭殃。"昭公四年，庆封被楚国人杀了。以前他的父亲庆克曾诬陷鲍庄，当时庆封谋划攻打子雅、子尾，事情被发现，子尾刺杀了庆封的儿子舍，庆封逃到吴国。这里说的子雅、子尾是齐国的公子。同一年，齐国崔姓叛乱，子雅等公子们都失散了，等到庆氏灭亡后，齐王又召回了这些公子们，他们都各自回到他们的领地。乱事结束后齐王赏给晏子邶殿的 60 个乡邑，他不接受。

子尾说："富有是人人都想得到的，你为什么偏偏不要呢？"晏子回答说："庆氏的城市多得能够满足他的欲望，而他还贪而不忍，所以灭亡了；我的城池不足以满足自己过分的欲望。不要邶殿并不是拒绝富有，而是怕失去富贵。而且富贵就像布帛有边幅，应该有所控制，使它不致落失人手。"这是说富人不能随意增加财富，否则将自取灭亡。

人富了，就容易产生骄横之心，富而不骄的人，天下很少有，富者要忍富，不能因比别人富，去欺压别人。

对于贫寒清苦的生活，有些人以为苦，而不少名士、隐士则有他们独到的见解，从中也可以看到他们把忍受清贫的生活当成一种修身养性，战胜人性中贪欲的一种方法。他们不以此为苦，反以此为乐。

而与之相反，让自己人性中最阴暗的一面不加抑制地放纵的人，结果往往都像庆封一样，最终身败名裂。但偏偏这样的人代代都层出不穷。

东汉外戚梁冀,官至大将军,掌权 20 年。他强占无数民田,洛阳近郊,到处都有他的花园和别墅。后来被抄家时,家财达 30 多亿,相当于那时全国一年租税收入的一半。另一个大宦官侯览,前后霸占民宅 380 所。他的住宅,"高楼池苑,堂阁相望",雕梁画栋,类似皇宫。西晋大臣石崇和国舅王恺斗富。王恺用麦糖洗锅,石崇就用白蜡当柴烧。王恺用紫色丝绸做成长 40 里的步障,石崇就用织锦花缎做出更华丽的步障 50 里。结果,梁冀、石崇、侯览都在"八王之乱"中被处死了。

四川人安重霸,在简州做刺史,贪得无厌,不知满足。州里有个姓邓的油客,家中富有,爱好下棋。安重霸想贪他的财物,就把姓邓的传来下棋。只许他站着下,每次落一子,就要他退到窗口边,等安重霸思考好了,再让他过来,这样一天也没下几十个子。这样姓邓的站立得又饿又累,疲倦不堪。第二天再传他去下棋。有人对他说:"太守本意不是下棋,你为何不送东西给他?"于是姓邓的送上三个金锭以后,再不叫他去下棋了。这种人的行为看起来让人觉得好笑,不可思议,但他们的结果往往"不好笑",也往往在人们的意料之中。安重霸最后身首异处、他所聚敛的家财一分也没跟他走。这种放纵私欲,聚敛财富,恃权骄奢的人,其实是在进行一场人生的冒险游戏。最终于人于己,皆为不利,并且没有任何积极的意义。

"人是自私的动物",这句话没错。任何人都必须承认自己和他人的自私性,也必须承认为自己谋求利益的合理合法性。但这些都必须是有限度的,在古代"度"是人性容忍的底线,在今天就是法律的范围。否则,一旦人的私欲决堤泛滥,以致侵害到别人,甚至严重触犯法度,那么,必然会遭到怨恨和惩处。古往今来因私欲太盛而遭致祸患的例子,不胜枚举。这种教训是值得人们在现实中引以为戒的。

【解读】

人的自私本性决定了人的行为,大多数人所作所为都必然是从自己的利益出发。但一部分人因权势或际遇而觉得自己可以无所顾忌地去追逐私利,进而走向骄奢,以致最终因私心无度而引火烧身;但有一些堪称君子的人,无论何时都能自律有度。他们不仅一生平安顺达,而且还能够创建功业,留下美名。

遵义第五

"义"不仅是一个人修养的内在体现,在黄石公看来更是一种做人做事的方法和准则。那么,怎样去做才算"义"呢? 最基本的一点就是:在达到自己目的的同时,绝对不能给他人带来伤害,无论是精神上的,还是肉体上的。如果用了错误的方式去做事,违背了"义"的准则,那么结果就会使自己陷于被动的境地。

【原文】

以明示下者暗。

【译文】

在部下面前显示高明,一定会遭到愚弄。

【事典】

隐藏实力以图一鸣惊人

古代就有许多人深知隐藏实力的处世做事之道。楚庄王的"不鸣则已,一鸣惊人"的举动,正是悟透了这一智慧而为的。

春秋战国时期,楚庄王即位伊始,便受到内外的瞩目,因为他的祖父、父亲两代国王都很有作为。楚国上下希望他能继承父、祖遗志,开疆拓土,使楚国更加强盛;而邻近的小国则是战战兢兢,危不自安,甚至连中原的大国秦、晋也都密切注意楚国的动向。

然而出人意料的是,楚庄王即位后,根本不理国政,每日里不是在宫中听音乐,饮美酒,与妃妾们寻欢作乐,便是率领卫士于深山大泽打猎,一副标准的荒淫无度的国王形象。

楚国的大臣们自然不甘心楚国前两代国王奋斗的成果就此毁灭,纷纷入宫劝谏,楚庄王置之不理,我行我素。后来听得烦了,干脆在王宫外立一道牌子,上写:敢入谏者死。严令之下,楚国的大臣们大概觉得还是保命要紧,真的没人敢再劝谏了。

楚庄王夜以继日,荒淫不已,一连持续了三年。国王不理朝政,下面自然乱作一团:权臣们借机树党争权,谄谀小人们则逢迎拍马,捞取官职,贪官们更是浑水摸鱼,中饱私囊。楚国的政治一下子陷入了混乱无序的状态,而忠臣贤良只有扼腕叹息的份儿了。

楚国的大夫伍举实在忍不住了。他决定入宫进谏,不过他也不愿意拿自己的头往刀刃上撞,于是想出了一个巧妙的方法。

他入宫见到楚王时,楚庄王正左搂郑姬,右拥越女,一边喝着美酒,一边听乐师们奏乐。见到伍举,楚庄王问道:"大夫是想喝美酒,还是要听音乐?"

伍举笑道:"臣既不想喝酒,也不想听音乐,而是听人们说大王智慧过人,所以想请大王猜个谜语。"

楚庄王知道伍举是要借机进谏,但既然伍举没明说,自己也不点破。伍举便说道:"在楚国的一座高山上,停落一只大鸟,它羽毛五彩缤纷,异常华丽,可是三年来它既不鸣叫,也不飞走,臣实在不明白其中的原因。"

楚庄王沉思片刻,说道:"这不是一只平凡的鸟,它三年不鸣,是在积蓄自己的力量;三年不飞,是等待看清方向。这只鸟不鸣则已,一鸣惊人;不飞则已,一飞冲天。你去吧,你的意思我都明白了。"

伍举听完楚庄王的解释后异常兴奋,他出宫后告诉自己的好友,同是楚国大夫的苏从,他说国王是很有头脑的人,他是在等待时机,而绝不是一个沉溺酒色的荒淫君主,看来楚国还是大有希望。

几个月过去了,楚庄王不但没有丝毫改变,反而更加荒淫无度,苏从感到受了骗,他全无顾忌,舍身直闯王宫,直言进谏:"您身为国王,不理国政,只知道享受声色犬马之乐,却不知道乐在眼前,忧在不远,不久就会民众叛于内,敌国攻于外,楚国离灭亡不远了。"

楚庄王勃然大怒,拔出长剑,指着苏从的鼻尖,厉声叱道:"大夫不知道寡人的禁令吗? 难道你不怕死吗?"

苏从凛然正色道:"假如我的死能让君王悔悟,能让楚国富强,我的死就是值得的。"

楚庄王看了苏从半晌,忽然扔下长剑,双手抱住苏从,感慨道:"我等的就是大夫这样忠于国家,不怕死的栋梁。"他挥手斥退歌男舞女,与苏从谈论起楚国的政务了。苏从这才惊异地发现:国王对国家上下了解比自己还要多。

楚庄王随后发布一系列政令,把那些权臣政客、谄谀小人、贪官和不称职的官员该杀的杀,该罢职的罢职;把那些包括伍举、苏从在内的忠于国家、有才能、刚直不阿的人提拔上来。一番调整重组后,楚国的政治从贪浊混乱变得清明而富有活力。

楚庄王待国内基础巩固后,不仅继续开疆拓土,平定了周围附属小国的背叛,而且挺进中原,夺得了霸主地位,成为历史上著名的"春秋五霸"之一。

楚庄王即位时,楚国的情况表面上看来不错,但实际上却有隐忧——在当时,国内权臣夺利,小人充斥,群臣良莠不齐,忠奸难辨。他就故意收敛住自己的锋芒,将真实的自己隐匿起来,装扮成一个荒淫君主的形象,这样不仅解除了周围国家对自己的戒心,更消除了群臣的顾忌,让他们尽情施展自己的手段,露出自己的庐山真面目。在苦等三年,摸清了所有的情况后,猝然施展霹雳手段,将楚国政治振奋一新,这才是真正的人生智慧。

将自己藏起来,并非让我们一声不响默默无闻。而是让自己在这种不被关注的情况下,去发现那些隐藏在表面现象之中的本质问题,然后再实行具体的措施,达到"一鸣惊人"的效果。这就是一种"柔弱处上"的人生哲学。

【解读】

"话到嘴边留半句,不可全抛一片心",为人处世如此,对待下属也是如此,不要让他们过早地知道自己有多么强大,要懂得隐藏。

老子在《道德经》中说"兵强则灭,木强则折",其就是因为锋芒过露。他认为"强大处下",而"柔弱处上"——为人处世应该善于隐匿自己的锋芒,才能让自己永远不居"下风"。

能成大事的人在做一件大事之前,都将真实的自己置身于暗处(将才能、智慧隐藏起来),为了观察明亮处其他人的行动,自己保持静默从而细心观察别人的动作。这样所有人的内外情形就都真实地展现在自己眼前,这件事自然能成。

【原文】

有过不知者蔽,迷而不返者惑。

【译文】

有过错而不能自知的人,一定会受到蒙蔽,走入迷途而不知返回正道的人,一定是神志惑乱。

【事典】

犯错不要紧只要能改过

我们经常会犯一些低级错误,我们也常常因此失去很多宝贵的东西。但我们可以抽出时间总结过去,只是不要再追悔过去,因为眼前的路还是要走的。

陶渊明说:"实迷途其未远,觉今是而昨非。"我们今天觉得昨天犯了错误,说明在错误的道路上走得还不算远,一切都还来得及。如果到快要进棺材时才发现自己错了,只能用自己的经历去警示后人了。如果有错而不去改正,就如孔子所说:"过而不改,是谓过矣!"

每个人都会犯错误,人就是在犯错误和不断改正错误的过程中成长起来的。

对错误的理解和认识不同,对待错误的态度也会不同,当然最后的结果也会大相径庭。普通人会犯错误,受人尊敬的君子也会犯错误,但千万不要用新的错误去掩盖旧的错误。

伴随人生的很多事情要有序地、平行运行,如:学习、工作、恋爱、结婚、养育子女、赡养老人、结交朋友、帮助亲友,还有为社会尽应尽的义务等等。每一项事情在人生中都有一个合理的时间和空间,人有时候犯错误就是将这些问题弄错了顺序、用错了时间和空间。一般意义上的错误就是越位和错位,更大意义上的错误就是把事情的比例搞错了。有些重要的事情既不能错位也不能越位,如果你在应当学习的时间谈恋爱,你是越位;如果你在结婚以后再去谈情说爱你一定是错位。例如在该学习时候去恋爱本是一般性的错误,如果你用90%的精力去学习,用10%去谈情说爱,还不至于妨碍你今后的发展,反过来用90%的精力去谈情说爱,用10%去学习,你肯定就犯了大错误。

世上没有不犯错误的人,工作中也会出现这样的缺点或那样的问题,这是在所难免的,毕竟"人非圣贤,孰能无过",更何况即便是圣人也会有犯错误的时候。因此一个人有这样的不足或那样的错误,是正常的,这些并不可怕,可怕的是自己没有意识到,又没有人及时指出,犯错还不知道;可怕的是讳疾忌医,不认真解决问题,而是遮掩问题。事实上,人们往往最疏于防范的是"小恶",一些错误言行在微小、萌芽状态时不易被人重视,结果从量变到质变,"问题不大"的错误使人越滑越远,"小洞不补,大洞吃苦",致使积重难返,深陷泥潭而不能自拔。

【解读】

孔子在处理过失和改过的关系方面,强调改过,他把道德修养过程也看作是改过迁善的过程。孔子说:"丘有幸,苟有过,人必知之。"他承认自己犯有过错,并认为过错被别人所了解,是自己的有幸。他反对有人对过错采取不承认的态度,"小人之过也必文",文过饰非,把过错掩盖起来,这是不对的。他还说,"君子之过也,如日月之食焉。过也,人皆见之,更也,人皆仰之。"他认为君子的过错,好比日蚀和月蚀;他有过错,人人都看得见,他改正了,人人都仰望他尊敬他。孔子提出"过则勿惮改"的要求,还说:"过而不改,是谓过矣,不善不能改,是吾忧也。"

要正确对待自己的过错,也要正确对待别人的过错,要容许别人犯错误,对别人过去的错误采取谅解的态度。孔子提出的"既往不咎",就是对已经过去的事不要责备了,着重看现在的表现。

黄石公要人知过、改过的思想,涉及人犯错误的必然性以及人如何对待自己的错误和改正错误的问题,还涉及如何对待别人的批评和如何对待别人的错误的问题,这些思想与经验,对我们今天仍有启发意义。

【原文】

以言取怨者祸。

【译文】

出言不逊而招致怨恨,其给自己带来的祸害也是在所难免的。

【事典】

说话莫伤人心

说话伤人心莫过于当众揭人短。

短处,人人都有,有的可能自己心里也很清楚,可是由别人嘴里说出来就让人不舒服。俗话说:打人不打脸,骂人不揭短。没有一个人愿意让别人攻击自己的短处。若不分青红皂白,一味说对方的短处,很容易引发唇枪舌剑,两败俱伤。

"当着矬子不说矮话",是告诫人们在应酬中不要伤他人自尊的意思。人生在世,各有所长,各有所短。若以己之长,较人之短,则会目中无人;若以己之短,较人之长,则会失去自信。这也是应酬中尤其要注意的一点。

【解读】

语言是交流思想感情的工具,没有语言,也就没有人类的发展。人们在交往中,没有语言作桥梁,就无法沟通,也就一事无成。但是语言能成事,也能坏事,所以古人认为凡事少说为妙。不是不说话,而是该说的要说,不该说的不说,要考虑好了再说,否则一言有失,即酿大祸。忍言慎语,首先便是要戒伤人的恶语,荀子说:"伤人之言,深于矛戟。"意思是说,伤害别人的语言,比用尖锐的长矛和战戟刺伤人的肉体还要厉害。戒伤人之恶言,是改善人际关系,与别人和睦相处的重要法则。

【原文】

令与心乖者废,后令缪前者毁。

【译文】

颁布法令不可随心所欲,号令不一,后令与前令自相矛盾,让下属无所适从,这样下去,事业会荒废,已有的成就也会毁掉。

【事典】

下令不可随意执行一定严格

立法的好坏,执行的好坏,与当政者是有密切关系的。

如果有好的法律但不能得到贯彻执行,那与无法也是一样的。法律的作用,不只是惩处那些已经犯罪的人,同时对未犯罪者也是一种预防和教育。严于执法是体现法律的正义和威严,而预防和教育则体现了法律的仁德。"有法必依,违法必究"说起来容易,做起来难。难在哪里?一是权与法的关系难以摆正,二是情与法的矛盾难以处理。这两个问题是实行法的两只拦路虎。只要狠心处理违法者,法律是不难得到贯彻执行的。

宋太宗时期,有个叫陈利用的人,依仗其是皇帝的红人,胡作非为,杀人害命。宰相赵普不顾皇帝的讲情、干预,硬是将陈利用处死。明朝开国皇帝朱元璋的女婿犯罪以后,被朱元璋赐死。从以上两例看出,在实行法治的过程中,尽责执法是绝不可含糊的。

宋太宗

商场如战场,管企业也如同治军。治军讲究为将者一言九鼎,让士兵感到军令如山,没有讨价还价的余地,这才是一个大将所应有的魄力。在企业中,管理者就是将军,一定要拿出将军的魄力去向员工传达自己的意识,做到下令不随便,令出要如山。

在企业管理中,需要注意的是,该命令时不可犹豫,而不该命令时也不能随便下令。作为一名领导,最忌讳的就是滥发命令。随意施令将会大大损害你的领导威信。这也是命令,那也是命令,不分青红皂白,不辨明暗是非,结果只会使你的属下感到反感,他们就会把你的命令看轻,甚至不屑一顾,不遵照执行,如此,你的威信就一落千丈。

现代的西方电影当中就时常出现随意滥发命令的老板形象。他们那些不假思索的粗鲁做法，给很多的人造成了一些不好的影响。有些管理者觉得那样很气派，所以就竞相模仿，结果可想而知，误入歧途。

有这样一种说法：领导权越大，地位越高的人，越是不会随意地发号施令。情况可能就是这样的，因为大领导们知道自己命令的重要性，是不可滥施的，而有些职权并不是很大的小领导们，好像是为了过足领导的瘾，到处乱发命令，指挥别人做这做那，要求别人遵照执行，在他所领导的小范围内出尽了风头。这样的领导是"兔子尾巴长不了"，不会得到下属的尊敬的。

作为一名管理者，如果习惯于随意滥下命令，那将会造成许多不好的后果，只会使用命令来领导别人的人，绝不会成为一名杰出的管理者。这种随便滥用命令的管理者将会失去属下的民心，得不到属下的支持和拥护，注定会失败。

当你下达命令之后，可能还会有些人故意不听号令，他们或许是性情乖戾的员工，或者是与你同期进企业的同事，也可能是比你年长的员工。这时，不管是什么人，你都必须毫不犹豫地拿他"开刀"，否则有令不行将是常有的事！

另外，在工作中也要注意，总有一些员工心怀叵测，在你下命令时故意装作不明不白。对付这些人，你必须始终抱着一个原则：令出如山，不可动摇！只有这样，你才能在下属当中建立起领导应有的绝对权威！

当然，在现实生活中，并非一切都很顺利，有些时候也会遇到阻碍而无法达到预期的工作目标。比如，没有按你的命令达到预期的营业额，经费超出预算，拿不到预约的原料，无法在约定期限内交货，无法回收成本等等；或许你也可能听过员工的埋怨："这很难办呢！""请再多宽限几天。""我已经尽力了。"此类问题的处理基本原则是，你不可轻易地与员工妥协。虽然达成目标并非易事，然而若每次皆延迟进度，重新修正，最后任务的内容就变得含糊不清。此时你需要坚定地重复你的命令，并大声地激励对方："不要净说些丧气的话，努力去做看看！"

在这样鼓励与责备共存的话面前，大多数员工都会奉命行事，并在工作中发挥最大的潜力，让你的命令真正地得到贯彻实施。对于那些拒不从令的员工，你只能动用"军法"处置，记住，他们挑战的不仅仅是你的命令，更是你的权威。

【解读】

法，律也，范也，乃指人们社会活动的行为准则。峻法，即指法律的严厉，法律的威严。治国不能不讲法，人人遵纪守法是实现国泰民安的重要基础。

梁启超在总结历史的经验后指出："立法善者，中人之性可以贤，中人之才可以智。不善者反是，塞其耳目使之愚，缚其手足而驱之为不肖，故一旦有事，而无一人可以为用也。"也就是说，立法完善与否，直接影响官吏和百姓的素质，进而影响到国运的兴衰。

法是统一天下人行动的准绳,是维护社会公正和安定的工具,所以,一国之君在执法时,也应该是"我喜可抑,我忿可窒,我法不可离也。骨肉可刑,亲戚可灭,至法不可阙也。"意思是:个人的喜好,怨恨可以抑制、平息,而国家的大法不可背离。骨肉可以处罚,亲戚可以诛灭,国家大法不可损害。

【原文】

怒而无威者犯。

【译文】

只知道发怒,而不知道如何树立权威,一定会受到下属的侵犯。这种做法违反了管人用人最基本的法则。

【事典】

树立权威不全在"威"

员工最喜欢什么样的管理者?从人之常性角度而言,当然是那些平易近人、心慈手软的上司,或者是关心员工需求、秉公办事的领导。

员工工作时候的自由度很高,到领钱的时候又收获颇丰,这样的头儿谁不喜欢?但客观地说,管理者不是幼儿园的阿姨,不能仅仅去讨员工的欢心,更重要的是,要为企业创效益,这才是管理者最大的职责。如果你一味地求慈寻义,只会宠出员工们的怠慢之心,致使整个企业人浮于事,企业的生存与发展又从何谈起?有句古语叫作"慈不掌兵,义不守财",说的就是这个意思。

《孙子兵法》有言:"厚而不能使,爱而不能令,乱而不能治,譬如骄子,不可用也。"可见,掌兵不是不能有仁爱之心,而是不宜仁慈过度。如果当严不严、心慈手软,姑息迁就、失之于宽,乃至"不能使""不能令",当然就不能掌兵。

《左传》记载:孙武去见吴王阖闾,与他谈论带兵打仗之事,说得头头是道。吴王心想,"纸上谈兵管什么用,让我来考考他。"便出了个难题,让孙武替他训练姬妃宫女。孙武挑选了一百个宫女,让吴王的两个宠姬担任队长。

孙武将列队练兵的要领讲得清清楚楚,但正式喊口令时,这些女人笑作一堆,乱作一团,谁也不听他的。孙武再次讲解了要领,并要两个队长以身作则。但他一喊口令,宫女们还是满不在乎,两个当队长的宠姬更是笑弯了腰。孙武严厉地说道,"这里是演武场,不是王宫;你们现在是军人,不是宫女;我的口令就是军令,不是玩笑。你们不按口令训练,两个队长带头不听指挥,这就是公然违反军法,理当斩首!"说完,便叫武士将两个宠姬杀了。

场上顿时肃静,宫女们吓得谁也不敢出声,当孙武再喊口令时,他们步调整齐,动作规范,真正成了训练有素的军人。

在企业中,孙武所遇到的这种情况也屡见不鲜。管理者也应该像孙武一样,用一些有力的手段来压住企业自由散漫的风气,让员工对你的权威不敢小视,这样才能有效地管好员工,管好企业。

【解读】

领导与下属之间是一种权力差别的关系,权力是维系这种关系的基础。对于领导与下属来说,权力也是一个敏感的问题。权力就意味着权威,领导必须有这种权威,下属也得在这个权威笼罩下的空间中支配自己的各项活动。这就形成了一个矛盾,其焦点在领导与下属间移动,而支配权是在领导一方。所以,为了更有效地运用权力,对于权威的理解和树立是很关键的。

【原文】

好众辱人者殃,戮辱所任者危。

【译文】

喜欢当众责备侮辱他人的人早晚要遭殃,苛求责难委以重任的人更加危险。

【事典】

少一些斥责多一些宽容

孔子说:"凡事多责备自己而少责备别人,就可以避开怨恨了。"做人要宽容一点,要允许别人犯错误,宽容自会得回报。尤其是做领导的,如果能宽恕下属的一些小错误,下属往往会加倍努力,做得更好,并寻找机会证明自己的能力。

春秋时,楚庄王有一次和群臣宴饮,当时是晚上,大殿里点着灯,正当大家酒喝得酣畅之际,突然一阵风把灯烛吹灭了。这时,庄王身边的美姬"啊"地叫了一声,庄王问:"怎么回事啊?"美姬对庄王说:"大王,刚才有人非礼我。那人趁着烛灭,牵拉我的衣襟。我扯断了他帽子上的系缨,现在还拿着,赶快点灯,抓住这个断缨的人。"

庄王听了,说:"是我赏赐大家喝酒,酒喝多了,有人难免会做些出格的事,没啥大不了的。"于是命令左右的人说:"今天大家和我一起喝酒,如果不扯断系缨,说明他没有尽兴。"群臣一百多人马上都扯断了系缨而热情高昂地饮酒,尽欢而散。

过了三年,楚国与晋国打仗,有一位将军常常冲在前边,勇猛无敌。战斗胜利后,庄王感到惊奇,忍不住问他:"我平时对你并没有特别的恩惠,你打仗时为何这样卖力呢?"他回答说:"我就是那天夜里被扯断了系缨的人。"

还有一个故事。春秋时秦穆公的一匹良马被岐下三百多个乡下人偷着宰杀吃了。秦国的官吏捕捉到他们，打算严加惩处。秦穆公说："我不能因为一条牲畜就使三百多人受到伤害。听说吃了良马肉，如果不喝酒，对身体会有害。赏他们酒喝，然后全放了吧！"

后来，秦国和晋国在韩原交战。这三百多人闻讯后都奔赴战场帮助秦军。正巧穆公的战车陷入重围，形势十分险恶。这些乡下人便高举武器，争先恐后地冲上去与晋军死战，以报答穆公的食马之德。晋军的包围被冲散，穆公终于脱险。

汉代的丙吉任丞相时，他的一个驾车小吏喜欢饮酒，有一次他随丙吉外出，竟然醉得吐在丙吉的车上。丙吉属下的主吏报告说，应该把这种人撵走。丙吉听到这种意见后说："如果以喝醉酒的过失就把人撵出去，那么让这样的人到何处安身？暂且容忍他这一次的过失吧，毕竟只是把车上的垫子弄脏了而已。"

这个驾车小吏来自边疆，对边塞在紧急情况下的报警事务比较熟悉。他有一天外出，正好遇见驿站的骑兵手持红白两色的袋子飞驰而来，便知道是边郡报警的公文到了。到了城中，这个驾车小吏就尾随着驿站骑兵到公车署（汉代京都负责接待臣民上书、征召和边郡使者入朝的机构）打探详情，了解到敌虏入侵云中、代郡两地，急忙回来求见丙吉，向他报告了有关情况，并且说："恐怕敌虏所入侵地区的地方官员因年迈病弱，反应不灵，不能胜任军事行动了。建议您预先了解一下有关官吏的档案材料，以备皇上询问。"丙吉认为他讲得很有道理，就让管档案的官吏把有关材料详细报来。

不久，皇上下诏召见丞相和御史，询问敌虏入侵地区的主管官员的情况。丙吉一一做了回答。而御史大夫陡然之间不知详情，无法应对，因此受到皇上的斥责。丙吉显得非常忠于职守，时时详察边地军政情形，实际上这是得力于驾车小吏！

容忍他人的过失，对方会以自己的一技之长来感谢；而责备只会让人徒增怨恨。被宽容者往往把感恩之情压在心底，一旦有机会能让其发挥长处时，他必定会竭尽所能地报答。由此看来，那些刻意寻求他人过错、动辄对人大声责骂的人，岂不是太愚蠢了吗？

关于立身处世的道理，自古以来的圣贤都认为，要严以律己，宽以待人。严以律己，可以不断提高自己的修养水平；宽以待人，则不但可以赢得尊敬和友谊，还能尽量不得罪人，不为将来埋下隐患。凡事多为别人设身处地地想一想，从而不对犯了可原谅的错的人责备，既能使对方知错而改，又会对你心怀感激，欲以回报。这实在是一种为人处世的大智慧。

【解读】

用人之道最忌讳的是激起下属的怨恨，而有些不高明的领导者却偏偏喜欢在这个问题上和下属过不去，动不动就当众指责他们，有一点小过错就大做文章，这样的领导者迟早要遭殃的。

【原文】

慢其所敬者凶。

【译文】

聪明者绝不会怠慢身边的人,特别是自己有所敬仰的人,因为他们知道,这样做于己于人都没有什么好处。

【事典】

领导者要时时给别人以"礼贤下士"的感觉

三国时代人才辈出。人们谈论三国时常说:"曹操挟天子以令诸侯,占了天时;孙权雄踞江东,占了地利;刘备既无天时也无地利,靠的是人和。"

确实如此。论个人才干,刘备并非一流人物。他的才能极其平常,但却成就了一番大事业。他靠的不是个人才干,而是得益于众多的成名人物聚集在他周围,如诸葛亮、庞统、徐庶、关羽、张飞、赵云、马超、黄忠等。刘备靠这些人的力量而崛起并雄霸一方,建立了蜀国,成了千古风流人物。

"远得人心,近得民望",是刘备成功的一个重要方面。他所表现出来的个人品德具有非凡的感召力,如果没有这种潜在的道德形象与道德感染力,刘备不可能创立蜀国。

刘备善于知人,能够礼贤下士,对人才能推心置腹,始终信任。这是他能够团结众多人才的重要保证。

刘备在遇到诸葛亮之前,一直是屈身守分,以待天进。他自打参加镇压黄巾军以来,一直没有自己固定的地盘,没有多少兵力,更没有政治势力,总是辗转于他人门下,先后跟从公孙瓒、陶谦、曹操、袁绍、刘表等人,四处奔波劳碌,一无所成。

刘备暂依刘表时,得遇司马徽。司马徽问刘备:"吾久闻明公大名,何故至今犹落魄不偶耶?"刘备说:"命途多蹇,所以至此。"司马徽说:"不是这样。只是因为将军左右不得其人。"随后,司马徽向刘备举荐诸葛亮。于是刘备决定亲自去请。

刘备同关羽、张飞来到隆中,直奔卧龙岗,找到几间茅房。刘备下马敲门,一位小书童出来答话。刘备说:"刘备前来拜见卧龙先生。"小书童说:"先生不在家,一早就出门了。"刘备问:"往哪儿了?"小书童说:"踪迹不定,我不知道他上哪。"刘备再问:"什么时候回来?"小书童不耐烦了:"我不知道。"刘备只得请小书童转告诸葛亮,率关、张离开卧龙岗。

几天后,刘备派人打听到诸葛亮已回,便决定再次拜访。这天寒风刺骨,下着大雪。张飞不耐烦了,不愿意去见诸葛亮。刘备耐心解释:"我正要让诸葛亮和天下众人知道我殷勤之心。"三人顶风冒雪,来到卧龙岗,可惜诸葛亮外出会友去了。刘备只得怏怏而返。

又过了些日子,刘备决定三访诸葛亮,关羽、张飞反对,刘备耐心解释,他们才同意一起去拜访诸葛亮。

诸葛亮被刘备的诚意所打动,迎接刘备进屋,询问刘备多次来访的意图。刘备说:"汉朝衰败,奸臣窃取政权。我不自量力,但只想为天下伸张正义,完成统一大业,恢复汉朝统治。过去我因智谋短浅,无所成就。希望你启迪我,筹划大业。"诸葛亮随即说出也具有决定历史进程的一段话。他首先分析了曹操和孙权的情况。接着,他又分析荆州刘表和益州刘璋的情况。最后,他又针对刘备说:"你是皇帝的后代,信义扬于天下,你可以借助这些优势广泛招集众多的贤人名士,要思贤如渴,如果你能占据荆州、益州,在要地设防、西和诸戎、南抚彝、越,外结孙权、内修政治,一旦局势变化,你可命令一位上将率领荆州的部队向宛城进军,你亲自率大军出秦川,到那时,百姓谁不携食捧酒迎接你呢?如果真能这样,统一全国的大业就能成功。衰败的汉朝就可以复兴了。这就是我为你谋划的计策,望你采纳。"一席话说得刘备茅塞顿开。诸葛亮这一番话确立了三分天下的定势,确立了刘备的政治前景与纲领。

刘备得诸葛亮就似鱼儿得水。从此,诸葛亮鞠躬尽瘁,死而后已:博望烧屯、火烧新野、屡败曹操、舌战群儒、联孙抗曹、取得赤壁大捷、奠定三国鼎立局势……为蜀国立下汗马功劳。刘备也从此始终敬爱信任诸葛亮,临死前,把太子刘禅托付给诸葛亮。

可以说,在极大程度上,刘备礼贤下士的做法,无形之中起到了一种"形象"的作用。如果刘备不礼贤下士,不三顾茅庐,不请出诸葛亮,不但四处奔劳、一无所成,空余惆怅悲叹,而且后来也不会有那么多人才投到他的门下。

管人的最终目的是要把事情做好,为此,应该把各有所长的贤能人士请到自己的身边,给各种各样的贤才能人以必要的尊重,要能放下自己的架子,以谦卑的姿态为这些人"服务"。一旦你礼贤下士的高大形象树立起来,你所感召的不仅是这一个对象,还有得知此事的其他贤才。这样,把事业做大做强也就有了保证。

【解读】

逢庙烧香,见佛磕头,这是在古代很流行的处世准则。一方面,这是出于礼数,出于自己德行的修养;另一方面,因为你不知道哪片云彩会下雨,万一冒犯了深藏不露的人,那么你就等着后悔去吧!

【原文】

貌合心离者孤,亲谗远忠者亡。

【译文】

表面上对你恭恭敬敬，而私底下却对你怀恨在心，这些人对你来说是很危险的。如果你不明忠奸，亲近这些表里不一的小人，却远离甚至残害真正忠于你的人，那么，结果很有可能就是灭亡。

【事典】

任用忠臣一定要坚定不移

忠臣往往被谗言所害，比如大家熟知的岳飞毁于秦桧之手，这是最高领导者的愚昧，也是其无法挽回的损失。在这里，我们不想说秦桧是多么无耻，因为已经说得太多了。我们只想告诫领导者们，多学习那些英明的当权者，在任用贤良之人时，一定要坚定不移，不要被谗言左右，不要再让悲剧重演。

战国时期，魏国国君魏文侯准备发兵攻打中山国（地在今河北唐县、定县一带）。有人向魏王推荐一位名叫乐羊的人，说他文武双全，领兵有方。可是也有人说乐羊的儿子乐舒正在中山国做大官，恐乐羊不肯下手。后来，魏文侯了解到乐羊曾拒绝儿子奉中山国君之命发出的邀请，并劝儿子"弃暗投明"。于是，魏文侯决定启用乐羊，让他带兵征伐中山国。乐羊率兵攻击中山国的都城，而后围而不攻。

几个月过去了，魏国的大臣们议论纷纷，可魏文侯充耳不闻，只是不断派人去慰问乐羊。又过了一个月，乐羊见时机成熟了便下令攻城，一举成功。乐羊带兵凯旋，魏王亲自为他接风洗尘。宴会之后，魏王送给乐羊一只箱子，让其带回家再打开。乐羊回家后打开箱子，见里面全是在攻打中山国期间一些大臣诽谤自己的奏章。乐羊十分感动，从此君臣之间更加相互信任了。

可以说，在魏文侯决定启用并授予乐羊兵权之后，在乐羊久围中山国都城而不攻、许多大臣煽风点火的情况下也曾经起过疑心。但是他却能够分析利害，用谨慎的思维判断并打消了心中的顾虑、一如既往地支持乐羊。因此带来了积极的结果——不仅收获了中山国，更重要的是收获了乐羊这样一位有才能之人的心。

当然，现代历史上也不乏这样的人，美国前总统尼克松就是其中一个。

尼克松没有当上总统之前曾经与洛克菲勒两次竞争共和党总统候选人，在提名的角逐中，基辛格都是全力支持洛克菲勒而公开反对尼克松的。但是当尼克松当选总统后，不计前嫌、任人唯贤，提名基辛格担任国家安全顾问这一要职，基辛格成为其得力助手。为打开中美关系的大门，基辛格做出了不可磨灭的贡献。也是尼克松这个名字，永远地留在了中国的历史记忆之中。

【解读】

亲谗远忠带来的后果是不堪设想的，这样的教训也是举不胜举。可很多领导者仍然会犯这样的错误,多少小人仍然逍遥自在,多少有能力又忠心耿耿的仁人义士却不得好下场,这样的领导者是不会有善终的。

【原文】

近色远贤者昏,女谒公行者乱。

【译文】

贪恋女色而远离贤明之人,是极其愚昏的行为,让女人参与朝政更是祸乱的根源。

【事典】

色不可贪　贪者必败

明朝的大政治家张居正,在他所著的《权谋残卷》中说:近色而远贤臣,智者所不为也。

贪色之徒多是碌碌无为之愚蠢之辈,忠奸不分,庸贤不辨,凡能讨自己欢心,奉送美色者就重用之,除此之外一切都不重要。这样的人江山难保,事业也不会长久。

明武宗朱厚照,是明孝宗的长子,生性荒淫好色。在职期间,他曾让宦官依照京师店铺在宫中设店,让太监扮做老板、百姓,武宗则扮作富商,在其中取乐。碰到争议就叫宦官充当市正调解。在酒店中又有所谓当垆妇,供武宗淫乐。他还在西华门侧修建享乐用的豹房,日夜居于其中,命教坊乐工陪侍左右,纵情享乐。此后,武宗连宫殿也不去了。那些教坊乐工因此得到皇帝的宠幸,不可一世。

明武宗十分信任武将江彬,开始是由于江彬作战英勇。

在一次平定反叛的战斗中,江彬中了三箭,有一箭是从耳朵后面穿出,但江彬拔出箭来,继续战斗。

而江彬为了进一步得到皇帝的喜欢,就刻意让武宗微服出访。当然这样做的目的不是要让皇帝了解民间疾苦,而是引他到教坊寻欢作乐。

武宗从小长在深宫,宫里规矩太多,一直觉得没有意思。现在到了民间,感到真是风情万种,就沉迷其中,哪里还顾得上朝政。

江彬对皇帝说:

"宣府乐工中,有很多美女。不如到那里走走,既可以了解边境的情况,还可以寻寻开心,何必闷在深宫中。"

皇帝听了很高兴。他们就微服远行经昌平,到居庸关,传令开关。巡关御史张钦拒不奉命,持宝剑坐在关门下,说:

"敢言开关者斩。"

武宗不得已，只好返回昌平。几天后，张钦出巡白羊口，武宗急忙下令，让谷大用代替张钦，乘机出关，九月间到达宣府。

他们如同鱼入大海，每天出入教坊，和女人们混在一起。江彬在宣府为武宗营建镇国府第，将豹房所储珍宝和巡游途中收取的妇女纳入府中。武宗每次夜行，看见高屋大房，就驰入索取宴饮，或搜取美女。武宗日夜在府第淫乐，称为"家里"。

延绥总兵马昂被罢了官，听说皇帝来了，就把一个妹妹献给了武宗。这个妹妹不光长得漂亮，还会唱歌，骑马射箭也样样精通。武宗十分高兴。有个叫毕春的官员，妻子很美，怀了孕，还是被马昂带着江彬夺了来，皇帝一见着迷，马上就封马昂为右都督。武宗变得越来越荒淫了。一天，他到马昂的家中，要马昂把妾献给他，马昂没有答应，武宗就大怒而起。马昂害怕了，就巴结太监张忠进，请他斡旋，把自己的妾杜氏献了出来，又献上美女四人，皇帝这才转怒为喜，升了马昂的官。

太原晋府乐工杨腾的妻子，是乐师刘良的女儿，姣美善歌，武宗见了，十分喜欢，就把她带回了宫中，称"美人"，饮食起居一定和她在一起。左右有的触怒皇上，都来托刘女，一笑而解。连江彬这样的亲信大臣，也称她为"刘娘娘"。

皇太后死的时候，武宗前去拜祭，江彬一路上抢了不少女人，竟然装了几十车，跟随皇帝，供他淫乐。

靠着和皇帝的这层关系，江彬在朝中气焰熏天，没有人能动得了他。

后来由于这个昏庸的皇帝贪婪成性，社会矛盾激化，激起民众大规模的反抗，爆发了刘六、刘七农民起义；统治集团内部，朱宸濠起兵反叛，加速了明王朝的衰落。

他在位十六年，只活了三十一岁。

若不是因为江彬这样的宠臣兼知己，明武宗的下场就可能不会这么糟糕。但历史不会重演，好色宠奸之人永远不会有好的下场。因为有天理在上，因为有民心做镜，所以不要对美色有任何贪婪非分之想，贪之则悔恨终生。

【解读】

自古红颜多祸水，其祸并不在于女色本身，而在于当权者对女色的贪恋。贪念一起，则利令智昏，找不着北，遂即任由人摆布，结果江山难保，更要搭上身家性命。大道理谁都明白，关键就看当事者在面临诱惑时怎么做了。

【原文】

私人以官者浮。

【译文】

自私自利的浅浮之辈是不足以被委以重任的。

国学经典文库 智慧谋略全书 素书 图文珍藏版

【事典】

私心一定要加以约束

古语说："人不为己，天诛地灭。"一个人有私心是在所难免的。有的时候，你的私利或许不会妨碍他人，但在大多数情况下，对私利的无尽追逐会有害于他人，遭怨也就难免了。争取合适的私利是可以理解的，但一定要以"义"为准则，不仅要满足自己适度的生存要求，还要顾及他人的存在。对大多数人来说，完全抛弃私利是不大可能的，但是，完完全全、毫无顾忌、不择手段地追逐私利也是很不可取的。

世间之人，从古至今，从中到外，十之八九都存在一定程度的私心，只有十之一二除外，这除外的人，就成了伟人、巨人、善人，流芳百世，永垂不朽。那十之八九的人，就成为世间过客，一晃即过，成为速朽。

人的自私自利，是人的本性；人的避害趋利，是人的本能。这是无可厚非的。自私自利，避害趋利，并不危害社会，危害他人，甚或还有利于社会的进步和发展。为吃穿而奔波，为富裕而奋斗，为地位而努力，为改变环境而拼搏，为改变命运而卖命，只要手段正当，没有危害他人，有何不可？

可怕的是，世界之上，总有那么万分之一二的恶人、坏人、贪官、污吏，他们不是一般意义上的自私自利，唯利是图，而是横行乡里，鱼肉百姓，无恶不作，危害他人，危害社会。

追逐个人利益也是人类得以生存的主要基础之一。孔子并不反对这个观点，他的理想社会并不是由禁欲主义者组成。但是，孔子也敏锐地看出，如果每个人都以自己的一己私利为基点来行事，就会产生灾难性的恶果。正是在此意义上，孔子主张："依照私利而行的人，必定会多受埋怨和怨恨。"

人生来有向往幸福、追求富贵的权利，而为了自己的权力去侵犯他人的权力就变成了罪恶。人性中有一种恶就叫作贪婪，而这贪婪就是自私自利的源泉。

因为这种自私自利，他们把他人的一切踏在了脚下，作为通向利益的桥。迫害、谋杀、诬陷……为了这种目的，他们几乎在不择手段。

由此可见，虽然自私自利是人的原罪之一，应得到宽恕，但也必须加以约束。它是一种动物本能，和其他动物欲一样，如果走了极端，失了平衡，就会产生与造物目的相反的效果，反而给自身带来毁灭。载舟之水亦可覆舟。

【解读】

老子在《道德经》中这样说过："夫唯无知，是以不我知"，他认为凡事都不能为了私利私欲而去刻意追求，而应该遵循自然法则而为，否则即便我们去刻意求私，也必不能得到满意的结果。

【原文】

凌下取胜者侵，名不胜实者耗。

【译文】

靠欺负弱者取胜不会有好名声，名不副实、骄矜傲慢不过是自欺欺人罢了。

【事典】

一个"傲"字可毁掉一生英明

杨修为什么会招来杀身之祸？还不是他自恃才高、傲气太盛，他的傲气惹恼了曹操，日积月累，最终因"鸡肋"命丧黄泉。

闯王李自成率大军驰骋疆场，转战东西，其气势之浩大如排山倒海，不可遏止，可为什么最终也会惨遭失败呢？还不是因为傲气。闯王率大军进驻北京城后，张灯结彩，天天过年，结果傲气磨钝了起义军的锐气，使起义功败垂成，给后人留下了无尽的遗憾。

有傲气的人大都从个人着眼，一切从个人出发，张扬自己无视他人，以一己之私傲视万物于脚下，这时的傲气就成为羁绊个人发展、破坏群体关系的一剂毒药，它所导致的是一种唯我独尊、目空一切、自高自大的自恋情结，同时相行而生的是一种排斥他人、拒绝合作、蔑视群体、崇尚个人的排他情结，从而形成一种自恋自娱的狭隘的个人空间。

与此同时，自傲也是令人失败的根源所在。《三国演义》中的《关云长大意失荆州》一节与其说是关羽大意还不如说是关羽的自傲更确切。

吕蒙正是抓住了关羽的这个"傲"，才故意称病让陆逊顶替位置迷惑关羽的。结果关羽果然中计，撤走了防守东吴一方的兵马、降低了对东吴兵马的预防，才使得吕蒙偷袭成功，丢掉了赖以保身的荆州，落了个败走麦城、兵败被杀的悲惨结局。

意大利哲学家阿奎那将"骄傲"列为人的七宗罪之首，而毛泽东同志也曾专门撰文强调中国共产党人需"戒骄戒躁"，都是从一定意义上说明骄傲的思想万万要不得。因此，我们也只有遵循老子"不自矜，故长"的智慧，摒除傲气，才能使自己进步，在人生的舞台上更加成功。

国画大师徐悲鸿先生有句名言："人不可有傲气，但不能无傲骨。"前半句很明确地告诫了我们：人不可恃才傲物、孤芳自赏——看自己一朵花，看别人豆腐渣，而应该尊重别人，不要认为别人都不如自己，那样根本无法提高自己，只能让自己在自傲自负中一天天堕落下去。

【解读】

老子的"不自矜,故长",就是告诫人们一定要戒除傲气,才能进步、成功。

傲气,一是盛气凌人,傲慢自负,自我感觉良好,也许某一方面高人一等,优人一招,先人一步,或者并无过人之处,只是虚张声势,故弄玄虚罢了。不管属于哪一种类型的都是过高地评价自己,蔑视别人,习惯仰面朝天,居高临下,盛气凌人,若问此人为何这般德性,是自负,自以为了不起,自高自大,盈气于内,形态于表,大有老子天下第一的气势,不可一世的表现用来傲视别人。因此,傲气会使人陷入困境,进而导致失败,这方面的教训简直太多,也太深刻了。

【原文】

略己而责人者不治,自厚而薄人者弃废。

【译文】

事情失败了只知道责备他人而不从自己身上找原因,这样的人厚己薄人,不得人心,是不足以担当重任的。

【事典】

巧用"罪己术"可有效收揽人心

领导者主动承认错误、承担责任是明智而勇敢的表现,这样做不但能融洽人际关系、创造和谐氛围,而且能提高自己的威望、增进下属的信任。当然,只简单地被动认错还不够,最好能进行一定的自我批评,适时地采取一些"罪己"措施。

"罪己术"是古代帝王通过怪罪和责罚自己以取悦民众,从而达到缓和矛盾,凝聚人心的一种管人权谋术。它折射着我国古代政治文化传统的特点。

罪己的最常见的形式是"罪己诏"。《罪己诏》是古代帝王反省罪己的御用文书。论其起源,当从禹、汤开始。此后,周成王、秦穆公、汉武帝、唐德宗、宋徽宗、清世祖,都曾经颁发过罪己诏。罪己诏大多是在阶级矛盾异常尖锐、国家处在危难之时颁发的,目的是消除民怨、笼络民心,具有一定的欺骗性。但是,其中也在一定程度上包含着帝王对自身过错和失败的反省忏悔。因此,我们还是可以从中得到一点启示:"禹、汤罪己,其兴也勃焉;桀、纣罪人,其亡也忽焉。"

像古代的一些帝王学习,向公众发布"罪己诏"的企业家也不在少数。

2006年6月底,TCL掌舵人李东生发表了《鹰的重生》一文。以鹰的自我蜕变作类比,阐述TCL集团要通过新一轮的创新浴火重生的决心。1997年,沈阳飞龙总裁姜伟公开发表了《总裁的20大失误》,反思自己以及企业管理层的错误,将认错进行得轰轰烈烈。

当然,罪己术的运用形式不仅仅只限于所谓的"罪己诏",采取灵活一点的方式,可以起到同样的作用,既维护了纪律,又使得自己不受惩罚。

建安三年,曹操率兵东征。此时正是农历五月,麦子收割季节。由于连年战火,许多田地都荒芜了。曹操正行军时,随着一阵阵轻风,飘来了一股股新麦的清香。原来,在队伍的前面出现了一大片黄澄澄的麦地。农夫们正在忙着收割。

一看到粮食,曹操顿时产生了一种特殊的感情。他想,老百姓们辛辛苦苦大半年,眼看果实到手,倘若这大片庄稼被我的人马一路踏过,多么可惜啊,自己的军队在老百姓心中也会留下不好的印象。战争时期,人心向背和粮草都十分重要!于是,曹操立刻传令:"凡是踩踏麦田者,罪当斩首!"传令兵立即将曹操的命令传达三军。

全军上下,人人都小心翼翼起来,因为他们深知曹操的为人,不要因为踩踏一撮麦子而丢失了性命。所以,士兵们行走时,都离麦田远远的,骑兵们害怕马一时失蹄狂奔乱窜,也就纷纷下马,用手牵着马走。队伍在麦田边缓缓地向前移动着。

正在忙于收割的黎民百姓们,对这支纪律严明、秋毫无犯的军队投去了感激的目光。不少人说道:"老天保佑你打胜仗!老天保佑曹将军!"

曹操见到这种场面,内心里不亚于打了一个大胜仗那样高兴。他坐在马背上,被眼前的场面所陶醉,想不到一句号令,就赢来了老百姓对他这么高的赞誉。

事情往往就是这样凑巧,正当曹操得意忘形之时,"嗖"的一声,一只大野兔从麦田里窜了出来,穿过路面,跑到了另一块田里。曹操此时正坐在马背上得意,他的马匹给这么一惊,犹如脱了缰的野马,一下子窜进麦田几丈远,差点没把曹操给摔下马来。等到曹操回过神来勒紧缰绳时,一大片庄稼已被踩坏了。

面对眼前这一意外的突发事件,大家都惊呆了。曹操虽然久经沙场,但面对此景也一时无措。曹操感到事情很是棘手,于是,曹操大声地说:"我定的军规,我自己违犯了,请主簿(秘书)给我定罪吧!"

曹操,反应真是敏捷,他明明知道自己是犯了死罪,但他却不说,而是让主簿去解这道难题,把球扔给了下属。这样,他就可以为自己的解脱找一个台阶。

主簿听了曹操的话后,心有灵犀一点通,便大声对曹操及大家说道:"依照《春秋》义,为尊得讳,法不加重。将军不必介意此等小事。"旁边的一些军士也跟着附和道:"主簿说得对。"

曹操听了,心里当然十分舒服,但他还是一本正经地说:"军令是我制定的,怎么能被我自己破坏呢?"接着,又像是自言自语地感叹道:"唉,谁让我是主帅呢!我一死,也就没人带你们去打仗了,皇上那里也交不了差呀!"众人忙说:"是呀,是呀,请将军以社稷为重啊!"

曹操见大家已经彻底地倒向他了,便说:"这样吧,我割下自己的头发来代替我的头颅吧!"于是,拔剑割下一缕头发,交给传令兵告示三军。

这次事件，也是"权术之王"的一次精彩表演。曹操并不假借客观原因为自己开脱，而是用自己之发来严明军纪，以达到使民心归服的目的。这样的权谋术无论从主观意图看，还是从客观效果看，都是好的，也强化了曹操"言必信，行必果"且严于律己的主帅形象。曹操这样做，既维护了他制定的军令，同时又给老百姓及下属留下一个良好的印象，同时也保住了他的脑袋，可谓一石三鸟。

我们从曹操身上可以学到，领导要维护自己的形象就必须坚持原则，即做领导的首先要遵纪守法；如有意外情况发生则需在不破坏原则的前提下，灵活地去处理。

【解读】

有了功劳全是自己的，有什么过失全是别人的错，这样的领导没有哪个下属会喜欢。长此以往，大家都离其而去，就算他有再大的本事，孤家寡人，孤军奋战，还能成就什么事业？

【原文】

以过弃功者损。

【译文】

曾经功勋卓著，因为一次小小的过失，就把所有的功业都抹去，从此弃之不用，这是在以小弃大，必导致人心不服，是用人的大忌。

【事典】

任用人才必须不拘一格

管仲是我国古代著名的治国贤才，它本是齐桓公的对手公子小白的师傅。但齐桓公不计前嫌仍然重用管仲，终于把齐国治理得强盛起来。管仲的到来，使得齐桓公十分注重有才干的人，他深知人才对于一个国家的重要性。他想，齐国只有一个管仲还远远不够，还需要有更多像管仲这样的人才才行。

一个领导者如果真心求贤，就必须有诚意，礼贤下士，以宽广的胸怀接纳人才，不管他以前做过什么。

刘备三请诸葛亮出山相助就足以让一些现代的领导者效法。诸葛亮胸怀伟略，卧居隆中，声名远播。刘备和曹操几乎同时听说了诸葛亮的大名。据野史记载，曹操比刘备更早一步来请诸葛亮，但最后却是刘备得偿所愿，而曹操却失之交臂，其原因就是：刘备能够礼贤下士，三顾茅庐，而曹操却只派出莽将夏侯以势相逼，以祸相胁。

曹操幕下谋士如云，猛将如雨，但最终也没有在其有生之年一统天下；刘备将寡兵微，地少人稀，却能维持局面几十年而不倒，其主要差别就在于：曹操心胸狭窄，生性多疑，不能公平地任用人才，他手下几乎都是曹氏家族和夏氏家族的人；刘备一直能平等地对待和恰当地使用荆襄、巴蜀两大集团中的精英分子。

清末名臣曾国藩颇具容人之量，很会用人所长。其幕府之中，人才济济，文武兼备。当时，李鸿章是一个好喝懒做之徒，几乎所有的人都对他深恶痛绝，必欲驱之而后快。但唯有曾国藩独具慧眼，充分发挥了他的才能。李鸿章眼光敏锐，见地深刻，看问题常能一针见血。曾国藩起用他后，一方面时加责

左宗棠

骂，挫其傲气；一方面则法外开恩，还往往主动去和他讨论战略战术。曾国藩的一番苦心，终于造就了一个近代史上的大人物。

还有左宗棠，他是"大清王朝"的"中兴三杰"之一。左宗棠虽然很有才华，但他为人非常傲慢，曾经因此而得罪了很多人。曾国藩爱才心切，执意栽培他，总是给他最大的发展空间，使他有机会从浙江、福建一直打到新疆、甘肃，最终成为一代名臣。

清世宗说："赦小过，举贤才，为政之体当如是也。"又说："知识短浅之过，朕自然宽恕，加之教训，但必须知过必改……"意思是，"赦小过，举贤才"是为政的主要方面之一，由于知识缺乏而犯的过失，自然会受到宽恕，只是要加以教育训导，使之知过就改。也就是说，对于犯小过的人，"宜教而勿逐"。不仅要赦免一个人的小过，而且要帮助教育他改正，这才是真正爱护人才的做法。

在使用人才时，要识大体、看主流，苛求小过，有时无异于打击人的积极性，而"赦小过"，实质上是一种最起码的激励方式，是对一个人社会价值的最根本的肯定和认可。

【解读】

尚贤用贤是我们优秀的民族传统。孔子的治国方略是"先有司，赦小过，举贤才。"

"赦小过"，就是宽容别人的小过失，以换取人心，体现胸襟，实施感恩。但对

待小过不是视而不见,而是间接提醒却并不深究。部属犯了错,既要让其知道你能明察,又让他感激你不计较的恩德,不失为治病救人之举。

"赦小过"的主要作用就是在于调动一切积极因素,团结一切可以团结的力量。当然,这也包括那些曾经犯过错误但愿意改正的人。俗话说:"金无足赤,人无完人。"如果你事事求全责备,就好像眼睛里揉沙子那样,紧抓住别人的缺点和错误不放,下属一定会认为你心胸狭窄。因此,做领导的一定要原谅部下的小过失。

【原文】

群下外异者沦。

【译文】

部下人心涣散,同床异梦,甚至钩心斗角、自相残杀,这样的局面不沦亡才怪。

【事典】

攘外必先安内

孙权在整个《三国演义》之中可谓是一个最低调的霸主,然而他却并非平庸的霸主。他的管理才能丝毫不亚于足智多谋的曹操,甚至要强于没有诸葛亮撑腰的刘备。只是由于他的低调,没有过多地被人们所重视,才会被人们误认为他一生仅靠着:"内问张昭、外问周瑜"而活着。

只要我们细心观察,就不难发现孙权其实是一位管理学的高手。尤其是在处理甘宁与凌统的内部矛盾问题上的态度及方法。

起初,孙权继承了父、兄的基业之后,为了独占长江沿岸的地理优势,于是便率兵到江夏去抢黄祖的地盘儿。结果事与愿违,不但没有成功,部将凌操也被黄祖手下的甘宁射死了。

后来,当孙权听说甘宁因与黄祖发生矛盾,欲投奔自己又恐江东记旧日之恨,犹豫不决之时,孙权主动将甘宁招致了帐下,并对他说:"兴霸来此,大获我心,岂有记恨之理?"于是甘宁受到了重用,甘宁也在破黄祖的战役中立了大功。

事隔多年,凌操的儿子凌统也效力在孙权营中,常常想向甘宁报杀父之仇。在一次宴会上,他拔剑直砍甘宁,二人刀枪相对,孙权急忙劝住,并耐心地对凌统讲:"今既为一家人,岂可复理旧仇?万事皆看吾面。"孙权自知这件事并不简单,于是又做了人事调动:一是安排甘宁领兵去夏口镇守,以避凌统;二是加封凌统为都尉,以慰其心。这才使内部安定了下来。

然而当孙权决定要合兵围攻曹操的皖城时,甘宁与凌统又在阵前发生冲突,孙权闻讯顾不得危险,急忙骑马前去劝解,二人矛盾才得以暂时平定。

　　而后在一次出战中,凌统因马伤趴落地下,在曹将即将刺杀他的关键时刻,吴军阵中发出一箭射伤曹将,救了凌统性命。凌统回阵拜谢孙权。孙权则抓住关键时刻说出了这样一句话:"放箭救你者,甘宁也。"凌统闻知此讯,遂与甘宁结为生死之交。此后的数次联手也是胜多败少,为孙权能够稳守江东立下了无数战功。

　　试想下,倘若孙权不说这句话,甘宁是永远也不会说的,因为他知道即便是自己说了,凌统也不会领自己情的。而此时孙权站出来化解矛盾是最合适不过的了,这一个矛盾的化解,可以说孙权心头就少了一块儿心病,而凌统与甘宁的威力也能发挥出来了(一个不用总惦记报仇,另一个也不用总惦记被报复了),正好验证了"攘外必先安内"这句话。

　　宋朝赵普提在给宋太宗的奏折上提出了这句话——"中国既安,群夷自服。是故夫欲攘外者,必先安内。"其实这句话,对于一个家庭、一个企业来说,都是有其现实意义的——内部因素才是解决问题的关键,只有解决好它,才能将问题彻底解决。

　　倘若家庭中的成员都能够相敬如宾、互相体谅,这个家庭肯定是和谐的;企业中如果没有过多的"内耗",这个企业也必定是壮大的。从这方面理解,"攘外必先安内"才是正确的。

　　零售帝国沃尔玛创始人山姆·沃尔顿就是一个很好的例子,他能够利用有效的沟通很好地处理企业内部员工的冲突,发挥他们的潜在力量。

　　在沃尔顿看来,企业管理中最重要的莫过于企业成员之间的沟通。沃尔顿总是不遗余力地与员工进行沟通——他会对各个地方的沃尔玛连锁店进行不定期的视察,并与员工们保持沟通。这使他成为深受大家敬爱的领导,同时这也使他获得了大量的第一手信息。一方面,他通过沟通发现问题,同时也乘此机会挖掘人才。

　　他常会在视察完某家店面之后,给业务执行副总经理打电话说:"让某某人去管一家商店吧,他能胜任。"业务经理若是对此人的经验等方面表示出一些疑虑,沃尔顿就会说:"给他一家商店吧,让我们瞧瞧他怎么做。"因为在沟通中他已经了解了这个人的能力。

　　沃尔顿也绝不能容忍班子成员不尊重普通员工。如果在与员工的沟通中得知有这种现象,在经过调查确认之后,沃尔顿就会立即召集领导班子开会解决这种问题。因此,有效沟通对沃尔玛公司的发展起到积极的效应。

　　沃尔玛解决内部矛盾的方法是沟通,而孙权解决内部矛盾的方法却是不失时机地调解。不管他们运用的方法如何,总之他们的目的是一样的,那就是通过安定"内部"达到发展自己的目的。不可否认的是,倘若他们不能很好地处理内部问题,内部矛盾所产生的内耗就能足以将他们击垮。

【解读】

　　成就一番伟业,其根基就在于大家同心同德,协力并进,这样才能化零为整,爆发出强大的战斗力。如果在对手攻击之前，自己内部先出了问题，内讧四起，互不信任，这无疑是自杀的行为，最后还不是便宜了对手？

【原文】

既用不任者疏

【译文】

名义上是任用贤才，但是把他们招来以后却不予重用，这样做的后果很有可能是众叛亲离。

【事典】

优秀的领导应该学会积极采纳下属的意见

听不到意见，领导者就难以尽职。某些人不明白这个道理，对于别人提出的意见总是步步设防，似乎接受意见就是承认自己无知，暴露自己的不足。还有些更为武断的管理人员则干脆"拒忠告于门外"。在做出任何答复时都摆出一副傲慢的神态，似乎自己无所不知。如果你斗胆对他们提出意见，他们会摇头、皱眉并打断你。

但当组织机构有所变动，或者更高一级的领导上任时，那些抵制忠告的管理人员通常会遭到应得的惩罚。

在实际工作中，领导和下属也会发生意见相左，如果领导能够正确面对下属的反对意见，从谏如流，坦率针对意见与下属进行沟通，那么，不管最后的结果是谁对谁错，领导获得的利益无疑是最大的。

领导与下属间的异议往往是针对一个问题，下属发表了意见，而领导不同意；或者是领导发表的意见，下属不同意。至于谁的意见最终是正确的，自有实践来检验。但是，在沟通过程中，领导必须为自己的行为负责。因为如果你不能接受下属的反对意见，就会得到一个不从谏如流的评价，如果你无条件地接受意见，你也会在下属眼里得到一个没有主见的印象，不但失去了自己的威信，而且再也无法得到下属的尊重。因此，如何面对下属的反对意见，你还要三思后行。

正确地面对下属的意见，领导的心态调整最重要，下属绝对不是针对你个人提出意见的，他肯定是抱着对工作、企业负责的精神，尽管也许由于客观原因，他的意见不一定正确，但是他的勇气非常值得赞许。你只要想到这些，就绝对不会有反对的意见了。

对于下属首先发表意见的，领导比较好处理，因为下属首先暴露了他的观点，主动权已经回到了领导手中，你可以选择提问的方式，选择他意见的弱点或漏洞追问下去,也许没过多久,下属就主动放弃自己的观点,这时,你可以提出自己的观点,下属就非常容易接受了。

对于领导首先提出自己的观点,下属不同意的情况,领导就处于比较被动的地位,这时你千万不可引导下属围绕你的观点进行辩论,如果你思考不严密,或者准备不是非常充分,你的回答中一旦出现漏洞,你将会威信扫地,最后不得不放弃自己的观点。所以,遇见这种情况,一定要将产生问题争议的焦点集中在对方的观点上,要对方发表自己的见解,针对对方的弱点盘问下去,争辩的结果一定可以水落石出。

还有一种情况,如果下属的意见非常严谨,你又一时不能驳倒对方,那么不必急于对问题做出一个结论,你可以给自己留下回旋的余地,回答说:"你的观点很好,我们需要继续讨论","你拿出一个文字的意见,咱们可以更方便地加以讨论"。之后再另寻时间进行讨论,也为你保全了面子。

但是,领导应该对下属的意见进行积极考虑,多从下属的角度考虑问题,虽然最终的决定权在于你,但你一定不能因为面子的问题缺乏认错的勇气,最终丧失了企业的利益。当自己的意见经过实践检验是错误的,你不要害怕承认自己的错误,尤其是在下属面前,更不能指责下属没有坚持自己的主见。这样做的结果不但不会挽回你的面子,而且更加暴露了你的面子心态。因为错误本身已经是最好的证明了,已经使你的威望下降了,这时如果你能主动承认自己的错误,而且对上次提出意见的下属给予表扬或奖励,或许你的威信还可以重新建立起来。

【解读】

身为掌权者,在用人的问题上应该明白,对于那些良才贤士,要么不用,要用就要尽其所能,充分让他们施展才华。在决策的过程中,即使有些人的意见或建议和自己相冲突,也不能在不加考虑的情况下断然否定。给他们创造一个宽松的环境,让他们随时都能参与到决策管理中来,这才是用人的王道。

【原文】

行赏吝色者沮,多许少与者怨,既迎而拒者乖。

【译文】

行赏的时候吝啬钱财,必会招致下属的不满。许诺的多,兑现的少,必让人怨恨。表面上欢迎,私底下拒之千里,这样的人乖张不可信。

【事典】

不要轻易许诺，一旦许诺就要努力兑现

做出许诺之前，首先得掂量它对人有无意义，价值几何，凡对人没有意义和价值的许诺，你决不可发出。其次，你得掂量有无时间、精力和才能实现你的诺言，如果没有足够把握时你决不可做出许诺。你还得多方估计，实现你的许诺是否还需要其他条件的辅助，你是否具备那些条件，凡没有把握实现时，你最好不要做出许诺。

当然，如果你嫌这样太瞻前顾后，太谨小慎微，不妨做出一些大胆的许诺。只是你在做出许诺的同时，必须告诉对方可能出现的各种麻烦和不能实现的可能性，亦即不要把话说得太绝对，以让人家事先有思想准备，一旦未能实现，不至于过分地对你失去信任。

在感到自己做不到时，最好不要轻率地向别人许诺，这样做的好处是：别人只能表示遗憾，并不会认为你说话不算数，因而不会产生对你的不信任感；在很多情况下，事情和形势已经变化了，你做不到但并没有许诺，事后你也不会受窘。

在你已经许诺了以后，你就应该认真地对待，努力地去实现它。

一个小小的承诺，比如"我今晚9点钟回家"。在你完全可以做到的情况下决不要掉以轻心，你已许诺9点钟回家，这时你的同事邀你出去玩，时间可能要拖到10点，你该怎样做呢？应该婉言谢绝朋友的好意相邀，按时回家。

虽然这是一件小事，但它足以让你诚实的形象光芒闪烁。

你在许诺时如果未留任何余地，那就想方设法地实现它，也不要寻找任何不能兑现的理由。说话未能做到，许诺未能兑现，即使你把理由说得头头是道，极为充分，人们也不会十分相信的，也许口头上暂时理解你、宽恕你，可是内心深处无疑添进了一丝不信任你的念头。若第二次、第三次仍然如此，对方他再也不会谅解你、相信你了，你便失去了信誉。

三国时吴国大夫鲁肃在诸葛孔明的如簧之舌煽动下，一时错乱，轻率地许诺作保把荆州借给了刘备。岂知这一许诺，使得东吴伤透了脑筋。围绕荆州，吴蜀你争我夺，东吴是"赔了夫人又折兵"，气死了周瑜，为难了鲁肃。

轻诺别人，不仅会给自己带来不守信的声誉，更会招致许多麻烦。而且有时还会严重地伤害别人。

甘茂在秦国为相，秦王却偏爱公孙衍。秦王有一次对公孙衍说："我准备让你做相国。"

甘茂手下的官吏在路上听到这个消息，就去告诉甘茂。甘茂因此进宫拜见秦王说："大王得了贤相，斗胆给大王贺喜。"

秦王说:"我把国家托付给你,哪里又得到贤相呢?"甘茂说:"大王将要立公孙衍为相。"

秦王说:"你从哪里听来的?"

甘茂回答说:"公孙衍告诉我的。"

秦王窘迫非常,于是就驱逐了公孙衍。

秦王轻诺公孙衍,事后又不兑现自己的诺言,结果成了失信于人的君主,同时也伤害了一直忠心耿耿的良臣甘茂。要做到不轻诺,除了要有自知之明之外,还必须养成对客观情况做比较深入和细致了解的习惯。要做到谨慎许诺,一旦许诺,就要做到。这样才能成为守信、诚实、靠得住的人。

《左传》记载,晋文公时,晋军围攻原这个地方,在围攻之前,晋文公让军队准备三天的粮食,并宣布:"如果三天攻城不下,就要退兵。"

三天过去了,原地守军仍不投降,晋文公便命令撤退。这时,从城中逃出来的人说:"城里的人再过一天就要投降了。"

晋文公旁边的人也劝说道:"我们再坚持一天吧!"

晋文公说:"信义,是国家的财富,是保护百姓的法宝。得到了原而失去了信,我们以后还能向百姓承诺什么呢? 我可不愿做这种得不偿失的蠢事。"

晋军退兵后,原的守军和百姓便纷纷议论道:"文公是这样讲究信义的人,我们为什么不投降呢?"于是大开城门,向晋军投降。

晋文公凭着信义,获得了不战而胜的战果。

三国时,孔明在祁山布阵与魏军作战。长期的拉锯战,使士兵疲惫不堪,孔明为了休养兵力,安排每次把五分之一的士兵送返蜀地。

战争越来越激烈。一些将领为兵力不足而感到不安,便向孔明进言说:"魏军的兵力远远超过我们的估计,以现在的兵力来看,恐怕难以获胜,恳请将这次返乡的士兵延缓一个月遣送,以确保兵力。"孔明说:"我率军的一个基本原则是:凡是与部下约好的事情必定要遵守。"

于是,依然如期遣返。士兵们听到这个消息后,都自动返回战场,英勇作战,结果大败敌军。

在这次战争中,孔明凭着信义,唤起了士兵的勇气和斗志,取得了胜利。

所以,为自己的每一个诺言负责,看似迂腐、愚笨,但其收益远大于付出。言出必行、一诺千金的良好习惯,能使你在困难的时候得到真正的帮助,会使你孤独的时候感受到友情的温暖,因为你信守诺言,你的诚实可靠的形象推销了自己,你便会在生意上、婚姻上、家庭上获得成功。从这一点上说,为诺言负责的人是一个真正的人生智者与赢家。

一旦失信于人,你也就丢失了为人的起码品质。所以不要轻易许诺,你的许诺价值千金。

【解读】

为了激励下属的士气,慷慨许诺,可是一到论功行赏的时候,却出尔反尔、一毛不拔,对原先的许诺概不兑现,这样一来,手下的人必然感到沮丧。项羽失败的原因就在这里,他的将领屡建战功,可是他把刻好的印拿在手里转来转去,磨得棱角都没了,也舍不得给人;后来人才全伤心得跑到刘邦那里去了,自己落了个乌江自刎的下场。

老子说:夫轻诺必寡信,多易必多难。随便做出承诺的领导者,必然很难保持信用。把事情看得太容易的,往往会遇到很多困难。无论对任何一件事许诺的时候,都必须慎重地掂量:无论大的许诺、小的许诺、眼前的许诺、将来的许诺,都是这样。因为轻率地许诺,你就要面对失信的风险,而失信恰恰是御人之道最大忌讳。

【原文】

薄施厚望者不报

【译文】

给予别人很少,却希望得到厚报的一定会大失所望。

【事典】

不要把善意的付出当作交易

善意的付出不是交易,不应期待相等的回报。不要斤斤计较,付出便要付得心甘情愿。要让别人感激,不是要人感到内疚。其实老天爷很公平,有付出一定有回报,只是回报不一定来得如我们所预期的。因此无所求的心态才最健康。

人类的天性容易忘记感激别人,所以,如果我们施一点点恩惠都希望别人感激的话,那结果一定会使我们大为头痛。

亚里士多德说:"理想的人,以施惠于人为乐,但却会因别人施惠于他而感到羞愧。因为能表现仁慈就是高人一等,而接受别人的恩惠,却代表低人一等。"不管怎样,如果我们想得到快乐,我们就不要总想着等别人报答,而只享受施与的快乐。

如果为他人付出时还心想:他应该感激我,我应该得到回报;他应该感到内疚。那根本不算是付出,那是交换条件。

生活中,每个人都是在一边付出一边索取,可奇怪的是大多数人都认为自己付出的太多而获得的回报却太少。这样想的人无异于自寻烦恼,其实仔细想一下,在施恩于人时,在帮助别人时,你不是已经从这一善举中得到快乐,储蓄了感情吗?你已经有了收获,又何必为别人是否回报这份恩情而计较呢?

施恩望报既是在苛求自己,也是在苛求他人,生活中就是这样,你可能会付出很多,但永远不要企图付出就该收到很多回报!

你可以广结朋友,也不妨对朋友用心善待,但绝不可以苛求朋友给你同样回报。善待朋友是一件纯粹的快乐的事,其意义也常在如此。如果苛求回报,快乐就大打折扣,而且失望也同时隐伏。毕竟,你待他人好与他人待你好是两码事,就像给予与被给予是两码事一样。

所以,善待别人、义助别人时,你尽可以为这种善举欢欣,但却不要有太功利的想法,因为助人本身就是一种快乐,爱人就是在爱己。

对于一个身陷困境的穷人,一枚铜板的帮助可能会使他握着这枚铜板忍一下极度的饥饿和困苦,或许还能干番事业,闯出自己富有的天下。

对于一个执迷不悟的浪子,一次促膝交心的帮助可能会使他建立做人的尊严和自信,或许在悬崖前勒马之后奔驰于希望的原野,成为一名勇士。

就是在平和的日子里,对一个正直的举动送去一缕可信的眼神,这一眼神无形中可能就是正义强大的动力。对一种新颖的见解报以一阵赞同的掌声,这一掌声无意中可能就是对革新思想的巨大支持。

就是对一个陌生人很随意的一次帮助,可能也会使那个陌生人突然悟到善良的难得和真情的可贵。说不定他看到有人遭到难处时,他会很快从自己曾经被人帮助的回忆中汲取勇气和仁慈。

其实,人在旅途,既需要别人的帮助,又需要帮助别人。从这个意义上说,帮人就是积善。

也许没有比帮助这一善举更能体现一个人宽广的胸怀和慷慨的气度的了。不要小看对一个失意的人说一句暖心的话,对一个将倒的人轻轻扶一把,对一个无望的人赋予一份真挚的信任。也许自己什么都没失去,而对一个需要帮助的人来说,也许就是醒悟,就是支持,就是宽慰。相反,不肯帮助人,总是太看重自己丝丝缕缕的得失。因为担心别人不回报自己,就漠视别人的困境,这样的人不仅可能堕落成一个无情的人,而且还会沦落为一个可悲的人。因为他的心除了只能容下一个可怜的自己,整个世界都无须关注和关心,其实,他也在一步步堵死自己所有可能的路,同时也在拒绝所有可能的帮助。

有恩于人,也不必有什么优越感,更不要时刻盘算着我能得到什么,功利的想法只会抵消这笔人情!

【解读】

老子曾说过一段话,大意是:施恩不要心里老想着让人报答,接受了别人的恩惠却要时时记在心上,这样才会少烦恼,少恩怨。许多人怨恨人情淡薄,好心不得好报,甚至做了好事反而成了冤家,原因就在于做了点好事,就天天盼望着人家报答,否则就怨恨不已,恶言恶语。他们不明白,施而不报是常情,薄施厚望则有失

图文珍藏版

天理。

【原文】

贵而忘贱者不久

【译文】

富贵了，有权了，就翻脸不认人，这样的人是不会长久的。

这是一种典型的小人得志心态。他们不明白，贵贱荣辱，是时运机遇造成的，并不是他们真的比别人高明多少。倘若因此而目空一切，骄奢淫逸，即便荣华富贵，也转眼成泡影。

【事典】

正确地对待富贵和金钱

人们为什么越有钱了，反而越感到贫穷了呢？

过去，一般人的生活标准是只以邻居家的生活水平为标准，但现在许多消费者却把一些他们并不认识的陌生人当作攀比的对象。这正是美国经济学家玛丽亚·鲁比所说的：过度消费、低迷消费、新生代消费。她还说当一个人试图与比其自身所属的经济阶层更高的人群相比时，他便很可能会被消费债务缠身而无法自拔。我们喜欢与人交谈的内容就是自己是如何花钱，以此来炫耀财富。这样十分容易地就把我们的视线投向一些其实并不需要却能满足自己奢华追求的东西。

那么，怎样才能减少消费呢？首先必须意识到周围的消费陷阱与诱惑，控制自己的消费欲望；其次是不要浏览货架，与做生意的朋友少来往；再次，就是尽可能与人合买贵重之物，如与亲朋好友交换运动器材等。

有这样一则笑话：一个大款属于一夜暴富的暴发户，他坐着名牌车，戴着名牌表，穿着名牌衣，登着名牌鞋。总之，凡是能炫耀的地方，全都是名牌货。一天，他驾车外出，发生恶性交通事故。当救护人员费了九牛二虎之力，把他从车厢里救出来时，他一看到被撞毁的豪华轿车，便号啕大哭："哎呀！我的'宝马'呀，我的'宝马'呀！"这时，一名救护人员发现大款的胳膊已被撞断了，便生气地对他说："就知道哭你的车，快看看你的胳膊吧！"那大款看了一眼胳膊没有说什么，接着又大哭起来："哎呀，我的'劳力士'呀！我的'劳力士'呀！"

物质上的充足代替不了精神上的空虚。除了可以炫耀的财富之外，没有风度，没有学识，没有理想，没有修养，真是"穷"得只剩下了钱。一个视金钱比生命还重要的人，与其说他拥有财富，还不如说他是财富的奴隶。

在先富起来的一些人中，摆阔、斗富、纵欲被称为"潇洒人生"，美女、别墅、宠物成为最高的目标。

一位南方"大款"用 3 万元一桌的宴席招待一位北方的"大亨",没想到竟遭到嘲笑,随后北方的"大亨"用 5 万元一桌回请,而南方这位"大款"竟"啪"的一声打开密码箱,甩出 40 万元说:今天这桌就这个数!

在大连的一家歌厅,一个富翁宣布:包下当晚所有的"点歌费"。另一位大款立即声明:买下全市当天所有的鲜花,我点不成歌,你也别想献花。

卡耐基曾经说过:"一个人在富有中死去,是一种耻辱。"卡耐基于 1901 年出售产业,得 2.5 亿美元,退休后全心投入慈善事业,捐款建立了卡耐基音乐厅和遍布全美的 3000 个图书馆。《卡耐基传》的作者曾风趣地说:"他致力于捐款事业的努力程度很可能超过他谋利的时候。"

时代华纳公司的老板泰德·特纳曾做出一项惊人的决定:他要以一年捐资 1 亿美元的进度,分期 10 年捐资 10 亿美元给联合国慈善事业机构。在一个鸡尾酒会上,泰德宣布他的这一决定时说了这样一句话:"我在此提请全球顶尖富豪们注意,他们应该听听我的关于将金钱给予出去的理论,世上没有一件事比有意义的付出更快乐。"

人无论多么富有,他总有一个度,像有些"款爷"们,逞勇斗富,为富不仁,注定他们不会长久。须知有一句话叫作"三十年河东,三十年河西",还有俗语说得好:"多行不义必自毙"。

【原文】

念旧而弃新功者凶。

【译文】

对于别人的旧恶念念不忘,而忘记其所立新功的,这种做法很凶险。

【事典】

不计前嫌用人所长

在帝王专制时代,君臣之间无民主可言,不懂得广开言路的君王无异于自塞两耳蒙蔽双眼。李世民是历史上一位不可多得的明君,正是他的兼听纳言,开创了贞观时期君臣之间互相依赖、互相信任、互相支持的清明政治之风,在短短一二十年间将大唐推向昌盛繁荣。

即位以后,李世民逐步建立起了以自己为核心的最高决策集团,汇集了当时最杰出的人才,以充满朝气和进取精神的政治面貌,开始励精图治,为开创贞观之治的昌盛局面奠定了良好的基础。

李世民深知：为政之要，唯在得人，用非其才，必难致治。于是李世民首先采取了求贤纳才、知人善任的用人政策，不拘一格地广泛吸纳人才。他把举贤荐能、广招人才视为刻不容缓的事情，对那些推荐人才不积极的大臣，则加以严厉批评。

有很长一段时间，宰相封德彝没有推荐一个人。李世民于是就责问他，封德彝却回答说是天下没有贤才可以推荐。

李世民不禁气愤地批评封德彝说："用人就如同使用器物一样，只要各取所长，自然就不乏贤才奇士。你不善知人，怎能说是世上没有贤能之才呢？"

李世民不仅让大臣们推荐选拔人才，他自己也处处留心和访求有才之士，一旦发现即破格提拔重用。只要是有才之士，李世民不计较资历地位和亲疏恩怨，都能够兼收并用，充分发挥他们的才能。

贞观三年（公元629年），在一次上朝的时候，中郎将常何所提出的20多件事，全都符合朝政的情况。然而，常何是武将出身，不通经文，应该是不可能有这么高明的见解的，这不禁让李世民既高兴但又感到奇怪。

经过询问，李世民这才知道，常何所提交的议论其实都是他家中的食客马周代写的。于是李世民立即将马周召进宫，和他一番详谈之后，发现马周的确是个人才，不仅机智敏捷、深识事端，而且处事公允，敢于直言，当即就任命他为门下省官员，对他大加重赏，后来又任其为监察御史、中书舍人，直至中书侍郎、中书令等要职。

"玄武门之变"后，李世民不计较恩怨，大胆重用东宫集团的重要谋臣魏征、王硅、韦挺等人，其中最杰出的当数魏征。

魏征原来是太子李建成的重要谋士，"玄武门之变"后，李世民推崇他的才能，委之以宰相重任。他前后共向李世民进谏了200多次，大多数都被采纳了，这对贞观前期的政治起了重要的影响。

魏征为人正直，敢于直言，凡是正确的意见，不但要说，而且要坚持到底，即使李世民大发雷霆，魏征也坦然处之、神色不移，毫不退缩。

魏征死后，太宗十分痛心，无限感慨地说："用铜做镜子，可以端正衣冠；用历史做镜子，可以知道国家兴衰的道理；用人做镜子，可以看到自己的过错。现在魏征去世了，使我失去了一面很好的镜子。"

李世民以独特的政治家风度，积极推行科举制度，大力奖拔人才。因此，在唐初人才荟集，群英满堂。为开创贞观时期的大好局面，发挥了积极作用。

《列子·杨朱篇》中也写道："要办大事的人，不计较小事；成就大功的人，不考虑琐碎。"

但现实生活中，仍有些管理者会因为个人的恩怨而排斥有德有才之人。而优秀的管理者，在选用人才时，总是优先考虑这个人能做什么、做得多好，而不是考虑个人私利。

所以他们在用人时，并不总是盯住员工的过去和缺点，他们能够对无关紧要的细枝末节视而不见,专注于员工的特长,并且最大限度地发挥它。

【解读】

汉高祖不计较与雍齿有私仇,仍然封他为什邡侯;唐太宗不在意魏征曾是李建成的老师,仍然任命他为宰相,这都是成大事者的气量和风度。那种念念不忘谁瞪了自己一眼,谁骂过自己一句,非要以眼还眼、以牙还牙方解心头之恨的做法,是十足的小人行径。

【原文】

用人不正者殆,疆用人者不畜,为人择官者乱。

【译文】

一个领导者如果用人不当;在用人的过程中又不够灵活,这是很容易导致混乱和失败的。

【事典】

用人不当,后患无穷

历史上,因错误识人用人而铸成大错的例子不在少数。无论是何种原因,他们的教训都是值得吸取的。

前秦帝国的皇帝苻坚,任用平民出身的王猛为相,统一了中国的北方,是颇有作为的一代帝王。淝水之战失败后,前秦帝国迅速瓦解,他被后秦帝国的姚苌所杀,结束了其轰轰烈烈的一生。

苻坚是个心地善良、胸襟开阔的人,他对人从不猜忌,即便是那些投降或被俘的帝王将相,他也以礼相待,从不杀戮。甚至如鲜卑亲王慕容垂,羌部落酋长姚苌,他还引为知己,授予高官和赋予很大的权柄。

王猛生前曾劝谏苻坚说:"皇上与人为善,也不能不分敌我。国家的死敌不是晋帝国,而是杂处在国内的鲜卑人和羌人。更让臣担心的是,他们的首领都在朝中身居要职,有的更握有兵权,一旦有变,国家就危险了。"

苻坚坚信只要诚心待人,对方一定能诚心待我,有此观念,他并未把王猛之言放在心上。王猛死后,他对这些人更是信任不二,宠爱日隆。

淝水之战后,苻坚逃到洛阳,那些尚未到达淝水的大军也闻风溃散。鲜卑籍大将慕容垂见有机可乘,遂起反叛之心。他借口黄河以北人心浮动,自请苻坚派他前去宣慰镇抚。苻坚对他毫无防范,不仅痛快地答应了他的请求,还亲自向他致谢。慕容垂渡过黄河后,立即号召前燕帝国的鲜卑遗民复国,建立了后燕帝国。

淝水之战

其后,迁到关中的鲜卑人,又在慕容泓的领导下,建立了西燕帝国。苻坚命他的儿子和羌籍大将姚苌征讨西燕,结果大败,苻坚的儿子阵亡,姚苌畏罪逃到北方,后又叛变,建立了后秦帝国。

鲜卑人和羌人的反叛,使前秦帝国陷入了灭顶之灾。不久,首都长安被困,苻坚突围西行,在五将山被后秦兵生擒,送到后秦皇帝姚苌的手上。

苻坚至此,仍怀有生的希望。姚苌二十年前犯罪当诛,在绑赴刑场处斩时,时为亲王的苻坚见他英武不凡,遂动了恻隐之心,将其救下。有此大恩,苻坚深信姚苌自会感恩图报放他一马。

万没想到,姚苌先是向他索取传国御玺,继而百般污辱。苻坚万念俱灰,大骂姚苌忘恩负义,姚苌不待他多言,就把苻坚活活缢死。

苻坚犯错误的根源,在于他心地过于善良,在当时十分复杂的情况下,仍轻易相信别人并委以重任。这种品质对于个人,无疑是那种值得去结交做朋友的人;但作为一个治国者,这反而成为一种致命的弱点。识人难,用人更难。预防这类错误,关键在于"防",可惜的是,苻坚从来没有给自己在这方面筑起防线。

一个人是否应该被看重,重要的当然是看他内在的道德品质和学识修养,至于外在的容貌、装饰以及言谈举止等,其实都是次要的。无论是选才用人还是结亲交友,有见识者当然要以此为标准。当然,能够"质"与"文"俱佳更好,但是,切记不可因"文"而废"质"。否则,一旦被外表迷惑,得到一个华而不实的废物,甚至是一个仅仅外面光的"驴粪蛋",就会不但无益,反而有害。

所以说,认识评定一个人,不能只看表面,人的许多外在情感都是装出来的,尤其是当处于复杂的环境中时,人心更是难测。所以,无论是作为普通人还是为政者,都必须深入观察,真正看透一个人的内心,谨防误识、误交、误用。暂时难以认清的,不妨冷淡处之。否则,将会给自己造成不利,给大局造成损失。

【解读】

得人才者得天下,若要成事,人才固然重要,但前提是找对人用对人,如果用错了人又不能及时改正,那后果就很严重了。

有的领导任人不唯贤,不看能力,不看贡献,却喜欢用自己的喜好作为标准,只要长得标致,或者能说会道,就可以谋取给予高级的职位。这样的领导绝不是合格的领导,不客气地说,就是典型的糊涂官。

【原文】

失其所强者弱。

【译文】

失去自己的优势,力量必然削弱。

【事典】

做官宜"明"宜"强"

做官不仅要"明","强"也是不可或缺的,"强"当然不是一味地逞强,最好的做法是"明""强"结合。所以,为官之人第一件事就是培养自己处事不烦、不急不躁的风格。头脑清醒才能沉着冷静,沉着冷静才能稳住部下,稳住部下才能做出决断。不然的话,心急似火,性烈如马,只会使事态的发展更加混乱。

因此,"明强"之法,仍讲究修炼自己,尤其在遇到困难时,要能够审时度势,深谋远虑,决不求一时之功,决不轻举妄动。求"强"是可以的,但在逞能斗狠上求强就不是明智之举了。

逞强斗狠,说到底就是要获得超越感和优越感,从而谋求他人对自己的肯定、服从或尊敬,然而这种优越感的获得往往以压抑他人、伤害他人为代价。在某一时间,某一场合或某一范围内,你确实征服了他人,但在另一时间,另一场合或另一范围内,你又征服不了他人,而且你的这种征服必然激起他人持久的抵抗;倘若你征服的人越多,那么你所激起的反抗也就越大。最后陷入孤立的境地,你发现路越走越窄,越走越难。所以逞强斗狠最终会失败。

清朝名臣曾国藩一生刚强,他自述道:"吾家祖父教人,也以'懦弱无刚'四字为大耻。"又说:"至于'倔强'二字,却不可少。功业文章,皆须有此二字贯注其中,否则柔靡不能成一事。孟子所谓'至刚',孔子所谓'贞固',皆从'倔强'二字做出。吾兄弟皆受母德居多,其好处亦正在倔强。"他上承家训,进而总结了自己的经历,深刻地认为:"凡事非气不举,非刚不济。"这种倔强的性格,使曾国藩虽屡次颠踬,却依然充满刚毅,勇往直前。

　　咸丰九年十月十四日,他作一联以自箴:养活一团春意思;撑起两根穷骨头。这正是他这种倔强性格的写照。

　　至于强毅之气,决不可无。然强毅与刚愎有别。古语云:自胜之谓强。曰强制,曰强恕,曰强为善,皆自胜之义也。……舍此而求以客气胜人,是刚愎而已矣。二者相似,而其流相去霄壤,不可不察,不可不谨。

　　自胜,也得克己,所以,刚强也是一种克己之学。克己,必须从两个方面同时下手,即"刚柔互用",不可偏废。曾国藩说:"太柔则靡,太刚则折。刚并非就是暴虐,强矫而已;柔并非卑弱,谦退而已。"

　　为使"刚"得恰到好处,"柔"得也恰到好处,曾国藩强调刚柔均须建立在"明"的基础之上。他说:"担当大事,全在'明强'二字。"他致书诸弟说:"'强'字原是美德,我以前寄信也说'明强'二字断不可少。第'强'字须从'明'字做出,然后始终不可屈挠。若全不明白,一味横蛮,待他人折之以至理,用后果证明它,又重新俯首输服,则前强而后弱,这就是京师说的瞎闹。我也并非不要强之人,特以耳目太短,见事不能明透,故不肯轻于一发耳。"又说:"修身齐家,亦须以'明强'为本。"

　　不明而强,于己则偏执任性,迷途难返,于人则滥用权威,逞势恃力,终归都是害人害己。什么是"明"? 就是要明于事,明于理,明于人,明于己。欲强,必须明;欲柔,同样必须明。否则,虽欲强而不能强到恰当处,虽欲柔而不能柔到恰当处。一味刚强,必然会碰得头破血流;一味柔弱,遇事虑而不决,决而不行,待人则有理不争,争而不力,也是不能成功立业的。

　　所以,曾国藩认为,"强"有两种:"斗智斗力之'强',则有因'强'而大兴,亦有因'强'而大败。古来如李斯、曹操、董卓、杨素,其智力皆横绝一世,而其祸败亦迥异寻常。近世如陆、何、肃、陈亦皆予知自雄,而俱不保其终"。"惟曾、孟与孔子告仲由之'强',大概能持久恒常。"《孟子·公孙丑上》载:"昔者曾子谓子襄曰:'子好勇乎? 吾尝闻大勇于夫子矣:自反而不缩,虽褐宽博,吾不怕焉;自反而缩,虽千万人,吾往矣!'曾国藩所追求的,正是这种"自反而缩"的"强"。孔颖达注:"缩,直也。"指正确的道理。反躬自问,为维护正确的道理而勇往直前,这才是真正的"强"。故曾国藩说:"吾辈在自修处求'强'则可,在胜人处求'强'则不可。"一味逞强,终必败露;练就意志刚强不拔,就可能有所成就。

　　然而如果一个人在自修处求强呢? 此时你追求的不再是对他人的优越,而是自我超越,当然也就不会形成对他人的威胁或者伤害,也就不会存在征服与反抗的持久的矛盾,因为你所要征服的人不是别人,而是你自己。你在不断修正自我,完善自我。所有的反抗来自你的内部,是旧我对新我的反抗;这一反抗有时会刺激你更强烈地征服自我,恶行得以消除,善举得以光大,你就在这征服与反抗中不断前进。到一定时候,你就因为自修而完美和强大,这种强大就是曾子、孟子和孔子告知仲由的强大。是君子所要尽力珍惜、保持和追求的。

【解读】

国家若要强盛，必须有众多贤臣良才的辅佐；家庭若要强盛，必须多出贤良孝义的子弟。至于一个人的强胜，则不外乎北宫黝、孟施舍、曾子三种情形。孟子能够集思广益，使自己慷慨自得，和曾子自我反省而屈伸有度是等同的，只有亲身实践由曾子、孟子的经验和孔子告诉仲由强胜的道理，自身的强胜才可保持长久。此外斗智斗力的强胜，则有因为强胜而迅速兴旺，也有因强胜而彻底惨败。古时人如李斯、曹操、董卓、杨素之流，他们的智力都卓绝一世，而他们灾祸失败也超乎寻常，近代人如陆、何、肃、陈也都自知自家胆力超群，却都不能保持强势到最后。所以我们在自己弱的地方，需修正时，求得强胜就好；而在比别人强的地方，谋求更大的强胜就不好。个人如果专门在胜人之处逞强，那么是否真能强到底，都不能预料。即使终身强横乡里安稳度日，这也是有道德的君子们不屑提起的。

【原文】

决策于不仁者险，阴计外泄者败。

【译文】

伤天害理，决策不仁，已属危险之举；如果不小心再把秘密泄露出去，那就注定要失败了。

【事典】

秘密也能决定成败

全纪这个人在《三国》中的确一点名气也没有，从出场到被杀也就被提到了两三次，重大的贡献没有，然而在他身上我们却能学到一点人生教训——秘密就是秘密，不该泄露的时候，对谁都不能泄露。

吴主孙亮因为大权被大将军孙綝把持而抑郁多日，一日，他看到身为国舅的全纪在旁，便诉说心中的怨气。全纪便表露衷心，愿意帮助孙亮斩杀孙綝。然后孙亮便制定了详细的计划，并嘱咐全纪不可告诉他的母亲，因为其母是孙綝的姐姐，怕向孙綝泄露机密。

然而，全纪却是一个没有头脑的家伙，这等机密大事居然告知了其父，而其父更是没有头脑，明知道他的妻子是孙綝的姐姐，却还向她透露出三日内要杀孙綝。结果其母向孙綝泄密，导致计划破产而全纪被杀。

事实往往就是这样，人们对于外人的保密工作容易做到，而对家人的保密工作却不易办到，而这也正是保密工作最值得注意的地方。类似全纪的事情不仅古代有,现代也有。

第二次世界大战期间,美国一个水兵,在他服役的军舰行将从美洲开往欧洲作战时,他多嘴多舌,竟借公用茶室的电话通知朋友,将他的出发时间、开往地点、航行路线悉数暴露。不想隔墙有耳,当时在场窃听的一个德国间谍立即将这一情报报告了德国情报局,结果,这艘美国军舰很快被德国潜艇打入了龙宫!这个多嘴的"舌头"也喂了鱼虾。

其实三国中除了全纪这件事之外,有许多保密工作的方法还是值得借鉴的,例如,诸葛亮、曹操等都擅用"锦囊妙计",动不动就给将领们锦囊,让他们临事再发。

例如,曹操赤壁战败后派曹仁守南郡,临走前嘱咐他:"吾有一计,密留在此,非急休开,急则开之",后曹仁与周瑜大战,此计派上了用场。

张辽、李典、乐进三人在合肥防御孙权军队,曹操听知孙权领兵进攻合肥,于是派人向张辽等送木匣一个,匣上有操封条,封条上写着:"贼来乃发。"

由此可见,一个人的生死存亡有时候与能否保守秘密有很大的关系。其实不仅个人如此,企业也同样如此。

在世界商战史上,商业机密历来被众多商家当作所有工作的重中之重。有时候,一条核心机密就是一个商机,甚至关系到企业的兴衰成败。

可口可乐的经营者一贯注重产品的质量,这是其百年不衰的主要原因之一。当坎德勒从彭伯顿手中买下可口可乐的专利时,他根据市场的需求,把这种糖浆式饮料兑水后,再加入天然材料,配成所谓"7X配方",从而博得了世界各地消费者的欣然接受,消费迅速增加。

可口可乐之所以一百多年深受消费者喜爱,从而持续畅销,"7X配方"是其质量的支柱。

众所周知,可口可乐这么一种大众饮料,基本上是几种物质的混合物,即糖、碳酸水、焦糖、磷酸、咖啡因和"失去效能"的古柯叶及椰子果。可以说,其配料的99%以上是可以分析出来的。但有不到1%的"7X号物品"却保持着100多年的秘密,对谁也不告知此秘方,只有严格挑选的几个人知其秘密。如果需验查这秘方,他们必须到信托公司去,首先提出申请,经过信托公司董事会批准,在官员监视下,在指定时间内打开秘方的保险库门。

不管生意发展到多大,可口可乐经营者对于"7X配方",绝对不告知也不转让。可口可乐正是长期做到绝对保密,使化学家和竞争者花了上百年时间的研究,至今仍未得到要领。这一保密经验,很值得现在经营者借鉴。

为了扩大业务,可口可乐公司不断进行推销,但均是推销可口可乐的浓缩液,绝不出售技术诀窍。自从1926年在古巴开设第一家可口可乐生产工厂以来,现在已发展到有近百个国家开设加工厂了,在我国的北京、广州、厦门等地都有合作生产工作,但"7X"浓缩液却均从美国总公司运来。

一种饮料竟然每年能做近500亿美元的大生意,其产品生命周期百年不衰,现在全球人们每天喝下 20 多亿罐可口可乐,可说创下了经营史上的奇迹。这个奇迹的产生,很重要因素是可口可乐的老板们始终坚持"百年大计"经营方针,绝不做"杀鸡取卵"、急功近利的生意。正如大众所知的,一般工业产品的生命周期 10 多年,甚至三四年,但可口可乐的经营者针对这个问题,不论什么情况下都不告知不转让自有的技术诀窍,避免了市场上同类产品的自相残杀,可谓用心良苦。

对于一个企业来说,一条信息就意味着一个商机,甚至决定着这个企业的兴衰成败。因此,作为企业领导者,一定要站在企业生死存亡的高度,提高警惕,切实做好内部的保密工作。

【解读】

而不宣的事情才能称之为秘密,它只能存在一个人或几个相互信任的小群体之内。因此,无论是我们自己的秘密抑或知道别人的秘密,都应该做到守口如瓶,否则不但会失去他人的信任,同样会吃到泄密的恶果。

【原文】

厚敛薄施者凋。

【译文】

只知道不择手段地敛财,榨取民脂民膏,对老百姓的苦难视而不见,这样下去朝纲政权迟早要凋败。

【事典】

贪图私利失去信任

五代时,后唐的皇帝李存勖以救国救民号召百姓,招募将士,先后灭掉了后梁等国,势力达到了顶点。

天下略为安定后,李存勖开始贪图享乐,他对大臣们说:"我军征战多年,今日有成,应该休息罢兵,享受太平生活。"

李存勖从此不理朝政,天天忙着看戏玩乐,一些忠直的大臣也被他疏远了。

皇后刘玉娘特别爱财,她把国库窃为己有,积攒了堆积如山的财宝。她任用自己的亲信做捞钱的肥差,四处暴敛,到处横征,百姓怨声载道。

忠心的大臣把刘玉娘的行为报告给了李存勖,他说:"当天下人的君主,应该关心天下人的生死,这样人们才能爱戴他,国家也会安定。现在皇后只顾自己捞钱,全不管百姓如何生活,这样下去要出大事的,皇上一定要好好管教她。"

李存勖这时也失去了往日的爱民之心,他为皇后辩护说:"筹钱粮,救民于水火,百姓一定会感激皇后的仁德,誓死保卫国家。"

刘玉娘把国库的东西视为自己的财产,她拒不交出赈灾,还生气地说:"你是宰相,救济百姓是你的事,与我有什么关系?"

她只拿出两个银盆,让宰相卖了当军饷。宰相长叹一声,掉头就走,他对自己家人说:"皇上、皇后只为自己享乐积财,这样怎能治理好国家呢? 他们太自私了,国家一定会灭亡,我们也另做打算吧!"宰相也不管事了,朝廷陷于瘫痪。

时间不长,大将李嗣源就率兵反叛。李存勖领兵平乱,愤怒的士兵纷纷投向叛军,不愿再为李存勖卖命。

李存勖见事不好,急忙用重赏安稳军心,他对士兵们说:"我带领你们打天下。绝不是为了我自己,是为了你们啊! 这次如果平定了叛乱,你们每个人都有重赏,我说到做到,绝不食言!"

士兵们早不相信他了,这时见他还在说谎,不禁更加愤怒。他们发动了兵变,乱箭射死了李存勖。刘玉娘逃进了尼姑庵,也被士兵搜出,把她绞死。

李存勖、刘玉娘平时不知关爱将士百姓,只是自己享受捞钱,结果导致国家灭亡,他们死不足惜。

一心为一己之私只顾敛财的人是干不成大事的,他可以利用人于一时,一旦被人识破真面目,所有人都会离开他,反对他。为多数人谋取福利,首先要放弃个人的私利,这样才能办事公平,赢得世人的信任。

正所谓,无欲则刚强,无私才博大。有的人把个人的利益、名声、地位、权势看得高于一切,地位略有动摇,利益稍有损失,权势稍有削弱,就看成是大祸临头,结果生活得非常痛苦。只有解脱名利的羁绊和生死的束缚,只有我们完全从自我占有、自我为中心的心态中超脱出来,这时心灵世界才能像浩瀚的天空,任鸟儿自由飞翔。

【解读】

爱财似乎是很多人的天性,如果是老百姓,耍点小聪明,贪点小财,也无可厚非。但若站在领导者的位置上,若想成就一番事业,就不能太看重钱财了。钱财有其两面性,有了它固然可以荣华富贵,但也可以令你祸害缠身。在面对这些问题时,保持清醒的头脑还是必要的。

【原文】

战士贫游士富者衰。

【译文】

如果奋勇杀敌的战士浴血捐躯,暴尸疆场,却一贫如洗,而游说四方的人靠一张嘴就披金带银,这肯定是一个极不正常的时代。

要想留住人首先满足他们的物质需求

从生活上关心人才,给人才以优厚的物质待遇,让人才别无所求,是管理者拴心留人、充分调动人才积极性的有效手段。

管仲是春秋时期著名的政治家、军事家和经济思想家。他刚担任齐国宰相时,政治上没有一点成绩,齐桓公就询问原因。管仲回答说:"我地位虽高,但我依然贫穷。穷人无法指挥有钱人。"

桓公说:"给你可以迎娶三个妻子的家用吧!"

过了一段时间,国政还是没有治理好,齐桓公又向管仲询问原因。

管仲回答说:"我虽然有了钱,但我的身份却很卑微,使我无法管制高贵的人。"

齐桓公立即任命他为上卿,步入贵族的行列。

其后,齐桓公又尊管仲为"仲父"。

由于齐桓公满足了管仲的要求,给予管仲无比优厚的物质待遇和高贵的地位,使管仲有职有权,齐国政治很快上了正轨。后来齐桓公成为春秋五霸之一,就是得力于管仲的辅佐。

在企业中,员工大都将工资与收益视为首选的指标,工资的多寡直接影响到员工在工作中的努力程度,影响着他们是否继续从事目前的工作。

虽然有人认为金钱激励有一定的负面影响,但是无论对谁,更高的收入总是很有诱惑力的。要让员工更加努力,就要奖励员工的出色工作。为了获得最好的效果,就必须付给员工恰当的报酬,这样才能留住最好的员工。可是很多经理却总把支出的工资维持在最低水平。他们认为员工工资是成本的一部分,并且只想到如何最大限度地减少成本,以保证利润最大化,至于报酬与效果之间的关系,他们却视而不见。

在工作之中,必须让员工感受到自己的价值得到了他人的承认。不管你使用多么美妙的言辞表示感激,不管你提供多么良好的训练,他们最终期望的是得到自己应得的报酬,让自己的价值得到体现。

员工会按照市场情况和一些合适的对象进行比较,他们自己的收入影响着他们对工作的满意程度。不管一个人多么高尚,即使可能会因谋求个人的发展而牺牲个人收入,但不可能长期如此,因为他们要生存。最好的老板总是在员工要求增加工资前做好考虑,他们积极主动调查市场,保证自己员工的报酬比其他公司要高。这样可以让员工的宝贵精力和智慧用于实现最好的结果,而不是计较个人的报酬。聪明的管理者会积极主动地支付报酬,而不是等待员工提出要求。

但是,有时即使你付出的工资很高,还是有人不能满意。一旦员工开始为工资而抱怨，或者最好的员工离去开始另谋高就，就应引起你对问题严重性的重视了。解决问题的办法，最好是将个人业绩与报酬挂钩。你应当让员工清楚，真正努力的员工将会得到最好的报酬，但他们不会无缘无故得到报酬。

企业要有最强的竞争力，首先必须拥有最好的员工队伍，并根据其贡献大小给予最合理的报酬，尽可能让员工将个人利益与自己的努力结合起来。同时，也应尽量使报酬支付的形式简单化，将事情弄得越复杂，越容易导致不满和争议。

【解读】

俗语道："金钱不是万能的，没有金钱是万万不能的。"人人都有一些与生俱来的需要，如生存、稳定的收入、被人接受、希望别人尊重自己、渴望成功等。无论在哪个领域，金钱是冲锋在第一线的人的最根本的需求之一。尽管他们人数众多，每个人都是那么普通，但这并不是忽略他们的理由。给他们应有的奖赏、合理的报酬，他们才能恪守本分，做出更大的贡献。

【原文】

货赂公行者昧

【译文】

行贿受贿明目张胆、堂而皇之地进行，是政治黑暗、国家衰败的表现。

【事典】

惩治腐败不可手软

在中国古代历史上，对腐败行为打击最严、手段最狠的当数平民出身的明朝皇帝朱元璋。

朱元璋自幼生长于贫苦之家，对元代官吏对待百姓的贪酷了如指掌，也认识到元末吏治的腐败是农民大起义爆发的原因之一，认识到要保证他所建立起的政权不重蹈元代覆辙，就一定要肃清腐败分子，杜绝贪污腐败。他因此为贪官污吏设立了严法酷刑，而且由于他个性的狠毒，在实际实行过程中，还专门为贪官设立了一些法外非刑，以此来警戒天下官吏奉公守法。

对于贪赃舞弊行为，他则绝不轻饶。朱元璋认为，吏治之弊莫甚于贪虐，而庸鄙者次之，所以他说："朕于廉能之官或有罪，常加宥免，若贪虐之徒，虽小罪亦不赦也。"

官吏犯赃的，罪行较轻，朱元璋处以谪戍、屯田、工役之刑，也就是充军发配。如徐州丰县丞姜孔在任时，借口替犯人缴纳赃款，挨家挨户敛钞，结果全都塞进了自己的腰包。朱元璋查知此事,将姜孔发配去修长城。

洪武九年,"官吏有罪者,笞以上悉谪之凤阳,至万数",其中绝大多数是犯赃官吏。而对罪行严重的,则处以挑筋、挑膝盖、剁指、断手、刖足、抽肠、劓、阉割、凌迟、全家抄没发配远方为奴、株连九族等酷刑。户部尚书赵勉夫妻贪污,事发后夫妻二人同时被杀。工部侍郎韩铎上任不到半年,伙同本部官员先后卖放工匠二千五百五十名,得钱一万三千三百五十贯,克扣工匠伙食三千贯,盗卖芦柴二万八千捆,得钱一万四千贯,盗卖木炭八十万斤,私分人己,事发被杀。

同历代封建专制制度的通病一样,明代贪污受贿的官员腐败案并不少见。例如,大名府开州通判刘汝霖,追索核州官吏代犯人藏匿的赃款,逼令各乡村百姓代为赔纳,被判枭首;凤阳临淮知县张泰、县丞林渊、主簿陈日新、典史吴学文及河南嵩县知县牛承、县丞母亨、主簿李显名、典史赵容安等收逃兵贿赂,使令他人代充军役,案发后两县官吏尽行典刑;福建东流江口河泊所官陈克素勾结同业户人,侵吞鱼课一万贯,又勾结东流、建德两县官吏王文质等,验了敛钞数万,被杀身死;进士张子恭、王朴奉命到昆山查勘水灾接受昆山教谕漆居恭、酉径巡检姚诚宴请,收受缎匹、衣服等物及钞币一千三百贯,将他们的二万二千六百亩已成熟田地谎报为受灾农田,朱元璋查知后,命锦衣卫给他们送去兵刃、绳索,勒令自尽。当时官吏贪污到银六十两以上者,均处以枭首示众、剥皮楦草之刑。行刑多在各府州县及卫所衙门左首供祭祀的土地庙举行,因而当时土地庙得名为皮场庙。贪官被押至土地庙,枭首挂在旗杆上示众,再剥下尸身的皮,塞上稻草,做成皮人,摆在公座之右,以警戒后任。

在洪武年间,除了一些较小的惩贪案外,还有几次大规模地对贪官污吏的集中清洗,其中以空印案和郭桓案最为著名,声势也最为浩大,两案连坐被杀人数也最为惊人,累积共达七八万人。明初整肃吏治的斗争前后延续二三十年之久,打击面极广,甚至一些皇亲国戚,若是贪赃枉法,也在劫难逃。

明初整肃吏治的斗争,是朱元璋出于集权专制的目的进行的,因而带有一定的残暴特征。打击面大,处死极多,因此有时也不免产生一些先入为主的冤假错案,枉杀了许多无辜官吏。

可尽管如此,在无法解决制度问题的情况下,通过严酷手段整肃吏治、打击害群之马的斗争毕竟还是收到了前所未有的效果。朱元璋曾以为元代法令过于宽纵,以至人心懒散,江河日下,经过了半个世纪,人心都不畏法,所以他才主张峻法严纪。这一系列严法严刑确也使得贪官污吏望而止步。经过长期的严刑诛戮,做官的人终于认清了朱元璋立场的坚决,认清了本朝惩贪不贷,敢动真格,世道已经变了,开始人人自危,不敢恣肆妄为——郡县之官虽居穷山绝塞之地,去京师万余里外,皆心震胆,如神明临其庭,不敢放肆。"或有毫发出法度,失礼仪,朝按而著罪之。"官场风气在一连串严酷打击下,逐渐发生了改变,日趋清明——"一时守令畏法、洁己爱民,以当上指,吏治焕然不变矣。下逮仁堂抚绪休息,民人安乐,吏治澄清百分年。"后世清官海瑞由此而赞洪武朝:"数十年民得安生乐业,千载一时之盛也。"

朱元璋不细加斟酌、妄加屠戮的作风当然是不可取的,而且也只能归结于他独裁的残暴,但他打击害群之马、整饬吏治的坚决态度,却有值得后人学习之处。

【解读】

在任何组织、团队里,腐败就像人的身体长了毒瘤,各种机能都会降低,这就会不可避免地威胁到管人者的管理效率。如果对待腐败分子手下留情,必定会给自己和组织带来很大伤害。对此,领导者必须动真格的,做到除恶必尽。

【原文】

闻善忽略,记过不忘者暴。所任不可信,所信不可任者浊。

【译文】

在用人管人的时候,对下属好的一面视而不见,对他们的不足和过失却斤斤计较,这样的领导很容易成为暴君。对任用的人没有基本的信任,对信任的人却又不加以利用,这样的领导很容易成为昏君。

【事典】

管理不能没有宽容之心

管理者的宽容品质能给予下属良好的心理影响,使下属感到亲切、温暖和友好,获得心理上的安全感。同时也因为管理者的宽容,下属因为感动而增强了责任感。此时,宽容会化作一种力量,激励人自省、自律、自强。因此,管理者适当的宽容可有效地激励下属。

有一位德高望重的长老,一天他在寺院的高墙边发现一把椅子,他知道这是有贪玩的小和尚借此越墙到寺外去玩。于是长老搬走了椅子,站在这儿等候。午夜,外出的小和尚回来了,他爬上墙,再跳到"椅子"上,他觉得"椅子"踩上去的感觉有点怪,不似先前那么硬,软软的甚至有点弹性。落地后小和尚定睛一看,才知道椅子已经被挪走了,刚才原来是长老用背脊来承接他的。小和尚仓皇不已,以后的一段日子他都诚惶诚恐等候着长老的发落。但长老并没有这样做,甚至压根儿没提及这"天知地知你知我知"的事。小和尚从长老的沉默和宽容中获得启示,他收住了心再没有去翻墙,通过刻苦的修炼,成了寺院里的佼佼者,若干年后,成为这儿的住持。

无独有偶,有位老师发现一名学生在上课时时常低着头画些什么,有一天他走过去拿起学生的画，发现画中的人物正是龇牙咧嘴的自己。老师没有发火，只是憨憨地笑了一笑，要学生课后再加工，画得更神似一些。而从此那名学生上课时再没有画画，各门课都学得不错，后来他成为颇有造诣的漫画家。

通过上面的例子，我们设想一下，除去其他因素，归集到一点：主人公后来有所作为，与当初长老、老师的宽容不无关系，可以说是宽容唤起的潜意识，改变了他们的人生之舵。

宽容不仅是一种"海量"，更是一种修养促成的智慧，事实上只有那些胸襟开阔的人才会自然而然地运用宽容。反之，假如长老搬去椅子对小和尚进行惩罚，也没什么说不过去的，小和尚可能从此收敛，但未必会真正反省，取得以后的成就。同样，老师对学生的恶作剧通常是大发雷霆，继而是狠狠批评，但往往因为方式太"通常"了，就很难取得"不通常"的效果。

其实这都涉及一个问题，即管理。所谓管理，说到底就是理顺人与人的对应关系，使管理者与被管理者之间达到和谐的统一。真正上档次的管理是一门艺术和智慧。你可以把对方"管"得规规矩矩、"理"得顺溜听话，但你如果不会运用宽容，就可能把人的可塑性和创造力抹杀掉，又有什么艺术和智慧可言？

缺乏宽容的管理者，不仅容不了别人的错误，也容不得别人的不同意见。他们搞一言堂，反对下属积极参与管理，结果只会使下属没有了责任感和积极的心态。因为有意见者往往是积极的思考者。管理者如果有了宽容精神，必将使下属获得发挥才能的最佳心理状态。

宽容不仅是容忍他人的缺点那么简单，也包括宽容失败。失败常常来源于创新的路途。创新是组织获得向上动能的源泉。如果一个组织不能容忍因为创新引起的失败，就是在提倡一种保守、墨守成规和静止的管理和经营思维。倘若我们的管理者能对失误者说一声"接着再试，相信自己"，宽容下属的失败，这将减轻下属的心理负担，使他们启动智慧，反而能够创造奇迹。

无论从哪方面来说，宽容对于管理，对于激励，都有着不容忽视的作用。作为一个管理者，我们必须学会宽容，这样，才能团结众人的力量，最大限度地发挥人才的效能，让自己的团队发展壮大。

【解读】

管人用人是一门需要宽容和信任的大学问。德才兼备的能人毕竟是少数，领导者不能只关注他们的缺点，如果这样，世界上真的就没有可用之人了。既然相信一个人的能力，就要义无反顾地任用，就要给他们足够的宽容和信任，这才是管理的真谛。

【原文】

牧人以德者集，绳人以刑者散。

【译文】

聚集人才、收拢人心靠的是德,一味地用武力和刑罚是解决不了问题的。

【事典】

对待下属要有起码的尊重

凡是读过《三国演义》的人都知道,张飞既不是死在战场之上,更不是老死家中,而是被自己的部下偷袭致死的。喜欢他的读者,大都为他喊冤,但是只要我们细细分析一下,张飞被杀是个必然,一点也不冤枉。

上下级之间是需要互相尊重的。倘若我们粗暴地对待下属,下属又如何会尊重我们呢?张飞从来就不是一个懂得如何尊重别人的人。

首先从刘备三顾茅庐请孔明出山说起。一顾茅庐寻访不着孔明时,张飞便说:"量一村夫,何必各个儿自去,使人唤来便了。"当两番寻不着孔明,刘备准备亲自前往再寻孔明时,张飞更说出了:"量此村夫,何足为大贤?今番不须哥哥去;他若不来,我只用一条麻绳缚将来。"这点从表面上看,张飞是比较鲁莽,然而倘若他懂得尊重孔明,又怎会说出这些话?

再者,就是张飞不懂得尊重吕布。吕布虽然人品有点问题,但是吕布既然投靠刘备,张飞自然应该给他点面子。在刘备让他守徐州的时候,他故意刁难吕布手下素不饮酒的曹豹,并借曹豹来发泄对吕布的不满,蛮横地责打了曹豹,直接导致了曹豹与吕布里应外合夺取了徐州。

最终,在接到兄长关羽被杀的消息之后,不顾实际情况,强行让手下三日内采办齐三军的白旗白甲。手下说材料不够请求宽限几日,便挨了他五十大板,并扬言三日内采办不齐,便会将他们斩首。为了保命,他的手下也只能狗急跳墙地对他下手了。

当然,这些都是小事。张飞在军中行刑杀人,鞭打士卒那就更是家常便饭了,故而手下对他下手的时候,根本没有手软。

现实中,由于个体差异,每个人在社会中的地位同样存在着差异。这样的差异就使一些人内心的天平失去了平衡——在自认为毫无利用价值、地位低下的人面前,他们显得高人一头,对于这些人总是不屑一顾。

俗话说得好:"人活一张脸,树活一张皮。"有的人地位虽低,但并不表示他们没有尊严。只要我们能够做到"敬人一丈",他人最起码也会"敬我们一尺"的!故而,在待人做事上,应该抱着尊重的态度才行,不要因为地位或工作分工不同而轻视甚至鄙视他人。

【解读】

刑罚虽然是强制性的手段,但它是建立在道德基础上的。所以在实行法治的时候,千万不能忘记刑罚内含的宽恕原则。圣明的君王不得已而用刑罚,目的是为了辅助道德礼制的建设,并不单纯是为了惩治人。孔子说:居上位者自身有真正的道德,然后严格要求下属,下属犯了错误,自己就觉得很羞耻,会自觉约束自己;如居上位者自己不讲德行,全凭严刑峻法管人,人们就会专找法律的漏洞,回避了惩罚反而认为很高明,内心毫无愧意。因此说,以德恕为归宿的法治会使全国上下日益团结;相反,只能上下离心,全民离德。

【原文】

小功不赏,则大功不立;小怨不赦,则大怨必生。

【译文】

再小的功劳也要给予奖赏,这样才有可能立大功;犯了小错切忌惩罚,能原谅的一定要原谅,否则就会有大错发生。

【事典】

多一点奖赏少一些惩罚

虽然我们强调赏罚分明,但这并不是说赏和罚必须一样多。毕竟,奖赏和惩罚并非目的。受奖赏者,励其用命之忠,使之感恩戴德,更加效力于己;受惩罚者,责其背义之行,用以警示部下深思。

奖赏是正面的激励手段,即对某种行为给予肯定,使之得到巩固和保持。而惩罚则属于反面激励,即对某种行为给予否定,使之逐渐减退。这一正一反都是管人不可或缺的重要手段。

管理者在运用奖赏与惩罚手段时,必须掌握两者不同的特点。一般说来,正面强化立足于正向引导,使人自觉地去行动,优越性更多些,应该多用。而反面强化,由于是通过威胁恐吓方式进行的,容易造成对立情绪,故要慎用,只能将其作为一种补充手段。

因为,对员工进行处罚时,他们首先想到的不是对其表现的反省,而是对自身利益受损的恐惧和戒备。企业靠组织目标与个体目标的趋同一致来吸引员工,更多情况下,需要一种积极的氛围来促使人们协作,实现目标。在这个过程中,以正面激励(奖励、表扬等)回应理想的绩效表现的效果,远胜于以负面激励(批评、处罚)来回应不理想的绩效表现。

心理学的测试结果表明，任何人只要头脑正常，都不想看到自己的工作一团糟。但为什么许多员工在刚进入公司时都表现得非常积极，工作十分卖力，一段时间过后就会消极，散漫，拖拖拉拉呢？最主要的原因是管理者管理过程中对"人性"的把握还不到位。做管理就是研究人，即对"人性"的分析、了解、引导、奖赏等，最终达到有效管理的目的。

每一位员工，他们的成长环境、年龄、文化程度、宗教信仰、气质及性格类型都不同，导致想法及做事方法都会具有一定差异。所以作为管理者，不能对工作不积极的员工一罚了事，而要不断地观察和沟通，了解、认识自己的员工，对症下药，只有知道员工心里所想的，才能知道用什么样的方式来刺激他们努力工作。

人所有行动力的根源都可以归结为一点，即追求快乐与逃离痛苦。员工不努力工作，往往是因为还没有让他们更直接地感受到努力工作会有什么快乐，他们不知道为何而努力工作。而且也许目前给他们造成的印象恰恰是——努力工作没什么快乐，至少不够多。因此在管理过程中，经常采用"多一点奖赏，少一些惩罚"的原则，从而让员工在工作过程中产生一定的"快乐"，增强员工的积极性。

因此，管理者在管理员工的实践中，对于正面和反面的驭人要有主有辅，有重有轻，不可同等对待，平分秋色。一般来说，正面激励的次数宜多，反面激励的次数宜少；正面激励的气氛宜浓，反面激励的气氛宜淡；正面激励的场合宜大，反面激励的场合宜小；正面激励宜公开进行，反面激励宜个别进行；在制定奖励和惩罚条例时，要考虑到人们的期望值和承受力。

以正面激励为主、以反面激励为辅的激励策略，可以延续组织目标与个体目标的方向一致性，为企业绩效管理工程的推行，为实现组织的发展目标提供强大的支持。

当然，这并不是说，在管人时只正面激励不反面激励。根据强化原理，对需要改进工作的下属，进行适当的"鞭策"还是非常有必要的。但鞭策应注意适度，只要认为他仍有通过改进达到要求的可能，适度的轻责，便可以减低或避免因重罚而带来的负面影响。

【解读】

关于奖赏和惩罚，已经很多次说过了，黄石公一再强调这些，足见其重要性。这一节所说的重点是奖赏。

舍得舍得，有舍才有得，小舍小得，大舍大得，不舍不得。一件东西，总是紧紧地抓在手里，不舍得放下，手里就没有多余的空间来接其他的东西。虽然人们都明白"凡事有舍才有得"的道理，可许多人一到真事就犯糊涂，在用人时斤斤计较，生怕自己损失点什么。要想有大成，就一定要杜绝犹豫不决、患得患失的毛病，不要总盯着鼻子跟前的蝇头小利。为此，千万别忘了"舍不得孩子套不住狼"这句中国的老话。为了获大利，就不能计较在使用人才上的得失，因为真正笑到最后的人，往往就是拿到西瓜而不在乎丢掉一两粒芝麻的管理者。

【原文】

赏不服人，罚不甘心者叛。赏及无功，罚及无罪者酷。

【译文】

给有功者以奖赏，却导致很多人不服，惩罚有过失的人，却让他心有不甘，这都会导致下属离心叛德。奖赏那些无功之人，惩罚那些无罪之人，这都是昏庸的酷吏的做法。

【事典】

奖罚不明祸害无穷

奖与罚是重要的管人手段之一。奖与罚一定要分明，该奖就奖，该罚则罚，否则就会给组织种下祸根。

在我国古代，对赏罚分明四个字分外重视。人们认识到，国家兴衰、朝代更迭大半因用人不当，用人不当大半与赏罚不明有关。

对于奖罚分明的重要性，早在战国时期的魏惠王与其大臣卜皮的一次对话就说明了。

魏惠王问卜皮："你担任地方官的时间很久，和百姓接触的机会最多，应该听过百姓对寡人的批评吧？""百姓都说大王很仁慈。"魏惠王听后大喜："是吗？果真如此，国家一定能治理好。""不，相反，国家快要灭亡了。"魏惠王愕然："寡人以仁慈治国，这样有错吗？"卜皮加答："陛下只想给天下百姓仁慈的形象，就不能居人之上。所谓的仁慈包含怜悯、仁心、宽厚、慈祥。如今即使百姓、大臣犯罪，陛下在处罚他们时，也会踌躇不前。有过而不罚，无功却受禄。天下人都会看不起大王，百姓也会放肆。臣说国家快要灭亡，就是这个道理。"

北魏时，尚书驾部郎中辛雄为人贤明，对下属赏罚分明，处理政事公正无私。他还曾上疏说："一个人所以面对战阵却能忘记自身的危险、冒犯白刃而不害怕的缘故，第一是追求荣誉，第二是贪求重赏，第三是害怕刑罚，第四是逃避祸难。如果不是这几个因素，那么就算圣明的天子也无法指挥他的臣下，慈祥的父亲也无法劝勉他的儿子了。圣明的天子知道这种情况，因而有功必赏，有罪必罚，使得无论亲疏贵贱勇怯贤愚，听到钟鼓的声音，看到旌旗的行列，无不奋发激昂，争先奔赴敌阵的，这难道是他们讨厌长久地活着而乐意快死吗？利害摆在面前，是他们欲罢不能罢了。自从秦、陇叛变，蛮左造反，已经过了几年，三方面的军队，战败多而战胜少，追究他们的原因，确实是由于赏罚不明。陛下尽管颁下明诏，随时赏赐，但是将士的功励,经年不能决定,逃亡的士兵,平安在家,因而使得守节的人无所羡慕,一般的人无所畏惧。前进攻打贼寇,死亡临头而赏赐遥遥无望;撤退逃散,生命保全却没有罪刑,这是使得士卒看见敌人就沮丧奔逃,不肯全力打仗的缘故。陛下如果真能号令必信,赏罚必行,那么军中士气一定大增,贼寇一定会平定了。"

古人尚且明白这个道理,作为一个现代管理者,更应该认识到奖罚分明的重要性。如果奖罚不分明,其后果是相当糟的。

首先会打击员工的积极性。如果一个管理者奖励了一个不该奖励的员工,而把应该奖励的忽略了,把优秀的员工晾在一边不管不问,这会严重挫伤他们的积极性,并且使人们形成在这个公司出色地工作还不如投机取巧的想法。

再者奖罚不明会失掉优秀人才。在一家小型炼油厂里,有个肯钻研的小伙子,他通过多年的实践经验并通过理论摸索,总结出了一套改进设备以提高出油率的先进方法。他把这个方案提交给他的主管,主管却不屑一顾,并对他说:"我招你来是为我做事,不是叫你去干那些不三不四的事,这样不是耽误我的事吗? 回去给我好好干活吧!"

按理,主管应该提倡技术革新,对从事技术革新并做出成绩的下属要大加赞扬并且予以奖励。而这个主管不但没有给做出技改成绩的下属以奖励,反而把他臭骂了一顿,致使那个员工回去之后,愤而离开,转投到另一家炼油厂去了。

在管人过程中,奖励和惩罚是两种不可缺少的手段,奖罚分明会对一个组织的有效运转起到非常积极的效果。对有功者的奖励必然应伴随着对无功或有过者的惩罚。二者不仅要相互结合,不可分割,而且要泾渭分明。管理者如果不能做到奖罚分明,还不如不奖不罚,因为奖罚不明所引起的不良后果远比不奖不罚大得多,甚至会使结果偏离初衷,从而导致人心涣散、组织混乱。

【解读】

奖赏和惩罚是管人用人必用的手段,用好了事半功倍,如果用不好不但事倍功半,搞不好还会出乱子。问题是,怎样才能用好这一手段,让它发挥最大的效用呢? 很简单,最基本的要求就是做到公正、分明。

【原文】

听谗而美,闻谏而仇者亡。

【译文】

听到无益的谗言,就感觉心里很舒服,看到那些上谏忠告的人就像看到仇人一样,这样的当权者除了灭亡没有第二条路可走。

【事典】

好听的话有毒逆耳之言受益

有人会说,每个人都爱听好听的话。好听的话的确能够使人精神愉悦,同时又长面子,可是有些好听的话犹如漂亮的罂粟花,开放时美丽,而结果却有毒。

"耳中常闻逆耳之言,心中常有拂心之事,才是进德修行的砥石。若言言悦耳,事事快心,便把此生埋在鸩毒之中也。"一个人如果常听难以入耳的忠言,常遭遇使心中不悦的难事,就能修身养性,提高自己的品德;相反,假使一直听悦耳的话,行事又很顺利,就会自然而然地松懈下来,如同中了鸩毒一般,此生再也无望了。

闵公元年,管仲向齐桓公进谏:"宴安鸩毒,不可杯也"。原来齐桓公爱姬甚多,常在后宫饮酒作乐,管仲见了很担心,就把酒色比作鸩毒,劝诫齐桓公勿近醇酒妇人。齐桓公毛病很多,由于有管仲辅佐治国,对管仲的批评也能接受,才使齐国成为春秋五霸之一。事情到管仲去世后,就发生了变化。

管仲死前齐桓公去看望他,并问他:"仲父病成这个样子,有什么话要和寡人说吗?"管仲劝他离易牙、竖刁、常之巫这些人远点。

齐桓公说:"易牙把自己的宝贝儿子煮熟了让我尝鲜,这么忠心耿耿的人还值得怀疑吗?"

管仲说:"人之常情,谁不疼爱自己的孩子?既然他可以忍心烹杀自己的儿子,那么将来对你,还会有什么不忍心的事情不能做呢?"

桓公又问道:"竖刁把自己闭了以亲近寡人,这样的人也值得怀疑吗?"

管仲回答道:"按人之常情来看,没有不爱惜自己身体的。能下狠心把身体弄残了,那么对国君有什么下不得手的呢?"

桓公又问道:"常之巫知道人的生死,能治重病,这样的人也值得怀疑吗?"

管仲回答道:"死生,是一定的;疾病,是人体失常所致。主君不顺其自然,守护根本,却完全依赖于常之巫,那他将对国君无所不为了。"

桓公又问道:"卫公子启方,事奉寡人十五个年头了,他父亲死时都不肯离开寡人回去奔丧,这样的人也值得怀疑吗?"

管仲回答道:"按人之常情来说,没有不爱自己生身父亲的。他父亲死了都不肯回去,那对国君又将如何呢?"

管仲死后,齐桓公开始时还记着管仲的劝告,将这些人赶出了宫外,可是非常不习惯没有这些人的日子,又将他们接回来了。齐桓公将管仲劝告置之脑后,重用易牙、竖刁等人。这些人投其所好,阿谀谄媚,齐桓公在他们的奉承下,上进心尽失,政治渐渐腐败,他自己还觉得没有不妥,说:"仲父的话是言过其实了。"齐桓公生病的时候,这几个人一同叛乱。他们在桓公寝室四周筑起围墙,禁止任何人人内。这时,桓公哭得鼻涕横流,感慨道:"唉!还是圣人的眼光比我们远大呀!若是死者地下有知,我还有什么脸面去见仲父呢?"说罢,自己扬起衣袖捂住脸部,气绝身亡,死在寿宫。尸首无人理睬,以致腐烂发臭,蛆虫爬出门外,上面只盖一张扇,三个月没人安葬。

从此,齐国的霸业也骤然衰落了。

齐桓公的死可以说是他自己一手造成的,他的悲剧提醒人们,如果听不到批评意见,听不进难以入耳的忠言,就认识不到错误,察觉不了灾祸,无法提醒、鞭策自己,如此,是件很危险的事;整天被赞扬的话包围,赞美之词不绝于耳,就像喝含有"鸩毒"的美酒一样,听多了就会丧失警觉,削弱自己奋发向上的精神,沉湎在自我陶醉的深渊中,积羽沉舟,最终毁了自己。

【解读】

当领导的最容易犯的过失有三:一是好谀,二是好货,三是好色。英明的领导人可以避免珍宝美色的诱惑,但最难避免的是阿谀奉承。往往最初有所警觉,日久天长,慢慢就习惯了。最后听不到唱赞歌,甚至唱得不中听就开始生气了。到了对歌功颂德者重用,犯颜直谏者仇恨的地步,倘不知悔改,那就要走向灭亡了。

【原文】

能有其有者安,贪人之有者残。

【译文】

能珍惜自己有的,则心安理得,朝夕泰然;贪求别人所有的,始而寝食不安,继而不择手段,最后就要铤而走险。最终的结果轻则身心交瘁,众叛亲离;重则锒铛入狱,灾祸相追。

【事典】

"知足知止"才是明智之举

春秋时期,越国被吴国打败,越王勾践带领残兵逃到会稽山上,被吴军团团围住。勾践派人向吴王夫差请降,夫差不答应,勾践几乎绝望了。

这个时候,勾践的谋臣文种、范蠡为他出主意说:"吴国大臣伯嚭十分贪财,他现在正受夫差宠信,如果用重礼向他行贿,他一定会为我们说好话的。"

勾践于是让文种带上大量金银财宝,又选了八位美女,前去求见伯嚭。

伯嚭偷偷地接见了文种,他一见重金和美人,心中就高兴起来。文种对他说:"我奉命来见你,是不想让好事给别人占去啊!财宝和美人都在这,只要你肯替我家大王美言几句,让吴王退兵,这些就都是你的了。"

伯嚭说:"越国灭亡了,越国的东西都会归吴国所有,这点东西又算得了什么呢? 你是骗不了我的。"

文种早有准备,他马上说:"如果是这样,越国的一切也是都归吴王所有,你是得不到半点好处的。何况只要越国不亡,我们定会时时记得你的恩德,进献永远不会停止。这是天大的好事,聪明人是不会拒绝的。"

伯嚭觉得文种说得在理,于是收下美人和财宝,答应替越国求情。

伯嚭的一位心腹看出了问题,他对伯嚭说:"越国送钱送人,看是好事,实际上这是陷你于不义啊! 他们现在有求于你,才会这样,哪里是他们的真心呢? 收下礼物,以后的麻烦就大了。"

伯嚭不听规劝,从此百般在吴王面前说勾践的好话,越国终于保存下来。

勾践在吴国做人质期间,文种给伯嚭送礼无数,从未间断。伯嚭不停地为勾践进言,帮助他回到了越国。

勾践灭掉吴国后,伯嚭自以为有功,欢天喜地拜见勾践。勾践对他说:"你贪财好色,出卖自己的国家,还有脸见我吗?"

勾践杀了伯嚭,他的家人也一个不留。

伯嚭让主动上门的好事迷住了双眼,不厌其多,结果搭上了自己和全家人的性命,还断送了吴国。他不问青红皂白,见好事就要,这是他贪婪幼稚的表现,注定要有那样的下场。

古人因为贪欲而丢权丧命的不在少数,而现代人却依然没有感悟老子的这方面智慧——有些人认为,"吃点拿点收点,不算什么大问题",这种自谅心态使他们忽视了贪欲之害。

清乾隆年间最风光大臣非和珅莫属,其实和珅的一生从另一角度来说是非常成功的。他由起初的一名默默无闻的三等侍卫,成长为皇帝身边的红人,不论是说他会拍马溜须也好、有真才实学也罢,总的来说他是成功的:在乾隆在位时,他可谓呼风唤雨,乾隆对于他的贪污之事并非全无不知,然而由于对他甚为喜爱,也就睁一眼闭一眼了。

和珅之死,一个是与乾隆的退位有关,另一个就是他过于贪得无厌的缘故。据查抄时记载:他的家产中包括了无数的奇珍异宝,有的甚至皇宫里都不曾拥有。他的家产折合了两亿六千四百万两白银,还有许多价值连城的宝物无法估价。如果按现在的估价一算,大概和珅拥有 11 亿多两白银的资产,简直富可敌国。

这么多的资产是和珅不知疲倦、不知休止地贪污而来的。也可以说这些资产加速了和珅的灭亡,是他的催命符。试想下,如果和珅能够适可而止,在乾隆退位之后,他也不至于人头落地而一无所获。

所以说做人不要过分追逐那些"生不带来死不带去"的虚空幻物,各种贪欲就不会成为扼杀我们美好人生的隐形杀手。换句话说,人生少一分贪念,便会多一分快乐、多一分幸福。

"知足知止"才是明智之举，尽管这样不会得到很多，然而它却可以让我们拥有某些实在的东西，更不会为了无底的欲望而丢掉性命、一无所得。

【解读】

所有的祸害和痛苦都是贪念从中作梗。

老子曾针对当时社会中某些人丧失自我于物欲、迷失本性于世俗的现象，阐述了修身养性的道理。他认为"圣人为腹不为目，故去彼取此"——圣人对生存的条件并不苛刻，他们没有过多的贪欲，只追逐内心的满足。

像老子这样对人与社会认识透彻的人，对于人生的态度是不会过于激进的。他们知道人事的微妙和社会的错综复杂，如履薄冰是他们真实的感觉，很少有放松的时刻。烦恼都是因事情而起，而好事也绝非那么的单纯。其实，人们眼中的美事儿有许多都是虚幻的，它们能让人逐步堕落，过分的追逐物欲只能给人们带来一时的快乐，而引发的祸患却是长久的。

安礼第六

黄石公在本章所言之"礼",其意义已经超出了一般形式意义上的礼数,其本质足以上升到"理"的高度。所谓"理",就是一个人安身立命、成就伟业的做事手法,更是一个有纲领性质的指导方针。当你感觉世间艰难,处事不顺时,原因可能就在于你没有遵循这个"理"。

【原文】

怨在不舍小过。

【译文】

抓住下属微小的过失不放就容易招致他们的怨恨。

【事典】

给予下属再来一次的机会

《菜根谭》上有这么一段话:"宽人之恶者,化人之恶者也;激人之过者,甚人之过者也。"意思是说:宽恕别人的错误,就是帮助别人改正错误;用激烈的态度对待别人的错误,就是要让别人再错上加错。

没有人愿意犯错误,但是人非圣贤又孰能无过呢?面对着一个犯了错误的下属,你是愿意严加斥责,使他从此以后在工作中畏首畏尾呢?还是愿意通过帮助使他认识到错误并加以改正,从哪里跌倒再从哪里爬起来呢?

其实,下属犯了错误,最痛苦的是其自身,应该给其改正错误的机会。给予下属再来一次的机会,常会收到一石三鸟的用人效果:一能使其感激领导的宽厚仁慈;二能使其痛悔自己的过错;三能使其拼命工作,以便将功补过。而且,实践表明,有过错的人往往比有功劳的人更容易接受困难的工作。重用有过错的人实际上就是对他的一种强大的激励,可以使其一跃而起,创造出令人"刮目"的成绩。

同时,对于有过错的人才而言,他们最需要的就是获得重新证明其价值和展示其才华的机会,尤其是当他们因过错而受到别人的歧视冷落时,这种愿望就更为迫切。管理者一旦提供这样的机会,他们就会迸发出超乎平常的热情和干劲儿,付出几倍,甚至几十倍的努力去弥补以前的过失。

在美国南北战争期间，有一个名叫罗斯韦尔·麦金太尔的年轻人被征入骑兵营。由于战争进展不顺，兵源奇缺，在几乎没有接受任何训练的情况下，他就被匆忙地派往战场。在战斗中，年轻的麦金太尔被残酷的战争场面吓坏了，那些血肉横飞的场景使他整天都担惊受怕，终于开小差逃跑了。但很快他就被抓了回来，军事法庭以临阵脱逃的罪名判他死刑。

当麦金太尔的母亲得知这个消息后，她向当时的总统林肯发出请求。她认为，自己的儿子年纪轻轻，少不更事，他需要第二次机会来证明自己。然而部队的将军们力劝林肯总统严肃军纪，声称如果开了这个先例，必将削弱整个部队的战斗力。

在此情况下，林肯陷入两难境地。经过一番深思熟虑后，他最终决定宽恕这名年轻人，并说了一句著名的话："我认为，把一个年轻人枪毙对他本人绝对没有好处。"为此他亲自写了一封信，要求将军们放麦金太尔一马："本信将确保罗斯韦尔-麦金太尔重返兵营，在服役完规定年限后，他将不受临阵脱逃的指控。"

如今，这封褪了色的林肯亲笔签名信，被一家著名的图书馆收藏展览。这封信的旁边还附带了一张纸条，上面写着："罗斯韦尔·麦金太尔牺牲于弗吉尼亚的一次激战中，此信是在他贴身口袋里发现的。"

一旦被给予第二次机会，麦金太尔就由怯懦的逃兵变成了无畏的勇士，并且战斗到自己生命的最后一刻。由此可见，宽恕的力量是何等巨大。

世上没有十全十美的人，没有谁能保证一辈子都不做错事。因此，对待有过错的人才要有宽容的胸襟，不要因为对他们的期望高而求全责备。

其实，你放手让优秀的人去做的事情都是比较重要的，相对而言也是比较容易出现闪失的，因此，就应当以一颗平常心去对待有可能出现的过错。对于那些过错，应当对各种情况进行分析，在此基础上去理解和原谅他们。作为管理者，应当认识到，优秀的人都会犯错，别的人，包括自己恐怕也难以避免。因此，就算是因为对方个人的原因，你也要采取一种宽容的态度，毕竟不能因为一次过错就否定整个人。

只有第二次机会才有可能弥补先前犯下的过失。如果我们能宽容一点，给他再来一次的机会，鼓励他，而不是打击他，那么也许你真的可以看到奇迹。

【解读】

俗话说得好：人非圣贤，孰能无过？如果当领导的对别人一点小小的过失就百般挑剔，一棒子打死，那么，下属就会觉得理不公，气不顺，怨恨不满的情绪也就会随之而产生。所以，不计较部属的小过，既是一个领导人应有的雅量，也会让人觉得你通情达理，富于人情味，凝聚力也就因此而产生。

患祸的出现，在于没有防患于未然并采取相应的对策。如果能在灾祸未成规模的时候就采取相应的措施加以疏导，化变故于无形，就可以达到"我无为而民自安"的祥和目的。恕小过,防未患,这是无为而治天下必须掌握的一个要则。

【原文】

患在不预定谋。

【译文】

不在事前做好谋划,在问题发生之前不做好防范的准备,这都是失败的根源。

【事典】

"未雨绸缪"胜过"亡羊补牢"

"未雨绸缪"的确要比"亡羊补牢"强得多,至少不会丢掉"亡羊补牢"中的那只羊。这虽然是调侃,但却是事实。历朝历代都不乏那些未雨绸缪、预测能力非凡的智者,可以说这些智者中,最重要的一位非诸葛亮莫属了:他的预测能力简直达到了一种神乎其神的地步——如果说赤壁之战借东风是观天象而得的结论;那么在让孙权"赔了夫人又折兵"的较量中,不能不说明他的预测之神了。

《三国演义》中记载:刘备和诸葛亮"借"了荆州后,毫无归还之意。周瑜正苦于讨还荆州无计可施,忽闻刘备丧偶,便计上心来,对孙权说:"你的妹妹很漂亮,刘备刚刚死了老婆,我们不妨来个美人计,以联姻抗曹的名义向刘备招亲,把他骗到我们这里幽禁起来,逼他们拿荆州来换。"孙权一听这个主意不错,就立刻派人到荆州招亲。

刘备听了使者的话,不知是否有诈,很是犹豫不定。诸葛亮思考了一会儿,对刘备说:"您只管去吧,让赵云陪您去。我自有安排,包您得了夫人又不失荆州。"刘备和赵云出发之前,诸葛亮暗地里关照赵云:"我这里有3个锦囊,内有3个妙计,到孙权那里打开第一个;到年底打开第二个;危急无路时打开第三个。"赵云点头,把锦囊收好。

刘备、赵云带了500名士兵到了孙权那里,孙权假装做出很守信用的样子,表示愿意把自己的妹妹嫁给刘备。事实上,他只想暂时把刘备稳住,好把他困在此处,并不真想把妹妹嫁给刘备。现在应该怎么办呢?赵云打开了第一个锦囊,上面写着:将计就计。赵云心中有了主意,便命令士兵去购买结婚用品,并到处宣扬:"刘备要和孙权的妹妹结婚了!"他还劝刘备去拜见乔国老。

乔国老把这件事告诉了孙权的母亲。孙权的母亲一听大怒,召见孙权骂道:"男婚女嫁乃人生大事,怎么我做母亲的竟然不知道女儿要出嫁?那个刘备是个什么样的人我总得见见吧?"于是传令在甘露寺相亲。老太太与刘备见了面后大喜,没想到刘备是个仪表堂堂、气度不凡的人，便同意把女儿嫁给刘备。这下子，孙权是哑巴吃黄连——有苦难言，只好依了母亲，把妹妹嫁给了刘备。

出主意的周瑜也是苦不堪言。一计不成，又生一计。他对孙权说："刘备是苦出身，极少享乐，现在可以利用声色犬马迷住他，离间他们上下级的关系，到时再出兵夺取荆州。"孙权听了周瑜的话，觉得有理，便给刘备提供各种各样的玩意儿，让刘备玩得乐不思蜀。刘备和孙权的妹妹关系也非常好，两个人过得很幸福。

赵云见刘备迷恋新婚生活，不打算回荆州了，心里很苦恼。恰好到了年底，他想起了诸葛亮的锦囊，便打开了第二个，看后心领神会。他向刘备报告："曹操出兵55万要报赤壁之仇，荆州危急，主公宜速赶回。"刘备大惊，第二天就带着夫人，借口到江边祭祖，一路朝荆州方向飞奔而去。

孙权知道真相后，急派人马追赶，又派周瑜的队伍在前方挡住去路。眼见情况危急，赵云打开了诸葛亮的第三个锦囊，把里面的妙计给刘备看。刘备依计向夫人哭诉，说孙权、周瑜利用美人计想诱杀自己。孙权的妹妹与刘备的感情一直很好，她早已把自己和刘备的事业紧紧联系在一起。听了刘备的话，她非常气愤，便走出座车，对追赶上来的士兵严词斥骂。将士们见孙权的妹妹发火了，便让开大路让刘备他们通行。

刘备和士兵们走到荆州界的时候，周瑜又率兵赶到，结果被诸葛亮早已布下的伏兵杀得丢盔掉甲，大败而回。

诸葛亮不愧是一个预测大师，在刘备出发之前，他已经周密地思考了敌我双方的力量及可能出现的问题，提出相应对策，因此，刘备和赵云才能够在紧要关头做到处变不惊，逢凶化吉。

由此我们不难看出，是否具有预测能力对于一个人成就事业是十分重要的。然而对于那些不屑思考或者不懂得未雨绸缪的人来说，失败与痛楚则成了他们忠实的"随从"。

所以在事情没有发生之前，一定要学会运用发散性思维，全方位地思考问题，将各种可能发生的情况都纳入考虑的范畴，采取排除法，最终确定一种或几种最有可能发生的情况，然后针对情况准备，那样便能将危险于损失降到最低。

【解读】

在大家的心目中，能够做到未雨绸缪、防患于未然的人都是有大智慧的人。事实上，早在几千年前老子就发表过此言论，他说："其安易持；其未兆易谋；其脆易泮；其微易散。为之于未有，治之于未乱。"就是鼓励人们在没有发生危险之前，进行全面的谋划，提高对危险的预测能力，能够达到防患于未然、减少损失的目的。

【原文】

福在积善，祸在积恶。

【译文】

时刻记得积善的人一生幸福平安,平日里作恶多端,总有一天会遭到恶报,大难临头。

【事典】

善有善报,恶有恶报

就像刘备在临死的时候,吩咐他儿子的那两句话:"毋以善小而不为,毋以恶小而为之。"刘备这样一位枭雄,仍对自己的儿子做这样的教育。我们看历史传记,常常提到某某人的上代,做了如何如何的好事,所以某某人有此好结果。

"善有善报,恶有恶报"这句古老的箴言,仔细品味,的确能咀嚼出于今人生活实践有益的营养。

"善有善报,恶有恶报"表达了善良人们的强烈心理期待。拉法格在《思想的起源》一书中向人们描述了原始人对善恶有报的深切渴望。其实,文明人又何尝不是如此? 正义的理念无论怎样千变万化,"善有善报,恶有恶报"始终是正义一成不变的内涵之一,文明人类早已把善恶有报嵌入正义的深层结构之中。也许正是对善恶有报的渴望,才有对善无善报、恶无恶报的一些现象的控诉,及古代社会对清官的祈盼与向往和宗教对来世报应的虚设。因此,顺乎民心,自然包括尽可能地满足老百姓善恶有报的愿望。

【解读】

"善恶有报",在滚滚的历史洪流中积淀下来的这沉甸甸的四个字,似有一种神奇的力量,总能让善良的人最终都能与平安幸福相伴。没错,老天的眼睛是雪亮的,助人者天助。

【原文】

饥在贱农,寒在惰织。

【译文】

忍饥挨饿的人大多是因为鄙视农业劳动,在寒风中哆嗦的人大多是因为懒于养蚕织造。

【事典】

业精于勤荒于惰

从前,某地有一个懒到极点的人。因为这个人实在懒得什么事也不肯干,所以,最后拿到3个饭团,被赶出了家门。

"上哪儿去呢?"

懒汉不知去哪儿才好,没办法,就把装有饭团的包裹吊在脖子上,毫无目标地漫不经心地走着。可是走着走着,肚子饿起来了。

"啊!肚子饿了,真想吃饭团儿啊,可是要取出来吃,可太麻烦了!"

真是一个少见的懒汉,他为此忍着饥饿。

"怎么没人来呀,要是有人来的话,就请他帮忙解开包裹。"

他边走边想着,这时,从对面走来一个头戴斗笠、张着嘴巴的男人。

"嘿嘿,莫非他饿慌了,才把嘴张得这么大?"

他这么想着,等他走过来。

"喂,能不能替我解下吊在脖子上的包裹啊?里面还有3个团子呢,让一个给你怎么样?"

于是,那男人回答说:"你说什么呀,我的老弟,我正愁斗笠的绳子松了,而系起来又是那样的麻烦,所以才张开大嘴,好让下巴去绷紧那绳带啊!"

或许故事过于夸张,生活中并不存在如此懒惰的人,但是懒惰带来的恶果却是切切实实存在的。

懒惰的习惯让人一事无成,让人总是等待机遇而不是主动追求,有了行动也主动放弃;懒惰的习惯令人厌倦几乎所有的事,对任何的事情都不感兴趣,也没有任何动力;懒惰使人总是浑浑噩噩,不知道自己要干什么,庸庸碌碌度过自己的一生。

贫穷不是罪,但因懒惰而导致贫穷则是一种罪。懒惰让我们失去目标,失去热情,失去机会,即使是天赐良机摆在我们身边,我们也对它视而不见。这样的人,你说他对得起上苍给我们安排的美丽人生吗?

达·芬奇曾经说过:"勤劳一日,可得一夜安眠;勤劳一生,可得幸福长眠。"如果一个人懒惰一天,那便是浪费了一天的光阴,可能浪费了一个绝佳的成功机会;如果一个人懒惰一生,那就是毁了自己的人生,让自己带着失败的烙印走向死亡。

每个人都有允许自己偷懒的时候,但是成功者与失败者的区别在于对待偷懒行为的不同方式。成功者在心里有一个目标,也有一条准则,准则督促着自己不要懒惰,要向目标不断迈进。而失败者则放纵自己懒惰,并任由懒惰成为一种习惯,仿佛在享受一种闲适,其实在虚度自己的人生。

或许有的人会说,自己天赋不错,比起其他人来说有懒惰的资本。别人忙一周的工作我只需要一天就通通搞定。但是如果你仅仅将标准放在那些天赋不如你的人身上,总有一天,他们也将超过你。

懒惰可以毁人,而相对的,勤劳却可以成全一个人。

唐朝大文学家韩愈说过一句经典的名言:业精于勤荒于嬉,行成于思毁于随。后来有一个人把这句让多少人受益终生的经典发挥到了极致,他就是齐白石。

齐白石小的时候,家里生活艰难。读了半年书,他只得辍学打柴放牛。他从小爱好绘画,但由于家境的贫苦,买不起纸墨,便用废账簿和习字纸练习绘画,常常到深夜。12岁后,因体弱无力耕田,改学雕花木工,为了寻求雕花新样,与绘画结下了不解之缘。有一年,他偶然得到一部残缺的乾隆年间翻刻的《芥子园画谱》,喜不自禁,反复临摹起来,逐步摸到了绘画的门径。

齐白石27岁那年正式从师。从此,他数十年如一日,几乎没有一天不画画。据记载,他一生只有三次间断过:第一次,是他63岁那年,生了一场大病,七天七夜昏迷不醒;第二次,是他64岁那年,他的母亲辞世,由于过分悲恸,几天不能画画;最后一次,是他95岁时,也因生病而辍笔。

三次加起来也仅仅一个多月的时间。他一生作画四万余幅,吟诗千首;他自乐"三百石印富翁,"其实,他治印共计三千多万,被著名文学家林琴南誉为"北方第一名手",与他的画齐名。

齐白石直到60岁前画虾还主要是靠摹古。62岁时,齐白石认为自己对虾的领会还不够深入,需要长期细心观察和写生练习。于是就在画案上放一水碗,长年养着几只虾。他反复观察虾的形状、动态。然而,这个时期的功夫,依然还是侧重在追求外形。画出的虾外形很像,但精神不足,还不能表现出虾的透明质感。65岁以后,齐白石画虾产生了一个飞跃,虾的头、胸、身躯都有了质感。这以后他开始专攻虾的某些部位,画虾不仅追求形似,更追求神似。70岁达到了形神兼备的程度,到了80岁,齐白石老人笔下的虾简直是炉火纯青了。但他仍是非常勤奋。

85岁那年,他一天下午连续画了四张条幅,直到吃饭时,仍然要坚持再画一张。画完后题道:"昨日大雨,心绪不宁,不曾作画。今朝制此补充之,不教一日闲过也。"

真是勤勉不倦。他早年曾刻"天道酬勤"印章以自勉。临终前又留下"精于勤"的手迹以勉人。他还有一块"痴思长绳系日"的印章,足见他一生是何等的勤奋。

1953年,白石老人已是93岁高龄,一年中仍画下了600多幅画。

正因为他一日也不"闲过",在绘画、篆刻方面做出了卓越的贡献,成为世界文化名人。他90寿辰时,国务院文化部授予他"中国人民杰出的艺术家"的光荣称号。

爱因斯坦说:"在天才和勤奋之间,我毫不迟疑地选择勤奋,它是世界上一切成就的催生婆。"没错,一勤天下无难事,所有有作为的人都会告诉你,是勤奋成就了他们伟大的一生,所以千万别让懒惰毁了你,一时的偷懒能让人轻松,但要成了一种习惯,那你永远成不了气候。

【解读】

一直以来,勤劳都是我们中华民族最令人称道的传统美德。我们的祖先在那个蛮荒年代用勤劳和汗水创造了辉煌灿烂的中华文明,从而跻身于世界四大文明古国之一。直到今天,与"中国人"这三个字联系最紧密的仍然是"勤劳"。

具体到一个人,勤劳更是他安身立命的最重要的品德之一。自古以来,没听说过哪个懒汉有过什么作为,受到人们讽刺的故事倒是不少。

【原文】

安在得人,危在失士。

【译文】

能安安稳稳地掌控天下,是因为身边有贤能之人辅佐;社稷朝不保夕是因为人才都流失了。

【事典】

人才是事业成败的关键

人才的因素是事业成败的最关键因素。有贤者相助则败势亦可转危为安,弱势也可茁壮成长。当然事业也是成于贤才,损于庸才,败于小人。刘基作为朱明王朝开国元勋之一,也以长于谋略深受朱元璋器重,被朱元璋比为汉代的张良,称之为"吾子房也"。刘基元末曾经为官,目睹了当时社会政治的腐败。他把自己的政治主张、哲学思想用寓言杂论的方式表达出来,写成了一部奇特的著作叫《郁离子》,在这部政论著作中,用了二十多篇的文字专门讨论用人问题,既阐发了他一贯的用人思想,也明显地、巧妙地结合了当时的社会实际,尤其在用人问题上提出了诸多精辟的主张,因此也可以说这是一部讨论用人与人才的名著。在这部著作中,刘基首先提出了去浮饰,求真才。言必称先王、三代,认为古人优于今人,慕虚名而不求实才,重古贤而轻今人是封建统治者常有的偏颇。刘基尖锐地批判这种陈腐观念。在著名的《良桐》篇中,他写道:有一位善于制琴的工匠叫工之侨,得到一块优质桐木,"砍而为琴,弦而鼓之,金声而玉应,自以为天下之美也",将琴献给主管宫廷礼乐的官员太常。太常看了看摇头说,这不是古物。工之侨将琴带回,"谋诸漆工,作断纹焉。又谋诸篆工,作古字焉。匣而埋诸土,期年出之。"琴被挖出之后,"抱之以市,贵人过而见之,易之以百金;献诸朝,乐官传视,皆曰:'稀世之宝也'。工之侨闻之,叹曰:'悲哉世也,岂独一琴哉,莫不然也,而不早图之,其与亡也。'"

一把好琴,因新制"弗古",被弃之不取,一旦弄假仿古,身价百倍。这不仅是一张琴,而是整个社会的偏见。工之侨因此兴叹,避世深山,实际是刘基的自喻。从反复古的意义上说,刘基的用人思想是有革新意的。

刘基又以马喻人才。在《八骏》这篇文章中,叙述善于识马的造父死后,人们不能识马,仅以产地判别马的好坏。以冀产为优,非冀产为劣,在王宫群马之中,以冀产马为上乘,作为君王乘驾之马;以杂色马为中乘,作为战时用马,而以冀州以北的马为下乘,供公卿骑用。而江淮之马只算是散马,只服杂役。其养马者也依此划分等级。后来,强盗侵入宫中,紧急调马参战,内厩推辞说:"我是君王外出乘的马,不应我去!"外厩说:"你食多而用少,为什么先让我上阵?"结果互相推诿,许多马匹反被强盗劫走。此文以马喻人,指出对人的使用不能因地域、民族而区分高下、尊卑,只能是依据真实才能。与去浮饰、求真才相辅的是去假象、辨真伪。

人有善恶,才有真伪,历代有不少恶徒小人冒充贤才而招致祸患的。刘基举例说,战国时楚国春申君虽称门客三千,但良莠不辨。"门下无非狗偷鼠窃无赖之人。食之以玉食,荐之以珠履,将望之以国士之报……春申君不寤,卒为李园所杀,而门下之士无一能报者。"人才的善恶与药草一样颇多假象,因而需透过表面鉴别。刘基以采药喻辨别人才:一位山中有经验的老丈介绍说:岷山之阴有一种药名叫"黄良",此药"味如人胆,禀性酷烈,不能容物",外表丑恶。然而,将黄良"煮而服之,推去百恶,破症解结,无秽不涤,烦疴毒热,一扫无迹",分明是一种苦口性烈的高效良药;另外一种草"其状如葵,叶露滴人,流为疮质,刻骨绝筋,名曰断肠之草",这种草,外形美好,实为恶毒。因而"无求美弗得,而为形似者所误"。

在现代社会,重视人才的观念也越来越深入人心。一个没有人才意识的领导者不是称职的领导者,想成就事业者,请从吸纳人才开始吧!

【解读】

人的力量是无穷的,人才是人中之杰,其力量更是无穷的,人才的重要性绝对不容忽视,谁忽视了人才,谁就掘掉了事业的根基。曾国藩深谙人才之重要性,他始终把人才作为事业成功的基石。曾国藩在事业发展过程中,还逐渐形成了一套系统的人才观点,从认识人才、察视人才,到吸纳人才、任用人才,从培养人才、选拔人才,到推荐人才、评价人才,他无不有先见之明、过人之举。后人评之有超凡的识人之眼实不为过,其选拔、任用人才的观点值得我们深思。

【原文】

富在迎来,贫在弃时。

【译文】

富有是因为勤劳节俭,贫穷是因为骄奢淫逸。

【事典】

理财的关键是要懂得节俭

在现代社会企业中理财,首要的任务仍然该是节俭。没有一个成功的理财者说是靠"铺张浪费"而发家致富的。

节俭是一种可以养成的习惯,也可以说是使事业成功的因素。

"勿以善小而不为。"节俭也是一样,不论大小。

一旦事业开始,对天性节俭的人而言,其成功机会较才华相同者要多。而节俭的人,他知道只有减少开支和成本才有赚钱机会,而在今天高度竞争的市场里,即使在小方面去节俭,聚少成多,也是很可观的,甚至造成赚钱和赔钱的区别。

除此之外,对一个有节俭习惯的人而言,他似乎永远有一笔积蓄。以防不时之需。必要时可使他渡过难关,或使他有扩张和改进的机会,而不必去借钱。

聪明的人都知道,能做到"节俭再节俭",对自己有很大的帮助,在生活中如果你能经常节俭,直到成为你的第二天性,你就会在事业上,收到由这些为你带来的利益。

从节俭到奢侈很容易,从奢侈再到节俭却很艰难。吃饭穿衣,如果能想到来之不易,就不会轻易浪费。一桌酒席,可以置办好几天的粗茶淡饭,一匹纱绢,能做好几件的衣服……有的时候要常想着没有的时候,不要等到没有的时候再想有的时候,如果这样,子子孙孙都能享受温饱了。

在过去的农业社会,一个家族的兴起,往往是经过数代的努力积聚而来的,为了让后代子孙能体会先人创业的艰辛,善守其成,所以常在宗族的祠堂前写下祖宗的教诲,要后代子孙谨记于心。现在我们虽然已经很少看到这一类古老的祠堂,但是我们心中的祠堂又岂在少数?五千年的历史文化,无一不是先人艰辛缔造的,这历史的殿宇,文化的庙堂,便是整个民族的大祠堂。

【解读】

要使国富民强,百姓知礼节晓荣辱,廪实为要,勤劳为本,商贸为道。明代人李晋德著有《商贾醒迷》一书,堪称"商典",该书中有这样几段话:

商人如果不俭省节约,怜惜钱财,那就是辜负了自己披星戴月、跋山涉水的辛苦经营。作为一个商人,不辞艰难,不分昼夜,登山涉水,浪迹四海,所追求的一点点利润,都从惊心恐惧、辛勤劳作中得来的,如果对自己的钱财不俭省、爱护和怜惜,那么自己辛苦劳碌还有什么意义呢?

能够创造财富,又能够把持住家业,那么即使经受风雨、漂泊四海,又有何妨!

【原文】

上无常操,下多疑心。

【译文】

上位者反复无常,言行不一,部属必生猜疑之心,以求自保。

【事典】

领导者不可厚此薄彼

领导者在与下级关系的处理上,要一视同仁,同等对待,不分彼此,不分亲疏。不能因外界或个人情绪的影响,表现得时冷时热、躁静无常。

当然,有的领导者本意并无厚此薄彼之意,但在实际工作中,难免愿意接触与自己爱好相似、脾气相近的下级,无形中冷落了另一部分下级。

因此,领导者要适当地调整情绪,增加与自己性格爱好不同的下级的交往,尤其对那些曾反对过自己且反对错了的下级,更需要经常交流感情,防止造成不必要的误会和隔阂。有的领导者对工作能力强、得心应手的下级,亲密度能够一如既往。而对工作能力较弱,或话不投机的下级,亲密度不能持久甚至冷眼相看,这样关系就会逐渐疏远。

有一种倾向值得注意:有的领导者把同下级建立亲密无间的感情和迁就照顾错误地等同起来。对下级的一些不合理,甚至无理要求也一味迁就,以感情代替原则,把纯洁的同志之间感情庸俗化。这样做,从长远和实质上看是把下级引入了一个误区。

而且,用放弃原则来维持同下级的感情,虽然一时起点作用,但时间一长,"感情大厦"难免会土崩瓦解。

某一公司主管,对于部属的人事考核,感到很伤脑筋,于是想到,索性给全体一样的分数,而后向上级解释:"不管哪一个,看起来都很不错,所以……"。

其实,即使是同一学校的毕业生,也并不意味着会有相同的能力,因而采取这种评分的方法,多是由于主管本身缺乏判断力的缘故。表面看起来,好像做到了平等待遇,而事实上,再也没有比这更不平等的了。

要真正做到平等,就必须对每一位部属的个性、能力、特点,做一区别,定出一个基准,在平等的基准上,找出个别的差异,这才叫作平等。

作为一个优秀的主管,在平常的行事中,就应该一碗水端平。确立平等的标准和态度,一脱离标准,就要亲自反省,如此才能获得部属的信赖。

【解读】

身为领导者要公正克己,不偏不向,不急不躁,只有这样才能让下属安心地做好自己的工作。如果掌握权力的人主喜怒哀乐无常,按照自己的喜好做事而不顾下属的感受,进退举止没有一个人君的样子;或者管理者急功近利,目光短浅,频繁制定各种政策法规,而且各项政策互相抵触,那么,下属们就会无所适从,疑虑重重。一个国家、一个公司的混乱往往都由此而生。

【原文】

轻上生罪,侮下无亲。近臣不重,远臣轻之。

【译文】

轻慢上级难免会罪及自身,侮辱怠慢下级难免会众叛亲离。看不起身边的亲信大臣,留在身边却不重用,其他的臣子就会轻视叛逆。

【事典】

切忌侮辱下属斥责要讲究方式

有效的御人离不开必要的批评,但不能粗暴,也切忌侮辱,一定要讲究方式。

对于外向型性格者,大可毫不客气地纠正其错误。因为,此种类型者在被斥责之后,通常不会留下后遗症。换言之,他们懂得如何将遭受斥责的不甘心理向外扩散,脑中余留下的只是教导的内容。甚至上司若对他们大发雷霆时,他们反而能提高接受的程度。

然而,对于内向性格的人则不可采取前述的方法。由于内向性格者在受到责骂时,情绪会变得非常紧张,且往往将不甘心理积沉于心底。如此一来,不但无法将痛苦往外扩散反而可能因此萎靡不振。对于这种类型的人,可融批评于表扬之中,即先表扬,后批评,在被批评者自尊心理的天平两边各加上相同的砝码,使他保持心理平衡,理智地接受批评。

身为上司者,如果能够只是指出对方的错误,而不是见了面就加以痛斥,相信下属将不至于产生诸如上面的想法,而觉得上司并不是在指责自己的为人,只是针对自己在工作中的过失罢了!于是便会虚心学习,努力谋求改进。愿意更进一步地接受上级的批评和指导,从而使上级的统御力大大地增强。

例如，商店某售货员在柜台内违反工作纪律与人闲聊，经理批评她的方法是，早晨上班见面时，先夸奖她穿戴可体，打扮漂亮，在她受到夸奖而心情愉快时，这才对她严肃地说，你今后在工作时间要多注意柜台纪律。显然，这种批评很容易为人接受。因为人受称赞后再听批评，心理不会不是滋味的。

　　有些领导喜欢"痛打落水狗"，下属越是认错，他咆哮得越是厉害。他心里是这样想的："我说的话，你不放在心上，出了事你倒来认错，不行，我不能放过你。"或者："我说你不对，你还不认错，现在认错也晚了！"

　　这样的谈话进行到后来会是什么结果呢？一种可能，是被骂之人垂头丧气，假若是女性，还可能嚎啕大哭而去。另一种可能，则是被骂之人忍无可忍，勃然大怒，重新"翻案"，大闹一场而去。

　　这时候，挨骂下属的心情基本上都是一样的，就是认为："我已经认了错，你还抓住我不放，实在太过分了。在这种领导手下，叫人怎么过得下去？"性格比较怯懦的人会因此而丧失信心，刚强的人则说不定会发起怒来。

　　显然，领导这样做是不明智的。

　　有的领导说："不是我得理不让人，这家伙一贯如此。做事的时候漫不经心，出了问题却嬉皮笑脸地认个错就想了事，我怎么能不管他？"

　　的确有这样的人。即使这样的人，在他认错之后再大加指责仍是不高明的。不论真认错假认错，认错本身总不是坏事，所以你先得把它肯定下来。然后顺着认错的思路继续下去：错在什么地方？为什么会犯这样的错误？错误造成了什么后果？怎样弥补由于这一错误而造成的损失？如何防止再犯类似错误？等等。只要这些问题，尤其是最后一个问题解决了，批评指责的目的也就达到了，管它是真认错还是假认错呢？

　　要知道，一千个犯错误的下属，就有一千条理由可以为自己所犯的错误做解释、辩护。下属有能力自我反省，在挨批评之前就认错，实在是已经很不错了。当下属说："我错了"，当领导的还不能原谅他，那实在不能说是个高明的领导。

　　此外，对领导批评之后即能认错道歉的下属也不用太责备，特别是一些极轻微的错，第一次犯错误和不小心犯错误等，只要稍微提醒他一下即可。

　　犯错误是第一阶段，认错是第二阶段，改错是第三阶段。不管是经过批评后认错，还是未经批评而主动认错，都说明他已到达第二阶段，当领导的只能努力帮助他迈向第三阶段。

【解读】

　　上级对下级以礼相待，下级自然回报以忠诚，这是君臣相处之常道。如果为下级的对上级居功轻慢，那么上级即使软弱无能，也会忍无可忍，做下级的轻则削职，重则亡身。从另一个角度看，上级如果喜怒无常，欺凌侮辱下级，下级就不会亲近他，就成了真正的'孤家寡人'，政策法令就无法做到上下畅通。历史上许多弑君犯上事件，多数因此而发生。

【原文】

自疑不信人，自信不疑人。

【译文】

自己怀疑自己，则不会相信别人；自己相信自己，则不会怀疑别人。

【事典】

不可轻易相信也不可轻易怀疑

子曰："众恶之，必察焉；众好之，必察焉。"

孔子说："大家都讨厌的人或事，不要轻易相信，必须自己加以考察后做判断；大家都认为好的人和事，也不要随从，还要自己再观察，然后做结论。"

孔子提出的这一主张，既抓住了人们认识并判断事物的错误所在，又恰到好处地点明了正确认识、判断事物的途径和方法，它是我们为人处世不可忽视的重要策略。历史上大量正反事例，也反复印证了它的必要性。要"不疑人，也不受人欺"，哪一方面有了偏失，都会带来危害。

周公曾辅助周武王灭殷建立周朝，不幸，武王灭殷后，就病重不起。在武王生病期间，周公十分担忧，便写了一篇祷文，请求上天让自己代武王而死。史官把周公的祈祷记在典册上，放进用金绳索捆的匣子里，珍藏起来。武王逝世后，武王的儿子成王继位，因年纪小，不能管理国家大事，就由周公代理。这时，周公的哥哥管叔、弟弟蔡叔等人，对周公代管政事大为不满，一方面到处散布流言，说周公要篡夺王位；另一方面组织力量联络已归降周朝的纣王儿子武庚，策划叛乱。周公为避开锋芒，只好避居东都。周成王对这些传言，将信将疑。他看到周公不但在武王执政时期表现出忠心耿耿，尤其在自己年幼即位时，他代管朝政，处理政事井井有条，对自己、对母后也是毕恭毕敬，当自己长成能亲政时，毫不犹豫地把政权交给自己，由此看来，流言不可信。可是不相信吧，又觉得周公是先朝元老，自己年轻力量单薄、根基不牢，流言也绝非空穴来风，一时拿不定主意。不过他并未贸然对周公采取非礼的行动。不久成王发现了周公所写的祷文，才深切地了解到周公对周王朝的忠诚，很受感动，于是派人接回周公，帮助治理国家，并派他率领部队平定了武庚、管叔和蔡叔的叛乱。

对于众人的意见、社会的传言，信还是不信，都不能盲目，既不要盲目相信，也不要盲目不信。正确的态度、重要的途径是必须"察"之。察传言所讲事物的原委、内情，察自己对传言所指对象的了解深度、广度和正确度，尤其要察散布传言者的动机、目的，有了这几"察"，才能尽量不做出错误的举动。

【解读】

黄石公的意思是说，是信还是疑，不可一概而论，要分具体情况。自疑疑人，是由于对局势不清，情况不明；自信信人，是由于全局在胸，机先在手。

【原文】

枉士无直友。

【译文】

对待别人狂妄而邪恶，这样的人不会有正直善良的朋友。

【事典】

仁义之人自有仁义的朋友

战国时期，齐国的孟尝君广招天下宾客，不管宾客有无才能，他都一律以礼相待，奉为上宾。

有人劝孟尝君不要这样，说："你志在求取贤人，帮助你建功立业，如今很多无才无德的人混了进来，骗吃骗喝，而你却视而不见？"

"我只不过破费些钱财，可赶走他们，他们就会以我为仇了，谁知道会有什么祸事发生呢？"

孟尝君这样仁义，可有人还是不领情，一个宾客竟勾搭上了他的一位小老婆，暗地里私通。孟尝君知道后并未主张惩治那个宾客，反而为他开脱说："男人喜爱美色，这是人之常情。要怪，也要怪我的小妾淫荡无耻了。如果她遵守妇道，这种事就不会发生了。"

孟尝君的手下人又气又怒，坚持要把那个宾客治罪，他们说："你讲仁义，原谅他人的过错，所以他们才会胆子越来越大。如今这种无耻的事都出来了，

孟尝君

再不严办，我们都没脸待下去。你三番两次替坏人说话，你到底为了什么呢?"

孟尝君说:"为了我自己啊! 我树大招风，说不上哪一天就会大难临头，到了那时，只有我的仁义才会救我。人心都是肉长的，我今天给人留条活路，他日人家才会卖力帮我。这也是我不咄咄逼人的原因。"

一年之后，孟尝君又推荐那个宾客到卫国为官。那个宾客感动万分，日夜思想报答孟尝君的恩情。

后来，齐国和卫国关系恶化，卫国国君想要联合其他诸侯攻打齐国。这时，那个宾客冒死进谏，他对卫国国君说:"我并没有什么才能，多亏孟尝君的推荐，这才被大王器重。大王和齐国交战违背盟约，也不会占什么便宜，不该草率。大王如果坚持攻打齐国，我就死在大王的面前。"

在那位宾客的努力下，齐国避免了战祸，度过了危机。孟尝君受过多次挫折，都依赖他的宾客之力一一化解。他关心别人，为他人着想，结果受惠最多的还是他自己。这就是他屹立不倒的根本原因。

许多人求功心切，为了自己的目的，损人利己，他们认为只有这样才能快快有成，其实他们大错特错了。成功需要别人相助，灾难更需要他人援手克服，没有朋友便会死路一条。如果一个人极端自私，人们自会处处和他过不去，拆他的台，这样的人绝不会有大成就的。

"一分耕耘，一分收获"，我们不要总想学会如何去得，而是要学会如何去舍，懂得了付出才会懂得取得，有付出才能有回报，没有无回报的付出，同样也没有无付出的回报，付出越大，回报越大。为人为己也是如此，只有为别人着想，别人才会反过来帮助自己。

【解读】

有句话说:你怎样对待别人，别人就会怎样对你。这是处世交友的基本原则。只有真心对待别人，自己才会有真正的朋友。

【原文】

曲上无直下，危国无贤人，乱政无善人。

【译文】

上级不正，下级自然也没什么好德行，这样一来，国家走向穷途末路，政坛必然也跟着混乱不堪，最终的结果也就导致贤能和善良之人不复存在了。

要想吏治清廉用人者应以身作则

励精图治的帝王无不希望臣下厉行节俭,而很多帝王不明白的是,只有帝王躬行节俭,才能倡起节俭的吏治风尚。

康熙不尚空谈,注重实践。他对以皇帝个人享受荣华富贵为中心内容、劳民伤财的大兴土木举动不感兴趣。康熙八年,只有十六岁的康熙就有过出色的表现。当时,因乾清宫交泰殿的栋梁朽坏,孝庄太皇太后提出拆掉重建,以作康熙听政之地。康熙是孝子贤孙,不敢违背祖母的意图,但却批示工部:不求华丽、高贵,只令朴实、坚固、耐用,他学习古人,如陶唐时代茅茨不剪,采椽不斫,夏禹时代宫室是卑,与民同乐,先化后乐,以做天下楷模。

二十四年十月,康熙帝对掌膳食官员说:现在的酥油、乳酒等物品,供给有余,收取足用则已,不可过多。蒙古地方很贫穷,收取者减少,则平民百姓日用所需,就可以满足。

三十一年十月,他又说:停止进献新芽菜,凡是有类于此者,俱应停止。因为运送官员劳苦,烦扰地方,于地方百姓有系,省一件进贡,如同去掉一块病。

三十四年十二月,户部报告说:吉林乌拉地区打捕貉鼠不足额,供应不上,管理此事的官员应该议罪。康熙帝说:数年以来经常捕打,所以貉少,只能维持原数而已。就因为不够数,讨论处分有关的人员,等于是给无辜者加罪。实在不公。如果得不到上等的貉皮,朕但愿少穿一件貂皮大衣,那有什么关系?而且貉价非常昂贵,又不是必需品,朕也没有必要非享用不可。命令有关部门转告乌拉将军酌情办理。

关于康熙个人的日常生活,比起他能支配的财富,比起其他帝王的豪华,那是极其简朴的。法国天主教传教主白晋于康熙二十一年到北京,曾为康熙讲授天文历法及医学、化学、药理学等西洋科学知识,出入宫廷,对康熙的日常生活了解得很细。他在向法王路易十四的报告中做了详细介绍:

从康熙皇帝可以任意支配的无数财宝来看,由于国家辽阔而富饶,他无疑是当时世界上最富有的君主。但是,康熙皇帝个人的生活用品绝不是奢侈豪华的,生活简单而朴素。在帝王中是没有先例的。实际上,像康熙这样闻名天下的皇帝,吃的应该是山珍海味,用的应该是适应中国高贵传统的金银器皿。可是他却满足于最普通的食物,绝不追求特殊的美味,而且吃得很少,在饮食上看他从没有铺张浪费的情况。

从日常的服饰和日用品方面,也可以看出康熙皇帝崇尚朴素的美德。冬天,他穿的是用两三张黑貂皮和普通貉皮缝制的皮袍,这种皮袍在宫廷中是极普通的。此外就是用非常普通的丝织品缝制的御衣,这种丝织品即便在中国民间也是一般的,只是穷苦人不穿而已。在阴雨连绵的日子里,他常常穿一件羊毛呢绒外套,这种外套在中国也被认为是一般的服装。在夏季,有时看到他穿着用尊麻布做的上衣,尊麻布也是老百姓家中常用的。除了举行什么仪式的日子外,从他的装束上能够看到的唯一奢华的东西,就是夏天他的帽檐上镶着一颗大珍珠。这是满族人的风俗习惯,也是帝王的标志。在不适于骑马的季节,康熙皇帝在皇城内外乘坐一种用人抬的椅子(肩舆)。这种椅子实际上是一种木制的轿,粗糙的木材上面涂着些颜色,有些地方镶嵌着铜板,并装饰着两三处胶和金粉木雕。骑马外出时几乎也是同样的朴素。御用马具只不过是一副漂亮的镀金铁马镫和一根金黄色的线织绳,随从人员也有节制。

康熙的信条是:以一人治天下,不以天下奉一人,常思此言而不敢有过。奉行此言便是能行节俭,不搞特殊。

为说明勤俭的深刻意义,康熙帝曾做《勤俭论》一文,主要宣讲勤俭对治理国家、改善人民生活、移风易俗的作用和影响。

俭可养廉,廉必清政,政通人和乃民心所向。康熙帝从国家的命运前途的高度来认识节俭,既要开源,又注重节流,实在是高人一筹。对于后来的领导者,康熙帝当是一个好榜样。

【解读】

所谓"上有所好,下有所效",居高位者品德不规,邪癖放浪,身边总要聚集一帮子投其所好的奸佞小人或臭味相同的怪诞之徒。楚王好细腰,国中尽饿人;汉元帝庸弱无能,才导致弘恭、石显这两个奸宦专权误国;宋徽宗爱踢球,因重用高俅而客死他乡;此类事例,俯拾皆是。

【原文】

爱人深者求贤急,乐得贤者养人厚。

【译文】

爱惜人才的领导者都是求贤若渴,得到贤能之人后他们都会厚待之。

【事典】

真正的人才一定要厚待之

前面已经讲过,战国时齐国的孟尝君对所养宾客士人不分贵贱,皆加以厚待。

这一节具体要说的是那个叫冯谖的人。

齐国人士冯谖因为贫穷得无以自存，便去投靠孟尝君，当孟尝君问他有何爱好和才能时，他竟坦然地答道："客无好也"，"客无能也"。尽管如此，孟尝君仍然是"笑而受之"。这种情况下，冯谖本应安于现状，为能做孟尝君的门客而心满意足。然而，冯谖却似乎没有注意到自己仰人鼻息的处境，反倒对自己所受的待遇一再公开表示不满，而且要求越来越高。有一天，他靠着柱子弹着他的剑，高声唱道："长铗归来乎！食无鱼。"孟尝君左右办事的人把这件事告诉了孟尝君，孟尝君答应了他的要求。不久，冯谖又弹剑唱道："长铗归来乎！出无车。"孟尝君的门客们都讥笑他，但孟尝君还是满足了他的要求。谁想不几天，冯谖又弹剑唱起他新的要求来："长铗归来乎！无以为家。"左右的门客们对他一再无理的要求都开始厌恶起来，责怪他太贪得无厌。可孟尝君却关心地询问冯谖："冯公有亲乎？"对曰："有老母。"孟尝君得知后立刻派人供给他老母衣食所用，不使之缺乏。从此，冯谖不再弹剑作歌了，并且竭力为自己的主子出谋划策，奔走效劳。

一次，冯谖到孟尝君的封地薛（今山东滕州）去收债，冯谖假借孟尝君的名义，把收债债券全部当众烧毁，以笼络人心。回去告诉主人，说是为他烧券市义。孟尝君见他空手而回，心中不悦。后来孟尝君遭到齐王罢官，回到薛地，老百姓感恩戴德，扶老携幼，远道前来迎接他，这时孟尝君才真正意识到冯谖为自己市义的重要意义，了解到冯谖是个有政治远见、才能卓越的人。以后便愈发对他尊重和信任。冯谖告诉孟尝君："狡兔三窟，仅得免其死耳。今君有一窟，未得高枕而卧也。请为君复凿二窟。"于是冯谖又为其出使魏国，请魏王以厚金高位礼请孟尝君。齐王惧孟尝君为邻国所用，便收回成命，恢复了他的相位，并由此大大抬高了他的身价，使齐王有所顾忌而不敢对孟尝君轻举妄动。这是冯谖为孟尝君凿的第二窟。接着他又向孟尝君献计："请先王之祭器，立宗庙于薛。"以使他的封地不受侵犯。宗庙建成后，冯谖说："三窟已就，君姑高枕为乐矣。"孟尝君为相数十年，果然再没有祸患，这全靠冯谖的计谋。当然，归根结底，主要还是靠孟尝君的礼贤下士、厚待宾客的做法。

在现实当中，有些领导者的想法就很天真，他们既要黄牛能耕田，又要黄牛不吃草，这种不付出成本就想收获的想法和做法都是用人之大忌，为贤明的领导和用人者所不取。

【解读】

古人将贤才称为"国之大宝"。真正有志于天下，心诚爱才的当权者，不但求贤若渴，而且一旦得到治世之才，就不惜钱财，给予丰厚的待遇。因为凡是明主，都知道人才是事业的第一要务。

图文珍藏版

【原文】

国将霸者士皆归,邦将亡者贤先避。地薄者,大物不产;水浅者,大鱼不游;树秃者,大禽不栖;林疏者,大兽不居。

【译文】

国家昌盛的时候贤能之人都会回归,国家要灭亡的时候贤能之人最先逃避。贫瘠的土地不会丰收,浅水养不了大鱼,秃树不会吸引大鸟来打窝,荒芜的树林也不会有大型的禽兽安居。

【事典】

管理上不可忽略的大环境小细节

对自己的公司存在这样或那样的不满,几乎是每个员工都有的。如果你遇到这种"消极抗争"的现象,首先要做的是从大环境方方面面的细节入手上认识员工的不满情绪。

让员工心存不满的大环境,通常有以下几个值得注意的细节:

薪酬与付出不符:大部分人都是为了生计才工作,这是最实际的问题。倘若所付出的劳动,不能维持起码的生活水平,难免令人泄气。有些员工不得不做兼职,赚取外快,这样在工作时难免会精力不足,以致有所错漏,时间一长造成同事投诉、上司更加不满的恶性循环。

管理者的态度专横:部属都是有自尊的,如果你的态度嚣张,或者他们称呼你时你却用鼻子哼一声作为回报,肯定会招来员工的不满或批评。

没有工休时间:这不是明文规定的休息时间,只是员工在工作期间稍事休息,活动活动,聊聊天,借此松弛一下紧张的神经和肌肉。如果公司要求员工不停地工作,连午餐、上厕所的时间都严格控制,似乎不近人情,员工疲乏之余便会埋怨顿生。

公司人手不足:因管理者的失策或疏忽,一时未能雇人将空缺填补,从而造成要其他员工分担额外的工作,令本来已忙碌的员工更感吃力。

未能公平对待员工:特别优待表现卓越的员工是无可厚非的事,但完全不理会其他员工,甚至将他们一贯的努力抹杀,也是不公平的行为。

未获重视:所有的决策过程都没有员工参与的份;所提出的建议,上司都当成耳边风,根本没有被采纳的机会。

应酬太多:有一些管理者喜欢与部属接触,甚至要求员工在工余时间,搞一些午餐、晚餐或例会一类的活动，直接影响员工的私人生活。

必需品供应缺乏：在办公室中，文具是必需的办公用品，如行政部门有诸多限制，又要出示旧文具证明已不能用，又要签名做账等，好像乞讨般才能取得应用的物品，最令员工不满。

工资发放不准时：对辛劳整月的员工来说，"发薪日"就是他们一个月的指望，在银行排了半天队，才知道公司未发薪金，那份愤怒可想而知。

同事不合作：不是每个员工均具有互助精神，有些人专门喜欢将别人踏在脚下往高处爬。如果这时管理者不够精明，未能分辨是非善恶，又未加以引导，吃亏的一方一定会滋生对管理者的怨气。

加班没有额外补偿：很多公司只派工作给员工，要求他们在指定时间内完成，至于是否需要超时工作，公司一般不予理会。遇有员工投诉工作太多，必须抽出私人时间完成，管理者反而批评他无能。

职业倦怠：对目前的工作已经提不起兴趣了。

前途无望：上司既吝于授权，也不曾提供任何职业训练。

临时取消休假：许多管理者要求员工随传随到，不管员工是否在休假中，只要有事，就要急电其回公司上班。此举令员工非常反感，因为他们会有一种卖身的感觉。

此外，还有许许多多产生不满的理由，数之不尽。总而言之，作为管理者，一定要从实际工作出发，不断地积累经验，找出一套适合你和你的员工的管理办法。只要把大环境的方方面面都治理好了，就会有更多贤能之人投奔而来。

【解读】

国家四海升平国富民强，天下贤士自然会投奔而来；相反，在一个民不聊生、摇摇欲坠的国家，那些贤能之士最先避之而后吉。

一个国家要吸引贤能良才，首先要有一个好的大环境。这里用客观的自然现象做进一步说明，假如上自朝廷下至地方，不具备振兴国家的软环境，就必然不会吸引、凝聚大批人才，正像贫瘠的土地不产瑰玮的宝物，一洼浅水养不住大鱼，无枝之木大禽不依，疏落之林猛兽不栖一样。运筹帷幄的圣贤良才，自然不会流连于危乱之邦。

【原文】

山峭者崩，泽满者溢。

【译文】

山太高而又过于陡峭就很容易崩塌，河泽里的水太满了就容易溢出来。

【事典】

既要能力非凡又要谦恭待人

管理者最怕什么？最怕被下属瞧不起。在下属眼里，合格的领导就应该无所不知，无所不能。尽管这很困难，但最起码首先应该让自己成为工作上的内行。

打铁先要自身硬。管理者如果没有过硬的真本领，就无法让下属信服，无法坐稳自己的位置。在越来越普遍的"能者上"的机制下，加强自身建设，提升自己的竞争力，无疑是现代管理者应时刻牢记在心的第一原则。

管理者要不断补充和丰富自己的知识，尽可能地精通和熟悉业务，要有较为扎实的理论功底，成为管理内行，具有胜任本职工作的专业知识和管理才干。

才从何来？来自学习。一是从书本中学，二是在实践中学，并善于用科学理论之"矢"射工作实践之"的"。同时，还要十分重视专业知识的更新学习。要坚持深入实际，在实践中丰富和提高自己，在实践中学会观察事物、分析问题、解决问题的基本方法，提高组织管理、协调驾驭和处理各种复杂问题的能力。只有这样，才能避免瞎指挥和决策失误，工作起来才能让人信服。

管理者拥有了非凡的能力之后，也不要因此而傲气十足。管理者怕被下属瞧不起，下属同样也怕被领导瞧不起。作为领导一个团队的管理者，应当养成谦恭待人的习惯，凡事不可太张狂、太咄咄逼人。这不仅是有修养的表现，也是提高自我形象的策略。

越是优秀的管理者就越显得谦和，他们并不会因为自己的优秀和高位而自大，他们懂得从别人身上吸取长处来充实自己。当遇到技术难题或有不明白的地方时，他们会谦虚地向同事和下属请教。

在工作中与同事及下属相处，懂得谦虚就是懂得人生无止境，事业无止境，知识无止境。千万不能为了突出自己一再地表现带有炫耀的成分，更不能为了表现自己而把自己的长处挂在嘴边，在无形之中贬低别人抬高自己。这样，不仅会让人生厌，还会被人看不起，更严重的是你可能会伤害到某一个人，而周围的人也会逐渐地离开你。这样，在无形之中，你就为自己设置了许多障碍，增加了开展工作的难度。

谦逊有着令人难以置信的力量，它是自信与高尚的融合。有谁会愿意为一个自高自大、目空一切的领导打天下呢？

在众人之中一定有值得我们学习的东西，因而要虚心学习别人的长处，把别人的缺点当作镜子，对照自己，有则改之，无则加勉。所以，敏而好学，不耻下问，虚怀若谷，应该成为每一个管理者的座右铭。

对于多数管理者来说，虽然很多时候并不是有意表现出心高气傲，但也同样存在着注意谦虚的问题。所以说，平等待人，不自恃高人一头，在一般情况下是不难做到的，但是如果要做到不管自身发生任何变化，都能时时处处谦和让人，就需要注意以下两个方面：

正确地评价自己。试着重新认识自我，不妨将优点和缺点各列一个清单，细加对照，恰如其分、客观公正地做一次评价，并认真地从内心问自己，我真的就十全十美吗？我有多少知心朋友和"铁杆"下属？它会使你幡然猛醒：一味地自高自大，使得自己忽视了自己的缺点，并与周围人们的关系形成了不和谐的音符。

遇事从他人的观点、立场来思考问题。这样做有助于发现别人的长处，避免自己的短处，从对别人的认识里来形成自我形象。对人的认识越全面，自我形象就越清晰。这样，我们便可学会理解他人、关心他人、尊重他人、帮助他人的处世技巧，改变轻狂浅薄的心理和行为。

处在领导的位置上，保持谦虚谨慎、戒骄戒躁也并不是那么容易。如果你一时还不能完全做到，就需要不断加强自身修养，以提升自己的能力和形象。

【解读】

山峭崩，泽满溢，是自然常理。黄石公以此来警戒为人做官切勿得意忘形，以免翘起尾巴不思进取。当人处在危难困苦之时，大多数人会警策奋发、励精图治；一旦如愿，便放逸骄横目中无人。因此古今英雄，善始者多，善终者少；创业者众，守成者鲜。这也许是人性常有的弱点吧！故而古人提出"聪明广智，守以愚；多闻博辩，守以俭；武力多勇，守以畏；富贵广大，守以狭；德施天下，守以让"，作为矫正人性这一弱点之方法，不可不用心体味。

【原文】

弃玉取石者盲，羊质虎皮者柔。

【译文】

玉石不分，丢弃了玉，把石头当作宝贝。识人不分贤愚，这样的领导者眼盲心也盲。那些庸才就像绵羊，即使披上虎皮也改变不了他的本质。

【事典】

认识一个人要看透他的内在南质

九方皋相马，只看重马的内在品质，而不看重马的外表，这说明他能透过现象看本质，而不是凭第一印象来判断马的优劣。识人也应该如此。诸葛亮曾对识人有过一番精辟的论述，他说人"有温良而伪诈者，有外恭而内欺者，有外勇而内怯者，有尽力而不忠者"，这些话对于今天的管理者来说，同样具有深刻的启迪意义。

西汉的王莽，为历代诟骂，他篡汉自代，愚弄天下，早已是奸恶臣子的代名词了。

从改朝换代的角度来看，王莽又是一个非同寻常的人物，他完全靠一个人的力量和智慧，没有动用一兵一卒，就完成了夺取帝位、建立新朝的大业，可谓一个奇迹。

王莽的发迹，起初完全得力于他的那个当皇后的姑姑王政君。王莽出身孤寒，父亲早死，他和母亲相依为命，艰苦度日。王政君见其母子可怜，多方照顾，对王莽爱之逾子，怜爱备至。她不顾众大臣的非议和反对，极力提拔王莽，以致王莽三十八岁时，已是朝廷重臣，身兼大司马之职。

王政君如此行事，有人便向她进言道："王莽虽是皇后的至亲，加恩于他未尝不可。只是王莽外表看似敦厚，其实未必心存感激。一旦尾大不掉，皇后的苦心白费不说，大汉的江山也会岌岌可危。"

应该说王莽的伪装功夫天下一流。虽有臣子进言，王政君却怎么也看不出王莽有不臣之心。她曾私下把王莽召来，对他说："你有今日，非是姑姑之功，乃皇恩浩荡之故。我们王家深受汉室大恩，任何时候，我们都要恪尽职守，报效天子。"

王莽装得涕泣横流，忠心不二，王政君被其愚弄，更是不遗余力地提携他。

有了王政君这个靠山，再加上皇帝年幼无知，王莽欺上瞒下，培植自己的势力，最后被封为"安汉公"，位在三公之上，一手把持了朝政。

位极人臣，王莽并没有心满意足。他要当皇帝，自然遭到身为汉家之后的王政君的反对。刘汉王朝若是不存，她也就失去立足的根基了。她把王莽召来，未待训斥，只见王莽再不像从前那样恭敬，却是傲慢无理地抢先说："我意已决，姑姑就不要多费唇舌了。汉室气数已尽，天命在我，姑姑若是知趣，还是把御玺交给我吧！"

王政君深知王莽羽翼已丰，再也无法驾驭他了。她又悔又恨，无奈之下，便愤愤地将御玺摔在地上，以致御玺有损，缺了一角。

至此，王莽完全撕掉了伪装，他登基做了皇帝，建立了"新朝"。

王政君之所以对王莽失察，原因就在于她只看到并相信了王莽所显现的表面现象，而且这种表象还是虚假伪装的。按照孔老夫子所提出的察人标准，很显然相差太远。因此，她也只好无可奈何地承担其严重后果。

现实生活中，难免会有眼高手低之辈鱼目混珠，他们常常打着高学历、名校毕业、经验丰富的招牌，很能镇住人，但实际工作起来，却根本没有实际操作能力。如此一来，本想借人才之力来快速发展企业，就变成了培训员工；当培训起不到效果时，又要花心思请他们走人。到头来，等于是"赔了夫人又折兵"。

避免这种情况的发生对管理者来说不是件容易的事，谁都难免有看走眼的时候,但它又需要尽量避免。这就需要管理者拥有透过表象看本质的能力。

第一印象往往具有一些欺骗性,管理者应舍得花时间测试每位应聘者,尽力找出他们擅长什么,他们是否真正适合你的工作,他们具有什么工作技能,你是否容易培养和改变他们。

在招聘时,不要完全指望第一次面试就能全面了解一个应聘者。多研究一下他们的应聘材料,了解一下他们有关的背景,充分地进行面试,才能更有效地避免被表面迷惑。你可以带上你所挑中的候选人员去参观一下企业,观察他们对企业的兴趣程度,询问他们一些问题,让他们讲一下自己所做的事情,并表述一下自己。这样,才有利于发现最合适的人选。

【解读】

孔子说:"了解一个人,看他的所作所为,了解他的做事途径和方法,考察他的爱好。这样,这个人的品质还怎么能隐蔽得了呢?"

认清一个人,在很多时候都是一件极其困难的事,尤其是当对方心怀不轨而竭力伪装时。但最根本的原因,恐怕还在于自身的"失察"。

【原文】

衣不举领者倒。

【译文】

领子是衣服的关键部分,穿衣不把领子整理好,整个人的形象就会威严扫地。

【事典】

敬业的领导才是好领导

为政须勤敬,当官须勤敬。成大事者,必以事业为重。诚惶诚恐地对待自己的权力,尽职尽责,如履薄冰。古往今来,中国不乏这种人物。而"清代帝王多勤敬",堪称一绝。康熙帝从政六十余年,夜分而起,未明求衣;彻曙听政,日晡而食;数十年间,极少间断。这是康熙帝勤于政事的突出表现。康熙帝于每日清晨至乾清门,听部院各衙门官员面奏政事,与大学士等集议处理,这就是衙门听政之制。而康熙帝对自己的要求则是务在精勤,有始有终。在他执政的前几十年间,"夙兴夜寐,有奏即答,或有紧要事,辄秉烛裁决。"即使到了晚年,右手因病不能写字,仍用左手执笔批旨,而决不假手他人。他在临终前留下的遗诏中说:"自御极以来,虽不敢自谓能移风易俗,家给人足,上拟三代明圣之主,而欲致海宇升平,人民乐业,孜孜汲汲,小心谨慎,夙夜不遑,未尝少懈,数十年来,殚心竭力,有如一日。"这并非过誉之词。

康熙帝的勤于政务,以身作则,为"康乾盛世"的出现奠定了重要基础,也为后来的雍正帝、乾隆帝等树立了勤敬的榜样。

雍正帝从政,日日勤慎,戒备怠惰,坚持不懈。用他自己的话说:"惟日孜孜,勤求治理,以为敷政宁人之本。"

知勤敬者,在于努力充实自己,恰如宋代的赵普。

赵普是宋朝的开国元勋,宋太祖赵匡胤待他如同手足,任命他为宰相,不过他出身微贱,很少读书,处理朝政多凭经验,全无学术。

公元965年(太祖乾德三年)北宋消灭了西蜀国,宋太祖将蜀国国君孟昶之妻,著名绝色美人花蕊夫人据为己有。一次他发现花蕊夫人所用的梳妆镜的背面有"乾德四年铸"五个字,不由十分惊疑,问道:"这'乾德'二字怎么和我朝的年号相同,这是哪个朝代的?"

花蕊夫人答不出,宋太祖遍询大臣,赵普茫然不知所对,其他大臣也不能回答,只有翰林学士窦仪答道:"蜀国旧主王衍曾经用过这个年号。"

太祖十分高兴,就道:"看来宰相还是要用读书人,窦仪确实具有做宰相的才识!"

太祖便有任窦仪为宰相的考虑,当同赵普商量时,赵普想,如果窦仪人相,自己便相形见绌了,便回答道:"窦学士学问有余,治国的能力却是不足。"

于是此事作罢,不过太祖也劝赵普多读点书。赵普从此手不释卷,每日退朝归来,便独处一室,关上房门读书,直到深夜,到了第二天人朝理政,每件事情都处理得很有章法。他去世后,家人人室检点遗物,发现书箱中只有一本《论语》,原来赵普晚年所读的,就这么一本书,他自己也曾对太祖的继承人宋太宗说:"臣有《论语》一部,半部帮助太祖夺天下,半部帮助陛下治天下。"后世遂有"赵普半部《论语》治天下"之说。

赵普虽然有武大郎开店之嫌,但他还是知道提高自己,最终不愧为一代贤相,不像有些官员,自己永远安于武大郎,却又永远拒绝高人指点。

【解读】

黄右公用衣领比喻最高的掌权者,"领袖"的称谓大概就来源于此。当然,领袖不是谁都可以当的,领袖就要有领袖的样子,就要负起领袖的责任。在其位,谋其政。既然坐到了这个位子上就要勤勉勤政,不可胡作非为,否则就没有好下场。

【原文】

走不视地者颠。

【译文】

走路的时候,眼不看地,而是仰面望天,没有不栽跟头的。

【事典】

为人不可狂妄

狂言妄语说出来虽然"虎虎生威",在某些时候更是显得"豪气"过人,用"没有金刚钻,就别揽瓷器活儿"来反驳这句话再合适不过了。老子也指出"虚而不屈,动而愈出。多言数穷,不如守中",意思是狂妄的话多说只有弊处而无益处,不如紧守中庸之道,量力而为。

偏偏有一些人与此背道而驰,结果只能落得个身首异处的下场,《三国演义》中,诸葛亮平定南方以后,一出祁山的失败除了诸葛亮的自身原因之外,最大的原因还是马谡的狂言妄语——

《三国演义》里这样记载:诸葛亮正在营中为孟达事泄被杀而懊恼不已,忽有哨探报,司马懿派张郃引兵出关,来拒我师。

诸葛亮闻报大惊:"今司马懿出关,不比曹真,他一定会去打街亭,断我咽喉之路。"环视左右问,"谁敢引兵去守街亭?"

参军马谡见丞相先是吃惊,便觉得好笑。谅那司马懿有什么可怕的? 便说:"末将愿往。"

诸葛亮盯着他,不放心他说:"街亭把着要冲,地方虽小,干系却大。如街亭有失,我大军便完了。你虽深通谋略,无奈此地一无城池,二无险阻,把守极难呀!"

"丞相勿虑。再难也得有人把守。末将自幼熟读兵书,精通兵法,又跟在您身边南征北战,耳濡目染。难道还守不住小小的街亭?"

"司马懿非等闲之辈。先锋张郃乃魏之名将,你能对付得了他们?"

魏延

马谡就不高兴了,丞相也太小瞧我了。嘴一撇,轻蔑地说:"嗨,休道他司马懿、张郃,便是曹睿亲来,又有什么可怕的? 若有差错,杀我全家好了。"

在这次请命邀功的过程中,马谡有些过于狂妄了,可以说根本没有掂量自己到底有"几斤几两",之后的布阵失利,马谡虽然逃得性命,然而却为军法所不容,才有了诸葛亮挥泪斩马谡。

《三国演义》中还有一个实例同样是说明狂言妄语自损的,那就是魏延的死因。在当时来说,大多数能够单打独斗胜过魏延的人都已经死去了,他因此变得过于自负,以至于在被杨仪激怒,问他是否敢大喊三声"谁敢杀我时",他毫不畏惧地猖狂大笑而发三声"谁敢杀我",谁知在第三声之时,他就在毫无知觉的情况下命丧马岱之手。

狂言妄语能够给人带来杀身之祸,多言同样能够让你吃尽苦头,故而老子教导大家"多言数穷,不如守中"。老子并不是教人闭口不言,而是要少说多做,因为"言多必失"是一个千古不变的哲理。

【解读】

处世做人不看上下左右的条件限制,自以为是,口出狂言,逞一时之能莽撞行事,这都是不成熟的表现,出差错、栽跟头都在所难免。

【原文】

柱弱者屋坏,辅弱者国倾。

【译文】

顶梁柱是整座屋子的中坚力量,柱子坏了,屋子也就难保了。明知它坏了,还要不自量力去扶,结果也是白忙活一场。

【事典】

领导者的表率就是下属工作的动力

作为一个管理者,重任在肩,职位越高,就越应重视给他人留下好的印象。因为管理者总是处于众目睽睽之下,既是组织领导者,又是示范引导者,其所作所为很容易引起下属的模仿。因此,管理者必须成为组织中的榜样和标杆,这是塑造"贤者"形象的需要,也是规范和激励下属的需要。

管理者的榜样作用具有强大的感染力和影响力。管理者如果骁勇善战,下属就会不计安危冲锋陷阵;管理者如果处处吃苦在前、享受在后,下属就会不计私利、甘于奉献。相反地,假如管理者常常迟到,吃完午饭后迟迟不回到办公室,打起私人电话来没完没了,不时因喝咖啡而中断工作,一天到晚眼睛直盯着墙上的挂钟,那么,他的部下大概也会成为这样的人。

对这个问题古人早已有清醒认识。《礼记·哀公问》中有这么一段对话："公曰:'敢问何谓为政?'孔子对曰:'政者,正也。君为正,则百姓从政矣。君所为,百姓之所从也,君所不为,百姓何从?'"孔子在回答鲁哀公什么是为政问题时强调:"为政就是正。君主端正自己,那么百姓就服从于政令了。君主怎么做,百姓就跟着怎么做,君主不做的,叫百姓怎么跟着做?"唐太宗也认识到:"若安天下,必须先正其身。未有身正而影曲,上治而下乱者。"(《贞观政要·卷一》)《周书·苏绰传》也对统御者本身做了形象比喻:"凡人君之身者,乃百姓之表,一国之的也。表不正,不可求直影;的不明,不可责射中,今君身不能自治,而望治百姓,是犹曲表而直影也;君行不能自修,而欲百姓修行者,是犹无的而责射中也。"大意是说:君主本身,就是黎民百姓的"表",就是一个国家的"的"。"表"树立得不正,不能要求有笔直的影子;"的"不明显,不能要求射中目标。如果君主不能自我治理,而希望治理百姓,这如同"表"歪却要求影子直。如果君主不能自我修养,而要百姓修养,这如同没有"的"却要求射中目标。孟子也曾一针见血地指出:君主喜欢什么,手下人对此就更加喜欢。

可见,管理者在工作中的示范效应自古就受到重视。所以,希望下属做到的,自己得首先做出个样子来,持之以恒的实际行动更胜于多余的说教。如果管理者能够率先垂范,以身作则,那么这种形象和精神就会影响下属,让大家形成一种积极向上的态度。

我们看一下某动物园所进行的一项测验。在测验中,该园饲养部人员利用狮子皮装成狮子进攻黑猩猩群。开始黑猩猩群觉得很害怕而哀号,不久猩猩的首领就拾起身边的树枝,做出勇敢地向狮子挑战的样子,结果其他猩猩也逐渐停止哀号而对狮子怒目以对。虽然这个测验是以动物为对象的,但却说明了管理者成为榜样后在一个群体组织中的作用。

管理者就是下属的表率,下属则是管理者自己的一面镜子。下属的一些行为,其实大多数是管理者自己做过的。甚至从一定意义上来说,组织的文化就是管理者的文化。有什么样的管理者,就有什么样的组织文化。比如,微软公司由于其创始人比尔·盖茨本人进取心很强,富有竞争与冒险精神,因而勇于进取创新,敢于冒险成为微软公司企业文化的鲜明特点。

可见,管理者的所作所为,几乎全部都在部属的效法之中,并且还会对组织的文化有深刻的影响。所以,请你仔细检点自己的全部言行,不要表现出你不希望在下属身上看到的那些言行。管人先管己,如果自己都做不到,又用什么规矩去约束和管理别人呢?

【解读】

黄石公在这里是以柱弱房倒来比喻国君和重臣如果起不到自己应有的作用,

国家必将倾覆。君臣尽职则国民奋发图强,君臣不道,国民怎么可能有奋斗的榜样和动力呢?

【原文】

足寒伤心,人怨伤国。

【译文】

脚受了冻伤,就会直接伤到心脏,人民的怨气可以直接伤及国家的本体。

【事典】

倾听员工的心声化解他们的不满

人民的不满可以毁掉整个国家,同理,员工的不满也可以毁掉整个公司。所以当员工产生不满情绪时,管理者应当充分重视起来,在处理企业内部出现的相关问题之前,一定要深入调查研究,倾听员工的心声,从而找到问题的原因。

管理者需要认真听取员工的意见,允许畅所欲言,并针对不同的情况给予解释和处理。如果能够认真负责、公正平等地对待员工的意见,在大多数情况下,员工的不满就可以消除在开诚布公的交流之中。

处理好员工的不满情绪能够提高员工工作满意度,加强员工之间的沟通和信任,提高组织凝聚力和士气,倾听是消除员工不满情绪的妙方。

在日常工作中,员工遇到不如意的事情容易对周围的人和环境产生不满。员工积累的不满需要发泄,最好的方法是"让他说",让他把心中的怨恨发泄出来,以消除他心中的烦恼和不满。

用语言发泄不满时,还要有人"倾听",摩托罗拉公司就用交谈、座谈会等方式来倾听员工的声音,并取得了很好的效果。他们发现,不满和抱怨是一种积压很久的情绪,如果员工随时都有与管理者平等对话的机会,任何潜在的不满和抱怨,都会在爆发之前被解决掉。

除了对员工的不满倾听外,还要对集中的意见采取改正措施,并以张贴布告或者集会宣布等形式广而告之,这样才能平息不满情绪。

总之,倾听是一门艺术,如果管理者善于倾听,那么企业内部的协调系统必能进入良性循环,一个和谐、有凝聚力的企业必能为每一个员工创造最好的工作环境,而发泄了不满情绪的员工依然会给企业带来回报。

另外,人的积极情绪和消极情绪是同一个硬币的两面,如果不让消极情绪露面,积极情绪也就难以"浮出水面",或者即使是显现出来,也难以长久。

但在现实的组织中,从上到下几乎已经达成高度的默契:积极地投入工作中,不要将负面的情绪带到工作中;对上级要笑脸相迎,对同事要随和相处;如果将不满表现出来,小心"吃不了兜着走",至少也是幼稚和不成熟的表现;组织试图将一个完整的人分割开来,工作的时候,人最好只有理性,没有情感;更为苛刻的要求是对工作要充满热情,但不能有任何别的情绪。但事实是,情绪问题从来就没有真正从组织中消失。而且,由于组织有意无意地压抑或回避这个问题,从而没有为其提供正常的渠道,使得不满情绪一旦暴露就具有很大的破坏力。那些隐藏着的负面情绪并不会消失,而是悄悄地、慢慢地侵蚀着组织的肌体。背后的发牢骚、说怪话、传谣言、暗中挖墙脚、使绊子等就成了这种"能量"发泄的主要方式。凡是在背后进行的东西,往往会在主观上被夸大,从而使误解丛生,相互间的信任感被破坏。最终是组织的凝聚力、士气和共有价值观遭到削弱和破坏。

因此,允许员工通过正常途径发泄不满,并尽可能地了解实情,解决积弊,使员工以更大的热情投入到工作中。

【解读】

脚受伤了看似无大碍,但是它和心脏却有着千丝万缕的联系,搞不好就是致命伤。人民的怨气看似无伤大体,但却隐藏着毁灭的力量。这都是必须值得重视的,如果视而不见,熟视无睹,那么千里之堤就会毁于蚁穴,整个国家也会因小小的怨气毁于一旦。

【原文】

山将崩者,下先隳;国将衰者,民先弊。根枯枝朽,民困国残。

【译文】

高山将要崩塌的时候,下面的基石首先会毁掉;一个国家走向衰败的时候,最基层的人民首先会陷入水深火热之中。树根枯死了,树枝自然也就会很快腐朽,人民陷入困境,国家也难以保全。

【事典】

鱼肉百姓者必亡

君主巡游可以体察民情,有时还带有特定的政治意图,原本无可非议。但杨广则把巡游当成纯粹的娱乐,讲排场、纵奢侈、好虚荣、爱炫耀,而且出动频繁。致使举国上下都围绕着圣驾供奉这一中心工作,破坏了国家机器的正常运转。供献一盘珍,百姓半年粮,沉重的负担,更把百姓逼到了不堪其扰的绝境,动摇了隋王朝的统治基础。

当年,杨广为了夺得皇位曾经装出一副仁孝恭俭的假象,一朝天下在握,便原形毕露。猎奇斗艳的苑囿,富丽华贵的宫室,羽仪千里的巡游,轻歌曼舞的女乐,穷奢极侈的酒宴,陪伴着他醉生梦死。

杨广生性好动,享乐游玩的兴趣要经常变换。在他登基的第一年,也就是大业元年(公元605年)八月,就坐船去游江都,第二年四月才回到洛阳。大业三年又北巡榆林,至突厥启民可汗帐。大业四年,又到五原,出长城巡行到塞外。大业五年,西行到张掖,接见许多西域的使者。大业六年,再游江都。

大业十一年,又北巡长城,被突厥始毕可汗围困于雁门。解围回来的第二年,又三游江都。直至隋朝灭亡,几乎是马不停蹄地到处巡游,在京城的时间,总计还不足一年。

杨广出巡如此频繁,而每次出巡的气派又大得惊人。第一次游江都,造大小船只几千艘。皇帝坐的叫龙舟,高45尺,宽50尺,长200尺。船有四层,上层有正殿和东西朝堂。中间二层有120间房,都是以金玉为饰,雕刻奇丽,最下层为内侍宦官所居。皇后乘的叫翔螭舟,比龙舟稍小而装饰是一样的。嫔妃乘的是浮景舟,共有9艘,上下三层。贵人、美人和十六院夫人所乘的是漾彩舟,共有36艘。还有随行船只数千艘。一路上舳舻相接200余里,骑兵沿运河两岸而行,说不尽的气派和豪华。

庞大的游玩队伍,一路上还得要吃要喝,为了满足他们的口福,两岸的百姓就遭了殃。杨广下令,沿途500里以内的百姓,都得为他献上珍贵的食品。那些州县的官员,就逼着百姓办好酒席送去。有些地方的官员,向杨广献上了精美的食品,而有的地方献不上好吃好喝的,杨广"赏罚"分明,就给献食精美的官员升了职,把那些献食不合他意的官员降职处分,并调到粮食精美的官员身边,要他们向他学习。这样一来,郡县的官吏就争着向他供奉食品,又多又精,却把沿途的百姓们弄惨了。一次献食,就会夺去很多百姓维持一年生计的口粮。有的州县,一送就是数百桌,不要说杨广吃不了,就连他的宫妃、太监、王公大臣们一起吃,也吃不完。吃不完的,他可不兜走,而是挖个坑一埋了之。百姓们为了献食,很多人弄得倾家荡产,却被他这么糟蹋了。

杨广在游玩北境时,又征发百姓100多万人修建长城,加上连年规模巨大的到处巡游,给百姓带来了沉重的劳役和难以承受的赋税。

正因为上述种种暴行,才引发了后来大规模的农民起义运动。杨广的不可一世的隋王朝仅仅是昙花一现,顷刻间就灰飞烟灭了。

对于后来的当权者或者管理者们都应该记住这个教训:民以食为天,国以民为本。越是底层的人就越应该对他们关心和爱护,你对他们好,他们才会敬重你。否则,就是自取灭亡。

【解读】

民为国之本,人民安居乐业就是国家存在的基石。可惜很多人看不到这个层面,他们往往尊贵其头面,轻慢其手足,正如那些昏君尊贵其权势,轻漫其臣民一样。鉴于此,才有'得人心者得天下'的古训。

用山陵崩塌是因根基毁坏进一步来晓谕国家衰亡是因民生凋敝的道理,直观、明了。也如同根枯树死一样,广大民众如若困苦不堪,朝不保夕,国家这棵大树也必将枝枯叶残。秦、隋王朝之所以被推翻,只因筑长城、开运河榨尽了全国的民力、财力。鉴古知今,人民生活富裕,康乐安居,国家自然繁荣富强。

【原文】

与覆车同轨者倾,与亡国同事者灭。

【译文】

跟着将要翻倒的车行进,自己肯定也会翻车;与亡国的人共事,自己难免也会步其后尘。

【事典】

做事就要向成功的人靠拢

跟着失败的人走,自己难免失败;向成功的人靠拢,自己也会逐步取得成功。所以一定要学会与比自己更成功的人合作,他们能带给你的,除了有形的帮助外,更有一些无形的影响力。

成功的人因为成功而高高在上,他们对命运已经有了感恩的情怀。这使他们在人际关系上显得较温和。聪明的生意人总是善于与比自己更成功的人合作,这是因为:

他们是成功的人,所以他们处在社会生活的光彩之中,被人羡慕,有说话权,受到人们广泛的尊重。但他们的成功也不是从天上掉下来的,除了个别人是靠侥幸外,大多数人都有着主观努力的内在原因,应该去和他们分享才对。

走向成功或已经成功的人,他们不仅有运气、很努力,他们受教育的程度也比较高、智商比较高,因此他们有头脑、有主见,对事物有自己的看法和判断。知道什么对自己有利、什么对自己无利,自己应该维护什么、抵制什么。对自己的根本利益,他们会坚决捍卫。这种人对事物拿得起放得下,只要对他们有利,他们也会主动地让些利益给别人。

由于他们有资本,有见识,跟他们合作,他们能帮的忙也乐于帮。而且由于他们的能力相对较大,所以他们出一点力,也能给你派上大用场,而他们也不觉得就付出了很多。在双方有共同利益时,他们的心理也比较明快,让你能感到他的睿智和可爱。他们也会使用心智和谋略,而且还很出奇,很值得我们学习。

正是因为成功人士的能力较强,社交圈子大,所以他们的人际关系也是一种资源。因此,通过与他们的合作,可巧妙地借用他们的人际关系,这也是一笔巨大的财富,而且其作用还不仅仅是财富就能涵盖的。

总之,与成功的人合作,已经成了很多人走向成功的秘密武器。

【解读】

这些道理虽然浅显,可还是有人屡犯不改。汉武帝不记取秦始皇因求仙而死于途中的教训,几乎使国家遭殃,幸亏他在晚年有所悔悟;唐昭宗不以汉末宦官专权为鉴,同样导致了唐王朝的灭亡和"五代十国"的混乱局面。

【原文】

见已失者,慎将生;恶其迹者,预避之。

【译文】

知道已经发生过的不幸事故,发现类似情况有重演的可能,就应当慎重地防止它,将其消灭在萌芽状态;厌恶前人有过的劣迹,就应当尽力避免重蹈覆辙。

【事典】

居安思危有备无患

一只野狼卧在草上勤奋地磨牙,狐狸看到了,就对它说:"天气这么好,大家都在休息娱乐,你也加入我们队伍中吧!"野狼没有说话,继续磨牙,把它的牙齿磨得又尖又利。狐狸奇怪地问道:"森林这么静,猎人和猎狗已经回家了,老虎也不在近处徘徊,又没有任何危险,你何必那么用劲磨牙呢?"野狼停下来回答说:"我磨牙并不是为了娱乐,你想想,如果有一天我被猎人或老虎追逐,到那时,我想磨牙也来不及了,而平时我就把牙磨好,到那时就可以保护自己了。"

《左传·襄公》中曰:"居安思危,思则有备,有备无患。""居安思危"这句成语包含着丰富的哲理,成为中国几千年来从政者的警句和座右铭。

晚唐诗人杜荀鹤有一首《泾溪》:"泾溪石险人兢慎,终岁不闻倾覆人。却是平流无石处,时时闻说有沉沦。"诗的语言通俗浅显,但揭示的道理却朴素而深刻。不是吗?船到险处,船家生怕出了差错,谨慎防范,所以都能平安渡险。相反,到了"平流无石处",人们思想麻痹了,以为可以稳坐"钓鱼船"了,结果却常常发生船翻人亡的事故。这首诗的真谛，也是告诉人们要居安思危，有备无患。

历史上还有一个很著名的"居安思危"的故事，说的是项梁从吴中起义，然后率领八千人渡江向西，加入消灭暴秦的行列。这时候，他听说有个叫陈婴的人已经占领了东阳县，就派人前去联络，想要和他一起联兵西进。

陈婴本是东阳县的一个小官吏，由于他忠信恭谨，所以一直深受县民爱戴。后遇天下大乱，东阳县里的一些年轻人自发地组织起来，杀死了县令。但苦于找不到合适的首领，便请陈婴来领导。陈婴推辞不过，只好勉为其难。后来，他们又想推举陈婴为王。

陈婴的母亲是位有学问的妇女，对人生社会祸福有不少经验，她听说要选陈婴为王，十分反对。她对陈婴说："我们陈家虽是县里的望族，但从无做高官的人，现在一下子做什么王，名声太大了，容易招来祸害。况且，现在时局动乱，形势未明，出来称王，祸害比平时更大。不如另选人来做王，你当助手。成功了，你能得到封赏；不成功，人家也不会把你当头儿抓。"

听了母亲的分析后，陈婴思量再三，觉得还是不为王的好。于是他就对众人说："我原本是个小官，威望不足以服众人。现在项梁在江东起事，引兵西渡，并派人来要和我们联合抗秦。项梁的祖世就为楚将，名声显赫，我们想成就一番事业，就得依靠像项梁这样的人。"

于是，陈婴带领两万多起义军投奔了项梁。

陈婴也是一名猛将，但他并未不明不白地死于政治阴谋，得益于母亲的那番话。可能是知子莫若母，她知道陈婴的性格不适合与各路枭雄争逐天下。如果不适合还要硬当王，丢掉性命的可能性极大，因此不如依附在强者的势力之下，进可享受爵位，退可隐姓埋名，保有性命。从这个角度看来，陈婴的母亲是相当务实的。而陈婴也能听从母亲的警告，居安而思危，实乃大幸。

唐代忠臣魏征在《谏太宗十思疏》中提到一句话："居安思危，戒奢以俭。"翻开中华历史长河的画卷，不难发现一个规律：太平盛世过后往往是战乱连年。造成这种现象的一个原因就是当权者养尊处优而没做到居安思危。

唐工李存勖替其父李克用报仇，诛杀梁王之后，自以为天下太平，便安于享乐，宠信伶人，直至兵临城下，才落荒而逃，最后中流矢而死，而其嫡亲也无一幸免。如果他当时能够顾全大局，意识到敌人终有一日也会来报仇而防患于未然，那么也不至于落到国破人亡的地步。闯王李自成登上皇帝的宝座后自高自大，以致让满族人入土中原。这些君王如果能够在和平年代考虑到可能发生的动乱，防微杜渐，居安思危，中国的历史就可能会被改写。

汉高祖刘邦打败西楚霸王项羽后，尽管如愿以偿当上了皇帝，但他深知要收拾这乱世的局面实属不易，要保持人民安乐的境况更是难上加难。于是他采取了"休养生息"的政策，在很大程度上缓和了阶级矛盾，人民生活渐渐安定，生产力也有一定提高。同时又担心边境受到外族侵扰，派人去和匈奴和亲。这样就为汉王朝初期的发展建立了一个相对稳定的环境。

防患于未然的思想在中国可以说是源远流长，妇孺皆知，其道理已不言而喻。但是，我们不难发现，并非人人都能把这个道理贯彻到实际生活中去。洪水未到先筑堤，豺狼未来先磨刀。做事应该未雨绸缪，居安思危，这样在危险突然降临时，才不至于手忙脚乱。

【解读】

最彻底的办法不是既要那样做，又想不犯前人的过失，这是不可能的；而应该根本就不起心动念，坚决不去做。

人的一生总要发生很多事情，没有人知道自己的将来会发生什么，如果自己不为自己想一下将来的事情，没有人会提醒你。一定要有居安思危的思想，才能防患于未然。

【原文】

畏危者安，畏亡者存。

【译文】

时刻感觉到危险的存在，因此就小心谨慎，如履薄冰，这样做恰恰是最安全的。

【事典】

居安思危可保无事

唐朝郭子仪因平定安史之乱而立下大功，爵封汾阳王，王府建在首都长安的亲仁里。汾阳王府自落成后，每天都是府门大开，任凭人们自由进进出出，而郭子仪不允许其府中的人对此给予干涉。

有一天，郭子仪帐下的一名将官要调到外地任职，来王府辞行。他知道郭子仪府中百无禁忌，就一直走进了内宅。恰巧，他看见郭子仪的夫人和他的爱女正在梳妆打扮，而王爷郭子仪正在一旁侍奉她们，她们一会儿要王爷递毛巾，一会儿要他去端水，使唤王爷就好像奴仆一样。这位将官当时不敢讥笑郭子仪，回家后，他禁不住讲给他的家人听，于是一传十，十传百，没几天，整个京城的人都把这件事当成笑话来谈论。郭子仪听了倒没有什么，他的几个儿子听了却觉得大丢王爷的面子，他们决定对父亲提出建议。

他们相约一齐来找父亲，要他下令，像别的王府一样，关起大门，不让闲杂人等出入。郭子仪听了哈哈一笑，几个儿子哭着跪下来求他，一个儿子说："父王您功业显赫,普天下的人都尊敬您,可是您自己却不尊重自己,不管什么人,您都让他们随意进入内宅。孩儿们认为,即使商朝的贤相伊尹、汉朝的大将霍光也无法做到您这样。"

郭子仪听了这些话,收敛了笑容,对他的儿子们语重心长地说:"我敞开府门,任人进出,不是为了追求浮名虚誉,而是为了自保,为了保全我们全家人的性命。"

儿子们感到十分惊讶,忙问其中的道理。

郭子仪叹了一口气,说道:"你们光看到郭家显赫的声势,而没有看到这声势有丧失的危险。我爵封汾阳王,往前走,再没有更大的富贵可求了。月盈而蚀,盛极而衰,这是必然的道理。所以,人们常说要急流勇退。可是眼下朝廷尚要用我,怎肯让我归隐;再说,即使归隐,也找不到一块能够容纳我郭府一千余口人的隐居地呀!可以说,我现在是进不得也退不得。在这种情况下,如果我们紧闭大门,不与外面来往,只要有一个人与我郭家结下仇怨,诬陷我们对朝廷怀有二心,就必然会有专门落井下石、妨害贤能的小人从中添油加醋,制造冤案,那时,我们郭家的九族老小都要死无葬身之地了。"

郭子仪所以让府门敞开,是因为他深知官场的险恶,正因为他具有很高的政治眼光又有一定的德性修养,善于应对各种复杂的政治环境,因此即使在自己功勋卓著的日子,也时时做好了准备,应付那些藏在暗处却随时可能发生的危险。这种谨慎行事的人生智慧,任何人学会,都不是多余的。

【解读】

《易经》有云:"安而不忘危,存而不忘亡,治而不忘乱,是以身安而国家可保也。"这句话充分肯定了一个道理,那就是人在现实中,应当时时处处谨慎小心,因为在我们所看不见的暗处,极有可能潜伏着足以威胁我们利益乃至生存的危险。任何盲目大胆、轻率冒失的行为,都是应当尽力禁戒的。这个道理,古往今来的智者,都是参悟得极为透彻的。

【原文】

夫人之所行,有道则吉,无道则凶。吉者,百福所归;凶者,百祸所攻;非其神圣,自然所钟。

【译文】

一个人的行为只要合乎道义,就会吉祥喜庆,否则凶险莫测。有道德的人,无心求福,福报自来;多行不义的人,有心避祸,祸从天降。只要所作所为上合天道,下合人道,自然百福眷顾,吉祥长随。反之,百祸齐攻,百凶绕身。

图文珍藏版

【事典】

君子爱财取之有道

胡雪岩精于生财之道，他注重"做"招牌、"做"面子、"做"信用；广罗人才，经营靠山；施财扬名，广结人缘，这些措施，就是他的生财之道，而且也确实行之有效。比如他在创办自己的药店"胡庆余堂"之初，策划的那几条措施：三伏酷热之时向路人散丹施药以助解暑，丹药免费但丹药小包装上都必须印上"胡庆余堂"四个字；正值朝廷花大力气镇压太平天国之际，"胡庆余堂"开发并炮制大量避疫祛疬和治疗刀伤剑创的膏丹丸散，廉价供应朝廷军队使用等等。用现代经营眼光来看，这些措施具有极好的扩大声誉、树立企业形象、提高企业知名度、开拓商品市场、建立商事信用的作用。正是靠了这些措施，"胡庆余堂"从开办之初就站稳了脚步，很快成为立足江浙、辐射全国的一流药店，且历数十年而不衰，而由"胡庆余堂"建立起来的胡雪岩的声望、影响所形成的潜在效益，对胡雪岩的其他生意如钱庄、丝茶、当铺等的经营，也起到了极好的作用。

胡雪岩的时代离我们今天已经一百多年了，时移世易，今天的商界自然也不是那时的商界。不过，为商之道，古今相通者甚多，胡雪岩的经商原则，应该是能给今日商界中人提供某种借鉴的。

"做生意还是从正路上去走最好。"这话是胡雪岩对古应春说的。

胡雪岩与庞二联手做洋庄，本来一切顺利，不想庞二在上海丝行的档手朱福年为了自己"做小货"，也就是拿着东家的钱自己做生意，赚钱归自己，蚀本归东家，中饱私囊，从中捣鬼。为了收服朱福年，胡雪岩用了一计，他先给朱福年的户头中存入五千两银子并让收款钱庄打个收条，然后让古应春找朱福年，将这五千两银子送给他，就说由于手头紧张，自己的丝急于脱手，愿意以洋商开价的九五折卖给庞二，换句话说，也就是给朱福年五分的好处，这五千两银子就是"好处费"。这算是胡雪岩与朱福年之间的一桩"秘密交易"。不过，这笔"秘密交易"一定要透给庞二。

朱福年收下这五千两银子，也就入了一个陷阱：他如果敢私吞这笔银子，胡雪岩托人将此事透给庞二之后，朱福年必丢饭碗；如果他老老实实将这笔钱归入丝行的账上，有这一个五千两银子的收据在手，也可以说他借东家的势力敲竹杠，胡雪岩与庞二本来是联合做洋庄的合作关系，朱福年如此做来，等于是有意坏东家的事，实际是吃里爬外，这样，他也会失去庞二的信任。总之，就用这五千两银子，胡雪岩要让朱福年"猪八戒照镜子，里外不是人"。

胡雪岩的计划果然生效，朱福年不仅老实就范，并且还退回了那五千两银子。

而此时的古应春也因恨极而"存心不良",另外打了一张收条给他,留下了原来存银时钱庄开出的笔据原件。古应春把原件捏在手上,是想不管朱福年是不是就范,都要以此为把柄,狠狠整一下他。但当古应春将此事告诉胡雪岩时,胡雪岩对古应春说了一番话,胡雪岩说:"不必这样了。一则庞二很讲交情,必定有句话给我;二则朱福年也知道厉害了,何必敲他的饭碗。我们还是从正路上去走最好。"

从胡雪岩的话中,我们可以知道,胡雪岩所说的正路,有一层能按正常的方式、正当的渠道而不要用"歪"招、怪招的意思。从某种意义上说,胡雪岩制服朱福年的办法,就是一种诱人落井的一招,有些"歪门邪道"的意味,但这一做法也是不得已而为之。在胡雪岩看来,这种招数,只能在万不得已时偶而为之,一旦转入正常,也就不必如此了。言谈之中可以看出,胡雪岩对于自己在不得已时制服朱福年的一招,心里是持否定态度的。

胡雪岩所谓做生意从正路上走最好,还有一层意思,是指做生意不能违背大原则。什么钱能赚,什么钱不能赚,更分得清楚,不能只顾赚钱而不顾道义。

比如胡雪岩做生意并不怕冒险,他自己就说过:"不冒险的生意人人会做,如何能够出头?"有的时候他甚至主张,商人求利,刀头上的血也要敢舔。但他同时也强调,生意人不论怎样冒着风险去刀头舔血,都必须想停当了再去做。有的血可以去舔,有些就不能去舔。有一次他就给自己的钱庄档手刘庆生打了一个比方:譬如一笔放款,我知道放款给他的这个人是个米商,借了钱去做生意。这时就要弄弄清楚,他的米是运到什么地方去。到不曾失守的地方去,我可以借给他,但如果是运到"太平军"那里,这笔生意就不能做。我可以帮助朝廷,但不能帮助"太平军"。在胡雪岩心里想,他是大清的臣民,通过帮助朝廷而赚钱,自然是从正路赚钱,太平军自然是"逆贼",帮助他们就是"附逆",由此去赚钱,自然不是从正路赚钱,违背了这一大原则,即使获利再大,也不能做。

撇开胡雪岩以大清臣民自居而鄙视太平军这一点不论,仅从做生意的角度看,胡雪岩的说法和做法,应该是很能给人以启示的。事实上,做生意不能违背大原则,要牢牢把握一个正路,即使仅从商人求利的角度看,也是完全必要的。做生意从正路去走,往往可以名利双收,即使一笔生意失败了,也有东山再起的希望。而违背道义,不走正路,必将遭人唾弃,一旦失败往往一败涂地,名利两失,不可收拾。如果一定要去做遭人唾弃、名利两失的事情,那就实在是愚不可及了。

从某种意义上说,商道其实也就是人道。经商之道,首先是做人、待人之道。一跤跌进钱眼里,心中只有钱而没有人,为了钱坑蒙拐骗,伤天害理,便是奸商。奸商与奸诈无耻等值,这种人钱再多,也为人们所不齿。作为一名优秀企业家,做生意时一定要谨记"君子爱财,取之有道""有所为,有所不为"。

【解读】

这里并没有神灵主宰,实为自然之理,因果之律。所以说,成败在谋,安危在道,祸福无门,唯人自招。只有居安思危,处逸思劳,心存善念,行远恶源,便见大道如砥,无往而不适。

中国有句古话,君子爱财,取之有道。具体说来,也就是要依靠自己的胆识、能力、智慧,依靠自己勤勉而诚实的劳动去心安理得地挣取,而不是存一份发横财的心思靠旁门左道地钻营去"诈"取。有一句俗语,说是"马无夜草不肥,人无横财不富",其实这既是一种很平庸的说法,也是一种实实在在的误解。真正做出大成就的成功的商人都知道,商事运作是最要讲信义、信誉、信用,最要讲诚实、敬业、勤勉的,一句话,就是要"有所为有所不为"。

【原文】

务善策者,无恶事;无远虑者,有近忧。

【译文】

时刻想着行善助人,此生必无厄运缠身。做事前深谋远虑,三思而行,以此处世必无忧患。

【事典】

眼光长远是正确做事的前提

在现实生活中,提高自己对事物发展规律的把握能力,是很有必要的。因为生活每天都在进行,我们身处的环境也在发生着日新月异的变化,应该积极地面对这种变化,拓展思路,避开隐藏于暗中的危机,以获得更大成功。

北宋的张咏任崇阳县知县的时候,当地的居民都以种植茶树为生。张咏知道后说:"种植茶叶的利润丰厚,官府将来一定会对茶叶进行垄断,我们还是尽早改种其他植物为好。"然后他下令全县拔除茶树而改为种桑养蚕,这一举动使得百姓们怨声载道。后来国家果然对茶叶进行了垄断,其他县的农民全都丢了饭碗,而崇阳县种桑养蚕的大环境已经形成,每年出产的丝绸有几百万匹之多。当地的居民们感激张咏给他们带来的福利,修建了祠堂来纪念他。

宋仁宗晚年精神错乱,时有狂癫之状,宫廷内外,人心惶惶;京城开封,气氛紧张。一代名臣文彦博和另一个人品不怎样的刘沆同为宰相。这一天,文彦博等人留宿宫中,以便处理紧急事务,应付非常之变。一天深夜,开封府的知府王素急慌慌地叩打宫门,要求面见执政大臣,说是有要事禀报。文彦博拒绝了:"这是什么时候,还敢深夜开宫门?"第二天一大早,王素又来了,报告说昨天夜里有一名禁卒告发都虞候(禁军头目)要谋反。有的大臣主张立即将这名都虞候抓来审问,文彦博不同意,他说:"这样一来,势必扩大事态,闹得人人惊惶不安。"他召来了禁军总指挥许怀德问:"这位都虞候是个什么样的人?"

许怀德说:"这个人是禁军中最为忠诚老实的一个人。"

文彦博问:"你敢打保票吗?"

"敢。"

文彦博说:"一定是这个禁卒同都虞候有旧仇,所以趁机诬告他,应当立即将他斩首,以安众心。"大家都同意他的意见。

文彦博便要签署行刑的命令,他身边有一个小吏在暗中捏了一把他的膝盖,他顿时明白过来,软磨硬拉地让刘沆也在命令上签了名。

不久,仁宗病情有所缓解,刘沆便诬告说:"陛下有病时,文彦博擅自将告发谋反的人斩首。"话虽不多,用意却十分恶毒,分明是暗示文彦博纵容造反者,甚至是造反者的同谋。文彦博当即拿出了有刘沆签名的行刑命令,这才消除了仁宗的疑心。幸亏刘沆签了名,否则,文彦博真是有口难辩了。

一个取得成功的人,必须拥有长远的眼光。唯有如此,才能不被眼前的繁荣所迷惑,看到隐藏在繁荣背后的危险。否则,一味陶醉在目前的成功之中,在前进的道路上裹足不前,就有可能被潜伏的危险击倒,使原有的成就化为乌有,自尝失败的苦果。张咏正是凭借他的深谋远虑,才透过种植茶树表面的繁荣,看到了其不利的因素,帮助崇阳的百姓躲开了可能降临的灾祸;而文彦博身边的小吏更是熟知官场中的复杂残酷,偷偷地指点了文彦博一下,替其免除了一场杀身之祸。

一个人思考问题,处理事情,不但要顾及眼前,并且还要考虑到长远。只有这样,才能安排协调好方方面面的关系,不致出现各种意想不到的困扰。否则冒冒失失,顾头不顾尾,说不定忧患就会一夜之间来到你的面前。做任何一件事情,没有一个长远和近期的通盘性考虑是不行的。

【解读】

人生在世,立身为本,处世为用。立身要以仁德为根基,处事要以谋为手段。以仁德为出发点,同时又善于运用权谋,有了机遇,可保成功;如若时运不至,亦可谋身自保,不至于有什么险恶的事发生。只图眼前利益,没有长远谋虑的人,就连眼前的忧患也无法避免。俗语云:"人无远虑,必有近忧;但行好事,莫问前程。"说的也正是这个意思。

【原文】

同志相得,同仁相忧。

【译文】

志同而又道合的人,会互相促进并有所裨益,都有仁爱之心的人,就会为对方分忧解难。

【事典】

不争不抢无患无忧

很多人认为，生活就是一场争斗。实际上这种看法是片面和不足取的。真正有眼光、办大事的人，他们从不把心劲才力浪费在斤斤计较上，更不会本末倒置地去与人相争。他们的胸怀和风度，当然也能使对方折服，假如对方不是一个小人的话。

公元前283年，蔺相如完璧归赵之后，接着又在渑池会上巧妙地跟秦王争斗，维护了赵国的尊严。赵惠文王见他功劳大，就提拔他做了上卿，地位还在老将军廉颇之上。

这样一来，廉颇可恼火了，他对人说："我在赵国做了多年的大将，为赵国立了不少的战功，而蔺相如本来是一个出身低下的人，只靠说了几句话的功劳，就把职位摆在我的上边，我实在感到没脸见人。"他扬言："我要是遇上蔺相如，一定要羞辱他一番。"

蔺相如听到廉颇这些话后，就处处忍让，尽量不与廉颇见面。每天上早朝时，他就说有病，躺在家里不去与廉颇争位次。有一次蔺相如乘车外出，碰巧遇上廉颇，就连忙驾着车子躲开他，蔺相如身边的人，看到这种情形都很生气，说蔺相如太软弱、畏缩了，不用说是他，就是在他身边任职的人也感到羞惭，于是大家都说要离开他。

蔺相如坚决不让他们走，并向他们解释说："你们想想看，秦王那样威严，我还敢在秦国的朝廷上当众斥责他，我蔺相如再不中用，也不会只惧怕廉颇将军。我是在想，强暴的秦国之所以不敢侵犯赵国，只是因为我们的文臣、武将能同心协力的缘故。我与廉颇将军好比是两只老虎，两虎相争，结果必然不能共存。我之所以采取忍让的态度，正是先考虑到国家的安危，然后才能想两个人的私怨呀！"

不久，这些话就让廉颇知道了。这位老将军对照自己的言行，感到既悔恨又惭愧，于是，为了表示自己认错改过的诚意，就脱掉上衣，背上背着由宾客领着来到蔺相如家里请罪。一见蔺相如，老将军就恳切地说："鄙贱之人，不知将军宽之至此也。"

从此，蔺相如和廉颇这一相一将，情谊更加深厚，终于结成了生死与共的朋友，通力合作，努力把国家的事情办好。

从这个故事中我们可以看出，廉颇开始的"争"，是因为他对蔺相如并不了解；同时，他这种"争"也是光明正大、讲究风度的。而蔺相如则以更为博大的胸襟和

负荆请罪

高风亮节把廉颇给征服了,从而把他"争取"过来。他们这种君子之间的"争"与"和",成了千古流传的佳话。

【解读】

两个人心中想着一样的东西,争执就在所难免。世上的问题多起于争。文人争名,商人争利,勇士争功,艺人争能,强者争胜。争并不是坏事,能促使人向上,促进事业的发展。但争要合乎规矩,不能采取不正当的手段,干损人利己的事。

君子之学是为了进德修业,与人无争,与世也无争。孔子以当时射箭比赛的情形,说明君子立身处世的风度。

现代社会的人们,更应该讲求"君子风度",合乎社会准则,否则,将难免会落得四面楚歌,被"请"出局。

【原文】

同恶相党,同爱相求。

【译文】

为非作歹,阴谋不轨的小人因为臭味相投,一般都会勾结在一起;有相同爱好的人,自然会互相访求。据说商纣王的奸臣恶党数以万计。

【事典】

为非作歹之恶党一定没有好下场

所谓"同恶相党",上有不务正业的皇帝,下面必有用心险恶的奸臣一唱一和、为非作歹。此类恶徒历史上比比皆是,比如胡亥,比如赵高。

赵高作为历史上第一个最有权势的太监,大半生玩国家权力于股掌之上,加之他的上司胡亥也不是什么好鸟,两人到头来仍玩火自焚,这实在是一种必然。

作为阴险之人的阴狠之谋,沙丘矫诏阴谋的得逞,使赵高和胡亥更加紧密地勾结在一起,胡亥对赵高也愈加信任。由此,赵高便成了秦朝中央统治集团中最有实力的决策者,秦朝的政治统治也变得更加黑暗和残酷。

二世胡亥即位时,正值 21 岁的青年时期,沉湎酒色、贪图享乐,赵高也乐于皇帝怠政,自己大权在握,但由于胡亥是通过沙丘政变刚刚即位,诸公子及大臣心中不服,随时有被推翻的危险。

并且赵高也清楚自己出身卑微,现在虽有了二世皇帝做靠山,但也恐怕众大臣及诸公子不服,加害自己。所以,他决定借助二世皇帝之手诛杀异己。赵高劝秦二世诛除大臣,上以振威天下,下以除去异己仇人,秦二世也觉得自己继位,名不正、言不顺,大臣不服,官吏不从,几位兄弟还有争夺皇位之危险。因此,两人臭味相投,一拍即合,开始大开杀戒。

为了验证一下自己在朝中的权势,赵高"导演"了一幕"指鹿为马"的闹剧。

公元前 209 年,赵高趁群臣朝贺之机,命人牵来一头鹿献给二世,口里却说:"我把一匹好马献给陛下玩赏。"

胡亥一看,失声笑道:"丞相说错了,这是鹿,不是马。"他转过头去问左右的人道:"大家看,这是鹿,还是马?我没有说错吧?"

围观的人,有的慑于赵高的淫威,缄默不语,有的弄不清赵高这葫芦里卖的什么药,便说了真话;那些拍惯了赵高马屁的人,即使在皇帝面前也硬说是马。胡亥见众说不一,以为是自己害了什么病,因而把话说错了,便命大臣去算卦。在赵高的授意下,算卦的人也说道:"因为陛下祭祀时没有斋戒沐浴,才出现了这种认马为鹿的现象。"胡亥信以为真。便按赵高的意图,打着斋戒的幌子,躲进了上林苑。

有一天,有个人从上林苑经过,胡亥立即拈弓搭箭,将此人射死,扬长而去。赵高知道此事后,便令阎乐去奏明二世道:"不知是谁杀了一个人,却把尸体移到上林苑来了。"然后,他又自己出面,假意劝告胡亥道:"皇帝无缘无故地杀死一个没罪的人,上天和鬼神都会生气的,一定要降灾的,陛下还是趁早离开上林苑!"就这样,赵高把胡亥安排到离咸阳县东南八里的望夷宫去了。

二世走后,赵高立即张开了魔爪,把那些敢于说"鹿"的人统统杀掉。

这一来,朝野上下,人人缄口,个个看赵高眼色行事,任他为所欲为,从而为正式篡帝夺位准备了条件。然而,这时关外早已烽火连天,农民起义的熊熊烈火,燃遍了关东大地;陈胜、吴广揭竿而起,在不到半年的时间里,屡屡打败秦军,从淮河流域起而横扫黄河南北,摇撼着秦室的根基。以项羽、刘邦为领导的反秦义军,更是所向披靡,在巨鹿一战中,秦军被打得落花流水,精锐丧失殆尽,大将王离被虏。被打得溃不成军的章邯,急急派人向朝廷请示军事,而专权的赵高却不予接见,想把一切罪责转嫁于他。章邯心里十分明白:要是打了败仗,赵高会不分青红皂白地处斩他;要是打了胜仗,赵高也会嫉妒他的功劳而陷害他。与其将来被赵高处斩,不如与诸侯一道举起反秦的义旗来。

章邯的倒戈,又给摇摇欲坠的秦王朝一个沉重的打击。此时的赵高既想苟延残喘,又想火中取栗。他一面派人暗中与刘邦联系,要同起义军讲和,求吴中之地自立为王;一面又对秦二世采取断然措施。

经过一番谋划,除掉二世后的赵高欣喜若狂,匆匆摘下玉玺佩在身上,大步走上殿去,准备宣布登基。但是"左右百官莫许",以无声的反抗粉碎了赵高的皇帝梦。他顿时不知所措,头脑发晕,只觉得天旋地转,这时,他才感到自己的罪恶阴谋,达到了"天弗与、群臣莫许"的程度,只得无可奈何地取消了称帝的打算,只得立扶苏之子子婴为王,结束了这场逼宫篡位的丑剧。

被赵高推上王位的子婴,心里十分明白赵高的险恶用心,于是,他同自己的两个儿子和贴身太监商定了铲除赵高的计划。

原来赵高要子婴斋戒五日后正式即王位,等到斋戒沐浴的期限到了,赵高便派人来请子婴接受王印,正式登基。可是,子婴推说有病,不肯前往。一连几次,子婴都是如此应付。

不得已,赵高决定亲自去请子婴来举行入庙告祖仪式。自沙丘政变以来,万事顺心应手,赵高有点飘飘然,根本没有把子婴放在眼里,所以并不多想,就径直奔向子婴的府第。等赵高一到,子婴及他的两个儿子就带着亲信一拥而上,将赵高杀死了。

杀死了赵高以后,子婴在他的两个儿子及随侍宦官、卫兵的拥护下来到了宗庙,举行了告祖仪式,正式即秦王位。子婴即位后,首先下令逮捕赵高的三族,全部予以处死。

赵高和胡亥在本质上本都不是什么好东西,但要说他们各自为恶,结果也未必会这么坏,这么坏的结果也未必会来得这么快。正是因为"同恶相党"而加速了他们的灭亡。这给我们现实生活带来的启示是:心中一旦有恶念升起,一定要极力克制,同时远离恶人。如若不然,和恶人们在一起,他们会很快把你的想法变成现实,结出恶果。真到那时,后悔也就晚了。

【解读】

晋惠帝爱财,身边的宦官全是一帮巧取豪夺的贪官污吏。秦武王好武,大力士任鄙、孟贲个个加官晋爵……大凡有所痴爱的人,惺惺相惜的人,性情一般来说都比较偏激怪诞,这种人往往会狼狈为奸,误入歧途而不返。

【原文】

同美相妒。

【译文】

两个美女在一起难免会产生嫉妒。

【事典】

巧妙地应对他人的嫉妒

爱美是女人的天性,这也就使得女人天生对美就有很强烈的执着。因此,女性最容易引起同性嫉妒的地方就是外在的美貌。也许你的女性同事可以容忍你的职位比她高、薪水比她高、能力比她强,但绝对不能容忍你比她美丽,成为办公室的焦点。虽然外貌、仪表、风度在很大程度上与能否得到更好的工作机会没什么关联,但很多女性都会对比自己漂亮、着装比自己迷人的女人怀有"敌意"。

晓羽第一天上班,与同事们接触的时候处处都显得十分小心,因为在这之前,有人曾经告诫过她,办公室的生活是非常复杂的。为了能够给同事留下好印象,她还特意打扮了一番,化了淡淡的妆,又配上了一条漂亮的连衣裙,加上她本来就天生丽质,因此显得十分漂亮出众。晓羽本以为自己一定可以很快融入新的工作生活中,可不想单位里的女同事没有一个愿意理睬她,肯跟她接近的反而是那些男同事们,晓羽不明白,难道自己就真的那么让人讨厌吗?虽然她尽全力地和每一位女同事接触,但似乎她们都对她怀有敌意,其中有一位女同事还挖苦道:"怎么?第一天上班就打扮得这么漂亮?这有什么用,我们工作是靠能力的,不要以为打扮得漂亮点就能引起老板的注意。"晓羽觉得很委屈,因为她从来没有这样想过。

事实上,虽然女性很容易对同性的美产生嫉妒,但她们更渴望得到对方的赞美。因此,女士们在面对同事对你的"美"的嫉妒的时候,不妨忍痛割爱,将自己的美"分出"一部分给对方。这样一来,你们一定可以获得同事的好感,从而拉近与她们的距离。

于是,晓羽第二天上班的时候,主动和其他女同事打招呼,并且将自己穿衣搭配的技巧、美容的方法等全都告诉了她们。这一招果然有效,那些女同事一个个听得津津有味，纷纷向晓羽提出问题，并且表示希望晓羽以后能多教她们点这方面的知识。如今，晓羽已经成为办公室中最受欢迎的人了。

作为女人，如果你非常优秀而出众，那么你一定会明显地感受到来自周遭同性的强烈嫉妒。并且她们嫉妒的范围很广，包括你的职位、工作能力、上司对你的赏识、你的外貌、衣着乃至你的家庭状况。虽然嫉妒并不会给你带来直接的危害，却会为你埋下失利的种子。因此，当女士们在办公室遇到同性的嫉妒时，一定不要立即还击或是置之不理，而应当巧妙地应对她们，甚至将她们变成你的朋友。

【解读】

像生气、高兴一样，嫉妒也是人人"必备"的心理情绪，差别只在于程度上的严重与否。不管怎样，嫉妒心理始终是一种不健康的心理，不管形式与内容怎样，它的存在有害于正常的人际交往、健康的社会生活。然而在现实生活中，我们总是不知不觉地受到别人的嫉妒，或自己本身也在不知不觉对别人产生嫉妒之心。被嫉妒的人常常是自己周围熟识的人。有时，明知道是嫉妒，是不应该的，却无法消除。

人都说女人生来爱嫉妒，这话看似有些偏激，但这绝非空穴来风有意贬低女人，女人之间最容易因为各种事情而产生嫉妒。也许我们可以克制自己不去嫉妒别人，但却不能保证别人就不嫉妒我们。

【原文】

同智相谋。

【译文】

同样智谋卓绝的人，双方一定会先是一比高下，进而互相残杀。

【事典】

树大招风智者要懂得收敛

老子认为有智慧的人，应该具备一种"大成若缺""大盈若冲""大直若屈""大巧若拙""大辩若讷"的内敛功夫，只有这样才能够在为人处世上游刃有余、置危险于身外。

如此看来，有才能的人不一定是幸福的人，因为才能不仅能带来荣耀，更能导致灾难。才能让人羡慕，也让人嫉妒。才能出众如同树大招风，心胸狭窄的无能之辈总是与有才能的人为仇。因此，有才能的人更应懂得内敛的重要性、懂得如何去运用它，要不然定会在这方面栽跟头。

唐代大诗人白居易才高八斗，刚直耿介。他在朝为官时，许多无才无德的小人总是攻击他。

一次,唐宪宗召见白居易,对他说:"你诗名很大,为人忠直,不像是个奸诈之人,可为什么总有人弹劾你呢?"

白居易说:"皇上自有明断,我说什么也是无用的。不过依我看来,我和那帮人道不同不相为谋,一定是他们嫉恨我的才华忠直。否则,我和他们无冤无仇,他们为什么会无端诬陷我呢?"

白居易自知难与小人为伍,却不屑掩饰锋芒,他对那些无能之辈常出口讥讽,绝不留半点情面。

一次,朝中一位大臣作了一首小诗,奉承他的人不在少数。白居易看过小诗,却哈哈一笑,说:"如果说这是一首好诗,那么天下人都会写诗了。"

事后,白居易的一位朋友劝他说:"你身处官场,不应该当众羞辱别人。你不是和朋友谈诗论道,在朝堂上若讲真话,人家只会更加恨你了。"

白居易说:"我最看不惯不懂装懂之人,本来我不想说,可还是压抑不住啊!"白居易自恃有才,说话办事往往少了客气。他对皇上也大胆进言,只要他认为不对的事,他就直言上谏,全不顾任何禁忌。

河东道节度使王锷为了晋升官职,大肆搜刮百姓,他向朝廷献上了很多财物,唐宪宗于是准备让他当宰相。

朝中大臣都没有意见,只有白居易站出来反对。唐宪宗生气地说:"你是个才子,就该与众不同吗? 你每次都和我唱反调,你是何居心呢?"

皇上发怒了,嫉恨他的小人趁势说他恃才傲物,目中无人。一时,白居易的处境更加恶劣,格外孤立。

大臣李绛同情白居易,劝他收敛锋芒,说:"一个人如果因为才高招来八方责难,他就该把自己装扮得平庸了。你的见识虽深刻远大,但不可显示出来,你为什么总也做不到呢? 这也是为官之道,不可小看。"

最后,白居易还是因为上谏惹祸,被贬出朝廷。白居易的才能人所共知,他尽忠办事,见解高明,却不能建功,只因他的才能过于外露,优点反变成了缺点。

世上没有绝对的公平,相信才能万能的人多少有些幼稚。人们应当时刻提防小人的暗箭和中伤,把最能让他们嫉妒的东西藏起来,避免不必要的纠缠。

内敛,可以说是我们为人处世的传统方式。不以物喜,不以己悲,是一种内敛;智欲圆而行欲方,也算一种内敛;凡事不张扬,得意不忘形,富足时不骄矜,贫穷时也不谄媚,更是一种内敛。

看小说,听评书我们不难知道,镖局这个旧行当在古代曾经盛极一时。镖局的人身怀武功,在舞刀弄棒的年代,仅凭此道,遇人处事就可以胜人一筹,当着别人的面,剑拔弩张,趾高气扬,甚至喜怒溢于言表,也自有底气。可是,镖局恰恰应该是内敛型的。

镖局的对头是强盗，但镖局遇见强盗并非上来就拳脚相加，而是把自己先收敛起来，进行话，论人缘，拉交情，不到万不得已时不动手。因为强中自有强中手，真打起来谁都未必占便宜。强盗拦住镖车，镖局的人要抱拳拱手，打个招呼：当家的辛苦了！镖局心里明白，自己这碗饭就是因强盗而得，对方才是当家的。如果对方问：穿的谁家的衣？回答就是：穿的朋友的衣！又问：吃的谁家的饭？再答：吃的朋友的饭！

人家听得高兴，自己又说的是事实，面前的难题就过去了。当然，这也是由于那个时候的贼自有一套道上的规矩，这些底线自知不可轻易破坏，破坏了就丧失了立命之所。如果古时候的强盗和镖局的人都不知道内敛，上来就兵戈相见，那谁都无法吃好自己的"饭"。

处世，当谦虚谨慎，虚怀若谷，内敛而不张扬。古人云"君子泰而不骄，小人骄而不泰"，说的就是仪表、行为上的差异。它告诫我们，在日常的生活、工作中，要时刻注意自己的言行举止，懂得在谦虚中善学，懂得在内敛中进步，而不要不知天高地厚，摆出一副唯我独尊、锋芒毕露的骄姿傲态。

【解读】

各朝各代，粉阵厮杀，智者火拼的悲剧实在是太多了，其结局大多都是两败俱伤，谁都捞不到什么实质的好处。这样看来有智谋不一定是好事，在必要的时候保持内敛也是不错的选择。

【原文】

同贵相害，同利相忌。

【译文】

权势地位不相上下的人，很容易互相排挤，彼此倾轧，甚至不择手段地以死相拼。在艰难潦倒的时候，大家在一起还可相安无事，扶持协作，一旦发了财、得了势，就开始中伤诽谤，双方变成了眼红心黑的对头冤家。

【事典】

残害同门自取灭亡

有"同贵相害"之心的人一般都心胸狭窄，为了打压别人常常不择手段，这样的人最终也不会有好下场。

在三家分晋以后，韩、赵、魏三家中数魏国的势力最强大，魏惠王野心勃勃，也想学秦国收拢人才，不久来了一位名叫庞涓的人，声称是当时高人鬼谷子的学生，与苏秦、张仪、孙膑是同学,他在魏王面前大吹大擂,说只要自己能当大将,其他国家决不足畏,魏王就相信了他。庞涓当了大将,他的儿子庞英,侄子庞葱、庞茅全都当了将军,训练好兵马就向卫、宋、鲁等国进攻,连打胜仗,弄得三国齐来拜伏。东方的大国齐国派兵来攻,也被庞涓打了回去。从此魏王就更信任他了。

庞涓的同学孙膑是大军事家孙武的后代。他德才兼备,是个少见的人才。尤其是从老师鬼谷子那里得到了祖先孙子的十三篇兵法,更是智谋非凡。一次,墨子的门生禽滑厘来拜访鬼谷子,见到孙膑,为他的才德所感动,就想让他下山,帮助各国国君守卫城池,减少战争。孙膑说:"我的同学庞涓已下山去了,他当初说一旦有了出路,就来告诉我的。"禽滑厘说:"听说庞涓已在魏国做了大官,不知为什么没写信给你,你何不到魏国打听一下。"

孙膑来到魏国,先见了庞涓,又见了魏王,一谈之下,魏王就知道孙膑才能极大,想拜他做副军师,协助军师庞涓行事。庞涓听了忙说:"孙膑是我的兄长,才能又比我强,岂可在我的手下。不如先让他做个客卿,等他立了功,我再让位于他。"在当时,客卿没有实权,却比臣下的地位高,孙膑还以为庞涓一片真心,对他十分感激。

庞涓原以为孙膑一家人都在齐国,孙膑不会在魏国久留,就试探着问他:"你怎么不把家里人接来同住呢?"孙膑说:"家里的人都被齐君害死了,剩下的几个也已被冲散,不知何处寻找,哪里还能接来呢?"庞涓一听傻了眼,如果孙膑真在魏国呆下去,自己的位置可真要让给他了。

半年以后,一个齐国人捎来孙膑的家书,大意是哥哥让他回去,齐国也想重振国威,希望孙家的人能在齐国团聚。孙膑对来人说:"我已在魏国做了客卿,不能随便就走。"并写了一封信,让他带回去交给哥哥。

孙膑的回信竟被魏国人搜出来交给了魏王,魏王便找来庞涓说:"孙膑想念齐国,怎么办呢?"庞涓见机会来了,就对魏王说:"孙膑是大有才能之人,如果回到了齐国,对魏国十分不利。我先去劝劝他,如果他愿意留在魏国,那就罢了,如果不愿意,那就交给我来处理。"魏王答应了。

庞涓当然没有劝孙膑,而是建议他回齐国"探亲"。于是第二天,孙膑就向魏王请两个月的假,魏王一听他要回去,就说他私通齐国,立刻把他押到庞涓那里审问,庞涓故作惊讶,先放了孙膑,再跑去向魏王求情,过了许久,才又神色慌张地跑回来说:"大王发怒,一定要杀了你,经我再三恳求,大王总算给了点面子,保住了你的性命,但必须处以黥刑和膑刑。"孙膑听了,虽非常愤怒,但觉得庞涓为自己出力,还是十分感激他。

孙膑被在脸上刺了字又被剔去了膝盖骨,从此只能爬着走路,成了终身残疾。

庞涓倒是对孙膑的生活照顾得很周到,孙膑觉得靠庞涓生活,就主动提出要替庞涓做点什么,庞涓说:"你那祖传的十三篇兵法,能不能写下来,咱们共同琢磨,也好流传后世。"孙膑想了想，只好答应了。由于孙膑只能躺在那里用刀往竹简上一个字一个字地刻，所以每天只能刻十几个字。这样一来，庞涓沉不住气了，就让手下一个小厮催孙膑快写。小厮见孙膑可怜，便不解地问服侍孙膑的人说："庞军师为什么死命地催孙先生快写兵法呢？"那人说："这还不明白。庞军师留下孙先生的一条命，就是为了让他写兵法，等写完兵法，孙先生也就没命了。"

孙膑听到了这话，大吃一惊，前后一想，恍然大悟，霎时间大叫一声，昏了过去，等别人把他弄醒时，他已经疯了。只见孙膑捶胸披发，两眼呆滞，一会儿把东西推倒，一会儿又把写好的兵法扔到火里，还把地下的脏东西往嘴里塞。从人连忙奔告庞涓说："孙先生疯了！"

庞涓急忙来看，只见孙膑一会儿伏地大笑，一会儿又仰面大哭，庞涓叫他，他就冲庞涓一个劲地叩头，连叫："鬼谷老师救命！鬼谷老师救命！"庞涓见他神志不清，但怀疑他是装疯，就把他关在猪圈里，庞涓仍不放心，就派人前去探测。一天，送饭人端来酒菜，低声对他说："我知道你蒙受了奇耻大辱，我现瞒着军师，送些酒菜来，有机会我设法救你。"说完还流下了泪水，孙膑显出一副莫名其妙的样子说："谁吃你的烂东西，我自己做得好吃多了！"一边说，一边把酒菜倒在地下，抓起一把猪粪，塞进嘴里。

那人回报了庞涓，庞涓心想，孙膑受刑之后气恼不过，可能是真的疯了。从此，他只是派人监视孙膑，不再过问。

有一天夜里，有个衣着破烂的人来到他的身边，那人揪揪他的衣服，轻声对他说："我是禽滑厘，先生还认得我吗？"孙膑大吃一惊，经过仔细辨认，确认是禽滑厘，便泪如雨下，激动地说："我自以为早晚要死在这里，没想到今天还能见到你。"禽滑厘说："我已经把你的冤屈告诉了齐王，齐王让淳于髡来魏国访问，我们全都安排好了，你藏在淳于髡的车里离开魏国，我让人先装成你的样子在这里待两天，等你们出了魏国，我再逃走。"

禽滑厘把孙膑的衣服脱下来，给他手下的一个相貌与孙膑相近的人穿上，躺在那里装作孙膑，禽滑厘就把孙膑藏到了车上。

第二天，魏王叫庞涓护送齐国的使者淳于髡出境，过了两天，孙疯子忽然不见了，庞涓来查找，井里河里找遍了，也未见踪影，庞涓又怕魏王追问，就撒了个谎说孙膑淹死了。

孙膑到了齐国，齐威王一见之下，如获至宝，当即拜他为军师，后来，孙膑陆续打听到自己的几位堂哥都已久无音讯，才知道原来送信的人也是庞涓派人装的。前前后后，这一场冤屈全由庞涓一人导演而成。

不久，庞涓带兵连败宋、鲁、卫、赵等国，赵国向齐国求救，齐王派田忌为大将、孙膑为军师，使庞涓连连败北，最后，孙膑用"减灶法"引诱庞涓来追，暗设伏兵，将庞涓射死在马陵道上。魏国从此衰败，并向齐国进贡朝贺。

庞涓最终死于非命的下场,可以说是他自己为自己铺设的。如果他能够向师兄孙膑谦虚请教,互相切磋,共同进步,说不定会出现像"将相和"那样的好景况,成就事业,流传美名。可惜的是,他没能见贤思齐,而是采取了卑劣的打击手段。结果,害了别人,更害了自己。

【解读】

在生活中,有些人对那些跟自己一样出众或者比自己能力强的人所持的心态是忌妒,而对比自己水平差的人则加以鄙视和嘲笑。这种态度对他们本身有什么好处呢? 根本就是有害无益。真正的聪明人,总是会向比自己强的人虚心学习,以使自己尽快达到对方的水平;而见了缺点很多的人,则会对照对方来反观自己,看看自身是否也有这些不良现象。有则改之,无则加勉,这才是能够切实提高自己的修养品位、不会走向相反方向的有效途径。

【原文】

同声相应,同气相感,同类相依,同义相亲,同难相济。

【译文】

有共同语言的自然易于沟通,愿意彼此唱和。气韵之旋律相同的就会相互感应,发生共鸣。金、木、水、火、土五种自然元素和宫、商、角、征、羽五种韵律,融合在自然界的各种物质中,有相同属性的则相互感应。人情世故,治国经要,当然也背离不了这些自然规律。

【事典】

选择了什么朋友就选择了什么样的人生

黄石公这一节所说的,具体到现代社会,其实就是人际关系。常言道:"物以类聚,人以群分",也就是说是什么样的人就和什么样的人在一起,因为他们价值观相近,所以才能走到一起来,即"同声相应,同气相求"。所以性情耿直的就和投机取巧的人合不来,喜欢酒色财气的人也绝对不会跟自律甚严的人成为好友。因此人们常说观察一个人的交友情况,大概就可以知道这个人的品性和素养了。

林肯也曾说过一句话:"从某种意义上说,你选择了什么样的朋友,便选择了什么样的人生。"

看来,进什么样的圈子,交什么样的朋友,确实是个大问题。

一个人选择什么样的朋友,对自己的思想、品德、情操、学识都有很大的影响。俗话说:"近朱者赤,近墨者黑","近贤则聪,近愚则聩"。古人很重视对朋友的选择。孔子曰:"君子慎取友也。"品德高尚的人,历来受人推崇,也是人们愿意结交的对象。而品德低劣的人,却常常被人所鄙视,当然也不排除"臭味相投"的"酒肉朋友"。

实际上,每个人不管自觉或不自觉,他们交朋友总是有所选择的,总是有自己的标准的。明代学者苏竣把朋友分为"畏友、密友、昵友、贼友"四类,如此划分便可明白;畏友、密友可以知心、交心,互相帮助并患难与共,是值得深交的;那些互相吹捧、酒肉不分的昵友,口是心非,当面一套,背后一套,有利则来,无利则去,还有可能乘人之危、损人利己的贼友,那是无论如何也不能结交的。

法国科学家法拉第说:"如果你想了解你的朋友,可以通过一个与他交往的人去了解他。因为一个饮食有节制的人自然不会和一个酒鬼混在一起;一个举止优雅的人不会和一个粗鲁野蛮的人交往;一个洁身自好的人不会和一个荒淫放荡的人做朋友。和一个堕落的人交往,表示自身品位极低,有邪恶倾向,并且必然会把自身的品格导向堕落。"一句西班牙谚语说:"和豺狼生活在一起,你也能学会嗥叫。"

即使是和普通的、自私的人交往,也可能是危害极大的,可能会让人感到生活单调、乏味,形成保守、自私的性格,不利于勇敢、刚毅、心胸开阔的品格形成。甚至很快就会变得心胸狭隘,目光短浅,原则性丧失,遇事优柔寡断,安于现状,不思进取。这种精神状况对于想有所作为或真正优秀的人来说是致命的。

与那些比自己聪明、优秀和经验丰富的人交往,我们或多或少会受到感染和鼓舞,增加生活阅历。我们可以根据他们的生活状况改进自己的生活状况,成为他们智慧的伴侣。

与优秀的人交往,就会从中吸取营养,使自己得到长足的发展;与品格高尚的人生活在一起,你会感到自己也在其中得到了升华,自己的心灵也被他们照亮。

印度传教士马丁的生活,似乎完全是受了一个在初级中学学习时的朋友的影响。

马丁是一个相当愚笨的学生,但他父亲还是决定让他接受大学教育。在剑桥大学里,马丁认识了在初级中学的一位伙伴。从此以后,这位稍长的学生成了马丁的指导教师。马丁能够应付自己的学业,但是仍然容易激动,脾气暴躁,偶尔会发泄自己难以抑制的愤怒。但他这位年纪稍大的朋友却情绪稳定,富于耐心。他时时刻刻照顾、指导和劝勉自己这位易怒的同学。他不允许马丁结交邪恶的朋友,劝他认真学习。这不是要得到别人的称赞,而是为了上帝的荣耀。这位朋友的帮助使马丁在学习上进步很快,在第二年圣诞节的考试中他名列年级第一名。

后来,马丁成了一位印度传教士,给了很多人以无私的帮助。

如果马克思没有选择恩格斯这位真诚的朋友,他恐怕就不会在社会科学领域里建立起他的理论学说,也就不会有伟大的著作《资本论》。

志同道合,情趣相投,是择友的一个标准。志向不同,情趣有别,友谊不可能长久的,早晚分道扬镳。"管宁割席"的典故就是个典型例子,管宁热衷读书做学问,而华歆则热衷于官场名利,两人缺乏做朋友的共同思想基础,割席而坐是必然的。

孔子说:"与善人居,如入芝兰之室,久而不闻其香,即与之化矣。与不善人居,如入鲍鱼之肆,久而不闻其臭,亦与之化矣。"墨子有更形象的比喻,他把择友比作染丝,"染于苍则苍,染于黄则黄,所人者变,其色亦变。五人而已为五色,故染不可不慎也。"与高尚的人在一起,你也会感染上他的气质。

当然,水至清则无鱼,人至察则无徒。对朋友也不能求全责备,自己本来就是不完美的,朋友又是双向的。如果人人都要求结交比自己有学问的人为友,那么到头来只能是谁也没有朋友。正所谓"尺有所短,寸有所长",朋友相交贵在有所补益,有所予有所取才是"交往"。

古人的择友之道,我们可以借鉴,但不能照抄照搬,也不要为其所拘束,对友人过于苛刻。择友的标准各有不同,也应该从个人实际出发,慎重选择,急来的朋友,去得也快,所以朋友可多交,不可滥交。

【解读】

古人云"得道多助,失道寡助",甚至是"多助之至,天下顺之;寡助之至,天下畔之"。有道德的人定会有天下,这是很简单的道理。社会上有道德的人多了,彼此之间就会多一些关心与尊重,社会自然也就和谐起来。那些为构造和谐社会做出卓越贡献的人,自然也就赢得了民心。

【原文】

同道相成。

【译文】

同道之人有共同语言和目标,只要大家心无恶念,就很容易在各个方面结为亲密的团体。

【事典】

兄弟同心其利断金

我们有一句谚语叫作:"兄弟同心,其利断金。"历史上有名的"桃园三结义"就反映了古人对兄弟齐心共同做一番事业的美好憧憬,虽然正史上没有记载,但小说本来就是对现实的艺术加工。小说《三国演义》中有这样一段情节:东汉末年,天下大乱。朝廷发布文告,下令招兵买马。榜文到涿县,引出了三位英雄。刘备,是汉朝中山靖王刘胜的后代。一天,他边看榜文边长叹,忽听背后有人说:"男子汉大丈夫不思为国出力,在这里叹什么气?"并自报姓名说:"我叫张飞,靠卖酒杀猪为生。"刘备说出自己姓名后说:"我想为国出力,又感到力量不够,故而长叹!"

张飞说:"这没什么可难的,我可以拿出家产,招兵买马,创建大业。"刘备听后非常高兴。二人来到一个小店,边喝酒边谈,正说得投机,门外突然来了一个红脸大汉,威风凛凛,相貌堂堂。刘备、张飞请他一同饮酒。交谈中得知,此人名关羽,因仗义除霸有家不能归,已流落江湖五六年了。他们各自抒发自己的志向,谈得十分投机。隔日,三人来到一个桃园,点燃香烛,拜告天地,结为兄弟。按年龄刘备为大哥,关羽为二哥,张飞为三弟。此后,三人果然做出一番惊天动地的事业,打下了蜀汉江山。三人的兄弟之义也始终不渝,刘备和关羽、张飞"吃则同桌,睡则同寝"。关羽、张飞死了后,刘备拼了家国性命不要,也要为他们报仇,以全兄弟之义。当然小说不是历史,但是这样的故事在民间良好的反应,本身就表达了人们对兄弟

张飞

之情的美好期望。"桃园结义"从涿州到荆州,展示出刘、关、张义结金兰、匡复汉室的基本轨迹,表现了他们义重如山、至死不渝、真挚而深厚的情谊,至今成为在海内外华人中广为流传的佳话。

【解读】

处在困难中的人们,很容易同舟共济,互相援救,以期共渡难关。国与国之间或同僚之间如果体制相同或政见一致就会互相成全,结为同盟。但是屈从危难的局势结成的联盟不会长久,唯有基于志同道合的真诚团结则必定成功。

【原文】

同艺相窥,同巧相胜。

【译文】

很多同行同业之人相互鄙视和攻击,永远不可能真心在一起共事。

【事典】

合作比竞争更重要

一天,老虎和熊在动物经常出没的山坡上相遇了。老虎眼尖,老远就看到了在山坡上吃草的小鹿,于是蠢蠢欲动。熊立刻阻止说:"先不要打草惊蛇,鹿跑得快,弄不好就逃走了。这样吧,我们前后夹击,它就走投无路了。"于是,老虎按照熊说的,绕到后面去攻击。

小鹿被后面的响声吓了一跳,看到老虎就机敏地逃走了。眼看着摆脱了老虎的追赶,却和熊撞了个满怀,接着就遭受了熊掌重重的一击,然后什么也不知道了。

熊张开大口就要把鹿叼走,老虎看见后抗议说:"这只鹿应该是我的,怎么你想独占吗?"

熊说:"要不是我的好主意和一巴掌,恐怕这只鹿早就逃之夭夭了,当然应该属于我。"

"如果不是我发现了鹿,并且花大力气把它赶到这里,你哪能抓到鹿呢?"老虎气势汹汹地说。

两个家伙争执不下,熊仗着力大无穷,伸出大熊掌,老虎也不甘示弱,躲闪还击。两个打得难解难分,不分胜负,最后都筋疲力尽地倒在了地上。

昏倒在一旁的小鹿醒来后,一翻身爬起来,撒腿就跑,等老虎和熊反应过来,鹿已经跑得无影无踪了。

如果老虎和熊能把捕捉来的小鹿平分,恐怕结局就大不一样了,至少不会两败俱伤,一无所获。先不要嘲笑这两个惨兮兮的笨家伙,说不定你事到临头也会和它们一样采取愚蠢的做法。

你觉得这种可能性不大,是吗?那么你不妨问问自己,是不是不愿意或者不习惯和别人合作?你是不是经常觉得,与别人合作得来的利益中自己的功劳是最大的?利益分配的时候,你是不是常常觉得自己得到的比期望的少?你是不是想得到更多?如果你的大部分答案都是肯定的,那么你很有可能会成为这两个笨家伙中的一个。

现在,各个行业和产业的联系越来越紧密,纵使你再有本事,也不可能一个人把原料、生产、销售、物流和服务全都包揽下来,不和别人合作那是不可能的。在竞争激烈的商业社会中,精明的商人都倾向于寻求别人的加盟与合作,这无疑是明智的,而且要成大事必须借助外力。要保持和维护长期合作必然要求有双赢的结果,谁也不甘心花费了心血和精力最终却毫无所获,或者所获甚少。但人性往往如此,每个人都看到了自己对这份利益的重大贡献,自然就希望获得全部或者大多数利益,于是一场你死我活的争夺就开始了。

面对这些不可避免的矛盾和挑战,与其孤军奋战,不如联合起来大家一起赢!即使利益的分配存在着不公,也不要过多地计较。因为如果对方很强大,为了征服对方你必然会耗费许多的精力和时间,也许你最终得到了自认为的公平,但是从长远看,你失去了一个合作伙伴。这样是不是有些得不偿失?那就大度一些吧!有钱大家一起赚,有好处大家一起分,即使不能达到百分之百的公平,也不要耿耿于怀,这次让别人赚多点,下次别人自然会让你多赚一点。也许这次你让别人独吞了,出于无奈也好,出于忍让也好,别人记在心中,下次也许就是你拿大头的时候了。

一个人无论经商还是做事,若想有所作为,都必须拥有足够的大度量,才能在长期与他人良好合作的基础上,获得大的成功。

【解读】

上古时代,后羿善射,逢蒙把他的技艺学到手后就杀了他;秦国的太医令李醯虽然没本事,却对扁鹊高明的医道非常嫉妒,在扁鹊巡诊到秦国时,他派人刺杀了扁鹊。自古文人相轻,武夫相讥,这都是因为才能和技艺不相上下就不能相容,且不说墨子用九种守城的方法挫败了鲁班(即公输子)的九种新式攻城武器的进攻,就连西晋时的王恺和石崇,为了炫耀自家的奇珍异宝,也曾发生过一场令人咋舌的斗富好戏。

【原文】

释己而教人者逆,正己而化人者顺。

【译文】

一面放纵自己的行为,一面假惺惺地教导别人,这是不可行的,只有先把自己的位置摆正了,才能更好地教化别人。

【事典】

教人者须先正己

在漫长的历史长河中,多少仁人志士、英雄豪杰之所以为官清廉,不畏强权,尽自己的能力造福于民,从而使人生放出奇异的光彩,被万世传颂。于是,以"德"育人,与以"德"治国,有了紧密的联系。

德治也是一种"榜样的力量"。官员是民众的带头人、引路人,必须成为大众的道德榜样。当榜样就不能使道德修养、思想境界停留在与老百姓同一水平上。官有官德，民有民德，"官德"应当高于"民德"。官应该比民有更高的道德要求，只有这样，才能在德治中发挥道德示范作用。如果官员自己贪图安逸，却要民众艰苦奋斗；自己以权谋私，却要民众克己奉公，那么显然就不可能端正社会风气，从而形成良好的政治局面。

所以无论是做人还是做官，首在一个"正"字，而且要能够做到"正人先正己"。只要身居高位的人能够正己，那么他的手下的大臣和平民百姓，就都会归于正道。

"正人"是"使人正"的意思，"正"是说遵守规范，有正气、讲正义。但是，现实生活中，偏偏有人己不"正"而却要去"正"人。

汉光武帝刘秀的儿子因犯大错，被手下公正严法处死。此时，刘秀气得几乎要杀死该人，但最后却封其为"刺奸将"，让其公正严明地执法，使众人不敢逾规。自己的儿子犯了错都不饶命，何况他人乎？人人皆惧，不敢朝非分的地方想。

有些人，自己知识浅薄，还笑别人愚昧无知；自己对父母不管不问，还说别人大逆不道；自己利欲熏心，还嫌别人见利忘义；自己不注意社会公德，还怪别人没素质。捐款时，自己捐得不多，却嫌别人自私小气；劳动时，自己偷奸耍滑，还嫌别人好逸恶劳；见到不平事时，自己不去挺身而出，还说别人胆小怕事。这些人，总对别人身上的毛病万般挑剔、百般指责，对自己身上的缺点却毫无知觉视而不见；对别人的不良品行大谈特谈，对自己的不良习惯却闭口免谈；对别人"高标准、严要求"，对自己却放任自流，总觉得别人身上劣迹斑斑，自己身上尽善尽美，大有一副"看见别人黑，看不到自己黑"的态势。他们身上缺少的就是"先己后人"精神，即"正人先正己"。

欲正人先正己，首先应从严于律己、宽以待人做起。遇事能设身处地为别人着想，自己不想承受的痛苦不要强加于人，而要以批评别人的态度批评自己，以原谅自己的态度宽待他人。

"正人先正己"，就是要求别人品德高尚，自己先要品行端正。"责人易，律己难"，这是许多人的通病，因此当对别人的不良言行深恶痛绝时，应先看一下自己是否有类似的缺点，以做到"有则改之，无则加勉"，一味要求别人不如先反思自己。如果人人都能先"正己"，从现在做起，从点滴做起，那和谐社会的形成也就指日可待了。

【解读】

宋人李邦献说过："轻财足以聚人，律己足以服人，量宽足以得人，身先足以率人。"也就是说，不看重财富，就可以团结更多的人；严格地规范自己的行为，就可以获得别人的信服；以宽阔的胸襟去接纳别人，就会得到人心；事事以身作则身先士卒，就可以率领众人去获得成功。领导只有首先搞好自身的道德修养和道德教化，才能达到"以德服人"的效果。

【原文】

逆者难从,顺者易行;难从则乱,易行则理。如此,理身、理家、理国可也。

【译文】

做事如果违背事理,就难以施行,并且做到最后会乱七八糟不可收拾。如果顺着"道"的规律行事就会有条不紊万事亨通。明白了这些,无论是修身、持家还是治国都会得心应手无往而不胜。

【事典】

做事要把握规律顺乎自然

聪明的人做事都知道顺乎自然,把握规律,不盲目、不妄为。如果随意为之,不管不顾,其结果必然"大逆不道",一败涂地。做人做事尤其要如此,切记多观察,把握事情内在之道,掌握好力度,不可逆风行船,唯如此,方可一顺百顺万事大吉。

有个叫作郭橐驼的人,是专门帮人家种树的。他种树的本领特别高,经由他手栽种的树,全都成活了下来,还长得枝繁叶茂,结的果实也又多又早,他的同行们无论想什么办法总是比不过他。

于是大家就恳求郭橐驼介绍一下他种树的经验,郭橐驼想了想,就回答大伙儿说:"其实也没有什么特别的诀窍,我只是随树木自己的生长规律让它发展而已。一般说来呢,移植树木的时候,要注意四个方面:树根要舒展开来;培土要尽量均匀;原土不能去掉,要保存下来;筑土则要紧密。照这样做了以后,就不用再老记挂着它、经常去动它,只管离开就可以了。总而言之,栽培树木时要像照顾婴儿一般精心,栽好以后要置之不理。只有这样,树木的生长规律才不会受到破坏,它的本来习性也可以得到充分的发展。别的种树人,则有两种错误的做法。一种是栽种时不够精心,使树根得不到充分的伸展,原土全被丢弃,换成了生土,培土也不匀,不是多了就是少了,树自然长不好。还有一种正相反,对树爱护得太过分了。种下树以后,早晨去看看,晚上又去摸一下,刚走开又不放心地回头去料理一番,甚至用指甲把树皮掐破来看树是活的还是死的,还用手去摇动树根看土是松的还是紧的。这样弄得树一天比一天虚弱。原本是怀着爱它的心思,其实却是害了它啊,这和对它照顾不周也没多大区别,树也还是长不好。"

请教郭橐驼的人又问他说:"依您的看法,种树的道理和当官治民有相通的地方吗?"

郭橐驼说:"我只懂得怎么种树,可不会当官治民。不过我住在乡间,看到官员们总是喜欢对老百姓发号施令,似乎是很爱惜人民,动不动就派人督促百姓们耕种啦、收割啦、抽丝啦、织布啦,还有养鸡养猪什么的。今天打鼓叫人家集合,明天敲梆子叫人家聚拢,百姓们穷于应付,疲于招待,连吃饭的时间都快没有了,还怎么有精力去搞好生产呢?这样看起来,当官治民也确实和栽种树木有很多相类似的地方啊!"

植树经和当官治民的原则共同说明了一个道理,做事要顺其自然,不能违反事物发展的自然规律。

办什么事必须遵循客观规律,不顾一切地按照自己的主观意志蛮干,那就必然会失败。

庖丁为梁惠王宰牛。手到的时候,肩倚的时候,脚踩的时候,膝顶的时候,那声音十分和谐,就跟美妙的音乐一样,合于尧时的《经首》旋律;那动作也很有节奏,就像优美的《桑林》舞蹈。

梁惠王看得出了神,称赞说:"哈,好啊!你的技术是怎么达到这样高超的地步的呢?"

庖丁放下刀对梁惠王说:"我喜欢探求,因此比一般的技术又进了一步。我开始解剖牛的时候,看到的无非是一头整牛,不知道牛身体的内部结构,不知道从什么地方下手。三年以后,我眼前出现的是牛的骨缝空隙,就不再是一头整牛。到了今天,我宰牛就全凭感觉了,不需要再用眼睛看来看去,就能知道刀应该怎么运作。牛的肌体组织结构都是有一定规律的,我进刀的地方都是肌肉和筋骨的缝隙,从不碰牛的骨头,更不用说碰大骨头了。技术高明的厨师,一年换一把刀,因为他是用刀割。一般的厨师,一个月就更换一把刀,因为他是用刀砍。而我宰牛的这把刀,已经用了十九年;所宰的牛,已经有几千头,然而刀口锋利得仍然像刚在磨石上磨过的一样。这是为什么呢?就因为牛的肌体组织结构之间有空隙,而刀口与这些空隙比起来,薄得好像一点厚度也没有。用没有厚度的刀在有空隙的肌体组织间运行,当然绰绰有余!所以十九年过去了,我的刀还跟新的一样。虽然我的技术已达到了这种程度,但我在解剖牛的时候,还是丝毫不敢马虎,总是小心翼翼,心神专注,进刀时不匆忙,用力时不过猛,牛体迎刃而解,牛肉就像一摊泥土一样从骨架上滑落到地上。这时,我才松下一口气来,提刀站立,顾视一下四周,心满意足地把刀擦拭干净,收藏起来。"

由庖丁娴熟的解牛手法可以得知,世间一切事物,都有它自身的规律,掌握了事物的规律,无论修身、理家、治国都可以得心应手。

【解读】

老子曾说:一个国家的法令愈是苛暴繁杂,强盗奸贼也越多。这就是因为逆天道而教导民众,就要出现天下大乱的局面。老子还说:作人主的清静无为,老百姓自然而然会走上文明的轨道。作人主的清心寡欲,老百姓自然而然会驯顺安分。这就是因顺天道而以德化人,国力、民风必将日益改观,天下大治,富强繁荣的局面迟早会出现。

天道、地道的生成发展和变化,其实是非常简单易知的。圣人推崇的人道也是一样。顺从太阳的晨起暮落,月亮的盈亏圆缺,才有昼夜四时的循环不已的规律;顺应宇宙阴阳反正的法则,万物生死相替,自然界才会有永不止息的无限生机。这都是大自然的客观规律。

冰　鉴

清·曾国藩

导读

几百年来，能够以一介书生之身平乱世，戎马倥偬亦孜孜不倦为学，并将毕生所学编著成书，流传给后世的人可谓极少，曾国藩即居其一。曾国藩传奇的一生用"治世之能臣"这句话来总结或许再合适不过了。

曾国藩为官多年，其中最大的功绩莫过于组建湘军，击败太平军。从1853年到1861年，曾国藩以一介儒生的身份经营湘军八年。这期间，他有过成功也感受过失败。他曾经亲眼看见湘军水师全军覆没，那时候他想到以死谢罪；在率领三十万大军进攻天京城时，他又劝诫将领稳扎稳打，勿轻敌怠慢。就是这样一位略带现实主义思想的将领，被曲折坎坷的八年经历磨炼成了"中兴第一名臣"。

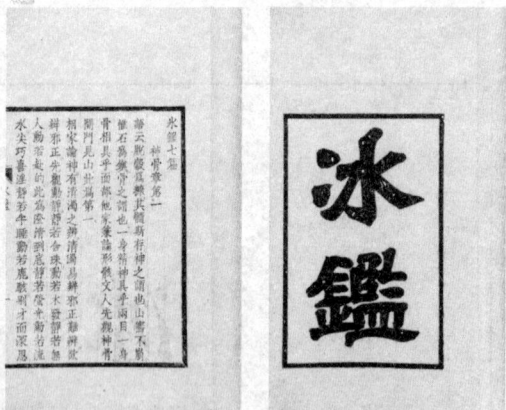

《冰鉴》书影

《冰鉴》是曾国藩总结自身的识人、用人心得而成的一部传世奇书，体现了曾国藩体察入微、洞悉人心的处世态度。它是一部集中国历代识人学之大成，中国古代相术流派中"书房派"的代表作。所谓冰鉴，即"取冰为镜，鉴人识广"。它和江湖、市井中流传的相书不同，重神而兼形，着重强调人的精神和气质，这是非常难得的。因其具有极强的实用性、启迪性和借鉴性，受到各界人士的重视和喜爱。

《冰鉴》一书对后世影响极大，无论是毛泽东还是蒋介石，都曾得益于此书。毛泽东还曾题诗称赞此书，钦佩之情溢于诗中。蒋纬国在担任三军大学校长期间，便将该书指定为学生的重要参考书。

神骨第一：文人先观神骨

"神骨"二字是两个概念，"神"是指人的内心精神状态，"骨"是指人的鼎相。曾国藩认为，了解人的内心精神状态，主要是通过观察人的目光，而分析人的骨骼丰俊则主要是通过观察人的面部骨相。一个人的眼睛可以在无意间透露很多信息，通过眼神很容易就能猜出一个人内心的大概想法。《孟子·离娄上》中有一段用眼睛来识辨人心善恶的论述："存乎人者，莫良于眸子。眸子不能掩其恶：胸中正，则眸子明焉；胸中不正，则眸子眊焉。"之所以说眼睛是心灵的窗户，就是因为人的眼神很难骗人。既然说很难骗人，也就意味着并不是不能骗人。眼睛中流露的"神"可分为邪正、自然流露及故意做作，这就增加了通过眼神识人的难度。"神骨"一节讲述的就是如何去伪存真，从眼神中发现人内心真正的想法。除了通过"神"来识人外，曾国藩还认为，人的骨相在一定程度

《孟子》书影

上也反映了人的心性才能，这一点在本章中会重点讲述。

第一节　神与骨

【原文】

语云："脱谷为糠，其髓斯存。"神之谓也。"山骞不崩，惟石为镇。"骨之谓也。一身精神，具乎两目；一身骨相，具乎面部。他家兼论形骸，文人先观神骨。开门见山，此为第一。

【译文】

俗话说："稻谷去掉外壳后，就变成了不能食用的糠，但稻谷的精华——米仍然留下来了，它不会因外壳的脱落而受损。"这里所说的"精华"用在人身上，就是指

一个人的内在精神状态,也就是我们所说的"神"。俗语中还有这么一句:"山岳上的泥土经常随风或随雨流失,但是山体并不会因此而坍塌。它之所以能够屹立不倒,是因为山体有岩石在做支撑。"这里所说的支撑山体的"岩石"用在人身上,就是指一个人最坚硬的骨骼,也就是我们所说的"骨"。一个人的精、气、神主要表现在两只眼睛里,一身的骨骼丰俊主要表现在面孔上。像农民、工人、商人、兵士等各类人员,既要考察他们内在的精神状态,又要考察他们的体态情势,而文人就不需要这么麻烦了。考察文人只需考察他的内在精神状态和骨骼丰俊与否即可。人的精神和骨骼就像是一扇大门,只要看透了这两样,就可以很容易地看出一个人的潜力和气质。察看精神和骨骼,是相人的第一要诀。

【事典】

唐朝时有一个人叫裴度,虽然满腹才华,却屡试不中。后来,他不仅精神萎靡不振,还总是一脸苦相,用当时一位禅师的话来说,就是"眼神外浮,纵纹入口,天生贱相,今生不但没有希望考取功名,而且注定是乞食街头、饥饿而死的命"。就是这个一脸苦相的人,后来竟然变成了一个一脸福相的人,再用那位禅师的话来说,就是"蛇入口变为玉带纹,不但不会饿死,而且将来有无量的福报,可能会出将入相"。为什么禅师的说法前后不一致?这是因为在此期间,裴度的骨相有了变化。心存善念,会让一个人的眼神以及骨相变得柔和,这一点是肯定的。那么,裴度究竟做了怎样的善事,以至于改变了自己的骨相呢?

这一天,裴度在香山寺漫步,恰好看到一位妇人从佛堂行色匆匆地离开。起初裴度并没有在意,径直进入佛堂拜神。进入佛堂之后,他发现在跪拜用的垫子旁边有一个包袱,打开一看,里面是一条翠玉带和两条犀带,都是非常珍贵的东西。裴度并没有见物起贪念,而是一直在寺庙等待失主前来寻找。过了老半天,之前与裴度打过照面的那位妇人慌慌张张地进入佛堂。当看到垫子旁边空无一物时,她不禁呜咽起来。裴度见状,急忙上前询问。原来,这位妇人的父亲病重,为了给父亲治病,家产已经倾尽了。好不容易遇到了一位可以医治父亲的病的大夫,但家中实在拿不出诊金了,于是她就从亲戚家借了一条玉带和两条犀带,打算当掉它们换钱给父亲治病,但是东西竟然被自己弄丢了。想到家中生病的父亲,以及年幼的弟弟妹妹,妇人的泪水流得更凶了。裴度一边劝慰妇人,一边打开包袱让她确认其中的物件,最终他将这些东西归还给了妇人,妇人自然对他感激万分。

裴度见原物已经奉还,便起身离开了寺庙。走至庙门旁,他又遇到了之前为自己看相的禅师。他刚想从旁边离开,禅师却叫住了他:"施主,你定是做了一件大善事。我看你的容貌,蛇入口变为玉带纹,不但不会饿死,而且将来有无量的福报,可能会出将入相。"裴度一听这话,笑了:"大师是在拿我开玩笑吗? 前些天,您还说我天生贱相,今日怎么就改了说辞?"禅师回答道:"七尺长的身体不如一尺长的脸，一尺长的脸不如三寸长的鼻，三寸长的鼻不如一点心。"裴度疑惑地问："可是，人心怎么能相出来呢?"禅师说了一首偈："要知天上意，须在云中取。要知心内事，须辨眼中神。"裴度还是不大明白，禅师接着说："你做好事，积了德，目光不浮，紫气贯睛，口角纹长过陂池这个部位，你日后必定会享受极贵的福禄。"

裴度虽然并不完全相信禅师的说辞，但在那件事之后，闲暇之余，他总是尽自己的全力去帮助别人。就在当年，裴度考取了功名。过了十几年，裴度竟然官拜宰相，真应了禅师的那句"出将入相"的预言。裴度一生共侍奉了四位皇帝，始终保持着良好的品德，总是尽力做善事。从一脸苦相到一脸福相，裴度骨相转变的原因很明显，因为他心中没有贪念，坦坦荡荡，而且做人低调，没有大肆宣扬自己做的善事。

这个例子看似有些迷信，其实不然。一个人的行为道德是足以改变其骨相的。心胸宽广的人，不会斤斤计较自己的利益得失，不会心存害人之念，这样一来，眼神和面色自然会好看很多，骨相也会柔和了。

有时候，我们会觉得有些人第一面给人的感觉就很舒服，这就是因为这个人的眼神沉静，骨相柔和。要想让自己拥有一脸福相，其实不难，虽然说长相是遗传自父母，是先天形成的，但后天的行为可以影响其变化，所以试着培养开阔的心胸，你会发现自己会越变越好看。原因无他，只因眼神和骨相改变了。

【解读】

"一身精神，具乎两目;一身骨相，具乎面部"，由此可见，要看一个人能否有大的作为，最需要观察的就是他的眼睛和面部。眼睛是心灵的窗户，善于观察的人，能够从一个人的眼睛中看到许多东西，而这许多东西中就包括我们所谓的"神"，即人的内在精神状态。神和眼睛之间的关系就如同光与太阳。神会通过眼睛外现出来，就好像光来自太阳，而神是眼睛的内在蕴涵，就像光存在于太阳之内一样。一个人是心存善念还是心存恶念，是神有余还是神不足，通过眼睛这扇窗户，都是可以看出来的。

心存善念的人，眼睛大多十分清澈明亮，当他将目光投注到你身上时，你会感觉很舒服，不会有被人盯着看的别扭感觉;心存恶念的人，眼睛大多混浊不明，看人时左顾右盼，或是目露凶光，这样的人看着你的时候，会让你觉得脊骨发凉。当然，能够通过观察眼睛判断出他人善恶的人必然是个很善于观察的人。神有余的人，目光沉稳;神不足的人，则目光猥琐，躲躲闪闪，似睡非睡，这样的人一般面容也会憔悴不堪。

神是判断一个人是否会有作为的重要依据之一，当然骨相也是。"一身骨相，具乎面部"，也就是说骨相是否丰俊，只要从面部分析即可。人面部骨骼的上半部是一个圆弧形的结构，由上颌骨、颧骨、颞骨、额骨、颌顶骨等构成，因为这些骨骼的形状和位置不一样,所以形成了人们不同的脸形。总体来说,脸形大致分为三角形脸、正方形脸、长方形脸、圆形脸、宽广无形脸。古代相术者认为:三角形脸的人,有丰富的想象力,但欠缺动手能力,属于浪漫型,想得多做得少。防范心较重;正方形脸的人。聪明而富有行动力,有高尚的品格、宽阔的心胸,精力充沛,交际能力和幽默感都比较强;长方形脸的人,有较强的活动性,扎实性不够。人际关系比较差,不能体谅人,如果是女性,则性格比较开朗,不安分,喜欢与男人争强;圆形脸的人,比较宽容,为人忠厚,心慈手软,不害人也不防范人。与谁相处都能过得去;宽广无形脸的人,有较强的耐力,感情较脆弱,能替别人着想,但容易被他人左右,经常会上当受骗。相术上的分析是否正确,我们无从考证,但可以肯定的是,观察一个人的面部骨相在一定程度上确实是可以预知这个人的未来的,这是因为后天教育和自我价值提升会影响人的骨骼发育。

"有心无相,相逐心生;有相无心,相随心灭。"这句话的意思是说。一个人的相貌能够随着他的心念善恶而发生变化。即便一个人出生时面相凶恶,只要他能常存善念,多培养自己的美好气质,面相就会逐渐变得柔和,反之亦然。

第二节　神之邪正

【原文】

　　古者论神,有清浊之辨。清浊易辨,邪正难辨。欲辨邪正,先观动静。静若含珠,动若水发;静若无人,动若赴的;此为澄清到底。静若萤光,动若满水,尖巧喜淫;静若半睡,动若鹿骇,别才而深思;一为败器,一为隐流,均之托迹二清,不可不辨。

【译文】

　　古人经常把人的神分为清与浊两种。要分辨是清还是浊很容易,但是要分辨出是邪恶还是正直就难了,因为邪恶与正直这两种心性都可以隐藏在清亮的目光背后。既然如此,那么应该怎样从目光分辨一个人是邪恶还是正直呢? 这就需要从眼睛的动静两种形态入手观察了。

　　眼睛处于安静状态时,目光是安详沉稳的,而且似乎还泛着亮光,就好像晶莹的珍珠一样,含而不露;处于运动状态时,眼中光华生辉,精气闪动,犹如春水中激荡着清波。又或者是眼睛处于安静状态时,目光清莹透亮,似乎眼中并没什么东西一样;处于运动状态时,锋芒内蕴,犹如飞箭,直射靶心。上述的这两种表现,目光澄澈明亮,一清到底,属神正的状态。

眼睛处于安静状态时，目光就像是萤火虫的光，柔弱且闪烁不定，犹如处在十分不自在的状态；处于运动状态时，目光又像流动的水，虽然清澈，但游移不定，没有一个定点，闪闪躲躲。以上两种目光，一种是属于机灵、奸诈的内在精神状态，一种是属于内心藏有奸诈的想法，但又迟迟不肯表露的内在精神状态。处于安静状态时，眼睛似睡非睡，似醒非醒；处于运动状态时，又像是受到惊吓的小鹿，惶恐不安。以上两种神态，一种是聪明而不走正道的表现，一种是内心奸诈但又想遮遮掩掩不让人发现的表现。前一组大多是品德素质不高，行为欠稳妥的表现，后一组大多是包藏祸心，深藏不露的表现。这两种都属于奸邪的内在精神状态，由于它们也都混迹于清亮之中，所以一定要仔细区分。

【事典】

提到王莽，很多人都会想到王莽改制。王莽的才能胆识在当时算得上是极其难得的。他如果不篡权，说不定能成为一位历史名臣，可惜他并不是一个神正的人，所以才有了后来的篡权之举。虽然在篡权前，王莽表现得十分正直、勤劳、忠诚，但他的本质一直都没有变。当时很多人都被王莽忠厚的表象蒙蔽了，但假的终究是假的。即使做到了以假乱真的地步也成不了真的。所以，王莽最终还是篡权了，也暴露了自己的狼子野心，同时在中国历史上多了一个短命的新朝。

早在王莽势力膨胀但尚未篡权时，就有人看透了他的邪念，这个人就是司空彭宣。新升任司空的彭宣在拜见了王莽之后，就决定辞官回乡。他对自己的儿子说："王莽神清而朗，气很足，但是神中带有邪狭的味道，专权后可能要做坏事。我又不肯附庸他，这官不做也罢。"彭宣在很短的时间内就能从王莽的眼神中看出他神的真假，由此可见，他是个很善于观察的人。

一般人要做到彭宣那样并不容易，但这也不意味着我们做不到。只要善于观察，多加总结，不被表象迷惑，我们就会发现，其实每个人的眼神中都蕴涵着很多东西。眼神是透视人的品格和个性以及聪明才智的重要部分。在心理学中，有一个名词叫作心灵透视，就是从眼神中可以探究出一个人的心性、成就高低等。所以说，要看透一个人的内心想法，就必须学会观察人的眼神。虽然眼神有清浊、邪正之分，看似十分复杂，但真正入门之后，你就会发现，分辨人的眼神并不困难。

眼神多少会受到眼睛的影响，而眼睛的大小或形状又与遗传有关，所以眼神也要受到些许遗传的影响，但更多的还是在后天环境中磨炼出来的。在日常生活中，若能经常对他人表示关怀，付出爱心，以善意对人或事，在长期的培养下，人自然就会流露出关爱的眼神。如果一天到晚存心算计他人，心肠歹毒，眼神必会常露凶光，让人产生警觉之心。

【解读】

曾国藩所说的"神"不但有清浊之分，也有邪正之分。神的清浊比较容易区分,道德高尚、意志坚定、敢于坚持真理,而且看人时不会躲躲闪闪,亦不会充满敌意的人,神不仅清,还一清到底,不会有什么混浊肮脏的想法藏在心底;品质稍有不足,且看人时会稍有躲闪或不知所措的人,神清,但并不是清澈到底,这样的人会在神清与神浊之间摇摆不定;品格卑下、心怀邪念、容易见利忘义的人,不但神浊。而且很可能神邪。

邪正难辨的原因在于人的能动性。人具有主观能动性,这使得人能够用自己的言语或行为来掩盖自己的内在精神状态。人们常说"人心隔肚皮""知人知面不知心",就是因为一个人的能动性掩盖了其内在想法,直接导致了邪正难辨。要考察神的邪正,就必须透过言语、行动等表象看到本质。所以,这就要求我们从动态奔为中考察邪正。

无论是考察神的清浊还是神的邪正,都必须通过一个窗口,这就是眼睛。曾国藩说过"一身精神,具乎两目",这里的精神,就是他所谓的"神"。眼睛是心灵的窗户,人的喜怒哀乐、爱恨情仇都可以从眼睛中看出。孟子曾对人的眼睛做过论述,他说:"胸中正,则眸子明焉;胸中不正,则眸子眊焉。"这里强调的都是从眼神中看出的东西。其实我们所说的"会说话的眼睛",并不是说眼睛的形状能够告诉我们什么东西,而是指眼神。一个人的眼神可以告诉他人很多东西。

当然,眼神告诉人们的东西也是可以造假的,就像电影中的坏人,现实生活中并不一定就是坏人,但是在电影中他可以让眼神散发出恶意。这就是说,他可以通过眼神来掩盖自己内心真实的精神状态,这就造成了邪正难辨的结果。要正确分辨邪正,还需从眼睛的动态中分析眼神。

如果在没有观物的时候,一个人的眼神不时闪烁,犹如鬼火,这样的人往往心中会有其他心思;如果在观物的时候,一个人虽然眼神清澈,但总是躲躲闪闪,东西飘忽,这类人多半心存邪念。"静若半睡"的人往往有野心,但又过分奸诈贪心;"动若鹿骇"的人多半心中存有不欲人知的想法。就眼神的真假来说,还需分为两类,一类是自然流露,这类绝对是真眼神,因此表达出来的也是其内心真实的状态;而另一类则是故意造作,与自然流露正好相反。要分辨眼神的真假,就必须长时间观察,毕竟故意造作的眼神撑不了太久,时间一长就会露出神怯之意。当然,这也与人的经验有关。有丰富人生经验的人,能比较容易地看出他人是情真意切还是故意造作,反之亦然。总之,综合分析人的各种言语和行为,是可以看出其神之真假和邪正的。

第三节　神存于心

【原文】

　　凡精神，抖擞处易见，断续处难见。断者出处断，续者闭处续。道家所谓"收拾入门"之说，不了处看其脱略，做了处看其针线。小心者，从其做不了处看之，疏节阔目，若不经意，所谓脱略也。大胆者，从其做了处看之，慎重周密，无有苟且，所谓针线也。二者实看向内处，稍移外便落情态矣，情态易见。

【译文】

　　一般来说，观察一个人的内在精神状态，那种故意造作的状态比较容易识别，但是，那种看似只是故意装作精神抖擞的状态，实际上又可能是真的精神抖擞的状态就不容易识别了。如果精神不足，那么即使他故意装作精神抖擞，并把这种精神状态表现出来，但是神不足的特征也会在其中显现出来，（因为）事实是掩盖不了的。这就好比滴水一样，虽然不间断，但水滴总会从滴水处中断。然而，精神充足的人就不一样了。精神有余的人，他的状态是自然流露并蕴涵在内的。这就好比大江大河一样，由于是活水，所以流水是源源不断的。道家在讲到修身炼气时，有所谓的"收拾入门"一说，把它用在考察人物的精神上，意思就是说：在人行动的时候，要看他潇洒豪放的气概有几分真、几分假，几分做作、几分自然；在静心安坐时，观察他的细致周密平心静气中是否有浮躁。

　　小心谨慎的人，要从他力所不及的事中去考察，表面上是小心之人，却处处表现得思考不严密不周全，这就是表面细心，实际上粗心的人。大胆豪放的人，要从他能完成的事情中去考察。如果他表面上处处表现出不拘小节，在行动上却处处留心细节，不草率行事，这实际上就是他粗中有细、不轻率冒进的缘故。通过粗心和细心的两种表现来识人，实际上就是从外部表现来考察人物的内心本性。如果内心本性外露得比较明显，就会转变为情态，而情态是比较容易识别的。

【事典】

　　《三国演义》里的张飞是个莽夫，这一点我们都不能否认，但他也是个神有余的人。张飞看似粗鲁豪放、不拘小节，实际上做事也很注重细节，是一个典型的粗中有细的人物。他的拜把兄弟刘备夺得汉中以后，安排五虎上将魏延做了汉中的知府。而把战功赫赫同样是五虎上将的他安排到蜀国南乡县当了一个县令。张飞自认为自己是个大老粗。斗大的字不识几个，再加上他十分敬爱自己的兄长刘备，便听命去南乡县当了个小县令。

　　当地有个懒汉名叫余有财，不但游手好闲，还经常干些偷鸡摸狗的勾当。听闻来南乡县当县令的张飞是个大老粗之后，余有财更加肆无忌惮。这天，他与几个狐朋狗友设计偷走了邻村王宽的耕牛，并把牛关在了自己的牛棚里。第二天一大早，王宽发现自己的耕牛不翼而飞，立即发动全家人去找牛，因为那时耕牛可是农民的宝贝。全家人在本村找不到牛，就扩大范围找到了余有财所在的村，最终在余有财的牛棚中找到了自家的牛。王宽见那头牛确实是自家的。就要牵走，余有财当然不干，非说那头牛是自己家养了三年多的牛。最后。两人拉拉扯扯地闹到了公堂上。

　　张飞听到公堂上有人击鼓喊冤，就立即升堂审案。他没有像在战场上一样喊打喊杀，反而一言不发地听完了两人的诉说。之后，张飞问道："你们两个人都说牛是自己家的，有什么证据？"王宽抢先说道："大老爷，我们家牛的屁股上有一块黑色胎记。"余有财立即高声道："天下又不是只有你们家的牛屁股上有胎记！凭什么你们家丢了牛就可以来赖我家的牛？难道说我家牛的屁股上有块胎记，我就活该倒霉，把自己的牛让给你？"两人越说越激动，眼看就要在公堂上打起来。这时，张飞站了起来，大声地嚷道："都给我住嘴！现在我们就去现场看看，你们两个分别过来悄悄告诉我，昨天和今天都给牛喂的是什么草料。"张飞本想通过牛粪来辨别他们两个是谁在说谎，遗憾的是，王宽和余有财的答案是一样的。这可怎么办？就在人人都以为这个案件暂时不能判决时，张飞突然作了宣判："经本县查明，这头牛既不是王宽的。也不是余有财的，而是外地误闯进本村的流浪牛。所以，本县宣布：这牛归官府所有！"

　　这个宣判一下来，王宽、余有财以及在旁听审的众人都傻了眼，他们怎么也没有想到县令会做出这样的判决。片刻之后，余有财先反应了过来，他心想：反正也一不是自家的牛，归官府就归官府，所以他便没有再说什么，扭头就想回家。王宽这时也明白过来了，想到自己辛苦喂养的牛被大老爷一句话归了公，顿时伤心不已，当堂就哭了起来："我家里没有了大黄，日子再也过不下去了，我们也活不成了。贪官！昏官……"张飞一看王宽的反应，心中有了谱，便重新做出了宣判："把牛归还给牛的主人王宽，把余有财给我拿下！他连大老爷我也敢欺瞒，先给我打三十大板！"王宽这下可高兴了，又是磕头又是喊青天大老爷的，并请求张飞原谅他刚才的不敬。张飞却说："你要是听到我第一次宣判，不喊不闹，这头牛能这么容易让你牵走吗？何况这牛要不是你的，你哭个啥啊！"

　　原来，张飞的第一次宣判只是个幌子，如果牛真的是余有财的，他绝不会毫无反应地掉头就走，毕竟那时耕牛是一家人生活的指望，对农民来说，牛就像他们的亲生孩子一样，哪里能随随便便就给了官府？反观王宽的反应，就知道失去自家的牛是怎样的反映了。这样一来，就很容易判断是谁说了谎。谁能想到同，张飞这个大老粗竟然会有这样细腻的心思呢？可见，张飞只是表面上不拘小节，实际上却很细心。像这种表面看似粗心，但实际细心的作为是神有余的一种表现。因为神有余，所以他的精神状态是自然流露的，当然也就很自然地能注意到细节方面的问题了。

当然，神有余的表现不是只有粗中有细这一种，坚忍、执着的性格特征也是神有余的表现。与此相对应的，懦弱、做事易半途而废就是神不足的表现。

【解读】

所谓观人、识人，其实就是通过人的外在表现分析其行为背后的内在精神状态。人的精神状态大体上可分为两种，一种是自然流露，另一种是故意造作，造成一种自己想要别人知晓的假象。自然流露者，因为行为是发自内心的，出于真诚，毫无扭捏做作之意，所以必然能够持续不断。而故意造作、勉强者就不同了，因为缺乏真诚，内心并不愿意那么做，自然就难以维持。第一种就是神有余的表现。第二种则是神不足的表现。

其实，分辨神有余与神不足是很容易的。举个例子来说，同样是做善事的两个人，一个人可以持续数十年一直保持做善事的习惯，而另一个人只是偶尔为之，甚至是想起来就做，想不起来就算了，那么很显然，第一个人的表现是神有余，而第二个人的表现则是神不足。神有余的人与神不足的人比起来，还有一个明显的不同，那就是神有余的人是看似粗心，但实际上细心，而神不足的人则是看似细心，实际上粗心。神有余的人能够将细节都一一处理好，说明他的内在精神状态很好；而对神不足的人来说，只是从整体上处理事情，他的精力都不够用了，哪里还有精力去处理细节，更何况他也不会有那样的耐心。

虽然说神有余与神不足的区别很大，但要从人物的外在表现去发现一个人是神有余还是神不足就不容易了，因为神不足的人也可以做出神有余的样子。这时，我们就只能等事情完成之后再对人物下结论，因为神不足的人必然会在做事过程中出现"断续处"。也就是说，振作的精神已经不能维持，而重新振作的精神又不能立刻补充，从而出现"断续处"。神有余的人在做事过程中，是不会出现"断续处"的，因为他们的精神状态是自然流露的，后继有力，不必担心持续问题，但要注意他们是否是真的神有余。总而言之，要考察一个人的内在精神状态，就必须从这个人办事的过程和结果中发现其特征，最后再下结论。

第四节　论　骨

【原文】

骨有九起，天庭骨隆起，枕骨强起，顶骨平起，佐串骨角起，太阳骨线起，眉骨伏犀起,鼻骨芽起,颧骨若不得而起,项骨平伏起。在头,以天庭骨、枕骨、太阳骨为主;在面,以眉骨、颧骨为主。五者备,柱石之器也;一,则不穷;二,则不贱;三,则动履稍胜;四,则贵矣。

骨有色,面以青为主,"少年公卿半青面"是也。紫次之,白斯下矣。骨有质,头以联者为贵。碎次之。总之,头无恶骨,面佳不如头佳。然大而缺天庭,终是贱品;圆而无串骨,半为孤僧;鼻骨犯眉,堂上不寿。颧骨与眼争,子嗣不立。此中贵贱,有毫厘千里之辨。

【译文】

总的来说,骨头的富贵长势有九种:天庭骨饱满丰盈;枕骨充实显露;顶骨平正而不突兀;佐串骨像角一样斜斜向上,一直深入发际;太阳骨直直上升;眉骨骨棱明显而不外露,就好像是犀牛角平伏在那里;鼻骨状如芦笋,笔直挺拔;颧骨要有气势,不陷不露;项骨平正厚实不暴露。看头部骨相主要是看天庭骨、枕骨、太阳骨,看面部骨相主要是看眉骨和颧骨。如果以上五种骨相都具备的话,那么此人必定是国家的栋梁之材。如果只具备其中一种,至少不会贫穷;如果能具备其中的两种,肯定不会卑贱;具备三种,只要肯发愤努力,就会逐渐发达起来;具备四种,必定会显贵。

骨头有不同的颜色,面部的颜色以青色为贵相。俗话说的"少年公卿半青面"就是这个意思。紫色比青色稍微差一些,面如枯骨一样的白色则是最下等的颜色。骨有一定的质地,头部骨骼如果相互关联、气势贯通,那是最为高贵的。如果互不贯通,就要稍差一些。总之,只要头上没有恶骨,比较而言,面部再好也不如头好。然而,如果头很大而天庭骨却不够丰隆,还会是贫贱命;如果头形较圆而佐串骨相对隐伏不见,多半要沦为孤贫的僧人;如果鼻骨直犯双眉,父母必定不会长寿;如果颧骨紧贴眼尾,必然没有子孙后代。这里所讲的富贵与贫贱之间的差别。就好像毫厘之短与千里之长,差别非常大。

【事典】

司马迁在《史记》中记载:汉高祖刘邦是高鼻子,长颈项,面貌有龙相,须髯特美,左大腿上有七十二颗黑痣。刘邦为人宽厚,喜欢施予,好结交朋友,但早期一直都没有什么作为,直到壮年才做了一个小小的亭长。据说,好酒的刘邦经常到一家酒馆赊酒喝,有时喝醉了就在酒馆歇息。有一次,刘邦又在酒馆醉倒后,酒馆老板竟然看见刘邦身上有龙出现,从那以后,老板便将刘邦视为神人,将旧账一笔勾销。

后来,刘邦去给吕公拜寿(吕公就是后来的吕后的父亲)。当时,吕公一见刘邦就认定他会有大出息,特意跟他说:"我从年少的时候就喜欢给人相面。我相过很多人的面,但是没有一位像你的相貌这样高贵的。我希望你能多多自爱!"最后,又将自己的女儿吕雉许配于他。

吕雉嫁给刘邦之后，生了一男一女。一次，吕雉带着儿女在田间耕作，一位老人从田中经过，想求些水喝。吕雉见老人瘦得皮包骨头，便顺便给了他一些吃的。为表示感谢，老人就给吕雉相面，老人说："看夫人的相貌，日后一定大富大贵。"之后，又看了看那个男孩子，说道："夫人之所以能够大贵，就因为这个男孩子的缘故。"老人又看了看女孩，说也是贵相（那个男孩就是后来的孝惠皇帝，那个女孩就是后来的鲁元公主）。等老人走后，刘邦正好来到田间，吕雉就把相面的事情告诉了他。刘邦急忙问那位老人在哪儿，随后就朝老人离去的方向追去。还好老人也是刚走，所以不一会儿，刘邦就追上了他。刘邦问起老人给吕雉和孩子们相面的事情，老人说："方才我给夫人和两个孩子相过面，他们相貌高贵都像你。看你的相貌，也是贵不可言，日后一定前途无量。"刘邦听老人这么一说。立即感谢道："如果日后一切真和先生说的一样，今天你所鼓励夸赞我的话，我一定不会忘记。"

后来。刘邦成为历史上著名的汉高祖。在当上皇帝后，刘邦曾试图找寻那位为他相面的老人，可是已经找不到了。

刘邦当上了"贵不可言"的皇帝是事实，但相面以及龙相一说，现在已经无从考证了。古人认为骨骼雄奇的人能够成就一番大事业，也没有根据可查，有据可查的是，能够成就一番事业的人，必然是形神俱全、文才武德兼备之人，毕竟才能才是通向成功的垫脚石。

【解读】

我们都知道，骨头的长势大都受到遗传的影响，这一点可以从遗传学中找到科学根据。这是因为现在科学技术很发达，很多现象都可以用科学来解释，但古代人就不这么认为了。由于当时有很多现象都无法解释，所以人们就将它们归结为天意，进而形成了自己的一套说法。古人认为，头无异骨，难成贵相。很显然，这种说法是没有科学根据的。这里所说的异骨，就是头部及面部的九骨。

古人认为："骨不耸兮且不露，又要圆清兼秀气。骨为阳兮肉为阴，阴不多兮养不附。若得阴阳骨肉均，少年不贵终身富。"由于这种说法迷信色彩较重，所以此处不多做评论，单讲一段故事来供参考。

刚柔第二：既识神骨，当辨刚柔

神骨有刚柔之分，而刚柔又有内外之分。刚，是指坚硬、强劲，与柔相对立。从外形上讲，有些人就表现得阳刚气十足，有些人就长得阴柔至极，还有些人长得是刚中带柔或柔中带刚。从内心状态上讲，有些人是一味地刚毅，有些人是一味地柔弱，还有些人是刚柔并济、坚忍不拔。在识人的过程中，正确分析出人的刚柔是极其必要的。太过刚硬则易折，太过柔弱又经不起风雨，所以以刚柔并济最为适用。成大事者必定是刚柔并济、坚忍不拔之人。辨别人才的刚柔，当从人的外形和内心两处着手。从外形上讲，曾国藩认为一个人的长相在五行上是逆合的话，就会大富大贵，反之亦然。从内心上讲，内奸者与纯奸者都是可大用之才。从外形以及外露的情绪两方面可直观地分析神骨的刚柔，进而确定人才的可用性，这是曾国藩识人课程中的重要一节。

第一节　总论刚柔

【原文】

既识神骨，当辨刚柔。刚柔，则五行生克之数，名曰"先天种子"，不足用补，有余用泄。消息直与命相通，此其皎然易见。

【译文】

已经鉴别出神骨的清浊优劣之后，还应当进一步辨别刚柔。刚柔，就是阴阳两种属性和金、木、水、火、土五行生克的原理，名叫"先天种子"。其中有柔弱不足的，就增补；阳刚过剩的，就消泄。阴阳彼此消长与命运相联系，这就像皎洁的月光是比较容易看见的。

【事典】

战国时期，楚国著名的诗人屈原就是一个刚正不阿之人，他在诗歌领域有着极大的贡献，但是他的政治生涯可以说是个悲剧，而这种悲剧与他刚直的性格有着密切的关系。

那个时代，群雄割据，秦、楚、齐、燕、赵、韩、魏七国争霸，他们之间互相攻伐，连年混战不断。当时屈原担任楚国的左司徒，他见到百姓生活在水深火热之中，十分痛心，于是立志报国为民，因此，他便劝谏楚怀王任用贤才，爱护百姓。

当时，秦国国力强盛，时常向其他六国发起战争，屈原亲自拜访六国，欲联合其他国家共同抗秦。之后，屈原得到楚怀王的重用，国内的许多内政和外交事务都交由他处理。

楚国国内以公子子兰为首的一班贵族，嫉妒屈原的才华，更嫉妒他被重用，于是经常在楚怀王面前说屈原的坏话。挑拨的人多了，楚怀王就逐渐开始疏远屈原。秦王知道了这一消息之后，就派张仪去楚国，趁机离间他们之间的关系，拆散六国联盟。

屈原

于是，张仪假装辞去秦国相国之位，来到楚国。他找到了公子子兰，与其串通一气。在子兰的引荐下，张仪认识了王后郑袖。在这二人的谗言下，楚怀王为了得到秦国给的六百里土地，便同意抛弃六国联盟。

屈原知道这一消息之后，极力反对。楚怀王根本不听，还命令武士将他拉出宫门。屈原非常痛心，站在宫门外面不肯离开，他盼望怀王能够醒悟过来，改变和秦国交好的主意，以免给国家带来灾难。他从中午一直站到晚上，直到看到公子子兰、张仪等人欢欢喜喜地离开了王宫，才最终绝望地离去。他的家人问明缘由后，都劝他说："你现在已经不受怀王宠信了，就不要再发表意见了。"但是屈原不赞成，他说："我是楚国人，即便是死，也不能眼看着楚国遇到危险啊！"于是，屈原坚持要向怀王进谏，让他醒悟过来，分清是非，但是怀王却不再召见他。他越来越忧愁，整夜整夜地睡不着觉，还写下了名篇《离骚》，将自己的忧愁和怨恨都写了出来。

这首诗传到了宫中，怀王在小人的谗言下，认为屈原对自己不敬，一怒之下，就撤掉了他的官职。而楚国也终于和秦国交好，背弃了六国同盟。但是，秦国先前答应给楚国六百里土地的许诺只是个幌子而已，根本就不可能兑现。楚怀王见到这种情况，就又与秦国反目了。但是，楚国的兵力远远敌不过秦国，所以楚怀王就又想着与六国联盟，于是派遣屈原再出使六国商谈联盟之事。

非常遗憾的是，屈原的商谈刚刚取得了一定进展，怀王又在张仪、公子子兰的谗言下，与秦国恢复了友好关系，并且将屈原贬为三闾大夫，命他即刻上任。屈原接到这一命令后，仰天长叹："大王啊，楚国的江山和百姓都系在你一人身上，你不能这么糊涂啊！"但是，怀王现在根本听不进去他的话，无奈之下，他只能去赴任了。

后来,怀王被骗到秦国,被秦王扣留,楚国贵族便拥立太子熊横为顷襄王。顷襄王即位后,仍然重用公子子兰等人。三年后,怀王被秦国害死,遗体被送回楚国。屈原悲恸不已,劝说顷襄王起兵攻打秦国,为怀王报仇。但是顷襄王不仅不肯出兵,还革了屈原三闾大夫的职位,将他流放到江南,并且永远不许他过江。屈原仰头悲呼:"我吃苦不要紧,可恨这些人把国家断送了。"

屈原到了流放的陵阳,仍旧怀念着楚国。他一天天老了,但是复兴楚国的愿望一直萦绕在他心头。然而,顷襄王二十一年的一天,他听到一个噩耗:秦国占领了郢都,楚国的宗庙和陵墓都被毁了。万念俱灰之下,屈原怀念郢都,怀念百姓,却又憎恨敌人,憎恨奸邪,于是决心用自己的生命去警告卖国的小人,激发起全国百姓的爱国热忱。于是,屈原纵身跳进了汨罗江。

屈原的刚直最终导致了政治生涯的不顺和自己的毁灭,如果他能够给自己加进去一些"柔"的因素,不知道结局会不会有所改变?

与屈原的刚直不折不同,曾国藩谨遵中庸之道,所以成为清朝中兴的名臣。越是大权在握的时候,曾国藩越是谨慎,因为他知道,稍有不慎就可能会丢了性命,用他自己的话来说就是:"吾亦不甘为庸庸者,近来阅历万变,一味向平实处用功,非委靡也。位太高,名太重,不如是,皆危道也。"

无论在古代还是在现代,无论从政还是经商,中庸之道都是值得提倡的。太刚则易折,太柔则会一事无成,只有秉承中庸之道。才能通向最后的成功。

【解读】

阴阳五行是中国传统文化中最基本的概念,其中阴阳是一个概念,而五行又是另一个概念。值得一提的是,这两个概念的影响很普遍,几乎渗透到了中国古代文化的各个方面。阴阳学说最远可追溯到夏朝。夏朝的占卜书《连山》中最先提出了"阴阳爻"这个名词。阴爻和阳爻是阴阳思想的体现和符号。通常我们都会认为,男为阳,女为阴。与此同时,阴阳也代表各个相互对立的矛盾体,如里与外,上与下,热与冷,太阳与月亮,白天与黑夜等。

至于五行说的起源,至今也没有定论。易学界认为,五行说与阴阳学产生在同一时代,也就是起源于夏朝;史学界认为,五行说是邹衍提出的;哲学界则认为,五行说起源于西周,最早见于《尚书》。虽然关于五行说的起源一直没有定论,但是对五行内容的认识一直是一致的。

五行,即金、木、水、火、土。这五行像生物链一样串联在一起,缺一不可。五行说认为:金可以生水,这种说法起源于"金属出汗"这一现象;水能生木,这是因为树木只有在水的灌溉下才能成长;木能生火,是因为点燃木柴可生火;火能生土,是因为火燃烧后剩下的灰烬可堆积成土;土能生金,是因为金属都是在土矿中产生的。五行两两相生的同时,也两两相克,形成一个互相联系且相互制约的"怪圈"。

五行说认为：金能克木，是因为金属刀具能够砍伐树木；木能克土，是因为树木可以破土而出；土能克水，是因为水来土掩；水能克火，是因为火能被水浇灭；火能克金，是因为火能烧熔金属物质。

阴阳相符，五行相生相克，这些归根到底都是刚柔的关系，刚柔并济、柔能克刚等说的就是这些道理。比如金太旺，就属于阳气过剩，这样的人一般刚猛有余，但不免会英雄气短，所以需用水来泄金之旺，用柔来克刚。反之亦然。过刚或过柔，都成不了大气候，要想成就一番事业，还需刚柔并济。老子在《道德经》中讲："天之道，其犹张弓欤？高者抑之，下者举之，有余者损之，不足者补之。天之道，损有余而补不足。人之道则不然，损不足以奉有余。孰能有余以奉天下？唯有道者。是以圣人为而不恃，功成而不处，其不欲见贤。"这段话的重点就在于"有余者损之，不足者补之"。这句话说的正是刚柔之间的关系。太刚易折，太柔则不足以济事，所以最好是秉承刚柔并济的中庸之道去做人做事。这样一来，既不会太刚亦不会过柔。放眼望去，凡是成大事的人多是刚柔并济、中庸坚忍之人。太过刚直之人大多仕途不顺，下场也并不好。

第二节　外　形

【原文】

五行有合法，木合火，水合木，此顺而合。顺者多富，即贵亦在浮沉之间。金与火仇，有时合火，推之水土者皆然，此逆而合者，其贵非常。然所谓逆合者，金形带火则然，火形带金，则三十死矣；水形带土则然，土形带水，则孤寒老矣；木形带金则然，金形带木，则刀剑随身矣。此外牵合，俱是杂格，不入文人正论。

【译文】

五行之间具有的相生、相克、相仇三种关系，叫作"合"，"合"又有顺合与逆合之分。木生火，火生土，土生金，金生水，水生木，这种相生关系就是顺合。相貌外形如果能够符合顺合（之说），这样的人大多会富有，但不会尊贵，即使偶然尊贵，也总是会浮沉不定、升降交替，难以保持长久。金以火为敌，因为火能克金。但是这种关系并不绝对，有的时候火与金又相辅相成，金无火就炼不成器。类而推之，火仇水、水仇土、土仇木、木仇金等之间的关系都是这样。这就是逆合。形貌上带有这种逆合（之相）的人就会非常尊贵。在逆合之相中，如果是金形之中带有火形之相，那么这个人会非常富贵，相反，如果是火形之中带有金形之相，那么这个人到了三十岁便会死亡；如果是水形之中带有土形之相，那么这个人会非常富贵。相反,如果是土形之中带有水形之相,那么这个人一辈子都会孤苦伶仃;如果是木形之中带有金形之相,那么这个人会非常富贵,相反,如果是金形之中带有木形之相,那么这个人将会有刀剑之灾、杀身之祸。其他的都依此类推。至于另外的那些牵强附会的说法,都是杂谈,不能归入文人的正统理论中。

【事典】

宋真宗时期有一个人叫马知节,是个典型的金德人物,也是当时举国闻名的耿直刚烈之人。李顺起义时,马知节奉诏跟随王继恩讨贼。由于马知节向来秉承刚直的原则,不懂得讨好上司,而他的直属上司王继恩又是个小心眼儿的人,于是马知节就不断受到牵制。当时,王继恩给马知节三百兵士,让他去镇守彭州。彭州是起义军重点攻击的地方,马知节多次请求增兵,王继恩都没有理会。后来十万敌军攻城,马知节苦苦支撑,拼力突围,最终等到了援兵,夺回了城池。类似这样因不受上司喜欢而差点丧命的事情,在马知节身上发生了不止一两次,但他仍不改自己刚直的性子。

随着战功的累积,马知节被提升为中枢密院副使,敢言正直的他常常得罪当时得宠的王钦若等人。一次,真宗和群臣去曲阜祭孔。在回来的路上,真宗说:"爱卿们一路上辛苦了,还随朕一同用素,朕心中真是过意不去。"马知节马上就上前说道:"一路上不吃肉的只有官家,我们一直偷着吃。"真宗一听这话,顿时愣了。过了一会儿,真宗转脸问王旦:"马知节说的是实话吗?"王旦当时是中枢密院正使,比马知节高一级。还未等王旦说话,马知节就接着说道:"我说的全部是实话。"马知节都这样强调了,王旦也不好反驳,只好觍着脸赔笑。后来,马知节还公开和宰相王钦若打擂台,只要他发现哪里有些模糊不清之处。就大声嚷嚷。由于马知节说的都是实话,最后真宗不得不把王钦若和马知节都罢免了。这样一来,朝堂上终于恢复了以往的安宁。

像马知节这样的人就属于刚强而不结实的人,他的心意值得称赞,但是他的做法是欠妥的。其实,他完全可以在考虑周全后再与王钦若较量,不必闹到两败俱份的地步。

相对于马知节这种未考虑周全就随便说话的人,那些精通劝谏之术的人,就能巧妙地把握人的性格特点,即兼具五德。历史上,很多人具有这方面的才华,如战国时期的邹忌、触龙、淳于髡。也有一些人,虽然不像上面列举的三人那样能够非常圆满地处理事情,但也在劝谏的过程中展示了他们不同的个性,体现了五德中的其一或其二。

战国时期,齐宣王因为宰相田婴的威望过高,认为他是自己的心腹大患,所以不喜欢他。田婴也感到"伴君如伴虎",就想在自己的封地——薛地筑城以发展个人势力,以防不测。田婴身边的门客们发现他有这样的想法后,纷纷劝阻他,田婴下令任何人都不得劝谏。正当门客们无计可旋的时候，有一个门客向田婴提出请求，说他要求说三个字，多一个字就甘愿被杀头。田婴一听，觉得这个门客很有意思，在好奇心的驱使下，他决定听听这个门客说什么。没想到，得到允许后，门客疾步走进来，上前向田婴施礼，说了"海大鱼"三个字之后，转身就跑。田婴觉得很奇怪，就让人把这个门客叫了回来，问他："你这话中有话啊，到底是什么意矽"门客一言不发。田婴就问他为什么不说话，门客说："我不敢以死为儿戏，不敢再说话了。"田婴笑了，就说："没关系，我不怪罪，你说吧！"门客这才说："您不知道海里的大鱼吗？在海里，鱼非常灵敏，即使用渔网也捞不住它。更别说用鱼钩去钩它了。可是，海鱼一旦被海水冲到海岸上，它就成了蚂蚁的口中之食。您和齐国之间的关系，就像海鱼和海水一样。您在齐国，就如同海鱼在海水中，整个齐国都庇护着您。如果您离开齐国，那就如同海鱼被海水推到海岸上一样啊！您为什么还要到薛地去筑城？如果失去了齐国，就是把城筑到天上去，也没有用啊！"田婴听完门客的话，深思了很久，最后，他采纳了门客的建议，放弃了在薛地筑城的想法。

从这位门客的说辞中，我们可以推断出，他一定是一个深谙"合"之理的人。他知道，富贵在沉浮之间，只有把周围的环境利用好，达到相辅相成的效果，才能成就大业。因此，他用这个道理来说服田婴。而他说服田婴时使用的方法，更是体现了逆合之术。这就体现了此人身上具有木德的温和与火德的简明特点。

楚襄王时的庄辛更是一个兼具金德的刚强和木德的温和的人。当初，庄辛在劝谏楚襄王时，也曾发生过因直言而使君主不喜的事情，他在事后及时调整了自己的方式，最终达到了劝谏的目的。

庄辛是楚庄王的后人，也是楚襄王时的大臣。楚襄王的身边有四个佞臣，于是庄辛就劝谏楚襄王远离这些佞臣。他是这样说的："君王左州侯，右夏侯，辇从鄢陵君与寿陵君，专淫逸侈靡，不顾国政，郢都必危矣。"这句话的意思就是说："君王您的左边是州侯。右边是夏侯，车旁跟从着鄢陵君和寿陵君。一味地过着毫无节制的生活，不理国家政事，如此下去国家就危险了。"这话在楚襄王听来，那就是在说他是昏君了。楚襄王很不高兴，最后庄辛不得不离开楚国去了赵国。

后来，楚国被秦国打败，国都都被攻占了。楚襄王痛定思痛，派人去赵国把庄辛找了回来。这次，历经磨难的庄辛改变了说话的方式，用比喻的方式告诉了楚襄王"见兔而顾犬，未为晚也；亡羊而补牢，未为迟也"，说明虽然国家遭遇这种惨败的状况，但还是有机会的。接着，他又用蜻蜓、黄雀、天鹅作比，说明了楚襄王身边的人的情况。这自然谈到了之前他曾说过的楚襄王身边的四个佞臣：州侯、夏侯、鄢陵君与寿陵君。庄辛先提到他们纵情声色，不把国家大事放在心上。接着，他又说这四个佞臣吃封地的粮食，用国库的钱财，在云梦玩乐，却不知道秦国的将领正奉了秦王的命令，在黾塞之内布满秦军，想要把楚襄王赶到黾塞之外。

其实庄辛说的实质问题一样，但是这次他改变了劝谏的方式，楚襄王在听他说完之后,不但接受了他的进谏,还封他为阳陵君。这一事例正表现了庄辛性格中的木德。

春秋时,齐国的春居也是这样的一个人。当时,齐宣王要建造一座宫殿,计划中的宫殿面积超过了百亩,有三百个门。要想建成这座宫殿,没有三年的时间是不可能完成的。而且,修建这样的宫殿,肯定会劳民伤财,影响国家的实力。于是,春居就去拜见齐宣王。不过,他没有直接针对齐宣王修建宫殿的事情进行劝谏,而是问他,荆国算不算有国君。

对这个问题,他从荆国的国君废弃了先代圣王的礼乐,改成轻浮放荡的音乐谈起,由此问荆国是否能算得上有国君。齐宣王自然回答算不上有国君。于是春居进一步问:"荆国的国君这么做,众多的臣子没有一个人敢进谏,荆国算得上有臣子吗?"齐宣王又回答算不上有臣子。层层深入之后,春居才说:"您要修建的宫殿面积之大,超过百亩。宫殿有三百个门,凭齐国这么大一个国家,建三年还建不成,群臣却没有一个人敢于进谏,那么大王算得上有臣子吗?"齐宣王沉思了一会儿,回答说算不上有臣子,然后春居就转身走了。齐宣王急忙把他叫回来,主动提出停止修建宫殿。

春居的做法和马知节以及庄辛的做法相比,自然是更高一筹。这其实也体现了春居的火德,我们从中可以看出春居的性格特点。

由五行到五德,可以分析出人的性情。归根到底,人的性情都可用金、木、水、火、土来表现,这是识人的基本知识。与此同时,五行和五德也告诉我们一个道理,做人要掌握好五德,以免出现类似马知节的结果。

【解读】

古代哲学理论认为,宇宙万物都是由金、木、水、火、土五种元素构成的。人类是宇宙的产物,自然也是由上述五种元素构成的。依据这五种基本元素,古人将人按照外形分为了金形人、木形人、水形人、火形人、土形人。这五种人在相貌和性格方面都有自己的特点。

金形人在相貌上的特征是:面额和手足方正轻小,如一块方金,眉高眼深,鼻高耳仰,骨坚肉实,肤色发白,声音圆润洪亮。金形人在性格上大都有英雄情结,仗义疏财,讲究礼义廉耻,性格好强,刚愎自用。木形人在相貌上的特征是:瘦直挺拔,好像笔直的大树,气宇轩昂,脸形上阔下尖,眉清目秀,腰腹圆满,肤色发青,声音高畅洪亮。木形人大都性格温和、宽厚、仁慈。水形人在相貌上的特征是:圆满肥胖,肉多骨少,腰圆背厚,眉粗眼大,肤色偏黑,声音缓急不定。水形人大都情感丰富,富有想象力,聪明机智,灵活多变。火形人的相貌特征是:头额窄小,下巴宽,鼻子高大而露孔,毛发较少,肤色呈红色,声音躁烈。火形人大都情感激烈,性格暴躁,说话喜欢直来直去。土形人在相貌上的特征是:敦厚壮实,背隆腰圆,肉轻骨重,五官阔大圆肥,肤色呈黄色,声音浑厚悠长。土形人大部分都仪态举止安详,缓慢而稳重,沉着冷静,待人宽厚,遵守信用,但城府很深,难以揣测。人们的长相基本上可以归纳到这五种类型中,但每个人的长相又与自己所属类型存在些许差别,所以就形成了金形带火形的长相,或水形带土形的长相,等等。这样一来,就可以解释同一种人在相貌上存在不同之处了。

古人将相貌上存在的五行之道分为顺合和逆合两种。顺合是指五行相生的关系,例如木形中带有火形。逆合是指五行相仇的关系,例如土形中带有木形。他们认为,相貌外形归于顺合的特点的人多会富有,但不会尊贵;而相貌外形带有逆合的特点的人则会非常尊贵。至于相貌上存在五行相克的人,例如火形带木形,古人认为这样的人不会有好命运。古人历来重视人的外形,并将人的外形单独作为一个考察对象。他们认为外形体现的气质可分为两种:一是阳刚,一是阴柔。这两种气质的存在基础还是五行。

外形上的五行还可象征人的品德。金德刚强,木德温和,水德厚实。土德忠厚,火德简明,这五种品德如果掌握不好的话,就会成为人生路上的绊脚石。刚强若不结实,那么就很容易断裂;温和若不果断,那么就会形成温吞的个性;厚实若不严谨,那么就容易被谎言蒙蔽;忠厚若不严肃,那么就容易散漫、松懈;简明若不顺畅,那么就容易变得模糊不清。

第三节　内　心

【原文】

五行为外刚柔,内刚柔,则喜怒、跳伏、深浅者是也。喜高怒重,过目辄忘,近"粗"。伏亦不伉,跳亦不扬,近"蠢"。初念甚浅,转念甚深,近"奸"。内奸者,功名可期。粗蠢各半者,胜人以寿。纯奸能豁达,其人终成。纯粗无周密者,半途必弃。观人所忽,十得八九矣。

【译文】

前面所说的五行,是阳刚、阴柔之气的外在表现,也就是所谓的"外刚柔"。有外必然有内,与外刚柔相对应的就是内刚柔。内刚柔说的就是人的喜怒哀乐的感情,激动或平和的情绪和深浅不一的心机城府。如果一个人遇到高兴的事就乐不可支,遇到恼怒的事就怒不可遏,而且事情过后转眼就忘得一干二净,这种人身上的阳刚之气就过盛,其气质几乎接近于粗鲁。如果一个人平静的时候没有一点张扬之气,激动的时候也激昂不起来,这种人身上的阴柔之气就过盛,其气质也接近于蠢笨。遇到事情。刚开始想得很浅,但转念一想又想得深入细腻,这种人身上阳刚与阴柔并济,其气质就近似于奸诈。但凡内藏奸诈的人都属于外柔内刚型的,他们遇事能进能退,能屈能伸,日后必定会成就一番功业。既粗鲁又蠢笨的人,刚柔皆能支配其心,使他们乐天知命,因此其寿命往往超过常人。纯奸的人,即大奸大诈者,胸襟开阔,能藏丘壑,遇事往往以退为进,以顺迎逆。最终会事业成功。那种外在举止粗鲁,内心气质也十分粗鲁的人,只是一味地刚,做起事来几乎都是半途而废。以上这些,也就是"内刚柔",一般察人者,十有八九都会忽略这一点。

【事典】

汉高祖六年正月,高祖刘邦封赏了包括张良在内的二十多位功臣,但是有很多人没有被封赏。没有被封赏的这些人聚在一起议论纷纷,抱怨自己没有得到应有的爵位。看到这种情况后,张良一直想让刘邦认识到他的做法有不妥之处。

这一天,汉高祖在洛阳南宫审阅奏章,突然见将领们三三两两地坐在大殿外窃窃私语。刘邦不解,就问身边的张良群臣在谈论什么。张良一脸平静地说:"禀告陛下,他们正在商议谋反。"刘邦对这个回答非常吃惊,立刻问:"天下刚刚平定,他们为什么要谋反啊?"张良语气平静地陈述道:"陛下,您是从布衣百姓登上的帝位,是他们帮助您打下了天下。现在天下是您的了,但是您封赏的全是您平时喜欢的人,诛杀的都是平常跟您有仇怨的人。朝中众臣目前正在统计战功,要是分给所有人土地,怕是把天下的土地都分完了还不够。这些人害怕您不封赏他们,又担心您想起过往的仇怨追究他们的过失,最终被您杀掉。所以就聚在一起讨论如何保命。最好的方法当然是谋反了。"刘邦没有想到事情会发展成这样,立刻问张良现在要怎么办。张良问刘邦平常最讨厌、最忌恨的人是谁,刘邦说是雍齿。张良说:"那您就先封赏雍齿做官,群臣看见雍齿都被封赏了,就不会害怕了。"

于是。刘邦立刻大摆筵席,邀请百官,而且在酒至半酣的时候封赏雍齿为什邡侯,还催促左右赶紧统计战功,好让他尽快给众人论功行赏。在场的百官看到这种情景,非常高兴,心想:像雍齿那样的人都被封为侯爷了,我们就更不用担心了,一定也会被封赏的。张良的这个举动,不仅纠正了刘邦任人唯亲、徇私行赏的弊端,而且轻而易举地缓和了矛盾。回顾这件事情,其实张良所做的并不多,只是劝汉高祖封赏一人便安定了众人的心。

张良这个人表面上看似不动声色,但内心的城府很深,他说话都是有目的的。当汉高祖问他那些人在商量什么时,他就回道:是在商量谋反的事情。事实上,他们在商议什么,或许张良也不知道,他只是要借机让汉高祖认识到自己的错误。俗话说"伴君如伴虎",张良很明白这个道理,所以他不正面指出汉高祖的错误,而是通过迂回的方式,让汉高祖自己认识到问题所在。这样的做法实在是高明。

除了像张良这样的内奸者能够成大事之外,纯奸之人往往也能取得一番成就,因为从本性上讲，纯奸者有豁达开朗的特质。纯奸之人可以为了自己的目的，忍辱负重、伺机而动，这样的人自然是易于成功的。提到纯奸之人，孙膑可以算是其中的典型代表了。他粉碎庞涓的阴谋，保全自己的经过，就体现了纯奸之人的忍辱负重、伺机而动的特点。

想当初，孙、庞二人皆拜鬼谷子为师，共同学习兵法。在学习期间，二人性情相投，结为兄弟。后来，庞涓听闻魏国国君广招天下贤才，就弃学从政，去了魏国。凭着自己的聪明才智，庞涓说服魏王，被任命为元帅，执掌魏国的兵权。随着地位的提高和名声的壮大，庞涓的傲气不断膨胀，最终发展到不能容忍别人超越自己的地步。

比庞涓晚下山的孙膑学成了秘不传人的《孙子兵法》十三篇，才能远胜庞涓。他下山后，到了魏王身边。孙膑的到来，让庞涓寝食难安。几经思量后，庞涓制订了周密的夺兵法、杀孙膑的计划。

他首先用攻心计，让孙膑心甘情愿地为他默写《孙子兵法》十三篇，然后又在魏王处进谗言。最终，孙膑借魏王之手，使孙膑受了酷刑，终身不能行走。聪明、狡猾的庞涓没有料到的是，孙膑是一个纯奸之人，他一旦反击起来，其超常的忍耐力是常人无法比拟的。

为了能成功地逃离庞涓的魔掌，孙膑开始装疯。他神情恍惚，无端发怒，动不动就瞪起眼睛骂人。更绝的是，他还假装疯魔，把已经写好的部分《孙子兵法》竹简扔到火盆里烧了。这种做法毁掉了庞涓想要得到兵法的希望。

接着，孙膑又经受住了庞涓几次三番的试探，甚至不管白天还是黑夜，他困了就睡，醒了就又哭又笑、又骂又唱。这些举动最终解除了庞涓的怀疑，使他放松了警惕。

后来，孙膑在齐国大将田忌的帮助下，逃离了魏国。从此，报复庞涓成为孙膑行事的一个重要目标。他利用围魏救赵之计，给庞涓以重击。但他没想到的是，庞涓会在齐国施反间计，使得齐王猜忌自己和田忌，最终田忌的兵权被夺，自己的军师一职也被革除。但孙膑再次忍了下来，等待机会，希望有朝一日能报仇。

齐威王驾崩后，继任的齐宣王相信田忌、孙膑二人，便重新起用了他们。隐忍多年的孙膑终于得到了机会。他用减灶之计迷惑了庞涓，最终在马陵之战中战胜了庞涓。

孙膑的成功与他纯奸的特点是分不开的。倘若他不能克制自己，就不能杀死庞涓，还有可能被庞涓得到兵法，从而使自己丧命。

值得一提的是，无论是内奸者还是纯奸者，这里的"奸"都是指心机或城府深沉，而不是奸诈、狭隘之意。

【解读】

从外貌形体上来判断、识别人的性格，虽然有一定的道理，但在人们看来未免有些牵强,准确性也不高。如果察人者见识不够,经历不够,出现的偏差就会更大。内刚柔要求从内外结合的角度来考察人物,是鉴别人才准确度较高的途径,所以更多的时候,我们都会用内刚柔的方法去鉴别人才。从准确度来说,内刚柔的鉴别方面较外刚柔要高,相对来说,难度也会有所增加。

对内刚柔的分析可从三方面着手,这三方面分别是人的喜怒、情绪波动幅度以及考虑事情的深浅。易喜易怒且过后就忘的人大都没有什么心机,对人生也没有太多的奢求,虽然情绪的激烈程度强过别人,容易大喜大悲,但由于他们很快就能将这种喜怒抛诸脑后,所以一般都能活得很惬意。这样的人有着别人比不上的大度量,而且比较单纯天真。与此相对的是将悲喜都深藏在心底的人,这种人心机较深,同时也由于背负了太多的心理包袱而过得沉重。这种人在做事情时,通常会怀有一定的目的。

情绪波动幅度较小很少会情绪失控的人,可分为两类:一类是内心平静如水,进而表现在外也是波澜不惊;一类是表面上平静如水,但内心早已波涛汹涌。无论是真的平静还是故作平静,这两类人都不宜在情绪变化剧烈时做出决定。与此相对的是情绪波动幅度较大的人,这种人容易一惊一乍,心中藏不了心思,比较容易被看透。

考虑事情肤浅的人,头脑比较简单,凡事会往乐观方面去想,说穿了就是乐天派。考虑事情比较深入的人,凡事都会做最坏的打算,比较自卑,常常会出现低落、沉重的情绪。刚开始考虑问题时肤浅,之后认识逐渐加深,这种人表面上看起来没有什么威胁性,但其内心的心机和城府是超出常人的,这是表里不一的典范。《冰鉴》中将这种人称为"内奸者",这里的"奸"并不是贬义词,它是三思而后行、胸有城府的同义词,是褒义的。

内奸者往往内心存有深沉的城府和心机,但表面上是一副谦逊无害的样子。这种人既有计谋又不形于色,显得很沉稳,胸有成竹。在军事上能够运筹帷幄、决胜千里之外的人,往往就是内奸者。

容貌第三：容以七尺为期，貌合两仪而论

人的容貌在一定程度上反映着人的心性、品质和才能。容貌有先天和后天之别，在日常环境的熏陶下，人的容貌也会改变。曾国藩认为人的姿容以七尺为限度，容貌以天庭至地阁之间的整个面部为范围。从容貌上鉴别人才，总体来说就是一个"整"字，无关高矮肥瘦，也无关美丑。曾国藩认为，人是一个由身体各部位相互关联而成的整体，各个部位应当相辅相成，协调生动，这也就是他所谓的容貌的"整"。人的容貌举止是美丑善恶的外在表现，因此，根据容貌判断一个人的前途命运也是有一定道理的。关于这点，古人通过无数次观察，总结出了一些粗略规律。曾国藩则将这些规律——放在了识人的流程中，使容貌成为识人的一个重要依据。

第一节　总论容貌

【原文】

容以七尺为期，貌合两仪而论。胸腹手足，实接五方；耳目口鼻，全通四气。相顾相称，则福生；如背如凑，则林林总总，不足论也。

【译文】

凡是观人察质，姿容以七尺躯体为限度，面貌根据两只眼睛来判断。人的胸腹手足，实际上与金、木、水、火、土五行对应，都有它们的某种属性和特征；人的耳、目、口、鼻，都和春、夏、秋、冬四时之气相贯通，也具有它们的某种属性和特征。人的身体的各个部位，如果能够相互照应、匹配，达到对称、协调的状态，那么就会给人们带来福分；如果相互排斥或彼此冲突，使相貌显得纷纭散乱，其命运也就不值一提了。

【事典】

曾国藩的才能是公认的，他的著作至今仍被广大学者研究，那么他的容貌是怎样的？史书上说他是："眼作三角形，常如欲睡，而绝有光。身材仅中人，行步极厚

重,言语迟缓。"与曾国藩有过数面之缘的容闳这样形容他:"文正已年逾花甲,精神奕然。身长约五尺八九寸,躯格雄伟。肢体大小咸相称。方肩阔胸,首大面正,额阔且高,眼三角有棱,目眦平如直线,凡寻常蒙古种人,眼必斜,颧骨必高,而文正独无此。两颊平直,髭髯甚多,鬖鬖直连颏下,披覆于宽博之胸前,乃益增其威严之态度。目虽不巨,而光极锐利。眸子作榛色,口阔唇薄,是皆足为其有宗旨、有决断之表征。凡此形容,乃令予一见即识之不忘。"根据史书和容闳的描述,以现在的审美观来看,曾国藩真的不是个美男子。但他仍然取得了巨大成就。由此可见,容貌的美丑不是鉴别人才的标准,相貌的标准还是以匀称、均衡为最佳。

要想从一个人的容貌中看出更多的关于人心性的东西,还是应该从这个人的动态表现中去观察、分析。曾国藩认为:"直容之动,矫矫行行;休容之动,业业跄跄;德容之动,颙颙昂昂。"即观察一个人的"容",就能发现其正邪与谨散。一个人的内心活动,必然会在举止上有所表现,即便当事人极力掩饰,他的内心活动还是会自然而然地从行为中流露出来,就像纸包不住火一样,总能找到一些迹象。一般来说,举止间犹豫不定的人多怀有他念,这就需要考察这种人的真实动机和想法。举止正派、光明磊落的人内心纯粹,心无旁骛,不会轻易地"见利忘义"。至于对貌的观察,很多都是隐藏在动态行为中。爱挤眉弄眼的人特别会处理人际关系,尽管他们十有八九都略显偏激,但是他们处事大方,为人十分圆滑,因此掩盖了很多不足。脸上总是一本正经的人,多半是不懂得阿谀奉承的人,这种人正直,一味地坚持原则,甚至有些死板。

对容貌的考察程度,还与个人的见识及经历有关,要想从一个人的容貌中看出他的心性和作为,还是应该努力学习知识,增长自己的见识。

【解读】

"容貌"二字,在《现代汉语词典》中的解释是相貌,而在古人看来,容貌是分开解释的。曾国藩说:"容以七尺为期,貌合两仪而论。"这句话的意思是说:容和貌是两个不同的概念,不能笼统地解释为相貌。容是指人的整个身体以及表现出来的形态,例如头、颈、胸等;貌则是指天庭至地阁之间的整个面部。容和貌都有两个方面的内容,一是指静态的表现,一是指动态的表现。通过对静态的容和貌的观察,可以发现人的外在美;通过对动态的容和貌的观察,可以发现人的心性、品质和能力。

虽然说人的容貌举止都是外在表现,易于观察,但要通过这些来分析人的心性品质也是不容易的。考察容貌,不能以美丑长短来下定论,应以容貌的相顾相生为准则。曾国藩认为,人是一个身体各部位相互关联的整体,各个部位应当相辅相成,协调生动,只有这样才符合大自然之理,表明人的身体健康、相貌不凡。当然,人身体的各个部位相顾相称,并不意味着外观就是美的。反之,人体的各个部位都像是勉强凑在一起的，也不一定就是丑的，只是意味着容貌不符合自然协调的标准，这样的容貌自然就不是什么好容貌了。容貌的作用不在于美丑，而在于它的有用性，多多积累知识，增加自身的内涵，容貌自然就会逐渐变得相顾相称。归根到底，人的成就还是更多地依赖于才能而不是容貌。当然，如果能兼顾才、貌，固然是最好；如果二者不能兼得，才有余必然会胜过貌有余。貌的美丑不能作为鉴别人才的标准。

第二节 仪 容

【原文】

容贵"整"，"整"非整齐之谓。短不豕蹲，长不茅立，肥不熊餐，瘦不鹊寒，所谓"整"也。背宜圆厚，腹宜突坦，手宜温软，曲若弯弓，足宜丰满，下宜藏蛋，所谓"整"也。五短多贵，两大不扬，负重高官，鼠行好利，此为定格。他如手长于身，身过于体，配以佳骨，定主封侯；罗纹满身，胸有秀骨，配以妙神，不拜相即鼎甲矣。

【译文】

人的姿容的可贵之处就在于一个"整"字，这个"整"并不是整齐划一的意思，而是要求身体的各个组成部分要均衡、匀称，构成一个有机的完美整体。就身材而言，人的个子可以矮小，但不要像一头蹲着的猪；个子也可以高，但不能像一棵细长的茅草那样插立着。从体形来看，可以胖，但不能胖得像一头贪吃的熊那样臃肿；也可以瘦，但又不能瘦得像寒鸦那样单薄。这些内容就是本节所讲的"整"。下面再从身体各部位的状况来看，背部应该浑圆厚实，腹部应该饱满，手要温润柔软，手掌要弯曲如弓，脚背部分要丰厚饱满，脚心处要空，空到最好能藏下一个鸡蛋，这就是"整"。五短身材的人虽然看起来不怎么样，但大多能够拥有高贵的地位，两腿长得太长的人，一般都命运不佳。如果一个人走路的时候就像背了重物一样，那么这个人必定会有高官之运；如果一个人走起路来像老鼠一样，步子细碎而又急促，两眼左顾右盼并且目光闪烁不定，那么他肯定是贪财好利之人。这些都是非常固定的格局，不会出现判断失误的情况。另外，还有一些其他格局，比如说两手伸展比上身还长（最好是超过膝盖），上身比下身还要长，再拥有一副上佳的骨骼，那么这个人一定会位列公侯；再比如说一个人皮肤细腻柔润，就好像是身布满绫罗一样，胸部骨骼隐而不现，纹秀别致，再有一副奇佳的神态，不做宰相，也会高中状元。

【事典】

汉武帝很喜欢打猎，有时候，他会带着很多人去打猎，声势浩大；有时候，他就

国学经典文库 智慧谋略全书 冰鉴 图文珍藏版

只带着一小队人马轻装上阵。一次,他带着一小队人马打猎,而且穿着便服,因为玩得高兴便忘记了时间。天已经黑了,他们路过一个村子,找到一户人家借宿。

开门的是一个老头,老头看见来人带着弓箭,后面又有身强体壮的帮手,估计来者不善,以为他们是山上的盗匪,不敢怠慢。等到汉武帝众人歇脚的时候,老头跟自己的老婆子商量,他觉得这群人不是善人,想把村子里的后生们找来驱赶这些人。老婆子不同意他的观点,说:"我看领头的那个人器宇不凡,容貌之间有种顶天立地、不为势所折的气概。他必定不是普通人,一般盗匪更不可能有他这样的容貌。我们还是不要轻举妄动,谨慎些好。"

汉武帝的侍卫恰巧听到了这些话,把这些话告诉了汉武帝。汉武帝没有说什么,彼此便相安无事。第二天早上,他们就跟老头辞行了。老头心中有点不安,怕这些人会回来找他们的麻烦。没过几天,朝廷来了圣旨,说是要封赏两位老人。老头才知道,那天来他这里住的不是一般人,是当今皇帝。汉武帝非常佩服老妇人的眼力,所以有心照顾两位老人。

这位老妇人虽然不知道在自己家里住的是什么人,但是生活的阅历让她从人的容貌、气质辨别出人的地位高低、身份贵贱。一般来说,仪容沉稳的人,谨慎有节;仪容威猛的人,刚健勇武;仪容圣端的人,威严肃敬。至于如何从仪容上看出沉稳或浮躁之气,需要有丰富的生活阅历。

提到秦始皇,人们想到的是"秦王扫六合,虎视何雄哉",想到的是他开创的统一中国的局面,想到的是他创造的"皇帝"的名称,于是人们想当然地认为秦始皇一定是一个器宇轩昂的英雄。实际上,据史书记载,秦始皇不仅不是人们心目中器宇轩昂的样子,还长了一副怪模样。

《史记·秦始皇本纪》中,司马迁借尉缭之口描述了秦始皇的形象:"蜂准,长目,挚鸟膺,豺声。"所谓"蜂准"就是马鞍状的鼻子,意即塌鼻梁;所谓"长目",可能就是"马目";所谓"挚鸟膺",就是医学上所说的鸡胸;所谓"豺声",就是声音嘶哑。

有着这样一副外貌的秦始皇性情如何呢?尉缭说他:"少恩而有虎狼心,居约应出于人下,得志于轻食人。"言外之意就是说,秦始皇不但长相奇丑无比,而且脾气暴躁,不通人情。这就和历史上说的他是一个暴君的形象相符合了。

再来看看晋元帝司马睿,这个人的外貌也是相当奇特的。据《晋书》记载,司马睿出生不久,"白豪生于日角之左,隆准龙颜,目有精曜,顾昑炜如也"。而根据相书上说:"额有龙犀入发,左角日,右角月,王天下也。"这就是说,一个人有没有富贵命,全看他的日角有没有什么奇特之处。司马睿的左额日角上长了一根白发,这根白发放在今天,那就是早衰的征兆,在当时却成了司马睿将会具有至高地位的象征。而且,除了长了一根奇特的白发,司马睿还"隆准龙颜,目有精曜,顾昑炜如也",这就是说他目露神光,精光闪闪。

正是这样一个长相奇特的司马睿,在八王之乱中,故意收敛锋芒,以一副窝囊相免于祸患,最终在至交王导的帮助下,建立了东晋王朝。

通过观察仪容是否"整"来鉴别人才,还有一种以奇为贵的特例。鉴人察性,除了用一般的原则方法之外,奇人异士又是一种奇特的例证,不能用常情常理去对待。传说,黄帝长着一副龙颜,颛顼载牛而出,帝喾重列长齿,尧身长十尺,眉分八彩,舜眼睛重瞳,禹耳朵洞三孔,商汤臂生两肘,武王眼睛如阳斧高举,周公背驼如偻,皋陶生有马口,孔子反羽。上述圣人,无不生有奇相,因此尊贵非常。然以上关于奇相的说法,已经无法考证,我在这里引用,旨在证实一种说法:以奇为贵。

奇相固然高贵,但大多数人的仪容还是以"整"来做标准的,毕竟长有奇相的人少之又少。仪容除了与遗传以及自身学识、经验有关外,还与生活环境有极大关系,所谓"居移气。养移体"说的就是这个道理。在高贵环境中生活的人,自有一种逼人的仪态气势。对我们而言,父母是不能选择的,生活的环境也是我们很难改变的,我们能做的就是提高自己的学识,培养自己的气质,以此来让自己的仪容变得匀称、均衡。

【解读】

从仪容上鉴别一个人,可以鉴别出他心质的好坏、修养的高低。古人说:"心质亮直,其仪劲固;心质休决,其仪进猛。"这句话的意思就是,仪态大方稳重的人,修养深而且素质高;仪态畏缩卑懦的人,修养浅而且素质低。从仪容上来鉴别人才,"整"是不二法门。整,不是指人高大、漂亮、英俊,而是指人的身体均衡、匀称、协调。鉴别人才的依据不是人的长短肥瘦,而是其整体神韵。不论长短肥瘦,只要调停中和,互补互用,匀称协调,折中均衡,就可大用。如何通过长短肥瘦来判断仪容是否匀称、协调,道理还是在于一个"整"字。

曾国藩所谓的"整",包含阴阳五行生克调和的辩证道理。这一道理可以简单地归结为:木受金克,如果木弱金旺,一克便没了生的消息;如果木弱金弱,木虽不会消失,但也无大用;如果木强金弱,金不但克不了木,反受木辱;如果木、金俱强,两势相当,则为有用之木。其中强弱分数不同,又会生出许多变化。

以长短肥瘦来论,长得矮并不要紧,只要分寸得度,则以短为贵。"五短多贵",贵就贵在其短,短得有分寸,不失匀称和谐之美,互补有情,配合奇佳,自然不是一般人。在兵器上有这样一种说法:一寸短,一寸险,一分长,一分强,兵器的有用性就在于此。但用到人身上就不一样了,身材矮小,并不影响人有挺拔、气度不凡之势。无论身材多么矮小,只要身有挺拔之势,自然就不是普通人,这样的人心中往往有奇气。

当然身材高长也是无妨的,高者自有高的优势。就审美的角度来看,身材修长自然是好的,如果身材高长如风中茅草,经不起一点风吹,那么这样的人身材固然高长,也是不可用的。

身材肥胖同样是没有什么影响的。唐朝以肥胖为美,现代以骨感为美。随着时代的发展,人们的审美观也会发生改变。无论是以肥为美,还是以瘦为美,都不会影响到身材的整体神韵。即使身材肥胖,但只要不失其灵便有力的特征,也有其特长和用处。

瘦也无妨。瘦,如果不轻佻浮扬,不像风中竹竿,不像寒冬孤鹊,有稳重敦厚感,有筋有骨,高而不虚,长而不弱,轻而不飘,瘦而刚劲,当然也是好的。

总而言之,不论长短肥瘦,只要不影响整体神韵都是好的。我们这里所说的长短肥瘦都是人的整体态势,是远观的姿态。腹背手足也不以其形状和美丑、肤色来论人前程和才能,而是要以其特点来论。

背宜圆厚,厚能负重,担当大任;圆可通融,是立于群人之中左右逢源、四通八达,行事有分寸、有办法的灵活通变的象征。腹部宜突出且平坦,表明有承受大任的胸襟和气概。

手部温软是贵人之相。大凡有地位、有权势、有财富的人,脱离体力劳动多年,养尊处优,手上自然没有什么趼子,反而成了温软之物,再加上香熏玉沐,自然不是粗硬大手了。

足部宜丰满,最好能够在脚下藏住鸡蛋。用现代解剖学的理论分析就是,足分弓形足和扁平足,弓形足弹性好,行动迅捷,血液循环快,不宜疲劳,适合长途跋涉,而扁平足不利于足部血液循环,因此不胜长途行走。

以上对长、短、肥、瘦以及背、腹、手、足的要求都体现了"整"的标准。通过对人的仪容的观察,可以看出一个人的内心活动,甚至还能看出一个人的成就。当然这种观察力不是谁都能够拥有的,这需要有丰富的阅历。

第三节 外 貌

【原文】

貌有清、古、奇、秀之别,总之不必须看科名星阴骘纹为主。科名星,群三岁至三十九岁随时而见;阴骘纹,十九岁至四十六岁随时而见。二者全,大物也;得一亦贵。科名星见于印堂眉彩,时隐时见,或为刚针,或为小丸,尝有光气,酒后及发怒时易见。阴骘纹见于眼角,阴雨便见,如三叉样,假寐时最易见。得科名星者早荣,得阴骘纹者迟发。二者全无,前程莫问。阴骘纹见于喉间,又主生贵子;杂路不在此格。

【译文】

人的相貌有清秀、古朴、奇伟、秀美的分别。这四种相貌通常是按照科名星和,阴骘纹为主要特征去辨别的。科名星在十三岁到三十九岁之间随时都可以看得到,而阴骘纹在十九岁到四十六岁之间也随时可以看得到。如果阴骘纹和科名星这两样都具备,那么这个人将来一定会成为一个大人物;如果能够得到其中一样,这个人也会得到富贵。科名星会在印堂和眉彩之间显现,有时会出现在人前,有时又会隐藏不出,它的形状有的时候像钢针,有的时候像小球,或者说是一种红光紫气。这种现象在人喝酒后和发怒的时候容易看见。阴骘纹一般都出现在眼角处,阴天或下雨的时候便能让人看见,样子像三股叉一样,尤其是在人快要睡着的时候特别容易看见。拥有科名星的人,在少年之时就会荣耀发达;拥有阴骘纹的人,其发迹要稍微晚一些。如果两者都没有的话,那么前途就很渺茫了。另外,如果阴骘纹出现于咽喉部位,预示着主人会喜得贵子。如果阴骘纹出现在身体的其他部位,则不能做出这样的论断,这属于其他杂格。

【事典】

谈到面相怪异之人,就不能不提到隋文帝杨坚。此人的长相可以用"奇"来概括。从面相学来看,这种"奇"与他的帝王之运密切相关。

杨坚,隋朝开国皇帝,是西方人眼中最伟大的中国皇帝,被尊为"圣人可汗"。而这位创立了一番伟业,在历史上留下"开皇之治"的帝王,长相实在令人不敢恭维。

据《隋书》记载,杨坚"龙颔虎目,额上有五柱入顶,目光外射,有文在手曰'王',长上短下,沉深严重"。从这句描述中可知,杨坚额头上有五个隆起的部分直插到头顶上;下颌很长,而且很突出;目光犀利,咄咄逼人;掌纹形似"王"字;身材更是上身长,下身短。

把这些描述综合到一起,我们为杨坚画一幅像之后,就不得不惊叹此人长相之"奇"。据说,杨坚出生时,奇特的相貌把自己的母亲都吓了一跳,其"奇"由此可见一斑。

杨坚相貌的奇,如果放在现代来看,就不能用"奇"来形容,而应该说是"丑"了。现代人谁要是有这样一副尊容,估计死的心都有了。但在相术发达的古代,这种相貌却是"奇贵无比"的。别的不说,光是他突出的额头和额头上那五根"入顶"的肉"柱",就是"龙颜"的象征。

我们用古代相术学的观点来分析一下:杨坚的额头,用相书上的术语叫作"龙犀",是帝王的象征。唐朝的李善曾说:"额有龙犀入发,左角日,右角月,王天下也。"也就是说,像杨坚这种凶下骨隐起,下连鼻梁不断的"龙犀",以及由于额头上隆起,在左右鬓角形成的肉"角",都是"王天下"的贵相。此外,关于这种相貌,相书上还有一个说法,叫作"龙颜戴干",龙颜自然是指帝王的相貌,戴干就是指头部有肉突起如干戈对立。

据说,当时北周皇帝宇文毓在听到齐王宇文宪所说的"杨坚相貌非常,臣每见之,不觉自失。恐非人下,请早除之"之言后,曾派善于看相的赵昭去为杨坚相面。

赵昭在看到杨坚后,坚信杨坚"当为天下君",还告诉杨坚:"公当为天下君,必大诛杀而后定,善记鄙言。"为了顺应"天命",赵昭欺骗了宇文毓,说杨坚只是一个做"柱国(官职名)"的材料。

或许正是由于这种相貌,杨坚才经历了许多磨难;又或许正是因为这种相貌,杨坚赢得了许多人的敬畏,他们追随他,最终助他成就了霸业。

除了长相上的差异可鉴别人才外,面色也是鉴别人才的重要依据之一。古代的相面士认为,好的面色是:面相有威严,意志坚强,无私正直,疾恶如仇;秃发谢顶,善于理财,有掌管钱物的能力;颧骨高耸圆重,面目威严,有权有势,众人依顺;颧高鼻丰。而且和下巴相称,那么此人将会在中年到老年期间享福不断;颧隆鼻高,脸颊丰腴,那么此人晚年的时候将更加富足;颧骨高耸,眼睛较长而印堂丰满,脸相非常威严,这个人会非常尊贵,可享八方朝贡。

不好的面色是:颧骨高而面颊消瘦的人,做事难以成功,晚年的时候会孤独清苦;颧骨高而鬓发稀疏的人,老年的时候会比较孤独;颧骨高而鼻梁塌陷的人,做事成功的时候多,失败的时候也多;脸皮薄的人经常会让人误认为非常高傲,这些看法更加阻碍了脸皮薄的人与其他人的交往。因此,他们在处世的时候,就消极应对,根本不敢大胆行事。在工作方面,他们只求没有过错就好,很害怕因为过错而承担风险。但是,脸皮薄的人也是有优点的,比如他们坚实可靠,而且做事保证做到最好,在一定的范围内,他们是好战友、好朋友,甚至是好干部。

这一节说到的科名星与阴骘纹是从面相上辨别人才的依据,从本质上讲,这两者都是面相中可改变的一部分,所以人的吉凶祸福并不是"万般皆是命,半点不由人",是可以通过行善积德来改变的。

明朝的袁柳庄很善于观人,是一代观人大师。人们对他都很崇敬,经常邀请他到家里看相。有一次,王部郎的家眷里不断有人患病,就请他来给家人"诊断"。袁柳庄到了王部郎家,把府上所有的人都看了个遍,说有人妨主,并说这个人就是一个姓郑的奴才。王部郎听罢,便将这个奴才从府里赶了出去,家里人的病果然不治而愈。

而那个被赶出来的姓郑的奴才,在一次上厕所的时候捡到了二十多两银子。他此时已经没有了经济来源。这银子对他而言可以说是相当重要的,可以解燃眉之急。郑某捡到银子应该非常高兴才是,但是他非常忧伤,因为他想:那个丢失银子的人一定很着急,而这么多银子一定是要用来做大事的,自己要是拿了的话就等于断了失主的活路。袁大师相面时都说我是贫苦人的命,这么多钱放在我身誊恐怕也待不住,八成还可能引来什么祸患。所以,他就拿着银子一直在原地等待失主来取。原来这银子是一个地方官上京疏通关节用的。这个人看见郑某拾金不昧,很感动，又一询问，得知捡到银子的人姓郑。恰巧，这位官员自己也姓郑，而且没个一儿半女，就把郑某收为自己的义子。后来。那位姓郑的官员平步青云，自然，郑某也获得了不小的官职。几年后，郑某回京拜访曾经的主人王部郎，说起自己的事情，两人都唏嘘不已，并且对袁柳庄说过的话非常气愤。这时候，袁柳庄正好又来到王部郎家。为了奚落袁柳庄，郑某就换了仆人的服装在王部郎的身边侍奉。袁柳庄一看见他，脸色全是疑惑的表情，"这个人应该是做大官的料，怎么会是你家的一个奴才呢？"王部郎说："这个人就是前几年你说既妨主又贫贱的人，今天你怎么说他富贵呢？"袁柳庄说："这个人满脸阴德的纹路浮起，如果不是救了别人的性命就是还了别人的东西。他的骨相已经发生了改变，他为别人做了好事，别人也报答了他，所以才有今天的富贵。"听完这些话，王、郑二人对袁柳庄彻底信服了。

这个故事告诉我们，相貌是可以改变的。我们常常说"人不可貌相，海水不可斗量"，认为古代的相面术都是迷信，其实不然。从面相上分析一个人品质的好坏、才能的优劣，在一定程度上是可行的。当然，这里的面相分析与美丑的鉴别没有关系，而是与人的举止、品行有关。

中唐名将郭子仪，相貌清秀，体格强壮，身高八尺。他在二十岁的时候，在太原服役。服役期间，他负责押运的粮草被烧，按照军法，郭子仪该被砍头。在郭子仪被押赴刑场的过程中，李白看到了郭子仪。李白觉得这个年轻人威风凛凛，相貌不凡。以后一定不是凡人，而且他临危不惧，定能有一番大的作为。于是李白就从中斡旋，搭救了郭子仪。后来，郭子仪不负所望，真的做了官。再后来，他因为多次立功，官位不断升迁。

郭子仪

安史之乱爆发后，郭子仪在平叛的过程中更是功不可没，最终成为唐朝著名的大将军，而且获得了"权倾天下而朝不忌，功盖一代而主不疑"的美誉。

郭子仪能够取得这样的成就，与李白的搭救不无关系。如果当初不是李白从中搭救，郭子仪早就已经命丧黄泉，何来后来的功绩？李白与郭子仪素不相识，单凭一面之缘就可看出郭子仪将来必然会有大作为。由此可见，从外貌是可以大致推断出人的作为的。人的品性和才能都是形于内而露于外的，通过观察是不难发现的。所以，要想识别人才，要先学会通过外貌来识人。

【解读】

人的相貌从出生到死亡会有不少变化，主要是先天与后天的变化。一般来说，外界的变化在一定程度上会从人的相貌上反映出来，修养、学识、胆气、情绪、性格、生活的变化都会反映在相貌上。因此,古人认为相貌与人的成就有密切的关系。向来以识人神准著称的曾国藩认为,一个人的头部若是圆圆的,必定富贵;眼神里流露善意,心底必定慈悲;眼睛横竖,性情刚烈;眼珠暴突,生性凶恶;眼睛斜视并且不说话,心里一定是有嫉妒和不满的情绪,但近距离看这个人的神情又内藏不露。人的性情温和,相貌就比较平和。脸色发青发蓝的人是遇到了困难;脸色一直是红色或者黄色的人一定生活顺利;脸色呈黑色或者白色,则表示疾病连连;脸色带紫,晚年才能享受到福禄;脸色赤红,一定会犯上作乱。眉毛平直如同一个"一"字,是仁义的人。鼻头尖薄,一定是贫困奸邪的人,鼻头圆圆的人一定身居高位。眼睛黑亮闪烁,是聪明富贵的象征。嘴大,嘴唇红,是坐上公侯之位的象征。眉毛高挑,两只耳朵高高耸立,则表示官运亨通。

人的相貌可分为清秀、古朴、奇伟、秀美四种。汉高祖刘邦鼻梁高,眉骨隆圆。唐太宗李世民有龙凤之姿,天人之表。李钰(唐代名臣)天庭饱满,右边眉骨隆起,深入发际。这些人的相貌都属于清秀之貌。老子身形像乔木,孔子面如蒙淇(古人辟邪驱鬼用的面具)。这些人的相貌属于古朴之相。卢杞(唐代奸臣)脸带青色,形同鬼的样子,有龙一样的唇、豹一样的头。宋人赵方眼睛能穿天入地。鬼谷子牙齿显露,喉结突出。尧的眉毛分八彩,舜的眼睛有两个瞳仁,大禹耳朵有三个孔。这些人的相貌都属于奇伟之相。张良像美丽的少妇,陈平身体洁白如玉,这些人的相貌都属于秀美之相。

第四节　容貌其他

【原文】

目者面之渊,不深则不清。鼻者面之山,不高则不灵。口阔而方禄千钟,齿多而圆不家食。眼角入鬓,必掌刑名。顶见于面,终身钱谷,此贵征也。舌脱无官,橘皮不显。文人不伤左目,鹰鼻动便食人,此贱征也。

【译文】

人的眼睛就好像位于面部的两方水潭,神气如果不显露得深沉含蓄的话,面部就无法做到清朗明爽。鼻子就好像支撑面部形态的山脉,鼻梁如果不挺拔,准头如果不丰圆,面部就显现不出机灵聪慧的气息。嘴巴宽阔方正的人,会拥有享千钟福禄的好命;牙齿细小圆润的人,比较适宜在外地发展事业。如果两眼秀长并且斜插到鬓发处,这个人必定能够掌握司法大权;如果一个人秃发谢顶,又能够使头顶和面额相连,这样的人必定能够掌握财政大权,上面所讲的这些都是富贵的象征。口吃的人不会有官运,面部肌肤粗糙得好像橘子皮一样的人不会发达。如果文人的左眼有伤,那么就代表文星陨落,无所作为。鼻子长得像鹰嘴的人,内心肯定阴险狠毒,喜欢伤人。上面所讲的这些都是贫贱的征兆。

【事典】

事实上,历史上确有口吃者当大官的例子。刘邦身边的红人周昌就是个口吃者。周昌最初跟随刘邦时,为刘邦执掌军旗。刘邦做汉中王时,周昌升为中尉。楚汉相争时,他的哥哥周苛因为坚守荥阳,不肯投降,被项羽扔到锅里煮了,他接替哥哥的职位,当了御史大夫(等于是副丞相一职)。因为他直言敢谏,为人强硬,自萧何、曹参以下,众大臣都不敢轻视他,有些时候连刘邦都会对他有些忌惮。

有一次,周昌准备在刘邦用晚餐的时间进谏。正巧当时在饭桌旁伺候的是刘邦最喜爱的戚姬,所以刘邦就边用饭边与戚姬玩耍。周昌到来时,刘邦正与戚姬玩得开心。周昌见状,扭头就往外走。刘邦从后面追上来,扯着周昌问道:"你觉得朕是一个什么样的皇帝?"周昌毫不犹豫地回答道:"陛下是暴君,跟夏桀、商纣一样。"刘邦听后尴尬地笑了笑,放开周昌让他离开了。之后,刘邦并没有因周昌的出言不逊而对他加以惩罚。

《史记·张丞相列传》里还记载着这样一件事:"而周昌廷争之强,上问其说,昌虽为人吃,又盛怒,曰:'臣口不能言,然臣期期知其不可。陛下虽欲废太子,臣期期不奉诏。'"这是在说刘邦想要废太子时,周昌极力劝阻的事情。周昌对刘邦说:"臣口不能言。但臣知道不能废太子。陛下如果坚持要废太子,臣就坚决不奉诏。"司马迁在记录这件事时,连用了两个"期期",形象地表现出了周昌口吃的样子。

历史上口吃却能做大官的人不仅仅周昌一个,还有三国时期的邓艾。邓艾是司马懿的部将。那时候人们讲话都要带上自己的名字,邓艾讲话时就称"艾如何如何"。因为口吃的毛病,所以他每次开口讲话就成了"艾艾如何如何"。有一次,司马懿故意取笑邓艾口吃,说:"你说'艾艾',你的名字中到底有几个'艾'呀?"邓艾巧妙地回答道:"凤兮凤兮归,故是一凤。"成语中的"期期艾艾"就是因这二人而来的。

口吃对一个人来说,固然不是什么好事,但并不能成为否定一个人成就的依据。据科学解释,口吃是语言方面的缺陷,是一种习惯性的行为,涉及遗传基因、心理压力、神经生理发育和语言行为等多方面的因素,是一种非常复杂钓语言失调症。所以说,口吃只是一种缺陷,并不是影响仕途的恶兆。从古至今,身有残疾却成就了一番大事业的人数不胜数。所以"舌脱无官"之说是没有道理的。

此外,秃发谢顶的人善于理财一说也是不可靠的。秃发谢顶只是一种常见的毛发疾病,分为先天性与后天性两种,与是否会理财并没有什么直接关联。古人之所以说秃发谢顶的人会理财,可能是从个别人的经历中总结出来的,并没有什么科学根据,因此我们说这些都是不可靠的。无论一个人是否身有缺陷,只要他刻苦努力,提高自己的能力,那么必然会有一个光明的前程。

【解读】

古人认为,人的五官长相可以预示一个人的未来,但从现代科学的角度来说,这种说法并不可靠。眼、耳、口、鼻大都与遗传或变异有关,与个人才能及成就无关。秃顶的人会理财,长有橘皮面的人一生不会显耀,口吃的人不能做官等,这些说法更是包含了浓重的迷信色彩。就拿口吃者不能做官这一点来说,就完全不符合事实。自隋朝科举取士以来,和平时期,文官多半要通过科举考试来选拔,而且古代并没有面试一说,选拔人才的依据就是书生们作的文章,所以何来口吃者不能做官的道理?就算科举考试会限制口吃者,但在动乱时期,国家急需人才,关键是看其有没有能力,而不会因为口吃而舍弃人才。一个人口吃,并不意味着他就是个无才无能之辈,当然也不意味着他就有超乎常人的才能。所以说,将"舌脱无官"改成"口吃会影响做官"更恰当一些,也更能令人信服一些。

情态第四：情态者，神之余

在日常生活中，人们自然而然会形成一些具有特定意义的习惯性动作。因为时间长久，而且是不知不觉形成的，所以这些习惯性动作就具有很强的稳定性，很难加以掩饰，尤其是一些不自觉时出现的小动作，这些动作就成为我们识人的重要依据。一个人再会演戏，也不可能真的把自己变成另一个人，时间一长难免会流露出自己的本性。考察这些东西，就是考察人的情态。在识人的依据中，情态是较为容易识别的，因为它是流露在外的，而且在不经意间流露的信息不仅包括了个人的心性才能，还有其修养以及生存的环境。著名心理学家莱恩德说过这样一句话："人们日常做出的各种习惯行为。实际上反映了客观情况与他们的性格间一种特殊的对应变化关系。"情态是神的余韵与外在表现，总体可分为恒态与时态。通过对这两种情态的考察，基本上就可识别出一个人能否使用、能否大用。情态鉴是曾国藩识人术中不可或缺的一章。

第一节　情态——神的余韵与外在表现

【原文】

容貌者，骨之余，常佐骨之不足。情态者，神之余，常佐神之不足。久注观人精神，乍见观人情态。大家举止，羞涩亦佳；小儿行藏，跳叫愈失。大旨亦辨清浊，细处兼论取舍。

【译文】

容貌是骨相的外部表现，经常能够弥补骨相的不足。而情态是神的余韵与外在的表现，经常能够弥补神的不足。久久审视，应主要观察一个人的精神；短暂一见，应主要观察一个人的情态。如果是大家高人之态，即便有像女儿家一般的羞涩，也是一种佳相；如果像小孩儿一样哭哭啼啼，又跳又叫，越掩饰造作，越让人觉得虚伪粗俗。情态也应首先分辨清浊，细致观察时还要兼论取舍，方可大处着眼，细处定性。

【事典】

汉武帝有两位宠妃,一个是尹婕妤,一个是邢夫人。因为汉武帝熟知后宫的规矩,为了避免两个宠妃发生冲突,他下令不让这两位宠妃相见。但是汉武帝经常在尹婕妤面前提起邢夫人的美貌,所以尹婕妤就恳求汉武帝让她见邢夫人一面。汉武帝思考了许久,然后点头答应了。

当几十个宫女簇拥着一位穿着华丽的夫人款款而来时,汉武帝朝尹婕妤点了点头,示意她好好看看。谁料尹婕妤看了两眼后,竟然对汉武帝说:"她不是邢夫人。"汉武帝惊讶地问:"你为什么这么说?"尹婕妤回道:"看她的仪容形态,不足以当夫人,配不上陛下。"汉武帝随即又招来一名身着粗布衣裳的女子。这位女子独自一人从尹婕妤面前走过,身边没有一个宫女陪同,看似普通得很,但尹婕妤看到她后竟然低声呜咽起来:"这才是邢夫人。"原来尹婕妤在看到邢夫人后,觉得自己不如邢夫人美丽,顿时伤感得不能自已,所以才哭了起来。原来先前那位衣着华丽的女人是汉武帝找宫女假扮的,他本想用这个方法蒙混过关,不料被尹婕妤看破了。从那以后,尹、邢二美人彼此避而不见,留下"尹邢避面"的典故。

实际上,尹婕妤就是从情态上认出邢夫人的。一个人时常流露的自然情态是不可能完全被掩盖的,所以一个高贵的人即使穿上再破旧的衣裳,她的仪容、情态也是高贵的。一个人的情态与这个人的容貌其实并没有太大关系,人们常见容貌清秀,但举手投足间俗不可耐的人,这是容貌佳秀而情态不足的;又有容貌丑陋不堪,但端庄秀丽的人,不失一种深藏的内在美,这是容貌不足而情态有余的缘故。两种情况的根源就在于环境的修养和造化,其中有家庭的影响,也有社会的熏陶与自身的磨炼。

在这里,我们不谈论容貌,单从情态上考察人的心性品质。通过考察一个人的情态,我们可以确定一个人的生存环境以及学识才能,甚至还可以确定其细微的情绪变化。

王粲是"建安七子"中文学成就最高的一个人。他的才华还没有被世人认可的时候,蔡邕的名声已经家喻户晓了。蔡邕博学多才,乐善好施,而且生性随和,儒雅大方,很多人都乐意跟他结交,所以他有很多朋友。王粲十三岁那年去拜访蔡邕。当时蔡邕府里非常热闹,宾客盈门,高朋满座。蔡邕正和朋友谈笑,一听侍者说王粲来到,立刻起身出去迎接,还边走边说:"快请! 快请!"因为走得匆忙,他连鞋子都没有穿好,趿拉着鞋就出去了。满座的宾客看到蔡邕这样,纷纷猜测来人是谁,是什么样的来头,能让蔡邕如此紧张、着急。

当王粲进来的时候,在座的所有人都露出了惊讶的表情。他们都没想到,令蔡邕如此紧张的人居然是一个小孩,而且是个其貌不扬的小孩。他皮肤黝黑,个头矮小,体格也很羸弱,看不出有什么特别的地方。蔡邕在当时可不是一般人物,他是文坛泰斗,而且已经年近五十。能得到"泰斗"如此礼遇的竟然是个这样的男孩,难怪在座的宾客觉得疑惑了。蔡邕知道众人心中所想,于是就当众夸赞王粲,而且预言这个小孩子以后会大有作为。蔡邕又说,自己一生珍视、收藏的图书都应送给王粲,才算物归其主。大家见蔡邕如此重视王粲,都对王粲刮目相看了。

蔡邕的眼光果然没有错,王粲在十七岁的时候就被朝廷授予黄门侍郎的职位。后来,他到荆州投靠刘表,很快就从一群才人雅士中脱颖而出,而且还被推选为文坛盟主。王粲的才识逐渐被世人认可,后人喇说他是"建安七子"中文学成就最高的一个。由此可见,蔡邕的识人眼光是多么神准。

我们再来说众宾客之所以会猜测是一个什么大人物来到了蔡府,其实依据的就是蔡邕一系列慌张的动作。从动作及神态中了解一个人的心理状态和情绪,是最为直观、简单的识人方法,这实际上就是情态鉴。

【解读】

情态,是容貌所表现出来的余韵。情态与"神"属于表与里的关系。虽然人可以控制、掩饰自己的言语行动,不被别人看出真实目的,但总有蛛丝马迹可循。做作的言行举止能隐瞒一时,却不能隐瞒一世,所以只要他有所举动,内心所想就会通过一种方式使他的情绪有所显露。因此只要仔细观察一个人的情态,就可以发现他内心的真正想法。

我们常说"神情"二字,这里的"神"就是指内心精神状态,"情"就是指情态。神隐含于情态中,而,隋态则表现在日常的言行举止中,一个抽象,一个具体,一个不易识别,一个易于识别,所以通常我们会通过考察一个人的情态来分析这个人的内心精神状态。考察情态,不仅可以使我们了解人的内心精神状态,甚至可以以此观察人的生存环境,因为环境对情态的养成有很大影响。

第二节　恒　态

【原文】

有弱态,有狂态,有疏懒态,有周旋态。飞鸟依人,情致婉转,此弱态也。不衫不履,旁若无人,此狂态也。坐止自如,问答随意,此疏懒态也。饰其中机,不苟言笑,察言观色,趋吉避凶,则周旋态也。皆根其情,不由矫枉。弱而不媚,狂而不哗,疏懒而真诚。周旋而健举,皆能成器;反之,败类也。大概亦得二三矣。

【译文】

常见的情态有下列四种情况:弱态是委婉柔弱的,狂态是狂放不羁的,疏懒态是怠慢懒散的，周旋态是交际圆滑的。如果像小鸟一样依人，情致婉转，娇柔亲切，这便是弱态；平日里衣衫不整，鞋袜倒穿，不修边幅，恃才傲物，常常目空一切，旁若无人，这便是狂态；如果想做什么就做什么，想说什么就说什么，一点都不分场合，不论忌宜，这便是疏懒态；如果能够深深地把心机掩藏起来，处处察言观色，事事趋吉避凶，与人交往的时候圆滑周到，这便是周旋态。上述所说的这些情态，都来源于内心的真情实性，不会是人们任意虚饰造作而来的。委婉柔弱却又不曲意诣媚，狂放不羁却又不喧哗取闹，怠慢懒散而又坦诚纯真，交际圆滑而又强干豪雄，以后必定会成为人才。反之，则沦为无用的废物。人的情态变化不固定，很难准确地把握，不过只要观察其大致的情形，日后谁会成为有用之才，谁会沦为无用的废物，就能看出二三成。

【事典】

因为个性狂傲，不会收敛，所以性格比较狂的人总会给自己招来无端的麻烦，甚至威胁到生命。曹操手下的杨修，就是一个性格比较狂的人。因为他说话太随意，得罪了曹操，被曹操砍了脑袋。这就是"狂"引来的祸端。

杨修，字德祖，弘农华阴（今陕西华阴东）人，东汉末期文学家，太尉杨彪之子，以学识渊博著称。杨修思维敏捷，头脑灵活，颇有才华，是个很聪明的人。据《三国志·陈思王植传》注引《世语》中所说，杨修"以名公子有才能，为太祖所器"，而这本书里同样说杨修在担任曹操的主簿后，"军国多事，修总知外内，事皆称意，自魏太子已下，并争与交好"。

由此可见，这么聪明的一个人，必有过人的才华，这是有事实依据的。

当初曹操征伐袁绍的时候，下面的人整理军队的装备时，发现还剩下几十斛竹片，这些竹片只有几寸长。许多人认为没什么用处，要将这些竹片烧掉。曹操经过思考后，认为这些竹片可以用来做椭圆形的竹盾牌。于是，他让人去问杨修，结果杨修回答说，这些竹片可以用来做竹盾牌。二人的想法不谋而合。

杨修的聪明还表现在他对曹操的了解上。据说，杨修为曹植草拟了十几条答辞，并告诉曹植，一旦曹操提问，就根据他的问话选择相应的答辞做出回答。结果，每次曹操问曹植问题，曹植总能很快答出。

但凡有才华的人，都难免会有恃才傲物的性格特点。这一点在杨修的身上也有很明显的表现。

曹操在历史上被称为枭雄，他的多疑也是极为有名的。因为担心别人暗害他，于是曹操就对身边侍奉自己的人说，他喜欢在梦中杀人，要求下人在自己睡着的时候不要靠近。一天，曹操在午睡的时候将被子踢到地上，一个近侍靠近他，捡起被子要为他盖上。结果，曹操手持宝剑从床上跳起来，一剑杀死近侍，随后上床接着睡觉。睡醒后，他还惊讶地问是谁杀了近侍。得知事情真相后，曹操放声大哭，还让人厚葬近侍。大家都无限唏嘘,为曹操给一个近侍的待遇而感慨。只有杨修对着死者的灵柩说:"丞相非在梦中,君乃在梦中耳!"

有一次,曹操命人建一座花园。花园建好后,他去验收。看后,他没发表一句评论,只在花园的门上写了一个"活"字就走了。身边的人左思右想,不得其解。结果杨修到了一看,就笑着说丞相是嫌门阔,并且未加请示,就让人把门改小了。

以上只是其中的几个小事例,这些事例在表现杨修聪明的同时,也表现了他的狂傲。

狂傲的人,一般都有充足的信心和真才实学,所以觉得其他人在某些方面比自己逊色。但是做事要有度,忘记分寸,不分场合,随着自己的性子来,就会使别人讨厌,从而难以得到一个好的结果。当然,也有人会用狂傲来掩盖自己的信心不足,这样的人往往在真相大白的时候难以立足。

上面所述已经说明了狂的两种表现。概括来说,一种是才华横溢,恃才傲物;另一种是自命不凡,眼高手低。

再说疏懒态。呈现疏懒态的人一般非常有才,而且眼光犀利独到,看待事物非常透彻。正是因为能够一眼看穿事物的本质,这种人缺乏做事情的兴趣和动力,所以显得非常疏懒。这样的人一旦对什么事情产生了兴趣,就会投入其中,认真去做。他们思维敏捷,却不愿意动手,所以最好有人协助他们完成一些动手的工作,而他们则在一旁指导。

正是因为他们不愿意动手,所以很多人空有满腹经纶,却难以施展自己的才华。在现代社会中,这是很致命的,因为没有人喜欢满口大话却不愿实干的人,踏踏实实工作的人才更让人们喜欢。

当然,疏懒态主要表现在他们不感兴趣的事上。如果对某些事物着迷,他们会做得很好。比如陶渊明,他不喜欢做官,于是做官没几天就回家过起了"带月荷锄归"的生活。他更适合过游山玩水、吟诗作画的生活,虽然清苦,但可以自得其乐。

陶渊明,字元亮,东晋末期南朝宋初期诗人、文学家、辞赋家、散文家,东晋浔阳柴桑(今江西省九江市)人,出身于破落仕宦家庭。提到他,人们都会想到他的《桃花源记》等名作,想到他"守拙归园田"的归隐生活。其实,陶渊明也曾经出仕为官。

少年时期的陶渊明胸怀大志,"猛志逸四海,骞翮思远翥"。在孝武帝太元十八年(393),他怀着"大济苍生"的理想。出任江州祭酒。但遗憾的是,由于出身低微,在东晋那种门阀制度森严的情况下,他不但得不到重用,还受人轻视。于是他"不堪吏职,少日自解归"。安帝隆安四年(400),报国之志不减的他到了荆州。投入桓玄门下做属吏。然而,得知桓玄有篡夺东晋政权的企图后,他于隆安五年冬天。以母丧为由辞官回乡,并在桓玄称帝之后,于家乡躬耕自资,闭户高吟,对桓玄称帝之事持不屑一谈的态度。

元兴三年,建军武将军、下邳太守刘裕联合刘毅、何无忌等官吏,起兵讨伐桓玄的叛乱。最终桓玄兵败西走。听闻桓玄在兵败时将幽禁在浔阳的安帝掳走,陶渊明便离家投奔刘裕幕下,出任镇军参军一职,他甚至在刘裕率兵东下时,乔装私行,冒险到达建康,把桓玄挟持安帝到江陵的始末,告诉了刘裕。刘裕打入建康后,整顿东晋王朝"百司废弛"的腐化现象,"内外百官,皆肃然奉职,风俗顿改"。这些举动让陶渊明颇为欣赏,他甘愿在刘裕帐下当幕僚。结果,随着与刘裕接触越来越频繁,陶渊明发现刘裕为了剪除异己采取了一些残忍的手段,如杀害了讨伐桓玄有功的刁逵全家和无罪的王愉父子,重用了当日桓玄的心腹王谧。这一切使陶渊明很失望,于是他再度辞官隐居。义熙元年(405)秋,陶渊明出任彭泽县令,但到任仅仅八十一天,就因为不满浔阳郡督邮的行为,发出"我岂能为五斗米折腰向乡里小儿"的感叹后,授印去职。从此以后,陶渊明开始了自己的田园生活,直至辞世。

疏懒态的人不适合做领导,但是可以成为优秀的艺术家、文学家。

最后说周旋态。周旋态的人智慧极高,而且做事能够随机应变,且恰如其分。他们待人接物没有一点不妥之处,应付人或者事件游刃有余,在任何情况下都能泰然自若。如果周旋中另外有强悍雄健的气息,那这种人就是难得的大人才。完璧归赵的蔺相如就是这种典型,属硬派,是一个难得的人才。

蔺相如是战国时赵国的上卿,战国时期著名的政治家、外交家。他最著名的就是和廉颇之间将相和的故事,以及他完璧归赵和在渑池之会上反击强秦的出色表现。这些都展示了他作为一名政治家和外交家的姿态。

赵惠文王时,赵国得到楚国的和氏璧。秦昭王听说后,就派人送给赵王一封信,说愿意用秦国的十五座城来换取和氏璧。赵王和手下的人一商量,既怕不换璧秦王不高兴,又怕给了璧得不到那十五座城。而理想的解决方案就是派一个人出使秦国,把问题解决。但赵王一时间找不到这样的一个人。最后,宦官头目缪贤推荐了自己的门客蔺相如。

就这样,蔺相如奉命出使秦国。到了秦国后,秦王看到和氏璧很高兴,便将和氏璧传给妃嫔及左右侍从看,却没有一点要以城换璧的意思。于是蔺相如以要指出璧上的瑕疵为由,将和氏璧从秦王手中取回。然后,蔺相如手捧和氏璧,背靠着柱子,怒发冲冠地告诉秦王,想得到和氏璧就要表现出换璧的诚意,否则自己的头就与和氏璧一起撞碎在柱子上!

无奈之下,秦王派人指点着地图,告诉蔺相如用来交换和氏璧的十五座城的位置,但内心深处他并不想以城换璧。于是蔺相如以秦王要斋戒五天,在朝堂上安设"九宾"的礼节,自己才能献上和氏璧为借口,让人私下将和氏璧送回了赵国。而他自己,则在痛陈秦国自从秦穆公以来的二十多个国君皆不守信用的事实后,明确告诉秦王,自己是怕受骗才将和氏璧送回赵国的。如果秦国真的想得到和氏璧,就先将十五座城给赵国。最后,秦王怕因为一块璧影响自己在各国的声誉,只得把蔺相如好好招待了一番,送他回赵国去了。

随后,秦赵两国的国君在渑池相会时,蔺相如也以一副强硬的姿态回击秦王,保全了赵王的尊严。

当时,秦王趁着酒兴,请求赵王为自己弹瑟。赵王在盛情之下,不得不弹瑟。结果秦国的史官就将此事记录下来,还说:"秦王与赵王会盟饮酒,命令赵王弹瑟。"蔺相如走上前去,要求秦王为赵王击缶,以互相娱乐。秦王当然不肯。蔺相如就走上前去,献上一个瓦缶,趁势跪下请求秦王敲击。见秦王仍不肯击缶,蔺相如就威胁秦王,如不击缶,自己将血溅当场,与秦王同归于尽。在蔺相如的威逼下,秦王不得不为赵王敲了一下瓦缶。蔺相如也立即让赵国的史官写下:"秦王为赵王击缶。"最后,直到酒宴结束,秦王也未能占上风。

上述四种态势各有所长,如果能善加利用的话,就可以凭其有所作为。反之,便是危及自身的利刃。

【解读】

情态分为恒态与时态两种,恒态又分为弱态、狂态、疏懒态与周旋态四种。

先说弱态,在古人处世的智慧里,想要保护自己不受外来的攻击和伤害,最好的办法就是以退为进,将自己的强大隐于无形,把自己放在弱小者的地位上,这样就不会被人注意到,自然也不会让人嫉妒以至于遭到陷害。这种弱态看似弱,其实并不是弱,而是保护自己的一种办法,这是古人智慧一个很高的境界。

如孙子的后代孙膑,他与庞涓同拜鬼谷子为师,后来两人分别效命于两国。庞涓嫉妒孙膑,于是设计陷害他。孙膑为了活命就装疯,才逃过了一劫。庞涓放松了警惕,孙膑被齐国使者营救,逃到齐国。后来,庞涓中了孙膑的计策,万箭穿心,死于大树之下。

孙膑装疯的这种弱是假的,这是一种智慧的表现。这种弱经过精心的策划,就成为日后成就重大目的的一个阶梯。

弱态有真假之分,要想辨明真假,关键是要考察其前后行为是否一致。刘阿斗弱,不论他是否做了皇帝,都是烂泥糊不上墙,这是真正的弱。传说,当年周文王在商纣王的监狱里吃掉用自己的儿子做肉馅的饼,这也是暂时的权宜之计,他的弱就是假弱。用历史的眼光旁观,大家就能知道其中的奥妙。但是当局者迷,当时的庞涓和商纣王都没有注意到"弱小"之人的危险,所以都落得悲惨的下场。当然这也和他们刚愎自用,加上周围没有人进言有关。

还有一种弱,是儿女情长的弱,多表现在女子身上,如西施、林黛玉等人。她们小鸟依人,温柔美丽,亲切娇柔,让人心生爱怜,有种想保护她们的感觉。这种弱是美的,美得让人心疼。

然后再说狂态。单说"狂"字,给人的感觉就是恃才傲物、浪荡不羁、旁若无人等。当然,"狂"字还包含有另外的意思,就是愤世嫉俗,为人朴实耿直,待人处世不圆滑,与众不同,所以总显得格格不入。即使别人不能理解这种人,这种人也不会去屈尊迎合他人。

第三节 时 态

【原文】

前者恒态,又有时态。方有对谈,神忽他往;众方称言,此独冷笑;深险难近,不足与论情。言不必当,极口称是;未交此人,故意诋毁;卑庸可耻,不足与论事。漫无可否,临事迟回;不甚关情,亦为堕泪;妇人之仁,不足与谈心。三者不必定人终身。反此以求,可以交天下士。

【译文】

前一章所讲的,就是在人们生活中经常出现的情态,称之为"恒态"。除此之外,另外的一些情态是不经常出现的,称之为"时态"。如果说正在与人交谈时,突然把目光和思路转向了其他地方,那就可以看出这种人毫无诚意;如果众人言笑正欢,有人却在一旁漠然冷笑,那就可以看出这种人冷峻寡情。像这样的人一般城府很深,居心险恶,是不能和他们建立友情的。别人发表的意见不够妥当,却在一边不停地附和,就可以看出此人胸无定见;还没有跟别人打交道,就在背后恶意诽谤和诬蔑人家,由此可以看出此人信口开河,不负责任。像这样的人一般庸俗下流,卑鄙可耻,最好不要与他们共事。如果无论遇到什么事情都不置可否,事到临头就迟疑不决,犹豫不前,就可以看出此人优柔寡断;如果遇到一件根本不值得动情的事情,却伤心落泪,就可以看出此人极不理智。像这类人,他们的仁慈纯属"妇人之仁",你不能与他们坦诚交心。不过,上面所说的三种情态不一定能够决定一个人的最终命运。如果你能够很好地运用这三种情态与他人交往,那么就可以遣交天下之士了。

【事典】

秦始皇三十五年,燕人卢生向秦始皇献上一条计策:"臣等奉命寻求仙药,一直未得,因为有物妨碍。人主应该时常微行以避恶鬼。恶鬼跑了,真人才会出现。人主生活的地方若被人臣知道,就会妨碍真人出现。真人不怕水火,腾云驾雾,与天地久长。只有不让外人知道皇上的起居宫室,才能得到长生不老药。"

秦始皇说:"我是真的羡慕真人那样的生活,从今日起,我自称'真人',不再称'朕'。"

众官不解，也不敢多问，唯恐一语不当，反招来杀身之祸。

于是，咸阳城二百里内，将二百七十座宫观的通道统统连接起来，宫人或官员不能随便走动，以增强保密性。有敢泄露皇上行踪者，即被定为死罪。

一日，秦始皇驾幸梁山宫，在山上看到丞相车骑甚重，颇为不悦。有人将此事透露给李斯，李斯立即减少了车骑。秦始皇看到后，大怒道："一定有人泄露了我的话。"他下令追查，最终无人承认。秦始皇一怒之下，把当时在场的人全处死。从此以后，再也没有人能知道秦始皇的起居行止。

韩人侯生跟燕人卢生商量："秦始皇天性刚愎自用，以刑杀为威，天下所有的人都怕他。即使是忠于他的人，也整天提心吊胆，事不分大小，不处理完毕，夜半也不敢休息。像这样贪恋权势的人，怎么能给他寻求仙药呢？"二人觉得不能再帮秦始皇了，便在半夜逃了出去。

秦始皇知道后，气得火冒三丈，说："先前我下令焚书，把没用的全都收了起来。我也曾召集天下文学方术之士，欲求太平，炼仙药。现在侯生跑了，徐福携资财巨万入海，寻不到仙药不说，还天天到处乱讲。卢生得了那么多赏赐，不仅不知足，反过来还诽谤我。凡在咸阳的诸生，全都查问一遍，看有谁在妖言惑众。"

这么一查，咸阳诸生全都害怕极了，竟然互相举报，拼命为自己开脱。最后，查出犯禁者四百六十多人，都被活埋在咸阳西边的一个小村子里。秦始皇还下令将儒生被活埋的消息广布天下，以威胁天下的书生，使他们再不敢诽谤自己。

秦始皇的长子公子扶苏说："天下初定，远方未附。诸生读孔子之书，诵孔子之法，皇上加倍处罚他们。臣恐天下大乱不安，恳请皇上明察。"

秦始皇听了很不高兴，就把扶苏派到上郡去，与蒙恬一起管理北部边防。

秦始皇的暴政暂且不提，我们来说说韩生等人行为的对错。他们并无过错，逃走以求自保，这是正常的反应。因为秦始皇的暴行暗示了他们，如再继续为其办事，自己恐怕也要深陷其中。这是一个很明显利用时态处理事情的例子。在踩到"地雷"前绕过去，也是一种良策。

如果说，以上所说的韩生等人的行为是一种自保的小人之举，那么，一个人如果在宦海沉浮中能注意到时态的变化，并灵活调整自己的做事方式，就会收到良好的效果。

清代的吏风比较恶劣。在当时的官场上，有不少能根据时态而行动的睿智之人，其中身历乾、嘉、道三朝的显宦曹振镛和身历咸、同、光三朝的显宦王文韶就是典型。

曹振镛，字俪生，一生仕途平顺，先后在乾隆时期任翰林院编修。后升任侍读学士。到了嘉庆时期，他历任内阁学士，工部、吏部侍郎，吏部尚书、协办大学士，体仁阁大学士兼工部尚书，军机大臣。道光时期，他任武英殿大学士，军机大臣兼上书房总师傅，又以平喀什噶尔的功劳晋太子太师，后任太子太傅。

这样一个显赫的人物,他在历史上的功绩如何呢? 翻遍史书,还真找不到多少与之相关的历史功绩。然而,他凭借什么获得了这样的殊遇呢? 关键就在于他奉行的审时度势,"多磕头,少说话"的为官原则。

《瞑庵杂识》记载:"曹文正公(指曹振镛)晚年恩遇日隆,声名俱泰。门生某请其故,曹曰:'无他,但多磕头、少说话耳。'"这里,所谓的"多磕头"即经常表示顺从、谦恭,"少说话"即见什么人说什么话。

而曹振镛之所以奉行这一"六字真经",关键就在于他读懂了道光皇帝的心。据资料记载,道光皇帝喜欢求全责备,曹振镛也喜欢挑别人的小毛病。曹振镛一生三次担任学政,四次主持乡试,在文章的评判标准上,他与皇帝保持高度一致:专挑小毛病。只要八股文作得好,滴水不漏,他就喜欢,因为他明白,道光皇帝也会喜欢这样的文章。至于文章里有没有治国安邦的真知灼见,在他看来倒无关紧要。就这样,深知"伴君如伴虎"之理的曹振镛,凭着"多磕头、少说话"以及善于察言观色的为官技巧,使历任皇帝都对他十分满意,最终得到了一个功德圆满的结局。

身历咸、同、光三朝的显宦王文韶更是精通把握时态的为官之术。他在这方面的表现,一点儿都不逊于曹振镛。

王文韶是清末大臣,字夔石,咸丰二年中了进士,先后任职户部主事、湖南巡抚、兵部侍郎,后任云贵总督,擢直隶总督兼北洋大臣,曾奏设北洋大学堂、铁路学堂等。

回顾王文韶的一生,他可谓高官做遍,地方上的按察使、布政使、巡抚、总督,朝廷中的尚书、大学士、军机大臣,他无一不曾担任过,可谓官运极佳。而这极佳的官运的获得靠的是什么呢?

当然也不是政绩。我们查阅一下清代历史就可以知道,王文韶除了在直隶总督、北洋大臣任内,多次上书建议加强北洋海防、整顿水师、兴办天津武备学堂、重建旅顺大连炮台外,也就是禀奏了一些诸如设立北洋大学、铁路学堂、育才馆、俄文馆、西学水师各学堂、上海南洋大学等事项,为国家造就人才提供了助力。作为一名三朝元老,他这点儿功绩实在是拿不出手。

那他仕途显顺的原因究竟是什么呢? 无他,就是善于审时度势,明晓趋避之道。所以,他被人讽刺为"琉璃球""琉璃蛋""油浸枇杷核子"。

李伯元的《南亭笔记》中曾讲到过一件关于他的事情。当时,王文韶进入军机处,参理重要的政事。一天,两个大臣为一件事争执不下,互不相让。此事惊动了西太后慈禧,慈禧就问王文韶这两个大臣谁对谁错。结果,王文韶只是笑,不发表言论。慈禧再三追问,可王文韶还是一味地笑。最后,慈禧就说:"你怕得罪人? 真是个琉璃蛋!"王文韶依然笑而不语。事情有了定论之后,王文韶才说因为自己年纪大了,耳聋,所以并不清楚这件事。其实,王文韶的耳聋一事也是半真半假,但是他常以耳聋作为躲事避风头的手段。

对于自己的这种做事方法，王文韶不但不以为耻，还颇为自得，认为自己这样做与世无争、与人无仇，又可以稳坐官位，是有百利而无一害的。

不管后人如何评说曹、王二位的为官之道，但此二人的处事方式在当时而言，的确是非常巧妙的。

【解读】

时态是不经常的、短暂出现的。通过这些不经常的、短暂出现的时态，可以推断出他人所想，或者推断出他人的品行和德行。举个例子，如果跟对方交谈的时候，谈话者突然转移目光，这说明要么他心存他念，要么他对这次谈话缺乏诚意，不尊重对方。此时最好换一个谈话对象。另一种情况是，谈到某个话题的时候，谈话者迅速转移话题。发生这种情况的原因可能有两个：一种情况是谈话人是思维内倾者，怕某个话题引发了你内心激烈敏感的地方，所以立刻转移话题；另一种情况是这个话题触碰到了谈话者内心的某个地方，他心里有了其他念头。第一种情况是出于本性的，但是后一种情况就不是很乐观了。

还没有跟一个人交往，不知道人的本性，就凭借道听途说对一个人说长道短、品头论足。如果一直说好话，就会让人怀疑是逢迎巴结，不能跟这样的人交往；如果一直诽谤，这就是小人做的事情，更不能跟这样的人交往。上面说的这些人的举止都是小人的作为。这种人人品低下，根本不能和他讲道理。

上面说的这两种"时态"，生活中比比皆是。比如一个青年，因为生活阅历浅，所以不知道如何处世，在社会上碰壁后，就会改掉一些坏的习惯。如果改不掉，这些坏习惯就可能会变得愈发严重，就算这个人以后得势，也不会长久。

须眉第五：眉主早成，须主晚运

看人须看眉。最初，有人觉得此话十分可笑，认为胡须和眉毛都是生理学上讲的皮肤的衍生物，根本不能作为鉴别人才的依据。但是，如果胡须和眉毛不能作为鉴别人才的依据，那么向来以识人术著称的曾国藩就不会把这些列入他识人的流程中了。曾国藩没有对"看人须看眉"一说提出任何疑问，而且把"须""眉"两者都放在了鉴别人才的流程中。古代医学论眉言："眉为两目之华盖，实为一面之威仪，乃日月之英华，主贤愚之辨别。"曾国藩亦认为，眉毛主少年富贵。"少年两道眉，临老一付须"，说的就是如果眉毛生得好，那么必然会少年得志；胡须长得好。老年肯定不用发愁。须眉能否主人一生的富贵，无从考证，不过从古代医学及审美角度来说，须眉生得好，生命力必然旺盛，且会给人以聪明伶俐、英俊秀挺的印象。

第一节　通过须眉，观其人

【原文】

"须眉男子"，未有须眉不具可称男子者。"少年两道眉，临老一付须。"此言眉主早成，须主晚运也。然而紫面无须自贵，暴腮缺须亦荣：郭令公半部不全，霍骠骑一副寡脸。此等间逢，毕竟有须眉者，十之九也。

【译文】

人们常说"须眉男子"这个词，这便是将"须眉"作为男子的代名词。事实上也的确是这样，我们还没有见过既无胡须又无眉毛的人被称为男子的。人们还经常说："少年两道眉。临老一付须。"这两句话的意思就是说，一个人年少时的命运，要看眉毛的相，而晚年时候的运气，则以看胡须为主。但是也有例外，如果面上有紫气，即便没有胡须，也会拥有高贵的地位；如果两腮突露，就算胡须比较少，也能声名显达。郭子仪虽胡须稀少，却最终位极人臣；霍去病虽然没长胡须，只有一副寡脸相，最终却功高盖世。但上面的这种情况是很少发生的，毕竟在日常生活中，有胡须有眉毛的人，要占到百分之九十以上。

【事典】

"一代威名迈光弼,千秋知己属青莲。"这是一句评论唐朝名将郭子仪的诗句。意思是说,郭子仪名气很大,盖过了战功赫赫的大将李光弼,他的知己就是号称"青莲居士"的李白。虽然郭子仪的名气十分大,但他却并没有引起当朝皇帝的疑心。

郭子仪的忠心天地可表,所以皇帝万分器重他,还赐给他一座府院。郭子仪的府邸自落成后,每天都大开着府门,人们可以随便进出。府里很多人对此表示反对,但是郭子仪下令,府里任何人不得干涉其他人进出。这样的做法赢得了官民的一致赞誉,说郭子仪官虽大,却不摆官架子,是个好官。

一天,郭子仪手下的一名官员被调到外地任职,特地来向他辞行。他知道郭府可以随意进出,就一直走进了府里的内宅。恰巧赶上郭子仪的夫人和女儿两人正在梳洗打扮,而郭子仪站在旁边扮演下人的角色。她们一会儿让郭子仪拿眉笔,一会儿让他拿毛巾。郭子仪忙不迭地跑前跑后,比下人做得还好。这位官员当时很想笑。但是碍于郭子仪的面子没有笑出来。这位官员回家以后,就把事情讲了出去。最后传得京城人尽皆知,人人都笑话郭子仪惧内。

郭子仪听了只是笑笑,没说什么。但他的几个儿子听了后觉得丢了面子。于是他们商量一块儿去找父亲,恳求他下令像别的府邸一样,把自己家的大门关上,禁止闲杂人等随意进出。

郭子仪听后,大笑不止,片刻后说道:"说说你们让我把大门关上的理由。"

大儿子首先说:"父亲为大唐立下了汗马功劳,天下所有的人都尊敬您。但是,您不顾及自己的形象,府门大开,不管是什么人,都让他们随便进来。孩儿认为,从古至今,历代没有哪位将相像您这样做过。"

郭子仪收敛了笑容说:"我把府门敞开,让人随便进出,不是为了追求大家对我的好评。那不过是虚名而已。我是为了自保,为了保全我们的身家性命。"

几个儿子听了父亲的话,相互对望,不解其意。

郭子仪又说:"表面上,我们郭家声势显赫,但是这显赫的背后潜藏着无穷的危机。我已经坐到了汾阳王的位置,所以不能再往上升了。月盈而蚀,盛极而衰。人们常说急流勇退,我现在没法退,因为朝廷还要用我,不会允许我告老还乡。而且就算我退了,也找不到能容纳我郭家千余口人的隐居地啊!"

儿子们还是不解,一脸茫然地看着郭子仪,心说:父亲怎么产生了归隐的想法?

郭子仪朝庭院外看了一眼,用手指着大门的方向说:"在这种情况下,如果我们大门紧闭,跟外面隔绝,只要我们跟人结下了仇怨,他们就会诬陷我们对朝廷怀有二心。然后必然会有专门落井下石、妒忌贤能的小人从中添油加醋,在皇帝耳边说我们的坏话,制造冤案。那时,我们郭家一千多口人都要死无葬身之地了。现在,我们府门大开,有人想从中作梗也难,因为我们的一举一动所有人都看在了眼里。"

由此典故不难看出，郭子仪具有很高的政治眼光。他善于应对灾祸，更善于应对幸运和荣宠，深悟中正平和、处变不惊的明哲保身的道理，所以才能身历四朝而不倒。

据历史记载，郭子仪年八十五而终，他提拔的部下有六十多人，后来皆为将相，他的八子七婿皆显贵于前。郭子仪的须相不佳，所以当时有人说"郭令公半部不全"。但是他的一生依旧权倾朝野，富贵无比。

另外，须相不佳的还有西汉著名军事家、骠骑将军霍去病。

霍去病的身世很离奇。他是一个私生子，是平阳公主府上的丫鬟卫少儿跟平阳县小吏霍仲儒私通生下的孩子。霍仲儒胆小怕事，不敢承认霍去病是自己的儿子。就这样，霍去病无权无地位，身份也不光彩，看似永无出头之日了。但是总有一些事情出乎人们的意料。大约在霍去病一周岁的时候，他的姨母卫子夫进了后宫并且被封为夫人，极为受宠，地位尊贵得仅次于皇后。于是，霍去病也有了改变命运的机会。

汉武帝初期，因为国力衰微。边境经常遭到北方匈奴的骚扰。汉朝组织的几次反击都失败了，匈奴人更加猖狂，把汉朝当成了随时可索取物资的宝库。在汉朝边境，他们烧杀抢掠，无恶不作。这样的局面使汉武帝十分无奈，但是当时的汉朝还无法与匈奴一战。于是更多的时候，汉武帝只能寄希望于和亲或者赔款，因为这样还能换来相对的和平。

汉武帝当然不愿意一直这样下去，他希望尽快寻找到一个可以率军抵御匈奴的人才。后来，他找到了卫子夫的弟弟卫青。公元前130年，卫青被汉武帝封为车骑将军，跟其他三位大将率兵攻打匈奴。这次又出师不利，四路大军三路大败而归。只有第一次跟匈奴交手的卫青直捣黄龙，斩杀七百匈奴兵后凯旋。

卫青的军事天才不可小觑。他屡次出征匈奴，战功赫赫。在他不断征战的过程中，他的小外甥霍去病渐渐长大了。在舅舅的影响下，霍去病也喜欢上了骑射功夫，希望能早日像舅舅一样在战场上杀敌。

公元前123年，历史上著名的漠南之战开始了。当耐还不到十八岁的霍去病主动向汉武帝请缨，要求出战。汉武帝同意了。

在战场上，卫青因为怜惜霍去病，不肯让他出战杀敌，但是霍去病再三请战。卫青无奈，就给了他八百骑兵。霍去病凭着自己的一腔热血，率领这八百人在大漠里奔驰，追踪百里寻求敌人的踪迹。结果，他首战告捷，匈奴单于的两个叔父，一个被他杀死，一个被他活捉，而且他还率军斩杀了匈奴的两千兵马，而他自己率领的八百骑兵则全身而退。汉武帝听到这个消息非常高兴，立刻封他为"冠军侯"，夸奖他勇冠三军。

对于霍去病的军事天分，汉武帝赞叹不已。两年后，汉武帝封他为骠骑大将军，让他带领一万精兵攻打匈奴。这又是一次著名的战役，史称河西大战。当时霍去病刚刚十九岁,他再一次不负众望,打了一个漂亮的迂回战。他和他手下的将士们奋勇拼杀,每个人都视死如归。六天内,他们转战五个匈奴部落,士气锐不可当,而且还在皋兰山与匈奴卢侯王、折兰王打了一场硬碰硬的生死战。这次战争中,匈奴损失惨重,卢侯王和折兰王战死,浑邪王子以及相国、都尉等人都做了俘虏,连他们的祭天金人也被汉朝军队带走。当然,战争是惨烈的,霍去病手下的一万人最后也只剩下三千。

这次战争后,霍去病的杰出军事才能被很多人认可,他成为西汉一代军人的楷模。因为河西之战取得胜利,夏天,汉武帝决定乘胜追击,彻底收回河西。霍去病成为汉军统帅,老将李广等人只能做他的策应部队。令人哭笑不得的是,经常跑大漠的几名老将居然在大漠里迷路了,不但没有起到策应的作用,而且李广的部队还被匈奴包围。霍去病没有了援军,只好孤军深入,并再次取得大捷。在祁连山,霍去病斩敌三万,俘虏匈奴重要人物六十三人。经过这次战役。汉王朝彻底收复了河西平原。

结合以上两个英雄的典故,我们再读"郭令公半部不全"与"霍骠骑一副寡脸",便可深信,郭子仪与霍去病两人均属贵相。有言称,大凡富贵有为之人,面部必有特征。但其实,成功与否,更多的是要靠自身能力。

【解读】

眉在面部所示含义颇多,古人曾对眉做过这样的圈点:长眉,宽宏大量,性情温和;短眉,个性倔犟,性格急躁;浓眉,个性刚强,狂傲顽固;淡眉,缺乏魄力,害怕变动;粗眉,富于挑战性,但缺乏周全的思考;一字眉,气概不凡,志向高远。诸如此类,不胜枚举。因此,眉有日月之华彩、山峦之花木的作用。一个人的健康、个性、秀美、聪明、威严都可以通过眉毛来显示,眉毛生得好的人,一般都英俊秀挺。

对于"须",中医学认为其属肾,性阴柔而近水,故下长而宜垂。为什么一个人晚年的运气跟他的胡须有关呢?原因是,胡须属肾,胡须丰满且生得十分好看的人,是因为肾功能好,而且肾水旺盛。而肾功能跟人的身体健康以及精力有密切的关系。肾功能好,人的身体就健康,精力也就旺盛。人有健康的身体和旺盛的精力,通常斗志也就比较高昂,意志力也颇为坚定,工作起来也比较得心应手。年轻的时候精力旺盛,就为中晚年的事业有成打下了坚实的基础。而且在封建社会。人们都以多子多孙为福。肾功能好的人,子孙自然会多,多子多孙就昭示了这个人多福。所以说,一个人晚年的运势是跟胡须有关的。当然,胡须少不一定就没有福气,就像曾国藩所说:"紫面无须自贵,暴腮缺须亦荣。"脸色呈紫色的人,没有胡须也能富贵;腮部突出的人,胡须少也是富贵相。

第二节 早 成

【原文】

眉尚彩,彩者,梢处反光也。贵人有三层彩,有一二层者。所谓"文明气象",宜疏爽不宜凝滞。一望有乘风翔舞之势,上也;如泼墨者,最下。倒竖者,上也;下垂者,最下。长有起伏,短有神气;浓忌浮光,淡忌枯索。如剑者掌兵权,如帚者赴法场。个中亦有征范,不可不辨。但如压眼不利,散乱多忧,细而带媚,粗而无文,是最下乘。

【译文】

好的眉要有光彩,这里所说的光彩,就是眉毛梢部所闪现的亮光。如果一个人比较富贵,那么他眉毛的根处、中处、梢处就会有三层光彩,当然,有的人会有两层。而有的人就只有一层。人们经常说的"文明气象",指的就是眉毛要疏密有致,清秀润朗,而绝不是厚重呆板,又浓又密。上佳的眉相是远远地望去,两条眉毛像两只凤一样在乘风翔翔,像两条龙一样在乘风飞舞。最下等的眉相则是像一团散浸的墨汁。而双眉倒竖着,呈现出倒八字形,就是一种好的眉相;如果眉毛下垂,呈现八字形,就是一种下等的眉相。眉毛如果比较长,最好有起伏;如果比较短,就最好是昂扬有神的。眉毛如果比较浓,就不要有虚浮的光;眉毛如果比较淡,那就千万不要像一条干枯的绳子。如果一个人的眉毛像两把锋利的宝剑,那么他必定会成为统领三军的将帅;如果一个人的眉毛像两把破旧的扫帚,那么这个人就会有杀身之祸。另外,眉毛里面还有各种其他的迹象和征兆,必须认真地加以辨识。但是,如果眉毛太长并且已经压迫双眼,就会使目光迟滞不利;眉毛太过散乱无序,就会使目光忧劳无神;眉形太过纤细,就会媚态外现;眉形过于粗阔,就会缺乏文秀之气。这些都是最下等的眉相。

【事典】

《右室神异赋》记载:"铁面剑眉,兵权万里。"这是从气质上记载人的眉相的。意思是如果人长有剑眉,那么看上去英气逼人,有将帅风范,将来可以手握兵权。范仲淹就是以剑眉体现将帅风范的例子。

范仲淹,字希文,是北宋著名的政治家、思想家、军事家和文学家。宋太宗端拱二年(989)八月初二,范仲淹出生于真定常山高老庄,在百日时随家人迁到无锡。

其父范墉曾任武宁军节度掌书记(徐州军事长官的秘书),后病逝。母亲谢氏在贫困无依的情况下,只得带着两岁的范仲淹改嫁。

小时候的范仲淹读书十分刻苦,虽然继父家是当地的富户,但他仍然常去附近长白山上的醴泉寺里寄宿读书,他的刻苦学习给僧人留下深刻的印象,也留下了断粥划齑的美谈。

真宗大中祥符四年(1011),二十三岁的范仲淹来到睢阳应天府书院(旧址在今河南省商丘市睢阳区)学习。在这里,他昼夜不息地攻读,过着如颜回一般"一箪食、一瓢饮,在陋巷,人不堪其忧","也不改其志"的生活。

大中祥符八年(1015),二十七岁的范仲淹得中进士,不久,被任命为广德军的司理参军,掌管讼狱、审理案件,后又调任为集庆军节度推官,自此开始了他近四十年的政治生涯。

庆历三年(1043),范仲淹认真总结了自己从政二十八年来的经验教训,和富弼、韩琦一道起草改革方案,并上呈宋仁宗。他在这

范仲淹

个著名的新政纲领《答手诏条陈十事》中,提出了十项改革主张。于是,北宋历史上轰动一时的庆历新政在范仲淹的领导下开始实施了。

新政实施的最初几个月里,宋朝的政治局面焕然一新。后来因改革触动了守旧派官僚的利益,最终宋仁宗不得不下诏废止了一切改革措施,这次改革以失败告终。然而,范仲淹的勤奋、正直、为国为民的精神激励了一代又一代人。

关于范仲淹,还有一个与相面学相关的小故事。

范仲淹小的时候就胸怀大志,关心民间疾苦,以振兴国家为己任。一天,一个相士为他看相,惊呼道:"君眉浓有光彩,两目秀长,鼻梁挺直,兰庭辅正,加之为人忠正仁厚,真是绝好之相。"

相士的这句话说得没错,后来范仲淹果然高居宰相之位,成为一代名臣,其"先天下之忧而忧,后天下之乐而乐"的名句至今仍激励着世人。

【解读】

眉相有诸多种类,大致可分为四类:

秀润有光之眉。

眉毛以"光"最为重要。所谓的"光",就是本章开头说所的"彩"。一个人的眉毛如果有光彩,那么在脸部就会非常显眼,如同宝石一样璀璨生辉;一个人的眉形如果没有光彩,那么就显得黯然失色了。

毛发是否光亮,是是否有生命力的标志。鸟兽的毛发末梢处就能显示出光彩,

比如孔雀、狮子、豹子之类,尤其是孔雀,毛发是否漂亮显得更重要。有时候,动物的毛发是否光亮,还决定着它们的地位。

所谓的"彩",分为三层,眉毛根处一层,中间一层,梢处一层。有人说富贵也有等级之分,可以从眉毛上看出来。最高贵的人,眉毛有三层彩,眉毛有两层或者一层彩的是中贵或者小贵的人。

疏爽有气之眉。

人类在发展初期,因为自然条件和自身发展的原因,毛发都是比较多的。随着生产力的发展,人们开始注重自身的打扮,对于毛发也加以整理,使其更加妥帖,对于眉毛,更不会疏忽。眉毛疏爽代表清秀,而凝滞代表俗浊。所以,富贵的人的眉毛都是比较疏爽的,贵"清"而忌"浊"。

眉毛疏爽或者凝滞有两种情况,一种指眉毛本身疏爽或者凝滞,一种指两条眉毛之间的关系疏爽或者凝滞。第一种情况如新月眉、卧蚕眉、龙眉、轻清眉等,是本身疏爽;而鬼眉、八字眉、扫帚眉则为凝滞之相。后一种情况如剑眉、清秀眉,这样的眉毛,两条眉毛之间的关系为疏爽;而像交加眉,两条眉毛之间的关系则为凝滞。

昂扬有神之眉。

这样的眉分"长有起伏"和"短有神气"两种。

"长有起伏"指眉毛清秀有起伏。有这样眉毛的人性格稳健,清贵高雅,不但福寿绵长,而且终生享受富贵。相反,如果眉毛过长,而且平直单一,则此人争强好胜,脾气火暴,最终不得善终。

"短有神气",这里所说的"短"和前面的"长"一样,都是指眉毛相对于面部来说的长短。眉毛短又缺乏神气,那么眉间很大一部分就露出了肉,显得单薄又丑陋,是一副贫穷孤苦之相。有这样眉相的人会早夭。相反,如果能够"短有神气"。那么,眉毛短这一缺陷就便可以通过神气来进行补救,这就是以神补形。

弯长有势之眉。

"一望有乘风翔舞之势",这种眉,兼具势、光、神、气四美,可以说是具备了所有的优点,可谓疏爽之至、清秀之极,就算不能富贵长寿,日子过得也不会差。即使不能"立功、立德、立言"三"不朽"全占,也能占有其中之一。这样的眉。是最上等、最富贵的。远远望去,如龙凤在乘风翱翔飞舞。所以,有此眉相的人终生享福,衣食无忧。如龙眉、剑眉、新月眉,就属于此上等眉相。

有上等眉,自然也有下等眉,比如泼墨眉。众所周知,墨水泼在地上必然是乱七八糟的。所以,这种的眉相是最难看、最下等的。比如,尖刀眉、扫帚眉就是如此。

还有一种眉是倒八字眉,有这样眉相的人,有理想,有抱负,性格坚忍,可以成就大事,属于上等眉。但是如果眉毛过于竖直,则此人飞扬跋扈,眼高手低,终不能成大事。

还有正八字眉,也叫"下垂"之眉,就是眉相形同"八"字。这种人性格懦弱,为人卑劣,所以谓之"最下"。

第三节 晚 成

【原文】

须有多寡,取其与眉相称。多者,宜清、宜疏、宜缩、宜参差不齐;少者,宜光、宜健、宜圆、宜有情照顾。卷如螺纹,聪明豁达;长如解索,风流荣显;劲如张戟,位高权重;亮若银条,早登廊庙,皆官途大器。紫须剑眉,声音洪亮;蓬然虬乱,尝见耳后,配以神骨清奇,不千里封侯,亦十年拜相。他如"辅须先长终不利""人中不见一世穷""鼻毛接须多晦滞""短髭遮口饿终身",此其显而可见者耳。

【译文】

胡须这种东西,有的人长得多,有的人长得少,不论多少,都要与眉毛相匹配。胡须多的,就应该清秀流畅,疏爽明朗,形态不直不硬,长短分明。胡须少的,就应该润泽光亮,刚健挺直,显得气韵十足,并且能够与其他部位相互照应。如果一个人的胡须像螺纹一样弯曲,那这个人一定非常聪慧,目光高远,豁达大度;如果一个人的胡须细长,并且像一条磨损的绳子一样,到处都是细弯小曲,那这个人一定生性风流倜傥,但毫无淫乱之心,将来能够名高位显;如果一个人的胡须刚劲有力,就好像一把张开的利戟,那么这个人将来肯定能当大官,掌握重权;如果一个人的胡须清新明朗,就好像闪闪发光的银条,那么这个人必定年纪轻轻就能成为朝中大臣。上面所讲的这些,都是在官场上成大器的人物。如果一个人有紫色的胡须,眉毛像利剑一样,声音粗壮洪亮;或者说他的胡须像虬那样蓬松劲挺,而且还长到耳朵后边去,再配上一副清爽英俊的骨骼与精神,那么,这样的人即使封不了千里之侯,也能当十年的宰相。其他一些类型的胡须,比如说辅须先长出来,最终也是没有什么好处的;人中的地方没有胡须,预示着一辈子要受苦受穷;鼻毛和胡须连在一起,就预示着命途坎坷,前景黯然;短髭长大遮住了嘴,就预示着这个人要一辈子忍饥挨饿。这些胡须的凶相,都是显而易见的。

【事典】

三国时期,司马昭身边有一个助手,叫魏舒。魏舒是个非常优秀的人才,尤其在处理大事的时候,更是做得很好。好多人处理不了的事情,他都能处理得井井有条。他的见解有时会与众不同,让人很佩服。

但是,如此聪慧的人在年少的时候,并不被大多数人看好。

魏舒年少时不爱说话,反应也很迟钝,但是非常质朴。他的叔叔魏衡在当时很有名,但却不喜欢他。当时,唯一欣赏他的人是太原的王乂,王乂经常鼓励他,而且还经常拿钱财资助他。魏舒都接受了。后来,在机缘巧合下,魏舒去参加一个宴会。在会上,魏舒侃侃而谈,举座皆惊。有人便推荐魏舒去司马昭那里。司马昭和魏舒一谈话,非常看重他,封他为相国参军。魏舒没有让司马昭失望,把很多事情都处理得非常妥帖。据说,魏舒的胡须不多,但是符合"光、健"的特点。他都四十多岁了,还给别人当参谋,确实属手大器晚成的人。

据记载:曾国藩为人威重,美须髯,目三角有棱,每对客,注视不语,见者悚然。退则记优劣,无或爽者。看来,当时的人似乎很欣赏他的美须髯。古人对胡须尤为重视,查看一下名将士的资料画像,你会发现胡须是必须描绘的。曾国藩的胡须,在故宫藏画中的一张生活便服像中看得最为清楚。在这张画像里,曾国藩左手捋胡须,神情悠闲,似乎在微笑。

【解读】

胡须的多少是因人而异的,有的人少,有的人多。有的人把胡须多少和须相的好坏联系起来,其实这两者是没有关系的。但是,胡须的多少和眉毛是有关系的,胡须多,眉毛也多,胡须少,眉毛也少,这样就显得比较相称了。为什么胡须和眉毛的关系这么大呢?因为这两者对人而言,属于同类,都算是人体的毛发。其次,眉毛和胡须都生于面部,是面部的一个组成部分,都影响着面部的美观。最后,取其水火既济或水火未济之义,也就是胡须和眉毛相称称为既济,不相称称为未济。既济是上相,未济是下相。

上文说到,好的眉相的四个条件是弯长有势力,昂扬有神,疏爽有气,秀润有光,其中弯长、昂扬、疏爽、秀润是因主体的不同而提出的具体要求和标准。而"有势""有神""有气""有光"则是对须眉的共同要求和通行标准。

在胡须中,有六种上佳之须:

其一,"卷如螺纹",指胡须如同大江奔腾一样,在转弯或者汇合的地方有旋涡状的大卷。拥有这样胡须的人一定是胸怀广大、高瞻远瞩、胆识过人的人。这样的人聪明豁达。

其二,"长如解索",指胡须很长,如同江河之水,波涛起伏,又好像长绳子上有很多弯曲的地方。长这样胡须的人,虽然贪恋美色,但是不淫乱,从而显得风流倜傥。

其三,"劲如张戟",指须相硬朗威严,颇有面对敌人剑拔弩张的气势。这样的人气魄和胆识俱佳,日后必定位高权重。

其四,"亮若银条",指胡须颜色润泽,生长茂盛。有这样胡须的人,才思敏捷,超凡脱俗,可早登仕途。

其五，"紫须剑眉，声音洪壮"，这样的配合叫金形得金局。

其六，"蓬然虬乱，尝见耳后"，有这样胡须的人气宇轩昂，威德兼备。拥有此须相的人如果能配上清奇的神和骨，就可以成为乱世英雄、治世良才。

声音第六：闻声辨人

语言是思想的载体，思想是语言的灵魂，一个人的思想水平和处事能力的高低很大程度都表现在语言的表达上。语言谈吐是鉴别人才的一个很重要的手段。同时值得注意的是，短时间的语言交谈很难分辨出一个人是否有才，因此要通过语言内容来辨别人才需要长时间的接触和交谈。事实上，我们能够长时间接触了解人的机会并不多，那么该如何通过语言在短时间内识别一个人呢？曾国藩的绝招就是通过说话声音来辨别人才。声音是语言的表现方式。声音可分为声和音两个方面，每个人都有自己独特的声音，不论是声调还是音色，都可以在一定程度上反映出一个人的修养和学识。通过声音来识别人才是可行的，因为声音不仅受发声器官的影响，也与人们的情绪及自己的心性有密切的关系。

第一节　声与音

【原文】

人之声音，犹天地之气，轻清上浮，重浊下坠。始于丹田，发于喉，转于舌，辨于齿，出于唇，实与五音相配。取其自成一家，不必一一合调，闻声相思，其人斯在，宁必一见决英雄哉！

【译文】

人的声音和存在于天地之间的阴阳五行之气一样，也有清浊之分，清者轻而上扬，浊者重而下坠。人的声音于丹田起始，在喉头处发出声响，到舌头的位置后发生转化，在牙齿那里开始有清浊的分别，最后再经由嘴唇发出去。这一切过程都与宫、商、角、徵、羽五音相符合。识人的时候，听人的声音，要去辨识其独具一格之处，不一定完全与五音相符合，但是只要听到声音就能想到其人，闻其声而知其人，所以，就算不一定见到本人，也可以看出这个人究竟是英才还是庸才。

【事典】

　　《三国典略》中记载了这样一个关于声音的故事：五代后魏末期，江苏一带有位盲人能听声气识人。当时的渤海王高澄听说有这样一个能人，便想证实这个人是否真的有那么神奇。于是，高澄派人将这位盲人带到了北方。当时，高澄混在高洋、赵道德、刘桃枝几人中，让盲人来进行分辨。在听完赵道德的声音后，盲人说："此人是贵人。"当听到太原公高洋的声音时，盲人一愣道："此人为人主。"在听到刘桃枝的声音时，盲人讲："此乃鹰犬。"而当听到高澄的声音时，盲人面无表情，缄默不言。身边人私下暗示他，盲人才勉强地讲道："此人亦当人主。"渤海王高澄听完大笑道："我的家奴都非富即贵，更何况我。"后来，由于刘桃枝诬告朝廷有人谋反，诸王大臣多被赐死，高澄竟然被厨房里的伙夫杀死。其弟高洋受禅，成为北齐文宣帝。盲人仅凭声音就能判断人的贫贱富贵，并且这般神准，让人不得不佩服他凭声识人的本领。

　　事实上，声音虽然在一定程度上可以反映出一个人生存的环境及其个人品质，但毕竟只是一定程度上的，并不能完全反映出人的一切。如果说声音能够决定人的一切，就未免言过其实了。从声音中最容易听出的还是人的情绪，而不是人的吉凶祸福。相信很多人都能够轻易辨别出悲伤的声音与欢快的声音，但是要听出更多情绪，就需掌握识人的技能了。

　　《孔子家语》中有这样一个故事：孔子在去齐国的途中，听到一阵十分悲哀的哭声。他静静地听了一阵后，对弟子们说："这个哭声虽然很悲伤，但不是悼念亡者的哀声。"随后，他们就遇到了那个悲痛欲绝的人。孔子下车询问他的名字，得知他叫丘吾子。接着，孔子问他为什么那么悲伤，丘吾子长叹许久，道："我一生犯过三个错误，直到花甲之年才幡然醒悟，可如今已无法弥补，所以痛哭失声。"孔子不明白他究竟犯了怎样的错误，便一再追问。最后，丘吾子将自己所犯的三大过错一一告诉孔子，他说："我少年时代爱好学习，周游天下，等回来时我的父母都死了。一个儿子竟然不能为父母养老送终，这是第一大过失。我做齐国臣子多年，齐君现在奢侈骄横，我多次劝谏都不被采纳，这是第二大过失。我生平交友无数，不料到后来都绝交了，这是第三大过失。树欲静而风不止，子欲养而亲不在。去而不回的是时间，不能再见到的是父母。我是个大失败者，还有什么脸面活在这个世界上？"说罢便投水而死。孔子单凭哭声就能判断出丘吾子不是在为死者哀痛，可见孔子高超的识人技能。

　　其实，从声音分析一个人的情绪在很多时候都是可行的，因为声音除了受先天遗传的影响外，很大程度上还受到环境及情绪的影响。学会通过声音来鉴别人才，是识人的一个重要课程。

【解读】

声音是通过振动发出的。人的发声器官在喉头的位置,主要由声带、软骨韧带结构的支架来控制声带的位置和张力。在人体中,神经支配着肌肉的活动,而声带则位于人体喉腔的中部,是附着在内壁上的肌肉组织,呈瓣状的形态,表面覆有一层黏膜,具有一定弹性,是发声器官的重要组成部分。

声音的差别主要源于每个人喉头和声带构成的颤动体系不同,以及气流大小的不同。此外,人发声时还会引起口、鼻、咽喉等腔体的共振,所以自然就会产生各种各样的音色。由于声音是身体多个器官共同作用的产物,所以在一定程度上表现了一个人的健康状况,有人甚至将声音看作人体健康的反射器。中医讲究的"望闻问切"中,"闻"的就是人的声息。

声音的不同不仅与发声体以及腔体共振有关,还与后天生存环境、学识修养等有关,所以声音不仅在一定程度上表现了一个人的健康状况,也在一定程度上表现了一个人的品位。例如,学识丰富的人讲起话来井井有条,声音平稳,似乎有种魔力吸引人们听下去,而见识浅薄的人声音不是平淡乏味,就是聒噪不休,让人们失去听下去的兴趣。

第二节　听声识人

【原文】

声与音不同。声主"张",寻发处见;音主"敛",寻歇处见。辨声之法,必辨喜怒哀乐;喜如折竹,怒如阴雷起地,哀如石击薄冰,乐如雪舞风前,大概以"轻清"为上。声雄者,如钟则贵,如锣则贱;声雌者,如雉鸣则贵,如蛙鸣则贱。远听声雄,近听悠扬,起若乘风,止如拍琴,上上。"大言不张唇,细言不露齿",上也。出而不返,荒郊牛鸣;急而不达,深夜鼠嚼;或字句相联,喋喋利口;或齿喉隔断,嗒嗒混谈:市井之夫,何足比数?

【译文】

声和音看似是相同的,其实它们是不同的。声在发音器官启动时产生,是空气开始振动的状态,可以在发音器官启动的时候听到它;而音则在发音器官闭合的时候产生,表示声在空气中传播的混响状态,能够在发音器官闭合的时候听到它。辨识声音优劣高下的方法有很多,一定要从感情的喜怒哀乐出发仔细加以鉴别。欣喜之声,就好像翠竹折断一样,情致清脆悦耳;愤怒之声,就好像平地一声雷。情致悲愤强烈;悲哀之声,就好像击破薄冰。情致破碎凄切;欢乐之声,就好像雪花在空中轻扬曼舞,情致宁静轻婉。它们都有一个共同点,就是轻扬而清朗,因而被列为上佳的声音。如果是刚健激越的阳刚之声,那么就一定要像钟声一样洪亮沉雄,这样才高贵;如果像锣声一样轻薄浮泛,那就非常卑贱了。如果是温润文秀的阴柔之声,那么就一定要像鸡鸣一样清朗悠扬,这样才高贵;如果像蛙鸣一样喧嚣空洞,那就非常卑贱了。远远地听去,刚健激越,充满阳刚之气,而在近处听,有'温润悠扬的感觉,充满了阴柔。开始的时候像乘风悄动。令人悦耳愉心,停止的时候就像琴师拍琴,雍容自如,这才是声中最佳的形态。俗话说,"高声畅言却不大张其口,低声细语牙齿却含而不露",这是声中比较好的形态。声音发出后,散漫虚浮,缺乏余韵,就好像荒郊野外孤牛的叫声;或者急切无比,咯咯吱吱,断续无节,就好像夜深人静的时候老鼠在偷吃东西;或者说话的时候,一句紧接一句。语无伦次,没完没了,而且嘴快气促;或者说话的时候,口齿不清,吞吞吐吐,含糊不清,这几种说话声,都是市井之人的粗鄙俗陋之声,根本没有什么地方可以与以上几种声音相提并论。

【事典】

《三国演义》中的张飞是个典型的高声大气者。书中的张飞以粗豪、勇猛、爽直和忠诚的品质深深吸引着众多读者。除此之外,他那吓死人的大嗓门也给读者留下了很深的印象。东汉建安十三年,在曹操大军的威胁下,刘备弃守江夏。在撤退的路上,阿斗不幸被曹军包围,随后,赵云七进七出,单枪匹马救出了阿斗。赵云在与大军会合的过程中,途经长坂桥,张飞在此接应他。张飞看见赵云血染白袍,便立即让赵云过桥去与大军会合,而自己则带着二十多人在长坂桥阻拦曹军。当时前来追击的曹军少说也有几万人马,两军力量悬殊。如果硬拼,张飞带领的士兵根本阻挡不了曹军。

在形势万分危急的情况下,张飞急中生智,命令士兵们砍下树枝拴在马尾上,兵分两路,一路向西,一路向东,飞马奔驰。马尾的树枝扫起了阵阵尘土,顿时尘土飞扬,遮天蔽日。一路追杀过来的曹军见对面站着一个黑面大汉,这大汉"身长八尺,豹头环眼,燕颔虎须,声若巨雷,势如奔马"。曹军大惊,唯恐有诈,迟迟不敢过桥。这时,曹操在众将士的簇拥下,来到了两军阵前。曹操看到对面的人后,急忙命人去掉伞盖,好看清楚。待看清对面之人后,曹操大惊:"关云长曾经跟我说过这个人,这是他的三弟张翼德。据说,他在百万军队中取将领首级就如探囊取物一样简单。今日相逢,万万不可轻敌。"曹操的话音刚落,对面的张飞就大喝一声:"燕人张翼德在此,谁来决一死战?"曹操见张飞如此做事,心中想:会不会是诸葛亮的诡计?这样一想,他就产生了退意。张飞天生就是个急性子,便大喝道:"战又不战。退又不退,到底要怎样?!"喊声还未停歇,曹操身边的夏侯杰惊得肝胆碎裂,当场气绝身亡。众将士见夏侯杰竟然被张飞的喊声吓死,立即产生了退兵的念头。

曹操见士气已失，便下令撤退。听到撤退的命令，众将士立即向西奔走，一时丢盔弃甲者不计其数。这就是张飞以喊声退敌的传奇故事。

除了可以从声音中判断一个人的性格外，不同的声音还会给人带来不同的感受。心理学家调查后称，声音大致有以下几种类型：第一，声粗而低。这类人在现实中，性格成熟潇洒，较有适应力。第二，声亮而洪。这类人大都精力充沛，具有艺术家的气质，有荣誉感、有品位、有热情。第三，讲话的速度快。代表这个人朝气蓬勃，活力十足，性格外向。第四，外带语尾音。这种人精神高昂，有些女性化倾向，具备艺术家气质。以上这四种声音类型，在工作和生活中都有其正面作用。同样，也都会有负面作用存在。使用怎样的声音，最主要还要看什么场合。不仅要学会在什么样的场合说什么话，还要学会在怎样的环境下用怎样的声调说话。

【解读】

我们常说声音怎样怎样，实际上，声与音并不是一个统一的概念。声产生于发音器官的启动，是空气振动之初的状态，可以在发音器官启动的时候听到它；音则是发音器官闭合，声音传播的混响状态。古人认为，通过对这个人声音的考察，可以了解一个人的心性品德、身高体重、学历身份、职业爱好等。这是一个很复杂的判断过程，要想做到这一点很不容易。

首先，声包括的各种要素就很不容易分清楚。声调是听声识人中的重要因素之一。声调高具有无形的压力，可以使别人沉默下来，有时候低声调也可以达到这种效果。讲话的速度在一定程度上也可以反映出一些问题。如果一个人说话的速度过快，就很容易给人留下好像有某种急事、戏剧性的事件或热心投入的印象；而对方则会感觉焦躁、混乱以及些许粗鲁。平日里慢言慢语的人，虽然给人以深思熟虑、诚实的印象，但太慢就会变成犹豫不决或漫不经心。甚至还会出现消极性的含义。发声法对声也会有影响。如果用鼻子产生共鸣，声音就会如泣如诉，就会给人傲慢的印象；用胸腔来产生共鸣的话，声音就会变得丰富、响亮。

不同的声代表着不同的性格：说话和声细气的男人，为人必定厚道、宽容、襟怀开阔；说话和声细气的女人，为人必定温柔、善良、善解人意。说话轻声小气者比较懂得尊重人，为人谦恭、谨慎和文雅；高声大气者，充满激情且性格粗犷豪放；唉声叹气者，心理承受能力差，自信心不强，缺乏勇气，一旦遭到失败，便灰心丧气，沮丧颓废，乃至一蹶不振。由此可见，听声识人是可行的。

第三节 闻音辨人

【原文】

音者,声之余也,与声相去不远,此则从细处曲中见直。贫贱者有声无音,尖巧者有音无声,所谓"禽无声,兽无音"是也。凡人说话,是声其散在左右前后者,是音。开谈多含情,话终有余响。不唯雅人,兼称国士;口阔无溢出。舌尖无窕音,不唯实厚,兼获名高。

【译文】

音,是声在空中传播的余波、余韵。音跟声差别并不大,但要从细微的地方才能分辨出来。贫穷卑贱的人说话只有声而没有音,显得粗野不文;圆滑尖巧的,人说话则只有音没有声,显得虚伪做作。俗话说"鸟鸣无声,兽叫无音"。说的就是这种情形。一般人说话,只不过是一种声响散布在空中而已,并没有音。如果说话的时候,一开口就饱含着感情。话说完了声音还在空中回响。则是温文尔雅的人,而且可以称得上是社会名流。如果说话的时候,即使口阔嘴大,声气也不乱发乱出。口齿伶俐却不矫揉造作,不仅表明其人自身内在素养深厚,还会获得盛名隆誉。

【事典】

古代有五位善歌者被后世公认,其中一位就是秦娥。秦娥是韩国人。有一次,她途经齐国,因盘缠已经用尽,所以只好在齐国都城临淄(今属山东)的雍门演唱,以赚路费。秦娥的声音如百灵般轻灵嘹亮,婉转悠扬,让人流连忘返。这样一场绝世罕见的演唱结束后,众人还聚在雍门,徘徊留恋,不肯散去。不少追随者还去旅店找秦娥,想请她再来演唱。

不过,旅店老板对秦娥言语很不敬,奚落的话语使得她大声抽泣。闻者翘首瞩目,屏住呼吸,仿佛都失去了魂魄。因为秦娥的歌声太过动听,以至于很多追随者在她唱完以后两三天,似乎耳边还听到有歌声在屋梁间缭绕飘荡。而秦娥的哭声也一连三天让大家难过得吃不下饭。当众人得知秦娥已经离开,便即刻派人去追。秦娥见百姓如此坦诚,便答应再为大家演唱一次。听众很高兴,几天来的悲伤情绪也一扫而空。《列子·汤问》曾描述说秦娥的歌声"余音绕梁,三日不绝"。因此,人们在赞美歌声或音乐极为美妙,余音不绝时,就常用"绕梁三日"来形容。

除了音色优美可吸引人外,音色还可以分析出人的心性品质及才能。当然,这需要识人者具有丰富的见识与学识。

咸丰三年,曾国藩奉命办团练,四处招揽人才。有一天,他与不少应征的人见面说了话,感觉有些疲倦,就告诉身边人今天不想见了。可是,就在他似睡非睡时,突然听到外面有争吵的声音。他起身向窗外看了看,见是一个身材不高,只穿一件单衣的年轻人被守门的卫士拦住了。年轻人声音洪亮。气质非凡,要求见曾国藩,但卫士坚决不让他进。年轻人也不妥协,大有今天不见到曾国藩就不离开的架势。正在双方推推搡搡之际,曾国藩走了出来,对卫士说道:"不要拦着他,让他进来吧!"

卫士不敢再拦,退到一边。年轻人向曾国藩行了一礼,表示感谢。曾国藩打量了年轻人一眼,心想:这小伙子说话的声音爽朗圆润,想必是内沉中气、才智非凡之人。于是,他便让年轻人介绍一下自己。年轻人说他是湖南湘潭人,名叫罗萱,听说曾大人办团练,就赶过来,希望能被收下。

经过一番交谈,曾国藩发现,眼前这个小伙子书读得不错,颇通文墨,觉得他是个可用之才,于是决定让他掌管书记,将日常文牍往来也一并交给他处理。

罗萱果然能够胜任,起草的文件让曾国藩很满意。曾国藩率湘军东下时,罗萱的父母由于年纪大了,想要儿子回到身边照顾自己,罗萱便向曾国藩请辞。曾国藩不想人才流失,设法挽留罗萱,并写了一封言辞恳切的书信,要他做自己的幕僚。罗萱深受感动,留了下来,此后又跟随曾国藩东下,直至生命结束。

闻声识人,乃识人妙诀。用得此诀的人,必先强自身。就如伯乐求千里马,一眼便能看穿优劣。有时得提高自己的"鉴赏力",或察言观色,或闻声识人。真有能力者,如遇此境,便会谦逊;反之,则口无遮拦,弊端全露,能力高低与否便能一眼看穿。

初次见面就能与人保持良好关系的人,大多是观察他人的高手。他们以对方的外表、服饰、细微的动作,以及语言作为线索,巧妙地掌握对方的性格或生活状况。

对方发言,是处于动的状态;自己沉默,是处于静的状态。所以,要根据对方所说的话来了解他想表达的意思。假如对方所说的话有不合理的地方,在有可参照的对比外,就有了可类比地做事的规范;以无形无声的微妙之理求得对方有声的语言。以诱导的话得出与事理相符的发言,就能得到实情。这种方法就像张开网捕捉野兽一样。要多张几张网,等待对方进入。如果方法符合情理,对方的意图自然就会表现出来。这就是捕人的网。

反复思考,多加审视,这是做任何事情都不能离开的方法,也就是上面所说的那些情况。能否用语言牵制、掌控对方,进而与之交涉,闻声识人在其中是有十分重要的作用的。

【解读】

人在说话交流的时候,声音随空气震荡而向四方传播,弥散在前后左右,以正前方为信息发射源。"开谈多含情,话终有余响。"这种话语谈势,是高人国士的风范。怎么讲?人以情为主,凡事多能兼顾情理又不违事理。这种处事原则是一种标准,能两全其美的人当然能得到大家的称赞和拥护。通常这种人讲话公平而且具有渲染力,余音绕梁,荡气回肠,使听者心摇神驰。有如此号召力的人,当然称得上是高人国士

气色第七：面部如命，气色如运

在相面识人术中。观察气色是很重要的一个环节。通过观察气色可以发现现在已发生的事情，以及冥冥之中即将发生的事情。这里的气色代表两个不同的概念，分别是气与色。依靠观察神气来识人，这是除了依靠观察性情、德行之外的又一识人方法。神由心立，气由性达。道家主张"气是神之本，神因气而显"。神能在气中观察到，气能在神中观察到。神与气可合而为一，也可一分为二。古人认为，气旺者则生命力强，反之，气弱者则生命力衰微，精力不充沛。与此同时，色也是识别人才的一个依据。这里的色是指面色。曾国藩认为，文人的面色以黄为贵，最忌讳的面色就是青、白二色，这其实并没有多少科学根据。值得一提的是，观察面色是考察人的身体状况的一个重要依据。身体是革命的本钱，所以把考察面色放在识别人才的过程中也是无可厚非的。

第一节　气与色

【原文】

面部如命，气色如运。大命固宜整齐，小运亦当亨泰。是故光焰不发，珠玉与瓦砾同观；藻绘未扬，明光与布葛齐价。大者主一生祸福，小者亦三月吉凶。

【译文】

如果说面部象征并表现着一个人的大概命运，那么气色就能体现出一个人小的运道。人的大命是先天生成的，但仍然需要与后天的遭遇保持均衡，而小运也需要一直保持顺畅。所以，如果光辉不能发散，那么即使是珍珠和宝玉，也和碎砖烂瓦没什么区别；如果色彩不能呈现出来，那么即使是绫罗锦绣，也和粗布糙麻没什么两样。大命能够决定一个人一生的吉凶祸福，而小运能够决定一个人在一段时间内的吉凶情况。

【事典】

古人认为，人是禀气而生的，气有清浊、昏明之分，人有寿夭、善恶、贫富、贵贱、智愚、尊卑之别，这些都可以从"气"上找到痕迹。气旺者则生命力顽强。头脑时常处于清醒状态，处理问题正确率就高，失误少；气弱者则生命力衰微，精力萎靡不振，头脑就会变得混沌不清，所以时常会消极厌世，错失机会。当然这是对气的笼统概括，具体气的好坏还与人的沉静浮躁有关。气血旺盛者以沉厚为佳，而不是轻浮于世。气势衰弱者，本来就已经不好，如果能冷静处世，也是坏中有好的事情。气衰且浮躁就完全不可取了。

气是一个人精神的象征，通过对气的考察可以了解一个人的精神状态。进而了解一个人的才能，而面色就不同了。通过一个人的面色，我们可以了解他的身体状况。中医学看病讲究"望闻问切"，其中的"望"在很大程度上就是观察面色。所谓"望而知之谓之神"，讲的就是从面色上可以看出一个人的病象。

其实无论是气还是色，都是考察一个人的重要依据。历史上著名的扁鹊见蔡桓公的故事，相信很多人都听说过。扁鹊是战国时代著名的大夫，医术高超，传说他还有令人起死回生的本事。有一次，扁鹊去拜见蔡桓公，他仅仅在桓公面前站了一会儿，就告诉蔡桓公："您有小病在皮肤的纹理中，不医治恐怕要加重。"桓公听后，很不以为然地说道："我并没有感觉到不舒服，哪儿来的病？"说完就不再理睬扁鹊了。待扁鹊退出后，桓公对左右说："大夫喜欢给没有病的人治病，以此来捞取功劳。"又过了十天，扁鹊再次拜见桓公，说："您的病在肌肉和皮肤里面了，不及时医治将更加严重。"桓公这次还是没有理睬扁鹊的话，心想：我精神这么好，怎么可能有病？看来名医也不过是个名号而已。他照样没有把扁鹊的话放在心上。又过了十几天，扁鹊再次拜见桓公，说："您的病在肠胃里了，现在如果再不及时治疗，恐怕后果就更严重了。"桓公觉得自己每天能吃能睡，身体状况好得不得了，怎么可能有病，心中对扁鹊三番五次说自己有病不禁有些恼了，于是便派人将扁鹊送走了。时隔不久，扁鹊再见到桓公时掉头便走。桓公心中十分不解，就派人去追赶扁鹊，问他为什么要转身就走。扁鹊对追上自己的人说："病在皮肤的纹理中，只要用些汤药就可以治好；病在肌肉和皮肤里面，只要用针灸就可医好；病在肠胃里，凭借火剂汤的力量就可以治好；病在骨髓里，就已经无药可救，所以我不想过问了。"左右的人把这些话告诉桓公，桓公还是没有把这件事情放在心里。短短几天

扁鹊

后，桓公就开始发病，全身疼痛难忍，再派人去寻找扁鹊，扁鹊已经逃到了秦国。最终桓公不治身亡。

扁鹊给蔡桓公看病，既没有问病情，也没有把脉，就知道病的轻重，这全得益于"望闻问切"中的"望"。扁鹊望蔡桓公，望的是他的气色。像扁鹊这样的神医，在"望"这一项上，已经不仅仅局限于面色，而是延伸到了气色上。正是对气色的考察，帮助扁鹊得出了正确的判断。

考察气色一事不单单用在中医的诊断上，还可以用在考察人才上。有才有德的人，心胸坦荡，气自然就会充足，面色也会变得好看。另外值得注意的一点是，这里的气色不是"酒色财气"中的"气色"，这里的气不是意气，而是生命力的一种表现；这里的色并非好色，而是道家修炼的一个术语，是气功的气，养气的气。

【解读】

我们常常说，看一个人的气色怎样怎样，这里的气与色实际上是两个意思，气是指一个人的精神，而色则是指一个人的皮肤颜色。之所以把气与色放在一起，因为色是气的外在表现。中医学认为，气与色是不可分的，气是色之根，色是气之苗，色表现着气，气决定着色。古人用气、色这两种哲学概念来判断人的优劣，认为一个人的气、色体现着人的运气。中国传统文化认为，运。又称"气数"，即阴阳运行之变数，又称"时会"。即在运动变化着的宇宙状态中不同的机遇或遭遇，所以又称为"运气"。

虽然我们常常说一个人的命运怎样怎样，但其实命与运也是两个不同的概念。运是后天造化，是运动变化的，而命是先天禀赋，是无法改变的。英国《宗教伦理百科全书》认为："命是一种势力，那是我们人为的能力所不能抵抗的。它是一种机械的、物质的、无意识的势力。这种势力能管理全世界，便是人也在被管理之列。"这说明，命是不因人的主观能动性而改变的。由此可见，命运确实是两个不同的概念。这里我们仅仅通过气色考察运气一项做如下阐述。

第二节 气为主

【原文】

人以气为主，于内为精神，于外为气色。有终身之气色，"少淡、长明、融艳、老素"是也。有一年之气色，"春青、夏红、秋黄、冬白"是也。有一月之气色，"朔后森发，望后隐跃"是也。有一日之气色，"早青、昼满、晚停、暮静"是也。

【译文】

气是一个人生存和发展的主要支持,其在人体内部表现为精神,在人体表面则表现为气色。这种气色也会有多种形态:有的气色贯穿一生,这就是所谓的"少年时期气色为淡,也就是气稚色薄;青年时期气色为明,也就是气勃色明;壮年时期气色为艳,也就是气丰色艳;老年时期气色为素,也就是气实色朴"。有的气色贯穿一年。这就是所谓的"春季气色为青——木色,春色;夏季气色为红——火色,夏色;秋季气色为黄——金色,秋色;冬季气色为白——水色,冬色"。有的气色贯穿一月。这就是所谓的"每月初一以后像枝叶盛发,十五日以后则若隐若现"。有的气色贯穿一天,这就是所谓的"早晨慢慢复苏,白天饱满充盈,傍晚趋于隐伏,夜间平静安宁"。

【事典】

气是多变的,因此对气的考察难度就会增加很多,但并不意味着不可以做到。战国时期的一个故事,就说明了观"气"识人的神奇之处。

齐桓公在上朝时与管仲讨论了讨伐卫国一事,退朝后路经后宫。卫姬一见齐桓公,立即走下堂来一再跪拜请罪。桓公十分惊异,问她为何请罪。"妾见君王进来时,神采飞扬,洋溢着志在必得之势,必然是国家大事。但君王见妾后,脸色有所改观,这一定是要讨伐卫国。"齐桓公佩服卫姬的好眼力,便在心中打消了攻打卫国的念头。

第二日,齐桓公一上朝,管仲就开门见山地说:"君王打算取消伐卫的计划?"桓公大惊道:"仲父怎么知晓?"管仲答道:"今早君王上朝时态度谦恭,待人和气,没有往日的豪气,尤其是见微臣耐面露愧色,微臣因而知道。"最终,桓公暂时放弃了攻打卫国的计划。

又一次,齐桓公与管仲计划伐莒。在战局正在部署,伐莒计划还未实施时,此事已经全国皆知。桓公很惊异,便问管仲原因。管仲答:"国内必有圣人。"桓公恍然大悟道:"噢!白天工作的役夫中,有一位拿着木杵向上看,想必就是此人了。"于是命令当天工作的役夫再回来工作,而且不可以找人代替。

几天后,这群役夫就回来了。管仲从远处观望了一会儿,就确定了他所要找的:一个名叫东郭垂的人,便命人将他请来。当东郭垂来到管仲面前时,管仲就问他:"是你说我国要讨伐莒国的吗?"他回应道:"是的。"管仲问道:"我从未说过伐莒之事,你从何而知呢?"东郭垂答道:"君子善于策谋,小人善于臆测,所以这是小民的私自猜测。"

管仲不解,让他解释。东郭垂只好详细解释说:"小民听闻君子有三种脸色:悠然喜乐,是享受音乐的脸色;抑郁不欢,是遭遇丧事的脸色;神采奕奕,此乃用兵的脸色。那日小民见君王站在台上神采飞扬,讲话语气豪迈,且所说均与莒有关,并且不时用剑指莒的方向,所以小民斗胆臆测,君王欲伐莒。"管仲点头称道。

从这个故事中,我们可以看出观"气"识人的重要性和可行性。观"气"除了可以看出人的想法外,还可以观察出人的沉浮静躁。而能够观察出一个人的沉浮静躁,是成大事的必备素质。

沉得住气、临危不乱的人,才能担当大任,干大事;浮躁不安、毛手毛脚的人,做事只能虎头蛇尾、半途而废。要注意,活泼与文静不是沉浮静躁,文静的人行动起来后也可以动如脱兔,活泼的人在安静时也能静若处子。相反,心浮气躁之人,平日好大喜功,喜欢将事情理想化,该小心谨慎的地方也大而化之,不能静下心来仔细思考问题,遇事又慌张,稍有风吹草动就手足无措。这样的人能做到处变环惊,成就一番事业吗?

魏明帝曹睿死后,曹爽专权。当时,何晏、丁谧、邓飏、李胜四人都是颇有才气之人,但为了荣华富贵,纷纷投靠了曹爽。也正是这个原因,曹爽主持朝政后将这四人视为心腹,四人也一心为让曹爽夺得实权而费尽心思。在他们的出谋划策之下,曹爽逐渐从司马懿手中夺得了实权。此后,这四人分别晋升为尚书、校尉等职。后来,四人又极力劝曹爽伐蜀,结果大败而归。他们又劝曹爽专权,修改制度,搞得朝廷上下乌烟瘴气。一片混乱。

一天,何晏宴请十分精通术数的管辂,当时邓飏也在座。何晏问管辂:"听说你算卦神妙,最近我接连梦到有数十只绿头苍蝇飞到我鼻子上,怎么驱赶也不离开,这有什么原因吗?"

管辂说:"如今你位高权重,却离德背心,不是求福之道。只有扶贫益寡,以德行政,才能顺应天意,否则恐遭天谴。"管辂回家后,将宴会上的事告诉了舅舅,舅舅责备他的话说得太直白,管辂说:"与死人语,何谓邪!"后来曹爽被司马懿夺权杀死,何晏等四人被夷灭三族。有人便问管辂事先如何知道他们四人将死的,他说:"邓飏步如鬼躁,何晏魂不守舍,血不华色,精气烟浮,容若槁木,此为鬼幽。故知其败也。"

陈寿在《三国志》中记载,说何晏、夏侯玄、邓飏三人曾试图与傅嘏结交,傅嘏却不买账。他人不解。傅嘏便说:"夏侯玄金玉其外,败絮其中,徒有虚名却无实才;何晏颇有才华,可惜为人虚伪且不真诚,与这种人交往会在关键时刻被出卖;邓飏做事虎头蛇尾,好大喜功。此三人狼狈为奸,都是乱德败性之人,我躲都来不及,怎么可能与他们结交呢?"后来的事情果然证明傅嘏的预测是正确的,不与他们结交是极其明智的。

无论如何,观"气"识人是十分重要的。虽然说"神"是察人的一个重要依据,但其实"气"才是精华中的精华。所谓看人不如看神,看神不如看气,说的就是这个道理。

【解读】

"人以气为主"是说"气"对于人来说，是处在主宰、根本的地位上。从本质上讲。气与色是源与流的关系，气是根本，色是表象。气盛则色佳，有光泽；气衰则色衰，无光泽。这些差别可以从睡眠充足、休息得宜的精力充沛状态与疲惫万分、憔悴不堪的状态的前后对比中找到答案。

人的气色是会随着年龄、环境、生活条件等变化的。所谓的"气"既是内在的精神，又是外在的皮肤颜色。"于内为精神，于外为气色"这句话实际上道出了考察"气"的门路，指出了"精神"与"气色"之间的关系的实质。

识人无数的曾国藩向来看重人生气象，也非常注意脸面气象——一种"胸怀浩大"的精神。胸襟开阔需淡泊宁静，外在表现出来便是平和空明。要看出一个人是否心胸宽大，就要先考察他的"气"。

究竟什么是"气"？"气"又有哪些分类？《洞微玉鉴》中这样写道："气者，一而已矣。别而论之，则有三焉：曰自然之气，曰所养之气，曰所袭之气。自然之气者，五行之秀气也，吾秉受之，其清常存。所养之气者，是袭义而生之气也，吾能自安，物不能扰。所袭之气者，乃邪气也，若所存不厚，所养不充，则为邪气所袭矣。"与这里的分类依据不同，曾国藩将"气"分为人生四时之气、气候四时之气、一月两时之气，以及一日三时之气。其实这些分类有异曲同工之妙，本质上并没有什么区别。

第三节　察色识人

【原文】

科名中人，以黄为主，此正色也。黄云盖顶，必掇大魁；黄翅入鬓，进身不远；印堂黄色，富贵逼人；明堂素净，明年及第。他如眼角霞鲜，决利小考；印堂垂紫，动获小利；红晕中分，定产佳儿；两颧红润，骨肉发迹。由此推之，足见一斑矣。

色忌青，忌白。青常见于眼底，白常见于眉端。然亦不同：心事忧劳，青如凝墨；祸生不测，青如浮烟；酒色愈倦，白如卧羊；灾晦催人，白如傅粉。又有青，而带紫，金形遇之而飞扬，白而有光，土庚相当亦富贵，又不在此论也。最不佳者："太白夹日月，乌鸟集天庭，桃花散面颊，颓尾守地阁。"有一于此，前程退落。祸患再三矣。

【译文】

一个追求科名的文人，面部气色应该以黄色为主，因为黄色是正色，是吉色。如果能够有一道黄色的彩云飘在头顶，那么毋庸置疑，这个人必然会在科考殿试中一举夺魁，高中状元；如果颧骨部位各有一片黄色向外扩展，如两只翅膀直插双鬓，那么可以肯定，这位书生登科做官或封爵受禄已经为期不远；如果印堂呈黄色，那么可以肯定，这位书生参加小考很快就会获得既能够致富又能够做官的机会；如果明堂部位，即鼻子白润而素洁，那么可以肯定，这位书生必然能够科举及第。另外的一些面部气色，如眼角，也就是鱼尾部位红、紫二色充盈，其状态像绚丽的云霞一样，那么可以肯定，这位书生必然能够顺利考中；印堂有一片紫色，向上注入山根之间，那么可以肯定，此人经常会获得一些钱财之利；如果两眼下方各有一片红晕，而且被鼻梁居中分隔开从而互不相连。那么可以肯定，此人定会喜得贵子；如果两颧部位红润光泽，那么可以肯定，此人的亲人，如父子、叔侄、兄弟等，必然能够立功显名并发家致富。由此推而广之，就可以窥测到人的面部气色与命运之间的关系。

面部气色最忌讳的就是青、白两色。青色一般出现在眼睛的下方，白色则经常出现在两眉的眉梢。它们的具体情形又有差别。如果是由于心事忧烦困苦而呈青色。那么这种青色多半既浓且厚，就像是凝固的墨水一样；如果是遭遇飞来横祸而面部呈现青色，那么这种青色必定会轻重不均，就如同飘浮的烟尘一样；如果是由于嗜酒好色导致疲惫倦怠而面呈白色，那么这种白色一定势如卧羊，不久就会消散；如果是由于遭遇到了大灾大难而面呈白色，那么这种白色一定会惨如枯骨，充满死气。另外还有青中带紫之色，如果正好是金形人呈现出这样的气色，那么，他一定能够飞黄腾达，而如果是白润光泽之色，土形兼金形人呈现出这样的气色，他也能够获得富贵。不过这些都是特例，不在以上所论述的范围内。而最不好的，则是下列四种气色："白色围绕眼圈，主丧乱；黑气聚集额头，主参革；赤斑布满两颊，主刑狱；浅赤凝结地阁，主凶亡。"上面所列的这四相，一旦具备其中之一，就预示着前程倒退败落，并且会接连遭遇灾祸。

【事典】

春秋时期，梁惠王雄心勃勃，很想有一番大作为，因此频频召见天下的文人能士，如孟子等都是他的座上嘉宾。

当时有人多次向梁惠王推荐淳于髡，梁惠王就召见了淳于髡。每一次梁惠王都屏退左右，以便与淳于髡倾心密谈。没想到淳于髡前两次却缄默不言，这让梁惠王十分尴尬。事后，梁惠王很生气，斥责推荐的人："你说淳于髡有管仲、晏婴的才能，哪里是这样！他要不是没有才能，要不就是在他眼里，我是个不足以与他交谈的人。"

推荐的人把梁惠王这番话拿来问淳于髡，淳于髡笑了笑，说："事实确实如此。我本来确实想与梁惠王倾心交谈，但首次见梁惠王时，他面有驱驰之色，估计是内心想着奔跑一类的事，所以我就没有说话。第二次再见梁惠王时，他面有享乐之色，估计是想着声色一类的事，所以我也没有说话。"

推荐的人便将这番话告诉了梁惠王,梁惠王大吃一惊,因为淳于髡说得完全正确。在首次与淳于髡见面时,恰好当天有人送来一匹骏马,梁惠王正跃跃欲试。第二次见淳于髡,正好有人献上了一组新曲和几名歌伎,他急着想去听。后来,梁惠王又安排了和淳于髡的第三次见面。这次,淳于髡与梁惠王谈了三个晚上。

这个故事说明了看面色的重要性。像淳于髡这样通过人的面色知道人内心想法的能力是需要丰富的知识和见识的,一般人很难达到这种境界。但是我们可以通过面色来观察一个人的精神状态和身体状况。如果一个人面色苍白,那么必然没有什么精神;如果一个人一喝酒就特别容易脸红,那这种人多半肝脏有问题。通过简单的面色识别,我们很容易看出一个人的身体状况。要知道,才能的发挥与身体状况有很密切的关系,即使我们做不到像淳于髡那样,也可以从面色来分析身体状况,进而获益良多。

由此可知,在鉴别人才时,除了考察"神""气"等来确定其才能心智和品德外,还需通过面色来考察其身体状况。

【解读】

察色识人,这里的"色"是指人的肤色。曾国藩认为,文人的肤色以黄色最为富贵,当然这种黄色并不是说面如土色,而是指有光泽的黄色。如果面色仅仅是呈现黄色却没有光泽,那么这种人也不可重用。在中国古代,黄色历来被尊为正色。皇帝是九五之尊,他的衣物器皿以黄色为主,一般大臣则不能着黄色衣袍。在五行中,黄色代表土。而在五行方位中,土是居中的。中国古代文明的发源地是黄河流域,也以黄为主。土地能养生万物,因此,黄色被尊为正色。

曾国藩认为黄色由天庭而起,犹如"黄云盖顶",有这样面色的人必然能够在殿试中取得很高的名次;黄色由颧骨起,直入双鬓,这种面色较"黄云盖顶"次之,但仍能取得功名;印堂有灿烂的黄色,有这种面色的人必定富贵;鼻子白润光洁,取得功名是早晚的事;眼角鱼尾处有红、紫二色,自然会有吉庆之事;印堂有紫气流动,犹如"紫气东来",自然也是吉兆;眼下有红晕,由鼻子分隔开使之互不相连,则必然会生贵子;颧骨红润,则至亲之人会发迹。当然这些都是曾国藩识人的依据,并没有什么科学根据。以上的面色也都可以通过中医的理论来解释,例如鼻子是肺之窍,它的颜色变化是主肺功能的异常。

除了面色以黄为贵外,曾国藩还认为,面色最忌青、白二色。青、白二色从中医角度来讲,常常意味着人的身体状况不佳。面部的青色常见于眼底。不健康的青色与春天草木新生的青色不同,是血液淤积阻塞、流通不畅导致的,这种青色其实是一种紫黑色。形成青色的原因有很多,例如眼部受到打击,长期疲劳工作得不到休息,体内新陈代谢不畅,血液滞留等。此外,机体发生病变也会在眼部形成青色。这类青色都是提醒人们注意身体状况的征兆。

　　病态的白色是血气亏损的表现，这样的白色当然不会是好的面色。通常，面部的白色都会出现在眉端。

　　青、白两色虽以不健康为主征，但青白的变色并非都表示身体状况不好，有时休息不好或酒色过度也会引发青、白两色。例如，连夜加班没有休息好，反映在面部气色上就是两眼微肿，眼袋发青发紫，眼中晶状体有血丝等；如果心事忧烦，连续几天不能好好休息，面部的青色就会很严重，犹如凝结的墨汁一样，但这只是短暂的身体状况不佳，身体机能会自动调解好。酒色伤身，精神倦怠，眉端就会常常出现白色，这是肾虚肺衰之兆，这种症状只要多休养几天就可恢复。除此之外，青、白二色还有许多种变化情形，在此就不一一阐述了。

　　在鉴别人才时，我们历来重视的都是才能、心智和品德，本质上是考察、寻求他的有用性。人才的健康状况和个人命运不是用人者所关注的，所以很多人在考察人才时都忽略了健康状况这一点。实际上，健康状况对人才的才智发挥、事业的成败有很大的影响，毕竟"身体是革命的本钱"。考察一个人的身体健康状况，最直观的方法就是观察面色。通过对面色的观察，不仅可以考察人的身体健康状况，还能考察人的内心想法。

国学经典文库

图文珍藏版

解开英雄的成功秘诀 把握现今的通赢智慧

智慧谋略全书

王艳军◎主编

线装书局

官智经

明·徐阶

导读

古往今来,官场之书虽多,但真正参透做官之道的经典,当以《官智经》为最。《官智经》受到与作者同时代的大改革家张居正的极力推崇,有"道尽朝堂之秘,破尽宦海之机"之誉。

《官智经》的作者徐阶,字子升,松江华亭(今属上海市)人。明嘉靖二年(1523年),徐阶考中进士第三名,被授予翰林院编修,从此踏上仕途。在嘉靖、隆庆二朝,徐阶都曾担任首辅大臣之职,为百官之首,对时政多有匡正补救。徐阶为人正派,极有韬略,于不动声色之中,竟把奸诈异常的一代巨奸严嵩连根拔起,使其彻底倾覆。智斗奸臣严嵩,不过是徐阶六十年宦海生涯的一个片段。但据此足以见证徐阶的才智非凡。

徐阶

做官需要大智慧,这是毫无疑问的。如果对封建专制制度认识不清,对封建官场体察不深,那么就不会得出最本质的结论,做出最深刻的创见。做官的智慧又不仅仅局限于官场之事,它应该有更广阔的视野,这才能使人发现所有的真相。

己也有"偷鸡不成蚀把米"的风险。于是,他对李缓说:

"王利涉不懂军机,大人怎能听他的鬼话呢?现在时间紧迫,我们必须抢占先机,方能攻其不备。"

李缓又一次深受感动,对王君廓说:

"有你如此待我,我才没有祸患,内外之兵,我都交付你了,一切任你行事。"

王君廓得到了调兵的印信,于是诱杀了王洗,放出了朝廷来使,逮捕了李缓。有此大功,他如愿以偿地取代了李缓,当上幽州都督。只是那个不辨其计、上当受骗的李缓,最后却是落个被废为庶人的下场;他的"反案"亦因铁证如山,永难翻案了。

【解读】

封建专制时代,占据高位的愚人是不少的,他们不是凭自己的真本事,很难成为最后的胜利者。封建官场的黑暗,可以给愚人一些机会,但封建官场的险恶,更能使愚人受到重创。在波诡云谲的官场,愚笨始终是最大的缺陷,也是最大的隐患。不靠智慧得来的官位,常会带来不幸的结局。

【原文】

智不厌下焉。

【译文】

有智慧的人不要厌弃低位。

【事典】

莫求一步登天

唐朝时,年少的裴休和哥哥裴俦、弟弟裴俅一同在济源读书。

裴休日夜苦读,很少出门,而裴俦、裴俅却耽于玩耍,常常分心。裴休对他们说:

"读书需要极大的耐心和勤奋,你们无所不好,这样怎会学有所成呢?"

裴俦指责裴休说:

"你天天读书，难道就一定有成就吗？我想做更多的事，你这个书呆子是想不到的，需要自责的不是我们。"

一次，管山林的人送给裴俦一只鹿，裴俦、裴俅把鹿杀死，请裴休一起吃鹿肉。裴休拒绝道：

"我们是穷书生，不能贪求美味而丧失志向，今天吃肉，明天怎么办呢？这肉不是我们该吃的。"

裴俦、裴俅反复劝他，裴休就是不吃，并坚持说：

"我不是不喜欢吃肉，而是要锻炼自己的意志。你们不会控制自己，做非分之想，将来就更加艰难了。"

后来，裴休考中进士，步入了仕途。

为官之时，裴休不忘本分，不仅勤于政务，而且了无嗜好，休闲之时也是读书不辍。同僚见他如此，劝他说：

"你已读书入仕，书就不需读了。现在你身在官场，当思升迁玩乐之事，否则便是不务正业。"

裴休淡淡道：

"读书为官只是个开始，我是不会放弃读书的。升迁玩乐我还不敢奢求，这会使人变得疯狂的。"

裴休忠厚勤奋，上司很喜欢他，几次想提拔他，裴休都推辞说：

"我的才德不够，难担大任，还是让他人担任的好。"

人们说裴休呆傻，裴休却道：

"我不是故作谦让，而是深感自己能力不足啊！如果不能胜任而勉强为之，那么祸事就来了，这不是自讨苦吃吗？人要时刻反省自己，不能见好处就上。"

裴休这般持重，人们渐渐改变了对他的看法，开始推崇他。裴休官职日升，人们都心服口服，绝无非议之词。

唐宣宗大中年间，裴休官至户部侍郎，兼任盐铁转运使。盐铁转运使权力很大，捞钱的机会更多，裴休一上任就召集下属说：

"我是读书人出身，对贪赃枉法的事向来深恶痛绝。追求利益不能损害国家和百姓，否则必受重惩。我这样告诫你们，是不忍见有人在此贻误终生啊！"

当时，官场腐败十分严重，主管漕运的官吏大多营私舞弊，不仅贪污盛行，而且每年翻沉的运粮官船达七十余艘。

裴休制定了一系列规章,开列《漕运新法》十条,立《税茶法》十二条,又下令彻底调查漕运中的弊案。

针对裴休的举措,有人进言说:

"为官需要圆滑和不惹众怒,你如此大规模肃贪,只会给你自己带来祸患,这太不合算了。"

裴休冷冷道:

"不惹众怒,便是狼狈为奸,这是一个正人君子应该做的事吗?我不是在自取祸患,而是在为国家消除祸患。"

进言之人把头一低,又道:

"这件事说来容易,做起来实难,现在几乎无官不贪,你为什么和别人不一样呢?你想要什么呢?"

裴休愤愤地说:

"正因为世风日下,才要有人振臂一呼,高举正义之帜。贪官失去了起码的良心,我这样做也是拯救他们。我不是为我个人打算,一个人一旦有了私心杂念,那他就只会沦为小人了!"

裴休大力清查贪官,整顿革新,使贪官受到了惩罚,漕运状况得到了彻底的改变。在他任期期间,经运河运到渭河、黄河沿岸粮仓的粮食达一百二十万石,沉船的事故也没有再发生了。

【解读】

封建官场中人无不是求取升迁的,这并不意味着人们可以厌弃低位,把心思全用在向上爬之上了。官职是一步步晋升的,官路是以低位为起点的,有智慧的人不该为此抱怨。求迁不能求之太急,更不能忘记当下的责任。只在钻营上用力,就不会在升迁的资本上加紧积累了。

【原文】

贵荐得贵。

【译文】

有权责的举荐会得到富贵。

【事典】

有才未必有幸

唐代著名诗人王维,年轻时就以诗歌闻名。王维自恃其才,对当时盛行的走权贵之门以求高中的风气极为鄙视,曾嘲笑那些巴结豪门的士子说:

"读书人若是这样求取功名,岂不和小人无异?读书人读圣贤之书,受先哲教诲,怎会干这种无耻的事呢?我绝不为之。"

王维不走门路,结果落第不说,反而遭到了众多人的无情嘲弄。有人便劝他说:

"你自言读遍天下诗书,却怎么连人情世故都看不清呢?没有几个自愿去巴结权贵,可世道如此,不去攀附他们就无缘高中,纵有大才又能何为?这也是学问的一种,远比书本上的东西为贵,你若在此硬充君子,就休想金榜题名了。"

王维遭此重击,空有长叹。他郁闷多日,终在一日宴后对朋友说:

"我年轻无知,虽遍读诗书,重节知义,却一无所用啊!我要一展抱负,取得功名,就一定要做个小人吗?"

朋友打断他的话,摇头说:

"小人太难听了,为什么把此事搞得这么复杂呢?你才华盖世,如此为之也是迫于形势,不必责己太过。"

王维长得玉树临风,诗写得好,音乐才能也十分突出,还精于琵琶。他从此出入权贵之家,献诗献艺,不惜媚言惑人,无所不为。皇族中的岐王欣赏他的才能,又把他引荐给权势极大的公主。拜见公主之时,王维故意把自己打扮得像个乐师模样,穿着花花绿绿的衣服,浓妆艳抹。有人责怪他过于下贱,且说:

"你们读书人都不知羞耻、自甘堕落了,读书还有什么用?"

王维也不过多争辩,只无奈地说:

"读书人也要穿衣吃饭,别人能这样,为何我们就不可以呢?从前我不知别人的难处横加指责,现在只盼别人了解我的苦衷了。"

王维的演奏引起了公主的注意,她把王维叫到跟前,问他说:

"你弹的曲子凄怨哀婉,动人心魄,可有名字吗?"

王维慌忙起身,极尽恭维地回答说:

"公主赞言,小人何幸!此曲名为《郁轮袍》。"

公主见他知书达理,回答得体,对他颇有好感。岐王趁势便介绍了王维的诗才,王维也把自己写的诗呈献给公主。

王维此刻心慌气乱,唯恐公主不喜,一时手足无措。他屏住了呼吸,直待公主叫出"好"来,才如释重负地连道"不敢",眉开眼笑。

公主打量了他多时,口道:

"你这般高才,也不用太拘礼了。这些诗我儿时便已读过,以为是古人佳作,既是你写,实为难得。"

公主见他乐师打扮,又一笑说:

"文人雅士,不该如此装束,真是难为你了。"

她命王维换上文士衣衫,客席入座。交谈之下,她更觉王维才学过人,不禁多有称赞。岐王又替王维美言,还说:

"他志向高远,若是得不到最尊贵的人推荐,高中榜首,他是宁愿不考的。公主既是赏识于他,自当成全他的心愿。"

公主欣然点头,当即命人把主考官叫来,把自己推荐王维的想法告知,主考官连连应诺。王维得中状元,私下却少有喜色。他无奈地说:

"不知我者,定道我非才得之,全自巧取,我哪里说得清呢?"

【解读】

要想受到重用,就一定要得到权贵的欣赏,这是封建官场亘古不变的升迁之道。如果一个人自恃其才,不屑结交权贵,其命运就凄惨了。权贵的举荐远比个人的才能重要,无人提携常是许多人怀才不遇的重要原因。认识到封建官场的人治本质,一个人就不会轻易冒犯权贵了。

【原文】

贱谤得贱。

【译文】

有小人的诽谤会得到卑贱。

【事典】

勿公开结怨

五代十国时期,任圜是后唐明宗朝的宰相。任圜文武全才,为人刚烈,为此,枢密使安重诲忌恨于他,处处和他作对。

任圜的家人和朋友深知深得明宗宠幸的安重诲的权势,于是多次劝任圜和安重诲结交释怨。他们说:

"安重诲是个典型的小人,什么事都会干出来的。你虽贵为宰相,可他执掌兵权,你既奈何不了他,又何必得罪他呢?"

任圜打心眼里瞧不起安重诲,一听即怒,拍案道:

"他算什么东西!若不是皇上宠幸,我第一个就弹劾他。让我和这种人和好,除非太阳从西边出来。"

任圜的家人见他执意不从,为了不惹祸端,便悄悄派人备上重礼送与安重诲,谎说是任圜所托。

安重诲十分得意,第二天上朝时便对任圜道:

"你我同心,这是都有好处的事,大人既知悔悟,我也不计较了。"

任圜心中惊怪,回家问询之下,才知送礼之事,不禁暴跳如雷,竟亲自操起棍棒责打家人。然后,他亲自直闯安重诲府第,直接索回所送之礼,竟还当街发给了众人。

安重诲恨死了任圜,从此便在明宗面前屡进谗言。

为了搞垮任圜,安重诲还勾结党羽,胁迫大臣连番上表,无中生有地揭发任圜的"罪行"。有的人为了讨好安重诲,竟在朝堂之上对明宗皇帝说:

"任圜不去,此贼不除,我就绝食抗议。皇上不听忠言,我只能以死进谏。"

迫于形势,明宗皇帝只好将任圜的宰相之职罢免。任圜不服,却也无可奈何。

安重诲对任圜的去职并不满意,生怕有一天明宗会回心转意,就想伺机将任圜害死。

过了不久,宣武节度使朱守殷起兵造反,安重诲于是诬陷任圜和朱守殷勾结,禀告明宗说:

"任圜失去相位,心怀不满,这才会和朱守殷联手。朱守殷若是有了他这个内应,内外夹攻之下,皇上的江山就凶险了。"

明宗一听果然害怕，便命安重海审问任圜。任圜死不认罪，还痛骂安重海说：

"大敌当前，你以个人私怨害我，将皇上置于何地？我定奏明皇上，让你这个奸臣贼子现出原形。"

安重海恼怒之下，恶狠狠地说：

"你拒不认罪，这就是欺君大罪了；欺君当死，你还想活着见皇上吗？"

他命人将任圜乱棍打死，随后又伪造了一份任圜招供认罪的口供，拖过已死的任圜在口供上按上手印。

明宗见证据确凿，自然没怪罪安重海擅杀。

【解读】

小人作祟，危害是很大的，特别在封建官场，小人常是君子的"克星"，他们给君子造成了无尽的伤害。不能制服小人，一个人便升迁无望；不会利用小人，一个人就不懂谋略。小人重在驾驭。和他们一味死打硬拼，只能是两败俱伤。对小人无计可施，这样的人只会失败了。

【原文】

官无至贤。

【译文】

官吏没有最贤良的人。

【事典】

升迁有捷径

唐宪宗时，许多官员都将向皇帝进奉财物视为自己升官发财的捷径。为此，他们千方百计地搜刮民财，以多种名目献给皇帝，以求恩宠。

王播在朝为官，对这种不良风气十分厌恶，不仅对进奉一事消极抵抗，还公开上书谏阻唐宪宗说：

"陛下用度不足，也不该公开向臣子索讨财物，如此一来，进奉多者受宠，进奉少者受贬，那么官员就会不务政事，专心搜刮，于国家大计百弊而无一利。陛下英明神武,此法绝不是陛下的初衷,定是受了小人的挑动,还望陛下下诏禁止。"

唐宪宗见书大怒,一面严词痛责王播,一面又让他进奉财物,且说:

"进奉乃是臣子的忠心所表,实行已经多年,向来无人提出非议。你身为臣子,不热心为朕分忧,竟出言指责,其意为何?若臣子都似你一样没有忠心,当真江山有失了。"

王播遭此痛击,无法接受,便有心辞官不做,他的家人便惶恐说:

"皇上命你进奉财物,已是对你施恩了,若你辞官,分明是和皇上对抗到底,你的性命还保得住吗?人人都是这样,为何你却不能呢?财物还是献上吧!"

王播思虑再三,自知进奉之事无可劝阻,于是也随波逐流,乖乖献上许多财物,唐宪宗转而大悦。

王播兼任盐铁转运使之职,这是个肥缺,许多人艳羡。王播不贪不占,还向朝廷荐举了贤才皇甫镈。令王播万想不到的是,皇甫镈得志后竟忌恨王播。皇甫镈向皇帝屡进谗言,致使王播被免去了兼任的盐铁转运使之职,改由程异代之。

王播气愤失态,遂和皇甫镈公开作对,千方百计地攻击他,以报大仇。他曾多次对人宣示说:

"我仁爱对人,怎知仁爱养虎成患呢?非我不义,乃不义之人逼我使然啊!"

王播不是皇甫镈的对手,几番争斗,王播便败下阵来,被贬出京师,出任剑南西川节度使。王播气急败坏,从此竟一改前态,变得十分贪婪和无耻。他在任上疯狂搜刮,还为自己开脱说:

"人活着有所不同,怪命也怪自己!我从前奉公守法,勤于政事,宽厚对人,不想竟被贬到此地,落得这般下场。我不算计别人,别人也会算计我,非我不能,乃是我从前无心于此啊!"

为了再获皇帝的宠信和早还京师,王播把搜刮来的钱财贿赂用事太监,结交朝中权贵,在进奉一事上更不惜重金,一次进奉的钱财竟达100万匹绢之多。他还向皇帝自责说:

"臣从前愚钝,不解陛下对臣的教诲之心,如今想来悔之何及!臣只知廉洁自好,却忘了为陛下分忧,这是臣沽名钓誉的私心在作怪。臣反省颇多,惟尽心改过,方为正途,望陛下容臣戴罪立功。"

王播的贪婪,招来剑南西川百姓的齐声指责,对此,王播采取高压手段,下手从不留情。他的巨变让熟悉他的好友痛心,有的便写信对他规劝道:

"你蒙冤受挫，虽过不在你，但你也不能因此怨恨一切，改变立身的法则。所谓君子不改其志，说的便是要经受住打击和不平，不然就枉称君子了。你现在悔悟不晚，切莫误此一生啊！"

王播看罢书信，随手丢弃，并恨恨道：

"我身陷此地，无一人致书慰勉；此刻来书规劝，却是何意？我王播不当君子了，有什么不好呢？"

王播的进奉既勤又多，皇帝笑纳之下，对他刮目相看。皇帝的亲信太监和宠臣们收了王播的重贿，不时在皇帝面前屡献美言。

821 年，王播终被召回京师，任刑部尚书，复领盐铁转运使。同年十月又进中书侍郎、同中书门下平章事，不久又当上了宰相。

【解读】

在封建官场，官吏不能自主，他们难以凭自己的意愿行事。若想做个真正的贤人，就会为封建官场所不容了。封建官场的陋习只会淘汰一尘不染的君子，要使自己存下身来，就要有所"亏缺"。求迁终不是求德，把个人的名声看得太重，就要为封建当权者疏远了。

【原文】

宦无至理也。

【译文】

官场没有绝对的道理。

【事典】

天真惹祸端

东汉桓帝延熹八年(165 年)，山阳郡太守翟超召请张俭做官，准备任用他为东部督邮之职。

东部督邮是郡的属吏，代表太守督察县乡，宣达教令，兼司狱、讼捕等事，权力很大。人们听闻张俭将获得这一职位，纷纷向他表示道贺。有的说：

"太守如此器重你,你的前程不可估量啊!你从此步入仕途,不在为民,我们怎能不向你道喜呢?"

张俭招待完众人,心中忐忑不安,对朋友说:

"人说富贵忽至未必是好事,难道就像我今天这个样子吗?太守和我并无深交,他为何把这一要职授予我呢?我想不明白,所以难以安心。"

朋友劝他放弃顾虑,说:

"你是个人才,太守重用你并不奇怪。以后你要和太守多亲近,这样才能保住你的权位。"

张俭素来反感亲近权贵,摇头道:

"我要做官,并不想为了个人富贵,只求为民办事。似你说的那样,我便成了阿谀奉承之人,我不屑为之。"

张俭走马上任后,忠于职守,按律办事,得罪了不少人。太守翟超见之不快,私下对他说:

"我给你权力,并不是让你给我惹麻烦的,官场不比其他,你要灵活办事,不要一切依据律法。"

张俭反驳道:

"我既然担任了督邮一职,就要行使督邮的职责。我不明白,我按照律法行事,怎会给太守大人惹麻烦呢?"

翟超一时语塞,不耐烦地说:

"我的命令你必须听从,我也不想过多地给你解释了。"

张俭十分不快,回家对家人说:

"人说富贵之人不可亲近,果然如此啊!我现在无端遭到训斥,又无处分辩,不如辞官回乡吧!"

家人劝他道:

"太守是你的大恩人,他说你几句也是应该的。你这样的小事都不能忍受,又何以做大事呢?"

张俭顾虑太多,只好强自留下。

当时,朝廷中的中常侍、宦官侯览家在山阳郡,侯览的家人倚仗他的权势横行乡里,多行不法。

张俭几次登门警告侯览的家人,竟是几次遭到他们的轻蔑和责骂。张俭气愤

已极,想要向朝廷控告,张俭的朋友极力劝阻,说:

"侯览权倾朝野,他的家人也骄横惯了,你是惹不起他们的。这事别人不管,你又何必在意呢?"

张俭终忍受不住,上书控告他们的罪行。侯览把奏书压下,心中只想报复张俭。

同乡人朱并不务正业,专行苟且之事,张俭几次惩治他,朱并亦怀恨在心。

一次,朱并公开说张俭的坏话,侯览的家人于是召他入府,对他说:

"张俭如有罪过,你尽可上报朝廷告他,私下乱说又有什么用呢?张俭不识抬举,我家大人也十分恨他,这件事他会帮你的。"

朱并有侯览家人撑腰,立时胆大气粗起来。他上书诬告张俭和同郡二十四人结成朋党,为害乡里。侯览暗中配合,于是朝廷下令搜捕张俭。

张俭听闻风声,一时难以置信,大声对家人说:

"我处处奉公守法,并无半点缺失,朝廷怎会相信一个无赖之词呢?"

家人痛声道:

"你得罪了侯览一家,他们恨你欲死,又怎能让你安享富贵呢?我们和他们不是一路人,还是赶快逃命吧!"

张俭东躲西藏,历尽艰辛,才保下命来,躲过了杀身之祸。

汉灵帝中平元年(184年),党锢解除,张俭回到了家乡。朝廷派公车特别征聘他,张俭坚决拒绝了。张俭对家人说:

"富贵者只会利用人,哪里会真正尊重人呢?先前我险些丧命,都是太天真的缘故,我不想重蹈覆辙了。"

【解读】

苟守封建官场规则的人,升迁的机会不多;规则并不是封建官场的真正升迁标准,而"潜规则"才是决定一切的东西。表里不一的封建官场,表面上的规则并不可信;如果认准规则这个"死理",自然就官运不通了。用道理来审视官场得不到真实的结论,更收不到理想的成效。

【原文】

用心于事者隐。

【译文】

在做事上用心的人不为人知。

【事典】

实干不如巧干

哈麻是元朝末年的奸臣,才疏学浅,又是在元时属于第二等的色目人。他之所以爬上高位,完全得力于他揣摩人意的本领。

哈麻的母亲是元宁宗懿磷质班的乳母,靠着这层关系,哈麻同皇族才有一些来往。元宁宗即位仅五十三天就死了,顺帝继位后便招他入宫充当宿卫。

哈麻为人机诈,城府很深。他知道入宫当宿卫是一个向上爬的大好时机,于是对同是宿卫的弟弟雪雪说:

"我们兄弟能在皇上身边当差,并不是可以马上高升的。如果我们不在乖巧上用心,结果只能错失良机了。"

雪雪粗直无心,自足道:

"身为宫中宿卫,这已是别人想都不敢想的荣耀了,还图什么呢? 我没有你那么多心眼,不过我要提醒你,我们不是蒙古人,皇上是不会重用你的。"

哈麻能言善辩,心思缜密,利用当宿卫的机会,仔细观察元顺帝的一举一动,常常思考应对之道。元顺帝喜欢什么,他就说什么;元顺帝不喜欢的事,他从来不提。哈麻的乖巧给元顺帝留下了深刻印象。元顺帝不知不觉喜欢上了哈麻,于是不断提拔他,不久就让他当了殿中侍御史。

初步得手,哈麻并没有大意。他深知要想进一步赢得元顺帝的欢心,必须时刻抓住元顺帝的心意,让皇帝感到不能离开他。

元顺帝喜欢玩双陆游戏,一般人都不是他的对手。哈麻见状,于是苦心钻研此术,常常把自己关在房中琢磨。他的弟弟雪雪见他不务正业,责怪他说:

"你侥幸得官,便不知天高地厚了,还天天玩这个游戏,有何用处呢?"

哈麻小声对弟弟说:

"此中用处大了,似你粗心之人,哪里知晓呢? 皇上沉迷于此,我若学会此技和皇上对弈,胜负随心,皇上能不赏识我吗? 做皇上的玩伴那才是最亲密的,公事上的交往谁还不会？那是无足轻重的。"

哈麻技艺练成，便和顺帝过招。顺帝开始并不以为然，哈麻于是连连赢他。几番较量，元顺帝又惊又喜，自以为找到了对手，接二连三地召他玩耍。

日子一久，二人成了"玩友"，高兴时，元顺帝也忘了自己皇帝身份，哈麻也无拘无束了。

一次哈麻和元顺帝玩过双陆游戏之后，哈麻的弟弟雪雪向他说：

"昨日你一场未赢，输得很惨，今日为何场场取胜，让皇上难堪呢？"

哈麻自负一笑说：

"看似游戏，非游戏也。昨日皇上不喜，为了让皇上高兴，我只能输了。今日皇上心情愉悦，我赢他只能让他心底发痒，不仅不会怪我不知趣，反而认为我技高心诚，不故意作巧。如此一来，皇上怎会不宠爱我呢？"

当时脱脱为相，权大位尊，哈麻也不忘讨好他。哈麻苦思冥想，不知如何应对脱脱，于是派人了解脱脱的喜好，最后才决定改变策略，不只当面恭维他。

一日，他怀揣托人写就的治国之策去拜见脱脱，极尽恭维脱脱的功绩之后，才掏出治国之策双手呈上，口道：

"丞相为国操劳，披肝沥胆，此举感召世人，下官自愧难以，今受丞相激励，草拟治国之策献上，恳请丞相教诲。"

脱脱改革旧制，极重人才，素以"贤相"自居，哈麻今上治国之策，就是他多日揣摩之果。

果然，哈麻的投其所好让脱脱对他另眼相看了，脱脱一下就喜欢上了他。

有了元顺帝和脱脱的"关照"，哈麻官运亨通，声势日隆。

【解读】

埋头做事的实干家不是封建官场的宠儿，他们把心思用在做事之上。他人完全可以视而不见。只会做事是不行的，冀望封建当权者明察也是徒然的。老实人不会得到应有的提拔。升迁要有强烈的功利心和目的性，不会在做事之外大做文章，就得不到封建当权者的特殊"关照"。

【原文】

用心于人者显。

【译文】

在交人上用心的人声名显扬。

【事典】

为人不能势利

萧何在沛县做县令的下属小吏时，并不富裕，常常因为钱财的事发愁。

一次，一位同僚向萧何借钱，萧何把仅有的800钱借给了他，而他自己却两手空空，上顿不接下顿了。

更惨的是，那个同僚后来赖账，拒不承认借过萧何的钱。萧何虽然生气，还是放过了同僚。他对别人说：

"我也是个穷人，我知道穷人的痛苦，想必是他还不起钱，这才不要脸面了！"

有人对萧何说：

"那个人赖账不还，便是个骗子，你不去告发他，岂不是便宜他了？这种人不讲良心，你何必还同情他呢？"

萧何一笑道：

"要回800钱我也不会变富，不如接济他好了。这件事如果惊动官府，那么我们这些做小吏的更会让人看轻啊！"

萧何精通法律条文，虽执法严格，但从不伤害人。他尽可能地为别人减轻处罚，还时常告诫犯法的人说：

"我知道你们贫穷，犯法也许出于无奈，但国家法律无情，我是爱莫能助啊！我不会虐待你们，只要你们肯认罪，我会尽力为你们辩护，希望你们以后不要再犯。"

萧何和刘邦结识时，刘邦还是一个平民百姓。几次交往过后，萧何认为刘邦谈吐不凡，胸有大志，于是全力帮助他。

有人见萧何和刘邦交往甚密，私下告诉他说：

"刘邦既穷且刁，有人称他是个无赖，这样的人值得你为他出力吗？当心有一天他会连累你啊！"

萧何生气道：

"这只是你的看法，我却不这样认为。刘邦虽穷，可他与我情趣相同，为什么不能成为朋友呢？再说，我也不比他强多少，我没有理由瞧不起他。"

刘邦担任亭长后，萧何第一个向他表示祝贺。刘邦感激地对萧何说：

"我一个草民，承蒙你不弃已是我的荣幸了，难得你如此关爱我啊！"

萧何连连摆手道：

"我这个小吏一文不值，你千万不要自贬，我们互相帮助是应该的。"

二人饮酒畅谈，一直谈到深夜。说到将来的打算，刘邦茫然道：

"我无才无能，填饱肚子尚且不易，我是没有指望了。"

萧何大声说：

"天下英雄绝不是那些只会读书之辈，似你这样放荡不羁、敢想敢干，在我眼里最有可能成为天下英雄。"

刘邦眼中含泪，哽咽道：

"能瞧得起我刘邦的，你可算是第一人了。能交上你这个朋友，我死而无憾了。"

萧何略带醉意地说：

"你成为天下英雄，我也不会只是个小吏了，我们就共勉吧！"

一次，刘邦带人到咸阳服徭役，因为盘缠不足而十分苦恼。刘邦四处向人借钱，很少有人帮助他，最多的也只借他 300 钱。

萧何听说这件事后，急忙拿出 500 钱想要送给刘邦，他的同僚说：

"你自顾不暇，没有必要帮助与你非亲非故的刘邦。你这个人不去讨好上司，反而交结穷汉，这不是明显的吃亏吗？"

萧何认真道：

"讨好上司令人不齿，纵有好处我也不会做的。刘邦是我的穷朋友，我帮他是真心实意，这不是吃不吃亏的事。"

刘邦得萧何相助，感动得不知说什么好，拉着萧何的手说：

"大恩不言谢，我刘邦若有发达之日，定要报答于你。"

后来刘邦造反，委任萧何为相。刘邦当上皇帝后，虽对萧何有过猜疑，但念及旧情，始终不肯加害于他。萧何辅佐刘邦，成了一代名相。

【解读】

封建专制时代，人与人之间的关系虽是复杂的，却是可以决定生死荣辱的。一旦有了良好的人际关系,一个人就不愁在官场立足,发达也是早晚的事。在交人上用心,才是最能助人升迁的;在交人上投入,才是最能获得大利的。交人要有长远之见,只讲势利不能长久受益。

【原文】

尊必见责。

【译文】

地位高一定被人指责。

【事典】

休计毁誉

东晋时,年轻的王猛谨慎持重,喜读兵书,为人多礼。他不在小事上费神,也不屑与轻薄之徒交好,所以常常遭到他们的讥笑和怨恨。对此,王猛却悠闲自得,从不放在心上。

东晋大将桓温进入关中时,王猛穿着粗布短衣前去拜访他,捏着虱子和他说话,一副目中无人的模样。桓温自觉奇异,一番交谈过后,桓温发现王猛乃是当世奇才,于是请他担任高官,随军南下。王猛为此征求老师的意见,他的老师便说:

"桓温乃无德之人,无德之人必将败落,你不能与之共事啊!你才德无缺,纵是留在北方,又何愁富贵?"

王猛深服其言,于是拒绝了桓温的邀请。

苻坚当上前秦皇帝后,重用王猛为中书侍郎。王猛和苻坚谈论天下大事,头头是道,深得苻坚的信任。

当时,始平县社会秩序十分混乱,法令不行,豪强为恶,苻坚便命王猛前去治理。王猛上任之时,有人就对他说:

"此地势大者很多,向来无人敢管。前几任官吏虽有心整治,终碍于此节,无功而退。再说,你就是真心治理,必会得罪权贵,惹祸上身,得不偿失啊!"

王猛访贫问苦,一番调查之后,决定从打击豪强入手,全面整治始平的局面。他对手下人说:

"穷苦百姓为豪强欺压，已非一日了。他们说官府和豪强本是一伙，自是对官府没有信任了。如果不打压豪强，官府的威信就无以建立，事情就不能从根本上解决，而我本人也就成了小人之类，为人所不齿。"

王猛雷厉风行，不仅查禁豪强，惩治污吏，还捕杀了几个横行不法的乡绅。此举震动了始平，土族豪强无不对他抱恨不止，大肆攻击。

有人劝王猛不可再追究下去，他们甚至联名上书说：

"大人杀一儆百，人有畏惧，已然足够了。大人名望既有，就要见好就收，大人总不能杀尽豪强吧？倘若大人穷追猛打，豪强狗急跳墙，大人就危险了。这不是危言耸听，望大人三思而行。"

王猛见书不惊，对心腹说：

"若为我自己考虑，我就不会这样做了。大丈夫为国分忧，效仿君子，这时就不能虎头蛇尾，欺弱怕强。我毫无私心，大不了因此致祸，只要不损我德，不污我名，为什么要停下来呢？"

苻坚听到反映，也有些担心，召见王猛说：

"听说你捕杀多人，人人自危，这是治乱之道吗？许多人控告你，这对你的名声也不好啊！"

王猛回答说：

"治乱当用重刑，惩恶当惩大恶。只要对国家有利，臣的名声并不重要。"

苻坚听之动情，重声道：

"不经此事，朕哪里知道你的大义之处呢？"

苻坚自此放手让王猛行事，不久又升他为京兆尹。在京兆尹任上，一月之内，王猛又接连捕杀了二十多个权门豪强，谁也不敢任性胡为了。

苻坚赞他为管仲再生，一年之中将他的官职升迁五次，直到辅国将军、中书令。

王猛

【解读】

登上高位总要付出代价的,面对人们的指责就是其一。不管谁是谁非,高官必须承受暴风疾雨,这是无法逃避的。不喜出风头的人,会失去求迁的动力;害怕挑战的人,会坐失升迁的机遇。敢于站在风口浪尖,不畏人言,一个人才能挑起大任。官场中的和事佬只能充当配角。

【原文】

卑必见辱矣。

【译文】

地位低一定被人羞辱。

【事典】

迷恋富贵非福

西汉末年,蔡茂作为河内郡的一位名儒,在朝廷博士的考试中位居前列,被朝廷委任为议郎。

议郎官职卑微,俸禄不多,且事务繁重,蔡茂干了不久便心生郁闷。他对好友说:

"我本想当官可以清闲自在,谁知会如此辛苦呢?到头来养家都很艰难,这太让人不好接受了。"

好友平静道:

"你初入官场,许多规矩你是不懂的。若要升迁,不托人送礼不托人送礼怎么行呢?只要当上高官,你说的那些烦恼自然全无。"

蔡茂把自己的积蓄全部拿出,委托好友为他打通关节,好友保证说:

"我的一位至亲官职很高,有他为你说话疏通,你的事便不难办到了。"

过了几日,好友告诉蔡茂道:

"我的那位至亲生性好贪财,也许你送的钱不多,故而他推三阻四,就是不肯答应。"

蔡茂又东挪西借，凑了一笔钱交给好友。等了很长时间，也没有好消息传来。蔡茂找上门去，好友哭着对他说：

"我的那位至亲实在可恨，他还嫌不足，我也无法向你开口了。我和他大吵一架，人怎会一阔就变脸呢？"

为了不让好友为难，蔡茂没有再提此事，却暗中发誓不再干这样的勾当，还向家人忏悔说：

"我是个读书人，竟迷上了富贵，投机钻营，不是很可耻吗？那些高官少有正人君子，我却想巴结他们，以致伤财受辱，这是上天对我的惩罚啊！"

蔡茂决心改过，从此勤于办事，没有任何怨言了。

王莽篡权后，蔡茂称病辞官。他对家人解释说：

"王莽从前一副仁善之状，我曾被他蒙蔽。现在他原形毕露，我若留在朝中，便是与狼为伍，只可速去。"

天下大乱后，蔡茂的朋友窦融割据一方，很有势力。为了躲避战乱，蔡茂无奈投奔了窦融。

窦融知道蔡茂的才干不凡，热情收纳了蔡茂，又请他出任辖下的张掖太守。窦融恳切说：

"若争天下，必用大才，你就是我倚重的大才啊！你我从前甚是要好，今后我们也不分彼此了。"

蔡茂没有当场应承，回到府中和家人商议道：

"窦融请我担任张掖太守，态度十分诚恳，我该怎么办？"

家人表情复杂，最后说：

"我们终是寄人篱下，大人仍需慎重。窦融今日相请，谁知明日又会如何？他这样的贵人难以猜测。"

蔡茂点头说：

"一旦成为他的下属，恐怕我和他连朋友都做不成了。"

蔡茂于是婉言谢绝，不肯出任。窦融大为不快，责怪道：

"你我没有尊卑之分，我们不是朋友吗？如今我请你帮我，乃是真心实意，你不该有他想！"

蔡茂连连致歉道：

"朋友也有尊卑，我怎敢和你平起平坐呢？我不求什么官职，只求赏口饭吃，还望你不要强迫我才好。"

蔡茂在窦融处谨守谦卑,在外人面前绝口不提他和窦融的关系。每次给他粮饷,蔡茂总是退回一部分,不肯多要。

有人借此对窦融进言说:

"蔡茂和大人保持距离,他是不肯为大人卖力,大人为什么要容忍他呢?"

窦融苦笑说:

"蔡茂看破世相,识透人心,我无法利用他,只能假作糊涂。他这样的能人不可为敌人所用,这就是我容忍他的原因。"

【解读】

无人愿意被人羞辱,人们可以暂时忍受,却不能对此麻木。摆脱羞辱是人们求迁的目的之一,受辱越多,其人的官欲也许就会越加膨胀。封建官场总是逼人"上进"的,没有此中的切肤之痛。一个人就未必疯狂热衷名位了。投机钻营不一定能得到升迁,这条路不可一走到底。

免谪第二

免受贬谪是可以做到的,只要识破封建官场的玄机。一个人若想免遭整肃,必须和当权者搞好关系;倘若计谋高绝,过错亦可变成功劳了。封建当权者是律法的践踏者,对其更不可失去礼数;容纳一下小人,求助于计谋,是人们不得已的选择。做事不可推卸责任,使命不可忘怀,有善念的人一定要用行动来说话。君子是打不垮的,小人的罪行无法掩饰长久,在善恶面前,选择要慎重。

【原文】

无过亦谪也。

【译文】

没有过错也可以被贬谪。

【事典】

无过并非无忧

隋朝的薛道衡是文帝的老臣,在文坛享有盛名。隋炀帝登基后,嫉妒薛道衡的才华,又不喜欢他的直言进谏,便有心将他除掉。

一日,隋炀帝心情郁闷,偏偏又读了薛道衡近日所写的诗文,见其文采华美,意境深邃,感叹之下,对薛道衡更忌恨了。他愠怒之下,随口问服侍他的宦官,说:"薛道衡那个老匹夫恃才自傲,却无太大的罪名,朕该如何惩治他呢?"

那个宦官在隋炀帝身边日久,一向被其视为亲信,他见隋炀帝有了杀机,便毫无顾忌地说出了自己的想法:

"皇上有心治他的罪,何不从其才上下手?如此他恃无所恃,何愁师出无名呢?"

隋炀帝听过即笑,连道:

"不错,这样他就死得难看,也解了朕的心头恨。"

过了不长时间,隋炀帝收到薛道衡献上的《高祖文皇帝颂》一文,内容歌颂隋文帝的文治武功,文笔也极尽优美华丽,隋炀帝看视良久,忽然发出一声奸笑,遂召来薛道衡,当面问他说:

"你赞颂先帝,无所不至,真是难为你了。你这般用心,可是为何?"

薛道衡见隋炀帝一脸和气,面带笑容,便朗声说:

"微臣久侍先帝,思念已极,借此抒怀,亦让天下人追思。"

隋炀帝默不作声,环视众臣,许久才出言道:

"薛道衡这番美意,你们以为如何呢?"

众臣见隋炀帝脸有怪异之色,不明所以。出于常理,他们自度薛道衡赞颂文帝无错,当是大功一件,于是纷纷表态说:

"薛大人怀念先帝,心存至孝至仁,皇上当以嘉勉。"

隋炀帝越听越是眉头紧拧,突然喝一声,拍案而起,厉声道:

"你们只见其表,不察其奸,还为此贼美言,可是统统和朕为敌不成?他极力赞美前朝,分明是居心险恶,暗指朕当朝失政,昏庸无能!"

此言骇人听闻,众臣听之无不惊呆,不敢想象。薛道衡呆立当场,好久才愣过神来,连呼冤枉。

隋炀帝又怒指薛道衡,斥责道:

"有人报朕,指你很早就对当朝不满,说什么'皇上无德,难堪大任'。更荒谬的,你竟说'皇帝之位,当以贤者居之'。你如此恶毒,朕真不知你是何心肠!"

隋炀帝所言,全是他信口编造,加在了薛道衡的身上。众臣一听就怒不可遏,同声痛斥。

隋炀帝见薛道衡狼狈不堪,群声责骂之状,心中狂喜。在无一人反对之下,隋炀帝判其有罪,交司法部门审理。

如此罪名,自是死罪无疑了,隋炀帝遂名正言顺地下令赐薛道衡自尽。

薛道衡拒不认罪,犹自辩不已,终被勒死。

【解读】

在封建官场。没有人是绝对安全的,那种自认无过便放松警惕的人,常有不测之灾。封建当权者无须任何理由就可贬谪他人,无过并不意味无忧。一个人若想免遭整肃,必须和当权者搞好关系;让当权者事事遂心,纵是有过也会平安无事。正人君子常是冤案中的受害者。

【原文】

无计固害也。

【译文】

没有计谋就一定被伤害。

【事典】

把想法藏在心底

五代的冯道历仕五朝,服侍的君主有十个之多。奇怪的是,冯道总能屹立不倒,荣华不失,高居宰相之职。他晚年写就的《长乐老自叙》的书文中,详陈自己一一所得的官职,字里行间充满得意自豪之态。他自己以为:

"对家孝顺,对国尽忠,当儿子,当弟弟,当大臣,当师长,当丈夫,当父亲,有儿子,有孙子。时常读一卷书,时常饮一杯茶,吃了多种食品,欣赏了各种乐曲,得到许多美人,从小至老平安地在这个社会里生活,越老越自我安乐,还有什么乐趣比这更乐的?"

冯道自我感觉如此良好,本身就没把自己的变节行为看作羞辱和无耻。他曾对自己的儿子冯吉反复告诫说:

"为父能有今天的地位,关键在于不为名声道德所束,不把世人眼里的羞耻当作羞耻啊!这说的容易,做起来就难了,首先要打破常规,心里不能有一点罪恶之感。其实,天道在易,世事在变,与天道世事同行,还有什么羞耻的吗?得享荣华,长保平安,还有什么值得顾虑的吗?"

冯吉怯生生地说:

"这是父亲的智慧,我怎么能做得到呢?世事纷杂变幻,我实难看透。"

冯道哈哈一笑,接着说:

"做到这一点也不是什么难事,只要你没有自己的主见便可。只要对你个人有利,你尽可大做特做。否则,又与你何干?万不可心有杂念。"

冯道是这么说的,也是这么做的。他与别人不同,任何时候都能把自己的真实想法藏在心底,外表上却装得无一丝破绽,让人误以为他是处处为朝廷和别人着想。愍帝时,潞王李从珂在凤翔反叛,愍帝逃到卫州,冯道身为宰相,却对百官说:

"天下兴亡,本是常事,有什么大惊小怪的呢?时逢乱世,大家为官做事,无非求个平安富贵,其他自不足论。我想以身殉国,却怕你们效仿,陷你们于家破人亡的境地,若不如此,你们也会背上不忠的骂名。我想来想去,为了天下早日安定,也为了解脱你们的困境,我决定迎潞王入京为帝,一切罪名由我担下好了,让世人都骂我冯道一人吧!"

百官早有投降潞王之心,今闻冯道之言,无不表示赞同。为了感激冯道的"美意",他们联名上书保举冯道为相,且说:

"冯道不为愚忠,顺应时变,慧眼识人,不计得失,这是国家中兴的希望,也是大王治国应倚重的良材。我等为其开悟,方能服侍大王左右;冯道倒戈义举,京师方不见血腥。大王承天受命,自应厚待冯道才是。"

潞王见表即笑,口说:

"一个老滑头竟会被人吹捧至此,当真可笑之至了。"

潞王虽言如此,还是对冯道心存感激。为了安抚百官,收买人心,他十分痛快地任命冯道为相,对他也是十分信任。

契丹灭了后晋,冯道摇身一变,又主动侍奉契丹。他的儿子都感此事太不光彩,可冯道却不以为然。他说:

"面子上的事,各人有各人的说法,何必在乎别人的说辞?我始终认为,没有比败家丧命更羞耻的事了。"

契丹皇帝耶律德光对冯道的反复无常并无好感,当面羞辱冯道说:

"你乃晋之宰相,怎么会来朝见我呢?这与你的身份不合呀!"

冯道回答说:

"陛下应天灭晋,罪臣安敢逆天?何况没有城池,没有军队,还有什么可与陛下抗衡呢?我是不敢不来呀!"

耶律德光听了十分受用,又故意问他:

"你是个什么样的人呢?"

冯道马上说:

"是个无才无德、傻头傻脑的老头子。"

耶律德光爽声大笑,高兴异常,又任命他为太傅,做了皇帝的老师。

耶律德光的臣等深感意外,纷纷劝谏他收成命。耶律德光却说:

"冯道寡廉鲜耻,不怨不怒,如此之人方能为我所用。若是人人刚烈忠义,不附我朝,这绝不是我所乐见的。"

【解读】

封建官场的规则不能使人免受伤害,于是,求助于计谋,便是人们不得已的选择了。被贬谪的人不一定有过,但一定少谋;没有化解不了的难题。只有找不到窍要的愚人。倘若计谋高绝,过错亦可变成功劳了。无计之人在封建官场寸步难行,多诈之徒在封建官场荣华不失。

【原文】

事由己为。

【译文】

事情是由自己做出的。

【事典】

丑话说在前面

徐铉是南唐后主李煜手下的忠臣,曾多次直谏李煜远离小人,励精图治。李煜曾派徐铉到宋朝求和,徐铉便进言:

"宋室早有吞并天下的野心,我朝一再退让,本是不该,今番求和,也只能是喘息一时。为长久计,陛下当立足一战。"李煜不听,徐铉空有报国之志,也只能徒然叹息了。

南唐灭亡之时,徐铉和李煜一起被俘。宋太祖赵匡胤一见徐铉,气不打一处来,严厉地指责道:

"你屡劝李煜顽抗,不识时务,可知会有今天?如你早劝李煜投降,事情也不会到了这个地步,兵士也少有死伤,你和天朝为敌,今可知罪?"

徐铉抱定殉国之心,反驳道:

"臣为唐臣,为国效力是很自然的事,臣何罪之有?我恨不能保家卫国,令我主蒙羞,今日一死,也是应该。你不要多说了,快快动手吧!"

赵匡胤见他正气凛然,心生敬意,不仅没杀他,还好言安抚,让他在宋朝任职,且对他说:

"忠臣之义,朕今日尽见了。所谓四海一家,你为大宋尽力,应当同对李氏一样,你就安心做事吧!"

徐铉自此一心效忠宋室,兢兢业业,从无半点差错。

宋太宗登基后,李煜在他四十二岁的生日之际,抚今追昔,大发感慨,信笔写成了千古名词《虞美人》:

春花秋月何时了?

往事知多少。

小楼昨夜又东风,

故国不堪回首月明中。

雕栏玉砌应犹在,

只是朱颜改。

问君能有几多愁?

恰似一江春水向东流。

宋太宗见词大怒。他不能容忍一个亡国之君如此深情地思念故国,为免后患,当晚便派人毒死了李煜。

为了掩人耳目,待李煜一死,宋太宗便赠李煜太师衔,追封为吴王,以王礼厚葬于洛阳北邙山。

在商议由何人撰写墓志铭时,徐铉的一个仇家便向宋太宗建议:

"徐铉乃吴王旧臣,他对吴王的事知之甚详,此事非他莫属。"

宋太宗准奏,徐铉领命后却倒吸口凉气。他对家人说:

"这是有人要害我啊,此计可谓毒辣至极了。"

家人不解,说:

"皇上命你撰文,分明是对你的信任,怎会是祸事呢?"

徐铉连声叹息:

"你们知道什么?我乃唐之旧臣,贬责先主,就是以臣斥君、以下犯上,有违纲纪不说,也为人所不齿。我今日身为宋臣,若是称颂先主,皇上和群臣自不能容我。

这事我说好不行,说坏也不可,荐举我的人成心害我致此,哪里是什么好事呢?"

徐铉既知利害,随后便想出了一个万全之计。他直接面见宋太宗,诚恳道:

"臣一生忠义,不敢怀私。陛下若能体谅臣的难处,请允许臣保留一点对故主的情义,否则,臣不敢从命。"

宋太宗怜其有情有义,遂答应了他的请求。徐铉解除了隐忧,于是如实写就了《吴王陇西公墓志铭》,对李煜作了中肯的评价。后来,果有人指责徐铉的墓志铭有溢美之词,只因徐铉防范在先,宋太宗才没有深究此事,徐铉仇家的图谋自然落空了。

【解读】

对自己所做的任何事情,都不可推卸责任,这是做事的一个基本原则。在没有深思熟虑之前,决不可草率行事。事情虽有对错,但在不同人眼里却有天壤之别,这也是人们必须要顾及的。尽忠有被人误解之时,作奸有难逃法网之日,无论善恶,人们都要有接受最坏结果的准备。

【原文】

罚由上决。

【译文】

惩罚是由上司决断的。

【事典】

报复无需借口

鲍勋在担任魏郡西部都尉之职时,负责邺城西部的治安执法。鲍勋办事无私,执法森严,人人都对他十分敬畏。

其时,曹操以丞相之名主持朝政,其子曹丕的夫人郭妃之弟,因违法获罪,鲍勋将他拘捕。郭妃之弟在狱中破口大骂鲍勋,又十分狂妄地对鲍勋说:

"我乃显贵之人,岂是你一个小小的都尉就能抓的?若不把我放了,倒霉的一定是你。"

鲍勋脸色铁青，气得浑身乱颤，抬手就痛打了郭妃之弟两个耳光，大声说：

"国家制定法律，我就要依法办事，似你这等奸恶狂徒，还不该惩治吗？我不管你是谁，到了我这休想讨到便宜！"

鲍勋手下的狱卒见之色变，拉开鲍勋，劝说道：

"此人乃丞相世子的至亲，大人怎可得罪呢？此人并不可惧，可惧的是他身后之人呐！大人依法行事，本无差错，可这事发生在有权有势者的身上，就另当别论了，大人怎可一味认真呢？若是世子怪罪下来，大人又哪里说得清楚？"

鲍勋并没有听从他们的劝告，反而坚持治之以罪。郭妃向曹丕求助，曹丕就亲自出面向鲍勋求情说：

"他一时糊涂，你就饶他一次吧！你执法有功，他日我必有重谢。"

曹丕以世子之尊，又当面恳求，不料鲍勋竟一口拒绝，重声说：

"俗话说，王子犯法，与庶民同罪，何况是他了？我既受命执法，若是因人而异，徇私养奸，丞相想必也会怪我失职了。"

鲍勋搬出曹操，以法为据，曹丕心中虽是恼怒，却怕因小失大，也就不再逼迫鲍勋放人了，但他将此事记挂在心，须臾未忘。

曹丕称帝后，鲍勋在军中任执法官。一次，鲍勋的朋友去军营探视他，为了方便，鲍勋的朋友从未建成的营垒中走了近道。有人以军规中"军营内不许走近道"为据，要治鲍勋朋友的罪，鲍勋以为这是小事一桩，也就没有追究。

曹丕知道此事后，便要借此报复鲍勋，于是命人将鲍勋逮捕，还小题大做地把他交到朝廷中的执法机关，让他们严加治罪。

按理，即使犯错，也只是鲍勋的朋友；鲍勋的罪名，实在无法加之。执法官迫于曹丕的压力，议来议去，也只能提出"罚金二斤"的处罚决定，上报曹丕。曹丕见之大怒，咬牙切齿地说：

"鲍勋知法犯法，罪加一等。他这个人常以执法严明自居，如此小人，表里不一，朕一定要杀了他！"

朝中大臣见曹丕判鲍勋死罪，皆呼鲍勋冤枉，罚之太重。他们纷纷为其求情，主持司法的大臣高柔更是冒死进谏说：

"陛下震怒，也不该逾法太过；鲍勋如此死法，让人可视法为无物了。如此有害国本之事，请恕臣不能执行。"

高柔拒不执行处斩鲍勋的命令，曹丕便将他软禁起来，改派心腹使臣动手。杀了鲍勋之后，曹丕便将高柔释放，还对他说：

"你实在太迂腐了，朝廷制定法律，难道是让你们拿它来对付朕吗？鲍勋不识时务，是死有余辜啊！"

【解读】

不管人们如何按章办事，也不能保证自己不受惩罚，这是封建官场的一大特色。面对不公正的惩罚，人们可以不服，结果却无法改变。上司独断专行，不受任何的制约，更不能忍受下属的反驳。封建当权者是律法的践踏者，维护律法的尊严就会伤及当权者的颜面。

【原文】

恶堪加之。

【译文】

恶名可以强加于人。

【事典】

昏庸最可怕

东晋大将桓温兴师北伐，于369年攻打前燕。前燕皇帝慕容暐惊慌之下，急召群臣商议抗敌之事。

慕容暐当时只有20岁，昏庸无为，国家大事由他母亲可足浑太后和宰相慕容评主持。慕容评怯战无能，主张放弃邺城，退回老巢龙城。慕容暐的叔父吴王慕容垂却极力主战，对慕容暐说：

"晋军势在灭我大燕，战之则生，不战则亡，生死之际，决不可退。臣愿统领大军，誓死迎敌。"

慕容暐惶然无计，无法决断。正直的大臣就对慕容暐说：

"国有忠臣，还需君主善于任用。如果陛下不用吴王之计，而听任宰相逃跑之策。陛下当是第一个受害者。倘若无国，何以有君呢？"

慕容暐吓得脸色苍白，于是不听慕容评之言，让慕容垂领兵拒敌，同时又派使臣向前秦请求出兵援救,答应将虎牢以西之地相赠前秦。

前秦皇帝苻坚让大臣发表意见,多数大臣不同意出兵救燕。他们说:

"燕主昏庸无能,燕国大臣不忠于国事,这样的国家早晚必灭,救之何益呢? 从前桓温攻打我大秦,燕国坐视不理,我们为什么要反救它呢?"

大臣王猛不发一言,只是枯坐。苻坚散朝后单独召见他,王猛这才说:

"君主明智,臣子才会忠心用命啊! 燕国君臣庸弱,正道不行,必不是晋国的对手,可一旦晋国灭燕,晋的实力将要大增,陛下就难图大事了。依臣之见,不如助燕抗晋,晋兵一退,陛下趁机灭燕,大业可为了。"

苻坚答应助燕,却不急于出兵。他有心等待燕、晋两败俱伤之时,再收取渔翁之利。

慕容垂善于用兵,在晋军挺进到邺城南 90 公里的枋头时,派出奇兵断了晋军的粮道。桓温慌忙后撤,被燕军合围,晋军死了三万余人。苻坚听到燕军获胜的消息,才命秦军攻打晋军。燕、秦军队再攻晋军,晋军又损失了一万多人。

前燕转危为安,慕容垂这个大功臣却一下陷入危险之中。宰相慕容评对他十分忌恨,于是对皇帝慕容暐进谗说:

"晋军败退,全赖陛下洪福齐天,可吴王却引为己功,口出狂言,对陛下语多不敬。臣担心他尾大不掉,干下谋逆大事,望陛下及早除之。"

慕容暐说:

"功臣谋反的事太多了,你说的一点不错,朕不能让他野心得逞。"

慕容暐的用心让一位大臣看出,这位大臣冒死进谏说:

"大祸刚去,陛下就要听信谗言,杀戮功臣,圣明的君主决不会干此蠢事。吴王若有反心,又岂能救国于危难? 陛下若对他下手,他不反也会被逼反,这无异于自断手足啊! 燕国幸有吴王而不灭,陛下杀他如同杀己,臣誓死抗谏。"

慕容暐不信忠言,那位大臣只好给慕容垂通风报信。慕容垂恨愤无奈,于是深夜逃亡,投靠了前秦。前秦皇帝苻坚闻讯大喜,亲自到长安郊外迎接他,对他说:

"将军立有大功,却为奸小陷害,昏主离弃,朕亦为将军不平了。"

慕容垂泣泪说:

"奸人在朝,只怪君主昏庸,我虽反叛,亦为我主叹息,望陛下勿怪。"

苻坚当面称赞了慕容垂的义举,还对群臣告诫说:

"君有不智,臣当力谏,否则奸人横行,忠臣难容啊! 朕通过此事,更知纳谏自慕容垂既反,前燕再无一人可用,苻坚很快就攻灭了它。

【解读】

免受贬谪是可以做到的,只要识破封建官场的玄机。在封建当权者看来,贬谪只是整治他人的手段,并没有明确的界限,完全可以随心所欲。一个人如果成了他们的眼中钉,那么其人的恶名是不难罗织的。封建当权者要求人们愚忠愚信,有不同主张的人都可划到异己分子之列。

【原文】原文

罪堪赦之。

【译文】

罪行可以无故赦免。

【事典】

不能只捞实惠

冯铨,顺天涿州人,明朝万历年间进士,担任检讨之职,掌管国史的编修。

魏忠贤掌权时,冯铨权衡利害,对家人说:

"我苦读诗书,好不容易才有了今天的地位,岂能一夜尽弃呢? 魏忠贤虽然奸恶,但他可保我平安通达,人生所求不过如此啊!"

家人说:

"你是读书人出身,为人不能过于奸诈,你和魏忠贤不是同路人,投效他只会令人不齿,这就是你的聪明吗? 大不了辞官回乡,你也不要帮扶恶人。"

冯铨笑道:

"你们太短视了,我不是帮扶恶人,而是利用恶人。其实善恶都是骗人的,又何须较真呢?"

冯铨于是阿谀依附魏忠贤,对其百依百顺,极尽恭维。一旦魏忠贤有所示意,冯铨便心领神会,卖力地充当他的爪牙。

冯铨多有"立功"表现,魏忠贤便升他的官职,累升到文渊阁大学士,兼任户部尚书,加封少保兼太子太保。冯铨得意非凡,不时宴请同僚好友,大肆庆贺。

一次,在宴席之上,冯铨先是吹捧了魏忠贤一通,后又大表决心,宣誓对魏忠贤效忠。人们见其这样,都暗暗耻笑他。

宴罢,冯铨的一位好友留下未走,对冯铨低声道:

"你这样宣扬忠于魏忠贤,万一有一天他事败了,你该如何脱身呢?"

冯铨一愣,随口道:

"魏公公权倾天下,焉能事败?你这样说是何用意呢?"

好友轻声道:

"魏忠贤欺上瞒下,为恶不浅,他的事败我看是不可避免。只有愚人才会认为他可以横行一世,难道你也这么愚蠢吗?"

冯铨摇头不信,好友再道:

"你满腹经纶,不该弃善从恶,眼下你虽得到了一点好处,但是日后要加倍偿还的。何况魏忠贤豺狼本性,随时都会变脸,你跟着他实在不智啊!"

冯铨仍是不听劝告。

一次,因为一次小小的失误,魏忠贤便对冯铨勃然大怒,免去了他的官职。冯铨为了复官,在魏忠贤的生日这天,给他献上自己写的"百韵诗",作为寿礼,极尽吹捧。

他的家人为他感到羞耻,怪他说:

"魏忠贤从未把你放在眼里,招之即来,挥之即去,而你却仍把他视为恩人,厚颜赞颂他。你不讲人格和自尊,自甘堕落,这是读书人应该做的吗?"

冯铨大骂家人无礼,内心并无半点不安。他对别人说:

"善恶之名误人误事,人生在世,重在实惠,其他的都是假的。"

崇祯即位后,把魏忠贤处死抄家,得到了冯铨写给魏忠贤祝寿的"百韵诗"。崇祯大怒,处以冯铨杖刑,把他流放到外地。

顺治元年(1644年),睿亲王多尔衮平定京师,写信召见冯铨。冯铨大喜过望,马上便要动身。冯铨的家人劝阻说:

"你是读书人,又是大明之臣,不该轻率降清,招来骂名。眼下是关键时刻,你要慎重抉择啊!"

冯铨似早有打算,高声道:

"我只在意自己的前程,朝廷之事与我何干？别人不管如何看我,我还是要走自己的路。"

冯铨的好友也劝他不可赴京,当面告诫道：

"你只在意自己的富贵,而不顾人间的善恶,这是取祸之道。你被富贵迷住了双眼,该及时醒悟了！"

冯铨一意孤行,坚持进京。进京后多尔衮赏给他银两,命他以原大学士的头衔到内院协助处理政务。

不久,便有御史吴达揭发冯铨向降清将领索要了万两白银之事,吴达上书说：

"冯铨无心政事,只为求取私利,时下天下未平,他便大开狮子之口,足见此人实属贪财好利之徒。"

给事中许作梅等人也连续上书揭发冯铨收受贿赂。他们呼吁说：

"冯铨在前朝追随奸佞魏忠贤,此人不善久矣,决不可用。本朝要建立新政,招抚人心,用冯铨便难以服众。"

众臣声讨冯铨,冯铨惶惶不可终日。他向多尔衮哭诉央求,磕头见血。

多尔衮凭借权势,把冯铨保了下来。冯铨却从此心虚难安,至死都为人不齿。

【解读】

封建当权者的短视和私心,是罪人的救命稻草,他们的侥幸只会使更多人不幸了。封建官场的罪人可以得到庇护,但他们的罪行却无法掩饰长久,终会受到人们的声讨。倚仗封建当权者而作恶,只是一时无恙;不让自己身染罪恶,大灾才有望破解。在善恶面前,选择要慎重。

【原文】

远结君子。

【译文】

为了长远要结交君子。

【事典】

待人要真心

孟尝君礼贤下士的故事广为人知。不仅如此,他容人的雅量和风度也无人能及。这使他左右逢源,始终立于不败之地。

冯谖去投靠他时,有人便对孟尝君说,此人一无学问,二无专长,只是穷急无奈才来混口饭吃,断不能收留他。孟尝君听此一笑,却说:

"我以养士自居,又岂能因你一言误了人家的大好前程。凡事耳听为虚,眼见为实,我还是当面问问他吧!"

冯谖被引至孟尝君面前,虽衣衫不整,神情憔悴,却是一脸倨傲,神色不变。

孟尝君问他有何学问,冯谖答:

"君以学问为重,在下就无学问。"

孟尝君心惊之下,深以为怪,又问:

"先生定有所长,能否赐教于我呢?"

冯谖冷冷回道:

"俗之所长,在下不屑,是以无长。"

孟尝君见其如此,并不见责,只说:

"恕我冒昧,多此一问,先生不弃,真是委屈你了。"

他安排冯谖留下,态度仍是十分谦恭。

冯谖初来乍到,和别的食客自是无法相比。他吃的是粗茶淡饭,出门没有车马,为此冯谖大为不满,屡屡提出请求。

第一次,冯谖敲着佩剑说:

"剑啊剑啊,吃喝没有鱼肉,不如回去呢。"

孟尝君听闻此事,便让人给他供应鱼肉。

第二次,冯谖又敲着佩剑说:

"剑啊剑啊,出门没有车马,快快回去吧!"

有人报知孟尝君,还说他无有寸功,竟是如此狂妄贪婪,真是气死人了。孟尝君沉思片刻,遂即吩咐给他备车。众人不服,孟尝君便解释说:

"才子多傲,贤者无形,我虽不知冯谖是否属于此列,却不敢因我之故错失了一个能者,纵使他真的无才无识,他既长途投奔,我又怎能伤他的心呢?"

冯谖似乎并不领情,没过几天,他竟又一次敲打他的佩剑说:

"剑啊剑啊,老母没有赡养,还是回去吧!"

这回,孟尝君的手下说什么也不肯原谅他了。他们把此事隐瞒不报,还处处讥笑冯谖,时时给他脸色看。

孟尝君得知此事,先是惩治了手下,随后又亲至冯谖的住处,向他说明原委。冯谖脸上无动于衷,待知孟尝君已将他的老母安顿好后,神色稍缓。

临走,他对孟尝君说:

"我愿已足,君若有事,尽可吩咐在下了。"

后来,孟尝君深得冯谖之力。冯谖和他患难与共,始终不离不弃。孟尝君依靠他的计谋,多次转危为安。

当孟尝君向他致谢时,冯谖却说:

"以德服人,君可谓做到了极处了。这全是君之大德之功,又何必谢他人呢?"

【解读】

有见识的人不会对君子落井下石,尽管君子在封建官场是不得志的。君子代表正义的力量,他们虽饱经挫折,却是打不垮的,他们永远是道义上的胜者。和君子结交,是长期的投资;与君子为友,益处会渐渐体现出来。一个人到了紧要关头,只有他的君子朋友才会舍身相救。

【原文】

近纳小人。

【译文】

为了当下要容纳小人。

【事典】

勿低估小人

来俊臣被武则天任用后,杀人如麻,人多畏惧。他恃此也不把朝中大臣放在眼中,为了敛财,竟每每向他们索贿,少有不从者。

朝中左卫大将军泉献诚,为人正直,性格刚烈,当听说来俊臣竟敢勒索朝中大臣这件事后,十分气愤,向那些服屈于来俊臣的人说:

"我们乃国家重臣,怎能向一个小小的来俊臣献媚呢? 这太不成体统了。"

那些人皆笑泉献诚不知深浅,对他说:

"我们并不是怕来俊臣这个人,而是怕他手中的权力啊! 皇上信用他,他又可以胡乱抓人,与其舍些钱财得保平安,我们哪里还敢在乎自己的身份呢?"

请君入瓮

泉献诚不以为意,不时痛骂来俊臣几句。他的朋友为他担心,便加以规劝说:

"朝中大臣们自不比将军愚钝,他们都那么做了,自有其玄奥。你不但不随波逐流,且是不避人言,结怨小人,这是取祸之事,怎可不改呢?"

泉献诚正色说:

"我行事无偏,严守忠义,奸恶小人又能奈我如何? 他们滥杀无辜,嚣张已极,倘若人人只求自保,天下岂不毁于他们之手? 我倒要看看,他们有何手段能治我的罪。"

泉献诚的言行被人告之来俊臣。来俊臣先是一愣,继而哈哈一笑。来俊臣的手下不明所以,来俊臣笑过之后,忽地杀气腾腾,出语如冰,重声说:

"泉献诚狂妄无礼,无非自恃手握兵权,若将此人除了,我还有何事不成?"

手下人献计说:

"对付此等武夫,何劳大人动手,只要大人开口,自可加他个谋反之罪,我们自会将他擒拿。"

来俊臣为使别人更加慑服他的威势,并没有马上动手。他先派一人作为他的代表,上泉献诚家索取金钱,且是数额甚巨,须立即交付。泉献诚勃然大怒,将那人乱棍打出。来俊臣见那人回转时的狼狈之状,反是笑着安慰他说:

"让你受苦了,他日查抄泉献诚的家产,我一定让你主持。"

来俊臣连夜指使手下诬告泉献诚谋反,武则天对掌兵大将疑虑最多,遂即命来俊臣审理此案。来俊臣将泉献诚关入大牢,对他嘲笑地说:

"你自不量力,这个下场如何? 我虽官位远在你之下,却是掌握你的生死,你现在还想和我斗吗?"

泉献诚自不屈服,大骂不止。用刑之下,他也坚不认罪。来俊臣撞上如此硬汉,怒火更旺,索性命人把他用绳索勒死,以泄其忿。来俊臣对他的手下说:

"此人顽抗到底,结不了案,皇上怪罪不说,弄不好他说出真相,对我们就更不利了。此等情况,可依此例办理,我们上报说其畏罪自杀,一来此案可结,无有后患,二来可掩我失,死无对证。他日若有人查寻此事,你们这样说就行了。"

此案轰动一时,知道真相的人们无不痛恨来俊臣的凶恶阴毒,武则天却认来俊臣破案有功,对他嘉勉有加。

【解读】

小人就在人们身边,时刻算计着人们,他们是难以摆脱的。为小人耗尽心力,实为不值;与小人拼死相搏,必会自损。小人是无法消灭的侵扰者,许多人的一生就是毁在与其无尽无休的"斗争"上。容纳一下小人,自己并不会成为小人。如此,许多无谓的损失亦可避免了。

【原文】

善言善出。

【译文】

好的言语也要用好的方式来表达。

【事典】

锋芒不可显

清朝雍正皇帝上台不久,翰林院的孙嘉淦就上疏论"亲骨肉"等敏感的政治问题,暗中斥责雍正薄情寡恩,苛待兄弟,严对大臣。雍正本想杀他,却念自己刚刚继位,孙嘉淦又颇有名望,所以强忍愤怒,只将他逐出翰林院了事。

经此凶险,孙嘉淦却不以为意,对劝诫自己小心改过的人说:

"我乃进士出身,饱读诗书,岂能学那媚上之辈,摇尾乞怜,不进忠言呢? 纵是有杀身之祸,我也决不做有辱读书人的事。"

劝他的人叹息说:

"你以无辱为上,不肯迎合皇上,这怎能在官场立足呢? 你不要以不受辱为荣,在我看来,这不仅不是你的优点,反是你致命的缺处了。如此下去,祸患不远了。"

孙嘉淦和他唇枪舌剑,斥他明哲保身;自己却一如前状,仍是屡屡上书进言,言辞激烈,日甚一日。

雍正皇帝终于无法忍耐,将他逮捕入狱。审讯他的官吏无才无学,借此便嘲笑他说:

"你才高八斗,有个屁用? 老子只知效忠,大字不识几个,却是能对你讯问,打罚由我,你可服吗?"

孙嘉淦自是心头火起,对他痛骂不止。那个官吏见他气得脸色铁青,浑身乱抖,冷冷一笑说:

"你真是个书呆子,我还没有打你,你便受不住了,似你这样,还能在朝为官? 你瞧我不起,今个我偏偏要重重地治你,让你也有个记性。"

说罢传命狱卒把孙嘉淦按倒在地,他亲自动手,杖打孙嘉淦的屁股;又把孙嘉淦拎起,左右开弓,打了几十个耳光。

一番污辱和折磨之后,那个官吏再将狼狈不堪的孙嘉淦揪到自己的面前,嬉笑着说:

"你还不服吗?"

孙嘉淦眼冒金星,体痛难支,血气上涌,又喃喃骂了几声。那个官吏一脚将他踢翻,抢拳暴打他的脑袋。孙嘉淦昏迷之后,那个官吏又在他身上撒尿泄愤。

孙嘉淦的朋友探监之时,见孙嘉淦被折磨得不成人形,问过情由,怜惜地劝说道:

"你上了他们的当了。他们故意污辱你,目的就是激怒你,他们好借此责罚,置你死地。再说,我们读书人以救国天平下为己任,你又何必和小人结怨而误大事呢?"

孙嘉淦此时神情灰败,再无先前的倔傲之气,痛声说:

"狱吏之贵,今日我才知道啊! 你说得对,我不能不明不白地死在这里。否则,我枉死不说,更要株连我的家人。都怪我太意气用事了,结果亲者痛仇者快。"

孙嘉淦至此性情大变,出狱后处事多变,再无先前的锋芒了。

【解读】

一个人的态度如何,直接影响着人们对他的观感和好恶。这是不可忽视的。特别是封建官场的当权者,他们极其自负,骄狂异常,对其更不可失去礼数,否则,就要被逐被贬了。劝谏无功有多种原因,方法不当就是其一。态度失控的进谏。无论其意有多么善良,也会失效。

【原文】

善念善行焉。

【译文】

好的想法也要用好的行为来体现。

【事典】

使命大于屈辱

范纯仁是北宋名臣范仲淹的儿子。宋神宗时,范纯仁在庆州知州任上,不待朝廷批准,便在饥荒之年开仓放粮,赈济百姓,结果遭到了朝廷的审查。

朝廷派来的使者多次问询范纯仁,态度十分严厉,范纯仁每次都坚持说:

"灾情紧急,容不得请示朝廷,有什么罪名,我一个人担下便是。"

眼见范纯仁多次受辱,他的一位下属对他说:

"大人为了救助百姓而使自己蒙难,我是特别敬佩的。朝廷使者素爱钱财,为了过关,大人何不破费一些呢?"

范纯仁听见下属让他行贿,顿时火往上撞,发怒道:

"为了百姓,我受这点屈辱算得了什么? 可恨你不识我心,竟想让我贿赂使者,这是陷我于不义啊!"

范纯仁不向任何人求助,百姓知道这件事后,哭着说:

"范大人救活了我们,我们怎么能连累范大人呢?"

百姓想方设法把粮食偿还给了范纯仁,又齐聚衙门前为他求情,范纯仁这才洗清了罪名。

这件事让范纯仁十分感动。他说:

"我为百姓做了一点善事,百姓竟是倾尽全力救我,我纵是死了也是值得的,何况一点屈辱呢?"

宋哲宗时,范纯仁任给事中之职。一次,他听说种古境况不佳,当时就心生不安了,对家人说:

"种古因诬告我而丢官,虽是罪有应得,但不能不给他机会啊!种古还是很有才能的,我要向皇上举荐他。"

家人埋怨他说:

"种古令你受辱蒙羞,我们和你一同受罪,难道你忘了吗?你不报复他已是大仁大义了,帮他绝对不可。"

范纯仁劝解家人道:

"我养德向善,岂能怨恨种古终生?我受辱是一时的,经过那件事,反让朝廷器重我了,我没有理由再恨种古了。"

经过范纯仁的力荐,种古遂被朝廷起用,他向范纯仁谢罪说:

"我从前和大人为敌,不想大人今日以德报怨,种古必当痛改前非,以谢大人。"

元明初年,吏部尚书一职空缺,哲宗命大臣提出合适的人选。一位大臣毫不犹豫提出了范纯仁,对哲宗说:

"吏部尚书一职主管官吏的选拔和考核,非常重要。臣以为范纯仁公正无私,实是最佳的人选。"

哲宗没有点头,而是说:

"你的理由并不充分,范纯仁资历尚浅,朕对他并不看好。"

这位大臣于是说出了范纯仁荐举种古的事例,接着又道:

"范纯仁受种古诬告而不怪罪他,这种心胸一般人是少有的。范纯仁举荐种古,完全是抛弃了私怨,一心为国选才,这种胸襟更是罕见了。最难得的是,范纯仁屡受屈辱,却从不抱怨,人品和人格没有丝毫改变,可见他立场不移,绝不是见异思迁的小人可以与之相比的。陛下若能任用他,当是大宋之福啊!"

哲宗听罢,心潮涌动,说:

"范纯仁的事，朕知道得太少了，这是朕的过失。范纯仁不愧是忠臣之后，朕以后要多多倚重他。"

于是，范纯仁被任命为吏部尚书，百官没有一人提出异议。

【解读】

有善念的人，一定要用行动来说话，这才是有意义的。空有善念，而行为不善，这是言行不一，为官必受贬谪。封建官场虽有许多的无奈，虽有不少的屈辱，但为官的使命却不可忘怀，一定要尽职尽责。忧国忧民的好官会被百姓传扬，他们也不会被明智的封建当权者抛弃。

建功第三

为官不可选择奸猾和无所追求,以平庸为耻,应当受到肯定。运气不是建功所必需的,势力单薄是一定要设法改变的,没有智慧的人只能成为最后的失败者。封建官场缺少阳光政策,这决定了不可把功劳看得太重。建功者必须是刚强的,懦弱之人讨不到一丝幸运;从自我欣赏中挣脱出来,人们才不会因骄狂生祸。没有机会建功,君子会遗恨终生;小人建功,无不饱含阴谋与血腥。

【原文】

以功为本,不智也。

【译文】

把功劳当作本钱,这是不明智的。

【事典】

自知之明最重要

隋朝建国之初,功臣梁士彦被隋高祖杨坚冷落,没有受到封赏。梁士彦牢骚满腹,对家人说:

"我追随皇上多年,屡建奇功,如今皇上这样待我,太让人寒心了,我要和皇上理论一番。"

梁士彦的家人怕他惹祸,忙道:

"你的功劳太大了,皇上不封赏你,分明是防范你啊!这个时候,你岂能还去找皇上说理呢?"

梁士彦不听,向杨坚哭诉了一番,杨坚表面上安慰他,事后却解除了他的实职,只让他在京赋闲。梁士彦又感委屈,整天喝酒消愁。他的一位好友规劝他说:

"所谓功高震主,说的就是你这样的人啊!我们做臣子的,在君主面前始终是弱者,如果你认不清这一点,非要和君主争个高下,岂不糊涂之至? 你还是安心认命吧!"

梁士彦行伍出身,做事鲁莽,认为自己无错,便四处大吐苦水。对地位比他高的人,他不仅不敬,反是多有讥笑,朝中上下对他顿生嫌恶。

梁士彦的家人担心地对他说:

"此一时彼一时也,你不要再活在从前了。现在皇上疏远你,你又无官无权,做事说话不能不收敛了。你现在只求无祸,便是最紧要的事。"

梁士彦痛骂家人,谢绝所有人的劝告。他和不得志的宇文忻、刘昉等人勾结在一起,竟想杀掉杨坚,率众造反。

梁士彦的阴谋被他的外甥裴通察觉,裴通为他痛心。

一次,裴通侧面规劝他说:

"一个人如果不知道自己有多大能耐,那么他就会干出无法无天的事来,这岂不是很可怕吗? 所以说凡事要量力而行,否则就是可笑可悲了。"

梁士彦听不出裴通的弦外之音,仍自我吹嘘说:

"我当年统率千军万马,什么事情我做不到呢? 可惜皇上不重用我了,这是皇上的大错啊!"

裴通试探几次,见劝他无望,于是向朝廷告发了梁士彦的谋反阴谋。

杨坚始终观察着梁士彦的一举一动,为了不背上滥杀功臣的罪名,决定先稳住梁士彦,一待他反形毕露时,再行诛杀。

不久,梁士彦突然被任命为晋州刺史,杨坚还让他重掌兵权。梁士彦不知这是杨坚的计谋,于是更加紧了谋反的步伐。他对同党刘昉说:

"皇上不敢不安抚我啊,只可惜皇上醒悟得太晚了。似我这等大才之人,又岂能长久甘居人下呢?"

梁士彦野心疯长,于是上书杨坚,请求批准同党薛摩儿做自己的长史。他在奏章中辩解说:

"薛摩儿才气过人,有他相助,我可以给陛下建更大的功劳。从前我没有辜负陛下的厚爱,今后我更要给陛下一个惊喜。"

杨坚看罢梁士彦的奏章,轻蔑一笑说:

"无知之徒,你这是自寻死路啊!"

杨坚批准了梁士彦的请求,梁士彦更加自信。他暗中命薛摩儿四处联络,只等时机成熟便公开起事。

梁士彦反迹日显，杨坚这才决定收网。梁士彦和他的同党美梦不成，一一丧命。

【解读】

做官的学问有很多秘密，人人得见的东西远不是精髓。功劳是有益处的，也是有弊处的，不能正确看待它，功劳就不能化为胜果。封建当权者有"功高震主"之忧，封建官场有"嫉贤妒能"之实，人有"居功自傲"之好，这都决定了不可把功劳看得太重。迷信功劳，就会迷失自己。

【原文】

以庸为耻，非诈也。

【译文】

把平庸视为可耻，这是不伪诈的。

【事典】

凡事要权衡轻重

王守仁是明代文武兼备的全才，创立了"格物致知"学说，享有配祀文庙的殊荣。

王守仁以书生出身，却屡建战功。正德十四年（1519年）六月，朝廷命令王守仁前往福建平叛。行至丰城时，得闻宁王朱宸濠举兵造反的消息，王守仁当机立断，立时加入讨贼行列。他对众将说：

"反贼朱宸濠诡计多端，又蓄谋已久，决不可轻视。我想反贼如果出长江顺流东下，南京陪都就危险了。现在朝廷大军猝然无防，一时难以部署周密，若能用计让反贼晚十几天进入长江，南京就无虞了。"

王守仁于是派人到各府县假传命令说：

"都督许泰、卻永带领边兵，都督刘晖、桂勇带领京兵，各有四万，水陆并进。南赣王守仁、湖广秦金、两广杨旦各率所部合十六万，直捣南昌，沿途所至各衙门有缺乏供应的,以军法论处。"

王守仁犹嫌不足,他又写蜡书送给朱宸濠的伪相李士实、刘养正,让他们归降,发兵东下。

王守仁又故意将这些消息泄露,让朱宸濠知晓。

这些假消息震住了朱宸濠,他不敢冒进了。朱宸濠和李士实、刘养正商议此事时,他们劝他速去南京即位的说法,更让他生疑。如此按兵不动,直到十多天过后,并未见朝廷兵至,朱宸濠才觉中了王守仁的计了,可先机已失。

王守仁历经血战,将朱宸濠生擒活捉,立下大功。深受正德皇帝宠信的江彬,恨他夺走了他大显身手的机会,更嫉妒他的功绩,便要向皇帝进言直接陷害他。江彬的心腹手下阻止他说:

"王守仁为国擒贼,举国欢庆,这是人所共见的功劳,绝不可以此攻击他。要置他死地,只有旁敲侧击,陷他与贼同党,互为勾结,这才是上上之策。不然,皇上不仅不会相信,反会怪罪你了。"

江彬大笑称妙,于是他派人四下散布流言说:

"王守仁奸诈恶毒,其实他本和朱宸濠同党,一见朱宸濠大事不成,这才倒戈一击,抓他自救,蒙骗天下。"

王守仁听到流言,又愤又恼,心怀恐惧。他找来心腹将领商量说:

"朝中奸小不容于我,广布流言惑众,这个手段真毒啊!我自辩无门,此事若无解决之道,我就危险了。"

王守仁的心腹将领面面相觑,其中一人道:

"大人足智多谋,苦思必有良策。末将以为,朝中奸恶狠毒至此,必不是泛泛之辈,大人还是考虑个万全之计才是,切不可草率。"

王守仁苦思一夜,腹有一谋。他深夜求见总督军门太监张永,先赞颂张永贤能无比后,话锋一转,诉苦道:

"我无意之功,不想却招来多方的嫉妒,对我百般中伤。大人公正严明,可以为我做个见证吗?"

张永心中也羡慕王守仁的功劳,漫不经心地说:

"大人功高盖世,自有人怪,你又何必在意?"

王守仁诚惶诚恐道:

"这岂是我的功劳? 这全是大人的功绩啊!"

他见张永一愣，又解释说：

"倘无大人大军作援，军威震慑，朱宸濠哪有速败之理？我只是侥幸罢了，其实你才是真正的功臣。"

张永大喜。王守仁遂将朱宸濠交给张永，重新报告皇帝说：

"捉拿反贼朱宸濠，功劳全在总督军门张永。他指挥有方，谋略不凡，其智过人，方能为朝廷立此功勋。"

张永亦是正德皇帝身边的红人，江彬得闻是他建功，这才无言。

张永回朝极力为王守仁美言，正德皇帝免除了对王守仁的处罚。

事后，王守仁仍心惊胆战，说：

"功是祸始，我从前只想建立奇功，现在我却唯恐有功让之不出，这其中的变故，真是一言难尽呐！"

【解读】

建功者都是不甘平庸的，他们以平庸为耻，应当受到肯定。可事实上，建功者未必得到奖赏，平庸者未必受到惩罚，这就使许多人发生转变了。封建官场的真正庸人不多，也没有人不愿意当个能者，他们不思进取，只因平庸获利之故。以真性情建功，抵不过以伪诈术无为。

【原文】

功为始。

【译文】

建功是事业的起点。

【事典】

富贵不能强取

元世祖忽必烈在位时，一次在香阁召见了儒生朵儿赤。忽必烈对朵儿赤说：

"你是西夏的有识之士，不知你对治国有何见解？"

朵儿赤的父亲曾是西夏国的史官，西夏亡国时他献城投降。朵儿赤十五岁时便通晓《论语》《孟子》《尚书》，是很有名的学者之一。

面对忽必烈的问话，朵儿赤不假思索地回答道：

"陛下圣明仁智，广有四海，当务之急是亲近君子，疏远小人。小人惯于甜言蜜语，陛下一定要保持理智，否则，小人误国的悲剧便要上演了。"

忽必烈点头道：

"你不奉承朕，直言治国之要，可见你是个正直的人。朕向来讨厌阿谀奉承之徒，朕对你十分满意。"

忽必烈高兴之下，问朵儿赤想做什么官，朵儿赤说：

"加官晋爵，是许多人的梦想，但臣却不想这样。"

忽必烈立感惊奇，问道：

"你的确与众不同，却不知是何原因令你如此呢？"

朵儿赤说：

"做官虽是荣耀，但也是责任，如果没有真才实学而硬往上爬，那么不仅国家受害，自己也要招来祸事了。臣自度才学有限，所以不敢奢求。"

忽必烈哈哈大笑，连道：

"就凭你这番言语，便可证明你绝非无识之人。你既有一身才学，当要为国尽力，你不要推辞了。"

朵儿赤谦让不掉，便说：

"陛下信任微臣，臣就斗胆建言了。现在西夏屯田，实际上是占用了正规部队，如遇战事调动，就又耽误农田耕作了。西夏土地贫瘠，开垦的土地不到十分之一，如果把新长成的青年人另编户籍，充实为屯垦的人力，这样农田收获会增多，兵力也有盈余了。请允许臣做他们的总管。"

忽必烈点头应允，任命朵儿赤为中兴路新民总管。

事后，朵儿赤的家人埋怨他自讨苦吃，说：

"屯垦种田，这是份苦差事，别人避之不及，你不该主动请缨。皇上让你挑选官职，你应大胆选取肥差。你真是太傻了。"

朵儿赤摇头道：

"你们的见识太浅了，只想贪求高官，不想其中之患，这样会有好结果吗？"

家人齐声反驳他，朵儿赤耐心解释，动情地说：

"谁都想荣华富贵，但也不能强取硬要啊！皇上并不知我，我也未建寸功，如果不懂谦让,贸然求官,那么皇上必认为我是一个急功近利的人,皇上还会看重我吗?我自请屯垦,乃是压制欲望、先行建功之举,一待有了功劳,我才能站稳脚跟,也不愁不会升迁了。"

家人知其心意,这才停止了争议。

朵儿赤一至任所,便全身心地主持屯垦之事。他带领青壮子弟开垦农田,堵塞黄河的九个缺口,开通黄河的三个流出口。

朵儿赤日夜操劳,取得了不少的业绩,有人劝他说:

"你为朝廷建功,应当随时向朝廷报告,这样你的功劳才不会被埋没。"

朵儿赤反对说:

"如此一来,我当是以功求荣之人了,反对我不利。做事不要勉强,我还是但行好事,莫问前程吧!"

三年过后,田赋总额增加了一倍。忽必烈听到这个消息,心中大悦,立时提升朵儿赤为潼川府府尹,又下诏嘉奖。

【解读】

对任何人而言,都是需要有一个起点的,在此,建功是不可逾越的基石。封建官场的新人如果毫无功绩,那么就不能引人注意,他的发展便备受限制了。开始是最难的,不在开始阶段勇于建功,以后的路绝无宽畅。为官之初不可选择奸猾和无所追求,此时建功当是压倒一切的任务。

【原文】

庸为终。

【译文】

平庸是事业的终点。

【事典】

知止人自安

安史之乱时,李泌作为唐肃宗的谋士,曾于 756 年向唐肃宗进献一策。他说:

"范阳乃贼之巢穴,陛下若派大军直指范阳,可避敌锋芒,又可断敌退路,实制胜之道,当立即施行。"

唐肃宗一时默然,不置可否。群臣闻知李泌之计,都认为可行,不约而同地再劝谏唐肃宗说:

"叛军兵源补充,军需供给都赖之于范阳,如出其不意攻占范阳,可令叛军进退失据,陷入重围,促使其军心动摇,全线崩溃。李泌的谋划乃神机妙算,陛下不可稍有犹豫,让良机遁去。"

唐肃宗十分敬重李泌,从前对他的计策也言听计从,不想今日却一反常态。他考虑多时后才对群臣说:

"兵发范阳,实多凶险,朕不予采纳。时下要务当在收复两京,两京若收复,则国人大振,灭贼自不远了。"

群臣都感意外,李泌也一时难解。他还想劝唐肃宗改变主意,这时一位久在唐肃宗身侧的太监拦住李泌,悄声对他说:

"你聪明一世,糊涂一时。难道你不知皇上的心事吗?"

李泌自知事情奇怪,低声问:

"公公可知隐情?"

太监把李泌领到一密室,招呼李泌落座,这才直言说:

"两京乃国都所在,皇上之所以瞩目两京的收复,当是另有深意。要知皇上虽在灵武即位称帝,但毕竟未在长安举行过朝祭宗庙的隆重大典,没得到列祖列宗的承认,免不了有'名不正'之嫌啊!现在太上皇虽然退位,可太上皇仍在蜀中发号施令。太上皇又放出过'诸王分镇节制'的诏令,万一有别的王抢先攻入长安,皇上岂不尴尬?你的计策确对大唐有利,可对皇上而言就未必有利了,皇上有上述考虑,拒绝你也就不足为怪了。"

李泌略一思忖,立时醒悟,倒吸一口凉气,忧虑地说:

"皇上为了一己之私,而置唐室的大局于不顾,令人叹息啊!失去了这个机会,平乱真不知要等到何时?"

李泌不再坚持,心底凉透,私下对自己的好友说:

"皇上感情用事,谁也改变不了他。我自以为皇上英明纳谏,现在看来,他也是对自己有利的才采纳。这是偏私,我不能对皇上寄望太多了。"

至德二年(757 年)九月,唐军收复西京长安,万众欢腾之下,李泌却保持平静。

一日,唐肃宗召李泌一起宴饮,并同榻而睡。二人谈论多时,唐肃宗对李泌封官许愿,不想李泌却出语说:

"我也报答了陛下的知遇大恩,如今天下渐平,我想重归山林隐居,还请陛下照准。"

唐肃宗十分惊讶,说:

"先生与朕患难与共,多建大功,现在到了同享富贵之时,先生为何要离去呢?"

李泌回答说:

"我这个人性情耿直,不善媚上,乱时出谋尚可,盛世奉上却无术。陛下若坚持让我留下,恐对陛下不利啊!"

唐肃宗一笑说:

"你我的交情,不仅是君臣之谊了,我怎会责怪你呢?"

李泌又说:

"我有五个理由不可以继续留下,臣遇陛下太早,陛下任臣太重,宠臣太深,臣功太高,臣迹太奇。今日陛下念臣之功,或可恕臣,他日陛下一旦厌臣,臣就性命有忧了。陛下若能理解臣的苦衷,还是放臣离去,这样就能免臣一死啊!"

唐肃宗信誓旦旦,仍是不肯答应,李泌接着说:

"陛下从前待我甚重,我尚不敢知无不言,言无不尽,何况现在海内渐安呢?我已对陛下无用,陛下又何必苦苦相留呢?"

唐肃宗挽留不住,只好应允。李泌如释重负,飘然而去。

【解读】

一个真正的成功者不会把自己看得很高。也不会把成功看得多么神圣,相反,他们却去追求平庸。这不是堕落,而是进入了一种更高的境界。把建功看得无比重要,只是无功之人的看法;把平庸视为事情的终了,却是有功之人的彻悟。从自我欣赏中挣脱出来,人们才不会因骄狂生祸。

【原文】

运为辅。

【译文】

运气是事业的辅助力量。

有得必有失

北魏明元帝拓跋嗣患病时,太子拓跋焘代管国事,大臣刘洁等人辅佐太子,共同执掌朝政。

当时,皇室中人有的想要趁机夺取皇位。他们私下四处活动,极力拉拢朝中大臣。刘洁闻得讯息,心里一动,把同僚古弼找来,对他说:

"你我辅佐太子,并无太大的功劳,我担心日后太子登基,你我的地位无法保全,你我应该设法立功啊!"

古弼无奈道:

"太平盛世,我们以何立功呢? 你不要异想天开了。"

刘洁一笑说:

"机遇现在就有,不知你是否有胆量抓住它?"

古弼连连追问,刘洁于是说:

"听说皇室有人意图谋反,我想趁此赢得他们的信任。一旦我掌握了他们的机密,再向太子告发,这不是大功一件吗? 相信太子一定会重用我的。"

古弼一听即惊,想了又想,最后还是摇头道:

"为国除奸不错,不过你这样处心积虑就值得商量了。你参与了他们的阴谋,他们一定盯住你不放,万一你脱不开身,解释不清,岂不凶险? 何况这件事本该正大光明地去干,你玩弄聪明,可见你工于心计,这对你是不利的。"

古弼拒绝了刘洁,刘洁索性一人上阵。他故意流露对皇上的不满情绪,终使自己引起了谋反之人的注意,把他拉入反营之中。

明元帝拓跋嗣死后,太了拓跋焘即位,是为太武帝。刘洁见时机已到,于是向太武帝密告谋反的人。刘洁立下大功,太武帝升迁他为尚书令,封钜鹿公。

刘洁心愿得偿,天天饮酒庆祝,对人卖弄道:

"我以奇计除奸,一般人是想不到的,这就是我的聪明啊!"

无数人夸他有勇有谋,只有古弼不以为然。古弼对家人说:

"刘洁此次成功,只不过是侥幸罢了。这个人善使阴谋诡计,又自夸自傲,将来必受其害。但凡机密之事还是少知为好,更不要轻易涉足其中,万一泄露,到来的便是一场横祸。"

刘洁在朝廷主管机要,深受重用,太武帝遇事便和他商量。刘洁为了显示自己的权威,常常故意把太武帝的谈话说与人听,太武帝为此十分反感。

刘洁的家人劝刘洁说:

"你参与机密,皇上的话怎可轻易外泄?你太不谨慎了。"

刘洁自信道:

"我就是要让别人知道皇上宠信的是我,皇上不会怪罪的。"

一次,太武帝和刘洁商议袭击柔然汗国,刘洁劝阻不成,心里不快。他又把这个消息散发出去,结果群臣纷纷进谏表示反对。

太武帝十分生气,把刘洁召来,当面斥责道:

"朕信任于你,这才无话不谈,你轻对人言,引起纷争,这难道不是一种罪过吗?"

刘洁苦苦央求,太武帝终没有把他治罪,刘洁于是心怀怨恨。

为了证明自己的智慧高人一等,刘洁竟在大军北伐时假传圣旨,暗做手脚,借以阻挠大军北伐。刘洁对自己的亲信说:

"只有北伐失败,方能显出我的高明,以后皇上就会对我言听计从了。"

刘洁为了万全,又想拥立乐平王拓跋丕为帝。他对亲信说:

"如果这次出师失败,皇上不能回来,乐平王和我交情不浅,拥立他我还能大权不失啊!"

不久,刘洁的阴谋被人告发,太武帝遂将刘洁屠灭三族。

【解读】

运气不是建功所必需的,如果把建功的希望全都寄托在运气上,这样的人就是无知和无能了。有运之人不一定能最后建功,无运之人决不会注定失败,夸大运气的作用就会不务实事了。运气的有无不能强求,努力的多少却可自决。用阴险手段来谋划大事,终会栽在阴险之上。

【原文】

智为主。

智慧是事业的主导力量。

戒除非分之想

南宋宁宗赵扩在位时,韩侂胄身为太师,把持朝政,炙手可热。韩侂胄野心极大,虽为所欲为但不满足,对手下人说:

"位极人臣,也不过如此,只可惜我的才学还远未施展。"

手下人献媚道:

"大人文武双全,应建奇功伟业,这样才能名垂千古。时下金国占我中原,大人何不在此有所建树呢? 如此一来,大人威名远播,地位也更加突出了。"

韩侂胄来了兴致,不假思索,脱口便道:

"此说正合我意,这样的大功我岂能让给他人呢?"

韩侂胄想要伐金,一位老臣听说后求见他,问道:

"伐金事大,你可做好了充足的准备? 如若不然,不可贸然行动。"

韩侂胄笑着道:

"从前伐金无成,都是将帅无能之果,今日有我主持其事,还怕无功吗?"

老臣见他如此轻率,急道:

"金人不可轻视,大人这般轻敌,不是吉兆啊!"

韩侂胄沉下脸来,挥手说:

"你已老了,应该好好歇息,何必为此忧心呢?"

韩侂胄一心建功,抓紧筹备伐金之事。他任用亲信吴曦做兴州都统,掌控西部军队。他又秘密接见朝廷将领,让他们做好出兵的各项准备。

很快,反对出兵的人越来越多。他们同声质问韩侂胄说:

"轻启战祸,只能有败无胜,这样,朝廷就危在旦夕了。你执掌朝政,不为百姓着想,不替江山打算,难道这不是沽名钓誉吗? 你为了个人的私欲而牺牲一切,这是最大的犯罪,你难道心里没愧吗?"

韩侂胄心里发虚,恨意却是满满。他的亲信借机鼓动说:

"大人独理朝政,岂容他人指责呢？不惩办不敬之人,大人的威望就不存了。"

韩侂胄立时发作起来,毫不犹豫地把反对出兵的人一一治罪。

韩侂胄的一位好友见他失去了理智,私下劝道:

"你求功心切,好名若狂,其实这大可不必啊！你已高居人上,无忧无虑,不该再有非分之想了。伐金非同儿戏,倘若失败,你的处境定会不妙,这一点你要想到。"

韩侂胄辩解说:

"伐金乃是义举,我为国收复失地名正言顺。正是英雄所为,你怎么不理解我呢？"

好友纠正道:

"恕我直言,你伐金不过是个借口,其意全在求取功利。否则,你应早做安排,卧薪尝胆,怎会如此草率呢？你不要自欺欺人了,这件事的后果不仅危及朝政,也会对你大大不利。"

韩侂胄一意孤行,仍是主张伐金。无能的小人苏师旦为了升官发财,一再向韩侂胄"献计献策"。韩侂胄高兴之下,竟任命苏师旦为安远军节度使。

一位将领见韩侂胄重用苏师旦伐金,多次进言说:

"将帅无能,伐金岂能有望？苏师旦才德俱无,决不可重用。"

韩侂胄认为那位将领冒犯了自己的权威,当即把他解职。韩侂胄还对其他将领说:

"我自度无失,你们若有人再敢表示异议,我定会杀之。"

韩侂胄的伐金遭到了惨败,死于战争的百姓难以计数。韩侂胄被朝廷杀死,用他的头颅向金国求和。他的儿子被消除官籍,流放到沙门岛。

【解读】

没有智慧的人,只能成为最后的失败者,这是毫无悬念的。在竞争激烈的封建官场,人们可以隐藏智慧,却不可缺少智慧。智者能无中生有,愚者能化有为无,先天的优势不会自动转为最后的胜势。狂妄和自负代替不了聪明才智,明智的决断和辉煌的业绩不会由无能者做出。

【原文】

势孤无显。

国学经典文库 智慧谋略全书 官智经 图文珍藏版

【译文】

势力单薄不会有显荣。

【事典】

成功需要强助

刘邦称帝后,立他和吕后所生的儿子刘盈为太子。随着时间的推移,刘邦见刘盈性格柔弱,心有不喜。

刘邦和戚夫人所生的儿子刘如意,聪颖乖巧,很像年少时的刘邦;再加上戚夫人日益得宠,她又每每恳求立自己的儿子为太子,于是,刘邦就有了废立太子的打算。

一次,刘邦召集群臣,讨论废太子的事,他说:

"刘盈软弱,将来恐怕难当大任。赵王如意甚得我心,假以时日,必成大器。"

群臣深知此事关系非常,一时不知如何应对,四下无声。

御史大夫周昌心中有气,暗怪刘邦受戚夫人怂恿。他忍耐不住,首先开口道:

"太子废立,关乎国体,陛下怎会如此轻率呢? 太子无罪而废,理有不该,人有不服,此事绝不可行!"

周昌言罢,群臣这才纷纷劝谏刘邦,反对废掉刘盈的太子之位。

刘邦见无人赞成,一时只好免议此事,却想日后再谋他法。

眼见儿子的地位岌岌可危,吕后万

张良

分着急,十分惧怕。她为此和刘邦大吵大闹,又试着用其他方法劝刘邦回心转意,无奈刘邦心系如意,吕后的所有努力都不见成效。

万般无奈,吕后找到张良,请他出面劝说刘邦。

张良拒绝了。他说:

"我已隐退在家,自是不能过问政事,何况皇上态度有变,已非一日,我又怎能劝得了皇上呢?"

吕后见张良不肯,失望已极,哭着对张良说:

"戚夫人恃宠而骄,倘若如意又当上太子,我们母子就凶多吉少了。盈儿是你的学生,你真的忍心不救吗?"

张良长叹一声,后道:

"我不便出面,皇后请恕老臣之罪。不过,此事并非无解,我就出个主意吧!"

吕后顿时喜上眉梢。她自知张良足智多谋,他若有心相帮,此事就大有转机了。

张良让吕后的哥哥吕释之出面,请"商山四皓"扶保太子。为此,张良强调说:

"商山四皓,乃世外高人,皇上曾请他们出山,他们都婉言谢绝了。皇上对他们十分尊敬,若有他们替太子说话,太子的地位就无人撼动。"

吕后依计而行。

后来,当刘邦又要决定废太子之时,"商山四皓"出现在刘邦的面前。刘邦见他们不请自来,又惊又喜,不料"商山四皓"却对刘邦说:

"皇上向来轻视士大夫,所以我们才违命不至。如今太子仁孝,威名远播,我们愿扶保太子。"

刘邦心中惊讶,自度刘盈势力已成,不可轻视了。自此,刘邦打消了废太子之念,刘盈的地位终得保全。

【解读】

势力单薄是一定要设法改变的,不引以为患,其人就不能成事。自傲者不知他人的重要。自弃者不求他人的扶助,他们都不会建功。封建官场不会保护个人的正当权益,只会屈从于势力集团;台上的显达人物,必是某个势力集团的代表。羽翼未丰,一切就会存在变数了。

【原文】

性懦无果。

【译文】

性格软弱不会有胜果。

抉择要果断

北魏孝武帝在位时,权臣高欢把持大权,欺侮孝武帝,谋逆之心昭然若揭。

孝武帝有心铲除高欢,于是便把心腹找来,商量大事。孝武帝哭着说:

"高欢欺朕太甚,不除此人,天下必亡,朕不能坐以待毙啊!"

心腹进言道:

"欲除高欢,非大将贺拔岳莫属。他手握重兵,对高欢不满,陛下眼下只能依仗贺拔岳了。"

孝武帝于是亲手刺破前胸,把血书送给贺拔岳,密令他除掉高欢。

贺拔岳收到诏命,十分不安,把亲信召来,说道:

"皇上命我讨伐高欢,此事可为与否,还请你们发表高见。"

事关利害,亲信各怀心事,谁也不出声。贺拔岳心中一急,斥责道:

"你们都想推卸责任,难道置我的生死于不顾吗?平日我厚待你们,想不到你们竟是这样对我。"

贺拔岳流出眼泪,一位亲信忙道:

"高欢掌握大权,皇上早已被架空,将军何必为皇上殉葬呢?依我之见,将军不能听从皇命。"

另一位亲信说:

"皇上已成为傀儡,将军不奉诏不说,还要投效高欢。若非如此,高欢必然迫害将军,对将军不利。"

亲信们都主张投效高欢,贺拔岳十分为难,他说:

"身为臣子,我不奉诏命已是不忠,又何能服侍高欢呢?我自叹实力不济,难与高欢相抗,我还是自保吧!"

贺拔岳拒不执行诏命,亦不投效高欢。他便托在原州牧战马,率兵到达了平凉,以求置身事外。

对于贺拔岳的做法,他的一位朝中朋友以为不妥,特地赶到贺拔岳的营中,当面对其苦劝说:

"现在皇上与高欢相争,不可调和,你身为领兵之将应当及早做出抉择。似你

国学经典文库 智慧谋略全书 官智经 图文珍藏版

这样患得患失,想两不得罪,怎么可能呢?"

贺拔岳吞吐道:

"我不想插手其事,就是想躲避灾患,否则,灾患立来呀!"

朋友说:

"你不敢表明立场,分明是心有私欲罢了,这才左顾右盼。你的私欲太强了,你该为了国家挺身而出,铲除奸佞。"

贺拔岳沉吟良久说道:

"高欢势不可挡,我讨伐他只会白白送死,又有什么用呢?我是有心无力,你就不要再逼我了。"

朋友又气又急,进一步劝道:

"你如此犹豫,后患无穷。高欢知道皇上密诏之事,他会饶你吗?何况你与高欢早就不和,他是不会放过你的。"

任凭朋友苦口婆心劝说,贺拔岳仍坚持己见。朋友哀叹道:

"你不听良言,终有后悔之日。"

贺拔岳亦叹气道:

"敌强我弱,这也是没有办法的事啊!你尽管骂我好了!"

贺拔岳坐以观望,高欢对他恨之入骨,派人打探贺拔岳的一举一动,竟放心地对手下说:

"贺拔岳只求自保无事,他想得太简单了,官场上向来就是你死我活,我怎会让他心愿得偿呢?"

高欢加紧运作,收买了贺拔岳的手下将领侯莫陈悦。侯莫陈悦一向被贺拔岳轻视,心怀怨恨的他马上投到了高欢的怀抱。

不久,侯莫陈悦以议事为名,把贺拔岳骗入自己的军营,将他杀害。

【解读】

身段柔软是官场之智,性格软弱是官场之失,二者决不可相提并论。建功者必须是刚强的,封建官场人善被欺,懦弱之人讨不到一丝幸运。不是任何人都能适应官场的,不是任何人都可以建功的。不能让自己坚韧起来,凡事犹豫不定,这样的人就只能与建功失之交臂了。

【原文】

君子寻机。

【译文】

君子寻找机会。

【事典】

大才不自弃

狄仁杰为相时，十分重视和发现人才，更极力向朝廷荐举人才，并多次告诫手下官员们说：

"贤能之士无处不在，如果我们以貌取人或心存偏见，就无法寻觅人才了。我们为官者不能为朝廷招揽人才效命，当是最大的失职，也是最大的无能。"

荆州长史张柬之素有才学，只因为他不肯趋炎附势，年纪已老仍没有升迁。一次，张柬之入朝办事，狄仁杰和他一番交谈过后，十分惊异他的才能，于是说：

"你既有大才，长久湮没无闻，你可有遗憾吗？"

张柬之苦苦作笑，回答说：

"世上徒有虚名者比比皆是，大人与我一面之缘，如此夸奖，下官愧不敢当。再说怀才不遇者甚多，下官纵有委屈，又哪里敢抱怨呢？"

狄仁杰痛惜道：

"身为宰相，让你埋没日久，我是失职了。你虽无怨，我却不能让你再怀哀伤。"

一日，武则天和狄仁杰议事之后，武则天说：

"朕想用一位贤能之士，依你看来，谁堪大用呢？"

狄仁杰说：

"不知陛下将任用他为何职？"

武则天说：

"任用他为将相。"

狄仁杰想了一想，奏报说：

"李峤、苏味道文采十足，涵养深厚，当可选用。"

武则天不甚满意,说:

"他们二人文章尚可,若是治国安邦,才气终显不足。朕遍观朝臣,似你大才者寥寥无几,当真可叹了。"

狄仁杰心念一闪,趁此机会便力荐张柬之。他说:

"陛下所言甚是,他们二人实有不足。依臣看来,可谓当今奇才者,荆州长史张柬之可算一位,只是他久不得志,现今年纪已高,如陛下不再重用,恐怕非朝廷之福了。"

武则天见狄仁杰这般看重张柬之,于是慢声说:

"人已老了,想他也无什么过人之处吧?若非如此,朕怎会不用他呢?"

狄仁杰生怕武则天恼怒,忙赔笑说:

"陛下知人善任,自不会埋没人才了。只怪张柬之虽有大才,却拙于显露,若不是臣和他交谈,臣亦不知。正因他久居下位,如果陛下重用他,他必感恩在心,一定能为国全力尽忠了。"

武则天听从了狄仁杰的谏言,想把张柬之调入朝中,由于有人作梗,结果武则天只提拔他当了洛州司马。

张柬之在司马任上情绪低落,常有怨言。不久,他便萌生退意。他对家人说:

"我已年迈,本想报效国家,看来也只是一厢情愿了。时下用人不明,才无所用,何必恋栈呢?"

武则天后来又让狄仁杰推荐贤才,狄仁杰就顺势说:

"臣早已向陛下荐举过张柬之,陛下当用此人。"

武则天说:

"朕已擢升他为洛州司马了。"

狄仁杰说:

"张柬之乃宰相之才,不是司马之才。陛下常患人才难得,这样的大才又不肯重用,人才就会失去发挥的机会,于陛下的江山自无益处。用权位拴住他们,这对陛下又有什么害处呢?"

武则天闻言即喜,遂即任命张柬之为秋官侍郎,不久又任命他为宰相。后来,张柬之果然颇有作为,为稳定大唐江山立下了功勋。

【解读】

在君子看来,生不逢时是最悲哀的事了;没有机会建功,君子会遗恨终生。君子一直在寻找机会,他们是最勤奋的进取者。机会总是不多的,特别是人人得见的机会,没有人会主动放弃,这就更增加了君子建功的难度。封建官场缺少阳光政策,不被埋没的君子定有奇遇。

【原文】

小人制机矣。

【译文】

小人制造机会。

【事典】

小人以搞阴谋起家

明宪宗朱见深在位时,于成化十四年(1478年)设立西厂,由太监汪直负责。

汪直为人狡猾,心肠歹毒,以锦衣百户韦瑛为心腹,屡兴大狱。为了欺瞒皇上,不使群臣非议弹劾他,汪直总是反复训诫韦瑛等手下人说:

"我们直接为皇上办事,虽有极大的特权,但办案一定要有充分的理由,否则会引火烧身的。不管我们的对手多么忠贞,只要把他描绘成好恶的模样,千方百计弄出他的罪状,我们就赢定了。"

建宁卫指挥杨晔,和父亲杨泰被仇人所告,逃到京师妹夫董玙家中避难。董玙自恃和韦瑛有些交情,向他求助。韦瑛将事报告给了汪直。汪直听罢,忽发狞笑说:

"兵部主事杨士伟一向和我作对,我正恨无由整治他,这个机会不可放过啊!"

汪直于是就逮捕杨晔等人,动用酷刑折磨杨晔,逼迫他认罪,把杨士伟牵扯其中。杨晔受不了酷刑的痛苦,于是编造说自己贪赃枉法,还把赃物存放在杨士伟的家中。

有了杨晔的口供,汪直未经请示,使直接把杨士伟下狱。他还向明宪宗汇报说:

"杨晔犯法一案,证据确凿,天神共愤,其父杨泰、叔父杨士伟都参与其中,败坏了朝廷的名声。陛下为警戒天下,应将他们依法治罪。"

明宪宗见事实清楚,毫无疑念,遂命汪直追查此案其他相关之人。汪直趁此又把与他不和的参政刘福等人,一一网罗其中。结果此案办结,杨晔死在狱中,杨泰定罪处斩，杨士伟、刘福等人贬官，而汪直却受到了明宪宗的褒奖：说他能够查奸，备受宠信。

汪直小人得志，每逢外出，左右随员簇拥，公卿百官都要避于道旁。兵部尚书项忠性情耿直，疾恶如仇，从不回避汪直。汪直便羞辱他，时刻要报复他。

汪直的恶行惹恼了众臣，大学士商辂和项忠等人多次向明宪宗反映汪直的奸诈。商辂还沉痛说：

"群臣共同弹劾汪直，是为了消除国家的祸害，可见汪直为恶之烈了。汪直善于欺瞒陛下，搬弄是非，他这样的小人一日不除，臣等就一日不安。"

众口一词，明宪宗不得已就撤掉了西厂，但不忍心惩治汪直，让他回了御马监。

汪直见明宪宗对自己仍怀眷念，一次哭着对明宪宗说：

"陛下责罚罪臣，罪臣本无话可说，只是罪臣不忍见陛下被他人蒙蔽，这才不得不说了。群臣奏疏，是司礼监黄赐、陈祖生的主意，他们本与杨晔要好，他们是为了杨晔之事报复罪臣的。"

明宪宗轻信了汪直的谗言，于是将黄赐、陈祖生放逐到南京。御史戴缙窥测到明宪宗的心意，就大肆吹捧汪直说：

"汪直执法办事，大公无私，为了陛下的江山而不惜得罪他人，他受到攻击陷害自是难免了。别人可以不理解他，可陛下一定要知道他的无比忠心啊！"

明宪宗心被打动，于是下诏恢复西厂，汪直东山再起，气焰更加嚣张。

不久，汪直就指使他人诬告项忠有罪，还授意言官郭镗、冯贯等人一齐揭发项忠违法的事，当面就此对明宪宗说：

"项忠貌似忠心，谁想到他会干下那么多坏事？看来项忠精于伪装，深藏不露，连陛下都被他骗了。"

明宪宗又羞又恼，一气之下，把项忠削职为民。汪直又施此伎俩，诬告群臣不忠，大学士商辂、左都御史李宾被革除职务，一时九卿被弹劾免职的，竟有数十人。

【解读】

为了建功而制造机会，这样的人一定是利欲熏心的；为了自己得利而伤害他人，这样的人一定是十足的小人。小人不会公平竞争，更不会遵守规则，他们只会无事生非，借以邀功取赏。制造机会能得到更多的机会，却要以牺牲他人为代价。小人建功，无不饱含阴谋与血腥。

化难第四

　　在步入封建官场之时，人们就要面对巨大的凶险了。因言致祸是忠臣的最大威胁，天谴的力度更能让奸臣毁灭，找准危难的根源，方能化解危难。官场中人多是不诚实的，封建官场也不会因为某个人的正直而变得光明起来。朋友可以变为仇敌，禁忌不可冒犯，抱怨只会难上加难。不要失去辨别真假的能力，不要用聪明来替代为官的准则，否则，一个人终会重重地跌倒。

【原文】

无官不险焉。

【译文】

任何官吏都是有凶险的。

【事典】

权位难以久长

　　刚刚三十岁的谢晦，已是南北朝时刘宋王朝的左卫将军了。他深得皇帝刘裕的信任，不免心高气傲，自命不凡起来。

　　由于他的地位显赫，巴结他的人自然不少。

　　一次，谢晦回家探亲，亲朋故旧、乡邻街坊都来看望他，一些不沾边的人也来攀附，他家的巷子都被人群车马填满了。

　　谢晦得意之余，对他担任中书侍郎的哥哥谢瞻说：

　　"人生在世，功名岂能没有？倘若不然，会有这么多人巴结我吗？我只恨自己的权势还是不大，否则，来拜见我的人就更多了。"

　　谢瞻却深以为忧，对弟弟劝诫说：

　　"他们来看你，并非出于至情，不过是敬慕你的权势罢了。如果你是个普通百姓,他们自不会来了。咱家一向甘于平淡,你也未有什么大功,如此得来的权位,只怕难以久长。现在你洋洋自得,可到了落难的那一天,你是忍受不了随之而来的羞辱的。如此看来,你现在的发达并不是咱家的福气啊!"

谢晦听不进哥哥的良言,谢瞻便把自家与弟弟家用篱笆隔开,不再往来。他还上书给皇帝刘裕,请求刘裕降职使用弟弟,以免他日后惹祸牵连家人。

谢晦为此对哥哥怀恨在心,刘裕也对谢瞻的请求不予理睬,反而赋予他更大的权力。谢瞻忧郁成疾,索性有病不医,以求早死。

死前,他给谢晦写了一封信,最后语重心长地说:

"我死无恨,却庆幸免受诛戮之刑了。只盼弟弟迷途知返,高位勿恋,妄念勿生,慎之知止。为国为家,切莫迟疑!"

利令智昏的谢晦,至此还是没有听从哥哥的劝告,相反,他的野心愈发膨胀。

最后,谢晦竟参与了谋反杀帝的活动,事败被杀。谢家一族因此多受株连,不少人白白丧失了性命。谢瞻的忧惧,终成了事实。

【解读】

在步入封建官场之时。人们就要面对巨大的凶险了。做官不仅是一种荣耀,也是一种冒险,这是人们一定要认识到的。封建官场有胜有败,而败者必受残酷的惩罚;封建官场有得有失,而失者或会丢掉性命。做官必须要有化解危难的本领,人们当把自己的安危置于首位。

【原文】

无智不疏焉。

【译文】

任何智计都是有疏漏的。

【事典】

聪明不是做人之本

北宋真宗时,契丹侵犯河北,真宗亲征澶渊。丁谓为真宗献计献策,颇有功效。

真宗于是任命丁谓做了郓州知州。

丁谓文才出众,善使计谋。一次,契丹入侵,百姓纷纷向杨刘渡逃难。渡口摆渡之人索取重财,否则不肯助人过河。

丁谓听到这个消息,马上带人将那摆渡的人在河边斩首。他又把难民组织起来,布置疑阵。契丹兵不知虚实,很快退去了。

丁谓由于才干出众,不久就升迁为右谏议大夫,代理三司使。他用心尽力,很得真宗的欣赏,后来又加官为枢密直学士。

丁谓一路升迁,很是得意,曾大言不惭地对人说:

"我天生聪明,这是寻常人所没有的,他们哪能和我相比呢?"

丁谓身在朝堂,开始挖空心思打击别人,抬高自己。他并不满足于眼前的地位,还公开宣示说:

"做官当为相,我自信远过常人,现在所差就是谋划了。"

为了达到目的,丁谓千方百计地讨好皇帝。一次,真宗想要封禅,又担心国库用度不足,于是把负责管理钱财的丁谓找来,询问说:

"封禅之议有许多人反对,朕也忧心花费太大,你看可以吗?"

丁谓不顾当时国库空虚的实情,连忙谄媚道:

"封禅乃是国之大事,岂可废之? 陛下圣明,如今国库充盈,花费再大也足以支付。何况陛下敬天为民,完全是造福之举,花些钱财又算得了什么呢?"

真宗于是下了决心,并盛赞丁谓理财有方,为国分忧。

结果,封禅之举劳民伤财,天下非议,而丁谓却因此赢得了真宗的厚爱。

宰相寇准看不惯丁谓的狡诈,曾当面对丁谓说:

"为国尽忠,为皇上出力,关键是要用真心。你太讲究智计了,别人看你聪明,而我却看你华而不实,这不是做人的根本啊!"

丁谓心里怨恨寇准,暗地里对心腹说:

"我久居寇准之下,早就不耐烦了,现苦思良策,还望你等相助。"

丁谓指使心腹频频参奏寇准的过失,终于将寇准扳倒,取而代之。

丁谓一得志,更加骄狂。他对大臣李迪看不顺眼,拼命在真宗面前诋毁李迪。

一次,丁谓与李迪在真宗面前发生争吵。李迪怒对丁谓说:

"你机关算尽,不怕有报应的那一天吗? 我不如你狡诈,相信皇上自有明断。"

丁谓更是破口大骂,真宗都制止不了。真宗一气之下,把两人都降了官职。

仁宗即位后，丁谓百般献媚，又获重用。这时，有人对丁谓说：

"大人手段高明，罕有对手，现在强敌既去，大人当收敛智计，在实事上让皇上感受大人的忠心。"

丁谓咧嘴一笑，说：

"干实事而不能讨取皇上欢心，又有何用呢？我只动动我的脑子就行了。"

丁谓的心腹雷允恭做山陵都监时，倚仗丁谓的权势为非作歹。有人劝丁谓约束一下雷允恭，不想丁谓说：

"我想百官没有人敢和我作对，否则，他们早就跳出来了。"

后来，雷允恭擅自变换皇家的陵地，被人告发，惹得皇上大怒。丁谓百般狡辩，终因包庇雷允恭事实俱在，终获大罪。他被一贬再贬，最后死于光州。

【解读】

自以为聪明的人喜欢钻律法的空子，他们不在行为上检点，而是在掩盖丑恶上玩弄计谋。纸是包不住火的，智计也不是万能的，人们切不可以身试险。危难常会光顾狡诈之辈，而忠厚之人却会少很多麻烦。不要用聪明来替代为官的准则，否则，一个人终会重重地跌倒。

【原文】

言祸降忠。

【译文】

言语带来的祸患会降临给忠臣。

【事典】

和缓方能成事

明孝宗时，大臣刘健以态度严肃、敢于直言闻名。清宁宫发生火灾，太监李广畏罪自杀。刘健上书建议清除李广的余党，励精图治，用贤斥奸。他进言说：

"历来奸邪谄媚之人迷惑皇上，贿赂官吏，赏罚失当，灾害之源，正是由此而起。"

刘健的作为遭到许多奸人的忌恨，一些不辨真情的人也责怪刘健不讲人情。国子监太学生江珞弹劾刘健、李东阳堵塞言路，明孝宗把江珞逮捕下狱。刘健闻知此事叫好，李东阳却忧上心头，对刘健说：

"江珞不知真相，贸然上书获罪，必会怨恨我们，我们应该劝皇上释放他。"

刘健一怔，深感意外，正声说：

"我们正直无私，问心无愧，江珞弹劾我们，完全是无中生有，罪有应得，皇上将他下狱，难道错了吗？"

李东阳焦灼道：

"这不是对与错的问题，关键是我们因此会与人结怨啊！这是祸事的前兆，我们为何不正视这一点呢？不能因我们无错便不能容人，否则，久必生患。"

刘健虽不情愿，但在李东阳的百般劝说下，只好勉强和李东阳一道请求明孝宗释放江珞。事后，李东阳还对刘健规劝说：

"尽管人人知道你毫无私心，但奏书言事还要讲究言辞平和。一旦你得罪人太多，他们联手对你，你的结局就不好了。"

刘健以自己担负天下重任为荣，笑李东阳过于世故，明哲保身。他用讥讽的言辞对李东阳说：

"若要做个老好人，大人你何必主持正义呢？你的意见我不敢苟同，你我还是各持己见、自主行事吧！"

李东阳曾向明孝宗言及盐政弊坏，谏其改正。刘健赞成此议，却不似李东阳用词和缓，行事隐秘。他公开和大臣谈论此事，倡言革除弊政，以致人们误以为刘健是此事的主谋。那些反对的人把怨恨都集中在他的身上。

刘健的一位属官看之不忍，对他说：

"革新盐政，会使许多人利益受损，大人大张旗鼓主张革新，对大人的责难就会增加，这不是引火烧身吗？大人应该学李大人隐秘从事，不惹麻烦啊！"

刘健回敬属官说：

"此事对国家有利，为何要偷偷摸摸地进行？大丈夫光明磊落，小人怒骂是不该顾忌的，我这是为国尽忠，怕他作甚？"

奸佞齐声反对革新盐政，明孝宗便要后退。这时刘健进言说：

"明太祖时开始执行茶法，驸马欧阳伦因私自贩卖茶叶而被杀，皇后竟然也救不了他。如果陛下像处理欧阳伦那样，谁还敢反对陛下的革新盐政之举呢？"

明孝宗受到了鼓舞,下诏户部核实利弊。刘健因此事备受奸佞怨恨,只因明孝宗宠信他才相安无事。

明武宗即位后,重用刘瑾等宦官,又贪求享乐,不理政事。刘健见此心痛,对家人说:

"先皇托我辅助皇上,今见皇上如此不成器,我不能不行劝谏了。"

家人对刘健说:

"你的脾气过于倔强,说话也毫不含蓄,从前幸有先皇庇护,你才没惹祸端。现在新皇初立,年少任性。皇上周围的人又少有忠心,你若像以前那样进言,只怕毫无幸运可言。你应该谨慎小心了。"

刘健不从,仍直言上书,武宗不理,刘瑾等人深恨刘健。

刘健见武宗不纳忠言,于是反复进谏,一日无止。刘瑾等人惶恐难安,便设法除去刘健。刘健上奏请诛刘瑾等"八党"后,刘瑾等人反咬一口,诬陷刘健败坏朝纲,把刘健赶出了朝廷。

明武宗正德二年(1507年)三月,武宗下诏列五十三人为奸党,在朝堂上公布。忠心耿耿的刘健竟被列为奸党之首,令天下人瞠目。

【解读】

忠臣都是要讲真话的,因言致祸是他们最大的威胁。其实,讲真话更要注意技巧和方法,如果毫无顾忌,那么便是取祸之道了。逆耳之言一定要婉转道出,切不可让人有咄咄逼人的感觉。不能在言语上得罪封建当权者,这不仅无助于达成志向,而且会因小失大,立陷困境。

【原文】

天谴予奸。

【译文】

上天的谴责会施加给奸臣。

不要依赖毒计

秦朝的一大奸臣赵高，诡计多端，善使阴谋。他害死扶苏，扶秦二世上台，又置李斯于死。

为了大权独揽，他对秦二世处处顺从，还心怀鬼胎地对秦二世说：

"皇上日理万机，身系国事，实在是件苦事，我真为皇上的身体担心啊！"

秦二世见赵高对自己如此关心，深受感动地说：

"满朝文武，唯恐我片刻偷闲，只有你才会说出这番话啊！和你相比。那些自称忠臣的人岂不汗颜吗？"

赵高连称不敢，又说：

"皇上年纪尚轻，现在又天下安定，何必无事自苦？再说，皇上和群臣议事，若有不当，只会让群臣小看了皇上，自露其短，这太得不偿失了。以臣愚见，皇上地位尊崇无比，当臣子的不该听见你的声音，这才能显出皇上的天威。"

秦二世受其愚弄，从此竟真的不见大臣，凡事只和赵高商议。如此一来，赵高得以大权独掌，秦二世成了傀儡，空有其名。

赵高控制住了秦二世，又担心群臣心有不服者，便搞了个"指鹿为马"的闹剧，把不顺从他的大臣杀掉。赵高至此高枕无忧，朝中上下也再无一人敢于反对他了。

指鹿为马

刘邦带兵逼近函谷关的时候，赵高惊恐不安，自感末日来临。为了自保，他想出一条毒计，遂把他的女婿阎乐找来，说：

"天下大乱，兵贼已近函谷关，我们不能坐以待毙呀！我想反贼志在反秦，擒杀皇上，如果我们先行下手，献上皇上的人头，与之讲和，不愁贼兵不去。如此，我们的富贵不就保全了吗?"

阎乐听之心惊,犹豫说:

"皇上对我们不薄,又能为我们所用,杀了他,是否妥当呢?"

赵高脸色一沉,斥责说:

"今非昔比,皇上已是无用之物,留他作甚?此计于我有利,纵有差错,也只能一试了,你不可心存仁念,坏我大事!"

阎乐满口答应,遂率兵发动突然袭击,占领了皇宫,逼迫秦二世自尽。秦二世苦苦哀求,痛哭流涕地说:

"我对赵高宠信无二,他怎会忍心杀我?我不问世事,他还不满足吗?"

阎乐不听其言,厉声威吓。秦二世自知死不可免,只好自杀了。

赵高自以为得计,却不知他新立的秦王子婴已对他恨之入骨。子婴表面上对他言听计从,暗中却是布置人手,伺机除掉赵高。

阎乐有所察觉,便对赵高说:

"子婴乃皇室之后,他虽被立为秦王,却是暗含幽怨,眉宇间颇有不喜之色,我们不可不防。"

赵高弄权已久,自恃聪明,从没把子婴放在眼里。他怪阎乐多事,不但不听,还把阎乐痛骂一顿,让他勿须再言。子婴麻痹住了赵高,趁其不备,终于将他杀死。赵高得到了他应有的下场。

【解读】

危难并不都是封建当权者加之的,天谴的力度更能让人毁灭。一心作恶的奸臣可以愚弄昏庸的封建当权者,却愚弄不了天下苍生,他们的口诛笔伐才是最重的惩罚。奸臣不信有天谴的存在,更轻视百姓的力量,他们只相信自己的诡计。危难到来,最狡诈的奸臣也化解无术了。

【原文】

诚有其哀。

【译文】

诚实有诚实的悲哀。

【事典】

惩恶勿拘小节

399 年,北凉国段业即位为王,汉将李广的十六代孙李玄盛时任敦煌太守。李玄盛性格沉静机敏,宽和待人,人所敬爱。他在辖区内推行仁政,颇得人心,被称为"谦逊君子""难得的好人"。

李玄盛和段业的部下索嗣交往密切,二人还结拜为兄弟。为此,李玄盛的好友宋繇曾进言说:

"索嗣外表仁厚,实乃阴险小人。他见大人官高职尊,这才极力巴结,且出言多有谄媚,少有实词。大人万不可将心托付于他,以免他日为他所诉。"

李玄盛诚心对人,这会儿连连摆手说:

"为人最忌妄加猜测,视友若仇。我既和索嗣为友,怎会对他如此防范?你太多心了,这不是君子所为啊!"

宋繇欲言又止,哀叹而走。

后来索嗣果如宋繇所言,他见李玄盛的权位巩固,声誉愈隆,忌恨难已,屡次向段业诬告李玄盛心存不轨,且说:

"大王仁爱待人,这是为王者的大忌呀!眼下天下大乱,乱世当用重典,李玄盛利用大王的仁慈,招兵买马,树尊立威,大王若是再加容忍,只怕他羽翼丰满,就要取而代之了,万望大王早下决断。"

段业初时不信,还训斥过索嗣。无奈索嗣说得多了,段业心中不免也产生了疑虑。一次,他当面问索嗣说:

"你和他乃是结拜兄弟,你这样说他,可是君子行为?你若是小人,我又怎敢相信于你呢?"

索嗣有些心慌,忙伏首道:

"天下的君子,大多不愿甘为人下;天下的小人,方能趋利避害,安于一己之私。为了大王的天下,只要大王深知我心,纵是遭到天下人的痛骂,我也甘为这样的小人了。"

段业一怔之下,爽声大笑,走到索嗣面前,上下打量他一番,道:

"你去接任敦煌太守,切记,万勿使他生疑。"

索嗣带领五百骑兵前去接任，离城尚有二十里，便命令李玄盛前来迎接，口气十分轻慢。李玄盛心中虽怪，仍准备前往，效谷县令张邈和宋繇忙阻拦说：

"索嗣小人得志，大人再不可受其愚弄了。段业昏庸无能，定是受了索嗣的挑拨，方才罢去大人的官职。眼下大人兵权在握，他们方有一点顾忌，如若大人这般轻往，为其所制，只怕悔之不及！"

李玄盛犹豫不定，宋繇又道：

"时下世道昏乱，君子遭殃，小人得道，大人何必妄逞什么君子呢？大人若能振臂一呼，建立大功，再行君子之道于天下，方是大丈夫所为。如大人再行妇人之仁，请恕在下就此告辞。"

效谷县令张邈接道：

"人心不古，世事难料，大人若能惩恶除奸，何须拘于小节？索嗣无德无能，若是由他接任这太守之职，百姓受苦受难的日子就不远了。望请大人为了敦煌百姓着想，切勿轻率从事，任人宰割。"

李玄盛被二人打动，心绪难平。他沉吟多时，方沉声道：

"二位说得没错，我自认诚心对人，谁料竟会如此？看来对付小人之辈，实需小人之道方能奏效。我的心已经凉透，看来世事得失，远没有人们想象的那么简单啊！"

李玄盛于是出动军队，打败了索嗣的人马，随后又向段业呈文为自己开脱，言词颇有激愤之词。段业又陷迟疑，这时和索嗣有仇的另一位将领沮渠男成趁机进言说：

"李玄盛乃一边关大将，平白无故受了索嗣的诬陷，有些冲动也可宽恕。大王为了天下着想，不如将那索嗣斩首，一来可安抚李玄盛，不令其心生异志；二来又可除去索嗣这等奸恶小人，以昭大王重贤之名。"

兵败逃回张掖的索嗣，万没料到害人不成、反遭人害的结果，直到段业派人前来诛杀他时，他才痛哭流涕地说：

"我的一死却成就了李玄盛之名，难道他就是一个君子吗？李玄盛必反，万请将我的话转告大王。"

后来，李玄盛见时机成熟，遂自立为王，建立了西凉。417 年，李玄盛去世，被尊为武昭王。

【解读】

在封建官场,诚实往往会给自己带来危难。封建官场中人多是不诚实的,他们虚伪阴险,时刻准备予人一击。无人信奉诚实。诚实就不是一种优点,诚实之人也就显得"迂腐"了。封建专制时代。做人的标准并不是做官的标准,把二者混为一谈,其人的危难便没有穷尽了。

【原文】

直有其惨也。

【译文】

正直有正直的惨烈。

【事典】

立世应有变通

西汉宣帝时期,司隶校尉盖宽饶是个难得的君子。他刚正耿直,惜名如金,不畏权贵。任何人犯在他的手里,他也毫不通融,依法治罪。

司隶校尉负责察举百官和惩治犯罪,他的前任们因循私舞弊,卖弄人情,都得以致富、官运亨通。这本是个肥差,也是晋升的阶梯,盖宽饶却因结怨公卿显贵,久不升迁,清贫依旧。他虽时有牢骚发作,却不改君子之风,依然如故。

盖宽饶的好友王生为此写信与他,苦口婆心地说:

"当个君子的难处,就在为世不容。官场之上,更容不得君子了。君子百姓敬仰,小人却怨恨入骨;何况官场中小人甚多,他们以你为敌,百姓又帮不了你,你的处境还好得了吗? 按理说你既身在官场,就该遵循为官之道,以明哲保身为要,不该妄求君子之名;可你一味固执,火中取栗,我真为你担心啊! 大丈夫立世应有所变通,切不可逆流而上。这是人人都该坚持的保身之道,你也不能例外。若再继续下去,像你这种人有好的结果,我是不敢想象的。"

这封书信盖宽饶反复看,因为说到了痛处,他洒下了热泪。

盖宽饶大哭了一场,有心稍做变通,可一旦遇事,他疾恶如仇的个性便又凸显出来,令他不屑做小人勾当。

一次,盖宽饶应皇后之父许广汉的邀请,去国丈的新居赴宴。其间,盖宽饶见前来捧场的满朝公卿个个喝得东倒西歪,口出秽言,十分厌恶。九卿之一的檀长卿更是丑态不堪入目,竟学着猴狗相斗之状,逗人发笑。盖宽饶忍无可忍,举目向上,目视屋顶,旁敲侧击地大声说:

"人生富贵,不过是过眼烟云,难道真让人失去理智,无所顾忌?诸君现在快乐已极,肆无忌惮,可要当心好景不长,乐极生悲呀!"

一语既出,众人皆怒目相向,心中暗骂。盖宽饶不辞而别,随后又向皇上奏明此事,请求严办檀长卿无大臣礼仪之罪。许广汉为檀长卿说情,皇上没有追究,满朝文武闻知此事,更添了对盖宽饶的怨恨。

汉宣帝重用宦官,对他们言听计从,人们虽有不满,为求自保,却是无人进言。盖宽饶与众不同,大胆上书,仗义执言,言辞颇有过激之处。汉宣帝被其激怒,说他诽谤朝廷,目无君主,将他逮捕。

那些大臣们幸灾乐祸,这儿纷纷落井下石,竟诬称盖宽饶要谋权篡位,极力主张将他处死。可怜盖宽饶的亲戚朋友四处求人帮忙,竟是无人肯助,还说:

"盖宽饶常以君子自居,天下有谋反的君子吗?他这个人早该有些报应,老天也不会救他的。"

盖宽饶又悲又恼,只怪苍天无眼,放声哭过,愤然自杀。

【解读】

正直的人难免用正直的眼光来看视封建官场,结果自然会失望了。让正直的人满意不是封建官场所追求的,他们之间必有极大的冲突。封建官场不会因为某个人的正直而变得光明起来,而只会把正直之人吞没。一个人的力量无法和整个封建专制社会抗衡,正直者的不幸绝非偶然。

【原文】

天灾求己。

【译文】

化解天灾要求助于自己。

关爱不可缺

隋文帝时,刚刚就任岷州刺史的辛公义发现当地有一种恶俗:百姓一旦生病,其家人因怕传染,不但不尽孝义之道,反而远远避开,甚至父子、夫妻之间都是如此,致使许多病人因不治而亡。

辛公义格外痛心,对州府的官员们呼吁:

"人命关天,岂有见死不救之理?百姓愚昧,我们为官者当教化百姓,导其向善,这是我们的责任啊!"

州府的官员没有回应,有的竟对辛公义直言道:

"百姓既愚且贱,都不知关爱,官府何必多此一举呢?何况救治病人要出钱出力,更要冒着被传染的风险,我们当官的都是贵命,这样做也不值啊!"

辛公义见有人说出这样的话来,气得猛拍桌案,当即命人打他三十大板。那人被打过后,辛公义问道:

"你还以为自己很高贵吗?"

那人连称不敢。辛公义站了起来,指着那人说:

"都是人命,只有你这样的小人才会视百姓为贱,不予理会。我们当官的如果脱了这身官服,和百姓有什么两样吗?你自以为贵,该当受此惩戒。"

辛公义当场罢免那人的官职,其他官员无不心惊胆战。

辛公义稍后又对众人说:

"做官要为百姓着想,这是做人的良心,也是为臣的忠心。谁都有活命的权力,轻视百姓就是作践我们自己,我希望你们改过自新,和我一道化民救人。"

辛公义派出属吏巡视全州,凡发现有病的百姓,一律将他们抬到官衙之中,安置在厅堂,请医生为其诊治。

辛公义亲自对病人亲属劝教说:

"天有天灾,人有人祸,这是很自然的事,为什么要躲避呢?人需要关爱,只有合力同心才能渡过危难,何况病人是你们的亲人呢?我是你们的父母官,你们的事就是我的事,我是管到底了。"

辛公义的话打动了所有人的心,他们羞愧地说:

"我们太自私了，和大人相比，我们枉为人呐！"

瘟疫流行时，厅堂里的病人有时多达数百，走廊里都住满了病人。州府官员劝辛公义暂时躲避，他们说：

"大人爱民如子，也要爱护自己的身体，万一大人病倒，岷州百姓指望谁呢？"

辛公义摇头说：

"我幼年丧父，历尽辛苦，没有那么娇贵，再说许多事需要及时处理，我哪里离得开呢？我个人并不重要，还是全力救治百姓吧！"

辛公义将自己的床和桌子搬到病人中间，一边照顾病人，一边当场办公。他还将自己的俸禄全部捐出，为病人求医买药，供给饮食。

辛公义的努力没有白费，没有多久，病人就全都治愈了。岷州的恶俗也被连根拔起了，辛公义被百姓尊为"圣人"，受人无限敬仰。

辛公义在任牟州刺史时，面对牢狱人满为患的事实，首先自责说：

"我是地方官，这么多人犯罪我有失职之责。"

他亲自提问每一位犯人，到了晚上就寄宿在大厅里。有人劝他说：

"断案之事有专人负责，大人贵为一州刺史，不必如此辛苦。"

辛公义痛心道：

"犯罪的都是我的子民，我没有引导好他们，我心不安呐！"

辛公义的举动感动了牟州百姓，在押的犯人也流下了热泪。于是，有罪的不再顽抗，主动认罪；百姓自我约束，不再铤而走险。牟州风气大变，罪案迅速减少，人们尊称辛公义为"辛使君"。

【解读】

无法躲避的天灾是不能抱怨的，抱怨只会难上加难。在天灾面前，官吏的表现十分重要，这是考验他们的决定时刻。抱怨不止的官吏，不理解危难是做官的一部分；勇于救难的官吏，拯救了百姓，更拯救了自己。把天灾也视为一种"机遇"，就无所不克了。

【原文】

人祸求人。

【译文】

化解人祸要求助于他人。

【事典】

给人自新的机会

西魏文帝时,韩褒被任命为北雍州刺史。北雍州境内多山,盗贼横行,当地百姓深受其苦。

韩褒学识很深,为人沉稳,一上任便微服私访,调查匪患的实情。令他大吃一惊的是,所谓匪患,其实都是当地豪强所为;他们的势力十分庞大,互相勾结,而表面上却道貌岸然,掩人耳目。

韩褒初来乍到,顿感为难了。他召集部属说:

"没想到这里情况是这么复杂,弄不好剿匪不成,反生变乱。这些豪强不可小看,你们有何建议吗?"

有人说:

"大人有心灭贼,奈何此地贼患已久,不如不要深究了。否则,只怕对大人前途大为不利啊!"

也有人主张严厉镇压:

"自古朝廷和贼寇势不两立,岂容贼寇坐大? 只要大人决心不减,出兵征讨,朝廷就不会输给贼寇。"

韩褒听了众人的意见,最后说:

"我是朝廷命官,是决不能为了私利而放纵贼人的。但贼寇不可轻视,也要讲究谋略,轻易出兵未必胜。此事容我三思之后,再行定夺。"

韩褒闭门不出,苦思良策。这日,他的一位远方朋友前来探望他,韩褒对他说出了自己的忧虑:

"我想一举将贼寇剿灭,又不兴师动众、劳民伤财,可以做到吗?"

他的朋友很有见地说:

"你一向以君子自称,做任何事都不要失去礼数。贼寇也是人,如能对他们先礼后兵,诚心感化,就不用大动干戈了。否则,如果大开杀戒,难保有冤死之鬼,这对你的名望有损啊!"

有了朋友的提醒,韩褒打定了主意。一天,他对部属说:

"贼寇势大,不可用强。我想以贼制贼,对贼人加以礼遇,重用他们一同讨贼。这样朝廷给人自新,效果也会事半功倍的。"

韩褒的想法出乎所有人的意料,有人公开表示反对:

"与贼讲礼数仁义,恐怕是对牛弹琴啊! 讨贼是光明正大的事,为什么不能大张旗鼓地进行呢? 万一有人诬指大人和贼人同流合污,大人岂不是自找麻烦?"

韩褒说服道:

"从前官吏不能灭贼,致使贼患日大,难道不值得我们反省吗? 他们有的胆小怕事,放纵不理;有的只知讨伐,不加安抚。我这样对贼寇恩威并用,相信他们是不会无动于衷的,你们就拭目以待吧!"

韩褒将当地豪强一一找来,假装不知他们的罪行,推心置腹地对他们说:

"我是一个读书人出身,对行军打仗并不精通。但我处贼患严重,百姓不得安生,一个有良心的人都不能任贼横行,何况我这个刺史呢? 你们都是土生土长的本地人,更不忍看乡亲受苦受难吧? 我想委任你们剿贼的重任,一同为百姓除害。"

韩褒用盛宴招待他们,态度十分谦和诚恳;说到百姓的苦难,韩褒几次流下泪水,声音哽咽。

当地豪强大为不安,也心生震撼。他们面有愧色,都不敢正视韩褒。

韩褒于是委任他们为剿贼的将帅,每人划分一块地盘,地盘内如有盗窃发生而没有抓获窃贼的,以故意怂恿罪论处。

当地豪强聚在一处,个个垂头丧气。有的说:

"刺史大人所为,分明是针对我们的。难得他明知此乃我等所为,却仍对我等礼待有加,他这是给我们自新的机会啊! 我们也不要不识趣了!"

于是,这些豪强齐向韩褒主动认罪,还交代了同伙的姓名。韩褒接着贴出告示,说:

"有罪之人,只要马上到州府自首,可免其罪。到了本月底还未自首的,格杀勿论。"

四方的盗贼对韩褒又敬又怕,一时纷纷来降。韩褒恪守信义,准许他们改过自新,免除了对他们的惩罚。从此,北雍州的贼患彻底平定了。

【解读】

找准危难的根源,方能化解危难;人祸在人,一定在人上制定对策。不是朋友,必是对手,而对手就是人祸的制造者。向对手求助不是不可能的。只要自己不把他视为对手;不让人祸扩大蔓延,把对手变成朋友才是最彻底的办法。心有化敌为友的意念,顽敌也可以争取。

【原文】

莫测为心。

【译文】

不可测度的是人心。

【事典】

识人须识心

伍子胥是楚国大臣伍奢的次子,为人刚强火暴。伍奢被费无忌陷害下狱后,费无忌为了斩草除根,对楚平王献计说:

"伍奢有两个儿子,不将他们一并杀死,必留后患。大王可将伍奢为人质,把其二子召来,就万无一失了。"

楚平王派人传召,使者对伍奢的儿子伍尚、伍子胥说:

"你们前去,大王便会释放伍奢,否则,你们的父亲就必死无疑了。"

伍尚仁厚,准备前去,伍子胥劝阻说:

"这是奸人的诡计,哥哥怎肯轻往?这是要赶尽杀绝,不留后患,我们若去,不但救不了父亲,自己也白白送命了,以后谁给父亲报仇呢?"

伍尚不听,一人前往,果然和父亲一起被杀。伍子胥辗转逃亡,来到吴国。阖闾当国王后,伍子胥受到了重用。

一天,伍子胥的府门前忽有人前来求见他,门人见其狼狈不堪,不肯通传,来人便自报姓名说:

"我叫伯嚭,乃你家大人的旧识,我千里前来,是一定要见他的。"

门人通传了此事,伍子胥于是召见了伯嚭。万想不到,伯嚭一见伍子胥跪地便哭,哀声不绝。伍子胥扶起他,伯嚭泣泪说:

"大人一家被费无忌所害,大人还记得此人吗?"

伍子胥一听此语,心如火烧:

"此贼我恨不能吃其肉,喝其血,他与我不共戴天,我自不敢忘。"

伯嚭再放悲声,抽泣道:

"费无忌陷害我父,屡进谗言,致使我父被逼自杀,全族遇害。我四处漂泊,逃难至此,还望大人收留于我。费无忌是我们的共同仇人,我一定和大人同心,他日诛杀此人,报我们的深仇。"

伍子胥见其惨状,和自己当初无异,对其不禁大加怜悯。他眼中含泪,哽咽说:

"你我同病相怜,我不帮你谁还帮你呢? 你安心在我这住下,报仇之事以后再议。"

伯嚭从此住在伍子胥府中,伍子胥对他照顾有加,十分友爱。二人常在一起饮酒聊天,伯嚭总是对伍子胥说:

"你对我的大恩,他日一定要报。这个世上,只有你是我的亲人了。"

伍子胥又为伯嚭的将来谋划,多次向吴王推荐伯嚭。为了让吴王任用伯嚭,伍子胥不惜自贬说:

"我的才能,大王尚以为用,何况伯嚭的大才呢? 他为人忠信,足智多谋,若有施展天地,必会让大王惊喜受益。"

吴王初不相信,听伍子胥说得多了,便召见了伯嚭,赐封他为大夫,和伍子胥同朝为官。

伯嚭受此重任,每见伍子胥便感激不尽。伍子胥说:

"我们是朋友,帮助你是应该的,以后切勿再言谢字。只要你能竭力效忠吴王,用心国事,便不枉我的一番苦心。"

伍子胥又推荐伯嚭代表吴国游说各诸侯国,提高了伯嚭的声望。时间一长,伯嚭又以他的逢迎钻营、能言善辩,渐渐赢得了吴王的信任。

公元前505年,吴军和秦楚联军交战,伯嚭为了建立奇功,不听伍子胥和孙武的劝阻,孤军深入,连战连败,损失惨重。孙武看清了伯嚭的为人,劝伍子胥说:

"伯嚭矜功自任,仁德不备,他日必为吴国之祸。此人不可留,将军何不趁他兵败,以违反军令斩之?"

伍子胥心虽恼他,却摇头说:

"他遭遇可怜,我们又有同乡之情,哪里下得了手呢?"

伍子胥又向吴王阖闾苦苦求情,伯嚭这才保住了性命。

后来,伯嚭执掌了大权,他的小人面目彻底暴露了,竟视伍子胥为眼中钉,恩将仇报地把伍子胥害死了。

【解读】

封建官场的危难可以预知,只有人心难以猜测。人们有时不是败在对封建官场的凶险知之不深,而是败在对人心的变化难以把握。一切可能是错觉,朋友可以变为仇敌,冷酷的事实总是无情地捉弄人们。在人心的变易上没有敏锐的感觉。对危难的判断就会有错误的结论。

【原文】

莫言为忌矣。

【译文】

不可言道的是禁忌。

【事典】

进退当应时

西汉的张良是汉高祖刘邦的谋士,智慧过人,屡出奇计,为西汉的建立立下了不朽的功劳。

高祖六年(前 201 年),刘邦大封功臣。刘邦说:

"运筹帷幄,决胜千里之处,这是子房的功劳。请他自选齐地三万户,作为封邑。"

张良推辞不受,最后被封为留侯。

张良的谦逊,很多人颇为不解。刘邦的另一位谋士陈平就对张良说:

"先生功高盖世,荣宠受之无愧,又何必拒绝呢?我们追随皇上,出生入死,今有幸得偿所愿,先生不该轻言舍弃。"

陈平见张良笑而不答,又说:

"先生足智多谋，非常人所能测度，莫非先生别有筹划？"

张良敛笑正容道：

"我家几世辅佐韩国，秦灭韩时，我幸存其身，得报大仇，我愿足矣。我凭三寸不烂之舌，做了帝王的辅佐，贵为列侯，我还有什么悔憾呢？我只求追随仙人遨游四方了。"

张良从此闭门不出，在家潜心修炼神仙之术。

一次，跟随张良多年的心腹家人忍不住问张良说：

"富贵荣华，这是人人都不愿放弃的，大人何以功成之时，一概不求呢？大人也曾是义气中人，如今销声匿迹，岂不太可惜了吗？请大人三思。"

张良随口一叹：

"正因如此，我才有如此抉择啊！"

张良的心腹家人闻言一怔，茫然不语，张良低声说：

"我年轻时，散尽家财，行刺秦王，追随沛公，唯恐义不倾尽，智有所穷，方有今日的虚名，时下大局已定，天下太平，谋略当是无用之物了，我还能彰显其能吗？谋有其时，智有其废，进退应时，方为智者。"

张良和外人从不袒露心声，好友探望他，他从不议论时事。

一次，群臣因刘邦要废掉太子刘盈之事找他相商，他枯坐良久，最后只轻声说：

"皇上有此意愿，定有其道理，做臣子的怎能妄加评议呢？我对太子素来敬重，只恨我人微言轻，却不能帮太子进言了。"

群臣苦劝，张良只是婉拒。

群臣悻悻而去，心腹家人对张良说：

"大人一口回绝，群臣皆有怨色，再说废立太子乃天大之事，大人怎忍置身事外，不闻不问呢？"

张良怅怅道：

"皇上性情，我是深知啊！此事千头万绪，关系甚大，纵是我有心插手，只怕也会惹来一身的麻烦。群臣怪我事小，皇上忌我事大，我又能怎么样呢？"

吕后派吕泽去强求张良，软硬兼施之下，张良无奈给他出了主意，让吕后请出商山四皓辅佐太子。刘邦一直崇敬这四个人，待见他们出山相助太子，刘邦大惊之下，自知太子羽翼已成，遂不得不放弃了废太子的念头。

吕后派人向张良致谢，张良却回绝说：

"这都是皇后的高见，与我何干呢？请转奏皇后，此事切勿再议了。"

吕后听罢使者回报，感叹良久，对自己的妹妹说：

"张良不居功是小，弃智绝俗才是大。我先前只知他智谋超群，今日才知他是深不可测，非我等可以窥视的了。"

刘邦死后，吕后专权。张良对世事的变故一概不问，求见他的大臣他也一律不见。

吕后见他潜心研学道家养生之术，便不以他为患，反而对他愈生钦敬。

一日，吕后派人对张良说：

"人的一生，十分短暂，应该及时享乐。听闻你为炼仙术，竟致绝食，何须如此？切不要自寻烦恼了。"

在吕后的一再催促下，张良这才勉强用饭。

吕后对其他的大臣或杀或贬，直到张良病逝都对张良关爱有加。

【解读】

能给人带来危难的，有时却是封建当权者倡导的；能给人带来幸运的，往往竟是人们极力谴责的。一个人如果失去辨别真假的能力，那么他就不知所从了。禁忌是真实存在的，也是不可冒犯的，它才是封建官场真正的规则。不可言道的禁忌不仅仅是神秘，更有杀伤性。

释疑第五

对他人充满了信任,一个人才可正直无私;猜疑心不退,其人难以高尚。封建专制时代,拥有权力的人都是猜疑心很强的人,下属的质疑是当权者的潜在危机。权力可以暂时打压质疑,却不可消除质疑:把道义置于首位,才能平息最强烈的责问。智者不会屈从任何压力,愚者会不惜一切地讨好他人。在品德以外蛊惑世人,成效是有限的;化结疑虑要不惜委屈自己,而不是针锋相对。

【原文】

上无信者。

【译文】

上司没有他们可以信赖的人。

【事典】

一切顺应大局

李宪是唐睿宗的嫡长子,年仅 6 岁便被封为皇太子。武则天称帝后,睿宗降为皇太子,李宪也降为皇太孙。后来唐睿宗重新当上了皇帝,只因李隆基有杀死中宗皇后的功劳,唐睿宗于是在重立皇太子一事上多有犹豫。

李宪时已成人,历经宫廷权力争斗,已察觉出父皇的心态变化,对心腹说:

"我现在受封宋王,已然富贵至极,还有什么奢望呢?父皇迟迟不立太子,自是对我心有疑问,我当有所表示才对。"

他的心腹人说:

"赞平王除掉韦皇后,其功虽大,按理也该以王爷为尊。王爷不该退让,当联络百官,保举王爷再为太子。"

李宪考虑多时,自觉威不压重,毅然放弃了当太子的想法,向睿宗上书说:

"皇太子关系天下的安危,天下太平之时嫡长子优先,而国家危难之际就应该归于有大功的人。儿臣自度无有大功,常自羞愧,今冒死举荐赞平王为太子。"

此书上奏,不待有讯,李宪身边的人就纷纷劝他收回荐言,他们说:

"王爷若弃太子之位,只怕他日都自身难保,我等也没有依靠了。自古争天下者无不斗得头破血流,王爷如此草率,成全他人,岂不悔恨终生吗?"

李宪见众人落泪,也深受感动,哽咽着说:

"你们为我着想,却是忘了顺应大局。我本有当太子之心,可眼下赞平王功高,父皇难断,若我迷恋权势,不肯退出,必有一番兄弟搏杀,无论谁胜谁败,都与我李氏江山不利。我本无功,自不想添罪,还望你们体谅。"

李宪连连上书,诸王、大臣也保举赞平王李隆基为太子,唐睿宗于是下诏让李隆基当了太子,而对李宪赞誉有加,封赏颇多。

李隆基第一个登门向李宪表示感谢,动情地说:

"大哥舍弃尊位,成全小弟,他日必与兄长共享天下。"

李宪诚惶诚恐,连道:

"太子实至名归,此乃父皇英明,大臣保荐,与我并无关系。"

李隆基继位后,是为唐玄宗。他没有忘记李宪当初的辞让之情,对他连连封赏,多有礼遇,无人能及。

李宪此时小心地侍奉唐玄宗,并没有一点骄纵之心。他和玄宗在一起时,只是喝酒赏舞,打球斗鸡,从不谈论朝廷政事。有人指责他引导玄宗玩乐,不顾朝廷大事,李宪听之却面有喜色。他对家人说:

"皇上虽和我亲密,时间一长,也难免有猜忌之心。他的权位和我最为接近,这并不是一件好事啊!我之所以任人诽谤,不惜自毁名声,就是让皇上明白我胸无大志,只知玩乐,这样我的危险就小多了,我们兄弟才能相处了。"

李宪将自己的心得常常暗示给诸王,嘱咐他们不要行事乖张,有恃无恐。他和诸王游玩时,总是把玄宗请来一同畅饮,长此以往,他们兄弟之间的情谊日渐亲密,没有嫌隙。

唐玄宗本来忧心兄弟争位,今见李宪如此明理,暗中多有感激。

一次,唐玄宗得一奇药,不肯独享,分给了诸王,还写信对李宪等人说:

"魏文帝有诗云:'西山一何高,高处殊无极。上有两仙童,不饮亦不食。赐我一丸药,光耀有五色。服药四五日,身轻生羽翼。'我想吃药能生出翅膀,自比不上骨肉兄弟这天生的翅膀了。曹植才能卓越，其智足可辅佐皇帝治理天下，然兄弟相残，曹植忧郁而死，曹魏天下也被司马氏篡夺，这难道是神药的效力吗？所以说兄弟相亲是最重要的，我把奇药分给大家，愿我们兄弟同保长寿。"

李宪死于741年的冬天。当时京城十分寒冷，李宪却在临终前欣慰地说："生于帝王之家，我现在能寿终正寝，也是件大不易的事，你们千万不要难过了。"

【解读】

封建专制时代，拥有权力的人都是猜疑心很强的人，他们宁肯相信权力，却不肯相信他人。权力是人们向往的，也是当权者最怕失去的，这就造成了当权者的心病。上司的猜疑是下属必须逾越的鸿沟，不解决这个问题，下属就难以保全。不要指望上司没有疑心，要设法让上司安心。

【原文】

下无托者。

【译文】

下属没有他们可以托付的人。

【事典】

设法让人感激

晋武帝司马炎纵情享乐，在灭吴之后，挑选吴宫美人五千人，供己玩弄。他整天宴饮不止，挥金如土。

朝中大臣有的见司马炎如此胡闹，心中痛切，上书说：

"陛下贪欢逐乐，势必影响臣下纵欲无度，若人人不知节制，干出违法之事就没有人会感到奇怪了。陛下当自树清规，减奢节欲，勿使臣下以贪欲为耻。"

司马炎虽是昏庸，但看见此书时却另有一番高论，笑着说：

"时下天下升平，归于一统，朕常忧有人造反，却不担心臣子心系贪欲。臣子的欲望一多，不过赚取一些钱财，他们胸无大志，又何以夺取天下呢？朕不如纵其贪欲,而保江山无恙。"

由于司马炎的放纵,时人都崇尚奢侈,损公肥私,夸耀财富。

骁骑将军王恺听说石崇富有,心中不服,于是令家中用麦糖洗锅。石崇听说后,竟令家奴用白蜡当柴烧,从而压倒了王恺。王恺却不气馁,又命人用紫丝布在道路两旁做成挡风墙,全长40里,用布近万匹。石崇不甘示弱,不用丝布而用锦缎,做了挡风墙50里。王恺用赤石脂抹墙,石崇用香椒泥粉刷墙壁。

王恺和石崇斗富的事被司马炎知晓,有人借此进谏说:

"朝臣不用心国事,而妄加攀比斗富,这岂是臣子之道呢?何况他们所费之财,十分浩大,必为搜刮而来,陛下当诏命制止,且穷追其贪赃之罪。"

司马炎一言不发,私下竟特赐王恺一株二尺多高的珊瑚树,希望王恺能以

石崇、王恺斗富

此将石崇斗败。司马炎的宠妃不解其意,问道:

"陛下这样做,那些大臣还要进谏规劝,陛下就不怕他们来烦扰吗?"

司马炎哈哈一笑,得意地说:

"若让臣子卖命,就得让他们得到好处啊!除此之外,还有什么能让他们不起二心?进谏的大臣只知其一,不知其二,他们哪里知道我的用意呢?"

王恺得到司马炎的特赐之物,马上进宫面谢司马炎,司马炎对他说:

"听说你多有贪赃枉法之事,不知是否为真呢?"

王恺骤然一惊,忙自辩说:

"他人诬告,陛下不可轻信。"

司马炎目视王恺,忽作一笑道:

"人生一世,追求享乐乃是人之常情,朕也不想怪罪,不过,为臣者若是没有忠心,那当是万劫不复之罪,望你莫负朕的美意。"

王恺磕头不止,誓言忠心。出宫后他冷汗迭出,心有余悸地对心腹说:

"皇上大智若愚,他是怕我心有异变啊!只要我放心享乐,才是最安全的。"

石崇屡败王恺,司马炎只是视而不见,不出一言指责。有人上告石崇巧取豪夺,敛财无度,司马炎也将此事一概压下不问。有人为此不平,上书指出:

"为官贪婪,向来是一大祸患,长此下去,朝廷威望受损,百姓怨起,不可纵容。此制一开,难以禁绝,亡羊补牢,为时不晚。"

司马炎于是把石崇召来,把弹劾他的奏书给他过目,说:

"你的不法之事,朕早有所闻,朕不忍心惩治你,实因你对朕忠心一片。现在人们议论纷纷,你何以自处呢?"

石崇惶恐说:

"臣实有罪,自请罚银。"

司马炎摆手说:

"罚银就不必了,朕对你的格外开恩,望你谨记。"

石崇有惊无险,自对司马炎感激无限。司马炎用此手段,把臣子控制在自己手中,没有人向皇权发起挑战。

【解读】

对上司的极端失望,这是下属的普遍心态。封建官场的上司不是以理服人,也不是以能服人,他们的人格更是不入流的。下属的质疑是当权者的潜在危机,不能让下属俯首帖耳,当权者就一日难安。下属不是天生的服从者,如果不能采取有效的手段,他们就要脱离控制了。

【原文】

不疑不强。

【译文】

不被人猜疑就不是强者。

【事典】

争取喘息之机

北周武帝时,杨坚为大将军。当时,权臣宇文护执掌朝政,非常嫉恨杨坚,对心腹手下说:

"杨坚有才有德,善于收买人心,必是我朝的大患,当设法除之。"

心腹手下不解道：

"杨坚为人忠厚，不事张扬，大人为何担心他呢？"

宇文护解释说：

"你们只看其表面，却看不到他的内心深处，难怪不识其本来面目。据我观察，杨坚颇有见地，极有城府。他故意行事低调掩人耳目，这便是他的过人之处。一旦时机到来，他是不会自甘寂寞的。"

宇文护几次向武帝进谗，说杨坚图谋不轨，力主杀了他。武帝反问道：

"谋反是件大事，要有凭有据，你这样说有什么根据吗？"

宇文护拿不出证据，只道：

"杨坚现在不反，将来必反，陛下何必拘泥证据？"

将军侯伏、侯寿等人和杨坚交好，为杨坚辩护说：

"杨坚忠于国家，与人无争，和乱臣贼子并无半点相像之处，说他谋反，无人会信。杨坚如果无罪被诛，那么天下人都会寒心。"

处境如此险恶，杨坚却十分冷静，对心腹说：

"我认真地分析过了，宇文护想要杀我，只是为了巩固他的权势罢了。我不能和他抗争，这样只会增加他的害我之心，我应该主动向他示好。"

心腹惊讶道：

"大人无罪被谗，如不急辩，岂不正中了宇文护的下怀？这等于默认了。大人向宇文护屈服，不是自投罗网吗？"

杨坚镇定说：

"眼下局势，一定要好好思想，最忌冲动行事，否则祸不可解。宇文护骄傲自大，若是投其所好，便不难制服。我都认真考虑过了，料当无失。"

杨坚主动向宇文护认错，并送上金银珠宝，还自责说：

"下官无功无德，靠祖宗余荫窃据大位，实感有愧。我对大人不敬，罪该万死，恳请大人庇护于我，容我为大人效力。"

杨坚说罢，声泪俱下。宇文护将信将疑，说道：

"你何罪之有呢？你这样委屈自己，不是太难为你了吗？"

杨坚早已备好说辞，接着说：

"我不知孝敬大人，就是大罪一条。我从前自恃祖上功劳，不知天高地厚，其实，没有大人的提携，纵使我有大功也是无用的。我现在投靠大人，乞望大人收留。"

杨坚不断向宇文护认错，宇文护渐渐态度缓和了很多。杨坚的心腹见杨坚如此软弱，不满地说：

"大人只知讨好宇文护，全不顾自身的形象，大人知道有许多人嘲笑你吗？大人如此下去，当真会名声扫地了！"

杨坚笑一笑道：

"朝廷争斗向来如此，你如此见怪是幼稚的。我不甘受人摆布，并不见得非要针锋相对，这只会使自己处于不利的地位。为了渡过难关，我还会在意自己的名声吗？只有这样，宇文护才会放慢脚步，我也可以赢得喘息之机了。"

宇文护不断试探杨坚，杨坚主意已定，没有露出丝毫破绽。宇文护以为杨坚被制服，得意地说：

"我自信无人是我的敌手，如今杨坚服服帖帖，可见我的自信并无错误。杨坚为我所用，我没有理由难为他了。"

杨坚时刻保持清醒，躲过无数惊涛骇浪。581 年，北周灭亡，杨坚称帝，国号隋。

【解读】

强者都是被人猜疑的，这是强者的特征之一。不想置身于漩涡之中，一个人就无法成就大功了。做大事一定会惹人非议，有大名一定会招来攻击。猜疑避免不了，解除猜疑就是当务之急。不能以强者自居，不能在意强者的身份。化解疑虑要不惜委屈自己，而不是针锋相对。

【原文】

不敬不立也。

【译文】

不被人敬重就不能成功。

【事典】

不可只看表面

吴起聪明绝顶，善于用兵，极具才干。魏文侯听说他有才能，就对大臣李克说：

"我想重用吴起为将,可以吗?"

李克于是说:

"吴起是个多疑又残忍的人。他年轻时到处游历求官,把家财千金都耗尽了。他为了求取官职,竟杀死了自己的妻子。"

魏文侯一听,马上说:

"吴起如此行事,果然残忍自私,我也不想用他了。"

李克却阻止道:

"吴起虽有这些缺点,但他用兵的本事却是无人能及,主公自可用他为将,只是不要过于相信他。"

魏文侯于是任命吴起为将。

吴起议论起来滔滔不绝,魏文侯听得心醉神迷,当面夸奖道:

"人说你身怀大才,今日一见,果然名不虚传啊!"

吴起率军攻打秦国,一下竟攻占了秦国五座城池。魏文侯大为兴奋,不仅重赏吴起,还对群臣说:

"我得一吴起,胜千万雄兵,你们曾对我说吴起的坏话,难道就不羞愧吗?"

群臣默然,唯有李克上前说:

"主公喜极之下,万不可尽信吴起。吴起建功不假,但这只是一时小成,也是他做臣子的本分,主公不该过分夸赞他。如果主公从此全然相信他,群臣心寒不说,万一他智谋不济,岂不大有损失?"

魏文侯不悦,直斥李克嫉贤妒能,从此对吴起言听计从了。

吴起身为将领,却和最下等的士兵穿一样的衣服,吃一样的饭。睡觉时,他不铺席褥;行军时,他不骑马乘车。他还亲自背着干粮,和士兵一样分担劳苦。

吴起的手下曾对吴起说:

"将军身份何等高贵,何必和士兵一样吃苦呢? 你不这样做,别人也说不出什么,将军为何自贬身份呢?"

吴起一笑,却不作答,只对自己的心腹说:

"我能有今日的地位,全因我多打胜仗啊! 士卒是打仗的主力,激发起他们的斗志,不让他们对我有怨言,这是取胜的前提,我怎敢不用心呢? 我把身份放低,他们才会信任于我,作战就会听从号令,用尽全力了。"

吴起有此心机,便不时表现。一次,士兵有人长了疮,吴起竟亲自用嘴为他吮

吸脓血。当所有的士兵都在赞颂吴起的贤德时,不想那个士兵的母亲听说后竟哭了起来。有人问她缘故,那个士兵的母亲就哭诉道:

"你们看到的只是事情的表面,又有谁知道吴起的用意呢?从前吴将军替我儿子的父亲吮疮,他父亲感动非常,打起仗来就舍生忘死,结果命丧。现在吴将军又为我儿子吮疮,看来我儿子又会拼命报效了,谁知他会死在何处呢?吴将军太狡猾了,他这样做,只是为了他自己啊!"

魏文侯死后,魏武侯即位。魏国设置相国官职,魏武侯有心任命吴起为相国,有的大臣就对魏武侯说:

"吴起工于心计,处处算计人,这样的人若为百官之首,势必无有公心,任用私人,如此百官较谋斗智,于国不利。"

魏武侯于是改变主意,任命仁德忠厚的田文为相国。吴起心中不服,他径直找到田文,理直气壮地说:

"率军打仗,使士兵甘心效命,使敌国不敢来犯,我们俩谁行呢?"

田文平声说:

"我不如你。"

吴起语气加重,又说:

"整治百官,使百姓和睦,令国库充实,你比我强吗?"

田文摇头说:

"这个我也不如你。"

吴起更加激动,再说:

"守西河之地,使秦不敢来袭,迫韩、赵两国服从,你赶得上我吗?"

田文还说:

"我不如你。"

吴起急了,大声道:

"样样你不如我,如今你的地位却在我之上,这合理吗?"

田又闻此一笑,于是说:

"时下主公年幼,国家尚不稳定,大臣们没有归心,百姓还不信任,此时主政者需要的不是什么智计,而是仁德厚爱。如此,你说把大权交给你呢,还是交给我呢?"

吴起思索了多时,只好说:

"应该交给你啊!"

吴起从此才知道自己的才干比不上田文,不再口出怨言了。

【解读】

受人敬重的人,他们定是品德高尚的人,而有才无德者得不到这一殊荣。自身无缺,人疑自去;德行有亏,百辩无功。要加强自己的品德修养,这是成功的最重要因素;无法号召他人,就做不了带头人了。在品德以外蛊惑世人,成效是有限的,更是十分短视和短暂的。

【原文】

私勿害公。

【译文】

私心不能危害公利。

【事典】

莫为小人犯险

汉景帝在位时,对他的弟弟梁孝王刘武十分器重,曾不止一次地说将来要把皇位传给他。窦太后更是偏爱梁孝王,对其要求无不应承。为此,刘武渐渐骄狂起来,野心也日益膨胀。

吴楚之乱时,刘武平叛有功。事后,他受朝廷重赏,更加得意忘形了。

刘武手下的两个近臣公孙诡、羊胜便向刘武进言,公开向朝廷求取皇位继承人的明谕。刘武虽没有马上答应,却任其所为,致使朝中大臣屡受公孙诡、羊胜的威胁,有的还因拒绝了他们的要求为其所杀。朝廷重臣袁盎,便是因为不肯向景帝建议立梁孝王为皇位继承人,被他们派刺客杀害的。

景帝侦知此事,派人到梁国捉拿公孙诡、羊胜。刘武把二人藏匿府中,景帝使臣遍寻不见,此事陷于停顿。

梁国中大夫韩安国于是求见刘武,流着眼泪说:

"羊胜和公孙诡罪行累累,现在仍没有被捕,我真替大王担忧啊!都怪我办事不利,请赐我一死。"

刘武一愣，忙道：

"此事与你何干？你又为我担心什么呢？"

韩安国说：

"大王乃皇上亲弟，又深得太后的宠爱，臣以为这并不可恃。只怕荣华不保，富贵不在，就在眼前了。"

刘武脸上动怒，厉声道：

"你危言耸听，可是为朝廷当说客不成？"

韩安国流泪再道：

"敢问大王，大王和皇上的关系，比当年高祖皇帝与太上皇的关系如何？比皇上与临江王关系又怎样？"

刘武沉吟片刻，只好道：

"他们都是亲父子，我自然不如了。"

韩安国说：

"这就是了，可高祖皇帝当年却说，打下天下的是他自己，太上皇也因此不能过问朝政。临江王的母亲栗姬，出言不逊，自杀身死。按理说他们都不该有此结果，可事实就是这样，这就是治天下不能因私乱公的道理啊！"

刘武心中一震，韩安国见其动容，又进一步规劝道：

"如今大王重用奸人，不遵法度，皇上看在太后的面子上才暂时容忍；一旦太后百年之后，大王又指望什么保住富贵呢？何况天威难测，皇上若是真的翻脸无情，不念兄弟情谊，太后又怎会保得住大王呢？所以说一切都要靠大王自己，大王聪明睿智，自不会为了身边两个小人犯险吧？"

刘武久坐无言，脸色几变，最后走到韩安国的面前，动情说：

"你说得对，本王险些走上了不归路。"

刘武迷途知返，交出了公孙诡、羊胜。韩安国也因劝谏有功，受到了景帝的嘉勉。

【解读】

有私心可以让人理解，因为私心而危害公利就不能令人原谅了。不管身居何职，私心都是要收敛的，如果仗势而为，那么就会指责一片。权力可以暂时打压质疑，却不可消除质疑；私心可以有限使用，却不可无限膨胀。侵害公利会引起公愤，任何冠冕堂皇的解释都是无用的。

【原文】

情莫悖义。

【译文】

情感不可违背道义。

【事典】

勿以个人颜面为重

唐朝文宗时,李景让为浙西观察使。李景让的母亲郑氏深明大义,常对李景让说:
"你为一方长官,切不可高高在上,对下属刻薄寡恩,而自己却不修品行,任意
行事。人们都在检视你的一举一动,你管理别人,自己一定要举止严正,否则,你的
权威就会荡然无存了。"

李景让对母亲的话不以为然,对心腹手下说:

"我从小家教甚严,现在贵为观察使,母亲还放心不下,这太让我感到拘束了。
官场情况复杂,鱼目混珠,单凭自身纯正是无法驭下的,母亲的见解我不敢苟同。"

李景让对部下要求甚严,而自己却行为放纵,态度粗暴。部下议论说:

"观察使只要求别人做这做那,可他自己全无怜人之心,这太让人失望了。"

有人将此语报与李景让知道,李景让大发雷霆,发誓说要惩治议论他的部下。

郑氏听说此事后,对李景让说:

"有人背后议论你,想必是你自身修养不够所致,为什么还要责怪别人呢?听
说你要大举报复追究,这不是错上加错吗?"

李景让争辩道:

"官威不在,儿子何以服众呢?这件事如果任其蔓延,儿子将无存身之地了!"

郑氏呵斥李景让说:

"没有众人的支持,你这个观察使就是一文不值的名号而已。如果众人一起反
对你,你的性命就可忧了。身为朝廷命官,你不知修身,不知造势,这样下去还想长
久吗?你要反躬自省,切莫多事!"

李景让见母亲气恼,无奈认错,却心有不甘,性情并无大改。

一次,一位牙将冒犯了李景让,李景让怒气上涌,竟将他打死。此事传遍军营,引起将士公愤,他们声讨说:

"观察使乱杀无辜,欺压将士,我们已忍耐多时了。此事如讨不到公道,我们还能到何处说理呢?"

将士酝酿兵变,军心骚动,李景让这才感到大事不妙,急召心腹商议对策:

"我一时失手打死牙将,说来全是牙将可恶,现在将士不听我的解释,图谋兵变,我该怎么办呢?"

一位心腹当先道:

"自古反叛者杀,大人可先发制人,将为首者严惩。只要群龙无首,相信那些兵丁就不敢闹事了!"

另一位心腹忙道不可,急切地说:

"事情由大人误杀牙将而起,将士心有怨愤也是可以理解的。解铃还须系铃人,只要大人自认错处,耐心解释,相信将士就不会蛮干了。何况这件事关系朝廷声誉和大人安危,大人就不要在意个人颜面了。"

李景让不肯认错,赌气说:

"牙将罪有应得,我若低头,只会声誉扫地,再无翻身的可能了。"

郑氏知道此事后,急忙将李景让和众将士召到公堂,郑氏当众责骂李景让说:

"你负责一方的军政事务,不用心安抚将士,自身不知检点,却轻率用刑,杀掉一个牙将。别说别人恨你,连我这个做母亲的也不肯原谅你了。你一个人是小,使将士寒心是大;你一个人生死是小,使朝廷动荡是大。我为你蒙羞,也为你伤心。"

郑氏拿起鞭子抽打李景让的背部,边打边哭,将士大受感动,都跪下为李景让求情。郑氏不肯罢手,直到将士哭着替李景让请罪,郑氏这才答应。

李景让跪地认错,洒泪不止。将士怒气全消,再无反叛之意。

事后,李景让动情地对母亲郑氏说:

"母亲的一顿鞭打,替儿子唤回了军心,平息了大祸,更让儿子明白了做官做人的道理,母亲打得好啊!"

【解读】

道义是排除个人情感的,维护道义必须放弃个人的好恶。因情而迷乱,纵情而不仁,只会受到人们的谴责。个人的情感只属于个人,公认的道义不允许有人加以破坏。控制自己的情感,方能归于理智;把道义置于首位,才能平息最强烈的责问。有权也不可任性,有错就一定要自责。

【原文】

智者念远。

【译文】

智者念及长远。

【事典】

不做有违大义之事

汉武帝晚年时,宫中发生了诬陷太子的冤案。太子的孙子刚刚生下几个月,也被株连关在狱中。丙吉在参与审理此案时,心知太子蒙冤,几次为太子陈情,都被武帝呵斥。于是,丙吉挑选一个女囚抚养皇曾孙,多加照顾。

丙吉的朋友生怕他为此遭祸,多次劝他不要惹火烧身:

"太子一案,乃皇上钦定,避之尚且不及,你何苦对他的孙子优待有加? 此事传扬出去,人们只怕会怀疑你是太子的同党了,这是聪明人干的事吗?"

丙吉脸现惨色,却坚定地说:

"做人不能处处讲究心机,不念仁德。皇曾孙是个娃娃,何罪之有? 我这是看之不忍才有的平常之举,纵是惹上祸患,我也顾不得了。"

后来,武帝患病,听传言说长安狱中有天子之气,遂下令将长安的罪囚一律处死。使臣连夜来到皇曾孙所在的牢狱,丙吉却不放使臣进入,气愤道:

"无辜者尚不致死,何况皇上的曾孙呢? 我不会让你们这样做的。"

使臣不料此节,劝他:

"此乃皇上旨意,你抗旨不遵,岂不自寻死路? 你太愚蠢了。"

丙吉誓死抗拒使臣,决然说:

"我非无智之人,这样做只为保全皇上的名声和皇曾孙的性命。事急如此,我若稍有私心,大错就无法挽回了。"

使臣回报汉武帝,汉武帝长久无声,后长叹说:

"这也许是天意吧!"

他没有追究丙吉的事,反而从中有了不少悔意。他下诏大赦天下罪人,丙吉所管的犯人因他才都得以幸存。

多年之后,皇曾孙刘询当了皇帝,是为宣帝,丙吉却绝口不提先前他对宣帝的恩德。知晓此情的家人曾对他说:

"你对皇上有恩,若是当面告知皇上,你的官位必会升迁。这是别人做梦都会想得到的好事,你怎么能闭口不说呢?"

丙吉微微一笑,叹息说:

"身为臣子,本该如此,我有幸回报皇恩一二,若是以此买宠求荣,岂是君子所为?此等心思,我向来绝不虑之。"

后来,宣帝从别人口中知晓丙吉的恩情,大为感动,夜不能寐。敬重之下,宣帝封丙吉为博阳侯,食邑一千三百户。

神爵三年(公元前59年),丙吉出任丞相。在任上,他崇尚宽大,性喜辞让。有人获罪或失职,只要不是大的过失,他只是让人休假了事,从不严办。有人责怪他纵容失察,他却回答说:

"查办属官,不该由我出面。若是三公只在此纠缠不休,亲力亲为,我认为是羞耻的事。何况容人乃大,一旦事事计较,动辄严办,也就有违大义了。"

丙吉性情温和,从不显智耀能。不知情者以为他软弱好欺,没有真才,他也从不放在心上,从不改变心意。

一次,丙吉在巡视途中见有人群殴,许多人死伤在地,丙吉却问也不问,只顾前行。一待看见有牛伸舌粗喘,他竟上前仔细察看,甚是关心。他的属官大惑不解,以为他不识大体,丙吉却解释说:

"智慧不能乱用乱施,否则就无所谓智慧了。惩治狂徒,保境平安,那是地方长官之事,我又何必插手亲管?时为初春,牛气粗喘,当为气节失调,如此百姓生计必有伤害,这是关系天下安危的事,我焉能漠视不理?看似小事,其实为大,身为丞相,只有抓住要领,方能不失其职。"

丙吉属官恍然大悟,深为叹服,那些误解丙吉的人更是自愧不已,暗道自己原是浅薄和无知之辈了。

【解读】

一般人是看不到智者的良苦用心的,他们无法理解智者,自不能赞同智者了。为了长远,智者不会屈从任何压力;为了释疑,智者只能顽强地坚持到底。智者最易遭到人们的误解,必须忍受孤独。要有个人的主见,要有孤军作战的精神,要相信人们终会给出正确的评价。

【原文】

愚者顾近也。

【译文】

愚者顾及眼下。

【事典】

休逞一时之快

春秋时期,郑国的厉公在位之时,傅瑕身为大夫,对郑厉公极尽奉承,从无片言违逆。郑厉公十分信任他,把他视为自己的心腹之臣。

当时祭仲把持朝政,专断横行,甚至都不把郑厉公放在眼里。郑厉公表面忍耐,暗中却念念不忘把祭仲铲除。

郑厉公召集心腹商议,有人便劝郑厉公说:

"傅假表面仁厚,实则奸诈,主公不能太信任他了。如果我们商量的大事被傅瑕泄漏,不但除奸不成,反有灾害。"

郑厉公并没能听从别人的劝谏,仍把傅瑕视为亲信,有事便和他商议。祭仲察觉此事,直接来到傅瑕府中,开口便说:

"你是个聪明人,怎么竟干糊涂之事呢? 你就全招了吧!"

不待傅瑕辩解,祭仲又说:

"我知道你和主公在谋划我,可这对你有什么好处? 你无非为了荣华富贵而已,与其和主公做那必败之事,何如跟我稳保权力不失呢?"

祭仲并不知晓郑厉公有何计划,他这么说,只是诈弄傅瑕罢了。傅瑕深知祭仲

势大,立时就出卖了郑厉公,不仅将郑厉公的所有打算一一说出,还阴损地出主意:

"大人不杀主公,主公却要杀你,怪不得大人不义了。此事应抓紧办,否则大人就占不了先机了。"

郑厉公万没想到傅瑕会出卖自己,幸亏有人报信,郑厉公才得以逃往蔡国避难,免遭祭仲的毒手。

十八年后,郑厉公在齐桓公的帮助下,率军进攻郑国,志在复国。在大陵和郑军交战中,傅瑕竟被俘获了。郑厉公听到这个消息,高兴异常,对部下说:

"十八年来,我受尽凄苦,日夜反省地对自己说:'我之所以如此,这都是因为信任傅瑕这个奸恶小人所致。'我待他极厚,他却恩将仇报,这个家伙现落入我手,我定将他碎尸万段。"

郑厉公见到被俘的傅瑕,怒不可遏。傅瑕不敢正眼看他,却央求道:

"主公复国事大,若是饶臣一命,臣定将子仪的人头来。"

郑厉公冷声一笑,口道:

"你为求活命,竟又这般骗我,难道我还能相信你这个无耻小人吗?"

傅瑕连连磕头说:

"臣从前所为,也是被逼无奈,臣再也不敢了。如今郑国詹叔掌权,我和他相交莫逆,若主公放我回去,我和詹叔联手,大事必成。何况主公杀我,也只是泄了一时之愤,对复国并无丝毫益处。主公为了大业,也不该杀我。"

郑厉公沉吟多时,命人将傅瑕暂时关押。郑厉公手下见其犹豫,劝谏道:

"小人之言,向来不可轻信,主公若是有心放了傅瑕,我等誓死谏阻。"

郑厉公沉默无言,许久方道:

"我离国日久,新君子仪也不是善类,此次复国,我并无十分的把握。傅瑕的话倒提醒了我,干大事的人,怎能逞一时之快呢?我想放傅瑕回去,让傅瑕去对付子仪,做我们的内应,这样复国必无闪失。"

郑厉公的手下都是摇头,郑厉公见之一笑,又解释说:

"小人并不难猜测,只要你知道他是小人。他们最重利益,善于卖身投靠,如今傅瑕见子仪不保,我方势大,为了他自己的富贵他也会帮我的,这一点你们不要怀疑了。"

于是,郑厉公把傅瑕放出,以礼待之,和他订立盟约,还许诺说:

"你回去若能除掉子仪,当是奇功一件,我不但重重有赏,还要让你主持政务,决不会食言。"

图文珍藏版

傅瑕欢天喜地而去。回到郑都,他便和詹叔谋划杀死子仪,迎立郑厉公。二人把子仪骗上城楼,傅瑕趁子仪不备,从背后下手,一刀便结果了子仪的性命。郑厉公复国成功,第一件事就是把傅瑕杀死。他说:

"我先前饶他不死,只是利用他对付子仪罢了。此人阴毒无比,毫无廉耻,这样的败类死有余辜啊!"

【解读】

为了眼下的名声,愚者会不惜一切地讨好他人;为了一时的小利,愚者会放弃最根本的原则。用血的代价换来的虚名是全无用处的,只顾眼前的做法是一定伤及长远的。愚者害怕人们的猜疑,随时可以出卖他人,以便保护自己。一个人如果失去廉耻,便会一切尽失了。

【原文】

君子疑己。

【译文】

君子猜疑自己。

【事典】

对立是祸根

北魏孝文帝时,李崇被任命为荆州刺史。赴任之际,孝文帝对李崇说:

"荆州屡生变乱,民心不古,朕准备调发秦、陕二州军队护送你上任。你要多多用心,不可鲁莽行事。"

李崇推辞说:

"陛下厚恩,臣不敢忘。不过臣此次赴任,不需要发兵保护。臣认为,边境百姓之所以不断叛乱,是因为当地官员不爱护百姓,完全是官逼民反所致。臣决心诚以待民,悉心安抚,消除官民对立的祸根。"

孝文帝惊喜过望,连声叫好,动情地说:

"难得你有如此胸襟和见识,有你在,何愁边患不平呢!"

李崇带着一纸诏书和数十名骑兵，前往荆州。一路上，幕僚担心他的安危，小心对他说：

"百姓深恨官府之人，不如我们改换便装，免得引人注意。"

李崇平静地说：

"冰冻三尺，非一日之寒，要化解百姓的怨气，就不能巧用手段。何况我们堂堂正正，用不着掩饰我们的身份。"

荆州百姓见新官上任，又恨又怕，心存观望，谁也不肯接近李崇。李崇明察暗访，处处遭遇冷眼。李崇的随从抱怨说：

"大人身份高贵，今日屈尊待民，他们却不知好歹，大人不必自苦了。"

李崇笑着说：

"往日官员高高在上，老百姓早对他们心有成见，这岂是我一日便可改变的？只要我们有诚意，他们会欢迎我们的。"

日复一日，李崇的诚恳渐渐打动了百姓，他们说：

"这个刺史与众不同，没有一点官架子，还和我们聊些家常话，是个好官呐！"

李崇的声望日增，官府的号令百姓也愿遵从。李崇组织生产，打击暴徒。一时，荆州面貌大变。

后来，李崇被调任为兖州刺史。兖州强盗、叛民众多，实难治理。李崇上任之时，有人便劝他向朝廷要饷要兵：

"大人深入险地，如不严加防范，恐怕自身都难保全。从前历任官员只求自保，对剿匪一事并不用心。大人若是一心杀贼，这里的人是指望不上的。"

李崇训斥他轻视民众：

"要饷要兵，还用我这个刺史做什么呢？老百姓饱受贼患，只要我们当官的真心依靠他们，他们哪里会袖手旁观呢？你们把百姓当贼看待，难怪百姓不和你们一心了。"

李崇轻车简从，走访每一个村落。他访疾问苦，流着泪对百姓说：

"这本是片肥沃的土地，竟让贼盗扰得我们不得安生。我李崇身为刺史，决心誓死消灭贼盗，还你们安居乐业。我请求你们帮助我，可以吗？"

李崇的真情让百姓动容，他们说：

"大人为我们百姓除害，不计个人得失，我们有何推托呢？从前的官吏贪生怕死，我们是求告无门呐！"

李崇为灭贼盗，广泛征求百姓的意见，李崇的下属说：

"老百姓愚不可及,只有听命的能耐,他们能有什么好主意呢? 大人若有打算,只管下令执行罢了。"

李崇勃然大怒,说:

"民不可轻,此乃圣贤的教诲,你竟敢这样胡言吗? 贼盗势力渐增大,这都是官府和百姓离心离德的缘故。"

李崇虚心纳言,百姓纷纷进策。一位老者主动来见李崇,献计说:

"贼盗出没无常,以致人们防不胜防。老朽思想,如能在每个村庄都建一鼓楼,上悬一鼓,哪里出现贼盗,便猛敲大鼓,这样四面村庄听到鼓声,便可守住交通要道,贼盗就难以逃脱了。"

李崇认为这个方法可行,于是下令村村建立鼓楼。他又把百姓编成队伍,轮番值守,一有情况,便行出击。

此法实行不久,贼盗便纷纷落网。李崇又身先士卒,亲自上阵,百姓更受鼓舞。最后,猖獗一时的贼盗终被肃清,兖州成了安定祥和的地界。

【解读】

对他人充满了信任,一个人才可正直无私,追求人类的共同理想。君子不把心思用在猜疑他人之上,只会严格地审视自己,改正自己的不足。自省是君子的功课,也是他们超出常人的地方。境界与贡献不能从猜疑他人中得到提升和提高,依靠众人才能得到他们的真诚爱戴。

【原文】

小人疑人焉。

【译文】

小人猜疑他人。

【事典】

私念不能占据身心

战国时期,庞涓和孙膑同在鬼谷子门下求学,交情甚密。他们互相勉励,各有所成,相约永不相忘。

庞涓先离开鬼谷子,后来当了魏国的大将。他此时尚念有旧情,于是向魏王推荐孙膑,把孙膑招到魏国。

起初,庞涓身边的小人劝他不要荐举孙膑,他们说:

"荐贤举能,只能让自己处于不利的地位,增加强劲的对手。你虽因此有了君子之名,却毫无实惠可言,实质上只会成全别人。你的功名来之不易,为了自己打算,好处怎么会让给别人呢?"

庞涓此时还十分自信,并不相信此说。他说:

"同窗之谊,如同手足,我幸有今日富贵,不该忘了故人。孙膑人虽聪明,却远不如我,我荐举他,一来大王有喜,二来孙膑感恩,三来我得一强助,对我对人都没有坏处,这事还是应该做的。"

孙膑的到来,渐渐让庞涓担忧起来。和孙膑的交谈中,庞涓发现孙膑的才干远远超过自己,绝非他想象的那样。他想起自己身边人先前的提醒,私念一下占据了他的身心,他的态度大变,竟害怕魏王赏识孙膑而疏远自己,下决心要排除孙膑了。

他自知于心有愧,所以表面上虚情假意,只在暗中下手。他也曾有过犹疑,但一想到要保住自己的富贵,便无所顾忌了。他捏造罪名,命人诬告孙膑心存不轨、意欲谋反,然后假装仁慈,哀求魏王赦孙膑不死,对他施以膑刑。

庞涓不杀孙膑,用意全在让孙膑写出鬼谷子所传授的一部兵法。蒙在鼓里的孙膑不识真相,为报庞涓救命之恩,夜以继日为他默写兵书,且对他感激说:

"我之不死,全赖兄长仗义相救。我受辱身残,蒙冤受屈,本不想苟活,可这样就辜负了兄长的大恩,也显我自私寡情。为了兄长,我也该写出兵书,以助兄长一臂之力。"

兵书写到一半,孙膑发现自己受害的真情,心痛欲裂,为了复仇活命只好装疯卖傻。他不惜吃下自己的屎尿来骗过庞涓,仇恨的火焰支撑着他忍受无限屈辱,最终逃离魏国,回到家乡齐国。

在齐国,孙膑以其卓越的才智为齐威王所重用,做了大将田忌的军师。庞涓率兵80万进攻赵国时,孙膑坐在车内为田忌出谋划策,以围魏救赵之计大败庞涓,使魏军几乎全军覆灭。

魏国不甘失败,为了争霸天下,庞涓又引军攻击韩国。魏军出其不意,连下数城,韩国危在旦夕,向齐国连连求救。

孙膑再为军师,协助大将田忌救援韩国。他对田忌建议说:

“魏国以倾国之兵攻打韩国，我军若在韩国与之交战，必然硬拼，虽获胜亦死伤惨重，不如趁魏国空虚，直捣其穴。到时庞涓必回师自救，我军在半道上设下伏兵相击，庞涓自然授首。”

庞涓之死

田忌听从了孙膑的计议，直袭魏国陪都大梁。庞涓接到本国的告急警报，果然回师救援。他自率一股精兵，抢先急回魏境，欲要拦住齐兵，再行全歼。

孙膑分析了庞涓的弱点，又利用魏军看不起齐人的缺点，大胆采用以实示虚、减灶诱敌之计，使庞涓急躁冒进，步步走进孙膑的圈套。结果在马陵道上庞涓中伏，绝望拔刀自杀，他的军队也被消灭。

临死之前，庞涓仍不醒悟，恨恨地说：

“竟然教白痴成名！”

后人据此评论说：

“庞涓为了一己之私，逼友成仇，伤天害理，可谓自作孽，不可活。他不乏才智，倘若和孙膑坦诚相见，不挟私结怨，其命运当截然不同了。”

【解读】

在猜疑中度日，这是极其痛苦的；猜疑心不退，其人难以高尚。小人猜疑一切，势必会拒绝一切，他们把自己引向了绝路。对他人的态度如何，可以见证一个人的品质；对自己的要求高低，可以看出一个人的人格。只会在猜疑和仇恨他人中生活，如此小人，人见人憎。必遭恶事。

远谤第六

不是做事成功的人就可免谤的,恰恰相反,有大成者往往会有更多的非议。封建官场有明战,更有暗战,诽谤往往是个讯号,被谤之人多是权贵要整治的对象。出自何人之口的诽谤都有破坏性,奸佞的诽谤都是最毒辣的,封建当权者的昏庸和纵容,使诽谤者尝到了甜头。在诽谤面前,不能失去应有的定力,要敢于正视诽谤。术无好坏,关键在于对谁使用;有所退让,方能减少人们的敌意。

【原文】

智者谤智也。

【译文】

智者会诽谤智者。

【事典】

莫拒小人之法

宋仁宗继位之初,因其年幼,刘太后把持朝政。当时丁谓专权,打击异己,很多忠正之士被他诬害,连大臣李迪、寇准都被他贬出京城。一时,人人都是敢怒而不敢言了。

王曾身为耿介之臣,对丁谓的行径十分怨恨。他自知丁谓受宠极深,扳倒丁谓绝非易事,便也和其他人一样,隐忍不发,外表上装得服服帖帖,从不顶撞丁谓。

当时,真宗陵寝尚未完成,刘太后让丁谓兼山陵使,雷允恭为都监。雷允恭和判司天监刑中和勘察陵址,刑中和对雷允恭谈了自己的判断:

"前面山陵再过百步,应是上佳之穴。那里风光甚佳,若以此为陵,可主子孙众多,后也福之不尽。"

雷允恭极善迎奉,一听其言,马上喜之不尽:

"倘若是此，陵寝当移筑那里，你我都是奇功一件，这件事得抓紧办。"

刑中和却是一叹，顾虑道：

"这事关系非小，又要重新勘察，何况离下葬的时期只有七天了，哪里来得及呢？最让我担心的是，那里的地表下面恐有岩石和水，万一出了问题，你我都担待不起啊！"

雷允恭为求大功，坚持改建陵寝，最后以命令的口吻说：

"你督工改造即可，我这就禀明太后，让太后圣裁。"

太后听了雷允恭的陈述，也拿不定主意，最后说：

"改动陵寝，你还是和山陵使商议吧！"

雷允恭遂去请示丁谓，故意夸张地说：

"若能让皇宫多子多孙，大人便是第一功臣。那里风水奇佳，龙盘虎踞，一看就是宝地，相信太后也会满意的。"

丁谓素喜贪功，一听此言，也不禁暗喜不止，对雷允恭说：

"我们为皇上效忠，只要对皇上有利的事，你就大胆干吧！"

雷允恭回复太后，太后也同意了。监工役夏守思带人改穿穴道，果如刑中和所言，挖着挖着就挖出了岩石，后又有清水涌出，工地因水而漫，一片狼藉。人们议论不休，皆以为怪，夏守思一时恐慌，忙派人去禀报太后。

太后一知此讯，立时发怒，责问雷允恭失察。丁谓却为他辩护说：

"雷大人一心尽忠，本该重责的事，也只怪他大意所致，饶恕他吧！何况此事并未最后查明，太后当命人再去探察，以定其罪。"

王曾这次越众而出，自请前往。丁谓见他自荐，自认为他胆小怕事，顺从自己，也没有提出异议。王曾的朋友暗中叫苦，私下对他埋怨说：

"丁谓专横，太后又不能欺瞒，这种得罪人的差使别人都避之不及，你为何还要抢着去呢？你真是糊涂了。"

王曾面不作色，只含糊说：

"此等小事，没有那么多说法，你想的太多了。"

三天之后，王曾回转京城，便径直赶奔皇宫去见太后。见到太后，王曾请求太后让身边人都退下，才故作紧张说：

"臣已查验过陵寝，那本是风水宝地，不该有任何改动。丁谓其心险恶，他指使雷允恭擅改皇陵，其意竟是置皇陵于绝地啊！此等滔天大罪，如臣不亲往，也是实难置信。"

太后大骂丁谓不止,立时下令将雷允恭处死。不久,丁谓也被贬往西京洛阳。

王曾的家人暗问此中缘故,王曾说:

"丁谓鸣冤叫屈,看似可怜之至,可他陷害别人之时,也该想到会遭这样的报应。对付这样的小人,还得用小人的办法,否则,得意的又该是他了。"

【解读】

智者和智者之间的争斗并不高雅,诽谤也是他们常用的手段。扯掉智者的外衣,一切就是赤裸裸的原始打斗了。在封建官场,智者可能是君子,也可能是小人,他们的斯文多是一种姿态。君子与小人交战,形象并不重要,重要的是能一举胜之。术无好坏,关键在于对谁使用。

【原文】

奸者谤奸也。

【译文】

奸佞会诽谤奸佞。

【事典】

恶斗为下策

明朝武宗在位时,先是宠信大太监刘瑾;刘瑾被杀后,钱宁凭其狡诈的手段,骗取了武宗的信任,被任命为左都督,掌领锦衣卫,主管诏狱。

钱宁曾是刘瑾的心腹,深得刘瑾的真传,他对自己的亲信说:"皇上喜欢玩乐奉承,我们为什么要反对呢? 朝中忠臣每以皇上此举危害国家进谏,殊不知却给自己带来了灾难。我们不要干这样的傻事,只要对自己有利的便干,国家与我们的关系不大。"

钱宁为了讨好武宗,极力怂恿他沉湎酒色,纵情淫乐。他几乎天天进献乐工、舞女、鹰犬,还亲自陪伴武宗在淫窟"豹房"里寻欢作乐,小心服侍。

有人见钱宁误导武宗,私下劝他说:

"你这样奉迎皇上,全不问是非曲直,总有一天要出事的。现在皇上是身在梦中,你才会高官得做,一旦皇上明白过来,第一个要惩治的就是你啊! 你要不信,看看刘瑾的下场就可以知道了。"

钱宁打个冷战,但仍抱侥幸,一边摇头一边说:

"刘瑾死了,可皇上仍在玩乐,可见刘瑾只是死在他人嫉妒和陷害上。我只是让皇上高兴,又没有惩治他人,群臣该不会和我作对吧?"

劝他的人说:

"你教唆皇上不务政事,使朝政荒疏,国家不治,这不仅和群臣的愿望不合,也是和天下百姓作对,对他们都是不利的事。何况从长远看,你这样做只会招致群臣攻击,百姓怨恨,对你自己也是不利的。你若不加改正,前途堪忧。"

钱宁听不下去了,恨恨地说:

"我的功名全凭皇上一人赐给,群臣和百姓反对又有何用? 我只管服侍皇上一人,其他人若有异议,我绝不放过就是了!"

钱宁凭借武宗的宠爱和手中的权力,作威作福,招权纳贿。有人稍不屈从,钱宁便极力打击陷害。

为了扩大自己的势力,巩固自己的地位,钱宁又把不少流氓恶棍推荐到武宗身边,以为羽翼。

钱宁曾对同党说:

"我一个人势孤力薄,有了你们我就强大了。不少人反对我,这是我最担心的,你们要助我反击。"

江彬是钱宁的同党之一,经钱宁推荐,不想后来居上,武宗对江彬的宠信竟超过了钱宁。

钱宁顿时有了悔意,嫉妒不已,对自己的亲信说:

"江彬不思报恩,却恃宠得意,渐渐连我都不放在眼里了,我一定要扳倒他。"

亲信进言说:

"江彬毕竟和大人是一路的,如果大人和他争斗,无论谁胜谁败,都是我们的损失。如此一来,大人的势力削弱了,群臣便会乘虚而入,这样做实属下策。"

钱宁气恼攻心,全失了理智,无法容忍江彬爬到他的头上,直咬牙说:

"江彬忘恩负义,我纵是身败名裂也要将其拿下。这口恶气不出,我颜面扫地,活着又有什么意思呢?"

钱宁于是经常在武宗面前说江彬的坏话,一次武宗奇怪道:

"江彬是你所荐,如今你又说他的不是,怎会这样呢?"

钱宁回答说:

"臣识人有误,只想及时改过。陛下对臣信任,而臣却辜负了陛下,在此请罪。"

江彬得知钱宁攻击自己,接着马上集中火力攻击钱宁。二人争先在武宗面前说对方的坏话,武宗心烦不已。

一日,江彬又在武宗面前攻击钱宁,武宗气道:

"你们二人都是朕的心腹,为何斗起来没完没了呢?"

江彬趁机道:

"不是臣和钱宁过不去,而是钱宁要置臣于死地啊!陛下请想,钱宁先言臣忠,后言臣奸,他如此言而无信,信口开河,又怎能对陛下忠心呢?"

武宗被说动了,喃喃自语道:

"是啊,钱宁今日说东,明日说西,谁知哪句是真话呢?"

渐渐,武宗疏远了钱宁,而江彬却宠信日增。

钱宁不甘输与江彬,转而投靠了封国在南昌的宁王朱宸濠。他对亲信说:

"宁王实力超众,心计过人,如今皇上无子,将来继承皇位的非宁王莫属。为了保全富贵,更为了战胜江彬,我都要及早为自己找一个靠山啊!"

钱宁于是加紧和宁王联络,二人勾结在一起,打得十分火热。

正德十四年(1519年)六月,宁王公开反叛。第二年八月,宁王被押赴南京正法,反叛彻底失败。

江彬听闻一些钱宁和宁王勾结的事,便一再向武宗进言,力主处死钱宁。武宗于是把钱宁打入死牢,抄没了他的全部家产。

不久,武宗染病而亡。武宗的弟弟朱厚熜继承了皇位,是为世宗。世宗平日就看不惯钱宁和江彬的作为,说他们是一丘之貉。世宗下令把钱宁从死牢中提出,分尸于市;江彬被磔刑处死,全部财产充公。

【解读】

奸佞之间,有勾结,更有激烈的较量。勾结是为了作恶,较量是为了私利,他们之中不会有人真正获胜。奸佞的诽谤都是最毒辣的,而手法却不是最高明的,恼恨让他们失去了精打细算。奸佞的诽谤破绽百出,无法自圆其说,只有最愚蠢的封建当权者才会相信他们。

国学经典文库

智慧谋略全书

官智经

图文珍藏版

【原文】

无利则无谤。

【译文】

没有利益就没有诽谤。

【事典】

慎对恩宠

长孙无忌是唐太宗李世民身边的宠臣,早年追随秦王李世民打仗,多有战功,屡有升迁。

唐初,太子李建成欲害秦王李世民,李世民十分惶惧,李世民的手下也个个不安。有人建议先下手为强,除去太子,不想李世民百般推诿,且坚持说:

"骨肉相残,这不是仁人所为。我虽担惊受怕,却也干不出这禽兽之事。"

长孙无忌为此求见秦王说:

"箭在弦上,不得不发。大王只知仁爱对人,却不知自爱除恶,这哪里又是仁人所为呢?仁人以天下为己任,此事关系大唐国运,当不是大王一人之事。古时周公消灭管叔、蔡叔,方有周朝兴旺。如今大王若一味愚妄,不行正义,却与大仁背道而驰了,对天下百姓当是残忍之举。"

有了长孙无忌的反复力争,秦王终下决心,一举铲除了太子的势力。

长孙无忌在秦王李世民登基后,受封齐国公,愈来愈受重用。他不骄不傲,每言大事必反复思量,然后方徐徐陈进。有人说他太过谨慎,长孙无忌便言:

"身为重臣,当自知利害,慎对恩宠。我若倚仗皇上垂爱,不知检点,乱进谏言,一来对皇上不敬,二来也会由此失去皇上的信任,怎敢大意呢?"

一次,在朝会上商议讨伐突厥的事,有人借突厥发生内乱,便力主发兵讨伐,以成大功。长孙无忌听了许久,却不发一言。唐太宗一时没有了主意,便问长孙无忌说:

"你足智多谋,相信此事自有明断。你不作声,可是另有打算吗?"

长孙无忌见皇上相询，这才上前应对说：

"此事臣以为不可征伐。"

唐太宗一怔，忙道：

"你从前一向主战，今何致此呢？"

长孙无忌说：

"动止之间，全在变化，焉能不变呢？从前突厥与我为敌，不讨不行，如今突厥刚与我结盟，讨之失信，毁我天威。再说夷狄今已内乱，无力再侵我朝，这正是我朝求之不得的好事，何必多此一举呢？如果一兴刀兵，徒增烦恼不说，恐怕祸患将生，与我大唐有弊无利，故不应出兵。"

唐太宗接受了他的谏言，说道：

"动止之祸，你已言透了，朕若贪恋全功，只怕终有抱憾。"

唐朝不攻突厥，突厥感恩戴德，最后归顺了唐朝。

长孙无忌的权力太大，以至许多人都不断上书攻击他。唐太宗没有猜忌他，却把这些表文直接拿给长孙无忌看。长孙无忌背生冷汗，坚辞官职，还泣泪说：

"陛下信任臣，可臣也不该让陛下为难。臣为国做事，本不在意身任何职，倘若为了那些身外之物而令天下猜忌，却非臣之所愿了。"

唐太宗一口拒绝。长孙无忌忧心更甚，对自己的家人说：

"我虽面上尊崇，可实际上已处在风浪中了。这个时候，若不知退让，只是倚仗皇上撑腰，只怕他日有悔。"

他的家人反对说：

"皇上不准你辞官，别人又能把你怎么样呢？他们嫉恨你，难道就让他们得逞吗？你也太软弱了。"

长孙无忌说：

"只进不止，只能授人以柄，时间一长，皇上也会疑心。何况即使皇上厚爱于我，我又何必为那虚名而自树强敌、招惹祸端呢？"

长孙无忌坚请辞官，唐太宗无奈，只好解除了他的尚书右仆射之职，仍让他主持门下省的事务。长孙无忌还是推让，唐太宗下诏说：

"黄帝因为得到了力牧，才能成为五帝中第一个帝。夏禹因为得到咎繇，才能成为三王中第一个王。齐桓公得到管仲，才成为五霸中第一个霸主。我得到了你，才平定了天下，你不要再推让了。"

唐太宗还亲作了一篇《威风赋》赐给他，以表彰他的功绩。长孙无忌深感其诚，这才勉强留在朝中。此事传出，人们对他的攻击也戛然而止了。

【解读】

诽谤总是为了争利的，没有了利益，人们就不会对诽谤用心了。一个人如果获利太多，或是阻碍了他人获利，就一定会有人诽谤他。在封建官场，手握大权的人是人们诽谤的重点对象；倘若他还刻薄寡恩，人们更会全力地攻击。有所退让，方能减少人们的敌意。

【原文】

无果则无行。

【译文】

没有成果就没有行动。

【事典】

不要把事做绝

武则天素以重用酷吏闻名，她手下的酷吏之多、酷吏之恶，可谓亘古少有。一个周兴，一人便杀无辜数千人；来俊臣更是残暴，灭绝的忠良达千余家。

对酷吏的穷凶极恶，武则天是颇为欣赏的，她曾对来俊臣嘉勉说：

"朕的江山，有你们很大的功劳。反对朕的人太多了，没有你们的极力绞杀，真不知道会出多少乱子。你们大可便宜从事，为朝廷铲除奸党。"

来俊臣等人受宠若惊，更加死心塌地为武则天卖命。他们自以为有了皇帝撑腰，就可永保富贵了，来俊臣曾嚣张地对手下人说：

"我们是奉皇上旨意行事，纵是千错万错，也和我们无关，你们何必缩手缩脚呢？捅出天大的麻烦，只要皇上不怪罪，那就是小事一桩，你们完全不必介意。"

酷吏的暴行，朝中大臣、天下百姓无不对之恨之入骨，他们敢怒不敢言，仇恨却在积聚，随时有暴发之势。

武则天的心腹大臣为此忧心，委婉地劝谏武则天说：

"酷吏胆大妄为,恶名昭著,这会影响陛下的名声啊!陛下何不下一道旨意,让他们有所收敛呢?"

武则天冷笑几声,说:

"现在乃非常时期,免不了有非常之事。此事日后再议,朕自有主意。"

其实,武则天更为此事担心,如果天下人都被酷吏逼反,她这个皇帝也当不成了。眼下对手还没尽除,她想一旦对手消灭殆尽,皇位稳固,到那时再杀他们不迟。

有此打算,武则天对所有上书反对酷吏的人一概斥责,有的甚至打入监牢,让酷吏们自行处置。酷吏们越发不可一世,办起事来也更加卖力了。

当对手和潜在敌人被酷吏们收拾得几乎已尽的时候,武则天见他们已无多大用处,也是为了收买人心,便突然变脸。武则天先是杀了索元礼、丘神勣、周兴,最后还亲自下令处死来俊臣,且颁发诏书,向天下人公布来俊臣的罪恶。诏书中说:

"来俊臣滥用刑罚,有法不遵,欺君惑众,此贼完全是一人作恶,危害国家和百姓,不杀之不足以明法纪、平民愤。来俊臣为祸甚烈,他的家族也应全部屠灭,以慰天下。"

如此一来,武则天把罪责都推给了酷吏不说,她自己也成了为百姓报仇雪恨的大好人。史书上说她这是"杀人以慰人望,手段可谓高明"。

【解读】

诽谤他人多是有收获的,封建当权者的昏庸和纵容,使诽谤者尝到了甜头。其实,封建当权者多会利用诽谤、变相鼓励诽谤,以达到自己的目的。诽谤者得不到应有的重罚,就会变本加厉;封建当权者为了收买人心,才会对诽谤者小有惩戒。诽谤成风是社会丑恶的侧影。

【原文】

上不拒贵。

【译文】

对上不可拒绝权贵。

把柄不分大小

　　张汤在汉武帝时任御史大夫,执法虽苛,却也有不避权贵的一面。由于他严惩了不少皇亲国戚,汉武帝的哥哥赵王就深恨于他,盼他倒台的人就更多了。

　　张汤对这一切心知肚明,常对自己的心腹属吏鲁谒居诉苦说:

　　"人道我酷吏一个,冷酷无情,这实在是有些冤枉我了。我身兼执法重责,又何能处处卖好给别人呢? 皇上信任于我,得罪别人也是难免,我只担心他们联起手来诬害我啊!"

　　鲁谒居对张汤忠心耿耿,劝言说:

　　"大人行事小心,别人抓不到大人的错处,他们也奈何不了大人,大人何必烦心呢?"

　　张汤点头称是,又重声说:

　　"这一点十分重要,我不能让他们抓住我的把柄,以后你要多提醒我。"

　　张汤的副手御史中丞李文,因与张汤不和,便始终搜寻张汤的错失,以便整倒他。鲁谒居深知张汤对李文怀恨,暗中就指使人告发李文种种不法之事。

　　张汤接手此案,心中窃喜,毫不留情地把李文定成死罪,又声色俱厉地对他说:

　　"你害人为能,今日得此报应,可算是天意了,你还有何话说?"

　　李文求饶不止,口道:

　　"大人若能饶我不死,我必忠心报效,万死不辞。"

　　张汤冷笑声声,慢声说:

　　"你时刻都在整我,你以为我不知道吗? 你整我不倒,原因只在我并无错处,所以我并不怕你。现在你罪证俱在,件件属实,你死得并不冤枉。"

　　张汤心知此事必是鲁谒居帮忙,对他不免心存感激。

　　不久,鲁谒居卧病在床,张汤亲往探视,对他说:

　　"能知我心意的人,非你莫属了。你助我除去仇人,自不言明,亦不居功,我当怎样感谢你呢?"

　　鲁谒居动情地说:

　　"大人为国执法,李文却寻隙陷害,无所不用,这样的小人太无耻了,除掉他是我的本分,大人何言'感谢'二字?"

张汤眼中含泪,道:

"你如此过谦,倒教我无言以表,你这么关爱我,请让我服侍你一回吧!"

他不顾鲁谒居的拒绝,硬是给他洗脚摩足,以示感激之情。

张汤此举被一直窥伺他的赵王探知,赵王初不以为意,他的手下却欣喜地说:

"张汤身为高官,却不顾身份、礼仪给属吏洗脚摩足,这是为什么呢? 其中必有隐情。此事虽小,若以此弹劾他,说什么都可以,说什么别人也不能彻查清楚,如此一来,他的麻烦就注定不能摆脱了。"

赵王喜不自禁,马上上书朝廷言明此事,还故作忧虑地说:

"张汤表里不一,心怀异志,从这件小事上便可看出。其他不被人知的大事,又会有多少呢? 想想真是令人颤栗。"

汉武帝被赵王的猜度之词所动,虽信任张汤,却也不免起了心疑,为此暗中将鲁谒居的弟弟逮捕。

此时,鲁谒居已死,张汤听得风声,为避嫌疑,故意在鲁谒居的弟弟面前佯装不识,不理不睬。鲁谒居的弟弟以为张汤见死不救,气急之下,便将张汤和鲁谒居整治李文的事和盘托出。

赵王大喜过望,遂以此为据,弹劾张汤陷害大臣,执法犯法。和张汤有怨的群臣更是不依不饶,群起攻之。

张汤绝望之下,愤然自杀了。

【解读】

和权贵关系不睦。势必会遭到迫害,这是封建官场的"正常现象"。不与权贵交结,尽管一身正气,也为权贵所嫉恨。诽谤往往是个讯号,被谤之人多是权贵要整治的对象。权贵是不容人们抗拒的,任何正当理由也是无用的。被权贵诬陷,一个人很难澄清事情的真相。

【原文】

下不疏贱。

【译文】

对下不可疏远地位低下的人。

勿留可乘之机

杜预是西晋初期的名臣,力主伐吴,又领兵攻克江陵,在西晋统一大业中居功至伟,深得晋武帝的宠信,还著有《春秋左氏经传集解》。由于他文武全才,人称"杜武库"。

令人奇怪的是,似他这样的权臣,每到逢年过节,总要亲自打点礼品,给晋武帝身边的宠臣送去,还附上他亲书的慰问信,信中谦恭已极,不时有肉麻的吹捧。

杜预的家人大为不解,对他说:

"大人位高权重,并不有求于他们,这般无由送礼,还无端致书,大人何必这样呢? 你莫非怕了他们不成?"

杜预厉声斥责他们,并不作答,家人对他的怨怪也越来越深。

一次,杜预到外地办事,又采买了许多贵重的礼物。随行的亲信见他又要送礼于人,大着胆子说:

"大人自贬身份,送礼给那些无用之人,我们都为大人感到不值啊! 大人怎会干这种吃亏的事呢?"

杜预哈哈一笑,说:

"在你们眼里,难道只有皇上才有用,是不是? 你们大错特错了。"

随后他耐心解释说:

"我无求于他们,只是怕他们无端陷害我啊! 他们虽然官阶不高,可他们深受皇上宠幸,万一说起我的坏话来,皇上能不信吗? 现在没事的时候,我不与他们套交情,一旦他们认为我不屑和他们来往,弄出事来,到那时我就是花上再多的钱财也无用了。"

杜预的随从不禁叹服说:

"大人如此慎重,深谋远虑,我们哪里想得到呢?"

晋武帝后来耽于玩乐,日渐昏庸,有功之臣每每被人诬告,不胜其苦。他们见只有杜预平安无事,便向他请教此中学问。

杜预不肯明说,只是暗中指点道:

"得罪人的事,那是不可避免的,只要皇上周围的人为我说好话,为我争辩,那么皇上便只能听到关于我的好话了。这样，我还会有什么麻烦吗?"

其他人受到启发，照此办理，风波很快平息。

他们向杜预致谢，杜预却道:

"我们得来富贵不易，凡事都要小心，否则，因小失大，那才是最令人痛惜的。"

【解读】

出自何人之口的诽谤都有破坏性，有时小人物却可决定大人物的命运。特别是当权者身边的小人物，其能量是不小的。只怕权贵诬陷自己。而对小人物不加重视，这样的人缺少远虑。不能因为位高权重就疏远小人物。小人物不能和大人物正面对抗，就会采取诽谤之术了。

【原文】

事可无成。

【译文】

做事可以失败。

【事典】

有失莫自辩

春秋时期，鲁国的曹沫勇武有力，鲁庄公喜欢他，准备提拔他为将军。

一位大臣得知此讯，急忙求见鲁庄公，进言说:

"听说主公想重用曹沫，有这回事吗?"

鲁庄公点头道:

"不错。寡人见曹沫忠心耿耿、英勇善战，这样的人才不用太可惜了。"

大臣说:

"曹沫出身低微，做事只凭一身蛮力，无识无谋，怎可带兵打仗呢? 主公若让他做一个卫士尚可，做将军是不行的。"

鲁庄公质疑道:

"出身低微就不能做将军了? 寡人欣赏他的勇猛，何必计较他的出身? 你说他有勇无谋,恐怕也是偏见。寡人不能以势利看人,否则,又怎么会得到贤人呢?"

鲁庄公于是任命曹沫做将军,还当面鼓励曹沫说:

"有人说你出身低贱,不堪大任,寡人不信这些。你要好好努力,多打胜仗,免得别人说三道四。"

曹沫感动万分,私下对家人说:

"主公不因为我的卑贱而轻视我,不因为别人反对而不重用我,我该怎样报答主公的恩情呢?"

家人激动地说:

"难得主公大仁大义,做臣子的只有以死报效主公了。你尽可拼死作战,不要把我们放在心上。"

曹沫

曹沫领兵和齐国打仗,因为实力悬殊,曹沫三次战败。曹沫深感愧对鲁庄公,向鲁庄公请罪说:

"臣辜负了主公的信任,臣罪该万死。恳请主公杀臣,以儆天下。"

满朝文武同声指责曹沫,说:

"你三次皆败,这是鲁国的奇耻大辱,你死不足惜。如今齐国威逼,鲁国危难,都是你一人的过错!"

群声讨伐之中,鲁庄公一言不发,目光却盯视曹沫。曹沫全身冒汗,只是磕头,没有半句申辩。

鲁庄公最后说:

"敌强我弱,战败不能怪罪曹沫。寡人也有责任,群臣也脱不了干系。曹沫已然尽力,为什么要赶尽杀绝呢?"

鲁庄公仍然让曹沫当将军,对他没有半点责罚。

一位大臣对鲁庄公说:

"曹沫打了败仗,不杀他已是大恩,主公这样做是否太仁慈了?"

鲁庄公解释说:

"打了胜仗固然可喜,打了败仗就一定要斩杀将军吗?曹沫不是逃兵,寡人应该多多地体谅他。如果寡人不问情由,只知杀人立威,那么谁还会保卫国家呢?"

曹沫感激涕零,暗下决心报效鲁庄公。

鲁庄公把遂邑地方割给齐国求和。齐桓公和鲁国约定在柯邑会谈,订立盟约。

曹沫跟随鲁庄公前去赴会,在祭坛上手执匕首逼住齐桓公,痛声说:

"齐国强大鲁国弱小,你们大国侵略鲁国不是太无耻了吗?我是个小人物,微不足道,但我却可以和你同归于尽。"

齐桓公失魂落魄,颤声道:

"将军有话直说,寡人一定答应便是。"

曹沫让齐桓公归还侵占鲁国的全部土地,齐桓公无奈应下。

事后,齐桓公很生气,想违背诺言不退还鲁国土地。管仲劝说道:

"鲁国人不乏义士,他们舍生忘死,我们是难以招架的。何况贪图小利只会使主公在诸侯间失去信用,那就会失去天下人的支持,这不是得不偿失吗?"

齐桓公只好把侵占鲁国的土地割还给鲁国。鲁庄公重赏曹沫,曹沫却推辞说:

"臣微不足道,全靠主公信任才有臣的一切。臣的勇气和信念来自主公的恩德,臣得到的够多了,哪里还敢受赏呢?"

至此,群臣方知鲁庄公的英明。

【解读】

不是做事成功的人就可免谤的,恰恰相反,有大成者往往会有更多的非议。以做事的成败来看待诽谤,这是不正确的方法。做事失败的人如果能认识到自己的不足,坦然面对,他人就没有诽谤的空间了:有错无悔,人们自然要指责他。做事可以无功,做人却不可以失败。

【原文】

心必人知也。

【译文】

心意一定要让人知晓。

【事典】

不靠欺瞒过关

西汉昭帝在位时，霍光为司马大将军，执掌朝政。

燕王刘旦是昭帝的哥哥，因为没有继承帝位而心怀怨恨，对霍光也十分不满。他曾对人说：

"霍光辅佐皇上，根本就没有把我这个皇兄放在眼里。若是霍光一心助我，我还当不上皇帝吗？"

御史大夫桑弘羊曾为子弟求官，被霍光拒绝，从此以霍光为敌，时刻都想中伤霍光。

左将军上官桀为了与霍光争权，处处和霍光作对。无奈屡屡败北，上官桀便想把霍光置于死地。

因为共同怨恨霍光，燕王、桑弘羊、上官桀三人勾结在一起，结成死党，日夜谋划除去霍光之事。

一日，三人聚首，燕王刘旦当先说：

"霍光是我们的心腹之患，必须早早除之，你们可有良策吗？"

上官桀接道：

"霍光做事公正，为人谨慎，他的错处实不好寻，难以下手啊！"

桑弘羊在旁一笑，大声说：

"圣人都可挑出毛病，何况是凡夫俗子的霍光呢？这个请不必担心，我早把他的罪状拟好了。"

燕王刘旦和上官桀大喜，催促桑弘羊讲来，桑弘羊清咳一声，得意道：

"霍光统领御林军，出警入跸，情同皇帝，这是大罪一；霍光竟让管御膳的官史先给他准备饭菜，而皇上却排其后，这是大罪二；苏武出使匈奴，被拘押二十年不降，回国后霍光却只授他为典属国，有意压制，这是大罪三；霍光的属官杨敞并无功劳，霍光竟重用他为搜粟都尉，这是大罪四；另外，霍光又擅自选用自己幕府中的校尉，恣意专权，盛气凌人，这是大罪五。"

燕王刘旦、上官桀越听越喜，最后都拍手叫好。他们依此写了一份弹劾霍光的奏章，准备交给昭帝。

霍光探知这件事后,顿感大祸临头了,对夫人说:

"燕王等人恨我欲死,他们联合起来对付我,我恐不敌。"

夫人道:

"他们在奏章上所说之事,真的存在吗?"

霍光长叹道:

"都怪我平时不注意小节,有时也考虑不周,谁知竟让他们握住把柄了。不过他们想要陷害我,总是会找出一些罪名的,并不奇怪。"

夫人面上冰冷,说:

"既是事实,大人确有不检之处,该如何面对呢?"

霍光愤怒道:

"这是他们故意生事,他们不仁,我也不义了。我不会承认那些罪名,只要我死不认账,他们便治不了我。"

夫人听罢摇头,严肃地说:

"那些事大人确实有错,如果大人刻意隐瞒,坚不承认,皇上便会认为大人奸诈不忠,不会信任大人了。好在他们所说的事只是些小节,敢于面对就不是大错,皇上应该能有所体谅。"

霍光心中不安,犹是不肯,满地游走,不停地道:

"自认罪名,这是条死路,你这哪里是帮我呢?"

夫人拉他坐下,解释说:

"大难临头,你不该心存侥幸,靠欺瞒过关。这不但解不了困,只会越陷越深,直至覆灭。你要当机立断,主动向皇上自认错处,求其宽恕,皇上念你诚实无欺,或可无事。倘若你死硬到底,失去皇上的关爱,一旦诬陷你的人说出你造反谋逆的话来,皇上也会相信了。到了那时,谁还能救得了你呢? 你现在自曝其丑,这是最好的自救了!"

霍光打了几个冷战,悠地转醒,思考夫人之言,自言自语道:

"自曝其丑,他们便无法深害我了,这果然是一条妙计。"

第二天,霍光面见昭帝,不待昭帝开口,霍光跪地不起,泣道:

"臣有大罪在身,有负陛下重托,恳请陛下治罪。"

霍光一一道出自己的错处,后道:

"臣虽有大罪,但确属无意之失,臣至死不忘对陛下忠心,请陛下明鉴。"

昭帝虽然年少，但是聪明绝顶，智慧过人，听罢霍光之言，口道："你能主动坦白错失，可见你是一个光明磊落之人啊！身为臣子，忠心无欺是最重要的，否则纵有大功，也会成为奸佞。你虽有错处，但朕也不想责罚你，惟望你切实改过，勿要再犯。"

上官桀等人不甘失败，先后上书攻击霍光不止。昭帝一次大怒说："大将军做人诚实，有错犹能自表其过，这样的忠臣你们还忍心诬陷他吗？有敢再诋毁者，以法论处！"

上官桀等人无计可施，竟铤而走险，想要以宴请为名，设下伏兵杀死霍光，废掉昭帝，迎立燕王刘旦为皇帝。

不久事发，阴谋败露，燕王刘旦畏罪自杀，上官桀、桑弘羊被处死。霍光威震海内，地位更加巩固。

【解读】

在诽谤面前，不能失去应有的定力。诽谤是恶毒的，被谤者的反应却是要得体的。平和表达自己的心意和想法，这才是有效的反击之道。愤怒要藏在心中，表面要温柔有礼。情绪失控的言辞会令人生疑。全无章法的举止会失去力量。诽谤是无比刚猛的，人们当以柔弱克之。

【原文】

恶语或善。

【译文】

不好的言语有的能产生好的结果。

【事典】

成熟源于明世

东汉光武帝刘秀的长子刘强，聪明慧悟，为人忠厚，很早便被刘秀立为太子。刘秀也十分喜欢他，每每教他治国之道，其意甚殷，人所共见。

朝中众臣为了巴结刘强，对他一直称颂不绝，更有人赋诗作表，极尽恭维地呈

送给他,还对他谄媚说:

"太子天生英武不凡,这是天下人的大福。他日太子临朝,我等必当竭力报效,万死不辞!"

在一片赞颂声中,刘强也飘飘然了,得意地对他的老师郅恽说:

"有臣如此,我还有什么可忧虑的呢?他们个个对我忠心,极力拥戴,可见我并无缺处了。"

郅恽暗自一笑,却是摇头说:

"太子一人之下,万人之上,谁敢不讨好太子呢?我见他们没有几个是出于真心,他们所说的话也十分肉麻虚伪,太子切勿骄狂,信以为真。太子仍需勤于修习,戒骄戒躁,谨慎从事。"

刘强读史书时,每见宫廷争斗、血腥不止之处,便掩卷叹息说:

"人人应该亲敬相处,何况贵为皇室中人呢?这太残酷了。"

郅恽趁此便开导他说:

"历来权力之争,都是这样无情啊!要知权力人人欲得,为此不择手段的事还多着呢。他们杀来杀去,还不是为了'权力'二字?可见拥有权力并不一定是件好事。"

刘强读书越多,越对世情多了几分透彻的了解,渐渐成熟起来了。

刘强的母亲郭皇后因触怒刘秀被废黜,刘强第一次切身体会到了宫廷的严酷。他多次向父皇刘秀为母亲求情,还哭着说:

"父皇仁爱天下,又何以对母后那般苛刻?千错万错,请看在儿臣的面上饶了母后,儿臣会感激不尽。"

刘秀怨恨郭皇后,自不会给刘强好脸色了,一次比一次严厉,心中竟有了废掉刘强太子之位的打算。

一次,刘秀问起刘强的表现时,郅恽诚实地说:

"太子仁孝知礼,勤学谦恭,这都是陛下教诲有方。"

不想刘秀鼻子一哼,道:

"你是太子的师傅,难怪会为他说好话了,朕听到的可不是这样。"

郭皇后被废,那些势利眼的大臣眼见刘秀不喜欢太子,早就暗暗盘算如何与太子拉开距离了。有几个最无耻的大臣还准备上书劝刘秀废掉太子,另立刘秀宠爱的二儿子东海王。

如此形势,刘强不觉有异,郅恽却看得明明白白。他思前想后,终在一日教太子读书时对他说:

"太子可觉此时与往日有何不同吗?"

刘强茫然回答说:

"母后被废,我心如刀绞,再无快乐可言了。"

郅恽沉声说:

"太子所苦,却不是我之所忧啊!如今太子不为皇上所宠,群臣见风使舵,定会进谗。若是这样下去,太子怎能平安无事呢?太子既知古之教训,应该早做决断。"

刘强惊慌不定,思忖片刻,喃喃说:

"师傅所言极是,却不知决断为何?师傅但讲不妨。"

郅恽没有了顾虑,小声说:

"只要让出太子之位,自不会有人责难太子了,不知太子可否愿意?"

刘强怅怅而立,许久方道:

"事已至此,只怕我不肯也不行了。与其骨肉相残,何如求退保身呢?"

刘强于是自动请辞太子之位,刘秀也不挽留,降他为东海王。一场孕育的风波化为乌有。

【解读】

敢于正视诽谤,一个人就不会被诽谤扰乱心志。恶语在耳,聪明的人会调整自己,一言一行都更加注意。没有经历诽谤的人,他们的经验是不全面的;在诽谤中历练自己,一个人的成熟才是彻底的。诽谤可以让人清醒,谨慎从事。不要只怪官场严酷,要学会把坏事变好。

【原文】

褒言或贬矣。

【译文】

褒奖之辞有的能导致贬损之效。

多虑自有用处

宋仁宗时，文彦博和刘沆同为宰相。刘沆奸恶刻毒，时刻想把文彦博扳倒，以便独掌大权。

文彦博心知刘沆的为人，表面上却和刘沆称兄道弟，甚为亲近，如同知心朋友一般。不明真相的正直大臣，多次提醒他小心刘沆，文彦博不仅当面拒绝，说他们挑拨他和刘沆的关系，还故意将此事告之刘沆。刘沆暗中窃喜，甚为得意。

晚年的宋仁宗精神错乱，狂颠发作，人人紧张。这日文彦博留宿宫中，就是因为仁宗发病，他要处理紧急事务，以防有变。文彦博高度紧张，不想还是半夜有人叩打宫门，来人竟是开封知府王素，说有要事求见。

文彦博思虑再三，为防不测，还是拒绝马上与之相见。第二天一早，他才向王素问明情由。

原来，昨天夜里有一名禁卒告发禁军头目要谋反起事，王素不及细问，便向文彦博禀报了。

文彦博考虑多时，不顾众大臣的建议，坚持不轻易抓人。他对众大臣说：

"皇上有病在身，此时若是不辨真伪，轻信他人，一旦事态失控，人人自危，便是大错铸成，无法挽回了。"

他找来禁军总指挥许怀德，调查那个禁军头目的底细。许怀德深知那人为人忠厚，决干不出此事，便以人头作保，保那人的清白。文彦博深信许怀德不会作假，为了煞住诬告之风，安定人心，建议将那告密的禁卒斩首。

众人无有异议，刘沆更是极力赞成。文彦博于是签署行刑命令，随后又让刘沆签名。刘沆双手一摊，推辞说：

"文大人昨日当值，此事又是文大人一手经办，我怎会和文大人抢功呢？这个名我是不能签的。"

文彦博脸上作笑，连道：

"你我同为宰相，又情同兄弟，何分彼此？有功独享，我是万万不能的。"

他连抓带扯，直到让刘沆签了名了事。

事后有人埋怨文彦博，说：

"你太抬举刘沆了,你这是为什么呢?"

文彦博只以好言应付,却不说真意。果然,文彦博的多虑派上了用场。不久,仁宗病情好转,刘沆便诬告文彦博在皇上生病期间,擅自将告发谋反之人斩首。意在暗示文彦博纵容造反者,甚至是造反者的同谋。

仁宗皇帝十分震惊,特传文彦博前来询问。文彦博当日让刘沆签名,便是预料到会有今天了。他不慌不忙地拿出有刘沆签名的行刑命令,请仁宗过目。

仁宗看罢,这才打消疑虑,刘沆的图谋也彻底落空了。

【解读】

褒奖之辞有的却是反面的,喜欢听好话的人不会在此留心。明褒实贬,这是高明人的诽谤之术,是杀人不见血的。封建官场有明战,更有暗战,只会正面交锋,就要被暗中的对手所伤。笑脸的背后未必是善意,阴谋的表面一定是伪装。褒言是明了的。话外之音却是内隐的。

藏拙第七

人有逞能好胜之心,便要做力所不及之事,这会暴露自己的所有短处。做事重在有成,而不是让自己的声誉毁于一旦。做官要会总结经验教训,否则,再多的经历也不能变成宝贵的财富。不能表现自己的傲气,任何优点都不能傲世;缺点决不可放大,把自己的短处当成长处,就不能扬长避短了。小人不会真心为善,君子的内心包容一切。不显露缺陷,不等于没有缺陷;藏拙绝非目的,补拙才能免忧。

【原文】

人忌无优焉。

【译文】

人们忌讳自己没有优点。

【事典】

考虑后果在先

三国时期,年轻的吕蒙和母亲相依为命,日子过得十分贫苦。为了有个出路,吕蒙母子南渡淮河,依靠吕蒙的姐夫邓当,暂时安顿下来。

邓当是占据江东的孙策的将领,英勇善战,吕蒙对他十分仰慕。一次,吕蒙请求参军打仗,对邓当说:

"我已不是小孩子了,也该养家糊口了,我要像姐夫一样,做个将军。"

邓当不允,说:

"你才只有16岁,终是个孩子。打仗不是儿戏,将军也不是谁都可以当上的,你还是在家侍奉母亲吧!"

邓当的回答让吕蒙难过,他想早日自立建功,摆脱穷困,于是几次偷偷跟着邓当的军队,一起打击敌人。

邓当发觉后,每次都呵斥他。吕蒙的母亲更是生气,哭着说:

"我们日子虽穷,但有你在我的身边,我就有了安慰了。你的用心虽好,但万一有个意外,我就生不如死了。你小小年纪竟去厮杀,那是自寻死路啊!"

吕蒙也哭了,哽咽着说:

"家里穷苦,地位下贱,实难度日。我想了又想,只有从军才有富贵的希望。俗话说得好,'不入虎穴,焉得虎子。'我相信自己绝不是胡为,否则,我也不会去冒险了。"

吕蒙的母亲听了更加悲伤,也不忍心惩罚他了。

邓当手下有一名小官,听说吕蒙想从军的事便当面嘲笑:

"你小小年纪,不知天高地厚,你去打仗不过是拿肉去喂老虎罢了!"

小官多次污辱吕蒙,吕蒙终忍受不住,最后竟抽刀杀了他。

吕蒙杀人后出逃,后来,校尉袁雄找到他,劝其投案自首,袁雄说:

"你年纪尚轻,无论为何,做下这等杀人之事就是大罪啊!你要好好反省自己了,这样才有重生的机会。"

在袁雄的劝导下,吕蒙认识到了自己的莽撞和无知。他负罪说:

"我急于求成,以至于怒而杀人,结果陷入更惨的境地,这怪不得他人。我决心自首谢罪,若能侥幸活命,定安守本分,把精力都用在杀敌立功上。"

袁雄极力为吕蒙求情,孙策惊异吕蒙的行为,当面召见了他。

吕蒙叙说了事情的经过,后道:

"我苦于穷苦,以致母亲受累,是以才满腔怨恨,做事不计后果。现在我痛悔自己的过错,任凭将军重惩。"

孙策见吕蒙胆量过人,且能至孝有悔,心中顿起怜悯之意。他认定吕蒙是个难得的将才,于是破例没有惩罚他,反将他留在身边,用心调教。

一次,吕蒙在战斗中立有头功,四处夸耀,十分得意。孙策见之皱眉,竟没有给他任何奖赏。

吕蒙气呼呼地找孙策理论,孙策一言不发。一待吕蒙讲完,孙策才出口道:

"你的功劳纯属侥幸所取,更令人担心的是你还自以为能,四处张扬。如果你连胜利的根源都不晓得,便自吹自乐,那么下次你还会侥幸取胜吗?只怕接下来便是败是死了。现在你反省一下还来得及,我取消奖赏,就是为了提醒你啊!"

吕蒙听之心惊,一下醒悟了。从此,吕蒙变得处处谨慎多思起来,凡事都要仔细盘算,他的战功也日益增多。

后来,张昭推荐吕蒙做了别部司马。张昭特别欣赏吕蒙的自省精神,在荐言中说:

"为人为将,最忌自以为是,刚愎自用,如此虽可侥幸有成,但终会以败亡告终。吕蒙在困境时多思,在胜利时找寻不足,这样,任何时候他都不会令人担心了。吕蒙为将,当前途远大,能予大任。"

孙权当政时,吕蒙的稳重和成熟深得孙权的夸赞。孙权不断提升他的官职,惹得许多人嫉妒吕蒙,心中不服。

有人对孙权发牢骚说:

"吕蒙看不出有什么特别出众的地方,主公为何器重他呢?"

孙权回答道:

"吕蒙有功不说,有过自道,无论功过他都能自省自察,进而提升自己。这是贤人的行为,大将的风骨,这样的人理应得到他应有的富贵啊!"

【解读】

一个缺少优点的人是自卑的,拿不出傲人的资本,自尊心大受伤害。其实,任何人都是有优点的,只要善于挖掘,总能找到自己的可贵之处。先天条件不足,一个人会受到各种打击和侮辱,没有理智的回击并不能使自己重生。缺点决不可放大,优点要靠自己建立。

【原文】

官忌拙显焉。

【译文】

官吏忌讳自己的缺陷显露。

【事典】

奉承不等于尊敬

南宋奸臣秦桧从小就天资狡险,能言善辩,他早年拜江伯彦为师,自视甚高。

一次，江伯彦的朋友来访，江伯彦向朋友夸耀说：

"在我的弟子之中，当属秦桧最为聪明，他是我的心爱弟子啊！"

江伯彦又把秦桧找来，命他背诵诗书。朋友当面又考问他一番，随后就默不作声了。

江伯彦再三追问朋友，朋友却说：

"你这个弟子聪明太过，性喜狡诈，锋芒毕露，似他这样毫无让人之心、只想算尽天下之人，是不会有善果的。我并不为他的聪明而感到高兴。"

秦桧25岁中了进士，娶妻王氏。王氏是北宋名臣王珪的孙女，王氏的亲姑夫曾任枢密使，有了这层关系，秦桧开始迅速升迁。到了靖康元年(1126年)，秦桧已任御史中丞的要职了。

金兵包围宋都汴京时，朝中形成了以张邦昌和李纲为首的主和、主战两派。秦桧为了保全自己，一面支持李纲主战，一面又和张邦昌勾结主和。

他的妻子王氏对他说：

"大敌当前，需要有明确的主张，你到底主还是战主和呢？"

秦桧一笑道：

"主战主和都不重要，重要的是我的权位，我谁也不能得罪。"

秦桧不久成为金人的俘虏。他不待多想，马上投降变节，做了金人的走狗。后来，他受金人指派回到宋室，充当了金人的奸细。

南宋宰相赵鼎一度被秦桧所蒙蔽，对人夸奖秦桧说：

"若论才能和聪明，秦桧都是不错的，他这个人若能改掉骄傲的毛病，可以大用。"

秦桧本是百般巴结赵鼎，听到赵鼎这般议论自己，不禁心中窃喜，对王氏说：

"赵鼎说我骄傲，以后我这方面要极力掩饰了。他这个人愚笨已极，只要我再用一点手段，不愁他不会中计了。"

秦桧于是自作谦卑起来，对谁都点头哈腰，满脸赔笑。当有人提到赵鼎时，秦桧总是恭恭敬敬地道：

"宰相大人德高望重，学富五车，我等鼠辈哪能和他老人家相比呢？宰相大人令我们学习的地方太多了，能和宰相大人同殿为臣，我们是太幸运了。"

在赵鼎面前，秦桧更是服侍周到，毕恭毕敬，一待赵鼎言罢，秦桧总是第一个叫好，脸上充满仰慕之情。

赵鼎为人诚实忠厚,却有喜欢被人奉承的缺点。他越来越喜欢秦桧,不时教导秦桧说:

"你聪明过人,各方面都有出色的表现,只要你在务实上再多下功夫,相信你的前途不比任何人差啊!"

秦桧于是做事更加努力,常常在赵鼎面前和同僚讨论政事,并随时向赵鼎请教。

赵鼎逢人便称赞秦桧贤能,甚至十分自信地说:

"秦桧能成大事,当在我之上了,这一点我是不会看错的。"

赵鼎的同僚观察秦桧多时,提出了不同的看法:

"秦桧做事处处迎合大人,向来没有自己的主见,这不能说明他诚实可靠,只能说明他是个狡诈的人呐!秦桧聪明不假,可他事事讲究算计,完全是逢场作戏,这样的人怎会成为忠臣呢?他的面目一旦被人揭穿,下场就可想而知,大人切不可重用他。"

赵鼎为秦桧争辩道:

"秦桧对我那是尊敬,这有什么不对吗?朝廷需要人才,我要荐举他。"

赵鼎于是举荐秦桧与自己共主朝政。秦桧欣喜非常,对王氏说:

"我的智计果然奏效了,这是我苦思筹划的结果。赵鼎不是我的对手,下一个我该扳倒他了。"

王氏也一脸喜色,出言道:

"满朝文武,只有你是最聪明的,怎会不高居人上呢?赵鼎等人不识智计,倒霉自是应该了。"

秦桧接着抓权揽势,培植私党,不断设计陷害赵鼎。几经周折,赵鼎终于失势,被赶出朝廷。

赵鼎此时看清了秦桧的嘴脸,对秦桧告诫说:

"你不要高兴得太早,你骗得了我一人,骗不了天下人。来日方长,你这样的阴险小人终会自食其果。"

后来,秦桧终因坏事做进而遭天下人的声讨。秦桧死后,被谥为"谬丑",他的墓地经常有人便溺,人称"遗臭坑"。

【解读】

和平民百姓不同,人们对官吏的要求是很高的,百姓可以没有可取之处,而官吏就要德才兼备才行。可事实上，封建官场的官吏多是难以服众的，封建当权者的用人之道也是大有问题的，他们只是善于藏拙罢了。不显露缺陷，不等于没有缺陷，对精心掩饰自己的人不可不察。

【原文】

大拙不明。

【译文】

大的缺陷是不知世理。

【事典】

乖张无好运

隋朝末年，义军纷起，天下一片混乱。以李密为首的义军势力强大，是争夺天下的有力竞争者。

打了不少胜仗之后，李密骄傲起来。他不体恤爱护士兵，军中又一向不积蓄钱帛浮财，士兵立了战功，竟没有东西赏赐。

军师徐世勣内心焦虑，对李密说：

"士兵冲锋陷阵，生死苦战，主公不奖有罚，这是鼓动不起人心的。我担心从此兵不力战，士气不振啊！"

李密蔑然一笑，说：

"你的担心是多余的，你不知道，不奖有罚，正是我的智计。我就是要让士兵知道，只有不断征战才会有所收获，否则，士兵安于奖赏，他们会懈怠的。"

徐世勣哭笑不得，哀声叹道：

"这种智谋不仅不足取，也过于露骨，怎会有功效呢？主公还是改弦更张，另谋更有效的方法。"

李密不听，士兵们怨声载道。

李密不恤士兵，反是十分优待投降的隋军将领，对其赏赐丰厚。他对手下人说：

"优待降将，必能瓦解敌人士气，争取更多的人倒戈，在此，我们不能吝啬。"

有人质疑说：

"主公不赏士兵，反赏降将，只会激起士兵的不满。主公优待降将用意虽好，但意图明显，人人得见，只会使士兵感到不公。主公厚此薄彼，实不为高。"

李密勃然大怒，说道：

"我优待降将，就是要大张旗鼓地宣传，否则，无人得知，又有何功效？士兵随我多年，应知道我的苦心，他们不该怪我。此事不可更改！"

李密开仓发放粮食，任凭来求取粮食的人随意拿走，不加任何限制。徐世勣见事不妥，忙规劝说：

"粮食乃生存之根，十分宝贵，主公怎会任人领取呢？主公应加限制，留有余粮。"

李密回答说：

"我这样做，乃是让人知道我军粮食充足，使其知难而退。如此显示我军的实力，不是很好吗？"

李密

徐世勣急了，大声道：

"这只是一厢情愿，并不足取啊！纵是智谋，也要暗中行之，方有功效，何况此计乃自我损毁，于敌无损，主公这样做太不明智了，需马上改过。"

李密并没有听从徐世勣，司仓贾润甫接着进言道：

"主公的智谋只是为了显示我军实力，可取得人民的拥护才是夺取天下的根本。现在老百姓没有粮食吃，多有饥饿而死的，他们会怎么看待主公呢？仓廪的粮食总有被拿尽的时候，没有了粮食，谁又会追随主公呢？此事关系甚大，主公不可轻视草率。"

李密自认无失，仍然坚持自己的主张。

徐世勣对李密的作为十分伤心，对心腹说：

"主公行事乖张，虑事不周，也就罢了，可怕的是他又拒绝规劝，不肯改过。主公这样耍弄小聪明，我担心大事难成啊！"

由于徐世勣的进谏不止,李密心中不快,便把徐世勣调到外地镇守。

临行之前,徐世勣放心不下,又进言道:

"主公聪明过人,但行事不可不慎,主公在此千万小心。"

李密不耐烦地挥挥手,说:

"事无定法,你何必这样固执?我做事自有分寸,无须多虑。"

李密从此更无顾忌,干下了许多傻事,连连惨败。最后,李密投降了李渊,接着又因反叛被杀。

【解读】

人世间的一切都是有理可循的,依理为人做事,就不会有大的偏差。不知世理,一个人便无所凭仗,只能带来自作自受的结果。世理不是想当然的,对此无知一定要多加学习,多加请教。藏拙绝非目的,补拙才能免忧。为官不可有此缺陷,如此治世会给很多人带来灾难。

【原文】

小拙不悟。

【译文】

小的缺陷是没有感悟。

【事典】

重在积蓄力量

清朝的缔造者努尔哈赤十五岁时,因不堪忍受继母的虐待,带着十岁的弟弟寄居在外祖父王杲门下。

1574 年,王杲与明军作战,明边军总兵李成梁率军攻破王杲的城寨,努尔哈赤和弟弟双双被俘。明军杀红了眼,努尔哈赤一见大事不好,为求保命,一向刚毅的他马上换了一副面孔,一下跪在李成梁马前,哀嚎着对他说:

"王杲和朝廷作对,罪该万死。身为他的外孙,我为他感到耻辱。只恨我年纪太小,不能劝他归顺朝廷,只请大人饶我一命,日后为朝廷效力。"

他声泪俱下,又假意请求李成梁赐他一死,此情令李成梁心有不忍,于是赦其不死,把他们兄弟收在帐下,充作幼丁。

努尔哈赤逃过死劫,暗自庆幸。为了赢取李成梁的欢心和信任,他日夜服侍李成梁,虽苦亦无怨言,表现得十分尽力。

征战之时,努尔哈赤冲锋在前,每有凶险必主动请战。几次战功让别人抢去,他也从不多言,暗自隐忍。他的弟弟向他诉苦说:

"你我乃女真人,虽多有战功亦不受信任,这都是军中上下欺瞒的缘故。你不怨不怒,难道真的没有感触吗?"

努尔哈赤小声对他说:

"困守在此,为求他日腾达,弟弟又何必在意今日之辱呢? 你我若不知凶险,凡事认真计较,只怕自讨没趣了。"

李成梁见努尔哈赤勇猛讷言,不贪不争,渐渐信任他了,开始委以重任。他的弟弟安下心来,却不料努尔哈赤告诫他说:

"大丈夫能屈能伸,岂能因李成梁的器重而改变志向? 我们志不在此,你千万不要对朝廷心存幻想。"

1577 年,努尔哈赤和弟弟商量离开军营,弟弟不舍地说:

"我们忍辱多时,历经辛苦,方有今日。如今一日尽弃,前途渺然,这太可惜了,不如另做打算。"

努尔哈赤气愤地说:

"贪图富贵,不是我当初忍辱之初衷,机不可失,我们回到家乡,当有另一番伟业,岂能苟且在此?"

他说服了弟弟,偷偷离开了李成梁。

1583 年,努尔哈赤以父祖遗甲十三副起兵。当时,他的力量十分弱小,女真各部落都轻视他,有的还暗中勾结,对天盟誓要除掉他。

追随努尔哈赤的人十分气愤,鼓动他向仇视他的女真部落开战,努尔哈赤虽也愤恨,却开导他们说:

"我们弱小无依,受人欺侮若不能忍耐,只能授人口实,让自己加速灭亡。好在他们还没有公开挑战,我们正好故作不知,积蓄力量。"

努尔哈赤暗中招兵买马,敌视他的人怕他壮大,竟派刺客于夜里刺杀他。时刻警戒的努尔哈赤抓住了刺客,他的家人想把刺客一刀杀死,不料努尔哈赤却拦住了

他们,对刺客高声说:

"你是来偷牛的吧!"

刺客于是马上说:

"我是偷牛的,你们不能杀我。"

家人当面戳穿刺客的谎言,努尔哈赤仍佯做不知,为刺客辩解说:

"我和他无冤无仇,他没有理由杀我。偷牛小事一桩,你可以走了。"

放走了刺客,努尔哈赤这才对家人说出了自己的真意,他说:

"我们的敌人能派人杀我,必想和我一决死战。我若将他杀死,他们握有口实,一定会撕破脸皮,放胆来攻。现在我们人少兵弱,势难抵挡,一旦开战绝无胜算。我们忍下大辱,却换来喘息之机,孰轻孰重呢? 我是不想因小失大啊!"

【解读】

没有感悟便要再犯同一个错误,如此,为官之路就会曲折多难了。做官要会总结经验教训,不能没有头脑,否则。再多的经历也不能变成宝贵的财富。悟性不高,人们会轻视他;不屑感悟,人们会蔑视他。不要只在实战中开启自己的悟性,要在平日里多思多想,永不懈怠。

【原文】

难为不为。

【译文】

难以做到的事情不要去做。

【事典】

不给人攻击的口实

三国时期,孙权承父兄之业,坐领江东,成了三足鼎立的霸主之一,却迟迟没有自称皇帝。

起初,曹操自封为魏王之时,孙权却写信劝说:

"你英武不凡,天命在你,只要你登上大位,我孙权第一个拜服在你的脚下。只要你剿灭了刘备,荡平西川,到时我自会献出土地,俯首称臣。"

曹操一眼就看穿了孙权的用心,笑着对人说:

"孙权表面愚钝,其实智谋深不可测,他这是让我激怒天下,陷于孤立,想把我放在火炉上烧烤啊!"

曹丕称帝后,孙权没有半句声讨,反而派使臣携带礼品和书信前去讨封。曹丕封孙权为吴王,加九锡。孙权的臣属们大感其辱,纷纷进谏孙权说:

"曹氏篡汉,乃为奸逆,主公不顺天讨伐,却归附屈从,天下会耻笑主公愚钝的。我朝占据江南,地广兵足,早该自立建国,更不能接受曹氏的封号。"

孙权不急不躁,懒懒地说:

"大势已成,就该顺时应命。当年刘邦也曾接受项羽的汉王封号,并不有损他日后的建功。只要没有实质伤害,惹人非议就不足论道,我是决心接受了。"

孙权不拒封号,有人便说他胸无大志,甘为附庸。孙权也不计较,在表面上对曹魏十分恭顺。

不久,曹丕派遣使臣索取雀头香、大贝、明珠、象牙、犀角、孔雀等物产,孙权一口答应,没有半点犹豫。曹丕的使臣十分高兴,不想却让孙权的臣子群情愤怒,他们私下埋怨孙权愚顽,还集体上奏说:

"曹氏索取无度,俨然以天子自居,把主公视为臣属,这是绝不可接受的。主公不识其奸,竟全然应允,不仅让主公威名扫地,也令天下百姓失望。我等冒死进谏,恳请大王收回成命,驱逐曹氏的使臣。"

孙权见众臣不解其意,只是一笑。他召来众臣,指点道:

"从前惠施尊奉齐国为盟主,有人指责他自贬太过,为他国立威。惠施于是说:'有人要打他爱子的头,他想用石头代替爱子的头。头贵石贱的道理人人知道,这样做正是如此,有何不可呢?'现在曹魏时刻在打我们的主意,百姓依赖于我,他们便是我的爱子。曹魏所要的,在我眼里却是不足道的东西,若能用此换取百姓的平安,还有什么可惜的呢?"

他备足物产,一样不缺地让魏国使臣带回,曹丕十分得意。

孙权的臣子多次劝说他自立为帝,孙权每次都推辞说:

"汉室既已衰落,我救之不及,已自责难当,何能忍心与之争夺天下?"

群臣怪他愚不可及,心中十分失望。孙权见众人误解了他的真意,便也担心人心涣散,无奈之下,才吐露心声说:

"我方两面受敌,凡事不可显智好强,促敌早日对我下手。我接受曹氏册封,不忤其意,就是为了蒙蔽于他;我不称尊,也是为了不给人攻击的口实。只要时机成熟,这表面文章我是不会再做了,请你们放心。"

后来,刘备死在白帝城,曹丕也去世了。孙权见对手个个衰落,遂去掉伪装,于229年称帝。

【解读】

人有逞能好胜之心,便要做力所不及之事,这会暴露自己的所有短处。一时无功没有大碍,一次失败就可毁了一世英名,人们当要压抑野心,不在强求。有些缺陷是自己不知的,有些事情是要等待的,否认这些就不算明智了。做事重在有成。而不是让自己的声誉毁于一旦。

【原文】

能为有让也。

【译文】

能够做到的事情也要谦让。

【事典】

保持谦恭之态

北宋时,江州德安人夏竦天资聪颖,十分好学,几乎无所不通,被推荐为贤良方正,提升为光禄寺丞。

夏竦入仕之后,绝口不提自己的才学,对上司恭敬异常。即使上司无端指责,他也不做任何抗辩,全盘接受。有人问他说:

"你无所不通,怎会甘心接受上司的刁难呢? 分明是上司无知无能,你本可以将他驳倒啊!"

夏竦回答说:

"我遍习诗书,所知的道理不过是知人识性而已。上司是我的长官,他纵是再无能,也可决定我的命运,我不依附他,受损的只是自己,我会干这样的傻事吗?"

夏竦乖巧听话，又有才学，很快便给人好感，连连升迁。

大臣王旦一向被夏竦所吹捧，便多次举荐夏竦。王旦对真宗皇帝说：

"许多读书人一旦有了才学，便狂妄不礼，为人清高，不服管教，这样的读书人实际上对治理国家并无大的用处。夏竦才学了得，但谦逊知礼，完全没有读书人的坏毛病，陛下应该重用他。"

真宗召见夏竦，问他说：

"你以才学为重，还是以服从为重？"

夏竦揣测真宗的心意，回答道：

"忠臣向来以忠为要，臣自是以服从为重。人倘若无忠心，纵使他有天大的才学，也不会为国家造福。"

真宗点头称道：

"你说得不错，一个人若以才学为重，他便会目中无人，无礼犯上，朕不能信任这样的狂人。"

真宗让夏竦在资善堂教太子读书。

夏竦对太子十分恭敬，即使太子犯错，他也不加指责，而是百般迁就。一位大臣就此责怪他说：

"你身为太子的老师，责任重大，不该为了讨好太子而纵容其过。你的学问不是不精，怎会连这个道理都不懂呢？"

夏竦一笑道：

"太子乃人中之龙，上负天命，聪慧无比，我等俗人是不能好为人师的。你所说的过错并不为大，我怎能目无尊卑地指责太子？严守臣礼才是最重要的，这一点你可以不知，而我却不可以不懂。"

太子常向真宗夸奖夏竦，真宗听了高兴，不久就让他修纂起居注，负责皇上饮食起居的记录。夏竦心中兴奋，对家人说：

"我日渐讨得皇上的欢心，还怕没有美好的前程？皇上不断将大事委托于我，这就是我发达的前兆啊！"

夏竦十分小心，为了讨好真宗，连说话的口气也私下反复练习，不敢大意。家人问他说：

"你的学识早在众臣之上了，还用得着如此小心吗？皇上欣赏你的才学，难道这些还不够吗？"

夏竦认真地说道：

"天下人才济济，哪里缺少有才学的人呢？如果我把自己的才学当真，那么势必心生傲气，保持不了谦恭的态度了。皇上之所以喜欢我，并不是喜欢我的才学，而是喜欢我的恭顺，此节如果不知，定会大有差错，你们就不要乱加指点了。"

真宗对夏竦日增好感。一次，真宗在群臣面前夸奖夏竦，说：

"有大才学，又有谦恭之心，这样的人是不多见的。许多人往往恃才傲物，事事以为己能，朕想让他们好好学学夏竦，夏竦没有他们的毛病，可见才和傲并不是天生连成一体的。"

夏竦不断得到真宗亲自提携，升迁甚速，不久就位居显贵。

【解读】

做事的态度有时比成败重要，没有谦让，成功了也会遭人厌弃。会做事是个优点，如果因此就傲慢自负，就会把这一优点全然抹杀了。不能表现自己的傲气，封建当权者决不容别人目中无人。谦让是人才的护身符，骄傲是人才的惹祸根。抑骄示谦，应是人才的第一戒律。

【原文】

君子内忍。

【译文】

君子的内心是忍耐。

【事典】

把握时机

明朝奸相严嵩当政二十多年，很多忠臣都被他害死，朝中官员升迁贬谪，全凭贿赂多少而定，正义之士深恨严嵩，一时却无计可施。

徐阶身为重臣之一，忧心如焚，见形势对严嵩有利，便采取韬光养晦之计，故意不问政事，还和严嵩交往颇密。

一次，徐阶和严嵩闲谈，说到朝中大臣反对严嵩的人时，严嵩恨恨地对徐阶说：

"我为朝廷尽力,为皇上分忧,不想那帮小人不识大体,背地里还说三道四,太可恶了,我想重重地惩罚他们。"

徐阶深知严嵩狠毒,若是朝臣有骨气者都被他贬逐,那么以后更无扳倒他的希望了。念及此节,他便故作惊讶地说:

"大人受此冤枉,我徐阶第一个不能和他们善罢甘休。不过按理说朝中当无这种不识时务之辈,大人可知他们为谁吗?"

严嵩一一说出名姓,徐阶倒吸口凉气,表面上却犹豫起来,故作哀声。严嵩动问之下,徐阶便说:

"他们实在该死,可若将他们一一治罪,也不是上上之策啊!一来皇上恐有疑虑,二来把这些人一下揪出,也显得大人为政无方,驭人有失,这对大人的清誉十分有害。"

严嵩听之在理,便问他有何良策,徐阶这才故作低声说:

"我可替大人出面,对他们动之以情,晓之以理,如若他们不改弦更张归附大人,到时再治他们之罪不迟。若是他们投靠了大人,大人不仅去了强敌,更增添了大人的势力,如此一举两得,岂不最好?"

严嵩连连称好。徐阶于是分别拜访和严嵩作对的大臣们,对他们说:

"严嵩现在如日中天,皇上又沉迷道事,与其打虎不成,反受其害,何若暂时忍耐,以待他日?你们为国为己,都该保此名位,留下性命,否则,来日和严嵩对决,朝廷又依靠谁呢?"

那些大臣听从了徐阶的劝告,佯装依附严嵩,且上门请罪。严嵩大悦,对徐阶信任有加,以为知己。徐阶丝毫没有放松戒备,为了进一步和严嵩拉上关系,彻底打消他的猜忌,竟不惜把自己的长子之女,嫁于严嵩之子严世蕃的儿子为妻。

嘉靖四十年(1561年)冬月,嘉靖皇帝居住的西苑永寿宫被火烧毁,在议论皇上该暂住何处时,严嵩向嘉靖皇帝提议应暂住南宫。徐阶这回见有机可乘,便私下对嘉靖皇帝说:

"南宫乃先皇被景帝囚禁之地,这是大不吉利的所在。严嵩明知此节,却偏偏出此主意,可见他居心叵测,实不敢想象了。从前多位大臣都曾上书弹劾他,我还不敢相信,如今看来,他不仅下压百官,更是大不敬陷害皇上,此贼不除,还有天理了吗?"

嘉靖皇帝被触到痛处,也下了决心。

为了彻底根除严嵩,徐阶又利用嘉靖皇帝迷信道教的特点,伪造乩语,表明罢黜严嵩是神仙玉帝的旨意。这样一来,嘉靖皇帝对严嵩再无半点顾惜,马上传令将严嵩罢官;其子严世蕃也被斩杀了。

【解读】

缺少耐性是做不成君子的,君子对世事明察秋毫,他们的内心包容一切。没有急躁和误判,一个人就会深沉机智;坚信道义必胜,一个人就会平静守候。君子在任何时候都是轻松的,他们不动声色,却从不放弃自己的目标。不为人知的忍耐,才会有着出奇制胜的效果。

【原文】

小人内凶。

【译文】

小人的内心是凶狠。

【事典】

心术不正为大患

隋朝的开国功臣杨素在年少时,放浪不羁,不拘小节,很多人都不了解他,说他胸无大志,没有出息。

杨素祖父的兄弟杨宽和众人的看法不同,认为杨素才能出众,将来必成大器。一次,杨宽对自己的子孙说:

"杨素看似放荡,其实是有卓越才能的,你们不可小看他。"

杨素得到杨宽的赞扬,心中欢喜,拿了许多贵重礼物去看杨宽,开口道:

"小辈承蒙大人夸奖,感激万分,特向大人致谢。"

杨宽听他甜言蜜语,脸上有了不悦之色,对杨素说:

"我称赞你是真心的,而你重礼来谢就不应该了。你这个人喜欢被人夸奖,不仔细思量其中的原因,我担心你日后不辨真伪,受人利用啊!"

杨素走后,杨宽显得焦虑,对自己的子孙说:

"杨素虽有大才,但从他今日恭维我的言行看,他的心术大有问题。他如果不走正道,必成大恶,其败亡也是逃不掉的。"

隋文帝杨坚在位时,杨素极受宠信,大权在握。他收取了很多贿赂,心中却丝毫没有负罪感。杨素曾对自己属下说:

"我征战半生,今日享受荣华富贵是应该的。大臣们仰慕我,给我送钱送物只是他们在表示敬意,我怎能忍心拒绝呢?"

属下提醒他:

"他们有事求大人关照,这才会不惜重金相送,他们都是势利之徒啊,大人应该防范他们。"

杨素轻蔑一笑,道:

"于公于私,他们都是该孝敬我的,他们是好是坏,都威胁不到我的地位。只要他们知趣,我就不会为难他们。"

文帝杨坚让杨素监督营建仁寿宫,杨素下令削平山岗,添平沟谷,督促民工特别严厉,致使服劳役的人死亡很多。有人见之不忍,于是劝杨素道:

"皇上仁爱宽厚,性爱节俭,如今大人大兴土木,不惜民力,岂不会让皇上不悦?大人如果让皇上发怒,那么便是弄巧成拙了,请大人三思。"

杨素摇头说:

"我负责营建宫殿,如果宫殿不够气派,那才是对皇上的不敬呢。我有心使皇上满意,这个机会岂能错过? 我想过了,大不了皇上责备我几句,皇上绝不会真心怪我的。"

仁寿宫建成之后,文帝杨坚让高颎前去视察。高颎回来上奏说:

"杨素为讨陛下欢心,宫殿建得太过华丽,花费金钱无数,死亡的民工更是不少。杨素慷国家之慨,向陛下邀宠,他这个人用心不良,陛下要当心呐!"

文帝杨坚十分生气,当面训斥杨素说:

"你违背朕的心意,浪费了大量人力物力,是何居心呢?"

杨素巧言辩解:

"天子当有天子的气派,臣只担心宫殿不能显示陛下的威仪,并没有考虑臣个人的荣辱,陛下当知臣的忠心啊!"

杨素私下又向独孤皇后求情,文帝杨坚这才怒气消散。

高颎经此一事认清了杨素的嘴脸,一再进谏说:

"陛下贵为天子,人人都向陛下保证效忠。陛下不可盲目听信他们的话,一定要仔细分辨方能识别忠奸。臣看杨素其人,表述忠心最多,却屡屡干下不忠之事,是个口是心非的人,将来必不会忠于陛下。"

文帝杨坚实难相信,他说:

"杨素屡立战功,才能卓著,讨好朕也是为了保住他的权位,这是人之常情,有何可指责的呢?"

高颍正色道:

"小人不会平白无故接济他人,他们做事只为自己,都是有明确的用意。现在天下无事,杨素自是不敢作乱,一旦事有突起,杨素就要现形了。陛下重用何人,关系国家兴亡,陛下要慎之又慎啊!"

文帝杨坚终没有纳谏,只是口头警告杨素说:

"朕富有四海,你就不要进献财物珍宝了。朕最需要的是你的忠心,望你时刻记在心上,不可违逆。"

杨广为了谋夺君位,极力拉拢杨素,为此舍出大量奇珍异宝,源源不断地给杨素行贿。杨广对心腹说:

"杨素这个人深受皇上宠信,是个极有用的人物。他虽会伪装,但终是个好大喜功、贪婪无度的小人,我深信金钱可以收买他,一定会奏效的。"

杨素果然收下了杨广的财宝,成了杨广的死党,开始为杨广卖力。后来,文帝杨坚病危之时,杨素替杨广策划宫廷政变,而且亲自上阵,将文帝杨坚肢裂在病榻之上。

【解读】

小人极力伪装和善,但他们的凶狠本性还是会暴露的。善识人者可看透小人,善察人者可见其破绽。被小人的表演所骗,便会信任小人;不听从智者的规劝,不会远离小人。小人纵有才能,也不会真心为善,一有机会,他们就要为恶了。小人不会因为人们的宽容而走上正道。

【原文】

以优为拙,至明也。

【译文】

把优点当成缺点，这是最明智的。

【事典】

莫以英雄自居

三国时期，曹操打败了吕布，占领了徐州，势力进一步壮大。弱小的刘备虽有宏愿，但迫于形势，只有暂时依附于曹操。

曹操人称奸雄，对刘备并不放心。他对心腹手下说：

"刘备素有大志，眼下无奈归顺于我，谁知道他是否真心呢？你们要对他严加防备，一有异常，速来报我。"

刘备随曹操到了许都，暗中却和董承、种辑、吴子兰、王服等大臣结成了灭曹的联盟。为了不让曹操生疑，刘备表面上不问政事，只在后花园种起菜来。

关羽、张飞见兄长不务正业，不安地问他说：

"我们大事受挫，寄人篱下，如今兄长种菜浇园，不是更让人笑话吗？"

刘备只笑不答，依然如故。

刘备的举动让曹操琢磨不透，为了探试他的真意。一天，曹操在亭中备下梅果，请刘备前来饮酒。

刘备应邀而来，心中忐忑不安，唯唯诺诺，一句话也不敢多说。

曹操脸上带笑，嘴上说：

"玄德公见闻广博，可知当今的英雄为谁吗？"

刘备不明曹操真意，含糊道：

"我孤陋寡闻，所知甚少，不过依我看来，淮南的袁术可算英雄。"

曹操一笑，忙道：

"袁术哪里算得英雄？他不过是坟中的枯骨罢了。"

刘备急忙赔笑，故作高声说：

"河北的袁绍，出身高贵，兵精粮足，占据四州之地，他一定是个英雄！"

曹操正视刘备说：

"别人都以为他是个英雄，而我看来则不然。袁绍外表厉害，内心胆小，干大事怕危险,见小利不要命,这样的人迟早会被消灭。"

刘备表面上惊讶,心中却盘算对策。曹操再问,刘备又说:

"刘表坐镇荆州,为人谦和,颇能礼贤下士,他还算不上英雄吗?"

曹操摇头道:

"刘表徒有其表,与实不符,你太高看他了。"

刘备又举出孙策、刘璋、张鲁等人,皆被曹操一一否定。刘备心中慌乱,最后说:

"我一个无用之人,实配不上谈论天下英雄,还请勿怪。"

曹操笑看刘备,一字一顿道:

"玄德公真的不知吗?"

刘备摇头不止。曹操忽敛笑容,正肃说:

"英雄者,要胸怀大志,腹有良谋,非等闲人也。"

刘备精神紧张,故作轻松说:

"这样的人太少了,望请赐教。"

曹操沉吟片刻,忽道:

"能称得起英雄的,只有你和我啊!"

刘备心惊非小,筷子掉在地上。正巧天边炸雷响起,刘备掩饰说:

"我的胆子太小了,刚才的雷声真的把我吓坏了。"

曹操见刘备色变,真的以为他是个胆小鬼了,不禁疑心顿去,忍不住哈哈大笑起来。

刘备惊魂不定,回到府中仍冒着冷汗。他对关羽说:

"曹操奸诈,果不其然,这个人我们一定要小心应对。现在我暂时瞒过他了,只怕日后他终会察觉啊!"

刘备日后愈加伪装,不敢有丝毫大意。曹操对他的戒心渐去,放松了对他的监视。最后,刘备寻机离开了许都,逃离了凶险之地。

【解读】

难以捉摸的封建官场教人小心,也催生人的智慧。藏拙是必要的,藏优也是要有的。如果因嫉生恨,那么优点就不是优点了。不以优点为优,一个人便没有了显耀之意;自感行无尽善,一个人就会有更多的善举。任何优点都不能傲世,否则,它给人们带来的就不是什么好事了。

【原文】

以拙为优,至愚也。

【译文】

把缺点当成优点,这是最愚蠢的。

【事典】

实力不可高估

东汉末年,割据淮南的袁术有了一些力量,便想称帝为君。

一日,袁术召集手下人说:

"从前的汉高祖,不过是一个小小的亭长,屡战屡败,像他这样低微的人都能为君,可见皇帝人人都可当得。我现在拥有淮南,地广粮多,正是建功立业的好时机,应该顺从天意,正位为君。"

袁术的手下贪鄙者很多,也都想再进一步,于是不少人附和说:

"主公英明,百姓拥戴,这是众望所归的。一旦主公继承大位,天下有主,名正言顺,主公要统一天下就不是什么难事了。"

袁术听来舒心,眉开眼笑。

主簿阎象没有附和,站出来反对说:

"皇帝乃是天下至尊的名号,人们夺之不惜杀亲断义,无所不用其极,结果只有天下最强者才能据为已有,而其他人无不是白白送了性命。时下天下大乱,诸侯林立,主公虽强,但还不是独占鳌头,这个时候如果贸然称帝,那么只会引火烧身,招致天下诸侯的围攻,主公仍需等待啊!"

袁术把眼一瞪,气道:

"众人皆说可行,独你横加阻拦,难道只有你最高明吗?这件事我考虑了很久了,你不要再说了!"

阎象被无情斥责,心中郁闷,回到府中,连声哀叹,几日都食不下咽。

阎象的一位好友前来探问病情,不解地对他说:

"主公袁氏四世三公,乃世代贵胄,主公如今又兵精将广,称帝未尝不可。你在殿上当众反对,而且言辞激烈,好像大祸临头一般,为什么会这样呢?"

阎象苦泪流下,凄然道:

"主公贪图皇帝的名号,众人又攀附富贵,这样下去只有灭亡了。其他诸侯比主公实力强的不在少数,他们为何不称尊呢?这就是他们的见识了。我们并不强大,却偏偏好名重利,这不是大祸临头吗?"

好友被阎象说动,立刻紧张起来,急促地说:

"此事关系我军兴亡,我等不能坐视主公自毁,应当冒死进谏呐!"

阎象见好友仗义,马上有了精神,他们一同求见袁术,劝他改变主意。

袁术不待他们把话说完,便翻脸道:

"你们串通一气,就是要说这些废话吗?我掌控大局,做事岂能随意?你们不知深浅,还不速速退下!"

赶走了阎象二人,袁术气犹未消,对自己的宠妾说:

"遍观天下诸侯,有资格称帝者非我莫属,正所谓当仁不让,我为何要落在人后呢?阎象他们是杞人忧天啊!"

宠妾艳羡富贵更切,怂恿道:

"大王所说极是,皇帝之位哪有让人的?此事宜速速实行,一旦既成事实,别人就不会烦扰大王了。"

袁术于是匆忙称帝,乘龙凤辇,立台省等官。

消息传出,天下诸侯同声指责袁术僭称帝号,大逆不道。袁术不以为然,接着又贸然和吕布开战,遭到惨败。

袁术派人去江东向孙策借兵,不料孙策开口便说:

"一个无德无能的人竟敢自称皇帝,只会被天下人鄙视。我孙策不屑与无耻之人交往,恕难从命。"

袁术听使者回报,暴跳如雷。

袁术准备讨伐孙策,长史杨大将苦谏,对袁术说:

"我军刚败,不可再战,主公既已称帝,当广布仁德,不能只靠打杀了。"

袁术称帝之后,日益孤立,实力不断削弱。汉献帝建安四年(199年),袁术穷途末路,兵败吐血而亡。

【解读】

把自己的短处当成长处，其人就不能扬长避短，这是最严重的方向性错误。迷失方向无法走到终点，混淆优劣定会走向歪路，只有最愚蠢的人才会如此。个人的思想不能违背公理，特立独行也不是刻意和大众唱反调，一切必须是有理智的。失去理智，便会失去一切了。

去患第八

为官者不能深谋远虑,其人就不是做官之材。封建官场是祸患的多发之地,做任何事情,人们都要把安全放到第一位。高位意味着高风险,要高度警惕;官职决定位置,低位之人要低调行事。不主动挑战强者,是弱者的生存策略;没有相争,就会少了许多相残。一个人可以有许多错误,却不可犯不明形势的错误。幸运总是意外的,用高境界来处理俗事,可把祸患消除在萌芽之中。

【原文】

民智憎患也。

【译文】

百姓的智慧是憎恨祸患。

【事典】

学会虚与周旋

金朝时,海陵王篡夺皇位,召张浩作户部尚书。张浩为人正直坚贞,出乎所有人的预料,他竟欣然奉命。面对他人的非难,张浩显得若其事,私下却对自己的家人说:

"皇上残暴无道,稍有反抗者一律格杀勿论,我之所以忍受耻辱,只为他日救国救难啊!我一死是易,可这样做又能改变什么呢?这不是智者的做法。"

张浩操心国事,海陵王见他不怨不怪,十分满意。不久,张浩又被提升为参知政事、尚书右丞。

张浩总是小心伺奉海陵王,不时向他加以劝谏。每逢海陵王大怒之时,他又保持沉默,不进一言。有时,他甚至不顾众人非议,当面向海陵王说些诌媚的好话,只为了让海陵王一笑。

一些人认为张浩可耻,十分鄙视他,有的私下怪他说:

"你表面上以君子自居,可到了关键时候,却是小人的嘴脸,你的一世英名,为此丧尽,你不感到可惜吗?"

张浩一笑说:

"轻易得出的结论,终是不准确的,我们日后再说吧!"

张浩外表快乐,内心却十分痛苦,一次,他夜里哭醒,家人就劝他说:

"我们衣食不缺,看你这般难受,何不辞官求乐?"

张浩怅怅摇头道:

"躲避是懦夫所为,于己有利,却于国有害,我怎会干这等事呢?"

张浩事事用心,海陵王开始以他为心腹,封他为蜀王,晋升他为左丞相。海陵王还当面对张浩说:

"你为朕尽忠,朕记挂在心,你是不会被亏待的。"

海陵王想要讨伐宋朝,张浩加以劝阻说:

"天不灭宋,陛下何能灭之? 不如养兵待机的好。"

海陵王不听,问他说:

"宋室势危,正见天不佑之,何能失去这大好良机呢?"

张浩耐心道:

"赵构没有儿子,将来必立疏远的亲属,而这一定会产生内乱,到那时陛下不用兴兵,宋室也要臣服了,陛下时下何着急? 再说伐宋耗我大金国力,胜败难定,哪样结果都有弊端。"

海陵王点头称是,但仍受不住诱惑,整日部署南伐事宜。张浩几次觐见,海陵王都加以拒绝,他派人传话给张浩说:

"并不是朕不接受你的劝谏,而是朕伐宋决心已定,不计代价了。朕要名传后世,终要有所牺牲的。"

后来,海陵王在伐宋中兵变被杀,张浩马上向在辽阳继位的世宗完颜雍上表祝贺。他在表文中说:

"逆君已死,人心大快,臣忍隐多年,终可畅所欲言了。陛下宜整治天下,清除逆党,臣誓死尽力。"

世宗完颜雍十分赏识张浩的才能,更为他的智慧心动,嘉勉张浩说:

"你是国家的元老,为国之大体,你虚与逆君周旋,不致国家有大的伤害,这都是你的功劳啊!朕要再次任用你担任丞相,望你不要辜负朕对你的希望。"

至此,时人才醒悟过来,对张浩的看法改变。人们推崇他,只怪自己的无知与偏见了。

【解读】

憎恨祸患是人们的朴素情感。而只有憎恨却无济于事。普通人对祸患束手无策,只能把精力集中在祈祷上天的护佑上。官场中人不可有这样的想法,封建官场是祸患的多发之地,为官者不能只是因为憎恨就轻易选择逃离。寄身封建官场虽有耻辱。但是可以赢得救国救难之机。

【原文】

官智去患也。

【译文】

官吏的智慧是除去祸患。

【事典】

以防范为要

明太祖朱元璋在位之时,郭德成任骁骑指挥之职。郭德成的妹妹是朱元璋的妃子,每次入宫,妹妹总想让哥哥多呆一会,可郭德成就是不肯,每次都借故有事早早离开。

郭德成的妻子对夫君所为亦是不解,常埋怨他说:

"你和皇妃乃是至亲,多聊一会又有何妨? 皇上知道了也不会怪罪于你,你还怕什么呢?"

郭德成总是不肯作答,只说:

"我确有要事在身,怎可因私废公? 你不明情由,以后不要再妄加非议。"

郭德成不仅在此小心,和人交往尤其谨慎,特别对掌管司法的大臣和大大小小的狱吏,都十分恭敬,还半开玩笑半认真地说:

"有一天若是我犯在你们手里,请看在今日的情分上,让我少受些罪,我就感激不尽了。拜托! 拜托!"

那些人每到此时,总是笑着回敬他说:

"大人乃是皇亲,谁敢把你怎样呢? 你太多虑了,切勿再言。"

一时，人们都认为郭德成有些呆傻。

一天，朱元璋召他入宫，临走之前，朱元璋赏他两锭黄金，还让他莫对人言。郭德成谢恩收下，把黄金装入靴筒。快走到宫门之时，他突然脚下不稳，随后似醉汉一样跌坐在地，靴子也脱落了。宫中守卫一见靴子中滚出了黄金，立刻将他暂押，报与朱元璋知晓。朱元璋言明此事，郭德成才得以脱身。

事后，有人责怪郭德成太不小心了，郭德成只是一笑置之。私下，他却对妻子说：

"皇上严刑峻法，那些酷吏无孔不入，我随时都有可能被人栽赃陷害，牵扯进来，怎能不事事小心呢？我故意露出黄金，正是虑此啊！试想皇宫防卫森严，滴水不漏，我挟金而出，岂能瞒过众人？人家若说是我偷的，我也有口难辩。何况我妹妹服侍皇上，我出入无阻，万一皇上以此试探于我，这事就更麻烦了。"

郭德成的小题大做，其实并不为过。审视朱元璋的为人，确有那种可能。他当政期间，清洗丞相胡惟庸，牵连被杀的功臣、官僚有 3 万人；大将蓝玉一案，先后牵连被杀的有 1.5 万多人；空印案、郭桓案，被杀者更多达 8 万人。朱元璋如此残暴和无情，也难怪郭德成对他不敢轻信，处处防范了。

【解读】

去患始终是官场智慧的核心内容，为官者不能深谋远虑，其人就不是做官之材。在封建官场，祸患总是排在福禄前面，不先除去祸患，福禄就不能与人相见。做官要先想到难处和苦处。要先懂得处处约束自己，否则，他就只能得到不想得到的一切了。做官无小事，小心不为过。

【原文】

上患为上。

【译文】

上司的祸患是上司的高位。

心肠不能太软

前秦的皇帝苻坚,任用平民出身的王猛为相,统一了中国的北方,是个颇有作为的一代帝王。

淝水之战失败后,前秦帝国迅速瓦解,苻坚也被后秦帝国的姚苌所杀,结束了其轰轰烈烈的一生。

其实,苻坚是个心地善良、胸襟开阔的人,对人从不猜忌,即便是那些投降或被俘的帝王将相,也以礼相待,从不杀戮。甚至如鲜卑亲王慕容垂、羌部落酋长姚苌,他还引为知己,授予高官,赋予很大的权柄。

王猛生前曾劝谏苻坚说:

"陛下与人为善,也不能不分敌友。国家的死敌不是晋帝国,而是杂处在国内的鲜卑人和羌人。更让臣担心的是,他们的首领都在朝中身居要职,有的更握有兵权,一旦有变,国家就危险了。"

苻坚坚信只要诚心待人,对方一定能诚心待我。有此观念,他并未把王猛之言放在心上。王猛死后,苻坚对这些人更是信任不二,宠爱日隆。

淝水之战后,苻坚逃到洛阳,那些尚未到达淝水的大军也闻风溃散。鲜卑籍大将慕容垂见有机可乘,遂起反叛之心,借故黄河以北人心浮动,自请苻坚派他前去宣慰镇抚。

苻坚对慕容垂毫无防范,不仅痛快答应了他的请求,还亲自向他致谢。慕容垂渡过黄河后,立即号召前燕帝国的鲜卑遗民复国,建立了后燕帝国。

后来,迁到关中的鲜卑人,又在慕容泓的领导下,建立了西燕帝国。苻坚命他的儿子和羌籍大将姚苌征讨西燕,结果大败,苻坚的儿子阵亡。姚苌畏罪逃到北方,后又叛变,建立了后秦帝国。

鲜卑人和羌人的反叛,使前秦帝国陷入了灭顶之灾。不久,首都长安被困,苻坚突围西行,在五将山被后秦兵生擒,送到后秦皇帝姚苌的手上。

苻坚至此,仍怀有生的希望。姚苌二十年前犯罪当诛,在绑赴刑场处斩时,时为亲王的苻坚见他英武不凡,遂动了恻隐之心,将其救下。有此大恩,苻坚深信姚苌自会感恩图报,放他一马。

国学经典文库 智慧谋略全书 官智经 图文珍藏版

万没想到,姚苌先是向他索取传国御玺,继而百般污辱。苻坚万念俱灰,大骂姚苌忘恩负义。姚苌不待他多言,就把苻坚活活缢死。

面对如此惨剧,后秦的羌人部队都忍不住流下了眼泪。

【解读】

知道了致祸的原因,人们就该知道如何拯救自己了。作为领导者,他的高位是最吸引人的,有人和他作对,多是因为高位之故,与个人恩怨少有关系。不管上司多么正确,总会有人反对他;不论上司如何平易,总会有人指责他。高位意味着高风险,身处这个位置就要高度警惕。

【原文】

下患为下。

【译文】

下属的祸患是下属的低位。

【事典】

要有所保留

明洪武二十一年(1388年),解缙高中进士,授官中书庶吉士。解缙博学多才,机智善辩,明太祖朱元璋十分看重。

解缙受朱元璋礼遇,感恩万分,总是对人说:

"侍奉明主,乃读书人之幸也,我恰逢其时,敢不竭心用力?"

一天,朱元璋和解缙谈得高兴,禁不住开口说:

"朕与你明为君臣,却情同父子,望你尽可直言。"

解缙热泪盈眶,百般谢恩之后,便于当天呈递了万言书,对时政多有直谏。

在万言书中,解缙有这样的话:

"陛下进用官员不分贤与不贤,授给职务也不分轻重。建立不为君主所用之法令,所谓取之锱铢必尽;又置朋党为奸之法律,所谓的用之如泥土。监生进士,明白儒家经典又品行端正,可他们多数屈居下层属吏。孝廉人才,不知经典,为政因循,却有些人位居朝班。因此,有才能者以与此辈同列为耻辱,无能之辈又都习惯享有这种风光。"

如此真言,朱元璋看过之后却眉头一拧,颇为不快。解缙的好友得知他上奏内情,跺足说:

"你太天真了,皇上的几句好话,竟让你不知深浅,口言真情,早晚要出事的。你本是书生,应知晓禁忌,谁想你竟为读书人打抱不平,这只会让皇上怪你狂妄犯上,目中无人,还会有好结果吗?"

解缙犹是不信,仍胸有成竹道:

"皇上诚心待我,我若不切言时弊,当是忘恩欺君。皇上礼贤下士,心胸广阔,又岂能不察我之忠心?"

解缙

朱元璋虽没有治解缙的罪,但由此认定了解缙的无礼,对他渐失信任。后来,朱元璋竟把他撵回家乡,命他在家加紧学习。

八年之后,朱元璋死去。解缙重回京城,朝廷先贬谪他当了河州卫吏员,其后才在礼部侍郎董伦荐举下,才做了翰林待诏。

明成祖朱棣夺取政权后,解缙受到了重用,朱棣曾当面对解缙说:

"你们读书人要勇于直谏,做群臣的表率。如果使直言时政的人无所畏惧,听到直言的人又无所忌恨,天下还愁不能大治吗?"

解缙深受鼓舞,他的家人却心中一紧,忙提醒他说:

"你困居家乡八年,岂可忘怀? 先皇所言比皇上还要恳切,结果都是那样,你再不可重蹈覆辙了。"

解缙心里一凉,转而又一笑说:

"皇上待我全无假作之态,想必与先皇有别。时下天下初定,若不竭诚尽忠,岂不辜负了皇上的一番美意?"

他虽有所收敛,但还是每每直谏,全不考虑个人得失。

皇太子未立时,成祖就此事暗中征求解缙的意见,解缙便直言推崇皇长子,不想由此让汉王朱高煦所忌恨。

后来，因皇太子做事不合朱棣的心意，朱棣便宠爱朱高煦，仪礼典礼都超过了皇太子。

解缙自恃皇上宠爱，这时又进谏说：

"皇太子名分已定，陛下就不该偏爱汉王了，这是自起争端，断不可行啊！"

朱棣心中恼怒，暗怪他离间自己的亲骨肉，开始对他疏远。解缙的家人闻知此事，力劝他向皇上请罪，并分析说：

"你自恃和皇上无间，出语无忌，难道皇上就不猜忌你吗？皇上父子之间尚有亲疏，何况对你这个外人呢？自古道天恩难测，你这样不知进退，后果堪忧了。"

解缙自念无忧，仍坚持己见，朱棣对他的成见更深了。

不久，朱棣找个借口把他贬谪广西任布政司参议。刚刚动身，礼部郎中李至刚又说解缙怨望不服，进而改派他去交阯，命令他到化州督饷。

永乐八年（1410 年），解缙因奏事进京，正赶上朱棣北征，解缙拜谒皇太子而回。

汉王朱高煦借此事报复解缙，向成祖进言，说解缙私自晋见皇太子，毫无人臣之礼。解缙于是被朱棣逮捕入狱，严刑拷掠。

永乐十三年（1415 年），朱棣又命将解缙埋入雪中，活活冻死。

【解读】

在低位的人是没有多少发言权的，官职决定位置，下属最不能做的就是越职进言。有天大的本事，下属也要做自己该做的事，切不可自以为能，对上司不恭。封建官场不是本事决定一切，而是上司决定一切。下属成为上司的出气筒，无须下属同意。低位之人，当要低调行事。

【原文】

不与命斗。

【译文】

不要和天命争斗。

不与强者争锋

春秋时期,晋楚两国争霸。处在晋楚中间地带的郑国虽然弱小,但郑国国君郑襄公却不甘示弱。一次,在朝堂上,郑襄公对众臣子表明了心志:

"从前庄公在位时,我们郑国地位尊崇,敢于向王室挑战,今日想来也是风光无限。我想重振郑国声威,再创霸业,你们当要用心助我。"

众人同声附和,脸上却无欢喜之状。

郑襄公十分得意,又侃侃道:

"晋楚虽然看似强大,但是在我眼里却不足为虑。为什么这样说呢?因为俗人太注重事物的表面了,而看不到事物的实质。只要我们君臣一心,郑国一定能打败晋楚,恢复祖宗的荣光。"

郑襄公唱着高调,却提不出一项具体主张,郑襄公的弟弟公子良眉头一皱,倒吸口凉气。他犹豫多时,终站出来对郑襄公说:

"主公雄心图治,可喜可贺,但争霸之事臣以为不可。"

郑襄公不料弟弟第一个站出来反对,十分不快,阴沉着脸说:

"寻常百姓尚有光宗耀祖之想,何况一国之主呢?我这样做全为郑国着想,你还有理由反对我吗?"

公子良不紧不慢地说:

"天道造就了强弱,这是事实,必须加以正视。身为弱者,可以在心里藐视强者,但绝不可在行动上轻视它。如今晋楚皆强,乃是人所共见,郑国避之尚恐不及,何能与之争锋呢?纵是百般不愿,郑国也要礼敬晋楚,否则吃亏的只能是我们呐!"

郑襄公心中有气,呵斥了公子良一顿,拂袖而去。

朝中百官都赞同公子良的说法,但畏于郑襄公的权威,都不敢袒露真言。郑襄公于是独断专行,先是和楚国结盟,后又背楚亲晋,公开向楚国挑战。

公元前598年春,楚庄王亲自领兵讨伐郑国。楚军大胜,郑军节节败退。

这个时候,郑襄公才慌乱起来,急向群臣问计:

"现在形势危急,你们可有退敌的良策吗?只要能保全郑国,尽管讲来。"

百官见郑襄公态度诚恳,方放下顾虑。有人说:

"从前公子良曾劝谏主公,可惜主公不听。我们虽心急如焚,奈何无知无智,还请主公垂询公子良吧!"

公子良于是被请到殿上,郑襄公先自责道:

"贤弟有先见之明,只怪我错怪贤弟了。无论为国为家,还请贤弟拯救危难。"

公子良心中感动,动容道:

"主公知错能改,国之幸甚。时下当务之急乃是让楚国罢兵,纵是一时有损主公的颜面,主公也要接受啊!"

郑襄公心头一沉,说道:

"退敌不能有伤国之尊严,否则,就不惜冒死一战了!"

公子良连连摇头,动情道:

"楚强郑弱,岂可硬拼?我们不能抱怨上天不公,而只能设法周旋了。楚国现在以武力来犯,这是我们郑国无法抗衡的,这一点我们必须要认清。如果我们表示背弃晋国,亲近楚国,主动向楚王认错,相信楚国也就没有了再攻打的理由。这样做虽然让主公面上无光,但可避免亡国的大患,对主公而言是有小失而获大得,主公当立即实行。"

郑襄公心中赞成公子良的提议,面子上仍感到难堪,公子良于是开导他说:

"对强者保持必要的礼敬,是弱者生存的谋略,主公不要介意俗人的想法。为了郑国的基业和百姓的生死,主公就勉为其难吧!"

郑襄公疑虑顿消,马上派人和楚庄王讲和,态度十分恭敬。

这一年夏天,郑襄公还亲自参加了楚国与陈国在辰陵的盟会,极力拥戴楚国的盟主地位。同时,郑襄公也没有断绝同晋国的交往。

这样,夹在两强之间的郑国左右逢源,化解了重重危机。

【解读】

封建社会有天命之说,要求人们各安天命,不要妄求富贵。天命自不可信,但人们还是要量力而行。高估了自己的能力,只能求来祸患;凡事都不肯退后,只能有退无进。富贵没有固定,富贵之道却恒有;强弱大有区别,保身之道自不同。不主动挑战强者,是弱者的生存策略。

【原文】

不与形逆。

【译文】

不要和形势违逆。

【事典】

莫被假象吓倒

西晋惠帝在位时,楚王司马玮和汝南王司马亮、太保卫瑾为敌,争斗不断。高密王司马泰和司马玮私交甚好,二人常在一起把酒言欢,高谈国事。

祭酒丁绥颇有见识,私下劝司马泰疏远司马玮,说:

"楚王为人奸诈凶恶,目中无人,结怨甚多,这样的人早晚必出大祸。王爷和他结交,结果不妙啊!"

司马泰自信道:

"自古权臣遭人非议,并不奇怪。楚王握有大权,人人侧目,这样的权臣我怎敢怠慢他呢? 我看没有人斗得过他。"

丁绥摇头说:

"王爷对大势认识不清,这样是很被动的。成就大事要看人品、能力,而楚王在此并无半点优势。楚王现在立足未稳,一切皆在不测之中,王爷不该那么相信他。一旦有变,王爷就要受楚王牵扯了。"

司马泰心有所动,随后与司马玮保持了距离,努力和司马亮、卫瓘亲近。司马亮感到奇怪,一次向他问道:

"王爷一向和楚王交好,如今与我友善,王爷就不怕楚王生气吗?"

司马泰诚恳地回答:

"王爷势大权重,楚王哪里是王爷的对手? 从前我不识时务,错估了形势,今日想来实在汗颜。"

司马亮哈哈大笑道:

"王爷回头是岸,用不着自责,楚王自私狂妄,哪里会真心待人呢? 我若有成,必不负你。"

司马泰和司马亮交好的事被司马玮侦知,司马玮十分生气,亲自责问司马泰说:

"你首鼠两端,左右讨好,可见你并不是值得信赖的人。我和你再无情谊可言,也绝不会放过你。"

司马泰见司马玮杀气腾腾，心中害怕，马上表白说：

"王爷息怒，我和司马亮不过是逢场作戏，目的只是麻痹他，好为王爷做事。王爷如日中天，我岂能不识时务？只要王爷需要，我尽听王爷差遣。"

司马泰心中动摇，又想倒向司马玮，对丁绥说：

"楚王得罪不起，否则，大祸马上临头。我顾不了长远之事了，还是渡过眼前的难关吧！"

丁绥开导司马泰说：

"王爷被楚王的假象吓倒，日后必遭大难，不可解除。楚王头脑简单，不会运用形势，是必败的。王爷表面上应付他即可，重在不使司马亮产生敌意。事情全在王爷掌握之中，王爷要灵活驾驭啊！"

司马泰决心遂下，于是又找到司马亮，语气坚定地说：

"王爷铲除奸佞，替天行道，我司马泰决心追随王爷。无论成败，我都心甘情愿，决不退缩。"

司马亮十分高兴，把司马泰引为知己，对其再无戒心。

后来，司马玮被惠帝的皇后贾后逮捕，司马泰一时同情心大起，想要集合军队去营救他。司马泰说：

"司马玮罪不至死，我不忍见他受难，否则岂不人人自危？"

丁绥极力劝阻说：

"王爷既明大势，就不该左右摇摆。做大事要旗帜鲜明，坚持如一，哪里能妄生恻隐之心呢？王爷一念非同小可，这会造成完全不同的结果。"

司马泰终被丁绥劝住，转而支持贾后的主张。此事赢得贾后的欢心，司马泰被任用做录尚书事，升为太尉。

【解读】

形势不会因个人的看法而变，自然也不是个人所能违逆的。如果坚持对立，其人就愚顽之至了。一个人可以有许多错误，却不可犯不明形势的错误；有的祸患能很快消除，而违逆形势招致的祸患却很难有解。站在拥有多数人的强大阵营里。人们就不用担心有灾难性的后果了。

【原文】

大利在安。

【译文】

大的利益是安全。

【事典】

无知必妄为

金朝熙宗时，极力钻营、自我吹嘘的徒单恭当上了太原府尹。徒单恭雇了一名画师，为他绘制了一幅佛像。不久，徒单恭就召集手下官吏说：

"我几次看见佛祖如来，和画上的佛像一模一样，这不是大吉之兆吗？"

官吏们没有人相信这是真的，却不敢反驳，只好向他贺喜说：

"佛祖驾临，此乃大人的福报，大人必有远大前程。"

徒单恭不懂佛学，为了显示自己，胡诌了一番，官吏们窃笑不止。

徒单恭的心腹随从担心他日后还要出丑，悄悄告诉他：

"大人手下官吏有不少博学之人，大人说佛论道不要太随意，那些人一旦认为大人所言不妥，他们难免生出不敬之心了。"

徒单恭对心腹随从说：

"难道我说错了吗？佛由心生，各有己见，我认为佛学不过如此啊！"

徒单恭又利用此事，下令所属州县交纳钱财，铸造一尊金佛像。徒单恭怕人们不服，四处煽动道：

"佛祖显灵，将会给府中百姓带来吉祥，铸造金佛像正是为了报答佛祖的大恩，这是一件利国利民的大好事。"

各州县官吏为此向百姓摊派费用，百姓苦不堪言，有的被迫逃往他乡。徒单恭把强征上来的钱财据为己有，并没有铸造金像，当地百姓对他恨之入骨。

后来，朝中大臣完颜秉德闻知此事，上书弹劾徒单恭，对熙宗说：

"徒单恭只是一个小小的府尹，却敢妄言佛学，不敬佛祖，欺骗百姓，捞取钱财，这种胆大妄为之徒实在可恨，最伤朝廷声誉，望陛下重惩。"

金熙宗也感到震惊，气愤道：

"无知之辈，偏要谈佛讲法，牟取私利，真是太无耻了。"

徒单恭于是被革职罢官，严词责问。

徒单恭失去官位，仍以"高士"自居，重金请来文人墨客，喝酒赏舞，不时呈上文理不通的诗文，让人点评。徒单恭对家人说：

"我志在东山再起，没有声望是不行的，一旦有了贤人的雅号，还怕不能如愿吗？我绝不是个粗人啊！"

1149 年，海陵王完颜亮发动政变，杀死熙宗，自立为帝。在举国震惊之时，徒单恭却欣喜若狂，原因无他，只因徒单恭的女儿是海陵王的发妻，她被封皇后了。

身为国丈，徒单恭一下子威风起来，马上被重新起用，不久就当上了宰相。

徒单恭所知不多，为了显示自己的高明，常常标新立异，对朝廷制度屡有更改，造成极大的混乱。有人据此报知了海陵王，海陵王质问徒单恭说：

"朝廷制度乃先皇能人所立，通行已久，怎么能说改就改呢？你对政事并不熟悉，文才更不出众，却极力显示自己，不怕天下人笑话你吗？"

徒单恭毫无悔意，说：

"臣为国分忧，革弊布新，有人反对臣，才会诬陷臣的，陛下不可上当啊！臣是陛下的至亲，无论做什么都是为陛下着想，并不在意自己的荣辱。"

海陵王碍于情面，没有治他的罪，却警告他：

"改制创新，此乃大事，不可草率，你以后不要自作主张了。"

徒单恭收敛了几天，很快就旧病复发。

一次，和群臣议事时，他不顾多数人的反对，公开违背朝廷制度，凭借他一言便将大事定下，且马上付诸实行。

后来，此事引发祸患，海陵王得知细情，随即痛斥徒单恭道：

"你屡教不改，自作聪明，朕若再放过你，你还会惹出更大的祸患！"

众臣求情，徒单恭哀嚎求饶，海陵王这才勉强放过他。经此惊吓，徒单恭一病不起，很快就死去了。

【解读】

做任何事情，人们都要把安全放到第一位，安全不保，利益无存。把升官发财作为自己的最爱，终将人财两空。封建官场的生存环境是极不安全的，拥有一切不如拥有安全;如果争利和祸患相连,不争就是上计。没有安全意识,人们就会在争名夺利上用尽心机、肆意胡为了。

【原文】

小利在幸。

【译文】

小的利益是幸运。

【事典】

冷静对待好事

元朝初年,奸臣卢世荣为元世祖宠信,风光无限。卢世荣家每日都聚集着求见、巴结他的人们,有的人甚至以见过一面卢世荣为荣,四处夸耀。

王恽学识广博,闲居在家。卢世荣不知从何处听得王恽的大名,竟一反常态,这日亲派自己的亲信主动上门,拜见王恽。

王恽不知来者何意,招呼那人落座之后,冷冷地说:

"草民蒙卢大人厚爱,愧不敢当,如若有事,但请直言吧!"

来人先是一笑,后又恭喜王恽,口道:

"先生大才之身,岂能埋没乡间呢?卢大人惜才重义,已向皇上保荐先生为左司郎中,先生即可马上赴任了。"

他本想王恽必是感恩致谢,喜不自禁,却见王恽脸有不喜,眉头频皱,不由暗自心惊了。他沉吟片刻,又补充说:

"卢大人位高权重,别人想见一面都是难事,哪有先生这样的幸运呢?先生若是和卢大人同朝为官,前程怎可限量?这是天大的好事,先生还犹豫什么呢?"

王恽至此面上作笑,方说:

"大人有所不知,草民浪得虚名,素喜不问世事。卢大人垂爱有加,草民感激不尽,无奈闲云野鹤之身,如何受得了朝廷拘束?卢大人的美意,草民只能心领了。"

来人劝他多时,王恽就是不肯。来人走后,王恽的妻子儿女同声埋怨他,说:

"你平日口口声声说有志难酬,心有不甘,如今大好机会,你却轻轻放过,真是太可惜了。聪明人怎会干这等傻事呢？"

王恽耐心解释说：

"天下之事，总有它的内在之理。好事临近，若不冷静对待，也会不得善果。人们只见利，不见害；只看表，不看实，因此招祸的事还少吗？我不答应卢世荣之请，就是在此有所权衡，不想自身有失啊！"

王恽的家人非但不解，还反问他说：

"卢世荣是皇上宠信的近臣，又是他主动上门相邀，又有什么可担心的呢？你怕这怕那，还会有出头之日吗？"

王恽听此摇头，他分析说：

"能力不足而担任大事，靠盘剥众人而利自己的人，向来是不能保全的。卢世荣无才无德，献媚讨好是他的唯一本事，他虽窃取高位，可这岂能长久？我若依附于他，日后他倒台之时，我岂不要倒大霉吗？"

王恽态度坚决，家人见无法相劝，心中仍是暗暗着急。

卢世荣后来又多次派人相请，王恽都婉言谢绝了。此事传遍乡野，人皆为怪，更多人认为他不识时务，太过疯傻。王恽对此付之一笑，只说：

"用不了多久，他们就会明白我的心思。"

过了不长时间，卢世荣果然事败被杀，依附他的人也一一获罪。消息传到王恽那里，他不惊不怪；他的家人庆幸之余，不得不佩服王恽的远见了。

【解读】

幸运总是意外的，不能被人掌控，自是无法复制。人生幸运不多，倘若只求幸运，不求上进，结局必是悲凉的。不可把幸运当作大利。更不可把它视为常情，这会使人产生投机取巧之心，从而专攻旁门左道。对于人为制造的"幸运"，制造者必有目的，贸然接受就会迷途失陷。

【原文】

人争弗争。

【译文】

人们争夺的，自己不要争夺。

遵循正道无害

明朝时,少年陈寿有一次在路上捡到了几两银子,没有据为己有,而是坐在原地等候失主来找,一直等到深夜才等来了失主,把银子交还。

失主感动万分,拿出银子表示谢意:

"看你也是穷苦人家的孩子,这银子也是你捡的,为什么要还给我呢?"

陈寿不要失主的谢银,对失主道:

"父母常教育我做人要忠厚,不贪不占,自食其力。我今天如果不还你的银子,那么我就违背了家训,成了势利小人,这样我会一生不安的。"

陈寿后来考中了进士,在户部任给事中之职。

当时,陈寿的许多同僚以弹劾别人为生财之道,对陈寿介绍说:

"我们身为给事中,纠劾百官是我们的职责。百官最怕的就是我们弹劾他们,而我们正可借此恐吓他们,收取重利。"

陈寿奇怪道:

"弹劾百官要有真凭实据,岂能乱来? 你们就不怕他们指控你们吗?"

同僚轻松道:

"你初来乍到,难怪不懂实情。你要知道,我们官职低微,俸禄不高,恐吓百官可以说是唯一的发财之道。百官少有不贪者,为了息事宁人,他们总会拿出一些钱财的,这个你就不要担心了。"

陈寿听罢摇头,连连说:

"这是明目张胆的敲诈,绝不是正当的求财途径,我是不干的。我宁可穷死,也不想冤枉他人,为己获利。我劝你们也不要做此下贱之事,一旦惹出祸端,连同你们的家人也会受到牵连,何苦呢?"

陈寿于是坚守清贫,绝不轻易上疏。有人误以为他胆小怕事,问他:

"你身为言官,当进谏言事,似你不发一言,定是惧怕权贵所致,你不该这样。你这样不觉得你失职吗?"

陈寿回答说:

"你的结论下得太早了,日后你会知道我的为人的。"

不久,陈寿奉命巡视宣化、大同边防,发现派驻那里的镇守太监克扣军饷,中饱私囊。将士们又向陈寿反映说:

"我们将士久受盘剥,苦难深重,大人如果不为我们伸张正义,我们只好另寻他法发泄愤怒了。"

看见将士群情激愤之状,陈寿担心会出现兵变,急忙安抚将士道:

"君子处事,始终遵循正道,如此方能无害。你们不可因恨而做出傻事,请相信我为你们主持公道。"

陈寿弄清事情的原委,准备上疏弹劾那个太监。那个太监听闻风声,急忙派人携带重金面见陈寿,央求说:

"我家主人也是一时糊涂,不过这种事路人皆知,也是不成文的惯例了。大人只要高抬贵手,我家主人必有重谢。"

来人呈上重金,陈寿勃然变色道:

"将士为国牺牲,而你家主人竟敢克扣军饷,使他们食不果腹,这种事太丑恶了,我是一定要上报的。我清贫寒苦,却活得快乐逍遥,如果收下了你的赃银,我就是你们的帮凶,你们这是想害我啊!"

陈寿毅然上疏,直陈其情,那个太监受到了法办。

陈寿因为直谏曾几次下狱,他的家人劝他说:

"你不畏权贵,本意是好,可又有谁能理解你呢?我家清贫如水,哪怕你默不出声,也不会这样,你要为我们考虑一点啊!"

陈寿痛斥家人道:

"我若学那阴险小人,纵是有了万贯家财,也是会给你们带来祸事的。兴家要走正道,做人不能势利,我是真正爱家护家才这样做的,你们怎能不理解我呢?"

一次,陈寿的家人收了他人的钱财,替一个贪官向陈寿说情。陈寿知道事情的真相后,一面命家人拿出钱财,一面主动向官府自首。他自述说:

"我的家人收人贿赂,我虽不知情,但有失察之责,请给予我处分。"

官员问明情况,一笑道:

"你举报此事,主动交出钱财,可见你的忠贞。应该奖赏你啊!这件事你不要自责,到此为止了。"

陈寿不肯罢休,坚持自请处分,并痛声陈情道:

"我管教家人不严,实属有罪,我想通过这件事也给家人一个教训,这不是害他们,而警戒他们不可再贪钱财了。"

最后,在陈寿的一再坚持下,陈寿被处罚银。陈寿的家人后悔不迭,从此再不敢私下收人礼金了。

陈寿以右佥都御史的身份巡视延绥时,正遇上当地少数民族的首领率领众人侵。陈寿设计诱敌,打了一个胜仗。

陈寿在向朝廷报捷时,许多人劝他在报功表上写上随他出征的子弟的名字,他们异口同声说:

"你的子弟都是大人的近亲,如果有了战功,升迁就容易多了。这种机遇平时很难碰到,大人不可漏下他们。"

陈寿严肃地说:

"求取功名要靠自己的努力,岂能投机取巧呢? 这样得来的功名,只会助长他们的贪功走险心理,我如果这样做了,不是帮他们,而是害了他们。他们不习骑射,更不会打仗,这场胜仗与他们无关。"

朝廷为了犒赏延绥将士,特地拨来一批钱物,陈寿把钱物全部发给延绥将士,没给自己的子弟分毫。陈寿的子弟怪他无情,陈寿劝告他们道:

"无功不能受禄,不属于自己的东西莫要强求。如果一个人在这方面使计弄诈,他就有违君子之道了,其结果必是反受其殃了! 只有正道得来的才是可以放心享用的,歪门邪道得来的只能是无穷的隐患,一旦爆发,神仙也难救,你们要切记啊!"

【解读】

祸患常在无情争夺中产生,没有相争,就会少了许多相残。人们争夺的东西未必是最有价值的,自己不争未必就是极大的损失。人们的视线之外,更有值得求取的"宝藏",智者对此坚信不疑。不与人争,才能不贪不占,主持公道;义字为先,方可抗拒诱惑,祸患不侵。

【原文】

人怨弗怨也。

【译文】

人们抱怨的,自己不要抱怨。

勿失容人之量

东汉的开国皇帝刘秀精于谋略,智勇兼备。刘秀在争伐天下的过程中,心胸宽广,手段多样,很多棘手的问题他都能轻松化解,最终战胜所有对手,拥有天下。

建武三年(27年),刘秀亲率大军前往宜阳,截断了赤眉军的退路。赤眉军的小皇帝刘盆子惊惧万分,对自己的哥哥刘恭说:

"我们虽有十万大军,却早已是惊弓之鸟,无力再战了。我苦思无计,万望兄长救我。"

刘恭颇有才智,点头说:

"战之无益,眼下当求保命要紧。刘秀乃是你我刘氏的宗亲,请允许我恳求于他,放我等十万之众一条生路。"

刘盆子就此事和众将商议,有人便忧心地说:

"此议虽好,怕只怕刘秀不肯。如今敌强我弱,不比昔日,他为了消除隐患,又怎能真心饶我们不死呢?与其受辱也不能免死,不如拼死一战。"

众将犹豫,刘盆子更是放声大哭,刘恭见状开口说:

"为了万千将士的性命,我还是主张恳求刘秀开恩。倘若事不如愿,我刘恭自会和你们誓死抗敌。"

于是,刘恭求见刘秀,道过归降之意后,又说:

"陛下能有今日的成就,可知是为什么吗?"

刘秀一笑说:

"败军之将,何能评说朕?"

刘恭嘴上不停,又道:

"赤眉军曾有百万之众,竟有今日之败,陛下也不想知道何因吗?"

刘秀凛然正色,平声说:

"早闻你多有见地,朕且容你叙说一二。如你言语不实,巧言惑人,朕定要严加治罪。"

刘恭苦笑声声,后道:

"赤眉军残暴待民,百姓怨恨,终成不了大事。陛下仁爱谦和,善收民心,百姓拥戴,方有时下大功。陛下虽取天下,若能再施仁义,赦我将士,一来更增陛下的美名,二来可保陛下江山不失,变乱不生,不知陛下可否做此设想?"

刘秀脸上不动声色,心中却为刘恭之语深深打动,却故意反驳说:

"你们无力再战,才会主动请降,倘若只是一时权宜之计,朕岂不上了你们的大当?朕实难相信。"

刘恭却不辩解,只说:

"莽贼不仁,方有天下之乱,他屡使刀兵剿民,其报也速。在下话已言尽,全在陛下裁断。"

刘秀和群臣议事之时,将刘恭所言复述一遍,感叹说:

"天下还未大定,刘恭的话不可不听啊!我们剿灭赤眉军容易,可要恃此征服民心就大错特错了。百姓不服,天下就不会真正太平,这才是朕最担心的事。"

刘秀于是又召见刘恭,答应了他们的求降所请。刘秀又下令赐给他们食物,让长期饥饿不堪的十万赤眉军将士吃饱了肚子。刘秀还对刘盆子安抚说:

"你们虽有大罪,却有三善:你们攻城略地、富贵之时,自己的原来妻子却没有舍弃改换,此一善也;立天子能用刘氏的宗室,此二善也;你们诸将不杀你邀功取宠,卖主求荣,此三善也。"

刘秀的手下深恐赤眉军再起叛乱,私下对刘秀说:

"陛下仁爱待人,只需安抚住赤眉军将士即可。刘盆子身为敌首,难保不生二心,此人不可不除啊!"

刘秀对手下人说:

"施行仁义,全在心诚无欺,如此方有效力。朕待他不薄,他若再反,那是他自取灭亡;朕若背信枉杀,这就是朕的过失了!"

刘秀对刘盆子赏赐丰厚,还让他做了赵王的郎中。人们称颂刘秀的贤德,天下的混乱局面也平息下来,日渐安定。

【解读】

胸怀远大的人,不以祸患为不堪,祸患伤及不了他们。抱怨小的祸患,会生成大的祸患;停止抱怨,祸患就会慢慢消解。对人们共同抱怨的事情,自己再去抱怨就是多余的,如果解脱出来,自己就会有他人没有的收获。用高境界来处理俗事,可把祸患消除在萌芽之中。

官运经

唐·姚崇

导读

封建专制时代,要想做到官运亨通绝非一般人可以为之。官运是许多人难以求得的,官运不衰就更为不易了。

封建官场的复杂和多变是不可想象的,一个人的际遇又是难以测度的,如何趋利避害、立于不败,这是封建官场中人最为关心的头等大事。

唐朝名相姚崇,在武后、睿宗、玄宗三朝做过宰相,长期兼任兵部尚书,荣宠一生,罕有人及。武则天认为他是个才德兼备的人才;睿宗夸奖他是明察秋毫的人杰;玄宗特别敬重他,以至每次召见他,一定站起来迎接,走的时候还要亲自送到殿门口……

姚崇

姚崇能有如此成就,不是幸运,当是他努力经营的结果。

史书上说,姚崇少年时就出类拔萃,酷爱学习;做官之后,对官场认识颇深,常有远过常人的见解。姚崇善于机谋权变,精通处理政务和人事的方法,即使是他的"政敌",也不得不对他表示敬佩。

姚崇的成功之道,说来并不神秘,他留给后世的《官运经》,可以解答人们的所有问题。姚崇在《官运经》中,不仅以"官者"的身份道破了官场的一切,更以"哲人"的高度阐明了官运的全部真义。

《官运经》共八卷,分别为"察运卷""应运卷""祁运卷""借运卷""转运卷""分运卷""承运卷""惜运卷"。宋代宰相司马光称《官运经》为"仕之真经,宦之重宝"。

窠运第一

封建专制时代,人们把官运看得十分神秘,认为是上天的恩赐。其实,封建当权者才是官运的真正操纵者,看似"幸运"的背后,往往内幕重重。权力是人们谋划的目标,一个人能走上高位,仅凭侥幸难以做到。官运在失败中孕育,没有人注定不幸,在放弃之前,一切都是有希望的。没有不衰的"官运","官运"带给人的也不全是幸运;与"官运"绝缘,绝不是一个人失败的象征。

【原文】

智者多机也。

【译文】

有智慧的人机遇多。

【事典】

才学赢得尊宠

一次,东汉光武帝刘秀诏命群臣举办论辩大会。

论辩大会举行之际,群臣就座入席,唯独郎中戴凭没有入座,站立场中。

刘秀感到奇怪,他问戴凭说:

"你不入席就座,难道有话要对朕说吗?"

戴凭躬身道:

"正是。"

刘秀皱眉说:

"群臣毕至,如果不是特别紧要的话,就不要说了。"

戴凭马上道:

"臣要说的话特别紧要,恳请陛下容臣说出来。"

刘秀点头，戴凭于是扫视众人一眼，声调激昂地说：

"今日是论辩大会，应当以才学高低安排座次。臣见不如臣的人却坐在臣的上位，心感委屈，故而不肯就座。"

刘秀顿感惊异，他问道：

"你有这样的想法，朕却没有料到，你能说出其中的道理吗？"

戴凭于是说：

"天下人等发奋苦学，无不为了出人头地，赢得尊宠，从此摆脱困厄。如果事实不是这样，那么便无人用功努力了。臣苦读多年，自度博士讲解儒家的经书都比不上臣，所以不想居于下位。"

刘秀听过即言：

"你说得不错，不过这要靠你的才学，如果事实证明你不是言过其实，朕不但令你上座，而且还要提升你的官职。"

刘秀下令戴凭和众儒生互相驳诘，解说经文。戴凭舌战群儒，有理有据，滔滔不绝，没有谁能难倒他。辩论到最后，戴凭大获全胜，学冠全场。

光武帝

刘秀大为高兴，当即任命他为侍中之职。刘秀还对群臣说：

"有能力的人是不该受到压制的，朕重用戴凭，就是鼓励你们好学上进，望你们不负朕望。"

戴凭高升侍中，许多人向他祝贺，也有人说他是险胜。说他是险胜的人道：

"你虽有才学，但也不该口出大言，当面和皇上理论，万一皇上不快，你今天还会站在这里吗？"

戴凭缓缓说：

"皇上圣明，臣子才敢进谏忠言，说出真话，我今天并不担心什么。我说过的话句句是实，难道你们希望才学无用吗？如果才学比不上阿谀奉承有用，那么不仅是有才学的人的悲哀，更是朝廷的不幸啊！"

西曹属官蒋遵，为人清廉诚信，忠实孝顺，学问很大，只因得罪了奸佞小人，便被诬陷下狱。

戴凭知道这件事后，十分愤慨，他对大臣们说：

"蒋遵无端被抓，我们不能坐视，应该设法搭救他。"

大臣们说：

"皇上亲自下旨逮捕蒋遵，搭救他就是和皇上作对，你有这个胆子吗？"

戴凭高声说：

"皇上定是听信了一面之词，我这就去劝谏皇上。"

戴凭求见刘秀，他直言道：

"陛下太严厉了，不该惩治无罪之人。蒋遵才学极高，做事无差，他这样的人是不该有此大难的。如果小人可以阴谋得逞，那么谁又肯做君子呢？"

刘秀开始发怒，指责戴凭偏袒蒋遵。戴凭于是把自己绑到廷尉那里，且说：

"有德有才的人踏实做事，如果这是错误的，那么我也该下狱受罪了。"

最后，刘秀接受了戴凭的劝谏，不仅释放了蒋遵，还提升戴凭为虎贲中郎将。蒋遵感谢戴凭，戴凭不受，他说：

"你的福报都是你应得的，你要感谢的只有你自己啊！"

【解读】

在封建专制时代，做官不仅名利双收，且是无上的荣耀，这就决定了跻身封建官场不会是轻而易举之事。看似"幸运"的背后，往往内幕重重，官场中人都是不简单的。官运降临不到愚者身上，只有智慧过人，才能发现机遇、掌握机遇。成为人上之人，必有不凡之识。

【原文】

尊者多虑也。

【译文】

地位高的人谋划多。

【事典】

官位不是天生俱来

晋朝时,张宾的父亲张瑶曾为山中郡太守,权力很大。张宾年少有志,他对父亲张瑶建议说:

"父亲权势虽大,但总有人暗中攻击父亲,父亲应该谋划良策啊!"

张瑶对张宾说:

"做官难免招人忌恨,有人非议是正常的,用不着感到奇怪。"

张宾认真地说:

"父亲把官职看得太重,处处讲排场,摆威严,这才是父亲招人非议的原因,我看并不是所有做官的人都令人生厌。"

张瑶无言,从此对张宾十分看重。

张宾曾担任中丘王的管事人,这个职位尽管忙碌不堪,但权势不小,颇有进项。张宾心中焦躁,他对朋友说:

"我有才学,当谋取大业,如今只是管闲事而已,我不甘心呐!"

朋友劝他道:

"人生在世,不过为了'吃穿'二字,你现在是衣食无忧,有权有脸,还有什么不满足的? 切不可再说什么谋取大业的话了。"

张宾苦笑说:

"你的想法太庸俗了,看来是没有人知道我的心意了。"

张宾借口有病,离开了职位,没有一点惋惜之情。

永嘉大乱之后,羯族将军石勒做了辅汉将军,南下山东,张宾对自己的亲人说:

"时下起事人物很多,据我的观察,在所有人之中,只有石勒可以成就大事。"

亲人询问缘故,张宾说:

"石勒虽有权势,但绝不张扬,他知道争取民心,不滥用自己的权势,这不是一般人能够做到的。而其他人只知道炫耀自己的权势,不虑长远,怎会成功呢?"

张宾于是投奔石勒,做了他的谋士。张宾为石勒献计说:

"将军争夺天下,一定要务实弃虚,否则,大事难成。"

石勒心有不明,问道:

"务实弃虚,先生可以明示吗?"

张宾解释说:

"务实者,重在扩充实力,占据要地,不做无谓之争;弃虚者,重在不贪高位,摒弃虚名,着重于实际权力的获得。时下,人人急着称王称霸,这就是不务实而爱慕虚荣的表现,将军不可以这样。"

石勒十分欣赏,说道:

"先生见识高明,只有实际权力才是最重要的。如果为了虚名厮杀争夺,那么损耗的一切就太不值得了。"

石勒建立赵国后,封张宾为濮阳侯,官至右长史、大执法。石勒对张宾的任遇优显,超过所有的朝臣。石勒对张宾说:

"你的功勋卓著,得到的封赏是当之无愧的,如有所求,朕一定满足你。"

张宾谢恩道:

"陛下的信任就是对臣的最大封赏,臣别无所求了。封赏是陛下的恩赐,臣不敢推辞,却不能以为倚仗。"

张宾这样说,也这样做。他对百官十分谦虚,礼让有敬,从不大声呵斥他们,纵使百官有错,张宾也是指点说:

"我们现在所担负的官位,不是天生俱来的,也不是可以保存久远的,没有理由凭此轻视他人呐!作为长官,我监督你们为朝廷尽力,除此之外,你们就是我的兄弟,我实不忍见你们犯错啊!"

张宾优待士人,无论何人想要见他,他都热情接待,坦诚相告。张宾的下属一次对他说:

"大人高高在上,如果过于优待下人,那么就有损大人的尊严了。"

张宾生气道:

"你这个人太势利了,又怎能做我的下属呢? 权势带来的东西是有限的,做大事还要靠良心和道义。"

张宾马上把下属免职,为此,他还自责了多日。

张宾病故时,石勒亲临其旁,失声痛哭。百官和百姓都来为他送行,无不悲痛难抑。送葬的队伍绵延几十里,场面十分浩大。

【解读】

一个人能走上高位,仅凭侥幸难以做到,正所谓"谋事在人",不善谋划者注定难成大器。事情是可以预料的,形势是可以预判的,不能在此有"先知先觉",其人的运气就乏善可陈了。官运是谋划经营的结果,如果完全听命于天意,便会丧失很多机遇,建立不了大的功绩。

【原文】

事无常败。

【译文】

事情不会总是失败。

【事典】

天道不容怀疑

明万历二十八年(1600年),福建海澄人周起元在乡试中考取第一名,第二年考取了进士。

周起元历任浮梁、南昌知县,他在任期间,以廉洁宽厚闻名。

一次,周起元的好友前去探视他,好友诉说了官场的黑暗之后,劝他说:

"如今朝廷腐败,你的清廉勤政是得不到上司赏识的,为何你要逆水行舟呢?"

周起元正色说:

"我不像你这样悲观,否则,又怎能做一个好官呢?我不能失去信心,努力总会收到成效的,这个时候更要践行,而不是抱怨。"

周起元不随俗流,对他不满的官吏都难为他;上司更是找他的麻烦,不时加以训斥。周起元的家人担心他的处境,劝他辞官回乡,家人说:

"你脾气倔强,又不肯改变自己,将来怕是会大祸临头啊!我们担惊受怕,度日如年,不如辞官安稳些。"

周起元安慰家人说:

"我相信好人必有好报,怎能自己吓唬自己呢?我所做的事都堂堂正正,没有理由逃避啊!"

周起元不怕打压,困难之时也不气馁,人们都称他是真正的君子。

后来,吏部举行考试,周起元以优异的成绩考取了湖广道御史之职。等候朝廷正式任命期间，又有人诬陷周起元，致使他的仕途顿显艰难起来。

周起元的朋友劝他到京城疏通关系，上下打点，朋友说：

"现在贿赂公行，你切不可固执了，如果破费一些银两而换来一路畅通，也就十分值得了。"

周起元厌烦朋友的话，他说：

"我没做亏心事，就不怕他人诬陷。我要上书自辩，决不干苟且之事。"

周起元坚持上书，常常音讯皆无。他并不灰心，且道：

"朝廷总会有正直之人，我相信自己一定能洗去污点。"

两年之后，周起元终得清白，御史的任命也随后颁发下来。

担任御史期间。周起元刚直不阿，以敢言闻名。一次，一个朝中大员对他说：

"你只重死理，不问其人为谁，你就不担心惹祸上身？"

周起元回敬道：

"我只是依法行事，如果因人而异，岂不成了欺软怕硬的小人？我做事无私，从不担心明天会有什么祸患。"

奸人刘世学，他是诚意伯刘荩臣的从祖，因其上书诋毁忠臣顾宪成，引起了周起元的极大愤慨。周起元想要驳斥刘世学，周起元的家人阻止说：

"此事与你无关，你若参与进去，必会得罪刘荩臣，你不要多管闲事了。"

周起元生气道：

"奸人陷害忠臣，此事不加制止，朝廷就会愈加黑暗，我身为御史，难道此事与我无关吗？我不能只为自己的利益考虑，否则就是失职了！"

周起元的家人急道：

"刘荩臣势大权重，你是斗不过他的。你难道看不透这一点吗？"

周起元斥责家人怯懦，坚定地说：

"好人总会战胜坏人，这是不容怀疑的。我向来相信邪不胜正，所以我从来就不畏惧权势。"

周起元上书斥责刘世学，极力为顾宪成辩白，他说：

"时下奸人诬陷忠臣成风，如果此风不加制止，那么朝廷就会失去人心，走向堕落。朝廷应该惩治奸人，奖励忠臣，这样，人们才会看到希望，坚守正义。"

周起元据理力争，终使朝廷排除了干扰，下令逮捕刘世学。

【解读】

一时的失败与命运无关,封建官场中人要面对各种考验,坎坷是必然的。坚持自己的信念,总结得失,事情终会有成。官运在失败中孕育,一蹶不振者没有光明的未来。失败给人的启示是最多的,一帆风顺就感受不到成功的真正喜悦了。不甘心失败,总能找到成功的门径。

【原文】

人无恒幸。

【译文】

世人没有长久的幸运。

【事典】

心机不可用尽

在唐朝建立的过程中,长孙顺德有大功在身,被封为薛国公,任左骁卫大将军。

长孙顺德人极聪明,不仅打仗过硬,而且在官场上也游刃有余,仕途通达。他曾嘲笑一个久不升迁的同僚说:

"我和你同时投靠皇上,为何有今日的天地之别?你不该反省一下吗?"

同僚说:

"你和皇上是至亲,你又多有战功,这都是我无法和你相比的。"

长孙顺德摇头说:

"在官场上最重要的是需要钻营,要用智,要敢为。我平日无时不在苦思,连说话的语气都要事先揣摩。看你埋头做事,却不思量此中的大事,落到今天的这个地步,也就毫不奇怪了。"

唐太宗继位后,长孙顺德受封1200户,还特别得到了宫女的厚赏,太宗为示优待,竟允许他经常住在宫中。

在和唐太宗的闲谈中,长孙顺德总是劝谏说:

"现在天下初定,陛下不可太仁慈,当敢作敢为,不要顾虑太多的非议。天下是陛下的,陛下怎么做都不过分。"

唐太宗不赞成长孙顺德的说法,教训他说:

"正因为江山稍平,朕才要顺应民意,以仁治国。个人的智慧不能取代民心,朕也不敢独断专行啊!你这个人强调自我,太过霸道,以后要有所改正才好。"

长孙顺德仗着皇上的宠爱,对朝廷法纪并不看重。一次,他和朋友聊天时说:

"任何法纪都有它的漏洞,关键看你是否找出它的破绽了。有人说我违法,可他们查无实据,又能把我怎么样呢?"

长孙顺德贪赃枉法,挥霍无度。为了逃避制裁,他每次都指使家奴收受别人的贿赂,自己却决不出面。他得意地对心腹说:

"万一事发,我只推托不知罢了,大不了治我个管教家奴不严之罪。"

长孙顺德用尽心机,事情还是败露了。唐太宗又气又恨,他对大臣们说:

"长孙顺德官高爵显,为什么干这种糊涂事呢?这是他自以为是、不敬上天的缘故,应该让他记住这个教训。"

出乎所有人的预料,唐太宗并没有惩罚他,而是赐他几十匹绢。

大理寺少卿胡进对唐太宗说:

"长孙顺德已然犯罪,本该刑罚,陛下这样做不合法度,让人费解。"

唐太宗说:

"长孙顺德是个聪明人,我这样做只想引发他的愧心。如果他不知羞愧,到时再惩治也不迟啊!"

长孙顺德见皇上不罚反赏,并没有深想,他只当皇上念及他的功劳,所以一点也没有悔改之意。

唐太宗见没有功效,立即将长孙顺德免职,并严加训斥。

长孙顺德在家闲住,一度怨气冲天,不可遏止。他脾气暴躁,动不动就打骂家奴,浑似疯癫。

一日,他的一位老友见他如此,叹息着对他说:

"你心中不服,不甘如此,是这样吗?"

长孙顺德又吼又叫,神情激动。

老友不听他的苦诉,打断他说:

"你以聪明自居,不畏上天,鄙视他人,这是你的大病啊!你的心机用过头了,为什么不甘做一个愚人呢?你的祸患都是因为你的聪明而起,现在看来,你的聪明并不聪明,你要有勇气承认这一切了。"

长孙顺德苦思多日,终于想通了。他急把老友请来,诚恳地对他说:

"多谢你的教诲,否则我真是苦海无边了。我本凡夫俗子一个,却偏以圣贤自居,如此怎会心平气顺?我不知道天高地厚,早该受此责罚。"

从此,长孙顺德性情大变,分外谦和起来。他在家饮酒赏花,心情也不压抑了。他还常对家人说:

"我有幸衣食不愁,有酒有肉,这都是上天的恩赐,而我从前不知道珍惜,想想真是无地自容。我本来就不算什么,要感谢上天厚待我啊!"

一年之后,唐太宗观看功臣图,又怜悯起长孙顺德了。他派人去观察长孙顺德在做什么,去的人回报说:

"长孙顺德无怨无尤,饮酒赏花,快乐逍遥,和从前判若两人了。"

唐太宗又深入了解了他的言行,十分高兴,他不仅恢复了长孙顺德的爵位,还任命他为泽州刺史。

长孙顺德在刺史任上,一改过去自我放纵的恶习,行事低调,谦逊勤政。从前,泽州地方的官员中很多人接受百姓馈送的礼品,已形成一种惯例。长孙顺德彻底纠正了这一弊政,下令禁绝,他告诫下属官员说:

"我们为官的并不比百姓高人一等,为百姓做事本是应该,倘若自我骄傲起来,那么祸不可测啊!"

【解读】

没有不衰的"官运",只有不肯下台之人。封建官场不会对任何人眷顾不减,"官运"随时都可戛然而止。由盛转衰是万事的定律,人们做的只能是延缓其衰落而已。在大事不妙的情况下,诅咒全无必要,补救才是正途。显赫人物总有落难之日,人们当及时醒悟,不要回避现实。

【原文】

官有其苦。

【译文】

做官有做官的苦楚。

从最坏处打算

秦王嬴政在位时，重用大将王翦。王翦先后率兵灭了韩、魏、赵三国，王翦的威望一时无人能敌。

在众人恭贺声中，王翦却有了担心，他对家人说：

"君尊臣卑，这是千古不变的信条，如今人们极力赞颂我，这不是件好事，应当极力阻止。"

王翦于是谢绝人们的拜贺，他还主动向嬴政请罪说：

"臣的一点功劳，都是大王赐予的，没有大王的英明果断，哪有臣的战功呢？如今有人不明真相，贸然向臣道贺，请大王治臣的不敬之罪。"

嬴政见王翦不贪功劳，十分高兴，他假作洒脱说：

"将军英勇善战，攻无不克，天下美誉也不过分，将军不必自责了。"

王翦的儿子王贲年轻气盛，他见父亲不让张扬，反称有罪，于是不满地说：

"父亲功高盖世，并非虚言，不该自己往脸上抹黑，这太委屈自己了。"

王翦对儿子说：

"你不懂人情世故、官场之学，还敢胡言吗？皇上外宽内忌，刻薄寡恩，我若不顾尊卑，自己贪功，皇上会怎么样呢？我做此文章，也是迫不得已，在这方面千万不可大意。"

年轻的将领李信打败燕兵俘获太子丹，秦王嬴政开始重视他。一日，秦王嬴政单独召见他，问道：

"攻占楚国，将军需要多少兵马？"

李信为表雄心，豪言道：

"二十万人足矣！"

秦王嬴政又召见王翦，同样一个问题，王翦却道：

"楚国不比其他，没有六十万大军难以取之。"

秦王嬴政一怔，随口道：

"你太胆怯了，李信将军说二十万即可，可见你老了。"

事后，王贲对父亲说：

"大王向父亲垂询,分明是选派攻楚之将,父亲太谨慎了,也许会错失建大功的良机,岂不悔憾?"

王翦脸色一沉,冷冷道:

"李信少不更事。他口出狂言,必受大辱啊!"

王翦就此教导儿子说:

"打仗不是儿戏,没有必胜的把握,决不可轻易夸口。特别在大王面前,万一言语有失,后果只能自己承担,谁敢追究大王的责任呢?"

秦王嬴政派李信和蒙恬领二十万军队攻楚,结果大败。秦王嬴政亲自来到王翦家中,向他致歉,请他出山。王翦说:

"臣已老迈,力不从心,如有闪失,岂不误了大王大事?臣相信大王决策无失,只要多派人马,无论何人为帅都可取胜。"

秦王嬴政不许王翦推辞,王翦只好道:

"大王之命,臣只能遵从,不过军队人数非六十万不可。"

秦王嬴政满口应下。

出征之时,秦王嬴政亲自到坝上送行,王翦请求说:

"臣为大王征战,只担心家室用度不足,使臣记挂,大王能否赐臣良田美宅,免臣后顾之忧呢?"

秦王嬴政原本神情肃穆,一待听完王翦之言,禁不住哈哈大笑,他马上道:

"将军为国尽力,自当富甲天下,孤答应你就是了!"

王翦的心腹悄悄对王翦说:

"两国交兵,大战迫在眉睫,此时向大王请求封赏,不是时机呀!"

王翦沉重道:

"我意并不在此,可只有做此虚言才可让大王安心。大王粗暴猜忌,今把秦国军队全都交予我手,并不是出于信任,而是形势使然。我要田要地,一副贪财的模样,正可打消大王的戒心,这实是无奈之举啊!"

【解读】

做官并不总是快乐无忧的,恰恰相反,封建官场的为官者都有一肚子的苦水。"官运"带给人的不全是幸运,有时,它会是一种厄运。看不到"官运"的另一面,人们就会不择手段地死闯官场了。封建官场的陷阱实多,不能看穿之,不能破解之,其人便不是"可造之材"。

【原文】

民有其乐。

【译文】

为民有为民的快乐。

【事典】

干有价值的事

东汉时,荀爽十二岁便通晓《春秋》《论语》,被人称为神童。一次,太尉杜乔召见荀爽,问了他许多问题,荀爽都一一答上,没有一点差错,杜乔高兴地说:

"你名不虚传,可以做别人的老师了。你小小年纪,如何学得这般精深?"

荀爽回答道:

"我年纪虽小,但也深知人生苦短的道理,怎会贪玩嬉戏呢?这样一来,没人逼迫我,我也会格外认真。"

杜乔抚摸着荀爽的头,深有所悟地感叹说:

"你说得好啊,我要把你的话牢记在心,以为自勉。"

荀爽成人之后,征召他做官的邀请很多,荀爽却一概拒绝。人们问他缘由,荀爽敞开心扉说:

"我学识尚浅,自觉不懂之处甚多,如果此时贪恋功名,那么就有误学业了。"

人们责怪他说:

"学业好并不实用,还是做官有好处啊!你这么聪明,怎么会干这样的傻事呢?"

荀爽一笑,却不再搭腔了。事后,荀爽对家人说:

"世人太世俗了,他们见其利而不见其弊,从不反省自己,这样一定会惹上祸患。我自度学业不精,如此为官定有难决之事,倘若无法胜任,岂不害了自己?"

荀爽安心读书治学,什么也干扰不了他。

延熹九年(166年),太常赵典听闻荀爽博学,专程拜访了他。见面之后,一番

长谈过后,赵典颤声道:

"你的才华不该埋没,埋没了就太可惜了,我一定荐举你为朝廷出力。"

荀爽还是推辞说:

"大人夸奖了,我不会当真的。我学业未成,不想为官。"

赵典规劝道:

"做官也是一门学问,你也该丰富一下自己。你有才华而不发挥出来,这不仅是你的损失,也是朝廷的损失啊!"

在赵典的力劝下,荀爽终于答应出山,被拜为郎中。

当时,朝廷黑暗,宦官专权,有能之士并不会受到重用。荀爽无所事事,心中闷闷不乐,他对赵典说:

"我本想学有大成,为国效力,看来朝廷并不需要我啊,为什么这样呢?"

赵典长叹道:

"国有奸佞,正需我辈用心拯救朝廷,你哪能灰心呢? 不是你的才华无用,而是还未到时候,你就委屈一下自己吧!"

荀爽忍耐了一段时间,感到身心俱疲。他萌生了退意,又对赵典说:

"生命不能空耗,我在这里失去的太多了,与其漫长地等待,不如我退隐治学更有意义,我决心引退了。"

赵典动问道:

"你在朝廷为官衣食无忧,退隐之后就生活艰难了,这个你想过吗? 其实朝廷之事暂可不必较真,你先要为自己的生活打算呀!"

荀爽毫不迟疑地说:

"若为了衣食而苟且偷生,活着便毫无意义了。我自信不会饿死,纵是再难,我也要干有价值的事。"

赵典还是劝他慎重,荀爽只是摇头,他最后劝赵典说:

"你也要反省自己了,如果不及早确立自己的人生方向,那么便是一件危险的事。时下宦官横行不法,他们不学无术,定会迫害我等正义之士。倘若不趁早脱身,祸患马上便会来了。"

赵典难以相信,只是笑他多虑。

荀爽辞官之后,不久便爆发了"党锢之祸",许多正义之士被收押。荀爽隐居在海上,又向南逃到边境,一连十多年,埋头著述。荀爽被人称为大儒,广受推崇。

【解读】

与"官运"绝缘,绝不是一个人失败的象征。对忽如期来的官运,明智的人不会贸然接受。为了做官而不问善恶,这样的人不识轻重;为了官运而抛弃一切,这样的人必受惩罚。在世道黑暗之时,不与昏庸无道的统治者同流合污,得到的是内心的安宁,否则,其人就梦魇缠身了。

【原文】

运在上。

【译文】

官运由上司主宰。

【事典】

倔强吃大亏

隋文帝曾当面向大理少卿赵绰解释了自己不给他升官的秘密,他郑重其事地说:

"你执法严格,办事勤劳,当是我朝的一大忠臣了。朕不升你的官职,并不是朕对你有何意见,这只能怪你的相貌不佳,绝非富贵之相。"

赵绰心虽怨怪,嘴上却连连称是。

隋文帝有此一说,是有其原因的。赵绰的大理寺少卿,是一个负责司法的官职,他刚正无私,总以法律为依据来审评案件,曾多次和隋文帝发生冲突。

一次,刑部侍郎辛亶穿着大红裤子上朝,隋文帝颇为震怒。喝问之下,辛亶说他这样只想让自己官运亨通,这个方法也是别人告诉他的。隋文帝不信,只以为辛亶是用妖术诅咒自己,便判他死罪,让赵绰来执刑。

赵绰不顾朝中众大臣都在场旁观,他当面拒绝了隋文帝的命令,还振振有词地说:

"我执掌司法,自该秉公办事。辛亶所犯之罪,按律不该处死,还请皇上收回成命。"

隋文帝勃然大怒，厉声道：

"你抗旨不遵，这可是死罪！你不识大体，竟敢托词欺君，还想活命吗？"

他又传命将赵绰斩首。赵绰凛然不惧，大声说：

"为了维护法律，我何惜一死？只求皇上放了辛亶，不辱皇上的英明。"

他当场解开衣服，等待受刑。

隋文帝并不昏庸，他怒气稍缓，便又语气有缓地说：

"你这般倔强，虽是难得，可是要吃大亏的。"

赵绰回答说：

"臣以忠为本，问心无愧，自不会计较个人得失。"

隋文帝思之再三，也觉杀之无由，于理不合，便只把他囚禁了几日，还让他担任原职。

此事过后，赵绰的家人仍是十分后怕，他们对赵绰说：

"你依法办事，皇上却不以为忠，你何必非要坚持呢？得罪了皇上，命都不保，忠又有什么用？你要有所转变，万不可一味死硬。"

赵绰笑着打断家人的话，说：

"皇上不是赦免了我吗？谁又说忠无用呢？任何时候，我都在维护皇权，巩固国本，这是我应尽的职责，岂可改变？"

不久，他果然又和隋文帝争执起来。有两个人以假币兑换真币被抓，隋文帝命令将其斩首，赵绰却说：

"依法他们当被杖刑，何来死罪呢？这太重了。"

隋文帝摆摆手说：

"这事不用你管了，还不行吗？"

赵绰不依不饶地说：

"皇上让臣执法，这事自该臣管，除非皇上下旨免去臣的官职。"

有了赵绰的坚持，那两个人虽没被处死，隋文帝对赵绰的厌恶却更增加了。终其一生，他也没被提升官职。

【解读】

封建专制时代，人们把官运看得十分神秘，认为是上天的恩赐，其实，封建当权者才是官运的真正操纵者。不懂此中秘密，一个人就不知向何处求取"官运"了。

对上司百依百顺,这是官场成功者的突出特点;和最强势的当权者亲密无间,这是官运不坠的首要要求。与上司不睦,官运必竭。

【原文】

敌在下。

【译文】

敌人存在于下属之中。

【事典】

识破假象

北魏孝文帝力主改革时,朝廷大臣反对的很多,只有元禧坚决支持。有人劝元禧说:

"皇上改变祖制,不合礼仪,你身为皇亲重臣,本该带头谏阻,你这样附和皇上,群臣都对你不满啊!"

孝文帝

元禧冷笑作答说:

"皇上为一国之主,他要做什么事,我们反对也是无益,何不拥护而讨欢心呢?我本也不赞成新政,可若是让皇上不快,我的地位就难保了。与其让群臣满意,不如让皇上看重于我,这才是做官的诀窍。"

元禧表现超群,孝文帝由此器重他,授他要职。熟知元禧为人的大臣对孝文帝说：

"元禧善于投机，为人奸诈，他处处表现得和陛下同心，其实只是为了讨取陛下的欢心而已，他哪里是真正爱戴陛下呢？陛下不妨假意赞扬他人，元禧若附和陛下，他的面目便暴露了。"

孝文帝十分自信，反认为别人攻击元禧，他始终宠信元禧。孝文帝病死之后，特遗诏让元禧辅政。

元禧位居群臣之首，不仅接受贿赂，耍弄权威，还对朝廷大事任意处置，不讲原则。他性爱奢侈，荒淫无度，他霸占无数田产，还派自己的家臣经营煮盐场和铁矿，牟取暴利。

表面上，元禧对即位的宣武帝十分听命，无论宣武帝说什么，他都极力赞成，从没有反驳的时候。宣武帝对元禧十分满意，他多次对群臣说：

"为臣之道，元禧可为众臣的楷模，他不居功不自傲，向无骄纵之情，绝无违逆之举，古时忠臣也比不上他。"

有正直的大臣暗中对宣武帝揭发说：

"论定忠奸，尚需深查实较。元禧顺从陛下，这只是他的假象，可背地里，他又干了多少违背忠义的事呢？他对陛下事事不谏不争，可见他为人奸猾，不负责任，这绝不是一个辅命大臣所应该做的。"

宣武帝通过观察，终于发现元禧的小人嘴脸，他开始防范他了。一次，宣武帝对元禧告诫说：

"你处处依朕，朕若有了过失而你也不在旁提醒，陷朕于何地呢？为臣者当不计个人利害，究朕之失，你从无谏言，当真朕没有过错吗？"

元禧十分恐惧，猜忌顿起，他召集亲信家人说：

"皇上已对我起疑，下一步当有行动了，我该如何对付皇上呢？"

他的亲信刘小苟说：

"大人位高权重，而自古皇上诛杀功臣的事就从无休止，大人为了免遭大祸，还是早做准备的好。"

元禧于是恨声说：

"皇上不仁，我自不会任其宰割。我忍气吞声这么多年，难道就只能为臣子？"

元禧遂反心大盛，开始和其党羽谋划造反事宜。

武兴王杨集始本为元禧党羽，他为保住富贵，于是倒戈相向，向朝廷密报了元

禧谋反的计划。宣武帝马上派兵镇压,把元禧活捉,宣武帝当面质问元禧说:

"你从不违逆于朕,朕也视你为忠臣,今日何故谋反呢?"

元禧挣扎说:

"天子之位,人人艳羡,我顺从于你,正是为了寻机取而代之。今日事败,只怪天不助我。"

宣武帝气恼色变,他处死了元禧等谋反之人,仍心惊肉跳,他悔恨道:

"朕为元禧蒙骗多年,方信大奸若忠之言;思及以往,朕真是糊涂之至了!"

【解读】

封建官场的上司不仅让人"敬畏",而且令人"怨恨",权力使他们成为下属谋划的目标,这不是情感所能左右的。把官运掌握在自己手中,不再受制于人,如此诱惑会使下属甘愿犯险了。对下属只讲安抚,并不能平息他们的不臣之心;防范下属夺权,就要恩威并施了。

【原文】

贵在争。

【译文】

富贵是争取的结果。

【事典】

穷困不是过错

辽圣宗时,耶律韩八无官无职,却是胸怀大志,时刻关心国家大事。耶律韩八苦读诗书,并不为自己的生活凄苦而哀怨。

一次,耶律韩八无钱买书,只好向当地一富翁去借,富翁嘲笑他说:

"你能吃饱饭都不容易了,何必天天读书呢?你这样的人只配干活,要知道读书是富贵人的事啊!"

耶律韩八并不生气,他说:

"穷困不是我的过错,但我要改变自己,只能自己努力了。我不怕你嘲笑,我只怕自己不争气呀!"

富翁大为惊奇,认为耶律韩八志向不凡,遂借给他书读,还改口说:

"你见识不凡,恕我慢待你了。你不畏人言,不改其志,你将来必有一番作为啊!"

耶律韩八自感学业有成,准备前往京城,他对朋友说:

"家乡之地施展不了我的才学,我为什么困守家乡呢?"

朋友疑惑道:

"京城人才济济,你这样前去也是毫无希望。你太相信自己了,做事当从基础做起,你是不会成功的。"

耶律韩八不听朋友的规劝,他来到京城住在皇宫旁边,只有一匹马和带的衣物而已,生活毫无保障。

耶律韩八每天都在大街上找人谈话,希望找到赏识自己的人。有人认为他是个疯子,不断地羞辱他,且说:

"你是想当官想疯了,哪有这样卖弄自己的人呢?当官要有才有命,像你这么一副寒酸样,你若发迹我就去死!"

耶律韩八穷困不堪,他还是不想回转,他相信会有人赏识他,每日总是在大街上游荡,全无颓丧之色。

一日,圣宗身穿便服出去打猎,见到耶律韩八感到奇怪,便问他道:

"你在此徘徊,究竟为了何事?"

耶律韩八不认识圣宗,随口道:

"我身负大才,却无人赏识,只恨京城并无知我之人呐!"

圣宗更加好奇,再问:

"看你寒苦之相,实难相信你有大才,你不该抱怨无人赏识啊!我想知道,你有什么才学呢?"

圣宗坐下与耶律韩八长谈。耶律韩八如遇知己,将平生所学一一道来。圣宗听得津津有味,认为耶律韩八所言非虚,他鼓励他说:

"你不以寒苦为耻,一心想要报国,其志可嘉,不过无人举荐于你,你的前途充满荆棘,你感到伤心吗?"

耶律韩八说:

"我不怪寒苦,不怪他人,只怪自己学识不精啊!我相信当今皇上圣明,我的才能终会被朝廷所用。"

圣宗记下了耶律韩八的姓名,心中感叹不已。

回到宫中,圣宗仍是思想此事,不停地和侍卫提起,侍卫说:

"陛下既然欣赏耶律韩八,为何不把他带入宫中呢?"

圣宗一笑道:

"朕要重用他,也要考验他。耶律韩八困境不坠,朕一定要给他一个机会。"

不久,北院上奏南京疑案很久不能判决,圣宗遂召耶律韩八急驰前去审理此案。满朝文武都感惊讶,不知耶律韩八为何许人也。

耶律韩八量情处理,人无冤者,人们都称颂他办事英明。圣宗心中高兴,马上任命了耶律韩八的官职,且道:

"耶律韩八诚心报国,朕十分感动,他才学优异,品德无缺,朕庆幸没有失去他。不是他的运气好,而是他敢于争啊!"

后来,耶律韩八官居北院大王。

【解读】

人无进取之心,所有的好运就不复存在,其人也不会有大的改变。富贵人人都有机会取得,官运人人都会与之碰面,没有人是注定不幸的。不敢面对激烈的竞争,不愿全身心地投入其中,就激发不起人的斗志和潜能。不安于命运的安排,一个人才能不怕万难,心想事成。

【原文】

贱在弃矣。

【译文】

贫贱是放弃的结果。

【事典】

想法须现实

战国时期,张仪和苏秦一同拜鬼谷子为师,学习权术。

张仪聪明颖悟,苏秦都自认赶不上他。鬼谷子一次和张仪谈话,指出了他的缺点,他语重心长道:

"你头脑灵活,深得我传,只是你这个人强调无拘无束,不喜世俗,我担心你满足所学,而不为苍生尽力啊!"

张仪讨厌时政,他对鬼谷子说:

"我学乃兴趣使然,并不想凭此当官弄权,这有什么不对吗?我无官无位,却是没有了羁绊,正可逍遥自在。"

鬼谷子怅怅道:

"地位低下就要遭受欺侮,无官无位便不能学以致用,我们无法做到与世隔绝,你的想法是不现实的。"

张仪没有太多的感受,他只是答应鬼谷子不做隐士。

学业有成后,张仪出山游说诸侯。一次,他和楚国相国一起饮酒,相国丢了一块玉璧,相国手下人便怀疑是张仪偷去了,他们对相国说:

"张仪又贫又贱,见了宝物岂有不动心的?这种人什么坏事都干得出来,因为他们一无所有啊!"

相国认为有理,他吩咐道:

"看来张仪嫌疑最大,抓起来审问他当有结果。他是不会轻易承认的,不妨给他上刑拷问。"

相国手下人于是把张仪抓来,喝令他交出玉璧,张仪叫屈说:

"我饱读诗书,明礼知节,绝不会干这无耻的勾当,你们冤枉我了。"

相国手下人不听其辩,仍令他交出玉璧,张仪疑惑道:

"你们一口咬定是我所为,偷了玉璧,可有证据吗?"

相国手下人说:

"这件事不需要证据,凭你是个贫贱之人便足够了!只有你们才会干这种事啊!"

张仪气得五脏欲裂,险些晕倒。他被打了几百鞭子,死不承认偷窃。被折磨许久之后才被释放。

张仪回到家中,他对妻子说:

"从前我对贫贱不以为意,只想安享快乐,今日受辱,我才知道贫贱难为啊!这件事让我反省颇多,以后我要振作有为了。

张仪决心求取功名,于是来到赵国,求见他当年的好友苏秦,想请他扶持。

苏秦此时担任赵国的相国,位高权重。他听说张仪来投,不禁喜上眉梢,他对自己的属下说:

"张仪的才能是超过我的,只是这个人不解世俗,心高气傲,不激怒他就无法发挥他的才学。我有一计可使他振作起来,还望你们从中配合。"

张仪递上名帖求见苏秦,苏秦的属下借故推托道:

"相爷为国事奔忙,今日无法抽身,你还是明日再来吧!"

第二天,苏秦的属下见张仪又至,便赔笑说:

"相爷已知你来,命我等好生招待于你,只是他今日无暇,你可耐心等待。"

张仪心中不是滋味,暗怪苏秦无礼。他忍耐几日,终于见到了苏秦。

令他万想不到的是,苏秦召见他时,竟然让他坐在堂下,端上来的东西也是仆人吃的饭食,难以下咽。

张仪未待开口,却见苏秦把脸一板,居高临下地教训道:

"你这个人自恃有才,为什么竟混到如此的地步呢?你自甘贫贱,便不能怪我以贫贱待之,你还是自寻出路吧!"

张仪受尽羞辱,恼怒异常,他发誓要出人头地,于是赶往秦国游说。

张仪这次竭尽了全力,使出了浑身的才能,在苏秦的暗中帮助下,张仪终于大功告成,当上了秦国的相国。

【解读】

贫贱之人多是放弃太多的缘故,他们盲目自信,缺少远见,不愿争取实实在在的东西。在放弃之前,一切都是有希望的;在成功之前,一切都是很渺茫的。不到最后时刻,放弃就是自毁前程。贫贱应该成为人们奋勇向前的动力。若以贫贱自卑,不如以甘愿贫贱为耻了。

应运第二

英雄都是应运而生的，一个人要顺应形势，必须摒弃个人的成见。官运通达的人，绝不是十全十美的人物，封建官场的升官发财要以出卖良心为代价。个人的坚持往往是理想的产物，保护自己不能仅凭积德行善，人们不能死守教条。应运可以假作，这是封建当权者不肯公开的秘密；只对封建当权者个人效忠，顺应的就不是大势。不识时务是对君子的污蔑，他们为多数人请命，只能不惜自己了。

【原文】

大势勿抗。

【译文】

事情发展的趋势不要抗拒。

【事典】

以逢迎为耻

东汉时，陈禅任巴郡功曹，他虽熟知官场恶习，但保持一尘不染。

一次，一位豪强带上重礼，求他办事，陈禅以不合法度为由，拒收礼金，还厉声斥责他一顿。

那位豪强怀恨在心，指使人殴打了陈禅，以至陈禅卧床三月之久。

这件事在同僚中传开，同僚都暗中嘲笑他不懂人情世故。好心人私下见他，苦口婆心地劝他说：

"你一个小官，何必严守操守呢？现在上行下效，人们见怪不怪，你用不着苦了自己，又让所有人对你不满。"

陈禅苦笑着说：

"你们看我这样行事，一定笑我不会同流合污吧？其实那样做简单得很，装傻充愣即可,可我的良心不容许自己那么做啊!"

陈禅在州郡主掌文书案卷任上,事事精明用心,惹得许多人不快。他们不时向刺史告状,想把他扳倒。

刺史于是疏远了陈禅,还警告他说:

"你这个人精明有余,人人怕遭你算计,这才会都反对你,你难道不知吗?"

陈禅气愤地说:

"他们挟私报复,满嘴胡说,大人也不相信我吗?"

刺史心中狐疑,未置可否。

不久,刺史被人诬陷贪污受贿,陈禅也被诬指为刺史的同党。同僚为了整治他,在狱中动用酷刑,逼陈禅就范。

陈禅坦然受刑,道:

"我知道自己为什么会这样,是我太清醒了。你们恨我屡坏你们的好事,所以尽情报复罢了。"

陈禅宁死不屈,最后终被放出,遍体鳞伤,惨不忍睹。家人劝他装些糊涂,说:

"你屡受打击,应该吸取教训了。睁一只眼闭一只眼,对谁都有好处,怎么只有你不干呢?"

陈禅指着家人怒声说:

"我忠心为国,岂是为了一点私心? 我若和那些奸人一样,还是我陈禅吗? 难道你们也不了解我吗?"

西南夷掸国王向汉朝进献音乐和能做幻术的人。作幻术的人口能吐火,令人深感神奇。

当时,在朝中任谏议大夫的陈禅对此不屑,他说:

"这些巧技会让人耽于玩乐,应该一口回绝啊!"

一日,汉安帝带着文武大臣在宫中厅堂看作幻术的人的表演,在人们的一片叫好声中,陈禅却对安帝说:

"从前齐、鲁两国国君在夹谷见面,齐国安排侏儒表演游戏。这时,仲尼挺身而出,斩杀侏儒,他说:'放弃郑国的音乐,远离奸佞之人。'他认为帝王的厅堂,庄严神圣,不应该表演夷狄的技艺。现在陛下受人蛊惑,百官不辨是非,臣实在看不下去了,所以力劝陛下不可再观。"

陈禅此言引起众怒,尚书陈忠大声呵斥他诽谤朝政,对皇上不敬,他说:

"夷人来朝,这是皇上圣明的表现,你明目张胆地反对,分明是显示自己,蔑视皇上,你这是丧心病狂啊!"

群臣同声要求重惩陈禅,汉安帝也气得七窍生烟,他说:

"陈禅让人扫兴,满口讥讽,他是把朕当成昏君了!"

服侍汉安帝的宦官同情陈禅,为陈禅求情说:

"陈禅一向敢于直言,他虽不敬,但毕竟不是谋私,皇上杀了他,以后谁还敢言呢?念在他并无大错,还是赦免他吧!"

汉安帝左思右想,也觉杀他不妥,但他恨意难消,一时难下决断。一个正直的大臣给安帝上书,说:

"陈禅劝谏陛下不要贪图玩乐,这才是忠臣忠言,而奸猾小人只会奉迎陛下。陛下若杀这样的忠臣,臣愿意一同赴死。"

汉安帝心平气和下来,亦觉这位大臣所说有理。不过,汉安帝仍讨厌陈禅,虽免去了他的死罪,却将陈禅赶出朝廷,贬为侯城县的障尉。

【解读】

封建官场没有单打独斗的英雄,不会顺应形势,迎合大众,等待他的只有穷途末路。英雄都是应运而生的,个人的才能改变不了势之所趋。封建官场一片灰暗,君子的处世方法难以通行;小人见风使舵,善弄阴谋诡计,他们在封建官场如鱼得水。君子多是权力斗争的失败者。

【原文】

小节勿量。

【译文】

琐碎的事情不要衡量。

【事典】

不计较小处

宋真宗时,一次皇宫发生火灾,宰相王旦马上向宋真宗请罪说:

"臣身居宰相之职，国家发生这么大的天灾，臣应该被罢免。"

宋真宗为此下了罪己诏书，并没有解除王旦的职务。

后来，经查证这次火灾是荣王的宫中火蔓延所致，并不是天灾，为此还抓捕了一百多人，准备处以死刑。王旦独自请求宋真宗说：

"火灾发生后，陛下已下了罪己诏公布天下，臣等也都上书请求问罪受罚，倘若归罪给别人，就显不出朝廷的信义了。虽然火灾已有了线索，难道就知道那不是天降的灾祸吗？"

宋真宗十分生气，说道：

"这场大火损失甚巨，两朝积下的财物差不多烧光了，那些人一定要处死。"

王旦劝谏说：

"陛下拥有天下这样的财富，财货布帛不必忧虑，所忧虑的应该是政令上赏罚不当，陛下没有仁恕之心。如果陛下宽大为怀，世人一定会感念陛下大恩。"

王旦的努力没有白费，他终于让宋真宗改变了主意，使那些本当论罪处死的人都被赦免了。

当时，寇准为王旦下属官吏，他却常常指责王旦，对他并不尊敬。王旦深爱其才，并不记恨，王旦的好友便埋怨他说：

"大人位极人臣，而那寇准胆敢放肆无礼，大人不治他的罪，何以立威呢？大人不该考虑太多了，如果任其这样，只怕日后无人能听奉大人的号令了。"

王旦一笑道：

"寇准若不是大才之人，自不敢无礼犯上。他的缺点虽多，却也只是针对我个人的一些小事，与国家大义无涉。我为国家选人用人，岂能因私怨而无端降罪于他呢？"

宋真宗一次对王旦说：

"你常常称赞寇准的优点，而他却总是说你的坏话，你真的不生气吗？"

王旦诚恳答道：

"臣想这是理所当然的，又何必气恼呢？臣身居宰相之位时间很长了，在处理政事上难免有疏忽和错误的地方。寇准才高眼锐，对陛下没什么隐瞒，足见他忠直的品格，这是我赞扬他的原因。何况，为官者若无宽恕之心，必陷入钩心斗角之中，永无宁日，这便与国不利了，臣不想这样。"

宋真宗听完十分震动，他对王旦说：

"你能如此，朕之幸也，寇准亦幸也，只怕了解你的人太少了。"

寇准知道此事后，十分羞愧，他向王旦谢罪，王旦却不接受，只劝他为国尽力，切不要以此为意。

后来，寇准被罢免枢密使，他派人私下到王旦那里谋求使相的职位，不料，王旦一口回绝说：

"国家官职，岂可私授予人？我深爱寇准其才，却也不能做这种有违国法的事。"

寇准心中不满，对手下人说：

"王旦假仁假义，我险些让他骗了。他的仁恕是假，他一定是忌恨于我啊！"

时间不长，便有诏命任用寇准为武胜军节度使、同中书门下平章事。寇准喜不自禁，拜见宋真宗时连道：

"若不是陛下施恩垂怜，臣哪里会有今日之荣呢？还是陛下了解臣。"

宋真宗摇头说：

"你虽有才学，却无王旦的胸襟，你当自勉了。非朕施恩于你，乃是王旦极力推荐，他力言你才堪大用，这或许你万想不到的吧？"

寇准怔然无语，他又向王旦请罪，自责不已。王旦仍不怪他，亦不多言。寇准为此悔恨难当，从此自认不如王旦，对他十分敬服听命了。

【解读】

官运通达的人，绝不是十全十美的人物，他们可能有各种各样的缺点，但这一定是他们的小节，在大的方面，他们不会有误。不拘小节，于成大事无损；过于关注琐碎之事，其人就会忽视大局，这在封建官场是致命之失。倘若方向错误，一个人的所有努力就毫无意义了。

【原文】

德有其失。

【译文】

道德难免有缺失的地方。

退而求其次

汉高祖刘邦去世后,吕后临朝称制,执掌权柄。她重用吕氏家人,不仅把他们封王拜将,还纵容他们肆意打击和迫害前朝旧臣,形势一时十分恐怖,极为严峻。

陈平时任右丞相之职,他为汉室命运担忧,却又无力改变这种局面,于是变得忧心忡忡,整天长吁短叹。朝中大夫陆贾有一次来看望陈平,见陈平如此模样,连连摇头。陈平出言相询,陆贾便说:

"你忧国忧民,竟会这样不爱惜自身吗?事实既是如此,你当退而求其次,惟思免害之计才是。你智谋过人,眼下却困守愁城,这只能让人看出你对时局不满,给你招来横祸,莫非你真的糊涂了不成?"

陈平和陆贾乃是挚友,陆贾言辞尖刻,却是令陈平一惊,他不仅丝毫不以为怪,反而正色谢他说:

"先生高见,平不及也。"

从此,陈平一改先前朴素之风,大肆挥霍,天天饮酒作乐,时时搜猎艳女入府,昼夜鬼混。

陈平如此高张嬉乐,不避人耳目,先朝的旧臣都怪陈平不思政事了。他们有的暗中骂他不守臣节,有的还忧心地劝他说:

"皇上尚幼,国家倚靠丞相之处多了。你统御百官,身肩重任,若是只顾嬉乐,不思振作,汉室危矣。丞相当思检点,励精图治,如此方不负先帝的重托啊!"

这等忠言,陈平这会装得全然不理。有人说的多了,他便显得极不耐烦,有时还故作愤怒,破口大骂说:

"你们一群莽汉,哪里知道享受的快乐?我历尽辛苦,挣得今日地位,再不趁早行乐,岂不让这大好光阴白白错过?我自知时日无多,享乐尚来不及,哪里还顾得上政事呢?"

陈平如此荒唐,吕后的妹妹吕媭看在眼里,却是心中暗喜。陈平从前曾受刘邦之命,出讨吕媭的大夫樊哙,所以向来为吕媭所恨。如今,她便以此事在吕后面前进谗言说:

"陈平贵为右丞相,天天却是饮酒戏女,花天酒地,不理朝政。他这样胡作非为,太后难道还不该惩治他吗?"

吕后听之一笑,她轻松地说:

"他贪图享乐,不理政事,正说明此人胸无大志,不足为患啊!在先帝旧臣之中,我最担心的就是他了。如今他这般模样,正遂了我的心愿,我高兴还来不及呢,更不会惩治他。以后你也别在此多言了。"

陈平以此瞒过了吕后,平安度过了这段凶险的岁月。

【解读】

一个人要顺应形势,必须摒弃个人的成见,忍辱负重,其内心冲突是剧烈的。封建官场不允许有人做道德的楷模,在此,官场中人无法洁身自好。说违心话,办违心事,官运方可存留;降低做人的标准,才能暗合封建当权者的要求。封建官场的道德观无比虚假,空洞乏力。

【原文】

仁有其过。

【译文】

仁义难免有过错的时候。

【事典】

莫忠不义之人

战国时期,魏国人范雎出身贫贱,无奈投靠到中大夫须贾门下,做了他的宾客。

范雎人穷志坚,他不像别的宾客只会逢迎须贾,反是每每对须贾提出忠告,自己也严守德操,与人为善。

须贾是个势利小人,对范雎并不看重。一次,范雎因为直言得罪了须贾,须贾便恶性发作,痛骂范雎说:

"我养你供你,难道是为了让你教训我吗?你穷酸迂腐,且还逞能犯上,你这样的人真是没救了!"

事后,有一位宾客劝范雎道:

"我们寄人篱下,不过是混口饭吃,何必认真呢?只要大人高兴,我们尽可奉承大人,这才是你我的生存之道啊!"

范雎并不改变主意,他说:

"人穷也不能丢掉善心,而善心是不允许我们欺诈他人的。须贾是供我衣食之人,我要为他考虑,使其免受灾祸,哪能一味违心地奉承他呢?我想终有一日,须贾会明白我的善意,而我是不计较他的责骂的。"

范雎如此忠心须贾,渐渐名声远扬。有人想把范雎招致自己的门下,派来说客对范雎拉拢说:

"你家大人忠奸不辨,善恶不分,似你有大才之人,实不该追随他啊!你家大人不能使你富有,又不能使你一展才华,你背叛他是理所当然的。"

范雎冷笑道:

"如此说来,你家大人可以满足我的一切需求了?"

来人连连点头,许诺说:

"人穷就要思变,否则穷无尽头。我家大人为求你高才,自是会允你所请,绝不食言。"

范雎叹息一声,他对来人说:

"你家大人如此厚爱于我,我是感激不尽的。只是我投效须贾在先,你家大人请我在后,纵是须贾不义,我也不能背叛他。这不是穷富问题,而是事关德行与善恶,我不想让天下人唾骂我啊!"

范雎凭此一事,又给他增添了不少名望,知道他贤德的人更多了。

一次,范雎随须贾出使齐国,齐襄王知范雎之贤,竟是破例召见他,口道:

"先生穷不改志,贱不背主,实是人中龙凤,你是如何做到这一点的?"

范雎回答说:

"无他,只是守住'善'字不失,便可抗拒一切诱惑了。"

齐襄王大为惊奇,追问道:

"如此,先生对人善,却显得对自己'不善'了,先生有何解释吗?"

范雎亦不多想,直言道:

"人没善念,便会无恶不作,六亲不认,这样的人便枉为人了,何谈其他?我虽然贫穷,但是更在乎人的尊严,是以如此。"

齐襄王敬佩范雎的骨气,赠予重金,范雎坚辞不受,他说:

"我刚与大王谈完善念,倘若无功受取大王的重金,便是小人之举了,恳请大王成全我的心意,保守住自己的节操。"

齐襄王赞叹不已,不再坚持了。

须贾知道这件事后,十分生气,他猜想一定是范雎出卖了魏国的秘密,回国后便把此事报告给了相国魏齐。

魏齐大权在握,一声令下,命人把范雎毒打到半死。范雎装死避祸,被人用破席卷裹,丢在茅厕之中。

须贾始终没有为范雎求情,他还和其他人一样,往范雎的身上撒尿,以示羞辱他。

范雎被看守茅厕的人救出之后,逃到秦国都城咸阳,他改名换姓为张禄,游说秦昭王,最后当上了相国。

后来,秦军攻打魏国,魏王派须贾到秦国求和。范雎得知须贾前来,换了一身破旧的衣服去见他。

见面之后,须贾竟动了恻隐之心,他留下范雎吃饭,又送给他一件丝袍。

直到须贾知道了范雎的真正身份之后,他如雷轰顶,脱衣袒背到相府认罪。

范雎身边的人都主张处死须贾,唯有范雎一人反对。

范雎对须贾说:

"我今天所以不杀你,只是因为你送给我一件丝袍,看来你的心中仍存一丝善念。你不要感谢我,要谢你就谢你的一丝善念吧!"

范雎逼迫魏国交出魏齐,魏齐仓皇出逃,谁也不敢收留他。魏齐走投无路,被迫自杀。

【解读】

仁心仁术不能解决所有问题,特别在封建官场,仁义决不可滥施,不问对象和不分场合。封建官场小人实多,行仁之举又会遭人误解,只讲仁义反是另一种过失了。官运不是仁义所能带来的,小人也不是仁义所能感化的。在封建专制时代,保护自己不能仅凭积德行善就行了。

【原文】

能让者不困。

【译文】

肯退让的不会窘迫。

【事典】

不满足于虚名

1357年,经大将邓愈推荐,朱元璋觅得老儒朱升。朱升多才多智,他当面给朱元璋进献了"高筑墙、广积粮、缓称王"的著名战略。

"高筑墙、广积粮",朱元璋深表赞同,而"缓称王",朱元璋却一时显得犹豫,他对朱升说:

"名不正,而言不顺,先生当知我心,此议尚需思量。"

朱升微微一笑,说道:

"将军胸怀大志,志在一统天下,本无可厚非。只是将军时下兵少力微,可谓危机重重,如若不压雄心,只图躁进,让天下人早早攻之,后果就难以预料了。"

朱元璋苦苦一笑,反驳道:

"乱象已成,称王称帝者比比皆是,奈何先生以为我不可呢?"

朱升正色道:

"逐鹿天下,当有始有终,方能如愿以偿。将军若只图一时之快,满足于虚名,恕老儒不能尽力了。"

朱元璋见朱升脸上不快,忙赔上笑脸,请教说:

"先生教我,我敢不奉命?只是此事重大,还望先生详告。"

朱升长叹一声,后道:

"人在困地,最要紧的是自保图存,以为发展。徐寿辉、张士诚等人,早早称王称帝,招致元朝极力围剿。刘福通树大招风,元朝一直视为死敌,大军日夜攻讨不休。他们势难发展,这便是此中原因了。自古天无二日,元朝自容不得新王新帝,与其有名无实,将军何不暗忍野心,不称王呢?如此保存实力、积蓄力量,日后当可称霸天下。"

朱元璋思忖良久,忽高声叫好。他采纳了朱升的建议,直到1368年才称吴王。

在此期间,朱元璋忍辱负重,隶属于小明王的宋政权。他招兵买马,广召贤士,时刻积存实力。有人见他不树大旗，只道他没有称雄天下的野心，于是便劝他说：

"宋室孤危，我军势强兵壮，实不该屈居人下。如今天下纷乱，大人若无大志，只怕让全军将士寒心了。"

朱元璋不加理会，只说：

"身为人臣，岂能有不臣之心？我决意为宋尽忠，自无二念。"

因为属于宋王朝的一部，元朝就没有把朱元璋当作大敌来攻，其他各路诸侯更不把他视为争夺天下的对手。更重要的是，小明王的宋政权不仅对朱元璋关爱有加，极力庇护，还对他的忠心十分感激。

在夹缝中生存的朱元璋，趁乱渐渐发展壮大。一旦时机成熟，久怀野心的朱元璋便迫不及待地自立了。1368年，朱元璋自立为吴王，他就此对心腹解释说：

"察天知地，暗合宇宙之规，乃人主之能。从前乱象不明，天下纷扰，我自当审时度势，以防前车之祸。现在宋政权已名存实亡，张士诚已不足为惧，四川的明玉珍没有远图，元军与宋军决战已元气大伤，无力南进。如此形势，与前日不可同日而语，我若再徐图不进，当失却大好时机了，与天道有违。"

朱元璋自立为王，凭其强大的实力一下脱颖而出。元朝和各地诸侯醒悟过来，已然不是他的对手。最后，聪明过人的朱元璋终于一统天下，建立了他的丰功伟业。

【解读】

在事实面前，如果无力改变，那么顺应它就是形势所迫了。一个人没有绝对的自由，不肯相让，失去的会更多。人们做的许多事情并非出自其本意，而个人的坚持往往是理想的产物，不可当真。不会把理想埋在心底，不会应对俗务，其人虽雄心万丈，但终将破灭成空了。

【原文】

能变者不折。

【译文】

肯改变的人不会挫败。

【事典】

莫正面对抗

王陵早年追随汉高祖刘邦东征西讨,十分勇敢。他为人仗义,性喜直言,争强好胜之心从不改变。

王陵的母亲曾被项羽抓为人质,王陵派人去楚军营中探望,他的母亲就私下对来人说:

"请转告我儿,不要为我担心,好好地辅佐汉王吧!他样样都好,只是说话无忌,让我放心不下,让他以后慎言,这是我最后的嘱托了。"

王陵的母亲言罢自刎而死,绝了项羽的招降王陵之念。

刘邦深恨雍齿,王陵却因早年和雍齿交好,始终不肯背弃他。刘邦一次把王陵召来,脸色阴沉地对他说:

"雍齿为人卑鄙,行多不检,许多人都唾弃他。你和他并不是同类之人,我真不明白,为何你们能相处呢?"

王陵沉声说:

"主公不喜之人,别人就不敢和他交往了。我看不出雍齿有什么不好,再说这也只是我的私事,主公何必干涉呢?"

刘邦心中有气,却也不便发泄,只好挥手让他告退。

王陵亦有怨气,就和好友周勃说了此事,周勃连叹数声,口说:

"你不该和主公直言呐。主公素恨雍齿,人人皆知,你不避嫌和他交往也就罢了,又怎能说出自己的心里话呢?这件事可大可小,主公一定会记挂在心的。"

王陵不服,仍道:

"我忠于主公,从无二心,几句实话他也会放在心上?大丈夫光明磊落,畏首畏尾、口是心非的事不该去做。"

平定天下之后,论功行赏时,刘邦却不肯给王陵厚封,只封他为安国侯。许多人为王陵求情,刘邦却正色说:

"行军打仗,王陵功劳不小,可在别的方面就无过人之处了。打江山绝非只知勇猛这么简单,他还有什么委屈呢?"

王陵心有怨气,直欲找刘邦争辩,他的家人跪地哭劝他说:

"你的毛病全在嘴上，到了现在你还想惹祸生事吗？只怕你去理论，我们也和你一样活不成了。"

吕后

王陵这才作罢。

刘邦死后，惠帝继位，吕后掌权。王陵任右丞相两年之后，惠帝去世。

一日，吕后把王陵和陈平、周勃等人召来，对他们说：

"天下太平，吕氏出力甚多，我想让吕氏子弟称王，可以吗？"

陈平、周勃相视一眼，俱不作声，王陵却马上出言说：

"先皇曾宰杀白马，歃血订盟，说：'倘非刘氏而立为王，天下人共击之。'先皇遗训如此，不能改变，吕氏立王之说，便不可行了。"

吕后十分不悦，转而问陈平、周勃的意见，他们二人却道：

"时势有变，其道自不同了。先皇平定天下，分封刘氏子弟为王，理所应该；如今太后临朝执政，吕氏子弟又有大功于国家，称王自无不可，合当施行。"

吕后笑逐颜开，对他们二人连连夸奖。

事后，王陵指责他们阿谀奉承，背弃先皇，陈平答道：

"谏阻无益，强辩自不可取。我们当面谏阻不如你，可日后保全国家，安定刘氏后人，你就不如我们了。"

王陵遂被罢相，十年后病死。而陈平和周勃却保全下来，日后诛杀诸吕，重兴了汉室江山。

【解读】

因人而变的封建官场的"人治",关乎所有人的命运,对此失去敏感,就是最大的落伍了。再好的方略也有过气之时,人们不能死守教条,让自己不动如山。封建官场中人要按当权者的旨意行事,否则就是叛逆。改变可以不发自内心,但一定要表现得积极主动,举重若轻。

【原文】

君子悖运。

【译文】

君子违背运势。

【事典】

善意未必人察

白居易是唐代著名的诗人,他诗歌写得好,为人也耿直忠厚,人所赞颂。

元和四年(809年),发生旱灾,唐宪宗下诏减免租税。白居易见诏书中对减免具体事项规定不详,于是上谏说:

"旱灾祸烈,陛下为养生息,当全部免除江淮两地的赋税,如此方显陛下的恩德。"

他还建议多遣散一些宫女。唐宪宗为此召见他说:

"你不惜钱财,却显得朕仁义不够了,这是忠臣所为吗?"

白居易见唐宪宗怒气冲冲的样子,他还是坚持说:

"百姓都是陛下的儿女,陛下自不该吝惜钱财。臣为陛下的江山着想,话虽难听,却无半点私心,陛下的怪罪,臣不敢接受。"

唐宪宗虽接受了他的建议,心里却是十分的不快。

河东道节度使王锷贪婪虚伪,他不顾百姓的疾苦,千方百计地征收赋税,又把搜刮来的钱财拿出一部分进献给朝廷,以骗取唐宪宗的好感。唐宪宗果然被他迷惑,对他嘉奖不说,还要任用他当宰相。白居易为此直言上谏,话语尖刻,他说:

"王锷弄虚作假,坑害百姓,如果陛下让他为相,人们便会说陛下是因为得到他进献的财物才让他当宰相的,这对陛下的名声大有损害,别的节度使也会纷纷效仿,搜刮百姓谁不会呢?如此国家的法规制度就会大乱,陛下能忍心看到此事发生吗?"

王承宗反叛时,唐宪宗让宦官突承璀统帅军队讨伐,白居易又力谏不可,他不假辞色,直言道:

"陛下错了。我朝制度,每次征伐都把一切权力交给统帅,太监做大将的事还没有先例。太监对行军打仗一窍不通,他们若有了这最高指挥权,如何能战之必胜呢?我怕周边国家会因此轻视我朝,陛下也会担下用人不当的恶名,望陛下收回成命。"

唐宪宗见他当众言此,态度激烈,十分气愤。他不仅没听从白居易的谏言,还在私下恨恨说:

"白居易这小子是我亲手提拔的,竟敢如此无礼,我再也无法忍受他了!"

大臣李绛为白居易求情道:

"白居易能直谏敢言,这都是陛下能容纳进谏、虚怀若谷的结果,陛下的美德人所共知,为何要改变呢?如果赶走了白居易,就是堵住了众人的嘴,让他们人人都为自己前程考虑,不敢再进忠言了。"

唐宪宗忍了又忍,才不追究白居易的失礼之罪,可他对白居易的怨恨,却没有丝毫的减少。

李绛事后劝白居易说:

"你直言上谏,不该无所顾忌,让皇上生气。皇上为天下之主,他怎受得了你当众指责呢?这样下去,你的忠言皇上也会认为是奸邪,你的善意也不会让人体察。"

白居易自辩道:

"忠言逆耳,何能两全?小人之言固是动听,我焉能为之?"

大臣武元衡被盗贼所杀,一时京都震动。白居易第一个上疏,请求捉拿贼犯,洗刷朝廷的耻辱。宰相一知此事,深以为恶,他恨白居易越权无礼,对他心生忌恨,于是伺机打击白居易。

不久,有传言说白居易的母亲掉下井里淹死,而白居易却做了一篇《新井篇》,言辞华丽轻浮。宰相借此向唐宪宗进谗说:

"白居易仁孝皆无,实同禽兽无异。这种无德无义之人,早该把他赶出朝廷了。"

唐宪宗此时冷笑一声，口道：

"他这般无耻，平日里却装出正人君子模样，实在可恨。"

他立即准奏，白居易于是被贬为江州刺史，后又贬为江州司马。

【解读】

君子从不以自己的前程为重，他们看淡官运，坚持真理。不趋炎附势的君子，注定是要和封建当权者唱反调的，他们的"不明智"，正是君子的最宝贵之处。君子要有自己的独到见解，不能随声附和，看人脸色行事。不识时务是对君子的污蔑，他们为多数人请命，只能不惜自己了。

【原文】

小人悖心。

【译文】

小人违背良心。

【事典】

后患必除

春秋时期，晋国的中大夫屠岸贾善于投机取巧，为人奸邪。屠岸贾为了讨晋灵公的欢心，多方引诱晋灵公嬉游淫乐。

晋国京城绛州有屠岸贾为晋灵公建的一座"桃园"。桃园中有一座高台，站在上面全城尽收眼底。屠岸贾带着晋灵公在桃园里和宫中姬妾游乐，他还到晋国各地强抢民女，送入桃园供晋灵公淫乐。

一次，他们正在高台上看美女跳舞吹奏，屠岸贾见园外百姓越聚越多，于是提议和晋灵公比赛用弹弓打人。他们二人弹无虚发，被击中者立时头上见血，鼻青脸肿。

晋灵公如此荒唐，忠臣们纷纷劝谏，相国赵盾反复进言道：

"主公宠信屠岸贾，干下许多荒唐事来，这绝不是明主所该做的。屠岸贾奸险恶毒,一心谄媚,不顾主公声威,不体百姓民心,这样的人主公怎能相信他呢?"

晋灵公本赵盾拥立,对他尚有畏惧,一时稍有收敛。屠岸贾一见不妙,便极力怂恿晋灵公说:

"主公政务繁重,日理万机,一时游玩有何不可?赵盾自恃老臣,拥戴有功,天天说三道四,他还把主公放在眼里吗?何况这只是主公的私事,群臣有何理由干预呢?"

有了屠岸贾的这番剖析,晋灵公便又我行我素起来,且愈演愈烈。一日,屠岸贾陪晋灵公喝酒,熊掌不是很烂,晋灵公一怒之下,竟用铜锤将厨子打死,还把尸体砍为数截。

赵盾就此事赶到桃园,他堵在桃园门口,不让晋灵公进园玩乐,口说:

"主公不理朝政,玩戏无度,又将厨子肢解,这太让人寒心了。老臣直言,如此下去,晋国必出祸事,国将不国,恳请主公痛改前非,驾车回朝。"

晋灵公心知理亏,只应付说:

"我知道了,下次依你便是。"

赵盾见他并不回转,也不给他让路,屠岸贾在旁周旋说:

"主公既来,若是空返,传扬出去必教人猜疑,说相国太过无礼。今日游罢,他日不来也就是了。"

赵盾只好放他们进园。屠岸贾以此挑动晋灵公对赵盾的愤恨,他故作一叹说:

"这是最后一次乐趣了,以后你得守在宫中,听相国教训了。"

晋灵公果然被激怒了,杀心立起。他们派出刺客刺杀赵盾,此计不成后,屠岸贾又设计陷害,赵盾被逼逃亡。赵盾的侄子赵穿杀了晋灵公,赵盾返朝,迎立晋文公的幼子黑臀继位为君。

屠岸贾在外为晋灵公挑选美女,得闻晋灵公被杀,他便跑回家中,闭门不出。赵盾深恨屠岸贾,却念及新主刚立,不宜因怨滥杀,他于是决定不予追究。赵穿坚持杀了屠岸贾,他激愤地说:

"恶人不除,终有后患。你不杀他,他就会感激你吗?若有一日他执掌权柄,他是绝不会饶过赵家的。"

赵盾眉头紧蹙,还是摇头说:

"经此一事,相信他必有悔改之心,也不敢为恶了。我们一切为公,怎能因私怨枉杀人命呢?"

由于赵盾的仁爱，屠岸贾侥幸活命。他表面上对赵盾痛哭忏悔，行事也分外小心，可心里却无时不恨之入骨，等待时机。

公元前599年，赵盾和晋成公病死，景公执政。景公宠用屠岸贾，屠岸贾见时机已到，便诬害赵家说：

"赵盾等人桃园弑君，此等大逆之罪，早该诛杀了，成公反而委其重任，天下人非议已久，主公应纠此过失，以慰天理人心。"

晋景公昏庸无道，他也想借此铲除赵家势力，于是命屠岸贾带兵查抄赵家。屠岸贾多年隐忍，早盼这一天了，他大开杀戒，把赵家一百多口人杀得一个不留。

赵朔的妻子庄姬其时有孕在身，因她是晋成公的女儿、晋景公的妹妹，这才得免不死。屠岸贾为了永绝后患，一待庄姬分娩后就捕杀刚出生的婴儿，多亏赵家的家臣公孙杵臼、程婴忠心护主，赵氏孤儿才幸免于难。

【解读】

封建官场的升官发财要以出卖良心为代价，官运旺盛，其人的良心就会加速流失，直至不存。良心要求人们不要干龌龊理亏之事，而这恰是升官发财的最大障碍。小人视良心为无物，他们没有良心的负担，做起恶事来自是轻松。不受良心的约束，人在官场就多了一份"优势"。

【原文】

虚应不虚。

【译文】

虚假的顺应有实际的成效。

【事典】

在天意上做文章

西汉平帝时，太皇太后代替9岁的平帝传达诏命，把处决政事的大权全委托于王莽。王莽仍不知足，他要代汉自立，是以全无欣喜之色。

王莽的心腹大臣王舜工于心计，善于察言观色，他猜出了王莽的心思，于是借和王莽谈话之机，悄声道：

"大人神情忧郁，必有难言之事，下官斗胆进言，一朝兴起，必有谶言符命大作，方能顺天应人，不违大道，大人对此可否详察过呢？"

王莽浑身一震，郁色顿消。他现在大权在握，欲要篡夺汉室江山，最担心的便是背上谋逆的恶名，无法让百官和民众诚服。如今经王舜一提醒，豁然开朗。他冲王舜一笑，开口说：

"天意难违，有谶自现，我又何必细心察验？还是顺其自然吧！"

王莽嘴上轻描淡写，私下却急忙暗示益州郡官吏，让塞外的蛮夷奉献白色野鸡。一待白色野鸡来朝，王莽马上面见太皇太后，激动地颤声说：

"白色野鸡世所罕见，这是上天所赐的祥瑞，太皇太后应下诏用它祭告祖庙。"

太皇太后应允，王莽背后指使其党羽就此大做文章，他们对太皇太后说：

"天降祥瑞，绝非偶然，这是王莽的功德所致啊！周成王时，也有白野鸡祥瑞，虽然时隔千年，符命却完全相同。圣贤帝王留有成法：臣子有大功，活着时就要赐予一个美名。王莽有定国家、安汉室的特大功勋，应赐号为'安汉公'，增加封邑的民户，规定子子孙孙如数继承。这样，才可顺从天意，以慰民心。"

太皇太后诏准，世人以为奇事，对王莽又生敬畏。

汉平帝元始四年（4年），王舜亲自上阵，为王莽歌功颂德，他向太皇太后极力宣扬说：

"《春秋》讲有功德的原则，最上等的是树立恩德，其次是建功立业，再次是著书立说。唯有大德大贤的人才能做到这些。商朝的伊尹、周朝的周公是这样的大臣，我朝的王莽也是这样啊！"

王舜又奏报假做的谶言，王莽于是被加上"宰衡"的尊称，其母封"功显君"，其子王安封"褒新侯"、王临封"赏都侯"。

元始五年（5年），以张纯为首的公卿大夫、博士、议郎等902人共同向太皇太后上奏说：

"现今祥瑞一齐降临，谶言皆道王莽功高无比，应赏赐给王莽九种特殊的礼物，以示尊崇。"

王莽的阴谋一次次得逞，有些迫不及待了。这年十二月，汉平帝去世，年仅二岁的刘婴登基后，马上有人上奏说：

"武功县长孟通淘水井，挖出一块白石，上圆下方，石头上写有红色文字：'告安汉公莽为皇帝'。"

太皇太后闻言大惊，方觉王莽的真正野心。她不肯交出江山，气愤地说：

"刘姓的天下，岂能轻易授人呢？这定是妖言惑众！"

王舜却对太皇太后说：

"此乃天意，谁也阻止不了。太皇太后若不照准，其罪就大不可测，百官和民众也不会答应。"

群臣也接着上奏，太皇太后被逼无奈，只好让王莽当了代理皇帝。

三年之后，王莽决心去掉"代理"二字，他自己奏报太皇太后说：

"皇室大臣广饶侯刘京上书说，七月中旬，齐郡临淄县兴亭亭长辛当一夜间做了几个梦，听到有人说：我是上天的使者，上天派我告诉亭长，'代理皇帝当作真皇帝'。此事千真万确，太皇太后要敬尊天意啊！"

于是，在秉承天意的幌子下，王莽做了真皇帝，定国号为新。

【解读】

顺天应运是悦人耳目的，只要打上如此旗号，就能产生效力，给自己带来好处。为了愚弄他人，造势是有效的手段。智者识破虚假的顺应，并不能阻止更多的愚人的轻信；在真假难辨的封建专制时代，谎言总是十分盛行。应运可以假作，这是封建当权者不肯公开的秘密。

【原文】

实应不实矣。

【译文】

真心的顺应有不真实的回报。

【事典】

仇恨之心不可长

刘彧是南北朝宋文帝刘义隆的第十一子，自幼性情宽厚平和，为人称道。他由太后抚养成人，长大后身居要职，为几代皇帝所信任，仍能保持不骄不躁的本色，待人接物十分诚恳热情。

刘彧喜爱读书,在研习学问上也颇有成就,他在做亲王时,就曾撰写《江左以来文章志》,续注卫瓘所注《论语》二卷,流传后世。

464年,宋世祖刘骏去世,他十六岁的儿子刘子业继位。刘子业性情残暴,不仅枉杀大臣,更对他的几位叔父疑神疑鬼,索性将他们全部囚禁在宫中,随意殴打,极端虐待。

刘彧在刘子业叔父中威望最高,刘子业便对他折磨最重。他把肥胖的刘彧封为"猪王",和"杀王"刘休仁、"贼王"刘休祐关在特制的大竹笼内,像喂猪一样喂食他们,还单独把刘彧的衣服剥光,以示特别的憎恶。刘子业曾亲口对刘彧说:

"你平日善做好人,人人都夸你的好,可我却偏偏认为你十恶不赦,你可心服吗?"

刘彧为保性命,连道心服口服,刘子业听过狞笑,狠狠地说:

"你这样的人若是天下拥戴,哪里还有我的皇位? 仅凭此节,你就该千刀万剐了。"

刘彧私下悲情大恸,几次寻死,他嚎哭着对几位弟弟说:

"我行善仗义,读书修礼,从来不敢稍有差池,难道错了吗? 我无辜遭此大难,生不如死,看来天理人道都是骗人的鬼话,哪会让人相信呢?"

刘休仁和哥哥刘彧关系最好,每当刘彧绝望之际,他总是耐心劝他说:

"大人有大难,这也许是上天在考验兄长的意志吧! 只要熬过了此劫,兄长一定会位极人臣,以雪今耻。"

刘彧神情激愤,此时忽大吼一声道:

"他日不死,我必不再以恶人为恶了,这个教训太可怕了。"

有十几次,刘子业都要杀刘彧,刘休仁巧言施救,语言诣媚,刘彧才终免一死。

一次,刘彧被绑起手足,用棍子抬起来送到厨房"杀猪",到了必死时刻,刘休仁却在旁嬉笑说:

"猪今天不会死。"

刘子业听了大怒,刘休仁又一次献媚说:

"陛下皇子未降,自不会杀猪败兴,陛下何必急于一时呢?"

刘子业这才欢喜,刘彧再逃一劫。如此惊险,刘彧心胆俱裂。他常常咬碎钢牙,恨先前的一切善念,他对刘休仁说:

"生在帝王之家,就该绝情绝义,出手毒辣,你我都是愚昧之人,才会有今日这个下场啊!"

刘子业的暴行,天怨人怒,众叛亲离,终导致宫廷政变,刘子业被杀。刘彧被众臣拥戴,即位为帝。

起初,刘彧为了安抚天下,巩固宝座,尚能做到仁慈对人,他对众臣说:

"暴君恶行,终遭诛灭,这是众臣之功,亦是上天的旨意,朕即位为君,当时时谨记。朕以家国为重,自不会计较个人的私仇,将领中有父兄子弟参加反叛的,朕一律不予追究,仍以重用。"

此举深合众望,一时人人感恩,不再心怀疑虑了。

在内心深处,刘彧的仇恨之心却日渐增长,让他性情大变,前后判若两人。一待局面安定之后,刘彧随即换了一副面孔,他又召集众臣说:

"治理国家,就不能姑息养奸,唯念私情。刘子业既为先皇之子,可见先皇的子孙都不是什么善类,合当诛尽,为国去害。"

他不顾谏阻,一次下令就把刘骏的二十八个儿子全部杀掉。

此后,他更完全失去人性,与他同甘苦共患难的几位兄弟也都被他杀光了。左右大臣稍有违背旨意者,往往被剖腹、断肢。刘彧变得比刘子业更加暴戾,于是,无人敢谏,离心离德,刘宋王朝从此走向了衰亡。

【解读】

对封建当权者死心塌地,也不是最安全的,卸磨杀驴是他们的拿手好戏,绝对顺从不如有所保留。只对封建当权者个人效忠,而不顾其人贤愚,不理天下民意,顺应的就不是大势。只为一时得利,长远必有大损。应运不能错判形势和找错对象,否则,人们就是自误终身。

祈运第三

有志为官，无可厚非；缺少权柄，一个人很难建立大功。乱世之中，不怕凶险就是发家的资本；和平时期，要从平凡小事做起。读书是富贵的种子，一个人的特长决定着他的发展方向。清高孤傲之人，很难融入官场；头脑简单的人只可听人调遣，无力主持大局。封建官场向来不讲公平决斗，而只重决斗的结果。祈求官运当有收手之时，一旦功成，急流勇退才是最明智的。

【原文】

志者入仕焉。

【译文】

有志向的人渴望步入官场。

【事典】

把本领用于大业

东汉安帝永初三年（108年），大将军邓骘慕名征召马融做舍人，马融却不想应允，他对朋友说：

"我志不在为官，何况一入官场，必多受制约，为人苟且，我决意不应此召。"

他的朋友听之摇首，说道：

"大丈夫以治国安邦为最大志向，如此机遇，怎能放弃呢？你做事全凭己好，随意懒散，若是苦读诗书不能用之大业，和那腐儒又有何区别？"

马融和他争驳，以不喜为由，不想改变自己的想法。

当时，马融客居之处在凉州武都、汉阳的界地上，此刻羌人作乱，当地深受袭扰。不久，战祸也使马融深受其苦，他饥饿不堪，生计很难维持了。

马融和朋友交谈，朋友伤心地说：

"时下米谷价高,祸乱不止,自函谷关以西,随处可见饿死之人。你我身为书生,不能保家安民,自身都是不保,难道还不惭愧吗?"

马融长叹流泪,后道:

"看来我的想法错了。古人说:'左手据有天下的地图,右手用刀割断自己的喉管,愚蠢的人不做这样的事。'所以这样,是因为活命比拥有天下更珍贵啊!我先前怕受一点委屈,竟有负大将军的盛情相召,说来真是不明大理。若为近俗的小小羞辱而毁掉无价身躯,这并不是老子、庄子所说的。"

马融于是改弦更张,应允了邓骘的征召,高高兴兴地做了舍人。

马融自此有了匡扶大政之志,他辛勤办事,二年之后又被任为校书郎中。

朝中邓太后执政,邓氏兄弟掌握权柄。马融心系朝廷,针对朝政弊端,他用心写就《广成颂》献给皇上,用以规劝,其词甚是恳切、直白。

《广成颂》得罪了邓氏,邓氏认为马融心存讥讽,斥其专权,于是对他厌恶日深,整整十年没有给他升迁。

十年之间,马融仍是尽心做事,从未流露出对邓氏不满之意。他的家人劝他辞官回乡,又说:

"得罪权贵,你是再无出头之望了,何必在此受辱呢? 有一天若是再生事端,恐怕我们连回乡都不能了,那时岂不更悔?"

马融自有打算,他劝慰家人说:

"我的志向还没有达到,辞官只能让我前功尽弃。我不发怨言,忍辱以待,就是为了保住这仅存的官位,以作他日成大事的打算。我心有所寄,这点委屈算得了什么呢?"

马融如此忍受,邓太后还是借故把他免官,放逐回乡。马融骤遭此变,却不是其家人所料之状,反而豪情陡长,绝无气馁之色。马融对家人说:

"邓氏专权,飞扬跋扈,定不能久长,只要我不堕其志,定有返朝之日。"

马融在乡遍读经书,从不灰心绝望。家人劝他享受清福,勿需操劳,他也一概拒绝,仍似在朝时一样勤勉。许多人笑他痴心妄想,马融只一笑置之。

邓太后去世后,亲政的汉安帝遂又征召马融为官。马融喜泣之下,对前来拜贺的乡亲故友畅言说:

"身处落魄,牢骚满腹是没用的,我幸有今日,全在我信心不失啊!此乃我多年心得,望与诸君共勉。"

【解读】

拥有权力,这是改变自己和他人命运的最有效方法;步入官场,人们都是怀揣梦想的。封建专制时代,布衣百姓深受摧残,他们是痛感无权之苦了。有志向的人要实现志向,先要改变自己的"草民"身份;救国救民,不能没有救助的利器。缺少权柄,一个人是很难建立大功的。

【原文】

明者出仕焉。

【译文】

明智的人选择退出官场。

【事典】

不要无视灾难

金朝海陵王完颜亮在位时,凡事讲究权术。

一次,完颜亮常常和大臣们谈古论今,他故作忧心地说:

"国家不兴,做臣子的不敢进言直谏是一大原因,朕非无道之君,你们尽可抛弃顾虑,勇于献言。"

大臣们默不作声,完颜亮于是大怒呵斥,他说:

"朕是贤明的君主,你们不听教诲,分明是不信任朕。朕的忍耐是有限度的,你们不要坐以观望。"

事后,大臣们议论说:

"皇上命我们进谏,此事太突兀了。皇上一向自己独断,哪里听得进我们的谏言呢? 皇上此举大有可疑啊!"

左丞相张浩没有参与议论,他匆匆回到府中,忧郁地对家人说:

"皇上对臣子工于心计,处处设防,这不是个好兆头;皇上不以诚待人,臣子又怎会死心卖命?"

完颜亮想要讨伐宋朝,他对大臣们说出了自己的理由,他说:

"宋国富贵繁华,而我大金却人穷地偏,这是不公平的。宋国君主昏庸,而朕却智勇无双,朕应该取而代之。"

完颜亮的理由并不充分,甚至荒唐,自然招致了不少人的反对。大臣祁宰认为完颜亮高估了自己,他对张浩说:

"皇上异想天开,全凭一己之见而妄下决断,这是要遭天谴的。皇上太失察了,我一定要加以劝阻。"

张浩自知完颜亮头脑发热,但他深知完颜亮的为人,于是他对祁宰说:

"是非曲直,自有公论,你贸然进谏也于事无补。我担心皇上会惩治你,不如闭嘴不言。"

祁宰激动道:

"皇上鼓励进言,难道会出尔反尔?此事关系大金国命运,岂能任凭皇上胡为?我不管许多了。"

于是,祁宰公开站出来反对攻宋。结果完颜亮凶相毕露,竟把他杀死了。

群臣震骇,完颜亮却对他们说:

"朕不杀进谏之人,朕杀的是无礼之人。祁宰目无君长,言辞辱朕,太过嚣张,这等逆臣岂能留之?朕自度无失,祁宰这是自找没趣,与朕无关。"

张浩听过完颜亮的狡辩,一阵心寒。他对家人说:

"皇上自恃过高,做事不着边际,大金终要有祸了。我不忍见国破之日,不如现在就隐退吧!"

家人劝他说:

"皇上的旨意无法改变,你为何要责罚自己呢?你劳碌一生,方有此位,岂有轻易放弃之理?"

张浩叹息道:

"眼见大祸来临而不请退,这不是更愚蠢吗?我既然不能劝皇上回心转意,请退也是顺应天意。"

张浩上表请求辞官归居,不料完颜亮坚决不允,他问张浩道:

"君主不明,则贤者请辞;臣子年老多病,亦可归隐。你这是为何呢?"

张浩见完颜亮这般发问,心头一紧,他只以年老多病为由,连诉苦衷。

完颜亮狡诈一笑,说:

"朕的大事未成,你不能自讨清闲,你还是安心做事吧!"

张浩请辞不成,心情更加烦忧,他对家人说:

"皇上实在过于聪明了,可越是这样,皇上就越是自以为能,这是大金的凶兆啊!"

后来,完颜亮攻宋失败,兵变被杀。

【解读】

在封建官场摸爬滚打多年的人,一定没有了当初的单纯;看透封建官场真相的人,一定少了许多豪情。他们不是厌弃官运,而是厌弃官运背后的凶险。祈求官运当有收手之时,一旦功成,急流勇退才是最明智的。官运不可求取无度,惊险过后,官运就不是人们的最大祈求了。

【原文】

好学有望。

【译文】

喜好学习,其人就大有希望。

【事典】

先求晋升之阶

宋真宗时,晏殊作为朝中小官,十分贫穷。看见别人纵情享乐,留宿欢场,晏殊无力叹息说:

"有朝一日我也可以那样吗?"

他虽十分羡慕,心中倒是十分清醒,每日在家和兄弟们一起读书作文。一次,晏殊的一位同僚拉他出去游玩,晏殊百般推辞不得,最后无奈老实说:

"我没有闲钱,哪里玩得起呀? 你还是别刺痛我了。"

那位同僚说要为他付账,还开导他说:

"时下士大夫游玩成风,这也是官场应酬之道,无论如何你是少不了的,除非你想安贫乐道了。再说,就你与众不同,知情者或可原谅你的苦处,不知者还道你故作清高呢,这对你的前程都没有好处。"

晏殊拒绝了他的邀请,同僚只好悻悻而去了。晏殊的兄弟们责怪他说:

"他也是一片好心,兄长何必拒人于千里之外?莫非兄长甘心如此?"

晏殊长叹一声,解释说:

"人人思取富贵,我更是心急如焚呐!可你们要知道,富贵既是人人百般求取之物,焉能轻易到手呢?我们现实如此,只能暂时忍耐,切勿浮躁。眼下苦读诗书,正是我等他日的晋升之阶,这才是我们眼下的头等大事啊!"

晏殊文才出众,满腹经纶。一次,他在朝中听闻有人被贬离京,于是急忙书写一篇赠别之词送上。此事传出,人笑晏殊不识时务,竟会和落魄之人交结。晏殊内心暗笑,表面上却搪塞说:

"贵人落难,我心有不忍,这也算是错失吗?为人最重同情二字,我只是略表同情之意罢了。"

背后,晏殊却对自己的兄弟说出了他的真意所在:

"如今人情冷漠,官场更是如此,我这样做,谁都不屑为之,却可让我一人占先,赢取个重情重义的名声。我一无所有,这也许会给我带来意想不到的收获。"

果不出晏殊所料,宋真宗选任辅佐太子的东宫官员时,有人便推荐了晏殊,说他有古时君子之风,正可辅佐太子。宋真宗问晏殊有何才德,荐举之人便以他不事游玩和送人赠词二例为证,宋真宗听过连声道好,立时就批示擢用晏殊了。消息传来,晏殊惊喜过望,喜极而泣。他对兄弟们告诫说:

"我苦心经营,终有此果,看来苍天有眼,不负我啊!你们只要凡事用心,勤于察验,无事不成。"

晏殊上任之初晋见宋真宗,宋真宗当面夸奖他知学上进,谨慎忠厚,不想晏殊却故作认罪之态说:

"臣没有陛下想象的那么好,老实说,我并非不喜欢宴游,只是因为太穷,无力参加。如果有钱,我早就去了。"

宋真宗万不料晏殊如此诚实,一怔之下,喜不自禁道:

"你这般坦诚,当真再无第二人了。太子让你辅佐,我也该放心了。"

晏殊用此方法,令宋真宗对他的印象更加深了一步。当人们说他命好运高时,晏殊嘴上应承,心里却笑他们无知之极。最后,晏殊官至宰相。

【解读】

对贫贱子弟来说,做官的途径是很少的,也许只有读书这一条路可走。没有先天的优势,增长自己的真实本领便是当务之急了。贫贱子弟最忌怨天尤人,空发议论,这只会使自己更加绝望。读书是通往富贵的必由之路,它虽充满艰辛,也有十足的乐趣。受不了读书之苦,便享不了富贵之福。

【原文】

厌俗无为。

【译文】

厌恶世俗,其人就没有作为。

【事典】

结局可推知

明万历四十一年(1613年),吴桥人范景文考取了进士,被授予东昌推官。

初入官场,范景文事事都看不惯,一度情绪低落,他曾对上司抗议说:"你当面一套,背后一套,难道这是做人的标准吗?你不配做父母官!"

崇祯

于是,范景文遭到了上司的打击报复,许久得不到升迁。

范景文悲观之时，一位老吏对他说：

"你的表现在我看来实在幼稚，可见你读的书还是不够啊！你这般容易激动，不是对世事知之不多吗？其实这一切都是正常不过的事，又有什么奇怪呢？"

范景文很不服气，他说：

"我是进士出身，书自是读得多了，你没有资格教训我。"

老吏一笑，语重心长道：

"读书一定要读懂其中的道理，否则，读再多也是无用的。你若想改变自己的厄运，就要重新研习诗书了。"

范景文接连不顺，于是尝试重读诗书。一番苦读深思之后，范景文渐渐有悟，他找到老吏道歉说：

"你说得对，都怪我年轻气盛。其实，所有的事都有它的相似之处，只是我读的是死书，先前从未加以联想和比较，这才有了太多的不解和激愤。"

从此，范景文变得成熟起来，处事也更加得体，渐渐有了政绩。

天启五年（1625年），范景文被任用为文选郎中。当时，魏忠贤专权，范景文和他是同乡，有人就建议说：

"魏忠贤权倾朝野，许多人都巴结不上他，你和他有同乡之实，为何不加以利用呢？只要他说一句话，你的官职就可马上晋升了。"

范景文冷冷道：

"我利用他，他自会利用我了，若是为了升官而使自己背上恶名，我是不肯这样做的。魏忠贤倒行逆施，他是没有好下场的。"

提建议的人十分震惊，说道：

"你这样诅咒魏忠贤，实难让人理解，你有什么根据吗？"

范景文哼了声说：

"看看书中古来旧事，哪个权臣会得善终呢？魏忠贤比他们还要猖狂残忍，其结局自可推知了。"

因有此见识，范景文始终拒绝和魏忠贤来往。魏忠贤垮台时，依附他的人都被治罪，范景文却为人称赞。

崇祯初年，范景文为太常少卿，他向崇祯进谏说：

"奸党横行之时，攀附奸党的人众多，这些人只为获取私利而忘却忠义，险些让国家倾覆。臣以为他们之所以发生动摇，实有不知书、不明理之因，他们心怀侥幸，大肆作恶,这种遗毒一定要肃清。"

崇祯对范景文说:

"身为奸党中人,也有许多是读书人,他们和阉人不同,这个作何解呢?"

范景文回答道:

"真正的读书人能参透天地之理,能悟出人世玄机,他们又怎会随意改变自己的好恶呢? 随时改变立场的读书人还是没有读懂诗书,他们身陷困厄也就难免了。"

崇祯并未领会范景文的深意,他敷衍道:

"奸党已灭,遗毒自消,你的建言无须再议了。"

范景文内心焦虑,只好作罢。二年之后,范景文借父丧辞官。

【解读】

清高孤傲之人,很难融入官场,他们对一切要求太高,势必要脱离现实。封建官场俗不可耐,远非净土,对之抱怨指责,只能显示自己的幼稚。不厌俗务,是祈求官运的最基本要求;只有真正投入世俗,才能有机会改变什么。不想在世俗中生活,这样的人在官场必将备受煎熬。

【原文】

乱不让凶。

【译文】

乱世不要避让凶险。

【事典】

逃避没有出路

东汉末年,丰县人张鲁占据汉中,用信奉鬼的"五斗米道"来教化百姓,自称"师君"。

朝廷征服不了张鲁,于是施加恩宠,大力招抚,任命张鲁为镇民中郎将和汉宁郡太守。张鲁的部下许多人反对说:

"主公率众造反，就是要推翻朝廷，建立新朝，绝不可丧失志气，接受朝廷的任命。朝廷绝不会真心地对待我们，一旦朝廷准备妥当，定会倾力围剿，主公切不可中了朝廷的诡计。"

张鲁心有胆怯，他愁苦地说：

"我军力量有限，自保尚可，若取天下仍是不足。朝廷既然招抚，我军何不利用此机积蓄实力呢？我看这件事不要草率，还是好好考虑之后再定吧！"

许多部将为张鲁着急，他们商议说：

"主公若无大志，一定会前功尽弃，我们就要大祸临头了。既已造反，就不要顾虑太多，我们还是多劝劝主公吧！"

部将于是主张张鲁做汉宁王，他们说：

"主公若做大事，一定要称王，如此才能号令天下。时下朝廷无力围剿我们，这是天赐良机，不可错过。"

张鲁在众人的劝说下，不禁心动，他鼓足勇气说：

"事情发展到今天，不容我想得太多了，此事可以考虑。"

功曹阎圃见张鲁态度松动，心中焦虑，他劝张鲁说：

"主公被逼造反，只是求取生存而已，为何要自立称王呢？主公要知道，称王并不是件好事，只会遭致天下人的围攻，成为众矢之的。汉中地区的百姓，超过十万户，物产丰富，土地肥沃，四周地势险要，坚固可守，拥有这些便可保证过上富贵生活。主公奉皇帝之命占据此处，势力实际上已足以专断一方，不称王更能趋利避害。"

张鲁最后听从了阎圃的意见。

张鲁称雄割据期间，安于自保，维持现状，对天下事不闻不问。有的部下担心日后被诸侯吞并，进谏说：

"天下越来越乱，主公如果只想自守，恐怕是守不住的。趁我们尚有时间，主公应该招兵买马，扩充军队，主动出击，这样才不会有将来之患。"

张鲁不悦道：

"招兵买马说来容易，实际上困难重重。主动出击更是凶险无比，不到最后是不该轻言征战的。现在我处一切尚好，为何要自找麻烦呢？你不要自作聪明了！"

张鲁拒不纳谏，官员们也享受太平，天天无所事事。

韩遂、马超作乱时，关西的百姓从子午谷投奔张鲁的有几万家，有人就此建议说：

"我处新增人口，正可从中选兵，编入大军。这些人吃苦耐劳，稍做训练，定会成为善战之士。"

张鲁不想惹是生非，他厌烦道：

"打仗乃是凶事，不该轻启战端。我处一切尚好，打仗只会破坏这里的祥和，这种事不要说了！"

进谏之人说：

"主公应该居安思危，虑及远处。现在天下大乱，群雄争战，一旦他们分出胜负，必然会攻打我们，打仗是早晚的事，谁也逃避不了啊！如果我们早做准备，那么就会临危不乱，纵使战败，我们也有讨价还价的空间，否则，只能任人宰割。有备无患，主公不能不提前谋划了。"

张鲁仍是拒绝，他只道：

"我只求眼前富贵即可，将来的事是说不清的。我处易守难攻，没有人能夺取天赐我的宝地。"

张鲁固执己见，劝谏之人都是无功而返，反遭训斥。时间一长，人们心灰意冷，竟是无人进谏了。

建安二十年（215 年），曹操带兵从散关出武都郡征讨张鲁。张鲁无力相抗，只好投降归顺。

【解读】

乱世之中，不怕凶险就是发家的资本，胆量大小往往决定着官运的强弱。对冒险家而言，乱世才是机会，才是最大的逢时。乱世中的官运门槛很低，只要敢作敢为即可，一步登天的事常有，这对人们是不小的刺激。在乱世中求活，恐惧是无用的；在乱世中求官，冒险是必须的。

【原文】

盛不求功。

【译文】

盛世不可贪求功劳。

平淡看待一切

唐太宗时，卢承庆在秦州都督府参军任上，尽心尽责，深受人们的赞许。

一次，他以河西军事上奏朝廷，为此不惜亲自考察数日，历尽辛苦。卢承庆的一位朋友对他说：

"时下官员奏闻，常常应付了事，你大可不必这样认真。也许皇上不会认真看你的奏章，那么你的努力就是徒劳了。"

卢承庆对朋友正色道：

"为皇上分忧，为朝廷尽力，这是人臣的本分，岂能草草应对呢？只有我尽力了，这才是不失职啊！"

为了给脸上贴金，卢承庆的上司私下授意他瞒报不足，夸大功绩。上司对卢承庆指点着说：

"不使皇上忧心，也是我们做臣子的职责，你不可太较真了。"

卢承庆看出了上司的用心，他心中厌恶，语气也多了几分生硬，他直言道：

"军事大事非同小可，倘若皇上和朝廷据此误判，当是天大之罪。若为邀功出此下策，只怕他日性命难保啊！"

卢承庆坚持据实上报军情，太宗见他写的奏疏条理分明，不避短处，大为惊奇。不久，卢承庆被召入朝中，太宗提升他为考功员外郎，掌管官吏考课。

卢承庆的升迁引起许多人嫉妒，他自己却绝无欣喜之状，他对家人说：

"别人只见我得到了什么，却看不见我付出了多少，难怪他们这样说三道四，你们不可和他们争辩。"

卢承庆身为朝官，仍是勤学不止，从没有休闲的时候。他谢绝一切宴饮，全力处理政务，不敢有些许大意。

太宗对卢承庆十分赞赏，升任他做了户部侍郎，且对百官说：

"卢承庆不善言辞，只在政事上竭尽心力，这样的人实在不多了。许多人不理政事，却一心想着升官发财，朕是不会让他们得逞的。"

不久，太宗又打算任命卢承庆为检校兵部侍郎，且让他掌管选拔官吏的大任。太宗诚恳地对卢承庆说：

"选拔官吏,没有公心的人万难胜任。你守身如玉,只予不取,朕对你最有信心呐!"

卢承庆推辞道:

"选拔官吏是吏部尚书的职责,臣不敢越权行事。"

太宗命他不许推辞,卢承庆于是接下重任。他不贪不占,办事秉公,一时招来了许多人的责怨。

有人劝他开通一点,说:

"世上没有绝对的公允,只要你稍做变通,好事便会源源不断。现在不少人记恨你,我真为你担心。"

卢承庆一笑道:

"你所说的好事,在我看来是惹祸的根苗,哪里是什么好事呢?我若枉法徇私,贪取私利,早晚都会东窗事发,到时就悔之晚矣。没有什么比我和我全家的平安更宝贵的了,这才是我最想要的。"

唐高宗永徽初年,卢承庆被褚遂良诬陷,被贬出朝。

在家人的哀怨声中,卢承庆却不急不躁,表现出难得的平和。卢承庆把家人召集到一起,告诫他们说:

"和人的生命相比,官职和财产都不重要,我们为什么要愁眉苦脸呢?我们全家毫发无损,个个康健,这是我最珍惜的。我自觉无愧于心,无愧于朝廷,所以我就一身轻松了,你们千万不可学人势利,目光短浅。"

后来,卢承庆又获重用,重新入朝。他平淡地看待这一切,心境和追求并没有改变什么,反是更加谦恭谨慎了。

临终的时候,76岁的卢承庆对儿子说:

"我的一生并没有在做官上钻营,不想却官位自来,越做越大。做人也是一样,只要良心不失,不计得失,勤于做事,前程自然无虞啊!"

【解读】

和平时期,求官求进的难度不小,因为能表现自己的机会不多。扎实地从平凡小事做起,虽是渐进,但还是可行的。如果为了官运,刻意贪求大功,那么就要无事生非了。总有人求功心切,不惜弄虚作假,制造事端,结果引来了祸事。基础不牢,升迁过快是不会安稳的。

【原文】

恃文为官。

【译文】

依靠文才可以做官吏。

【事典】

不可轻易投效他人

南宋末年,蒙古军队攻占了刑州,在此设立了都元帅府。

17岁的刘秉忠为了供养老人,无奈就任刑台节度使府里的令使,做一个低级的事务员。

刘秉忠的差使十分辛苦,天天早出晚归,还要时常忍受上司的欺压。刘秉忠并不叫苦,只是埋头做事。

一次,上司一番训斥之后,见刘秉忠没有丝毫怨言,忍不住主动问他说:

"我看你一脸正肃,似乎对苦乐不知,是这样吗?"

刘秉忠回答道:

"苦乐不知,即使是愚人也不会这样。我不是不知,而是忘却苦乐,在苦中找寻人生的乐处。"

上司惊异刘秉忠的见解不凡,对他的态度渐渐和善起来。

刘秉忠忙于事务,仍忘不了勤于读书,关心国家大事。看他过于劳累,家人心疼他的身体,常劝他说:

"你一天的事务本不清闲,闲暇之时要注意休息,似你这样苦读,身体会吃不消的,有这个必要吗?"

刘秉忠解释说:

"读书虽苦,在我看来却是不能不读的。人要做大事,就必须博古通今。我还年轻,还不能贪图享乐啊!"

一待家境好转,刘秉忠开始反思自己的作为,他对朋友说:

"我胸有大志,不能贪恋刀笔吏的职位,这会阻碍我的前程。"

朋友道：

"你历经努力，职位才安定下来，眼下局面好转，你却要放弃，我以为不可。"

刘秉忠忧心地说：

"这正是你我看法的不同之处。我虽不畏苦，但畏堕落，现在日子虽好过一点，但我担心志向消磨了。"

不久，刘秉忠毅然弃职出走，隐居到武安山中。

隐居的生活十分清苦，刘秉忠劈柴种地，常常累得上气不接下气。但他仍坚持读书不辍，很晚仍不歇息。

好友劝他出山，说：

"你如此辛苦，只怕志向更加不保，何谈治世呢？现在世道混乱，争战不休，以你的才干定可混个一官半职，为何自我作践、埋没山中？"

刘秉忠摇头道：

"大丈夫不可轻易投效他人，何况我学问未成，自当茹苦励志，增长知识。我虽劳累，但心中欢悦，不是你想象的那样。"

后来，刘秉忠又出家做了和尚，专心修养身心，研究学问。

当时身为王爷的忽必烈听闻刘秉忠很有学识，于是邀请他面谈。一番深谈之后，忽必烈惊异道：

"先生有此大才，岂可在庙中受苦？这太可惜了。"

刘秉忠自谦说：

"王爷抬爱了。贫僧以佛以识为乐，哪里有苦呢？贫僧不敢以大才自居。"

忽必烈恳请刘秉忠留在王府，不容置疑地对他说：

"得遇先生，乃我平生之大幸，我是不会放你回山了。王府应有尽有，一切都对先生优待。"

刘秉忠见忽必烈为人豪爽，又有雄才大略，便认定了他是一位明主。他答应追随忽必烈，却谢绝了他的所有优待，刘秉忠说：

"我身为出家人，人世的苦乐都是虚幻的，只要心中不苦，便无所谓苦了。我需要清心寡欲，不要山珍海味，这样方能用心思考，办事有成。"

忽必烈感叹道：

"先生果然与众不同，有先生助我，大事必成了。"

刘秉忠从此为忽必烈出谋划策，为元朝的统一建立了不朽的功勋。

【解读】

一个人的特长决定着他的发展方向，人们不能想当然地设计自己的未来。做官吏不可缺少文才，没有这种才能，其人的官运就十分有限了。有文而不得志者，绝不是文才之过，当是另有原因。只要封建当权者不昏庸透顶，他们还是要借助有才之士的。积聚才干，终有施展之日。

【原文】

恃武为将。

【译文】

依靠武才可以做将军。

【事典】

挽回局面靠谋

西魏文帝时，大将贺拔胜认为自己德高望重，对权臣宇文泰颇为不屑，见到他也不下拜。贺拔胜对他人说：

"我无所求了，我一生努力，无非是想过得有尊严一些，谁也不能让我屈服。"

了解他性格的人劝他说：

"你征战一生，好不容易才拥有今天的一切，难道你想在一夜之间失去？现在还没到盖棺定论的时候，你怎能任性而为呢？宇文泰位高权重，他并没有得罪你，你和他过不去，这不是智者所为。只要宇文泰一句话，你的一生辛苦就算白费了，你这是愚蠢之举啊！"

一次，贺拔胜随宇文泰出征，担任前军大都督。贺拔胜英勇杀敌，却招来了宇文泰的斥责。贺拔胜不满，想要和宇文泰理论，他的部下劝他说：

"宇文泰对你抱有成见，他是不会公平对待将军的。我担心长此以往，将军会有祸事，将军为何不向宇文泰认错呢？"

贺拔胜冷笑道：

"宇文泰不能公平待我，我又岂能反向他认错？这个世道太黑暗了，大不了我辞官回乡,免受耻辱。"

贺拔胜和朋友商量辞官的事,朋友一听之下,马上变色说:

"你这是向宇文泰示威,他怎会轻易放过你呢?如今朝廷大权尽被宇文泰掌握,你却自恃有功对其不敬,你真是太不明智了。你这个人只知打仗,不会谋略,早晚要出大事的。你若听我的劝,马上向宇文泰请罪,否则就来不及了。"

贺拔胜心有不甘,他争辩说:

"我的一切都是征战厮杀换来的,与宇文泰何干呢?我实在讨厌献媚之术,这比杀我还难受啊!"

宇文泰对贺拔胜的不敬心怀怨恨,他只是怜惜贺拔胜作战勇敢才没有杀他。一次,有人劝宇文泰除掉贺拔胜,说:

"大人功高盖世,势倾天下,怎会容忍贺拔胜狂妄自大呢?此人不除,大人终有遗憾,当早日决断。"

宇文泰犹豫道:

"时下战事频繁,贺拔胜尚有可利用之处,我还是略做忍耐吧!"

有人把这个消息告知了贺拔胜,贺拔胜吃惊道:

"我并无害人之心,奈何宇文泰要对我下手?看来事情严重了。"

报信的人叹息道:

"将军做事不思量后果,不善谋划,事情才会发展到今日模样。种种迹象都显示对将军不利,只是将军视而不见罢了。唯今之计,将军可善作安排,这样或可挽回局面。"

贺拔胜于是召集心腹之人商量对策,他当先自责说:

"我只知尽忠,不知用谋,虽无过失,却是留下隐患,只怪我从前不听人劝啊!我反复思想,总算明白一个道理,那就是做事需要谋略,谋不为先,祸必在后,看不透这一点,所得的一切都会失去啊!"

贺拔胜和心腹之人谋划多日,决定用尽手段赢得宇文泰的原谅。贺拔胜首先主动登门求见宇文泰,他请罪说:

"末将不知深浅,不知贵贱,对大人多有不敬,现在想来痛不可当。末将自以为立有战功,却不悟如果没有大人的任用和指点,末将的这点成就根本是不可能取得的。末将实是个武夫,大人责罚末将吧!"

宇文泰心中舒坦,表面却道:

"你知错就好，我并未忌恨你，你不要太在意了。"

一次，贺拔胜随同宇文泰在昆明池宴饮，贺拔胜射野鸭为宇文泰助兴，他一发两中，借机下拜说：

"末将甘为大人效命，如有人对大人不服，下场就如同此鸭。"

宇文泰极为高兴。

贺拔胜多方努力，终于解除了宇文泰的猜疑，仕途一路通畅。

【解读】

依靠武才得来的官位，不能靠武才来卫护。封建官场是斗智之地，沙场上的拼杀之能派不上用场。头脑简单的人只可听人调遣，若是陷入复杂无比的官场争斗，他是无力主持大局的。人不能以短击长，发挥自己的优势是最重要的；能力不及之事，要有自知，不可硬为。

【原文】

志宜明示。

【译文】

志向应当公开显示。

【事典】

好处不能马上获得

西汉末年，王霸在家乡颍阳担任一名狱吏，官小职微。王霸自己并不富裕，却常常帮助别人，为此不免忍饥挨饿。人们笑他自不量力，王霸却说：

"正因为我贫穷，才更知助人的重要，你们太无知了。"

王霸志向远大，他公开说自己不喜欢做一名小吏。有人问他为何不辞官时，王霸回答道：

"不做好一名小吏，焉能做大官？我是在磨炼自己啊！"

刘秀起事后，王霸带着宾客数十人投奔了刘秀。随着战事的日益艰难，宾客们不堪其苦，一个个都离开了。

刘秀一次问王霸说：

"你的宾客纷纷离去，为何你还跟我吃苦呢？"

王霸重声道：

"他们只想马上得到好处，所以失望之下只能远走。我知道好处不能马上获得，现在最重要的是付出，所以我甘愿吃苦。"

刘秀抓住王霸的手，摇动着说：

"你才是忠诚之士，他日有成，我不会亏待你的。"

王霸领兵之时，善于安抚士兵，对阵亡的人，他都要脱下自己的衣服来装殓他们；对受伤的人，王霸总要亲自照料，问寒问暖。有人问其缘故，口道：

"你是军中主帅，这样做太辛苦了，也没有这个必要。"

王霸感叹说：

"我军创业之时，为将怎可以强者自居呢？爱兵怜兵，方能受将士真心拥戴，我军才可战胜强敌啊！"

刘秀对王霸的这种认识连连夸奖，他就此训诫手下人说：

"和强敌抗衡，我们的优势是很少的，只有真心爱兵，弥补弱点，方有胜算。正因为我们弱小，更不能失去仁爱，否则只会覆亡。"

王霸如此爱护士兵，士兵亦甘心为其效命。王霸的部队以一当十，取得了不少的胜利。

光武帝十三年(37年)，王霸受封为向侯。此时，边塞常受匈奴、乌桓的联合侵扰，王霸便受命防守边塞。

王霸在和匈奴、乌桓的多次交战中，渐渐悟出他们实是一支强敌，一时是难以战胜的。他左思右想之后，大胆地上书光武帝，提议和匈奴和亲。他在奏书中说：

"匈奴勇猛强悍，我军实难力敌，长此交战只会消耗我军的实力，这对我朝是大不利的。我朝新立，其军尚弱，如果以天朝大国自居，只会损失更大，自受其害。匈奴人不过贪图一些财物，只要付出一些，与其和亲交好，边塞的祸患便可解除了。臣以为这是正确的选择，望陛下三思。"

刘秀将王霸此议交于群臣讨论，多数人竟是极力反对，他们对刘秀说：

"王霸不思退敌，却灭我威风，长敌人之志，这分明是卖国之举。匈奴虽是强悍，但终非我朝对手，只要坚持用兵，定可将其诛灭，以绝后患。"

刘秀犹豫不定，一时难断。这时，王霸又上书进谏，恳切说：

"从前陛下不以弱者为耻，常舍小利相让，方有今日之天下。此时陛下虽有天下，其况却与昨日境同，为何不隐忍为上呢？臣和匈奴交战，深知其情，这绝非朝臣凭空想象的那样简单，望陛下早下决心。"

刘秀于是亲召边关诸将了解实情，他们皆言匈奴不可轻视。刘秀于是认定王霸所言不虚，决定接受他的建议。

王霸的进谏使刘秀改弦更张，避免了将士的无谓死伤，也使东汉王朝站稳了脚跟。王霸的建议实行后，北部边塞战祸日减，危机也渐渐消除了。

【解读】

有志为官，无可厚非，尽可坦然相告于人。把做官和庸俗联系起来，这种想法未免偏激。人们不能先入为主，无端排斥什么，做官之人大有不同。把志向明示开来，不仅能激励自己，更能引起他人的注意。封建官场不会重用与之对立之人，明志的作用绝不是画蛇添足。

【原文】

术宜潜藏也。

【译文】

手段应当暗用隐藏。

【事典】

事密则功成

唐高祖李渊建立唐王朝后，太子李建成和齐王李元吉勾结，多次陷害立有大功的秦王李世民，兄弟间一场生死拼杀势所难免。

李世民身边的文臣武将屡次进言，劝李世民早做打算，抢先动手。李世民每到这个时候，便会面现苦容，叹息不止，说：

"我们乃是一母同胞的兄弟，纵是他们的不对，我又怎么忍心呢？还是委屈一下吧，时日一长，他们也许会知错有改，一切就烟消云散了。"

别人都十分着急，深怪他心有仁念，坐失良机。李世民对此如是未闻，暗中却把他的心腹将领尉迟敬德等人找来，对他们说：

"你们的好心，我岂能不知？不过现在我们安排未妥，事无头绪，又怎能草率行事呢？事若不密，为人察觉，只怕我们先得人头落地了。还望各位详做筹划，切勿泄露。"

李世民加紧布置，由于他表面从容，处处示弱，李建成、李元吉果真被欺骗，暗中得意。他们按部就班，一步步地实施整倒李世民的计划，只想假以时日，不愁大事不成了。

不久，有报说突厥兵犯境，李建成便保举齐王李元吉为帅，带兵迎敌。齐王请求李渊把秦王李世民的兵马归他指挥，李渊答应了他的要求。

李世民和他的文臣武将一眼便看穿了他们的阴谋，李世民见群情激愤，便故作痛苦地安抚众人说：

"皇上既已同意，看来我只能束手待毙了。这是天意，我又能怎么样呢？"

众人见此，信以为真，不禁泣泪苦劝；有的还要告辞而去，以示抗议。只有几个知情者以目示意，不露声色。

这时，又有人进来密告李世民，说太子与齐王早已定下计谋，只等李世民等人给齐王出征送行时，便要密伏勇士，趁机全部杀光，然后太子登位，封齐王为太弟。

众人听此，皆发怒喝，情绪更为激动。

李世民见火候已到，这才长叹一声，对众人说：

"我是被逼如此，各位都是明证。事已至此，只有先发制人，我们才能铲除强敌，保全性命。"

李世民分兵派将，伏兵于玄武门。

第二天，李建成、李元吉上朝在此经过，伏兵齐出，他们二人猝不及防，李建成被李世民射死，李元吉被尉迟敬德砍杀。

没过多久，李渊便让位给李世民。李世民登基为帝，终于实现了他的梦想。

【解读】

官运离不开手段，只是人们看不见手段的影子罢了。手段一定要暗箱操作，否则，就会大失效力。出奇才能制胜，隐秘方可惑人，封建官场向来不讲公平决斗，而只重决斗的结果。不让手段现行，亦可表现官运的"天意"归属，这比展现个人的智慧更有价值。位尊之人，必有未知之术。

借运第四

一个人总有他的开始，这是最艰难的时候；一个人的本事再大，也难以改变官场的本质。借助他人的力量，成就自己的事业，这是智慧的体现。封建专制时代，仅有知识而没有官位得不到人们重视、得不到提拔的人，多是没有强硬后台的。利益和权力不可分割，徒有虚名就意味着是祸非福了。借助他人是有条件的，要借助信得过的人；借助不能为难他人，平静看待人间冷暖，才能愈挫愈奋。

【原文】

独辄无力也。

【译文】

无依无靠就没有力量。

【事典】

反其道而行之

韩愈是唐朝著名的文学家，为人推崇。他起初的仕途之路十分坎坷，后来得任高官，竟是他极力巴结和吹捧京兆尹李实的结果。

在韩愈的笔下，李实可谓君子中的君子了，以韩愈的大手笔，不知内情的人们绝看不出一点假来。那么，李实到底是个什么人呢？

史书记载，李实"自为京尹，恃宠强愎，不顾文法，人皆侧目。二十年春夏旱，关中大欠，实为政猛暴，方务聚敛进奉，以固恩顾，百姓所诉，一不介意。因入对，德宗问人疾苦，实曰：'今年虽旱，谷田甚好。'由是租税皆不免，人穷无告，乃彻屋瓦木，卖麦苗以供赋敛。"

由此可见，李实其实是一个十足的奸佞小人。

这么一个家伙，在韩愈的笔下竟被吹捧成爱民如子的父母官，且是人人拥戴、

韩愈

人人赞颂的少有的君子。当然，韩愈这样做自是私心作怪，他有求于李实，竟也干起了瞪眼说瞎话的丑恶之事。

韩愈二十岁左右便参加科举考试，第四次才考中进士。按当时的科举制度，要想正式授官，进士还需经过吏部的考试，合格者方能真正走上仕途。韩愈一连三次失败，只好另寻门路，向朝中显贵上书推荐自己。他两个月之内，先后向三位宰相上书，无奈没人看中他的才能。他于是投靠地方军阀，也没混出个样来，走投无路之际，他只好又回到了京城。

此时，身为京兆尹的李实恶名早已传遍京城，人人痛骂，韩愈却心中一动，忽然有了一个主意。他要反其道而行之，极力赞颂李实，想必以他的奸人心理，定会大感受用，到时，出人头地就不难了。

于是，韩愈便奋笔疾书，给李实写了一封信，信中说：

"大人之名，我早有耳闻，在京城十多年，这种体会就更加强烈。如果说现今世上真有君子的话，那么非大人莫属。至于我所见到的公卿大臣，他们只是不求有功、但求无过的平庸之辈，又怎像大人您那样忠心耿耿地效忠皇上，忧国忧民呢？今年大旱，可盗贼绝无，谷价如故，人人都得到了你的关怀，这都是大人的功劳啊！难得的是大人从不自夸，鲜为人知，这正是我们读书人所苦苦追寻的君子之举，圣贤之行。我有幸遇到大人，自要追随大人，侍候左右，报效我对大人的无比忠心。"

韩愈送出此信，日夜盼望佳音。他此刻只把全部的希望寄于此了，却没有一点自责的意思。有人指责他正邪不分，厚颜无耻，韩愈不以为意，只说：

"我自命君子，结果事事不顺，无人能赏。今急不择路，迫不得已，只有我自己知道这其中的甘苦，你们尽管说好了。"

不久，那封信的效用便显现了。李实高兴之下，不仅亲见韩愈，设宴以待，还亲自上书朝廷，推荐韩愈。

有了李实的相助，韩愈果然受重视起来，不久便被任命当了监察御史。韩愈的官场之路终于打通了。

【解读】

一个人总有他的开始,这是最艰难的时候,也是最困惑的时候。自己无力无运,事情却不能终止,在此只能借助他人了。在封建官场,没有归属的"游魂"人见人厌,只有少些廉耻,攀附达官贵人,才会觉得脚下有根了。傍人者都有难堪的情结,但只要认清了现实,为之便会自觉。

【原文】

傲轵无顺也。

【译文】

傲气凌人就没有顺畅。

【事典】

勿空谈智慧

三国时期,年少的陈寿拜蜀中名士谯周为师。陈寿聪明好学,悟性极高,谯周不时地夸奖他。

陈寿喜欢与人争辩,纵是无理,他一番辩解,亦能使别人无话可说。谯周不喜欢他这一点,直言不讳地告诫他说:

"才智不能用到邪道之上,否则,有害无益。你与人斗智不休,毫不收敛,这只会激起你的逞能之心,归入浮躁之列。何况,人都有妒贤之缺,你这样下去必遭挫折啊!"

陈寿长大后在蜀国做官,担任观阁令史。当时,宦官黄皓专权,大臣们都攀附他,陈寿却对黄皓不理不睬。有人暗示陈寿说:

"黄皓奸诈过人,你不巴结他分明是和他作对,你自信斗得过他吗?与其受难,不如应付他一下。"

陈寿不屑道:

"我乃读书人,岂能巴结一个宦官?若论智谋,黄皓哪里是我的对手?我就不屈服于他,他又能把我怎样呢?"

陈寿不时在朝堂上给黄皓出难题,又出言讥讽。黄皓心中恼怒,表面上却称赞陈寿忠心为国。陈寿引为胜利,喜形于色。

有人提醒陈寿道:

"你官位不高,虽说机智过人,但终不是黄皓的敌手,你不该主动招惹他。黄皓能掌控朝廷,其奸诈自是了得,你不该小看他。黄皓引而不发,你更要当心了。"

陈寿轻松一笑,说:

"黄皓智谋再高,在我看来也是小人的奸计,何必怕他呢?我就是要在智谋上征服他,使其不敢放肆。"

黄皓决心整治陈寿,他召集心腹说:

"我威加海内,无人不服,只有陈寿跳出来跟我作对,这是绝不能忍受的。读书人向来轻狂,以智者自许,我一定要让他知道我的厉害。"

黄皓于是指使心腹诬陷陈寿,给他列出了十大罪状。黄皓借此询问陈寿,冷言说:

"你是个人才,谁知这只是表面呐!现在有人揭发,你还想抵赖吗?"

陈寿大声分辩,气愤不止。他说了许多,不想黄皓一句未听,只道:

"天下没有主动认罪之人,特别是你这样的狂妄之徒。我不想和你理论,你智谋再高也救不了你自己了。"

黄皓依仗权势,将陈寿罢黜,赶出朝廷。陈寿冤情难诉,无计可施。

蜀国灭亡后,在家赋闲多年的陈寿又出来做官。陈寿此时写了一部《魏吴蜀三国志》,得到了晋朝司空张华的赞赏。

张华准备提携陈寿担当中书郎,马上有人反对说:

"陈寿虽有才学,但他为人浮躁,性格狂妄,目中无人,让他治学尚可,为官重用绝不可行。试想一下,他自认天下智慧第一,又有谁能驾驭他呢?何况,他的智慧只是空谈,无助于理政啊!"

张华和陈寿面谈,陈寿不知谦让,自顾畅谈不止。张华中间插话,陈寿亦是指出张华的不足之处,毫无顾忌。

张华没有了信心,他对自己的手下说:

"陈寿有才不假,可他的傲气也是令人难以忍受的。他好为人师,轻视他人,如此为官必将独断专行,刚愎自用,看来此人不可托付大任了。"

陈寿一生坎坷,多次被贬,始终不受重用。

晋惠帝元康七年(297年),陈寿郁郁而终。

【解读】

在封建官场,少有人可以傲然终生,更多的人是战战兢兢的。一个人的本事再大,也难以改变官场的本质;自视再高,也经受不住一次一次的打击。封建官场只会让人增加教训,感受到个人的渺小。不会取悦他人,只会招来强敌。任何人都傲慢不得,每个人都不是无懈可击的。

【原文】

士以官尊。

【译文】

读书人要凭借做官来赢得人敬。

【事典】

主张不可盲目

唐高宗时,卢照邻精于诗文,深通儒道,是当世的大才。

卢照邻出身贫寒,他立志要有一番作为,以改变自身的窘状。他为此并不矫情,公开对好友说:

"人道读书人不言钱,说了就好像庸俗了,为什么对读书人这么苛刻呢?谁都渴望过上好日子,我更想摆脱贫穷啊!"

为了早日当官,卢照邻苦修学问。他以儒学见长,为此他向高宗上书,建议以儒术治理国家。他在上书中说:

"孔子讲究仁爱,反对暴政,陛下当效仿孔子,为政宜缓。"

唐高宗此时正大力推行吏治,一切从严,他看了卢照邻的上书十分反感,说:

"这个人看不清形势,盲目主张宽大仁爱,不是什么好主意。他的文章虽写得有声有色,但并不实用啊!"

卢照邻从此仕途无望,虽几经努力,最后仍一无所获。

卢照邻的生计日益困难,穷得有时断炊,他自叹命运不公,精神十分颓废。

一日,一位朋友来看望他,到了吃饭的时间,卢照邻却无米下锅,他悲痛地和朋友说了自己的惨状,又激愤道:

"我枉读诗书了,早知填不饱肚子,我还读书写字干什么呢?"

朋友同情他,安慰说:

"孔子尚有落难无米之时,何况我等读书人呢?这也许是上天在考验我们的意志,你还是忍耐吧!"

武则天当政时,卢照邻穷困无着,又燃起了当官的欲望。他兴高采烈地把好友找来,说出了自己的打算:

"从前的皇上不喜欢儒术,而我不知内情,以致屡谏不中。这些年来我钻研黄老之学,现在可以派上用场了。"

好友不同意他的看法,说:

"当今圣上崇尚法治,用刑严酷,而黄老之学主张无为而治,顺其自然,圣上又怎会喜欢呢?你要有出头之日,当不要以此进言劝谏。"

卢照邻颇为自信,于是他不改初衷,给武则天上书说:

"黄老之学乃大智者所为,看似随意,实则深有奥妙。陛下亦是大智雄才,可以此法再创盛世。"

武则天任用酷吏,排除异己,自不会对卢照邻的谏言加以赏识。卢照邻久候无音,顿见绝望了。

卢照邻病倒在床,暗自哭泣,他对探视自己的朋友说:

"我一生苦读诗书,自信学问有成,怎会有此厄运?我并不想大富大贵,只求温饱,谁知这个也做不到啊!"

朋友和他一同流泪,只是摇头。

一位隐士闻知卢照邻的遭遇,专门前来拜访他。卢照邻诉说了自己的不幸,隐士开导他说:

"你怨天骂地,恨命运的不公,是因为你过分看重自己的才能了。你越是这样,痛苦就越深,受伤的只能是你自己。你也是凡夫俗子一个,千万别高估了自己,否则,你就永远无法平息心中的怨气。"

卢照邻与隐士争辩,隐士只是叹息。隐士走后,卢照邻不屑说:

"贫苦难耐,哪能像他说的那样轻松呢?我是深受其苦啊!"

卢照邻精神痛苦,身体更见虚弱。他的诗文语多悲凉,就是这种心境的间接表露。

一日,有人求他作诗,他当时情绪低落,不耐烦地说:

"我一个穷困之人,不会那风雅之事,你找错人了。"

来人见他无端发怒,拂袖而走。

卢照邻气得几天吃不下饭去,他喃喃自语道:

"我生不逢时,竟被人嘲笑讥讽,我卢照邻天生就是这个命吗?"

到了晚年,卢照邻闲居在茨山脚下。他十分悲观,预先给自己挖好坟墓,僵卧在里面,常常呆上半日。

卢照邻喜欢追思自己的失意经历,眼见前途无望,他变得越来越难以忍受。最后,他写了一篇《释疾文》,与亲友诀别,自沉颍水而死。

【解读】

封建专制时代,仅有知识而没有官位是得不到人们重视的。读书人如果无意为官,那么他就是"迂腐"了。要施展自己的抱负,无权无势的读书人只能空想;不能给人带来"实惠"的读书人,他们的声音就微弱了。读书人不可仇视官场,在官场之外,读书人更难以成就大事。

【原文】

官以权贵。

【译文】

官吏要凭借实权来突出地位。

【事典】

忘记尊荣

南北朝时,东魏大权被渤海王高澄执掌,东魏皇帝孝静帝完全被架空了。

孝静帝文武双全,很有头脑,他不甘心做个傀儡,时刻准备夺回大权。

常侍荀济知道孝静帝的心思,于是鼓动他说:

"陛下有九五之尊,却为奸贼所制,是可忍孰不可忍啊!臣虽无才,但决心保君报国,为国除奸。"

孝静帝大喜,拉住荀济的手说:

"朝中遍布奸党,似你忠心为国的实在不多了。你如此忠心,朕他日决不负你!"

荀济于是暗中联络忠于魏室的大臣,准备和高澄誓死一搏。

荀济首先找到华山王元大器,一番谈话之后,元大器慨然应允,加入了孝静帝的阵营。当荀济拜见大臣元瑾时,元瑾却表示反对,他说:

"现在强弱易手,皇上虽尊贵无比,但实际上已形同囚犯,这种情况下,皇上应该忍耐屈尊,静待良机。如果皇上还想以皇上威严发号施令,那么就大错特错了,我敢断定,事情是不会成功的。"

荀济斥责元瑾说:

"皇上还在皇位之上,难道要等奸臣篡位才动手吗?你这样推三阻四,分明是附逆怕死,你对得起皇上的大恩吗?"

元瑾伏地大哭,口道:

"我不是怕死,我是怕皇上意气用事,反为奸人所害啊!我要面见皇上,如果皇上心意已决,那么我只能以死相随。"

元瑾暗中和孝静帝相见,孝静帝愤怒地列举了高澄的罪状,情绪十分激动。

元瑾默默听完,哀声说:

"皇上的不幸,臣岂能不知?不过朝廷上下已尽被高澄所掌,皇上还是不要贸然轻动。以臣看来,皇上时下最要紧的是向高澄示好,屈尊结纳,这样既可稳住高澄,又可有足够时日准备反击。"

孝静帝经元瑾苦劝,终于同意暂时按兵不动。

高澄命黄门侍郎崔季舒监视孝静帝的一举一动,孝静帝一见到崔季舒,就恨得七窍生烟。孝静帝几次痛骂崔季舒,元瑾都担惊受怕,他劝孝静帝说:

"现在陛下如同困龙,为保万全,当忘记天子尊荣,和小人虚与委蛇。崔季舒虽是高澄的一条走狗,但他向高澄通风报信,这样的人还是不要激怒为好。"

一次,高澄陪孝静帝喝酒,他全不把孝静帝放在眼里,硬是逼迫孝静帝连饮。孝静帝无法忍受,怒声说:

"你如此无礼,难道不怕天谴吗?自古没有不灭亡的国家,朕为什么非要低三下四地苟活呢?"

高澄凶相毕露,他让崔季舒连打孝静帝三拳,扬长而去。

孝静帝再也无法平静下来,他急召元大器、元瑾等人,哭着说:

"朕生不如死,誓不能任贼欺凌了。你们如果忠心于朕,请速速动手灭贼。"

元瑾又劝道:

"陛下蒙羞,臣等愿死,只是时机未到,形势未改,胜算不大啊!"

孝静帝完全不听他劝,只道:

"朕贵为天子,当有上天护佑,朕早不该委身侍贼了!"

元瑾无奈,只好领命行事。他和元大器等人以造假山为名,在宫中挖掘通向高澄住处的地道。很快,他们的密谋被人察觉,报告给了高澄。高澄率兵入宫,把孝静帝软禁在含章堂。元大器、元瑾等人被用鼎煮杀。

孝静帝完全失去了自由,至此方有悔意,他痛哭流涕地说:

"我逞强好能,不听元瑾规劝,我是把皇帝的名号看得太重了。我不该草率行事,让元瑾等人白白丧命啊!"

【解读】

做官不能无权,没有实权的官吏为人轻视,处境堪忧。封建专制时代,利益和权力不可分割,徒有虚名就意味着是祸非福了。身入官场,对权力便要看重;一时难得,对有实权的人便要依附。倘若把虚职当成"重器",把虚名作为"第一",其人就会错位,其事就会破败。

【原文】

人识为先。

【译文】

被人赏识是首要的事情。

【事典】

有预见方有长远

王莽失败后,东汉宗室刘玄当上了皇帝,称更始帝。

此时,南阳新野人邓禹闲居家中,很多豪杰于是推荐他到更始帝的朝廷去做官。

邓禹年轻有为,极有韬略,他对劝他的豪杰们说:

"我徒有虚名,自知无定国之材,恕我难以从命。"

邓禹的朋友见他一再拒绝,深恐他失去良机,急切地说:

"你文武全才,早有报国之心,为何眼下推三阻四?这是天赐良机,你不该轻易放弃啊!"

邓禹脸色凝重地说:

"我看更始帝德智不足,终难成大事。我若贸然投奔他,他日必无所得,恐有杀身之祸。不该得到的东西就该舍弃,否则,那就是无穷的祸害了。"

邓禹失去了为官之机,乡人都讥笑他过于愚钝。邓禹不为所动,毫无悔意。

后来,刘秀平定了河北,邓禹高兴地对家人说:

"天下明主,我看非刘秀莫属,他才是我要寻找的英雄啊!我要去投奔他。"

家人十分惊诧,大声说:

"更始帝势力强大,你却拒召;刘秀实力弱小,你竟要去投奔,这不是太不识时务了吗?你太让人不可思议了。"

邓禹解释道:

"眼前的利益,谁都可以看见,可长远的功效,就不是一般人所能预见的了。我决心已定,你们就不要劝我了。"

邓禹骑马渡河,一路追逐刘秀,在邺地,邓禹追上了刘秀。

刘秀召见了邓禹,和他一番交谈后,刘秀认定他是个难得的人才,于是他高兴地对邓禹说:

"你远道而来,有报国之志,你要当何官职,尽可告之于我。"

邓禹的回答出乎刘秀的意料,他不停地摇头,只道:

"我不愿做官。"

刘秀一怔,忙道:

"那你为何而来?"

邓禹说:

"你志在救国,邓禹敬佩之至,愿追随左右,只求功名留在青史之上。"

刘秀一听大笑,口道:

"果然是志士,我不会让你失望的。"

邓禹于是留在刘秀军中,为刘秀出谋划策。

一日,邓禹和刘秀深谈,论及天下大势,邓禹进言道:

"现在天下群雄纷争,但他们有一个共同的弱点,就是你争我夺,谁都不肯舍弃一点利益,这是没有远虑的表现,希望主公不要和他们一样。如果主公肯出让些财物,用以招揽民心,相信他日必有奇效。只要民心收服,大业何愁不成呢?"

刘秀依言而行。不久,刘秀声誉鹊起,队伍不断壮大。

邓禹统帅大军时,手下将领多次劝他直接攻取长安。邓禹权衡利害,毅然放弃了这一打算。他对众将说:

"长安乃贼之巢穴,攻之虽有大功,但必有大的伤亡,我不想只为建功而伤损将士们的性命。何况,敌军士气正旺,现在攻取长安还不是时候,我们不如先取郡县,积小胜为大胜,如此,长安势难坚守了。"

邓禹此举为刘秀得知,刘秀十分欣慰,他对手下人说:

"邓禹不贪功劳,懂得取舍,这才是大将的风范啊! 和那些只知急功冒进的人相比,邓禹更值得信赖。"

天下平定后,邓禹因功被封为高密侯。食高密、昌安、夷安、淳安四县租税。邓禹心中惶恐,他对自己的子女说:

"为父因功受封,这只是为父的荣耀,你们不可因之而骄。为父都不会把功劳放在心上,你们更不可贪图安逸,不思进取。"

邓禹把四县的租税都用在自己的封地之上,自己的生活却十分俭朴。有人对他说:

"你有大功于国,自当享受皇上的恩典,你将钱财施舍于众,不是太亏待自己了吗? 你太小心了。"

邓禹严肃道:

"钱财来源于民,用之于民自是正途。我侥幸不死已是大幸,又有什么舍不得呢?"

刘秀对邓禹的作为十分赞赏,信任日增,邓禹亦因此受宠不衰了。

【解读】

借助他人是有条件的,那就是一定要得到他人的赏识。如果自己一无所长,就难以吸引人们的目光。有过硬的本领,同样要有展示本领的欲望,不会表现自己,便会埋没自己。不是所有人都懂得欣赏的,一定要"货卖识家"。坐等时机不如主动出击,游说他人重在说明利害。

【原文】

人用为要。

【译文】

被人任用是关键的事情。

【事典】

外官需内援

章仇兼琼是唐玄宗时的剑南节度使,他对当朝宰相李林甫十分畏惧,唯恐遭他暗算,有一天大祸临头。

一次,章仇兼琼对当地的富豪鲜于仲通说出了自己的隐忧,他凄惶道:

"按理说我对李林甫的孝敬也不算少了,可我了解他的为人,似他那样阴险狡诈,说不上哪一天便会翻脸无情啊,你说我该怎么办呢?"

鲜于仲通点头说:

"大人所料不差,那李林甫实在不能依靠。大人在外为官,若是朝中没有内援,早晚也不得安心。有人攻击大人,无人肯为大人说话,岂不任人宰割? 大人所虑极是,还是抓紧赶办此事吧!"

章仇兼琼于是委托鲜于仲通操办此事,他交代说:

"听说皇上有一新宠杨贵妃,我猜想既是新宠,一定无人去攀附她,这是个大好时机,你若能替我去一趟长安,和杨贵妃拉上关系,我就不用日夜忧心了。"

鲜于仲通听此一笑,他说:

"京师若无人引荐,去了也是白去。好在我认识一人,他叫杨钊,乃是杨贵妃的远房堂兄。"

章仇兼琼一听即喜,连道:

"这下好了,有了这层关系,我还愁什么呢?"

鲜于仲通所说的杨钊，就是后来权势通天的杨国忠，国忠这个名字是唐玄宗赐给他的。杨国忠原是个当地无赖，好吃懒做，又嗜赌成性，无人瞧得起他，鲜于仲通一时心软，倒是常常周济他。

章仇兼琼催促鲜于仲通马上把杨国忠领来。一见面，身为蜀地最高长官的章仇兼琼竟吹捧杨国忠说：

"贵妃之兄竟埋没在此，都是我照顾不周啊！您看上去一表人才，定怀治国安邦之术，能和您相识，实在荣幸之至。"

杨国忠本是惶恐异常，一见章仇兼琼对自己没有威仪不说，还低三下四，一时不知所措。鲜于仲通在旁道：

"您久受委屈，所幸天不没英才，也不枉我们相交一场。如今节度使大人慧眼识人，有心重用于您，不知意下如何？"

杨国忠受宠若惊，当即点头应允。章仇兼琼喜之不尽，马上让他做了自己的属官。自此，章仇兼琼如获至宝，对这个"属官"待若上宾，关爱备至，不知真情的人十分不解章仇兼琼的"谦恭"，一些知道内幕的人也认为他做得有些过分，于是对他说：

"杨钊是杨贵妃的亲戚不假，可他们的关系只是五服内的兄妹，并不亲近，大人这样厚待他，未必就有回报，大人做事还是留些余地为妙。"

章仇兼琼一笑说：

"依附权贵，顺藤摸瓜，是件容易做到的事吗？我自甘下贱，与他结纳，这种患难之交，才能让他感动不忘。杨钊为人狡黠，机智善辩，有杨贵妃的提携，他日必为显贵，这一点，我是不会看错的。"

时间不长，章仇兼琼便安排他护送丝缎入京师。他亲自为杨国忠设宴送行，又悄悄对他说：

"一路辛苦，我特为您在郫县准备了一点薄礼，到了郫县，自会有人交予您手，切不可推托啊！"

到了郫县，章仇兼琼的亲信将薄礼呈上，却是让杨国忠一惊非小。礼物全是蜀地最精美的土特产，应有尽有，价值达万缗之巨。杨国忠感激章仇兼琼，到长安后便将礼物分赠给杨氏兄弟姐妹，他一再强调说：

"这都是节度使章仇兼琼让我送给你们的，他实是我的恩人呐！"

杨氏姐妹从此总在玄宗面前说章仇兼琼的好话。玄宗对他的好感日增，纵是有人弹劾他,玄宗也一概不理。杨国忠也通过此行接近了玄宗,为日后掌权铺平了道路。

【解读】

一个人是否取得他人的完全信任,要看其能否得到重用。在封建官场,得不到提拔的人,多是没有强硬后台的。官场中人追求实际利益,借助和帮扶都不能是句空话,在此若没有突破,那么就要另谋出路了。没有内援,令人提心吊胆;和当权者拉上关系,才算高枕无忧。

【原文】

小人弗依。

【译文】

不要依靠小人。

【事典】

私怨不能至上

北宋徽宗时,刘豫被任命为殿中侍御史,掌管仪法和纠举百官违失。一次,刘豫上书徽宗谈论礼制局的事情,主张改革礼制,完善礼法。徽宗看罢,哈哈一笑说:

"刘豫信口胡说,他的建言毫无可取之处,朕哪里会采纳呢?"

刘豫被拒谏,心中闷闷不乐,他对家人抱怨道:

"我负责礼法之事,皇上拒不纳谏,让我好生失落,该怎么办呢?"

家人出主意说:

"皇上不喜谏言,喜欢歌功颂德,你不要不识趣了。如果你上书颂扬皇上的功德,皇上又怎会拒谏呢?"

刘豫此时尚有些骨气,他说:

"这样不好,我哪能做势利小人呢? 我还要进谏。"

刘豫于是又多次上书,用词一次比一次急切。徽宗不胜其烦,最后终于大怒,对刘豫吼道:

"你不过是个河北种田的老头，哪有资格谈论礼仪制度？朕看你是别有用心，想迷惑朕啊！"

不待刘豫分辩，徽宗便传旨贬他为两浙察访使，将他赶出了朝廷。

刘豫心中恼恨，只是不敢发作。

金兵大举南侵之时，刘豫为了报复宋室，决定谋反。他对手下将领说：

"皇上无道，任性而为，做忠臣又有何用？我从前饱受羞辱，郁闷难当，如今正可一泄怨气了。"

有人劝刘豫道：

"金兵压境，宋室危在旦夕，大人当以国事为重啊！大人如果为了一己之私，只为出口怨气，那么就会留下骂名，更对大人不利。大人若是反叛，势必动摇军心，引发反叛的浪潮，这样，大人就是千古罪人了。"

刘豫反心已成，自不会听从劝告，他杀了劝告之人，举兵投降了金人。

建炎四年（1130 年）七月，刘豫做了伪皇帝，国号"大齐"，都城定在大名府。

刘豫称帝后，又把怨气全部发泄在无辜人身上。他发布命令，大肆搜捕宋朝宗室之人，如有窝藏者，一律处死。

刘豫的左丞相李孝扬进谏说：

"陛下大位初立，不宜多行杀伐，而当收买人心，示人恩惠。宗室之人并非人人有罪，不如赦免他们吧！"

刘豫恨恨地道：

"如今我掌握生杀大权，自当有冤报冤，有仇报仇，赦免之事，绝不可能。"

承务郎阎琦违反禁令，私自隐藏了宋朝宗室的人。此事被查出，刘豫当即下令用木杖把阎琦打死。

刘豫为了巩固地位，下令招贤。读书人尹惇听说刘豫征召自己，他愤怒地说：

"刘豫认贼作父，疯狂报复，我怎会服侍一个狼心狗肺之人呢？他这样小肚鸡肠，终会灭亡的。"

尹惇于是逃入深山。

沧州进士刑希载给刘豫上书，劝他改邪归正，归附宋朝，刑希载说：

"如果一个人因为受了屈辱便出卖国家，与百姓为敌，那么这个人就是心术不正了。自古忠臣不计毁誉，始终能精忠报国，全在于他们不以私利私怨为重。"

刘豫接到刑希载的上书，勃然大怒，他气急败坏地说：

"刑希载竟敢妖言惑众,恶毒攻击,他是不想活了!"

刘豫马上命人诛杀了刑希载。

后来,刘豫的凶残惹得天怨人怒,百姓都诅咒他早死。金人见刘豫失去了利用价值,先是废除了他的皇位,后又用毒酒将他诛杀。

【解读】

不管如何艰难,也不要认贼作父,投靠小人。小人只会利用别人,决不会真心帮助别人。人在困境之中,饥不择食是不行的,这虽能解一时之急,但带来更多的是伤害。小人无信无义,和他们勾结,绝没有好事。要借助信得过的人,要不失做人的尊严,切不可善恶不计,气节全无。

【原文】

君子毋迫。

【译文】

不要胁迫君子。

【事典】

办大事要会弃财

春秋时期,越国灭掉吴国后,越王的谋士范蠡为了避祸,不辞而别,逃到陶邑经商,不久致富,人称"陶朱公"。

陶朱公有三个儿子。二儿子杀人犯法,被囚禁在楚国。陶朱公为救二儿子,准备了千镒黄金,他对家人说:

"杀人处死,此罪非轻,好在我们不缺钱财,只要上下打点,还是能够救其一命的,此事就让三子办理吧!"

陶朱公的长子不同意让自己的三弟前往,他请求说:

"在家我为长子,将来要担重任的,现在弟弟犯罪,我岂能袖手旁观?三弟少不更事,恐怕办事不周,还是由我去救二弟吧!"

陶朱公不许,开口道:

"救人之事,非比一般,为父这样安排自有其道理,你就不要插手了。"

长子认为父亲信不过自己,他争辩说:

"长子被称为家督,父亲不派我去,就是说明我不成器。父亲太偏心了,我无论如何也不会接受。"

长子大吵大闹,甚至想要自杀。陶朱公的妻子怕有不测,忙为长子求情说:

"大儿子救弟心切,不如让他去吧!倘若因此有个三长两短,岂不更糟?"

陶朱公无可奈何,只好派大儿子前去。临行之前,陶朱公把一封信交给大儿子,再三嘱咐说:

"这是我写给老朋友庄生的信,你到了楚国之后就要交给他。不管他如何处理此事,你都要绝对听从,切不可和他争辩。"

长子来到楚国,待见庄生身居陋室,生活贫困,不禁有些灰心。他把父亲的书信和黄金交给庄生,庄生如数收下,后道:

"你可以走了,不要留在这里。我尽力而为,请你放心。如果你弟弟出狱了,你也不要问得太多,免得生事。"

长子并没有回去,反是留在了楚都。他对庄生心存疑虑,索性自己奔走起来,用他私自带来的黄金贿赂楚国权贵。

长子的随从对长子说:

"你父亲托庄生全权办理此事,想必庄生有过人的能耐。如今你私下自己办理,分明是不信任庄生,庄生怎会高兴呢?"

长子摇头道:

"我看庄生穷苦寒酸,当办不成如此大事,父亲是所托非人呐!我要自己办成此事,也可让父亲对我刮目相看。"

庄生在楚国以清廉耿直著名,楚王以下都以师礼待他。庄生送走陶朱公的长子后,他对自己的老妻说:

"陶朱公乃我旧友,我自要帮他。他送我的黄金不许花费,一旦事成当如数归还。"

老妻疑惑道:

"既要归还,你为何又收下呢?"

庄生解释说:

"如不收下,人家必以为我不会用心帮忙,难免会胡思乱想,这样就冤枉我了。

我暂时收下,可让他们安心呐。"

庄生于是进宫拜见楚王,他对楚王说:

"星宿移位,必有灾难,大王应早做准备啊!"

楚王素来相信庄生,忙道:

"先生必有良策,快快讲来。"

庄生郑重地说:

"欲除天灾,当敬苍生,施惠天下,大王当马上办理。"

楚王于是准备大赦天下。

长子听闻此讯,他对随从说:

"楚王将要大赦,如此二弟自然无事了。我要把黄金讨要回来,不能把便宜留给庄生,自己吃亏。"

长子又找到庄生,说明了一切,他故意加重语气说:

"早知大赦之事,我就不麻烦先生了。我家钱财也是吃紧,这样也不需破费了。"

庄生脸色难看,立即把黄金还给长子。他气愤地对老妻说:

"陶朱公的大儿子如此势利,翻脸无情,我庄生是被他耍弄了。他只为自己打算,全不把别人放在心上,这样的小人是不值得我庄生相助的!"

庄生于是又见楚王,说:

"陶地有个富翁的儿子杀人在押,他们家拿出很多钱来贿赂大王左右的人。如今大王准备大赦天下,人们便说大王此举不是为了楚国,而是为了那个富翁之子。"

楚王大怒,下令杀了陶朱公的二儿子,第二天才实行大赦。

陶朱公见长子拉着弟弟的灵柩回来,并不感到意外,他说:

"大儿子从小和我一起吃苦,长大后把钱财看得很重,不肯弃财。小儿子生下来时我便十分富有,他大手大脚,所以不会吝惜钱财。办大事不会弃财不行,一定要让他人得到好处,这样自己才会成功。这就是当初我不同意大儿子前去的原因啊!"

【解读】

与君子打交道,不能缺少诚意,特别是在有求于人之时。试图利用君子,设法胁迫君子,这都不能使君子就范。君子和小人不同,他们最恨虚伪奸诈之徒。借助不能为难他人,用不当的手段就更下流了。只有诚实无欺才能令人同情,只有不失忠厚才能得到人助。

【原文】

成莫忘恩。

【译文】

成功不要忘记他人的恩情。

【事典】

信誉关乎存亡

明万历二十一年(1593 年)六月。叶赫纠集扈伦各部入侵努尔哈赤的领地。一战下来,努尔哈赤大获全胜。乌拉贝勒的弟弟布占泰被俘。他跪在地上向努尔哈赤求饶说:

"我是乌拉贝勒满泰的弟弟,和你作对不是我的本意。你要是不杀我,今后我一定俯首听命,以赎大罪。"

布占泰叩头不已,努尔哈赤动了恻隐之心,不仅没有杀他,还收养了他。

三年之后,布占泰的哥哥满泰被人杀死,努尔哈赤派人送布占泰回到乌拉,帮助他做了贝勒。布占泰蒙受努尔哈赤的大恩,却不思回报,他对心腹说:

"我从前身处险境,才不得不向努尔哈赤低头。如今我为乌拉贝勒,可以一雪先前的耻辱了。"

那个心腹感到不妥,对布占泰说:

"大人受人恩惠,当思报答,否则,就会失信于人,为人轻视。大人的信誉关乎乌拉的存亡,此事不应草率。"

布占泰心怀愤恨,执意不从。

明万历二十五年(1597 年),布占泰公开叛盟。努尔哈赤十分伤心,他对部将说:

"布占泰言语无信,为人狡诈,只怪我从前看错他了。"

努尔哈赤命长子褚英率军讨伐,布占泰不敌,于是重施故伎,向努尔哈赤求和。

部将皆劝努尔哈尔不要答应布占泰的要求,他们说:

"有了先前的教训,可见布占泰是个无信之人,他的话切不可再相信了。我军士气正旺,应乘胜剿灭乌拉。"

努尔哈赤心有不忍,他劝说部将道:

"我们谋求发展,不能不争取人心呐!眼下群雄并立,还是少树强敌为上,我们就再给布占泰一个机会。"

努尔哈赤把弟弟舒尔哈齐的女儿送给布占泰做妻子,另赐他五十副盔甲和十道敕书。

布占泰受此恩遇,其他人都感到意外。乌拉的族人对布占泰说:

"努尔哈赤这般礼待大人,大人再不能背叛他了。"

布占泰骄傲地说:

"努尔哈赤对我并不一定是真心,他是想借助我啊!我们乌拉举足轻重,岂能受一点恩惠就投靠他人?"

布占泰养精蓄锐,时刻想着和努尔哈赤再战。他表面上花言巧语欺骗努尔哈赤,常为此得意道:

"说谎话实在容易,这样不需付出任何代价就可稳住努尔哈赤了。可笑努尔哈赤实在愚顽,他是被我玩弄于股掌之中了。"

布占泰身边的人劝他不要这样,他们几次规劝布占泰道:

"谎话说得多了,谁也不会相信大人了,何况是英武的努尔哈赤呢?大人如此出言不慎,就不怕引火烧身?"

布占泰不听规劝,为了迷惑努尔哈赤,他竟向努尔哈赤的女儿求亲,请求努尔哈赤把他的女儿嫁给他。

努尔哈赤就此和部将商议,部将无一赞同,他们说:

"布占泰只会说谎,并不见切实的行动,这准是他的诡计啊!他大话无边,这本是无信之人的特征,大人再不要轻信他了。"

努尔哈赤考虑很久,仍决定答应布占泰的要求,他对部将说:

"我们要做大事,就不要怕冒险。乌拉是一支重要的力量,如有可能还是要争取的。如果布占泰再出尔反尔,那么他也彻底暴露了,我们消灭他便不会招来指责了。"

努尔哈赤于是招布占泰为婿,又给了他许多赏赐。

布占泰以为得计，不久又违背盟约，和努尔哈赤为敌。这次，努尔哈赤亲自带领大军讨伐，一举灭了乌拉。

【解读】

一个人的成功总是凝聚着他人的功劳，不承认这一点，就是口不对心了。借助他人的力量，成就自己的事业，这是智慧的体现；而不忘人情、感恩图报，这又是良好品德的反映了。人不能为了官运临时抱佛脚，更不能有了官运便忘恩负义。智慧成就一时，品德成就一生。

【原文】

败莫念仇焉。

【译文】

失败了不要记挂往日的仇恨。

【事典】

莫怪他人势利

战国时代的齐国公子孟尝君，以养士著名。他门下的食客数千人，无一不受到他的优待。有此善举，有识之士争先恐后地投奔他，至于一些无甚才识之辈，更是以他为大树，到他那混饭吃。

难能可贵的是，孟尝君对他们一视同仁，并没有因为一些人的滥竽充数而亏待他们。他有如此气度，食客和天下人无不对他赞誉有加，敬佩之至。

当然，天下没有白吃的午餐，孟尝君如此不惜代价地养客待士，自是希望这些人为他卖命效力。食客也的确为他做了一些事，那广为人知的鸡鸣狗盗的故事，便是一例，它帮助孟尝君摆脱了困境，度过了险关。

俗话说，天有不测风云，由于孟尝君的声望太大，齐国国君有了猜忌之心，便罢免了孟尝君的职务，把他赶出都城。最令孟尝君伤心的是，他门下的数千食客，一看孟尝君失势，竟纷纷离开了他。

最令孟尝君生气的是，后来他官复原职，那些先前背弃他的食客又纷纷返还

了。孟尝君心生恼怒,愤愤地对一直陪伴他的冯谖说:

"这些人实在是太可恶了,他们不仁不义,还敢恬不知耻地回来见我,真是把我当傻瓜耍了。我自问没有一丝亏待他们之处,可他们竟那般地对我,这个世上还有道义可言吗? 我一定要好好地羞辱他们,以解我心头之恨!"

冯谖长叹一声,问孟尝君:

"事情总有它的道理,先生你可知道此中的奥妙吗?"

孟尝君摇头说:

"我实在不知,请先生教我。"

冯谖见孟尝君态度诚恳,也就直言相告:

"人之常情,什么时候也差不了多少。正像有生必有死一样,富贵时自会有人追随于你,贫贱时当然就缺少朋友,这是事情固有的道理啊! 打个比方说吧,先生看见去市场赶集的人吗? 一大早,人们便争先恐后地来到集市上,到了天黑,即使是路过集市,人们也不作片刻停留,这是为什么呢? 道理很简单,人们并不是对早上的市场有所偏爱,也不是对晚上的市场有所憎恶,只是因为晚上的市场已经没有人们所需要的货物了。这般说来,当你失势的时候,人们弃你而去,不是一件很正常的事吗? 你对此耿耿于怀,岂不是对人失于考察了吗? 现在你还不到可以心狠放纵的时候,为了你的大业,你不要责怪他们,否则,就断了宾客的来路,于你有害而无益。"

孟尝君闻听此言,对冯谖称谢不已。他不再追究此事,反使食客们自惭形秽,人人都对他有了以死报效之心。

【解读】

拒绝帮助自己的人,不应当作仇人。失败不能归咎于他们,在此记仇毫无道理。没有人必须为自己服务,自己也不能一心指望他人。封建官场中人向来势利,互相拆台可以,互相帮扶就太难了。不计较世情仇怨,平静看待人间冷暖,人们才能处变不惊,愈挫愈奋。

转运第五

官运不济,定有其因;忘记痛苦,不会增加苦难。和官运相比,做人的根本更为重要;人无自足之心,就会浮躁不止。才能不是转运的唯一依靠,自贬并非自贱,封建官场最忌逞勇斗气,较量全凭智慧高低。在官运和道德冲突的时候,道德才是君子的选择;无论到了多高的位置,小人总会恨怨命运不公。人是需要他人鼓励的,也是需要他人劝导的,这都能使人少犯错误。

【原文】

心乏人衰也。

【译文】

缺少思想,人们就会衰败。

【事典】

反省自己

李斯未发迹时,只是家乡上蔡县衙门里的小小官吏。他职小位卑,受尽了屈辱,无奈为了生计,只好隐忍下来,这才没有挂冠而去。

闲暇之时,他常和朋友大发牢骚,有一次他感慨地说:

"有权无权,真是不同啊!像我这样的小吏,只靠一身力气吃饭,受人差使,无人尊重,穷困潦倒,何时能有出头之日呢?"

李斯的朋友也诉苦说:

"生而为人,若是无权无势,真是枉为人了。你我今生,恐怕只能这样了,难道这就是命吗?"

李斯心中凄苦,自是消极度日。

一日,李斯去茅厕,见厕中老鼠,长得又瘦又小,吃着脏东西,见有人来,惊逃而散。他又在仓库中见到了老鼠,令他惊奇的是,这里的老鼠与他先前见到的迥然不同:个个膘肥体胖,十分精神,见他到来,也不害怕,从容而走。李斯视之良久,忽有所悟:

"仓库里的老鼠,以满仓的粮食为食,以高大的库房为窝,食之无忧,风雨不淋,难怪和厕中的老鼠不同了。人何尝不是如此呢? 看来人的好与坏,并不是人有什么不同,而全在人所处的地位有贵贱之别呀!"

李斯

他自此反省自己,深怪自己不求上进,却天天陷在于事无补的发牢骚上,于是毅然下了决心。

李斯辞去小官,去拜大思想家荀子为师,学习帝王之术。

荀子对李斯考究一番,又对他说:

"你虽官小,在别人眼里也是值得艳羡的,辞去官职你就一点也不觉得可惜吗?"

李斯回答说:

"做人要做人上人,做鼠须做仓中鼠。"

听了他的解释,荀子不禁哈哈一笑,连道:

"你聪明过人,悟性极高,他日必成大器。"

听到荀子的夸奖,李斯受到极大鼓舞,又进一步表达了自己的想法:

"我以为,人的一生,最大的耻辱莫过于卑贱,最大的悲哀莫过于贫穷。而这一切,都是因为无权所造成的。凭借蛮力得不到权力,更无法获利了。权力对于每个人,都有脱胎换骨的功效,大丈夫当以弄权为要。"

后来,李斯奋发振作,果然当了秦国的丞相。极盛之时,他家的门庭车子逾千,百官趋之若鹜。

【解读】

封建官场的明争暗斗,处处离不开智计的较量,没有想法是难以取胜的。做官

更像一种智力游戏，只有开动大脑，不停思考，才能找到不败之道。官运不济，定有其因，想要有所转变，就要查寻结症了。事情总有转变的可能，困难总有克制之法，困守愁城不是翻身之术。

【原文】

气弱业枯也。

【译文】

精神不振，事业就会枯萎。

【事典】

历练不可少

清朝咸丰帝即位后，大理寺卿倭仁给咸丰帝上书，他说：

"事业成败，关键在于用人。用君子则事成，用小人则事败。用人首先要认清君子和小人的区别。君子和小人藏在内心深处的东西难以知道，但可从他们做的事情上判断。大致说来，君子显得笨拙，小人乖巧；君子沉静安稳，小人急躁奔竟；君子爱惜人才，小人排挤异己；君子想得远大，把国家的元气看作第一；小人只考虑目前，聚敛刻薄。刚正不阿，谁也不依附，就是君子；依违两可，很会避害趋利，这是小人。"

咸丰帝认为倭仁恳切忠直，他当面称赞倭仁说：

"你一语道破了治国的关键，可见你是个善于思考的人。自古小人不绝于朝，朕该如何放逐他们呢？"

倭仁想了一会，问道：

"小人是赶不走、杀不绝的，重要的是抑制他们，而不是重用他们。只要陛下修身养德，小人就无空可钻，他们自无用武之地了。"

咸丰帝赞叹道：

"你说得好啊！朕若喜欢媚言，小人自会蜂拥而上，可见若放逐小人，朕的喜好便大意不得了！"

咸丰帝告诫大小官员，上书进言要效法倭仁。倭仁一时名声大振。

不久,咸丰帝授予倭仁叶尔羌帮办大臣之职,协助办事大臣掌叶尔羌回城事务。大理寺少卿田雨公认为倭仁是大材小用,他找到倭仁,不满地说:

"皇上前日嘉奖你言事有功,不想今日却令你远赴边疆,这个结果出人意料,你应该向皇上谏诤。"

倭仁平静地说:

"皇上自有皇上的打算,我们做臣子的怎可妄测圣心呢? 我不认为皇上委屈了我自己,我是不会跟皇上进谏的。"

田雨公心直口快,他还是为此向咸丰帝上书说:

"倭仁为人正直、才干卓著,陛下令他去边疆,只怕很难发挥他的才能。臣以为倭仁才堪大用,不宜出朝。"

咸丰帝把田雨公召来,他语气严厉地对田雨公说:

"国家用人贵在用善,用善贵在适当,如果只考虑私利,那么谁还会出朝为官呢? 倭仁做地方官并不是降级使用,你的那个看法朕不能苟同。"

倭仁在叶尔羌帮办大臣任上,不断给咸丰帝上书。咸丰二年,倭仁上疏之后,不想咸丰帝批评倭仁说:

"你的用意虽好,但多是空泛议论,难以实行。以后你要留心边疆事务,不要讲空话,重在切实可行。"

有人对咸丰帝说:

"陛下器重倭仁,为何还屡屡责备他呢? 倭仁可堪大任,陛下应及时提拔他。"

咸丰帝意味深长说:

"倭仁实乃良臣,但他缺少历练,必须对他严格要求。朕正是有心重用他,这才高标准要求他。否则,他骄气上来,日后便难以调教了。"

咸丰三年,倭仁因为弹劾不实,被降三级使用。咸丰帝告诫倭仁说:

"朕有奖有罚,你不要气馁。朕知道你有大志,当不会一蹶不振。"

倭仁反思咸丰帝的话,从此变得更加努力,咸丰帝听说后十分高兴。

后来,倭仁步步升迁。咸丰七年,倭仁升任都察院左都御史,在同僚中极有威信。

【解读】

精神的力量是强大的,保持乐观,败而不馁,一个人就能支撑下去了。封建官场是最消磨人的地方,不能顶住种种的压力,不能忍受无穷的困扰,便会趋向逃避。忘记痛苦不会增加苦难,自我安慰却可减轻绝望。官运不会倾向精神萎靡之人,事业不会成于一无所求之手。

【原文】

法正莫若人正。

【译文】

方法正确不如自身正派。

【事典】

勿置身险地

唐宣宗大中十一年(857年),京北杜陵人王徽考中进士,最初被授予秘书省校书郎职务,后被宰相徐商召为僚属。

当时,宣宗下诏让宰相选进士子弟娶公主为妻,另一位宰相刘瑑见王徽才貌出众,便把王徽的名字报告给了宣宗,刘瑑说:

"王徽性爱读书,知礼稳重,如能娶得公主,必能令陛下宽心。"

王徽听闻此讯,反增忧虑,日夜不安起来。他的朋友问他说:

"若能娶得公主,当是大喜之事,你应当庆幸才对,为何闷闷不乐呢?飞黄腾达在此一举,你还要多加努力啊!"

王徽不悦道:

"你只见其荣,不见其辱,真是太势利了。我不认为这是件好事,哪能高兴起来?"

朋友跺足道:

"若能入得皇门,便是高居九重,焉有不快之理?如此好事别人争抢不到,你万不可拒绝啊!"

王徽分析说:

"我出身寒门,朝中无亲,朝外没有靠山,倘若娶得公主,也会被人嫉妒,横加责难。何况皇家礼数甚多,复杂多变,我一个书生夹杂其中,只会处处受制啊!现在我平平安安，只怕以后是不能了。与其这样，我何必要攀附富贵而置身于险地呢?"

王徽拜见宰相刘瑑，苦苦哀求道：

"我身体多病，性情木讷，实不敢和公主高攀，令皇室难堪。大人的好意我心领了，此事不可再提。"

刘瑑大感意外。他苦劝王徽，王徽始终不肯，刘瑑不禁生气道：

"我把你举荐给皇上，这是天大的好事，你不仅不感恩于我，反而推三阻四，难道我是害你吗?"

王徽连连赔罪说：

"是我福薄命浅，让大人失望了。大人可以责罚于我，但此事不能应承。"

刘瑑又怒又气，把王徽赶出府中，这件事也从此作罢了。

宰相徐商亦有不解，他私下和王徽谈及此事，说道：

"和皇家结亲虽有小失，但终有大得，你不该强烈反对。此事你一定考虑不周，错过了大好机会。"

王徽苦笑着说：

"我历经坎坷，人情世故自是懂得一点。皇上招亲，只在表明爱才之心，我又何必当真呢? 再说公主深居皇宫，高贵无比，纵是我侥幸入选，公主又怎会看重我呢? 我不是自卑，乃是不想失去自知之明，如果我不顾一切去猎取富贵，那么后果就难以预料了。"

徐商听了连连感叹道：

"你初入仕途，难得有这样的眼力和远见，我自愧不如。你说的一点没错，这才是真正的智者之见啊!"

王徽凭自己的努力，官职屡屡升迁，和他交往的人都十分喜欢他，说他善解人意，无私正直。

后来，徐商罢相，出镇江陵。徐商视王徽为自己的左右手，想带他一同赴任，他怕王徽不肯，便没有开口。

王徽面见徐商，主动道：

"大人出朝在外，尚需有人辅助，如大人不弃，下官愿意追随。"

徐商吃惊说：

"我怕耽误你的前程，这才没有向朝廷提出要求召你为幕僚。你是怎么知道我的心中所想呢?"

王徽回答道：

"我在考中进士以后，承蒙大人多方关照，此恩不敢忘怀。我不知大人所想，只想借此回报大人。"

徐商十分高兴，逢人便说王徽的美德。王徽名望日增，日后重返朝中，官职连连升迁。大顺元年（890年）十二月，王徽去世，被朝廷追赠为太尉，赐谥号贞。

【解读】

官运的转变不可急于求成，以丧失人格为代价，即使有益于官运，也是有害于做人根本的。和官运相比，做人的根本更为重要。封建官场的官运是极不稳定的，付出再多，亦会随时遁去；而做人是长期的，一旦根本不存，其人就没有立身之地了。不要以任何理由改变做人的标准。

【原文】

心高莫若才高。

【译文】

心性高傲不如才能高强。

【事典】

把事情想得复杂些

西汉成帝时，成帝封诸舅王谭、王商、王立、王根、王逢为侯，时称"五侯"。王氏家族势炎贵盛，宾客满门。

齐人楼护在京城为官，他踏遍五侯之门，竟得到了五侯的一致赏识。有人问楼护说：

"五侯权势正盛，他们并不看重士人，你一人竟赢得他们共同青睐，有什么秘诀吗？你一定要告诉我。"

楼护笑一笑道：

"侍奉权贵，一味地阿谀奉承是不能让他们欣赏自己的。我当说则说，不当讲则不讲，议论有据，言谈有礼，全凭理字言事，如此便不难与人交往了。"

楼护长得短小精悍,才识过人,五侯遇有大事总是请他出主意。每到这个时候,楼护总是推托说:

"我地位卑下,怎敢妄议国家大事呢?大人抬举我,我感激不尽,不过我实不敢在大人面前高谈阔论。"

楼护的朋友责怪楼护说:

"五侯地位显赫,他们请你议事,你正可借机显示自己的才学,这难道不是天大的好事吗?你拒绝他们,实在愚蠢啊!"

楼护摇头道:

"我人微言轻,若是放言国事,稍有不慎便会落下把柄,成为他人攻击的利器。何况五侯地位尊荣,不可冒犯,我若知道他们的秘事太多,岂不犯了大忌?如此,引起他们的猜疑之心,只会给自己招祸。我宁肯把事情想得复杂些,也不能想得简单,否则,只会伤害我自己了。"

平阿侯王谭荐称楼护德行方正,朝廷委任楼护为谏大夫。楼护向王谭道谢,并没有携带重礼,他只是说:

"下官十分贫寒,没能厚礼献给大人,大人的恩情,下官永不忘怀,恳请大人原谅下官失敬。"

王谭微笑着说:

"你官位晋升,当不愁日后富贵了,你要如何回报我呢?"

楼护诚恳道:

"下官当进忠言,使大人没有偏失。大人什么也不缺,下官自不用献上俗礼,玷污大人的清誉。"

王谭听了大笑,并没有怨怪楼护。

楼护的家人知道这件事后,不解道:

"王谭向你索取人情,你何不趁此多表忠心呢?你不能只是说说而已,你还要给他送上厚礼才是。"

楼护解释道:

"依附权贵不能唯命是从,也不能献财献物讨取欢心,这都不是最可靠的保身之法。我要不卑不亢地应对他们,免得和他们纠缠太深,引起不必要的猜疑。"

成都侯王商任大司马卫将军,对楼护十分器重,多次找他谈论天下大事。

一次,王商谈兴正浓,不想楼护在旁出言道:

“下官对大人所谈之事并不感兴趣,大人为何不谈论些别的事呢?”

王商一怔,随即道:

“你是有大才之人,当有报国之志,你这样说让我很失望。”

楼护回答说:

“我官职低微,大人所说的朝廷大事并不是我应该知道的。我只是书生论政而已,大人不应该当真。”

王商让他回转,楼护如释重负,他对朋友倾诉说:

“朝廷局势复杂,人事微妙,我若参与其中,到头来受损的只是像我这样官小职微之人呐!大人物今日把你视为知己,明日便会视你为隐患,他们一日三变,谁能应付得了他们呢?我时刻防范他们,正因如此啊!”

【解读】

身处社会底层的人,不可处处表现出愤世之情,这不仅不能改变现状,而且无助于求取未来。心性高傲只能让自己更加郁闷,才能高强才能使自己绝处逢生。封建官场最忌逞勇斗气,较量全凭智慧高低。认识到自己的“卑微”和“无能”,就会知道该在何处争锋了。

【原文】

以忠补缺。

【译文】

用忠心来弥补不足。

【事典】

忠心为上

东晋孝武帝在位期间,不理国政,只知尽情玩乐,把国事都交给权臣司马道子处理,任他横行。

司马道子专权之后,大力安插自己的亲信,对不依附自己的人极力打击。中书令王国宝品性卑劣,无才无识,他能得到这样的高位全靠司马道子的提拔。司马道子的儿子司马元显对此不解，一次，司马元显就此对父亲说：

"父亲握有重权，朝廷安危全在父亲手上，如果不使用有才能者，国事实难得到有效的治理。我见王国宝一无所长，他只知取悦父亲，这样的无能之辈身居高位，别人非议不说，恐怕对父亲治国也无好处。"

司马道子一声奸笑，他随后一脸严肃地对儿子说：

"你只知其一，不知其二，这样下去，你会吃大亏的。我们父子现在执掌朝廷，许多人并不真心效忠我们，那些有才能者更是自恃其能，等待时机。此等关头，我们的头等大事就是要使用忠于我们的人，而不让那些有才能但心有异志的人掌权，这样，我们父子才可高枕无忧。"

桓玄极有才干，却素来对司马父子专权心怀不满，司马道子便千方百计打压他。一次，桓玄拜见司马道子，司马道子故意让他在厅外等候，而自己在内和宾客们饮酒。司马元显悄悄劝父亲说：

"桓玄为地方大将，羞辱他一番也就够了，父亲就让他进来吧！"

司马道子斥道：

"正因此人才能极大，且忠心不足，我才要消损他的锐气。一旦他有所异动，为父便将他除之。"

待司马道子喝得大醉，才让桓玄前来进见，他当着宾客的面对桓玄说：

"桓温晚年要做贼，你说这是为什么呢？"

桓玄一听，吓得大汗淋漓，他跪在地上，只是磕头不止。

长史谢重在旁替桓玄解脱说：

"桓温罢黜昏君，其忠心可鉴，他虽故去，但胡乱的议论并未消止。桓玄为其后人，与此事全不知情，望大人明察。"

司马道子鼻子一哼，仍对桓玄不假辞色，教训说：

"你为朝廷大员，守土一方，当以忠心为上，否则，朝廷也不会倚重于你了。你本事不差，望你好自为之。"

桓玄连连称是，不敢有一句反驳，心中却是深恨于他。

伶人赵牙讨好司马道子，司马道子就任命他为魏郡太守，有的大臣为此上书说：

"伶人为官，于朝廷礼制不合，况赵牙全无才能，怎能治理好一个大郡呢？"

司马道子把那位大臣召来，冷笑着说：

"依你之见,我该用何人呢?"

那个大臣信以为真,于是提出了几位才能卓著的人选,司马道子听过又笑,道:

"这几个人才识确是不错,只不过他们恃才傲物,我看他们并不忠于朝廷。这样的人坏起事来,远比一个庸人要惨烈得多,我怎敢放心使用他们呢?"

赵牙为了报答司马道子,广搜民财替他建造东府,堆山挖池,种植竹木,极尽奢华,耗费巨大。赵牙的心腹劝他收敛一点,免得有人非议,赵牙却说:

"我才学有限,如果不尽表忠心,不计毁誉,就一无是处了,何能荣宠不衰呢?别人骂我事小,让司马大人猜疑便危险了。"

孝武帝一次来到司马道子的家中,见东府金碧辉煌,脸上有些不悦,他对司马道子责备说:

"此中处处巧夺天工,却非崇尚俭德的做法啊!"

孝武帝走后,司马道子埋怨赵牙,赵牙却不惊慌,献媚道:

"皇上只在乎大人的忠心,又怎会真心怪大人奢华呢?"

司马道子闻言即笑,对赵牙更加欣赏了。

【解读】

能力有限无法一鸣惊人,难以引起当权者的垂青。幸运的是,才能不是转变命运的唯一途径,有忠少才的人一样可以飞黄腾达。封建官场向来山头林立,只要站在强者这一边,忠心不变,其人就能得到回报。平庸之人的官运无法靠才能去求得,这就必须要抱住一棵大树不放了。

【原文】

以贬补虚。

【译文】

用自贬来弥补虚弱。

【事典】

甘当弱者

北宋仁宗景佑年间,王曾、吕夷简做宰相,宋绶、蔡齐、盛度任参知政事。

参知政事是副相,因为王曾喜欢蔡齐,吕夷简欣赏宋绶,而盛度遭二人冷落,所以盛度并无实权,也为百官轻视。

盛度的朋友一次对他说:

"你虽位居高位,却有名无实,你该设法改变这种状况啊!王曾、吕夷简是你的顶头上司,你应该多和他们交结才对。"

盛度说:

"我知道自己并不讨二位宰相欢心,但这是事实,我只有耐心等待了。他们对我存有偏见,很难一时得到改变。"

盛度并无怨气,他对王曾、吕夷简仍是十分恭敬。在百官面前,他也曾毫不掩饰地对他们说:

"我这个人能力有限,担当不起太大的责任,如有要事,你们不必问我,可直接向二位宰相报告。"

一次,宋绶约上蔡齐去拜见王曾,而对在旁的盛度未置一语。盛度心中十分难受,他对家人说:

"同为参知政事,而我竟遭宋绶当面轻侮,可见弱者难堪啊!"

盛度的家人气愤说:

"大人何不找皇上理论?你这样被他们看轻,他们不是一手遮天了吗?他们结为朋党,不利朝廷,皇上不会不闻不问的。"

盛度说:

"无凭无据,皇上不会轻信,何况他们要是反咬我一口,我就危险了。此等时候,我什么都不能做啊!"

盛度对宋绶、蔡齐也恭恭敬敬,全似他们的属官一般。遇有大事,盛度从不提出自己的见解,而只以他们二人的意见为准。宋绶、蔡齐感觉盛度乖巧听话,心中十分受用。

一日,王曾想上奏罢免盛度的官职,不想宋绶和蔡齐都表示反对。他们说:

"大人不喜欢盛度,却不一定非要赶他下台。他这个人很识趣,从不和我们争权,这样也给大人减少了许多麻烦。倘若换上来的人不听大人摆布,大人生气不说,恐怕于事也多有阻碍,何苦呢?"

王曾听从了他们的建议,盛度转危为安。盛度闻知此事,心头震颤,在外表上对他们更恭敬了。

有人替盛度打抱不平，对仁宗说了盛度被排挤的事。仁宗把盛度召来，当面问他说：

"你是国家重臣，凡事要坚持道义，听说有人压制于你，有这样的事吗？"

盛度一口咬定说：

"绝无此事，皇上不要听信人言。我自知能力不济，所以凡事都要与同僚相商，这也是怕逞强误国。如果说这也有什么不对，那只怪我愚钝了。"

仁宗放下心来，转而称赞王曾等人勇于任事。

尽管如此，王曾、吕夷简对盛度仍无好感。盛度担心惹上祸患，有心求退了。一天，他对家人说：

"一个人活在世上，如不能保全家小，那么就是最大的失败。我现在处境困难，不如引退自安吧！"

家人鼓励他说：

"大人能力过人，只因遭人排挤才会志不得伸，切不可为了我们而放弃啊！你已苦熬多年，相信用不多久，大人定有出头之日。"

后来，王曾和吕夷简关系紧张，二人都各拉援手。盛度对二人都不得罪，私下却为朝廷担忧，他对家人说：

"朋党之争是朝廷大患，他们这样搞下去，不仅两败俱伤，更对朝廷不利啊！我当适时劝谏皇上。"

王曾、吕夷简越斗越凶，最后，二人竟向仁宗递上奏章，请求退职外任，以示不能并立。仁宗十分惊骇，心中生疑。

一日，盛度一人在中书省吃饭，仁宗突然宣召他，说：

"二位宰相不知为何，都提出外任之请，你知道其中的缘故吗？"

盛度见仁宗一脸不快，自度时机已到，遂开口说：

"宰相大人心中的秘密，臣也不大清楚。不过臣有一法，只要陛下肯做，宰相大人的隐秘可马上得知。"

仁宗催他快快说来，盛度做出迟疑的样子，吞吐道：

"听闻二位宰相大人各有朋党，他们的争斗也与此有关。臣也不敢轻信这些传言，陛下何不询问他俩谁可做他们的继任，这样就真相大白了。"

仁宗更为不快，说道：

"果真如此，他们真是太让朕失望了！"

仁宗先后向王曾和吕夷简提出这个问题,二人不加防备,一一作答。王曾力谏蔡齐,吕夷简推出宋绶。同时,二人又不约而同地对对方赞许的人加以攻击。

仁宗一眼便看出了他们之间的朋党关系,一怒之下,同时罢免了这四个人的职务。

仁宗命盛度主持朝政,他对百官说:

"盛度不依附朋党,长期被人压制,这并不是他的错。难得他志向不失,仍尽心为朝廷效力。朕重用他,一来可以弥补朕的过失,二来也是褒奖他啊!"

【解读】

不肯承认自己是弱势的一方,一个人就要极力掩饰、虚张声势了。在实战之中,所有的"包装"都会显得多余,作用全失。转变命运的前提是不能否认自身存在的危机。自贬并非自贱,它是赢得同情和安全的策略。自夸减少不了他人的敌意,而自贬却可使敌人停止攻扰。

【原文】

以自足慰己。

【译文】

用自我满足安慰自己。

【事典】

凶险来自不满

南朝宋文帝刘义隆在位时,年轻博学的孔熙先任员外散骑侍郎。孔熙先不满官职低微,常对别人发怨言说:

"一个人的才学如果不为世人欣赏,那么这个人真是太可悲了。我就是这种可悲的人,我感到不平啊!"

孔熙先的朋友劝他不要乱发议论,他告诫说:

"自古等级森严,怀才不遇者比比皆是,这有什么值得奇怪呢?我们官位卑微,在人之下,只能老实听差,否则,等待我们的绝不是好结果。"

一次，孔熙先和上司谈论学问，上司不懂装懂，错误百出，孔熙先不客气地对上司直言说：

"做官和治学是不同的，做官讲究顺应上意，随机应变，而治学要严谨无误，不可随意想象。依下官看来，大人只可当官，不能治学。"

孔熙先语含讥讽，上司怀恨在心，于是对他平添了许多责难。

孔熙先心中愤怒，却无法发泄，整日愁苦万端。一日，他和朋友饮酒，几杯过后，孔熙先红着眼说：

"人在贱位，不如猪狗，我孔熙先怎会甘居人下呢？我想好了，大丈夫当作大事，纵是死了也比这样的好。"

朋友以为他醉酒，也没有和他争辩。孔熙先见朋友不肯附和自己，又发怨气说：

"你也胆小无为，太让我失望了，看来我们还不是知己。"

孔熙先很久也得不到升迁，怨恨日积月累，竟有谋反之意。

孔熙先的父亲孔默之曾任广州刺史，因贪赃枉法被贬下狱，彭城王刘义康将孔默之保释出狱，使他免受了处罚。孔熙先记住了这段旧事，他决定拥戴刘义康，一则可以报恩，二则增加号召力，方便自己行事。

时任左卫将军、太子詹事的范晔因受宋文帝的斥责，说过一些牢骚话，孔熙先为了拉他入伙，千方百计地讨好他。二人关系亲密之后，一次，孔熙先对范晔说：

"大人的才学足称天下第一，为什么会反居一些无能之辈之后呢？"

范晔想了想道：

"朝有奸人，他们无事生非，皇上被他们蒙蔽了。"

孔熙先阴冷一笑，挑拨说：

"没有皇上默许，那些奸人是不敢难为你的。皇上表面上对你亲厚，可终究不愿和你家通婚，这是明摆着的不信任，你不要再糊涂下去了。"

经过不停地挑拨和拉拢，范晔终于入套，加入了孔熙先的谋反阵营。

孔熙先打着刘义康的名号，暗中招集人马，为谋反做准备。孔熙先的一位心腹担心事败，他对孔熙先说：

"大人冒此大险，成则归人，败则祸己，真的值得吗？大人不足以号令天下，干这种事实在太凶险了。"

孔熙先狂妄地说：

"我本有经天纬地之才,奈何久居下位,无以发挥。这种事对别人是难,对我却是易如反掌,你放心好了。"

孔熙先为了让同党尽力,竟模仿刘义康的笔体,假造一封刘义康写的书信。孔熙先向同党展示这封书信,煞有介事地说:

"彭城王仁德重义,我们拥立明主,以后便是新朝的元勋。这种机会千载难逢,诸位应该珍惜庆幸啊!"

由于有人告密,孔熙先、范晔未及发难便被捕获。孔熙先并不抵赖谋反之事,他愤愤地对审讯自己的官员说:

"我的才干可以为相,却只当个散骑侍郎的小官,我为什么不谋反呢?"

官员呵斥他说:

"如你所言,天下将会大乱,谁又能安生过活呢?"

孔熙先不能作答。最后,孔熙先和他的同党全被诛杀。

【解读】

人无自足之心,就会浮躁不止,这不仅不利于转变命运,而且会使命运更衰。在逆境中生活的人们,必须学会安慰自己,只有这样,心才会沉稳下来,做好眼前的事。不要为逆境焦虑不堪,不要为转运迫不及待,老实做事,自有美好前程。自足不是精神鸦片,它是疗心圣药。

【原文】

以不足慰人。

【译文】

用不要满足安慰他人。

【事典】

羞辱逼人上进

苏秦在赵国为相时,进言赵王联络诸侯合纵抗秦。他说了许多合纵的好处,赵王却担心地说:

"我们倡导合纵，秦国必会大怒。秦国若是大军来攻，诸侯又不来救助，赵国岂不自招大祸？此事勿要着急，容日后再议。"

苏秦自念赵王所说有理，于是他勉强说：

"合纵之势，乃抗秦妙法，不应有疑。大王所虑，乃是设法稳住秦国，不让它早早来攻，以坏我之大计。我定当竭力找寻能控制秦国之人，以去大王之忧。"

苏秦回转府弟，闷闷不乐。其心腹手下小心动问，苏秦长叹说：

"能控制秦国之人，当有绝世之才，我想来想去，实在难觅啊！"

他草草说了事情的原委，不想那心腹手下眼中一亮，提醒苏秦说：

"大人平日常说起你的好友张仪，夸他才高聪慧，让他去秦国如何？"

苏秦跺足一叹说：

"此事非他莫属，都怪我一时糊涂，竟把他给忘了。"

他的心腹手下劝苏秦亲自求请张仪，以示郑重，不想苏秦思忖多时，连声说：

"不可以这样啊！"

心腹手下不解道：

"此事非比寻常，张仪又是当世奇才，大人何不放下身份以求大成呢？你们本是好友，别人是不会妄加非议的。"

苏秦却道：

"富贵荣誉若骤然加身，轻易获得，人还会有进取之心吗？我现在让张仪有头有脸不难，却怕他因此裹足不前，再不肯赴秦了。这样，岂不弄巧成拙？"

他于是吩咐心腹手下前去面见张仪，却不许说出这是他的意思。心腹手下心存狐疑，只好照办。

他找到张仪，自称同情他怀才不遇，暗示他说：

"听人说你和苏秦原为密友，苏秦现在贵为赵国之相，权力极大，你何不拜访于他，以求提携呢？"

张仪听闻此讯，激动不已，他欢喜说：

"我们交情深厚，想不到他竟飞黄腾达致此！我去寻他，他必会厚待于我。"

张仪兴冲冲地来到赵国，递上名帖求见苏秦。苏秦暗嘱门人不要给张仪通报，又不放他走。张仪心有凉意，苦苦等待。

几天以后，苏秦才出面召见张仪，态度十分冷淡。张仪心中有气，强自忍耐。

不久，饭食上来，张仪待见那是仆人之食时，不禁怒火攻心，后悔不迭，最终按捺不住,痛斥苏秦是势利小人,苏秦也不和他分辩,命人把他赶出门去。

受此羞辱,张仪恼怒异常,目中冒火。他雄心立长,发誓报仇,于是前去秦国游说。正巧,途中张仪又遇苏秦的心腹手下,他们便结伴同行。

到了秦国,苏秦的心腹手下和张仪同吃同住,说要全力帮他谋取富贵,张仪十分感激。在此期间,张仪所需全由那人供给,花费再大那人也毫不吝啬。张仪多次问他情由,那人只推托说:

"你只要谋取了权位,我也就有利可图了。现在我帮你,将来我也就有了依靠,你不要再多问了。"

最后,秦惠王任命张仪为客卿,对他十分信任。此刻,苏秦的心腹手下却向张仪辞行。他向张仪说明了真相,口道:

"苏先生担心秦国伐赵破坏合纵大计,他认为非你不能控制秦国,所以才故意激怒你,令你增加进取之心。他暗中派我资助你钱财,这一切都是苏先生的安排。如今你已取权位,请助苏先生一臂之力吧!"

张仪感激不已,心潮大动。他答应了苏秦的请求,自叹学识和才能都不及他。

【解读】

人们是需要互相安慰的,安慰他人的同时,也是给自己打气。让一个想止步的人继续前行,就要告知他前面有更好的东西,切不可畏难不前。人是需要他人鼓励的,也是需要他人劝导的,这都能使人少犯错误。有作为的人离不开他人的忠告,无作为的人总是不听人言。

【原文】

君子不悔。

【译文】

君子不会懊悔。

【事典】

地位愈高顾虑愈多

东汉末年,孔融被征召到司徒杨赐府上,秘密核查百官中有贪污行为的人。杨赐对孔融说：

"纠查百官，这是我的职责，既为荣耀，也会招来祸事。你不要过于认真，只将一些小官小吏的丑行报上即可。"

孔融为当时名士，他对杨赐的话语十分不屑，他故作一笑说：

"若是这样，岂不失去了整治贪污的根本？小官小吏固然该惩，可他们毕竟是为恶不多，惩之也不足以警示天下。那些高官重吏就不同了，只有惩治了他们中的不法者，才能显示朝廷的肃贪之心，亦可昭示王法的威严，他们怎么能放过呢？"

孔融

杨赐苦苦一笑，不耐烦道：

"你乃一介书生，怎知此中学问？你只管照我的吩咐做便可，否则，那是吃力不讨好的事，聪明人是不会做的。"

孔融接下差使，心中郁闷。他对他的朋友抱怨说：

"我先前敬佩杨赐的为人，本指望他能干些惊天动地的大事。不想他欺软怕硬，毫无君子气节。"

朋友听了孔融的描述，忙道：

"你为天下名士，连这个也看不透吗？官场向来不容气节高贵之人，否则，似杨赐等人也爬不上如此高位了。何况地位愈高之人，顾虑也就愈多，为了升官保身，他们趋炎附势、明哲保身犹恐不及，气节自然无存。和他们谈论气节，你真是大错特错了。"

孔融失望之极，许久方道：

"纵是这样，我也愿尽微薄之力，整肃乾坤。"

孔融明察暗访，重点调查了朝廷高官和当时极有权势的宦官的亲戚族人，结果他们无一例外都贪污受贿，且数额巨大。

孔融面对事实，哀叹说：

"这些人都位居显位，竟全是宵小之徒，贪心之辈，国家怎会有希望呢？小民小偷小摸尚要惩罚，和小民相比，这些窃国大盗若是逍遥法外，天理何在？"

孔融开列了他们的罪证清单,拟上报给杨赐。他的朋友知道后,连夜上门劝他不要轻举妄动,且苦口婆心地说:

"杨赐都不敢干的事,你又何必较真呢？那些人个个位高权重,又有宦官撑腰,纵是事实俱在,谁又能奈何了他们？再说他们品性极差,仇隙必报,什么事都能干出来的,你千万不要引火烧身了。"

孔融镇静说:

"我是孔子的后代,幸有一些虚名,如你所说,我岂不是辱没了圣人的名声？我是不会答应你的。"

孔融的朋友叹道:

"你不识时务,违逆世情,这不会给你带来幸运,你好自为之吧！"

孔融的检举令杨赐惊恐,他召来孔融责怪不止,还低声说:

"宦官势大,连他们的亲族你也敢招惹,此事若是传出,你我都要获罪。好在现在别人不知,你就不要再言了。"

孔融据理力争,杨赐仍是不肯上报,他撕毁孔融的清单,愤愤说:

"这是人命关天的大事,怎容得你胡为呢？你是说的没错,可这才是你的大错,你还不知吗？"

孔融至此对杨赐更是失望,心中不禁对他十分鄙视。

后来,河南尹何晋升为大将军,杨赐派孔融带着名片向何进祝贺。孔融不耻杨赐的媚上之举,对他彻底地绝望了。

孔融以何进的手下不给按时通报为由,没有进见何进,随后递上自劾罪状的辞呈,离开了杨府。

【解读】

在官运面前,君子本是有很多机会的,他们并不是天生的"苦难者"。在官运和道德冲突的时候,道德才是君子的选择;他们放弃了官运,赢得了一世的声名。不要用俗世的功利眼光来评判君子的这种选择,官运并不是所有人眼中的至爱。只要心有所属,人们对转运的态度就可超然了。

【原文】

小人常恨矣。

【译文】

小人常怀恨怨。

【事典】

垮台只在顷刻之间

春秋时期,楚平王派大臣费无忌到秦国为太子熊建娶妻子。看到秦国女人漂亮非常,费无忌心中一动,他抢先赶回楚国对平王说:

"秦女年轻貌美,举世无双,只有大王才可享有,臣请大王娶之。"

楚平王好色无度,马上动心,但他还是顾忌说:

"太子那里你如何交代呢?"

费无忌为讨平王欢心,早把太子抛之脑后,他应承说:

"只要大王高兴,臣纵是死了也是情愿。好在天下美貌女子众多,另选几个送给太子,太子自然会满意的。"

楚平王于是娶了秦女,不久生下一子,取名熊珍。

而费无忌因此受到楚平王宠信,趾高气扬,最后,他连太子都不敬了。

当时,伍奢是太子的太傅,费无忌是太子的少傅,费无忌为了显示权威,一次竟教训太子说:

"太子不必死读经书,只要学会权术之学,便可治理天下。这方面臣是最精通的,太子为何疏远臣呢?"

伍奢看之不过,怒斥费无忌道:

"身为太子,当学仁德学问,这才是治国根基,你胡说什么? 你对太子无礼,误导太子,你可知罪?"

二人争吵起来,太子当场把费无忌赶出,从此很少召见他。

费无忌从此对太子怀恨在心,又怕太子将来为君,对己不利,于是,他对平王毁谤太子说:

"自从大王娶秦女以来,太子就迁怒于臣,恨臣坏了太子的好事。臣并不担心自己的安危,而是怕太子夺位啊!"

费无忌如此陷害太子,他的家人都认为他是自寻死路,他的家人说:

"你受大王宠信,不知得罪了多少大臣,如若再和太子结仇,你不是死定了吗?太子是将来的大王,你是惹不起的。"

费无忌冷笑说:

"太子若被废掉,他还能报复我吗?现有大王庇护,谁也不能伤我分毫。"

费无忌日夜进谗,楚平王终下决心,想杀死太子。太子闻讯而逃,到宋国避难。伍奢被抓,费无忌想置他于死地,他的一位亲信说:

"伍奢很有名望,他又有两个有才能的儿子,杀了伍奢只会让更多人憎恨大人,不如放了他。"

费无忌没有同意,却想斩草除根,把伍奢的两个儿子伍尚、伍子胥一同杀死。他唆使平王召二子前来,伍尚应召,伍子胥出逃吴国。结果,伍奢、伍尚惨遭毒手。

费无忌迫使太子出逃,杀害伍奢父子,楚国百姓都对他恨之入骨。朝中百官亦恨费无忌,他们对平王说:

"大王宠信费无忌,无非是认为他对大王听话罢了,可这能算忠心吗?费无忌离间大王的骨肉,杀害忠臣,激起民愤,他做的一切都伤及国本,损毁大王的威信。为了这样一个小人,大王不怕失去天下吗?"

楚平王昏庸无道,竟说:

"你们不是反对费无忌,而是反对寡人啊!寡人宠信他,自有寡人的道理,你们说得这么难听,是吓唬寡人,寡人不会上当。"

费无忌有平王撑腰,对百官更加凶狠,他无情地打击他们,且说:

"你们恨我,但我并不害怕,我是不会给你们报复的机会的。"

百官遭受迫害,却一时都敢怒不敢言,只是等待时机。

楚平王十三年,平王死去,昭王即位。在举国声讨之下,费无忌顷刻垮台,做了刀下之鬼。

【解读】

无论到了多高的位置,小人总会恨怨命运不公。转运常是小人的最迫切要求,他人常是小人眼里转运的最大死敌。小人的转运以伤害他人为基础,以整治他人为手段,以贪得无厌为目标,如此转运绝不是正道。转运不可损人利己,如此,不得快乐,反是堕入了万丈深渊。

分运第六

有了官运也不可趾高气扬，权力在于巩固，看不到一个人的力量有限，其人就会做事不留余地了。能让更多的人受惠，这样的领导者不会轻易被人打倒；把施惠视为一种损失，就是犯下过错。被指责的人不一定是有错的，但一定是有损的；先让自己强大起来，才能更好地帮助他人。施惠不能等待，施惠也不能因一时受挫而终止，负有盛名之人必须禁受住人们挑剔的目光。

【原文】

福无独享焉。

【译文】

福分不是独自享受的。

【事典】

把戏会让人看穿

李存勖是后唐帝国的皇帝，他灭掉朱温所建的后梁，又先后灭掉桀燕帝国、岐王国、前蜀帝国，一时威震天下。

面对自己的帝国日益膨胀，李存勖便骄狂日甚，荒淫放纵。他自以为江山永固，索性每天不理朝政，只是忙着看戏玩乐，对臣下军士也日益刻薄寡恩，不像从前跟后梁作战时那样略有赏赐了。

李存勖的皇后刘玉娘，比李存勖更为贪婪和吝啬。她趁李存勖淫乐嬉戏之时，把持朝政，所做的事都与捞钱有关，且从不赏给臣下分毫。

这年中原大旱，后唐将士缺衣少粮，父母妻儿只好到郊外挖掘草根充饥，常常是倒地即死，情景十分凄惨。

面对军心浮动、国将不国的严重局势，后唐宰相上奏刘玉娘说：

"事态紧急，刻不容缓，将士乃国家之基石，怎可不加救助？还望娘娘以皇权为重，暂以皇宫中的金银绸缎救急，让濒死将士养家度难。如今国库空虚，一待有所充足，定如数归还。"

这本是维系后唐、为皇上着想的上上之策，不料一听到借钱，刘玉娘竟似剜她的骨肉一样大发雷霆。为了应付宰相，她派人只取来两个银盆，对他说：

"宫里的东西就只有这些了，你卖掉作军饷吧！"

宰相明知皇宫里的财宝堆积如山，此刻却不敢分辩。他长叹一声，认定后唐必亡无疑，索性也撒手不管此事，再不进言。

不久，李存勖手下的大将李嗣源在邺都叛变，李存勖御驾亲征，大军走出不远，怨恨冲天的后唐将士便纷纷逃向叛军投降。李存勖见势不妙，这才极力向将士们示好，一再声言即行颁发赏赐，决不食言。

李存勖的把戏早被将士们看穿了，他们咬牙切齿，愤愤地说：

"我们的父母妻儿已然饿死，皇上见死不救，这会纵是搬来金山银山，也不能让他们复生了，又有什么用呢？"

他们发动了兵变，李存勖全族被杀，李存勖也被乱箭射死。刘玉娘带着两包珍宝逃到太原，躲进尼姑庵为尼。将士们对她穷追不舍，直至把她抓获，绞死了事。

【解读】

有了官运也不可趾高气扬，以至让人难以辨认，小人总是从此走下坡路的。一时的成功不该使人失去理性，把一切都窃为己有。不愿与人分享的人，是在贪天之功，掠人之美，这是人们最不能容忍的。只对自己有利的好事不是真正的好事，让人们利益皆沾，自己才可免遭暗算。

【原文】

祸无自消焉。

【译文】

祸患不是自动消除的。

责罚不能太过

759 年,安禄山手下的大将史思明将杀父自立的安庆绪杀死,自称应天皇帝。第二年,史思明率大军西进,其子史朝义进攻陕州失败,退守永宁。

大败之后的史朝义忧心忡忡,他唯恐遭到父亲的责罚,一时彷徨无计。史朝义的部将骆悦、蔡文景、许季常等人深知史思明治军严厉,也是十分害怕。他们聚在一起,骆悦便对史朝义说:

"我军一时失利,原不足为怪。将军乃是皇上的亲子,只要将军求情,我们或可活命,万望将军美言。"

史朝义苦道:

"我亦知皇上性格,他决不会轻饶我们。不过眼下用人之际,我想皇上还不至于斩杀你们,你们就放宽心吧!"

史思明听闻败讯,果然咆哮如雷,震怒之下,他召来史朝义及其部将,连声痛骂之后,竟命将他们推出斩首。史朝义不料至此,他哭着说:

"我等力战,已然尽力,部卒人人奋勇,其败本不当怪。父亲不念亲情,不恤将士,竟言斩杀,儿死不瞑目。"

史思明左右也苦劝不止,有人更直言说:

"安禄山父子相残,遂致败亡,此事不远,陛下当鉴。"

史思明闻言一颤,勉强放了他们。他当即宣布任用幼子史朝清做了他的副手,实际上已将史朝义排除在接班人之外。史思明的一位谋士唯恐有变,私下进言说:

"大敌当前,陛下当隐忍施恩,不计小过。纵是有心惩戒,也要有所保留,不把话言明说尽。现在军心不稳,将领皆怀惧心,又何况朝义乃一员虎将,又是陛下长子,不该把他责罚太过了。"

史思明一听即怒,不屑道:

"无知小辈,他们还敢造反不成?一群胆小鬼,我真恨不得杀了他们。"

史思明怒气不减,遂命史朝义修造土城以备储粮,且要求天黑前完工。史朝义忍气吞声,天还未黑便见史思明前来视察,史朝义惶恐请求说:

"时间太紧,士卒们又太疲乏了,恳请父亲宽限时日。"

史思明开口便骂:

"你爱惜手下,自充好人,就不服从我的命令了吗?"

史思明又骂了一通骆悦等人,随后亲自监督兵士们筑城。天黑之后,史思明离开之际又骂史朝义说:

"明早攻不下陕州,晚上我定杀你这个逆贼!"

史朝义的部将骆悦等人一待史思明走远,就愤愤地来到史朝义的帐中,骆悦当先说:

"将军贵为皇子,尚且为陛下不容,苦苦相逼,何况我们呢? 陛下这般无情,出语恶毒,相信将军的性命早晚不保,将军可要早做打算啊!"

史朝义一时无语,骆悦等人就进一步进言说:

"皇上喜爱幼子,将军纵是立有大功,也是徒劳。若是明日再败,将军更必死无疑了。将军不忍,我等只好改投唐军,以保活命。"

史朝义心知他们所言非虚,于是点头应允。

夜深,骆悦等人率众杀入史思明的住处,骑马欲逃的史思明中箭落马,被生捉活擒。他问何人造反,骆悦等人便说是史朝义,史思明立时醒悟,遂颤声说:

"我白天讲的话太重了,请他不要见怪。我只是说说而已,怎会真的杀他?"

骆悦等人只是冷笑。他们先把史思明关在柳泉传舍,向史朝义复命,接着便把史思明缢死,拥立史朝义当了皇帝。

【解读】

看不到一个人的力量有限,其人就会做事不留余地了。任何人都不能解决所有难题,对人刻薄,失去的不仅是人脉,更是劫后余生的可能。在自己得意之时不交结朋友,不施人恩惠,祸患就始终存在,随时都会爆发。为人为己,都要大方一点,万不可事事计较,自设死局。

【原文】

让权者死。

【译文】

出让权力的人性命难保。

祸乱常由荒唐而起

1100年，北宋的哲宗去世，皇太后垂帘听政。由于哲宗无子，在议立新皇帝一事上，皇太后与宰相章惇各持己见，皇太后说：

"神宗的诸子中，申王是长子，可他眼睛有病，不能为君，次子端王可继大位。"

章惇主张立哲宗的同母弟弟简王，他争辩说：

"依照朝廷礼制，简王为君最为适宜。简王性情平和，处事冷静，善听人言，为君者有此品质，方能不急不躁，少有缺失。若择人不当，纵群臣辅佐竭力用心，也改变不了君王的举止，何保天下无恙呢？"

皇太后偏爱端王赵佶，她不听章惇之言，反而有气说：

"端王仁爱孝顺，可有何缺失吗？他深具福相，立他最为妥当。"

章惇沉吟思量，后小心说：

"端王仁慈忠厚，本无可挑剔，然端王崇信神仙，厌烦世事，势必会不用心国事。如此为王，不误其国，若为帝，就会耽误政事，大权旁落，于国无益。"

皇太后不纳忠言，坚持立赵佶为帝，章惇再不敢多语，只盼端王有所改变。

宋徽宗上台伊始，虽有一番作为，但他还是敬奉道教。他喜谈神仙之事，对不敬神仙者心有排斥。章惇为之忧心，一次趁徽宗高兴，他进谏说：

"人有所想，事未必有成。陛下性喜神仙，却无人能见，可见神仙之事的有无当在二可之间，不一定真有。陛下既为一国之主，自不比神仙为低了，又何必敬奉他们呢？若为此耗神费力，影响国事，臣以为陛下不值得这样做。"

宋徽宗一听便厌，拉下脸来。他痛斥了章惇的不敬，还气呼呼地对左右人警告说：

"神明在上，朕深敬之，任何人都无权评议。今后如有人再出语不祥，朕定要严加治罪，绝不宽恕。"

章惇郁闷回府，其家人听他叙说此事，怪他多事招忌，章惇愁苦道：

"皇上既有此心，我看是难以劝谏了。眼前，人皆以为我小题大做，可谁知以后会发生什么事呢？皇上不觉其害，反以为仁，这样下去，神仙也救不了皇上，何况我呢?"

几月过后,宋徽宗不顾众臣的劝谏,无端将章惇罢相。章惇心知其缘故,却不再发一言了。

奸臣蔡京投徽宗所好,在崇道迷教上极力和他保持一致。蔡京不仅自做好仙之徒,还广为搜罗四方方士,荐举他们入朝服侍徽宗。徽宗自此看重蔡京,竟提拔他做了宰相,放手让他主理朝政,自己不再过问国家大事。

起初,有人还不断上谏徽宗说:

"陛下身负天下,不可一日无权。陛下政事不问,人臣就要趁此揽权,培植私党,自古祸乱常由此而起。"

徽宗醉心道教,见此奏书轻蔑一笑,慢声说:

"神仙佑我,何人能乱? 神仙不敬,其心必异!"

他将上谏者免官,自此人不敢言。

蔡京为了迷惑徽宗,竟暗中指使道士林灵素谎称徽宗为长生大帝君下凡,又称蔡京是仙官左元仙伯下世,来辅佐徽宗。

对此弥天大谎,徽宗竟深信不疑,他赐给林灵素"通真达灵先生"的名号,又特命在自己的出生地福宁殿东建立玉清神霄宫,铸神霄九鼎。

道士们称徽宗为教主道君皇帝,蔡京又奏请编撰道史、设立道学、增建道官。一时,天下广建道观,道教盛行,许许多多无识无能的道士都被徽宗封官授爵,列为朝臣。

徽宗的荒唐行为使蔡京专权获利,朝政腐败,百姓疲惫,怨声载道。最后,北宋王朝日益衰败,终于 1127 年为金国所灭,徽宗也做了金人的俘虏,身死异乡。

【解读】

在封建专制时代,权力是不能出让的,这是为官者的信条。他们所做的一些"善事",只在巩固权力,而不是相反。在封建官场为官,没有权力就会成为一只纸老虎,一切都得不到保障。一个人可以帮助他人,但不可把自己的官运转手出让;一旦权力易手,自己就是最悲惨的人了。

【原文】

让利者活。

【译文】

出让利益的能左右逢源。

【事典】

勿染恶名

东汉灵帝时,冀州刺史王芬联络地方豪强,图谋废除灵帝,拥立合肥侯为帝。当时,辞官在家的曹操是王芬极力拉拢的对象,王芬几次登门拜访,对他说:

"我看当今皇上气数已尽,天意不再眷顾他了,若能废旧立新,我们可是立下奇功,必有大福。"

王芬详细地谈论他的计划,曹操听了一言不发。王芬再三追问曹操的想法,曹操只好表白了心迹,他对王芬说:

"你们只想立下不世之功,加官晋爵,却全没有拯救天下百姓的打算,这不会赢得百姓的拥护,实难成功。我看时机尚未成熟,你们绝不可轻动。"

王芬不以为然,曹操于是坚决拒绝参与,还劝说王芬道:

"贸然起兵,不仅增加百姓负担,而且会使众多无辜百姓死难,你们当为百姓着想,慎重行事。"

王芬不听劝阻,结果造成了兵祸,连累了百姓,很快就失败了。

董卓当政时,见曹操勇猛多谋,便想拉他入伙。一次,董卓对曹操说:

"你天生英武,自要建立一番功业,现在天意在我,你跟着我定有作为。我们可以联手做事,如何?"

曹操十分冷淡地说:

"大人杀人太多,行事太苛,这与上天仁爱皆不相合。大人应当广行仁爱,予民生息,这样才能成事。"

董卓狞笑着说:

"乱世当用重典,你说的仁慈已是无用之物,你太天真了。"

董卓上表举荐曹操做骁骑校尉,曹操知道后却准备逃亡。一位同僚劝他说:

"董卓执掌朝政,兵强马壮,看来天意已在董卓身上。你若能跟随他,将来的前程广大,你要珍惜啊!"

曹操鼻子一哼,不屑道:

"董卓以杀人为能,以私欲为先,他是早晚必亡的。从来是人主沉浮,我怎会迷信天意而为虎作伥呢?我若不远走,他日定会染上恶名,做其陪葬了。"

曹操于是改名换姓,抄小路逃出了京城,流亡在外。

后来,曹操起兵讨伐董卓,各路义军不肯进兵,曹操斥责他们说:

"董卓欺天害国,看似强大,其实不堪一击。我们是正义之师,代表天下百姓诛除逆贼,又有什么可以畏惧的呢?"

董卓失败后,群雄争霸,天下陷入大规模的混战。曹操实力不强,但却充满信心,他对部将说:

"强者如果失去民心,一样会分崩离析;弱者如果取得民心,定会后来居上,打败强者。我军不可骚扰百姓,当为百姓多做好事,这样,我们就不会失败了。"

建安七年(202年)春,曹操驻军谯县,他下命令说:

"我发起义兵,为天下百姓铲除暴乱,现在故乡破乱不堪,民多死难,这都是战乱所致啊!我军要爱护百姓,不许抢掠百姓财物,违令者立斩不饶!"

曹操亲自出面安抚百姓,给予百姓衣食,有人进言说:

"我军粮饷奇缺,尚难以接济,大人这样做只会使我军陷入更大的困境,又何异于自残呢?"

曹操驳斥道:

"见死不救,我军就等同于禽兽,这样的军队如何让百姓支持?粮饷可以设法解决,而百姓的性命却死难再生,事情有轻重缓急,这个道理你也不懂吗?"

曹操又派人寻访死难将士的后代,分给他们田地,配给他们耕牛,还建立了祠庙,祭祀死难的将士。人们争先夸赞曹操的军队是仁义之师,还有不少人前来投奔曹操,加入了他的队伍。

建安八年秋天,曹操又下令说:

"战乱使百姓受害,我日夜不安。百姓死难,仁义礼让也荒废了,我更加痛心。从来是仁义之主掌管天下,绝不能单凭武力令百姓惧怕。各地都要修治学术,一县满五百户的要设置学馆,选拔本地优秀子弟入学馆接受教育。这样,道德学说才不至于废弃,对天下百姓才有大的助益。"

建安十二年春天，曹操封赏功臣，他对部将说：

"我起兵以来，节节胜利，这不是我个人的功劳，全仗各位的共同努力。现在天下虽然没有完全平定，但要彻底平定天下，还要靠各位的不懈努力。我不敢自己独享功劳，这样我是不安心的。"

曹操大封功臣二十多人，都做列侯，其余的人也都各自按次序受封。一时，军中将士皆大欢喜，军威大振。

曹操平定冀州时，有人建议将反抗者一律杀死，说：

"对敌不狠，敌人便不会畏惧，这样也给其他敌人带来了侥幸之心。如此，我军日后打仗就要多加死伤了。"

曹操不同意这种见解，他说：

"与袁氏共同做过坏事的，未必都是坏人，他们有的是被胁迫的，应该给他们改恶从善的机会。杀人太多只能激起更大的反抗，而仁爱却能感化世人，增加他们的归顺之心。善与恶全由人来做主，一念之间就会有截然不同的后果，一定要慎重啊！"

曹操如此行事，声名远扬，最后统一了中国的北方。

【解读】

能让更多的人受惠，这样的领导者不会轻易被人打倒；和多数人的命运相连，其人才是举足轻重的人物。把自己的好运分予他人，会得到更多的支持者，会感化顽固的反对者。在封建官场，权力是利益的来源，权力常在，利益就会常存。贪利者的政治生命都是十分短暂的。

【原文】

盛名不抵小误。

【译文】

大的名声不能抵偿小的失误。

【事典】

不能轻下断言

战国时期,魏国的信陵君魏无忌为人宽厚,待人诚恳,从不凭自己的权势慢待士人,人们争相投奔他,他门下的食客多达三千人。

信陵君有此贤名,不免招人嫉恨,别有用心的人就在魏王面前诋毁他说:

"信陵君广施恩德,纳人无数,这对大王可不是一件好事啊!现在魏国只知有信陵君,而不知有大王,这还不是十分危险的征兆吗?请大王速定对策。"

魏王初不肯信,只一笑道:

"有信陵君在,他国才对魏多有忌惮,不敢贸然侵犯,这都是他的功劳。我们是亲兄弟,我十分了解他,他怎会有异心呢?"

有人将此事报告了信陵君,信陵君面上无动于衷,心中却惊骇不已,他对自己的心腹门客说:

"我位高权重,难免有人说三道四,所以我才不敢恃势待人,让大王猜疑。想不到即使如此,我还是遭人攻击,我该如何应对?"

他的心腹门客沉吟道:

"公子遍施恩惠,可终有未尽之时。我想定是有人未得公子垂青,这才心怀怨气,借此泄愤。"

信陵君连声叹息,道:

"你说得不错,这当是我的过错了。这件事却也提醒了我,我的谦逊和礼遇还远远不够,我日后当更尽全力了。"

信陵君自责过后,更是注意礼待士人。他听说有个叫侯嬴的隐士,富有才学,于是备上一份厚礼,亲去拜访。侯嬴年已七十,穷困潦倒,在魏都大梁的东城门当守门人。和信陵君同去的属下心中不解,他对信陵君说:

"大人权倾朝野,也该讲究威仪气度,如此下访一个守门人,有失大人尊贵的身份。若大人一定要见他,我等把他带来也就是了,何必大人亲往呢?"

信陵君良久无语,后说:

"你不在其位,自不知我的难处,凡事不能表面论之。"

他见了侯嬴，侯嬴却不肯收下礼物，信陵君更生敬佩，于是他请侯嬴赴宴，让他坐在车上的尊贵座位上。侯嬴不谦不让，经过闹市，他故意下车和他的朋友朱亥站着聊天，信陵君在旁执鞭恭候，神态如常。街上的人都暗骂侯嬴无礼。

宴席之上，侯嬴动情说：

"公子贤名，天下皆知，我还是觉得有些欠缺。刚才我让公子为我一个守门人屈尊赶车，又在闹市之上让众人亲见，人们骂我是个得意忘形的小人之时，公子的贤德就增进了许多。公子能做到如此，天下士人哪有还不为公子效命的呢？"

信陵君谦让过后，叹道：

"有人劝我不该亲自拜访先生，有辱身份，蒙先生如此抬爱，我所做的这点小事真是微不足道了。"

侯嬴又向信陵君介绍他的朋友朱亥说：

"朱亥虽是屠户，却有胆有识，俗人看不起他，相信公子也能厚待他。"

信陵君日后亲自拜访朱亥，朱亥和他交谈几句，便又忙他自己的事去了。信陵君的属下见之动气，对信陵君说：

"一个屠夫，竟无礼至此，我看不出他有什么本事，大人为何善待他呢？这样的人满街都是，大人的谦恭太过分了。"

信陵君也有些不解。可他还是心平气和地对属下说：

"有用与无用，岂能轻下断言？不到危难关键之时，一个人的作用是不会显现出来的，对看似平凡无奇的高人而言更是如此。我礼待士人，唯恐有些疏漏，坏我声誉，纵是没有回报，又有什么损失呢？"

公元前257年，秦昭王在长平大胜赵军，进围赵国都城邯郸。信陵君的姐姐是赵惠文王弟弟平原君的夫人，多次写信向魏求援。魏国发兵十万去救赵国，魏王由于受了秦王的恐吓，大军行至邺城，魏王便下令不得前进了。

信陵君心急如焚，多次劝说魏王进兵攻秦，魏王都是拒绝。信陵君又让宾客中善辩之人说服魏王，结果也是无功而返。

情急之下，信陵君失去了理智，拼凑一百多辆车马去和秦军拼命。出发路过东城门时，信陵君见到侯嬴，把自己的打算和他说了，想不到侯嬴态度冷淡，最后只轻轻说：

"我老了，不能随公子前去，公子你自己多保重吧！"

信陵君走了几里地,暗怪侯嬴话语少情,于是折返而回。侯嬴再见信陵君,先是责怪他不该以身冒险,前去送死,后又审时度势,为他进献"窃符求赵"的计谋。信陵君听得茅塞顿开,依计而行,大获成功。

事后,信陵君感念侯嬴之恩,他对人说:

"侯嬴人微言轻,他却成全了我的一世功名。身处高位若是存有偏见和短视,当是最可怕的事啊!"

【解读】

做善事的人不可居功,更不可犯错,再大的名声也会瞬间消亡。盛名之人必须禁受住人们挑剔的目光,不可心存怨怪。和盛名给人带来的巨大利益相比,世人的严格要求并不为过。小的失误会铸成大错,不弥补疏漏会生出恶果,是此,检视自己的言行就不是可有可无之事了。

【原文】

大功毁于言谤。

【译文】

大的功劳可以毁于言语的指责。

【事典】

善缘最可靠

西汉武帝时,卫皇后的哥哥卫青被封为长平侯,备受武帝的信任。

当时,匈奴连年侵袭汉朝,汉朝边境没有片刻安宁。身为大将军的卫青对此没有长远打算,只是被动防范。

卫青的一位下属富有智慧,他私下拜见卫青说:

"大将军主掌军事,可有反击匈奴之大计吗?"

卫青说:

"一切全凭皇上做主,我们做臣子的只有听命罢了,何必在此浪费精力?"

下属指出说：

"大将军这样想全然错了，如果是这样，大将军又凭什么立足于朝廷呢？"

卫青请下属言明一切，下属于是为他分析说：

卫青

"大将军时下受宠，多是因为皇后的缘故，皇上有意栽培大将军，赋予你重权，难道大将军就不想回报皇上什么吗？朝廷许多人对大将军不服，皇上有时也会感到压力，现在正是急需大将军建立大功的时候，以令皇上宽慰，令百官信服。倘若大将军不思进取，只会坐享其成，那么难保皇上不会变心，最后抛弃你啊！"

卫青思之言语，深感句句在理，于是便主动请缨讨伐匈奴。卫青对武帝说：

"陛下大恩未报，臣一日难安。现在不是享乐的时候，臣要亲率大军征伐匈奴，用胜利来回报陛下的恩情。"

武帝十分惊喜，他笑着对卫青道：

"匈奴之患，事关朝廷安危，你能为朕分忧，不辞劳苦，朕心中感动啊！功成之日，朕要亲自为你设宴庆功。"

卫青带兵进攻到余吾水后回师，杀死和俘虏了很多匈奴人。武帝践行前言，亲自设宴招待卫青。

宴席之上，武帝说：

"你我名为君臣，实为挚友，你为朕立下如此大功，朕不能不给予奖赏了。你尽管收下，切勿推辞。"

武帝下令赐给卫青千斤黄金，卫青百般拒绝，开口道：

"陛下如此厚爱臣，臣为陛下做事也是应该的。臣的一切均来自陛下的赐给，无有所缺，黄金万万不敢收受。"

武帝把头一抬，高声道：

"有功必赏，这是朝廷的制度，也是交友的大道，你若是坚辞不受，当是不守制度，破坏礼法了。这还不算，此事传扬出去，人们定然会说朕赏罚不明，如此不是陷朕于不义之中吗？"

卫青见武帝这样说法,只好收下黄金,心中感动万分。

卫青走到宫门时,以方士身份在公车衙门待命的东郭先生拦住了卫青的车,大声说想要求见卫青。

卫青命人把东郭先生叫到自己的车前,出语道:

"先生见我何事?"

东郭先生低声说:

"听说皇上赐给大将军千斤黄金,敢问大将军如何安排呢?"

卫青一怔,旋即道:

"确有此事,不过事出突然,我还未及打算。"

东郭先生说:

"我替大将军想好了,如果大将军肯做,当是益处多多了。"

卫青点头道:

"如是善策,我自会听从,先生敬请直言相告吧!"

东郭先生于是言及正题,他说:

"大将军虽是皇上身边的宠臣,但也要多结善缘,这才能万无一失啊!王夫人新近被皇上宠爱,说话很有分量,如果大将军能和王夫人结上交情,对大将军的好处是不会少的。王夫人的娘家很穷,大将军何不拿出千斤黄金的一半赠给王夫人的父母?这样一来,王夫人必然会感激你,连皇上都会格外高兴!"

卫青击掌叫好,随即依此办理。王夫人高兴万分,把此事告诉了武帝。武帝心中快慰,却是多了疑问,他对王夫人说:

"卫青如此重义轻财,朕没看错他,只是这件事超出了朕的预料,依卫青的能力,他是想不到这一点的,这里面一定有高人指点,朕要当面问问他。"

武帝把卫青召来,当面问询,卫青不敢隐瞒,便说出了东郭先生的名字。

武帝随后又宣召东郭先生,开口道:

"你为大将军出谋划策,用尽心机,可是为什么呢?"

东郭先生全无所惧,答道:

"臣不为己谋利,只为陛下和大将军永远和谐交好。"

武帝追问说:

"你要说出其中的道理,朕认为有理,此事朕就不追究了。"

东郭先生随后说：

"自古君臣猜忌便是朝廷的大患，臣如此献计，正是为了避免此事发生。在臣看来，大将军劳苦功高，如果不散金结缘，必会招人嫉妒，陛下从此也会听到谗言了。如今大将军把黄金送到王夫人家，王夫人高兴之下可以给陛下多进美言，陛下自可以宽心。这样，陛下和大将军君臣融洽，上下同心，朝廷自会少了不少风波，国家也会日益强盛。"

武帝连声说好，赞道：

"你是在为朝廷考虑，更难得的是你所说的道理很重要。如果君臣都能做到互相给予、互相关心，那么天下便永无祸端了。"

武帝重赏了东郭先生，又任命他做了某郡的都尉。

【解读】

被指责的人不一定是有错的，但一定是有损的。人言可畏，自己舍生忘死建立的功劳也可被其一举抹杀。有功劳让人嫉妒，人们就不要用功劳来炫耀；功劳能赢得封赏，人们就要用封赏来安慰人心。功劳可以归一人所有，荣誉也可被一人占据，而其中的好处却不可独吞。

【原文】

强则施之。

【译文】

强者就要给人恩惠。

【事典】

权势在于经营

战国时期，齐国的孟尝君田文继承其父齐相田婴的爵禄，家累万金，十分风光。

田文广招门客，来者不拒，他的门客曾达到三千之众。一次，田文的亲人对田文的做法表示了异议，他说：

"你有权有势,地位尊崇,何必破费家财而养一些闲人呢?我见他们并不都是有识有能之辈,这就更不值得了!"

田文告之说:

"你的目光太短浅了,你哪里知道我的苦处呢?不错,我衣食无忧,高居人上,可这一切都是靠不住的,如果没有声势,没有人们辅助,那么我担心会地位不保,更不能真正尊贵起来。我费些钱财而赢得了声势,这是于己于人都有利的事,为什么不做呢?"

不久,田文的声名远播各诸侯国,连齐王都对他刮目相看了。这时,有人建议齐王给予田文重任,他说:

"田文门客众多,诸侯都称颂他,说他是齐国难得的人才,大王如果不重用他,那么必会招来人怨,令诸侯轻视。何况大王为振兴齐国,需要贤人辅佐,田文正是这样的贤人呐!"

齐王起初不肯答应,他疑虑道:

"田文如此受人抬爱,他如果自骄自傲,那么便难以驯服了,倘若如此,岂不是朝廷之患?"

随后,又有多人劝谏齐王重用田文,他们进言说:

"国有贤人而不用,受害的是国家。如今天下纷争,大王如果不能任贤用能,那么齐国危矣!"

反复进谏之下,齐王只好重用田文为相,使其跃居众臣之上,大权独揽。

田文心愿得偿,十分兴奋,他对心腹手下人说:

"我苦心经营,今日终得回报,可见我当时决断无误啊!我一个人的力量是有限的,你们还要尽心帮我。"

后来,齐王听信秦国和楚国的挑拨,对田文猜疑不断,他忧心地对心腹大臣说:

"一个臣子声势过于强大,是不是一件好事呢?当初孤只虑其一,未虑其二,时下孤要反省了!"

心腹大臣趁势进谗说:

"听说百姓只知田文,不知有大王,这肯定不是吉兆。大王当先发制人,不能容这种情况恶化下去。"

齐王于是罢了田文的官职,收回了他的封地。

田文猝不及防，一时彷徨无计。他的门客冯谖见田文心灰意冷，劝他振作起来，他鼓励说：

"一时受挫，并不能代表失去希望，大人当思计谋，改变现状。"

田文愁苦道：

"先生有何高见，尽可教我了！"

冯谖思量多时，然后道：

"大人遭此磨难，不是大人的过错，而是大人的声势还不够强大啊！否则，齐王也不敢对大人下手了。依我之见，大人当大造声势，迫使齐王收回成命。"

冯谖接着前去秦国，对秦王说：

"齐国能使诸侯尊重，关键是田文。齐王听信谗言，田文一定会心有不满。此时，如果大王请田文相秦，那么田文必肯前来，秦国也得一强助。"

秦王于是派人携重金去请田文。

冯谖提前赶回齐国，马上进见齐王说：

"秦王知道田文的才能，听说已派人派车携重金来迎他去秦。如果田文前去，秦国一定会用他为相，这样诸侯国一定会归附秦国，对齐国十分不利。大王若是不想这样的事发生，应马上恢复田文的官职，多封田文的封地。"

齐王惶恐之下，立即采纳了冯谖的意见。田文官复原职，并在旧有封地外又多增加了一千户的俸禄。

【解读】

把好处分于他人，是强者的社会责任和义务，不容推辞。把施惠视为一种损失，一种负担，就是逃避责任，犯下过错。一个人无法真正自强起来，保持强大更离不开良好的口碑，施惠应是正常回报和先期投入了。不懂仁义之道的人成不了贤人，不会取舍之术的人做不了强者。

【原文】

弱则减之。

【译文】

弱者就要量力而行。

【事典】

不以一事论短长

春秋时期,齐国的管仲穷困潦倒,整天为生计而奔波。

鲍叔牙是当地富翁,他和管仲交谈几次之后,深感管仲非同一般,他对家人说:

"别看管仲现在贫穷,那是因为他缺少机遇啊!我敢断定,一旦他走出困境,定是个治国的大才。"

鲍叔牙于是主动和管仲结交,管仲受宠若惊,问他说:

"我这么贫穷,亲友尚有嫌弃我的,你为何和别人不同呢?"

鲍叔牙诚恳地说:

"你有大才在身,穷困只是一时,无须自卑。我敬佩你的才学,请不要怀疑我的一片真心。"

二人交往频繁,不久就合伙做起了买卖。鲍叔牙出了大部分本钱,管仲只拿出了很少的一点钱。

到了赚钱分红的时候,管仲给自己多分了很多钱。鲍叔牙的手下人十分气愤,他们对鲍叔牙说:

"管仲贪得无厌,得寸进尺,大人应该去教训他。大人本不该和一个穷鬼做买卖,这不是明显吃亏吗?"

鲍叔牙一点也没有生气,他反而喝止了手下人,为管仲辩解说:

"管仲家穷,他等着钱用,否则他决不会这样的。何况我们是朋友,应该互相帮助,我是不会计较这些的。"

管仲得知鲍叔牙说的这些话,十分感动,他泣声对鲍叔牙说:

"我现在真正体会到你的诚意了,世上只有你真正了解我,也不厌弃我啊!"

随着二人感情的加深,鲍叔牙一次对管仲说:

"大丈夫当建功立业,不能满足于衣食无缺。时下,齐国正是用人之际,你我何不前去投效呢?"

管仲对此并不热情,鲍叔牙一再鼓励他,二人这才弃商从政。

当时,齐襄公在位,他见管仲和鲍叔牙实有才干,于是把二人留在朝中。

齐襄公和鲍叔牙谈话时,鲍叔牙总是夸赞管仲的才能,齐襄公感到奇怪,问他说:

"你的学识不凡,却从不自叙己能,独荐管仲,难道人真的可以做到无私吗?"

鲍叔牙说:

"一个人的才能可以征服一切,何况是我呢?我对管仲心悦诚服,大王切不可只看到他的贫穷。"

齐襄公开始重用管仲,让他领兵打仗。不料一战下来,齐军大败。

齐襄公对管仲的才能有了怀疑,他对鲍叔牙说:

"有才能的人是不会打败仗的,看来你识人有误啊!"

鲍叔牙替管仲求情说:

"管仲学问精通,只是缺乏实战经验,他败得情有可原。大王要多给他些机会,不要埋没了他。"

管仲第二次领兵作战,结果又是惨败。齐襄公气呼呼地质问鲍叔牙说:

"看来孤也不能相信你的话了,莫非你和管仲合伙骗孤吗?"

鲍叔牙耐心解释说:

"以一事论短长,只会失去真正的人才。人才也需要历练,还请大王保持耐心。"

齐襄公三让管仲领兵,管仲仍无胜绩。齐襄公把鲍叔牙召来,冷笑着说:

"你这次无话可说了吧?"

鲍叔牙连连磕头,说道:

"管仲一败再败,说来实有别情啊!管仲的母亲已然老迈,疾病缠身,管仲是个孝子,他不想死在战场上而让母亲无人奉养。他这不是贪生怕死,大王应网开一面。"

齐襄公虽饶过管仲,但从此不再信任他了。

齐桓公即位后,鲍叔牙担任了相国。为了发挥管仲的才学,造福齐国,鲍叔牙毅然决定辞职让贤,他对齐桓公说:

"国有大贤而不用,是齐国的损失,我不忍见这种事情发生。我太了解管仲的才能了,他一定不会让大王失望。"

管仲于是接任了相国之位,把齐国治理得井井有条,面貌一新。管仲不敢居

功,他常对人说:

"我出身贫贱,却能交下鲍叔牙这样的挚友,可见上天并没有抛弃我啊!"

【解读】

不顾自己的实际能力而强做善事,救不了他人,还会赔上自己。先让自己强大起来,才能更好地帮助他人,否则,自己永远是力不从心的。弱者不能失去爱心,也不能头脑发热。弱者的力量微弱,人们不能把他们和强者相比;要体谅弱者的难处,要求他们不可过多过苛。

【原文】

人欺人罪。

【译文】

受人欺骗是他人的罪过。

【事典】

抛开个人得失

汉武帝时,郑庄任太史之职。郑庄总是对守门人说:

"有宾客来,无论贵贱都不要让人家在门口等待,立刻请进。"

守门人说:

"人有贵贱,贵贱有别,大人为何一视同仁呢?"

郑庄教训守门人说:

"贵贱本是虚名,何况贵贱时刻都在变化,我怎能以此看人呢? 以贵贱看人是小人的行为,而君子是以品德高下论人的。"

郑庄为官廉洁,不置家产,却花费大量钱财供养宾客。有人为他担心说:

"人心难测,你如此费财用心,恐怕也难保宾客不会背叛你,这不是真正的获得啊!"

郑庄一笑道:

"我花费些钱财，却能和宾客交心，我看这是最值得的事。钱财乃身外之物，失去它并不可惜。至于人心难测，如果我不求报答，又何怕他们背叛我呢？"

郑庄礼贤下士，却总有人忘恩负义，无端地诬告他，给他造成了很大的麻烦。

一次，郑庄好不容易才摆脱了一场诬告案，家人劝他遣散宾客，说：

"你养士以来，从未得到过一点好处，反是祸患上身，你当醒悟了。"

郑庄苦笑道：

"此乃我命中劫数，自当受难，与养士何干呢？若因此事使我贪财好利，善念全无，岂不损失更大？"

郑庄一如既往，推举贤士，施财济士，人们见他不改初衷，俱是肃然起敬。

郑庄晚年见朝廷和匈奴连年征战，财用匮乏，于是教手下人和宾客替大司农雇人搞运输，只想从中获利充实国库。

郑庄的朋友劝他不要这样做，朋友说：

"为国敛财不是你的职责，弄不好你还要背上罪名。朝廷本是凶险之地，你不要自找麻烦了。"

郑庄认真地回答道：

"为国分忧是臣子的责任，这是我该做的事啊！我不求分毫，获利全交朝廷，别人如何攻击我？你太多心了。"

郑庄多方筹备，日夜操心，不想还是出了许多亏空。

在一片埋怨声中，郑庄回击道：

"有亏有盈，本是买卖的常事，我尽力止亏就是了。如果人们为此不敢为国家做事，国家便振兴无望。不把个人得失抛开，是做不到尽忠报国的。"

郑庄努力挽回损失，不想被人告发，因此获罪，不得不出钱赎罪成为平民。

虽经如此大变，郑庄却心志不改，他安慰家人说：

"这件事对我也许是好事，它使我更坚定了报国之心。从前我的想法和做法也许过于简单，我当考虑得更周详一些。"

郑庄一贫如洗，宾客们一个也不再登门了。

世态炎凉反让郑庄又添感悟，他对朋友说：

"世风日下，尤需有人无私做事，否则，君子如何称为君子呢？"

汉武帝对郑庄心存怜惜，不久又任命他为汝南太守。面对反对者的疑惑，汉武帝朗声告诫他们说：

"郑庄虽有过失，但终不是为了私利，其情可恕。他本应太平度日，可为了朝廷，他肯犯险分忧，这份忠心和勇气就是十分可贵了。和那些保守禄位的无能官员相比，郑庄完全不计得失，朕也不能以得失看人，让天下忠正之士寒心。"

郑庄后来闻知汉武帝的这番言词，感动得热泪盈眶。他三呼万岁，在太守任上更加勤勉，直至故去。

【解读】

诚心施惠的人难免会被他人欺诈，如果以此为由而不再施惠，那么就是用他人的过错来惩罚自己了。施惠不能因一时受挫而终止，保身不能因个别原因而不为。人们不想被骗子利用，就要多花些工夫来识别骗子，防范他们不是最难。社会上的骗子愈多，愈加需要人们留有真心。

【原文】

自欺自罪矣。

【译文】

自我欺骗是自己的罪过。

【事典】

仁德胜于才干

102年，西域都护班超离任，返回都城洛阳。朝廷派遣将领任尚接任班超的官职，有人便反对说：

"任尚自恃有才，一向傲视天下，他这个人听不得别人的意见，惯于自作聪明，实难担起治理西域的大任。"

任尚的朋友为他争辩道：

"治理西域，本需大才之人，方能处理错综复杂的情况，任尚聪明过人，又有何不妥呢？如果说他不堪大用，那么就是别有用心的指责，这岂能服人？"

朝廷最后选择了任尚，反对者大败。

在上任之时，任尚专门拜访了班超，他向班超请教说：

"大人在塞外三十年，经验丰富，请大人赐教。"

班超诚恳道：

"依你之见，该当如何治理塞外呢？"

任尚神情一震，豪言道：

"治理塞外，当严加法纪，多行威严，令人不敢相欺。胡人既知我大汉天威，必不敢叛。"

班超眉头一皱，忙道：

"如此一来，塞外恐生事端，当真会有反叛之事了，这样万万不可。"

任尚一惊，问道：

"以法治世，乃不变之理，大人为何有此担忧？"

班超回答说：

"塞外非同中土，治世之法亦当求变。要知塞外的朝廷官员，多是在内地犯过错误之人，他们出塞乃是立功救赎，他们都不是安分之人，岂能一概以法治之？还当用心教化啊！至于塞外诸国，它们各有企图，亦应多加引导，广施仁德，这样它们才不会反抗。"

任尚漠然听之，并不动容。

班超见他如此，心忧加剧，他特别提醒任尚说：

"你过于聪明，处处讲究以智胜人，性情也十分严正，这容易使你自高自大，疏远众人。人们嫉恨过于显露才干的人，你在西域千万要压抑自己，不可处处逞能。"

任尚从班超处回来，心情十分不快。他对手下人说：

"我以为班超是个英雄，谁知他十分怯懦，言语之间全是无聊之词。为官者若不显露才干，何以服人呢？我看他是老了，他的话还是不信为好。"

手下人说：

"班超投笔从戎，又在塞外多年，他是不会浪得虚名的。大人不知塞外实情，还是小心为上。"

任尚反责了手下人，口出狂言道：

"以我任尚之才，小小的塞外自不在话下。我要另辟蹊径，建立不朽的功劳。"

任尚上任之后,增设了许多苛刻法规。他对朝廷官员小错必纠,常加以惩罚。对塞外诸国,则以天朝大国自居,不时发号施令,全无以礼相待之心。

随着怨怒的增加,西域的形势开始严峻起来,有人担心事态扩大,急忙劝任尚说:

"现在人们只知大人的才干突出,而无人称颂大人的仁德,这不是件好事啊!民心向以仁德收之,而个人的才干却无益于号令天下,大人不该这样了。"

任尚十分震怒,他鞭打了进言之人,又发布号令说:

"朝廷的威严是不可侵犯的,本官的命令也是必须要服从的,塞外之地缺少教化,不讲法制,这种局面一定要彻底改变。"

任尚的做法激起了许多人的不满,渐渐地,朝廷官员开始懈怠,明里暗里和任尚对抗。西域诸国对任尚失望,开始公开拒绝他的号令。

不到四年的时间,西域诸国先后反叛,任尚无计可施,只能向朝廷求救。朝廷把任尚召回,另派将领段禧出任西域都护。不久,西域的混乱局势变得不可收拾,朝廷只好撤销了西域都护。

【解读】

明知施惠的好处而不为,或是无限期推迟,这样的人心存侥幸,必受重创。不舍得拿出货真价实的东西,只以空话谎话搪塞,得到的也不会是实利。施惠是不能等待的,后果是很快就可见到的,一旦错过时机,形势就不可扭转了。以严刑峻法压人,人们的反抗会更加强烈。

承运第七

上一代的好运不会自动附在下一代的身上,人们当有自己的贡献和创造。福运全在个人的修行,有才能的人不一定是一个好的继承者。维持现状容易,根除祸患艰难,到了困境之时,就需要对以往的策略加以否定了。无名无位之人,难以实现宏愿。变换花招维持不了统治,存心愚弄只能使自己速败。伪君子不能兴家兴业,追寻高贵者的足迹,前面必有心仪的福地。

【原文】

传业难遂也。

【译文】

传承功业难以如愿。

【事典】

权力不能假手于人

西汉元帝时,太子刘骜从小就倚靠舅舅王凤,对他十分亲近。

王凤为了迎合太子,对他并不认真管教,反劝他贪图享乐。渐渐地,太子学会了饮酒,在背地里寻欢作乐。

元帝看见太子的劣迹,心中忧虑,他先是斥责王凤管教不力,后又教导太子说:"将来你就是天下之主,岂能随随便便、不拘小节呢?治理天下不能依靠别人,全靠你自己拿出主张。你太听你舅舅王凤的话,这是你的软弱,也说明你毫无主见,你要及时改正这一点。"

太子满口答应,事后却说:

"只有舅舅关心我,他是我的至亲,难道还会害我吗?"

元帝去世，太子即位，是为成帝。成帝尊王皇后为皇太后，以大舅王凤为大司马、大将军，兼领尚书，加封食邑五千户；又封皇太后的同母弟弟王崇为安成侯，食邑万户；王凤的异母兄弟王谭等都赐爵为关内侯，加封食邑。王氏一门一时荣显无比。

有人反对成帝的这一做法，进言说：

"陛下对至亲加恩，应当适度，似陛下这样厚封王氏满门，就难免惹起非议。朝廷有朝廷的法度，当奖功罚罪，陛下如不能割舍偏爱之情，人们就要心寒了。"

成帝对进言之人大为痛恨，他怒道：

"朕为天子，加恩于谁无须请教旁人，你指责朕，就是大逆不道！"

成帝惩戒了进言之人，把朝政交与王凤掌管，自己很少过问了。

王凤独掌大权，凡事懈怠，贪图享乐。他对文武百官十分轻视，他常借天子之名训斥百官，做事也全凭一己之见，听不得他人建言。

一年夏季，黄雾弥漫，终日不散。成帝感到不安，征询谏议大夫杨兴的看法。杨兴趁机进谏说：

"先前高帝有约：不是功臣不能封侯。如今太后的各个兄弟都以无功被封为侯，违背了先帝之约。这是外戚中未曾有过的现象，所以苍天以灾异示警。"

成帝默然不语，杨兴再谏说：

"做大事就要割舍情感，否则，为情所绊，事情就无法顺利。陛下当以天下为怀，任贤用能，不能只念至亲，冷落人才。"

成帝颇有不快，他把杨兴打发出去，回头对侍臣说：

"人心险恶，朕信任至亲难道不该吗？大臣们为此议论纷纷，实是不明朕心呐！"

王凤听说大臣们议论自己，怒不可遏，想要报复为首的几个人，他的心腹忙劝阻说：

"时下天降黄雾，皇上正为此愁苦，大人哪能授人口实呢？不如佯作请辞，安慰皇上，亦可麻痹百官。"

王凤于是上书谢罪，请求辞官，他故作诚恳地说：

"陛下关爱臣，本是情感所致，不料却招来群臣激愤，指责陛下。臣不忍见陛下委屈，故而请辞官职，以安群臣之心。"

成帝见书大恸，说：

"舅舅为朕牺牲，不计代价，朕更不能辜负他了。群臣无事生非，要挟于朕，朕不能满足他们的心愿。"

成帝不准王凤辞职，反而对他更加信任了，他对群臣说：

"朕为天子，天降灾异示警，朕坦然接受，与他人无关。王凤尽心职守，有功无过，当安心在朝为国效力。"

有人见成帝如此糊涂，又进谏言，说：

"陛下既为天子，当要履行天子的使命，岂能假手于人呢？陛下在此不要依赖任何人，否则，皇权危矣！"

成帝重惩了进谏之人，依然如故。

成帝死后，王氏一门俱掌权要，显赫无比。后来，王氏门中的王莽篡汉自立，建立了新朝，西汉灭亡。

【解读】

把功业传承下去，这是人们的一致愿望，对封建当权者而言，这更是大事一桩，是压倒一切的要务。平常人不能建立大的功业，平庸者不能守住祖宗的功业，人们的强烈愿望在此并无大用。功业不能传于千秋万代，后人也不能长受先人的恩惠，人们当有自己的贡献和创造。

【原文】

承运可为也。

【译文】

承继福运可以做到。

【事典】

前程靠打拼

北宋名臣司马光6岁时便开始读书，学习十分刻苦。司马光的父亲司马池总是教导他说：

"一个人要想有个好的将来，自己没有本事是不行的。富贵荣华是人人必争之物，只有才能出众，方能胜人。"

司马光聪颖好学，为了激励自己，他年纪稍大一点的时候，就用圆木做睡觉的枕头，称为"警枕"，只要木枕一滚动，他便能从熟睡中醒来，发奋苦读。

家人怜惜司马光，劝他不要过于劳苦，司马光却回答说：

"将来我要做大事，做大事自需大的才能，我要多学习、多用功才行啊！"

司马光如此懂事，志向不凡，少年时代便名扬乡里了。

司马光15岁时，他的父亲司马池做了兵部侍中，官居四品。宋朝有恩荫制度，六品以上的大臣子弟可以补官。司马池于是积极给儿子办理此事，使司马光以恩补入仕，被授予将作监主簿。

司马光对此并不高兴，他对父亲说：

"我无功受禄，全仗父亲的恩荫，实在惭愧。父亲教导我要自食其力，我也想靠自己考取功名。"

司马池对儿子的话十分赞赏，他鼓励司马光说：

"步入仕途，虽然荣耀，但没有真才实学，便会受到羞辱了。以后的路还很长，你的想法一点没错。"

司马光从此更是发奋读书，毫无一点傲气和自得。和他一同被授予官职的官宦子弟笑他自讨苦吃，常对他说：

"有福不享，反去苦读，这是聪明人干的事吗？我们的父辈已为我们打下江山，又何苦自己去拼命呢？"

司马光回敬道：

"靠父辈得来的荣耀，只能风光一时；靠自己的才学挣得的富贵，方可长久不衰，永不受辱。做事要想到远处，我们的父辈不在之日，我们还能依赖谁呢？"

宋仁宗宝元元年（1038年），司马光考中了进士甲科，实现了自己的愿望。

司马光起初只是担任地方小吏，他在任上兢兢业业，毫不以官小为憾。有人劝他多考虑一些升迁的事，说：

"你朝中有人，只要费些心力，就不愁升官了。你现在的职位太低了，用不着如此卖力啊！"

司马光感到受了侮辱,他十分反感地回答说:

"如果似你说的那样升官,那么我宁愿永远不升,只有无德无能的人,才会不择手段地捞取官位。我现在的职位虽低,但正可磨炼我的意志,增长我的见识,我并不认为做小吏就是一件坏事。何况,只有当好小吏,将来才能担当更大的责任,我不能好高骛远啊!"

司马光依靠政绩,不断得到提拔,最后被调到朝中为官。

一次,皇帝要给宦官头目任守忠加官晋爵,司马光听到消息后坚决反对。司马光的朋友阻止他说:

"皇上至高无上,皇上要做的事谁都无可奈何,你是驳不倒的。任守忠势力很大,你和他无冤无仇,何必得罪他呢? 你这样做只会妨碍自己的前程。"

司马光愤愤地道:

"任守忠贪赃枉法,倘若有过被赏,当是皇上之羞,朝廷之辱,我等怎能不加制止呢? 我的前程全靠自己打拼得来,我是不怕得罪小人的。"

在司马光的极力反对下,皇帝终于改变了主意,且把任守忠贬出京城。

后来,司马光的才能和政绩日益突出,为人们所公认,被任命为宰相。

【解读】

福运可以承继,只要一个人不犯或少犯错误即可。做人的原则和品德完全可以言传身教,从而使后人受益。把家业传给后人,不能保障他们会享用不尽;让他们德才兼备,他们便永不匮乏。福运在个人的修行,更在个人的把握,是此,人们要有不等不靠的思想,自食其力。

【原文】

以智求位。

【译文】

用智计求取名位。

【事典】

用智不用力

康熙皇帝儿子众多,他二废太子,到了其晚年,太子之位的争夺在众皇子之间更加白热化了。

四皇子胤禛足智多谋,他深知康熙皇帝对兄弟相争十分厌恶,便故作姿态,表面上不参与此事,反而屡屡为众兄弟仗义执言。

太子胤礽被废之后,无人搭理,胤禛却不同常人,对其极表关怀。有人据此上奏康熙,胤禛便回答说:

"兄弟之情,不可废也。"

康熙见他仁爱至上,欣喜异常,对之赞不绝口。

废太子有弑逆的罪名,胤禛请其他皇子代奏自辩,无人能应。胤禛得知此事,思忖良久,决心为其陈情。

年羹尧

胤禛反复劝说康熙皇帝,终使这个罪名取消,胤禛也被拿掉脖子上的锁链。

胤禛此举,众皇子皆以为他不避嫌疑,自是无心争夺储位了,对他都不以为意。康熙皇帝由此对他另眼相看,屡屡表彰。

胤禛抬高了自己的地位,又对康熙皇帝的身体十分在意起来,表现得最为关心和体贴。康熙因为胤禛的不争气和诸皇子争夺储位,气极生病,竟是不肯就医。

胤禛闻讯赶来,惶恐变色,长跪不起求旨医治。

胤禛又亲择太医,坚持日夜护理,为此憔悴了许多。

康熙大为感动,连称他为至孝之人,父子俩的感情一下就拉近了。

胤禛如此用心,暗地里却加紧发展他的势力。他拉拢年羹尧,收买隆科多,双管齐下,多方用心,最后终于夺取了帝位。

至此，众皇子才看清了他的本来面目，只是一切都无法挽回来了。他们败下阵来，后来又被惩被贬，皇帝梦没有做成，却落得个可悲的下场。

【解读】

无名无位之人，难以实现宏愿，把祖业发扬光大。不在拥有名位上想方设法，就得不到表现才能的机会，也会彻底失去发言权。名位一定要争取，用智一定要坚持，如果失去耐心，明抢明夺，那么就要为人鄙视，不能如愿了。智计能化不利为有利，把不可能变为可能。

【原文】

以无智求治。

【译文】

用不使智计求取安定。

【事典】

不让私心作怪

曹参是汉朝开国的大功臣，他勇猛过人，机智果断，汉高祖刘邦封他为列侯，食邑平阳，计有一万六百三十户之多，且准他代代相传。

惠帝元年（前194年），曹参任齐国丞相之时，鉴于当时齐王刘肥年少，自己又缺乏治国经验，曹参遂广开言路，遍召当地长者和有识之士求教治国之策。

消息传开，百姓同声赞好，可曹参的家人却极力反对，他们对曹参说：

"大人贵为丞相，初来乍到，应该多树权威，以镇民心，如此下询于民，显得大人太没主见了，于大人名望有损啊！"

曹参摇头道：

"身为丞相，若是不问下情，自作聪明，何能治理好一国之事？我的面子事小，治国事大，我不该以势揽势，让百姓失望。"

齐国学者数百人应召而来，各抒己见，众说纷纭。曹参听得也没有了主意，不知该采取何策为好。曹参的属官见他犯难，索性直言对他说：

"书生之见，大人何必当真？如今大人执掌齐国政事，只要大人发下令来，谁敢不听？再说大人功高盖世，智勇无双，这样下求于民，大可不必，大人太过谦了。"

曹参立时痛斥了那个官员，他大声说：

"为官之道，处事之学，岂能仗势而为、以势逼人就范？势有尽头，人有贤愚，现在我若胡为放纵，他日势尽岂不遭人痛骂、自寻死路？我决不会干这样的愚蠢事！"

胶西有个隐士盖公，很有学问，研究黄老之术很有造诣，曹参慕名派人带着厚礼迎请。盖公向曹参进言说：

"人在位上，大都想有番作为，留下自己的印迹，大人以为如何？"

曹参回答说：

"这是人的私心作怪，曹某不屑为之。"

盖公连声叫好，后道：

"人亡政消的事往往植根于此，结果其人势没立成，反遭人怨，百姓受害。大人有此见识，恕在下直言了。"

盖公陈述了清静无为的黄老之术，他劝曹参在此国家初创之时不要擅行改革，使民众有所生息当为要务，如此顺应世情，方可达到治理天下之目的。

曹参叹服有加，厚待盖公。他任齐相九年，坚持依黄老之术处理国政，结果齐地安定，百姓受益颇多。

萧何死前推荐曹参为相，曹参接任后，所有的事都不擅自变更，依然遵循萧何的章法。有人指责他平庸无才，他的好友也不止一次地劝说他：

"大人贵不可言，又怎甘心让人无端指责呢？大人墨守成规，一无自己的主张，也难怪别人有所疑虑。正所谓一朝天子一朝臣，大人若能运用权势，自修法度，威仪足备，何人还敢轻视大人呢？"

曹参置之一笑，只说：

"小人之言，我不会当真。我自有我的办法，只要对国家有利，何必在乎别人的看法？"

曹参任用郡国官吏时，只选那些老成持重的人担任，而对那些野心勃勃、极力追求个人名声的人一概弃之不用。有人告他不识贤才，曹参回敬说：

"浮躁逞能之徒，必会自恃已能，干下臆想乱民之事，他们看似有才，实不知这才是治国之大害。一个人若只想揽权用势,他自不会谦逊待人了,如此人必厌之恨之,谁会真心服从他呢? 一有祸乱,他自遭恶果不说,此乱当是由他而生,更不可原谅。"

惠帝见曹参不理朝政,心中有气,只当他不为国尽力。一天,惠帝对曹参的儿子说了自己的牢骚话,曹参的儿子于是责怪了曹参,曹参打了儿子二百板子。

第二天,惠帝埋怨曹参不该出手打人,又表明了自己的意思。曹参诚恳地说:"陛下的圣明比不上高皇帝,臣更比不上萧相国,高皇帝与萧相国费尽心力,治国的方略已然善之又善了,何必改动它呢? 陛下只求天下大治,又何必强求臣弄势用权呢?"

惠帝大喜过望,疑心尽去。曹参任相三年,去世之后仍被人广为赞颂。

【解读】

人在高位,不使智计是诚恳的行为,这比用智更能让人诚服。在权位无忧的时候,以智计弄人就是多余了,只会无事生非,制造分裂。求取安定之人,不能无端视他人为"贼寇";自身狡诈无信,不能要求他人不怀二心。变换花招维持不了统治,存心愚弄只能使自己速败。

【原文】

恃变除困。

【译文】

依靠改变解除困境。

【事典】

变革不可缓行

明朝神宗时,张居正为内阁首辅,主持朝廷政务。

当时,神宗年幼,慈圣太后便特别尊重礼待张居正,她对张居正说:"皇上年龄尚小,朝廷大事全倚仗你了,你打算如何治国呢?"

张居正回答说：

"国家大事繁多，臣都要一一处理，臣定忠于职守，任用贤能。"

慈圣太后点头道：

"你说的这些自然重要，但更重要的还是安抚民心。如今天下百姓受苦，民心怨恨，你要极力化解啊！"

张居正于是和内阁大臣们商议治国之事，他先把慈圣太后的话说与众人，后讲出了自己的施政方针，他说：

"现在朝廷隐患甚多，归根结底，都是由于朝廷政令太严太苛。百姓不堪重负，长期受奸人恶人欺压，这种状况不改变，将来要出大事的。所以实行新政，当先要革除积弊，给百姓以希望，提高朝廷的威望。"

有的大臣认为张居正操之过急，他们反对说：

"朝廷旧制已实行多年，若骤然改之，必会造成动荡，不如缓行新政，借以维持局面，日后再做打算。"

张居正和反对的大臣辩论不休，他斥责他们说：

"新政有利百姓，有利国家，只是对那些贪官污吏是不利的。贪官污吏危害国家，欺凌百姓，他们不除，国家定会败在他们手里，对他们决不可姑息啊！你们反对新政，分明是在为他们说话，这不是太糊涂了吗？"

张居正排除了干扰，大胆实施新政。他首先从整饬吏治开始，制定出一套考核官吏的准则，通过考勤实绩，甄别官员的勤惰、贤愚，作为决定进退、黜陟的依据。

黔国公沐朝弼贪赃枉法，欺压百姓，张居正准备惩治他。朝中大臣恐生变乱，有的便劝张居正说：

"沐朝弼爵高位显，为非作歹远非一日，没人敢招惹他。大人不如假作不见，事情就过去了。大人不能自找麻烦，激起更大的变乱和事端。"

张居正说：

"沐朝弼横征暴敛，当地百姓苦不堪言，如不马上惩治，势将激发民变。沐朝弼所为，不是他的私事，而是在动摇大明的江山，岂可饶恕呢？整饬吏治不是一句空话，封疆大员也不能例外。"

张居正的一位谋士赞同他的主张，却有些顾虑，他对张居正说：

"沐朝弼镇守一方，势力根深蒂固，这一点大人不能不加考虑。与其先惩治沐朝弼,不如先安抚住他的部下,这样,朝廷惩治了沐朝弼,当地也不会发生变乱。"

张居正点头称善,开口道:

"你提醒得好啊,只取不予,远非善策,我考虑的实有不周之处。"

张居正于是先提拔了沐朝弼的儿子,然后再派使臣逮捕了沐朝弼,押解他进京。张居正做得有奖有罚,事情进行得十分顺利,没有造成变乱之事发生。

沐朝弼被禁锢南京,贪官污吏受到极大的震骇,纷纷收敛了气焰,朝廷的政令得以顺畅通行了。

张居正重点整治了赋税不均、过重的弊政,他对百官说:

"豪强地多且不纳税,百姓无地少地却赋税很多,这太不合理了,简直是逼迫百姓起来造反。朝廷政令对豪强宽容,对百姓严苛,也就难怪百姓怨声不断。朝廷不应该只为少数豪强办事,而是要为大多数的百姓尽力,这样,朝廷才不会有灭顶之灾。"

于是,张居正下令重新清丈土地,改革赋税制度。许多大臣反对说:

"清丈土地费时耗力,只会激起豪强的反抗,这会危及大人的安全,亦能产生不测之灾,大人何苦难为自己呢? 豪强的势力不能小看,此事还是不办为好。"

张居正凛然道:

"我个人的安危并不重要,还是江山社稷为重。朝廷若不变革,任由豪强作乱,我想用不了多长时间,天下将会大乱了。百姓一旦仇怨爆发,就难以遏止,到了那时,什么良策也会无济于事的。"

张居正在清丈土地的基础上,于1581年下达了实行统一役法、计亩征银、量地计丁、丁粮毕输于官的一条鞭法。

神宗长大后,皇后嫔妃等六宫齐备,开销骤增,神宗命令工部铸造铜钱供皇家使用。张居正进谏说:

"国库并不充足,陛下当节省开支,做天下的榜样。铸造铜钱劳民伤财,陛下还是不为的好。"

有的大臣建议停止苏州、松江织造,神宗不允,张居正又进谏道:

"百姓穷苦难当,陛下也不能太过奢侈,索求太多。陛下如果不爱百姓,那么百姓又怎能敬爱陛下呢?"

神宗无奈,只好减少织造一半数额。

张居正改革10年,颇有成效,使衰弱的明王朝一度振作起来。张居正死后,朝廷重归昏暗,最后百病缠身,再难拯救了。

【解读】

到了困境之时,就需要对以往的策略加以否定了。没有这个勇气,局面就不能彻底改观。不想改变旧制,任由事态恶化,这不是忠孝的真义;维系事业不倒,突破传统思维,这是守业者的使命。从没有一劳永逸的方略让人们安享太平,现实问题必须用现实方法来解决。

【原文】

恃不变除患。

【译文】

依靠决心不改根除祸患。

【事典】

事败于无法

汉武帝雄才大略,为了实现他心中的蓝图,他想依靠丞相图强兴利,却屡屡受挫。

一日,朝官主父偃借拜见汉武帝之机,大胆奏报说:

"陛下久不见功,心中恼甚,可知此中原因吗?"

汉武帝被主父偃一语点破心事,十分惊异,他故意掩饰说:

"朕治国用力,群臣用命,天下归心,何苦之有呢? 你若说不出十足的理由,朕决不饶你!"

主父偃面上一笑,低声说:

"陛下面上忧郁,丞相一换再换,显是陛下心躁不满所致。陛下志愿古来帝王少有人比,自不能轻易得到满足,故而臣敢断言,眼下的一点业绩陛下是不会在意的。"

汉武帝动容心动,对主父偃心生敬意。他不再作态,诚恳道:

"知朕心者,惟卿耳!朕虽用心,怎奈丞相办事不力,朝政通行不畅,卿可有什么妙策吗?"

主父偃早有思虑,这时便从容进谏说:

"丞相为百官之首,权力极大,而担任此职者又都是资历甚深之人,若陛下的新政对他们的利益有所触动,他们虽不敢当面抗拒,私下也会不尽其力的。陛下屡换丞相,却不对丞相之权有所抑制,事情自不会有所改变了。依臣之见,陛下若能大胆任用身边之人,不拘名分,予其实权,事情就好办多了。这样不仅削减了丞相权力,减少了阻碍,又便于控制资历较浅、地位较低的亲信,他们感恩图报,自会认真执行陛下的意图。"

汉武帝听之大乐,阴云顿消,他竟忘了君臣的身份,一下抓住主父偃的双手,连连出语道:

"卿解除了朕长久的烦恼,卿何不早对朕言呢?"

主父偃亦是激动万分,他还是竭力平静下来,又提醒汉武帝说:

"为官者最看重权力二字,为了权力,他们是什么事都能干得出来的。陛下不可操之过急,此事只应慢慢实行。"

汉武帝深知主父偃的言外之意,他一声冷笑,动情道:

"卿言不差,但卿却也低估了朕的勇气。朕先前只是用人不当,办事无法,今既知缺失,自不会畏缩不前了。他们的权力是朕给的,朕自能收回,正如卿言,他们若没有了权力,以何为患呢?"

汉武帝于是在"三公""九卿"中央官制之外,另设一个"内朝"。

"内朝"的人员都是汉武帝的亲信,为首的官职以尚书令为最。尚书令本是"九卿"之一的少府属下的一个官职,如今尚书令却成了最有实权的官。与尚书令相比,丞相的权力一下驾空,反似一个摆设了。

汉武帝精心挑选他信得过的人进入内朝,那些位低职微的亲信,如严助、朱买臣、主父偃、严安等人,一下都被收入内朝,直接给汉武帝办事。自此,汉武帝的大政方针都得到了切实贯彻实行,办事效率也非往日可语。

汉武帝又把全国分成13个监察区,以"州"为单位,每个州设刺史1人。州刺史专门从事监察地方官、诸侯国的相,还监察地方上的豪强大族。一旦地方官吏有犯法之事,州刺史可直接上奏皇帝,朝廷削除其权不说,更要依法治罪。

汉武帝在位50多年,对于他的文治武功的建立,这些举措可谓功不可没。

【解读】

根除祸患会遇到重重阻力,甚至遭到重大的挫折,如果没有不变的决心,那么就难以坚持了。维持现状容易,根除祸患艰难,在此,人们是不该退却的。祸患不除,危机就要步步逼近,眼前的平静并不真实。心有息事宁人的想法,正确的东西便无法贯彻和执行,祸患会更重。

【原文】

君子不隐己过。

【译文】

君子不会隐瞒自己的过失。

【事典】

掩饰必有目的

金熙宗时,完颜亮以宗室的后代担任中京留守。在职期间,他执法严明,追求个人名声,一时小人畏服,人多赞颂。

熙宗皇帝完颜宜以他政绩卓著、品德高尚而拟提升他为国判大宗正事,他就此对朝臣嘉勉完颜亮说:

"国有贤臣,其业方兴。朕观察很久了,完颜亮尽职尽忠,堪为世之君子,这样的贤臣如不告以重任,天下还有兴盛的道理吗?"

不久,熙宗又授予他尚书左丞的高位,以示宠信。

完颜亮心中得意,外表上却表现得极为谦恭,一如往日兢兢业业,没有丝毫的懈怠。

完颜亮的心腹死党萧裕被他任用为兵部侍郎,二人私下凑在一起,却是天天策划政变的事。每到这时,完颜亮总会问他:

"别人说我什么了吗？我哪里做得还不够吗？"

萧裕于是把外界的议论告诉完颜亮，又指出他的不足，且常常说：

"树立人望，以假乱真，这是大人为人拥护、改朝换代所必需的，也是当今皇上最难防范的。大人只要坚持不懈，待时机一到，自然功成。"

完颜亮的表现并非天衣无缝，有人便多次提醒熙宗说：

"俗话说'江山易改，本性难移'，完颜亮从小就性情急躁、多疑，为人残忍无度，可如今他故作君子样子，极力掩饰自己的本心，这其中必有不可告人之目的。"

熙宗心中一凛。

为了解除疑虑，熙宗在一次召见他时，故意谈起太祖创业的事，他怅言说：

"祖宗创业实在艰难，朕的守成也遭到不少挫折，你对这些有何见解呢？"

完颜亮心知熙宗试探自己，于是装出一副慷慨激昂的样子，历数了太祖的功绩，随后又话锋一转，说：

"宗翰、挞懒误国在先，宗磐结党营私祸在后，这都是我朝的大不幸啊！他们都是皇室宗亲，可见奸人不分亲疏，绝不可轻信。皇上为保万年基业，当从慎用宗亲上入手，我愿主动请辞，以便皇上平息人怨，革旧布新。"

熙宗万不料完颜亮说出如此炽诚的话来，他见完颜亮言此热泪横流，心中不禁万分感动，颤声说：

"你能如此忠心，甘愿牺牲自己，我还有什么信不过你的呢？可叹别人都不如你，若不是这样，他们也不会天天想着争功夺利了。"

皇统八年(1148年)六月，完颜亮被升为平章政事；十一月，完颜亮又升任为右丞相。大权在手的完颜亮为了收买人心，取得支持，任用了许多有一定声望的宗室子孙的后代，其中不乏对他有成见者。人们纷纷赞扬完颜亮的"贤德"，许多人更是投靠到他的门下。

完颜亮于皇统九年(1149年)十二月初九日发动政变，他和他的死党夜入寝宫，将熙宗杀死。

当上皇帝后，完颜亮立现狰狞，不仅诛杀了朝中许多正直的大臣，连追随他的死党唐括辩、秉德等人也是格杀勿论。皇族宗亲被他杀得更多，太皇太妃萧氏、皇太后徒单氏竟也没能逃脱他的毒手。

徒单氏被杀后，完颜亮将她的尸体在宫中焚烧，把她的骨灰抛弃在水中。

完颜亮如此兽行，却仍忘不了欺骗世人。他在位十几年，有时拒绝进食鹅肉来表示节俭，可等到外出游玩、狩猎时，他却高价购买他所需之物，一只鹅就要花掉数万钱。他曾把破旧的衣服穿在华丽的衣服上面，让人看他有多么节俭，还命令领事官记下此事。他每以古代明君自比，让大臣直谏，可一待谏官直言，他便勃然大怒，常常杀人泄愤。

正隆六年(1161 年)，完颜亮大举攻宋；十一月初七日，金兵造反，完颜亮死于乱箭之中。

【解读】

君子也有过失，只要坦承出来，其人就不失为君子。如果一个人刻意隐瞒不光彩的历史，那么他就是伪君子了，而伪君子是不能兴家兴业的。为了争夺继承大统的地位，极力表现自己美好一面的人值得警惕；为了取悦权贵，极力压抑自己残暴本性的人特别危险。不隐己过，方可改过。

【原文】

小人不隐己能。

【译文】

小人不会隐瞒自己的才能。

【事典】

才大未必称职

北宋英宗赵曙是濮安懿王赵允让的第十三个儿子。当时，宋仁宗没有子嗣，便在宗室子弟中挑选皇位继承人。

有人推了赵曙，仁宗问道：

"赵曙有什么特殊才能吗？"

推荐他的大臣摇头说：

"没有。"

仁宗不满道：

"治理天下者若无大才，何能称职呢？你的推荐太轻率了。"

大臣平静地说：

"君主当以仁德为重，这样才能感召天下，治民化民。倘若君主自恃才高，随便施威，百姓不敬爱他，天下也不会太平了！"

仁宗点头微笑，口道：

"这么说赵曙必有大德了，你可说出一二，朕自有判断。"

大臣高声说：

"赵曙性情诚实，对人怀有赤诚之心，虽为王子，但从不罚人树威。一次，有人借了他的金带，却还了他铜带，主事官吏想惩罚那人，不想赵曙却说：'这确实是我的带子。'此事看似很小，却见赵曙恕人的美德，而这正是许多人所缺乏的。"

仁宗细细品味，肯定道：

"天下得失，皆因天子仁与不仁而起，仁德之君不滥用权力，不滥施惩罚，这确是保有天下的法宝啊！"

仁宗于是任命赵曙为皇子，做自己的继承人。诏书下来之后，赵曙却惶惶不安，他对自己的老师周孟阳说：

"我无德无能，难堪大任，请师傅代我推辞吧！"

周孟阳拒绝道：

"王子仁德忠孝，不必自谦，王子若不奉诏，定会教皇上和百姓失望，臣绝不干这种大违人心的事。"

赵曙亲自上书推辞，奏书上了十多次，仁宗也没有准许。仁宗说：

"皇子之位，哪有人会像赵曙这样多次谦让的呢？仅凭此节，他的仁德就可见一斑了，朕更加相信他了。"

嘉祐八年（1063年），仁宗去世，赵曙即皇帝位，是为英宗。有的大臣为了讨好他，草拟了一些新政，恳求他实行，大臣说：

"陛下初立，不能不树立自己的威严，否则，臣担心有人会对陛下不敬啊！"

英宗把奏书扔在地上，未看一眼，他出口道：

"朕未使百姓感受到一点仁德，哪里想到树威呢？你太不了解朕了，朕是要教化百姓，以仁为政。"

治平二年（1065年），京城下了大雨，造成了水灾，死于水灾的有1580人。有的大臣据此上奏英宗说：

"京城长官防灾不利，有失职之责，陛下应予重惩。"

英宗没有同意，他说：

"天灾难测，京城长官也是尽力了，朕不能加罪于他。"

英宗下令赐给死者家属金钱，安抚慰问，一时人心大定。

不久，京城再遇水灾，损失惨重。有人再次提议重惩京城长官，说：

"陛下即位不久，连遭水灾有失陛下威信，如不惩处京城长官，陛下实难自处。京城长官有责在身，惩处他并不为冤。"

英宗见书不悦，他对群臣说：

"朕若靠罚人立威，何异于暴君？天灾乃是上天惩戒朕的失德，与别人无关，朕不能推卸责任啊！"

英宗于是下诏书自责，把罪过都揽在自己身上。

文武百官和天下百姓感佩英宗的真诚，无不称颂他的仁德。英宗在位期间，虽没有大的作为，却是人心归顺，天下安定。

【解读】

有才能的人不一定是一个好的继承者，特别是喜欢卖弄才能的人，其人就绝对不可托付。自视过高，便要独断专行；才能外露，便会轻浮好胜，而这正是守业的禁忌。君子不会夸耀自己，小人才会自恋成癖，脚下无根。继承者不应是单一的有才人，而应是素质全面的有德人。

【原文】

贵出堪贱。

【译文】

出身高贵的人可以变为低贱。

自骄不可救

楚灵王时,灵王自恃兵强马壮,东征西讨,诸侯们只好联合起来抵抗他。

灵王占得便宜,骄纵一时,常以旷古名君自喻。楚国大夫析父劝谏灵王说:

"群雄争锋,不争一时的长短,而争长远的将来。大王以武力讨伐诸侯,师出无名,虽胜难以使之心服;大王又滥加封赏,随便赏人钱财,全不问此人是否于国有功,这样做是不会称雄天下的。"

灵王对析父高声责骂,多亏众臣求情,析父才保住性命。

析父伤心之下,对国事不再进谏,他常哀叹说:

"一国之主如果眼中只有金钱和权势,那么他就不可救药了。百姓才是国之重宝,不明白这个道理的人,终会遭殃啊!"

后来,诸侯国攻入楚国,灵王落荒而逃,逃入山中,死在了那里。

灵王的弟弟子比在晋国流亡,听闻楚国已乱,便急着赶回楚国,以便抢夺王位。晋国大夫韩宣子就此问好友叔向说:

"子比能成功吗?"

叔向毫不犹豫道:

"不能成功。"

韩宣子不解地说:

"楚国人都憎恶灵王,只盼新君即位,子比为什么不能成功呢?"

叔向冷声道:

"这不是楚国人天生厌恶子比,而是子比的行为使然啊!"

韩宣子又生疑惑,叔向接着分析说:

"取得国家有许多难题,重要的是要品德高尚,招拢贤人,不自骄自傲。子比个人挥霍无度,却从不赠金与他人,这是他的吝啬,这样贤人便不会帮他了。子比以公子自骄,以有智自傲,他对人习惯颐指气使,不假辞色,如此人们都会敬而远之。到了关键的时候,哪会有人真心为他卖命呢? 这样的人贪财好权,全无公心,失败是必然的。"

子比回到楚国,楚国无君,人们只好让他登上了王位。

子比大志得偿,马上纵酒欢宴,以示庆祝。有人对他说:

"大王刚刚新立,应当安抚百姓,慰问将士。此时楚国正乱,不测之事随时都可发生,怎能无忧呢?"

子比摆手道:

"我为大王,乃是天意眷顾之果,凡事自会好起来。我流亡在外多年,今日自当酬谢上天之恩,故而庆贺一番。"

子比不问朝政,只求享乐,他的兄弟公子弃疾于是看到了机会。公子弃疾召集心腹手下说:

"新王不得人心,我们正可鼓动国人,夺取王位了。"

有人担心谋权不成,反送性命,于是对公子弃疾道:

"楚国乱象刚平,恐怕无人愿意再起纷争,还是等一等吧!"

公子弃疾训斥说:

"一待新王明白过来,施行仁义,主理朝政,那我们的机会便失去了。机不可失,现在便要抓紧动手。"

公子弃疾于是派人散布灵王未死的假消息,又在半夜里高呼"灵王回来了"的口号,一时国都人心浮动,乱象又起。

子比听闻这个消息坐立不安,他害怕灵王的报复,手足无措。公子弃疾派曼成然去恐吓子比,子比自觉走投无路,竟自杀而死。

公子弃疾于是自立为君,是为楚平王。

【解读】

上一代的好运不会自动附在下一代的身上,养优处尊者没有一个是安全的。好运在不停地流转,人要跟上好运的脚步,就要留下自己的印记。出身高贵是一种幸运,保持高贵是一种能力;不让自己从高处滑落,便要有坚实的依托。把高贵视为天经地义的人,他们离低贱不远。

【原文】

贱出堪贵焉。

【译文】

出身低贱的人可以变为高贵。

【事典】

弱点当利用

秦二世元年(前209年)7月,由阳城去渔阳戍边的900名农民,在大泽乡因暴雨被困,无法前行。

按照秦朝法律,无论何故,如果过了朝廷的期限,这些人都要被斩首。一时,900人虽心急如焚,却又无可奈何,人人都感到了厄运的临近。

雇农出身的阳城人陈胜不甘这样等死,他私下对同行的吴广说:

"大丈夫生而为人,如此丧命岂不可惜?与其白白送死,倒不如聚众一搏,或有生机,你以为怎样?"

吴广深表赞成,说:

"朝廷无道,老百姓全无生路,早该反了。只是你我无权无势,如果不能召集大家一同起事,便毫无胜算啊!"

陈胜长叹一声,忧心说:

"你我有心,奈何别人心怀侥幸,是一定不会听我们号令的。这个问题不解决,我俩只能速死,该想个妙法才行。"

二人顿感气馁,相对无言。

突然,吴广哀叹一声,苦笑说:

"你我乃草民一个,天生的贱命,无名无势,如果咱们是落魄的王孙贵族,说话的分量自是不同了,可笑人们都相信名声,迷信天命,这有什么办法呢?"

一句话提醒了陈胜,他眼中一亮,思忖片刻,这才出语道:

"人穷命薄,难以服众,但我们可以假借天意啊!如果我们耍弄手段,让他们相信天命在我,自无人敢不从了。到时我们再陈述利害,此事必成。"

二人兴奋起来,又商议打着兴楚的旗号,借以聚众。一切筹划已毕,二人便分头行事。

第二天，做饭的部卒在买回来的一条鱼腹中，竟取出了一张帛书。更奇的是，帛书上清楚地写着"陈胜王"三个字。

此讯不胫而走，戍卒们人人惊骇，议论纷纷。陈胜见此计已见奇效，于是和吴广会心一笑，陈胜偷偷对吴广说：

"人们既信天命，我们就该再动动脑筋了。我见众人仍有狐疑，似未深信，不如我们再行一策。"

夜里，戍卒围着篝火取暖，忽听远处传来狐狸的叫声，叫声中竟夹杂着人言，喊着：

"大楚兴，陈胜王！"

900戍卒中都是原先的楚国人，楚人又都特别迷信鬼神，接连两件怪事的发生，使他们转而认定陈胜不是平凡的人了。他们对陈胜一下多了敬畏，确信他是上天派来的神人。

陈胜见巧计成功，于是趁势杀了两个押送戍卒的将尉，他把大家召集一处，振臂高声道：

"我陈胜不想枉死，更不忍眼看着大家受苦受难。俗话说：'楚虽三户，亡秦必楚。'这是天命，我陈胜就要带领大家做此大事。天命不可违，只要顺从天意，不但强秦可灭，大家更可称王称侯，这是千载难遇的良机，大家可愿听我号令？"

众戍卒已然把陈胜视为天人，今又见他带头造反，更加相信他是应命而生的贵人了。想想自己的凶险处境，别无他路，于是又添对陈胜拯救自己的感激之情。众戍卒不再犹豫，群情汹涌，齐声响应。

陈胜首举义旗，附近的百姓也闻讯加入，队伍一下发展到数万人。陈胜称王，攻城略地，秦王朝从此走向灭亡。

【解读】

厄运有终结的时候，好运有开启的日子，这是命运对人的最大启示。一切皆可改变，出身低贱者不该为不是自己的"错误"自卑。高贵有高贵的理由，低贱有低贱的原因，寻找出这些因由，人们就不会自叹命薄了。不走低贱者的老路，追寻高贵者的足迹，前面必有心仪的福地。

惜运第八

　　不珍惜来之不易的官运，一个人的为人处事就会随便起来；自我放纵，便要断送一切。封建官场排斥有勇无谋的人，刚烈宜藏其内，柔和宜显其外，谨慎一时不行，谨慎一生方可。封建当权者的宠幸难以天长地久，过于完美的智者最令当权者忧惧。控制人们不能用卑鄙的方法，以牺牲民望来赚取官运的行径得不偿失。做官的艰难终是富贵之后的苦楚。心系百姓的疾苦，为官者就会不断自勉了。

【原文】

　　官蹇未若民苦焉。

【译文】

　　做官的艰难不及为民的劳苦。

【事典】

强权换不来敬重

　　春秋时期，宋国的相国乐喜为政清廉，性情谦和，关爱百姓，在宋国有着崇高的威望，各诸侯国也十分敬重他。

　　一次，楚国使臣士尹池来访，乐喜在自家府邸接待他。士尹池见乐喜家的南边院墙弯弯曲曲，西边邻居家的积水又不停地流入院内，忍不住问道：

　　"相国乃宋国重臣，不想府邸并不堂皇，且受邻人流水之苦。我真不明白，谁还敢对相国不敬呢？"

　　乐喜一笑说：

　　"以势压人，便能换来别人的敬重吗？"

　　士尹池仍觉得乐喜没有威仪，有失身份，他说：

"治理百姓,为官者不能随便,若是为官者不让百姓惧怕,管理他们就很难了。现在相国竟受邻人之气,那么相国该如何治国呢?"

面对士尹池的追问,乐喜摇头一笑,进一步解释说:

"我家南面的邻居是鞋匠,已历三世了,他做的鞋负有盛名。我若逼他迁走,买鞋的人将不知他何往,这样人们就不方便了,也直接影响了鞋匠的生意。我家西边的邻居,他家的地势比我家高,水向东流是很正常的事,我岂能指责人家呢?若是依仗权势将他们轰走,我又和那些豪强有什么分别?和百姓相比,我们做官的要优越多了,不该有什么不满足了,何况,一个国家有这么霸道的相国,朝廷和百姓只能离心离德,治理便是一句空话了。"

士尹池对乐喜油然起敬,立觉乐喜大为不凡。

士尹池回到楚国,楚国君臣此时正在商议攻打宋国的事。士尹池一听色变,他急忙求见楚王,说:

"攻打一个国家,一定要看准时机,乘虚而入才能成功。一个国家是强是弱,不能只看它的大小,更要看其国君臣百姓是否团结一心。臣出使宋国,见其君主贤明,相国仁德,大得人心。大王若贸然相攻,必定失败,不如趁早打消此念。"

士尹池接着又叙说了他在乐喜府中的所见所闻,楚王听了亦是感叹,他说:

"乐喜不怒自威,这样的人不可小看啊!只怪寡人从前太不了解他了。"

楚王于是取消了攻打宋国的计划。

孔子知道这件事后,对乐喜称赞不已,他对自己的学生说:

"乐喜不以强权树威,和百姓平易相处,这不是一般人能做到的。他修养自己的品德,却能击败千里之外的敌人,这才是至高无上的威严呐!"

一个宋国人得到了一块稀世美玉,他敬慕乐喜,于是决定把美玉献给乐喜。他诚恳地对乐喜说:

"相国品德高贵,为民尽力,这块美玉乃是我的一点敬意。如果相国不收下,那么我只好长跪不起了。"

乐喜扶起那人,动情地道:

"你的心意我领了,但美玉决不能收。美玉是你的宝贝,而我以不贪为宝,我若收了,我们二人都会失去一宝,这对我对你都不是件好事。"

宋平公三十二年(前544年),宋国发生了大的天灾,许多农田颗粒无收。乐喜立即请求宋平公开仓放粮，救济灾民。

由于天灾严重，国库的粮食也不足救灾，乐喜于是动员百官说：

"百姓无依无靠，而我们做官的却有些富余，我们不能见死不救啊！这个时候我们若伸出援手，远比平日说多少好话更能让百姓信赖。"

乐喜率先向百姓出借粮食，且不写契约，乐喜的家人说：

"没有契约，将来如何讨要呢？"

乐喜道：

"我说出借粮食，只是不想显示自己，让百姓更容易接受，我的本意是不必偿还。"

乐喜此举，感染了百官和各级官吏，他们纷纷效仿，竭力赈灾。宋国度过了危机，各诸侯国从此更加看重宋国，它们派出使臣向宋国慰问说：

"贵国不幸有灾，而幸有乐喜这样的贤相和贵国的上下一心，这是贵国最宝贵的财富，我们深表敬佩。"

【解读】

封建专制时代，官与民是两重天，二者的境遇无法相比。抱怨做官辛苦的人，或是不知民生，或是不知满足，无论如何，这都是不应该的。做官的艰难终是富贵之后的苦楚，不是生存的危机；因为贪心而致祸，这与人们从事的职业无关。心系百姓的疾苦，为官者就会不断自勉了。

【原文】

官运未若民望焉。

【译文】

做官的运气不及社会的声望。

【事典】

民生无小事

北宋时，二十多岁的苏轼考中进士，出任大理评事，签书凤翔府判官。

凤翔地处西北边陲,是宋夏战争的前线,地理位置重要。当地百姓不仅要供应前线战争物资,而且要面对土地贫瘠、自然灾害多发的现状,生活是十分艰苦的。

上任伊始,苏轼就对同僚说:

"此地百姓穷困不堪,我们做官的不仅不能搜刮他们,还要全力为民着想,为百姓谋划出路。这比只给他们一顿饱饭要实惠得多,也更显朝廷的恩德。"

同僚面露愁色,回道:

"这件事太困难了,不易做到啊!此地战争不断,天灾连连,只能勉强维持,何以根本解决呢?我们做官的只求任内无事,不该难为自己。"

苏轼驳斥道:

"百姓为国家尽力,朝廷更应该为百姓设想。我们为官的若只求独善其身,百姓必当绝望难救,这种事不是有善心的人可以做到的,这太残忍了。"

苏轼

苏轼极力劝说同僚关爱百姓,他自己更是以身作则,为民解忧。一次,大雨下了三天三夜,苏轼坐立不安,他亲自带领属下蹚着水察看民情,对困难之人加以救助。他又制定了一系列减灾防灾措施,使凤翔百姓普遍受益。

凤翔年年要砍伐终南山之树,进献朝廷。树木要水运至京师开封,必经三门峡险道,为此葬身鱼腹者很多,许多服役人家家破人亡。

针对这件百姓关心的事,苏轼召集属下商议对策,他说:

"人命关天,我们同情百姓就要为百姓办实事。百姓不能再出事了,我们想想有何良策吧!"

有人摇头说:

"三门峡势险水激,死人的事不可避免,我们还是别枉费心力了。"

苏轼痛斥那人道:

"事情总有解决的办法,哪有不可避免之理?你是根本不怜惜百姓,才会说出这等无情的话来。"

苏轼日思夜想，又征询船工的意见，最后，他修改了实施多年的伐木、运木的规定，允许运木者自择水工，以时进止，抢在雨季到来之前、河水尚未上涨时运木到京。

这项措施实行后，死人的现象大大减少了，百姓从心里感激苏轼，说他是真正爱民的好官。

苏轼在担任徐州知府时，因为当地柴薪奇缺，穷苦人家常常为做饭犯难。苏轼为此心中忧虑，他对官员们说：

"百姓无柴薪做饭，看似小事，实际上却是关乎民生的大事啊！我决心解决这件事，你们也不许懈怠。"

一个官员建议说：

"百姓为了活命，总还是有办法的，我们只要做好政事就可以了。如果说非管不可，那么官府可拨出些银子，买些柴薪补助百姓，这样，官府也算尽到责任了。"

苏轼摇头不允，他说：

"不从根本上为民解忧，官府就是没有尽到责任，我们便是失职啊！"

苏轼深入民间，探询解决之法。经过反复调查之后，苏轼命人到城西南的白土镇一带去找煤。最后，苏轼在此找到了煤质好、易于开采的煤矿，彻底解决了百姓做饭难的问题。

苏轼在担任杭州知府时，大力兴修水利，疏通河道，他对下属说：

"此地灾害，无不源于水利不修，河道淤塞。我们不要畏难怕险，只要做好了这件大事，百姓的忧虑就可彻底解除。"

苏轼为此反复向朝廷上书，朝廷批准他的请求后，他立即筹措钱粮，招募人力，率领民众筑起了长达30多里的一道长堤。期间，苏轼天天巡视，和民夫们一同吃住。长堤建好后，人们命名为"苏公堤"，以示对苏轼爱民之心的褒奖。

苏轼被贬到儋州之时，也不忘为百姓造福。他针对儋州地处荒僻，人们不知诗书的情况，痛心地说：

"不读诗书，人难免愚昧无知，这是此中穷困的根源啊！"

苏轼排除万难，在儋州办起了学校，教书育人。从此，儋州人才辈出，学风大开。

【解读】

官运要珍惜,民望更要珍爱;官运惠人眼前,民望惠人长久。不要把官运和民望对立起来,那种以牺牲民望来赚取官运的行径是得不偿失的。为官者若声望不佳,官职再高也被人唾骂;为官者若为民办事,官职再小也被人铭记。惜运不是只为保全自己,而是要抓住机会为百姓谋福。

【原文】

勇不忘避。

【译文】

勇者不要忘记避让。

【事典】

隐忧不可忽略

北魏时,名士王昕被太尉汝南王元悦征召为骑兵参事。王昕见识不凡,极有才干,但口无遮拦,做事无忌,人们都不敢得罪他。

一次,王昕和元悦一同外出射猎,回来的路上,元悦让王昕骑马在前,他自己为王昕执鞭赶马。王昕没有推让,高昂着头骑在马上,神情十分自得。

元悦的左右十分气愤,他们对元悦说:

“大王高高在上,地位尊贵无比。今日屈尊为王昕赶马,不想王昕坦然而受,毫无感激之情。这样的人实在傲慢,大王为何还要迁就他呢?”

元悦无奈道:

“王昕恃才自傲,无理之处甚多,只是我的府中只有他一位贤士,许多事情离他不得。本王为大局计,暂且不与他计较,你们也不要生事。”

王昕的一位好友觉察到了其中的隐忧,他对王昕说:

“听说连太尉都为你拉马了,可见你是春风得意,不知你感觉如何?”

王昕连声说好。好友摇头说:

"贵贱有别,尊卑有序,难道你认为这是正常的事吗? 无论如何,你都不该坦然相受,你这个人太不知进退了。"

王昕立时加以反驳,且道:

"我乃贤士,太尉用我之处甚多,我是受之无愧啊! 何况太尉诚心敬贤,我又怎忍坚决拒绝呢? 如此一来,反倒显得我不知礼节,心存虚伪了。"

好友摇头,愤然道:

"你空有才学,竟是这样不识世情,大祸不远了。你要知道,太尉对你礼遇,只不过他现在有求于你罢了,又岂是真心呢? 你不谦不让,锋芒毕露,太尉焉能不生反感? 我只怕你日后会遭遇不测。"

王昕以为好友嫉妒自己,脸色立变,口出不逊,好友气得转身便走。

一次,元悦把钱撒在地上,让手下人去捡。手下人争先去抢。只有王昕站立不动。元悦面上不悦,冷冷道:

"人人爱惜钱财,难道只有你一个人与众不同?"

王昕回敬说:

"我乃读书人,自不屑与人争夺小利,若不如此,王爷怎能看重我呢?"

元悦无话可说,只是苦笑。

王昕回府和家人说了此事,家人先是一惊,后又埋怨他说:

"太尉既然发出号令。你身为太尉属官当要听从,似你这样非但抗拒,还要当众辩解,不是太招摇了吗? 你处处让自己表现得和他人不同,只会多树敌人,这对你的前途并无好处啊!"

王昕不屑道:

"我自有做人做事的原则,岂能随便更改? 我只求无愧于心,施展才华,又何必讨好别人呢?"

王昕无所忌讳,看不惯的事总要当面指出,丝毫不留情面。被他训斥的人难以接受,于是不停地诬陷他。

权臣高洋建立北齐后,对王昕的行为十分反感。高洋曾当面教训王昕说:

"你虽是大才,但终是为朕所用的,难道朝廷就缺你不可吗?"

王昕当面没有顶撞,心中却是愤愤不已。和王昕不和的人趁机大进谗言,王昕立时四面楚歌。天保十年(559 年),高洋派人将王昕斩首,并把尸体扔进了漳水。

【解读】

封建官场排斥有勇无谋的人,勇敢可以杀敌立功,却打不败官场上的对手。勇敢只能击退几个公开的死敌,避让却能消除众多的潜在敌人。小人是不怕与人死拼的,和他们缠上,勇者的特长亦显不足。表现勇敢不是为官者的保身之法,学会避让才是为官者的不倒之秘。

【原文】

忠不忘柔。

【译文】

忠臣不要忘记柔和。

【事典】

维护他人尊严

赵孝成王元年,秦国攻打赵国,连下三座城池。孝成王新立为君,大权掌握在太后手中,太后派人向齐国求救,不想齐国却说:

"赵太后的小儿子长安君深受太后宠爱,若能以他作为人质来到齐国,我们才相信赵国的诚意。否则,齐国是不会出兵的。"

秦国攻势猛烈,朝廷上下一片慌乱。赵太后虽心急如焚,但她舍不得长安君为人质,于是坚决拒绝了齐国的要求。

国家危难,大臣们纷纷劝谏太后以大局为重,有的竟长跪不起,哭谏说:

"秦兵长驱直入,杀人无数,志在灭赵。如此危急,太后竟置国家于不顾,溺爱长安君,这于国于家都是大不智之举。臣等深受国恩,今冒死进谏,恳求太后回心转意。"

赵太后明知理亏,自不愿和大臣争辩,她冷冷地对众臣说:

"国有国法,家有家规,我现在执掌朝政,岂能和你们纠缠不休?齐国欺我太甚,我不答应自有道理,这是朝廷大事,还容你们说三道四吗?再有敢谏者,我一定往他脸上吐唾沫！"

赵太后震怒之下，人人畏惧，只有哀叹。有几个不怕死的大臣还要据理力争，左师触龙拦住了他们，事后又对他们说：

"太后控有天下，掌人生死，如今她执意不肯，你们纵是口生莲花又有何用？此事不容鲁莽，还需想个良策才是。"

众臣气极无奈，有的便说：

"太后无理至极，她自是无法说动我们了，既然多说无益，我们何不径将长安君绑送齐国，以救国难呢？"

触龙勃然变色，斥之道：

"这无疑是犯上作乱，断不可行。如果我们此时不智，赵国当无药可救了。"

触龙说服了众人隐忍行事，随后他便求见太后。

太后猜知触龙必为长安君之事而来，一脸怒气地等着他。却见触龙慢吞吞地走上前来，口中说：

"臣有脚病，走路也快不了了。很长时间不见太后，真不知太后贵体如何，所以特来向太后问候。"

太后脸色一缓，叹声说：

"你如此忠心，真难为你了。我现在也只能靠车辇代步了。"

触龙不入正题，仍是说着闲话，他开口又说：

"闲着不活动，对身体并无好处。我坚持走路，每天都走三四里，累了也能吃东西了，身体也有些强健了。"

太后放下了戒心，遂和他聊了起来。聊着聊着，触龙把话题引到了儿女上面，他动情地说：

"我老了，可我的儿子舒祺还小，又不成器，这才是最让我担心的。我疼爱他，只好求太后开恩，让他补个黑衣卫士的缺额，保卫王宫，我在这里先谢太后。"

太后一笑，马上答应下来。她问舒祺多大年纪，触龙说：

"十五岁了，虽然他年纪还小，可我得及早替他谋划。"

太后又笑，再问：

"你们男人也疼爱儿子吗？"

触龙重声说：

"比女人还疼爱啊！"

太后不以为然，说：

"还是女人爱儿子深。"

触龙趁机说到了长安君，他道：

"臣以为太后爱女儿燕后要超过长安君很多了。"

太后否认，触龙遂就此说：

"父母爱子女，一定要替他们作长远的打算。当初燕后出嫁，太后哭成泪人。燕后身在异国，太后虽然思念，却只日夜祈祷她平安，并不希望燕国把她送回来。太后所思所想，乃是希望她的子孙个个成王，这才是太后的长远打算啊！如今长安君虽然尊贵，太后又不惜重赏厚赐，可一旦太后百年之后，长安君没有大功于国，他那时何以立足呢？太后现在就该让长安君为国立功啊！太后既是不愿不想，所以我说太后爱他不如燕后了。"

太后沉吟多时，终于让长安君去了齐国。齐国的援军随后便至。

有人向触龙求教此中学问，触龙感叹说：

"上位者威严所在，下位者若是不极力维护，只能自讨苦吃了。"

【解读】

面对封建当权者，忠臣只知尽忠，不知顺情，自觉难堪的封建当权者是要报复的，问心无愧的忠臣是要坚持的，他们难以相处，自然一切无功。忠臣不能只有刚烈，也要有柔和；刚烈宜藏其内，柔和宜显其外。忠臣重在完成自己的使命，而不是枉死在封建当权者的刀下。

【原文】

智不忘愚。

【译文】

智者不要忘记愚笨。

压制欲望

西汉武帝时,齐地人氏东方朔一心向学,研究儒家学说,博览诸子百家书籍,对其他事概不关心。

东方朔的邻居见他这样,一次小心地劝他说:

"读书既辛苦又无得,你为何还喜欢读书呢? 人生在世还是吃穿重要,你不能再糊涂下去了。"

东方朔对邻居说:

"不是我糊涂,而是你活得不明不白。俗话说,人过留名,雁过留声,人不能白活一世,总要给后世留下点什么。我不积攒财富,不追求功名,只因这些东西无法留传,而我读书明理,著书立说,这才是千秋功业,值得一搏。"

人们都笑东方朔呆傻,认为他是痴人说梦。有人不客气地对他说:

"你只是个平民百姓,不思眼前之急,却想千古留名,这可能吗? 你太不现实了,还是回头吧!"

东方朔不和他们多加争辩,仍是勤学不止,自励自勉。

东方朔初进长安之时,径直到公车衙门给武帝上书。有人劝他说:

"给皇上上书,当要慎重,万一触怒了皇上,杀身之祸就难免了。这件事并不一定是件好事,你可要想好了。"

东方朔笑着回答说:

"人终有一死,若死于进谏,当会传遍天下,也不枉为人了。我只为进谏说理而来,什么我也在所不惜。"

东方朔发挥出自己的全部才学,写出了有三千枚简牍的奏书。武帝读了两个月才读完,对他的才华赞不绝口。

武帝任命东方朔为郎中之职,并经常让他陪伴自己。东方朔喜欢说些玩笑话,武帝听了十分开心。

一位大臣曾对东方朔说:

"你陪侍皇上,只是插科打诨,为什么不谈论些正事呢? 我们做臣子的都有进谏之责,你正可趁机进谏啊!"

东方朔回答说:

"人生在世,首先要明理,然后才能更好地做事。现在皇上英明睿智,皇上之所以喜欢和我在一起,正是因为我能使皇上快乐啊! 皇上不缺少智慧,只缺少快乐,我这样做又有什么错处呢?"

武帝时常赏赐给东方朔衣食,东方朔并不拒绝,他把东西收下,转手又送给他人。人们说他呆傻,东方朔却说:

"东西再多也是无用之物,不如送人换取好的名声。我和你们不同,请不要用世俗的眼光看我。"

一次,武帝和东方朔闲谈,武帝好奇地问他:

"看你快乐的样子,好像从无烦心的事,是这样吗?"

东方朔摇头说:

"陛下富有四海,尚有烦心之事,何况臣呢? 不过在臣看来,人活着终有烦忧,不如一并抛开,追求天地的至理。把事情看淡,把天理看穿,人就会心胸开阔,无欲无求,这样就可战胜烦恼了。"

东方朔的儿子想要当官,东方朔起初不许,他对儿子说:

"做官并不会给人带来快乐,这其中有许多人见不到的苦楚,何必非要做官呢?你应有更大的抱负啊!"

儿子说:

"这只是你的看法,不能强加给我。你天天教育我要有自己的追求,为什么还要阻止我呢?"

东方朔一时语塞,转而一阵长笑,他对儿子说:

"你说得对,我和你是不同的,你应有自己的天地。"

于是,东方朔四处托请,让儿子当上了郎官。同僚当面问他说:

"你向来反对求人办事,可为了儿子就改变了立场,这是君子行为吗?"

东方朔不怒不愠,答道:

"我从来没有说过自己是个君子,你不该用君子来要求我啊! 何况君子也有人情,做人是不能太苛刻的。"

东方朔给人的印象是散漫和随便的,人们喜欢和他开玩笑,却不喜欢和他说正事。武帝也不升他的官职，只在无聊的时候才会想到他，和他谈笑。

有人劝诫东方朔说：

"你的智慧是他人不及的，应把它用到正事上。你如果花些心思多进谏言，那么高官显爵还会得不到吗？"

东方朔一叹道：

"你是不了解我啊，难怪会误会我。我也想一展抱负，多立功业，无奈生不逢时，只能压制自己的欲望，在思想上多做些思考。从前苏秦、张仪所处的时代，诸侯争霸，人才方显得重要，而如今天下太平，皇上圣明，人才的用武之地便狭小多了。我得不到重用是正常的，我追求快乐也是真心的，如果我患得患失、郁郁寡欢，就是不敬天理，摧残自己，如此，自会辜负上天生我养我的美意了。"

人们听了东方朔的话，大受启发，对他也敬重起来。

【解读】

封建当权者对智者并无偏爱，他们能利用智者，更能迫害智者。让自己的行为滴水不漏，无可挑剔，这是智者的专长；使自己的猜疑日渐疯长，不能自拔，这是当权者的痼疾。过于完美的智者最令当权者忧惧。智者要借助愚笨保全自己，有缺点的智者才不会遭到重点清除。

【原文】

幸不忘卑。

【译文】

幸臣不要忘记卑贱。

【事典】

信任来于安分

夏侯婴早年是个车夫，他和泗水亭长刘邦结为好友，常在一起谈论天下大事。

一次，有个读书人听他夸夸其谈，在旁嘲笑说：

"你赶好车便是尽职了，天下事不是你应该知道的，你不怕别人笑你吗？"

夏侯婴并不生气，他对读书人说：

"我只是好奇而已，自求快乐，哪里是当真呢？我知道自己的本分，谢谢你对我的指教了。"

夏侯婴和刘邦玩耍时，刘邦不小心把他碰伤。此事被人告发，刘邦顿时惊恐不已，他对夏侯婴说：

"按照法律，官吏伤人当判重罪，你要设法救我。"

夏侯婴为了解脱刘邦的罪责，准备去官府说是自伤。他的一位朋友说：

"欺骗官府，也是一条大罪，你要吃很多苦头的。"

夏侯婴道：

"我若不去，刘邦必受惩治，只有这个法子才可以救他。我没有别的能耐，吃点苦头算不了什么。"

夏侯婴被官府关在狱中审查，被打几百杖，一年多之后才被放出。刘邦感激不已，致谢说：

"我误伤了你，你不仅不怪我，还为我申辩下狱，他日我一定要厚报你。"

夏侯婴一笑道：

"如果因我使你受罚，那么最难过的当是我了，你千万不要谢我。"

刘邦聚众起事，夏侯婴被任命为太仆，主管刘邦的车马。有人替夏侯婴感到委屈，对他说：

"你有恩于沛公，可他却不思报答，只让你管理车子，你不该接受啊！"

夏侯婴嬉笑道：

"我本来就是个车夫，这样安排有什么不好？我也干不了大事，干别的只能误事，还是做车夫好。"

夏侯婴驱车随刘邦四处征战，立了许多战功。刘邦几次想提拔他的官职，夏侯婴总是拒绝说：

"我知道自己的才能低下，不适合做高官，你还是让我做个车夫吧！"

刘邦被立为汉王时，夏侯婴被封昭平侯，刘邦对他说：

"你既为侯爵，实不能再为我驾车了，这不合体统啊！"

夏侯婴恭敬回答道：

"追随大王是我的荣幸,我并没有想太多。我想太仆之职也是十分重要的,这个职位并没有委屈我。"

刘邦感动说:

"其他人唯恐争不到官位,以官小为耻,哪有你的胸怀呢? 你是无怨无悔地为我尽力,其他人应该感到羞愧了。"

刘邦和项羽征战时,一次汉军大败,刘邦乘车而逃。途中,遇见刘邦的儿子和女儿,夏侯婴令车停下,把二人抱到车上。

楚军在后紧赶不放,刘邦的车子人多超重,速度很慢。刘邦担心被俘,几次把儿女推到车下。

夏侯婴不顾刘邦的呵斥,屡屡跳下车来解救刘邦的儿女。刘邦想要杀死他,夏侯婴镇定说:

"大王为了逃命而不顾儿女的生死,这是不对的。我救助他们,并不是想邀功请赏,大王怪我什么呢?"

事后,刘邦感谢夏侯婴的救子之恩,道歉道:

"当时情势危急,是我无理了。你冒死救我的儿女,这是奇功一件,如有所请,我一定会满足你。"

夏侯婴一无所请,仍是安居太仆之职。他至死都担任这个官职,却赢得了刘邦的无比信任。

【解读】

被封建当权者宠幸的人,最容易忘记从前的卑贱。自以为显赫起来,一个人就会忘乎所以了。在当权者眼里,幸臣永远是卑贱的,幸臣自高自大,当权者就多了一块心病。封建当权者的宠幸难以天长地久,幸臣的野心终会暴露;不想祸患上门,一个人就要本色不变了。

【原文】

勿窥上秘。

【译文】

不要窥探上司的秘密。

【事典】

擅测人意为忌

杨修是东汉太尉杨彪的儿子。杨修聪明绝顶，才学渊博，被举为孝廉，曹操让他代理仓部属官主簿。

杨修富有才能，做起事来得心应手，曹操很器重他。曹植有心和他交好，于是写信对他说：

"几天不见，甚是想念，你的大才，我甚为倾慕；而当世其他人，我就不敢恭维了。"

杨修回信说：

"几天没在您身边侍奉，如隔三秋，这都是因为你对我关爱至深啊！承蒙您赐寄的诗文，我反复诵读，说它如同《诗经》一般，也不为过。"

二人相敬相惜，由此可见。

杨修为了帮曹植当上太子，苦心谋划。曹丕因此嫉恨杨修。杨修的朋友一次对他说：

"太子之位一日未定，曹丕就有希望，你这样公开帮助曹植，万一曹丕当上太子，他能不报复你吗？你还是小心行事的好。"

杨修对之一笑，口说：

"曹植是我的朋友，我帮助他是理所当然的。有我相助，曹丕当上太子的事，是断不会发生的。"

曹丕请朝歌郡长吴质为己谋划，为不被人知，他让吴质藏在装满簏子的车子里出入府中。杨修得知此事，马上报告了曹操。曹丕知道消息，又依吴质之计，第二天车里装绢，杨修再去报告，却搜不出人来。由此，曹操开始怀疑他了。

曹操总是出文考试诸子，每次作答，杨修都在旁为曹植出谋划策，揣摩曹操的心意，再告之以如何应对。曹操见曹植所答深合己意，心中欢喜。曹丕便派人密告曹操说：

"杨修擅测丞相之意，这些回答都是他的意思。他为显己能，又四处夸耀，实在令人痛恨。"

曹操为了验证此事，便派曹丕、曹植分别出城，又暗下命令让守城官吏不许任何人出城，以此观察二人所为。曹丕去而复返，曹植却依杨修之言，斩杀守城者出得城去。曹操心生厌恶，对杨修愈加忌恨。

杨修犯忌之处还有很多，修建相国门时，曹操曾去查看，在门上写了个"活"字，然后一言不发便走开了。

人们不知其意，不知如何是好。杨修见之，开口便说：

"门中加'活'，乃'阔'。丞相的意思是嫌门太大，应该拆毁重建。"

一次，曹操在一盒酥上题写一个"合"子，众人不知所措，呆呆站立，杨修越众而出，吃了一口酥，且道：

"丞相让我们每人一口，你们还犹豫什么呢？"

曹操当众称赞了杨修的聪明，心中却是十分不快。

杨修的朋友都十分敬佩他的才学，却也为他锋芒外露担心。他们私下对他说：

"丞相生性孤傲，目中无人，向以机智示人，而你却屡挫其锋，不饰己能，丞相一定不会好受的。长此以往，不是什么好事，为何不改变它呢？"

杨修不以为然，只道：

"丞相知人善任，心胸宽广，他是不会怪罪我的。何况，我猜得一点不差，丞相不是多次当面赞扬我了吗？"

曹操扫平汉中，征伐刘备进退不得，一日出口令为"鸡肋"。随军的杨修由此猜出了曹操的心意，他对人说：

"鸡肋食之无味，弃之可惜，丞相定是要退兵了。"

杨修让人准备行装。

曹操知道后恼羞成怒，给杨修安上扰乱军心的罪名，将他杀害。

【解读】

不珍惜来之不易的官运，一个人的为人处事就会随便起来，做出种种犯忌之举。对上司的秘密，知道的要守口如瓶，不知道的不可探查。在封建官场，知道的事情愈多就愈有麻烦，好奇心愈强就愈有负担。上司不会重用对他了如指掌的人，更不喜欢有可能掌握其把柄的人。

【原文】

勿揭下私。

【译文】

不要揭露下属的隐私。

【事典】

辱人必自辱

公元前 559 年,卫献公一日传召大臣孙林父和宁惠子共进午餐。

孙林父、宁惠子早早穿上朝服,静静地在宫中等候卫献公。

到了中午,卫献公还在后花园射鸿雁玩乐,他的随从便提醒他说:

"主公邀请孙林父、宁惠子宴饮,他们已等候多时了,主公还是回转吧!"

卫献公正在兴头上,于是说:

"寡人没有尽兴,天大的事都不会管,何况只是一次宴饮?你们不用理他们,让他们等候好了。"

孙林父、宁惠子腹中饥饿,又没人招呼他们,感到受了极大的侮辱。孙林父心中有气,他对宁惠子说:

"主公言而无信,分明是在捉弄我们,难道我们有错吗?"

宁惠子也很生气,不满道:

"我们虽是臣子,但也不能无缘无故受此屈辱,主公实在是太傲慢了。"

天色入晚,卫献公仍在玩乐。当他得知孙林父、宁惠子二人坐立不安时,竟是放声狂笑起来,他对随从人员说:

"这两个人平日居功自傲,寡人就是要借此杀杀他们的锐气。寡人是君,他们是臣,他们不满又能把寡人怎么样呢?"

随从人员有的赔笑,有的却笑不起来,他们说:

"无罪而被无端羞辱,他们必定不服啊!以此来显示主公的威风,岂不是无故和他们结下仇怨?他们二人乃是朝中重臣,纵有小错尚不能轻易责罚,何况无罪呢?"

卫献公蔑然笑道：

"在寡人的眼里，谁也不是英雄好汉，他们难道还敢造反吗?"

孙林父、宁惠子二人找到后花园，不想卫献公冷眼以待，绝口不提宴饮的事，他还训斥二人说：

"听说你们揽权纳贿，多行不法，可有此事?"

卫献公态度严厉，目光逼视，二人打个冷战，连忙分辩。卫献公见二人惶急的模样，竟又笑出声来，随口说：

"你们知道害怕，寡人就不追究了，寡人只想让你们知道，你们的事是瞒不过寡人的慧眼的。"

孙林父、宁惠子连遭羞辱，心中气极。他们从宫中出来，俱道：

"如此昏君，我们还指望他什么呢?"

孙林父一气之下，回到了故乡戚地，只让他的儿子孙蒯在朝听命。

卫献公见气走孙林父，十分得意。其实他一直忌恨孙氏的势力，想进一步搞垮孙氏。

一天，卫献公请孙蒯饮酒。酒席宴上，卫献公故意让乐师演唱《诗经·巧言》的最末一章"彼何人斯，居河之麋，无拳无勇，职为乱阶!"用以暗指孙氏的跋扈不臣和讥讽他的无能。

孙蒯猜出了卫献公的真意，赶到戚地对父亲说：

"主公处处和我们为难，分明要对我们下手，怎么办呢?"

孙林父怒道：

"我无罪有功，主公却仗势紧逼，他是要置我于死地啊！他以为别人奈何他不得，我偏要以小搏大，给他个教训!"

孙林父召集族人乡亲，毅然发难。他率领队伍向都城进发过程中，又有很多怨恨卫献公的人纷纷加入。

卫献公恐慌之下，派他的三个儿子去同孙林父讲和，不料孙林父回绝道：

"我被逼而反，早就做了必死的准备，似主公之人，哪里会让人相信呢?"

孙林父杀了卫献公的三个儿子，继续进军。卫献公落荒而逃，险些丧命。

【解读】

对下属没有一点尊重之意，这种上司不得人心。如果下属只会给上司拆台，事故就要频发了。控制人们不能用卑鄙的方法，让人们服从要用长久的工夫，不能操之过急。用下属的隐私来胁持他们，用揭露其隐私来打击他们，其后果是下属的彻底反叛，自己的官运终结。

【原文】

始慎见潦。

【译文】

起初谨慎能见到失意。

【事典】

坚持须到最后

清朝康熙在位时，胤礽被立为太子，从小便受到康熙的精心培育。

康熙教导胤礽说：

"你是朕的太子，祖宗江山最终要交到你的手上，没有才能是治理不好的。朕对你要求很高，你要自励啊！"

胤礽被安排学习汉文、满文，练骑射，读经史，习书法，从早到晚从无空闲，甚至逢年过节也无休息。胤礽深感其苦，他常发怨气说：

"同为皇子，为何我不能和其他皇子一样玩耍呢？当太子毫无乐趣，我宁肯不当这个太子了。"

胤礽的叔外公索额图每每听到太子叫苦，都是极力劝说道：

"太子乃未来储君，哪能放弃呢？现在虽苦，将来就享乐无限了。太子不可显露一点缺处，否则，便会被人利用，加以攻击，动摇太子的地位。"

胤礽事事走在人先，一举一动不敢稍有放纵，他接受着超负荷的训练，精神和身体都承受着巨大的压力。

康熙四十一年(1702 年),陪同康熙第四次南巡的胤礽因劳累过度,病倒在途中。胤礽上吐下泻,怕冷无汗,腹中还伴着阵阵剧痛。陪伴胤礽的随从对胤礽说:

"太子身体有疾,应该立刻禀明皇上,调养诊治,太子为何瞒住不报呢?"

胤礽吃力道:

"此事若让人知,人们当会议论我这个太子身体虚弱,说不定还会扯出其他事来。我的形象是重要的,我自信还能支撑。"

胤礽苦苦熬着,终在抵达德州的前一天陷入昏迷。康熙命人对他多方调治,20天后,胤礽才化险为夷。

事后,有人苦劝胤礽道:

"太子有病而不报,险些伤及性命,太子这样做得不偿失,切不能这样苦了自己了。太子有上天护佑,不必处处难为自己。"

胤礽摇头说:

"父皇对我期望甚高,又有众皇子窥伺在侧,我这个太子还敢掉以轻心吗?我不能有半点缺失,再苦也要勉为其难了。"

有的大臣见太子险些病死,心生怜悯,于是对康熙说:

"太子耐苦耐劳,令人生敬,只是太子恐怕力有不支,还请陛下准其多些歇息,以保贵体。"

康熙虽然疼爱胤礽,但是没有答应大臣所请,他说:

"太子重任在肩,只有经受历练,才能有所作为。朕不能因私废公,放松对太子的要求啊!"

胤礽拘于太子的身份,事事循规蹈矩,整日处于高度紧张之中。表面上他大度从容,谦和有礼,私下里却变得性格暴躁,心态极度扭曲。

一次,胤礽因为心情郁闷鞭打下属,马上有人对他说:

"太子泄怒事小,万一此事传出,别人又会怎样看待太子呢?"

胤礽失态叫道:

"我也是人,难道就不可以发怒吗?上天对我太不公平了!"

尽管胤礽如履薄冰,别人对他的攻击却并没有停止,他们对康熙说:

"太子表里不一,常体罚下属,这说明太子平日所为全是做给陛下看的,太子是工于心计啊!"

康熙渐渐对胤礽不满了,胤礽于是更加心神不宁。

胤礽对手下人说:

"反对我的人总能找到理由,我该如何是好呢？我这个太子当得实在太辛苦了,我真是难以忍受了。"

胤礽用心弥补,结果事与愿违,康熙的不满有增无减。最后,胤礽的太子之位还是被废掉了。

【解读】

做官需谨慎,谨慎是官运的伴侣。对入仕不久的人来说,少有人横冲直撞,但他们的所得却不是自己想象中的那样如意。如果就此不再谨慎,自我放纵,那么便要断送一切了。官场中人都有艰难的开始,没有谨慎意识,后面的路会更加难走。要先求立足,而不是先求安逸。

【原文】

恒慎见成矣。

【译文】

持久谨慎能见到成功。

【事典】

教人无处下手

三国时期,司马懿在曹操手下做事,战战兢兢,不敢有丝毫大意。有人问他为何如此小心,司马懿说:

"乱世为人,如果自己放纵,那么只能速死。我不想因小失大,把自己的性命断送在行为不检上。"

司马懿足智多谋,但他并不张扬,常常做出愚钝之状。他不在私下谈论别人的是非,对他人的攻击也坦然处之,不加理会。

太子曹丕和司马懿私交很好,一次,曹丕问司马懿说:

"我要保住太子之位,不生枝节,该当如何行事呢?"

司马懿指点道:

"此事不难,只要太子严于律己便可。太子没有闪失,他人纵是有心攻击太子,也无处下手。"

曹丕点头称是,说道:

"看你平日小心谨慎,定是依此践行之果了。现在无人说你的不是,可见这个法子实在高明啊!"

司马懿自己小心,对家人也要求甚严,他对家人说:

"我们看似富贵无忧,其实隐患重重,随时都有大祸临头之险。我们要记住这一点,时时约束自己,这样可保平安。"

曹操是一世枭雄,他觉察到司马懿志存高远,对他心存疑惑。一次,曹丕对曹操夸赞司马懿,曹操冷笑着说:

"你的阅历太浅了,一个人单凭外在表现是难下断言的。司马懿谦虚有礼,谁知他内心究竟如何呢?"

曹操命人调查司马懿的一切,结果一无所得。曹操叹道:

"这只能说明司马懿行事小心,并不能证明他没有野心。司马懿有这样的忍耐力,当真与常人不同啊!"

有人报告说司马懿有像雄狼回头看的表情动作,曹操惊道:

"狼顾之状,乃反臣之像,司马懿更让我忧心了。"

为了验证此事,曹操一次冷不防让司马懿回头。好在司马懿在曹操面前格外小心,他正身回转,身子稳而不动,全没有狼顾之状。

司马懿心知曹操并不信任自己,于是更加勤奋尽忠,他对家人说:

"我不怕主子有疑,只怕你们不检点而给我惹祸。辩解解除不了主子的疑心,老实做人才可消灾。这件事谁也救不了我们,只有我们自己啊!"

曹操曾做过一梦,梦见三马同槽。曹操很反感,他对曹丕说:

"司马懿不是人臣之相,我看他要干预我家的事,不如趁早除之。"

曹丕为司马懿求情道:

"司马懿质朴无华,一心为国,父亲为何一再怀疑他呢?他这个人我最了解了,请父亲不要难为他。"

曹操说：

"你涉世不深，一定为其所迷，你哪是他的对手呢？"

曹丕不肯答应，反问道：

"父亲若要惩治司马懿，可有其谋反乱政的证据？"

曹操回答不出，曹丕随后说：

"父亲若只凭猜疑杀人，只会令天下壮士寒心。司马懿乃大才之人，他既无反状，又何必害之？儿一定能调教好他，使其为国效力，不生二心。"

曹丕力保之下，曹操这才放过司马懿。

司马懿听闻此事，吓得脸色立变，久久说不出话来。最后，司马懿哭着道：

"我侥幸不死，只怪我平日还是修身不够啊！"

从此，司马懿更加勤奋认真，尽职尽责，夜里都忘了睡觉。他每天打柴放牧，如同一个农夫一般。

曹操观察他多时，见他不似假作，这才放下心来，消除了杀他的念头。

【解读】

功败垂成的悲剧多是失去谨慎造成的，谨慎一时不行，谨慎一生方可。封建官场一夕数变，人与事不断更新，这都需要人们及时掌握，理性应对。自恃阅历丰富是要麻痹的，自恃智慧过人是要大意的，阅历和智慧都不及谨慎能防堵灾祸。时刻保持谨慎，一个人就不会有失败之痛。

鬼谷子

春秋·王诩

图文珍藏版

导读

鬼谷子，姓王名诩，又叫王禅，是春秋时期卫国朝歌人（一说战国时代卫国人），具体生卒年月不详，先秦诸子之一。其经常去云梦山采药修道。因为隐居清溪之鬼谷，所以自称为鬼谷先生。

后人又把鬼谷子称为"纵横家的先师、兵家的师祖"。这是因为，据历史资料记载，战国时期著名的军事家孙膑、政治家苏秦、张仪，都曾经师从鬼谷子（见《战国策》）。另外，还有庞涓也是鬼谷子的弟子的说法（见《孙庞演义》）。

《鬼谷子》和《本经阴符七术》是鬼谷子的主要著作。《鬼谷子》侧重讲述权谋策略以及言谈辩论技巧，而《本经阴符七术》则集中讲述养精蓄锐之道。

《本经阴符七术》一书可能是鬼谷子根据自身心得总结而成，但《鬼谷子》一书是其后学者根据其言论重新整理而成的。该书内容十分丰富，涉及政治、军事、外交等内容，主要讲谋略的理论。

鬼谷子王诩像

纵横家所崇尚的是权谋策略以及言谈辩论的技巧，指导思想与儒家所推崇的仁义道德大相径庭。所以，一直以来，学者中对《鬼谷子》一书推崇者甚少，诋毁者甚多。

《鬼谷子》不是一部等闲之作，它对战国时期纵横家的理论起着重要的指导作用。因为外交战术能不能成功，关系国家之兴衰安危，而生意谈判与竞争的策略是不是合理得当，则关系到经济上的成败得失。即便是在日常生活中，言谈技巧也关系到一个人的为人处世是不是得体。

当年苏秦凭其三寸不烂之舌，合纵六国，佩六国相印，统领六国共同抗秦，一时显赫。而张仪又凭其谋略与游说技巧，使合纵六国土崩瓦解，为秦国立下不朽功劳。其实所谓"智用于众人之所不能知，而能用于众人之所不能"，潜谋于无形，常胜于不争不费，这就是《鬼谷子》的精髓所在。

捭阖第一：谈判有术，针对游说

【题解】

本卷是《鬼谷子》一书的首卷。

在本卷中，"捭阖"二字被赋予丰富的含义。"捭阖"即开合。一开一合是事物发展的规律。纵横家以捭阖之道作为游说的根据，从而估算对方的智、勇等方面，根据对方的情况或"捭"或"阖"，用讲道理的方法去游说对方。

在游说之前，游说家会先探知对方的情况，根据对方的实际情况做出针对性的游说。对方喜欢什么就说什么，从而赢得对方的认可，然后逐步实现自己游说的目的。

游说他人是有技巧的，而针对游说便是其中的一种技巧。游说之前一定要找到问题的症结所在，以及游说对象的性格，然后对症下药，或滔滔不绝，或沉默不语，一"捭"一"阖"地往复使用，为说服对方施展不同的手段，这样游说就不会不成功。

【原文】

粤若稽古，圣人之在天地间也，为众生之先。观阴阳之开阖以命物，知存亡之门户，筹策万类之终始，达人心之理，见变化之朕焉，而守司其门户。故圣人之在天下也，自古至今，其道一也。变化无穷，各有所归。或阴或阳，或柔或刚，或开或闭，或弛或张。

是故圣人一守司其门户，审察其所先后，度权量能，校其伎巧短长。夫贤、不肖、智、愚、勇、怯，有差，乃可捭，乃可阖；乃可进，乃可退；乃可贱，乃可贵；无为以牧之。审定有无与其实虚，随其嗜欲以见其志意，微排其所言，而捭反之，以求其实，实得其指；阖而捭之，以求其利。或开而示之，或阖而闭之。开而示之者，同其情也；阖而闭之者，异其诚也。可与不可，明审其计谋，以原其同异。离合有守，先从其志。

即欲捭之贵周，即欲阖之贵密。周密之贵微，而与道相追。捭之者，料其情也；阖之者,结其诚也。皆见其权衡轻重,乃为之度数,圣人因而为之虑。其不中权衡度数,圣人因而自为之虑。故捭者,或捭而出之,而捭而纳之;阖者,或阖而取之,或捭而去之。捭阖者,天地之道。捭阖者,以变动阴阳,四时开闭,以化万物。纵横、反出、反覆、反忤,必由此矣。

捭阖者,道之大化,说之变也;必豫审其变化。口者,心之门户也;心者,神之主也。志意、喜欲、思虑、智谋,此皆由门户出入,故关之以捭阖,制之以出入。捭之者,开也,言也,阳也;阖之者,闭也,谋也,阴也。阴阳其和,终始其义。故言长生、安乐、富贵、尊荣、显名、爱好、财利、得意、喜欲为阳,曰"始"。故言死亡、忧患、贫贱、苦辱、弃损、亡利、失意、有害、刑戮、诛罚为阴,曰"终"。诸言法阳之类者,皆曰"始",言善以始其事;诸言法阴之类者,皆曰"终",言恶以终其谋。

捭阖之道,以阴阳试之,故与阳言者依崇高,与阴言者依卑小。以下求小,以高求大。由此言之,无所不出,无所不入,无所不可。可以说人,可以说家,可以说国,可以说天下。为小无内,为大无外。益损、去就、倍反,皆以阴阳御其事。阳动而行,阴止而藏;阳动而出,阴随而入。阳还终始,阴极反阳。以阳动者,德相生也;以阴静者,形相成也。以阳求阴,苞以德也;以阴结阳,施以力也;阴阳相求,由捭阖也。此天地阴阳之道,而说人之法也,为万事之先,是谓"圆方之门户"。

【译文】

纵观古往今来。圣人生活在天地间,是芸芸众生的先导。圣人通过观察阴阳两类现象的开启变化来命名事物,并进一步了解事物生存和死亡的关键,预测天下万物从起始到终结的全部过程,知道人们思想变化的规律,揭示出来事物变化的征兆,从而把握事物发展变化的趋势。所以,圣人处在天地之间,从古到今,他们所奉守的自然之道是一样的。事物的变化虽然是无穷无尽的,但是它们最终都有自己的归宿。或许属阴,或许属阳;或许柔弱,或许刚强;或许开启,或许闭合;或许松弛,或许紧张。

因此,圣人要始终把握事物发展变化的关键,审视事物变化的先后顺序,度量人们的智谋,比较双方在技巧方面的优劣短长。至于人的贤良、不肖、智慧、愚钝、勇敢、胆怯,都是有差别的。根据不同的情况,可以开启使用,也可以闭藏不用;可以举荐,也可以摒弃;可以轻视,也可以敬重,以顺应天性来处置。通过虚实来考查对方有无真才能,通过对他们的嗜好和欲望的分析来判断对方的意愿和志向。适当地贬抑对方所说的话,当他侃侃而谈的时候加以反驳,以便更好地探察对方的实际情况,切实把握对方言行的主旨;沉默不语而后开口,以便抓住有利时机。或许开放,使其显现;或许封闭,使其隐藏。开放使其显现,是为了取得与对方情感上的一致;封闭使之隐藏,是为了了解对方对自己的诚意。要分辨什么可行,什么不可行,就需要把那些计谋研究透彻,探究异同之处。计谋有与自己不相同的和相同的,一定要有主见,并分别对待,也需要注意跟踪对方的思想活动。

如果想要运用开启之术,那么贵在考虑周详;如果要运用闭藏之术,那么贵在隐藏和保密。周详和保密的关键,在于精微地合乎自然规律。开启是为了侦察他的真实情况,闭藏是为了结交对方的诚意。这样的做法都是为了衡量对方的实力权谋,用来探察对方谋略的性质和谋划的程度,圣人就会因此用心思考。如果权衡失误,谋略失策,圣人就会自我忧虑。所以说,所谓的开启,或者是通过开启展示出去,或者是通过开启而收纳闭藏。所谓的闭藏,或者是通过闭藏获取,或者是通过闭藏抛弃。开启跟闭合,是天地万物运行的规律。开启与闭合,都是通过阴阳运行、四季轮替,促进了万物的发展变化。世间万物的纵横交错、反复出入、相互抵触,都必须通过开启或闭合来实现。

开启和闭合是万物运行规律的一种体现,也是游说之术变化的法则,游说者必须慎重地审察对方的变化。心灵的门户是嘴巴,精神的主宰是心。志向意愿、爱好欲望、思维活动、智慧计谋都要由这个门户来表露。所以,用开启和闭合来把守这个关口,以控制语言的出入。开启之术,就是开启、发言,属于阳的方面;闭合之术,就是封闭、缄默,属于阴的方面。阴阳两方相互协调,开放与封闭才会有节度,才能善始善终。所以说,长生、安乐、富贵、尊荣、显名、嗜好、财货、得意、欲望等,属于"阳"的一类事物,叫作"开始"。而死亡、忧患、贫贱、羞辱、毁弃、损伤、失意、灾害、刑戮、诛罚等,属于"阴"的一类事物。叫作"终止"。只要是那些遵循"阳道"运行的事物,都可以称之为"始",是指常以"善"的行为来开始;只要是那些遵循"阴道"运行的事物,都可以称之为"终",是指常以"恶"的行为来终止。

捭阖术运用的法则,就需要从阴阳两个方面来施行。所以,与循阳道的人言谈,要依托崇高的原则引导对方;与循阴道的人言谈,要依托卑下的原则引导对方。用卑下来求取微小,以崇高来求取博大。这样说来,没有什么不能抽身出来,也没有什么不能深入进去，没有什么不可以说服。用这个道理，可以游说一个人，游说一个家，游说一个国，可以游说整个天下。要做小事情的时候没有"内"的限制，要做大事情的时候也没有"外"的限制。所有的损害和补益、离开和接近、背叛和归附等行为，实行起来都是运用阴阳的变化来处置的。活动、前进属于阳的方面，静止、隐藏属于阴的方面。阳通过运动显示出来，阴通过静止隐藏起来。阳发展到极点就变成了阴，阴积累到极点就变成了阳。循阳道运行者，德就会与之相胜；循阴道止者，形就会凝聚。用阳来探求阴，就需要用德来包容；用阴来探求阳，就需要用力量来施行。阴阳两方面相互寻求，就是依据开启和闭合。这就是天地间阴阳运行的总规律，也是游说他人的基本方法，是各种事物的先导，因而常被称作"天地万物运行的门户"

【事典】

苏秦是东周洛阳人，曾经师从鬼谷子学习纵横之术。学成之后，他想不负平生所学游说各国国君。开始的时候，家里人都不同意，但他还是倔犟地坚持。一次，他去求见周天子，因为是平民出身，周天子以及其他贵族都看不起他，他的第一次游说便以失败告终。他又去秦国游说，同样遭到了拒绝。出师不利对苏秦打击非常大，他狠下心来，潜心研究一本叫作《阴符》的书，累了用锥子扎自己的大腿，困了把头发吊在房梁上，在一年内揣摩出了许多道理。之后他再次去游说，又被周王和秦王拒绝了。

这时，正好燕昭王广招天下贤士，苏秦便去了燕国。他在燕国受到了礼遇，并且深受燕昭王的信任。苏秦对燕昭王坦言，燕国想要报强齐之仇，必须先向齐表示屈服顺从，掩饰复仇的欲望，让齐国不注意燕，以使燕国赢得振兴所需的时间。再者，要鼓动齐国不断进攻

苏秦

其他国家,消耗齐国的国力,并且防止其攻打燕国。为此,他去劝说齐王伐宋,合纵攻秦。公元前 285 年,苏秦到达齐国,不断地挑拨齐、赵之间的关系,取得了齐愍王的信任,官居齐相,可暗地里他仍然在为燕国效力。齐愍王不明真相,任命苏秦率兵抗御燕军。齐、燕两军交战时,燕国轻易地取得了胜利,而齐国则损失了五万兵士。苏秦挑拨齐国君臣的关系,使齐国君臣不和睦,百姓离心,为乐毅联合五国攻破齐国奠定了基础。

随后,苏秦又说服赵国联合韩、魏、齐、楚、燕一起攻打秦。赵国国君很高兴,封他为武安君,还赏给他豪华车辆、白璧百双、黄金万镒跟数不清的绫罗绸缎,让他带着这些东西去向其他的国家宣扬"合纵术",齐心协力抗击秦国。苏秦得到赵国的帮助,又往韩国而去,游说韩宣王;往魏,游说魏襄王;往齐,游说齐宣王;又往楚,游说楚威王。他马不停蹄地到各国周游,"以三寸之舌为帝王师"。诸侯都赞成苏秦的计划,于是六国达成联合的盟约,苏秦为合纵长,并任六国相。盟誓约定"秦攻一国,五国共救;一国叛盟,五国共讨"。秦国知道这个消息后大吃一惊。此后十五年,秦国不敢图谋向函谷关内进攻。

苏秦靠着一张嘴巴没有耗费一兵一卒就震慑了秦国,由此可见合纵术的厉害。我们知道,春秋时期,战乱纷纷,在那种环境下,每个人的心思都是难以揣度的。要想说动各国的君王,必须动之以情、晓之以理,把利害关系明确地说出来,有针对性地和游说对象"谈判",不断地探察对方的实情,运用各种说话技巧,从游说对象的弱点下手,静观其变,方能找到说服对方的突破口。

上面的故事可能有点笼统,下面会举一个详细的例子阐述捭阖之术的厉害。

燕王晚年,让位给大臣子之,这个做法引发了太子平和将军市被的叛乱。齐国也来趁火打劫,借机派兵攻燕。燕国本来就弱小,再加上内外战乱,仅五十余天就被齐国占领全境。赵武灵王护送燕公子职回国,立其为燕昭王。

燕昭王继位之后,为了振兴燕国,广纳贤士,积极准备对齐国进行大规模的军事报复。苏秦在这时来到燕国,燕昭王派他到齐国交涉拿回仍被齐占领的燕国土地。苏秦到齐,对齐宣王说:"燕昭王是秦穆公的女婿,从亲戚方面来说,秦国就是燕国的后盾。齐国占领燕国的土地,一定会让秦国和燕国不满。如果您将占有的土地归还给燕国,那么燕国和秦国会对您非常感激。大王即可以秦、燕为支持,号令天下。天下也莫敢不从,成就霸业指日可待。"齐宣王大喜,归还了燕国旧地。苏秦归燕,燕昭王即开始重用苏秦。在一般情况下,只有发动战争才能夺回旧地,而苏秦仅仅凭几句话,就把燕国的旧地给夺了回来,这就是"三寸之舌"的威力。

古代某些时期战争频繁,能人谋士辈出。游说者更是不计其数,"一言兴邦,一言丧邦"表现得淋漓尽致。捭阖之术在古代得到了重视,很多人学习和使用。这种一开一合的"捭阖"之术在外交家的身上体现得尤为明显。而且,在历史进程中,大开大合是经常现象。所谓"捭阖者,天地之道",历史的巨变也常在开合中。具体而言,合宜的"捭阖"之术常于应"闭"时必自守,以韬光养晦渡过难关而闻名于天下。在我国历史上,东汉刘秀、三国刘备都曾经以"闭"为自守之策而夺取天下。北齐开国皇帝高洋也曾经运用这样的方法登上了皇帝的宝座。

北齐开国皇帝高洋,是东魏大丞相、齐王高欢的次子。高欢死后,长子高澄继任大丞相,统率中外诸军,坐镇晋阳;高洋被封为京畿大都督,在邺都辅佐朝政。高澄凶横暴烈,狂放不羁,处处锋芒毕露,总揽朝政,不可一世。但是高洋的表现恰恰相反,温文尔雅,愚钝憨直,讷言少语,对国家大事总是睁一只眼闭一只眼,得过且过。这样对比,文武群臣都非常看不起他,他自己在兄长高澄面前也从来都是百依百顺。他曾经为夫人购置了一些比较好的服饰,高澄看上了,非要据为己有,高洋也不气恼,还劝夫人不要气恼。而且,自己的美妾多次被高澄调戏,他也佯装不知。在这种情况下,高澄对这个弟弟更是瞧不上眼,曾经对别人说:"如果我的这个弟弟能够富贵,那么预言吉凶贵贱的相面书就无法解释了。"更有甚者,高洋退朝回家,常常是闭门静坐,对妻妾也不说几句话,有时还脱光了鞋,光着脊梁在院子里奔跑。

谁都想不到,就是这个高洋,在局势突变时好像变成了另外一个人,令人刮目相看。高澄对当时的皇帝元善非常不满,就赶到邺都与几个心腹密谋废立之事,不料却被家奴兰京聚众刺杀身亡。

高洋得知这一消息后,并未惊慌失措,而是神色冷静,从容率兵赶到,将兰京等凶手一一捕杀,而且对外宣布大丞相只是在家奴造反时受了点伤。与此同时,他又向皇帝元善请求护送高澄回晋阳去养伤。元善立即准行,心里暗喜,认为高澄已经受伤了,而高洋懦弱,难成大器,已经不可能威胁到自己的皇位了。

高洋回到晋阳后,当即召集群臣布置政事,推行新法,革除弊政。在不到一年的时间里,他将晋阳治理得井井有条,百官惊叹不已。此时,高洋看到国家内外安定,这才宣布高澄去世,为其兄发丧。同时,元善觉得他这个人丝毫没有野心,便封他为大丞相,都督中外诸军,袭封齐王。

几个月后,高洋率兵抵达邺都,逼元善禅位。元善听到这一消息后,惊得目瞪口呆,无奈之下只好同意。高洋建立新朝,改国号为齐。

韬光养晦,是一种隐藏才能,不露真心,收敛锋芒。待时而动的极佳谋略。高洋正是采用了这种谋略,最后成就了帝王大业。在历史上,与他有相同经历的帝王还有不少。北魏的节闵帝元恭,也是凭韬晦之术登上皇位的。即位前,他为了保命,竟然当了八年哑巴。

孝明帝时,元恭虽然担任常侍、给事黄门侍郎,但总担心有一天大祸临头,于是装病不起。过了一段时间,又对外说得了喉疾,连话都说不出来了。就这样,元恭装哑巴装了将近八年。孝庄帝永安末年,有人告发他不能说话是假,心怀叵测是真,而且,老百姓传说他住的那个地方有天子之气。元恭听到这个消息,急忙逃到上洛躲起来。没过几天,他就被抓获了,但由于没有什么证据,不得已又放了他。

永安三年(530),尔朱兆立长广王元晔为帝,杀了孝庄帝。那时,坐镇洛阳的尔朱世隆打算另立元恭为帝,但又担心他真的是哑巴,于是便派尔朱彦伯前去见元恭,摸清他的真实情况。元恭知道形势发生了重大变化,见到尔朱彦伯开口便说:"天何言哉!""哑巴"说了话,彦伯大喜。不久,元恭即位当了皇帝。

"天何言哉"是《论语》中的一句话。元恭引用这句话就是表明:自己并不是真哑。韬光养晦的方法有很多,装聋作哑也不失为其中一种,这就是一种以"闭"为术的求生之法。

从外交方略上言,"开合"有度才能获得成功。在北宋时期,外交关系复杂,除了宋辽对峙外,西夏国也颇有实力。西夏皇帝元昊,就是用开合之术周旋于大国中间才安然生存的。

元昊建立夏国后,兵寡势微,与其相邻的是幅员辽阔、兵多将广的辽宋两国。为了在西北占住地盘,他采取了灵活多变的外交政策,即根据宋辽实力的强弱,不断修正自己与两国的亲疏关系,利用大国间的矛盾,使自己始终处于安然无恙的地位。

元昊即位的时候,正是宋朝接受屈辱的城下之盟,向辽国纳币议和之时。元昊采取了"联辽抗宋"的方针,同辽国联姻,娶兴平公主耶律氏为妻,并且亲自到边境迎亲,同时虽然也接受宋朝封号,却受诏书不跪,对待宋朝使节也并不恭敬。当时,宋朝与西夏的边境关系紧张，小规模冲突不断。元昊采纳了张元的建议，"据陕东争，更结契丹"，不时出兵袭扰宋朝，使宋朝"一身二疾"，无法应对。同时，他还对辽国有时打，有时交，成功地使自己得以在各方势力之间立足。

元昊以军事手段辅助外交，多次在打了胜仗后议和，说明他在制定外交政策时能够把握时机，利用矛盾，采用灵活多变的方针，这也是西夏能安处于大国之间的一个重要原因。这其中就体现了他对开合之术的灵活运用。

其实，本篇中所言的那种开合之术，也可以运用到当代经济发展中。比如说，在耕种土地方面，为了使土地得到合理的利用，就需要使用开合之术，"开术"为"用"，"合术"为"养"，"养"与"用"相结合，就可以扩大生产，增加效益。

语言的魅力是无穷的，说话是有技巧的，如果能在谈判中加以巧妙运用，优会收到意想不到的效果。若想游说成功，就需要试探出对方的意向，然后针对其意进行游说，事情就会在不知不觉中完成。在生活中，俗语所谓"见什么人说什么话"和"谈判有术，针对游说"，与之有异曲同工之妙。

【解读】

捭阖是一种很有用的谈判术，通过挑动打开别人的心扉，使对方说出实情，或者通过各种方法使对方显露真情。鬼谷子深知语言的重要性，"一言兴邦，一言丧邦"对此做出了诠释。当然，作为游说者，也不能一味地盲目说话，要根据各人的特点，掌握说话技巧，有针对性地游说，才能取得巨大成功。

捭阖之术多用于军事，主张"谋之于阴，成之于阳"，靠言辞纵横天下。翻开历史传记就会发现，古今中外有很多著名的游说家，他们凭着自己的智慧，在暗中说服了对手，让对手心服口服。诸侯割据的春秋时期，游说家非常多，鬼谷子的高徒苏秦在当时就曾名噪一时。

反应第二：反复刺探，随机应变

【题解】

反应术是用于刺探实情的，主张通过以静测动，反复观察，以探知对方的实情。如果想得知对方的实情，在谈话中可以利用各种手段，或者用某种言辞引诱对方开口，或者采用缄默的方式诱导对方吐露实情，或者通过对方的言谈举止分析其目的和意图，或者反复探求自己不知道的东西。这样就如同给对方撒下了一张大网，对方一旦落入网中就很难逃脱。

当然，要想了解对方，先要了解自己，这样才能将自己尽量少地暴露给对方，进而能迅速地获得对方更多的信息。

在与对方的交谈中，还要随机应变，以便控制局势，不至于不可收拾，同时也会令对方暗自佩服。所以说，语言是非常灵活的东西，巧妙的语言往往能发挥巨大的力量。

最后，本卷还提出要善于见微知著，以小见大，以便未雨绸缪，不给对方任何空子可钻。

【原文】

古之大化者，乃与无形俱生。反以观往，覆以验来；反以知古，覆以知今；反以知彼，覆以知己。动静虚实之理，不合来今，反古而求之。事有反而得覆者，圣人之意也，不可不察。

人言者，动也；己默者，静也。因其言，听其辞。言有不合者，反而求之，其应必出。

言有象，事有比。其有象比，以观其次。象者象其事，比者比其辞也。以无形求有声，其钓语合事，得人实也。若张置网而取兽也，多张其会而司之。道合其事，彼自出之，此钓人之网也。常持其网驱之，其言无比，乃为之变，以象动之，以报其心，见其情，随而牧之。己反往，彼覆来，言有象比，因而定基。重之袭之，反之复之，万事不失其辞，圣人所诱愚智，事皆不疑。

古善反听者，乃变鬼神以得其情。其变当也，而牧之审也。牧之不审，得情不明;得情不明,定基不审。变象比,必有反辞,以还听之。欲闻其声反默,欲张反敛,欲高反下,欲取反与。欲开情者,象而比之,以牧其辞。同声相呼,实理同归。或因此,或因彼,或以事上,或以牧下,此听真伪、知同异,得其情诈也。动作言默,与此出入,喜怒由此以见其式,皆以先定为之法则。以反求复,观其所托。故用此者,己欲平静,以听其辞,察其事,论万物,别雄雌。虽非其事,见微知类。若探人而居其内,量其能射其意也。符应不失,如螣蛇之所指,若羿之引矢。

故知之始己,自知而后知人也。其相知也,若比目之鱼。其伺言也,若声之与响;见其形也,若光之与影也;其察言也,不失若磁石之取针,舌之取燔骨。其与人也微,其见情也疾。如阴与阳,如阳与阴;如圆与方,如方与圆。未见形圆以道之,既见形方以事之。进退左右,以是司之。己不先定,牧人不正,事用不巧,是谓"忘情失道";己审先定以牧人,策而无形容,莫见其门,是谓"天神"。

【译文】

在古代可以教化芸芸众生的圣人,是同无形的大道共生的。他们反顾以追溯历史,再回首以察验将来;反顾以考察历史,再回首以了解现在;反顾以洞察对方,再回首以认识自我。动静、虚实的道理,如果与将来和现在都不符合,那就需要到过去的历史中去考察前人的经验。有些事情是需要经过反复探索才能把握的,这是圣人的见解,不能不仔细研究。

人家说话,是活动;自己缄默,是静止。所以,要根据别人说的话来了解他想表达的意思。假如对方说的话有不合理的地方,就要提出诘难,对方必然会有所应对。

语言有表象,事物可比拟。因为有表象和比拟存在,所以要观察其藏在言辞下的含义。所谓"象",就是实质的外在表现;所谓"比",就是比拟言辞。然后用无形的象征比喻来探索有声的言辞意图,诱导对方说出我们想要知道的事,从而得到真实的情况。这就像张开捕兽之网捕野兽一样,多张一些网,等待野兽落入网中。只要方法得当,符合情理,对方自然会流露实情,这是钓人的"网"。但是,假如经常拿着"网"追逐对方,其言辞就不再有平时的规范,这时就要更换一种方法,用言语的形象来感动对方,迎合他的心态,窥探到他的真实感情,进而控制他。自己再反推过去,对方回应过来,双方言辞自然有表象有比拟,这样心中就有了底。经过反复的反推回应,没有任何事情不从言辞中表现出来。圣人以此诱导感化愚者或智者,都会确定无疑地成功。

古代善于从反面听取言论的人,可以透过隐秘玄奇的手段获得实情。他们随机应变得很恰当,对对方的控制也非常到位。如果对对方的控制不到位,得到的情况就不明确;得到的情况不明确,奠定的基础就不周密。灵活运用"象"和"比",对方必然有回应的言辞,再通过言辞了解对方的真实意图。想说话,反而保持缄默;想要敞开,反而先收敛;想要升高,反而先下降;想要获取,反而先给予。要想了解对方的实际情况,就要善于通过表象和类比,以便掌握对方言辞的含义。这时,同类的声音就会相互呼应,道理相同的会走在一起。或者因为这个原因。或者因为那个原因,或者用来侍奉上级,或者用来管理下属,这就是辨别真假,了解异同,分清对方的真诚或欺骗的根本法则。行为举止、言语或缄默,都与此有关,情绪的喜怒都可以从这里看见一些端倪,都以预先的决断作为准则。通过反推得到对方的回应,追索对方实情的依托。因此用这种方法,要首先使自己平静,以便听取对方的言辞,目的是考察事理,讨论万物,分辨雌雄。虽然有时对方所说的与实情不符,但从表现出来的细微之处就可以了解到整体的变化。了解一个人就要深入他的内心,估量他的能力,了解他的意图,像合乎符契一样可靠,像螣蛇指示祸福一样准确,更像后羿拉弓射箭一样百发百中。

所以想要掌握对方的情况就要先了解自己,只有了解自己才能了解别人。人与人之间的了解,可以像比目鱼一样没有距离,两两相随相爱。了解对方的言辞,就如同回声一样准确相知;掌握对方的形迹,如同光与影一样清晰明白;侦察对方的言辞,就如同用磁石吸取钢针,用舌头吸取烧过的骨头上的肉一样。把自己暴露给对方的东西少之又少,却能十分迅速地侦察对方的行动,就好像阴变阳,又好像阳转阴;好像圆变方,又好像方变圆一样自如。在情况没有明确以前,用周密的方法引诱对手;明确情况以后,就要用具体的措施来战胜对方。不管是前进还是后退,不管是向左还是向右,都可以用这个方法来对待。如果自己做事不先定下主意,那么管理任用人员的步调就不一致。假如做事情对事情运用的技巧了解不深刻,就叫作"不顾真实情况,违背客观规律"。首先自己要确定斗争策略,再以此来统领众人,策略意图不要暴露,让别人看不到其门道所在,这样才可称为"天神"。

【事典】

齐国的重臣晏子一直都以雄辩的口才、敏捷的思维而闻名。有一次,齐王派晏子出使楚国。楚王得到了这个消息后,就召集了楚国所有的大臣,商量着怎样给晏子一个下马威,顺便扬扬楚国的国威。

楚王知道晏子个子矮小,就特地在城门旁开了一扇小门,准备迎接晏子。晏子来到楚国的城门下,然而楚国的城门紧紧地关着。守门的侍卫打开了那扇小门,让晏子从小门进城。

晏子知道楚王有心侮辱自己,便对守门的侍卫说:"请你去禀报楚王,问他这里是什么地方。如果我出使的是狗国,那我自然应该从这个小门洞里进去;如果我出使的不是狗国,那我还得从大门走进去。"

侍卫们被他的这一番话说得无地自容,而站在城墙上的楚国大臣也都面面相觑。侍卫急忙传话到内宫,楚王一听,十分无奈,只好让晏子从大门进城。

晏子来参见楚王,楚王还在为刚才的事情耿耿于怀,便想借机羞辱晏子一番。于是,他淡淡一笑,看着晏子矮小的身材说道:"你们齐国一定是没人了。"

晏子反问道:"大王何出此言?我们齐国的都城有成千上万户人家,要是大家都把衣袖撑起来,就可以遮天蔽日;如果大家都挥洒一下汗水,就像下了一场大雨。人多的时候都是肩膀挨着肩膀,需要侧着身子才能过去。"

楚王听完哈哈大笑:"既然如此,齐国怎么会派你这样的人来当使者呢?"

晏子不动声色地回答道:"大王有所不知,我们齐国有自己的规矩:派遣使者要根据出使国家的情况来定。如果出使的是贤明的国家,就派德才兼备的人做使者;如果出使的是无能的国家,就派碌碌无为的人做使者。所以,我就被派到您这里来了。"

楚王吃了哑巴亏,觉得非常尴尬,心想:这个小矮子果然不好对付,以后说话一定要小心。

作为使者,晏子得到了应有的款待。但是楚王不死心,还想乘机捉弄晏子一下。酒兴正酣的时候,大堂上突然走来了两个武士,他们正押着一个犯人。

楚王问犯人犯的是什么罪。一个武士回答说,犯的是偷盗罪。

楚王问犯人是哪个国家的。另一个武士说是齐国人,在楚国偷东西,被他们抓楚王不怀好意地笑了，对晏子说："难道齐国人很善于偷盗吗？"话音刚落，在场的楚国大臣就哄堂大笑。

晏子没有笑，很镇定地离开自己的座位，来到楚王面前，作揖说道："大王难道不知道吗？橘树生长在淮南，结出的橘子就又大又甜；可是同样的橘树，如果生长在淮北，结出来的就是又涩又小的枳。这是因为两地水土不同的缘故。同样，我们齐国人在齐国生活得好好的，个个讲礼仪，识大体，一到了楚国就成了小偷，这也是水土不同的结果吧！"

楚王听了无言以对，几个回合的交锋丢尽了面子。晏子出色地完成了出使楚国的任务。

晏子回到齐国后，对齐王说："楚王胆大妄为，而且多数大臣都是乌合之众，如果在这个时候攻打楚国，他们一定会溃不成军。"他的看法得到了齐王的赞同，于是齐王发兵征讨楚国。结果齐军连连大胜，获得了楚国的许多城池。

在和楚王的几次交锋中，晏子都能够化被动为主动，并且通过自己的观察和推测探知了楚国的实情，抓住了攻打楚国的大好时机。在谈话中，晏子没有让楚王占上风，反而让楚国的君臣觉得非常丢人，不敢再轻视他。所以说，在和别人谈话时，要学会随机应变，这样自己才能把握事态的发展，不至于有出格的语言或举动，并且会使对方哑口无言，诚心诚意地佩服你。而在谈话中，也要注意试探对方，以便了解实情。晏子不光在言语上更胜一筹，而且通过自己在出使楚国遇到的种种刁难情况，推测出了楚国的实力。

反应术讲究灵活运用语言，主张以静制动，可以说是以不变应万变。不论对方如何刁难与苛求，镇定地对待才是上策。

谈话和打仗一样，也是有技术的，尤其是探求别人实情的谈话，更要有技术含量。要想做到这一点，就要在语言上结一张大网，网罗对方谈话的任何方面；同时，要善于观察，从对方的话中知道其下一步要做什么；最后，谈话的时候尽量少暴露自己，要尽可能多而且迅速地获得别人的信息。

反应术讲究灵活运用语言，主张以静制动，可以说是以不变应万变，不论对方如何刁难与苛求，镇定地对待才是上策。除此之外，本篇还说"古之大化者，乃与无形俱生。反以观往，覆以验来；反以知古，覆以知今；反以知彼，覆以知己。动静虚实之理，不合来今，反古而求之。事有反而得复者，圣人之意也，不可不察。"这里阐述了观此知彼、观古知今这种推理、类比的哲学，这种哲学思想有着重要的指导意义。

春秋时代的郑国国王郑庄公，因为母亲姜氏策划弟弟造反，在平定了弟弟的造反后，诅咒发誓："不及黄泉，无相见也！"再也不想见母亲了。

可是，庄公回到国都以后，久而不见母亲，渐渐地开始后悔，不觉自言自语道："我杀了弟弟，又赶走了母亲，实在是罪过啊！"

有一个叫颍考叔的人，为人正直无私，以孝敬父母、诚信交友而小有名气。他看到庄公的情况后，对人说："母亲不像母亲，但是，儿子不能不像儿子，庄公今天的举动有伤风化。"于是，颍考叔带了数只头鸮鸟，以献野味为名来见庄公。

庄公问："这是什么鸟？"

颍考叔说："这种鸟叫'鸮'，白天看不见泰山，晚上可以明察秋毫。小的时候靠母亲抚养，长大以后就把母亲吃了。这是一种不孝之鸟，所以要把它吃掉。"

庄公面有愧色，沉默不语。

此时正好厨师献上一只蒸羊，庄公就给颍考叔一条羊腿。颍考叔拣好肉，用纸包裹起来，然后收到怀里。庄公看到他的举动，感到很奇怪，就问他为什么这样做。

颍考叔说："臣家中有老母，但由于家贫，我只能用普通饭菜来孝敬她，因而她老人家从未享用过如此美味。所以，我要把好肉收藏起来带回家中，孝敬老母亲。"

庄公感叹："你真是孝子啊！"说到此，庄公不觉长叹一声。

颍考叔问："主公为何长叹？"

庄公说："你有母亲可以奉养，得尽人子之心。寡人贵为诸侯，反不如你。"

颍考叔佯为不知，又问："姜夫人不是好好的吗？何为无母？"

庄公就将姜氏与太叔（庄公弟弟）共谋造反的事情细细地讲述了一遍，最后说："寡人已发下'黄泉'之誓，如今追悔莫及。"

颍考叔说："太叔已死，姜夫人只有您一个儿子，如果您不奉养她，与鸮鸟有什么区别呢？如果您觉得因为当初发下的誓言为难，我有一计，可以解决问题。"

庄公问："是什么计策呢？"

颍考叔说："掘地直至能涌出泉水，建一地下室，先迎姜夫人在地下宫室居住，告诉她主公想念母亲之情，她是会答应的。主公在地下宫室中见母亲，没有违背

'黄泉'之誓，这样岂不是一举两得吗?"

庄公大喜，命令颍考叔招募壮士五百人，掘地深十余丈，泉水涌出，修建了一座地下颍室。

地下颍室修好以后，颍考叔来见姜夫人，告诉他庄公思念母亲的心情，请她前往地下颍室相见。郑庄公与母亲和好如初，留下了一个流芳千古的孝子美名。

颍考叔极其巧妙地运用类推之法，化解了郑庄公心里的难题，他的这一做法可以说是运用鬼谷子纵横学说的极佳范例，令人不得不佩服。

【解读】

老子说过:"将欲歙之，必固张之;将欲弱之，必固强之;将欲废之，必固兴之;将欲取之，必固与之。是谓微明，柔弱胜刚强。"意思是要想关闭它，就先要打开它;想要削弱它，就先要强化它;想要废止它，就先要兴旺它;想要获得它，就先要给予它。这就是所谓的在对比之中以弱胜强的方法。这段话跟《鬼谷子》第二卷中的"欲闻其声反默，欲张反敛，欲高反下，欲取反与。欲开情者，象而比之。以牧其辞"的意思基本相同，都是利用事物相反相成的规律，从反面试探，求得正面实情。

《鬼谷子》第二卷讲的是"反应术"，是为得到对方的实情采取的各种方法，或者对别人表现出来的某些状况做出的相应的应对。

要探察对方的实情，必须通过反复的观察、推敲，以小见大，对对方加以测探和推测。对自己不清楚的地方，要反复探求，直到弄明白为止。这样就如同给对方撒下一张大网，等待对方主动落入网中，或者直接用网将对方罩住。

另外，在和别人说话的时候，要随机应变，巧妙地运用类比、推理的方法，让对方无孔可入，把自己的言辞变得无懈可击。这样在谈话中就能够化被动为主动，让对方心服口服。很多人都知道晏子使楚的故事。楚王凌厉的语言攻势和侮辱都被晏子一一反驳以致无话可说，不得不折服。更重要的是，晏子通过这次出使刺探到了楚国的情况，这是楚国很多人都没有想到的。

内楗第三：拉近关系，意气相投

【题解】

内楗就是在内心谋划让对方心服口服的策略。游说他人的时候，要先知道对方的性情，寻求与他见解一致的地方加以劝说，从而实现自己的目的，与其共谋大事。

要想让自己的说辞和谋略得到赞同，就需要先拉近自己与游说对象的关系，只有双方熟悉以后才好办事。拉近关系可以用道德、党友、财货等手段，这些都可以将自己跟游说对象联系在一起，让游说对象跟自己意气相投。一旦双方意气相投，自己的说辞和谋略就会得到赞同。

但是做事要懂得分寸，进退有度，也就是所谓的固守谋略。做事情要让自己处在灵活的境地，可以进，可以退，可以坚持，也可以放弃，这样才能明哲保身。身居要职的时候，及时隐退才是上策。"功高盖主"对于某些统治者往往是一种威胁，如果"退"得不及时，就会落得个悲惨的下场。

【原文】

君臣上下之事，有远而亲，近而疏；就之不用，去之反求；日进前而不御，遥闻声而相思。事皆有内楗，素结本始。或结以道德，或结以党友，或结以财货，或结以采色。用其意，欲入则入，欲出则出；欲亲则亲，欲疏则疏；欲就则就，欲去则去；欲求则求，欲思则思。若蚨母之从子也；出无间，入无朕。独往独来，莫之能止。

内者，进说辞也。楗者，楗所谋也。故远而亲者，有阴德也；近而疏者，志不合也；就而不用者，策不得也；去而反求者，事中来也；日进前而不御者，施不合也。遥闻声而相思者，合于谋待决事也。故曰：不见其类而为之者，见逆。不得其情而说之者，见非。得其情乃制其术，此用可出可入，可楗可开。

故圣人立事，以此先知而楗万物。由夫道德、仁义、礼乐、忠信、计谋，先取《诗》《书》，混说损益，议论去就。欲合者，用内；欲去者，用外。外内者，必明道数。

揣策来事,见疑决之。

策无失计,立功建德,治名人产业,曰楗而内合。上暗不治,下乱不寤,楗而反之。内自得而外不留说,而飞之。若命自来,己迎而御之。若欲去之,因危与之。环转因化,莫知所为,退为大仪。

【译文】

君和臣上下之间的关系,有的距离很远却很亲密,有的距离近关系却很疏远;有的在身边却得不到重用,有的离任了反而还要被到处寻找;有的人每天都去觐见君主却不受欢迎,有的虽距离君主遥远,却让君主闻其名而思慕他的到来。凡事都有建议和采纳两方面,平常的东西都与本源相连接。有的靠道德的方式连接,有的靠朋党的方式来连接,有的要用财货的方式来连接,有的要用艺术和娱乐的方式来连接。如果想要推行自己的主张,就要做到想进来就能进来,想出去就能出去;想亲近就能亲近,想疏远就能疏远;想投奔就能投奔,想离去就能离去;想求取就能求取,想要被思念就能被思念。就如同母蜘蛛率领着小蜘蛛,出来的时候不留洞痕,进去的时候不留标记,独自前往,独自返回,谁也没有办法阻止它的行动。

所谓"内",就是要进献说辞。所谓"楗",就是要固守谋略。所以说,和君主距离远反而被亲近的人,是因为双方有着相契合而未显露出来的东西;与君主距离近却被疏远的人,是因为和君主志向不合;虽然就职上任却得不到重用,是因为他提出的计谋没取得相应的效果;在去职后被再次寻求的人,是因为他的谋略被后来的事实证明了可行;每天在君主面前出入,却没有得到君主信任的人,是因为他们的措施不恰当。距离遥远只要听其名就会被君主思慕的人,是因为他的谋略正好和决策者的要求相符合,正在等他参加以决定大事。所以说,还没有摸清对方情况就去游说的人,做的事情一定会背道而驰,南辕北辙;不掌握实情就进行游说的人,会被认为是胡作非为。只有了解情况,再根据实际情况确定方法,用这样的方法去推行自己的主张,才能够做到既可以出去,又可以进来;既可以向君主进谏,坚持己见,又可以改变自己的主张,随机应变。

所以说,圣人立身处事,就是依据这种方法来了解事物真相,进而把握万事万物的。由道德、仁义、礼乐、忠信、计谋开始,先引用《诗经》《尚书》验证自己的学说,然后综合研究有害还是有益,最后才能讨论用于世还是不用于世。要想跟人合作,就把力量用在内部,内情相合;要想分离,就把力量用在外面,外情相离。处理内外大事的时候,必须明确理论和方法。要预测未来的事情,就必须在各种疑难面前临机决断。

在运用策略时不失算,建立功勋,累积德政,治理百姓安居乐业,这就是君臣上下之情相互契合。君主昏庸不理朝政,臣下纷乱不明事理,就是上下之情不相契合。君主对内自鸣得意,对外不注意新思想,那就用恭维的话使他有所改变。如果朝廷任命自己,就应该迎上去接受任命。如果想要离开就趁乱离开,来保证自己不受伤害。就如同循环往复一样,使别人看不出你在做什么,在这种情况下,急流勇退不失为一个好的方法。

【事典】

战国初期,秦国经济发展落后,国内的井田制瓦解、土地私有制产生和赋税改革等社会现象出现的时间,和各国相比,都要晚很多。当时,鲁国"初税亩"是在公元前594年推行的,而秦国的"初租禾"是在公元前408年推行的,比前者要落后186年。齐国称霸以后,燕、赵、韩、卫等国都对齐国有所惧怕,纷纷前去朝贡,只有在西方的秦国没有来。齐国也没有在意。那样一个落后的国家,来不来朝贡无所谓。其他国家也因为秦国经济发展落后而看不起它,齐国还时不时派兵侵占秦国的土地。

公元前361年,秦孝公即位。他对秦国受到强国的欺压感触颇深。他更担心的是国内还有权贵横行,这样的状况早晚会威胁到他的地位。于是秦孝公决定奋发图强,改变秦国落后的面貌。要想改革就需要一些可用之才,为了寻求贤才,秦孝公下了一道命令:"不论是本国人还是外国人,谁能让秦国富强起来,寡人就赏他绫罗绸缎,封他做大官。"命令发出去不久,一个叫卫鞅的人就来应征了。

卫鞅本来是卫国一个没落的贵族。由于觉得卫国太小,不足以施展自己的才华,卫鞅就跑到魏国当起了魏相公叔痤的门客。卫鞅做了很久的门客也没有受到重用,非常失望。恰逢秦孝公向天下征召人才,不得志的卫鞅就决定到秦国去施展自己的才华。

到了秦国,卫鞅将其富国强兵的道理和办法给秦孝公讲了一遍。他说:"一个国家要想富强起来,就必须非常重视农业生产,这样,老百姓才能有吃有穿,军队才能配备充足的粮草。此外,还要训练好军队,保证兵强马壮;做到赏罚分明,种地收成好的农民、英勇善战的将士,都应该受到鼓励和奖赏,而对那些不努力进行农业生产、打仗贪生怕死的人,则要加以惩罚。如果真能做到这些方面,那么国家就没有不富强的道理。"秦孝公觉得卫鞅这一席话说得有理,就把自己想富国强兵、打击内部权贵的想法跟他说了一遍。两人谈了好几天,谈得十分投机。最后,秦孝公听从卫鞅的建议,下定决心变革旧的制度,推行卫鞅提出的新法令。

卫鞅很快制订出了变法的新法案。卫鞅怕没有威信,在老百姓中推行不开,就想了一个办法。他命人在秦国都城的南门立了一根三丈来长的木杆,在旁边贴了一张告示,上面说:"谁能把这根木杆扛到北门去,就赏他十两黄金。"一会儿工夫,木杆周围就围满了看热闹的人。

大家虽然感到好奇,但没有人上去扛木杆。人们都在想:"这根木杆虽然重,但是青年人扛上几里地也没有问题。给这么多金子不会是圈套吧?哪有天上掉馅饼的好事?"卫鞅看没人扛,于是把赏金提高到了五十两黄金。一会儿,人群中走出来一个壮汉,按照告示上面说的做了。卫鞅立刻赏了他五十两黄金。大家觉得卫鞅言而有信,在心里信服了他。

之后,卫鞅开始大刀阔斧地推行变法。公元前 356 年,新法令公布。主要内容是:

第一,加强社会治安,实行连坐法。把老百姓都组织起来,五家"一伍",十家"一什",互相监督,互相担保。如果其中有一家犯了罪,其他监督担保的家庭要检举,否则所有人一起判罪,而且检举者有赏。不许窝藏犯罪的人,否则发现了要和犯罪的人一同处置。外出必须携带身份凭证,没有凭证,各地均不可留宿。

第二,重农抑商,奖励耕织。努力生产,生产粮食布帛多的人家可以免去一家的劳役。凡是懒惰的、不务农的、偷奸取巧的,连同其妻子儿女一起充为官奴。一户人家如果有两个以上的儿子,成人以后就要分家,要各自交税,否则的话,一个人就要交两份税。

第三,奖励军功,废除世卿世禄制。官位的大小以军功而立,军功大的官位就高,赏赐金银、封地、奴隶;没有军功的,就没有官位,即使有钱也不能过豪华的生活,就算是贵族也只能享受平民的待遇。

第四,统一度量衡。卫鞅变法前,秦国各地度量衡不统一。为了保证国家的赋税收入,卫鞅制造了标准的度量衡器。此外,他还统一了斗、桶、权、衡、丈、尺等度量衡,要求秦国的百姓必须严格执行新的标准,不得违反。

新法令颁布以后,秦国很快就强大起来。因为新的法令使老百姓一心务农,生产得到很大发展。又因为实施军功制度,秦国的军事力量也变得十分强大。秦孝公看到秦国变化如此之大,非常高兴,提拔了卫鞅,以后又陆续实施了卫鞅提出的一些措施,秦国因而变得更加强大。为了嘉奖卫鞅,秦孝公把商、于一带十五座城镇封给了卫鞅。从此以后,人们就把卫鞅称作商鞅了。

商鞅的才华在秦国得到了施展,他的想法也通过秦孝公的推行得以实施。商鞅变法之所以能够成功,是因为他的想法跟秦孝公的想法有一致的地方。他通过跟秦孝公畅谈,将两人的想法有机地结合在一起,更显得意气相投,关系也拉得更近了。商鞅变法为秦国统一六国奠定了坚实的基础,但是商鞅最终被处以车裂之刑,原因就是他推行的某些政策触犯了很多贵族的利益,其中还包括太子。秦孝公死后,商鞅失去了靠山,落得一个悲惨的结局。

这里不得不说,人们在做事的时候要注意分寸,在该隐退的时候隐退,不能过度放纵自己,否则就会失去退路,不能在处事的时候来去自如。商鞅是一个例子,为越王勾践奋斗了一辈子却没有落个好下场的老臣文种是另一个例子。

很多人都知道春秋时期的吴越之争。越王勾践平定吴国以后,在江淮一带纵横驰骋,号称霸王。勾践手下有一位大臣,名叫范蠡,此人能文能武,足智多谋,还精通外交,是个不可多得的人才。越王成就霸业少不了他的功劳。

平定吴国后,范蠡又率军北上,立下大功,被拜为上将军。

然而,范蠡并没有贪恋权位,他写了一封信给越王,表达自己想隐退的心意。越王勾践不肯,说要分给范蠡半壁江山。范蠡没有接受,在半夜的时候悄悄地去了齐国。

范蠡到达齐国后,给自己的老朋友文种写了一封信,信的内容是:"我曾经听说,天空中的飞鸟如果被射杀干净,良弓就会被收藏起来;兔子被抓尽了,猎狗没有用就会被煮着吃。现在也是这个情况。越王完成大业,不需要我们了,我劝你还是早点离开,不然就会大祸临头。"文种也是勾践手下的一位大臣,当初勾践在吴国受辱的时候,就把越国的政事托付给了文种。在文种的带领下,越国的农业生产和军事力量渐渐发展起来,他也是一个大功臣。

文种收到范蠡的信后,觉得他说得有道理,就天天称病不上朝。这样过了几天,有人在勾践面前进谗言,说文种意图谋反,他称病不上朝就是在暗地里准备集结兵力。

勾践觉得这些话有道理,而且现在越国霸业已成,留着文种也是祸患。为了防止夜长梦多,勾践就假装去看望文种。他问文种:"你交给我消灭吴国的计策有七条,我只用了三条就消灭了吴国,不知道其他四条是什么?"文种说:"我不知道其他四条是什么。"勾践冷

范蠡

笑:"那你就去地下问问夫差,看他愿不愿意用你剩下的四条计谋。"说完就赐给了文种一把剑,让他自裁。可怜这位功勋卓著的老臣就这样死了。范蠡悄悄卸甲归田反而保全了自己的性命,成为一代富商"陶朱公",他的后半生也过得很不错。

人与人的关系是很微妙的,亲近和疏远之间是有度的,进献说辞的时候要记得固守谋略,而《鬼谷子》第三章说的就是进献说辞和固守谋略的方法。做臣子的,既要让君王采纳他的建议,又要进退有度,掌握分寸。

游说君王的谋士们大多灵活机警,毫不自傲,避免危言、直言,注重以情动人,以理动人,以义动人,这样才能取得好的效果。发生在战国时期的著名的触龙说赵太后的故事,就是对"内揵"之术最好的应用之一。

战国时,赵国的国君赵惠文王去世,赵太后临时管理国政。第二年,秦国派兵大举进攻赵国,形势很危急。赵国派人向齐国请求救兵。齐国同意了,但提出"必须让赵太后的幼子长安君到我国来当人质"的条件。赵太后心疼自己的小儿子,不答应这个条件。大臣们纷纷劝谏,但赵太后就是不听,她还下令说:"如果有谁再来劝谏,我就朝他脸上吐唾沫。"这样一来,谁都不敢去劝谏了。

左师触龙见国情紧急,想到了一个计策,便前去见赵太后。赵太后见了触龙,显得很生气。触龙故意走得很慢,说自己腿脚不好。他先东拉西扯地和赵太后说了些闲话,使赵太后的怒气稍微消了一些。接着,触龙又说起自己的儿子,意思是想为儿子谋个差事。赵太后高兴地答应了,触龙以此为契机,谈起了长辈该如何爱护孩子的道理。赵太后因为已经消了气,所以对这些道理也听得入耳了。触龙说,

为儿子着想，不能光看眼前，还应当考虑他的将来，让他建功，他才能立业。赵太后终于被触龙说服了，同意派长安君到齐国去做人质。长安君到了齐国后，齐国果然出兵，解除了赵国的危机。

这一故事很好地体现了进献计谋的方法，主张要拉近与游说对象的关系，从而得自己的意见更容易被采纳。与此同时，需要掌握被游说者的想法，不能草率行动。只有完全掌握情况以后，才能很好地控制对方。

楚汉争霸时期，刘邦曾封张敖为赵王。西汉建立后，丞相赵午、贯高撺掇赵王谋杀汉高祖，篡汉登基。汉高祖惊闻此讯后，马上下令搜捕赵王及其党羽，并颁下诏书："追随赵王反叛者，罪及三族"赵王一看势头不对，携大臣田叔、孟舒至长安请罪。刘邦一见赵王，气得七窍生烟，把赵王骂了个狗血喷头，最后废赵王为宣平侯。接下来是审讯田叔、孟舒。经过一番"审讯"，刘邦惊叹于他们二人的才干。他万万没想到，小小的赵国还藏有这样的人才！于是，擢田叔为汉中守，孟舒为云中守。

汉文帝即位后，曾问田叔："你可知道当今天下德高望重的长者是谁吗?""愚臣以为云中守孟舒是德高望重的长者。"文帝摇摇头："匈奴进攻云中，孟舒不能坚守，损兵折将数百人，这也算得上德高望重的长者吗?"

田叔跪下叩头辩解道："贯高谋反时，高祖曾诏谕全国，凡追随赵王者罪及三族，孟舒自知罪过难免，便追随赵王到长安请罪，本来抱着必死的决心，他也不知道日后要去云中，更不会料到战事失利。"他又说："做了云中守以后，孟舒能尽心尽责。他爱兵如子，兵也敬他为父，上下拧成一股绳。匈奴每次进攻，孟舒都身先士卒，士兵们也争先恐后地猛打猛冲，觉得为郡守而战，死也值得，这难道是孟舒瞎指挥、逼士兵去送死吗? 事实上，他心里很清楚，将士们连日征战，疲惫不堪，但望着奋力争杀的士卒，他能说什么呢?"文帝听了田叔这一番辩解，恍然大悟，心想："孟舒果真是一位贤臣。"此时，孟舒因战事失利，已被撤职查办，听候处理。不久，汉文帝发了一道诏书，又把孟舒召回云中，继续做太守。

田叔在文帝面前直抒己见解救孟舒，使汉文帝茅塞顿开，重新任用孟舒，不可谓不智。

其实，这个故事中蕴涵了本篇的核心内容，那就是游说者用言辞、智谋与国君说话前，要做好充分准备，正确处理好"投其所好"和政治道德标准之间的关系。

今天,处理人际关系也是一样的方法。一定要记得:在拉近关系的同时使自己的行为得体,让自己的策略跟决策者的想法统一。这样不但能施展自己的谋略,而且还可以使自己可进可退,可攻可守。

【解读】

"内楗"之术里,鬼谷子认为要想使自己的说辞和谋略成功,就必须首先拉近自己与游说对象的关系,让他事事先想着自己。要拉近跟游说者的关系,就需要依靠拉帮结派、道德和钱财等手段,拉拢对方,让自己的言辞和游说者的想法暗合,让对方觉得意气相投。这样就能做到"遥闻声而相思"。

当然,"内楗"之术也讲究从内心下功夫。人与人的性情不一样,内心想法也不同。游说他人之前,要了解这个人的性情以及内心想法,尽量寻求和其一致的见解,然后再去游说,这样事情才容易成功。拉近和对方关系的时候要注意分寸,不要因为对方接纳了你,就过度放纵自己的言行,进退有度更容易获得事情的主动权,最后才能可进可退,否则后果不堪设想。

对游说者来说,要根据游说对象的特点进行游说,要采取符合他内心意向的游说策略,和他产生共鸣,这就是文中所说的"远而亲者,有阴德也"的映照。与精明的人交谈,要做到思路开阔,从多方面进行论证,避免纠缠住一点不放;与知识广博的人交谈,要善于抓住谈话的重点,辨析事理;与地位高的人交谈,不要表现出一种自卑的情绪;与自觉富裕的人交谈,要从人生意义、社会价值等方面发挥;与自觉贫穷的人交谈,要能够从如何获取利益的角度来探讨;与地位比较低下的人交谈,要对他表现出充分的尊重;与有魄力的人交谈,要表现出果敢的一面来;与愚蠢的人交谈,要从最有说服力的几个方面反复阐述。总之,针对不同的人,要有不同的策略与之亲近。

古时候,很多能人谋士为了推行自己的主张,就去寻找各国君主,寻找他们打算推行的政策跟自己的思想相契合的部分,借此拉近和君主的关系,然后借助君主的力量推行自己的思想。商鞅变法就是一个很好的例子。

抵巇第四：见微知著，及时补救

【题解】

"千里之堤，溃于蚁穴"说的就是小的东西可以引发大的危机。任何事物的发展都会有裂隙，而这种裂隙会由小变大，造成严重的后果。所以做事情要仔细，发现了不好的事情要从源头上遏制其发展；如果开始没有发现，后来发现了，就要及时补救，俗话说"亡羊补牢，未为晚矣"，就是这个道理。

【原文】

物有自然，事有合离。有近而不可见，有远而可知。近而不可见者，不察其辞也；远而可知者，反往以验来也。巇者，罅也。罅者，涧也。涧者，成大隙也。巇始有朕，可抵而塞，可抵而却，可抵而息，可抵而匿，可抵而得，此谓抵巇之理也。

事之危也，圣人知之，独保其身。因化说事，通达计谋，以识细微，经起秋毫之末，挥之于太山之本。其施外，兆萌芽蘖之谋，皆由抵巇。抵巇之隙，为道术用。

天下分错，上无明主；公侯无道德，则小人谗贼；贤人不用，圣人窜匿；贪利诈伪者作，君臣相惑，土崩瓦解，而相伐射。父子离散，乖乱反目，是谓"萌芽巇罅"。圣人见萌芽巇罅，则抵之以法。世可以治则抵而塞之；不可治则抵而得之；或抵如此，或抵如彼；或抵反之，或抵覆之。五帝之政，抵而塞之，三王之事，抵而得之。诸侯相抵，不可胜数。当此之时，能抵为右。

自天地之合离、终始，必有巇隙，不可不察也。察之以捭阖，能用此道，圣人也，圣人者，天地之使也。世无可抵，则深隐而待时；时有可抵，则为之谋。可以上合，可以检下。能因能循，为天地守神。

【译文】

世间万物都有自身发展的规律，万事万物也有聚合分离的法则。虽然距离近却不曾发现，距离远却会相互了解。距离近的却看不见，是因为没有认真观察对方的言辞;距离远反而可以通晓,是因为经常走动,相互体察的结果。所谓的"巇",就是指"罅"。"罅"是小的裂缝,慢慢发展就会变大,变成"涧"。"涧"慢慢发展就会变成大裂缝。在裂痕刚刚出现的时候,都是有征兆可寻的,可以通过"抵"的方法使其弥合,通过"抵"的方法使其停止,通过"抵"的方法使其减小,通过"抵"的方法使其消失。如果裂痕太大无法消除,就彻底消除,弃旧取新。这就是"抵巇"的原理。

当事物出现危险的征兆时,只有圣人才会有所察觉,而且能妥善处理,保全其功用。圣人按着事物的自然变化分析事物,说明事理,通过各种计谋,来观察细微现象而采取措施。事物刚刚开始发展的时候,就像秋天动物所生出的细毛一样微小。一旦发展起来就像泰山的根基一样雄厚。当圣人的德政推行到天下以后,奸佞小人的一切阴谋诡计,都可以用"抵巇"的方法排斥。"抵巇"塞闭缝隙,是一种有用的方法。

天下分崩离析,上面没有贤明的君主,官吏们的道德沦丧,那么进谗言干坏事的小人就会出现,而真正贤良的人却躲藏起来,贪图利益弄虚作假的人趁机兴风作浪。君主和臣子之间相互猜忌,朝廷上下的关系土崩瓦解,诸侯之间相互征战射杀。父子之间关系离散,甚至反目成仇,这就是国家动乱前的征兆(国家动乱前的细微变化)。当圣人看到这些轻微的征兆时,就会采取"抵巇"之术治理。当世道能够治理时,就应当采取弥补的"抵"法,使其"巇"能够得到弥合,从而保持其完整性,并且使它能继续存在下去;如果世道已经坏到不可治理的地步,就要用"抵"法。彻底把它打破。并且重新塑造它。或者这样的"抵",或者那样的"抵";或者通过"抵"让它恢复原状,或者通过"抵"将它重新塑造。传说中上古五帝时,就是以"抵巇"之术治理天下;上古三王时,就是以"抵巇"之术得到天下。诸侯之间相互运用"抵巇"之术的例子不胜枚举。那个时候,善于运用"抵巇"之术,才是上策。

自从天与地有了"离合""始终",万事万物就存在着裂隙,不能不对此有所察觉。要想对此察觉并且有所研究,就需要用"捭阖"的方法。能用捭阖的方法驾驭这些裂隙的,只有圣人,圣人是天地的使者。当世间不需要使用"抵"的时候,他们就深深地隐居起来,等待时机复出;当世道需要用"抵"的方法时,他们就不再隐匿。出来为"抵"裂隙出谋划策。这样,可以跟上面合作,可以对下面督查。既能有所依据,又能有所遵循,掌握着天地间的神妙变化。

【事典】

战国时代，楚国有一位大臣，名叫庄辛。有一天，他对楚襄王说："在宫里的时候，您的左边是州侯，右边是夏侯；您出宫的时候，鄢陵君和寿陵君又总是跟随着您。您和这四个人走得太近，却不管国家大事，国家再这样下去就危险了！"

楚襄王听了很生气，骂道："你老糊涂了吧！说出这些话惑乱人心吗？"庄辛答道："我感觉到事情已经到了危险的地步才会说的，绝对不敢故意乱说楚国会有什么不幸。如果您还是继续宠信这些人，楚国到最后一定会灭亡的。您既然不相信我说的话，那么就请准许我到赵国去躲一躲，看事情最后究竟会怎么样。"

果然，庄辛走了还不到五个月，楚国就遭到了秦国的侵犯。楚襄王这才意识到了事情的严重性，立刻派人把庄辛找了回来，问他有什么办法可以补救。庄辛说："我听说过这样的事，看见兔子就想起猎犬，这还不晚；等到羊跑掉了去补羊圈，也还不算晚……"

看完这个故事，很多人会不约而同地想到一个词语——亡羊补牢。这个词就是根据庄辛最后说的那两句话得来的，表达的意思是处理事情发生错误后，如果赶紧去挽救，还不为迟。最可怕的事情是发现了错误却不去补救，造成不可收拾的大错。"千里之堤，溃于蚁穴"，说的就是这个道理。《鬼谷子》第四章讲的是弥补裂隙的方法，其实就是告诫人们要善于发现，见微知著，及时补救已经发生的错误。

"抵巇"之术的运用讲究从细微处下手，平时要注意观察，懂得未雨绸缪，把不好的事情扼杀在摇篮里，要有长远的眼光，预见到事情以后的发展。如果犯下了错误，要及时补救，不要一错再错，否则事情发展到最坏的地步时，就无力回天了。

项羽和刘邦两个人最终的不同结局可以说是前文最好的阐述。他们一起攻打秦朝，都是农民起义的领袖，最终是刘邦当上了皇帝，建立了汉朝，成为汉高祖。本来皇帝很可能是由项羽来做的，但是为什么最后刘邦会后来者居上当上皇帝呢？这要从"鸿门宴"的故事说起。

在秦末农民起义各路人马中，刘邦和项羽的军队逐渐成为其中的主力。论兵力，刘邦的兵力不及项羽。刘邦、项羽二人曾经约定。谁先攻破咸阳谁就当皇帝。结果是刘邦先攻破了咸阳。项羽得知这个消息后大怒，派兵攻击函谷关，也进入了咸阳。当时刘邦的军队在霸上驻军。刘邦麾下的左司马曹无伤派人在项羽面前说刘邦的坏话，说他打算在关中称王。项羽听到后更加愤怒，决定第二天一早让兵士饱餐一顿，然后出发去攻打刘邦的军队。一场恶战即将爆发。刘邦从项羽的叔父项伯口中得知了此事后，十分惊讶、惶恐。他不但立刻恭恭敬敬地给项伯奉上一杯酒，而且还与项伯结为亲家。就这样，刘邦用拉拢感情的方法说服了项伯，项伯答应为他在项羽面前说情，并让刘邦第二天就去向项羽谢罪。

第二天，刘邦带着一百多人到鸿门来见项羽。他对项羽说："我和将军合力攻秦，将军在黄河以北作战，我在黄河以南作战，我没有想到自己会先入关，攻破咸阳。现在却有小人在将军面前进谗言，挑拨离间我们之间的关系。"项羽回答："我也不想这样，这些都是你的左司马曹无伤说的。"当天，项羽留下了刘邦，还摆宴席招待他。范增是项羽的谋士，当时也在宴席上，他知道刘邦日后一定会成为项羽的心腹大患，便在宴席上多次示意项羽乘机杀掉刘邦。但是项羽优柔寡断，下不了决心。于是范增起身，出去招来项庄，对他说："项羽为人心地仁慈，不忍心杀了刘邦。你进去假装敬酒，敬酒后，请求舞剑助兴，趁机把刘邦击杀在座位上。如果不这样，以后你我都将成为他的阶下囚。"于是项庄就进去敬酒，敬酒完毕后以娱乐为由舞剑。项伯看出了其中的苗头，也拔剑起舞，时不时张开双臂为刘邦挡剑，以至于项庄无法刺杀刘邦。

刘邦的手下张良也看出了其中的苗头，立刻到军营门口找刘邦带来的一个叫樊哙的人。他对樊哙说："项庄拔剑起舞，意在沛公啊！"樊哙一听觉得不得了，立刻拿着剑，手持盾牌，冲进了军帐。营帐外的士兵想阻挡他，都被他用盾牌推倒了。樊哙进账之后就站在军帐中，瞪着项羽，眼眶都快瞪裂了，头发竖起来，样子极其威严。项羽问："你是做什么的？"张良答道："他是沛公的参乘樊哙。"项羽说："果然是壮士。赏他一杯酒。"樊哙站着就把酒喝了。项羽又道："赏他肉食。"樊哙把他的盾牌扣在地上，把肉放在盾牌上，用刀切着吃。项羽说："壮士！你还能喝酒吗？"樊哙说："我死都不怕，一杯酒有什么可推辞的呢？秦王怀有虎狼一样的心肠，杀人担心不能杀尽，惩罚人担心不能用尽酷刑，所以天下的人都背叛了他。怀王曾和诸位将士约定：'先打败秦军进入咸阳的人封作王。'现在沛公率先打败秦军进驻了咸阳，却什么东西都不敢动用，并且还封闭了宫室，将军队退回到霸上，一直等待大王到来。至于说特意派遣将领把守函谷关的原因，则是为了防备盗贼的出入和其他意外的变故。沛公这样劳苦功高,不但没有得到封侯的赏赐,您反而听信小人谗言,想诛杀像他这样有功的人,这只是灭亡了的秦朝的继续罢了。我认为大王不应该采取这种做法。"项羽没有办法反驳,只能说:"坐。"樊哙挨着张良坐下。一会儿,刘邦趁上厕所的机会,把张良和樊哙也叫了出来。

张良、樊哙让刘邦快走,以免再生变故,刘邦觉得为难。樊哙说:"做大事不拘小节,现在人家是刀俎,我们是鱼肉,告什么辞呢?"于是,刘邦悄悄溜走了,让张良留下道歉。张良估计刘邦差不多快到霸上军营了,就进入军帐中,跟项羽道歉:"沛公不胜酒力,不能当面告辞。他让我奉上白璧一双,献给大王;玉斗一双,献给大将军。"项羽说:"刘邦在哪里?"张良说:"他觉得回来大王会责备他,所以已经离开,回军营了。"项羽就接受了玉璧,把它放在座位上。亚父接过玉斗,拔出剑就敲碎了它,说:"唉!项羽这小子不值得和他共谋大事!夺项王天下的人一定是刘邦。我们都要被他俘虏了!"

项羽和刘邦在随后的四年里进行了大规模的战争(史称楚汉战争),最后项羽败北,在乌江自刎而死;刘邦建立汉朝,就是汉高祖。

项羽之所以最后败北,落得个自刎乌江的下场,后世不少人认为是由于项羽在鸿门宴上缺乏当机立断的能力,间接导致了范增的计划失败,亦埋下了自己日后兵败的伏线。当时,刘邦已经有了称王的兆头,项羽却未加防范,没有意识到事情的严重后果。如果项羽听范增的话,在鸿门宴上杀了刘邦,日后称帝的必定是项羽。

要避免不利的小趋势发展成不可掌握的大趋势,就要在有苗头的时候及时制止,或者在苗头发展的时候及时补救,不让其继续扩大。要做到这一点,就要通过"抵"的方式补救,防患于未然;对事情的发展要有预见性,扬长避短,对事物有利的方面加以利用,阻止其对自己不利的方面;要注意平常的细节,很多事物的细节就透露出日后的发展趋势,注意细节就要"见微知著"。《鬼谷子》第四章中的"巇"指的就是事变、奸计等。明察"巇"可以看见奸人,可以知道某件事的好坏程度及发展,能尽快做出决定,补救已经出现的变故。

鬼谷子在本篇讲道:"世无可抵,则深隐而待时;时有可抵,则为之谋。"意为解决问题的原则是抓住"时机",实施谋略。按事物的发展法则去做,就"可以上合,可以检下"。而且"能因能循。为天地守神"。由此可以知道,审时度势是抵术的重要原则。矛盾是客观的,解决矛盾的方法是必须抓住时机,使之迎刃而解。

我国历史上的诸多大事件,都是通过用"抵"术来掌握对方心理,防患于未然的。南北朝时,魏孝文帝在迁都洛阳这件大事上费尽了周折,其中就暗含了本篇所讲的内容。

当时,北魏的国都是平城(今山西大同市东北),地处偏远,地瘠民贫。孝文帝要实行一系列改革措施,迁都势在必行。但鲜卑族世世代代住在这里,迁都谈何容易,于是孝文帝便想出了一个"外示南讨,意在谋迁"的谋略。因为迁都会遭到反对,但南征是没有人敢反对的。

公元493年夏季的一天,孝文帝把大臣们集中到明堂进行斋戒,命令太常卿王堪进行占卜,预测南伐之事是否可行。占卜的结果,得一"革"卦。孝文帝十分高兴,当即宣布南下伐齐。群臣一听,谁也不敢反对。于是,孝文帝发布檄文,征召兵士,声势造得轰轰烈烈,不明真相的人还真以为他要大举南征呢。

八月,大军从平城出发。从平城到洛阳,一路上阴雨连绵,道路泥泞不堪。

九月到达洛阳,士兵个个精疲力竭,不少人还染上了可怕的瘟疫。在洛阳休息几天之后,孝文帝下令军队继续南进。然而此时淫雨不止,人马疲惫,再往前走,路途遥远,积水更厉害了。孝文帝想趁此时机,告谕天下人要迁都洛阳。孝文帝在众位王公大臣面前宣布了自己的决定。众朝臣明白,孝文帝的决定一旦做出,就不能再改变了。朝廷议策时,孝文帝要求同意迁都的人站在左边,不同意迁都的人站在右边。这时,南安王拓跋桢站出来说:"如今陛下要停止南征,迁都中土,这是千秋不朽的大业,也是我们群臣的心愿。"他这样一说,大家齐呼"万岁"。迁都洛阳一事就这样决定了。

孝文帝导演的这场迁都戏,终于降下帷幕。当初,他虽然谋划着要迁都,但他明白臣子们安土重迁,上上下下都眷恋旧土,阻力太大,于是他打出了南征的旗号(这在当时是谁也不敢反对的理由),以行南迁之实,终于获得成功。

事实上,"抵术"仅仅是鬼谷子纵横八术中的一术。但这一术的重要性是不能忽视的,尤其是在政治斗争中。因为万事万物都起于秋毫之末,一发展就像泰山的根基一样大。圣人的事业在很多时候会遇到小人的破坏,因此需要"抵"。另外,生活中的一些裂痕,如父子分离、夫妻反目等,也可以通过"抵"的方法来解决。

纵观本篇,"抵巇"在告诉我们要未雨绸缪,防患于未然的时候,也告诉我们碰到有障碍的事情时,就要想办法加大力度促进事情的发展,使之最终转化为有利于自己的因素。

【解读】

对于细小的事情要有长远的眼光,要预知其对以后的影响,未雨绸缪,防止发生大的祸患。鬼谷子认为万事万物都是起于秋毫之末,一旦发展起来就会像泰山一样根基宏大,错过时机就无法补救了。如果事情真的发展到了无法遏制的地步才发现,那么干脆就不要遏制,加一把力,让其彻底毁坏,然后重塑。

当然,事情能补救还是得补救,毕竟重塑一个新的东西,一切都需要重新建立。

飞箝第五：激励挟制，控制言论

【题解】

飞箝术是《鬼谷子》论辩术中的一个重要方法，讲究既褒奖又挟制。使用飞箝术要先诱导对方发言，当对方说的话正好对自己想要说的、想要做的有利的时候，就立刻大加褒奖，以这种手段抓住他，让他不能收回说出的话。然后再用对方说的话来钳制他，让他顺着自己的意思说。

使用飞箝术的时候，要让对方摸不着头脑，看似褒奖，实则是为了最后对其进行钳制。如果遇到比较谨慎的人，无法诱导其说出自己想听到的话，就需要对其使用威胁、利诱的手段以达到自己的目的，当然也可以通过分析各个方面的情况向对方晓以利害，进而控制对方。飞箝术使用得好的话，有时候会让对方有"搬起石头砸自己的脚"的感觉。

【原文】

凡度权量能，所以征远来近。立势而制事，必先察同异之党，别是非之语，见内外之辞，知有无之数，决安危之计，定亲疏之事，然后乃权量之。其有隐括，乃可征，乃可求，乃可用。引钩箝之辞，飞而箝之。

钩箝之语，其说辞也，乍同乍异。其不可善者：或先征之，而后重累；或先重以累，而后毁之；或以重累为毁，或以毁为重累。其用，或称财货、琦玮珠玉、璧白、采色以事之。或量能立势以钩之，或伺候见涧而箝之，其事用抵巇。

将欲用之于天下，必度权量能，见天时之盛衰，制地形之广狭，阻险之难易，人民货财之多少，诸侯之交孰亲孰疏、孰爱孰憎，心意之虑怀。审其意，知其所好恶，乃就说其所重，以飞箝之辞钩其所好，以箝求之。

用之于人，则量智能、权材力、料气势，为之枢机以迎之、随之，以箝和之，以意宜之；此飞箝之缀也。

用之于人，则空往而实来，缀而不失，以究其辞。可箝而从，可箝而横；可引而东,可引而西;可引而南,可引而北,可引而反,可引而覆,虽覆能复,不失其度。

【译文】

凡是揣度人的权变能力,考查人的才干,都是为了吸引远近的人才,使其归附投奔。建立制度,管理事务,一定要先考虑所招徕的人才派别的异同,以便区分他们言论的是非,发现言辞的表面意思和实际内涵,了解他们技艺的有无,让他们决断国家的安危大计,确定和谁亲近和谁疏远的问题,之后再对这些关系加以权衡。如果他们可以矫正时弊,就要加以征求,加以聘请,加以任用。借用引诱对方说话的言辞,引诱他人的言论归顺自己,通过恭维来钳制住对方。

引诱对方说顺从自己的话,是一种游说的辞令,时而相同时而不同。对于那些以钩钳之术无法控制的人,首先对他进行威胁利诱,然后再对他们进行反复试探。或者先对他们进行反复试探;然后再对他们发动攻击加以诋毁;或者用诋毁的方法反复试探,或者用反复试探的方法不断诋毁。打算要重用某些人的时候,或者先赏赐给他们财物、珠宝、玉石、白璧和美丽的东西,对他们进行试探;或者暗中考查,通过寻找行为漏洞来控制对方,在这个过程中要动用抵巇之术。

想要将飞箝术用于治国上,一定要考核君主的权谋和才能,识别天道的兴盛与衰落,知晓地理形势的宽广与狭窄,山川的险峻与平坦,以及人民财富的多少。要知道诸侯间的交往,谁跟谁亲近,谁跟谁疏远,谁跟谁友好,谁跟谁敌对。要想详细地知道国君心中的想法,首先要知道他们喜欢什么厌恶什么,然后再针对他们所重视的东西进行游说,再用“飞”的方法诱出对方的爱好所在,最后用“钳”的方法把对方控制住。

把飞箝术用在其他人身上,就要注意观察对方的智慧跟才能,估量他的势力。估量对方的气势,通过种种方法把握对方的关键之处,以迎合对方或者顺从对方,以箝制之术达到与对方和谐的状态,以友善的态度跟对方建立邦交,这就是“飞箝术”的运用与推广。

如果把飞箝术用于人际交往,就需要用空洞的赞美之辞套取对方的实情,把握住好的时机,探究对方下一步会说什么,并且跟对方保持紧密的关系,以便借机探究对方的言辞,进而加以控制,使对方服从。这样做的话,可以合纵就合纵,可以连横就连横;既可以引而向东,同时也可以引而向西;既可以引而向南,同时也可以引而向北;

既可以引而返还,同样也可以引而复去。即使复去,也可以恢复,关键还是不要丧失节度。

【事典】

当时,曹操即将进军东吴,在鄱阳湖训练水师的东吴都督周瑜闻讯连夜赶往柴桑郡,与其他文武大臣一起商议应对之策。

周瑜一到,文官武官纷至沓来,有主战的,也有主和的,而周瑜并没有明确表态,对战跟和都表示赞同。晚上,孙权的参谋鲁肃带着刘备的使者诸葛亮前来见他。谈起曹操进攻东吴的事情,鲁肃问周瑜:"曹操南侵东吴,是战还是降,主公就听都督的了,不知都督是什么意思?"周瑜回答:"曹操权大势大,挟天子以令诸侯,不可以轻敌。如果跟他对抗的话,一定会输。我拿定了主意,明天见了主公,便当遣使纳降。"鲁肃一听这话,立刻加以劝阻,而周瑜则说:"如果发动战争,江东六郡必然会生灵涂炭,那时候他们一定会怪罪于我,所以我决定向曹操请降,这样还可以减少很多伤亡。"二人为是战是和争论不休,旁边的诸葛亮只是轻轻一笑,不参与他们的争辩。

一会儿,周瑜发现旁边的诸葛亮一直没有说话,就问诸葛亮的意见如何,为何笑。诸葛亮说:"我不是笑别人,只是笑鲁肃不识时务。"鲁肃急了:"先生为什么笑我不识时务?"诸葛亮不慌不忙地回答:"周公瑾主张投降曹操,甚是合理。"周瑜说:"孔明是识时务的人,定和我同心投降曹操。"鲁肃更着急了:"孔明,这个时候了,你怎么这么说啊?"诸葛亮回答:"曹操非常善于用兵,天下无人能及。过去与他为敌的只有吕布、袁绍、袁术、刘表,现在这几人都已被曹操消灭,天下已经没有人能够抵挡他啦!只有个刘豫州不识时务,还跟曹操抗衡,弄得现在孤身在江夏,生死都不知道。周将军决计投降,能保住荣华富贵、妻子儿女。至于什么国家安危、江山易主,爱怎么样怎么样,有什么可惜的!"

鲁肃之所以把诸葛亮请到江东,就是为了让他劝服周瑜攻打曹操,结果诸葛亮的话和他的意思完全相悖,鲁肃立刻大怒:"难道你是让我屈膝受国贼之辱吗?"

诸葛亮坦然自若地说:"鲁肃兄不要动怒,我这里有个好计,既不用将土地和大印交给曹操,又不用渡江作战。只需要派个使者和一叶扁舟,送两个人到曹操那里就可以了。"周瑜和鲁肃都觉得很惊奇,周瑜问:"这是两个什么人? 有这么大的作用吗？能让曹操大军撤退？"诸葛亮回答："也不是什么重要人物，东吴少了这两个人也没有什么损失，跟粮仓里少了一粒谷子、大树上掉了一片叶子一样。而且曹操得到了这两个人，一定会大喜离去。""那这两个人是谁呢？请先生赐教。"周瑜连忙问。

"不知道两位听说过没有，曹操在邺城造了一座铜雀台。他早就听说江东乔公有两个女儿，分别唤作大乔跟小乔，都有沉鱼落雁之姿、闭月羞花之貌。曹操曾经发过誓：'我今生一愿是荡平四海，成就统一霸业；一愿是得到江东美女二乔，将她们安置在铜雀台上，让她们伴我欢度晚年。这样的话，我一生就死而无憾了。'现在他率领大军对江东虎视眈眈，周将军何不寻到乔公，给他许多金银珠宝，把这两个女子买来，送给曹操，这样曹操大军便会不战自退。"

周瑜听了有点不高兴，也对此有点不相信，问诸葛亮以何为证。诸葛亮说："曹操的小儿子曹植聪慧异常，曹操曾经命他作过一篇《铜雀台赋》，赋中就表现出了这种意思。"周瑜的脸黑了下来："先生可会背？"诸葛亮声情并茂地背了出来。

"从明后以嬉游兮，登层台以娱情。见太府之广开兮，观圣德之所营。建高门之嵯峨兮，浮双阙乎太清。立中天之华观兮，连飞阁乎西城。临漳水之长流兮，望园果之滋荣。立双台于左右兮，有玉龙与金凤。揽二乔于东西兮，若长空之蝃蝀。俯皇都之宏丽兮，瞰云霞之浮动。……"

"曹贼真是欺人太甚！"周瑜听后便勃然大怒，跳起来破口大骂。诸葛亮立刻劝阻："两个女子值得将军这么大动肝火吗？将军还是将她们速速送到曹营，免得夜长梦多。""不可！"周瑜大叫，"先生你有所不知啊！这大乔是孙策将军的妻子，而小乔就是我的妻子啊！怎么能让她们深入虎口侍奉曹贼呢？这曹贼，欺负到我头上来了。"诸葛亮装出一副惶恐的样子："在下实在是不知道实情，请将军切莫怪罪。"周瑜说："先生无罪，我与曹操那老贼势不两立。"诸葛亮又敲边鼓说："三思而后行，免得后悔。"周瑜表示不会后悔："承蒙孙策将军临终嘱托，哪有不战而降的道理。其实我早就有北伐的意思，开始所说的话是在试探你们的态度，现在就是赴汤蹈火，我也不改变讨伐曹操的决心。希望先生助我一臂之力，共破曹贼。"诸葛亮点头表示赞同。

其实，诸葛亮反对鲁肃是假，激怒周瑜才是真。这番谈话，周瑜开始是掌握着主动权的，他的态度决定了是战还是降。最初周瑜对于战和降都表示赞同，但是言语间已经流露出降的意愿。周瑜同鲁肃的争辩，诸葛亮对鲁肃的揶揄，都是在演戏。他们通过鲁肃互相探底，想看看对方的意思是什么。但鲁肃是个老实人，当然琢磨不出另外两个人的意图，只会实话实说。诸葛亮在整个对话中，甚至一直到最后，都一直"支持"周瑜，让周瑜说出的话不能收回。但诸葛亮的真正目的是让周瑜发兵攻打曹操，所以他后面的话看似支持，实际上是"挟制"周瑜顺着自己的意思说。随着话题的深入，诸葛亮把周瑜引入了自己的圈套，即曹操攻打东吴是为了虏获二乔。这是多么可笑的理由，但是周瑜相信了。诸葛亮在这里利用了传统道德伦理观念，控制了周瑜的思想。这就是诸葛亮谈话中最狠的一招。他先知悉了孙策、周瑜的妻子分别是江东美女大、小乔，然后便篡改曹植文中的句子，将"览二桥"改成"揽二乔"，再将其写作缘由歪曲成是曹操命令曹植按自己的意思写的，这样就加大了曹操为二乔攻打东吴的可信度。

诸葛亮的飞箝术用得十分巧妙，暗中控制了周瑜，不得不说这个例子算得上是飞箝术的一个经典应用。不过，在战国时期，很多人就已经将飞箝术运用得非常好了，比如魏国的范雎，就用飞箝术使秦昭王重视他，最终拜他为客卿，让他参与军国大政，主谋兵事。

范雎刚进入秦国的时候是不被重用的，后来因为一封上书被秦昭王召入宫中。

他与秦昭王在密室中相见，单独交谈。范雎颇善虚实之道，在谈话中张弛有度，秦昭王越是急切地请教高见，范雎越是慢条斯理地故弄玄虚。反复几次，秦昭王忍不住了，对他行了个大礼，道："先生难道不愿意赐教于寡人吗？"

范雎觉得时机到了，才不慌不忙地回答："我怎么敢对您这样呢？当年姜尚见周文王的时候，先扮作钓鱼的人，在渭水之滨垂钓。他为什么这么做呢？原因就是他深知自己跟周文王的交情浅。等到他跟周文王一起回去，周文王立他为太师的时候，他才开始和周文王说有深度的话。后来，因为姜尚的辅佐，周文王得以在天下称王。如果周文王对姜尚疏远，不跟他做深入的交谈，那就是他没有当天子的资格，姜尚跟着周文王和周武王也成就不了大业。"接着范雎又说，"我是魏国的人，四海为家，跟大王您交情不深，也许您会认为我所说的话都是欺骗您的。虽然现在你我面对面地说话，我愿意表示我的忠心，把心里话跟您说出来，但是不知道大王您是怎么考虑的，所以大王再三问我，我都不肯作答。我不是因为怕死而不敢说出实话，就算今天跟您直言进谏，明天就被您杀了，我也不当回事。如果您信任我，把我的话付诸实践，一定会对秦国有用。我死了没有什么，但是我怕天下人看见我这样的忠臣因为直言而死，以后不敢说话，也不敢做出有利于秦国的行动，这样大家的心就不向会着秦国了。"

范雎这一席话让人拍案叫绝。他在前面的话中提到了周文王，而且有意把贤明的君主跟秦昭王联系起来，暗中满足了秦昭王的虚荣心，也提醒他应该像周文王一样礼贤下士。至于提到姜尚，范雎也是故意的。他拿姜尚来自比，把自己放在贤相的位置上。如果秦昭王不接受他，就等于把自己置于昏君的行列，所以谈话就会顺着范雎的意思进行下去。而下面的话更有震慑作用，先是用自己的披肝沥胆、鞠躬尽瘁感动秦昭王，然后再晓以利害，用杀贤臣对国家有害使秦昭王没有后退的空间，也为自己的安全增加了几分保证。

作了这么多铺垫，范雎才开始跟秦昭王进行实质性的讨论，取得了秦昭王的信任。没几天，范雎又去觐见秦昭王，分析了当前的形势，提出了"远交近攻"（和位于远方的国家结成同盟，而和相邻近的国家互为敌人。这样做，既能防止邻国发生肘腋之变，又可以使敌国两面受敌，从而无法与自己抗衡）的战略思想，为秦国以后兼并六国打下了坚实的战略基础。秦昭王觉得范雎说得有理，就拜他为客卿，加以重用。

范雎

【解读】

通过前面的"古文译读"，可以知道"飞箝术"的主要意思是：游说他人，要用各种方式让对方透露实情，但是又要控制其发言，让对方顺着自己的意思说。

语言作为交流的工具，可以说是最重要的。语言的使用，直接影响到自己给对

方的印象,有时候甚至可以左右一个人的情感及思想。

运用飞箝术说服人,需要先"飞"而后"箝"。就是跟对方交谈的时候,听到跟自己的目的相关的内容时,立刻对对方说的话大加褒奖,让对方喋喋不休,没有收回去的机会。等对方说得差不多的时候,实行"箝"的战术,用忽同忽异的方法引诱对方说出跟自己内心想法一致的话,如果说的内容跟自己内心想法不一致,可以对对方威胁利诱,反复试探,最终让对方顺着自己的话说。

可以在很多地方运用飞箝术,可以运用于人际交往中,也可以运用于分析各国情况,最终决定是合纵还是连横。其主要目的是考查人的智慧、权变能力,辨别世间的是与非。对对方既要推崇又要控制,引诱对方落入自己的圈套,最后达到自己的目的,这就是飞箝术的精妙所在。这里有个小故事,可以很好地阐述一下"飞""箝"二字的意思。

甲是百发百中的神枪手。

乙问他:"听说你百发百中?"

甲点头。

"那你能射中无物吗? 如果射不中,就表示你不是百发百中。"

甲听完后,直接朝着空气放了一枪,就说:"我射中无物了。"

乙立刻说:"哈哈,你射中无物就是没有射中任何东西,你仍然不是百发百中。"

甲沉默不语,不知道如何说。

无物就是没有物品,这个问题属于进退两难的问题,如何回答都是不对的。乙的话巧妙地让甲落入了自己的圈套,先引诱甲,然后让甲无话可说,不得不承认乙说得很有道理。其实,飞箝术在古代运用得非常广,古代的某些人为了达到自己的目的,经常会通过飞箝术达到自己的目的。比如诸葛亮智激周瑜攻打曹操,就是用的飞箝术。

忤合第六：具体问题，具体分析

【题解】

世界上的事物不是一成不变的，而是不断发展变化的，所以要用发展的眼光看待它们，具体问题具体分析。

文中说，"趋合"跟"倍反"是普遍存在的，运用到不同的事物上有不同的方法，而且两者的状态又是相互转化的，就如同圆环一样没有裂痕。所以在分析同一事物的不同阶段时，也应该用不同的方法，这就强调了"具体问题，具体分析"八个字。

在为人处世方面，要灵活多变；在做决定的时候，应该选择最合理的一项。任何事情都有顺有逆、有正有反，不论是顺还是逆，是正还是反，都需要去面对。只要灵活应对，具体问题具体分析，就可以变不利为有利。

怎样做到具体问题具体分析呢？要坚持矛盾观点；具体分析矛盾的特殊性（对不同事物的矛盾做具体分析，对同一事物的不同阶段的矛盾做具体分析，对同一矛盾的不同方面做具体分析）；在运动中把握规律。只有掌握了这些，才能真正做到具体问题具体分析。

【原文】

凡趋合倍反，计有适合。化转环属，各有形势。反复相求，因事为制。是以圣人居天地之间，立身、御世、施教、扬声、明名也；必因事物之会，观天时之宜，因知所多所少，以此先知之，与之转化。

世无常贵，事无常师；圣人常为无不为，所听无不听。成于事而合于计谋，与之为主。合于彼而离于此，计谋不两忠，必有反忤；反于是，忤于彼；忤于此，反于彼。其术也，用之于天下，必量天下而与之；用之于国，必量国而与之；用之于家，必量家而与之；用之于身，必量身材能气势而与之。大小进退，其用一也。必先谋虑计定，而后行之以飞箝之术。

古之善背向者，乃协四海，包诸侯忤合之地而化转之，然后求合。故伊尹五就汤、五就桀，而不能所明，然后合于汤。吕尚三就文王、三入殷，而不能有所明，然后合于文王。此知天命之箝，故归之不疑也。

非至圣达奥，不能御世；非劳心苦思，不能原事；不悉心见情，不能成名；材质不惠，不能用兵；忠实无实，不能知人。故忤合之道，己必自度材能知睿，量长短远近孰不知，乃可以进，乃可以退，乃可以纵，乃可以横。

【译文】

不论是要趋向合一还是背叛分离的，都要给予相应的计策去应对。变化和转移就如同圆环一样连接没有缝隙，往复不止。应反复寻求内在的原因，根据实际情况做出处理。所以，圣人生活在天地间，立身处世、治理天下、说教众人、弘扬美好名声，确定事物的名分，必定根据事物的变化和联系考察天时，观察适当的时机，国家哪些方面有余，哪些方面还很不足，都能够由此出发去衡量，并且设法促进事物向比较有利的方面转化。

世界上没有永远居于高贵地位的东西，万事万物也没有永远固定不变的。圣人经常无所不做，无所不听。事情成功，跟实现它的计谋相契合，就把它作为自己的君主。计谋合乎一方的利益，必然要违背另一方的利益，不可能同时忠于两个对立的君主，必然会违背一方的利益而满足另一方的利益；合乎这一方的利益，就会忤逆另一方的利益；忤逆这一方的利益，就会符合另一方的利益。这就是所谓的忤合之术，如果把它运用到天下，一定要根据天下的实际情况来运用；用于治理国家，要根据国家的实际情况运用；用于治理家族，要根据家族的实际情况运用；用于管理自身，一定要根据自己的才能和气概来运用。总之，不论把忤合之术用在大的方面还是小的方面，进的方面还是退的方面、它的作用效果是一样的。因此，无论在何时何地都要进行谋划、分析，计算准确了以后再实行飞箝之术。

古代那种擅长通过背离一方而趋向另一方而纵横天下的人，常常掌握四海之内的各种力量，控制各个诸侯，将他们驱置到"忤合"的境地，促使其转化，使其与自己联合。过去的贤相伊尹五次臣服商汤，又五次臣服夏桀，其行动目的还未被世人所知，就下定决心臣服商汤；姜太公吕尚三次臣服周文王，三次臣服殷纣王，他的行动目的也不被世人所理解，最终与文王相合。这是因为他懂得归附周文王是天命的制约，所以他最终归附周文王的时候毫不犹豫。

如果没有高尚的品德、超常的智慧,不能了解深层的规律,就不可能驾驭天下;如果不肯用心去苦苦思索,就不能搞明白事物本来的面目;如果不能全神贯注地观察事物的实际情况,就不可能功成名就;如果才能、胆量都不足,就不能进行军事运筹;如果只是愚忠而无真知灼见,就不可能知人善用。所以说忤合之道,要首先估量一下自己的才能智慧,看看自己能力的大小,比较自己和周围人的优劣短长。只有这样知己知彼以后,才能随心所欲,既可以前进,也可以后退;既可以合纵,也可以连横。

【事典】

作为医者,神医华佗的决定更需要具有前瞻性,并且要根据实际情况对症下药。下面的几个小故事就表现了华佗身为医者,是如何具体问题具体分析的。

郡吏中有两个官吏儿寻、李延都有头痛发热的症状,他们一起去找华佗看病。华佗给他们开了不同的药。有人对此提出疑问:为什么相同的病却使用不同的药?华佗说:"儿寻的身体外实内虚,所以应当下泄;李延的身体内实外虚,所以应当发汗。"两人吃了药之后,第二天就好了。

李将军的妻子得了重病,请华佗来看病。华佗诊完脉后对李将军说:"夫人的情况怕是伤了胎,而胎儿还在母体中。"将军觉得华佗说的一定不对,因为前阵子他的妻子刚生完孩子。将军觉得华佗信口胡言,八成是个庸医,就打发他走了。华佗也没多说什么,转身离去。

一百多天后,李将军的妻子旧病复发,李将军想起华佗的话,于是请华佗来复诊。华佗号脉完毕后,说:"看脉象,夫人肚子里有未产下的胎儿。夫人的肚子里应该是怀有两个孩子,一个胎儿出生了,而后面一个孩子还在肚子里。可是夫人自己没有感觉,别人对此事也不了解,所以没有接生。现在夫人肚子中的胎儿已死,母亲的气血不再输给孩子营养,胎儿必定干枯而附在母亲的脊上,因此夫人的脊背经常疼痛。想让这个死胎出来,就需要先喝汤药,然后配合针灸。"说完吩咐别人去煎药,然后给李将军的夫人扎针。一会儿,李将军的夫人的肚子剧痛难忍,华佗一看情况,立刻让人请稳婆进来。他说:"这个死胎死去太久,自己产出困难,需要有人帮助夫人掏出来。"果然,一会儿,稳婆就掏出了一个死去的男婴,手足俱全,全身发黑。大家唏嘘了半天,李将军终于相信了华佗果然是神医。

一天早晨,有两个人用车推着一个人来华佗这里看病。病人捂着腹部,面色苍白,两腿弯曲,精神萎靡。华佗给他号过脉后,解开病人的衣服,用手按按病人的肚子。听到病人大叫一声后,他对周围的人说:"他得的是急性肠痈(阑尾炎),需要立刻开刀。"于是大家合力把病人抬到手术台上。华佗先给病人服下了"麻沸散"。过了一会儿,病人失去了知觉。华佗又让徒弟给病人的腹部涂药消毒。他用消了毒的刀子剖开病人的肚子,然后割去阑尾,再用药制的桑皮纸线缝好刀口,敷上特制的消炎药膏。做完手术,他叮嘱病人的家属,说病人一个月以后就可以下地劳动了。事实证明果然。之后,人们对华佗更加敬佩了。

上面的三个小故事表现了华佗的医术精湛,也表现了华佗对病人的情况了如指掌,根据实际情况做出了最正确的决定,解除了病人的痛苦。第二个故事突出了事物的发展变化性,而华佗把握住了这一点,及时采取了有效的措施。事物是不断发展变化的,所以处事也要灵活,根据实际情况做出相应的决策才是上策。

鬼谷子说:"凡趋合倍反,计有适合。化转环属,各有形势,反覆相求,因事为制。"官渡之战后,曹操为挽回败局,采纳了谋士程昱所献的"十面埋伏"之计。表面上看是在效法楚汉相争的事例,实际上是根据袁绍报仇心切必然麻痹大意这一事实而设立的计谋,是典型的"从实际出发,实事求是"的著名战例。

曹操在官渡大败袁绍后,整顿军马,北渡黄河,直追袁绍。袁绍不甘心失败,为报仇雪耻,又纠集河北四州之兵,至仓亭扎寨,准备与曹操决一死战。袁、曹两军对峙,各布阵势。第一次交锋,曹军徐晃部将史涣就死于袁绍第三子袁尚的利箭之下。

曹操失去一将,心中烦闷,说:"似这样对阵相互厮杀,何时是个了局?"

谋士程昱献计道:"秦末楚汉相争,高祖皇帝运用'十面埋伏'之计,使项羽自刎身亡。我们何不效法?"

曹操说:"请你详细讲一讲。"

程昱说:"我军退至黄河边上,背水为阵,伏兵十队,引诱袁绍逼赶我军。"

左右大惊道:"如此,我军岂不太危险了?"

程昱笑道:"兵法说:'置之死地而后生。'我军无退路,必须死战,如此即可稳胜袁绍。"

曹操采纳了程昱的计谋,将全军分列左右各五队。左列,一队夏侯惇,二队张辽,三队李典,四队乐进,五队夏侯渊;右列:一队曹洪,二队张郃,三队徐晃,四队于禁,五队高览,许褚为中军先锋。第二天,十队人马先行,埋伏在两侧。到了半夜,曹操同许褚率军前进,装出偷袭袁寨的样子。

袁绍见状,笑道:"曹操这下子要喂鱼了。"尽发五寨人马,迎战许褚。许褚拨马撤退,袁绍驱军赶来,喊杀之声不绝。等到天亮,袁绍将许褚逼到河边。曹军已无退路,曹操大喊:"前有追兵,后是绝境,大家何不决一死战?"曹军听了,一齐奋力向前冲杀。许褚一马当先,挥刀斩杀了袁军十来名将领。

袁军大乱,只好撤退。退了一段路,几声"咚咚"战鼓响,左边夏侯渊、右边高览两支兵马冲出。袁绍带领三个儿子一个外甥,死命地杀出一条血路。

袁绍跑了十来里。左边乐进、右边于禁杀出,杀得袁军尸横遍野。又跑了数里,左边李典、右边徐晃两支人马截杀过来,袁绍父子胆战心惊。好不容易奔入寨门,袁绍急忙令军队埋锅造饭。正要吃时,左边张辽、右边张郃,径直前来冲寨。袁绍慌忙上马,率部奔向仓亭。人困马乏,正要休息时,不料曹操率大军又从后面赶来,袁绍拼命逃离。正走间,右边曹洪、左边夏侯惇挡住去路。袁绍大叫:"如果不拼死一战,我们都要被活捉了!"奋力冲杀一阵,侥幸逃出重围。

终于脱险之后,袁绍抱住儿子们大哭一场,长叹道:"我经历战事数十次,从没有像今天这样狼狈!"说完,他命令部将回各地整顿军务,自己带着袁尚到冀州养病去了。

从实际出发这一原理,在现代社会中也有较好的运用。人们往往注重分析实际情况,进而做出各种决策,从而保证决策的正确性。

【解读】

"忤合"是基于"反""合"可以相互转化的道理而出现的。事物都具有两面性,"趋合"跟"背反"是同时存在的,需要具体问题具体分析。而且"趋合"跟"背反"这两种状态不是一成不变的,可以相互转化,如同铁环一样没有终点没有起点,循环往复。所以在处理事情的时候要注意不同的阶段要有不同的处理方法,为人处世时灵活多变才是上策。《鬼谷子》中的"世无常贵,事无常师",说明了事物是一定会变化的,往往是有正有反,有顺有逆,有利有弊,有曲有直。所以处理事情的时候要有长远的眼光,曲中见直,根据实际情况制定相应的策略。

忤合之术提倡处事灵活多变，根据实际情况做出最终决定，就如同文中提到的伊尹和姜太公，几次选择辅佐的君主，最终还是根据实际情况做出了正确的选择。一定要看到事物不断的发展变化和其两面性，才可以做出最有利、最正确的决定。

揣篇第七：因势利导，揣度实情

【题解】

要想尽快了解实情，就要在对方高兴的时候让他狂热，让他无法掩饰内心的想法，从而揣度出他的实情；或者在对方恐惧的时候，加重他的恐惧，让他不能自持，于是暴露自己的实情。揣摩术就是通过别人表现出来的情况得知他们想要掩饰的实情。运用揣摩术一定要把握好时机，因势利导。

治理国家的时候，首先要度量天下的各个方面，如国家财富的多少，百姓生活的贫富，诸侯国之间的亲疏，百姓的人心向背，等等。根据这些实际情况制定出相应的政策。揣摩出大众所想，才能治国安邦。

实行揣摩术的时候，如果对方虽有所触动但还是固执不变的话，就要避开这个话题，谈论他感兴趣的东西，从而知道他内心所想。或者通过跟他身边的人谈话，得知他的真实意图。

【原文】

古之善用天下者，必量天下之权，而揣诸侯之情。量权不审，不知强弱轻重之称；揣情不审，不知隐匿变化之动静。

何谓量权？曰：度于大小，谋于众寡；称货财有无之数，料人民多少、饶乏，有余不足几何？辨地形之险易，孰利孰害？谋虑孰长孰短？揆君臣之亲疏，孰贤孰不肖？与宾客之智慧，孰多孰少？观天时之祸福，孰吉孰凶？诸侯之交，孰用孰不用？百姓之心，孰安孰危？孰好孰憎？反侧孰辨？能知此者，是谓量权。

揣情者，必以其甚喜之时，往而极其欲也；其有欲也，不能隐其情。必以其甚惧之时，往而极其恶也；其有恶也，不能隐其情。情欲必出其变。感动而不知其变者，乃且错其人勿与语，而更问所亲，知其所安。夫情变于内者，形见于外。故常必以其者而知其隐者，此所谓测深揣情。

故计国事者，则当审量权；说人主，则当审揣情。谋虑情欲，必出于此，乃可贵，乃可贱,乃可重,乃可轻,乃可利,乃可害,乃可成,乃可败;其数一也。故虽有先王之道、圣智之谋,非揣情隐匿,无所索之。此谋之大本也,而说之法也。常有事于人,人莫能先,先事而生,此最难为。故曰:揣情最难守司,言必时其谋虑。故观蜎飞蠕动,无不有利害,可以生事变。生事者,几之势也。此揣情饰言,成文章而后论之也。

【译文】

古代善于治理天下的人,一定会度量天下的形势,揣摩诸侯的实情。如果度量天下形势不够周密、详细,就不知道诸侯势力的强弱虚实。如果揣摩实情不够细致,就不知道天下的时局变化。

什么叫作衡量权势?答案是:测量尺寸大小,谋划数量多少,称量有多少钱财货物,估测有多少百姓,是富足还是困乏,富足和困乏到了什么程度?分辨地形险峻平坦,以及哪里安全,哪里危险?判断各方的谋虑谁优,谁劣?分析君臣亲疏关系,哪个贤明,哪个不足与谋?考核谋士的智慧,看谁更加聪慧一些?观察天时祸福,什么时候吉,什么时候凶?比较与诸侯之间的联系,谁能任用,谁不能任用?民心所向如何,哪里安定,哪里危险?爱好什么,憎恶什么?预测反叛事,在哪里更容易发生,哪些人能知道内情?能够了解这些,就是所谓的量权。

所谓的揣摩实情,必须是在对方高兴的时候,去加大他们的欲望;他们既然有欲望,就难以隐瞒实情。或者是在对方恐惧的时候,去加大他们的恐惧;他们既然有害怕的心理,就难以隐瞒实情。情感欲望必然随着事态的发展流露出来。对于那些情感受到了触动却仍然看不出有什么异常的人,就要改变游说对象,把他暂且搁置,不与他深谈,而应该秘密地询问跟他关系亲密的人,了解他情感的依托。对于那些情绪在内心变化的人,必然要通过形态显现于外表。所以我们经常需要通过显露出来的表面现象,去深入了解那些隐藏在内部的真情。这就是测深揣情。

谋划国家大事的人,必须详细考察本国各方面的力量;游说君主的人,就应该全面揣测君主的想法。探知人们的谋划、想法、情绪和欲望都用这种策略,他们可能富贵,也可能贫贱;可能受尊敬,也可能被轻视;可能获利,也可能遭到损害;可能成全别人,也可能去破坏,这其中使用的办法都是一样的。所以虽然有古代贤王的治国之道,有圣人智者高深的智慧谋略,不采用揣情的方法,那些隐藏的东西也无法获得。这是谋略的基础，也是游说的基本法则。人们常常觉得某些事情比较突然，那是因为不能事先预见它，要能在事情发生之前就预见，这是最难的。因此才说：揣情，很难把握，游说进言必须深谋远虑。所以看到昆虫飞动的时候，知道都有它自己的利害关系存在，因此才发生变化。而任何事情发生的时候，都会有细微的变化预示着未来的发展。这就是揣情的时候需要先修饰言辞，使之富有文采，而后才能进行游说的道理。

【事典】

公元前666年，楚国的公子元率兵浩浩荡荡地发动了对郑国的战争。楚国大军一路所向披靡，攻下了郑国的好几座城池，直逼郑国国都。郑国是个小国，兵力自然不及楚国，都城内兵力空虚，有亡国的危险。

郑国群臣十分慌乱，有的人主张拼死一战，有的人主张赔款请和，有的人主张固守城池等待救援。但是，这几种主张都难以解决郑国危急的局面。这时走出来一个人，就是上卿叔詹，他对众人说："请和与决战都不是上策，在国中等待救援才是上上策。"众人不解，他又接着说："郑国和齐国订立了盟约，如今郑国有难，齐国不会坐视不管，一定会出兵相助。可是我们固守在这里，恐怕也是不怎么容易的。我有一个方法，可以使楚国退兵。"

众人立刻问他该怎么办，于是叔詹说出了他的计策。对此计，有的人赞同，有的人反对。但是因为楚军逐渐逼近，没有其他方法，只好采用了他的办法。

按照叔詹的计策，郑国在城内做了如下安排：命令士兵全部埋伏起来，不让楚国军队看到一兵一卒；让店铺照常开业，百姓正常生活，不要流露出一点慌乱的表情；城门大开，放下吊桥，摆出一副完全不设防的样子。

不久，楚军的前锋到达了郑国的国都。看到这里一片安之若素的情景，领军的将领不由得心中起疑：为什么楚国大军都逼近了，郑国还是一片太平盛世的样子呢？难道是有埋伏，想让我军中计？他不敢妄动，等着公子元的到来。没几天，公子元就到了郑国的都城，看到前锋未动，觉得好生奇怪。接着，公子元又发现，城内空虚，百姓安居乐业，根本没有战争前的恐慌，但是祥和中隐隐透着一股不安。公子元认为其中可能有诈，于是命令军队不可贸然进攻，要先派人进城探听虚实。

这个时候，齐国已经接到郑国的求援信，并且联合鲁、宋两国，共同发兵救郑。

公子元得到战报，知道三国的援兵已到，如果再战下去，楚军肯定不能取胜。他想着自己已经打了几个胜仗，还是赶快撤退为妙。但是，他害怕在自己撤退的时候，郑国军队会出城追击，于是就暗暗命令全军连夜撤走，撤退的时候人衔枚、马裹蹄，不许发出一点声响。另外，所有营寨都留下不拆走，旌旗也照旧飘扬。

次日清晨，叔詹登上城楼远望，说道："楚军已经撤走了。"其他人见楚军的营帐里依旧是旌旗招展，都表示不相信楚国已经撤军。叔詹说："如果这个时候营帐中还有人，怎么会有那么多飞鸟在那里盘旋呢？楚军也用空城计欺骗了我们，悄悄撤兵了。"这就是中国历史上第一次使用空城计的战例。

在战例中，大叔詹跟公子元都用了空城计，而叔詹的空城计更为高明。他让一路所向披靡的公子元看到城内祥和的气氛有所忌惮而不敢出兵。在楚国探听实情的时候，郑国的求救信又到达了齐国，齐国联合了鲁、宋发兵救郑。这个消息让公子元由忌惮变成了害怕，急忙连夜撤军，又怕郑国军队出城追击，也使了一招空城计。

叔詹的空城计就是利用大众疑惑跟惧怕的心理取得成功的。他知道公子元急于求成，但是不敢冒进，所以利用空城计拖延时间，等待齐国的救援。等齐国真的来救援的时候，楚国自知不敌，自然会撤兵。楚国开始是疑虑加一些小的惧怕，后来又演变成比较大的恐惧。叔詹的做法就是在恐惧上加重了恐惧，让敌人不寒而栗。公子元撤走的时候，也考虑到三国军队声势浩大，不能抵挡，贸然撤兵必然会遭到追击，干脆留下"阵势"，悄悄撤走，给对方一个假象，自己也可以不伤一兵一卒，可谓两全其美。叔詹跟公子元的做法都是因势利导，揣度出对方的实情，做出最有利于自己的选择。类似这样的例子还有很多，西汉的大将军李广也曾成功地运用过"空城计"。

西汉时期，北方匈奴的势力不断扩大，屡次进犯中原。飞将军李广任上郡太守，抵挡匈奴南进。

有一天，汉景帝派人外出打猎，遭到三个匈奴兵的袭击。领头的随从宦官被打伤了，狼狈地跑回来后，将这事告诉了李广。李广决定给匈奴兵一个教训，一直追了十几里地，杀死了两个匈奴兵，活捉了一个匈奴兵。李广率众打算回去，却发现身后有数千名匈奴骑兵正向这边靠近。匈奴部队的前锋也发现了李广，想趁机活捉他，但是看见他身边只有百余骑兵，匈奴兵误认为他们是大部队诱敌的前锋，不敢贸然攻击,怕遭受意想不到的损失,于是在山上摆开阵势,按兵不动。

李广身边的人看到匈奴的大部队非常恐慌,李广却处变不惊,显得非常沉着。他对众人说:"我们现在只有百余骑,敌人人多势众,我们离自己的大营有几十里路远。如果我们掉头逃跑,匈奴兵肯定会追杀我们。如果我们按兵不动,敌人肯定会疑心我们是不是有大部队在接应,他们就不敢轻易进攻。所以,我们继续前进。"到了离匈奴兵二里左右的地方,李广下令全体将士下马休息。

所有的将士听令卸下马鞍,悠闲地躺在草地上休息,看着自己的坐骑在旁边津津有味地吃着野草。

匈奴部将看到这样的情况,感到十分奇怪,派了一名军官出阵观察形势。那个军官跑到离李广不远的地方,李广立即上马,冲杀过去,一箭射死了他,然后又回到原地,继续休息,对前面的匈奴大军显得毫不在意。

匈奴部将见此情形,更加恐慌,料定附近定有伏兵。等到天黑的时候,李广率领的人马仍然没有动静。而匈奴部将更加害怕,担心遭到汉军大部队的突袭,于是就慌慌张张地引兵逃跑了。李广得以率领百余骑兵安全返回大营。

李广的计策和前文叔詹的计策是一样的,都是揣摩到敌人的实情,利用其多疑跟害怕的心理,赢得了生存的机会。对方的兵多而我寡不敌众,就需要揣测如何面对敌人,让他们有所顾忌。看见敌人害怕,就要因势利导,做出一副更加不惧敌的样子加重他们的恐惧,使其不敢妄动。其实,不仅军事中会用到"因势利导,揣度实情"的方法,现代很多商家也会利用这一招提高自己的知名度,宣传自己的产品,从而大获其利。

美国宝丽来远东有限公司在其百采系统上市之前,公司的公关策划部策划了一系列轰轰烈烈的公关活动。

什么是百采系统呢?就是即拍即有的相机。宝丽来公司的目的是通过对百采系统的宣传,向公众树立一个与众不同的形象——它是少数上层人士手中的宠儿,不是大众化的商品,将新的产品作为突破口,引导一股"即拍即有"的摄影新潮流,从而引起大众的兴趣。公司知道,如果想引起上层人士的注意,就必须有吸引他们眼球的东西。上层人士的收入是可观的,所以,如果想把产品推入上流社会,就要付出不菲的代价。

那么公关部又是如何针对这些上层人士做宣传的呢?他们又安排了什么样的

活动吸引上层人士的眼光呢？公关部设计的公关活动主要有：全世界最大的相机模型展览、新产品发布会、名人的私生活写真集、电影电视节目宣传、新闻特辑与新闻稿、新闻录像带同步宣传，并且所有这些活动都设计在美国和中国香港两地举行。

在百采系统计划推出的前一年，公司的公关人员就聚集在一起相互交流世界各地的宣传经验，商讨可以产生震撼性效果的宣传活动。最终意见统一，他们决定做一个全世界最大的相机模型进行展示。巨大而罕见的事物一定会是新闻的热点，何况又是个前所未有的大型事物，公关部的任务就是制造新闻，让新闻界对此高度关注。有了新闻的传播，百采系统的知名度肯定会直线上升。

百采系统的模型着实符合"巨大"二字，高约 6.4 米，长 22 米，宽 9.2 米，看起来和一幢二层小楼一样。当然，这个相机模型除了让人震撼外，还可以进入内部参观，并有专业人员讲解和示范各种技术。该模型一经展出，立刻引起了人们的注意，尤其是一些上层人士的注意。

宝丽来公司邀请世界各地的新闻界代表会聚洛杉矶，举行新闻界新产品发布会。另外，宝丽来还把当地的世纪大酒店包了下来，招待新闻界的人物，并举行世界性市场推广人员会议，以及全美市场销售会议。参加会议的人达上千。活动为期三天，每天的活动都不同，使与会者不会感觉厌烦。几次隆重的晚宴让与会者感到非常满足。同时，因为参观了百采系统的相机及胶卷制造厂，与会者打心眼儿里佩服宝丽来的高科技产品，并加深了对百采系统的认识。宝丽来这次不惜血本举办的新闻发布会，掀起了该产品的销售高潮。

观察到大家都对百采系统兴致很高，公司的公关部同时运作了另一项重大活动，就是上面提到的名人私生活写真集。他们猜测，此举一定会在人群中引起巨大的反响。其实，这一活动就是利用各种渠道将百采系统套装分别免费送给一些名人，尤其是上流社会和娱乐界的人士。然后鼓励他们用这种相机为自己拍摄生活照片，展现明星和上层人物生活中最真实的一面，并且将这些珍贵的照片刊登在畅销的杂志上，以此吸引全国读者的目光。很多杂志在刊登"名人写真集"的同时，都专门介绍了这款新的相机。这一活动形式，除了能够利用名人效应提高产品的知名度外，还利用他们拍出的优美照片，肯定了新产品的高级形象——百采系统，社会名流和娱乐明星手中的宠儿。

此外，还有全美电影电视节目宣传、新闻录像带宣传、新闻特辑等活动，每一项活动都需要大量投资，也具有强大的宣传力度。这些活动越来越吸引了人们的眼球，尤其是上层人士的眼球。

除了上述活动外，公司还因势利导，不断采用新闻稿的形式，在新品推出前、推出期间和推出后作辅助性宣传。公司预计，这些大大小小的活动一定会让目标人士注意，并且舍得掏腰包拥有一台百采照相机。果然不出他们所料，宝丽来轰轰烈烈的宣传起了非常重要的作用，百采相机的销售量直线上升。

【解读】

这一章中，鬼谷子认为，揣摩他人要抓住有利时机，事情才更容易办成。要趁对方高兴的时候，对他褒奖，让他更高兴，让他狂热，让他最终无法掩饰内心的想法，从而揣度出他的实情。或者趁对方恐惧的时候，再对其进行压迫威逼，加大他的恐惧，让他难以自持，最终流露实情。也就是所谓的因势利导，根据对方的变化制定相应的策略，揣测出对方的真实意图。作为君主或者圣贤，在治理天下的时候，就需要做全面的揣测，要度量好天下各个诸侯的势力、国家的财富、地势的险要、人们的生活水平、人心向背等，才能调整或者出台相应的政策，更好地治理国家。不论是游说他人还是治理国家，都是需要揣摩的。

此外，如果面对比较固执的人或者虽然面对游说有所触动却不加改变的人，就要暂且搁置话题，询问他身边亲密的人或者跟他谈论其他的事情，用这种"曲线救国"的方式也能知道他心中所想。

揣摩时，需要根据对方的情况适当调整策略，摸清对方所想，才能一下子抓住对方的心意，从而达到自己的目的。古代很多军事家就是利用"揣摩"的方法赢得战争的胜利，做到不战而屈人之兵。

摩篇第八：谋之于阴，成之于阳

【题解】

本卷中，鬼谷子运用的摩术，和第七卷中的揣术相对。运用摩术是有技巧的，顺应别人的时候不能太直白，不要就事论事，不要露出任何蛛丝马迹。要想做到这一点，就要使用"声东击西"的方法。在附和别人这件事的时候，其实在揣摩那件事；附和别人那件事的时候，实际上是在揣摩这件事。这样就永远不会露出马脚，永远不会让人怀疑。神不知，鬼不觉，事情就办成了，而且没有留下后患。

善于揣摩的人就如同临渊钓鱼一样，只要投下鱼饵就必定会钓上鱼来。运用摩术的方法有很多，可以用和平进攻，可以用正义责难，可以用奉承讨好，可以用愤怒刺激，可以用名声威吓，可以用行动逼迫，可以用廉洁感化，可以用信义说服，可以用利益诱惑，可以用谦卑欺骗等。有这么多的方法，如果还收不到预期的效果，那只能说是因为运用不当了。

【原文】

摩者，符也；内符者，揣之主也。用之有道，其道必隐。微摩之以其所欲，测而探之，内符必应。其应也，必有为之。故微而去之，是谓塞窖、匿端、隐貌、逃情，而人不知，故成其事而无患。摩之在此，符之在彼，从而应之，事无不可。

古之善摩者，如操钩而临深渊，饵而投之，必得鱼焉。故曰："主事日成而人不知，主兵日胜而人不畏也。"圣人谋之于阴，故曰"神"；成之于阳，故曰"明"。所谓"主事日成"者，积德也，而民安之，不知其所以利；积善也，而民道之，不知其所以然；而天下比之神明也。"主兵日胜"者，常战于不争不费，而民不知所以服，不知所以畏，而天下比之神明。

其摩者：有以平，有以正，有以喜，有以怒，有以名，有以行，有以廉，有以信，有以利，有以卑。平者，静也；正者，直也；喜者，悦也；怒者，动也；名者，发也；行者，成也；廉者，洁也；信者，明也；利者，求也；卑者，谄也。故圣人所独用者，众人皆有之，然无成功者,其用之非也。

故谋莫难于周密,说莫难于悉听,事莫难于必成;此三者,唯圣人然后能任。故谋必欲周密,必择其所与通者说也。故曰或结而无隙也。夫事成必合于数,故曰道数与时相偶者也。说者听必合于情,故曰情合者听。故物归类:抱薪趋火,燥者先燃;平地注水,湿者先濡。此物类相应,于势譬犹是也。此言内符之应外摩也如是。故曰摩之以其类,焉有不相应者? 乃摩之以其欲,焉有不听者,故曰独行之道。夫几者不晚,成而不抱,久而化成。

【译文】

所谓"摩",就是通过外在表现揣摩内心的一种方法;所谓"内符",就是揣摩的对象。运用摩术有一定的法则,而这个法则是在隐秘中进行的。进行初步揣摩的时候,必然有一定的目的,然后进行侦察刺探,其内情必然暗合呼应。内心的感情要表现于外,必然有一定的行为表现。达到揣摩的目的后,就要在适当的时候离开对方,把自己的动机隐藏起来,消除痕迹,伪装外表,回避实情,使人无法知道是谁办成的这件事,这样就能达到了目的,办成了事,而不留祸患。摩对方是在这个时候,而对方表现出来是在那个时候,只要我们能够采取一定措施,让对方按照我们的安排行事,就没有什么事情是办不成的。

古代善于摩意的人,就如同拿着钓钩去水潭边钓鱼一样,只要他把带有鱼饵的钓钩投进水潭里,就一定能钓到鱼。所以说:"所进行的事情一天天成功而别人却没有察觉,率领的军队日益压倒敌军,人们却没有恐惧。"那些有很高修养和智慧的人谋划行动总是在暗中进行,所以被人们称为"神";而这些行动的成功都将呈现在光天化日之下,所以被人们称为"明"。所谓"主事日成"的秘诀,在于积有暗德,老百姓安居乐业,却不明白为什么自己会享受到这些利益;暗中积累善行,老百姓生活在善政中,却不知晓为什么会有这样的局面。于是,全天下的人都把这样的"谋之于阴,成之于阳"的政治策略称为"神明"。那些领导军队并且日益压倒敌人的统帅,他们坚持不懈地与敌军对抗,却不主动去攻城略地,不大量消耗人力物力,因此老百姓并不知道为何邦国会来臣服,也不知道有什么恐惧。因此,全天下的人都将这种"谋之于阴,成之于阳"的军事策略称为"神明"。

在施行摩意之术的时候,可以使用下列方法:有用平和交流的,有用正义责难的,有用喜欢来讨好的,有用愤怒来激将的,有用名誉来引诱的,有用行为来逼迫的,有用廉洁来感化的,有用信义来说服的,有用利益来诱惑的,还有用谦卑来争取的。平,就是平静;正,就是正直;喜,就是喜悦;怒,就是鼓动;名,就是发扬;行,贵在付诸行动;廉,就是廉洁清明;信,就是明了;利,就是求取;卑,就是谄媚。所以圣人独用的摩意之术,众人也都可以明了,然而无法取得成功,就是因为他们运用得不恰当。

因此,谋划策略,最困难的就是思维缜密;游说对方,最困难的是让别人全部听从自己的话;主办的事情,最困难的就是一定要让事情办成功。这三个难题只有圣人才能胜任。所以说,谋划必须周到、秘密,进行游说想要让对方听信,必须选择兴趣相投的人进行游说,并且使自己的言辞合情合理。所以说,结交亲密无间而没有裂痕。事情要取得成功,一定要遵循合适的法则,所以说,规律、方法和时机三者要结合。说辞要被听从,一定要与对方合情。所以说,合情才会有人听从。世间万事万物都有自己的属性,比如抱着干柴向烈火走去,干燥的部分会先烧着;往平地上倒水,湿润的地方会先湿透。这些现象都是和各类事物的属性相适应的,在那种情势下是必然的结果。依此类推,其他事物也是这样的。这就是文中所说的内心反应与外在表现相适应的道理。所以说,按照事物的不同属性实施摩意之术,哪有不呼应的? 根据被游说者的欲望而施行摩意,怎么会有人不听从游说呢? 所以说,揣摩之术是唯一通行的方法。那些能够注意事物的细微变化,并且立刻采取行动的人,不会错失最佳时机,有成绩的时候也不停止,这样天长日久就一定能够化育天下,最终取得成功。

【事典】

东晋孝武帝太元八年,前秦皇帝苻坚率领八十万大军,浩浩荡荡地向东南方向进发,并号称有百万之众。

这个消息很快就传到了东晋的国都建康。那时的东晋统治集团为争夺权力,内部非常混乱。大敌当前,他们停止了内斗,一起商议对策。有人主战,有人主和,宰相谢安极力主战。最终东晋决定抵抗前秦,并由谢安进行军事部署。

谢安立刻对手下的官兵进行了周密的部署:谢石指挥全军,谢玄担任先锋,先率领八万人马去阻击秦军;胡彬带领五千名水兵到淝水河边的寿阳城,帮助当地的官兵抵抗苻坚；他自己则担任征讨大都督，坐镇营中。

苻坚

大敌当前，东晋朝廷上下一片恐慌，谢安却表现得若无其事，照旧游山玩水，还跟先锋谢玄下棋娱乐，好不惬意。大家看到他这样，也都安定下来。其实，谢安是把计谋和忧虑都深藏于心中，大家根本不知道。苻坚的一举一动，他都看在眼中，早就作安排好了来对付苻坚。

苻坚手下的将领苻融为了占领东晋的重镇寿阳，率领先锋部队日夜兼程，一个月左右就到达了淮河北岸。不等后面苻坚的大部队到来，他就带领手下抢占了寿阳。此时，谢安派来的大将胡彬还带兵在赶往寿阳的路上，一听到寿阳失守，他无法再继续前进，只好退守硖石。而另一边，前秦将领梁成占领了东晋的要地洛涧，使得谢玄带领的八万晋军全被阻挡在了洛阳的东边。这种形势对东晋极为不利，但事情到了这个时候，居然出现了转机。

前秦的军队中有个叫朱序的大将，他本来是东晋的将领，后来在和前秦的战争中被俘虏，就留在了前秦。虽然人在前秦，但是朱序从来不把自己当作前秦的人，他一直惦记着东晋。现在前秦跟东晋作战，朱序觉得自己为东晋出力的机会来了，他一直暗中谋划着该如何帮助东晋。恰巧，苻坚派他到晋军大营中劝降。

朱序不但没有劝降，反而向谢石说出了自己的想法，为其出谋划策，商讨如何攻打前秦的军队。他建议东晋军队趁着前秦的大部队还没有完全到来，迅速出击，打他个措手不及。而他会回到前秦的军队中做内应，到时里应外合，一起打败前秦的军队。

谢石觉得这个方法可行,于是答应了。他们商议后,最终决定对前秦军队采取各个击破的方法,先去袭击洛涧的前秦军。

东晋军队行动非常隐秘,他们悄悄地潜入了洛涧,在夜间向前秦军发起了突袭。前秦将领梁成还在睡梦中,听到外面乱成一片,连忙起身迎敌,结果刚走出去没多远,就被人一刀砍死。主将一死,前秦军大乱,将士们纷纷逃散。东晋军乘胜追击,收回了洛涧,并且在寿阳城附近的八公山安营,驻扎下来。

这个消息很快传到了苻坚的耳朵里。当时苻坚正在寿阳城内,他站在城墙上,看见八公山上全是密密麻麻的旌旗,他的冷汗立刻流了下来,他以为那里驻扎着很多东晋的军队。于是,他立刻下令不要轻易出击。其实,苻坚由于太过慌乱,把山上的草木都当成了东晋的军队,"草木皆兵"的典故就是由此而来。

按照朱序的计谋,谢石派使者到寿阳城,说是会和苻坚的弟弟苻融定期决战,但是有一个条件,那就是秦军要退后一步,让出一块地方作为战场,让东晋军渡河作战。苻融向苻坚请示,苻坚表示同意。其实苻坚心里是有自己的打算的,他打算在晋军渡河的时候进行袭击。他认为天气寒冷,晋军人又少,到时候突袭,他们肯定会溃不成军。

按照双方的约定,前秦军后退,让东晋军渡江,结果前秦军刚一后退阵脚大乱。在谢玄、谢琰、桓伊的带领下,东晋军强渡淝水,向前秦军冲去。苻坚一看情况不妙,立刻命令军队杀回来,可是军队中的士兵只顾逃命,根本没把苻坚的话当回事。在这个时候,大将朱序又火上浇油地大喊:"秦军败了!"这下,前秦军彻底乱了,慌乱中死伤无数。苻坚一看这种情况,也只好逃跑。晋军乘胜追击,一口气收复了寿阳,而前秦军在这次战役中损失了近三分之二人马。谢安得知这个消息非常高兴。大家都夸奖谢安在大敌当前时能镇定自若,他的名字在东晋更加响亮了。

谢安是个很了不起的人,他早已将事情谋划好了,却没有说出来,而是在暗中默默实施自己的行动,让人们看到了他成功的一面,这就是所说的"主兵日胜"。其实,要想这样做就要摸清事物的属性,在外部做出与其相符合的安排,让其内外呼应,顺其自然,事情最终自然会成功。

这样说似乎还不是很清楚,再举个很简单的例子。比如我们看见很多知名人士生活得很好,可以喝咖啡,打高尔夫球,享受高级生活,但他们背后的很多努力是不为人知的。大多数人只知道他们外表很光鲜，却不知道他们背后所做的事情。"我们只看到了成功，却看不到成功背后的辛苦。"他们暗中的辛苦奠定了他们高级生活的基础。他们把下一步要做的早已谋划好，但是不会说出来，只是根据事情的发展或多或少地调整计划。最终，事情成功，他们也得到了相应的赞赏。

无论如何，使用摩意之术要暗中谋划，根据事物的属性做出正确的选择，使其内外相合，在于不知不觉中成功，不被他人察觉，而他人看到的只是结果。当然，在完成某些特殊事情的时候，使用摩意之术达到目的后要记得适时离开，避免以后可能遗留的祸患。这样就既达到了目的又没有了后顾之忧，这就是摩意之术的高明之处。

【解读】

看完《鬼谷子》第八章，会觉得它跟第七章有些相似，都是揣摩实情，但是两章是有区别的。第七章要求根据对方的情况，从外部施加"压力"。调整策略，揣摩人心，最终获得实情。而第八章主要讲要根据事物的性质，做出符合事物性质的行动，在不知不觉中成功，是"内部"的隐秘活动。所以说，第七章跟第八章既有区别又有联系，一个讲究"外"，一个讲究"内"。

摩意之术，强调的是从内心情感的变化揣测出实际情况的具体方法。摩意之术，要在隐秘中进行，内心的感情要表现出来，必然跟外部的行动相符合，这时就需要运用摩意之术进行探究。使用摩术的方法有很多，如同文中所说，可以用和平进攻，可以用正义责难，可以用奉承讨好，可以用愤怒激励，可以用名声威吓，可以用行为逼迫，可以用廉洁感化，可以用信义说服，可以用利害诱惑，可以用谦卑夺取，方式多种多样。很多人其实对这些方法都明了，但是用得不恰当，所以收不到想要的效果。而智慧极为高深的人，之所以可以运用成功，就是因为方法得当。另外，因为摩意之术的隐蔽性，所以有"主事日成""主兵日胜"之类的现象，老百姓不明白情况，就将运用摩意之术用得好的人奉若"神明"，而且，能很好地运用摩意之术的人还会在适当的时候隐退，不被他人所知，所以做成了事情也没有后顾之忧。

《鬼谷子》第八章还主张"谋之于阴，成之于阳"，意思是暗中谋划行动，而行动成功再示之天下。人们看到的是结果，但过程是很隐秘的。鬼谷子崇尚阴道阳取，他认为古代善于摩意的人，就如同在水潭边钓鱼一样，投饵藏钩，顺其自然，必定能钓到大鱼。智慧高的人谋事都是非常隐蔽的，一般人难以识破他们的谋略，所以平时他们也是隐藏在大众当中，显得平平常常，跟普通人没什么两样，没有什么出彩的地方，而他们成功的时候，又显得坦荡和透明，展现给世人光明磊落的一面，使人衷心佩服他们的才干。东晋的著名丞相谢安就是这样一个人，他率领自己的八万人马对抗前秦的百万大军而面不改色，被世人传为佳话。

权篇第九：审度情势，巧用语言

【题解】

本卷论述的是审情度势以进游说之辞。说话是有技巧的，技巧可以改变说话的真实性。文中说，说着奸佞话的人，由于会谄媚，反而让人觉得他是个忠厚的人；说着奉承话的人，因为会吹捧，反而变得有智慧；说话平庸但因为果决，就演变成了勇敢；懂得替别人说话的，因为善权衡而变成守信；说平静话的人，由于习惯逆向思维，反而变成胜利。这些正是突出了说话的技巧。

说话的时候，要看情况，说到对方长处的时候就大加褒奖，说到对方短处的时候就要加以避讳。另外，还要看人说话，见什么样的人说什么样的话，这样才能应对自如。文中详细列出了与"智者言""拙者言""辩者言""贵者言""富者言""贫者言""贱者言""勇者言""过者言"的应对方式，从而让人们更容易应对各种人物。

【原文】

说者，说之也；说之者，资之也。饰言者，假之也；假之者，益损也。应对者，利辞也；利辞者，轻论也。成义者，明之也；明之者，符验也。难言者，却论也；却论者，钓几也。佞言者，谄而于忠；谀言者，博而于智；平言者，决而于勇；戚言者，权而于信；静言者，反而于胜。先意承欲者，谄也；繁种文辞者，博也；策选进谋者，权也；纵舍不疑者，决也；先分不足而窒非者，反也。

故口者，机关也，所以关闭情意也。耳目者，心之佐助也，所以窥晌奸邪。故曰：参调而应，利道而动。故繁言而不乱，翱翔而不迷，变易而不危者，观要得理。故无目者，不可示以五色；无耳者，不可告以五音。故不可以往者，无所开之也；不可以来者，无所受之也。物有不通者，故不事也。古人有言曰："口可以食，不可以言。"言有讳忌也。"众口铄金"，言有曲故也。

人之情，出言则欲听，举事则欲成。是故智者不用其所短，而用愚人之所长；不用其所拙，而用愚人之所工，故不困也。言其有利者，从其所长也；言其有害者，避其所短也。故介虫之捍也,必以坚厚;螫虫之动也,必以毒螫。故禽兽知用其所长,而谈者知用其所用也。

故曰:辞言五,曰病、曰怨、曰忧、曰怒、曰喜。故曰:病者,感衰气而不神也;怨者,肠绝而无主也;忧者,闭塞而不泄也;怒者,妄动而不治也;喜者,宣散而无要也。此五者,精则用之,利则行之。故与智者言,依于博;与拙者言,依于辩;与辩者言,依于要;与贵者言,依于势;与富者言,依于高;与贫者言,依于利;与贱者言,依于谦;与勇者言,依于敢;与过者言,依于锐。此其术也,而人常反之。是故与智者言,将此以明之;与不智者言,将此以教之,而甚难为也。故言多类,事多变。故终日言,不失其类,故事不乱。终日变,而不失其主,故智贵不妄。听贵聪,智贵明,辞贵奇。

【译文】

所谓的游说,就是对别人进行劝说;说服别人,正是凭借对方的力量做事情。凡是经过修饰的言辞,都是被假借用来达到某种目的的。凡是被借用的东西,既有好处,又有坏处。应辩对答,要掌握伶俐的外交辞令;所谓伶俐的外交辞令,是一种轻巧灵便的言辞。言论合于义理的,就必须阐明清楚;阐明清楚,就是要通过事实来验证。凡是责难对方的话语,都是反对对方的论调,持有这种论调的时候,是想诱导出对方心中的机密。说着奸佞话的人,由于会谄媚,反而让人觉得他是个忠厚的人;说着奉承话的人,因为会吹捧,反而显得有智慧;说着平庸话的人,由于果决,反而显得勇敢;说着忧伤话的人,由于善权衡而显得守信;说着平静话的人,用反诘求取胜利。为了实现自己的意图而去迎合他人需求的,就是谄媚;反复引用华美的辞藻,就是广博;根据他人的喜好,精选好策略进献计策的人,就是权变。即使牺牲所有也不动摇的,就是果决;自己不对而又去指责他人过错的,就是反诘。

一般来说,口是人发出言辞的机关,是用来打开和闭锁情意的。耳朵和眼睛,是用来辅佐心灵的器官,可以发现和观察奸诈邪恶。所以说,只要心、眼、耳三者协调呼应,就会向有利的轨迹走去。所以说,使用烦琐的语言不能使人紊乱,纵横自如的言辞不能使人迷乱,改变谈论的主题也不会有失利的危险,这就是因为看清了事物的要领,掌握了事物的规律。所以没有视力的人,没有必要向他展示各种美丽的色彩;没有听力的人,没有必要和他谈音乐上的感受。所以不能前去说服的,是由于对方蒙昧无法开导;不能征召来的,是因为对方浅薄无法接受。事物不通达,就不能成就大事。古人说过："嘴巴是用来吃饭的,不是用来讲话的。"因为说话容易触犯忌讳。众人说的话可以将金属熔化,正是言语偏颇的缘故呀!

说出的话希望别人接受采纳,做事情希望能成功,这是人之常情。所以,作为一个聪明的人,不会用自己的短处,而是用愚笨的人的长处;不用自己笨拙的地方,而是用愚笨的人的技巧,这样做就不会使自己陷入困境。游说时,说到对方的长处时,就要发挥对方的长处,顺着他的长处说;说到对方的短处时,就要回避对方的短处。所以甲虫自卫的时候,一定会充分利用自己坚硬的甲壳;有毒刺的虫子攻击的时候,一定会使用自己的毒刺。可见,动物都知道使用自己的长处,所以游说者就应该知道用其所该用的方法了。

所以说,游说的辞令有五种,即病言、怨言、忧言、怒言、喜言。病言,是指底气不足、没有精神的言辞;怨言,是指极度伤心、没有主见的言辞;忧言,是指闭塞压抑、无法宣泄的言辞;怒言,是指草率行动、没有条理的语言;喜言,是指言语松散、抓不住重点的语言。以上五种游说辞令,精通后才可以使用,对自己有利才可以推行。所以跟有智慧的人交谈,要依靠广博的知识;跟笨拙的人交谈,要依靠善于雄辩;跟善于答辩的人交谈,要依靠说话简明扼要;跟地位显赫的人交谈,要依靠雄浑的气势;跟富有的人交谈,要依靠高屋建瓴;跟贫穷的人交谈,要依靠利益相诱惑;跟地位卑贱的人交谈,要依靠谦虚;跟勇敢的人交谈,要依靠果敢的决断;跟过激的人交谈,要依靠敏锐的言辞。所有的这些都是游说中待人接物的方法,但是事实上,人们的做法总是与此相反。因此和聪明的人交谈,就要用这些方法使他们明了,和不聪明的人交谈,就要用这些方法来引导他,而这样做是十分困难的。游说的辞令多种多样,所说的事情又复杂多变,如果终日都在游说,而能不脱离原则,事情基本上就不会出乱子。事情不断变化,也不会失其变化的根本,所以智慧的最可贵之处在于有条不紊。所以,最重要的是不妄加评论。听力要好,智慧要高明,言辞要巧妙。

【事典】

战国时期,秦国强大,安陵国非常弱小。有一天,秦王派使者对安陵的国君说:"我想用方圆五百里的地方换取安陵,你可要答应我。"这是赤裸裸的威胁,安陵君显然不会同意。秦王听说后非常不高兴。为了给秦王一个交代,安陵君派唐雎出

鬼谷子

图文珍藏版

使秦国。

秦王见到了唐雎,很不满地说:"我想用五百里的土地换取安陵,安陵君居然不愿意,这是为什么?大秦败韩、灭魏,而安陵国能以五十里的地方生存下来,不是我害怕他的力量有多大,而是觉得他讲义气罢了。现在我用多十倍的土地来交换小小的安陵,为他扩大领土,他不接受,分明是不把我放在眼里,这太不像话了!"唐雎解释道:"不,不是这样的,我想大王您是误会安陵君了。安陵君从先人那里继承了土地,只是想继续守护它。即使别人用方圆千里的土地去交换,安陵君也不会交换的,更何况是区区的五百里呢?"

秦王听完这番话后,立刻勃然大怒:"先生,你听说过天子发怒吗?"唐雎回答说:"我未曾听说过。"秦王说:"天子一旦发怒,就会有上百万的人为此丧命,血流成河,绵延千里。"唐雎说:"那大王听说过平民发怒吗?"秦王轻蔑地说:"平民发怒,不过是摘掉帽子光着脚,把头往墙上撞罢了。"唐雎回答:"你说的是庸人发怒而已,不是真正有才有胆识的人发怒。专诸刺杀吴王僚的时候,彗星的尾巴扫过月亮;聂政刺杀韩傀的时候,一道白光直上太阳;要离刺杀庆忌的时候,苍鹰突然扑到宫殿上。他们三个都是平民,但却是平民中非常有胆识的人,他们心里的怒气还没有发散出来,老天爷就显现出了征兆。他们三个人加上我,就是四个平民发怒了。如果我现在发怒,也不能怎么样,就是杀死两个人,血溅也只不过五步远,天下的人都披麻戴孝,今天这情形估计就是这样了。"说完,唐雎扶剑而起,双目怒视秦王。秦王听出了唐雎话中的意思,立刻吓得面无血色,直起身子跪坐着,向唐雎道歉:"先生何必这样呢?快快请坐,有话好说。寡人现在算是明白了,赵国、魏国都灭亡了,但是安陵能以五十里地存在,都是因为有像先生这样的人啊!"

从此以后,秦王再也没有提起和安陵换地的事情了。

本来面对秦国这样强大的国家,安陵国是被动的,但是唐雎的一席话为安陵争得了生机。唐雎用几句简单的话就反客为主,抓住了谈话的主动权,使秦王不得不做出让步。可见在外交活动中,语言的巧妙运用是十分重要,不仅可以化险为夷,还可以变被动为主动。

上面的故事中提到的就是说话的一种技巧。在游说过程中,除了要求语言要有技巧外,还要求游说者要审时度势,看什么人说什么话,这也是本文讲述的另一个突出要点。文中所说的九大说话原则从古至今一直都在沿用着,闪烁着智慧的光芒。另外,游说者运用这九大原则时,还要做到扬长避短,拣自己擅长的说,对游说对象也是这样,说到对方的长处要加以推崇,说到对方的短处要有所忌讳。只有这样做,才能为自己带来意想不到的利益。

蒯通,本名蒯彻,因为避汉武帝之讳,改名通。他是西汉初期一位著名的政客,《史记·田儋列传》记载:"从蒯通者,善为长短说,论战国之权变,为八十一首。"可见他的辩才是多么厉害。他曾经是韩信的谋士,曾劝韩信自立为王,与项羽、刘邦三分天下。

在项羽与刘邦大战的时候,刘邦任命韩信为大将军,率军攻打项羽。韩信是个擅长用兵打仗的人,一路所向披靡,势如破竹,打败了齐国军队,灭掉了魏、赵两国。这个时候,蒯通劝韩信对刘邦不要过于信任,应该自立为王,跟刘邦、项羽三分天下,以后有了机会,再图大业。但是韩信没有听从他的建议,而是继续在刘邦麾下为其拼死效力。刘邦称帝后,韩信兵权在握,刘邦害怕韩信会拥兵造反,就找理由剥夺了他的兵权,然后又将他软禁在长安。为了除掉这个心头之患,吕后跟萧何设计杀死了韩信。韩信临死时,才后悔没有听从蒯通的建议。

韩信死后,刘邦抓住了蒯通,亲自审问他。

刘邦问蒯通是否鼓动过韩信叛汉自立,蒯通供认不讳,而且还说了句让刘邦非常生气的话:"可惜韩信这个家伙没有听从我的计策。要是他当初听了我的话,就不会落个身首异处的下场,皇上您也未必杀得了他。"此话一出,刘邦勃然大怒,立刻下令把他处死。蒯通大喊:"冤枉!"刘邦说:"你教唆韩信谋反,还这样藐视朕,还有什么冤枉的?"蒯通回答说:"当初秦朝施行暴政的时候,天下的有识之士都起来反对。这就好比是一只鹿,天下英雄都抢着捕捉它,谁比它跑得快,谁就能抓住它。那个时候,天下战乱,谁也不知道陛下您会当皇帝,都是各为其主,我也是一样。我在韩信手下办事,当然要为他着想。难道这也要责怪我吗?况且,天下想当皇帝的人多了,皇上您难道要把他们一一处死吗?如果我就是因为对自己的主人忠诚而被杀死,天下的人会怎么看待陛下您呢?"刘邦一听,觉得这话说得有理,于是就赦免了蒯通的死罪。

蒯通之所以能够死里逃生,就是运用了看什么人说什么话的原则,审时度势,根据实际情况和具体的人说不同的话,显示自己的忠心,为自己的行为辩解。他也给刘邦下了一个套,如果刘邦杀了他,就是杀了一个忠诚的人,作为皇帝,要容纳天下,就不会杀尽忠之士,这使得刘邦为了声名必然不会下杀手,所以蒯通才有了生存下去的机会。

这一章的内容不但在古代应用得很广泛,现在很多商家也会根据形势,在不同的阶段对消费者"说不同的话",从而在各个时段赢得商机。新康泰克的诞生便是如此。

提起康泰克,大家都很熟悉,这是一种治疗感冒的药品。2001年9月,新康泰克亮相药品市场,而康泰克却消失不见了,这到底是怎么回事呢?

2000年,美国发表了一项最新研究报告,称很多药物中含苯丙醇胺(PPA),这种成分会增加服药者患中风的概率,而且有可能导致脑麻痹。尤其让人不安的是,这种含苯的丙醇胺类药物在当时的很多药品里都存在,其中就包括治疗感冒效果非常好的康泰克。

同年11月6日,美国食品药品监督管理局下令,要求美国各大药品公司停止销售含PPA的药物。十天以后,中国国家食品药品监督管理局也回应这一决定,出台了《关于暂停使用和销售含苯丙醇胺药品制剂的通知》。康泰克的制造厂家中美史克天津制药有限公司立刻被禁止生产这种药品,同时停产的还有一种叫作康德的药品,也是因为药品中含有PPA。

消息传到了大众的耳朵里,很多人都为中美史克有限公司担心。因为当时是11月份,天气寒冷,正是感冒发生的高峰期,用药量特别大,如果停产康泰克,中美史克有限公司的损失会非常大。康泰克是该公司的支柱产品,而且因为疗效显著,品牌形象已经在人们的心中扎根。此时,中美史克有限公司对中国药监局发布的这一决定的态度引起了新闻媒体的高度关注。如果把握不好,就很有可能诱发更深层的危机,甚至被迫退出中国的医药市场。

面对生死存亡的考验,中美史克有限公司立刻成立了危机处理小组,专门应对发生的情况。公司召开了媒体恳谈会,向公众宣布事实真相,表示康泰克会为群众身体健康着想,积极响应国家药监局的政策,并表示会加紧生产疗效跟康泰克类似的新产品。这样,中美史克有限公司就在公众面前树立了一个良好的形象。

经过一段时间的市场调查,中美史克有限公司发现消费者对康泰克还有深刻的依恋情节,所以决定让康泰克重返市场。但是加了一个"新"字,并且其中不含有PPA这种物质。由于之前中美史克有限公司面对媒体与大众时,保持了诚恳、负责的态度,新药上市后在媒体面前进一步表明了为消费者利益和为人民健康负责的态度,阐明药物中没有 PPA 这种物质,所以大家都比较放心地接受了这一产品。于是,新康泰克陆续在全国各个城市上市,取得了不亚于康泰克的销售成绩。

中美史克有限公司的做法及时挽救了一场危机,他们面对不同情况做出了不同的决策,在不同阶段对消费者说出了不同的话,并且做到了扬长避短,宣扬药品的优势,回避药品的劣势。他们向公众解释为了公众的健康,收回康泰克,并且新康泰克不含 PPA,就在公众心中树立起良好的形象,从而使得新药品的销售额直线上升。

总之,作为决策者或团队的领袖,不但要有精明的头脑、渊博的学识、审时度势的能力,还要拥有善辩的口才和口若悬河的表达力,即雄辩家的才华。只有这样进行游说,才能纵横天下。

【解读】

鬼谷子是先秦纵横家的先驱,非常精通游说之道。纵横家以审时度势,游说他人为己任。先秦时期所说的"权"就是权衡的意思,也是本章中"权"的意思。讲究审时度势,然后进献游说之辞。说话是有技巧的,运用好了就会有反客为主的效果,如同文中所说的:说着奸佞话的人,由于会谄媚,反而让人觉得他是个忠厚的人;说着奉承话的人,由于会吹捧,反而显得有智慧;说话平庸的人,由于果决,反而显得勇敢;说忧伤话的人,由于善于权衡反而显得守信;说平静话的人,用反诘求取胜利。这就是熟练运用语言技巧达到的效果。古代很多能人谋士就是因为能够熟练运用语言,从而反客为主,为自己的国家争得了一线生机。

谋篇第十：运筹帷幄，决胜千里

【题解】

"谋"就是施展谋略、计策。俗话说"运筹帷幄之中，决胜千里之外"，讲的就是谋。凡事在做之前都是需要谋略的。有了谋略，做起来才会变得更加容易。谋的运用，也是分等级的，即上、中、下三种谋略。上谋可以说是最高明的谋略，中谋次之，下谋是不得已才使用的谋略。三种谋略相互配合，相互辅助，就会产生奇谋。

奇谋一般都是在暗中进行的，如果谋略成功了，要在公诸天下后夺取胜利的果实，也称为"阴道而阳取"。鬼谷子认为，计谋的运用，公开的不如秘密的，秘密的计谋才会让大家感觉是奇谋。

如果将这篇中的谋略内容与其他篇中的谋略技巧加以归纳，就是说谋略要因人而异，不同的人用不同的谋略。比如对于轻视钱财的人，就不要拿钱财利诱他。

【原文】

为人凡谋有道，必得其所因，以求其情。审得其情，乃立三仪。三仪者曰上、曰中、曰下。参以立焉，以生奇。奇不知其所拥，始于古之所从。故郑人之取玉也，必载司南之车，为其不惑也。夫度材、量能、揣情者，亦事之司南也。故同情而俱相亲者，其俱成者也；同欲而相疏者，其偏成者也；同恶而相亲者，其俱害者也；同恶而相疏者，其偏害者也。故相益则亲，相损则疏，其数行也。此所以察同异之分，其类一也。故墙坏于其隙，木毁于其节，斯盖其分也。故变生事，事生谋，谋生计，计生议，议生说，说生进，进生退，退生制，因以制于事。故万事一道，而百度一数也。

夫仁人轻货，不可诱以利，可使出费；勇士轻难，不可惧以患，可使据危；智者达于数，明于理，不可欺以诚，可示以道理，可使立功；是三才也。故愚者易蔽也，不肖者易惧也，贪者易诱也，是因事而裁之。故为强者积于弱也，有余者积于不足也：此其道术行也。

故外亲而内疏者说内，内亲而外疏者说外。故因其疑以变之，因其见以然之，因其说以要之,因其势以成之,因其恶以权之,因其患以斥之。摩而恐之,高而动之,微而证之,符而应之,拥而塞之,乱而惑之,是谓计谋。计谋之用,公不如私,私不如结,结而无隙者也。正不如奇,奇流而不止者也。故说人主者,必与之言奇;说人臣者,必与之言私。

其身内、其言外者疏;其身外、其言深者危。无以人之所不欲,而强之于人;无以人之所不知,而教之于人。人之有好也,学而顺之;人之有恶也,避而讳之,故阴道而阳取之也。故去之者纵之,纵之者乘之。貌者不美,又不恶,故至情托焉。可知者可用也,不可知者谋者所不用也,故曰:"事贵制人,而不贵见制于人。"制人者握权也,见制于人者制命也。故圣人之道阴,愚人之道阳;智者事易,而不智者事难。以此观之,亡不可以为存,而危不可以为安,然而无为而贵智矣。智用于众人之所不能知,用于众人之所不能见。既用见可,择事而为之,所以自为也;见不可,择事而为之,所以为人也。故先王之道阴,言有之曰:"天地之化,在高与深;圣人之道,在隐与匿。非独忠、信、仁、义也,中正而已矣。"道理达于此义者,则可与语。由能得此,则可与縠远近之义。

【译文】

凡是给别人筹划计谋都会有一定的法则,一定要弄清事情的原委,以便探究实情。弄明白真相,就可以确立"三仪"的标准。所谓的三仪就是"上智""中才""下愚",三者相互渗透,相辅相成,才能生出奇谋。这样制订出的奇谋是没有阻塞,顺从事理,不被遮盖,所向无敌的,这是自古以来就被遵循的。所以郑国人上山采玉的时候,都会带着司南出去,就是为了不迷失方向。度量才干、测定能力、揣测实情也是行事的指南。凡是观念相同、感情亲密的人一起谋事,大家都可以成功;兴趣相投但是感情疏远的人一起做事,只有部分人能从中得到好处(而另一部分人得不到利益);凡是恶习相同而感情亲密的人一起办事,一定会同时得到恶果;凡是恶习相同感情却疏远的人一起谋事,部分人会受到损害。所以说,能够相互带来利益的话,关系就非常亲密;反过来,如果相互牵连受到伤害,关系就疏远。这是有一定规律的事情。同时,这也是判断异同、进行分类的一种方法。所以,墙壁倒塌是因为有了细小的裂缝,树木折断是因为有了小的疤痕,这便是墙和树干的分界之处。由于事端是自身渐渐变化引起的,而且事端又会生出谋略,谋略需要计划,计划需要议论,议论导致游说,游说就有进取,进取就生退却,退却就形成制度,由此事端得以控制。可见,各种事物的道理是一致的,各种制度也都有一定的规则。

一个道德仁义的君子是不会重视钱财的,所以不能用金钱去诱惑他们,反而可以让他们捐出财资;一个勇敢而果断的壮士,是轻视困难的,所以不能用困难去恐吓他们,反而可以让他们镇守危险的地方;一个非常有智慧的人,通达礼教,明于事理,不能用诡计去欺骗他们,反而要跟他们讲道理,让他们去建功立业。这就是所谓的仁德、勇士、才者的"三才"。因此,愚笨的人容易被蒙蔽,品行不好的人容易被恐吓,贪婪的人容易被引诱,所有这些事情都要根据具体情况做出判断。因此,由微弱积累而成的是强大,由不足积累而成的是有余:这就是道术得以实行的原因。

针对那些表面亲近内心却十分疏远的人进行游说,要从内心下手;而对那些表面疏远内心亲近的人游说,要从外部下手。因此,要根据对方疑惑的地方随机改变游说的内容,根据对方的表现来顺应他的意愿,根据对方的说辞确定游说的重点,根据对方的形势适时征服对方,根据对方可能造成的危害权衡利弊,根据对方可能造成的祸患设法排除。揣摩之后加以威胁,抬高之后加以策动,削弱之后加以扶正,符验之后加以响应,拥堵之后加以阻塞,搅乱之后加以迷惑,这就叫作计谋。运用计谋,公开不如保密,保密不如结党,结成亲密的朋党就会没有间隙。正规的策略不如出其不意的计策,出其不意的计策往往不能阻止,直到胜利。所以向君主游说的人,一定要先跟他谈论奇策。同理,对人臣进行游说时,一定要用得隐蔽。

关系很亲密但是说话见外的人,就会被疏远;关系疏远但说话密切的人,自身就会有危险。不要拿别人不乐意接受的东西强行地让别人接受;不要拿别人不熟悉的事情去说教别人。他人有自己的爱好,可以学习他感兴趣的东西迎合他;如果对方讨厌什么,就要加以避讳,避免引起对方的反感。所以要用暗地讨好的办法换取公开的回报。要想除掉某一个人,就要先放纵他,让他胡作非为,自己却不去提醒,以便寻找把柄,日后找机会一下子除去他。无论遇到什么事情,既不把内心的喜悦表现于脸上,也不怒目相视的人,可以托付机密大事。对于了解透彻的人,可以重用;对于了解不够透彻的人,深谋远虑的人是一定不会用他的。所以说:"办事最重要的是控制别人,而不是被别人控制。"控制别人的人是手握大权的控制者,被人控制的人是唯命是从的被统治者。因此,圣人运用谋略的原则是隐藏不露,而愚钝的人运用谋略的原则是大肆张扬。有智慧的人办事比较容易成功,没有智慧的人办事则比较难成功。由此看来,国家一旦灭亡了就非常难复兴了,国家一旦骚乱就非常难安定了,所以顺应规律、看重智慧是很重要的。智慧是用在大多数人所不知道的地方,用在大多数人所看不到的地方。在智谋施展之后,如果证明是可行的,就要自己去实行;如果发现是不可行的,也要选择一些事情,让别人去做。古代先王推行的治国之道贵在隐秘。古语说:"天地的造化在于高与深,圣人的法则在于隐与匿,并不是仅仅简单地讲求忠诚、信守、仁慈、义理,还得合乎不偏不倚的正道。"假如能够彻底认清这种道理的真意,就可以跟人谈谋略。如果能体悟到这些,就可以懂得驱使天下的道理了。

【事典】

契丹族的耶律楚材是一位杰出的政治家。他三岁的时候父亲就去世了。他的母亲杨氏是名士杨昙之女,出身于书香门第,教儿子刻苦读书。

耶律楚材十五岁的时候,寄居在闾山中的一座庙里,攻读史册和百家名著,钻研兵书战策。他每天都帮助老和尚栽树种田,早上和晚上则读书写作。

那年闾山一带灾荒肆虐,百姓挨饿受冻。耶律楚材看在眼里,急在心上,努力思考帮助百姓的办法。闾山下住着一户财主,非常有钱,家里囤积着很多粮食,但这个财主偏偏是个吝啬鬼,一担粮食也不肯拿出来救济灾民。耶律楚材清楚,要想解决目前的困难就必须让这个财主解囊相助。于是,他向庙里的老和尚打听了财主的情况,得知财主信佛,还经常到庙里烧香拜佛,于是就对老和尚说:"大师,出家人慈悲为怀,这一带的百姓都快饿死了,需要想想办法啊!"老和尚叹息道:"不是不想办法,是实在没有办法啊!""办法我倒是有,不过需要大师和我配合一下。"老和尚表示很愿意。耶律楚材便对他耳语了一会儿,老和尚露出了满意的微笑。

不久,吝啬鬼财主带着人来庙里烧香求佛了,却运气很不好地抽讨了个下下签,他气得直骂自己晦气。老和尚在一旁借机说:"听说桃花洞那里出现了圣水,佛祖在那里显灵,施主何不前往探听一下虚实,看看是否真的灵验。"财主一听,对着周围的家丁说:"你们谁能进去?"家丁们面面相觑,没有一个敢吱声,因为大家都听说桃花洞阴森可怕,有孤魂野鬼,没人敢冒这个险。这个时候,耶律楚材挺身而出,自告奋勇要到洞里看个究竟。老和尚也在一边趁热打铁地说:"他是童子,更合适进入洞中。"财主点头，耶律楚材一下子钻进洞里。大约半个时辰后，他从洞里出来了，手上托着一块青石板。他将石板交给财主。财主一看，青石板上用朱笔写了四句话：舍粮千石，免除灾难；为人造福，上天降善。旁边的老和尚也看见了，立刻口中直念："阿弥陀佛！这是佛祖的旨意，施主可替天行道，救这一方灾难。日后施主一家人便可升天界。"财主对佛祖非常虔诚，为了积德升天，虽然心有不舍，但还是打开粮仓放粮，几天内就放完了一千石粮食。耶律楚材据此事写了一道表章，上奏皇帝，说闾山桃花洞和大石棚出圣水，降甘霖，是上天的祥瑞，应免去本年钱粮。皇帝听从了他的建议，便饬令地方官免了当地的一年钱粮。这件事情后，耶律楚材就出了名。

在这个故事中，耶律楚材的"谋"就是先探听到吝啬鬼财主信佛，然后加以利用，最终获得成功。正如上文中所说："揣摩之后加以威胁，抬高之后加以策动，削弱之后加以扶正，符验之后加以响应，拥堵之后加以阻塞，搅乱之后加以迷惑。"所以，"谋"需要先研究分析对方，然后做出决策，这样才能为成功奠定基础，也就是所说的"运筹帷幄，决胜千里"。

"二战"期间，英美联军准备在欧洲登陆，联军司令部急需了解欧洲大陆沿海一带地形的情况，但是当时这方面的资料非常匮乏。

联军司令部正为此头疼的时候，一个偶然的机会，他们发现一名军官不久前曾经在拟订的登陆地点度过假。这位军官曾在那里拍过些照片，在他的影集里，有三张照片清晰地显示了那里的地形情况。这个偶然的发现使联军司令部大为惊喜，立时想到可以利用照片和明信片来了解沿海的地形情况。

不久，英国广播电台便得到通知，说军部需要照片，希望国民把自己手头所有在沿海地带拍摄的照片和明信片，不论是在美国的檀香山还是在法国的马赛拍摄的（英国的除外），统统寄给军部。为了事出有因，又不暴露征集照片的目的，广播电台便笼统地对大众说："对你们来说，照片上只有可爱的女人，其余的什么也没有，但是对我们来说，专家们能发现除了女人之外更让人意想不到的东西。"

其实用这种方法收集的照片很多是多余的，情报人员也不会仔细看其中的每一张照片，但他们还是扩大了收集范围，一方面是为了更全面地得到信息，另一方面也可以更好地掩饰要收集的情报。短短几天，司令部就收到了上千张照片和明信片。

在一位妇女的影集里，专家发现了有用的东西。在一张照片上，有一个小男孩在海水里摆动着手脚，号啕大哭，因为他的姐姐就在离他不远的地方，但是不论他如何努力，就是游不到他的姐姐身边。而他的姐姐站在水中，水只到她的腰际。他们的爸爸在距离他们大约十五米远的地方，海水到他的胸部。这张照片基本确定了沿海一带的地形是倾斜的，而且也能据此估算出倾斜的度数。

在另一张照片上，则是海滨浴场的公路。公路上停着一辆大型客车，车旁站着许多人。这意味着，公路上可以停坦克。因为一辆大型客车和一辆坦克的重量相差无几。

联军派遣的打算在西西里岛登陆的部队，有一部分是空军。为了便于士兵跳伞以及轻型飞机顺利着陆，必须找到一块平坦的地方。联军司令部找遍了所有的照片和明信片，都没有发现有关的消息。最后，在一位考古学家寄来的一张导游图上，他们找到了理想的地点。此时联军司令部已经获悉德军司令部设在西西里岛的一家旅馆里，他们通过这张导游图，找到了那家旅馆及其交通要道，最终确定了投弹袭击的准确方位。

没有人想到，所谓的"意想不到的东西"会成为联军司令部的重要情报，可见联军司令部的这一谋略是极为隐秘的。普通的照片和明信片成为联军司令部的工具，他们制订出的一系列计划都是以从这些东西里面得到的情报为基础的。这个谋略巧妙地让英美联军在欧洲沿海一带顺利登陆，可以说是谋略中的上上策。

其实不光是在军事上，谋略可以应用的地方还有很多。比如在企业里，运用谋略的事例更是不胜枚举，其中一例便是阿托搬家中心，它"谋"在了奇策上，运用企业的名字赢得了不菲的利润。

阿托搬家中心是日本著名的搬家公司，它在 1977 年 6 月创立，迄今为止已经有 30 多年的历史了。开始创立时，为了在搬家行业中有个响亮的名号，阿托中心的创办人在企业的名称上下了一番工夫。

寺田千代是阿托搬家中心的总经理，她创办这家公司的时候，已经有很多人在从事搬家这一行业了。于是，她决定想个方法可以让自己创办的公司比其他搬家公司更胜一筹。作为一个家庭主妇，她想到如果自己要搬家，肯定会通过电话簿来查找搬家公司的号码。于是，她首先决定在电话局注册号码，把公司电话登载在电话簿上。然后她发现，日本的电话簿是按行业分类的，在同一行业的电话号码一栏里，企业的排列顺序是按照日语字母的顺序来的。第一个日语字母发音是"阿"，第二个日语字母是"托"。假如企业的第一个日语发音字母为"阿"，则是最前；而同为"阿"字打头的企业中,"托"字为第二个字母顺序排列。这时,寺田千代就在想,假如把自己的搬家公司取名为"阿托",那么一定会被排在首位,就很容易引起大家的关注了。用户查阅电话号码的时候,就会首先发现"阿托搬家中心"。

待公司名字敲定后,寺田千代再次发现了一个小惊喜,电话局还剩下一个醒目的空白号码——0123。于是,她迅速申请了这个号码,将其设为公司的专用电话号码。就这样"阿托搬家中心"以及联系电话"0123",借助电话簿的推广,很快红遍了日本的大街小巷,被千家万户所熟知。在日本,只要想到搬家就会想到"阿托搬家中心",然后想起它简单的电话号码——0123。

谋,要谋得巧,谋得奇,才能出奇制胜。只有在做事情以前谋划好了,才能在进行的时候感到顺利。

【解读】

本章主要阐述了"谋"的各个方面,对于谋略的产生、运用、效果都加以详细解说。鬼谷子认为,谋略也是有等级的,可以分为上谋、中谋、下谋。上谋是最成功的谋略,事情成功但是不为人所知;中谋成事后会留下痕迹,但是用得很巧妙,会受到世人的称赞;下谋在迫不得已的时候才会使用,虽然也有一定的效果,但是费力伤财,一般还是不推荐使用的。这三种计谋,相互渗透,相互结合,就能产生出所向无敌的奇谋,也就是做事的最佳方案。另外,本篇还强调高明的计谋通常是秘密进行的,但是可以公开夺取胜利的果实,也就是所谓的"以阴取阳",所以圣人的谋略都是隐藏不露的,只有愚笨的人在运用谋略的时候才会大肆宣扬。

谋略是助人达成自己意愿的,所以做事情之前需要先筹划好谋略,事情才更容易成功,也就是本章所提到的"运筹帷幄,决胜千里"这八个字。好的谋略是在隐秘中进行的。策划谋事隐而不露并不是意味着谋划者内心的阴暗,而是意味着谋划者本人有丰富的智慧。谋略高深的人,会发现常人难以发现的问题,做出英明决策。他们在把握全局、预测未来、推动历史前进等方面,写下了光辉的诗篇。从古至今,很多能人谋士的谋略一直为人所传颂。

决篇十一：根据实情，速做决定

【题解】

决断是事情成功的关键，所以做决断的时候要顺应人之常情，趋利避害。本篇讨论的就是关于决断方法的问题。古人说过："当断不断，反受其乱。"所以做决断的时候要看准时机，快刀斩乱麻，不受其他因素的干扰。

为他人决断，一定要为他人解决疑难，尽量让多数人满意。因为决断对一方有利，肯定会对另一方有害，所以就要考虑利益的平衡问题。本篇有六个"可决策"，可谓是概括了所有可以决策的情况。另外，文中又说了五种决策方案。这五种决策方案分别是：以正大光明的德行感化人、以深藏不露的机关惩罚人、以信义道德教导人、让人民蒙蔽无知、让人们朴素无欲。这五种方案都可以达到利益的平衡，得到大多数人的支持。

【原文】

为人凡决物，必托于疑者。善其用福，恶其有患，害，至于诱也，终无惑。偏有利焉，去其利则不受也，奇之所托。若有利于善者，隐托于恶，则不受矣，致疏远。故其有使失利，其有使离害者，此事之失。

圣人所以能成其事者有五：有以阳德之者，有以阴贼之者，有以信诚之者，有以蔽匿之者，有以平素之者。阳励于一言，阴励于二言，平素枢机以用四者，微而施之。于是度以往事，验之来事，参之平素，可则决之。公王大人之事也，危而美名者，可则决之；不用费力而易成者，可则决之；用力犯勤苦，然而不得已而为之者，可则决之；去患者，可则决之；从福者，可则决之。故夫决情定疑万事之机，以正乱治、决成败，难为者。故先王乃用蓍龟者，以自决也。

【译文】

凡是为他人判断决定一件事情，都是接受了有疑难人的委托。一般来说，人们都希望碰到对自己有利的事情，而不希望碰到祸患或者让人忧患的事情。对于那些有害的事情就算有什么条件加以引诱，也不要陷入迷惑。做决断的时候，如果只对一方有利，那么没有利益的一方就不会接受，这就需要依托谋略去平衡利益。如果有的人的决策表面是在做善事，但暗地里做的却是坏事，我们就可以选择不接受他的言行，这样，我们和他的关系就会疏远。如果容忍那些人损害他人的利益，容忍他们去制造灾祸，就是决断上的失误。

圣人之所以能成就事业，主要有五个原因：教化百姓是用公开的道德，惩罚坏人是用隐蔽的谋略，取信于人民是用信义，庇护大众是用爱心，以平常待人来净化社会。实施公开的道德，要坚持守常如一；运用隐蔽的谋略来控制百姓，就要掌握事物的对立面，掌握矛盾的法则，还要注意巧妙地应用平常和关键这两个时刻，这四个方面要小心谨慎地运用。对以往的事情加以推断，对未来的事情加以验证，再参考一些日常的事情，如果可以的话，就能够做出决定和判断了。王公大臣们的事，能提高名声，如果可以就做出决定；不用费力轻易就可获得成功的事，如果可以就做出决定；费力气并且又辛苦，但是不得不做的，如果可以就做出决定；能够消除忧患的话，如果可以也做出决定；能实现幸福的，如果可以就做出决定。所以说，决断事情、解决疑难是各种事物的关键，澄清动乱，预知成败，这是很难做到的一件事。所以古代先王在决定一些大事时，就会借助蓍草和龟甲，来帮助自己做出决定。

【事典】

王莽执政四年五月，派大司徒王寻、大司空王邑率百万人马，进兵颍川，直逼昆阳。昆阳位于昆水北岸，故而得名，历来是兵家必争之地。当时，刘秀只带领几千兵马守在昆阳，而且也没有多少粮食。王莽的大军兵临城下，刘秀果断地提出守住城池，聚集援兵的战略方案，让大将王凤、王常留在昆阳防守，自己同大将宗佻、李铁等十三人从昆阳南方趁夜突围，到郾城、定陵一带调集人马增援昆阳，准备对敌人进行前后夹击。

刘秀等人等成功突围后，便顺着昆水向东疾奔而去。他们行至保和境内的一家小客店时，已经是人困马乏，有些跑不动了。可是后面随时可能出现王莽的大军，如果大军追到的话，一切就完了。正当他们愁眉苦脸地没有计策的时候，一个路过的老翁过来跟他们说话："将军等人英姿勃发,威风凛凛,怎么一副束手无策的样子? 莫不是遇到什么事情了?"刘秀下马施礼,然后把事情的前因后果说了一遍,问道:"您老人家如果有好的办法能救我们,我们会感激您的。"话音刚落。老人就转身离去了。众人不解,以为老头就是没事来添乱的,不由得有些气愤。没过多久,前面来了一个背着粪筐的老翁。刘秀等人对老翁视而不见,老翁冷笑道:"我换身衣服你们就不认识了,真是无礼。"刘秀立刻醒悟,明白了其中的道理,立刻下令,让众人将身上的重武器和盔甲脱下来投到店里的井里,轻装前进。

刘秀

少了重武器和盔甲的拖累,马儿撒开蹄子跑得飞快,路上遇到的人也没能猜出他们的身份。他们日夜兼程赶到郾城、定陵搬来救兵,大败了王莽军队。后来,刘秀的军队越来越强大,而王莽建立的政权土崩瓦解,最终刘秀登基做了皇帝。

一个小小的决策不光救了刘秀等人的性命,解除了昆阳的危机,也算是刘秀建立东汉王朝一块不可或缺的基石。在当时的情况下,正是因为刘秀明智而及时地做出决策,才迅速搬来了救兵。所以,做出决策要及时,抓住时机。"机不可失,失不再来"说的就是这个意思。

其实,鬼谷子在此篇中重点向我们论述了在哪些情况下可以做出判断。要决定一件事情,必须准确地判断其基础。这并不是一件简单的事情,要用正义战胜邪恶,要想准确地判断成败得失,是非常困难的,或许百里奚的这个故事能让你有所启发。

公元前655年,秦穆公派公子絷到晋国代自己去求婚。晋献公把大女儿许配给秦穆公,还送了一些奴仆作为陪嫁,其中有一个奴仆叫百里奚。

原来,百里奚是虞国的亡国大夫,很有才能。晋献公本想重用他,但百里奚宁死不从。这次晋献公嫁女,有个大臣就对晋献公说:"百里奚不愿做官,就让他做个陪嫁的奴仆吧!"结果,公子絷带着百里奚等人回国时,百里奚半路上偷偷逃走了。

秦穆公和晋献公的大女儿结婚后,发现陪嫁奴仆中少了百里奚,就追问公子絷。公子絷说:"不过是一个奴仆逃走了,没什么了不起。"

其实公子絷不知道,朝中有个从晋国投奔过来的武士叫公孙枝,他曾对秦穆公介绍过百里奚,认为他是个了不起的贤才。于是,秦穆公一心想找到百里奚。

百里奚在慌乱中逃到了楚国的边境线上,被楚兵当作奸细抓了起来。

百里奚说:"我是虞国人,给有钱人家看牛的,国家灭亡了,只好出来逃难。"

楚兵见这个老头子一副老实相,不像个奸细,就把他留下来看牛。

别看百里奚曾是虞国的大夫,他还有一套牧牛的本领,他把牛养得都很肥壮,大家给他送了个雅号——"放牛大王"。楚国的君主楚成王知道后,就叫他到南海去放马。

后来,秦穆公总算打听到百里奚的下落,就备了一份厚礼,想派人去请求楚成王把百里奚送到秦国来。

公孙枝说:"这可万万使不得。楚国让百里奚放马,是因为不知道他是个贤能之士。如果您用这么贵重的礼物去换他回来,不就等于告诉楚王,您想重用百里奚吗?那楚王还肯放他走吗?"

秦穆公问:"那你说应该怎么办。"

公孙枝答道:"应该按照现在一般奴仆的价钱,花五张羊皮把他赎回来。"

于是,秦穆公派了一个使者去楚国。使者对楚王说:"我们有个奴隶叫百里奚,他犯了法,躲到贵国来了,请让我们把他赎回去治罪。"说着献上五张黑色的上等羊皮。

楚成王想都没想,就令人把百里奚装上囚车,让秦国使者带回去。

百里奚拜见秦穆公后,秦穆公想请他当相国。百里奚推荐了自己的朋友蹇叔。秦穆公拜蹇叔为右相,拜百里奚为左相。

没多久,百里奚的儿子也投奔到秦国来,被秦穆公拜为将军。

鬼谷子说:"公王大人之事也,危而美名者,可则决之;不用费力而易成者,可则决之;用力犯勤苦,然而不得已而为之者,可则决之;去患者,可则决之;从福者,可则决之。"百里奚用五张羊皮换来一位贤人的事,成为千古佳话。

时机要等,但是决断绝对不能等。做出一个决断要借鉴往事,研究现状,预测未来,此三者缺一不可。所以,决策者必须慎重。一个成功的决策中往往包含着上述三者,坦普尔大学的创造者 R·康惠尔做出的建校决策便和这三者都有联系。

一百多年前,美国费城六个高中生向一位博学多才的牧师恳求:"尊敬的先生,您可以教我们读书吗?我们没有钱,但真的很渴望上大学。我们中学即将毕业,有一定的基础知识,您肯教我们吗?"

这位牧师看他很可怜,又诚心求学,就答应了他们。这位牧师就是 R·康惠尔。收下这六个高中学生后,他想:"一定还会有很多孩子像他们一样因为没钱而上不了大学,我应该为这些年轻的孩子办一所大学。"

有了这个想法后,他开始付诸实践,四处筹集建立大学所需要的资金。在那个时候,建立一所大学大约需要 150 万美元。

康惠尔四处奔走,筹集钱财,希望人们慷慨解囊,帮助这些需要上学的年轻人。但是五年以后,他非常沮丧,因为这几年来,他辛苦地到各处演讲,筹集到的钱还不到 1000 美元,只能算是创办一所大学所需资金的九牛一毛。

有一天,当他走进一座教堂准备下周的演讲的时候,发现这座教堂周围的草都枯黄了,而且还东倒西歪的,一看就是很久没有打理了。他把园丁叫过来,问道:"为什么这座教堂周围的草长得不如别的教堂的好呢?"园丁笑着回答:"牧师先生,我猜您觉得这里的草长得不好,是您拿这里的草和其他地方的草做比较的缘故。看来,我们常常看到别人美丽的草地,希望别人的草地就是自己的,却很少去注意自己家的草地。"

这一席话让康惠尔茅塞顿开。他跑进教堂开始撰写演讲稿。他在演讲稿中指出:我们大家往往是在等待观望中让时间白白流逝,而没有努力工作让事情顺着我们希望的方向发展。

他决定静下心来认真演讲,本来他是想放弃这个想法的。他想起曾经那些等待求学的孩子,想起他们现在的等待,想起他们以后的迷茫,他决定坚持下去。

康惠尔深深地意识到:财富不是仅凭奔走四方就能去发现的,它属于自己去挖掘的人,属于依靠自己的土地的人,属于相信自己创造奇迹的人。于是,在这种信心的激励下,康惠尔继续投入自己的募捐事业中去。七年后,他募集到了 800 万美元,这早已超过了他当初的估计。

后来,在宾夕法尼亚州的费城,一所大学拔地而起,这就是当年康惠尔集资建成的著名的坦普尔大学,它的建成是康惠尔分析过去、现在、未来局势而做出的决断。这是一个好的决断,它让很多有才却读不起大学的年轻人完成了深造的愿望,为美国教育做出了不可磨灭的贡献。

做决断的时候不仅要把握时机,还要顺应人情。决断前要联系周围的事物,研究它们之间复杂的关系,明了历史,预测未来,参考现在,最终结合实情,才能做出一个最正确的决断。

【解读】

古人说过:"当断不断,反受其乱。"意思是,犹豫不决的办事,反会遭受祸害而受牵累,这八个字就说明了决断的重要性。鬼谷子在这章中讲述了决断事物的方式方法。一切事物的决策都离不开存在的事物的凶吉背景和各种事物错综复杂的联系,所以,考究事物依存的背景以及各种事物的联系是进行决策的前提,要同时防止认识的偏见与迷惑性,来确保决断没有错。本章开篇即说,凡是为他人决断事情,都是受托于有疑难的人,所以做出的决断要顺应人之常情。人人都希望做有利的事情,避免不利的事情,所以决断也要趋利避害。

另外,做决断的时候,一定要注意时间,时间是事物成败的重要因素。鬼谷子在文章最后提出,在一定条件下,要速下决断,以免贻误了良好的时机。东汉光武帝刘秀就是因为决策做得及时,才增调来了军队,大败王莽大军。

符言篇十二：身居要位，信守准则

国学经典文库

智慧谋略全书

鬼谷子

图文珍藏版

【题解】

作为统治者，治理天下的时候必须做到：安、徐、正、静；高瞻远瞩，耳聪目明，心灵有智慧；善于听取各种各样的言辞，并从中提取有用的信息；赏罚必信；善于统领百官，遵循为政之理；思考周密，观察细致，做到"秀才不出门，便知天下事"。本篇讲的就是统治者在天下太平的时候治理国家的方法。天下太平的时候治理天下更需要一套法则，俗话说"打江山容易，坐江山难"，顺应自然，让天下归附，才是处世之道，掌握了处世之道才能使国家稳固，长治久安。

作为统治者，要集结天下人的力量为自己服务。如果用天下人的眼睛去看，那么就没有看不清的事物；如果用天下人的耳朵去听，那么就没有听不到的消息；如果能以天下人的心灵去思考，那么就没有考虑不周的事情。

【原文】

安、徐、正、静，柔节先定。善与而不静，虚心平意，以待倾损。右主位。

目贵明，耳贵聪，心贵智。以天下之目视者，则无不见；以天下之耳听者，则无不闻；以天下之心虑者，则无不知。辐凑并进，则明不可塞。右主明。

听之术曰："勿坚而拒之。"许之则防守，拒之则闭塞。高山仰之可极，深渊度之可测；神明之位术，正静其莫之极欤！右主听。

用赏贵信，用刑贵正。刑赏信正，必验耳目之所见闻，其所不见闻者，莫不暗化矣。诚畅于天下神明，而况奸者干君？右主赏。

一曰天之，二曰地之，三曰人之。四方、上下、左右、前后，荧惑之处安在？右主问。

心为九方之治，君为五官之长。为善者君与之赏，为非者君与之罚。君因其政所以求，因而与之，则不劳。圣人用之，故能掌之。因之循理，故能久长。右主因。

人主不可不周。人主不周，则群臣生乱。寂乎其无常也，内外不通，安知所开？

开闭不善,不见原也。右主周。

一曰长目,二曰飞耳,三曰树明。千里之外,隐微之中,是谓洞。天下奸,莫不暗变更。右主参。

循名而为,实安而完;名实相生,反相为情。故曰:名当则生于实,实生于理,理生于名实之德,德生于和,和生于当。右主名。

【译文】

安详、从容、正派、沉静,这是合乎了宽容的节度。与人友善,与世无争,内心谦虚,心意虚静,平和地处理天下的事变。这些说的是在位者的修养。

对于眼睛来说,最主要的是明亮;对于耳朵来说,最主要的是敏锐;对于心灵来说,最重要的是智慧。人君假如用天下人的眼睛去看,那就没有什么看不见的;假如用天下人的耳朵去听,那就没有什么听不到的;假如用天下人的心去思考,那就没有什么不知道的。如果全天下的人齐心协力,像车轮一样将辐条集中在车轴上一起前进,就可以明察一切,没有什么可以阻塞、蒙蔽。以上讲的是明察。

听取意见的方法是:"不要固执己见而拒绝别人。轻率许诺对方,就会自满保守;闭塞了别人的进言,就是让自己自我封闭。仰望高山是可以看到山顶的,测量深渊是可以测到底的;神明的听术,公正沉着,高深莫测。"以上讲的是善听。

使用奖赏的法则时,重在守信用;使用惩罚的法则时,重在公平。处罚和赏赐的信守与公正,让臣民必须亲身所闻,这样对于那些没有亲眼看到和亲耳听到的人也有潜移默化的作用。如果君主的诚信能够畅达天下,连神明也会来佑护,又何惧那些奸邪之徒冒犯君主呢?以上所讲的就是赏罚的原则。

一叫作天时,二叫作地利,三叫作人和。四方、上下、左右、前后,以及火星的方位在何处呢?以上所讲的就是多方咨询。

九窍的统治者是心,五官的首长是君主。做好事的臣民君主会给以赏赐,做坏事的臣民君主会给以惩罚。君主是根据臣民的行为给予赏罚,这样治国就不会费力。圣人使用这个道理。就能很好地掌握这个道理。遵循客观规律,这样才能长久。以上所讲的就是统治的依据。

身为人君一定要广泛知道世间的一切道理,如果不通人情道理,那么群臣内部就会发生骚乱。朝廷鸦雀无声是不正常的,对内对外都没有交往,怎么会知道世间的变化呢？言论的开放和封闭不适当，无法就此发现事物的根源。以上所讲的就是周全的事理。

能用天下人的眼睛去看，叫作长目；能用天下人的耳朵去听，叫作飞耳；能用天下人的心去思考，叫作树明。千里之外，隐蔽的事情看得清清楚楚，这叫作洞察。天下奸邪的事情都会在暗中慢慢发生改变。以上说的就是参用。

按照名分去做，就会既安全又完美；名分和实际相互依存，相互对立，这就构成客观事实。所以说：名分从实践中产生，实践从道理中产生，而事理则产生于名分与实践相结合的特性，这特性产生于协调，而这些协调则在于恰如其分。以上所说的就是名分。

【事典】

春秋时期，晋献公被奸人蛊惑杀了太子申生，又命人捉拿太子的兄弟重耳和夷吾。两人闻讯后，先后逃出晋国。十二年后，晋献公死去，夷吾先回国即位做了国君。他害怕重耳会回来抢夺他的位置，于是派人刺杀重耳。重耳一直逃难，到过许多国家，那些国家的国君都不接待他，最终他逃到了楚国。

当时，楚国的国君是楚成王。楚成王觉得重耳可能会成为国君，就以国君的礼节接待他，重耳对楚成王非常感激。在一次宴会上，楚成王说："你流落到楚国，在落魄的情况下，是我接待了你。如果你日后当了国君，该如何报答我呢?"重耳回答说："你的国家强大，美女、宝石、丝绸这些东西你有的是，我献上这些也无法表达我的心意，雀翎、象牙又是楚国的特产，我国境内实在没有多少好东西了，我真的不知道该如何报答你了。"楚成王笑着说："话是这么说，但是报答的事情你也该好好考虑一下。"重耳明白，有称霸之心的楚成王不贪图钱财这些身外之物，要的是其他东西，于是他回答："如果我能回国且当上国君，将来楚晋两国发生战争，那我一定会退避三舍，报答你现在对我的恩惠。如果退避三舍还是不能得到你的谅解，那我只好跟你战斗了。"重耳的回答尽显其诚，又遵循了维护个人和国家尊严的原则。

后来，重耳逃到了秦国，秦穆公要扶植一个亲秦的晋国国君，于是大力支持他。在秦穆公的帮助下，重耳回国，并且当上了晋国国君，即晋文公。晋文公即位后，整顿内政，发展生产，晋国在他的治理下渐渐强盛起来。晋文公希望能像齐桓公一样，做个中原的霸主。

晋文公早就看出了楚国想称霸诸侯国的野心,所以要想当上中原的霸主,就必须先打败楚国,但是苦于没有一个合适的理由。正在这个时候,宋襄公的儿子宋成公来晋国搬救兵,说楚国派大将成得臣率领楚、陈、蔡、郑、许五国兵马攻打宋国。大臣进谏说:"楚国平日总是飞扬跋扈欺辱诸国,主公宅心仁厚,此时不建功立业,更待何时?"于是,晋文公率领大队人马浩浩荡荡地去帮助宋国。

公元前632年,晋军攻袭了附属楚国的曹国和卫国,生擒其国君。

楚成王不想跟晋军开战,因为此时晋国已经十分强大,如果两军开战一定会有大的伤亡。听到晋国出兵帮助宋国,他立刻下令撤兵。可是大将成得臣觉得宋国迟早可以拿下来,不愿意停止战争。他遣将报信说:"末将不敢妄自夸大一定势在必得,但绝对会破釜沉舟。"一听这话,楚成王不乐意了,但是将在外,君命有所不受,他就派了少量人马归成得臣指挥。

楚军告知晋军,要求放还卫、曹两国的国君。晋文公私下款待两位国君,将他们奉为座上宾,并且承诺恢复他们的君位,但是要求他们先同楚国断交。曹、卫两国国君不敢和晋国抵抗,就都按晋文公的意思办了。

成得臣得知这个消息后大怒,他本来是想救这两个国君的,没想到这两个国君倒先和楚国绝交了。他立刻下令,全军准备,马上攻打晋军的大营。

楚、晋两国间的战争终于爆发了。晋文公见是楚国的军队,立刻下令后撤,一直后撤了九十里地才停下。晋军中很多将士对晋文公的做法不满,说:"对方来的是臣子,我们来的是国君,跟他们打仗我们还退,莫不是我们怕了他们?"

晋文公的手下狐偃说道:"两军开战,讲究名正言顺。当初楚王曾帮过主公,主公在楚王面前答应过:'要是两国交战,晋国情愿退避三舍。'如今后撤,就是应诺,这样就不会理亏了。如果退兵他们还不罢休,继续得寸进尺,那就是他们无理,我们再还手也不迟。"全军将士释然,暗自佩服晋文公信守承诺。

楚国诸将军见晋军后撤,便也想退兵。但主将成得臣不同意,他率军紧随晋军一路追到城濮,并且给晋文公下了战书。晋文公回道:"贵国曾有恩于我,我铭心谨记,今已兑现。倘若还步步紧逼,下回就在战场一决高下。"

大战开始,按照原定的计划,晋军显现出节节败退的样子。成得臣大喜,率军急追,不料中了晋军的埋伏。随着成得臣率军深入,晋军也不再后退,而是反过来用精锐部队攻击楚军,把楚军打得大败。

随后晋文公下令,吩咐将士们只要把楚军赶跑就行了,不再追杀。成得臣带领残兵败将走在回营的路上,觉得自己回去没办法向楚成王交代,于是就自杀了。

"退避三舍"体现了晋文公言而有信。这一做法不仅信守了当日的承诺,报答了楚成王的恩情,而且避开了楚军的锋芒,骄纵了楚军,激励了晋军士气,赢得了将士们的理解和支持。另外,晋文公选择了有利于己而不利于敌的战场,也是一种在政治上争取主动,军事上诱敌深入、后发制人的谋略。

身为执政者或者决策者,要信守承诺,言必信,行必果,才能得到大众的支持,晋文公的做法就验证了上面的话。

其实,这只是执政者要遵循的一个准则。另外,执政者在赏罚时也要遵循一定的原则。前文说过,执政者施行奖赏原则的时候要守信,施行惩罚原则的时候要公平。赏罚要分明,是扶正祛邪的一个手段。关于赏罚问题,诸葛亮曾经说过:"赏罚之政,谓赏善罚恶也。赏以兴功,罚以禁奸,赏不可不平,罚不可不均。赏赐知其所施,则勇士知其所死;刑罚知其所加,则邪恶知其所畏。故赏不可虚施,罚不可妄加,赏虚施则劳臣怨,罚妄加则直士恨。"意思是,奖赏与惩罚的政策,说的就是善的予以奖励和恶的予以惩罚。奖励是用来鼓励立功的,惩罚是用来杜绝奸邪行为的。既不能奖励不公平,也不能惩罚不平等。通过赏赐,他们知道要给予好处的原因,勇士就会为了正义而奋不顾身;通过惩罚,他们知道被惩罚的原因,做坏事的人就知道要有所畏惧了。奖励不能无根据地实施,惩罚也不能随便地乱用。如果没有根据地奖励,有功劳的人就会有怨言;随便地惩罚,正直的人就会嫉恨。关于奖惩方面,很多执政者处理得还是非常好的。

南宋的时候,某个地区的一些人觉得自己生活得不是很好,便决定落草为寇,并且定好了抢劫的日子和地点。有个人负责传递消息,不料半路却被官府的人抓住了。他说出了实情,希望得到官府的宽大处理。知州陈埙详细地询问了那个人,对那些人有了初步的了解,然后心里就有了打算。他没有大张旗鼓地去抓捕他们,而是按兵不动,派人悄悄给这些人送去牛和酒,然后附带了一句话:"你们不做农民而去当草寇,不去耕田而去弄兵器,这样做有什么好处? 现在给你们送来牛和酒,希望你们认真考虑一下。如果你们的行为过分了,杀无赦!"

众人见势不妙,觉得事情有些严重,决定前去自首,但是还是有很多人犹豫不决。这个时候,陈埙又下令,凡是献出兵器的人一律重赏,既往不咎。这个命令一下,投靠官府的人越来越多,而且全部缴械。陈埚也真如他所说,给了这些人重赏。这样,知州陈埚未发一兵一卒,就将这件事平息了。而且,当地的治安也有所改善。可见,奖惩的威力有多大。

本篇中还提道:"心为九方之治,君为五官之长。为善者君与之赏,为非者君与之罚。君因其政所以求,因而与之,则不劳。圣人用之,故能掌之。因之循理,故能长久。右主因。"

这其实是指人们在面对纷繁复杂的世界时,要用心分析,了解万事万物之间的必然联系,了解他们的规律,并遵循这些规律,就可以心想事成。因此,心是处理各种问题的主宰。古代的许多名臣都非常明白这个道理,能经常满足别人的心理需求,更善于辅助君主运用各种赏赐手段来笼络人心。张良在刘邦建汉封侯时给他想出的一个计策,就体现了这一点。

一天,刘邦在洛阳附近看见许多将军围在一起发牢骚,可走近他们的时候又听不到什么,只见将军们面有愠色,看样子对他挺有意见。刘邦就去问张良,张良如实汇报说:"将军们在谈论造反的事情!"

这句话把刚登上皇位的刘邦吓了一大跳,天下刚刚平定,就有人出来造反,什么时候才能过上安定的日子呢?他赶忙向张良询问具体情况,张良分析说:"陛下斩蛇起义,是靠这些将士出生入死夺取了天下。现在,秦朝被推翻了,项羽也被陛下打败了,您当上了皇帝,将军们最关心的就是分封土地和授予官位的事情。可是,陛下分封的二十多人中,都是萧何、曹参等陛下最亲近的人,处分的都是和陛下有怨恨的人。现在,将军们一边盼着陛下赶快分封他们,一边又担心土地有限轮不到自己。还有一些人平时得罪过陛下,害怕会受到陛下的惩罚。所以,他们聚集在一起密谋发难。如果处置不当,国家就会出现内乱。"

刘邦忙问:"事到如今,该怎么办呢?"

张良接着说道:"我有一计,可以应对这个局面。请陛下告诉我,平时您最恨的而且将军们都知道的人是谁?"

事到如今,刘邦只得说了实话:"雍齿,此人作战勇猛,立过许多战功,在将士们中也有威望。可是他居功自傲,几次让我在大臣面前难堪。我真想杀了此人,痛痛快快地出口气。但那时正是用人之际,只好忍了。"

张良拍手笑道:"这就好了。陛下您封雍齿为侯,那些有战功而担心陛下会为难他们的人,一看陛下最恨的人都分封了,所有顾虑就会不存在了。"

第二天,刘邦按张良定的计策设下酒宴,当着大臣和将军们的面,封雍齿为什邡侯,又让丞相、御史加快了按功封赏的进度。

几天前还准备闹事的将军们吃过酒宴,高高兴兴地说:"现在好了,什么都不用愁了,我们就等着陛下的分封奖赏吧!"

事实上,张良的这一小计谋,充分运用了心的力量,安定了汉初的局面。

上面所说的三个故事都是与九个准则内容有关的,总之,执政者或者决策者治理国家的时候,一定要信守"符言"的九个准则,这样才能掌握治世之道,使国家长治久安。

【解读】

"符言"写的是统治者在位,必须信守诺言,言必信,行必果。如何做到"言必信,行必果"呢? 就要做到"安、徐、正、静"四个字。这四个字是执政者、决策者需要达到的一种境界,要求统治者既能做到怀柔又能做到节制,心平气和地对待下属的纷争,懂得善守其位,以静制动,驾驭群臣,统率天下。

天下太平的时候,为人君者要懂得集合天下人的智慧来治理世间,天下人的智慧也是从"耳、目、心"三者获取的。文中写"目贵明,耳贵聪,心贵智",如果能运用天下人的"耳、目、心"观察天下万物,就可以达到"没有什么看不见,没有什么听不到,没有什么不知道"的效果。

作为执政者,必须信守九个准则,这九个准则是相互联系、相互制约的。

第一,主位。执政者须善守其位,以"安、徐、正、静"面对天下纷争。

第二,主明。人君要心明眼亮,明察秋毫,鼓励大家踊跃发言,防治闭塞耳目。

第三,主听。善于听取人言,拒绝封闭自己,善于搜集外界信息,这些会使决策者在判断事物的时候减少失误,从而顺利推行合宜的政令。在控制全局后,实施政令要做到奖罚分明,这是启动公众力量、形成领导者权威的最佳手段。

第四,主赏。执政者施行奖赏原则的时候要守信,施行惩罚原则的时候要公平。赏罚要分明,让大众看见。奖惩是团结大众、凝聚人心的重要手段,也是扶正祛邪的重要手段。

第五,主问。研究赏罚与决策时,要去探究天时、地利、人和的关系,全方位地

国学经典文库 智慧谋略全书 鬼谷子 图文珍藏版

研究事物的多方面，用以发现事物的规律。

第六，主因。赏罚的标准在于决策者的需要，如果人们所做的符合决策者的需要，就要奖励；如果所做的违背了决策者的需要，就要惩罚。"为善者君与之赏，为非者君与之罚"。"善"与"非"的客观标准是决策者"因其政之所以求"。决策者决定奖罚的时候一定要考虑周密，防止出现赏罚失误这种情况。

第七，主周。人君一定要广泛知道世间的道理，要通达人情，让人畅所欲言。

第八，主参。要熟悉身边事物，做到眼观六路，耳听八方，切忌不可只听一家之言便妄下结论。要有"千里眼""顺风耳"。要审时度势，明察秋毫，用"天下"之心思虑万物，即所谓的"树明"。做到胸有全局、心有城府，这样才可于幽微之中玄览万物之隐。

第九，主名。执政者要做到名副其实，根据实情决定事物的名称辈分。当然，这里还强调了做事要有度，才能做到协调和控制。

这九个准则组成了《鬼谷子》的第十二章，告诉了执政者应该如何治世，如何做到更好。所以，执政者、决策者一定要坚守这九个准则，从而让天下归心。在古代，执政者所做的一切都会产生巨大的影响，当他们的做法遵循了这九个准则中的任何一个或者几个的时候，就会在某些方面取得成功。

国学经典文库

图文珍藏版

智慧谋略全书

解开英雄的成功秘诀　把握现今的通赢智慧

王艳军◎主编

线装书局

孙子兵法

春秋·孙武

导读

　　《孙子兵法》是我国古典军事文化遗产中的一颗耀眼的明珠，在我国的传统文化中占有极其重要的地位。这样一部伟大的著作，不仅内容博大精深，而且思想精髓且富有前瞻性，其逻辑缜密严谨。《孙子兵法》成书大约是在春秋末期，作者是我们现在耳熟能详的伟大军事家孙武。该书自问世以来，就对我国古代军事战略的学术研究产生了巨大而深远的影响，被人们尊奉为"兵经""百世谈兵之祖"。中国历代用兵者，无不从《孙子兵法》中汲取了高超的用兵谋略，以此来指导实际作战中的用兵之法，它也是现在研究古代军事战略的重要理论依据。历史上第一个系统为《孙子兵法》做注解的人就是三国时著名的政治家、军事家曹操，这也为我们后人更好地研究这部奇书打开了门。

孙武像

计策第一：兵前"五法"，先谋后动

【题解】

《孙子兵法》共十三篇，以"计"为首篇，可见孙子对于计谋的重视程度。"计"是当时《孙子兵法》一书所用的范畴，它是战前对敌我双方的综合考虑和对比，而古今中外无论是著名的军事家还是领导人都在采取着同一个方针，那就是"谋定而后动"，这里的"谋"指的就是对胜败的估计和敌我双方有关战争胜败的各种条件的对比。

【原文】

孙子曰：兵者，国之大事，死生之地，存亡之道，不可不察也。

故经之以五事，校之以计，而索其情：一曰道，二曰天，三曰地，四曰将，五曰法。道者，令民与上同意也，可以与之死，可以与之生，而不畏危也。天者，阴阳、寒暑、时制也。地者，高下、远近、险易、广狭、死生也。将者，智、信、仁、勇、严也。法者，曲制、官道、主用也。凡此五者，将莫不闻，知之者胜，不知者不胜。故校之以计，而索其情。曰：主孰有道？将孰有能？天地孰得？法令孰行？兵众孰强？士卒孰练？赏罚孰明？吾以此知胜负矣。

将听吾计，用之必胜，留之；将不听吾计，用之必败，去之。计利以听，乃为之势，以佐其外。势者，因利而制权也。兵者，诡道也。故能而示之不能，用而示之不用，近而示之远，远而示之近。利而诱之，乱而取之，实而备之，强而避之。怒而挠之，卑而骄之，佚而劳之，亲而离之。攻其无备，出其不意。此兵家之胜，不可先传也。

夫未战而庙算胜者，得算多也；未战而庙算不胜者，得算少也。多算胜，少算不胜，而况无算乎！吾以此观之，胜负见矣。

【译文】

孙子说：国防军事是国家的头等大事，是关系民众生死的所在，同时也决定着国家的生死存亡，不可以不认真地加以考察、研究。

可以以五个方面为提纲，通过考虑双方的具体条件来探讨战争胜负的情形：一是"道"，二是"天"，三是"地"，四是"将"，五是"法"。所谓"道"，就是要从政治思想上使民众与君主保持一致，这样，民众就可以与君主生死与共，将士们自然也会誓死效命,毫无二心。所谓"天",就是天气的阴晴、冷暖的变化、四季节气的更替规律等。所谓"地",就是指路途远近的距离、地势的险峻或平坦,作战地势的广狭,是死地还是生地等。所谓"将",就是要清楚地了解身边的将领们是否具备智、信、仁、勇、严五种素质。所谓"法",就是指军队人马的组织整编制度,还有不同军官的不同职责范围规定、军需物资的配给供应的管理制度等。大凡这五个方面,将领们都不能不知道,但只有透彻熟练地掌握了其中用法的人才能取胜,没有透彻熟练掌握的人则不能取胜。因而,还要通过具体实际地比较双方的条件才能探究战争胜负的情形。这些条件是:双方君主哪一方施以仁政、有天道? 将士们哪一方更有智慧才能? 天时、地利哪一方占得多? 军法纪律哪一方执行得好? 战士们的战斗力哪一方更强大? 战士们哪一方更训练有素? 奖赏与惩罚哪一方更严明? 我就凭着以上这些情况的分析对比,知道战争胜负的情形了。

如果说您也认同我的军事思想,重用我来领兵,一定能胜利,我就留下;如果您不能接受我的思想,那就一定会失败,我就离开。如果我的军事战略您认为实用并且能够接受,我将为您造成军事上的势,作为外在的辅助条件。所谓造成军事上的势,就是在千变万化的战争情况中,抓住有利的时机采取恰当的应变行动。用兵,是以诡诈为原则的。因而,要把"能打"让敌人看为"不能打","做"要让敌人看为"不做","近"要让敌人看为"远","远"要让敌人看为"近"。敌人都是贪图对自己有利的作战时机,就诱之以利而消灭它;就在敌人一片混乱的时候,抓紧时机立刻消灭它;敌人如果作战实力雄厚,则需时刻戒备它;敌人如果士气精锐强大,就要注意避开它的锋芒;敌人如果容易着急发怒,就挑逗它,使它失去理智;敌人如果谨小慎微,按部就班,就设法使它骄傲起来;敌人如果休整得好,要设法使它疲劳;敌人如果内部一团和气,就离间其关系。在敌人没有任何防范意识的条件下进攻,在敌人意想不到的条件下出击。这些,都是军事家用兵之奇妙良策,是不能事先说好或是规定死的。

在没有开战之前就神机妙算地认为会胜利的,是因为具备制胜的条件很多;在没有开战之前就神机妙算地认为不能胜利的,那是因为具备制胜的条件少。所以制胜条件具备多的就能打胜仗,少的就会打败仗,何况一个制胜条件也不具备的呢? 我从双方作战的这些具体情况对比分析来看,胜负的情形就一目了然了!

【事典】

公元前206年,为了争夺政权,刘邦和项羽二人之间爆发了楚汉战争。刘邦当时非常看中韩信,把他封为三秦王。韩信的确是个人才,他对当前的形式分析得非常到位。

韩信对刘邦说:"当年,项羽一声怒吼,把千人吓得腿软胆战。可是项羽对人不信任,舍不得把权力交给那些能力强的将领,所以说他有勇,却只是匹夫之勇,不足为惧。另外,项羽待人恭敬仁爱,说话柔和温顺,他的下属生病了,他非常同情,有时候甚至为生病的下属哭泣，把自己的食物分给他们。可是等到部下因为立了功劳该给其授予爵位的时候，他却舍不得把大印交给人家。项羽虽然仁慈，但也只是妇人之仁。"

"嗯，你说得有理，继续说下去。"刘邦点头称是。

"目前项羽虽然是天下的领袖，诸侯也臣服于他，可是他不驻守在可以控制中原的汉中，却偏偏要跑到彭城；他把自己亲近的人、喜爱的人都封为了王侯，这样又违背了义帝当时和天下诸侯的约定。诸侯们都觉得他这样做非常自私，私下都很愤怒。更让人愤怒的是，项羽还把义帝驱赶到了江南一带。另外，凡是有项羽军队踏过的城池，就没有不被他们蹂躏得残破不堪的。所

韩信

以天下人也非常愤恨他，老百姓打心眼儿里不愿意拥护他，只是被他的淫威所逼罢了。他现在名义上是天下领袖，实际上早就失去了民心。他现在就是看着强大，日后必定会衰落。"

刘邦点头。

"当初汉王您从东方带兵进入秦的武关，一点也没有损害到秦国的老百姓，而且还废除了秦朝严酷的刑罚，并且和士兵约法三章保护老百姓的利益。秦国的老百姓都拥戴您，没有一个不希望您在秦国做王的。现在大王起兵向东，三秦王的属地，只要您送一封文告，就可以收复了！"韩信最后说道。

刘邦觉得韩信分析得有理有据，于是在此基础上调兵遣将，最终开创了大汉王朝。

当然，仅仅是战前分析还不够，还需要借助天时、地利来完成自己的谋划。古往今来，知道借助天时、地利的能人不少，而诸葛亮是其中的佼佼者。

三国时期，曹操基本平定了北方后，南下进攻东吴，而此时的东吴与刘备结成了孙刘联盟。在这样的背景下，东吴的都督周瑜和诸葛亮的明争暗斗也开始了。周瑜始终对诸葛亮怀有戒心，并想为难诸葛亮，于是他提出了让诸葛亮十天内制造出十万支箭矢的要求。

诸葛亮却出人意料地表示，只需要给他三天的时间，他就可以完成使命。周瑜一听顿时大喜，当即与诸葛亮立下了军令状。在周瑜看来，诸葛亮不管怎么样在三天内也不可能打造出十万支箭的，所以，诸葛亮这次是必死无疑了。诸葛亮走后，

周瑜就派鲁肃到诸葛亮处查看动静,打探虚实。结果第一、二天诸葛亮都没有什么动静。直到第三天夜里,诸葛亮将鲁肃请到船上。

鲁肃也不知道诸葛亮在搞什么名堂。只见诸葛亮命令士兵用长索将二十只船连在一起,船上都用青布遮盖,船舷两边竖立着密密麻麻的草靶。随后船起锚向曹军大营进发。五更天的时候,船队离曹操的大营已经没有多远了。这时,诸葛亮命令士卒将船头向西船尾向东一字排开,在曹营前横成一列。随即他又让士兵擂鼓呐喊,摆出一副要击鼓进兵的架势。

当时江面大雾弥漫,看不到对面的具体情况。曹操听说诸葛亮带着船队而来,怕遭遇埋伏,不敢轻易出战。为了防止诸葛亮的船队发起攻击,他急调弓弩手六千人,外加水军射手,一共大约一万人,一齐对着诸葛亮的船队射去。一时间,万箭齐发,但大都射在了那二十艘船的草靶和布幔上。过了不久,诸葛亮又让士兵把船掉头,船头向东,船尾向西,而且击鼓呐喊之势不减。等到天要破晓,雾气散尽后,船上已经扎满了密密麻麻的箭。此时,诸葛亮让人调转船头返回,并且命令所有的士卒对着曹营大喊:"谢谢曹丞相的箭!"曹操这才知道自己中计了,他想派兵去追的时候,诸葛亮的船已经走了很远,根本来不及了。

船队返回后,士兵们取下船上的箭,大约有十万支。诸葛亮真的只用了三天就"制造"了十万支箭,周瑜也拿他无可奈何。

《孙子兵法》不仅仅在我国古代战争中大放异彩,在近现代国内外的许多战争中也发挥了不可小觑的作用。

解放战争时期,中国共产党就曾将《孙子兵法》中的计谋巧妙地运用到对抗蒋介石军队的战斗中。其中,平津战役中的诸多布置就达到了"不战而屈人之兵"的效果。

1948年11月,中国人民解放军取得了辽沈战役的胜利。此次战役沉重地打击了国民党军的士气,驻守华北地区的傅作义部也被吓坏了。傅作义率领着60万大军驻守平津地区,面对军心的动摇和孤立无援的境地,他苦思着出路。

当时,摆在傅作义面前的有三条路:一是与共产党死战到底,捍卫自己的信仰,做蒋介石的忠实追随者;二是与共产党议和,向共产党投诚,背离蒋介石,可以还平津地区和平;第三,弃平津地区,回山西的老窝去。

但细想这三条路,第一条战,当时已经不可能。因为共产党的总兵力已经远胜于他的兵力,打是一定打不赢的。第三条回山西,那也不可能。因为平津地区向西有解放军华北军区的主力部队,随时可以切断他西逃的道路。而向南逃就是向蒋介石靠拢,这并不是傅作义心中所想的。要知道,当时国民党内派系斗争严重,傅作义不是蒋介石的嫡系,跟随蒋介石的话,说不准就被蒋介石给吞并了。那就只剩下最后一条讲和的路了。但问题是,自己这么多年来与共产党作对,还执行过蒋介石的"戡乱"反共政策,共产党会不会接受自己提出的和平条件,同时,去到共产党的阵营后,别说目前的高官厚禄了,说不定连自己的部队都没了,假以时日,自己不就成了韩信第二了？处于这种矛盾心态中的傅作义举棋不定，在第二和第三条路的十字路口摇摆。

对于当时傅作义的矛盾心态，以毛泽东为首的共产党人十分清楚。辽沈战役胜利后，在河北平山县西柏坡指挥着解放全中国的战略全局的毛泽东，以高屋建瓴的眼光，清楚地认识到和平解放北平城的重要意义。

试想一下，北平是一个古都，城里有着那么多的古迹，一旦炮火燃起，古城就可能被毁于一旦，承载了几千年文明的古城就再也看不见了。从为后代人考虑的角度看，战争的罪过就大了。

而毛泽东看到的还远远不止这些。他认识到，北平的和平解放，对人心的向背和以后战争态势的影响都是极其重要的。北平在中国，特别是在北方具有一定的政治地位，它的和平解放能增强人民军队的信心，打击美蒋部队的士气，鼓舞广大人民。而傅作义如果能投诚，对于国民党将领的收编也会起到一定的积极作用。为此，毛泽东从傅、蒋之间的矛盾出发，从分析傅作义部的心理出发，为军委起草了《关于平津战役的作战方针》，确定了将敌抑留华北，分割包围后就地歼灭的战略思想。

同时，毛泽东根据当时傅作义的军队由于受到辽沈战役的惊吓，将士皆成惊弓之鸟的特点，决定要把这些惊弓之鸟变成笼中之鸟，于是决定采用"围而不打，隔而不围"的战法，将敌军分割包围于几个孤立的城镇，然后集中优势兵力，就地歼灭。

1948 年 11 月 18 日，毛泽东给林彪、罗荣桓、刘亚楼发去电报，要求他们立刻停止休整，提前入关，发起平津战役，且目标直指唐山、塘沽、天津。11 月 29 日，平津战役的第一枪打响，首先开战的就是西线。而西线正是傅作义心目中第三条路的通道，于是他连忙派兵增援西线。结果傅作义顾了西面，就忽略了南面。紧接着北平和天津之间的联系被割断，天津和塘沽之间的联系也被割断。傅作义西逃和南逃的路全被堵死了，等待他的，只有第二条路了。

北平地下党奉中央的命令，开始了对傅作义的劝降工作。最直接的策略便是攻心。而攻心策略的执行者就选定了傅冬菊。作为傅作义的女儿，也是中共党员，傅冬菊向傅作义转达了共产党提出的和平建议。傅作义虽然大体上同意，但还有些不甘心，想谈谈条件，想和共产党讨价还价。这时，共产党为了敲山震虎，仅用29 个小时就打下了天津，全歼天津守军。

这么一来，在内外夹击下，傅作义终于决定和谈。在解放军打下天津的第二天，傅作义就接受了共产党和平解放北平的条件，同意把他的部队带出北平城，接受和平改编。

在整个平津战役中，中国共产党先后运用了《孙子兵法》中的"关门打狗""攻心为上""敲山震虎"等计策，可谓是对《孙子兵法》最高层次的运用。

在第二次布匿战争期间，迦太基远征军在汉尼拔的带领下进入意大利作战，在特拉西美诺湖取得了胜利。此次胜利为汉尼拔进攻罗马城创造了条件，在他面前敞开了一条没有设防的通向罗马的大道。特拉西美诺湖之战带给自傲的罗马人的是非常深刻的教训，罗马人的信心被严重挫伤了。继任的罗马执政官和罗马统帅甚至对与汉尼拔正面交锋失去了信心。危急时刻，森图里亚大会任命费边为独裁官。

稳健而又精明老练的费边在受命之后，率领四个军团追赶汉尼拔。在追赶上汉尼拔后，费边命令军队不可与汉尼拔正面交锋，而是抓住一切能抓住的机会，骚扰和拖住汉尼拔的军队。这就是令费边闻名史册的拖延战略。

汉尼拔的军队当时在罗马简直是支无敌之师，罗马军队中的将领无人能及汉尼拔的指挥才能，而汉尼拔的军队，特别是骑兵，更是大大优于罗马军队。罗马军队根本就难以抵御汉尼拔军的正面进攻。然而汉尼拔的军队也有其致命的弱点：孤军深入，远离本土，补给困难。反观罗马军的优势则在于本土作战，人员和给养的补充都较容易。由此来看，当时罗马应对汉尼拔的最好的战略措施可能就是拖延战略了。

在这种情况下，罗马人最好的选择就是打持久战，贸然同汉尼拔决战，必然会重蹈覆辙。但如果能一步步地消耗汉尼拔的力量，最后择时一战定能置其于死地。

汉尼拔看到这种情况，决定向南意大利进军，放弃攻打罗马的计划。他在向南意大利进军的途中分化瓦解罗马与其同盟者，并利用当地的人力、物力及时补充兵员、物资，使罗马人的拖延战术没有收到成效，罗马军队不得不改变战略，寻求决战。结果，双方在坎尼发生激战。汉尼拔以奇特的战阵和计谋，以少胜多，打败人多势众的罗马军队，沉重地打击了罗马的统治。

"能而示之不能，用而示之不用，近而示之远，远而示之近。利而诱之，乱而取之，实而备之，强而避之，怒而挠之，卑而骄之，佚而劳之，亲而离之，攻其无备，出其不意。"这正是《孙子兵法》"计篇"的精髓所在。

《孙子兵法》之所以被称为兵法奇书，是因为它的多变性和灵活性，要求领导者要审时度势，本篇更是重中之重。正如孙武所说的一样，"兵者，诡道也"。这里的"诡道"所指的就是"虚实百变，借天时、地利之威来完成自己的谋划"。那么，排在"天时、地利、人和"之前的就是自身的条件，以及仁道、清明的统治。正所谓"约人先约己"，只有将自身休整、计算好之后，才可以劳动三军，军行而察，再借天、地、人来谋划，这样就可以做到攻无不克战无不胜。

【解读】

孙武在首段就提出了"兵者，国之大事"，可见任何国家都不敢轻视战争。而对于这个关于国家生死存亡的头等大事，孙武则提出了自己的观点，这些观点主要阐述的是：仁义的统治、各地官员的治理等，对天时、地利、人和的把握，以及严明的军纪、赏罚制度；正所谓得道多助，失道寡助。

对于军事而言，指挥者更应该注意的是"五法"，译文中已经清楚地指出了"五法"的重要性,只要深刻地理解并且时刻谨记此"五法",那么定能无往不利。

　　就本篇而言,所谓计策,就是贯穿整个作战计划的各种谋略,而这些谋略就是由虚实组成的各种手段,它包含了诱惑、反间、安插、借助外在因素等手段。而这些手段的应用又无比灵活,必须按具体事情具体操作,不可生搬硬套,那样只会纸上谈兵而无法做到真正的阵地指挥。

作战第二：抢"借"攻坚，借鸡生蛋

【题解】

本篇紧接第一篇论述战前计划之后，再论作战方面的各个问题。要发动一场较大规模的作战，必定要先筹划费用、粮草、物资。本篇阐明的就是：战争的胜负主要依赖于经济的强弱。由于当时的生产力还十分落后，物资也不充裕，军队组织也不严密、不牢固，再加上各个诸侯国互相吞并战争，就导致了经济方面的更加匮乏，所以《孙子兵法》在进攻作战方面更加地追求"闪电战"，但即使再快的"闪电"也要有充足的粮草作为后盾，因而孙武提出了"因粮于敌"的主张。

【原文】

孙子曰：凡用兵之法，驰车千驷，革车千乘，带甲十万，千里馈粮，则内外之费，宾客之用，胶漆之材，车甲之奉，日费千金，然后十万之师举矣。其用战也胜，久则钝兵挫锐，攻城则力屈，久暴师则国用不足。夫钝兵挫锐、屈力殚货，则诸侯乘其弊而起，虽有智者，不能善其后矣。故兵闻拙速，未睹巧之久也。夫兵久而国利者，未之有也。故不尽知用兵之害者，则不能尽知用兵之利也。

善用兵者，役不再籍，粮不三载；取用于国，因粮于敌，故军食可足也。

国之贫于师者远输，远输则百姓贫。近于师者贵卖，贵卖则百姓财竭，财竭则急于丘役。力屈、财殚，中原内虚于家。百姓之费，十去其七；公家之费，破车罢马，甲胄矢弩，戟楯蔽橹，丘牛大车，十去其六。

故智将务食于敌，食敌一钟，当吾二十钟；䓞秆一石，当吾二十石。

故杀敌者，怒也；取敌之利者，货也。故车战，得车十乘已上，赏其先得者，而更其旌旗，车杂而乘之，卒善而养之，是谓胜敌而益强。

故兵贵胜，不贵久。故知兵之将，民之司命，国家安危之主也。

【译文】

孙子说：大凡用兵作战的规律，要配置出动千辆战车，千辆运输车，十万余步兵，行军的途中还要转运粮草，要盘算好内外日常的开支，各国使者往来的费用，修缮军用设施用的胶漆、战车所需的膏油、作战铠甲所需的金革等，这样算下来每日需千金，做好了这些准备之后，十万大军才能出动！所以，用兵打仗就要做到对军事兵力的面面俱到，举兵必克，否则，长久僵持，就会使军队疲惫，锐气挫伤，到攻城的时候也就失去了战斗力,兵马长期驻守国外就会造成国内资源财力的不足。如果兵锋折损、锐气受挫、人力财力消耗殆尽,那么,其他诸侯国就会趁这个机会举兵进攻,即使智谋再高超的人也是无力挽回失败的局面的。所以说用兵打仗只听说老实的速决,没有见到弄巧的持久。仗打的时间越长就对这个国家越有利,是从来就没有听说过的事情。所以说,不完全了解用兵有害方面的人,也就不会完全了解用兵的有利之处。

善于用兵的人,就不会总是频繁地调度兵马,也不会再三地转运粮草。将军用的各项所需从国内取得,粮草补给在敌国就地解决,这样一来,就不用担心军用粮草的问题了。

国家的贫困之所以是因为连年征战造成的,主要原因就是需要长途运输粮草和军用所需物资。长途转运军需,百姓就会贫困。所以只要军队集中的地方物价就会上涨,物价上涨百姓就没有更多的财力去购置所需,这样他们的财富就会枯竭,国家没有钱就会急于增加税收徭役。民力耗尽,财富枯竭,国内的百姓家家空虚。这样百姓的财产就会耗去国库资财的十分之七;公室的耗费,战车破损,战马疲病,需要配置的盔甲、矢弩、戟楯、牛、车之类,会耗去国库的十分之六。

因而,懂得谋略的将领就会想办法从敌方夺取粮草。如果能从敌方就地夺取粮食一钟,就相当于从自己本国运出二十钟;从敌方就地夺取草料一石,就相当于从自己本国运出二十石。

要使将士奋勇杀敌,就要激励他们;要使将士们勇于从敌军那里夺取物资,就要奖赏他们。因此在车战中,凡是可以在战争中缴获敌人十辆以上战车的士兵,就要奖赏那先夺得战车的士兵,并且要及时把敌人战车上的旌旗替换下来,把它混合编制在自己的车阵之中;要优待抚慰俘虏,把他们编制到自己的军队当中,用他们去作战,这就是所谓的战胜敌人的方法:借助他们的力量而使自己日益强大。

所以,用兵作战运用谋略要游刃有余,举兵必克为贵,不主张牵强附会力不从心,要避免跟敌军僵持消耗。如果哪个将帅能深知此用兵之法,就会成为百姓民众命运的掌握者,就是关乎国家生死安危的主导者!

【事典】

公元231年,蜀国十万人军在诸葛亮的率领下第四次攻伐魏国,魏国派司马懿率张郃、费曜等大将迎战蜀军。

诸葛亮到达祁山后,看到魏军早有防备,便对众将说:"孙子曰:'因粮于敌。'也就是说,深入敌人的腹地,粮秣在敌国就地解决。现在,我们的粮草供应困难,这个时节,陇上的麦子应该已经熟了,我们要秘密派兵去抢割陇上的麦子。"诸葛亮留下几员大将守卫大营,自己则率领姜维等将领直奔上邽。

司马懿率大军赶到祁山,蜀军并不出战。司马懿心生疑惑,又听报有一部蜀军径往上邽而去,这才恍然大悟,急忙领军去救上邽。

诸葛亮赶到上邽,将魏守将费曜打得大败而逃,然后命令三万精兵,手执镰刀,把陇上的麦子全部收割,运到卤城打晒去了。

司马懿失去了陇上的新麦,心有不甘,便引兵前往卤城偷袭,企图夺回新麦。不料,诸葛亮早知司马懿会来偷袭,令姜维、魏延、马忠、马岱四员大将各带两千人马在卤城东西的麦田之内埋伏。待到魏兵到达卤城城下时,一声炮响,东西伏兵四起,诸葛亮又令人大开城门,从城中杀出,司马懿拼力死战才突出重围。

司马懿接连受挫,转而采取了坚守不出的方针。诸葛亮求战不得,眼看抢来的粮草也已不多,只好下令退兵。

听闻蜀军退兵,司马懿派大将张郃领兵追击。追至剑阁木门时,遭遇蜀军的埋伏,张郃及其率领的百余名部将全死于乱箭之中。

诸葛亮第四次伐魏虽然没有实现预定目标,但因采用了"因粮于敌"的策略,避免了断粮的危险,并且平安地退回到了本土;而魏国不但损失了陇上的新麦,还损失了一员能征惯战的大将张郃。

另外,曹操在东汉末年的征战中也充分地重视到了这一问题。

东汉末年,袁绍在官渡之战失败后,呕血死去,他的两个儿子投奔了乌桓的蹋顿单于,伺机东山再起。公元207年,曹操亲自带兵征讨乌桓,以消灭蹋顿和袁绍的两个儿子,巩固北部边疆。但是,军队走了一个多月才到达易城(今河北雄县西北),原因就在于军队数量庞大,粮草辎重多,行军速度打了折扣。

谋士郭嘉对曹操说:"兵贵神速。只有深入敌境,迅速接近敌人,才能打敌人一个措手不及,取得胜利。按照我们现在的行军速度,敌人肯定早已做好战争准备,我们怎么可能轻易地打败敌人呢?"

曹操接受了郭嘉的意见,命令大军停止前进,然后从中挑选了几千精兵,由自己亲自率领,日夜兼程,行军五百多里,突然在距蹋顿单于的王庭柳城仅一百里的白狼山出现,与蹋顿单于的几万名骑兵遭遇。

蹋顿单于的骑兵没想到会在自己的领土上与敌人遭遇,毫无防备。曹操等人见敌我双方兵力悬殊,知道只能拼死一战,否则,绝无活路,因此人人奋勇战斗,无不以一当十。战斗空前惨烈,曹操的几千精兵死伤大半,但蹋顿单于这一方,死伤更多。后来,蹋顿单于战死,群龙无首,终于被曹操打败。

袁绍的两个儿子听闻蹋顿单于战死的消息后,带领随从逃往辽东,投奔了辽东太守公孙康。不久,公孙康便设计杀死了他们,并将二人首级送给曹操。曹操北部边疆从此安定。

作战时的物资问题,是战争中必须要考虑的,因此,孙子称之为"善用兵者,役不再籍,粮不三载;取用于国,因粮于敌,故军食可足也"。抗日战争中,八路军就将孙子的这种计谋运用到了日本侵略者身上。

八路军冀察热辽军区平西十一分区(后来改为晋察冀平西军分区)所辖房山、涞水和涿县(现涿州市)的小麦呈现出一派丰收的景象。当时房、涞、涿平原是敌占区,也是平西十一分区的游击区,大多数的乡、村政府都是以"两面政权"的形式存在的:白天支应日本侵略者,晚上迎接八路军。八路军的抗日根据地当时就在平原以外的山区。

1944年,已近夏末时,房山、涞水和涿县地区由于经历了多次日本侵略者下乡"征粮"、抢粮行动,老百姓的存粮已经所剩无几,生活极度艰难。

不仅老百姓,八路军部队中也出现了严重的缺粮情况。从区首长到普通战士、马夫,每人每天只有三两陈粮玉米糁,每天只能吃两顿稀饭,还要在稀饭里掺上野菜,大家管它叫"菜糊糊粥"。

战士吃不饱,就没有力气扛枪,就没有力气打仗。为了解决这个问题,军分区首长们心急如焚。看到附近地区几近成熟的麦子,他们决定从鬼子手中抢粮食。此时,日本鬼子已经穷途末路,也处于资源严重不足的境况中,对即将丰收的麦子垂涎三尺,摆出一副志在必得的架势。双方围绕着夏粮的丰收酝酿着一次大行动。

分区的副司令员兼参谋长张学思经过调查和研究,制订了一套虽有一定风险、却极有可能成功的作战方案,又经过集思广益和反复修改,形成了"抢粮作战方案"。

张学思先让战士们熟悉日伪军的兵力部署和活动规律,了解他们下一步的行动部署。他还派出侦察员搜集情报,随时掌控敌人的动向。同时,他本人则带领一批营团干部亲自勘察地形,在地图上演练可能遇到的各种意外情况。当一切准备完备后,抢粮战斗就打响了。

那是农历五月初七的傍晚,张学思命人切断了当地敌伪之间联系的电话线,同时组织好对敌喊话的人员和司号员,就带着战士们出发了。等一切准备好后,老百姓就出现在了麦田里,他们分工明确地开始了收割、打包、运送、装车的任务。一场"虎口抢粮"的战斗有条不紊地进行着……

等敌人发现时,在张学思的指挥下,包围炮楼的部队在同一时间吹起了军号,一时间。冲锋号、集合号响彻夜空,使敌人误以为是八路军大部队来攻打他们,所以,没有一个日伪军敢从炮楼里走出来。

最终,八路军成功地完成了这次"虎口夺粮"的战斗任务,留给日本鬼子一片仅剩下光秃秃的麦秆的麦田,少量散落在田间地头的麦穗,以及无尽的沮丧和懊恼。

【解读】

作为第一篇的后续,虽然本篇的题名为"作战",但并没有到达真正的开战,而是关于物资的一个总结,正所谓"三军未动,粮草先行"。而这里的粮草也就是"经济条件",这是每场战争都要考虑的一个问题。孙武曾提出了"鼓舞士气,鼓励夺取,速战速决"的观点,不但解决了粮草补给问题,还解决了因战争而引起的国库空虚和沉重的赋税问题。

谋攻第三：知己知彼，百战不殆

【题解】

本篇是关于战前进攻的计谋问题。内容包含关于全胜的意图，进攻的目标和作战方法，战略指导关系，知胜的方法。收句提出"知己知彼，百战不殆"的名言。

善用兵者，屈人之兵而非战，拔人之城而非攻，以全争于天下；知彼知己，百战不殆；不知彼而知己，一胜一负；不知彼不知己，每战必殆。

【原文】

孙子曰：凡用兵之法，全国为上，破国次之；全军为上，破军次之；全旅为上，破旅次之；全卒为上，破卒次之；全伍为上，破伍次之。是故百战百胜，非善之善者也；不战而屈人之兵，善之善者也。

故上兵伐谋，其次伐交，其次伐兵，其下攻城。攻城之法为不得已。修橹轒辒、具器械，三月而后成；距闉，又三月而后已。将不胜其忿，而蚁附之，杀士三分之一，而城不拔者，此攻之灾也。

故善用兵者，屈人之兵而非战也，拔人之城而非攻也，毁人之国而非久也，必以全争于天下。故兵不顿而利可全，此谋攻之法也。

故用兵之法，十则围之，五则攻之，倍则分之，敌则能战之，少则能逃之，不若则能避之。故小敌之坚，大敌之擒也。

夫将者，国之辅也，辅周则国必强，辅隙则国必弱。

故君之所以患于军者三：不知军之不可以进而谓之进，不知军之不可以退而谓之退，是谓縻军；不知三军之事，而同三军之政者，则军士惑矣；不知三军之权，而同三军之任，则军士疑矣。三军既惑且疑，则诸侯之难至矣，是谓乱军引胜。

故知胜有五：知可以战与不可以战者胜，识众寡之用者胜，上下同欲者胜，以虞待不虞者胜，将能而君不御者胜。此五者，知胜之道也。

故曰：知彼知己，百战不殆；不知彼而知己，一胜一负；不知彼不知己，每战必殆。

【译文】

孙子说：大凡用兵的原则，若使敌军全国上下不战而降是上策，用兵击破敌国则是劣一等的用兵策略；若使敌军全军上下不战而降是上策，用兵击破敌国全军则是劣一等的用兵策略；若使敌军全旅上下不战而降是上策，用兵击破敌国全旅则是劣一等的用兵策略；若使敌军全卒上下不战而降是上策，用兵击破敌国全卒使之降服则是劣一等策略；若使敌军全伍上下不战而降是上策，用兵击破敌国全伍而取胜是劣一等策略。所以说，百战百胜，并不一定就是用兵策略中最好的，如果可以使敌人不战而降，使敌人屈服，那才是用兵策略中最好的。

因而，最好的用兵上策就是用智谋胜敌，其次才是用外援的手段胜敌，再次就是通过双方互相厮杀来取得胜利，最下等的策略就是攻城。在作战中攻城是在不得已的情况下才使用的办法。若是准备攻城，就要耗费人力财力来修造望楼车，还要准备好各种攻城器械，这样一来前后需要三个月才能完成；还要堆积攻城的土丘，这样又需三个月才能完成。等到这个时候，将帅们早已是焦头烂额，无心作战了，到时候还要驱使着士兵像蚂蚁一样去爬城，已经有三分之一的士兵战死了，但城还是没有攻下来，这就是使用攻城策略的危害！

所以说，善于用兵打仗的人，就会使用让敌军不战而降的办法而不用双方将士互相厮杀的办法，夺取敌人的城池也不用蚁附攻城的办法，消灭敌国并不是时间越长久越好。一定要本着让敌国不战而败的原则来争胜于天下，这样将士不致受到挫伤而大获全胜，这便是谋攻的原则。

所以作战用兵的规律就是，有十倍于敌人的兵力就应该包围歼灭敌人，有五倍于敌人的兵力就应该猛烈地进攻敌人，有一倍于敌人的兵力就应该分割消灭敌人，有与敌人相当的兵力就应该予以对抗，如果比敌人的兵力少就应该设法摆脱敌人，如果自己军队的兵力不如敌人强大时就应该避免与敌争锋。如果说只有少量兵力，还与敌军顽固硬拼，那就只会被强大的敌军所俘获。

军中的统帅，就是国君的辅佐。如果辅佐得周详，那国家就会强盛；如果辅佐有疏漏，那国家就必然衰弱。

不懂得用兵的君主会对军队造成危害的情况有三种：不知道不可以前进而让军队前进，不知道不可以后退而让军队后退，这叫束缚、羁縻军队；不知道如何管理军中的事务却胡乱干涉军中的行政管理，这样的话就会让军中的将士们感到迷惑；不懂得如何决议军中的权谋之变而胡乱参与军队的指挥，这样的话就会让军中的将士们感到疑虑。如果是因为君主没有思路谋略而把三军将士搞得既迷惑又疑虑，这个时候诸侯就会乘机起来反攻，到那个时候便是大祸临头了。这就是君主自乱其军而丧失了胜利的机会。

有五条规律可以预知战争的胜负情况：知道什么情况下可以开战，什么情况下不可以开战的，就能胜利；懂得兵力众与寡该如何灵活运用的，就能胜利；全军上下一心，同仇敌忾的，就能胜利；能以有准备之师攻击无准备之敌的，就能胜利；将领富于智慧谋略而君主又不从中干预牵制的，就能胜利。这五条就是预知胜负的方法。

因此就可以说：打仗的时候既了解对方也了解自己，在战争中才可以百战百胜,百战不败;如果说不了解对方只了解自己,那就会是双方胜负各半;而既不了解对方,也不了解自己,那一定是每战必败。

【事典】

上策中主要体现的是"攻欲"以及"攻心"。在《史记》中就记载了这样一件事:夏末有一个贤人名叫伊尹,在一个叫有莘的地方耕田。商的国君汤久闻伊尹的名声,于是派人去请他,但伊尹并没有答应。汤只好再次去请。直到第三次,伊尹才答应接受汤的邀请,来到商都辅佐汤兴国。

商一天比一天强盛,这让夏桀很害怕。这时夏桀的一名手下就献计让汤来朝拜,然后把汤囚禁起来。夏桀依计将汤囚禁了起来。汤被囚禁以后,商国没有了领导人,所有人都非常地着急,众人想攻打夏国,救出汤。

伊尹知道商国力不足,并不能用武力,于是出面阻止了大家。伊尹搜集了各种奇珍异宝、青铜器皿、文秀以及美人等,并派能言善辩的人带着这些物品到了夏桀那里。正所谓"解铃还需系铃人",只有贿赂了夏桀的手下,才能救出汤,伊尹同时贿赂了为夏桀献计的那名手下。这样一来,夏桀和他的手下都非常地高兴,就把汤给放了。

各国见夏桀无故就将汤给囚禁了起来,并且收了汤很多好处才放了他,都替汤不平,并且更愿意归顺他,商的势力也变得更强大了。

由此可见,对于可引起战争的问题,并不一定要用武力解决,"物质"有时候也能将战争问题解决,这要比进攻收获的效果大得多。当然,并不是说所有的战争都可以依靠"物质"来解决,要在权衡利弊以后才能采取措施。另外碰上"攻欲"无效的时候,还可以使用"攻心"一策。

春秋时期,周朝发生了内乱,晋文公派兵镇压了内乱,保护周襄王还了朝。为了奖赏晋文公,周王将原城、阳樊、温原和攒矛四座城池赏赐给了晋文公。原城本来是周朝大臣原伯贯的封地,在内乱时,周王命令他平复战乱,原伯贯不但没有将内乱平息,反而成了叛军的俘虏。原伯贯听说周王将原城赏赐给晋文公后,就派人到原城煽动、造谣,说晋人进城就会杀人、抢夺财物,千万不要归顺晋文公。原城人对这样的谣言竟信以为真,表现出了决一死战的态度。

晋文公与大臣商议如何应对,一名赵姓大臣说道:"此时不能用武力强攻,那样只能中了原伯贯的圈套。"于是晋文公命令士兵只带上三天的干粮,如果围住原城三天不下,就解围而去。结果第三天原城的大门依旧没有打开,于是晋文公下令撤离。

尽管晋文公的手下们纷纷表示,原城已经支持不下去了,如果再坚持几天,城池就能到手了,但晋文公说:"我不能失信于民,因为一旦失信,民众就不会再相信我了。"原城百姓在得知晋文公如此有信义后,便主动找到了晋文公表示愿意投降。就这样,晋文公轻松地收服了原城。

尽管"不战而屈人之兵"是兵家所追求的最高境界,但很多时候,并不能依靠计谋或者物质来解决问题,于是一场战争就必然会发生,而一场战争的胜负在很大程度上和谋略者的指挥有关,好的指挥知道如何进退,这也是必要的取舍。

　　公元198年,曹操出兵攻打张绣。有一天,曹操大军突然退走了,张绣认为这是一个机会,于是决定去追击。这时张绣的手下贾诩说道:"将军不应该追击曹军,否则一定会失败的。"但张绣并不这么认为,还是领兵追上了曹军。结果是,曹军奋力迎战,张绣大败而回。

　　过了半天后,贾诩找到张绣,对他说:"将军现在可以追击了,相信再战的话,一定能够取胜的。"

　　"今天已经失败了,为什么还要追击呢?"张绣不明白地问道。

　　"所谓军事有变,今天再次追击一定能胜利。"贾诩自信地说。

　　于是张绣再次召唤部属,对曹军进行追击,结果大获全胜。回来后,张绣疑惑地对贾诩说道:"先前我们用精兵追击,你说一定会失败,后来我们用败兵攻击胜兵而你说一定会胜利,如你所说的一样,那么你是如何得到这些经验的呢?"

　　贾诩说道:"将军虽然善于用兵,但并不是曹操的对手。曹军虽然撤退了,曹操必定会亲自断后,以防备追兵;追兵虽然是精锐,但大将却不敌曹操,而曹操断后的士兵也必然是精锐,如此一来,将军必败。曹操急于退兵,一定是因为许都出事了,既然击破了追兵,必然会丢掉大部分重武器和盔甲,不再有过多的准备,就算留有大将断后,也必定不是您的对手,这样一来将军就会必胜。"

　　这时张绣才恍然大悟,对贾诩十分佩服。

　　从上述案例中可以看出,贾诩对曹操的行动可谓是深有所解,而这也是孙武所提倡的"知己知彼,百战不殆"。只有对敌人详细了解,才能正确判断出敌人的动向,才能有效地打击敌人。

　　不止在战场上,《孙子兵法》的内容在现代商场中也同样适用。其中,众所周知的广告,就是运用了《孙子兵法》中所说的攻心战术。

　　某家百货公司就利用这种计策,小赚了一笔。当时,对于公司的一种滞销产品,他们想到的方法就是把标价由"一角四分"改为"二角九分"。结果,该产品的销售量猛增了30%。这种现象在目前的市场上屡见不鲜,一件售价为100元的衣服往往无人问津,但将售价改为2000元之后却可能会脱销。这其实就是抓住了消费者的心理,运用攻心计,进而从人们的非理性行为中获利。

　　【解读】

　　本篇为计谋中的最后一篇。在本篇中,孙武一直在强调"不战而屈人之兵"。当然,这个上策并不是什么时候都能应用的,所以孙武再次提出了"中策"以及"下策",也就是战斗之前对整个战争的估量以及准备,而这些准备就包括了对敌方的观察、了解等,这也是孙武在最后提出的"知己知彼"。

军形第四：用兵"五则"，先于不败

【题解】

孙武用"形"这个词来为本篇命名，讲述了军事发展本身就是一个形的变化，战争的胜负是由客观物质条件决定的，并讲述了如何善用这些有利条件。形，简单来说，就是有形的物质。孙武并没有将这种客观物质力量看成是死的、静止的。他在篇末用"决积水于千仞之溪者，形也"这样一个简单的比喻来形容思维的变化，指明了要把物质的力量集中化，并决开这积水，让它从几百丈高的悬崖上倾泻而下，这种迅猛的运动速度加之积水的重量可以增强其冲击的力量。把物质看成运动中的物质，这在古代军事理论中是非常难能可贵的。

【原文】

孙子曰：昔之善战者，先为不可胜，以待敌之可胜。不可胜在己，可胜在敌。故善战者，能为不可胜，不能使敌之必可胜。故曰：胜可知，而不可为。不可胜者，守也；可胜者，攻也。守则不足，攻则有余。善守者，藏于九地之下；善攻者，动于九天之上。故能自保而全胜也。

见胜不过众人之所知，非善之善者也；战胜而天下曰善，非善之善者也。故举秋毫不为多力，见日月不为明目，闻雷霆不为聪耳。古之所谓善战者，胜于易胜者也。故善战者之胜也，无智名，无勇功。故其战胜不忒。不忒者，其所措必胜，胜已败者也。故善战者，立于不败之地，而不失敌之败也。是故胜兵先胜而后求战，败兵先战而后求胜。善用兵者，修道而保法，故能为胜败之政。

兵法：一曰度，二曰量，三曰数，四曰称，五曰胜；地生度，度生量，量生数，数生称，称生胜。故胜兵若以镒称铢，败兵若以铢称镒。胜者之战民也，若决积水于千仞之溪者，形也。

【译文】

孙子说：从前善于作战指挥带兵打仗的人，总是要先给自己创造有利的条件使自己处于不可战胜的地位，然后再等待可以战胜敌人的良好时机。要想做到战无不胜攻无不克，关键在于自己要给自己创造充分的有利条件；要想先战胜敌人，关键在于能看出敌人中间出现的可乘之机。因而，善于带兵打仗的人，能做到自己是不可战胜的，而不能使敌人一定出现被我战胜的情况。所以说，胜负是可以预测的,但是却不能强求。如果自己这一方有了不可战胜的条件,这是防守方面的事;等到敌方出现了可乘之机,这是属于进攻方面的事。防守,是由于兵力不足;进攻,是由于兵力有余。善于防守的人,深藏自己的兵力于各种地形之下,这样就会使敌人无形可窥;善于进攻的人,高度发挥自己的力量,动作于各种天候之中。因而。作战的时候既能有效地保全自己,又能大获全胜。

可以预见胜利,但是如果不超过一般人的见识,那就算不上高明中最高明的;经过全力作战而胜利,天下人称颂打得好的,也不能算高明中最高明的。就像能举起秋毫并不能代表你的力气大,能看见太阳、月亮也不能代表你的眼睛很明亮,能听得见雷霆也不能说明你的耳朵很灵敏一样。古来所说的善于作战的人,总是会打败那些很容易就被打败的敌人。因而,这些善战者打了胜仗,既没有智谋的名声,也没有勇武的功劳。他带兵打胜仗是没有丝毫悬念的,之所以没有悬念,是因为他的战略措施先造成必胜的条件,是在战胜那早已处于失败地位的敌人。善于带兵作战的人,总是使自己立于不败之地,因而也就不会放过任何一个打败敌人的机会。因此,胜利的军队总是在已经具备了打胜仗的条件之后才去攻打敌人,而失败的军队却总是先要跟敌人打上几个回合,企图在苦战中去求侥幸的胜利。善于用兵的人,最先关注的总是应该怎样修明政治,怎样更好地整治军纪法度,所以能成为把握战争胜负的主宰。

军事上有五个范畴:一是"度",二是"量",三是"数",四是"称",五是"胜"。"度"产生于土地幅员的广狭,土地的面积决定"量"(军备储存物资的多少),"量"的不同又决定"数"(军中将士的多寡),"数"决定"称"(整个军队的战斗实力),"称"就决定了在战争中的胜负优劣。所以胜利之师如同以镒对铢,能以强大的军事实力战胜弱小不堪一击的敌方,败亡之师则如同以铢对镒。智谋高超的人指挥部队作战,就像是千仞之高的山涧积水决开了一样,一泻万丈,这就是重大的物质在迅猛运动中加强了力量的表现!

【事典】

公元188年,后汉的凉州叛军王国将陈仓围困住了,左将军皇甫嵩和董卓各率兵两万救援陈仓。按照董卓的想法应该是快速奔赴陈仓,但皇甫嵩却不同意,于是两人起了争执。董卓说:"如果我们快速赶到陈仓,就可以保住陈仓;如果去晚了,陈仓就会被攻破,到时候,所有的救援都是徒劳的。"

皇甫嵩反驳道:"你这样说不对。与其现在先发起进攻,还不如等敌人疲惫了再去进攻。到时候敌人的防守不足,而我们却士气正足,攻击也会十分迅猛。陈仓虽然是一座小城,但防守坚固,虽然说王国的兵马很强壮,但想要攻下陈仓也至少需要八十余天。等到陈仓快要守不住的时候,王国的军队也十分疲惫了,到时候我们就可以领取全功,既然这样,我们为何还要着急去救陈仓呢?"

结果正如皇甫嵩所说,王国围困陈仓八十余天,陈仓守将坚守不出。连续的攻城让王国的军队十分疲惫，无奈之下，王国的军队只能撤退。就在这时，皇甫嵩突然对王国的军队发动进攻，并且连连告捷，而王国也被杀死于乱军之中。

皇甫嵩正是预见了陈仓短时间内不会被攻破才会如此以逸待劳，结果以最小的代价取得了最大的战果。如果按照董卓的意思，就会引起王国的誓死反扑，到时候，即使有陈仓的合作，可以两面夹击，也会有很大的损失。可见，皇甫嵩对当时的情况十分清楚，在客观的分析下，才会有如此动作。古往今来。战争不断，在己方处于被动的时候，就要有长久的打算，只有这样才能立于不败之地。

公元前266年，赵惠文王去世，他儿子孝成王即位。因为孝成王年纪小，还没有执政的能力，所以由他的母后赵太后执政。当时，赵国国内动荡不安，虽然有蔺相如、廉颇等忠臣辅佐，但国势已经大不如前。秦国看到赵国这样，就乘机派兵侵犯，连续攻占了赵国的三座城池。赵国上下都害怕了，于是很多人建议向与赵国关系好的齐国求援。齐国答应了赵国的求救，但是提出一个条件，就是让赵太后的小儿子长安君到齐国去做人质。赵太后一听说这种情况，立刻回绝了齐国的要求。

秦国一看齐国没有出兵，于是对赵国发起了更加猛烈的进攻。赵国危在旦夕，国内臣民非常惶恐。很多人为了大计劝说赵太后让长安君做人质，赵太后一听，十分生气，对众臣说道："谁要是再敢和我提起这件事，我就要往他脸上吐唾沫了。"

赵太后都这么说了，众人谁也不敢提及此事了。一天，赵国的老臣触龙去见太后，赵太后正在生气。看到了赵太后，触龙做出了快步走的姿势，但还是慢吞吞地挪动着步子。到了赵太后跟前，他说："老臣腿脚有些毛病，所以想快点走路也快不了，希望太后见谅。很久没来看望太后您老人家，担心您贵体有什么不适，所以今天来看望您。"

赵太后

"哀家身体最近不是很好，全靠坐撵走动。"赵太后回答。触龙又问："您每天都吃些什么东西呢？吃多少呢？"

"哀家每天只是吃点稀的东西罢了。"

"老臣最近也不想吃东西，不过每天坚持走上个三四里地，这样慢慢地就能吃点东西，身体也好些了。"听他说完这些，太后的怒气稍微消减了一些。

看到太后的面色好转，触龙就和太后拉起家常来，说着说着就将话题扯到了自己儿子的身上。触龙有些伤心，他说希望自己死后赵太后可以为自己15岁的小儿子在宫里安排一个黑衣卫士的职务。赵太后一听，笑了笑说："你们男人也这么疼爱孩子？"触龙回答："不比女人少啊！"

赵太后觉得很有意思，就继续和他说，当然话题离不开孩子。

触龙说："我觉得您疼爱长安君不及疼爱燕后。"赵太后疑惑："爱卿这话怎么说？"

"燕后出嫁的时候，您摸着她的脚后跟为她哭泣。而且每次祭祀的时候，您都为她祈祷，祈祷她不被赶回来。"

"可是这跟疼爱谁有什么关系呢？"

触龙接着说："祸患来得早的会降临到自己的头上，祸患来得晚的会降临到子孙头上。国君的子孙不一定好，这是为什么呢？是因为他们地位高却没有任何功绩，而且还能占有很多的土地和珍宝。您现在疼爱长安君，给他高官厚禄、珍宝土地，可是您百年后呢？他没有了依靠，也没有功勋，那个时候长安君靠什么在赵国立住脚呢？我觉得您该为他做长远打算，所以我觉得您爱他及不上爱燕后。"

赵太后听完这些，茅塞顿开，然后慢慢说道："你说得对啊，那么长安君就交给你吧，你想派他去哪里就去哪里。"

由于情况危急，触龙也没敢多耽误，马上就派人将长安君送到了齐国。齐国一看赵国如此讲信用，马上发兵对赵国增援。秦国见状，只好撤兵，赵国的危机也就解除了。

从上面的案例可以看出，弱者如果想要立于不败之地，往往要借助第三势力的援助，而这种援助也同样具有远近之分，智者会在危机解除的同时去除掉藏在深处的祸患；一般统领只能做到解除近期危机；而愚蠢的统领则有可能会失去自己的领地。当然，弱者的反击也同样犀利，只是考虑的情况要更多一些。如此一来，弱者更趋近于沉默者，更有一些弱者可以用表面形势来依附大势力，这样也是一种好的情形。

"先为不可胜，以待敌之可胜"，这是孙子兵法中的用兵原则。这个原则在现代企业竞争中同样适用，即我们通常所说的以逸待劳，从而最后达到借力打力的效果。中国乳业巨头蒙牛和伊利之间的商业竞争，就诠释了这一理论。

说到蒙牛和伊利之间的这场商战，还要从蒙牛的总裁牛根生谈起。牛根生其实是伊利培养出来的，可以说是个伊利人。但在走出伊利后，现实使这个当年伊利的销售老总发生改变的同时，也使他学会了许多，最突出的表现就是懂得了灵活地运用《孙子兵法》中的计谋。

蒙牛刚开始时在市场上名不见经传，如果说那时的伊利是大象，蒙牛也就是只蚂蚁。但牛根生知道，要学会等待。所以，他非常注重借助外部力量发展壮大自己。

首先，他把 8 个中小型乳品企业变为自己的生产车间，盘活了 7.8 亿元资产，经营了冰激凌、液体奶、粉状奶 3 个系列 40 多个品种的产品，使蒙牛产品很快打入全国市场，当年销售收入就达到 4365 万元。就这样，借力的同时，蒙牛在半年时间里，挤入了中国乳品企业销售收入排行榜，由千名之末蹿升至第 119 位。

在此之后,蒙牛迅速创立自己的"根据地",高起点地建起了具有国际先进水平的 17 条冰激凌全自动生产流水线和 22 条液体无菌奶生产流水线。随后。运用经济杠杆的调控作用,蒙牛整合了大量的社会资源,把传统的"体内循环"变作"体外循环",把传统的"企业办社会"变作"社会办企业"。这其实就是《孙子兵法》中所说的达到了"进可攻,退可守"的状态。

同时,牛根生对《孙子兵法》的运用。在对待伊利的态度上表现得更为突出。在蒙牛羽翼未丰的时候,牛根生暂时收起了自己的野心。在品牌上,蒙牛甘当老二,依附于伊利,借势于伊利。蒙牛巧妙地通过"甘当内蒙古第二品牌"的品牌宣传和"中国乳都"等概念的推出,叫响了自己的品牌,从而让一下子就站到了巨人的肩膀上。这可谓牛根生的高明之处,靠近大树先乘凉,巧妙借势。

同时,为了防止引起伊利的反感,引发伊利的报复,牛根生每逢提起伊利的上层领导,都是一副毕恭毕敬的态度,对他们表现出了极大的尊重。他的表现让人们想到中国古代的诸侯王面对霸主的情形。

综上所述,再结合前面的相关事例,可见只要《孙子兵法》的谋略在现实生活中运用得当,就可以达到"先于不败"的境地。

【解读】

就本篇而言,孙武明确地提出了要先让自己立于不败之地,然后再结合"敌我双方的五个对比",这样就可以做到进可攻,退可守,然后再追求制敌之道。

兵势第五：先声夺人，正奇相激

【题解】

在上篇中，孙武用"形"这一词来作为篇名，而本篇则注重于"势"。本篇主要论述了主观指导上的出奇和造势，其实质就是"物质的运动"。孙武要求军队组织严密，部署得宜，纪律严明，即使受到了突然袭击也不至于马上溃败，即所谓"斗乱而不可乱……形圆而不可败"。他要求"以奇胜"，"善出奇"，奇正多变。他更是用体积大并且形状比较圆的大石头，从百余丈高的山上向下滚动的形象，生动地说明了物质在急剧运动中的活力和能量，这就是他所要求造成的"势"。

【原文】

孙子曰：凡治众如治寡，分数是也；斗众如斗寡，形名是也；三军之众，可使毕受敌而无败者，奇正是也；兵之所加，如以碬投卵者，虚实是也。

凡战者，以正合，以奇胜。故善出奇者，无穷如天地，不竭如江河。终而复始，日月是也。死而复生，四时是也。声不过五，五声之变，不可胜听也。色不过五，五色之变，不可胜观也。味不过五，五味之变，不可胜尝也。战势不过奇正，奇正之变，不可胜穷也。奇正相生，如循环之无端，孰能穷之？

激水之疾，至于漂石者，势也；鸷鸟之疾，至于毁折者，节也。是故善战者，其势险，其节短。势如彍弩，节如发机。

纷纷纭纭，斗乱而不可乱也；混混沌沌，形圆而不可败也。乱生于治，怯生于勇，弱生于强。治乱，数也；勇怯，势也；强弱，形也。故善动敌者，形之，敌必从之；予之，敌必取之；以利动之，以卒待之。

故善战者，求之于势，不责千人，故能择人而任势。任势者，其战人也，如转木石。木石之性，安则静，危则动，方则止，圆则行。故善战人之势，如转圆石于千仞之山者，势也。

【译文】

孙子说：治理大部队和治理小部队的原理是相同的，只要能够抓住编制员额有异这个特点组织好就可以了；指挥大部队进行战斗和指挥小部队进行战斗的基本原理也是相同的，只要用规定好的信号来指挥就可以了。如果想统领三军兵士，并且让他们即使遭受敌人的进攻，也一定不致失败的话，就应该巧妙地运用奇兵、正兵;使得军队进攻,就像以石击卵一样容易,其奥秘就在于灵活运用虚实,避实就虚。

举凡作战,总是以正兵交战,以奇兵取胜。长于出奇制胜的人,他的战法变化肯定是层出不穷的,就好像是天地之间万物变化无穷一般,也好像是江河流水奔流不息一般。周而复始,就像日月运行;去了又来,就像四季更替。我们所知的音阶只有五个,但是这五个音阶能够融合演奏出的音乐却是无穷无尽的;我们所知的原色不过只有五种,但是这五种颜色能够调和绘成的画图之美是观赏不完的;我们所知的原味不过只有五种,但是这五味能够调配出的滋味却是品尝不尽的;而说到作战的基本方式,也就是奇、正两种,但是这两种方式的变化运用,却是无穷无尽的。奇与正之间相互转化,就好像是顺着圆环旋转一样,没有尽头,又有谁能够穷尽它呢?

湍急的流水疾速直下,以至能将石头冲走,这就是"势";鸷鸟迅速地飞翔,以至于能捕杀(小鸟小兽),这就是"节"。因此,善于作战的人,他所能够造成的态势是险峻的,他所发动的攻势节奏是短促的。险峻的态势就好像是张满待发的弓弩,而短促的节奏就好像是触发的弩机。

人马攒动,纷纷纭纭,在混乱的情势下指挥战斗一定不能让行阵混乱;战车转动,步卒奔驰,在迷蒙不清的情况中打仗,要部署得各方面都能对付可能发生的情况而不会被打败。在战场上,一方军队的混乱大多是产生于对方的严整,一方军队的怯懦产生于对方的勇敢,而一方军队的软弱则产生于对方的坚强。要么严整,要么混乱,这都是由各自部队的素质决定的;要么勇敢,要么怯懦,这都是由各自所处的态势决定的;要么强,要么弱,这都是由各自军队的实力决定的。因此,高明的指挥员,就要善于故意显示给对方虚假的表象,从而使得敌人根据这个假象做出相应的错误举动;只要给敌人一点点利益,敌人就一定会来取。用微小的利益来调动敌人,用严整的伏兵来等待敌人进入圈套。

因此,高明的指挥员要依靠造成有利的"势"来追求胜利,却从不苛求部下用苦战来获胜。因而,他能正确地选择人才,并且巧妙地利用"势"。而善于利用"势"的人,善于选用将吏指挥作战,就好像是转动木、石一样。木、石的性质是置于平地则静止,置于高峭之地则滚动;方形的静止,圆形的滚动。善于指挥作战的人所造成的有利态势就好像是从千仞高的山上往下滚圆石一样。这就是兵法上所说的"势"。

【事典】

公元前353年,魏国伙同赵国攻打韩国,韩国无奈之下只能向齐国求救。齐王派田忌为将,以孙膑为军师,前往救韩。

韩国一听齐国要来救援,立刻人心振奋,全力抵抗魏国的进攻。但无奈韩国国力弱小,再如何努力,依旧是战败,只好再次向齐国告急。这次,齐威王派田忌为主将,田婴为副将,率领齐军直趋大梁。

齐国的这次救援惹恼了魏国,魏国本来胜利在望,可以夺下韩国了,但是因为齐国,韩国又难以攻下了。于是魏国不再攻打韩国,而是转身开始攻打齐国。魏惠王撤回了攻打韩国的军队,然后命太子申为上将军,庞涓为大将,率军十万,攻打齐军。

齐军这时已经深入到魏国境内,魏国大军也已尾随而来,一场恶战在所难免。因为身在魏国境内,齐国大军有些慌乱,但是军师孙膑并不慌乱,仗要怎么打,他在心中已经筹划好了。魏国的军队强悍善战,向来蔑视齐国的军队,何况现在是在魏国境内,魏军一定更加有恃无恐,而且骄傲轻敌,所以孙膑觉得魏军即使有十万大军,并且凶狠强悍,也不是不可战胜的。他告诉主将田忌,对付魏军的办法就是诱敌深入,然后再给予其出其不意的打击。田忌觉得他说得有理,他们两人研究了地形后,决定采用一条减灶诱敌、设伏聚歼的妙计。

齐军和魏军刚一接触,齐军就假装不敌,然后往后退。为了能够让魏军相信齐军不堪一击,齐军在逃跑的过程中使用"减灶"妙法。第一天在地上挖了做十万人饭用的灶,第二天又挖了做五万人饭用的灶,第三天挖了做三万人饭用的灶,造成齐军大批溃逃的假象。

魏国的大将庞涓看到齐军营灶日益递减,非常得意。他对众人说:"我早知道齐国的人胆小怕死,进入我国才几天就跑了这么多人。呵呵,看样子,他们要不战自亡了。"于是为了尽快歼灭齐军,他抛下了步兵和重甲,开始日夜兼程地追击齐军。

庞涓的追击是在孙膑意料之中的,他计算,在黄昏的时候,魏军差不多就到达马陵了。孙膑命人砍倒了一些树木横放在魏军的必经之路上,用来堵塞交通,然后让善于骑射的士兵埋伏在山坡上,并且告诉他们:如果晚上看见树底下有人点火,就万箭齐发,射死树底下那个人。

晚上的时候,魏军追到了马陵,被一些横放的树木挡住了去路。于是庞涓下马,他看见其中有一棵大树被剥了皮,上面似乎刻着字。但是因为天色已晚,什么字都看不清楚。于是庞涓让人点燃火把,细细观看,只见树上刻着:庞涓死于此树下。庞涓大惊,想要后退已经来不及了。只见箭如雨下。魏军大乱,庞涓无路可退,加上身中数箭,只好自刎而死。

齐军从四面八方涌过来,击败了魏军,而且俘虏了魏太子申。

在战争史上"以奇胜"的事例并不少见。毛泽东被誉为革命家、词人,也是一位伟大的军事家,他在领导中国革命的过程中,也曾屡出奇兵。四渡赤水就是其中的典型战例。

遵义会议之后,中革军委向各军团首长下达了《渡江作战计划》,命令中央红军各部进至赤水、土城附近地域后,分三路纵队由宜(宾)泸(州)间的蓝田坝、大渡口、江安一线北渡长江。

1935 年 1 月 19 日起,红一、三、五、九军团分三路先后从遵义、桐梓、松坎地区出发,向土城、赤水前进。最后于 29 日凌晨,红军大部队分左、中、右三路,向西渡过赤水河。2 月上旬,红军进至川南的叙永、古蔺地区,寻机北渡长江。面对国民党军队的围堵,以毛泽东为首的中央军委决定暂缓实行北渡长江的计划,改向川黔滇三省边境敌军设防空虚的扎西地区,利用短暂的时间,完成了部队的整编、精简。这个举动大大出乎国民党的预料。借由这一举措,我军不但加强了部队的战斗力,也为待机歼敌创造了良好条件。

我军进至扎西地区后,鉴于敌军主力已大部被我军引到川滇边境,黔北兵力空虚,我军决定出敌不意地回师东进,折回贵州。最后于太平渡、二郎滩第二次渡过赤水河,继续向桐梓、遵义方向前进,并在途奋力拼杀,多次歼灭国民党的追击部队,并俘获 1800 余人,缴获大批武器。这一奇战,是中央红军战略转移以来取得的最大的一次胜利,极大地鼓舞了士气,打击了敌人的反动气焰。

此次大捷前后,几乎都是毛泽东在牵着蒋介石的鼻子走。蒋介石对此极为恼火,于是他急飞重庆,亲自指挥对红军的围攻,妄图南守北攻,将我军围歼于遵义、鸭溪地区。我军将计就计,伪装在遵义地区徘徊寻敌,以诱敌迫进,然后再转兵西北,寻求新的机会。同时,命令红三军团向西南方向的金沙佯动,调动敌周浑元部向南,吴奇伟部向西,而后转用兵力攻击鲁班场守敌。我军的这一举动果然成功引调了敌人。当敌人闻风而动的时候,我军却突然转兵向北,进占仁怀,于茅台第三次渡过赤水河,再次进入川南。

红军刚过河,毛泽东就命令部队停止前进,只派出一个团的战士向北跑步行军抵达古蔺。在这里,这个团的战士行动时忽东忽西,沿途虚张声势以引人注意。于是,一些国民党报纸便错误地报道说,贵阳已被红军攻陷。但实际上,毛泽东这样做的目的就是要让蒋介石以为红军正奔向长江某个渡口,促使蒋介石把部队向西调遣。于是,当国民党以为我军又要北渡长江调重兵压来时,毛泽东率领主力悄悄地返回了赤水河,第四次渡河。

就这样,毛泽东运用这种忽左忽右的奇兵战术,牵着敌人的鼻子走,最终实现了乘机渡江北上的目的。可以说,四渡赤水的胜利,是毛泽东运用《孙子兵法》的计谋产生的神奇的效果。正是由于毛泽东指挥中央红军巧妙地穿插于国民党重兵集团之间,灵活地变换作战方向,为红军赢得了时机,创造了战机,在运动中歼灭了大量国民党军,牢牢地掌握了战场的主动权,才取得了战略转移中具有决定意义的胜利,达到了孙子所谓的"善出奇者,无穷如天地,不竭如江河"的效果。

【解读】

自古以来,很多军事家都想通过"出其不意"来取得胜利,而这种"奇"也往往会取得让人意想不到的效果。

虚实第六：虚实游斗，出其不意

【题解】

本篇的中心思想是阐述虚和实是互相依存的，在一定条件下可以相互转换。这里说明敌军无论怎么防守，都肯定会存在不足，而我们的主要目的就是找出这些不足，然后攻击敌人防守较弱的地方。如果说敌人防守严密，就要用运动的假象使敌人跟随我方运动，从而找出其运动中的不足。这就是孙子战略中一个主要的原则，现在叫作"避实击虚"。篇中主要论述了要争取主动，避免被动，造成敌人弱点，迫使或者诱使敌人不断运动或者分散，而我方则集中兵力，以逸待劳，一发现敌人的弱点则应迅速出击，攻其不备，"因敌而制胜"。

【原文】

孙子曰：凡先处战地而待敌者佚，后处战地而趋战者劳。故善战者，致人而不致于人。能使敌自至者，利之也；能使敌不得至者，害之也。故敌佚能劳之，饱能饥之，安能动之。

出其所必趋，趋其所不意。行千里而不劳者，行于无人之地也。攻而必取者，攻其所不守也；守而必固者，守其所不攻也。故善攻者，敌不知其所守；善守者，敌不知其所攻。微乎微乎，至于无形，神乎神乎，至于无声，故能为敌之司命。进而不可御者，冲其虚也；退而不可追者，速而不可及也。故我欲战，敌虽高垒深沟，不得不与我战者，攻其所必救也；我不欲战，画地而守之，敌不得与我战者，乖其所之也。

故形人而我无形，则我专而敌分；我专为一，敌分为十，是以十攻其一也，则我众而敌寡；能以众击寡者，则吾之所与战者，约矣。吾所与战之地不可知，不可知，则敌所备者多。敌所备者多，则吾所与战者，寡矣。故备前则后寡，备后则前寡，备左则右寡，备右则左寡，无所不备，则无所不寡。寡者备人者也，众者使人备己者也。

故知战之地，知战之日，则可千里而会战。不知战地，不知战日，则左不能救右，右不能救左，前不能救后，后不能救前，而况远者数十里，近者数里乎？以吾度之，越人之兵虽多，亦奚益于胜败哉?！故曰：胜可为也。敌虽众，可使无斗。

故策之而知得失之计，作之而知动静之理，形之而知死生之地，角之而知有余不足之处。故形兵之极，至于无形；无形，则深间不能窥，智者不能谋。因形而错胜于众，众不能知；人皆知我所以胜之形，而莫知吾所以制胜之形；故其战胜不复，而应形于无穷。

夫兵形象水,水之形避高而趋下,兵之形避实而击虚,水因地而制流,兵因敌而制胜。故兵无常势,水无常形,能因敌变化而取胜者,谓之神。故五行无常胜,四时无常位,日有短长,月有死生。

【译文】

孙子说:举凡首先到达作战地点而等待敌人的就显得沉稳、安逸,后到达作战地点而着急应战的就紧张、劳顿。因此,善于指挥作战的人,总是想方设法来调动敌人而保证自己不被敌人所调动。能够使得敌人自动进到我预定地域的,是诱敌以利;能够使得敌人不能到达其预定地域的,则是相逼以害。因此,敌人如果闲逸,可以使他劳倦;敌人如果饱食,可以使他饥饿;敌人如果安稳,可以使他动乱。

在敌人没有办法进行紧急救援的地方出击,在敌人意想不到的情况下展开进攻。行军千里而不使自身劳顿的原因,是在敌人没有设防的地方行进;进攻而必能够取胜的原因,是进攻敌人没有防守(或无法固守)的地方;进行防守而能够绝对稳固,是要在敌人不进攻(或攻不下)的地方做好防守。因此,善于进攻的,敌人不知道该在什么地方设防;善于防守的,敌人不知道该在什么地方进攻。微妙啊,微妙啊,这真是达到了无形可窥的境界;神奇啊,神奇啊,这真是达到了不露一丝声息的程度,从而才能够成为敌人命运的主宰者。进攻而使得敌方不能够抵御,那是冲击在敌人的薄弱环节上;撤退而使得敌人无法追赶,那是行动神速,敌人追赶不上。我方想与敌方交战,虽然敌人高高筑起防御工事也不得不出来,是因为我方攻击的是他必定要救援的地方;我方不想与敌方交战,虽然只是画地防守,敌人也无法与我方交锋,这是因为我方想尽方法调动他,使得他背离了所要进攻的方向。

因此,展示给敌方以假象而不露真情,那么,我方就可以集中兵力而敌方则会分散兵力。如果我方集中兵力在一处,而敌方分散兵力在十处,这就能够形成局部的以十攻一的态势,那么,就会使得我方兵力众多而敌人兵力寡少了;用众多的兵力对付寡少的兵力,那么,与我方交战的敌人就会陷入困境了。我方与敌方交战的地点,敌人事先不知道,那么他防备的方面就会很多;一旦敌人防备的方面很多,那么他在局部与我方交战的兵力自然就少了。如果着重于防备前方,那么后方相对就会薄弱;着重于防备后方,前方相对就会薄弱;而着重防备左翼,那么右翼相对就会薄弱;着重防备右翼,左翼相对就会薄弱;因此,无处不防备,其实就是无处不薄弱。最终造成兵力薄弱的原因其实就是处处设防啊,而形成兵力集中的优势原因则在于迫使敌人处处防备我方。

如果知道作战的地点和时间,哪怕奔赴千里也可以按时会合交战;而不知道作战地点和时间,那就会造成左翼难救右翼,右翼也难救左翼,前军难救后军,后军难救前军的状况;更何况远者相隔几十里、近者相隔几里的不同的战况呢?在我看来,越国的兵力虽然众多,但是对于胜利又有什么裨益呢?所以说,胜利是可以创造成的。敌人虽然人数众多,但是可以使他无法战斗。

所以分析一下敌我双方的情况,可以得知双方所处条件的优劣得失;挑动敌人,则可以了解到他们的行动规律;对战地进行侦察,就可以知道战地各处是不是利于攻守进退;运用小规模的兵力与敌方进行试探性的较量,就可以知道敌人的兵力部署或有余或不足的情况。所以运用假象迷惑敌人的用兵方法如果运用到极致,就会不露出一丝真迹,而使人无形可窥。那么,即使埋藏非常深的间谍也没有办法窥测到实情,即使很有智谋的人也无法运用计谋。通过以假象迷惑敌人的"示形"方法而取得的胜利,即使摆在众人面前,众人还是不能了解其中的原因;众人都知道我方取胜的外在的作战状况,但是却没有谁了解我方胜利所用的内在方略。因此,我方取胜的谋略方法不重复,而随着敌情变化所采取的应变的"示形"方法也是无穷无尽的。

用兵的规律就如同流水的规律一样。流水的规律是避开高处趋向低处;而用兵的规律则是避开实处攻击虚处。水流会根据地形的高低决定流向,而用兵则会根据敌情来采取制胜方略。战争没有固定不变的态势,流水也没有固定不变的流向。只有能随着敌情发展变化而采取应变措施取胜的人,才称得上是神秘莫测的高明者。你要知道,五行是没有常胜的,四时是一定会更替的,昼有短长,月亮也有圆缺。

【事典】

三国时期,关羽骄傲轻敌,最终落得个败走麦城,被孙权活捉斩首的下场。关羽被孙权斩首的消息传到了蜀地,刘备闻之挂孝痛哭。他不顾诸葛亮等人的劝阻,自立蜀汉皇帝,誓为二弟关羽报仇,并且传令蜀国全部精兵七十五万,亲自挂帅东征。因为人多势众,兵强马壮,蜀军一路势如破竹,直达吴境六百余里。东吴上下为此震惊。危难之际,孙权大胆采用谋士阚泽的主张,起用年轻将领陆逊为东吴都督,让其领兵迎战蜀军。

陆逊深入分析了蜀、吴两军的各方面情况,决定不正面迎敌,而是避其锐气,等待机会。很多人笑话陆逊胆小怯懦,要求请兵出战,说要杀蜀军个落花流水,陆逊严厉喝止了他们。两军就这样一直对峙,从春天对峙到夏天,一下对峙了几个月,蜀军由于长期的不战,开始懈怠了。

夏天热得像火,士兵觉得又热又渴。刘备看到这种情况,命令士兵在密林处沿水扎寨,这样既能解决炎热问题,又能解决士兵口渴的问题。陆逊听到这个消息,心中大喜,他知道:刘备将营寨搬到密林溪水处,是因为经不起长时间的对峙,现在蜀军的士气已经低落了。蜀军驻扎的地方地形复杂,而且草木丛生,驻扎这种地方是兵家大忌。而且夏日蚊虫多,蜀军肯定不好受。

陆逊心生一计,于是立刻和众将领商讨出击蜀兵。因为自迎战以来,东吴军队都未曾出战,各个武将心里都痒痒得很,恨不得立刻出去和蜀军一战,大小将领纷纷请战。陆逊看看他们,命令淳于丹率兵五千去迎战蜀军,然后又告诉大将徐盛、丁奉，如果淳于丹败了，他们就去领兵接应。

淳于丹夜袭蜀寨，蜀军人数多，他的五千兵马根本无法与其抗衡，于是大败而归。徐盛、丁奉在半路将他救回。淳于丹因为兵败向陆逊请罪，陆逊没有因此责怪他。徐盛、丁奉对他说："蜀军声势浩大，想要攻破，实属不易，我们贸然进攻，必然损兵折将。"陆逊笑笑，"不必忧虑，我们会成功击败蜀军的。"

再说刘备这边，听说淳于丹大败，心里非常痛快，越发不把东吴的军队放在眼里。陆逊观天象，知道第二天东南风将起，于是调集大军从水路进发，并且在士兵所乘的船上装满易燃物。吴将周泰率兵攻打江的南侧，要求每个士兵都一手拿茅草，里面藏着硫磺硝药，一手执刀枪，见到蜀营就顺风举火。

东南风果然在夜晚一更时大起。

蜀军将领还在睡梦中的时候，探子回报，御营左屯起火。蜀军刚要救火，探子又来回报，御营右屯又起火。因为东南风大起，火势非常急，大火冲天，映红了夜晚的天空。这时，吴军冲杀的声音四面响起，蜀军立刻大乱，四散奔逃。刘备看到这个情况，领着残兵败将逃回蜀地。诸葛亮早料到了这一切，派赵云半路接应刘备回了白帝城。陆逊看到这情况。也没有继续追击，而是率兵返回。

有很多人想乘胜追击，陆逊阻止了他们。别人问为什么，他说："我们这一去追击蜀军，后方必定空虚，我们需要小心曹军袭击我们的后方才是。"果然不出陆逊所料，他们和蜀军战斗的时候，曹军的三路人马来攻击东吴，陆逊回来得及时，打败了曹军。

陆逊所采用的计谋就是引诱，这在古代战争中是非常常见也是非常有效的一种诱惑手段，它可以让对方误认为己方十分虚弱或者无能将之人，从而犯了轻敌的错误。对于此计策，领导者要保持冷静的观察态度，从而对阵形进行合理调整，这样就可以避免被对方引诱了。

诱敌深入之计，不仅在古代战争中被广泛运用，在现代军事领域也多次出现，并收得极好的效果。邓小平指挥的大小杨湖之战就运用此计获得了极大的成功。

1946年，国共两党之间的战争正如火如荼地展开。此时，国民党的军事力量远胜于共产党。这一年6月，蒋介石为了掀起全面内战，以重兵围攻苏北解放区，展开了一场中原逐鹿大战。8月25日，国民党军企图采用双面夹击的方式，分东西两路进攻邓小平、刘伯承率领的中原解放军。为了"避强击弱"，不跟敌人硬碰硬，刘伯承、邓小平命令部队一边后撤，一边寻机歼灭敌人。

当时，东路国民党精锐部队向成武、单县、鱼台进攻，西路向东明、定陶、曹县进攻。而当时邓小平率领的第二野战军接到命令要立即转移。在命令部队转移的时候，身为政委的邓小平在敌人的先头部队已经距离他们很近的情况下，要求战士们放弃以往转移时的老规矩：将用过的老百姓的房屋和院子打扫干净。不仅如此，他还要求战士们轻装撤离，将背包扔下，做出慌忙撤离的假象，而且越逼真越好。

接到命令的指挥员心里直犯嘀咕，一向镇定的邓政委这是怎么了？但执行命令是军人的天职,指挥员还是将命令传达了下去。在传达命令的过程中,指挥员终于明白了邓政委这是要诱敌深入。

为了做得更逼真,这位指挥员还在撤退的途中,让战士们不时扔下一些背包,甚至把几匹伤老病马,连鞍鞯都不解,就散放在大路边上……

果不其然,国民党整三师师长赵锡田听到报告,加上自己看到的解放军撤退后的景象,心里大喜,更加坚定了追上去全歼共产党,获得奇功的念头。他胸有成竹地命令部队咬住解放军死追不舍。

赵锡田怎么也没想到,这一切都是邓小平在深入分析形势的基础上定下的诱敌深入的计策。当时,刘峙指挥的国民党军队企图夹击我军的主力,他们的战斗力较强。而东路和西路的敌人整体较弱,可以寻机歼灭。但西路敌人中的整三师是蒋介石的嫡系部队,要想歼灭东西两路敌人,一定要先歼灭整三师。因为整三师如果遭到打击,其他杂牌军是不会去驰援的。而且整三师是从追击我军中原部队的途中被调回来的,属于疲惫之师,主将赵锡田又急于立功。于是,邓小平就确定了先打掉整三师的战略,针对其贪功心切的特点,定下了诱敌深入而歼之的计策。

这诱敌深入的第一步就是抛诱饵。于是,邓小平才让部队做出那些假象。而赵锡田不知就里,见到我军连战马都撤弃了,猜想我军定是慌张逃窜,于是这条贪吃的大鱼就摇头摆尾地追逐着香饵上钩了。

等赵锡田部进入大小杨湖地区之后,邓小平集中三、六、七三个主力纵队突然向敌人发动攻击。

经过激烈而艰苦的战斗,我军在将敌人包围了两三天后,顶着国民党的飞机、坦克的攻击,最终将赵锡田部消灭。

此次大小杨湖之战,我军消灭了敌整三师,又歼灭了敌 47 师,共歼敌 4 个旅计1.7 万余人,生俘了整三师师长赵锡田中将及其下官兵 1.3 万多人,取得了辉煌的战果。

纵观整场战争的前后,之前的抛背包,弃战马,俨然是当年孙膑减灶赚庞涓的再现。

邓小平的这出现代版诱敌深入之戏,就形象地演绎了"致人而不致于人"这句话。

【解读】

在这一篇中,孙子着重讲了避实击虚的原则,并进一步阐述了"形人而我无形",造成敌人弱点,以便我方发动进攻。在本篇中有一句"致人而不致于人",所说的就是争取主动,摆脱被动。这是军事中普遍性的规律,问题是要如何"致人"?怎样才能"不致于人"?这同将帅是否多谋善断有着极大的关系。在战争中,形势是千变万化的,而这并不是书本或是老师可以教导的,只能随机应变。《唐太宗李卫公问对》也提到了:"《孙子》千章万语,无外乎致人而不致于人。"所谓的致人而不致于人,就是掌握战场的主动权,看清对方的情况,来调整己方的战略。

军争第七：灵活用法，避精取惰

【题解】

本篇以"军争"为名，意指敌我双方争胜，主要论述了敌我双方在战略展开中，互相争取先敌到达或占领战略要地，在有利地形上布成有利态势，先查明敌人的弱点，以便出其不意，先一步发起进攻。另外，本篇中也讲到了行军问题、地形道路的调查和向导的使用。

孙武指出的"以迂为直，后人发，先人至"，即使在今天两军相遇战斗中仍然可作为参考。这种战略思想表现出了孙武有人为地把"迂"变成对立面"直"的朴素的辩证法思想的萌芽。另外孙武还指出"军争为利，军争为危"的辩证逻辑，揭示了战争中对后方供应依赖的重要性。

【原文】

孙子曰：凡用兵之法，将受命于君，合军聚众，交和而舍，莫难于军争。军争之难者，以迂为直，以患为利。故迂其途，而诱之以利，后人发，先人至，此知迂直之计者也。

故军争为利，军争为危。举军而争利，则不及；委军而争利，则辎重捐。是故卷甲而趋，日夜不处，倍道兼行，百里而争利，则擒三将军，劲者先，疲者后，其法十一而至；五十里而争利，则蹶上将军，其法半至；三十里而争利，则三分之二至。是故军无辎重则亡，无粮食则亡，无委积则亡。

故不知诸侯之谋者，不能豫交；不知山林、险阻、沮泽之形者，不能行军；不用乡导者，不能得地利。故兵以诈立，以利动，以分合为变者也。故其疾如风，其徐如林，侵掠如火，不动如山，难知如阴，动如雷震。掠乡分众，廓地分利，悬权而动。先知迂直之计者胜，此军争之法也。

《军政》曰："言不相闻，故为金鼓；视不相见，故为旌旗。"夫金鼓旌旗者，所以一人之耳目也；人既专一，则勇者不得独进，怯者不得独退，此用众之法也。故夜战多火鼓，昼战多旌旗，所以变人之耳目也。

故三军可夺气，将军可夺心。是故朝气锐，昼气惰，暮气归。故善用兵者，避其锐气，击其惰归，此治气者也。以治待乱，以静待哗，此治心者也。以近待远，以逸待劳，以饱待饥，此治力者也。无邀正正之旗，勿击堂堂之陈，此治变者也。

故用兵之法，高陵勿向，背丘勿逆，佯北勿从，锐卒勿攻，饵兵勿食，归师勿遏，围师必阙,穷寇勿迫,此用兵之法也。

【译文】

孙子说:依据一般的战争规律,将帅从君主手中领受命令,聚集民众,组织起军队,最后与敌军对垒,这个过程中没有什么比两军相对争夺先机之利更难的了。两军相对争夺先机之利之所以很难,就难在把迂回的弯路变为直路,就难在把困难转化成有利的条件。运用迂回的途径,却能引诱凝滞敌人,比敌人后发动,却比敌人先达成目的,这就是懂得变迁为直谋略的人。

所以争取先机之利是有利的,但同时争取先机之利也是有危险的。全军带着辎重去争利,就会使得行动迟缓而赶不上;如果全军舍弃辎重而去争利,那么辎重就会损失了。卷起铠甲,轻装前行,日夜不停奔袭百里去争利的话,三军将领都可能被擒;精悍的士卒在前面,而疲弱的士卒随行在后面,一般来说只有十分之一的人能够到达;像这样急行五十里而去争利的话,那么前军的将领就会受挫,按通常规律来说也只有一半人能够到达;像这样急行三十里而去争利的话,最后也只有三分之二的人能够到达。要知道,军队没有辎重就会灭亡,没有粮食就会灭亡,没有物资储备也会灭亡。

如果不了解诸侯国的企图,就不能预定外交方针;如果不熟悉山林、险阻、沼泽等地形条件,不能率军行进;不重用向导,就不能利用有利的地形。用兵的时候靠诡诈的方法隐蔽自己的意图,根据有利的情况决定自己的行动,把分散与集中兵力作为变化的手段。部队快速行动起来就如同疾风一样;舒缓行进起来就如同森林一样;侵掠起来就如同烈火一样;不动的时候就如同山岳一样;难以窥测的时候就如同阴云蔽日一样;发起进攻就好像迅雷猛击一样。掳掠乡邑,分配俘虏来的人众,扩张领土,分配掠夺来的资源,这些行动都需要在比较利害、权衡轻重后才能进行。事先懂得运用以迂为直计谋的人才会取得胜利,这就是争夺先机之利的原则。

《军政》上说:"如果用言语指挥听不清就使用金鼓,如果用手势指挥看不清楚就使用旌旗。"金鼓、旌旗这些工具都是用来统一军队视听的。军队的行动统一,那么,勇武的人就不能随便前进,怯懦的人也不能单独后退,这便是指挥大规模部队作战的办法。在夜间作战的时候,要多使用火与鼓;而在白天作战,则多使用旌旗。这也是适应将士们视听的办法。

对于敌方的军队,可以打击其士气;对于敌方的将领,可以动摇其决心。初战的时候气锐,继战的时候气衰,到后期的时候,士气就消亡了。因此,善于用兵的人,总是会想方设法避开敌人的锐气,而趁敌方士气衰败、消亡时实施攻击。这是从士气上战胜敌人的好办法。用严整的部队来对付混乱的部队,用沉着冷静的部队来对付浮躁喧乱的部队,这就是从心理上战胜敌人的办法。用离战场比较近的部队等待远途而来的敌军,用休整良好的部队等待困顿疲劳的敌军,用饱食的部队对付饥饿的部队,这就是从体力上战胜敌人的办法。不去拦截敌方严整精锐的军队,不去攻击敌人气势盛大的军阵,这是用权变对付敌人的好办法。

用兵的原则:敌人占据了高地,不要去仰攻;敌人背靠着山丘,不要去迎击;而对于假装撤退的敌人,不要跟踪追赶;对于精锐的敌军,也不要去迎头进攻;对于充当诱饵的小股部队,不要去吃掉;对于回撤的敌人,不要去阻止;包围敌人的时候要留个缺口;对于陷入绝境的敌人,不能逼迫太甚。这些都是用兵的基本原则啊!

【事典】

公元前 270 年,秦赵发生了阏与(今山西和顺)之战。秦国发兵包围了赵国的重镇阏与。赵国国君赵惠文王听到这个消息后甚为着急,立刻召集众人,商议该如何对付秦军。廉颇、乐毅等大将认为阏与距离赵国的首都邯郸太远,而且道路崎岖,是非常不容易救援的。但是大将赵奢却不这么认为,他觉得两军相逢勇者胜,救援阏与并没有什么困难。于是,赵惠文王派赵奢率军去救援阏与。

赵奢的军队没有远走,而是在离邯郸三十里处安营扎寨。赵奢传令军中:"有敢于谈及军事者,一律斩首。"他这样做就是为了隐藏援救阏与的企图。秦军看赵军没有动静,于是展开了下一步的动作,他们派兵进驻武安(今湖北武安西南)西面,呐喊击鼓,打算把赵军的注意力吸引到武安,钳制赵军援救阏与。赵奢军中有人要求救援武安,赵奢立刻斩杀了这名要求救援的士兵,全军至此没有人敢提救援武安的事情。

二十八天过去了,赵奢的军队依旧在邯郸城外三十里处,继续增强营垒防御,给秦军造成一种赵军胆小怯懦、唯保邯郸的假象。秦军觉得不对劲,于是派间谍到赵营里探查虚实。赵奢的军队中一派和平之象,所有人都不提战争。秦军的间谍把这些情况告诉秦军大将胡阳,胡阳一听大喜,觉得赵军根本没有救援阏与的意思,攻取阏与只是小菜一碟,对赵军也放松了戒备。赵奢趁此机会,带领军队用两天一夜的时间疾驰到距离阏与五十里的地方。

秦军久攻阏与不下,赵奢的军队突然出现,秦军只能仓促迎战。赵奢的军士许历建议先占领北山高地,赵奢采纳这个建议,发兵万人占领了北山高地。秦军到了以后,开始往山上进攻,但是怎么都攻不下来。赵奢居高临下,猛击秦军。阏与的守军看到赵国的救援军队来了,也积极配合。秦军被赵军内外夹击,死伤过半,大败而归。

阏与之战中,包含着一套出奇制胜的战略计谋。赵奢先想办法让秦军对其放松警惕,所以在离国都三十里处安营扎寨,并且待了很长时间,而且修筑工事,让秦军认为赵国胆小,只守不攻,根本没有要救阏与的意思。麻痹了秦军以后,赵奢又迅速率军抵达距阏与不远的地方,这样可打秦军个措手不及,秦军怎么都想不到看似怯懦的赵军会来这一手。而且之前为了防止作战意图被探知,赵奢严令全军上下不得议论军事,而是表现出一派和平之态。等到达阏与的时候,赵奢又采纳了部下的建议,不等秦军到来,就先占据了有利地形,化被动为主动,最终战胜了秦军。

阏与之战的精妙之处在于，不按常理办事，打破从前的格局，麻痹敌人。从表面上看赵奢是在消极抵抗，但其内部的运作却是在为营救做准备，这就突出了孙武所说的以迂为直的观点。这是争夺先机之利的基本原则。

公元 34 年，光武帝刘秀入关，准备亲征高峻。刘秀觉得光用武力不行，于是先派遣使者去游说，希望对方可以投降。光武帝派出游说的人是寇恂。

寇恂奉命到达了高峻的领地，高峻派出自己的军师皇甫文接见。谈话的时候，皇甫文态度傲慢，表示坚决不会投降。寇恂非常生气，于是下令诛杀皇甫文。这时，他身边的人都对他说："高峻有精兵万人，我们很多城池都还没有攻下，如果他想投降，我们却先杀了他的使者，这么做怕是不妥吧？"寇恂坚持杀了皇甫文，然后派人告诉高峻："你的军师说话无理，我把他给杀了，你要是想投降最好快点投降，不想的话你就守在这里。"

高峻一听这话，心里害怕起来，当天就让人告诉寇恂自己愿意投降。诸将问寇恂这是怎么回事，为什么杀了高峻的使者，高峻没有发怒，却投降了。寇恂分析道："皇甫文是高峻的心腹，高峻很多意见都是听他的。皇甫文来找我们谈的时候，态度明确，就是不投降。

寇恂

要是放他回去了，他肯定会让高峻坚持不投降，高峻听他的话，也不会投降的。如今，杀了皇甫文，高峻不知道我们有多少人，也没有人给他拿主意，所以就投降了。"

寇恂利用高峻犹豫的心理取得了胜利，这也是一种以迂为直的方法。同样，在现代社会里，此计也是较为常用的。比如遇到难以解决的问题，有些人就会犹豫，思量利弊，那么对方如果能利用这个机会就能将其超越，从而战胜他。

【解读】

本篇中，孙武所列举的八条原则都是从慎重作战这一角度提出的，尽管带有一定的消极性和局限性，但还是有很多地方值得借鉴的：在对敌上不可出现轻视敌人的态度，同样也不能过于慎重，要根据敌方的情况来做出具体分析，在没有情报或者情报有误的时候，指挥者要依靠自己的才能做出进一步的判断。

九变第八：灵活指挥，针锋相对

【题解】

本篇着重讲解了在各种特殊情况下的机断措施。这里的"九"是一个数量词，泛指多。"变"则是指不按正常原则处置。

本篇的内容错综复杂，先讲到了五种地形，然后又讲了五种情况及根据当时具体形势而应做的灵活应变，再次指出了智者之虑必杂于利害，另外还提出了在战略上指挥诸侯的方法以及强调了有备无患，最后结合上述提出了将有五危的警告。

【原文】

孙子曰：凡用兵之法，将受命于君，合军聚众，圮地无舍，衢地交合，绝地无留，围地则谋，死地则战。

涂有所不由，军有所不击，城有所不攻，地有所不争，君命有所不受。

故将通于九变之地利者，知用兵矣；将不通于九变之地利者，虽知地形，不能得地之利矣；治兵不知九变之术，虽知五利，不能得人之用矣。

是故智者之虑，必杂于利害。杂于利，而务可信也；杂于害，而患可解也。

是故屈诸侯者以害，役诸侯者以业，趋诸侯者以利。

故用兵之法，无恃其不来，恃吾有以待也；无恃其不攻，恃吾有所不可攻也。

故将有五危：必死，可杀也；必生，可虏也；忿速，可侮也；廉洁，可辱也；爱民，可烦也。凡此五者，将之过也，用兵之灾也。覆军杀将，必以五危，不可不察也。

【译文】

孙子说：凡是用兵的法则，将领从国君手中领受命令，聚集民众组成军队，在"圮地"的时候不要驻扎军队，在"衢地"要与诸侯结交，在"绝地"不可多加滞留，在"围地"要巧妙运用智谋，在"死地"则要拼死抵抗。

有的道路不适合通过，有的敌军可以不加以阻击，有的城池可以不攻克，有的地盘可以不争夺，甚至就连国君的命令有的也可以不接受。

领兵的将领要能够通晓各种机变的应用，就算是懂得用兵了；如果将领不懂得各种机变的方法，即使对地形十分了解，也不能充分发挥地利的条件；治军而又不了解机变的权术，即使是知道了"有的道路不宜通过"等"五利"，也不能使士卒们充分发挥最大的战斗能力。

因而,高明的将领考虑问题,一定会涉及利与害两个方面。在不利的条件下要能够看到有利的一面,事情就可以顺利往下进行;在有利的条件下要能够看到不利的因素,便可以及早地解除祸患。

这就是说要用祸患威逼来使得诸侯屈服,用各种诸侯不得不做的事来役使他们,用各种小利来引诱他们,使得他们疲于奔命。

而打仗的原则是:不要寄希望于敌人不来攻打自己,而是要依靠自己的充分准备,严阵以待;不要寄希望于敌人不会贸然进攻,而是要依靠自己有敌方不可攻破的条件。

领兵的将领有五个方面的性格偏执是非常危险的:勇而无谋、一味死拼,可以进行诱杀;贪生怕死,畏葸疑惧,可以进行俘获;浮躁易怒,刚忿急躁,可以去凌侮;矜于名节的,可以去污辱;太过仁慈的,可以去烦扰。举凡这五个方面,都是将领性格上的缺陷,是用兵的大害。而全军覆没,将领被杀,肯定都是由于这五个方面的危险因素造成的,是不可不警惕的。

【事典】

裴度在唐宪宗时期曾担任中书令的职位。一天,他手下的人慌慌张张地跑过来,对他说他的大印不见了。对于官员来说,大印相当于权力,大印丢了,就等于手里的权力丢了,这是一件非同小可的事情。裴度知道这件事以后,没有惊慌,反而像没事人一样,点了下头表示知道了,就让手下的人下去了。然后他告诉左右的人不要张扬大印丢了的事情,一切如常,就好像大印没丢一样,谁要张扬这件事,严惩不贷。

左右的人对此都非常奇怪,这么大的事,裴度却和没事人一样,大家都猜不透他心中的想法。更让他们不能置信的是,裴度好像根本忘记了丢大印的事情,该做什么做什么,还在府中大摆筵席,和众人大吃大喝,高兴得不得了,好像在庆祝大印丢了一样。

酒至半酣的时候,有人迫不及待地对裴度说大印又被放回了原处。裴度听到这个喜讯依旧陪着众人饮酒取乐,大家尽兴而归。

事情过了许久之后,他们询问裴度当初是怎么想的,裴度解释说:"大印神不知鬼不觉地丢了,八成是管理大印的官吏拿去做私事了,他本想偷偷还回来,但是恰巧被你们发现了。如果你们一嚷嚷,把事情弄得不可收拾,偷大印的人害怕被追究,一定会想方设法毁灭证据,如果他们着急,一下子把大印毁了,我们就真的找不到了。我对此事表示不在乎,也不表现出惊慌,这样偷用大印的人就不会惊慌了,用完之后,会偷偷放回去。这样大印就不会发生什么意外了。"

左右的人听了,连连点头称是。当然,面对丢掉大印这么重要的东西还能镇定自若,不是谁都能做到的,这需要有超人的智慧和宽大的胸怀。如果裴度当初没有这么做,也许他的大印就真的找不到了。

对于危急的事情，很多人都会表现得惊慌失措，但是这样做并不能解决问题，反而会增添一些不必要的麻烦。两军相对的时候，心态是很重要的，如果慌乱，很容易将虚实暴露给对方。

三国时期，孙、刘两家联合抗曹。赤壁之战后，诸葛亮乘机派兵占领了荆州。对于魏、蜀、吴三国来说，荆州的地理位置都十分重要。那时，荆州属于东吴，所以东吴要派兵收回。刘备一看东吴要收回荆州这块宝地，急得团团转，整天闷闷不乐。

诸葛亮察觉到了刘备的心思，于是问他："主公是不是为荆州的事情发愁？"刘备点头，"不知道怎么办啊，军师你有什么好主意吗？"诸葛亮笑笑，要刘备伸出手，然后在刘备的手上写了一个"借"字。这时，门卫来报："东吴鲁肃前来求见主公。"刘备一听，心里很不高兴，他知道鲁肃是来讨要荆州的。诸葛亮一听是鲁肃前来，却非常高兴，跟刘备的不高兴形成了鲜明的对比。他将嘴附在刘备耳边，对他耳语一番。

鲁肃被诸葛亮迎进大门后，椅子都没坐热，刘备就哭起来，而且哭得非常伤心。

鲁肃不知道他为什么哭得这么伤心，于是就问道："刘皇叔莫不是遇到了什么难过的事情？"刘备只管哭，没有说话，诸葛亮开口了："主公本想将荆州奉还，可是如果这样，就没有了立足之地。本想派兵取了西川，然后再将荆州奉还，但是又怕这样做会伤了孙、刘两家的和气。所以主公左右为难，不知如何办。"

一听这话，鲁肃心软了，他是个直肠子的人。没有很多的心机，对诸葛亮的话信以为真，于是问刘备："刘皇叔需要我鲁肃帮什么忙吗？"刘备假惺惺地说："承蒙鲁公关照，我就是想借荆州一时，等我攻下西川，即刻将荆州奉还。"鲁肃问："皇叔打算借多久呢？"诸葛亮立刻说："今年冬天借，明年冬天还。"

鲁肃想：反正也只借一年的时间，算不了什么大事。但是他怕刘备到时候要赖，于是要求立个字据作为凭证。诸葛亮立刻立了字据，并且让刘备签上了大名。

孙权听说了鲁肃将荆州借给刘备一年的事情，非常不高兴。鲁肃就劝说他："荆州地理位置重要，我们现在北有曹操，南有刘备，要是不把荆州借给刘备，伤了孙、刘两家和气，以后就不大好办了。如果曹操和刘备联合起来攻打我们，我们就麻烦了，不能因为小小的荆州招惹这么大的祸患啊！"

孙权听完这些话，又觉得自己手里有借据，就不再提及荆州之事。

刘备"借"到荆州后，就一直在那里常驻不走了，整整三年过去了，丝毫没有归还的意思。孙权受不了了，让鲁肃拿着字据向刘备讨要荆州。诸葛亮却应付道："恐怕归还的时日还未到吧！"

鲁肃立刻把当年诸葛亮立的字据拿出来："你上面写着今年冬天借明年冬天还，一共才借了一年的时间，如今都三年了，怎么能说时间不到呢？"

诸葛亮推开字据："虽然上面写着一年的时间，但是也没写哪年哪月哪日借，哪年哪月哪日还。每年都可以说是今年啊！"鲁肃听完立刻觉得自己上当了，但是又没有地方去说理。

刘备根据诸葛亮事先设定好的计谋，利用鲁肃的仁慈厚道赢得了他的同情心，从而成功地"借"到了荆州，这也正利用了鲁肃"爱民，可烦也"之危。

【解读】

军无常事，战局本身就是变化多端的，而想要掌握战场上的瞬息万变就要依靠灵活的头脑和长期积累的经验来做出最正确的判断，这不仅仅需要对敌方首领的了解，还需要掌握对方的各种信息，做到知己知彼。但战场上的不定因素非常多，那么面对突发事件的时候，只有快速地加以处理才有可能做到力挽狂澜或者是减少己方的损失。

行军第九：趋利避害，变不离宗

【题解】

本篇主要讲述了行军、驻军和征候判断。由于断简，所以本篇中各句顺序有些凌乱。本文中针对通过行军或驻军中常见的尘土、飞鸟、野兽等，来判断是否有敌军或判断敌军意图。举的多是假象，要求当事者不要为假象迷惑，需要冷静地看清敌人的意图。

孙武在论"处军"中，把行军所过地区的位置分成了四类：处山、处水、处沼泽、处平原，分别指出了处军的原则。孙武所列举的例子虽然已过时，对于现代的侦察已经不适用，但仍有可以参考的地方。孙武在本篇中提出"兵非贵益多也，惟无武进，足以并力、料敌、取人而已。夫惟无虑而易敌者，必擒于人"，这值得每个指挥员参考。

【原文】

孙子曰：凡处军、相敌，绝山依谷，视生处高，战隆无登，此处山之军也。绝水必远水；客绝水而来，勿迎之于水内，令半济而击之，利；欲战者，无附于水而迎客；视生处高，无迎水流，此处水上之军也。绝斥泽，惟亟去无留；若交军于斥泽之中，必依水草，而背众树，此处斥泽之军也。平陆处易，而右背高，前死后生，此处平陆之军也。凡此四军之利，黄帝之所以胜四帝也。

凡军好高而恶下，贵阳而贱阴，养生而处实，军无百疾，是谓必胜。丘陵堤防，必处其阳，而右背之。此兵之利，地之助也。

上雨，水沫至，欲涉者，待其定也。

凡地有绝涧、天井、天牢、天罗、天陷、天隙，必亟去之，勿近也。吾远之，敌近之；吾迎之，敌背之。

军行有险阻、潢井、葭苇、山林、翳荟者，必谨复索之，此伏奸之所处也。

敌近而静者，恃其险也；远而挑战者，欲人之进也；其所居易者，利也。

众树动者，来也；众草多障者，疑也；鸟起者，伏也；兽骇者，覆也。尘高而锐者，车来也；卑而广者，徒来也；散而条达者，樵采也；少而往来者，营军也。

辞卑而益备者，进也；辞强而进驱者，退也；轻车先出居其侧者，陈也；无约而请和者，谋也；奔走而陈兵者，期也；半进半退者，诱也。

杖而立者，饥也；汲而先饮者，渴也；见利而不进者，劳也；鸟集者，虚也；夜呼者,恐也;军扰者,将不重也;旌旗动者,乱也;吏怒者,倦也;粟马肉食,军无悬甑,不返其舍者,穷寇也;谆谆翕翕,徐与人言者,失众也;数赏者,窘也;数罚者,困也;先暴而后畏其众者,不精之至也;来委谢者,欲休息也。兵怒而相迎,久而不合,又不相去,必谨察之。

兵非贵益多也,惟无武进,足以并力、料敌、取人而已。夫惟无虑而易敌者,必擒于人。

卒未亲附而罚之,则不服,不服则难用也。卒已亲附而罚不行,则不可用也。故令之以文,齐之以武,是谓必取。令素不行以教其民,则民服;令素不行以教其民,则民不服。令素行者,与众相得也。

【译文】

孙子说:在各种不同地形的上面布置军队和观察敌情的时候,应该注意下面这些方面:通过山地时,必须要依靠长有水草的山谷,驻扎在比较高的向阳的地方,如果敌人占领了高地,那么就不要仰攻,这是在山地上对战的原则。横渡江河的时候,应该要远离水流;如果敌人渡水来战,不要在江河中迎击,而是要等对方渡到一半的时候再攻击,这样比较有利;如果要和敌人进行决战,不要紧挨着水边列阵;在江河边上扎营,也要驻扎在较高的向阳的地方,同时不要面迎水流,这是在江河边上对战的原则。通过盐碱沼泽的时候,要快速地离开,不要逗留;如果和敌军在盐碱沼泽地带相遇,那就要靠近水草而背靠树林,这是在盐碱沼泽上对战的原则。在平原上应该要占领开阔的地域,而侧翼则要依托高地,使得前低后高,这是在平原上对战的原则。上面这四种"处军"原则的好处,就是黄帝能战胜其他四帝的原因。

举凡驻军总是喜欢干燥的高地,避开潮湿的洼地;喜欢向阳之处,避开阴暗之地;喜欢靠近水草的地区,这样就使得军需供应比较充足,将士百病不生,从而就有了胜利的保证。在丘陵堤防地带行军,必须要占领向阳的一面,并把主要侧翼背靠着它。这些对用兵比较有利的措施,都是以用地形为辅助条件的。

如果上游下雨,洪水突然而至,则要禁止徒涉,要等待水流稍稍平缓以后再行进。

如果通过"绝涧""天井""天牢""天罗""天陷""天隙"这几种地形的时候,必须要迅速离开,千万不要去接近。我们应该要尽量远离这些地形,并且让敌人去靠近它;我们应该要面向这些地形,而让敌人去背靠它。

如果在军队两旁有险峻的隘路、湖沼、水网、芦苇、山林以及草木茂盛的地方,就一定要小心反复搜索,因为这些都是敌人可能埋设伏兵或者是隐伏奸细的地方。

敌人离我方很近而安静的,是因为他占领了险要地形;敌人离我方很远而挑战不休的,是因为他想诱我方前进;敌人所占领的地形平坦的,是有利于同我决战。

许多树木摇动,这可能是敌人隐蔽前来;而草丛中有一些遮障物,则可能是敌人布下的疑阵；群鸟惊飞，预示着下面有伏兵；野兽狂奔，这是敌人大举突袭；尘土高而尖，是敌人驾着战车驶来；尘土低而宽广，这是敌人的步兵推进；尘土疏散飞扬，这是敌人正在拽柴而走；尘土少而时起时落，这是敌人正在安营扎寨。对方来使措辞谦卑但是军队又在加紧战备的，这是他们在准备进攻；措辞强硬而对方军队又做出前进姿态的，这是他们在准备撤退；轻车先出动，并且部署在两翼的，这是敌人在布列阵势；敌人还没有受挫就来讲和的，这一定是另有阴谋；敌人急速奔跑而且并排列阵的，这是企图约定时机和我方决战；敌人半进半退的，估计是企图引诱我军。

敌兵倚着兵器而站立的，这是饥饿的表现；对方的供水兵打水自己先喝的，是干渴的表现；敌人见利而不进兵争夺的，这是他们疲劳的表现；敌人营寨上空聚集有鸟雀的，说明下面是空营；敌人在夜间惊叫，这是他们恐慌的表现；敌营发生惊扰纷乱的，这是敌方将领没有威严的表现；敌方的旌旗摇动不整齐的，这表明他们的队伍已经混乱。敌人的军官易怒的，这是他们全军疲倦的表现；用粮食喂马，杀掉拉辎重的大车的牛吃肉，整理炊具，部队不返回营寨的，这是想要拼死的穷寇；低声下气地和部下说话的敌将，证明失去了人心；不断犒赏士卒的，是敌将没有办法的表现；不断惩罚部属的，是敌人处境困难的征兆；先粗暴然后又害怕部下的，是最不精明的将领；敌方派来使者送礼言好的，这是他们想要休兵息战；敌人发怒和我方对阵，但又长时间不交锋也不撤退的，必须要谨慎地观察他的企图。

打仗的时候不在于兵力越多越好，只要我方不轻敌冒进，能够集中兵力，明辨敌情，选拔人才，这就足够了。那些既没有深谋远虑而又轻敌的人，一定会被敌人俘虏。

如果士卒还没有亲近依附就被惩罚，那么他们会不服，不服的话就很难使用。士卒已经亲近依附将领，如果不能执行军纪，也不能用来作战。所以，要用怀柔宽仁的政策使他们思想统一，用军纪军法使他们的行动达成一致，这样就能够获得部下的敬畏和拥戴。在平时严格贯彻命令，管教士卒。士卒就会养成服从的习惯；在平时从来不严格贯彻命令，管教士卒，士卒就会养成不服从的习惯。而平时的命令也能够得到贯彻执行，则表明将帅和士卒之间相处融洽。

【事典】

1940年4月，希特勒取得了挪威战役的胜利。之后不久，希特勒就发动了对西欧的战争，这令英法两国非常吃惊。

这次进攻，希特勒运用了庞大的武装力量，一共出动了一百三十六个师，这其中包括六个摩步师，十个装甲师，还有四千五百架飞机和三千多辆坦克。

马斯河防线由英法盟军防守。德军的博克和龙德施泰特将军率领七十个师，以装甲师、伞兵部队和骚扰部队打前锋，空军在上空做掩护，迅速向马斯河防线前进。这样，无数的坦克和装甲车在德军轰炸机的掩护下浩浩荡荡地冲向了马斯河防线。英法盟军看到德军这样的阵势开始瓦解,马斯河防线被德军轻易地突破了。

更加危急的是,这时盟军北方的防线在德军的冲击下也开始出现裂痕。为了不造成更加严重的损失,英国远征军和法国第一集团军只能退守下一道防线——埃斯考河防线。即使这样,德军还是迅速占领了西欧很多地方,并且以很快的速度吞噬着欧洲的更多土地。英军本想派人增援盟军,但是德军速度很快,5 月 21 日就将装甲部队开到了英吉利海峡沿岸,并且把荷兰和比利时作为空降和潜艇基地,封锁了加来海峡,这样就阻断了英军增援的道路。而且更加糟糕的是,英法盟军的大约四十多个师被德军包围在了法国北部的敦刻尔克。

为了逼迫英法盟军迅速投降,德军从陆、空开始了疯狂的歼击战。博克的集团军从东面和东南面发动进攻;龙德施泰特将军的装甲部队五个师也已经推进到了距离敦刻尔克港三十公里以内的格拉夫林,从西面和南面步步紧逼,封住了英法盟军的出口。德军的空军同时在天空中进行狂轰滥炸。

在这样的攻击下,英法盟军的情势越来越危急。为此,盟军统帅部举行了紧急会议。刚刚当上英国首相的丘吉尔认为,被围困的四十个师想要从陆地上突围是不可能的了,如果坚守阵地,也只能被德军全部围歼,所以只能从水路上增援,调集一切可以调动的船只,通过英吉利海峡救出被重重围困的战士们。

丘吉尔的建议得到了很多人的认同,必须保存这支久经考验的队伍,这样,以后西欧是有机会取得胜利的。当然,也有人反对,主张和希特勒决战到底,流尽最后一滴血。最终,经过讨论,决定按丘吉尔说的做,并且决定一方面顽强防御,另一方面调动所有能够使用的大小舰船,战略退却。

这时,突然来了一个机会,希特勒突然命令装甲部队停止了前进。乘此机会,英法盟军开始实施战略退却计划。英军用最快的速度调集了多艘舰船,而且给某些舰船上的战士下达了"战斗到死"的命令,以此掩护大部队撤退。同时,又在格拉夫林、敦刻尔克和尼波特一带地区,组织了强大的反坦克火力,其中有一道重要的"洪水防线"。

所谓的"洪水防线"就是指打开敦刻尔克和加来之间沿海一带的水闸,阻止沿着海岸迅速北上向海峡港口推进的德军装甲部队。等大水逐渐退却之后,就只遗留下一些不太深的积水。此时,德军的坦克呼啸而来,炮弹落在积水上,溅起高高的水柱。但是令德军没有想到的是水柱落下后,立刻燃起了熊熊大火。因为积水中有大量的酒精和汽油,炮弹一旦落入水中,里面的汽油和酒精就燃烧起来,这就是盟军对付德军"水困火攻"的策略。

烈焰很快吞噬了德军的坦克,烧得德军惊慌失措,德军的优秀装甲部队就这样折损了。

撤退是困难的,德军的飞机在上空不停地盘旋轰炸,海滩、堤道和港口成了一片火海,英军的舰船也遭受了惨重的损失。但即使是这样,他们仍秩序井然地迅速登船,最终撤走了所有的人。

等被围困的英军大部队撤走以后,有人劝同英军并肩战斗的法军第一集团也随英军快速撤退,但是法军坚决地说:"我们宁愿将最后一滴血洒在法国的土地上,也决不撤退!"法军第一集团只有部分人随着英军撤走,两天后,剩下的要么被俘,要么战死。至 6 月 4 日下午 5 点 23 分,盟军总共从敦刻尔克港和海滩上撤走了33.8 万余人,其中英军 21.5 万人,法军和比利时军队 12.3 万人。当天德军占领了敦刻尔克。

这次撤退,英法盟军的损失是相当惨重的,法军被俘 4 万余人,英军则伤亡 6.8万人。其中损失的舰船、飞机更是不计其数,而且盟军的重型武器装备全部丢弃在沿岸地区。虽然损失惨重,但是很多军事家认为"德国的失败和欧洲的光复均始于此,并称这次战略退却为战争史上的一大奇迹"。

由此可见,保留有生力量也是一种非常重要的策略。同时战争中还存在着诸多的变数,这包括气势上的对碰。

公元前 684 年春天,齐国准备出兵征讨鲁国,扩大自身的领土范围。鲁庄公听说了这个消息,决定动员鲁国所有的力量,同齐国决一死战。

当时鲁国有一个人叫作曹刿,他认为当时鲁国的大臣们昏庸无能。没有深远的见识,他不希望自己的国家就此沦丧,于是觐见鲁庄公,要求参与战事。

鲁庄公接见了他。曹刿问鲁庄公凭借什么带领大军同齐国作战,鲁庄公回答:"衣食这类养生的东西,我从来不敢独自享用,都会分发给下面的将士。"曹刿说:"这些只不过是一些小恩小惠,受益的只有几个人,不能遍及全国,所以民众是不会为您出力的。"鲁庄公然后又说:"对于神明,我一直很虔诚,祭祀神明的祭品从来不会虚报。"曹刿回答:"对于神明,这些小小的虔诚是不会感动他的,神明也不会福泽鲁国。"鲁庄公最后又补充:"对于民间的大小诉讼,虽然不一定全部明察秋毫。但是一定会根据情理来处理。"曹刿笑了,说:"君王这才做到了自己的责任,老百姓这样才愿意为其效力。"他请求随同鲁庄公一起奔赴战场,鲁庄公答应了。

不久后,齐国侵入鲁地,所向披靡,鲁军撤退到有利于反攻的地方长勺(今山东曲阜北郊)。齐军一看鲁军败退,大部分都骄傲轻敌,认为鲁军是不堪一击的军队,于是发起更大的攻势。鲁庄公看到齐军这么嚣张,心中愤怒,决定出兵迎哉,让他们见识一下鲁军的威猛。这时曹刿出来劝说道:"现在齐军嚣张,我们出击,正是迎合了他们的心愿,而且能否打赢齐军还不一定,我们应该做的是坚守阵地。"鲁庄公听取了他的建议,下令全军固守阵地,只让弓箭手对齐军放箭,稳住阵脚。齐军因为漫天的箭雨冲不进鲁军的大营,反而很多人中箭受伤,只得后退。

没过几天,经过休整的齐军在鲍叔牙的带领下发起了二次进攻。鲁庄公想迎战,但是曹刿再次劝他坚守阵地,鲁庄公又一次听取了他的建议。齐军这一次还是没有攻进鲁军的大营。齐军士兵都有些丧气和疲惫,只好再次退回。

两次进攻,鲁军都没有迎战,齐军所有的人都认为鲁军胆小怯懦,不足为患,于是决定再来一次进攻,一举灭掉鲁国大军。齐军发动了第三次进攻。曹刿观察来势汹汹的齐军,发现他们这次的势头没有上两次大,估计齐军真的觉得鲁军软弱可欺。这次,他没有劝说鲁庄公固守阵地,而是向鲁庄公请命出击齐军。

为了鼓舞士气,鲁庄公亲自擂鼓,发起攻击命令。鲁军将士看见皇帝亲自擂鼓,加上上两次没有出击,全都士气高昂,奋勇拼杀,把齐军杀了个落花流水,节节败退。

鲁军大胜,鲁庄公高兴地下令追击残兵。曹刿让庄公等一下,自己登城观望后才让鲁庄公下令追击齐军。鲁庄公问其缘由,曹刿说:"齐国是大国,兵力很强,被我们打败就逃跑,后面可能会有埋伏的。我登城观望,发现他们的军旗杂乱,车辙混乱,看来是真的溃败了,所以才让您下令追击的。"庄公不得不佩服曹刿的思虑周全,于是下令追击齐军,给了齐军沉重的打击。鲁庄公获胜后,与曹刿讨论战争胜败的原因,曹刿说:"打仗凭的是勇气,一鼓作气,再而衰,三而竭(古代打仗用兵靠鸣鼓则进,鼓声很多时候决定着士兵的勇气)。第一次击鼓,士兵勇往直前;再次击鼓,勇气开始衰竭,第三次击鼓,士兵的勇气就消耗殆尽了。齐军三鼓气竭,但是我军初鼓正盛,所以能够打败敌人。"

《孙子兵法》的"行军"篇讲"令之以文,齐之以武"阐述的是如何治军的问题,其实我们每个家庭在教育子女时同样可以借鉴这样的方法,一方面要晓之以理,常和孩子促膝交谈、平等沟通,这是"文";另一方面又要有规矩家法,形成适当的约束,使孩子有所畏惧,有适度压力,这是"武"。

【解读】

行军打仗必然要有长途跋涉,而在行军的路上就可能发生诸多事情,这就要求行军时要有所注意。

地形第十：行而避害，扩而有法

【题解】

本篇的上半篇主要是论和作战有密切关系的地形，孙武把它区分为六种，简称为六形，将领在作战前必须对它进行认真精密的研究，以为立胜前提；下半篇则是主要针对军队必败的六种情况，简称为六败加以论述。在篇末还阐述了爱兵的重要性和将帅的责任心。

孙武在六形中，指出了在六种不同地区应分别采取不同的行动方针。而在六败中，孙武则是将警惕防止这些必败情况的发生列为将帅的主要责任。他强调说，凡是出现这些必败的情况，并不是"天灾"，而是将帅的错误。孙武在重视地形的前提下，又指明了地形不过是用兵的辅助条件，再一次强调"上将之道"在于"料敌制胜，计险厄远近"。

【原文】

孙子曰：地形有"通"者，有"挂"者，有"支"者，有"隘"者，有"险"者，有"远"者。我可以往，彼可以来，曰"通"；"通"形者，先居高阳，利粮道，以战则利。可以往，难以返，曰"挂"；"挂"形者，敌无备，出而胜之；敌若有备，出而不胜，难以返，不利。我出而不利，彼出而不利，曰"支"；"支"形者，敌虽利我，我无出也；引而去之，令敌半出而击之，利。"隘"形者，我先居之，必盈之以待敌；若敌先居之，盈而勿从，不盈而从之。"险"形者，我先居之，必居高阳以待敌；若敌先居之，引而去之，勿从也。"远"形者，势均，难以挑战，战而不利。凡此六者，地之道也：将之至任，不可不察也。

故兵有"走"者，有"弛"者，有"陷"者，有"崩"者，有"乱"者，有"北"者。凡此六者，非天之灾，将之过也。夫势均，以一击十，曰"走"；卒强吏弱，曰"弛"；吏强卒弱，曰"陷"；大吏怒而不服，遇敌怼而自战，将不知其能，曰"崩"；将弱不严，教道不明，吏卒无常，陈兵纵横，曰"乱"；将不能料敌，以少合众，以弱击强，兵无选锋，曰"北"。凡此六者，败之道也；将之至任，不可不察也。

夫地形者，兵之助也。料敌制胜，计险厄远近，上将之道也。知此而用战者必胜，不知此而用战者必败。

故战道必胜，主曰无战，必战可也；战道不胜，主曰必战，无战可也。故进不求名，退不避罪，唯人是保，而利合于主，国之宝也。

视卒如婴儿,故可与之赴深谿;视卒如爱子,故可与之俱死。厚而不能使,爱而不能令,乱而不能治,譬若骄子,不可用也。

知吾卒之可以击,而不知敌之不可击,胜之半也;知敌之可击,而不知吾卒之不可以击,胜之半也;知敌之可击,知吾卒之可以击,而不知地形之不可以战,胜之半也。故知兵者,动而不迷,举而不穷。故曰:知彼知己,胜乃不殆;知天知地,胜乃可全。

【译文】

孙子说:我们常说的地形有"通""挂""支""隘""险""远"这六种。那些我们可以去敌人也可以来的地方,叫作"通"。在"通"的地形上,应该要抢占开阔向阳的高地,使粮道保持畅通,这样对作战就会有利。那些可以前进但是返回却很难的地方,叫作"挂"。在"挂"的地形上,如果敌人没有提前做好防备,我们就能突击取胜;如果敌人有了防备,我们出击却不能取胜,而且难以回师,这就非常不利了。那些我军出击不利,敌人出击也不利的地形,就叫作"支"。在"支"的地形上,即使敌人以利相诱,我方也千万不要出击,而是应该假装退却,诱使敌人出击,等他们出击到一半的时候再回师反击,这样才会比较有利。在"隘"的地形上,我们要抢先占领,并且以重兵封锁隘口,等待敌人到来;如果敌人已经先用重兵占领了隘口,我方就不要去进攻;如果敌人没有用重兵据守,那么我方还可以进攻。在"险"的地形上,如果我军率先占领,就必须要控制开阔向阳的高地,从而等待敌人来犯;而如果敌人先我一步,我方就应该率军撤离,而不是去攻打它。在"远"的地形上,敌我双方的地势基本相同,这个时候就不应该去挑战,勉强求战则不利我方。上面说的这六点,都是利用了地形的原则。这是将帅的重责大任所在,必须要认真地考察研究。

军队打败仗的时候有"走""弛""陷""崩""乱""北"这六种情况。这六种情况的发生,并不是天灾导致,而是由于将帅自身的过错造成的。在地势基本相同的情况下,以一击十而造成失败的,叫作"走"。士卒虽然强悍,但军官懦弱而导致失败的,叫作"弛"。将帅虽然强悍,但士卒懦弱造成失败的,叫作"陷"。如果偏将有怨仇而不服从指挥,遇到敌人的时候擅自出战,主将又不明了他们会干什么,导致失败的,叫作"崩"。由于将帅懦弱没有威严,治军缺乏章法,官兵关系混乱,列兵布阵杂乱无章,导致战败的,叫作"乱"。由于将帅没能正确判断敌情,以寡击众,以弱击强,作战的过程中又没有精锐的先锋部队,导致落败的,叫作"北"。上面所说的这六种情况,都是必然要导致失败的。这是将帅的重责大任所在,是必须要认真考察研究的。

地形是用兵打仗的重要辅助条件。正确判断敌情,考察地形的险易,计算道路的远近,这是高明的将领必须要掌握的方法。了解了这些道理并且去指挥作战的,一定能够取得胜利;不了解这些道理而去指挥作战的,则会导致失败。

因此,根据这些分析判断出有必胜把握的,即使国君主张不打,你也可以坚持打;根据这些分析判断出没有必胜把握的,即使国君主张打,你也可以坚持不打。所以,战胜而不谋求胜利的名声,撤退而不回避失利的罪责,只希望能够保全百姓,有利于国君,这样的将帅,才是国家的宝贵财富。

对待士卒像对待婴儿一样,士卒就可以和他共患难;对待士卒像对待儿子一样,士卒就可以和他同生共死。如果厚待士卒却不能使用他们,溺爱却不能指挥他们,违法而不能惩处他们,那就像是娇惯的子女,是不能用来同敌军作战的。

只是了解自己的部队可以打,而不了解敌人的不可以打,那么取胜的可能性就只有一半;只是了解敌人可以打,而不了解自己的部队不可以打的,取胜的可能性也就只有一半。如果了解敌人可以打,了解自己的部队可以打,但是不了解地形是不利于作战的,取胜的可能性仍然只有一半。因此,懂得用兵的人,他行动的时候不会迷惑,他的战术是变化无穷的。所以要说:了解敌人,了解自己,胜利就没有危险;懂得天时,懂得地利,胜利就可保全。

【事典】

万历四十七年正月,后金政权的首领努尔哈赤率领大军攻打明朝的领土叶赫。当时,努尔哈赤已经攻占了抚顺与清河两地。叶赫守将得到消息后,立刻上报明朝廷。明朝廷派兵部左侍郎杨镐为辽东经略,与山海关总兵杜松和副将李如柏等大举讨伐努尔哈赤。不料努尔哈赤在进军过程中,又接连拿下了大小屯寨二十多个。明朝廷大为震惊,于是调集了众多兵力,齐聚辽阳,希望一举打败努尔哈赤,挽回被攻城略地的败局。

作为主将的杨镐调集全军,命令众将士分四路进攻后金:右翼南路,总兵刘綎,从宽甸出凉马佃取其东南;右翼中路,总兵李如柏,从鸦雀关、清河攻其南面;左翼北路,总兵马林,自开原出靖安堡攻其北部;左翼中路,总兵杜松,出抚顺攻打其西部。各路人马按照调度,以锐不可当的气势向后金进军。然而,左翼中路的杜松是个粗人,仅有匹夫之勇,却无智者之谋,他不听众人的劝告,出了抚顺就把大营扎在萨尔浒山上,自己带着三万人马中的一万攻打界藩山。

后金占领的界藩山上此时有四百后金骑兵,以及一万五千筑城驿夫。努尔哈赤得知明军分四路来攻,但是左翼中路的总兵杜松是个只有匹夫之勇的人,断定他会率先攻击,所以他采取了"凭你一路来,我只一路去"的办法,调集全部主力集中攻击杜松带来的一万人。

界藩山的防御也不容小觑,明军几次围攻也没有得手。努尔哈赤带兵来到界藩山东,听到山上杀声震天,知道后金军队正在与明军拼杀,他没有直接上去攻打,而是派皇太极和代善率领五千兵力去界藩山支援,要求速战速决,自己则带着剩下的四万五千人向明军萨尔浒大营进发。

此时天色已晚,大片乌云遮盖了天空,萨尔浒大营的明军聚在一起,点亮火把防止敌人来袭。努尔哈赤看到天空阴沉,心中大喜,命令所有人悄悄前进,借助山上的树藏身。等到明军发现他们,用火器射击时,已经为时已晚,猝不及防的明军被后金袭击军队打得大败,萨尔浒大营很快被努尔哈赤拿下。当然,努尔哈赤选择袭击萨尔浒大营是经过深思熟虑的:杜松所带走的一万人是善于拼杀的精兵,而留守在大营的人则战斗力偏低,只能靠一些火器防御,而且主将杜松一走,只剩下一部分末将和偏将,没有主心骨人物。在这样的考虑下,努尔哈赤取得了奇袭作战的胜利。

拿下萨尔浒大营之后,努尔哈赤没有停歇,立即回师界藩山援助。杜松的军队在界潘山正跟后金军队战得激烈,代善和皇太极的兵马突然从后方来援,对明军形成了前后夹击。杜松大惊失色,此时他的人马被围困在后金军队中间,前后都无退路,左右是悬崖峭壁,根本没法逃跑。

这时山下有人大喊:"你们还是不要抵抗了,萨尔浒大营已经被我们拿下了。"明军听到之后,军心四散,努尔哈赤的军队趁机杀气腾腾地冲杀过来。

这场战斗的结果可想而知,杜松战死,只有为数不多的明军突袭出来,狂奔了二十里逃亡。

明军左翼中路被解决,第二天,努尔哈赤开始向明军左翼北路进攻。总

努尔哈赤

兵马林看到中路被灭,急忙调攻为守,与其他两路明军形成一个"牛头阵"。马林亲自率领兵士驻扎在崖边,依靠着山体组成了一个方阵,接着又命令士兵挖掘了三层战壕:第一层壕内布列精兵,第二层壕内排列骑兵,第三层壕内布下枪炮;他让副将潘宗颜在飞芬山扎营,杜松后部龚念遂在斡珲鄂结营,两营相距数里,呈犄角形。马林认为,"牛头阵"这种阵式既可以互相救援,又能够形成用战车和战壕阻截后金骑兵的攻势,并且还能用炮铳和火箭制伏后金军队的弓箭。但是马林没有想到的是,这样做兵力分散,容易被努尔哈赤各个击破,形成被动挨打的局面,毕竟"牛头阵"的三军相距不是很近,不能很快救援。

努尔哈赤虽然兵多,却没有兵分三路去攻击明军,而是集中兵力各个击破。他决定先砍掉"牛头阵"的一个犄角——龚念遂的营地。龚念遂的营地防守严密,努尔哈赤放弃四面包围的方法,而是集中兵力攻打营地防守最薄弱的地方,大败并杀死了龚念遂。

叶赫守将听说努尔哈赤袭击龚念遂的营地,派兵前来援救,但是听说明军大败后又惧怕地退回了营地。

此后,明军和后金的几场战斗都以明军的失败告终。后金击败明军有着各种原因,其中努尔哈赤对战争策略的灵活运用必不可少,各个击破的战术被他运用到了极致。

作战时,地形固然是胜败的条件之一,却不是最重要的。如上例的明军,虽然固守有利地形,却败得一塌糊涂。究其原因,便是将帅无能,没有把握好机会,从而将主动变为被动,失去了赢的希望不说,还落得个惨败结局。

孙子曾说地形对于战争中交战双方的影响都是非常巨大的,于是我们可以看到,在古今中外的战争中,交战双方都力争去夺得最有利的地形。抗美援朝战役中的上甘岭之战就是一场地形的争夺战。

1952年4月,中国人民志愿军司令员彭德怀在回国治病前,叮嘱时任第十五军军长的秦基伟:"五圣山是朝鲜中部的关键,失去了五圣山,我们在两百公里范围内将无险可守。谁丢了五圣山,谁就要对朝鲜、对历史负责!"这个五圣山是个什么所在?为什么彭老总会如此重视呢?

五圣山位于朝鲜中部,海拔1061.7米。在此山南面的山脚下,有五个犹如张开的五指般的高地。上甘岭战役中双方殊死争夺的597.9和537.7两个高地就是其中的拇指和食指。五圣山西侧是斗流峰和西方山,三山唇齿相依,形成天然防线。如果斗流峰、西方山失守,五圣山就会陷入三面受敌的险境,要是五圣山失守,那斗流峰、西方山就会失去依托,整个朝鲜战场的中部战线便有全线崩溃的危险。可以说,五圣山、斗流峰和西方山一线,系战争与朝中命运于一身,其重要性无可匹敌。

负责防守这一地区的是以晋冀鲁豫野战军第九纵队为前锋的志愿军——第十五军,这是一支虎贲之师,他们虽然是第二批入朝参战的志愿军,但在历次作战中表现优异,获得彭德怀的高度赞扬。这支部队的军长就是秦基伟。

接受了防御五圣山地区的任务后,秦基伟根据战争发展的形势,经深思熟虑,提出了"积极防御、持久防御"的指导方针,要求建立起突不破的防线。经过讨论,最后全军确定了"寸土不让,坚决固守"的作战指导思想。

1952年4月20日,十五军接管了第二十六军东起五圣山,西至斗流峰、西方山,正面宽约30公里,纵深约20公里,总面积567平方公里的防区。此后,全军构筑了以坑道为骨干的支撑式防御工事,其阵容庞大,足以应对当时美军世界一流的武器装备。同时,还利用五圣山地区地形复杂、林深草密的特点,开展了被称为"冷枪冷炮运动"的狙击活动。

就这样,有利的地形,加上奋不顾身的战士,我军便谱写了上甘岭战役惨烈和辉煌的战绩,使上甘岭战役成为战争史上的众多奇迹之一,为世界上许多军事学者所研究。

【解读】

本篇以地形为标题,在字里行间透露出了对战双方要注意的事项,这些因为地形而影响成败的战斗是可以通过一些手段掌握的,孙武在六形中对它有所介绍。而在六败中,孙武阐述的则是将帅和传达员、士兵之间的关系以及不同关系与战斗成败之间的规律,只有正确掌握这些规律,才能做到上下统一,从而使指挥顺畅。

九地第十一：静动有致，首尾呼应

【题解】

孙武在本篇中主要提出了进攻敌国时在不同战地的战略问题。所谓的"九地"，是指进攻敌国的深浅，以及在不同地区的战略方针。本篇反复说明由于"九地"的不同特点和作用，应采取不同的作战方针。强调要造成敌人弱点，争取主动，动作迅猛地乘虚直入；在作战中要并气积力，运兵计谋，要善于指挥部队，要善于掌握全军。最后又论述了将帅的工作作风，深入敌国后的行动和行动的保密与机动。

【原文】

孙子曰：用兵之法，有"散地"，有"轻地"，有"争地"，有"交地"，有"衢地"，有"重地"，有"圮地"，有"围地"，有"死地"。诸侯自战其地，为"散地"。入人之地而不深者，为"轻地"。我得亦利，彼得亦利者，为"争地"。我可以往，彼可以来者，为"交地"。诸侯之地三属，先至而得天下之众者，为"衢地"。入人之地深，背城邑多者，为"重地"。行山林、险阻、沮泽，凡难行之道者，为"圮地"。所由入者隘，所从归者迂，彼寡可以击吾之众者，为"围地"。疾战则存，不疾战则亡者，为"死地"。是故"散地"则无战，"轻地"则无止，"争地"则无攻，"交地"则无绝，"衢地"则合交，"重地"则掠，"圮地"则行，"围地"则谋，"死地"则战。

所谓古之善用兵者，能使敌人前后不相及，众寡不相恃，贵贱不相救，上下不相收，卒离而不集，兵合而不齐。合于利而动，不合于利而止。敢问："敌众整而将来，待之若何？"曰："先夺其所爱，则听矣。"

兵之情主速，乘人之不及，由不虞之道，攻其所不戒也。

凡为客之道，深入则专，主人不克；掠于饶野，三军足食；谨养而勿劳，并气积力，运兵计谋，为不可测。投之无所往，死且不北，死焉不得，士人尽力。兵士甚陷则不惧，无所往则固，深入则拘，不得已则斗。是故其兵不修而戒，不求而得，不约而亲，不令而信。禁祥去疑，至死无所之。吾士无余财，非恶货也；无余命，非恶寿也。令发之日，士卒坐者涕沾襟，偃卧者涕交颐。投之无所往者，诸、刿之勇也。

故善用兵者，譬如"率然"；"率然"者，常山之蛇也。击其首则尾至，击其尾则首至，击其中则首尾俱至。敢问："兵可使如'率然'乎？"曰："可。"夫吴人与越人相恶也，当其同舟而济，遇风，其相救也，如左右手。是故方马埋轮，未足恃也；齐勇若一，政之道也；刚柔皆得，地之理也。故善用兵者，携手若使一人，不得已也。

将军之事,静以幽,正以治。能愚士卒之耳目,使之无知。易其事,革其谋,使人无识;易其居,迂其途,使人不得虑。帅与之期。如登高而去其梯;帅与之深入诸侯之地,而发其机,焚舟破釜;若驱群羊,驱而往,驱而来,莫知所之。聚三军之众,投之于险,此谓将军之事也。九地之变,屈伸之利,人情之理,不可不察。

凡为客之道:深则专,浅则散。去国越境而师者,"绝地"也;四达者,"衢地"也;入深者,"重地"也;入浅者,"轻地"也;背固前隘者,"围地"也;无所往者,"死地"也。

是故"散地",吾将一其志;"轻地",吾将使之属;"争地",吾将趋其后;"交地",吾将谨其守;"衢地",吾将固其结;"重地",吾将继其食;"圮地",吾将进其涂;"围地",吾将塞其阙;"死地",吾将示之以不活。

故兵之情:围则御,不得已则斗,过则从。

是故不知诸侯之谋者,不能预交;不知山林、险阻、沮泽之形者,不能行军;不用乡导者,不能得地利。四五者,不知一,非霸、王之兵也。夫霸、王之兵,伐大国,则其众不得聚;威加于敌,则其交不得合。是故不争天下之交,不养天下之权,信己之私,威加于敌,故其城可拔,其国可隳。施无法之赏,悬无政之令,犯三军之众,若使一人。犯之以事,勿告以言;犯之以利,勿告以害。

投之亡地然后存,陷之死地然后生。夫众陷于害,然后能为胜败。

故为兵之事,在于顺详敌之意,并敌一向,千里杀将,此谓巧能成事者也。

是故政举之日,夷关折符,无通其使;厉于廊庙之上,以诛其事。敌人开阖,必亟入之。先其所爱,微与之期。践墨随敌,以决战事。是故始如处女,敌人开户,后如脱兔,敌不及拒。

【译文】

孙子说:根据用兵的原则,战地大致分为"散地""轻地""争地""交地""衢地""重地""圮地""围地""死地"等多种。诸侯在自己领地内作战,这种战地称为"散地"。进入别人国境不远的战地,称为"轻地"。那种我先占领于我有利,敌先占领于敌有利的战地,称为"争地"。我可以前往、敌人也可以来的战地,称为"交地"。多国交界,谁先得到便容易取得天下支持的,为"衢地"。进入敌境纵深地带,穿过敌境许多城邑的地方,称为"重地"。山林、险阻、沼泽等这种难行的地方,称为"圮地"。进入的道路狭隘,回归的道路迂远,敌人用少数兵力就可以阻击我方大军的地方,称为"围地"。迅速作战便可生存,不速战就会灭亡的,称为"死地"。因而在"散地"不应交战,在"轻地"不要停留,在敌人占领"争地"时不可进攻,在"衢地"则要注意诸侯间的外交,在"重地"要掠夺粮草,在"圮地"则要迅速通过,在"围地"要用计谋,在"死地"必须殊死奋战才行。

古代善于用兵的人,能使敌人前后不能相互策应,大部队与小部队无法相互依靠,官与兵之间无法相互救援,军中上下难以相互统属,士卒溃散而不能集合,即使集合在一起也无法展开统一行动。作战的时候如果能造成有利于我的局面就立即行动,不能造成有利于我的局面就停止。或许有人问:"敌军人数庞大、队伍整肃,将要向我进攻,应该如何对付它?"回答是:"先夺走敌人所珍爱所依恃的方面,那么,敌人就只能被动屈从于我了。"

用兵的情理是贵在神速,就是要趁敌人措手不及的时机,从敌人意想不到的道路,攻击敌人未加戒备的地方。

进入敌国境内作战的一般规律是这样的:深入敌人腹地时军中要心志专一,那敌人就不能战胜己方;掠夺敌人富饶的乡野,就能满足三军的粮食给养;认真养练部队、不使他们疲劳,再不断鼓舞士气,积聚作战的力量;部署兵力、制定计谋的时候,要使敌无法测知我方虚实;把士卒置于无路可走的绝境,他们就会至死也不败退,死都不怕,那么士卒就会人人尽力作战。当士卒真正深陷危亡之境时就会无所畏惧:在无路可走的时刻反而军心稳固;进入敌境纵深处,士卒就会自然地相互依附而不敢涣散;在不得已的情况下必然会死战到底。因而,在遇到这些情况之后,军队即使不用整治也会加强戒备;不用鼓励,都愿意出力;不用约束,也能亲和互助;不用申令,也能遵守纪律。在军中禁止迷信占卜活动,士兵也不再疑虑,至死也不会逃逸。士卒们不留多余的财物,并不是因为厌恶财物;士卒们不顾生命危险作战也不是因为不想活命。作战命令发布的时候,坐着的士卒们眼泪打湿了衣襟,仰卧的泪流满面。而一旦把他们逼到无路可走时,他们就会像专诸、曹刿一般的勇敢了。

善于用兵的人,他指挥的部队就如"率然"一样。"率然"是生活在常山地方的一种蛇。击打蛇的头部,它的尾部就会弹过来救应,袭击它的尾部,头部弹过来救应,如果击它的腰部,则头尾一齐弹过来救应。有人问:"军队有可能指挥得像'率然'一样灵活吗?"回答是:"可以。"吴人与越人互相仇视,但是当他们同船渡河突遇大风时,他们互救时也会如同左右手一样熟练。因此,缚马埋轮,不是足以倚恃的稳定军阵的办法;要想让三军严整、勇敢得像一个人一样,要靠统兵治军有方;要让军队中勇敢的人和怯弱的人都能够发挥其战斗力,要靠巧妙地运用地形。所以古代善于用兵的人,他们能使部队携手作战如同一个人一样服从指挥,是因为将部队置于了不得已的情况下。

统率军队这种事,要沉着镇静而幽深莫测,公正而治理有方。要能蒙蔽士卒的耳目,使他们变得无知。经常改变所行之事,经常变更原本制定好的计谋,使人难以识破用意;驻扎地要经常变换,行军时要经常迂回绕道,使人无法捉摸真实意图。将帅给部队下达战斗命令,要像登高把梯子抽走一样使士卒有进无退;将帅与士卒深入诸侯重地,要准确捕捉战机发起攻势,焚掉舟船,砸烂锅灶;像驱赶群羊一样,赶过去,赶过来,让人们不明白到底要到哪里去。聚集起全军士卒,将他们置于危险的境地,这是将军的职责。各种地形的灵活运用,攻守进退的利害关系,士卒在不同环境中的心理特征,是领兵者不可不认真考察的事。

进入敌国作战时的规律是：进入敌境越深，军心越要专一；进入越浅，士卒反而越容易离散。离开本土穿越边境去其他国家作战的地方，称为"绝地"；四通八达的战地称为"衢地"；进入敌境纵深的地方称为"重地"；进入敌境不远的地方称为"轻地"；背靠险固前面道路又狭窄的地方称为"围地"；无路可走的地方称为"死地"。

因此，作战时如果在"散地"，我将要统一士卒心志；在"轻地"，我要注意使部队保持连续行动，防止脱队；遇"争地"，我将在后面驱赶部队使他们加快速度；在"交地"，我就要慎重地加强防守；在"衢地"，我将巩固与诸侯国的联系；在"重地"，我将注意保证军需充足；在"圮地"，我将率部队迅速通过那里；在"围地"，我将堵住可逃生的缺口；在"死地"，我会向士卒表示必死的决心。

所以士兵的心理变化一般是这样的：被包围时就会合力抵御，不得已时就会殊死作战，处境危难时就非常听从指挥。

不了解各诸侯国企图的人，不能预定外交方针；不熟悉山林、险阻、沼泽等地形的人，不能领军作战；不用向导的人，就不能得地利。这几个方面，如果有一个方面不知道，就不能算霸、王的军队。所谓霸、王的军队，在攻伐大国时，行军迅猛使敌国来不及集结军队；兵威加之于敌人，敌人的外交就无法成功。因而不必争着与任何国家结交，也不需要培植他国的权威来辅助自己，只要多多施恩于自己的民众和士卒，把兵刃指向敌国，那么敌国城池就可以攻下，国都也可以毁灭。实行破格奖赏，颁发打破常规的政令，驱使三军部队像使唤一个人一样方便。授给任务，却不要说明意图；告诉办事者有利的条件，却不告诉他危险的一面。

把士卒投入危亡境地，士卒才会拼死奋战从而生存下来；把士卒陷于死地，他们必然舍命奋战得到生路。士兵们陷入危险境地，才能操纵胜败。

领兵作战这种事，就在于假装顺着敌人的意图行动，实际上却集中精锐兵力指向敌人一处，哪怕奔袭千里也可斩杀敌将，这便是所谓的机智能成就大事。

决定开战的时候，就要封锁关口，废除通行凭证，停止与敌国之间的使节往来。在庙堂上反复研讨战争计划。一旦敌人出现可乘之际，就要马上攻入，首先夺取敌人要害的部位，最好不要与敌约期决战。将士在执行作战计划时要随敌情变化而灵活处置，来争取战争的胜利。因而，开始作战时要像处女一般沉静，使敌人放松戒备；然后如同脱逃的兔子一般敏捷出击，使敌人来不及抵抗。

【事典】

南北朝十六国时期，夏王赫连勃勃率领精兵两万攻入南凉境内，大肆掠夺，掳走了数不清的财宝和数十万头牛羊。

南凉国君秃发傉檀听说之后，立刻率领大军追赶。他的部将焦朗建议他守住赫连勃勃必经的险关，然后再想破敌的办法。因为赫连勃勃治军甚严，军队士气勃发，南凉军队怕是难以抵挡。

南凉的大将贺连笑话焦朗胆小："焦将军怕什么，我军人数众多，赫连勃勃再强大，还有那十几万牲畜累赘，有什么可怕的。"

赫连勃勃听说南凉大军追来，开始想应对之策：如果迎战，南凉的军队人马太多，夏军怕会寡不敌众；要是退却，又舍不得掠夺来的珠宝和牲畜。想来想去，只能采取"置之死地而后生"这个办法，这样既能迎战，又可以不用丢弃那些到手的东西。经过仔细观察，赫连勃勃选择在阳武下峡与南凉军决一死战。此时刚刚初冬，阳武下峡的河水已经封冻，但是冻得不够结实。赫连勃勃命令士兵把峡中的冰块全部凿开，又让他们用所有的车辆把通道塞住，使得众将士没有退路可走，不战必死，战还可能有条生路。

秃发傉檀率领南凉精兵追赶到阳武下峡，看见夏军退路已断，非常高兴，觉得这次一定能把夏军打败。但是他想错了，夏军因为没有了退路，为了求得一线生机，士兵个个奋勇拼杀，以一敌十。在作战过程中，夏王赫连勃勃左臂中箭血流不止，他都面无惧色继续拼杀，挥剑砍倒了一个西凉士兵。夏军看到他们的君主如此勇猛，军心大振，把南凉军队杀得溃不成军。赫连勃勃乘胜追击南凉军队八十里，仅有少数南凉士兵逃掉。

无独有偶，在历史上项羽也是使出过"置之死地而后生"计策的将领，同样地，他也成功了。

秦朝末年，天下大乱，各地诸侯起兵反秦。公元前208年，赵王歇被秦朝二十万大军围困在一个叫巨鹿（今河北平乡）的地方。双方兵力悬殊，赵王无奈，只好派使者向楚国求救。当时义军所立的楚国国君是楚怀王，他派宋义为上将，项羽为其手下次将，范增作为末将，率军六万前去解巨鹿之围。

救援大军行进到安阳的时候，宋义对秦军的威势感到惧怕，他下令安营扎寨，整整四十六天没有继续前进。项羽对此非常生气，大骂宋义胆小怯懦，一气之下杀死了他，并夺了宋义的兵权。楚怀王知道之后，没有责怪项羽，而是封他为上将军，并且还给了他两支起义军让他指挥。

项羽成为上将后，让两支起义军作为先锋渡过黄河，把秦军的粮道切断。然后，项羽率领全部的楚国主力渡河。渡过河后，项羽命令士兵把所有船只都凿穿，弄沉。项羽又让士兵将军营里烧饭的锅都打破，每个士兵的身上只带能支撑三天的干粮。项羽对他们说："这次我们出兵巨鹿，只能进不能退，如果三天之内不能拿下巨鹿，我们就只有一死。所以我们必须击败秦军，好振我国威，告诉秦国我们楚国不是那么容易被欺负的，我们的盟国也不是那么容易被欺负的！"

项羽的这些话极大地鼓舞了战士们，楚军士卒听完都精神一振，拼死战斗，和秦军接战之后，九战九捷。这时候，燕、齐等各路援军也前来助战，最终战胜了秦国的二十万军队，巨鹿之围由此而解。

项羽的破釜沉舟成就了他的英名，也使巨鹿之战成为古代军事史上的著名战例。将己方转置于绝境虽然代表着决一死战的决心，但这毕竟只是一时的英勇，深入敌军后还要有好的退路,能进能退才是军事家最重要的守则。

【解读】

当事实无法改变时,我们就只有面对。要学会正视困难和现实,然后为改变不如意的现实而努力奋斗,这样才能"置之死地而后生"。

火攻第十二：五火争锋，三思而行

【题解】

本篇讲述的是火攻，简单地介绍了火攻的对象、器具、所需时日以及火攻与内应外合。因为在《孙子兵法》成书之前，古代作战还很少有大规模火攻的经验，所以《孙子兵法》中总结的也不多。篇末的时候用"亡国不可以复存，死者不可以复生"警告明君良将，再一次显示了孙武对于战争的慎重态度。

【原文】

孙子曰：凡火攻有五：一曰火人，二曰火积，三曰火辎，四曰火库，五曰火队。行火必有因，烟火必素具。发火有时，起火有日。时者，天之燥也；日者，月在箕、壁、翼、轸也。凡此四宿者，风起之日也。

凡火攻，必因五火之变而应之。火发于内，则早应之于外。火发兵静者，待而勿攻，极其火力，可从而从之，不可从而止。火可发于外，无待于内，以时发之。火发上风，无攻下风。昼风久，夜风止。凡军必知有五火之变，以数守之。

故以火佐攻者明，以水佐攻者强。水可以绝，不可以夺。

夫战胜攻取，而不修其功者凶，命曰"费留"。故曰：明主虑之，良将修之。非利不动，非得不用，非危不战。主不可以怒而兴师，将不可以愠而致战；合于利而动，不合于利而止。怒可以复喜，愠可以复悦；亡国不可以复存，死者不可以复生。故明君慎之，良将警之；此安国全军之道也。

【译文】

孙子说：火攻这种作战方法有五种，一是焚烧敌人的人马，二是焚烧敌人堆积之物，三是焚烧敌人的辎重，四是焚烧敌人的武库，五是焚烧敌人的粮道。实施火攻需具备一定条件，火攻用的工具平日必须准备好。发动火攻要依据一定的天时才行，具体点火也要有恰当的日子。所谓天时，是指干燥的天气；所谓恰当的日子，就是月亮运行到箕、壁、翼、轸四星所在位置的日子。一般在月亮运行到这四个星宿的时候，就是起风的日子。

一般在使用火攻的时候，要根据五种火攻引起的相应变化来采取措施应对。在敌人内部放火时，应当早派兵在外接应。火已烧起，敌兵却十分镇静的，要等待观察，暂时不要急于进攻；待到火势最旺时，能进攻就进攻，如果不行就停止。火也可从外施放,不必等人在内部接应,只要在恰当的时机放火就可以了。火要在上风向放,不要从下风向进攻。白天风刮久了,夜晚就容易停止。一般指挥作战一定要熟悉五种火攻所引起的情况变化,并根据其自然规律把握好火攻的时机。

所以说用火来辅助作战进攻的,明显地容易获胜,以水来辅助进攻的,攻势可以加强。水攻虽然可以阻隔敌人,不过不如火攻那样可以直接剥夺敌军实力。

战争胜利但不能因之建立功业、巩固政权的情况是非常危险的,这叫"费留"。因此说,英明的君主应该仔细考虑这个问题,贤良的将帅应该认真研究这个问题。不是于国有利就不要贸然发动军事行动,没有必胜的把握就不要用兵,不是出现危险情况就不要作战。君主不能因为一时愤怒就发动战争,将领也不能因为一时恼火就下令出战。对国家有利才行动,对国家不利就应当停止。愤怒可以转化为高兴,恼火可以转化为喜悦,但国家因为随意作战而灭亡就不会再存在,死掉的人也不可能复活。因而,明智的君主应慎重地对待战争,优良的将帅也应该警惕贸然作战,这是安定国家保全军队的根本原则啊!

【事典】

东汉建安十二年,刘备三顾茅庐请诸葛亮出山,任他为军师,请他负责操练蜀地军马。同年秋天,曹操命令夏侯惇为都督,夏侯兰、李典、于禁、韩浩为副将,率领十万大军前去征讨刘备。

当时诸葛亮刚出山不久,在军中没有威信,军中的很多人都不服他,认为他寸功未立凭什么就能当上军师,而且有操练军马的大权。刘备的两个兄弟关羽和张飞一直对诸葛亮不服气,不愿意听从他的安排。诸葛亮无奈之下只好动用了刘备给他的剑印来发号施令,关羽和张飞两兄弟这才服从他的安排。

诸葛亮派赵云迎战夏侯惇,诱其深入。赵云对战夏侯惇的时候,假装敌不过,没打多久就后退逃跑,引诱敌军进入早就设计好的包围圈。夏侯惇要乘胜追击,副将韩浩说:"听说赵云是一员猛将,这么容易就输了逃跑,怕是诱敌之策,我们追上去可能会有埋伏。"夏侯惇傲慢地回答:"赵云他们这么脆弱,就算是有埋伏,我还能怕了他不成?"他不听韩浩的劝告,执意追赶赵云到了博望坡。这时,只听一声炮响,刘备领兵冲出来,与夏侯惇的士兵战在一处。见刘备的兵力并不多,夏侯惇笑着跟韩浩说:"这就是你说的埋伏吗?今天我要是打不到新野那里,就誓不退兵。"于是,他下令将士们继续前进,将刘备的兵马逼得不停地后退。此时天色已晚,乌云密布,又刮起了大风,夏侯惇不管不顾,只知催军快行。

等到副将于禁、李典追赶蜀军到达狭窄的地方的时候,他们发现两边都是芦苇。李典对于禁说:"如果我们是被敌人欺骗,那现在就危险了。这里的道路狭窄,两边是山川,杂草树木又多,如果刘备他们用火攻,我们该怎么办呢?"于禁一听,吓得出了一身冷汗:"你说得是啊,我马上去前面跟都督说,请你赶快止住后面的军队。"李典听完,就纵马到后方去制止兵卒前进:"你们先慢点走,停一下。"但是因为士兵执行夏侯惇快行的命令，军队一下子根本停不住。于禁大叫："前面的军队和都督先停下。"夏侯惇问他这是怎么回事，于禁说："这里的道路狭窄，山川颇多，树木杂草丛生，我们要防止蜀军对我们进行火攻啊！"夏侯惇顿时醒悟，立刻下令后退。可是话还没说完，四周就一片火光，两边的芦苇突然全被烧着。刹那间，狭道火光冲天，风助火势，越烧越猛。为了逃生，夏侯惇的兵马慌不择路，自相践踏。这时，赵云带人冲杀出来，将夏侯惇的军队杀得大败，夏侯惇只能冒着烟火逃走。

李典在后方觉得势头不对，正打算回头的时候，却被一队军队拦住，为首的将领正是刘备手下的力将关羽。李典纵马混战，最后夺路而逃。于禁见大火汹涌，烧掉了粮草和车辆，就沿着小路逃走了。夏侯兰与韩浩带人来抢救粮草，却在半路遇到了张飞。一阵厮杀之后，夏侯兰死于张飞的枪下，韩浩夺路逃跑。此战曹军大败而归。

火烧博望坡是诸葛亮出山的第一场大战，这场战斗不仅为他赢得了刘备的信任，同时也建立了他在军中的威信。诸葛亮借助地利以及诱敌之计成功地将夏侯惇军烧了个片甲不留。诸葛亮依靠的天时、地利恰恰就是孙武在火攻策略中强调的两种因素。

三国时期，蜀汉一直想恢复汉室正统，再次统一天下，因此诸葛亮数次率军向外征讨。为了保障北伐曹操无后顾之忧，蜀汉政权需要先平定南方。诸葛亮征讨南蛮的时候，对南蛮首领孟获采取捉住就放的方法来收服其心。孟获斗不过诸葛亮，七次出战七次被抓。

孟获第六次回去的时候，向乌戈国国君求救，乌戈国国君给了他三万藤甲兵协助作战。他带着这些人马来和诸葛亮对阵，把蜀军打得大败。藤甲兵的甲胄非常厉害，刀剑不入，而且遇到河水，还能脱下藤甲作筏渡河，因为藤甲是浸了油的，可以浮在水面上。这可让蜀军犯了难。大将魏延向诸葛亮报告了蜀军败仗的情况，有人劝诸葛亮说藤甲兵这么厉害，不如班师回朝。诸葛亮不肯，说："好不容易到了这里，怎么可以轻易退回去。"

为了能打赢藤甲兵，诸葛亮亲自去考察当地的地形。他找了许久，忽然发现一座山，这座山两边都是悬崖峭壁，只有中间一条大道，两边光秃秃的连草木都没有，他问当地的人这里是什么地方，别人告诉他这个地方叫作盘蛇谷。

诸葛亮说："这是老天帮助我啊，给了我成功的机会。"他回去之后，命令部将马岱准备竹竿、黑油车等东西，把这些东西放在盘蛇谷两边，又让赵云准备要用的东西守卫在盘蛇谷路口。之后诸葛亮下令魏延出去迎战藤甲兵，但是要每战皆败，而且要丢弃七个营寨，主要任务就是把藤甲兵引入盘蛇谷。

再说孟获这边，他带领藤甲兵取得胜利，十分高兴，得意地对乌戈国国王兀突骨说："恭喜贵军旗开得胜，藤甲兵强势，小小的蜀军怎么会是藤甲兵的对手！不过诸葛亮狡诈得很，而且惯用火攻，所以，我们和蜀军交战的时候，看到有树木杂草的地方，一定不要进去。"

兀突骨回答："你说得对,藤甲兵不怕水怕火,必须防范对方用火攻。"

后来,蜀军在与藤甲兵交战时果然是每战必败,而且一个月败了十五次,有七个营寨被藤甲兵占领。藤甲兵乘胜追击,行军途中凡是看见森林茂密的地方,兀突骨就命令藤甲兵停下。他让探子远望,看到树林里有军旗,就笑着对孟获说:"你果然料事如神,蜀军真的在树木杂草多的地方埋伏。"

这天,魏延又来挑战,再次诈败盘蛇谷逃去,兀突骨率领藤甲兵追杀,看到谷中都是悬崖峭壁,中间只有一条大道,两边没有杂草树木,便放心地率兵进谷。可是追到谷口的时候,却发现了大批黑油柜车,有人猜疑这是蜀军的粮草,兀突骨没有多想,继续前进。但是突然之间,他们口中的"粮车"全部起火。兀突骨见此正想逃,路的两边纷纷落下很多火把,火把落地又引爆了埋在地下的火药。藤甲兵被围堵在火焰熊熊的山谷中,浸油的藤甲反而助长了火势,一个个都被大火烧死。而孟获这次又被诸葛亮活捉。这次,他终于臣服于蜀国。将官们全部拜服在地,赞道:"丞相知己知彼,神机妙算,鬼神莫测!"

透过这个战例,我们不得不赞叹诸葛亮的神机妙算。从五行的角度看,火必然克木,所以想要用火攻的话就必然要借助有利的地形,否则很难达到预期的效果。诸葛亮发散了思维,避开了一般人以为的草木葱郁地带,反而选择一个光秃秃的山谷作为火攻场所,这一巧思实在是火攻中的妙计。

【解读】

世人经常会因为情绪、性格等因素。为逞一时之快,做出不利于己的事情,这样做只会把自己陷于不堪的境地。本篇很好地体现了孙子重利的原则,他认为行军打仗只有在合乎利益的情况下才能采取行动,而在不合乎利益的情况下,就不可随便采取行动,这也就是文中所谓的"合于利则动,不合于利则止"。不能简单地把利看作金钱、财富,它有着更广泛的含义,比如主动权、士气、人心、信誉、威慑等。同样,在兵法里,打仗也是有一定目的的,领兵者需要考虑为什么打仗,打仗是否对自己有利。如果有利,就主动出战;如果没有,那就尽量避免战争的爆发。孙子还提出人要懂得利用身边的东西提高自身的价值,聪明的人知道如何利用周围事物提高自己的地位,诸葛亮在这方面就做得很到位。

用间第十三：五间俱起，无可阻挡

【题解】

本篇首先着重论述的是了解敌人内部情况对于行军作战的重要性，但因当时间谍刚开始出现，尚欠相关的经验教训，所以只是提出用间的重要性和五种间谍的名称，以及保密的纪律，间谍的任务和使用反间之重要。最后以殷之用伊尹、周之用吕尚为例说明观点，其实两人都不过是普通的老百姓，不担任任何官职，也不了解统治阶级内部的情况，是不恰当的举例。

【原文】

孙子曰：凡兴师十万，出征千里，百姓之费，公家之奉，日费千金。内外骚动，怠于道路，不得操事者，七十万家。相守数年，以争一日之胜，而爱爵禄百金，不知敌之情者，不仁之至也，非人之将也，非主之佐也，非胜之主也。故明君贤将，所以动而胜人，成功出于众者，先知也。先知者不可取于鬼神，不可象于事，不可验于度，必取于人，知敌之情者也。

故用间有五：有因间、有内间、有反间、有死间、有生间。五间俱起，莫知其道，是谓神纪，人君之宝也。因间者，因其乡人而用之。内间者，因其官人而用之。反间者，因其敌间而用之。死间者，为诳事于外，令吾间知之，而传于敌间也。生间者，反报也。

故三军之事，莫亲于间，赏莫厚于间，事莫密于间。非圣智不能用间，非仁义不能使间，非微妙不能得间之实。微哉！微哉！无所不用间也。间事未发，而先闻者，间与所告者皆死。

凡军之所欲击，城之所欲攻，人之所欲杀，必先知其守将、左右、谒者、门者、舍人之姓名，令吾间必索知之。

必索敌人之间来间我者，因而利之，导而舍之，故反间可得而用也。因是而知之，故乡间、内间可得而使也；因是而知之，故死间为诳事可使告敌；因是而知之，故生间可使如期。五间之事，主必知之，知之必在于反间，故反间不可不厚也。

昔殷之兴也，伊挚在夏；周之兴也，吕牙在殷。故惟明君贤将能以上智为间者，必成大功。此兵之要，三军之所恃而动也。

【译文】

孙子说：大凡出兵十万的战事，出征超过一千里，百姓的耗费、公家的开支，每天就要耗资千金;国家内外动荡,运输军需物资的队伍不得不在路上疲惫地奔波,因而不能安心从事耕作的将有七十万家。相持数年只是为了争夺一朝一夕的胜利,如果因为吝啬爵禄金银,不愿使用间谍以至于探听不到敌方实情的人,是不懂仁爱到了极点啊!这种人不配统领军队,不配当君主的辅臣,也不能取得最后的胜利。所以英明的君主、贤能的将帅,之所以动辄就能战胜敌人,成就高于一般的人,原因就在于他们事先了解到了敌情。要想事先了解敌情,不能从鬼神那里取得,不可从往事中去找相似的例子,也不能用度数去验证,一定要从人那里知道才稳妥。这种人,就是了解敌情的人。

打仗时使用的间谍有五种:有因间、内间、反间、死间、生间。五种间谍一齐使用,就没人能知道其中的奥秘,这便可称为神妙的纲纪,是国君的重要法宝。所谓因间,就是利用敌国的乡人做间谍;所谓内间,就是利用敌国在朝的官员做间谍;所谓反间,就是利用敌方派来的间谍,让他们反过来为我效力;所谓死间,就是故意在外散布假消息,让我方间谍明白并且故意传给敌方;所谓生间,就是能活着回来报告敌情的间谍。

所以军中诸人,没有比间谍更亲信的了;军中的奖赏没有比奖赏间谍更丰厚的了;军中的机密没有比用间这件事更加机密的了。不是圣明睿智的人不能使用间谍;没有仁义的人不足以驱使间谍;没有精微奇妙的分析判断能力,就不能真正解读间谍提供的情报。微妙啊,微妙啊,在作战过程中无处不用间谍。用间谍执行任务时尚未实施却先被人知道,那么间谍以及他告诉过的人都要被处死。

凡是要攻击某敌军,夺取某座城邑,斩杀敌方某个人,一定要事先了解敌方戍守主将、左右亲信、传达报告的官员、守门的官吏、宫中近侍官员等人的姓名,命令我方间谍一定要查探出来。

同时还要查出敌方派来我方的间谍情况,得到敌方间谍之后要用重金收买他,诱导他为我所用,这样,就可以使用反间了。从反间了解到敌方的一些情况,就可以依据这些从敌方找到恰当的人选,就能够使用乡间、内间了。从反间那里了解到情况之后,死间就可以散布假情报,并传给敌人;由于从反间了解了情况,生间就能够避开危险如期回来报告。这五种间谍的情况,君主必须了解,要了解到用间谍情况关键在于反间,所以反间的待遇不能不特别优厚。

从前在商朝兴起的时候,伊尹在夏当间谍;后来周代兴起的时候,姜子牙在殷搜集情报。因此,明君贤将中,能够用有智谋的人去做间谍,必定会成就大功。这是军事中的要点,军队行动要以它为依靠。

【事典】

公元前 232 年,秦国兵发两路攻打赵国。一路军队由邺(今河北临漳西南)北上,袭扰赵国的国都(邯郸);另一路由上党出井陉(今河北井陉西北),企图捣邯郸之背。当秦军走到番吾(现在河北省平山县南)的时候,赵国大将李牧率军进行顽强抵抗，再加上邯郸有漳水和长城为依托，秦军一时难以突破。李牧根据实际情况决定对秦军采取各个击破的方针。他部署大将司马尚在长城一线坚守，自己率军北进，攻打北边来进犯的秦军。两军在番吾交战，秦军大败。之后李牧立刻班师回到长城，与司马尚联合抵抗南路而来的秦军，再次战败秦军。李牧因此威名远播，秦军以后遇到李牧的军队就退走。

赵军虽然连番胜利，但是也因为多次交战而损失惨重，几乎将国力消耗殆尽，想组织远程追击是不可能了，只能暂求自保，退守邯郸。秦军的退走，为赵国赢取了短时间的平稳。因为当时韩、魏两国已经臣服于秦国，听从秦国号令一起攻打赵国；所以李牧在国防上不仅要抵御强秦，还需要率军向南抵御韩、魏的攻击。

三年后，赵国的国力日益衰微，内忧外患不断。这时，秦国乘机派王翦率领大军直下井陉（今河北井陉县），杨端和率河内兵卒，共领兵几十万围攻赵都邯郸。赵国再派李牧为主将，司马尚为副将出战。秦军上次和赵国打仗已经吃过亏，大将王翦知道李牧是个强大的对手，只要赵国有李牧在，秦国就难以在战场上获得胜利，于是他将这些情况报告给秦王。秦王分析了一下，决定使用反间计。

秦国派奸细进入赵国，花重金买通了赵王的近臣郭开，让郭开在赵国散布谣言，说李牧和司马尚见赵国国势衰微，要勾结秦军背叛赵国。赵王听到这些谣言后也不加调查就派人去取代李牧和司马尚的位置。李牧重视大局，坚持"将在外，君令有所不受"，不肯卸下兵权。于是赵王暗中布置圈套捕杀了李牧，司马尚也被废弃不用。

赵国大军失去了李牧和司马尚的指挥后，变得不堪一击，仅仅三个月后就被秦军击溃，国都邯郸也被秦国攻下。赵国公子嘉逃到代（今河北蔚县东北）称王。公元前222年，秦灭代，俘虏公子嘉，赵国最终灭亡。

李牧没有死在战场上，却死在了自己人手中，着实可悲。但从客观的角度说，李牧的死却是秦赵交战的必然。李牧之死对赵国来说，其损失不可说不大。从领导者的角度来说，这件事带来的教训是用人应该坚持"用人不疑，疑人不用"，这样才可以做到无视或者利用敌方的反间计了。

秦末诸侯起义中，刘邦先入函谷关，占据关中，之后项羽才入关。此前楚怀王曾与诸侯约定，谁先打入函谷关，谁就做关中王。但是当时项羽力量庞大，刘邦就是先入关也不敢称王，但他并不是没有称王的野心。

项羽的亚父范增看出了刘邦的野心，多次警告项羽杀掉刘邦，但是项羽重义气下不了手。后来，在"鸿门宴"上，范增屡次暗示项羽下手，项羽依旧没有动手，反而让刘邦逃脱。范增气得明斥项庄暗骂项羽："竖子不足与谋，夺项王天下者，必沛公也。"

公元前204年年初，楚军多次切断了汉军的粮道，范增再次劝项羽乘机杀了刘邦，项羽还是没有动手。刘邦来向项羽求和，项羽很快同意了。范增说："汉易与耳，今释弗取，后必悔之。"

为了防止范增一再劝说项羽杀害自己，刘邦派谋士陈平对项羽跟范增使用离间计，散播范增和汉王有勾结的谣言。项羽真的中计，居然以为范增勾结了汉军，便夺了范增的兵权。范增一看项羽剥夺了他的兵权，知道自己不受信任，一怒之下告老还乡，临走的时候说："天下大势已经定了，君王你好自为之吧！"结果范增在告老还乡的路上因为病发而死。

范增意料得不错，他死后两年，项羽的军队就被汉军包围击败，项羽也落了个乌江自刎的下场。历史上的"楚汉战争"以刘邦胜利告终，从此开始了辉煌一世的大汉王朝。刘邦总结项羽失败的教训说："项羽有个谋士范增却不能信任，所以才被我消灭啊！"

间谍一般都是由人来充当，但是在一些特殊的情况下，事件、物件等也可以被利用作为间谍，起到破坏离间作用。

民国时期，某市博物馆被盗，几件镇馆之宝都不见了。警察来现场勘探，最后得出的结论是，这绝对不是一个人做的，一定是一群偷盗的行家团伙作案，因为破坏保安系统、打开保险锁、车子接应等，至少需要四五个人才行，一般的小偷做不到。

为了寻到这些珍贵的东西，政府开始悬赏，博物馆馆长也接受了采访。

项羽乌江自刎

他说："这次丢失的十三件物品个个价值连城，尤其是那个翠玉戒指，它是举世无双的精品，喜好收藏的人一定不要收藏，因为那个戒指实在是太好，任何人都能看出它的与众不同和非凡价值。"

这期采访播出后不久，案子就被破了。

作案时没有留下任何线索的盗贼团伙为何会被发现呢？原因就在那枚翠玉戒指上。就是这枚戒指导致了盗窃团伙内部不和，最终内讧，自相残杀，引起了警方的注意，最终被一网打尽。

其中一个受伤的盗贼说："当时我和一个同伴进入博物馆，我只拿走了十二幅画，没拿别的东西。但是博物馆馆长说丢了戒指，其他同伙非要我们交出戒指，连我的朋友都不信任我了。但是我真的没有见到什么戒指啊，我没有拿啊！"盗贼情绪有点失控。

博物馆馆长验收了失而复得的十二幅画后，说："他确实没有拿戒指，因为这个戒指是我乱说的，根本没有。"

一枚子虚乌有的戒指离散了一个盗贼团伙,可见物的"离间"效果也非同凡响。

【解读】

在本篇中,孙武提出了用间的广泛性,连普通百姓都能算在其内。间谍不仅具有广泛性,还有很大的破坏性,能左右一场战局,甚至是国家的命运,所以说"间"是作战时非常重要的一种手段,而防止间谍也是每个国家必须要注意的。

三十六计

导读

　　《三十六计》是我国古代的一部兵书,它总结了古代卓越的军事思想和丰富的斗争经验,在中国人心目中占据着非常重要的地位,是中华民族的文化遗产之一。此书继承了中国人一贯的谨慎、客观的思维模式,是一部非常具有中国特色的兵家谋略典籍。它与《孙子兵法》共称为中国兵学上的两大奇书,并被三十几个国家印制成不同语言流传在世界各地。

　　《三十六计》原书按计名排列成六套内容,分别为胜战计、敌战计、攻战计、混战计、并战计、败战计。前三套是行军作战处于优势时使用之计,后三套则相反,是我军处于劣势时使用之计。每套计策各包含六种,总共六六三十六计。每计后面都配有解说,依据《易经》中的阴阳变化之理进行解读,同时兼及古代兵家关于刚柔、奇正、攻防、彼己、虚实、主客等对立关系相互转化的思想。这些计策都含有朴素的军事辩证法的因素。在解说之后又有按语,引证战例作为说明,多是宋代以前的战例和孙武、吴起、尉缭子等兵家的精辟语句。除了这些内容以外,全书还有总说和跋。

　　为了便于人们熟记这三十六条妙计,有位学者在三十六计中各取一字,依序组成一首诗:金玉檀公策,借以擒劫贼,鱼蛇海间笑,羊虎桃桑隔,树暗走痴故,釜空苦远客,屋梁有美尸,击魏连伐虢。

　　《三十六计》是军事文化遗产中的一颗耀眼的明珠,这也为我们后人更好地研究这部奇书打开了门。

　　《三十六计》是兵家谋略的典范之作,每一字一句无不是在谈智谋,措辞简约易懂,集成世人之大智慧。

瞒天过海第一：掩饰本相，直取目的

【题解】

"瞒天过海"这个典故中所说的"天"并不是"上天"，而是指"天子"，所以说，"瞒天过海"是指欺瞒自己的上司。作者以此为题，并不是指自欺欺人，而是阐述了迷惑敌方的一种手段，这种迷惑是从人的直观感觉出发的，人的主观判断往往容易造成错觉，而这种错觉则被作者描述为"瞒天过海"。

下文所说的"备周则意怠"，就是从主观上出发，很多人都会依赖于前者，从而导致自主防御能力逐渐下降，在时间的推移下，防御就会出现漏洞，而思维却还停滞在"严密"上，就容易疏忽，导致被敌方瞬间突破，所以历史上的"闪电战"才会频繁出现。"常见则不疑"则是在数量上引起的一个质变，这种质变会让人麻痹大意。其意思是指，如果一个人经常看见某一种现象，那么他就不会去怀疑了，这也是司空见惯一词的由来，而作者正是针对人的这一特性来用于军事的。这种迷惑现象被很多军事名家所利用，这也是一种主观上的麻痹。

【原文】

备用则意怠，常见则不疑。阴在阳之内，不在阳之对。太阳，太阴。

【译文】

防备得非常周全时，更容易对细节麻痹大意；经常看见的事情，也常会失去警戒。秘密不一定藏在隐秘的地方，反而常常潜藏在公开的事物里。当公开暴露的事物发展到极端时就会变成最隐秘的潜藏状态。

【事典】

魏公子无忌是魏昭王的小儿子，昭王去世后，继位的魏安王封公子无忌为信陵君。信陵君谦逊友好，尊敬士人，很多人都愿意和他结交，因此他聚有门客三千人。

信陵君听说魏国有一名叫作侯嬴的隐士，已经七十岁了，是大梁夷门的守门人，于是就派人送厚礼，想邀请侯嬴。但是侯嬴不接受，理由是自己这几十年一直重视操守品行，不能因为贫困就接受信陵君的钱财。于是信陵君大宴宾客，借机请侯嬴来做客。等到很多人就座后，信陵君就亲自牵马去请侯嬴。侯嬴看到信陵君来请他，穿着破旧的衣服就上车了，而且直接坐到车子的上位，根本没有谦让。侯赢偷偷观察信陵君的情态,见他表情恭敬,丝毫没有表现出不满。车子行至半路,侯赢说:"我的一个朋友在街市的肉铺里,您能不能顺便把我送到那里?"信陵君爽快地绕路,把侯赢送到了他的朋友那里。侯赢下车拜访他的好友朱亥,故意和朱亥说了很长时间的话,暗中则观察信陵君的表情,信陵君的脸色始终是温和的。

宴会上,魏国的贵族、官员都坐满了厅堂,等着开宴,但是此刻的信陵君却手执辔头,在大街上等待侯赢。随从的人都暗暗骂侯赢,侯赢却不以为然,继续和他的朋友闲聊着,过了许久才辞别了朋友上车。到了信陵君的厅堂之后,侯赢坐在上座,信陵君把他的朋友一一介绍给侯赢。宾客们都诧异:信陵君怎么把这个穷老头叫了来,还让他坐上座?宴席上,信陵君到侯

信陵君

赢面前恭敬地敬酒。侯赢说:"公子,侯赢本是一个守门人,您却屈尊来接我。在路上,我本不该说起拜访朋友的事情,但是公子却特意带我去拜访朋友。不过侯赢这么做却是为了成就公子的名声,所以才和朋友交谈了很长时间,也借机观察了公子的态度,没想到公子非常恭敬。街市上的人都在说侯赢是小人,却认为公子宽厚仁义。"宴会结束后,侯赢成了信陵君府中的上等宾客。

某天,侯赢对信陵君说:"我那天在街市上拜访的朋友朱亥,是个非常贤能的人,因为隐藏在市场,所以世人不知道他的才华。"于是信陵君立刻拜访朱亥,并邀请他为自己效力,但朱亥从未接受。

魏安王二十年,秦国派兵攻打赵国,包围了赵国的国都邯郸。赵国平原君的夫人是信陵君的姐姐,平原君多次写信给魏国,希望魏国可以发兵帮助赵国。魏王接到了信之后发兵十万让老将晋鄙带领援救赵国。秦王知道了这件事,于是派人警告魏王,谁要敢援助赵国,攻打完赵国后,就攻打援助赵国的国家。当时的秦国很强大,魏王害怕了,便阻止晋鄙大军继续前进,把军队留在邺城筑垒,打着援助赵军的名义观望秦赵两国的形势。

平原君派使者去见公子无忌,使者对公子无忌转述了平原君的话:"赵胜之所以攀附公子结为姻亲,是觉得公子高尚仁义,能解救他人于水火之中。现在邯郸朝不保夕,魏国答应援救却迟迟没有动静,公子你就是这样救人于危难之际的吗?就

算是公子不打算救我,可是你连自己的亲姐姐都不管了吗?"信陵君听完这些,内心非常惭愧和忧虑,他多次劝说魏王出兵救助赵国,但是魏王胆小,就是不为所动。

　　信陵君见魏王根本没有救助赵国的意思,便冲动地决定自己带着手下的宾客去抗击秦国,与赵国共存亡。临走的时候,他路过侯嬴的门口,对侯嬴说了自己的打算,侯嬴平静地说:"公子努力抗秦吧,老身年老体弱,不便随公子前去。"信陵君离开之后,走了没多远,心里很不痛快,他想:自己平常也待侯嬴不薄啊,我前去抗秦活着回来的概率几乎没有,他连一言半语都没留给我,难道我平常有什么照顾不周的地方吗? 于是信陵君又让车子折返,往侯嬴住的地方驶去。侯嬴再次见到信陵君时就笑着说:"我就知道公子会回来的。公子的仁义厚道大家都知道,所以赵国有了灾难,公子一定会同赵国共存亡。但是公子这么做有什么用呢? 秦军强大,你的做法就等于把肉投给饥饿的老虎,毫无效果。你自己去拼命,还供养我们这些门客做什么? 我没有多和公子说话,我想公子会回来找我的。"公子对着侯嬴再拜道:"希望先生赐教。"侯嬴屏退左右,然后悄悄对公子说:"公子,我听说晋鄙的兵符放在魏王的卧室里,魏王最宠爱的姬妾是如姬,她每天都能出入魏王的卧室,能够很容易地把兵符偷出来。如姬的父亲三年前被人杀害,她说过,谁能帮她报了杀父之仇,她可以办其做任何事情。如姬曾经和公子哭诉过此事,公子派人为她报了仇,如姬对你感恩戴德,会为你做任何事情的。现在只要公子向如姬开口,请如姬帮助盗取兵符,她一定会同意的。只要得到了兵符,就可以指挥晋鄙的军队,这样就能打退秦军,援救赵国了。"公子听从了侯嬴的建议,去找如姬帮忙,果然得到了魏王的兵符。

　　得到了魏王的兵符,信陵君要起程,侯嬴对他说:"将在外,军令有所不受。如果公子把兵符递给晋鄙,他们验证了兵符的真实性之后还会去请示魏王,那公子的麻烦就大了。我的朋友朱亥可以同你一起前往,他是个大力士,如果晋鄙不听从,那么就可以让朱亥杀了他。"信陵君听完就哭了,侯嬴以为他怕死,信陵君说不是怕死,而是因为晋鄙是魏国的老将,就怕他不听从,得被迫杀掉他。随后信陵君就邀请朱亥和他同行。

　　到了邺城,信陵君假传魏王的命令取代晋鄙。晋鄙果然对此事怀疑,要求请示魏王,于是朱亥打死了晋鄙,信陵君拿着兵符掌握了十万大军的指挥权。他对士兵们说:"父子都在军中的,父亲回去;兄弟都在军中的,哥哥回去;独生子没有兄弟的,回去赡养父母。"最终留下八万精兵去援救赵国。在魏军的进攻下,秦国被迫解围退兵,从而保全了赵国。赵王平原君亲自到边境迎接公子无忌,并且说:"自古贤德的人没有比得上公子的。"

　　这便是一个很典型的运用"瞒天过海"计策的战例,在历史舞台上有无数豪杰曾用过此计策,或能成就大业广受赞誉,或因被看穿而功亏一篑。无论多么高明的计谋,都有失败的可能,毕竟计谋是人发明的,所以实施时还要靠人。同样的计策,也许在这朝便取得成功,但下一代便被反奸。切记,天时,地利,人和。

如今的商场变幻莫测,明争暗斗诡秘奇异,各式各样的巧谋妙计与兵战相比,恐怕也是有过之而无不及的。瞒天过海之计就是其中最常被使用的计谋之一。

商战中运用"瞒天过海"之术,首先要做到"瞒骗"一节。如果一切内情都摆在明面上,被对方了解得一清二楚,那么"海"就很难"过"了。其次,瞒骗后表现出的现象要非常逼真,才能使对方从心理上没有丝毫防范,为计策的继续实施打好基础。最后在策略具体执行时,要注意不能出现漏洞,善始善终将其贯彻完整。

美国人哈里是第一次世界大战期间世界著名的宣传奇才。当时的哈里只有十五六岁,为了谋求生计,就在做工的同时卖一些柠檬水赚钱。可是卖柠檬水的生意并不好做,有时一天下来也卖不出几瓶。哈里对自己的生意惨淡的状况很不解,于是开始苦思良策。他花了很长一段时间去了解当时观看马戏表演的观众的需求,发现许多观众在看马戏时只喜欢吃一些零食,如葵花籽、花生米等。而这些是很难改变的习惯,因而影响到了柠檬水的销售。那怎么才能让观众接受柠檬水呢?哈里经过苦思,终于想出了一个策略。

哈里想到:人渴了就要喝水,如果让人们口渴,那么柠檬水不就有用场了吗?于是他购买了一些生花生米,然后加入大量的食盐将其炒熟,再分成适量的许多包。第二天,他站在马戏团门前开始了赠送花生米的活动。他站在门口大声喊道:"快来看马戏表演啊,我们为每人赠送一包花生米。"

马戏团的观众本就多,加之人们爱吃花生米,哈里的免费花生米就赠送一空。观众们边看马戏边吃着哈里赠送的花生米,很快许多人都感到口渴,这时候哈里马上不失时机地叫卖起柠檬水来。结果柠檬水的生意一下子红火起来,平时要卖一个月才能卖完的柠檬水在半天的时间里就全部销售一空了。就这样,哈里向他的"宣传奇人"生涯迈出了第一步。

哈里赠送花生米的行为就是一种假象和瞒骗。花生米多盐促使观众对柠檬水产生了需求,其实这就是哈里的一种欺骗手段,只不过,他的欺骗是建立在消费者愿意接受的基础上的。所以说,商战中采用"瞒天过海"这种计策,瞒骗的手段和方法要特别注意不能有危害性。如果为了满足自身利益,不择手段地坑蒙拐骗,损人利己,最终只能自食恶果。

【解读】

说到"瞒天过海"四个字,人们往往会想到"掩耳盗铃""欺上瞒下"或者"僻处谋命"等词语。但是,前者与后面几个是不同的。"瞒天过海"是一种作战时的谋略,虽然它跟后者都包含着欺骗的意思,但是本质上还是有所区别的,不能混为一谈。这一计作为《三十六计》的开篇,着眼于人们观察处理世事时的错觉,一个人对于某人或者某事的习惯深信不疑之后就容易对其放松警惕,别人就可以借此乘虚而入,掩饰自己真正的目的,出奇制胜。

围魏救赵第二：直挖本源，反败为胜

【题解】

"围魏救赵"的本意是从本源上解决问题，找出进攻方的后方弱点，从而迫使对方放弃进攻。孙子曾经对田忌说："要理顺乱丝和结绳，不能用拳头打，只能用手指慢慢解开；排解搏斗纠纷，只能动口劝说，不能上前动手。面对敌人，应当避实就虚，攻其要害，使敌方受到挫折，敌人被牵制住时，围困就可以自解。"这些话放到现在，用唯物辩证法来阐述便是：抓住主要矛盾。

使用"围魏救赵"这一策略的时候，需要注意三个方面：

1.避实击虚。用兵的规律是攻打敌人的薄弱之处而不是坚实之处。

2.以攻为守。敌人来打时，一味地抵御一般只会陷入被动挨打的境地，要利用一切机会发动进攻，变被动为主动。

3.以迂为直。战争中，最直接的战斗方式不一定最有效，就如同爬山，离山顶最近的路不一定最好，也许某些路虽然远点，却更具有安全性。

【原文】

共敌不如分敌。敌阳不如敌阴。

【译文】

进攻敌人兵力集结的部位，不如打击敌人兵力分散的部位。攻打正面的强敌，不如攻打后方或侧翼的弱敌。

【事典】

公元前345年，魏惠王出兵攻打赵国，报丢失中山的仇。中山原本是东周时期魏国北边的一个小国，后来变成了魏国的领土，但是赵国乘魏国国丧期间抢占了中山，激怒了魏国上下。魏国大将庞涓认为中山不过是个小地方，而且距离赵国很近，要想报仇的话，与其去直接夺回中山，还不如去攻打赵国的首都邯郸，这样不仅夺回了中山，还给了赵国沉重的一击。魏王听完庞涓的意见后非常高兴，立刻拨给庞涓五百战车，任命他为将。庞涓率军直奔赵国邯郸，将邯郸围了起来。赵王求齐国来救援，许诺解围后以中山之地相送。齐国便令田忌为将、孙膑为军师带兵去救赵国。

孙膑跟魏国大将庞涓本是同门,都熟悉兵法,庞涓出师后侍奉魏国。他认为自己的能力比不上孙膑,因此非常嫉妒孙膑。后来庞涓就将孙膑骗来,用恶毒的刑罚折磨孙膑。孙膑装疯卖傻才逃过一劫,并被齐国使者所救。

田忌和孙膑到达赵国的时候,田忌想直接向邯郸进军,孙膑制止他说:"现在魏国精兵倾国而出,贸然迎战没有好处,不如我们转而去攻打魏国。那庞涓就只能回师解救,这样一来邯郸之围必然自解。我们再在中途伏击庞涓,一定能获胜。"田忌觉得有理,就按照孙膑说的办。庞涓果然率军回救魏国,在归途中受到齐军的伏击。因为魏国士卒长途跋涉,疲惫异常,所以被齐军打得溃不成军,庞涓也狼狈地逃回魏国。齐军大胜而回,赵国的邯郸之围也解了。这就是历史上著名的"围魏救赵"。十三年后,齐魏两国再度交战,这次庞涓兵败自刎,孙膑也因此名扬天下。

其实,"围魏救赵"的战术不仅能运用在战争中,也可应用于其他地方。

西汉汉惠帝的时候,平阳君朱健智慧超群,为人正直,而且敢说真话。太后的宠臣辟阳侯想和朱健结交,但是朱健不肯迎合。朱健的母亲去世时,因为家境贫寒,他没有钱给母亲办丧事,辟阳侯知道后就送去了一百两黄金。其他人看到辟阳侯送钱,也纷纷送给朱健钱财。

后来,朝廷有人告发辟阳侯,惠帝为此大怒,宣布要处死辟阳侯。吕太后虽然宠爱他,但是因为羞愧,不敢去求情。而朝廷里的官员很多人都受过辟阳侯的伤害,更没有人为他说话了,反而都希望辟阳侯早点死去。

辟阳侯让人去找朱健,希望朱健可以出手搭救。朱健却回答说:"你犯的是死罪,我不敢管。"但是暗地里,朱健却去求见惠帝的宠臣闳孺,对他说:"天下人都知道你得到惠帝的喜爱,现在辟阳侯快要被处死了,人们都说是你在惠帝面前说了他的坏话。要是辟阳侯真的死了,吕太后肯定会迁怒于你,而且还会想方设法杀了你,那么你也离死不远了。与其等死,你不如去为辟阳侯求情,这样皇帝就会放了辟阳侯。如果真这样,太后也会宠信于你,你以后就得到了太后和皇帝两个人的宠信,何乐而不为呢?"闳孺听完这些,内心恐慌,就按照朱健说的去做。惠帝真的听了他的话放了辟阳侯。

朱健想救辟阳侯,却不能自己直接出面求情,那样的话,很可能他也被连累杀头。大臣们对辟阳侯有所怨恨,自然也不会出面帮助。要是找闳孺,以朱健的地位,就算是说得口吐莲花,闳孺都不会去为辟阳侯求情的。所以,朱健故意说些让闳孺害怕的话,以吕太后为后台,这样,他就不得不为辟阳侯求情了。朱健这一招"围魏救赵"用得真是恰到好处。

太平天国后期,因为领导集团内讧,革命力量被削弱了很多。1860年,清朝派和春等人带领数十万大军进攻太平天国的都城南京。清兵人马众多,将南京层层包围,情势十分危急。为了解救南京,洪秀全召集诸位将领商量对策,但是大家一时间都想不到什么好的办法对付清军。

这时候,年轻的将领李秀成对洪秀全说:"现在清军兵马众多,我们不能与其硬碰硬。希望天王可以拨给我两万兵马，让我偷袭清军的屯粮之地杭州。这样敌人一定会率兵去杭州救援。天王可以乘这个时候突击，而我也会立刻带兵回到南京，这样我们就对清兵形成前后夹击之势，从而解南京之围。"听完这些话，翼王石达开也表示愿意带着一队人马协同作战，其他将士都认为方法可行，有两位王爷率兵突围，胜利的把握提高了很多。但是洪秀全为人好猜忌，怀疑李秀成和石达开是想乘机逃脱，所以一直没有表态。

李秀成知道洪秀全所想，立刻跪倒在地上泪如泉涌："天王，天国现在危在旦夕，我如果有二心，对得起这些拼死的将士吗？"石达开也跪在了地上。苦苦恳求。

洪秀全见此局面，终于同意二人出兵。这年正月初二的时候，因为正值过年，重重围住南京的清军自恃兵多，也略有松懈。

半夜时分，石达开、李秀成各率领一队兵马从敌人封锁薄弱的地方突围。清军见是小股部队突击，没当回事，也没有派人去追击。

两支队伍突围后，兵分两路，石达开向湖州方向走，李秀成则奔赴杭州。到达杭州后，李秀成发现杭州是清军的重要粮草基地，守备森严，他发动的几次进攻都失败了，只好坚守阵地，不轻易进攻。转眼三天过去了，李秀成心里万分焦急。突然，一场大雨毫无预兆地下起来，城内的守军因为李秀成的军队久攻不下，又是个下雨天，便都躲进屋子休息。因为这几天总是要防备李秀成的攻击，守城士兵都非常疲倦，倒地就睡。李秀成借助这场大雨，派一千多人偷偷爬上城墙，打开城门。大军冲入城内，将城里的守军一网打尽。李秀成这样就攻破了杭州。

为了让围困南京的清军知道杭州失守的消息，李秀成下令烧毁清军的仓库。和春听到消息之后火速回杭州救援。洪秀全见敌人部分人马离开南京，便下令出击。李秀成烧掉清军粮仓后。马上带兵抄近路回到南京。此时石达开也带着部队回到南京，两路兵马在一处会合，而且巧妙地避开了回救杭州的清军。

这时，城内外的太平军对南京的清军已经形成夹击之势，清军根本没有想到形势会变成这样，在太平军的合击之下，阵脚大乱，死伤无数，南京之围也因此得解。如果不是"围魏救赵"这个计策，恐怕太平天国会更早被灭亡了吧！

无论是平阳君还是李秀成，都通过"围魏救赵"这一计策来找回失地，最终赢得胜利。一场战争也好，一盘棋也好，即使布置得再缜密，也有它的弱点与短处，围魏救赵正是通过打击敌方的短处来缓解我方承受的压力，以此来造成对方的慌乱和行动上的错误，最终赢得胜利。

【解读】

对敌作战要灵活，不能硬碰硬。敌人强大，就要想办法躲过他强横的地方，并且分散他强大的地方；敌人弱小，就要抓住时机消灭掉，不让其有任何逃跑的机会。

借刀杀人第三：巧借他人，背后操纵

【题解】

"借刀杀人"，顾名思义是假借他人之手除去自己的敌人，这种方法可以运用蛊惑、反间、引诱、强制等手段达到目的，而且不容易暴露自己，可以说是一个万全之策，但运用之人要有很强的策划能力，否则也容易引火烧身。与"借刀杀人"异曲同工的是"借鸡生蛋"。

在商业方面，"临渊羡鱼，不如退而结网"。只有行动起来才能创造财富，但结网本身就是投资，对于那些"白手"之人还是过于困难，这就出现了一条商场上的潜规则：卖蛋不如养鸡，养鸡不如借鸡。"借鸡生蛋"、借他人之财成就自己的事业梦本身就是一条妙计。但是"借鸡生蛋"要看准目标，并且要有长远的目光和坚持不懈的毅力，否则容易鸡飞蛋打。

【原文】

敌已明，友未定，引友杀敌，不自出力。以"损"推演。

【译文】

敌人的情况已经明了，但是友方的态度尚未确定，我们可以利用友方的力量去消灭敌人，而自己却不需出力。这是从"损"卦推演出的计策。

【事典】

春秋时期，齐景公任命晏婴为丞相。晏婴对齐国忠心耿耿，他所忧虑的是，齐国有三个人扰乱朝纲：一个叫公孙捷，一个叫古冶子，一个叫田开疆。这三个人个个勇猛，人称"齐国三杰"，齐景公非常喜欢他们。也正是因为如此，三人在齐国为所欲为。晏婴觉得齐国留他们不得，打算伺机杀掉这三个人。

一天，鲁国的君主鲁昭公来齐国访问，齐景公设宴款待。齐国由晏婴执礼仪，鲁国由叔孙蜡执礼仪。"三杰"佩剑站在堂下，态度很是傲慢。这时，晏婴心生一计，觉得这正是除掉他们的好机会。于是晏婴起身对大家说："大王园中的金桃熟了，我去摘几个请二位国君尝尝鲜吧！"齐景公听了就下令让人去摘。晏婴说："不必劳烦他们了，金桃珍贵，别被他们弄坏了，还是臣亲自去摘。"不多时。晏婴端着盘子献上六个桃子。这六个桃子硕大无比，而且香气扑鼻，让人忍不住想去尝一口。齐景公问为何不多摘几个，晏婴推托说还有一些没熟，所以就没有摘。他说完便献给齐景公、鲁昭公一人一个。鲁昭公觉得这金桃味美极了，边吃边夸。齐景公说："这桃子实在难得，叔孙大夫天下闻名，当吃一个。"叔孙立刻谦让道："我的才能不及晏丞相，应当他吃才是。"晏婴也推辞。齐景公见二人推辞，就说："你们二人如此谦让，那罚每人饮酒一杯，吃金桃一个。"两位大臣谢过齐景公后，把桃子吃了。

此时，盘子里的桃子只剩下了两个，晏婴对齐景公说："这还有两个桃子，请您传令，谁功劳大，就让谁吃。"于是齐景公就传令下去。

"三杰"听到之后立刻上前争桃。三勇士二桃，按照功劳大小食桃，这就意味着谁的功劳最小谁就吃不上桃子。于是三个人各言其功，谁都不希望做那个功劳最小的人。

公孙捷最先开口："有一次，我和大王出去打猎，突然从林子中跑出一只猛虎，我冲上去，打死了老虎，救了国君。难道我不该吃这个桃子吗？"晏婴赞扬道："公孙勇士冒险救我君王，功不可没，该赐桃子一个。"公孙捷拿过桃子，十分得意。

古冶子一看这情况，立刻站出来说："打死一只老虎有什么了不起。我当年送国君渡过黄河的时候，一只大鼋咬住了国君的马腿，把马和国君拖了下去。是我奋不顾身跳进黄河里，舍命杀大鼋，救了君主。我有没有权利吃这个桃子？"齐景公说："当时如果不是将军救助本王，我早就不能坐在这个位置上了。所以这个桃子理应你吃。"于是另一个桃子就到了古冶子的手里。

田开疆看到桃子没有了，急得大喊大叫："我当年讨伐徐国，出生入死，俘虏众多徐兵，就连临近的两个国家也望风归附。这功劳难道还不能吃个桃子吗？"晏婴急忙说："田将军功不可没，但是桃子已经没有了，等到下次金桃成熟，您再品尝吧，您先喝杯酒。"田开疆没有接酒杯，而是气呼呼地说："我一生南征北战，军功无数，却吃不到一个桃子，在两位国君面前受到这样的屈辱，还有什么颜面活在这个世上。"说完就拔剑自刎了。公孙捷看到他这样，也拔剑而出："我的功劳没有田兄大，却吃到了桃子，田兄劳苦功高却吃不到，我没有脸活在这个世上了。"然后也自刎了。看到两人自杀，古冶子立刻大喊："我们三人是结义兄弟，发誓同生共死，如今他俩已死，我还有什么颜面活在这世上。"说完。也拔剑自刎了。

为了一只桃子转眼死了三个人，鲁昭公为此目瞪口呆，半天才站起来说："这三位勇士有万夫不当之勇，如今却为了桃子死去，真是可惜啊！"齐景公也发出一声长叹。这时，晏婴站起来说道："他们都算是有勇无谋的人，我国不缺少智勇双全的人。像他们这样的武夫莽汉，少几个也没事。各位别扫了兴致，还是继续饮酒吧！"

其实，晏婴早就物色了一位文武双全的大将，就是春秋时期闻名诸侯的大将田穰苴（即司马穰苴）。晏婴早就料到这三个人会因为炫耀自己的功劳而抢食桃子，勇士相争，必以兵剑。三人纷争已起，交出桃子就说明自己的功劳不大，这些勇士宁愿杀个你死我活，也不愿交桃受辱，因为辱是勇士最大的忌讳。很多勇士会选择以死免辱,田开疆便是如此。置人于死,则辱人者为不仁不义,不仁不义又甚于受辱,那么,辱人者又有何脸面活在世上? 余下的两位勇士也被道义逼得自杀了。可以说,不管用哪种方式解决,三勇士都难免一死。

现在很多人看完这个故事会觉得很搞笑,三个大男人居然为了争夺两只桃子而自刎。但是晏婴"借刀杀人"这招的毒辣确实得到了淋漓尽致的表现。此外,唐朝大将史思明也是个惯用"借刀杀人"之计的高手。

公元736年,史思明因为欠官府债款逃到了北边的奚族地区,被当地的奚族人抓住。奚族人一向排外,就想杀死史思明。但史思明没有害怕,反而装出一副镇定自若的样子,对奚族人说:"我是大唐派来跟你们和亲的使者,你们要是杀了我,就是得罪了大唐。"看他一本正经的样子,奚族的王居然信以为真,就以贵宾的礼节接待他。

奚族的王惧怕唐朝的势力,决定派一百人跟着史思明去拜访大唐皇帝。史思明说:"你派的一百人都是浅薄之人,这样的人怎么可以去见大唐皇帝。听说你手下有个人叫作琐高,才华超群,为什么不派他去呢? 这样才能表现出你们的诚意。"

奚族的王觉得他说得有道理,便让琐高带着三百人随史思明去拜见大唐皇帝。

一行人进入大唐地界,快走到卢平的时候,史思明暗中叫人去见这里的守将裴休子,对裴休子说:"奚族所派的精锐部队马上就要来了,他们顶着朝拜天子的名义来偷袭卢平,你要做好准备,不等他们动手就先杀掉他们。"

裴休子收到消息后信以为真,在奚族人进入卢平后,他就将那三百人杀了个一干二净,只留下琐高一人。

史思明把琐高押送到幽州节度使张守珪那里。张守珪见奚族最有才的琐高被活捉,认为史思明是个人才,并且上奏朝廷,对其大加夸赞。

后来,在张守珪的推荐下,唐玄宗召见了史思明,对他非常欣赏,先后任命他为大将军、北平太守。

史思明智斗奚族人,又利用裴休子的手杀死奚族的三百人,献出琐高,得到张守珪另眼相看,从此节节高升,没想到一招"借刀杀人"开启了他的仕途之路。

【解读】

"借刀杀人"是非常狠毒的一计,字面意思是借助别人的手去杀另一个人。在政治上,这一计经常被用于封建官吏之间的尔虞我诈;在军事上,则是借助第三方的力量,或者借助敌人内部的矛盾,达到取胜的目的。所以,人们一定要知道如何识别这个计谋,免得被人利用,吃了大亏时,都不知道是怎么回事。

以逸待劳第四：以静制动，用精取糟

【题解】

本计策的宗旨在于不断地让敌方奔劳，以达到疲惫敌方的目的。"以逸待劳"是三十六计中最为悠闲的一计，但这种休息不是懒的表现，而是为了更好地攻击，所以以逸待劳也是很多军事家的制胜法宝，是以不变应万变的最直接体现。

"以逸待劳"成就了很多的防守名将，这些名将的故事告诉我们："以逸待劳"可用于积极防御困敌，逐渐消耗敌人的有生力量，使之由强变弱，而我方因势利导又可使自己由被动变为主动，这样一来，不直接进攻，也一样可以取胜。

【原文】

困敌之势，不以战；损刚益柔。

【译文】

应用造势的方法使敌人陷入困窘之地，而不是诉诸直接的战斗；损毁消耗刚强的敌方，壮大柔弱的我方。

【事典】

1369 年春，明征虏副将军常遇春患暴疾而亡，明太祖非常悲痛，让自己的外甥李文忠代替了他的位置，并且命李文忠发兵攻打庆阳。李文忠到达庆阳的时候，听到探子回报：元将脱列伯围攻大同，大同危在旦夕。李文忠思索之后对诸将士说："将在外，君令有所不受。现在大同被围攻，我们应该马上去救援。否则如果我们先攻打庆阳，脱列伯就会拿下大同。"于是，李文忠率领军队赶赴大同。

李文忠军队走到一个叫马邑的地方的时候，与元平章刘帖木率领的数千人相遇。双方展开激战，元军大败，刘帖木被活捉。李文忠率领明军走到白杨门，在那里安营扎寨。当晚天降大雪，将山上变成一片雪白。

李文忠扎营之后非常小心，他带着几个随从到白杨门附近巡视，发现雪地上好像有人的踪迹。他立刻回营，下令大军即刻拔营前进了五里地，然后再安营扎寨。有人问他为什么，他说："我勘察过，雪地上有人走过的痕迹，估计最开始扎寨的地方是元兵伏击的地方，很危险。现在在这里还好些，不过我们还是不能放松警惕，元军非常狡猾。"当夜脱列伯的军队果然来偷袭，却被李文忠打退。第二天天刚破晓,李文忠就派两营的战士去攻打元军,杀了很久都未分胜负。有人劝李文忠发兵去救援,他却没有这么做,而是继续等。几个时辰后,元兵累得疲惫不堪,李文忠趁此时机率领两路大军对元兵左右夹击。突然被夹攻的元兵惊慌失措,阵脚大乱。

元兵首领脱列伯见势不妙,打算骑马逃跑,李文忠看见了,上前一枪刺在他的马背上。脱列伯被受惊的马抛下马背,被李文忠活捉。见己方首领被捉,元兵纷纷请降,李文忠大胜。李文忠之所以可以取得胜利是因为先派小股部队把元军搞得疲惫不堪,让大股部队乘机休息,等到元军疲惫的时候,再让大股人马出去将其歼灭。

"以逸待劳"通常指两军打仗时敌我双方的状态。在交战中一定要分清,哪方是逸,哪方是劳,不然的话会吃大亏。

北宋初年,宋大将曹彬率兵收复幽州、蓟州等地,又往涿州的方向前进。涿州的契丹大将耶律休哥手中兵马不多,不敢和宋军的大队兵马交锋,只派出一部分人截击宋军的粮草。契丹萧太后接到耶律休哥的消息后,亲自率兵到涿州增援。耶律休哥知道太后来增援,一下子有了作战的底气,他在涿州采用佯攻的办法消耗宋军的实力。宋军迎战的时候,契丹军队立刻假装被打退;等宋军开火做饭的时候,契丹大军又过来骚扰;晚上宋军睡觉的时候,他们又在外面击鼓呐喊,等到宋军迷迷糊糊起来迎战,却发现外面一个人也没有。这样反复几天,契丹人把宋军弄得吃也吃不下,睡也睡不着,精神极度不好,根本无心迎战。正在这时,耶律休哥听说萧太后的救援部队已经到达了涿州,当然宋军也听说了。曹彬和其他人商量说:"现在的情况不好,我看不如我们退兵,调整几天,时机适当了再出击契丹。"其他将领也表示同意,认为现在的宋军不足以和契丹兵马对抗。于是曹彬下令退兵。没想到这一退兵,宋军慌乱不已,都觉得大势已去,很多士兵开始溃逃。耶律休哥乘胜追击。疲惫的宋军根本没法和强壮的契丹兵马相抗,只能继续后退。退到沙河的时候,看到追击的兵马还远,曹彬下令生火做饭。没想到宋军刚要吃饭契丹兵马就追来了,宋军只好扔下饭碗,慌忙渡河逃跑。这一仗,契丹军队获得大胜。本来耶律休哥兵马少,是处于劣势的,但是他们用骚扰的战术折腾得宋军疲惫不堪,之后又主动进攻取得胜利。这就是兵法中说的"逸能劳之,乘劳可攻"。此仗不可谓不漂亮,通过少数精锐来消耗敌方全部主力的体力,与游击战术有异曲同工之妙。"敌进我退,敌驻我扰,敌疲我打,敌退我追",再等到援军到达后,全力进攻。

公元前154年,汉景帝命周亚夫率军迎击以吴王刘濞为首的七国叛军。周亚夫清楚,敌人兵力强大,硬碰硬不是办法,便在河防聚兵,不去应战,过段日子等敌人的锐气衰落了再做打算。

此时,叛军正在猛烈进攻梁国,梁国情况危急。梁王非常着急,多次派人向周亚夫求援,都被周亚夫拒绝。梁王为此非常生气,上书汉景帝说周亚夫见死不救。汉景帝和梁王是兄弟,碍于兄弟之间的情分,便命令周亚夫速速去救梁国。

周亚夫接到了圣旨之后依然迟迟不肯发兵。景帝的使者大怒,说周亚夫眼里没有皇帝，居然抗旨不遵。周亚夫说："陛下将军队的指挥权给予我，我就有权控制整个军队。军队如何出击要看战场的具体情况。将在外，君令有所不受。梁国危急，但是粮草充足，而且也有守军，抵抗十多天不是问题。我的军队远道而来，疲劳不堪。而叛军此时正强大，不适合交战。我军需要调整一下，再根据具体情况出战。"使者见周亚夫态度如此也没办法。

周亚夫不救梁国的消息传到了叛军的耳朵里，叛军以为是周亚夫胆小怯懦，就毫无顾忌地攻打梁国。就在叛军对救援人马疏于防范的时候，周亚夫突然派出一股精兵切断了叛军的粮道。叛军失去粮草，不可能打持久战，只得放弃梁国，回来攻打周亚夫。周亚夫知道叛军粮道被自己所截，肯定急于结束战斗，因此他总是高挂免战牌，避免两军正面交锋。叛军远道而来，本身就疲惫，周亚夫还三天两头弄个小偷袭，导致敌军战斗力日益衰微。

几天后，周亚夫故意制造出防御放松的景象，叛军上当，被引诱得主动进攻。等叛军进入周亚夫大营的时候，周亚夫布置的伏兵突然涌出，围剿了叛军。叛军在这场战役中损失惨重，刘濞也拔剑自刎。

这又是一个"以逸待劳"的经典战例，周亚夫在敌方松懈大意之时，整军待发，用计谋迫使对方溃不成军。最终获得胜利。

【解读】

"以逸待劳"这一计指的是采用人为手段调动敌人的方法。兵书上说："凡先处战地而待敌者佚，后处战地而趋战者劳。故善战者，致人而不致于人。"意思是：凡是在战地待敌到来的，就安逸而有精力；而后来赶到仓促应战的则必然疲劳。所以说，凡是善于作战的人，都是能够调动敌人却不为敌人所调动。兵书上说的只是单纯的战场上的劳逸形势，而广义的"以逸待劳"不仅仅是选好地形等待敌人，还包括要以不变应万变，抓住中心，控制好周围的局势。

趁火打劫第五：乘敌之危，就势取胜

【题解】

"趁火打劫"的意思是：趁别人家里失火，一片混乱，无暇自顾的时候，去抢他们的财物，借机捞一把。这四个字如果用于军事方面，就是在对方遇到困难的时候，趁机制伏对方。

所谓的"火"，就是指困难。困难有很多，古代经常说的内忧外患，这就算是"大火"了。"内忧"包括天灾人祸、朝廷腐败、民不聊生，等等；"外患"包括外族入侵、战火不断，等等。对方有内忧，就占领他的土地；对方有外患，就争夺他的百姓。《孙子兵法·计篇》云："乱而取之。"在对方危难的时候进军，肯定能取得最后的胜利。

【原文】

敌之害大，就势取利，刚决柔也。

【译文】

在敌方出现危难时，就要乘机进攻以夺取胜利。即以下乾这一阳刚之卦冲决上兑这一阴柔之卦。

【事典】

东晋名士王羲之在临沂当太守的时候，曾经巧判过一个案子，被当地许多人称颂。

当地有个叫唐兴的人从小母亲早亡，由父亲把他养育长大。有一天，唐兴的父亲在山上不小心摔死在山涧里。唐兴很难过，想找一块好的地方把父亲安葬，但他家贫如洗，实在买不起坟地。有的乡亲为他出主意说："财主牛鲁家的祖坟里还有一块空地，今天是他母亲的八十大寿，你不妨去和他说说，没准他心情好，看在乡里乡亲的面子上施舍给你一块地。"无计可施的唐兴只好去找牛鲁。牛鲁很爽快地答应了唐兴的请求，但是提出了条件，就是唐兴要送一壶好酒给牛老太太祝寿。大家知道了，都说牛财主心地善良。乡亲们帮助唐兴安葬了父亲，又凑钱买了壶好酒，让唐兴给牛财主送去。

这件事本该就这么结束，但是没想到后来又起了风波。五年后，唐兴靠着自己的勤劳买了几亩地，盖了几间房子，还娶了媳妇，小日子过得有滋有味。牛鲁看到唐兴的生活好转，就开始动脑筋想掠夺他的田产。

一天，牛鲁带着一群人闯进了唐兴的家，对唐兴说："恭喜唐兄发财，这几年你的日子过得不错，俺的日子却困难了。没办法，你前几年借俺的账，现在该结清了吧？"唐兴不知道他说的是哪笔账，于是不解地问："牛老爷，什么时候的账啊？"牛鲁奸笑着说："唐兄真是贵人多忘事。五年前，你爹埋在哪里了？"唐兴说："在你家祖坟的荒地上啊！当时你把这块地施舍给我，说让我送一壶好酒给你母亲祝寿，这事情就算了结了。"

牛鲁一下子变了嘴脸："你倒是说得好听，我说要一'湖'酒，你却只给了我一壶酒了事。先不说洞庭湖，就是咱们这里的唐家湖，你算算是多少壶酒？"唐兴一听差点气炸肺，指着牛鲁的鼻子大喊："你怎么能这么算。你这个小人，我不会还这个无中生有的债。"牛鲁大怒，指挥打手对唐兴拳脚相加，又把唐兴家里值钱的东西统统掠走，扬长而去。

唐兴将一纸状词呈送到了王羲之面前。王羲之知道唐兴受了委屈，然而牛鲁为人刁钻狡猾，想要让他服输，需要"以其人之道还治其人之身"才行。他听说牛鲁养的鹅很好，脑海里立刻浮出一计。于是，王羲之故意挑了一天到牛鲁家拜访。牛鲁一看是太守来了，立刻恭谨接待。王羲之对他说："下官生性爱鹅，听说你养了许多鹅，所以想用自己的手书来换你的一河鹅，不知道你意下如何？"

牛鲁一听心里乐开了花，他知道王羲之一字千金，用一只鹅换其笔下的字，简直是得了天大的便宜。于是第二天一大早，牛鲁就挑选一只上好的大白鹅去拜见王羲之。

王羲之看到鹅之后，夸赞道："真是好鹅，不知道你其他的鹅是不是也这么好。"牛鲁赔着笑脸说："小人家的鹅都是这般，那时大人吩咐要一只活鹅，所以今天就只带来一只。要是大人喜欢，小人过几天再送几只过来便是。"王羲之听完，脸色一凛，拍着桌子吼道："好你个牛鲁，竟然敢欺骗本官！本官的手笔就值这一只活鹅吗？本官要的是一河鹅，你却只送一只，你这样做该当何罪？"牛鲁也来劲了："大人，天下买鹅的人都是论个，哪有论河的道理？"王羲之立刻借机传唐兴上堂，厉声问牛鲁："鹅

王羲之

不能论河，那酒怎么能论湖？"这个时候，牛鲁才知道自己上当了，吓得苦苦哀求王羲之宽恕。最后，王羲之判牛鲁归还抢占的唐兴的家产，并加罚银子五百两，算是

补偿唐兴奔波之苦。另外，再让他把白鹅拿回，把自己的手书还回来。这个案子了结之后，百姓都夸王羲之断案巧妙。王羲之的这招"趁火打劫"用得很巧妙，让牛鲁自己放的"火"烧到了他自己。

趁火打劫在生活中多被用为贬义，不过在兵书中它倒不失为一计。比如"二战"期间，其他国家都在交战，美国却大肆贩卖军火武器给交战双方来发战争财。虽然这被世人所不齿，不过从经济利益上来讲，这确实是一笔划算的买卖。从历史来讲，无论是当初的八国联军火烧圆明园，还是日本的屡次侵华，多是在我国政府昏庸，宦官当道，军队无能之时，不免有趁火打劫之嫌。虽然这些都是国耻，但单就作战而言，在敌方势危之时，采取进攻的方式从而取得胜利，正是趁火打劫之精髓。

【解读】

本计的重点在于一个"火"字，只有敌方起火了，我方才好趁机打劫。而这种"火"可以是内部的矛盾，也可以是其他势力的入侵，甚至还可以向对方引火，让对方烧起来。施展此计策的时候，一定要注意时机，不可过早也不可过晚，要适时出现。同时，趁火打劫还要看清双方实力的对比，正所谓瘦死的骆驼比马大，如果小势力强行吞并一个比自己强大的势力，就可能导致消化不良，如此一来就会引火烧身。而针对这一情况，往往需要引入一个同自己实力相当的势力前去探路。这样一来，起火方就会将矛头直指第一家，我方就免受正面冲击，还可以趁机消耗双方的实力，坐收渔人之利。当然，此个策略也有一定的风险，即起火方直接被探路方给吃掉，导致我方扑空。所以选择的时候一定要慎重，消息一定要准确。

声东击西第六：指东打西，混淆视听

【题解】

本计策针对的是作战双方在没有发生冲突之前，或是敌我利益冲突明显的时候，采用其他方式转移对方的视线，以实现己方真实目的。其实"声东"的本意就是借助一切可以借助的势力或物质让对方产生疑惑。另外，本计策还有强迫的含义，即对方在我方的引诱下依然不转移其阵地或视线，如此一来就需要借助一定的物质或势力强行让对方转移，这种强迫包括了物质、势力、矛盾等。

从其本意上讲，"声东击西"原本是一种迷惑对方的计策，是军事上的一种外在虚张声势、内在转移阵地的谋略。但针对不同的指挥者，我们要发挥其灵活性，不能照猫画虎，只是学习表面上的知识，这就像是爱因斯坦所提倡的发散思维一样，要在各领域内使用同样一种策略让对方就范，灵活到让对方明知道我方本意，却仍然只能无奈放弃。

【原文】

敌志乱萃，不虞，坤下兑上之象。利其不自主而取之。

【译文】

敌人情志混乱得像丛生的野草，想不到所要发生的事情，这是《易经》萃卦中所说的那种混乱的象征。因此，要趁着敌人不能自主的时候攻取它。

【事典】

南宋的时候，临安出现一位神偷，他每次偷盗完毕，都会在作案现场留下三个字：我来也。所以人们就称他为"我来也"。"我来也"不做小偷小摸的勾当，只偷大户人家，而且屡屡得手，这让官府非常头疼。

终于有一天，他在作案的时候被官差抓住。但是因为证据不足难以给他判罪，只能暂时将他囚禁，然后再做调查。"我来也"非常聪明，他入狱没多久就想到一个让自己脱身的方法。

他与看守他的狱卒套近乎，说："大哥，我是个贼不假，但是根本不是'我来也'，官府找不到人，就拿我顶罪，要是真这样了，我一辈子就出不来了。那样，我在外面藏着的一些金银就没法使用了。这段时间都是大哥你照顾我，我不是那种知恩不报的人,金银就藏在保俶塔的顶层,你去取吧,取回来自己用。"狱卒果然去了保俶塔,真的找到一包金银。此后,他对"我来也"更加照顾。

几天后,"我来也"又对狱卒说:"我在侍郎桥下还藏了一瓮金银,你拿去用吧!"狱卒果然又在侍郎桥下找到了一瓮金银。因为这样,狱卒越发对"我来也"好了。有一天,他又对狱卒说:"现在二更天了,我有些私事想处理,希望你能放我出去,我保证四更天回来,不会拖累你的。"狱卒拿过他的钱,不好意思推托,就放他出去了,并多次叮嘱他早点回来。私放囚犯,狱卒的心里也是七上八下的,但是四更天时"我来也"果然回来了,狱卒悬着的心这才放了下来。

第二天,临安一位巨富来官府报案,说三更时家里被盗,小偷只留下"我来也"三个字。县太爷一听,自责道:"'我来也'原来还在逍遥法外,看来那个人不是他,冤枉了好人。"于是下令放了狱中那个人。

不久以后,狱卒某天回家。他妻子说:"昨天四更有人敲门,我去开门却发现门外并没有人,只有一包东西。有人低声说:'这是酬谢你丈夫的,不要张扬这件事,否则……'后来我一打开包裹,里面全是钱。"狱卒到了这个时候才明白,他所看管的犯人真的是名副其实的"我来也","我来也"所做的私事就是去偷东西,他用了一招声东击西巧妙地离开了监狱。

这则故事虽小,却演绎出了"声东击西"的奥妙之处。人们经常会因为贪婪或冲动而中了声东击西之计,被转移了注意力,从而引来祸患。而精明的人则善于引诱别人犯错,达到出奇制胜的目的。

【解读】

"声东击西"的意思是:表现出要攻打东边的声势,实际上却攻打西边。这是使敌人产生错觉以出奇制胜的一种战术。其实,在战争中这样做就是要引诱敌人做出错误的判断,然后乘机取得胜利。这一计让对方不能推断出自己的意图,被假象迷惑。

无中生有第七：无亦可有，虚实结合

【题解】

从题目中就能看出本计策的意思，尽管说这是一条每个人都会用的计策，但很多人都不明其真谛，多把它用在造谣、诽谤上。而这也说明了"无中生有"确实是一条运用比较广泛的策略，它可以在管理中充当试金石，也可以在交往中充当调和剂，还可以在职场中做铲除异己的毒辣计策，最后还可以运用在商业中为己方赢取利益，还可以打击竞争方。这么说可能过于模糊，举例来说，现在很多明星都在运用这条计策制造新闻炒作自己；在管理中，领导可以运用"无中生有"的计策来测试员工是否诚实，以及是否有主见；在交往中开上一些无中生有的小玩笑可以调节气氛，也可以利用"无中生有"让友谊更加坚固；在职场中，可以运用"无中生有"除掉自己升职的障碍。

无中生有之计有三种含义：

1.凭空捏造。把不存在的东西说成事实，这样做的目的是为了通过陷害他人而消灭异己，为自己谋取利益。

2.以假代真。把假的东西装扮成真的，化假为真，假借真的东西从中捞取好处。

3.无事生非。在敌方波澜不惊的情况下，制造虚假消息或者情报诱惑对方耳目，使其发生混乱，然后我军乘虚而入，达到出奇制胜的效果。

【原文】

诳也，非诳也，实其所诳也。少阴，太阴，太阳。

【译文】

用假象欺骗敌人，但不是作假到底，而是巧妙地由虚变实。也就是说，开始用小的假象，接着用大的假象，最后再让假象突然变成真相。

【事典】

北齐时期，大街小巷的孩子们都在传唱一首歌："百升正上天，明月照长安。高山不推自崩，槲树不扶自竖。盲眼老公头颅落，饶舌老母不得悟。"这首诗传到了北齐后主高纬的耳朵里。高纬是个昏庸无能的皇帝，朝中大权都是被他的宠臣祖珽把持。他问祖珽这首诗的意思,祖珽就煞有介事地介绍起来:"百升合起来就是一斛(斛是古代计量单位),明月指得光,高山说的是高家江山。而槲树说的就是斛律氏,盲眼老公说的是我(祖珽双目失明),饶舌老妇说的是陛下的乳母。这谣言听起来实在叫人害怕。"高纬一听,这不是说大将斛律光要造反,推翻高氏江山吗?高纬虽然害怕,但是性格软弱,对要不要除掉斛律光犹豫不决。为了让高纬下定决心,祖珽买通了丞相府的一个僚佐,让他诬告斛律光秘密调集军队进逼京师,家藏兵甲器械,豢养几千家丁,图谋不轨。高纬得知这个消息后,下定决心要除去斛律光,但是如何动手呢? 祖珽便对他说:"陛下送他一匹好马,告诉他明天您将去东山游玩,希望他一起去,那样他就会入宫拜谢了。"等到第二天斛律光刚进皇宫,就被抓住杀掉了。

其实,这首诗是北周间谍在北齐都城传诵的。因为那个时候,北周打算进攻北齐,但是惧怕斛律光这位大将,所以才散布谣言陷害他。当然歌谣只有前四句,最后的两句是祖珽自己加上的,因为斛律光为人正直,不齿于祖珽的胡作非为,祖珽因此记恨他,所以一直想找机会除掉他,正巧城中流行这首歌谣,于是祖珽便编造一些无中生有的东西,借高纬的手杀了斛律光。

在历史上宋太祖也曾利用过"无中生有"计收敛钱财。

北宋初年,宋太祖"杯酒释兵权"解除了将领手中的兵权。其他将领看到后开始想方设法地囤积钱财。对此,宋太祖又开始忧虑,将领们手里的钱财太多,对于朝廷来说也是一种威胁,于是宋太祖又想到了一个"杯酒收钱财"的方法。

宋太祖先送给几位大将每人一块土地,让他们在上面修建住宅。因为这块地方是皇帝所赐,所以将领们不敢怠慢,立刻大兴土木,修建府第。等所有府第竣工后,宋太祖便大摆筵席招待这些将领。宴席上,宋太祖和众将领推杯换盏,把他们灌得酩酊大醉。宋太祖让他们的儿子来宫中接人,然后对将领们的儿子说:"你们的父亲说愿意捐给朝廷十万缗(一千钱为一缗)钱。"等这些将领们醒来询问家里人自己是怎么回来的,在皇上面前有没有什么失礼的地方时,才知道了捐钱的事情。虽然他们都很怀疑这件事的真实性,但畏惧皇帝的"金口",还是都乖乖地上缴了十万缗钱。

宋太祖怕手下人聚财太多,影响皇权,但是作为皇帝的他怎么能伸手向将领们要钱呢? 于是,宋太祖就用这个"无中生有"的计策把钱财拿到了手中,既不伤到皇上的尊严,还能让朝廷得到好处,将领们又无话可说,真是一石三鸟,高妙无比啊!

"无中生有"这一计也经常用于陷害他人,秦桧就是用这一计害死了抗金名将岳飞。

南宋初年,宋高宗偏安于临安一隅,他没有想着如何抗金,而是想一心议和,取得半壁江山的统治权,所以阻止宋金议和的岳飞就成了他的障碍。他手下的奸臣秦桧因为某些事情记恨岳飞,也在一旁煽风点火,高宗更坚定了除去岳飞的念头。

秦桧便着手展开谋害岳飞的活动。他先是诬陷岳飞的得力将领张宪意图谋反,还谎称岳飞的儿子岳云给张宪写过信,将两人一起关入了大牢之中。

在大牢里,秦桧的爪牙对两人实施了酷刑,逼他们承认谋反的事情。但是两人咬紧牙关,对于谋反的事情拒不承认。秦桧的爪牙没辙,只好伪造了一张谋反的供状。秦桧又找人把岳飞骗到了临安,将他关入了大理寺的监牢里。秦桧委派御史中丞何铸负责岳飞的案子。何铸积极地审讯调查,但是找不出任何真凭实据。何铸将这一结论告诉秦桧时,秦桧勃然大怒,责备何铸调查不利。何铸觉得很委屈,认为自己确实是认真调查了。良久,秦桧告诉何铸:"这样做是皇上的意思。"何铸一听就明白了秦桧的险恶用心,感到不快。秦桧见何铸不合作,就把他撤下来,改派谏议大夫万俟主持审理。万俟是依靠秦桧升迁的,对秦桧可以说是感恩戴德。但是他用了诸多手段后,仍旧审不出个所以然来。参加审案的其他官员都上书高宗,说岳飞无罪。岳飞坐牢期间,宋金两国达成议和,南宋向金国俯首称臣,割地送钱,秦桧陷害忠良、对外屈膝的丑恶嘴脸暴露无遗。南宋大将韩世忠义正词严地问秦桧岳飞谋反的证据在哪里,秦桧吞吞吐吐地说:"莫须有。"就是说或许有的意思。韩世忠气愤地说:"'莫须有'三字何以服天下?"秦桧无话可说。1124年,岳飞被秘密杀害,那时,他只有三十九岁。

一纸"莫须有"的罪名,让忠臣良将岳飞身死,也让秦桧成为千古罪人。他虽然用无中生有之计达到了目的,却难免千年留骂名,直到今天,在杭州,秦桧的铜像依然跪在岳飞墓前,被世人唾弃着。

每个人都应该有这样一个认知,那就是时间是印证真伪的最佳工具,所以在运用这条计策的时候,一定要充分地利用好时间差。另外,全部是谎言的谎言容易被人揭穿,所以聪明人都会用四分真实六分假象来迷惑对方。

应对"无中生有"也有一定的原则。在面对别人用无中生有来对付自己或是朋友时,切记要冷静处理,不可一时头脑发热,酿成苦果。如果冷静亦不能解决问题的话,可以用沉默让事情暂时过去,待事情平息后,再做解释。

【解读】

"无中生有"是非常灵活的一计,可以说是虚中有实,实中有虚,虚虚实实,难辨真假。用这条计策很容易诱使人做出错误的判断,从而从中获利。一般来说,"无中生有"这一计对于思维简单的人不怎么管用,反而是对于思维慎重、性格多疑的人非常有效,容易扰乱其思维,让其对假的或者没有的东西信以为真。

暗度陈仓第八：明修栈道，暗中取益

【题解】

本计策和"声东击西"有一些类似，但又有很多不同。"暗度陈仓"涉及了防御力量，有牵制敌方的意思，它的本意重在明修栈道上，既是放在明面上的东西，必然要有所防御和具有威胁性，这样才不会让敌方起疑；而"声东击西"仅仅是一种灵活战术，属于游击战方面的策略。如果将两个计策弄混的话，很容易被敌方发现，最终导致功亏一篑。三国时期的姜维就是因为将两个计策弄混而被司马懿发现，从而导致计策失败的。

这一计中包含三个意思：

1.以迂为直。有时候最直接的方式并不是最好的方式，迂回的方式才是最有效的。

2.以明隐暗。明着一套，暗着一套，前者为假，后者为真。

3.以正蔽奇。《史记》卷八二说："兵以正合，以奇胜。""正"是用兵的常法，"奇"是用兵的变法。作战的时候，要打破常规的思维，用公开的做法为隐蔽，迷惑敌人，然后用变法出其不意。

【原文】

示之以动，利其静而有主，益动而巽。

【译文】

军事上用佯动来迷惑敌人，利用敌人在此处重点防守而彼处防守空虚的机会，突袭敌人的彼处。根据益卦的道理，下震为雷为动，上巽为风为顺，如此风雷激荡，势力益增。

【事典】

北宋真宗年间，契丹和北宋签订了合约。当时宋金边境雄州的知州李允则打算修筑城墙防御契丹的突然进犯，但是这样的话，契丹就可能以此为借口公开进行武装挑衅。当时，契丹比北宋强大很多，而北宋朝廷腐败无能，对外一味求和，所以，想要修筑城墙是非常麻烦的。

于是李允则想到了暗度陈仓的办法。雄州城北门外有个瓮城，李允则想修个大城把瓮城也包括进来。他先在城北修建东岳祠，置办了很多祭祀用的东西，又雇人吹吹打打，故意引起契丹人和当地百姓的注意。几天后，李允则让人偷偷把祭祀用的东西运走，故意放出契丹人偷走祭祀器具的消息。李允则煞有介事地捉拿盗贼，一时弄得满城风雨。经过此事后，李允则堂而皇之地说："盗贼简直太猖狂了，看来必须筑城维护，否则老百姓就无法安定生活。"之后，他就开始筑城墙，把瓮城也围了进去。

雄州这里有宋金两国的界河，北宋官民每年都要祭祀河神。每当这个时候，李允则就在河里举行划船大赛，邀请契丹人也来观看。说是划船比赛，其实是宋军在暗地里练习水战。

雄州城的北面原来挖了很多陷马坑，还有很多为了观望而修筑的土堡。李允则让人把陷马坑填平，把土堡拆掉。他说："宋金都议和了，还要这些有什么用！"然后命人在上面种菜，四周又种植了大片的荆棘。这样一来，这片地方变得非常不好走，甚至还不如从前。他又以理佛事的名义修建了一个佛塔，站在佛塔上方圆三十里以内的土地可以尽收眼底。李允则同时又让人在宋金交界的地方种上榆树，慢慢地，雄州变得树木林立。李允则说："这些树木就是障碍，契丹的骑兵在这里根本没法发挥作用。"

李允则所做的这一切真是煞费苦心，他布置的种种假象遮盖了他的真实企图，在不知不觉中已经建立了一座与契丹对抗的防御堡垒。

"暗度陈仓"所要求的是兵分两路，一路以防守为主，但要表现出攻击欲望或是扼守住敌方的重要部位，从而迫使敌方不得不将注意力放在明面上，并且在明面上的部队要有其防守力量；而另一路的部队则暗中行动，直击敌方的重要守地或战略要地，要做到兵贵神速且不被敌方发觉。因此在古代的时候，"暗度陈仓"的军队多走一些小路或是远路。

1939年"二战"正式爆发后，法西斯头子希特勒的胃口变得更大。1940年7月，在德国的一次高级军事会议上，希特勒宣布，准备用突袭的办法进攻苏联，摧毁苏联这个大国。德军总参谋部根据希特勒的指示，开始拟定对苏联的作战计划。

五个月后，这个计划完成，被命名为"巴巴罗萨计划"。为了能够顺利拿下苏联，德国采取了一系列的欺骗手段。当初，德国曾经制订过"海狮计划"，是为进攻英国做准备的，后来因为希特勒想进攻苏联，就把这个计划放在了一边。此时，为了能够欺骗苏联，德国开始重提旧事，大肆制造德国正在实施"海狮计划"的舆论。德国把有关侵苏战争的一切准备工作和布置，都说成是为了实施"海狮计划"而采取的行动。明明是侵略苏联，却给德国士兵分发英国地图，甚至还给每个部队都派发了英语翻译。为了更让人相信他们的目标是英国，德军还在英吉利海峡沿岸集结渡海工具，进行登陆作战演习。

德军开始大规模东调，对外却宣称是为侵略英国做大规模调整和休息，实则是为了侵略苏联调集军队。

为了蒙蔽苏联的眼睛,德国还专门派人跟苏联解释大规模东调的原因。这样,"海狮计划"完全遮掩了"巴巴罗萨计划"。一切都在紧张有序地进行着,德国秘密完成了拿下苏联的军事部署,而苏联却一直对此毫无意识。

1941年6月22日,德军出动一百九十个师、五千一百架飞机突然进攻苏联。苏联因为毫无准备,边境上的重要城市、海陆空基地、交通枢纽、部队营房等在短时间遭到严重的破坏,六十六个机场遭到了空袭,损失了一千二百架飞机。苏联一下子落在被动挨打的位置,被迫向内地撤退。

虽然战争打到最后,一场神奇而正义的大雪挽救了苏联,不过在整场苏德战争中,德国确实占尽先机。

【解读】

说起这一计,很多人都会想起"声东击西"。两者确实有相似之处,都指的是虚张声势,制造迷惑敌人的假象,然后在假象下进行真实的活动。不同之处是,"暗度陈仓"是同时采取真伪两个行动,而"声东击西"是在假象的背后打击敌人,将敌人的主要目光吸引到假象上。

隔岸观火第九：袖手旁观，渔人之利

【题解】

"隔岸观火"的意思是看见对方有难只是冷眼旁观不去帮忙，在军事行动中，则意味着对方有灾难或者发生矛盾冲突时，我方应静观其变，不急于采取军事行动，等到敌方元气大伤的时候再出击，会得到意想不到的胜利。

当然，运用这一计时一定要把握好度，太急了容易引火上身，太晚了又容易错失良机，战果被别人所得。想要坐收渔利，就得看准时机再出手，这样才能保证出师必胜。《孙子兵法》说："昔之善战者，先为不可胜，以待敌之可胜。"待到机会到来时再采取行动，定能一举成功。

【原文】

阳乖序乱，阴以待逆。暴戾恣睢，其势自毙。顺以动，豫；豫，顺以动。

【译文】

在敌人内部矛盾激化、分崩离析之时，我方需静待敌方形势的恶化。届时，敌人横暴凶残，必将自取灭亡。根据豫卦的道理，顺时而动，事情就做得顺利。

【事典】

1941 年 6 月 22 日，苏德战争爆发。英国首相丘吉尔只发表了一个支持苏联抗击德国的声明，却没采取任何救助行动。因为丘吉尔虽然憎恨纳粹党，但是更仇视社会主义的苏联。在"二战"一开始时，他就希望苏德两国相互厮杀，两败俱伤，然后再由他从中取利。

苏联领导人斯大林多次跟英、美两国提出开辟第二战场，这样就可以牵制德国军队，减少苏联战场上的压力。对此，美国总统表示同意，但是丘吉尔却没有明确表态，以条件不成熟而拖延。但是此时英国人民的想法却和苏联一样，希望自己的国家履行对苏联的盟国义务。英国的知名人士和先进党派，多次要求政府在欧洲开辟第二战场。

国内外的双重压力使丘吉尔于 1942 年 7 月与美国总统罗斯福进行了会谈，但是会谈结果却依旧是让苏联和德国厮杀，两国军队在适当的时候进驻北非——而不是欧洲。最过分的是，丘吉尔居然下令停止开辟第二战场的准备工作。就这样，一年又过去了,苏联的处境可想而知。1943 年,苏联的卫国战争开始,苏军和德军展开激烈的战斗。等到这年年底,斯大林、罗斯福、丘吉尔参加"德黑兰会议"时,德国已经被苏联严重削弱,丘吉尔这才决定开辟第二战场。

1944 年 6 月 6 日,英、美两国的盟军在诺曼底登陆,宣告对德作战。这个时候,距斯大林提出开辟第二战场已经过去两年时间了。两年的时间,苏联千万人失去了生命,如果丘吉尔早点开辟第二战场,不采取"隔岸观火"的态度,苏联的损失也不至于如此巨大,而且也能缩短战争的时间,让人民少受战火之苦。毛泽东对此发表过自己的看法,他说:"英、美、法各国政府,并无诚意制止大战的爆发;相反,它们是促成了大战的爆发。……英、美、法的计划是:推动德国进攻苏联,它们自己'坐山观虎斗',让苏、德打得精疲力竭之后,它们出来收拾时局。……这些阴谋家,在西班牙问题上,在中国问题上,在奥地利和捷克问题上,不但并无丝毫制止侵略的意思,而且相反,纵容侵略,挑拨战争,使人为鹬蚌,己为渔人,美其名曰'不干涉',实则是'坐山观虎斗'。"

"隔岸观火",通常泛指一种侥幸心态。即使前方火势再大,烧不到自己便乘兴欣赏火势,多为贬义。通常在战争中,两军打仗,第三军保持中立态度,看着两军交战,便是动的"隔岸观火"从中取利的心思。

1966 年 1 月,印度总理夏斯特里突然去世。消息一传出去,印度政坛风起云涌,各个派别纷纷推举代理人角逐印度新总理的职位。当时,最有资格争夺总理位置的是国大党资格最老的德赛和代理总理南达。尼赫鲁之女英迪拉也想竞争总理之位,但是她的政治实力并不是很强大。她没有对外表示自己的野心,只和她的幕僚们表示了自己想要参加总理职位角逐的决心。她认为对手实力强大,现在争夺不是时候,要暗地里观察,等到角逐双方两败俱伤的时候再出击。果然不出英迪拉所料,德赛凭借党派实力和资历骄横固执,根本不愿意与其他人分享权力。他的表现很让人失望,尤其是伤害了国大党派中辛迪加派的感情。辛迪加派在党内实力较大,而且非常善于幕后操纵。如今他们对德赛不满,便打算物色新的候选人。而代总理南达也不是省油的灯,他与德赛明争暗斗得特别激烈,准也不肯退步。英迪拉因为没有表现出要争夺总理位置的意思,所以没有人向她发难。就在德赛跟南达争夺得你死我活的时候,英迪拉展开了攻势,她以尼赫鲁之女的尊贵身份出现,再加上社会以及各党派人士对她没有什么厌恶的情绪,使她具有了后来居上的政治优势。她得到了辛迪加派的支持,又笼络了国大党内部大多数人。最终南达退出了竞选,而骄横的德赛却对英迪拉大肆攻击谩骂,企图在英迪拉反击的时候抓住其破绽好大做文章。但是英迪拉没有反击,一直保持着谦谦君子的风度,让很多人对其大加赞赏。

不久之后,英迪拉被选为印度的新总理。英迪拉之所以能够竞选成功,成功之处就在于她在处于劣势的时候,不露出自己的意图,隔岸观火,等到政敌斗得你死我活再果断出击,在各方势力之间巧妙周旋,博得支持,最终登上了总理的宝座。

无论是在战争中，还是在政治、商战以及生活中，"隔岸观火"之计的运用都无处不在。如果按人道主义而言，隔岸观火是一种不可取的态度，但如果依切身利益为准的话，隔岸观火也未尝不可。

【解读】

　　"隔岸观火"，就是看到对方出现危难的时候，采取静观其变的态度，借机从中取利。想要"隔岸观火"，就必须有"岸"，有"火"。"岸"暗指距离，而"火"就是灾难，或者困难，或者两方相争的僵局。在一般情况下，在自己不宜出战、无力出战或者不便出战之时，都可以采取"观"的态度。

笑里藏刀第十：笑以待人，刀藏其内

【题解】

说起"笑里藏刀"，人们就会不由自主地想起"口蜜腹剑"这个词。这两个词有相近的地方，都是形容表面一套背后一套。在军事方面，此计大多用在政治外交方面，通过伪装麻痹对方，掩饰自己的真实目的，友好的表面之下往往暗藏杀机。从古到今，这条计策多用于军事中的游说，其代表人物包括春秋战国时期的苏秦、张仪等人。但是在为人处事上，最好不要用笑里藏刀的小聪明，因为这样很容易造成人际关系的紧张。

不管怎么说，笑里藏刀都是一种很好的伪装术。它使别人看不出你的真实想法，起到麻痹对方的作用，此外笑里藏刀还含有阳奉阴违的意思。

【原文】

信而安之，阴以图之；备而后动，勿使有变。刚中柔外也。

【译文】

设法使敌方相信我方是友好的，从而对我方放松戒备；我方则暗中策划，积极准备，伺机而动，不让敌方有时间察觉以及采取应变的措施。内中刚强而外表柔顺，这是坎卦的原理。

【事典】

在明朝的明武宗时期，兵马提督江彬心怀异志已久，被武宗察觉。于是武宗在去世前下了一道遗诏，下令解散威武团练诸营，入卫京师的所有边兵全部迁回原地。明武宗去世后的一段时间里，朝廷大事都是由大学士杨廷和主持。杨廷和入禀太后后，公布了遗诏的内容。此时，江彬因为改组团营，非常繁忙，根本不知道武宗死了。等他接到遗诏后，立刻与几个心腹商量下一步该怎么做。有的人说最好趁此机会起兵造反，但是江彬觉得不妥，便派自己的心腹许泰先进宫里打探消息，再做研究。

徐泰的到来在杨廷和的意料之中——"无事不登三宝殿"。几番寒暄后，杨廷和笑着说："许大人你来得正好，皇上仓促晏驾，事情诸多繁染，不好处理，本来要请很多人来协调办理，但是又看到遗诏的内容，这些事情还得仰仗江提督多多帮忙，所以也没来得及及时通知,还望许大人见谅。"许泰看见杨廷和态度诚恳亲切,也就打消了内心的疑虑,回去向主子复命,说朝廷方面对江彬的野心毫无知觉。

许泰走了以后,杨廷和立刻与几位志同道合的官员密议,决定捉拿江彬。杨廷和把自己的想法托人秘密告知太后,太后也应允。后来,杨廷和又遇到江彬一次,仍然态度恭敬地与其说了内阁的情况,江彬看他这样客气,也就没有多想。

不久后的一天,江彬带着一些卫士前往大内。魏彬已经在门口等他,看到他来,急忙迎上前说:"坤宁宫正届落成,今天修建屋脊,昨天太后下了懿旨,派大员和工部来祭祀,江大人你来得正是时候。"江彬一听非常高兴,立刻换了衣服进去祭祀。等祭祀完毕,江彬又遇到了张永。张永是杨廷和的心腹,他格外热情地招待了江彬。酒至半酣的时候,忽闻太后懿旨到,江彬才知道太后是要捉拿他,立刻跨马而逃。因为事先有准备,江彬很快被擒入狱。杨廷和用微笑的面容、平和的语言让江彬失去了警觉,最终擒获逆贼,平定了局势。

不论是打仗,还是处理事情,都不要被甜言蜜语冲昏了头脑,一定要谨防笑脸背后隐藏的杀机。"笑里藏刀"还多次被用在军事政治与外交伪装上。

"二战"期间,英美盟军在诺曼底成功登陆,开辟了对德第二战场,预示着德国法西斯败局已定。因为经历了太多的战争和杀戮,德军内部反战情绪急速蔓延,很多人都看到了法西斯已经走到了穷途末路,只有以希特勒为首的纳粹死忠分子还在竭力维持法西斯统治。为了尽快结束这场注定失败的战争,柏林陆军部办公室参谋长施陶芬贝格决定谋杀希特勒。这位参谋长在战争中失去了一只眼睛和一条胳膊,他打算杀死希特勒以后接管德国军队。但是想要谋杀希特勒,首先需要接近他。希特勒平常住在元首山庄,戒备森严,潜入行刺是根本不可能的,只有靠其他办法。后来,施陶芬贝格听说希特勒因为集中营里千百万劳工暴动而费脑筋,他的脑海立刻浮出了一个办法。施陶芬贝格拟定了一个代号为"女武神"的计划,内容就是关于如何镇压外国劳工的。他想,有了这个计划,希特勒一定会接见他。

果然不出施陶芬贝格所料,不久,元首山庄打来电话,让他去晋见希特勒。希特勒看完"女武神"计划之后大加赞赏,让施陶芬贝格尽快拿出详细方案。看着这个为战争失去一只眼睛和一条胳膊仍为他分忧的年轻军官,希特勒内心不禁又产生了几分喜欢。这次的顺利晋见更加坚定了施陶芬贝格刺杀希特勒的决心。一个月后,施陶芬贝格拿着详细的方案又去见了希特勒。

这一次,施陶芬贝格的包里除了带着详细的"女武神"计划以外,还有一枚定时炸弹。希特勒对他很热情,也对其方案表示肯定。施陶芬贝格很谦逊地说着"请元首修改"等客气话,但是却没有引爆定时炸弹。因为希特勒的两个死党都不在,他想用一颗炸弹结束这三个魔鬼的性命。不久,希特勒又一次召见了"女武神"计划的全部拟定者,但是会议仅仅半个小时就结束了,炸弹没来得及引爆。

为了使谋杀计划更加完美,再加上原来的失败教训,施陶芬贝格为下一次谋杀做了更充分的准备,甚至拟好了逃跑的路线。几天后,施陶芬贝格去元首山庄参加由希特勒主持的军事会议。会议开始前，他以换衬衣为借口来到卧室夹破引爆的酸液信管，然后就去开会。他偷偷把包放在了桌子底下，并且尽量把包往希特勒的方向放。距离爆炸还有五分钟的时候，他悄悄离开了会议室，按照拟定好的线路离开了元首山庄。但遗憾的是，这枚炸弹没有炸死希特勒，只是让其双腿受伤。原因是一位军官无意中将包挪动了地方，炸弹威力被削弱，希特勒侥幸逃过了一劫。虽然谋杀失败，但是施陶芬贝格的行动本身却无疑是"笑里藏刀"。而且希特勒被炸伤以后，都没有怀疑"忠心耿耿"的施陶芬贝格，而是怀疑是外国劳工所为。

虽然"笑里藏刀"颇有贬义，多用指不义之士或奸商宦官之流，但是无论在乱世还是当代，一个人要想成功，前行之路往往并不平坦，因此害人之心不可有，但防人之心不可无。

【解读】

作为三十六计之一的"笑里藏刀"经常被人当作贬义词使用。这一计运用简单广泛，不需要怎么学习就可以掌握。因为笑是人类的一种表情，很容易掌控。"伸手不打笑脸人"，所以"笑里藏刀"这一计屡试不爽，很少有人可以意识到笑容背后的危机。

李代桃僵第十一：投桃报李，弃车保帅

【题解】

"李代桃僵"原比喻兄弟互相爱护互相帮助，后转用来比喻互相顶替或代人受过。此计用在军事上，指在敌我双方势均力敌，甚至敌强我弱的情况下，用较小的代价，换取较大的胜利的一种谋略。古人云："两利相权从其重，两害相衡趋其轻。"这很像象棋中"舍车保帅"的战术。

此计有以下五种含义：

1.丢车保帅。象棋中，有时候为了保住帅，宁可丢掉最有攻击力的车。

2.弃子争先。围棋中，古人有"逢危须弃"的要诀。从表面上看，弃子是失去了一些棋子，但实际上这样却有利于占据先手，达到全盘棋活的目的。此法亦具有普遍适用性。

3.忍痛割爱。壁虎在其尾巴被捉时，会猛力挣断尾巴以求逃生。尾巴断掉是多么大的疼痛，但是跟活命相比，这些疼痛是算不了什么的，相对于人来说，忍痛割爱更容易做到。

4.抓替罪羊。这是一种阴险的手段，自己有罪，却强加在别人的头上，让别人代己受过，这样自己便能逍遥法外。

5.代人受过。自己身边重要的人遭逢灾难的时候，自己主动帮他承担一些，这是一种牺牲自己的行为，当然，不一定牺牲自己就是好的，还是根据具体情况而定。

【原文】

势必有损，损阴以益阳。

【译文】

当局势发展到必然有所损失时，应该以牺牲局部来换取全局的胜利。

【事典】

春秋末年，齐国的大权落到了大夫田成子手里。但是因为田成子不具有皇族血统，上台就显得名分不正，所以国内怨言四起，其他诸侯国对此也很不服气。有一天，越国就以田成子谋逆篡位为借口，出兵攻打齐国。这个时候，田成子慌了，急忙召集心腹商量该如何退敌。由于人多口杂，意见难以统一。有人说越国欺人太甚,我们应该全民出动抵抗越国;有人说我们不可以倾城出兵,因为现在国内怨言四起,民众是不会效力的;有人说,不如割几座城池给越国,他们也许会退兵。

他们提出的这些方法其实都不能够真正解决问题,由此田成子非常苦恼。这个时候,他的哥哥完子站出来说:"我有一个好办法,大王请让我率领一批贤良之士出城迎战,我们会拼命地打,但最终还是要战败,并且人人都要战死,这样,越国就会退兵。"这席话让在场所有的人都震惊了。

田成子也对他的话表示不解:"你为什么要带着一批贤良之士出城迎敌呢?"完子回答说:"王弟你刚刚拥有了齐国,老百姓不知道你治国的本领,有些目光短浅的人说你是窃国大盗。所以你让老百姓去战斗,他们不一定会卖力气。只有那些贤良之士,他们觉得自己国家被越国攻打是蒙受了耻辱,才愿意全力出战。"田成子又问:"那为什么要战败,并且全部战死呢?"完子说:"越国出兵齐国,无非就是想捞个'正义'的名声,在诸侯国面前抖抖自己的威风。他们其实没有能力吞并齐国,我带着贤良之士出兵抵抗,战败并且战死,叫作'以身殉国'。我是大王的兄长,越国的人一看杀死我了,觉得他们的威风也赚够了,而且看见齐国还有这么一批肯为大王您效力的勇士,一定会有惧怕之心,所以他们一定会退兵的。"

田成子听完之后感动得流下了眼泪,他虽然觉得这样的方法很可悲,但是又苦无良策,于是只能这样去做。果然,一切都和完子说的一样,他所带的贤良之士全部战死,越国退兵,齐国转危为安。

姜维

在这个故事里,完子在权衡利弊之后,果断地做出以身殉国的决定。他用李代桃僵的办法,使齐国避免了一场灾难。而齐国正是通过完子的舍生取义,最终才免受灾难。

当灾难无法避免的时候,总需要有人适时站出来承担责任并且解决问题。通常这都会是非常艰难的任务,但只有这样,方能体现出其忠肝义胆为国捐躯的觉悟。

《三国演义》第一百一十四回中姜维弃粮胜魏兵就是典型的"李代桃僵"的案例。蜀将姜维听说司马昭杀了曹髦又将曹奂立为皇帝,于是就以司马昭弑君为由,发兵兴师问罪。他率军兵分三路杀入祁山,当时祁山由司马昭手下的大将邓艾驻守。邓艾手下的参军王瓘假装跑到姜维这边投降,姜维虽然表面接受了他,但是心里却并不信任他,于是就让人暗中监视他的动向。果然,不久他们就抓住了王瓘的小尾巴。

王瓘派去给邓艾送信的人被姜维抓住,姜维就将送信的人杀掉,又将信里面约定的时间做了修改,提前了五天,然后派人把信送给邓艾。邓艾接到了"王瓘"的书信,立刻写了回信告诉王瓘,到了"约定"的日期自己会亲率五万精兵到坛山谷中去。邓艾虽然为人谨慎,但还是中了姜维的圈套。等到他明白过来的时候,已经进入了埋伏圈,幸亏他急中生智,丢弃坐骑混在步兵里才跑掉。

姜维虽然诱使邓艾中计,但是没有封锁住消息,王瓘听说事情败露,一咬牙一跺脚就烧掉了姜维军中的粮草,不往自己的根据地突围,反而是往蜀兵的大本营杀去。这一做法让姜维难以料想,为了保住蜀军大本营,他只好舍弃掉快成为"盘中餐"的邓艾,而是去追杀逃跑的王瓘。王瓘怕被追上,就将沿途的栈道和关隘尽皆烧毁,但最终还是被姜维追上,投江自尽。姜维感到非常生气,就把王瓘的部属全部活埋。在这场战事中,姜维造就了杀敌一万自损三千的局面,只好眼睁睁地看着伐魏的大好局面丧失掉,灰溜溜地退回蜀国。

有时候战场上的较量是殊死的较量,很多时候,为了保证大局,不得不牺牲一小部分人。这便是"李代桃僵"。

【解读】

在象棋战术中,有一招叫作"弃车保帅",说的是为了保护主要人物,在出现问题的时候,将责任推到次要人物身上,让其承担沉重的后果。用在军事上,就是"李代桃僵"这一计。"李代桃僵"的本质意思就是用较小的代价来换取巨大的胜利,当然,使用这一计的前提是敌我双方势均力敌或者敌众我寡。

两军对峙的过程中,势均力敌或者敌众我寡的情况是经常出现的,这种情势并不代表没有取胜的机会。如果指导思想正确,就可以把军队的劣势变成优势,取得战争的胜利。打仗和经商一样,要会"算账",最终的获利才是真正的获利,不能只看眼前,而要懂得趋利避害。田忌赛马的故事大家都知道,在自己的马总体不如齐王的情况下,却最终取得了胜利,就是因为其谋士孙膑比较会"算账"。古人云:"两利相权从其重,两害相衡趋其轻。"能够以极少的损失换取很大的胜利,这是非常值得的。

顺手牵羊第十二：取夺微小，顺势而变

【题解】

"顺手牵羊"比喻意外获得的某种便宜,而且这样的便宜是"得来全不费工夫"。有时候,"顺手牵羊"被用为贬义,说某些人贪小便宜,为人不够君子,经常从别人身上取得意外的收获。但是作为一种计谋而言,它就不算是贪小便宜了,而是认真寻找出对方的漏洞,借机利用,最终自己从中取利。

古人云:"善战者,见利不失,遇时不疑。"意思就是要抓住战机,乘隙争利。这也是"顺手牵羊"的一种表现。

【原文】

微隙在所必乘,微利在所必得。少阴,少阳。

【译文】

即使是敌人出现的极小的漏洞也必须乘机利用。即使是再微小的利益,也要力争获得。变敌人的小漏洞为我方的小胜利。

【事典】

晋朝时期,北方的前秦日渐强大起来,他们打算迅速消灭东晋司马氏政权,然后一统天下。公元383年,前秦国君苻坚打算率军九十万入侵东晋的边境。他先命令弟弟苻融攻下寿阳,首战告捷。苻融根据观察,认为东晋兵力不多,而且严重缺粮,所以建议苻坚快速进军东晋。苻坚听到这个消息之时,他的百万大军还没有聚齐,但是又不想错过机会,就率着几千大军匆匆赶到寿阳。

东晋将领谢石得知前秦的百万大军并未聚齐,而且晋军目前士气正高,所以打算与秦军速战速决。他先派大将刘牢之率领精兵五万杀了前秦守将梁城,刘牢之不负众望,乘胜追击,给前秦军队以重创。而后,谢石率领大军顺淮河而上,抵达淝水,与前秦军队隔岸对峙。苻坚见东晋阵势严整,立即命令坚守河岸,等待后续部队。

谢石手下的部将谢琰说:"苻坚骄傲自大,不如我们写一封信给他,要求秦军先退一步,等我军渡过淝水后再行交战。还要再写上,如果他不愿让出一块交战的地盘,那就说明他害怕我们,甘拜下风了。另外,我们要事先在秦军中布下探子,这样我们就一定能够取得胜利。"谢石认为这样可行，于是就写了一封信到前秦军营中，而且还偷偷派人潜入苻坚军中。

苻坚看到了这封信，非常高兴，对手下人说："晋军要求渡河而战，我们就假装答应他们。等到他们渡河渡到一半的时候，我们的骑兵就冲出来杀了他们，让晋军个个成为水鬼。"有了这样的谋划之后，苻坚就回信给谢石，表示同意渡河作战。

第二天，苻坚就在淝水岸边布置人马，等待晋军渡河。因为前秦的这些军士都是被强征入伍的，非常厌战。这时，苻坚下令后退，他们求之不得，恨不得手脚并用，都拼命地往后跑着。

于是，撤退的秦军非常混乱，车、人、马相互冲撞，乱成一片，此时，混入秦军中的晋军探子看时机已到，就高喊道："秦军败了，快跑啊，晋军渡河杀过来了！"这一喊，秦军人心惶惶，整个都大乱了。

这期间，苻坚多次下令停止后退，但是根本不起任何作用。晋军看到秦军惊慌失措的表现，就迅速渡河，奋勇拼杀。在混战中，苻坚的弟弟苻融被杀，苻坚自己也受了伤，秦军全线溃败。

淝水之战中，晋军运用的就是顺手牵羊的办法，从而以少胜多。秦军后撤对于自身的实力来说并没有什么损耗，但是晋军探子在秦军慌乱之时乘机煽风点火，大肆喊叫"秦军败了"。秦军不知真假，都慌乱而逃。而晋军抓住战机，乘虚而入，取得了最终胜利。

在这里，"顺手牵羊"的"羊"说的就是薄弱环节。历史上有很多战争都是利用敌方的薄弱环节，抓住时机，进而取得意外成功的。

解放战争时期，我军对石家庄发起了总攻。解放军三、四纵队分别从东北、西南两个方向进攻，约定最终在石家庄守敌司令部大石桥汇合。某天黄昏，第三纵队一个班的九人在进军的过程中发现了一座公寓。这座公寓的窗户部分已经被砖头封死，只留下蜂窝状的射击孔。

这明显就是国民党设计的防御工事。班长张惠风看看手表，对其余八个人说："离我们预定的到达大石桥的时间还有一个小时，这个寓所里一定有敌人，我们先偷袭这里，顺手牵羊捞他一把。这可是块大肥肉。"战士们都表示同意。

一行九人偷偷来到公寓的墙根下，先绕着墙根走了一圈，发现有一扇门已经被砖头封死了。他们轻手轻脚地把砖头拆下来，果然，这扇门就是通往室内的。大家轻轻地进入门内，发现公寓二楼的一个房间亮着灯，里面有敌人在开会。张惠风带着大家以迅雷不及掩耳之势冲了进去，把枪口对准了敌人。因为他们出现得太突然了，敌人都没有反应过来。后来，有个军官反应过来，掏出枪对着张惠风射击，但是解放军战士眼疾手快，还没等他开第二枪，就把他击毙了。

张惠风持手榴弹跳上桌子，大声喊："我军已经包围了石家庄，你们如果反抗的话也只有死路一条。如果你们放下武器，我敢向你们保证四点：第一，保证你们的生命安全；第二，我们不没收你们的私有财产；第三，我们优待俘虏；第四，如果你们有人想要回家,我们发放路费。"张惠风说完这些话,室内鸦雀无声。

"啪!"一支枪扔在了地上,"啪啪!"又有两支,不一会儿,地上就堆满了枪。张惠风对敌人大声喝道:"排好队,一个一个走下去。在楼下集合。"于是这些敌人都排成一队,来到楼下。战士们一清点,居然有三百五十人之多。而后,他们把这些敌人交给后续部队,又往大石桥的方向赶去。

善于战斗的人,都非常注意把握机会。在战争中,机遇是很重要的,我们一定要注意抓住敌方的疏漏之处。

实行这一计的时候一定要注意"顺"字,是顺路或者顺手的,得到也是顺便的。不能顺的情况下尽量不要强行取用,否则会对整个事情产生莫大的影响。当然,"牵羊"的时候也要注意,天下没有免费的午餐,一定要看看"羊"是不是敌人的诱饵,小利终究是小利,不能代替主要目的,千万不要因小失大。

【解读】

"顺手牵羊"在日常生活中经常被用来比喻扒手(小偷),但在三十六计中则是一条上策。虽然说其中有不义、贪小便宜之嫌,不过在战争中也有一句话叫作"对敌人心慈手软,那就是对自己残忍"。

打草惊蛇第十三：牵发动身，险藏其内

【题解】

蛇是一种让人忌惮的动物，从古至今，人们都将其视为贬义词。而"打草惊蛇"之计则是从人对付蛇的方法演变而来的，其一指对方为隐藏在暗处的敌人，在不明对方的意图时，先主动攻击而让对方措手不及；其二是以佯攻助攻等方式"打草"，引敌出洞，然后乱棍打死，聚而歼之。

以下都为此计的妙用方式：

1.打草惊出蛇，也可称为投石问路、引蛇出洞，蛇只有在感觉到危机的情况下，才会失去冷静，贸然出击。而当其出现在众目睽睽之下时，消灭它便轻而易举了。

2.打草惊跑蛇，用棍子在草中随意挥舞，蛇会以木棍为目标，可能随棍而上，或者逃离。这种方式可以将蛇吓跑或者发现蛇，并且大大降低了危险性。用棍子驱赶，让敌知难而退。

3.打草惊醒蛇。比如说甲乙是绑在同一条船上的蚂蚱或者是一种唇亡齿寒的关联状态，当甲受到我方打压，乙会有所忌惮，这种威慑力可以让乙知难而退。

【原文】

疑以叩实，察而后动。复者，阴之媒也。

【译文】

发现可疑情况就要弄清实情，洞察了实情以后再采取行动；反复侦察，了解敌方的情况，是发现阴谋的重要方法。

【事典】

春秋战国时期，中山国只是一个乱世之中的小国。当时国王的两名爱妃阴姬和江姬一直在争宠，都想要做皇后，她们私下里钩心斗角，争夺十分激烈，并且已经逐渐进入白热化阶段。而中山王的谋臣司马喜看到了机遇，一个谋求更好发展的机遇。

司马喜暗中求见阴姬，开门见山地对她说："阴姬嫔妃，卑职认为争王后是一件大事。成王败寇，成了必定一生有享不尽的山珍海味，可谓锦衣玉食；但若败了，不说遭尽人情冷暖，恐怕连自家的性命都保不住。所以卑职认为您最好趁此决定，要么放弃这个念头,要么就一举成功。"

阴姬听完之后,看着司马喜郑重道:"我要做王后,愿司马先生成全!"

司马喜见她如此上道,点头道:"微臣愿助王后一臂之力。"

阴姬十分感激地说:"先生若能助我成功,我必厚谢先生!"司马喜早已经有所打算,并且有了计划,两个嫔妃谁更识大体便助谁一臂之力。很显然,他选择了阴姬。于是,司马喜开始按自己的计划行事,写了一份奏章给中山王,说他有一个削弱赵王的想法。中山王便接见了他,司马喜说出了自己的计划,并且自告奋勇请求让他以使者的身份去一趟赵国,趁游山玩水之际考察赵国的山川地形、军事设施、君臣好坏、人民贫富,并以其为标准,取其精华、弃其糟糠,拟定一份治国安邦的良计。中山王很欣慰身边竟有如此王佐之才,当即准许了他的请求。

司马喜很快便到赵国拜见了赵王,寒暄过后随即转入正题,司马喜说:"我素闻赵国是人杰地灵之地,可未想竟没发现佳丽。我一路过来观赏,也并未看到特别出色的。"赵王虽然有些不耐烦,但这个话题正中其下怀,于是便示意司马喜继续说。而司马喜则开始吹捧:"可能是我周游列国吧,跑的地方多了,美女见得多了。不过有一奇女子,乃是老夫生平所未见,沉鱼落雁,闭月羞花,可谓是倾国倾城之佳丽。她就是我们中山王的爱妃阴姬。"

赵王听得心花怒放,但知道美人的身份后却略有遗憾,不过他本是好色之人,此刻犹如望梅止渴,最终还是急不可耐地露出意图:"你若将她带到赵国,孤有重赏。"

司马喜面露难色地说:"虽然她现今只是嫔妃,不过却集万千宠爱于一身。所以我不能对大王做出承诺,毕竟我是他国的臣子。不过我会尽心替大王去做的。"赵王龙颜大悦,送其走时还不忘嘱咐,显得十分期待。

司马喜回国后,便将一路的所见所闻全盘托出,当然也将赵王的好色添油加醋地说出来。他义愤填膺地对中山王说:"赵王听闻我国有佳人,当即面露豺狼之色,甚至准备预谋阴姬,想让阴姬做他的妃子。"

"这个荒诞无耻的畜生!"中山王气得大骂。

司马喜看中山王龙颜大怒,赶忙劝解道:"大王息怒,而今赵国的军事实力比我们强大太多,如果交恶的话,恐怕是以卵击石。况且为了一红颜,损失千军更是得不偿失。所以假如赵王来要阴姬,恐怕我们只好送给他了。但倘若我们送了,以后只会招致其他强国的欺压与讥笑,讽刺我们中山国懦弱无能。"

中山王也被说糊涂了,便问道:"爱卿,你说这可如何是好?"司马喜如此大费周章就是等着这句话,连忙献计道:"如今有一办法既可不战而屈人之兵,又不会被天下百姓所耻笑,如果大王立阴姬为王后,便断了赵王的念想。即使赵王再色胆包天,也不会去抢别国王后做妃子吧!"中山王拍案叫绝,点头允诺,就这样,阴姬终于登上王后的宝座。

通观整个故事,所谓的草是指赵王,而所谓的蛇则是中山王。因为司马喜的打草，让中山王这条"蛇"有了警觉，起到了警示作用。所以最终一切都如司马喜所料，阴姬被其顺利扶上王后之位。实行此计的时候，必须准确抓住"蛇"的心理，否则就会被蛇反咬一口。

在现代商战中，如果有两家竞争公司，对方一直在密谋策划什么产品，但当我方用一些计策进行试探时，对方就会显露出一些问题，从而我方就可以寻找其细节上的破绽。

【解读】

"打草惊蛇"，顾名思义，就是用竹棍去打附近的草，而躲藏在草丛里的蛇则会被惊扰，从而现出原形。这一道理能够被广泛地运用在各个行业中，而蛇则可以泛指危机以及阴谋等。

借尸还魂第十四：抓其腐朽，为我所用

【题解】

在古代封建迷信思想中，人们认为人是有灵魂的，而且如果人有怨恨或者大仇未报之时，他的灵魂便会附于他人的身上或者尸体上而复活。而这也让很多的神婆、神棍等有了可乘之机，他们经常宣称是某某神仙转世、某某天神下凡为人指点迷津等。这个词语在现代用来指曾经被消灭或被时代淘汰的事物，再以新的方式和形象重新出现。

这种借尸还魂的现象在改朝换代的时候出现得更多。古人很喜欢师出有名，很在乎名望与众望所归，在其自身难以服众之时，便假称为亡国之君或当代名人的子嗣。用今天的话说，就是打着别人的旗号招摇撞骗，号召天下。此计在军事战争中并不常见，其影响力更多地展现在政治和思想上。

比如当初陈庆之的白袍军队曾经显赫一时，变成了一种神话。而在几年后，又出现一支同样的白袍军，由于前者的神话意味太过浓郁，以至于其只要出现便烧香拜佛，成为一种精神寄托。这种现象，无论在古代还是现代都比比皆是。

【原文】

有用者，不可借；不能用者，求借。借不能用者而用之，匪我求童蒙，童蒙求我。

【译文】

有用的，不可以利用，是因为我不能控制；不能利用的，要去利用，是因为我可以控制。利用不能利用的并顺势控制它，这不是我受别人的支配，而是我支配别人。

【事典】

秦末年间，秦二世昏庸暴戾，朝堂上宦官当道，百姓民不聊生，这种长时间的压榨终于让民众彻底愤怒了。当时广为流传着一句话"欲为乱者，十室有五"，这就说明了大众对秦政权的绝望以及反秦的愿望。不过。即便秦朝已经如此腐败不堪，但起义反秦是大事，需要有强有力的领导者和组织者，否则难成气候。

当时秦朝征发徭役时，规定凡是不能按时到达的戍卒，一律处斩。于是百姓的生存状态几乎就是"人为刀俎我为鱼肉"。当时陈胜、吴广被派遣到渔阳戍边，途经大泽乡时天降暴雨，路被淹了，一连耽搁了好多天，他们盘算着是无法按时到达渔阳了。陈胜、吴广心想：即使连夜赶路到达渔阳，也难逃一死，还不如拼死一搏，谋条活路。而同行的戍卒们也有这样的想法，横竖都是死，不如战死沙场来得痛快。

陈胜知道自己出身卑微，大家同是戍卒，必然无人听其号令。而当时有两人是民心所向，前者是秦始皇的大儿子扶苏，此人温良贤明，但已被阴险狠毒的秦二世杀害了，老百姓却并不知情；后者则是楚将项燕，其战功显赫，爱兵亲民，在当时威望极高，但在秦国统一后便不知所踪。于是陈胜便想以两人的名义开始起义，希望获得大家的拥护。

陈胜利用人们的封建迷信心理，开始对自己的造神运动。有一天，军士正在做饭，在切鱼时发现鱼腹中有一丝帛，只见丝帛上写着"陈胜王"三个大字，这件事很快在军营中传开。一计之下还有一计，陈胜指使人在入夜后于旷野荒庙中学狐狸叫，士兵们在不远处的军营里就隐约听到天空中传来"大楚兴，陈胜王"的口号。这下子，众士兵开始真正地信服陈胜，因为这是天意，一定是"天意"让他来领导大家的。

陈胜、吴广见时机已经成熟，便亲自斩杀了朝廷派的将尉。就这样，所有人都被绑在一起，变成了一根绳上的蚂蚱，必须揭竿而起。陈胜说："如今我们杀了朝廷官员，秦朝一定会派大兵前来，大家逃的话也是死，不如和他们拼个你死我活，就是死，也要死出个样儿来。"众人振臂欢呼，群情激奋。从此陈胜自封将军，封吴广为都尉，掀开了起义的序幕。在攻陷大泽乡之后，天下将士都纷纷来投奔。他们所率领的起义军也是节节胜利，所向披靡。后来陈胜自封为王，定国号为"张楚"。

在陈胜、吴广举起叛秦大旗，率先发难之后，各路义军也纷纷群起响应。在陈胜不幸战死之后，楚国项梁开始谋划推举楚王的事宜。项梁是名门之后，当时他有自立的想法，但谋士范增进言说："当初楚怀王被骗至秦国，最终惨遭毒手，天下皆为此抱不平。而今倘若主公自称为王，难以服众，不如找楚王的后人来做楚王，这样不仅能笼络人心，还可以吸引各地起义军前来归附。"项梁听从了范增的意见，就命人寻找楚王的遗孤。后来，终于找到了楚怀王的孙子——一位牧羊童。

项梁率先作表，为这位牧羊童登基造殿，仍称为楚怀王。这一举动的意义非同凡响，彻底地鼓动了百姓的信念，让大家看到了反秦的希望，同时。各地起义军也数量大增，形成了天下倒秦的强大声势，这一举动便加速了秦朝的灭亡。

无论是古代还是当今社会，这种思想束缚都存在着，如果说一个无名小卒想自立为王，大家肯定不会对其听而为之，而且还会骂其狼子野心。而换另外一种方式，以拥护一位贤主为由头，大家便会甘心为他卖命。

19世纪末期，帝国主义列强再次掀起瓜分中国的狂潮，中华民族面临着空前严重的危机。当时康有为、梁启超等仁人志士明白，中国必须革新变法，因为当时国家已经危在旦夕，如果不变革的话，随时可能沦为殖民地。

但是由于封建传统、愚民思想根深蒂固,大众对革新变法并不热衷,甚至并不理解为什么要这么做,他们更习惯于一成不变的惯性思维。当时清政府中的老顽固派竟然大言不惭地说着"天不变,道亦不变"的陈规,甚至还喊出更加令人匪夷所思的口号:"宁可亡国,不可变法。"

在政府反对、民众一无所知的状况下,康有为的革新变法面临着无法逾越的政治压力以及社会的不认同。在这种情况下,为了民族之振兴,中华之崛起,康有为便想到用借尸还魂这一计策来"伪装"革新变法,简单地说就是将新法变成古法,称其为古训。

聪明的康有为甚至为此编写了一部名叫《孔子改制考》的书。但凡有常识的人可能会立刻指出其缺点,因为上古时代根本没有文字和书籍,今天又怎么能了解当初的情况呢?但是国人骨子里却有一种"荣古而虐今,贱近而贵远"的迷信上古的因子,所以他们相信这一说法。

康有为在后来谈到《孔子改制考》一书时诚恳地说:"我是一位黎民百姓,很普通的那种,所以若公开革新变法,别人会拿我当疯子抓起来。所以不如议古论今,更具有说服力,用古代圣王来倡言变法改制,这样更容易让大众接受,又可避免不测之祸。"康有为此举就将备受尊崇的孔子塑造成了革新改制的祖师爷,意义深远。

虽然戊戌变法最终没有成功,但是康有为这种不畏强权的精神,和在变法改制前实施的"借尸还魂"谋略,都不能不令人叹服。

"借尸还魂"之法在封建迷信时期大行其道,在战乱年代不知有多少人为这一计策卖命。正因为从古至今,国人都信奉着"师出有名"这一传统观念,所以无数谋臣、枭雄才强加利用这一计策,真可谓"一将功成万骨枯"。

【解读】

"借尸还魂"是一条很高深的谋略,通常指很多已经消失或已死的事物采用新的方式死灰复燃。从长远意义上来说,当我方处于被动地位或面临失败的局面时,利用一切有利优势逆转乾坤,争取主动,实现原先的意图,都可视为"借尸还魂"。

每个人一生中都不可能是常胜将军,但失败过后却有两种态度:第一种是比较常见的一蹶不振,自暴自弃,自甘堕落;第二种则是卧薪尝胆,总结经验待东山再起。很明显"借尸还魂"就是后者的谋略。此计策被广泛应用在政治、经济、外交、军事等领域。尤其是在朝代更替的特殊时期,起义军们大多打着已故君王的子嗣的幌子,因为在中国打仗讲究师出有名,所以打起前朝的旗帜号令天下,便是典型的"借尸还魂"。

调虎离山第十五：牵其强势，攻其敌后

【题解】

"调虎离山"是三十六计中经典的一计，所谓天时地利人和，这一计策就是将对手从这些优势中诱导出来，以减少对自己的威胁。比如在战争中，当敌军占领有利地势（诸如关卡、山险、江河等），并且兵多将广之时，我方就应将敌军诱出固若金汤的地利中，并且要趁机将敌诱入对我方有利的地区，这样才能取胜。这一计在政治斗争中用得最多，并且一代又一代，渐渐神化。从具体的应用中，我们可以看出，这条计策是一个阴险的谋略。

在两军对阵时，如果占据了有利地形，就有一夫当关，万夫莫开之势。就像《十一家注孙子》中所说的："兵得地者昌，失地者亡。地者，要害之地。"所以，对在有利地形上盘踞的敌人，不可以强攻，要设法使他离开，使他处于不利的环境中，再一举歼灭。这是一种调动敌人，以便加以消灭的计谋，其中，"调"字是关键，也是难点。运用此计一定要审时度势，因势利导，要调得灵活、巧妙。

"调虎离山"中的"调"有以下几种方式：

1.真假不辨。用真真假假来迷惑敌人，在假中带着真，让其从根本上判断失误，引敌上钩，将敌人步步引入埋伏。最终将其剿灭。

2.巧言善辩。两军对战时，主将是尤为重要的核心。也因为是核心，所以这些人在性格上难免自负、恃才傲物。如果我军用言语冷嘲热讽，故意激怒或者蔑视对方，就容易让其丧失理智，从而做出一些不好的事情。

3.诱之以利。用财色或者任何使对方无法割舍的东西，诱骗他们离开其赖以生存之地。比如曹操以徐庶之母来要挟徐庶，徐庶便只能含泪辞别刘备北上奔曹营。

4.挑拨离间。避害同趋利一样，都是人的本性，在敌军内部或外部制造纷争使其起纠纷，再略施小计亲善其中一方，敌人为了自保就会逃离。

5.动之以情，晓之以理。当敌军是比较理智或开明之人时，就要以巧舌痛陈其利害，不战而屈人之兵方是上上策。

【原文】

待天以困之，用人以诱之，往蹇来反。

【译文】

等待天时,在敌人陷入不利的情势之时再去围困敌人,用人为的假象诱惑敌人。向前进攻有危险,那就设法使敌人向我进攻。

【事典】

作为历史上经典的以弱胜强的案例,长平之战的争议颇多,并且造成了长远的影响。此战始于公元前 260 年,是当时秦赵两国决定天下霸业的一场重要战略决战。在这场尤为重要的战争中,秦军秉承着秦将白起制定的正确的战略方针,应用神鬼莫测的战术,最终大举歼敌四十五万人。这是华夏五千年文明历史上发生最早、规模最大的包围歼敌战的先例。在这一战中,秦国多次运用“调虎离山”之计。

在战国七雄并起的时代,秦军攻打赵国,但难讨一胜。当时坚守长平关的赵将廉颇也是当世名将,他凭借长平关的险要地势,屡屡败秦。秦国对他的用兵战术无法揣摩,实在强攻不下,只好用计,为其精心策划了反间计。

公元前 265 年,赵惠文王死,孝成王继位,由于年轻气盛,大有初生牛犊不怕虎之势,他见廉颇总是以守为攻,靠消耗内需而让对方退走,虽然说最后也能取胜,但是孝成王心中早已对这种策略厌恶不已。另外他又听到了赵使者传来的谣言“秦之所恶,独畏马服子赵括将耳,廉颇易与,且降矣”。赵括乃是赵国名将赵奢之子,年少且气宇不凡,熟读兵书,所以年少的孝成王很喜欢他,最终派这个只会“纸上谈兵”的赵括取代廉颇为将。

秦国见赵国已命赵括为统帅,“调虎离山”之计成功,也秘密调换将领,派武安君白起为上将,王龁为尉裨将。战场形势千变万化,初始时是赵国以老将廉颇为主将,对阵实力不济的秦将王龁的格局,而如今则是由纸上谈兵、毫无战争经验的赵括为主将的赵军,对阵用兵如神、为战争而生的“杀神”白起率领的秦军的格局。从这一刻起,两国已经僵持了三年的平衡开始倾斜,而且是急剧地倾斜。

公元前 260 年(赵孝成王六年、秦昭襄王四十七年),赵括正式替代廉颇成为主将。赵括新官上任三把火,首先便是全盘否定了廉颇坚壁固守的防守战术,从以守为攻变为以攻为守,用今天的话说,就是从意大利式防守变为荷兰的攻势足球。他手下部将曾几次以地势为险进言,但他根本听不进去,反而是调离了进言的部将,所谓“悉更约束,易置军吏”。

秦将白起看到赵军的主将是这个乳臭未干的小子,便想诱其走出地利,故意打了几场败仗,佯退败走。少年得志的赵括好大喜功,一到前线便无视主客观条件,下令赵军西渡丹河,全线突击。而白起则放弃了王龁一直秉承的进攻战术,转而镇守战略要冲光狼城(今山西高平市西南康营),将防守区域紧急加固,做到坚若磐石的程度,但在明面上,却一直给赵军以假象,再次佯败后撤,诱敌深入。在白起设计好的连续败仗中,赵括逐渐开始麻痹大意,于是率大军一路大举向前,将战线拉得很长。而秦国却早已派两支奇兵绕路从两翼迂回包抄，分割赵军空虚的后路，断其致命的粮道。这两路奇兵，一路两万有余，从今天的端氏河的河床向东北至仙公山、丹朱岭，直插到赵军百里石长城防线背后，然后折东包抄。而另一路骑兵则是为了阻挡邯郸方面的救援；这支由五千骑兵组成的队伍，从泫氏一带强渡丹河，沿小东仓河的河床而上，向东北方前进到秦关，与前面的奇兵会合，从而将赵军分割为二，断绝了北线大部队贮于南线大粮山的粮草，而南线则与北线的主将及大本营失去了联系。

从此赵军深陷两难之间：从泫氏到长平关一线，丹西秦军壁垒坚固，坚守不出；两万五千名秦兵已经绕到百里石长城后，封锁了长平关至秦关一线；由泫氏至秦关一线被秦国的五千名骑兵牢牢控制住；来自邯郸方面的任何增援都被断绝了。简单来说，就是秦军将赵军主力包围在以韩王山为中心的丹河—小东仓河—百里石长城的三角地带内；将赵军南线部队层层包围于大粮山地区。赵国被切割的部队，北线主力虽然兵多将广却无粮草辎重；相反南线部队却有大量粮草辎重，但兵少且无主将。两方的战斗力都很羸弱，两边的秤砣并不平衡。

能打的战士吃不到粮食，老兵残将却有的是粮食，在这样的情况下，赵军广大将士作了极其艰苦英勇的抵抗，在无粮之后仍然坚持了四十六天，最终发展到"内阴相杀食"的地步。

为防止赵军做最后的殊死搏斗，白起故意打开一条豁口，诱赵括突围，赵括果然上当，轻易离开营垒，又一次陷入白起为他准备的埋伏圈。虽然赵括在最后时刻头脑冷静，将精兵分为四组，轮番突围，但局势早已注定，此时也只能是困兽犹斗了。最终他在突围时被秦军射杀，全军覆没。

在这场历史上著名的战役中，秦军痛歼赵国四十五万士兵，从根本上削弱了当时关东六国中最为强劲的赵国的实力，而且也给其他诸侯国造成了巨大的震慑。在那段时间内，提起白起、秦军，连小孩都会被吓哭。

这场战争中使用的战术，不可单一地评价为某一计策，而更像是一场华丽的谋略表演。从秦国最开始用反间计调走廉颇这只虎，再到以诱敌之计调赵括离开易守难攻的长平关，而在最后故意留破绽骗其离开临时营垒，真可谓是"调虎离山连环计"。这个过程中，秦军使用"调虎离山"之计连连得手，赵括一而再、再而三地中了秦军的圈套，从而也留下了"纸上谈兵"这一千古笑谈，而秦国名将白起在此役后也被后世学者褒贬不一，多有争议。

作为百兽之王的老虎，在人工饲养的虎园里却如同狗一般受欺，呼啸山林的天下霸气消失不见，所以老虎必须要盘踞于大山中，才可以横行无忌。假若老虎离开地利，那么它就不再是老虎了，正所谓"虎落平原遭犬欺"，这就是调虎离山的原意。在当代职场中，"虎"泛指强大的对手，"山"指他的优势关系、有利条件以及公司团队等。所以假若想打压、战胜对手的话，就要让其与团队分离或脱离公司等。当昔日强大的对手离开属于他的山林时，他也就不再是那只让你畏惧的老虎了。

【解读】

中国古语有云："伴君如伴虎""不入虎穴焉得虎子""虎啸山林"，等等。老虎一直被誉为君权的象征，当然龙也是如此。老虎不会离开山洞，而龙也离不开水。所以做君主的若是离开王宫的大门而与普通人混在一起，人们就会轻视他而不再仰视他，所以皇帝永远都不会离开皇宫。

欲擒故纵第十六：网开一面，一举灭敌

【题解】

所谓"欲擒故纵"，举个例子来说，男生追女生，像苍蝇一样死粘着对方，一定会被拒绝。而往往并不怎么在意她，甚至对她轻视，最后反而会追到她。所以说，所谓擒与纵，即若想擒获对方，必先让对方很放松，而不是让对方警惕。

古语常讲"穷寇莫追"，其实并非不追，而是如何去追。如果我方杀气腾腾地去追击对方，即使是傻子也会选择逃跑，而在这种情况下我方多半是徒劳。反之，如果给对方一个机会，露一个破绽给对方，必会勾起敌方的兴致。这时敌军主将会陷入两难的选择中，是继续逃跑还是反扑？毕竟败仗是谁都不希望接受的。而这时我军可以分出精兵绕路围困敌军，而主力部队则负责吸引对方的眼球，让其心痒痒之余觉得有可乘之机。待我军精兵绕到敌军后方时，主力军开始全速向前推进，两面夹击，从而一举歼敌。

本计有以下两点须谨记：

1.以逸待劳。对于逃跑的部队，无论是佯退还是真跑，让他们继续逃跑，而不是死命追击。如果敌方以五成兵力消耗我方十成兵力，那就相当于遛猴，待我军跑不动时被敌剩下五成的兵力养精蓄锐一举歼灭。所以应该以不变应万变，放着敌人让他跑，待其跑到精疲力竭时，再率精骑策应，其一首先防止了对方的埋伏，其二对方要诈必会耗费精力，花招被看穿了便不会再使了。待几次过后再逃跑时，那便是他们真的决定逃了。

2.养精蓄锐。所谓绅士也不过是有耐心的狼，在敌方像绵羊一样软弱逃离时，不要急着拼尽全力去追击，因为这可能变成鹬蚌相争渔翁得利的局面。战场千变万化，所以很难没有意外发生。当我军死命追击时，敌人的援军来了怎么办？局势就会变成：我军开始大逃亡。没有人喜欢打败仗，更何况是一场国与国之间的战争。

【原文】

逼则反兵，走则减势。紧随勿迫，累其气力，消其斗志，散而后擒，兵不血刃。需，有孚，光。

【译文】

如果把敌人逼得无路可走，他就会因此拼死反扑。放敌人逃走则可以削弱他的气势。对待逃跑的敌人要紧随其后,但不能逼迫,借以消耗敌人的体力,瓦解敌人的斗志。等到敌人军心涣散、士气低落时再围而歼之,这样就能避免不必要的流血牺牲。总之,要善于等待,不逼迫敌人,并让敌人也相信这一点,就能赢得光明的战争结局。

【事典】

公元 225 年,蜀国丞相诸葛孔明率军亲征南方。在孔明神鬼莫测的用兵下,敌军大败。正当蜀国准备撤离时,南蛮彝族的首领孟获率被打败的散兵袭击蜀军。

孔明素有识才之德,见孟获骁勇善战,虽然明知敌我力量悬殊却还百折不挠。于是孔明派人调查,发现孟获为人忠厚,在彝族很有公信力,即使在汉将里也不乏钦佩他的部下。孔明转念一想,决定改变战术。

孟获孔武有力,但缺点是不懂谋略。在两军的首次交战中,孟获见蜀兵边打边跑,如此

司马懿

不堪一击,便奋不顾身地乘胜追击,最终进埋伏圈被擒。孟获感慨自己将命不久矣,因此对自己说死也要死得像个好汉,不能丢人。未料诸葛孔明亲自为其松绑,语重心长地晓之以理,让其归降。孟获愤愤不已,对结果不服,拒不接受这次失败的事实。诸葛孔明见其决心已定,于是并未勉强,而是笑笑并领他观看已经布置过的军营,问其:"你看这军营布置得怎么样?"

孟获在蜀军阵营发现军中大多是老弱残兵,便胸有成熟地说:"原来这就是蜀国的军队,竟是一些老弱病残,以前我不知尔等虚实,这次我赢定了。"

孔明一笑,将孟获放走。他命令军队开始布置埋伏,因为孟获今夜必来。

孟获回去以后,为了一雪前耻,决定三更去劫营,活捉蜀相诸葛孔明。

入夜,孟获派遣五百名刀斧手,趁着夜色神不知鬼不觉地潜入蜀军营,一路畅通无阻。正当孟获认为成功在即时,不料蜀军伏兵四起,孟获又被擒住。而诸葛孔明仍将其放走。

孟获再次被放,但连续被擒的尴尬让他再也不敢鲁莽行事。他统兵马占据泸水南岸,凭险要地势以守代攻。因为蜀军大多为旱鸭子,一时之间无船渡江,加之当地气候炎热,战斗进行得很艰难。

蜀军一面全军开始建造木筏和竹筏,一面派少量士兵假装渡河,但到了河心一碰到对岸射来的箭就立即退回来,随后再去渡河;这边部队分为两路,以上游、下游夹攻之势,在渡河后包围孟获据守的上城,孟获再次被擒。

这已经是孟获第三次成为阶下囚,可他还是能找到理由为自己辩护。诸葛

孔明点点头,在款待他之后再放其回去。军中诸将对丞相的用意百思不得其解,认为如此善待孟获是不是太过于心软了。诸葛孔明道:"我国要想使南方永不再犯,就有必要让其心甘情愿地归顺。而像孟获这种首领,若其能俯首称臣的话,其余部落必会归顺,到那时南方部落少说有十万大军。现在如此反复,就是为了以后一绝后患。"

孟获开始忌惮诸葛孔明的用兵,认为打不过躲得过,所以不再跟蜀兵作战。可仗虽然是不打了,粮食是一样吃的,很快营里快断粮了。孟获无奈之下派人向诸葛孔明借粮,未想对方竟同意了,但前提是让首领亲自来,而且要与蜀将比武。孟获接二连三地击败蜀将,如入无人之境,走到粮草旁正暗自得意时,被绊马索绊倒再次被擒。蜀军没有为难他,为其松绑后让其将粮食搬走。

如果说开始时孟获还有一种骄横感,但连续被擒多次之后,他的骄气被诸葛孔明彻底打消了。而这次与蜀将过招时,孟获发现蜀国并非无将,而且还有神鬼莫测的诸葛孔明,南蛮与之相比,实力相差甚远。各部族一时之间纷纷请战,为首领出头。孟获深知此行艰难,但还是与各部落一同上阵。果然不出所料,部队再次被一网打尽。孟获等人被擒,丞相传来命令再次放孟获等众人回去。各部首领一时不知所措,让孟获做主究竟怎么办。孟获此刻流着英雄泪说:"我本早已是蜀国的刀下亡魂,丞相对我是七纵七擒(即七次放回七次逮住),旷古至今,丞相对我们已经仁至义尽,我无脸再回。"从此孟获等人归顺蜀汉,听从管辖。

虽然历史上七擒七纵的真相可能并不是诸葛孔明本人所为,不过这并不影响诸葛孔明在世人心目中的睿智形象。而"欲擒故纵"更是让其智慧体现得淋漓尽致,被后世誉为料事如神。

但切记:降敌之将,可欲擒故纵;降敌之主,必杀之后快。

【解读】

战争的源头是为了地盘,也就是资源。"欲擒故纵"与"不战而屈人之兵"有异曲同工之妙,核心思想都是不费一兵一卒让敌军投降,让敌人心悦诚服地俯首称臣。这是兵法中的上计。

此计是要我方实力高于对方,尤其是谋略方面,倘若诸葛亮与司马懿此等势均力敌的对手,放其离开则有托大之嫌。历史上有一著名案例是关羽华容道放曹操,作为将领却因为个人恩怨放走了敌方主帅,虽然后世理解为诸葛亮的政治策略,但难免过于逞能。所以,"欲擒故纵"是敌我实力和谋略有差距时才可走的一步险棋。提起它,诸葛孔明七擒孟获便是其中的经典案例。

抛砖引玉第十七：雷同引诱，诱敌深入

【题解】

"抛砖引玉"就是用石头换回价值连城的玉石。可能这听起来有点疯狂，因为现实中没人会这么傻，这不过是个比喻。虽然这仅仅是一个比喻，但古今中外此等例子不胜枚举。由此，此成语中的"砖"引申为一切质量上、层次上微不足道的东西或话语等事物，"玉"可视为一些质优的、价值高的或量大的事物。

本计有以下几种解法：

1. 以小搏大。比如在现代职场中，我方为签一份合同，对方公司代表却并不十分友好，这时我们在其身上下较小的成本但对对方已经是很大的利处，从而与对方公司真正地接触合作。当我们得到一份大额的合同后，小成本就显得微不足道、九牛一毛了。

2. 以小得大。这在生活中十分常见，比如说一家包子店的包子比别家的店馅大或者便宜，也许赚得少了，但生意绝对会变好，这便是人们常说的"吃小亏占大便宜"。

3. 以小换大。同样是一场战争，我军以三等兵换对方的一等兵，用一等兵打对方的二等兵，用二等兵打对方的三等兵。可能三等兵消失殆尽，变成了炮灰，但整场战争却是我方赢了。顺利实施这条计策靠的是"利而诱之"。就像《孙子兵法》所说："故迂其途，而诱之以利，后人发，先人至。"所谓的"抛砖"，就是利用人的贪性，让对方先尝点甜头，而后诱其咬钩，将真正的"玉"得来。这与钓鱼、捉鸟的原理是一样的，以小食品为诱饵，却能得到鲜美的鱼肉，付出的小成本可以忽略不计。

以现代来说抛出的"砖"可以是"真货"（钞票以及贵重物品），也可以是"赝品"（言语上或行为上）。而抛的方式也要视目标性格、大小而定，可以一次全抛猎捕动物，也可循序渐进一点一点诱捕；可以将砖开门见山地扔在他面前，也可暗中将东西藏在那里让他去取。但最明确的首要目标是，抛出的东西与得到的玉是不可对等的，前者的价值一定要比后者小，否则得不偿失，白忙活一场。

【原文】

类以诱之，击蒙也。

【译文】

用类似的东西诱惑敌人，使敌人懵懵懂懂地上当受骗。

公元 200 年,四代三公的袁绍派陈琳书写檄文宣告天下,檄文中将枭雄曹操损得体无完肤。当时袁绍仗其势大,于同年二月进攻黎阳,企图渡河与曹军决一死战。袁绍命将领淳于琼率上万兵马保护粮车,粮草囤积在袁军大营以北约 20 公里的故市(今河南延津县内)、乌巢(今河南延津东南)。由于袁绍不听谋士许攸的计谋,使其远走投奔曹操。许攸提议曹军奇袭乌巢,烧袁绍军队的辎重。曹孟德即刻出动,派荀攸、曹洪守营垒,亲自率领五千步骑,冒用袁军的军旗号,每人带一束柴草,人衔枚、马缚口疾进,利用夜暗走小路偷袭乌巢,在乌巢围攻放火。袁绍得知曹军攻打乌巢后,自以为是,只遣轻骑救援,仅派主力偷袭曹军大营。怎奈曹操已经算到袁绍会攻打主营早有防备,加上曹营本就坚固,袁军遭伏兵袭击。而另一边,当曹军急攻乌巢淳于琼营时,虽然袁绍增援的部队已经迫近,但曹军万众一心、破釜沉舟之下大败袁军,更斩袁绍部将淳于琼,将袁军粮草烧毁殆尽。袁军听闻乌巢被破,粮草被烧,军心大乱,大军遂溃。袁绍兵败如山倒,最终损兵折将,仅剩不过千骑逃回河北。此次战役,曹军先后歼灭和坑杀袁军七万余人。

战国时期,赵国与秦国约定:两国一起攻打魏国,事成后,割让原属于魏国的邺城(今河南安阳一带)给赵国。当时魏国被两面夹击,前有饿虎后有凶狼,一时危在旦夕,魏王苦思良策却一筹莫展。这时魏臣芒卯进谏:派魏使者到赵国去联络,假装答应将邺城让给赵国,从中挑拨赵国与秦国的关系,唆使赵国与秦国断交……魏王准奏爱卿的良计,令士大夫张倚出使赵国。赵王一听此等好事,能不战而屈人之兵,喜出望外。魏臣张倚见机又说:"素来赵、魏一直和平共处,相反秦与各国则一直交恶不断,现秦、赵联结只是一时之交,想那秦王狼子野心早已宣告天下,他无时无刻不想吞并天下。"赵王一时无言以对,想到秦国如今家大业大,若自己再去帮助岂不是助纣为虐了,随即问道:"那该如何是好?"张倚见时机已到,便说:"只有共同抗秦,才是王道。"赵王十分认同张倚的提议,昭告天下与秦断绝关系,而后轻装上阵和平接受魏国送的大礼邺城。

待赵国使者去邺城走马上任,只见城门大关,守卫如临大敌。赵使说明来意后,不想守将芒卯却不卖这个面子。芒卯郑重地对赵使讲:"我大魏邺城,怎么平白无故地送赵国了呢?这事整个魏国都没听过,张倚答应给的,你去向他要;如果想从我手上得到邺城,我们只能是决战到底。"因为赵使是来走马上任的,所以派来接收邺城的兵马不多,而魏军则是整装待发,大有再越雷池一步即开战的味道。最终赵使只好原路返回,添油加醋地向赵王汇报。赵王方知中计。而秦国因赵国无故毁约怒不可遏,正意图联魏打赵。赵王无可奈何之下只得向魏国求情,把赵国五城割让给魏国。两国一起联合抵御秦国的进攻。最终魏国的"抛砖引玉"之计收效颇丰,先抛邺城为砖,引来赵国五城这块大玉,确是一宗只盈不亏的好买卖。

"抛砖引玉"是一种谋略,核心理念在于讲究先赠后得。比如中国少数民族的匈奴首领冒顿单于,将当时部落里最好的千里马以及美女送给东湖部落,致使东湖部落疏于防范,最后兼并东湖部落,统一全匈奴。虽然损失宝马与佳人,但与国是相比便不值一提,就好比砖和玉的区别。

纵观以上案例,"抛砖引玉"的效果皆不尽相同。有慧眼识珠,也有大意失荆州;有巧夺天下,也有人财两空。

在当今,商业活动中也依然可以看到抛砖引玉的影子。诸如人们经常遇到商场活动中的商业大酬宾,刮奖者送液晶电视、笔记本电脑等大奖,而真正中奖者却寥寥无几。又比如广告效益中宣传饮料瓶盖中大奖,即使你成箱地买一万瓶,也找不到那个奖。其实所谓的奖并不存在,只是商家惯用的伎俩,而这也是一种"抛砖引玉"之术。

【解读】

"抛砖引玉"作为三十六计里的第十七计,无论是在历史还是当代随处可见其影子。当然这砖瓦与玉石都是视情而定,泛指物质、人才、城池等。

擒贼擒王第十八：射人射马，用箭用长

【题解】

"擒贼擒王"是三十六计中针对战争最快捷、最有效的打击方式之一。顾名思义，它是指与敌军对战时，先擒敌军首领，势必三军会乱，以此有效地打击敌军士气。所谓"蛇打七寸"，"擒贼擒王"是见效最快的方式。敌军失去统帅，无异群龙无首，这样便能不战自溃。

此计谋便是设法引诱主帅脱离部众，或使主帅与部下无法接触与联系。利用主帅的性格特点，如对方贪好酒色，像三国时期的曹操，单兵私会张绣的嫂嫂，若不是悍将典韦以死相抵为他争取时间，可能便无后来三国鼎立之盛世。所以要先打击敌方首领，而后再消灭其羽翼，如此这般便如捣无虎之穴，敌军必兵败如山倒。

此计的含义有以下三种：

1.将帅之分。俗话说："人无头不走，鸟无头不飞。"统帅的作用之重要自然不言而喻，他是部队的核心，假若左膀右臂被斩可借东山再找，但若无头则注定败局。所以如要击垮一个组织，首要便是擒其魁首。

2.一击致命。俗话说"打蛇要打七寸"，因为蛇的心脏位于"七寸"之处，只要将蛇的心脏打坏，蛇就不能存活了。同样，无论做什么事情都不能只看表面，而是去寻找问题的核心要害以及关键之处，这样往往会事半功倍。

3.攻心为上。所谓的攻心计，便是抓住其最致命的弱点。汉朝刘邦大败逃跑，项羽抓住刘邦一家老小，欲让其俯首称臣，否则便烹煮其一家老小。不要管这是否狠毒，战争本就是如此，最大的规则就是没有规则，可以不择手段。对待敌人的仁慈，就是对待自己的残忍。

【原文】

摧其坚，夺其魁，以解其体。龙战于野，其道穷也。

【译文】

摧毁敌人的中坚力量，捉住或击杀敌人的首领，就可以瓦解他的整体力量。就像龙离开大海到陆地上作战一样，陷入了绝境。

【事典】

后金时,努尔哈赤攻城略地扩大领地,在政治上坚持借助明朝的声威,以此来号召女真各部,壮大自己的实力,逐渐统一了满洲各部。随着努尔哈赤的地盘越来越大,海西各部的首领很是羡慕。他们公开向满洲提出领土要求,却遭到努尔哈赤的拒绝。

双方冤仇就这样结下了。火气十足的那林孛罗与布斋纠集哈达、乌拉、辉发各部贝勒,召集扈伦四部的兵马掠夺了满洲的户布察寨。当时叶赫部的那林孛罗、布斋,还有乌拉部首领满泰、布占泰都轻视努尔哈赤,认为其只是无名的"常胡之子"。如今这个"常胡之子"却一下子成为满洲的大首领甚至晋升为都督,于是在嫉妒、羡慕、仇恨的心理驱动下,在秘密会谈后,众部落决意联手灭女真国。

以叶赫为首集结的九部联军,号称三万人,于明万历二十一年九月,分兵三路,浩浩荡荡,直奔佛阿拉而来。

努尔哈赤刚听闻九部联兵攻打满洲的时候,内心十分焦急,未料到对方可短时间聚集九部兵力。反观自家,兵力只及敌军的一半,显然处于劣势。所谓知己知彼,百战不殆,努尔哈赤派了最有经验的武理堪前去侦察。某天夜里,侦察兵武理堪急忙赶回报告:"九部联军从扎喀方向出发,在傍晚时分已经来到浑河北岸。他们打算吃过晚饭连夜朝我们进发,明天一早恐怕就要刀兵相见了。"

努尔哈赤席地而坐,脑中思考如何退敌,毕竟九部联盟的军队整整是自己的两倍,以自身的实力来说还不能跟他们相抗衡。其实九部联军中除叶赫部将自己视为肉中刺之外,其他部落与自己无血海深仇,所以只要直取领头羊叶赫部,其他军队也就会不战而逃了。可如何让叶赫部与联军分开呢?他想到了古勒山。古勒山与黑济格城相距很近,地势险要,如果在那里设兵埋伏,再派一支部队引出敌军,叶赫部的叶赫贝勒布斋和那林孛罗定会带兵出击。而且将叶赫部诱至古勒山下,以伏兵对其突袭,敌军势必会大乱,那时候凭着自己的兵力单单对付叶赫部的军队还是不成问题的。倘若我军大败叶赫部的话,其余几部也就好对付了。

努尔哈赤对身边人说:"传我命令,全军休息,天亮的时候出兵。"说完自己就睡下了。将领一时愣在那里,虽心生疑惑,还是马上把这个命令传了下去。

天明后,努尔哈赤整装待发,统部集结于渡口处的拖克索平坦大地上,让士兵把身上的护腕、护脖,甚至盔甲都撤了下来,于是大军真的轻装出发了。待丢盔卸甲到达古勒山后,在山上设下了埋伏。

九部联军日夜兼程终进满洲境内,首先攻打扎喀寨。但因其地利优势,身处险要,久攻不下。无奈之下,九部联军只得调头攻打黑济格城,并在城外安营扎寨。

努尔哈赤领军登上距黑济格城不远的古勒山,先占领有利局势。此前,努尔哈赤一直比较担心九部联军会抢先自己一步占据这里,于是他用按兵不动、静观其变的方法迷惑敌军,敌军果然上当了,他们认为努尔哈赤是在摆幌子,所以并没有急于先出兵。

努尔哈赤派勇将额亦都率领精兵百人,到黑济格城附近挑战。布斋见满兵来得如此突然,心生疑惑,命令放弃攻城计划,全军击杀来袭满兵。

两军战到一处,打了几个回合后,额亦都掉转马头佯装败阵带军朝回跑。那林孛罗不知是计,朝士兵大喊道:"给我追,别让他们跑了!"将士们追逐满兵到古勒山下。这时,额亦都突然又把马头掉转回来,朝敌军冲过去,接连砍杀了九人,敌军先头部队顿时混乱起来。额亦都掉头又跑,布斋领头率兵上山追去。

努尔哈赤在山头观战,见部下额亦都已来到山顶,布斋率兵在其后紧追不舍,便大喊:"放滚木、礌石!"轰隆隆一阵巨响,滚木、礌石不断地朝半山腰砸去,而此时率兵追赶的布斋正好来到这里。巨木正好滚到布斋坐骑的头部,布斋摔在地上,还未挣扎爬起,被山上冲下来的一名叫吴谈的满洲兵一刀刺死。

见布斋被杀,各部首领斗志大减,再也无心恋战,没等那林孛罗喊撤兵就纷纷策马逃离了战场。

古勒山以崎岖陡峭著称,苏克素护河就在山下,河的西岸是一片沼泽地,三万士兵拥挤在一路,好像一条长蛇。存在将士心里的恐惧,使长蛇阵很快溃不成军。

努尔哈赤见联军败阵逃走,就命令吹响螺号。霎那间,伏兵四起,努尔哈赤身先士卒,大喝一声带着士兵杀了过去。满洲军就像猛虎下山,直逼联军,马上便将联军的退路截断了。

九部联军被打得满地找牙,只顾埋头死逃,见前面也有满军堵着,一时间在空间不大的地方绕起圈来,霎时间山谷中鬼哭狼嚎。

九部联军在这场战争中伤亡惨重,仓皇逃命的蒙古科尔沁贝勒明安,因战马陷入泥潭,狼狈地想逃走,却被乌拉部长满泰之弟布占泰活捉。

这是一计典型的"擒贼擒王"计策。"擒贼擒王"的核心战略便是最快速有效地打击对方的主力部队,以此来威慑其他部队,此法尤其适用于联盟军的战争。历史上很多这样的联盟军队看似人员浩浩荡荡,部队众多,实则各部各怀鬼胎,且通常有一个诟病:墙倒众人推。核心部队一旦被打败,便是兵败如山倒,树倒猢狲散。所以"擒贼先擒王"这一计策适用于对付敌方军队众多,看似众志成城,实乃一盘散沙的联盟是再恰当不过了。

【解读】

通常一场战争中,最快速、最有效结束战斗的方式就是擒贼擒王,即抓获一支部队的统帅、一个国家的元首。在古代战争中,敌方的旗帜被砍折,便表明己军胜利,如象棋中红方的帅与绿方的将就是最好的诠释。

釜底抽薪第十九：从其本源，攻其弱点

【题解】

"釜底抽薪"的意思是，从锅底抽出木材，让煮沸的锅无燃可烧，最终火会熄灭。一个军队也好，一个普通人也罢，都会由几部分组成。比如食物、家人、情感、空气、水，这些是生命中不可缺少的部分，即使敌对方也是一样。比如说楚汉相争时，楚军骁勇善战，汉军抵挡不住。但当刘邦将项羽围至一处，命部队唱楚歌后，纵使再勇武的猛士在家人面前也是弱者。这便是"四面楚歌"一词的由来。当水沸时，我们应该避其锋芒，若与之相对，不但无功而返还会被烫伤；但若打击对方的生存本质，便用釜底抽薪法。

"广积粮，缓称王"这句古语诠释出粮草的重要性，准确地说是粮草为部队生存的根基，是部队存活、依靠的本源，也因此我们常常听到"兵马未动，粮草先行"这句古语。本计的意义有以下几种分析：

1．治标治本。万千事物常常大同小异，可分为"标"（枝节、表面）与"本"（根本、基础）两种层面，就像剪植物的枝叶会让其更加繁密、茂盛，但如断其根基的话，这棵树就腐朽了。

2．夺其所爱。假如说一个人最爱、最在意一件事物，那么这件事物便是他的弱点所在。有的人是子嗣，有的人是爱人，有的人是事业，有的人是信仰，因人而异。项羽当初中十面埋伏之计，范增不是没有提醒其问题所在，但全因为他一生挚爱的虞姬而被骗过去。所谓冲冠一怒为红颜，所以注定他以悲剧收场，成为后世悲情英雄的典范。

3．挫其心气。古语云："夫战，勇气也。"在一场战争中，将帅谋略、士兵的能力等是关键所在，但士气则是一种不可或缺的精神食粮。在很多战争中，战争打到最后，最终凭借的是勇往直前的士气。比如破釜沉舟，当敌军将后路断死，拼死相抵之时，最好守关不出挫其锐气，让敌军有劲但无力可使，让其从心理上瓦解。

【原文】

不敌其力，而削其势，兑下乾上之象。

【译文】

不直接攻击敌人最刚强的部位，而是间接地削弱敌人的气势。也就是说通过以柔克刚的方法转弱为强。

【事典】

春秋时期，鲁国和齐国属于邻邦，齐国齐景公在夹谷时被孔子数落，心中特别不是滋味；这时，齐国贤相晏婴也已去世，而鲁国在孔子等大臣的辅佐下，国政大治，百姓殷实。

齐景公此时开始焦虑，为齐国的未来担忧，便问大夫黎弥："你说，从孔子入鲁之后，如今鲁国国富民强，日后必犯我疆土，这可如何是好？"大夫沉思片刻回答："若如此，就使计赶走他，离间其君臣的关系。倘若鲁国失去孔子，必然孱弱如初。这叫作釜底抽薪。"齐景公不解："大夫，如今孔子在鲁国正风生水起之时，如何让其离去？"大夫贴耳将自己的谋略讲出："所谓饱暖生淫欲，贫穷起盗心。现今鲁国国泰民安，局势一片大好，想那鲁定公本是好色之人，如果我国赠其一千美女，让他夜夜笙歌，天天在美女的石榴裙下，以孔老的一身正气必会痛斥君主，君臣之间必会起争执，距离越来越远。待其见君主死不悔改，孔子还会诚心辅佐吗？等孔老拂袖离去，君主不就高枕无忧了吗？"

齐景公一听拍手称绝，即令黎弥甄选八十位佳人，找舞姬言传身教，授以媚术。而后遣美女与百十余匹宝驹赠予鲁国。鲁定公听闻齐国赠其大礼，喜出望外，饶有兴致地看佳人的舞技。遮面下的美女摇臂摆臀，既有少女的羞涩又具备少妇的妩媚风情，如陨星之余晖，歌声乍起，疑是群莺出谷。鲁定公被迷得五迷三道、齿酸涎落。待表演结束之后，使者说："大王再看看那些良马吧！"鲁定公看着众佳人欲离去，急忙摆手道："别看了，佳人如此俊秀，我还看什么马！"

此等佳人团体在鲁国引起超凡影响，鲁国宰相季斯也为美女们的千姿百态而神魂颠倒。待齐使者离开后，定公为表彰宰相多年的功绩，成人之美送其30位美女。从此鲁国君臣骄奢淫逸，终日沉湎于酒色中，对朝政敷衍了事。

孔子的学生子路听说这件事后，愤怒地对孔子说："鲁君已经无药可救了，我们离开这儿吧！"孔子说："就快到国家的郊祭了，如果定公连郊祭都忘了的话，我们再走。"郊祭这天，鲁定公虽然没忘，却只是走走过场，又急急忙忙地回去同美女们享乐了。孔子几次试图说服鲁定公，但毫无效果。孔子感到自己的抱负无法在鲁国施展了，最终忍无可忍，带着弟子们愤然离开鲁国，去周游列国了。

从上文可以看出，鲁国就像一口煮沸腾的大锅，看似国泰民安，但真正让这口大锅旺盛的是孔子等智臣，他们才是可以让其沸腾的最为关键的"薪"。但鲁定公目光短浅没有意识到，最终让孔子及其弟子黯然离去。从此鲁国开始走向衰败，而齐国用美女"抽薪"的计谋成功。

公元前154年，吴王刘濞串联汉楚等众多诸侯国，联合发动兵变。第一个攻占目标就是当时臣服汉朝的梁国。汉景帝听闻后龙颜大怒，即遣西汉名将周亚夫亲领雄兵三十万前去平反。这时梁国来报，刘濞联军围攻梁国，本国誓死反抗，如今已伤亡数万兵马,形式危在旦夕,请朝廷火速出兵救援。

西汉名将认为:刘濞统领的联盟军,骁勇善战,而今攻得城池更是气势逼人。倘若现在与之正面开战,一时难分胜负。汉景帝忧心忡忡地问周亚夫该何时出兵。周亚夫道:"联军此次出行,路途遥远,粮草一定供给不足,假如我军可断其粮道,敌军必不战而乱。"

汉景帝虽然担忧,但还是命其出发了。周亚夫不愧为西汉名将,头脑冷静,抢派重兵把守荥阳(今河南省中北部),因为荥阳为东西二路交汇之地,乃兵家必争之地,进可攻退可守。汉军进驻荥阳后,兵分两路袭击敌后方:命一支袭击楚、吴等供给线,断其粮道,带不走的全部烧掉;而另一边周亚夫亲自率领大军袭击敌军后方重镇冒邑,占据冒邑后,下令加固营寨,准备坚守。

联军后院失火后,刘濞未想周亚夫根本不与自己正面交锋,却迅速抄了自己的后路。刘濞恼羞成怒,即刻命部队火速到达冒邑,想重占冒邑,打通粮道。数十万联军饿虎扑食地冲向冒邑。西汉部队却扬长避短,稳固城池,以逸待劳。联军发动数次攻击,无奈被乱箭射回。这一拖延计谋让吴王刘濞无计可施,骁勇善战却无使可打的联军在兵荒马乱下已经断粮数日,只能干瞪眼待命。汉将周亚夫见敌兵已饿数天,面如死灰,锐气尽失,此时不战更待何时。于是他立刻集结军队,突然倾全力猛攻。敌军哪里抵挡住得养精蓄锐的汉军。联军不战自乱,刘濞落荒而逃,最终在东越被杀。

"釜底抽薪"的"薪"在战争中多指粮草,或者敌方的将领。中国有句古话叫:"兵马未动,粮草先行。"从中我们可以看到,粮草对一支部队的重要性。人是铁,饭是钢,一顿不吃饿得慌。无论是打仗还是生活,粮食都是人们的生活必需品。

所以,从以上我们可以看到,一旦养活军队最重要的粮草被烧,或被阻断,那这场仗从本质上胜负已分。一支一万人的部队,是一万双可以上阵奋勇杀敌的手,但同时也是一万张需要充饥填补的嘴。

历史上赤壁之战魏军的惨败,可以归功于周瑜的火攻,也可以归功于诸葛孔明神通的借东风。但最本质、最关键的在于周瑜的"反间计",或者说"釜底抽薪"。众所周知,曹军多为北方士兵,善陆战不习水战。蒋干前来劝降,周瑜则借蒋干之手,用反间计将善水战的蔡瑁与张允除掉。

在近现代,釜底抽的"薪"的范围更大了。这条计策无论是在商场还是在情场,甚至在政治舞台上也可以使用。大用有大效,小用有小效。

俗话说"商场如战场",传统生意经中的"先尝后买"就是战法里"釜底抽薪"的一种延伸。不过这并不是一种贬义,更像是一种"釜底抽薪"的反例。

"先尝后买"让顾客自由体验,由顾客自身去检测质量,通过使用、品尝来评判商品是否合理。消费者通过自身体验,若评判合理则会产生购买动机。

通常食品比较流行先尝后买,这来源于购买者的徘徊犹豫的心理。让购买者品尝食品是否新鲜、是否甜等,通过自己的味觉决定是否购买。如将商家的食品比作"薪",那么则是反其道而行,让购买者试过才决定购买,从而商家取得真正的"薪"。

【解读】

"釜底抽薪",是指从根本上去抽离它的本质。无论是在战争中,还是对人都是一招妙计。

在军事上,这条计策指的是将敌人的供给来源切断,破坏敌人所依靠的有利条件,让敌方成为"无源之水、无本之木",从而一举战胜敌人。当面对的敌军力量强大时,以太极拳的宗旨以柔克刚,扬长避短,攻其不备。

浑水摸鱼第二十：借机行事，巧达目的

【题解】

所谓"浑水摸鱼"是指，在大局混乱的当朝政府，或者混乱的群雄割据局势，也可以指在一场乱战中，我方欲盖弥彰、偷天换日，在大战中保持清醒冷静，对敌攻其不备，而后见机行事，于是在乱战中获得最终的胜利。讲到大乱战，势必会讲到奸雄董卓。此人乃浑水摸鱼的高手。当时皇帝还小，宦官当道，百姓民不聊生，黄巾军更是于各地起义。他趁此唆使吕布杀干父并认其为养子，在朝廷内部的乱战中开始初露锋芒，一连收了大将军何进的部队、丁原的部队，加上自己的西凉铁骑，三路军马傲视天下，在朝廷上更是佩剑出入、一人之下万人之上，挟天子以令天下。

古语讲"水至清则无鱼"是不无道理的。但凡英雄出生的年代都是乱世，也只有在乱世中才可出大奸大恶或者英雄枭雄。正是在浑水中的杂质与供给，才可让这些鲤鱼跳龙门。

但凡水浑一般分为两种情况：第一种是天为的，天地不仁万物为刍狗，水天生就是浑的，需要我方抓住时机"乱而取之"（《孙子兵法》语），最终将其平定；第二种是人为的，水本身是清的，但为了谋利，我方将水搅浑，然后再去"摸鱼"。后者在政治中比较常见，需要其自身具备逆转乾坤的本领、偷天换日之能耐。

鱼的游动性颇大，忽而东，忽而西，因此用它代表急忙下手便可得、迟疑观望则必失的东西。具体来说，浑水摸鱼中的"鱼"指：

1.可以被制伏的敌人；

2.可以捞取的好处；

3.可以争取的力量；

4.可被利用的时机；

5.可以凭借的条件。

【原文】

乘其阴乱，利其弱而无主。随，以向晦入宴息。

【译文】

趁着敌人内部混乱的机会，利用他们力量虚弱而且又没有主见的条件下，迫使敌人服从我方的意思，就好比人到了夜晚一定要上床休息是一样的。

【事典】

赤壁大战后,魏国大败,为防东吴北进,曹孟德派大将曹仁驻守南郡(今湖北公安县)。当时东吴、蜀国盘算着将南郡吃进肚里。周瑜在赤壁大战中名声大振,吴军气势如虹,挥师攻取南郡。此时蜀国也将部队驻扎在油江口,紧紧盯着南郡这块肥肉。周瑜看在眼里,很是愤怒:"想我东吴为打南郡,花多大的代价,当今南郡唾手可得。刘大耳休想做夺取南郡的美梦!"刘玄德为稳住周瑜,先派人到周瑜营中祝贺。周瑜暗道:"我一定得问问刘大耳,看他到底是怎么想的。"隔日,周瑜亲自到刘备营中回谢。在酒席之中,周瑜单刀直入地问刘备是不是驻扎于油江口,要攻取南郡。刘备笑道:"我是情愿相助吴国,假若都督未能取下,那我再行攻打。"周瑜大笑三声说:"南郡乃囊中之物,如何不取?"刘备说:"都督勿看轻魏军,曹仁勇不可挡,能不能攻下南郡,并无十分把握。"周瑜向来恃才傲物,被刘玄德这一激将,遂许下诺言:"吴军若攻不下南郡,就听任豫州(即刘备)去取。"刘玄德等这句话很久了,不容迟缓地答道:"周郎好魄力,子敬(即鲁肃)、孔明都在场作证。南郡我先让你去攻取,如果攻不下,我就去攻取。切勿反悔。"周瑜赤壁大胜士气正足,哪会将刘备放在眼里。待周瑜走后,诸葛亮提议按兵不动,让魏吴厮杀。

东吴出兵,抢先攻下彝陵(今湖北宜昌),然后乘胜追击。未想深中曹仁的诱敌之计,周瑜身中毒箭退兵。魏将曹仁见到对方主帅中毒箭,十分高兴,士气大振,每日叫阵。未想东吴坚守不出,每日面对对方叫骂而无动于衷。一日,曹仁又带兵前来叫阵,周瑜率百骑出营迎战,厮杀一阵,忽听周瑜一声惨叫,口吐鲜血,坠落马下,诸将忙掩护他撤回营内。不一会儿,东吴众士人人披麻戴孝而出。曹仁从远观去,大喜过望,认为敌军此刻一定全军士气低落,有机可乘。

当天夜里,魏将曹仁统魏军前来劫营,城中只留小将陈矫带少数士兵守城。所谓月黑风高杀人夜,趁着夜色,魏军杀进周瑜大营,未想营中无人。曹仁大为懊恼,方知中计,再欲退兵之时,为时已晚。只听一声炮响,周瑜领兵从四面八方杀出。曹仁在魏将的保护下最终从包围中冲出,在逃回南郡的途中时,再遭东吴伏兵阻截,最终弃城向北逃亡。

东吴大败魏军,即刻兵指南郡。可未想当其率部到达时,南郡城墙上已经布满旌旗。原来赵子龙已奉军师孔明之命,趁周瑜、曹仁酣战淋漓时,拿下南郡。蜀军用搜得的兵符又连夜伪装成曹仁的援队,轻易地诈取了荆州、襄阳。周瑜知道自己变成了鹬蚌相争的鹬,而诸葛亮则当了一次渔翁。

所谓乱世出英雄,在混沌的年代里,通常会有翘楚出现,从而引领人民推翻老的王朝,缔造一个新的王朝。

"浑水摸鱼",若在一场战争中则是造就一种让敌方迷惑的假象。但若放在一个大的精神层面上讲,浑水所表达的是乱世。所谓的乱世,便是被宦官庸臣搅得一摊浑水的封建王朝,它是时代造就的,是昏庸的皇帝沉溺酒色造成的,也是封建的社会制度所造成的。纵观历史，在这乱世摸得鱼者，有挟天子令诸侯最终天下归魏的曹操，也有挟天子令诸侯却被吕布所杀的董卓，有乌江自刎的西楚霸王项羽，也有市井黎民出身从亭长到统一中国的汉高祖刘邦，当然也有从乞丐最后坐上龙椅的朱元璋。

公元 189 年，汉灵帝驾崩，汉少帝刘辩继位，外戚何进辅政。当时宦官当道，将军何进以及司隶校尉袁绍合谋诛诸宦官，并且不顾朝臣反对私带凉州军阀董卓入京。不巧因军情泄密，大将军何进被宦官张让等所杀。袁绍这时带兵入宫，杀尽宦官，控制朝廷。当时洛阳军阀齐来，董卓进入后统领何进所属部曲，又密谋吕布杀执金吾丁原，将丁原势力吞并，也因此势力一时达到巅峰状态，诸军阀皆怕其三分。董卓在长居洛阳后得以据兵擅政，又使计废黜少帝，推更小的陈留王刘协为汉献帝，因此迁太尉领前将军事，更被封郿侯，进位相国。同时，董卓又将其他一众势力赶走，最终独揽军政大权。

董卓带来的西凉士兵，虽骁勇彪悍但同样放荡不羁，在洛阳城中大肆虏掠财物，淫掠妇女，却称之为"搜牢"。董卓本人生性凶残又虐刑滥罚，以致人心恐慌，内外官僚都朝不保夕；他又为其同党恢复名誉官职，起用士大夫，妄图收买人心。

公元 190 年，四代三公的袁绍联络了十八路诸侯兴兵声讨董卓，当时黄巾军余部也陆续于并东起兵。奸雄董卓虽然挟天子以令诸侯，但毕竟洛阳离自己的地盘太远，所以他选择前往西都长安。临行前，董卓将洛阳的金珠宝器、文物图书全部劫走，最后焚烧宫庙、官府和居家，并且强挟洛阳几百万居民一同西行，终使洛阳"二百里内无复子遗"（《后汉书·董卓传》），变成一座废墟，一座空城。

董卓

公元 191 年，董卓又命皇帝小儿授其为太师，地位在诸侯王之上，车服仪饰拟于天子。他借天子之威拔擢亲信，广树党羽，宗族内外，并居列位，子孙年虽幼小，男皆封侯，女为邑君。再建坞于郿（今陕西眉县东渭水北），名"万岁坞"，存粮可使三十年。

公元 192 年，奸雄董卓进宫等待皇帝让位，在入朝时为司徒王允与董卓部将吕布合谋所杀。当消息宣告天下时，百姓歌舞于道、锣鼓喧天地庆祝董卓的死，"市酒肉相庆"。奸贼尸体被陈尸街衢，其家族也被夷灭。

同年六月，董卓的部下李傕等人率西凉军余部攻进长安，把吕布赶走，杀死了王允,大肆报复,吏民死者达万余人。

虽然历史对董卓的评价很差,其荒淫无道、抢烧掠夺更是让人不齿。不过无论是在后世还是在三国篇章中,他确实占有一席之地。其祸国殃民、为非作歹的罪行虽然数不胜数,最终落得罪有应得的下场,但在当时,他实逢乱世,在本就混乱的汉朝大大搅和了一摊浑水,从而加速了汉朝的崩溃,也是让百姓身陷水深火热之中的标志性人物。

在东汉这混沌的年代,董卓确实摸到了大鱼,但终因其自身残暴成性将大好江山拱手相让。而曹孟德同样挟天子令诸侯,同样以奸诈著称,却赢得天下。

【解读】

"浑水摸鱼"此计原意是指在浑浊的水中,鱼晕头转向,乘机摸鱼,可以得到意外的收获。也指当敌人混乱没有主意的时候,趁此机会夺取胜利的谋略。鱼儿在浑浊的水中辨不清方向,就像在复杂的战争中,弱小的一方经常会动摇不定,于是这样就有可乘之机。当然这个机会是需要时间等待的,或者也可以主动去创造这个机会。当整场水都浑了,一切情况开始复杂起来后,便可借机行事。

金蝉脱壳第二十一：留以其表，其主远走

【题解】

"金蝉脱壳"在古代本是一句妙赞，夸奖滔天本领，在分析大局后审时度势，从而做出判断，留其表于外，其内早已离开。但在当代，这个词大多泛指贬义，而且多用于形容一些贪官污吏、罪犯或者富甲奸商等。比如说开发商开发房子，对老百姓宣传鼓动，在楼盘未开时大肆许诺物业、环境、停车场等种种好处来蛊惑大众购房，当其圈钱成功之后，立刻脚底抹油溜了，将物业等兑给别家公司，很多当初的免费变成了再收费，否则停水停电，所以当代的金蝉脱壳多为贬义。

"金蝉脱壳"可以看成是"走为上"的升级版，常指当人在一个特殊时期，在危在旦夕的情况下，设法逃跑的智慧谋略。当然倘若是危机，必然会将其紧紧盯死，这时候就需要种种伪装，制造出一种无前兆的假象。比如说，见一个人是否要远行，首先从装束以及行李上就可看到，其二是近期是否会买火车票、飞机票之类，包括旅游等活动。所以当无任何征兆，某人忽然某天离开了，必会成功地让敌方措手不及。

人生有得意之时，必有失败之日，所以失败并不可耻。刘邦丢妻弃子被项羽打跑过多少次，但最终却赢得天下。不要因为面子、自尊等心理作怪，只有活着才可东山再起。而此计需要极为谨慎地行事，要在悄无声息中进行，不能让敌方有半点的怀疑与破绽。

"金蝉脱壳"大体有两种方式：

1.壁虎断尾。在遭遇困境时，将身上拖累的重壳留给敌人。比如当初董卓火烧洛阳城，给敌人留下了一座熊熊燃烧的空城，一把火烧了汉朝几百年的首都。虽然其行为令人发指，不过确实给当时的联盟军很大的打击与震撼，使自己顺利离开。

2.分身而为。在遭遇两面夹击时，此时兵贵神速，越拖则败得越快。所以此时应一边应对敌人的虚张声势，古有长坂坡张飞孤身拒曹之典例，而另一边则需抽出大部主力去战后背之敌，先下手为强，而后再汇合回攻原敌。

【原文】

存其形，完其势；友不疑，敌不动。巽而止，蛊。

【译文】

保留原有的阵地外形,保持原来的势力,使友军不产生怀疑,敌人就不敢轻举妄动。我方就可以秘密地转移主力,来打击别处的敌人。

【事典】

后三国时期,蜀国大将军姜维带兵攻打魏国,魏国大将邓艾奉命迎敌。姜维看到魏军安营扎寨,严阵以待,便对副将说:"魏军既然早有准备,直攻不宜,偷袭可胜。从即日起我分一路人马给你,你就打我的旗号,在这里安营扎寨,每天派一百人放哨,每放哨一次,便换一回服装和旗帜。我暗度陈仓袭击南安。"魏将邓艾见蜀军久不出战,心生疑虑,凭高而望发现内情,入账对陈泰说:"根据我的观察,此营中姜维不在,他一定是偷偷袭击南安去了。"

陈泰不解:"主将缘何如此认为?"邓艾笑道:"我看到每天蜀营中的哨马都是这几匹,而士兵哨探的仅此几人,不过乔装打扮而已。如今带人马击蜀,必胜之。而后再兴兵董亭,切姜维后路,我带兵去营救南安,直接攻取武城山。我们如果先攻占了此山,姜维必定去取上邦。上邦有一谷,名叫段谷,地狭山隘,正好设伏。姜维来夺武城山时,我军事先埋伏在段谷中,一定会破姜维。"

魏将邓艾带兵疾行至武城山,安营下寨。此时蜀军还未到,邓艾又命邓忠领兵先去段谷埋伏。魏军偃旗息鼓,守株待兔,蓄势待发。姜维果然带领蜀军大队人马来到武城山,结果遭到邓艾大军的重创,蜀军死伤无数。姜维下令收兵,转取上邦。蜀军路过段谷时,正入邓忠埋伏。前有邓忠伏兵,后有邓艾伏兵,姜维处于绝境。在此危急关头,荡寇将军张嶷估计姜维受困,率兵杀人重围,救了姜维。姜维设想的"金蝉脱壳"之计想法本是很好的,但不想被邓艾识破,险些丢了性命。

三国时期有很多著名的金蝉脱壳成功的案例,但笔者列举了一个反例,是想说明一点:兵不厌诈。战场上战机千变万化,天时地利人和都在瞬息万变着。所谓金蝉脱壳是留以其表迷惑对方,其主远走。但如果表留得太过明显,难免不让对方生疑。对方再通过观察细节发现其表的破绽,而后猜中己方的战术意图,从而策划对战策略。首先蜀军便失了先机,惨败于此不足为奇。而同样是"金蝉脱壳",姜维的师父诸葛亮却将此计运用得炉火纯青。

三国时期诸葛亮六出祁山,虽北伐中原数次,但一直未能成功,在第六次北伐时,终于积劳成疾,病死于五丈原军中。在临终前,诸葛亮依然对蜀军的局势进行分析,而今北伐已失先机,为让蜀军免遭死伤,他在临终前向姜维密授退兵大计。大将军姜维遵军师吩咐,将军师已死的消息秘不发丧,对外严密封锁消息,将其灵柩藏起,继续率部撤退。

魏国司马懿遣部队继续追击蜀军。大将军姜维令工奴依照诸葛亮的模样,塑一木人,羽扇纶巾,稳坐车中。杨仪假意得令后统众人马率先向魏军发起进攻。司马懿远观蜀部，气势逼人，一副胜券在握的架势气，又看诸葛亮稳坐车中，气定神闲，一时间猜不透对方的计谋，遂命全军待命。司马懿素闻孔明"神鬼莫测"的计谋，而对方如此镇定必有良计，所以认定此乃诱敌之计。想到此，司马懿率部后撤，以观察蜀军动向。待司马懿带兵后撤之后，姜维立刻指挥主力部队迅速安全转移，撤回汉中。待蜀国军师诸葛亮亡故的消息传出时，司马懿欲再进军去追，为时已晚。

"金蝉脱壳"这一计策的核心点在于，首先要迷惑对手，让其误以为真。所谓的壳，可以是座驾、象征物品，或者人。曹孟德在吕布追剿其时，果断地将其主帅的红巾披在一名士兵身上，骗过吕布成功脱逃。

近代"金蝉脱壳"之计的运用更是不胜枚举，马季在1985年春晚上讲的相声宇宙牌香烟，曾讥讽当时一种假烟。该种假烟频繁地换烟名以及包装让购买者苦不堪言，可视为"金蝉脱壳"。生活中，不法商贩经常用此计策，比如一批仿造的假货卖不出去被长期投诉媒体曝光后，迅速改头换面，让执法者头疼不已，也不失为"金蝉脱壳"之计。

自然界里的壁虎，在遇到危难时忍痛切断自己的尾巴，以转移对方的注意力，迅速逃离。在败局已定的情况下，停留的时间多一分钟，危险就会增加一分，生还的希望也就减少一分。"金蝉脱壳"是一种主动积极的撤退和转移，这种撤退和转移又是在十分紧急的情况下进行的，稍有不慎，就会引来灭顶之灾，所以应该冷静地观察与分析形势，坚决果断地采取行动。谋成于密，而败于泄。

【解读】

"金蝉脱壳"这一成语，在现实生活中让人难免觉得有逃跑、逃兵之意，通常带有贬义。但在战争中这一计策实乃上计，能显示谋者狡诈、机智的一面。看看古往今来那些英雄豪杰，未尝败绩的只有寥寥数人。力拔山兮气盖世的项羽平生鲜尝败绩，用兵如神，但最终却乌江自刎。而从起兵开始便一直打败仗，打不过就跑而被项羽所不齿的刘邦，最终却当了皇帝。

俗话说"三十六计走为上计"，在众多计策中为何单单它独占鳌头呢？因为战争中难免不吃败仗，但在兵败山倒之后，如何脚底抹油开溜这便很关键了。经常有被俘的敌将，或招降，或杀头，尤其是君主被抓，基本上没有好果子吃。所以作为主帅溜得快不被对方抓到，这就是逃跑的学问，而金蝉脱壳则是逃跑中的上上计。

关门捉贼第二十二：十面埋伏，一网打尽

【题解】

"关门捉贼"原意为当发现飞贼进入府中偷窃时,要将房门紧闭抓住对方。不过,在谋略里,它泛指当我军发现对方意图后,将计就计让敌军以为有机可乘,最终偷鸡不成反蚀一把米。所以要事先断其退路,布下天罗地网,待敌来投。

此计虽妙,不过有几点需要注意:

1.困兽之斗。一般所谓的贼通常为弱旅,假如遇到强盗这种强硬派,势必要层层围剿,可借对环境熟悉的地势,比如说当一干强盗在屋中时,可关电然后大吼大叫,摧残其心智。由于身在陌生环境加之黑灯瞎火,敌人便会恐慌,如若趁机派精兵在其中煽风点火,势必会暴乱,自相残杀。

2.守株待兔。当"贼"意识到被发现并被关起时,门窗等便成了他的希望,毕竟没有人会傻到坐以待毙。所以门窗必然成为对方重点攻击的目标。所以在此派重兵把守,可谓一夫当关万夫莫开。

3.束手就擒。当敌军被关在其中时,对方的首领一定成为重中之重。如在此利用言语刺激敌军,配以煽动性的言论。所谓法不责众,只要擒贼擒王即可。毕竟人都贪生怕死,在如此时期所谓的忠诚只会变成炮灰,并且大众被围说明首领的能力并不高超,此时一定会有部下恼怒。此刻正是挑拨离间,让敌自相残杀的好时机。

【原文】

小敌困之。剥,不利有攸往。

【译文】

对于那些弱小的敌人,应该包围起来予以歼灭。虽然小股敌人力量弱小,但是行动却很灵活,不适宜穷追不舍。

【事典】

公元 199 年,四代三公的袁绍包围了幽州的公孙瓒,公孙瓒数次突围,都败下阵来。三国第一狠人公孙瓒也被逼无奈退回城里。为了有效抵御袁绍的进攻,公孙瓒下令加固工事,在城墙周围挖了十条壕堑,在壕堑上又筑起十丈高的城墙。

"广积粮缓称王"的至理名言,让他囤积了三百万斛(一斛约为五斗)粮食,袁绍果然连续攻城好多年,都是无功而返。

袁绍一气之下,动用了全部的兵力加紧围攻。公孙瓒见情况不好,便派儿子杀出重围寻求救兵去了。当救兵到来时,双方遣人送信约定:点火为信,然后内外夹击袁绍。不料,送信的人一出城便被袁绍的部下抓获了。知道公孙瓒的计谋后,袁绍将计就计,按其约定的时间举火。公孙瓒果然中计了,领兵出城接应救兵,结果遭到袁绍布下的军士伏击,大败,逃回城里。

袁军趁机在城外挖地道,地道直通城内。待一切准备充分后,袁绍一声令下,忽然间袁军从天而降,对刚刚大败返回城内的部队发起攻击,公孙瓒精心设计的防备顷刻瓦解。白马将军公孙瓒见胜负已分,自己已无力回天,杀死自己的家眷后自尽而亡。

在古代,通过"关门捉贼"获取胜利的战例如繁星漫天,不胜枚举。无论是坑杀赵国四十万大军的长平之战,还是韩信为项羽布下的十面埋伏,其谋略中的道理都大同小异,"瓮中捉鳖""十面埋伏",都可以看成是"关门捉贼"的一种延伸。

公元202年,汉王刘邦率本部人马,追击向彭城撤退的项羽。待追击到阳夏时,刘邦下令停止追击,遣差事与彭越、韩信通信,承诺将来与其共分天下,而且将临淄、大梁、淮南等大片土地封给他们。果不其然,各诸侯即刻出兵,在路上遇项羽部队,韩信三十万兵马自齐南下,切断项羽逃跑的退路;而一代名将彭越则率数万兵马到达固陵与刘邦会师,担任主攻;这时将军刘贾与骁将英布自寿春率兵北进,切断项羽南逃之路。楚军自此不断收缩,进也不是,退也不是,左也不是,右也不是,最终退至垓下(今安徽灵璧东南沱河北岸),中了韩信的"十面埋伏"。最后在众诸侯军队的层层包围中,项羽军队草木皆兵。

这就是"十面埋伏",楚军困守垓下插翅难飞。楚军的反击犹困兽之斗,刘邦军队的进攻捷报频传。垓下战场,杀声震天。两军拼搏,你死我活。著名的垓下之战就这样展开了。

虽然楚军被围,但饿虎扑食奋力一搏却让汉军很是忌惮。为动摇和瓦解楚军,一天夜里,刘邦要汉军唱起楚歌。楚军将士听后思乡之情越发浓厚,霸王项羽大惊曰:"汉皆已得楚乎?是何楚人之多也!"项羽惶惶然不能入睡,深夜在军帐里喝酒。此刻他心情异常苦闷,天下霸业未完今日却要命丧于此,于是唱起那段绝句:"力拔山兮气盖世,时不利兮骓不逝!骓不逝兮可奈何?虞兮虞兮奈若何!"跟随项羽多年的虞姬此时也开始和唱,歌曰:"汉兵已略地,四方楚歌声。大王意气尽。贱妾何聊生!"唱罢拔剑以死殉情。项羽痛苦不已,而后又领爱妃之情意,率八百骑兵连夜突围南逃。隔日天明,刘邦才发现项羽已突围成功,急派灌婴带领五千骑兵追赶。

当西楚霸王项羽渡淮河时,身后的部下不足百矣。项羽逃至阴陵(在今安徽定远县四北),地界险要,一时迷路陷进湖沼地带,被汉军追及。项羽带兵边战边退,退至乌江(今安徽和县东北乌江浦),只剩下二十八名士兵。恰巧河边正停靠着一条小船,来接他的乌江亭长请他上船说:"江东虽小,地方千里,众数十万人,亦足王也。愿大王急渡。今独臣有船,汉军至,无以渡。"项羽苦笑道:"今天欲亡吾,吾又何之渡为!且籍与江东子弟八千人渡江而西,今无一人还,纵江东父兄怜而王我,我何面目见之?纵彼不言,籍独不愧于心乎?"他摸摸爱驹对亭长说:"为答公长者,吾骑此马五岁,日行千里,一骑绝尘。不忍杀之,以赐公。"待小船行远后,项羽的部队骑马的都下马步行,手持短刀单剑与敌交战,仅项羽一人就杀死汉军几百人,最终于乌江自刎。

"关门捉贼"这一谋略,首先要有周详缜密的计划,而且要有十足的耐心与兵力优势。猫抓老鼠就是鲜活的例子。猫抓老鼠时一般讲究时机,并不急于抓捕,而是耐心等待老鼠出洞寻觅食物。等到老鼠掉以轻心,安心吃食时,猫才闪电出击。捕获后不急于吃食,而是消耗老鼠的体力,用自己的猫爪来回摆弄老鼠,将四处逃窜的老鼠控制在自己的行动范围内,每当老鼠要逃离时,用爪子将其扇回。如此反复,直至老鼠精疲力竭。猫用爪子在老鼠面前无形中建造一所关门的房子,让其无处可逃。

所以施计者要像猫抓老鼠般有耐心,但同时也要首先确立自己的强大优势。利用敌人的弱小和孤立,利用其自动闯入我方领地的情况,发挥自己的优势,切断敌人所有的后路并置之于死地。

倘若缺少其中一个条件,对敌人进行封锁就会兴师动众大劳其身。如蜀国丞相诸葛亮就曾因此而失败。公元234年,诸葛亮远离国门,面临严重的补给困难,将退守河岸边的敌军将领司马懿围困长达一百天。长时间的封锁,最终并不是司马懿消耗殆尽,而是诸葛亮自己。因此,切勿贪心不足蛇吞象。

此计中的"贼"泛指为数不多灵活机动的小股敌人。若一味猛追,他就会杳无踪影,或者狗急跳墙。如果诱"贼"深入,把他关在"门"里,使他成为网中之鱼,瓮中之鳖,我方就能旗开得胜。古代兵法十分重视此计。

【解读】

作为"金蝉脱壳"的下一计策,"关门捉贼"这一计可以说与之势同水火。前一计讲解怎么暗中逃遁。而这一计策正好相反,讲解如何不让敌方逃脱。"关门"在古代泛指野外进行的包围,而"贼"则是贼人、敌人的意思。将敌人引进事先设好的包围圈,也就是"门",让其无处逃逸,随着时间消耗对方的斗志,犹如困在笼中的野兽,最终将其一网打尽。

远交近攻第二十三：先解近渴，放远目光

【题解】

古有"唇亡齿寒"这一成语，而"远交近攻"这一谋略与其正好相反。两者的不同是，前者讲的是两国水平相当，包括国土面积、军事实力、经济主体等。比如说韩国和日本，或者葡萄牙与西班牙等，是指相依为命、旗鼓相当的这种。假如远方的敌人能灭周围的国家，则表明对方灭我军也是迟早的事情。所以两国之间必须相互扶持、相互帮助，以达到唇齿相依的目的。

但"远交近攻"则是泛指我方的势力大于或高于对方时，意图吞并对方时，这时我们应与远方国家结盟，而后针对打击身边的小国。所谓柿子是找软的捏，战争也是如此，国家更是如此。战国时期，秦国范雎运用此计，灭六国，辅助秦朝一统天下，可见此计的神通广大。

为何要远交近攻呢？首先将远攻、远交、近攻、近交这四种情况逐一列举，答案自然揭晓。

1.远攻劳民伤财，而途经各国更是无法保证其是否会攻击。即使远攻成功以后，中间隔着他国，长此以往难免发生兵变或者两党政权。

2.远交的成本与战争的成本相比则显得九牛一毛了。对方喜欢美女送我国美女，零成本。对方喜欢金银珠宝的，送其便罢，国库所需不足为惧。对方喜欢珍奇良驹的，派人去寻找便是。但好处却尤为明显。当我方发动战争时，对方要么袖手旁观，要么帮助支援。无论古今，毕竟吃人家的嘴短，拿人家的手短。

3.近攻是事物必然的发展阶段。如果身边的邻国不打，难免对方趁你病要你命，所谓心头大患，不得不除。而且近攻的另一好处就是输送带短，战线不会拉得过长而导致粮草供给不足。

4.近交的一大问题是，即使两国和好如初也难免心生忌惮。当敌军雄踞百万时，撕毁一张友好条约可谓轻而易举。所谓的近交，一般是本国在大举兴师动众，或休养生息之时才会考虑，为防对方给予背后一刀。

【原文】

形禁势格，利从近取，害以远隔。上火下泽。

【译文】

在受到地理位置限制时，当形势发展受到阻碍时，近处之敌攻击时对自己有

利,远处之敌攻击时对自己却是有害的。火焰是向上蹿的,泽水是向下流的,万事万物的发展变化就是如此。

【事典】

世界著名的"猪鬃大王"古耕虞先生在世时,非常崇拜战国时期一个名叫白圭的商人。他经常在会议中说:"商人白圭认识到商场如战场,经商必须要抓住时机,运用智谋,就如同孙武用兵、商鞅行法。"而这位传奇人物古老先生早在世纪50年代,就应用过白圭这一经商思想。

当时,中国的出口贸易完全被买办资本控制,古耕虞的"古青记"猪鬃公司属于民族资本企业,备受歧视,一时斗不过洋行买办。古耕虞细细思索,近攻不能得手,何不远交?经过一番努力,他终于与美国号称"猪鬃大王"的孔公司挂上了钩。时任孔公司的总裁杰克先生被古老的诚意打动,决定向"古青记"猪鬃公司提一百万美元的循环信用贷款。就是凭借这一百万美元的投资,"古青记"将出口猪鬃的价格成本降了下来,将质量提高一个档次,在与洋行买办的竞争中占据优势,成为中国猪鬃出口贸易的主要经营者。

几年以后,洋行在"古青记"面前已经不足为惧,而且市场上没有永远的朋友,只有永远的利益。此时美国孔公司试图一甩昔日的小弟"古青记"猪鬃公司,独揽大权,吞并整个猪鬃市场。古老先生因此亲去海外,在跟孔公司接触的一系列谈判中,对方言语傲慢不屑,最终双方终止合作。凭着"古青记"猪鬃的良好质量,古耕虞与美国另一家公司建立了新的合作关系,组成了双方联营的"海洋公司"。古耕虞通过新公司在美国华尔街筹到很多低息信用贷款,这使得"古青记"的猪鬃逐年在美国市场的占有份额大大增加。孔公司开始后悔,但对于这个昔日的小弟也只能无可奈何。

古老将兵法运用到经商中,运用"远交近攻"之计,近攻国内的洋行买办,远交美国的孔公司。与远敌的结交使他借其之力一举消除了"近敌"——洋行买办的竞争威胁。于是,以前的"远敌"——美国孔公司就变成了头号的敌人。古耕虞又运用远交近攻的计谋击败了孔公司,在世界猪鬃市场站稳了脚跟。

俗话说商场如战场。"远交近攻"之计属于制造和利用矛盾,分化瓦解敌方联盟,实行各个击破的谋略。关键在于,当目标受到地形条件限制时,在有利情况下先攻取就近的敌人,而当越过近敌去攻取远处的对手不利时,如果能够同远处的对手取得暂时的联合,更利于各个击破。

在当代商战中,"远交近攻"可理解为,就近开拓市场或与近处的对手竞争,有利因素多。而为使局势对我方更有利,可以与远处的对手适当联合。

从商业竞争来看,此计可缓解来自其他企业领域施加的压力,谋取近期利益,较有针对性地打压同行对手,又可以着眼未来,做长远打算,使企业保持良好的发展势头。

【解读】

　　最早的"远交近攻"是由战国时期的范雎为秦国筹划的一种外交谋略，意在分化或者防止敌人结成联盟，以便达到各个击破的目的。在同时拥有两个或两个以上的敌人时，如果先攻打远处的敌人，路途遥遥，行军艰难，败多胜少；不妨先与远敌以和为贵，包括古代嫁公主都是这种政治手段，为的就是试图制造友好的假象，以便集中力量在击败近处的敌人以后图谋远方的敌人。

　　"远交近攻"不仅是在军事上的计策，也是一种长远的国家外交战略，而且是国防部甚至国家最高领导者采取的政治手段。视与我国邻近的国家为近敌，在近敌左右的邻国视为远敌，在挥舞大棒击打近敌时，别忘记给远敌橄榄枝以及联姻、珠宝等好处费。这样我国可对邻国挥大棒，直至将其消灭，而对远敌却殷勤献媚，以俸禄让远敌麻痹大意。所以，所谓远交，也仅仅是一时的缓军之策，绝不是长期和好。当我国消灭邻国之后，与远交国的缓冲带已经失去，他们就变成了新的近邻，新一轮的征伐也就不可避免地发生。

假道伐虢第二十四：乘虚而入，再取一益

【题解】

假道，是借路的意思。这里的"假"通"借"，"伐"指的是攻占，而"虢"是春秋时期一个小国。"假道伐虢"的意思是先利用甲作为跳板，去消灭乙，消灭了乙之后，再回头把甲也消灭了。或者以跟对方借道为名，却采取消灭对方的措施。

一般，"假道伐虢"有三种表现：

1.借助别人的条件达成自己的目的。

2.借机把自己的势力渗透到对方的内部。比如，处在两个国家之间的小国，如果受到了威胁，其中一个国家就可以利用保护之名将其控制。当然，这是需要以不侵犯对方利益为诱饵的，等到控制了这个小国，它的利益就是你说了算。

3.一石二鸟。就是用甲做跳板，消灭乙，然后再回头消灭甲。

【原文】

两大之间，敌胁以从，我假以势。困，有言不信。

【译文】

地处敌我两个大国之间的小国，当敌方威胁它屈服的时候，我方要马上出兵援助，并趁机把自己的势力渗透进去。相对于处于困境的国家，如果只有空话而没有实际援助，是不能赢得信任的。

【事典】

三国时，荆州刺史刘琦病故，刘备被众人推举为牧守，占据了荆州诸郡。曹操为了离间孙、刘两家的关系，特表奏汉献帝册封周瑜为统领南郡的太守。这个统领南郡太守不过就是虚职一个，因为至今荆州还被刘备占领着。果然周瑜中了曹操的奸计，特命鲁肃去参见刘备索要荆州。刘备听闻东吴鲁肃前来索荆州，惊慌失措。

这时诸葛亮对刘备说："主公不必忧虑，我自有良策，到时候鲁肃一提荆州之事，您就大哭，然后我与他周旋。"等鲁肃前来，椅子还未坐热，已经开门见山地说荆州问题。刘备也不愧为实力派，鲁肃第二句话还未说刘备已经号啕大哭，反而将鲁肃弄糊涂了。

诸葛亮看鲁肃一脸茫然地看着主公，为其开腔："起初主公向吴侯借荆州时，承诺取西川便给予。但仔细一想，益州刘璋是我主之弟，同为刘氏同胞，倘若君临城下对其讨伐，恐成千古罪人；倘若不占，不得言而无信于东吴，必还荆州，那我们又安栖何处？假如不还荆州，于吴侯的面上又不好看。我主进退两难，所以大哭。"鲁肃毕竟是个长者，看刘备如此泼皮，有苦难言，便只好妥协于诸葛亮提出的延期归还荆州的请求。

周瑜一计不成，又生一计。鲁肃再去荆州，依照周瑜的吩咐对刘备说："吴侯十分同情您现在的处境，与众将商议后决定替您起兵攻取西川。待我军占领西川后，再用此交换荆州，我们替你打下来，这样就不会被世人耻笑了。前提就是待我军从此通过时，如方便的话请支援些粮草，别无他求。"

刘备一时为难苦恼之时，军师孔明却高兴地赶忙答应："十分感谢东吴的帮助！待吴军到来，势必犒赏三军。"

鲁肃计谋得逞，拂袖离去。待其离去，刘备向诸葛亮询问东吴的真正用意。诸葛亮答道："此乃周瑜小儿的'假道伐虢'之计。虽征讨西川，实乃轻取荆州。周瑜此次必败无疑！"

当周瑜带五万精兵整装待发来到荆州，本以为刘备会打开城门，箪食壶浆迎接他，然后乘机掩杀过去。未料忽听一声炮响，城上无数士兵一齐竖起刀枪，严阵以待。吴军背后也杀声四起，皆言要活捉周瑜。周瑜方知上了诸葛亮的当，怒气填胸，箭疮复发，坠于马下，倒地而亡。

一直以来刘、孙两家都因荆州闹得啼笑皆非，也因周瑜一心想占荆州，路人皆知。在此种情况下，周瑜声称借道荆州取西川，很难不引起诸葛亮的怀疑。"假道伐虢"可谓妙计，但一旦被识破就变成了将计就计。

林则徐不仅是中国近代的著名爱国者，而且是一位体察民间疾苦的清官。他在担任湖广总督期间，湖北发生百年不遇的大旱，庄稼枯死，米价腾贵，许多农民流离失所，甚至饥饿而死。林则徐看在眼里急在心上，于是发起活动，让各级官员自愿捐钱，以便购粮平价出售。

不料过了数日，竟无人捐款。林则徐大为愤怒，他知道这些官员平日花天酒地，于是便贴告示说："本部为缓解百姓饥荒之苦，三日后定于设坛祈雨，上自督抚，下到县官，皆应照例戒斋三日，不能吃荤，不能喝酒，以示敬天诚心之意。"

三日后，林则徐在官坛上开始祭祀，祈天求雨。带祭祀结束后，林则徐命众官坐于芦席之上，对大家说："平日里我们这些父母官养尊处优，我今天与诸位都不张伞打扇，坐于烈日之下来体验一下农民稼穑之苦如何？"

众官自然不好推辞。于是众人在炎炎烈日之下坐了接近三炷香的时间，皆汗流浃背，叫苦不迭。

林则徐听闻众官的抱怨，便提议："天气炎热，不可无茶。"众人口干舌燥、急不可耐地将奉上的茶全部喝下，林则徐也喝了一碗。不一会儿，大家开始呕吐。

林则徐吐完后说道："吐完都不可动，有人检查，看看你们是否虔诚。"结果不出所料，除林则徐吐的是粗茶淡饭之外，众人皆为酒肉腥荤之物。

林则徐掷地有声地问道："斋戒祈雨，是何等重要的事，你们竟敢这样不诚。天不降雨，就是你们激怒上天所致，现在诸位有何话说？"

众官无话可说，面面相觑，都表示愿意尽力捐钱。就这样，林则徐很快筹到一笔巨款，赈济灾民，平抑粮价。

林则徐用"假道伐虢"之计，借斋戒祈天求雨之名，伐众官捐钱之实。他开始叫人在茶中放入呕吐之药，众官员吐出荤腥之物则说明他们生活富裕，有足够的能力捐钱赈灾。他运用智谋让本不甘捐款的众官员最终出钱，用心良苦。

【解读】

中国的国土辽阔，势必会滋生出很多夹缝中的小国，这种小国的地位很微妙。将其视为盘中肉的大国一面想用武力解决它，一面却用不侵犯它的利益来诱骗它，趁它心存侥幸之时立即把力量渗透进去，不战而屈人之兵。而这是典型的假道伐虢。此计的关键部分在"假道"，也就是很合理的借口和理由，让敌麻痹，不能明白"假道"的真正意图，突出奇兵，往往可以取胜。

偷梁换柱第二十五：偷换概念，转换角度

【题解】

"偷梁换柱"指的是暗中玩弄手段，以假代真，以劣代优，用以实现自己不可告人的目的。

梁和柱是一间屋子的骨架，如果一间屋子的梁和柱非常糟糕，那么这间房子就很有可能会倒塌。同样，如果一个军队的精锐之师被换成三流的部队，那么这个军队也迟早会解散。

"梁柱"所指的是事物的主要部位，"偷梁换柱"这一计就是要求人们通过抓住事物的主要矛盾以解决实质问题，这样一来，其他问题就会迎刃而解了。

这一计一般都是在暗中实行的，而且"偷""换"的都是主要的东西，最终，换掉的东西不仅不能起到应有的作用，反而还会起到破坏作用。著名的"狸猫换太子"就是"偷梁换柱"的典型事例，此外，"冒名顶替"也是"偷梁换柱"的演变，当然这样做都是为了从中获取利益。

【原文】

频更其阵，抽其劲旅，待其自败，而后乘之。曳其轮也。

【译文】

敌人的阵容频繁地变动，把敌人的精锐主力调开，等到它自行败退后，再趁机取胜。这就好比是拖住了大车的轮子，控制了大车的行进一样。

【事典】

康熙六十一年十一月，清圣祖康熙在畅春园斋戒期间病故，可是，他至死也没有亲口说出让谁来继承自己的皇位。于是有一部分皇子开始行动起来，想趁着这个时机，夺得皇位继承权。但事与愿违，还没等他们行动，一个惊天的消息便突然传了出来：康熙在临终前曾立了一份遗诏，遗诏中指明将由谁来继承他的皇位，而这份遗诏则是由康熙的心腹大臣隆科多保管着。诸皇子的心全都悬了起来，所有人的眼光都投向了隆科多，确切地说，是投向了隆科多手里的遗诏。

康熙的死对胤禛来说并不突然，康熙患病时期，胤禛曾多次去畅春园探望，并在那时结交了康熙的心腹大臣隆科多。隆科多告诉胤禛，康熙已经立下了遗诏，遗

诏中指明皇位的继承人是十四皇子胤祯。这一消息让胤禛非常意外。他原本以为自己的表现已经获得了康熙的赏识，能够顺利地继承皇位，却没想到会是这样的结局。但是胤禛并没有显出惊慌之色，相反，他很镇静。他想到，十四皇子胤祯目前正在蒙古与准噶尔部战斗，自是不会迅速知道康熙逝世这个消息而返回京城。其他人也全都被蒙在鼓里，不知隐情。这对自己而言，正是一个绝好的机会。十四皇子、四皇子，两个称呼无非是差了一个"十"字，如果把"十"改成"于"，那么遗诏就变成"传位于四皇子"了。想到这里，胤禛便生出妙计。

午夜时分，胤禛去了畅春园。走进畅春园，看到那里的众多士卫之后，胤禛不禁笑了笑，隆科多真是过于谨慎了，这是为了保护先皇的遗体，还是为了保护那个遗诏？或者两者兼有之吧！这样想着，他走进了畅春园的内堂，刚好碰上隆科多从内堂里走出来。隆科多看见他的表情，有些惊讶地说道："王爷？"

胤禛笑着说道："怎么了，很吃惊？"

隆科多说道："不知道王爷会在这个时候来，请内堂说话。"

内堂里有些昏暗，有个侍者正在擦桌子，隆科多摆了摆手，侍者退了出去。隆科多见侍者走远了，问道："不知王爷这么晚驾临畅春园有什么重要的事？"

胤禛说道："前些日子你曾跟我说过先皇遗诏的事，我心里便一直琢磨，结果还真琢磨出一件事来。先皇在遗诏中指明十四皇子胤祯继承皇位，你觉得可行吗？"

隆科多没听明白，问道："王爷的意思是？"

胤禛说道："你我相交多年，关系非同一般。有什么就说什么，不要有任何忌讳。如果十四皇子继承了皇位，恐怕对你我二人都是个威胁，特别是对你。自古便有个说法不知道你听说过没有，先皇去世后，后即位的皇帝首先做的一件事情，便是想办法把先皇身边的重臣一个个除掉。"

隆科多脸色骤然一变，说道："王爷的话外之意是？"

胤禛镇静地道："改遗诏！"

夜很静，有微风掠过，夹杂着浓烈的香烛味飘散于畅春园内。隆科多从内堂里走了出来，快步向康熙的灵堂走去。步入灵堂，他心里竟然生起一股骇意来。看到康熙躺在棺内，表情安详，隆科多松了口气，在灵堂前拜了三拜。

隆科多

他走到灵堂的后面，从一个檀木匣子里拿出一个黄布卷，并将其展开。接着他从衣

袖里掏出了一支毛笔,欲往上面写字,手却有些哆嗦,最后只得用另一只手抓住这只手,在"十"字上添了两笔。

第二天,隆科多宣读了先皇康熙传谕胤禛即皇帝位的遗诏,满朝文武皆震惊,尤其是诸皇子阿哥,因为遗诏的内容超出了他们的想象。但没人敢多言,这毕竟是先皇的遗诏,如果没有证据只凭怀疑说事,弄不好反而会被治以谋反的罪名。

胤禛用"偷梁换柱"之计。改了遗诏,登上了皇位。对此计有人怀有疑问,觉得太过凶险,弄不好反而会把自己暴露了。其实对施计者来说,成败在于是否经过深思熟虑。采用这一计策,需要针对事件本身来制订具体的实施方案。如胤禛抓住了"传位十四皇子"中的"十"字和"于"字的相近,成功地完成了"偷梁换柱"之计。

【解读】

在我国古代,打仗前军队都会列阵,而且阵形会以东、西、南、北四个方位部署。以此来说所谓的"梁"就是部队的主力部队,而所谓的"柱"则是部队的先锋、支撑。

撇开作战用计不说,"偷梁换柱"的计谋,在古代也经常被用在权势斗争之中。在这方面,它起到的作用更为明显,不仅能达到最终目的,而且还能堵住疑者的耳口。因为施计者是用"事实"说话的,反驳事实的人自然占不到理。

指桑骂槐第二十六：杀鸡儆猴，曲意达标

【题解】

"指桑骂槐"的意思是表面上骂这个人，实际上骂的却是另外一个人。一般有以下三种意义：

1.敲山震虎。通过敲山来震慑老虎，对老虎表示自己态度强硬，使老虎不敢发威。

2.杀鸡儆猴。据说猴子惧怕鲜血，驯猴人在猴子不听话的时候，就会当着猴子的面杀一只鸡，用血淋淋的鸡来吓唬猴子。其实就是指通过对一个恶人的严惩，吓唬其他恶人的办法。

3.旁敲侧击。不明着骂人，而是暗着骂或者绕着圈子骂人，迂回地表达自己的不满。

在军事方面，此计多在强大国家对付弱小国家时，进行利诱或者威逼，使其臣服，不战而屈人之兵。

【原文】

大凌小者，警以诱之。刚中而应，行险而顺。

【译文】

强者慑服弱小者，要用警戒的方法加以诱导。威严适当，就可以得到拥护。手段高明，就可以让人顺服。

【事典】

1356年，农民出身的朱元璋统率部队攻下集庆后，伺机攻打镇江，但直到即将攻打镇江的拂晓，三军统帅徐达仍迟迟没有露面。

忽然，传来一条令众人大骇的消息：徐将军已被关起来，即刻执行军令被问斩。对此众将士疑惑不解，想那徐达自与朱元璋起兵之后便东征西讨立下汗马功劳，究竟他犯了什么罪，以至于要被砍掉脑袋？不一会儿，徐达便被五花大绑押了出来，后面有两名手持钢刀的行刑手跟着。在诸将的簇拥下，主帅朱元璋也来到了教场，执法官用洪亮的声音宣告："罪将徐达身为统兵大将军，不知管教部队将士，使军中数次发生欺压百姓的事情，导致我红巾军的名声受损。为严明军纪，特在今日将徐

达斩首示众!"诸将听完面皆如死灰,见主将怒不可遏,一时间个个手足无措。

这时帅府都事李善长一马当先跪道:"徐将军骁勇善战,屡立功绩,时下军务紧急,正是用将之时,望元帅宽恕他!"

众将见都事已为将军请命,便一齐跪下说道:"如今军中屡发欺民偷窃之事,不能怪罪徐将军,这是我们的责任,恳请元帅治罪!"

朱元璋不怒自威,沉吟半晌,再次审视众人,口气坚定地问道:"我们起兵是为了什么?"

众人掷地有声地答道:"替天行道,除暴安民!"

朱元璋道:"当初起义是为反元,原因是元朝官府欺压百姓。如今我们推翻元朝之后,也反过来欺压百姓,那么我们和元朝官兵有什么区别?过不了多久,就会有人以我们为目标,替天行道,除暴安民!"

都事李善长看朱元璋气色有缓,借机又哀求说:"徐达将军跟随元帅已多年,战必胜,攻必克,劳苦功高,这一次就请您饶恕他吧!"

朱元璋沉吟半晌,怒指徐达道:"看在众将士的分上,这次暂且饶了你。军中以后再发生欺压百姓之事,定斩不饶!"说完,朱元璋拂袖而去。

解绑后的徐达即刻当众宣布:"镇江打下后,一不能烧房,二不能强抢,三不能欺凌百姓,四不能调戏妇女。违者砍头示众!"之后,徐达率领的这支纪律严明的大军很快攻占了镇江。大军进城后,秋毫无犯。当地百姓拍手赞赏,奔走相告。

朱元璋自己的计谋收到的效果非常明显,欣喜地拍着徐达的手说:"兄弟,真是让你受委屈了!"

徐达推辞道:"这是大哥手腕高明,若无此计,又岂会有如此好的军纪!"

一直以来红巾军虽攻敌无数,但因为将士大多素质较低,自打下南京以后,军纪松弛,强买强卖、调戏妇女之事屡有发生。朱元璋对此情况异常担忧,但如此行事的人员太多,只抓几个蟊贼恐怕不会有好的效果,所以他才安排了这场假斩徐达的戏。《汉书·尹翁归传》对此评价说:"以一儆百,吏民皆服,恐惧改行自新。"

北宋时期,苏轼兄弟都在朝中当官。有一次,苏辙的朋友前来府上,希望凭关系获得一官半职,但苏辙躲着不见,这个人便只好向苏轼求助。苏轼无奈之下,闭口不提差事的问题,反而给这个人讲了个故事:"从前有个人,穷得无以为生便去盗墓。他打开第一个墓,见古人一丝不挂,还开口道:'你知道汉朝杨王子孙吗?因为轻财傲世,所以没什么接济你。'"见来人听得津津有味,苏轼接着讲:"穷汉只好去凿开第二个棺材,棺材很讲究,里面的帝王和气地说:'孤是汉文帝。早立下遗诏,墓中不放金玉之物,你去别处寻觅吧!'"苏轼笑得前仰后合,来人这才大概听懂苏轼的用意了,脸上有些发烫。苏轼看对方还不走。便又讲起来:"穷汉连挖两墓都一无所有,发现旁边有两座连在一起的墓,便刨开左边的墓。只见一个人对他说:'鄙人伯夷,当年饿死在首阳山下,对不起,无以回报。'穷汉转头想去挖右边的墓,那个人又说:'右边是我的兄弟叔齐,我都如此他会好到哪里呢?'"听到这里,来人再也坐不住了，以家中有急事为理由匆匆离去。

　　苏轼看似在风趣地讲故事，实际上借用故事已经说出了自己的观点，最后的一句是巧妙地告诫求职者自己尚且如此，再去找他弟弟也是于事无补。

【解读】

　　"指桑骂槐"的原意为间接地指责别人，使其感到羞愧。此计策还可引申为运用各种政治和外交谋略，"指桑"而"骂槐"，向对手施加舆论压力以配合军事行动。当面对实力弱于己方的对手时，可以用警告和利诱的方法，不战而胜；而面对实力强大的对手时，则可以此计旁敲侧击威慑他。

假痴不癫第二十七：装疯卖傻，以退为进

【题解】

"假痴不癫"的意思是表面装糊涂，实际上却很清楚，暗中策划行动，蓄势待发。为人处事，有时候要学会装聋作哑，装疯卖傻，要懂得韬光养晦，展示给别人庸碌的形象，把自己的才能遮掩起来，等到了一定的时间或者有了一定的机遇，再将自己的才能展现出来，以实现自己的抱负。当然，时机不够成熟的时候，千万不要暴露自己的意图，所谓"谋出于智，成于密，败于露"，说的就是这个意思。

在军事方面，此计指的是虽然自己实力庞大，但是要隐藏起来，好让敌人放松警惕，最后给其以措手不及的攻击。

这一计的关键在于前两个字"假痴"，其表现形式有很多种，如假作不知、假作不为、假作不懂、假作不管等，但是不论怎么"假"，都不要"假"过头了，否则，"假痴"就成为"真痴"了。

【原文】

宁伪作不知不为，不伪作假知妄为。静不露机，云雷屯也。

【译文】

宁愿假装糊涂而不采取行动，绝对不假冒聪明而轻举妄动。要沉着冷静，深藏不露，就像冬季的雷电蓄力待发一样。

【事典】

楚庄王在朝中设宴，命令他宠爱的美人给群臣和武士们敬酒。忽然，灯烛被一阵狂风吹灭了，大厅里一片漆黑。

美人虽然看不到但感觉有人在拉她的衣袖，慌乱之中将此人的帽缨扯断，随后来到楚庄王的身边向他哭诉了被人调戏的经过。因为美人已经将此人的帽缨扯断，只要点蜡就可查出此人是谁。

但楚庄王没有拍案而起，反而还大度地安慰美人，之后对大家高声说："今天喝酒必须要尽兴，谁的冠缨不断，那就是没喝够酒。"众人一听主公如此豪言纷纷扯断冠缨，大碗喝酒。等灯再亮时，众人的冠缨都断了，就是美人自己想查出调戏她的那个人，也无从下手了。

转眼三年过去,楚国与晋国开战,楚军中有一骁将总是一马当先担当开路先锋,楚庄王很奇怪,问他为什么如此拼命。猛士惭愧道:"末将罪不可赦。三年前我在宴会上酒醉失礼,大王不但没治我的罪,还为我掩盖过失,我只有奋勇杀敌才能报答大王。"

楚庄王在听说有人调戏他的臣妾时,以大局为重,索性来个假痴不癫,让大家扯断冠缨。这一举动表现出他胸襟宽广,而之后他也获得那个人的回报。

当然,大多情况下"假痴不癫"的目的都是战胜对手,取得有利于自己的结果。不愿意失去机会,对手又很强大,这时该怎么办?办法只有一个,那就是隐去锋芒,假痴不癫,等时机成熟时,出其不意,克"敌"制胜。

公元959年,周世宗柴荣撒手人寰,皇位由七岁的儿子继承,是为周恭帝。当时朝中大将赵匡胤战功显赫,追随周世宗多年并取得其信任,这时已是殿前都点检、检校太尉、归德节度使,在朝廷中是一个举足轻重的人物。赵匡胤试图更换王朝,事先便进行了一番谋划。

960年腊月,赵匡胤命定、镇两州声称霍乱,谎称契丹勾结北汉意图南犯,请求急速发兵抵御。朝内大臣不辨真伪,周恭帝只得即刻命赵匡胤率军征讨。出征前夕,开封忽然出现"都点检为天子"的谣传。

赵匡胤率大军出发,行至不远的陈桥驿时天色渐黑,遂令部队扎营歇息。军校苗训夜观天象大为惊叹,众人好奇为何如此讶异。苗训颤抖着手指着天空道:"你们没看到太阳的下面还有一个太阳吗?后一个太阳将被前一个太阳取代,这是天命。"

"前者预示着周王朝,后者将应验在都点检身上。"这种说法很快在军中传开了,大家议论纷纷:皇上现在年幼,国家危在旦夕,不如先立都点检为天子,然后再北征。于是,都押衙李处耘、归德掌书记赵普、赵匡胤之弟赵匡义等一起商量立赵匡胤作为天子的具体事宜,并且派人回到开封让殿前都指挥使石守信、都虞候王审倚里应外合。

隔日清晨,众将士拿着只能是皇帝才穿的黄袍走了进来,对赵匡胤说:"诸将无主,我们愿拥立都点检为皇帝。"说后把黄袍披在赵匡胤的身上。赵匡胤却百般不肯,众将一再请命,他最终提了一个条件:"假如你们都服从我的号令我就答应,不然我可不当这个皇帝。"众将对其行君臣礼,发誓说愿为其赴汤蹈火、在所不辞。即日赵匡胤便领大军按原路杀回开封。当时正值早朝,消息传来,朝中大乱,众臣束手无策,只有侍卫军副都指挥使韩通一人驰马准备抵抗。未到正街,韩通就被赵匡胤前部校尉王彦升一刀劈死。宰相范质不得不率百官迎接赵匡胤。对着百官,赵匡胤流着眼泪说:"周世宗对我恩重如山,我是被众将士逼迫后才这样做的。"范质刚要反驳其谬论,赵匡胤的心腹部将罗彦环便大声斥责:"我等共同推举都点检为天子,谁敢不从,就做我宝剑下的亡魂!"百官皆惊得面如死灰,一同跪拜。当初密谋之一的翰林学士陶谷拿出早已拟好的禅代诏书,宣布周恭帝退位，将皇位让给赵匡胤。

　　赵匡胤正式即位做了皇帝，改国号为宋，他就是宋太祖。赵匡胤想当皇帝，却不想亲自出面搞兵变，免得落下乱臣贼子的罪名。他忍而不发，暗中周密安排，表面装作一无所知，却顺利地坐稳了江山。

【解读】

　　"假痴不癫"，此计多用于职场管理，如下属犯了错，不要去点破，假装不知，但会用"暗语"提示，使其了解。这样一来，下属肯定会暗自感激，工作起来会比之前更加认真。

上屋抽梯第二十八：断其后路，激己消敌

【题解】

"上屋抽梯"从表面意思上来看，指的就是让人上了房顶，然后抽去其上房顶的梯子。也就是断了别人的后路，让其无路可退，陷入死地。这是一种引诱的计策，要求你设置好一个圈套，让敌人去钻。但是怎么让他们钻进你的圈套呢？这就要给敌方打开方便之门了，好让他们钻进去，这就是"梯"。当然。"梯"的前面通常都是非常诱人的东西，只要上了"梯"就等于进入了圈套。进入圈套后，不要让敌人有任何后路，使其只能配合我方行动，再给其致命的打击。

在军事方面，此计要求用小利引诱敌人，然后截断敌人的退路，围歼敌人。安放梯子，有很大的学问，要具体问题具体分析。对情骄之敌，则示我方之弱以惑之；对于性格比较贪婪的敌人，则以利诱之；对于性格比较莽撞没有计谋的敌人，则设下埋伏以使其中计。

当然，"上屋抽梯"并非都是用于他方，也有人会将其用于己方，比如项羽破釜沉舟，就是断掉了所有后路，迫使其手下跟对方决一死战。

【原文】

假之以便，唆之使前，断其援应，陷之死地。遇毒，位不当也

【译文】

故意向敌人露出破绽，是为了给敌人提供方便条件。引诱敌人深入我方阵地，然后切断敌人的前应与后援，使敌人陷入绝境。敌人贪图不应得的利益，必然会遭受祸患。

【事典】

晋惠帝司马衷即位之后，立司马遹为太子。司马遹是司马衷登基之前跟宫中一个叫谢玖的才人所生。所谓母因子贵，司马遹被奉为太子，他的母亲便从才人升为淑媛（嫔妃的称号）。皇后贾南担心自己没留下子嗣，以后太子逐渐掌势后，自己的地位会有所动摇，便在余党的蛊惑下，决定采用上屋抽梯之计废掉太子。

一日，贾后以皇帝身体不适为由，召太子入宫。

太子入宫并未见到父皇，却被引进一间侧室，宫女端着三壶酒和一大盘枣走了

进来,说这乃皇上所赐,要太子就着枣把酒喝完。太子说:"陛下的赏赐我不敢推辞,只是我平时喝不了三壶酒,现在空着肚子更喝不了这么多!"

宫女按照贾后的原话斥责道:"太子真是不敬不孝! 皇上赐酒,难道你怕其中有毒不成?"太子没办法,只得把三壶酒全部喝下,搞得自己头晕不已。这时宫女拿出一份文稿对太子说:"皇上有令,让太子把这份文稿抄上一遍。"太子喝得醉醺醺的,早已分不清这是什么,抄的时候把字句也写得丢三落四,将文稿抄完后他倒头便睡,根本不知道自己写了什么。

第二天,晋惠帝临朝,那篇由太子抄写的文稿被送了上来,只见上面写着:"陛下该自寻短见,你自己苟且偷生,我早晚把你解决。皇后贪恋荣华富贵,她也不该活了,所以我会亲手了结她……"晋惠帝见如此大逆不道的文章竟是出自太子之手,一时不知所措,便与众臣商议如何处置太子。

贾后的余党董猛进谏:"太子犯上,理应处死。"晋惠帝看着自己的孩子变成罪人,最终动了恻隐之心,废太子为庶人,免其一死。

无辜的太子被囚禁在金塘城,其母亲谢玖更是惨遭贾后的毒手。

诱敌之术,需要给敌方可乘之机,在给其准备梯子时,既不能使他猜疑,还要能让他清楚地看到梯子。只要他爬上了梯子,就不怕他不进己方事先设置的圈套。

北宋初年西夏军队长期骚扰宋朝边疆。有一年西夏军队又来侵犯,渭州知州曹玮领兵出战,击败敌人。看到西夏兵一路逃走,曹玮命令士兵赶着敌人丢下的牛羊,抬着敌人丢下的辎重慢慢地往回走。西夏军队在逃亡几十里后,忽得探马回报曹玮令将士捡拾其资财之事,西夏将领认为曹玮如此贪财,军队行动必然缓慢,便决定掉头回去袭击宋兵。

曹玮听闻西夏军队卷土重来丝毫不在意,仍命部队慢步前行。将领看到曹玮的表现紧张地说:"不如将牛羊和辎重扔下,带着这些累赘,军队行动太缓慢了。"曹玮对部下的建议不理不睬,直到大军走到地势高的地方,才命令军队休息,等待敌人到来。

当西夏大队靠近宋军时,曹玮找人传话给他们说:"你们大老远又跑回来一定很累,我不想胜之不武,所以先让你们休息休息,然后再战。"

西夏将士当时身疲力乏,听闻敌方如此体贴非常高兴,都坐下来休息。过了好久,双方才击鼓交战,结果曹玮的军队毫不费力地就把西夏将士打得狼狈逃窜。

这次的胜利让宋军士兵有点百思不得其解,非常好奇将军究竟葫芦里卖的是什么药。曹玮笑笑道:"命令大家赶牛羊抬辎重,让队伍涣散不堪,目的是为了诱骗敌人,把他们再引回来。敌人回来袭击我们,往返差不多走了一百里地。倘若即刻开战,敌军虽然疲惫但士气尚存,战局胜负很难预料,敌军可能越战越勇。我建议让敌军休息是因为人剧烈运动后一旦坐下来休息,身体就会很疲惫,腿脚肿痛,精神松懈,没有了战斗力。这就是我军能够打败西夏人的原因。"

"上屋抽梯"是连环计里的一招,抽梯之后,可以再使一招"关门捉贼",以收到更好的效果。

【解读】

姜太公钓鱼——愿者上钩。姜太公的鱼钩上没有鱼饵，但却有鱼咬住了鱼竿，这说明鱼是自愿的。当然这并不是一个常规的钓鱼方式，所以我们要想钓到鱼还是要有鱼饵的，而这个鱼饵的选择则要视你想捞的鱼而定。

面对贪慕虚荣的对手，以金银珠宝为鱼饵；面对喜好女色的对手，以美人为鱼饵；面对好大喜功的对手，以伪装示弱为鱼饵；面对贪图名利的对手，以权势为鱼饵……因人而异，投其所好。

树上开花第二十九：借局布势，力小势大

【题解】

"树上开花"指的是虚张声势，无中生有，树上本没有花，却把五颜六色的假花粘在树上，显得这棵树生机勃勃。而在军事上，树上开花的做法是指借用他人的声势来壮大自己的军威，让敌人感觉害怕。此计中，"树"是主要的，是被借来虚张声势的，所以必须是比较强大的。而"花"则是搭配，所以力量弱小的一方就是"花"。"花"要善于伪装，达到以强隐弱的目的。

使用这一计一般都是自身力量弱小，需要借助别人帮助或者制造假象，让对方觉得自己强大。而且，作为势力弱小的一方，要懂得客观分析，充分利用现有条件，因势利导，让事情朝着有利于自己的方向发展，就如同《孙子兵法》上面写的："故善战者，求之于势，不责于人，故能择人而任势。"

【原文】

借局布势，力小势大。鸿渐于陆，其羽可用为仪也。

【译文】

借助他人的局面布置成有利的阵势，虽然兵力小，但是气势颇大。在高空飞翔的鸿雁，全凭其丰满的羽翼助成气势。

【事典】

蒙古地处明与后金之间，东边与后金接壤，南边与明相连。它的向背直接影响到后金和明两方力量的消长，因此明与后金都竭力争取蒙古的配合。林丹汗曾写信对努尔哈赤大加斥责，言语中带着蔑视，更挑衅要对其进行军事威胁，不允许后金攻打广宁城。努尔哈赤大怒，立刻复书坚决回应了林丹汗的挑衅，指出林丹汗所统兵力，后金从未惧怕。从这时起，后金与蒙古之间的矛盾便加剧了，一直延续到皇太极即位。皇太极即位以后马上采取了相应措施，沿用努尔哈赤对蒙古各部联姻结盟的政策，将打击的矛头主要指向林丹汗。

天聪元年正月，皇太极听说林丹汗准备兴兵攻打喀尔喀诸部，便立刻抓住这个紧要关头，借机拉拢、雪中送炭，将各个部落对林丹汗的仇恨激发出来，向奈曼部衮出斯、巴图鲁等部要求建立友好关系。皇太极这次致书在与蒙古各部落友好结交

的同时,也深刻地揭露林丹汗的丑恶行径,效果奇好。随着形势的逐渐发展,蒙古诸部归顺后金的人越来越多,就连林丹汗属下的重要人物最后也都陆续投奔皇太极。林丹汗越发孤立,而蒙古其他各部为反抗林丹汗的暴力统治逐渐走向了联合。

皇太极龙颜大悦,因为自己几乎没有插手,林丹汗便已经吃了败仗。

在此种局势下,林丹汗派人给明廷一连送去了十几封信,但是都石沉大海,连一点回应都没有,最后林丹汗只得放弃依靠明廷。他明白这只是相互利用的一种谋略罢了,明廷当时与他交好,无非是怕他跟满军联合对他们不利。自皇太极改国号为清后,矛头便指向了他,清军以及蒙古各部都想把他一举消灭。现在他们的实力一天天地壮大,明廷躲他们还来不及呢,又怎么会为了自己来冒这样的风险呢?想到这里,林丹汗心里沉稳了些,再说以自己现在的实力,也不一定就会失败,只要跟他们奋力一拼,还是有胜利的希望的。

天聪二年二月,察哈尔部与蒙古其他各部大战一场,却以失败告终。不过蒙古各部的实力也受到很大的损失,继续对察哈尔作战的话也感到力量不足。于是他们写信给皇太极,推举他为所有联盟的盟主,希望他出兵援助,一鼓作气消灭林丹汗。

所谓"踏破铁鞋无觅处,得来全不费工夫",收到这封信,皇太极实在是太高兴了。他赶忙在殿中跟诸大臣商议,最终同意联合出兵,共讨林丹汗。

皇太极感慨道:"这件事早就憋在我心中许久了。主要牵涉三个方面,一是明廷方面,二是蒙古各部,三便是林丹汗所部。以当前来说这三方势力都不得轻视。蒙古各部这种以部族联盟方式集合的力量极其不稳定,稍有差池就会分崩离析,对我们并没有多大的影响。现在对我们威胁最大的是察哈尔部的林丹汗,而我们的当务之急就是把林丹汗消灭。之所以没有马上率兵攻打,是因为不了解他们的虚实。毕竟林丹汗战绩显赫,旗下也可谓是虎狼之师,贸然出兵攻打他实在是莽夫之举。不过这次蒙古各部万众齐心让我吃了一颗定心丸,林丹汗此次必败无疑!"

天聪二年九月,皇太极决定亲征察哈尔部林丹汗,他以盟主的身份发布了一条召集令。召集令里言道:"蒙古科尔沁部众贝勒、喀喇沁部落塔布囊等,敖汉、奈曼及喀尔喀部落众贝勒,各自率领所部,在初九之日,务必赶到辽阳,一齐讨伐林丹汗。"

召集令一发布出去,蒙古各部首领就纷纷率兵赶赴辽阳。二十日黎明时分,皇太极率满蒙联合大军赶赴察尔哈、席伯图、英汤图等地进攻林丹汗所占区域。

自上次大战败了以后,察哈尔部的士气就一直比较低落。这次士兵们听说满蒙联盟前来讨伐,心中更是惶恐不安。有些士兵实在无法忍受,纷纷奔逃。林丹汗怒不可遏,立刻将逃跑或者准备逃跑的士兵抓了起来。唆使逃跑的领头人当即被处死,其余跟随的人也各受了二百杖的重罚,这种以武力挟制的方法暂时稳住了军心。他豪言道:"满蒙联盟来攻取我部,完全是自不量力的做法。我们本是蒙古的正宗,成吉思汗的后裔。成吉思汗骁勇善战,攻无不克。我们作为他的子孙,这样的本事也应该延续下来,现在考验我们的时候到了。各个蒙古小部落和满军相互利用,想一举消灭我们,这是对我们侮辱性的挑衅! 我们怎么能坐以待毙,先自乱阵脚呢?"

天聪六年三月,皇太极在做好一切战前准备后,召集所有兵力,下达了一道军令。军令言道:一,出征的将士一定要严守军纪;二,出征将士在经过蒙古的地方时,不可惊扰蒙古各部,要争取蒙古各部对这次征讨的积极支持。

四月初一,皇太极亲自率大军出发西行,由于路途波折难行,大军行至辽河时,又正好遇到了涨水,十日后,大军才抵达目的地昭乌达,与蒙古各部族的兵力会合。期间举办大型宴会,招待蒙古各部族的首领。

皇太极此次远征的目的就是摧毁林丹汗的大本营,击杀林丹汗,并且防止此地再滋生出狼子野心之徒。此时的林丹汗听说皇太极已经率兵前来征讨的消息,早就带领众部放弃营地朝西部撤离,准备从归化城通过黄河,而后试图利用黄河这条天然防线与皇太极做殊死一搏。

敌军的动向怎会躲过皇太极的耳目。皇太极得到消息,马上下令加速追击。同年五月,皇太极统大军到木鲁喇克沁,分兵挺进,于几日后各军分别到达归化城。

林丹汗没想到满蒙联军追击得这样快,渡过黄河作战的想法也破灭了,无奈之下只好又率领残部昼夜不停地向西藏逃去。因为一直长途跋涉,士兵们疲惫不堪发动暴乱,十余万士兵,途中逃散了一半多,再加上病死的,更是所剩无几。最后部队粮饷断绝,甚至出现了相互蚕食的惨况。林丹汗也在这次奔逃中患了天花,病死在青海大草滩,察哈尔部宣告覆灭。

在此战中,皇太极正是运用了"树上开花"之计,联盟蒙古各部落,共伐林丹汗。在现代,此计的运用也很广泛,如实力弱小的商家联手,与大商家对抗。一拳难敌四手,即便是商业巨头,也会对此畏惧三分。

【解读】

"树上开花",即依靠战略合作伙伴的实力,来壮大自己声势,然后以连环计续之。两军对垒,双方实力强弱最为重要,这是决定胜败的重要条件之一,其次才是用计。如实力雄厚,配合计谋消灭敌人便势如破竹。当然在实力相差悬殊时,寻找战略合作伙伴就成了明智之举。

反客为主第三十：逆转形势，我做主动

【题解】

反客为主主要讲的是变被动为主动，原意是指，客人与主人位置颠倒，客人的行为、举止俨然是主人，而主人反而像客人。这一计用在军事上，往往是指实力弱的结盟方最终占据了主导位置，而起主导作用的同盟者却被排挤。作为弱势的一方，要想变被动为主动，就需要想办法抓住对方的要害，利用各种手段控制或者兼并他。李渊在夺取天下之前，写信给李密恭维他，后来却把李密消灭了，这就是反客为主最好的表现。

本计的含义有以下几种：

1.喧宾夺主。处在客位的时候，在对方松懈的时候插入，等时机成熟后将对方排挤出去，自己成为主人。

2.先发制人。战争中的双方，一般先采取行动的都会占据主导地位，即使有时候力量弱小，但是先发制人也会让自己从弱变强。

【原文】

乘隙插足，扼其主机，渐之进也。

【译文】

趁着空隙插足进去，想方设法控制敌人的要害，这必须循序渐进。

【事典】

正德十四年（1519），宁王朱宸濠谋帝位的狼子野心被告知天下后，明武宗朱厚照急下圣旨缉拿叛党在京的帮凶，并派大臣赴南昌宣读圣旨收撤宁藩。朱宸濠遣往京师探取情报的侦卒回报时，他正在府中大摆寿宴，听此消息后再无雅兴，即刻召集手下商讨。毕竟上有政策，下有对策。谋士刘养正分析，如今事已至此，大势危在旦夕，若如此拖延下去我方必会从万众之星变成众矢之的，不如趁此寿宴之际，将江西的地方官一网打尽，而后举起反旗，揭竿起义谋帝位。

古代摆喜宴要摆很多天，诸侯官员更是如此。在宁王寿宴的第二天，诸官员相继来到宁王府谢宴。待拜见结束后，府中忽然走出披甲带刀的武士，大家正在惊愕之际，就见朱宸濠立于露台之上，宣布奉太后密诏，准备起兵入朝。众官见状，只好面面相觑，不敢有异。唯有巡抚孙遂、按察司副使许逵出来表示反对，这二人当即被卫士捆绑起来，押出斩首。

不久后，朱宸濠命刘养正为右丞相，李士实为左丞相，并草拟檄文，传达四方。宁王的军队顺江攻下九江、南康等地，一时间，数城俱陷。朝廷闻讯，满朝文武人人自危，天子急忙调兵遣将前去平叛。宁王朱宸濠在阴谋败露之后，并未采取消极方式或者俯首称臣，而是采取先发制人的手段，将江西官员一网打尽，而后乘机起兵，采取以攻为守的方式，使明廷一时措手不及，陷入被动。

古人认为天机是随时改变的，所以主客之势也一直在变化着，在战争中也是如此。有的人反客为主，占据有利局势最终赢得战争，而有的人则以守为攻，最终抵挡住了敌军的兵临城下，获得胜利。被动时去掌握主动，主动时要尽快解决战斗。

唐朝时有一个叛将叫仆固怀恩，在其煽风点火之下，吐蕃和回纥最终联盟起兵，剑指中原。两国聚集大兵三十余万，一路士气逼人，打到泾阳。泾阳的大将郭子仪为唐朝名将，他此次是走马上任前来平叛的。面对着这样来势汹汹的敌军，郭子仪任重而道远。

天无绝人之路，本在中间作为串联调和的仆固怀恩忽然撒手人寰病死途中。因而把吐蕃和回纥扭在一起的绳索断了，两军便各怀鬼胎、各自为战。在争夺主导地位时，两军的矛盾开始公开化。最终两军部队各驻一方，老死不相往来，吐蕃驻扎东门外，回纥驻扎西门外。

名将郭子仪一直以守为主，如今见此机遇怎能放过。况且安史之乱时，郭子仪与回纥曾一同浴血奋战对付安禄山。叙旧情，忆古稀，如此私交正可大为利用。因此他遣人去回纥营传达自己欲与老友叙旧的想法。回纥都督药葛罗，也是个重情重义的汉子，当初在战场上并肩作战，如今却已是兵刃相见，不免有些唏嘘。听闻郭老如今在泾阳，颇感欣慰。不过他终归是一军之主，不会轻率行事，便回说："除非郭老令公亲自登门到访，否则我不会相信。兵法，诡道也。"郭子仪听闻回报，决定亲自会见药葛罗，趁此机遇让他们两军分化。诸将士百般阻挠，两军交战之际，这岂不是羊入虎口？郭子仪郑重言道："国难当前，如此险峻的情况下，我还有心思思考如何明哲保身吗？倘若我能说服回纥，危机就变成了转机。这有什么问题？"郭子仪为表诚意未带保卫，只带了几名随从便前往回纥营。

回纥的药葛罗见故人真来造访，非常开心，设宴招待郭子仪，两人相言甚欢。在一个恰当的时机，郭子仪话锋一转谈道："我大唐与你回纥关系一直不错。当初回纥在平定安史之乱时也立了大功，大唐一直念着你们的功劳，并未亏待回纥！为何与吐蕃联合进兵攻唐呢？这事我可是一直想不明白。吐蕃的原因老夫倒是猜到几分，毕竟吐蕃离中原太远，即使攻占了也不可迁都于此。联合回纥一举侵犯大唐，待鹬蚌相争之后，再借机回去捞一把。"药葛罗听后久久没有说话，忽然拍案而起，愤然骂道："老令公说得有理，我们是被他们的甜言蜜语所蒙蔽了！回纥愿意跟大唐齐攻吐蕃。"一顿饭的工夫,情势逆转,双方马上立誓联盟。

吐蕃忽然得到情报,发现形势骤变,连夜拔寨撤兵。郭子仪跟回纥合力追击,最后击败吐蕃的十万大军。

两方合作,必有协调人物,如现今的外交官,便是维持两国关系的枢纽。上例中作为"外交官"的仆固怀恩病死,恰好给了郭子仪实施"反客为主"计谋的机会,分化两支外境部队,从而获得了最后的胜利。

运用"反客为主"之计解决问题的事例还有很多,例如:清朝浙江省某知县同本省巡抚有师生之谊,关系十分密切,但与驻防将军却彼此不和。将军见小小的知县竟敢不买自己的账,心中恼恨异常,总想找机会陷害知县。

同年元旦,浙江省百官在遥对京城皇阙行朝贺礼后,将军秘密地向清朝皇帝上奏折,弹劾知县在元旦行朝贺礼时行动随便,态度不严肃端庄。不久后清帝下旨,谕令巡抚查办知县朝贺失仪的大不敬之罪,并斥责巡抚对属员错误不闻不问,犯有失察之罪。这巡抚心知是将军往其身上泼脏水,但对清帝的御旨又无可奈何。碰巧这时有一位爱打抱不平帮人打官司的讼师托人告诉巡抚,他有办法既可保住巡抚,又可摘掉将军的乌纱帽,但条件是巡抚要出三千两白银。

巡抚为解胸中恶气,遂答应事成之后送给讼师三千两白银以作酬谢。讼师深知巡抚一诺千金,便对他说道:"'参列前班,不遑后顾',只要大人在奏折上写上这八个字,便可成功。"巡抚沉吟半晌恍然大悟,连声称赞,按照讼师所说禀奏。因为在节日大典上对京城行朝贺礼时,巡抚与将军官职最高,所以位列前排,而小小知县却品级低微,在官尾处。行礼时各级官员不许左顾右盼,更不许向后观望,这是明文规定。所以即使知县在后排有所失态,站在前面的官员也不会看到。巡抚未见知县失仪,这是很正常的,何罪之有?反倒说明巡抚对皇帝的尊重。倒是将军却亲见位于后列的知县的失仪之处,想必将军一定瞻前顾后,犯了后顾失仪之罪。

奏折送上去不久,圣旨便下来,严厉斥责将军的朝贺失仪,即刻免职,巡抚和知县则安然无事。讼师提出计策的高明之处在于,以其人之道还治其人之身,本是以攻为守,结果变被动为主动,使巡抚和知县赢得了这场政治斗争的胜利。

【解读】

"反客为主"的过程大体分为几步:争席,趁隙,插足,握机,成功。简单来讲,就是从被动位置变为主导位置,将别人的主动权慢慢地争到自己手中。同时此计需要循序渐进,不可操之过急,暴露野心,最后被揭穿。在战争中,此计较为常见的事例有刘备借荆州有借无还、袁绍反客为主智取冀州等。

美人计第三十一：投其所好，糖衣诱惑

【题解】

古时候虽然女人不能带兵打仗，不能在沙场征战，但是并不表示女人在战争中或者政治中没有任何作用。相反，有些时候，女人的作用是无穷的。古谚道"英雄难过美人关"，不知道有多少英雄好汉拜倒在了美女的石榴裙下，所以在古代"美人计"一直盛行不衰。

任你千军万马，铜墙铁壁，只要用美女迷惑住你的主将，柳腰一摆，媚眼飞扬，就乖乖等着缴械投降吧！"美人计"以美色诱人，让人沉迷于情色，失去斗志。爱美之心，人皆有之，很多人为了美女葬送了一世英名，古往今来，数不胜数。《韩非子·内储说下》中道："晋献公准备讨伐虢虞两个国家，乃遗之屈产之乘，垂棘之壁，以及年轻漂亮的歌妓，以荣其意而乱其政。"

当然，"美人计"不一定都要用美人，其意义可以广泛延伸。使用此计首先要弄清楚对方的喜好，有的人爱财，有的人好色，有的人喜欢古董，这就要根据具体情况来看了。只有这样，才能让人玩物丧志，或者让其为自己实现某种目的。而且，美人计的一点优势是不受时间和空间的限制，随时随地可以使用，且成功率非常高。正所谓"衽席为战场，脂粉作甲胄，顾盼是枪矛，颦笑胜弓刀"。

【原文】

兵强者，攻其将；将智者，伐其情。将弱兵颓，其势自萎。利用御寇，顺相保也。

【译文】

如果敌人的兵力很强大，就要设法打击敌人的将领；如果敌人的将领足智多谋，就要设法打击他的斗志。一旦他的斗志衰弱，兵卒的士气就会低落，敌军的战斗力就会丧失殆尽。充分利用敌人的弱点然后进行控制和分化，以便保存自己的实力。扭转局势。

【事典】

春秋末期，越国的君主勾践败给吴王夫差，为了保存实力，不得不向吴王乞和。勾践身陷吴国，每晚睡在柴房，睡前都要舔一舔挂在横梁上的苦胆，以记住此时此刻的感受。他还将当时名满天下的美女西施以及贵重珠宝赠予了夫差。最终夫差贪图享受，又在西施的劝说下动了恻隐之心，不听名臣伍子胥的进谏，放虎归山，最终被越王所灭。

卧薪尝胆的勾践最终建立大业，而拜倒在石榴裙下的夫差则变成了戏言"牡丹花下死，做鬼也风流"的人物之一。

西周末年，君主周幽王贪婪腐败，听信佞臣的谗言将大夫褒珦关进牢房。当时褒家一家老少都想方设法要救褒珦。一次收税的途中，褒珦的儿子洪德碰巧见到褒姒，讶异道："如此穷乡僻壤，竟有如此绝世佳丽住于此！"

勾践

洪德回家后对母亲说："当今天子荒淫无道，尽选四方美色，以补充后宫。我今天偶遇一女子，长得国色天香，如果将她买来献给幽王，父亲定能出狱归家。"其母对此非常赞同。

洪德再去乡间时，便用三百尺布帛买下了褒姒，并对其开始进行礼仪方面的调教，在一切准备好后才送她进京。周幽王听闻其相送美女，立刻准褒姒进宫。看到风情万种的褒姒，周幽王心中大喜，赦免褒珦的罪，并使其恢复官职。

也因为褒姒的火上浇油，本就荒淫无道的周幽王，最终荒废朝政。褒姒本是不爱笑之人，为博她一笑，周幽王上演了后人引以为戒的"烽火戏诸侯"。而褒姒看着烽火台下来往的诸侯忙忙碌碌，犹如热锅上的蚂蚁，笑得非常开心。但开心的背后是，周幽王再次点燃烽火却无人问津，最终他被西戎人杀死了。

美人本身并不可怕，真正让人胆寒的是隐藏在其背后的阴谋，所以切不可贪一时之欢而丧失了国家的利益和个人的前途。

公元前200年，西汉建立，汉高祖刘邦建未央宫。韩信在大同地区叛乱，勾结匈奴攻打太原，汉高祖御驾亲征率军迎战匈奴。在一路胜利之后，因为求胜心切，最终率分支小队进入冒顿单于的包围圈，被困白登山七天七夜。

汉军的援军被匈奴阻遇在各个路口、要塞，远水解不了近渴，形势迫在眉睫。被围第四天时，汉军的粮草已入不敷出了，本就是轻骑为主，乘胜追击之时却被反围。汉高祖此刻左思右想、寝食不安，站也不是、坐也不是。倒是谋士陈平忽然灵机一动，在敌军首领冒顿单于的阏氏身上找到了办法。陈平深知匈奴民风剽悍，女子更是巾帼不让须眉。在得到汉高祖的准许后，陈平便派使者带着珍宝与画卷去秘会阏氏。

使者对阏氏说："这些珍宝是大汉皇帝送给您的。大汉皇帝欲与匈奴和好，特送上这些珍宝，请您务必收下，望您在单于面前美言几句。"接着又将画卷递上，说：

"汉高祖怕单于不答应讲和的要求,准备把中原的头号美人献给他。这是她的画像,请您先过目。"

阏氏打开画卷一瞧,真是天仙般的美女:眉似初春柳叶,脸如三月桃花;玉纤葱枝手,一捻杨柳腰,阏氏自愧不如,心中暗想:倘若丈夫纳如此美妾,还会有心思宠爱自己吗? 思索片刻,阏氏答道:"我们退兵便是,珠宝我们留下,美女就不要了。"

阏氏待使者走后立刻去见夫君,劝道:"如今围困刘邦,待汉军大军一到,即便困死刘邦,两军难免会鱼死网破。倒不如趁此机会接受汉朝皇帝的讲和,搜刮他们的财物岂不妙哉?"单于思考良久,觉得自己征战无非也是为了金银珠宝、物质资源而已,现在汉军送大礼求和,正合自己的心思,便同意了。

两军使者在多次交涉后,最终达成协议。单于在自己的要求通通得到满足后,放走汉军君臣。谋士陈平也因此次献良计得以让汉高祖脱险而立下大功一件,后被封为"曲逆侯"。

此次的"美人计"利用的正是阏氏的弱点,虚献美女最终让其改变想法。同样是这个计策,假如直接对单于施用,他一定会从战争角度去考虑。谋士陈平高就高在看清了女人的争宠弱点,利用一幅画卷、一个杜撰的神话女子,改变了战争局势,真可谓妙哉!

无论在当代商业战争中,还是政治争斗中,都不乏使用"美人计"的例子,不过现代更加青睐于叫007,或者美女间谍。在商战中会以雇佣美女间谍的方式套取对方的商业机密,因而在竞争中打击对手,各种方式变化多端,不可丧失警惕。

【解读】

当敌军势大力雄,将帅明智时,这样的敌人不能与他正面交锋,在一定时期内,只得暂时向他屈服。在敌强我弱之时,对敌方法大概分为三等:下策为献地等,这必然更加增强敌军力量,就像当初六国争相割地,以地事秦,却并没有得到什么好结果;中策则是用金钱珠宝、绫罗绸缎去讨好敌人,这必然会增加敌人的财富,像宋朝对待辽国、金国那样,也不会有什么好的成效;上策则是"美人计",不仅可蚕食统帅的壮志,削弱他的体质,还可以增加他的部众的怨恨情绪。

空城计第三十二：稳定内部，以外对敌

【题解】

只要一说起"空城计"，大家最先想到的就是诸葛亮，因为诸葛亮的空城计世人皆知，也有很多人效仿过。《草庐经略·虚实》中说："虚实主要在我，贵我能误敌。或实而示之以虚，或虚而虚之，致使敌人转疑以我为实。"虚虚实实就是空城计的核心，示之无形。

在一般情况下，大家所认为的"空城计"是"虚而虚之"，也就是本来就是虚的了，还要大张旗鼓装出更虚的样子，让对方生疑。但是空城计还有另一种用法，就是"实而虚之"，即本来是充实的，却在表象上装出空虚，然后引诱敌人进入埋伏圈，最终将其一举歼灭。当然，这样隐藏自己的锋芒和实力是有目的的，就是为了等待时机取得胜利。

【原文】

虚者虚之，疑中生疑。刚柔之际，奇而复奇。

【译文】

兵力如果空虚，就要更加故意显示出空虚的样子，让敌人在疑惑之中更加疑惑。在敌强我弱的情况下，运用这种策略会使情况更加奇妙莫测。

【事典】

战国时期，楚国令尹为公子元。当时公子元的哥哥楚文王离世之后，令尹公子元非常想占有漂亮的嫂子息夫人。但息夫人却对他冷若冰霜，因此公子元便想以江山打动息夫人。

公元前666年，公子元亲统战车六百余辆，驶向郑国。楚军本就强势，再有兵车相助，一路攻城略地拿下几城，剑指郑国国都。郑国本就是小国，国力早已今非昔比，根本无法抵挡楚军的进犯。

眼看着亡国之危迫在眉睫，群臣进谏，有主张求和的，有主张决一死战的，也有提议拖延时间的。上卿叔詹思考半晌道："如今无论是求和还是决战都非上策，甚至会有亡国之嫌。因为以现状求和放低姿态就代表着寻死，而决战更是螳臂当车，试问群臣谁可抵得住楚国的六百战车？"一时间群臣无一人能出言。叔詹接着道：

"相反，固守待援，倒是可行。因为郑国与齐国有盟约，如今郑国危在旦夕，齐国一定会支援。但以国都的兵力想不被攻破，实在很难。但公子元伐郑，并不是为了灭郑，而是为博红颜青睐。他一定会小心谨慎，避免战败，不会太过冒险。所以我倒有一退敌良策。"

依叔詹之计，城内各家店铺照常开业，百姓也如往常一样，见到敌军来势汹汹也不惊慌，且将城门大开，完全没有大敌当前的惊恐。

楚军先锋部队来到郑国国都城下，观此奇景，不免心生疑虑，倘若城内没有雄兵百万，百姓岂能如此淡漠，恐怕早就夺路而逃了。因此先锋军原地待命，等待公子元。待大军兵临城下，公子元也猜不透郑国葫芦里卖的什么药。他骑马溜到城外高山处向城内眺望，俯瞰之下城内委实空荡，但隐约中却看见郑国的旌旗甲士。公子元断其必有诈，万不可贸然行事，遂令三军按兵不动。

这个时候，齐国接到了郑国的求援信，已经联合鲁、宋两国发兵救郑。公子元听到这个消息后，知道三国兵到，楚军肯定不能获胜，好在已经打了几个胜仗，所以还是赶快撤退为妙。他害怕撤退的时候郑国军队会出城追击，于是命令全军连夜撤走，人衔枚，马裹蹄，不出一点声音，也不拆走营寨，让旌旗照旧飘扬。

第二天早上，叔詹登城一看，说道："楚军已经撤走。"所有人都看见敌营旌旗招展，不相信楚军已经撤走。叔詹解释说："营中如果有人，怎么会有那样多的飞鸟盘旋上空呢？他也用'空城计'把我们欺骗了。"这就是中国历史上第一个使用空城计的战役。

明孝宗时期，田州知府孔镛上任后的第三天，州内的军队被调到别的地方执行任务，城内空虚。这个消息被当地的峒族山民知道了，纷纷拿着刀枪一起围了田州城。众人惊慌失措地关闭城门，决心死守几天，可孔镛却下令打开城门。有人劝他说："大人，峒族山民是野人，他们不知道空城计是什么，你只要一开城门，他们就会马上杀进来。"孔镛不慌不忙地说："把城门打开，我要出去和他们谈谈，我要以皇上的恩威与孔孟之道来劝说他们。"众人听到后全都哭笑不得，心想这个迂腐的知府老爷恐怕是死定了。

城门打开了，孔镛带着几个随从走了出来。峒族首领喊道："你是什么人？还不快快下马受死！"孔镛镇定中带着威严道："我就是新来的知府，正要到你们的山寨视察，还不快快在前头带路。"之前的知府对峒族人的生活疾苦漠不关心，从来没去过峒族山寨。峒族首领听说孔镛要去山寨，便欣然答应了。来到峒族山寨，孔镛一屁股坐在中间的座位上，厉声说道："无礼之辈，还不快快跪下！"首领不服气地说："区区知府，竟敢向我们下达命令！"孔镛说："我是你们的父母官孔知府，我的责任就是管教你们。"有人问："您可是孔圣人的后代？"孔镛答道："鄙人正是孔圣人的子孙。"众人一听，对孔镛肃然起敬。

接着孔镛又说："我知道你们本是良民，因为饥饿所以入城抢夺。如今我来做你们的父母官，自会把粮食和布匹分发给你们。但是，如果你们不听我的话，一意孤行，我就要派官兵兴师问罪了！"峒族山民聚众闹事的目的就是为了抢粮食和布匹，现在听说知府大人可以无偿供给他们，纷纷表示不再造反，诚心悔过。

峒族首领安排孔镛在山寨住了一晚。第二天清晨，孔镛便领他们来到田州城下，叫士兵将城里的一些粮食和布匹丢下。峒族山民扛着粮食，高高兴兴地返回了山寨。

这个计策是在形势严峻之时，为解燃眉之急而采取的一种危险计策。因此，非不得已的情况下不能使用，而且只能作为缓兵之计。

西汉时期，雄踞北方的匈奴势力逐渐强大，不断地进犯中原。飞将军李广任上郡太守，抵挡匈奴南进。

一日皇帝派到上郡的宦官带人外出打猎，突遭三个匈奴兵的袭击，宦官负伤狼狈逃回。李广大怒，统百名精骑前往追击。一路追击之下终于堵截到匈奴兵，击杀两名，俘虏一名。他们正欲离去时，忽见尘土飞扬，上千骑兵在不远处气势汹汹地奔来。

李广的部下看到对面黑压压的匈奴骑兵后惶恐不安，但李广通过冷静分析后很快观察局势，沉着地对部下说："我们只有百余名骑兵，而今离大营又有几十里远。现在逃跑，匈奴兵肯定会奋力追杀。但如果我们按兵不动，敌军必会觉得蹊跷，认为我们身后有陷阱，所以必然不会进攻。我们现在应该继续向前。"在距敌阵不到两里时，李广下令："全军休息。"士兵们闻令都坐在地上，有的甚至肆无忌惮地躺在了地上，相互谈笑风生。

匈奴兵越看越不明白，搞不懂对方葫芦里究竟卖的什么药，便派一名将士出阵观察地形。李广骑马便追，拉弓射箭，一箭致命。而后他若无其事地回到原地，继续休息。

匈奴兵见此局势，气势上已经输了一半，看着对方胸有成竹的样子，加上李广的威名远扬，料定附近定有伏兵隐藏。待入夜后，李广军马仍无任何退军之意，匈奴兵开始怀疑他们是在等待机会，以百名铁骑为诱饵拖住自己的大部队，而他们的大部队则伺机围剿。最终匈奴兵狼狈地离开了，而李广的百余骑兵则安全地返回了大营。

运用"空城计"，佯装是必要的手段。在对方不知自己虚实的情况下，采取一系列的行动，让对方误以为己方实力不可估量，伐之必败。再趁对方不敢贸然行事时，瞅准时机，全身而退。

【解读】

"空城计"在现代人看来就是心理战，在熟识敌军将领性格后以一种扮猪吃老虎的方式威慑对方。因为兵不厌诈，在一场战争中局势往往千变万化。在敌强我弱时，可以利用对方统帅的性格特点以及心理变化让敌军不敢轻举妄动，为己方争取时间。但此计乃缓兵之计，也可理解为黔驴技穷后的小聪明，你可以忽悠敌军一次，但敌军不会连续地上当。所以在战场上斗争还是要凭真本事。

国学经典文库　智慧谋略全书　三十六计　图文珍藏版

反间计第三十三：亦真亦假，使其反目

【题解】

巧妙地使敌人的间谍为我所用，这就是"反间计"，也就是"以其人之道，还治其人之身"。敌人派间谍刺探我方军情的时候，我们故意透露虚假的消息给他，让他回去复命，然后让敌人搬起石头砸自己的脚。或者干脆重金收买敌方的间谍，孙子说"反间不可不厚"，只有给敌间优厚的待遇和重金，才能使其乐于为我效劳。

另外，"反间计"还有一种表现形式，就是我方派人在敌方挑拨离间，给敌方制造是非，分化敌人，破坏敌方内部的团结，让敌方不战自败。聪明的人会通过制造误会、散布谣言等方式离间敌人。但反间计在使用的时候需要特别小心，因为如果这一过程中有了破绽，那么不仅计策不会成功，对方还会对我方同样使用这一计。古谚道："非圣智不能用间。"意思就是说，才智不是很高的人就不能很好地应用"反间计"。

【原文】

疑中之疑。比之自内，不自失也。

【译文】

我方在敌人布置的疑阵中再反设一层疑阵。利用敌人内部的间谍去争取胜利，那么我方就不会遭受任何损失。

【事典】

公元 208 年，挟天子以令诸侯的曹操在占领荆州后，挥师大举南下准备一统江山，东吴都督周瑜率军前来迎敌，与曹操在赤壁对峙。周瑜乘船亲自观察曹军阵式，只见曹军沿长江建有二十四座水门的水寨。他们的大船在外一字排开，犹如铜墙铁壁，而小船则在间隔中通行，防敌偷袭，而岸边驻扎的营地则如山峦延绵不绝。

周瑜观测完心中已经凉了半截，暗道：诚心投奔魏国的蔡瑁、张允果然是水战内行。两军实力悬殊，若想以少胜多必须先除去此二人。周瑜正在军营里思索着，就听探子通报："蒋干来访！"周瑜暗喜："有办法了！"蒋干是周瑜昔日的同窗，现任曹操手下的文官。

周瑜早已猜到蒋干此行的目的，而蒋干则害怕两军大战将至，会受到周瑜冷待,未想周瑜对其,盛情款待还带其观营看兵。蒋干看到吴军兵精将勇,十分佩服同窗治军之严整。在宴会上,周瑜喝得酪酊大醉,拽着蒋干与他同房休息,不分主宾之礼。蒋干在午夜试探了周瑜两次,周郎毫无反应死气沉沉,他便趁机爬起来偷看周瑜的机密文书。蒋干在繁多书信中发现了一封张允、蔡瑁投诚的信,只见上面写道:"吾等本为荆州人,投逆贼因形势所逼。如今已欺曹孟德,将魏军困于水寨中间。待时机一到,立提曹贼的头颅奉上,送都督为见面礼。"蒋干阅毕大惊失色,把信揣在怀里,连夜跑回荆州,把信交给曹操看。

曹操阅后已经怒不可遏,立即把蔡瑁、张允叫来,先不动声色地说:"我准备让你们立即出兵作战。"

蔡瑁不知丞相为何提问,但依然如实回答:"不行呀!士兵们还没有熟悉水战,不能轻易出兵。"

曹操大斥道:"等尔等把兵练好后,该提着我的头献给周瑜了吧!"曹操即刻下令斩杀了蔡、张二将。

想曹孟德聪明一世糊涂一时,在问斩后方知中计,只好选派不懂水战的毛玠、于禁二人代替蔡、张任水军都督。周瑜得知自己的反间计成功了,高兴地说:"我担心的就是这两个人,现在不怕了!曹操此次进犯东吴,必败无疑!"

结果可想而知,曹操中了周瑜的"反间计",惨败而归。反间犹如蛊惑,将敌引入虚假之相。其施计者也需伪装,让对方对此深信不疑,待败时悔悟则已晚矣。

公元 624 年,突厥贵族眼看已无割据势力可资利用,便倾其全部兵力,大举入侵唐朝疆域。

突厥的两位可汗,颉利、突利,联盟率军剑指幽州,犹如一把利剑刺进喉咙,唐都的长安直接受到威胁。当时大业刚成,国内空虚,唐高祖李渊、秦王李世民和齐王李元吉带兵前往抵御。李世民认为在敌强我弱的情况下不能硬拼,只得智取。他身先士卒统百十骑来到突厥兵阵前,突厥可汗颉利、突利见唐军如此前来,心有不解,怕唐兵暗设圈套不敢妄动。李世民愤怒地斥责颉利:"孤乃大唐秦王,尔若有胆,与孤单打!"而转身则态度相反地对突利说:"兄弟,当初我们可是订立盟约的啊,有事便互相救助。你未帮过我,现在又领兵来攻,咱俩可是义结金兰,有兄弟之情啊!"颉利隐隐约约听到李世民说的"订立盟约""兄弟之情"之类的话,疑心突利和李世民之间有密谋,遂引兵后退。

突利听得不知所云,连自己都有点迷惑了,但看到联军退兵便也领兵退去。此后阴雨连绵,秦王率军多次夜袭突厥,神出鬼没经常打得突厥人找不到北。突厥军开始意志消沉,而这时秦王又用重金贿赂突利,说明利害,使得突利有些动摇。颉利看着突厥军的士气低迷,主张再战,突利则不愿意。颉利怕突利与李世民之间有什么勾结,为免自身遭殃,同意与唐朝订立盟约,旋即退兵。

虽然颉利、突利二人同为突厥可汗,但属不同的部落。所谓"非我族人其心必异",两人必然各怀鬼胎。李世民看透了两人之间存在的利益纠纷,所以假装与突利有过秘密交往,使颉利起了疑心最终退兵。

这一计谋好施,但能将其灵活运用至炉火纯青的地步,则十分不易。

明朝嘉靖年间,在今浙江沿海出现了徐海、陈东和麻叶三路海盗。抗倭名将胡宗宪当时决定采取反间计,让其自取灭亡。他遣部下夏正送大礼与徐海,传话对徐海说:"阁下累其一生也不过落草为倭,哪里比得上在关内做官呢?"徐海沉思半响,默默不语。

夏正见其有些动摇便又附耳说道:"陈东早已和胡总督信约,愿擒君归降,不过胡总督忌惮陈东反复无常,故寄希望于你。只要阁下缚陈东、麻叶二人归顺朝廷,胡总督就上奏皇上,赐你世袭爵位。"忐忑不安的徐海派心腹去打探消息。而陈东这时已获悉徐海接待夏正,所以态度恶劣,对使者冷嘲热讽,结果使者回报徐海,确定陈东臣服朝廷。

接下来的一段时间徐海一直寻找机会下手,在图谋抓捕陈东未获后,碰巧抓到了麻叶,徐海立刻遣人将其送至胡营。未想胡宗宪对麻叶盛情招待,并提议让他致书陈东,共杀徐海。胡宗宪假意帮麻叶送信给陈东,却将信送到徐海手里。徐海阅后愤怒地到倭寇首领萨摩王处告状。在萨摩王的帮助下,徐海抓到陈东,并亲自押陈东去见胡宗宪。徐海领赏后带兵去了东沈庄。

胡宗宪见到,赶忙将陈东松绑,并大为惋惜道:"你的本领不比徐海差,怎么被他抓住了呢?我并不想害你,而且还打算让你屯驻西沈庄。"陈东回营后带着兄弟立刻杀向东沈庄的徐海。两军厮杀几天之后,徐海终于想通这是胡宗宪的诡计,正待撤兵之时,一直在远处观战的胡宗宪率部众赶到,徐海终因寡不敌众,最终淹死在河里。而一直攻打他的陈东见局势危险,立即奔逃。一条小小的"反间计"最终将浙江沿海的三股海盗势力连根拔起。

胡宗宪此例将"离间计"用到了极致,他在敌前扮"好人",施以此计致使敌人内部自相残杀,直到两败俱伤时,他才坐收渔人之利,将敌人全部剿灭。这种方法不仅降低了自身兵力的伤亡,同时也极大地赢得了战斗的胜利。

【解读】

"反间计"又名离间计,是指针对敌方的将帅与部下的性格以及局势采取的挑拨离间之计。将一些假的情报以及假的设计,让敌方信以为真,从而做出错误的判断以及错误的行动。

苦肉计第三十四：假以自戕，以间他人

【题解】

"苦肉计"就是要付出相对较多的代价，甚至不惜伤害自己的身体以谋求利益。因为人们觉得，在一般情况下，人是不会伤害自己的，所以有人便利用这样的思维模式蒙骗他人，达到自己的目的。

人们经常使用"苦肉计"来骗得别人的信任，博取他人的同情，最后达到自己的目的。战争中，也经常有人使用"苦肉计"离间敌方以取得意料之外的胜利，或者激励自己的士兵奋勇杀敌。居心不良的人还会使用这一计加害于人，而且屡试不爽。

【原文】

人不自害，受害必真。假真真假，间以得行。童蒙之吉，顺以巽也。

【译文】

通常人们不会自己伤害自己，如果受到伤害肯定不会被怀疑。我方以假乱真，令敌人信假为真，因此离间的计谋就能实现了。迷惑敌人要像欺骗幼童那样，顺势进行活动。

【事典】

南宋时，宋朝皇帝腐败无能，面对野心勃勃的金国，更是无可奈何。金兀术率兵南侵，抗金名将岳飞再次领命率岳家军对阵于朱仙镇。金兀术义子陆文龙骁勇善战，连挫宋军数将。岳飞见敌将异常勇武，只得避其锋芒高挂免战牌，苦思良策。

宋将王佐为忠义之士，为解元帅心忧，忽然想到古代"要离舍身刺庆忌"的故事，便毅然砍下自己的右臂，独自求见岳飞。岳飞见王佐断臂前来，大为吃惊。王佐借机将心之所想告诉元帅，请岳飞应允。岳飞潸然泪下，目送他离去。

王佐单臂直奔金营，金兀术传其进见。王佐向金兀术哭诉了自己不幸的经历：昨夜力劝岳飞与金国议和，岳飞不但不听，反而将他的右臂砍下，逐出宋营。金兀术见其惨状兼之声泪俱下的表演便信以为真，留他在营中，还给他取名"苦人儿"，赐他随意出入，为金兵讲述岳家军的情况。

某天"苦人儿"王佐走进陆文龙的营帐，见帐中有位老妇人，寒暄过后才知其乃陆文龙的奶妈。因为奶妈是中原人所以见到他十分亲切,忍不住把陆文龙的真实身份悄悄告诉了王佐。原来陆文龙并非金人,而是宋官陆登的儿子。原来十三年前,金兀术占领潞安州,节度使陆登破釜沉舟率部反击,最终还是失败,绝望之余与夫人自杀殉国。金兀术看其子可爱,又是将门之后,便将陆文龙收为义子,将他和奶妈带回金国。而陆文龙在金国生活了十三年,根本不知道自己的身世。

王佐听了大喜。正在这时,陆文龙回来了。他一见王佐,就让其讲故事。王佐便讲了这样两个故事:一个是"越鸟南归",说的是越国的西施带了一只鹦鹉到了吴国,从此鹦鹉不再说话,直到西施再次回到越国,鹦鹉才开口说话;另一个则是"骅骝向北",说的是杨家将孟良从辽国带了一匹马回到宋京,不料那马每天都向北嘶叫,因为不吃不喝所以七天后便饿死了。陆文龙听完以后百思不得其解,一时陷入沉思之中。

几日后,王佐送来一幅陆登夫妇殉难的画作赠予陆文龙,并把当年的情况原原本本地讲给陆文龙听。陆文龙将信将疑,这时奶妈走出来,又对陆文龙哭诉一遍。陆文龙才如梦方醒。他跪谢王佐:"不孝之子,今日幡悟。恩公点拨,永世不忘。"说到愤慨之处,他拔剑欲杀金兀术。

王佐赶忙将其拦住,对其说:"金兀术帐下人多,防范甚严,如此妄动,反受其害。此事还须从长计议。"碰巧金国送来一批铁浮陀到达金军,是当时威力无比的巨炮,准备第二天轰击宋营时使用。当晚,陆文龙和王佐便带着奶妈从金营逃出,回到宋营。王佐说服了陆文龙并一同回来,岳飞很是高兴,了解详情后命令所有营帐虚设旗帜,全军退回山中。第二天,金兵推出铁浮陀炮轰宋营。霎时,山摇地动,硝烟弥漫。放炮的金兵以为宋军已全军覆没,便把炮丢在一边,回营报功去了。埋伏在附近的一支宋军一拥而上,将铁浮陀推进河里。王佐使用"苦肉计"之后不仅说服了陆文龙,为南宋增添一员猛将,而且因报信及时,使岳家军免遭铁浮陀的轰击,可以说,他用一条胳膊救了数十万人的性命。

在中世纪的欧洲,教权高于王权,教皇成了各国国王的太上皇。国王登基和加冕要由教皇主持。

待到1076年,德意志神圣罗马帝国国王亨利与教皇格里高利展开了争权斗争。亨利王想摆脱教廷的控制,有更多的独立性。而梵蒂冈教皇则想加强控制,把其权力剥夺殆尽。亨利王在权力争夺战进行到不可开交的时候,甚至召集德国教区的主教们开了一个宗教会议,宣布废除格里高利的教皇职位。而这一为时尚早的决定将教皇彻底惹怒了,他在罗马召开了全欧基督教大会,宣布开除亨利王的教籍。

此时的教皇号召力可谓空前绝后,当反击的号角响起,一时间欧洲各国均掀起反对亨利王的高潮,德国的封建主起兵造反,亨利王处于四面楚歌的艰难境地。人在屋檐下,不得不低头,亨利此时只得以卑微的姿态去解决问题。

1077年1月,亨利王只带两名随从,坐骑不是高头大马,而是一头落魄的毛驴。

他在寒冬里翻山越岭,奔赴罗马,为的就是向教皇请罪。未想到教皇竟对其置之不理,故意跑到了远离罗马的卡诺莎行宫。亨利王恨得咬牙切齿,却必须前往卡诺莎拜见教皇。在卡诺莎,教皇吩咐紧闭城堡大门,鹅毛大雪落在贵为九五之尊的亨利王身上,他就这样跪了三天三夜。教皇终于于心不忍,赦免了他。

亨利王的"苦肉计"终于成功,待回到德国之后,亨利王开始大肆治理内部,将当初的反对派各个击破。在其内乱解决之后,亨利王即刻出兵攻打意大利的罗马,以解跪求之恨。教皇望风而逃,在逃亡的路上客死他乡。

"苦肉计"在当代生活中也较为常见,比如电视剧经常上演的苦情戏就不失为苦肉计的一种衍变,目的则是收视率以及人们的眼泪。

【解读】

在一般情况下,因为"苦肉计"的代价是很大的,所以不能随便使用。而且如果遇到善于推断或者铁石心肠的人,"苦肉计"的效果也不大。同时,这一计策一旦被识破,所付出的代价便付之东流,而且还会遭受更多的伤害。所以这一计一般不提倡使用。

连环计第三十五：多重攻势，模糊视线

【题解】

"连环计"，其法在于使敌自累，而后图之。盖一计累敌，一计攻破，两计扣用，以摧强势也。

当然，"连环计"还有另外一层意思，就是"使敌自累"。如果敌人互相勾结形成强大的实力，当我方难以直接攻击敌方的时候，便可以采取制造矛盾，让敌方互相牵制的方法，让敌方的优势变成劣势，然后逐个击破。

【原文】

将多兵众，不可以敌；使其自累，以杀其势。在师中吉，承天宠也。

【译文】

当敌人的兵力强大时，我方就不要去硬拼，应该运用计谋使他们自我牵制，以至于削弱他们的力量。主帅如果能够巧妙地运用计谋，克敌制胜就如同有天神相助一样。

【事典】

东汉末年董卓专权，欺上压下，满朝文武对其颇为忌惮，一些大臣对其心藏杀机，但又苦于无良策可施。被誉为王佐之才的司徒王允赤胆忠心，深夜独游花园，眼望一轮明月，想大汉江山落入奸人之手，不禁潸然泪下，内疚于列祖列宗。忽闻牡丹亭内一声叹息，原来是家中十六岁的美丽歌女貂蝉在那里。

王允走到近前，听貂蝉跪道："我自入府，大人便待我恩重如山，我不知如何报答才好。近见司徒大人总是眉头紧锁，一定是国家遇到大事，但我自知卑贱不敢打扰大人，故只好暗自忧愁，心想如能解决大人的问题便好了。"

王允幡然醒悟大叹道："未想到汉朝天下，竟在一个女子手中啊！"他把貂蝉领到亭内，跪在地上给貂蝉磕了个头。

貂蝉赶忙将司徒大人扶起叹道："大人，您这是干什么？有用我之处，尽管吩咐。"

王允见时机成熟，便对貂蝉说："董卓和义子吕布都乃贪财好色之徒，名为父子其实都是狼子野心。我今收你为义女，将你许给吕布为妻，后献董卓为妾，而后你趁机挑拨离间。奉先乃天下无双之武,天下无他取不下的头颅,这样便可保大汉江山。"

貂蝉听闻满心欢喜,立即许诺:"如果我不按大人说的去做,不报大义,我当被乱刀砍死!"这就是王允和貂蝉共同定下的连环计,以此除掉了董卓。

当然,此计也可被称作"美人计",亦可称为"离间计"。

关于"连环计",还有一个著名的案例,那就是火烧赤壁。

据说蒋干盗得假书信,令张允、蔡瑁两名善习水军的都督人头落地。而后曹操又命蒋干探听黄盖投降的虚实,于是蒋干二渡东吴。周瑜见了他就抱怨他上次的不辞而别,严斥大喝命人将他送至西山后面的小庵里。夜晚蒋干心烦意乱散步时,听到不远处草房里传来书声。蒋干透过门缝去瞧,只见有个人正在读《孙子兵法》。

蒋干向来愿攀高人,便轻叩柴门。寒暄过后才知此人乃名满天下的凤雏庞统,而今落入这步田地皆因周瑜气量狭隘。蒋干闻言大喜过望,暗想:若把被誉为"卧龙、凤雏,得一者则得天下"的庞统接回,岂不是大功一件? 于是他便道:"如果先生肯归顺曹丞相,我愿为你引见。"庞统大悦答:"鄙人早欲离江东,素闻曹操识才爱才,只因无人引荐才暂居于此。倘若先生愿成人之美,请带我离去,否则周郎知我叛变后,我定会人头落地。"

蒋干、庞统二人乘船到北岸,曹操见凤雏庞统来投,喜出望外,他正遇一难题无法解决。他带着素有经天纬地之才的庞统看了一下魏军的备战情况,想顺便考验一下庞统的才能如何,传言是否言过其实。查看完毕,庞统沉吟片刻向曹操献计道:"魏军将士多为北方人,而北方素以平原、陆地为主,固魏军不善水战。倘若将船只首尾相连,整齐划一,便可如履平地一般。"曹操闻言大悦。

在整改几日后,曹军的大船小船便已经连成一体,将士们站在船上异常安稳,没有人再晕船了。此时,在对岸的黄盖早已备好几十只大船,船里装满了柴草,灌上了膏油,单等东南风起,便扯帆诈降。

夜晚将至时,果然刮起了东南风。曹孟德聪明一世,糊涂一时,看着吴军率船驶向北岸,还以为是黄盖率军来投,竟然摆开阵势大肆欢迎。在离曹军战船还有两公里时黄盖下令点火。战船借着东风,顺利来到曹军跟前,一瞬间曹营里火光冲天。因各船之间用铁环相连,无法分开,黄盖的战船里又是燃料,火势便越烧越旺,曹军士兵又不通水性,烧死、淹死的不计其数。曹孟德做梦都没想到自己会被骗得如此之惨。此后,他再无力南下,而刘玄德则乘机发展自己势力,最终演变成魏、蜀、吴三足鼎立的格局。

在这场旷世大战中,周瑜一连对曹孟德用了三计:蒋干中圈套后引庞统去见曹操,属"反间计";庞统佯装投降曹操,属"笑里藏刀"之计;曹孟德轻信庞统的提议把战船环扣在一起,被大火悉数烧毁,属"上屋抽梯"之计。

连环计重在攻心,属于慢性毒药,一计不成再来一计,在局势不断变换中,要相应出计,这样才会使对方防不胜防。

公元1140年，南宋名将刘锜统军守卫顺昌。由于顺昌为南宋要塞，是古代兵家必争之地，而金军将领金兀术早已看准这块肥肉，率大军驶到距顺昌二十里处，意图围攻顺昌。

宋将刘锜观金军初到此地，欲趁其对地形不熟之时先发制人。恰逢近来多雨，刘锜便借兆计从心来，构思出雨夜巧杀敌的良计。入夜倾盆大雨，宋军派五百精兵乘雨夜潜进金营，杀得金兵哭嚎不止，而宋军却迅速撤走了。金兀术怕中埋伏，不敢追击，只得下令退营十五里驻扎。刘琦怎会轻易放过，第二天晚上再次如法炮制，挑精兵百名身配短刀，冒雨再入金营。

第二天天亮时，金军营账务尸横遍野，血流成河，却不见一名宋军士兵尸体。百名宋兵早已安全离营。最终金兀术只得退军。

【解读】

其实"连环计"分为上计和下计，累敌为上计，攻敌为下计，两计扣用。上计的关键在于让敌"自累"，而如何让敌自寻烦恼，便是一门学问了。

走为上第三十六：看准局势，巧妙脱身

【题解】

人们经常说"三十六计走为上计"，之所以要走，是因为形势对自己不利，为了避免有更大的损失或者危害处于劣势的一方用此计策，除了为躲避灾难，还带有东山再起的意味，不是一味地逃跑。如果是大批的人马撤走，就要给对方制造出一系列假象以迷惑对方，防止对方追击，将损失降到最低。

其实"走"不一定代表失败，有时以退为进也是一种智慧。客观上做不到的事情就不要强求，知其不可为而不为，是一种明智的选择。范蠡因为退得及时，所以后半生有了安定富足的生活；文种因为退得不及时，最后被越王勾践所杀，所以说，能"退"在最好的时候，是一种人生智慧。

【原文】

全师避敌。左次无咎，未失常也。

【译文】

全军退后，避开强敌。像这样以退为进的军事计谋，并不违背正常的用兵法则。

【事典】

建安三年，刘备被吕布打败，在万不得已之时率众投曹。曹操表奏汉献帝，封刘备为左将军，让他留在许都。刘备在许都虽得了官职，但实际上却与傀儡无异。刘玄德壮志难酬每天蹉跎岁月，恨不能臂生双翼逃离这里。为了迷惑曹孟德，他每天学圃种菜，曹操逐渐觉得他不足为惧。

一日曹操与刘备对坐，探子来报袁术欲弃淮南而投河北。刘备闻听计从心来：曹操灭袁心思已久，一直视袁家为绊脚石，我应以此为由逃离许都。想到此，刘备便对曹操寒暄："袁军此次北上必经徐州。吾愿亲率一路人马半路截击，必杀得他大败而逃，以报孟德兄对我的提携之情。"

曹操不知是计，说："明日奏请天子后再起兵吧！"次日，刘备深知曹操素来疑心重，如变卦可能自己一辈子都要被圈在这小小许都，便立刻亲奏献帝，深表大义，愿率军伐袁。献帝大悦，准奏，曹命刘备携五万军马远征。

刘备领旨后回府连夜收拾，令关羽、张飞也赶紧收拾。兄弟二人见大哥如此焦急，不解问其故。刘备豪曰："吾在许都乃笼中之鸟，网中之鱼。此次远征，犹鱼入大海，鸟上青霄，再不受笼网的羁绊。"

兄弟二人如梦初醒，第二天一早便随刘备率兵疾行。刘备带兵刚出城，曹操的谋士郭嘉得此消息，急向曹操进谏："丞相为何遣刘备去讨袁术？刘备一去可就不复返了。此乃放龙入海，纵虎归山啊！"

曹操闻言大惊，遂起悔恨之心，急命许褚率五百精骑前往拦截刘备。这些都在刘备意料之中，在出师前为防有变，他不仅有曹操的将令，还有献帝的圣旨。刘备大喝许褚，斥其违反军令，更是抗旨。许褚毕竟是武将，论能言善辩怎是刘备的对手，无奈之下许褚只得率众回许都复命。

此后刘备招兵买马，礼贤下士，并三顾茅庐请得诸葛亮出山为谋，又联合东吴，于火烧赤壁一役覆灭曹操数十万大军。曹操每每念起刘玄德，便嗟然长叹，放虎归山，悔之不已！

刘备的一招"走为上计"真是神来之笔，在无机之时借势栖息，在有机之时离势争霸。

三国时期的姜维，也曾用"走为上"之计巧妙脱身，避免杀身之祸。

一次，姜维正同魏将邓艾在祁连山殊死战斗，后主刘禅却听信宦官黄皓的话，贪恋酒色，不理朝政。

在蜀国有一位右将军叫阎宇，任何功绩他都没有立过，但是因为善于巴结宦官黄皓，所以爬得很高。他听说姜维在祁连山战斗的不利消息后，便求黄皓对后主刘禅说："姜维一次又一次出兵都毫无建树，可以让阎宇代替他。"刘禅果然听信，立刻派使臣携诏书召回姜维。而此时姜维正在祁连山围困邓艾的营垒，忽然之间一天连来三道诏书，命他班师。无可奈何之下，他只好从命。

姜维怀揣怒气回到汉中，立刻同使臣去成都面见刘禅。可后主一连十天都不上朝，姜维心中十分疑惑。这一天他来到了东华门，正好遇见了郤正。

姜维不解地问："皇上让我班师，你知晓是何原因吗？"

郤正笑道："大将军不解情有可原，这是因黄皓为了让阎宇立功，便请求朝廷发出诏书召回将军。后来又听说邓艾善于用兵，估计阎宇不是他的对手，这事才又搁下不提了。"

吕布

姜维闻言大怒道："我一定要杀掉这个奴才！"

邵正告诫道："奉承诸葛武侯大业的人是将军，你责任大，职权重，怎么可以那么感情用事呢？若闹得连天子都容不下你了，那可就大事不妙了。"

姜维感激道："听君一言，感激不尽。"

第二天。后主与黄皓在皇宫的后花园饮酒设宴，姜维直接领着几个人闯了进来。之前早有人通风报信，黄皓便慌忙躲到了皇宫后花园的角落。姜维来到亭下，叩拜后主，流着泪说："臣已经将邓艾围困在祁连山，陛下却接连降下三道诏书召我回朝，不知陛下是什么意思？"后主默默不语。

姜维又道："黄皓奸邪狡猾，专擅朝政，与东汉末年那些祸乱国家的宦官没什么两样。只有早日杀掉此人，朝廷才可以安宁，中原才可以恢复。"

后主笑道："他是个供朕玩乐的奴才，就算他专权，也不能有什么作为。你又何必把他放在心上？"

姜维进谏道："今日陛下必须除去黄皓，这个宦官只会耽误国事！"

刘禅道："爱卿喜欢一个人便让他活下去，恨一个人便要他死，你怎么连一个宦官也容不下？"说完命人找来黄皓，让他对姜维跪地叩头请罪。

黄皓眼含热泪道："奴才只是伺候皇上而已，并不参与朝政，将军万不可听他人谗言杀我。如今奴才的命就握在将军手里，还请将军三思而行。"说罢，又是叩头，又是哭嚷。

姜维悲愤填膺地离去，又巧遇邵正，他将此事告诉了邵正，邵正连连摇头道："将军将有大祸临头了。只是将军若有个三长两短，这个国家也就完了。"

姜维道："请先生赐我保国安身的办法。"

邵正道："陇西有个叫沓中的地方，土壤十分肥沃。将军何不仿效诸葛武侯屯田的事，上报天子，前往沓中屯田？如此一来，首先可广积粮供军需，更可夺取陇右城池，还可以使魏国军队不敢对我汉中轻举妄动。最后，将军在外，谁也不敢算计你，也可以避祸。这是明哲保身的办法，将军应早去实行。"

姜维听完郑重道："大恩不言谢，日后定将报答。"

姜维第二天上表后主，要求仿效诸葛亮去沓中屯田，后主同意了。姜维很快便回到汉中，避免了一场灾祸。

【解读】

"走为上"在三十六计中属上策，运用此计，首先要有良好的心理状态。在实力相差悬殊时，不与敌针锋相对，避其锋芒，待自己羽翼丰满，不受限制时，再一举反攻，逆转不利局面。"走为上"可分明、暗两种。明，即敌不过，脚底抹油撤走；暗，即表面与敌方站在一起，不让敌方感觉对其有威胁，然后选最好的时机，离开是非之地。

当敌军已占优势，而我军不能取胜时，为避免与敌人决战，有以下三条出路：投降，讲和，撤退。三者相比，投降是输掉整场战争，讲和是输一半，但撤退就不一定了，甚至有时可以转败为胜。撤退的目的就是为了避免与敌人主力决战，而且己方主动撤军敌人就会被动追击，这就相当于化被动为主动，牵着敌人的鼻子走，从而制造有利战机，也就是以退为进。

诸葛亮兵法

三国·诸葛亮

图文珍藏版

导读

　　诸葛亮(公元 181~234 年),字孔明,琅邪阳都人,三国时蜀国著名的政治家、军事家。千百年诸葛亮成为智慧的化身,其传奇性故事为世人传诵。其著作《诸葛亮兵法》是中国历史上全面介绍军事战略与战术相结合的军事著作中的集大成者。他不但集中演绎了兵圣孙武的"兵者国之大事,上下同心;上兵伐谋,其次伐交"的军事思想,也有名将吴起"图国、励士、料敌"的具体方针,还有将领在军队中的地位、作用、品格和领兵作战时应该注意的问题等。诸葛亮一生由于作战的需要,他在天文、符咒、奇门遁甲上研究很深,《三国演义》上讲述很多。诸葛亮娴熟韬略,多谋善断,长于巧思,曾革新"连弩",可同时发射 10 箭;作"木牛""流马",便于山地军事运输;还推演兵法,作"八阵图"。

诸葛亮

上篇　便宜十六策

作为中国兵法史上的奇葩，《便宜十六策》是诸葛亮最为重要的军事理论著作之一。在该书中他纵论治国之道、治军之策，运用精辟的理论见解阐述了在治国、治军中必须注意的组织、领导、用人、考核、激励等方面的重要策略。

尽管历经一千七百多年，时代背景已经发生了巨大的变化——人们之间已变为了自由平等的现代人际关系，竞争的平台也变为了自由竞争的现代商业社会，然而，抛开这些表面现象，其理论精髓仍有着强大的生命力。《便宜十六策》不只是一部兵法奇书，也是一部适用于现代的管理学经典。

从"治国""君臣"两策中，我们可以学到重要的管理原则；从"视听""纳言""察疑"三策中可以了解如何提高决策的科学性；从"治人""举措""考黜""赏罚"四策中可以看到怎样深度开发人力资源；从"治乱""教令""斩断"三策中可以借鉴有效的管理技巧；而"治军"策为我们指出了竞争环境下的生存策略；"喜怒""思虑""阴察"三策则强调了最高领导人的个人修养是组织兴衰成败的决定因素。

便宜一策 治国

【题解】

治国之本在于法规,治军之本在于军令。只有制定了规矩并能让百姓、士兵严格遵守,管理才能有条不紊——这恰是"治国篇"的精髓所在。

【原文】

治国之政,其犹治家。治家者,务立其本①,本立则末正矣。夫本者,倡始也;末者,应和也。倡始者,天地也;应和②者,万物也。万物之事,非天不生,非地不长,非人不成。

故人君举措应天,若北辰③为之主,台辅④为之臣佐,列宿为之官属,众星为之人民。是以北辰不可变改,台辅不可失度,列宿⑤不可错缪,此天之象也。故立台榭以观天文,郊祀⑥逆⑦气以配神灵,所以务天之本也;耕农、社稷、山林、川泽,祀祠祈福,所以务地之本也;庠序⑧之礼,八佾⑨之乐,明堂⑩辟雍⑪,高墙宗庙,所以务人之本也。故本者,经常之法,规矩之要。

圆凿不可以方枘⑫,铅刀不可以砍伐,此非常用之事不能成其功,非常用之器不可成其巧⑬。故天失其常,则有逆气⑭;地失其常,则有枯败;人失其常,则有患害。《经》⑮曰:"非先王之法服不敢服。"此之谓也。

【注释】

①本:事物的本源、根本,与"末"相对。 ②应和:这里指依本派生。 ③北辰:北极星。 ④台辅:三台星。 ⑤列宿:星宿,特指二十八宿。 ⑥郊祀:古代皇帝每年冬至在南郊的祭天活动。 ⑦逆:这里指迎接。 ⑧庠(xiáng)序:古代地方所设立的学校之统称。殷称为序,周称为庠。 ⑨佾:古代乐舞的行列。八佾为帝王所用乐舞行列,由纵横各八人(共六十四人)组成。 ⑩明堂:古代帝王宣明政教的地方。举行朝会、祭祀、庆赏、选士、教学等庆典之处。 ⑪辟雍:古代朝廷为贵族子弟所办的大学。取四周有水、形如璧环为名。 ⑫枘:榫。 ⑬巧:完美。 ⑭逆气:与正常天气相反,不稳定。 ⑮《经》:这里指儒家的《孝经》。

【译文】

治国之法,犹如治家。治家之本在于确立其本质。本质确立后,其余随之而立。所谓本,即事物之本源;所谓末,即本源派生之物。本源好似天地,而派生之物,乃宇宙之万物。任何事物都发生于宇宙,生长于大地,成就于人类。因此,君主治理国家之道亦应符合已确立之根本。如果将君主比作天之北极星，那么宰相就像北极星旁的三台星，各个阶层的官吏就是列宿，而芸芸众星就是人民。之所以这样说，是因为北极星恒定不变，三台星不可越轨，周围的星辰不可错位，这是宇宙自然天象之本源。正是由于这种有规律排列的天象本源，才可以借助建造台榭来观测天象，并以此为根据祭祀天神，迎接节气的到来，从而顺应神灵，此系遵从上天之规律；农业耕作、土地禾苗、山峦森林、河流湖泊，以及祠庙祭祀祈福等，则遵从大地之自然规律；而乡间学校和宫廷礼仪、君主乐舞、帝王祭祀，必须遵从人类社会之规律。因此，治国之本，就是遵循已有的法度，各种法度为治国之要。

圆形的凿孔不可用方形的榫子，砍伐木头不能用铅制的刀。错误的方法，无法完成要做的事情；合适的工具，才能完成建造工程。因此，上天失去规律约束，则天地出现乱象；大地失去规律约束，则万物枯萎；而人类社会失去规律约束，就会产生祸患。正如《孝经》所说："先王所定法度勿轻易放弃不循。"说的即是这个道理。

【事典】

痛失街亭，马谡之过？

明朝吕槽所著的《泾野子内篇》中记载了一则《西邻五子》的故事：一位名叫西邻的人有五个儿子，各有其特点。于是，西邻将质朴的儿子安排种地，将机敏的儿子安排经商，双目失明的安排去学卜卦，背驼的安排去搓麻线，跛足的安排去纺线。结果，五个儿子各得其所，都有了谋生的手段。可见一个人的缺点，如果放到了合适的位置则完全可以成为优点。关键是用其所长，避其所短。

后人评说："诸葛一生唯谨慎。"但是人无完人，即便聪明如他，也难免会有失误的时候。街亭之战可以说是他人生中的一次重大失利，而失利的根本原因，便是诸葛亮选择了自负的参军马谡率领两万五千人的精锐部队前往镇守战略要地街亭。

尽管出征之前，诸葛亮为他制定了颇为完备的战略计划。可是遗憾的是，马谡在出发之后并没有遵照诸葛亮的计谋行事，而是选择了对自己极为不利的地方安营扎寨。对于这一决定，副将王平极力反对，但马谡置之不理。终于，在入夜之后，蜀军被足智多谋的魏将司马懿围困，军心大乱，不仅伤亡惨重，就连街亭这一关键之地也拱手让给了对方。为严肃军纪，诸葛亮不得不"挥泪斩马谡"。

街亭失守，从表面上看，主要责任在马谡。他只会纸上谈兵，又骄傲自大，不听王平劝告，是他的指挥不当造成了街亭失守的严重后果。但换个思维考虑问题，若不是孔明将守街亭之重任交给了马谡，街亭也不会失守。

【解读】

自然，马谡并非庸人，否则不可能令我们的孔明先生如此信任。当时诸葛亮南征前,正是孔明先生采纳了马谡的建议,才上演了"七擒孟获"的好戏;首次北伐之前,诸葛亮顾忌司马懿,也是马谡建议使用反间计,令诸葛亮的对手司马懿被削职为民,为出师北伐扫清了障碍。

可见马谡是个极有见识的参谋人才,但并非是个能带兵打仗的将才。如果让他在诸葛亮身边出谋划策,他完全能做个合格的参军,做个有贡献的人才。但诸葛亮却轻易相信其带兵才能,放心地让他率兵对敌。显然,诸葛亮用人不当,才是街亭失守的根本原因。

便宜二策　君臣

【题解】

"不想当将军的士兵不是好士兵。"这句话用来激励一个人追求上进,的确是个恰当的例子。可是在战场上,将军就必须履行其职责,士兵就必须履行其职责,位置绝对不能颠倒。任何一个组织中,因为分工不同,就必然有等级关系。尊重这种等级关系,是一个重要的组织原则。

【原文】

君臣之政,其犹天地之象,天地之象明,则君臣之道具矣。君以施①下为仁,臣以事②上为义。二心不可以事君,疑政不可以授臣。上下好礼,则民易使;上下和顺,则君臣之道具矣。君以礼使臣,臣以忠事君。君谋其政,臣谋其事。政者,正名也;事者,劝功也。君劝其政,臣劝其事,则功名之道俱立矣。是故,君南面向阳,著其声响;臣北面向阴,见其形景。声响者,教令也;形景者,功效也。教令得中则功立,功立则万物蒙其福。是以三纲③六纪④有上中下。上者为君臣,中者为父子,下者为夫妇,各修其道,福祚⑤至矣。君臣上下,以礼为本;父子上下,以恩为亲;夫妇上下,以和为安。上不可以不正,下不可以不端。上枉下曲,上乱下逆。故君惟其政,臣惟其事,是以明君之政修,则忠臣之事举。学者思明师,仕者思明君。故设官职之全,序爵禄之位,陈璇玑⑥之政,建台辅之佐;私不乱公,邪不干正,此治国之道具矣。

【注释】

①施:给予恩惠。　②事:这里指侍奉、辅佐。　③三纲:君为臣纲,父为子纲,夫为妻纲。　④六纪:诸父、兄弟、族人、诸舅、师长、朋友。　⑤福祚:福祉。　⑥璇玑:北斗星呈斗形排列。

君臣相处之道,好似宇宙中天地之关系。如果君臣关系似天地关系那样有序不余,则君臣相处完美和谐。君主以对臣下施恩为仁,臣子以侍奉辅佐君主为义。臣子若有不忠之心,则不会尽心辅佐君主,而君主不信任臣子,就不可能授权臣下。

若君臣以礼相待,则百姓就容易管理;君臣上下关系融洽,则二者相处和谐完美。君主按礼制差使臣下,臣下以忠诚辅佐君主。君主谋划大政,臣下建立功业。所谓政,就是要国家兴旺,誉满天下;所谓事,就是要建立卓著功勋。若君主谋划大政,臣下建立勋功,则君臣功名皆具。因此,君主坐北面南,高声发布旨意、政令;臣下面对君主接受旨意、奉旨行事。政令得到贯彻,其效用则得以发挥;政令发挥效用,则百姓、万物受到恩惠。三纲六纪分为上、中、下三级。上者为君臣,中者为父子,下者为夫妻。各自遵循其伦理准则,国家百姓就获得福祉。君臣之间以礼仪为准则,父子之间以亲情为至要,夫妻之间以和睦为依归。身处上位,品行不能不正;身处下位,品行不能不端。上梁不正,下梁必歪;上位者乱政,下位者就可能发生忤逆。因此,君主应专注于国家大政方略,臣下要专注于建功立业。只要英明君主的政略能得以贯彻,臣下也就能建功立业。学生希望求教于名师,臣子希望侍奉明主。因此,国家要制定完备的吏治制度,设立有序的官禄职级,就像北极星排列有序;不因私事扰乱公务,防止邪恶干扰正义。只有这样,治国之道才会完美无缺。

【事典】

君臣关系的秘密——王翦求小赏避大嫌

公元前225年,秦王打算灭掉楚国,于是找来众大臣商议进军事项。秦王先问大将军李信:"寡人想打下楚国,一统天下。李将军,你看要多少兵力才够?"李信上前道:"请陛下派给我二十万兵马,我定能扫平楚国。"秦王微笑着点点头,他又问老将王翦:"王将军,你看呢?"王翦恭身道:"陛下,请恕臣直言,楚国兵多将广,二十万军队远远不够,依老臣之见,恐怕没有六十万大军不足以灭楚。"秦王心想,王翦人越老胆子越小了。于是便任命李信为大将,蒙武为副将,带领二十万人军进攻楚国。王翦见自己的意见没有被采纳,就称病告老还乡了。

李信的军队刚到楚国边境,就遇到楚国的一员猛将——项燕。项燕把李信打得大败而归。秦王自然是大怒,削去了李信官职。

想起王翦当初的劝告,秦王后悔万分。于是便亲自来到王翦家向他赔罪,希望这位老将再次领军出征。哪知王翦说:"臣已经老了,恐怕不能担此重任,陛下还是派别人去吧!"秦王只好不停地向王翦认错:"上次是寡人之错,我后悔不该不听王将军的话啊!现在唯有你能担此大任,请王将军你就不要推辞了。"王翦感到秦王确实是真心诚意，就说："如果让臣领兵，还是那句话，非要六十万兵马不可。"

秦王这次完全采纳了王翦的建议，封他为大将并调派六十万兵马给他指挥，副将依旧是蒙武。出兵的那天，秦王亲自送到灞上，并在那儿摆上酒席，为王翦送行。王翦斟了一杯酒，捧给秦王，说："请陛下干了这杯酒，臣有点事想请陛下恩准。"秦王接过来酒杯，一口喝干："将军尽管说吧！"王翦从衣袖里掏出一张单子来，呈给秦王。秦王一看，哈哈大笑："将军得胜归来，还怕受穷吗？"原来，单子上写着咸阳几所上等的房子和几亩上好的田地，王翦请秦王赏给他。这种小儿科的要求，秦王自然是爽快答应。

王翦率领着六十万大军向楚国进发，才走到半路，王翦就打发一个手下人回去，向秦王请求给他修一个花园。又过了几天，又派人去恳求秦王，说还想要个水池子，里头好养鱼。

就这样，秦国的大军很快来到了楚国边境天中山，并在那儿驻扎下来。此时，楚国大将项燕也带了四十万大军前来应战。对项燕反复的挑战，王翦理都不理，只作被动的防守。就这样过一年多，项燕始终没法和秦军交战，于是他给王翦的行为找到了一个合理解释："这老家伙原来是到这儿来驻防的。"当然，王翦这一年多可没闲着，他已经暗中备足了粮草，就等楚军松懈下来。

等到时机成熟，王翦便趁着夜色，发起了突然袭击。很多楚军将士还在睡梦中就成了刀下鬼。楚军顿时溃不成军，而项燕也只得带着残兵败将狼狈回逃。

这漂亮的一仗大大削弱了楚军实力，将楚国的精锐部队毁于一旦。王翦带领大军长驱直入，攻城略地。一年不到的时间，楚国就夭亡了。回到秦国之后，王翦便立刻交回兵权，向秦王告老还乡，住到了自己之前向秦王要求的大宅子里。

一日，蒙武将军来拜访王翦。二人把酒言欢，说到高兴时，蒙武又提起了出征楚国时，王翦求秦王赏赐的旧事。王翦浅酌一口，慢慢地说："蒙将军，你想一想。身为君王的，哪个不犯猜疑，你能保证我们的大王他不会这样想吗？更何况，这次他把六十万大军交给了我们，全国的兵马几乎都在我们手头了。我左一个请求，右一个请求，目的是让大王知道，我惦记的不过是这些小事，好让他安心。"蒙武这才明白过来，点点头说："老将军高见啊，真叫我佩服得五体投地。"

王翦的确非常聪明，他非常清楚秦王和他自己的角色定位，秦王身为国君，是国家政策的制定者，他王翦只是一个执行者，这种角色一旦发生错位，轻则性命不保，重则酿成战乱，这便是阶级混乱带来的恶果。

【解读】

合理的等级关系的存在，正是国家、社会乃至企业正常运转的保证。正如诸葛亮所言："是以三纲六纪有上中下。上者为君臣，中者为父子，下者为夫妇，各修其道，福祚至矣。"聪明的王翦深知历史上手握重兵的人出过不少叛逆之人，他虽然不是这样的人，但必须要让秦王也相信才行。这也恰恰符合了诸葛亮"二心不可以事

便宜三策　视听

【题解】

《孙子兵法》有云:"善战者无赫赫之功。"高明的领导者,总能把握事物发展的先机,从细微的变化看到其长远趋势,从而果断决策,提早防范。因此,科学决策的依据,就是通过看和听所掌握的事物细微变化所反映的问题实质。故诸葛亮说:"故为政之道,务于多闻,是以听察采纳众下之言,谋及庶士,则万物当其目,众音佐其耳。"

【原文】

视听之政,谓视微形,听细声。形微而不见,声细而不闻,故明君视微之几①,听细之大,以内和外,以外和内。故为政之道,务于多闻,是以听察采纳众下之言,谋及庶士②,则万物当其目,众音佐其耳。故《经》③云:"圣人无常心,以百姓为心。"目为心视,口为心言,耳为心听,身为心安。故身之有心,若国之有君,以内和外,万物昭然。观日月之形,不足以为明;闻雷霆之声,不足以为听。故人君以多见为智,多闻为神。夫五音④不闻,无以别宫商⑤;五色⑥不见,无以别玄黄⑦。盖闻明君者常若昼夜,昼则公事行,夜则私事兴。或有吁嗟之怨而不得闻,或有进善之忠而不得信。怨声不闻,则枉者不得伸;进善不纳,则忠者不得信,邪者容其奸。故《书》⑧云:"天视自我民视,天听自我民听。"此之谓也。

【注释】

①几(jī):隐微,不明显。特指事情的苗头或预兆。　②庶士:民众。　③《经》:这里指《道德经》。"圣人无常心,以百姓为心。"见《道德经》第四十九章。④五音:古代中国五声音阶中的宫、商、角、徵、羽的五个音阶。　⑤宫商:古代五音(宫、商、角、徵、羽)中的两个音阶。这里泛指各种声音,引申为各种意见。　⑥色:青、赤、黄、白、黑五种颜色。古代以这五种颜色为正色。　⑦玄黄:玄,黑中带红的颜色。玄黄,泛指各种颜色,引申为事物的各种情形。　⑧《书》:这里指《尚书》。

【译文】

视听作为重要的治国之道,就是要观察事物细微之处,聆听微弱的声音。事物细微不易被察觉,声音微弱不易被听到。因此,贤明的君主必须从细微之处着手,看事物的本质,从微弱声音听到重要的事情,使朝廷内外互相沟通、联系。因此,君主治理国家的方略,关键在于多听勤察,广纳群臣建议和普通人的意见。这样,君主像可将万物当作自己的耳目,使所有的声音辅助自己的耳朵。因此,《道德经》上说:"君主勿要形成自己固定不变的观念,要思百姓之所思。"眼为百姓观察,口为百姓表达,耳为百姓聆听,一己之身因百姓安宁而安宁。因此,人身体有心,好似国家有主。心之内外沟通,事物就一目了然。只看到日月的光辉不能算作眼明,只听到雷霆的轰鸣不能算作耳聪。因此,君主多看才有智慧,多听才有谋略。若没有听过宫、商、角、徵、羽这五种音阶,就不能辨别出音阶之间的区别;若没有见过青、赤、黄、白、黑这五种颜色,就不能辨别颜色之间的差异。贤明君主常如昼夜有序,白昼处理国务,夜间处理家务。即使如此,仍会不能听到所有的意见,还会有些忠诚之士的建言不能被采纳。怨愤听不到,就不能为蒙冤者申冤;正确的建言得不到采纳,就不能信任忠诚之士,奸臣就会大行其道。因此,《尚书》说:"天子所看到的就是百姓所看到的,天子所听到的就是百姓所听到的。"讲的就是这个道理。

【事典】

箕子见微知著

商朝的殷纣王被称为荒淫暴君,据历史记载,纣王修的大小宫殿一百七十多处,宫中有九个集市。

殷纣王刚即位不久,有人给他进贡了一枚象牙,纣王想来想去,最后决定让工匠给他做成一双象牙筷子。这件事让纣王的堂兄箕子知道了,于是箕子便叹道:"商朝的江山不会长矣。"

箕子的家人听到就感到很奇怪,便问道:"你怎么可以无凭无据讲出这么犯上的话呢?"

箕子冷笑道:"证据?你已经听说了纣王命人雕刻的那双象牙筷子了吧?这便是最好的证据。"

家人不许地问:"仅是一双象牙筷子而已,能表明什么呢?"

"这道理还不简单?"箕子说道,"象牙筷子必须与犀角雕成的碗、白玉琢成的杯相配用。这些珍贵的器皿当然不能盛野菜、粗粮,而要盛山珍海味才相配。吃了山珍海味之后,也就不会再穿粗葛做的短衣,更不会再住简陋的茅草屋,而要穿华丽的衣服,乘豪华的车子,住高大的楼宇。如此下去,我们商国境内的物品将无法满足他的欲望,他势必会到境外去搜求奇珍异宝。从象牙筷开始,我已看到了日后可怕的发展结果,真不禁为他担忧啊!"

果不出所料,纣王的贪欲越来越大,开始征收重税,为他修建占地三里的鹿台和以白玉为门的琼室,还到处搜刮奇珍异宝、奇禽怪兽用来充实宫殿。同时在鹿台旁以酒为池，悬肉为林，让裸体的男女在其中互相追逐游戏，而纣王在旁着观看，通宵达旦在此饮酒作乐。

纣王的荒淫引起全国百姓怨声载道，众诸侯纷纷起兵造反。最后，纣王被周武王联军打败，自焚于鹿台，商朝灭亡。

从一双象牙筷子，就能准确预测出商纣王的命运轨迹。惊叹之余，不得不令人对箕子见微知著的洞察力佩服之极。混沌学中有一个著名的"蝴蝶效应"理论。主要意思是说一只南美洲亚马孙河流域热带雨林中的蝴蝶，不经意之间扇动几下翅膀，可能在两周后会引起美国德州的一场龙卷风。这虽然是一个借喻，但却为我们提供了一个重要提示：任何事物的发展过程，均是由量变到质变。量变过程细微而缓慢，微小的变化常常被忽视，而当量变积累到一定程度时，质变忽然来临，已经是木已成舟，为时已晚。

【解读】

善于从细小的变化中把握事物发展的方向，是身为管理者的必备素质。

便宜四策　纳言

【题解】

治理一个国家是一个庞大的系统工程。作为这项工程的总指挥——国君，因能力、眼界、个人好恶的限制，难免会在治理中出现误差。能立竿见影且富有成效地解决问题的办法只有一个，即广采众议、虚心纳谏。对此贤明的君主早有认识。相传尧舜在交通要道树立木柱，让人在上面书写谏言，就是为了及时发现、改正自己在治国上的过失。这正好与诸葛亮"采众下之谋"的观念不谋而合。

【原文】

纳言之政，谓为谏①诤②，所以采众下之谋也。故君有诤臣，父有诤子，当其不义则诤之，将顺其美，匡救其恶。恶不可顺，美不可逆；顺恶逆美，其国必危。夫人君拒谏，则忠臣不敢进其谋，而邪臣专行其政，此为国之害也。故有道之国，危言③危行④；无道之国，危行言孙⑤，上无所闻，下无所说。故孔子不耻下问，周公⑥不耻下贱，故行成名著⑦，后世以为圣。是以屋漏在下，止之在上，上漏不止，下不可居矣。

【注释】

①谏：规劝君主、尊长，使之改正错误或过失。　②诤：以直言相劝，使人改正

错误或缺点。　③危言:直言;慎言。　④危行:正直的行为;行动时存在戒惧之心。　⑤孙(xùn):谦逊;恭顺。　⑥周公:西周初政治家。姬姓,名旦,亦称叔旦。周文王之子,武王之弟。采邑在周(今陕西岐山北),故称为周公。曾助武王灭商,武王死,成王年幼,由其摄政。其言论见于《尚书》。　⑦行成名著:其功绩和名声誉满天下。

【译文】

君主纳言,就是要接受群臣之谏言,吸纳来自下层的智慧。因此,为君者,身边要有敢于进谏的臣子;为父者,身边要有敢于直言规劝的儿子。当国君或父亲有不正确的言行时,臣下或儿子要直言相告,维护其美名美德,纠正其缺点错误。绝不包容其错误,绝不诋毁其美名。容其错,毁其名,国家必遭危难。若君主拒绝谏言,则忠臣不敢进献自己的计策和建议,奸臣就会大行其道,国家就会因此遭殃。因此,在有法度的开明之国,臣下就会直言相谏,一言一行光明磊落;在昏庸无道之国,臣下则言行谨小慎微,君主听不到下面的实情,臣下也不敢如实禀报。孔子能够向位卑者请教,周公能够与百姓结交,最终使其功绩和名声誉满天下,被后人尊为圣贤。这就好似房屋漏雨,漏雨淋湿的是地下,而原因却在屋顶上,不堵住屋顶上的漏洞,下面也就无法居住。

【事典】

谏臣晏子

春秋时期的晏婴是一个既敢于进谏,且善于进谏的人。

话说齐景公时期,全国洪水泛滥,灾情严重,百姓,苦不堪言。晏子多次进谏,希望齐景公能够开仓放粮救济灾民,但景公却沉溺于酒色,未把百姓放在心上。

对于齐景公的这种行为,晏子感到十分难过。于是他把自己家里的粮食全部拿了出来,分给了附近的灾民。可是,杯水车薪,只靠晏子拿点粮食,是根本不能让灾民生存的。没办法,他再次来到齐景公那里进谏,正碰到齐景公饮酒作乐,观看各地艺人演出。晏子十分生气,毫不留情地斥责着齐景公。具体内容无非是斥责君主不关心国事,不顾百姓死活,长此下去会失去民心,如此国将不国、家将不家之类的活。随后,晏子还说自己已经对齐景公彻底绝望,自此以后不再愿意辅佐齐国。说完,晏子便头也不回地转身离去。

好在齐景公还算清醒,他知道晏子的才华,让这么一个人离开本国,无疑是让周围国家捡了个大便宜。于是他赶忙追了出去。最后,齐景公在晏子发放粮食的地方找到了他,见百姓如此疾苦,齐景公立刻感到自己实在不该如此荒淫无度。

于是,他赶忙去向晏子鞠躬赔礼道歉。一边鞠躬,还一边声泪俱下道:"本王真的错了！像我这样的人不值得先生辅佐，不过希望你为了齐国的百姓，能够继续留下来为本王分忧……"

晏子本来就只是想吓唬一下齐景公而已，见他态度诚恳，晏子自然也没有走的理由了。于是便决定留下来继续辅佐齐景公。欣喜万分的齐景公也当即下令：一切赈灾之事由晏子全权负责，只要是为了百姓，所有调度均可接受。

在晏子的要求下，不仅文武百官减少了用度，就连齐景公和他的妻妾下人也都开始缩衣节食，全力赈灾。在全国上下的一致努力和晏子的英明领导之下，百姓们总算度过了这场灾难，而齐景公也是三喜临门：重新获得了晏子的辅佐；受到了百姓的爱戴；学会了艰苦节俭的优良作风。

【解读】

此故事当中，晏子的作用自然不可小视，他那"当其不义则诤之"的精神成为后世忠臣的楷模。他看来能，及时向齐景公反应灾情，那么由于灾荒引起民变的事可能会要在齐国重演。但同时也应该注意到，事实上齐景公也是个深明大义的贤明君王，但当晏子勇敢机智地陈明利害之后，他能幡然悔悟，马上改弦更张，以国计民生为重，这是可贵的。

便宜五策　察疑

【题解】

面对海量或者残缺的资讯，决策者该如何去做？若不具有一定的鉴别力，决策者不是天从下事，就是妄下定论。怎样去伪存真，是摆在每个领导人面前的重要课题。

【原文】

察疑之政，谓察朱紫①之色，别宫商之音。故红紫乱朱色，淫声②疑正乐。乱生于远，疑生于惑。物有异类，形有同色。白石如玉，愚者宝之；鱼目似珠，愚者取之；狐貉似犬，愚者蓄之；栝蒌似瓜，愚者食之。故赵高③指鹿为马，秦王④不以为疑；范蠡⑤贡越美女，吴王⑥不以为惑。计疑无定事，事疑无成功。故圣人不可以意说为明，必信夫卜⑦，占其吉凶。《书》曰："三人占，必从二人之言。"而有大疑者，"谋及庶人"。故孔子云："明君之治，不患人之不己知，患不知人也；不患外不知内，惟患内不知外；不患下不知上，惟患上不知下；不患贱不知贵，惟患贵不知贱。"故士为知己者死，女为悦己者容，马为策己者驰，神为通己者明。故人君决狱⑧行刑⑨，患其不明。或无罪被辜⑩，或有罪蒙恕；或强者专辞，或弱者侵怨；或直者被枉，或屈者不伸;或有信而见疑,或有忠而被害。此皆招天之逆气,灾暴之患,祸乱之变。惟明君治狱案刑,问其情辞,如不虚不匿,不枉不弊,观其往来,察其进退,听其声响,瞻其看视。形惧声哀,来疾去迟,还顾呼嗟,此怨结之情不得伸也。下瞻盗视,见怯退还,喘息却听,沉吟⑪腹计⑫,语言失度,来迟去速,不敢反顾,此罪人欲自免也。孔子曰:"视其因此,观其所由,察其所安,人焉度⑬哉!"

【注释】

①朱紫:朱,五色之一,系古代所说的正色;紫,闲色。 ②淫声:古代称郑卫之音等俗乐为淫声,以区别于雅乐或正乐。 ③赵高:秦朝大臣。本系赵国人。进入秦宫,任中车府令,兼行符玺令事。始皇死后,与李斯篡改遗诏,立胡亥为二世皇帝。任中车府令,居中用事,控制朝政。 ④秦王:秦朝国君二世胡亥。 ⑤范蠡:春秋末年越国大夫。曾将越国美女西施送给吴王夫差。 ⑥吴王:春秋吴国国君夫差。 ⑦卜:占卜。 ⑧决狱:判决案件。 ⑨行刑:执行刑罚。 ⑩辜:罪。 ⑪沉吟:犹疑不决。 ⑫腹计:心里算计。 ⑬度:隐匿。

【译文】

所谓察疑,就是明察秋毫,好似能够辨识朱紫,甄别宫商,以防红紫混于朱色,俗乐扰乱雅乐。

混乱往往产生于远处,猜疑常常来自不明真相。事物有各种种类,可形态或颜色可能相似。因白石如玉,愚者就视之为宝;鱼眼如珍珠,愚者则取之为贵;狐貉似犬,愚者就将其当家畜饲养;瓜蒌似瓜,愚者就当作瓜果来食用。

赵高指鹿为马,秦王胡亥丝毫没有质疑;范蠡向吴王夫差进献美女,吴王也没因此而生疑问。若对此类计策提出质疑,计策就不能得逞;若对此类事件有所察疑,事情就不会成功。因此,圣贤不把个人意志作为决策的依据,而以天意为准则,进行占卜定其吉凶。正如《尚书》所说:"三人占卜,要服从两人的意见。"若仍有大的疑点,则要"听取百姓意见"。因此,孔子说:"明君治国,不担心百姓不了解自己,而担心自己不了解民意;不担心朝廷外面不了解朝廷内部,而担心朝廷内部不了解外面的情况;不担心上面不了解下面,而担心下面不了解上面;不担心百姓不了解当权者,而担心当权者不了解百姓。"因此,义士愿意为知己者而死,女子愿意为心仪自己者打扮,骏马愿意为驱策者疾驰,神灵愿意为虔诚者显灵。因此,作为一国之君,断案量刑时最怕不明案情,或使无罪者蒙冤,或使有罪者开脱;或使强者强词夺理,或使弱者怨声载道;或使无辜者被冤枉,或使冤屈者不能伸张;或使诚信者被怀疑,或使忠诚者被陷害。这些都会招来上天惩罚,导致天灾爆发、人祸四起。因此,贤明的君主,判案量刑时,一定查明实情,确保无虚假,无隐情,不歪曲,不包庇。要细细察看被审对象上堂和退堂以及来去时的行为举止、面目表情,并仔细察听其说话的声音。凡面容恐惧、声音哀怨、升堂时急匆匆上堂,退堂时迟迟不愿离去,并四处观望和叹息不已者,必有隐情冤屈未得到伸张;凡举止畏畏缩缩、不敢抬头正视判官,说话支支吾吾、想半天才说一句,且前言不搭后语,升堂时来得晚,退堂时走得快,且不敢回头看上一眼的人,必是想逃脱罪责的人。孔子说:"观察一个人的所作所为,看清他行事的动机,再看他是否心安理得,那么一切邪奸怎么还能隐瞒的了呢?!"

【事典】

麻痹大意,后主亡国

公元588年,隋文帝杨坚在击败突厥之后,便决定攻打陈国。因陈国实力较强,杨坚没有选择直接进攻,而是在长江上游大肆制作舰船,并让大量的木屑废料顺水而下漂流到陈国境内,制造出一副即将从水路大举入侵的假象。

见到隋的举动,陈国立即调兵遣将加强了长江沿岸的驻防。在牵制了对方大量军力之后,隋文帝便暗中调派少量人马,潜入陈国阵地,伺机破坏其物资储备和粮草,这种骚扰尽管不能明显削弱陈军实力,却让他们因此而不断奔波,成功地消耗了陈军的精力和斗志。

见骚扰达到预期效果,而且准备工作也已就绪,杨坚便命令诸将率兵五十万,分八路向陈国推进。其中,由大将贺若弼率领的军队直接驻防在长江上游,和陈军主力对峙。

因贺若弼率领的军队不到十万,而他面对的又是陈军的主力部队,硬拼定是获胜不了。而且,贺若弼清楚自己目前的任务是拖住陈军,以便让其他部队能够顺利推进。因此,驻扎下来之后,他并未急着部署兵力准备作战,而是要求手下士兵在换防的时候一定要列大旗,击战鼓,搞出一副要全力进攻的样子。于是,每当对岸战鼓擂、旌旗飘的时候,陈军就慌忙大量集结兵力准备应战。然而,每次却都发现对方"只打雷,不下雨",只是在调防而已。时间久了,陈军居然对于隋军的如此举动变得松懈了,不再注意。

朝中有远见者对隋军的行为提出了质疑,并且将这一情况上报给了陈后主。没想到,陈后主却说:"隋军只是在虚张声势而已,他们兵力少,不敢进攻。"

大臣说道:"隋军对我朝注视很久,况且又准备了大量战船,进犯之意是分外明显。现在我军守备太麻痹,实在不妙啊!"

陈后主对此毫不在意:"我大军如今镇守长江,他杨坚若能进攻,为什么还故弄玄虚地频繁调防,要做那些无谓的骚扰?他们这样做,不正表明了其实力不足吗?况且,我陈自建国以来,齐兵攻过三次,周兵攻过两次,不都毫无成就吗?现在隋兵进犯,也不过如此而已。你传我口谕给守备将军,现在即将过年,让他们趁机好好休息,待年一过,我们就将隋军杀回老家!"

大臣见后主如此轻敌，只有叹了口气就离开了。

公元589年正月初一，陈军正在放假，哪知上游的隋军早已经做好了进军准备，正在集结士兵。上游再次响起战鼓，竖起大旗，陈军以为他们又在换防，丝毫没有防备，而是仍旧欢度元会，直到贺若弼的大军兵临城下，这才匆忙应战。然而，如此状况之下，陈军怎能敌得住早有准备的隋军。不大会儿，陈军主力便陷入了苦战，死伤无数。

与此同时，其他七路大军也开始了猛烈进攻。因陈军主力被牵制在长江一带，其他部队的进攻也颇为顺利，没过几天，就攻打到了陈都建康（今江苏南京），生擒了后主，灭了陈国。

【解读】

两军对垒，善诈者胜。杨坚利用造船废料吸引住了陈军，贺若弼则用旌旗战鼓麻痹了对手。不管是船坞还是换防，都只是用来迷惑陈军、迷惑后主的假象而已，在这假象的背后，则是八路大军的大举进攻，则是贺若弼的初一奇袭。沉溺歌舞的陈后主是不会看穿这接踵而来的陷阱。但对于我们来讲，要在竞争中取得胜利，那就不得不努力让自己看得更远一些，冲破对手施放的"烟雾弹"。

便宜六策　治人

【题解】

管理的难点在于，任何制度措施都不可能百分之百地有效。严厉的惩处，不一定能令行禁止；诱人的高薪，也不一定能换取员工的勤奋工作。不过，在一定的情况下，当一个人发自内心、自觉自愿、积极主动时，即便无重奖重罚，他的工作干劲和业绩也可以大大超过上级的要求。管理者怎样才能达到这种理想状态？"治人篇"将带领我们探索其中的奥秘。

【原文】

治人①之道，谓道之风化②，陈示③所以也。故《经》④云："陈之以德义而民与行，示之以好恶而民知禁。"日月之明，众下仰之；乾坤之广，万物顺之。是以尧、舜之君，远夷贡献；桀、纣之君，诸夏背叛。非天移动其人，是乃上化⑤使然也。故治人犹如养苗，先去其秽。故国之将兴，而伐于国⑥；国之将衰，而伐于山⑦。明君之治，务知人之所⑧，皂服⑨之吏，小国之臣。故曰：皂服无所不克，莫知其极，克食于民，而人有饥乏之变，则生乱逆。唯劝农业，无夺其时；唯薄⑩赋敛，无尽民财。如此，富国安家，不亦宜乎？夫有国有家者，不患贫而患不安。故唐⑪、虞⑫之政，利人相逢,用天之时,分地之利,以豫凶年,秋有余粮,以给不足,天下通财,路不拾遗,民无去就^⑬。故五霸^⑭之世,不足者奉于有余。故今诸侯好利,利兴民争,灾害并起,强弱相侵,躬耕者少,末作^⑮者多,民如浮云,手足不安。《经》^⑯云:"不贵难得之货,使民不为盗;不贵无用之物,使民心不乱。"各理其职,是以圣人之政治也。古者,齐景公^⑰之时,病民下奢侈,不遂礼制。周秦之宜,去文就质,而劝民之有利也。夫作无用之器,聚无益之货;金银璧玉,珠玑翡翠,奇珍异宝,远方所出,此非庶人之所用也。锦绣纂^⑱组^⑲,绮罗绫^⑳縠^㉑,玄黄衣帛^㉒,此非庶人之所服也。雕文刻镂,伎作之巧,难成之功,妨害农事,辍耕出入,袍裘索襗^㉓,此非庶人之所饰也。重门画兽,萧墙数仞,冢墓过度,竭财高尚,此非庶人之所居也。《经》^㉔云:"庶人之所好者,唯躬耕勤苦,谨身节用,以养父母。"制之以财,用之以礼,丰年不奢,凶年不俭,素有蓄积,以储其后,此治人之道,不亦合于四时之气^㉕乎?

【注释】

①治人:管理百姓。　②风化:教化。　③陈示:教导。陈,宣示,晓以利害;示,教导。　④《经》:这里指《孝经》。　⑤上化:上,上层,这里指国君。上化,国君的教化。　⑥伐于国:这里指对官吏严格管理。这里的"国"系简称用法。　⑦伐于山:这里指对百姓过于苛刻。这里的"山"系借代用法。　⑧患:担忧,忧虑。这里指问题的症结。　⑨皂服:低等的小官吏。皂,等级低的。服,职位,职事。⑩薄:减轻,减少。　⑪唐:远古部落名,居于平阳(今山西临汾),尧为其领袖;唐也是尧帝的封号。　⑫虞:远古部落名,居于蒲阪(今山西省永济市附近),其酋长为舜。　⑬就:取,用。　⑭五霸:春秋时期先后称霸的五个诸侯,分别指齐桓公、晋文公、楚庄王、吴王阖闾、越王勾践。一说齐桓公、宋襄公、晋文公、秦穆公、楚庄王;一说齐桓公、晋文公、秦穆公、楚庄王、吴王阖闾;一说齐桓公、宋襄公、晋文公、秦穆公、吴王夫差。　⑮末作:指末业。　⑯《经》:这里指《道德经》。　⑰齐景公:春秋时齐国国君。　⑱纂:赤色丝带。　⑲组:宽丝带。　⑳绫:似缎而比缎更薄的丝织品。　㉑縠:绉纱一类的丝织品。　㉒帛:丝织物总称。　㉓襗:内衣,贴身的衣物。泛指衣服。　㉔《经》:这里指《孝经》。　㉕四时之气:四季的本质。

【译文】

管理百姓的方略,在于树立良好的社会风气,要告诉百姓行为规范。就如《孝经》所说:"用道德教化百姓,百姓就会将其贯彻在行动中;教百姓明辨是非,百姓就懂得何事该行,何事该禁。"日月散发光辉,使下界对其敬仰;大地广袤无垠,使万物顺从。尧、舜这样的君主,远方的夷国也来向他们进贡;而桀、纣这样的暴君,各路诸侯却背叛了他们。这并非是上天指使人们这样做,而是国君教化的结果。因此,管理百姓犹如育苗,必须先去除杂草。国家兴盛,源于对官吏的严厉管理;国家衰败,源于对百姓的过分苛刻。因此,贤明君主治国要十分懂得:百姓最害怕的是小官吏。就像有人所说：小官吏是百姓的克星，其害无穷，他们时常对百姓苛刻盘剥。而百姓饥寒交迫时就会生变，引发暴动。必须大力发展农业生产，不误百姓农时；减少百姓税赋，不要豪取民财。只有这样，国家才能富强，百姓才能安居。这难道不是我们所希望的吗？大到一个国家，小到一个家庭，所担心的不是没有钱财，而是唯恐家国没有安宁。因此，尧舜施政时，给百姓以利益，充分利用天时和地利，以备荒灾之年；秋天广积余粮，以备赈济缺粮人家；天下货物充盈，路不拾遗，百姓就不会去拿不属于自己的物品。春秋五霸统治时期，让穷人供奉富人，并延续至今，各路诸侯都不遗余力追逐私利，人人都过分看重利益，以致互相争夺，恃强凌弱，祸患四起。耕作劳动者不断减少，不劳而获者却不断增多。百姓如浮云一样漂浮不定，生活动荡不安。《道德经》上说："国君若不将难求之物当作宝贝，百姓就不会去做盗贼；不因看重无用之物而奢侈浪费，民心就不会动荡。"让各阶层的人各司其职，百姓安守本分，是最圣明的施政。古代齐景公在位时，社会奢侈浪费成风，礼治也无法施行。周朝和秦朝初期，则删繁就简，禁止奢华，崇尚俭朴，推行有利于百姓的政策。勿要制造和收集那些奢侈而无用的器物，像金银玉璧、珠玑翡翠，这些奇异珍宝，都产自远方，非百姓所用物品；那些锦绣丝带、绮罗锦帛等华丽绸缎，非百姓的穿着；那些雕文刻镂的器物，耗时费工，妨害农业生产；出行乘坐华丽的帐篷马车，身穿裘袍索襗，也非百姓的生活方式；那些豪华住宅，层层大门配有画兽，高墙数仞，甚至连坟墓也奢华至极，浪费财物，此非百姓所居之舍。《孝经》上说："老百姓所追求的，应当是辛勤劳作，生活节俭，以养家糊口。"因此，君主要调控国家财物，用礼治教化百姓，丰年不浪费，灾年也不匮乏，经常积蓄，以备以后之用。这样的管理国民的方略，不正好符合一年四季的季节变化规律吗？

【事典】

刘邦约法三章

公元前206年，刘邦的大军率先攻入关中，在离秦都咸阳还有几十里路的灞上。秦王子婴率领群臣，驾着白马，颈上系着绳索，奉上皇帝玉玺，前来向刘邦投降。

将领中有人主张杀掉子婴，刘邦说："当初怀王派我前来，就是因为看我待人宽厚。现在人家主动来投降，怎么能杀了他呢！"于是，接受了子婴的投降，把他交给将士看管。

刘邦进入咸阳城，看到秦王的宫殿奢华无比，宫中美女不计其数，就躺在龙床上不想离开了。部将樊哙劝谏他说："大王，您是想拥有天下呢？还是只想做一个富翁？这些穷奢极欲的东西，就是使秦灭亡的原因啊，您要这些干吗？还是快点回到灞上去吧！"刘邦不肯听。正好这时张良也来了，张良对他说："秦王荒淫无道，所以您才能到这里来啊！您要做出为天下人铲除暴政的样子,才能赢得人心。如果刚到咸阳,就沉溺享乐,百姓就会认为您不过是又一个暴君罢了。希望您还是听樊将军的劝告,早点返回灞上。"刘邦马上醒悟了。于是,把宫中、府库的财物予以保护或封存,只留下少部分军士看守,然后,率领大军返回了灞上。

过了不久,刘邦将三秦之地各县有德望和名声的老人和地方豪强召集起来,对他们说:"父老乡亲们遭受秦朝暴政苛法的苦难已经很长时间了,说一句不满朝廷的话将会被诛灭三族,聚众谈论就会被斩首,我曾与各路义军首领有约,首先入关中者,就为关中之王。自然现在我应该在关中称王。现在我与父老乡亲们约法三章:杀人者要斩首偿命,伤人者或偷盗者按罪行轻重惩办。"

"除此之外,秦朝的繁律苛法全部废除,各级官吏都各自按原任职务坚守岗位,执行公务。我之所以到这里来,是为了替百姓除害,而不是来侵犯你们的,请大家不要害怕。而且我的军队已经返回灞上,只等各路义军到来之后,共同制订法令,好让大家安居乐业。"

接着,刘邦派部下和秦朝的旧官吏到各县、乡张贴告示,使约法三章家喻户晓。

三秦之地的百姓们非常高兴,争相拿着牛羊肉、酒和粮食来慰劳刘邦的将士。刘邦一再推辞不肯收下,说:"仓库里有许多粮食,将士们没有挨饿,我不想让大家再破费了。"百姓们更加高兴,唯恐刘邦不在秦地称王。

秦王朝统一中土后,对百姓横征暴敛,施以繁律苛法,使百姓生活在水深火热之中。这种情况之下,能不人心思变吗？所以陈胜、吴广振臂一呼,天下百姓群起响应,秦王朝瞬息土崩瓦解。

【解读】

我们现在无从得知"约法三章,为民造福"是否就是刘邦率军起义的最终理想？但从刘邦进了秦皇宫就不想走能知道:刘邦也是个有七情六欲的人,但他的理性最终战胜了本能。作为一个胸怀帝王之志的人,他能清醒地认识到:必须吸取秦朝的教训,必须以民为本,为百姓造福,让百姓安居乐业,自己才能坐拥天下。

便宜七策 举措

【题解】

不论是战场还是商场,竞争的实质,都是人才的竞争。胜利者无疑是赢得了优秀的人才,失败者也自然是输在缺少人才上。纵观古今,成功的领导人几乎都把选拔、培养、任用人才放在工作的首位。我们有理由相信,在这个人太多、人才太少的社会,谁具有识别、使用人才的能力,谁就会成为赢家。

【原文】

举措①之政,谓举直②措诸枉③也。夫治国犹于治身④:治身之道,务在养神;治国之道,务在举贤。是以养神求生,举贤求安。故国之有辅,如屋之有柱:柱不可细,辅不可弱;柱细则害,辅弱则倾。故治国之道,举直措诸枉,其国乃安。夫柱以直木为坚,辅以直士⑤为贤;直木出于幽林,直士出于众下。故人君选举,必求隐处,或有怀宝迷邦⑥,匹夫同位⑦;或有高才卓绝,不见招求;或有忠贤孝弟,乡里不举;或有隐居以求其志,行义以达其道;或有忠质于君,朋党相谗。尧举逸人⑧,汤招有莘⑨,周公采贱⑩,皆得其人,以致太平。故人君县赏⑪以待功,设位以待士,不旷庶官,辟四门以兴治务,玄纁⑫聘幽隐,天下归心,而不仁者远矣。夫所用者非所养,所养者非所用;贫陋为下,财色为上;谗邪⑬得志,忠直远放,玄纁不行,焉得贤辅哉?若夫国危不治,民不安居,此失贤之过也。夫失贤而不危,得贤而不安,未之有也。为人择官者,乱;为官择人者,治。是以聘贤求士,犹嫁娶之道也。未有自嫁之女,出财为妇。故女慕财聘而达其贞,士慕玄纁而达其名,以礼聘士,而其国乃宁矣。

【注释】

①举措:举,举荐。措,摒弃。举措,就是通过荐贤弃恶来达到挑选人才的目的。　②直:正直。这里指正直的人。　③枉:弯曲。指人时引申为奸邪、不正直。　④治身:养生。　⑤直士:正直的贤能之士。　⑥怀宝迷邦:怀宝,比喻怀才不用。迷邦,心里装着国家。　⑦匹夫同位:被埋没在一般百姓当中。　⑧逸人:隐士。　⑨有莘:古国名。汤武娶有莘氏之女为妻,即其国,并任用伊尹执政。　⑩采贱:从下层选拔人才。　⑪县(xiàn)赏:悬赏。县为"悬"之古字。　⑫玄纁:黑色的币帛。古代常用作聘用贤士的礼品。玄:赤黑色。纁:浅红色。　⑬谗邪:说他人坏话的邪恶之人。

【译文】

所谓举措,就是在施政中举荐正直贤能,摒弃品邪才庸之人。治国好比养生,养生的关键在于调养精神,治国的关键则在于选贤荐能。养神能强身健体,选贤荐能可以兴国安邦。国家需要贤良辅佐,就像房屋需要柱子支撑一样。房屋的柱子不能细,辅佐国家的良臣不可弱。柱子细,房屋就不坚固;辅佐国家的良臣弱,政权就会倾覆。因此,治国之道,在于举贤措恶,这样国家才能长治久安。房屋的柱子以挺直者为坚固,辅佐国家的良臣以正直者为贤良。直木产于深山密林,贤良之臣多来自基层百姓。

因此,国君选拔贤能,一定要到基层百姓当中。他们当中,有些怀才不遇,被埋没在普通人中间;有些才智超群,却得不到任用;有的才贤品正,乡里却不举荐;有的以隐居求得闲情逸致，以行侠仗义为道德准则。有的以忠诚侍奉君主，却遭到奸党谗害。尧帝举荐遁世隐居之士，汤帝广泛招用人才，周公采纳普通百姓的意见，他们都得到了辅佐国家的贤良，从而实现了太平盛世。

身为国君，必须设立厚赏以鼓励有功之人，设置官位以招贤纳士，广开言路以吸纳治国良策，乃至重金礼聘隐居贤良，这样使天下民心归顺，使不仁不义之徒远离朝政。同时，若贤良得不到应有的待遇，而待遇优厚的人又没有贡献，鄙视贫微，崇媚富足，奸邪大行其道，忠直贤良遭到排挤，对有贡献的人不进行物质奖赏，如何得到辅佐国家的贤良呢？

若国家陷入危难不能拯救，百姓不能安居乐业。这就是由于没有贤良辅佐的缘故。国家天贤良而太平安宁，而得贤良却危机四伏，这样的事情古往今来从未出现过。为庸人安排官职，必然引起动荡；为官位选择贤良，必然国泰民安。选任贤能，如同嫁女娶媳一样，从未有女子携财自嫁之先例。正因为女子盼望明媒正娶，才会守其贞节；贤良盼望圣君招用，才会珍惜自己的名誉。按照礼治聘用贤良，国家才会长治久安。

【事典】

不计前嫌，齐桓公求才

管仲、鲍叔牙和召忽三人是好友，他们个个满腹经纶，有治国安邦之才。很早的时候，他们就立志要一起为国出力。当时，齐国正处在齐襄公的暴政之下，而齐襄公的两个儿子公子纠和公子小白也都怕遭到父亲的迫害而各自躲到了鲁国和莒国。管仲他们认为在齐国也无法施展才能，就商定去辅佐齐襄公的两个公子。但在应该辅佐谁的问题上，三个人的意见并不一致。讨论之后，鲍叔牙决意辅佐公子小白，管仲和召忽则到了公子纠身边。

公元前686年冬天，齐襄公在打猎的时候，被大将连称和管至父暗杀。齐国一时群龙无首，政治陷入混乱。齐国的大臣们商议，决定派人到鲁国去请公子纠回来执政。

消息传到莒国，莒国也暗中策划想让公子小白回去执政。

公了纠回齐国前，管仲预料到公子小白也会回去争夺王位，就事先带了一队人马去拦截。果然，管仲的人马遇到了公子小白，公子小白在莒国士兵的护卫下正向齐国赶去。管仲劝说无果，强拦不成。情急之下，趁公子小白不注意，管仲取出弓箭，一箭射向小白要害。只听小白大叫一声，倒在车中。管仲以为公子小白已死，赶紧带领人马回撤。

其实，公子小白并没有被管仲射死。那一箭刚好射在了小白的衣带钩上，他是故意惨叫一声，倒在了车上装死。就这样，公子小白保住了性命。

管仲

管仲的人马一走，公子小白马上抄小道行进，早早地赶到了齐国国都临淄。这时，管仲和公子纠以为小白已死，就不慌不忙地向前赶路。等他们赶到齐国时，公子小白已经掌握了齐国大权。他就是后来成为春秋五霸之首的齐桓公。

齐桓公即位后的第一件事就是派兵把公子纠阻挡在国门之外。当年秋天，又发动了对鲁国的战争，鲁军大败。大兵压境的情况下，齐桓公写信给鲁国国君，迫使他杀了公子纠，并要求把管仲等人抓回齐国。召忽听到消息，马上就自杀了，管仲则束手就擒。

齐桓公的确想亲手杀死管仲以报一箭之仇。可是大臣鲍叔牙劝齐桓公说："我三生有幸，得以追随您左右，您也实现了继位的宏愿，您现在高居国君之位，我再也没有能力让你更加尊贵了。若您只想治理好齐国，有我和高侯就足矣了；若您想称霸诸侯，那必须要有管仲辅佐不可。"

齐桓公加愤怒地说："管仲射我一箭，差点要了我的命。我想起此事来，就恨不得杀了他，怎么还能用他呢？"

鲍叔牙说："臣子各为其主。当时管仲是公子纠的师傅，他用箭射您，正说明他对公子纠的忠心。论才能，他比我强得多。若您有更远大的志向，只有管仲能帮您实现。"齐桓公是个豁达大度的人，听了鲍叔牙的劝告，决定任命管仲为相。

管仲被鲁军押到堂阜时，鲍叔牙亲自前往迎接，为他卸去了镣铐，到了都城后，立即安排他沐浴更衣，拜见桓公。第二天，齐桓公举行了隆重的仪式拜管仲为相，请他主持国政。

管仲上任后，整顿内政，开发财源，齐国越来越富强，齐桓公成了诸侯公认的霸主，创下了"九合诸侯，一匡天下"的伟业。

【解读】

成就旷世伟业的人，看问题时经常是从大处着眼。在个人仇恨与事业前途的相比之下，齐桓公能果断地把私仇放到一边，选择了重用对事业有帮助的人才。

齐桓公拥有宽广的胸襟是因为清楚地知道人才对事业、对国家的重要性，才会有这样的取舍行为。

便宜八策 考黜

【题解】

管理的基本目标,是要最大限度地发挥每个人的才能。实现这一目标可以有多种手段,比如奖励、处罚等。但需注意的是:若不能做到有的放矢,奖励与处罚就会形同虚设。因此,用人的关键之处,在于建立起健全的考核体系。

【原文】

考①黜②之政,谓迁③善黜恶。明主在上,心昭于天,察知善恶,广及四海,不敢遗小国之臣④,下及庶人,进用贤良,退去贪懦,明良上下,企及国理,众贤雨集,此所以劝善黜恶,陈之休咎⑤。故考黜之政,务知人之所苦。其苦有五:或有小吏因公为私,乘权作奸,左手执戈,右手治生;内侵于官,外采于民。此所苦一也。或有过重罚轻,法令不均,无罪被辜,以致灭身;或有重罪得宽,扶强抑弱,加以严刑,枉责其情。此所苦二也。或有纵罪恶之吏,害告诉之人,断绝语辞,蔽藏其情,掠劫亡命,其枉不常。此所苦三也。或有长吏数易守宰⑥,兼佐为政,阿私⑦所亲,枉克所恨,逼切为行,偏颇不承法制,更因赋敛,傍课采利⑧,送故待新,夤缘⑨微发⑩,诈伪储备,以成家产。此所苦四也。或有县官慕功,赏罚之际,利人之事,买卖之费,多所裁量,专其价数,民失其职。此所苦五也。凡此五事,民之五害。有如此者,不可不黜;无此五者,不可不迁。故《书》⑪云:"三载考绩,黜陟幽明。"

【注释】

①考:考察。 ②黜:废黜,贬退。 ③迁:晋升或调动官职,这里专指擢升。 ④不敢遗小国之臣:不能遗漏基层官员。小国之臣:小官吏 ⑤休咎:吉凶,善恶。 ⑥数易守宰:多次改任官职。 ⑦阿私:偏私。 ⑧傍课采利:借征税之机获取私利。课,赋税,征税。采利,获利。 ⑨夤缘:攀附着往上升。 ⑩微发:向百姓征调财物等。 ⑪《书》:这里指《尚书》。

【译文】

所谓考黜,就是要擢升贤良,罢黜奸邪。明君居高临下,心内洞察秋毫,明辨善恶,在广袤的国土上施政,不遗漏偏远地区的小吏乃至普通百姓,选用贤良,罢黜贪腐,理清上下关系,使国家井然有序,贤士良才聚集在朝廷周围,这就达到惩恶扬善、兴吉抑凶的效果。

对官吏进行考黜,要了解百姓之苦。百姓之苦有五:一是小吏假公济私,滥用职权,将百姓生死玩弄于股掌之间,对内侵吞公家财产,对外搜刮民脂民膏。二是徇私枉法,或重罪轻罚,冤枉好人,滥杀无辜;或重刑轻判,扶强压弱,刑讯逼供,歪曲实情。三是官官相护,迫害告发之人,销毁证据,隐瞒实情,杀人灭口,使冤案不能伸张。四是有些小吏侍奉数任官员,协助上司处理公务,借机徇私舞弊,公报私仇,执法犯法,借征收税赋之机,搜刮百姓;借官员更替之际,打着充实储备的幌子,向百姓征调财物,据为己有,为己积蓄大量不义之财。五是有的县官贪慕功名和权势,按上司的利益进行赏罚,干预民间买卖交易,随意定价,使百姓失去生计。

此百姓之五苦,就是百姓之五害,凡有此五种行为者,要坚决罢黜;相反,无此五种行为者,应予迁升。正如《尚书》所说:"官员任职三年后,要对其功绩进行考核,决定是擢升还是罢黜。"

【事典】

魏国之良臣郑浑

一个人做出成绩后,自然希望得到升迁,否则积极性就会逐渐丧失。善于用人的古代君王深谙此道,设置了井然有序的官职等级,为人才发展开辟了顺畅的通道。

据《三国志·郑浑传》记载,河南开封人郑浑,原是书香门第出身,曹操听说他忠实厚道,就把他招来,封他为掾令,不久又升为下蔡长、邵陵令。

当时那个兵荒马乱的年月,社会动荡不安。种地畜牧对于百姓来说很不稳定。于是,百姓们更喜欢捕鱼、狩猎这种无须太长时间便能得到食物的生活方式。

可是长时间下来,便导致了许多地方的良田变成荒地。而捕鱼狩猎也不能保证百姓的日常生活,许多人连自己都无法养活,就更别提小孩子了。有些地方,孩子一生下来就被抛弃,导致这里的人口开始锐减。

郑浑所管辖的地区,这种情况就十分严重。于是在到任之后,他立刻强行收缴了辖地百姓捕鱼和打猎的工具,以强制征收一定赋税的形式迫使老百姓开始耕田种稻,栽桑养蚕。他同时还组织百姓开辟荒地,并对抛弃子女者课以重刑。虽然百姓刚开始不愿意,可迫于县令的威严,怕因此降罪,于是们只好从命。过了些时间后,百姓的生活逐渐丰足,这时众人才感觉到郑浑的确是在为民谋福祉。为了感激郑浑的恩德,当地百姓生养了子女后取名时多以郑为字。

曹操得知后,经过调查,发现郑浑确是勤政爱民的好官。当时,为了加强自己的实力,曹操相当重视农业发展和百姓的安居乐业,并把鼓励农桑、增加人口等行为作为选拔地方官员的一条重要标准。见郑浑完全符合这一标准,于是他便立刻提拔郑浑为丞相掾属,不久又升为左冯翊。曹操征讨汉中时,郑浑又被任命为京兆尹。

京兆的百姓都是从各地新聚居到一起的移民。为了让他们稳定的生活,让他们不再流离,郑浑到任后制定了一系列针对移民的法律,让人多的和人少的家庭为伍,温和善良的人家与孤寡老人为邻,富裕的与贫贱的人家混杂而居;督促百姓勤于耕作,让他们明白法令,同时对奸邪作恶、危害乡邻的人严加惩处。从此,百姓都安心务农,盗贼再没出现。大军进入汉中时,郑浑辖地输送的军粮是最多的。后来他又动员百姓到汉中种地,动员去的百姓无一个逃亡。

因为他的功绩卓著,很快再次得到了曹操的嘉奖,升级为丞相掾。魏文帝即位后,郑浑又被提升为侍御史、驸马都尉。不久调任阳平、沛郡两地任太守。

在阳平、沛郡两地,郑浑再次显示出了他出色的治理能力。由于这里地势较低,他便在萧县和相县交界的地方开塘筑坝,围建稻田。起初当地人都千分很不适应这种方法。郑浑解释道:"这里地势低湿,适宜灌溉,从长远看能够在种稻和养鱼上取得利益,这是使百姓富足最根本的方法。"果然,这一措施实施之后,该地连年获得大丰收,赋税收入比往年翻倍,百姓收益,就把他的功绩刻在石碑上颂扬他,还把修建的塘堰叫作郑陂。

之后他到任的每个地区,差不多都能够获得很大的起色,魏明帝听说了郑浑的这些政绩,下诏表彰他,并通告全国,不久将他提升为大将。

【解读】

魏国在三国鼎立中一直处于优势地位,它的强大与魏国领导者善于用人是分不开的。从曹操到后来的文帝、明帝,都视人才为国宝,并且十分善于驾驭、使用人才。郑浑的才能,在任职过程中不断释放出来,魏国的统帅们洞若观火,给予了及时的褒奖,为让这种人才为国家做出更大的贡献,还一次次为他提供更大的舞台。尤其应该引起注意的是:郑浑的才能集中在整顿国民经济上,魏国的执政者对郑浑的提拔升迁,从未偏离他的专长,这说明考核的根本目的还是知人善任。

便宜九策 治军

【题解】

古往今来,人类社会始终无法改变弱肉强食这一游戏规则,不论是战场还是商场,竞争从来都是残酷而惨烈的,胜利方兵想把对手置之于死地而后快。怎样在竞争中保存自己,战胜对手,进而得以生存和发展,就成了所有参与者都关心的问题。

【原文】

治军之政,谓治边境之事,匡救大乱之道,以威武为政,诛暴讨逆,所以存国家、安社稷之计。是以有文事必有武备,故含血之蠹,必有爪牙之用,喜则共戏,怒则相害;人无爪牙,故设兵革之器,以自辅卫。故国以军为辅,君以臣为佐;辅强则国安,辅弱则国危,在于所任之将也。非民之将,非国之辅,非军之主。故治国以文为政,治军以武为计;治国不可以不从外,治军不可以不从内。内谓诸夏①,外谓戎狄②。戎狄之人,难以理化③,易以威服④。礼有所任,威有所施。是以黄帝战于涿鹿⑤之野,唐尧战于丹浦⑥之水;舜伐有苗⑦,禹讨有扈⑧,自五帝三王⑨至圣之主,德化⑩如斯,尚加之以威武,故兵者凶器,不得已而用之。夫用兵之道,先定其谋,然后乃施其事。审天地之道,察众人之心,习兵革之器,明赏罚之理,观敌众之谋,视道路之险,别⑪安危之处,占⑫主客之情,知⑬退之宜,顺⑭机会之时,设⑮御之备,强征伐之势,扬士卒之能,图成败之计,虑生死之事,然后乃可出军任将,张擒敌之势,此为军之大略也。夫将者,人之司命,国之利器,先定其计,然后乃行。其令若漂水暴流,其获⑯若鹰⑰隼⑱,之击物;静若弓弩之张,动如机关之发,所向者破,而勃敌⑲自灭。将无思虑,士无气势,不齐其心,而专其谋,虽有百万之众,而敌不惧矣。非仇不怨,非敌不战。工非鲁般⑳之目,无以见其工巧;战非孙武之谋,无以出其计运。夫计谋欲密,攻敌欲疾,获若鹰击,战如河决,则兵未劳而敌自散,此用兵之势也。故善战者不怒,善胜者不惧。是以智者先胜而后求战,闇㉑者先战而后求胜;胜者随道而修途,败者斜行而失路,此顺逆之计也。将服其威,士专其力,势不虚动,运如圆石,从高坠下,所向者碎,不可救止。是以,无敌于前,无敌于后,此用兵之势也。故军以奇计为谋,以绝智为主;能柔能刚,能弱能强,能存能亡;疾如风雨,舒如江海;不动如泰山,难测如阴阳;无穷如地,充实如天;不竭如江河,终始如三光㉒,生死如四时㉓衰旺如五行㉔;奇㉕正㉖相生,而不可穷。故军以粮食为本,兵以奇正为始,器械为用,委积㉗备。故国困于贵买,贫于远输。攻不可再,战不可三,量力而用,用多则费。罢去无益,则国可宁也;罢去无能,则国可利也。夫善攻者,敌不知其所守;善守者,敌不知其所攻。故善攻者不以兵革,善守者不以城郭㉘。是以高城深池,不足以为固;坚甲锐兵,不足以为强。敌欲固守,攻其无备;敌欲兴阵㉙,出其不意。我往敌来,谨设所居;我起敌止,攻其左右。量其合敌,先击其实。不知守地,不知战日,可㉚者众,则专备者寡。以虑㉛相备,强弱相攻,勇怯相助,前后相赴,左右相趋,如常山之蛇,首尾俱到,此救兵之道也。故胜者全威,谋之于身,知地形势,不可豫言㉜。议之知其得失,诈之知其安危,计之知其多寡,形之知其生死,虑之知其苦乐,谋之知其善备。故兵从生击死,避实击虚。山陵之战,不仰其高;水上之战,不逆其流;草上之战,不涉其深;平地之战,不逆其虚;道上之战,不逆其孤。此五者,兵之利,地之所助也。夫军成于用势,败于谋漏;饥于远输,渴于躬井㉝;劳于烦扰,佚㉞于安静;疑于不战,惑于见利;退于刑罚,进于赏赐;弱于见逼,强于用势;困于见围,惧于先至;惊于夜呼,乱于闇昧;迷于失道,穷于绝地;失于暴卒,得于豫计。故立旌旗以视其目,击金鼓以鸣其耳,设斧钺㉟以齐其心,陈教令以同其道,兴赏赐以劝其功,行诛伐以防其伪。

昼战不相闻,旌旗为之举;夜战不相见,火鼓为之起;教令有不从,斧钺为之使。不知九地之便㊱,则不知九变之道。天之阴阳,地之形名,人之腹心,知此三者,获处其功。知其士乃知其敌;不知其士,则不知其敌;不知其敌,每战必殆㊲。故军之所击,必先知其左右士卒之心。

五问㊳之道,军之所亲㊴,将之所厚㊵;非圣智不能用,非仁贤不能使。五问得其情,则民可用,国可长保。故兵求生则备,不得已则斗;静以理安㊶,动以理威;无恃㊷之不至,恃吾之不可击。以近待远,以逸待劳,以饱待饥,以实待虚,以生待死,以众待寡,以旺待衰,以伏待来。整整之旌,堂堂之鼓,当顺其前,而覆其后;固其险阻而营其表,委㊸之以利,柔㊹之以害,此治军之道全矣。

【注释】

①诸夏:周代分封的各诸侯国。　②戎狄:古代对我国西部少数民族的泛称。③理化:治理和教化。　④威服:用武力威慑征服。　⑤涿鹿:古地名,位于今河北涿鹿东南(张家口东南部、桑干河流域)。　⑥丹浦:水名,位于今山西东南部。⑦有苗:古族名,居于江、淮、荆州一代。传说舜时被迫迁徙到三危(今甘肃敦煌一带)。　⑧有扈:古国名,位于陕西鄠邑区以北。　⑨三王:指禹、汤和周文王。⑩德化:用到的教化。　⑪别:明辨,区分。　⑫占:预测。　⑬知:了解,弄清楚。　⑭顺:顺应。　⑮设:使完备。　⑯获:用弓箭射击目标。　⑰鹰:苍鹰。⑱隼:一种鹰类猛禽。　⑲劲敌:强敌,劲敌。　⑳鲁般:鲁班,春秋战国时期著名建筑师。　㉑阇:愚昧,糊涂。　㉒三光:即日、月、星。　㉓四时:四季。　㉔五行:金、木、水、火、土。　㉕奇:奇袭或出其不意的战术。　㉖正:常规战术,正规战术。　㉗委积:积蓄,储存。　㉘城郭:古代都邑用以防卫的墙垣。㉙兴阵:布阵作战。　㉚可:适宜,这里可引申为充分。　㉛虑:谋划。　㉜不可豫言:不能事先说出去,即保密。　㉝躬井:部队亲自挖井。躬:亲自。　㉞佚:安逸,舒适,引申为高枕无忧。这里指因追逐享乐而丧失警惕。　㉟斧钺:古代一种兵器,也用于军法刑具。　㊱九地之便:九种有利战地形势。　㊲殆:危险。　㊳间:间谍,间谍术。㊴亲:喜爱,宠爱。　㊵厚:看重。　㊶安:安适,安逸。这里指休整。　㊷恃:依赖,依仗;指望。　㊸委:舍弃,丢弃。　㊹柔:这里通"蹂"。

【译文】

治军之道,就是要巩固边境国防,平叛国内暴乱,维护国家威严,讨伐叛逆,保障国家安全和社会安定。因此,一个国家要文武兼备,就好比弱小的动物一是要有尖牙利爪,玩耍时用来嬉戏,发怒时用来攻击对方。人无尖牙利爪,所以制造兵器、铠甲进行防卫。国家以军队保卫,君王以良臣辅佐。军队强大,国家安全;军队软弱,国家濒危。军队强弱完全取决于所任用的将领。不能保卫百姓的将领,就不是国家的辅臣,也就不是军队的统帅。治国需要文政,治军需要武略;治国不能不从外部着眼,治军不能不从内部着手。所谓内,就是中原各诸侯国;所谓外,就是戎狄等部族。戎狄人难以理喻教化,宜用武力威慑使其臣服。礼仪有其特定的效能,武力有其独有的作用。黄帝战蚩尤于涿鹿之野,尧帝战有苗于丹浦河畔,舜帝伐有苗,禹伐有扈,像五帝三王这样通常以仁德教化于人的圣主,尚且也要使用武力,因此,动用武力是不得已而为之。

用兵要先制定战略,然后加以实施。用兵时要审视天时地利,观察民心向背,训练士兵掌握兵器使用技能,制定明晰的赏罚制度,还要探明敌情,弄清行军路线,摸清地形之险夷,分析敌我力量对比,了解进退时机,把握战机,做好防御准备,组织强大攻势,发挥将士的战斗力,充分估计战事的成败,并要考虑到可能的伤亡。在此基础上,派兵遣将,以志在必胜之势出兵,这就是用兵的大政方略。

作为军队将领,肩负保卫人民生命财产之使命,身当捍卫国家安全之长城,必须要先作谋划,再付诸行动。其命令像狂奔的洪流一样不可阻挡,攻击目标像鹰隼捕杀猎物一样精准,待命时像蓄势待发的弓弩,行动时像万箭齐发,势不可挡,所向披靡,不战便使敌人自溃。将领若无谋略,兵无士气,人心不齐,各行其是,则不管有大军百万,敌人也不怕。

非仇人就勿怨恨他;非敌人就勿与之交战。工匠不具有鲁班那样的眼力,就无法做出精巧的工艺;将领不具备孙子那样的谋略,就不能运筹帷幄。

军事计划要保密,进攻敌人要迅疾,攻击目标要精准,进攻要像决堤之水势不可挡,因而无须苦战,敌人便溃散,此系运用军队气势来取胜的策略。

英勇善战者从不发怒,运筹帷幄者从不惧敌。明智之帅有胜算把握才领兵作战,糊涂之将则先盲目开战而后侥幸求胜。胜利之师沿进攻方向筑路而勇往直前,败军之将盲目夺路而迷失方向。要通过利用顺势、避开逆势的策略来取胜。

将领以威严服人,士兵以英勇取胜;攻势要猛烈,犹如高山滚石,迎战者必溃,不可阻挡,所向无敌。此系以势夺胜的用兵策略。

军事行动要以出奇制胜为谋略,以高超的智慧为主,刚柔并济,强弱变化多端,显隐更替无常,快时如暴雨,缓时若平湖,静时如泰山;似阴阳一般捉摸不定,似大地一般无垠无边,似天空一般广袤无限,如同大河的江水滔滔不绝,像日月星周而复始,视生死如四季更替,视兴衰如五行变换,奇袭战术与常规战术互相配合,变化无穷无尽。

用兵打仗,粮草先行。善用常规战术与奇袭战术,巧用各种兵刃器械,并且准备有充足的后援。

战争因大量采购而使物价上涨,长距运输会造成贫困。因此,不能常年征战,要量力而行,切勿无谓浪费。不进行无用的征战,则国家可以安宁;不打不能胜的战争,对国家更有益处。

善于进攻的军队使敌人不知如何防守,善于防守的军队使敌人不知如何进攻。因此,善于进攻者不单依赖兵器,善于防守者不独依赖城防工事。

深沟高垒并非牢不可破，有锐戟坚盾并不意味着就是强兵。敌人想固守时，要攻其防备薄弱的环节；敌人想列阵较量时，就要出其不意予以打击。我退敌追时，要谨慎选择宿营之地；我进、敌人停止而进行防御时，要攻其左右两翼。两军对阵，要弄清敌军的主力所在，要首先攻击其关键部位。若不知确切设防之地，也不知何时两军对垒时，充分准备应对方案则利，只准备单一方案则弊。缜密准备，强弱互补，勇怯互助，前后相随，左右照应，犹如常山之蛇，首尾兼顾，这是军队救援的策略。

能克敌制胜的将领要身具威严，心存良策，明了战场地形地势，战前保守机密。分析战事要预见结局之得失，以诈兵迷惑敌军要判断全局之安危，以计谋用兵要知道敌军实力，察看地形要清楚是有利于我军进攻还是有利敌军防守，分析敌军要明白对方是否为疲惫之师，探查敌军要掌握其防备是否坚固。作战时，占据有利地形，攻击处于不利之地的敌军，避开敌军主力，攻击敌军防守薄弱之处。山地作战时，勿从下向上进攻；水上作战时，勿逆流进攻；草原作战勿纵深进攻；平原作战勿与敌人薄弱之师恋战；路上作战勿与敌人孤军之师纠缠。以上五点，就是充分利用我军优势和有利地形条件。

用兵打仗，成功在于充分利用有利因素，失败由于计谋泄漏；粮草缺乏由于长距离运输，供水不足则由于部队亲自掘井；军马劳顿则由于敌军骚扰，过于安静则会安逸而丧失警惕；敌军停止战斗则要产生怀疑，敌军以利相诱须产生疑惑；刑法过度则会导致消极退却，奖赏得当则会鼓舞士气而前进；被敌人逼近就会胆怯，乘势而进则越战越勇；被围后则突围艰难，先头部队易产生畏惧心理；黑夜吼叫易使人惊恐，暗夜行军易导致混乱；不明道路就会迷失方向，陷于绝地就难以反击；远途劳师易致失败，成功源于预先周密谋划。

因此，在战场上，高悬旗帜以凝聚士兵视力，击鼓鸣金以集中士兵的听力，设立军法以统一军心，用军令统一行动，用奖赏来鼓励将士建功立业，用诛伐来防止士兵的投敌叛国。

白天作战不易听到声音，故以旌旗发号施令；夜间作战不易看到旗帜，故以击鼓或火光作为号令。对不遵从军令者严惩不贷。

不知道九种战场地形的有利条件，就不能根据这九种情形随机应变，进而采用不同的战略战术。掌握天时变化规律、弄清战地名称及地形特征，并深入了解敌我双方士兵的思想状况，就可以稳操胜券。通过了解自己士兵的思想状况，也就能了解敌军的状况。不了解自己士兵的思想状况，也就不能了解敌军的状况，因而逢战必败。因此，用兵打仗，必须深入了解敌我士兵的思想状况。

五种情报和反敌间谍策略，是军中将领喜爱使用的方法。但只有睿智的人才能选作情报人员，只有仁贤的人才能作为情报人员派遣执行任务。利用五种谍报手段获得准确情报，可为民所用，保证国家长治久安。

因此，军队为得胜就要做充分备战，不得已时必须用兵作战。休战时要让将士养精蓄锐,交战时要以威严派兵遣将。不能把希望寄托在敌人不来攻击,而要依赖自己军队具有战无不胜的实力。用兵作战,要以短途行军之师,应对长途劳顿之敌;以休整之师应对疲惫之敌;以饱餐之师应对饥饿之敌;以优势兵力应对孤弱之敌;以有利地形应对处于死地之敌;以重兵之师应对孤寡之敌;以旺盛士气之师应对丧气之敌;以伏兵之师应对来犯之敌。挥动旌旗,擂响战鼓,在敌军正面营造进攻之势,而暗中派兵偷袭敌军后方;坚守每个关隘要塞,表面上要声势浩大,以小利诱惑敌人,实质上要给予沉重打击。

以上就是用兵作战的全部策略。

【事典】

统万城之战

公元425年,大夏国王赫连勃勃驾崩,其子赫连昌继位,另外两个王子不同意,于是相互攻击,一时间硝烟四起,战乱不断。早存统一北方之心的北魏国王拓跋焘见此情形,便乘机进攻大夏国。

426年,拓跋焘兵分两路,一路由大将奚斤率领五万精兵,向蒲阪发起进攻,自己则亲率骑兵两万渡过黄河奔袭统万城,准备做一次试探性的攻击。夏王赫连昌率兵仓皇应战,没有几个回合,夏军即败退城内。统万城异常坚固,易守难攻。拓跋焘知道久攻不下对自己不利,于是派将士四处掠夺,夺得牛马十余万匹,掳获人口万余,然后撤兵回国。

十二月,奚斤攻破长安。次年正月,赫连昌派其弟赫连定带领两万兵马回攻长安,想收复这一关中重镇。拓跋焘乘夏军兵力被牵制在关中的有利时机,决定再次进攻统万城。

拓跋焘率领大军十万从平城出发,同时命令龙骧将军陆俟统率留在北方的各支部队镇守大碛,避免柔然国乘机偷袭。

魏军从君子津渡过黄河,抵达拔邻山后,拓跋焘决定留下步兵和辎重,自己率三万骑兵快速前进。众将认为不妥,便劝他说:"统万城十分坚固。不是一两天能攻下来的。现在你以轻装骑兵去进攻,进不能攻克,退没有补给,不如和步兵一起,带攻城器具一起进发。"拓跋焘则认为:"用兵之术,攻城是最下策。不到万不得已,是不会使用的。现在带步兵和攻城器具一起进发,敌人必然因为恐惧而坚守。若久攻不下,粮草用尽,士兵疲乏,外面又没有什么可抢的,那样就进退两难了。不如率轻骑兵直抵城下,敌人见步兵未来,一定就不会在意。然后再假装弱不堪一击,引诱他们出城而战,就可以擒获他们了。"他向大家解释:"这样做还有一个原因,我们的将士们距离家乡两千多里,又隔着黄河,正所谓'置之于死地而后生',尽管三万轻骑兵攻城比较少,但决战是足够的。"

原来君主早有计谋！众将听后，便放心地听从拓跋焘的调派。

三万轻骑很快出发，在邻近统万城时，拓跋焘把大部分兵力埋伏在山谷里，只派出少数骑兵进军城下。这时，夏国的大将狄子玉早已投降了魏军。从他口中，拓跋焘得知，夏王赫连昌听说北魏大军来犯，正命令赫连定率军返回，因此赫连昌决定在城中坚守待援。

若援军赶到，那此次进攻则毫无疑问宣告失败，为了避免夏军坚守不出，拓跋焘决定以撤军示弱，又派遣五千士兵到西边去抢掠百姓，并安排了一个士兵佯装犯罪逃跑，投降了夏军。这个"叛徒"告诉夏军，说魏军的粮草已没有了，士兵们只能以吃野菜维生，步兵和补给辎重还离着、很远，应该乘机迅速歼灭。

赫连昌轻信了"叛徒"之言，亲自带领步兵、骑兵三万人出城追击。见夏军上当，拓跋焘命令士兵假装逃跑，引诱敌人追赶。追了五六里地，魏军突然改变阵形，向夏军反扑过来，同时四面伏军一起上，夏军溃不成军。拓跋焘带领将士乘胜追击，一直追到统万城北。夏王赫连昌来不及进城，就逃向了上邦。第二天，北魏军队一举攻入统万城，战斗大获全胜。

【解读】

统万城以夯土筑就，高约八丈，基厚三十步，上宽十步，异常坚固，易守难攻。为夺取统万城，拓跋焘事前作了周全的计划：首先进行试探性的攻击，了解敌军的防守情况和作战习惯；然后在发起决战前对敌我双方战场进展进行仔细分析、准确推演，做到了知己知彼；制定好周全的战斗计划后，再一步步实施，并且在瞬息万变的战场环境下，做到了随机应变。因此，顺利地取得了最后的胜利。在谈及用兵之道时，诸葛亮强调："夫用兵之道，先定其谋，然后乃施其事。"拓跋焘指挥这次战役的胜利，用事实又一次说明了事前周密计划的必要性。

便宜十策　赏罚

【题解】

人是经济的动物，趋利避害是人的本能。当有利可图，就会不惧危险、不顾辛劳去获取利益；反之，当处罚重于所获，就能克制自己的欲望，奉公守法。因此，赏罚就成了激励人最有效的手段。

【原文】

赏罚之政，谓赏善罚恶也。赏以兴功[1]，罚以禁奸；赏不可不平，罚不可不均。赏赐知其所施，则勇士知其所死；刑罚知其所加，则邪恶知其所畏。故赏不可虚施，罚不可妄加,赏虚施则劳臣怨,罚妄加则直士恨,是以羊羹有不均之害,楚王②有信谗之败。

夫将专持生杀之威③。必生可杀,必杀可生,忿怒不详④,赏罚不明,教令不常⑤,以私为公,此国之五危也。

赏罚不明,教令有不从;必杀可生,众奸不禁;必生可杀,士卒散亡;忿怒不详,威武不行;赏罚不明,下不劝功⑥;政教⑦不当,法令不从;以私为公,人有二心。故众奸不禁,则不可久;士卒散亡,其众必寡;威武不行,见敌不起;下不劝功,上无强辅;法令不从,事乱不理;人有二心,其国危殆。故防奸以政,救奢以俭,忠直可使理狱⑧,廉平⑨可使赏罚。赏罚不曲,则人死服。路有饥人,厩有肥马,可谓亡人而自存,薄人而自厚。故人君先募而后赏,先令而后诛,则人亲附,畏而爱之,不令而行。赏罚不正,则忠臣死于非罪,而邪臣起于非功。赏赐不避怨仇,则齐桓⑩管仲⑪之力;诛罚不避亲戚,则周公⑫杀弟之名。《书》⑬云:"无偏无党,王道荡荡;无党无偏,王道平平。"此之谓也。

【注释】

①兴功:建立功业。 ②楚王:这里指楚怀王,战国时期楚国国君。 ③将专持生杀之威:身为将领掌握着生杀大权。 ④详:审慎。 ⑤教令不常:朝令夕改。 ⑥劝功:建立功业。 ⑦政教:政令教化。 ⑧理狱:审理案件。 ⑨廉平:廉洁公正(的人)。 ⑩齐桓:齐桓公。春秋齐国国君,不计管仲前嫌而任其为卿。 ⑪管仲:春秋时期政治家,名夷吾,字仲。由鲍叔牙推荐被齐桓公任为卿。 ⑫周公:见第四章注释。 ⑬《书》:这里指《尚书》。

【译文】

所谓赏罚,就是赏善罚恶。奖赏目的在于鼓励臣下建立功业,惩罚目的在于杜绝佞奸邪恶。行赏不能失去公平,惩罚亦不能丧失公正。奖赏目的明确,将士就会勇往直前,在所不惜;惩罚目的明确,奸邪就会畏惧胆寒。因此,奖赏不能形同虚设,惩罚不能肆意施加。奖赏虚设会受到有功者的抱怨,肆意惩罚则会导致正直者的嫉恨。春秋战国时期,中山国王因羊羹分配不均而亡国,楚怀王因听信谗言惩罚无辜而国破,必须引以为戒。

将帅掌握生杀大权。杀不该杀之人或该杀之人不杀,喜怒无常,赏罚不明,朝令夕改,假公济私,这是国家的五大危害。赏罚不明,政令就会失去权威,导致有令不行。若当斩者被饶恕,邪恶奸诈就会屡禁不止;若不该杀之人被错杀,兵士就会四散逃逸;将帅喜怒无常,就不能树立威信;赏罚不明,兵士就不会竭力建功立业;政令不合理,就无人服从;将帅假公济私,兵士就会心生异志。

邪恶奸诈不止,国家社稷就不会长久;兵士逃逸,则将少兵寡;将帅没有威信,士兵遇到敌人也不会去奋力拼杀;属下不努力建功立业,朝廷也就失去了强有力的辅佐;有令不从,社会就会陷入混乱状态;臣民心生异志,国家离亡国之日也就不远了。

因此,杜绝邪恶奸诈,政治上就要清廉;戒除奢侈,就要倡导节俭。要让忠诚正直的官员司法断案,让那些廉洁的官员执掌赏罚。赏罚公平,则人心悦服。

若路上有人饥寒交迫,而厩中马肥猪壮,这是不顾百姓安危,只顾个人享乐的损人利己之表现。

因此,作为国君,必须先招募人才,然后论功行赏;先明令法纪,再实行赏罚。这样就能得到臣民的归顺诚服,臣民既害怕其威严,又真心对其爱戴。这样,即使不对其发号施令,他们也会自觉行动。若赏罚不公,忠臣就会死于无辜,而奸臣无功也可得到重用。

论功行赏应不计前嫌,因此齐桓公得到了管仲的辅佐;惩戒处罚也不应论亲疏,所以周公处死了他的亲弟弟而受到世人的赞颂。《尚书》上说:"不偏爱,不袒护,国君治国之路就会平顺无阻。"说的就是这个道理。

【事典】

善用赏罚双刃剑

汉高祖刘邦登上帝位后,第一批封赏了二十多位功臣。其余的一些文臣武将都自恃有功,唯恐封赏不公,因此长期议而不决,封赏之事就停下来了。

有一次,刘邦在洛阳南宫闲游时,远远看见一群将领围坐在沙地上窃窃私语。见此情境,刘邦心里顿生疑虑,便召来张良询问。张良说:"当初起于平民百姓,依靠这些部属夺得了天下,今天陛下已贵为天子。但所分封的对象都是故交旧友,遭到诛杀都是以往与陛下有仇怨的人,将军们心中不平,因此聚在一起密谋造反。"

刘邦感到非常不安,问张良有何对策。张良说:"陛下平时最讨厌的,而大臣也都知道的人是谁?"刘邦答道:"雍齿曾多次让我难堪,他是我最讨厌的人,这也是大家都知道的事。"张良说:"臣以为陛下首先就要封雍齿为侯,那么其他大臣自然就会心安了。"

于是刘邦马上下诏,封雍齿为侯,群臣们高兴地说:"连雍齿都能封侯,我们还有什么可担心的呢。"

刘邦

如果奖赏使用不当,不仅无法激励大家的积极性,反而会引起抵抗情绪,甚至产生反叛,这时奖赏就成了毒药。老子说:"人不患寡而患不均。"奖赏不能离开公平的原则,只有功赏相当,标准恰当,得到大家公允的奖赏,才能达到预期的效果。这就要求我们在做出奖赏的决定前,对属下的工作有个客观公正的评价,任何疏漏都有可能引起不满。不过,需要注意的是,以管理者的主观评价很难做到完全公平并且无任何疏漏。在这种情况下,建立一套明确的评估体系和评估标准就成了最好的选择。在公开、公正的条件下,以可衡量的标准做出的评估,其公平性就不会产生质疑。

当然,光有奖赏尚不能解决激励的所有问题,同时还需要有处罚手段来配合。

据《韩非子》记载,春秋时期,有一次,鲁国国都附近的山林失火,当时正在猛刮北风,火乘风势迅速向南面蔓延,眼看就要烧到都城了。鲁哀公十分着急,想要亲自带领大家去救火,可身边的人却都没有。

原来,大火把山林里的野兽都烧了出来,大家就乘机去追逐猎物,而就要发生的火灾,却无人来火。

情急之下,鲁哀公急忙召见孔子商量对策。孔子说:"捕猎野兽有趣又不会有惩罚;救火却是又辛苦又天好处。这就是没人来救火的原因。"哀公恍然大悟说:"对呀!"孔子又说:"事情紧急来不及行赏,再说如果参与救火的人都有赏,那么国库的钱奖赏很快就用光了。目前这种情况,只有下令不救火者一律问罪。"

于是哀公下令说:"有意不来救火者,比照降敌之罪论处;出外打猎而躲避救火者,比照私人宫禁之罪论处。"此命令公布以后,来传遍都城,大火已被扑灭了。

【解读】

没有赏罚措施之前,鲁国人见火不救,而在处罚命令公布以后,却能不令而行。救不救火完全是利益使然。能清楚个中缘由,孔子确实是个洞悉人性的圣人。并且,孔子熟知赏罚转化的玄妙,在奖赏有困难的情况下,他能灵活运用处罚达到同样的效果。他的办法,十分值得研究管理技巧的人深思。

便宜十一策 喜怒

【题解】

喜怒哀乐,人之常情,本无可厚非。但喜怒失度的不良后果却必须引起重视。我们常能看到:喜悦之时,人会变得十分宽容;暴怒之下,人也可以是特别刻毒。这时,人的理智,已被失控的情绪所支配。这要是发生在帝王身上,则臣民的祸福、国家的存亡就全系于帝王的一念之间了。

【原文】

喜怒之政,谓喜不应喜无喜之事,怒不应怒无怒之物;喜怒之间,必明其类。怒不可犯无罪之人,喜不纵可戮之士;喜怒之际,不可不详①。喜不可纵有罪,怒不可戮无辜;喜怒之事,不可妄②行。行其私而废其功,将不可发私怒,而兴战必用众心。苟合③以私忿而合战,则用众必败。怒不可以复悦,喜不可以复怒,故以文为先,以武为后。先胜则必后负④,先怒则必后悔;一朝之忿,而亡其身。故君子威而不猛,忿而不怒,忧而不惧,悦而不喜。可忿之事,然后加之威武,威武加则刑罚施,刑罚施则众奸塞⑤。不加威武,则刑罚不中;刑罚不中,则众恶不理,其国亡。

【注释】

①详:审慎。 ②妄:胡乱,任意,随意。 ③苟合:苟且附和,曲意迎合。 ④先胜则必后负:虽然通过先发制人占了上风,但不一定能取得最终的胜利。 ⑤塞:困厄。

【译文】

国君之喜怒,切勿以不值得喜之事而喜,亦勿以不值得怒之事而怒,喜怒一定要把握好分寸。发怒时不要伤害无辜之人,喜亦不应赦免罪大恶极之徒,喜怒要有理有节,不能忘乎所以。喜不能纵容罪恶,怒不可滥杀无辜,喜怒不能随意而为。

凭个人的喜怒行事,其功绩将受到损毁。将帅不可以泄私愤,因为作战须团结众将士方可取胜。若为泄私愤而发动战争,则用兵之事必败。

将帅不能时怒时喜,喜怒无常。因此,将帅应提高自己的文化修养,然后修炼武功。如果先打胜仗后过分喜悦,必然因轻敌而后失败;如果颐指气使,则必然因一朝之愤兵败而后悔莫及。因此,君子应当威严而非逞匹夫之勇,气愤而不暴怒,忧虑而不畏惧,高兴而不喜形于色。若遇气愤之事,则施以威武,并加以惩罚,如此可以使奸邪困厄。若无威严,刑罚就不能实施,恶人奸臣就会为所欲为,则国家势必灭亡。

【事典】

隋文帝的幡然悔悟

历代明君对自己的最大要求,不是能文能武,也非揣摩人心,而是要学会克制自己的感情。道理很简单:君主居亿万臣民之上,拥有至高无上的权力,若纵情喜怒,基本上无人敢于提醒。长久下去便会养成恣意妄为的习惯,对于君主而言,肆意的言行造成的影响将不可估量。

隋文帝杨坚是中国历史上一位成就卓越的皇帝,他统一了分裂三百多年的中国,创造科举文官制度,整顿吏治,改善了百姓生活。可隋文帝也有个不小的缺点,就是火气太大,往往一点小事就能引起他大动肝火,盛怒之下,爱下旨杀人。

　　朝廷曾颁布命令，不准使用劣质钱币。一天，有两个人在市场上用劣质铜钱换好钱，被巡逻的将士抓住，并向皇上报告。隋文帝一听这事，大怒道："朝廷三令五申，这两个人党然还敢犯罪，把朕的命令当我空气不成？传朕旨意，把这两个大胆之人给我斩了！"命令下达到大理寺，负责这类案子的大理寺少卿赵绰核实过案情，认为皇上的这个命令太荒唐了，于是马上去见隋文帝，为这两个人求情。隋文帝问他为什么，赵绰回答说："这两个人犯了罪，理应受罚，但法律只规定处以杖刑，杀了他们有违法律啊！"隋文帝听了怒火中

隋文帝

烧，心想，我一个堂堂的天子，还要受你小小的赵绰管束，他瞪了赵绰一眼说："朕如何定罪，与你无关，你只管执行就是了。"赵绰说："陛下既然任命我执掌司法，皇上想要胡乱杀人，如何能不关臣的事呢？""住口。"隋文帝指着赵绰怒斥："怎么，你真想撼动大树吗？也太自不量力了。"赵绰痛切地说："我只是希望皇上回心转意，怎么是想撼动大树呢！皇上三思啊！"说到这里，赵绰还跪着继续向前挪动，隋文帝怒斥道："天子的权威，你也想要触犯吗？"见他还不肯退下，隋文帝只好转身退回后殿。后来隋文帝的气慢慢消了，书侍御史柳彧又上奏极力劝谏，隋文帝这才认为自己的命令太轻率了，第二天终于下令取消原来的命令，交给赵绰依法办理。

　　刑部侍郎辛亶有些迷信，听说穿红色的内衣会带来好运，就把红色的裤子穿在朝服里面。这事让他的一个仇人知道了，就写了一封告密信，谎称辛亶要以巫术害皇上。隋文帝知道了，怒从心头起，气得在桌子上一拍，"给我斩了！"这事又让赵绰给顶了回来。说："依据法律，辛亶不应该定为死罪，大理寺不能执行皇上的命令。"隋文帝心想，赵绰三番五次地与朕过不去，要造反不成，大怒说："你是只顾辛直的命，而不顾自己的命了。"下令让左仆射高颍将赵绰处斩。赵绰说："陛下若杀了我解恨，那就杀吧，可万万不能杀辛亶。"隋文帝命人把赵绰押到朝堂上，脱下他的官服，只等午时三刻一到，马上斩首。

　　隋文帝弄不是真心要杀赵绰，而只是想吓唬他而已。过了一会，他便派人去跟赵绰说："你若知罪的话还有机会，向陛下认个错就可以保住性命了。"赵绰答道："我一心一意执法，不敢为贪生而失职。"隋文帝见他死不悔改，气得拂袖而去，而赵绰也被押回了大牢。回到后宫，隋文帝越想越认为自己不应该，怎么能冲动之下就杀自己的臣子呢，说穿了赵绰也是为自己好。隋文帝的气来得快，消得也快，于是立刻下令释放了赵绰。第二天，隋文帝还亲自登门向赵绰道歉，并当着满朝文武表扬了他。

　　【解读】

　　手握至高无上的权力，隋文帝怎能不放纵生杀予夺的快感。赵绰要阻止他乱

杀人,他的反应就像一个玩得正开心的小孩被人抢了玩具一样。不过他不是一个糊涂皇帝,知道水能载舟也能覆舟的道理。冷静下来之后,他立刻就知错了,因此不但要给赵绰道歉,还要赏赐他。但这世上不是每个皇帝都能遇到赵绰那样冒死进谏的臣子,也不是每个皇帝都能像隋文帝那样深明大义,能够幡然悔悟。于是,更多的君主、将领们在错误的道路上越走越远,以至于兵败、亡国。因此,身居高位者,最重要的是自己要勤于反省,把握喜怒的尺度。

便宜十二策　治乱

【题解】

社会上乱象丛生,恰是国家衰亡的前奏,若来能及时觉悟,小乱变大乱,大乱变暴乱,国家秩序便会荡然无存,亡国指日可待。因此,治乱要趁早,越早治理,代价越小;若只是及时治理,可方法不当、措施不力,同样乱局不能改变,反而会更加混乱。因此,治理乱局必须理清乱源,强化法治,方可恢复国家的正常秩序。

【原文】

治乱之政,谓省官并职①,去文就质②也。夫绵绵不绝③,必有乱结;纤纤不伐④,必成妖孽⑤。夫三纲不正,六纪不理⑥,则大乱生矣。故治国者,圆不失规,方不失矩⑦,本不失末,为政不失其道,万事可成,其功可保。夫三军⑧之乱,纷纷扰扰,各惟其理⑨。明君治其纲纪⑩,政治⑪当有先后。先理纲,后理纪;先理令,后理罚;先理近,后理远;先理内,后理外;先理本,后理末;先理强,后理弱;先理大,后理小;先理上,后理下;先理身,后理人。是以理纲则纪张,理令则罚行,理近则远安,理内则外端,理本则末通,理强则弱伸,理大则小行,理上则下正,理身则人敬,此乃治国之道也。

【注释】

①省官并职:减少官员的职数,将多种官职的职能合并。有精兵简政之义。②去文就质:去掉外在的文辞,直指问题的本质。　③绵绵不绝:小问题不断出现。④纤纤不伐:对细小的问题不及时处理。　⑤妖孽:怪异不祥的事物。这里指祸患。　⑥三纲、六纪:参见"君臣"一章注释。　⑦圆不失规,方不失矩:圆用(圆)规来画才成为圆,方形用矩(曲尺)来画才能方。规,圆规。矩,画方形的工具,即曲尺。　⑧三军:军队的通称。　⑨纷纷扰扰,各惟其理:混乱错杂,各行其是。⑩纲纪:法度。　⑪政治:政事。

【译文】

治乱之道，就是精简机构，裁减冗员，力戒形式主义，倡导实事求是。若遇事优柔寡断，则定会生祸端；如果对小的过错不加以纠正惩罚，则定会生大祸。不遵守三纲六纪，国家定会出大乱。治理国家，没有规矩，则不成方圆，本末不可倒置。治国应符合为政之道，则万事可成，基业永续。

三军最大之害，就是纷扰无序，各自为政。贤明君主严肃纲纪，有先后顺序：先整三纲，后整六纪；先制定法令，后依法量刑；先治理近扰，再平定远乱；先治理国内，再平定外敌；先治理根本，再处置枝节；先对付强敌，再应对弱旅；先处理大事要事，再处理小事琐事；先端正自己，再纠正他人。纲若举，则目必张；有了完善的法令，赏罚就有法可依；邻近治理好了，远处也就会平安无事；国内治理好了，外敌也就不敢入侵；根本问题解决了，枝节问题就自然容易理顺；制服了强敌，弱敌就不会再生滋扰；大事处理好了，小事自然迎刃而解；管理好了官吏，百姓就会上行下效；自己端正了，就会得到百姓的尊敬。这就是治国之道。

【事典】

康熙智除鳌拜

康熙皇帝即位的时候仅有八岁。为了能让国家不发生动乱，顺治帝临死前任命索尼、苏克萨哈、遏必隆和鳌拜四个辅政大臣辅佐他处理朝政。其中被誉为"满洲第一勇士"的鳌拜拥兵自重，野心极大，于是借此机会妄大权独揽，在朝堂之上大肆安插亲信，网罗党羽。

随着一天天长大，康熙对鳌拜的行为越来越无法容忍：不但不顾君臣之礼，还竟敢在众人面前大声辱骂自己，这也罢了；康熙六年，鳌拜竟然不顾自己旨意，私自残害顾命大臣苏克萨哈，事情已到如此地步，如果再不除掉此人，将会祸害国家。

可想要除掉鳌拜并非易事，朝廷上下都有鳌拜安插的亲信，自己的一言一行全在鳌拜的监视之下，自己羽翼尚嫩，苏克萨哈一死，就更天人可与鳌拜抗衡，若事情一旦闹大，说不定还会打草惊蛇，让自己落入被动局面，于是康熙便同索尼之子索额图密谋很长时间，定下了一个相当冒险的计谋。

自从铲除了苏克萨哈，鳌拜变得越来越嚣张，而令他惊喜的是，失去后盾的康熙好像更加倚重自己，手中大小事务都由鳌拜处理，皇上自己却找了几十名年纪相仿的男孩每天在宫中打闹。鳌拜心中得意，认为这时康熙已完全放弃了与自己作对的念头。于是便也对他不加为难，而是静静地等着一个合适的机会将康熙废掉，自立为王。

一日，康熙突然传鳌拜晋见。进到宫中，小皇帝告诉鳌拜，自己让他前来，只是想让自己训练的这帮男孩和"满洲第一勇士"比画两下，学学经验。一向对自己的武艺非常自信的鳌拜自然不会拒绝这样一个炫耀的机会，就拉开架势和这些小子打了起来。

这些小子，岂是鳌拜的对手，很快一个个就被扔了出去，不过对方毕竟都是些八旗子弟，鳌拜也手下留情，来将他们伤得太重。不过慢慢地，鳌拜发现有些不对劲，这些受了伤的小子们不但没有退下，反而越战越勇，大有跟自己拼命的架势。再加上康熙在一旁恨得咬牙切齿的样子，鳌拜这才醒悟过来，原来小皇帝要借比试武艺为名将自己置于死地。虽然鳌拜开始还全力反击，但无奈双手敌不过四拳，体力逐渐不支的他很快被众人压倒在地，然后地被五花大绑了起来。

尽管鳌拜被擒，但他还拥有兵权，手下党羽众多，事情还远远来结束。为了避免其党羽谋反，康熙快刀斩乱麻，马上派出御林军遵照早已准备好的党羽名单在京城大肆搜查，同时紧急提审鳌拜，罗列了三十条罪名并公之于众。

尽管念在以待有功最终没处死鳌拜，但他的党羽却遭到了康熙的毁灭性打击。一些当初还很骄横的大臣这才知道这个年轻皇帝的厉害，从此再不敢放肆，康熙帝的权威立刻就树立起来。然后，康熙帝整顿朝政，惩办贪污，起用一批曾被鳌拜陷害的忠臣，朝廷上下群情振奋，政令畅通，清王朝在他的领导下逐渐走向强盛。

【解读】

对于恶根，一定要及时铲除，否则后果难以想象。如果康熙就这么任由鳌拜肆意妄为，那么肯定不用多久，他就会成为鳌拜的傀儡，甚至被废。在这存亡之时，聪明的康熙没有放任恶根继续发展，而是不惜一切代价及时、快速地将其铲除，整个行动干净利落，不拖泥带水，这才使得清朝得以向健康稳定的局势发展。

便宜十三策　教令

【题解】

在自然界，人类不是最强壮的动物，可是所有动物都不是人类的对手。尽管一个人的力量相当有限，可是人类一旦组织起来，其力量在这个地球上所向无敌。为什么？因为人类有一种特殊的能力，他们能组织起来，能互相协力合作；一群组织起来的人，其力量可以大大超过这些个体力量的总和。不过，组织能量的释放，离不开有效的指挥和命令，否则，一群各行其是的人，与一盘散沙并无区别。

【原文】

教令①之政，谓上为下教②也。非法不言，非道不行③，上之所为，人之所瞻④

也。夫释己⑤教人，是谓逆政；正己⑥教人，是谓顺政。故人君先正其身，然后乃行其令。身不正则令不从，令不从则生变乱。故为君之道，以教令为先，诛罚为后；不教而战，是谓弃之。先习士卒用兵之道，其法有五：一曰，使目习其旌旗指麾之变，纵横之术；二曰，使耳习闻金鼓之声，动静行止；三曰，使心习刑罚之严，爵赏之利；四曰，使手习五兵之便，斗战之备；五曰，使足习周旋走趋之列，进退之宜。故号为五教。教令军陈⑦，各有其道。左教青龙，右教白虎，前教朱雀，后教玄武，中央轩辕，大将军之所处，左矛右戟，前盾后弩，中央旗鼓。旗动俱起，闻鼓则进，闻金则止，随其指挥，五陈⑧乃理。正陈之法，旗鼓为之主：一鼓，举其青旗，则为直陈；二鼓，举其赤旗，则为锐陈；三鼓，举其黄旗，则为方陈；四鼓，举其白旗，则为圆陈；五鼓，举其黑旗，则为曲陈。直陈者，木陈也；锐陈者，火陈也；方陈者，土陈也；圆陈者，金陈也；曲陈者，水陈也。此五行之陈，辗转相生，冲对相胜，相生为救，相胜为战；相生为助，相胜为敌。凡结五陈之法，五五相保，五人为一长，五长为一师，五师为一枝，五枝为一火，五火为一撞，五撞为一军，则军士具矣。夫兵利之所便，务知节度⑨。短者持矛戟，长者持弓弩，壮者持旌旗，勇者持金鼓，弱者给粮牧，智者为谋主。乡里相比⑩，五五相保，一鼓整行，二鼓习陈，三鼓起食，四鼓严办⑪，五鼓就行。闻鼓听金，然后举旗，出兵以次第⑫，一鸣鼓三通，旌旗发扬，举兵先攻者赏，却退者斩，此教令也。

【注释】

①教令：教化与命令。　②上为下教：国君为臣下和百姓制定法律、发布政令。③非法不言，非道不行：不符合法度的话不讲，不符合道德的事不做。　④上之所为，人之所瞻：国君的言行，为臣民所瞩目。言外之意，就是上行下效。　⑤释己：对自己放松要求。　⑥正己：严格要求自己，要求自己正直正派。　⑦军陈：军阵。陈，通"阵"。　⑧五陈：五种阵形。　⑨节度：部署调度，合理调度。　⑩乡里相比：同乡人被安排在同一队列。　⑪严办：紧急整理出发所用的行装。　⑫以次第：按顺序。

【译文】

所谓教令，就是国君为臣民制定法律、发布政令，令其遵照执行。身为国君，必须言从法律，行循道德。国君的言行，为臣民所瞩目。严于律人，放纵自身，此系逆政；严于律己，率先垂范，此为顺政。因此，作为国君，必须先端正自身的一言一行，之后才能名正言顺地实施政令。如果自己言行不正，就会有令不行；有令不行，必生祸乱。

因此，为君之道，首先要颁布法律法令，然后依法实施奖赏惩罚；若让未经训练的兵士赴战场作战，就等于让其无谓送死。要先令兵士学习五个方面的军事技能：一是学会看旌旗指挥信号，并能随指挥变化队形；二是学会听锣鼓之声，并能随其进退;三是要心里明白刑罚之严厉和奖赏之优越;四是手要掌握兵器使用技能,做好实战准备;五是要练就足行千里的本领,做到进退自如。这就是所谓五教。

关于布阵之道,则因军种而异。左军为青龙阵,右军为白虎阵,前军为朱雀阵,后军为玄武阵,中军为轩辕阵。轩辕阵系大将军指挥作战的地方,其左面士兵执矛,右面士兵执戟,前面士兵执盾,后面士兵执弓,中央士兵执旗、擂鼓。旌旗挥动,将士一起出兵进发,听到鼓声则进攻,听到锣声则收兵,随其指挥,五军有条不紊,配合有序。指挥五阵,旗鼓为主:第一次击鼓并举青旗,则布直阵;第二次击鼓并举红旗,则布锐阵;第三次击鼓并举黄旗,则布方阵;第四次击鼓并举白旗,则布圆阵;第五次击鼓并举黑旗,则布曲阵。直阵即木阵;锐阵即火阵;方阵即土阵;圆阵即金阵;曲阵即水阵。此五种阵形,犹如五行相辅相成,互相转化。冲对为相胜,相胜则为投入战斗;相助为相生,相生为互相照应,彼此救援;自己军队间要互相救援,敌我军队之间则互相厮杀。

五种阵形编制方法为:以五为单位,五人为一长,五长为一师,五师为一枝,五枝为一火,五火为一撞,五撞为一军,如此便组成一个完整的军队。如果要发挥军队之长处,必须懂得扬长避短,个子矮的士兵用戟,个子高的士兵用弓箭,强壮的士兵负责执旗,勇猛的士兵负责擂鼓,身体弱的士兵负责军需供应,聪明的士兵为将领当参谋出谋划策。

同乡士兵编为一队,五人互相保护。击鼓一次,则开始列队;击鼓两次,则练习阵法;击鼓三次,则开始用餐;击鼓四次,则紧急集合;击鼓五次,则开始出征。听到锣鼓声,便举起相应的旗帜,依次发发。听到三次鼓声,看到旌旗飘扬,士军向前冲杀,冲在前者有赏,退却者杀无赦。这就是教令。

【事典】

割发代斩的曹孟德

有一次,曹操率军远征。大队人马正急匆匆地向前行进,前方忽然出现一大片麦地。看着长势喜人的麦苗,曹操心想,在这兵荒马乱的年月,百姓种点庄稼是多不容易啊!连忙叫身边的侍卫传令,让军队停下来。

待将士们列队整齐,曹操下令,过这片麦地时,都要下马步行,士兵和马匹都必须从道路上过,不得践踏麦苗。违令者斩。

将士们听了命令,都非常紧张地牵着马匹小心谨慎地在田间小道上缓缓行进,唯恐让战马误入麦田。

突然,曹操一向温顺的坐骑不知因何受了惊,嘶叫一声,冲入了麦田,等侍卫把马拉回来后,曹操马上传唤刑官。他冷静地对刑官说:"请按刚才下的命令治我的罪。"将士们一听,都吓得一起跪在地上。副将劝他说:"丞相不可以这样,你死了,谁来带领军队啊!""请丞相收回成命。"将士们跪在地上苦苦哀求,刑官也说:"《春秋》上说,刑罚不上主帅。丞相可以不必受罚。"曹操大声说:"我自己身为大军的主帅,理应以身作则。命令是我下的,我自己违反了,同样也应该接受刑罚。不用说了,军令如山,行刑吧!"

这时,一个副将向他进言:"丞相身负复国重任,天下苍生还等着你来拯救。你死了谁来担此大任呢?"

副将所言非常在理,曹操立刻也陷入了矛盾当中。统一天下、结束战乱是自己的理想,如今愿望尚未完成,况且身上的担子又无信任者可以托付。但毕竟自己身为主帅,违反了自己所下的禁令,若就这么算了,怎能让属下信服?若属下们不服,那打仗时还会听自己的指挥吗?一时之间,这位乱世枭雄居然没了主意。

见曹操开始犹豫,这位副将便说道:"末将倒有一个两全其美的方法,一则可以正军法,二来也能让丞相继续率领我们实现大业。只是……"

曹操一听急忙说道:"有何方法但说无妨。"

"回丞相,依末将愚见,丞相大可以割下头发以代替斩刑。身体发肤受之于父母,我们不敢有半点损毁,如今丞相若能割发代斩,其意义丝毫不亚于砍头啊!"

曹操一听,觉得此主意甚好。于是便大声对众将士道:"操今天依令当斩,但如今国家四分五裂,民生凋零,操重任难托,只有割发代斩,以正军法。"说罢,唰的一声拔出宝剑,割下了一束头发。众将士见丞相对于自己的命令也非常遵守,个个佩服得五体投地。

【解读】

被史家评为"治世之能臣,乱世之奸雄"的曹操,善用人才不及刘备,坐拥天险不及孙权,可正是由他最终结束了三国局面,一统了华夏。追根究底,则正是其以自己率先垂范、先正其身的形象,赢得了谋士和将士们的尊重和爱戴。榜样的力量是无穷的,曹操由于自己的行为端正而带出了一支纪律严明、战斗力强大的军队。

便宜十四策 斩断

【题解】

组织内部最怕出现的人,就是所谓的害群之马。这些人破坏纪律,腐蚀组织机体,影响团结,动摇军心,可以说是组织的毒瘤。如果不及时清除,他们的坏影响就会快速蔓延,整个组织都会深受其害。对待这种人,只有唯一的一个办法——彻底清除。

【原文】

斩断①之政,谓不从教令之法也。其法有七:一曰轻②,二曰慢③,三曰盗④,四曰欺⑤,五曰背⑥,六曰乱⑦,七曰误⑧,此治军之禁⑨也。当断不断,必受其乱,故设斧钺之威以待,不从令者,诛之。军法异等,过轻罚重,令不可犯,犯令者斩。期会不到⑩,闻鼓不行,乘宽自留⑪,避回自止,初近后远,唤名不应,车甲不具,兵器不备,此为轻军,轻军者斩。受令不传,传令不审⑫,迷惑吏士,金鼓不闻,旌旗不睹,此谓慢军,慢军者斩。食不稟粮⑬,军不省兵⑭,赋赐不均,阿私所亲,取非其物,借贷不还,夺人头首,以获其功,此谓盗军,盗军者斩。变改姓名,衣服不鲜,旌旗裂坏,金鼓不具,兵刃不磨,器仗不坚,矢不著羽⑮,弓弩无弦,法令不行,此为欺军,欺军者斩。闻鼓不进,闻金不止,按旗不伏,举旗不起,指挥不随,避前向后,纵发乱行⑯,折其弓弩之势,却退不斗,或左或右,扶伤举死,自托而归⑰,此谓背军,背军者斩。出军行将,士卒争先,纷纷扰扰,车骑相连,咽塞⑱路道,后不得先,呼唤喧哗,无所听闻,失乱行次,兵刃中伤,长短不理,上下纵横,此谓乱军,乱军者斩。屯营所止,问其乡里,亲近相随,共食相保,不得越次,强人他伍,干误⑲次第,不可呵止,度营出入⑳,不由门户,不自启白㉑,奸邪所起,知者不告,罪同一等,合人饮酒,阿私取受,大言警语㉒,疑惑吏士,此谓误军,误军者斩。斩断之后,此万事乃理也。

【注释】

①斩断:砍杀决断,系军法刑罚。　②轻:轻蔑。　③慢:怠慢。　④盗:用不正当手段获取非应得之物。　⑤欺:欺瞒。　⑥背:违令而行。　⑦乱:制造混乱。　⑧误:延误,贻误。　⑨治军之禁:治军当中必须坚决禁止的行为。　⑩期会不到:集合时未到场。　⑪乘宽自留:伺机(寻找借口)停步不前。　⑫审:详细,明确。　⑬食不稟粮:士兵领不到应有的粮饷。　⑭军不省兵:将领不探查和看望士兵。　⑮矢不著羽:箭未上羽毛。　⑯纵发乱行:不按行列次第乱行。　⑰扶伤举死,自托而归:以搀扶伤员或抬着死尸作为借口回到军营而不归战场。　⑱咽塞:阻塞。　⑲干误:冒犯贻误。　⑳度营出入:随意闯入其他兵营。　㉑不由门户,不自启白:不从正门出入,也不主动说明理由。这里指不向长官报告。　㉒大言警语:传播谣言。

【译文】

所谓斩断,就是将帅对不从命令者施以严厉惩罚。有七种罪状应受到惩罚:一是藐视军令,谓之轻军;二是拖沓散漫,谓之慢军;三是行窃克扣,谓之盗军;四是欺瞒谎骗,谓之欺军;五是违背军令,谓之背军;六是扰乱军心,谓之乱军;七是贻误军情,谓之误军。治军必须禁止此七种行为。若将帅对此七种行为不当机立断进行惩罚,必然会给军队造成混乱。军中刑罚,就是为惩罚违反军令者而设,不从军令者,格杀勿论。

军法不同于一般法律,即使轻微的过错也应严厉惩处,以确保军令神圣不可违犯,对违反军令者格杀勿论。

不能按时到达指定地点,听到鼓声不立即行动,寻找借口擅自留在军营,为逃避战斗而退缩不前,先到队列前面而后又缩到后面,点到名字时不应答,战车、盔甲、兵器未按时准备就绪,此系轻军之罪,轻军之罪处以斩首。

接到命令不向下传达,传达命令不明确而使将士迷惑不明,不听锣鼓号令,不看旌旗指挥,此系慢军之罪。慢军之罪处以斩首。

克扣士兵军饷,将帅不体察士情,军饷发放不均,袒护亲信,获取非应得之物,借贷不还,抢夺他人之功,此系盗军之罪。盗军之罪处以斩首。

改名换姓,污损军服,损毁军旗,锣鼓不备,兵刃不利,戈戟不坚,箭上无羽,弓弩无弦,军令不从,此系欺军之罪。欺军之罪处以斩首。

听到鼓声不向前冲杀,听到锣声不停止进攻,旌旗按下不埋伏,旌旗举起不行动,不听从指挥,躲避冲锋而向后退缩,任意穿行,影响弓弩威力发挥,退却不战,左右徘徊,借救助伤员躲至军营而不归,此系背军之罪。背军之罪处以斩首。

部队行军时争前恐后,混乱无序,车辆、马匹拥挤不堪,堵塞道路,使后面的兵士不能前进;高声喧哗,使他人不能听到锣鼓命令,秩序混乱,因混乱兵器互撞而自相伤残,长短无序,纵横交错,此系乱军之罪。乱军之罪处以斩首。

屯营扎寨时,到处打听同乡下落,与亲近相随,同食同住,互相袒护,随意闯入其他兵营,扰乱军营秩序,屡禁不止,经常不走正门出入,且不向长官报告,知道奸邪也不告发(此与违令同罪),饮酒作乐,收受贿赂,危言耸听,扰乱军心,此系误军之罪。误军之罪处以斩首。

果断处置上述七种不从教令行为,其他所有事情就会容易处置。

【事典】

晋厉公放虎归山

春秋时期,晋厉公生性懦弱,因而不少大臣趁机把持朝政,其中手握兵权的郤氏三兄弟最为突出。三兄弟中,郤锜为上军元帅,郤犨为上军副将,郤至为新军副将。

当时大臣伯宗曾对厉公说:"如今郤氏家族势力过大,应想法削弱他们的权势,防止将来对国家构成威胁。"厉公不以为然。消息传到郤氏兄弟耳朵里,他们对伯宗恨之入骨,于是找了个机会陷害伯宗,诬陷他诽谤朝政,厉公听信郤氏三兄弟的话,杀了伯宗。

这一来,郤氏兄弟越发嚣张,随后又加上他们在鄢陵之战立了战功,就更加专横跋扈,也开始不把厉公放在眼里。

此时,厉公也开始感到不对了,他的宠臣胥僮和长鱼矫趁机对他说:"郤氏三兄弟的地位过高,权力过大了,听说外国的诸侯都在争先恐后地讨好他们,而且朝中大臣私下里正与他们结党。恐怕有一天他们会与外国的诸侯内外勾结,共谋夺权。现在应该马上杀掉他们,以保国家安全。"晋厉公害怕了,于是命令胥僮、长鱼矫率兵去诛杀郤氏兄弟。

在杀了郤氏兄弟回来的路上,恰好碰到了领兵前来救援郤氏兄弟的上军副将苟偃和中军元帅栾书。胥僮等人乘其不备,抓获了这两个人。

胥僮将苟偃和栾书交给厉公处置,厉公说:"这件事与栾书、苟偃无关,不可滥杀无辜。"

长鱼矫跪在厉公面前,劝谏说:"栾书与郤氏兄弟是好朋友,苟偃是郤锜的部下。郤氏兄弟被主公诛杀,苟偃和栾书必然会害怕主公对他们下手。若不斩草除根,过不了多久就会有人为郤氏复仇。主公今天不杀这两个人,将后患无穷啊!"

厉公心软,不忍心痛下杀手,他说:"一天已经杀了三个大臣,又要波及旁人,寡人忍不下心啊!"于是宽恕了栾书、苟偃,并且官复原职。栾书、苟偃做梦也想不到就这样捡回了一条命,连忙谢恩回家。

长鱼矫长叹道:"主公不忍心杀了他们,他们就会不忍心杀你吗?"长鱼矫预感到危险马上要来了,马上逃到了西戎。就像长鱼矫预料的那样,三个月后栾书和苟偃真的发动了叛乱。攻下国都后,他们囚禁了晋厉公,不久又下毒杀死了他。

【解读】

晋厉公的下场,完全是咎由自取,原本有机会杀掉栾书和苟偃,可是他在最不该讲仁慈的时候讲起了仁慈。这正证实了诸葛亮"当断不断,必受其乱"的论断的正确性。故治国也好,经商也好,切不可意气用事,当断则断,才不至于受害时追悔莫及。

便宜十五策 思虑

【题解】

残酷艰辛的生存环境,会促使人励精图治;而安定富裕的生活,倒会让人放松了警惕,即便有其身边逐渐滋生蔓延依然祸患浑然不知。故孟子说:"生于忧患,死于安乐。"富足与安定正是我们追求的目标,我们当然不会为了安全而放弃它。其实,只要时刻保持忧患意识,防患于未然,就能永保胜利果实。

【原文】

思虑之政,谓思近虑远也。夫人无远虑,必有近忧,故君子思不出其位①。思者,正谋也;虑者,思事之计也。非其位不谋其政,非其事不虑其计。大事起于难,小事起于易。故欲思其利,必虑其害;欲思其成,必虑其败。是以九重之台,虽高必坏。故仰高者不可忽其下,瞻前者不可忽其后。是以秦穆公②伐郑③,二子④知其害;吴王⑤受越女⑥,子胥⑦知其败;虞⑧受晋⑨璧马⑩,宫之奇⑪其害;宋襄公⑫练兵车,目夷⑬知其负。凡此之智,思虑之至,可谓明矣。夫随覆陈之轨,追陷溺之后⑭,以赴其前,何及之有?故秦承霸业,不及尧舜之道。夫危生于安,亡生于存,害生于利,乱生于治。君子视微知著⑮,见始知终,祸无从起,此思虑之政也。

【注释】

①君子思不出其位:君子思考其应当考虑的问题(正事)。　②秦穆公(?—前621):春秋时秦国国君。名任好。德公子,宣公、成公弟。公元前659—前621在位。任用百里奚、蹇叔、余由为谋臣,击败晋国。曾称霸西戎。被称为春秋五霸之一。　③郑:古国名。姬姓。开国君主为周宣王之弟郑桓公(?—前771)。④二子:指百里奚和蹇叔。　⑤吴王:吴国国君夫差。吴王阖闾子。公元前495—前473年在位。曾打败越兵,攻破越都,但不听伍子胥乘胜灭越建议,最终被越所灭。　⑥越女:西施。越,古国名。春秋十四列国之一。春秋末,越王勾践攻灭吴国,领土向北扩展,成为霸主。　⑦子胥:伍子胥,吴王夫差之谋臣。　⑧虞:古国名。周武王时建立的诸侯国。姬姓。开国君主为古公亶父之子虞仲。位于今山西平陆北。公元前655年晋国假道攻虢时被灭。　⑨晋:春秋诸侯国名。公元前403年被分为韩、赵、魏三国。　⑩璧马:璧玉和骏马。　⑪宫之奇:春秋时虞国大夫。晋献公十九年(公元658年),晋国以良马和璧玉向虞假道伐虢,宫之奇曾劝谏虞国国君拒绝,未果,虞遂灭。　⑫宋襄公(?—前637):春秋时宋国国君。名慈父。公元前650年—前637年在位。齐桓公死后曾与楚争霸。　⑬目夷:春秋时期宋国君宋襄公之谋臣。曾多次劝谏未果,宋败。　⑭夫随覆陈之轨,追陷溺之后:如重蹈前面所举失败者的覆辙,必将陷入困厄。　⑮视微知著:看到细微迹象,就能看到其发展趋势。

【译文】

身为一国之君,思考国事,不仅要思考当前,更要考虑长远。常言道:人无远虑,必有近忧。君子思考问题要与自己的身份相适应。所谓思,就是谋划解决问题的正确途径;所谓虑,就是思考问题的思想方法。

不在其位,不谋其政;不谋其事,不思其计。凡大事要从难处着眼,凡小事则从易处着手。因此,对于一件事情,考虑其有利的一面时,也要考虑其不利的一面;考虑其成功的时候,也要有失败的思想准备。就像九层高台,虽然很高,但有倒塌的危险。因此,看高处时,不能忽略下面;看前面时,不能忽略后面。例如,秦穆公讨伐郑国时,百里奚和蹇叔二人就发现了其中的危害;吴王夫差接受越国美女西施时,伍子胥就预见其日后亡国的命运;虞国接受晋国贿赂的璧玉和良马,宫之奇就知道其中的危害;宋襄公操练兵马而欲霸天下,目夷就预知其必败。百里奚等贤哲之所以预测准确无误,就是因为思虑缜密,分析透彻。已有前车之鉴,再重蹈覆辙,就同先哲相去甚远了。因此,秦始皇虽成就了霸业,但未能学会尧舜的治国之道。

危险生于安全,亡国起于兴盛,危害生于利益,混乱兴于太平。作为国君,要从细微之处看到其严重后果,从开端就预知结果,防微杜渐,防患于未然,祸患就不会发生。这就是思虑的作用所在。

【事典】

掉以轻心,夫差亡国

公元前494年,吴国军队在夫差的指挥下,击败了越国的进攻,并把越王勾践围困在会稽。

眼看勾践的军队就要灭亡,这时,越国的大夫范蠡向勾践献上了一计,建议勾践委曲求和,保存国土,以图日后东山再起。勾践已别无选择,只好答应。于是派谋臣文种去向吴王夫差求和,可伍子胥坚决反对,劝说夫差不要放虎归山。文种听说吴国太宰伯嚭贪财好色,便暗底中以财宝和美女贿赂他,请他去说服夫差。在文种的威逼利诱之下,伯嚭果然反复劝说夫差。最后夫差同意了勾践的求和,收兵回国。

夫差退兵后,范蠡、文种为勾践制定了一整套转败为胜、复仇灭吴的战略。其核心思想就是要迷惑夫差,私下富国强兵,为反攻做准备。

勾践带着王后和范蠡一起来给夫差做了奴仆,勾践奴颜婢膝,对所有屈辱都逆来顺受,每日为夫差驾车养马,王后就在宫中清扫卫生。不过,在私下却经常派人贿赂伯嚭,还用离间破坏计吴王与忠臣伍子胥的关系。

夫差觉得勾践是真的臣服了,逐渐放松了戒备,而且,心中还不免得意起来,尽管有伍子胥经常提醒他,他也不放在心上。三年后,夫差把勾践释放回国。

回国后,勾践一面努力发展生产,恢复国家元气。一面还继续迷惑夫差。勾践时常向夫差献上丰厚的贡品,还派人在全国物色最美的女子。最终在苎罗山上找到一个美人,名叫西施。勾践就派范蠡把西施献给夫差。夫差见西施容貌艳丽,把她当成了下凡的仙女十分,宠爱,夫差沉溺于美色中,朝政慢慢荒废了。

有一年,越国借口国内闹饥荒,向吴国借一万石粮食,允诺过了年就归还,夫差看在西施的面子上,就同意了。第二年,勾践派文种把一万石粮送还吴国。夫差见越国这么守信用,念发高兴。他把越国的粮食拿来一看,颗颗饱满。看到这粮食比吴国的好多了,夫差就命人用来做种子。谁知次年春天播种之后,一直不见发芽,再改用本国的种子已经误了农时,结果那年吴国闹了饥荒。夫差到死都来明白,他其实中了越国的计,这批粮食是预先全部蒸熟了的。

夫差战胜越国之后,因胜而骄,丝毫看不到勾践复仇的决心。而勾践经过十三年的卧薪尝胆,积聚起了反攻吴国的力量。公元前482年,勾践趁夫差进攻晋国,国内空虚的机,起兵攻打吴国,攻陷吴国国都姑苏城,捕获了太子友。公元前478年,再次趁吴国遭受旱灾、国民困乏的机会攻打吴国。两年后,吴军完全失败,夫差向勾践求和被拒,在绝望中被迫自杀。

【解读】

勾践用长达十三年的时间麻痹夫差,他竟然毫无察觉。夫差的灭亡,与他因胜而骄,毫无忧患意识有关。勾践表面上忠心臣服,消除了夫差对越国的戒备;并进献美女使夫差毫无骄纵淫奢。在麻痹夫差的目的后达到,勾践进一步实施了削弱吴国的计策:用假种子造成吴国粮食受损,破坏了其经济;用离间计挑起吴国群臣内斗,使夫差对伯嚭偏听偏信,疏远了忠臣伍子胥。面对勾践接二连三的迷惑和削弱吴国的政策,若夫差还有基本的反思能力,还能采纳伍子胥的一点忠告,范蠡的计策也不会获取如此全面的成功。

便宜十六策　阴察

【题解】

经验是人生累积的一笔财富,可是经验也让人养成了思维定势。经验越丰富,越难以从偏见中跳出来。人的思想要想得到提高,就要超越经验带来的副作用。可是摆脱经验主义的束缚不是容易的事,除了你自己,因为无人可帮。唯一的方法就是自我反省,除此之外没有到的途径。

【原文】

阴察①之政,譬喻②物类③,以觉悟④其意也。外伤则内孤,上惑则下疑;疑则亲者不用,惑则视者失度⑤;失度则乱谋,乱谋则国危,国危则不安。是以思者虑远,远虑者安,无虑者危。富者得志,贫者失时⑥,甚爱太费⑦,多藏厚亡⑧,竭财相买⑨,无功自专⑩,忧事众者烦,烦生于怠⑪。船漏则水人,囊穿则内空;山小无兽,水浅无鱼,树弱无巢;墙坏屋倾,堤决水漾;疾走者仆⑫,安行者迟⑬;乘危者浅⑭,履冰者惧,涉泉者溺,遇水者渡,无楫者不济⑮,失侣者远顾,赏罚者省功,不诚者失信。唇亡齿寒⑯,毛落皮单。阿私乱言,偏听者生患。善谋者胜,恶谋者分。善之劝恶,如春雨泽。麒麟⑰易乘,驽骀⑱难习。不视者盲,不听者聋。根伤则叶枯,叶枯则花落,花落则实亡。柱细则屋倾,本细则末挠,下小则上崩。不辨黑白,弃土取石,虎羊同群。衣破者补,带短者续。弄刀者伤手,打跳者伤足。洗不必江河,要之却垢;马不必骐骥⑲,要之疾足;贤不必圣人,要之智通。总之,有五德:一曰禁暴止兵⑳,二曰赏贤罚罪,三曰安仁和众,四曰保大定功,五曰丰挠拒谗㉑,此之谓五德。

【注释】

①阴察:隐秘观察,暗察。　②譬喻:比喻。　③物类:各种事物。　④觉悟:认识到。　⑤失度:失去法度。　⑥富者得志,贫者失时:富裕时志得意满,穷困时则找不到摆脱贫困的时机。也就是说,在富裕时因满足而未能考虑长远,一旦陷入贫困境地就束手无策。　⑦甚爱太费:过度吝啬会导致浪费。　⑧多藏厚亡:货财储藏得太多往往会招致灾祸。　⑨竭财相买:倾囊购买。　⑩无功自专:没有功劳还自以为是。　⑪烦生于怠:烦恼因怠慢而生。　⑫疾走者仆:行走太快容易跌倒。仆,向前仆倒。　⑬安行者迟:稳行则缓慢。　⑭乘危者浅:陷入危险之中就不能坚持长久。　⑮无楫者不济:无船桨的人不能渡河。楫,船桨。济,过河,渡。　⑯唇亡齿寒:比喻互相依赖的密切关系。　⑰麒麟:古代传说中的一种动物。其状似鹿,独角,全身生鳞甲,尾像牛。常作为吉祥的象征。这里麒麟指骏马。　⑱驽骀:劣马。驽,马质性钝劣。骀,劣马。　⑲骐骥:骏马。骐,有青黑色花纹的马;骥,千里马。　⑳禁暴止兵:克服暴政,不大兴干戈。　㉑丰挠拒谗:鼓励谏诤,拒听谗言。丰,这里意为鼓励。挠,阻拦,这里意为劝谏。

【译文】

所谓阴察,就是要透过各类事物的现象认识或感悟其本质。外交上受困时,国内往往也陷于孤立;君王缺乏主见时,臣民就会迷惑不解。君王疑心太重,就会连亲人也不敢重用;缺乏主见,观察问题时就会失去法度;不能认清事物的本质,就会干扰自己的计划筹谋;计划紊乱,国家就会遭遇危难,动荡不安。

想问题时一定要考虑长远。有长远考虑,才会国泰民安;无长远考虑,国家就会危机四伏。富裕时志得意满,穷困时可能找不到摆脱贫困的时机;过度吝啬反会造成浪费,积蓄太多反而招致祸端;无钱反而倾囊购买货物,无功反而自以为是;令人忧虑的事情多则使人烦躁,烦躁生于懈怠。船漏则水浸入船内,袋破则内存物漏出袋外;山小则无兽,水浅则无鱼,树弱则无巢,墙坏则屋斜,堤决则洪水泛滥;疾走易跌倒,稳行则缓慢,置身危局则不能坚持长久,行于冰上心生恐惧,涉水而过则有溺水而死的危险,遇水乘舟,无桨不能渡水;失去伴侣久久不能忘怀;嘉奖要论功行赏;不诚实就会失信。

唇亡则齿寒,毛落则皮单;徇私必说谎,偏听则生祸。善于谋划者易取胜,缺乏谋划则易失败;用善行去制止恶行,犹如春雨润泽万物。

麒麟容易驾驭,而劣马则难以训练。不善于观察事物的人犹如瞎子,不善于聆听的人犹如聋子。根伤则导致叶枯,叶枯则导致花落,花落则导致实亡。

柱子细则屋子容易倾斜;树木的主干细,树梢就会弯曲;地基不牢房屋就会倒塌。

黑白不分,就像农民丢弃土壤而留下石块,就像牧民让老虎混入羊群一样。

衣服破了就要缝补,衣带短了就要接长。玩弄刀枪容易伤手,打闹跑跳容易伤脚。

洗衣服不一定去江河,关键在于去掉污垢。选马未必要选得像麒麟一样,关键在于要跑得快。选用贤能不必像圣人一样,关键在于知识渊博。

总之,作为国君,要有五德:一是禁绝暴政,勿大兴干戈;二是奖赏贤能,惩罚邪恶;三是安定仁义,团结大众;四是保全大局,稳固基业;五是鼓励谏诤,拒听谗言。

【事典】

心思周密的秦始皇

秦王嬴政继位后,很快便开始了对周边多国的征战。见秦国如此肆无忌惮,燕、赵、吴、楚四国便打算联合起来进攻秦国。

秦国因长年出兵,国力开始空虚,如今四国联手,始皇认为自己很难战胜,便召集大臣道:"如今四国即将联手攻打我国,但目前我们的实力不足以应敌。你们有谁能出计退敌,朕将有重赏。"

这时,门客姚贾站起来说:"我愿意出使四国,保证消除他们攻打秦国的念头。"

秦王一听非常高兴,马上赐给他很多黄金车辆,命他即刻启程前去四国。果然,姚贾不负重托,三年之后当他回到秦国,燕、赵、吴、楚四国的军队皆退了回去。嬴政非常高兴,不但赏了很多田地给姚贾,还封他为上卿。

这必然会引起一些人嫉妒,姚贾的荣升让韩非急得眼红。于是他便找到了秦王,说道:"姚贾历时三年,耗尽千金才求得一时平安,实属办事不力。而且臣还听说姚贾利用秦国的财产在外面提升自己的威信,不断拉拢四国之人。此外,姚贾出身贫贱,只不过是一个看门人的儿子,而且年轻时还曾偷过东西,封这样的一个人为上卿,实在是有失国体。请大王马上下令将他革职查办,否则可能激起群臣愤慨啊!"

秦王听了韩非的话,当场并未表态,而是悄悄叫来了姚贾,将韩非之言重复了一遍,问姚贾是否确有此事。

"没错,大王所说句句属实。"姚贾诚实地答道。

秦王说道:"朕佩服你的勇气,但有人因此而不服你,请求我将你革职查办,对此你有何看法?"

　　姚贾镇定地答道:"为臣的确如此,让毕竟办成了大王交代的任务,消除了秦国的灾祸。而且,提高我的威信,就是提高大王的威信,提高秦国的威信,这点臣以为自己也没有做错。臣尽忠于大王,故才回到了秦国。如查大王怀疑臣,那臣为什么还要不辞辛劳地回到这里! 至于出身,臣认为更没有问题,吕尚、管仲、百里奚,这些有才之人都不是出身名门,他们其中,有些还犯过罪,可是全帮助君主打下了天下,成就了事业。大王乃一代明君,怎能听信这种谬论而嫌弃我呢?"

　　秦王嬴政觉得姚贾的话言之有理,经过仔细观察,他发现姚贾确实自己很忠心,而韩非却依然多次诋毁姚贾,于是最终秦王杀掉了韩非,继续重用姚贾。

【解读】

　　姚贾、韩非都是著名说客,在他二人之间的明争暗斗中,秦始皇并未偏听偏信,而是细致观察,综合分析,进而找到了真正能够帮助自己的人,没有立韩非的当。

诸葛亮兵法

图文珍藏版

下篇　将苑

作为诸葛亮为将之道的集中总结和反映,《将苑》凝结了他的领导艺术和识别、选拔、任用将领的奥秘,全面阐述了将领所应具备的各种品质、能力和应该杜绝的恶习,以及领兵打仗的技巧、克敌取胜的关键等等,堪称古代为将之道的蓝本。也正因如此,历代军事家都对该书推崇有加,认为它是古代将领智慧的集大成者。

《将苑》的魅力不局限于军事方面,它的智慧在很多领域都得到了体现。例如,有人运用书中的处世智慧和别人打交道,有效改善了人际关系;有人活学活用,借助书中的指挥艺术增强了工作能力;有人运用书中的管理智慧,规范了对企业和员工的管理;更有人施展书中提到的计谋,追到了心仪的女孩……作为一本智慧全书,《将苑》已开始被越来越多的人所熟识和认可,并被运用到更多、更广泛的领域。

可是《将苑》毕竟是一千多年前的著作,它语言精练、文笔犀利,但对于大多数不谙古文的现代人而言,难免显得有些生涩难懂。为了帮助大家更好地理解《将苑》中蕴含的大智慧,并将其巧妙运用到日常工作和生活中,本书不仅对《将苑》的所有章节进行了浅显易懂的翻译,还通过具体的名将故事,将书中的精华深入浅出地呈现给大家,从而让大家更好地理解诸葛亮智慧的精髓,将自己打造成为一个真正拥有大智慧的人!

一 兵权

国学经典文库

智慧谋略全书

诸葛亮兵法

图文珍藏版

【原文】

夫兵之权者,是三军之司命①,主将之威势②。将能执兵之权,操兵之要势,而临群下,譬如猛虎,加之羽翼而翱翔四海,随所遇而施之③。若将失权,不操其势,亦如鱼龙脱于江湖,欲求游洋之,奔涛戏浪,何可得也。

【注释】

①司命:民间相传为灶神,在此指主祸和灵魂。 ②威势:威力和权势。 ③随所遇而施之:随所遇之不同情势来区别择用,意即能随机灵活运用。

【译文】

兵权是用来对军队发号施令,以及巩固主将威势的。如果将领能掌握兵权,就能自如地指挥全军,他的军队必将如虎添翼,无所拘束,不管遇到任何问题都能灵活应变。若将领丧失了兵权和威势,就如同鱼龙离开了江河湖海,想要求得在海洋中自在悠然的气势,在波涛中纵横奔腾,又怎么能够呢?

【译文】

诸葛亮在《将苑》开篇之始就指出兵权的重要性。他认为战争的胜利需要靠全军将士的密切配合,而要兵士听从指挥,军队步调一致,将帅就必须掌握兵权,否则将如"鱼龙脱于江湖",难以施展才能。换言之,勇猛善战、足智多谋的将领,若无统领千军万马的兵权,就无法自如地指挥部队,部下也难以准确地执行命令。如果统帅不能操控军中将士,军队的混乱也就不言而喻。试问一支混乱的军队又如何能在战场上所向披靡?这正是诸葛亮置兵权于首要地位的原因。

北宋年间,君王为牵制将帅的权力,有一条不成文的规定:每次将帅出征,都必须按照皇帝亲自绘制的阵图布阵。例如宋太祖、宋太宗每每御驾亲征,大抵都会自定阵图,指挥各地的战事。太祖和太宗出身统帅,领兵征战还能勉强应付,可是宋真宗以下的几个皇帝,生长于深宫,对军事一窍不通。皇帝自定阵图,其目的只为限制将帅的权力。当时将帅作战多请示朝廷,而群臣对此常常争论不企。此外,主帅必须与钤辖、都监等聚议,以决定军队的作战策略,可也是"人人各出意见,议论不一",常常导致坐失良机。不仅如此,西北边的将帅一年还要被轮换三、五任,以限制其权力,而"兵不识将,将不识兵"的结果,导致士兵缺少训练,作战时"上下不相附,指令不如意",因此在与西夏的作战中,基本上以败战告终。

更令人气愤的是,在公元1140年,金朝不遵守的宋朝的协定,挥兵南下侵犯南宋。岳飞奉命北上,所向无敌,大破金军的"铁浮图"和"拐子马"。正当抗金连胜利之际,宋高宗却因为害怕岳飞收复中原后,迎回徽宗与自己争位,于是不仅利用宰相秦桧处处牵制岳飞,还以一天12道金牌催促岳飞回京,致使10年抗金的成果毁于一旦。

身为三军统帅的岳飞处处受到昏君的牵制,根本不能自如地指挥军队,不管对岳飞还是宋朝江山而言,都是一种悲哀。根本不懂军情的宋高宗,为了一己之私去干预军队的指挥,不但使得一代名将岳飞惨死于风波亭,也将宋朝的大好江山葬送了。

【事典】

俗话说:"乱世出英雄。"中国历史上的五代十国时期,恰是一个战乱纷争、动荡不安的时期,但也是个英雄辈出的时期。在这个大分裂的五十多年间,谁拥有强大的兵力,谁就能实现统一中国的野心。赵匡胤深谙这一道理,因此,他凭借手中握有的强大兵力,成了历史上赫赫有名的北宋开国皇帝——宋太祖。

赵匡胤出身于军人,长年累月的南征北战让他深知兵权的重要性,他深信:只有拥有强大的兵力,才能树立自己的威信,进而实现野心。于是,为了满足自己当皇帝的野心,他开始进行一系列的精心部署。

赵匡胤因骁勇善战,被当时后周的皇帝周世宗委以整顿禁军的重任,趁这个时机,赵匡胤开始积极拓展自己在军队中的势力。一方面,他任命爱将罗彦环、郭延斌、田重进等人担任中下级将领,有了这些人的言传身教,士兵自然对赵匡胤敬畏有加;另一方面,身为高级将领的赵匡胤未和其他高级将领争权夺利,而是主动接近他

赵匡胤

们,并同石守信、王审琦、韩重斌等高级将领结拜为兄弟,从而形成了一个以赵匡胤为核心的势力范围。此外,他还十分重视文人。赵普、王仁瞻、楚昭辅等有识之士先后被他招至麾下,成了他的心腹幕僚。依靠自己在军事上的优势和聪明的头脑,赵匡胤的威信日渐提高。

经过近半年的部署,赵匡胤认为时机成熟了,便开始了自己的夺位计划。960年正月初一,正当后周群臣在宫中朝贺新年时,忽有人前来报告,称辽和北汉的军队联合南下,侵占了后周大片领土。皇帝一听急忙征求宰相范质、王溥的意见,大

家一致决定派赵匡胤率领禁军前去迎敌。哪知,这一切,其实都是赵匡胤设下的圈套。

正月初三,赵匡胤乱率领大军从京城汴梁(现河南开封)出发,当部队行至京城东北郊的陈桥驿时,赵匡胤忽命令将士驻扎下来。不明真相的士兵们并未多想,早早地休息,但众多中层将领们却在商量一件大事……

第二天清晨,天刚蒙蒙亮,军队中便传来阵阵呼喊声,被吵醒的赵匡胤睡眼惺忪地走出帐篷,觉然看见一群将士手拿兵器,齐整整地站在外面,他们齐声高喊:"我们愿拥立主帅为皇上!"赵匡胤还未搞清楚是怎么回事,已被一群人簇拥到了厅堂,大伙把他架到椅子上,把早已准备好的皇帝专用品——黄袍披在了他的身上。赵匡胤装作慌乱,不知所措的样子。此时,将士们跪在地上,冲他高呼"万岁"!这么一来,赵匡胤当然要有所表态了,只见他故作十分气愤的样子,质问道:"怎么回事?黄袍加身可不是闹着玩的,这种玩笑怎么可以随便开呢?"

赵匡胤的心腹赵普自然明白此话的用意,他上前说:"如今先帝驾崩,小皇帝还年幼,朝廷可以说是一片混乱。而主帅您爱兵如子,在军队中很有威信,全军上下都愿拥立您为皇上。若您不同意,我们这些将士就成了叛逆之臣,定会被以大逆不道之罪处死,因此,您还是同意了吧!"话音刚落,众将士再次跪地高呼"万岁"。面对这种"咄咄逼人"的气势,赵匡胤装出一副无可奈何的样子说:"大家真是太强人所难了,不过为了大家的安危,我就只好同意了。"

当天下午,赵匡胤便率领部队回到了京城,京城中也早已有人接应,文武百官都神情严肃地列于殿前,欢迎新皇帝登基。至此,盛极一时的大宋王朝正式在中国历史上出现了。

不管赵匡胤如愿以偿地当上了皇帝,但他心里总是惴惴不安,他害怕历史会重演:由于自己手握兵权才能笼络人心,进而让别人心甘情愿地推举自己当皇帝的。假如自己的手下也掌握了兵权,是否会重蹈覆辙呢?于是,上台首件事就是想办法怎样控制目前握有重兵的将帅。他坚信:抓住了兵权,就意味着抓住了一切。功夫不负有心人,他终于想出了一个绝妙的点子。

961年秋天的一天晚上,赵匡胤准备了一顿丰盛的晚宴,邀请石守信、王审琦等手握重兵的高级将领饮酒作乐。席间,赵匡胤和众多曾与他一起出生入死、共同杀敌的将领们谈笑风生,场面很热闹。但酒过三巡之后,赵匡胤忽然严肃起来,露出一副哀怨的衷情。他长叹了口气,说道:"诸位爱卿,我这次能当上皇帝,全都是大家的功劳。不然,我怎么能像今天这么风光呢?但风光只是表面的,我自从当上皇帝之后,日子并不快乐,睡得也没有以前安稳了。"此话一出,石守信等人马上关切地问:"为什么呢?皇上还有什么可担心的,整个江山都已经是您的啦!""话虽如此,可大家想想,天下谁不想当皇帝?"众将领听出赵匡胤话中有话,慌忙答道:"如今天命已定,谁敢有异心,定让他死无全尸!"

赵匡胤继续说道:"众位爱卿和我都是患难之交,我自然知道你们对我都是忠心耿耿、绝无二心的,可谁能保证你们的部下没有贪图富贵之人呢?如果有朝一日,他们像当初你们对我一样,把黄袍强加在你们身上,你们想不做皇帝都来不及啦!"石守信等人这才明白,原来赵匡胤真正担心的是他们,众将领齐齐跪在地上说:"皇上考虑问题真是周全啊,我们都是粗人,没有想那么多,请皇上给我们指一条明路吧!"

此话正合赵匡胤的心意,他不疾不徐地说:"人生短暂,在这段时间内,真正能大有作为的人并不多,大部分人追求的无非是多购良田美宅,过上衣食无忧的日子。再为子孙留下一些基业,让他们将来也能过上好日子。既然如此,大家为何不放弃兵权,快快乐乐地过安稳日子呢?这样一来,君臣之间就不必互相猜疑,大家相安无事地过一辈子,岂不乐哉?"

石守信等人自然领会了皇帝的用意,第二天,这些将领们便以各种理由请求交出兵权。赵匡胤表面上做出一副很惋惜的样子,心里却非常兴奋。他一口答应了将领们的请求,将兵权都收回到自己的掌控之中。这就是中国历史上有名的"杯酒释兵权"。这之后,赵匡胤再也彻底没有了后顾之忧,他凭借自身的聪明才智和强大兵力,逐一消灭了一个个霸主,结束了五代十国五十多年的分裂局面,再次统一了中国。

【解读】

中国有句古话:"打蛇打七寸。"也就是说,处理问题时必须要抓住关键,只有这样,才会取得事半功倍的效果。不管是领兵打仗、治理国家,还是处理平日生活之事,都要牢记这一古训。

领兵打仗需要掌握绝对的兵权,这样你才能在军队中树立自己的威信,将领和士兵才能听从你的命令。推而广之,管理者在对待员工、教师在对待学生、上级在对待下级时,同样需要树立威信,而树立威信的关键就在于:要让他们明白,你在某一领域拥有绝对的权威。身为管理者,如果员工在征求你的意见时,你却每次都要请示更高一级的领导,久而久之,在他们眼中,你管理者的身份只是形同虚设罢了!

二 逐 恶

【原文】

夫军国之弊,有五害①焉:一曰结党②相连,毁谮③贤良;二曰侈其衣服,异其冠带④;三曰虚夸妖术,诡言神道⑤;四曰专察是非,私以动⑥众;五曰伺候⑦得失,阴结⑧敌人。此所谓奸伪悖德⑨之人,可远而不可亲也。

【注释】

①害:祸患、弊端。　②结党:集合小团体。　③谮:诬陷、中伤。　④冠带:帽子和衣带。　⑤虚夸妖术,诡言神道:虚夸,胡乱夸耀。诡言,怪诞的言论。　⑥动:运用言语扰乱、迷惑。　⑦伺候:等待、观察。　⑧阴结:私下勾结。　⑨奸伪悖德:虚伪奸诈、败坏德行者。

【译文】

军队和国家容易出现的弊端,主要有5种:一是集结成党营私勾结、毁谤诬陷忠孝贤良;二是衣着极尽奢华、奇异,不遵循常理;三是虚夸邪术,四处散布荒诞的方术;四是一心打探是非,暗地里以此来迷惑众人;五是窥伺成败得失,私下勾结敌人。这就是所说的虚伪奸诈、败坏德行的小人,要疏远而不可亲近他们。

【事典】

公元前527年,即中国历史上的春秋战国时期,楚国的楚平王准备为儿子娶媳妇,他昭告天下,几经筛选之后,终于选中一位貌美如花的秦国姑娘。于是,楚平王便派大夫费无极前往秦国迎娶。尽管费无极贵为大夫,但并不是楚平王身边的宠臣,他一直苦于没有机会表现自己对大王的忠心,如今总算盼到了这么个机会,自然要好好表现一番。临走时,他信誓旦旦地对大王说:“微臣定将太子夫人完好无损地接回来!”

到了秦国,费无极顺利找到了这位秦国姑娘,但当他看见姑娘倾国倾城之美貌时,竟然将之前对楚平王说的话忘到了九霄云外。大家肯定认为费无极是个贪图美色之人,企图将太子夫人据为己有吧!非也,费无极无论怎么傻,也不会傻到和太子抢女人的地步,他的如意算盘是这样打的:楚平王十分贪恋美色,尽管后宫有众多佳丽,但没有一个可与能和这位秦国姑娘相媲美,若把她献给楚平王,说不定他一高兴,会给我加官晋爵呢!

大家没有猜错,费无极正是决定将这位本应是太子夫人的秦国姑娘,献给太子的父亲——楚平王。拿定主意之后,费无极急忙直奔楚国王宫,把这位秦国姑娘的美貌添油加醋地描述了一番,听得楚平王心里直痒痒。眼看时机成熟,费无极立刻进言:“大王您正当壮年,如此美若天仙的姑娘本应属于大王拥有!”楚平王原本已有点心动,听费无极这么一说,他一时不知如何是好。费无极又趁势说道:“太子尚且年幼,娶亲的事情可以暂缓一些时日,大王不如先娶了这个姑娘,以后再为太子找门好亲事。”就这样,在费无极巧舌如簧的劝说下,楚平王终于动了心,他把此事交给费无极一手操办,并叮嘱费无极此事关系到江山社稷和国家形象,一定要小心行事。

费无极不仅一肚子鬼点子,办事效率也非常高。在他的巧妙周旋下,尽管太子娶亲的事情在楚国已经传得沸沸扬扬,尽管迎娶的车队已经接近楚国都城,尽管楚国王宫里的婚礼仪式已经准备妥当,但费无极硬是将这位原本可以成为太子夫人的秦国姑娘,变成了"公公"楚平王的妃子!

事成之后,楚平王见这位秦国姑娘果然是个倾国倾城的可人儿,自然高兴得心花怒放,对"大功臣"费无极也更加赏识了。一下子成了大王身边的红人,费无极有一种前所未有的满足感,可每当静下心来时,他总感觉惴惴不安。为什么呢?大家想想:在娶亲这件事上,受伤害最深的就是太子,眼看本应属于自己的美人投进了爹爹的怀抱,太子虽然嘴上不说什么,可心里能服气吗?而且太子迟早会掌握大权的,到了那一天,费无极岂不是要面临杀身之祸了?

费无极绝非等闲之辈,他开始盘算着如何避过这个劫数。一方面,他瞅准时机对太子说:"娶亲这件事其实是大王的意思,与我无关,我本来也想阻止大王的,可他还把我痛骂了一顿。"之后,他又"好心"安慰太子天下美女何其多,以后找个更好的等等,一副为太子打抱不平的模样。

可另一方面,他又暗地里对楚平王说:"自从大王娶亲之后,太子对我恨之入骨,处处跟我过不去。小人忍忍也就算了,可如今,他居然对大王您也怨恨起来。太子本来就握有兵权,外有诸侯们支持,内有他的老师伍奢出谋划策;而且微臣还打听到,太子最近整天和几位将军呆在一起,似乎有谋反的迹象,大王一定要小心行事啊!"

自从娶亲之后,楚平王就一直觉得太子对自己心存芥蒂,如今又经费无极挑拨离间,他更加觉得太子是个祸患。于是,他听从费无极的谗言,下令追杀太子及其党羽。太子不得不逃往宋国,但他的老师伍奢却惨遭杀害。心狠的费无极仍不死心,又怂恿楚平王追杀伍奢的两个儿子。最终,伍奢的大儿子伍尚也被杀害了,二儿子则有幸逃到了吴国,他就是大名鼎鼎的政治天才——伍子胥!

此后,影响整个历史的一系列事情发生了,尽管太子逃到宋国,可仍拥有一定兵力,他当然不会善罢甘休;伍子胥则誓要为父兄报仇,于是,一连串对楚国的战争开始了。等到大家终于意识到这场此起彼伏的战争的始作俑者是费无极,并将其处以极刑时,整个国家早已是山河破碎、满目疮痍了。

因为一个小人,断送了一个国家……

【解读】

千万不要与和小人做朋友,对待小人,就要像诸葛亮先生教导我们的那样:"可远而不可亲也。"因为,小人通常不会轻易被人们抓住把柄,他只会通过各种各样的卑劣手段达到自己的目的。若你没有足够的自信,最好勿与他们周旋,许多企图利用小人的人,结果常常是狼狈收场。因此,当你遇上小人的时候,最好的方法就是——远离他们。

不过,小人通常会把自己伪装得很好,人们一般不会轻易察觉,等到上当受骗后才追悔莫及。想要认清你周围的人,你不妨透过现象看本质,将诸葛亮所说的小人的五项特征牢记心中。只有学会察言观色,才能更好地了解一个人,从而认清他的本质。

需要提醒大家的是,我们远离小人,并不代表我们惧怕他们,而是为了预访无谓的风险和伤害!因为,在这个世界上,消除小人的良方,我们要做的只能是——保护好自己。

三　知人性

【原文】

夫知人之性,莫难察焉。美恶既殊,情貌不一,有温良①而为诈者,有外恭而内欺者,有外勇而内怯者,有尽力而不忠者。

然知人之道有七焉:一曰问②之以是非而观其志,二曰穷之以辞辩③而观其变,三曰咨之以计谋而观其识,四曰告之以祸难而观其勇,五曰醉之以酒而观其性,六曰临之以利而观其廉,七曰期之以事而观其信

【注释】

①温良:温和善良。　②间:夹杂。　③辞辩:言辞论辩。

【译文】

要辨识一个人的品性,是一件非常棘手的问题。善和恶固然差之千里,但内心的真实想法和外显的表情相貌也总不一致。有的人表面上温良忠厚,行为却虚伪奸诈;有的人看起来恭恭敬敬,内心却满怀险恶;有的人外表威武凶猛,内心却胆怯懦弱;有的人办事好像是尽心尽力,事实上却心怀鬼胎。

考察和辨识一个人的人品有以下7种方法:一是询问他对是非的判别,来观察他的志向是否纯洁;二是用言辞论辩考问他,借以观察他的应变能力;三是向他咨询计谋,借此观察他是否具有真才实学;四是告诉他祸患和困难,借以观察他是否勇敢坚韧;五是用酒灌醉他,借以观察他的真实品性是否表里如一;六是用财物利诱他,借以察看他是否清正廉洁;七是限定时间要求他完成某一件事情,借以察看他是否遵守信用。

【事典】

南宋末年,湖州有个副州官,名叫蹇材望。他在位期间,时常表现出忧国忧民

的胸襟，是远近闻名的"大宋忠臣"。

某年，蒙古大军准备杀奔而来，湖州岌岌可危。作为湖州守臣，蹇材望信誓旦旦地说："城在我在，城亡我亡！"为了表明自己情愿与国家同生死的决心，他特意找人做了一块锡牌，上面刻道："大宋忠臣蹇材望"七个字。这样做之后，他认为还不足以表明其忠心，又把两块银子凿了孔，拿根绳子系到锡牌上，并附上详细的说明："发现我尸首的，希望能代为埋葬并竖碑祭祀，碑上请题'大宋忠臣蹇材望'。这两块银子就当是埋葬、立碑的费用。"

此后，蹇材望便天天挂着锡牌和银子，在大街上走来走去。他哭着不停地对城中百姓讲，只要元军兵临城下，他就投河自尽，以表明他誓死报国的忠心。不仅如此，他还支告诉亲友们，一定要在他死后立碑，题上"大宋忠臣蹇材望"这七个字。众人都被他的忠贞之举所感动，对他的敬仰也油然而生。

1276年元旦，蒙古大军果然气势汹汹地围城，没多日，整个湖州城便被陷落了。混乱之中，蹇材望也不见了。大家不由得感叹："这么一位对大宋如此忠义的臣子，如今看到生灵涂炭、国破家亡，一定悲痛不已。他一定已经溺水而死了，只可惜一代忠臣，死后竟然连尸骨都没找到。"

几天之后，新任州官便到任了，此人身着地道的蒙古装，骑着一匹高头大马，被人前呼后拥地走在街上。百姓们吃惊地发现，此人党然是"大宋忠臣"——蹇材望。但此时的蹇材望早已没有了当初准备以身殉国的决心，只见他一脸喜色，如像衣锦还乡一般，如像还很享受做蒙古官员的滋味呢！

原来，早在元旦前一天，蹇材望得到消息后，便提示等候在城门外，主动向蒙古大军投降啦！他整日挂在胸前的锡牌早已不知道哪去了，说到那两块银子，想必蹇材望为了庆贺自己成为蒙古"忠臣"，早就被挥霍掉了吧！

【解读】

自从盘地球上有人类以来，历史曾经出现过许多奸臣，为何他们一边干着卖国求荣的勾当，一边还能深受皇帝的重用呢？是一些皇帝好重用奸臣吗？错也！试想，有哪一个当皇帝的，明明知道某位大臣是奸臣，却仍对他委以重任？皇帝肯定是认为臣子忠心于他，故才会信任他、重用他。莫不知，表面上忠贞的人，事实上不一定是忠臣！

推而广之，在平日生活中，愈是对你有所企图的人，愈会深藏不露。那些表面上对你毕恭毕敬、照顾有加，不敢有一丝懈怠的人，可能正是对你图谋不轨、想加害于你的人。因此，我们千万不要被一个人的表象所蒙蔽，要知道，只有透过现象看本质，才能了解事情的真相；同样的，要想了解一个人的本性，可以像诸葛亮那样，用七种方法来考察他！

四　将　材

国学经典文库

智慧谋略全书

诸葛亮兵法

图文珍藏版

【原文】

夫将材有九:道之以德,齐之以礼,而知其饥寒,察其劳苦,此之谓仁将;事无苟免[1],不为利挠,有死之荣,无生之辱,此之谓义将;贵而不骄,胜而不恃,贤而能下,刚而能忍,此之谓礼将;奇变莫测[2],动应多端[3],转祸为福,临危制胜,此之谓智将;进有厚赏,退有严刑,赏不逾时[4],刑不择贵[5],此之谓信将;足轻戎马,气盖千夫,善固疆场,长于剑戟,此之谓步将;登高履险,驰射如飞,进则先行,退则后殿,此之谓骑将;气凌三军,志轻强虏,怯于小战,勇于大敌,此之谓猛将;见贤若不及,从谏如顺流,宽而能刚,勇而多计,此之谓大将。

【注释】

①苟免:用非正当的手段求幸免。　②莫测:无法揣测,捉摸不定使人很难了解或理解。　③多端:各种变化的状况。　④赏不逾时:及时行赏,以获激励之效。　⑤刑不择贵:统统依法用刑,不因地位的尊卑而有所不同。

【译文】

将帅依其才干,大致可分成几种类型:用道德来教导士兵,用法令来整治部队,并能体恤下属的饥饿寒冷、勤劳辛苦,这种将领称为仁将;做事不图眼前避灾自保,不受名利诱惑,能舍生取义,这种将领称作义将;地位显贵而不骄横,取得胜利却不居功自傲,有才能却又谦和地对待下属,性格刚强又能够忍让,这种将领称为礼将;战术变化奇妙莫测,能应付各种情况,把祸事转变为好事,并在危急关头获得胜利,这种将领称为智将;对勇往直前的人进行丰厚的奖赏,对退缩的人采用严厉的刑罚,且能及时行赏,又不论地位的尊卑,统统依法用刑,这种将领叫作信将;脚步轻快胜过战马,气势豪迈压倒众人,善于安定疆场,擅长使用剑戟,这种将领称为做步将;身手矫健,能登高涉险,骑马射箭就如飞一般,进攻时身先士卒,撤退时勇敢断后,这样的将领乃骑将;气概威慑三军,有盖世的豪气,不轻视小战役,又勇于投身大战役,这样的将领是猛将;看见有才能的人就反思自己的不足,接纳建议虚怀若谷,性格宽厚而又刚毅,行动勇敢而又足智多谋,这样的将领乃是大将。

【事典】

西汉时期,匈奴的势力很庞大,每年汉王朝都要送给匈奴大量的钱财和礼物。后来,随着国力的强盛和军事力量的增强,汉武帝刘彻准备发动反击匈奴的战争,在这场战争中涌现出不少杰出将领。其中卫青和霍去病就是代表。不过,从他们的行事作风和作战方式来看,他们却是风格迥异的两类将领。也正因如此,汉武帝总会按照他们各自的特点,给他们分配不同的任务。

卫青是一位德才兼备的将领,他性格谦和、礼贤下士、体恤士兵,深受部下的爱戴。凭借自己的聪明才智和士兵们的奋勇作战,卫青取得了汉朝反击匈奴的第一个胜仗。此后,他又日后的时间中打过不少胜仗,然而,当汉武帝决定封他为大将军、封他的三个儿子为侯时,他却推辞道:"这几次能打胜仗,全都是士兵们的功劳。我那三个儿子都是小孩子,还没有尽到报效祖国的责任,如果皇上封他们为侯,又如何能鼓励士兵奋勇杀敌呢?"听卫青这么一说醒,汉武帝又对卫青的七名部下封了侯。

卫青这种谦谦君子的作风,让不少士兵大为感动,他们誓死跟随卫青。即使卫青不是首个与敌人搏斗,士兵们也仍在战场上奋力厮杀。这可正是卫青能屡次打胜仗的关键原因。

而霍去病则是一个有勇有谋的猛将。他是卫青的外甥,十八岁那年,他知道舅舅要出征打匈奴,奋勇地向汉武帝请战。汉武帝看他英武刚强,便任命他为骠姚校尉,还给他配了八百名骑兵。

霍去病

尽管霍去病是第一次打仗,可表现得十分勇猛,他带领着自己的八百个部下一路向北,一心想与匈奴兵拼个你死我活。他们一直走了几百里路,才发现匈奴兵的营帐。霍去病带领部下悄悄绕道包抄过去,他带头闯进一个最大的营帐,对着没有任何防备的匈奴士兵一阵乱杀,还活捉了匈奴两个将领。众士兵被霍去病的勇猛所鼓舞,士气高昂,一口气杀了两千多名匈奴兵。

可能是由于年轻有为,霍去病难免缺少统率三军的经验,不够关心部下们,这一点与卫青形成了鲜明对何。但可他在战场上表现出的强大号召力,却能让与他并肩作战的士兵们信心大增,也让众多部下情愿追随在他身边!

【解读】

不同的人有不同的性格特点和处事风格,只要你在某一方面做得比较出色,就称得上是一位成功者了。正如诸葛亮笔下的九种将领,他们并非能做到面面俱到,但能保持各自不同的特点,也能依靠自己的优势网罗人心,就得战争胜利。若你无法做到兼而有之,不妨把自己的特长发挥到极限吧!

既然将领们各有特色,那么身为帅才,你自然要像汉武帝一样,根据将领们的不同特点,给他们分配不同的任务了。因此,如果你是一位管理者,首要工作就是要充分了解自己的部下,这样才能有的放矢地给他们分配工作。推而广之,只要涉及与人交往,你都可以根据每个人的特点,将其对号入座。

五 将 器

【原文】

将之器,其用大小不同。若乃察其奸,伺其祸①,为众所服,此十夫之将;凤兴夜寐②,言词密察,此百夫之将;直而有虑,勇而能斗,此千夫之将;外貌桓桓③,中情烈烈④,知人勤劳,悉人饥寒,此万夫之将;进贤进能⑤,日慎一日,诚信宽大,闲⑥于理乱,此十万人之将;仁爱洽⑦于天下,信义服邻国,上知天文,中察人事,下识地理,四海之内,视如室家,此天下之将。

【注释】

①伺其祸:伺,发现。祸,灾祸。　②凤兴夜寐:早起晚睡,勤于公事。　③桓桓:威武的样子。　④中情烈烈:中情,指内心。意谓内心热情。　⑤进贤进能:网罗贤才,以为己用。　⑥闲:闲,通"娴",熟练的意思。　⑦洽:融洽。

【译文】

将领的才能,依据他的作用大小而有所不同。若能够分析察知队伍中的奸细,发现队伍中隐藏的灾祸,让众人信服,这是能统领 10 个人的将领;能早起晚睡,言辞周密谨慎,这是领导 100 个人的将领;性格率直而深思熟虑,勇猛威武又善于战斗,这是能统领千人的将领;外貌威武,内心热情,充分了解士卒的辛劳,并能体会部属的饥寒,这是统领万人的将领;推荐有本领的人,选拔有能力的人,一进坚持谨慎,重信义且宽宏大量,能够热练地处理各种复杂的事情,这是统帅 10 万人的将领;仁爱和蔼地对待下属,以诚信义气使邻国臣服,上能通晓天文,中能考察人世间的事情,下能识别地理,看待四海之内,就像是自己的家一样,这是可以统率天下的将领。

【事典】

拿破仑既是个野心勃勃的政治家,又是个具有远见卓识的军事家。1804 年,他建立了法兰西帝国,自己做上了国王。但好景不长,到了 1814 年,欧洲反法联军进攻法国,兵临巴黎城下,拿破仑迫于当时的形势,被迫宣布退位,并被流放到地中海的厄尔巴岛。

从风光无限的国王到狼狈不堪的战犯,落差如此之大! 但拿破仑并没有因此而消沉,在小岛的日子里,他不是消极度日,而是积极谋划着怎样逃跑、重新建立属于自己的帝国!终于,在1815年,拿破仑率领一千余名士兵,成功逃离了厄尔巴岛。

当时法国的国王获得消息后,马上派大军捉拿他。拿破仑的部下都劝他躲起来,但拿破仑却说:"躲什么?我是他们的将领,他们是我的士兵,哪有元帅躲士兵的?"就这样,英勇无畏的拿破仑朝捉他的军队走过去,并仍以元帅的气度指挥他们。最终,这支军队不故没能捉拿破仑,相反的倒是跟随拿破仑一起去抓国王。

就这样,拿破仑一路奔向巴黎,途中陆续有士兵投靠他的队伍,等他们气势高昂地到达巴黎时,国王早已逃之夭夭,拿破仑没费一枪一弹,又重新做上了皇帝的宝座,建立了历史上所谓的"百日王朝"。此时,拿破仑已被视为"世界和平的扰乱者和全人类的公敌",欧洲各国再次调集重兵,组成第七次反法同盟,决心打败这个"科西嘉怪物"。

1815年6月,以拿破仑为统帅的法国军队和以威灵顿公爵为统帅的欧洲联军,在滑铁卢展开了一场惊天动地的大战,这就是历史上著名的"滑铁卢之战"。最后战争以拿破仑的失败而告终。古往今来,许多史学家和军事家对拿破仑失败的原因说法各一,在这里,我们暂且不论,只是不妨听听拿破仑自己的说泽吧:"尽管这个会战失败了,但那一天还是胜利的,每一个士兵的表现都很出色!……也许这是命中注定的,因为,那场战斗本来是该我赢的。"虽然拿破仑还心有不甘,可随着战争的失败,他只得再次被流放到大西洋的一个孤岛上,直至死去。

然而,正像法国伟大的文学家雨果所说:"失败反而让失败者变得更崇高了,倒下的拿破仑好像比立着的拿破仑更伟大!"在如今的滑铁卢镇,当年打了大胜仗的威灵顿公爵并不被人们熟识,倒是打了败仗的拿破仑始终被人津津乐道,前来观光的游客,也基本上是冲着拿破仑而来。也许,在人们心目中,尽管拿破仑有其专横跋扈的一面,可他在战场上表现出的超凡气度和远见卓识,让他尽管在滑铁卢的战场上失败了,却凭借自己的气势和影响力,牢牢地压倒了对方!

【解读】

古人云:"君子量大,小人气大。"讲的正是气度的问题。身为将领,你拥有怎样的气度,决定了你能统领多少人的军队。同样,对于我们每个人来说,你能取得多大的成就取决于你拥有多大气度。没有人会喜欢心胸狭窄之人,更不会有人愿意和心浮气躁的人相处。因此,从现在开始,那些斤斤计较者不妨尝试着让自己的心胸开阔起来,因为,只有大度量的人才会有大成就,才会在失败时仍能令人心怀敬意。

六 将 弊

【原文】

夫为将之道,有八弊①焉,一曰贪而无厌,二曰妒贤嫉能,三曰信谗好佞②,四曰料彼不自料③,五曰犹豫不自决,六曰荒淫于酒色,七曰奸诈而自怯④,八曰狡言⑤而不以礼。

【注释】

①弊:弊病。　②佞:惯于用花言巧语献媚于人。　③自料:估计本身的实力。④自怯:胆小怯懦。　⑤狡言:奸诈巧辩之言。

【译文】

将领常见的弊病有8种:一是生来贪婪、欲求不满。二是妒忌品德和能力强于自己的人。三是爱听谗言又喜欢谄媚邪恶的小人。四是只会评判别人的不足却不能正确估计自身的实力。五是做事犹疑不能决断。六是过分贪恋酒色。七是性情虚伪狡诈且胆小怯懦。八是奸诈巧辩而不遵循礼节。

【事典】

殷商时代是中国历史上十分强盛的时期,当时,商朝拥有强盛的国力、辽阔的疆域,可到了商纣王时期,商朝却被西周所灭。原因何在呢?很多人都将商朝的灭亡归结为红颜祸水,觉得商朝之灭亡的原因,许因为商纣王迷恋妃子妲己,在妲己的教唆下,整日沉醉于酒池肉林中不理朝政,所以才会被周打败。我们暂且不论历史上是否真有妲己其人,但有一点可以肯定——商朝的灭亡绝不仅仅是因为一个女人。繁盛的商朝之所以走向衰落,身为一国之君的纣王有着不容推卸的责任!

商纣王天资聪明、力大无比,敢徒手与猛野兽搏斗。在那个崇尚武力的年代,商纣王凭借自身的实力获得了大家的尊重。可能正因如此,他自负而骄傲,常常是毫不避讳地炫耀自己。

商纣王

商纣王觉得自己是天底下最厉害的人，因此，他开始贪图享乐、荒淫无度，整日沉迷于女色和美酒之中。自从妃子妲己入宫后，他迷恋妲己的美色，更是变本加厉地挥霍玩乐。

为了讨好妲己，商纣王可谓是费尽了心思。他命人在王宫附近挖了个大池子，池子里倒满了美酒，可以供千人狂饮；又在树上挂满了精心烹制的肉，看上去就像肉林一样，这就是所谓的"酒池肉林"。为了满足自己的淫乐，他还命令数名宫女和宫奴赤身裸体穿梭其间，或追逐嬉闹，或像动物一样俯首翘臀，而他则搂着妲己在一旁观看，乐得哈哈大笑。

面对商纣王的荒淫无度，不少忠心耿耿的大臣都忍不住，规劝纣王以国事为重。可一向自负的商纣王听不进半点儿逆耳之言。于是，一些大臣忍无可忍之后背叛了他。如此一来，商纣王更加气愤，他加重刑罚，凡是反对他的人，甚至是对他略有微词的亲信大臣，都被施以重刑。他还想出一种名叫"炮烙"的酷刑，就是在一个空心的青铜柱子里点起熊熊大火，当柱子被烧得通红时，将受刑之人剥光衣服绑在上面活活烧死……眼看忠臣们死的死、逃的逃，聚集在商纣王身边的都是些擅长拍马屁的小人。他们不但不会劝谏纣王走向正途，还想出不少新鲜点子和纣王一起玩，而纣王也认为这些人更了解自己的心思，因此更加宠信他们。

眼看繁盛的商朝因为纣王的荒淫无度而日渐衰落，纣王的叔父比干再也忍不住了，决定冒死向纣王进言。大家而劝他不要去送死，可一心为朝廷着想的比干义正词严地说："身为朝廷大臣，如果不能冒死劝谏国君，那还算什么忠臣？"他大义凛然地面见纣王，指责纣王的种种暴行，并希望纣王改过自新、远离酒色。纣王大怒："你这样做是想当圣人吧？我听说圣人的心有七个孔，你要真是忠臣，就让我看看你的心吧！"说罢，就命人剖开比干的胸膛，将他的心取出来观看。

纣王连对待自己的叔父都如此残忍，这激起了众多诸侯的反对，他们再也忍受不了纣王的暴虐，陆续起兵反抗。直到他们快要攻打到朝歌之时，商纣王这才从歌舞中醒悟过来，但此时，他身边已没有一个可以共商国是的忠臣了。眼看大军压境，商纣王只好草草调集一批士兵，亲自出征。可那些备受纣王压迫的士兵早就巴不得商朝灭亡，他们纷纷临阵倒戈。纣王自知大势已去，只有带着无尽的悔恨引火自焚了。

【解读】

诸葛亮精辟地指出了为将之人应该极力避免的八种弊病，可以毫不夸张地说，这八种弊病中的任何一弊都足以致命。商纣王因为"信谗好佞""荒淫酒色"，而令一个繁荣的国家走向陨落，这就是一个最好的例证！

同时，这八种弊病也直指人性的弱点，即使是在现代社会，我们同样要引以为戒。许多时候，一个坏毛病并不是忽然形成的，它总是在不断侵蚀着你的意志，稍不留意就会酿成大错。所以，任何一个想要有所成就的人，都应把这八种弊病视为警钟,时刻提醒自己。只有防患于未然,才能让自己在成功的道路上走得更远!

七 将 志

【原文】

兵者凶器,将者危任,是以器①刚则缺②,任重③则危。故善将者,不恃强④,不怙势⑤,宠之而不喜,辱之而不惧,则利不贪,见美不淫,以身殉⑥国,一意而已。

【注释】

①器:指军队。　②缺:祸害。　③任重:此指权力欲望太强。　④恃强:倚仗强大的军力。　⑤怙势:依靠权势。　⑥殉:因维护某种事物或追求某种理想而献出生命。

【译文】

军队是一种凶器,而将领必须担负重任。如果若自恃军力强大就易招致失败,若将领权力欲望太强就会十分危险。因此一个好的将领是:不凭借强权,不仗势欺人,受宠信的时候不沾沾自喜,受侮辱的时候也不惊慌失措,看见利诱而不贪婪,遇到美色也不产生淫念,只是一心一意准备牺牲自己的生命来报效国家。

【事典】

"人生自古谁无死,留取丹心照汗青。"大家对这句诗肯定是耳熟能详,而此诗的作者文天祥之所以能写出如此气势磅礴的诗句,与他有崇高的修养和远大的抱负密切相关。

文天祥所生活的南宋时期正处在内忧外患之中,内有奸臣扰乱政权、外有元军虎视眈眈。文天祥自小就认为:"一个人死后若不能被供奉在祠堂,就称不上是大丈夫!"凭借自身的努力,文天祥在朝廷做了官,可他慢慢发现,整个朝廷已经被贾似道之类的奸臣们搅得乌烟瘴气。不过,生性秉直的文天祥并不害怕引火烧身,依然多次上书朝廷,可他的建议不仅未被朝廷采纳,还由此得罪了贾似道,落了个被贬官的下场。

文天祥三十七岁那年,南宋已经到了生死存亡的危急关头,可能是朝中实在无人,文天祥竟被派到江西赣州担任州官。他不计前嫌,仍全心全意地为朝廷卖命。当时,元军的铁骑已经直逼南宋朝廷所在地——临安,文天祥得到消息后,立刻招募了三万人马,并拿出所有家产充当军费,打算前去支援临安。有人劝他说:"元军凶悍无比,您带着这些临时招募的人马前去抵抗,就好比赶着羊群去跟猛虎搏斗,结果注定是要失败的,你又何苦这么做呢?"文天祥坚定地说:"话虽如此,可现在国家有难,若无没人肯挺身而出、为国家出力,难远不更让人痛心? 我如此不自量力,其实是抱着以身殉国的决心,希望天下忠义之士能闻风而起。只有站出来的人多了,才能保住国家的江山社稷!"

文天祥的愿望是美好的,但终因寡不敌众,经过多年的奋力抵抗,他仍被元军俘获了。此后,虽然南宋的一些忠臣还在顽强抵抗,可改变不了南宋最终走向灭亡的结局。眼看自己的国家落入敌手,文天祥已无心恋世,一心只等着元朝处死他的命令。但元朝政府不仅没有处死他,还把他奉为上宾,以美酒佳肴款待他,可文天祥根本不为所动。在被押往元朝都城的途中,尽管他身为囚徒,可丝毫不气馁,与一同被押送的邓光荐谈论历史和诗词,期望有一天能东山再起。他甚至绝食八天以示抗议。

进京后,元军安排他住在奢华的会同馆里,接着,劝降的人接踵而来。第一个劝他投降的是留梦炎,此人曾是南宋丞相,后来主动向元军投降,捞到个元朝礼部尚书的职位。文天祥一看到留梦炎,立刻厉声斥责他的卖国行为,留梦炎只好悻然离去。随后是南宋皇帝赵显,此时,他已被元朝削去帝号,封为瀛国公。文天祥一见到赵显,立刻跪地叩头,连呼:"圣驾请回。"赵显也只有乖乖地离去了。

元朝政府见劝降无望,便把文天祥关在监狱里,想通过折磨他逼其就范。但铮铮铁骨的文天祥凭借着一股浩然正气,在充满霉臭味的牢房里生存了下来,并写出了那篇气壮山河的《正气歌》。此时,元朝政府闻听,有人聚集数千人打算攻入都城,劫走文天祥,这让元朝政府犯难了:如果将文天祥一直关在牢房里,始终是个祸害;但如果将其处死,又不舍失去一个如此忠肝义胆的贤士。于是,元朝皇帝忽必烈决定亲自说服文天祥投靠元朝。

这天,忽必烈在皇宫大殿召见了文天祥。面对元朝皇帝,文天祥只是礼貌性地鞠了一躬。侍卫见状,便强行压他下跪,可他仍昂首挺立、誓死不跪。忽必烈拿他没办法,只好苦口婆心地劝道:"你在这里也那么久了,应该也产生一定的感情了。如果你能像对待宋朝一样对待我朝,我马上封你为中书宰相。"文天祥一口回绝说:"我文天祥是大宋的宰相,宋朝灭亡了,我只求立刻死去,从没想过还能活多久!"忽必烈最终,只好忍痛割爱,将其处死。赴刑场那天,文天祥还不忘朝南方拜了两拜,以表示自己誓死效忠南宋的决心,他以身殉国的高风亮节至今依然受人们的敬仰!

【解读】

"能力越大,责任越大!"在电影《蜘蛛侠》里,当男主角拥有超人的本领后,他的叔叔对他说了这句话。事实上,早在一千多年前,诸葛亮就意识到了这一点。将领之所以称之为将领,是由于他肩负着比士兵更为重大的责任! 也正因如此,为将之人一定要加强自身的修养,以期无愧于"将领"这一名号。

在当代社会,虽然我们没必要像文天祥那样"以身殉国",但完全可以对自己高标准、严要求。因为,一个人以什么样的标准来要求自己,就意味着他会成为什么样的人才。一旦你的标准高了,你努力的程度和奋斗的决心也会随之增强,心态自然也会变得更加积极向上。这样一来,即使你尚未成功,但总不至于虚度光阴,对吗?

八　将　善

【原文】

将有五善四欲。五善者,所谓善知敌之形势,善知进退之道,善知国之虚实,善知天时①人事②,善知山川险阻。四欲者,所谓战欲奇③,谋欲密,众欲静,心欲一。

【注释】

①天时:自然界时序的变化。　②人事:人的离合、境遇、存亡等情况。　③奇:出奇制胜。

【译文】

将领应该具备5种才能和4种要求。5种才能就是:能够善于分析敌军的各种企图,能够准确掌握进攻和退兵的规律,能够了解国家的强弱虚实,能够通晓战争中自然界时序的变化和与战争相关之各种人的因素,并能够熟悉高山河流的地理险阻。4种要求就是:用兵作战要出奇制胜,进行谋划要做到万无一失,在复杂的情况下要保持镇定自若,部队将士要众志成城。

【事典】

1973年,埃及、叙利亚为了收复在第三次中东战争中失去的土地,在经过长达六年的军事储备后,决定伺机向以色列发起进攻。

9月的一天,叙利亚大军包围了一支以色列装甲旅。以色列坦克手在毫无准备的情况下遭遇叙利亚大军的袭击,难免有些惊慌。不过,训练有素的以军立刻调整状态,积极投入到战斗中去。短短几个小时的时间里,他们已经击毁了数倍于自己的叙军坦克。无奈叙军人多势众,眼看叙军的后援部队还在不断地赶来,而以军全旅的近百辆坦克仅剩下三十多辆,年方三十的以军旅长不禁陷入了沉思:再不撤退的话,恐怕会全军覆没了。虽然踌躇满志的以军旅长非常不愿意当逃兵,但为了防止无谓的牺牲,他还是拿起望远镜侦察敌情,打算制定撤退路线。

然而,望远镜里的情形让他原本糟糕的心情雪上加霜,原来,正当以军专心杀敌时,叙军的二百辆坦克悄悄地从四面八方压来,将以军团团围住,完全切断了以军逃生的路线。这下该怎么办呢?想要撤退已经不行了,可再这样耗下去,以军终究不是叙军的对手,难道就这样坐以待毙吗?

以军旅长十分清楚,此时正是考验他的应变能力和军事素养的关键时刻,如果他表现得六神无主,那整个军心就会涣散、动摇。于是,他长长地舒了一口气,尽量让自己的心情恢复平静,并开始认真思考对敌策略。

"首先,叙军在火力和人数上远远超过我军,且不断有后援支持,而我军在激战半日之后,不管是士兵体力还是子弹都消耗巨大。如果强行杀出一条血路,肯定招架不住叙军的强大攻势,因此,当务之急就是要保存实力。"在对敌我双方进行详细的分析之后,以军旅长选定了这个大方向,随后,他又想到:目前,我方明显处于劣势,但并不是没有突出重围的可能,关键就是要出奇制胜,玩一种叙军从来没有见过的怪招!想到这里,以军旅长忍不住笑了起来,原来,他已经想到了一个绝妙的点子。

此时,以军中有一些坦克手已经体力不支,脸上写满了绝望,以军旅长见状,并没有鼓励、安慰他们,更没有命令他们振作起来,而是用充满信心的眼神望向大家,并摆出一个胜利的姿势。士兵们见旅长如此自信,也不由得士气高涨。随后,在旅长的指挥下,以军开始排兵布阵,他们将原本一字排开的坦克围成一个圆圈,火炮一律对外。叙军不清楚以军在搞什么名堂,只顾摆出一副胜利者的姿态,拿着扩音器敦促以军投降。可以军不仅没有投降,反而向叙军猛烈开火。

这下可惹急了叙军,他们开动坦克,气势汹汹地从四周向以军压来。以军在重新布阵、将坦克围成圆圈之后,火力不是只冲一个方向,而是朝向四面八方,他们对准逼近的叙军坦克一阵猛击,叙军难以抵挡强大的攻势,节节败退;此时,以军又将圆圈扩大、快速出击,紧追着对手开火。

这样持续了一阵之后,叙军无法找到突破口,目标不能准确击中再继续强攻下去也,损失越来越重,只得停止战斗。但叙军并没有闲着,他们一边苦思冥想破解招数,一边远远地监视以军的一举一动。

为了确保万无一失,叙军又调来了重兵,并想好了破解以军战法的招数,他们打算重点攻击一个方向。只要一方被突破,我们就能冲入敌阵将其制服。可是以军旅长也没有坐以待毙,他当然知道叙军会全力破解这一阵形,因此,经过一晚上的思考,他决定改变策略。

第二天一大早,养精蓄锐的以军率先开始进攻叙军,而叙军也有条不紊地集中兵力,朝以军进攻。可令叙军想的是,以军这次并没有摆"圆圈阵",而是集中全部坦克冲向叙军的薄弱环节。等到叙军主力意识到情况不妙,并掉转头来准备对付以军时,以军早已突出了重围!

【解读】

没有人能拒绝成长,也没有人能预料困难何时降临。生活中,我们时时会碰到各种困难。在困难面前,有人冷静地面对,因此,他们可以骄傲地将困难踩在脚下;但有人却烦躁地哭泣,也正因如此,他们会被困难压得喘不过气来。

然而,要想快快乐乐地活在人世间,你必须学会笑对困难,进而寻求解决困难的办法。而诸葛亮提出的"五善四欲",不但有助于培养将领的军事素养和军事才能,我们在遭遇困难时沉着冷静地分析形势,进而寻求解决之道。人生如打仗,只有了解自己和对手,善于利用周围的所有有利因素,抓住时机、准确出击,才能赢得精彩的人生!

九 将 刚

【原文】

善将者,其刚不可折①,其柔不可卷,故以弱制强,以柔制刚。纯柔纯弱,其势必削②;纯刚纯强,其势必亡③;不柔不刚,合道之常。

【注释】

①刚不可折:折,折断。此句谓为将须意志刚毅,可不能固执。 ②纯柔纯弱,其势必削:一味地柔弱定会减损气势。 ③纯刚纯强,其势必亡:一味地刚强而不懂变通定会招致祸害。

【译文】

善于统兵打仗的将领要能屈能伸,其意志刚强却不可固执己见,性格柔顺却不可软弱。因此能够以弱制强,以柔克刚。如果性格过于柔弱,则部队的威势必会削弱,而过于刚强,则部队的威力必会丧失殆尽,只有刚柔并济才合乎事物的常规。

【事典】

如今虽已进入21世纪,男女之间的地位日渐平等,但女子参政的人数与男性相比,仍是少之又少。中国古代皇帝中,也只不过出现过一个武则天。然而,在总统职务常年被男性垄断的南美洲国家——智利,却迎来了历史上的首位女总统——巴切莱特。一个离过婚的弱女子,竟然登上了象征着男性最高荣誉的总统宝座,这让许多人大跌眼镜,也自然引起了人们的好奇,是什么让巴切莱特在众多实力强劲的男性总统候选人中脱颖而出的?

巴切莱特最突出的特质就是刚柔相济,和那些刚韧有余、柔和不足的男性相比,她的这一特质时时不散发着奇异的光芒。在她身上,你既能看到男性精干的一面,也能看到女性温柔的一面。早在她担任智利国防部部长的时候,她就将"刚"

和"柔"发挥得淋漓尽致。例如,在进行军事演习时,她会穿上军装,登上坦克,以一个普通士兵的身份,和士兵们一起操练。此时,她俨然是这些男性士兵中的一员。但当将军们向她行军礼时,她不是举手还礼,而是给对方送去一个轻触脸颊的柔和之吻。她的这一举动马上提醒人们,抛开国防部部长的身份,她也是个平凡的女人。

若只凭借这些细小的举动,巴切莱特还不足以在政界树立自己的威望,她最令人称道的是:她既是一个性格刚强、雷厉风行的政界女强人,又是一个爱护子女、关心家庭的模范妈妈。这种刚柔相济的性格不是靠几个小动作就能形成的,而是经过了长期的锤炼和积淀。

巴切莱特经历过智利的政权更迭,在 1973 年的政变中,由于她和母亲秘密帮助受迫害者的亲戚而被捕。在狱中,巴切莱特受到殴打,还受到遇过连续五天没有饭吃的惨况,但这些磨难却让她变得更加坚强。每当有人问及这段经历时,她最多只是轻描淡写地说:"尽管变到一些折磨,可却让我学会了坚强,也让我更加意识到民主自由的可贵。"让人敬佩的是,在担任国防部部长时,她并未由于过去所受到的不公平待遇而伺机报复。在她看来,如今时过境迁,已经没有什么可计较的了。不光如此,她甚至对当时折磨过她的人心生怜悯:"我曾经偶遇过一个曾经折磨过我的人,他哭了,不敢看我的眼睛。那时我意识到,他其实是个内心充满负罪感的可怜人。"面对挫折时,巴切莱特表现出了男人般的刚毅;可面对曾经让她备受折磨的人,她又表现出了女性特有的细腻和温情。

在巴切莱特担任智利卫生部部长期间,拉戈斯总统曾经给她下了一道命令,要求她在短短一年的时间里,彻底解决智利国内看病排长队的问题。这一问题在智利历届卫生部部长眼里均属于大难题,但巴切莱特并来在时间问题上讨价还价,而是一口答应了下来。随后,她雷厉风行地投入到这项工作中,大胆进行制度改革,不仅在规定期限内完成了任务,还改革了医疗服务系统,让贫困居民也享受到了医疗服务。这件事不仅令拉戈斯总统对她刮目相看,也获得了智利民众的一致好评。

但巴切莱特毕竟是一个女人,可能是由于对工作过于执着,她的两次婚姻都草草收场,留下一子两女由她抚养。回到家中面对孩子时,她也是个普通的家庭妇女,一个疼爱孩子的单亲妈妈。和大多数母亲一样,巴切莱特热爱音乐和排球,为了给孩子做饭、洗衣服,她尽量按时回家。其他孩子在妈妈那里所能享受到的,巴切莱特都尽量让自己的孩子也享受到,因此,她会在繁忙的工作之余,送孩子上学、陪他们一起逛街买东西……这些女性特有的贤惠、善良和温柔,足以抵消她离婚给孩子们带来的负面影响。

在竞选总统时,巴切莱特充分发挥了自己性格中"柔"的优势,她在接受采访时表示:"女人代表政客中人性化的一面,与人们期待的优秀的总统形象更为接近。"她温柔镇定的笑容和"我会在乎你"的竞选口号,令智利民众好像在她身上见到了优秀总统的潜质;而她弹起吉他和普通民众共同娱乐的场景,又让人们看到了她无比亲民的一面。在工作能力毋庸置疑的前提下,还有什么比亲民更加吸引人的呢? 因此,凭借这种恰到好处的刚柔相济,巴切莱特不仅在政界和民间树立了自己的威望,更让智利人民折服于她的独特魅力!

【解读】

每个人都希望成为命运的主宰,这也铸就了人们性格中刚性的一面。然而,随着年龄的增长,一些外部和内部因素会使人不得不变得柔顺起来。因此,每个人的性格中都存在"刚"和"柔"两种截然不同的特质,怎样才能把它们完美地结合起来,做到刚柔并济,是实在值得我们去思索的一个问题。因为,只有做到刚柔适度、刚中有柔、柔中带刚,才能让自己的个性更加完善,从而赢得人们的尊重,使自己立于不败之地。

十　将骄吝

【原文】

将不可骄,骄则失礼,失礼则人离,人离则众叛。将不可吝,吝则赏不行[1],赏不行则士不致命[2],士不致命则军无功,无功则国虚,国虚则寇实[3]矣。孔子曰:"如有周公之才之美,使骄且吝,其余不足观也已。"

【注释】

①赏不行:部属没得到奖赏。　②致命:效忠听命。　③寇实:让敌人强盛。

【译文】

将领不可骄傲自大,骄傲自大就会失去礼节,失去礼节就会使人心离散,人心离散就会造成众叛亲离。将领也不可吝惜财物,吝惜钱财部属就得不到奖赏,部属得不到奖赏就不愿效命,士卒不愿意效命,那么军队也就无法建功立业,军队不立战功就会导致国家空虚衰弱,国家空虚衰弱就会使敌人的力量强大。孔子说:"即使有圣人周公旦那样的才能和美德,但如果骄傲自大而且吝惜钱财,其余的长处也就不值得一看了。"

【事典】

中国历史上的东汉末年,是出了名的乱世之秋,群雄割据、连年混战,谁都想统一中国,成为天下霸主。197 年,势力较大的曹操和袁绍的战争进入了相持阶段。为了尽快击败袁绍,早日一统天下,曹操决定派自己的谋士孔融前往敌军阵营拉拢将军刘表。

出乎曹操的意料,孔融意放弃了这个展现自己才华和能力的机会,而是极力推荐自己的好朋友祢衡。为了给祢衡争取到这次机会,孔融还亲自给当时的皇帝汉献帝写了一封信,在信中极尽赞美之词。他说:"祢衡是一个百年不遇、千载难逢的旷世奇人,他不但能出口成章、过目不忘,还德才兼备、智勇双全,完全可以胜任此次任务。"末了,他更拍着胸脯说:"若皇上不信,可以亲自面见祢衡。如果他不合格,我甘受任何责罚!"

不过,汉献帝并没有因此就点头答应,而是把信交给了曹操,让他来决断。精明的曹操怀疑孔融信中所写的不过是读书人之间互相吹捧的客套话,便派人叫来祢衡。其实,曹操对祢衡的为人早有耳闻,他素闻此人生性狂傲、目空一切,因此准备在第一次见面时给祢衡来个下马威!

这天,祢衡迈着高傲的步伐来到曹操的住所,他本以为曹操会对他问和问题、笑脸相迎,没想到曹操不但不说话,连座位也不给他坐。这下可惹恼了祢衡,他立刻开口大骂:"天下之大,怎么连一个值得称道的英雄都没有呢?"

孔融

听他这么一说,曹操忍不住说道:"我手下有十几位谋士和将帅,例如荀彧、郭嘉、夏侯惇等人,他们都是盖世英雄,你怎敢说天下连一个英雄都没有呢?"祢衡正等着曹操这么说,他好借机辱骂一番,这下可抓住机会了,只听他厉声说:"你这样说就大错特错啦!这些人是什么货色,我心里清楚得很,他们看上去风光无限,实际上不过是群酒囊饭袋!"之后,他将曹操刚才所提及的十几个人通通骂了个遍,言语刻薄至极。

祢衡如此蛮横无理地辱骂曹操的部下,曹操自然非常气愤。但祢衡仍不善罢甘休,他接着说道:"像我这种上知天文、下知地理的旷世奇才,自然不屑于和你麾下那些凡夫俗子相提并论。可以这么说,若让我管理国家,我能成为像尧、舜那样的明君;如果谈到思想修养,我跟孔子、颜回有得一拼!"这么一来,连曹操的部下张辽都看不下去了,他想杀掉祢衡,但被曹操阻止了,曹操还封祢衡做了一名鼓吏。

第二天,曹操请一帮朋友前来府上做客,身为鼓吏的祢衡自然要擂鼓助兴。祢衡不满曹操让他担任这么小的职务,有意穿一身旧衣服,并且唱一些悲壮凄凉的歌,本来高高兴兴的宴会硬是被他搅得黯然神伤,有几位感情丰富的宾客甚至哭了起来。曹操实在看不下去了,便命令祢衡换上新衣服再来击鼓,祢衡一不做二不休,当场脱下旧衣服,一丝不挂地表演起来!之后,他又破口大骂曹操:"像我这种

天下少有的名士,你和让我做毫无前途的鼓吏,你真是个没有眼光、没有良心的恶人! 就这点能耐还想成霸王之业,你别做梦啦!"曹操强忍心中的怒气,喝令祢衡退下,此事又不了了之了。

大家都认为曹操一定会杀死祢衡,但曹操并没这么做,还派他去劝降敌军荆州的将军刘表。临行前,曹操还吩咐手下不要为难祢衡,希望祢衡能通过这次行动略有收敛,改掉狂妄自大的毛病。但祢衡仍我行我素,甚至变得更加张狂。见了刘表之后,他又骄傲地吹捧了自己一番,当然更不忘讽刺嘲笑刘表。刘表就把这个烫手的山芋,推到江夏的将军黄祖手中。

到了黄祖那里,祢衡再次施展他的毒舌功夫,将黄祖嘲骂得体无完肤。俗话说:"常在河边走,哪有不湿鞋。"祢衡这次可没那么好的运气了。黄祖是个粗人,气度不比曹操、刘表,他绝不允许别人如此嚣张。于是,黄祖勃然大怒,马上让人把祢衡拉出去斩了!

【解读】

人们总说,要活得有自信,要为自己而骄傲,但凡事都有个度,过分的骄傲就是狂妄,就像三国时期的祢衡一样,走到哪里都会招人厌烦,最终只能落个被斩首的下场。

此外,在吝啬这个问题上也是同样的道理。尽管我们现在提倡节俭为本,但并不是说人人都要变成葛朗台式的超级吝啬鬼。就拿请客吃饭来说吧,若每次都是人家花钱请客,你却舍不得请别人,久而久之,还会有人愿意请你吃饭吗?

十一 将 强

【原文】

将有五强①八恶②。高节可以厉俗,孝弟可以扬名,信义可以交友,沉虑可以容众,力行可以建功,此将之五强也。谋不能料是非,礼不能任贤良,政不能正刑法,富不能济穷厄③,智不能备未形④,虑不能防微密⑤,达⑥不能举所知,败不能无怨谤,此谓之八恶也。

【注释】

①五强:五种美德。　②八恶:八种令人讨厌的行为。　③穷厄:穷困潦倒。
④备未形:防患于未然。　⑤微密:指很小的事物。　⑥达:显达。

【译文】

将领有5种美德和8种令人厌恶的行为。高尚的志节能够激励世俗,孝顺父母、敬爱兄长能够扬名立世，恪守信用能够广交朋友，深思远虑能容纳他人，身体力行能够建立功业，这是将领的 5 种美德。谋划却不能判断正确与错误，讲究礼节却不知礼遇贤士，治理政务却不能严明刑法，富裕却不救济贫穷困厄，没有防患于未然的智慧，也缺乏防微杜渐的远虑，而得志显达却不举荐自己所知的人，失败了却怨天尤人，这就是将领令人厌恶的 8 种行为。

【事典】

"血染征袍透甲红，当阳谁敢与争锋。
古来冲阵扶危主，唯有常山赵子龙。"

这首诗中所夸赞的赵子龙，正是我们今天要讲的主角——赵云。赵云是常山真定人，是三国时期一位文武双全的大将。在中国四大名著之一的《三国演义》中，尽管赵云算不上是主要人物，可作者罗贯中对赵云的智勇双全和丰功伟绩进行了大量描写和渲染，读过这本书的人，都不由得会对赵云肃然起敬。

历史上的赵云，确实是个真正的乱世英雄。他的可贵之处在于，他不但是个浑身是胆的常胜将军，更是个处事周密、见识不凡的贤德之人。他两次于危难之中救出幼主刘禅，正是他忠心义胆、有勇有谋的真实写照。

当年，曹操南取荆州之后，刘备自知打不过强大的曹军，慌忙择路而逃，但曹操亲自带大军日夜追杀，终于在当阳长坂坡追到了刘备的部队。这下，刘备吓得连自己的妻儿都顾不上了，急忙吩咐大将张飞负责断后、赵云负责保护自己的家眷，然后自己先逃命了。

受命于危难之中，张飞和赵云自然不敢懈怠，他们与追来的曹军展开了殊死搏斗，两支队伍酣战多时，等到终于有机会喘口气时，赵云忽然发现大事不妙，原来，刘备的两位夫人——甘夫人和糜夫人以及刘备的儿子刘禅已不知哪去了！赵云急忙持枪从乱军中杀出一条血路，一边和敌军奋力拼杀，一边寻找刘备的夫人及幼子。好不容易找到甘夫人并将其托付给张飞之后，赵云又匆匆杀回敌军内部，继续寻找糜夫人和刘禅。就这样，赵云孤身一身，在曹操的百万大军中杀了个七进七出，终于在一个枯井旁找到了糜夫人及其怀里的刘禅。当时，糜夫人已身负重伤，她装刘禅交给赵云之后，便纵身跳入枯井自尽。赵云强忍心中悲痛，把刘禅抱在怀中，再次成功地突出重围。

赵云为了解救刘备的妻儿和曹军殊死决斗的同时，刘备已经逃到了安全的地方。他左等右等，不见赵云前来与他会合，心里很是焦急。这时，又有人报告说赵云奔向曹营，投靠曹操去了。但刘备并不相信，他坚定地说："赵云不会弃我而走的。"果然，赵云不久便抱着刘禅赶来了，刘备见到赵云，激动得热泪盈眶，他猛地把幼小的刘禅扔到地上，生气地说："由于你，我差点损失一员大将。"从刘备的表现来看，赵云不愧是个人人敬畏的神勇将军。

若说这次救刘禅，赵云更多地表现出了他的胆识。那么，第二次救刘禅，赵云

国学经典文库 智慧谋略全书 诸葛亮兵法 图文珍藏版

1134

则充分展现了他的足智多谋和忠心耿耿。

刘备的另一位夫人叫孙尚香,是吴国当权者孙权的妹妹。赤壁之战后,孙权看到蜀国的战斗力,对蜀国不敢轻举妄动了,思量再三,他决定假借思念外甥之名,请求刘备同意让孙尚香带着刘禅回娘家,事实上是想软禁刘禅,威胁刘备投降。刘备也不多想就欣然同意了。孙夫人十高兴地带着刘禅启程之后,刘备的谋士诸葛亮才得知这一情况,他马上意识到情况不妙,急忙派赵云追赶孙夫人,从她手中截下刘禅。

赵云和孔明

在长坂坡时,赵云于百万大军中救出刘禅,形势何其艰险,但当时面对的是曹军,只需凭借胆识和武功。但这一次,赵云面对的是主公的夫人——孙尚香,在那个封建传统的社会,有哪个部下敢冒犯主公夫人呢?更何况孙尚香性情刚烈,万一有个三长两短,可是要判死罪的。这些赵云心里都清楚,不过,凭借对刘备的忠心和清醒的头脑,赵云什么也没说就出发了。

路上,赵云在心里盘算着:孙夫人固执蛮横,如果好言相劝,她是不会同意交出刘禅的,所以只有硬取才是上策。于是,他追上孙夫人一行时,不卑不亢地说了句:"夫人得罪了!"便将刘禅抢了过来。孙夫人想从赵云手中夺去刘禅,无奈不是他的对手,这时,赵云又说:"夫人,主公为了统一霸业奔波了大半生,仅有刘禅这么个亲生儿子。此次去孙权那里,定是凶多吉少,如果夫人舍不得刘禅,还请早去早回……"一番话说得入情入理,孙夫人一时无话可说,就这样,赵云第二次救回了刘禅。

【解读】

有能力的将领会令人心生佩服,既有能力又有修养的将领更会让人从心底里敬畏和爱戴。因此,我们每个人在提高能力的同时,千万不要忘了对自身素养和道德的培养。否则,即便你能力超群,但可如果道德败坏、无恶不作,也不会有公司愿意聘用你,更不会有人愿意和你交朋友。

十二 出 师

【原文】

古者国有危难,君简①贤能而任之,斋三日,入太庙,南面而立;将北面,太师进钺②于君。君持钺柄以授将,曰:"从此至军,将军其裁之。"复命曰:"见其虚则进,见其实则退。勿以身贵而贱人,勿以独见③而违众,勿恃功能而失忠信。士未坐,勿坐;士未食,勿食;同寒暑,等劳逸,齐甘苦,均危患。如此则士必尽死,敌必可亡。"将受词,凿凶门④,引军而出。君送之,跪而推毂⑤,曰:"进退惟时,军中事不由君命,皆由将出。"若此,则无天于上,无地于下,无敌于前,无主于后。是以智者为之虑,勇者为之斗,故能战胜于外,功成于内,扬名于后世,福流于子孙矣。

【注释】

①简:同"拣",选拔。　②钺:斧钺,象征权力。由君王授予将领,使之握有生杀大权。　③独见:独断独行。　④凶门:北出门也。古代将军出阵时,从北门出发,并以丧礼处之,以示必死的决心。故后称北门谓之"凶门"。　⑤毂:车轮子。

【译文】

古时候在国家危难之秋,国君就选拔有品德才干的人担任将领,来保家卫国。并于出师之前,举行受命仪式。君王在斋戒3日后,进入大庙祝祷,其面南而立,将领则面向北方,太师把象征权力的斧钺献于君主。君主将钺柄授予将领,说:"从现在起,军队就由将军全权指挥了。"并训诫将领:"作战时,看到敌人薄弱就加紧进攻,看到敌人强大就全身撤退。不要由于位高权重而看轻他人,也不要独断独行而违背大家的意愿,更不要自恃战功而失去忠诚信义。士卒没有安顿下来、没有饱食,自己不可先行休息、进食,要与士卒们同甘共苦、患难与共。这样一来,士卒们必定竭力效忠,敌人一定可以灭亡。"将领接受命令后,就开凿"凶门",率军出发。君主送行,半跪在地上,推着车轮说:"前进或后退只要符合时机,军中的全部事情不由君主决定,全听凭将领指挥。"经此仪式后,军队在外就不受天文、地理和君王的牵制。因此,才智之士能竭尽其谋,勇猛之士能竭尽其力,这样一来,当然对外能所向无敌,对内能建立功勋,从而扬名立万,福荫子孙后代。

【事典】

春秋末期,各诸侯国连年征战不休。有一年,燕国和赵国联合攻打齐国,齐国不敌,连吃败仗。齐国的当权者齐景公十分焦急,他非常想找一名出色的将领带领军队一举扳回败局。

　　在相国晏婴的推荐下,齐景公决定任命平民出身的田穰苴为大将军,率领大军迎战敌人。田穰苴军事才华出众,又有报国之心,在国家危难的关头,自然愿意挺身而出。可是想到自己出身卑微,骤然升为将军,士兵们肯定不服。于是,田穰苴向齐景公请求说:"我只是一介平民,您一下子把我提拔到将军的位置上,我手下的将士们难免会不服气。他们不信任我,我也就没什么权威可言,又如何能领兵打仗呢?因此,恳请大王派一名值得信赖、在军中又很有权威的人,做我的督军吧!"面对如此合情合理的请求,齐景公欣然答应,立刻派他的心腹重臣庄贾担任督军。田穰苴这下总算松了口气,他和庄贾约定,第二天正午在城门外会合,整点出兵。

　　次日一大早,田穰苴便来到军营,进行出发前的准备工作。为了定准时间,他还吩咐手下立起测量太阳影子的木表,打开测时的漏斗。然而,眼看日落西山,依然看不到庄贾的影子,直至傍晚时分,庄贾才不慌不忙地踱着步子来到军营。原来,庄贾仗着自己深得齐景公的宠信,一向骄傲自大,根本不把田穰苴放在眼里。再加上亲戚朋友为他钱行,他一高兴就喝多了。

　　田穰苴见庄贾如此狂妄,便厉声问道:"庄大人因何这么晚才来?"庄贾满不在乎地说:"亲戚朋友给我钱行,多喝了几杯……"说完,他还长长地打了个酒嗝。田穰苴正色道:"身为大将,从接收任命那一刻起就要忘掉家庭和儿女私情。如今大敌压境、百姓恐慌,众多士兵还在战场杀敌,国君也为此寝食难安,你竟还有心思喝酒玩乐?如今全军上下可都在等你一个人啊!"说完,他又转头问管军法的官吏,这种情况应当怎样处置,官吏答道:"应当杀头。"田穰苴二话不说,马上下令把庄贾拉出去斩首示众。此时,庄贾的酒也吓醒了,他慌忙吩咐随从去向齐景公求救,可随从刚离开没多久,庄贾就已呜呼。

　　过了不久,齐景公派出的使者乘着马车径直冲入军营,手持符节前来救庄贾。田穰苴对使者说:"将在外,君命有所不受啊!"按照军法,乘马车在军营中奔跑的人也是要被杀头的,但此人是国君派来的使者,不能杀头,于是,田穰苴便杀了使者的随从,并砍断车子的左车辕,杀了左边拉车的马匹,以做效尤。自此,田穰苴威震三军,将士们对他俯首帖耳,心甘情愿地听从他的指挥。

　　田穰苴不负众望,仅用几个月的时间便收复了国土,胜利而归。而齐景公也早就领会到田穰苴怒斩庄贾的良苦用心,不仅没有怪罪于他,还提升他为大司马。

【解读】

　　行军打仗,对战局最了解的是在最前方亲自督战的将领,而不是远在千里之外的君主。因此,将领是最有决策权和发言权的,也更能做出正确的决断。日常工作中,我们或许不像一些人那样位高权重,但却是某一项目的负责人,遇到这种情况,你同样需要拥有绝对的权力,只有这样才能树立自己的威信,才能更好地完成任务。

【原文】

夫师之行①也,有好斗乐战,独取强敌者,聚为一徒,名曰报国之士;有气盖三军,材力勇捷者,聚为一徒,名曰突阵之士;有轻足善步,走如奔马者,聚为一徒,名曰搴②旗之士;有骑射如飞,发无不中者,聚为一徒,名曰争锋之士;有射必中,中必死者,聚为一徒,名曰飞驰之士;有善发强弩③,远而必中者,聚为一徒,名曰摧锋④之士。此六,军之善士,各因其能而用之也。

【注释】

①行:指军队编制。　②搴:拔取、夺取。　③强弩:古时作战的利器,一种利用机械力量发箭的弓,威力无比。　④摧锋:指摧垮敌人的锐气。

【译文】

编制军队时,必须依兵士的才能来分编。喜欢单打独斗、乐于作战的兵士编为一队,取名为"报国部队";身手矫健、勇冠全军的兵士编为一队,取名为"突阵部队";健步如飞、行动敏捷的兵士编为一队,取名"前锋部队";善于骑射、发箭命中率高的兵士编为一队,取名"争锋部队";箭不虚发、百发百中的兵士编为一队,取名"射击部队";善于发射强弩,能远射且每射必中的兵士编为一队,取名"摧锋部队"。如此之编制,将使6种优秀士卒得以各展所长。

【事典】

唐太宗李世民坐上皇帝的宝座之后,由于开国不久,百废待兴,可唐太宗却让这个在战乱中建立起来的国家,发展到了中国封建社会的顶峰,并开创了"贞观之治"的盛世。他是怎么做到的呢?

不可否认,一个优秀的领导者需要具备多方面的能力,才能管理好一个国家、一支军队。不过,知人善任无疑是其中最重要的能力之一。唐太宗之所以能开创一个当时在经济、文化、政治等各方面都走在世界最前列的唐朝,和他善于用人、精通人才搭配是密切相关的。

当时,整个唐朝朝廷的框架都在建设和调整之中,许多规章法典需要重新修订,于是,唐太宗李世民便亲自与宰相房玄龄和杜如晦共同商讨定国安邦的策略。在商讨过程中,李世民了解到:房玄龄才思敏捷、见解独到,能提出许多精辟的想法和具体实施的办法;可一到决断时,就不知该怎样把自己的意见归纳整理出来,更不知道该颁布哪一条。而杜如晦虽然没有房玄龄的才识，但对于别人的意见，他能很快地领悟，并能做出缜密的分析和准确的决断。即使是一些杂乱无章的意见，一经他的审视，很快就能变成一项决策，呈交到唐太宗面前。在了解了两人的长处和缺点后，唐太宗根据他们各自的优势，让房玄龄大胆谋略，让杜如晦决断分析，两人各展其才、互补长短，很快便制定出了一套完整的规章法典，两人和谐的搭配也被后人传为美谈，誉为"房谋杜断"。

在房玄龄、杜如晦身上，人们看到了唐太宗用人的高明。实际上，唐太宗对自己身边的臣子，都有十分清楚的认识和了解，明白他们的优势在什么地方，怎样加以运用。例如，唐太宗知道李靖既有文韬又有武略，领兵打仗时战无不胜，入朝为相时也能共商国是，便封他为刑部尚书兼检校中书令，主要掌管国家的军令、政令、刑法等，这些工作恰好能发挥李靖的长处。另外，唐太宗还任用忧国如家、忠言直谏的魏征为谏议大夫，专门指正皇上的言行，向皇上提意见。魏征在与唐太宗合作的十七年间，向唐太宗提了几百条意见，唐太宗基本上都采纳了。魏征去世后，唐太宗悲痛地说："以铜为镜，可以正衣冠；以史为镜，可以知兴替；以人为镜，可以明得失。我常以这三面镜子约束自己，以免犯错误。现在魏征去世了，我失去了一面宝贵的镜子啊！"由此也可窥见唐太宗善用、重视人才的一面。

贞观十八年，唐太宗当着几位忠臣的面说："长孙无忌擅长决断、反应敏捷，却儒雅有余、勇猛不足，因此只适合在朝中担任文官；高士廉公正无私、不结朋党、临危不惧，因此让他做吏部尚书，负责官吏的选拔和考核；杨师道性格温和、忠贞不贰且洁身自好，唯一的缺点是性格懦弱，不擅长处理突发状况，因此不妨让他做侍中，天天陪伴在朕的身边；岑文本的文章写得不错，为人忠厚老实，可做事没有主见，就让他在中书省任职吧；马周具有远见卓识，且性格直爽、敢于进言，因此让他做宰相……"唐太宗的一番分析可以说是恰如其分、公正中肯，也正因如此，他总能发掘臣子的长处，并充分加以利用。正如他所说："一个人不可能面面俱到，我用人总是用他的长处，避免用他的短处。"

【解读】

清代著名学者魏源曾说："不知人之短，不知人之长，不知人长中之短，不知人短中之长，则不可以用人。"身为现代管理者，只有了解了每位下属的长处和短处，并知其长中之短、短中之长，才能真正做到知人善任。一些管理者总希望员工全面发展，可最终却什么也没抓好。要知道，金无足赤，人无完人，用才切忌求全责备。培养"专才"远比培养"全才"轻松得多，只要合理搭配、扬长避短，专才甚至可以发挥比全才更大的威力！

十四　智　用

【原文】

夫为将之道,必顺天、因时、依人以立胜也,故天作时不作而人作,是谓逆时[①];时作天不作而人作,是谓逆天[②];天作时作而人不作,是谓逆人。智者不逆天,亦不逆时,亦不逆人也。

【注释】

①逆时:违背时机。　②逆天:与天理不合。

【译文】

为将的原则,一定要顺应自然规律、依据时机和依靠众人的力量来取得胜利。当有利的自然条件出现,可无合适的时机,而人为地去行动时,这就为违背时机。时机出现了,但有利的自然条件没有出现,而人为地去行动,这就是违背自然规律。有利的自然条件出现,而且时机产生,但人却不愿意作战,这就称作违背军心。智者不违背自然规律,也不违背时机,更不违背全军将士的意愿。

【事典】

春秋时期,晋国的当权者晋献公听信谗言,杀了太子申生,又派人追杀申生的弟弟重耳。重耳勿忙逃出晋国,在外逃难了十多年,经过千辛万苦终于逃到楚国。楚国的当权者楚成王早就听说重耳才华横溢、将来必成大器,便把重耳接到宫中盛情款待。在宴席上,两人相谈甚欢。席间,楚成王半开玩笑半认真地问重耳:"若有一天你回晋国当了国君,该怎样报答我呢?"重耳思索了片刻说:"若有幸当上晋国的国君,我愿与楚国和平相处,如果两国之间发生战争,我一定命令军队退避三舍(一舍等于十五千米),以报答楚王今日的恩情。"

四年之后,果然重耳回到晋国当上了国君,也就是历史上著名的晋文公。晋文公励精图治,把晋国管理得井井有条,国力也越来越强盛。当时,整个中国呈现出群雄四起、诸侯争霸的局面,为了实现天下统一,国与国之间的战争一触即发。

前632年,晋国和楚国交战了。面对楚国强大的军队,晋文公竟下令三军后退九十里,在城濮安营扎寨。这下,晋国的士兵忍不住抱怨道:"仗还没打,为何我们先退缩了呢?虽然楚军队十分强大,可我们也英勇无敌啊!为了保卫国家,请求国公让我们拼死作战!"晋文公解释道:"当初我曾受过楚王的恩惠,并许下诺言:如果日后两军相遇,我愿意退避三舍。因此,即便这一仗打败了,我也要信守承诺。"

实际上，晋文公这么做的用意并不是像他说的那么简单。这次撤退对于晋国来而言可谓是一举三得：首先，楚军的将领成得臣是个莽汉，他见晋国不战而退，必定趁势追击，晋国只需设下埋伏，等楚军自投罗网，此为天时；其次，后退九十里，也就退到了城濮一带（今山东鄄城西南），城濮周围地形险要，十分有利于防守作战，此为地利；最后，他实现了当年的承诺，军队上下都觉得自己追随了一个有情有信的将领，打起仗来自然更加卖力，此为人和。晋文公的这一退，给晋国创造了天时、地利、人和三个有利条件，可以说是胜券在握。

而楚国这边，成得臣果然被激怒了，他未采纳副将斗勃顺水推舟借机退兵的建议，反而认为晋文公是惧怕了，于是派兵连进九十里。成得臣还派人向晋文公下了战书，措辞傲慢无礼，丝毫不把晋文公放在眼里。晋文公见时机已成熟，便派人回答说："我始终没有忘记楚王当初对我的恩德，因此信守承诺，一直退到了这里。可如今你们的不肯罢手，我们只能是一决高下了！"

战斗开始后，晋文公下令军队边战边退，当楚军右路军前去追赶的时候，晋国大将胥臣率领披着虎皮的士兵冲了出来。一刹那间楚军阵形大乱，右路军大败。晋军又以同样的方法引诱楚左军进入圈套，大败左军。随后，晋军派人假扮楚军给成得臣报信，说楚国左、右两路军都大获全胜，目前正在全力追击晋军。成得臣信以为真，便亲自率兵冲向晋军，此时，晋国左、右两路军都已赶到，将楚军围在中间。直到此时，成得臣才清楚自己上了晋文公的当，但太晚了，楚军被晋军杀得溃不成军、落荒而逃。

晋军占领了楚国的营地，欢庆了三天三夜，这才满意地凯旋。而成得臣自觉无颜再见楚成王，便在途中自杀了。

经过这一战，其他一些国家的国君为晋文公言而有信、退避三舍依然能打败楚国的信义和胆识所折服，晋文公也顺理成章地当上了中原霸主，成为"春秋五霸"之一。

【解读】

不管是领兵打仗还是成就事业，天时、地利、人和都是缺一不可的三个条件。若把"天时"理解成"在正确的时间做某事"，那么"地利"就可以理解成"在正确的地点做某事"，而"人和"则是"和正确的人一起做这件事"。尽管"天时"是可遇而不可求的，可一样需要你具有敏锐的观察力和洞悉力，试想，若洛克菲勒晚十年再从事石油生意，他怎么可能成为富可敌国的石油大亨呢？"地利"和"人和"则更需要你不懈地努力和经营。总之，要想获得成功，就要时刻准备着，并留心观察身边的一切，兴许天时、地利、人和就蕴含其中。

十五 不 陈

【原文】

古之善理者不师①,善师者不陈,善陈者不战,善战者不败,善败者不亡。昔者,圣人之治理也,安其居,乐其业②,至老不相攻伐,可谓善理者不师也。若舜修典刑,咎繇③作士师,人不干令④,刑无可施,可谓善师者不陈。若禹伐有苗,舜舞干雨而苗民格⑤,可谓善陈者不战。若齐桓南服强楚,北服山戎,可谓善战者不败。若楚昭遭祸,奔秦求救,卒能返国,可谓善败者不亡矣。

【注释】

①不师:不陈兵出师。 ②安其居,乐其业:安、乐,都是使动用法,意谓安居乐业。 ③咎繇:舜时掌管刑罚之官,亦称皋陶。 ④干令:违犯法令。 ⑤格:服从、归顺。

【译文】

古代擅长治理国家的人不使用军队,擅长使用军队的人不用摆兵布阵,擅长摆阵势的人不轻易作战,擅长作战的人不会失败,擅长于处理败局的人不会灭亡。过去圣人治理国家,使人们安居乐业,长期互不侵犯,这就是所说的擅长治理国家的人不使用军队的例子。例如,舜在位时制定刑法制度,任命皋陶担任司法官,人们不冒犯政令,刑法无处施用,这就是所说的擅长指挥军队的人不用摆兵布阵的例子。又如大禹率兵讨伐有苗部落,虞舜命令士兵挥舞盾牌和雉羽,有苗部落的民众就归顺了,这就是所说的擅长摆兵布阵而不轻易作战的例子。再如齐桓公在南方征服了强大的楚国,在北方降伏了山戎,这就是所谓善于作战而不会失败的例子。再如楚昭王,遭受大举进攻的灾祸,而请求秦国救援,终于能回到国都,这就是所说的擅长处理败局就不至于被灭亡的例子。

【事典】

1917 年,当一战进入战争的第三阶段时,此时,德国已经快招架不住了,它一方面要同英国、法国、比利时的军队在西线展开对抗,另一方面又要应付来自俄国军队的东线战斗。怎样才能防止腹背受敌,把精力集中到一条战线,是德国军队亟待解决的问题。

1917 年 3 月 8 日,俄国爆发了"二月革命"。在布尔什维克党的领导下,俄国各地举行大规模的罢工和示威游行,反对战争给俄国经济带来的极大破坏和由此引发的种种灾难。这一革命风暴可把当时统治俄国的尼古拉二世吓坏了,3 月 15 日,他被迫退位,统治俄国长达三百多年的沙皇王朝终于灭亡了。远在瑞士的列宁闻讯后欣喜万分,他巴不得立刻回国,投入到这次轰轰烈烈的革命中去。可要从瑞士回到俄国,必须经过德国领土和德军占领的地区,德国和俄国对应,它是不会允许一个俄国人经过自己的领土,潜回俄国的。

　　然而,出乎列宁意料,德军不但没有捉拿他,还主动提供专列,让列宁和他的同志们穿过战区回到俄国,并给他们大量的金钱援助。为了防止引起俄国人的误解,德军还让人把专列从外面封起来。就这样,列宁一行相安无事地抵达了彼得堡的芬兰站。

　　看到这里,大家一定有些不许德军正在东战线和俄军作战,两国应该是水火不容的,为何德军要费尽心思地送一个俄国人回国呢?是不是糊涂了?实际上,德军的高明之处在于:不费一炮一枪,就让俄国退出了第一次世界大战!为什么这么说呢?众所周知,列宁是无产阶级的伟大导师,他一直反对战争、拥护和平,主张俄国从资本主义过渡到社会主义。德军正是看准了这一点,因为他们相信:只要列宁安全返回俄国,列宁必将领导俄国人民进行反对资产阶级的革命,俄国国内的矛盾一激化,肯定无心对外作战,这样一来,德国就摆脱了两线作战的不利局面,可以集中精力和英、法等国展开决战了。

　　果不所料,还在火车站的时候,列宁就当着前来迎接他的群众发表了演讲,提出"和平与面包"的口号,主张马上与德国讲和,停止对外战争。然而,列宁的这一呼吁遭到"二月革命"后建立起来的临时政府的强烈反对,他们坚持对德作战,声称单方面讲和不仅有损国家利益,更违反国际义务,将来会遭到英、法等协约国的制裁。

　　列宁不顾临时政府的反对,立刻办起了四十多种刊物和报纸,积极宣传自己的"和平与面包"主张。1917 年 11 月 7 日,列宁领导布尔什维克党和人民,进行了"十月革命",推翻了临时政府,建立了苏维埃政府和历史上第一个社会主义国家。这一时期,俄国专心处理国内矛盾,哪还有精力再同德国作战呢,德国有喘息的机会,心里暗暗得意:自己的"如意算盘"果然打对了。

　　不过,令德国更加高兴的事情还在后面。"十月革命"后,苏维埃政府颁布了列宁起草的《和平法令》,多次向英、法等国发出倡议,要求马上停火,进行和平谈判。但这次倡议遭到英、法等国的断然拒绝,他们对这个刚刚诞生的社会主义国家恨之入骨,自然希望它能继续在东线和德军作战,这样既能牵制德国,还可以削弱俄国的实力,岂不一举两得?无奈之下,列宁决定单方面与德国进行和平谈判。

　　德国抓住列宁和苏维埃政府渴望和平、重建经济的心理,在谈判过程中提出诸如割地、赔款等的无理要求。列宁考虑到俄国征战多年,经济需要恢复、人民需要和平,再硬打下去,国家必将走向毁灭的深渊,最终答应了德国的要求,签订了不平等的布雷斯特和约,退出了第一次世界大战。直到此时,德国才算真正达到了目的。

尽管在这件事上,德国并非代表正义的一方,可是要承认,德国送列宁回国企图搅乱俄国的做法确实十分高明。

【解读】

"善理者不师,善师者不陈,善陈者不战,善战者不败,善败者不亡",这是治国领兵的最高指挥艺术,与我国古往今来军事名家追求的"不战而屈人之兵"的主张是一脉相承的。简言之,就是以最小的代价获取最大的收益。时至今日,我们追求的不也是如此吗?每个人都希望做事能取得事半功倍的效果,这就需要我们积极开动脑筋,掌握正确的方法,并且不断努力,只有这样,才有可能以最小的成本得到最大的利益。

十六 将 诚

【原文】

书曰:"狎①侮君子,罔②以尽人心;狎侮小人,罔以尽人力。"故行兵之要,务揽英雄之心。严赏罚之科,总③文武之道,操刚柔之术,说④礼乐而敦诗书,先仁义而后智勇;静如潜鱼,动若奔獭,丧其所连,折其所强,耀以旌旗,戒以金鼓,退若山移,进如风雨,击崩若摧,合战如虎;迫而容之,利而诱之,乱而取之,卑而骄之,亲而离之,强而弱之;有危者安之,有惧者悦之,有叛者怀之,有冤者申之,有强者抑之,有弱者扶之,有谋者亲之,有谗者覆之,获财者与之;不倍兵以攻弱,不恃众以轻敌,不傲才以骄人,不以宠而作威;先计而后动,知胜而始战;得其财帛不自宝⑤,得其子女不自使。将能如此,严号申令而人愿斗,则兵合刃接⑥而人乐死矣。

【注释】

①狎:态度亲近而不庄重。 ②罔:无、不。 ③总:全面掌握。 ④说:同"悦",喜爱。 ⑤自宝:指将财物占为己有。 ⑥兵合刃接:指两军交战。

【译文】

《尚书》上说:"轻视、侮辱贤德的人,就很难让人尽心尽力;轻视侮辱士卒,就没有人能够尽力。"所以带兵打仗的关键,在于笼络英雄人物的心。严格实行奖赏惩罚的制度,全面掌握文治武功的途径,并施用刚柔相济的方法。喜好《礼》《乐》并笃厚地实践《诗》《书》的道理,先研修仁义而后再培养智慧勇敢。静止的时候就像潜在水底的鱼,行动的时候就像飞奔的獭,摧毁敌人的联合,削弱敌人的锋芒,用旌旗显耀其威力,用锣鼓来统一行动。撤退时有如山移动一样稳固,进攻时就像暴风骤雨一般猛烈,击溃敌人如摧枯拉朽,与敌人交战时则势如猛虎。对敌人紧逼不舍又不使困兽犹斗,并利诱敌人,扰乱敌军部署以制胜。敌人谦卑就要使他们骄傲,敌人亲密就要离间他们,敌人强大就要削弱他们。而自己的士卒,若处境危险就要设法使他安定,有所畏惧就要让他喜悦,想要背叛就安抚他,有冤屈就要让他陈述,桀骜不驯的要抑制他,弱小的要扶持他,有谋略的要亲近他,喜欢谗言的要详察他,想获取财物的便要给予他。不用数倍的兵力去攻击弱小的敌人,不仗恃士兵众多而轻视敌人,不自恃有才能而骄傲自满,也不因受到宠信就逞威风。要先谋划,然后再行动,确信会胜利再开始作战,缴获敌人的财物而不占为己有,俘虏敌方的子女而不为己所役使。将领若能如此严格申明号令,那么人们就愿意作战,两军交战时兵卒才会乐于奋死效忠。

【事典】

日本松下电器公司的创始人是松下幸之助,被誉为"经营之神",在数十年的管理生涯中,他对人才的重视和培养是最值得人们称道的。由于知道怎样抓住人心,松下公司从上到下充满活力,每一位员工都表现出强烈的责任心和事业心。

一次,松下幸之助在工作会议上提问:"当你的客户问,你们公司到底生产什么产品时,你应该怎么回答呢?"他的话音刚落,人事课课长立刻回答:"我会告诉对方,我们公司是生产电器用品的。"这一回答显然并没有错,尽管松下公司当时的产品种类繁多,但全部都是电器产品。没想到这一回答却遭到了松下幸之助的反对。"不,遇到这种问题,你应该这样回答:我们公司是培育人才的公司,兼做电器产品。"松下幸之助坚决地说。

实际上,他不仅这么说,也是这么做的。1929年底,资本主义世界经济爆发危机,日本经济也严重萎缩,许多企业都关门倒闭了。松下公司也受到极大的冲击,开始陷入困境,大批库存积压,销售连续赤字,松下原本就很虚弱的身体也因过度操劳而使病情加重了。但商场是没有假期的,松下拖着病体和公司高层商量对策。

在决策会议上,有的管理者提出裁减员工、缩小业务规模,最大限度地保存自身实力。然而,这一看似合理的提议却受到了松下的反对。最后他决定,可以减少产品的产量,但不能降低价格;公司员工可以工作半天、推销半天,但一定不能减员减薪。重视员工是松下幸之助一贯坚持的原则,他不希望自己员工的生活因为公司的不景气而陷入困境。当时,大部分努力维持的企业都进行裁员、降低员工工资,松下公司的这一做法获得了全体员工的拥护。

眼见松下如此维护自己的利益,员工们自然就把松下的事业当成自己的事业来做。所谓"滴水之恩,当涌泉相报",这是一般人都懂得的道理。公司施行这种政策后,人心大振,个个奋力拼搏。他们想方设法地推销公司生产的产品,短短三个月的时间,仓库里积压的产品就销售一空,松下公司也顺利渡过了难关,重新走上了复兴之路。

不仅如此,松下幸之助对员工的尊重还表现在他对部下的关心上。松下经常教导公司的领导层要主动关心部下、体谅员工。不要以为你是领导,不可以对下属颐指气使。当你获得奖励时,更不要以为这绝属于你个人的功劳,要对你的下属有感激之情,是他们的努力工作为你争得了荣誉,要有"为员工端上一杯茶"的想法。正因如此,员工也心甘情愿地与松下同生死、共患难运,为松下公司创造了一个个奇迹!

【解读】

古人云:"投之以桃,报之以李。"只有真心对待他人,才有可能换取他人的信任。当然,真心不代表一味顺从,诸葛亮前面提出了"严赏罚、总文武、操刚柔、说礼乐、先仁义"等,都是获得"得人心"目的的根本方法。在得到人心后,还要学会"尽人力",松下幸之助在获取员工信任后,通过员工的努力帮助公司渡过难关,正是"尽人力"的最佳表现。而诸葛亮随后所谈到的克敌制胜之术,无疑是"尽人力"的不二良方!

十七 戒 备

【原文】

夫国之大务①,莫先于戒备。若夫失之毫里,则差若千里。覆军杀将,势不逾息②,可不惧哉!故有患难,君臣旰食③而谋之,择贤而任之。若乃居安而不思危,寇至而不知惧,此谓燕巢于幕,鱼游于鼎,亡不俟夕矣!《传》曰:"不备不虞,不可以师④。"又曰:"预备无虞,古之善政。"又曰:"蜂虿尚有毒,而况国乎?"无备,虽众不可恃也。故曰,有备无患。故三军之行,不可无备也。

【注释】

①大务:重大的事情。 ②逾息:超越呼吸之间,指形势紧迫。 ③旰食:指事情繁忙而不按时吃东西。 ④师:率领军队。

【译文】

对国家而言,没有比戒备更重要的事了。这方面若稍有闪失,便会产生严重的后果,导致军队覆没、将领被杀,形势刻不容缓,怎能不让人害怕!因此在灾祸困难到来时,君臣应勤于谋划政事,选贤任用。如果敌人来了而不知道畏惧,这就好像燕子在帷幕上筑巢,鱼在锅中游,灭亡在即!《左传》上说:"事先没有准备好,就不能率军作战。"又说:"准备好一切来应付意料不到的事情,此乃古代开明的政治措施。"又说:"黄蜂蝎子尚有毒,更何况是国家呢?"没有戒备,即使军队众多也无法依靠。所以说,做好万全准备就可以避免灾祸。因此全军的行动,不能没有戒备啊!

【事典】

大家知道世界上防空洞最多的国家是谁吗?说出来有点出人意料,防空洞最多的国家不是实力强大的美国,也不是注重军事建设的日本,而是国土面积仅四万余平方千米的瑞士!

尽管瑞士国小民寡,可国力昌盛、经济发达,不过,与其他国家不同的是,瑞士的繁荣并不是建立在扩张的基础上,而是依赖其强大的防御系统。据悉,瑞士的民防建设投入巨大,几乎已经达到了他们实际所需的 90%~95%,且设备齐全、系统严密。素有"和平之国"的瑞士自 17 世纪就宣称自己是中立国,历年来极少有战争发生,既然如此,为何它要如此大费周章地进行国防建设呢?"我们意识到世界上没有一厢情愿的中立,和平和中立需要强大的国防、民防来保驾护航。只有全民皆兵,筑起一道道铜墙铁壁,外敌才不会随意入侵。"一个普通的瑞士人如是说。确实,凭借这种差不多是天衣无缝的国防建设,即便是在第二次世界大战期间,希特勒的铁蹄随意践踏整个欧洲的时候,瑞士仍能够免于战火的侵袭和破坏。

1939 年 9 月 1 日,二战爆发的消息传遍了整个瑞士。从地缘关系和人种上来看,瑞士是与德国最为接近的国家,在瑞士有许多德国后裔,还有众多拥有德国国籍的居民,从这个角度考虑,德国应该不会首先向瑞士发起进攻。但瑞士人民并不这么认为,早在法国宣布和德国作战的四十一个小时之前,瑞士已经在国内召开了声势浩大的动员大会,成为欧洲最先动员起来抵御外敌入侵的国家。

随后,瑞士快速地成立了联邦政治警察部队,制止一切企图从内部颠覆国家的行为。与此同时,瑞士政府还拨款在莱茵河的国境线上建设防御要塞,延长服兵役的训练时间,组建起一支拥有五十万名士兵的军队。众所周知,瑞士是一个资源缺乏、经济完全依靠贸易和旅游支撑的小国,只要强敌入侵,封锁了边境线,他们不仅会失去了保持中立的资本,更会面临亡国的危险。

然而,瑞士全民仍然表现出强大的防卫作战能力和坚定决心,一切准备工作就绪,随时决定和德国决一死战。或许是因为瑞士强大防御力和战斗力,纳粹德国觉得攻下瑞士得不偿失,最终放弃了对瑞士作战的计划。就这样,在大多数欧洲国家都饱受其害的第二次世界大战期间,瑞士成了极少数的免受战争侵袭的人间天堂。尽管也有人称,在这场生灵涂炭的世界大战中,瑞士并未保持真正的中立,而是扮演了一个不光彩的角色——通过向希特勒妥协和充当"纳粹保险箱"以换取和平。不过不容置疑,瑞士完备的国防建设绝对是令德国望而却步的原因之一。

即便在当今的和平年代,瑞士对民防、国防的建设也毫不松懈。在瑞士,基本上每家都有防空洞,当遇到战争时,瑞士能将90%的公民快速转入防空洞中避难。相比之下,瑞典能达到85%,而美国仅能达到57%。在建设防空洞的同时,瑞士对民防队伍和民防训练也有严格的规定。凡不服兵役,或已退役的二十岁至六十岁的男性公民,都有在民防队伍服务的义务,且年年都要参加大规模的民防演习。瑞士本身地形险要、易守难攻,再加上拥有如此训练有素的国防队伍和接近完美的国防措施,这使得它在众多的战争中一直能处于中立国的位置!

【解读】

不管是国家、军队还是个人,都该居安思危、防患于未然。对于那些弱小的群体和个人而言,这一点尤为重要。当我们处于过于弱小而不能竞争的环境中时,所要做的就是防守,完全的防守。充分利用有效的资源来不断扩充自己的实力,并且尽量避免和强大对手进行正面交锋。需要提醒大家的是,在防守中一定要重视全面性,决不能在对手面前露出半点破绽。

十八 习 练

【原文】

夫军无习练,百不当一①。习而用之,一可当百。故仲尼曰:"不教而战,是谓弃之。"又曰:"善人②教民七年,亦可以即戎矣。"然则即戎③之不可不教,教之以礼义,诲之以忠信,诫之以典刑④,威之以赏罚;故人知劝。然后习之,或陈而分之,坐而起之,行而止之,走而却之,别而合之,散而聚之。一人可教十人,十人可教百人,百人可教千人,千人可教万人,万人可教三军,然后教练,而敌可胜矣。

【注释】

①百不当一:一百个未经训练的士兵,抵挡不了一个经过训练的兵员。意谓无法作战。　②善人:有贤德的人。　③即戎:上战场。　④典刑:各种法律规章。

【译文】

军队各不经训练,就无法作战;如能严加训练,则一人可抵百人。因此孔子说:"不经训练就让人们出战,等于让他们去送命。"又说:"有贤德的人教育民众仅需七年的时间,就能让百姓上战场了。"因此在出征之前,必须先以礼义忠信教导他们,以刑法赏罚训诫他们,使其明理守法之后,再实行训练。令他们演练阵势、跪坐站立、行进立定、前进后退、解散集合。如此由一人训练10人,10人训练百人,百人训练千人,千人再训练万人,进而训练全军。训练得法之后,就能够获得战胜。

【事典】

朱可夫是二战中著名的传奇元帅,他曾出色地指挥过许多重大战役,是苏联人民公认的英雄。今天,当我们仔细来看这位一代名将的丰功伟绩时,感触最深的不是他怎样在战场上气定神闲地指挥战斗,而是他在平日生活中怎样教育士兵,使之成为训练有素的猛将。

作为统帅,朱可夫并不认为自己高人一等,而是一直觉得,军官必须将士兵当作自己的亲人,只有这样,士兵们才会真正地把自己的命运交给军官。与此同时,军官还要对士兵负责,这就要求军官在平日习练中一定要对士兵严格要求。如果有士兵不服从,就必须要训得他们听话!

一次,某坦克连接受完严格的训练已经接近凌晨了,士兵们都累得疲惫不堪,也不得倒头便睡。但按照朱可夫的规定,士兵们必须要好清洗干净坦克才能将其开进车场。连长看着士兵们,一个个像霜打的茄子,连走路的力气都没有,怎么可能还有精力去清洗坦克呢?于是,他们大致除去坦克上的泥土,就开进了车场。车场的值日兵见状,马上加以制止。可值日兵耐不住连长的死缠烂打,又眼见士兵们的确太疲惫了,只好同意了连长的请求,并叮嘱连长第二天一大早一定要把坦克清洗干净。

坦克连的连长和值日兵原以为此事做得神不知鬼不觉,可没想到,过了一会儿,朱可夫便来到了车场。原来,他知道这个坦克连迟迟没有回来,担心得一直睡不好觉,便来车场巡视一圈。哪知道这一巡视就发现了问题:尽管坦克连回来了,可来清洗坦克。于是,他把值日兵叫来,向他问个究竟。面对朱可夫凌厉的目光,值日兵只好原原本本地交代了事情的经过。朱可夫随后教育他说:"乐于助人是好事,但是,你这次不是在帮他们,而是在纵容他们无视军纪。士兵们的辛苦我自然很清楚,可与真正作战时可能遇到的困难相比,这点苦又算得了什么呢?若连这点苦都受不了,怎么抵抗将来战争中的严峻考验呢?因此,您犯了一个严重的错误,将受到军纪的处罚!"

这件事在全军上下引起了极大的震动,所有再也不敢无视军纪的存在了,行为也比以前规范了很多。不过,真正让士兵们发自内心地愿意接受这种严格的训练的,还是由于下面这件事。

这天,朱可夫例行检查军队的军容风貌,当他检查到某坦克团时,发现该团所有官兵的皮鞋都擦得锃亮,仅有一名士兵的皮鞋很脏。于是,他严厉地问值日军官:"这是怎么搞的?"值日军官见朱可夫的目光落在那个士兵的脏皮鞋上,便训斥那个士兵:"你怎么回事?连皮鞋都擦不干净!"没想到,朱可夫立刻把目光转向值日军官:"我问的是你,而不是他!我现在需要听你对此事的解释。"值日军官从没见朱可夫如这么严肃,吓得说不出话来,场面非常尴尬。这时,朱可夫缓和了些语气说:"这件事的关键问题并非皮鞋没擦干净,而是你对这件事不关心了。这位士兵兴许忘记擦皮鞋了,但作为值日军官,你应当在出勤前提醒他们做好每一件事。更为糟糕的是,见到这种情况,全团竟没有一个人帮他擦皮鞋。"

说到这里,朱可夫搬来凳子,又找来擦鞋的工具。士兵们端端正正地站立着,心里却暗自揣测:莫非……果然,朱可夫叫士兵把右脚踩在凳子上,认认真真地给士兵擦起皮鞋来。擦完右脚后,他将擦鞋工具递给士兵:"左脚你自己擦,擦完之后和团长一起到我办公室来。"朱可夫以自己的实际行动,给士兵们上了一堂终身受益的课。

【解读】

士兵们只有平时经过千锤百炼,在战场上杀敌时才不会轻易被打倒,这一千年古训同样适用在现代人身上。所谓"机遇只会光顾有准备的人",那些最终获得成功的人并非运气比其他人好,而是懂得平日的累积,时时在为成功做着准备工作,这样一来,当机遇来临时,他们才会从害不迫,才能更好地抓住机会并加以利用。

十九 军 蠹

【原文】

夫三军之行,有探候不审,烽火①失度;后期犯令,不应时机,阻乱师徒②;乍前乍后,不合金鼓;上不恤下,削敛无度;营私徇己,不恤饥寒;非言妖辞,妄陈祸福③;无事喧杂,惊惑将吏;勇不受制,专而陵④上;侵竭府库,擅给⑤其财。此九者,三军之蠹⑥,有之必败也。

【注释】

①烽火:古时在京城或边境设有高台,遇敌人来袭,就举火示警。 ②师徒:军队的行程。 ③妄陈祸福:根据占卜结果妄言吉凶祸福。 ④陵:侵犯、欺负之意。 ⑤擅给:自作主张给予。 ⑥蠹:害虫,在此指祸害。

【译文】

在军队的作战行动中,因不能严密刺探敌情,而导致烽火报警信号混乱;违反军令、延误到达指定位置的时间,不能掌握作战时机,阻乱了军队的行程;军队散漫,前后失控,进退不符合金鼓号令;在上位者不体恤部属,横征暴敛没有限度;谋求私利、一心为己,对部属的饥寒漠不关心;妖言惑众,依占卜结果妄言吉凶祸福;无故喧哗吵嚷,惊扰迷惑官兵心神;勇悍而不听指挥,专横又侵犯上级;侵吞官府仓库钱财,擅自将财物给予他人。以上这9种,是军中的祸害,有此必败。

提到墨索里尼，大家马上会联想到专制魔王、法西斯头目等可怕的名号。确实，墨索里尼从 1922 年 10 月上台执政，成为意大利第二十七任首相之后，便正式确立了自己的独裁统治。在此后的十多年里，他对内实行残酷统治，对外进行疯狂扩张，还紧追希特勒加入轴心国，妄想把全世界玩弄于股掌之间。可就是这么一个不可一世、时常自诩为"西泽大帝"的野心家，竟是个平庸无能的将军！他所带领的军队，基本上每次都是气势汹汹地发起进攻，垂头丧气地败兵而归。这又是为什么呢？

尽管墨索里尼始终不愿承认自己的无能，并把数次失败都归结于"意大利人的软弱"。但是，剥去墨索里尼华丽的外衣，我们看到的其实是个刚愎自用却又优柔寡断、缺乏指挥才能而又不听取劝诫的庸才。他在领兵打仗时，常常以最高统帅的身份指东道西，剥夺了总参谋部的军事决定权。另外，他又不具备冷静的头脑和敏锐的判断力，常常突然改变军事计划。在这种"庸将"的带领下，士兵们时常被搞得摸不着头脑，犯错误自然在所难免。可是这时候，墨索里尼不但没有体恤部下，反而对其进行苛刻的惩罚，这直接导致了士兵们的厌战情绪。把这样的军队带到战场上，不失败才怪！

墨索里尼自从上台执政后，就把对外扩张作为其施政的核心，然而，无论是攻打弱小的埃塞俄比亚，还是对法国发起闪电战，墨索里尼领导的意大利军都打得非常吃力，损失惨重！就连和他站在同一条阵线上的希特勒都很瞧不起他。正因如此，意大利在法西斯轴心国中一直处于配角的地位。为了改变这种状态，墨索里尼动用八万余人的兵力、一百多辆坦克、六百多门火炮和近四百架飞机，向贫穷的希腊发起了猛烈进攻。从他动用的强大装备和兵力来看，墨索里尼这次可以说是全力以赴、他本人对此次进攻也信心百倍，志在必得。

但墨索里尼进攻希腊的计划却遭到了意大利陆、海、空三军参谋长的反对，他们忧虑地劝告墨索里尼："希腊东、南、西三面临海，海岸线曲折绵长，国内多半是岛屿，易守难攻。再加上现在已经是秋季，进行山岳作战更加困难。万一进攻不能一举获胜，战期就要延长，到时候将对意大利大大不利。"为了制止墨索里尼的这一行动，陆军总参谋长甚至还用辞职来要挟。但墨索里尼不但没有认真思考参谋长的建议，反而气得怒不可遏："到时候我会亲自去希腊，瞧瞧那些惧怕希腊人的士兵是如何丢我军的脸的。"就这样，墨索里尼不顾所有人的反对意见，贸然发动了这场丢脸的战争。

生产墨索里尼意料的是，面对意大利强大的攻势，希腊政府只集结了十五个师。凭借有利的地形和勇猛的士兵，他们只用了一周时间就打得意军创慌而逃。原本以为不堪一击的希腊军队居然如此彪悍，墨索里尼马上乱了阵脚，他临时换掉指挥，并增派十四个装备精良的师，对希腊发起了新一轮的猛烈进攻，但最终还是惨败而归。此时,墨索里尼并不从自身查找原因,而是将失败归罪于总参谋部,还临时换掉了总参谋长,可这样仍无济于事,到头来,意军的王牌军队全部被歼灭,损失惨重。

打了败仗的墨索里尼急忙,向希特勒请求支持。希特勒耐心地给墨索里尼上了一堂课,传授给他不少实用的战略战术。自以为得到真传的墨索里尼回到意大利后,临时组建了一支五十万人的增援部队,妄想再次攻打希腊,挽回之前作战失败的面子。再次出乎,怎么也没有想到墨索里尼,人数、武器、装备都占绝对优势的意大利军,再次败给了"不堪一击"的希腊军队。从此以为,墨索里尼再也无力反抗,只好乖乖地跟着希特勒从属作战了。

【解读】

打仗不是一个人的事情,它需要将领出色的指挥、士兵默契的配合、得天独厚的地形、精准无误的战机……这就像我们常常讲到的团队合作,不管一个人多么优秀,终究敌不过一个合作密切的团队。在这个团队中,每个人都要规范自己的言行,要知道,可能就是你无意间的一个小疏忽,也许就会致使整个团队的失败!

二十 腹 心

【原文】

夫为将者,必有腹心①、耳目②、爪牙③。无腹心者,如人夜行,无所措手足;无手足者,如冥然而居,不知运动;无爪牙者,如饥人食毒物,无不死矣。故善将者,必有博闻多智者为腹心,沉审谨密者为耳目,勇悍善敌者为爪牙。

【注释】

①腹心:比喻亲信。　②耳目:此指代为刺探军情的人。　③爪牙:党羽。

【译文】

作为将领,必定要有亲信、进行侦察的人和勇猛的武将来辅佐自己。没有亲信,就好像人在黑夜中行走,不知如何举手投足;没有进行侦察的人,就像居住在昏暗当中,不知如何行动;没有勇猛的武将,就像饥饿的人吃下有毒的食物,无一能幸存。所以擅长当将领的人,必定要有见多识广又足智多谋的人作为亲信,深思熟虑、严谨周密的人作为侦探,勇敢强悍而又善于同敌人作战的人作为勇猛的武将。

【事典】

1722年12月20日,清朝皇帝康熙去世,七天后,四皇子胤禛继承了皇位,并于第二天改年号为雍正。雍正在位时，对康熙晚年朝廷累积的一些恶习进行了大刀阔斧的整顿和改革，使得朝廷上下一扫以往的颓废和阴霾，人民安居乐业、国力繁荣昌盛。但是，关于雍正是通过阴谋伎俩才当上皇帝的传言，却愈演愈烈。

这些传言在民间流传甚广，有些说是胤禛的心腹隆科多假传圣旨，把本应传给十四子允禵的皇位传给了四子胤禛；有的说是胤禛的亲信年羹尧把皇上的遗诏改了，所以胤禛才得以当上皇帝；甚至还有人说是胤禛自己修改了诏书。后来，经过专家学者的考证，有一部分学者得出结论：胤禛确实不是正常继位。他们认为：胤禛在康熙皇帝病危之际，精心策划了谋权篡位的阴谋，而这一阴谋的关键执行者正是步军统领、胤禛的心腹隆科多。隆科多利用职务之便，在康熙病重昏迷之时伪造了康熙的遗诏，随后，他还巧妙地软禁了其他皇子，编造出他和皇子们都听到了康熙口传遗诏的情节，使胤禛顺利登上了皇帝的宝座。从这一观点中我们可以看出，在胤禛继位这一过程中，他的心腹起到了至关重要的作用。尽管也有些人认为胤禛是正常继位，不过有一点毋庸置疑——胤禛在继位开始之时，对隆科多、年羹尧等亲信宠信有加。

胤禛继位之后，不仅赏赐隆科多金银无数，还让他总理朝政，兼管藩院，对其信赖有加。而作为新政权的核心人物，年羹尧也备受雍正宠信。在处理朝政时，雍正往往征求年羹尧的意见，而见多识广、足智多谋的年羹尧亦不时向雍正提出不少有建设性的建议，这恰是雍正能大刀阔斧进行改革的原因之一。尽管后来隆科多和年羹尧因种种原因失宠于雍正，不过雍正从未众停止培养新的亲信和心腹，让他们继续为自己服务。

除了培养心腹之外，雍正还有一个治国的法宝，那就是——耳目。他曾经说过："人君以天下之耳目为耳目，以天下之心思为心思，何患闻见之不广？"雍正当政期间，每一个可以上奏皇上的人都有权密告自己的同僚、手下甚至地位高于自己的官员。只是，他们在监视别人的同时，自己也在别人的监视之中。除了让官员互相监督之外，雍正还在全国各地散布自己的耳目，既有可以直接呈递奏折、身处明处的耳目，也有私下监视、秘密向自己汇报的特工。凭借这些无处不在的耳目，雍正可以说对身边的每一个人、每一个可能出现的隐患都了然于心。

雍正

雍正登基后第一次举行科举考试时，才高八斗的王云锦考取了状元，雍正对其赞赏，并封他做侍读。朝廷一些官员见王云锦得到皇上的恩宠，便陆续去讨好他，王云锦的府邸天天人声鼎沸，热闹非凡。而王云锦除了平日作诗写字外，最大的爱好就是玩叶子牌，其他官员也附和着和他一起玩，时间一长，他们便打得火热。

有一年元旦，王云锦又与几位官员在书房里打起了叶子牌，正在大伙玩得不亦乐乎时，忽然一刮过阵风，桌上的叶子牌一下子撒落一地。大伙慌忙把牌拾起来，却发现少了一张，但怎么也找不着。王云锦也没放在心上，让下人再拿一副牌，便和官员们继续玩了起来。

第二天上朝时，雍正忽然问王云锦："你平时在家里都爱做什么？"王云锦实话地说："微臣没有其他嗜好，就是喜欢打叶子牌。"雍正听后，满意地点了点头："听说你昨晚打叶子牌时，被风刮去一张，可有此事？"王云锦心下大惊，慌忙说："皇上圣明，是有这么回事。"雍正哈哈大笑道："状元郎果然光明磊落，朕十分欣赏，特赏你一件礼物。"说完，便命令太监递给王云锦一个精致的盒子。王云锦毕恭毕敬地接过盒子，口中高呼："谢主隆恩，皇上万岁万岁万万岁。"

回到家中，王云锦急切地打开盒子，不看则已，一看吓出了一身冷汗，原来，盒子里装的正是昨日丢失的那张叶子牌。雍正用这张叶子牌，向王云锦传达了这样一个信息：你的一言一行，完全在我的监视之下。满朝文武听说此事后，无不胆战心惊，那些喜欢在背地里议论国事、评价皇上的大臣，也纷纷闭上嘴，再也不敢胡说八道了。

【解读】

俗话说："在家靠父母，出外靠朋友。"任何时候，都不要把自己当成孤家寡人。因为有了心腹、耳目和爪牙，可以让皇帝巩固政权、预见一切危机。因此有了肯为自己两肋插刀的朋友，可以让人获得更多的支持，更快地迈向成功。但除此以外，在这个过程中更离不开自己的努力和付出。

二十一 谨 候[①]

【原文】

夫败军丧师，无有不因轻敌而致祸者，故师出以律[②]，失律则凶。律有十五焉，一曰虑，间谍明也；二曰诘，诇候谨[③]也；三曰勇，敌众不挠也；四曰廉，见利思义也；五曰平，赏罚均也；六曰忍，善含耻也；七曰宽，能容众也；八曰信，重然诺[④]也；九曰敬，礼贤能也；十曰明，不纳谗也；十一曰谨，不违礼也；十二曰仁，善养士卒也；十三曰忠，以身徇[⑤]国也；十四曰分，知止足也；十五曰谋，自料知他也。

【注释】

①谨候：侦察敌情细心明晰。　②律：规律、规范。　③谇候谨：采取各种途径来获知敌情。谇，质问。　④诺：许诺，允诺过的事。　⑤徇：同"殉"，牺牲生命。

【译文】

作战失败，大多是因为轻敌所致。因此行军打仗之前要先遵循几项规律，才能化险为夷。须遵守的规律有 15 条：一要有远虑，仔细谋划用间探敌计划；二要搜集敌情，利用各种管道来获得情报；三要勇敢，敌众我寡亦不屈服；四要廉正，利益当前亦不为所动；五要赏罚公正；六要忍辱负重；七要宽大，能包容众人；八要守信，许诺的事情必须做到；九要恭敬，要礼遇贤能之士；十要明辨是非，不听信小人的谗言；十一要谨慎行事，不做违背道义的事；十二要笃行仁义，善待部属；十三要尽忠职守，能够牺牲自己的生命去争取国家利益；十四要谨守本分，知足而不越权；十五要随时加以谋划，以求洞悉敌我情势。

【事典】

东汉顺帝年间，冀州出了个有名的刺史，名叫苏章。他为官清廉、秉公执法，深受百姓的爱戴。因他对所有人都一视同仁，从不徇私枉法，因此冀州上至官员、下至平民都能克己守法、安居乐业，违法乱纪的情况很少出现。

一天，苏章正在处理公事，忽然有一位老人步履蹒跚地前来告状，说是清河郡太守贾明贪赃枉法、欺压百姓。苏章看了状纸之后，不禁陷入了沉思：难道真的是他？原来，苏章有个儿时的同窗兼好友也叫贾明，两人曾经无话不说、情如兄弟。在他的印象中，贾明是个刚正不阿、拥有远大理想的优秀青年，且后来也做了官。之后由于两人都忙于公事，渐渐便失去了联系。

"不会的，贾明秉性刚直，如何会做出如此伤天害理之事呢？"苏章安慰自己说。但是，由于此案贪污数额巨大，且有可能真的是故交贾明，苏章决定亲自走一遭，探个究竟。怎知他一到清河郡，很快就了解到此人正是自己儿时的故交。但接下来调查出的实情，却令苏章头痛不已。原来，贾明不但贪污受贿、鱼肉百姓，还骄奢淫逸、无恶不作，是个彻头彻尾的昏官，清河郡百姓一提起他就恨得咬牙切齿，无不希望杀之而后快。

与此同时，贾明也听说自己平日的恶行已经被捅到冀州刺史那里，一下子慌了阵脚。他一面想买通那个告状的老头，让他撤回状纸；一面又备上厚礼，准备贿赂冀州刺史。不过，之后的一条消息，让他悬着的心总算落了下来。原来，冀州刺史居然是自己的同窗密友苏章，这下还有什么好担心的呢？他和苏章称得上是生死之交，并且他曾在苏章最困难的时候帮助过苏章，就算苏章不顾及昔日友情，也一定会知恩图报的，贾明如是想。

哪知,贾明还没来得及送出厚礼,苏章已经派人邀请他前往府上一聚了。贾明心中大喜:"看来,我们果然是心有灵犀的好友,我还没主动出击,苏章已经找上门来。"于是,贾明高高兴兴地来到苏章的官邸,只见厅堂上灯火通明,餐桌上摆满了名酒佳肴,好友苏章更是亲热地,把他领到酒席上坐下。席间,两人开怀畅饮,尽情诉说着儿时的趣事和同窗之谊,苏章还不断地给好友夹菜、敬酒,气氛十分融洽。看到这种情形,已喝得醉醺醺的贾明得意地说:"你我自幼感情深厚,如今你能来冀州做刺史真是太好了,以后我们就有福同享,有难同当了。若我有什么不对之处,还请苏大人多多包涵啊!"苏章正色道:"今日我请你喝酒,纯粹是为了共叙旧日情谊,因此就不要谈公事了。"

第二天一大早,苏章宴请贾明的消息不胫而走,百姓们本指望苏章能秉公执法,除掉贾明这个贪官,哪料到苏章和贾明竟沆瀣一气。大家也只有痛骂几句,不再对此事抱任何希望。没想到,等到苏章开庭审理此案时,他居然将贾明担任清河郡太守期间所犯的种种罪行,逐一列举了出来,并下令当众将贾明正法。贾明本以为苏章请他赴宴,必会帮他掩盖罪行,岂料苏章竟丝毫不讲情面,他只好跪地求饶。苏章严厉地说:"昨日宴请你,是出于我们的私人友谊。今日升堂办案,是为了广大百姓的利益。你已犯下多种罪行,因此决不能轻饶!"自此,百姓们个个拍手称快,而那些官吏们则再也不敢贪赃枉法。

【解读】

虽然我们如今非常强调个性自由,不过凡事都有一个度,过分的自由就等于没有自由。所谓"没有规矩,不成方圆",只有遵循相关的原则和规律,才不会偏离轨道,才能在正确的道路上越走越远。那些严格要求自己的人,常常更容易迈向成功。

二十二 机 形①

【原文】

夫以愚克智,逆也②;以智克愚,顺也;以智克智,机也。其道有三:一曰事,二曰势,三曰情。事机作而不能应③,非智也;势机动而不能制,非贤也;情机发而不能行,非勇也。善将者,必因机而立胜。

【注释】

①机形:依据形势而把握战机。 ②逆:此指违背情理。 ③应:回应,指采取措施。

【译文】

用愚昧而不知用计的人去对抗善用谋略的人,这是违背常理;若用善于谋略的人去战胜愚昧的人,则合乎规律,易如反掌;而才智相当的人进行抗争,就要仰赖于把握时机了。掌握时机有三种方法:一是事情变化,二是形势变化,三是情势变化。事情变化于我有利,却不能采取措施,这不是聪明的表现;形势状况转变却不能决断,这不是贤能的表现;情势有进展却不能顺势行动,这不是勇敢的表现。善于带兵打仗的将领,一定要凭借有利的时机来取得胜利。

【事典】

图特摩斯三世是埃及新王国时期第十八王朝的一位国王,他在位期间,最重要的活动就是进行大规模的对外侵略。连年的征战让图特摩斯成长为一个出色的将领,他懂得怎样抓住战机打好每一场战争。

大约在前1482年,也就是图特摩斯三世在位的第二十三年,巴勒斯坦和叙利亚一带的王公组织了一支联军,打算反抗埃及对其的统治。图特摩斯得知消息后,立刻率军向叙利亚开进。与此同时,巴勒斯坦和叙利亚的大小王公也在紧锣密鼓地筹备当中,他们组建了约三万人的精兵良将,并推举多菲斯为统帅。随后,多菲斯便率领大军集结于巴勒斯坦北部的美吉多,这里地形险要、易守难攻,多菲斯在这里迎战埃及军队,实在是为明智之举。

图特摩斯带领军队途经离美吉多不远的叶赫木城时,埃军派出的侦察人员前来报告说,从叶赫木城到美吉多有三条路可选择:一条是从塔纳阿卡城绕道美吉多,道路平坦,可是有重兵把守;另一条是从北面的山岭绕道美吉多,尽管无人把守,可是路途较远;最后一条是直通美吉多,且无人把守,不过道路崎岖,还要穿越陡峭的山间峡谷。

听完侦察人员的汇报,图特摩斯马上和军官们召开了一次军事会议,一起研究走哪条路最为合适。会上,一些军官提议道:"绕道走对军队来说更安全一些,就算遇到敌军的埋伏,凭陛下的英勇和我军的善战,也定能打败敌军! 如果走直路,由于道路狭窄崎岖,到时定会人拉马、马拉车,假如遭受敌人的突然袭击,我们连还手之力都没啦!"可是,这种意见却遭到一些猛将们的反对,他们反驳说:"兵贵神速,敌军之所以在弯路设置重兵把守,一定料到我们会选择弯路,不会选择直路。如果我们走直路,既能缩短日程,又能最大限度地避免伤亡。"双方各执己见、争论不休。最终,图特摩斯示意众人安静,坚定地说:"我们走直路! 作战只有抓住战机,出其不意,才能大获全胜。若有人害怕,请他回埃及去。"

第二天早上,图特摩斯亲自率领部队穿越峡谷。他扛着军旗,一直走在队伍的最前方,用自己的实际行动带动、鼓舞着其他将领和士兵们。他走到峡谷的另一端时,便站在那里,密切注视着后面士兵的步伐和周围的动静。直到每位士兵都安全通过了这一最危险的地带,他才继续前行。等到太阳快要落山时,他们的部队竟已到达美吉多城下。连那些当初反对走此路的军官都禁不住佩服图特摩斯的正确决断,因为,如果绕道走的话,至少要走三天三夜,还不算和敌人拼杀的时间;而现在,他们没有损伤一兵一卒,便顺利抵达了美吉多。未正式开战就占据如此有利的时机,还担心不能获得战斗的胜利吗?而此时,驻扎在美吉多的联军还在不急不缓地准备着,对要将到来的危险根本没有警觉。

埃及军队眼看胜利在望,一个个摩拳擦掌,恨不得立刻冲进城去,把敌军打得落花流水。可是,图特摩斯却命令士兵们原地休息。他心里很明白,士兵们尽管斗志气很高,可毕竟赶了一天的路,身体相当疲惫,只有得到充分的休息,才能迎战强大的敌人。

黎明时分,吃饱睡足了的埃及士兵猛然向驻扎在美吉多的联军发起进攻。此时,连联军统帅多菲斯都没想到埃军这么快就杀来了,更不用说他手下的士兵了。只见联军士兵们手忙脚乱地穿好衣服,仓促地拿起武器,拉开架势,但是,这些临时聚集到一起的军队怎敌得过训练有素的埃及军呢?再加上毫无准备,原本有利的地理条件也丝毫派不上用场了。一会儿,联军就被打得落花流水。还有一些负隅顽抗的,眼见大势已去,也纷纷缴械投降了。由于很好地抓住了战机,图特摩斯再次打了场漂亮的大胜仗!

【解读】

一个人要想成功,当然离不开聪慧的头脑和不懈的努力,可是,果敢地把握时机也很重要。许多人感叹那些遇到好机会的人,但正如居里夫人所说:"强者创造时机,弱者等待时机。"尽管时机存在一些偶然的成分,但只要你能在这些偶然的成分中掺杂一些人为的因素,又何尝不能创造良机呢?正如上面讲述的图特摩斯三世,他所谓的战机又何尝不是自己创造出来的呢?当然,有创造就会有风险,在创造之前,你一定要有足够的勇气和心理承受力,去面对也许降临的失败。但是,更多的时候,你获得的是时机带来的成功!

二十三 重 刑

【原文】

吴起曰:"鼓、鼙、金、铎①,所以威耳;旌帜,所以威目;禁令刑罚,所以威心。耳威以声,不可不清;目威以容②,不可不明;心威以刑,不可不严。三者不立,士可怠也。故曰:将之所麾③,莫不心移;将之所措,莫不前死矣。"

【注释】

①鼓鼙金铎:古代军中用于指挥作战的工具。　②容:指军容。　③麾:通"挥",指挥的意思。

【译文】

吴起说:"鼓鼙金铎,是以此来威震士卒耳朵的;旌旗麾帜,是用来威慑士卒眼睛的;禁令刑罚,是用来威服士卒军心的。以声音威震耳朵,因此声音不能不清楚;用军容来威慑眼睛,所以军容不能不鲜明;用刑罚威服军心,所以刑罚不能不严厉。三者如果不确立,士卒必然松懈,没有警戒之心。因此,将领指挥的部队,没有不依令而行的;将领指向的地方,没有不拼死前进的。"

【事典】

春秋时期,吴国君王阖闾为了富国强兵,广纳贤才。此时,齐国人孙武由于躲避战乱,辗转来到吴国。孙武是个军事奇才,在吴国隐居期间,他经过多年努力,终于编成了举世闻名的《孙子兵法》,引起一阵轰动。

吴王阖闾读了《孙子兵法》之后,对孙武的才华十分赞赏,是个难得的军事人才,并马上召见孙武。吴王有意考验孙武的实践能力,便问道:"你书中提到的兵法相当精妙,能否当面展示一下,让我开开眼界呢?"孙武不卑不亢地回答:"这有何难?您不妨随便找些人来,我可以立刻对他们进行操练。"吴王觉得孙武是大言不惭,不禁想刁难一下他:"既然如此,我后宫佳丽三千,您能否操练操练她们,让她们也成为勇猛的士兵呢?"孙武明知吴王有意为难他,不过真金不怕火炼,他依然坚定地说:"可以! 我如果不能把她们训练成能在战场上杀敌的士兵,甘当欺君之罪!"

于是,吴王从后宫选出一百八十名美女,交给孙武进行操练。孙武将这些美女们带到校场,分为两队,任命吴王最宠爱的两个妃子担任队长。这些妃嫔们始终住在深宫后院,何曾见过校场,更别提亲自当一名士兵了,只见她们东瞅瞅、西看看,觉得既好奇又好玩,一个个笑逐颜开,好不容易才推推嚷嚷地分成了两列。

等美女们总算安静了下来,孙武便让她们戴上盔甲、手持武器,开始耐心细致地给她们讲起步法、列队以及听鼓点进退等操练的基本要领。最后,他还不忘命令手下扛来执行军法用的大斧,并指着大斧强调:"练兵绝非儿戏,士兵们一定要听从指挥,不得嬉笑打闹,如果有人违反军令,一律按军法处置!"

孙武

可美女们根本不把孙武的恐吓当回事儿。战鼓响起时,孙武下达了一个向右转的命令,可众美女一个也没动,反而哄堂大笑。孙武没有生气,而是冷静地说:"将领没有把动作要领交代清楚,这是我的错。"说完,他又详细讲述了一遍动作的要领,并问道:"大家听明白了吗?"美女们齐声答道:"听明白了!"

鼓声响起,孙武再次发令:"全体向右转!"这一次,美女们还是没有按照命令行事,而且比上次笑得更厉害了。连坐在看台上的吴王也禁不住笑了起来。"你孙武本领再大,也难让这些美女听从你的指挥。"吴王得意地想。

孙武没有发怒,依然用平静的口气说道:"动作要领没有交代清楚,是将领的过错;动作要领交代清楚了,可士兵不听从,就是士兵的过错了。按照军法,违犯军令者当斩,队长带兵不力,应首先受罚。来人,将两名队长拉出去斩了!"

吴王一听孙武要斩自己的爱妃,急忙派人传话:"将军善于用兵、军令严明,令吴王非常佩服,但对这两个妃子,还请手下留情。"孙武反驳说:"将在外,君命有所不受。我既然已经受命为将,就必须要严格按照军法处置。"说完,他硬是将两名妃子斩首示众了。这么一来,众美女吓得魂飞魄散,当鼓声第三次敲响时,她们不敢再有任何的懈怠,专心致志地操练起来。不消多时,两支队伍就能进退自如、往来有序,俨然成了战斗力十足的军队!

孙武见状,便派人报告吴王:"士兵已经操练完毕,请大王检阅。"吴王刚刚痛失了两位爱妃,心情烦闷到了极点,没有心情检阅,但等吴王想通后,不仅没有治孙武的罪,还封他为大将军。后来,吴国军队在孙武的严格训练和教育下威力十足。前506年,吴国和楚国展开战斗,吴军五战五捷,打败了强大的楚国。此后,吴军又威震齐、晋两大中原强国,吴国在各诸侯王的声望也越来越高。

【解读】

从严不代表暴力,尽管孙武通过"砍头"这一极端的做法,在最短的时间内训练出了一支高质量的队伍,但在当今社会,这一做法又有多少可实施性呢?我们只是想通过这个例子告诉大家从严的重要性,但与此同时,严也要严得有理,能让别人从心底里接受;要严得有方,通过妥善的方法采去除别人的抵触情绪;同时还要严得有度,如果过于严格,反而会适得其反。

二十四 善 将

【原文】

古之善将者有四:示之以进退,故人知禁;诱之以仁义,故人知礼;重之以是非,故人知劝;决之以赏罚,故人知信。禁、礼、劝、信,师之大经也。未有纲①直而目②

不舒③也,故能战必胜,攻必取。庸将不然,退则不能止,进则不能禁,故与军同亡。无劝戒则赏罚失度,人不知信,故贤良退伏,诡顽登用④,是以战必败散也。

【注释】

①纲:用来维系网子的总绳,比喻事物最主要的部分。 ②目:细微的事务。
③不舒:不能施用。 ④诡顽登用:奸佞小人获得重用。

【译文】

古代善于带兵打仗的将领有4种:清楚告知前进和后退的原则,使人们知道军法禁令;用仁义去引导,使人们遵循道义;反复强调对错,使人们得到勉励;用奖赏和刑罚来判断,使人们知道遵守信用。禁令、道义、勉励、信用,是军队的主要纲领,只要主要纲领确立了,其他细微事务也就能够施行了!所以作战必定会取得胜利,向敌人进攻必定能攻克。无能的将领则不然,无法控制军队,前进后退也没有节制,所以只能与兵士们一起灭亡;没有勉励告诫,赏罚便失去意义,士卒也不讲信用。于是贤德的人才隐退潜没,诡媚狡猾的小人被升迁重用,所以作战必定失败逃散。

【事典】

1944年6月6日,欧洲盟军发起了人类历史上规模最大的登陆战——诺曼底登陆,彻底改变了第二次世界大战的命运。而此次行动的最高司令——艾森豪威尔,也成为人们心目中当之无愧的大英雄。莫不知,在艾森豪威尔担任盟军统帅之前,他从来没有打过一次仗,仅仅是一个参谋,幸亏马歇尔慧眼识英才,举荐他为盟军统帅。事实证明,马歇尔的这一决策是正确的,艾森豪威尔在上任后的第一次重大行动——北非登陆战役上表现出色,带领盟军大获全胜,他也因此树立了自己在盟军中的威信。

然而,由于艾森豪威尔带领的不是某一个国家的军队,而是英、美组成的反法西斯盟军,两个国家的士兵无论是在思想还是在行为方式上都存在很大不同,例如:美国士兵大多对战争抱着一种为他人而战的思想,他们会说:"我们又要来欧洲为你们打仗了!"如此一来,英国士兵对美国士兵自然也或多或少有些敌意。另外,美国士兵一向懒散,他们时常穿着随意的夹克,嚼着口香糖,开着吉普车在英国的大街上横冲直撞;而英国是大家公认的绅士国家,英国民众和士兵对美国士兵的这一举止自然相当反感……这些,都是身为美国人的盟军统帅——艾森豪威尔亟待解决的问题。要知道,盟军讲求的是协同作战,一旦两国士兵存在矛盾和隔阂,势必影响战争中的默契和配合度。

可是,怎样才能增进英美官兵、美国士兵和英国民众之间的了解,使得他们能和睦相处呢?这个看似棘手的问题,一遇到艾森豪威尔就迎刃而解了。艾森豪威尔认识到,两国士兵和民众之所以产生隔阂,是因为他们彼此间缺乏了解,于是,他大刀阔斧地施行了多项措施。例如:他在军队报纸《星条旗报》上开辟了"人民对人民"专栏,时常发表英国民众的好人好事,从舆论上扭转美国士兵对英国人的偏见;他安排美国军人到受德国空袭最严重的英国地区,让他们亲身感受英国民众的艰苦生活……这样一来二去,双方都能站在对方的角度思考问题,隔阂也就逐渐消除了。

一次,一个美国军官因为一点小事骂某英国军官为"英国狗杂种",英国军官随即回敬他"美国狗杂种",两人因此打得不可开交,甚至闹到了艾森豪威尔那里。艾森豪威尔了解了情况之后,先让英国军官出去了,然后严厉地训斥美国军官说:"你叫谁'狗杂种'都没关系,但绝不能叫'英国狗杂种'或'美国狗杂种',现在既然你已经这么叫了,就必须接受军法的惩罚。明天你就乘一艘慢船回国吧,并且没有人护送你。"艾森豪威尔还将此事通报全军,他有关"狗杂种"的论调很快成为军中最幽默的语言。通过这句话,大家也了解到艾森豪威尔的良苦用心,自此以后,盟军中再也没有发生过类似的事情。

当然,艾森豪威尔的精明远不仅如此。在突尼斯一战中,他居然将美军交给英国人亚历山大来调遣。当时,不少美国军官纷纷指责艾森豪威尔:"你犯了一个严重的错误,早在一战时期,伟大的潘兴将军就用实践证明,不把美军交给其他国家的将领管理是个多么正确的决定,可现在,你却反其道而为之,这必将付出沉重的代价!"艾森豪威尔冷静地说:"我只知道,潘兴将军曾经对法国元帅福煦说过:'每个人、每支枪都归您使用,只要您认为合适就可以。'作为军人,我们的使命就是战胜敌人、保卫国家,其别的都不重要。"

在英国人亚历山大的指挥下,突尼斯战役取得了胜利;艾森豪威尔在众人的质疑声中,用实际行动证明了自己决断的正确性。但是,更大的胜利还在后面,因为艾森豪威尔肯重用英国军官,让英国士兵大受鼓舞,在后来的诺曼底登陆战役中,英国人也全力配合,这也是诺曼底登陆大获全胜的原因之一。

【解读】

有什么样的将领,就会带出什么样的军队;有什么样的管理者,就会出现什么样的员工。因此,身为管理者,切不要抱怨员工的愚钝和无能,你的言行举止、管理方式、思想认识等,都将直接影响员工的思想和行为。因此,若你的手下令你非常烦恼,不妨先从自身找找原因吧!

二十五 审 因

【原文】

夫因人之势[①]以伐恶,则黄帝不能与争威矣。因人之力[②]以决胜,则汤、武不能与争功矣。若能审因而加之威胜，则万夫③之雄将可图，四海之英豪受制矣。

【注释】

①因人之势：顺应人心的趋势。 ②因人之力：凭借众人的力量。 ③万夫：喻人数众多。

【译文】

依据人心向背的趋势去讨伐邪恶，即使如黄帝般的威势也无法与其相比。凭借众人的力量来决定胜负，其所成就的功业，就是商汤、周武王也无法与他争锋。如果能够衡量局势的变化，掌握人心的动向，再壮盛自己的威势，将使群雄归服，霸业可图。

【事典】

1850 年，一则全人兴奋的消息传遍了美国的大街小巷："美国西部发现了大片金矿！"于是，众多怀揣发财梦的美国人如潮水般涌向西部那个遍地是黄金的"天堂"。在浩浩荡荡的淘金队伍当中，也包括一个二十出头的年轻人。

但当大家长途跋涉来到这里时，才看到一切并没有想象的那么美好。这里并不是遍地黄金的"天堂"，而是黄沙满天、人迹罕至的不毛之地。可是已经来了，自然不能空手而归，于是，大家陆续搭起帐篷，准备好工具，开始了漫长而辛苦的淘金工作。等到那个二十岁出头的年轻人赶到时，这里已经搭起了一望无际的帐篷，走到哪里都能遇到一大群干劲十足的淘金者。年轻人当场傻了眼，他忽然认识到，自己做了个十分错误的决定！

"如今，来淘金的人越来越多，可金子毕竟是有限的，只会越淘越少。我在时间上已输给那些早来的人，若若再盲目地加入淘金队伍，去淘那些少得可怜的金子的话，只怕连回家的路费都赚不够了。"年轻人一边想着，一边沮丧地看着那些正干得热火朝天的淘金者们。忽然，他灵机一动，头脑里闪过一个想法："淘金者长期住在这里，吃喝拉撒都要解决，但这里却如此荒凉，连商店都没有。淘金者要买一些日用品，只有跑到很远的市中心去，十分不方便。既然如此，我为何不在这方面动动脑筋呢？"

于是，这个原本希望来这里从土里淘金的年轻人，通过对形势的观察和分析，做出了一个顺应潮流的决定——从淘金者身上"淘金"。主意拿定之后，他马上拿出全部家当，在这里开了一家百货商店，专门销售淘金者经常用到的日用商品。

果然不出所料，商店刚刚开业，前来买东西的淘金者就络绎不绝，商店的利润也十分可观。年轻人发现，尽管这里的淘金者已经趋向饱和，刚开始时有不少新的淘金者赶来，于是，他特意购置了一大批用来搭帐篷的帆布。最初，这些帆布也很受欢迎，可慢慢地，来淘金的人越来越少，而那些原本已经有帐篷的人也不会费钱费力再搭一个,眼看帆布要滞销了,这可怎样是好呢?

一天,有个淘金者在商店买完东西后,半天没有离开,眼睛一直盯着堆在商店角落里的帆布。年轻人立刻热情地问:"您要买帆布搭帐篷吗?这些帆布可结实啦!"淘金者摇了摇头说:"这些帆布是很结实,可我并不需要再搭帐篷,我在想,若我的裤子也像帆布一样结实就好了。"淘金者的这句话启发了年轻人:"淘金者的工作非常艰苦,每天跟石头、砂土打交道,棉布做的裤子很容易就被磨破了。如果把帆布做成裤子,又结实又耐磨,说不定会大受欢迎呢!"就这样,年轻人再次做出了一个顺应潮流的举动。

他找到刚才来买东西的那个淘金者,把他带到裁缝店,免费用帆布给他做了一条裤子。这位淘金者终于拥有了一条结实耐磨的裤子,心里当然十分高兴,逢人便炫耀自己的裤子。有了这个活广告,前来找年轻人做裤子的淘金者越来越多,年轻人干脆成立了自己的公司,专门生产这种帆布做的工作裤。

尽管公司生产的产品非常畅销,但轻人却对自己的产品不很满意。原来,尽管工作裤虽然结实耐磨,但却存在一个致命的缺陷:又厚又硬,穿在身上极不舒服。那些淘金者因为工作需要,自然可以忍受这一缺陷。不过,若将产品销往更为广阔的市场,那些追求舒适的顾客又怎能容忍这一缺陷呢?于是,他开始寻找新的面料。功夫不负有心人,他终于在欧洲市场上发现了一种畅销布料,这种名为"尼姆靛蓝斜纹棉哔叽"的布料既结实又柔软,且样式美观、穿着舒适,还有什么比这种布料更理想呢?年轻人毫不犹豫地从欧洲购进了这种布料,作为工作裤的专用布料。除此之外,他还对工作裤的样式进行了修改,使其更加美观和时尚。这种改良后的工作裤一投放市场,就受到更多淘金者的追捧,大家还为它想出了一个流行的名字,叫作"牛仔裤"。后来,连普通市民也对这种裤子产生了兴趣,慢慢地,牛仔裤成了流行的象征,不管是大街上、餐厅里,还是高级商务办公区,随处可见牛仔裤的身影,牛仔裤成了风靡一时的时装。时至今日,牛仔裤仍是大部分年轻人衣橱里的必要装备。

相信大家已经猜出来了,这个年轻人就是 Levis 的创始人利瓦伊·施特劳斯!

【解读】

成功需要努力,但努力不是蛮干,那些懂得审时度势的人,往往更容易取得成功。并不是他们比别人聪明,而是因为他们能认清形势,抓住最可能成功的潮流。因此,永远都不要与潮流作对,而是要去接受它、顺应它。当然,要想第一时间准确把握潮流,就看你有没有独辟蹊径的本事了。

二十六 兵 势

【原文】

夫行兵之势有三焉:一曰天,二曰地,三目人。天势者,日月清明,五星合度①,慧孛不殃②,风气调和;地势者,城峻重崖,洪波千里③,石门幽洞,羊肠曲沃④;人势者,主圣将贤,三军由礼,士卒用命,粮甲坚备。善将者,因天之时,依人之利,则所向者无敌,所击者万全矣。

【注释】

①五星合度:五星都在正常轨道上运转,没有异象。 ②慧孛不殃:孛,古书上指光芒四射的彗星。殃,灾祸。此句煮谓没有灾祸的兆头。 ③洪波千里:河流深广而波涛汹涌。 ④羊肠曲沃:羊肠、曲沃,指地名。意谓小路曲折迂回。

【译文】

利于带兵打仗的形势有3种:一是自然,二是地理,三是人事。自然形势,是指阳光明媚,月色清朗,五星运行正常,没有彗星出现的不好兆头,而且风调雨顺;地理形势是指城墙高大险峻,河流深广且波涛汹涌,还有石块所形成的天然屏障,以及像羊肠阪、曲沃城那样有利的地形;人事的形势,是指君主圣明、将领有才能,全军遵循礼法、士卒听从命令、粮食充足、武器精良。善于带兵打仗的将领,能凭借自然的时机,利用地理形势,依靠人事便利,因此所到之处没有敌手,进攻时万无一失。

【事典】

不可否认,天势、地势、人势对战斗起着决定性的作用,能够充分利用这些因素,即使对方的兵力数十乃至数百倍于自己,也能够从容获胜。所谓"一夫当关,万夫莫开",谁能够掌握好战场的"势",那么胜利女神就会对谁露出迷人的微笑。

西亚内陆小国阿富汗,国土面积仅有六十五万多平方公里,人口也不过两千多万。但在历史上,尽管阿富汗战火连绵,但外界对阿富汗的入侵却往往以失败告终,这并非是因为阿富汗兵力强盛,而是他们善于利用自身的有利条件——战场上的"势"——去克制强大的敌人。

首先是天势。阿富汗兵力薄弱,不宜采取大规模的阵地战,因此在作战时,阿富汗军队往往是利用不良天气,对敌军进行偷袭行动。例如冬天的时候,阿富汗境内经常出现连绵不断的冰雪天气,相对于那些不耐严寒的敌军,这种天气却是阿富汗军队发动进攻的好时机。因此,善于在严寒中作战的阿富汗士兵常常能借助天时给敌人以痛击。

其次是地势。阿富汗境内高山林立,沙漠纵横,高崖深谷更是不计其数。在如此复杂的地形上作战,大规模的机械化推进便没有了效用,相反,那些游击战以及极具阿富汗特色的洞穴战却往往能很容易地让敌人陷入困境。阿富汗的军队非常清楚自己的优势,于是,他们习惯于化整为零,出其不意地骚扰敌军,并且对对方的关键设施实行闪电打击,让对手措手不及。

最后是人势。尽管阿富汗人数有限,可是大家的战斗热情都很高。且不说那些以战斗为生的士兵,就算是普通老百姓,一旦遭遇外敌入侵,他们也会纷纷拿起武器抵御敌人,形成男女老少齐上阵的气势。他们充分利用自己在地形、天气方面的优势,凭借顽强的意志力和勇猛的斗志,有效地弥补了装备上的不足。擅长利用地形作战的他们甚至能够制造雪崩和火灾给敌人带来巨大麻烦。

其中,20世纪80年代的一次阿富汗抵御苏联的战斗,曾经将这些"势"的运用发挥到了极致。

战斗发生在1980年。当时,苏联为了有效遏制阿富汗游击队的骚扰,派出了多架米—24"雌鹿"战斗直升机作为协助。因为性能良好,活动范围和观察范围都相当广泛,米—24在转战阿富汗的初期,曾给予阿游击队重创。

但是,阿富汗的游击队很快从无所适从的状态中恢复了过来,非常擅长在自己领土上作战的他们,筹划了一次颇为冒险的复仇行动。

一天,苏联动用数架米—24以及地面配合的机动部队外出搜索阿富汗游击队的下落。获得知这一消息之后,阿富汗游击队忙在一个山谷中搭起帐篷,点燃炊烟,伪装出了一片游击队营地。米—24见山谷中冒出炊烟,急迫地飞了过去,在发现帐篷之后,飞行员欣喜若狂,兴冲冲地驾驶飞机俯冲下来开始了轮番轰炸。基本上是一瞬之间,这片营地便成了火海。

不过,苏联的飞行员马上发现事有蹊跷,轰炸了许久,营地上居然没见到一个人。正当他们隐约有种不好的预感时,只听一阵枪响,周围的山峰、石崖上瞬间出现了大批全副武装的阿富汗游击队员。步枪、机枪、火箭炮全部对准了低空盘旋的"雌鹿"们。飞行员见状立刻把飞机拉高,但为时已晚,多架米—24在上升的途中被击毁,剩下的几架虽然侥幸逃脱,也已是弹痕累累。

此时,速度较慢的苏联地面部队也赶到了山谷中,不过站在他们眼前的,并不是神气的苏联直升机,而是居高临下的阿富汗游击队员们。见到地面部队赶来,阿富汗士兵又是一阵狂轰滥炸,苏地面部队很快溃不成军。更为不幸的是,此时,幸存的米—24往地上扔出的炸弹和毒气弹也大多落在处于低谷内的苏联地面部队周围。在这种内外交困的情况下,苏联的地面部队很快失去战斗力,成了瓮中之鳖。这场战斗,以阿富汗的胜利宣告结束。

引诱敌人进入低谷,自己占据高地往下猛轰,阿富汗的游击队又一次证明了一个真理:灵活运用一切可以利用的地势、地势和人力资源,在实战中便能战胜强大的敌人。

【解读】

利用可以利用的一切,来获得自己的胜利,这不但是战争中需要遵循的准则,更是我们在平日生活中所要尽力做到的。毕竟,任何人不可能与周围的一切脱离而独立存在,如果在不损害别人利益的前提下,通过一些外界因素能更好地促进自己的成功,何乐而不为呢?

二十七　胜　败

【原文】

贤才居上,不肖居下,三军悦乐,士卒畏服,相议以勇斗,相望[1]以威武,相劝以刑赏,此必胜之征也。士卒惰慢[2],三军数惊,下无礼信,人不畏法,相恐以敌,相语以利,相嘱以祸福,相惑以妖言[3],此必败之征也。

【注释】

①望:盼望,这里指崇尚。　②惰慢:懒惰怠慢。　③妖言:怪诞的言语。

【译文】

让有道德才能的人居于上位,让没本事的人居下位,全军上下关系融洽,士兵敬畏服从,互相议论的是勇敢和战斗,互相崇尚的是凶猛威武,而用刑罚和奖赏来互相劝勉,这是获得胜利的征兆。如果士兵懒惰怠慢,全军多次被惊扰,下属不遵守礼义信用,人们都不畏惧法规的惩处,而用敌人来互相恐吓,互相交谈的是利益,互相嘱托的是吉凶祸福。除此之外,还用怪诞的言语来迷惑人心,这是注定要失败的征兆啊!

【事典】

公元200年进行的官渡之战,是中国历史上有名的以少胜多的战役之一。在这场战役中,曹操用微弱的兵力力挫袁绍的数十万大军,奠定了在中国北方的统治地位。在战争之初,袁绍拥兵自重,占据了黄河以北的大部分州郡,处于进可攻、退可守的有利地位;而曹操只有几万兵马,仅占据了黄河以南的部分州郡,不但地理位置易攻难守,还时常遭受刘表、孙策等人的威胁。因此,从当时的形势来看,各种条件都有利于袁绍,他要取胜是轻而易举的事。可是,为什么曹操会大爆冷门,夺取战争的胜利呢？这在很大程度上要归于袁绍的用人不当。

袁绍的用人原则相当简单：谁能让我高兴，我就重用谁。而让他高兴的方法也很简单，就是要会拍马屁，要挑袁绍爱听的好话说。实际上，早在袁绍要攻打曹操时，袁绍的谋士田丰就猜到袁绍会输掉这场战争。为何这么说呢？田丰解释说："我们没有理由发动这场战争。现在天下大乱、民不聊生，老百姓和士兵们都不希望再打下去。而且我们现在已经占据了黄河以北的大片土地，又消灭了北方的公孙瓒，此时，我们要做的就是向皇上邀功。若曹操制止我们，我们还可以趁机在皇上面前告他一状。就算袁公想对付曹操，我们还可以打游击战，不断地骚扰他们。等

袁绍

到他们不堪骚扰、疲惫之时，再去攻打他们也不迟。"一番话说得有理有据、合情合理，但是，袁绍根本听不进去。田丰一次次地力劝袁绍放弃此战，并斩钉截铁地说袁绍一旦出兵将必败无疑。袁绍原本就是个狭隘刻薄的人，岂容得他人如此顶撞自己，生产便把田丰关进了大牢。

贤能之人被关进了大牢，围绕在袁绍身边的自然都是些擅长阿谀奉承、溜须拍马的无能小辈，如郭图、审配等人。他们清楚袁绍是个喜欢听好话的人，便在袁绍面前极尽赞美之词："袁公您英明神武、智慧过人，要消灭一个小小的曹操还不容易吗？再加上我们拥有十倍于曹操的兵力，用得着搞什么游击战吗？直接杀过去，一定能打得曹操屁滚尿流！"一番话说得袁绍心里美滋滋的，他对郭图等人自然更加宠信。

在郭、审二人的怂恿之下，袁绍决定派出数十万大军南下攻曹。得知主公要去讨伐曹操，袁绍手下一员将领许攸便请求领兵出征。许攸此人骁勇善战，智谋过人，实在是难得的将才，但因为不会像郭图等人那么说话，不懂得讨袁绍欢心，于是带兵出征的要求被袁绍拒绝，只是作为一个副将跟随。袁绍的这一举动惹恼了许攸，他一气之下投奔了曹操。曹操早就听说许攸是员难得的将才，一直盼着他来投奔自己，如今终于等到了这天，他顾不上注意自己的仪表，高兴得连鞋都没穿便出门迎接。

就这样，等到袁绍发兵南征时，他手下已没剩下多少有真才实学的将领了。尽管曹操那边兵力薄弱，可是个个是精兵强将，再加上被曹操委以重任、对袁军作战计划了如指掌的许攸，因此，袁军的粮草供应很快便被曹军切断，颜良、文丑两员大将也相继命丧黄泉，袁绍数倍于曹操的数十万大军基本上全军覆没。

袁军的遭遇果然被田丰言中,于是,那些侥幸捡回一条命的将士都说,若当初主公能够听取田丰的意见,便不会落得如此下场了。但田丰自己却不这么认为,他在牢里感叹说:"如果此次袁绍打了胜仗,我一定平安无事,他顶多过来戏谑我几句,就会把我放了。但是,要是他吃了败仗,我的小命就难保了!"果不其然,打了败仗的袁绍不但没有释放田丰,请他出山主持大局,反而将战败之责全部推到了田丰身上,随便找个罪名将他杀掉了,这令其手下将士倍感心寒。

与此相反,打了胜仗的曹操在整理战场时,居然从袁军那里找到了不少自己居下的信件。原来,双方交战之前,曹操的手下估计这场战事胜凶多吉少,为了给自己留条后路,便私下中与袁军通信,希望能够归顺袁绍。

看到这些信,曹操并没有生气,而是召集了众将,在他们面前将这些信统统给烧成了灰烬。望着这些惊慌失措的属下,曹操说:"跟袁军私通不怪你们。说实话,在开战之前,就连我自己心里都很没底,更别说你们了。我曹操能有今天的胜利,这是大家的功劳。因此这件事情我不再追究。"听了曹操这番话,众将士无不感激涕零,长跪不起。

【解读】

中国有句古话,"得一人而得天下,失一人而失天下",其中的"人",指的自然是贤臣良将。袁绍爱听阿谀奉承的话,所以迫害良将;曹操一心夺得天下,于是爱护属下知人善任。二人一失一得,因此袁绍即便是拥有数十万大军又能怎样?只能是输得更惨而已。

二十八　假　权

【原文】

夫将者,人命之所县①也,成败之所系也,祸福之所倚也,而上不假之以赏罚,是犹束猿猱之手,而责之以腾捷;胶离娄②之目,而使之辨青黄,不可得也。若赏移在权臣,罚不由主将,人苟自利,谁怀斗心?虽伊、吕③之谋,韩、白④之功,而不能自卫也。故孙武曰:"将之出,君命有所不受。"亚夫⑤曰:"军中闻将军之命,不闻有天子之诏。"

【注释】

①县:同"悬",维系。　②离娄:人名,古之明目者。　③伊、吕:指伊尹、吕尚(姜太公),都是有谋略的贤臣。　④韩、白:指韩信、白起,都是能征善战的大将。　⑤亚夫:汉代著名将领周亚夫。

【译文】

将领,关系着士卒的性命,操纵着战事的成败与否,也是灾祸抑或幸福的凭藉。若君主不把奖赏和惩罚的权力交给将领,便如同束缚住猿猴的四肢,却要求它轻捷地腾跃;蒙住离娄的眼睛,却要他分辨青黄的颜色,这是根本做不到的啊!因此把奖赏的权力交给掌权的大臣,惩罚却不由将领做主,则人人贪图私利,谁还有作战的心情呢?那么,即使有伊尹、吕尚的谋略,韩信、白起的功劳,也不能保护自己。所以孙武说:"将领统军在外,君主的命令,可以不必接受。"周亚夫说:"在军中是只听将领的命令,不听君主的诏令。"

【事典】

霍拉肖·纳尔逊是两百多年前英国的一名海军上将,他作战勇敢、指挥果断,且极具创新精神,往往会出其不意给敌人以痛击。可是在英勇作战中不幸失去了右眼和右臂,因此,纳尔逊被英国人亲切地称呼为"独眼独臂民族英雄"。他曾在特拉法尔加海战中,指挥英国海军成功击败法兰西联合舰队,击碎了拿破仑试图穿越英吉利海峡的梦想,正因如此,英国才得以在长达一个多世纪的时间内,雄踞海上霸主的地位,而纳尔逊也因此获得"英国皇家海军之魂"的称号。在那个动荡不安的年代,若说称霸陆地的是拿破仑,那么雄霸海上的则是纳尔逊。

纳尔逊十二岁那年便跟随舅舅加入了海军,不过,海军生活并不像自己想象中的那么刺激新鲜,而是单调得令人感到乏味,这种生活让纳尔逊都闷不已。十五岁那年,为了摆脱这种枯燥的生活,他自愿参加了一个北极探险队。在这个探险队中,他是年龄最小的一个。一天,探险队在冰原上和一头北极熊狭路相逢。按照探险队的规定,一旦在探险过程中遇到北极熊等凶猛的动物,应马上逃到安全的地方。于是,大家慌忙四处躲藏。等他们躲到安全的地方远远观望时,才忽然发现,小纳尔逊居然原地不动。糟糕!他一定是吓呆了,这可怎样是好呢?大家焦急地想着。其实,纳尔逊并非被吓得走不动了,而是在心中窃喜:终于等到让我大展拳脚的机会啦!他无所畏惧地走到北极熊面前,用枪托使劲砸着北极熊的头。北极熊起初还张牙舞爪地反抗,可纳尔逊越战越勇,逼得北极熊节节败退,最后只好灰溜溜地跑掉了。虽然纳尔逊违背了探险队的规定,但他勇敢果断地和北极熊作殊死搏斗的精神却传为了佳话。后来,"见敌必杀"成了英国皇家海军的一个传统,而这一传统的创始人正是纳尔逊。

随着年龄的增长和经验的丰富,纳尔逊在军中的威信越来越高,而他也从一个普通的海军成长为一名优秀的海军将领。在长达数十年的海军生涯中,纳尔逊每次作战基本上都能大获全胜,对此,他的秘诀是:"也许是我善于在战斗中发挥独创和主动的精神吧,我讨厌被教条所束缚,也不喜欢遵循所谓的战略战术原则,我只相信我看到的、听到的,以及由此做出的判断。"或许,这就是"纳尔逊风格"吧!

1801年初,丹麦迫于拿破仑的压力,不得不对英国实行禁运,这样一来,英国海军的战略物资来源就被断绝了。于是,英国决定根据国际法上的紧急避难措施,对丹麦舰队实行武力打击。为了确保战争的绝对胜利,英国司令官海德命令其副手纳尔逊担当重任,攻击停泊在哥本哈根的丹麦舰队。然而,令纳尔逊始料不及的是,丹麦舰队火力十足,英国海军不但没有打败丹麦舰队,反而遭到丹麦设置在哥本哈根的大炮的猛烈轰炸,损失很惨重。

尽管纳尔逊身经百战,可是面对这种情况时,他一下子也不知该怎么办。不过,他并没有放弃努力,他一面积极地想着办法,一面顽强地抵抗着。在这种关键时刻,司令官海德没有鼓励纳尔逊继续战斗,而是单纯地认为:时间拖得越久,英国胜利的可能性就越小。于是,他用信号旗对纳尔逊发出"中止作战,立即撤退"的命令。

纳尔逊不是没有像海德一样的顾虑,但通过观察分析,他觉得这是场持久战,拼的是耐力和顽强的精神,不拼到最后,他是绝对不会放弃的。于是,他不仅对司令官海德发出的信号视而不见,还顽皮地拿起单筒望远镜放在右眼上说:"瞧,我的确看不见什么撤退的信号。"说完,他依然若无其事地继续指挥进攻。

事实证明,纳尔逊的分析是正确的,没过多久,英国海军便在纳尔逊的指挥下击败了丹麦舰队。登上哥本哈根炮台的那一刻,纳尔逊比谁都清楚——由于自己的坚持,他又一次获得了胜利。

【解读】

身居高位不代表就能面面俱到,因此,当你把某项工作交给自己的手下完成时,不妨给他适当的权力。只有这样,他们才能如猴子一般自由跳跃,去摘取胜利的果实。如果你一边把工作交给部下,一边又对他指手画脚,部下又如何踏实地来完成工作呢?作为部下,若你的顶头上司是个通情达理之人,你可以像纳尔逊一样,勇敢地对上司的无理命令视而不见;不过,如果你的上司是个锱铢必较的人,你还是老老实实地服从命令吧,毕竟,保住饭碗才是最重要的!

二十九 哀 死①

【原文】

古之善将者,养人如养己子,有难,则以身先之,有功,则以身后之,伤者,泣而抚之,死者,哀而葬之,饥者,舍食而食之,寒者,解衣而衣之,智者,礼而禄之,勇者,赏而劝之。将能如此,所向必捷矣。

【注释】

①哀死:为感恩而拼死效忠。

【译文】

古时善于带兵打仗的将领,对待士兵就像对待自己的孩子一样,遇到困难危险,必身先士卒;有功劳,则退居一旁;见到伤兵,含着眼泪去安抚他;对阵亡士兵,带着悲痛的心情埋葬他们;对饥饿的士兵,则把自己的食物分给他们;当士兵感到寒冷,就脱下自己的衣服给他们;对有智谋的人,必依礼厚待;对勇敢作战的人,必以重赏勉励。假使将领能够做到这些,必然所向无敌。

【事典】

说到将军与士兵的关系,人们不禁会浮现这样的画面:将军板着面孔,严厉教训属下,而属下则低着头,一事不吭。但回忆古代战争史,那些屡战屡胜的军队,其将领多数都能做到爱兵如子,也就是诸葛亮所说的"养人如养己子"。其中最具代表意义的便是南宋名将岳飞。

岳飞爱兵如子是众人皆知的事,他若是得知哪位士兵得了重病,便会亲自前去替他熬药、敷药;自己领兵出征后,他的夫人在家也没有闲着,因为抚慰那些担惊受怕的士兵家属的任务,此刻便落在了岳夫人的身上,而岳夫人往往能对他们悉心照料,为士兵们解除了后顾之忧。当然,打仗难免会有士兵牺牲,每逢此时,岳飞都会亲自参加葬礼,以祭奠他们为国捐躯的精神。对于那些阵亡将士的父母妻子,岳飞会派人悉心照料,对于其年幼的子女,岳飞也承担了养育之责。

不仅是战时如此,就连平时,岳飞也同样与士兵们同甘共苦。朝廷若是额外奖励岳飞一些财物,他都会分毫不取全部分发给自己的手下。据说有一次,后方有人带了一坛好酒献给岳飞,岳飞为了能跟自己的部下共享,便将酒掺入了几大缸水中,然后让将士每人舀上一碗。虽然酒味全无,不过他爱将士的心情却可见一斑。

不过,培养士兵并不能完全像诸葛亮所说的那样,只是一味地关爱。更多时候,为了培养士兵们不怕死的精神,将领们还要对他们严加管教。这其实也正如养子一般,只有关爱而没有教育,孩子很难变得坚强。

岳飞之所以能够训练出令金人闻风丧胆的岳家军,最大的原因在于他不仅关爱自己的士兵,而且平时对他们的要求也非常严格:冻死不拆屋,饿死不掳掠——哪怕你将要冻死,也不能占用老百姓的房屋;即便是将要饿死,也不可抢百姓的食物。有一次,一个士兵擅自使用了百姓的一根麻绳,这事被岳飞得知后,立刻军法处置,毫不因为东西的微小而留情。至于平时的练兵更是不在话下,每天的训练项目相当苛刻严格,令人无法想象。

当然,若只是对部下严厉,这肯定无法令人信服。而岳飞不仅对部下严厉,对自己、对自己的家人也是相当严格。这才是让将士们甘愿为他赴汤蹈火的原因所在。

一次，在训练当中，岳飞的儿子岳云在冲锋的时候，不慎跌倒在地。岳飞见状，马上策马赶到。令周围将领吃惊的是，赶到岳云身边的岳飞不但没有上前搀扶自己的儿子，反而举起鞭子责打训斥他，比对普通士兵还要严格许多。见岳飞对自己的儿子尚且如此，其他将士还有什么好抱怨的呢？而且岳飞平时对士兵又是关爱有加，这使得部下们对他既敬畏又爱戴。

正是部下对岳飞的这份感情，使得岳飞能够最大限度地充分发挥他们的作战能力，让他们在战场上可以英勇无比，以一敌十。就连他的对手——金军都不由得发出"撼山易，撼岳家军难"的感慨。

某日，岳飞正在河边练兵，突然河对面出现了大量金兵。当时岳飞所带的士兵不过一百多人，面对数十倍于自己的兵力，他手下的士兵都感到有些害怕，甚至有人转身想要逃跑。这时，岳飞大喝道："谁都别走！"那些本来打算逃跑的士兵居然纷纷转了回来，等待着将军的命令。

岳飞说："如今金人并未发现我们，也摸不清我们到底有多少人，只要我们小心翼翼地埋伏在四周，待他经过时忽然蹿出，杀他个出其不意，我们便能获胜。"

将军之令必须服从，这是岳家军信奉的唯一信条。岳飞的一席话让全体士兵气势高涨，他们在岳飞的指挥下，将数千金兵打得落花流水，冲在最前面的岳飞还斩杀了一名敌将，大家凯旋，无人伤亡。

【解读】

不难想象，这场敌众我寡的战斗能够获得胜利的原因，全亏了岳飞日常对待属下的方式正确：一方面给他们精神、物质上的关心，做到诸葛亮所说的那些事项；另一方面却又严加管教，以免对其过分"溺爱"。这种做法其实就是现代管理学当中的"萝卜+大棒"理论，既让属下对自己感恩戴德，又让他们因惧怕而服从。如此一来，还有什么事情能够撼动岳飞在其属下心目中的地位呢？

三十三　宾

【原文】

夫三军之行也，必有宾客①群议得失，以资将用。有词若县流②，奇谋不测，博闻广见，多艺多才，此万夫之望，可引为上宾；有猛若熊虎，捷若腾猿，刚如铁石，利若龙泉③，此一时之雄，可以为中宾；有多言或中，薄技小才，常人之能，此可引为下宾。

【注释】

①宾客：将领身边协助决策，担任官职的人。 ②有词若县流：即口若悬河，比喻人善于辞令。 ③龙泉：剑名，古时锋利无比的宝剑。

【译文】

军队行军打仗，一定要有幕僚共同议论事情的利弊得失，作为将领的参考。有人口若悬河，奇特的谋略深不可测；有人见识渊博，又有多方面的才干和技能，这是大家所崇仰的，可作为上等幕僚。有人勇猛如熊虎，轻捷好似腾跃的猿猴；刚强如铁石一般，锋芒似龙泉宝剑，这是一时的英雄，可以作为中等幕僚。有洋洋万言但其中有可能说对的，而只有微小的技艺与才干，具备普通人的能力，这种人可作为下等幕僚。

【事典】

每个将领的身边都会有很多有用的人才，但并不是每位将领都能够发现并且恰如其分地使用这些人才，这便是名将和庸将之间的差异。

美国著名将领马歇尔便是一位善于发现和使用人才的出色将领。他在担任宁堡军校副校长时，总是会随身带备一个黑色的小本子，其中记载了那些他认为有前途的军事人才。

当然，要看到一个人出色的一面并非是一日而成的事情，因此，马歇尔常对自己发现的具有潜力的学生进行认真观察，并且将他们的优点和缺陷统统写在本子上面。依据这些发现，马歇尔总会有针对性地训练和鼓励这些年轻的军官们，而被笔记本所记载的这些名字的主人们，也在马歇尔正确的指引下发展得更加完善。

据说，当日本马歇尔的笔记本上记有一百六十个人的名字，后来他们都成了赫赫有名的将领，其中最典的莫过于艾森豪威尔以及乔治·巴顿。

艾森豪威尔毕业于西点军校，二十八岁便成了少校军官，而且追随潘兴和麦克阿瑟长达六年，十分熟悉菲律宾和太平洋地区军事问题。由于这一优势，马歇尔便在日本偷袭珍珠港之后将艾森豪威尔从菲律宾召回本土。在对日本作战问题的研讨上，马歇尔发现这个年轻的参谋长非常有才华，于是便建议参谋长联席会议将艾森豪威尔提升为战争计划处副处长、作战厅厅长。几周之后，又将其破格提升为少将。在马歇尔的不断提拔之下，艾森豪威尔成了美国二战当中最为著名的将领之一，后来更当选为美国总统。

相对于对艾森豪威尔的顺利晋升，乔治·巴顿被马歇尔赏识可以说是因祸得福。圣米耶尔战役中，个性勇猛、生性好战的乔治·巴顿孤身操纵坦克，穿越不知是否埋有地雷的埃塞大桥。虽然众军官都佩服他的勇敢，可巴顿还是由于此事被上司罗肯巴克准将严厉地教训了一顿。此事情很快被当时在潘兴手下担任作战处处长的马歇尔得知。对于巴顿的行为,马歇尔深感赏识。因为马歇尔相信,如果自己身处相同的作战环境,做出的选择会同巴顿的相同。从此,马歇尔的本子上便多了一个叫作乔治·巴顿的名字,同时他开始了对巴顿的长期观察。

通过了解,马歇尔发现巴顿不但与生俱来的对战争有着几乎是狂热的喜爱,更对装甲部队的指挥有着超人的理解。于是,马歇尔便在对巴顿作的评语后写道:"若美国有一支装甲部队,那么最合适的指挥官非乔治·巴顿莫属。"

1939 年 9 月,马歇尔被任命为陆军参谋长,而此时,美国被卷入二战也是迟早的事情。预测到这一情况的马歇尔竭力说服总统罗斯福以及国会,组建了一支装甲部队。至于指挥官的人选,马歇尔毫不迟疑地推荐了乔治·巴顿。而乔治·巴顿也没让马歇尔失望,虽然这支装甲部队配备的三百辆坦克中大部都只是一堆废铁,可巴顿依靠借自己的能力,终究还是让这支钢铁雄狮活了起来,成为对手的噩梦。

后来,很多人发现了马歇尔小本子的秘密,于是便想方设法地在小本子上露个脸,以便能让自己飞黄腾达。

当然,抱有这种目的的人大部分都没能成功。因为马歇尔选择人才的标准极其严格,甚至可以说是近乎苛刻:首先,这些人必须具有真材实料,而且必须是被自己亲自发现的——凡是主动要求成为名单上一员的人一律免谈。其次,承担责任以及事必躬亲也是重要标准之一。另外,理智和团结性更是不可缺少。正是因为坚守了这样的用人观念,马歇尔才能做到让自己看中的每位军官都成为了不起的将领。而他自己也由于出色的识人、用人能力,被前总统杜鲁门誉为"伟人中的伟人"。

【解读】

诸葛亮在此处并没有像前面那样不厌其烦地重复人才之于胜利的重要性,而是着重点明将领的识才能力的必要性。对于将领来说,其才能不但表现在领军打仗以及作战指挥上,也同时表现在对人才的选择和使用是否合理上。正所谓"千里马常有,而伯乐不常有",即使周围的人才有很多把,如果将领偏要头脑简单四肢发达的做军师、头脑发达四肢简单的做士兵,那这仗是怎样也打不赢的!

三十一 后 应

【原文】

若乃图难于易,为大于细[1],先动后用,刑于无刑,此用兵之智也。师徒已列,戎马交驰,强弩才临[2],短兵又接,乘威布信[3],敌人告急,此用兵之能也。身冲矢

【注释】

①为大于细:在细微处发现大问题。 ②强弩才临:形容战况紧急。 ③乘威布信:乘着我军威信宣布遵守信用。 ④矢石:古代用来当作武器的箭和石头。

【译文】

处理军中事务,应先从容易处着手,之后再去完成较复杂且困难的工作,治理士兵也是这样,必先激励士气再作战,在不用刑罚的情况下使将士自动守法,这是用兵的明智之处。军队列阵已经完毕,而战况紧急时,乘着我军的声威宣布遵守信用,敌人就会紧急求救,这是用兵的才能。冒着危险向前冲,争夺暂时的胜负,还没分出成败,我军已经损失,敌军已经伤亡,这是用兵的下策。

【事典】

十八世纪七十年代,土耳其和俄国为了争夺领地发生了激烈的战斗,结果是俄国战胜了土耳其,取得了大片领土。但土耳其面对失败并不甘心,十多年后,为了夺回丧失的大片领土,他们再次向俄国出兵。

对于土耳其的行动,俄国马上做出了反应,强大的俄军很快把土军打得节节败退,剩余的土耳其部队被逼到了多瑙河边一个叫作伊兹梅尔的要塞中。

伊兹梅尔要塞地势险要易守难攻,号称"土耳其最为坚固的要塞",如果能将其攻克下来,定可以大大削弱土耳其的实力,让他们不敢再骚扰俄国。出于这种考虑,俄军总司令波将金决定攻打伊兹梅尔要塞。

不过,伊兹梅尔作为"土耳其最为坚固的要塞"并非是虚名,这里不仅城墙厚重,壕沟深邃,而且要塞中驻守的士兵也比俄军的骑兵人数要多。加上充足的粮草火药以及数百门火炮和几十艘战舰的辅助,要凭借不善攻城的三万骑兵攻克伊兹梅尔谈何容易。

果然,波将金率领的部队前两次试探性的进攻,都被土军给结结实实地打退了。于是,波将金便下令将伊兹梅尔要塞围了个水泄不通,从后方招来了亚历山大·瓦西里耶维奇·苏沃洛夫中将,由于苏沃洛夫中将依靠着个人过人的智慧,常能把困难的任务变得简单,这是令总司令波将金最为欣赏的地方。

来到前线之后,苏沃洛夫中将仔细地观察了伊兹梅尔要塞。他认为,伊兹梅尔要塞的确坚固异常,可也不是没有缺陷,只要针对壕沟、城墙、巷战做出不同的进攻计划,以己之长克彼之短,那么要攻下伊兹梅尔要塞就会变得容易许多。

于是,针对自己部队的特点,苏沃洛夫中将和他的助手们花费了数天时间,研究出了一套针对性很强的作战计划,并把它印成册子,分发给了将士们,让他们仔细学习。当然,仅仅有理论上的知识还远远不够,为了能让士兵们拥有更多的实战经验,苏沃洛夫中将把手下的三万士兵分成了两个部分,一部分继续围困伊兹梅尔要塞,让土耳其人误以为自己会打长期战争,同时将另一部分部队调至附近一个名叫布斯罗克的小镇上,在那里修建了高度同伊兹梅尔要塞类似的城墙,训练士兵的攻城能力。

苏沃洛夫中将亲自平领俄国士兵们,严格按照小册子上的攻城计划夜以继日地辛苦训练着,而苏沃洛夫也在训练的过程中,不断纠正士兵的错误以及完善自己的攻城计划,以保证最后总攻的万无一失。在艰苦的训练下,这些俄国骑兵们没用多久便成了攻城的好手。这时,后防准备的攻城武器也纷纷就位。见时机已经到来,苏沃洛夫决定开始攻城。

1790 年 12 月的一个凌晨,俄军从三个方向向伊兹梅尔要塞发起了猛攻。其中,东、西两边主要靠战舰和炮火猛轰,目的只是为了吸引土军的防守兵力,而俄军的主要进攻方向则在伊兹梅尔要塞的南面——苏沃洛夫要用尽全力撕开这层铜墙铁壁般的防守。

因为三面受攻,要塞内的土耳其士兵被分散开了,很快,南面的城墙被猛烈的炮火攻破,而训练有素的俄军士兵也快速越过壕沟,登上了城墙。土耳其士兵怎么也不会想到,固若金汤的伊兹梅尔要塞会在短短几个小时内就被攻破,这给土军造成了巨大的心理压力。加上俄军的主力皆在南面,守卫这个方向的土军很快便溃败到内城当中,准备依靠巷战与俄军周旋,伺机反败为胜。这一情况当然早被苏沃洛夫料到,对巷战非常熟悉的俄军一鼓作气,赶在黄昏之前便完全攻克了伊兹梅尔这个"土耳其最为坚固的要塞"。

【解读】

对于不善攻城战的俄国骑兵而言,要攻打固若金汤的伊兹梅尔要塞困难极大。换句话说,只要俄军善于攻城,那问题就会变得简单,这也正是苏沃洛夫的明智之处——找到困难之所在,然后针对这个根源进行自我完善。如果我们在遇到困难时,总能找到问题的根源,并采取有效的措施来解决,那么,天下还有何事能难得往我们呢?

三十二 便 利

【原文】

夫草木丛集,利以游逸;重塞①山林,利以不意②;前林无隐,利以潜伏;以少击众,利以日莫③;以众击寡,利以清晨;强弩长兵,利以捷次;逾渊隔水,风大暗昧④,利以搏前击后。

【注释】

①重塞：要塞，地势险要之地。　②不意，意想不到。　③日莫：莫，同"暮"，日暮、天黑。　④暗昧：昏暗，不清楚。

【译文】

野草丛生、树木密集的地方，有利于部队移动隐蔽；崇山峻岭、布满关隘的地方，有利于出其不意地展开攻击；树林前方广阔且无障碍的地方，有利于潜藏埋伏；以少量兵力来攻击多数的敌人，应选在日落时分；以众多的兵力来攻击少数的敌人，应选在清晨的时候；强弩和弓矢，应该快速地交换使用；敌人靠近悬崖或被江河阻隔，或风大昏暗的时候，就应该前后夹击。

【事典】

越王勾践和吴王夫差可谓是一对绝世冤家。前496年，勾践指挥的越军大败吴军，阖闾战死于军中，这件事让吴越两国结下了仇。为报杀父之仇，夫差奋发向上，增强国力，终于战胜越国，掳来勾践令他为奴。这下，二人之间结得仇更深了。

经过三年的努力，越王勾践忍辱偷生，为的就是平安回去重整旗鼓，以期达到复仇的目的。三年之后，夫差见勾践表现得中规中矩，狂妄地以为丧家之犬不可能再次翻身，便不听伍子胥的劝告，把勾践放回了越国。

这次的放虎归山为吴国的灭亡埋下了隐患。回到自己国家的越王开始卧薪尝胆，暗中积蓄兵力，等待着复仇一刻的到来。

终于，吴国在战胜晋国成为新的霸主之后，国力也因连年征战而开始衰落，这给了勾践一次绝佳的机会。前478年，勾践几乎倾全国之兵向吴国边境逼近。得到消息后，夫差立刻命令大军驻扎在笠泽一带，抵御越军的进犯。不日，越军也来到了这里。笠泽是以太湖为起点直至大海的一片水域，为了防止吴军突袭，夫差便驻扎在了对岸，与吴军隔水相望对峙起来。

勾践的想法是这样的：论兵力，自己不是夫差的对手，虽然吴国已经开始衰落，可毕竟瘦死的骆驼比马大，若硬拼，越军当然是占不到半点便宜。自己以驻扎在笠泽的理由，正是要以利用中间的水域作为掩护，选择适当的时机突袭对方大营。这样一来，很容易的便可重创甚至消灭吴军主力，后面的路自然就轻松多了。

主意是很好，但越国的兵力毕竟相对薄弱，且吴军防备严密，若长久拖延下去，要是对方发现自己兵力不是猛扑过来，那就凶多吉少了。经过反复思量，越王勾践制定了利用隔水这一条件来阻止和迷惑对方的行动方案，只要让敌手提不清自己的实力，他们就不敢轻举妄动。主意拿定之后，越王命人抓紧时间赶造了许多军旗战鼓，同时命士兵收集了大量木柴。一切准备就绪后，他便开始实行迷惑战术。

这时，吴国军队也在不断观察着对岸的动静。通过认真观察，吴国将领发现越国的兵力好像少于自己,于是便积极筹备渡水奇袭。但过了几天,他们突然改变了主意。因为他们看到,最近越国的兵力似乎在不断增加,漫山遍野的军旗和不断增加的军营就能证明这一点。"难道是勾践各处的援军纷纷抵达?"吴国将领心生疑虑。为了安全起见,吴军的渡水计划暂时搁置。

勾践见迷惑敌人的目的已经达到,便开始了下一步行动。他派出了两小队将士,把他们分别部署在左右两侧,并且配备了大量的战鼓和柴堆。入夜后,两小队士兵在勾践的指挥下,轮流击鼓呐喊,同时点燃了大量火把插在树间,远远望去就如同有众多士兵举着火把一样。

吴军本来正在熟睡,忽听对岸战鼓雷鸣,还以为敌人从自己的左路攻打过来了,于是急忙往左路集中。谁知过了一会,左路声音减弱,而右边却响起了击鼓呐喊声。吴军以为自己中了调虎离山之计,连忙又往右边赶去。如此折腾了几次,吴军将士已是筋疲力尽。

接连几个晚上,吴军皆被越军的战鼓惊醒。终于,十分气愤的吴军士兵认为对方只是在虚张声势,便不再理会越军的战鼓和火把了,任凭对岸喊声震天,他们只管睡自己的。

勾践见吴军开始松懈,便令三军戒备,准备择日出击。这天晚上,两边的小分队按照惯例击鼓呐喊,吴军当然不予理会。而此时,在鼓声和呐喊声的掩护之下,越军的主力已偷偷渡过笠泽,来到了吴军帐外。

见所有人都已成功渡河,勾践一声令下,越国大军便争先恐后地向还在睡梦中的吴军扑了过去。面对突袭,吴军主力自然溃不成军,很快便落荒而逃。

【解读】

每场战争都有其自身的特殊条件,针对这些条件,将领们若能选择与之相适应的策略战术,那么获得胜利的机会就要比对方大得多。即便是处于敌众我寡、敌强我弱的境地,只要能够充分利用条件的特殊性,创造出适合自己的战术,也能在很大程度上弥补兵力不足带来的缺陷。而在现代生活和工作中,又何尝不是如此呢?

三十三　应　机[①]

【原文】

夫必胜之术,合变之形[②],在于机也。非智者孰能见机而作乎?见机之道,莫先于不意[③]。故猛兽失险,童子持戟以追之;蜂虿发毒,壮士仿徨而失色。以其祸出不图,变速非虑[④]也。

【注释】

①应机:见机行事,随机应变。 ②合变之形:把握瞬息万变的情势。 ③不意:出其不意。 ④变速非虑:变化之快让人出乎意料。

【译文】

要想制定必胜的战略方针,掌握瞬息万变的战争情势,关键在于把握战机。如果不是有智谋的人,谁又能发现战机而立刻采取行动呢?发现战机,最重要的是出乎敌人的意料。所以当野兽陷入危险境地时,连小孩都可以手持着戟去追逐它,而黄蜂蝎子用毒刺蜇人时,壮汉却都徘徊不前、惊慌失色,这是因为人们无法预料它们的灾害,一切变化太快,来不及考虑。

【事典】

东汉时期,班超秉承张骞的遗志出使西域,所到之处各国无不俯首称臣,拜于汉朝脚下。但是,还是有一些顽固的王国不服,例如地处漠西的莎车国及北道的龟兹、焉耆等。他们仍然不停地煽动周围的小国臣服于匈奴,给班超的出使任务带来许多麻烦。

为了能圆满完成出使任务,班超决定从最为嚣张的莎车国下手,杀鸡儆猴,一旦对匈奴最为忠心的莎车国打了败仗,那么其他的附属小国自然就会投奔汉朝了,班超如是想。

不过,班超出使西域时只带领了千余士兵,而且经过长途跋涉之后个个疲惫不堪。莎车国虽小,可兵力至少有十万人,单信自己的微薄力量,又如何能对莎车国构成威胁呢?思来想去,班超决定联合于阗等国军力,并一下子集合了两万五千人的部队。

尽管人数翻了二十多倍,可面对莎车国的十万大军,班超这边还是以一敌四的局面。况且莎车国此时又向龟兹借兵五万,以抵御班超。兵力上相差悬殊,要想获胜,只有出奇制胜了。班超在心里暗想,一个想法跃入脑海……

这天,班超有意在关押莎车国俘虏的帐外同军师商议,说自己缺少兵力,无法同莎龟联军抗衡,准备连夜撤退,言语中充满沮丧和悲伤。此话自然被俘虏听得一清二楚。当晚,班超的军队果然开始兵分两路撤退,在撤退途中,班超又有意让看守的士兵疏忽,令俘虏得以出逃。莎车俘虏哪知是计,兴冲冲地逃了出来。重获自由后,他要做的第一件事自然是回城汇报班超撤退的事。

兵力相差太大,莎车国国王早就料到班超一定会退兵。加上俘虏将自己打探而来的情报如实禀报,无论是从说话的语气还是对现状的分析,皆是班超的个性。不过,生性多疑的莎车国国王对于这一消息仍有些怀疑。于是,他马上与龟兹国国王联系,决定一起率领大军,倾巢出动搜索班超的下落。

不多时，莎龟联军便来到了班超驻地。他们看到此处这里一片狼藉，帐营里空无一人，兵器辎重满地都是，不管怎么看，都像是部队仓皇撤退时留下的痕迹。不仅如此，他们还发现班超部队撤退的脚印凌乱不堪，很明显是准备不足。这下，莎车国国王确信班超肯定是率领部队撤退了，便和龟兹国国王兵分两路，一路追赶于阗的部队，一路追赶班超的部队。

实时上，班超的部队并非是在没有准备的情况下仓皇撤兵，而是在十里外的地方埋伏了起来。班超猜到对方会兵分两路追击，如果从这里过的是莎车军，自己就回去剿灭龟兹部队，让莎龟联军实力受损；若是龟兹部队从这里经过，那就再好不过了——直接杀个回马枪灭掉莎车国。

班超

埋伏半天后，班超见迎面而来的正是龟兹国国王率领的士兵，心中大喜。待他们完全过去之后，班、于联军立刻从埋伏地点钻了出来，掉转头去，将莎车国的追兵包围了起来。

本来是要追击班超的莎车军，却忽然被对方大举围困。面对如此出其不意的打击，莎车军乱作一团，阵型也很快被班超率领的联军冲散。若此时龟兹国的军队还在，双方尚且算得上势均力敌，可龟兹部队早就快马加鞭地追赶撤退的"班超部队"了，对莎车军队面临的险情浑然不知。莎车在兵力上立刻失去了优势，再加上惊慌失措，莎车军很快被班超的部队剿灭。

与此同时，莎车国国王却根本不知自己派去的追兵已经全军覆没的消息。他在自己的账营中，美滋滋地等待着军队传来的捷报。

就在这时莎车国国王突然听到帐外叫声四起，令人不寒而栗。他赶忙走出帐营，原本还挂在脸上的笑容马上僵住了。只见漫山遍野都是班超的大军，而自己的军营已经完全被包围了。当时，营中守军不过几千人，面对班超的大军，就算是突围，也完全无路可逃，而龟兹国的部队又不知在什么地方。面对这种情况，莎车国国王只有放弃抵抗，命令全体士兵丢盔卸甲出营投降。

此时，龟兹王带领自己的部队追击了一天一夜，却没发现一个人影。这才醒悟过来，慌忙率领部队杀了回来。但为时晚矣，班超的军队莎车国早已占领了。

【解读】

两军较量，实力强的一方并不一定能获胜，反而是那些善于捕捉战机的一方，常常能获得战争的胜利。原因很简单，实力强并非不可战胜，只要做好充分的准备和应对措施，弱方依然有取胜的可能。然而，一旦一方在浑然不觉中遭遇对方痛

击,就好比虎落平阳,哪怕再有实力,也无法施展。因此,我们在做任何事时都需谨记:只有攻其不备,才能马到成功!

三十四 揣 能

【原文】

古之善用兵者,揣其能而料其胜负。主孰圣也？将孰贤也？吏孰能也？粮饷孰丰也？士卒孰练也？军容孰整也？戎马孰逸①也？形势孰险也？宾客孰智也？邻国孰惧也？财货孰多也？百姓孰安也？由此观之,强弱之形,可以决矣。

【注释】

①逸:安闲,意谓得到休整。

【译文】

古时善于用兵的将领,会揣度敌我双方各方面的强弱势来判断胜负。哪位君主圣明？哪位将领贤德？哪些官吏有能力？哪方粮草供应充足？哪方士兵训练有素？哪边军队军容整齐？哪方兵马得到充分休整？哪边的地理位质险峻？哪方的幕僚足智多谋？哪方对邻国更具威慑力？哪方的财物储备多？哪方的百姓安定？透过对这些条件的考察,强弱的形势就能断定了。

【事典】

前575年,晋国决定攻打郑国。因为郑国实力强大,单凭晋国之力胜算不高,于是,晋厉公便派使者前去齐、宋、鲁、卫四国游说,希望他们能派遣援军一起伐郑。晋厉公许诺,若伐郑成功,那么大家都能得到郑国的土地。

于是,五国很快组成联军,陆续向郑国进发。此时的郑国在得知五国联军即将攻打过来之后,也马上向楚国求援,楚王忙派遣大军前来援救,双方会师后来到了鄢陵。

这时,晋国的军队也驻扎在鄢陵,不过,由于其他四国的援兵还没有赶到,他们在人数上比楚郑联军差了一大截。楚郑联军见对方兵力不够,便非常大胆地驻扎在了晋军附近,准备趁机将晋军歼灭。

面对人数远远多于自己的楚郑联军,晋厉公心中有些害怕了,他开始考虑自己要不要退兵。不过,身经百战的他立刻恢复了理智:战争还未开始就撤兵,绝非勇将所为。还是先按兵不动,等把对方的情况了解清楚了再作决定。正所谓知己知彼,百战不殆。只要能够摸清对方的具体情况,就一定可以想出破解的办法。

此后一连数日，晋厉公都在附近高地上不断观察楚郑联军的情况。几天后，他召集众将开会，一起商议出兵进攻之事。一听说晋厉公决定主动出击，攻打兵力数倍于自己的敌人，不少将领都表示反对。他们认为，自己在兵力上本已处于劣势，在地势上又没有太大优势，如此莽撞出兵，注定会失败。最好的方法就是坚守阵地，等待援军；也许是暂时撤退，等同援军会合之后再进行反攻。

对于诸将的建议，晋厉公坚决表示反对。他心里十分清楚，楚郑联军此行的目的是在齐、宋、鲁、卫四国援军抵达之前歼灭自己，因此，他们肯定不会给晋军与联军会合的机会。至于撤退，更是不现实。敌军之所以迟迟不主动攻击，肯定是因为自己的准备还不够充分，或者对晋军有所顾忌。一旦我军开始撤退，就等于告诉敌军自己的实力薄弱，如此一来，他们就会立刻攻打过来。如此近的距离，即便扔下辎重也不见得能逃脱对方的追杀。

听了晋厉公的一席分析，诸将立刻哑口无言。不过，从他们的表情可以清楚地看出，对于主动进攻，将领们依然持怀疑态度。

晋厉公当然知道他们的顾虑，他很有把握地说："大家不要担心，通过这几天的观察，我发现楚郑联军老兵较多，而且营中的战旗不响，这说明他们的气势不佳。况且这么多天过去了，对方连一个像样的阵型都没有排出来，这表示他们缺乏训练。此外，楚军和郑军的军营之间有明显的间隔，这表示他们之间肯定不合。"接着，他话锋一转，"跟他们相比起来，尽管人少我们的部队，但士气颇高，平时也训练有素，况且诸位将领平日交往甚笃，不会出现不合的现象，这些都是我们强于对方的地方。"

众将听了都点头称是，晋厉公继续说道："跟楚郑联军比起来，我们还有一个最大的优势。"他望着将军苗贲皇说，"苗将军原是楚国人，后来归顺我晋国。他对于楚军的情况非常清楚。根据他的推断，楚军的主力集中在中军。因此，我们只要先出奇兵将楚军较弱的左右两翼攻下，然后再集中兵力进攻中军，这么一来，楚军就算人数再多，也必败无疑。一旦楚军溃败，那些缺少训练的郑国军队不就好似砧板上的鱼肉，任我宰割了吗？"

诸将见主公将敌人和自己的情况分析得如此透彻，心中的担心立刻全放了下来，众人都同意突袭楚郑联军。会后，作战工作便乘着夜幕开始准备起来。

一切准备就绪后，晋军便按照苗贲皇的建议向敌军的左右两翼发起了进攻。果然不出所料，虽然尽管人多势众，可大都是老弱残兵，士气低下，再加上平时训练不勤，根本不能与训练有素、兵强马壮的晋军相比。他们在左右两军的猛攻之下，很快便溃不成军。

见目的已达到，晋军便开始合并，向楚国的中路军队攻去。混战之中，楚王被晋将射中了面颊。楚军见君主受了伤，士气更加低落，纷纷四处逃散。晋厉公指挥军队穷追猛打，将楚郑联军一直追到了颍水南岸，方才班师回去。

【解读】

知己知彼,百战不殆,这一千古名言相信大家都已耳熟能详。但是,究竟怎样才能做到知己知彼,我们又该对自己和对手的哪些方面进行了解和分析,恐怕并不是人人都能说得上来的。诸葛亮对知己知彼的具体内容进行了详尽的描述,如果你对这方面还不甚了解的话,就一定要好好恶补一下了。因为不管何时,知己知彼都是制敌取胜的一剂良方。

三十五 轻 战

【原文】

螫虫之触,负其毒也;战士能勇,恃其备也。所以锋锐甲坚,则人轻战①。故甲不坚密,与肉袒同;射不能中,与无矢同;中不能人,与无镞②同;探候③不谨,与无目同;将帅不勇,与无将同。

【注释】

①轻战:不怕惧作战。　②镞:箭头。　③探候不谨:侦察仔细周详不够。

【译文】

蝎虫蜇人,全凭着它的毒刺;而士兵勇于作战,是因为倚仗于充分、精良的装备。因为凭借着锐利的兵器、坚固的铠甲,士兵就不怕作战。铠甲不坚固,就好似裸露着身体;射击敌人却屡射不中,就好像没有射箭一样;射中了却不能令敌人受伤,就好像没有箭头一样;刺探敌情仔细周详不够,就如同没有眼睛一样;将领不英勇作战,就如同没有将领一样。

【事典】

1944年6月6日凌晨,3000多架飞机差不多同时从英国机场起飞。升空后,它们很快集合起来,向东南方的法国海岸飞去。与此同时,海面上的战舰也满载着士兵,纷纷由英国码头向对岸驶去——著名的诺曼底登陆即将上演。

不久之后,英美联军的飞机抵达诺曼底上空,首先英国的千余架飞机对沿海的德国堡垒进行了疯狂轰炸。之后,美国的轰炸机也开始对登陆地的德军进行猛烈袭击。这一出其不意的打击令德军瞬间丧失了反抗能力,沿岸部署的军队很快被肃清。半小时过后,盟军主力部队开始登陆,而飞机则继续深入,猛攻内陆的德军炮兵阵地,为登陆部队的快速推进创造了绝好机会。

盟军的突然来袭好似神兵天降，打得德军措手不及。被自己利用雷达、飞机、电报、间谍等手段严密监控着的英国，怎样能够在自己的鼻子底下调兵遣将，部署大量的兵力投入登陆战呢？这一点让希特勒百思不得其解。

　　实际上，诺曼底成功登陆，并不是由于盟军神通广大，他们任借的其实是密不透风、滴水不漏的前期准备。

　　盟军当然知道英国早已被德国看作重点监视对象，因此，要想从英国运兵进入法国，就必须转移德国人的注意力。于是，在登陆以前，盟军用大量的假电报、伪装的舰队等让德国人推断盟军的总部设在肯特郡。为了使德军对自己的推断更加确信，盟军将领巴顿还亲自出现在肯特郡的街头。当德国间谍报告了这一情况后，德军的注意力基本上全部集中到了这里，从而忽然了英国其他地方的兵力部署。

　　实际上，英国军队的真正核心在南部地区。为了搞好最严格的保密工作，英国彻底切断了南部同其他地区的联系，封锁了道路、港口和其他一切可能泄露机密的途径。而对于每支部队的调遣，盟军将领也做好了最周密的部署，一切行动完全按照这一部署进行。就这样，他们有序地将二百八十七万名士兵、六千多艘战舰以及一万三千架飞机调配到了最佳地点。当然，由于信息的完全保密，这一调配丝毫没有被德国情报网发现。

　　众所周知，诺曼底登陆是盟军的最后一次赌注，一旦失败，后果不堪设想。因此，为了配合此次行动，盟军部队也对自己的装备进行了改进。例如在战车上加装扫雷器、提升装甲车的机动性等等。同时，他们还专门针对海滩的地貌特点，配备了压路机、装甲便桥等。为了方便后备物资的持续提供，盟军又专门制造了两座可以自由移动的"人工港口"。这些工程量巨大的准备工作，同样是在英国南部地区秘密进行的。

　　虽然此次登陆规模相当大，可进攻的目标却非常明确。每一个飞行员都非常了解自己将要进攻哪个地面目标。而战舰指挥官也完全了解自己靠岸地点的海岸线情况，包括盟军部队登陆后的位置、敌军的地点等等，甚至部队前进路线上的树木位置都被清晰地标注在了作战手册上。盟军能做好如此细致充分的准备工作的原因，全都要归功于1943年便开始的侦查工作。在这一年当中，盟军为了掌握德军的兵力部署和沿岸情况，不断派出飞机进行侦查。同时，撤退时期留在法国的间谍组织也给英国的指挥官们提供了许多重要情报。搜集和整理这些信息情报，给盟军的胜利增添了一个重重的砝码。

　　部署兵力、改进装备、整理信息，所有事项都已准备妥当。此时的登陆战如同箭在弦上，一触即发。不过，盟军并没有急于进攻，而是针对诺曼底登陆计划进行了最后一项准备：转移敌人的兵力，最大限度减少己方登陆时可能遇到的抵抗力量。登陆战开始前夕，一批英国飞机在法国北部的海岸线上撒下了大量锡箔片，这样一来，德军雷达上就会显示出众多亮点，让他们误以为盟军准备进攻北部的加来省。上当的德军马上调来了大量部队北上，从而削弱了诺曼底的驻守兵力，给盟军的登陆创造了绝好的机会。

所有准备工作都已完成后,盟军开始信心十足地实施诺曼底登陆战。这一项项出色缜密的准备工作,让盟军以迅雷不及掩耳之势肃清了诺曼底沿岸的德军,为大举反攻奠定了基础,也为盟军在欧洲战场的翻身奠定了基础。

【解读】

俗话说"磨刀不误砍柴工",只有把刀磨得足够锋利,砍起柴来才能既省力又高效率。这应是一个再简单不过的道理。然而,在平日生活里,我们常常为了追求速度,而忽略了前期的准备工作,等做到一半时才发现自己选择了一条错误的道路。或许有人会说:"做错了就从头开始呗,有什么大不了的!"但你不要忘了,并不是所有的事都能从头开始。与其做到一半再后悔,为何不刚开始时就考虑清楚,做好充分的准备工作呢?

三十六 地 势

【原文】

夫地势者,兵之助也。不知战地而求胜者,未之有也。山林土陵,丘阜大川[①],此步兵之地;土高山狭,蔓衍相属[②],此车骑之地;依山附涧,高林深谷,此弓弩之地;草浅土平,可前可后,此长戟之地;芦苇相参,竹树交映,此枪矛之地也。

【注释】

①大川:指平原。 ②蔓衍相属:属,连缀。蔓衍,指互相交错相连。比喻广延伸展,相连不断。

【译文】

地形与地势,是行军作战时的辅助条件。不能准确把握战场的地形、地势就能获得胜利,是不曾有过的。山地、丛林与平原、丘陵,是适宜步兵作战的地理条件。山高路狭、广延相连,是适宜战车骑兵作战的地形、地势;靠着山并挨着河流,树木高大、山谷深幽,是适宜弓箭手作战的地形、地势;草浅地平,可以自由进退之处,是适宜长戟军作战的地形、地势;芦苇丛生,竹林树木交错之处,是适合长枪长矛军作战的地形、地势。

【事典】

战国时期,随着国力的强盛,秦国吞并六国、统一华夏的野心越来越强。前

268 年至前 261 年的八年时间里,秦昭王向周围的魏国、韩国不断发起进攻,令这两个国家深受其害。为了讨好秦国,韩国君主决定将自己的领地——上党献给秦王,然而,上党太守冯亭却擅作主张派使者前去赵国,希望赵王接管上党。

赵国君主早就对上党这块战略要地期待已久了,如今见上党太守主动献地,自恃国力强盛、不怕秦国的赵王便派兵进驻上党,接管了这块本应属于秦国的领地。

秦国早就对赵国不满,怎奈赵国也颇为强盛,而且自己没有什么合理的借口伐赵,因此始终不敢轻举妄动。如今,既然赵国抢了自己到嘴的肥肉,伐赵的理由自然十分充足,而且今日秦国兵多将广,出兵的胜算也比以往大了许多。因此,秦昭王决定派遣左庶长王龁领兵出征,讨伐赵国。

秦军很快攻克了上党,上党赵军只好退守长平。赵王见秦军真的攻了过来,忙派出大将廉颇率军支持长平。而此时,王龁率领的秦军也抵达了长平,并开始对赵军发起猛攻。

论人数,赵军远远比不上秦军,不过秦军长途跋涉,粮草供应肯定比较紧张。如果我们能坚守阵地,久而久之,秦军一定会被迫退兵。赵国大将廉颇如是想。于是,他充分利用长平附近的地形,修建堡垒,让秦军只能与之对峙起来。

眼见秦军前进受阻,秦昭王采纳大臣的意见,表面上与赵国和解,就下却采用拨离间计,让赵王换掉廉颇,派赵括担任大将。果然,无知的赵王,把善于利用地形阻挡秦军的大将廉颇撤了回来。

就在赵括到任的同时,秦国也做了相应调整,派遣大将白起前去长平,希望他能够打破僵局,消灭赵军。随后,秦军又陆续往长平加派了大量部队和粮草。见秦军大有进攻赵国的势头,赵王也不得不将主力部队调至长平。如此一来,双方在长平的兵力投入皆超过了四十万人。

白起到任后,第一件事情就是调查长平周围的地势。经过详细勘查,他不由得对廉颇的精明心生佩服。原来,廉颇率领的赵军完全占据了有利地势,加上林立的碉堡、充足的火力,秦军就算有再大的兵力优势,也难以攻克。不过,白起也认识到,既然廉颇能利用这里的地势阻挡秦军的进攻,那么反过来,自己也能利用地势消灭赵军。于是,一连好几天,白起都在长平周围勘察,选择合适的战场。

这日,白起来到了长壁,他看到这里地势险要,若能将兵力摆成布袋状,那进入长壁的敌人就会被牢牢地围困住。这不正是自己希望的绝佳战场吗?白起大喜,他根据这里的地势,很快想出了打破僵持局面、全歼赵军的方法。

前 260 年 8 月,立功心切的赵括在秦军奸细的劝说下,完全放弃了廉颇的依险固守策略,率领大军向秦军的阵地扑来。白起令秦兵且战且退,将赵括诱入长壁。仅会纸上谈兵的赵括杀得兴起,见秦军退败,便趁势追击,哪知这是白起的诱敌之计。赵军逐渐追到了长壁。这时,秦军的抵抗部队忽然消失了。赵括停马观察,才发现这里地势险要,一旦形成包围之势,自己将很难突围。想到这里,他赶忙下令全军后撤。白起怎会给他回撤的机会?此时,早已埋伏在此的秦军迅速出现,将赵见到这种情形,赵括忙命大军就地驻守,严加防备,等待援军的到来。而白起也并不急于全面进攻,而是派遣数千人的小部队不断对赵括进行骚扰,以消耗赵军的力量。同时,他还派一部分军队守住长壁的入口,严防赵国援军的到来。

等了几日后,赵括见援军迟迟不到,便开始着急了。眼看赵军粮草将断,数十万大军危在旦夕。不得已,赵括开始组织士兵突围。但是,长壁的地势是进去容易出去难,屡次突围失败后,赵军的兵力开始锐减。

就这样,时间一直拖到了9月,赵军营内可以吃的东西早已被将士们搜刮一空,而赵括组织的规模最大的一次突围也以失败告终。内外交困之下,四十万赵军只得缴械投降。长平之战的失利,让赵国元气大伤,从此之后再也无力阻挡秦国统一中国的步伐。

【解读】

作战需要分析地形,不同的地形采用不同的战术和兵种;工作和生活中,同样要分清场合,不同的场合说不同的话、做不同的事。有些人之所以出现交际问题,正是因为这方面做得不够好,他们不懂得察言观色,也不懂得注意观察周围形势的变化。这就好比打仗不注意地势,怎么能获得成功呢?当然,与人交往时最关键的还是真诚,太喜欢迎合别人而忽视内心沟通的人,反而会让人产生一种虚伪做作的感觉。

三十七 情 势[①]

【原文】

夫将有勇而轻死[②]者,有急而心速者,有贪而喜利者,有仁而不忍者,有智而心怯者,有谋而情缓者。是故勇而轻死者,可暴也;急而心速者,可久也;贪而喜利者,可遗也;仁而不忍者,可劳也;智而心怯者,可窘[③]也;谋而情缓[④]者,可袭也。

【注释】

①情势:将领性情对作战的影响。　②轻死:不惧怕生死。　③窘:使陷入两难境地。　④缓:指犹豫不定。

【译文】

将领中有勇猛不怕死的,有急躁又求胜心切的,有贪婪而且短视近利的,有太过仁慈而心软的,有足智多谋而胆怯心虚的,有具备谋略但犹豫不定的。对于勇猛不怕死的,可激怒他;对急躁求胜的,可拖延他;对贪婪好利的,可贿赂他;对仁慈又心软的,可以奔忙疲累他;对足智多谋但胆怯的,可围逼窘迫他;对有谋略但犹豫不定的,可以突袭他。

【事典】

208年7月,曹操率领八十万大军挥戈南下,意图扫平刘备、孙权的势力。为了抵御曹操的进攻,刘、孙二人结成联军,准备在长江一带抵御曹军。

8月,荆州太守刘表病逝,曹操未耗一兵一卒便接管了荆州,并且俘获了两员荆州大将:蔡瑁、张允。蔡、张二人的加入对曹操的南下作战十分有利,因为曹军多为北方人,不习水战,面对刘、孙联军,在水战曹操很可能中吃亏。而蔡瑁、张允是荆州将领,对水战颇有心得,他们的加入让曹操大军有了与刘、孙联军抗衡的实力。

得到这一情况后,孙权大军的主帅周瑜十分忧虑。论兵力,虽然他已同刘备联合,可数量上还远抵比不上曹操大军。因此,在他的计划当中,依靠水战的优势,不断消耗曹操兵力、拖延战争时间是上上之策。可如今蔡、张二人的出现,让他的这一计划陷入了危机。一旦蔡、张二人将曹军的水上作战能力培养起来,届时对方大举渡江,那自己的部队是无论怎样也不能与之抗衡了。

因此,要保持住自己的水战优势,唯一的方法就是除掉蔡瑁和张允。周瑜本想派人暗杀蔡瑁、张允,可曹军戒备森严,暗杀的成功率太低,一旦失败,还有可能打草惊蛇,泄露自己的心虚。这下该怎么办呢?周瑜冥思苦想,终于想到了一条妙计。

大家都知道,曹操为人生性多疑,而且性格冲动。尽管如今看似重用蔡瑁、张允,可他们毕竟是荆州降将,曹操内心对他们肯定有所戒备。周瑜认为这是个可以利用的绝好条件,如果自己能找机会离间他们,借假曹操之手杀掉二人,无疑是除掉自己心腹大患的最佳方法。

不过,要做好离间工作,一定要选准时机。虽说好时机是要慢慢等待的,可如今每过一日,曹军的水战能力便会提升一些,长途跋涉的劳顿程度也会慢慢减弱,周瑜心里着急,他准备主动出击。正在此时,帐外传来消息,说蒋干求见。

蒋干是周瑜的同窗好友,后来投奔了曹操。此次他前来求见,是为了拉拢周瑜投奔曹操的。周瑜,本不想见客,可听到蒋干前来,忽然灵光一现,马上命人设宴款待自己的老朋友。

宴席上,还未等蒋干说话,他就下令宴席上只许闲聊,不准谈论军事。见周瑜这么说,蒋干只好笑脸相迎,陪周瑜和众将喝酒。

周瑜喝了几杯之后,便假装酩酊大醉,被人扶了进去,在他的安排下,蒋干也和自己住在了一个帐内。晚上,蒋干辗转反侧,心想:曹公交给我的劝降任务恐怕完不成了,但总不能空手而回吧!想到这里,他悄悄地起来,在周瑜的书案上翻找,希望能获得一些有用的情报,也算是勉强能交差了。

对于蒋干的性格,周瑜是十分了解,他早在酒宴前就吩咐属下写了一封给蔡瑁、张允的假信,放于自己案几的隐秘之处。细心的蒋干很快发现这封信,他见是周瑜写给蔡、张二人的,慌忙打开书信,借着月光读了起来……

"原来蔡瑁和张允竟私通敌国,借训练曹军之名义刺探情报!"看完信,蒋干不由得倒吸了一口冷气。突然,他听到周瑜翻身,急忙揣好书信,躺回床上假装睡着。大约一盏茶的工夫,蒋干听窗外有人叫周瑜起床。不一会儿,他便见周瑜悄悄起床来到窗外,同来人压低声音商议着什么。尽管声音很小,可蒋干却很清楚地听到,周瑜是在命令来人转告蔡、张二人,自己已经随时准备好接应二人挑起内乱。

蒋干见情况紧急,连忙带了书信连夜潜回曹营,将整件事情如实告诉了曹操。曹操听后,果然恼怒万分,马上下令将蔡、张二人抓了起来。虽然蔡瑁和张允大呼冤枉,可气头上的曹操根本不由分说地将二人革职杀头,亲自帮周瑜除掉了这两个潜在的危险因素。

直到第二天,曹操才幡然悔悟,原来自己上了周瑜的当!他不禁后悔不已,可现在后悔又有何用呢?白白葬送了唯一擅长水战的将领之后,声势浩大的曹军很快便在赤壁之战中败下阵来。

【解读】

行军打仗时,只要先把对手的领导搞定了,剩下的虾兵蟹将自然就容易制服,周瑜正是抓住了这一点,因此才能大胜曹操。在平日生活中,我们也往往会碰到一些比较棘手的问题,这时,我们不妨拿出作战的精神,先理清问题的轻重缓急,抓住主要矛盾,并首先解决目前亟须解决的问题。一旦解决主要矛盾,自然那些次要矛盾迎刃而解了。

三十八 击 势

【原文】

古之善斗者,必先探敌情而后图之。凡师老①粮绝,百姓愁怨②,军令不习,器械不修,计不先设,外救不至,将吏刻薄,赏罚轻懈,营伍③失次,战胜而骄,可以攻之。若用贤授能,粮食羡余,甲兵坚利,四邻和睦,大国应援,敌有此者,引而计之。

【注释】

①师老:指军队长时间征战。 ②愁怨:因生活压迫而内心愤愤不平。 ③营伍:指军队的编制,这里指部队。

【译文】

古代擅长作战的将领,必会先打探敌人的各种情况,然后再采取相应的措施消灭它。只要军队长期征战、粮草断绝、百姓生活窘迫就会有怨恨。而士兵不熟悉军中的法令制度,武器没有修理整治,事前不进行周密的计划部署,外部的救援未到,将领官吏刻薄无度,轻视或松懈奖赏处罚,阵营部队混乱而无秩序,获得胜利就自负自大,这样就可以攻打。若能够任用贤良和有才干的人,粮草充足有余,铠甲坚固、兵器精良,周围邻国关系和睦,又有大国作为救援,就应该退避开来另作打算。

【事典】

二战初期,德国军队绕过铜墙铁壁般的马其诺防线,迅速深入法国腹地。尽管他们成功攻入法国,但并没有因此而感到轻松;相反,随着部队日益向南部纵深地推进,他们遭遇到法国越来越顽强的抵抗。这些抵抗势力穿梭于山林之间,利用地势的掩护作战。他们多次出其不意的袭击给德国部队造成了严重损失。最令人心烦的是,你难以找到这些法国部队的行踪。虽然恼羞成怒的德国人想尽了办法,可收效甚微。

正在一筹莫展之际,德国将领忽然想到,自己早在战争开始之前就在法国安插了大量间谍。这些间谍中肯定会有人认识一些法国士兵的家人,若能从这些法国士兵的家人中找到一些蛛丝马迹,那么,神出鬼没的法国部队自然就难以遁形了。

于是,寻找法国部队位置的任务很快下达到了这些间谍头上。不仅如此,德国又加派了一大批新的间谍来到法国。在大量间谍的共同努力之下,没过多久,关于法国部队的消息便陆续传到了德军指挥部。指挥官在对这些情报进行筛选的过程中惊奇地发现,即使别的消息都有错误,一个名叫妮莎的女间谍送回的情报也相当准确。按照她提供的线索,德军几乎每次都能成功阻截到一支法国炮兵部队的行动,给予对方最沉重的打击。

那么,这个叫作妮莎的女间谍是怎样获得如此确切的信息的呢?原来,妮莎来到法国后不久,便在自己居住的地方结识了一位叫作瑞拉的女子,瑞拉的男友菲利恰好就是这支法国炮兵部队的排长。

德法战争开始后,刚刚同瑞拉结婚的菲利便被派上了前线。菲利一走,家里就只剩下瑞拉一个人,烦闷的她很想有个知心的朋友常陪伴着她,于是,妮莎便顺理成章地经常过去陪她聊天、散步。就这样,妮莎很快便获得了瑞拉的信任,两人成了无话不谈的好姐妹。

熟识之后,她们会经常谈论一些私密话题,例如感情问题。因为妮莎没有男朋友,谈论的主角自然就集中在了瑞拉的新婚丈夫菲利身上。但是,毕竟是军人的妻子,瑞拉说话做事都非常担心,她也从不透露丈夫的下落,妮莎的旁敲侧击在精明的瑞拉面前显得失效了。

这天,妮莎正在瑞拉家里陪她聊天,忽然有邮递员送来信件。一看到信件,瑞拉马上高兴地跳了起来,不用说,这封信肯定是菲利写来的。

"菲利经常给你来信吗?"妮莎随口问道。

"是啊,他对我很好,每周都会给我来信。"瑞拉幸福地回答。

每星期都写⋯⋯妮莎突然眼前一亮。过了几天,妮莎再次来到瑞拉家的时候,手里拿了一本集邮册,里面有各式各样漂亮的邮票。这本邮册一下子吸引了瑞拉,在妮莎的怂恿下,她也开始集邮。当然,瑞拉并不需要到处搜集漂亮的邮票,因为,菲利每周来信上的邮票已经足够了。渐渐地,瑞拉也有了一本小小的集邮册,她时常把集邮册拿给妮莎看,同她一起欣赏里面的邮票。

但是慢慢地,菲利的信越来越少,到后来甚至好几个月都没有一封。这让瑞拉感到很害怕。她日盼夜盼,终于盼来了菲利的来信,信的内容十分简单:"亲爱的瑞拉,原谅我这么久才给你写信。最近的生活实在是太糟糕了,我们每换一个地方,德军的部队都会很快包围过来,打得我们狼狈不堪。真不知道什么地方出了问题,我们的保密工作一直做得很好⋯⋯"

可怜的菲利永远也不会明白,正是自己寄给新婚妻子的信,暴露了部队的位置,给他和战友们带来了灭顶之灾。原来,妮莎正是利用集邮为名,骗瑞拉把信封和邮票拿给自己看,而她轻易地便从邮戳上了解到了菲利部队的所在地。方法尽管简单,准确率却相当高,因为邮局不可能想到专门为部队的信件加密。于是,德国人不费吹灰之力就顺利消灭了这支部队。

【解读】

只有做到知己知彼才能获得胜利的道理谁都明白,但是,要真正做到这一点,尤其是"知彼"谈何容易?精明的对手懂得怎样隐藏自己的实力和踪迹,若你想明目张胆地刺探对手的情报,无异于水中捞月。因此,最好的方法就是于蛛丝马迹中观察对手的变化,所谓百密一疏,再精明的对手也有疏忽的地方,而这正是我们寻求突破口的最佳时机。

三十九　整　师①

【原文】

夫出师行军,以整②为胜,若赏罚不明,法令不信,金之不止,鼓之不进,虽有百万之师,无益于用。所谓整师者,居则有礼,动则有威,进不可挡,退不可逼。前后应接③,左右应旄④,而不与之危,其众可合而不可离,可用而不可疲矣。

【注释】

①整师：今指军容、军纪。　②整：严整，指部队行动整齐。　③应接：指相互呼应。　④应旌：指顺从指挥、相互配合。

【译文】

出兵打仗，必须依靠严整军队来获得胜利。若奖赏惩罚不明确，法规制度不能使人信服，鸣锣不能令士兵停止，击鼓不能让士兵前进，即使拥有上百万的军队，对于作战经丝毫无用处。这里所说的严整军队，是指驻扎时遵循礼仪，行动时威风凛凛，前进不能被阻挡，后退不受逼迫，军队前后呼应、互相配合，而且不互相危害，这样的军队可以团结而不被离间，可以用于战斗而不会使之疲惫。

【事典】

1942年底的阿拉曼会战，让"沙漠之狐"隆美尔彻底尝到了失败的滋味，他带着手下的装甲集团军不得不撤退到利比亚和突尼斯交界处的马雷特防线。虽然德军在这场战斗中损失了四万五千人，不过，一时的失利并没有影响隆美尔不断进攻、不断取胜的信念。此时，他考虑得更多的并非是上一次的失败，而是怎样开始下一次进攻。

1943年初，让隆美尔等待已久的进攻机会终于出现了。2月15日，根据总部的指示，再次奇袭德军向盟军发动了。隆美尔率领的非洲装甲集团军攻占了加夫萨，并在两天之后攻下了附近的费里亚纳。与此同时，希特勒往北非增派的第5装甲集团军也在汉斯·冯·阿尼姆(Hans von Amim)大将的率领下重创了美国第2军。而德军的第10和第21装甲师也让美军第1装甲师尝到了苦头。可以说，这场突袭行动进行得相当顺利。

按照隆美尔的想法，若此时他率领的德军能转向北面，进攻阿尔及利亚的特贝萨，那就能在北非战场上获得决定性的胜利。因为，此时若占领了特贝萨，也就意味着切断了英美盟军之间的联系。隆美尔知道，当时的盟军统帅蒙哥马利正在的黎波里全力指挥港口重开工作，就算特贝萨失守了，他也无暇顾及。

如果这一切都按照隆美尔的设想发展，那么在攻下特贝萨之后，他便可以利用这一中间位置的优势，首先消灭位于德军后部的盟军部队，以除自己的后顾之忧，随后再集中自己麾下的装甲集团军、第10和第21装甲师以及阿尼姆指挥的第5装甲集团军的四处兵力，集中攻打蒙哥马利的部队。如此一来，不仅可以蒙哥马利的部队被消灭，还可以夺取盟军用于运输和储备大量物资的机场，从而切断他们的物资供应，将其逼出突尼斯。这样一来，德国便可以取得北非战场上的阶段性胜利。

计划总是美好的，可遗憾的是，在这一计划的实施过程中，隆美尔却碰到了意想不到的阻碍。这一阻碍并非来自敌人,也不是来自自己的上司,而是来自与自己同级别的阿尼姆大将。

战争初期,隆美尔被派往北非后不久便屡建奇功,受到希特勒的大加赞赏。他的成就引起了阿尼姆的不满。阿尼姆认为,如果当初希特勒派往北非的是自己而不是隆美尔,那"沙漠之狐"的美誉可能就落到了自己头上,自己甚至能创造出比隆美尔更加辉煌的战绩。于是,他在作为援军指挥官被派往北非指挥第5装甲集团军后,就暗中与隆美尔较劲,希望能获得比后者更大的功绩。

对于阿尼姆的态度,隆美尔当然看得出来。阿拉曼会战后,德军伤亡惨重,一度让盟军获得先机,再加上此时隆美尔病魔缠身,因此,希特勒便萌生召回隆美尔,让阿尼姆大将统一指挥两军的想法。

希特勒的这一想法,自然令隆美尔颇为不满。他立功心切,希望凭借自己的战绩向希特勒证明:自己的位置别人永远无法替代。于是,隆美尔对战事的积极和他迫切希望得到第5装甲集团军指挥权的态度,令阿尼姆越发感到不满,他自然不愿借出自己的部队,去支持隆美尔的计划。可问题在于,若没有第5装甲集团军的支持,德军就不可能奇袭盟军部队。隆美尔屡次要求阿尼姆借出自己的部队,却总是被对方以种种理由回绝。大为恼火的隆美尔只得放弃这条道路,率领第10和第21装甲师的兵力向东北边的勒凯夫奔去。而这里,正是盟军主力的根据地。

1943年2月,尽管隆美尔的部队攻占了卡塞林隘口,却在勒凯夫南面的塔拉受到了盟军前所未有的顽强抵抗,德军虽已重创盟军,可自己的伤亡也颇为惨重。看到攻克塔拉无望,隆美尔只得放弃这次进攻,垂头丧气地带着自己的部队撤了回去。

尽管德军这次的作战获得了一定的胜利,也让盟军遭遇了北非战场上最大的一次打击,可因隆美尔和阿尼姆的配合不佳,使得德军没能一鼓作气迫使盟军撤出突尼斯,从而给盟军在北非战场的恢复及反攻留下了机会。

【解读】

俗话说"团结就是力量",在人与人之间的联系越来越紧密的今天,这一点显得尤为重要。因为,只有大家相互配合、相互协调,才能发挥出 1+1>2 的功效,才能将整体的战斗力发挥得淋漓尽致。当整体获得胜利时,自己岂不是受益者?既然如此,大家又为什么要像阿尼姆那样,斤斤计较于自己的得失呢?

四十 厉 士

【原文】

夫用兵之道,尊之以爵,赡①之以财,则士无不至矣;接之以礼,厉之以信,则士无不死矣；畜恩②不倦，法若画一，则士无不服矣；先之以身③，后之以人，则士无不勇矣；小善必录，小功必赏，则士无不劝④矣。

【注释】

①瞻：封赏。　②畜恩：不停地施予恩惠。　③先之以身：以身作则。　④劝：受到鼓舞。

【译文】

带兵的方法在于以高官厚禄使他们受到尊敬。以钱财封赏他们，则兵士无不愿意前来效忠；以礼法相待，用威信统领，则兵士莫不拼死作战；不断地施予恩惠，并公平执法，则兵士无不服从；作战时，将领身先士卒，撤退时，将领以身殿后，则兵士没有不勇往直前。只要小善行都记录下来，小战功也予以奖赏，则兵士没有不受到激励的。

【事典】

933年，后唐明宗李嗣源过世，其子李从厚继位。李从厚为人优柔寡断、不辨忠奸，竟任用没有才干、只会溜须拍马的朱弘昭和冯斌二人为朝廷重臣。朱、冯二人上任后，一边对皇上极尽谄媚，一边清除异己，把朝廷上那些不服自己的人统统罢黜，以便能稳稳保住自己的地位。

不过，在朝廷上万中，他们最惧怕的还是在凤阳领兵的李从珂。李从珂本姓王，年幼时偶然被外出作战的明宗发现，明宗见他非常可爱，就给他起名李从珂，并让他呆在自己身边，像对待儿子一样对待他。

时间长了，慢慢习惯了战斗生活的李从珂开始显露出自己的骁勇善战，他多次身处险境时都能凭借自己的勇猛机智反败为胜，为后唐立下汗马功劳。而当李嗣源后来攻打洛阳争夺帝位的时候，李从珂更是领军南下，帮了他很大的忙。

李从厚继位后，心胸狭窄的他害怕李从珂功高盖主，加上朱弘昭和冯斌二人在旁边煽风点火，便把李从珂从洛阳调到了小城凤阳领兵。李从珂清楚皇帝对他心有惧怕，能离开洛阳这个是非之地倒也正合他意，于是他很快出发去了凤阳。

不过，李从厚等人并没有就此放过李从珂，而是不断削弱他的实力。先是将李从珂之子李重吉贬至偏远之地——亳州任团练使。后来又命李从珂将自己的女儿李惠明送到京城当人质，以免其作乱犯上。最后，更是下旨要他人接替李从珂凤阳节度使的职务，派李从珂去更偏远的地方。

对于李从厚的这一系列行动，李从珂实在无法容忍，终于斩杀了使者，在凤阳起兵。听到李从珂起兵的消息，李从厚等人忙调遣大将王思同率领大军前去凤阳镇压叛军。凤阳地区没什么险要地势，且防守设施相当落后，很快，王思同的大军便攻克了凤阳周边的小城，直逼凤阳而来。

图文珍藏版

以这次的情况来看，不管李从珂多么骁勇善战，好像都无回天之力了。首先，他在兵力上远远不及王思同的大军；其次，凤阳那层薄薄的城墙只是装饰而已，根本起不到防御的作用。心灰意冷的李从珂站在城墙上面，望着逐渐逼近的平叛大军，心里焦躁万分：难道我这次要命丧凤阳了吗？他一面想着，一面静静地注视着越来越近的敌军。

忽然，他眼前一亮，好像佛看到了一线生机。原来，他发现在这些攻城的士兵中，竟有许多人是自己过去在京城的旧部。李从珂心想，如果能把他们招降，那不就能解凤阳之围了吗？

于是，李从珂脱下衣服，露出道道伤痕，向攻城的士兵大打"情感战术"。见李从珂一边失声痛哭，一边怀念先皇，攻城的旧部无不感动万分，慢慢停止了进攻。

感情战术发生效应后，李从珂急忙，叫来攻城指挥官杨思权。李从珂知道他在京城屡受朱弘昭和冯斌二人排斥，早就心生不满，此时正是绝佳的劝降机会。待杨思权入城后，李从珂找来一批绢布，在上面写下"思权可任邠宁节度使"几个大字，意思是：若杨思权帮自己夺得了帝位，便可担任邠宁节度使这一重要职务。杨思权欣喜万分，立刻叩头谢恩。随后，李从珂大开城门，拿出好酒好肉款待杨思权的部队。此时，正在攻打凤阳周围其他地区的平叛部队听说杨思权已经投降而且受封，也纷纷临阵倒戈，前来凤阳支持李从珂。王思同见大势已去，只得率领所剩无几的人马连夜逃回京师。

对于那些投奔自己的部队，李从珂纷纷论功行赏。并且许下诺言，凡攻入京都洛阳者，每人赏银百两；斩杀李从厚及朱冯等人者加倍有赏，并可官升三级。听到这一消息，众将士欢呼雀跃，士气无比高昂。

王思同逃回京城后，向李从厚报告了前线的情况，李从厚惊慌失措，倾全部兵力前去镇压。然而，面对李从珂的奖赏，那些前去镇压的部队也纷纷投降。终于，众叛亲离的李从厚被废，李从珂顺利成为后唐最后一位帝王。

奖赏能够激励士气，可是不切实际的奖赏和一味地纵容，却只能带来后遗症。李从珂尽管登基了，可为了兑现当初的诺言，他即便倾尽全国财力也不够奖赏之用。无奈之下，李从珂只得下令对百姓课以重税，以弥补奖赏的漏洞。尽管他最后终于兑现了诺言，却也为自己的灭亡埋下了伏笔。

【解读】

动力能激发人们的潜能，获得令人难以想象的胜利。要想让人产生动力，就要给予一定的奖赏。李从珂正是看准了这一点，因此才能在生死存亡之际力挽狂澜，顺利当上了皇帝。不过，所谓赏罚有度，如果为了达到自己的目的，而做出不切实际的奖赏承诺，到头来只会背离奖赏的初衷，给自己带来灾难性的后果。

四十一　自　勉

【原文】

圣人则天①，贤者法地②，智者则古③。骄者招毁，妄者稔祸，多语者寡言，自奉④者少恩，赏于无功者离，罚加无罪者怨，喜怒不当者灭。

【注释】

①则天：以天道为准则。　②法地：以自然法则为效法的对象。　③则古：以古代为标准。　④自奉：自我标榜、自我夸耀。

【译文】

古之圣者以天道为法则，贤者以自然法则为效法对象，而智者则以古人为镜。骄傲自大的人易导致毁灭，狂妄无知的人则自找祸难，夸耀其词的人毫无信用，自我标榜的人刻薄寡恩，奖赏无功劳的人会让众人离心，惩罚无罪过的人会使士卒抱怨，喜怒无常的人则会致使灭亡。

【事典】

在美国的军事历史上，麦克阿瑟可以说是一个十足的传奇。他从西点军校毕业时成绩是全校第一名，凭借出色的能力和绝好的机遇，三十八岁便成为美国历史上最年轻的将军。二战期间，麦克阿瑟指挥了多次成功的战斗。同时，在他的手下还培养出艾森豪威尔等一代名将。可以毫不夸张地说，麦克阿瑟的一生从不缺少辉煌。

不过，虽然拥有如此骄人的战绩，可他最终还是落得被总统杜鲁门解职的下场。这不能不说是麦克阿瑟的悲哀。而造成这种悲哀的，恰是他的自负和狂妄。

有位哲人说得好："人最怕的不是失败，而是成功。"可能是年轻时就得到了无数荣耀，可能是战绩过去辉煌，面对自己的成功，麦克阿瑟慢慢变得越发自大、蛮横和贪慕虚荣。于是，这位五星上将好像再也不把任何人放在眼里，不管对谁都是一副高高在上、颐指气使的样子。

在日本时，这位美国将领几乎已经达到了骄横跋扈的地步。一次，麦克阿瑟下令禁止工人罢工，这种行为引起了苏联驻日本代表杰列维扬科的强烈不满。于是，杰列维扬科便找到麦克阿瑟理论，责问他为何无视工人的正当权益，武断地下令禁止工人罢工。对于杰列维扬科的质问，麦克阿瑟只是笑着倾听，毫不还口。直到这位苏联代表说累了，他才转过身向自己的翻译请教"笨蛋"用俄语怎么说。翻译官一愣,没反应过来。于是,麦克阿瑟大声重复了一遍。很显然,杰列维扬科的英语还没有差到听不懂对方这句话的地步,愤怒的他摔门而去,从此跟麦克阿瑟结下了仇。

若说是对于苏联的反感令麦克阿瑟做出如此骄横无礼的举动,好像还情有可原,那么对于自己的属下——首席特别助理艾森豪威尔,麦克阿瑟的做法就有些过分了。他的所作所为,令这位出色的部下最终离他而去。

1933年2月,艾森豪威尔成为麦克阿瑟的首席特别助理,他住在麦克阿瑟书房旁的小屋里,随时听候调遣。虽然名为"首席特别助理",但对于艾森豪威尔而言,他更像是麦克阿瑟的"全职保姆"。只要麦克阿瑟一声叫唤,艾森豪威尔就必须在最短的时间内出现在他面前。虽然名义上是助理,可对于一些军事问题,麦克阿瑟从来没有与自己这位才华横溢的助理商量过——一切问题都是他自己决定,永远不会给对方阐述意见的机会。这些还只是小 case,麦克阿瑟的自私和爱慕虚荣,才真正令艾森豪威尔对自己这位传奇式的上司彻底绝望。

麦克阿瑟在担任菲律宾军事顾问的时间里,一直保持着诸如狂妄、蛮横以及虚荣心极强等种种劣习。一次,为了满足自己可笑而无知的虚荣心,麦克阿瑟竟擅作主张,决定让菲律宾国防军举行盛大的游行。对于这种劳民伤财的不理智行为,助手艾森豪威尔极力反对,可这位一意孤行的军事顾问对于他的反对置之不理。直到后来此事被菲律宾总统发现,愤怒的总统找到麦克阿瑟质问时,集万千荣誉于一身的麦克阿瑟,竟然无耻至极地将过错全部推到艾森豪威尔的头上。忍无可忍的艾森豪威尔从此不愿再为这样的上司辛苦工作,他开始痛恨自己这段"做牛做马"的生涯。

麦克阿瑟的种种共习不仅令下属敬而远之,就连顶头上司——美国总统杜鲁门都对他也很有微词。

对于总统先生的决定,麦克阿瑟常常毫不理睬,完全按照自己的意图行事。于是常常给国际社会一种"美国是杜和麦两个人的政府"的错觉。这种情况令正牌总统杜鲁门处于非常尴尬的地位。杜鲁门多次想罢免麦克阿瑟,可从大局着想,他并没有急于让两人之间的矛盾恶化。

可是,不让他吃点苦头,骄横的麦克阿瑟无论怎样也不会接受教训,改掉自己坏毛病的。在朝鲜战争中,这位将领屡次违反总统和参谋长联席会议的指示,不断按照自己的想法和经验排兵布阵。若是说这一切杜鲁门尚且能容忍的话,那么中国军队的威胁,便是他彻底爆发的导火索了。

在对北朝鲜和中国军队的战斗中获得一定胜利后,美国总统杜鲁门认为这是进行和谈的最好时机,他对战争已经开始感到厌倦了。可麦克阿瑟却不这么认为,他觉得和谈是对以往在战争中受伤、牺牲士兵的不公,于是,他再次违反了上级命令,私自向媒体发表了颇具威胁性的讲话。

麦克阿瑟的举动一下子让杜鲁门的和谈计划从主动陷入了被动。而且,对于总统的质问,麦克阿瑟竟还百般辩解,根本没有意识到事态的严重性,他甚至还公开批评此次战争来自总统的限制太多,这无疑将他们的矛盾暴露于光天化日之下。忍无可忍的杜鲁门终于恼羞成怒,将所有的不满一律发泄了出来,于1951年4月11日凌晨,当着众多媒体的面,颁布了对麦克阿瑟的免职令。

于是,这位曾经叱咤风云的传奇将领就这样灰溜溜地结束了自己近半个世纪的军事生涯。而这一切的后果,皆由他的狂妄、自大、目中无人所致。

【解读】

因为手握大权,领导们难免会有这样或那样的诟病,这些看似无伤大雅的恶习,其实就像阴暗处的眼睛,一直用恶毒的眼神紧盯着你。身为领导,每个人都知道应该戒骄戒躁、严于律己,可真正要做到这一点谈何容易? 因此,领导不妨像李世民那样,在身边安插一些像魏征之类的人,以便时时提醒自己,避免陷入权力的漩涡。

四十二 战 道

【原文】

夫林战之道,昼广旌旗,夜多金鼓,利用短兵,巧在设伏,或攻于前,或发于后。丛战之道,利用剑盾,将欲图之,先度其路,十里一场,五里一应,偃戢①旌旗,特严金鼓,令贼无措手足。谷战之道,巧于设伏,利以勇斗,轻足之士凌其高,必死之士殿其后,列强弩而冲之,持短兵而继之,彼不得前,我不得往。水战之道,利在舟楫②练习士卒以乘之,多张旗帜以惑之,严弓弩以中之,持短兵以捍之,设坚栅以卫之,顺其流而击之。夜战之道,利在机密,或潜③师以冲之,以出其不意,或多火鼓,以乱其耳目,驰而攻之,可以胜矣。

【注释】

①偃戢:掩护、收藏。 ②舟楫:古代指船。 ③潜:隐藏。

【译文】

在森林中作战的方法是,白天遍插旌旗,夜晚多使用锣鼓,利用短小的兵器,巧妙地设置埋伏,有时进攻正面,有时进攻背面。在丛林作战的方法是,利用刀剑盾牌,在交锋之前,先分析敌军路线,10里设一个大哨,5里设一个小哨,且必须掩藏好旌旗、锣鼓,再突然袭击使敌人措手不及。谷地作战的方法是,巧妙地设置埋伏,以勇猛出击,身手矫捷的士兵从高处出击,敢于拼命的士卒保卫后方,并摆开强弩向敌人射击,手持短兵器的士兵接替于后,使敌人不能前进,而我军也不攻过去。水上作战的方法是利用船只,必须操练士兵去驾驭,往船上要多张挂旗帜来迷惑敌军,或用凌厉的弓弩阻挡敌人,或手持短兵器去交战,并设置栅栏以免敌人入侵,同时顺着水流的方向去攻击敌人。夜晚作战的方法是,保持行动机密,可以悄悄地派遣军队突袭敌军,也可以多用火把、战鼓扰乱敌人的耳目,只要能快速攻击敌人,就可以赢得胜利。

【事典】

255年,蜀国大将姜维率领数万大军进攻陇西,情况危急万分。当时,魏国的征西将军陈泰是负责对蜀国作战的最高将领,他在得到这一消息后,立刻与众将积极商议,准备伺机反扑。在商议过程中,凉州刺史王经主张出城作战,和蜀军进行正面交锋,陈泰则坚决反对这一观点,他分析道:"姜维向来向诡计多端,用兵神出鬼没,若与他们进行正面对决,我军定会吃亏。如今,他率领大军深入陇西,粮草供给估计不会太充足,所以他定想和我们速战速决。而我们只需坚守城池即可,等到他们没了粮食,自然不战而退了。"

经过慎重分析,陈泰派遣王经率领大军死守战略要地——狄道,他再三叮嘱王经,一定要守住狄道,千万不可轻举妄动。然而,王经仗着自己在人数上大大超过姜维,再加上年轻气盛、立功心切,正想和敌军杀个你死我活呢,便不顾陈泰的忠告,硬是率军迎击姜维的大军。结果,王经的军队被姜维率领的蜀军打得连连从退,只得退到了狄道城中。而此时,姜维也趁势将狄道围了个水泄不通,并打算伺机发起进攻。

眼看狄道就要失守,陈泰决定亲自率领大军,以解狄道之围。当时,南安太守邓艾劝他说:"如今姜维军队刚刚打败王经,士气正旺,势不可挡,我们去了不等于白白送死吗?不如放弃狄道,从长计议!"陈泰反驳说:"一旦姜维攻克了狄道,再由此东进,占据了略阳这一粮米之地,并游说当地的羌人叛变,那我们的麻烦就大啦!可如今他们仓促间围攻狄道,准备一定不足分。狄道地处山谷,我军可占据高地,以上击下,姜维大军必定坚持不了多长时间。"

主意拿定之后,陈泰决定从南路进军狄道。邓艾又有疑问了:"北路道路平坦,路途又近,为何要走南路呢?"陈泰解释说:"尽管北路利于行军,但你应该记得,姜维就是凉州人,他对北路的地形十分热意,必定会在那里设置埋伏,所以还是走南路吧!"

果不其然,姜维率大军在北路埋伏多日,一直不见陈泰大军,他以为陈泰放弃了狄道,便放心地向狄道展开猛攻。而此时,陈泰大军也绕过埋伏,来到了狄道东南的高山上。之后,陈泰兵分三路,一路人马在高山上燃起烽火、挥舞旌旗、敲响战鼓,以告诉城内王经率领的士兵——救兵已到,这极大地鼓舞了城内士兵的斗志;另一路偷偷绕到蜀军背后,手持长矛、盾牌,和敌军展开搏杀;还有一路士兵埋伏在蜀军撤退的必经之路,准备伺机截击。就这样,陈泰大军凭借山谷有利的地形,使姜维大军前后受敌,蜀军根本无力做出回击,只好弃甲而逃。而实际上,陈泰此次行动并没有带太多的兵力,眼见狄道之围已解,他便没有继续追击。

司马懿知道此事后,大感吃惊,他写信给陈泰说:"此次行动相当冒险,你为何不派六百里加急给我报信呢?"陈泰坦然地说:"这件事我自有把握,利用山谷作战,只要抓住地形优势,岂有不胜之理?如果动不动就派六百里加急,反而会引起老百姓的恐慌,以为国家真出什么大事了呢!"司马懿听后,不禁对他交口称赞:"陈泰不愧是大将之才!"

【解读】

只有灵活运用各种战术,发挥无穷的战术变化,才能在最短的时间内,给敌人造成最大的伤亡和破坏。由此可见,方法是最重要的。有些人之所以投入的时间比别人多、花费的精力比别人大,但工作始终不及别人出色,很大程度上是由于没有掌握正确的方法。也正因如此,素有"美国将军的摇篮"之称的西点军校有这么一条校训:"正确的战略战术比优势的兵力更重要。"

四十三　和　人

【原文】

夫用兵之道,在于人和,人和则不劝而自战①矣。若将吏相猜,士卒不服,忠谋不用,群下谤议,谗慝②互生,虽有汤、武之智,而不能取胜于匹夫③,况众人乎?

【注释】

①自战:自己作战。　②慝:暗中伤人。　③匹夫:指普通百姓。

【译文】

带兵作战的方法,关键在于全军团结和睦,若全军团结和睦则不需要劝勉就会自行投入作战。若将领官吏相互猜疑,士兵们就会不听从指挥,忠诚有谋略的人未被任用,人们暗自议论纷纷,而谗言与恶语迭起,则即使有商汤、周武王那样的聪明才智,也不能战胜一个普通的人,更何况是一般的人呢?

【事典】

秦朝末年,楚王项羽和汉王刘邦纷争不断,项羽凭借兵力上的优势及范增、钟离昧等一批出色谋士的辅佐,很快占据了主动地位。在一次攻防战中,项羽力挫刘邦的二十万汉军。无奈之下,刘邦只得退守荥阳,项羽乘胜追击,将刘邦残部困在了城中。

好在荥阳城物资丰殷,汉军才勉强度过了一年被围困的日子。而楚军为了避免无谓的伤亡,在此期间并没有任何攻城的打算,这给了刘邦一个喘息的机会。

虽然日子还算安稳,可这么长期被围,迟早有弹尽粮绝的一天,刘邦日夜思量,但始终想不出突围的方法。他不禁感叹天要灭他。

正在这时,谋士陈平前来拜访刘邦,提议道:"如今楚王项羽之所以能够雄霸天下,皆因范增、钟离昧、龙且、周殷等谋士的辅佐。项羽本人只是一介武夫,有勇无谋,如果没有这些谋士的帮助,他根本成不了大器。"

刘邦听后觉得颇有道理,点头道:"说得好,接着说。"

"项羽狭隘、多疑的性格天下皆知,他对自己手下的这批功臣自然会多加提防,以免他们功高盖主。如果我们能稍加离间,那主公突围指日可待啊!"陈平道。

"好!真是妙计!"刘邦十分高兴,"这一切我就交由先生全权负责,务必使楚军上下军心动摇。"说完,他立即拨给陈平数万两黄金用于离间。

"微臣领旨。"见刘邦同意自己的计谋,陈平兴冲冲地开始了密集的准备工作。

几日之后,在楚军的帐营里,一些流言便传了开来。大部分内容都是范增、钟离昧等人自认劳苦功高,可是却得不到项羽的相应赏封,他们心有不满,准备自立为王云云。一开始,这些话还只是在士兵当中悄悄流传,可到了后来,连一些将领都信以为真。自然,这话很快传到了项羽和范增等人的耳朵里。

听到这些传言,范增等人连忙去见项羽,向他表明自己的忠心。项羽表面上嘻嘻哈哈,说不会相信这些无稽之谈,可谁都看得出来,他的心里已经开始对范增等人起疑了。

楚军的动态通过汉军安插的间谍,很快传回到陈平那里。对于这一结果,陈平显然不够满意,因为,他的目的是让项羽完全放弃自己的谋士,而不仅仅是起疑而已。

于是,陈平又请刘邦写信给项羽,说要求和,请项羽派遣使者过来。项羽见围困一年后对方终于肯就范,便很爽快地答应了刘邦的求和要求,并派出了自己的使者。

使者来到荥阳城里,受到了相当隆重的礼遇。在酒宴之上,刘邦为表敬意,准备了相当丰盛的食物和美酒,这一切都令使者颇为满意,他觉得,刘邦如此隆重地对待自己,正是他诚心投降的表现。正当使者暗自高兴,准备回去替刘邦美言几句时,一直在刘邦身边作陪的陈平突然问道:"不知你家主人近来可好?"

"哦,楚王当然很好,多谢陈先生关心。"使者回礼道。

"楚王?"陈平故作不解的样子,"我是问你家主人范老先生,还有钟将军。他们可有书信带过来?"

"我家主人什么时候变成范增和钟离昧了?"使者心中不悦,冷冷地说道,"不好意思，我想你误会了，我们楚军上下只有一个主人，那便是楚王，我乃是楚王的使者。"

听使者这么一说，陈平马上收起了脸上的笑容，回敬道："原来是项羽的使者？我还以为是范先生和钟将军的使者呢。"说完，他朝周围侍者使了个眼色，大家立刻围了上来，七手八脚地撤掉了使者面前的美味珍馐，换上了两盘青菜和几个馒头。

使者哪受过如此羞辱，他立时火冒三丈，将桌子一掀便拂袖而去。回到楚营后，使者马上去见项羽，将自己在汉营所见的一切如实地告诉了项羽。听到刘邦竟然如此看重范增等人，却如此轻蔑自己，项羽更加怀疑自己的手下与刘邦有着不可告人的联系，于是，他不分青红皂白，开始处处排挤打压范增等人。

最终，这些谋士忍受不了楚王的奚落和侮辱，陆续愤然离去。而那些剩下的平庸之辈见对楚王如此忠心的人都离开了，也彻底对楚王不抱幻想了，纷纷为自己寻找后路，其中竟有一大半投奔了汉军。几乎是一瞬间，楚军军心大乱，迫害、猜疑弥漫在整个楚军阵营内部。

面对这种危急情况，项羽不但没有及时安抚，反而变本加厉地铲除那些他自认为对自己不忠的人，最终致使众叛亲离，数十万楚军土崩瓦解，只剩下了八百余人。项羽之前的一切优势因为军心的丧失而消失殆尽。

【解读】

人都是感情动物，哪怕是在冷酷无情的军营，要想最大限度地发挥军队战斗力，感情的维系依然至关重要。而在现代社会，要想让员工对公司不放弃，领导者首先要做的正是稳定"军心"，只有大家心往一处想，才能齐心协力地搞好工作。这样一来，就算暂时遭遇难关，大家也不会因为一时的失意而放弃公司。

四十四 察 情

【原文】

夫兵起而静者，恃其险也；迫而挑战者，欲人之进也；众树动者，军来也；尘土卑而广者，徒来也；辞强而进驱者，退也；半进而半退者，诱也；杖而行者，饥也；见利而不进者，劳也；鸟集者，虚也；夜呼者，恐也；军扰者，将不重也；旌旗动者，乱也；吏怒者，倦也；数赏者，窘也；数罚者，困也；来委谢①者，欲休息也；币重②而言甘者，诱也。

【注释】

①委谢：低声下气地谢罪求和。　②币重：币，指绢帛之类的馈赠礼物。形容

礼物丰厚。

【译文】

战争开始了，却按兵不动，必是倚仗险要的地形地势；靠近并不断挑战，必是想让别人来进攻；无风而树枝摇动，必是敌方战车行进所致；尘土低扬且分布很广，必是步兵来袭；言辞强硬而示意即将来攻，必是将要撤退了；行军忽进忽退，必是要引诱我军追击；拄杖而行，步履蹒跚，必是饥饿无粮；出现有利战机却不进攻，必是疲劳不堪了；敌营上空飞鸟群集，必是营地空虚；夜里喧哗不止，必是恐惧害怕；军队混乱，表明敌将没有威信；军旗纷杂无序，表明敌军内部混乱；将吏急躁易怒，表示已经厌于征战；奖赏刑罚过于频繁，表示处境困难了；敌军遣使前来谢罪和求和，表示将休兵停战；若重金酬谢且甜言蜜语，必是在劝诱我军。

【事典】

汉尼拔是迦太基的著名统帅，他曾带领迦太基军队打败过强大的罗马军队，成为名噪一时的英雄。由于他在战争中善于利用计谋，并创造出一套具有个人风格的战略战术，因此享有"战略之父"的美誉。然而，正是这么一位身经百战的传奇人物，却曾有一次由于对敌情的错误分析，被对手小小地戏弄了一番。

前216年8月，著名的坎尼战争爆发。英勇的汉尼拔将军率领迦太基军队，将卡西利亚城团团围住，并切断了城内的罗马军队与外界的所有联系。当时，虽然罗马军队在人数和地势上都占据一定的优势，可是汉尼拔根本不畏惧，他带领军队一次次向卡西利亚城发起进攻，试图全歼罗马军队，但都遭遇罗马军队的顽强反抗，最后只能无功而返。

见强攻不成，汉尼拔只好智取。这天，他绕着卡西利亚城边走边想：卡西利亚城地势险要，易守难攻，如果继续发动猛烈进攻，也不见得有什么成效。正想着，汉尼拔突然发现几名罗马士兵鬼鬼祟祟地从城内走出，他们在城墙下的荒地上匆忙挖了些野菜，又赶紧溜回城中。看到这里，汉尼拔心里立刻豁然开朗起来：罗马士兵一定是饿坏了，所以才会冒着生命危险跑出来挖野菜充饥，这表明罗马军队的粮食储备已经严重紧缺。只要我继续围困，等到城内的罗马军队断水断粮，就算他们有心反抗，也拿不动武器了，到时再攻城岂不易如反掌？

主意拿定之后，汉尼拔便命令大军耐着性子在城外安营扎寨，大有常驻于此的势头。而城内的罗马军队见状，不但没有感到害怕，反而松了一口气。尽管仍有一些不安分的士兵溜出城外挖野菜，但除此之外，汉尼拔没有发现他们缺水断粮的迹象。怎么回事？难道是自己的判断有误？汉尼拔在心里怀疑，不过，凭借自己多年的作战经验和对敌情的观察，汉尼拔相信自己的判断。

为了给城内的罗马军队施加压力，汉尼拔命令士兵把城外可以食用的野菜全部拔掉，让他们彻底打消外出采摘野菜充饥的念头。不但如此，他还令军队得卡西利亚城外围的土地全部犁了个遍,这样一来,就算再长出野菜,也是几个月之后的事了。做完这一切后,汉尼拔坚信:没有多日,城内的罗马军队就会缴械投降!

然而,出乎汉尼拔意料的是,卡西利亚城内的罗马士兵不但没有投降,反而更加频繁地外出。和以往不同的是,他们明目张胆;他们不再挖野菜(当然,也没有野菜可挖了),而是随身背着个沉重的袋子。这些士兵来到那片被迦太基军队犁过的土地,从袋子里掏出一些东西,悠闲地撒了起来。汉尼拔惊奇地发现,他们撒的居然是各种农作物的种子。此情此景,令汉尼拔将军很受打击,他顿时意识到,自己犯了一个多么严重的错误!既然城内的罗马士兵还能把粮食拿出来播种,表明他们的食物一定很充裕,足够维持到那些刚播种的农作物收获的季节。否则的话,他们怎么还舍得把仅有的粮食撒向土地呢?

想到这里,汉尼拔后悔不矣。再加上从整个罗马战场来看,罗马军队占有明显的优势,如果汉尼拔再把军队耗在攻占卡西利亚城上,势必影响其他地方的战势,进而对整个大局不利。更何况,既然城内粮草充足,汉尼拔的迦太基军队再继续围困下去也毫无意义了。综合考虑之下,汉尼拔将军只好放弃围困战术,将军队转向了其他战场。

实际上,汉尼拔当初的判断是正确的,当时城内的罗马士兵的确处于饥饿的边缘,可是,如果因此便缴械投降,他们又心有不甘。于是,罗马军队的统帅想出了这个绝妙的点子:"既然汉尼拔那么想让我们投降,说明他们也经不起这样耗了,因此,只要我们再忍耐一下,并采取一些迷惑措施,让他们守全死心,最后的胜利自然是属于我们的了。"于是,便出现了罗马士兵出城播种的场景。汉尼拔哪知道,正因为自己被敌军做出的表象迷惑了双眼,让他丧失了一次唾手可得的攻城机会。

【解读】

敌人总是比较狡猾的,他们不会老老实实地杵在那里让你去调查,而是会制造阵阵烟雾,给你的侦察工作带来种种麻烦。因此,要想真正了解敌人的底细,你必须学会分析敌人的表面特征,掌握基本的判断门道,除此之外,你还要具备拨乱反正的能力。这样一来,就算敌人施放再多的烟幕弹,你也能穿过迷雾,直达敌人的软肋。

四十五　将　情①

【原文】

夫为将之道,军井未汲,将不言渴;军食未熟,将不言饥;军火未然,将不言寒;军幕未施,将不言困②。夏不操③扇,雨不张盖,与众同也。

【注释】

①将情：情，在此指思想、作风。将情，指为将者风范。 ②困：疲倦。 ③操：拿。

【译文】

作为将领，军井里的水没有打上来，就不说口渴；饭还没煮熟，就不喊饿；火没有点燃，就不说寒冷；帐篷没有搭好，就不说困倦；夏天不拿扇子，下雨不撑雨伞，一切都和士兵一样。

【事典】

诸葛亮又一次不厌其烦地重复了将领对士兵的爱心对于部队的领导作用。虽然重复，可这也正证明了将领对于部队的激励作用是战斗获得胜利的最重要条件。

当然，所谓的"爱兵如子"并不是拿来做做样子的，而是要真正从内心去感同身受，从小事上去关心属下，不然的话，不但不能达到激励部下的效果，还可能让自己成为别人的笑柄。

有这样一位将领，他时刻都在强调自己十分关心士兵的日常生活，而他也的确经常查看士兵的饮食起居，看起来好像一切都像他自己说的那样完美。

不过，在一次对厨房的检查中，这位将军提出要亲自尝一下士兵们的饭菜。他径直来到一口汤锅的旁边，舀了一勺汤。

正当他要把这口汤送到自己嘴里时，旁边的士兵拦住了他，未等士兵开口说话，将领心里已经乐开了花，他以为对方之所以拦着自己，纯粹是因为自己"爱兵如子"的戏码已经做足，让对方感动不已。于是，将领便用一种不容置疑的口气说道："什么都别说，我今天一定要尝尝战士们每天都在喝的汤。只有同将士们甘苦与共，那才是一个真正的好将领嘛！"说着，便不由分说地喝下了这勺汤。

"呸！这是什么汤？那么难喝！"汤刚刚入口，便被将领都吐了出来。吐完之后，将领生气地说："这汤是谁做的？简直像刷锅水！"

刚才试图阻拦这位将领的士兵小心谨慎地说道："将军，汤是我做的。可您刚才喝的，的确是刷锅水。"

只将"爱兵如子"作为口号来喊的人，是不可能真正在意自己的所作所为是否真的是关心部下，因此才会闹出把刷锅水认成汤的笑话。相反，那些真正把士兵放在心上的人，常常从细节上关怀、体恤部下，只要是自己能够为他们做的事情，不管再脏再累也毫无怨言。也只有这种真心的行为，才能换来士兵们的爱戴和敬仰，才能让他们对自己死心塌地。

历史上很多名人都是真正的爱兵如子，比如战国时期的名将吴起。

吴起是卫国左氏人，对于军事有着过人的天赋。他带兵打仗，往往能凭借出色的才能扭转败局,获得最后的胜利。当然,吴起的胜利并不仅仅是因为出色的指挥和战争思想,更重要的在于他拥有一支能够完全贯彻主帅的意志,并且甘愿为了主帅牺牲一切的部队。这样的部队无疑是最令对手胆战心惊的,因为他们的脑海中除了获胜还是获胜。

这支部队之所以拥有超高的凝聚力,源于吴起对属下无微不至的关怀。不管是大事还是小事,只要是能够为士兵做的,他都可以毫不计较地替对方解决。有一次,吴起率领的魏军前去讨伐中山国,在行军途中,由于环境恶劣,许多士兵的身上都长了毒疮,疼痛起来十非常难受。得知这一消息后,吴起马上下令原地休息,命随军医师就地医治。但是医师带的草药实在有限,根本无法有效地解决毒疮问题,且他们当时所在的地方十分偏僻,要找草药也并非易事。

看着疼痛难忍的部下,吴起心急如焚,他赶忙召集医师,商讨应对措施。众人思来想去,终于想到一个最原始的方法——用嘴将毒疮里的脓血吸出来。这当然是最简单快捷的方法,但操作起来太不现实了。试想,谁愿意用嘴去吸对方毒疮中的脓血呢?这恐怕连医师们都不肯,更何况那些只懂打仗的士兵呢?

出人意料的,听到这个方法之后,吴起居然迅速走出帐外,找来一个毒疮发作得最厉害的士兵,当着所有人的面亲自为他吸脓血。要知道,毒疮是又脏又臭的东西,可吴起却全无半点为难的表情,很快为这位士兵将毒疮里的脓血吸了出来。整个过程中,所有士兵无不默默注视着自己将领的一举一动。

为第一个士兵吸完脓血后,吴起随即又找来另外一个毒疮发作得很严重的士兵,准备继续为他吸脓血。这时,其他的士兵纷纷激动地站了起来,找到自己身边长有毒疮的人,学着将军的样子为他吸毒。而那些随军医师则主动出去寻找草药,经过不懈的努力,终于用最短的时间找到了足够的草药。尽管回来的时候个个伤痕累累,可他们顾不上自己的伤痛,立刻为脓血已被吸净的伤兵敷药。

就这样,在吴起的带领下,长了毒疮的士兵们及时被医治痊愈。不仅如此,通过这件事,整个部队的士气大振,在后来的战斗中屡屡获胜。

【解读】

要想表达对一个人的关心,不是口头上说说,而是关键在于体现在行动上;不是要做出什么惊天动地的大事,而是体现在一点一滴的小事上。老子曾教导我们说:"天下难事,必做于易;天下大事,必作于细。"只有从细节着手,才是最打动人心的,才能达到最好的效果。不做好每一件小事,也就做不好大事,也就不能做大事,不是吗?

四十六　威　令

【原文】

夫一人之身,百万之众,束肩敛息,重足俯听①,莫敢仰视者,法制使然也。若乃上无刑法,下无礼义,虽贵有天下,富有四海,而不能自免者,桀纣之类也。夫以匹夫之刑令以赏罚,而人不能逆其命者,孙武、穰苴②之类也。故令不可轻,势不可通。

【注释】

①重足俯听:并足战立,垂头听话。　②穰苴:古代军事家。

【译文】

将领统率千军万马,士兵们拢肩屏息、并足垂听,没人敢仰脸看将领,这是因为法令制度俨然。若将领没有刑罚条令,士兵不讲礼节仁义,即使地位显贵而拥有天下,且财力雄厚称四海,最后仍不可避免灭亡的,是夏桀、商纣这样的人。尽管是平民,但发号施令、进行奖赏和惩罚,而人们不敢违背命令的,是孙武、穰苴这样的人。所以法律制度不能轻视,将领的威严也不能违背。

【事典】

素有"美国陆军第一剑客""美国第一勇士"之称的巴顿将军,在第二次世界大战期间带领美国第一支坦克部队,驰骋于北非沙漠,立下累累战功。但是,与他在战场上的杰出表现受到大家一致好评不同的是,他近乎无情的军纪和训练,则受到了一些人的非议。

那么,巴顿将军究竟制定了哪些苛刻得令人难以接受的军纪呢? 例如,他规定士兵的床前不能挂女人的画像;规定每个士兵必须戴钢盔、扎领带、扎绑腿;规定每天早上七点半开饭,晚一分钟都不行;规定每位士兵都不能掉扣子……为此,不少士兵在背地里大发牢骚,痛骂巴顿冷血无情,然而,巴顿仍旧一如既往地执行他铁的纪律。在他看来,军人只有经过严格训练,才能有顽强的战斗力,才能最大限度地减少伤亡。平时一旦有丝毫松懈,在战争中丧命的概率就会变大。正因为巴顿严格的军人作风,他所带领的军队成为二战期间美军伤亡最小的军队,士兵们也因此慢慢理解了巴顿将军的良苦用心。更何况,巴顿并不是只单纯要求士兵如何如何,而是以身作则,和士兵们一起遵守各项军纪。士兵们眼见身为将领的巴顿都能如此严格地要求自己,一切的牢骚就都变成了无言的服从。

1942年3月,巴顿被调任美国第二军当军长。因为第二军是由新兵组建的部队,军纪十分涣散,在整个美军中都是出了名的差。巴顿一上任,就从严格军纪抓起,制定了种种近乎苛刻的纪律,其中一项就是戴钢盔。他要求每个士兵包括护士在内,都必须戴钢盔,哪怕是上厕所,也不能摘下。当时,不少官兵认为这一规定是"无理取闹",也就没把它放在心上,平日依然我行我素、衣衫不整。没想到巴顿是个喜欢较真的人,只要是他下达的规定,就一定要严格执行!

既然官兵们不自觉执行,那就强制实施。于是,巴顿每天都抽出时间到军队中转悠,专门抓那些不戴钢盔的人。他检查得相当仔细,从军营到食堂,再到厕所,不放过任何一个角落。一天,他走到厕所附近时,刚好发现一个没戴钢盔的人走进厕所,他就在厕所外"守株待兔"。等到那个士兵出来后,他让士兵领他到自己所在的军营,结果在那里一口气抓了二十五个没戴钢盔的士兵。巴顿让这些士兵一字排开,厉声训斥道:"任何一个不严格执行我命令的兔崽子,都令我无法容忍。我给你们最后一次机会,要么罚款二十五美元,要么把你们统统送上军事法庭!我郑重警告你们,送上军事法庭是要被记入军事档案的,这将成为你们军人生涯的一个污点!"士兵们听了,立刻乖乖地戴上钢盔,并交出二十五美元。如果因为没戴钢盔就被送上军事法庭,未免也太小题大做了,但大家此时已知道巴顿将军是个说到做到的人,谁还敢冒那个险呢?

没过多久,此事便在全军上下传开了,大家再也不敢散漫了,整个军容焕然一新。艾森豪威尔将军前来视察第二军时,他难以置信。他饱含赞赏地对巴顿说:"曾经有人向我告你的状,但我现在不相信他们,只相信你!"这无疑是对巴顿最大的肯定。

巴顿将军对士兵的严格不仅体现在军容军纪上,还有对士兵精神面貌的严加管教。他对在前线战斗的士兵关爱有加,时常到前线的医院看望受伤的士兵。一次,巴顿来到一间临时搭建起来的帐篷医院,和那里的伤兵愉快地聊着天,在整个军队中,巴顿最敬佩的就是这些在战场上英勇杀敌的士兵了。正聊着,巴顿偶然瞥见一个窝在角落里的伤兵一直不声不响,一副满怀心事的样子。

巴顿把他的主治医师叫来,向他详细了解了这位伤兵的情况。原来,这位伤兵名叫查尔斯·库尔,刚刚当兵八个月。严格来讲,他并没有负伤,但总对医生说感觉不舒服,医生在给他做了详细检查之后,在他的病例上写道:中等忧郁型精神病。

巴顿听后,马上火冒三丈,他用凌厉的目光注视着库尔,问道:"你年纪轻轻,得了什么精神病?"库尔被巴顿这么一问,吓得连话都说不好了,他结结巴巴地说:"我……害怕听到炮响,一听炮响……我的腿就发抖。"此刻巴顿已经愤怒到极点了,他抓住库尔的衣领,并把手上的白手套摘下来,一边抽打他的脸一边骂道:"胆小鬼!我这里躺的都是伤痕累累的士兵,没有像你这样的蠢货!"说完,他用力把库尔推出帐篷,用命令的口气向院长吼道:"我不允许像他这样的狗杂种在这里鬼混,不管他受得了受不了,你马上把他派往前线!"之后,他又直视着库尔的眼睛说:

"现在最适合你的岗位是前线,而不是这里,像你这种没出息的孬种,应该去前线好好磨炼一下!"

就这样,害怕炮响的库尔被巴顿硬逼着奔赴前线,开始了枪林弹雨的生活。但自从这件事后,库尔反而战胜了内心的恐惧,成为一名勇敢的战士,并获得了一枚紫心勋章。此时,他心里比谁都清楚:如果没有巴顿的严加管教,或许他现在还窝在帐篷医院,做那个害怕炮响的可怜虫呢!

【解读】

所谓"严师出高徒",巴顿将军带领的军队之所以能成为美军中伤亡最小的军队,和他严格军纪、执法如山的作风紧密相连。他同时也告诉我们一个道理——任何时候,对自己严格要求都不会错!如果你要求自己达到一百分的水平,即便做得不够好,也能达到八十分以上的程度;可是,如果你仅要求自己达到八十分,那么,你兴许刚刚达到及格线。孰好孰坏,相信大家心里已非常清楚。

四十七 东 夷①

【原文】

东夷之性,薄礼少义,捍急能斗,依山堑②海,凭险自固。上下和睦,百姓安乐,未可图也。若上乱下离,则可以行间③,问起则隙④生,隙生则修德以来之,固甲兵而击之,其势必克也。

【注释】

①东夷:东边的少数民族。古代将四方边境之少数民族统称夷狄,除东夷外,西边的称西戎,南边的称南蛮,北边的称北狄。 ②堑:天然形成的险阻。 ③行间:遣派间谍进行颠覆工作。 ④隙:误会。

【译文】

东边少数民族的特性是:轻视礼教、缺少道义,剽悍急躁、擅长争斗,依靠着高山并凭借着海洋,倚仗险要的地形来保护自己,内部上下团结和睦,百姓安居乐业,所以无法图谋攻打。如果上层有叛乱而百姓离心,就可以进行颠覆,使他们产生纷争,再用仁义道德来招抚他们,或用强大的军队去攻击他们,就一定能获得胜利。

【事典】

夷夏之防,历来是古代中央王朝治国方略之一。"东夷""南蛮""西戎""北狄"这4篇,都是诸葛亮对怎样制伏当时给蜀国造成不安定因素的少数民族所制定的策略,对东夷要乱中求胜、对南蛮要速战速决、对北狄要以逸待劳、对西戎要等待"鹬蚌相争"的时机,这在军事中同样有可以借鉴之处。

公元前314年,燕王受到相国子之及其党羽的愚弄,将王位传给了相国子之。相国子之执政3年,燕国大乱,各宗族的人都非常痛恨子之,燕国将军市被和太子平决定进行谋反。此时,有人劝训齐宣王攻打燕国,可是齐宣王并未起兵,只是派人转告太子平,说自己愿意为太子效力。于太子平和将军市被纠集党羽包围了王宫。可是谋反却以失败告终,太子平及将军市被殉难,同时也造成燕国数月的内战,死伤无数,燕国百姓怨声载道。看见时机成熟的齐宣王马上发兵10万攻打燕国,而燕国的百姓早就对此深恶痛绝,齐兵一到,就开城迎接,燕国的3000里疆土就这样被齐宣王得到了。

诸葛亮所提出制伏东夷的策略,其实和齐宣王智取燕国是异曲同工,其中之精髓就是"乱中取胜"4个字罢了。

四十八　南　蛮

【原文】

南蛮多种①,性不能教,连合朋党,失意②则相攻。居洞依山,或聚或散,西至昆仑,东至洋海,海产奇货,故人贪而勇战。春夏多疾疫,利在疾战,不可久师③也。

【注释】

①多种:多族,意谓繁多。　②失意:与自己的意愿不符合。　③久师:长时间作战。

【译文】

南边的少数民族数目繁多,其本性不能被教化,常纵横联合而结成利益团体,失去利害关系就相互攻打。他们居住在山洞中依靠着山峰险阻,一些聚集在一处,一些分散在各处,西方至昆仑山,东方则到达大海,大海中盛产奇货,因此人性贪婪。春夏之时多疾疫,快速作成有利不可长期作战。

【事典】

建安三年,诸葛亮兵伐南方不毛之地,虽然七擒孟获的故事流传至今,但险山恶水、毒蝎狼虫这些恶劣的条件也使蜀军损失不少,加之远离本土作战,军饷粮草消耗巨大,诸葛亮才总结出了"利在疾战,不可久师"的经验。

汉武帝

汉武帝曾发起对匈奴的讨伐战争,从公元前133年的马邑之战,一直到公元前119年,历时15年之久,尽管最后获得了"漠南无王府"的战争胜利,使匈奴远逃,不再来犯,可是为了支援旷日持久的战争,汉武帝动用大量的人力、物力、财力,征募了过量的兵役,耗费了过多的军费,最终导致"海内虚耗、人口减半"的惨烈局面。尤其是农民的负担过重,严重影响了政权的稳定。

孙武从战争对人力、物力、财力的依赖关系出发提出的速战速胜方针。孙武认为,旷日持久会使军队疲惫而挫伤锐气,长期在外作战会使国家开支不足,诸侯会乘机进犯,其后果难以挽回。他根据当时战争的实际情况,特别是交通运输、财力物力等条件限制,提出了"役不再籍,粮不三载"的具体要求,是符合当时社会生产力水平要求的,也是孙武以朴素唯物主义观点研究战争的一种表现。

秦始皇派大将蒙恬率军北征,又派屠睢率楼船水师南攻,征战10余年,壮男披甲作战,壮女担负运输,辍耕废织,民无以为生。始皇死,仅4年就亡国。这被史学家称为"穷军之祸"。

【解读】

诸葛亮提出的不只是远征南蛮的军事策略,速战速决的作战原则在所有地方、任何时间都是值得借鉴的。

四十九　西　戎

【原文】

西戎之性,勇悍好利,或城居,或野处,米粮少,金贝①多,故人勇战斗,难败。自碛石以西,诸戎种繁,地广形险,俗负强很②,故人多不臣③。当候之以外衅④,伺之以内乱,则可破矣。

【注释】

①金贝:金银财货。　②俗负强很:习惯于强暴凶狠。　③不臣:不称臣,不臣服。　④外衅:外来的侵扰。

【译文】

西边的少数民族,性情勇猛凶悍、贪图利益,有的筑城居住,有的居住野外,粮草缺少,但金银财宝很多,因此人们生性勇猛善战,难以打败。从沙漠一直往西,民族种类繁多,地域辽阔,地势险要,习惯于强暴凶狠,因此人们多不臣服而有造反之心,应该等到他们受到外来的侵扰,窥测到他们内部发生混乱冲突时,才能攻破他们。

【事典】

《战国策·燕策二》中记载:"蚌方出曝,而鹬啄其肉,蚌合而钳其啄。鹬曰:'今日下雨,明日不雨,即有死蚌。'蚌亦谓鹬曰:'今日不出,明日下出,即有死鹬。'两者不肯相舍,渔者得而并擒之。"诸葛亮所说的"候之以外衅,伺之以内乱,则可破矣",其实就含有鹬蚌相争、渔翁得利的想法。凶狠的西部民族很难令其臣服,只能等到他们遭到其他势力挑衅而发生混乱时,才有机会制伏他们。

二战时期的苏联,不愿意让英、美支援的波兰流亡政府重新执政,可自己却无法控制流亡政府,而强攻华沙又绝对会是一场惨烈的消耗战。于是,当流亡政府在华沙起义时,本来可以迅速攻至华沙和起义军夹攻德军的苏军却忽然停止进攻。在起义军和德军激战的 60 余天中,多次拒绝了英、美两国要求苏军恢复对德军攻击的请求。最后,起义军粮绝弹尽、全军覆没,德军也损失惨重,华沙基本成为一座死城,苏军乘机发动进攻,轻易地攻取了华沙。二战结束后,由苏联支援的波兰政府上台执政。

【解读】

要想去征服一个坚强不屈的民族,可能只有等到其遭遇外患与内忧时,才能趁机而攻破吧!

五十 北 狄

【原文】

北狄居无城郭,随逐水草,势利则南侵,势失①则北循,长山广碛②,足以自卫,饥则捕兽饮乳,寒则寝皮服裘,奔走射猎,以杀为务,未可以道德怀③之,未可以兵戎服之。汉不与战,其略有三。汉卒且耕且战,故疲而怯;虏但牧猎,故逸而勇。以疲敌逸,以怯敌勇,不相当也,此不可战一也。汉长于步,日驰百里;虏长于骑,日乃倍之。汉逐虏则斋粮负甲④而随之,虏逐汉则驱疾骑而运之,运负之势已殊,走逐之形不等,此不可战二也。汉战多步,虏战多骑,争地形之势,则骑疾于步,迟疾势县⑤,此不可战三也。不得已,则莫若守边。守边之道,拣良将而任之,训锐士而御之,广营田而实之,设烽堠⑥而待之,候其虚而乘之,因其衰而取之,所谓资不费而寇自除矣,人不疲而虏自宽矣。

【注释】

①势失:失去有利的情势。　②长山广碛:长山,即阴山。碛,本意为水中之石,在此引申为沙漠。句意为凭借险要的阴山和辽阔的沙漠。　③怀:感化。　④裹粮负甲:裹,抱着;负,背着。句意为背负着粮食与装备。　⑤迟疾势县:县,同"悬",指差距大。句意为速度的差距大。　⑥烽堠:烽火台。

【译文】

北方少数民族没有固定居住的地方,他们追随丰盛的水草而迁徙,形势有利就南下侵犯,形势不利就北上逃窜,高山连绵,沙漠浩瀚,完全能够自卫。饿了就捕捉野兽喝乳汁,冷了就睡兽皮穿皮袍,奔跑着射击猎物,将捕取猎物作为营生手段,无法用道德去感化他们,也不能用兵马去征服他们。汉朝不与他们作战,有三个理由:汉朝的士兵边种地边打仗,因此疲惫又胆怯,北方民族进行放牧狩猎,因此安闲又勇敢,用疲惫对抗安闲,用胆怯抗击勇敢,是不能进行抗衡的,这是不能作战的第一点原因。汉兵擅长走路,一天可行走一百里,北方民族擅长骑马,一天行程是汉兵的几倍,汉兵追逐北方民族需要背负粮食与装备跟随着部队,北方民族追逐汉兵时则驱使战马,运输的方法不同,追逐的方式也不对等,这就是不能作战的第二点原因。汉兵作战多进行步战,北方民族则多进行骑兵作战,如要争夺有利的地形地势,骑兵快于步兵,快慢悬殊,这是不能作战的第三点原因。在万不得已的情况下,因此采取守卫边疆的方法。而守卫边疆,应该选择优秀的将领来担任,同时训练精锐的士兵去防御,大规模实行屯田使仓库充实,并设置烽火台用以了解敌情,等到敌人内部空虚时就乘虚而入,趁他们衰竭时去进攻他们,这就是不耗费物资就使敌人自取灭亡,不必兴师动众就使敌人土崩瓦解的方法。

【事典】

公元前559年,一天,晋悼公问荀莹说:如何才能使郑国臣服呢?荀莹回答道:郑国之所以屡服屡叛,是因为有楚国作依恃。只要削弱楚国的力量,郑国就自然会真正归服了。但是,要削弱楚国,在军事上需要运用"以逸待劳"计。他建议把晋国的军队分成为上、下、新三军,每次同楚国作战,只动用一军人马,三支队伍轮番使用;而且还应采取扰战法,当看楚军进时,我军即退,当看楚军退时,我军又进;要弄得楚军求战不得战,求安息不得安息,奔跑往来,疲惫不堪。而我军却有两支军队常常处于休整状态,这样以逸待劳,有一天就能战胜楚国,使郑国失去依恃而归顺我国了。晋悼公按照荀萤的说法去做,并委任荀萤为中军主帅,果然搞得楚军疲惫不堪,这时荀萤见时机成熟,突然便发起攻击,绳阳一战,晋军声威大振,最后,迫使楚王不得不接受公子贞"我兵乍归,喘息未定,岂能复战"的意见,忍痛"让郑于晋",任凭晋国进攻郑国,使之归降于晋国了。

公元620年,秦王李世民在东郡围困住洛阳王王世允,窦建德率领大队人马来救援,在汜水以东的战场展开绵延数里的阵势,士气高昂盛。李世民知道窦建德自从山东起义以来,从来真正碰到过强敌。而现在看他的士卒们鼓噪不休,表明其军令不严,再观察他驻扎的兵马,又表明他十分轻敌。于是李世民决定暂时按兵不动,等待对方士气衰落、疲劳倦怠的时候再乘虚而入。果然还不到一天的时间,窦建德大军的饮水粮草就有了困难,李世民便乘对方混乱之机,与程咬金从两面攻击窦建德的大军,一举击溃对方,活捉了窦建德。

【解读】

诸葛亮之所以不愿与北方的民族作战,就是因为无法用己之短去克敌之长,那么就不如先采取守势,以逸待劳,等到敌人内部空虚时,就能以最小的损失来得到胜利。荀萤分军制敌,以逸待劳。李世民同样不想与士气高昂的窦建德对阵,而是冷静地以逸待劳,终于趁其内部空虚时轻松地获得了胜利。

挺 经

清·曾国藩

图文珍藏版

导读

　　《挺经》是曾国藩总结自身人生经验和成功心得而成的一部传世奇书,居官治平的最高法则,因其启迪性和借鉴性受到各界人士的重视和喜爱,系统完整地总结了曾国藩为人为官的一些基本原则。

　　所谓"挺",即势不可用尽,功不可独享,大名要推让几分,盛时要做衰时想,刚柔相济,无为而无不为;百尺竿头,不能再进一步;欠缺本身就是完美。曾国藩以盖世之功而能于众说诋毁中安然保全自身,全赖这一"挺"字。主动、积极、参与,以恬淡的出世之心来入世,在困厄中求出路,在苦斗中求挺直。如此方能在前有猛虎后又毒蛇的情况下,不受其左右,气定神闲享受人生之至高境界。

图文珍藏版

入局第一：置身事内是处事的第一步

国学经典文库

智慧谋略全书

挺经

图文珍藏版

1219

【原文】

大抵此事在局中者，皆以中国兵疲将寡，沿江沿海诸省毫无预备，而彼族诸国合纵，穷年累世但讲战事。我能幸胜于一岁，断难保全于多年，庚申覆辙，岂可再见？必须隐忍以全和议者，就势而言之也。在局外者，皆以天主教流毒中华。污辱孔巫。异端不可不攘，木兰北狩，淀园被焚，国仇不可不雪。或奖义愤之民而百万粹集，或联合各国之交而专攻一国，必须力争以全国体，此就理而言之也。欲求理势兼顾，殊无良策。敝处所办，盖亦偏于衡势者，措施又多失宜，物论之腾，亦无足怪。

吾辈身在局中，岂真愿酷虐吾民，以快敌人之欲？徒以边衅一开，则兵连祸结，累世穷年而未有已。今西南未靖，沿海战事毫未议及。各省绿营兵一无可用。勇丁惟淮勇器械较精。气势较壮。然劲者亦不满二万。能防御一口，未必能遍防各口，能保全一年，未必能力持多年，能抵敌一国，未必能应付各国，而诸国合纵之势，狼狈之情，则牢不可破。故鄙人尝谓与汉之匈奴、宋之辽金迥别，实不敢以全局付之尝试，又安肯以津民一朝之忿，贻国家无穷之忧？惟曲全邻好而不忘防御，乃为完策。

【译文】

总体来说，这件事在局中人看来，都认为中国士兵疲乏、将才寡弱，沿江沿海各省丝毫没有打仗的准备，而西洋各国已经联合在一起，做好了长年打仗的准备。我国能侥幸打赢一仗，但不能保证以后多年都能取胜，庚申年的悲剧，岂能让它再发生？就目前的形势而言，我们必须忍辱负重，为保全国家而与西洋议和。局外人都以为天主教已经毒害了大中华，污辱了孔教的圣洁，这样的异端邪说必须清除；咸丰帝被迫去北边的木兰围场，海淀的圆明园被烧毁，如此这般的国家耻辱不能不雪。或者奖励心怀忠义的群众，召集起百万之众，或者联合各国，专攻一国，奋力保全国体，这是按照道理来说的。想要形势、道理兼顾，还没有好的办法。我这里所做的，大概就是偏重于形势，如果再加上措施不当，引起人们的激烈情绪，也就不显得奇怪了。

我等身在局中，难道真的就愿意使我国的百姓受虐待，从而满足敌人的欲求吗？之所以委曲求全，不过是担心战事一起，兵连祸结，让百姓长年处在战火硝烟中不能停止啊！现在西南的叛乱还没有平定，沿海的战事也不曾探讨过。各省绿营兵没有一个可以直接上战场的。就目前的兵勇来说。只有淮勇器械还比较精良，气势比较雄壮，但堪称劲旅的兵勇不到两万人，即使能防御一个口岸，也未必能防御所有口岸；能保全一年，未，必能坚持多年；能抵挡一国，未必能应付各国，而各国联手合纵之势、狼狈为奸之情，牢不可破。所以我曾经说过，现在的侵略者与汉朝的匈奴、宋代的辽金截然不同，实在不敢拿全国的疆土来做尝试，又怎么能因为天津百姓一时的愤怒。而使国家陷于无限期的忧患中呢？现在只有委曲求全。与各国维持和局，同时也不忘防范。才是最好的办法。

【事典】

如今，入局功夫已经不仅仅局限在案件的处理中，而是涵盖了各个层面。比如说，现代企业并购时，都会事先派团队去准备并购的企业中进行考察，并且调查该企业所在市场的情况，这一系列动作实际上也是入局功夫。只有深入局中，才能认清局中的形势，进而做出能使利益实现最大化的决定。这一点，比亚迪股份有限公司董事局主席兼总裁、电池大王王传福做得很好。

曾国藩

初创比亚迪时，由于资金和技术受限，王传福选择了最容易生产的镍镉电池。他选择生产镍镉电池还有一个重要原因，就是当时的电池生产大国日本宣布不再在本土生产镍镉电池，这就意味着镍镉电池的生产地将会发生转移。正是看中了申了这个机遇，王传福毅然放弃"铁饭碗"，下海经商。为什么其他人都没有看到这个机遇，而王传福看到了呢？这是因为王传福作为一名电池专家，一直很关注市场上电池制作的动向。换句话说，就是王传福身在电池制作的局中。所以才能很快抓住机遇。

1995 年，比亚迪在深圳一家租来的工厂中成立后。王传福就开始专攻镍镉电池罐产，制造了用于无线电钻、电锯、应急灯等产品的镍镉电池。果然不出王传福所料，市场上对这些产品的需求量很大。起步的顺利。为比亚迪之后的发展奠定了良好的基础。

随着资金的不断积累，王传福开始积极地对现有的电池生产工艺加以优化。并且大力引进电池界的尖端人才，购进大批先进设备。使电池品质稳步提升。除此之外，王传福还经常出国参加电池展，了解电池制作的最新信息。短短几年时间。比亚迪就逐步进入了镍镉电池的高端市场，拥有了多个固定的大客户。

在外人看来，这时的王传福已经很有成就了，镍镉电池这一产品足以让比亚迪很好地生存。但是在王传福看来，并不是这么回事。身为电池专家的王传福看到了镍镉电池生产的弊端:镍镉电池有毒。这种电池的重要组成金属是镉,而镉并不是人体所必需的微量元素。事实上,刚出生的婴儿体内是没有镉元素的,人体中的镉是随着年龄增长而逐渐累积起来的。在所有的金属元素中,镉是对人体健康威胁最大的有害元素之一。日本前些年的公害病之一"痛痛病",就是慢性镉中毒最典型的例子。镉元素能够使人体骨骼的代谢受阻,进而出现骨质疏松、萎缩、变形等一系列症状。

意识到生产镍镉电池不是长久之计后,王传福便毅然决定增产镍氢电池、锂电池和锂离子电池。这三种电池都是二次充电的电池,与镍镉电池相比,它们的技术含量要高得多,当然相对来说,安全性和利润也要高很多。在局外人看来,那时的比亚迪并不具备雄厚的技术实力。尤其是缺生产锂离子电池的技术。锂离子电池的生产技术是垄断在日本电池制造商手中的,日本对此类技术有着严格的保密措施。但是在身在局中的王传福看来,技术并不是问题,什么样的技术都是人创造出来的,有人才就不怕没有技术。他看重的是这三种电池的发展前景。他知道,比亚迪不能一直依赖于镍镉电池的生产,否则一旦镍镉电池被国际组织强行禁止生产,比亚迪就完了。而另外三种电池就是保证比亚迪生存,甚至是更好地生存下来的保障。

比亚迪能够发展成为全球电池界的老大,与镍镉电池是分不开的。当然,与价格低廉、品质优秀的镍氢电池、锂电池以及锂离子电池更是分不开的。比亚迪的发展势头充分证明了王传福想法的正确性,同时也说明了一个道理:躬身入局,深入了解局内形势,就可以做出最明智的决定。

简单来说,比亚迪在电池界的成就是王传福运用入局功夫所取得的。局外人永远都不能切身体会到局内人的感受,唯有亲身进入局内,才能及时发现问题,并有效解决问题。

【解读】

这一篇阐述的道理就是处事要入局考虑。曾国藩经常说,天下事,只在局外呐喊。总是无益的;必须躬身入局,挺膺负责,才有成事的可能。躬身入局的道理与俗话说的"站着说话不腰疼"的道理是一样的,如果不能亲身走进情境中,怎么能体会到情境中人物的想法呢?我国的一代圣贤说过:"子非鱼,安知鱼之乐?"这句话是说,你不是鱼,怎么知道鱼的快乐呢?也就是说,如果你是鱼,那么你自然就知道鱼是否快乐了,这实际上也是在讲入局的功夫。

既然充分认识到了入局的重要性,曾国藩做起事来,自然就不会置身事外了。在他的一生中,最能体现其入局功夫的就是他处理天津教案一事。也正是对天津教案的处理,让曾国藩多了个"卖国贼"的骂名。

同治九年五月,法国天主教堂收养的中国小孩突然死了三四十个,而且死因不明,但是教堂的人没有出来解释说明,这引起了天津人民的怀疑。之后,天津周边又连续发生了多起婴孩失踪案件。究竟是谁在背后操纵这些案件呢？天津人民虽然心中模糊地感觉到应该与法国教堂有关系。但是没有证据。

一天，天津人民当场抓获了一名人贩子。经过审问，人们得知，这个人贩子拿着迷药去拐骗小孩，然后将拐到的小孩卖给一个天主教徒。每拐到一个，他便能得到五块银洋。人贩子供认的那位天主教徒是个中国人，事情败露后，他仗着自己教徒的身份，躲进了教堂。在当时的情况下，清朝的衙门是不敢公然去教堂抓人的。由于天津人民气愤难平，而且有愈演愈烈的趋势，万般无奈之下，天津衙门只好派人去跟教堂交涉，希望他们交出犯人以平民愤。但是教堂的人态度十分蛮横，拒不交出。在交涉无果的情况下。天津衙门不敢真的惹恼教堂里的人，因为教堂里很多都是洋人，只好放任教堂包庇犯人。

天津衙门能咽下这口气，天津人民可不能。衙门的人走了，但是围观的群众没散，群情激愤，很快就与教堂里的人发生了争斗。争斗发生后，法国领事丰大业两次要求天津的通商大臣出兵镇压天津人民。当时，担任天津通商大臣的是崇厚。在丰大业的要求下，崇厚象征性地派出了两名士兵前去镇压。那两名士兵到了教堂门口，并没有上前阻止民众。看到这种情况，愤怒的丰大业立即转身去了天津衙门。刚进衙门口，他就掏出手枪向崇厚开了枪。幸运的是，在连续的枪击中，崇厚并没有受伤。枪声从衙门传出。天津人民一传十、十传百，竟传成了中法要开战了。本来就愤怒难平的天津人民一听到这个消息，立即敲锣打鼓聚到了衙门口，誓与洋人抗争到底。

崇厚一见天津人民喊打喊杀的样子，顿时感到事情不妙，便力劝丰大业等民众情绪平复后再出衙门。但是丰大业显然没有认识到中国人民的力量，气势汹汹地跑出了衙门。聚集在衙门口的民众见手持手枪的洋人走出来，便主动后撤，让出了一条道路。恰在这时，天津知县刘杰迎面走来，丰大业二话不说，举起手枪就向刘杰射击，子弹打中了刘杰的随从。周围的民众见自己的同胞被打伤，怒不可遏，一起冲上去，将丰大业当场打死。随后，愤怒的群众集体冲向法国天主教堂和其他洋人机构，抓住了贩卖人口的罪犯，救出了中国儿童。同时还打死了二十几个洋人。

这一事件发生后，法、英、美、俄等七国趁机联合起来向清政府施加压力，局势一下子紧张起来。在这种情势下，曾国藩被派往天津处理此事。这时的曾国藩已经病得很重，右眼已经完全失明，而且肝病也越来越重。虽然身体状况很差，但是政府的命令下来，他也不能不从。事实上，曾国藩并不想接受这个命令，因为这个案件涉及洋人，而且天津人民的愤怒也很难平复。在去天津之前。曾国藩甚至写下了遗书："我即日就要去天津办案。洋人性情凶悍，津民习气浮器，大概很难调和。将来构怨兴兵，恐怕会激成大变。我反复思虑，找不到任何办法。先跟你交代一些事。以备不测。"

虽然遗书都准备好了，但是曾国藩最终并没有命丧天津，只是留下了骂名。刚到天津时，曾国藩没有急着采取什么措施，而是先深入了解了整个案件的发生过程，之后才开始有所动作。从全局上考虑，当时清政府的兵力是绝对抵挡不住洋人的军队的，所以曾国藩的基本立场就是努力平息洋人的怒火，尽量满足洋人的要求，而不是试图与洋人讲理或拼个你死我活。最终，曾国藩基本上满足了洋人的所有要求，并且将涉案的两名清朝官员流放，处死了多名闹事的百姓。

这样的处理，让曾国藩背上了"卖国贼"的骂名。在局外人看来，曾国藩理应做的是"攘外"，而不是通过压迫百姓来求和，置国家、百姓的尊严于不顾。但是在局内人看来，清政府并没有作战的准备，而洋人早就有所准备；清军的武器落后，而洋人的武器装备非常精良；清政府没有什么援军，而洋人是七国联合。因此清政府只能忍气吞声，以求保全疆土及百姓。正是深刻分析了当时的局势，曾国藩才做出了这一"卖国"的决定。

不躬身入局，如何了解局势？不了解局势，如何能做出最有利的抉择？所以说，在处理每一件事前，都要先入局，充分认识局势，才能做出最有利的抉择。曾国藩对天津教案一事的处理，虽然有辱国格，但最终换得了一时安宁，而未让百姓陷于战争的水深火热之中。从大局上来看，这一决定对当时的局势来讲是利大于弊。

励志第二：成大事者，必先励志

【原文】

盖士人读书，第一要有志，第二要有识，第三要有恒。有志，则不甘为下流。有识，则知学问无尽，不敢以一得自足，如河伯之观海，如井蛙之窥天，皆无识者也。有恒，则断无不成之事。此三者缺一不可。诸弟此时惟有识不可以骤几，至于有志、有恒，此诸弟勉之而已。

苟能发愤自立，则家塾可读书。即旷野之地、热闹之场，亦可读书，负薪牧豕，皆可读书。苟不能发愤自立。则家塾不宜读书，即清静之乡、神仙之境，皆不能读书。何必择地，何必择时，但自问立志之真不真耳！

【译文】

大多数士大夫读书，第一要有志，第二要有识，第三要有恒。有志，就不甘为下流。有识，就知道学问没有止境，不敢因为有所得就骄傲起来，如河伯观大海、井底之蛙看天空，都是缺乏见识的表现。有恒，就没有办不到的事情。这三者缺一不可。你们都还年轻，有识无法马上做到，有志、有恒却可勉力而为。

如果能够发愤自立，则在家塾就可以读书，即使是在空旷的场地、热闹的场所，也可读书，背柴放猪，也可以读书。如果不能发愤自立，则家塾不适宜读书，即使是在清静之乡、神仙之境。也都不能读书。所以说，何必选择地方，何必选择时间，单看树立的志向真不真就可以了。

【事典】

谈到立真志，历史上这样的人物并不少见，但凡能够成就一番霸业的人，都有一种为志向努力拼搏的精神。纵观中国历史，其中立志最苦的莫过于越王勾践。其实在吴国与越国之间的争斗中，不仅勾践有立志，夫差也曾立下过坚定的志向，只不过这个志向实现后，夫差就逐渐变得散漫了。

夫差与勾践之间的仇恨是从上一代延续下来的。吴国与越国相邻，素来不和。后来趁着越国国君，也就是勾践的父亲去世的时机，夫差的父亲阖闾向越国发难。越国军民见吴国这个时候来侵犯，十分痛恨其乘人之危的行径，于是同仇敌忾，奋力抵抗。最终打败吴军。阖闾在战役中负伤，没等到回国，便在路上去世了。这时,越国已经由勾践继位,而吴国也迅速立夫差为吴王。为了报杀父之仇,夫差经常差人提醒他父仇未报。每次经过宫门,他手下的人就扯开嗓子喊道:"夫差！你忘了越王杀你父亲的仇了吗？"每每这时,夫差都会含泪回答道:"不,不敢忘。"他辛苦地准备了三年后,向越国发起了攻击。

越王勾践卧薪尝胆

由于夫差勤于操练将士,所以吴国的军力相对于越国来说要强很多。在实力悬殊的情况下,勾践坚持要与吴军拼个你死我活,结果可想而知:越国大败。夫差趁势攻进越都,勾践被迫屈膝投降,并随夫差回到吴国,向夫差俯首称臣。越国战败后,夫差的志向已经实现,便逐渐放松了。而勾践在此时则立下重誓:势必要雪耻。勾践在吴国每天都要给阖闾看坟,给夫差喂马,还要给夫差脱鞋。服侍他上厕所,受尽了吴国人的嘲笑和羞辱。为了实现自己的志向,复兴越国,勾践从不抱怨,总是顽强地忍受着吴国人对他精神和肉体的折磨,对夫差十分恭敬。最让夫差感动的是,有一次他生病了,勾践竟然尝他的粪便来确定他的病情。因此,夫差逐渐放下了对勾践的戒心。三年过后,夫差放勾践回到了越国。

这时,勾践仍不敢忘记他在吴国所受的耻辱。他每天都睡在乱柴草上,使自己每夜都不得安睡,以此来提醒自己志向还没有实现。此外,勾践每顿饭前都要尝苦胆,时时提醒自己不忘在吴国的苦难、耻辱的经历。除了时时记住自己的志向之外。勾践还致力于国家的富强。他亲自参加耕种,并且叫他的夫人动手织布,以鼓励生产。他命文种管理国家大事,命范蠡训练兵马,并且虚心听取别人的意见,采取了一系列削弱吴国实力的措施:贿赂吴王,麻痹对方;收购吴国的粮食,使之粮库空虚;赠送木料,耗费吴国的人力物力来兴建宫殿;散布谣言,离间吴国军臣,陷害伍子胥;使用美人计,耗费夫差的精力,使其不问政事,加速吴国的灭亡。

公元前482年,越王趁夫差去黄池会盟之际,突袭吴国,吴国不敌只好求和。之后,越国再次起兵,一举灭掉了吴国,夫差自杀身亡。勾践终于实现了自己的志向。其实,早在勾践被放回国时,他就可以重新过上国君的奢靡生活,但他没有这么做,甚至连一刻都不曾享受过,反而时时刻刻通过肉体上的痛苦来提醒自己曾经立下的志向。放眼整个历史长河,几乎再也没有一个国君为实现志向而这般苦过。

国学经典文库 智慧谋略全书 挺经 图文珍藏版

夫差之所以落败，是因为他立的志向不够真，所以在稍有成就时，就放松了警惕。如果勾践后来在吴国求和时就放过夫差，那么他的志向或许不一定能够那么彻底地实现。夫差的失败与勾践的成功，归根结底就是立志的问题。

由此就可以看出立志的重要性了。一个人如果不曾立志，那么就等于在大雾中失去了方向。没有方向的追逐能获得什么？只会两手空空而已。前面还提到立志有真假之分，我们立志就要立真志，只有真正把志向放在心里，才有可能做到时时刻刻为之努力。

不仅伟人如此，历史上许多在文学创作上颇有建树的人也都是从小就立下志向，从而在成年之后做出成就的。西晋诗人左思就是这样的一个人。

左思，字太冲，齐国临淄（今山东淄博）人。左思出生于儒学世家，他的父亲左熹从一个小官吏做起，历任殿中侍御史、太原相、弋阳太守等职，是一个学识渊博之人。但让左熹遗憾，甚至懊恼的是，自己的儿子左思不但身材矮小，貌不惊人，说话也结结巴巴的，总是一副痴痴呆呆的样子。为此，左熹在与朋友谈起儿子左思的时候。经常充满了懊恼之意。少年左思看到这样的情景。虽然嘴上不说，但在内心深处却充满了获得父亲赞赏的渴望，并希望自己有一天能让父亲引以为荣。于是。他努力地学习书法，练习琴艺，但都没取得什么成绩。

时间就在左思的努力中静静地过去了。左思成年后，由于一直没有出色的表现，加之不善于表达，父亲左熹并不知道他的学识怎样，还是不喜欢他。甚至有一个人如果不曾立志，那么就等于在大雾中失去了方向。没有方向的追逐能获得什么？只会两手空空而已。前面还提到立志有真假之次，他还对朋友们说："左思虽然成年了，可是他掌握的知识和道理，还不如我小时候多呢。"这话传到左思的耳中，左思在感到伤心的同时，立下了一定要做出成绩，让父亲改变对自己的看法的志向。

左思更加努力地学习，他博览群书，不断积累自己的才学。有一天，左思读到东汉时班固写的《两都赋》和张衡写的《两京赋》，深为文中那种宏大的气魄、华丽的文辞所吸引，但他细细品读后发现，这两篇赋，语言美则美矣，但存在内容空洞、华而不实、大而不当的弊病。左思就想：我要写一篇《三都赋》，把三国时魏都邺城、蜀都成都、吴都南京写入赋中。

左思知道，要想写好《三都赋》可不是件容易的事儿，不对史实和地理进行深入的了解，单凭他目前掌握的知识是写不好的。确定思路之后，左思开始收集历史、地理、物产、风俗人情等方面的资料。等资料收集好后，他就闭门谢客，专心进行写作。左思写《三都赋》达到了呕心沥血的程度。他常常为了一个自己感到不满意的句子推敲很久，甚至昼夜冥思苦想。十年后，他终于写完了《三都赋》。

著名文学家张华阅读了《三都赋》后，为文中的句子深深感动，他越读越喜爱，甚至到了不忍释手的程度，他表示要把这篇文章和当时颇有名气的皇甫谧写的文章一起推荐给世人。皇甫谧本人在看过《三都赋》后，欣然提笔为这篇文章写了序言。他还请著作郎张载为《三都赋》中的《魏都赋》作注,请朱中书郎刘逵为《蜀都赋》和《吴都赋》作注。

就这样,《三都赋》很快风靡京都,就连当初曾讥笑左思的陆机在阅读《三都赋》后,也忍不住连声称好,而且觉得自己写不出超越左思的《三都赋》,因而放弃了也写一篇《三都赋》的念头。

当然,左思让父亲改变对自己看法的目的也达到了。这正如曾国藩所说"士人读书,第一要有志,第二要有识,第三要有恒。有志,则不甘为下流"。正是由于有了志,左思才写成了千古名篇《三都赋》。

不仅中国人认识到了立志的重要性,外国人在实践中也充分认识到了立志对于成功的作用。世界闻名的"汉堡包大王"克罗克就是个立下大志向进而获得成功的典型例子。

克罗克曾做过很多工作,他在旅行乐队中弹过钢琴,在广播电台担任过音乐节目的编导,从事过房地产业,推销过纸杯。在进入麦当劳兄弟店中打工之前,他担任了一家小型工厂的厂长,这家工厂是经销混乳机的。这时,克罗克已经将近50岁了。

这一年,工厂突然接到一份大订单——麦当劳店一次性订购了八台混乳机。在当时,这么大的一笔订单是需要老板亲自去确认的。当克罗克来到麦当劳店时,他被门前排成长龙的顾客队伍惊呆了。他难以相信一家普通的汉堡包店生意竟然可以这么红火。之后,他就劝麦当劳兄弟扩大规模,多增开几家这样的餐馆。这时,克罗克想的还是可以多卖出几台混乳机。但是,麦当劳兄弟对增开餐馆并不感兴趣,他们不想让自己过于劳累。这一提议被拒绝后,克罗克几乎立刻就萌生了一个志向——他要开办连锁餐馆。

确立这一志向后,克罗克便向麦当劳兄弟提出了在他们店里打工的请求。克罗克的薪资要求很低,麦当劳兄弟又都是喜欢占小便宜的人,便把他留下了。克罗克在餐馆里干活时十分勤快,并且不断向麦当劳兄弟提出更好的销售点子。随着时间的推移。麦当劳兄弟越来越看重克罗克了。这时,克罗克觉得时机成熟了,便向麦当劳兄弟提出了买下麦当劳店的想法。经过多次艰难的谈判后,麦当劳兄弟同意以270万美元的价格将麦当劳店出让。这个价格是十分高的,但是为了实现自己的志向,克罗克在砍价无果的情况下,还是同意了。之后,克罗克从银行借贷到270万美元,买下了麦当劳的名号、商标、版权以及烹饪配方。至此,克罗克终于拥有了自己的餐馆。

克罗克没有忘记自己的志向是要开办连锁餐馆,于是在买下麦当劳兄弟现有的餐馆后,他便开始了开办分店的行动。时至今日,麦当劳已经在全球设立了多家分店,成为快餐业两巨头之一。而克罗克之所以会有今天的成功,是因为他树立了坚定的志向。克罗克最后的成功,充分说明了立志在人生和事业发展中的重要性。

志向就像人生的指南针一样,能够让人们在黑暗中看清楚自己应该努力的方向。要想成就一番事业,立志是必需的,而要实现自己的志向,还须有识、有恒。就像克罗克一样,他看到了快餐店的发展前景,这是有识;一直屈居于麦当劳兄弟之下,为他们打工,直至时机成熟才提出购买的意愿,这是有恒。一个人如果能够做到有志、有识、有恒,那么他必然能获得巨大的成功。

【解读】

从上面所阐述的事理来说,立志亦有真假之分。若志向足够坚定,那么即使环境不适宜。也会变得适宜,但若志向只是一时冲动树立的,三分钟热度,那么不管环境如何适宜。终不能坚持到最后而获得成功,上述的读书环境和读书效果说的就是这番道理。

坚忍第三：天下事，有志竟成

【原文】

然困心横虑，正是磨炼英雄，玉汝于成。李申夫尝谓余怄气从不说出，一味忍耐，徐图自强，因引谚曰："好汉打掉牙，和血吞。"此二语是余生平咬牙立志之诀，不料被申夫看破。余庚戌、辛亥间为京师权贵所唾骂，癸丑、甲寅为长沙所唾骂，乙卯、丙辰为江西所唾骂，以及岳州之败、靖港之败、湖口之败，盖打脱牙之时多矣，无一次不和血吞之。弟此次郭军之败，三县之失，亦颇有打脱门牙之象。来信每怪运气不好，便不似好汉声口，惟有一字不说，咬定牙根，徐图自强而已。

凡发一谋，举一事，必有风波磨折，必有浮议摇撼。从前水师之设，创议于江忠烈公；安庆之围，创议于胡文忠公；其后本部堂办水师，一败于靖港，再败于湖口，将弁皆愿去水而就陆，坚忍维持而后再振；安庆未合围之际，祁门危急，黄德糜烂，群议撤安庆之围，援彼二处，坚忍之力争而后有济。至金陵百里之城，孤军合围，群议皆恐蹈和、张之覆辙，即本部堂亦不以为然，厥后坚忍支撑，竟以地道成功。可见天下事，果能坚忍不懈，总可有志竟成。

【译文】

然而心意困苦，思虑阻塞，正是磨炼英雄的时候，像玉一样经过打磨才有所成就。李申夫曾经说我在怄气时从不跟人说，而是一味忍耐，徐图自强，并且还引用谚语来总结："好汉打掉牙，和血吞。"这两句话是我一生咬牙立志的诀窍，不料被他看破了。我在庚戌、辛亥年间被京师的权贵唾骂，癸丑、甲寅年间被长沙人唾骂，乙卯、丙辰年间被江西人唾骂，还有岳州战败、靖港战败、湖口战败，打掉牙的时候多得很，没有一次不是和血咽下去。弟弟这次在郭军战败，三县失手，也很有打掉门牙的意思。他每次来信都说一些运气不好的话，这就不是好汉该有的样子了，只有一字不说，咬定牙根，徐图自强才是最好的办法。

凡是谋划一事，实施一事，必定有风波折磨，必定有议论批评。以前创办水师的时候，提案是江忠源拿出来的；围攻安庆的时候，计谋是胡林翼提出来的，之后我创建水师，一败于靖港，二败于湖口，将士都想离开水师去当陆军，我靠坚忍维持才重新振作起来。还没有合围安庆的时候，祁门危急，黄州、德州被摧毁，大家都吵着要撤去安庆之围，去支援这两处，我靠坚忍争取，才最终包围并攻克了安庆。至于

图文珍藏版

金陵百里之城，孤军围攻，外间议论纷纷，担心又像和春、张国梁那样失败丧命，就连我本人也认为孤军合围是错误的，最后仍然是靠坚忍不拔，苦苦支撑，才能从地道中取得突破，攻下了金陵城。这样看来，只要肯坚忍不拔，天下的事情总是可以成功的。

【事典】

西汉的司马迁曾总结过古人成功的经验："文王拘而演《周易》；仲尼厄而作《春秋》；屈原放逐，乃赋《离骚》；左丘失明，厥有《国语》；孙子膑脚，《兵法》修列；不韦迁蜀，世传《吕览》；韩非囚秦，《说难》《孤愤》；《诗》三百篇，大抵圣贤发愤之所为作也。"其实，除了这些经受过重大苦难的古人外，司马迁本人也经受过常人所不能承受的苦难。早年，他游历南北。父亲死后，他继任父职成为一名史官。公元前104年，司马迁在主持历法修改工作的同时，正式动笔开始写《史记》。《史记》还未完成，司马迁就因为替投降匈奴的李陵求情，激怒了汉武帝。汉武帝一怒之下，命人将司马迁抓进大牢，还对他施行了宫刑。

遭受宫刑之后的司马迁承受了常人所不能忍受的痛苦，但他并没有因此而放弃编写《史记》，即使身在狱中，他仍然在坚持创作。出狱后，司马迁担任中书令，继续发愤著书，终于在公元前91年完成了《史记》的编写。四年后，即公元前87年，司马迁去世，终年58岁。司马迁以其"究天人之际，通古今之变，成一家之言"的史识，使《史记》成为中国历史上第一部纪传体通史。《史记》全书共有130篇，对后世的影响极大，被鲁迅先生赞誉为"史家之绝唱，无韵之《离骚》"。

司马迁在遭受宫刑这样的耻辱后，仍能坚持写作《史记》，可见他确实有着常人所没有的坚忍意志。如果没有超乎常人的坚忍意志，他又怎能在那样巨大的痛苦折磨下坚持创作呢？无独有偶，同样具有巨大参考价值的史书《国榷》也是作者凭借坚忍的意志完成的。《国榷》的作者是谈迁，他自小家境不好，只能以替人抄写、代笔或做记录工作来维持基本生活。

谈迁博览群书，诸子百家无不观赏，精研历史，其中研习最多的就是明朝典故。经过多方考察，他立志编撰一部翔实可信的明史。谈迁于明天启元年（1621）开始写作，"六易其稿，汇至百卷"，历时20余年，终于完成了一部500多万字的编年体明史，取名为《国榷》。不幸的是，清顺治四年，《国榷》手稿被窃，这让谈迁痛心疾首，他决定发愤重写。那时他已经53岁，记忆力和体力都大不如前，但他还是坚持了下来。经过长达四年的努力，他终于完成了新稿。

懂得坚忍，才能在众多的磨难面前坚持下去，最终获得成功。孔子便是一个这样的人。

孔子无疑是中国传统文化的主要代表人物。汉代时，人们尊他为"素王"，意思是说他有王者之德，无王者之位，也就是说，他是思想文化领域的无冕之王。到了清代，统治者更是封他为"大成至圣文宣王"。孔子之所以得到如此高的赞誉，除了他在思想文化上的成就之外,其坚忍的品格也是令后世之人敬佩的原因之一。

孔子的先祖是宋国人,出身于贵族家庭,后因故迁往鲁国。到了孔子的祖父、父亲一代。家道便中落了。孔子出生三年后,他的父亲就去世了。由于家境贫寒,社会地位低下,孔子只能和自己的寡母艰难度日,生活和精神上的压力相当大。在这样艰难困苦的生活环境中,孔子养成了隐忍的性格。他发愤学习,勤恳做事,在逆境中坚忍自立,顽强生活。

自二十多岁起,孔子就认为自己终有一天要步入仕途,因此便积极关注天下大事,经常思考治理国家的诸多问题,也常对此发表一些见解,所以他在三十岁时,已经相当有名气。尽管当时为了生存,他在鲁国的大夫季氏家做了个管仓库和管牧场牲畜的小吏,但这丝毫也没影响他对自己的目标的追求,事无大小,他都要做到近乎完美。当时有不少人愿意拜他做老师,他就索性办了个私塾,收起学生来。

中年以后,孔子做过鲁国的中都宰、司空,最得意时曾做到鲁国执掌刑狱的司寇。后来,孔子发现自己效命的鲁国国君鲁定公天天吃喝玩乐,不管国家政事,越来越沉迷于酒色之中,便觉得再待在鲁国已没有多大意义,便离开了鲁国。之后,孔子带着自己的一些学生周游列国,希望能找到机会实现自己的政治主张。

春秋时期,礼乐崩坏,各大国都忙于争霸的战争,小国的人则因国家有被吞并的危险而寝食难安,整个社会正在发生变革。孔子宣传的那一套恢复周朝初年礼乐制度的主张,当然没有人接受。但孔子并不气馁,仍积极传播自己的思想主张。他先来到卫国,后来又到了宋国、陈国、蔡国、楚国。但这些国家的国君都没有用他。

孔子在每个地方都不能长住,经常匆匆奔波于各国之间,有时还会遭遇危险。其中有两次经历最为惊险。

一次,孔子游学经过匡,匡人将他和随行的学生团团围住,一连围了好几天。后来才知道,原来是由于孔子的容貌与鲁国人阳虎非常相似,匡人曾受过阳虎的侵犯,如今见到长相和阳虎相像的孔子,以为是阳虎来了,就围住他,想报昔日受欺负之仇。

还有一次,孔子路过陈国和蔡国一带时,楚昭王听闻他的名声,就想请他到楚国。陈、蔡两国的大夫们听说孔子要去楚国,便谋划说:"孔子是个贤人,他的讥讽都能切中诸侯的弊端。如今他久居陈、蔡之间,大夫们的所作所为都不合他的心意。现在楚国这个大国前来请孔子,如果孔子受到楚国的重用,那么陈、蔡两国掌权的大夫就危险了。"于是,他们就派服劳役的徒众半路上把孔子拦住。当时,孔子一行人既无法前行,又无口粮支撑,弟子们大都生了病,个个无精打采,但孔子仍然不停地给他们讲学诵诗、弹琴唱歌。就这样,孔子被围困在那里整整十天,最后连饭都吃不上了。幸而后来楚昭王派兵来接他,他才得以脱身。

孔子还曾在陈国住了三年。当时正值晋、楚两国争霸,双方轮番讨伐陈国,加之吴国也不断犯边,陈国经常受到侵扰。孔子觉得这里也不适合自己传播思想,于是说:"回去吧! 回去吧! 我们这批人中有些弟子志向远大,只是行事有些疏阔,他们有进取心,没有忘记自己的初衷。"就这样,孔子在外颠沛流离了十四年,最后于公元前484年回到了鲁国。

孔子一生备尝艰险,"斥乎齐,逐乎宋、卫,困于陈、蔡之间",好几次命悬一线,但他坚忍地一路走过来了,晚年继续孜孜不倦地从事教育和古籍的编纂工作,整理了几部重要的古代文化典籍,如《诗经》《尚书》《春秋》等。

在中国历史上,孔子可谓独步千载。俗话说,做一件好事不难,难的是一辈子做好事,同样,忍一件事不难,难的是一辈子为了实现自己的理想坚韧不拔,绝无丝毫动摇。孔子以他的一生告诉了后人什么才是真正的坚忍。

不但人会在困境中磨炼出坚忍的意志,就是大自然中的植物也懂得在艰险的环境中学会坚忍。胡杨是沙漠中的一种植物,它毅然挺立在沙漠中,枝干一直向天空伸展,远远望去,就像是一把把利剑插向天空。在沙漠那种日夜温差巨大、极度缺少水源的地方,胡杨仍然能够生长得十分茂盛。据说,胡杨是站着一千年不死,死了一千年不倒,倒了一千年不朽。

无论是古人的成功。还是植物的生命力,都告诉我们一个道理。那就是只有坚忍,才有可能保持良好、平和的心态,才能在充满荆棘坎坷的路上顺利前行。俗话说"人生不如意之事十有八九",在生活中,我们难免会遇到这样或那样的烦恼,这时就需要我们依靠坚忍的意志渡过难关,并最终将自己的信念坚持下去。

懂得坚忍,才能懂得成长;懂得坚忍,才能懂得挫折的价值;懂得坚忍,才能处变不惊。

史玉柱是一个著名的成功者,同时也是一个著名的失败者。他的人生虽然几次大起大落,但他凭着坚忍不拔的性格,不但在起起伏伏的商场中数次成功。也验证了曾国藩所说的"困心横虑,正是磨炼英雄,玉汝于成"。

史玉柱曾经是欠债两亿多的"中国首负""中国最著名的失败者",今天却是拥有数百亿资产的商业"巨人",正是在坚忍不拔的性格支持下,他才创造了这样的财富传奇。

1962年,史玉柱出生在安徽怀远。他出生的时候,正赶上三年"自然灾害"时期。童年时的史玉柱是一个平凡无奇、默默无闻的孩子。史玉柱曾因为怕鬼而被同学嘲笑,于是他决定改变自己。每天早上五点钟,天还没亮时,史玉柱就从家里出发,到达怀远山山脚下,开始从山脚往山顶上爬。途中要经过一片栽满石榴树的坟地。到了山顶,他就等待日出。等太阳出来后,他再按原路返回家中。他最终练就了好胆量。

还有一次,史玉柱看到别人使用炸药很有威力,就想自己试着制作炸药。他在家中试制炸药时,虽然经历了多次失败,但最终制成了。虽然因为试制炸药险些伤到人,但通过这件事,家人和乡亲们都对他刮目相看。

从以上两件小事中可以看出,史玉柱从小就能坚持不懈地做同一件事,且在经历失败后毫不气馁,其性格中的坚忍由此可见一斑。

在传统文化熏陶下长大的史玉柱,像所有那个时代的孩子一样,一步一步经历着从小学到中学、从中学到大学的过程。浙江大学数学系迎来了数年后成为成就卓越的企业家的史玉柱。谈到史玉柱的大学生活,就不能不提到发生在他身上的朝天椒事件。在这次事件中,史玉柱的坚忍性格再次表露无遗。

上大学时,同寝室中有一个上海籍同学。史玉柱非常看不惯这位同学身上的优越感。于是一天,他对这位上海籍的同学说:"你总自以为是佼佼者,我很不服气,咱们今天比一比吧!"上海籍的同学同意了。两人商定比吃湖南朝天椒,中途不许喝水。结果,史玉柱战胜了那位同学。比赛一结束,那位同学急忙去找水喝,史玉柱虽也已经被辣得说不出话来,但仍兴奋地抖动着双拳。

多年后。史玉柱提起这件事时说:"那不是在比吃朝天椒,而是在比意志、比毅力、比韧性。""只要你豁出去了,那就不是你怕朝天椒,而是朝天椒怕你。做任何事情都是这个道理,树立必胜的信念非常重要。"

1984年,史玉柱于浙江大学数学系毕业,被分配到安徽省统计局。不久,他去西安统计学院进修,从此,他与计算机结下了不解之缘。回到单位后,史玉柱不安于现状,像其他同事一样老实本分地工作,而是利用单位新配置的计算机开始编写软件。此举提高了单位的业绩,史玉柱也由此受到了领导的重视,被送到深圳大学进修。1989年1月,史玉柱从深圳大学研究生院毕业。在回到原单位不久后,他就决定下海经商。

在创业过程中,史玉柱的坚忍再度表现出来。创业初期,没有资金,没钱租房,也没钱租计算机室,他不得不回到自己最熟悉的深圳大学,偷偷"混进"学生宿舍栖身,偷偷"混进"机房,借用学校的电脑编写程序。不久,此举被机房管理员发现,他再也无法到机房"蹭"机器用了。于是,他不得不通过熟人找到配置有计算机的学校办公室,别人下班了他"上班",别人不用计算机的时候他接着用。在这样艰苦的条件下,他开发了M-6401桌面文字系统。在这套系统中,史玉柱在固化字体、增加字库、批处理的基础上,增加了在同一界面录入、排版、编辑、打印的功能,并且所有功能都以中文窗口菜单提示,经过综合压缩,保证大字无锯齿、小字笔画均匀。这就是汉卡的来历。

有了产品,接下来就是销售。经过努力,史玉柱收获了第一笔销售成果,一共1.5万元。这可以说是他的第一桶金。

1990年1月,史玉柱决定开发升级版本M-6042。他包下深圳大学学生公寓的两间宿舍,准备了20箱方便面,把自己"关"了整整150天,最终开发出功能更加强大的M-6042汉卡。然而,软件成功开发出来了,家却散了,当他回到深圳安宝大厦的临时住所时,发现家里已是空无一人,妻子已经离开了他。福无双至,祸不单行,雪上加霜的事情再次发生。他手下的两名员工向他提出分钱和分股份的要求。当看到史玉柱不同意他们每人拥有公司25%的股份的要求,并愤怒地摔掉了两台IBM286电脑时,这两名员工抱着剩下的几台电脑和打印机离开了公司。

没人知道,那段时间史玉柱内心有多么悲痛,多么无助,史玉柱再次凭着自己坚忍的性格撑了下来。不久,他注册了自己的巨人公司。

"巨人"很快就发展起来,业务也拓展得越来越宽,后来以极其优惠的价格得到了政府拨下的一块地。史玉柱决定利用这块地盖一座巨人大厦。开始的时候,史玉柱想盖一座19层的工业大厦。不久,他突然改变主意,想盖一座38层的商业楼房。当时,史玉柱只考虑到建成后的利益,却没有结合客观实际。在他一次次的冲动下,楼房的高度也一点点地增加,最后定为72层,成了当之无愧的"巨人"。然而,此时"巨人"内部发生矛盾,出现了两次集体出走事件,紧接着巨人集团又涉嫌计算机软件侵权的问题。就这样,72层的巨人大厦还没有建成,债主们就纷纷上门,公司的财政陷入危机。最后史玉柱只能挥泪告别最喜爱的IT行业,转战保健业。

后来,史玉柱利用广告打响了"脑黄金"的名气,然而好景不长,"巨人"再次面临危机。"脑黄金"断货,"巨人"走上了下坡路。1997年,巨人大厦被迫停工,巨人集团名存实亡,史玉柱因此负债2.5亿。"巨人"似乎倒下了。

然而,三年后,史玉柱再度重返商场,只不过这次他不再玩软件,不再卖保健品,反而与网游结缘。史玉柱进入网游行业,成立征途网络,先后挖来20余名游戏设计师,跻身于中国网游月收入上亿元的三款产品之一的网游《征途》由此诞生。继《征途》后不久,他又推出第二款网游《巨人》。

如今的史玉柱身家已经达到数百亿,他数次跌倒又爬起的经历,突显出他身上坚忍的性格特点,这也是众多成功企业家身上的特质之一。

不仅仅是史玉柱的人生经历,太多太多的例子都告诉我们:坚忍是走向成功之路的垫脚石。在奋斗的过程中,遇到挫折是不可避免的,如果能够依靠坚忍的意志,撑到最后,那么必然会获得预期的成功。有句话说得好:不经历风雨怎能见彩虹? 要想迎来彩虹,就必须先磨炼出坚忍的意志,经受住风雨的侵袭。只有时刻提醒自己学会坚忍,学会直面困难,学会在不利的局势下冷静思考,找到问题的解决办法,才能最终获得成功。

正如谚语所说的"好汉打掉牙,和血吞",要成为好汉,就必须能在挫折中承受住压力,这就是坚忍之道。

【解读】

"古之成大事者,不惟有超世之才,亦必有坚忍不拔之志。"这是宋代大文豪苏轼《晁错论》中的一句话,强调的就是"坚忍"二字,这与曾国藩《挺经》中的"坚忍"一篇虽然在说法上有所不同,但主题思想上是一致的,强调的都是成事者必须有坚忍之志。古往今来,成大事者不计其数。但是一帆风顺而终成大事的却寥寥无几,多半都经历过这样或那样的挫折。唯有在挫折中一字不说,咬紧牙关,方可成事。反观那些动辄就抱怨、遇到一些挫折就放弃的人,没有一个最终能够攀上成功的巅峰。由此可见,坚忍的作用是非常巨大的。

刚直第四：刚毅之气，决不可无

【原文】

至于刚毅之气，决不可无，然刚毅与刚愎有别。古语云："自胜之谓强。"曰强制，曰强恕，曰强为善，皆自胜之义也。如不惯早起，而强之未明即起；不惯庄敬，而强之坐尸立齐；不惯劳苦，而强之与士卒同甘苦，强之勤劳不倦：是即强也。不惯有恒而强之贞恒，即毅也。舍此而求以客气胜人，是刚愎而已矣。二者相似，而其流相去霄壤，不可不察，不可不谨。

至于"倔强"二字，却不可少。功业文章，皆须有此二字贯注其中，否则柔靡不能成一事。孟子所谓至刚，孔子所谓贞固，皆从倔强二字做出。吾兄弟皆秉母德居多，其好处亦正在倔强。若能去忿欲以养体，存倔强以励志，则日进无疆矣。

【译文】

至于刚毅之气，绝对不可以没有，而刚毅与刚愎是不同的。古语上说："自己战胜自己的人可以称之为强。"说强制，说强恕，说强行善，都是自己战胜自己的意思。如果不习惯早起，而强迫自己天没亮时就起床；不习惯庄重恭敬，而强制参与祭祀仪式；不习惯劳苦，而强制与士兵同甘共苦，强迫自己勤劳不倦，这就是强。不习惯有恒，而强迫自己坚定地持之以恒，这就是毅力。此外，力求以气势胜人，就是刚愎。二者看着相似，实际上却是天壤之别，不可不仔细探察，不可不谨慎对待。

至于"倔犟"这两个字，却不能缺少。功业文章，都要有倔犟精神贯穿其中，不然就会软弱无力，一事无成。孟子所说的至刚，孔子所说的贞固，就是从这两个字做出来的。我们兄弟都继承了母亲的秉性，它的好处正是倔犟。如果能够去除怨恨而保养身体，多些倔犟来激励志气，那么就可以无限长进了。

【事典】

董宣，字少平。东汉初年时，他曾担任过北海相、江夏太守、洛阳令等职。虽然并不是什么了不起的官职，但是董宣却做出了了不起的成就。在他任职的地方，不论是谁犯了罪，都会受到相应的处罚，绝不会因为对方地位高贵而对其行为睁一只眼闭一只眼。

在董宣担任洛阳令时，就发生过一件事，差点让他掉了脑袋。当时。光武帝的姐姐湖阳公主的一个奴仆依仗着公主的势力，欺行霸市，甚至还行凶杀人。杀人后，他自知自己犯了罪，便躲在公主府里不敢出来了。按照法令，董宣不能进入公主府搜捕凶手，他就派人天天在公主府门口守着，只等那个凶手一走出府门，就将他抓捕归案。

这天，公主坐着马车外出，跟随她的正是那个杀人凶手。董宣得知这一消息后，亲自带着捕快在路上拦截公主的马车。这样一来，骄横的公主恼了。她认为董宣带领一群捕快当街拦截她的马车，严重触犯了她贵为公主的尊严，于是便呵斥董宣让开。董宣不但没有听从公主的命令，反而当面责备公主包庇凶手，并且不顾其阻挠，吩咐捕快将凶手抓住，当场处决。公主一怒之下，告到了光武帝那里。光武帝听后十分生气，立即派人召董宣进宫。董宣刚走进宫门。光武帝就吩咐左右侍从上前责打他，以消公主心头之火。

董宣是个刚直的人，哪里能够忍受这种不白之冤。于是在光武帝的侍从还没走到面前时，董宣便大声表示，希望光武帝先听他把话说完，只要把话说完，他情愿一死。光武帝虽然很生气，但还是给了董宣说话的机会。董宣不卑不亢地说道："陛下是一位中兴的皇帝，应该注重法令。现在陛下让公主放纵奴仆杀人，还能治理天下吗？我不用你打，我自己死。"说罢，董宣就向旁边的柱子上撞去。光武帝急忙让人将他拉住，可董宣已经撞得头破血流了。

光武帝这时也知道了董宣做得没错，不该惩罚他。但是公主还在旁边生着气，不得已，光武帝只好让董宣向公主磕个头，算是道歉。在光武帝看来，这已经是极大的让步了。但董宣还是不肯听从，他认为自己没做错，所以即使是死也绝对不会道歉认错。董宣不肯磕头，公主不肯消气，无奈之下，光武帝只好命人强行按住董宣的脖子，让他磕头。但是董宣用两手撑地，挺着脖子，就是不磕头。最后，光武帝不但没有再让董宣道歉，还赏赐给他三十万钱，奖励他执法严明，并称他为"强项令"。

此后，董宣不畏强势，继续打击不法的豪门贵族。洛阳的豪门贵族听到他的名字都吓得发抖，当地百姓都称他是"卧虎"。

要做到刚直，需要的不仅仅是董宣的那种勇气和骨气，有时候还需要一种坚持的精神。坚持自己的倔犟，即使一再受到阻挠，只要自己是正确的，就要坚持下去，方可体现"刚直"二字包含的所有内涵，也就是"刚毅正直"。

司马光就是一个把刚毅正直坚持了一生的人。在从政的过程中，他坚持原则，积极贯彻执行有利于国家的决策方略，从不因各种外部因素而改变自己的坚持。在向朝廷举荐贤人、和奸臣做斗争时，他总是敢于冒死进谏，即使当庭与皇帝发生争执，触怒龙颜，他也会坚持自己的看法。

宋仁宗刚刚得病的时候，皇位继承人还没有确定，虽然大家为此都很着急。但是担心提起继位的事情会触犯皇上的忌讳，就对此事只字不提。但司马光不同，他不像那些大臣一样瞻前顾后，多次上书宋仁宗，提醒他立储君一事。虽然仁宗并没有因此而降罪于司马光,但是也没有听从他的劝告。司马光见仁宗迟迟没有采取行动,便再一次上书道:"我从前上呈陛下的建议,陛下总会马上进行,此次毫无动静,想必是有小人说陛下正值壮年,不用这么着急做那么不吉利的事情。那些小人都没有远见,只想在匆忙的时候,趁机拥立一个和他们关系好的皇子来继承皇位,历来像是'定策国老''门生天子'这类大权旁落的灾祸,是数不胜数啊!"宋仁宗看到司马光如此情真意切的书后大为感动,不久就立了继位的皇子。

宋仁宗死后,宋英宗即位。宋英宗并不是宋仁宗的亲生儿子,而是一个宗室子弟。早在他即位之前,司马光就料想到他会追封自己的亲生父母。事实也正如司马光所料,宋英宗即位后不久,就让大臣们讨论应该给他的生父什么样的礼遇。大臣们都知道宋英宗的父亲按理应该给予皇伯的礼遇,同时,他们也知道英宗并不想听到这样的回答,于是没有一人敢发言。司马光知道这事后,立即上书宋英宗,说:"为人后嗣的就是儿子,不应当顾忌私亲。濮王(宋英宗的亲生父亲)应该按照旧例,称为皇伯。"这一意见与巴结宋英宗的当权大臣的意思相左。支持司马光的六位御史台官员据理力争,都被罢了官。司马光为他们求情,没有得到宋英宗的恩准,于是便请求和他们一起被降职。

宋神宗即位后,司马光再次受到重用,他仍然不改原则,因此被称为"社稷之臣"。宋神宗也感慨地说,像司马光这样的人,如果常在他的左右,他就可以不犯错误了。宋神宗去世时,司马光去京城哀悼,他所到之处,百姓夹道欢迎,以至于马车无法前行。老百姓们诚恳地请求司马光继续留在洛阳辅佐天子。由此,司马光成为北宋的四朝元老。终司马光一生,他刚直的性子都没有改变,这使他成为北宋历史上光辉闪耀的一个人物,就连他的政敌王安石到最后也不得不佩服他的刚直之气。

不仅我国古代的忠臣良将身上具有刚直的品格,现代的一些成功的企业家和管理者身上也具有。其中,惠普公司前 CEO 卡莉·菲奥丽娜就具有这种鲜明的特点。

菲奥丽娜是斯坦福大学中世纪历史和哲学学士、里兰大学派克学院商业管理硕士,同时,她还是麻省理工学院斯隆学院理科硕士,曾两次被《福布斯》杂志评为美国经济界最有权力的女性。就是这样一位出色的女性,以其刚直的性格,成就了自己,也成就了其所任职和服务的对象。

菲奥丽娜的职业生涯是从 AT&T 公司(美国电话和电报公司)的会计主管开始的。其坚忍的性格在她于 AT&T 公司工作期间就有所表现。

有一次,一名客户选择在脱衣舞俱乐部与她谈业务,想以此为难她。但菲奥丽娜竟然穿着一身最为保守的套装,拎着公文包步入了俱乐部,在男人聚集之地与客户面谈,在谈完业务后,仍然得体地离开。对于一般女性来说,遇到这种情况,可能会因为种种原因放弃这次合作,进而失去一项业务。但菲奥丽娜认为,自己首先是一个销售员,其次才是一个女人。其刚直的特点由此可见一斑。

菲奥丽娜在 AT&T 公司工作了近 20 年, 她以坚忍的性格, 促使网络公司朗讯从美国电话和电报公司分裂出来, 并使其上市发行股票。在此过程中, 菲奥丽娜的刚直特点表露无遗。其中一件典型事例是她在朗讯科技公司的徽标问题上的决断。

在商讨朗讯科技的徽标问题时, 面对众人不同的意见, 菲奥丽娜力排众议, 大胆创新, 采用了一个简单的"O"作为公司的徽标。此举意在向外界表明, 朗讯是一个全新行业的开创者。这种果决再次表现了她的刚直, 也让她为朗讯首次公开招股就募集到了超出预期的 30 亿美元巨款。

1998 年年底, 当菲奥丽娜的名字和照片出现在美国《财富》杂志封面上时, 吸引了众多关注的目光, 其中就有正遭遇前所未有的困境的惠普公司的董事们。当时, 惠普的经营状况已经连续九个季度的表现低于市场预期, 年销售额也在逐年下滑, 下降幅度一度为 20%。严峻的形势要求惠普选择一名新的 CEO。此时, 菲奥丽娜成为他们的目标。

1998 年, 惠普公司将菲奥丽娜请进惠普, 希望她能改变惠普的面貌。而菲奥丽娜也宣称要在三年内改变惠普的面貌。随后, 她在惠普内进行了一系列改革。三年中, 她不顾惠普公司的股票价格这一现实, 坚持进行着自己的改革举措。

菲奥丽娜先是改革公司的管理体制。将其分为两个层次, 即"前方"的推销部门和"后方"的生产研制部门, 从而改变了各个部门的分工。她认为, 惠普公司过去的分工, 使各部门领导各自为政, 不去考虑公司的整体情况和上下游的问题, 以至于每个部门几乎就是一个独立王国, 甚至出现了由最赚钱的激光打印机以及喷墨打印机分出的两个部门争抢同一客户的情况。但是, 个人计算机用户的需求与企业用户不同, 具有独特性, 应该区别对待。这就要求各部门之间要协调合作。

同时, 菲奥丽娜还进行了裁员。人们从固定思维出发, 从自身利益考虑, 反对菲奥丽娜的裁员举措。当时, 公司内外针对菲奥丽娜的攻击和谩骂达到了一个前所未有的高峰, 她也因此获得了"杀人女魔头"的称号。但是, 菲奥丽娜顶着各种压力, 坚决而果断地改变了公司 60 多年的传统, 先后裁掉 18000 人。这一举措为惠普节约了 30 多亿美元。

尽管菲奥丽娜领导惠普成功吞并康柏, 使得惠普成为直逼 IBM 的美国第二大计算机企业, 总资产达到 870 亿美元, 但惠普还是在 2005 年将她赶出公司。这其中, 菲奥丽娜刚直的性格应该是主要原因。

菲奥丽娜在离开惠普后, 其刚直的性格再次在政治上表现出来。2008 年, 当麦凯恩和奥巴马竞选美国总统时, 菲奥丽娜不但在麦凯恩的竞选活动中公开亮相, 提供经济方面的建议, 还发挥自己的商业才能, 负责筹集大选资金, 甚至在会见记者时公开表示, 如果麦凯恩成为总统, 自己非常愿意加入他的内阁。对麦凯恩的竞争对手奥巴马, 她直接批评其经济政策:"奥巴马参议员的增税措施会对美国经济造成更大的伤害, 将在全国范围内毁灭工作机会……如果你是全美 2300 万小商人之一,请记住,奥巴马会要你们缴更多的税。"

尽管最后麦凯恩竞选失败,菲奥丽娜也与副总统之位无缘,但菲奥丽娜刚直的个性还是吸引了众多人的目光,她本人也成为许多人崇拜的偶像。

2009年,菲奥丽娜被查出患了乳腺癌,人们猜测她已经很难再续辉煌,然而,2010年,菲奥丽娜战胜病魔,再次出现在人们面前,那因化疗而剪出的泛白短发昭示着她的坚毅和执着。

细看菲奥丽娜的经历,我们不由得感叹刚直的特点对人的影响。正是由于具有刚直的性格,她才能力排众议,大胆改革。这大概也是她的个性魅力之一吧!

由此可见,刚直之气在人生中是非常重要的。曾国藩本人的行事方法也验证了刚直的重要性,他晚年曾在家书中回忆道:"昔余往年在京,好与诸有大名大位者为仇,亦未始无挺然特立不畏强御之意。"这里所讲的"大名大位者",就是指的琦善和赛尚阿二人。

琦善是贵族出身,在二十岁的时候就已经当上了河南巡抚。鸦片战争后,琦善虽然由于延误战机,对洋人卑躬屈膝而被道光皇帝"革职锁拿,查抄家产",但是没过多长时间,他就被重新起用,被任命为陕甘总督。后来,咸丰皇帝即位,有人参奏琦善在担任陕甘总督期间,"妄加诛戮""将雍沙番族刑求逼供,杀毙多名"。于是,咸丰皇帝便下诏将其革职,交由刑部审讯。

琦善虽然两次获罪,但是他家世显赫,又曾位极人臣,因此在朝廷中有着极深的根基。所以,此次获罪后,参与审讯的人员只是抓着那些细枝末节来讯问琦善,其实就是想要为他开脱。当时的刑部尚书恒春甚至要将先前参奏之人的下属当作罪犯抓起来,与琦善一同审讯。

琦善

这很明显是违反大清律例的。然而,当时的刑部官员居然没人反对。曾国藩当时兼任刑部侍郎,对此事表达了自己强烈的反对意见:

"琦善虽位至将相,然既奉旨查办,则研鞫乃其职分;司员职位虽卑,无有传入廷尉与犯官对质之理。若因此得罚,将来大员有罪,谁敢过问者?且谕旨但令会审琦善。未闻讯及司员,必欲传讯,当奏请奉旨然后可。"

这段话义正词严地指出,琦善虽然位高权重,但是现在大家奉旨查办他的罪行,就应该将他作为罪犯对待;那些参奏他的官员虽然职位比较低,但却是实实在在的朝廷官员,怎么能够把他们像罪犯一样抓来当堂与琦善对质呢?如果这样的话,将来再有位高权重的人犯罪,下面的人肯定不敢举报,不敢过问了。再者,现在皇帝的意思是要审讯琦善,并没说要涉及其他官员,如果一定要传讯他人的话,那首先应该向皇帝请旨。

听了曾国藩这段言辞,"四座为之悚动",他的顶头上司、刑部尚书恒春也不得不压下了自己的念头。于是,在曾国藩的参与和坚持下,琦善最终还是被革职,受到了应有的处罚。

此外,另一个"大名大位者"指的是赛尚阿。因为在镇压太平天国农民运动的过程中,赛尚阿没能妥善调度军队,打了很长时间仗也没有什么进展,皇帝便下诏将其"交部议处"。

当时,朝中的大部分官员都主张宽免赛尚阿的行为,但是曾国藩认为,"军务关系重大,议处罪名宜从重者,不当比照成例"。他的这一说法并没有!得到大家的认同,最终部议的结果还是对赛尚阿从宽处理。曾国藩非常不服气,于是,在部议结束之后,"专折奏请从严议处"。最终,在他的坚持下,赛尚阿被革职。

其实,在这两件事情之前,曾国藩在京城中的人缘还是很好的,但是他连续两次对"大名大位者"不留情面,打破了官场上"官官相护"的潜规则,从而成为官场的异类。尤其是琦善,他的门生故旧遍布天下。于是,在这些案子审完后,曾国藩的人际关系网便出现了重大问题,很多人都和曾国藩疏远了,甚至与他绝交。这使得曾国藩在官场上逐渐变得孤立,"诸公贵人见之或引避,至不与同席",但他毫不后悔。

这就是曾国藩的刚直之气,他永远敢于坚持自己认为正确的东西,而且从不轻易改变自己的坚持。

"刚直"二字,就是教育我们要有勇气坚持正确的事情。当然,在自己做错事时,也要勇于承认错误,改正错误。

【解读】

"刚直"二字,强调做人要刚强正直,而要做到刚强正直,就必须有倔犟之气。人活在世上,总会遇到这样或那样的诱惑和威胁,这时,有人选择了屈服,有人选择了坚持自己的信念。选择坚持自己信念的人,通常会有一股超出常人的倔犟之气,而倔犟之气正是成功人士必不可少的一个性格特征。试想,如果一个人轻易就放弃了自己的信念,那么他该用什么来支持自己到达成功的彼岸呢?放眼整个历史长河,能够在青史上留名的多是刚直、倔犟之人。

克己第五:正人先正己

【原文】

居官四败曰:昏惰任下者败,傲狠妄为者败,贪鄙无忌者败,反复多诈者败。居家四败曰:妇女奢淫者败,子弟骄怠者败,兄弟不和者败,侮师慢客者败。

崇俭约以养廉。昔年州县佐杂在省当差,并无薪水银两。今则月支数十金,而犹嫌其少。此所谓不知足也。欲学廉俭,必先知足。观于各处难民,遍地饿莩,则吾人之安居衣食,已属至幸,尚何奢望哉?尚敢暴殄哉?不特当廉于取利,并当廉于取名。

凡天下官宦之家,多只一代享用便尽,其子孙始而骄佚,继而流荡,终而沟壑,能庆延一二代者鲜矣;商贾之家,勤俭者能延三四代;耕读之家,谨朴者能延五六代;孝友之家,则可以绵延十代八代。

【译文】

身为官员的人有四条导致失败的途径:昏庸懒惰,放纵下属的官员必败;骄傲狂妄的官员必败;贪小便宜,并且无所顾忌的官员必败;反复无常,奸猾狡诈的官员必败。操持家庭也有四条导致失败的途径:家中妇女奢侈放纵的家庭必败;后辈子弟骄傲懒惰的家庭必败;兄弟不和睦的家庭必败;怠慢老师和宾客的家庭必败。

崇尚节俭,可以养成廉洁的习惯。往年州县的助手杂役到省城当差,并没有固定的薪水。如今,每月可以得到数十两银子,还嫌赚到的少,这就是不知足了。要学廉俭,必须要先知足。看看各地的难民,遍地都是饿死的人,我们不缺衣食住房,已经是万幸了,还奢望什么呢?还敢任意糟蹋东西?我们不仅要在利益方面做到"廉"字,也要注意博得"廉"的名声。

大凡天下官宦之家,大多只一代,便享用殆尽。他们的子孙开始时骄奢放纵,接着便是四处流荡,最终尸填沟壑,能庆幸地延续一两代的富贵人家很少;商贾之家,靠勤俭而能传三四代;耕读之家,谨慎简朴的便能传五六代;孝友之家,则可以传十代八代了。

【事典】

克己要从小事做,一个人如果能够在小事上克制自己,那么在面临巨大变化时,也就容易接受了。三国时期的刘备就是这样一个克己的典型。从一个织席贩履的小人物到统领千军万马的一方霸主,刘备从没有改变过克己的原则,这一点从他三顾茅庐请诸葛亮出山中就可以看出。

虽说那时的刘备还没有与曹操相抗衡的实力,但他有皇叔的身份,这在寻常百姓看来是十分了不得的。但是刘备从没有彰显过自己的身份,反而做人处世都十分低调。刘备当时任豫州牧,他听徐庶和司马徽说诸葛亮很有学识,便决定亲自去邀请诸葛亮出山。

经过一番准备,刘备带着关羽、张飞来到了诸葛亮居住的茅屋。不巧的是,那天诸葛亮不在家,刘备只得失望而归。不久,刘备在一个风雪天再次带着两个结拜兄弟来到诸葛亮的住处。不料诸葛亮又出门游玩了。本来第一次没有请到诸葛亮,张飞就不愿再让自己的大哥亲自来请,这次又是如此,张飞十分不满,于是便催着刘备回去。万般无奈之下,刘备只好给诸葛亮留下一封信,表达了自己的敬佩之情,以及请他出山帮助自己挽救国家于危难之中的意愿。后来又过了一段时间,刘备吃了三天素食之后,准备再亲自去请诸葛亮。这时,不仅张飞对诸葛亮有诸多不满,就连关羽也开始起疑心。关羽对刘备说,诸葛亮也许是徒有虚名,未必有真才实学,实在没有再去邀请的必要。而张飞还是一贯的冲动暴躁,他说这次由他一个人去请,如果诸葛亮敢不来,他就用绳子捆来,看他还摆什么臭架子。刘备听到这里,立即大声责备了张飞,并和他们两人约好第三次去请诸葛亮。当他们到达诸葛亮的茅屋时,时值中午,诸葛亮正在睡午觉。刘备嘱咐关、张二人不要惊扰他,然后便一直站在门外等待他醒来。诸葛亮醒来后,知道刘备又一次前来请他,而且已在门外等候多时,颇为感动,便请他入室交谈。在交谈中,诸葛亮发现刘备是值得自己辅佐之人,而且十分诚恳,便答应出山,全力辅佐他。

刘备屈尊降贵,三次到诸葛亮的草庐去请他出山,实际上是一种克己;越王勾践卧薪尝胆,立志复国,也是一种克己;苏秦悬梁刺股,一心向学,也不失为一种克己。

南宋末年,元军攻破南宋首都临安,丞相文天祥率人殊死抵抗,因为力量弱小,最终还是失败了。文天祥被俘后,被关押在一个阴暗潮湿的地牢里,受尽了羞辱、折磨、诱惑。元军为了让他投降,可谓是软硬兼施。但是无论怎么做,文天祥都拒绝投降,他还写了一首诗表明自己的决心,这就是著名的《过零丁洋》:"辛苦遭逢起一经,干戈寥落四周星。山河破碎风飘絮,身世浮沉雨打萍。惶恐滩头说惶恐,零丁洋里叹零丁。人生自古谁无死,留取丹心照汗青。"其中"人生自古谁无死,留取丹心照汗青"一句千古流传。这同样是一种克己。世界上许多成大事的人身上,都表现出了令人钦佩的克己能力。

事实上,不仅是成大事者有克己能力,我们这些普通人也有克己能力。比如说,你今天想睡懒觉,但你强迫自己起床了,这就是一种克己。但是,一时的克己很容易做到,时时克己就不那么容易做到了,备受人们尊敬的焦裕禄同志就是位时时克己的典范。

1962年冬天，焦裕禄受党的委派来到了兰考。当时兰考环境很差，风沙、内涝、盐碱等自然灾害严重，农业产量低，群众生活贫困。焦裕禄接到调令后，二话没说，收拾好行装便来到了兰考，这就是他克己的一个表现。

焦裕禄到达兰考后，兰考县委为他购置了办公桌和文件柜，直到焦裕禄去世前，他使用的办公桌和文件柜仍是县委在此时购置的。他用的办公桌和文件柜早已破旧不堪了，很多人都建议他换个新的，但他没有同意，只是将破损的地方修了又修，照样使用。据说，焦裕禄用过的一条被子上有42个补丁，褥子上有36个补丁。同志们都劝他换床新的，他说："我的被子破了，是需要换新的，但应该看到，灾区的群众比我更需要。其实，这就很好，比我要饭时披着麻包片，住在房檐底下避雪强多了。"每当有人劝他提高自己的生活水平时，他就会说上这样一番话："兰考是个重灾县，人民的生产、生活都很困难，我们应该首先想到他们。要把这些钱用到改变兰考面貌的伟大事业上去，用到改善兰考人民的生活上去。"在病危之际，他仍然记挂着兰考人民。那时，省、地、县各级领导同志去看望他，他用尽全身力气说道："我没有完成党交给我的任务，没有实现兰考人民的愿望，心里感到很难过。我死了不要多花钱，省下钱支援灾区建设……"

除了在生活上克己外，在吃苦耐劳、为人民服务方面，焦裕禄更是克己奉公。刚到兰考的第二天，在兰考人民还不知道他就是新来的县委书记时，他已经深入群众、深入生产第一线开始调查访问了。他经常住在农民的草庵子里，蹲在牛棚里，跟群众一起吃饭，一起劳动。他总是亲自到最困难的队去蹲点调查、访问。无论工作多忙，他都坚持参加集体生产劳动，始终保持劳动人民的本色。在兰考人民的印象中，焦裕禄永远都是一副农民的打扮。焦裕禄对于参加劳动一事，有着自己独特的看法："新干部不参加劳动，就不能明确树立阶级观点、群众观点；老干部长期不参加劳动，思想就要起变化，要变颜色。"焦裕禄把干部参加劳动看得十分重要。在担任领导干部的这些年里，焦裕禄心里想着所有人，唯独没有他自己。在肝病发作，忍受疼痛折磨时，他仍然坚持访问群众，即使是风雪天也不例外。后来肝病越来越严重，焦裕禄所要承受的痛苦也更大了，但是他仍然不肯去治病。开会、做报告时，他就用右膝顶住肝部，不断用左手按住疼处，或者用一个硬东西一头顶着椅子，一头顶住肝部，这样他就感觉不是那么疼了。时间久了，焦裕禄坐的藤椅竟然被顶出一个大窟窿，由此可见他要忍受多么大的痛苦。

对个人行为的克制，还不是克己的最高境界，能够把克己做到极致的人，往往也能克制身边人的行为。

就像曾国藩对自己家人的要求一样，华人首富李嘉诚也是这样要求自己的家人的，尤其对自己的两个儿子，他的要求更为严格。

作为长江实业集团有限公司董事局主席兼总经理，李嘉诚并不是含着金汤匙出生的。1928年，李嘉诚出生于广东省潮州城潮安县。李家是书香世家，家境还算殷实。日本侵华战争爆发后,李家也受到波及。1938年,日军轰炸潮州,刚刚读初中的李嘉诚和家人不得不背井离乡来到香港,投奔舅父庄静庵。然而,一路的劳顿使李嘉诚的父亲染上了肺病。身为长子的李嘉诚不得不担负起照顾父亲的责任。就这样,14岁的李嘉诚一边照顾父亲,一边拼命地温习功课。此时,父亲的病牵动着全家人的心,因为一家的生活全都要靠父亲来支撑。遗憾的是,李嘉诚的父亲没能战胜病魔,最终撒手归去。原本属于父亲的责任一下子全压在了李嘉诚的身上。为生活所迫,李嘉诚不得不辍学,走上社会打工,以维持家人的生活。在用自己稚嫩的肩膀挑起赡养慈母、抚育弟妹的重担的过程中,少年李嘉诚早早体会到了生活的艰辛,认识到了每一分所得都来之不易。

李嘉诚从舅父庄静庵的中南钟表公司一个泡茶扫地的小学徒做起,多年后,不但创办了自己的公司,还成为华人首富。通过自己的成长过程,李嘉诚深深地认识到,艰苦的磨炼对一个人的成长极为重要,也深深地体会到了要想让自己当年打下的"江山"得以延续,对后世子孙能力的培养是极为重要的。正如他所说:"如果子孙是优秀的,他们必定有志气,选择凭实力去独闯天下。反之,如果子孙没有出息,只会享乐,好逸恶劳,存在着依赖心理,动辄搬出家父是某某,子凭父贵,那么留给他们万贯家财,只会助长他们贪图享受、骄奢淫逸的恶习,最后不但一无所成,成了名副其实的纨绔子弟,甚至还会变成危害社会的蛀虫。如果是这样的话,岂不是害了他们?"

正是基于这样的原因,李嘉诚对自己的两个儿子——李泽钜和李泽楷要求很严,要求他们克勤克俭,不求奢华。

在外人眼里,李泽钜和李泽楷有那么富有的一个父亲,一定过着非常奢华的生活。相对于普通人家的孩子,李泽钜和李泽楷的生活的确要优越得多,但也正因为这样,李嘉诚更注意在生活中的小事上严格要求他们。

家中虽然有私家车,但在李泽钜和李泽楷小的时候,李嘉诚很少让他们坐私家车,常常带他们坐电车、巴士。李泽钜和李泽楷是在香港圣保罗男女小学学习的,这是一所名校,在这所学校上学的孩子非富即贵,大多数孩子上学都是车接车送。但李嘉诚让两个孩子天天和自己一起挤电车上下学。终于有一天,两个孩子闷闷不乐地问他,为什么别的学都有私家车专程接送,他们却不能让家里的司机接送。李嘉诚告诉他们,坐电车和巴士,不但可以培养自己吃苦的精神,还可以让自己看到最平凡、最普通的人,以及这些人的生活,从而懂得珍惜。

就这样,李氏兄弟二人和普通家庭的孩子一样,在拥挤的电车里一天天长大。每天看到那些神色匆忙满身疲倦的成年人,那些和他们一样挤电车的孩子,这两个孩子渐渐地懂得,生活并不是都那么轻松、优裕的,充满了辛勤和劳累。

在孩子们的日常花销上,李嘉诚更是"小气"。他很少给两个孩子零花钱,鼓励他们去勤工俭学,自己挣零用钱。每逢星期日,李泽钜和李泽楷就要到高尔夫球场去当门童,为了给自己挣零花钱。两个孩子没有辜负李嘉诚的苦心,将自己挣来的钱都拿去资助了有困难的孩子。

李嘉诚不单对孩子这样,对自己也非常苛刻。他一直保持着勤俭节约的美德,在严格要求孩子的同时,也时时刻刻严格要求自己。社会上的人都知道李嘉诚乐善好施,在慈善事业上从不吝啬。在日常生活中,李嘉诚却过得极其简单。直到现在,他的手腕上还是一块价值仅 26 美元的日本手表,穿的仍旧是 10 年前的西装,居住的还是 30 年前的房子。

诚如曾国藩所说:"凡天下官宦之家,多只一代享用便尽,其子孙始而骄佚,继而流荡,终而沟壑,能庆延一二代者鲜矣;商贾之家,勤俭者能延三四代;耕读之家,谨朴者能延五六代;孝友之家,则可以绵延十代八代。"李嘉诚的长江实业集团目前还在发展壮大,这和他对子女、对自己的严格要求是分不开的。

不仅是李嘉诚这样,正泰集团董事长南存辉也深知吃苦在先的道理,教育自己的孩子要能吃苦,要先苦后甜。

南存辉是正泰集团的董事长,世人公认的"浙南模式"的积极探索者和杰出代表,被誉为"中国新兴民企代言人",并被《中国青年》杂志评选为"可能影响中国 21世纪的中国青年人物"之一。其非凡的经历和业绩,一直为世人赞叹。

南存辉是浙江柳市人,毕业于北京商学院(现北京工商大学)。他能取得如此卓越的成就,经过了一番艰苦的奋斗。

从小,南存辉就看到了自己父亲工作的辛苦,知道生活的不容易。他上初中的时候,就在他毕业的前 15 天,由于意外事故,做鞋匠的父亲腿部骨折,要卧床休息一两年,加上原来身体就虚弱的母亲,以及年幼的弟妹,全都需要身为长子的南存辉来照顾。于是,南存辉不得不弃学从商,做起了小鞋匠。鞋匠的工作是辛苦的,当时他忙的时候经常加班到凌晨两三点,而早上五六点钟就要起床。他这一干就是三年。

三年的鞋匠生活使南存辉懂得了诚实做人的道理,也明白了,一个人要想有所作为,必须重视一件件平凡的小事,而且任何小事要做好都是不容易的。

1984 年,南存辉和几个朋友合伙,借钱在家乡办起了一家作坊式的求精开关厂。开始,大家没日没夜地干了一个月,只赚了 40 元钱。他明白,只要走好每一步路,踏踏实实地做事,最后就会成功。于是,南存辉从上海请来工程师,本着创品牌的精神,一步一步地向前走着。几年后,当柳市低压电器生产由于质量问题跌入低谷时,南存辉的"求精"产品在全国畅销,最终占领了市场。南存辉和"求精"完成了最初的资金积累。

就这样,经过不断的努力,南存辉的企业发展起来。1991 年,南存辉引进外资,创办了中美合资正泰电器有限公司。1992 年秋,正在寻求发展壮大机会的南存辉放弃了欧洲一家著名的跨国电器公司抛来的"绣球"——让南存辉的公司成为其在中国的子公司,而是选择忍耐,等待更佳的时机。

1994 年,正泰集团公司成立。到今天,正泰集团已在国外设立了 5 家分公司和

30 多家销售总代理,形成了集科研、工业、贸易与信息为一体的现代化企业集团。

南存辉能获得如此骄人的成绩,与他对自己的严格要求是分不开的。南存辉十分具有忧患意识,不但在企业管理中注意这一点,在自己的生活中也是这样做的。南存辉二十年如一日,一直保持着俭朴的生活习惯,不曾因自己的成就和财富而改变,他要追求"一种普通、平常的生活"。在日常生活中,南存辉经常在员工食堂吃盒饭,绝不搞特殊化。在衣着上,他的要求也很简单,经常就是一身工作服,不知道的人根本不会想到他就是公司的总裁。除非正式场合需要,他才穿上西装。

南存辉不仅自己这样做,他还教育自己的孩子这样做。南存辉的儿子南翔宇在美国留学期间,南存辉只支付儿子的学费,其他费用都要靠他自己去解决。南翔宇平时就和其他同学一样,奔波在餐馆等地方,靠勤工俭学挣自己的生活费。同时,南存辉还明确要求儿子,每月挣得 700~900 美元的生活费,但挣得的钱不得乱花,要节衣缩食。假期时,南翔宇回到温州。南存辉要求儿子隐姓埋名,换上工作服到正泰公司的车间打工,和工人同吃同工作。

正如南存辉所说:"我常常给小孩子们讲,我可能不会有很多的金钱留给你们,我的创业精神、艰苦奋斗的精神更宝贵。我现在对你们的教育,使你们能够获得学习的能力。"

李嘉诚和南存辉不但严格要求自己,还把这种美德教给了子女,这是值得我们学习的。

【解读】

克己,就是要时刻克制自己的欲望、惰性,抵制外界不利于自身发展的诱惑。克己一说,最早来自孔子的话。在孔子的后代弟子整理的孔子言论中提到了"克己复礼"一词,此后,克己就单独成为一个词语。现在,克己已经成为人们普遍认知的一个道理。英国思想家亚当·斯密在他的伦理学著作《道德情操论》"论克己"篇中指出:"一个人……仅拥有最完美的规则知识,将不足以使他能够遵照规则行动,他自己的各种激情常常会误导他,有时候逼迫他,有时候怂恿他,违背他自己在所有冷静清醒时刻所赞许的一切规则。"在现实生活中,人们要想做到"遵照规则行动",就必须要练好克制自己的功夫,以便克服各种激情的误导。

笃学第六：终身治学，到老不辍

【原文】

吾人只有进德、修业两事靠得住。进德，则孝悌仁义是也；修业，则诗文作字是也。此二者由我做主，得尺则我之尺也，得寸则我之寸也。今日进一分德，便算积了一升谷；明日修一分业，又算余了一文钱，德业并增，则家私日起。

人之气质本由天生，实难改变，惟读书可以改变气质。古之精相法者，并言读书可以变换骨相。

读书之志，须以困勉之功，志大人之学。座右为联语，以自箴云："不为圣贤便为禽兽，莫问收获但问耕耘。"余思朱子言，为学譬如熬肉，先须用猛火煮。然后用慢火温。余生平工夫全未用猛火煮过，虽略有见识，乃是从悟境得来。偶用功，亦不过优游玩索而已耳。如未沸之汤，遽用慢火温之，将愈煮愈不熟矣。

【译文】

我们只有增进道德、研修学业两事可靠。增进道德是指孝悌仁义；研修学业是指诗文书法。这两件事都由自己掌握，增进一尺便有一尺的收获，增进一寸就有一寸的收获。今天增进一分道德，就像积累了一升谷；明天研修了一分学业。就如同积蓄了一文钱。这两者一起增长，就如同家产越来越多一样。

人的气质本来是先天决定的，很难改变，只有读书可以改变人的气质。古代精于相术的人，还说读书可以改变一个人的骨相。

读书的志向在于：必须用刻苦勤勉的功夫，去获取先哲们留下的学问。我的座右铭是一副对联，我用它警示自己："不为圣贤便为禽兽，莫问收获但问耕耘。"我想到朱熹说过：做学问就好像在煮肉，必须先用猛火煮，然后用文火温。我这一生做学问，从未用猛火煮过，即使略有见识，也是从悟境中得来的。偶尔用功，也不过全凭一时兴趣，就好像没开锅的汤，就用文火温着，结果肉就会越煮越不熟。

【事典】

隋朝的名臣牛宏就十分重视读书。他年轻时，性情宽厚，好学博闻。隋朝开皇二年，他担任散骑常侍、秘书监，负责收集典籍。牛宏很称职，不遗余力地收集各典籍。开皇三年，牛宏被任命为礼部尚书，奉诏撰修五礼。他将这些内容分出明细地写出来,受到人们的称赞。三年后,牛宏又"改定雅乐""设立明堂",因为做得非常好,所以很受皇帝的器重。牛宏的博学以及治理之道受到了朝廷上下的赞许。隋炀帝继位后,对他的器重不减反增。可以说,牛宏一生都是位高权重、荣宠当世的,但他并没有因此而骄奢,反而坚持低调、简朴的作风。他一生都"事上尽礼,待下以仁",一生手不释卷,著述颇丰,有文集十三卷传于后世。

当时的史臣在评价牛宏时,这样写道:"牛宏笃好坟籍,学优而仕。有淡雅之风,怀旷远之度。采百王之损益,成一代之典章……澈之不清,混之不浊,可谓大雅君子矣!"这样高的评价,在当时是无人能与之匹敌的。

牛宏之所以能够获得这样高的评价,就是因为他一生笃学,并将书中的道理致用于世,从而受到了世人的尊崇。

谈到笃学之人,不能不提清代的武官张曜。因为这是一个独特的笃学事例。如果说牛宏是从一开始就主动求学,那么张曜是由武将出身最后变得笃学,有一段有趣的经历。

张曜,字亮臣,号朗斋,顺天大兴(今北京市)人。幼年时,由于家中十分贫寒,张曜没能得到上学的机会,无法读书识字。长大后,为了生活,张曜曾给有钱人家当雇工,有时候还做些杂活以维持生计。在艰苦的劳动中,张曜的身体锻炼得非常强壮,尤其力气更是大得惊人。张曜生性鲁莽,性情耿直,加之爱打抱不平。所以,他解决问题的方法往往就是挥拳而上,从小到大没少惹祸。

有一次,担着几百斤米的张曜在路上遇到了一个正在哭泣的少妇。天生爱打抱不平的性格促使他走上前去,询问这个少妇有什么委屈。少妇告诉她,自己刚刚丧夫。就被婆婆强逼改嫁。张曜性情鲁莽,采取了简单粗暴的处理方式——他将所担的几百斤米压在了那个婆婆的身上,将她活活压死了。一见出了人命,张曜知道自己已经无法在此存身,就逃到了河南。后来,凭着一身力气,他投身到军队中,南征北战。因作战勇猛,他立了很多战功,经常得到提拔。

从军之后,张曜的大部分时间在军旅中度过。由于不识字,他备受其苦。据《清史稿》记载,咸丰十一年(1861),由于率军在汝宁大败陈大喜、张凤林的捻军,张曜被提升为河南布政使。就在张曜春风得意,眼看就要成为"封疆大吏"(指巡抚或总督)时,不料一本奏折让他的美梦成了空。同治元年(1862),河南籍御史刘毓楠参了他一本,说他"目不识丁",其能力难以打理一省政务。于是,张曜便被降为河南省提督节制的"南阳总兵"。升官不成,还丢了脸面,张曜受不了了。他决心努力学习,改变世人对他的看法。

巧的是,这一年张曜又立了战功,对他非常赏识的忠亲王僧格林沁决定为其做媒。于是,固县县令的女儿李雪如就成了张曜的妻子。固县县令是一个十分开明的人,家学渊源深厚,出身于书香门第的李雪如不仅识文断字,而且才华出众。李雪如嫁给张曜后,不但经常帮助他批阅一些公文,还能在他处理一些事情时,提出恰当的建议。张曜对此非常佩服,于是,妻子就成了张曜老师的不二人选。

当张曜向妻子提出这个要求时，妻子答应了，前提是张曜要向她行拜师礼。没想到，张曜不但满口应承，还马上穿起朝服，让妻子坐在孔子牌位前，对她行三拜九叩之礼。从此，张曜开始了自己的学习生活。

只要有公余时间，张曜就让妻子教他读经史。他还请人刻了一方"目不识丁"的印章，经常佩在身上，以提醒自己努力学习。在家中休息的时候，他常常是手执书卷，吟诵不止。几年后，张曜终于成为一个不但识文断字，而且还通文史、工书法的人。从此以后，张曜开始自己撰写疏表，而且写的疏表很有文采。

不久，左宗棠要出兵新疆，因为知道张曜能征善战，就上奏朝廷点名让他领兵，任命他为总兵。虽然张曜本人不愿意，但有朝廷的诏书在，他不得不答应。经夫人提醒，他意识到如果直接抗旨不遵，会不利于自己的仕途发展，于是他去拜见左宗棠。左宗棠通过和张曜交谈，发现他在学问上的确有很大长进，于是专门上奏章，请求恢复张曜以前的文职。

后来，张曜到山东做巡抚，又有人上奏参他"目不识丁"。这次张曜亲自写奏折，向皇上申冤，还请皇上面试。结果，皇上真的对他进行了面试。成绩出来后，皇上和许多大臣都非常惊奇，了解到他的学习过程后，人们都很佩服他的笃学精神。

古人云："腹有诗书气自华。"一个人修养好，表现在外就是不俗的谈吐，雍容的气度，甚至连脸上洋溢的都是灼人的光华。一个一心向学、手不释卷的人远远比日日只为衣食谋、满脸名利相的人气质高贵得多。如果不把笃学放在名利上去考量，就可以让人们焕发智慧之光，就越发显得与常人不同。笃学远远比荣华富贵更养人。笃学养的是人的气质，而荣华富贵养的只是人的皮囊。气质可以让人的皮囊显得越发高贵，但是皮囊很难改变气质。一个人即使皮囊长得再赏心悦目，如果没有气质，时间久了也会让人觉得腻而无味。然而气质就不同了，随着时间的沉淀，人就会因有气质而越发笃定从容，处变不惊。这也就是为什么同样的年纪，有些人就给人一种很有内涵的感觉，而有些人只能给人苍老的感觉了。

"笃学"二字，重在读书。读书不仅可以改变人的气质，甚至还可以改变一个人的骨相。这也就难怪古埃及的一位帝王称书籍为"灵魂的药剂"了。法国大文豪法朗士称读书为"灵魂的壮游"，美国哲人杜威称读书为"真理的探险"，俄国的高尔基对读书也有着自己的一番见解："书籍一面启示着我的智慧和心灵，一面帮助我在一片烂泥塘里站起来。如果不是书籍的话。我就沉没在这片泥塘里，我就要被愚蠢和下流淹死。"

除了读书之外，笃学还有一个重要方面，就是求教。在读书过程中，我们总会遇到这样或那样的问题。"师者，传道授业解惑者也。"所以，世界上才有教师这一职业。在古代，如果在读书过程中遇到了问题，学生只能自己找老师请教。很多时候，学生只能凭借自己的坚持去打动老师，进而得到问题的解答。

明朝著名散文家、学者宋濂就是个孜孜不倦的求学者，他一生拜访了很多老师，最终成为闻名遐迩的散文家。

宋濂自小就十分喜爱读书,但因为家境贫寒,家人无力供他读书,所以他的求学之路比起那些富裕人家的子弟要难得多。

在读书过程中,一旦遇到问题,宋濂总是要刨根问底。有一次,他在读书过程中又遇到了一个难题。为了搞清楚这个难题,宋濂冒雪行走数十里,去请教当时已经不收学生的梦吉老师。当宋濂好不容易来到老师家时,却被告知老师不在家。宋濂并没有就此放弃,过了几天后再次前往老师家中。这次老师并没有外出,但是他并不愿意见宋濂。当时正值寒冬腊月,天气十分寒冷,宋濂和同伴在寒风中冻得直打哆嗦,宋濂的脚趾都被冻伤了。但老师还是不肯露面,宋濂和同伴只好沿原路返回。等到宋濂再次说要去拜访梦吉老师时,同伴中已经没有一个人愿意和他一同前往了。即便如此,宋濂还是坚持自己的决定,独自一人前往老师家。在去老师家的路途中,宋濂不小心掉入雪坑中,差点丧命,幸好当时有人经过,将他救出。当宋濂到达老师家时已经快要昏迷了,老师终于被感动了,耐心解答了他的问题。

后来,宋濂为了求得更多的学问,不畏艰辛困苦,拜访了很多老师,还曾受业于元末古文大家吴莱、柳贯黄等人。元朝末年,元顺帝仰慕宋濂的名声,召他为翰林院编修,但是他以需奉养父母为由,拒绝了,一心修道著书。

关于宋濂笃学一事,还有一点值得一提,由于家境贫寒,买不起书,宋濂只好从别人手中借书看。有时看到一本舍不得放下的好书时,他就一字一句地把书抄下来,反复揣摩、研读。正是凭着这股笃学的精神,宋濂成为明朝著名的散文家、学者。

不论是古人还是今人,凡是能够在世界文坛上占有一席之地的文豪,大都在读书方面有一股常人所没有的执着劲头。被称为"民族魂"的鲁迅先生就是一个"书迷"。

鲁迅先生自小就十分喜爱读书。少年时,他考入江南水师学堂读书。第一学期因为成绩优异,学校颁发给他一枚金质奖章。拿到奖章后,鲁迅先生并没有像其他学生一样,骄傲地把奖章挂起来,而是当天就将其当掉了。在他看来,奖章并没有什么作用,还不如换成钱去买些有用的东西。事实上,他也的确这样做了,用换来的那些钱买了几本书和一串火红的辣椒。

鲁迅先生买辣椒,并不是因为他喜爱吃,而是用来御寒的。因为家境贫寒。一到晚上,家里就冷得像冰窖一样,在这种情况下,鲁迅先生就不能专心读书了,这时红辣椒就派上了用场。每当夜晚寒冷时,他便摘下一个辣椒,放在嘴里嚼着,直辣得额头冒汗,立即就达到了驱寒的效果。鲁迅先生就用这种办法来驱寒坚持读书。正是这种坚持读书的劲头,才使他最终成为我国著名的文学家。

正如曾国藩所说:"修业,则诗文作字是也。"而要达到"修业",读书是一个很重要的途径。不仅鲁迅喜欢读书,许多大学问家而是由于博览群书,才能在相关领域具有较高深的造诣的。王亚南就是这样的一个人。

王亚南是一位杰出的经济学家。他与别人合作,首次翻译了《资本论》三大卷。后来，他用八年时间，翻译了马克思之前的六部经济学和经济史名著，包括亚当·斯密的《国富论》、大卫·李嘉图的《政治经济学及赋税原理》，为全译《资本论》打下了基础。

王亚南父母早逝，他是在兄长的支持下读书的。小学毕业后，他以优异的成绩考入武昌第一中学，之后又考入武昌中华大学教育系。在上学期间，王亚南学习成绩优异，这与他酷爱读书是分不开的。

王亚南从小就喜欢读书，甚至达到了痴迷的地步，因此，他年年都取得优异的成绩，被誉为班内的"三杰"之一。在读中学时，他为了不让睡眠耽误自己的读书时间，特意让人把自己睡的木板床的一条腿锯短半尺。于是四只脚的床变成了三只脚，看上去难看而古怪，睡到上面，自然就不会睡得太沉。于是，每天王亚南读书到深夜后，疲劳了就上床去睡一觉。睡眠时，迷糊中一翻身，床向短脚方向倾斜过去，他一下子惊醒过来，便立刻下床，伏案夜读。天天如此，他从未间断过。

正是读书给了他智慧，也让他寻找到了自己喜欢的事情。1928年，王亚南赴日本留学，在此期间，他接触并阅读了大量马克思著作及欧洲古典经济学著作，在内心深处产生了要将它们译成中文，介绍给国人的想法。做好翻译的前提是自己要首先读懂并理解内容，这正中酷爱读书的王亚南的下怀。从此，王亚南便手不释卷。在这期间，还发生了一件有趣的事。

1933年，王亚南乘船去欧洲。当客轮航行到红海海面上时，突然巨浪滔天，船摇晃得令人无法站稳。许多乘客都缩在舱内，以求安全。即使是这样，一些人还是被摇得晃动不止，大多数人都无法休息。这时，正在无奈地忍受着船的摇动打扫餐厅的服务人员，被一个戴着眼镜的人叫住了。这个人东倒西歪地走到他跟前，恳求他："请你把我绑在这根柱子上吧！"

服务员傻了，以为自己遇到了一个怕死的家伙，怕自己被浪头甩到海里去，于是就遵照他的要求，把他牢牢地绑在了餐厅的柱子上。结果，令服务员惊讶的是，这个戴眼镜的人竟然全然不顾身边的一切，认真地看起书来，更不用说怕什么海浪了。服务员这才明白，自己原来遇上了一个书呆子。

浪平息后，许多乘客走出客舱，看到被绑在柱子上还在聚精会神地读书的王亚南，又听说了他的事情，不由得对他投去惊异的目光，些外国人还赞叹道："啊！中国人，真了不起！"

正是由于对书籍的热爱，王亚南阅读并理解了马克思著作及诸多欧洲古典经济学著作，他相继翻译了亚当·斯密的名著《国富论》、马尔萨斯的《人口论》、约翰·穆勒的《经济学原理》等经济学著作。同时，他自己写的《经济学史》《世界政治经济概论》等著作也陆续问世，由此，王亚南在学术界崭露头角。

正所谓"不经历风雨，怎能见彩虹"，要知道没有人能够随随便便成功，没有努力的攀登，怎能登上巅峰？要想获得一番成就，首先就要将"笃学"二字放在心间。

【解读】

笃学是专心好学之意。宋朝的开国宰相赵普说过"半部《论语》治天下",由此可以看出读书的重要性,而如何才能让自己更多地吸收书本上的知识呢?实在是没有捷径,唯有笃学而已。纵观历史,能够在青史上留名的名臣文人,大都是笃学之人。

图文珍藏版

爱民第七：民为贵，社稷次之，君为轻

【原文】

惟农夫则无一人不苦，无一处不苦。农夫受苦太久，则必荒田不耕；军无粮，则必扰民；民无粮，则必从贼；贼无粮，则必变流贼；而大乱无了日矣。故须爱民重农，厚生以求治。

所恶乎贼匪者，以其淫掳焚杀，扰民害民也。所贵乎官兵者，以其救民安民也。若官兵扰害百姓，则与贼匪无殊矣。

吾自咸丰三年初招勇时，即以爱民为第一义。历年以来，纵未必行得到，而存心总不敢忘"爱民"二字，尤悔破寡。

【译文】

只有做农民的，是没有一个人不困苦，没有一个地方不困苦的。农民受苦时间过于长久，就一定会放弃耕作，使田地荒芜；这样一来，军队就没有粮食了；军队没有粮食，就一定会去抢夺老百姓的粮食；老百姓没有粮食，就一定会加入贼匪；贼匪没有粮食，就必定会变为流寇。这样一来，大乱的局面就不会有了结的一天了。所以必须爱民，重视农业，通过发展生产来求得天下的治理。

人们之所以痛恨贼匪，是因为他们烧杀淫抢，扰民害民。之所以看重官兵，是因为他们救民安民。如果官兵也扰民害民，就与贼匪没有什么不同了。

自从咸丰三年初开始办团练招兵勇之时，我就把爱民作为第一信条。这么多年以来，虽然未必做得到，但方寸之心始终不敢忘"爱民"二字，尤其后悔自己做得不够。

【事典】

康熙皇帝最为人津津乐道的就是他微服私访的事情了，可以说他是中国历史上到地方上了解民情最多的皇帝之一。

古代皇帝出行大都会给百姓带来许多不便，康熙皇帝出行时，十分注意在出巡过程中避免骚扰老百姓。在他的要求下，凡出巡所需的物品，都从简准备，需用的草豆、木炭、食物，一概不允许地方官供奉，因为他担心地方官将这作为去民间搜刮的理由。此外，他还要求路过之地的官员们不得向他的随从送礼，一旦有人收受贿赂，一并从重治罪。康熙皇帝认为："百姓足则国家充裕，若期比屋丰盈，必以蠲租减赋,除其杂派为先。"所以他在出行过程中,总是尽量不给百姓添麻烦。

在第一、二次南巡时,康熙皇帝发现地方上虽然收成很好,但由于田亩地多属于富豪士绅,老百姓能够得到的很少。为此他特意要求地主对佃户适当免收地租。调整地主与佃户以及与国家的关系。此外,在巡视南方的时候,康熙皇帝还注意到米价的变动与市场供求的关系,及时做出决定防止米价上涨;他关心全国各地纳税交银而加征的钱粮火耗数量,严厉反对官员加重火耗;他了解到江浙人喜好争讼,便告诫他们改变这种不好的风气;他认为江南人习尚奢靡,家无储蓄,个个吃光喝尽,而山西商人多在当地经商,勤俭生活,因此多富裕,便倡导移风易俗,让江南人多向山西人学习。巡访使康熙皇帝深切、真实地了解了民间的情况,这是那些长年待在皇宫里的皇帝所不能比的。

在清朝历史上,不单单康熙皇帝是爱民的君王,他的父亲顺治皇帝、他的儿子雍正皇帝、他的孙子乾隆皇帝也都是在历史上留下了爱民美名的帝王。

作为清入关后的第一位皇帝,顺治在爱民上的表现最为突出。也许正是由于他打下的良好根基,其后的康熙、雍正、乾隆等帝王,都在爱护百姓上下了一番工夫。

顺治皇帝名爱新觉罗·福临,是清太宗皇太极的第九子,母亲就是历史上大名鼎鼎的孝庄皇后。1643年,皇太极无疾而终。在叔父多尔衮和母亲孝庄皇后的扶持下,6岁的福临即位,改元顺治,是为顺治皇帝。即位的第二年,清军就挥师南下,入主中原。顺治成了清进入中原后的第一代皇帝。

七年后,摄政王多尔衮去世,14岁的顺治皇帝执掌大权,真正开始自己的帝王生涯。

其实,清军入关,统治中原地区的初期,满汉两个民族之间产生了诸多矛盾。这些矛盾产生的原因不仅是因为民族之间的习俗和看法的不同,在很大程度上是因为满人对汉人的大肆残害。其中最令汉人难忘的就是"扬州十日""嘉定三屠",以及"剃发易服"政策。前两者夺去了众多汉人的生命,使得人口锐减,后者则严重伤害了汉人的身心,因为汉人坚持"身体发肤。受之父母"的信念。于是,汉族各阶层人士不断起来反对清朝的统治,各地不断爆发武装起义。

顺治皇帝面对长期不稳定的政局,以及百姓生活在水深火热中的状况,决心稳定局势,化解满汉之间的仇恨,让百姓能安居乐业。为此,顺治皇帝不惜在满朝反对汉化的声音中,废除了一些轻视汉族臣子的规定。例如,他下令废除只有满族臣子可以奏事的规定,此后但凡有奏章,要由满族和汉族的侍郎共同上奏。

同时,一方面为了巩固清王朝的统治,一方面为了让百姓的生活有所好转,顺治皇帝开始整顿吏治,采取相关的措施减轻百姓的负担。如他多次大幅度减免各种苛捐杂税,还招抚流民,鼓励耕种。他的这些举措不但安抚了民心,还使耕地面积扩大,流民居有定所。

提到乾隆皇帝,人们首先想到的是他下江南的事情。他下江南绝不单单是为了玩,而是为了考察民情,在下江南的过程中,他做了许多有益于民的事情。

乾隆皇帝,名爱新觉罗·弘历,是雍正帝的第四个儿子,他的母亲钮祜禄氏是清朝开国功臣额亦都的后代。乾隆是一位琴棋书画皆通、掌握五种语言文字、上知天文、下知地理的文武全才型的皇帝。他26岁登基,在统治这个偌大国家的过程中,展示出自己过人的管理和用人能力。

乾隆以"宽严相济"为主要治国原则。他结合祖父康熙帝后期的"宽"政和父亲雍正帝时期的"严"政。取长补短,综合考虑,坚持"宽严相济"的治国理念。这种中庸的治国方略,使得乾隆一朝经济发达、政治清明、文化繁荣、思想活跃、人才辈出,创造了封建时代最重要、最稳定,也是最长的盛世——"康乾盛世"。国家政局稳定。百姓不受战乱侵扰,自然有更多的精力去从事生产,于是经济也得到了发展。

乾隆还非常重视对官员"勤政爱民"的政绩的考查。这是他的一贯主张,在他看来,中央和地方的各级官员必须以关心民事为己任。为此,他经常在一些公开场合表扬为民请命、为民服务的好官,果断地提拔这些政绩卓著的官员,甚至不惜重金奖励这些优秀的官员。反之,一旦发现官员有虚报政绩、损害民力的行为,他就予以严厉的打击,轻者降级贬官,重者问罪下狱,再重者杀头株连。这种措施在一定程度上遏制了官场的歪风邪气,从而使得政治清明,百姓受益。

当然,今天我们再来回顾乾隆统治的时期,可能流传最广的是当时的文字狱,但我们也不能忽视乾隆为百姓做过的这些有益的事情。

乾隆

在现代社会中,"爱民"一词已经不仅仅是国家领导人治理国家的原则,它还在企业管理中起到了巨大作用。海尔集团的成功就很好地体现了这一点。

在海尔集团,张瑞敏要求公司主管秉承"三心换一心"的原则。所谓的"三心换一心"就是指为员工解决疾苦要热心,批评员工的错误要诚心,做员工的思想工作要知心,由主管的这"三心"来换取员工对企业的一颗"铁心"。张瑞敏曾经说过这样一段话:想要员工心里有企业,你的心里就必须时时刻刻想着员工。要让员工爱企业,企业就要首先爱员工。因此,我们每一个单位都应进一步完善类似排忧解难这类措施,并持之以恒,不流于形式。如果每一个海尔人都愿意把自己的爱奉献给海尔,那么,还有什么力量能阻挡我们前进的步伐?

在张瑞敏被派到海尔任职时,海尔仅仅是家生产冰箱的集体小厂,亏空高达147万元,年销售收入仅348万元。虽然该厂当时有600多名员工,但是他们大都已经对这个厂子丧失了信心。在连续更换三任厂长,工厂仍未有起色的情况下,35

岁的张瑞敏从青岛家电工业总公司副经理的位置上被调到了这家工厂担任厂长一职。就当时的情况而言,张瑞敏绝对称得上是"临危受命"。

自从 1984 年张瑞敏接下海尔这个烂摊子以来,短短十几年间,海尔就创下了营业额年均增长 80% 的神奇速度,1995 年以来上缴税收累计 52 亿元。海尔的企业品牌价值也不断飙升,达到 330 亿元。在 2000 年,海尔创造了全球营业额 406 亿元、出口创汇 2.8 亿美元、利税 30 亿元这一系列令人惊叹的数字。2007 年,海尔集团一跃成为中国家电第一品牌,营业额达 1180 亿元,并在全世界获得越来越高的美誉度。2008 年 3 月,海尔第二次入选了英国《金融时报》评选的"中国十大世界级品牌",张瑞敏本人也被评为"中国最受尊敬企业家"。

海尔集团之所以能够在张瑞敏的带领下如此飞速地发展,与他对产品质量的重视程度是分不开的,同时也与他爱护员工的做法有密切关系。对产品质量的把关主要掌握在员工手里,如果员工不肯踏实工作,那么仅凭张瑞敏一人之力也控制不了产品质量。因为张瑞敏重视员工,所以相应的,员工就会把对企业的重视体现在他们的工作热情上。将心比心、投桃报李说的就是这种情况。

为了让员工能够感受到企业给予的温暖,张瑞敏可以说是费尽了心思。他在海尔集团内部设立了一个运转体系,专门帮助员工及时解决生活上的实际困难。公司组织了许多互助形式的救援队,员工人手一份《排忧解难本》,如果有了困难,只要填一张卡或打一个电话,企业的排忧解难小组就会立即派人协助解决。海尔集团每半年召开一次员工代表大会,主要目的是让员工了解厂内的情况,自由发表意见,让员工真正参与到工厂的管理中去。另外,海尔集团还经常召开各式各样的恳谈会,各事业部每个月都要举行两次恳谈会。各公司、分厂和车间的恳谈会要随时召开。在恳谈会上,员工和领导坐在一起,开诚布公地畅所欲言,员工深切地感受到了集团对他们的重视。

人都是有感情的,情绪影响着员工的工作效率,企业重视员工,相应的,员工也会做出更好的成绩来回报企业对他的重视,这样一来就会形成良性循环,海尔集团的发展模式在很大程度上就是按照这种良性循环来进行的。在海尔集团,除了上述让员工感受到企业的贴心与重视的制度之外,还有一个为海尔人津津乐道的工程,那就是"心桥工程"。这个"工程"是利用《海尔人报》开辟的"心桥工程"栏目,将员工有些不愿在公开场合表达的心里话,通过"心桥"来传递。此外还设有"电子论坛"等,都是为了拓宽沟通渠道,鼓励大家在企业内部信息网上提意见或建议,使员工做到有话就说。人如果能够做到有话就说,那么自身的压力就会减少很多,工作效率自然也会提升。海尔集团正是通过对员工的重视,才充分保证了产品质量。进而使集团成为世界 500 强企业。

其实,不仅中国企业家认识到了"爱民"的重要性,国外许多知名的企业家也很清楚"爱民"的魔力,其中以"心灵经营"著称的日本企业家稻盛和夫就是一个典型人物。稻盛和夫创办的两家企业在他有生之年都进入了世界 500 强,依靠的不仅仅是他个人在经营管理上的才能,更多的是靠员工共同的努力。作为企业家,应该坚持为自己的员工谋求物质幸福和精神幸福,并且以此作为企业奋斗的动力,这样才能使全体员工与企业同心协力,共同发展。稻盛和夫正是遵循这一点,才成就了他传奇企业家的一生。

1971 年 5 月,稻盛和夫收购了美国圣地亚哥一家经营状况极差的工厂。这家工厂当时已经面临倒闭的危险,每月都有 10 万~20 万美元的财政赤字,员工没有组织性,零散操作,全厂上下弥漫着一种消极的气氛。稻盛和夫在彻底考察了工厂状况后,决定重新聘用日本管理人员来建立一家全新的公司。起初,美国员工对这种安排方式十分不满,因为美国的管理方式和思维模式毕竟与日本存在差异。但是,当第一次听到日本管理人员说"你们辛苦了"的时候,他们几乎立即就释怀了。更令他们感动的是,日本管理人员与他们穿的是一样的制服,并且在他们面前没有一点领导的架子,他们经常到生产线上与员工们同甘共苦。在这种平等的对待下,员工们迸发出与之前的低迷完全不同的劲头,一时间工厂内干劲十足。在大家的共同努力下,工厂的经营状况逐渐有了好转。在这期间,稻盛和夫本人也经常到工厂中与员工同乐,甚至带比萨饼过去与他们一同分享。在工厂经营状况好转后,稻盛和夫拿出每月销售额的 20% 作为奖金发放给员工,并且给予了员工充分的肯定。后来,这家工厂成为京都制陶公司在美国的桥头堡。

1974 年底,石油危机以迅雷不及掩耳之势席卷全球,日本方面也受到了巨大影响,经济第一次出现负增长。京都制陶当年的利润减少了 50.36 亿元。纯利润下降了 11.31 亿元,损失巨大,企业压力也很大。在这种大环境下,很多企业都选择了裁员,但是稻盛和夫没有这么做,当时他对员工做出了这样的承诺:即使京都制陶遇到更多的困难,也绝不会停工,绝不裁员。正是因为有稻盛和夫的这句承诺,京都制陶才能在之后迅速恢复元气。

从京都制陶到之后的 KDDI 公司,稻盛和夫始终不渝地坚持着为全体员工谋求物质和精神两方面财富的原则,这也就是为什么这两家公司都能成为世界 500 强企业的重要原因。

无论是政治方面的领导人还是经济方面的领导人,都必须重视"民"力的重要性。"水能载舟,亦能覆舟"这句话已经被太多的事实证明了,所以说,如果想要获得成功,就必须作好爱"民"措施。

【解读】

从古到今,"得人心者得天下"的道理已经被朝代的更迭充分证明了。历来能够开国或者将国家推向巅峰的君主,都是勤政爱民的。将百姓的事情放在第一位,方能得到百姓的拥戴,进而成就霸业。而反观那些亡国之君,大都残暴无道,置百姓于水深火热之中。"爱民"二字,说起来简单,做起来难。

识人第八：慧眼识英雄

【原文】

无兵不足深虑，无饷不足痛哭，独举目斯世，求一攘利不先、赴义恐后、忠愤耿耿者，不可亟得；或仅得之，而由屈居卑下，往往抑郁不伸，以挫、以去、以死。而贪饕出缩者，果骧首而上腾，而富贵、而名誉、而老健不死，此其可为浩叹者也。

人才至难，往时在余幕府者，余亦平等相看，不胜钦敬。泊今思之，何可多得。弟宜以求才为急，其阘冗者虽至亲密友不宜久留，恐贤者不愿共事一方也。

虽有良药，苟不当于病，不逮下品；虽有贤才，苟不适于用，不逮庸流。梁丽可以冲城，而不可以窒穴。犛牛不可以逮鼠，骐骥不可以守闾。千金之剑，以之析薪，则不如斧。三代之鼎，以之垦田，则不如耜。

【译文】

没有兵士不必深深忧虑，没有军饷不必痛哭流涕，唯独放眼当今之世，想找一位推拒名利唯恐不先、见义勇为又唯恐落后的忠勇耿直之士，却不可能马上得到。或许就是得到了，而又屈居于低贱的地位，往往被压抑不得施展，或受挫折，或被撵走，或抑郁而死。而贪婪且遇事退缩者，又都昂着头使劲向上爬，于是富贵、名誉都有了，且都个个健康，老而不死，这真让人感慨万千啊！

要得到一个人才，很难。过去在我幕府中的人，我都平等对待，很是钦佩和敬仰他们。如今想来，人才真是难以多得啊！弟弟你常以求才为急务，那么那些无能的多余人员，即使是至亲密友，也不宜久留，他们留在那里，恐怕贤人不愿与之共事。

良药如果与病症不对，还不如次等药物；贤才如果使用不当，还不如庸碌之辈。精美粗大的木材可以做城门上的栋梁，但不可堵洞穴；犛牛不可以捕鼠，骐骥不可以守家门。价值千金的宝剑砍柴，还不如斧头；古时流传下来的鼎，用它来耕田，还不如耜。

【事典】

据说有一次，李鸿章带着三个人去见曾国藩，恰巧这时曾国藩出门去了，于是李鸿章便带着这三个人在会客厅等候。曾国藩回来后只是仔细地看了看那三个人。一句话没说就离开了。李鸿章追上去询问他对这三个人的看法,曾国藩很肯定地说:"最左边的人可以用,但不能大用;中间的人要用,而且要大用;最右边的那个人千万不要用。"李鸿章对此十分不解:曾国藩是根据什么来做出这样肯定的判断的呢?曾国藩见李鸿章一副十分不理解的样子,便耐心地做了解释:"最左边这个人,我看他一眼,他也看我一眼,我再看他一眼。他就垂下了眼皮,不敢再与我对视了。这说明他心地比较善良,但是气魄不够宏大,所以可用,但是不能大用。右边的人,在我看他的时候,他不敢看我,我不看他的时候,他又偷偷摸摸地看我。这说明他怕我看穿他,很明显这个人心术不正,所以万万不可用。然而,中间的这个人就跟他俩不同,我看他一眼,他也看我一眼,我上上下下扫他一眼,他又堂堂正正地打量了我一番。这说明此人心胸坦荡,气魄宽广,可用,而且可以大用。"这时,李鸿章恍然大悟,在佩服曾国藩之余,也按照他的判断对那三个人做了安排。如今,那三人中的左右两人已无从考证,而这中间之人确实做出了一番成绩,他就是被李鸿章重用,并成为晚清淮军著名将领、台湾第一巡抚的刘铭传。

早在曾国藩编写《挺经》之前,人们就已经认识到了识人的重要性。亲贤臣、远小人的君主都成为历史上的明君;而亲小人、远贤臣的君主则都成为历史的罪人,这就体现出识人的重要性。"成也萧何,败也萧何"的成语,相信很多人都听过,萧何就是个识人的高手。

秦朝灭亡后,项羽称霸,他自称西楚霸王,并分封有功的各路诸侯。在封赏的十八个诸侯中,项羽最忌讳的就是刘邦,所以他把刘邦封在偏远的巴蜀和汉中,称为汉王。那时刘邦兵力弱小,虽然不满,但是也不敢公然反抗项羽的决定,便带着自己的将士来到了封国的都城南郑。到达南郑后,刘邦拜萧何为丞相,希望可以在此地养精蓄锐,再战项羽。然而,兵士们大都不是这么想的。兵士们都不愿意背井离乡,所以几乎每天都有人开小差逃走,刘邦为此苦恼不已。

这天,突然有兵士来报告说:"大事不好,丞相逃走了。"刘邦急坏了,就像是突然被人砍掉了左右手一样,连饭也吃不下了。谁料想第三天早晨,萧何竟然又回来了。当刘邦质问他为何要逃走时,他解释道:"我不是逃走,而是去追一个逃走的人了。"每天都有兵士逃走,但是萧何单单去把这个兵士追回来了,为什么?这个人便是韩信,萧何知道他是个大将之才,所以才将他追了回来。在投奔刘邦之前,韩信曾为项羽效力,但是由于项羽对他的建议总是不理睬,于是他便转投刘邦。谁曾想,刘邦也只是封他做个管粮食的小官,他的一腔抱负无法施展,所以决定逃走。其实早在逃走事件发生前,萧何就屡次劝刘邦重用韩信,但是刘邦并没有重视这件事。萧何把韩信追回来后。对刘邦说:"一般的将军有的是,像韩信那样的人才,简直是举世无双。大王要是准备在汉中待一辈子,那就用不到韩信;要是准备打天下,就非用他不可。"刘邦见萧何如此力荐韩信,便断定韩信必定有超出常人的才能,所以当即决定挑个好日子,拜韩信为大将军。在这之后,韩信指挥将士,操练兵马,在条件成熟时东征项羽,帮助刘邦夺得了天下。

萧何与韩信的关系就像是伯乐和千里马一样,如果萧何没有认识到韩信的才能,那么中国历史上可能就没有韩信这个大将,甚至不会有汉高祖这个皇帝。

同样的,春秋时期晋国的谋士胥臣也是一个善于识人的人。他凭着自己在识人方面的才能,帮助晋襄公认识到自己见识肤浅,以更为客观、全面的标准提拔了许多优秀的人才。

胥臣,别称司空季子,是春秋时期晋国的政治家、教育家,晋国名将。当年晋公子重耳流亡居守蒲邑时,胥臣一直追随左右。后来,晋文公称霸诸侯,论功行赏,胥臣被封于一个叫臼的采邑,故胥臣又被人们称为臼季。

据说有一次,晋襄公要求胥臣向自己推荐国中的一些优秀人才。胥臣想了想,便向晋襄公推荐了自己熟知的郤缺,并说:"郤缺此人能文能武,十分有才华,将来必定是国家的栋梁啊!"晋襄公还在考虑,其他大臣却纷纷起来反对。一个大臣说:"陛下,万万不可听从胥臣的意见啊!这郤缺乃是罪臣郤芮的儿子,做父亲的犯了大罪,想必他的儿子也是不可靠的。如果让这样的人担任重要的职务,国家就危险了。"听大家都这么说。晋襄公犹豫起来。

胥臣将晋襄公的犹豫看在眼里,他知道大家之所以对自己推荐郤缺反应这么强烈,主要是因为郤缺的家世。于是他就说:"敢问各位,父亲有罪,儿子就一定要受到牵连,不能受到重用吗?难道父亲的罪过还会传给自己的儿子吗?想当年,大禹的父亲也是获罪在狱,舜帝只是惩罚了他的父亲,大禹根本没有受到牵连。更重要的是,舜帝知道大禹是个有作为的人,反而还重用了他,正因如此,才有了后来鲧禹治水的佳话啊!大禹难道不是一个很有才能的人吗?今天的郤缺也是如此,难道可以因自己的父亲有罪的缘故而使得自己的才华不能得以施展吗?陛下如果因此而不重用他,是埋没人才的错误举动啊!"

听胥臣这么一说,晋襄公就说出了自己担心的问题:"郤缺的父亲有罪,寡人惩治了他,郤缺一定会对此怀恨在心。寡人担心的是,如果任用郤缺的话,他会不会计较先前寡人对他父亲的惩罚而不愿意为国家效力呢?"

胥臣不紧不慢地回答道:"陛下不必为此担忧。郤缺的父亲被惩治,那是因为他犯了罪,罪有应得。郤缺是个明白事理的人,不可能因此而对陛下您怀恨在心,否则他也不是一个优秀的人才,我也不可能将他推荐给您了。更重要的是,倘若陛下您现在重用郤缺的话,就会表现出君王的宽宏大量和不拘一格的爱才风范。郤缺心中必定会对您深怀感激的。而这件事如果传到民间,人们就会想:君主连罪臣的儿子都能任用,他真是英明啊!这样一来,天下的贤士都会纷纷投靠您。陛下您千万不能对罪臣的儿子怀有偏见,这样只能遮挡您识别优秀人才的慧眼。再说了,您刚才担心郤缺会不愿意为国家效力,这也是没有什么根据的。想当年,管仲还曾经用箭射伤了齐桓公呢,原本管仲应该会被抓起来治罪的,但后来齐桓公也没有计较,因为他深知管仲是个优秀的人才,不能因为一己私利而错失良将。所以齐桓公不计前嫌地重用管仲,让他担任齐国的相国。最终,齐桓公在管仲的帮助下称霸诸侯。成就了伟业。所以，今天。陛下您也应当效仿当年齐桓公的做法啊！"

晋襄公听后，依然不以为然地说："管仲是个奇才，而郤缺也不过如此，怎么可以和管仲相提并论呢？这两件事情是不可以类比的，如此说来，我又怎么能像齐桓公那样呢？"

胥臣接着说道："管中窥豹，可见一斑。观察一小部分的斑纹，便可以知道整只豹子的大致情况，观察一小片叶子，便可以知道秋天是否已经到来，而观察一个人的外貌神色及其行为，便可以知道他的为人和才能大小。我便是这么观察郤缺的。这些天，我一直都在留意郤缺。从他的日常表现中知道他是个难得的人才。前些日子，我从鲁国回来，刚好在路上遇见郤缺和他的妻子一起在农田里锄草。于是我便停下来观察他们的一举一动。只见郤缺的妻子将饭碗高高地举在头顶上，十分温柔恭敬地请郤缺回屋吃饭。而郤缺也以同样恭敬温柔的态度对待自己的妻子。他们俩相敬如宾，相处得十分和睦。当然，类似的事情还有很多，从这些小事中，我便能全面地了解郤缺的为人。他的父亲虽然犯了罪，但他却能严格地遵循礼教。而且他饱读诗书，见识颇广，善于谋略，待人又十分客气，这样的人简直就是道德榜样啊！如果陛下能重用这样的人，就可以在全国百姓面前树立起标准的道德模范，百姓们见此也会纷纷效仿。如此一来，陛下便可以通过德行统治国家，百姓们讲究礼节和道德，便会少了许多纠纷和暴行，并且恭恭敬敬地接受您的统治，安安心心地成为您的子民。这样稳定和谐的国家必然能强盛啊！"

晋襄公和朝中的大臣们听了胥臣的这番话后恍然大悟，大家心悦诚服地点点头，纷纷夸赞胥臣的过人见解。晋襄公高兴地对胥臣说："这次多亏了胥臣你，让寡人走出了误区，否则，我就会因为世俗的偏见而丧失一位辅佐自己的优秀人才了啊！"于是，晋襄公听从胥臣的建议，立刻将郤缺召进宫中，任用他为下军大夫。

后来的事实证明胥臣果然没有看错人，郤缺的才华让晋襄公和朝中大臣都十分敬佩，他办事有方，为晋国的强盛做出了许多贡献。

达尔文小时候的神学成绩很不好，人们都认为他只是个智力远低于普通人的平庸者。在他就读的剑桥神学院中，很多人的成绩都要比他好，但是他的植物学教授汉罗唯独看好他。因为汉罗觉得达尔文有特殊的才能，所以他特别欣赏达尔文的观察力和独立思考的治学品质，并且力保他随"贝格尔"舰进行环球科学考察，从而使达尔文最终成为世界著名的科学家。

识人能力直到现在仍然十分重要，虽然现在有很多可以证明能力的东西，例如文凭等，但是也不尽然，文凭可以证明一个人在读书阶段所取得的成就，但并不代表这个人在其他方面也能做得很好，所以要判断一个人是否是适合自己使用的人才，还需有识人能力。成功的企业家可以清楚地认识到一个人的优点和缺点，从而把他安排到合适的岗位上。对一个企业来说，最能体现企业家识人能力的就是在接班人的挑选上。挑选接班人或培养接班人，是每个企业都要面临的重要问题。企业接班人是企业文化、经营理念等各种因素的继承和执行者，所以说，选对接班人对企业的发展来讲是极为关键的。如何辨别一个人是否适合成为接班人？如何考验一个人能否把企业推向更广阔的天空？如何确定一个人会否坚持企业的发展理念？这些都是企业家必须思考的问题。接班人的选择不但是企业家的重要职责，更是关乎企业战略以及企业生死存亡的大事，极其考验企业家的识人能力。

索尼公司的创始人盛田昭夫在选用接班人方面就做了个很好的示范。大贺典雄是盛田昭夫用六年时间请来的接班人，事实证明，盛田昭夫花费的六年时间是十分值得的，因为索尼公司在大贺典雄的带领下走上了另一个发展高峰。

在进入索尼公司工作之前，大贺典雄只是个搞音乐的。他毕业于东京国立艺术音乐大学，之后，便进入慕尼黑音乐学院深造，开始学习演唱。说到盛田昭夫与大贺典雄的相识，还要从索尼唱片公司发明的一种新式录音机说起。当时，那种新式录音机刚刚上市，索尼就收到了大贺典雄的批评信。在信中，大贺典雄毫不客气地指出："这种录音机对一个音乐家来说就是一件废物，录出来的声音明显失真，根本不适合音乐家用。人们要听到的是音乐家的真实声音，而不是走音！"看到这样直白的批评。盛田昭夫不但没有生气，反而觉得大贺典雄是个可用之才。

为了确定大贺典雄是否真的如自己所料是个有用之才，盛田昭夫特意邀请他一起去欧洲旅行。在旅行中，盛田昭夫诚恳地听取大贺典雄对索尼产品的意见。大贺典雄见盛田昭夫确实是诚心向自己请教，也就实话实说："公司到处都是工程师，这些工程师开创了公司，所以工程师们认为应该由他们来管理公司。其实不然，工程师能够开发出先进的产品，但不见得能够想到消费者的需求，在我看来，现在的索尼已经很陈旧，管理非常糟糕。"大贺典雄的这番话与盛田昭夫的想法不谋而合，他也认为，企业若想成功，就必须生产出满足消费者需求的产品。所以，在旅行途中。盛田昭夹就向大贺典雄提出了让他进入索尼管理层的请求，但是大贺典雄对企业管理并不感兴趣，当下就拒绝了。

在那之后，盛田昭夫并没有放弃说服大贺典雄。六年，整整六年时间，盛田昭夫一直都在试图说服大贺典雄进入索尼公司，直到他说服了大贺典雄的妻子。最后，在妻子的说服下，大贺典雄才答应进入索尼工作。喜出望外的盛田昭夫立即拨出两个部门让大贺典雄管理。盛田昭夫果然没有看错人，大贺典雄虽然之前并没有做过企业管理方面的工作，但是在同时领导这两个部门工作时，他显得得心应手。之后，在大贺典雄的带领下，索尼公司创出了辉煌的业绩。由此就可以看出盛田昭夫的眼光有多准了。

当然，盛田昭夫这种识人的能力不是与生俱来的，他之所以能够发现大贺典雄，是因为大贺典雄在言谈中表现出了他在企业管理方面有着正确的理念，所以说要拥有超乎常人的识人能力，就要从细微处观察。每个人的能力和气质都会在言谈举止中显露，只要能够仔细观察，认真分析，要想做到"一眼识英雄"就容易多了。

卡耐基这个美国的钢铁大王，在他所属的领域是比尔·盖茨式的人物。他在事业上大获成功，与他能够慧眼识人有着密切的关联。这一点充分体现在他对齐瓦勃的任用上。

出生在美国乡村的齐瓦勃，由于家庭贫困，只接受过时间不长的学校教育。为了维持生活，他还曾到一个山村做过一段时间的马车夫。然而，胸怀大志的齐瓦勃不甘于默默无闻地活下去，一直在为改变命运而努力着。

后来，他来到了钢铁大王卡耐基公司下属的一个建筑工地打工。不同于那些只抱怨工作辛苦、薪水低的同事，齐瓦勃一直默默地工作着，不断地积累着自己在工作经验和建筑方面的知识。为了突破自己所受教育的限制，每天在别人闲聊的休息时间，齐瓦勃就抓紧时间看书，提高自己的能力。

这一天，卡耐基正巧到工地上巡视，他看到许多人在闲聊，只有一个年轻人躲在一边看书。他走到这个年轻人身边，随手翻开他的笔记，看到上面密密麻麻地记满了看书的心得和相关的建筑学知识。他知道，这是一个勤奋的年轻人。一个能在别人闲聊时充实自己的人。一定能将自己的工作做好。卡耐基什么话也没说就离开了。

不久，卡耐基就将齐瓦勃提升为技师。齐瓦勃也没有让他失望，将技师的工作做得非常出色。

接下来，经过不断努力，齐瓦勃一步一步升到了总工程师的位置，并在 25 岁时成为这家建筑公司的经理。能取得这样的成就。对于仅接受过极少教育的年轻人来说，已经相当惊人了。但卡耐基知道，齐瓦勃的潜力还远远没有发挥出来。

齐瓦勃将这家建筑公司打理得相当好，他每天都要早早地来到建筑工地。后来，卡耐基的合伙人琼斯发现了齐瓦勃的这个特点，就问他为什么要那么早到公陶。齐瓦勃说是为了提前准备，以便在有突发事件时，自己能及时处理，不耽误事情。琼斯把这一切告诉了卡耐基，卡耐基更加坚信自己的眼光。

不久，琼斯因为一场事故丧生，卡耐基安排齐瓦勃接替了他的职位。几年后，卡耐基又让齐瓦勃做了钢铁公司的董事长。无论职位如何变动，齐瓦勃对工作始终充满了热情。也正是因为如此，他管理下的钢铁公司的业绩一年比一年好。大家都很佩服卡耐基的识人之明。

卡耐基能根据自己看到的齐瓦勃的表现，发现人才，这无疑是他的过人之处。同时，他能正确使用齐瓦勃，使齐瓦勃的才华充分发挥出来，更是他的过人之处。正如曾国藩所说："虽有良药，苟不当于病，不逮下品；虽有贤才，苟不适于用，不逮庸流。"

【解读】

古语说："世有伯乐，然后有千里马，千里马常有，而伯乐不常有。"这句话说的就是：世上并不是没有千里马，而是缺少伯乐。如果一个人想获得成功，就必须首先使自己成为一个"伯乐"，或者是找到一个"伯乐"赏识自己。人才是成功的第一要素，这一点不容置疑，所以要成功就必须学会识人。识人是一种能力，它不是天生的，而是通过后天的培养学习而形成的。

英才第九：不拘一格，贤才当适于用

【原文】

天下无现成之人才，亦无生知之卓识，大抵皆由勉强磨炼而出耳。《淮南子》曰："功可强成，名可强立。"董子曰："强勉学问，则闻渐博；强勉行道，则德曰进。"今世人皆思见于世，而乏才用之具。试能考信于载籍，问途于已经，苦思以求其通，躬行以试其效，勉之又勉，则识可渐通，才亦渐立。

盖天生之材，或相千万，要于成器以适世用而已。材之小者，视尤小则优矣；苟尤小者琢之成器，而小者不利于用，则君子取其尤小者焉。材之大者，视尤大者则绌矣；苟尤大者不利于用，而大者琢之成器，则君子取其大者焉。……故造之不力，则虽有瑰质，终亦无用。孟子曰："五谷不熟，不如荑稗。"诚哉斯言！

余与公之力所能勉者，引用一班正人，培养几个好官以为种子……倡成一时风气，藉以图报国者也。

【译文】

天下从来就没有现成的人才和生来就有才能的人，人才大多是顽强磨炼之后才产生的。《淮南子》中讲到："功绩靠顽强的奋斗而成，名望靠顽强的拼搏而立。"董仲舒说过："努力求学，见闻自然日见广博；努力修身，道德一定会日益进步。"现在的人们都想为社会所用，但又缺乏才干能力。只有靠仔细研读书籍，吸取前人留下的经验，苦苦思索以求弄懂，然后在实践中检验其效果，不断努力，这样一来，学识才可以渐渐通达，才能也会渐渐培养起来。

世上大大小小的人才很多，但要能适用于当今之世才行。小材，比较于更小的材为优。如果较小的才能经过培育、雕琢而成为有用的器材，而小材又不便于使用，那么君子会用较小的材。大材，比较于更大的材为劣。如果更大的材不便于使用，而大才能经过培育、雕琢而成为有用的器材，则君子会用大材。……因此对人培养不力，即使有好的材质，也终究会没有什么作为。孟子说："五谷不熟，不如稗草。"此话不错。

我与胡林翼所能尽力做的，就是引用一班正人，培养几个好官做种子……借以倡导正直向上的好风气，以图报效国家。

【事典】

在古代，考取功名时，读书人都会找一个引荐人，读书人要做的就是在这个引荐人心目中有个好的定位。官员的门生、幕僚等就是由这些想要被引荐的读书人组成的。古代几乎每一个官员府中都有几个门生，但是能够在青史上留名的门生却没有几个，这主要与门生的才能以及引荐人的胆识有关。选择引荐人时，一定要选择一个不拘一格用人才的人，才能让自己的才能发挥出来。毛遂之所以能够在青史上留名，就是因为平原君欣赏他的胆识，即使是在不确定他是否真有才能的情况下，仍然选择重用他，这才有了毛遂自荐这个著名的典故。

当时，秦国大军攻打赵国首都邯郸，虽然赵国士兵奋力抵抗，但仍然不敌秦军。赵孝成王命令平原君想办法向临近的楚国求救。平原君不仅是赵国的相国，还是赵王的叔叔，对此，他自然不能推辞。

经过一番思量后，平原君决定亲自去楚国，与楚王讨论联合抗秦的事情。既然是相国出使别国，自然要带上几个门客，平原君便打算带二十名文武双全的人跟他一起去楚国。虽然平原君门下号称有三千名门客，但真正要挑选出二十名文武双全的人并不容易。几轮挑选下来，只确定了十九个人，最后一个怎么也找不出来了。正在平原君为此事着急时，一直坐在末座上的毛遂站了起来，"相国，您看我能否成为第二十个人选？"

平原君上下打量了他一番，看他眼生得很，便问道："你叫什么名字？到我门下有多少日子了？"

毛遂的目光也不闪躲，直视着平原君回道："我叫毛遂，到您门下已经三年有余了。"

平原君一听这话，立即就不赞同地摇了摇头，说："有才能的人在世上活着，如同一把锥子放在口袋里，它的尖儿很快就冒出来了。可是你到我门下已经三年了，我还没有听说过你有什么才能，不行，不行。"

毛遂也不生气，平心静气地说道："这是因为直到今天您才看到我这把锥子。要是您早些把我这个锥子放进口袋里，它早就戳出来了，难道会只露个尖儿吗？"

被挑中的那十九名门客都对毛遂的这番话不以为然，认为他只是在说大话而已。但是平原君不这么认为，他觉得毛遂既然敢说出这样的豪言壮语，必然是有几分本事的，于是就决定让毛遂同他一起前去楚国。

到达楚国后，平原君去面见楚王，而他带来的这二十名门客就在台阶下等候。谁知平原君与楚王从早晨一直谈到正年仍然没有结果。这时门客们开始烦躁了，纷纷对毛遂说："你不是说自己很有本事吗？你怎么还不上去劝说？"毛遂也不说话，带着自己的宝剑就走上了台阶。

等到楚王能够看到他时，毛遂大声说道："合纵不合纵只是一两句话的事情，怎么从早晨谈到正午还没有个确切的结果？"

楚王见上来一个不认识的人，而且对方还出言不逊，便大声嚷道："你是谁？哪里轮得到你说话？还不下去！"

毛遂不但没有退后，反而握着宝剑向前走了一大步，说道："我是平原君的门客，我的主人尚未谴责我无理，你指责我算是什么意思？难道说你不把我的主人放在眼里吗？"

楚王见毛遂一脸凶相，且手握宝剑，再说他也没有瞧不起平原君的意思，便缓和了口气，说道："那么你对合纵有什么高见，说来听听。"

毛遂看了看平原君，平原君并没有什么表示，似乎也在等着他说下去，于是他便说道："楚国有土地五千多里，士兵一百多万，原来在诸侯国中也称霸一方。但是自从秦国兴起以后，楚国连吃败仗，最让人不能接受的是堂堂楚国国君居然也成了秦国的俘虏，而且还客死秦国。秦国国君不是什么了不起的人物，只不过带了几万人马就把楚国的国都夺了去，这难道不是楚国的奇耻大辱吗？这样的耻辱即使是身为邻国子民的我们也看不下去，难道身为楚国国君的你能咽得下这口气？说句实在话，今天我们来找你们商谈合纵的事宜，不仅是为了我们赵国的安危，也是为了让你们楚国雪耻，楚王怎么会不明白这个道理？"

毛遂的这番话刺中了楚王的心，既然是连一般老百姓，甚至邻国子民都难以忍受的耻辱，他身为堂堂的一国之君又怎么能忍得下？所以当即就同意了合纵的事情。毛遂趁机让楚王与平原君歃血为盟。之后，楚王派春申君、黄歇为领军大将，率领八万大军奔赴赵国，为赵国解除了危难。

如果平原君是个昏庸的人，在毛遂自荐时就会拒绝他，说不定就没有了之后的楚赵联盟，所以说平原君在这次事件中起到了很重要的作用。从毛遂的方面来讲，如果平原君不带他出使楚国，那么他很可能一生都没有这样的成就，也就谈不上留名青史了。

相对于平原君对毛遂的才能的后知后觉，唐太宗李世民则是一个善于合理利用人才的君王。正是由于他善于利用人才，使得不同性格的人才各尽所能，各施其才，创造了唐初"贞观之治"的盛世。

在用人方面，唐太宗坚信"能安天下者，唯有贤才"，他不但能十分深刻地了解每个人各自的性格和才能，还能尽量使他们扬长避短，互相配合。最大限度地发挥他们的才能，共同辅佐自己成就伟大的事业。

唐太宗曾在《帝范·审官》中说道："明主之任人，如巧匠之制木。直者以为辕，曲者以为轮，长者以为栋梁，短者以为拱角，无曲直长短，各有所施。明主之任人，亦由是也。智者取其谋，愚者取其力，勇者取其威，怯者取其慎，无智、愚、勇、怯，兼而用之。故良匠无弃材，明主无弃士。"其大致意思为：英明的君主任用人才，就好比巧手的工匠选用木材一般。平直的木材可以用来制作车辕，弯曲的木材可以用来制作车轮，长的木材可以制成房屋的柱梁，短的木材可以制成房屋的拱角，形状各异的木材有各自的用途。而英明的君主任用人才也是如此，要善于接纳智者的智谋、愚人的力气、勇士的威力、胆小者的谨慎,才能各异的人才各有各的用途,应该兼容并包且为己所用。因此优秀的工匠不会随意抛弃任何一块木材,而英明的君主也不会随意放弃任何一个人才。

唐太宗的这番话给后人的启示是:首先,善于识人的关键在于能对每一个下属有深入的了解。一个领导者必须学会通过观察下属的言行举止了解他的性格,再通过考查他们的办事效率和成效了解他们的综合素质。既要明了他们的长处,又要清楚他们的短处。其次,领导者要学会根据不同人的性格特点和优劣之处,安排其就任合适的岗位,以发挥他们最大的效能。

唐初,经历了隋末的兵荒马乱,经济萧条,政局混乱,百姓生活极其贫困。为了稳定政局,唐太宗大力提拔房玄龄和杜如晦二人辅佐自己。之所以选中此二人,是因为唐太宗知道,房玄龄总能提出一些有借鉴意义的想法,但是由于他的表达能力较差,所以会给人头绪繁多、没有条理的感觉。这样的话,他的许多好点子就会被人忽略。相对于房玄龄而言,杜如晦是一个不太有个人想法的人,但他办事条理性比较强,善于整理和分析,能把别人的观点统筹在一起,辩证分析,并最终得出绝妙的决策。如果此二人能搭配着工作,就能达到取长补短的效果。唐太宗便是基于这样的考虑任用了这二人,而这二人搭配得宜,史称"房谋杜断",对辅佐唐太宗创业起到了关键性的作用。

唐太宗从来都不嫌弃任何一个有缺陷的人才。在他眼里,只要这个人有独特的能力,就能为朝廷做出贡献,因而他从不要求一个人做事至善至美,也不苛求无可挑剔的完美全才。相反,他懂得因人制宜地安排朝廷大臣的职位,让他们担任与其优势相适应的职位。这样一来,大臣们不仅不必为苛求完美而十分紧张,因而能在自己所擅长的领域充分地发挥出绝佳的才智。唐太宗的这种用人方式,充分体现了"各取所长"的用人原则。在这一点上,唐太宗对魏征的任用可谓恰当至极。

魏征性格耿直,敢于犯颜直谏,很容易得罪他人,但如用为谏臣。则能时时为君主敲响警钟。唐太宗明白,敢于说真话的大臣才是好大臣,于是,他任用魏征为朝廷谏议大夫,专门负责给自己提意见和建议,以便自己了解在治理国家过程中需要改进的地方。

也许在旁观者看来,魏征这个谏议大夫的职位没什么用,因为谏议大夫的职位的重要与否要依君主的态度而定。殊不知,在唐太宗的眼里,这个职位无比重要。唐太宗深刻地认识到自己身为人主,站在高位,经常受到蒙蔽,不能发现自己身上存在的问题,所以谏议大夫就是自己的镜子。此后,正是因为魏征敢犯颜直谏,一生先后进谏两百多次,才使唐太宗常能居安思危,时时检省自己。魏征不断劝诫唐太宗学会以史为鉴,励精图治,任贤纳谏,本着"仁义之心"治理国家,这对"贞观之治"影响极深,成为历史上的佳话。魏征病逝后,唐太宗若失手足,号啕大哭,并悲痛地说:"人用铜做成镜子,可以整理自己的衣冠:拿历史作为镜子,可以知道朝代兴替的原因:拿他人作为镜子,可以知道自己的得失。现在,魏征已逝,朕损失了一面绝好的镜子啊！"

李靖在唐初的群臣中是一个文武双全的人物，可以算是朝廷当中较为全面的人才了。唐太宗发挥他能文能武的才干，让他兼任将帅、刑部尚书兼检校中书令。于是，李靖在外是驰骋沙场的大将军，在朝中则是掌管全国刑法和徒隶、勾覆、关禁的政令的文臣。这些职位使得李靖的智慧与勇猛得到充分发挥，为朝廷立下汗马功劳。

此外，长孙无忌善于谋略、孜孜不倦但优柔寡断，尉迟敬德智勇双全，李勣军才杰出，殷开山深谋远虑，高士廉才高八斗，萧瑀擅长行政，刘弘基勇猛善战，张亮外恭内诡，张公瑾谋划出奇，虞世南德行纯良，刘政会忠心不屈……凌烟阁的二十四位名臣，唐太宗对他们的特点都了若指掌，因而能让他们各尽其才。他们也在"贞观之治"这幅画卷上画上了自己浓墨重彩的一笔。

相对于人才的培养，能够识别人才，正确地使用人才更为重要。如果不能正确地使用人才，则不但会害了人才，也会害了自己。在这方面，三国时期的诸葛亮就曾因此而留下终生的遗憾。

公元228年，为了完成兴复汉室的统一大业，丞相诸葛亮审时度势，决定再次挥师北上，讨伐曹魏。于是，一个诸葛亮平时颇为赏识的人便进入了历史画卷中，他就是马谡。

马谡，字幼常，蜀汉侍中马良之弟。他曾跟随刘备多时，担任过绵竹和成都的县令以及越太守。此人很有才华，尤其在军事方面见识过人，总能在众人面前滔滔不绝地谈论军事，令大家深深佩服。

马谡虽然很聪明，也颇有军事才华，但实际做事时却往往不尽如人意。颇具识人之明的刘备，曾在临去世前叮嘱诸葛亮："马谡言过其实，不可大用，君其察之！"但诸葛亮颇不以为然，他觉得，马谡还年轻，只要加以历练，应当可堪重任，如此智勇双全的人才，不用实在可惜。此后，诸葛亮对马谡用心栽培，任命他为参军，还经常与他商讨军事问题。马谡也的确能说能谋，总能提出一些好点子，因而越来越受到诸葛亮的器重。

诸葛亮确定北伐曹魏的事宜后，想到此战关系到蜀国的最终命运，于是决定自己亲自出祁山。当蜀军到达祁山中时，探子来报，说魏国的司马懿已经出关到达新城。诸葛亮想，既然司马懿已经到达新城，那么很快就会攻到街亭，倘若他占了街亭。就会掐断蜀军的咽喉要道，后果不堪设想。

于是，诸葛亮忧心忡忡，思考着如何布兵，派谁挡住司马懿的军队。这时，马谡来与诸葛亮商议军事。看到诸葛亮忧心忡忡的样子，他拍着胸脯表示自己可以担此重任。诸葛亮语重心长地对自信满满的马谡说："街亭虽然是个很小的地方，但却是我们作战的咽喉之处啊，关系重大。如果街亭有什么闪失的话，此次北伐将前功尽弃！"

马谡表示自己深知责任重大，所以甘愿立下军令状，如果街亭失守的话，自愿受罚。诸葛亮鉴于马谡平时的表现,加上他本人也极力争取,于是就同意了。但其他人极力反对,大家都觉得任用作战经验丰富的老将吴壹和魏延更合适。只有他们、才能担当得起守街亭这样关乎全军生死命运的重任。马谡虽然有军事才能,但过于轻浮,容易犯错。不管众人如何努力劝谏,诸葛亮都没有改变主意,仍然坚持任命马谡担任守街亭的主将。

就这样,马谡在立下军令状后,整顿军队准备出发。临行之前,诸葛亮还是有点不太放心,决定派大将王平做马谡的助手,并反复叮嘱马谡:"事关重大,不要鲁莽行事。你要在靠近山和水的地方安营扎寨,要坚守城池,稳扎营垒,谨慎地观察周围,不得有误。"马谡点点头,带领两万五千精兵奔赴街亭而去。

但让诸葛亮没想到的是,马谡到达街亭后,考察了一番地形,就决定把营寨扎在街亭山上,认为这样方便埋伏军队。王平提醒他不要忘了临出发之前诸葛丞相的叮嘱,要坚守城池,不要在城外扎寨。因为街亭一来没有水源,二来没有囤积的粮食,如果魏军把街亭围得水泄不通的话,就一定会锄断己方军队的水源和粮食运来的渠道,那么己方军队便会不战自溃。马谡相当自负,认为自己从小熟读兵书,富有军事才能,瞧不起王平,坚持要在山上安营扎寨。他还自以为是地设想着:"我们在山上扎寨,便可以居高临下,所有军情一览皆知,敌军到时,我们便从山上冲下去。这是置之死地而后生的妙法,是我们打仗胜利的秘诀啊!"最后,马谡被王平劝急了,就说:"丞相大人委任我为主将,这说明整个军队由我指挥。如果这次失败了,那我愿意接受惩罚,所有责任由我一个人承担,绝不连累你。"王平再次阻拦道:"我这是对大将军您负责,对丞相负责,对皇上负责,对先帝负责,对蜀汉的百姓们负责啊!还是恳请大将军三思而行,依照丞相之言,找个依山傍水的地方扎寨吧!"马谡仍然固执不听。无奈之下,王平只好请求马谡给他一小支队伍,他带着这一小支队伍在山脚下临近城池的地方驻扎下来。

魏国名将张郃率军进逼街亭,得知马谡将部队驻扎在街亭山上,而且选择的是一个没有水源的地方后,大喜,立刻通知部将带兵在街亭山山脚下扎寨,切断水源。掐断粮道,将马谡率领的蜀军围困在山上。同时,他还命人在山脚下放火烧山,然后静观其变。马谡刚开始好几次命令士兵冲下山去,但是无奈张郃固守在山脚下,根本没法攻破,反而损失了许多精兵良将。随着时间的推移,盛气十足的马谡开始变得焦虑起来。蜀军一片混乱,将士们又渴又饿,军心涣散,士气几近丧失。张郃一看时机已到,就下令向山上进攻,结果蜀军大败。一意孤行的马谡最终狼狈而逃。街亭失守。

驻扎在山脚下的王平,得知张郃已经攻上山,街亭失守,马谡狼狈逃跑之后,临危不惧,命令士兵拼命打鼓,做出要进攻的阵势。张郃怀疑有埋伏,不敢轻易逼近。于是王平不慌不忙地率军撤退,士兵没有任何伤亡。

街亭失守后,战局骤变,蜀军再也没有挽回的余地,只好撤回军队。这就意味着诸葛亮的这次北伐失败了。此时,诸葛亮才意识到自己做错了,不由得老泪纵横,大叹道:"用马谡,错矣!"由于马谡之前曾立下军令状,诸葛亮为严肃军纪,不得不将马谡革职入狱,准备次日将其斩首示众。临刑前,马谡上书诸葛亮:"丞相您待我就像亲生儿子一样,我对丞相也正如对待自己的父亲一般敬重。这次我鲁莽轻敌,导致街亭失守,军中有令,违令者斩。丞相您将我斩首吧,这样便可以告诫后世之人。我罪有应得,死不足惜,只是担心家中的亲人,恳请丞相以后能替我照顾我的一家老少,这样我就死而无憾了。"诸葛亮看后,更加悲痛,内心也是悔恨万分。于情,诸葛亮不想斩马谡,因为马谡是自己器重信任的将军,斩了他,无异于自砍手足;于理,马谡该死,因为他不听劝

张郃

阻,一意孤行,导致街亭失守,以致北伐大业功亏一篑,不斩不足以服众,不足以严明军纪。最终,诸葛亮还是决定斩了马谡。

马谡被斩首后,诸葛亮对外公示:"主将马谡违背军规,现当众斩首;副将王平临危不惧,化险为夷,予以奖赏,升职为讨寇将军。"而且,诸葛亮自己也勇于承担责任,他表示由于自己用人不当,才导致街亭失守,所以自贬三等,从一品丞相贬为三品右将军。

这就是失街亭孔明挥泪斩马谡的故事。

分析诸葛亮在处理整个事件中的表现,我们不能不说他是一位能坚持原则、严于律己的政治家。回头看街亭失守的经过,马谡错在不听王平的劝告,不遵从诸葛亮的教导,但诸葛亮的责任似乎更大。他错在不识人,把人才放在了错误的位置上,因而不但损兵折将,也让自己的事业受挫。试想,如果诸葛亮能在开始时接受大家的意见,派老将魏延或吴壹驻守街亭,不但街亭不会失守,马谡也不会丧命。这就是不识人的害处啊!

在古代,英才很容易就能发现,因为有才能的人会自动找上门来,成为官员的门生,但是现在就不同了。虽然文凭可以证明一个人所受的教育程度,但并不能证明他的能力,所以也就无法据此判断一个人的能力。在企业都高喊"人才是第一战略资源"的今天,一旦发现人才,企业间就会竞相聘请,那么怎样才能保证自己的企业拥有大批人才呢?最基本的做法便是人才资源开发。人才资源开发是其他一切资源开发的决定性因素。正如曾国藩所说:"天下无现成之人才,亦无生知之卓识,大抵皆由勉强磨炼而出耳。"人经过学习、锻炼可以成为专才。通用电气的CEO杰克·韦尔奇曾经把通用公司称为"生产人的工厂",他曾在自己的传记中写过这样

两句话："我尤为注重把人作为通用的核心竞争力，在这一点上我倾注了比其他任何事物都多的热情。""我们造就了不起的人，然后，由他们造就了不起酌产品和服务。"

韦尔奇将通用的人才分为 A、B、C 三级，他曾在公开场合说："我们的管理层一定要保持在 A 级，要讲究团队精神，要服从公司的价值观。同时坚决要求辞退 C 级领导人，去掉那些没有融入我们通用电气的价值观中的、没有什么正事干的经理。至于 B 级领导人，我想让他们保持价值，并继续进步。"韦尔奇认为，他们不必花费很多力气去让 C 级员工变为 B 级员工，因为那只是浪费时间而已。但是 B 级员工变为 A 级员工就不同了，有一定的意义和价值。为此韦尔奇特别强调公司内部的培训工作。在担任通用 CEO 期间，他经常亲自到员工培训现场去，一个月平均要去 12~15 次，每次去基本都要待上 5~6 个小时。在培训现场时，韦尔奇不关心培训中心课程设计等琐碎问题，他觉得这些不是他应该关心的事情。他只是用这段时间接触中层领导，并把集团高层的最新决策及时传达给他们，征求他们的意见，然后采取不记名的调查方式问一些问题。这样一来，在中层领导进一步认识公司的同时，韦尔奇也能深入了解他们，进而决定提拔谁。

在韦尔奇关于人才的理念中，他认为挑选人才并没有特别理想的办法，但是可以通过制订措施，帮助企业找到正确的、合适的员工。韦尔奇说："把 C 级员工放到 B 级或 C 级公司里，他们能干得不错。在今年的 C 级会议上，我们不仅将检阅 A 级领导人，而且要评价一下 C 级员工的不胜任。我们是超一流的公司，只想要 A 级员工。我们能得到任何我们想要的人。"这段话肯定了 C 级员工的价值，同时也强调了这类员工不适合在通用这样的 A 级公司中发展。

当然通过学习、培训，或许 C 级员工也能成长为 B 级甚至 A 级员工，但残酷的是，通用公司没有那么多时间等待，所以让 C 级员工去 C 锻或 B 级公司发展就成为最合适的做法。这告诉现代企业家一个道理，那就是所谓英才，就是适合自己企业发展的人才。挑选适合企业发展的人，并且让这样的人才能够成长起来，成为企业的动力，是企业高层领导最重要的任务之一。

在选用人才时，不必要求他在方方面面都做得最好，只要满足自己的需求即可。要知道，所谓的全才并不多，大多数人只是专才，选用自己所需要的专才，并将其放在合适的位置上，专才就是英才。"盖天生之材，或相千万，要于成器以适世用而已"说的就是这个道理。

【解读】

我们常说："是金子总会发光的。"只要自己有才能，就不怕没有出头之日。但是，如果金子埋在了土中，光芒就会被掩盖；人才放错了位置，就只能被当作垃圾。每个人生活在社会中，都不可避免地要接受别人的评判，每个人的成长都需要这样那样的帮助。也就是说，每个人的发展都离不开其他人，所以每个人都不可能与社会脱节。那么,为了更好地发展,怎样对待其他人,怎样确立自己在别人心目中的定位,就成为一个大问题。在解决这个大问题之前,人才还需面临的一个问题便是:自己要在谁的心目中有个好的定位。选择这个人需要十分谨慎。因为只有懂得欣赏人才、安排人才的人,才能给自己一个很好的定位,反之,自己就可能成为错误位置上的垃圾。

驭下第十：推心置腹，将心比心

【原文】

大抵与兵勇及百姓交际，只要此心真实爱之，即可见谅于下。余之所以颇得民心勇心者，此也。

待下之法，有应宽者二，有应严者二。应宽者：一则银钱慷慨大方，绝不计较，当充裕时，则数十百掷如粪土，当穷窘时，则解囊分润，自甘困苦；一则不与争功，遇有胜仗，以全功归之，遇有保案，以优奖笼之。应严者：一则礼文疏淡，往还宜稀，书牍宜简，话不可多，情不可密；一则剖明是非，凡渠部弁勇有与官姓争讼，而适在吾辈辖境，及来诉苦者，必当剖决曲直，毫不假借，请其严加惩治。应宽者，利也、名也；应严者，礼也、义也。四者兼全，而手下又有强兵，则无不可相处之悍将也。

【译文】

一般来说，与士兵以及百姓交往，只要你是真心爱他们，就一定能得到他们的、谅解。我之所以能得民心军心，就是这个原因。

对待下属，有两方面应该宽，两方面应该严。应宽的方面：一是在银钱供给方面一定要慷慨大方，绝不吝惜。手头宽裕的时候，数十百万的金钱，掷之如粪土；银钱吃紧的时候，也要解囊分用，宁愿自己苦一点。二是不与下属争功。打了胜仗，将功劳全部归于他们，遇有保举的事，就用最好的奖励来笼络他们。应严的方面：一是往来、书信要疏淡，来往次数要少，文字要简洁，话不要多，情感不可太深。二是要剖析讲明是非曲直，凡是部下将士与地方官民发生争执引起诉讼，正好在我们管辖范围内，又有来告状的。一定要弄清事情的原委，毫不袒护，该惩治的就要严加惩治。总之，应放宽的是名与利，应严格的是礼法和道义。四者都兼顾了，手下又有强兵，就没有不可相处的悍将了。

【事典】

我国历史上著名的皇帝唐太宗曾经问善于评论别人的王珪："据说你善于鉴别人才，而且也善于评论人才的优劣。今天不妨从房玄龄他们开始，对朝中大臣一一做个评论，说说他们的长处与不足。"王珪说："一心为国家大事操劳，认真办公，不知道疲倦，这一点我比不过房玄龄。常常向皇上直言进谏。觉得您的能力如果比不上尧舜就会很没面子,这一点,我不能和魏征比。既能在外面打仗,又能在朝廷中任职,可以说是文武双全,这一点,我无法与李靖相比。向皇上详细明了地报告国家公务,向下属宣布您的命令,或者向您汇报下属官员的提议,坚持公平公正。这一点我没法跟温彦博相比。做事井井有条,解决疑难问题,处理繁重的事务,这一点我比不上戴胄。至于清正廉明,打击贪官污吏,疾恶如仇,好善喜乐,这些方面在我来说,算是一技之长。"王珪的这番评价十分中肯。事实上,唐太宗正是因为有了这些忠心、勤恳的下属,才有了历史上的"贞观之治"。从侧面看,如果唐太宗不懂得驭下,人才又怎么会聚集在他周围呢?

从古至今,凡是能够取得一番成就的都是懂得驭下的人,那么究竟怎样才算懂得驭下?归根结底,驭下不过是恩威并施。西汉王朝的开国皇帝、汉高祖刘邦年轻时游手好闲,直到三十多岁才当上泗水亭长这个小官,当时所有的人都不认为他会有前途。陈胜、吴广起义后,他与曹参、萧何等人杀死沛县县令,聚众起义。他们先是投靠了项梁、项羽起义军,起义大军推翻秦朝统治后,刘邦的手里有了一些兵马,又开始与项羽争夺天下。刘、项二人进行了长达四年的楚汉战争,最终刘邦获胜,建立了西汉王朝。刘邦这样一个默默无闻的小官最终成为开国皇帝,主要就是得益于他的驭人能力。

从整体上来看,刘邦的驭人手段主要是依据所处形势。当因为力量薄弱,屈居南郑时,他不惜放下自己汉王的架子,亲自主持典礼,拜韩信为大将军。尽管当时韩信只是个管粮食的小官,他还是郑重地向全军宣布:"凡我汉军将士,今后俱由大将军节制,如有藐视大将军,违令不从者,按军法处置,先斩后奏。"这给韩信留足了面子,也让全军将士开始对韩信敬佩起来。汉高祖四年,刘邦在成皋战斗中失利,急需把韩信、彭越等人的部队调来支援正面战场。然而这时韩信已经不再满足于大将军的位置。为了拉拢韩信,让他尽快派兵,刘邦特封韩信为齐王。成为异姓王爷,在当时可是莫大的荣誉。封王后,韩信立即出兵到正面战场作战。朝廷稳定后,刘邦为了巩固自己的地位,再加上韩信确实有居功自傲之嫌,就决定削弱韩信的权力,将他贬为淮阴侯;之后吕后将韩信秘密杀害,刘邦并没有表示异议,事实上这正合他的心思。韩信被杀害一事在朝野中起到了很大的震慑作用,对刘邦的驭下工作也有一定的帮助。

在进行驭下工作时,如果一味地以利相诱,很容易就会使下属得寸进尺;如果一味地以威相逼,那么很容易就会让下属产生反抗心理。所以说,要想做好驭下工作,还是要恩威并施。

所谓恩威并施,就是施恩惠和惩罚两种手段并用,以达到自己的目的。纵观历史,古今中外的政治家、统治者,大多善于使用这两种手段。他们遵循的原则是,你臣服于我,我就对你施以恩惠;反之,我就用武力和惩罚对待你。

上面我们提到的唐太宗李世民,就十分擅长运用这两种手段来处理君臣关系,会通过恩威并施、双管齐下的方法,达到令群臣为自己所用的目的。唐太宗对于凌烟阁二十四功臣之一的李靖的任用,就灵活使用了这两种方法。

李靖,字药师,雍州三原(今属陕西)人。他出身于官宦世家,祖父和父亲都是隋朝的重臣。由于受到家庭的熏陶,李靖从小就富有才略,可谓是文武全才。而且,李靖还是一个富有进取心的人,曾立下志向:"大丈夫若遇主逢时,必当立功立事,以取富贵。"李靖的才华得到其舅父韩擒虎的欣赏,这位隋朝名将每每与李靖谈论兵事,无不拍手称绝,并赞道"可与论孙、吴之术者。惟斯人矣"。为官后,李靖的才学更是得到公认。无论是官职卑微时,还是官职显赫时,他的才华都在隋朝公卿中闻名。吏部尚书牛弘称赞他有"王佐之才",隋朝大军事家、左仆射杨素曾预言他将来会官至左仆射。

从上述评价中,我们就可以看出李靖的才华和能力,也正是因为这样,李靖颇为心高气傲。

隋朝大业末年,各地农民起义风起云涌,李世民和其父太原留守李渊也在暗中招兵买马,准备伺机而动。李靖最早察觉到了李渊的动机,于是"自锁上变",赶往江都向隋炀帝告发。结果等他到达长安时,关中大乱,道路阻塞,他不得不滞留长安。李渊在太原起兵后,迅速占领长安,李靖被擒,将被处死。在临刑的时候,李靖想到自己满腹才华还未能施展,就要命丧此处,不由得向李渊高呼:"公起义兵,本为天下除暴乱,不欲就大事,而以私怨斩壮士乎!"

对李靖的才识,李渊和李世民父子早就有所耳闻。与父亲李渊对李靖的言谈举止的欣赏不同,李世民更欣赏李靖的才气和胆识。于是李世民为李靖求情,李靖最终被释放,并成为李世民的府中三卫之一。

李渊称帝后,李靖跟从被封为秦王的李世民东进,平定割据势力。在平定王世充所部的过程中,李靖以自己的赫赫战功获得升迁,被授任开府。

在随后的几年中,李靖在平定后梁萧铣政权的战役中,表现出色,深受唐高祖李渊的欣赏,"三军之任,一以委靖"。李靖成为实际上的三军统帅。之后,他更是表现出色,其才华和能力在一次一次平定唐初的各路反叛军的过程中表现出来,他也不断地得到封赏,官职不断提升。

贞观四年正月,李靖率领三千精锐骑兵征讨东突厥,他使用离间计,终破定襄城。唐太宗感其军功,封其为代国公,赏赐他很多财物。随后,李靖率部追击颉利可汗到阴山,并将其部彻底击溃。

此事之后,御史大夫萧瑀弹劾李靖治军无方,以致在袭破颉利可汗牙帐时,一些珍宝文物被兵士抢掠一空,请求相关机构予以审查。在李靖入见时,唐太宗对其严加责备,并说:"隋朝时史万岁打败达头可汗,而隋文帝却有功不赏,反而因其他小罪将其斩首。朕不这样处理,记录下你的功劳,赦免你的过错。"在责备之后,唐太宗以李靖功高为由,加授李靖左光禄大夫一职,赐绢一千匹,加实封户,加上以前的赏赐。他拥有的食邑已达到五百户。

事后,唐太宗得知李靖是被诬告的,就对李靖说:"以前有人说你的坏话,朕轻信后责备于你,现今朕已醒悟,你不必放在心上。"又赏赐李靖绢两千匹,并将他由兵部尚书晋升为右仆射,以示安慰。

正是通过这种恩威并施的手段,唐太宗李世民将李靖收于麾下,使其心甘情愿地为自己效力。贞观八年(634)十二月,本已因足疾辞任的李靖,在得知吐谷浑进犯边境的消息后。在年逾花甲之年率军出征,协同其他各部,痛击吐谷浑。并获得胜利。

此时,多年前的一幕再次重演。在进击吐谷浑时,任盐泽道总管的利州刺史高甑生未能按期将后备物资送到,贻误了军机,受到李靖的责备,于是心怀不满,串通广州都督府长史唐奉义诬告李靖谋反。唐太宗下令调查此事,弄清了事实真相,判定高甑生诬告,并将其流放边疆。

不仅古代的君王明白驭下之术,深谙用人之道,现代许多杰出的管理者也深谙此理,并在工作中加以实践。日本企业家盛田昭夫就是这样的一位管理者。

众所周知,索尼公司是日本著名的电子产品生产公司,起家的产品就是电子产品。随身听就是其中之一。有一次,一批销往东南亚的随身听出现了问题,总公司不断接到来自东南亚的投诉。于是,以盛田昭夫为首的公司管理层特派相关人员对此事进行了调查。

结果调查显示,是这批随身听的包装出了问题。虽然及时更换了包装,问题很快得到解决,但盛田昭夫觉得此事不能就这样作罢。

几天后,公司召开董事会议。生产那批问题随身听的工厂的厂长被叫到会上,盛田昭夫要求他将此事的经过加以陈述。在会上,盛田昭夫严厉批评了这个厂长,同时要求大家以他为戒。当时这位厂长觉得相当难堪,因为这是当着公司全体董事的面进行的批评,而他是在公司工作了几十年的老员工。在羞愤之余,厂长失声痛哭。对盛田昭夫的这种做法,其他董事也深觉不妥,觉得他太不顾及别人的感受了。

会后,受到批评的厂长情绪低落,觉得没有办法在公司再干下去了,决定提前退休。这时,盛田昭夫的秘书来找他一起喝酒。在对方的盛情邀请之下,两人来到一家酒吧!秘书告诉他,自己是受董事长盛田昭夫委托来请他喝酒的,董事长没有忘记他为公司所做的贡献,之所以那么毫不留情地批评他,是出于管理的需要,实在是无奈之举。听完这番话,这位厂长的心情好了许多。

回家的路上,这位厂长想着虽然董事长这么说了,但自己还是没什么脸面再去上班。没想到,他一进家门,妻子就迎上来对他表示祝贺,并说他是受公司重视的人。厂长很奇怪,担心是妻子知道了发生在董事会上的事,在讽刺自己。他正想发火,妻子拿出一束鲜花和一张贺卡,告诉他今天是他们结婚二十周年的纪念日。原来,索尼公司有一个惯例,就是每逢职员的生日、结婚纪念日,公司都会为员工准备一些鲜花礼品。只不过,送给这位厂长的鲜花有些特别,是盛田昭夫特意订购的,同时,盛田昭夫还附上了自己亲手写的一张贺卡,勉励这位厂长继续为公司竭尽全力。厂长在感动之余,为自己的管理工作没做好,给公司造成了麻烦深感愧疚,决心一定要尽心为公司工作。

盛田昭夫真是恩威并施的能手。在问题发生时,他能从公司的利益出发,秉公执行,对这位厂长严加处理。但他也意识到,这位厂长是老员工,在生产经营方面成绩显著。因此,他在对其进行严厉处罚后,及时让人请他喝酒,并给他送鲜花,既表达了自己的歉意,又给这位厂长以信心和信任。

"经营之神"松下幸之助认为,经营者对于部下,应是慈母的手紧握钟馗的利剑,平日里关怀备至,犯错误时严加惩戒,恩威并施,宽严相济。如此才能成功统驭。

仔细研读在历史上留名的人物的事迹,你就会发现,无论是流芳百世的人,还是遗臭万年的人,他们都有着超乎常人的驭下能力。你永远需要记住的一点是:个人的力量在任何时候都比不上团体的力量,而想要让团队力量往自己预想的方向发展,就必须采用恩威并施的手段,熟练地掌握驭下技巧。

【解读】

驭下,不仅需要手段,更需要智慧。只有懂得了驭下,才能和下属一起打天下;拙于驭下,终将一事无成。试想,如果没有忠实的部下,单靠匹夫之力如何能闯天下?

纳言第十一：虚心听取建议，方可成大事

【原文】

非十分虚心，人决不肯轻说一字。四月十一日弟函，颇有拒谏之意，施之于兄，兄当如常规诲；施之于他人，则拒人千里矣，慎之慎之。

位高而资浅，貌贵温恭，心贵谦下。天下之事，吾辈所不深知不及料者多也，切勿存一自是之见，须在善理人才、多纳善言上下功。

古之君主有谏臣，吾有诤弟。余近来官高名显，时患无善言相规。若弟能随处谏兄，庶几可免于颠危！大凡居高位之位，无不因自是而败，无不因恶言而败。

【译文】

如果你不是十分虚心，别人决不肯轻易劝你一个字。看弟弟你四月十一日的来信，信中有拒谏的意思。你不听我的劝告，我还可以像平常那样规劝你；你不听别人的劝告，则会拒人于千里之外，务必要谨慎再谨慎。

地位高而资历浅的人，外表上贵在温顺恭敬，对人谦恭忍让。天底下的事情，我们了解不深、不能预料的太多，切莫存有自以为是的思想，应在努力识别培养人才、多采用好的意见上下功夫。

古代君主有进谏的大臣，我有敢于提意见的贤弟。我近来官大、名声大，常常为担心听不到规劝进谏而深深忧虑。如果弟弟你能随时随地地劝谏我，那么我也许可以免于颠困艰危。大凡身居高位的人，有谁不是败在自以为是、厌恶正直的进谏上呢？

【事典】

春秋时期的楚国名臣孙叔敖就是个善于纳言的官员。孙叔敖担任楚国令尹时，全国的官吏和百姓都前来祝贺，场面非常热闹。就在这一片欢欣的气氛中，突然出现了一个身穿麻衣、头戴丧帽的老人。众人见到这个老人十分不悦，因为这样的大喜日子，出现一个这种打扮的人实在是太触霉头了。但是孙叔敖并没有生气，而是和气地接待了这位老人。他将这位老人让进屋内，态度谦恭地问道："我才能低微，楚王对此不了解。让我担任令尹这样的高官。人们都来祝贺，只有您来吊丧，请问您是不是有什么话要指教？"老人毫不客气地回答道："我确实是有话要

说。做了高官，态度骄横暴虐，百姓就不会拥护他；官做大了，大权集于一身，国君就会讨厌他；俸禄优厚，却不满足，还想着敛财，就可能招致祸患。"孙叔敖是何等聪明的人。一听老人这话。就知道老人是在警示自己。便感激地向老人拜了两拜，说："我诚恳地接受您的指教，也想听听您其他的意见。还望告知。"老人说："地位越高，态度就该越谦虚；官做得越大。处事就更要小心谨慎；俸禄已经很多，就应该满足，不再额外索取。如果你严格恪守这三条，就一定可以把楚国治理好。"孙叔敖认真地听老人说完，虚心地接受了老人的意见。

孙叔敖不但没有责怪老人的不祥打扮，还虚心接受老人的指教，这样的度量真应了"宰相肚里能撑船"这句谚语。身为一个官员，如果连听取别人意见的度量都没有，那他必然会成为一个失败者。历史上，善于纳言的君主都是治国明君，战国时期的齐威王就是个很好的例子。

齐威王是一个很有才智的君主，但是刚即位时，他每日沉迷于酒色，不理国家大事、韩、魏、鲁、赵等国纷纷前来侵犯，出现了"诸侯并伐，国人不治"的局面。面对这种情况，齐国国内的爱国人士都心急如焚，但是惧于齐威王的权势，没有人敢出来劝谏。这时，一个名叫淳于髡的人站了出来。这个人口才很好，很会说话。这一天，淳于髡前来觐见齐威王，趁着齐威王高兴时，他对齐威王说道："大王，为臣有个谜语想请您猜一猜：我国有一只大鸟，在大王的宫廷里住了整整三年，但是它既不振翅飞翔，也不鸣叫，只是毫无目的地蜷伏着。大王您猜，这是一只什么鸟？"威王一听，就知道淳于髡是在讽刺自己，但是仔细想想，自己确实没有什么大的作为，淳于髡形容得没错。认识到这一点后，齐威王对淳于髡说："这只鸟看似不动，其实很厉害。它不飞则已，一飞就会直冲上天；它不鸣则已，一鸣就会惊动众人。"

此后，齐威王一反常态，不再整日沉迷于饮酒作乐，而是开始整顿朝纲。他重视人才，善于纳谏。当时身为平民的邹忌鼓琴求见，劝齐威王用贤臣、除奸臣、体恤百姓，齐威王都一一采纳。仅仅三个月，威王就任用邹忌为相国。

据说邹忌这个人身高八尺多，体形修长，容貌十分美丽。有一天早上，他穿好衣服，戴上帽子，对他妻子说："我跟城北的徐公（齐国公认的美男子）相比，谁更加漂亮？"邹忌的妻子毫不犹豫地回答道："当然是相公你漂亮了，徐公根本就比不上你。"邹忌觉得自己的容貌其实比不上徐公，就又去问自己的侍妾："你说，我跟徐公相比，谁更加漂亮？"侍妾说："相公，您比徐公漂亮多了。"得到两个人的肯定回答后，邹忌还是不相信自己比徐公漂亮。正好第二天有个客人来拜访邹忌，邹忌便用同样的问题问客人。客人同样毫不犹豫地说徐公比不上邹忌漂亮。不久，徐公来到邹忌府上拜访。邹忌一看到徐公，就自知自己没有他漂亮，到了镜子面前一照，更加觉得自己与徐公相去甚远。之后，邹忌细细思虑这件事，总结出了一个道理，于是便去见齐威王。

见到齐威王后，邹忌说道："我深知自己不如徐公漂亮，可是，我的妻子偏爱我，我的侍妾怕我，我的客人有事想求我，都说我比徐公漂亮。如今，齐国的国土方圆一千多里,城池也有一百二十座。王后、王妃和左右的侍从没有不偏爱大王的,朝廷上的臣子没有不害怕大王的,全国的人没有不想求得大王恩遇的,由此看来,您受的蒙蔽一定非常厉害。"齐威王觉得邹忌这番话十分有道理,便下了一道命令:"各级大小官员和老百姓能够当面指责我的过错的,得头等奖赏;书面规劝我的,得二等奖赏;能够在公共场合评论我的过错,进而让我听到的,得三等奖赏。"这个命令下达后,许多大臣都前来进言,一时间朝堂上下变得热闹非凡。过了几个月后,前来进言的人就寥寥无几了。一年后,即使有人想要来规劝齐威王,也没有什么可说的了。因为齐威王把应该改的地方都改了。其他国家听说这件事情后,纷纷到齐国朝拜。还把原先侵占的齐国土地归还给齐国。这就是人们所说的"在朝廷上征服了别国"。

正如曾国藩所说的"非十分虚心,人决不肯轻说一字"。如果齐威王没有下达那道命令,恐怕那些胆小的官员以及老百姓就不肯进谏了。如果齐威王没有听取淳于髡和邹忌的劝谏,那么齐国很可能就会葬送在他手中。这也就是说,正是"纳言"二字,使齐国在齐威王末年成为诸侯国中最强盛的国家。

纳言体现了孙叔敖的气度,纳言也使齐国兴盛,这足见其重要性。如果一个君主不能纳言,则可能危及国家的统治。在这方面,周厉王给了我们警示。

周厉王,姬姓,名胡,是周夷王的儿子,西周第十位国王。

周夷王去世后,周厉王即位。当时,西周王朝历经成康时期的天下安宁,"刑错四十余年不用",到夷王时,国力已经开始衰弱,四周各部落也不断侵扰周朝。周厉王即位后,原来臣属于周的噩国,看到周的国势衰微,乘机叛周,而且企图侵占周的疆土。为此,噩的国主联络南淮夷和东夷两个部落,共同出兵进攻周的东部域和南部国土,声势浩大,气势凶猛。这三支力量一直打到东都成周(今洛阳市东白马寺一带)附近,严重影响着京畿的安危。

为了保卫京都和周的社稷,周厉王先后调来宗周西六师的部队、殷八师的大军,分别从西、北两个方向向河洛地区聚集,对来犯之敌形成夹击之势,想一举歼灭噩国的军队。经过激烈的战斗,周厉王击败了噩侯,保卫了成周的安全。

继噩国和南淮夷、东夷的叛乱后,居住在今安徽北部淮河流域的淮夷,也发兵进攻周王朝。首次发兵取胜后,淮夷发动了更加凶猛的进攻,甚至进军到周的中心地带,打到洛水、伊水之间。周厉王亲临前线指挥,最终击退淮夷的进攻。

周厉王攻噩和平定淮夷的胜利,使周朝的军威大振,军力增强,西周王朝的国威也有所振作。此时,周厉王还是一个富有雄图大志的君王。

周厉王在消除外患后,竟开始对境内的百姓横征暴敛。他是一个贪婪暴戾的统治者,为了独占资源,他任用"好专利而不知大难"的荣夷公等人对山林川泽进行管理,使老百姓不能到那里采樵渔猎。他还剥夺了一些贵族的权力,将国家财富和资源垄断起来。他的这些举动引起了贵族和百姓的不满。此外,周厉王不断地向南征讨荆楚,与西比少数民族猃狁之间不断发生摩擦,使得边境纷乱,老百姓不能安居乐业。

就这样，周朝境内百姓的生活越来越艰难，人们怨声载道。此时，大夫芮良夫察觉到了周统治的危机，就规谏厉王，财物是天地自然拥有的，如果独占就会激起天怒人怨。这样下去，王室恐怕要衰微，周的统治不会长久。但是，周厉王不但不听劝谏，还让荣夷公做了卿士，掌管国事。

百姓对周厉王的暴虐无道再也无法忍耐了，举国上下怨声载道。大臣召公找机会劝谏周厉王，希望引起他的注意，对自己的统治政策加以调整。但周厉王不但不听，还找人监视那些议论自己的人，一旦发现有人议论自己，就将其杀死。结果，议论的人是少了，但诸侯不再来朝拜，百姓之间见面也不敢说话，只能互相以眼色示意。召公看到这种情况，就再次劝告周厉王，防民之口甚于防川。但周厉王还是不听。最终，忍无可忍的百姓起来造反，厉王逃到了彘。

试想，周厉王如果能在问题开始出现的时候，听从两位大臣的劝谏，及时改正，调整自己的政治政策，那么亡羊补牢，为时未晚。他最终落得狼狈的结局，正是不善于纳言的结果。

"纳言"二字不仅可以在古代封建社会中发挥作用，在现代社会中，它仍然有着不可估量的影响。世界上最大的影像产品及相关服务的生产和供应商柯达公司就是一个很典型的因为纳言而成功的例子。

柯达公司原名伊斯曼柯达公司（Eastman Kodak Company），是一家在纽约证券交易所挂牌的上市公司，目前业务已经遍布150多个国家和地区，全球员工多达8万人。该公司创始人乔治·伊斯曼自公司创立以来，就一直在思考如何将公司做大做强。乔治认为，员工们在一线工作，肯定对工作更加了解，一定可以提出更利于公司发展的建议。虽然说让员工参与到公司的经营中是一个很不错的主意，但一是应该怎样让员工主动为公司发展提建议是个难题。

1989年的一天，乔治收到一名普通员工写给他的建议书。这份建议书提的并不是什么了不起的建议，只是建议生产部门将玻璃窗擦干净，好让工人们有个良好的工作环境。这封看似不起眼的建议书给了乔治很好的灵感，他立即召开表彰大会，表扬了这名员工，并且发给这名员工一笔奖金，以此来鼓励他提建议的做法。在这次表彰大会之后，柯达公司的建议制度便应运而生了。如果你到柯达公司参观，就会发现走廊里有很多信箱，还有专门放置建议表的地方。每个员工都能随手取到建议表，当然也可以随手将建议表放到信箱中。每份建议表都能送到专职的"建议秘书"手中。这些"建议秘书"负责将建议及时送到有关部门审议，并尽快做出评鉴。建议者随时可以拨打电话询问自己所提建议的处理结果，看看建议是否已被采纳。

柯达的建议制度在降低产品成本、提高产品质量、改进制造方法和保障安全生产等方面都起到了很大的作用。这种员工提建议的制度，不仅能让公司更快、更好地发展起来，同时也能让管理层及时了解员工内心的想法，进而做出更为贴心的决策。到今天为止,柯达公司已经成立了 100 多年。像柯达这样的百年企业至今仍然保持很好的发展力是很不容易的,这种发展力与采纳员工建议的做法是分不开的。

自建议制度设立到现在,柯达公司员工提出的建议已经接近 200 万条,其中被采纳的超过 60 万条。柯达公司员工因为提出建议而得到的奖金,每年都至少有 150 万美元。1983 年、1984 年两年,柯达公司因为采纳合理建议而节约资金 1850 万美元,公司管理层便从中拿出了 370 万美元奖励了建议者。柯达公司能够发展到今天这个规模,很大程度上得益于员工的建议。由此可见,纳言是多么重要。

其实不仅仅在企业发展中,就是在人们的日常交往中,纳言也有着很重要的作用。试想,一个人如果丝毫不理会别人的建议,一味地我行我素,那么谁会和他做朋友? 善于纳言、虚心纳言,不仅可以使人取得更大的成就,同时也能创造更好的人生。

【解读】

纳言,在古代曾是一个官职,《孔传》曰:"纳言,喉舌之官,听下言纳于上,受上言宣于下,必以信。"由此可以看出纳言这一官职在政治统治中的地位及其重要性。作为一个成功的领导者,要做的不是"拒纳",而是"纳言",甚至还要善于"纳言",让下属有意见就可以说出来。俗话说"三个臭皮匠顶个诸葛亮",如果善于"纳言",那么领导者就可以利用远远超出他本人所拥有的智慧。

浑含第十二：谦下不争，为人务宽

然细思古人办事，掣肘之处，拂逆之端，世世有之。人人不免恶其拂逆，而必欲顺从，设法以诛锄异已者，权臣之行径也；听其指拂而动心忍性，委曲求全，圣贤之用心也。

【原文】

与官场交接，吾兄弟患在略识世态而又怀一肚皮不合时宜，既不能硬，又不能软，所以到处寡合。迪安妙在全不识世态，其腹中虽也怀些不合时宜，却一味浑含，永不发露。我兄弟则时时发露，终非载福之道。雪琴与我兄弟最相似，亦所寡合也。弟当以我为戒，一味浑厚，绝不发露。

日内因江西藩司有意掣肘，心为忿患。然细思古人办事，掣肘之处，拂逆之端，世世有之，人人不免。恶其拂逆，而必欲顺从，设法以诛锄异己者，权奸之行径也。听其拂逆。而动心忍性，委曲求全，且以无敌国外患而亡为虑者，圣贤之用心也。借人之拂逆，以磨砺我之德性，其庶几乎！

【译文】

在官场上与人交往，我们兄弟俩最大的不足之处就是：对世态有些了解，但是有一肚子不合时宜的脾性，既不能硬，也不能软，所以到处都不合群。李续宾妙就妙在全然不识世态，他肚子里虽也怀有一些不合时宜的态度，但他一味浑厚宽容，从不表露出来。我们兄弟俩则是时时表露，这总不是带来福气的办法。彭玉麟和我们兄弟最相像，也是到哪里去都没有多少与之投合的人。弟弟你应该以我为戒。要一味宽容，永不表露自己的脾气。

近日因沈葆桢截留军饷，我的心中很是愤懑。然而细心想来，古人办事，被牵制、遇违拗的情况很多，每个朝代都有，人人难免。因为厌恶别人违拗自己的心意，一定要别人顺从自己，便设法铲除异己，这是权奸的行径。听任别人违拗自己，而百般忍耐，委曲求全，并且以没有敌国外患，反而造成亡国为虑的，才是圣贤的良苦用心啊！借助别人的违拗，来磨砺我的品德修养，这也许差不多。

【事典】

虽然说要做到宽容并不容易，但并不意味着没有人能够做到。春秋时期楚国最有成就的楚庄王就是个十分宽容的人,他至今都为人津津乐道的就是绝缨之宴的典故。

一次,楚庄王设宴赐群臣喝酒。由于是大王赐酒,所以百官都喝得十分尽兴,那些向来喜好喝酒的武将就更不必提了。在一片和乐的气氛中,不知不觉天就黑了。为了不扫大家的兴致,楚王命人点上烛火,继续和百官把酒言欢。就在大家喝得酒酣耳热之际,一阵大风吹来,灯火突然熄灭了。在黑暗中,有人趁机拉扯楚庄王身边妃子的衣裳。妃子慌乱中拉断了那个人的帽带。那人一惊,立即松开了不规矩的手。妃子悄悄对楚庄王说:"刚才有人拉扯我的衣裳,我把他的帽带拉断了,大王赶紧叫人把火点上,看看是谁竟然对大王不敬。"楚庄王一听这话,立即火冒三丈,但又仔细一想,或许是臣子喝多了才这么做的,自己大张旗鼓地抓人岂不是小题大做? 于是,楚庄王下令让百官都将帽子摘下来,之后才命人点亮烛火。最后,大家都喝得十分尽兴。

那次宴会后,楚庄王也没有追究这件事。三年后,晋国和楚国交战,一位大将总是在前面冲锋陷阵,五次与晋军交战,五次获胜,其勇猛程度几乎无人能及,最后楚国赢得了战争的胜利。将士们班师回朝后,楚庄王特意召见那位将军,问道:"我的德行浅薄,又不曾特别优待你,你为什么毫不犹豫地这样为我出生入死?"那位将军立即跪了下来,说:"臣本就该死。从前喝酒失了礼仪,大王您隐忍没有诛杀我。我始终不敢因为大王您庇荫的德行而显扬地加以报答,常常希望自己能够肝脑涂地,用项上的热血来报答君王的宽容。我就是三年前在那次宴会上断了帽带的罪人。"楚庄王这时才知道,是自己的宽容赢得了这样一员猛将。从那次战争之后,楚国日渐强盛。

不只是楚庄王,后世的许多君主也具有宽容的美德。据《宋史》记载,宋太祖赵匡胤就是一个比较宽容的帝王。

赵匡胤是涿州(今河北省涿州市)人,出身于军人家庭。其父赵弘就是一名浑官。在父亲的影响下,赵匡胤喜爱武艺,并深得后汉大将郭威的赏识。郭威做了后周的皇帝后,赵匡胤深受其重用,被委以统领禁军的重任。后赵匡胤因为屡立战功,在周世宗柴荣当政时期,被升任殿前都点检,即皇帝亲军的最高将领,手中已经掌握了后周的兵权。当时,他还兼任着宋州(今河南省商丘市南)归德军节度使,负责防守汴京。后来,周世宗去世,年仅7岁的柴宗训继位。赵匡胤于公元960年,在陈桥驿(今河南省开封市东北40里处),在其部下的拥立下,黄袍加身,做了皇帝,即历史上的宋太祖。

登上皇位的赵匡胤,在大臣赵普的帮助谋划下,采取"先南后北"的策略,统一了中国。此时,他开始担心黄袍加身的事情发生在自己统治时期,因而对手下那班参与兵变的功臣们总是心有余悸,时时怀有警惕之心。但如何才能杜绝后患呢? 经过反复思考,他决定夺取武将手中的兵权。

该如何夺取武将手中的兵权,将兵权集中到皇帝一人手中呢? 前朝的许多君

赵匡胤

王采取的几乎都是杀将夺权的方法。但赵匡胤却没有这么做。

建隆二年(961)七月初九的晚上,宋太祖在宫内宴请禁军将领石守信等人。酒喝到一半的时候,赵匡胤做出忧愁不已的样子。群臣纷纷询问他原因。最后他才说:"在各位的拥立下,我做了天子。但天子的日子并不好过。现在,我几乎没有一夜能睡得安稳的。"石守信等人忙问原因是什么,宋太祖说:"因为我这个位置,谁都想坐。"石守信等人听出他话中有话,都纷纷表示自己的忠心。但赵匡胤说:"你们不会有异心,但你们怎能保证你们的部下没异心呢?如果有一天,你们的部下把黄袍披在你们的身上,恐怕到时你们不想做皇帝,也得做皇帝啊!"石守信等人一听,大惊失色,慌忙下跪叩拜,并请赵匡胤指示明路。最后赵匡胤就说:"一个人的寿命,像白驹过隙那样短促;人生在世,不过是为了荣华富贵,享受安乐罢了。我为你们打算,不如交出兵权,去地方上当官,购置些良田美宅,为子孙后代留下份产业,自己也可以天天饮酒作乐,快活一辈子。我再与你们联姻,这样,咱们君臣之间就没有了猜疑,上下相安,岂不是很好吗?"石守信等人听了这一番恩威并施的话,第二天就都知趣地交出了兵权。

许多人把赵匡胤此举称为一种高超的谋略,但这件事在一定程度上也反映了赵匡胤的宽容。试想,身为一国之君,他完全可以换一种方式,像前朝的君主一样,通过各种或明或暗的手段,将兵权从石守信等人手中夺回,然后再用或阴或阳的手段,将之除掉。但他却采用了君臣之间坦诚相对的方法,然后给这些功臣高官、厚禄,并且和他们联姻。这样,双方可以各取所需,宋太祖得到兵权,众臣子得到财产和名位,真是一件皆大欢喜的好事。由此可见,赵匡胤是一个宽容的帝王。

无论是楚庄王还是宋太祖的事例都告诉我们,宽容的力量远比处罚的力量要大得多。宽容别人,很大程度上也是在宽容自己,在原谅别人做错事的同时,也使自己放下了包袱。要知道人非完人,每个人都会犯错误,如果纠缠于别人的一点过错,那么必然会使自己在与别人交往的过程中背上思想包袱,不信任、耿耿于怀、放不开,这些都会限制自己的思维和行动,进而影响到自己的工作和生活。能够放过别人错误的人,是一个宽容的人。是让人敬佩的人。"退一步海阔天空"这句话不无道理。试想,如果有一个斤斤计较的人和一个宽容大方的人,你会选择跟哪个人来往?答案显而易见,没有人能够忍受一个总是抓着别人小辫子不放的人。

大凡能够成就一番事业的人,都是宽容仁慈的人。在人类历史上,居鲁士大帝可谓声名显赫。他缔造了波斯帝国,帝国的疆域从爱琴海到印度河,从尼罗河到高加索,非常辽阔。在人类历史上,能被称为大帝的君王屈指可数,他即是其一。

关于居鲁士的身世,历史学家希罗多德在他的巨著《历史》中曾详细地介绍过。居鲁士是米底国王阿斯提阿格斯的女儿芒达妮和波斯王子冈比西斯的儿子。由于阿斯提阿格斯在女儿怀孕期间做了一个梦,梦中的内容启示他,女儿所生的孩子将成为亚细亚的霸主,于是等芒达妮一生下居鲁士,阿斯提阿格斯就命令亲信大臣哈尔帕哥斯将其处死。但哈尔帕哥斯并没有处死居鲁士,而是将他交给了一个牧民。居鲁士长到十岁的时候,由于一个扮国王的游戏,身份最终被阿斯提阿格斯发现。虽然宫廷祭司打消了阿斯提阿格斯的疑虑,但阿斯提阿格斯恨自己信任的哈尔帕哥斯未杀死居鲁士,欺骗自己,于是把哈尔帕哥斯 13 岁的独子杀死后做成菜肴,让他吃下。而哈尔帕哥斯把这份仇恨埋在心中,希望有一日能得报大仇。

公元前 559 年,居鲁士成为波斯人的首领,统一了波斯的 10 个部落。这时,哈尔帕哥斯开始与他联系,劝他起兵攻打米底。公元前 553 年,居鲁士起义反抗米底,并在三年后攻克了米底都城,建立了波斯帝国。公元前 539 年,居鲁士借巴比伦内部不稳之机出兵,并最终攻占了它。

居鲁士之所以在历史上留名,不同于恺撒大帝的征战,也不同于拿破仑的铁和血的喧嚣,他的盛名来自他的宽容。

不同于外祖父的残忍,居鲁士在击败企图杀死自己的外祖父后,不但没有杀他,还让他和自己一起居住,颐养天年,并且仍待他当作一个帝王来对待,听取他的忠告。居鲁士的宽容还突出地表现在他对待被征服的巴比伦人的态度上。

在征服巴比伦后,居鲁士严令军队不许扰民,执行宗教宽容政策,尊重当地的风俗习惯、宗教信仰,允许他们供奉自己本族的神祇。他还把历代巴比伦国王掳掠来做奴隶的各民族人民释放,并派军队护送他们回故乡,并以人力物力支援他们重建自己的家乡和文明。这些人中就有以色列的先民。居鲁士让他们返回了自己的家乡,并帮助他们重建了耶和华圣殿。重建了犹太教,而居鲁士的事迹也被犹太人载入了《圣经》。

在居鲁士生活的时代,征服者每征服一地,"没有钱的就要他的妻子,没有妻子的就要他的脑袋"。而居鲁士能这么宽容地对待被征服者,的确是那个时代的奇迹。

如今我们回顾历史,会发现在居鲁士无数次的征服中,没有毁灭文明,反而将其发扬光大,甚至让许多本已经消失的文明再现。因此其宽容之心在人类文明发展史上,也值得大大地书写一番。

也正因为感念居鲁士的恩德,两百年后,灭亡波斯帝国的亚历山大大帝从希腊东征到此,不仅没有毁坏居鲁士的陵墓,还下令对其加以修葺。

不仅是君王,一些在某一领域有大成就的人,也都具有宽广的心胸。被人们誉为"钢琴之王"的弗朗兹·李斯特就是个典型。

李斯特是匈牙利作曲家、钢琴家、指挥家和音乐活动家,浪漫主义音乐的主要代表人物之一。他在钢琴演奏方面有着超乎常人的天分,为键盘音乐的发展做出了重大贡献,交响诗这一音乐形式就是他创造的。在李斯特生活的那个年代,几乎每一个爱好音乐的人都知道他的名字,为了得到他的演奏会的门票,人们毫不吝啬金钱。

有一天,报纸上突然刊登出一条消息,说李斯特的一名学生要公开演奏。演奏会的门票很快就销售一空,人们都是冲着"李斯特"这个名字去的。事实上,开演奏会的这个姑娘并不是李斯特的学生,那个消息只是个幌子,只是为了吸引更多人的手段而已。就在演奏会开始的前一天,李斯特找到了那位姑娘。那位姑娘惊恐万分。抽泣着说自己是迫于生计,不得已而为之,并请求李斯特宽恕她。李斯特并没有苛责那位姑娘,而是让她把演奏的曲子弹给自己听,并加以指点。最后,李斯特对那位姑娘说:"你就大胆地上台演奏,现在你已经受到了我的指点,可以说是我的学生了。你可以告诉剧场经理,演奏会最后一个节目,由老师为学生演奏。"姑娘欣喜万分,对李斯特更是敬佩有加。最后,李斯特真的在那场演奏会上弹了一曲。

对那个打着自己名号去欺骗听众的姑娘,李斯特完全可以让她取消演奏会,或是登报揭穿她的谎言。但是他没有这么做,甚至亲自为那位姑娘的演奏会弹奏。李斯特为什么没有与那位姑娘计较?因为他足够宽容,他理解那位姑娘的难处,愿意尽自己的力量去帮助那位姑娘。李斯特是富有的,不仅仅是因为他在音乐上的成就,更因为他有着一颗宽容的心。宽厚待人,容纳非议,是家庭幸福、事业成功的美满之道。事事斤斤计较,容不下别人的任何缺点,最终受害的还是自己。

两度当选美国总统的林肯也深深懂得宽容的力量。对任何人不怀恶意,对一切人抱宽容态度,是林肯的做人原则。竞选总统前夕,在林肯发表演说时,一个参议员故意羞辱他,傲慢地对他说:"林肯先生,在你的演讲开始之前,我希望你记住,你只是个鞋匠的儿子。"这句话在谁听来,都有羞辱之意。但是林肯并没有因为这句话而感到不悦,反而诚恳地说:"我非常感激你使我想起我的父亲。他已经过世了,我一定会记住你的忠告,我永远是鞋匠的。我知道,我做总统永远无法像我父亲做鞋匠那样做得那么好。"接着,他将目光放在那位傲慢的参议员身上,说道:"据我所知,我的父亲以前也为你的家人做过鞋子,如果你们的鞋子不合脚,我可以帮你们修改它。虽然我不是伟大的鞋匠,但我从小就跟我的父亲学到了做鞋子的技术,修改还是没有问题的。"然后,他又面对所有的参议员说:"这话对任何人都适用，如果你们穿的那双鞋是我父亲做的，而它们需要修理，我一定尽可能地帮忙。但有一点可以肯定，我无法像他那么伟大，他的手艺是无人能及的。"

这番话让那位参议员顿时放弃了嘲笑林肯的想法，而原本的那些嘲笑声也化作了赞叹的掌声。有时候，宽容远比以牙还牙要厉害得多，因为以牙还牙只能说明自己的牙齿很快就要脱落了。林肯从不介意别人冷淡对他，因为他深知宽容会带来他想要的一切。

埃德温·斯坦顿的能力超群，也正是因为他有着这样的能力，所以恃才傲物 a 他为人尖酸刻薄。非常高傲，性格非常怪异，很多人觉得他很难接近，忍受不了他、的性格。林肯当律师的时候就跟此人打过交道，那时斯坦顿拒绝和林肯当庭讲话，而且刻薄地说："要是那头长颈鹿出来办理此案，我就彻底放弃，我才不想办理和他有关的案件。"没有人知道他为什么那么不喜欢林肯。后来，林肯当上了美国总统，他刚上任的时候，斯坦顿还说他是"伊利诺伊的猿人""愚不可及""原始的大猩猩"，这都是赤裸裸的人身攻击。即便如此，林肯也没有计较，他记住的是斯坦顿的才能。后来，他任命斯坦顿为陆军部部长，连斯坦顿本人对此都十分吃惊。林肯知道。斯坦顿虽然盛气凌人，但是敢作敢当，意志十分坚定。自从斯坦顿担任陆军部部长以后，陆军很快就变得朝气蓬勃。在斯坦顿的指挥下，大量武器装备和物资被运送到前方。为最终击败南方奠定了物质基础。随着接触的加深，斯坦顿被林肯的宽容折服，开始真心地称赞林肯。

林肯看起来永远是那么温和，即使手下人对他不敬，他也不会生气，这种难能可贵的宽容是无人能及的。南北战争时期。林肯到陆军司令部视察，总司令麦克莱伦对其避而不见。无奈之下，林肯只好到麦克莱伦的家中去找他。不巧的是，麦克莱伦正好去参加一个婚礼还未回来。在等了一个多小时后，麦克莱伦终于回家了，但是他到家后对林肯及他的随从视而不见，径直上楼去了。林肯好像早就猜到了这种情况，仍然静静地在楼下的客厅里等候。又过了半小时，仆人从楼上下来了，传话说将军太累了，已经上床睡觉了。这时，林肯的随从生气了，怒气冲冲地要上去把麦克莱伦揪下来，给他点教训，"这家伙欺人太甚了，总统来了也不见。"林肯立即劝解道："只要他能为我打赢仗，我甘愿为他牵马。"

林肯就是这样一个宽容的人。正是这种宽容使林肯这个出身卑微的平民成为美国历史上最伟大的总统之一。可以说，建立美国的是华盛顿，而维系它的人中肯定有林肯。林肯的宽容成就了他伟大的功绩，也成就了统一而强大的美国。

宽容的力量是其他任何一种力量都无法相比的。当一个人学会宽容的时候，他的世界就会变得更加宽广。要知道，宽容放开的不仅仅是别人，还有自己。如果不能宽容，那么就是在拿别人的错误惩罚自己。要宽容别人的排挤、龃龉，甚至是诬陷，因为正是这种力量才让对手恐慌。你的宽容让他看到了自己的污秽，你已经打败了对手，那么为什么不仁慈一点，放他一条生路呢？

【解读】

宽容是什么?《论语》上说:"君子之道,忠恕而已矣。己所不欲,勿施于人。我不欲人之加诸我也,吾亦欲无加诸人。"著名作家房龙先生在他的名著《宽容》中曾经引用了《不列颠百科全书》关于宽容的定义:宽容即允许别人自由行动或判断,耐心而毫无偏见地容忍与自己的观点或公认的观点不一致的意见。世界文豪马克·吐温说:"紫罗兰把它的香气留在了那踩扁了它的脚踝上,这就是宽恕。"无论是《论语》中的"己所不欲,勿施于人",还是马克·吐温说的以德报怨,都是宽容的一种。"宽容"在《现代汉语词典》中是这样解释的:宽大有气量,不计较或不追究。看似很简单的一句话,真正要做到却很难。

治政第十三：理财为先，把眼光放长远

【原文】

国藩从宦有年，饱阅京洛风尘，达官贵人，优容养望，与在下者软熟和同之象，盖已稔知之，而惯常之积不能平，乃变而为慷慨激烈，斩爽肮脏之一途，思欲稍易三四十年来不白不黑、不痛不痒、牢不可破之习，而矫枉过正，或不免于流于意气之偏，以是屡蹈愆，丛讥取戾。

大抵军政吏治，非财用充足，竟无从下手处。自王介甫以言利为正人所诟病，后之君子例避理财之名，以不言有无、不言有寡为高。实则补救时艰，断非贫穷坐困所能为力。叶水心尝谓，仁人君子不应置理财于不讲，良为通论。

吾以"耕战"二字为国，泰西诸洋以"商战"二字为国……众商请开三子口，不特便于洋商，并取其便于华商者。中外贸易，有无交通，购买外洋器物，尤属名正言顺。

【译文】

我踏入仕途已经很多年了，对京城的风气领略已深。那些身居高位的达官显贵，故作姿态以提高自己的名望，对待部下姑息纵容，一团和气。对这种现象我知道得很清楚，但自己多年养成的秉性并未因此而被磨平，越发变得慷慨激烈，疾恶如仇，打算稍微改变一下官场里三四十年来形成的不分黑白、不痛不痒且牢不可破的风气。不过，矫枉难免过正，有时也会出现因意气用事造成的偏差，因而经常被人怨恨，被人讥笑，这些都是自己造成的。

一般来说，在治国、治军方面，如果没有充足的财力，便无从着手。自从王安石理财，被正人君子批评讥讽之后，后世很多人就避开理财的问题，以不说财力的有无多少为高明。但是补救世道艰难，贫穷困苦断然是无能为力的。叶适曾经说过，仁人君子不能不讲理财的问题，这个观点很对。

我国以"耕战"二字立国，西洋各国以"商战"二字立国……洋商要求开放三个港口，这不仅便利洋商，对我们自己国家的商家也有好处。中外之间通商贸易，互通有无，购买外国人的商品，是很名正言顺的事情。

【事典】

中国历史上著名的陶朱公范蠡是一个极其善于理财的人。关于他善于理财和用财的故事,至今仍有流传。

范蠡,字少伯,春秋楚国宛(今河南南阳)人,春秋末期著名的政治家、军事家和实业家。后人尊称其为"商圣"。

范蠡天资聪颖,少年时就有独虑之明。

早期,范蠡在越王勾践穷途末路之际投奔越国,向勾践进献"越必兴,吴必败"之断言,让他"屈身以事吴王,徐图转机"。此后,他同勾践夫妇在吴国为奴三年,"忍以持志,因而砺坚,君后勿悲。臣与共勉!"

当勾践经过卧薪尝胆,一朝得遂其志。终于灭吴之后,与其朝夕相处,深知其为人"长颈鸟喙"的范蠡,明白可与其共患难,难与其同安乐,于是离开朝堂,改姓名为鸱夷子皮,带领儿子和门徒在海边结庐而居。从此,他把全部精力投注到垦荒耕作上,聪明的头脑使他能在经营主业的同时,兼营副业并经商。就这样,仅仅几年时间,他就积累了数千万家产。善于经营的范蠡,仗义疏财,施善乡梓,其贤明能干被齐人赏识。

后来,范蠡的贤明被齐王得知,于是拜他为相。在齐国任相三年之后,范蠡喟然感叹:"居官至于卿相,治家能至千金;对于一个白手起家的布衣来讲,已经到了极点。久受尊名,恐怕不是吉祥的征兆。"于是,他再次急流勇退,向齐王归还了相印,散尽家财给知交和老乡,举家迁到陶地。

陶地位于今山东定陶西北,是一个居于"天下之中"的处所。这里东邻齐、鲁,西接秦、郑,北通晋、燕,南连楚、越,是一个最佳的经商之地。范蠡在这里,根据时节、气候、民情、风俗等,人弃我取,人取我与"顺应自然"待机而动,经营自己的产业。结果没用几年时间,他通过经商又成为巨富,于是自号为陶朱公,当地百姓都尊称他为"财神"。

关于范蠡善于经营的事例,史书中具体的记载并不多见,但有一个故事明确说明了他对理财重要性的认识。

范蠡一家到了陶地后,小儿子降生了。在小儿子长大后,范蠡的二儿子因为杀人被楚国拘捕了。于是,为了救二儿子,范蠡决定派小儿子去打点一切,还让他带一千镒黄金。没想到,就在小儿子即将出发时,大儿子却认为救弟弟是非常重要的事情,自己是长子,却没被父亲信任,于是就想自杀。无奈之下,范蠡只好派大儿子去,并写了一封信,要他送给旧日的好友庄生,同时再三叮嘱他:"你到楚国后,把金子送到庄生家,一切听从他的吩咐,千万不要与他发生争执。"

大儿子到了楚国,依照父亲的嘱咐如数向庄生进献了黄金。庄生叮嘱大儿子赶紧离开。结果大儿子担心庄生收了钱不办事,就偷偷又贿赂了楚国的另一个贵族。没想到,就在庄生以天象有变将对楚国有危害为由劝楚王实行德政,而楚王就要大赦天下的时候,接受了大儿子贿赂的那个楚国贵族把这一消息告诉他。大儿子就想:既然即将大赦,弟弟自然可以释放了,那一千镒黄金不就等于白白给庄生了吗?于是他又去找庄生,想要回自己送出去的黄金。

又羞又气的庄生认为范蠡的大儿子戏弄了自己,于是在大儿子走后,再次入宫会见楚王,把大儿子贿赂权贵的事情告诉了楚王。楚王听罢大怒,命人先杀掉范蠡韵二儿子,之后才下达大赦的诏令。

当大儿子带着弟弟的尸体回家时,除范蠡外,家人和乡邻们都十分悲痛。别人问范蠡为什么不悲伤,范蠡说:"我就知道老大救不了老二,不是他不爱自己的弟弟。只是他从小就与我生活在一起,经受过各种苦难,知道生活的艰难,所以把钱财看得很重。而老三一生下来就在蜜罐子里,哪里知道钱财来得不易,弃之也毫不吝惜,本来我是打算让他去的。老大不能弃财,所以最终害了自己的弟弟,这很合乎事理,不要悲痛了。我日夜盼的也就是老二的尸首能回来。"

这个故事从一个侧面反映了范蠡的理财观点。在他看来,财散则财聚,一个不会花钱的人,自然办不成大事。这种人适合守财,而不适合创造财富,就如同自己的大儿子一样。

范蠡留有《陶朱公理财十二则》(可能是后人所托),内容包括识人、用人、知机、倡率、整顿、敏捷、接纳、安业、辩论、办货、收账、还账等内容,是一部具体的经商规则。

通过个人的劳动获得自己应得的财富是天经地义的,把自己有限的财产规划、利用好,同样可以创造更多的财富,这便是理财的重要性所在。

在现代这个良好的社会大环境下,理财的手段非常多。股票、基金、外汇,还有各种名目的理财产品,让人眼花缭乱,难以选择。现在我们面临的不是没有投资渠道,而是投资渠道太多无从选择。过去个人和家庭积累资金的方法就是省钱存钱,工资除了日常开支就全部存在银行里生利息,这是唯一的投资途径。随着社会的发展,越来越多的人开始认识到一个新名词,那就是"理财"。2006年前,"理财"一词对很多人来说还比较生僻。随着时间的推移,牛市的深入和2008年熊市的突袭,越来越多的人认识到理财的重要性,对于理财开始重视起来,有人甚至对理财达到了盲目追捧的地步。盲目追捧理财是不值得提倡的,但接受理财理念是必需的,毕竟在现代经济形势下,应该把更多的钱用来扩大投资,获得更大利益。

有"股神"之称的巴菲特是有史以来最伟大的投资家之一。从巴菲特身上,我们不仅可以看到理财的巨大作用,还能学习到很多理财的知识。巴菲特依靠股票、外汇市场的投资,成为世界上数一数二的富翁。他倡导的价值投资理论风靡全世界。

从11周岁那一年起,也就是1941年,购买了生平第一支股票之后,巴菲特慢慢认识到投资的巨大前景,于是他大胆地尝试着。16年后,也就是1957年,巴菲特手里掌管的资金达到了30万美元,当年年末,就升至50万美元。在巨大的资金冲击下,巴菲特并没有昏头,还是坚持购买符合自己标准的廉价股票。1962年,巴菲特合伙人的资本达到了720万美元,其中大约七分之一都是巴菲特个人的。巴菲特将这几个合伙人的企业合并。叫作"巴菲特合伙人有限公司",他们中最小的投资额是 10 万美元。两年后,巴菲特手里拥有了 400 万美元,他掌管的资金也高达 2200 万美元。紧接着,美国的牛市到来了,股市上风行的投资给投机家带来了横财,很多人乐得找不到北,投机商家疯狂地往股市上砸钱。巴菲特也挣了不少钱,但是他很冷静地看待这件事情,认为股票的价格应建立在企业业绩成长上,而不是投机的基础之上。1968 年,巴菲特公司的股票取得了历史上最好的成绩:增长了 46%,巴菲特掌管的资金上升至 1.04 亿美元,其中属于巴菲特的有 2500 万美元。1968 年 5 月,美国股市一片大好,巴菲特却在此时宣布退隐,随后他清算了巴菲特合伙人有限公司几乎所有的股票。在股市一片大好的时候,别人看到的都是巨大利润,而巴菲特透过巨大利润看到了背后的巨大危机。能够急流勇退,及时收手,是巴菲特成功的必要条件之一。

1969 年,美国股市直下,渐渐演变成了股灾。这时,巴菲特又从中看到了巨大商机——大量的廉价股票。重新出山的巴菲特在投资方面更是顺风顺水,他先是盯上了报刊业,短短十年,他投入的 1000 万美元就升值为两个亿。之后,巴菲特又先后投资可口可乐、通用动力、伯克希尔工业王国等国际性大公司。从 1965 年到 1998 年,巴菲特的股票平均每年增值 20.2%,高出道琼斯指数 10.1 个百分点,这在投资界可谓是一个奇迹了。2008 年,巴菲特荣登《福布斯》富豪榜第一名。2009 年,他与比尔·盖茨分获新诺贝尔经济学奖。2010 年,他以净资产 470 亿美元荣登《福布斯》富豪榜第三名,排在前两名的。一是以传统产业控制整个国家的墨西哥人卡洛斯·斯利姆·埃卢,一是以现代科技取胜的微软老总比尔·盖茨。在这三个世界上最有钱的人当中。只有巴菲特是以投资取胜的。

巴菲特的成功充分证明了理财的重要性。而且,他在投资生涯中,给世人总结了很多宝贵的投资经验。比如要永远保住资本、把鸡蛋放在不同的篮子里、坚持长期投资、重视未来业绩等。事实证明,他的这些经验让他迅速地富有起来,他购买的股票在 30 年间价值上涨了 2000 倍。

此外,巴菲特还将自己理财的方法总结成了以下三点:第一,要投资那些始终把股东利益放在首位的企业。对于投资的企业,巴菲特总是选择那些诚信稳健、分红回报高的企业,即使股市波动,股价也不会受太大的影响,以确保投资的保值和增值。第二,要投资资源垄断型行业。这些行业可以确保收益平稳,因为不论到什么时候,人们的生活都离不开这些行业。第三,要投资易于了解、前景看好的企业。巴菲特认为,如果要投资股票,就要投资自己了如指掌的股票,而且是前景比较好的,如果对此不熟悉,不论什么样的股票,都不要动心。

巴菲特的理财方法值得我们借鉴,但不能一味地照搬,毕竟每个人都有适合自己投资的行业。具体投资哪个行业,还需因人而异。总而言之,无论对国家,还是对个人来说,理财都是十分重要的。要想提高自己的生活水平,要好好理财;要想在社会中占有一席之地,要好好理财;要想提升国家的经济实力,要好好理财。

【解读】

　　虽然说钱财是身外之物，但没有钱财寸步难行。在现代社会中，衣食住行、生存的基本条件都需要钱财，因此钱财对生存来讲是极其重要的。在现代方面，会挣钱当然是重要的，与挣钱可以相提并论，甚至有时候比挣钱还重要的便是理财，理财已成为现代生活中的一部分。想要富有，就要注重理财并善于理财。忽视理财，花钱如流水，就是有一座金山，生活也将陷入贫困。无论是对一个国家来说，还是对个人来说，理财都是极其重要的。"你不理财，财不理你"，这句话是相当有道理的，这也是为什么越来越多的人开始找理财师协助理财的原因。理财归根到底就是要靠"主动"二字。

　　懂得理财的人会把钱拿出来，让钱生钱，而不懂得理财的人只会把钱收起来。不会利用已有的财富。知道为什么溪水总是不断流，而湖泊会干涸吗？就是因为溪水的源头是活的，是流动的，而湖泊的是死的，如果雨水充沛的话，它就可以很好地存在；一旦不下雨，它就只能被阳光一点点蒸发。这个道理与理财、不理财的道理是一样的。

整军第十四：优胜劣汰，将法令执行到底

【原文】

医者之治瘅痈，甚者必剜其腐肉而生其新肉。今日之劣弁羸兵，盖亦当为之简汰，以剜其腐者，痛加训练，以生其新者。不遁此二道，则武备之弛，殆不知所底止。立法不难，行法为难。凡立一法，总须实实行之，且常常行之。

昔宋趁庞籍汰庆历兵八万人，遂以大苏边储；明臣戚继光练金华兵三千人，遂以荡平倭寇。今日论兵，正宜法此二事。

兵者，阴事也……无论其败丧也，即使得幸之间，而死伤相望，断头洞胸，折臂失足，血肉狼藉，日陈吾前，哀矜不遑，喜于何有？故军中不宜有欢欣之象，有欢欣之象者，无论或为悦，或为骄盈，终归于败而已矣。田单之在即墨，将军有死之心，士卒无生之气，此所以破燕也；及其攻狄也，黄金横带，而骋乎淄渑之间，有生之乐，无死之心，鲁仲连策其必不胜。兵事之宜惨戚，不宜欢欣，亦明矣。

【译文】

医生治疗瘅疮病人时，如果病情严重，必定会剜掉他身上的腐肉，从而让患处重新长出新肉。现在军中品行恶劣、体质差的士兵，也应该予以淘汰，这就好比剜去人身上的腐肉一样，然后严加训练，以早日形成新的战斗力。如果不按照上述两种办法整顿军队，则武备松弛的局面，不知到何时才能改变。立法并不难，难在实行。每制定一项法令，都要切实地实行它，并持之以恒，坚持下去。

过去宋臣庞籍淘汰了八万庆历兵，于是边境的军费开支大大减少了；明朝的名将戚继光，训练了只有三千人的金华兵，并且借此平定了倭寇之乱。今日整顿军事，也应效法这两件事中的做法。

用兵是一件残酷的事情……无论是胜利，还是失败，每次战斗下来，看到死的死，伤的伤，断头穿胸，血肉狼藉，每天呈现在我们面前，哀戚有余之外，还有什么可欢欣的？所以说，军队中不应该有欢乐的气象，如有欢乐的气象，则无论是喜悦，还是骄傲，终归要失败的。田单在即墨的时候，将军有必死的决心，士兵也没有生还的愿望，因此终于得以击破燕军。等到他进攻狄城时，金光闪闪的宝剑横挎在腰间，驰骋在淄水、渑水之间，有贪生的欢乐，没有战死的决心，因此鲁仲连预言他绝对不能取胜。用兵之事应哀伤悲戚，不应该有欢欣之像，这是很容易明白的道理。

【事典】

回顾历史,隋朝之所以二世而亡,被唐朝取而代之,统治者不善于理财或许也是其中的原因。让我们翻开史籍,看一看隋朝的兴灭过程,或许对于优胜劣汰的理解就会更加深刻。

要了解隋朝的建立和灭亡,就要先了解隋朝的两位君主——隋文帝杨坚和隋炀帝杨广,以及他们的统治。

隋文帝杨坚是隋朝的开国皇帝,汉太尉杨震的十四世孙。据《隋书·高祖本纪》中记载,杨坚于大统七年六月癸丑夜生于冯翊般若寺。他出生时,紫气充庭,神光满室。当时正好有一个尼姑经过,她对杨坚的母亲说:"这个孩子很奇特,不能在俗世抚养。"于是她将杨坚带到自己的身边,抚养他长大。

杨坚长大后,承袭父爵。北周武帝宇文邕对他心存疑忌,一直想除掉他。杨坚一直在危险中生活,几次险些被杀。宇文邕死后,其子宇文赟即位。他对杨坚的疑心更大,曾直言不讳地对自己的正妃,即杨坚的长女说,终有一天要杀死杨坚全家。不管宇文赟怎样激,怎样蛮,怎样讲,杨坚都泰然自若地对待,让他无机可乘。最终,杨坚隐忍到了581年二月甲子日,接受周静帝的禅位,荣登大宝,建立隋朝。

杨坚

隋文帝结束了国家长期混乱的局面,征服了各族蛮夷部落,使国家又回到了和平年代。大隋王朝建立以后,隋文帝精心治理,隋朝迅速强大起来。在此过程中,他在政治、经济等制度方面进行了一系列改革。他除了确定三省六部制,简化地方官制以外,还推行均田制,尤其是按户籍上登记的年龄和本人体貌核对来检查户口的大索貌阅法,增加了国家的劳动力,调动了贫苦农民的生产积极性。他还下令各地修建了许多粮仓,以备急时之用。隋文帝还统一了币制,废除比较混乱的古币以及私人铸造的钱币,改铸五铢钱。在他的治理下,隋朝成为政权稳固、社会安定、户口锐长、垦田速增、积蓄充盈、文化发展、甲兵强锐、威动殊俗的强盛国家。

从理财治国的角度分析,隋文帝是一个出色的理财专家。他把隋朝这个大家由开始的积贫积弱,治理到繁荣昌盛,可见其方法之高明。隋朝出现了开皇盛世的景象。但这盛世的景象,到了隋炀帝的时候,就开始由胜转衰了。

隋炀帝是隋文帝杨坚的第二个儿子。据史书记载,此人好学,善诗文,仪容俊美,先是被封为晋王,后由于能征善战,于开皇二十年(600)被立为太子。仁寿四年

（604）七月，隋文帝病逝，杨广即帝位，是为隋炀帝。

经历过征战生活的杨广，不同于父亲杨坚，他更想建立功业，在史上留名。于是他采取的一系列行动与父亲杨坚截然不同。

隋文帝杨坚在位时，克勤克俭，有一次，他患痢疾，须配制止痢药，要用胡粉一两，宫中竟然都找不到。他常身穿布袍，寝被上很少使用金银等装饰品，更不用说建造华美的宫室了。杨广则即位伊始就开始兴建洛阳皇宫，理由是"洛阳自古之都，王畿之内，天地之所合，阴阳之所合，控以三河，固以四塞，水陆通，贡赋等"，是帝王建都的理想之地。据《资治通鉴》卷一百八十《隋纪》四记载，为了营建东都洛阳，隋炀帝"发大江以南五岭以北奇材异石，输之洛阳，又求海内嘉木异草，珍禽奇兽，以实园苑"。最后，在耗费无数人力物力，费时达一年后，一座周围达 27 公里，宫殿苑囿巍峨壮丽的都城援地而起。

紧接着，隋炀帝下令开凿大运河。从历史发展的角度来看，大运河的开通虽然工程浩大，但利在千秋。然而，对于当时的隋朝来说，这项工程却是劳民伤财的。伴随着大运河的修建，隋炀帝开始了开疆拓土的行动。他西巡张掖，开发经营西域，这样做虽然宣扬了国威，但耗资巨大，造成国家经济困难。隋炀帝又远征高丽，结果前两次无功而返，最后一次虽然成功了，但国家已经到了危亡的时刻。

就这样，原本繁荣昌盛的隋王朝，在杨广这个"败家子"手里一步一步走向了灭亡。

我们常说"成者为王，败者为寇"，其实说的就是优胜劣汰。无论是在自然界，还是在人类社会，优胜劣汰都是一个不能改变的定律，所以一代代物种灭绝了，一代代新物种出现了，而人类社会也随着人类的不断进步发展着。随着社会的进步、医疗技术的发展以及社会福利的提升，优胜劣汰在人类的基本生活中的表现不那么明显了，但这并不代表它就消失了，每天全世界仍然会有数不清的婴儿出生，也有数不清的婴儿夭折，同时还有数不清的老人去世，这就是优胜劣汰的规则在起作用。

在现代社会中，优胜劣汰表现最突出的地方就是企业界。在这个竞争激烈的年代，企业如果不创新，不淘汰陈旧的机器或思想落后的员工，那么它最终面临的只能是灭亡。同样，对员工来说也是这样，如果一个人不努力提升自身的技能，难免会被卷入一波波的"下岗潮"中。优胜劣汰是残酷的，然而这种残酷带来的发展也是显而易见的，华为集团就是这样发展的一个典型。

华为集团是全球领先的电芯解决方案供应商，就现在的规模来说，华为已经成为全球第三大设备商。其总裁任正非作为一位军人出身的企业家，在管理华为集团上有着自己严格、独特的做法，尤其是在人力资源方面的管理上。"集体辞职""自由雇佣制""末位淘汰制"，这些人力资源制度无疑是任正非坚持中国实际、引进西方管理制度的典型。虽然这些制度经常惹人非议，但从客观上来讲，这些制度不断通过优胜劣汰来激活队伍，是十分有助于企业发展的。正是看中了这些制度的巨大作用,任正非才坚持了这些从人情上看起来很残酷的做法。

华为"集体辞职"事件发生在 1996 年 1 月。当时,公司市场部所有办事处主任以上的干部采取竞聘方式进行答辩。答辩很激烈,但是结局很残酷,大约有 30% 的干部都被替换了。表面上看,这是华为市场部内部的一场重大变革,但任正非觉得这一事件的意义不仅于此。他认为,创业期涌现出的一批元老现在已经难以跟上企业发展的步伐,集体辞职,就是让大家全部回到起跑线上,然后竞争上岗,这也体现了竞争机会的均等。就像奥运冠军一样:这次你拿到了金牌,但下次还是要通过比赛来确定你是否能拿金牌,如果你落后于人,那么金牌就不会属于你。无论是职工竞争上岗,还是奥运选手夺取奖牌,过程都是残酷的。在这个讲究实力的年代,能够为自己赢得利益或荣誉的只有自身的实力。

如果个人的能力已经跟不上企业的发展速度,那么就只能被淘汰,这时能依赖的只有自己。在这次被内部人士称为"惊天地、泣鬼神"的大事后,华为的发展愈加迅猛了。

2000 年 1 月,任正非在"集体辞职"事件发生四周年的纪念讲话中,对这次事件做了总结:"任何一个民族、任何一个组织只要没有新陈代谢,生命就会停止。如果我们顾全每位功臣的历史功绩,那么就会葬送公司的前途,如果没有市场部集体大辞职带来的对华为公司文化的影响,任何先进的管理、先进的体系在华为都无法生根。"

在选拔人才方面,任正非一直坚持自由雇佣制,并且将这种制度编入了《华为基本法》。他觉得,自由雇佣制可以加强公司内部的竞争,加速更新公司的人才。

末位淘汰制就是实现自由雇佣制的重要途径之一。末位淘汰制,顾名思义就是处在末尾的人要被公司开除,这是华为公司考核业绩的一种制度。这种制度的积极作用是充分调动了员工的积极性,没有人愿意排在末尾,最终被淘汰出局。但是这样的制度也有损人的尊严,会让员工切身体会到竞争的残酷。人们对这一制度褒贬不一,但从总体来说,这种制度的积极作用是大于消极作用的。任正非一直坚持这项制度,他认为,一个企业必须不断前进,员工如果珍惜这份工作,就一定会努力,不会排在末尾。而排在末尾的人,必定是不如他人努力的人,裁掉这些人,就精简了机构,而且空出了更多位置给有用的人。

正是因为这种末位淘汰制,华为的员工才不断奋力向前,公司每年申请的专利量都在中国企业中排前几名,这让华为成功地由"活下去"到"走出去",再到"走上去"。

末位淘汰制最初是由 GE 集团的韦尔奇提出的。GE 能够在残酷的竞争中一直保持良好的发展势头,归根到底就是其内部有一条"活力曲线"。这条"活力曲线"其实就是一条强制的淘汰曲线,用韦尔奇自己的话来说,活力曲线能够使一家大公司时刻保持着小公司的活力。

淘汰不合格的员工,重新聘请有才干的员工,这就是企业界的优胜劣汰。在中国企业界内,能够将淘汰制贯彻到底的不仅是华为,台塑也是个很好的例子。被称为"经营之神"的台塑集团总裁王永庆,对待员工一直以严厉著称。在他的公司内部,每个员工都能感受到一定的工作压力,他们丝毫不敢懈怠,因为松懈就代表自己有可能被别人取代。台塑集团采取激烈的竞争与淘汰制,因而有些人觉得,台塑没有一般中国公司的人情味。

然而,王永庆本人并不这么认为。他说:"什么叫人情?人情用在努力、用在有贡献的人身上是一种爱和鼓励。假如这个人不用功、不努力、没有贡献,还怎么照顾他们呢?淘汰就淘汰了。淘汰了他,让他有机会反省。这样才有救。中国式的人情在过去家族式的企业中表现得最明显,不管别人能力如何,自己的亲戚总是最要紧。他们不讲理,只顾情,事实上,没有理,怎么有情?"

王永庆是这么说的,也是这么做的。为了了解命令执行的实际情况,并考核各部门主管与工作人员的能力,王永庆想出了一个"午餐汇报"的方法。这个方法具体是这样实施的:在中午吃饭的时间,将各部门主管聚在一起,进行工作汇报会议。这样的会议会定期召开,每一个部门的主管都免不了被王永庆当面提问。在这种会议上,王永庆的提问总是能够直达根源,咄咄逼人。一般在部门主管做报告时,王永庆会保持沉默,听到有疑问的地方,就立刻将报表折角,待报告告一段落后,他就会马上以打破砂锅问到底的精神追问那位部门主管,直到觉得疑问已经得到解决才肯罢休。这样一来,午餐汇报日就成为各个部门主管的"受难日",因为如果事前没有充分准备的话,随时都会被王永庆问倒。由于午餐汇报制度的确立,各个部门主管便不得不亲力亲为,充分了解自己所在部门正在执行的命令及进程。除了追踪、考核以及能力考验外,"午餐汇报"也成了行政主管与工作人员重要的沟通方法。

在这种时刻面临被淘汰的危机的管理制度下,台塑的每个员工都不得不尽力求工作中做到极致。因为员工一直保持着积极的工作态度,所以台塑才能有今天的成就,王永庆本人才能被誉为"经营之神"。

从任正非和王永庆的成功管理经验中,我们可以得出这样一个结论:企业要想发展,就必须实行严格的优胜劣汰制度。当然,更重要的是要将这种严格的优胜劣汰制度贯彻到企业发展的各个环节中去。不论是员工还是产品,只有不断推陈出新,才能使企业立于不败之地。对个人来讲也是一样,只有使自己的思想和技能与时俱进,才能保持个人的先进性,迎接美好的明天。

【解读】

优胜劣汰这一法则不单单可以应用在整军上,其实只要在社会中生存,每个人都会被这种法则束缚。活下去,这三个字看似简单,实际上是难上加难。每个人出生后就开始经受考验,要努力适应每一个成长阶段,要努力适应自己身边的人,要努力适应挫败感,要努力适应……所有的这些都遵循着优胜劣汰的法则。远古时期的恐龙为什么会灭绝？就是因为它们适应不了变化,被自然淘汰了。而人类为什么能够从猿人发展到今天？就是因为人类适应了各种变化,并在这种变化中找到了最合适的位置。

优胜劣汰这一法则确实残酷,但我们并不能因此就否定它的作用。如果没有优胜劣汰,那么人类就不会发展到今天,社会也不会发展到现在。正是有了优胜劣汰这一竞争机制,人们才提高了警惕,进而提高了自身的适应力和生存力。从古到今,朝代的不断更迭其实就是一个大范围内的优胜劣汰。

翻开历史,你不难发现,每一个朝代在濒临灭亡时,都面临着国库空虚、兵力困乏、民众怨声载道等问题的困扰,而每一个开国皇帝都会在治兵、治民、治国方面有着卓著的成就,这就很容易理解为什么朝代会更迭了。就以秦统一六国来说,如果嬴政没有与李斯、尉缭等人制定统一全国的战略目标,使之适应当时的社会环境,如果秦国的商鞅变法不是那么成功,如果秦国不是处在进可攻、退可守的有利位置,那么统一六国的很可能就不会是秦国了。

决胜第十五：决战在即，当战略先行

【原文】

就全局观之，则两利相形，当取其重；两害相行，当取其轻。又不得不舍小而图大，舍其枝叶而图本根。

久战之道，最忌"势穷力竭"四字。力则指将士精力言之，势则指大局大计及粮饷之接续。贼以坚忍死拒，我亦当以坚忍胜之。惟有休养士气，观衅而动，不必过求速效，徒商精锐，迨瓜熟蒂落，自可应手奏功也。

夫战，勇气也，再而衰，三而竭，国藩于此数语，常常体念。大约用兵无他巧妙，常存有余不尽之气而已。孙仲谋之攻合肥，受创于张辽；诸葛武侯之攻陈仓，受创于郝昭，皆初气过锐，渐就衰竭之故。惟荀罃之拔西陵，预料城之不能遽下，而蓄养锐气，先备外援，以待内之自毙。此善用气者也。

【译文】

就全局来看，则两个利益相比较，要选择利益较大的；两个危害相比较，要选择危害较小的。又不得不舍弃局部利益而图谋大局，舍弃枝叶而图谋根本。

打持久战最忌讳的就是"势穷力竭"四个字。力，是指将士的精力；势，则是指大局、大的作战计划以及粮饷的补充。敌人以坚忍来抵抗我们，我们也应当以坚忍来战胜他们。让士兵充分休息，蓄养士气，伺机而动，不必过于追求速度，白白地损耗精锐，等到瓜熟蒂落，自然可以轻而易举地取得成功。

打仗是要靠士气的，第二次进攻，士气就会减弱，第三次进攻，士气几乎就衰竭了。我对这些话，经常在内心仔细体会。一般用兵没有其他奥妙，只不过经常保存有不可用尽的士气而已。孙权攻打合肥，被张辽击败；诸葛亮攻打陈仓，被郝昭击败，都是出于起初士气太盛，难以持久，逐渐衰竭的缘故。只有荀罃攻打西陵时，预料到一时难以攻下城池，因而养精蓄锐，先安排好外援，等待城中敌人自行灭亡。这就是善于利用士气。

【事典】

诸葛亮是我国历史上当之无愧的智者，他就是个运筹帷幄的人。在诸葛亮的出谋划策下，刘备的军队打了很多胜仗。其中，最能体现诸葛亮智慧的是他未动己方的一兵一卒,而将孙权从危难之中解救了出来。

历史上称曹操为枭雄,是有一定道理的。曹操奸诈,野心很大。当他得知周瑜病逝的消息后,就立刻整军,准备再次进攻江东。曹操知道,一旦大军出动,难免会有人趁许昌城内空虚前来袭击,而最有可能成功偷袭许昌的就是西凉州的镇东将军马腾,因为那里距离许昌最近,而一旦马腾起兵进犯,他根本来不及从江东赶回,所以他就想在进攻江东前,将马腾这个威胁去除。于是,曹操特意派了一名使•者前往西凉州,以天子的名义给马腾加授征南将军的头衔,命令他随军讨伐孙权。天子之命不可违,虽然大家都心知肚明那是曹操的主意,但如果不奉旨前去,曹操必然会以此为由兴兵进攻西凉州。于是,马腾带领儿子马休、马铁以及五千名西凉•士卒赶往许昌。西凉军队刚到达许昌城下,就遭到了曹操军队的围攻。五千名西凉士卒全部被曹操消灭了,马腾父子三人也惨遭杀害。

此后,曹操自以为后顾之忧已然解除,就率领30万大军进军江东。孙权听说这一消息后,立即让鲁肃派使者前往荆州,向刘备求援。刘备收到求救信后,立即召来诸葛亮商量对策。诸葛亮看完求救信后,胸有成竹地对刘备说:“我有办法既不动用江南之兵,也不动用荆州之兵,就让曹操不敢进兵江东。”他在给使者的信中写道:“刘皇叔自有退兵之策,切勿忧虑,曹军不敢南进。”待使者离开后,诸葛亮对刘备说:“曹操东进最担心的就是西凉,现在他杀了马腾,马腾的儿子马超必然不会放过他。主公只要给马超修书一封,让他出兵,曹操就必定会赶回去营救许昌。这样一来,他根本没有心力去进攻江东了。”刘备听罢,连连称赞,认为这个主意十分高明,于是立即修书一封,派使者投送西凉的马超。

这时,马超已经得知自己父亲和弟弟遇害的消息,正在悲痛之际,刘备的使者持书来到。马超拆开一看,信中除了大骂曹操是个奸贼外,还指出了昔日刘备跟马腾二人同受汉献帝密诏、誓诛曹贼的往事和旧情。马超一下子觉得刘备跟他的关系非常亲近。在信的末尾,刘备说,曹操杀死马超的家人,可以说是跟马超结下了不共戴天的仇恨。他建议马超率领西凉军队从许昌的后方进攻曹操,而他率领蜀军从正面攻击曹操,这样就对曹操形成了两军夹击之势,他插翅难飞,由此就可以报仇雪恨。除掉奸贼,复兴大汉。马超十分赞同,立刻让使者给刘备带回一封信,然后就开始为征讨曹操作准备。马超的大军正要出发,西凉的太守韩遂派人来请他。韩遂与马腾是结义兄弟,两人多次出生入死。韩遂对马超说,曹操给他写了一封信,让他擒住马超,并且许诺封他为西凉侯。但是,韩遂不愿意加害马超,他杀掉了曹操的使者,决定和马超一起联军攻打曹操。随后,韩遂和马超率领20万大军浩浩荡荡地向许昌进发。这一消息很快就传到了曹操的耳朵里,曹操大惊,立刻班师回朝,放弃了攻打孙权的打算。这样一来,江东的危机就解除了。

诸葛亮没有动用己方的一兵一卒,甚至没有亲自出马,仅仅修书一封就轻而易举地打乱了曹操的南下计划,保住了孙权,由此可见计谋是非常重要的。因此,历代许多军事家都很重视计谋,尤其注意运用计谋对军队的士气进行激励。楚汉时期的项羽和韩信就是其中最突出的两个人。

西楚霸王项羽，在历史上留下的更多的是乌江自刎的悲壮、霸王别姬的凄美，以及鸿门宴上的优柔寡断。然而，细细想来，除去性格因素，项羽应该算是一位杰出的军事家。这从他灭秦，以及和刘邦之间发生的楚汉战争中就可以看出。他在一些战役中使用的谋略带着鲜明的个人色彩，表现了他对士气的重视。其中，成语"破釜沉舟"的故事就体现了他善于运用谋略激发士气这一特点。

在叔叔项梁的照顾下长大的项羽，不喜读书和剑术，只愿意学习兵法。他曾经在目睹秦始皇出巡的场面后，说出"这有什么了不起，谁都可以取代他"的豪言壮语，足见他的志向远大。公元前209年，陈胜、吴广在大泽乡起义的消息传来以后，项羽兴奋起来。他和叔父项梁杀掉了当地的郡守，召集起八千子弟兵，起兵反秦。

在西进的过程中，不断有人加入进来，最终人数增加到六七万人，发展成一支声势浩大的队伍。在范增的建议下，楚怀王的孙子熊心被立为楚王。起义军继续挥师向西。

秦二世二年（前208）八月，由于作战轻敌，项梁率领的军队被秦将章邯击败，自己也战死了。项梁战死后，章邯认为楚地的叛军已不足惧，于是将力量转移到巨鹿（今河北平乡），去攻打赵王歇。面对章邯所率二十万秦军的巨大威胁，赵王歇急忙派使者向楚怀王以及各路诸侯求援。身负杀叔父之仇的项羽主动请缨，被楚怀王封为次将，跟随上将军宋义率六万将士北上解巨鹿之围。

当援军到达安阳（今山东曹阳东南）后，面对二十万秦军铺天盖地的气势，上将军宋义吓破了胆，命令部将就地驻扎，想等到战斗进行得差不多时再趁火打劫。结果这一驻扎就是四十六天。在项羽和众将等得心急如焚的时候，宋义却在大帐中喝酒作乐。最终，火气十足的项羽一怒之下，冲进宋义的大帐将其杀死，成了这支部队的首领。在增加了另外两支义军的两万人马之后，项羽率领的部队达到了八万人。

但是，以八万人马抵挡二十万秦军，无异于以卵击石。为此，项羽派两万人为先锋，渡过黄河，截断秦军运粮的通道。紧接着，他又率全部主力渡过黄河。等所有将士都渡过黄河后。项羽吩咐士兵，每人带上仅够三天的干粮，然后把做饭的锅砸破，把渡船凿沉。面对目瞪口呆的将士们，项羽大声说："国家兴亡，在此一举。此次作战，只准进，不准退。三天之内，我们一定要把秦军打败。否则，誓死不回头。大家看行不行？"全体将士们举拳高呼："行！"

项羽破釜沉舟的决心和勇气，极大地鼓舞了将士们的士气。战斗开始后，楚军士气振奋，人人以一当十，奋勇死战。最终秦军被打败，四散溃逃。楚军在三天内九战九胜，秦军被击溃，南路秦军的主将王离被俘虏，其副将被杀。巨鹿之围得解。

正是项羽当时采用的破釜沉舟之计激发了将士们的勇气，这种勇气使他们拼命战斗，最终达到"以一敌十"的效果。

西汉名将韩信在激发军队的士气上也是个高手。他在许多战役中都积极激发军队的士气,最著名的当推井陉之战中的"背水一战"。

公元前206年,秦朝灭亡,西楚霸王项羽和汉王刘邦之间开始了争夺天下的战争。这时,韩信在刘邦的军中任大将军。

公元前205年,刘邦在彭城大败,这种不利的局面使许多诸侯纷纷背汉归楚,刘邦的处境十分艰难。在张良等人的建议下,刘邦制定了正面坚守、侧翼发展、敌后袭扰的战略方针,派大将军韩信率军开辟北方战场,以便歼灭黄河以北的割据势力,向楚军侧背发展。

第二年十月,韩信统率三万名新近招募的士兵越过太行山,向东挺进,对赵国发起攻击。赵军在赵王歇和主帅陈余的率领下,以二十万大军集结于井陉口,阻击韩信的军队。井陉口的西部有一条长约几十公里的狭窄驿道,易守难攻,不利于大部队行动。于是,赵军抢先一步扼守住井陉口。赵军居高临下,以逸待劳,且兵力雄厚,处于优势和主动地位。此时,远道而来的韩信,所率士兵不但是新招募的,而且由于千里行军,虽士气高涨,但身体已极度疲劳。

在仔细对比双方的力量之后,韩信定下了后来著名的背水一战的计策。他先指挥部队在距井陉口三十里的地方驻扎,然后在半夜时分,安排两千名轻骑手持汉军的红色战旗,由

韩信

小路迂回到赵军大营侧翼的抱犊寨山(今河北井陉县北)潜伏下来。同时,他又派出一万人为前锋,潜行越过井陉口,到绵蔓水(今河北井陉县境内)东岸背靠河水布列阵势。一切准备好后,战斗开始了。

当全然不察韩信计谋的赵军来到两军阵前时,纷纷嘲笑韩信的布阵方式。因为汉军背水列阵,无路可退。赵军认为韩信不懂兵法,竟然将士兵置于"死地",因而更加轻视他。在他们看来,布阵要"右背山陵,前左水泽",韩信却反其道而用之。岂不是可笑之至?

战斗打响后,赵军就发现情况完全不一样了。两军交战,厮杀了一阵后,韩信就率部佯装战败,扔下不少旗鼓仪仗,就向绵蔓水方向后撤,与事先在那里背水列阵的部队迅速会合。赵王歇和陈余一心贪功,对韩信的军队穷追猛打。结果,背水而列的汉军因前有强敌,后有水阻,无路可退,所以人人死战,个个拼命,击退了赵军的凶猛进攻。此时,事先埋伏好的两千名轻骑突袭赵营,将营中赵军的旗帜全部换成汉军的红旗。一时间,赵营内红旗招展,俨然已是汉军的天下。

久战不胜的赵军正想回撤,突然发现己方的营盘内都是汉军的军旗,以为自己

图文珍藏版

的营寨被汉军占领了,于是赵军上下乱作一团。汉军轻骑乘势杀出,切断了赵军的归路;韩信则指挥背水的汉军主力全线反击。最终,赵军被全歼,主帅陈余被杀,赵王歇被擒。

在此战中,韩信能以弱胜强,以少胜多,靠的就是计谋,这再次验证了计谋的重要性。其实不仅仅是打仗,世上任何事情,思考之后再动手都比埋头苦干强得多,这一点从日常的学习生活中就可以看出来。你仔细观察就会发现,有些同学明明比其他同学用功得多,但成绩就是上不去,而有些同学明明很放松,成绩却总是名列前茅,这就是埋头苦干与思考之后再用功的区别。善于动脑的人往往可以事半功倍,为什么呢? 因为他们事前已经考虑好了一步步都该怎么做,这与"读书破万卷,下笔如有神"的道理是一样的。下笔如有神的前提是读破了万卷书,心中早有了谋略、有了规划。有些时候,谋略甚至比自身的实力更重要。

美国船王丹尼尔·洛维格在发迹过程中就利用了谋略,使自己获得了人生的第一桶金,并最终发展下去,拥有了数十亿美元的资产。

1937 年,40 岁的丹尼尔找到一家银行申请贷款,以便把自己看中的一艘船买下来改装成油轮。然而,满怀希望的丹尼尔遭到了银行的拒绝,原因是他那不起眼的外表和磨破了的衬衫领子让银行坚信他没钱,不具备还款的能力。无奈之下,丹尼尔想到了一种变通的方法。他先找到一家石油公司,说服对方和自己签订了租赁合同,合同中声明自己将把准备购买的船租给石油公司。接着,他带着这份租赁合同再次找到了银行。见到银行总裁后,丹尼尔告诉他,自己买到货轮后,将把它改装成油轮,租赁给一家石油公司。随后,他向银行总裁出示了与石油公司签订的合同,并说,合同中石油公司每月付的租金,将用来分期偿还他要借的那笔贷款。他还强调,为了确保银行的利益,他会把租赁合同抵押给银行,由银行去向石油公司收取租金。银行总裁想了想,最终同意贷款给丹尼尔,原因是那家石油公司是相当可靠的。就这样,丹尼尔贷到了第一笔款。

丹尼尔用贷款买下了那艘旧货轮,然后把它改装成油轮,租给了石油公司。紧接着,丹尼尔又以这艘船作抵押,贷了另一笔款,用这笔贷款买了另一艘船。如此循环下来,丹尼尔自己没掏一分钱,就拥有了一支船队。

后来,丹尼尔又用这个方法开始牟取更大的利润。这回,他先是自己设计了一艘船,然后向客户出示图纸,以这种方式寻找要购买船的客户,将这艘还没制造出来的船租赁给对方。接着,他同样把与客户签的租赁合同拿去抵押贷款,而且这种贷款是延期偿还型的。这就意味着,在新船还没下水以前,丹尼尔基本不用还款;等到新船下水后。所借款项才由客户以租金的形式逐月付给银行。

对银行来说,发放这笔贷款的风险相对较低,因为有购船的客户和造船公司两个经济上独立的公司作担保,一旦一方出了问题,不能履行贷款合同,另一方仍可以确保银行能将贷款收回。这样一来,银行借出的钱反而多了一层保障。

就是利用这种方法,丹尼尔的事业迅速发展起来,他从一文不名的穷光蛋,变成了亿万富翁。其中,谋略是他成功的重要因素。委内瑞拉人拉菲尔·杜德拉也是这样一个运用谋略使自己获得成功的人。

20 世纪 60 年代中期,杜德拉只是委内瑞拉的首都加拉加斯一家很小的玻璃制造公司的老板。因为他本人是学习石油工程的,所以他一直想利用自己的专业知识去赚大钱。

一天,他偶然得知,阿根廷政府打算从国际市场上采购价值高达 2000 万美元的丁烷气。他认为自己的机会来了,立即动身前往阿根廷,想通过各种关系争取到这份合同。

到达阿根廷后,杜德拉才发现,实力远胜于自己的英国石油公司和壳牌石油公司已经比自己先行一步了。在这两个强劲的对手面前,无论是资金还是人脉,杜德拉都不能与之抗衡。怎么办呢?杜德拉没有灰心,他想到了运用谋略战胜对方。

杜德拉无意中得知阿根廷本地牛肉过剩,急于找外销的门路,他灵机一动,知道自己的机遇来了。他立即找到阿根廷政府的相关人员,对他们说,如果对方购买他 2000 万美元的丁烷气,他就可以买对方 2000 万美元的牛肉。此时正为牛肉过剩头疼的阿根廷政府一听他的提议,觉得正中下怀,于是他们就把购买丁烷气的合同给了杜德拉。就这样,杜德拉运用谋略,抢先对手一步拿到了订单。

接下来,杜德拉立即筹划购买丁烷气的事宜。他首先飞往西班牙,找到一家因缺少订单而濒临倒闭的造船厂,而这家造船厂是西班牙政府努力想要挽救的对象。

杜德拉对西班牙政府的相关人员说,自己可以向那家造船厂订制一艘价值 2000 万美元的超级油轮,前提是西班牙政府要买他 2000 万美元的牛肉。这个条件太划算了,西班牙政府当即答应下来。于是,杜德拉通过西班牙驻阿根廷使馆与阿根廷政府取得联络,请阿根廷政府将自己订购的 2000 万美元的牛肉直接运到西班牙来。

把 2000 万美元的牛肉转销出去之后,杜德拉继续寻找丁烷气。他找到了美国费城的太阳石油公司,对该公司的负责人说,只要太阳石油公司能租用他的那艘超级油轮,他就可以买对方价值 2000 万美元的丁烷气。太阳石油公司也接受了杜德拉的建议。

就这样,一步一步,杜德拉运用谋略,实现了自己跻身于石油界的愿望。又经过尹多年的苦心经营,他成为委内瑞拉石油界的巨子。

杜德拉和丹尼尔一样,都是具有大智慧、大胆略的商业奇才。他们起步的时候,自身条件不优越,但他们运用谋略,使自己战胜对方,这就体现了谋略的重要性。他们的事例教育人们,要勤于动脑,事前多思考,凡事不要茫然地去做,而是要考虑周全后再下手,三思而后行。

想要事半功倍,还是事倍功半,就看你是否会动脑了。

【解读】

"运筹帷幄之中,决胜千里之外"。这句话是说只要坐在军帐中运用计谋,就哥决定千里之外战斗的胜利。这句话说明了战略的重要性。为什么有些人做事可以事半功倍，而有些人是事倍功半，差别就在于他们在事前的准备不同。聪明的人在做任何事前，都会考虑如何做能够使事情更加简单，而愚蠢的人往往不假思索地开始蛮干。这与磨刀不误砍柴工的道理一样，如果事前做足了准备，那么动手就会容易得多，反之亦然。孔子教导我们"三思而后行"，就是让我们养成事前多思考的习惯。凡事三思而后行并不是胆小怕事、瞻前顾后、畏缩不前，而是成熟、负责、聪明的表现。一味蛮干的人是莽夫，精打细算、运筹帷幄的人才是成大事的人才。

自强第十六：修政事、求贤才为重中之重

【原文】

欲求自强之道，总以修政事、求贤才为急务，以学作炸炮、学造轮舟等具为下手工夫。但使彼之长技我皆有之，顺则报德有其具，逆则报怨亦有其具。若在我者挟持无具。则曲固罪也，直亦罪也；怨之罪也，德之亦罪也。内地之民人人媚夷，吾固无能制之；人人仇夷，吾亦不能用之。

凡恃己之所有夸人所无者，世之常情也；忽于所习见，震于所罕见者，亦世之常情也。轮船之速，洋炮之远，在英、法则夸其所独有，在中华则震于所罕见。若能陆续购买，据为己物，在中华则惯而不惊，在英、法亦渐失所恃。购成之后，访募覃思之士，智巧之匠，始而演习，继而试造，不过一二年，火轮船必为中外官民通行之物，可以剿发捻，可以勤远略。

【译文】

想要追寻自强之道，总应当把内修政事，访求贤才作为当务之急，从学习造炮、造船等器具上着手。只要使洋人的先进技术为我所掌握，那么洋人对我们好，我们要报答他们有器具；洋人对我们坏，我们要报复他们也有器具。如果我们自己手里没有可依仗的器具，那么无论是非曲直，友好还是仇视，都是我们的错。内地的民众人人崇洋媚外，我们无法制止；人人仇视洋人，我们也无法利用。

拿自己有的东西向没有这种东西的人炫耀，是世之常情；忽视司空见惯的，但对极少见的东西感到震惊，也是世之常情。轮船之快、洋炮射程之远，被英、法两国夸耀为独有的东西，在国内因少见而使人们为之震惊。如能陆续购买这些轮船大炮，据为己有，那么在我们中国就会司空见惯而不至于惊奇，英、法也会逐渐失去它所依仗的东西。买回来之后，访求那些善于思考、有智慧的工匠，开始时操练演习，然后尝试制造，不出一二年，火轮船一定能够成为中外官民都能使用的东西，可以用来剿灭太平军，也可以为国家的长远战略服务。

【事典】

司马迁，字子长，西汉夏阳(今陕西韩城，产说山西河津)人。这位中国古代伟大的史学家、思想家、文学家，被后人尊称为"史圣"的原因在于，他为后世贡献了

中国第一部纪传体通史《史记》（原名《太史公书》）。其实，这部《史记》不仅是司马迁留给后人的文化财富，还是他激励后人自强不息的实证。要想具体了解这一说法的含义，还要结合他的生活经历来谈。

据史料考证，司马迁生活在汉武帝和汉昭帝统治期间。他的家族中从唐虞到周朝的祖先，都是世代相传的历史学家和天文学家。从其八世祖司马错做了秦惠王时伐蜀的名将开始，后人便不再从事史官的工作。直到司马迁的父亲司马谈做汉武帝的太史令时，司马家族才重操旧业。

司马迁从10岁开始就喜欢阅读书籍，学习十分认真刻苦，每遇疑难问题，就一定要反复思考，直到弄明白为止。20岁时，他开始游历各地，"南游江、淮，上会稽，探禹穴，窥九疑，浮于沅、湘，北涉汶、泗，讲业齐、鲁之都，观孔子之遗一风，乡射邹、峄，厄困鄱、薛、彭城，过梁楚以归"，增长了自己的见识。之后，司马迁的才华显露出来，得到汉武帝的欣赏。元狩五年（前118），28岁的司马迁出仕为郎中，并在此期间陪同汉武帝外出巡游，其间耳闻目睹了许多地方的风土人情。元鼎六年（前111），35岁的司马迁做了中郎将，并奉命西征，先后到云南、四川、贵州等地出使，对那里的一些少数民族的风土人情有了更深的了解。元封三年（前108），38岁的司马迁接替病故的父亲的职位，开始了他的太史令生涯。太初元年（前104），司马迁开始写《史记》。天汉三年（前98），48岁的司马迁正埋头于《史记》的撰写工作，一场飞来的横祸不但使司马迁蒙受奇耻大辱，也使他的思想发生了重大转折。

天汉二年九月，李广利奉命率领三万骑兵出酒泉进攻匈奴右贤王于天山。名将李广的孙子李陵为了策应李广利的军队，率领五千步兵深入匈奴人腹地，以吸引单于的注意力，保证李广利的军队能顺利出击。等长驱直入到达目的地后，李陵派手下回长安报告。汉武帝非常高兴，与群臣举行宴会，以示庆贺。结果，就在他们举杯相贺之际，孤军深入的李陵遭到匈奴单于亲自率领的重兵包围。五千步兵对抗八万匈奴骑兵，经过十几天的激战，终因寡不敌众，粮尽箭绝，全军覆没，李陵投降了匈奴。汉武帝在兴奋之余突闻兵败的消息，异常愤怒。朝中那些谄媚之徒趁机把兵败的责任全推到李陵的身上。替孤身逃回长安的李广利（李广利是汉武帝宠爱的李夫人的弟弟）掩饰。司马迁看不惯那些朝臣的小人嘴脸，当汉武帝问他对此事的看法时，他站在一个史官的角度，客观地分析了李陵失败的原因：孤军深入，兵力不足，以区区五千步兵抵抗八万匈奴骑兵，能做到战至一人，实在是惨烈。而根据李陵对父母孝顺，对手下的士兵体恤，对自己的国家怀着一颗热爱之心的特点来看，他的投降应该是诈降，是想找机会回报朝廷。开始的时候，司马迁的分析让汉武帝冷静下来，于是决定派兵救援李陵。没想到的是，所托非人，奉命去救援的将军公孙敖因为一年多的时间没有建树，就假捕获的俘虏之口谎报李陵为匈奴人训练士兵，准备攻击汉朝。汉武帝大怒，杀了李陵全家。司马迁因此受到株连，被判诬罔罪。按汉朝的法律，犯此罪的人应该处死，要想活命只有两个方法，一是用钱赎罪，一是接受腐刑。司马迁"家贫，货赂不足以自赎"，而他必须让自己活下去，以便把未完成的《史记》写完。最终，他选择了受腐刑。

受刑的初期，尽管已经做好心理准备，司马迁还是痛不欲生，"交手足，受木索，暴肌肤，受榜棰，幽于圜墙之中，当此之时，见狱吏则头抢地，视徒隶则心惕息"（见司马迁《报任安书》）。他想到自己在父亲临终时发下的誓愿："小子不敏，请悉论先人所次旧闻。"他不得不含辱忍垢地活下来，将自己的全部精力投入《史记》的写作中，最终成就了一部史家巨著。

纵观司马迁的一生，如果他不是从小就自强不息，怎么会在 20 岁就游历名山大川。积累丰富的知识，从而为以后写作《史记》打下基础？如果他不是在接受腐刑后自强不息，他又怎能为后世留下《史记》这部巨著？试想，如果司马迁在面对腐刑的时候，选择为维护封建士大夫的尊严赴死，就不会有留传后世的《史记》这部巨著。试想，如果司马迁在受刑后一蹶不振，从此只活在痛苦中，为自己的痛苦而痛苦，别说会有《史记》留存于世，恐怕他失去的不仅是健康的身体，还有个人的尊严。

由此可见，无论是哪一个国家还是哪一个王朝，辛辛苦苦地劳作，谋求发展，说到底都是为了使自己强大起来。一个国家的发展，需要的是千千万万民众的一致努力，当然也离不开统治者的明智决策。俗话说"兵熊熊一个，将熊熊一窝"，说的就是这个道理。那么，作为统治者，应该怎么做才能使国家富强

司马迁

起来？曾国藩认为"欲求自强之道，总以修政事、求贤才为急务，以学做炸炮、学造轮舟等具为下手工夫"，这里的"修政事"和"求贤才"很容易理解，就是说让统治者勤政爱民、招揽人才为国家服务，而"学做炸炮、学造轮舟"则是"师夷长技以制夷"的一种措施。曾国藩推行的一系列措施在一定程度上推迟了清朝的灭亡，由此可知，曾国藩的自强之道是有道理的。

纵观整个历史发展进程，不难发现，能够把王朝推向鼎盛的皇帝大都是爱才、勤政爱民的。就拿清朝的乾隆皇帝来说，他是中国历史上实际统治时间最长的皇帝，清朝在他统治期间达到了顶峰。

乾隆皇帝，爱新觉罗·弘历，雍正帝第四子。他可以说是前无古人、后无来者的千古一帝。他从 26 岁继位到 86 岁退位，执政 60 年。另外，他退位后，又做了 3 年的太上皇，实际掌权长达 63 年。在这 63 年中，他在学习上一直没有松懈。乾隆 6 岁开始接受启蒙教育，9 岁正式入学读书，13 岁的时候，经、史、子、集便能倒背如

流。而且，他还学习满、蒙、维、藏四种语言。并且坚持练习武术和骑射。等到继承皇位的时候，他琴棋书画、文韬武略，无所不通，上知天文，下知地理，如果放在现在，简直可以说是文武全才。即使是这样，他还是不断学习，并没有骄傲自满。

做了皇帝以后，乾隆没有一味享受，而是依旧每天早上五点起床，一直忙到晚上八九点才休息。乾隆曾经对众人说过：要是我天资聪颖，那么我这么多年的书不就白读了吗？这句话充分说明，乾隆的造诣是他自己努力的结果。乾隆统治时期，国土面积是清朝最大的，达到1300平方公里。在治理国家方面，他实行了一套独特的措施，也正是因为有了这套措施，才维持了一朝盛世。

"宽严相济"是乾隆治国的主要原则。他总结了康熙时的"宽"与雍正时的"严"，决定取长补短、综合考虑，实行"宽严相济"的治国理念。对此原则，乾隆说过："宽严当得其中，若严而至于苛刻，宽而至于废弛，皆非宽严相济之道。"难能可贵的是，乾隆的"宽严相济"是建立在平等基础上的。在他统治时期，国家基本实现了"王子犯法，与庶民同罪"的承诺。在封建社会中，很少能够有统治者做到这一点。所谓"虎毒不食子"，统治者在处理王室与百姓时自然会有区别。但是乾隆皇帝不是这样，不论是谁，哪怕是自己的子女，甚至是自己犯了错，都要受到相应的处罚。有一次，大臣刘墉指出，乾隆曾经借用过明陵大殿的木头修建乾清宫，这样做等于挖坟掘墓，按照清朝的法律，要判死刑的。当然，乾隆没有被判死刑，但是他还是对自己的行为做出了相应的处理，最后定了个所谓的"戴肚兜枷锁自我发配山西"的处理办法。这件事情与曹操"以发代首"之事有相同的功效。这种平等以待且中庸的治国方略，以及乾隆本人的勤于政事，使得乾隆统治时期经济发达、政治清明、文化繁荣、思想活跃、人才辈出，创建了封建时代最为重要、最为稳定，也是最长的盛世时期。

当然，凭借乾隆一人之力是不可能有效管理那么大的疆界的。他除了自己勤于政事之外，也很注重笼络人才。在他统治期间，以"朝纲独揽，选贤任能，赏罚分明"为主要用人之道。为了保持官员的积极性以及人才的流动性，乾隆废除了官员终身制。在封建社会，一个人一旦做了官，那么他一辈子就一直当官，可以说是"一劳永逸"。打破这种官员终身制，给大批有才能的人提供了入仕的机会。也避免了官员的腐败堕落。因为有些人当了官，等于有了终生的保障，就开始玩忽职守。剥削老百姓。另外，在选拔人才方面，乾隆也有着清晰的认识。他非常重视任用一些经验丰富的老臣，非常重视对官员"勤政爱民"的考查。

对于任用老臣，乾隆认为他们经验丰富，能够应付突发事件，而且经历颇多，能够看清事物本质，分辨是非，针对一些问题，可以及时拿出一套行之有效的解决方法。至于"勤政爱民"，是为官之本，乾隆对此是一贯主张的。另外，乾隆在位期间，经常对在任官员进行考查，发现他们的优缺点，做到"知人善用，人尽其才"。

大量任用人才，使乾隆能成功地统治这个人口众多、地域广阔的国家。修政事、求贤才，乾隆都做到了，在经济发展方面，他同样做得不错，重视农耕，重视

挺经

图文珍藏版

百姓。

社会发展到今天，全球都联系到了一起，管理工作越发复杂，所以在统治国家时，要考虑的因素就更多了，但是修政事、求贤才的方略是没有变的。另外，它在企业发展中的应用也越发突出了，毕竟对一个企业来说，管理者拥有很大的实权，可以将自己的措施推行到底，所以管理者在企业发展中占据着很重要的地位。管理者究竟可以在企业发展中起到多大的作用？李·艾柯卡可以告诉我们答案。

艾柯卡出生在美国宾夕法尼亚州，他早年受父亲的影响，始终坚信经商只有通过冒险才能获得成功。大学毕业后，他去福特公司当了一名见习工程师。在公司里，他更喜欢和销售部的人打交道，而对自己所在的机械部则兴趣不大。不久，他就提升为费城地区的销售副经理。艾柯卡确实是个销售天才，这一年，他提出了"给56美元买56型福特车"的销售策略。这一策略让艾柯卡的职位再次提高，他被耀升为华盛顿地区的销售经理。因为这个策略让费城地区的销售量在不到三个月的时间里，就从全国的末位一跃成为首位，后来这一策略成为福特公司全国性销售策略的重要组成部分。1970年，艾柯卡荣升为福特公司总裁。在他任职期间，福特公司净赚了35亿美元的利润，在该公司的历史上留下了最辉煌的业绩。后来因为"功高盖主"，艾柯卡被福特二世辞退了。

这时，艾柯卡已经年过半百了，但他并不甘心，毅然接受了克莱斯勒汽车公司的聘请，向福特公司发起了挑战。那时的克莱斯勒公司可不像现在这么风光，而是已经濒临破产了。公司几乎处在无组织状态，纪律松弛，前总裁的办公室甚至成为人来人往的过道；财务状况一片混乱，现金枯竭；产品粗制滥造，积压严重；员工的士气低落到令人难以置信的地步。

艾柯卡在进入公司前就已做好了最坏的打算，但他万万没有想到真实情况竟然比自己预料的还要糟糕。尽管如此，艾柯卡还是毫不犹豫地接下了这个烂摊子。为了鼓舞士气，艾柯卡主动把自己的年薪降至一美元，这一举动在美国企业界引起了轰动，同时也震惊了克莱斯勒的员工。榜样的力量是无穷的，在艾柯卡的带领下，从领导到基层员工都逐渐形成共识：要与公司同甘共苦。"共同牺牲"给克莱斯勒公司带来了生机，使广大员工看到了希望。

之后，艾柯卡在公司内部进行了大幅度改革，先是精简机构，压缩企业规模，之后就是辞退能力不足的高层领导，最后是削减雇员。当然，在砍去原有的高层领导后，艾柯卡也引进了大批人才。在选用人才时，艾柯卡的做法别具一格。他选的人首先必须跟他"志同道合"，也就是说，这些人必须了解他的办事作风。并且对他说的话坚决执行。而不是阳奉阴违。为了迅速振兴克莱斯勒公司，艾柯卡亲自出面拉拢原来的一些老朋友。福特公司子公司的杰拉尔德·格林沃尔德、福特公司副总裁保罗·伯格莫泽等人先后被他拉到了克莱斯勒公司。杰拉尔德·格林沃尔德和保罗·伯格莫泽都有多年管理经验，刚到克莱斯勒，格林沃尔德就成为公司的二把手，而保罗则成为公司总经理。随后，格林沃尔德又为艾柯卡推荐了一位管理财务的人才——史蒂夫·米勒,他被艾柯卡破格提拔为公司主管金融业务的副总经理。另外,艾柯卡还挖来了很多有才能的人,只要他觉得能用的,并且自己请得动的,且对公司发展有帮助的人。他都要去挖掘。艾柯卡心中十分清楚,人才在企业发展中占据看怎样重要的位置。

新的领导班子在艾柯卡的四处挖掘下成立了。紧接着,艾柯卡开始花大力研发新产品,狠抓产品质量。在新领导班子的带领下,克莱斯勒很快就推出了深受消费者喜爱的"道奇400"新型敞篷车。多年来,克莱斯勒公司第一次走在了其他公司前面。继这款车型之后,克莱斯勒又相继推出了几款新车型,都取得了不错的销售成绩。克莱斯勒也成为令福特公司最头痛的竞争对手。

艾柯卡为什么能在福特公司如鱼得水,为什么能让克莱斯勒起死回生?这都是因为艾柯卡知道修政事、求贤才。勤劳、以身作则的领导可以为员工起到很好的榜样作用,而榜样的作用是无穷的。此外,招揽人才也是重中之重,要知道"人才是科技的第一生产力",没有为之效力的人才,即使一个人再有能力,也无法与一个优秀的团队相比,所获得的成就自然也就无法与团体相提并论了。所以要获得令人钦羡的成就,就必须学会提升自身能力,并且要懂得招揽人才。

【解读】

自强是中华民族的传统美德。自强是滴自己的汗,吃自己的饭,自己的事情自己干,勇往直前的魄力和勇气。自强是一种精神,一种信念,一种境界。提到自强是一种信念、一种境界,就不由得让人想到西汉时期的司马迁。可以说,他是我国古人中自强不息的代表。

外交第十七：害相权取其轻，退一步海阔天空

【原文】

此次议抚，实出于不得已。但使夷人从此永不犯边，四海晏然安堵，则以大事小，乐天之道，孰不以为上策哉！

道光庚子以后办理夷务，失在朝和夕战，无一定之至计，遂至外患渐深，不可收拾。皇上登基以来，外国强盛如故，惟赖守定和议，绝无改更，用能中外相安，十年无事，此已事之成效。津郡此案，因愚民一旦愤激，致成大变，初非臣僚有意挑衅。倘即从此动兵，则今年即能倖胜，明年彼必复来，天津即可支持，沿海势难尽备。

拿犯八十余人，坚不吐供，其认供可以正法者不过七八人，余皆无供无证，将来不免驱之就戮，既无以对百姓，又无以谢清议，而事之能了不能了尚在不可知之数。乃知古人之不容于物论者，不尽关心术之坏也。

【译文】

这次以《南京条约》来向外国求和的做法，实在是出于不得已。但是如果这能让英国人从此不再侵犯我国边疆，使我国境内平静安定，那么这次求和，何尝不是一种上策？

1840年以来，我国办理涉外事务时，总是在和与战之间摇摆不定，正是因为没有一个固定的方针，导致外患越来越深，终于到了今天这种不可收拾的地步。同治皇帝登基以来，外国仍然是那么强盛，只有坚定不移地坚持讲和的方针，不再动摇，才能和外国安然相处，这十年来的平静，就是讲和方针起到的作用。天津这次教案，由于愚民们一时愤慨，造成国家这么大的变故，起初并不是地方官员有意挑衅外国人的。如果从此对外用兵，那么即使今年能够侥幸获胜，明年这些洋人一定会再来，即使天津这一边做好了作战的准备，可以抵御侵略，但是未必沿海各地都能做好防备。

现在已抓获罪犯八十多人，但是很多人都拒不招供，其中认供画押，可以处决的不过七八个人，其余的都没有证据证明他们参与了这件事情，但将来都免不了要被处死。这让我既没有办法面对老百姓，也没有办法面对社会舆论，而事情能否就此了结还不可预知。现在才知道，古代那些名声不好的人，不都是心术不正的缘故。

就现实情况来说,一个再强大的国家也会有不得不暂时忍让的时候,一个个性再强硬的君主也会遇到不得不委曲求全的时候,除非他打算以卵击石。有些时候,退一步换来的是更大更好的发展空间,何乐而不为?

刘邦的妻子吕雉年轻的时候就跟刘邦出生入死打天下。刘邦即位后,她密谋杀死韩信。刘邦去世后,成为太后的吕雉更是权倾朝野,统治大汉十六年。如此强悍的女人,在大汉国势不强的时候,也选择了委曲求全。

刘邦去世后,吕后独揽朝中大权。当时,汉朝北方的匈奴势力强大,多次出兵侵扰大汉。刘邦去世的消息传到那里,匈奴王为了羞辱大汉,给吕后写了一封信,信的内容是这样的:汉朝皇太后,你好,我是北方草原上生活的一个寂寞的君王。我拥有猛士三十万,自己也非常强壮,擅长骑马打猎。现在在贵地边境,非常想到大汉腹地游览一番。听说不久前你的丈夫去世,想必你现在寂寞得很,而我自己每天也是孤枕难眠。既然你我都是这样寂寞,那么为何不在一起凑合一下。这样一来,大汉跟我们结为姻亲之好,你我也能各取所需,岂不美哉!

这封信的内容一公布,汉朝的臣子个个义愤填膺。吕后的妹夫樊哙是一员猛将,他当时就提出要率兵攻打匈奴,给匈奴王点颜色看看。吕后没有同意,因为她考虑到汉朝的实力,现在还不能跟匈奴硬拼,不然会损失惨重。吕后压住心中的怒火,经过一番思量后,给匈奴王写了一封回信,信的内容如下:我们这个小地方还能让单于牵挂,实属万幸。收到你的信件后,全国上下莫不诚惶诚恐。单于你正值壮年,老身不该驳了你的面子,该亲自前往侍奉。但是无奈年老色衰。行动不便,恐怕要让你失望了。思前想后,献上后宫美女三十名、锦帛十万匹、御用精米八十万斛、美酒百担,请单于笑纳。

吕后这封信写得实在卑微,但是从中我们可以看出吕后成大事的气概。对任何一个女人来说,单于的那封信都是难以忍受的,但吕后接到信后,首先不是考虑自身,而是从大局出发,做出了最有利于国家的决定。说到底,吕后向匈奴王示弱的心态与曾国藩对外妥协的心态是一样的。吕后之所以示弱,是想要为国家争取一个安宁的环境,使汉朝百姓能够休养生息,逐步使国家强大起来。

忍一时之气,求长远发展,是有远见的做法,意气用事的人往往成不了大气候。

谈到因为意气用事,最终失去成就大业的机会,就不能不提到关羽和刘备。这两个结义兄弟,其失败的原因都在于意气用事,也因为他们的意气用事,导致蜀汉的江山最后易主,诸葛亮多年的谋划付之东流。

刘备早年丧父,后以织草鞋为生。他和关羽、张飞二人在涿郡结为异姓兄弟,此后三人生死相随。这三人相识的过程,《三国演义》中描写的大致情节是这样的:

刘备28岁时,一天看到益州牧刘焉为了镇压黄巾军而招募义兵的文告,长吁短叹,结果引来了旁边一个汉子的发问。此人身长八尺,豹头环眼,燕颔虎须,声若巨雷,势如奔马。经过交谈得知,此人叫张飞,是一个屠夫。当听说刘备破贼安民之志不得舒展后,张飞慨然称自己小有财产,加之平时好结交天下豪杰,愿意帮刘备招募乡勇,同举大事。就这样,刘备和张飞因志向相同聚到了一起。

后来,二人在村店里饮酒时,结识了关羽。他身长九尺,髯长二尺;面如重枣,唇若涂脂;丹凤眼,卧蚕眉,相貌堂堂。关羽由于曾杀死一个富人,过着逃亡的生活,这次听说刘焉招募义兵,就想从军。结果三人越谈越投机,就在张飞家的后庄结为异姓兄弟。

这就是刘、关、张三结义的经过。尽管小说中有不少演义的成分,但后来三人之间的感情是非常深厚的。

灵帝中平元年,刘备因镇压黄巾军起义有功而被封为安喜县县尉。后来因为捆绑并鞭打督邮,三人不得不逃离安喜,过起了逃亡的生活。在接下来的日子里,刘备带着关、张二人,先后投靠公孙瓒、陶谦、吕布、曹操、袁绍,后依附荆州牧刘表。206年,经徐庶推荐,刘备三顾茅庐,得到诸葛亮辅佐,采纳其联孙拒曹的建议,使自己的力量逐渐壮大。汉建安十三年,刘备与孙权联合,在赤壁之战中大败曹操的军队,乘机取得荆州的长江以南四郡,由此建立了自己的根据地。紧接着又夺取益州、汉中,领益州牧,称汉中王。221年刘备于成都即帝位,国号汉,史称"蜀汉"。

在刘备创业的过程中,关、张二人始终追随其左右,为其奋战沙场。尤其是关羽,千里走单骑,送义嫂回到义兄身边。面对曹操的诸多恩惠、唾手可得的荣华富贵亦不动心,毅然选择为自己的义兄效力。兄弟之间的深情由此可见一斑。

赤壁之战后,三国鼎立的局面形成。不久,刘备先后夺取了益州和汉中。汉中和荆州是蜀汉的两个战略基地,从汉中可以北出潼关,攻打洛阳;从荆州北上可以经襄阳攻打许昌,东下则可以直捣吴国的腹地,使蜀汉处于进可攻、退可守的有利地位。如此重要的战略要地,曹操、刘备、孙权三方都想取得,为此,刘备派了自己最信任的关羽驻守荆州。

孙权一心想将荆州收回,然而由于英勇无敌的关羽镇守荆州,谨慎的他一直未敢轻举妄动。就在此时,一心想破坏孙刘联盟的曹操采用谋士的建议,给孙权送来一封书信,表明想联合孙权攻打刘备。对于一心想夺回荆州的孙权来说,这是个机会。于是,他慎重地征求了臣子们的意见。

谋士诸葛瑾建议,对刘备一方宜采用先礼后兵的政策,因为驻守荆州的关羽英勇善战,如果能和平解决荆州问题,那是最好的。诸葛瑾还说,可以采用与关羽联姻的方式,争取荆州的和平收复。如果关羽愿意与东吴联姻,东吴就与刘备联合,共同对抗北边的曹魏;如果关羽不同意联姻,东吴就答应曹操的请求,与曹魏联合,共同进攻西南边的刘备。孙权深知,如果与曹操联盟,无异于与狼为谋,除非万不得已,不能走这条路。所以,他采纳了诸葛瑾的建议,并派他前往荆州向关羽提出联姻的请求。

身负使命的诸葛瑾到达荆州后,从大局考虑,没有在意关羽对自己的轻视,代替孙权向关羽提亲,希望孙权与关羽两家成为姻亲,并说明这样一来,双方都可相安无事。没想到,心高气傲的关羽的态度竟然由开始的轻视变得愤怒起来。他怒斥诸葛瑾,说自己那么优秀的女儿,是不会嫁给孙权那个像狗一样的儿子的。他不仅出言侮辱孙权,还连带着把诸葛瑾也羞辱了一番。又羞又气的诸葛瑾回到东吴后,把事情的经过原原本本地告诉了孙权。孙权大怒,于是决定同曹操联盟,双方联手攻打刘备。

早在关羽前去镇守荆州之前,诸葛亮就叮嘱过他,一定要在战略上恪守“东和孙权,北抗曹操”的方针,并反复讲明了其中的道理。关羽当时也表示,自己一定把丞相的话记在心上。然而,关羽竟然意气用事,最终导致孙、刘两家的关系破裂。

现在看来,孙权能派人主动请求和亲,对蜀汉政权而言是一件非常幸运的事情。因为当时,刘备统治的地区形势并不稳定,北方的曹操时刻威胁着蜀国。如果东吴再成为其敌对方,那么刘备一方的局势就极其危险了。相反,如果刘备能与东吴联合,双方不但可以共同抵抗曹操的进犯,缓解外部压力,而且可以有更多的时间进行内部治理,发展经济,壮大力量。然而,关羽的意气用事,不但破坏了孙刘可能形成的联盟,还直接促使孙权和曹操形成联盟,最终不仅荆州被东吴攻占,关羽也成为东吴的战俘,死在孙权手中。

关羽意气用事造成的后果直接导致了刘备的意气用事,导致刚刚建立的蜀国元气大伤。之所以这么说,就要看一看关羽死后的事情了。

当关羽败走麦城,父子双双丧命于孙权之手的消息传到成都刘备的耳中时,刘备又悲又怒。这股愤怒之火,终于在221年他称帝建立蜀汉政权后爆发出来。刘备在称帝后一个月。不顾诸葛亮的劝阻,亲自率兵,大举攻吴,企图为关羽报仇,夺回荆州。这就是著名的夷陵之战。

此战与刘备对阵的是东吴年轻的统帅陆逊。刘备被陆逊用火攻打了个落花流水,病死在白帝城。

综合以上内容就可以看出,无论是关羽失荆州败走麦城,还是刘备的夷陵惨败。都是由于意气用事。尤其是刘备,当被“义气”和“怒气”冲昏头脑时,以往那些匡扶汉室、一统天下的目标全都飞到九霄云外去了。最终,夷陵之战的大败,使蜀国元气大伤,财力大失,人员损失严重。最后,虽然诸葛亮苦苦支撑,终究再无回天之力。一次意气用事,导致了刘备事业的最终失败。

当然,不意气用事并不代表着一味地委曲求全,如果一定要委曲求全,也是要看什么情况,什么局势。向强敌示弱或投降同样是委曲求全,但英雄与叛徒的区别在于:英雄是表面示弱但内心坚忍,不断告诫自己要强大,改变今天的弱势地位。英雄不屈服于荣华富贵或者苟且偷生,他们的屈服是暂时的隐忍,是积蓄力量,就如同拉弓射箭一样,想要箭射得远就要拉满弓。

其实不仅仅是在处理国务外交时需要退一步,现代企业在发展中,有时候也需要退一步。这里的退一步并不是被对方逼到无路可退时,不得已而为之,而是主动退一步。这样的退一步是为了进两步。G.J.柯尔是英国友尼利福公司总经理,在企业经营中,他有一个信条,那就是:"不拘束于体面,而以相互利益为前提。"柯尔觉得,在企业经营中,利益很重要,而且相互的利益是企业双方都需要的。他在生意谈判交涉和企业经营的过程中经常采用退让策略,当然,这不是妥协和失败,而是为了得到对方的信任和更多的思考时间,有利于跟对方保持长期合作。退让不会使自己吃亏,很多时候,都是退一步,进两步,对方有三分收益,自己可能就有十分收益。这样一比较,还是自己得到的利益比较大,这样的退让有何不可呢?

友尼利福公司在非洲东海岸的一些国家早就设有大规模的友拉蒂特非洲子公司。这里土地肥沃,肥皂原料廉价、丰富,也适合栽培食用油的原料落花生等,劳动力资源也非常丰富。而且,非洲地区发展落后,所以友拉蒂特非洲子公司几乎没有竞争对手。种种优势让友拉蒂特非洲子公司的营业额直线上升,是友尼利福公司财富的主要来源之一。

但是"二战"后,这种情况就变了。当时,非洲各地的民族独立运动蓬勃发展,结果,友尼利福公司的花生栽培地逐渐被非洲国家收回,这就使友尼利福公司面临着极大的危机。这时候,柯尔心里很清楚,如果公司不作出一些退让,友尼利福公司必定难以继续生存下去。所以,他亲自去非洲,找到非洲政界和商界的一些朋友交涉,对他们说,非洲如果和英国长期合作,一定有助于非洲的发展。另外,柯尔还针对当时非洲民族解放运动日益高涨的实际情况,决心做出较大的让步。为了表示决心,他对友拉蒂特非洲子公司发布了六条命令:

第一,非洲各地所有友尼利福公司系统的首席经理人员,迅速起用非洲人。

第二,非洲人与白人原来在薪水上的差异,即时取消,采用同工同酬的办法。

第三,为了培养非洲人才,在尼日利亚设立经营人才培训所。

第四,应当采取英非互利的政策。

第五,以退让寻求公司在非洲的生存之道。

第六,不可拘束于体面问题,应以创造最大利润为原则。

后来,柯尔在跟非洲几内亚政府交涉的过程中,表示愿意主动撤走在非洲的公司。这样的态度使几内亚政府深受感动,他们经过几轮会议讨论后,决定挽留柯尔的公司,让它继续在非洲发展。

另外,柯尔在非洲的其他地方也采取了退让政策,最终友尼利福公司的子公司得以继续在非洲做生意,而其他很多公司都被迫撤走,受到很大影响。由此可见,退一步在生意谈判中也是具有很大效用的。

聪明的退让并不是妥协或失败,而是为了更大的成功。以卵击石的确是英雄气概,但那并不是最聪明的选择,聪明的选择是忍让一时,求得长远的发展。当然,采用退让策略也是需要一定技术的,要适时适量地退让,才能达到自己预期的目的。

【解读】

"忍一时风平浪静,退一步海阔天空",这句话是老祖宗留给我们的箴言,意在劝诫人们不要针锋相对,适当的退让会换来更大的空间。曾国藩的外交思想就是来源于此。曾国藩外交思想的基本格局是对外妥协,以退让来换取国内的暂时安宁,进而可以让国家在这段安宁的时间里谋求发展。这种外交思想,并不是出于他本人的内心,而是出于对当时局势的考虑。从他晚年致力于洋务运动,谋求发展的行动中,不难看出,对外妥协只不过是权宜之计。在"文革"前,史学界都简单地认为曾国藩是个卖国贼,而"文革"后,一些学者就开始为曾国藩正名,认为曾国藩的外交思想,实际上是对列强的权且笼络,为中国争取一个和平环境,使中国在和平的环境下图自强,最终达到攘外的目的,也就是所谓的"攘外必先安内"。不管怎么说,曾国藩的外交政策让清朝丧权辱国是事实,但同样不可忽视的一个事实是,曾国藩的外交政策也延续了清朝的"寿命"。从这一点来说,曾国藩的外交政策确实是在审时度势之后才做出的正确抉择,当然这也是就当时清朝的现实情况来说的。

峻法第十八：法不容情，乱世用重典

【原文】

世风既薄，人人各挟不靖之志，平居造作谣言，幸四方有事而欲为乱，稍待之以宽仁，愈嚣然自肆，白昼劫掠都市，视官长如无物也。不治以严刑峻法，则鼠子纷起，将来无复措手之处。是以一意残忍，冀回颓风于万一。书生岂解好杀，要以时势所迫，非是则无以锄强暴而安我孱弱之民。牧马者，去其害马者而已；牧羊者，去其扰群者而已。牧民之道，何独不然？

若非严刑峻法，痛加诛戮，必无以折其不逞之志，而销其逆乱之萌……即臣身得残忍严酷之名，亦不敢辞。

【译文】

现在这个年代，世间的风气越来越差，人人都怀有不安分的想法，平常就喜欢造谣生事，为使天下大乱而去祸害众人，稍微对他们仁慈宽大一点，他们就会更加嚣张放肆，丝毫不知道悔改，光天化日之下。竟然不将官府放在眼里，大肆掠夺，横行霸市。如果不用严酷的刑罚去处置他们，那么天下的坏人就会纷纷起来作乱，到了那个时候，局势就更没有办法收拾了。因此，我才用严酷的手段惩治这些恶人。希望能够挽回日渐颓废的风气。其实有哪个读书人会喜欢杀戮？我之所以这么严酷，关键是被眼前的形势逼迫的，如果不这样做就无法铲除恶势力，从而保护那些羸弱的百姓。放牧马群。去掉害群之马就可以了；放牧羊群，去掉捣乱的羊就可以了。治理百姓的办法。何尝不是这样？

如果不用严酷的刑罚，对坏人痛下杀手，那么就一定不能打消他们不能实现的志向。从而把他们叛逆谋乱的想法扼杀在摇篮中……为了让百姓安乐，即使我得到残忍严酷的恶名，也丝毫不敢有推却之意。

【事典】

在我国历史上将严刑峻法贯彻到底的皇帝，莫过于大明的开国皇帝朱元璋了。

朱元璋于元朝末年出生在一个赤贫的佃农家庭。当时贪官横行，朱元璋从小就饱受贪官污吏的敲诈勒索，他的父母及兄长即是在残酷的剥削和瘟疫的双重威胁下丧命的。朱元璋迫于生计，只好当了和尚。正是因为有这种经历，朱元璋从小就对贪官深恶痛绝。直接导致了他后来对贪官采取严惩的手段。

朱元璋登基做了皇帝后,立即在全国掀起了轰轰烈烈的镇压贪官运动。当他发现御史宇文桂身上藏有十多封为拉近关系私托求进的信件后,龙颜大怒,马上派人到中央各部以及地方官府进行调查。结果发现,朝廷上下的贪污腐败现象非常严重,这完全出乎他的意料,他一直以为在自己的治理下,朝廷吏治应该是清正廉明的。这一事件让朱元璋大为震怒,他立即下了一道诏令:凡是贪污超过六十两的官员一律处死,决不宽贷。此外,他还对外宣称:朝廷上下,只要是贪污,不论是谁,一定严惩,决不心慈手软,一定要查到底。在这之后,明朝就有了受贿六十两为限的处罚制度。刚刚立国时,朱元璋大量留用元朝的旧官吏和一些功臣,这些人有恃无恐地贪赃枉法,以为朱元璋不会治他们的罪。事实证明,他们彻底想错了,在处置贪官方面,朱元璋丝毫不留情面。

洪武十五年,户部官员勾结地方官府,将空白报表预先盖印后私自填充虚假的支出数额,营私舞弊。朱元璋知道这件事后,立刻处死了各地方衙门管理印章的官员。他们身边的副手被杖刑一百,然后发配到边疆充军。洪武十八年,工部的很多官员借着修建宫殿的机会,虚报工匠数量以领取更多银子,给工匠发放工钱的时候又大肆克扣。案发后,这些贪官都被处以死刑。

明朝建立后不久,为了培养一批新生的力量,朱元璋专门成立了国子监,给没有入仕的读书人提供升迁的机会。对于这些新进国子监的人,朱元璋非常关心经常亲自去国子监教育他们,告诉他们要廉洁奉公,不为私利左右。虽然朱元璋对这些人十分厚爱,但是对于没有遵从他教诲的人,他的手段也是非常严厉的。洪武十九年,朱元璋派出大批新进国子监的人去基层勘察水灾,其中有141人参加了地方官员的宴请。朱元璋知道后,下令斩杀了这141人。

虽然说朱元璋对贪官深恶痛绝,对已查明的贪官在惩处上毫不留情,但是事实上,明朝的贪污现象并没有因此而减少。为了起到杀鸡儆猴的作用,朱元璋还发明了"剥皮实草"的残酷刑法。所谓的"剥皮实草",就是把人皮剥下,里面填充稻草和石灰。朱元璋在位时期。每个州、府、县都有"皮场庙",这里就是处决贪官污吏的地方。贪官被剥皮填充稻草、石灰以后,会放在下一任公堂桌的旁边,告诫继任官员不可重蹈覆辙,否则,这就是他们的下场。这样的做法确实起到了一定的威慑作用。

在传统的改朝换代中,总要经历一乱一治的局面。朱元璋作为开国皇帝,面对的正是元朝留下的乱世,要想让乱世迅速恢复太平,就不得不用重典。

现在看来,朱元璋的重典或许真的过于残酷了。但不得不承认的是,在这种残酷镇压下,明朝的政治与经济确实较元朝末年有所恢复。同样的道理,尽管一直以来,人们都评价商鞅变法中的法令过于严酷,但事实上,正是因为商鞅变法,秦国的经济才得到发展,军队战斗力才不断加强,最终发展成为战国后期最富强的国家。

春秋时期,秦国社会经济的发展落后于关东各大国。它偏处西陲,民众袭用戎狄习俗,"父子无别,同室而居",贵族身亡,以人殉葬,一人犯罪,诛及三族,因此,中原各国都鄙视秦国,不让它参加"会盟"。秦国长期内乱,战备不修,魏国乘虚而入,夺去了肥沃的河西之地。公元前361年,秦孝公即位。公元前349年,迁都咸阳,决心彻底改革。为此,秦孝公下令招贤,商鞅从魏国来到秦国,开始实行变法。

商鞅推行了一系列措施,每一项都直接反映了秦国富国强兵的政治意图。商鞅废除了世代公卿制,强调了以军功论赏的原则,即使是贵族子弟,没有军功也不能封官。商鞅将贵族封号定为二十级爵制,将士及宗室都必须以军功的大小论爵位,并奖励相应的官职。在商鞅的这项措施下,秦国的将士人人争先立功,国家军事力量迅速强大,对外扩张的野心一日胜过一日。"严者,以威刑肃三军也。"商鞅对违反新法的王孙贵族一律施以惩戒,树立了新法的威严。对于太子的犯法行为,商鞅也采取了严寿的处罚措施。由于太子是未来的一国之君,不能受刑,商鞅就处罚了太子的两个老师——"刑其傅公子虔,黥其师公孙贾"。

商鞅通过颁布新法,将统治权全部收归中央。因为要实现中央集权,商鞅提出设县的地方体制,分全国为四十一县,由国君任命县令或县长来管理地方,这就是郡县制。

此外,商鞅变法还实行了严刑峻法和文化高压政策,改革户籍制度,实行连坐法。为了加强封建专制的统治,便于管理广大百姓,变法内容中规定,百姓要登记各人户籍。对于犯罪的人,即使是轻罪也要用重刑。同时,商鞅将魏国李悝的《法经》颁布实行,增加了连坐法。将居民以五家编为"伍"、十家编为"什",将什、伍作为基层行政单位。按照编制,登记并编入户籍,责令互相监督。一家有罪,九家必须连举告发,若不告发,则十家同罪连坐。不告奸者腰斩,告发奸人的与斩敌同赏,匿奸者与降敌同罚。同时,新法还规定,旅店不能收留没有官府凭证的人住宿。否则店主也要连坐。

经过一系列变法,秦国出现了"家给人足"的繁荣景象,全国百姓以私下斗殴为耻,以为国家立下战功为荣,国家战斗力不断增强,秦国成为战国后期最强大的国家。

很长时间以来,人们提到商鞅的变法,都是全盘肯定,赞誉有加。事实上,商鞅变法的措施中,有些也是不足取的,如连坐法,以及"燔诗书而明法令"的文化高压政策,尤其是后者不仅压制了人民的思想,对于中国文化典籍也是一种摧残。但同时我们也必须看到,对于当时处于偏远地区的秦国来说,民风彪悍,如果不实行重法,怎么能治理好?所以,后世的李斯在《谏逐客书》中曾指出:秦国认为外国人对秦国不利吗?那一百多年前的秦孝公如果不任用商鞅变法,哪里会有名列战国七雄之首的秦国?

当然,商鞅那种完全否定前代文化的做法是不可取的,像朱元璋那种要么不做、要做就做绝的人生哲学在现在和平的年代里也是不值得提倡的。但在现在的企业界,有一句话与朱元璋的人生哲学十分类似,那就是"要么不做,要做就做到最好"。要想在激烈的竞争中生存下来,就不得不严格要求自己,要求自己的员工。

古语说:"子不教,父之过;教不严,师之惰。"对此,没有多少人会持异议,因为"有其父必有其子""青出于蓝而胜于蓝"。同样,有什么样的领导,就会有什么样的员工。领导对自己的员工负责,实际上就是对自己的企业负责。美国国际农机商用公司董事长西洛斯·梅考克曾有一句名言:"管理是一种严肃的爱。"梅考克是这样说的,也是这样做的。

在日常工作中,梅考克经常设身处地地为工人着想,但这并不意味着他会情不分,在情与理发生冲突时,他仍然会以理为先。有一次,一位老工人违反了工作制度,不但迟到早退,而且还酗酒闹事。按照公司管理制度的有关条款,他应该被开除。这一决定一公布,老工人马上就发火了,他觉得公司处理得太过分了。他十分委屈地对梅考克说:"当年公司不景气的时候,债务累累,债主天天来要账。我没有像别人一样一走了之,而是选择与你患难与共,三个月不拿工资也没有说过什么,而今天我不过犯了这么一点小错误,你就要开除我,真是一点情分也不讲!"这位老工人已经在国际农机商用公司工作了很多年,在公司最困难的时候都坚守在公司,从没有想过自己有一天会离开公司。梅考克自然是知道这位老工人的,虽然他也不愿开除对公司十分忠诚的老臣,但公司制度摆在那里,他不能因为照顾情面而打破这一制度。因此,他平静地对那位老工人说:"你知道不知道这是公司?公司是有规范的地方……这不是你我两个人的私事,我只能按照规定办事,不能有一点例外。"最后,梅考克还是坚决辞退了这名员工。

后来,梅考克知道了这位老员工迟到、酗酒的原因。原来这名老员工的妻子不久前去世了,留下了两个孩子,一个腿部有残疾,一个还很小,吃不到母亲的奶水,经常因饥饿而大声哭闹。老员工看着两个可怜的孩子,又想起去世的妻子,内心极度痛苦,借酒消愁,因此耽误了上班时间。知道这一切后,梅考克找到这名老员工,对他说:"我真是糊涂。你现在别多想,赶快回家照顾你的孩子去,处理好你老婆的丧事。哦,不用担心,我不会让你走上绝路的。"说完,就把一沓钞票放进了老员工的手里。老员工很感动,试探着问:"你要撤销开除我的决定吗?"梅考克笑着说:"你希望我这样做吗?"老员工摇了摇头。"对,这才是我的好朋友。你放心地回去吧,我会适当安排的。你放心,工作的问题我会给你解决的。"最终,那位老工人被安排到梅考克的一家牧场里当了管家。

虽然在这件事情中,是那位老工人主动要求梅考克不要撤销命令的,但在我们看来,即使老工人不这么要求,梅考克也会坚持这么做的,毕竟公司并不是只有一名员工,而且公司制度也不是为一个人制定的。在公司内,如果出现一个例外,就会出现无数个例外,那样一来,公司制度就会形同虚设。虽然说老工人犯错误确实事出有因,但作为管理者,一定要公私分明,做到对员工公正无私,方能服人。梅考克开除那位老工人是理之所在,而聘请老工人担任他的牧场的管家,是情之所在。梅考克从不把公私混为一谈,即使私交再好,一旦在公事上犯了错误,他也会严格按照公司的规章制度来处理，但是私底下他还是会尽量帮助被自己处罚的人。总而言之。梅考克就是个在工作上讲法理，在生活上讲人情的人。

在企业管理中，要做到梅考克那样并不容易，尤其是在中国这个讲究人情的地方。但是将情理摆在法理之前，并不利于公司的发展，因为管理者不仅要面对懂得自我管理的员工，还要面对需要被管理的员工。根据专家的统计分析，企业的员工大概可以分为三类，其中懂得自我管理的一类人只占 10%。面对不同类型的员工，管理者能做的就是毫不留情地执行公司制度。没有人会喜欢被管理，因此管理别人常常是一项得罪人的工作。但是对管理者来说，你不得罪人，你就只能得罪你的工作。这么说看似有些偏激，但事实就是如此。严格按照公司制度管理固然少了些许人情味，但不得不承认的是，正是有了制度的存在，才能够让公司井然有序地发展下去。

其实，不论社会是不是乱世，企业界竞争是否激烈，法理都是不能废止的。执行法理，约束的不仅仅是那些被法理制裁的人，还有那些被法理制约而不敢违规的人。

【解读】

"乱世用重典，盛世行德政。"这句话是说，在乱世中应当用严刑峻法来治理国家，而在太平盛世则用德行来治理国家。之所以要在乱世用严刑峻法，是因为这个时候很多人会唯恐天下不乱，如果稍微对他们好一点，他们就会更加嚣张，这就逼得君主不得不用严酷的手段处置恶人，进而起到杀一儆百的作用。

国学经典文库

图文珍藏版

解开英雄的成功秘诀 把握现今的通赢智慧

智慧谋略全书

王艳军◎主编

线装书局

文化
经典
国学

图文鉴藏版

王军生 主编

智慧某禅全书

权谋术

明·张居正

图文珍藏版

导读

权谋术是应用于人际关系中的一些策略和手段。无论在政治、外交、军事领域，还是在最为普通的人际交往中，权谋术其实无处不在。

政治家们闭口不谈权谋术，却深入钻研，并把权谋术运用得炉火纯青。这就像军事家善于打仗，却没有留下兵书一样。虽然没有这方面的著述传世，但不等于没有理论，也不一定没有总结，而是有的人把自己的心得作为秘笈，不以示人而已。

这部辑录注释的《权谋术》，传为明代大政治家张居正所著。张居正生逢明代由强到衰的转折点，任首辅十年，大力回天，使本来已一蹶不振的大明王朝重新焕发了希望和生机。历史学家黄仁宇在他的《万历十五年》中，对张居正作了生动的描述："张居正似乎永远是智慧的象征。他眉目轩朗，长须，而且注意修饰，袍服每天都像崭新的一样折痕分明。他的心智也完全和仪表

张居正

相一致。他不开口则已，一开口就能揭出事情的要害，言辞简短准确，使人无可置疑，颇合乎中国古语所谓'夫人不言，言必有中'。"

这部《权谋术》并不见于《张文忠公全集》，只是后人根据汇集整理张公有关权谋经籍而起的名字。现在的版本源自一位日本学者当年的手抄本，藏在东京帝大的图书馆中。作为中国古代为数不多的权谋术著作，其具有极高的参考价值。

智察第一

国学经典文库

【原文】

月晕而风,础润而雨,人事虽殊,其理一也。惟善察者能见微知著。

【译文】

月亮有晕,就一定会刮风;柱石湿润,就一定要下雨,人类的事情虽不一样,但道理相同。只有善于观察的人能够从细微处发现本质。

【事典】

诸葛亮惊走刺客

有位客人前去拜见刘备。刘备那时刚刚当上皇帝,政务繁忙,但一向礼贤下士的他还是接待了客人。

客人很有礼貌,他称赞刘备当了皇帝是顺天应人。客人也很健谈,畅论起天下大势,头头是道,把个刘备听得津津有味。

客人越坐离刘备越近,他的目光似乎流露出异样的神情。这时门开了,诸葛亮走了进来,说是有事要向刘备启奏。客人见到诸葛亮,马上站起身来说要上厕所。客人出去后,诸葛亮问:

"陛下,刚才来的是什么人?"

刘备把客人称赞了一番,接着说道:

"丞相难道对他有什么怀疑吗?"

诸葛亮说:

"我想他是曹操派来的刺客。"

刘备吃了一惊:

"这怎么可能? 你是怎么知道的?"

诸葛亮说:

"我进来时,看见他正在和您交谈,他脸上眉飞色舞,神情却好像有所畏惧。他的眼睛看着下面,眼珠却四处乱转。外表露出奸形,内里包藏祸心,因此这人一定是曹操派来杀您的。"

刘备恍然大悟,马上下令,叫卫兵去捉拿,但那个人已经翻墙逃走了。

智慧谋略全书　权谋术　图文珍藏版

【解读】

经过《三国演义》的渲染，诸葛亮早已成为古代智慧的化身。历史上的诸葛亮确实智慧过人，但并非是因为他精通《奇门遁甲》，而是来自他的细心、缜密，以及细致入微的观察。刘备固然是一代枭雄，但他和来访者交谈，只是判断他表面上说的话，而没有像诸葛亮那样察言观色，由表及里，因此他只是看到了来的人有水平，却没有看到他另有所图。如果不是诸葛亮及时发现了那个人的可疑之处，刘备的性命就岌岌可危了。

从另一方面讲，那位刺客显然不是一般的人物，他可以和刘备谈笑风生，但见了诸葛亮却抽身逃走，可见他有知人之明。

这则故事有些类似福尔摩斯的推理小说。其实无论诸葛亮也好，福尔摩斯也好，他们都能透过表象，看到事物的本质。我们常常上了别人的当后才认识到对方的狡诈，并且感叹人心难测，其实不是人心难测，只是我们自己不善于从细微的表象中发现事物的本质罢了。

诸葛亮

【原文】

不察，何以烛情照奸？察，然后知真伪，辨虚实。

【译文】

不去加以明察，又怎么能透过人情世故发现虚伪的本质？明察，然后能够得知真伪，明辨虚实。

【事典】

南文子慧眼识诡计

晋国的大臣智伯想灭掉卫国，但强攻硬打会给自己带来伤亡，于是他决定偷袭。

为了麻痹卫国，智伯叫人给卫国的国君送去四百匹野马和一块玉璧，并让派去的使者表达要和卫国建立友谊的意愿。

大国向小国示好，卫国的君臣受宠若惊，高兴得不得了，但南文子却把眉头皱得紧紧的，好像在思索什么。

卫君问他：

"大国和我们建立友谊，你有什么不高兴的？"

南文子说：

"无功受到奖赏，不出力得到礼物，这不合常理，不可不察。四百匹野马和一块玉璧，是小国献的礼物，而晋是大国，又何必如此？现在智伯这样做，大王更要多加防备。"

卫君想了想，说：

"有道理。现在该怎么办？"

南文子说：

"大王可以叫边境的军队加强戒备，以防晋国的突然袭击。这样才可以万无一失。"

卫君深以为然，就下令边境的部队保持战备状态。

没过几天，智伯起兵向卫国发起突然袭击，到了边境，看见卫国军队戒备森严，严阵以待，就下令退兵。

智伯对部下说：

"卫国肯定有能人，预先识破了我的计谋。"

【解读】

《孙子兵法》上说，出其不意，攻其不备。智伯的计谋就是对孙子兵法的具体运用。怎样才能做到这一点？最好的方法是向对方表示友好，使对方放松对自己的戒备，然后通过偷袭一举成功，这也就是《三十六计》中所说的瞒天过海之计。本来智伯的计谋眼看就要得逞，却被南文子一语道破了天机。智伯熟知兵法，却忘了《孙子兵法》上另一句话，"微乎微乎，至于无形"（微妙呀微妙，微妙得使敌人看不到一点形迹），智伯的失算就在于太露形迹了。大国对小国平白无故地送礼巴结，就如同俗话说的黄鼠狼给鸡拜年，只能骗骗头脑简单的人，那些智者却会由此警觉。智伯遇到了智慧更高的南文子，因此偷鸡不成，反蚀把米。

其实，南文子识破敌人的计谋，也无非是从常理上推断。但这个普通又普通的常理，却是识别对方的最好工具。人们一般是不会违背常情常理的，一旦违背了常情常理，显然是另有所图。当你的对手对你怒目而视，也许表示的就是他的愤怒，但如果他对你微笑，或表现得异常殷勤，那时你可要小心了。

这类谋略一直被经常运用。二战时法西斯德国先是和苏联签订了互不侵犯条约，然后在苏联毫无防备的情况下大举进攻，使苏联措手不及，阵脚大乱，占领了几乎半个苏联。在政治上人们也常用这种方法来击败对手。荣禄和翁同龢相交很深。一次荣禄得意之下，向翁同龢透露了准备参倒某位大员的秘密，不想翁同龢一方面对荣禄表示支持，一方面向对方告密，对方先发制人，把荣禄贬到了满天沙尘的大西北，窝在那里做了二十年的西安将军。而素有清流之称的翁大人借他人之手扳倒了挡在前面的荣禄，从此青云直上。当然，这种出卖朋友的事情绝不可取，但掌握了其中的诀窍，就可以加以防范了。

使用智谋和识破智谋，如同战争中的矛与盾，总是在不断地较量中提高锋利度和坚固度。这些往来的回合不但令我们赏心悦目，还可以从中学到一些谋略。

【原文】

夫察而后明，明而断之、伐之，事方可图。察之不明，举之不显。

【译文】

察之后才能清楚，清楚后才能辨别、处理，目的才可以实现。察得不清楚，效果就不会明显。

【事典】

苏无名掘坟捕盗

太平公主是武则天最宠爱的女儿。这天，她匆匆闯进母后的寝宫，告诉母后，上次母后赏赐她的珠宝失窃了。

那些珠宝价值百镒黄金。她叫人收在府库里，却被人连同其他物品全部偷走。这个消息也同样使武则天感到震惊。

她一直以为，自己执政以来，风调雨顺，路不拾遗，现在京城居然发生了盗案，而且是皇家的府库，这还了得！她叫太监马上宣洛州长史进宫，限他三天内破案。

"三天内抓不到盗贼，就带你的脑袋来！"

长史自然珍惜自己的项上人头，他回去也如法炮制，要他管辖的两个县的县尉两天内破案。

"两天内抓不到盗贼，我砍你们的头！"

两个县尉也对各自的捕快说：

"一天之内必须抓住盗贼，否则我先杀了你们！"

捕快们只好去抓人。他们抓到的不是盗贼，而是湖州别驾苏无名。他正好在路上，又正好被捕快们看见。捕快们都听说他善于破案，现在他从天上掉下来，自然不会放过。当然，他是被客客气气地请去的。一到县衙，大家都给他行礼：

"大人一定要救救我们！"

苏无名也不客气，说：

"要我破案，先让我去见太后。"

武则天也听说过苏无名，就召见了他：

"你真的可以抓获贼人？"

"如果让我抓贼，先答应我的请求，不要限定日期，不要追究府县的责任，再把下面的捕快归我使用。我想时间也不会太久的。"

武则天知道，靠下面的人是破不了案的，不如让这个人来试试，于是准奏。

苏无名要大家暂时不要声张，先休息一段时间。到了三月寒食那天，他把大家全部召来，要他们十人一群，五人一伙，在东门、北门等候。

"如果看见有一群胡人,穿着孝服,出城到北邙山的,要悄悄跟在后面,把他们的行踪报告给我。切记切记。"

大家心里不解,但苏无名说了,就齐声允诺。不一会儿,就有人跑回来报告:

"大人,胡人到了一个新坟前,哭得不悲哀,撒下供品,绕坟走了一圈,还相视而笑。"

苏无名仰天大笑:

"找到盗贼了。"他下令抓住胡人,然后带人掘开坟墓,打开棺材一看,里面都是从府库偷来的宝物。

宝物失而复得,武则天的脸色也难得地变得温和起来。她听了事情的经过,好奇地问苏无名:

"你是怎么靠智谋发现这些盗贼的?"

苏无名叩头说:

"微臣并没有什么智谋,只是了解一些盗贼的情况。我到达都城的那天,正好碰上这些胡人出殡。我看出他们是贼,但不知他们偷的是什么,也不知道他们把东西埋在哪里。今天寒食,大家都去扫墓,他们肯定会借机出城去查看埋赃的地方。他们在新坟前哭而不悲,且绕坟一圈,相视而笑,就知道他们把赃物埋在坟里了。哭得不悲哀,就知道里面埋的不是人;绕坟一圈相视而笑,是庆幸坟墓没有损坏,东西没有丢。先前如果陛下催促府县抓贼,贼人一急,弄不好会狗急跳墙,挖出宝物逃走。没有急于追查,他们自然就上了当。"

武则天听了,龙颜大悦,赏给苏无名金帛,还把他的官职提了两级。

【解读】

苏无名是个小官,但碰巧卷入了一宗案子,使他成为朝野闻名的人物。

他破案有两个关键:一个是他熟悉盗贼的伎俩。可能是他平时总能接触到这方面的事情,又很留心,因此清楚盗贼行窃的方式、藏赃的路数和起赃的时机。另一个是他凡事留心。他在路上遇到了胡人送葬,一般人不会在意,他却留意,发现这些人是贼。因为盗贼去埋赃物和真正去送葬大有不同。留心,再加上他对盗贼习惯的把握,就算出了大致在什么时候是盗贼起赃的最佳时机,而他又力图不打草惊蛇,因而胜算在握。

凡事留心很重要。据说曾国藩就是凡事留心。大臣穆彰阿向皇帝举荐他,有一天皇帝召曾国藩进宫,曾国藩在宫里等了一会儿,却不见召见。这时,皇帝派人告诉他第二天再来。回去他向穆彰阿讲了情况,穆彰阿忙问他能否记住房间里的摆设,曾国藩说当时紧张,忘记了。穆彰阿说:坏了,我向皇上说你凡事留心,皇上可能是在考验你。于是穆彰阿命人带银子贿赂宫中太监,记下了房间里的一切,要曾国藩记熟。第二天,曾国藩见到皇帝,皇帝果然漫不经意地问起昨天见到了什么,曾国藩全部说出,皇上大悦。曾国藩从此得到了皇上的信任。由此可见,凡事留心多么重要。

【原文】

听其言而观其行,观其色而究其实。

【译文】

听他怎么说,然后考察他的行为;看他的表情,然后把握他的内心。

【事典】

邱成子细察赠玉情

春秋时,鲁国大夫邱成子访问晋国,以便与晋国通好。途中路过卫国,卫国大夫右宰谷臣留他住下,并设家宴款待。

两个人把酒交谈。宴会上,虽然有家乐助兴,可从右宰谷臣的脸上却看不到一丝喜色,喝到最后,右宰谷臣把一块玉璧送给了邱成子。

"这是我的心意,望先生笑纳。"

邱成子到了晋国,完成使命。归途又路过卫国,但他没有向右宰谷臣辞行。

随从问他:

"来的时候,受到右宰谷臣盛情款待,大人为什么不去向他辞行呢?"

邱成子说:

"他设家宴招待我,是要我快乐。奏起家乐而自己没有笑容,说明他有忧虑;酒到浓时送给我玉璧,是对我有所寄托。如此看来,卫国岂非要发生变乱?"

他们一行离开卫国三十里,就有人飞马传来消息,说卫国发生了"宁喜之难"。

原来卫国宁喜专权,卫献公联合其他大夫发动兵变,擒杀宁喜,还把他的尸体陈放在朝中示众。右宰谷臣在这一事件中也因为受牵连而被杀。

听到这个消息,邱成子立即调转车头,回到右宰谷臣的府上,在他灵前三次哭吊,然后才返回。

回到鲁国后,邱成子又特地派人把右宰谷臣的妻子和孩子接来,把自己的宅院分出一部分让他们居住,把自己的俸禄分出一部分以供他们的费用。右宰谷臣的儿子长大后,邱成子还把那块玉璧送还给了他。

后来,孔子听说了这件事,感慨说:

"这件事情,在智慧上可以看出右宰谷臣的内心活动,在仁爱上能够对之托孤寄财的,只能是邱成子呀!"

【解读】

邱成子有两种很好的品格。一是他的明察秋毫。卫国的右宰谷臣设家宴请他,他从后者的细微之处竟然察知卫国要发生大事,也明白了右宰谷臣不能明白说出的托付:照顾他的妻儿。所以,回国途中,他就不去见右宰谷臣。因为大难临头,卷进去于事无补。这说明了郈成子是个智者。

　　然而，这还不是完整的郈成子。当听到朋友的死讯后，他不顾个人安危，到灵前哭吊。难道这时候他就不怕危险？并不是这样。前面他避开危险，是因为那样没有意义。现在是出于义。在那个时代，义几乎可以和仁相提并论。

　　回国后，他又把朋友的妻儿接来，照顾他们的生活，实现了朋友的托付。从这一点上看，郈成子是个义士。所以孔子从这两点上赞美他。

　　有智而无义，就只会一味地为自己打算，甚至会变成佞人。学习智谋，归根结底是用智谋做些于国于民有益的事情，而不是相反。

【原文】

　　察者智，不察者迷。明察进可以全国。

【译文】

　　对事物进行考察，是明智的；不进行考察，就会迷惑。对问题看得很清楚，进一步说可以保全国家。

【事典】

周亚夫避险平吴

　　吴、楚等国以清君侧为名，联合五国诸侯，发起叛乱，一时长驱直入，汉室危急。汉景帝想起文帝在临终时对他说的话："一旦事有缓急，周亚夫可以为将。"于是下诏拜周亚夫为太尉，率兵前去平定。

　　周亚夫率军来到灞上，部将赵涉私下对他说：

　　"吴王一直在收罗死士。这次知道将军要去攻打他，一定会在崤山、渑池的险要之处设下伏兵。何况用兵贵在神不知鬼不觉，将军何不从这里向右，走蓝田，出武关，直抵雒阳间，这样充其量耽误一两天的时间，然后直入武库，鸣鼓击之，这样，诸侯听说，就会以为将军是从天而降。"

　　周亚夫听了，就采纳了他的建议。大军顺利到达了雒阳。

　　一到雒阳，周亚夫就兴奋地说：

　　"七国反叛，我平安地到了这里。占据了雒阳，雒阳以东就没有忧虑了。"

　　他派人去崤山、渑池之间搜查，果然发现那里设下了埋伏。他说：

　　"赵涉细心明察，使我军避开了凶险。"

　　于是他加封赵涉为护军。

【解读】

　　周亚夫是大将之才。但个人的智慧毕竟有限，能够听取部下的意见至关重要。赵涉担心征讨吴国的路上必然有伏兵，有两点依据：一是那里是险要之地；二是吴王经过了长久的准备才起兵反叛的,他网罗了很多死命效力的人,如果有险要之地,又有敢于拼命的人,无论是谁,都不会放弃这样的机会。

因此,最好的办法是避实就虚,另一条路难走些,也远些,但安全,又会带来出其不意的效果,何乐而不为?

事实证明,赵涉的判断是正确的。赵涉的判断来自用兵的常识,也来自他对吴王的了解,这些细微之处合起来,就形成了这样的判断。

因此,在这个故事里就有了双重含意,一是部下的判断,二是你对部下判断的判断。后者也许更难。当领导的,往往过于主观,他们只相信自己,却很少能相信别人。但周亚夫毕竟高明,他从善如流,从部下的判断中发现合理的因素,及时对计划进行调整,变不利因素为有利因素,这些都是好的领导者必须具备的素质。

【原文】

退可以保身。君子宜惕然。

【译文】

退一步讲,可以保全自己。君子应该有足够的警觉。

【事典】

郭子仪防祸全身

郭子仪为平定安史之乱立下了汗马功劳。他的晚年,位极人臣,受到朝野的尊重。

他有个习惯,每逢家里来了客人,都会让姬妾侍女站到跟前,陪着大家一同喝酒欢宴。可唯独卢杞来的时候,他却命令她们躲在屏风后面。

他的儿子感到奇怪,就问他:

"父亲,为什么只有卢杞来的时候,你把她们赶到屏风后面?"

郭子仪对儿子说:

"你小小年纪,哪里知道,卢杞长得其貌不扬,内心又十分阴毒。我怕这些女人们见到他长得那副怪样子,会忍不住笑出来,那可就得罪他了。以他的心地,日后一旦得志,我们父子就没人能够活命了。"

【解读】

卢杞是有名的阴险人物。对这种人,如果不能敬而远之,那么至少也该心存戒备。郭子仪尽管位高权重,但仍然在细节上留意,刻意不去伤害卢杞的自尊心。其实,权位越高,功劳越大,就越是容易受到猜忌。郭子仪虽然是位武将,但他深知政治上的韬晦,他功高而不居,失宠而不怨,对阴险的小人,尤其百般留意,避免伤害他们。据说后来卢杞得势,对当年得罪过他的人都大加报复,唯独对郭子仪一家,即使稍有越轨,也多加袒护,不能不说是郭子仪为家人留了一条后路。

在处世方面,识人至为重要。只有辨识出一个人的优劣真伪,才能确立和他交往的尺度。郭子仪在这方面可谓有知人之明。有趣的是,相传郭子仪最初当兵时犯了军法,在押赴刑场途中,被大诗人李白遇见。李白见他气概不凡,感到可惜,便以官职担保,救了他一命。后来李白跟从永王,永王为皇帝诛杀,据说是郭子仪为李白说了话,李白才得以免罪。看来,李白的识人,不但救了他自己,也救了大唐的江山。

【原文】

察不明则奸佞生,奸佞生则贤人去,贤人去则国不举,国不举,必殆,殆则危矣。

【译文】

察不清楚,身边就会出现奸佞;出现奸佞,贤能的人就会离去;贤能的人离去,国家就不会兴旺;国家不兴旺,就一定会衰落,到了衰落的时候,就危险了。

【事典】

齐桓公误用小人

管仲生了重病,齐桓公去看他,他对齐桓公说:

"大王,我命在旦夕,有句话要和大王说。我死后,大王一定要疏远易牙、竖刁、常之巫和卫公子启方。"

齐桓公大惑不解道:

"为什么要这样?"

管仲说:

"这几个人都是奸佞,我担心我死后,他们会对大王不利。"

齐桓公说:

"不会吧?易牙为了我,把他的儿子都烹了,让我尝尝人肉的滋味,他总该算得上忠心吧?"

管仲说:

"人没有不爱自己孩子的,这是人之常情。易牙连自己的儿子都不爱,又怎么会爱大王?"

桓公又说:

"那么竖刁自己阉了自己,来侍奉我,这还用怀疑吗?"

管仲说:

"人没有不爱自己身体的,这是人之常情。竖刁连自己的身体都不爱,又怎么会爱大王?"

桓公接着说:

"那么常之巫能卜生死,祛病灾,这总不是坏事吧?"

管仲说:

"生死有命,灾病无常,大王不去固守常道,却听信常之巫,那么他会因此而骄纵,无所不为。"

桓公最后说:

"卫公子启方跟随我十五年,他父亲死了都不去奔丧,这总该可以吧?"

管仲说:

"人没有不爱自己父亲的,这是人之常情。他连自己的父亲都不爱,又怎么会爱大王?"

桓公一向对管仲信任有加,言听计从。听他这样说,就叹了口气说:

"好吧!寡人听相国的。"

于是,桓公就把这四个人赶走了。

管仲死后,齐桓公非常难过。更让他不好受的是,离开了四个长期服侍他的人,觉也睡不着,饭也吃不香,连政务也懒得处理了。过了三年,齐桓公想,这个管仲,可能是太多虑了。于是,他就把四个人召回宫来。

第二年,齐桓公也病了。其实,这是常之巫从中搞鬼。他说齐桓公将在某月某日死。他们几个一同作乱,关上宫门,筑起高墙,断绝了宫中和外界的联系。齐桓公成为宫中的囚徒,就是想喝口水也没有。在生命的最后时刻,齐桓公悔恨交加,流着眼泪长叹一声说:"管仲的见识真的是远啊!"

【解读】

齐桓公一世英明,但到了晚年,却落得个如此凄凉的下场,这些都是不能明察的缘故。

考察人物,最为简单和适用的就是从常情入手。一个人的作为,如果过于违反常情,就是矫情,就肯定会另有图谋。

情矫则必假,管仲就明白地指出了这一点。这道理并不难懂,但齐桓公已经习惯了被这些奸佞之人包围,就像吸毒上了瘾一样,明知有害,却无法戒除,最后只好自食恶果了。

一个人,有了权势地位,就很容易失去警觉。别人的恭维,别人的逢迎,都认为是理所当然的。今天说你是天上的太阳,照耀万物,你也许会不太自然,可时间一长就习惯了,这样难免不在阴沟里面翻船。

当然,管仲也要负一定的责任。他既然看出那几个人是小人,就应及早逼他们现出原形。到了临死,才说出这样的话来,却不知道已经晚了。看来,他的明察也是只知其一,不知其二。

筹谋第二

国学经典文库

智慧谋略全书 权谋术

图文珍藏版

【原文】

君子谋国,而小人谋身。

【译文】

君子谋虑的是国家,而小人谋虑的是自身。

【事典】

萧何谋国藏秦典

沛公刘邦的军队一举攻下了秦国的都城咸阳。手下诸将第一次来到国都,都争相跑到装有财物的仓库去分取金银财物。唯有萧何置这些于不顾,先去接收秦丞相、御史制定的法律和典章文件,并小心收藏起来。

有人对萧何说:

"您为何不去分些金银财物,而要这些没用的图书?"

萧何笑着说:

"这些日后必有大用,远胜于金银珠宝,到时候你就知道了。"

说话的人摇了摇头,不以为然。

果然,后来刘邦对全国的地形地貌,各郡县人口多少、实力强弱,百姓痛恨什么、喜欢什么了如指掌,都是萧何得到这些秦朝典籍图书的缘故。

【解读】

刘邦在建立汉朝后曾经说过,我靠三个人得天下,他们是张良、萧何和韩信。镇守国家,安抚百姓,供给粮饷,保证运粮道路不被阻断,我比不上萧何。萧何不以智谋取胜,但无疑具有远见。在刘邦的军队攻打下咸阳后,众将都纷纷掠取财物,他却接收了重要的律令图书,掌握了这些,对日后夺取天下,乃至取得天下后重新制定律法则起到重要的参考作用。

因此,从这个例子中我们看到,目光长远是何等重要。未雨绸缪,抢占先机,是最大的智慧。没有远见的智谋只不过是玩些小聪明而已。

【原文】

谋国者,先忧天下;谋己者,先利自身。

【译文】

谋虑国家的人,首先为国家担忧;谋虑自身的人,首先为自己谋取私利。

【事典】

魏文侯义不爽约

魏文侯和守林者定好了打猎的日期。到了那天,魏文侯和臣子们正在饮酒作乐,十分开心。这时,天突然下起了雨。魏文侯正准备动身,左右的人都说:

"今天酒喝得很高兴,天又下着雨,您要去哪里?"

魏文侯说:

"我和守林者预约打猎,虽然高兴,但怎么能不去见上一面呢?"

他亲自动身去取消了原定的日期。

于是,魏文侯守信的美名传了出去,魏国从此开始强大起来。

【解读】

因为下雨而取消原来打猎的约定,这不过是一件微不足道的小事,何况魏文侯是一国之君,又喝酒喝得高兴。但魏文侯却不这样想,他完全可以不去通知守林人,或者打发个下人去通告一声也就行了,但他一定要亲自去。他做得对。国君一定要守信用,重诺言。这样,别人才会信任你,你说出的话才会有权威。

国君的一言一行,一举一动,都关乎着国家的兴衰安危。这话看上去似乎有些危言耸听,但实际情况却是这样。魏文侯深知这个道理,因此他一定要冒雨亲自去。

这样,小事就不再是小事。他守信的美名就会传播出去,士人和贤者就会纷纷前来归附。

这件事情表面看上去没有谋略在里面,其实却蕴涵着更深的谋略。想想看,还会有什么比信义之君的美名更加可贵?

【原文】

盖智者所图者远,所谋者深。

【译文】

这是因为有智慧的人目标远大,所要谋求的高深。

李牧隐忍戍边关

李牧奉命守卫雁门关,防备匈奴的进犯。他不请示朝廷,自行设置当地官吏,把所收的租税都交给幕府,作为边防部队的军费。他善待士兵,每天都要杀牛犒赏士兵。他要士兵每天训练,骑马射箭,还严令他们,如果匈奴过来抢掠财物,就把财物保管好。谁要是捉人,就斩无赦。

时间久了,匈奴都以为李牧害怕他们,守边的士兵们也觉得李将军过于软弱。赵王知道了,就责备李牧,要他好自为之。但李牧仍旧我行我素,惹得赵王大怒,就把他召回,换了另一位将军去接替他。

那位将军倒是敢打敢拼。匈奴每次来抢财物,他都出战,但屡战屡败,伤亡惨重,弄得边境一带再也无法种地放牧了。

赵王叹口气,只好请李牧重新出任。李牧却推说有病,坚决不肯就任。

赵王说:

"我知道你是有心病。过去的事情就过去了,不要再提。边关的事情还得靠你。"

李牧说:

"如果一定要命我做边将,我还是照以前的老办法干。大王要是同意,我才能奉命。"

赵王只好说:

"一切都由将军自行决定吧!"

李牧回到边关,一切恢复了老样子。匈奴一年到头也没有抢到什么,却仍然认为李牧胆怯。守边的将士们也因为每天得到犒赏而不打仗,感到过意不去,就纷纷请战。

李牧见时机成熟,就准备了一千三百辆战车,十几万士兵,练习打仗,大搞畜牧。边境一时富足,就连匈奴的百姓也前来投靠。

单于听说,就率大军来攻。在与匈奴的交战中,李牧佯败,丢下几千人给匈奴。单于踌躇满志,率大军深入赵地,李牧则出奇兵,以两翼包抄战法,出其不意包抄匈奴军,一举歼灭匈奴骑兵十余万人。接着又乘胜灭襜褴,破东胡,降林胡,吓得单于远远逃走。

李牧

其后十多年,赵国北边稳固,匈奴再不敢接近赵国边境的城邑。

【解读】

李牧镇守边关,不求一时之功,求的是长治久安。一时之功易得,长治久安却难。

所以说,大智者,图谋得深远。而李牧的做法一般人不能看出,匈奴蔑视他,朝廷责怪他,甚至连手下的士兵也认为他怯懦。

大智者必须能够忍受寂寞。百姓富足了,兵强马壮了,再加上长期以来的不抵抗引起匈奴的轻敌,适当加上些妙计,匈奴不全军覆没才怪。李将军到底是大将之才,能隐忍,能造势,能图谋,所以才能打胜仗。

【原文】

惟其深远,方能顺天应人。守之伐之,不如以德伏之。

【译文】

正因为深远,才能够顺应天意,适合民心。守护和征讨,不如用德来使他们畏服。

【事典】

裴光庭献计安天下

开元十三年(725年),唐玄宗要摆驾东去泰山封禅。封禅是国家大典,理应认真对待。但宰相张说却考虑到更深的一层:天子出巡,突厥也许会乘机侵犯边境。想来想去,他决定加派军队守备边防。

他找来兵部郎中裴光庭一同商量。裴光庭说:

"天子封禅,是向天下表明国家的安定。在将要宣告成功的时候,却害怕突厥的入侵,这就显示不出大唐的强盛和功德了。"

张说问:

"那你说该怎么办?"

裴光庭答道:

"四方的夷国之中,突厥是大国。他们屡次要求与朝廷和亲,可是朝廷一直犹豫不决,没答应。现在派遣一名使者,要求突厥国派出一名大臣,随从天子封禅泰山,他们必定欣然从命。只要突厥来人,那么其他外族的君主就没有不来的了。这样,边境上可以偃旗息鼓,高枕无忧了!"

张说道:

"对!你的见解是我所不及的。"

张说立即奏明天子,按照裴光庭的建议,派遣使者知会突厥。

突厥受到邀请,感到这是一种礼遇,十分高兴。于是突厥就派大臣阿史德颉利发人朝进贡,接着跟随天子去泰山封禅。

天子要去封禅,宰相张说想到了突厥人会乘机来攻,因此要加强防守,这固然算是目光长远、深谋远虑。但守毕竟被动。调动军队,本身就是一件麻烦事,尤其在交通不便的古代,更容易引起边境上的冲突。

裴光庭想到了另一个计谋:请突厥派使者来参加大典。这样一方面可以免除突厥的乘机进攻,另一方面也为两国和解创造了机会。

在平等互利的前提下,和平远比战争要可贵。

而且,按裴光庭的谋略,见到突厥派出了使者,其他小国也会派使者前来。看到其他小国派出了使者,突厥人会认为大唐人心归附,也就不会再动战争的念头了。

裴光庭的目光要更长远,谋虑得也更深。

消极防守总是被动的。与其消极被动地防守,画地为牢,还不如主动地化干戈为玉帛。在国家间如此,在人际关系中也是这样。聪明人永远不会主动与人为敌,即使是敌人,一旦有了机会,也要乘机修好,共弃前嫌。

【原文】

宜远图而近取。见先机,善筹划。

【译文】

成就大事情的人,一定从长远考虑,从近处入手。预见到事物的发展,并且善于筹划。

【事典】

宋太祖杯酒释兵权

宋太祖赵匡胤黄袍加身,坐上龙椅后,皇位带给他满足的同时,也带给他无形的恐惧。他开始考虑如何巩固自己的权力。

赵匡胤问丞相赵普:

"从唐末到如今,皇帝换了十次,却连年征战不休,到底原因何在?"

赵普闭目沉思了片刻,答道:

"这是因为镇守一方的将领权力太大,使帝王的权力受到了威胁。只有削去将军们的兵权,天下才能安定。"

赵匡胤点头道:

"你的想法和朕完全相同。"

"可事情不太好办呢。"赵普面有忧色。

第二天,太祖把大将石守信等人找进宫来喝酒。大家过去都是同僚,常在一起喝酒行令,现在赵匡胤当了皇帝,虽然稍有拘束,但他们毕竟一起出生入死过,所以就放开了海量。

见大家喝得高兴,太祖对将军们叹了口气,说:

"如果没有各位的扶持,我是不会坐到皇帝的位置上的。你们的恩德我深深感激。但是,当皇帝很难,根本不像你们这些镇守一方的将军那样快乐。你们哪里知道,我现在一天到晚,连觉也睡不好。"

大家吃了一惊,就问:

"为什么?请陛下明言。"

太祖说:

"这还用说吗?我这个位置,谁不惦记着啊!"

众将吓得跪了下来:

"陛下,我们绝不敢有这样的念头。"

太祖说:

"我相信你们都不想这么做。可是假如你们的部下想得到富贵,你们该怎么办?当年我又何曾想当皇上,还不是你们逼我这样做的?一旦他们把黄袍加到你们身上,你们不想这样做,恐怕也难了。"

石守信等人一边叩头,一边哭着说:

"我们这些人实在愚钝,请陛下指示我们怎么办才是!"

太祖感叹说:

"人的一生,如白驹过隙,转眼就是百年。人们想得到富贵,也无非是想得到些钱财,够自己挥霍,让子孙后代不缺钱花。你们这些人为什么不放下兵权,多置办些房子田产,为子孙准备下永久的产业,再买些歌妓舞女,每天陪你们饮酒作乐,好好享受一下人生。这样,我和你们之间,大家没有一点猜忌,岂不更好?"

大家听了,都叩头说:

"陛下替我们考虑得周到,真像我们的再生父母!"

第二天,大家都借口有病,交出了兵权。

【解读】

开国皇帝杀戮功臣的事情早已是司空见惯了。并非他们猜忌心强,或嗜杀成性,而是事情不得不然耳。楚人何罪,怀璧其罪。天下只有一个,得天下者也只能有一个。你无法保证你没有想得天下的想法,正如皇帝也无法保证不会认为你有想得天下的想法。为了安全起见,皇帝不得不开杀戒,但同时却也背上了杀戮功臣的恶名。

赵匡胤是历史上少有的没有诛杀功臣的皇帝。我们感兴趣的倒不是这点,而是他如何运用政治手腕,既消除了隐患,又不使自己的双手沾上臣子的鲜血。

他先是威吓对方,说自己忧虑得睡不着觉,这无异告诉对方,他们已处于巨大的危险中。然后他又进一步说,即使众将没有要篡位的想法,也难保他们的部下没有这样的想法。因为,他的皇帝位子就是这样得来的。这样既保全了大家的面子,又入情入理地指明了大家的危险境地。继而他又感叹人生短暂,要大家及时行乐,享受人生。因为要得到的都已经得到了。

先把大家逼到绝路上去,又指出一条阳关大道。明明是要大家就范,而大家居然还感动得涕泪横流。皇帝到底是皇帝。

从这则事例中,我们领略了赵匡胤的政治智慧:能通过和平方式解决的问题,绝不诉诸武力。而是尽量把问题摆到桌面上来讲明道理,陈说利害,并以情来打动人。于是,一场政治危机就这样在杯酒之间轻而易举地化解掉了。

【原文】

圣王之举事,考之于蓍龟,不如谛之于谋虑;炫之以武,不如伐之以义。

【译文】

圣王要进行征讨,用草秸和龟甲占卜吉凶,不如多在谋略上考虑;炫示武力,不如从道义上讨伐。

【事典】

汉高祖以义伐楚

汉中王刘邦统兵渡过平阴津,进抵洛阳新城。一时军威浩荡,旌旗蔽天。老百姓听说那位约法三章的汉王来了,都挤在道路两旁观看。

这时,一位老人拦住了汉王的车驾。刘邦见到他眉须斑白,一副德高望重的样子,就命手下人请他上车,问:

"老丈何人?找我有何见教?"

原来老人是新城的三老董公,已经八十出头了。他对汉王说:

"我见大王军纪严明,秋毫无犯,确实是仁义之师。但大王这次出征,却有一个疏漏。"

刘邦说:

"请明示。"

董公说:

"出师无名,事情就不会成功。古话说,明其为贼,敌乃可服。天下人一同立义帝为天子,而项羽竟然背信弃义,杀义帝于江中。大王应该率领全军为义帝服孝,联合天下诸侯,共同讨伐。这样,项羽失去了道义,再能打仗,也是徒劳。"

汉王听了,茅塞顿开。他请老人留在军中,共图大业。董公却笑着拒绝了。

于是汉王下令,全军缟素,为义帝服丧三天,又派使者,传檄诸侯,说项羽杀死义帝,大逆不道,现在要替天行道,南浮江汉以下,愿从诸侯王击楚之杀义帝者。

一时诸侯并起,声威大振,敲响了项羽覆亡的钟声。

【解读】

春秋无义战,意思是说春秋时各国都是为了各自的利益而争战,而不是出于道义。而离开了道义的战争,就很难得到更为广泛的支持,只能你唱你的,我唱我的。戏演完了,大家散场。

尽管刘邦待人仁厚,项羽待人严苛,但他们进行的仍是无义战。你要当霸王,他要当皇帝,与我何干? 幸好那位董老先生给刘邦支了一招,要他打出义的旗号,这样就师出有名了。

这一招非常高明。把自己放在义的位置上,就等于置对手于不义的境地。以义来征讨不义,自然天下归心。这样,何愁不得天下?

因此,做大事,一定要使自己处于道义的位置上,当然这义是真的,而不是只停留在口头上,这样才会得道多助。

【原文】

察而后谋,谋而后动,深思远虑,计无不中。

【译文】

明确判断之后再去谋划,谋划之后再去行动,考虑得深远,计策就没有不实现的。

【事典】

宋太祖雅计取南唐

宋太祖赵匡胤登上皇位不久,就开始了统一中国的大业。当时南唐占据了江南一带,那里是鱼米之乡,物产丰富,宋太祖消灭了南唐周围三个割据政权,就开始打南唐的主意。

南唐当时的国君是李煜。宋朝刚一建立,他就接替死去的元宗李璟当了国君。迫于北宋的威势,他让南唐成为宋朝的附属国,每年进贡称臣,还使用了北宋的年号。

但这些仍不能使宋太祖满意。他要的是一统天下,酣卧之榻,又怎么能容得了别人同眠? 可是,南唐的国力很雄厚,宋朝的军队又连年征战,赵匡胤就想先让南唐放松警惕,再做图谋。

李煜是个大才子,他的诗词书法都堪称一绝,但对治理国家却缺少兴趣。他十分信奉佛教,于是,赵匡胤就在这上面做文章。

他叫人精心挑选了一些有才华的少年和尚,派他们过江去见后主。这些和尚精通佛理,他们和李煜谈论起性命之学,李煜十分投入。于是,他从此更加不理朝政,每天同那些和尚们探讨佛法,超然出世,全然忘记了宋国对南唐的威胁,更不要说加强国防了。等他在香烟缭绕中礼佛参拜时,宋朝的十万大军已渡过长江,兵临金陵城下了。

李后主后来见大势已去,只得率群臣投降,南唐从此灭亡。他在当俘虏期间,每天以泪洗面,思念故国,写下了一些非常美丽哀伤的诗词。后来,他被宋太宗用毒药害死。

【解读】

李煜是个悲剧性的人物,他本来是位杰出的才子,但命运却偏偏让他做了末代皇帝;他精研佛法,为的是大彻大悟,但却因此对虎视眈眈的强敌也失去了防范,没有成佛,却先做了俘虏。

宋太祖的谋略也算得上高明。他要出其不意地攻占南唐,就得使南唐疏于防范。他没有使用瞒天过海之计,也用不着明修栈道,暗度陈仓。你李后主不是喜欢佛法吗?我就投其所好,要人过去和你整天整夜地探讨佛法,使你沉湎其中,无心朝政,放弃世事,那样我就可以长驱直入了。

史称李后主纵情声色,他有一首词就是写与周后约会的情形。换了别人,可能会给他送去美女,春秋时越王勾践就是为吴王夫差送去越国的美女西施,才最终使吴国大败的。但老谋深算的赵匡胤没有这样做——也可能是这样太露痕迹了,而是送去了"佛法",虽然用心险恶,但毕竟不失为雅。

【原文】

故为其净,不如为其谋;为其死,不如助其生。羽翼既丰,何虑不翱翔千里。

【译文】

为他去净谏,不如为他出谋划策;为他去死,不如帮助他找到一条生路。羽翼丰满了,又何愁不能翱翔千里呢。

【事典】

张良明哲保太子

刘邦当上皇帝后,宠信戚夫人。戚夫人的儿子如意被封为赵王,但戚夫人并不满足,她希望自己的儿子当上皇帝。仗着刘邦宠信她,她缠着刘邦废掉太子刘盈,改立如意。

刘邦的心里也慢慢活动了。他爱屋及乌,也喜欢如意。虽然大臣们极力劝谏,他还是一直想实现这一主张。

皇后吕雉是刘盈的生母,她心里为此感到十分不安。她知道,高祖一旦做出了决定,光靠大臣们劝谏是扭转不了局面的,况且大臣们在这个问题上意见也并不一致。她和亲信们商议,有人出主意说:

"这件事非留侯不可。留侯足智多谋,皇上事事都听他的。"

留侯张良自从刘邦当上皇帝后,就以身体不好为由,很少过问政事。吕后就让自己的兄弟吕泽设计把张良劫了来,对他说:

"先生常为皇上出主意,现在皇上要换太子,先生就真的高枕无忧吗?"

张良说:

"当初皇上处于危难之中,还能用臣的计谋。现在天下安定了,皇上要换太子,是出于个人的情爱。这种骨肉之间的事,像我这样的大臣就是一百个也没有用。"

吕泽一定要张良想办法,张良只好说:

"这种事情不是凭口舌就能争得了的。天下有四个人,是皇上没有请到的,这四个人都很老了,因为皇上对人傲慢,就逃到了山中,决定不再做汉朝的臣子。但皇上对这四人很看重。要真能不惜重金,叫能言善辩的人拿着太子的书信去请,请来了,就叫他们做客卿,时时跟随太子上朝,让皇上见到他们,可以有所帮助。"

吕后就照他的话做了。

汉高祖十二年(公元前195年),刘邦病重,更想更换太子。张良去劝说,但没有起作用。

太傅叔孙通讲了一套古今的大道理,并以死相争,刘邦假意答允,但心里却仍旧想换。

一天,刘邦到了燕地,摆下酒席,太子陪坐。太子身后,有四个人陪伴着,都是八十多岁的年纪,胡子眉毛一片洁白。

于是,刘邦奇怪地问:

"这几个人是谁呀?"

四个人就上前应对,他们是东园公、甪里先生、绮里季、夏黄公。

刘邦大惊:

"我一连请了你们几年,你们一直躲着我,为什么现在跟随我儿?"

四个人都说:

"陛下总是爱骂人,我们不愿受辱。听人说太子仁爱忠孝,对士人又很尊重。天下人没有不愿伸长脖子,为太子而死的,所以我们出来辅助太子。"

四人敬完酒,就都出去了。刘邦目送他们,叹了口气说:

"羽翼已成,难以动摇了。"

太子没有被更换,全是凭着这四个人的力量。

【解读】

史书上说刘盈是靠四位老人保住了太子之位,但这仍然是张良谋划的结果。有功而不居,正是张良的过人之处。更换太子,从今天的角度看很难说是否正确,刘盈上台后被吕后篡权,吕后和她的家族一直把持朝政十一年,后来闹了大乱子,差一点把汉朝的江山掀翻了;要是如意当了皇帝,最坏也不过是这样的结果。刘邦不想让刘盈接替自己,除了宠爱戚夫人和她的儿子外,恐怕也是不愿让生性残忍的吕后有机会把持朝政。

当然，就事论事，在说服刘邦、保住太子的问题上，张良做得非常巧妙。他也当面劝谏，但适可而止，因为他知道这种事情不是凭口舌之利可以做到的。唯一可行的就是加固太子的地位。有贤人来支持他，并说天下人都愿意为太子而死，不能不使汉高祖心动。如果换掉太子，真的天下大乱，这是刘邦绝不愿看到的。作为统治者，江山总是重于亲情，像爱德华八世那样不爱江山爱美人的国王毕竟是极少数。张良的计策，也算是釜底抽薪之计吧，在太子锅下面加了把火，就等于在戚夫人的锅下撤了把火。

至于叔孙通，不过是一位腐儒。谈论一通古今，又有什么用？英明的刘邦，难道连这些都不知道吗？在政治中做出一个决定，往往不是凭大道理，而是根据利害。连这点都弄不明白，还当什么太傅？

【原文】

察人性，顺人情，然后可趁，其必有谐。

【译文】

考察人的本质，顺应人的性情，之后就可以根据这些采取方案，事情就一定会成功。

【事典】

雍齿封侯平众怨

十面埋伏，四面楚歌，项羽在乌江自刎身亡，把天下拱手交给了刘邦。

刘邦登上帝位，一切都百废待兴，自然忙得不可开交。他封赏了二十多位大臣，其余的一时还来不及封赏。

但那些没被封赏的大臣心急如火。他们辛辛苦苦地跟着汉王打天下，吃了苦，也流了血。现在汉朝建立，他们以为会很快身居高位，光宗耀祖，没想到高祖竟把这件事放在了脑后。

刘邦住在洛阳南宫，看见将领们常常坐在一起嘀咕什么。他感到奇怪，就问张良：

"你看见那些人了吗？他们整天在说些什么？"

张良一向料事如神，他回答说：

"陛下白手起家，靠这些人才得到天下，如今您位居天子，所封的都是故人，所杀的都是仇敌，因此他们谈论的是谋反的事。"

刘邦忧心忡忡道：

"总得想个办法才好。"

张良问：

"皇上平时最憎恶的，又被大臣们知道的人是谁？"

刘邦说：

"雍齿多次使我难堪，我好几次都想杀了他，但他有功，就没有动他。"

张良说：

"就请陛下立即封赏雍齿，这样大臣们就没有怨言了。"

刘邦一向对张良言听计从，他马上颁下诏书，加封雍齿为什邡侯。

虽然这次只封了雍齿一人，其余的人却都很高兴。他们觉得连雍齿这样的人都能被封侯，自己还有什么可担心的呢。于是怨言立刻止息了。

【解读】

张良巧妙地利用了人们的心理。人们总是会认为当官的任人唯亲。即使任人不唯亲，他们仍然认为你会给亲近之人留下一个更好的差事。

刘邦手下的臣子们就是这样。开始他们怨声鼎沸，等到刘邦最讨厌的雍齿都封了侯，他们的心里就都有了底。有了底，剩下的就是时间问题了，也就会安心等待了。

运用智谋，应该依据人们的心理。人们是怎么想的，他们想得到什么，不想得到什么，了解了这些，才能对症下药。知人者智，而在知人的前提下运用智谋，你的智谋才会有很高的成功率。

这个故事与燕昭王买死马骨头的举动有些相似，可以参照。

【原文】

所谋在势，势之变也，我强则敌弱，敌弱则我强。倾举国之兵而伐之，不如令其自伐。

【译文】

所谋求的目标在于造势，势的变化，我强了，敌人就弱了；敌人弱了，我就强了。调动全国的军队去征伐，不如让对方自己削弱自己。

【事典】

高颖奇计平陈国

杨坚迫使周静帝禅让，登基做了皇帝，他便是隋朝的开国皇帝隋文帝。一天，他召来大臣高颖，问道：

"高爱卿，现在隋朝建立，国家应该统一了，割据纷争的局面不能再继续下去。你说说，该如何平定陈国？"

高颖想了想，就说：

"陛下刚刚即位，现在国力还不算强盛，因此，只宜智取，不宜强攻。"

隋文帝听了，很有兴趣，就问：

"依你说,该如何智取?"

高颖胸有成竹,侃侃而谈:

"江北地寒,庄稼成熟得晚;江南土热,水稻早收。待他们收获的时节,我们装作招兵买马,放出风去,说要攻打他们,他们必然会集合军队进行防卫,这样就使他们废弃了农时,错过收获季节。等他们军队聚集起来,我们就解甲,如此反复几次,他们必定认为我们是老一套,这时我们真的招兵买马,他们一定不信。趁他们没有防备,我们挥师过江,出其不意,攻其不备,就胜券在握了。"

隋文帝听了十分高兴,连声叫好。高颖又说:

"另外,江南土薄,房屋多是竹茅造的,便于储存粮食物品,一般不用地窖。我们秘密派人过江,趁风放火,待他们灭火,修好房屋时,再放火烧,不出几年,就可以使他们的财物大量损失,缺乏打仗的能力。我们以强击弱,岂有不胜之理。"

隋文帝采纳了高颖的战略,打败了陈国,完成了统一的大业,并实现了"开皇之治"。

【解读】

谋略的目的在于造势。势包含着兴衰强弱的变化。巧妙地利用势,是一切谋略家的拿手好戏。换句话说,如果不能把握住势,就不能算是谋略家,充其量是纸上谈兵的书呆子,就像古代的赵括老先生一样。

用兵,从本质上说就是以强凌弱。强弱本来就是相对的。我弱,你比我更弱,相比之下,我就是强了。当我还不够强,不足以攻击你的时候,我就要想办法使你弱下去。你弱了,就等于我强了。这就是势。这样再用兵,就会万无一失。

高颖的计谋,说穿了,就是利用了这种强弱的转化。虚张声势,不战而达到了战所能达到的袭扰作用,使陈国日渐疲弱。而这边自己再招兵买马,扩充军备,使弱者更弱,强者更强,又何愁陈国不平?而且,这样做,代价并不是很大,是一桩很合算的买卖。

【原文】

勇者搏之,不如智者谋之。以力取之,不如以计图之。

【译文】

勇敢的人去拼搏,不如智慧的人用计谋得到。靠武力去争取,不如用智谋来谋划。

【事典】

孙膑围魏救赵

孙膑被同窗庞涓陷害,差点死在魏国。幸好齐国的使者看出他是位奇才,就把他藏在车里,偷偷带出魏国,介绍给齐国的田忌。

田忌是位非常有眼光的政治家。交谈之下,他十分赏识这位军事上的天才人物,就让他住在家里,把他视为上宾。

当时齐国流行赛马,田忌的马比起齐王的马略差些,因此赛起来总是输。孙膑看了两场,就对田忌说:

"我有个办法,可以让你赢。"

田忌说:

"怎么会?明摆着大王的马比我的要好些。"

孙膑微微一笑,说:

"你只管多多下注,一切由我来安排。"

于是田忌向齐王下了大注。孙膑对他说:

"我仔细观察,你的马和大王的马都可以分为上、中、下三等。现在你就用你的下等马同大王的上等马比赛,用你的上等马同大王的中等马比,再用你的中等马同大王的下等马比。"

田忌将信将疑,等三场竞赛下来,田忌一输两胜,竟赢了五千金。

齐王找到田忌,不解地问:

"平时你总是输给我,今天是怎么赢的?是不是做了手脚?"

田忌说:

"平时我的马胡乱和大王的马比,所以赢不了。今天我用我的下等马同大王的上等马比,用中等马同大王的下等马比,用上等马同大王的中等马比。这样我自然赢了两场啦。"

齐王想了想,说:

"果然高明。不过这道理不是你能够想出来的,你身后一定有能人指点。"

"正是。"田忌笑吟吟地说,"今天的事情证实了这确是位了不起的人才。我正要推荐给大王。"

于是,他把孙膑引见给了齐王。

没过多久,魏国攻打赵国,赵国派使者向齐国求援。齐王就派孙膑率兵救援,孙膑以受刑身残为由推辞了。于是齐王命田忌为将,孙膑为军师,让他坐在辎车中,为田忌出谋划策。

田忌要领军直接去解赵国之围,孙膑说:

孙膑

"不可。如今魏赵互相攻击,精兵强将必然外出,国内空虚,不如领兵急奔大梁,攻击它最薄弱的地方。魏国必然放弃赵国而回兵自救,这样我们就可以一举解赵国之围,又可以乘机伏击魏军。"

田忌听从了孙膑的计谋,直奔魏国,围攻都城大梁。魏军只好慌忙回兵,路经桂陵时受到齐军的伏击,被打得大败。

【解读】

谋略利用的是强弱的变化。用我的弱,来攻你的强,自然会失败;而用我的强,来攻你的弱,自然会取胜。强弱本身没有变,但对象变了,就有了机会。

田忌赛马的事例虽然是讲滥了的老套,但道理却常用常新。在围魏救赵上,也显现出同样的谋略。

魏军很强,如果直接去攻击,必定会两败俱伤。这是以实对实。但避开强大的魏军,转而去袭击它兵力空虚的都城大梁,就是避实就虚了,这时优势就在齐国一方了。

中间再加以埋伏,出其不意地伏击匆忙回撤的魏军,就胜券在握了。

这种"围点打援"的战术,在现代战争中经常使用,同样,也用在政治斗争中。国民党撤离大陆前,蒋经国想挽回国民党的颓势,在上海搞起了反贪污腐败运动。一次,他以走私罪名抓了青帮大亨杜月笙的儿子。杜月笙当然舍不得让儿子被绳之以法,就找到了蒋经国,说,我儿子犯罪,是罪有应得,该杀该关,一切由你。但你的亲戚犯罪,是否要追究? 蒋经国要他拿出证据,杜月笙就带他到一家仓库,里面全是孔祥熙公子走私的货物。蒋经国话已出口,当然要把他们拿下。但委员长夫人不干了,特地把正在东北督战的委员长叫到上海,解决这件事情。蒋委员长爱屋及乌,自然逼儿子放人。这样,对杜月笙的儿子也不好再追究了。

杜月笙不识字,却善待文人。也许他是天生颖悟,自己想出了这条妙计;而与孙膑的不谋而合,也许是他从其他文人那里听到了这个故事,又加以创造性地使用,总之,他干得还算是漂亮。

【原文】

攻而伐之,不如晓之以理,动之以情,诱之以利。

【译文】

对他们进攻讨伐,不如向他们讲清道理,用情来打动他们,用利来引诱他们。

【事典】

岳飞旬日破杨幺

杨幺聚众起义,占据了洞庭湖一带,与官府作对。岳飞知道,这些贼寇多半是官府逼出来的,但他们的存在确实会对抗金大业造成牵制。如果能够说服他们共同抗战,那么这就是一股很强的有生力量。他想来想去,最后决定采用招抚为主、分化瓦解的对策。

岳飞的部下大都是西北人,不习惯水战。岳飞却说:

"用兵有什么常法,只要看你如何用兵就是了。"

于是他派人前去招抚杨幺的义军。

义军的首领之一黄佐平素很敬慕岳飞,他知道岳飞军令如山,如果同他为敌,绝没有取胜的希望。现在看到岳飞对他晓以大义,就带领部下前来投诚。

岳飞闻讯大喜。他单人匹马,来到黄佐的人马前,抚着黄佐的肩膀说:

"足下真是位识时务的人。如果能够立功,将来封侯是不在话下的。我想再派你回到洞庭湖去,能降的就劝降,能抓来的就抓来,足下以为如何?"

黄佐流泪说:

"岳元帅大仁大义,我黄某当以死相报!"

正好在这个时候,张浚因为都督军事,来到了潭州。参政席益乘机告岳飞的状,说岳飞与贼寇勾结。张浚不以为然:

"岳飞是忠孝之人,用兵深谋远虑,怎么会呢?"

张浚把这件事轻轻压下。

黄佐回到洞庭湖,杀了周伦,活捉了他的手下。'岳飞就去见张浚,商讨平定杨幺的计划。张浚急着回朝,就想等来年再作商议。岳飞却说:

"用王师攻击敌军的水师很难,用敌军的水师攻击敌军的水师就容易得多。水战是我军的短处,敌军的长处,以己之短,攻人之长,这就难了。要是用敌人的将领指挥敌人的士卒,把敌人的心腹之将分化瓦解,使敌人陷于孤立,就会手到擒来。"

张浚问:

"这大约需要多长时间?"

岳飞说:

"八天时间就足够了。"

张浚十分高兴,同意了岳飞的计划。

岳飞来到鼎州,正好这时黄佐带着杨钦来降。岳飞喜不自胜,说:

"杨钦英勇善战,他既已投诚,杨幺大军的心腹就已溃败了。"

他上表朝廷,授杨钦武义大夫之职,礼遇十分优厚。杨钦深感恩宠,就回到洞庭湖中,说服全琮和刘锐来降。

岳飞见到他们后皱起眉头,装作不满的样子,骂道:

"怎么就你们几个来降?滚回去!"

说完命人用棒子把他们赶出,让他们回到洞庭湖。当夜,岳飞率军杀入杨幺的大营,杨幺的部卒有几万人投降。

杨幺一向剽悍,浮船于湖中,以轮激水,船快得像飞一样,船边又设置了撞竿,岳飞军的船撞上便碎。岳飞早有准备,他命人把大树做成木筏,堵住港汊,又用朽木乱草,漂流而下。然后命人前去叫骂、挑战。杨幺的水军大怒,上前追赶,却被乱草朽木把轮子壅积住,动也不能动。岳飞下令攻击,箭如飞蝗。杨幺军奔入港中,又被木筏阻挡。岳飞军又一边张开牛皮,防备箭石的攻击,一边抬着大木头撞击杨幺军的船。杨幺的战船被撞坏,他投入水中,被牛皋捉住砍死。

岳元帅进入杨幺的营帐,营中的士兵们都以为神兵天降,纷纷投降。岳飞用好言好语安抚了他们一番,让老弱的回乡,少壮的当兵,为国家效力。

岳飞果然在八天时间里就灭了杨幺的大军,张浚听了,连声赞叹:"久闻岳飞用兵如神,今日见到了,果真是如此!"

【解读】

岳飞平定洞庭湖的起义军,是为了稳定后方,以便全力抗金。这是出于战略上的考虑。

另一方面,大敌当前,如果能不战而胜,对起义军加以收服,让他们作为抗金的有生力量,投身到抗金的战争中,于国于民,都是有利的。

因此,岳元帅采用了攻心的战术,各个击破。他对义军首领们晓以大义,待之以礼,诱之以利,让他们自己招降,更加具有说服力。

洞庭湖一带地形复杂,宋军又不善水战,岳飞这样做,实际上也是起到了避实就虚,避短扬长的作用。

他只用了八天的时间,就消除了令朝廷头疼的隐患,仅仅从这个例子中,我们就可以看出岳飞的用兵如神。

【原文】

或雷霆万钧,令人闻风丧胆,而后图之。

【译文】

或者以迅雷不及掩耳的手段进攻,让敌方闻风丧胆,然后收服他们。

【事典】

韩世忠威慑曹成

韩世忠在黄天荡以八千人力敌金兀术十万大军,一时威名远扬。这时,建州范汝为率众起事,约十万人,朝廷派兵围剿,一时难以获胜,就加封韩世忠为福建江西荆湖宣抚副使,前去征讨。韩将军命令士兵偃旗息鼓,从竹径悄悄来到凤凰山上,鸟瞰城中,设云梯火楼,日夜进攻,到了第五天,城被攻陷,范汝为自焚而死。

这时,广西贼寇首领曹成,带领余众盘踞在郴州。韩世忠的队伍回到永嘉,驻扎在那里,做出要在那里休整的样子。但突然间,他带领人马从处信直接到达豫章,在江畔立起几十里的连营。

曹成和手下本来以为韩将军要在永嘉休息,没有想到他会率大军突至,十分惶恐。他早就闻

韩世忠

知韩世忠的名声，打，打不过；走，也走不了。正在一筹莫展，韩世忠派来了使者，要他认清形势，带人投诚，一同实现抗金统一大业。

曹成绝处逢生，自然喜不自胜。他带领部下前往宋营受降，表示愿意为朝廷效力。

韩世忠不费一兵一卒，就平定了广西的贼寇，还得到了八万士卒。

【解读】

用兵之道，在于无迹可求。韩世忠算得上深谙此道了。出其不意，神兵天降，然后慑之以威，敌人或士气低落，束手待毙，或率部投诚。

打仗是这样，在其他方面也是这样。把自己的真实目的隐藏起来，不事声张，然后出其不意，自然令对手措手不及。一旦对方乱了阵脚，再进攻就容易了。所以，一方面，要知己知彼，另一方面也要偃旗息鼓，令人神龙见首不见尾，无迹可寻，这样自然会处于不败之地了。

【原文】

实以虚之，虚以实之，以其昏昏，独我昭昭。

【译文】

把真的当作假的，把假的当成真的，以此使对方迷惑，而自己清醒。

【事典】

耿弇声东击西

张步在汉光武帝刘秀起事的时候，占据了琅琊郡，拥兵自重，成为称霸一方的割据势力。刘秀曾派部下伏隆去任命张步为东莱太守，竟然被张步杀死。建武五年（31年），耿弇奉诏征讨张步，两军对峙，耿弇运用谋略，很快夺取了济南。

张步听说济南失守，就命令他的弟弟张蓝率精兵两万据守西安（今山东淄博东北），另派诸郡太守合兵万人防守临淄，两城相距四十里。耿弇进军画中（临淄西南），在两座城池之间扎营。耿弇发现，西安城小，却坚固难攻，张蓝的兵也勇猛善战；临淄城大，却易于攻破。于是，他传令部下将校，整顿军旅，五日后进攻西安。张蓝听到这个消息，日夜严守城池，不敢懈怠。到第五天的半夜时分，耿弇命令将士饱餐，然后趁着夜色进军临淄。

由于临淄易攻难守，加上他们本以为耿弇要先打西安，因而疏于防范。不到半天的时间，耿弇就率军冲入城中，全歼了城中的敌人。张蓝听到临淄失陷的消息，十分惊慌，带着人马弃城而逃。于是，耿弇不费一兵一卒，就顺利地进入了西安城中。

在战斗前，扩军荀梁曾力主首先攻打西安，耿弇并没有听取他的意见。现在看

到两城并取,他高兴之余,也有几分不解,就问耿弇这是什么缘故。耿弇笑了笑说:

"西安听说我要去攻城,必然严加守备;而临淄却不曾想我会去攻打,因此疏于防范。一经进攻,他们必定措手不及,惊慌失措。攻取了临淄,西安就成了一座孤城,张蓝与张步之间交通断绝,陷入孤立无援的境地,因此只有弃城逃跑。这就是通常所说的一箭双雕的战法。如果先攻西安,兵多城坚,必会给我军造成更多伤亡。纵然攻克,张蓝率兵逃往临淄,与该城守军合兵协力,便可寻机向我军发动进攻。我军深入敌境作战,没有后方供应,十天之内,不用交战便会陷入困境。"

众将听了,都对耿弇十分折服。

【解读】

耿弇用的是声东击西的计策。他采取这样的谋略,是因为他对战场的情势有着准确的分析。

按正常的做法,打蛇先打头,张蓝是两城的主帅,把他制伏,其余的就好办了。但由于他的人马精强,城又难攻,最重要的是,攻下城来,他就会撤到临淄,和临淄的人马合兵一处,这样就增加了进攻的难度。

所以,耿弇就采用了另一种计谋。

声东击西的妙处在于使对方弄不清你要进攻的对象,真真假假,虚虚实实,难以防范。二战期间,盟军在诺曼底登陆时,用的就是这样的计策,最终使隆美尔判断失误,导致了战略上的转折。

【原文】

人皆知金帛为贵,而不知更有远甚于金帛者。谋之不深,而行之不远。

【译文】

人们都知道金帛贵重,而不知道还有远远比金帛更贵重的东西。谋虑得不够深,计谋就不会实行得太远。

【事典】

吕不韦重金市相国

吕不韦是濮阳人,在赵国的都城邯郸经商。他听说秦国把王子异人送到赵国去做人质,就回到家中问父亲:

"种地能获利几倍?"

父亲说:

"十倍。"

吕不韦又问:

"贩卖珠玉能获利几倍?"

父亲说：

"百倍。"

吕不韦再问：

"拥立国家的君主可以获利多少？"

父亲想了想，说：

"那就不计其数了。"

吕不韦说：

"如今拼命耕作，还吃不饱穿不暖。如果建立一个国家，立一个君主，那么福分就可以传给后代。我愿意这样做。"

于是，吕不韦就去见异人，并且对他说：

"子傒有了继承国君的机会，在国内又有母亲做后盾。而你呢，在宫内没有母亲，又住在这个国家里当人质。一旦秦赵两国背约，你就成了粪土了。"

异人点头称是，说：

"事已至此，又有什么办法呢？"

吕不韦说：

"如果你肯听我的，就先想办法回国，然后再找机会掌握国家大权。"

于是吕不韦就去见阳泉君，对他说：

"你大祸临头了，自己还不知道！"

阳泉君是秦国王后的弟弟，非常尊贵，听了这话，不以为然。

吕不韦接着说：

"你手下的人都当了大官，府库里有珍珠美玉，马棚里有骏马，后宫里有美女。可太子呢，手下人没有这么显赫，也不像你这么富有。现在大王年纪大了，一旦有个三长两短，你的处境就像堆积的鸟蛋一样危险。"

阳泉君顿时出了一身冷汗，避开座席向吕不韦求教。

吕不韦说：

"大王年纪大了，王后又没有儿子，太子傒当然要继承王位，他还有士仓辅佐。一旦真的这样，王后的门前就会长满荒草。王子异人是个贤能的人，却被放在赵国当人质，宫中又没有母亲，他常常仰头西望，希望能够回来。假如王后真的请求大王把王子异人立为太子，王后就等于有了儿子。"

阳泉君就进宫劝说王后，王后于是请求赵国把异人送回国来。这中间，吕不韦又以重金到赵国劝说赵王：

"王子异人是秦王宠爱的儿子，现在秦国王后想让他回去，认他为儿子。假如秦国要消灭赵国，他也不会为一个王子而停止进攻计划。假如赵国让异人回去当太子，再送上一份厚礼，异人就不会忘记赵国的恩德。秦王年老，一旦死去，即使异人在你手里，也不能与秦国结交了。"

于是，赵王就送异人回国。在吕不韦等人的帮助下，后来异人真的继承了王位，而吕不韦则做了秦国的相国。

【解读】

吕不韦在政治上是个典型的投机分子。他帮助秦国的王子,既非出自道义,也不是出于政治目的,而只是一种买卖关系,即用重金来换取他在秦国的前程和地位。这倒是很合乎他的商人身份。

但吕不韦毕竟有长远眼光,他看到了异人的奇货可居,这远非一般只知赚钱的庸碌商人所能做到。他也有谋略,他的谋略说穿了就是开辟了后世投机钻营之术,蝇营狗苟,再凭三寸不烂之舌陈说利害,拉拢利诱,终于使异人当上了国君,又让自己当上了相国。

政治家和政客的分别并不在于是否玩弄权术和手腕——后者在这些方面可能更加高明。而在于,政治家有着理想和抱负,而政客只是在玩弄政治权术,他们要实现的只是利益和野心。

吕不韦显然是后者。后世像吕不韦这样的人越来越多,但伎俩却远远不及他们的老祖宗。

【原文】

人取小,我取大;人视近,我视远。未雨绸缪,智者所为也。

【译文】

别人去取小的,我则取大的;别人看得近,我则看得远。在下雨前做好准备,这是智者所做的。

【事典】

晋献公借道攻虢

春秋时,晋国的国君要领兵攻打虢国。但晋国和虢国之间,隔着一个虞国。要攻打虢国,就必须通过虞国。

晋国的谋士荀息就对晋献公提议,把晋的国宝,即献公所骑的战马和璧玉送给虞国君主,以换取他同意晋军通过虞国。

战马和璧玉可是价值连城啊,晋献公当然舍不得把心爱之物送给别人。

荀息说:

"大王放心,把国宝交给虞国,无非就像把东西从里面的库房搬到外面的库房一个样子。用不了多久,仍旧是晋国的东西。"

他向晋献公详细说明了他的计谋,晋献公听了十分高兴。于是,晋献公派遣荀息出使虞国去办这件事。

虞国也有一个高明之士,叫宫之奇。他一眼看穿了晋国的计谋,就力劝虞君,不要答应借路。

宫之奇说：

"虢是虞的邻邦，互相支持，互为后盾，相依共存。晋灭虢以后，再来攻击虞国，虞将成为四面受围的孤军而无外援了。虞国和虢国是唇齿相依的近邻，我们两个小国相互依存，有事可以彼此相助，万一虢国灭了，我们虞国也就难保了。俗话说'唇亡齿寒'，没有嘴唇，牙齿也保不住啊！借道给晋国，是万万使不得的。"

宫之奇的话，说得极为透彻。可是，虞公看着眼前的战马和璧玉，光想着占便宜，对宫之奇的话根本不以为然：

"晋国是大国，要和我们友好，又送来了这么贵重的礼物，我们借条路给他们还不行吗？就让他们去打虢国吧！我们和晋国结交，也不失为一件好事。"

晋军借得道路，通过虞国渡过黄河，大举进攻虢国，只用三个多月，就把虢灭掉了。晋军胜利回师的时候，路过虞国，出其不意，攻其无备，把虞国攻破。国宝璧玉和宝马灵驹果然回到晋献公手里。

【解读】

利有大小，有时取小利而得大害。就像老鼠，为了捕鼠夹上的一块饼干，却最终搭上了自己的一条性命。

这个故事可以从两个角度来看。从晋国的角度，暂时牺牲一点小的利益，却换来了更大的利益。这是一笔合算的买卖，智谋也用得得当。

而从虞国的角度来看，得到的和付出的简直不能成正比。他们忘了唇亡齿寒的道理，也牺牲了道义，从政治上讲，他们就失了分。这姑且不说，最终不但搭上了虢国，还搭上了自己的国家。

当然，虞国对晋国的谋图，或者说对自己的危险并非没有看见，虞国并非没有头脑清醒的人，宫之奇就曾经力谏不能借道给晋国。但虞国国君却一叶障目，不见泰山。这片叶子是什么？无非是一匹战马、一块璧玉，比起道义，比起自己整个的国家，可真的是微乎其微。但这样为小利而忘大义，或为小利而忘大害的例子从那时起却层出不穷，真的是值得我们警惕！

用人第三

国学经典文库

智慧谋略全书

权谋术

图文珍藏版

【原文】

为政之道,在于辨善恶,明赏罚。倘法明而令审,不卜而吉;劳养功贵,不祝而福。

【译文】

为政的道理,在于分辨善恶,判明赏罚。倘若法令严明周全,不用卜筮也是吉祥的;出力和有功者得到报偿,不用祝祷也会有福分。

【事典】

李泌谏修白起庙

唐朝德宗的时候,咸阳城里有人向皇帝报告,说他看见了战国时秦国的大将白起,白起还叫他上奏大唐皇帝,说吐蕃在四月里会来进犯,他要为大唐守卫疆域。

说来也巧,不久吐蕃真的来进犯。打退了吐蕃后,唐德宗想起了那个人的话,以为真的是白起显灵,就打算在京城为白起修庙,还把白起封为司徒。

谋臣李泌说:

"国家将要兴盛,应该听取人的意见。现在是将帅立了功,您却奖赏起白起来,这怎么会使边防将帅服气?一旦离心离德,以后谁还会为陛下打仗?况且,在京城里面建立庙宇,大兴祝祷之事,流传开来,还会使巫风盛行,使民心受到蛊惑。"

唐德宗说:

"你说该怎么办?"

李泌说:

"杜邮有座白起的旧庙,不如让当地府县把旧庙修葺一下,也算有了交代,这样就不致引起人们的注意。"

唐德宗感到李泌的意见很对,就采纳了。

【解读】

成就事业的根本在于人。知人善任,赏罚分明,上下齐心,加上措施得当,事业就会兴盛。古往今来成功者概莫能外。而靠求神获得成功的人翻遍史书,也难以找到先例。然而相反的例子却比比皆是。试想一下,如果打败吐蕃的将士得不到封赏,而把功劳归诸一个死了上千年的古人,为他封官修庙,谁会服气?又有谁还会出生入死、竭尽全力地守护边防?如此下去,国家焉能不亡?幸运的是,德宗有了李泌这样一位智者为谋臣,而他又多少能听取劝告,及时悬崖勒马,不然,他最后真的会成为孤家寡人,那时也只能求助于神了。

当你获得成功时,对帮助过你的人不要吝惜你的感谢,更不要把这一切仅仅归功于你的好运气。假如你的运气真的有那么好的话,那么也要记住,运气并不可靠,好运不会永远伴随着你,你最终依靠的还是自己的智慧和别人的帮助。

【原文】

贤者立而国兴;小人立而邦危。有国者宜详审之。

【译文】

贤能的人得到重用,国家就会兴旺;小人得到重用,国家就会危亡。国家的当权者应该认真考虑。

【事典】

燕昭王求贤用乐毅

自从孟尝君被撤了相位,齐湣王联合楚、魏两国灭了宋国,就变得骄横起来。他一心想兼并列国,实现自己的天子梦。列国诸侯对他都不满意,特别是齐国北面的燕国,一直受到齐国的攻击,更想找机会报仇雪耻。

燕国当初也是大国。后来传到燕王哙手里,听信了坏人的主意,竟学起传说中尧舜让位的办法来,把王位让给了相国子之。燕国将军和太子平进攻子之,燕国大乱。齐国借平定燕国内乱的名义,打进燕国,燕国差点被灭掉。后来燕国军民把太子平立为国君,又把齐国军队赶了出去。

太子平即位,就是燕昭王。他立志使燕国强大起来,下决心物色治国的人才,可是没找到合适的人。有人提醒他,老臣郭隗很有见识,不如去请教他。

于是,燕昭王亲自登门拜访郭隗,对郭隗说:

"齐国趁我们国家内乱,前来袭扰,这个耻辱我一直难以忘记。可现在燕国国力弱小,还不能报这个仇。要是有个贤人来帮助我报仇雪耻,我宁愿伺候他。您能不能推荐这样的人才呢?"

郭隗沉思了片刻,说:

"推荐现成的人才,我也说不上,请允许我先说个故事吧!"

接着,他就说了个故事:古时候,有个国君,最爱千里马。他派人到处寻找,找了三年都没找到。有个侍臣打听到远处某个地方有一匹名贵的千里马,就跟国君说,只要给他一千两金子,准能把千里马买回来。国君很高兴,就给了侍臣一千两黄金,派他去买。没料到侍臣到了那里,千里马已经害病死了。侍臣想,空着双手

国学经典文库 智慧谋略全书 权谋术 图文珍藏版

回去不好交代,就把带去的金子拿出一半,把马骨买了回来。

侍臣把马骨献给国君,国君大发雷霆,说:"我要你买的是活马,谁叫你花钱把没用的马骨买回来?"侍臣不慌不忙地说:"人家听说你肯花钱买死马,还怕没有人把活马送来?"

国君将信将疑。这个消息一传开,大家都认为那位国君真的是爱惜千里马。不出一年,果然从四面八方送来了好几匹千里马。

郭隗说完这个故事后,说:

"既然大王一定要征求贤才,就不妨先把我当作马骨来试试吧!"

燕昭王听了大受启发,回去以后,马上派人造了一座很精致的房子给郭隗住,还拜郭隗做老师。各国有才干的人听到燕昭王这样真心实意招请人才,纷纷赶到燕国来求见,其中最出名的是赵国人乐毅。燕昭王拜乐毅为亚卿,请他整顿国政,训练兵马,燕国果然一天天强大起来。

这时候,燕昭王看到齐湣王骄横自大,不得人心,就对乐毅说:"现在齐王无道,正是我们雪耻的时候,我打算发动全国人马去攻打齐国,你看怎么样?"

乐毅说:"齐国地广人多,靠我们一个国家去打,恐怕不行。大王要攻打齐国,一定要跟别的国家联合起来。"

燕昭王就派乐毅到赵国跟赵惠文王接上了头,另派人跟韩、魏两国取得联络,还叫赵国去联络秦国。这些国家看不惯齐国的霸道,都愿意跟燕国一起发兵。

于是,燕昭王拜乐毅为上将军,统率五国兵马,浩浩荡荡杀奔齐国。

齐湣王听说五国联军打过来,便把全国兵马集中起来抵抗联军,在济水的西面打了一仗。由于乐毅善于指挥,五国人马士气旺盛,把齐国军队打得一败涂地,齐湣王逃回临淄去了。

赵、韩、秦、魏的将士打了胜仗,各自占领了齐国的几座城,不想再打下去了。只有乐毅不肯罢休,他亲自率领燕国军队,长驱直入,一直打下了齐国都城临淄。齐湣王不得不出走,最后在莒城被人杀死。

乐毅立了大功,燕昭王亲自来到济水边劳军,把乐毅封为昌国君。

【解读】

把人才比作千里马,可能就是从燕昭王开始的。即使他一生中没有别的作为,但单凭这一点,也足以留名青史了。因为用人实在太重要了。从古至今,凡是人才得到尊重的朝代,就一定会兴旺,反之,人才凋零,或受到排斥打击,这时就离亡国不远了。从燕国的例子中我们就可以看出,燕昭王重用了乐毅,使燕国大兴。而他的儿子当了国君,把乐毅赶走,就差一点闹到亡国,最后还是乐毅不计前嫌,帮他解了围。

燕昭王求贤心切,是因为他身怀国恨家仇,要图谋报复齐国,振兴燕国。有了这样的抱负,他才不惜一切,不拘一格地使用人才。因此,人才和领导者的抱负有着直接的关系。一个庸碌无能的领导者,是不会重用有能力之人的,一是因为他没有抱负,二是因为他没有心胸。

能得到贤才,是幸事;贤才能被重用,更是幸事。韩愈就说过,千里马常有,而伯乐不常有。遗憾的是,在我们的身边,这样的伯乐实在不多。

【原文】

故小人宜务去,而君子宜务进。

【译文】

所以小人应该一定赶走,君子应该一定举荐。

【事典】

齐桓公慧眼识宁戚

齐桓公推行招贤纳士、锐意求治的建国方略,任用管仲为相,建立了"九合诸侯,一匡天下"的霸业。

宁戚听到这个消息,就远道来到齐国。他怀有不世之才,又有匡世之志,很想在齐桓公手下一展才能。但来到齐国,他才感到宫门重重,齐桓公出入车驾相从,卫兵近臣前呼后拥,守卫森严,不要说上前自荐,就是远远看上一眼也是难事。

他身上本来不多的盘缠已经花得差不多了。现在只有两种选择,一是在这里找点事做,等待机会;二是回老家去,安心种地养牛。他擅长养牛,人家都说他专心养牛,就能发大财。

他最终选择了前者。

一天,齐桓公外出,在东城的门外听见有人在唱歌。歌唱得并不怎么好,但里面似乎有什么东西深深打动了齐桓公。

"这是什么人啊?"他问从人。

从人向外望了望说:

"一个赶车的,不好好干活,在那儿偷懒。"

"你懂什么!"齐桓公叱道。

他下令停下马车,揭帘向外看去,只见一个清癯的男子,粗布褐衣,正在击着牛角唱歌:

"浩浩白水……"

他唱的是一首古诗。"浩浩白水,儵儵之鱼。君来召我,我将安居。国家未定,从我焉如。"诗用的是比兴,表达出为国效力的愿望。

"这是个贤人呵。"齐桓公感叹说,"怎么能干给人赶车这种粗活呢。寡人要把他请进宫去,和他谈谈。"

于是,一番长谈之后,齐桓公和管仲都主张重用宁戚。

一位老臣启奏:

"大王,用人可是关乎国家兴衰的大事。应该慎重。"

齐桓公说：

"是啊，用贤人，国家就强盛；用奸人，国家就衰败。这方面的例子，真的是很多。就说管仲吧，要不是当初鲍叔牙推荐了他，寡人就不会有今天。所以，我要把贤能的人都请来，为齐国出力。"

大臣说：

"好是好，但是不是贤才，大王可要把握清楚。老臣倒是有个主意。"

"什么主意？"齐桓公倾身问道。

"这个人是从卫国来的，卫国离我们这里又不很远。我们派个人去卫国，了解一下，他要果然是个贤才，再用他也不晚。"

"不妥不妥。"齐桓公连连摇头，"现在我们认为他是贤才，就要大胆使用。派人去了解，要是到那里应付一下，不是白费工夫吗？要是认真，了解到的就会净是一些鸡毛蒜皮的小事。人谁没点小毛病？可知道了他的这些小毛病，就会让我们心里疑惑，不放心。为了小的过失而丢弃了大才，这可是太不上算了。你想想看，世上许多国君失去贤才，不都是这个原因嘛！"

齐桓公正襟危坐，命人颁下诏书：

任命宁戚为齐国上卿。

宁戚被任为上卿后，为齐国做了许多事情，和管仲一起辅佐齐王，成就了齐王的春秋霸业。

【解读】

用人以长，不拘一格，这话谁都会说，但真正能够做到的却没有几人。

问题何在？齐桓公一语道破：世上的许多国君，都是因为对方有小的过失而失去了贤才。

识人需要眼力，用人需要胆略。很难说哪个更重要，也很难说哪个更难。

人才往往都有个性，大才者又大都不拘小节，又难免恃才傲物，因此，看人要看大的方面，用人要用其所长。这样才能成就大业。

用人成功和失败的例子几乎一样多。汉高祖刘邦本人是无赖，但他用人不看出身，有能力就行，所以手下人才济济。虽然他对韩信看走了眼，不过毕竟是偶然。项羽有人才而不能用——韩信和陈平都是可以平天下的人才，但项羽都没有重用他们，致使他们跑到了刘邦那里，最后连身边唯一一个足智多谋的范增也被陈平用离间计赶走，乌江自刎身亡自然是情理之中的事情了。再说齐桓公，本身就是一个最好的例子，他重用管仲等贤人，以"尊王攘夷"为名，扩充国力，收取人心，成就了一代大业。但在管仲死后，他不听管仲死前的劝告，用了几个小人为相，使得儿子争夺王位，自己的尸体在房里生蛆，竟然没人过问。成功和失败的例子如此集中在同一个人的身上，对比是何等的鲜明！

【原文】

大德容下，大道容众。盖趋利而避害，此人心之常也，宜恕以安人心。

大德能够容纳下方,大道能够容纳众人。众人的心像水一样,流向利益而逃避祸患,这是人之常情,因此应该宽恕他们以安定人心。

【事典】

汉光武烧信安人心

王莽篡位,很快失去了人心。人们思念汉室,所以在起义军中,有好几位都自称汉代的宗室。

刘秀起兵时,也打出匡复汉室的旗号,拥立更始帝刘玄。

王郎原在邯郸城以占卜为生,现在也说自己是汉成帝的儿子,自立为汉帝,起兵攻取州郡,一时很有声势。刘秀这时正好以大司马的身份前往河北各州县巡抚,王郎就下令悬赏捉拿他,刘秀仓皇逃走。一时河北各郡纷纷望风归顺,尽属王郎。

刘秀集结兵力,经过数番激战,最后合围巨鹿,使敌人分兵,最后一举攻取了邯郸。

王郎战败被杀,结束了皇帝梦。刘秀收查他的往来文件书信,发现里面有自己手下官员们写给王郎的上千封书信,内容很多是诋毁和诽谤刘秀的。左右劝他严加追查,好一网打尽。刘秀未置可否。

一天,刘秀把大家召集在大殿,点起炉火,士兵们的刀枪映着火光,平添了一种威严。刘秀叫人拿出了那些信件。那些与王郎有联系的人都脸色苍白,他们知道,一旦追究,即使不被杀头,也要被关进大牢。

胆小的人开始瑟瑟发抖,胆大些的也开始后悔没有早些逃走。

刘秀却是一副若无其事的样子。他叫手下人烧掉那些书信,并且说:"现在大家可以安心了!"

大家拜伏在地上,庆幸自己逃过了这一劫,也很感激刘秀放过他们。

从此以后,再也没人敢对刘秀有二心了。

【解读】

司马迁的《史记》把伯夷和叔齐放在列传的首位,意在鼓励士人的气节。但历朝历代,真正讲气节的臣子并不多。为官者,多半是为利益所驱使,因此常常首鼠两端,左右逢源,谁得势就依附谁。这是人的本性所在,很难改变。对少数这样的人加以惩治,可以收到儆策作用,但假如人数众多,加以追究,则会造成人心浮动,影响大局的稳定。刘秀这件事做得很漂亮,因为他心里清楚,那些人未必真的有反意,无非是错误估计了形势,趋炎附势,或为自己留一条后路。追究起来,不但涉及面太广,而且也没有多大意义。如果放过他们,那些人自然会心存感激。而且有了这次教训,他们再也不敢轻举妄动了。这件事充分说明了刘秀的胸怀和谋略。后来曹操也遇到过类似的事情。在官渡之战大败袁绍后，曹操发现手下一些官员与袁绍往来的书信，他看也不看，命人一把火烧掉，既免除了上下猜忌，也收服了人心。当然曹操所逞的，也无非是刘秀的故智而已。

【原文】

故与其为渊驱鱼，不如施之以德，市之以恩。

【译文】

与其把人们赶到与自己为敌的一方，不如对他们施以德行，用恩惠来收服他们。

【事典】

秦桧任用假书人

南宋高宗时，秦桧当了宰相，执掌国家大权，一时权倾朝野。

有一天，下面押送来一个犯人，交给秦桧处理。秦桧阅读公文后，了解了案由。原来这是个读书人，他模仿了秦桧的笔迹，伪造了一封书信，去见扬州太守，想骗取些银子。扬州太守发现了破绽，不敢擅自处理，就把他押送到都城临安，让秦桧处治。

秦桧见了这个人不但没有处罚，反而封了个官给他做。

有人问秦桧：

"他冒充大人的笔迹，大人不罚他也就罢了，怎么还让他做官？"

秦桧笑着说：

"这个人有敢于假冒我笔迹的胆量，一定不是个一般的人物。如果不给他一个官职，把他拢住，那么他不是向北投奔金国，就是到南方去为越人效力了。"

【解读】

秦桧是奸相。不过小人有时也有大智慧，至少在这件事情上，他处理得还算是很有手腕。

他也是有一定眼力的，至少可以说，他有着权奸的敏锐嗅觉。他看出了那位读书人敢于假冒他的笔迹，一定很有胆量。这样的人，如果不用，那么一定会为别人所用，那时对自己是个麻烦，还不如留下来，用个小官来拢住他。

不过，正像从这件事情上可以看出秦桧的狡智一样，我们同样从中可以看出秦桧的为人。他的品格的确不高。他的智慧，也是带有一定的狡诈。他用人不重德，也不是从大局着眼，而是带有小人之心，显示出他心胸的局促。

【原文】

而诱之以赏,策之以罚,感之以恩。

【译文】

用奖赏来劝诱,用刑罚来警策,用恩典来感化。

【事典】

周金智平兵乱

周金任宣府安抚使时,总督冯侍郎对待下属十分苛刻,众人对他都非常不满。一天,诸军请冯侍郎批些军粮,但无论怎么说,冯侍郎就是不答应。他还对把总们说:

"快滚,再向我提出这种要求,我就要命人抽你们鞭子!"

把总们两手空空,一肚子怨气,回去对大家讲起了这件事,将士们都非常气愤。

"真是岂有此理! 没有粮食,我们吃什么?!"

"走,找姓冯的算账去!"

士兵们对冯侍郎破口大骂,还把帅府团团围住。

这天周金身体不好,正在休息,忽然他的部下都跑了来,对他说:

"大人,不好了! 士兵们哗变,围住了帅府!"

周金坐起身来,问明了情况,说:

"有我在,不要惊慌!"

他也不换官服,穿着便装走出房门,坐在院门口,大声说:

"把总在吗? 都给我进来!"

各位把总匆匆来见:

"大人,有何吩咐?"

周金当着那些士兵的面厉声呵斥:

"你们看看,这成什么样子!"

他又大声说:

"兵都是好兵,就是你们这些领兵的不好! 如果不是你们这些当头的剥削,当兵的怎么会不自爱到这种地步?"

把总们不敢申辩,只是连连称是。

周金越说越生气:

"来人,用鞭子给我重重地打! 看你们今后还敢不敢欺压士兵!"

士兵们听到周大人并未怪罪他们,气已经消了一半。又见把总们要受冤挨打,就一拥而入,跪在周金面前,为把总们求情:

"大人,不是他们剥削我们,而是冯侍郎贪利,不顾恤我们士兵!"

周金命他们站起来,对他们陈说利害:

"你们用这种方式,不但解决不了问题,还会把事情弄糟。有什么问题,可以通过有司来解决,闹事没有任何益处。"

士兵们高声说:

"我们听您的!"

他答应为士兵们解决难处,又叫人放了把总们,于是,一场危机就样化解了。

【解读】

冯侍郎处事不公,险些激起兵变。幸好周金临危不乱,从容应对,才化解了这场危机。

事件的始终都不是把总们的责任,而周金却要责罚把总,这是何故?他的高明之处就在这里。他不怪士兵,怪把总,是玩了个手腕,做戏给士兵们看:我周大人是关心和体恤你们的,我会为你们主持公道。士兵们闹事,是在气头上,但心里都清楚这样做不对,但大人不责罚他们,还为他们说话,心里自然感激。另外,周金故意冤枉把总们,士兵们就要为把总们求情,一旦向他求情,事情就好办了。

俗话说,法不责众。这句话今天看来有些问题,但除去法律,"不责众"还是对的。任何时候,都不应引起众怒,当众怒难平,切不可激化矛盾,而是要争取人心,以理服人,这样才不至于使事件升级。这方面的例子,我们见得多了。周金做得好,值得肯定。

【原文】

取大节,宥小过,而士无不肯用命矣。

【译文】

取人的大节,宽恕小的过失,这样士人才没有不肯为之尽力的。

【事典】

楚庄王不辱绝缨者

楚庄王大宴群臣,特地把宠爱的美人叫出来为大家斟酒助兴。天色渐晚,大家都喝得有几分醉意。这时烛火灭了,黑暗之中,有人趁机扯住了美人的衣服。美人用力挣脱,顺手扯断了那人帽子上面的佩缨。

美人大叫点灯,因为只要看见有谁帽缨断了,谁就是对她非礼的人。可楚庄王却轻描淡写地说:"怎么能为了显示女人的贞节,而使士人受辱?"他端起酒杯,下令说:"今天大家和寡人喝酒,不把帽缨拉断就不算尽兴。"于是大家齐声欢呼,都拉断了自己的帽缨。庄王这才叫人点起灯火,大家喝得尽兴而归。

后来,楚国围攻郑国,开始战局不利,庄王被围。这时一员小将奋力冲出,用身体挡在庄王前面。他拼杀了五个回合，就五次获得敌人的首级。这一仗，楚国大获全胜。楚庄王叫人打听那人是谁，原来就是那天晚上被美人拉断帽缨的人。

汉朝袁盎的事例与此相近。袁盎做吴王的相国时，手下有位从吏和袁盎的侍妾私通。袁盎知道后并没有说出去，但从吏还是知道了奸情败露，吓得赶紧逃走。

袁盎听到从吏逃走，亲自去追。追回后，从吏面色如土，以为自己要被重罚，谁知袁盎把侍妾带到他面前，说：

"你既然喜欢她，她就是你的了。"

此后，他待从吏还是像从前一样。

景帝时，袁盎入朝当了太常。他出使吴国时，正好赶上吴王预谋反叛。吴王派五百人包围了袁盎的住处，要杀死袁盎。袁盎却对此一无所知，幸好围守袁盎的校尉司马买了二百石好酒，把五百人灌得醉倒，然后对袁盎说：

"吴王要杀你，还是赶紧走吧！"

袁盎说："您是谁？为什么要帮我？"

楚庄王

司马说："您不记得原先和您小妾私通的从吏了吗？"

于是袁盎在他的帮助下，连夜匆匆逃离了吴国。

五代时梁朝的葛周，宋代的种世衡，都用这种方法战胜敌手，讨伐叛逆。唐代的张说，金朝的大将兀术，面对难题时，也都曾做出类似的决定。

葛周曾和他宠爱的美貌姬妾一块喝酒，有个卫兵眼睛盯着葛周的姬妾，眨也不眨，葛周问他话也答错了。过后他意识到自己的失态，怕葛周加罪于他，但葛周什么也没说。后来葛周在和唐交战中失利，就呼唤这个小卒奋勇破敌，打败了敌人。事后葛周把美姬送给小卒为妻。

北宋初年，西北诸部落中，苏慕恩的势力最大，当时镇守边关的种世衡曾和他彻夜饮酒，还把一个侍妾叫出来陪酒。过了一会儿，种世衡起身到里面去，苏慕恩就趁机暗中调戏侍妾。这时种世衡突然从里面走出，发现了这件事。苏慕恩感到惭愧，向种世衡请罪。种世衡说："你想要她吗？"就把她送给了苏慕恩。正是因为这个缘故，各个部落有叛乱事情发生时，种世衡就让苏慕恩去讨伐，每次都会取胜。

唐代张说门下有位学生，私通张说宠爱的使女，张说要对他动用刑罚。这个学生大喊说："相公，难道你就没有急于用人的时候吗，怎么连一个使女都舍不得？"

张说觉得他的话不同寻常，就把使女送给他，让他离开。后来连这个人的一点消息也没有。等到张说受到姚崇的陷害，大祸临头，这个学生夜里来到张说的家，要张说把夜明帘献给九公主。张说照办，九公主在玄宗皇帝面前为他说情，张说才得以免祸。

金兀术爱上了一个士兵的妻子，就杀了士兵，夺了他的妻子，让她做了自己的宠姬。一天，金兀术白天睡觉刚醒，突见这个女人手里拿着把锋利的刀，向他走来。金兀术吃了一惊，起身问："你要做什么？"女人说："我要为丈夫报仇。"金兀术默不

作声。他命手下当天宴请将士们，把女人叫出来，对她说："杀了你，你没罪；要留你，也不行。你就在各位将军中选一位可以跟随的人吧！"女人指出一位将军，金兀术就把这个女人赐给了他。

【解读】

旧时常用"红颜祸水"来形容美女，从表面看似乎不无道理。美女确实可以激起人的欲望，甚至使人丧失理智。古往今来，因迷恋女色丧命亡国者不计其数。但反过来说，利用美女来达到笼络下属目的的成功事例也并不少见。上面的故事讲的就是这样的例子：当臣子迷上了大王的妃子，从吏私通相国的侍妾，卫兵对将军的爱姬无礼，这些如果追究起来，后果都将不堪设想。但庄王、袁盎和葛周却轻易放过了他们，袁盎和葛周甚至还顺水推舟，成全了那一对情人，这是明显的"市恩"，而他们后来确实从中得到了回报。

如果说前两个例子是"无心栽柳"，那么种世衡的例子就是"有意种花"。他显然是利用美貌的侍妾引诱苏慕恩上钩，然后利用他去平定部落的叛乱。金兀术相比之下有些粗豪，差点成了反面的例子：他为了得到士兵美貌的妻子而杀了人，但发现自己种下祸根时，就把那位妻子赐给了部下，既不加重自己的错误，又可以借此收买将士的心，可谓一举两得。至于张说，他原想惩罚那位门生，却被门生说动，在关键时刻也得到了他的救助。

楚庄王的故事后来被改编为京剧《摘缨会》，是余（叔言）派老生的拿手戏。

【原文】

赏不患寡而患不公，罚不患严而患不平。

【译文】

奖赏不怕少而是怕不公正，惩罚不怕严厉而是怕不公平。

【事典】

李渊论赏不分贵贱

李渊打下了霍城，犒赏有功的将士，发现军队中奴仆出身的人得不到和普通士兵同等的待遇。李渊就把士兵们召集起来，对他们说：

"在箭和飞石中间冲锋陷阵，既然不分出身贵贱，为什么在论功行赏时要有差别？现在从我做起，取消这种不合理的制度。"

于是，他赏赐霍城的官吏百姓，并挑选了一些精壮的男子加入关中的军队中。关中的士兵有要回家的，就加封他们五品散官，让他们返乡。

有人提醒李渊说这样封的官太多了，李渊却不以为然道：

"隋朝舍不得加官封赏，才失去了人心，为什么要重蹈他们的覆辙？再说，用官职来收取人心,不是比打仗要好吗?"

后来,李渊果然消灭了割据势力,建立了中国封建社会中最为兴盛的唐王朝。

【解读】

奖赏有功的人,惩罚犯罪的人,古往今来都是这样做的,而只有智者,才善于用赏罚来收取人心。

不分出身贵贱,而按功行赏,士兵才会心甘情愿地冲锋陷阵。李渊深明此理,并以封官来聚拢人心,提高士气。他之所以这样做,正是针对了隋朝吝于封赏、失去人心这一弊端。

以前朝为鉴,矫其不足,正是古今政治家的拿手好戏。诸葛亮治蜀,也正是出于这种考虑。当占领益州后,他实行峻法,有人劝他,他说,刘璋暗弱,法纪松弛,因此废弛之下必施峻法。但是,这类事情必须因势利导,切不可刻舟求剑,缘木求鱼。太平天国封王八千,结果各不用命,因此失去了大好局面,就是一个最好的反面例子。

【原文】

赏以兴德,罚以禁奸。使下畏罚而利赏,下也;好德而思进,上也。

【译文】

奖赏是用来倡导道义,刑罚是用来禁止奸恶的。使下人害怕刑罚而希望奖赏,是下策;使他们喜欢道义而思进取,则是上策。

【事典】

赵襄子赏功重礼

赵襄子被围困在晋阳,解围之后,他赏赐五位有功之臣。高赫没有战功,却受到了最高的奖赏。

几位功臣很不服气,说:

"我们出生入死,为主公解围,高赫什么都没做,却比我们得的赏赐要多,这公平吗?"

张孟谈就去见赵襄子,对他说:

"晋阳之围,高赫没有立下太大的功劳,主上却给了他最高的赏赐,为什么?"

赵襄子说:

"我在危难之中,能够不失君臣之礼的只有高赫。你们有功,但都很骄矜。寡人给高赫最高的奖赏,难道不对吗?"

孔子听到了,赞叹说:"赵襄子称得上善于奖赏士人啊!赏赐一个人,却能使天下的人臣都不敢失去君臣之礼了。"

【解读】

有这样一个故事,一个人在烟囱下面堆满了干柴,有人对他说这样很危险,他不听。后来果然着了火,大家赶来扑救,被烧得焦头烂额。后来主人摆酒,把烧伤的人当作上宾,而那个当初劝他的人,却被冷落在了一旁。

这个故事有着异曲同工之妙,然而却是正面的。赵襄子被围,奋力解救的大臣得到的赏赐反而比没有功劳的低。这是为什么? 赵襄子说得很明白,有功的骄纵,而那个没有功劳的却始终行以君臣之礼。

如果我们知道了礼在当时的重要——礼是秩序,是维持社会稳定的纲纪;孔夫子奔走一生,复的就是这个礼,那么我们就不会对襄子的做法感到奇怪了。我们也同样会赞赏赵襄子的做法。他的赏赐的确很有用意,因为他要用赏赐表明,还有比功劳更为重要的。

【原文】

天下无不可用之材,惟在于所用。

【译文】

天底下没有不能用的材料,关键在于如何使用。

【事典】

魏元忠以盗治盗

唐高宗要临幸东都洛阳,令魏元忠心神不安。当时关中正在闹饥荒,盗贼四起,路上很不太平。魏元忠正好担任监察御史,高宗就命令他负责车驾的安全。

魏元忠一向很有谋略。他曾经得到过一本奇书《九州设险图》,里面详细记载了古今用兵的谋略及成败,他从中学到了很多东西。现在皇上把安全的重任交给了他,他自然不敢怠慢。沉吟了半晌后,他来到了赤县的监狱。

狱官见御史大人大驾光临,忙问他有什么吩咐。魏元忠就让狱官带他挑选一位精明而有本事的强盗。他察看了一些人,选中了其中的一个。这个人相貌不凡,神情举止都与众不同。魏元忠命人把他身上的枷锁去掉,给他换了一身官服,让他做自己的跟随,每天都要和他吃住在一起。

大盗问魏元忠说:

"大人对我以礼相待,一定有大事要办。只要大人吩咐,小人肝脑涂地,万死不辞。"

魏元忠说:

"我不要你死,只要用用你的本事。"

那个人问:

"大人不是想做强盗吧?"

魏元忠哈哈大笑,说:

"你既然是强盗出身,一定熟知强盗的活动规律。我请你来,就是要你帮我防范路上的盗贼。"

那个人也笑了,说:

"大人但请放心,我会尽心竭力的。"

魏元忠大喜,着实勉励了他一番。果然,当皇帝的车驾从东都返回长安时,随行的上万人马,没有损失一个小钱。

【解读】

这里用的是以毒攻毒的计谋。

对付盗贼,官兵们并不擅长。他们只是受过正规作战训练,却不了解盗贼的规律。他们在明,盗贼在暗,很容易吃亏。

但用盗贼来对付盗贼,就容易得多了。都是一条道上的人,对他们的习性、喜好、活动规律都了如指掌,因此靠了这一个人,省却了很多麻烦事。

魏元忠用人不拘一格,大胆而果敢,值得效仿。事实上,后来曾国藩提出的,又被李鸿章发扬光大的"以夷治夷"与魏元忠的方法倒是有几分相似。

事上第四

国学经典文库

智慧谋略全书

权谋术

图文珍藏版

【原文】

事上宜以诚,诚则无隙,故宁忤而不欺。不以小过而损大节,忠也,智也。

【译文】

下属侍奉上级,应该以诚相待。诚就不会产生裂痕。所以宁可触犯上级,也不能轻易欺骗他。不因为小的过错而丧失大节,此为忠诚、智慧。

【事典】

鲁宗道不肯欺君

宋朝鲁宗道曾在东宫担任谕德官。一天,宋真宗要召见他,派去的人到他家时,他却不在。等了好久,他才从仁和酒店喝酒回来。

派去的中使对他说:

"皇上要是责怪你来晚了,是不是找个什么理由来搪塞一下?"

鲁宗道说:

"就实话实说吧!"

中使说:

"皇上怪罪下来怎么办?"

鲁宗道正色道:

"喝酒,是人之常情;欺君,可是臣子的大罪。"

中使把他的话告诉了皇上。宋真宗问宗道:

"为什么要私自去酒店?"

鲁宗道谢罪说:

"臣的家穷,没有喝酒的家什。正好赶上有乡亲远道而来,我只好请他去酒店喝酒。但臣以为臣换下了朝服,街上没有人能认出我来。"

宋真宗龙颜大悦,笑着说:

"爱卿是朝廷的臣子,这回怕要受到御史的弹劾了。"

话是这么说,但从此宋真宗对他另眼相看,认为他为人忠诚正直,可以重用。果然,后来鲁宗道当上了龙图阁大学士。

【解读】

大智者不逞智。鲁宗道犯了过失,他没有想着去掩盖,反而实话实说。这看上去是拙,实际上是巧。因为毕竟过失不大,而且还情有可原,但如果撒了谎,被皇帝发现,那就犯了欺君大罪。为掩饰小过而犯大错,得不偿失。而实话实说,既表明了自己的清廉(想想看,家里居然没有酒具),更赢得了真诚正直的美名。

有时说假话是不得以而为之。但一味说假话,难免没有穿帮的时候。这就像喊"狼来了"的孩子,人们发现上了当,就算狼真的来了,也再不会相信。在小事上绝不能说谎,如果一次说谎被上级发现,就再也无法得到上级的信任,实在不值。为自己树立起诚信的形象,远比凡事说谎要划得来。

【原文】

不欺上,亦不辱君,勉主以体恤,谕主以长策,不使主超然立乎显荣之外,天下称孝焉。

【译文】

不欺骗主上,也不使君王受辱,设身处地地勉励,用长远的大计来劝说,不使主上置身在显赫的荣耀之外,天下的人就都会尽孝了。

【事典】

韩琦秉忠掩君过

宋英宗是仁宗的养子。他即位后不久,曹太后就给大臣韩琦送去了一封密信。曹太后在信中告诉韩琦说,皇上与高皇后不侍奉她,没有尽到为子之道,信中甚至还写下了"为媚妇做主"的话。

太后一再嘱咐送信太监,要等着韩琦的答复。但韩琦沉默了很久,最后只说了一句话:

"领旨。"

这天,韩琦向皇帝内宫进了一道奏章,以仁宗皇帝的丧葬之事为由,请求皇上让他在晚上哭吊仁宗皇帝后,独自上殿和皇上奏对。

皇上批准了他的请求。在两个人独对时,韩琦对皇帝说:

"我这儿有一封信,不能惊动朝中文武大臣们,但需要向陛下进言,说破此事。皇上有今天,都是太后之力,这个恩情不能忘啊!虽然你们不是亲生母子关系,但只要勤加侍奉,是不会有什么事情的。"

宋英宗说:

"谨奉指教。"

韩琦又说:

"这封信,臣是不敢留的。请陛下看后到宫中秘密地烧掉吧! 此事如果泄露,那些饶舌的小人又要乘机拨弄是非了。"

宋英宗点头称是。

自此后,太后、皇后两宫互相欢娱,外人都看不出有什么矛盾了。

【解读】

韩琦是一个很有才干的大臣,与范仲淹齐名。他在处理君臣关系上也很有一套。

当皇帝犯了错误,而这个错误又不属于朝政上的问题,而是家庭关系,即没有尽孝时,这位重臣就面临着进退两难的选择了。如果劝说皇上,惊动了满朝文武,皇帝就会背上个不孝的名声,对朝廷不利,自己也会被卷到里面;如果不去劝说,任事态进一步发展,最终矛盾也会爆发,而自己也将落个没有尽忠的名声。

但他自有办法:私自谒见皇上,把信给他看,并没有讲什么大道理,而只是轻描淡写地谈到皇上和太后的矛盾,并稍做点拨。同时,也暗示了现在这样,是有小人在挑拨是非,这就等于告诉皇上,如果处理不好,事态还会恶化。同时,他把信交给皇上,让皇上烧掉。这里面既有体恤,也有忠心,既不让外人知道,也显示出事情的严重性。

如果碰上些腐儒,或那些道学先生,就会滔滔不绝地大谈什么孝道了,甚至会声泪俱下地劝谏,这样不但无助于问题的解决,反而会激化矛盾,闹得无法收场。天下本无事,庸人自扰之,说的大约就是那些人吧! 而韩琦既尽了忠,又不失礼,做得很好,很得体。

【原文】

荣辱与共,进退以俱,上下一心,事方可济。骄上欺下,岂可久长?

【译文】

荣则共荣,辱则共辱,进一齐进,退一齐退,上司和下级同一条心,事情才能办好。对上司傲慢,对下属霸道,又怎么能够长久?

【事典】

诸葛恪不纳忠言

陆逊是东吴智勇双全的人物。他年纪轻轻就登上政治舞台,曾经因为火烧刘备的连营七百里而名声大噪。他考虑问题比别人更加深入,筹划事情也非常细致周到,因此无论办什么事情都能取得成功。

一天,他请诸葛恪一块喝酒。诸葛恪也是一位赫赫有名的人物,他的父亲是东吴重臣诸葛谨,叔父是蜀国的丞相诸葛亮,而他又从小聪明,深得孙权的喜爱,有很多关于他智慧的故事在人们中间流传。

陆逊举起酒杯,已经稍有醉意了。诸葛恪微笑着说:

"大人今天请我来喝酒,一定有话要对我说吧?"

陆逊也不禁微微一笑。他真的很喜欢这位年轻人,聪明、机敏,可以一眼看穿别人的心事。但凭他多年的经验,在政治舞台上,只有聪明是不够的。

"也无非是几句忠告。你我相交多年,我就直言了。"

"请讲。"

陆逊正色说:

"在我上面的人,我一定要小心侍奉,和他一起高升;在我下面的人,我一定要多加扶持,让他真心为我出力。你现在对上司盛气凌人,对下属又很轻蔑,恐怕这不是立身之本。切记,切记。"

诸葛恪并没有听进陆逊的劝告,他后来接替了陆逊的职位,更是目中无人,终于导致了后来的杀身之祸。

【解读】

这里陆逊讲的是上下级关系。道理看上去普通,却很重要。他说对上级要尊重,做好工作,处处维护,这样上级提拔了,你自然也会跟着提升。对下级要多加扶持,不要盛气凌人。得到下级的拥戴,工作才能做好。这看上去是典型的为官之道,即所谓一荣俱荣,一损俱损,未始不是一种人格修炼。无论如何,这毕竟要靠真本事,真功夫,比起用金钱美女投机钻营、搞不正之风虽然来得慢些,但毕竟稳妥。

同时搞好两个关系,说说容易,却很难做到。有的人见了上级百般逢迎,摇尾乞怜;见了下属,却颐指气使,不可一世。有的人对下属宽厚,却一味抗上。看来要做到人情练达,真的很难。

陆逊的话看上去普通,却是至理名言。聪明的诸葛恪,难道真是不懂其中的道理?未必。这不过是性情使然。诸葛恪的家族谱系真的是无可挑剔,父亲受到孙权的信任,叔叔诸葛亮又是旷世奇才,他本人又聪明过人,也许正是因为这些原因,他才变得骄矜起来。从这个意义讲,人格的修炼也真的很重要。

【原文】

攻城易,攻心难。故示之以礼,树之以威,上也。

【译文】

占领城池容易,取得人心就难了。在交往中,要向他们展示完备的礼节,向他们树立权威,这是上策。

【事典】

李愬为朝廷树威

唐节度使李愬带领军队雪夜奇袭,攻下了蔡州,活捉了叛军首领吴元济,把他押解到京都长安。这是一件天大的功劳,朝野振奋,朝廷就派裴度作为招讨使到蔡州去。

裴度一进城,李愬就带着部下出来迎接,并恭恭敬敬地跪倒在路旁。看见李愬等人这样做,裴度吃了一惊,忙说:

"将军为朝廷立下大功,不必行此大礼。"

李愬正色说:"蔡州人野蛮骄横,不懂上下礼节几十年了。希望您借这个机会,做个样子给他们看看,也好让他们知道朝廷的威严。"

裴度连连称是。于是整肃衣冠,接受了李愬的拜见。

【解读】

李愬称得上是位良将,他一方面体恤士兵,没有当官的架子,另一方面却坚持对招讨使保持礼仪。前者是策略,目的是使士兵用命,也使敌人放松戒备;而后者却是原则,君不见孔老夫子一生忙忙碌碌,周游列国,要复的也就是这个"礼"。"礼"就是秩序,就是等级制度,上至国家,下至单位,这是维持政治机构正常运转必不可少的条件。李愬坚持朝廷之礼不可废,正是以此来树立朝廷威仪,使新攻克的蔡州百姓心存畏惧,不敢再反。

自古以来,有功劳的人往往容易遭到猜忌和诋毁。以裴度的功劳和声望,仍不可免,何况手握重兵的李愬。李愬对朝廷的使臣保持谦卑,表面是考虑到朝廷威望,更深层的原因也是要避开谗言,保全自己。李愬在顾及朝廷威仪的同时又做到了明哲保身,不失为智者所为。

【原文】

上怨报之以德,上毁报之以誉,上疑报之以诚。隙嫌不生,自无虞。

【译文】

上级对你怨恨,就用仁爱来回应;上级攻击你,就用赞誉来回报;上级猜疑你,就用真诚来回应。没了嫌隙,自然就没有忧患了。

【事典】

翟方进巧解嫌隙

西汉胡常和翟方进一同研究经书,他们一个是清河人,一个是汝南人,但关系却很好。

胡常先做了官,而翟方进的名望却比胡常大。人们见了胡常,只是客客气气地打招呼,但一提起翟方进,就都伸出大拇指说:

"人才呀,要人品有人品,要学问有学问!"

时间久了,胡常感到自己总是生活在翟方进的阴影下面。自己除了比翟方进

官大,别的似乎什么都比不上他。于是他心存不满,后来竟忍不住说起对方的坏话来:

"他有什么了不起? 不过是一介书生,就会空谈!"

这话慢慢就传到了翟方进的耳中。有人对翟方进说:

"胡大人对你颇为不满,总是贬低你!"

"胡大人就是比我有能力嘛!"翟方进说。

说话的人摇摇头走开了。

以后每到胡常召集门生讲解经书的日子,翟方进就让自己的门生到胡常那里请教疑难问题,还把他讲解的话记录下来。一开始,胡常还不以为意,时间久了,他明白了对方有意地在推崇自己。胡常心中感到不安起来,就不再讲翟方进的坏话了。后来,当人们开始称道起他的学问时,他也开始赞扬翟方进了。

【解读】

大抵做官的都有一个毛病,认为自己的官比别人大,就是比别人有能力。在某种意义上也的确是这样。现实告诉我们,真理不在多数人手里,也不在少数人手里,而在掌握权力的人手里。赵高把一只鹿拉到了金殿上,说这是马,于是大臣们都轰然附和,说这的确是一匹马。

如果赵高把一匹马拉来,说是一只鹿,大家也同样会说这只鹿没有长角。

胡常也不可避免地犯了类似的毛病。他当了官,就不能容忍没当官的朋友比自己强,于是他开始诋毁朋友了。这样下去,朋友还会是朋友吗? 幸好对方度量大,修养好,不但不以为意,反而处处维护他、抬举他,让他的心理逐渐平衡,化解了矛盾。

在整个事件中,翟方进清楚一点:他和胡常大人没有本质上的矛盾,胡大人对自己不满,无非是因为自己名声比他大。那么抬举一下胡大人,矛盾就自然迎刃而解了。

翟方进的做法往好的说,是以德报怨;往坏的说,是玩弄权术。后者的可能性似乎更大。朋友说自己坏话,是最伤感情的,一般人能忍而不发,已属难得,又怎么能做到反而推崇对方呢? 既然推崇对方,为什么一开始不这样做? 除非他真的有宰相的肚量,不然就是曲意为之。交友之道,贵在以诚,一味地要心计就不好了。当然,作为下级,这不失为化解矛盾、取得谅解的有效办法。

【原文】

事君以忠,不涓细流。待人以诚,不留小隙。

【译文】

对待君主要忠心,一点点小事也不能忽略。对待别人要真诚,不留一点缝隙。

曹彬为臣不欺君

赵匡胤在周世宗麾下做部将时,曹彬还是周世宗身边的官吏,掌管着宫中的茶和酒。一天,赵匡胤找到曹彬,向他要些酒用。曹彬拒绝了他,说:

"这是官家的酒,怎么能随便送人?"

赵匡胤碰了钉子,感到很没面子,就讪讪地回营去了。不一会儿,曹彬就笑嘻嘻地亲自把酒送到了赵匡胤的营帐。

赵匡胤很吃惊,问道:

"这是官酒,怎么好送我?"

曹彬说:

"将军搞错了。刚才不给你的是官酒。这酒是我特地从酒肆中买来送给将军的。"

赵匡胤深为感佩。

赵匡胤当了皇帝后,对众臣说:

"世宗手下的官吏,不欺骗他的只有曹彬一个。"

于是他把曹彬视为心腹。

【解读】

无论是对待上级,还是对待同事,都应该缜密周全。在大事上忠心,而忽略了小事,就往往会因小失大。比如,你对公司忠心耿耿,不肯出卖公司的机密,不会有人在意。但你拿了公司的几个小钱,别人就会沸沸扬扬,怀疑起你的忠诚乃至品格来,你的位置就不保了。

曹彬在拒绝赵匡胤要酒时,不会想到他有一天会做皇帝。但当时要是给了,后面的情况就危险了。试想,他替皇帝管酒,却私自把酒给人喝,送人情,而你恰好又当了皇帝,你会怎么想?是不是会怀疑他同样把酒拿给别人喝?再进一步推及,他可以给别人酒,那么别的呢?他的权力越大,可给的东西越多,也就越发的危险。如此想来,他还能得到重用吗?

即使赵匡胤当不上皇帝,他也会对你的忠诚产生怀疑。谁又愿意和一个信不过的人打交道呢?在共事时也就难以以诚相待了。

曹彬的高明之处在于他的恪尽职守。这很难与聪明智慧联系在一起,但从实质上说,这是一种最大的聪明和智慧。真正的聪明和智慧并不在于你能玩弄多少大花样和小花样,而在于你清楚地知道什么是应该做的,什么是不应该做的。说到底,智慧是一种品格。

说到缜密周全,曹彬还不仅如此。他拒绝了把皇帝的酒给人喝,却自己掏腰包买酒送给被他拒绝过的人。这样既尽到了忠,还让人感动。想想看,如果他没有买酒给赵匡胤,而只是拒绝,当赵匡胤当了皇帝,即使同样会认为他忠心,但关系毕竟是差了一层,还会拿他当心腹吗?

【原文】

为上计,不以小惠,而以长策。小惠人人可为,长策非贤者不能为之。

【译文】

替上面着想,不是用小的好处,而是从长远着想。小的好处,人人都可以做到,可是长远的考虑,只是贤者才能够实现。

【事典】

吕夷简为臣识大体

宋仁宗生了病,很久没有上朝临政了。

这天,宋仁宗感到病体稍安,就想到了政事。他来到便殿,命令内官赶紧把执政的大臣召来见面。

吕夷简接到旨意,过了很久才去。同僚都催他走快些,他却迈着方步,气定神闲地进了宫。

宋仁宗见他姗姗来迟,有些不快,就说:

"朕的病体稍安,很想见见你们,你为什么来得这么慢?"

吕夷简从容地对皇上说:

"陛下的身体不适,朝野都在为您担忧。一旦突然召见身边的近臣,臣等坐着车子匆忙进宫,外面一定会以为出了大事,会引起人们的不安。"

宋仁宗听了,转怒为喜,认为这位辅臣很识大体,懂得为臣之道。

【解读】

吕夷简颇有才干,就是心胸狭窄了些。因此他与范仲淹、富弼这样的贤臣不能相比,但就谋略来讲,他一点也不比这些人逊色。

皇上大病初愈,要召见大臣。换了一般人,会忙不迭地赶了去,来表示自己的忠心。但这样表明忠心的方式,太落俗套,皇帝也司空见惯。而吕夷简则采用了另外的方式——故意晚来。当皇上责怪他时,他却振振有词地说,这样做是怕引起众人的惶恐:因为皇上病了很久,突然宣召大臣,外面会以为出了什么大事。

对于皇帝来说,有什么比安定人心,维持自己的统治更为重要?因此他也就转怒为喜了。

从表面上看,吕夷简的做法从臣子的角度看是正确的。做下级的,就是要时刻维护领导的利益,时刻维护大局。说到底,上下级有着共同一致的利益。但他的做法总让人感到有些做作的成分。到底如何,现在已很难考证了。这里姑且把这个故事作为下级对上级负责的例子吧！

【原文】

故事之以谀，不如进之以忠。助之喜，不如为之忧。

【译文】

所以用谄谀来对待上司，不如表现得忠诚。让上司高兴，不如为他分忧。

【事典】

古弼忠心谋国

魏太武帝到西河套狩猎，命令古弼备些好马给手下的骑士们，以便狩猎。

圣意如山，谁敢不从？可到了打猎的那天，魏太武惊奇地发现，古弼为他们准备的都是些老马瘦马，跑起来慢吞吞的，哪里追得上猎物？

魏太武帝勃然大怒，骂道：

"这个尖脑袋的奴才，竟敢和我对着干。回去后我先斩了他！"

古弼的长相很奇特，他的脑袋尖尖的，看上去像一支笔，魏明元帝为他起名叫"笔"，而魏太武帝就开他的玩笑，管他叫"笔头"，里面也含有称赞的意思。但此刻魏太武帝龙颜大怒，就叫他"尖脑袋"了。

古弼的周围人都吓得脸色发白，不知如何是好。他们知道，这次不光是古弼性命不保，恐怕他们也会受到牵累。

古弼却说：

"替君王办事，不能使君王玩得尽兴，这是小罪；但假如不为危急时刻做出准备，这才是大罪。现在北狄南胡的敌人正在窥探时机，随时准备入侵，这是我所担忧的。我挑选好马充实国防，假如这样对国家有好处，我又何惜一死！明主会分清是非。过错在我，与你们无关。"

魏太武帝听了，感叹道：

"有这样的臣子，是国家之宝啊！"

【解读】

古弼的事例比起吕夷简来，更具有说服力。首先，是因为吕夷简务的是虚，而古弼务的是实。其次，吕夷简有故意表现的嫌疑，而古弼面对的则是实际问题，容不得马虎。

皇帝狩猎，要好马。古弼却准备了一些差些的马。难道他不知道这样会使皇帝不快？在专制时代，皇帝个人的喜怒哀乐完全可以决定一个人或一个家族的命运。但古弼首先考虑的是国家的安危。当然，皇帝也不傻，当知道古弼的良苦用心后，就嘉奖了他。

古弼的举动表现出来的不仅如此。为皇帝提供一次好马，并不会影响整个战备，战争也不会刚好在这一天打响。但今天给了皇帝好马，明天后天呢？一旦开了头，成了惯例，事情就危险了。古弼是想通过这件事，劝谏皇帝要居安思危。这才是最重要的。

【原文】

思上之所思，而虑其无所思；为君谋利，不如为君求安。思之深，而虑之远。锦上添花，不如雪中送炭。

【译文】

想着上面所想的，却能考虑到上面没有想到的；与其为国君谋求好处，不如为国君求得太平。想得深，就考虑得长远。锦上添花。比不上雪中送炭。

【事典】

冯谖为主买义

孟尝君问门下的食客，谁熟悉账目，能替他去薛地收债。

冯谖说：

"我能。"

于是冯谖就准备好车辆，整理好行装，载着债券契约出发了。

在出发前，他向孟尝君告辞，说：

"债收完后，可要买些什么回来？"

孟尝君说：

"看我们家缺些什么，就买些什么吧！"

冯谖到了薛地，把债务人全部召集来，核对债券无误，就对他们说：

"孟尝君这次让我来，不是来收债的，而是要免除你们的债务。"

他当场烧毁所有的债券，债务人都欢呼万岁。

冯谖很快地赶车回到齐国，孟尝君觉得很奇怪。整装出来接见他，问：

"债都收完了？"

冯谖说："收完了。"

孟尝君又问：

"你买了什么回来？"

冯谖说：

"您命我买些家里缺少的东西。我看主君家中金银珠宝、声色犬马都不缺，所缺的只有'义'罢了，所以我为您买来了义。"

孟尝君说：

"怎么买义？"

国学经典文库 智慧谋略全书 权谋术 图文珍藏版

冯谖说:

"目前您只有小小的薛地,却不爱抚薛民,还向他们图利。所以我假称您下令免除他们的债务,烧了那些债券,人民都欢呼万岁。这就是我为你买的义啊!"

孟尝君听了,很不高兴。

一年后,齐王猜忌孟尝君,打发他回到自己的封邑。孟尝君一片忠心,落到这个下场,心里自然悲凉。但令他欣慰的是,他的车马离薛地还很远,就远远地看见当地的人们扶老携幼,争着在路上迎接他。于是孟尝君对冯谖说:

"先生为我买的义,今天算是看到了。"

【解读】

冯谖受到孟尝君的厚待,又被派去收账。本来,他应该尽心尽力,把账目弄得一文不差,来报答孟尝君。但事实却不是这样,他到了那里,假称孟尝君免除了大家的债务,不但不收账,反而把账本烧个精光。他行前答应为孟尝君买些东西回去,回去却两手空空,当孟尝君问起,他还振振有词地说,我这是为你买来了义。

"义"是什么? 摸不着,看不见,又怎么来验证? 如果不是发生了后来的事情,冯谖买来的义就无法证实。但当孟尝君真的被贬回封地时,当地的百姓夹道相迎,使孟尝君,也使后世的当权者清楚地看到了"义"的存在。

冯谖食鱼坐车真的是没有白费,他为孟尝君考虑得很长远。他没有忙着锦上添花,这也用不着他,会有很多人抢着去做。他所要做的,是别人想不到或做不到的,他要在孟尝君失势时雪中送炭。相比之下,炭比起花来,要实际得多,也重要得多!

避祸第五

【原文】

廓然怀天下之志,而宜韬之以晦。牙坚而先失,舌柔而后存。柔克刚,而弱胜强。

【译文】

胸中怀有匡复天下的志向,应该把它隐藏起来。牙齿坚固,却最先失去,舌头柔软却一直留着。柔能克刚,弱能胜强。

【事典】

刘备韬晦谋天下

曹操当了汉朝的丞相,权倾朝野,但他并没有感到权力的快乐。他知道,他还有很多潜在的和公开的强大对手,在威胁着他的霸业,甚至生命。

刘备就是其中一个。

刘备对他构成威胁,并不因为他是名闻天下的皇叔。皇亲国戚他见得多了,多半是草包,要不就只会夸夸其谈。在他看来,刘备心机深沉,雄心勃勃,却装出一副与世无争的样子。没事的时候,和人一边谈话,一边编着草席。曹操知道,这种人最难对付,因为你根本不知道他心里在想些什么。他又善于笼络人心,手下的战将关羽、张飞,不但骁勇善战,而且都对他忠心耿耿。最让曹操担心的是,刘备一旦和宫中密谋,借皇帝之名,号令天下,事情就难办了。

于是,曹丞相就去看望刘备。

"使君,你在忙些什么?"曹操见刘备戴着草帽,在太阳地里浇菜,感到奇怪。

"哦,原来是丞相来了。失迎失迎。"刘备说,"丞相请看,我种的菜长得还不错吧!"

"想不到使君还有这份闲情雅致。"曹操说,"我这里有一瓶好酒,又见枝头梅子青青,不忍心一个人独自享用,特地来找使君一同喝酒聊天,岂不快哉!"

两个人青梅煮酒,边喝边谈。谈到天下大势,这时阴云密布,下起了雨。曹操就说:

"天下的英雄,就像腾云造雨的龙一样,能大能小,能升能隐,乘时变化。使君见多识广,一定知道当世的英雄吧?"

刘备赶紧说：

"我肉眼凡胎，哪里识得英雄？"

曹操大笑：

"不要太谦虚了。没有见到，说说名字也好。"

刘备想了想，说：

"淮南袁术，兵多粮足，算得上英雄吧？"

曹操笑着说：

"他是坟中的枯骨，我早晚会抓住他。"

"袁绍是四世三公，虎踞冀州，手下又有很多能人，应该算一个吧？"

"他样子凶，胆子却很小。干大事惜身，见小利而忘命，算不上，算不上。"

"刘表呢？他可是名称八骏，威镇九州啊！"

"不过是有名无实罢了。"

"孙策怎么样？"

"借他父亲的威名，也不算。"

"文璋呢？"

"在我眼中，他不过是一条看门狗。"

"张绣、张鲁、韩遂这些人怎么样？"

"碌碌的庸人而已。"

刘备叹了口气说：

"除了他们，我真的不知道有谁了。"

曹操正色说：

"真正的英雄，应该胸怀大志，腹有良谋，有包藏宇宙之机，吞吐天地之志。"

刘备说：

"说得不错，可谁又能当得上呢？"

曹操用手指着刘备，然后又指着自己，说：

"天下英雄，只有你和我两人！"

刘备大惊失色，手中的筷子竟然也掉在了地上。正好一阵滚雷响起，刘备从容俯身拾起筷子，自嘲说：

"一声雷响，就把我吓成这样！"

曹操看着他说：

"大丈夫还怕打雷？"

刘备说：

"圣人说迅雷风烈，必有大变，哪能不怕。"

刘备借雷声把这件事情轻轻地掩盖过去，但却出了一身的冷汗。

【解读】

兵法上讲，知己知彼，百战不殆，意思是说了解了敌方和己方的实力，就容易取胜了。由此看来，掌握敌方的虚实、动向十分重要。打仗是这样，搞政治和经商也是这样。但就像有矛就有盾一样,一方面自己要知彼,另一方面又不能让敌人知彼。因此,军事上有军事秘密,政治上也讲究"韬晦"。韬晦就是隐藏和掩盖自己的意图、抱负和行动计划。做到了这一点,既会使政敌对你放松警惕,也能使你的举动达到出其不意的效果。

这里刘备的做法就是典型的"韬晦"。他在家种菜浇地,就是让人认为他是个庸人。谁会去警惕和猜忌一个庸人? 这样他就安全了,和汉献帝除去曹操的图谋也就容易实现。刘备为人心机深沉,他平时少言寡语,因为言多必失;爱织席子,这当然是业余爱好,但也不失为产生平易感的一个方法。大凡庸人爱当众炫耀,唯恐别人小看自己,而真正的大人物,除非必要,一般都是采取低调。用老百姓的话讲,就是咬人的狗不露齿。

在这个故事里,刘备受到惊吓有两次。一次是曹操说他是英雄时,这点破了他的心事,他可不甘心种种菜,或当个什么官。他要建立起一个王朝,说得好听些,就是匡扶汉室。因此当曹操说他是英雄,他竟然连手中的筷子也掉在了地上。筷子掉了,是又一惊。曹操这样,只是试探,如果他为此吃惊,就等于告诉曹操他猜对了。幸好他还算机灵,用打雷把这件事遮掩过去了。

【原文】

人心有所叵测,知人机者,危矣。故知微者宜善藏之。

【译文】

人心无法预料,知道别人心思的人,处境往往会很危险。所以知细微问题的人应该将其很好地隐藏起来。

【事典】

隰斯弥藏拙免祸

齐国的大臣隰斯弥去拜见田成子。田成子和他登上高台眺望风景。

高台建得很雄伟,举目四望,其中三面都很开阔,远处的风景可以一览无余,只有南面被一片树木遮住,而这片树木正是隰斯弥家的。

"怎么样,风景还好吧?"田成子微笑着问隰斯弥。

"是呀,是很好。"隰斯弥若有所思地说。

回到家里,隰斯弥马上叫来仆人,要他们把树砍倒。他的侍妾问:

"你今天是怎么了? 刚刚回家,就要砍树。"

隰斯弥皱了皱眉头,说:

"别砍了。"

他的侍妾问:

"一会儿砍,一会儿又不砍,你怎么变来变去的?"

隰斯弥摇摇头,说:

"你哪里知道。俗话说,知道深渊里的鱼是危险的。田成子想要有所图谋,这是天大的事情,要是我向他表明我能了解他的细微想法,我就面临杀身之祸了。不砍树到底算不上大错,知道了别人不愿说的事情,毛病可就大了。"

于是他不再提砍树的事。

【解读】

田成子邀隰斯弥登上高台去看风景,也许是在暗示隰斯弥他们的树遮住了自己的视线。而隰斯弥也看出了田成子的心思,便要主动砍去这些树,免得无故得罪大人物。

如果只做到这一步,隰斯弥顶多是个乖巧的人,却无法做到明哲保身。但隰斯弥毕竟老到,他马上意识到这样做的后果。田成子包藏祸心,谋求篡位。他在成事之前,决不会愿意让别人知道。能看出他心思的人,也就一定会知道他要谋反。他带领隰斯弥看风景,也许意不在树,而是以此试探隰斯弥是否能看出他的心思。幸亏隰斯弥想到了更深一层,装作对一切懵然无知,才保全了身家性命。

政界商界疑云密布,杀机四伏。螳螂捕蝉,黄雀在后;黄雀之后,更有捕手。聪明过人往往遭忌,而藏拙是最好的生存方式。三国时杨修被认为是绝顶聪明,曹操有什么想法都瞒不过他,他自己知道不算,还到处卖弄,弄得曹操最后只好杀了他。当然,杨修或许只是聪明,而隰斯弥才是智慧。说到底,聪明和智慧大有区别。

【原文】

考祸福之原,察盛衰之始,防事之未萌,避难于无形,此为上智。

【译文】

思考祸福的根本,察看盛衰的开端,在事情没有萌发前就开始预防,在危险没有形成时就避开它,这是最大的智。

【事典】

王翦取宅保平安

王翦率领六十万大军去攻打楚国,秦王嬴政亲自到灞上相送。

秦始皇斟了满满一杯酒,端给王翦说:

"老将军请满饮此杯,祝早日平定楚国,那时朕亲自给将军接风洗尘。"

王翦谢过秦王,接过酒杯,一饮而尽说:

"陛下,战场之上,刀箭无情,老臣临行前有一个请求,不知该说不该说?"

秦始皇说:

"老将军请讲。"

王翦就向秦王请求良田宅园,秦王笑道:

"老将军是怕穷啊? 寡人做君王,还担心没有你的荣华富贵?"

王翦说:

"做大王的将军,有功最终也得不到封侯,所以大王今天特别赏赐我临别酒饭,我也要趁此机会请求大王的恩赐,这样,我的后代子孙就不愁没有家业了。"

秦始皇哈哈大笑。

王翦到了潼关,又派使者回朝请求良田。一连五次,秦王身边的人都担心秦王会发怒,但秦始皇的神色丝毫未变,反而看上去挺高兴。

有位心腹对王翦说:

"将军太过分了吧? 哪有这样朝君主要田要地的,难道不怕秦王怪罪吗?"

王翦说:

王翦

"不然。秦王为人狡诈,不相信人。现在把全国的军队都交给了我一个人,我不多请求田产作为子孙的基业,秦王就会坐在朝廷里怀疑我,那样我可就危险了!"

【解读】

自古以来,死在自己君王手里的将军几乎不比死在战场上的将军少。任何君王都明白,军队是利器,是双刃剑,你可以用来杀敌防身,但弄不好,也会伤了自己。战功过大,难以封赏;军权过大,无法控制。出于这方面考虑,杀死有功之臣并不是最坏的选择。

所以,为将之道,既要克敌制胜,又得时刻提防君王的猜忌。后者最好的办法是消除君王的疑虑。而消除疑虑莫过于把老底露出来,让君王明白:啊,原来你贪图的是钱财,而不是王位。贪图钱财不是什么坏事情,谋位篡权才是大逆不道的。

汉朝萧何功劳最大。有个门客对萧何说,您的功劳最大,无法再给你封赏了,你又得到百姓们的拥护,皇帝在外打仗,还几次问起你在做什么,这是怕你造反啊!萧何听了深以为然,他就按门客的计策多买田产,还做了一些损害自己声誉的事情。等高祖回来时,看到百姓拦路控告萧何,反而十分高兴。萧何所用的计谋与王翦的如出一辙。

【原文】

祸之于人,避之而不及。惟智者可以识其兆,以其昭昭,而示人昏昏,然后可以全身。

【译文】

祸患对于人,避也避不开。只有智者可以发现它的苗头,自己清楚,却对别人装作一无所知,然后可以保全自己。

【事典】

司马懿佯病却祸

在司马懿二十九岁时,曹操做了汉朝的丞相。他邀请司马懿出来做官,司马懿看不起曹操,就借口有风痹病,一再推辞。直到曹操以拘捕相威胁,司马懿才勉强出来做官。

后来魏王曹操病死,曹丕继位后不久就代汉称帝,任命司马懿为抚军将军,录尚书事。魏明帝曹叡即位后,又拜司马懿为骠骑将军,驻军宛城,总督荆豫二州的军事,封舞阳侯。公元231年,诸葛亮第四次北伐,进攻天水,把魏将贾嗣、魏平围困在祁山。魏明帝请司马懿领兵对抗诸葛亮。于是司马懿来到了长安,都督雍、凉二州诸军事,统率张郃、费曜、戴凌、郭淮等将领对付诸葛亮。公元234年8月,汉丞相诸葛亮病逝于五丈原军中。司马懿抗击蜀军北伐的战争由此取得了决定性的胜利。

但此时的司马懿兵权在握,令大将军曹爽深为不安。他早就看出司马氏父子有过人的智谋,也有与智谋相等的野心。蜀国的丞相诸葛亮智谋无人能比,司马懿竟然与他打个平手。诸葛亮一死,司马懿就没有了对手。曹爽现在担心的是司马氏会对皇帝不利,这方面的例子用不着到外面去找,他们曹家就是这样从汉朝得到了天下。

他决定除掉司马懿。而司马懿也早已预感到曹爽要对自己不利,也在暗中准备动手。他上表朝廷,说自己病得很重,向朝廷请假。

曹爽知道这不过是司马懿在使诈,正好河南郡李胜要到荆州办事,曹爽就让他去见见司马懿,也好一探虚实。

李胜见到的司马懿,已经完全变了样子。他面容憔悴,满脸花白的胡须乱成一团。见客人落座,司马懿就抓住侍女的衣襟,指着嘴说:

"渴,渴。"

侍女端来粥喂他吃,粥从他的嘴里流了出来,弄得自己满身满脸都是。

看到司马懿这个样子,李胜说:

"外面传说你病了,没想到会病成这样!"

司马懿说:

"听说你要来并州,我们最近准备好好迎接一下你。我活不了几天了,师儿和昭儿还请你多加照顾。"

李胜说:

"这里是荆州,不是并州。"

司马懿却说:

"你刚刚到了并州?"

李胜纠正他：

"是到了荆州。"

司马懿说：

"我年纪大了，脑袋不清楚。你的话我弄不大明白。"

李胜叹息着告退，他对周围人说：

"想不到一代名将，到了老年会如此悲惨！"

他写了封密函，把经过一五一十地告诉了曹爽。曹爽看了大笑说：

"想不到司马懿也有今天。既然他已苟延残喘，就让他自生自灭吧！"

于是他不再有杀司马懿的念头，以为天下高枕无忧了。

没过多久，司马懿起兵，杀了曹爽。他后来也走了曹操的老路子，代魏称王。

【解读】

司马懿用的计谋说白了，就是"装死"。

这似乎算不上一种计谋，因为有些动物都会使用这种办法。当遇到强大的对手而又无法逃掉的时候，它们往往就躺在地上装死。等对手走了，才站起身，抖抖身上的土，又去干自己的勾当了。

装死也不容易。首先你要能隐忍。像司马懿这样的大人物，居然会让自己变得那样不堪。他毫不珍惜自己的身份，也难怪骗过了对手。

不过，这种计谋却真的很容易奏效。当你丧失了战斗力后，人们一般不忍心，也似乎没有必要再去和你较量，很容易放过你——当然特别精明和狠毒的对手除外。它巧妙地利用了人们的同情心，也麻痹了人们的斗志。总之，打不过就跑，跑不了就装死。能否成功完全取决于对手的为人，也取决于你的表演天分。

【原文】

君臣各安其位，上下各守其分。居安思危，临渊止步。故易曰潜龙勿用，而亢龙有悔。

【译文】

君王和臣子各自安于自己的位置，上级和下级各自坚守自己的本分。做人应在安全的时候想到危难，在深渊前及时止步。所以《易经》说："潜龙勿用"，"亢龙有悔"。

【事典】

王叔文点拨太子

王叔文常在东宫陪太子李诵下棋。一天，下棋的时候，谈论起政事，大家都一致认为宫市有太多的弊病。

太子说：

"我正准备劝说皇上，把宫市废除掉算了。"

在场的人都纷纷称赞太子英明果敢，太子也感到颇为得意。只有王叔文在一旁默不作声，似乎有心事。

众人散去后，太子把王叔文留了下来。

"先生有什么要说的吗?"太子问。

"是的。"王叔文说，"太子，您知道自己的职责是什么吗?"

"请先生指教。"

"太子的职责是侍奉皇上的饮食起居，早晚问安，而不该议论其他的事情。陛下在位很多年了，如果一旦疑心太子劝谏废除宫市是收买人心，太子又该如何?"

太子听了先是大惊失色，接着泪水流了下来，说：

"先生指点得是。要是没有您的指点，错误可就大了。"

从此，太子对王叔文格外宠信，言听计从。

【解读】

太子也被称为"储君"，"储"是备用的意思，用今天的话来说，就是皇帝的接班人。从这个意义上讲，太子既是皇帝身边最亲近的人，同时也是皇帝最忌惮的人：他离王位只有一步之遥，伸手可及，谁知道他是不是按捺不住，想及早登上王位！一旦皇帝认为太子有了这样的想法，太子就会被从九霄之上贬至烂泥之中。因此，作为太子，最聪明的办法就是有足够的耐心，保持自己的本分，韬光养晦。王叔文是太子的棋友，在人生和权位这步关键的棋上，他为太子支了很重要的一招。

无论古今，不分中外，当权者首先看重的不是才能，而是忠诚。当你无法证实你的忠诚时，那么最好安分些，恪尽职守，做好分内的事。一旦你被认定要夺上司的交椅时，你的才能越大，处境就越危险，即使不是被炒鱿鱼，至少也会坐冷板凳的。在这方面，正反的例子不少，不妨参照。

【原文】

夫利器者，人所欲取。故身怀利器者危。宜示之以无而去其疑，方无咎。

【译文】

利器，人们都想得到。所以身怀利器的人很危险。应该向别人暗示自己没有，消除他们的怀疑，这样才不会出问题。

【事典】

陈平机智避祸端

汉朝的谋臣，除了张良之外，就要数陈平了。

陈平最初不在刘邦的手下。陈胜、吴广起义时,天下群雄并起,家境贫寒的陈平也想做一番事业,就投靠了魏王。但魏王胸襟和眼力都差,对陈平的计谋不但不采纳,反而听信谗言。陈平于是又投在了项羽的麾下。项羽倒是用了他的计策:当殷王司马昂反楚归汉时,他让陈平去打殷王,于是殷王又降了楚国。后来,司马昂再次投到刘邦的怀抱,使项羽大发雷霆,要追究责任。陈平就飘然而去,投奔了汉王刘邦,从此他的才智得以充分地施展。

就在陈平离开项羽,投奔刘邦的途中,发生了这样一件事,充分显示出陈平的智谋。

当时他换了一套百姓的衣服,腰上佩着一把剑,来到渡口,叫住一个船夫:

"快些撑我过河,我有急事要办!"

他担心项羽派兵追来,就催着船夫快些划。

船夫见他气宇不凡,又匆匆忙忙,知道他一定是在逃亡。当时正在战乱中,哪里都不安全,所以常有富人带着金银,穿着普通百姓的衣服出门避祸。于是船夫就想:他的腰包里一定装了不少金银财宝。不如等船到江心,做了他,把他的尸体扔入江中,神不知,鬼不觉,金银财宝可就归我了。

陈平坐在船尾,看船夫不住打量着自己,知道他在想自己身上是否有值钱的东西。后来船夫眼露凶光,陈平就知道他起了杀心。又见他面带奸笑,这肯定是他想好了主意,就等下手了。于是陈平故意嚷着:

"哎呀!好热的天!"说着,陈平当着船夫的面,把身上的衣服一件件脱下来放在船板上。

"你累了,我来帮你撑船吧!"

说完,陈平光着身子帮船夫摇船。船夫见他脱下衣服时,并没钱币的声音,知道他身上没有财宝,便打消抢劫的主意,把他渡过河去,心里还恨恨地想:

"真是人不可貌相。我见他相貌堂堂,以为是个有钱的主,没想到竟是个穷光蛋。真是晦气!"

【解读】

三十六计中,走为上计。但走的方式有多种,消除危险、避免事端也是一种"走"。陈平发现船夫贪图他身上并不存在的金钱,就采用了这样的"走"法——脱掉身上的衣服,明白暗示给对方:我身上没有银子,不值得为我动刀杀人。

诸葛亮的空城计是以无示有,给敌人造成迷惑;而陈平是以无示无,消除对方的怀疑。但归根结底,目的只有一个,就是最大限度地保全自己。

计谋要活用,要见机行事,随势而变。

一是一切,一切是一。计谋也是如此,千变万化,总是不离其宗。

【原文】

不矜才,不伐功,不忘本。为人以谦,为政以和,守其常也。

【译文】

不依仗自己能，不夸耀自己的功劳，不忘记根本。为人谦逊，为政平和，就能够长久。

【事典】

良、平功高不居功

汉高祖刘邦当了皇帝，大封有功之臣。他封丞相萧何为酇侯，所食的邑很多。武将们都有些愤愤不平，说：

"我们冲锋陷阵，多的打过一百多仗，少的也有几十仗。萧何没有汗马功劳，不过是写些文告，发些议论，他反而在我们之上，为什么？"

高祖说：

"你们知道打猎吧？打猎，追杀野兔的是猎狗，而发出指示的是人。你们能够得到猎物，是有功的猎狗；至于萧何，发布指示，是有功的人。"

众人都不再说什么。

张良是谋臣，也和萧何一样没有战功，高祖让他自己选择齐国，食三万户。张良说：

"臣最初从下邳起事，在留地见到皇上。这是上天把微臣授给陛下的。陛下用臣的计策，有时有幸得中。我愿封留就足够了，不敢要三万户的封赏。"

高祖很高兴，就封张良为留侯。

高祖又封陈平为户牖侯。陈平推辞说：

"这不是臣的功劳。"

高祖说：

"我用先生的计谋，克敌制胜，这难道不是功劳吗？"

陈平说：

"不是魏无知，臣怎么能够为陛下效力？"

高祖称赞说：

"像你这样，真可谓不忘本啊！"于是又重赏了魏无知。

【解读】

在刘邦的功臣中，韩信最能用兵，萧何最善治国，而张良、陈平则长于智谋。

在册封功臣时，张良表现得最谦虚，也最得体。他说他在留地遇见高皇，高皇能用他的计谋，偶然得中，这是皇帝的福分。他说他不敢要三万户的封赏，只愿得到留地，因为他是在那里第一次见到刘邦的。

陈平也很谦虚，也最讲道义。他说如果没有当时推荐他的魏无知，就不会为陛下效力。因此他请求皇上赏赐魏无知。

张良、陈平功高而不居,并极力突出情义。这不单是一种姿态,而是真正看透了政治上的凶险,也看透了世间的富贵荣华不过是转瞬即逝。

不居功,是表明自己没有野心。突出情义,不忘和皇帝的情分,不忘当初举荐自己的人,说明自己品格的坚贞。人有了这两种品质,就不会想着去谋反篡位了。这些其实都是为了避免祸端,是真的大智慧。

因为他们清楚地知道,国家一旦建立,皇帝首先考虑的是要巩固自己的权力。功劳过高,权力过大,就容易受到猜忌,福就会转化成为祸。

其实,连韩信都明白"兔死狗烹,鸟尽弓藏"的道理,只是他放不开富贵,有些事情处理得不够妥帖。当然,也是因为他是大将出身,可以将兵,所以被杀的命运是注定了的。张良、陈平不过是谋臣,又能靠智慧全身免祸,所以他们能够安然无恙。

【原文】

有隙则明示之,令其谗不得入;大用而谕之小用,令其毁无以生。

【译文】

不和之处就公开它,好使对方不能进谗;重用却对别人说是小用,使对方不能去加以诋毁。

【事典】

李纲举贤用张所

金兵大举入侵,占领了北宋的首都汴梁和中原大片领土,还俘获了徽、钦两位皇帝。康王赵构南渡,建立了南宋政权,是为宋高宗。高宗刚即位的时候,还想有所作为,就任命李纲为丞相。李纲为相,使南宋朝廷气象一新。他力主革新内政,收复中原,还任用了一大批贤能之士担任官职。

张所是一位很有能力的官员,李纲想任用他担任河北宣抚使。但张所曾经批评过右丞相黄潜善,李纲知道,黄潜善颇善巧言令色,高宗非常听信他的话。

李纲感到很为难。如果不用张所,朝廷就失去了一位贤能的人才。但如果任用,黄潜善那里不知会做出什么举动来。他沉吟了半晌,于是备轿去见黄大人。

黄大人素来八面玲珑,见到李纲,他寒暄了几句,就问:

"大人此行,一定找我有事吧?"

李纲忙说:

"正是。有件事情,还要请黄大人做出决断。"

黄潜善笑着说:

"大人太客气了,但说无妨。"

李纲就不慌不忙地对他说:

"如今是战乱之秋，你我都肩负着匡济天下的重任。而四方的士大夫，任你出令召请也都不肯来。前几天我们商议的河北宣抚使，算来算去，也只有张所才能够胜任。但这个张所呀，曾经说话狂妄，得罪了大人。如果他没有这个罪过，可是最合适的人选了。但现在为时所迫，也不能不试着用他一用。如果让他做台谏，居要地，那是不行的，但使他为召抚，让他冒死立功以便赎罪，也还是可以的吧？所以，我今天来，请大人发表一下意见。"

黄潜善听了，哈哈大声了几声，说：

"李大人多虑了。那都是过去的事情，我哪里会放在心上？既是人才，大人但用无妨。"

于是，这件事情就这样解决了。张所上任，尽职尽责，岳飞就是他发现和任用的。

【解读】

应该指出，李纲在这里首先想到的还不是保全自己，而是要保全人才。他明知道黄潜善是小人，又与要重用的张所有些过节，但为了国家的利益，他还是去努力争取。他的做法不是设法去避开黄潜善，而是直接找他；不是曲意求他，而是向他申明大义；把一切都摊开，明说张所得罪过大人，把矛盾暴露出来，使得黄潜善就不好从中作梗；同时，又向黄潜善说明这是个苦差事，并不是重用，消除黄的妒忌心。这样，事情就容易办成了。

李纲的做法很正确。柔中有刚，软中带硬，但不伤和气。对黄潜善这样的小人，能不得罪尽量不去得罪。在保全人才的前提下，也要尽可能地保护自己。这样，才能有机会为国家多做些事情。在官场上，不仅要有勇，更要有谋；不仅要秉以公心，有时也要走一走曲线。

【原文】

不折大节，不弃小惠。进退有据，循天理而存人情，此所以为全身之术也。

【译文】

不失去大的节操，不放弃小的恩惠。当进则进，当退则退，遵循天理，却保持人的感情，这就是保全自己的法术。

【事典】

姚崇痛哭免祸

姚崇是唐代有名的宰相。他曾和张柬之、桓彦范等人合谋，一举剪除了张易之、张昌宗兄弟，并迫使武则天交出政权，传位唐中宗。

当时姚崇任灵武道大总管，并挂有宰相的头衔。他回到了洛阳，参与了这一事变,并在其中起到了重要作用,因而被封为梁县侯。

武则天退出了政治舞台,被迁到上阳宫居住,唐中宗率文武百官去问安,大家都欢欣鼓舞,相互庆贺。只有姚崇一个痛哭流涕,哭个不停。

张柬之与桓彦范等人又是诧异,又是担心,忙对他说:

"今天是好日子,是哭的时候吗?你恐怕要从此招祸了。"

姚崇却坦然地说:

"讨伐逆贼的事情不足封赏,可是,在太后驾下侍奉这么些年了,突然离开她,与旧主告辞而悲泣,也是做臣子应有的节操。假如由此而被治罪,我也心甘情愿。"

当天,姚崇被调离朝廷,去做亳州刺史。

后来,张柬之等五人被杀,而姚崇独免杀身之祸,是因为武则天的侄儿武三思还掌握权柄,念在他当年忠于武氏的缘故。

【解读】

姚崇长于保身。他痛哭流涕,是为自己留一条后路。

政治中我中有你,你中有我。姚崇知道,自己诛讨张易之、张昌宗有功,但这功反过来就是罪。因为武则天虽然被迫让了位,但武三思仍然掌握大权,自己适当表示一下对武则天的忠心和感念,不会为自己带来太多的麻烦,但却会为自己免除一些大的祸患。

不落井下石,往好里说,是人格的完善;往差里说,是一种高明的政治手腕。政治多凶险,为自己多留一条后路,总比一条道走到黑要安全些。

姚崇

【原文】

必欲图之,勿以小惠,以大德;不以图近,而谋远。

【译文】

一定要得到,就不要用些小恩小惠,而用大的恩惠;不图谋眼前,而去图谋长远。

【事典】

李德裕巧交杨钦义

李德裕镇守扬州,监军使杨钦义紧跟着也来到扬州,一定要参与军政要务。但李德裕以礼相待,一点也不超出常规,杨钦义暗暗怀恨在心。

一天,李德裕在家中正室设宴款待杨钦义,此外没有再请其他客人。在几张床上摆满了各种宝器、图画,都是极罕见的珍品,让杨钦义看得眼花缭乱。整个宴席期间,李德裕始终恭恭敬敬地对待杨钦义。宴席结束后,他把宝物、图画,全都捧着,对杨钦义说:

"大人如果喜欢,这些就送给大人吧!"

杨钦义非常高兴,这是他始料未及的。过了十多天,杨钦义往西去汴州,朝廷下诏书让他改任淮南监军使。杨钦义回到扬州后,将前些日子李德裕送给他的宝器书画全都还给李德裕。李德裕笑着说:

"这些东西值不了几个钱,监军使为什么拒绝收下它们呢?"

李德裕复又把这些东西全都归还给杨钦义,杨钦义心中加倍感谢李德裕。后来李德裕竟然官做到枢密使,掌握唐武宗一朝的大权,都是与杨钦义的帮助有关。

【解读】

李德裕贵为节度使,却要去巴结一位宦官,从中可以看出中唐政治的昏暗。但这点我们不去说它。我们看到,李德裕结交宦官,手法是很高明的。他先是无所表示,一点也不超出常规,这是欲擒故纵,先吊一吊对方的胃口,然后再用重礼一下子把对方套牢。后来那位宦官工作变动了,已经管不着李德裕了,就要把宝物退还给他,李德裕却表现得十分大度,坚持要他收下。直到这时,李德裕才真的算是结交下了他,使自己以后在朝中有了依恃。

这类事情并不可取,但在官场中,即使像李德裕这样有才干的贤臣也不能免俗,这是没有办法的事。关键要做得漂亮些,体面些,至少在表面上要不伤大雅才好。

【原文】

恃于人者不如自恃。自恃者寿,自足者福。顺天应人,故常在。

【译文】

依靠别人不如依靠自己。依靠自己才能长久,容易满足才会幸福。顺天应人,所以保持长远。

【事典】

公孙仪拒鱼

公孙仪在鲁国当相国,很有权势。

他喜欢吃鱼,据说每顿饭都是无鱼不欢。全国上下知道了他这个嗜好,就都争着买鱼给他。

但公孙仪只吃自己买的鱼,别人送的鱼一概不收。

他的身边人劝他：

"先生爱吃鱼，别人送你鱼，却又不要，这是为什么？"

公孙仪回答：

"正是因为我爱吃鱼，才不接受别人送的鱼。"

听的人一脸茫然。公孙仪笑了笑，解释说：

"道理很简单。我接受了别人的鱼，就要替别人办事；为别人办事，就难免营私舞弊，触犯法律；触犯了法律，我的相国就当不成了。那时候就算我喜欢吃鱼，也不会有人送我鱼了。我又不能自己养鱼，因此就吃不上鱼了。按现在这个样子，我不接受别人的鱼，就不会被免除职务，虽然喜欢吃鱼，凭着自己的俸禄还是买得起的。"

听的人大为服气。

【解读】

公孙仪的道理很简单，实实在在，并不深奥，就是在位者不要贪图钱财；得势时不能占势利者的便宜，这样才能保持长远。但很多人却无法做到这一点。究其实，那些人太贪，又抱有侥幸心理，总是想吃免费的午餐，但天底下哪有那样的好事？吃别人的嘴短，吃了人家的鱼，就得给人家办事，这样，就会一步步地陷到里面不能自拔。这些人自以为聪明，其实很愚蠢。但偏偏天底下又多的是这种愚蠢而又自以为聪明的人，所以贪污受贿之风代代不绝。其实，这些人吃到嘴里的不是鱼，而是钩上的钓饵。他们才真的是鱼。从公孙仪看破"红尘"这点来看，是值得当今在位者借鉴的。

【原文】

自爱者重。危房不可近，危邦不可人。明珠必待识者，宝剑只酬壮士。

【译文】

珍爱自己的人自重。要倒塌的房子不能接近，要倾覆的国家不能进入。明珠一定要等待能够识别它的人，宝剑只能赠送给壮士。

【事典】

王猛不事桓温

桓温第一次兴兵北伐，驻军灞上。这天，一个穿着一身破旧短衣的读书人到军营前求见桓温。桓温正想招揽人才，听说来了个读书人，很高兴地接见了他。

读书人名叫王猛，从小家里很贫困，靠卖畚箕过活。但是他喜欢读书，学问渊博。当时关中士族嫌他出身低微，瞧不起他，他毫不在乎。有人曾经请他在前秦的官府里当个小官吏，他也拒绝。后来他索性在华阴山隐居了下来。这次听到桓温打进关中,特地到灞上求见桓温。

桓温想试试王猛的学识才能,请王猛谈谈当今天下形势。

王猛便侃侃而谈,分析南北方的政治军事形势,条理清楚,见解精辟,桓温听了暗暗点头。

王猛一面谈,一面把手伸进衣襟里摸虱子。桓温左右的兵士们见了,都忍不住偷偷在笑。可王猛却旁若无人,照旧分析天下大势。

桓温向他请教:

"这次我奉皇上的命令,带了大军远征关中,为百姓除害。但是为什么我来到这里,地方上的豪杰都不来找我呢?"

王猛微微笑道:

"您不怕千里跋涉,深入敌人腹地。但是长安近在眼前,您却不渡过灞水。大家不知道您心里是怎么打算的,所以不愿来见您。"

王猛的这一席话,正好说中了桓温的心事。原来桓温北伐,主要是想在东晋朝廷树立他的威信,制伏他在政治上的对手。他驻军灞上,不急于攻下长安,正是想保存他的实力。

桓温无话可答。但是他看出王猛是一个难得的人才,从关中退兵的时候,他再三邀请王猛一起南下,还封他高官。王猛知道东晋王朝的内部矛盾很大,拒绝了桓温的邀请,仍旧回到他的华阴山去了。

但是这样一来,这个摸虱子的读书人却出了名。

【解读】

王猛雄才大略,桓温也雄才大略。但雄才大略的桓温要雄才大略的王猛和他一起图谋天下时,王猛却离他而去。这显示出王猛的智慧还是高出桓温一头。

王猛不愿跟随桓温,有两点原因。一是他看出了桓温更多的是要实现个人野心,而并非是要一心一意实现统一大业。也就是说,桓温的气度不够大,胸襟也不够开阔。二是他看到了东晋王朝内的重重矛盾,又通过对桓温的了解,感到这种矛盾无法化解。君子不立危墙之下,像他这样的不世之才,更不能明珠投暗。于是,他耐心地等待真正可以辅佐的人。

【原文】

以贤臣而事昏主,危矣。故明主则谏,昏君则去。不去而隐于朝,宜也。

【译文】

贤臣去侍奉昏庸的君主,就很危险了。所以是圣明的君主就要规劝,是昏庸的君主就要离开。即使不离开,也应该隐身于朝中。

箕子明察全其身

商纣王宠信妲己,沉湎于歌舞酒宴之中,对反对自己的人就施以炮烙的刑罚。

大家都感到末日就要到了。

人们相信妲己是狐狸精变的,她到世上来,就是要让纣王亡国。

通宵达旦地喝酒,纣王忘记了此刻是何年何月何日。

"来人哪!"他叫。

"大王有什么吩咐?"宫中的侍从跪在地上,恭敬地问。

"今天是什么日子? 我怎么连日子也记不住了?"

"小的也忘记了。总之,千秋万岁,都是大王的好日子。"侍从顺势拍了纣王的马屁。

"你去问问箕子,看看他知不知道。"

"遵旨。"

侍从跑到箕子那里,说:

"太师,大王问您今天是什么日子?"

箕子正在和朋友议论朝政,他们脸色阴沉,满腹心事。

"这……怎么想起问这个?"箕子不解。

侍从说明了情况:

"大王记不得了,小人也记不得了,大王就让小人来问太师,太师是一定记得的。"

箕子怔了半晌,最后才说:

"你回去告诉大王,就说我喝了酒,也记不得了。"

"遵命。"侍从回去复命,嘴里还喃喃说,"大王记不得,小人记不得,太师也记不得,那么还有谁能记得?"

侍从走后,朋友问箕子:

"你真的连日子都记不得了?"

箕子长叹一声道:

"度日如年,何尝记不得? 身为一国之主,连同一国的人都忘记了日子,国家就危在旦夕了。一国的人都不知道,只有我知道,我也就危险了。"

果然,后来周武王伐纣,纣王死在鹿台之上,而箕子也飘然东去,远渡朝鲜,在那里建立了国家。

【解读】

比干和箕子都是纣王的臣下,两个人的做法不同,结局也不一样。

比干明知不可为而为,他尽的是忠,求的是节,最后被纣王害死。而箕子却采取了韬晦的办法,既然众人皆醉,我又何必独醒? 知道劝谏不会有结果,就要装得比君王还糊涂,这样才可以全身。

【原文】

知其雄,守其雌。事不可为而身退,此为明哲保身之道也。

【译文】

了解雄强,却保持雌柔。事情不可为时就全身而退,这就是明哲保身之道。

【事典】

萧嵩全身而退

萧嵩当宰相时,推荐韩休也当了宰相。

韩休当了宰相后,便与萧嵩产生了矛盾,萧嵩因此而辞官。

唐玄宗安慰萧嵩说:

"我没有讨厌你,你何必要走呢?"

萧嵩伏在地上说:

"我做了宰相,官当到了顶点,幸好皇帝没有讨厌我,我才能辞官。如果皇帝讨厌我,我脑袋不保,又怎么能够自己选择去留呢?"

说着流下了眼泪。

唐玄宗听了,很受感动,说:

"你说得很实在,我没有考虑好怎样决定,你回家去,到晚上应该有使臣去。如果没有使臣去,早晨你像往常一样来上朝。"

等到黄昏,唐玄宗命令高力士将萧嵩找来对他说:"我很爱惜你,想要挽留你。而君臣始终如一,遵守大义,也是国家的一件好事。今天任命你为右丞相。"

正好有当天荆州进贡的黄柑。唐玄宗用素罗帕包了两个,赏给了萧嵩。

【解读】

萧嵩举荐了韩休,但和韩休发生矛盾时,就主动提出辞去宰相的职务。这表示他很看得开,当然,也可能是以退为进。但总之,无论他的真实想法怎样,他的姿态看上去很高,这就赢得了皇上的同情。在官场,情势瞬息万变,昨天得势,并不等于今天也会得势。今天受宠,并不等于明天也会受宠。因此,总是锋芒太露,一味进取,其实并不可取。适当地激流勇退,或者是以进为退,总是会比死缠烂打要好得多。

度势第六

【原文】

势者,适也。适之则生,逆之则危;得之则强,失之则弱。

【译文】

势,就是"适应"趋势。适应就安生,不适应就危险;得到势就会变得强大,失去势就会变得弱小。

【事典】

楚豚尹度势伐晋

楚庄王准备攻打晋国,就派豚尹去晋国打探动静。

没多久,豚尹回来,对楚王说:

"现在还不能进攻。晋国的君臣忧患在先,安乐在后。况且那里还有一位贤臣,叫沈驹。"

第二年,楚庄王又动了这个念头,再派豚尹去探察。

豚尹回来了,高兴地说:

"行了。最初的那位贤臣死了。一些拍马屁的人都围在晋国国君的身边。它的国君喜欢游乐,不讲礼节。下面的人处境危险,抱怨上面。上下离心离德,大王兴师讨伐,晋国的百姓一定会支持大王。"

楚王听了他的话,兴兵伐晋,一切果然和豚尹说的一样。

【解读】

势在谋略中的作用十分重要。什么是势? 势是各种因素综合在一起所造成的势态。正确地把握住势态,然后根据这种势态制定谋略,才会有获胜的把握。反过来,没有正确地把握住势,谋略就无从说起,即使硬去制定,那么也会脱离实际。所谓纸上谈兵讲的就是这样的意思。

度是分析、揣度的意思。度势的重要性不仅体现在分析敌我双方的态势,还要看清这种态势的下一步演化。豚尹第一次到晋国去探察情况,回来他分析了局面,认为时机还不够成熟。第二次去,通过综合分析,得出了与上次完全不同的结论。这是势发生了变化。正确地分析势,顺应势,是一切谋略家首先应该做到的。

【原文】

事有缓急,急不宜缓,缓不宜急。因时度势,各得所安。

【译文】

事情有的缓,有的急,该急的事情不应当缓,该缓的事情不应当急。根据当时的具体情况来分析形势,采取对策,一切就安然无事了。

【事典】

裴度失印不惊

裴度在中书省做中书令时,一天,身边的随从悄悄告诉他,他的官印不见了。

做官丢了印,这可是大事。当时裴度正在举办酒宴,他听了不动声色,只是告诉随从们切勿声张。

酒宴仍在进行,裴度谈笑风生,频频举杯向大家劝酒。大家并不知道有大事情发生,都喝得很尽兴。宴会一直进行到半夜,这时随从又来报告说,印仍在原来的地方。裴度仍然不动声色,照样饮酒。

事后有人问裴度,出了这么大的事怎么不着急,还继续喝酒。裴度笑了,抚须说道:

"偷取官印能有何用?无非是手下的官吏们私下盖印书卷。缓一缓,他们用完了,自然会放回老地方。你一急,到处去找,他们害怕了,就可能扔在水里火里,那样就再也找不到了。"

【解读】

丢了官印,一般人的反应会是惊怒交加,马上下令严加追查,闹个天翻地覆。而裴度却异常冷静,不事声张。因为他知道偷印的人无非是临时用一用,不会也不可能有其他用途。如果追究起来,把事情闹大,偷印者惊恐之下,会把印丢掉或毁掉,麻烦可就大了。

做大事,要每临大事有静气。先察其情,想清楚到底是怎么回事,然后采取必要的对策。该急则急,当缓则缓,或先机制胜,或以静制动。一旦乱了方寸,就会庸人自扰,徒增烦恼而已。俗话说,宰相肚里能撑船,从裴度的这件事看,真的不是一句虚言。

【原文】

避其锐,解其纷;寻其隙,乘其弊,不劳而天下定。

【译文】

避开锋芒,解决纷争。寻找对方的破绽,利用对方的弊端,不用费力就会完成大事。

【事典】

晏婴二桃杀三士

齐景公做齐王时,手下有三位勇士,他们是公孙接、田开疆、古冶子。

他们勇力过人,很少有对手。他们辅佐齐景公,立下了很多功劳。但正因为如此,他们变得居功自傲,谁也不放在眼里,甚至对齐景公也开始变得无礼起来了。

大臣对君主无礼,是危险的兆头。一方面,这会失去国君的尊严,无法统御其他的臣子。另外,长久下去,国家也会发生变乱的。

相国晏婴看在眼里,感到很担忧。他对齐景公说:

"这三个人对大王如此无礼,恐怕不是臣子的本分。"

齐景公说:

"他们屡次不把寡人放在眼里,寡人已是一忍再忍了。"

晏婴问:

"既然这样,为什么不除掉他们?"

齐景公长叹了一口气说:

"他们毕竟是立过功的人。再说,他们勇猛无敌,硬拼,没有人是他们的对手;派刺客吧,又怕刺不中,后果更不堪设想。"

晏婴说:

"大王请放宽心,明天我请他们吃饭,到时候大王派人送去两只桃子就行了。但请大王千万记住,只是两只,不要多,也不要少。"

齐景公一肚子疑问,但他知道晏婴平素净出些鬼点子,也就不多问了。

第二天,晏相国请三位勇士吃饭。三个人不客气地坐在那里大吃大嚼。晏婴不住地劝酒,嘴里说着赞扬他们的话。

这时候,内侍来了,他送来了两只桃子,还带来了大王的旨意:桃子是赏给勇士吃的。

晏婴皱皱眉头,说:

"三位勇士,却只有两只桃子,让我怎么分呢?"

他想了想,又说:

"三位都是齐国的勇士,为什么不按功劳大小来吃桃子呢?"

公孙接听他这么讲,就抢先说:

"我先和野猪搏斗,又和乳虎搏斗,像我这样的功劳,可以吃桃,别人哪能和我比!"

于是他起身拿起一个桃。

田开疆说：

"我设伏兵两次击退三军，若论我的功劳，也是可以吃桃的，别人也没法和我比！"

他也站起身来，拿起一个桃子。

古冶子见已经没有桃子可拿了，有些愤愤不平。他说：

"我曾经跟随国君渡河，一只大鳖衔住了君驾左边的马，游入激流。那时我年少不会游泳，就潜水而行，顺流九里，寻到大鳖杀了它。我左手握着马尾，右手抓住鳖头，像鹤一样一跃而出，船夫都非常惊讶，以为我是河神。像我这样的功劳，也是可以吃桃的，别人也没法和我比。你们为什么不把桃还给我？"

说着，他抽剑而起，怒视两人。

公孙接和田开疆说：

"我们不如你英勇，功劳也没有你大。取桃而不相让，这是贪婪；但是事情到了这个地步，不死，就是怯懦！"

于是，二人把桃子交给古冶子，抽出剑来，刎颈自杀。

古冶子见二人死去，悔恨交加，就说：

"两个人都死了，我一个人活着，是不仁；用话来羞辱别人，自我夸耀，是不义。我痛悔自己的言行，不死就是不勇。"

说完，他也抽出剑来，自刎而死。

使者向齐景公复命，齐景公以士的礼仪隆重安葬了这三人。后世诸葛亮作《梁甫吟》，对三个人表示出惋惜。

【解读】

用两只桃子就杀了三位勇士，晏婴真可谓杀人不见血。

从故事中看，晏婴对三个人的个性十分了解。他抓住并利用了他们性格中的某些特点，他的计策就是针对他们的个性而制定的。逞强好胜，使他们都想得到桃子；得到了一旦要交出来，是受辱，面子受不了；不交，要被人认为是无耻，面子同样受不了。于是两个人选择了自杀。另外一个人也为自己的行为后悔，也跟着自杀。

晏婴先用桃子激起他们的欲望，再因桃子不够分而产生矛盾。他们好胜的性格最终使他们走向极端。他们毕竟讲道义，知羞耻，不然晏婴的计策就根本行不通。三个人都是勇士，但又都是匹夫之勇。这样的人，根本对齐国的安危构不成威胁，除掉他们也实在看不出有什么必要。

不过，就计谋本身，晏婴玩得确实漂亮。当然，在今天，这个计策只会激起人们间的矛盾（这非常容易，甚至不用费心去做），而不会使他们自杀，因为人们远不会把道义和羞耻看得像他们这样重。诸葛亮写《梁甫吟》，为他们鸣不平，显然也是感慨人心不古。

【原文】

势可乘,亦可造。致虚守静,因势利导。敌不知我而我知敌,或守如处子,或动如脱兔。

【译文】

势可以利用,也可以创造。保持内心的镇定,因势利导。让对手不清楚自己而自己却了解对手。或者像处女一样安静,或者像奔跑的兔子一样迅急。

【事典】

李光弼智收二将

安史之乱时,唐将李光弼进剿怀州,敌首史思明率军解围。史思明在河清屯下兵马,声称要断绝李光弼的粮道。三军未动,粮草先行,粮道是军队打仗的命脉,绝不能有一丝差池。身为名将的李光弼当然明白这个道理。他得到这消息,也就率军在野水渡去防守。

黄昏降临,李光弼率军悄悄返回河阳,留下一千人,派牙将雍希颢守在那里,叮嘱他说:

"敌将高廷晖、李日越都有万夫不当之勇。他们率兵来攻,切不可与之交战;如果他们投降,你便带他们前来见我。"

雍希颢领命。众将都对李光弼的话感到莫名其妙,同时也感到好笑:平白无故,他们为什么要来投降?但惧于军威,谁也不敢做声。

当天,史思明果然召来部将李日越,对他说:

"李光弼长于据城固守,如今率军在野外,你率五百铁骑连夜渡河,带他的人头来见我。如果捉不到他,就提你自己的头来见我。"

李日越带五百名精锐骑兵,连夜渡河,来到野水渡。他想偷袭,却被雍希颢据栅栏死死守住。李日越大叫:

"叫李光弼出来,我要与他大战三百回合!"

雍希颢说:

"李大人岂可与你这无名小贼交手?再说,他也不在本营,昨夜他已离开了。"

李日越大惊失色。史思明命他一定要交上李光弼的人头,人不在,头何来?他回去又如何向史思明交代?

李光弼

他素知史思明残暴寡恩,自己回去,光抓住一个雍希颢,也无济于事。项上的人头肯定是保不住了。犹豫再三,他对雍希颢说:

"我要投降,请带我去见李大人。"

李光弼见到李日越,马上出迎,为他摆下酒宴,还上表朝廷,封他为右金吾大将军。高廷晖听到这个消息,也带着部下来降。

左右问起李光弼,李光弼说:

"史思明常恨得不到和我野战的机会,这次听说我在野外驻扎,以为一定会打败我,就给李日越下了死命令。李日越拿不到我,雍希颢又没有多大名气,不足以作为功劳,李日越怕死,不投降又能做什么? 高廷晖才能在李日越之上,见到他被重用,当然也要来投了。"

大家听了,都心悦诚服,赞叹李光弼料事如神。

【解读】

李光弼巧妙地利用了史思明的急躁情绪和他用法的峻严。史思明本以为李光弼会留在野水渡,因此才下了死命令。李光弼高明就高明在他料到了这一点,然后进行造势。他故意离开,让那个打仗勇猛的李日越没法回去交差。在这种情况下,回去了是死,投降反而有一条生路。史思明起的是不义之兵,因此下属也不会对他讲什么道义,投降因此就是板上钉钉的事了。

但李光弼还在进一步造势。他对投降的李日越以礼相待,大加封赏。让自以为比李日越有能力的高廷晖看了眼红,也就率部来降了。

高明的谋略家不光能够把握势,利用势,还能够造势。造势就是通过某种情势的变化,使事态朝着有利于自己的方向发展。

【原文】

善度势者乘敌之隙,不善度势者示敌以隙。

【译文】

善于分析形势的人,能够利用敌人的漏洞,不善于分析形势的人把自己的漏洞暴露给敌人。

【事典】

曹操大智知袁绍

曹操准备东征刘备,他手下的人担心一旦出兵,袁绍会袭击他们的后方。那样进不能战,退则没了根据地。

曹操说:

"袁绍为人,料事迟疑而又多疑,不会很快来袭击我们。刘备新近起兵,人心还没有完全归附,抓紧时间进攻,一定能战胜他。这是存亡的关键时刻,不可以丢失。"

于是,他统率大军,前去征讨刘备。

果然,曹操出兵的消息一传到袁绍那里,袁绍的谋士田丰就求见袁绍,对他说:

"老虎正去捉鹿,熊闯进虎穴而吃掉虎子。这样,老虎进捉不到鹿,退又得不到虎子。现在曹操亲自带兵攻打刘备,后方空虚。将军长戟百万,骑兵千群,径直进攻许昌,捣毁曹操的老巢。百万雄师,从天而降,如同举烈火而烧茅草,倾海水而浇火炭,没有消灭不了的。兵机的变化只在须臾之间,战争的胜利可以在战鼓中获取。曹操得知我们攻下许昌,必然放弃刘备而回来攻击,那时我军占据城内,刘备在外攻打,反贼曹操的脑袋,必定会悬挂在旗杆上了。失去了这个机会,不去攻打许昌,使曹操得以回国,休养生息,积聚粮食,招揽人才。现在汉朝国运衰败,纲纪松弛,曹操出于凶残专横的本性,利用他的专权,一旦酿成篡位的阴谋,那时,即使上百支军队一同攻打,也是无济于事了。"

袁绍说:

"出兵的事情,不在一时。我的儿子正在生病,还是等等再说吧!"

田丰出来,用拐杖敲击地面,恨恨地说:

"天哪,遇到这样千载难逢的好机会,却因为小孩子的缘故而失去了,真是太可惜了!"

【解读】

袁绍兵多将广,谋士如云,却在官渡被曹操打得大败。上面的故事发生在官渡之战前,却很好地向我们展示出袁绍失败的原因。

袁绍的败亡不是出自偶然,不是天意命数,不是力量薄弱,而是他自身的问题。

从中我们可以看出,他有三个致命的弱点。一是他不能很好地分析形势,把握时机。曹操进攻刘备,后方空虚。如果趁势进攻,占领曹操的老巢许昌,曹操进不能攻,退不能守,处境就会十分尴尬。但是他却因为小孩子生病,白白放弃了这一大好机会。

有些君主,自己看不到机会,却能听从别人的劝告。田丰把道理对他讲得明明白白,他却没有采纳。这是二。

三是他不能用人。田丰的智谋在三国时算是上乘,却很少有计策能被他接纳。田丰曾经劝他迎取汉献帝,这也是扩充势力的绝好机会,他也没有听从。到了官渡之战,他更是疑心大增,对部将谋臣大加猜疑。

反过来看曹操,一切就大不相同了。他出兵攻打刘备,明知道后方空虚,但他

袁绍

却明白地预见到袁绍不会来攻。这是基于他对袁绍的了解和对形势的分析。他真正把握住了势。

做大事的人,眼光和胆略同等重要。曹操是正面的例子,袁绍是反面的典型。了解了这些,就不难理解为什么曹操的势力会由弱变强,袁绍的势力会由强变弱,从而断送了自己的大好局面。

【原文】

知其心,度其情,察其微,则见其势矣。

【译文】

了解对方的内心,揣摩他的心理,发现他的细微处,就可以预测事态的进展。

【事典】

邵雍远见度大势

王安石当了宰相,实行新法,又奏请吕惠卿参知政事。富弼大人面带忧色,愁眉紧锁。

邵雍也一向反对新政,他善演《周易》,精通太极之术,通晓阴阳之道。他见到富弼这个样子,就问:

"你这么忧虑,莫不是因为吕惠卿的凶残过于王安石吧?"

富弼说:

"正是。吕惠卿这个人,心术极为不正,他大权在握,我担心国无宁日了。"

邵雍笑道:

"不必担忧。王安石和吕惠卿本来就是以势力结合在一起,现在二人势均力敌了,一定不能相容,不久就会自相残杀,顾不上陷害别人了。"果然,吕惠卿不久就背叛了王安石。

【解读】

王安石和吕惠卿在当时被正人君子们视为奸佞。这与他们推行新法不无关系。王安石似乎没有什么大恶,主要是因为他蓬头垢面,行为乖张,不近人情。而吕惠卿的品行则真的有些问题。他与王安石是好友,又同是改革者,却陷害王安石。无论是按当时还是按现在的道德标准来看,他都算得上是个十足的小人。

这个故事发生时,两个人还没有产生冲突,正在同心协力推行新法。富弼感到忧虑,因为他有知人之明,早已看到了吕惠卿心术不正。但邵雍却对他的忧虑不以为然,他预见到了两个人共事时间久了,必定会产生矛盾。他们间一旦自相残杀,就顾不上陷害别人了。

邵雍精通易术。但易术不是凭空算命,而是根据事物的矛盾来进行推演。富弼只看到了吕惠卿危险的一面，却没有看到坏人最终会因为"坏人"而危及自身。而邵雍不仅看到了人性，而且还把握了由此形成的势。至少就判断形势上，邵雍还是比他高出了一筹。

其中，这个故事包含的意思，欧阳修在他的《朋党论》一文中早就明确指出了：

"小人无朋，唯君子则有之……小人所好者，利禄也；所贪者，财货也。当其同利之时，暂相党引以为朋者，伪也。及其见利而争先，或利尽而交疏，则反相残害，虽其兄弟亲戚，不能相保。"

说得是多么透彻，可以作为邵雍老先生一席话的注解。

【原文】

观其变而待其势，知其雄而守其雌，疲之扰之，然后可图。

【译文】

静察对方的变化，等待对自己有利的情势。深知雄强，却安于雌弱，使对方疲劳，干扰对方，然后取胜。

【事典】

周德威待机而战

晋王李克用病死后，他的儿子李存勖继位做了晋王。当时晋、梁大动干戈，都想用武力来统一全国。后梁王朱温一直怀有吞并河北的野心，想寻机占领镇州、定州和深州。于是，三镇向晋王求救，推晋王为盟主，一同来对付后梁。

为了给三镇解围，晋王的大将周德威身先士卒，奋力冲杀，把梁军打得大败。晋王李存勖想乘胜追击，周德威却说：

"不可。敌人士气还很旺盛，我们应该按兵不动，等敌人气势衰落再行攻击。"

李存勖不以为然道：

"我们是孤军，长途奔波，为人解围，只宜速战速决。你怎么要按兵不动，这是为何？"

周德威说：

"主公，这些镇守的梁军不善野战，却长于守城；我们的骑兵却适于在平原旷野上奔驰冲杀。现在敌人据城死守，我们的骑兵就没有了用武之地。况且，敌众我寡，如果敌人知道了我们的虚实，我们的处境就危险了。"

晋王听了，很不高兴，就回到营帐中，躺在里面不出来。众将你看我，我看你，却没有人敢进去劝说。

周德威怕李存勖贻误战机，赶紧去找监军张承业，对他说：

"我们的兵力不如敌人，又是三方联合，如果急于速战，很难取胜。现在我们跟敌人只相距一条小河，万一敌人夜里渡河过来，我们恐怕要当敌人的俘虏了。最好先退兵到高邑,再引诱敌兵离开营寨出来决战,发挥我们骑兵的优势。他们出来我们就回营,然后再派骑兵劫持他们的粮草和辎重。不出一个月,我们就一定会寻机歼敌取得全胜。"

张承业听了,深以为然,就来到晋王帐前,掀帘进去,对晋王说:

"大王,现在哪里是安枕而卧的时候!周老将军深知用兵之法,他的话不可不听啊!"

晋王猛地从床上坐起,说:

"我也正在考虑这件事情。"

这时,恰好有个投降过来的梁兵,一经查问,果然,梁军正在多造浮桥。晋王顿时醒悟,对周老将军说:

"事情真的像你所预测的那样。"

于是,晋王下令军队退到高邑,一方面筑垒固守,一方面寻找战机,充分利用自己骑兵的冲杀决战的优势,终于取得了这次大战的胜利。从此,镇州和定州反梁而归附河东李存勖一方。梁军只好向南退到魏博地区,梁晋争战的历史进程朝着有利于河东的方向发展。

【解读】

晋王要乘胜追击,而周德威要按兵不动。他们都是针对敌我形势而做出的决断,但两个人的决断却又是那么的不同。

晋王李存勖的理由是,我们是孤军,长途奔波,为人解围,只宜速战速决;而周德威却认为,镇守的梁军不善野战,却长于守城;我们的骑兵却适于在平原旷野上奔驰冲杀。现在敌人据城死守,我们的骑兵就没有了用武之地。况且,敌众我寡,因此,宜守不宜攻。

晋王讲的理由是对的,但是是大道理,不是根据战场的变化和敌我双方的力量对比做出的,而周德威则是就事论事。果然,后来证明周德威是对的。

做出决断,不能不从大局着眼,但更要根据具体的情势。不然,吃了败仗,又岂能顾及大局?这个事例,表面上只是两种不同的看法,但里面却有很深的内涵。

【原文】

势可乘乎?势不可乘乎?智者睹未明,况已著乎,惟在断矣。智无识不立,无胆不行。

【译文】

趋势可以利用吗?趋势不可以利用吗?智者在事态不明显的时候就可以看出,何况已经很明显了,只是在于谋断而已。智谋没有见识就不能制定,没有胆量就不能实行。

【事典】

班超西域建奇功

班超随大将军窦固进攻匈奴,大获全胜而归。窦固认为班超有勇有谋,就派他和从事郭恂一同出使西域。

班超一行到了鄯善。鄯善也就是原来的楼兰,汉昭帝时杀了他们的国王,改了国名。国王开始对他们很恭敬,但没过多久,他的态度就变得冷淡起来。

班超对手下人说:

"你们注意到鄯善王态度的变化吗?一定是北方的匈奴派使者来了,他拿不定主意和哪个国家结交的缘故。"

"有道理,可怎么能证明呢?"大家说。

班超召来鄯善接待他们的官员,诈他道:

"匈奴的使者来了好几天了,走了吗?"

官员一着急,就说了实话。班超把他关了起来,把三十六名随从都召集在一起,痛饮一番。喝完了酒,班超说:

"大家和我一样,都想在西域建立功名,求取富贵。现在匈奴使者一来,鄯善王就对我们失去尊敬,要是他愿意和匈奴结交,把我们抓起来送给匈奴,我们的尸体就要喂狼了。你们说,该怎么办?"

大家说:

"现在处境危急,要死要生,一切都听将军的!"

班超把杯中酒一饮而尽:

"不入虎穴,焉得虎子!我们趁夜晚用火攻击匈奴人,他们不知我们的底细,一定惊慌。消灭了他们,就会让鄯善害怕,我们就大功告成了。"

有人说:

"应该和从事郭恂商量一下。"

班超大怒:

"今天是决定生死的日子,从事又是个平庸的官员,知道了一定会惊慌,泄露我们的计划。干大事不能成名,就不是壮士。"

大家齐声叫好。

夜里,班超带着众人袭击匈奴使者的营地。正赶上刮大风,他命令十个人带着鼓藏在屋后,要他们看见火烧起来就敲鼓大喊。其余人都拿着弓箭,埋伏在门的两旁。班超放起火来,于是,鼓声喊声四起,匈奴人不知出了什么事,一片慌乱。班超亲手杀死三人,手下也射死了匈奴使者和三十多名随从,剩下的一百多人全被烧死在火里。

天亮了,班超这才把事情告诉了郭恂。郭恂先是大惊失色,稍后脸上又现出了怒容。班超明白了他的心思,就说:

"从事虽然没有参加,但我怎么能忍心独占功劳?"

郭恂这才高兴起来。

班超派人请来鄯善王,把匈奴使者的首级拿给他看。鄯善国朝廷上下都很震惊。班超安慰鄯善国王,说:

"国王陛下和大汉交好,这才是唯一的正确选择。"

于是,鄯善国王决心和汉朝修好,并把自己的儿子作为人质。

【解读】

做大事,要谋而断。谋,是说要多思考,有计划;断,是说要敢于决断。西方有句谚语:如果少年人有经验,如果老年人有勇气。这话是说少年人缺少经验而老年人缺少勇气,反过来说是要少年人遇事多思,而要老年人遇事果断。一般来说,多谋者想得多,容易瞻前顾后,下不了决断,反而贻误时机,而敢于决断的人又往往是凭着一时冲动。只有真正杰出的人物才能深谋远虑,把握时机,班超显然就是这样的人。

从故事里看,形势对班超并不利。匈奴人多,算起来有一百四十余人,而班超只有三十几人。匈奴博得了鄯善国的好感,而班超他们受到了冷遇。在这种时候,只有先发制人,及时出击,才能使形势出现逆转,绝处逢生。这真的需要胆量和勇气。"不入虎穴,焉得虎子",这话讲得多好,生动贴切,一千多年间一直被人们重复着,但真正能够有这样胆识的人却实在太少了。

【原文】

为谋,所重者胆,所贵者智;胆智兼备,势则可为。

【译文】

制定谋略,重要的是胆量,可贵的是智慧。胆量和智慧都具备了,就可以造势了。

【事典】

耿纯智勇平真定

汉光武帝登基后,真定王刘扬心里不服,便叫人散布谣言,煽动百姓,想夺取皇帝的宝座。

光武帝刘秀听到这件事,就派手下官员去召刘扬入京,却吃了闭门羹:真定王城门紧闭,根本无法进去。派去的使者只好灰头土脸地返回,向刘秀报告。

刘秀吃了一惊,就让最信任的大将耿纯持节前去,颁布赦令,并对各地王侯加以安抚。

耿纯临行前,又问刘秀:

"陛下还有什么要叮嘱的吗?"

光武帝要他见机行事,又悄悄地说:

"一见到刘扬,就扣住他。"

耿纯领命,来到真定,住在驿馆。刘扬早就听说过耿纯的威名,还和耿纯沾带一点亲戚关系,但他倚仗在自家城池,就没把他的到来当回事。按朝廷礼仪,天子派来使节,当地官员应该前往拜见。但狡诈的刘扬却修书一封,派人送给耿纯,对耿纯的到来表示欢迎,又说自己得了病,只好劳驾将军到府上一叙。

耿纯看了信,很关心地向使者问候真定王的病情,又很为难地说:

"哎呀,天子命令我到各地巡察,慰问各路王侯,按照规矩,是不准先去拜望王侯的。如果我违反了,一旦有人奏我一本,麻烦可就大了,说不定还要丢官。还是请王爷过来坐坐,回去我好对皇上有个交代。"

使者向真定王转达了耿纯的话,真定王反复询问几遍,感到耿纯的话很诚恳,不像有什么恶意。他的弟弟刘让说:

"耿纯只带了一百多人,又在我们的地盘,谅他也不敢怎么样!"

从兄刘绀也说:

"我和刘让各有一万精兵,怕他做甚!"

于是,刘扬就去看望耿纯。他的兄弟就率兵在外面守护着,以防不测。

耿纯见到真定王,态度十分谦恭。他向真定王送上礼物,并叫人备酒。

"这次来,怎么没见到刘让、刘绀两位将军?"

"这个……"刘扬说,"他们就在外面守护。"

"难道这里有什么乱子吗?"耿纯一脸惶惑,"是不是王爷担心我有什么……"

真定王一摆手:

"耿将军言重了。你我至交,何至于此。"

"是呀,我可是在王爷的手心里。"耿纯哈哈大笑,"两位将军也辛苦了,不如请他们进来喝杯酒。我好久没见他们了,心里还真有点想念。"

真定王也完全消除了戒心,他把刘让、刘绀叫了进来。耿纯举起酒杯,这时房门突然关上,耿纯带来的卫兵冲出来,把刘扬他们全部杀死。然后耿纯提剑走出房门,他带领的随从也威严地跟随其后。他对围困他的士兵们说:

"真定王和他的兄弟犯上作乱,按罪当诛。现在他们全都被杀,各位何必跟着他们送死!既往不咎,你们好自为之。"

全郡震惊,真定之乱就这样平定了。

【解读】

耿纯文韬武略,智勇双全,堪与历史上任何一位功臣相比,但却不为更多的人所知。这大约是因为没有一部像《三国演义》那样的书对他的事迹进行描写吧!耿纯平定真定,是身处险境,临危不乱,最终凭着智谋和胆略扭转局势,转危为安,反败为胜。他的活动空间只在驿馆,士兵也只有百人,而外面大兵云集。这更需要勇气。但耿纯毕竟不是逞匹夫之勇,他知道这些谋反的人不过是乌合之众,把几个首要者处死,其余的就可以被震慑住。这就是所谓的"射人先射马,擒贼先擒王",也可以叫作"虎口掏心"。

光武帝登基,做了许多利国利民的好事,应该拥戴。真定王谋反,无非是出自个人野心。为了一个帝位,又要使生灵涂炭,败亡是难免的。但如果真的强攻硬打,会造成很大伤亡,劳民伤财。光武帝授意耿纯抓住刘扬,是上策,而耿纯也靠自己的智谋和勇气完成了这一使命,真定的老百姓真应该感谢他。

【原文】

见宜远而识宜大,谋宜深而胆宜壮。

【译文】

见识应该长远博大,智谋应该深邃,胆子应该雄壮。

【事典】

寇准决策定乾坤

"大人,澶州告急!"

"大人,澶州又有奏报!"

一夜之间,契丹进犯澶州的告急文书接连收到了五次,但寇准仍在饮酒。

他过去读史书,看到当东晋的军队与苻坚的秦军作生死决战,谢安仍若无其事地和人下棋,心里很是羡慕。这是真正的风度。寇准自己一直希望能够成为像谢安那样在笑谈间安天下的人物。

早朝后,宋真宗召见了寇准。如果澶州失守,契丹军队渡过黄河,就会直接威胁到都城开封。这是谁也不愿看到的。

皇帝有些沉不住气了,他问寇准:

"寇卿家,你身为国家大臣,出了这样的大事,怎么连句话也没有?"

寇准说:

"要说吗,陛下要解决这件事情,有五天时间也就够了。"

"真的?"宋真宗有些将信将疑。

"军国大事,臣怎敢开玩笑?"寇准说,"不过得要陛下御驾亲征。"

"这个……"宋真宗有些为难,"还是大家在一起商议了再说吧!"

于是,他召集群臣来商议这件事。

满朝大臣都对契丹的实力有所顾忌。他们都提出幸驾的主张。既然澶州吃紧,不如暂避敌军锋芒,让皇上躲到更安全的地方去。

但到哪去呢?王钦若是临江人,主张皇帝幸驾金陵;陈尧叟是阆州人,主张幸驾成都,大家为此争论不休。寇准却说:

"陛下如果丢开国家和百姓,躲得远远的,人心就会崩溃,敌人就会乘虚而入,天下还能保住吗？陛下英明神武，我军将士同仇敌忾，只要陛下御驾亲征，敌人就会自动败退。请陛下三思。"

宋真宗听了，就说：

"那好吧，就这样决定了。让我先回内宫准备一下。"

寇准连忙说：

"不可。陛下要是回到内宫，臣进不去，又无法见到您，那样就误了大事。请皇上就此出发。"

宋真宗于是就出发了，六军的各级官员听到消息，都从后面赶上来。

到了黄河岸边，正值夜晚，黄河的波涛在黑暗中翻滚着，过了河，是死是生谁也拿不准。皇帝左右的人都哭了起来，他们暗暗怪寇准出了这么个馊主意。第二天，又有人提出移驾的建议，皇帝的心又开始动摇了，但寇准却坚持渡河。大家争来争去，一直无法做出决定。寇准出来，去见烈武王高琼。

"你是上将军，看到国家将亡，连句话也不想说吗？"寇准对他说，"现在国家可是危在旦夕了。"

"大人言重了。"高琼惭愧地说，"我一定会劝万岁渡河的。"

寇准就进去见宋真宗，请求再议。他再次主张渡河，可大家都用沉默来表示对他的反对。最后宋真宗说：

"还是下金陵吧！"

寇准说：

"这是放弃中原。"

宋真宗又说：

"那么就拆掉黄河大桥，据河防守。"

寇准又说：

"这是丢弃河北。"

寇准

宋真宗说：

"你怎么净是和朕过不去？你是个读书人，哪里懂得军事！"

寇准乘机说：

"那就请将领们来商议吧！"

众将到了，宋真宗请他们发表看法。高琼说：

"蜀地太远了。王钦若的意见可以采纳，皇上和后宫的人坐上楼船，顺着汴河南下，几天时间就可以到达。"

"有理，有理。"大家打破了沉默，都感到有希望了。

寇准沉不住气了，他在心里暗暗骂高琼：我要你说话，不是要你说这种混账话的。他刚要反驳，只听高琼又慢慢讲道：

"臣有句话，说了是死，不说也是死。与其事到临头去死，不如说了就死。现在陛下离开京城一步，城中就会另有主人了。官吏士卒都是北方人，家都在京城下，谁愿意随陛下南下呢？他们将要归事新主人了。这样，金陵也是去不成的。"

寇准听了这话，大喜过望，大声说：

"高将军知道这样，为何不替皇上护驾？"

高琼豪气万丈，大叫备马。寇准扶着宋真宗登上銮驾。

黄河浊浪滚滚，战马嘶鸣。将士们渡过黄河，抵达澶州的北门，正在苦盼援军的守城将士看到皇帝的黄盖，知道是皇帝来了，顿时欢呼起来，声音竟然大得传到几十里外，契丹的军队听到这欢呼声，士气顿时大降。他们的统帅顺国王挞览气急败坏，亲自前去攻城，一阵飞蝗般的箭矢射来，他中箭落马，死于非命。

契丹没有想到中原的军队会如此坚强，更没有想到宋国的皇帝会御驾亲征。他们上下惊恐，无心再战，于是派出使者，向宋国求和。

【解读】

澶州之战是寇准政治生涯中最得意的一笔，当然其中也埋下了他失败的祸根。这里面既有"过五关斩六将"的风光，也暗含着"败走麦城"的悲壮。寇准在政治上的敏锐眼光在这里表现得淋漓尽致，他意识到如果皇帝驾幸金陵或其他地方，大宋就会大失人心，辽人就会长驱直入。因此他主张皇帝御驾亲征。但无论皇帝，还是大臣，他们都有一个毛病，就是怕死加怕苦。所以面对入侵，他们宁愿采取逃跑主义政策。因此主战派与主逃派的争论十分激烈。

寇准对局势看得准，语言也有力，还拉来了一位老将军帮他说话，最后的结局证明他是对的。但寇准因此得罪了很多"主逃派"大臣，王钦若就是其中一个。有这样一种人，办事不行，决策不行，但专门会挑别人的毛病，而且能挑得让人触目惊心。这位王大人就是这样一种人，他后来对宋真宗说寇准只是为了打胜仗出名，而根本不顾及皇帝陛下的安危。这可是一箭双雕，既整了寇准，也表白了自己：他主张逃跑虽是错的，但那可是为了皇帝的安全着想啊！这是何等的体贴！皇帝不在乎大臣爱不爱国，只在乎他们忠不忠君！而寇准，就等着被罢官吧！

有远见，忠诚，耿直，寇准注定青史留名，也注定了他被排挤、被贬官的结局。

【原文】

军无威无以立，令无罚无以行。威慑之，智取之，胆胜之，则何敌不克，何坚不攻？

【译文】

军队没有威严就不能站住脚，军令没有刑惩就难以实行。用威严来震慑，用谋略来智取，用胆略来取胜，那样有什么敌人不能战胜，有什么城池不能攻破？

【事典】

柴克宏威武克敌

柴克宏是南唐的大将，为人很有胆略。

一次，吴越大军进攻常州，常州危在旦夕。柴克宏接到朝廷的命令，要他马上去救援常州。军情如火，军令如山，柴克宏马上召集人马，准备出征。

枢密李征古是个心胸狭窄的人，他平素忌恨柴克宏，现在要趁这个机会报复他。他给柴克宏的几千人，都是些老弱残兵，再看铠甲和兵器，也都是旧的和发朽的。柴克宏的军队还没有到达常州，李征古又用朱匡业来代替柴克宏，派使者召柴克宏回去。

柴克宏对使者说：

"我这几天就要破敌制胜，你来召我，一定是奸贼！"

他下令：

"推出去，斩了。"

使者大叫：

"我是奉李枢密之命来的。"

柴克宏喝道：

"就是李枢密来，我也一样将他斩首！"

杀了使者，军心大振。柴克宏又巧做安排，命令士兵在船上蒙起幕布，让披甲的士兵藏在船中。于是，在吴越的军队毫无防备的情况下，柴军袭击他们的兵营，大获全胜。

【解读】

柴克宏奉命救援常州，这是十万火急的事情，但李征古却从中作梗，显然是他理亏，说明他只计私怨，而不能以国事为重。拨些老弱残兵，已属过分；又临阵换将，显然是兵家大忌。柴克宏在关键时刻当机立断，斩了来使，不仅使李征古的阴谋无法得逞，同时大振了军威。他又用计谋来个瞒天过海，出其不意地大获全胜，上演了很精彩的一幕。

做大事情，要有智有胆。当断则断，当行则行，不受外部的干扰。如果柴克宏迟疑不决，不光会贻误军机，甚至会导致败局，最终的责任也要由他自己来负。

【原文】

正胜邪，直胜曲。浩然正气，而奸佞折。

【译文】

正义会战胜邪恶，正确会战胜错误。胸中有正大刚直的精神，奸佞就一定会低头。

薛长孺临危定乱

汉州驻守的士兵发生了兵变。乱兵封锁住军营的大门,在城中烧杀抢掠,还扬言要把知州、兵马监押统统杀掉。

下面的人向知州大人报告了消息,知州、监押你看我,我看你,都失去了方寸。通判薛长孺对知州说:

"大人,应该马上出面制止,不然,城中的局面就难以控制了。"

知州叹口气说:

"事情都到了这个地步,还有什么办法?"

薛长孺缓步走出营门,叛乱的士兵一拥而上。薛长孺说:

"我有几句话,说了后,要杀要砍,一切任由诸位。"

随后,他大声对士兵们说:

"你们都是有父母、妻子、儿女的人,为什么要干这种事情? 现在,凡是没有参与谋反的人,立即站在一边不要动!"

于是士兵们都站住不敢再动,主谋叛变的八个人见势头不好,就突破城门逃跑了。

不久,这八个主谋被村子里的人抓住,送到城里请功来了。

人们谈论起这件事情,都说,要不是薛长孺挺身而出,全城之人就要遭殃了。州中铃辖司的武将怕朝廷追究他们失职之罪,不敢把这件事向朝中奏报,薛长孺自然没有受到奖赏。

【解读】

反叛的毕竟是少数人,多数人是受到裹挟,或是犹豫不决。一旦要他们做出是否主动反叛的选择,他们就会动摇,拿不定主意,而站在原地不动,动的只是少数的主谋。薛长孺充分利用了这一点,造了势,使主谋们孤立在一边,最后只得落荒而逃。

薛长孺的做法正好基于了人们的普遍心理,没有主见,随大流。但在危急时刻,他能想出这一计谋,可见他有勇有谋。

攻心第七

【原文】

城可摧而心不可折,帅可取而志不可夺。所难者惟在一心。攻其心,折其志,不战而屈之,谋之上也。

【译文】

城池可以摧毁,但心不能折服;敌将可以抓获,但志不能夺取。困难的只在一个心字。攻伐他的心,摧毁他的志,不用战斗而使他屈服,是上策。

【事典】

寇恂杀使取高平

建武七年(31 年),汉光武帝刘秀命大将寇恂代替朱浮任执金吾。第二年,光武帝出兵攻打隗嚣,又要寇恂随行。隗嚣的部将高峻,带领一万兵马据守在高平,光武帝就派马援前去招降。高峻降汉,被任命为通路将军,封关内侯。此后,高峻隶属大司马吴汉,随军在冀县包围隗嚣。但等到吴汉一退兵,高峻就逃回营地,又帮助隗嚣把守陇坻一带。隗嚣死后,高峻占据了高平,因为害怕朝廷诛戮,坚守不降。建威大将军耿弇围城一年,始终不能攻克。

刘秀感到忧心忡忡。士兵疲惫,伤亡惨重,要是再打下去,形势很不利。他想了又想,就叫人召来寇恂,和他商量如何破城。

"高平就目前来看,一时难以攻下。依你之见,该怎么办?"

"陛下,高平有险可守,粮草又足。高峻知道,一旦城池失守,他会死无葬身之地,因此他要做困兽之斗。要硬攻,难啊!再说,死攻硬守,城里的百姓要生灵涂炭的。依臣之见,不如招降。"

刘秀知道,寇恂足智多谋,又素有爱民的美称。在当汝南太守时,他兴办学校,招收学生,并且请来名师讲授《左氏春秋》,自己还亲自去听讲。很久以后,当寇恂随他征战,路过那里,那里的老百姓还跪在地上,向皇帝请求,让寇恂在那里再做一年的太守。

于是刘秀说:

"兵法上讲,不战而屈人之兵,上也。但问题是高峻肯降吗?"

寇恂回答说:

"现在大军压境,固守终究不是长久之计。如果陈说利害,我想高峻会慑于陛下的天威,交出城池的。"

刘秀大喜:

"爱卿啊,这件事非你不可。还是辛苦你走一趟吧,能说服高峻投降最好不过。对他说,朕既往不咎,过去的恩恩怨怨,就算过去了,一切从长计议。要是他执迷不悟,就立即带领耿弇等五营将士攻打。"

于是,寇恂带着印玺诏书,在随从的护卫下,来到了高平。

高峻的府邸守卫森严。寇恂带人进到里面,请高将军来见,但高峻推说有事,让军师皇甫文作为使者代他出面。

寇恂对皇甫文说:

"现在大军压境,再打下去百姓遭殃,大汉皇帝命我前来招降,请转告高将军,只要献出城池,一切都好商量。"

"你们无计可施,才来招降的吧?"皇甫文三绺长须,手里摇着羽扇,"你们有本事再来攻城啊! 我们奉陪,投降,想都别想!"

"来人,把这个混蛋给我抓起来!"寇恂大怒。

"你敢?!"军师威吓说,"城里可是我的天下!"

"普天之下都是大汉的江山,"寇恂说,"你以为你一只螳臂,就可以挡车吗?"

他命人把皇甫文杀掉,众人都劝道:

"大人不可,杀了他,事情会被搞僵的!"

"杀!"寇恂只有一个字。

刀光一闪,人头落地。寇恂叫副使把皇甫文的人头带给高峻,让他转告高峻:

"军师无礼,我把他杀了。现在高将军想降就降,不降就请守住城池。我倒要看看明天这里是谁的天下。"

惊魂未定的副使向高峻转达了寇恂的话,高峻听了,六神无主。他马上下令大开城门,跪在地上受降。

在庆功宴上,众将纷纷向寇恂祝贺。一个人趁着酒意,问寇恂说:

"为什么杀了使者,高峻才会投降?"

寇恂笑着说:

"皇甫文是高峻的心腹,高峻对他言听计从。我见他言辞傲慢,就知道他坚决不主张投降,而高峻是受了他的影响。放他回去,他会继续鼓动高峻抵抗;杀了他,高峻失去了主心骨,惊恐之下,就会投降。"

大家听了,哈哈大笑,一齐把杯中的酒干掉。

【解读】

寇恂进城去招降,敌将派来的使者一副傲慢的架势,寇恂一怒之下,把他砍了头,还把使者的头交给了敌将。这种反客为主的做法本来很危险,因为你再有本事,也是在人家的城里,激怒了敌人,自己会先没命。

但让其他人始料不及的是,原来死不肯降的敌人居然乖乖地交出了城池。

直到后来,寇恂说明了情况,大家才恍然大悟。原来,派来的使者是敌将的心腹和智囊,除去了他,敌将就没有了主心骨,也就乱了方寸。这时候,摆在他面前的就只有投降这条出路了。

寇恂用的是攻心术。他的攻心不是劝服,而是震慑。震慑几乎和劝服同样有效。打乱了对方的阵脚,事情就有了转机。

【原文】

攻心者,晓之以理,动之以情,示之以义,服之以威。

【译文】

攻取人心,就要用理来说服,用感情来打动,用义来引导,用威来慑服。

【事典】

孔镛大义伏峒人

明孝宗年间,孔镛被任命为田州知府。到任才三天,州内的军队全都被调动到别处去了。这时,峒族人突然进犯州城,情况危急。

孔镛问大家该怎么办,众人都提议关起城门来固守。孔镛却说:

"这座城孤立无援,内部又空虚,守城能坚持几天?只有因势利导,用朝廷的恩威去说服他们,也许他们会自动退兵。"

大家都觉得这样做很难成功,不过是新到任太守的高谈阔论。

孔镛说:

"不这样,我们又能做些什么?难道就在这里束手待毙吗?"

"就算这样,可谁去合适呢?"

他们都清楚峒人的习性,他们不会按照汉人的规矩办事,一不高兴,不管什么来使不来使,先杀了再说。

"当然是我去。"孔镛说,"我是这里的太守,我不去,谁去?"

"大人,不可呀!"众人齐声劝阻。但孔镛已经命人备马,吩咐打开城门放他出去。

城门打开了,城外的围兵以为是军队出来交战,却只见一个当官的,骑着一匹马慢腾腾地走出来,没有兵,只有两个随从牵着马。

峒人大声喝道:

"什么人,你是来送死的吗?"

孔镛说:

"我是这里新来的太守,我要见你们的头领,请带我到寨子里去。"

峒人带着孔镛进入林子,孔镛的随从就已溜掉了一个。等到进入峒人的地界,另一个从人也不知什么时候溜了。到了首领的寨子,峒兵列出刀枪,让孔镛从下面经过。

孔镛站在寨子里,看着站在一边的峒人首领说:

"我是新任的太守,是你们的父母官,请拿座位来,你们也好参见。"

首领一摆手,下面人就把一个坐榻放在地中间。孔镛坐下,又说:

"各位请靠前些吧!"

众人不知不觉向前靠了几步。峒人首领问;

"你叫什么?"

孔镛说:

"我姓孔,就叫我孔太守吧!"

首领惊奇地问:

"你姓孔,是孔圣人的子孙吗?"

孔镛回答说是,这些峒人都一齐下拜。

孔镛对大家说:

"我本知你们是良民,但由于饥寒所迫,才聚集在这里,求得个免于一死。前任官员不体谅你们,动不动就用军队来镇压,想把你们剿尽杀绝。我现在奉朝廷的命令来做你们的父母官,我把你们看成是晚辈,怎么忍心杀害你们呢? 你们如果真能听从我的话,我将宽恕你们的罪过。你们可以送我回州府,我把粮食、布匹发给你们,你们以后就不要再出来抢掠了。你们如果不听从我的话,可以杀掉我,但是接着就会有官兵向你们兴师问罪,一切后果就由你们来承担了。"

峒人被孔太守的胆量惊呆了,说:

"要是真的像您说的那样体恤我们,在您任太守期间,我们绝不再骚扰进犯州城。"

孔镛说:

"我一言为定,你们又何必多疑?"

于是,众人再次拜谢。

孔镛住了一晚,第二天才回到州城。孔镛送给峒族人许多粮食布匹,峒族人道谢而归。后来峒族人就不再做扰民的事了。

【解读】

看来孔镛的运气并不算很好,刚一到任,峒人就来侵犯,而军队又被调出,城中空虚。峒人不是司马懿,空城计都没得摆。你城门大开,不管有没有伏兵,他们会先进来再说。但孔镛毕竟有胆有识,他认准峒人犯境,一是前任政策不当,被逼无奈;二是他们并不想占领州县,只是想得些财物。基于这种认识,他认为利用他们的心理与之谈判是有胜算的,才会深入虎穴。

和峒人交涉,孔镛使用的是刚柔相济术。他的语言有柔有刚,既表现出父母官对他们的理解和体谅,也以他们再继续下去官兵会兴师问罪,导致不堪设想的后果相威胁。正因为孔太守的话有理有节,刚柔相济,这才消除了对方的对抗情绪,缓解了矛盾。

有人认为孔镛更多是表现出胆量,有人则更看重他准确的判断和高超的谈判艺术。没有这些,深入虎穴就无非是往老虎嘴里送食而已。

另外，使用刚柔相济术要避免走入两个极端，既不要过分温和，让对方觉得你软弱可欺，又不要咄咄逼人，使对方觉得你是在乘势要挟。

【原文】

君子好德，小人好利。辨以羞之，耻之，驱之于德。

【译文】

君子喜欢德行，小人喜好利益。辨明来让他羞愧，感到可耻，再把他引向道德。

【事典】

庄周智窘惠施

战国时代，庄子和惠施是好朋友，常在一起探讨哲学问题。

后来惠施在魏国当了宰相，官高权重。而庄子却喜欢逍遥自在，无拘无束。有人请他去当官，他说他不愿当供在神庙里的牛啊什么的，宁愿做个在泥中拖着尾巴的小乌龟。

一天，庄子想起了老朋友惠施，就到魏国去看他。

庄子可是大名鼎鼎，听到了他要来的消息，一些多事的人就对惠施说：

"庄子这次来到魏国，听说是另有企图，来谋取您的相位的，您可千万要小心啊！"

"是呀，不然他为什么大老远地跑到这里来。"惠施心想。于是他派了许多士兵，到处搜寻庄子。

找了三天三夜，士兵们没有找到庄子，但庄子却在第四天早上登门拜访。

"老朋友，你知道南方有一种鸟叫鹓鶵吗？"庄子一见面就说。这是他的一贯风格，无论是说起话来还是写起文章来，总是恣肆汪洋，一泻千里。

庄子

"这是一种很珍贵奇异的鸟，"他接着说，"它由南海出发飞向北海。在途中，除了梧桐树，它绝不停在别的树上面休息；除了竹结的果实，它绝不吃别的东西；除了甘泉，它绝不喝别的水。当它正悠然自在地飞翔时，地上正好有一只猫头鹰，刚抓了一只臭老鼠。猫头鹰以为它要来抢夺自己的臭老鼠，就抢先向这只鸟怒叫一声！"

说到这里，庄子微笑着看着惠施，说：

"老朋友，我说你该不会拿魏相来对我怒叫吧？"

惠施觉得非常惭愧,无地自容,他对庄子说:

"当然不是啦!不过,还是让我们喝酒吧!"

【解读】

我们常常有这样的体会,一片好心对待朋友,却会受到朋友误解。我们是些俗人,发生这样的情况总是难免,但在庄周和惠施这样的智者间居然也出现了这种事情,看来智者也不能完全免俗。

智者虽然不能免俗,但他们间的吵嘴却是高水平的。于是庄周就对惠施讲了个故事,含沙射影地攻击了惠施。庄周的意思很明白,就你那个破官,自己当回事,可我根本没放在眼里。但话要是这么说,就和我们这些大俗人一样了。借助比喻来说明,就生动有趣而且高雅了,也不那么伤人(当然令人回味)。所谓"辩"就是这样,同样的道理,要经过整理、包装,或隐或显、或明或暗地端给你。庄周的意思直接说出,就像是吵架了,但经他这么一说,就成了才辩的精品,几千年后我们还要在这里分析、学习和借鉴。

【原文】

移花接木,假凤虚凰,谋略之道,惟在一心。乱其志,折其锋,不战自胜。

【译文】

移花接木,假凤虚凰,谋略的道理,只是在于一个心理。扰乱他的心智,锉掉他的锋芒,不用作战自然会取胜。

【事典】

冯太守乱更退盗

新任知府冯瓒刚刚到达梓州上任,就出了一件大事。

伪蜀国的一个叫上官进的军将,纠集了三千多个亡命之徒,乘着夜晚,前来攻打州城。

上官进对手下人讲:

"如果攻进城去,要钱有钱,要女人有女人,你们随便抢,随便拿。"

又说:

"现在是夜晚,天亮之前我们一定要攻进去。等天亮时他们的援兵到了,我们早就撤走了。"

匪兵们一阵欢呼,他们相信很快就能攻进城去。

冯瓒和手下人正在商量对策。有人主张撤走,有人主张谈判,也有人只是唉声叹气,说:

"他们把城都围住了,走也走不了,打也打不赢。看来今天我们要大难临头了。"

冯瓒大喝道：

"叹气有什么用？没等开战，就先说丧气话。谁要是再扰乱人心，就格杀勿论！"

大家顿时鸦雀无声。冯瓒停了停，又说：

"你们只看到贼兵来势汹汹，却没有看到另外的一面。他们都是些乌合之众，为的是钱，却没人肯为上官进卖命。而且，他们的训练也不精良，不过是拿着鞭子木棍来攻城。如果我们拼死守住，到了天亮，他们就会溃逃。"

大家听了，很受鼓舞，都说：

"我们一切听太守指派！"

城里只有三百骑兵，冯瓒让他们守住各个城门，又招来一些精壮百姓，让他们拿起武器，守在城墙上。

冯瓒又叫人把城里的更夫都找了来，暗中吩咐他们：

"报时的时候，本官要你们把各个更次的时间缩短，切记。"

更夫们都遵命而行。

冯瓒于是坐在城楼上，神色自若，稳如泰山。

贼兵开始攻城了，他们架起云梯，向城墙上爬，但都被弓箭和石块打退了。

过了一会儿，贼兵又开始像潮水一样涌来。

冯瓒指挥若定，又一次打退了敌人的进攻。

这时，远远传来报时的鼓声。三声，三更天了。

冯瓒对大家说：

"大家坚持住，天就快亮了。只要天一亮，敌人就会撤退！"

上官进有些沉不住气了。他大声命令贼兵进攻，但敌人的势头越来越弱了。

就这样，一次又一次的进攻被打退了。

报时的鼓声敲响了四更。城里的军民士气更高，城外的敌兵士气更低了。

时间过得真快，转眼之间又到了五更。

城里的军民一阵欢呼，城外的贼兵闻声丧胆。

"天亮了，撤呀！"贼兵见攻不下，天又亮了，就一哄而散。

冯瓒胸有成竹，下令骑兵：

"即刻出击，活捉上官进！"

城门大开，骑兵一涌而出。很快，就有飞马来报：

"报告大人，活捉了上官进！"

"好！"冯瓒大喜。他要手下把上官进关押起来，天明在市场上斩首示众。又吩咐众人提高警惕，把守好城池。

"都早过了五更天了，天怎么还是这么黑？"手下人望着天，感到奇怪。

"我想现在才不过三更，天怎么会亮。"冯瓒说。

"怎么会？明明已经敲过了五更嘛！"部下说。

冯瓒说：

"是敲过五更了,不过这里面做了点手脚:我让更夫把更次提前了。"

手下人恍然大悟:

"难怪时间过得这么快,原来竟是大人搞的鬼!"

冯瓒抚掌大笑:

"我不搞鬼,敌兵怎么会溃退,我们现在又怎么能回去安心睡觉!"

他打了个哈欠:

"今天实在太累了,我该回去美美地睡上一觉!"

【解读】

冯瓒同盗匪打的是心理战,但他是通过诈术使心理战发挥作用的。

盗匪们虽然来势汹汹,但毕竟贼人胆虚。他们想乘着夜晚一鼓作气攻下城来,大肆劫掠一番便扬长而去。他们的心理界限也在这里。一旦到了天明攻城不下,他们在心理上就无力再战,只有退兵这一条路。

冯瓒针对他们的这一心理特点做了一点手脚。他命令更夫把每一更的时间缩短,也就是等于拨快了时钟,以便让夜晚尽快过去。因此,尽管时间刚过半夜,但贼人们从鼓声中却误以为天明,结果失去了斗志,仓皇逃窜了。

说起来简单,但效果却不一般。《施公案》中有杨香武智取九龙杯的故事,打的也是时间差。杨香武与人打赌要在天明之前盗取九龙杯,人们一夜都在对九龙杯严加守护,直到鸡鸣过后。就在他们不再守护时,杨香武盗杯而去。这时人们才知道,天还没到五更,是杨香武装的鸡叫。武侠小说家古龙把这个故事搬到了《楚留香传奇》中,楚留香盗取白玉美人的手法与杨香武的如出一辙。当然,不是楚留香,而是古龙盗取了这个故事。移花接木,假凤虚凰。至于《半夜鸡叫》里的周扒皮,引诱公鸡打鸣,要长工们早些下地干活,不过是损人利己的把戏,不提也罢。

【原文】

治不以暴而以道,胜不以勇而以仁。故彼以暴,我以道;彼以勇,我以仁;然后胜负之数分矣。

【译文】

治理,不用暴力,而用道义;取胜,不靠勇敢,而靠仁政。所以别人使用暴力,我使用道义;别人靠勇敢,我靠仁政。然后胜败就见分晓了。

【事典】

刘邦奇谋胜项羽

楚汉战争进行很久了,但仍然难决胜负,处于胶着状态。百姓们苦不堪言,士兵们也开始厌倦战争。项羽兵临城下,他大声对城墙上的刘邦说:

"天下战乱不息，都是因为我们两个人的缘故。我希望同你大战一场，咱们两个决一雌雄，胜者为王，败者为寇，又何必让天下人为我们两个而陷入战火之中呢？"

刘邦笑着说：

"算了吧！我不逞匹夫之勇，你是知道的。我宁愿和你斗智，也不和你斗勇。"

接着，刘邦又列举出他的十大罪状：

"我们受命怀王，先进入关中者为王，项羽负约，这是一。杀卿子冠军而自任上将军，这是二。救赵后，擅劫诸侯兵入关，这是三。烧秦宫，掘始皇坟，私收其财物，这是四。杀死秦降王子婴，这是五。坑杀二十万秦兵，这是六。乱封王，赶走旧王，这是七。把义帝赶出彭城，自己在那里建都，这是八。暗中使人杀害义帝，这是九。杀死国主和降将，为政不平，大逆不道，这是十。"

项羽气得暴跳如雷。他下令埋伏的弓弩手射死汉王。刘邦正说得兴起，不曾提防，被一支箭射中了胸口。他赶紧伏下腰，摸着脚趾头，说：

"这帮混蛋，射中了我的脚趾头！"

刘邦受伤后，卧床不起。张良进账对他说：

"大王，你好些了吗？"

刘邦说：

"我伤得很重，差点要了我的命。"

张良说：

"大王应该忍耐一下，到军营中去慰问一下将士，使他们安心，以免霸王乘机进攻。"

刘邦强忍伤痛，出营巡视了一圈。军士们正议论纷纷，都在猜测大王伤得如何，见大王来了，顿时兴高采烈，齐声欢呼。远处的楚营听见欢呼声，知道汉王没事，就打消了攻袭的念头。

刘邦回到帐中，病势加重，就借故赶回了成皋。

【解读】

项羽举鼎拔山，所向无敌，却败在了刘邦手中。看来打仗不能只靠武力，更要凭借智慧。事实上，任何战争都是政治的延续，而离开政治，单凭武力去进行战斗，最终也很难打赢。

这里可以看出项羽和刘邦两种不同的性格来。项羽处理问题过于简单化，以为靠两个人交战就可以解决问题。而刘邦老谋深算，成竹在胸，他避短扬长，不和项羽在武力上一争高下，却发挥了自己的优势，弄得项羽无可奈何。

刘邦打的是政治战、心理战。他当众宣布项羽的十大罪状，使自己成了正义的化身。当他受了箭伤，他用摸脚来掩盖自己的伤势。即使在伤势很重的情况下，他还是听从了张良的主意，到营中去巡视，防止了军心的涣散，也使敌人不知虚实，不敢贸然偷袭。

而项羽，除了勇力外似乎一无所长，他的失败自然是注定的了。

利用政治因素，并掺杂进心理战，就会使你如虎添翼。在战场上是这样，在商场和官场上也同样如此。

【原文】

攻心之术多矣。如武穆用兵，在乎一心。乱之扰之，激之困之，俟之以变，然后图之。

【译文】

攻心的谋略很多。就像岳飞用兵一样，在于一心。扰乱对方，激怒困扰对方，等待对方的变化，然后可以获胜。

【事典】

刘锜智退完颜亮

皇统九年（1149年），完颜亮发动政变，杀死金熙宗，篡夺了帝位。正隆六年（1161年），完颜亮又要大举进攻中原。当时，金国上下很多人都表示反对，以为师出无名。但完颜亮却一意孤行，他亲率六十万大军，浩浩荡荡，分成四路向宋国进发。

完颜亮平日作恶多端，早已不得人心。他刚一发兵，国内就发生了政变。大臣们拥立留守东京的完颜雍为帝，即金世宗，并将完颜亮废为庶人。

但完颜亮却不为所动，仍然南侵。他渡过长江，先吃了一个败仗，又与宋军在扬州对峙。宋军的主帅刘锜，曾经屡次大败金军，当年金兀术的精锐部队被他打得七零八落，以致后来金军见到他的旗帜，就一哄而逃。刘锜当时年老体衰，已不复当年勇猛，但毕竟是老谋深算。他深知完颜亮生性猜忌多疑，就下令把扬州城外的房屋全部烧掉，再用石灰把城墙涂成白色，上面写着"完颜亮死于此处"，然后据城坚守。

完颜亮兵临城下，远远地看到了这些字，心里很不舒服。他一向迷信，觉得这些字很不吉利，加上城外的住房都被烧光了，就下令部队全部在龟山上扎营。

龟山并不很大，而金兵又太多，容纳不下，一时拥挤不堪。有人建议在别处扎营，但完颜亮想到城墙上那些字，不愿在城下驻扎。于是，士兵们怨声载道，士气低落，不少人纷纷当了逃兵。

这时，完颜亮手下的大将颜元宜乘机发动兵变。他召集部下，对他们说：

"完颜亮倒行逆施，天怒人怨。我们龟缩在这里，宋军一旦发动攻击，我们就死无葬身之地了。现在新皇已立，我们杀死这个逆贼，也就可以和家人团聚了！"

将士们轰然响应。于是颜元宜率领兵将呐喊着冲向龟山寺的完颜亮营帐。完颜亮起初还以为是宋兵渡江奔袭，忙命令近侍大庆山出帐去召集将士迎战。这时，一枝利箭穿入营帐，完颜亮捡起一看，大惊失色，说：

"不好,这是我们自己人射的箭。"

完颜亮立刻明白了是士兵们发生了哗变。他立即取下弓箭,向外冲去,却被一箭射中后颈,昏倒在地。众将冲进帐中,一连几刀,砍得他血肉模糊,又用绳索套住他脖子,将他勒死。他死后,尸体被裹在大氅里焚毁。他一统天下的美梦也就随之灰飞烟灭了。

【解读】

刘锜用的是攻心战。完颜亮被抄了老窝,心里正憋闷得慌,再看到城墙上写的对他不吉的"欢迎"标语,心里是什么滋味可想而知。不用说迷信,就是为不看了生气,他也要龟缩在龟山上。当然,后来出现的结果显然是刘锜无法想到的,也许他只是想要金兵在龟山上挤作一团,造成士气低落,却没有想到因此激化了敌人内部的矛盾,引起了叛乱,导致完颜亮落了个惨死的下场。

【原文】

欲得之,先弃之;欲扬之,先抑之。畏之危之,其心必折,计然后可用。

【译文】

要得到,就要先放弃;要发扬,就要先抑制。使对方畏惧,处于危险之中,对方的心一定会受挫,在这之后计谋可以实行。

【事典】

张仪智取楚庄王

张仪从鬼谷子那里学到了纵横术,就到楚国去碰碰运气,但运气并不是招之即来的。张仪一时青云无路,口袋里的钱却花得差不多了。他的从人都纷纷要离他而去。

张仪说:

"你们无非是因为穿得破烂,才要回去。等我见了楚王,一切就不同了。"

当时,楚庄王宠信南后郑袖。

张仪见到了楚庄王,楚庄王并不买他的账。张仪说:

"大王不用我,我请求到北面的晋国去。"

楚庄王巴不得他走,就说:

"那好啊!"

张仪问:

"大王有什么要从晋国得到的?"

楚庄王笑道:

"黄金啦,珠玉啦,象牙啦,犀角啦,都是我们楚国出产的,我没有要从晋国得到的。"

"哦，难道大王不喜欢美女吗？"张仪故作神秘地问。

"美女？"楚庄王听了，不由得挺起了腰板。

"是呀！"张仪接着说，"晋国的美女，雪白的肌肤，乌黑的头发，走起路来如风吹杨柳，站在街上，不知道的人，还会以为是仙女下凡……"

"好，好。"楚庄王连声说，"楚国地处偏僻，从没有见到过这样的美女，天下人都好色，寡人又哪里能够例外呢？"

"但，这个……"张仪搓了搓手，做出一副为难的样子。

楚庄王明白了，说：

"哦，钱不成问题。寡人多给你带些珠玉就是了。"

张仪又放出风去，楚国上下都知道那位能言善辩的张先生要去晋国为楚王收罗美女了。这个消息使得南后郑袖大为惶恐，她仗着自己的美丽容貌，才得到大王的恩宠，要是有了新人，她知道大王会把自己当成穿旧了的衣服抛在一边。

于是南后就派人对张仪说：

"妾身听说先生要去晋国。我这里有千两黄金，献给将军，作为盘缠吧！"

张仪一切停当，就向楚庄王告别，并说：

"天下道路不通，这次一别，不知何日才能见到大王，请大王赐酒。"

楚庄王就摆酒为张仪送行。张仪喝了一杯，又说：

"这里没有别人，请求大王召身边的人一同喝酒。"

楚庄王说：

"好啊！"

就叫出南后郑袖为张仪敬酒。张仪见到她，连忙跪在地上，请罪说：

"张仪犯了死罪。"

楚庄王一头雾水：

"怎么说？"

张仪说：

"臣走遍天下，自以为见识了天下的美人，但却从来没有见过如此美丽的尤物。我还说要为大王寻找美人，岂不是骗了大王？"

楚庄王哈哈大笑说：

"没关系，本来我也以为天下没有人比得了我的这位美人的。"

从此，张仪得到了楚庄王的宠信。

【解读】

张仪没有武力，没有财力，他有的只是一条舌头。但凭着这条三寸不烂之舌，他却左右逢源，打遍天下无敌手，在很多诸侯那里都得到过好处。

但他在楚庄王那里却受到了冷落。他要得到楚庄王的信任，一方面要讨好楚庄王，另一方面要在宫中有人做内应。于是，他就想到了这样的计策。

他先是声称要为楚庄王找到最美的女子。这让楚庄王高兴，也让他的爱妃担心。但他见到了楚庄王的爱妃后,却向楚庄王谢罪:"天下哪里还有比她更美的女子呀!"这是个绝大的马屁!但记住,千穿万穿,马屁不穿。楚庄王没有得到预期的美女,却很高兴,因为他通过张仪知道了他身边的就是天下最美的美女;南后郑袖的心也放回了肚子,她一方面高兴地接受了张先生的恭维,另一方面她也感激张先生的配合:原来她预先贿赂了张先生。但其实所有人都落入了张仪的圈套,这一切正是他要实现的目的。

这里张仪巧妙地利用了人们的心理:楚庄王的好色和虚荣,美女们的妒忌和争宠。在郑袖更加受宠的同时,张仪也成了楚庄王的新宠:他只是凭着一条舌头就得到了许多人奔忙一生都得不到的荣耀。

【原文】

虚予而实取之。示之以害,其必为我所用。

【译文】

假意给对方,其实是向对方索取。向对方说明危害,对方就一定会为我所用。

【事典】

陈平奇计退匈奴

汉高祖刘邦亲率大军与匈奴交战。他听说匈奴的单于冒顿在代谷,就打算进攻那里。他派出使者前去察探,冒顿就把精壮的士兵和好马藏了起来,只剩下一些老兵和瘦马。

派去的十几个使者回来后,都说匈奴不堪一击。高祖又派刘敬去出使匈奴。还没有等刘敬回来,刘邦就带领三十二万大军过了句注。

这时,刘敬回来了。他对高祖说:

"两国交战,都要夸耀自己的军力来威慑对方。臣到那里,看到的都是老弱残兵,这是暴露短处,埋伏奇兵的做法。臣以为不可以进攻。"

此时大军已经出发,刘邦就大骂他:

"你这是在动摇军心。"并下令把刘敬关了起来。

汉军所到之处,匈奴节节败退。刘邦过于轻敌,带领骑兵追击敌军,竟把大队人马丢在后面。没想到刚刚追到平城,便中了匈奴的埋伏,单于冒顿带领精兵四十万,把刘邦团团围困在白登山上。后续部队又被匈奴军队分头阻挡在各要路口,无法前来解围。

到了第四天,被围困的汉军粮草越来越少。伤亡的将士不断增加,高祖开始坐立不安起来。

跟随刘邦的陈平素来足智多谋。刘邦就对陈平说:

"我们被困在这里,人困马乏,一旦匈奴发起攻击,情况就危急了。你总得想个办法才好。"

陈平说:

"臣听人说,单于宠信阏氏。陛下如果能派出使者,按臣的办法行事,匈奴就肯定会退兵。"

阏氏就是匈奴的王后。看来陈平是想走女人路线了。

刘邦依计而行。傍晚时分,一位汉使乘着夜色悄悄下山,来到了阏氏的营帐。

"我是汉皇陛下派来的。陛下让我向夫人表示敬意,并献上一点心意。"使者说。

说着,他拿出珠玉和宝物。这些东西在灯光下熠熠闪光,照得阏氏眼睛都花了。

阏氏微微一笑说:

"本来呢,这些东西早晚也都是我的。现在汉王被冒顿团团围住,再过几日,就不攻自降了。"

使者也微微一笑说:

"未必。我们的皇帝自有妙法,会让冒顿不战而退。"

阏氏说:

"什么妙法?说来听听,好吗?"

使者从怀里拿出一个卷轴,交给了阏氏:

"就是这个了。"

阏氏将信将疑,打开卷轴,哦,原来是一幅画。画上是一位绝世的女人。阏氏自以为美貌,但和画上的美女相比,就显得像是一只乌鸦了。

她大惊失色道:

"这是什么人?"

使者说:

"这是大汉的绝世美女,本来陛下准备立她为妃的。现在情况危急,冒顿又不肯退兵,大王情急之下,就让小人把这幅画拿给冒顿看,如果他肯退兵,这位美人就归冒顿了。"

使者停了停:

"陛下知道阏氏素来被冒顿宠爱。如果有了这位美人,阏氏不知是否还会像以前一样?但这实在是因为冒顿不肯退兵,只好出此下策,对不起阏氏了。"

阏氏闭上眼睛,想象着冒顿和美人嬉戏的情形,顿时紧张起来。她对使者说:

"礼物我收下了,画卷请你带回去,再不要提起这件事。至于退兵的事,由我对冒顿说。"

送走了使者,她来到冒顿的营帐,对冒顿说:

"两国的君主不宜相困。现在得到了汉朝的土地,最终也无法长住在那里。再说,汉主也有神灵相助,不如就此讲和,这才是上策。"

冒顿觉得她说得有理,再战下去,双方都有伤亡,就答应和汉皇讲和。

刘邦回去后,放了刘敬,对他说:

"我后悔不听你的话,被困在平城。我已经把前面的十个人杀了!"

高祖封刘敬二千户,为关内侯,号为建信侯。向南经过曲逆时,高祖说:"好雄伟的县城! 我走遍天下,只见过洛阳可以和它相比。"

于是他又把陈平改封为曲逆侯。

【解读】

刘邦被围,陈平就想在单于的夫人阏氏的身上做文章。他是利用了女人的弱点:不以事业为重——那是男人们的事儿,却一心想得到男人的全部情感和宠爱,不甘心与别人分享。

刘邦按陈平的计谋派使者故意把一幅美人图拿给阏氏看。那幅图上的美女一定让阏氏自惭形秽,使她看了担心大王一定会被这个狐狸精迷住。她知道,汉朝皇帝是因为被围才愿意献出这个狐狸精的,最好的办法是给汉朝的皇帝解围。解了围,井水不犯河水,自己也就不用担心会失宠了。

只用一幅图,阏氏就心甘情愿、死心塌地地为汉王解围,陈平的计谋真的是高明。攻心术真的是有用。当然,这种攻心术是利用了人们不喜欢或担心某件事情所造成的后果的心理,来借以达到自己的目的。换句话说,这种计谋就像一条绳子,把自己和敌方紧紧地捆绑在一起,然后共同为了同一个目标奋斗。

【原文】

欲得其心,莫若投其所好。君喜则我喜,君憎则我憎,我与君同心,则君不为我异。

【译文】

要想得到对方的心,莫过于迎合他的喜好。他喜欢的就是我喜欢的,他憎恶的就是我憎恶的,我和他同一条心,他就不以我为外人。

【事典】

杨广逢迎夺帝位

隋炀帝杨广是历史上最为奢侈荒淫的一个皇帝。但很少有人知道,在他登上龙位之前,却曾经给他的父亲隋文帝留下了一个生活俭朴的印象。

隋文帝生性节俭,对于已被立为太子的大儿子杨勇衣饰的华贵很不满,曾告诫他说:

"从古到今,帝王从来没有生活奢侈而能长久的,你是太子,要以俭约为先。"

隋文帝还送给他一件当年的旧衣服和打仗时所吃的腌菜,以此来勉励他。

隋文帝的独孤皇后又最憎恶男人亲近女色,对太子的嫔妃如云也很反感。

杨广为人十分精明,他早就在惦记着太子的宝座,看出了父母的好恶,他感到机会来了。于是,他刻意迎合,虚情矫饰,把自己装扮成一副十分俭朴的样子。

他买通了皇帝身边的人,知道皇帝的一举一动。每当皇帝皇后来到他的寝宫,他便事先将自己成群的宠姬美妾和子女藏了起来,身边只留下明媒正娶的萧妃,连往来侍候的奴婢,也都是一些非老即丑的女人,穿戴得非常朴素。他还把宫里原有的华丽陈设全都撤下,一律换上陈旧的家什,乐器上的浮土也留着不擦,还故意将琴弦弄断,仿佛好长时间无人玩弄一样。

一次,杨广外出狩猎,正逢大雨。侍卫给他送上油衣遮雨,他拒绝着说:"兵士们都在大雨中淋着,我一人岂能穿上独自避雨呢?"隋文帝听了,以为杨广具备仁爱之心,日后能成大事,更加喜爱。

隋文帝夫妇果然上当,对大臣们一再夸赞他的这个儿子是如何的不近女色,不喜声乐,而对杨勇就日渐疏远了。

杨广被任命为扬州总管,他进皇宫向独孤皇后辞行,跪在地上流泪,说:

"我性情愚笨,不知什么地方得罪了太子,他常常满怀怒气,想对我诬陷杀害。我常常恐惧谗言出于亲人之口、酒具食器中被投入毒药的事情发生。"

独孤皇后气愤地说:

"我还活着,他就如此!我死后,他就该残害你们了!"

杨广又跪在地上,呜咽不止,独孤皇后也悲伤得不能自已。从此独孤皇后下决心要废掉杨勇而立杨广为太子。

杨广就用这种手段,挤掉了杨勇,自己做了太子。

隋炀帝

【解读】

什么是一个人的弱点?从某种意义上讲,很多弱点也许并不是弱点。比如,隋文帝喜欢节俭,独孤皇后不喜欢男人沉迷于女色,这些都是好的品德,但一旦过于执着,被人利用,就会成为自身的弱点。

杨广正是狡猾地利用了他们身上的这些品格,并使之成为他们的死穴。

他扮演成为俭朴的典型,成为忠贞的典型。事实上,这些完全是假象。他又利用他们身上的这一弱点,陷害他的哥哥,也就是太子杨勇。

隋文帝和独孤皇后正是过于看重他们坚持的品格,而一叶障目,最后都吃了大亏。隋朝只有两位皇帝,和秦朝一样,成为最为短命的朝代。这些他们不能不负上一些责任。

然而,从另一方面讲,杨广的攻心术也实在是很有效,不是一般人所能看破的。而人当了皇帝皇后,也难免刚愎自用,偏听偏信,也难怪他父母亲被杨广骗得团团转。

权奇第八

【原文】

善察者明,慎思者智。诱之以计,待之以隙。不治狱而明判,不用兵而夺城,非智者谁为?

【译文】

善于察情的人明,慎于思考的人智。用计谋来进行引诱,等待对方的漏洞。不用审判就能做出明白的判决,不用兴兵就能攻取城池,不是智者谁能做到?

【事典】

御史妙计勘冤情

李靖担任岐州太守的时候,与人结了怨。那个人就写了状子,向唐高祖李渊控告李靖谋反。

说起李靖,当初李渊父子起兵攻下长安时,他还是隋朝的一个小官。李渊要砍他的头,还是李世民说了话,才把他从刀下救了出来。从此,他为大唐江山东征西战,官位也一直往上升。

李渊接到状子,深思了半晌。李靖确实是个人才,他最初一眼就看出来了。但人才就像拉车的老虎,你控制住它,它就为你所用;一旦你控制不住,后果就不堪设想了。

现在有人告状,而且罪名是谋反,这可是灭门的大罪。有能力的人就是不可靠。当然最简单的办法就是杀了李靖,以除后患。但假如他是忠臣,那可是太可惜了。眼下正是用人之际,况且,无缘无故诛杀功臣,也会使其他将士寒心。

想到这里,李渊叫来了一位能干的御史,要他去岐州查清这个案子。

御史接旨,却提出了一个要求,要那位告状的人一同前去,说是这样可以随时查问,便于弄清真相。

李渊挥了挥手说:

"就这样吧!"

御史一路上对告状的客客气气,也不多说什么。过了几个驿站,御史突然惊慌失措地说:

"不好了,状子丢了。"

他要手下人到处找,翻遍了所有行李,闹得天翻地覆,可哪里找得到? 他气得拿起鞭子抽打手下人,还说回去要把他们治罪。

"老兄,实在对不起了。"他恭恭敬敬地对告状地说,"劳驾再写一份吧!"

告状的无奈,提笔想了半天,又写了一份状子。

御史拿到状子,先是千恩万谢,接着认真地看了一遍,问道:

"这份状子和原来的一样吧?"

"分毫不差。"

"依我看大有出入。"

"不会吧?"

御史从口袋里拿出原来的状子,对了起来,里面果然有许多地方不相吻合。

"大胆,如果你状子上说的是实情,为何前后不一? 分明是诬告。"

于是,他把告状人带回朝中,向唐高祖报告,唐高祖大吃一惊,喃喃自语:

"差点毁我一员大将。"

他立即叫有司审问,那个人在证据之下承认了诬告的事实,被砍了头。

【解读】

受到小人的诬陷,会让你百口难辩,甚至有的时候你自己都不知道是怎么回事,就糊里糊涂地做了冤鬼。那位诬告李靖的人肯定十分恶毒,他竟然给李靖安了个最大逆不道的罪名:谋反。这还不算,他还亲自上京递上状纸。按照常理,诬陷别人的人往往不敢露出真实姓名,就像现在写匿名信一样。看来,他是铁了心缠上李靖,要拼个你死我活。

那位御史大约知道李靖是冤枉的,也知道那个告状的是豁出了命来。如果硬去审问,他会一口咬定,不管怎么审也不会有什么结果。去调查,查清事实可能要几个月,或者更长的时间。当然,最后可能查无实据,但也未必事出无因。总之,李靖的前程会受到影响,如果不是掉脑袋的话。幸好那位御史很聪明,他想出了一条妙计,既简单又快捷,既免除了一场没有意义的奔波,也还一位贤臣以清白。

在这个案子里,告状人是矛盾的主要方面。如果证明他的话是假的,一切就不攻自破了。因此,最好的办法是抓住主要矛盾,也就是从告状人入手,从他身上找出破绽。那位狡猾的御史设计出这样一条妙计,让告状人自己揭穿自己。他基于这样的逻辑:如果告状人说的是事实,那么他写的状子前后就会一致;如果是编造的,就会有出入。于是,御史故意装作弄丢了状子,要告状人重写。由于戏做得真,告状人消除了戒心,以为前一张状子真的丢了,就放心大胆地编了一通,以为反正也没人知道,谁知竟钻进了御史设的套中。这真是一报还一报,诬陷别人,自己却中了别人的圈套;为别人罗织罪名,最终丢的却是自己的脑袋,真可谓魔高一尺,道高一丈,天理昭昭,宜为整人者戒。

【原文】

夫欲行一事,辄以他事掩之,不使疑生,不使衅兴。此即明修栈道,暗度陈仓。

【译文】

要实现一件事情,就用别的借口来掩盖,不让别人产生怀疑,不会造成事端。这就是明修栈道,暗度陈仓。

【事典】

李允则修城防"盗"

雄州刺史李允则一直愁眉不展。辽人在城外虎视眈眈,城池又年久失修,特别是原来的瓮城,现在显得十分狭窄。不修,将来一旦有战事发生,后果就不堪设想;修吧,辽人会以为宋军在备战。本来朝廷刚刚与辽人讲和,和平来得不易,辽人会抓住这一点,乘机寻衅闹事,甚至会使战事重开。

他一个人出去散步,边走边想心事。当地百姓都知道刺史大人没有架子,爱在街上和百姓聊聊天,了解一些民情。他问当地人:

"最近日子过得怎么样?"

见刺史大人问,百姓连忙答道:

"还好。现在不打仗了,可以安心做些生计。"

"有什么不顺心的吗?"刺史问。

"没有。就是城北的小偷多些,上次……"

李允则突然想到了一个办法,他回到府衙,下令在北城门外的东岳祠造个大大的香炉,还有其他的供器。

造好的那天,李允则又说:

"现在是太平盛世,要弄得热闹些。"

于是,官府雇了一些吹鼓手,在城里大吹大擂,人们都挤在道路两旁看热闹。进香的人也忙着向祠里敬献金银布帛。手下人问刺史:

"大人,人多事杂,是不是要加强一下人手,防备一下盗贼?"

李允则却说:

"不必了,我自有分晓。"

第二天,就有人来报,东岳祠里新造的器物竟然被贼人偷走了。

这还了得!刺史大人下令各处张榜,捉拿盗贼,弄得满城风雨。但不知为什么,刺史这次办事,是雷声大,雨点小。半个月过去了,居然连个盗贼的影子也没有见到。

为什么抓不到贼人呢?刺史有话说,他说贼人是从北面来的,偷了东西,当然跑了。现在最重要的不是抓贼,而是防贼。他下令在城北再修一道城墙,来防备盗贼。

辽人开始见宋人在修建城墙,很慌,仔细打探,原来是防贼的,就感到好笑:

"光靠修墙就能防贼吗? 笑话!"

这样,他们就不再在意了。

城墙修好了,城壕也疏浚了,还筑起了月堤。三月三日禊日的那天,李刺史召集大家在界河举行划船比赛,还请北边的辽人来观礼。辽人看得有趣,却不知道李大人是以此来练习水战。州北边原来有很多陷马坑,城下还有哨楼,可以望到十里以外。李允则说:

"辽国和我们已经讲和了,留它何用?"

就叫人把哨楼拆掉,把陷马坑填平,改为军兵的菜园。

他还命人修复水井,开通沟渠,开垦菜地,修筑短墙纵横于其中。还种上荆棘,使这块地方更加难以通行。然后又整治大街小巷,把佛塔迁到北面,州里的百姓早晚登塔,可以望到三十里以外。李允则还下令凡有空地,一律种上榆树。久而久之,榆树长满了塞下。

看着城里城外的榆树,李允则的部下说:

"大人,现在盖起房子,百姓就不用愁木料了。"

李允则笑了笑说:

"这样做是使这里适于步战,而不利于骑兵交战,哪里只是为了多些建房子的木材?"

【解读】

这里用的仍然是瞒天过海的计谋。

李允则有远见,他的远见在于他意识到宋国和契丹之间的战争难以避免。宋朝汲取了唐代的教训,不再让藩镇坐大,但却由此削弱了边防的力量。而契丹作为游牧民族,一直对富庶的中原怀有企图。因此加强城池的边御能力是当务之急。只有你的防守能力不断加强,才会消除对方进犯的念头。但李允则同样意识到,在这种情势下,双方都极为敏感,一点稍稍过分的举动就会重新燃起战火,这又适得其反了。

也就是说,既要加强防备,又不能让对方有所怀疑,于是李允则就借防盗、赛船等正当的借口来筑墙、练兵,还以拆了用来瞭望的哨楼,平了陷马坑来表示对辽方不加设防,但迁到北边的佛塔看得比瞭望的哨楼要远得多。种树之类的事也是为了使骑兵的活动不便——游牧民族都是擅长骑射的。

还有一个十分相近的例子。何承矩镇守澶州,瓦桥关与辽国相邻,何承矩担心没有关河的阻碍,敌人一旦进袭,就可以长驱直入。他就计划在靠近水泽的地方积水作为要塞。但他又不愿惊动敌人,就修筑了一座爱景台,水中种着荷花,每天在那里泛舟饮酒,咏荷花,画荷花。渐渐地,水塘多了,处处是天然的水关。人们都以为他在附庸风雅,殊不知他为宋国设置了天然的屏障。

巧借其他活动既达到了军事目的,又小心地维系了双方脆弱的和平,李允则和何承矩真正是费煞了苦心。

【原文】

事有不可拒者,勿拒。拖之缓之,消其势也,而后徐图。

【译文】

当事情不能抗拒的时候,就不要抗拒。拖延,延缓,消除它的势头,然后再慢慢采取办法。

【事典】

谢安巧施"拖刀计"

大司马桓温病得严重,太医们都知道,他的命危在旦夕了。

桓温是个很复杂的人物。他一生征战,三次北伐,为的是要收复中原。

这是他毕生的愿望,但没有能够实现,也将永远无法实现了。

他心有不甘。并不是他缺少雄才大略,和历史上任何一位枭雄相比,他的才能并不差。也不是对手过于强大,事实证明他们根本不堪一击。没能成功,是因为朝廷的掣肘。

的确,他不把皇帝放在眼里。在他看来,谁有才能,谁就应该坐在皇帝的位置上。他的功劳,他的苦心,现在都付之东流了。

现在他要实现另外一个愿望。

他叫袁宏起草一份奏章,请求朝廷给他加九锡。加九锡就意味着离帝位更近了一步。

大臣谢安对袁宏说:

"加九锡可是件大事,你要好好写份奏章。写好了,先拿给我看。"

袁宏很快就写好了一份奏章,他交给谢安,谢安说:

"我现在正忙,看了再和你说。"

过了一天,桓温问起这件事,袁宏就找到谢安,问他奏章的事情如何了。

谢安说:

"里面有些提法不太妥当,要改一改才好。"

袁宏对谢安十分敬重,见谢安这样说,就认真改了一遍。

第二天,他又拿给谢安,谢安又要他先放一放,等自己忙完了手里的事再看。

接着,谢安又提出了修改意见。

拖了又拖,改了又改,奏章还没有最后定稿,桓温却等不及了:九锡没有加上,自己先一命呜呼了。

【解读】

谢安不是武将,却擅使"拖刀之计"。桓温大权在握,专擅朝政,现在他要加九锡,直接危及晋室。如果硬顶,徒劳无益。好在谢安既足智多谋,又善于变通,他就在时间上下功夫:尽量拖延时间。在时间上,他们有的是优势,正如在权势方面桓温更有优势一样。这样就有了第一点启示:利用自身的优势针对对手的劣势。

避开对手的优势,发挥自己的长项,这是谢安这条计谋给我们的启示。这看上去似乎很容易,其实非大智者不能为之。

不过从另一方面上看,桓温也真的令人同情。同曹操、司马懿相比,他似乎并不那么令人憎恨。他在北伐问题上受到掣肘,不能实现收复失地、统一神州的理想,令人扼腕,也说明了晋室没有能力也没有资格继续统治下去。这样的朝廷,保它做甚?皇帝姓司马还是姓桓,对百姓来说又有什么相干?如果桓温能收复失地,统一中国,当当皇帝又有何不可?因此,谢安忠心扶晋,在今天看来并没有多大意义。不过从桓温的角度而言就有了第二点启示:不要把时间浪费在不可能有结果的事情上。

【原文】

假神鬼以立威,而人莫辨真伪。伪称天命,其徒必广。将计就计,就势骑驴,诡之异之,以伏其心。

【译文】

借用神鬼来树立自己的威望,人们无法辨别真假。假意号称得到了天命,追随者一定会很多。利用对方的计策向对方使计策,顺着形势的便利做事,使对方感到诡异,使他们从心里感到畏服。

【事典】

朱元璋"通神"立威

郭子兴散尽了家中的田产,募集了几千人,起兵反元。他自封为大元帅,与韩林儿、刘福通的义军遥相呼应,极大震撼了元朝的统治。

郭子兴十分器重朱元璋。还在他当初准备起事时,朱元璋闻声去投奔他,手下人以为朱元璋是间谍,而郭子兴一见到朱元璋,就看出他生有异相,将来必成大器。他把义女嫁给了朱元璋,还交给朱元璋几万人马,由他指挥。这一切使得郭子兴的两个儿子感到不快。自己毕竟是元帅的亲生骨肉,为什么要让大权落在一个外姓人的手里呢?他们看出朱元璋野心勃勃,将来一定是大祸患。

"父亲太偏心了,凡事都由那个姓朱的小子摆布。"老二天叙说。

"姓朱的从来不把我们兄弟放在眼里。他一旦大权在握,可有我们好看的了。"老三天爵说。

"我看我们只好忍了。他的势力越来越大,我们斗不过他。"

"明着斗不过,难道我们不能来暗的吗?"

天爵做了个手势。他们压低了声音，开始谋划起来。

第二天，他们去见朱元璋说：

"这几天你太辛苦了，父亲让我们来看看你。我们也好久没在一起喝酒了，不如到我们营中，大家痛痛快快醉上一场。"

"好啊！"朱元璋显得十分高兴。

于是，他们上马向着大营驰去。一路上，朱元璋兴致很高，有说有笑。天叙和天爵兄弟两个心中暗自高兴：朱元璋平时狡猾多疑，这次居然也中了圈套。待会到了大营，几杯毒酒喝下去，这个心腹大患就算彻底铲除了。

突然，朱元璋勒住马，抬头向天，仿佛看着什么，口里又喃喃自语。两兄弟不知道他出了什么事，在一旁呆呆地看着。

片刻，朱元璋好像恢复了正常。他掉转马头，指着两兄弟破口大骂：

"原来你们两个是恶毒的小人。我枉自把你们当成兄弟了！"

"这是什么话？出了什么事？"

两兄弟如入五里雾中。刚刚一切都很好，怎么会突然间发生了变化？

朱元璋继续说：

"你们在酒里下了毒，想毒死我。幸好我有天神护佑，告诉了我你们的毒计。不然，我死到临头都不清楚发生了什么事。"

两兄弟大惊失色，从马上滚了下来：

"大哥息怒。是我们一时糊涂，请你放过我们，我们以后决不再犯！"

朱元璋也收起怒气，和颜悦色地对他们说：

"其实你们不过是白费心机。我凡事有天神守护，没有人能加害我。我只是希望你们不要伤不着我，反而伤了自己。"

从此，两兄弟再也不敢打朱元璋的主意了。

其实，是朱元璋事先得到了细作的通知，他故意装成若无其事的样子随他们前往，在半路假借天神通知他，来吓唬兄弟二人。

【解读】

封建时代，统治者惯会装神弄鬼吓唬敌手，当然这只是一个方面，更重要的，是要人们相信，自己是天命所在，是奉天承运。

陈胜、吴广在起事前就捣过这样的鬼。刘邦在路上斩杀了一条白蛇——当然只不过是白蛇而已，有一点胆量的人都会这样做——但事后人们竟然传出，他杀的蛇是白帝之子，这预示着他这位赤帝之子当取而代之。类似的例子举不胜举，但大都是一种宣传攻势，类似于西方选举时政客打出的各种旗号。

朱元璋的高明之处在于，他把这种宣传具体化、情境化了。某某人是天命所归的话说得太多，人们也听得太腻，一般起不到太大的作用。但朱元璋借机行事，顺水推舟，效果就好得很。

其实，他事先早就知道了滁阳王二子的阴谋。但滁阳王还在，掌握大权，不好严加追究。一旦说破，大家都没面子；不说穿，他们还会一计不成，又生二计。于是,狡诈的朱元璋就想出了这种计谋。这样既震慑住了滁阳王二子,又借他们的口传扬开来。老百姓一向对真龙天子敬畏有加,不管好坏,只要是真龙天子,他们就匍匐在地,口称万岁。这当然也是老百姓长期以来被奴役被愚弄的结果。

【原文】

此消彼长,此涨彼消,其理一也,不诡于敌而诡于己,己之气盛,敌气必衰。

【译文】

这边减少那边就会增多,这边增多那边就会减少,道理都是一样的。不对敌方使诈,而对自己人使诈,自己人士气高涨,就等于敌人的士气衰落。

【事典】

狄青掷钱定胜负

大将狄青出征讨伐侬智高,刚一离开桂林,来到一座神庙前,狄青就让全军肃立,对士兵们说:

"本帅奉命征讨逆贼,本当舍生忘死,奋勇杀敌,但胜负也是大事,不能不事先预测一下。"

南方的风俗相信神鬼,而这座庙在传说中又十分灵验。士兵们听了,也都想测知一下胜负吉凶。

狄青就从怀中取出一把铜钱,对神明誓:

"要是能大获全胜,那么我投下这一百个铜钱,就一定会全部面朝上。如果失败,就全部面朝下。"

士兵们开始议论开了:

"一百个铜钱,怎么能全都面朝一个方向落地?"

"也难说,这是求神嘛。但不知是输是赢?"

他的副将和幕府都劝他说:

"大人,千万不可。要是不能全部面朝上,会动摇军心的。"

狄青说:

"我就不信天不助我。"说着,手向上一扬,一百个铜钱划着弧线飞出。士兵们屏住呼吸,目不转睛地看着。

铜钱叮叮当当地响一阵,落在了地上。大家拥上前一看,哦,全都是面朝上,无一例外。

狄青满脸喜悦,振臂高呼:

"上天助我,我军必胜!"

士兵们也跟着喊:

"上天助我,我军必胜!"

一时声震旷野,士气大增。

狄青命人取一百个钉子,把铜钱钉住,再扣上青纱笼,并亲手加封,说道:

"等我军大获全胜,凯旋之时,定当拜谢神灵,到时再取走这些钱!"

大军所向,势如破竹。很快狄青就平定了邕州。班师回朝时,他带人前来拔钉取钱,幕府们问:

"大人,当时你真的这么有把握,让所有的铜钱面都朝上?"

狄青大笑道:

"当然了。不信你们就翻开看看!"

大家把铜钱翻开来看,立时恍然大悟:原来这些都是两面钱。

于是,大家也都笑了起来。

【解读】

狄青打的是心理战。在战争中,心理因素起着至关重要的作用,因为它直接影响着士兵的行为和士气。当然最终决定战争胜负的是战略决策、环境因素和兵力的多寡,但没有一个将军敢于轻视心理对战争的影响。

狄青巧妙地利用了南方士兵迷信的特点,对他们进行了无形的战前宣传。他先是拿出一百个铜钱,祝祷如果获胜,就全部面朝上面。没有人敢相信一百个铜钱会个个面朝上,除非真是有天意在。但等到一百个铜钱居然个个都是面朝上面时,任何人都会相信这里面果然有神相助。有了这样的信心,打起仗来自然不会退缩了。再加上狄青本来就英勇善战,又身先士卒,不胜才怪!

至于狄青用钉子钉住铜钱,又用青笼纱罩上,回来再取,也无非是故弄玄虚,增加神秘成分,使迷信的士兵更加信以为真。再说,如果当时就把铜钱取回,身为大将的狄青不能亲自去取,要由士兵代劳,他们就会发现,这些铜钱都是两面钱,事情穿帮不说,士气反而会大大跌落。

【原文】

意欲取之,必先纵之,意欲除之,必先骄之,然后乘其势矣。

【译文】

想要战胜对方,就一定先要放纵他们,想要除掉对方,就一定先要使他们骄横,然后就可以利用情势了。

【事典】

王琼妙计收草寇

早朝时,御史上奏了一道本章,说湖州孝丰县汤麻九谋反,烧杀抢掠,无恶不作,请求朝廷早做决断。

皇帝见了奏章,就批复交兵部处理。兵部尚书王琼不敢怠慢,立即着手此事。

他把巡抚召到兵部,大声斥责说:

"汤麻九不过是个小蟊贼,派几十个伙夫就可以抓住他,为什么要奏报朝廷,让朝廷发兵?这不是辱没朝廷吗?"

巡抚非常生气,回去就传布王琼的话。于是,大家都知道了王大人对汤麻九掉以轻心,朝廷也不会为此发兵。大家私下谈起,都感到忧心忡忡,又愤愤不平。

这消息传得也快,汤麻九那里也很快就得到了消息。

"我就说,朝廷那些昏官,平日就知道说些大话空话,哪里办得了实事?我们可以大发利市了。"

"是呀,我们倒真该感谢朝廷的那些大人们呀!"

贼人们都哈哈大笑。这真是天大的好事。朝廷不发兵,他们就不用提防什么,可以大肆劫掠了。

但事实上,他们都低估了王琼。他们不知道,王琼一向工于心计,凡事诡诈得很。王琼心里很清楚,这些蟊贼本身不堪一击,但他们熟悉地形,出入山林水泽,派兵去剿,根本难以剿灭。必须让他们放松戒备,然后才能趁机消灭。他们更不知道,王琼早就知道御史许廷光正在附近查处钱粮事,因此他已密奏朝廷,让许大人就势剿灭汤麻九一伙。王琼还给他出了剿贼的办法。于是,许廷光命令一位宪副调动地方军卒一千人,连夜袭击匪巢。

贼众们刚刚劫掠回来,摆酒庆贺,喝得大醉。这时,官军们从天而降,贼兵大乱。一场厮杀后,贼兵死的死,降的降,匪首汤麻九也被活捉了。

【解读】

出其不意,攻其不备,兵书上早就说过。人们不管是不是熟知兵法,但都会背出这两句话。

任何计策,说起来都很简单,但具体运用却大有学问。就说这两句话,人人会说,却不见得人人会用。比如说,怎样才会做到"不意",又怎么能做到使其"不备"而后攻之?这是纸上谈兵的理论家和善于运用谋略的实战家的本质区别所在。

王琼从史书上看,口碑似乎不那么好,这可能是因为他过于工于心计的缘故。工于心计如果用在谋求私利上,自然不那么可取,但要是用于对付恶人上面,就有些以毒攻毒的意思了。

王琼要故意造成这样一种效果:朝廷不在意这些蟊贼,没工夫去清剿。但正好有官员在附近公干,就来个顺手牵羊,调些当地官兵,在盗贼们毫无防备之际来个一勺烩。

试想,如果朝廷派兵,劳民伤财不说,盗贼有防备,一旦遁入山林,来它个游击战、麻雀战,官兵们怎么能耗得起?

王琼的计策如行云流水,一气呵成。但说到底,仍然不出"出其不意,攻其不备"八个字。

【原文】

敌强则弱之,敌实则虚之。弱之虚之,不我害也。

【译文】

敌人势强,就想办法使之变弱,敌人真正存在,就要想办法变实为虚。使之变弱,使之为虚,这样就不能害我了。

【事典】

王东亭智退谗言

殷仲堪在荆州做官,因此人称殷荆州。

殷仲堪为人很好,他在家里是个孝子,因为给父亲治病,又急又累,瞎了一只眼睛。他也很有学问,谈吐文雅风趣,又写得一手好文章。按说他一切都很顺心,但却在为一件事情感到苦恼。他对王东亭(王珣,封东亭侯,世称王东亭)说:

"最近王绪总是在王国宝那里进我的谗言,时间久了,必受其害。你说我该怎么办才好?"

王国宝是名士王坦之的儿子,但他并不像他父亲那样忧心于国事,而是为人阴险,缺少操守。因此谢安一直不重用他。但自从他的从妹嫁给了会稽王道子,道子辅政,就让王国宝做了秘书丞,后来又当了中书令。一时气焰熏天。

王绪是王国宝的族弟,任琅邪内史,他奸险恶毒,常给王国宝出些坏主意。

王东亭想了想,对仲堪说:

"这事好办,你多去拜访王绪,每次和他见面时,你就向王绪要求让左右的人退下,和他单独交谈。你只需和他谈一些无关紧要的小事,这样一来,王绪和王国宝之间,就会互相猜忌,生出间隙。"

殷仲堪听从了王东亭的话。不久,王国宝就风闻王绪和殷仲堪交往密切,时不时地私底下谈论一些秘密的事情。王国宝半信半疑,他就问王绪:

"昨天殷大人去拜访你,你们都谈了些什么?"

"只是一些小事。"王绪不敢对王国宝撒谎,便一五一十地把和殷仲堪谈的话说了一遍。

王国宝一向心计很重。他不相信两个人摒去左右就是谈论这些鸡毛蒜皮的小事。他觉得王绪一定有事在瞒着他。而像他这样的人是绝不允许自己的亲信欺瞒自己的。

一来二去,他就对王绪不再信任。王绪再进殷仲堪的谗言,王国宝也不听了。

【解读】

如何摆脱谗言呢? 最好的办法就是让听到谗言的人不相信进谗者的话。

听信谗言的人一般是身居高位,他们通常都有一个弱点:有猜疑之心。当别人总是向你进谗,你在听的同时也多少会对进谗者有所戒备。

而进谗的人也确实容易让人生疑:你今天说张三坏话,明天又讲李四的不是,本来就是小人,又多行小人之事,别人在听闻谗言的同时也会担心你有一天会搞到他的头上。

王东亭就抓住了说和听双方的弱点,故意造势,以加大他们间的这种不信任。一旦听的人不信任说的人,再说什么也就没有多大用处了。

以毒攻毒,给小人制造些麻烦,也不失为一件令人快意的事情。

【原文】

偷梁换柱,移花接木。妙手空空,弭祸患于无形。

【译文】

偷梁换柱,移花接木。运用偷换的手段,使祸端在无形之中就消除了。

【事典】

韩雍换信救人

韩雍十九岁时,就出任御史,巡按江西。一天,都御史深夜来访,看上去神色十分不安。

韩雍有些奇怪,问道:

"这么晚了,找我一定有事吧?"

都御史看看左右没人,就跪在地上说:

"请一定要救救我。"

"出了什么事?"韩雍问。

"天大的事情。"都御史说,"我私拆了诏书。"

"这的确是大事。"韩雍皱了皱眉头,说,"别急,先说说事情的经过。"

原来,朝廷下了诏书给镇守中官,这位都御史以为是下给自己的,就拆开来看。等知道错了,已经来不及了。私拆诏书可是大罪,他左思右想,想到韩雍平素聪明过人,就来找他出主意。

韩雍沉吟了半晌,说:

"明天你宴请中官,其余一切由我来安排。"

第二天,都御史果然请中官和韩雍赴宴。韩雍把旧的诏书揣在怀里,神情自若地和大家饮酒谈笑。

大家已有了几分酒意。这时,一个邮卒走了进来,把一封诏书交给了韩雍。韩雍二话不说,拆开就看,刚刚看了一眼,就惊恐地说:

"这诏书不是给我的。"

图文珍藏版

原来,这诏书是韩雍事先假造的,他故意要邮卒把诏书错交给他。

说着,他把诏书交给中官。但这时诏书已被掉了包,交到中官手中的是原来的那封真的诏书。

"没用的奴才,居然糊涂到把中官大人的诏书交给了我。该打!"

韩雍不住声地道歉,还要责怪邮卒把诏书给错了人,要杖责他。

中官倒是有些过意不去了,说:

"韩御史真是个诚实的人。不过,邮卒也是无心之过,他把大人当成老夫了,就饶过他这一次吧!"

都御史连忙说:

"这是个误会,我们大家还是喝酒吧!"

于是,大家举杯,尽欢而散。

【解读】

韩雍用的是移花接木之计。

都御史误拆了中官的诏书,韩雍也误拆了中官的诏书。但同时都是误拆,却有区别。都御史误拆,没有人看见,无法说清到底是误拆,还是有意为之。但韩雍就不同了,首先,是邮卒错交给他的,有前因。其次,当时他有了酒意,是一时失察。最重要的是他刚看了一眼,就发现了错误,马上交还给真正的收信人,也就是说,没有造成后果。这一切都是在大家眼皮下面发生的,有人想拿这件事做文章也做不成。

于是,韩雍再使个调包计,那封被都御史拆开的诏书就到了中官的手里,一个说不清道不明的事件就变得说得清道得明了。

【原文】

釜底抽薪,上楼撤梯,虽曰巧智,岂无大谋?

【译文】

釜底抽薪,上楼撤梯,虽然称为巧智,但其中又怎么能说没有大智慧?

【事典】

杨廷和智擒江彬

明武宗南巡,实际上是在奸臣江彬的教唆下去寻花问柳,极尽荒淫之事。

返回京师后,明武宗就病倒了。在他弥留之际,首辅杨廷和定计要擒拿江彬,为国除奸。

然而江彬统领的亲兵多达几千人,他们都是江彬的亲信爪牙,极为强悍。杨廷和恐怕在仓促间捉拿江彬会引起兵变。他拿不定主意,就找兵部尚书王琼商量。

他对王琼说：

"现在陛下眼看要归天了，留着江彬，一定会是祸患。不知大人如何看？"

王琼说：

"过去陛下宠信江彬，我们动他不得。现在正是拿他的机会。"

"但是他的亲兵……"杨廷和迟疑地说。

"这好办。"王琼说，"他们不是刚刚南巡护驾回来吗？可以抄录他们保护皇上南巡的功劳，令他们到通州听赏。"

杨廷和大喜，马上照办。于是江彬的亲兵都离开江彬，到通州去领赏。杨廷和一下令，江彬就被轻而易举地捉住了。

【解读】

江彬势力很大，如果捉拿，弄不好会造成祸变。杨廷和的担心不是没有道理的。但王琼四两拨千斤，一个计策就使奸贼伏法。

王琼的计策说来也简单，无非是调虎离山，确切说是釜底抽薪。江彬的手下都是些利禄之徒，一听到有赏赐，就都赶到通州去领赏，哪里还会想到留下来保护江彬？而江彬也无非是个目光短浅的小人，他只会教唆皇上寻花问柳，胡作非为，根本是胸无大志。皇帝病危，有人曾劝江彬起事，但他一直犹豫不定。这种人，如果没有皇上的庇护，就根本不会有任何作为。

制定计谋，重要的是适用。计谋没有好坏高低，关键只是看是否适用，能适用的就是好计谋。把卫士们调开，这件事做得很巧妙，也很管用。

【原文】

人构我，我亦构人。以彼之道，还施彼身。反客为主，后发制人。

【译文】

别人陷害我，我也就陷害对方。以对方的办法，还用在他的身上。变被动为主动，后采取行动制伏人。

【事典】

教谕用计归失印

御史大人病了好几天了，他闭门谢客，看望他的人都被挡了驾。没有人知道他得的是什么病。

有位教谕去看御史，这回他没有被挡驾，反而被客客气气地请到了里面。

御史亲自迎接他，请他落座。教谕见御史面带愁容，心里明白了几分。

"大人哪里不舒服？"教谕问。

御史指了指胸口。

"大人得的是心病吗?"教谕又问。

御史叹了口气:

"正是心病。我听人说,你有奇才,我也就不瞒你了。只是你听了,千万为我出个主意才好!"

原来,这位御史弹劾过一个县令,县令就秘密派自己的一个嬖童去服侍御史。御史很喜欢他,对他百依百顺,不加提防。结果,几天之后,那个嬖童和御史的大印同时不见了,只剩下装印的竹箱。御史想来想去,认定是那位县令干的,以此来报复他。但没有证据,御史不敢声张。于是,他就只有称病不去办公了。

"这件事只能瞒得了一时,一旦用印,就难以掩盖了。"说到这里,御史脸上的愁云更重了。

教谕听了,点点头。御史宠信嬖童,固然不好,但那个县令却更加可恶。这种小人,如果让他得逞,以后不知还会干出什么来。

他对御史小声说了一会儿,就告辞了。

到了半夜,御史的后院突然起火,火光冲天,照亮了半个夜空。郡县的官员听见御史家里失火,都赶了来救火。御史把重要的东西从房里搬出来,依次交给官员们。他看见县令,就把一个竹箱交给他:

"这是大印,请替我保管好!"

说完,他转身就走。

大家一齐努力,火很快就扑灭了。原来,这把火是御史吩咐人在后厨房里放的,并没有造成什么损失,只是虚惊一场。

大家把御史交给他们的东西还给御史。县令也把放印的竹箱还给御史。御史打开一看,顿时喜上眉梢:那颗印就在箱子里面。

有人说,那位教谕就是海瑞。不知是真是假。

【解读】

故事的结局和裴度丢印的故事相同:不翼而飞的大印又奇迹般地飞了回来,但其他方面却都不同。裴度丢印是下人拿去用了用,不惊动他们,自然用完了就会放回原处。而御史得罪了人,人家故意报复,你等他放回去,和守着大树等着兔子撞上去没什么两样。拖不是办法,就只有主动出击这一条路。教谕用的办法是栽赃陷害:仓促之中,我把一个空印盒交给了你,到时候如果你还我空的,我就要唯你是问了。县官还算聪明,他接过竹箱的时候,大约就想到中了圈套,只好赶紧把偷去的印放回去,不然,干系可就大了。

有人说,如果在接过竹箱的时候就打开看,御史的计谋就会落空。但按照常理,印是应该在竹箱内的,你打开看,就等于此地无银三百两,还是要被人识破。想来想去,县令只有吃了哑巴亏,他算是白忙了。

【原文】

必欲使人为某事,威逼之,刑罚之,利诱之。由远及近,从小至大,循序渐进,然后可用。

【译文】

一定要使别人做某件事情，要用威势逼迫，用刑罚惩处，用利益引诱。由远到近，从小到大，按照秩序一点点进展，然后就能做到。

【事典】

冒顿杀父夺君位

西汉初年，匈奴的单于头曼立儿子冒顿为太子。后来他所爱的一位阏氏（即王后）生了个小儿子，头曼就想让小儿子接替王位。当时月氏国很强大，单于就假意和月氏和好，让冒顿到月氏去做人质。过了不久，就对月氏发起进攻，想借月氏的手除掉冒顿。幸好冒顿抢得了一匹好马，逃了回来。

头曼看到他如此强悍，就不再动杀他的念头，给了他一万名骑兵，让他率领。

冒顿叫人制造了一种飞起来发出响声的箭，让手下人练习骑射。

他下令：

"让你们射什么就射什么，不射者，斩！"

发出命令后，他就下令用响箭射他的好马，又射他的爱妻。有不敢射的，一律被他砍掉了脑袋。

最后他又下令，射单于的宝马。这回士兵们全都射了。

冒顿知道这些士兵可用，就趁头曼打猎的时候，下令射向头曼。头曼就这样被杀死了。

冒顿又杀死了他的后母和弟弟。有不听话的大臣也一律被杀。于是，他自立为单于。

【解读】

冒顿虽然是匈奴人，但也的确有雄才大略。他的父亲不喜欢他，要置他于死地，幸好他靠机智才得以逃脱。他要报复，也要取得王位，就用了一个最简单也最有效的办法，训练士兵，先让士兵射些不敢射的东西，并以死刑威逼，然后不断升级。当他的命令被作为不可违抗的禁令时，他就让士兵们射他的父王。这种方式很高明，使士兵从心理上一点点得到了强化，最终变成了没有情感和思想的杀人工具。冒顿在后来与汉高祖的战争中，并没有吃亏，这可能与他的英勇、果断和富于智谋有关，也与他平时严格训练士兵有关。

谬数第九

国学经典文库

智慧谋略全书

权谋术

图文珍藏版

【原文】

知其诡而不察,察而不示,导之以谬。攻子之盾,必持子之矛也。

【译文】

知道对方的诡诈,故作没有觉察,觉察到了也不表现出来,把对方引到荒谬的境地。攻击对方的盾,一定要用对方的矛。

【事典】

杨国桢边关禁铁

梅国桢当兵部右侍郎的时候,总督西北三镇。他对当地少数民族恩威并施,颇有威望。

一天,他正在官衙批阅公文,忽报外族酋长派来了使者。他换上官服,在公堂接见了使者,大家寒暄了一番后,使者说:

"大人在这里威名远扬,我们都很佩服。现在我们把新产的铁献给大人,以表示我们对大王的敬意。"

说着,他恭恭敬敬地献上几镒铁。

梅国桢谢了,并设宴款待使者。等使者走后,手下人问:

"大人,他们现在真的能产铁了吗?"

梅国桢道:

"怎么可能?"

他拿过铁来,翻来覆去地看了几遍:

"这分明是中原产的嘛。"

"那他们为什么说是自己产的?"手下人大惑不解。

"无非是想以此放松对他们不准私自售铁的禁令罢了。"梅大人笑着说。原来,从汉代以来,中原战乱大都是由北方的少数民族南侵引起的。他们剽悍善战,不时入侵,对中原构成很大的威胁。但塞外边族大都不会冶铁。所以,中原王朝就把住这点,在边关限制钢铁向塞外供应,仅供应他们生活用的铁锅,并且限制数量,以防他们用来打造大批兵器入侵中原。到了明朝,边关铁禁也照样未开。

塞外边族久苦明朝铁禁,于是想出一条诱开边关铁禁的主意。他们谎称自己已经能产铁,以便造成铁禁已无必要的现象。

梅国桢想了想,他把铁交给手下,叫他们用这块铁铸把剑,还要求在剑上刻上某年某日某王献。

办完这些后,他向各个边塞发出通告,说郡中已经能够产铁,从现在起不再向他们供应铁器。

没过多久,使者又来了,但这次他却气鼓鼓的,一见面就指责梅大人没有按照旧例向他们供应铁器,弄得百姓人家没有锅用。

梅国桢惊奇地说:

"这话从何说起?你们自己能产铁,为什么不能造锅?"

"大人是在开玩笑吧?"使者大声嚷着,"我们塞外压根就不会产铁。"

梅国桢板起了脸,叫下人把剑取了出来,说:

"胡说!是你们在开玩笑,当初不是你们把铁献给我的吗?上面日期都有,请你自己看吧!"

使者的汗流了下来。梅国桢又说:

"既然你们说能产铁,我们又何必供应铁器呢?你想想,这要怪谁。"

使者无言以对,只好跪在地上叩头请罪道:

"是我们错了,我们不该欺瞒大人。"

从此以后,他们再也不敢说一句谎了。

【解读】

从《明史》中记载的几则故事看,梅国桢很善于处理问题。他并不正面同人对抗,而是将计就计,运用智谋,把对方逼到死胡同,最后只好按他的路走。

在他当知县时,上面的官员要他向百姓征债。换了别人,或强迫百姓,或直言抗命,而梅国桢却上演了一出戏:他把百姓叫来,要他们卖妻顶债,并当场付钱领人。百姓信以为真,失声痛哭,竟使上司受了感动。让上司心甘情愿地撤回成命,而又不伤和气,梅国桢处理问题的艺术堪称一流。

在对付边塞民族的问题上也是如此。边塞民族假称能够产铁,目的是想让主持边塞政务的梅国桢放松铁禁。梅国桢不但不上当,还给了他们一点不大不小的教训,断绝了对他们铁器的供应。边族吃了苦头,又有苦说不出,毕竟自己说谎在先,而人家不过是故意把谎话当真话罢了。稍事惩戒,仍然不伤和气。

有人把这条计谋称作"上楼撤梯",未必准确,但值得我们注意的是,梅国桢的尺度把握得非常好,不伤和气,也留下了回旋的余地,毕竟重要的是大家和平相处。

【原文】

智无常法,因时因势而已。即以其智,还伐其智;即以其谋,还制其谋。

【译文】

智谋没有固定的方法,依照时机和势态而已。用他人的智术,去对付他人;用对方的谋略,去制伏对方。

【事典】

戚贤巧智斗豪强

戚贤当了归安县令。他一到任,就听说县里有个萧总管庙,香火很盛。本来百姓烧烧香,求求神,在情理之中,也算不了什么,但问题在于这是一座淫祠,而当地豪强要对付官员们,就在这里举行庙会。

在上任前就听人说起这件事,戚贤却装出一副不在意的样子。

一天,他从庙前经过,正好赶上里面在祭神。他就走进庙中,主持起祭神来。

看到县太爷来祭神,百姓们很高兴。他们让开一条路,让戚县令站到台上。

戚县令把祭神的人排列在台阶下,大声说:

"天旱了很久了,就请庙里的神仙为我们求雨。如果下雨,我以后就常来这里拜祭;如果不下雨,这神就是假的,这庙就该拆掉。"

大家哄然响应。

戚县令命人把萧总管的木头像抬到一座桥上,然后要大家祝祀祈祷。天上没有一丝云,太阳火辣辣地照着,戚县令就和大家一起站在阳光中,等着下雨。

等了很久,天空仍然是晴空万里。戚贤大怒:

"我们也求了,也拜了,可就是不下雨。受一方香火,却不为这地方造福,这哪里是神,分明是个木偶!"

他叫人把木偶扔进了河里。

过了几天,戚贤坐船从桥边经过,那个木偶突然从水中跳进戚贤的船中。随从大惊:

"神像显灵了!"

戚贤却笑着说:

"这是没有把木偶烧掉的缘故。"

于是,他命人把木偶绑在船上,带回去烧掉。另外派两个机灵的手下,要他们埋伏在岸边,看见有人从水里出来,就抓住带到县衙。

果然,没过一会儿工夫,衙役们就绑来了一个人。经过审问,真相大白。原来,这个人会潜水,是那些豪强给了他钱,要他在水底把木偶扔进船里的。

【解读】

戚贤对付豪强的装神弄鬼,采取了两种智谋,前面使用了归谬法,即先假定别人的道理正确,然后把它推向极端,暴露出其矛盾之处,这样就不攻自破了。你们不是说这里有神灵吗,那就让他做件事给我们看看。不显灵的神既不可怕,也没有再供奉的道理。后面戚贤则对对方的障眼法采取了顺水推舟的办法——木偶不愿呆在水里,那肯定是愿意让火烧掉。这里面也有一点推理,既然木偶不会自己跳上来,那肯定是有人在水里扔上来的。他故意不动声色,以静制动,让对方自己上钩。如果声张,水里的人就会逃走,神像上船的事情就会传开,豪强们又会趁机造谣,蛊惑人心。

为什么神像会骗得了别人,却骗不了戚贤?首先因为戚贤不迷信,其次他能不断在事件中发现疑点并进行剖析。疑点是解开谜团的钥匙。这样谁还骗得了他?其他人都对神鬼心存疑虑,又不愿动脑,因此一出现异常情况就以为神鬼显灵。用神鬼来吓唬人可是豪强们的老法子。春秋战国时,西门豹治邺,就遇到了和戚贤差不多的事。两千年过去了,他们没有一点长进。而正直智慧的人如西门豹和戚贤,总是能利用他们的谎言给予有力的回击。

【原文】

间者隙也,有间则隙生。以子之伎,反施于子,拨草寻蛇,顺手牵羊。

【译文】

"间"就是空隙,有了间隙,同时也会造成机会。用你的伎俩,还用在你的身上,如同拨开草来找蛇,顺手把东西拿走一样。

【事典】

崔思兢智破疑案

武则天朝,有人告发崔思兢的异母哥哥崔宣谋反。还说崔宣的妾要揭发崔宣的罪行,结果被崔宣杀死,扔在洛河中。

谋反是重罪,加上杀人,足够崔宣掉十次脑袋了。朝廷就命御史张行岌审理这个案子。

张行岌按原告的状子进行调查,查不出任何谋反的线索和证据。他向武则天作了汇报,武则天大怒,要他重新审理。

复审之后,张行岌奏报武则天,结果和先前的一样。

武则天又发了通火,然后说:

"要是崔宣确实杀了他的妾,那他的谋反罪状就很明显了。案子的关键是找到他的妾,活要见人,死要见尸。找不到他的妾,我就唯你是问。"

张行岌一筹莫展,忽然想到了崔思兢,就派人把他找来,命他寻找崔宣的妾,并且说:

"这不是帮我,而是救你自己。要是崔宣谋反的罪名证实了,你的一家能逃得掉吗?"

崔思兢当然知道个中利害,但上哪去找呢?想了又想,他拿出一大笔钱,在城里遍布眼线。但几天过去了,还是找不到失踪的妾。另外更让人不解的是,每次他家商议解救崔宣,告发的人都能知道,并且告到官府。

家里一定有内奸,崔思兢决心找出这个人来。但家里上百口人,看上去谁都不像。他把自己关在房中,沉思了半晌,然后当着家人对妻子说:

"现在事情进展得很不顺利。我想不如花上二百匹绢,雇个刺客,杀了告状的,一了百了。"

说完后,他让自己最信任的两个人藏在告状人家的门前,查看动静。不一会儿,就看见他的一个姓舒的门客东张西望地走了来,悄悄溜进门里。

第二天,就传出了崔思兢要杀告状人的事。张行岌把崔思兢叫去,说:

"叫你找人,你却要杀人,还有没有王法了?"

崔思兢说:

"大人说我要杀人,可有证据?"

张行岌无言以对,他最后要崔思兢快些找到人,不然事情就难办了。

崔思兢这时却胸有成竹。他想到了那位姓舒的门客。门客是婺州人,一直住在他家。他对这个门客非常信任,如同家人。

回到家中,他邀姓舒的门客在天津桥见面,说是有重要的事情要办。见到姓舒的门客,崔思兢大骂:

"忘恩负义的畜牲!我哥哥被人诬陷,你竟在里面捣鬼。要是我崔家毁了,我也要把你牵扯上,说你是同谋,看你怎样洗刷自己的罪名!"

姓舒的门客见事情败露,又惊又愧。崔思兢接着说:

"我们没有深仇大恨,平时我待你不薄,你做这种事,也不过是为了钱。这样吧,我送你五百匹丝帛,够你在老家过一辈子了,何必再做丧良心的事。要不,我死,你也别想活!"

姓舒的门客拜倒在地,向崔思兢请罪。

于是,由他引路,找到了崔宣失踪的妾的藏身之处。

原来,告状人与崔宣有仇,他引诱了崔宣的妾,把她藏了起来,再告发崔宣谋反,并说崔宣因为自己的妾要告发他而杀了她。于是真相大白,诬陷者伏法,崔宣也被放了出来。

【解读】

这里使用的是反间计。在双方较量中,你利用奸细达到目的,我也同样让他为我所用,达到我的目的。崔思兢本来毫无线索,而且事情越来越朝着不利于他的方向发展:他的家里出了奸细,自己的一举一动都被对方掌握着。崔思兢的高明之处就是抓住这一关键,使用了反间计,使事情朝着有利于自己的方向转化。

看看崔思兢是怎样做的:发现出了奸细,他并没有大惊小怪,而是故意提供一个假情报,引蛇出洞。找到了奸细后,一般人会为了泄愤把他乱棒打死,但崔思兢却用钱收买,实现了反间计,利用他来找到失踪者。

反间计在《孙子兵法》中就被提到,书中说,"一定要查出敌方派往我方从事间谍活动的间谍,并用金钱收买,经过开导后取得相互信任,然后交给他任务,放他回去,这样,反间就为我所用了。"反间计被经常使用,赤壁之战中周瑜就利用蒋干借来访刺探军情,给了他假情报,竟瞒过了智谋过人的曹操,平白无故地使他损失了两员水军大将。

武则天时期任用酷吏,诬告成风,屈死的鬼魂想来不少。一千多年后看这则故事,感到崔思竞能把反间计用在政治角斗中,已属不易。但那个诬告者却有太多的漏洞,他说崔宣杀了妾,却把妾藏在自己家中,活不见人,死不见尸,这样既没有崔宣定罪的证据,也给自己留下了后患。如果杀了那个妾,再把她扔在河中,与所说的相吻合,崔宣可真的是有口难辩了。诬告别人,也要提防别人反诬告;利用奸细,更要提防别人反间。因为你能用金钱收买别人,他也一样会被别人用金钱收买。看来那个诬告者在智谋上还略差一筹,而崔思竞除了有些智慧外,也算得上走运。

【原文】

彼阴察之,我明示之。敌之耳目,为我喉舌。借彼之口,扬我之威。

【译文】

对方暗中侦察,我就公开地展示。让敌人的耳目,成为替我说话的喉舌。借他的嘴,来宣扬我的军威。

【事典】

王德用以“间”吓敌

契丹向宋国讨要关南之地,并以大军压境相威胁。朝廷派王德用担任定州总管,镇守边疆。

王德用出身军旅,从小就和父亲东征西讨。他体魄雄伟,有人说他长得像高祖赵匡胤。他的脸黑黑的,脖子下面却很白,人们都习惯叫他黑脸相公。

他一到任,就开始训练士卒。没用上多久,士兵们就变得英勇善战了。

一天,他正和部将们在帐中议事,有人来报,说发现了契丹派来的间谍在军营周围活动。

他手下的一员将官霍然站起道:

“主帅,这件事交给我吧!”

王德用问:

“你想怎么办?”

“间谍嘛,当然是捉住,审问,然后再把他砍了。总不能放走他,让他把军情带回去吧?”

王德用却说:

“我正有此意。你们切不可惊动他,让他自由活动吧!”

诸将不解:

“大帅,这是为何?难道我们怕了他们辽国不成?”

王德用微微一笑：

"我自有安排。"

第二天，王德用下令阅兵，一时军旗猎猎，刀枪林立。士兵士气高昂，一再呼喊着要上阵杀敌，报效国家。

王德用脸色变得严峻了，看上去更黑。他大声说：

"养兵千日，用兵一时，报效国家，立功封侯的机会到了。准备上路的军粮，听从我帅旗的指挥，本帅指向哪里，你们就打向哪里。攻无不克，战无不胜！"

士兵们热血沸腾，也齐声高喊：

"攻无不克，战无不胜！"

一切都准备好了，诸将问：

"大帅，什么时候出兵？"

王德用笑了：

"我在等一个人？"

"谁呀？"

"到时间就知道了。"

没多久，下面来报，说是契丹王派来了使者，前来讲和。王德用环视着众将，说：

"我等的就是这个人。百战百胜，总不如不动刀枪而天下太平吧？"

于是众将都深深折服。

【解读】

发现了敌方的间谍，正常的反应是马上把他逮捕，绳之以法，王德用的部将也正是要这样做。因为事关军机大事，不能让任何情报泄露给敌人。

但王德用却另有打算，他要导演一出好戏。于是阅军开始，士兵们高呼口号，热血沸腾，就像马上要进攻敌人一样。敌方的间谍当然不会放弃这一机会，他回去后如果不是添油加醋，至少也是如实地向上级报告了宋军的情况。

而这正是王德用的目的。他就是要对辽方造成一种心理上的威慑，同时也要造成一种要进攻的假象。果然，看到宋军军心大振，又有要进攻的迹象，辽方就派来了使者议和。

这是一种将计就计。你不是要探察我的情况吗？那我就吓唬你一下。利用你的间谍，传达我的意图：要么战，要么和。既然你感到战没有把握，那你就派人来讲和吧！而和，正是我的初衷。

现在国际上也经常玩这种花样。一旦两国关系紧张了，就要在各自边境上搞些军事演习。这可能真的是备战，但多半是借此威慑对方。而这种已经成为惯例的做法常做常新，仍然有效。但不知道那些军事战略家们是否知道，早在一千年前，中国的王德用就已经玩过这种把戏了。

机变第十

【原文】

身之存亡,系于一旦;国之安危,决于一夕。惟智者见微知著,临机而断。

【译文】

个人的存亡,取决于一个早晨;国家的安危,取决于一个晚上。关键只在于智者能从现象看到本质,面临时机做出决断。

【事典】

公子小白智夺君位

齐襄公在世的时候,因为他荒淫无道,滥杀无辜,公子们都纷纷离开齐国避祸。公子纠的母亲是鲁国人,就去了鲁国,管仲和召忽辅佐他;公子小白则去了莒国,由鲍叔牙来辅佐。他们两人都有资格继承王位。

齐襄公的残暴激起了大臣们的不满,大臣公孙无知等乘机谋反,杀死了齐襄公。齐襄公死后,一场争夺君位的战争就拉开了序幕。

公子小白平素待人大度宽厚,和齐国的大臣私底下关系很好。齐国的大臣高侯就派人给小白送信,要他立刻赶回齐国。鲁国听到了襄公死去的消息,也想推举公子纠当齐国的国君,就派人护送公子纠回国,争夺王位。

管仲一方面要公子纠加快行程,一方面自己带领兵马暗中埋伏在莒国至齐国的途中。果然,一阵烟尘起处,公子小白的车队急驶而来,坐在中间的正是公子小白。管仲伸张满弓,一箭射出,射中了小白的带钩。鲍叔牙赶紧要小白倒下装死,大声叫道:

"公子被射中了!贼人杀了公子!"

管仲一向相信自己的箭法,又听人这样喊,以为大功告成,就回去向公子纠复命:

"公子,小白已经中箭身亡,您可以安心当上国君了!"

公子纠没有了对手,就放慢了行程。等公子纠的车队来到都城下,城墙上旌旗猎猎,刀枪映着日光,士兵们在严阵以待。公子纠的随从大叫,让城里打开城门。城上问:

"是什么人?"

图文珍藏版

管仲说：

"是齐国的新君来了！"

城上的人说：

"我们已经有了新国君了，请回吧！"

直到这个时候，管仲才知道上了鲍叔牙的当。在他们还在赶路时，小白已被立为齐君，他就是齐桓公。原来，小白中箭装死，骗过了管仲后，鲍叔牙快马加鞭，一阵急驰，先和小白进了齐国，朝中又有人内应，就把生米煮成了熟饭。

公子纠无计可施，只好悻悻地回到了鲁国。这年秋天，公子纠在鲁庄公的支持下，带领鲁国军队攻打齐国，结果大败而归。

【解读】

鲍叔牙给人的印象是大度、识人。但在这则故事里，他反应机敏，头脑灵活，一句谎言，救了小白，也救了齐国。

这里也和司马懿的故事一样，由装死而麻痹敌人，最终反败为胜。但司马懿显然是经过了深思熟虑，在实施前可能设计好了每一个细节，因此装起来有板有眼，不愠不火；而鲍叔牙完全是因时因势，灵机一动，在瞬间完成的计谋。公子纠得到了鲁国的大力支持，他们有备而来，就是要暗算公子小白。如果管仲知道那一箭没有使小白毙命，就会拼尽全力来杀死他，那样，这段历史就会被改写。他所以相信小白死去，是因为听了鲍叔牙的话。鲍叔牙是他从小的朋友，他信任鲍叔牙的诚实，就像鲍叔牙相信他的智慧。要是那句话不是鲍叔牙喊出的，不知情况又会怎样？

不说谎的人偶尔说谎，不使诈的人偶尔使诈，这才真正让人可怕。

【原文】

因势而起，待机而变。机不由我而变在我。故智无常局，惟在一心而已。

【译文】

依靠势而兴起，等待时机而变化。时机不能由我决定，但变化却在于我。所以智谋没有固定的模式，只是在于一心罢了。

【事典】

桓公用诈取管仲

小白当了齐国的国君，一直对射他一箭的管仲耿耿于怀。如果那一箭不是射在带钩上，很可能就当场要了小白的命，那他也就当不上现在的齐桓公了。他对鲍叔牙说：

"那个管仲实在可恶，寡人一定要杀了他！"

鲍叔牙说：

"臣追随大王，庆幸的是大王能够当上国君。大王要是想把齐国治理好，臣和高傒也就够了；大王要是想当霸主，就非管仲不可。"

齐桓公说：

"难道管仲真的比你还要强？"

鲍叔牙说：

"管仲之才，胜臣十倍！"

齐桓公就说：

"管仲现在鲁国避难，我们请他来就是了。"

鲍叔牙忙说：

"大王，不可。如果鲁国听说管仲要被我们重用，他们一定会杀死管仲，那时我们得到的只会是一具尸体了。不如派使者去，就说大王要对他如何如何，事情就好办了。"

齐桓公就派人到鲁国去，对鲁国国君说：

"公子纠是我大王的兄弟，齐王不忍心杀他，就请鲁国杀了他吧！至于管仲，一定要亲自带回去。"

鲁国的大夫施伯私下对庄公说：

"管仲大才，如果被齐国重用，鲁国就危险了。不如和公子纠一块杀了，把尸体交给齐国。"

于是鲁庄公对使者说：

"我们准备杀了管仲，把尸体一块交给齐国。"

使者说：

"我国国君一定要亲手杀死管仲，以报一箭之仇，如果得到的只是尸体，和没有得到有什么两样？"

鲁国君臣听他这样说，才放下心来。于是把管仲打入木笼，派人抬着送往齐国。管仲见把自己活着解往齐国，就料到一定会受到任用。他担心鲁国醒悟过来，追杀自己，就想办法让抬着自己的人走快些。他对送他的人说：

"走路太寂寞了。我为你们唱歌，你们为我作和。"

于是，他唱起了一首歌子。他唱的歌节奏很快，抬他的人作和，也就加快了节奏。就这样，他们很快就到达了齐国。

【解读】

鲍叔牙推荐比自己能力更强的管仲，是正直而无私。齐桓公肯用曾差点杀死自己的管仲，是大度和宽容。但良好的愿望可能会断送管仲的性命，因为他在齐国的对头鲁国的手中。如果鲁国的国君知道了齐国要重用管仲，很可能会要了管仲的命。因为没有一个国家会同意把一个能人送到对手的手中。

幸好齐桓公和鲍叔牙事先想好了计策。他们有一个很好的借口：管仲伤过小白，小白当了齐君，要报一箭之仇并不出乎人们的意料。使者也很有辩才，他说如果齐国得到的只是管仲的尸体,那么同没有得到有什么两样。软硬兼施,合情合理,管仲这才从鲁国脱身。

管仲担心鲁国发现齐国要重用他,又不好让押送他的人快加脚步,就用唱歌来使他们快走。这些聪明人的智谋加在一起,形成了一套组合拳,打出去真的很漂亮。这则故事除了教会我们这些智谋外,也说明了同心同德是多么的重要。

【原文】

机者变也。惟知机者善变。变则安,不变则危。

【译文】

时机就是变化。只有把握时机的人才善于做出变化。变就安全,不变就危险。

【事典】

吴质空篓赚杨修

曹操加封魏王后,一直在两个儿子中间犹豫,他实在拿不准让谁当世子才好。曹丕和曹植在所有儿子中,是他最为喜爱的,他们又各有长处。曹植才华横溢,聪明过人。当铜雀台建成时,曹操命儿子们登台作赋。曹植不假思索,援笔立成,令曹操十分惊异。每次曹操提出问题,曹植总是最先应对。而曹丕却为人心机深沉,又孝顺恭谨。他对军事、政治很有兴趣,不像曹植,整天就知道辞章诗赋。一次曹操病了,曹植去探望,说了不少安慰的话,让曹操很受用。而曹丕见了曹操,只是流泪,这比任何话都能打动一位父亲的心。最让曹操不安的是,现在两个儿子身边的人们,都参与到这场立储的角斗中来了。

曹植身边的杨修,家学渊远,人又极为聪慧,在当时颇有令名。他担任丞相主簿,也很得曹操的信任。他与曹植兴味相投,一心想立曹植为太子。杨修等人的想法使曹丕深感不安,他便叫智囊吴质进宫商讨对策。为了掩人耳目,曹丕就命人在车子上装着废竹篓,吴质就藏在竹篓里面。他以为这样会神不知鬼不觉,但杨修是何等聪明,早就在曹丕府前布下了眼线。

"主簿大人,吴质藏在竹篓里进了宫!"

杨修很高兴。他深知曹操为人疑心很重,一旦查知曹丕在立储的事情上做手脚,曹丕的地位就很难保住了。于是,他深夜去见曹操,报告了这件事情。

这件事令曹操很气恼。为了争储,自己的儿子钩心斗角,大动干戈,是他绝不愿看见的。他要查明此事,再做处理。

曹丕也早就买通了宫中人,很快就知道了这个消息。他大惊失色,对吴质说:"要是父王查知了真相,你我都脱离不了干系。你说,现在该怎么办?"

吴质笑着说:

"大王既然说要查清,就是说他还不完全相信。不怕查,就怕查。明天晚上,还是那辆车,还是那些竹篓,装着上绢,我们演出戏给他们看!"

第二天,那辆车子又向曹丕的府邸慢慢驶去,杨修闻知,赶紧向曹操报告。曹操派人拦住车辆,仔细检查,结果车子上面的竹篓里全是些上绢。曹操闻知,重重地哼了一声,从此他不再怀疑曹丕,却开始疑心杨修和曹植在搞鬼。

【解读】

吴质用的是借刀杀人之计。他是借杨修的刀,砍杨修的头。刀快,砍得也利落。

杨修探知吴质藏在马车的竹篓里偷偷进府,就报告了曹操。但凡事总要有证据,在法制不健全的古代也不例外。曹丕听了惊慌,吴质却将计就计,再让马车进宫,但这次是虚晃一枪,杨修本以为可以抓个现行,但没想到先着了别人的道。这件事,对后来选立世子产生了深远的影响,杨修丢了面子不说,还从此失去了曹操的信任。

这里面有两点需要注意。一是吴质何必要藏在马车里进宫商量事情?难道就不能堂而皇之地走进去?偷偷摸摸,一旦被人发现,必定生疑。因此这也可能是吴质的计谋,故意引杨修上套。等你揭发我,我再来个嫁祸于你,让上面认为是你在陷害我。

二是吴质的这种借刀杀人计谋,运用起来一定要注意了解对方动向。如果事先不知道杨修会向曹操告状,就无计可施了。准确的情报是计谋运用的基础和前提。

【原文】

物必先腐而蠹生,事必有隙而谗起。察其由,辨其伪,除其隙,谗自止矣。

【译文】

东西一定先腐烂了,才会生出蠹虫;事情一定有嫌隙,才会产生流言。详察它的缘由,辨别它的不实,去掉它的嫌隙,流言自然就会止息。

【事典】

张说一语定乾坤

唐睿宗时,天上出现了彗星。彗星历来被视为凶兆,于是一个术士对皇帝说这预示着有人要谋权篡位。唐睿宗无心治理国家,对政治早已心灰意冷,但这种流言传播很广,他必须采取对策。于是,他召集大臣,对他们说:

"那个术士对朕说,五天之内,一定会有急兵入宫,你们说,该怎么办?"

大臣们谁也不说话。

张说素有辩才,又能决断大事。唐睿宗说:

"张爱卿,你怎么看?"

张说走上前去,深深施了一礼道:

"陛下,依臣所见,这不过是进谗的人阴谋挑动东宫太子罢了。"

唐睿宗想了想,颔首道:

"依卿之见,又该如何?"

张说道:

"陛下不如索性让太子监国。太子的名分确定了,奸人破了胆,流言蜚语就没有了。"

唐睿宗称善,于是颁下诏书,命太子监国。果然,从此不再有关于这方面的流言了。

【解读】

这则故事告诉我们如何从上层的角度来制止流言蜚语。

流言蜚语在生活中比比皆是,轻则扰乱人的情绪,重则造成猜忌和不和。流言是阴谋的孪生兄弟。当你们为此烦恼时,制造了流言蜚语的小人们却躲在一边偷偷品尝着他们的胜利成果。这是他们的拿手好戏,也最容易奏效。翻翻历史,有多少正人君子不是栽在流言上面?

流言难防,是因为它们经过了伪装,有时显得比事实还要近乎情理,再经过广泛传播,谁能不信?古人说,众口铄金;现代人说,谎话重复一千遍就成了真理,说的就是这个道理。

制止流言的办法是找出流言的目的所在(流言总是想通过缝隙撼动什么),然后堵死缝隙,把它们要撼动的东西加固。无隙可乘,流言就会自动停止。张说采用的就是这个办法。他劝皇帝让太子监国,名分一旦确定,奸人们就无计可施了。

【原文】

知机者明,善断者智。势可度而机可恃,然后计可行矣。

【译文】

把握时机就是明,善于决断就是智。情势可以预测,时机可以利用,然后计谋就可实施了。

【事典】

张佳胤机智擒盗贼

滑州县令张佳胤处理完公务,端起一杯清茶,刚刚喝了一口,就看见两个人大摇大摆闯了进来。

这两个人身穿官服,走到堂前,见张佳胤端坐不动,就喝道:

"你一个小小的县官，竟连朝廷的使者都不放在眼里吗？"

张佳胤听他们这样说，稍稍动容，就离开座位，迎接他俩。

一个"使者"说：

"我们带来了朝廷的圣旨，快些准备接旨！"

张县令一边吩咐人准备香案，一边问：

"这圣旨是对我下的吗？"

另一个"使者"附在他的耳边，小声说：

"不是对你的，是在没收耿主事的家产。"

当时滑县有耿随朝任户曹，因草场失火入狱。张县令心里感到疑惑，就把二人请入后堂，想问个明白。

谁知到了后堂，一个使者捉住张佳胤的手，把他推到墙上，另一个笑着对他说：

"你不知道我们是谁吧？我们是被通缉的大盗，我叫任敬，我的那位兄弟叫高章。"

张县令说：

"青天白日，你们胆大包天，竟敢劫持本县。你们到底想要什么？"

任敬说：

"我们听说你库里有一万两黄金，想请你借我们兄弟一些。"

说着，他们同时拔出匕首，放在张佳胤的脖子上。

张佳胤神色自若，对他们说：

"你们图的是财，而不是想要命。我再笨，也不会为了舍不得钱而赔上一条命。你们不用拔刀，我一个懦夫，又能把你们怎么样？再说，你们既然自称是朝廷派来的，为什么轻易暴露本来面目？要是被人看见了，声张出去，士兵把这里围上，对你们可是不利啊！"

两位大盗听他说得在理，就各自收起匕首说：

"那么，就请知县大人快些拿黄金来。"

张佳胤皱着眉头说：

"滑县是个小县，府库哪有那么多金银？"

任敬拿出一封信，照上面说的库中存银的数目念了一遍。张县令不再争辩，只是反复和他们商量，要他们不要取得过多，以免连累自己这个县官。

任敬说：

"我们一共有五个兄弟。这样吧，看在你这个县太爷的面上，每人一千两，你交出五千两，就放了你。不交，就拿命来！"

张佳胤说：

"就算我给你五千两，但你们两个人的钱袋能装得下吗？你们又有什么办法走出我这个官舍呢？"

高章说：

"你的担心还挺有道理。现在，你得给我们准备一辆车，把银子装在车上，仍旧给你戴上刑具，就说朝廷有旨，因为你与耿主事一案有关，把你押赴京城，不许别人跟随。等我们和同伴会合后,就放你回来。那时,咱们是井水不犯河水了。"

张佳胤点点头道:

"这主意不错。不过你们押着我白天行走,县城里的人必然会拦阻,问这问那,一旦暴露了,你们杀了我,对你们有什么好处? 杀了县令,朝廷一定会严加追究的。晚上走就安全得多。"

两位大盗连声说:

"不错,就按你说的办!"

张佳胤又说:

"我做好人做到底,再给你们出个主意。府库里的银子都有记号,很容易认出来,那样对你们很不利。这样吧,县里有很多大户人家,由我出面,向他们借五千两。这样,既不连累我这个县官,你们也可以高枕无忧,这不是两全其美吗?"

大盗连声称赞:

"到底是当官的,想得就是周到。你要是入草,我们会大发利市的。"

张佳胤微笑说:

"我哪里能和你们比? 现在我就去办这件事。"于是,他写了份公文,要县吏刘相来见。

刘相是很有心计的人,他匆匆赶来,张县令说:

"这两位大人是从京城来的。本来因为那桩案子的事,要抓我进京,多亏两位大人说了好话,摆平了这件事。现在我要出五千两银子表示一下谢意。"

刘县吏吃了一惊:

"老爷,一时间哪能筹到这些银子?"

张佳胤偷偷踩了一下他的脚,说道:

"这点事都办不了,平时白拿俸禄了! 我知道县里有几家富产,他们都欠我的情,你去找他们,就说我有急用,他们岂有不借的道理?"

说着,他提笔写了九个名字在上面,后面又分别注上每人出多少两,加起来正好是五千两。

两个大盗目不转睛地看着他们,怕他们搞鬼。但看到一切都很正常,就放了心。刘相看了九个名字,却心领神会,原来这都是县里能干的捕快。他赶紧出来,去找这些人。

张佳胤又命人备下酒菜,款待二人。他自己先吃先喝,为的是不让他们疑心。他还不停地对他们说:

"酒喝多了会误事,二位请适量。"

两位大盗对张佳胤已完全放心。他们说:

"你对我们兄弟真好。以后我们发了财,忘不了你。"

这时,刘相找来的九个人,都穿上了鲜艳的衣服,捧着银子走了进来。

"回大人,小人依照你的吩咐,把事情办好了。"

张县令点点头,说:

"你们今天借给我的,我一定还。不过要先过过秤,看看够不够分量。"

国学经典文库

智慧谋略全书

权谋术

图文珍藏版

他叫人捧出秤来，小心地秤着银两。高章见人多，始终不离开张县令的左右。张佳胤就对高章说：

"你代我称一称吧！"

高章接过秤砣，几个人捧着银子走上前来。张佳胤乘机闪到一边，高叫：

"捉拿盗贼！"

任敬扑过去抓张佳胤，没有抓到，见大势已去，就把匕首刺向自己的心脏。高章想要逃走，被几个人牢牢拿住。

张县令升堂审讯，追问同伙。严刑之下，高章只好供出了另外三个人。张县令请有关方面通缉追捕，不久，他们全部落网，被绳之以法。

【解读】

张佳胤受到两个盗贼的钳制，无奈之下，与他们虚与委蛇，最终变被动为主动，把他们擒拿归案。

这里面没有更高深的计谋，用的只是拖刀计或缓兵计，但用得巧妙灵活，因此达到了很好的效果。

面对盗贼提出的索要库银的要求，似乎只有两条路可走，一是答应，二是拒绝。但张县令却软磨硬泡，把数目降到五千两。按说这就可以脱身了，他却仍然故意拖延，在拖延中想办法，找机会，最终使盗贼入网。

这里面有两点需要注意。首先，他准确地把握住了盗贼的心理：他们图财，而不想害命。其次，他刻意不去激化矛盾，防止狗急跳墙，而是体贴入微，顺着盗贼的心理来提出自己的办法，由于他表面上是处处为盗贼着想，他的办法看上去又确实对盗贼有利，盗贼就一步步地中了他的圈套。

设置任何计谋，应该把握对方的心理，同时要不露痕迹，见机行事。不然，就会弄巧成拙的。

【原文】

处变不惊，临危不乱。见机行事，以计取之，此大将之风也。

【译文】

处于变乱中而不惊慌，面临危境而不慌乱。见机行事，用计谋来智取，这是大将的风度。

【事典】

<h3 style="text-align:center">曹玮借刀杀叛兵</h3>

曹玮在渭州做知州，号令严明，西羌人十分畏惧他。

一天，曹玮正在和诸将饮酒聚会，忽然有探子飞马来报：

"大人,有数千叛变的士卒,正在向西羌的边境逃窜!"

曹玮正在向大家劝酒,听了报告,众将面面相觑,神色大变。

曹玮却把杯中酒一饮而尽,笑着说:

"我已满饮此杯,大家也一定要干掉才行!"

他已带有几分醉意了。

他又转向探子,慢慢地说:

"他们是我派去的,这件事不可张扬出去!"

说完,他又和大家接着饮酒,谈笑。

西羌人听到这消息,以为那些叛军是来袭击他们的,就命大军把他们全数杀掉。

【解读】

曹玮在这里用的是借刀杀人之计。

明明是叛逃到那边去的,却偏要说是自己派去的。这样既不丢自己的面子,消息传了出去,又借西羌人的手除掉他们,一石二鸟,巧妙得很。

为将者,要临事不乱,即所谓泰山崩于前而色不变。不乱是一方面,另一方面还要想出相应的对策。后者同样重要。

【原文】

将错就错,以讹传讹,移花接木,巧取豪夺。

【译文】

利用错误传播错误,利用讹传播散讹传,移花接木,巧妙地取,勇猛地夺。

【事典】

吴汉以讹赚彭宠

王郎起兵,自立为王,因为他诈称是汉室的后人,一时河北望风披靡。吴汉逃亡到渔阳,听人说起刘秀要打回来,就说服太守彭宠,把两郡的精锐兵马汇合在一起,依附刘秀,进攻邯郸。

彭宠却愁眉不展。他的部将见王郎势大,都争着要依附王郎,彭宠也很难说动他们。他对吴汉说:

"这件事再从长计议,你还是先请回吧!"

吴汉告辞出来,在外面停下脚步,盘算着用什么办法来说服彭宠和他的部将。他苦思冥想,这时候,前面路上走过来一个人,看样子像是个儒生。吴汉就叫人把他叫了过来,请他吃东西,然后问他都听到了些什么。

儒生说,刘秀经过的地方,郡县都纷纷投靠、依附刘秀。

吴汉喜出望外,连连点头。他当然知道,儒生弄错了,他是把王郎当作了刘秀。但他决定将错就错,让彭宠归附刘秀。

他留住儒生,又伪造了一封刘秀写给渔阳太守彭宠的信,信上列举了王郎的种种恶行,要彭宠带人征讨王郎,匡扶正义。写好书信,吴汉就让儒生把信带给彭太守,要他把自己所听到的讲给彭宠听。当儒生正在讲他的见闻时,吴汉走了进来,对太守说:

"这是我们成就大事的机会,不可错过。请您早做决断!"

彭宠想了想说:

"就这样决定吧!就请将军带精兵南下,征讨逆贼王郎!"

吴汉领命,率领精锐骑兵数千人,与上谷太守耿况的部将寇恂等人南下,协助刘秀,迅速攻克了蓟、涿郡(今涿州)、巨鹿郡(今平乡西南)、清河郡(今清河东南)、河间(今献县东南)所属的各县,歼灭王郎部卒三万余人。

【解读】

吴汉所用的,当是移花接木之计。儒生所说的郡县归附云云,当是王郎。因为王郎当时打出的是汉成帝儿子的旗号,人心思汉,故而都归附于他。但吴汉不但没有说破,反而要他去说给太守彭宠听,激发彭太守做出最后的选择。伪造刘秀的书信,是为了更加坚定彭宠的信心,因为刘秀本人请他,和吴汉劝他,效果显然是有所不同的。

当一个人在两者之间难以做出选择时,是因为二者利害均等,力量相同,就像天平两边放上了相同的砝码。在这种情况下,不一定非要强去说服他,只是像吴汉这样,稍稍动一下手指,四两拨千斤,平衡打破了,决定自然会做出的。

【原文】

敌快我慢,以智缓之;敌强我弱,以计疲之。

【译文】

敌人快我方慢,就用智谋来使敌变慢;敌人强我方弱,就用计策来使他们疲惫。

【事典】

晋明帝敌营巧脱身

晋明帝得到密报,说王敦要举兵谋反。

晋明帝是个极为聪明的人,其实他早就看出王敦野心勃勃,有篡位的图谋,但自己登基不久,王敦又重兵在握,因此一直忍耐着,待机而动。最近听说王敦得了重病,晋明帝就决定趁机除掉王敦。没想到王敦现在要先发制人,图谋不轨,他决定亲自去一探虚实。

他换上便装,骑着一匹快马,来到了於湖。他暗中查探了一遍王敦的营垒,然后出来。卫兵发现了他,看他长相奇特,就怀疑他是探子。这时王敦正在营帐中养病,他昏昏沉沉地睡着了,梦见了太阳环绕着城墙,他大吃一惊,从梦中醒来。正好卫兵来报,就问出了什么事。

卫兵说:

"大将军,刚刚有个长相奇特的人从营中出去了。"

王敦连忙起身道:

"哈,一定是黄须燕卑奴来了!"

原来,晋明帝的母亲荀氏是北燕代国人,晋明帝长相和母亲很像,又长着黄色的胡须,因此王敦骂他为黄须燕卑奴。

于是他连忙下令:

"你们赶快去追,一定要抓住他,给我带回来!"

卫兵领命,上马去追晋明帝。晋明帝见情况有变,赶紧打马急驰。

卫兵们发现了他,就大声叫道:

"大将军有令,抓住那个人!"

于是,烟尘起处,一队人马向晋明帝逃走的方向追去。

晋明帝打马狂奔,但后面的喊叫声越来越近。他骑的是好马,但骑马的技术却很一般。这时,他看见路边有一个草棚,一个老太太在卖东西。他勒住马,拨马过去,给了老太太一块银子,对她说:

"我的朋友骑马从后面赶来,你把这根鞭子交给他们,他们还会给你钱的。"

他把手中的七宝鞭交给老太太,又急驰而去。

转眼工夫,追兵到了,他们问老太太:

"看见一个长着黄胡子的人跑过去吗?"

老太太说:

"看见了。你们就是他的朋友吧?"

几个卫兵们互相看了一眼,说:

"有什么事吗?"

老太太说:

"他有件东西,让我交给他的朋友。如果你们是,我就交给你们。如果不是,就赶快赶路,别耽误我的时间。"

卫兵们忙说:

"我们当然是他的朋友。有什么,快给我们!"

老太太拿出七宝鞭,说:

"先拿赏钱,再交东西!"

卫兵们只好凑了几个钱,才拿到了鞭子。这是皇帝使的马鞭,当然不同一般,上面缀着七色的宝石,因此才叫七宝鞭。

他们反复看着,不禁赞叹:

"真是一个宝物!"

"这怕要值很多银子!"

他们小声商量着。一个人说:

"要是捉住了那个黄胡子,这件东西就得上缴,那就没我们的份了。现在他逃远了,我们追不上。这鞭子我们不说,就没人知道。再找机会把它卖了,银子我们大家平分。"

大家都连声叫好。他们发誓都不把这件事情说出去。然后,他们上马,大声叫喊着追了一阵,就回营复命,说贼人已经跑远,追他不上。

【解读】

在故事的开始,晋明帝似乎并没有传说中的聪明。以万乘之尊,居然深入险地,而对方又是老谋深算的王敦,无异于把头伸到老虎口中。其实,要探知虚实,派个精明的探子去也就够了,何必要亲自去冒险。这恐怕连勇敢都够不上,只能称之为鲁莽。

但晋明帝毕竟聪明,他临危不乱,用一条马鞭拖住了敌人。

他前面的失误与聪明与否无关,而是由于他缺乏政治和人生经验;而后面的成功却是他深谙人的本性的结果。追兵们果然为了贪图一条珍贵的鞭子放走了他这条大鱼。

当你无法跑得更快时,就要想到如何让追你的人跑得慢些。干扰和诱惑在这里会同样奏效的。

【原文】

釜底抽薪,此消彼长。敌缓则我速,敌弱则我强。此亦机变也。

【译文】

从锅下面抽出柴火,这方消退,另一方就会增长。敌人慢了,就等于我变快;敌人弱了,就等于我变强了。这也就是迅速适应事物的变化。

【事典】

韦孝宽智拖追兵

朝廷颁下诏书,由韦孝宽代替尉迟迥,做相州的总管,又命小司徒叱列长叉担任相州刺史。两个人接旨,叩谢皇恩,叱列长义先行一步,到了邺城,韦孝宽也随后跟进。

韦孝宽为人深沉缜密,他知道此行干系重大,因此有如履薄冰的感觉。一年前,北周宣帝驾崩,宣帝只有八岁的儿子宇文阐即位做了小皇帝。在内史上大夫郑译等的策划下,矫诏命杨坚入总朝政,都督内外诸军事。同时,又以赵王宇文招将嫁女于突厥为名,把北周在外的藩王都征召到京城来,防止他们叛乱。这样,杨坚便以左大丞相的身份迅速掌握了军政大权。

杨坚治国有方，又礼谦下士，很受人们的拥戴。当然，他也有一些反对者，相州总管尉迟迥就是其中的一个。他是皇戚，又是朝廷重臣，手中重兵在握，是个很危险的角色。这次朝廷派韦孝宽去接替尉迟迥的职务，就是要削弱尉迟迥的权力。

韦孝宽到了朝歌，尉迟迥就派他手下的大都督贺兰贵去慰问韦孝宽，还带来了尉迟迥的亲笔书信。韦孝宽留下贺兰贵，同他聊了起来。他见贺兰贵说话闪烁其词，目光露出奸诈，心知一定有变。

第二天，韦孝宽突然病了。贺兰贵忙来问候。韦孝宽就说：

"没什么，只是一路颠簸，再加上受了些风寒，引发了老病。请你先回去见尉迟大人复命，我休息几天，随后就到。"

然后，他又吩咐从人到相州去求医买药。于是，朝歌上上下下都知道朝廷派到相州的韦大人在这里生病了，而且还病得不轻。

他们没有想到，就在这个时候，韦孝宽已经秘密离开朝歌，向相州进发。

到了汤阴，他听到叱列长叉奔逃而回的消息，察知了原因，果然尉迟迥不顾一切，要起兵谋反，讨伐杨坚。现在情况十分危急了，尉迟迥一定会派来人马除掉他。他也快马加鞭，拼命向回赶。

一路上，经过桥梁，他就叫人把桥拆掉；到了驿站，就命人把所有的马都带上，簇拥着跟随自己。他吩咐驿站的官员：

"蜀公尉迟大人的人马快要到了。你们要备些美酒佳肴和珍奇果品来招待他们。一定要他们满意才行。"

果然，很快尉迟迥派出的几百名捉拿韦孝宽的骑兵到了驿站，驿站的人因为有韦大人吩咐，不敢怠慢，为他们备下了丰盛的酒席。士兵们赶路又渴又饿，见了好酒好菜，当然要饱餐一顿。到了下一个驿站，又是同样的招待，这就大大耽误了他们的行程，使得韦孝宽得以脱身。

不久，尉迟迥就大举起兵讨伐杨坚，各地居然有不少地方势力响应他，兵马竟达几十万。朝廷派韦孝宽为行军元帅，东讨尉迟迥。韦孝宽先是在沁水大败尉迟迥儿子率领的十万大兵，继而又攻破邺城。尉迟迥兵败，见大势已去，只好自杀。从起兵到失败，只有六十八天。尉迟迥一死，群龙无首，叛乱很快就平息了。

【解读】

韦孝宽处理事情十分妥当，确实有大将风度。他知道尉迟迥会对这项任命不满，就故意在中途滞留，暗中静观其变。当受到追杀时，他也采取了干扰敌方的办法，拖住了敌人，也就保全了自己。

谋无定法。关键在于灵活运用，因地制宜。比方说，他经过桥梁，就想到了毁掉桥梁；路过驿站，就带走马匹，使追兵无法换马；他还想到用酒宴的方式拖延追兵的时间。而可贵的是，这些看上去是瞬间的灵感，其实都与平时的思索与留心观察是分不开的。

【原文】

危在我,而施于人。故我危则人危,人不欲危,则必出我于厄难。

【译文】

我有危险,就把危险加在别人身上。所以我和别人一同处于危急中,别人不想这样,就一定会把我从危难中解救出来。

【事典】

张丑丢珠过燕关

齐国的大臣张丑作为人质,来到燕国。后来齐燕关系紧张,燕王就要杀他。张丑得知了消息,就要逃回齐国。在边境,他被守卫边境的官吏捉住了。

张丑不慌不忙地对他说:

"你知道为什么燕王要杀我?是因为有人说我有一颗宝珠,你们大王想得到它。但我已经把那颗宝珠给弄丢了,燕王不相信我的话。今天你把我送到燕王那里,我就说你抢走了我的珠子,吞到了肚子里面。燕王一定会杀了你,剖开你的肚肠。要想得到君王的赏识,千万不可以用财物博他的欢心。我要是被杀死了,你的肠子也会一寸寸地被截断。"

守境的官吏又惊又怕,就把张丑放走了。

【解读】

张丑为了过关逃命,没有采用通常贿赂的手段(或许是逃得匆忙,没有带上足够的钱,或许是舍不得),而是对守关的官吏说了一通威胁的话。但他的威胁居然见了效,守境的官吏居然放过了他。

张丑编造了一个谎言,他说燕王之所以要捉他,是因为一颗丢了的宝珠。他威胁守境官吏,把守境官吏和自己拴在了一起。守境官吏不愿为他担什么风险,更害怕被他乱咬乱攀,不如放了他息事宁人。

张丑算得上机智。他现场发挥的本事很好,没有穿帮,就顺利过关了。他的这个计策尽管有些近乎无赖,但为了逃命,也还可以原谅。

讽谏第十一

【原文】

讽,所以言不可言之言,谏不可谏之谏。

【译文】

含蓄的讽喻,用来说出不能说出的话,直爽地说出不能规劝的诤言。

【事典】

东方朔巧谏汉武帝

汉武帝的乳母因为在宫外犯了法,被奏报汉武帝。汉武帝很生气,以为乳母仗着他的权势在外面胡作非为,就要严加惩处。乳母被关在狱中,很快就要行刑,又急又怕,就托人要东方朔去见她。

东方朔见到乳母,乳母流着泪说:

"皇上不讲情面,竟然要砍我的头。先生一定要向皇上求情,救我一命!"

东方朔说:

"朝中的大事,都是皇帝一人说了算,皇帝现在已经降下旨意,我说又有什么用?"

乳母拉住东方朔的衣角,不肯放手,一面哭,一面说:

"先生足智多谋,口才又好,有好多次,大臣们劝不了皇上,可先生一句话,就说服了皇上。现在就可怜可怜我吧!"

东方朔想了想,就说:

"这件事不是用言语所能说服的。你要是希望得救,就一定要在临赴刑场时频频回头看着皇帝,切不可说话,这样也许还有一线希望。"

临刑那天,汉武帝为了表示不忘旧恩,就命人把乳母带到宫中见最后一面。东方朔在汉武帝身旁也被赐座。行刑的时间到了,士兵们押着乳母向刑场走去。乳母临行时,一步一回头,望着汉武帝。东方朔大声叱责说:

"你看什么,老傻瓜? 皇帝如今已经长大成人,难道还会靠你的乳活命吗?"

他又对卫兵说:

"快些把这个老不死的脑袋砍下来!"

"慢!"汉武帝站起身来,对卫兵说,"寡人差点做了件糊涂事。"

他走到乳母身边，亲自为她解开绑在身上的绳子，下旨赦免了她。

【解读】

东方朔在这里玩的是他的老花样，仍然是讽谏，但效果还不错。他骂奶妈的话其实句句刺向汉武帝。可能是他平时嬉皮笑脸惯了，而武帝又毕竟是明君，加上他说得在理，汉武帝就接受了他的劝谏。

当然，除了上面提到的因素，我们也别忘了其中最重要的一点，即东方朔暗中包含的意思（忘恩负义）代表了一般百姓和士人的想法，如果只是他一个人有这样的看法，汉武帝顶多不去追究他，却不会改变自己的决定。而东方朔也正是抓住了这一点，才敢于这样冒犯天颜。

【原文】

谏不可拂其意，而宜恤其情。谏人者宜为人谋，不为己虑。

【译文】

劝谏不能忤逆对方的意愿，而是应该对之加以体谅。劝谏别人，应该为对方考虑，而不是为自己打算。

【事典】

狄仁杰智保大唐

武则天的晚年，在所有的朝臣中，最信任的就是狄仁杰了。凡有大事，都要与狄仁杰商量后才能做出决定。

狄仁杰精忠报国，为国家做了许多好事。他敢于在朝堂上与武则天据理力争，甚至当武则天大发雷霆时，他仍然神色不变，侃侃而谈。当然，武则天最终总是采纳他的建议。武则天信佛，有一次要造一尊大佛像，估计要费数百万两银子。国库无钱开销，武则天便下了一道诏书，让僧侣们每人每天节约一文钱襄助此事。狄仁杰说："工程是由人干的，不能靠鬼神；财物不是上天赐给的，而是土地生产的。虽说是让僧侣襄助，那也必转嫁到百姓身上。如今边境不太平，国家应少向百姓摊派，宽省民力。即使是国家出钱雇工，那么雇工一来，必然影响农业生产。再说，无论如何，政府也要有所耗费，否则佛像是建不成的，既费官钱，又耗民力，一旦边境有警，可就没钱支持边防了。"武则天觉得有理，建造佛像的事情就此作罢。

武则天有一项重大的决策要同狄仁杰商议。这件事纠缠了她好久，她希望狄仁杰能够帮她做出最后的决定。武则天自立为大周皇帝，现在她正在考虑立嗣问题。一些大臣希望立李氏子嗣为太子，而武则天的侄儿武承嗣和武三思也是三番五次，托人游说武则天，希望立他们为太子。于是，武则天来到了相府，来征求狄仁杰的意见。

"国老,朕想就立太子的事情与你商量一下。"武则天说。

"那么皇上心目中早已有了合适的人选吧?"狄仁杰说。

"朕想立武三思为太子,你意下如何?"

听了武则天的话,狄仁杰沉思了半晌,对武则天说:

"陛下是武三思的姑姑,庐陵王的母亲。您想想,是姑侄近呢,还是母子近?陛下立儿子为太子,千秋万岁后可以配享太庙;如果立侄儿为太子,我却从没有听说过有侄儿做天子,而附姑姑于太庙的。"

武则天沉默不语,过了一会儿,又说:

"这是朕自家的事,爱卿就不要参与了吧!"

狄仁杰正色说:

"陛下以四海为家,四海之内,还有什么事不是陛下的家事?君臣本是一体,君为元首,臣是股肱。况且,我又是宰相,有什么不能参与的呢?"

武则天叹了一口气,她终于想通了。第二天,她下诏立庐陵王李显为太子,并亲自把太子迎回到宫中。

【解读】

狄仁杰说服武女皇,也是站在武皇的角度,并抓住了武皇的心理。

武则天的心理是什么?她拥有了世界上最强盛的国家,拥有了最大的荣耀和最高的权力,她还会要些什么?

狄仁杰

她要的是名,是千秋万代的景仰。她的墓碑上没有刻字,似乎是不以对她的评价为意,但事实上却正好说明了她在意,极为在意,才最终做出这种举动来。

帝王生前荣华富贵,死后也要受到祭祀。武则天要立武三思为太子,也正是考虑到他们都姓武:我武氏的天下,当然要传给姓武的了。但狄仁杰打破了她的这种不切实际的想法:从来没有见到过皇帝祭祠过自己的姑姑;而且就血缘上讲,儿子要比侄子近得多。把权力交给最近的人和保证受到祭祀,这两点最为关键,正是此刻武则天最为关切的。指出利害,莫过于从这两点入手了。

但狄仁杰真的是为武则天着想吗?未必。他关心的是李唐,是国家的利益。但他却避开了这一点,而从武则天的切身利害入手,既达到了目的,又看上去是在为武皇帝着想。武则天如此聪明,不会看不出来,但说的两点也确实有道理,也只有接受的份了。要是这件事落到那些腐儒们的手中,不知要闹出什么事来。武则天看重狄仁杰,不是没有道理的。

【原文】

或激之勉之,以达其意。

【译文】

或者是激励劝勉,来表达用意。

【事典】

晏婴讽谏救人

晏婴踏进宫门,看到大家的神色都很紧张,就知道一定出了什么事情。

晏婴心里很清楚,作为一国之君的齐景公性格暴烈,又爱喝酒,喝了酒常常会发脾气,很多人都被他施以刖刑。他问左右,果然是一个人不小心惹齐景公发了怒,齐景公盛怒之下,命令手下将这个人的四肢分解。他担心大臣们劝谏,啰里啰唆地没个完,就同时下令,有敢于劝谏的,斩首。

这样一来,大家都默不作声了。看见晏婴来,都不由得松了一口气。那个犯了过失的人的眼中也闪过一丝希望:在齐国,齐景公唯一敬重的,就只有晏婴了;也只有晏婴,才能说服得了齐景公。

晏婴不慌不忙,走向前去,问明了缘由。大家以为他要开始劝谏大王了,谁知他却淡淡说了一句:

"果然该杀!"

大家暗中长长叹息,连晏大夫都这样说,这个人铁定没救了。但一个人被当众肢解四肢,又实在太残忍了。他们不敢看,却也无法走开。

这时,刀斧已准备好了,只等着行刑。

晏婴走到那个人的前面,那个人脸色苍白,目光呆滞,一句话也说不出来。晏婴从一个刀斧手的手中抢过一把刀,另一只手持着那个人的头,两目炯炯,仰着脸问齐景公:

"大王,请告诉我,古时候贤明圣哲的君土肢解人,是从哪里开始下刀?"

齐景公幡然醒悟,他离开座位,下令说:

"放了他吧!"

然后走到晏婴面前,对晏婴说:

"刚才都是寡人的错,多谢你提醒了我!"

【解读】

刘向在《说苑》中指出,谏有五种方法:"一曰正谏,二曰降谏,三曰忠谏,四曰戆谏,五曰讽谏。"晏婴的谏法应该归到讽谏中去。

讽谏,顾名思义,不是正面提出意见,而是巧妙地通过其他方法进行讽喻,让君王知道自己做得不对,进而纠正自己的错误。晏婴并没有对齐景公的做法提出任何不同意见,而是绕了个大弯子,搬出了古代的贤君来,暗中同齐景公的行为方式加以对照。这样就一下子提醒了齐景公。

正谏是那些忠臣们爱做的,除非对方是明主,否则效果都不好。有时不但说服不了君主,还会把他们逼到一个极端。这方面的例子远的近的都有,这里就不多说了。

【原文】

或讽之喻之,以示其谬。

【译文】

或讽谏和劝谕,来说明对方的失误。

【事典】

郑涉智劝刘玄佐

唐代名将刘玄佐镇守河南时,一次因为听信了谗言而大发雷霆,下令要将军将翟行恭斩首。军令如山,加上刘玄佐平素八面威风,下面的人没有一个敢去为翟行恭求情,只好暗自着急。

处士郑涉,说话一向诙谐隐晦,听说这件事后,他就去见刘玄佐。一见面,他就说:

"将军,我有件事要来求你。"

刘玄佐没有答话,只是用鼻子重重地哼了一声。

郑涉却说:

"这件事很容易,并不会使将军为难的。我听说将军要杀死翟行恭,到时候可一定要让我见见死尸。"

刘玄佐本以为他是来为翟行恭求情的,没有想到他会说出这种话来,又吃惊,又奇怪,就问:

"为什么?"

郑涉一本正经地说:

"过去从书上读到过,说是蒙冤而死的人,死后脸上会有异象。我活了这么久,还没有见到过,因此想借此机会看一下。"

刘玄佐听了,哈哈大笑,于是下令放了翟行恭。

【解读】

人在气头上,不能戗着说,哪怕你再有道理。还是郑涉做得对,先提出个怪异的要求,弄得刘玄佐也好奇起来,把他吊足了胃口,再暗示对方实在有些冤,于是,一切问题都在笑声中解决了。

试想,如果郑涉直接为那位军将喊冤,就得拿出证据来,问题就会越弄越复杂。而郑涉置身事外,他也不一定能够拿出充足的证据来。这还是往好里说。如果惹得刘玄佐发火,把他一块斩了也未可知。

当然,现在的问题是,人们遇事都绕着走,像这样肯为别人说话的人是越来越少了。

【原文】

进而推之,以证其不可行也。

【译文】

按对方的思路推进,来证明对方主张的不可行。

【事典】

简雍笑语除弊法

刘备登基做了皇帝,一心要使国富民强,好匡复汉室,统一天下。

这一年天旱,刘备担心百姓的粮食不足,就下诏禁止私人用粮食酿酒。官吏们只要从百姓家中搜出造酒的工具,就要依法惩处。

简雍是刘备从小的朋友,多年来一同患难。这天,他陪刘备一同出游,在路上看到一队士兵押着几个人走了过来。简雍自言自语地说:

"诸葛丞相治蜀,路不拾遗,夜不闭户,这些人不知犯了什么罪?"

于是他叫住士兵,问是怎么回事。

士兵说:

"回大人,在他们的家中发现了造酒的工具,因此押回去处罚。"

简雍点点头,没有说什么。过了一会儿,看见一男一女在一条路上走,简雍就大喊:

"来人,快抓住他们!"

刘备一头雾水地问道:

"人家好好地走路,为什么要抓人家?"

简雍说:

"主公,抓他们是有道理的,他们犯了罪嘛!"

刘备更加奇怪了,说:

"我真让你弄糊涂了,他们犯的是什么罪?"

简雍理直气壮:

"他们犯的是通奸罪!"

刘备生气地说:

"人家走路,你凭什么说人家通奸?"

简雍一本正经地说:

"因为他们已经备具了通奸的工具呀!"

刘备哈哈大笑,马上下令,不许再滥用刑罚。

【解读】

从这个故事看,简雍这个人很有趣。他套用了刘备的逻辑,把事情引入了荒谬,使刘备心服口服,既成功地劝谏,又逗得他开心,这样的事情办得真是漂亮。

给上级领导提意见,真的不必上个洋洋万言书,言辞激烈地指责对方,最好是就事论事,不要情绪化。因为这不是智者所为,当然,除非你有忠臣情结,则又当别论。

【原文】

谏不宜急而宜缓,言不宜直而宜曲。

【译文】

劝谏,不宜急躁,而应该和缓;话不宜太直,而应该委婉。

【事典】

魏徵尽忠谏昭陵

在古代,帝王在世的时候就要建造陵寝,以备自己千秋万岁后享用,并为后世所供奉、祭祀。

唐高祖的陵寝叫献陵,唐太宗的陵寝叫昭陵。

昭陵修好后,唐太宗的皇后先他葬在那里。

长孙皇后十三岁时就嫁给了唐太宗,只活到三十六岁就去世了。她为人非常贤德,喜好读书,生性俭约。当了皇后,她就要唐太宗不要让她的家里人在朝为官。她说,妾既然托身紫宫,尊贵已极,不愿兄弟子侄布列朝廷。她要唐太宗接受汉朝吕、霍家族的教训。当唐太宗非要她的哥哥长孙无忌做宰相时,她暗中要哥哥一定要辞掉这个官位。

皇后博得了所有人的敬重。她年纪轻轻就死去了,让朝野都感到悲痛。她被安葬在昭陵后,唐太宗就在苑中建起层观,以便观望昭陵。

这天,唐太宗正在向昭陵眺望,恰好魏徵有事来奏。唐太宗就拉魏徵来到观上,要他也一同看。魏徵仔细看后说:

"臣老眼昏花,看不见啊!"

唐太宗就把昭陵指给他看。

魏徵说:

"这是昭陵吗?"

唐太宗说:

"是。"

魏徵说:

"噢,臣以为皇上在观望献陵呢。若是知道在观望昭陵,那臣早就看到了。"

唐太宗顿时醒悟,泪流满面,于是下令拆毁了层观。

【解读】

魏徵长于正谏,一方面是性格使然,另一方面,他摸准了唐太宗英明过人,如果你说得对,他自然会采纳了,至少不会把你打成反党。

但从这个故事中,我们也看到了魏徵狡猾的一面。望望自己的陵寝,到底是人之常情,何况自己的夫人还葬在那里。但身为一国之君,应该首先考虑到江山社稷,然后是孝道,老是望着自己的陵墓总不太好,于是他也学着古人,来了一把讽谏。不然,为了一点小事,就泪流满面、一本正经地说这说那,不让人烦才怪。那样,魏徵也就不再是魏徵了。

【原文】

嬉笑之中蕴乎理,诙谐之中寓乎道。见君之过失而不谏,是轻君之危亡也。夫轻君之危亡者,忠臣不忍为也。

【译文】

在嬉笑中间蕴涵着理性,在诙谐中间包含着道义。看到君主的过失而不去劝谏,就是轻视君主的危亡。轻视君主的危亡,忠臣不忍心这样做。

【事典】

优旃笑语藏玄机

秦朝的优旃擅长说笑话,但他说的笑话都含有一定的道理。

优旃侍候秦始皇站在大殿上。秦朝的法律严明,没有命令,卫士们不允许随便移动脚步。当时天气寒冷,正下着大雨,武士们披着铠甲站在院子里。优旃想要解救他们,便同他们开玩笑说:

"喂,披铠甲的汉子,你虽然长得高大,但是却在雨中站着,我虽然长得矮小,却在殿上不至于被雨淋湿。"

秦始皇听到了,便命令武士们转移到屋檐下面。

一次,秦始皇想要建一个从函谷关到陈仓县的饲养动物的大园子。优旃说:

"这个想法很好,多放些野兽在园子里,敌人如果从东方来,就让麋鹿用犄角把他们顶回去。"

秦始皇大笑，于是打消了建园子的念头。

秦二世即位以后，想要给城墙刷上油漆。优旃又说：

"好！虽然老百姓会因此而加重负担，但是这件事大有好处，将城墙刷上油漆，宽广而平滑，敌人来了爬不上去，应该马上就办，这是件很容易的事情。"

秦二世讪讪地放弃了这个计划。

【解读】

优旃劝谏的方法真的是很好玩。他不是戗着你说，一口一个不行，一口一个行不通，而是顺着你的思路往前走。只不过他走得很远，让你看到了你的计划的前景到底是怎么个样子。

比如，秦始皇贪大求"洋"，要修建一个很大很大的动物园，这里面很有创意，当代的野生动物园大约就是这个样子。我们的秦朝老祖宗早在两千多年前就想到了，说一切在中国都是古已有之，看来也真的不是一句虚言。但那时候生产力水平不高，百姓的生活也不富足，修建动物园劳民伤财，看动物又不能当饭吃。于是优旃就说了，这样好，里面多放些动物，来了敌人，就可以用角把他们顶回去。这想法当然是异想天开，却让秦始皇看到了自己想法的不切实际，就放弃了。

秦二世和他的父亲秦始皇相比，在雄才大略上没法相提并论，在情趣和品位上也差得多。他居然想到了要在城墙上刷上油漆。他以为这样会很雄伟，很漂亮，这就有些像前些年时兴楼房外部镶上瓷砖或是用茶色玻璃一样，俗得可以。幸好优旃推断说，城墙又光又滑，敌人来了也爬不上来。于是打消了二世的主意。

优旃的讽刺实在是很尖刻，但他的工作性质就是这样讲些有刺激性的笑话，因此他不会受到惩罚。要做到优旃这个样子也真的不容易：必须有远见。他的讽刺来自他的见识，来自他对事物本质深刻的把握。深刻才能做到尖刻。

中伤第十二

【原文】

天下之至毒莫过于谗。谗犹利器，一言之巧，犹胜万马千军。

【译文】

天下最为恶毒的没有超过进谗的了。谗言就像利器，一句巧语，就会胜过千军万马。

【事典】

郑袖巧智谗美人

魏国的国君送给楚怀王一个美女，楚怀王对她宠幸极了，每天下朝，都先要见到那位美人，然后才能做其他的事情。美人不在身边，楚怀王就总感到少了些什么，闷闷不乐。

楚怀王的夫人郑袖，心机深沉。她担心楚怀王迷恋新人，会让自己失宠不说，弄不好，可能连夫人的位置都保不住。假如有一天，那个美人对大王说，大王，我想当夫人，大王一时高兴，说不定真的会让她取而代之。就算那个美人不想这样，也难保她周围的人不贪图富贵荣华，唆使她这样做。这样的事情郑袖听得多了，她深知，即使在后宫中，世道的莫测和人心的险恶，一点也并不比外面差。

她决定除去这个隐患。

但她非但没有为难那位美人，反而比楚怀王对她还要好。美人喜欢穿什么，她就叫人去做；美人喜欢玩什么，她就叫人去买房间和家具，也都挑选美人最喜欢的安置。美人很满意，大王更高兴：

"女人靠美色取悦丈夫，嫉妒也是人之常情。现在郑袖知道寡人喜欢这位新人，喜欢她甚至超过了寡人，这真是孝子侍候双亲，忠臣侍奉君主的行为呀！"

得到了不妒的美名，又取得了美人的信任，她与美人过从更加密切了，简直无话不谈。一天，她对美人说：

"你知道，大王爱你，是因为你长得美。但大王不太喜欢你的鼻子。"

"姐姐，那我该怎么办呢？"美人问。

郑袖想了想，说：

"人嘛，应该多露出美的地方，掩盖住丑的部位。你见到大王，掩住鼻子就于是,美人见到楚怀王,就用手遮住自己的鼻子。

楚怀王对郑袖说:

"奇怪,怎么新人一见到寡人,总是用手捂住鼻子?"

郑袖说:

"我倒是知道原因,不过大王还是不听为好。"

怀王说:

"说嘛,难听的话,也要说出来。"

郑袖犹豫再三,终于说:

"她好像是嫌大王身上有异味。"

怀王大怒:

"这个泼妇!"

于是,他命令手下割掉了新人的鼻子。

【解读】

郑袖能够在历史上留下名字,不仅是因为她美貌,更主要的是由于她的歹毒。君主们以玩弄女性为乐事,女人们身在深宫,处于被奴役的地位。她们只有得到了君王的欢心,才会得到某种尊重和权利。因此,后宫争宠就不是什么意料之外的事了。

从某些方面看,郑袖也多少令人同情。她本来被楚怀王宠爱,但由于来了新人,她就像一件穿旧的衣服一样被抛在了一边。她唯一的出路也只能是除掉新人,加固楚王对她的宠爱。她做得十分巧妙。

郑袖的歹毒有着一整套计划,而不是一时冲动的结果。要实行这一计划,既要得到美人的信任,也要在大王面前留下不妒的好印象。不然,她进谗也好,设置圈套也好,人们就不会相信。这一点十分重要。

【原文】

谗者,小人之故伎。口变淄素,权移马鹿。逞口舌之利剑,毁万世之基业。

【译文】

中伤,是小人常用的伎俩。用嘴就可以改变黑色和白色,用权力可以指鹿为马。用口舌的利剑,可以毁掉万世的基业。

【事典】

骊姬设计害太子

晋武公死后,他的儿子诡诸当了晋国的国君,就是晋献公。

晋献公五年，在征讨骊戎的时候，他得到了骊姬姐妹。姐妹两人漂亮可人，晋献公十分宠爱她们。

过了几年，骊姬生下了奚齐。晋献公爱屋及乌，就想把太子废掉，立奚齐为太子。于是他就说：

"曲沃是我先祖宗庙所在的地方，蒲地靠近秦国，屈地邻近翟国。那里没有我的儿子们看守，我放心不下。"

他下令太子申生去了曲沃，公子重耳到了蒲地，公子夷吾到了屈地。献公一共八个儿子，这三个是其中最贤能的。晋献公得到了骊姬，就和这几个儿子疏远了。

晋献公私底下对骊姬说：

"我要废掉太子，让奚齐代替。"

骊姬流泪说：

"太子被立，诸侯都知道了，而他几次带兵打仗，老百姓都拥戴他。怎么能因为贱妾的缘故废掉太子而立庶呢？您要是这样，我就自杀。"

骊姬是个极有心计的人。她所做的一切事情就是让自己的儿子继承王位。她夸奖太子，不愿废掉太子，是因为担心自己的儿子太小，羽翼未丰，而太子申生威望很高，废掉他会受到大臣们的反对。她知道，要让奚齐安安稳稳坐上国君的宝座，就得下决心把奚齐继位道路上的一切障碍彻底除掉。

一天，骊姬派人告诉太子：

"国君梦见齐姜了，太子快些替国君祭奠她。"

齐姜是齐桓公的女儿，她美丽贤良，但生下太子申生不久就死了。

于是太子申生就祭奠了母亲，并向晋献公献上了很多好吃的。正好晋献公出去打猎，骊姬就在里面下了毒。晋献公打猎回来，下人把申生送来的美味拿上来，献公刚要吃，骊姬在一旁劝阻说：

"这些东西远道而来，应该先试一试。"

于是，把东西倒在地上，地上起了变化；给狗吃，狗被毒死；给小臣尝，小臣也死去。

骊姬哭着说：

"太子怎么忍心！为了当国君，连父亲都要杀死，何况别人了。太子这样做，不过是因为妾和奚齐的关系。我和奚齐愿意到别的国家去。早先您要废了他，我不同意，现在看，我真是错了。"

太子听说，就逃到了新城，后来又在那里自杀。骊姬又对晋献公说，下毒的事公子重耳和夷吾也都知道。两个人一开始还为申生喊冤，后来看到自己都被牵连进去了，惊恐之下，就逃到了别的国家。

【解读】

骊姬想要亲生的儿子成为太子，本来很容易达到目的，因为晋献公自己就有这个打算。但当献公提出这个想法时，她却哭着拒绝。这说明这个女人是何等的工于心计，因为她一方面不想背个恶名，另一方面她也知道，太子和其他王子也不会服气。一旦献公死去,那些大权在握的王子们哪能把她们母子放在眼里,还不是我为鱼肉,人为刀俎。因此,从长远计,她必须斩草除根。

伪装和陷害,是进谗陷害的不二法门。骊姬深谙此道,她做得也算是成功,使申生自杀,重耳、夷吾逃到了国外。但她忘了一点,就是害人者必自害。后来她们母子的下场很惨,说明了靠不正当的手段只能得逞于一时,却不会得逞于永久。

【原文】

或诬之以虚,加之以实,置其于不义。

【译文】

或者用不实之词加以诬陷,弄假成真,把对方放在不义的境地。

【事典】

甘茂诬言保相位

秦国的相国甘茂最近心神不定。平时对他信任的秦王,开始对他疏远起来,转而喜欢起将军公孙衍。据甘茂得到的消息,大王近来常和公孙衍私下交谈,而把他这位堂堂相国晒在一边。

更坏的消息还在后面。甘茂的手下又听到了一个令人震惊的消息:大王曾对公孙衍说过,要立他为相。

这个消息传到甘茂的耳中,甘茂想了半日,就去拜见秦王。

秦王见了甘茂,冷冷地说:

"相国来见寡人,有什么事情?"

甘茂躬身说:

"微臣是来向大王道贺的。"

"道贺? 怎么了?"秦王不解地问。

"道贺大王得了一位贤能的相国。"

甘茂的态度仍然恭谨。

秦王吃了一惊,忙说:

"寡人把国事交托给了你,哪里还有什么相国?"

甘茂不慌不忙地说:

"大王不是想任公孙衍为相国吗?"

秦王支吾说:

"哪有的事儿。你是听谁说的?"

甘茂稍停片刻,说:

"是吗? 不过臣可是听公孙大人亲口说的呀!"

秦王很生气,这么重要的事情都能泄露出去,这种人怎么能够信任? 于是,他很快就找了个理由把公孙衍放逐了。

【解读】

甘茂听到秦王要用公孙衍代替自己为相的消息,既没有闹情绪,也没有去四处活动,而是径直采取了最简洁的方式,去找秦王,保全自己的位置。

见到秦王,他没有更多地周旋,而是直截了当地摆出了这件事,当然,他是以道贺的形式说出来的。出其不意,这让秦王非常尴尬,因为没有过错而撤换丞相到底有些说不过去。但当听到甘茂说出这是公孙衍告诉他的,秦王就对公孙衍失去了信任。

甘茂就是这样用他得到的机密消息使秦王尴尬,然后再嫁祸给公孙衍。国君身边的重臣最忌口风不严,把国君说的话随便透露出去,就是对国君的不忠。于是,公孙衍在毫不知情的情况下,就被别人给踹出了局。

【原文】

或构之以实,诱之以过,陷其于不忠。

【译文】

或者用事实来陷害,诱使对方犯错,让他陷于不忠的处境。

【事典】

吕夷简设计除异己

吕夷简是宋仁宗时的宰相。他有才干,但喜欢玩弄权术。一方面,他为国家做了一些好事;另一方面,为了保住权势,他也在竭力排斥异己。

京兆府的雷简夫,隐居在家,不出来做官。枢密副使杜衍向皇帝推荐他,皇帝便召见他。他谈论起边防的事情来,很有见地,皇上很高兴,就想重用他。吕夷简却对皇上说:

"有口才的人,做起事来未必能行,还是先试试再说吧!"

于是给雷简夫一个小官,发落到外地去了。

枢密副使任布和吕夷简见解不太一样,曾多次发生冲突。吕夷简很讨厌他,就想罢他的官。

但任布为官严谨,除了能力略差些外,一时找不出太大的过错,但这难不倒吕夷简。经过一番了解,他知道任布的儿子任逊为人狂妄无知,就计上心来。

他找到任逊,称赞他年轻有为,敢于仗义执言,又对他说:

"国家兴亡,匹夫有责。现在国家太平,没仗可打,要立功,就只有立言了。"

任逊听了,十分高兴,以为遇到了真正能够赏识自己的人,就说:

"宰相大人说的是。我要上书言事,为国家尽一分力量。"

吕夷简赞赏地说：

"好啊！我们这些执政大臣，都难免有错。你出以公心，尽管参奏。如果你真的有所建树，我会推荐你做谏官的。"

于是任逊回去后就写了一份奏书，指出执政者的错误，里面也提到了父亲任布缺少才干。奏书到了枢密处，任布见儿子在胡说八道，又惊又怕，就悄悄把这份奏书压下了。

过了几天，吕夷简又催任逊上书言事，任逊再次上书，指责有人扣下了他的奏书。

皇上看了任逊的上书，就查问起这件事。任布无奈，只好向皇上承认是自己压下的。

皇上很生气，任布就解释说：

"臣的儿子从小就精神不太正常，他的话荒谬不经，我担心他侮辱了朝廷，所以才不敢拿出来。"

但无论如何，擅自扣压给皇帝的奏书，是一个错误。一位侍御史就上疏弹劾任布。这下子任布无处可逃，被贬了官，离开了京城。

任逊自己还留在京城，指望着吕夷简能给自己一个谏官当当，但没几天，吕夷简就找到一个借口，把他罢免了。他只好两手空空，投奔父亲去了。

【解读】

吕夷简挑动任布的儿子上书言政，目的是让他在枢密处的父亲给扣下。果然，任布上了当，他几次扣下儿子的上奏，就等于把绳子套在了自己的脖子上。吕夷简整人的招数果然是妙不可言，只是卑劣了点。

【原文】

宜乎不着痕迹，欲抑而先扬，似褒而实贬。

【译文】

中伤应该不露痕迹，想要贬，就要先扬，看上去是赞美，其实是贬损。

【事典】

姚崇巧贬魏知古

魏知古功劳、地位、声望与做宰相的姚崇不相上下。他原是姚崇所引荐，后来与姚崇并列相位，姚崇渐渐有些瞧不起他，就把他排挤到东都洛阳去专管那里的吏部事务。魏知古心里很不满。

姚崇有两个儿子在东都做官，知道魏知古是自己父亲提拔过的，就走魏知古的后门，谋取私利。魏知古到长安时，把姚崇儿子们的所作所为，都报告给唐玄宗。

一天，唐玄宗与姚崇闲谈，顺便问：

"你的儿子才能与品德怎样？现在做什么官？"

姚崇十分机敏，一下子就猜透玄宗的话中有话，就主动答道：

"我有三个儿子，两个在东都，为人贪欲而又不谨慎，必定会走魏知古的门路，不过我还没有来得及问他们。"

唐玄宗原以为姚崇要隐瞒儿子的劣行，听了姚崇道出真情，很高兴。他又问姚崇他是怎么知道的。姚崇说：

"在魏知古没有发达时，我提拔过他；我的儿子蠢得很，以为魏知古必定会因为感激我而容忍他们为非作歹，才去走他的门路。"

唐玄宗听了，认为姚崇为人正直，而轻视魏知古，觉得魏知古有负于姚崇，要罢他的官。姚崇又请求唐玄宗说：

"我的儿子胡闹，犯了法，陛下赦免他们的罪已是万幸，要是因为这件事而罢魏知古的官，天下必定以为陛下出于对我的私人感情而这样做，这就会有损陛下的声誉。"

唐玄宗认为他说得对，但还是把魏知古降为工部尚书。

【解读】

姚崇善于玩弄权术。他排挤魏知古，当魏知古出于对他不满，举报他儿子的不法行为时，他巧妙地扭转了局势，把天平倾斜到自己一边来。

首先，姚崇很敏锐，当皇帝有意无意地问起自己的儿子时，他就意识到皇帝知道了这件事。如果隐瞒，有百害而无一利，还不如全盘托出。但高明之处还不在这里，而是他说是魏知古为了感恩，才纵容他的儿子们。这就等于告诉皇上：第一，他过去对魏知古有恩，提拔过他；第二，他的儿子们为非作歹，不是自己管教不严，而是魏知古纵容的结果。姚崇在这里没有提到魏知古挟嫌报复，愈发让皇上感到是魏知古不对，是恩将仇报。但当皇上要罢魏知古的官时，姚崇又故做好人，为魏知古说话，更加显得魏知古的卑劣。姚崇能一直在仕途上顺利，真的不是仅凭运气。

【原文】

随口毁誉，浮石沈木。奸邪相抑，以直为曲。故人主之患在于信谗，信谗则制于人，宜明察之。

【译文】

随意地用嘴来诋毁来赞誉，可以使石头浮在水面，而木头沉入水底。奸人们的谗言，把直的会说成曲的。所以人君的问题在于相信谗言，相信了谗言，就会受制于奸人，人君应当加以明察。

【事典】

卢杞设计害忠良

卢杞相貌奇丑,脸面发蓝,人们称这是鬼色。他穿衣吃饭都很随便,毫不讲究。但他口才极好,能言善辩,又善于体察别人的心思,凭着一张利嘴,求恩固宠,谗害别人,成为历史上有名的奸相。

颜真卿在平定安禄山叛乱时立下了大功。当时安禄山的叛军所到之处,各处城池不是望风溃逃就是打出了降旗,唯独平原郡在颜真卿的主持下,屹立如山,大大地鼓舞了唐朝军民的士气。颜真卿性情正直刚烈,与卢杞这样的奸佞之人自然水火难容。卢杞很忌恨他,但颜真卿威望太高,又一时无从下手。

这时,忽然奏报藩镇李希烈反叛,卢杞大喜,知道机会来了。他对唐德宗说:
"李希烈还年轻,自以为功高,才不把朝廷放在眼里。要是派一位儒雅重臣,带去皇上的旨意,对他晓以大义,他一定会革心悔过。这样,不用费一刀一枪,就可以平定这场战祸了。"

唐德宗皱着眉头问:
"你看谁去合适呢?"

卢杞做出一副深思的样子,然后说:
"颜真卿是三朝旧臣,忠直刚决,名重海内。看来非他莫属了。"

唐德宗说:
"但他年纪大了,一旦有个意外……"

卢杞说:
"国家事大,个人安危事小。为了皇上的安危,颜大人自己也不会推辞的。"

唐德宗深以为然,就派颜真卿前去招抚。

颜真卿这时已经七十开外,他明知卢杞是在害他,却从容地来到淮西李希烈军营,对他宣示朝廷的旨意,但李希烈反意已决,坚持要自做皇帝,还让颜真卿做宰相。颜真卿破口大骂,被李希烈害死。

就这样,卢杞巧借他人之手,以表面上非常正当的理由,害死了一代忠良。

【解读】

卢杞是小人,小人多善揣摩人心。也许只有揣摩人心,他才可以利用别人的弱点,去逢迎、进谗和陷害。他痛恨颜真卿,正好李希烈谋反,他就找到了冠冕堂皇的理由,让颜真卿前去招抚,好借李希烈的手除掉颜真卿。他知道颜真卿性格刚烈,宁折不弯,一定会对反贼加以痛斥;也知道李希烈狂妄无知,心胸狭隘,一定会对颜真卿加害。当然,他更了解皇上,一定会轻信自己的花言巧语。他的一切计谋都顺利实施了,却忘了这同时会给他自己留下千载骂名。当然,也许他根本就不在乎。

【原文】

然此事虽君子亦不免也。苟存江山社稷于心，而行小人之事，可乎？

【译文】

但这类事情即使是君子也是难免的。假如心里想着国家，而去做小人所做的事情，行吗？

【事典】

文彦博一语贬狄青

狄青为人忠勇，屡立大功，却一直受到朝廷的猜忌。

大将在外，又手握重兵，皇帝放心不下，确也是常情。但猜忌和反对狄青的不是皇帝，而是满朝的大臣，甚至包括像欧阳修、文彦博这样的贤臣。

是狄青做事不慎，居功自傲吗？当然不是。狄青是士兵出身，脸上保留着宋代军士低贱的标记——"制"字。在当了枢密副使之后，宋仁宗曾劝他用药抹去，狄青回答说："陛下因为军功提拔微臣，不问门第，臣所以有今日，是因为脸上的刻字。臣愿留着，来激励士兵们。"他出身贫贱，曾有人附会说他是唐朝名臣狄仁杰之后，狄青并不愿冒认祖宗，他说："一时遭际，怎么敢自比狄仁杰。"在依智高败逃之后，有人曾主张报依智高已死，以此邀功，狄青却在没弄清之前不愿诬报。他为人缜密寡言，品行和武功在当时朝野广为传颂。每次出行，人们都聚在一起观看，甚至堵塞了道路。

压制狄青，是出于宋朝的国策。唐五代，藩镇手握重兵，不时兴风作浪，最终导致了唐朝的灭亡。宋朝的皇帝上了台，吸收了前朝的教训，采取了抑武重文的国策。从宋太祖杯酒释兵权，一直到将帅出征，都要由朝廷授以阵图、训令，将帅要按阵图行军打仗。而文臣们也担心狄青权力太重，会做出不轨的事情来。于是，他们纷纷上奏朝廷，要求罢免狄青。

宋仁宗毕竟不是个糊涂人，他很看重、也很了解狄青，一直对大臣的劝谏不以为然。

因此，在文彦博请求罢免狄青时，宋仁宗说：

"狄青是忠臣。"

文彦博说：

"太祖难道不是周世宗的忠臣吗？"

宋太祖赵匡胤当年是周世宗手下的大将，他对周世宗忠心耿耿，但后来手下诸将发生兵变，推他做了皇帝。

这句话极具杀伤力，点醒了皇帝，使他顿生疑虑。狄青失去了皇帝的信任，从此日子就更加难过了。

文彦博是位贤臣,但他确也干出了像这样自毁长城的蠢事。

狄青一心为国尽忠,总是冲杀在前,受赏在后。但因为他在军中威望太高,而宋朝又片面地吸取了唐朝诸藩反叛的教训,因而总是贬抑和猜忌他。

但宋英宗还是清楚狄青的战功和忠勇,对他一直重用。文彦博为了使宋英宗疏远狄青,不惜使出小人的手段:进谗。但文彦博毕竟是文人,懂得引经据典,谗进得也算文雅,反应也快。当宋英宗说狄青是忠臣时,他马上说,太祖不也是周世宗的忠臣吗?

太祖即赵匡胤,他原是周世宗的部将,但在陈桥士兵哗变时,他被推上了帝位。这就是说,尽管大将本人没有野心,但情势可能把他逼到这个位置。这件事极有说服力,使人难以辩驳。但其实并不是人人都是赵匡胤,更不能因噎废食。文彦博的忠心不能怀疑,但却不知变通,这也是宋朝的一大弊病。后来宋朝屡受外患,与这一国策不无关系。

赵宋是靠兵变得的江山,也最怕别人故伎重演,但也由此放松了军备。真是只知其一,不知其二。

【原文】

小人之智,亦可谋国。尽忠事上,虽谗犹可。然君子行小人之事,亦近小人,宜慎之。

【译文】

小人的智谋,也可以用在国事上面。为了对上面的忠诚,虽然进谗,也还可以。但君子做小人的事情,也近于小人了,应该慎重。

【事典】

卓敬进言取祸端

明太祖朱元璋死去,皇太孙朱允炆即位,他就是明惠帝,历史上又称建文帝。建文帝即位不久,他的叔父燕王朱棣从北平来到京师南京朝见他。

户部侍郎卓敬向建文帝秘密地启奏:

“燕王智虑超人,非常像先帝太祖。况且北平极容易聚粮屯兵,历来为兵家必争之地,金、元等强悍的民族都是由此地兴起的。所以,应该将燕王迁移来南京,以杜绝祸根。事物在萌芽状态而未露端倪的时候叫几,把握时机而有所作为叫势。势如不发展到顶头是不容易被断绝的。几如不非常明显是不容易被觉察到的。”

建文帝见奏后大惊。第二天,他召卓敬入宫,对他说:

“燕王是朕的骨肉至亲,您为何要如此说话!”

卓敬回答说：

"隋朝的文帝和杨广不也是父子吗？"

杨广就是隋炀帝，他先是阴谋进谗，废掉了太子杨勇，又趁父亲隋文帝病重，杀死了他，夺取了帝位。

虽然当时建文帝没有接受卓敬的主张，但卓敬的话在他心里扎了根，后来他之所以撤藩，也是出于维护中央集权、削弱藩王势力的考虑。

【解读】

卓敬的进言可以说是为了巩固新皇帝的地位，但这一进言却有很多问题。首先，他考虑的只是皇帝本人的进退，而不是国家和国计民生的大计；其次，他对朱棣的担心也没有多少根据，只是说燕王行为举止像明太祖，北平又容易聚粮屯兵。其实，像削藩这类大事，应该慎重进行。怀疑一个人的忠诚，也绝不能仅仅凭他的长相，和他所据的位置。

卓敬的感觉还算敏锐，但他的进言明显缺乏说服力，因此没有被皇帝采纳。但他最后那句话很有力，这句话和文彦博说狄青的话如出一辙。而他们，也都算是忠心为国，但进的仍然算是没有根据的谗言。

美色第十三

【原文】

乱德则贤人去,失政而小人兴。国则殆矣。

【译文】

扰乱了德行,贤者就会离去;耽误了政事,小人就会得势。那样国家也就衰落了。

【事典】

明武宗失德纵淫欲

明武宗十分信任武将江彬,开始是由于江彬作战英勇。

在一次平定反叛的战斗中,江彬中了三箭,有一箭是从耳朵后面穿出,但江彬拔出箭来,继续战斗。

而江彬为了进一步得到皇帝的喜欢,就刻意让明武宗微服出访。当然这样做的目的不是要让皇帝了解民间疾苦,而是引他到教坊寻欢作乐。

明武宗从小长在深宫,宫里规矩太多,一直觉得没有意思。现在到了民间,感到这些女子真是风情万种,就沉迷其中,哪里还顾得上朝政?

江彬对皇帝说:

"宣府乐工中有很多美女,不如到那里走走,既可以了解边境的情况,还可以寻寻开心,何必闷在深宫中。"

皇帝听了很高兴。他们就微服远行,经昌平,到居庸关,传令开关。巡关御史张钦拒不奉命,持宝剑坐在关门下,说:

"敢言开关者斩。"

明武宗不得已,只好返回昌平。几天后,张钦出巡白羊口,明武宗急忙下令,让谷大用代替张钦,乘机出关,九月间到达宣府。

他们如同鱼入大海,每天出入教坊,和女人们混在一起。江彬在宣府为明武宗营建镇国府第,将豹房所储珍宝和巡游途中收取的妇女纳入府中。明武宗每次夜行,看见高屋大房,就驰入索取宴饮,或搜取美女。明武宗日夜在府第淫乐,称为"家里"。

延绥总兵马昂被罢了官,听说皇帝来了,就把一个妹妹献给了明武宗。他的这个妹妹不光长得漂亮,还会唱歌,骑马射箭也样样精通。明武宗十分高兴。有个叫毕春的官员,他的妻子很美,而且已经有孕在身,还是被马昂带着江彬夺了来。皇帝一见着了迷,马上就封马昂为右都督。

明武宗变得越来越荒淫了。一天,他到马昂的家中,要马昂把妾献给他,马昂没有答应,明武宗就大怒而起。马昂害怕了,就巴结太监张忠进,请他斡旋,把自己的妾杜氏献了出来,又献上美女四人,皇帝这才转怒为喜,升了马昂的官。

太原晋府乐工杨腾的妻子是乐户刘良的女儿,姣美善歌,明武宗见了,十分喜欢,就把她带回了宫中,称"美人",饮食起居一定和她在一起。左右有的触怒皇上,都来托刘女,一笑而解。连江彬这样的亲信大臣,也称她为"刘娘娘"。

皇太后死的时候,明武宗前去拜祭,江彬一路上抢了不少女人,竟然装了几十车,跟随皇帝,供他淫乐。

靠着和皇帝的这层关系,江彬在朝中气焰熏天,没有人能动得了他。

【解读】

有一出京剧叫作《游龙戏凤》,里面写的就是明武宗微服出行,遇到了漂亮的酒家女李凤姐。一方见色起意,勾搭加调戏;另一方发现这是条大鱼,觉得是笔上算的买卖,但假作矜持,半推半就。当然最后两个人都如愿以偿。

剧中的明武宗风流多情,显然是根据剧情需要对他加以了美化。其实我们从这里可以看到,历史上明武宗真的是荒淫无道,而教唆和勾引他的就是江彬。

史书显然是为尊者讳。《明史》把责任一股脑地推到了江彬的身上,似有不允。如果朱厚照有孔夫子一半的道行,一百个江彬也起不了作用。正因为他有这方面的嗜好,江彬才会曲意投合他。但无论如何,江彬利用女色来讨好皇帝,显然大获成功。皇帝和他看上去简直不像是君臣关系,而完全是同道和知己。当然,江彬也由此留下了千古骂名,这也在意料之中。那些奸佞之徒逞的是一时之快,是不会顾及久远的。

【原文】

美色置于前而心不动者,情必矫也。然好色不如尊贤。近色而远贤臣,智者所不为也。

【译文】

美人在面前而不动心的人,他一定是在矫情。但喜欢美色不如尊重贤者。接近美色而疏远贤臣,聪明的人不会那样做。

国学经典文库 智慧谋略全书 权谋术 图文珍藏版

如姬报恩窃虎符

秦昭王大破赵国的长平军,又进兵围困邯郸。赵国向魏国求救,魏王就派将军晋鄙率领八万人前去救赵。秦王就派使者对魏王说:

"我很快就会攻下赵国,诸侯哪个敢救,我攻下赵国后,一定移兵去攻打那里。"

魏王听了很害怕。他命晋鄙停在邺地,名为救赵,实际上是在观望。

赵国平原君派人找到魏国的信陵君,要他帮助抗秦。信陵君几次试图说服魏王,但魏王害怕秦国,都没有答应。

信陵君的门客侯生为他出主意,要他窃取将兵的虎符,就可以调动军队救赵了。

信陵君踌躇说:

"虎符在大王深宫的卧室中,我怎么能拿得到?"

侯生说:

"有个人能拿到。"

信陵君问:

"谁?"

侯生说:

"如姬最得大王宠信,可以出入大王的寝宫。我知道你对如姬有恩,求她,事情一定能够办成。"

于是,信陵君就去求如姬帮忙。

原来,如姬的父亲被人杀死,一直没能报仇。如姬高悬赏金三年,也没人能做到。如姬找到信陵君,向他哭诉,信陵君豪气干云,就命门客砍了她仇人的头,献给了如姬。如姬十分感激信陵君,甚至可以为他去死,但一直没有机会报答。现在听说信陵君有求于她,便慨然答应。

果然,她潜入了魏王的卧室,悄悄取来了虎符,交给了信陵君。

信陵君拿到了虎符,号令晋鄙的军队,向秦军发起攻击。这时鲁仲连也在赵国打消辛垣衍让秦称帝的念头,秦国见没有胜算,就退兵离去了。信陵君靠如姬偷来的虎符,保全了赵国。

【解读】

女色也可以起到好的作用。信陵君当初对如姬有恩,到了救赵的关键时刻,求助于如姬,果然她帮了大忙。

如姬能帮上大名鼎鼎的信陵君的忙,并不是凭借智慧,也不是凭借权力,这些她都没有,即使有,也远比不上信陵君。她的杀手锏是青春和美貌。凭着这些,她可以出入禁宫重地,因此能盗来调动军队的虎符。

把这段故事称为"计"未免有些牵强,这里面没有有意的设计。也就是说,当初信陵君帮助如姬,并不会预见到有一天他要借助如姬来盗取虎符。他帮她,也无非是在复杂的政治场合中为自己铺设一条后路,或者说,买了一股不知以后能否获利或获利多少的股票。但利用女色来达到一个于国家有利的目的,这样的事情还划得来,既有英雄豪气在里面,也有脉脉的柔情,拍出剧来,也肯定好看。郭沫若当初就写过这个话剧,但里面的人物虽是穿着古代的衣服,说出的却是现代的观念,因此不算成功。

信陵君救赵之后,一度不敢回国,就在赵国避难。如姬的命运我们不得而知。不知她是受到了惩处,还是继续受到魏王的宠爱。从这里面也可以看出古代女人们的命运,她们的存在,似乎只是为了那些男人。只有当她们利用了或惩罚了男人们的时候,她们的名字才会偶然出现在历史中。

【原文】

孰谓妇人柔弱?一颦一笑,犹胜百万甲兵。

【译文】

谁说女人们温柔软弱?她们一皱眉头,一个笑容,就会胜过百万雄兵。

【事典】

西施美色灭吴国

春秋后期,诸侯争霸。吴国和越国互相攻伐,屡有征战。

越国是夏禹的后代,吴国是周王室当年所立的诸侯小国。吴王阖闾当政期间,得到伍子胥和孙武的辅佐,国势变得强大起来,曾经大败楚军而攻入郢都。但由于申包胥泣血秦庭,请来救兵,加上越国的乘机进攻吴国,吴国功败垂成,吴王阖闾由此对越国恨之入骨。

周敬王二十四年(公元前496年),勾践继位为越王。吴王阖闾乘机进攻越国,不料竟然打了败仗。阖闾的右脚也被越军大将灵姑浮的长矛刺中,回国后不久就因伤重而死。

吴王阖闾的儿子夫差即位后,一心要踏平越国,为父亲报仇。在一场艰苦的战斗中,越国主力损失殆尽,最后收拾残余五千人退保会稽,也被吴军团团围住。

勾践采纳了大夫文种的建议,挑选了越国的美女,带着金银珠宝,通过吴国太宰伯嚭,向吴国投降。

从此,勾践向吴国称臣。为了报仇雪恨,勾践表面上低声下气地讨好吴国。除了春秋两季照例进贡以外,大批的建材源源不断地从越地运往姑苏,以供吴国建造华丽的宫殿,越国还向吴国呈献美女珠宝,使吴王夫差在声色犬马中自溺其志。

大夫范蠡还到处搜寻,一心要找到一两个绝色的美女,再经过训练,以期成为越国战胜吴国的秘密武器。

终于,范蠡在若耶溪畔找到了西施和郑旦。

西施与郑旦在众多名师的调教下,很快便展露出过人的才情,不久,已是能歌善舞、雍容华贵,一举手一投足都能表现出妩媚动人的风韵。于是范蠡择期动身,带着西施、郑旦等一干美丽的"贡品"前往吴国。

吴王对西施的美艳眷恋不已。吴王大兴土木,在灵岩山上建了一座富丽堂皇的馆娃宫,并挖空心思构筑响履廊。在响履廊上面走动,会发出铮鏦的响声。又修一人工湖,沿湖遍植奇花异卉,湖上布置锦帆以供游乐。

西施的一颦一笑,一捧心一皱眉,都紧紧地扣住吴王的心弦;郑旦的若即若离、矜持秀雅,也使得吴王神魂颠倒而穷追不舍。这两人轻易地便掌

西施

握了吴王夫差的整个"人"和"心",并把他有计划地推向历代亡国之君的老路。

西施运用各种机会,一遍又一遍地在吴王耳边数说伍子胥的不是,使吴王开始怀疑伍子胥的忠贞,竟命令伍子胥自杀,悲愤的伍子胥用双手先挖下自己的双眼,命手下挂在城门上,说他死后也要看到越兵入城。

伍子胥死后,伯嚭当政,注定了吴国败亡的命运。

周敬王三十八年(公元前482年)秋,吴王夫差大会诸侯于黄池,精锐尽出,都城空虚,勾践乘机攻入吴国都城,将吴国太子在姑苏台活活烧死。夫差前后不能兼顾。四年后,吴国大旱,士民饥疲,勾践再度进攻吴国,吴军固守孤城,连还手的机会都没有了。

周元王二年(公元前476年),越军以水师第三次进攻吴国,围困吴都达两年之久,恰逢江南春雨,大雨如注,吴都城墙坍塌,越军乘隙长驱直入,夫差突围来到姑苏山,乞降不成,用三层罗帕裹面,拔剑自刎,以示羞见先王和伍子胥于地下。吴越长久的争端,终以吴王夫差的死而结束,勾践经过了二十二年的辛酸岁月,才彻底雪了当年会稽战败的耻辱。

吴国既平,勾践挥军北上。在徐州大会诸侯,周元王派人赐胙,封勾践为霸主。

【解读】

女人使男人亡国,因此会被称为祸水,遭到千秋万代之后毫不相干的人们的唾骂。妲己和褒姒就是这样。但唯一一个造成了亡国而又受人同情遭人怜爱的,算起来也只有西施了。

这是因为人们的同情心站在了越王的一方,而西施就是越王派去的卧底。

也是因为西施是被动的。她是越国人,有理由为国家牺牲,包括贞节和色相(不知为什么,到了这个时候,那些人却对这些平时十分看重的东西又不十分看重

了）。此外，据说她也牺牲了爱情。总之，她是不会主动爱上夫差这样的糟老头子的。

同时，她似乎并没有做过太出格的事情。既没有设置什么炮烙，什么酒池肉林，也没有把比干剖心，更没有干出烽火戏诸侯的荒唐事。她的作用，也无非是为越王说说好话，提供些情报，或者充其量离间一下吴王和伍子胥之间的关系。吴王杀死伍子胥，说到底，一多半在于那个奸臣伯嚭，一少半在于伍子胥自身：他功高盖主，又不善于处理和君主的关系，没有西施，他照样会被杀。

总之，西施是政治的牺牲品。一个弱女子，身上承受着一个国家的命运，也真够难为她的了。而没有留下骂名，也多少算是后世给她的一点微小的补偿吧！

【原文】

智者借色伐人，愚者以色伐己。

【译文】

有智慧的人借美色来进攻别人，愚蠢的人用美色来戕伐自己。

【事典】

哈麻以淫乐惑帝

元顺帝是元朝的末代皇帝，他酷好女色。大臣哈麻就投其所好，把一位胡僧带到皇帝面前。

这位胡僧善于使用"房中术"，据说能使人身之气，或消或胀，或伸或缩，令人快乐无比。元顺帝试了几次，果然大为不同，喜出望外，封他为司徒，专门在宫中教授这种"演揲儿法"（即汉语"大喜大乐法"）。

哈麻也由此得到了元顺帝更多的宠信，他和元顺帝母舅老的沙、元顺帝弟弟八郎等十人，被元顺帝封为"倚纳"，同在宫中学习房中术。

哈麻又将通晓秘法的西蕃僧伽遴真推荐给元顺帝。伽遴真对元顺帝说：

"陛下虽然在万民之上，富有四海，但人生百年，您也只有保有今生今世而已。人生几何，欢乐无多，请陛下学习我这种秘密大喜大乐之法，保管您无穷快乐。"

元顺帝自然是求之不得，大喜过望，就拜伽遴真为国师，教习自己与哈麻等"倚纳"房中术，四处搜求良家少女，君臣日夜以淫戏为乐。君臣宫女、嫔妃男女混杂，赤身裸体，同处一室，相互宣淫。他们把这种君臣同居的地方，起名叫"皆即兀该"，意为"事事无碍"。

哈麻看到献僧取淫的办法见效，又伙同蕃僧要元顺帝建造"百花宫"，采集妇女，供其玩乐，上自公卿命妇，下至市井丽人，都难逃脱魔掌。并从中选出十六名美女，头饰红缨，装扮成菩萨模样，称为十六天魔舞女，亦真亦幻，亦佛亦人，如花似玉，飘飘欲仙，让元顺帝如醉如痴。

按照元朝定制,皇帝必须五日一离宫,宠幸众妃。为了避免众臣非议,哈麻就给元顺帝献策,命人挖掘地道,与众宫室和天魔舞女居处相连,这样,元顺帝就可以通宵达旦地尽情淫乐了。元顺帝把处理朝政的权力都交给了哈麻,终于导致了亡国。

【解读】

元顺帝在性上显然有些亢进。于是,哈麻就投其所好,尽量满足他的各种要求。

当然,哈麻也要得到他想得到的。果然,他大权在握,势倾朝野,真的是一人之下,万人之上了。

哈麻的无耻和凭着这种手段的青云直上,显然是不会长久的。他最终被杖死,而元朝不久也就亡了。

明武宗在荒淫上直追元顺帝,一个修百花宫,一个建豹房。但不知为什么,他没有接受元顺帝亡国的教训。

【原文】

色必有宠,宠必进谗,谗进必危国。

【译文】

美色一定会受到宠信,受到宠信一定会进谗,进谗的恶果是国家的危亡。

【事典】

武则天固宠陷皇后

武则天进宫时,才只有十四岁。

当时唐太宗的皇后刚刚死去,他听人说起武则天美貌,就召进宫来,做了才人。临行时,她的母亲哭哭啼啼,武则天却说:

"见皇帝,未必不是好事,何必哭呢?"

进了宫,唐太宗给她起了名字,叫武媚。当时太子见了武媚,也很喜欢。唐太宗死后,他临幸过的嫔妃都按规矩出家当了尼姑。武才人也削发为尼。本来,她可以在庵里青灯黄卷,过着平静的生活。但谁知,一天唐高宗(也就是当年的太子)进香,又见到了武媚。

武媚见到当年的太子如今成了万乘之君,而自己则在这里孤冷凄清,不禁流下泪来。唐高宗见到自己当年喜欢过的风情万种的武才人如今成了尼姑,也很伤感。

这件事情被王皇后知道了。王皇后和萧淑妃争宠,弄得水火不容。她想武才人可以助她一臂之力,以共同来对付萧淑妃。于是,她就派人把武才人弄进宫来。

武媚二度进宫,已经不再是当年那个不阅世事的少女了。她对皇后曲意侍奉,事事以皇后为重,皇后十分高兴,以为自己选对了人。皇后就多次在皇上面前吹枕头风,皇帝就立她为昭仪,一时间,对她的宠爱远在萧淑妃之上,与皇后不相上下了。

但这还远不是武则天所要达到的目的。她发现皇后待人很薄,就对下人刻意结交,把皇帝的赏赐都分给他们。这样,后妃们的事情,她都了如指掌了。

武昭仪生了个女儿,王皇后来看望她,把孩子抱了又抱。皇后一走,武昭仪就把女儿掐死,放在帐子里。唐高宗来了,武昭仪做出非常高兴的样子。皇帝要看孩子,这才发现孩子已经死了。武则天假意问身边人:

"今天都有谁来过?"

左右说:

"皇后来过。"

武昭仪听了,只是哭。皇帝大怒:

"皇后杀了我儿。过去她和萧妃争宠,现在又做出这样伤天害理的事情!"

在这之后,武昭仪又诬陷皇后和母亲用蛊,要害死皇上。唐高宗就下诏,废了皇后,立武昭仪为后。

【解读】

武则天称得上心狠手辣。曾国藩曾经说过,做大事就要心狠手辣。不过就他的所作所为来考察,他说的心狠手辣显然与武则天的心狠手辣大不相同。

曾国藩所说的心狠,就是做什么事情,要横下一条心,也就是忍隐。他说的手辣,就是要执法如山,当杀即杀,当斩即斩,不能姑息。曾国藩具有儒家思想,他讲智谋也好,玩权术也好,主要是为了大清江山,或为了他儒家的济世安民的思想,讲规则,讲法纪,而不是武则天的肆无忌惮,阴狠歹毒。

我们再来看武则天吧!王皇后把她从尼姑庵中接了出来,固然是为了利用她,但毕竟不是与她为仇,可她却要置王皇后于死地,而其中的代价竟然是掐死自己的亲生女儿。虎毒尚且不食子,何况是一个女人!她为了什么?她已经得到了皇帝的宠爱,也贵为昭仪。但她有更大的野心,而这野心并不是基于某种理想,而完全是为了满足自己膨胀而又膨胀的私欲。我们可以站在某种立场上,说曾国藩反动,因为他镇压了所谓的农民起义,但这只是从政治上进行否定,而无法从人格和道德上进行否定,因为他既然是统治阶层中的一员,他所做的一切是理所当然的。也就是说,即使他有个人的野心,那么他也是通过正当的手段来实现的。而武则天先是杀自己的女儿来诬陷别人,既而又杀自己的儿子和皇族。无论她有多大的本事,我们都不能认同她的所作所为。

武则天实现自己的野心,一是凭借她信奉(尽管没有勇气说出)的心狠手辣,二是凭借自己的美貌和谄媚。如果没有后一点,后宫粉黛三千,她根本不可能被王皇后利用,也不可能得到皇帝的宠爱。正是利用了自己的美色,再加上凶狠和手腕,她才要风得风,要雨得雨。有人说她死后为自己立无字碑是谦逊。从她的生平看,她根本没有、也不配有这样的美德。也许是人之将死,她无颜再为自己立碑,所以不在上面写些令人肉麻的话了。

【原文】

然天下之失,非由美色,实由美色之好也。

【译文】

然而失去天下,并不是因为美色本身,对美色的喜好才是真正的原因。

【事典】

张仪借郑袖保身

秦惠王想要攻打齐国,但担心齐国和楚国有盟约,会对秦国不利,就派张仪到楚国去当说客。

张仪对楚怀王说:

"大王要是和齐国断绝盟约,臣就会向大王献上商於之地六百里,还有秦国的美女。秦楚两国永为兄弟之邦。"

楚怀王答应了他,和齐国断了关系。他向张仪要地,张仪见了楚国的使者,诡称他当时答应的不是六百里,而是自己的领地六里。

使者回报,楚怀王大怒,觉得上了张仪的当,就出兵伐秦,结果大败,只好答应割两座城给秦国。

秦惠王派人告诉楚怀王,他要用商於之地换取楚国的两座城。楚怀王说,他不要商於之地,宁愿用张仪来换两座城。

张仪听了,就劝秦惠王答应楚国的要求。秦惠王说:

"楚国恨你,你怎么能去?"

张仪说:

"秦强楚弱,他们不敢把臣怎样。再说楚国大臣靳尚很受楚怀王的宠爱;另外郑袖的话,楚怀王没有不听的。"

于是他去了楚国。楚怀王把他关了起来,要杀他。

靳尚就对郑袖说:

"秦惠王特别喜欢张仪,要用上庸六县和美女来赎他。大王看重土地,又尊重秦国,秦国的美女一定会得宠,夫人就没有地位了。"

于是郑袖日夜对楚怀王哭哭啼啼,说:

"臣子都是各为其主。现在要是杀了张仪,秦国一定大怒。妾身请求让我们母子迁往江南,免得秦国的大军一到,我们母子就被剁成肉酱。"

于是楚怀王就放了张仪,并厚待他。

【解读】

张仪固然成功,但人品并不很高,因此他只能算是个得志的小人吧!

他先前曾经成功地利用了女色得到了楚怀王的好感,现在又利用女色来保全自己。这里面从头到尾只是玩弄阴谋,看不出理想和人格在里面。其实智谋也好,权术也好,首先要心正,如果心术不正,再玩弄权术,就实在无可救药了。

【原文】

借美以藏其奸,市色而成其谋,千载之下,绵绵不绝。人主宜详审之。

【译文】

借助美色而包藏祸心,出卖色相而实现目的,千年以来,这类事情一直延续不断,做人君的要详细审视。

【事典】

吕不韦献姬求恩宠

大商人吕不韦认定秦国公子异人奇货可居,就刻意和他交往。

一天,吕不韦把异人请到家里喝酒,并把他最喜爱的侍妾赵姬叫出来,陪异人一同饮酒。

这位赵姬美艳绝伦,加上她迷人的微笑和不停地劝酒,异人被迷得神魂颠倒。他只顾看着这位美姬,连吕不韦和他说话都听不见了。

"公子,我这位侍妾长得美吧?"

吕不韦眯着眼睛问。看上去,他已经有了几分醉意。

"美,太美了。"

公子异人连声说。

"比秦国的美女又如何啊?"

吕不韦又问。

"秦国的美女哪里比得上!"

吕不韦哈哈大笑,又举起了酒杯。

"公子,请再喝一杯。"

赵姬的纤纤玉手捧着酒杯,她的手指雪白、修长,让异人看了心动。

他顾不得了,一把抓住了赵姬的手不放。

"公子,这太失礼了!"

吕不韦怒气冲冲地叱道。

异人连忙跪在地上说:

"吕兄,我实在是喜欢……"

吕不韦长长叹了口气,过了半晌,这才说:

"我呢,只是个商人,没有什么大出息。让她跟了你,将来一定会富贵荣华的。只是,那时别忘了老夫!"

异人连忙说:

"你的大恩大德,我没齿难忘。假如有一天,我当了国君,那么你就是相国。苍天在上,绝不食言!"

吕不韦送给他很多礼物,作为陪嫁。异人千恩万谢,坐着华贵的马车,拥着妙曼的美人,回到了住处。

吕不韦望着他们远去的身影,露出了微笑。原来,他知道赵姬已怀有身孕,就导演了这样一出好戏。他到底是一位商人,做了一票绝好的买卖:用一个女人,不仅换来了相位,还当了未来国君的父亲。

【解读】

吕不韦把公子异人当作奇货买了下来,又用美色把他套牢。这美色不是别人,而是他宠爱的,而且还是怀了孕的赵姬。

表面看上去,这是赔本的买卖,但其实他是大赚了一笔,不但当了相国,还当了皇帝的亲爹,这皇帝就是大名鼎鼎的秦始皇。

用金钱、美色来捞取利益,看起来是老套,但有效,即使在今天。当然,前提是必须牺牲你的人格。

【原文】

圣贤事业,非大志者何为？故色贤之分,知其所取舍。是以齐桓晋文,犹为霸主;汉武唐宗,不失明君。

【译文】

圣贤的事业,没有大志的人能行吗？所以好色者和贤者的区别,在于知道要什么,不要什么。所以齐桓公和晋文公,还称得上是霸主;汉武帝和唐太宗,也不失为明君。

【事典】

重耳妻大义逐夫君

重耳受到骊姬的陷害,逃出了晋国,他的身边是忠于他的贤士赵衰、狐偃、咎犯、贾佗、先轸等人。不久,晋献帝死去,晋国发生了政变,奚齐被杀,夷吾当了晋国的国君。重耳在狄国感受到来自国内的压力日益加重,于是再度开始流亡。

他们最终来到齐国,受到了齐桓公的厚待。齐桓公为他准备了华丽的官邸,拨给骏马二十匹,并把自己宗室的年轻女子嫁给他做妻子。结束了颠沛流离的生活,重耳就决定舒舒服服地在这里住下,不再过问国事了。

重耳出亡时四十二岁,十二年后来到齐国已经是五十五岁。获得一个安适的生活环境,又有如花似玉的齐国宗室女子为妻,当年的雄心壮志早已不复存在。

这时候,晋惠公夷吾去世,他的儿子继位为晋怀公,残杀异己,失去了人心。他又遗弃了他的妻子,即秦穆公的女儿,使秦国愤愤不平。大家都认为重耳归国的机会到了。

但重耳并不这样想。一系列的事变,早已使他心灰意懒。他厌倦了政治中的计谋和争斗。住在这里,身边有如花似玉的妻子相伴,晋国的一切都与他毫不相干了。

赵衰与咎犯等人在桑荫深处秘密设计,准备挟持重耳逃走,以便相机返回晋国。不料这番话被一位采桑女子听到了,连忙赶去告诉了重耳的妻子,这位采桑女子不但没有得到赏赐,反而被重耳的妻子秘密处死了。

重耳的妻子并不像一般女子那样希望丈夫守着她,而是要丈夫放弃眼前的舒适,去做大事业。她劝丈夫说:

“你贵为一国公子,来到这里是不得已。现在你的国家有难,你不快些回去平定,却贪图这里的安乐,我真为你羞愧。”

不管妻子说些什么,重耳始终无动于衷。

最后重耳妻子与赵衰等人商议,用酒将重耳灌醉,绑在车中,疾驰而去。等到离开了齐都临淄大概有一百多里路时,重耳才清醒过来,随从人等向他报告了原委。重耳怒气冲冲地环视左右,说:

“如果事情成了,也就算了;如果不成,我就要杀了你们,还要剥皮抽筋,饮血啖肉,方泄我心头之恨!”

重耳的妻子曾以齐国宗室之女的身份,请求齐桓公派遣大军护送丈夫返国,无奈齐桓公当时已经年老体衰,不愿再涉不测之险,所以始终未能得到应允。在处处碰壁的情况下,才演出了挟持重耳离开齐国的一幕。

重耳返国的路程充满了艰辛。经过曹国,曹国国君根本不理,只派人送来了饭食;经过宋国,宋襄公闭门不纳;经过郑国,郑文公举棋不定,重耳几乎惹来杀身之祸;到了楚国,楚成王虽以诸侯之礼相待,但却毫无诚意。

自从秦穆公的女儿被晋怀公遗弃之后,秦穆公始终对晋国怀恨在心,听说公子重耳到了楚国,便连忙派人前往联络,以图借机报复,于是重耳率随从人员到了秦国。

秦国为了结好公子重耳,除锦衣玉食供应不缺外,再将宗室五女下嫁给他,远在齐国的重耳妻子听到这一消息,不但丝毫没有妒意,反而高兴地说:

“公子返回的机会来了。如果得到秦国鼎力相助,何愁大事不成!”

返国的时机日益成熟。晋国的大臣们早已不堪晋怀公的严苛,听说公子重耳在秦国做客,纷纷运用各种渠道暗通消息,要重耳回国。赵衰等人求见秦穆公,力求秦国相助,秦穆公被说服了,于是派遣重兵护送重耳一行返回晋国。经过一番周折,重耳终于即位,当上了晋文公。

晋文公出亡十九年，得以归国重掌政权，都是那位识大体，明大义、有远见、更有魄力的齐国妻子，不以儿女私情为重，甘愿忍受独守空帏的孤寂，才使得他如愿以偿成为国君。于是晋文公派人到齐迎她到晋，封她为夫人。秦国虽然也派三千人为卫队，护送宗室五女到达晋国，但只能屈居夫人之下。由于夫人虚怀若谷，待秦国五女如姊妹，相处和睦，使得晋文公一心一意地专心国事，成就了一代霸业。

【解读】

我们终于看到了没有被女色所困的贤明国君。当然，这也并非是重耳——也就是后来的晋文公的本意。他倒是愿意终老于温柔乡里，而不愿再去争什么权势。但好在他手下有一批忠心的大臣，他的女人也识大体，软磨硬泡，连哄带劝，把他推上了王位。当然，后来的一切贤名就由他一个人来担当了。

美色很多时候是事业的大敌，但有些时候也会成为成功的推进力。这里的例子就是这样的。

韬晦术

明·杨慎

导读

本书的作者杨慎,是一位精通韬晦术的大家。

杨慎出生于一个显赫的家族,因著名的"撼门事件",险遭杀身之祸。可以说杨慎因挫折而韬晦,因韬晦而著述,成了明代看书最多、涉猎最博、著述最丰的文人。其大著《杨升庵文集》涉及内容甚为广博。近人考证,堪称古典性爱小说开山之作的《汉宫春秋》,便出于他的手笔。这卷《韬晦术》同样不见于《杨升庵文集》,一直流落民间。明末清初的儒学宗师钱谦益慧眼识金,考证认定为杨慎手笔,视为拱璧,由此方重见天日,流传至今。

《韬晦术》是中国历代智谋之士的枕箱秘籍,是他们求生存、谋发迹的法宝。尽管人们对它心悦诚服,细加揣摩,并在政治争斗、官场角逐以及日常生活中不断运用,却没有人把它付诸笔端,写成一部专著,大有"君子远庖厨"的意味。这是因

杨慎

为封建历史中讲究的是"代圣人立言",《韬晦术》因此有了"阴谋"的嫌疑。有鉴于此,杨慎生前不把这部凝聚其心血的重要著作收入自己文集,就不难理解了。

其实,韬晦术只是一门以守为攻、以退为进的学问。它的"守"是为了"攻",它的"晦"是为了"亮",它的"屈"是为了"伸"。不分皂白地将其归入"阴谋学"肯定是有失公允的。虽然历史上一些反面人物如袁世凯、蒋介石都是个中高手,但也有一些伟大人物如周恩来、邓小平对"韬晦"有经典运用。可以说,韬晦对中国历史的发展和时代的进步有着重要作用。尤其是邓小平在上世纪 90 年代制定的"韬晦"策略,为我国赢得了宝贵的十年经济大发展,这是有目共睹的。看来"韬晦"要看何人用、为了什么利益而用,这才是评价它的标准。

《韬晦术》是所有谋学中最具实用功效的一门学问。翻开此书,读者会发现,历史上许多著名人物由于对"韬晦术"的疏陋,付出了极为惨痛的代价;另一些人则由于能对它巧妙加以运用,不仅逢凶化吉,甚而获得了出乎本人预料的成功,这样的例子不胜枚举。问题的关键不是了解多少韬晦的案例,而是要知道"韬晦"有哪些要点,学会如何恰到好处地应用它,这正是本书想告诉读者的。

隐晦第一

【原文】

东坡曰:"古之圣人将有为也,必先处晦而观明,处静而观动,则万物之情,毕陈于前。"

【译文】

苏东坡说:"古代圣人要做一件大事时,一定要先置身暗处观察明亮处其他人的行动,自己保持静默,从而细心观察别人的举动。这样,所有人的内外情形就都真实地展现在自己眼前了。"

【事典】

一鸣惊人的楚庄王

春秋战国时期,楚庄王即位伊始,便受到内外的瞩目,因为他的祖父、父亲两代国王都很有作为。楚国上下希望他能继承父、祖遗志,开疆拓土,使楚国更加强盛。而邻近的小国则是战战兢兢,危不自安,甚至连中原的大国秦国、晋国也密切注意楚国的动向。

然而出人意料的是,楚庄王即位后,根本不理国政,每日里不是在宫中听音乐,饮美酒,与妃婢们寻欢作乐,便是率领卫士去深山大泽打猎,一副标准的酒色荒淫国王的形象。

楚国的大臣们自然不甘心楚国前两代国王奋斗的成果就此毁灭,纷纷入宫劝谏。楚庄王置之不理,我行我素。后来听得烦了,他干脆在王宫外立一道牌子,上写:敢入谏者死。严令之下,楚国的大臣们大概觉得还是保命要紧,真的没人敢再劝谏了。

楚庄王夜以继日,荒淫不已,一连持续了三年。国王不理朝政,下面自然乱作一团,权臣们借机树党争权;谄谀小人们则逢迎拍马,捞取官职;贪官们更是浑水摸鱼,中饱私囊。楚国的政治一下子陷入了混乱无序的状态,而忠臣贤良只有扼腕叹息的份了。

楚国的大夫伍举实在忍不住了。他决定入宫进谏,不过他也不愿意拿自己的头往刀刃上撞,于是想出了一个巧妙的方法。

他入宫见到楚庄王时,楚庄王正左搂郑姬,右拥越女,一边喝着美酒,一边听歌女们奏乐。见到伍举，楚庄王问道："大夫是想喝美酒，还是要听音乐？"

伍举笑道："臣既不想喝酒，也不想听音乐，而是听人们说大王智慧过人，所以想请大王猜个谜语。"

楚庄王知道伍举是要借机进谏，但既然伍举没明说，自己也不必点破。伍举说道："在楚国的一座高山上，停落着一只大鸟。它羽毛五彩缤纷，异常华丽，可是三年来它既不鸣叫，也不飞走，臣实在不明白其中的原因。"

楚庄王沉思片刻，说道："这不是一只平凡的鸟，它三年不鸣，是在积蓄自己的力量；三年不飞，是在等待看清方向。这只鸟不鸣则已，一鸣惊人；不飞则已，一飞冲天。你去吧，你的意思我都明白了。"

楚庄王

伍举听完楚庄王的解释后异常兴奋，他出宫后告诉自己的好友、同是楚国大夫的苏从：看来国王是很有头脑的人，他是在等待时机，而绝不是一个沉溺酒色的荒淫君主，看来楚国还是大有希望的。

几个月过去了，楚庄王不但没有丝毫起色，反而更加荒淫了。苏从感到受了骗，他全无顾忌，舍身直闯王宫，直言进谏："您身为国君，不理国政，只知道享受声色犬马之乐，却不知道乐在眼前，忧在不远，不久就会民众叛于内，大国攻于外，楚国离灭亡不远了。"

楚庄王勃然大怒，拔出长剑，指着苏从的鼻尖，厉声叱道："大夫不知道寡人的禁令吗？难道你不怕死吗？"

苏从凛然正色道："假如我的死能让君王悔悟，能让楚国富强，我的死就是值得的。"

楚庄王看了苏从半晌，忽然扔下长剑，双手抱住苏从，感慨道："我等的就是大夫这样忠于国家、不怕死的栋梁。"他挥手斥退乐工舞女，与苏从谈论起楚国的政务来。苏从这才惊异地发现：国王对国家上下的了解比自己还要多。

楚庄王随后发布一系列政令，把那些权臣政客、谄谀小人、贪官和不称职的官员该杀的杀，该罢职的罢职，把那些像伍举、苏从一样忠于国家、有才能、刚直不阿的人提拔上来。一番洗涤振刷后，楚国的政治一下子从贪浊混乱变得清明而富有活力。

楚庄王待国内基础巩固后，不仅继续开疆拓土，平定了周围附属小国的背叛，而且挺进中原，夺得了霸主地位，成为历史上著名的"春秋五霸"之一。

【解读】

"不鸣则已,一鸣惊人"这则成语典故是尽人皆知的,然而它的深刻内涵却不是一般人所能想象得到的。

楚庄王即位时,楚国的情况表面上看来不错,但实际上却有隐忧,那就是:权臣夺利,小人充斥,群臣良莠不齐,忠奸难辨。楚庄王为了消除腹心隐患,从而登上中原霸主的地位,采取了异乎寻常的隐晦手段:他把自己装扮成一个荒淫君主的形象,不仅解除了周围国家对自己的戒心,更消除了群臣的顾忌,让他们尽情施展自己的手段,露出自己的庐山真面目。在苦等三年、摸清了所有的情况后,楚庄王猝然施展霹雳手段,将楚国政治振刷一新,从而达到"大乱然后大治"的目的。而楚国能在短短的时间内,不仅摆脱了受人鄙夷的"蛮夷小国"的地位,而且能雄霸中原,根基正在于此。

【原文】

夫藏木于林,人皆视而不见,何则? 以其与众同也。藏人于群,而令其与众同,人亦将视而不见,其理一也。

【译文】

把一棵树藏到树林里,人们都视而不见,这是为什么? 因为它和别的树没有什么区别。把一个人藏到人群里,让他和周围的人没什么区别,人们也将视而不见,道理是一样的。

【事典】

善用小人法术的徐阶

徐阶入阁当上大学士时,正是一代权相严嵩气焰最嚣张的时期。由于明朝实行内阁大学士制度,内阁大学士相当于以前朝代的宰相,只不过没有宰相的名称而已。明朝制度规定:内阁必须同时有几名大学士共同辅政,以防有人专权。所以严嵩虽然势倾朝野,却也不能一个人独占内阁。

徐阶也和嘉靖王朝的其他宰相一样,是因为善于撰写明世宗斋醮所需要的"青词"才得以入阁拜相。但他没有重蹈以前那些宰相的覆辙,既不标新立异,也不和严嵩发生正面冲突,在政务上保持沉默跟随的态度,让严嵩感到没有威胁;而在青词的撰写上则精益求精,来讨得明世宗的欢心。他偶尔也会在一些无关紧要的问题上提出自己的独特见解,既不会让严嵩起太大的戒心,又向明世宗表明自己和严嵩并非沆瀣一气,因为臣子结党营私同样是明世宗的大忌。

徐阶以勤勉谨慎赢得了明世宗的信任,严嵩对他也很满意。这一年,世宗所居的西内万寿宫发生大火,世宗想要重修万寿宫,询问严嵩。严嵩一时失察,没有揣摩透世宗的真实意图，考虑到重建宫殿缺乏木材，时间也太紧，便请世宗暂时迁到南城离宫。殊不知这恰好触中世宗的忌讳，南城离宫乃是明英宗当太上皇时所居住的。世宗心内恼火，便转问徐阶，徐阶力赞世宗重修万寿宫，用当年修三大殿剩余的木材，责成工部，可计日功成。明世宗大为满意，便让徐阶的儿子督建万寿宫，仅用三个多月时间便重建完成。

因此一事，明世宗觉得徐阶比严嵩更为称职，对严嵩则觉得不太满意。严嵩当时已八十多岁，世宗认为他太老了，不过也还无意黜退他。

严嵩专权日久，宫内的宦官和方术道士们对他也嫉妒在心，观察到世宗对严嵩的宠爱已逐渐倾移到徐阶身上，便想趁机扳倒严嵩，只是没找到突破口。御史邹应龙避雨时误入一宦官家，了解到这一情况，觉得这是扳倒严嵩的最好时机，不过他不敢贸然行事，便先向徐阶请教。徐阶告诉他，要想除去严嵩，不能直攻严嵩，因为严嵩作恶多端，都是巧借皇上之手做的，攻严嵩极易牵连到皇上。皇上自负英明，死不肯认错，以前攻击严嵩的大臣无不获罪，诛死者连连，便是为此。所以要想攻击严嵩，得从他的儿子严世蕃入手。

邹应龙得到徐阶面授机宜，回去后揣摩一夜，于第二天早上抗章弹劾严世蕃，指出他贪财揽贿、贿赂公行、居母丧纵酒荒淫几大罪。嫉恨严嵩的宦官把这封谏章直接送到明世宗案上，明世宗看过后心有所动。恰好请道士蓝道行为他扶乩降仙，蓝道行已得宦官们请托，从中大做文章。

世宗心有所思，便问请来的乩仙辅臣是否贤良。乩仙降辞说："辅臣严嵩专权揽贿，实属大奸大恶。"世宗大惊，问道："既然如此，上仙何不诛之？"乩仙说："留待陛下诛之。"

世宗笃信道教，对乩仙的话信之不疑，便决意罢免严嵩。他把严世蕃发配到雷州，勒令严嵩退休。于是，专权二十年、祸遍天下、大臣们屡攻不能去的奸相严嵩，被徐阶巧妙除掉了。

然而事情并未结束，严嵩虽去，却并没有治罪。世宗虽因严世蕃的罪恶罢免了严嵩，却顾念他侍奉自己二十年，赞修玄功的功劳不小，依然对他很怀念。后来蓝道行借扶乩暗做手脚的事败露，世宗大怒，立斩蓝道行，并迁怒邹应龙，斥之为"丑类"。若非徐阶保护，邹应龙的结局也不会很妙。世宗越发有意召回严嵩，徐阶也暗暗自危。

徐阶知道不能坐以待毙，便派御史林润巡视福建。严世蕃虽被流放，却根本不赴戍所，反而在江西老家大兴土木。林润便上表弹劾严世蕃不但毫无悔过之心，反而心怀怨望，蓄养壮士，勾结山中盗贼，并且暗通倭寇，有负险谋反之意。世宗看罢大怒，立命林润将严世蕃捉拿进京拷问。

林润和大理寺的官员审讯严世蕃后，把他的罪状罗列无遗。严世蕃在狱中却笑着对同党说："别怕，皇上看过后就会放了我们。"别人都不知何意。

徐阶看过狱词后，对大理寺的官员说："你们这是要严公子活啊？"大理寺的官员说："一定要让他死，怎会让他活？"徐阶说："这些罪都是严嵩父子巧借皇上之手做的。你们把这些列为罪状，死的是你们，严公子明天就骑着马出城门去了。"大理的官员惶恐请教,徐阶拿起笔,亲手删削,只坐实严世蕃勾结倭寇、图谋造反一事。严世蕃听说后,惊诧道:"死了,死了。"世宗看过狱词后,果然大怒,将严世蕃斩首,家产抄没充公。曾聚财无数的严嵩最后竟饿死在别人的坟墓旁。

【解读】

明世宗是昏庸帝王中较为特殊的一个,他虽然信奉道教,极少上朝,却从未放弃手中的权力,而在明朝历史上几乎贯穿始终的宦官乱政、锦衣卫和东厂肆虐的现象只有在嘉靖年间绝迹。然而明世宗重用严嵩,二十年信任不疑,同样祸遍天下,天怒人怨。而明朝由强盛转为衰弱,正是从嘉靖年间开始的。《明史》称世宗是"中材之王",也有一定的道理。

徐阶夹在世宗和严嵩两个同样多疑的人中间,日子自然不好过,既要让皇上满意,又要让严嵩能够容忍,这几乎是不可能的事。至少徐阶以前的大学士们无人能做到,只有徐阶做到了。

借重修宫殿一事夺取世宗对严嵩的宠眷,攻严世蕃而不攻严嵩,放弃严氏父子现成的累累之罪恶,单单坐实严世蕃根本没有的"谋反"大罪,置严氏父子于死地,这些都显示出徐阶在官场上的超人智慧。

以小人治小人未必妥帖,但用小人的法术还治小人之身却不仅有效,而且事半功倍。许多君子败于小人之手都是因为不会或者不屑使用这种方法。徐阶却是不仅愿意,而且善于使用这种方法的君子。

【原文】

木秀于林,风必摧之;人拔乎众,祸必及之,此古今不变之理也。

【译文】

一棵树高出于树林,大风必然把它吹折;一个人鹤立鸡群,祸患也必然降到他身上。这是从古至今不能改变的道理。

【事典】

才高遭忌的解缙

解缙是明初著名才子,洪武二十一年(1388 年)进士。明太祖朱元璋特别喜爱他的才能,让他每天在自己身边,朝夕谈论不倦,待之如家人父子,宠遇一时无比。

解缙受宠日深,便想到"食君之禄,忠君之事"的古训,又自负才高,敢言人所不敢言。他给朱元璋上了一封万言书,指出朱元璋"御下严苛",滥诛大臣,以喜怒为赏罚等诸多毛病,又首次提出分封给亲王的权力过大,恐后世会危及朝廷。

解缙所言无不深中朱元璋的弊病,所言分封当时虽未见弊端,后来成祖朱棣起兵燕京,夺了侄儿建文帝的皇位,解缙可谓有先见之明。然而这些都是朱元璋的大忌,前前后后群臣应对奏章中哪怕有暗示隐喻这些弊病的意思,都会被严刑处死,甚至灭族。解缙尽言无隐,言辞也犀利无比,朱元璋却体谅他的忠心,虽然并不采用,也不怪罪,对左右侍臣连声夸赞解缙"高才"。

解缙受此鼓励,越发敢言。明初宰相李善长因受胡惟庸谋反一案牵连,被朱元璋借"星变"之名杀死,举朝无人敢言其冤。解缙却想为李善长鸣不平,恰好工部侍郎王国缙也有此意,两人一拍即合,以王国缙的名义,由解缙草疏,上章为李善长鸣冤。

朱元璋看罢奏章后大怒,本想重惩王国缙,后来知道奏章出自解缙之手,只好置之不理。但朱元璋也怕解缙再闹下去,令他无法收拾,便让解缙的父亲把他领回家,再读书十年,然后回朝做官。朱元璋对群臣从不姑息,稍有过错便严刑立至,独独对解缙爱护备至,解缙屡触忌讳,还能保全首领,也算是例外中的例外了。

解缙回家乡读书只有八年,朱元璋病逝,建文帝即位。不过建文帝欣赏重用的是方孝孺、齐泰、黄子澄这些人,并不起用解缙,解缙在建文帝时期只能默默度日。

明成祖朱棣起兵燕京,经四年血战,攻取南京,大臣不是逃去,便是自杀殉国,降附朱棣的人很少,解缙却率先到宫中朝拜朱棣。朱棣早闻解缙的才名,又知他是先皇朱元璋最喜欢的人,况且他又最早归附自己,可为群臣表率,于是马上重用,让他和杨荣、杨士奇、胡广、黄淮、金幼政、胡俨等人组成内阁,充当自己的顾问,而且以解缙为主。这就是明朝内阁制度的由来,解缙便是明朝内阁的第一任首辅,只不过此时的内阁是皇帝的一个智囊团,权力也没有后来的内阁那样大。

解缙深得朱棣赏识,又犯了在朱元璋手下的老毛病,知无不言,言无不尽,毫无隐讳。应该说朱棣对臣下的宽容比他父亲要强得多,朱元璋把手下功臣杀得一干二净,朱棣对手下功臣却是一个不杀,个个富贵天年。解缙在相对宽松的环境下,越发放言无忌,无事不敢为,却为自己种下了杀身的祸根。

一次朱棣在一张纸上写了几位朝廷大臣的名字,让解缙品评其短长,解缙直言无所隐,把这些人的毛病揭示得淋漓尽致,朱棣也认为他说得很对。这些大臣知道后,却恨解缙入骨,一有机会便在朱棣面前指摘解缙的过失,大进谗言。众口铄金,久而久之,朱棣也不能无动于衷,况且解缙才高气傲,不拘小节,本就是容易犯小错误的人,积累到一起,就成了大毛病。

在随后朱棣要更换太子的"易储"风波中,解缙又死保太子,联络群臣,大造声势,维护太子的地位。朱棣虽迫于群臣的压力,最终没有更换太子,但一想到要让自己厌恶的儿子承继江山,心里就堵得慌,罪魁祸首自然非解缙莫属。朱棣的二儿子朱高煦因没当上太子,更是恨不得吃解缙的肉,天天寻找机会欲置解缙于死地。有一次,他诬陷解缙向外泄露宫廷中的秘密。朱棣也不管是否属实,便把解缙贬官为广西布政司参议。

永乐八年(1410年),解缙从广西回京述职,朱棣正领兵出塞攻打蒙古,解缙没见到朱棣,便向当时留守京师监国的太子禀报事情,然后就回广西了。朱高煦知道后,便诬陷解缙趁皇上不在时私自朝见太子,图谋不轨。朱棣蓄怒于心很久了,再加上朱高煦的诬陷,身边大臣的挑拨,勃然大怒,派锦衣卫把解缙捉回京师,投入诏狱,严刑拷问,所牵连的人无不下狱。五年后,朱棣便命锦衣卫指挥纪纲在狱中把解缙处死。那年解缙仅四十七岁,一代人杰就此陨灭。

【解读】

解缙受知于明太祖、成祖父子两代,宠遇之深无人可比,最后却惨遭诛死,可谓悲惨。而解缙在最喜欢杀人的朱元璋手下能安然无事,却死于待人还算宽厚的朱棣之手,就在于两人重用解缙的程度不同。

朱元璋虽重用解缙,但一旦觉得难以容忍他的直言无忌时,便把他打发回家,挫一挫他的锋芒,以免他招来杀身之祸,可以说是真正爱护他了。假如解缙不回家乡读书八年而是继续在京供职,可以肯定地说他不会活过洪武年间。此无他,才高本来就遭众人的嫉妒,毁言日至,自己又丝毫不知收敛,危言危行立于朝廷,没有不遭杀身之祸的,这也是封建王朝的家天下不可避免的弊端。

朱棣任用解缙始终如一,解缙触犯朱棣的大忌比触犯朱元璋的大忌要多许多。朱棣虽然恨他,却也无心杀他,只是把他贬官了事,图个眼不见心不烦。偏偏解缙名士风度,不拘小节,朝拜太子而不朝拜皇帝,虽事出有因,却让人误解为私自向太子表功,以图将来太子继位后重用自己。这是组建太子的党羽与皇帝对抗。朱棣即便英明如唐太宗,宽厚如康熙圣祖,解缙想不死也是不可能的了。

解缙之死是在下狱五年后,纪纲先把他用酒灌醉,然后将其埋在雪里冻死,虽然痛苦些,倒落个全尸,也可算得上"皇恩浩荡"了。

【原文】

是故德高者愈益偃伏,才俊者尤忌表露,可以藏身远祸也。

【译文】

所以德高望重的人更应该深居简出,谨言慎行,而才能出众的人尤为忌讳自我张扬。这样才可以藏住身形,远离祸患。

【事典】

不脱袈裟的道衍

道衍是明初的名僧,以写诗作文闻名于世,连明初的一代儒学宗师宋濂对他也是赞赏有加,然而道衍的志向却不在诗文上,也不在精研佛学上,而是要投身红尘,干一番轰轰烈烈的事业。

明太祖朱元璋的第四个儿子——分封北平的燕王朱棣因奔母丧来到京师,与道衍见了一面。两人彼此有心,一拍即合,朱棣便把道衍带回北平,请他主持北平西郊的大庆寿寺。

道衍虽名为主持,却整天待在燕王府里,与燕王密商大事。两人躲在密室里,没人知道他们在商议什么，不过朱棣已贵为亲王，再有所想自然也就是皇帝的九五之尊了。

朱元璋去世后，建文帝即位，因不满皇叔们的骄横不法，恐怕形成尾大不掉之势，遂决意削藩。

道衍力劝燕王起兵夺权，燕王觉得自己与朝廷相比，力量差距过大，而且建文宽厚仁义，民心归附，所以顾虑重重。道衍却摆出种种理由打消他的顾虑，又为他全盘策划起兵造反的事宜。燕王在道衍的劝说下决意起兵，以府中八百壮士设计擒斩了北平的主要将领和官员，夺取了北平的控制权。

随后四年的时间里，道衍一直作为朱棣的主要谋士，为他尽心筹划军事方略。朱棣对道衍也是倾心相待，言听计从。朱棣带大兵出征，则让道衍镇守北平，把世子和王妃宫眷都交到道衍手中，足见朱棣对道衍信任之深。而朱棣的行军路线，进攻或者撤退，也都听道衍一言而决。有一次，朱棣领兵济南城下，连攻不克，舍弃又不甘心。道衍派一名使者到军中，只在一张小纸条上写道："士气不振了，请回师北平休整。"朱棣看后立刻拔寨回师，毫不犹豫。

道衍最后给朱棣献上一条看上去凶险的计策：从北平直趋京师，中间不攻打城市，只要夺取南京，建立帝号，天下便可闻风降服。朱棣依计而行，竟一举而夺得京师，建文帝自焚身亡。朱棣在南京即位称帝，各地果然纷纷降附，朱棣便成了中国历史上唯一一位以藩王起兵夺取政权的皇帝。

朱棣大封功臣，以为道衍运筹帷幄如同汉时张良，居中镇守不亚萧何，功劳最大，便封他为荣国公，代代传袭。朱棣又和徐皇后劝他还俗，娶妻生子，和他们共享天下的富贵荣华。朱棣赐予道衍的俗家名为姚广孝，又赐他宅邸一套、宫女两名，赏赐之厚不是其他功臣所能比拟的。

道衍却只接受了赐名和荣国公的爵位，宅邸和宫女却坚辞不受。朱棣再三相强，道衍却执意不从，朱棣也只好随他的意了。后来太子从北平迁到南京，朱棣便请道衍出任太子少师，辅佐太子。明朝的宫保官职（太子太师、太傅、太保，太子少师、少傅、少保）只是作为文武大臣的加官，和东宫事务没有任何关联，只有道衍一人负有辅导太子之责。朱棣见了道衍，也称呼"少师"，而不称名字，以表明自己对他的尊崇。

道衍辅佐朱棣成就辉煌帝业后，却和先前判若两人，对国家政务一言不发，再不向朱棣进一言、出一策，有如进了曹营的徐庶。早上，道衍一身朝服随班上朝，退朝后却住在庆寿寺里，一身袈裟，虔诚礼佛，对于东宫事务也不过问。当时朱棣有心废除太子，另立二儿子朱高煦，满朝文武以死力争，身为太子师傅的道衍却一言不发，仿佛此事与自己没有一点关系。

道衍立身朝廷，唯一做的一件事就是任编纂《永乐大典》的总管，但其实也是挂名而已，具体事务都是由解缙这班文士完成的。

道衍的好朋友——建文帝的主录僧溥洽被朱棣关入诏狱。因为建文帝自焚后找不到尸体，人们传言建文帝从宫中秘道出走。这事成了朱棣最大的心病，他唯恐建文帝真的没死，有朝一日东山再起，所以派人四处搜寻。又有人说溥洽知道建文帝出走的去向,甚至说是他把建文帝藏匿起来。朱棣便关押溥洽,要在他身上得到建文帝的确切消息,一关就是十几年,却毫无所得。

道衍虽身居高位,却不敢为溥洽辩明冤屈,更不敢出言相救。直到临死前,朱棣去他住所探视,询问他有何身后事要嘱托,道衍才提出请求放了溥洽。朱棣立刻命人去放了溥洽,好让道衍死无所憾。

道衍死于永乐十六年(1418年)三月,享年八十有四。朱棣痛哭不已,亲手撰制碑文记载道衍的功勋,又把道衍生前力辞的荣国公爵位追封给他。仁宗继位后,也感念道衍对自己辅导保护的功德,为他追加王爵。

【解读】

明成祖朱棣雄武刚毅,知人善任,常自比为唐太宗,论其文事武功倒也不相上下,唐初的贞观,明初的永乐,都是中国历史上很少出现的太平盛世。唐太宗弑兄欺嫂,逼父篡位,后世人竟略其过而美其功,而明成祖诛杀建文忠臣,却得了个暴虐的恶名。这不是别的原因,而是因为唐太宗杀的都是自己的家人,与外人无关,而明成祖诛杀的都是文人,写历史的自然也都是文人,君子讳伤其类也。然而朱棣屠杀建文忠臣,不在人数的多少,而在于他手段的惨无人道,这一点大概连秦始皇也自叹不如,只有北齐的几个无道昏君堪相比拟。朱棣晚年也痛悔不已,只是无法消除这块污点罢了。

道衍以一介方外人成此大功,可谓是和尚中第一人,然而道衍的心机也够深邃的。徐庶进曹营一言不发是不愿帮助曹操,道衍却是因为自己功劳过大,唯恐惹祸上身,才保持低调的。不脱袈裟、不问世务,正是要向朱棣表明心迹,消除君主对功臣的猜疑,道衍所想保住的不是荣华富贵,而是身家性命。

汉初的张良得汉高祖刘邦相遇之重,相知之深,尚且要遁身方外,从道士游,来远祸全身。道衍倒是省了这一层,他本来就是和尚,只要保持本色即可。面对功名富贵,一般人都会昏了头脑,唯恐得之不多,居之不久,到头来也都因功名富贵而丧生灭族。道理正是如此,每个人也都明白,但真正像道衍那样能做到远祸全身的就没有几人了。

【原文】

荣利之惑于人大矣,其所难居。

【译文】

荣华利禄对于人的诱惑力是最大的,然则荣利场却是最难站住脚的。

穷奢极欲的郭子仪

郭子仪是再造大唐的功勋，而且以一身系天下安危达数十年，历史上少有其比，然而郭子仪却也有另外的一面——穷奢极欲。

唐朝官员的俸禄是很高的，郭子仪数十年出将入相，身居高位，俸禄的收入就已相当可观，而家中子弟也都因他之故得做高官，安享富贵；郭子仪门生部将遍及海内，每年收的礼物就难以计数了。当时朝廷因连年征战，国库空虚，皇上也常常愁没有钱用，但郭子仪家中却是珍宝堆积如山，府中奴仆就有一千多人，个个衣绸着缎，光彩赫赫，私家之富不单比拟王侯，而且超过天子。

郭子仪的幕僚中有人见此景象，为郭子仪担心，便劝他说："现在正当艰难之时，国家财用匮乏，军费常常筹措不出，士兵们常常因缺饷而哗变。皇上自奉也很俭薄，您却厚自奉养，敛财积货，恐怕有污您的美名，不如把多余的钱财上交国库，或者充作军费，您的功德就更高了。"

郭子仪却笑着摇摇头说："这你就不懂了，安禄山、史思明祸乱天下，朝臣中有识之士就归咎于朝廷没有及时给二人封爵。试想假若安禄山有王公爵位，他就会爱惜它，想把这富贵传给子孙，还会轻易铤而走险吗？我以一点微薄的功劳被封王爵，本来是不相当的，我却居之不疑，不是没有自知之明，而是向朝廷表明我是既贪恋富贵而又安于富贵的人。朝廷所担心的不是大将钱多，而是功名太盛，跋扈不服朝命，甚至造反。我现在功名已至极处，无可复加，如果像你所教我的那样做，皇上反而要疑心我有所图谋了。"

幕僚听了郭子仪的解释后，才恍然大悟，惭愧无语。

郭子仪功高盖世，历史上或许只有再造大清的曾国藩堪与之相比，然而与郭子仪同时有功名的将帅很多，如仆固怀恩、李光弼等，但都因皇上猜疑，宦官嫉贤妒功，功高不仅不赏，反遭杀身之祸。诸将为求自保，或起兵造反，如仆固怀恩；或拥兵自重，不听朝廷号令，如李光弼。他们都不能以功名相始终，唯有郭子仪一人同样屡遭陷害，却从未对皇上有过二心，终于成为唐朝中兴的社稷之臣，仆固怀恩和李光弼与之相比，真当愧死。

郭子仪一生手握重兵，然而一旦朝廷下令解除兵权，闻命即起身还朝，绝不留恋推搪，以此来消除朝廷对自己的猜疑。有一次，郭子仪被将士们强行挽留在营内，不能回京，他便诡称要出外打猎，连行装也不带，从小道逃回京师复命，硬是以这种恭谨从命的精神打消了朝廷的疑忌。

鱼朝恩恃权仗势，嫉妒郭子仪的功名，有一次竟掘了郭子仪的祖坟。事后鱼朝恩自己也知道祸闯大了，担心郭子仪会起兵造反，杀回京城找自己报仇，因此恐惧不已。郭子仪却单身回朝,在皇上面前痛哭流涕,归咎自己在外带兵无方,将士们多掘他人的坟茔,以致遭此报应,根本不提及追查元凶之事。皇上和鱼朝恩始则忧惧,继之羞愧,也都感服于郭子仪的德量。

郭子仪正是以自己人格的魅力塑造了威名,朝廷倚之为长城,士兵依之为父母,叛将强臣听说郭子仪之名,也无不肃然起敬,躬身下拜。仆固怀恩勾结回纥内侵,郭子仪手中无兵,竟单身直闯敌营。回纥原是听说郭子仪已死,才敢侵略中原,一见到郭子仪,悚然大惊,便和郭子仪签订盟约,撤出中原。一人可挡百万雄师,即便曾国藩也要自叹不如,千古一人而已。

所以,郭子仪有可与日月相比的忠心,才能久握重兵而朝廷不疑,位极人臣而无人嫉妒,穷奢极欲而人不非议。

【原文】

上焉者守之以道,虽处亢龙之势而无悔。

【译文】

最上一等的以自己完善的道德守住自己的地位,虽然处在危险的边缘却能安然无恙。

【事典】

犯而不校的娄师德

武则天执政时期,夏官(原兵部)侍郎娄师德和凤阁(原中书省)侍郎李昭德约好一同上朝。娄师德身躯肥胖,走路很慢,李昭德先到了殿门,左等右等娄师德不到,心里焦急万分,唯恐迟到会遭重罚。好不容易才等到娄师德气喘吁吁地赶到,李昭德性子急躁,脱口骂了一句"乡巴佬"。

两旁一同上朝的人都吓了一跳,因为娄师德官拜夏官侍郎同平章事,也就是宰相,职位要比李昭德高,李昭德竟敢在大庭广众之下辱骂上司,这些人都为他捏了把汗。

娄师德喘息了一会,才仰面笑道:"大家都是贵人,我不做乡巴佬谁做乡巴佬?"大家哄然一笑,都佩服娄师德的雅量。

娄师德的弟弟被任命为代州刺史,临行前娄师德把他叫到面前,问道:"我现在备位宰相,你又是一州的长官,我们家权势荣宠过盛,别人一定会嫉恨我们,千方百计挑我们的毛病,你认为怎样做才能免除祸患呢?"

他弟弟深知哥哥的脾性为人,咬咬牙发狠说道:"从今以后,即便有人唾到我脸上,我自己擦就是了,绝不让大哥为我担心。"弟弟以为如此说必会让哥哥满意,却不料娄师德面现痛苦不堪神色,捶胸顿足说道:"这正是你让我担心的地方。错了!错了!"

弟弟不知所以，只好向哥哥请教。

娄师德正色告诫他说："人家唾你，那一定是生你的气了，你却自己把唾沫擦干，人家不就更生气了吗？唾沫在脸上自己就会干掉，你何必去擦拭呢？所以有人唾你的时候，你一定要笑着承受，而且让唾沫自己干掉。"

弟弟恍然大悟，铭刻于心。

【解读】

"唾面自干"向来是无耻的代名词，但也要看用于何时何人，不可一概而论。

武则天因出身低微，又曾是唐太宗的女人，所以在唐高宗要立她为皇后时，便受到朝廷重臣和贵族的坚决反对。原因有二：一是出身卑微，不是名门望族，不堪母仪天下；二是她侍奉过先皇。武则天自此便恨透了那些自认出身高贵的望族，所以她执掌政权后，便重用来俊臣、周兴、索元礼这些酷吏大力铲除唐朝宗室、名门贵族和朝廷大臣，手段之恶毒，刑法之滥酷少有人比。这也并非武则天生性嗜杀，自有其更深一层的原因。

当时真是官员们的人间地狱，每人上朝前，都要先和家人诀别，哭着说："不知晚上还能不能见到面了。"许多官员都是在上朝或退朝的路上被来俊臣这班酷吏逮捕入狱，罗织罪名，锻炼成狱，然后便是诛死，甚至灭族。以至于武则天每次任命官员，在宫内召见时，武则天的侍女们便指着任命的官员，相互取笑说："又有要做鬼的来了。"用"朝不保夕""度日如年"都难以形容当时的恐怖形势。

在如此恶劣的情势下，娄师德却能出将入相数十年，以功名相始终。他也是朝臣中唯一一位没被酷吏们罗织罪名的人，要做到这一点真是谈何容易！这不得不归功于他的器识厚重以及犯而不校的道德。

犯而不校，就是说别人冒犯了你，不单去计较，更不会反击报复。身为宰相，被下级当众骂为"乡巴佬"，这对一般人而言是绝不能忍受的，娄师德不但忍受了，反而加以解释，这正是他所说的"唾面自干"术。假若不加以解释，而是保持沉默，李昭德一时情急，出口冒犯了上司，难免不心怀恐惧，为怕娄师德过后报复，也未尝不可能采取别的方法打击娄师德，所谓"人无害虎意，虎有伤人心"。待听到娄师德解释后，一场有可能发生的冲突便消弭于无形了。这已不单单是气量，更是一种大智大慧，处处如此，时时如此，还会有什么人会对他心存歹意吗？所以来俊臣和周兴等人残害宗室、贵戚、朝臣如同水洗，却放过了娄师德，这也是很说明问题的。

娄师德不但犯而不校，政绩非凡，而且很有知人之明。他在相位时，经常向武则天推荐狄仁杰，武则天因此任狄仁杰为相。狄仁杰却不知此事，又素来瞧不起娄师德，便把他排挤出朝廷，到陇右做诸军大使。

武则天有一次和狄仁杰闲谈，问道："娄师德贤良吗？"狄仁杰答道："他在边陲做大将还可以，是否贤良，臣就不知了。"话中之意很不以为然，武则天微笑道："娄师德很有知人之明。"狄仁杰摇头道："臣和他是同僚，没听说他有这方面的才能。"武则天笑道："朕能了解你的才学品德，并用你为相，就是娄师德推荐的。"

狄仁杰听完后，惭愧得无地自容，出宫后对大臣们说："娄公盛德，我为娄公包容很久了,自己却不知道,娄公的德量,我无所窥测矣。"

李昭德也是很有胆色的人,当来俊臣、周兴罗织诬陷之风最为炽盛时,李昭德却敢挺身抗衡。武则天以女主称帝,最喜欢别人进献符瑞吉祥,好显示自己是天命所归,进献者多得官位财物,于是进献符瑞之风大起。

大臣们虽多数不以为然,却不敢指斥其非,李昭德却敢触龙鳞。一次有人到朝中进献一块石头,说石头里面是红色的,代表忠心,连石头都向皇上表示忠心,说明皇上盛德,化及木石,这是难得的符瑞。

李昭德却直斥其伪,厉声驳斥道:"这块石头心是红色的,代表忠心,那么其他石头心都是黑色的,难道要造反吗?"

两旁的大臣听了,都敢笑而不敢言。

【原文】

中焉者守之以礼,战战兢兢,如履薄冰。仅保无过而已。

【译文】

中间一等的以礼义自律,整日战战兢兢,如同踩在薄薄的冰上一样,这样也仅保持没有过错而已。

【事典】

不肯封侯的明德马后

东汉孝明帝的皇后马后是伏波将军马援的小女儿,十四岁入太子宫为太子妃,明帝即位后册封为皇后。儿子章帝即位后,因为年纪小,马皇后临朝称制,处理国家大事,史称明德马后。

章帝和自己的几个舅舅感情很好,便想依照惯例,封自己的几个舅舅为侯,太后却坚决不同意。

章帝向母亲请求说:"从西汉以来,国舅封侯和皇子封王已经是国家的制度,您自持逊让却要让儿子背上亏负舅家的名声。"并且举出建国初期阴、郭两家的国舅都得以封侯的例子。

马太后耐心解释说:"我并不是想得谦让的美名而让皇上落个刻薄的名声,而是鉴于西汉那些后族几乎没有不因荣宠过盛而导致灭亡的。阴、郭两家乃是先皇的后族,我也不敢比。先帝在封皇子为王时,国土和赋税收入较建武时期减少了一半,我曾问过先帝为何这样做,先帝说:'我的儿子怎敢和先皇的儿子一样。'此言我一直铭记,然则我的后家又怎敢和阴、郭这些开国的后族相比?"

章帝听后,体谅母亲的苦心,便不提给舅舅封侯的事了。

这一年大旱,有一名投机官员想趁势讨好皇上和后族,便上奏说天灾乃是因为不封国舅为侯之故。

马太后看后大怒，下诏严辞斥责："你不过讨好我而已，怎敢妄言天灾与不封侯有关。汉成帝时，一日之间封王家五人为侯，当时大风拔树，黄雾四塞。这才是天灾示警，乃是后族过盛，乾纲不振之故，终于导致王莽篡汉之祸，从没听说后族谦逊守礼而导致天灾的。"大臣们见太后执意坚决，便没人再敢做这种投机之事了。

章帝总觉得舅舅不封侯，自己心有愧疚。他见大臣们碰了钉子不敢说话，便亲自向母后苦苦哀求："舅舅们年纪都大了，身体又多病，万一有所不讳，生前得不到封典，儿臣可要抱憾终生了。"

马太后虽然心里不愿意，但实在拗不过儿子，只好同意章帝封舅舅们为侯，常为此郁郁不乐。

临下诏册封的前一天，马太后把自己的兄弟们召进宫，告诫他们切忌权势过大自蹈覆亡之祸。

马太后的兄弟们体会到太后的良苦用心，第二天接受封爵后，便坚决辞去在朝中的职务，以列侯归第。

东汉选择皇后大多是开国功臣之家，主要是邓、马、窦、梁四家，而邓、梁、窦之族因权势过盛而遭灭门之祸，只有马氏一族谨守礼节，不敢稍有逾越，也因此得以保全。

【解读】

世人都说"女生外向"，其实最终还是"内向"的，尤其是皇后或皇太后，趁自己得宠或临朝称制时，恨不得把全天下的富贵都搬到自己的娘家，真如烈火烹油，一时间煊赫无比。待到自己失宠或者失去权力后，自己的娘家反而因为权势过盛、恃势胡为而遭灭门之祸。纵观两汉后族，几乎没有例外，正应了那句话："前车倒了千千辆，后车到了亦如然。"

这些人并非愚蠢，也不是不懂前车之鉴，但面对摆在眼前、唾手可得的权势富贵，又有几人能够拒绝？其实也不必厚责这些人，权、钱、色三关从古至今就没有几人能过得了，"人为财死，鸟为食亡"，自古皆然。

明德马皇后却能深明古今成败大义，在她辅政期间，始终压制自己娘家的势力，既不是不爱富贵，更不是不愿意娘家与自己同享富贵，而是深知富贵乃祸患之门，稍有闪失便会有不忍言之大祸。明理达义，巾帼何让须眉，真是少见的女中圣贤。

东汉的思想家王符曾经有个很精彩的比喻，他说："君主娇宠自己喜爱的贵臣和一般人喂养婴儿犯同样的过错，人们喂养婴儿总是担心他吃不饱，尽量多给奶水吃；君主娇宠贵臣也总是嫌给予的权力不够大，财物不够多，所以无限制地赏赐财物，增大其权柄。而婴儿因吃得过饱经常生病甚至夭折，贵臣也因权势过盛、财物过多而积成罪恶，经常会招来祸患甚至灭亡。"

比喻虽小，用来解释东汉后族多覆亡的缘故，倒也浅显易明，可谓一语中的。

下焉者率性而行，不诛即废，鲜有能保其身者。

【译文】

最下一等的由着自己的性子，恃权仗势，胡作非为，不被杀死也要废弃终生，很少有能保全身家性命的。

【事典】

功大而身灭的窦宪

窦宪是东汉章帝窦皇后的哥哥，因窦皇后而得宠。窦宪年纪虽轻，却被提任为黄门侍郎，这是天天在皇帝身边、显赫而又亲近的官职。

章帝很喜欢窦宪，不久又提升他为侍中、虎贲中郎将，并任命他弟弟窦笃为黄门侍郎。兄弟二人倚仗皇帝的宠爱和皇后的声威，无所不为，不要说朝廷大臣，就是皇子公主、阴马后族对他也畏忌三分。

窦宪利令智昏，居然把主意动到章帝的女儿沁水公主的头上。他看中公主的一块园林，派人去要以很便宜的价格买下来。沁水公主虽贵为帝女，却很害怕窦宪，不但不敢卖，还不敢论价，便以窦宪所说的价格卖给了他。

章帝一次经过这片园林，便问左右是谁家的，窦宪怕事情败露，使眼色吓唬左右人不许直说。章帝后来还是知道了这件事，怒不可遏，痛责窦宪说："这事我越想越害怕，前些日子我问起公主的园林，你居然敢用指鹿为马的手法欺骗我，你是想当赵高吗？我女儿的地你都敢抢夺，其他人你还会放在眼里吗？我杀掉你，不过杀死一只出壳的小鸡，一只腐烂的老鼠，何难之有。"

窦宪见章帝动了杀机，吓得浑身筛糠，说不出话来。窦皇后听说后，急忙跑来，在章帝前叩头为哥哥谢罪。章帝正宠爱皇后，不忍伤她的心，便饶过了窦宪，但也不再重用他了。窦宪失去了权势，倒是因祸得福，章帝在世时，他小心谨慎，没再惹出别的乱子来。

章帝去世后，和帝即位，窦皇后以皇太后的身份临朝称制，处理国家政务。窦太后因是女主，不能到外廷与大臣们商议国政，便任命窦宪为侍中，所有事都和他商量。窦宪在内与太后共定国策，在外宣布诰命，又成了朝廷中第一人。

窦宪又任命弟弟窦笃为虎贲中郎将，窦景、窦瑰为中常侍。窦宪兄弟分别占据朝廷显要位置，内倚太后为靠山，无论什么事，自己让亲信的大臣上奏，然后到宫中与太后商议，事无不成。窦宪得志后，又犯了无所顾忌的老毛病。齐王的儿子都乡侯刘畅，因到京师奔赴章帝的丧事，打通门路见到了窦太后，并和太后私通。窦宪害怕刘畅得宠后，会分夺自己的权柄，便派刺客杀死刘畅，然后扬言说凶手是刘畅的弟弟利侯刘纲，并派大臣拷问刘纲，准备屈打成招，找个代罪羔羊。

窦宪

不料有大臣向太后揭发了此事,太后心痛情夫之死,一定要查个明白。太后自己派人调查,结果真相大白。太后一怒之下把窦宪关押在宫内,准备重重地责罚他。

窦宪自知触到太后的伤心处,害怕被杀死,便上书请求率兵讨伐匈奴来赎罪。窦太后思前想后,终究不忍自残手足,便同意了窦宪的请求,任命他为车骑将军,带兵攻打匈奴。

窦宪仓促之间并无完善的准备,便纠合京师和十二个郡的几万兵马以及边境一带少数民族的军队,会合南匈奴,攻击北匈奴。不料窦宪竟一举扫灭了北匈奴,出塞三千多里,追亡逐北至燕然山,立碑刻铭,宣扬大汉功德,耀武扬威,班师而回。匈奴就此一蹶不振,从秦始皇以来,一直是中原地区最大祸患的匈奴,居然就在窦宪手里画上了句号。

窦宪建此不世奇勋后,权势一下子膨胀至极点。班师回京后,他被封为大将军,位居群臣之上,并被封为冠军侯,同门兄弟一日之间四人封侯。窦宪在外手握重兵,兄弟亲戚党羽则在京师掌握禁军,盘踞朝廷内外,表里呼应,朝廷大权尽落窦宪手中。

窦氏四侯在京大修府邸,国库为之空虚,其他如掠人财物、抢劫妇女的罪行更是多不胜数,大臣稍有反对,立见诛灭,人人噤不敢言。

窦太后年少寡居,不安于室,多招外宠入宫。和帝既不满窦宪之跋扈,对太后的淫乱也记恨于心。窦太后知道后心有不安,便和窦宪秘密商量想要废帝另立。

和帝不甘坐以待毙,便趁窦宪班师回京,大军驻扎城外之机,与宦官郑众密谋除去窦宪。和帝深夜赶到北宫,招集南北宫禁军,在夜里关闭城门,囚禁太后,然后发兵包围窦宪府邸,在城内搜捕窦宪党羽,一夜之间将窦氏家族一网打尽。

窦宪兄弟四人被捕自杀,家属都被赶回老家,党羽们除畏罪自杀外也均被处以死刑。这时,当了几年傀儡皇帝的和帝才开始亲政。

【解读】

光武帝刘秀鉴于西汉亡于外戚王莽之手,对后族一直采取压制的政策,深恐自己建立的王朝重蹈覆辙,所以开始几代后族势力对中央政权尚无威胁。到了窦太后临朝,窦宪掌握国柄,东汉又滑入西汉外戚专权的覆辙中了。然而东汉外戚专权之祸虽烈,却没亡于外戚,而是亡于宦官的乱政上,这又是始料不及的,真是人算不如天算。

汉武帝立太子后,托付霍光辅政,却把太子的母亲钩弋夫人赐死,看上去虽然残酷,实际上却是英明之举。

历史上有许多相似却又相反、相反却又相似之处,北宋王朝女主垂帘听政的也不少,而北宋政治清明、国力富强却正在几位女主垂帘时期,甚至有"女中尧舜"之美誉,而哲宗、徽宗几位皇帝一亲政,国事反而大坏以至灭亡。大明王朝从始至终无女主称制之举,大明王朝的政治却是最黑暗的。看来一个王朝的终结,并不能单单归咎于女主临朝还是宦官乱政上,而是封建制度本身无法避免的缺陷造成的。

窦宪固然是十足的小人、罪人,然而单就他平灭匈奴一事而论,也可说是大汉的功臣。汉武帝凭借三代累积的财富,又有卫青、霍去病、李广、路博德这些名将,与匈奴大战三十余年,耗尽了国家人力、物力和匈奴也不过打个平手,并未占太大的上风。

窦宪率领各郡的士兵,和他本人一样,大多是因有罪而发配到边境赎罪的罪犯,另外便是羌胡和南匈奴的人马,人心不一,士兵也不是卫青、霍去病所率领的百战精兵,更没有李广这样的名将。窦宪就是率领这一群乌合之众,居然一举扫平几百年来不能战胜的强寇,真是令人百思不解的怪事。也许是北匈奴气数已尽,窦宪适逢其会,天假竖子之手以成此大功。

卫青、霍去病、李广均因攻打匈奴名垂青史,窦宪的功勋比这几人加起来还要大得多,却无人称颂,只因为前几人是君子,而窦宪却是小人。

【原文】

人皆知富贵为荣,却不知富贵如霜刃。

【译文】

人们都知道身处富贵很荣耀,却不知道富贵有时如同霜矛利刃。

【事典】

视富贵如畏途的王晞

王晞是前秦名臣王猛的后代,北齐显祖高洋在位时,王晞因为是名家子孙,被高洋选中,让他和自己的弟弟常山王高演为友,辅导弟弟。

高洋嗜酒昏虐,滥杀大臣,每日都沉醉酒乡,醉后所做的事禽兽不如。大臣畏罪不敢言,只有常山王高演倚仗兄弟之亲,又有太后的保护,屡次流涕苦谏。

高洋也自知其非,却溺于酒乡不能自拔。盛怒之下,高演也屡遭毒打。高洋不忍心杀死弟弟,便迁怒王晞,认为高演所为都是王晞所教,便要杀王晞。高演为保王晞,不得已自己先打了王晞三百棍。高洋听说王晞已遭毒打,才没有杀他。

王晞是高演的心腹谋士,高演无事不和他商议,对他的话也是言听计从。王晞跟着高演也多受牵累,遭刑受辱多年,侥幸未死而已。

高洋死后,高演听从王晞的劝告,废幼主,自立为帝,是为北齐肃宗,王晞也便成了佐命元勋。

高演称帝后，王晞便有意和他疏远，没有要事从不进宫。高演要任命他为侍中，和以前一样，时刻陪在自己身边，王晞却苦苦推辞，坚决不肯接受。别人都劝他不要拂逆皇上的心意，更不要和皇上疏远。王晞却说："我从小看到的高官要人多了，都是身居显要不久，便遭受祸殃，没有几人能保住身家性命的。皇上和我私人感情虽然很深，但不能长久，一旦身处富贵，想退下来都很难，祸发身灭，后悔何及。我并不是不想当高官、处显要，只是此种事看得太多，已经思之烂熟，怎可明知是祸还要去招惹？"

王晞后来求得外放为州官，远离朝廷官场倾轧核心，虽身处乱世，竟能保全身家，在隋文帝开皇元年（581年）死于洛阳，享年七十一岁。

【解读】

王晞作为高演的朋友、谋士，是尽心尽职的。高演屡次触怒高洋，遭受责罚，王晞受此牵累也遭受困辱，祸在不测，然而王晞却不离高演左右，尽心辅佐，出谋献策，甘心与之共患难。

待得高演称帝，高官厚禄摆在面前，王晞却拒而不受。高演并非勾践那样的只能同患难不能共富贵的君主，王晞也不是学范蠡要弃官远逃，不过是不想卷入荣利场上尔虞我诈、弱肉强食的漩涡中而已，于隐晦保身之术可谓深得三昧。

中国历史上有两个最动荡、最黑暗的时代，一个是晋朝后期八王之乱引起的南北朝时期，另一个便是五代十国时期。虽说封建社会中国的老百姓从未过上过好日子，但其他时期与这两个时代相比，简直有天堂地狱之别。和平时期的百姓至少还有贫苦生活可过，虽然穷苦，还可终天命。"乱世之民不如狗"，这两个时代百姓的处境确如其比。

百姓如此，士大夫也好不到哪去。王晞所处的南北朝时期，昏主暴君层出不穷，朝代也如走马灯般变幻不定，政治残暴，四方战乱不休，真是一幅活生生的人间地狱图。士大夫在朝为官，不是因劝谏昏君被杀，便是因朝代变迁而受戮，明智的便携家远逃，改姓更名隐居不出，甚至出家为僧。试观中国禅宗历史，人才最兴旺的便是南北朝和五代时期，只因这两个时期社会中的精英都出家当了和尚，深研佛学，倒是"世道不幸禅学兴"。

王晞的哥哥王昕也是少年时便颇受齐显祖高洋赏识，被提拔到侍中这个显要位置。王昕的才学和弟弟一样的广博，却不懂隐晦藏身之术，他多次劝谏高洋的昏暴举止，高洋衔恨在心，蓄而未发。一天高洋在宫中与群臣饮酒，派人召王昕入宫，王昕知道是去喝酒后，便称病不去。

高洋听说王昕称病，心中不信，派人到府中查看，结果发现王昕正在家中逍遥自在，把酒自乐。高洋大怒，立刻命人把王昕捕入宫中，也不审问罪名，就把王昕斩于殿堂之下。

王晞耳闻目睹，再加上自身所经历的种种事端，令他对富贵权要有着清醒的认识，如他自己所说："不是不想当大官，思之烂熟耳。"

历史上的经验教训很多，每个人身边的事也不乏启迪，假若每个人都能像王晞一样善于观察事物，总结规律，然后"思之烂熟"，不仅可以无祸，而且可以处处化凶为吉。

【原文】

人皆知贫贱为辱，却不知贫贱乃养身之德。

【译文】

人们都知道贫穷困贱是耻辱，却不知道贫穷困贱是养身立志的土壤。

【事典】

彭泽之父千里训子

彭泽少时家贫，励志苦学，明孝宗弘治三年（1490年）考中进士，历官至刑部郎中，后因得罪有势的宦官，被外放为徽州知府。

彭泽的女儿临出嫁时，彭泽便用自己的俸银做了几十个漆盒当作陪嫁，派属吏送回家中。彭泽的父亲见后大怒，立刻把漆盒都烧了，自己背着行李走了几千里来到徽州。

彭泽听说父亲突然来到，不知家中出了什么大事，忙出衙相迎，却见父亲怒容满面，一句话也不说。

彭泽见状，也不敢造次发问，见父亲满面风尘，又背负行李，便使眼色让手下府吏去接过行李。

彭泽的父亲更是有气，把行李解下，掷到彭泽的脚下，怒声道："我背着它走了几千里地，你就不能背着走几步吗？"

彭泽被骂得哑口无言，抬不起头来，只得背着行李把父亲请进府衙。

彭泽父亲进屋后，既不喝茶，也不落座，反而命令彭泽跪在堂下。府中官吏们纷纷上前为知府大人求情，全不济事，彭泽只得跪在父亲面前，却还不知为了何事。

彭泽的父亲责骂彭泽：

"你本是清贫人家子孙，如今做了几天官，就把祖宗家风全忘了。皇上任命你当知府，你不想着怎样使百姓安居乐业，反而学着贪官的样儿，把官家财物往自己家搬，长此下去岂不成了祸害百姓的贪官？"

彭泽此时方知父亲盛怒是为了何事，却不敢辩解，府中衙吏替他辩白说，东西乃是大人用自己俸银所买，并非官家钱物。

彭泽的父亲却说：

"开始时用自己的俸银，俸银不足便会动用官银，现在不过是几十个漆盒，以后就会是几十车金银。向来贪官和盗贼一样，都是从小开始，况且府中官吏也是朝廷中人，并不是你家奴仆，你却派人家几千里地为自己女儿送嫁妆，这也符合道理吗?"

彭泽叩头服罪,满府官吏也苦苦求情,彭泽父亲却依然怒气不解,又用来时手拄的拐杖痛打彭泽一顿,然后拾起地上还未解开的行李,径自出府,又步行几千里回老家去了。

彭泽受此痛责,不但廉洁自守,不收贿赂,而且不再挂心家里的事,一心扑在府中政务上,当年朝廷审核官员业绩,以徽州府的政绩最高。

【解读】

彭泽历事明孝宗、武宗、世宗三朝,被称为正德、嘉靖年间的名将,与兵部尚书王琼成一时瑜亮,而王琼依附宦官,虽然飞黄腾达,事事顺遂,所建功业也不小,但大节有亏,声望也大为受损。彭泽于其时声望最高,武宗正德年间,宦官佞幸气焰最为嚣张。彭泽却不畏强暴,屡撄其锋。他看不起王琼依附群小的谄媚,经常借酒使气,嘲笑王琼,又在王琼面前痛骂锦衣卫指挥钱宁。

王琼经常向钱宁说,彭泽总当自己的面骂他,钱宁不信,王琼便把彭泽请到家中喝酒,让钱宁的亲信躲到屏风后面偷听。酒到半酣,两人谈论朝中形势,彭泽果然大骂起钱宁来。钱宁知道后,恨之入骨,后来借事将彭泽削职为民。彭泽、王琼二人的气节道义于此可见。

然而彭泽能在邪恶势力之下保存气节,应该说和他所受的家庭教育有很大关系。

彭泽用自己的俸禄为女儿置办一点嫁妆,这本来是件极平常的小事,彭泽的父亲却为之担忧,害怕儿子走入歧途,竟不惜步行几千里路找到儿子,把他重重地教训一顿。看起来似乎有些小题大做,然而小事不防,就有可能演变成大事;蚁穴不补,就有可能堤毁人亡。古人处处讲究"防微杜渐",预防祸患也是从最小最细微的地方着手,这一点依然值得我们今人借鉴。

彭泽受此庭训,可称得上是当头棒喝。他以后为官一生,历任川陕总督、左都御史、提督三边军务、兵部尚书等要职,都掌握着巨额军费,不要说有心贪污,即便按照常例,也会积累一笔十代八代吃穿不尽的财富。但是,彭泽却为将勇,为官廉,死后破屋几间,妻子儿女的生活都成问题。之所以能清廉如此,自当归功于他父亲的教育。

当然,也有人觉得做了一辈子高官,死后清贫如此太不值得,这只能说是仁者见仁、"贪者见贪"了。

【原文】

倘知贫贱之德,诵之不辍,始可履富贵之地矣。

【译文】

如果知道贫贱的好处,并且牢记不忘,这样的人才可以身处富贵的地方。

大儒之母安贫乐贱

北宋仁宗庆历年初，范仲淹因和宰相吕夷简不和，被罢免参知政事，贬官饶州刺史。谏官高若讷畏威保禄，不敢上书力争，反而和别人说范仲淹有罪，应当罢免，来为自己解脱。时任馆阁校勘的欧阳修因不是谏官，无法为范仲淹说话，本希望高若讷能仗义执言，没想到高若讷反而诋毁范仲淹，为自己的缄默不言找借口。于是欧阳修回家后修书一封，痛责高若讷，骂他"不复知人间有羞耻事"。

高若讷被骂得羞怒交进，把欧阳修的书信呈交皇上，并且攻击欧阳修为范仲淹的朋党。吕夷简见到信后，也是怒不可遏，第二天便贬欧阳修为夷陵长。

欧阳修遭贬后倒是心中坦然，只是贬所荒远，生活又苦，觉得有些对不起母亲，便跪在母亲面前流涕请罪，说："儿子在朝为官，受贬吃苦，自是理所当然，只是要连累母亲大人跟着受苦，儿子实在是心中不忍。"

太夫人丝毫不以为意，笑着说："你以为你祖上是什么富贵人家吗？我自从嫁到你家，过的就是苦日子，我早已经习惯了。你四岁时你父就没有了，我和你孤儿寡母，什么苦日子没挨过，那时候不也很快乐吗？你做官后家里日子倒是宽裕了些，可我心里也没觉得比以前快乐。现在你虽被贬官，毕竟还有俸禄，再苦也不会有那个时候苦，你有什么可替我担心的呢？"

欧阳修听完母亲的话，心中阴霾扫除，坦然上路，几千里路的舟车颠簸，太夫人不但不让儿子为自己操心，反而指挥僮仆，料理上下，照顾儿子生活起居，比在京时更有精神。

【解读】

欧阳修不仅是一代文学宗师，更是正直强谏的名臣，论其风范也不比魏徵差，只不过是他在文学上名声太高，为后世所推崇，其强直敢谏的名臣风范反而为后人所忽视。

做直臣、谏臣比做廉臣要难，廉臣不过是清廉自守、不收贿赂即可，而直臣、谏臣却要常常触怒皇上，得罪权贵，随时都可能身遭不测，所以如果没有"一不怕苦，二不怕死"的精神，还真当不了直臣、谏臣。

然而仅仅自己不怕苦、不怕死还远远不够，假如家中父母、妻儿怕苦爱富，这个人做事之前必然要为家里人着想，以便保住职位俸禄，让家里人生活得更好一些。这也是人之常情，无可深责，但是有了这一点私心，想要做直臣、谏臣也就不可能了。高若讷就是这种情况，他也不是很坏的人，不过是懦弱而已，欧阳修痛恨的不是他的不谏，而是他诬蔑范仲淹来文饰自己的罪过，这就不仅是懦弱，而且是小人之举了，所以痛骂他"不复知人间有羞耻事"。

欧阳修一生遇事奋发，敢作敢为，便是因为心中已立下了不怕丢官、不怕吃苦的信念，一个人能够安于贫贱，自然不会为了富贵而去做违背良心的事。而欧阳修能安于贫贱，首先在于母亲能视贫富如一，甚至甘之如饴，才使得他没有后顾之忧。

宋朝可谓是士大夫的天堂，赵匡胤立国之初，便定下规矩：不许杀士大夫，官员有罪也不过是贬官而已，连削职为民的都极少。欧阳修曾对同僚感慨道："以前那些朝代，忠直臣子早晨上谏章，晚上就可能被杀掉，依然前仆后继，劝谏君王。我辈遭逢圣明，罪再大也不过是贬官，根本没有性命之忧，还有什么可顾虑的呢？"而宋朝官员大多都敢直言进谏，和这种宽容的风气有很大的关系。

欧阳修虽然是一代宗师，待人接物却心无城府，坦白无隐。别人有一点长处，他便赞不绝口；别人有短处，他当面指责，不留情面，因此既为士人所依附，也为权贵小人所侧目，一生坎坷，也是因为这个缘故。

欧阳修喜欢提拔后进，唐宋八大家中，宋朝的苏氏父子三人、王安石、曾巩都出自他的门下，连他本人在内竟为六大家，得士之盛，无人可比。

宋仁宗曾夸赞欧阳修说："欧阳修这样的人，从什么地方得到呢？"这样的人杰，几百年才会出现一个啊！

处晦第二

【原文】

夫阳无阴不生,刚无柔不利,明无晦则亡,是故二者不可偏废。

【译文】

没有阴,阳就不会产生;没有柔,刚就不会锋利;没有阴暗,光明也就消亡了。所以这对立的二者不可偏执一端。

【事典】

骂不还口的王守仁

明武宗正德年间,分封南昌的宁王朱宸濠起兵造反,江西省的官员逃的逃,降的降,宁王声势壮大,颇有席卷半壁江山之势。当时正巡抚江西的王守仁显示出自己超卓的军事天才,调兵调粮,机变百出,仅用了三十四天时间便擒宁王于鄱阳湖,平定了叛乱。

王守仁军事天才太高,动作也太快,不仅造反的宁王没想到,朝廷也根本没想到,已经御驾亲征的明武宗倒觉得不过瘾,下诏让王守仁把宁王放了,自己要和宁王在鄱阳湖里对决单挑,非亲手擒获宁王不可。

王守仁对这样昏庸得出格的命令当然置之不理,他带着宁王迎向明武宗的军队,准备阻止皇上亲征。乱既已平,大军所过之处除了扰民害民还能做些什么?

王守仁中途给武宗上书,要求皇上班师回京,并且指出:"想要造反的不止宁王一人,请皇上罢免身边的奸佞小人以挽回天下豪杰的心。"这句话可捅了马蜂窝,明武宗身边围绕的全是这种奸佞小人,又大多受过宁王的贿赂,与之暗通声息,看到王守仁的奏章,个个恨王守仁入骨,便合谋制造谣言,说王守仁本来是和宁王合谋造反的,后来看宁王难以成大事才擒宁王以邀功。

武宗虽然不信,但身边的人个个都这样讲,也不能不有所怀疑。王守仁抗旨不遵,不肯放宁王和自己对决,武宗也大为不满,所以大军继续进发,倒像是要防备王守仁造反似的。

武宗所派的先锋太监张忠、安边伯、许泰以威武大将军(明武宗自封)的名义发檄文给王守仁,命令他到军前听命。王守仁置之不理,从小道赶赴杭州,遇到了武宗亲信的太监张永。张永的头衔是提督赞画机密军务,职权要比张忠、许泰高。

张永也嫉妒王守仁的军功，而且王守仁所说的奸佞小人。他也算是一个，所以听说王守仁到了军门后，他闭门不纳。

王守仁直闯军门，大声喊道："我是王守仁，大人为什么不肯相见？"

张永无奈，只好出见。王守仁见到张永后，却不提自己平定叛乱的经过，反而夸赞张永除去逆阉刘瑾，是为国为民立了无量功德。张永一生只做过这一件好事，常常自鸣得意，现在连王守仁这样的名人也佩服自己，还赞不绝口，立时觉得王守仁是大大的好人，便坦诚相见。他说："我只是来保护皇上，照顾皇上生活起居的，不是来和大人抢功的。大人此番建立盖世奇勋，我当然也知道，只是有些话不能明说，有些事不能照直做，否则非但事不成，命也不保。"

王守仁点头称是，又再三陈述江西遭此战事，百姓已不堪其乱，倘若再经大军骚扰，叛王虽擒，百姓也会被逼造反。张永答应力劝皇上早日回京。

两人商谈一夜，然后一同步出军门，张永询问宁王所在，王守仁指着江里一只乌篷船，说："就在那里。"

张永笑着说："这个应当归我。"

王守仁笑道："我正是要把他交给大人，我留着他何用？"

王守仁经过张永劝说后，知道单凭一身正气是难以和群邪对抗的，便重新上了一封奏章，说是奉威武大将军的神威平定了叛乱，并且把张忠、许泰、江彬一干小人列入有功人员的前列。这些奸邪小人看后，对王守仁的痛恨减轻了些，武宗便任命王守仁为江西巡抚。

王守仁和张永一同回到南昌，此时张忠、许泰已率大军进入江西，扰民害民甚于宁王的叛军，气焰嚣张之至，见到张永后不得不收敛许多。

宁王未反时，蓄积金银珠宝为藩王之冠，张忠、许泰便诬陷王守仁攻取南昌时吞没了这批财宝，向他索要。

王守仁说："朱宸濠当时把金银宝物都送给京师权贵，约好做内应，我这里有他送礼的簿子，咱们可以按人名要回来。"

张忠、许泰受过宁王的重贿，听说礼簿在王守仁手中，吓得不敢再提此事。两人蓄意生事，便怂恿所率的京师士兵鼓噪，直呼王守仁的名字谩骂不止。

王守仁手下将士愤恨不已，王守仁却置若罔闻，在路上看到京师士兵，便问寒问暖，有生病的便送药，有死亡的便送棺材，还亲自吊问。京师士兵异口同声说："王都堂仁爱。"不管张忠、许泰怎样鼓动，也没有人再忍心骂王守仁了。

战乱甫平，南昌百姓和士兵死亡很多。王守仁便在冬至这一天，命令百姓和士兵在每条街巷祭奠亡者，整个南昌城都陷入一片哭声中。京师士兵出征日久，听到满城哭声，也无不流泪想家，便天天闹着要回京师。

张忠、许泰见功已捞不到，财也得不到，士兵的军心也不稳，张永又再三敦促二人班师，不得已便率军撤出江西，江西全省总算逃过了一劫。

张忠、许泰回师途中，见到从后面赶到的明武宗。二人一无所得，又斗不过王守仁，便和群小在武宗面前诋毁王守仁，说他一定会在江西造反。只有张永时时在武宗面前为王守仁说好话，力保他忠诚可靠。

张忠、许泰断言王守仁必反，并且说如果下诏让他前来，他一定不肯来，武宗不信，张忠、许泰便多次假称诏旨，命令王守仁前来。二人的信使头前走，张永便派手下给王守仁送密信，告诉他真实情况，王守仁知道是假的，便不肯赴召。待得武宗下诏，王守仁立刻骑马赶到，张忠、许泰却派人拦阻，不让他见皇上。王守仁见不到皇上，也不回南昌，跑到九华山中，每天打坐练功，如出家道士一样。

张永告诉武宗，王守仁被拦阻到不了御前，武宗便派人秘密查看王守仁在做什么，然后怒斥张忠、许泰："王守仁是学道的人，听到我的命令就赶来了，你们为什么说他要造反？"便派人命令王守仁返回江西，继续建功。

张忠、许泰这些小人伎俩使尽，总是处于下风，又见武宗对王守仁信任有加，又有张永全力保护，只得放弃对王守仁的陷害。

【解读】

如果没有王守仁，明朝的历史大概要重写了。明成祖朱棣便以藩王起兵，从建文帝手中夺得了天下。当时在位的建文帝仁德爱民，政治清明，却依然只支撑了四年。

明武宗的荒淫残暴在历史上也是赫赫有名的，至少还没有哪个皇帝会率领军队在自己的国土里如盗贼般肆行抢掠，这等事也只有明武宗才干得出来，所以宁王大旗一竖，江西全省闻风而向，附近各省也在震颤观望。王守仁动作只要稍慢一些，东南数省便是宁王的天下了，跨江北进，顺天应民，夺取武宗的天下也并不难，可惜宁王生不逢时，偏巧碰上了中国历史上最杰出的军事家王守仁，真是时乎命乎？只能鸣呼哀哉了。

中国历史上似乎也只有王守仁一人，集一代儒学大宗师、军事家、政治家、思想家于一身，明史称他"文人用兵制胜，未有若守仁者也"。其实岂止文人，武将中也不多见。清史赞誉曾国藩不遗余力，并说可和史上的两个人物相比，一个是唐朝的郭子仪，一个便是王守仁。若单论建立功名事业，这个结论倒还中肯；如果单论军事上的才能，则王守仁第一，郭子仪第二，曾国藩虽屈居第三也该感到荣耀，因为他和这两人根本不是一个量级的。

王守仁平定叛乱只用了三十四天，然而为了保护自己和江西省的百姓，与武宗和他身边的奸佞小人费尽心力周旋，倒用了很长时间。岂不是外患易除，君侧之恶难清？

当此之时，王守仁平除逆藩，自己反倒陷入谋反的重大嫌疑之中，而且根本无法辩明。江西省的百姓如果再遭武宗率领的大军烧杀淫掠一番，也非造反不可，在不反即死的情况下，人人都会成为陈胜和吴广。

王守仁是智谋百出的人，他躲避开张忠、许泰，却从小道迎上张永。张永原是和刘瑾一伙的，后来两人意见不合，经常在武宗面前拳脚相向，武宗倒总得为两人劝架。后来张永在杨一清的劝说下，揭发刘瑾造反的逆谋，除掉了刘瑾。

张永虽也是武宗最宠爱的太监，倒不像其他人那样作恶多端，不过所干的好事也就是窝里反——除掉了刘瑾。没想到得到天下人的赞扬，张永自鸣得意之余，很感谢为他出谋划策的杨一清，并因此对文臣中有名望、有才能的人也很尊重。

王守仁上书痛斥群小，张永也不免心惊。待得王守仁当面夸赞他力除刘瑾的"壮举"，张永又大喜过望，如同有人在关公面前大讲过五关、斩六将一样。人都喜欢被拍马屁，尤其是王守仁这样的名人拍上一掌，滋味自然更加美妙。张永受拍之下，顿释前嫌，并视王守仁为知己，尽心为他设想，劝他认清当前形势，不要一味蛮来。后来他又在武宗面前全力保护王守仁，可以说王守仁到最后能安然无恙，应当归功于张永的保护之德。可怜王守仁身建奇勋，却反而蒙受不可洗刷的罪名，穷途末路之下不得不和张永联手，世道险恶，纵是英雄也得低头，无奈而且可悲。

王守仁在南昌抚慰京师士兵的手法也很高明，面对张忠、许泰一干小人的无理挑衅，王守仁骂不还口，以德报怨，终于赢得了京师士兵的爱戴。他又利用百姓祭奠亡灵的机会，用哭声勾起士兵们的思乡之情，与张良吹箫引动楚军逃跑堪相媲美。至于他领张永到南昌，弹压张忠、许泰的气焰，用根本没有的礼簿杜绝二人的无理索求，并最后促成大军早日班师，使得江西全省免受蹂躏和洗劫，都显示出王守仁高超的政治手腕。

至于武宗这样的昏君是否值得保，王守仁是否就该和宁王一道共举义兵，废昏立明？这又是另一个问题了，可惜的是，历史不存在假设。

【原文】

合则收相生相济之美，离则均为无源之水，虽盛不长。

【译文】

两者相合，可以收到相互生发、相互救助的功效；如果二者偏离，就都成为无源之水，即使看上去壮盛，也维持不了多长时间。

【事典】

蓄势后发的宋文帝

宋文帝有很重的心脏病，稍微劳累些便会有生命危险，便把国家政务委托给弟弟相王刘义康处理。

刘义康精于吏事，精力也很旺盛，每天处理国家政务也很勤奋。宋文帝病势稍重，刘义康便停留宫中，侍奉汤药，药非亲口尝过不给宋文帝喝。他连续几天伺候文帝，不眠不休，政事竟也不耽搁。宋文帝见弟弟恭谨孝爱，又勤于政事，也很满意，不是特别重大的事也就不加过问了。

刘义康既是亲王，又是丞相（故称相王），权位本身就已崇重，一手专揽政务后，已和实际的皇上差不多。开始时大事小事他还进宫向宋文帝汇报，后来见宋文帝几次病危，不忍心多打扰他，便自己独自处理了。后来习惯成自然，所有的事刘义康都在自己的相王府中处理，每天早晨门外的车就停了数百辆，都是朝廷大臣和各地进京奏事的官员等候召见。

相王事权既重，就有一群小人围绕身旁，领军将军刘湛便是其中一个。刘湛原本是刘义康王府的长史，和宋文帝宠信的大臣领军将军殷景仁关系很好，殷景仁屡次向宋文帝推荐刘湛，宋文帝便把刘湛调回朝中任给事中，并参知政事。刘湛却自认自己的才能、名望不比殷景仁差，官职倒屈居殷景仁之下，心中愤愤不平，所以不但不感谢殷景仁的提拔之恩，反倒对他充满敌意。然而他知道皇上宠信殷景仁远远胜过自己，虽然愤恨也无可奈何。

刘义康当相王后，刘湛想借相王的权威，驱逐殷景仁，便怂恿刘义康在宋文帝面前诋毁殷景仁。宋文帝对殷景仁信任不移，提升殷景仁为中书令、中护军，并且以他的家为中书府，提升刘湛为领军将军。

刘湛官职虽升，和殷景仁的差距反而更大了，越发有气，便和刘义康商议要重金收买刺客刺杀殷景仁，再谎称他是遇上强盗被害的。即便事情真相大白，皇上也不会忍心治自己弟弟的罪。

宋文帝听到些风声，便把殷景仁的府邸迁到自己皇宫附近，派人保护，刘湛的计谋没能得逞。殷景仁气得对亲戚朋友说："这是什么样的人啊！我把他领进门来，他却进门就咬人。"

殷景仁知道相王和刘湛容不下自己，便上表称病，要求解除职务，宋文帝却坚决不允许，只让他在家中养病。殷景仁便闭门不出，一"病"便是五年，他和宋文帝虽不见面，两人却每天都有书信往来，有时一天多达十多封。

刘义康专权日久，刘湛和刘斌、刘敬文、孔胤秀等人都唯恐皇上一旦去世，太子即位，刘义康归政新皇，自己便会失去权势富贵，便千方百计想要刘义康登上帝位。

有一次，宋文帝病重，刘义康入宫探视，以为宋文帝活不了了，出宫后便对刘湛等人痛哭流涕。刘湛却扬言"天下艰难，怎是幼小的君主能治理得了的"，言下之意是要拥立刘义康这样的"长君"。刘义康对这种大逆不道的话虽未赞同，也不谴责，竟是默认了。

刘湛便和同党为刘义康接位做准备，凡是和自己不是一条心的官员，都千方百计捏造其罪名，免官的免官，流放的流放，只有殷景仁受到宋文帝的特殊保护，得以无恙。

宋文帝病好后，听说了刘湛对刘义康说的话，了解了他们的意图，便有除去相王之心，只是刘义康党羽已成，遍布朝廷内外，自己身边也有他的亲信。宋文帝不敢轻举妄动，只能暂时忍耐。殷景仁送来密信，上面说"相王权势过重，应该想办法削夺压制，否则对国家不利"。

宋文帝看信后，正合自己心意，只是时机不到，便和殷景仁暗通声息，密商大计。

宋文帝元嘉十七年（440 年）五月，刘湛母亲去世，按制度他必须回家为母亲守孝三年。他知道所密谋的事皇上已知道许多，自己身居要位，上下弥缝，还可以推搪一时，如今自己解职还乡，大祸就不远了。临行前，他对自己的同党绝望地说："今年必败！"

宋文帝见刘湛回乡守丧，刘义康的智囊已去，便和殷景仁加紧密谋。

同年十月，宋文帝在华林园廷贤堂正式召殷景仁入宫。殷景仁称病五年，经常躺在床上，很少活动，两脚居然拘挛不能行走，便让人用小床把自己抬入华林园。

宋文帝见到殷景仁后，便把这次行动的指挥权交付给他。殷景仁坐在小床上指挥布置。他先代文帝下旨召相王刘义康入宫，把他软禁在宫中，然后传召禁军统领沈庆之，命他搜捕刘湛及其党羽下狱，下诏宣布刘湛等人的罪过，便在狱中将刘湛等八人处死，余党迁徙广州安置。一场随时可能发生的宫廷政变就此消除了。

【解读】

相王刘义康其实并没有弑上篡位的野心，他的弊病在于专权独断，他总以为兄弟至亲，自己可以不像外人那样要避避嫌疑。然而事事如此，已等于架空了宋文帝，以宋文帝之宽厚，也难以忍受主权被夺，哪怕是自己的亲弟弟所为。

待到刘湛等人结成相王死党，情形就更严重了，几人公开宣扬："宫车一日晏驾，宜立长君。"这就摆明了即便不夺宋文帝的位，也非夺太子的皇位不可。至此皇帝、相王兄弟之亲，已如水火不能并存，除非宋文帝甘心把皇位传给弟弟。

宋文帝的处晦手段是极高明的，他只要漏出对相王不满的意思，刘义康就有可能为求自保铤而走险。赵匡胤"烛光斧影"的悲剧就可能在刘宋王朝预先上演了，以刘义康当时的权势而言，布置一场宫廷政变不过是翻覆手而已。

所以，宋文帝不露声色，朝中事务任凭刘义康所为，却只死保殷景仁一人，毕竟心腹智囊是不能被除掉的，只是君臣二人被逼得不能见面，只能如间谍般密信往来，也是够可怜的。

一旦时机成熟，宋文帝便施出霹雳手段，一夜之间便把刘湛等人诛除净尽。刘义康失去权柄后，不过是一废人，杀与不杀已无关紧要。

刘义康之祸既缘于自己不学无术，不懂得主权、臣权的区别，更成于刘湛一伙小人之手。"亲君子，远小人"，不仅一国之君需要如此，做官的、经商的甚至平民百姓也应如此。因为小人之祸无所不在，大者亡国，小者败家。刘义康不明白这个最基本的道理，所以身遭大祸还不悔悟。

殷景仁也是遭受小人祸殃的人，他把刘湛引荐到朝中，却处处遭受刘湛的排挤和陷害，如果不是宋文帝全力保护，真不知道身死何方了。

殷景仁是一儒雅君子，喜怒不形于色，清除了刘湛等人之后，只要一提起刘湛，他就会失去控制，大异常态，指天画地，痛骂刘湛不止，和平日形象判若两人。在一次宴会上，他又痛骂刘湛，声泪俱下，也许是喝多了酒的缘故，竟突发重病，不治而亡，人们都说他是被刘湛活活气死的。

小人还不够可怕吗?!

【原文】

晦者如崖，易处而难守，惟以无事为美，无过为功，斯可以免祸全身矣。

【译文】

处晦的形势如同立身悬崖,容易站立却难于坚守。只有坚持没有事最好、做事没过错就是功劳的原则,才可以免除祸患,保全己身。

【事典】

微言解祸的陈以勤

明世宗听信道士所说的话——"二龙不相见",所以不立太子,也不和儿子见面,以免妨碍自己得道升天。

裕王是世宗的长子,本应册封太子居住东宫,却因"二龙不相见"的缘故,被封为裕王,出居王邸。

陈以勤、高拱和张居正同为裕王讲官。当时裕王的太子名分并未确立,而觊觎太子地位的人却很多,一些奸佞小人从中交构,裕王日日忧愁,不知该怎么办好。陈以勤为裕王出了很多主意,保护住裕王的地位,裕王亲手制了"忠贞"银章,赐给陈以勤。

各王宫每年除正常的收入外,朝廷经常有额外的赏赐,数额很大,却被户部扣住不发。裕王常年见不到父皇一面,父子情分极薄,竟不敢要求父皇拨给这笔钱。

一连几年如此,宫中用度不足,入不敷出,又没有别的来源,堂堂亲王竟然怕起穷来。

当时严嵩执政,其子严世蕃权倾朝野,兵、户两部尚书如同他的管家,陈以勤便和裕王左右亲信准备了一份千金厚礼,贿赂严世蕃。严世蕃大喜,便命令户部把拖欠裕王府的赏赐一次便给了三年的,裕王府这才得以摆脱贫困,步入小康。

裕王在府邸中也熟知严氏父子贪权揽贿、祸国害民的事,经常对左右近臣说些气愤的话,也不知怎么传到了严世蕃耳中。

严世蕃倒还有些狐疑不信,因为他刚为裕王办了一件大事,但他自知罪恶太多,只因皇上宠爱,才得以无恙。他知道世宗一旦归天,必然由裕王接替皇位,如果他对自己父子不满,那可是天大的祸事。假若真是这样的话,裕王的太子地位非废除不可。

他和父亲商议一番,便由他出面请高拱和陈以勤到家中赴宴,一探虚实。

高拱、陈以勤准时赴约,酒至半酣,严世蕃屏退左右,对二人说:

"我听说殿下近来受小人蛊惑,心志和以前大不一样,竟然说一些不满意家父的话,这是为何?"

事出仓促,二人被问得目瞪口呆,并且听出严世蕃话中有威胁的意思。高拱随口说了两句笑话,想敷衍过去,陈以勤却知道只要一句话答不明白,裕王的地位就岌岌乎可危了。所以他把酒杯一推,正色答道:

"殿下的太子地位是早就默定了的,只是未正式册封而已。殿下虽是亲王,王府制度、礼仪比其他亲王都高出一筹,这说明皇上是把殿下当太子看待的。其他王府讲官只用检讨,本王府的讲官却兼用编修,和其他王府也不一样,这说明宰相也是视殿下为太子的。至于谣言,何时没有?我二人朝夕在殿下左右,殿下常对我二人说首辅乃是社稷之臣,却不知严公子从何处听到这些闲言了?"

严世蕃听后,默然不语。

严嵩回来后,父子两人密室商议,觉得陈以勤的话倒也在理。如果仅凭无法查实的传闻便铤而走险,扳倒太子,一旦不胜,便有灭门之祸,于是打消了念头。

【解读】

陈以勤在裕王府任教官九年,辅导保护裕王的功劳很大,他劝导裕王行韬晦之策,他本人也是如此。

裕王当时的处境很是尴尬,既是太子又无名分,既无名分就难免有人起抢夺之心,每天瞪圆眼睛,千方百计找寻他的过失,好捏造罪名,把他排挤出去,自己便可取而代之。陈以勤教裕王深居简出,寡言少行,无过便是有功。

裕王倒是照计而行,只是一时忍耐不住,说了些痛恨严嵩父子的话,险些酿成大祸。

陈以勤回答严世蕃的话,可谓有理有据,刚柔相济,即先说明裕王的太子地位已是确立不可动摇的了,然后又力辟"谣言"。严世蕃听后也为之折服,真是"一言可以兴邦,一言可以丧邦"。尤其是人身处危疑之地,说话便要格外谨慎,非深思熟虑绝不能出口,覆水难收,说出去的话就更是收不回来了。

至于说严嵩父子敢动亲王的念头,也不算新鲜事。杨继盛弹劾严嵩父子,为了取信皇上,便要以裕王、景王为证人,请皇上向二王查实严嵩父子的罪过。

明世宗虽没这样做,严嵩父子却大为震恐,还以为裕王、景王真的在背后支持杨继盛弹劾自己,便授意锦衣卫指挥使陆炳严刑拷打杨继盛,一定要追究"主使者",也就是要把裕王、景王罗织到杨继盛一案中,真是胆大妄为。

裕王、景王知道后,也是惶然不知所措,因为二人和杨继盛根本没有任何关系,受此无妄牵连,天天害怕大祸临头。

大学士徐阶看不过去,先嘱咐陆炳一定不要牵连到二王,警告他:如果牵连到二王,你的人头就先落地。然后又去见严嵩,直言相告:"皇上只有两个儿子,绝不忍杀两个儿子向你谢罪。即便事情属实,获罪的也只能是王爷的左右。二王中必有一人将来做皇上,你和二王结怨,将来不怕子孙灭绝吗?"

严嵩听后,吓得出了一身冷汗,过后只将杨继盛一人处斩了事。

裕王后来登基,为明穆宗。穆宗隆庆元年(1567年),陈以勤以礼部尚书兼文渊阁大学士入参机务,成为宰相。后来因为高拱、徐阶、赵负吉、张居正几位大学士相互倾轧,好在陈以勤和这些人关系很好,所以没受到冲击,但他害怕终有一天会成为别人的眼中钉,便称病引退。

陈以勤的儿子陈于陛后来当上宰相。在明朝,父子两人都当上宰相的只有陈氏父子,也可算是他在宫邸忠勤恳恳、保护裕王的厚报吧!

陈以勤处在忧危嫌疑之地的韬晦手法是值得后人仔细揣摩并细加玩味的。

【原文】

势在两难,则以诚心处之,坦然荡然若无事然,勿存机心,勿施巧诈,方得事势之正。

【译文】

身处两难的境地中,应该秉持诚心,坦坦荡荡如同没事一样,不要存有机巧的心思,也不要玩弄巧诈手段,这样才能把棘手的事情处理得当。

【事典】

苏轼两无所失

苏轼少年未成名前,父亲苏洵带着他和弟弟苏辙去见张方平,张方平当时是以直学士身份出守蜀州。

张方平见到苏轼兄弟,一番长谈后便赏识备至,以国士相许,并且推荐父子三人去见欧阳修,还亲笔写了一封推荐信。

其实张方平和欧阳修二人各负奇才,不相上下,私人关系很僵,两人之间也从无书信往来。张方平却认为欧阳修一定会为国惜才,而不会因为私人间的芥蒂迁怒他人,而苏轼父子三人非欧阳修不足以成名。

欧阳修见到信后,果然认为张方平与自己交恶尚且向自己大力推荐,那么苏轼兄弟一定是旷世难遇的奇才。欧阳修见到苏氏父子三人,又看了他们所写的文章,惊喜之情比张方平更甚,天天在朝廷公卿百官间揄扬三人的大名。十几天间,苏氏父子三人便由默默无闻而名震京师。

所以苏轼父子名虽成于欧阳修之手,却也得力于张方平慧眼识珠,并且转介有方。

欧阳修

然而张方平、欧阳修两人之间的关系并未因此有任何改善,依然敌视如故。两人门下的朋友宾客也各成一党,壁垒森严,从不有所往来,以免有"脚踏两只船"的嫌疑。只有苏氏兄弟游走两人门庭,毫不避嫌疑,却能尽得两人的欢心。

然而苏轼兄弟两人一生,不论在文章中,还是在与友人的交谈中,从未有一言半句涉及张方平和欧阳修之间的私人关系,对两人也都终生执弟子礼。两人死后,苏轼都亲笔撰写神道碑,赞誉张方平如同孔融,欧阳修如同司马迁、韩愈,赞誉极美而人不以为过。

苏轼文章书法并为当时之冠,所以能得到他亲自撰文并书写神道碑,不仅是死者之荣,更是子孙后代的荣耀。

苏轼自己知道这一点,惭愧自己无法报答二人对自己的知遇之恩,便用书写神道碑来表达自己的感激之情。苏轼从不轻易为人撰写神道碑,另外写过的只有范仲淹、司马光、范镇寥寥几人,都是他素所崇拜的社稷之臣。

一次太后下诏让苏轼为死去的大臣撰书神道碑,苏轼也婉辞拒绝。太后体谅他的良苦用心,也不相强。其余大臣贵族见朝廷诏命犹不可,虽然心中羡慕,渴望至极,也不敢讨此无趣了。

【解读】

欧阳修作为一代文学宗师,尽人皆知。张方平其实也是一代奇人,他少时家贫,便向人借书看,凡书只读一遍,终生不忘,他在文学、政治上的建树不逊于欧阳修。

两人绝交不相往来,却也都熟知对方的为人,所以张方平才敢于向他推荐苏轼父子而心不以为疑。欧阳修也不因是张方平所荐而心有所嫌,两人合力遂使苏氏父子名震当世,雄视百代,君子成人之美于兹可见。

张方平对苏轼的帮助也不小,一次他遇见苏洵,问苏轼在做什么。当时苏轼正在读《汉书》。张方平奇怪地问:"怎么现在才开始读《汉书》?"苏洵说他已是在读第二遍了,张方平大惑不解,问道:"书还用读两遍吗?"

苏轼知道后颇受激发,感慨道:"我天资不如人,还不能辅以勤奋吗?"手抄《汉书》三遍,卒能成诵。而苏轼一生文章得力于《汉书》《庄子》为多。

苏轼在湖州太守任上遭御史李定、舒亶诬陷,被逮下御史狱,祸在不测。当时张方平在南京,欧阳修已殁,举朝无人敢为苏轼鸣冤,只有张方平派儿子带自己的奏疏,到京师击登闻鼓为苏轼鸣冤,奏疏语极慷慨激楚。虽因他儿子懦弱畏祸,书未上成,也足见张方平对苏轼的拳拳之情。

苏轼兄弟本着"人以国士待我,我以国士报人"的原则,与张方平、欧阳修相交一生,也大有国士之风。

常人处于两派之间,必然依附一派,显示自己立场鲜明。这样做最起码不会被两派共同驱逐,历代朋党之争无不如此,而人们的做法也都是一样。假如有试图两面讨好、八面玲珑的人,不被两派所共逐是不可能的。

苏轼兄弟却感于两人对自己有同等的知遇之恩,所以还报两人也没有差别,独能往来两人门下,却没人以为有何不妥。

其实苏轼兄弟也未必愿意置身这种两难处境，但已然如此，也只好诚心正意去对待两面的恩人。

朱熹创建理学，标榜的就是"诚心正意"四字，然而道学子弟能身体力行到此境界的没有几人，反倒是一向反对道学的苏轼兄弟一生处处都符合这四字。

【原文】

物非苟得则有患得患失之心，而患得当先患失，患失之谋密，始可得而无患。得而不失。

【译文】

东西不容易得到，就难免怕得到后又被人抢去，所以没得到之前就应该考虑如何不被人抢去，研究出完备严密的对策，这样得到了也没有后患，也不怕得而复失了。

【事典】

李存勖谦让得国

晋王李克用临终前，把儿子李存勖托孤给弟弟李克宁、监军张承业和大将李存璋、吴拱，让他们辅佐李存勖接替自己的事业。

李克用死后，他生前养的一些干儿子各拥强兵，恃战功，不肯奉李存勖为主，人情汹汹，随时都可能发生兵变。

李存勖见情势不利，便请来叔父李克宁，说：

"侄儿年幼，没有威望，又不懂军事，难以服众，不能承继先王大业。叔父久握兵权，随先王四处征战，素为众将所推服，如今还是叔父来执掌军府，发扬光大先王的大业，待侄儿长大有成，那时悉听叔父的安排。"

李克宁勃然道：

"这是什么话？先王把你托付给我，言犹在耳，谁敢擅改先王的遗命。你是先王的继承人，又是先王亲口所命，敢违抗者死无赦。"

李克宁说到做到，他出府后整肃军纪，先前不服气的将领慑于他的声威，无不俯首听命，李存勖才得以接掌军府。

李克用的干儿子李存颢终究不甘心屈居李存勖之下，便劝说李克宁："兄终弟及，这也是古今常理，您身为叔父，却反要向自己的侄子叩拜，这算什么道理？您现在手握军权，又是众望所归，伸手可取的东西却不取，将来后悔可就来不及了。"

李克宁驳斥道：

"我李家世代以上慈下孝闻名天下，先王的大业有合适的人继承，我还有什么奢求？你别胡说话，再胡说我先斩下你的人头。"

李存颢碰了个钉子仍不死心，便伙同其他将领各派妻子去游说李克宁的妻子孟氏。孟氏性格刚悍,耻居人下,认为这些人说得很对,便劝说李克宁废李存勖自立。

李克宁开始时坚决不同意,后来孟氏屡次劝说强迫他,也不能不有所心动。他和监军张承业、大将李存璋在治军问题上又多有冲突,便有了夺权自立的念头。

李克宁和李存颢等人商议,计划邀请晋王李存勖到自己府中,然后杀张承业、李存璋,带河东九州降附于大梁,并把李存勖母子送到大梁做人质。

计谋策划好,尚未施行,全盘计划就被人告密于李存勖。

李存勖找来张承业,痛哭流涕道:"家道不幸,叔父竟不能相容,自家骨肉不可自相残杀,假如我把位子让给叔父,就不会有乱子了。"

张承业怒道:"克宁要把大王母子送到虎口里去,大王欲躲避能躲到哪里去?克宁悖逆如此,不除去还有天理吗?"

张承业找来大将李存璋、吴拱和军中重要将领,这些人都发誓效忠李存勖。张承业设计邀请李克宁、李存颢到府中喝酒,等二人来后,尚未坐稳,伏兵四起,将两人擒下。李克宁本想用这方法捉李存勖,没想到被别人用来对付自己了。

李存勖流着泪数落李克宁:

"侄儿开始时就要把军府让给叔父,叔父却坚决推辞。现在事情已然如此,为什么要出这等下策,您怎能忍心把我们母子送给仇敌呢?"

李克宁长叹一声说:

"这都是受小人蛊惑,我还有何话说。"

当天,李存勖便把李克宁、李存颢处死,李存勖到此才算坐稳了晋王的位子。

【解读】

李克用是唐朝后期沙陀族首领,因在镇压黄巢起义军的行动中屡立战功,被封为晋王、河东节度使,开府太原,与建立大梁的朱全忠是死敌。

李存勖自小便显露出不凡的才能,深得李克用喜爱。唐昭宗曾夸他:"此子可亚于其父。"意思是说比他父亲也差不了多少,所以人都称他为李亚子。

梁太祖朱全忠曾感慨地说:"生子当如李亚子,我的这些儿子,猪狗不如。"

李存勖削平内乱后,抗契丹、灭后燕、吞大梁,完成了中原统一大业,建立后唐,是为后唐庄宗。然而完成统一大业后,李存勖急转直下,由一个励精图治、奋发有为的君主堕落为沉溺女色声乐的昏君,尤为独特的是他宠信伶人(戏子),成为历史上唯一一个因伶人乱政而亡国的君主,真是兴也勃焉,亡也忽焉。

然而李存勖在勘定内乱时使用的手法确实很老到,他先是用"欲取先予"的方法,故意要把大位让给叔父李克宁,这和刘备临终时嘱托诸葛亮"能辅则辅,不能辅君自取之"的手法如出一辙。

李克宁果然受激,不仅不接受,反而全力弹压不服气的将领,亲手把李存勖扶上晋王的宝座,自己俯首称臣。

可惜的是李克宁不是诸葛亮,也不懂得"鞠躬尽瘁,死而后已"。在悍妻和一些小人的蛊惑下,李克宁居然又在大局已定的形势下欲反叛,而且要把嫂子和侄儿送给死对头朱全忠做人质,已纯属小人中卑鄙之尤了。

李存勖对张承业也依然用"欲取先予"的手法,不过对李克宁是"九虚一实",对张承业则纯属激将了。

张承业是李克用父子两代的忠臣,本来就看不惯李克宁的跋扈,听到这种逆谋,再加李存勖一激,忠义奋发,便率众将铲除李克宁逆党,终于使大权归于李存勖之手。

【原文】

音大者无声,谋大者无形,以无形之谋谛有形之功,举天下之重犹为轻。

【译文】

声音太大了反而听不到声音,谋略至大也会没有形迹可察,以没有形迹的谋略来缔造有形的功绩,即便举起天下这样重的东西也会很轻松。

【事典】

羊祜睦邻瘠敌

羊祜是晋武帝宠信的重臣,和贾充、卫瑾同为晋室的开国功臣,历处中枢显要官职,军国大计多出于他的谋划。

晋灭蜀后,鼎足三分便成了两分天下。深思远虑的羊祜首进平吴之策。晋武帝同意他的想法,便派羊祜以尚书左仆射的官职都督荆州诸军事,坐镇襄阳。

羊祜到任后,却不注重军事,专以宽大仁爱抚绥远近,先前俘获的吴军士兵,有想回家的,羊祜便一律放还。他还减少巡逻站岗的士兵,全力垦殖荒田。

羊祜初到时,军中没有百日粮,到了第二年,便已囤积了十年的军粮。

羊祜在军中,轻裘缓带,身不穿甲,都督府的警卫不过十几人。中国所谓儒将风范就是羊祜这样,可惜后世无人能及。

晋平蜀后。吴人也大为震恐,知道晋国必将向自己开战,两国边境线上的气氛很是紧张。

羊祜却似乎无意动武,有时要和吴军交锋也先派人下战书,约好时间地点,然后堂堂正正地战,从不使用偷袭、设伏这些阴谋诡计。有些将领觉得羊祜这样做过于迂腐,便进都督府献计献策,羊祜听个开头,便盛情劝酒,献计的人没等说完就已醉倒了。

羊祜无事时便和众将出外打猎,却只在自己的这一带打猎。有时猎物是吴人先打伤的,逃到这边来,羊祜便命人把猎物送还给吴人。一次行军打仗,羊祜率晋军进入了吴国地界,军中乏粮,便割吴人的麦子为粮,然后按照价格留下绢帛赔偿。

羊祜一系列抚绥政策大收功效,吴人称呼羊祜为羊公而不称其名,吴军将士降附者不绝。

吴主孙皓派镇军大将军陆抗镇守边境,羊祜经常派使者到陆抗营中通信致意,陆抗也以礼还报,两人的书信往来不绝。

陆抗警诫手下的将领说:"人家专做仁义的事,我们却专做残暴的事,这仗不用打,我们就已败了。"所以严禁将士越边侵掠,只是谨慎守住自己的地方而已。

孙皓听说边境上两将和睦,下诏责备陆抗,陆抗上表申辩说:"一个乡村一个城镇还要讲忠与信,何况大国之间。我如果不这样做,正反衬出他的仁德,对羊祜没有损害。"

陆抗也衷心钦佩羊祜的为人,称赞羊祜说即便是乐毅、诸葛孔明也难以超过他。一次陆抗生病,他派使者向羊祜求取药方,羊祜便把成药交付使者。陆抗得药后便要服用,众将都劝他不要服药,防止有毒,陆抗笑道:"哪有羊祜下毒害人的道理?"服下药后,病也就好了。

羊祜表面上与邻邦友好,暗地里却整治器械,训练士兵,时刻为吞灭吴国做准备。待到时机成熟,便向朝廷上表,要求发兵进攻吴国。可惜朝中意见不一,主战者寥寥无几,基本都是主和派,竟错失了一次良机。

羊祜知道朝廷否决了自己的建议后,感叹道:"人生不如意的事,十件中常有八九件。"

后来羊祜病重还朝,再次向晋武帝献平吴之策,晋武帝派尚书张华到羊祜家中询问平吴的战略。张华也力赞平吴,晋武帝早已有心,至此下定决心,虽然反对者如故,却断然敲定平吴大计。

晋武帝让羊祜卧床监护众将平吴,好使平吴的功勋归到羊祜身上,羊祜却表示平吴不必自己去,并且推荐杜预自代,上表说:"功名之际,臣实难居。"

羊祜死后两年,杜预率众将平定吴国,大将王浚攻破石头城,孙皓迎降于军前。

捷报传至京城,群臣都向晋武帝祝贺,晋武帝却流泪说:"这都是羊太傅的功劳啊!"派使者到羊祜的庙中,把捷报当着羊祜的灵位宣读,告慰他在天之灵。

【解读】

古人讲究"修身、齐家、治国、平天下",孜孜以求的就是个人道德,即人格上的完善,可惜能臻此境界的寥寥无几。虽说人无完人,羊祜却几乎可说是"完人"了。

用"大诈似信"来形容羊祜的睦邻政策,似乎有些过分。然而羊祜的一切友好姿态却全是为了以后更猛、更快地打击敌人。兵法有云:"兵不厌诈。"羊祜却全然摒弃诈谋,讲信讲义,然而在信与义的里面,却是"大诈"。

当然这并不是说羊祜的品德有何缺陷,两军对阵,本就是胜与败、生和死的抉择,和日常生活中的待人接物截然不同,然而从古至今敢用、能用羊祜这种谋略的人并不多,不是不想,而是能力不够。

人民解放军曾经用优待俘虏、八大纪律瓦解敌心,获得民心,在对国民党的作战中起到了关键性的作用。羊祜的释放战俘、优待降附、割苗赔绢、不争猎物与此也很相似,时间却早了 1000 多年。

陆抗也是一代名将,对羊祜的用意自然了然于胸,却无法抵挡,迫不得已也只好学着羊祜的样子做,已然屈居下风了。

羊祜的做法大大减弱了吴军对晋军的敌意,瓦解了吴军的斗志,也使得吴军边防松懈。后来杜预能一举平吴,如摧枯拉朽,全仗羊祜的前期准备工作。假如不是朝中反对的人太多,平吴大业早在羊祜手里便已完成了,所以功成之日,晋武帝追思羊祜的功劳,流泪说:"此皆羊太傅之功也。"

中国的将领不但讲究能征善战,更讲究外在的形象,稍通点文墨的便标榜自己为"儒将",可是都名不副实,徒贻笑柄。

儒将的代表人物自应是诸葛孔明,但被《三国演义》渲染成穿八卦衣,执羽毛扇,又能呼风唤雨,颇有"妖气"之嫌。而羊祜的"轻裘缓带,身不穿甲",杜预的"射不穿扎",这才是标准的儒将风范,千百年来,始终受到后人的推崇。

羊祜不仅建立了不朽的功名,在人格的完善上也少有人及。

他的夫人是夏侯霸的女儿,司马懿使诈诛灭曹爽,夏侯霸投降了蜀国。那些娶夏侯家族女子为妻的人纷纷休妻,表明自己立场坚定,界限分明,以避祸求荣。羊祜不仅不休妻,反而对夫人更加尊重,更加恩爱。

羊祜历任晋室中枢腹心官职,向朝廷推荐过许多人,却把草稿都烧掉,也不让人知道。有的人劝他不要这样保密,也好让这些人知道是谁推荐的他们,好有感恩之心。羊祜却说:"官爵是朝廷封拜的,却要人到我家里拜谢我私人的恩德,这符合道理吗?"羊祜的这句话成为历代廉直公正官员的座右铭。

羊祜去世的那天,正是荆州民众集市的日子,听到消息后,荆州士民为之罢市,苍哭野祭,悲号之声响震荒野。东吴境内的军士、百姓也无不落泪,家家设位祭奠。

羊祜生前喜欢游览山水,常常在砚山与僚属把酒为欢。襄阳百姓追思羊祜不已,便在砚山上羊祜经常登临的地方建庙立碑,附近的人都到碑前洒泪思念羊祜,杜预名之为"堕泪碑"。

砚山本是中国山水中默默无闻的一处,却因羊祜而成为著名的风景区,山以人传,遂为文人墨客喜欢游览观赏、一发思古之悠情的地方。

【原文】

事之晦者或幽远难见,惟有识者鉴而明之,从容谛谋,收奇效于久远。

【译文】

有的事情很隐晦,祸机的发生也在很久以后,难以预见,只有见识高超的人才能敏锐地察觉到,预先策划好的对策,在很久以后却能收到奇异的效果。

【事典】

吕夷简远谋纾大祸

宋真宗时,后宫李妃生子,他就是后来的宋仁宗赵祯。当时正得宠的刘皇后无子,宋真宗便命刘皇后认赵祯为子。

赵祯长大后,以为自己是皇后亲生,宫中人畏于皇后威严,没人敢对他说明真情,赵祯对刘皇后也极为孝顺。

宋真宗去世,赵祯即位,是为仁宗。刘皇后垂帘听政,更没人敢对仁宗讲明。李妃身处真宗的众多嫔妃中,对仁宗也不敢露出与众不同之处。

后来李妃病死,刘太后想把葬礼办得简单些,以免引起别人的疑心,万一传到仁宗耳中,就拆穿了这副西洋镜了。

宰相吕夷简却反对,在帘前争执,说:"李妃应该厚葬。"

当时仁宗正在太后身边,刘太后吓了一跳,忙把仁宗领出去,然后厉声问吕夷简:"李妃不过是先帝的普通嫔妃,为何要厚葬?况且这是宫里的事务,你身为宰相,多什么嘴?"

吕夷简平淡地说:"臣备位宰相,所有的事都该管。如果太后为刘氏宗族着想,李妃就应厚葬;如果您不为刘氏着想,臣就无话可说了。"刘太后沉思许久,想明白了吕夷简的用心,便下旨厚葬了李妃。

吕夷简出宫后,找到总管罗崇勋,告诉他:"李妃一定要用皇后的礼仪厚葬,丝毫不能有缺,棺木一定要用水银实棺,可别说我没告诉你。"

罗崇勋见宰相表露出少有的庄重与严厉,惟惟听命,于葬礼用物丝毫不敢轻忽。

刘太后死后,燕王为了讨好皇上,便告诉仁宗:"陛下不是太后所生,而是李妃所生,可怜李妃遭刘氏一族陷害,死于非命。"

仁宗大惊,忙传讯老宫人,刘太后已死,无人再隐瞒此事,便如实宣告。

仁宗知道后,痛不欲生,在宫中痛哭多日,也不上朝。他一想到亲生母亲朝夕在左右,自己却不知道,母亲从生至死,自己从未孝养过一日,最后竟然不得善终。

他越思越痛,自己下诏宣布自己为子不孝的大罪,改封母亲为皇太后,并准备为母以后礼改葬。待改葬后再查实,清算刘太后一族的罪过。

然而宫闱秘事本来就是无法查实也无法说明的,刘氏宗族的人知道后惶惶不可终日,既无法申辩,便只能坐待灭族大祸了。大臣们见皇上已激愤到极点,便没人敢为刘太后一族说上一句话。

改葬李妃时,仁宗亲自抚棺痛哭,却见李妃因有水银保护面目如生,肌体也完好,所用的葬器都严格遵照皇后的礼仪。

仁宗看到后,大喜过望,哀痛也减少许多。他对左有侍臣说:"小人的话真是不能信啊!"改葬完后,仁宗非但不追究刘氏一族的罪过,反而待之更为优厚。

【解读】

宋朝时贤相辈出,远胜于其他朝代,吕夷简称不上是贤明宰相,不过在处理仁宗生母李妃的丧事上,倒显示出人所难及的深谋远虑。

古时皇后无子,养其他嫔妃所生子为自己儿子的并不少见,东汉章帝就是别人所生,马皇后养以为子。章帝自己也知道此事,感于马皇后养育之德,待之与亲生母亲无异,对待马氏家族也比对亲生母亲的族属更为优厚。

刘皇后不明此义,一意掩饰,殊不知无论何等隐秘事,终有大白于天下之日。她付出的辛苦不少,却为自己的家人亲属埋下了杀身祸根。

吕夷简毕竟是深谋远虑,已预见到此事必将真相大白,也预想到了会有小人借机大进谗言,以及仁宗的反应,所以借李妃的葬礼把此祸预先消除。刘皇后倒也不糊涂,想明白吕夷简的用心后,便同意厚葬。不过她对此事可能会带来的严重后果依然没有吕夷简看得分明,所以吕夷简又亲自找到主管葬礼的人,唯恐他不明白此事的重要性,从中偷工减料,尤其是点明一定要用水银实棺,这一点后来起到了关键性作用。

仁宗知道真相后的激烈反应也是人之常情。从李妃生前备受压抑来推测,她死于太后及其亲人之手也是大有可能的。如果想找证人也很容易,刘皇后垂帘多年,也会得罪很多人,这些人无论是出于报复还是讨皇上的欢心,都会无中生有地加以证实,古时冤狱也大多是这样造成的。

试想仁宗打开母亲的棺木,如果尸体腐烂不可辨识,陪葬的器物再俭薄不成体统,仁宗痛上加痛,一怒之下也许根本不愿去查了,刘氏家族想要保留一条活命都不可能了。

然而开棺之后,一切与想象的不同,仁宗虽然思念哀痛,但已不相信母亲死于非命之说,也算大有安慰,不但不痛恨太后,反而生出感激之情,对刘氏宗族愈加恩宠。

仁宗是历史上少见的宽厚有德的君主,刘皇后执政多年,也可谓有功于国,然而她的家族却在一件难以预料的事上在鬼门关上绕了一个弯。祸与福就是如此难料,令人在钦佩吕夷简之余,也不禁战栗危惧。

【原文】

祸福无常,惟人自招,祸由己作,当由己承,嫁祸于人,君子不为也。

【译文】

灾祸和幸福并没有固定的规律,都是人自己招来的。自己闯出来的祸,应当由自己承当,嫁祸给别人,这样的事不是正人君子做的。

【事典】

李梦阳累祸康海

明武宗初期,宦官刘瑾、谷大用、张永等八人诱导武宗淫戏嬉乐,号称“八虎”,窃弄权柄,扰乱朝政。

大学士李东阳、刘健、谢迁屡次劝谏,明武宗不听。

一天,户部尚书韩文和部中僚属谈及“八虎”乱政、朝纲紊乱的情形,痛哭不已。

当时任户部郎中的李梦阳上前说道:"大人是朝廷大臣,为什么要哭呢?"

韩文问道:"还能怎么办?"

李梦阳说:"近来谏官弹劾'八虎'的奏章很多,内阁几位大学士想除去'八虎'的决心也很大,您如果率其他几部的大臣官员跪在宫门前力争,大学士必然在里面响应,去除'八虎'是件很容易的事。"

韩文大喜,便嘱托李梦阳起草驱除"八虎"的檄文。

大学士刘健、谢迁、李东阳接连上疏要求除去"八虎",御史、给事中诸谏官也纷纷上章弹劾,韩文又率六部大臣跪伏宫门力争。

武宗当时年纪尚轻,心无主见,迫于群臣声势,不得已要罢免刘瑾等八人。武宗派司礼太监王岳、陈宽、李荣到内阁宣布诰命,要把刘瑾八人流放到南京。

刘健却坚持非夺掉这八人性命不可,不肯奉命。尚书许进劝他:"到此地步也就可以了,过激恐怕会生变故。"

刘健却说:"先帝把皇上托付给老臣,国家被这八人败坏到这等地步,不杀之不足以绝后患。"刘健声色俱厉。

王岳为人正直,也看不惯刘瑾等人的所作所为,便说:"阁臣说得对。"便回宫中把刘健的话转述给武宗。

武宗被群臣逼迫,又实在不忍心杀刘瑾等人,竟为难得在宫中痛哭,不知所为。

刘瑾等八人开始也是痛哭不已,后来听说大臣们非置自己于死地不可,便决心拼死抗争。八人夜见武宗,刘瑾对武宗说:"真心要害奴才们的是王岳几人,大臣们气势汹汹,都是这几人挑起来的,他们是要勾结大臣限制皇上出外游玩,况且偶尔玩乐怎会损害国家大事。这都是司监无人,否则这班文臣岂敢如此猖狂,连皇上都敢欺负?"

武宗一听有理,便把气都发泄到王岳身上,马上任命刘瑾执掌司礼监,谷大用执掌西厂,马永成执掌东厂,当夜逮捕王岳等人充南京净军。

第二天大臣们上朝,满心以为武宗会下诏诛杀"八虎",没想到竟是如此,便知道已经无力回天了。刘健等人纷纷辞官,刘瑾因祸得福,反而执掌司礼监大权。

刘瑾既得志,便专心报复那些攻击自己的人。他打听到是李梦阳出主意让韩文率大臣跪伏宫门,要求皇上除去自己,心中恼怒,便借其他事端,把李梦阳逮捕入狱,非要他死不可。

李梦阳性命攸关,在狱中写了一张纸条托人送给修撰康海,上面只有四个字"对山救我"。

康海,字德涵,弘治十五年(1502年)的状元,平日和李梦阳诗文唱和,交谊很厚,"对山"是他的号。

刘瑾和康海是同乡,刘瑾得志后,气焰嚣张,视满朝文武大臣蔑如也。四年一个的状元郎本来不放在眼里,刘瑾却因为康海是自己的同乡,便极为仰慕,多次派人到康海家,表达自己仰慕结交的意思,康海却置之不理。刘瑾虽然恼怒,却不愿向自己的同乡下手,所以还能容忍。

康海见到李梦阳的纸条后,知道李梦阳是让自己向刘瑾求情,但他更明白,只要一只脚踏入刘瑾的家门，一生的名节就全毁了。

他思来想去，终究不忍心眼睁睁看着挚友惨死狱中，便狠下心来去见刘瑾。

刘瑾在家中听说康海来访，惊喜得连鞋都顾不上穿，光着脚到门前迎接。他把康海迎到家中，请他上坐，极尽殷勤待客之道。

康海与刘瑾虚与委蛇一阵，便委婉说出李梦阳的事，刘瑾狂喜之余，也不计较李梦阳得罪自己之处了，第二天便派人把李梦阳释放出狱。

过了一年，刘瑾因谋反被杀，朝廷便开始清除刘瑾党羽。康海因和刘瑾有过来往，也名列逆党名单，被削职为民，并且永远不可能有重新起用的希望了。

李梦阳陷康海于逆党中，自己倒恢复官职，后来又提升为江西提学副使，最后却挂名朱宸濠逆党名单中，也被削职为民。

【解读】

历来宦官祸国，无非是因为皇帝贪于安逸淫乐，而把国家事务交付给宠信的宦官处理。宦官不过是皇帝的奴仆，缺少管理国家的才能，又受过阉刑，心理也有些变态，所以宦官祸国的根源依然是皇帝任人不明。

然而宦官不过是缺少知识的小人，本身大多没有什么才能，做起坏事来也有限。而助成宦官之祸的都是那些无耻的士大夫，即所谓阉党中太监以外的官僚。这些阉党人士可都是有才能的小人，祸起国来比宦官的水平要高得多，因此这些助纣为虐的人比那些宦官更加可恨。

所以，历来名字一列入阉党的士大夫，便被众人所不齿，如同被定性为"汉奸"一样，永世不得翻身，这既是民族大义所在，也是这些人罪有应得。

康海名列阉党却是冤枉至极，他屡次拒绝刘瑾的盛意邀请，焉能不知道刘瑾随时可置他于死地？只因名节所关，虽死不辞，早已把生死置之度外了。

待到李梦阳求救，康海其实完全可以不理，因为没有人有权利要求别人牺牲名节来救自己的性命，这已不是强人所难，而是陷人于不义了。假如康海严词拒绝，不但不会有人说他负友，反而会博得一个美名，至少可保全自己的名节，这可是他视之重逾生命的。

然而康海却过于看重友情了，俯首低眉，委屈自己向刘瑾求情，把李梦阳从鬼门关上救了回来。

刘瑾败后，李梦阳因搏击逆阉而得美名，恢复官职，一路提升，志得意满。甘心毁掉自己而救他的康海却被废弃为民，郁郁终生。康海从未为自己申辩过一句，李梦阳居然也心安理得，不挺身为康海力辩，既已陷人于不义，却不伸手去救，袖手扬长而去，两人虽一得美名，一负恶名，而为人却截然相反，泾渭分明。

【原文】

福无妄至，无妄之福常随无妄之祸，得福反受祸，拒祸当辞福，福祸之得失尤宜用心焉。

【译文】

福不会无缘无故降临,这样的福通常都会有大祸,得福反而得祸,要拒绝祸就要辞去这种福,祸和福的得失最需要用心观察思考。

【事典】

光武帝闭关拒使

东汉光武帝建武二十一年(45年),西域十八个国家各派使臣携带重礼,到洛阳朝见光武帝,希望能重新附属于中原天朝上国。为表示诚意,各国国王也都派出自己的儿子到朝廷做人质。

群臣都商议说,西域各国自前汉时就已附属中原,只因王莽篡权,国内大乱,匈奴乘机以武力胁迫各国臣服于自己。匈奴残暴,赋税繁重,西域各国不堪其命。而今汉室中兴,各国思慕恩义,远道入关,求为附属,正应答应他们的要求,恢复旧时疆域。

光武帝沉思多日,觉得中原战乱刚刚平息,民力物力都损耗殆尽,急需休养生息,假如答应西域各国的请求,势必会和匈奴发生冲突,一场大战必不可免;况且西域各国内附,朝廷所得不过是天朝上国的美名,而为此却要付出沉重的代价,正所谓"图虚名,受实祸"。

光武帝下诏拒绝各国附属的请求,好言抚慰使者,归还礼品和人质,并送上一份厚礼,派人护送他们出玉门关。

随后光武帝又派兵封闭玉门关,不许西域各国的使者入关,向匈奴表示自己和西域各国断绝往来,绝无染指匈奴势力范围的企图。

建武二十七年(51年),匈奴境内遇到灾荒,疫病流行,各种族间发生争斗,形势混乱,实力也大为削弱。

光武帝知道这情况后,便询问藏宫,藏宫自告奋勇说:"臣只需要五千兵马,就可攻击匈奴立大功。"

光武帝大笑道:"总打胜仗的人,是不能和他预料敌人情势的,你等我再想一想。"

当时功臣猛将都闲居洛阳,没有仗打,未免闲得难受,都想攻打匈奴再立战功。藏宫便和马武上书,要求率兵攻打匈奴,并认为匈奴自相争斗。内部不能统一,实力减弱,正是一举歼灭匈奴的大好时机,千万不能错过。

光武帝思虑缜密,下诏否决了众将的请求。他认为当今国力尚弱,百姓尚未得到休息,政治也不够完善,国内事务需要做的工作很多,不适宜马上和匈奴开战。匈奴的确是历代以来的大祸患,假如真能集天下一半的力量一举歼灭它,岂不是天大的好事;如果时机不到,那还不如休养生息,培植国力。道路传闻多有失实夸大的地方,匈奴并未衰弱到我们听说的那种程度,所以时机还不到。

众将见光武帝态度坚决，便无人再敢提发兵攻打匈奴的事了。

建武二十八年(52年)，匈奴单于也怕大汉乘自己虚弱攻打自己，便遣使通好，上贡良马和裘皮。光武帝回信说："单于境内也很贫穷，礼物不过是表达情意而已，何必要送良马和裘皮。"回赠给单于绢帛五百匹，斩马剑一柄。

一直到光武帝去世，边陲宁静，烽火不举，百姓得以休养生息，如西汉文帝、景帝时一样，国家元气得以恢复。

【解读】

光武帝刘秀削平群雄，建立东汉政权，当时称之为汉室中兴，刘秀死后的庙号为汉世祖。

封建君主贵为天子，富有四海，已无法更上一层楼了，便往往贪慕虚名，喜欢附近邻国都臣属自己，尊称自己为天朝上国，自己以上帝自居。英明君主如唐太宗，也不免陶醉于"天可汗"的称号；永乐大帝派郑和七下西洋，也无非是让岛屿小国臣服自己，承认自己天朝上国的地位，费尽民力物力，土地没得到一寸，赏赐给各国的物品比各国献上的贡品多百倍甚至数千倍。究竟得到了什么？不过是虚名而已。

西域各国正是感于汉朝的恩德，不堪匈奴的残暴，主动要求内附。当时国内战争已基本平息，勋臣猛将尚有余勇可贾，假如光武帝不顾虑民生艰难，不爱惜士兵的伤亡，也不在乎财物的损耗，赫然命将，大举讨伐匈奴，集中原全力，未必不能置匈奴于死地。然而即便获胜，国家元气也必消耗殆尽，百姓负担过重，死伤累累，必然会有内乱，汉室江山怕又要处于风雨飘摇之中了。

光武帝有鉴于此，关闭玉门关拒绝西域各国的使者，卑辞厚礼结交匈奴单于，专心休养生民，增强国力，其深识远虑纵然汉高祖刘邦也有所不及。

刘秀和刘邦一样，都是从马上百战而得天下，然而刘秀起兵之初，就重视安民养民，所到之处以招揽人心为第一要务。当时建立旗号的英雄有几十位，有许多人实力都比刘秀强盛，却都被刘秀逐一消灭，所差之处就在于能否得民心。得民心者得天下，绝非虚言。

刘秀在用兵上一直很节制，他在命令将领进攻蜀中公孙述时，曾自嘲说："人若不知足，既得陇，复望蜀。每一发兵，头发为白。"

发一次兵，头发就要白几根，这话并非夸大，正体现了光武帝爱惜人命、重视民众生计的用心。

有此仁心做基础，再加上他卓越的治国平天下的本领，即便他不是刘氏宗族，这天下依然会落到他手里。这是民心之所归，何必论以天命！

养晦第三

【原文】

夫明晦有时,天道之常也,拟于人事则殊难形辨。

【译文】

光明和阴晦都有固定的规律,这是自然规律运行的结果,然而用人事上的情形来比拟光明和阴晦,就很难从外表上判断出来。

【事典】

王导的遵养时晦

东晋成帝咸和五年(330年),驻军江州的后将军郭默因不满刺史刘胤的所作所为,伪作朝廷诏书,率兵诛杀了刘胤,并且把刘胤的首级送到京师建康。

司徒王导认为郭默骁勇难以制伏,便劝成帝下诏赦免郭默擅杀刺史的大罪,任命郭默为江州刺史,并且把刘胤的头高悬竿上,宣布罪状。

太尉陶侃听说此事后,立刻站起身说:

"郭默所称诏书一定是假的,他这是造反。"陶侃决定即刻发兵进讨。

陶侃的幕僚、将吏都劝他要慎重,说:

"郭默如果不是奉诏书,怎敢做这种大逆不道的事?即便要进军征讨,也该等朝廷下旨。"

此时郭默也畏惧陶侃,派人送来美女和绢帛,并把朝廷给自己的任命诏书誊录一份,给陶侃看。

陶侃置之不顾,厉声对僚属们说:

"皇上年幼,诏书不是出于皇上之手。刘胤是朝廷所派的封疆大吏,即便不称职,郭默也不能擅自杀害。郭默不过是仗恃自己凶勇,想趁国家大难之际,割据地方而已。"

陶侃一面加紧进军,一面上书朝廷说明自己发兵的原因,同时写信给王导,谴责他说:

"郭默杀刺史你就任命他做刺史,如果他杀宰相你就让他当宰相吗?"

王导见陶侃已发兵,便收回刘胤的首级,给陶侃回信说:

"郭默占据长江上游,又有舰船这些现成的军资,所以朝廷包含隐忍,让他占据江州。朝廷得以暗中准备,等你的大军一到,两相合击,岂不是遵养时晦来定大事吗?"

陶侃看到信后,很不以为然,嘲笑说:

"这不是遵养时晦,而是遵养时贼。"

陶侃和豫州刺史庾亮合兵,把郭默围困在江州,五月便擒获郭默父子,斩于军门,传首建康。

【解读】

在处理郭默一事上,应该说王导和陶侃都没错。王导虽执掌朝政,手中却无兵,所以运用养晦的计谋一面安稳住郭默,一面积蓄力量,调兵遣将,自命为"遵养时晦"。

陶侃手中有兵有将,闻变即起,发兵征讨,他嘲笑王导是"遵养时贼",其实这只是两人所处位置和行事风格不同而已。

王导是东晋得以建立、稳定并且以衰弱的国力延续多年的第一功臣,他的一生几乎可以说是养晦术的大成。

王导是琅邪王司马睿的好朋友,司马睿虽是亲王,却极为尊重王导,两人成为布衣之交。八王争权,天下大乱,王导和司马睿都在洛阳,王导便劝司马睿到自己的封国去,以躲避战乱。恰好朝廷任命琅邪王司马睿为安东将军,持节都督扬州江南诸军事,开府建康。司马睿便请王导为安东司马,两人一同率僚属渡江,开辟了江南一块根据地。

司马睿的名望很浅,虽然以亲王的身份开府建康,江南的士族却很瞧不起他,也无人归附,司马睿竟成了没人理的外来户。

司马睿尽心信任王导,凡事都和他商议,王导对司马睿的处境也很忧虑。恰好王导的堂兄王敦到建康,王敦也瞧不起司马睿,不明白王导为什么尽心辅佐他。王导说:

"琅邪王仁德宽厚,只是名望尚浅,兄威名已著,应该帮助一下琅邪王。"

王敦看在王导的面子上,也就答应了。

王导便趁三月江南人士拔禊的机会,让司马睿坐肩舆出游,自己和王敦以及中土名士骑马侍从。江南士族领袖纪瞻、顾荣、贺循等人看到,大惊失色,都拜伏于路旁。

王导

王导又劝司马睿把顾荣、贺循聘为军府要职，以招揽江南人心。司马睿便让王导去请，王导亲自去两人家中拜访，两人遂同意出任司马睿将军府中的要职。由于两人带头，后来又陆续有不少江南名流接受司马睿的聘请，任职军府，司马睿这个外来户至此才在江南站稳脚跟。

建兴四年(316年)十一月，汉赵大将刘曜攻陷长安，西晋最后一位皇帝愍帝出降，西晋灭亡。

消息传到建康后，王导便拥立琅邪王司马睿于建康称帝，是为晋元帝，开始了东晋时代。

元帝感念王导拥立辅佐功劳最大，在即位接受群臣朝拜时，再三坚持让王导和自己同坐龙椅，以表示自己对他的特殊礼遇，王导固辞不肯。

立帝时，王敦原想拥立别的亲王为帝，王导却坚持要立琅邪王司马睿，王敦拗不过他，只好随从。元帝任命王导领中书监、录尚书事，总揽朝中机要，又任命王敦为大将军、江州牧。王导在内总揽朝纲，王敦握军权在外主征伐，兄弟二人分执朝廷的文武大权，宗亲子弟遍布朝廷内外的显要官职，王氏宗族至此达到鼎盛时期。当时的人们传扬说："王与马，共天下。"就是说王氏和司马氏共同执掌江山社稷，王氏家族势力之强由此可见。

元帝初时为了感谢王导、王敦的辅佐功劳尽心委任，并不怀疑。王敦自恃有功，颇为骄横，又一向瞧不起元帝，元帝逐渐感到难以容忍。其他朝廷大臣也都感到王氏兄弟势力过大，已成尾大不掉之势，纷纷上书要求元帝削减王导兄弟的权势。

元帝便提拔刘隗、刁协为自己的心腹大臣，逐渐疏远王导。王导很能体谅元帝的处境和用心，自己虽遭冷遇却能淡然处之，不以为意。王敦感到不平，上书为王导喊冤，王导见到奏疏后，没呈给元帝，直接发还给王敦。

王敦再次上书，言辞更为激烈，元帝愤愤不平，又怕王敦有异心，便派刘隗出镇淮阴，戴渊出镇合肥，名义上是防止汉赵的侵入，实际上却是防备王敦。

王敦大怒，索性发兵造反，以诛杀刘隗、刁协，清君侧为名，发兵反攻京城。

刘隗劝元帝尽杀王导以及王氏宗亲子弟，元帝虽然疏远王导，却不忍心杀他。王导每天早晨率子弟百余人到宫前请罪，尚书左仆射周𫖮在元帝前力保王导忠诚可靠，全力救护。元帝便命王导重新穿上朝服，复官办事，并把自己任安东将军时所持的节杖赏赐给他，表示自己对王导不仅信任而且更加重用。

王敦之乱虽然最终平定，却给刚刚建立的东晋王朝以沉重打击，其后又经历了苏峻兵变，几乎给东晋王朝带来灭顶之灾。多灾多难的东晋王朝如同先天不良的小孩一般蹒跚行路。王导力主养晦政策，成为东晋王朝真正的柱石。后人评价他的政策是"日用不足，月用有余"，也就是说在某件事上他的做法并不算是最好的，但从整体来看，却是最好的。这也是王导力量发挥到极致了，而这个评价也是相当高的。

【原文】

或曰："'君子以自强不息'，何用晦为？"此言虽佳，然失之于偏。

【译文】

有人说："君子应该奋发向上，永远不懈怠，为什么还要用'晦'呢？"这句话说得虽然很好，却可惜不够全面。

【事典】

张全义巧逐李罕之

张全义是唐朝末年的农民，黄巢起义后，张全义加入义军，黄巢攻克长安，建立政权，张全义被任命为吏部尚书。

后来唐朝各藩镇势力反攻黄巢，黄巢屡屡失利。张全义见势不妙，便投降了唐朝的大将河阳节度使诸葛爽，因作战有功，被任命为绛州刺史。

诸葛爽死后，部将刘经和李罕之争夺地盘，刘经派张全义攻打李罕之，张全义反而和李罕之结成同盟，合兵攻打刘经。两人被刘经打得大败，便向李克用求救。李克用派兵帮助两人打败刘经，占据了河阳，李罕之自己领河阳节度使，任命张全义为河南尹。

张全义虽为河南尹，部属却只有一百多人。张全义便命部属到所属的十八个县中，张榜设旗，招集农民垦殖荒田。

每到开春，张全义便亲自巡视田野，见到种田勤奋的，便给酒食茶织的赏赐；见到田地荒芜的，便招来田主斥责，所以农民都相互勉励把田地种好。

张全义招抚流民的政策很得当，当时河南处四战之地，连年战乱兵燹，百姓四处流散，一乡一镇的农户才有几十户。张全义任河南尹后，每年流民回归的数量都大增，两三年后，户口增多，开垦的田地也越来越多，粮食也储备了很多。

张全义又从农民子弟中挑选年轻力壮的，农闲时便教他们使用弓箭兵器，练习行军打仗，称之为屯兵。张全义就用这种方法为自己建立了一支私人武装。

李罕之却和张全义截然相反，他不屑于种田，专以抢劫为事，率领军队把附近诸县抢掠得一干二净。一些百姓逃到一处高山上，山势陡峭，强盗也无法接近。李罕之知道后，居然率兵爬山越岭，攻破了山寨。当时人们对他又气又恨，送他一个外号"李摩云"，嘲笑他能爬到极高处抢劫。

李罕之开始时和张全义也很和睦，后来他时常抢不到东西，便派人到张全义那里索求粮绢等军用物资，后来次数多了，胃口也越来越大。张全义倒不说什么，他的幕僚部属却都愤愤不平，让张全义不要给李罕之物资。张全义却说："李太傅（李罕之的官职）所要，为什么不给呢？"

有时张全义给得稍微晚一些或者少一些，李罕之就把张全义手下的官吏捉到河阳去,责打羞辱,张全义心中虽不满,表面却毫无表示。李罕之瞧不起张全义,经常在大庭广众之下扬言:"张全义不过是个乡巴佬,有什么可怕的。"张全义听到后,也不以为意。

李罕之为了扩大地盘,率兵攻打绛州、晋州。张全义见李罕之的兵已全部派出,河阳空虚,一直等待的机会已到,便集合自己的屯兵,乘黑夜攻打河阳,黎明时分便已攻克城池,李罕之越城逃走。

【解读】

张全义和李罕之不过是小人之交,最后相互倾轧也是很正常的事,只不过张全义比较深沉而已。

张全义借务农种田为养晦之计,暗中却在培植自己的势力,并且蓄兵于民,虽有几万屯兵,却也都是农民,所以没引起李罕之的注意。张全义表面上对李罕之的无厌索求百依百顺,心中却早已有了主意,等待的不过是个时机。

五代时期像李罕之这样专以抢掠为生的军阀遍地都是,都是竭泽而渔,从来不去想水干了以后怎么办,这类愚蠢武夫的智力也就止于此。李罕之连高山绝顶的难民都不放过,既属迫不得已(因为不抢难以生存),也是他的强盗本性使然,"李摩云"真是名副其实。

五代是盛产小人和"变色龙"的特殊年代,国学大师钱穆曾称五代是中国历史上最为无耻的时代。著名的小人代表人物冯道历事十主,不失三公宰辅的高位,甚至厚颜媚事契丹,晚年不以为耻,反而津津乐道,为后人所诟骂。

张全义与冯道相比也好不到哪儿去,他先是参加义军,然后又叛变投唐。他奉命去打李罕之,反而和李罕之结盟反攻刘经,随后又乘李罕之不防,捣了他的老窝。

事还不仅于此,他后来受到李罕之和李克用攻击,被困河阳一年,甚至以木屑为食,不得已又求救于朱温。他在朱温的后梁政权里倒还忠诚,后梁被李存勖消灭后,张全义又用重金买通李存勖的皇后刘氏,不仅富贵不失,反而被封为王爵。观其一生,也是一个"有奶便是娘"的角色。

当然张全义也有值得称道之处,他尽心招抚流民,垦殖荒田,训练屯兵防备盗贼,使荒凉的开封变成繁华的都市和远近都要依赖的粮仓。这一地区的百姓能够过上较为安定的生活,他也是功不可泯的。

【原文】

天有阴晴,世有治乱,事有可为不可为。知其理而为之谓之明智,反之则为愚蠢。

【译文】

天有阴天晴天,人世也有治世和乱世的区别,人事更有可做和不可做的道理。明白了其中道理而采取行动的称之为明智,相反的情形就只能是愚蠢了。

阳城适时而谏

唐德宗为了显示自己搜罗人才不遗余力，便征聘处士阳城为谏议大夫。

阳城倒不像别的处士那样扭扭捏捏，闻征即起，赶赴京师任职。

朝中的官员见皇上很重视这位处士，也都出城迎接，欢迎的场面极为热烈。当时德宗施政上有很多缺点，朝廷制度规定，只有任谏官的官员才有资格写弹章，抨击朝政得失，所以正直的官员们也都希望阳城能凭借自己的声望，为朝廷拾遗补阙，纠正朝政的偏失。

阳城到任后，却令众人大失所望。他不仅对朝政一无所言，反而日日沉醉酒乡。唐德宗本就讨厌谏官天天絮聒，惹得自己心烦意乱，而今得了一个不言谏官，倒是很满意。朝廷中一些正直官员，想言又不在其位，阳城身在其位却又不言，他们失望之余，都痛骂阳城是浪得虚名。文学家韩愈做了一篇著名的《争臣论》，讥讽阳城，希望能对他有所触动。

阳城看到后，却不以为意，仍天天和兄弟及宾客痛饮。有人想劝他，阳城便大灌其酒，来劝的人没等说便已醉倒了；有时劝他的人没醉，阳城却先醉倒在来人的怀中了。

贞元十一年（795年），陆贽因遭奸人裴延龄谗害，被罢相贬官。德宗因信谗言，对陆贽非常痛恨，把他连续贬官，陆贽已有生命危险。

大臣们见皇上盛怒，都不敢上章救援。正在喝酒的阳城听说后，推杯而起，说："不能让皇上信用奸臣，却杀无罪的人。"

阳城马上率拾遗王仲舒、归登、右补阙熊执易等人到延英门，上书极力辩论裴延龄是奸佞小人，陆贽忠诚无罪。

德宗看到奏疏后大怒，便要严惩阳城等谏官，太子在旁极力为阳城求情，德宗才释而不诛，命令宰相好言把几人打发回去。

当时已很久没有谏官闯宫门上谏书的"盛事"了，京城中人听到后都感到很振奋。金吾将军张万福听说后，赶到延英门，在宫门口大声喊道："朝廷有正直大臣，天下一定太平了。"随后又逐个拜访阳城、王仲舒几位谏官，连声高喊："太平万岁，太平万岁！"

这一下不但阳城名震天下，连八十多岁的张万福老将军也名扬天下。

德宗罢免陆贽后，便要任用裴延龄为宰相，阳城在朝臣中到处宣言："如果皇上任命裴延龄为宰相，我一定把白麻撕碎，当庭痛哭。"回去后便写奏疏，揭露裴延龄的罪过。

当时只有任命宰相用白麻写诏书，阳城声言撕碎白麻，倒确是下定决心以死力争了。

德宗看过阳城的奏疏后以为他弹劾裴延龄的事不属实，便改任他为国子监祭

【解读】

阳城在谏议大夫任上只做了两件事:救援陆贽和阻止裴延龄入相,虽然险些获重罪,却也得了直臣的美名,得以名列史册。

韩愈作《争臣论》是在阳城未谏之前讥讽策励他。后来阳城既谏之后,人们都认为韩愈言之过早,不知道阳城是在等待有值得舍生强谏的事才出头来谏,并且慨叹要看准一个人的真正品德很难。

然而宋代文学家欧阳修却认为韩愈讥讽阳城并没错,阳城根本就是一个投机分子。当时可劝谏的事很多,阳城却缄默不言,一定要等到陆贽和裴延龄的事发生后才肯谏,假如没有这两件事,或者阳城在这两件事之前死去,岂不还是位素餐的小人吗?

两位名公的议论应该说都很对,但也反映出封建时代士大夫一种不好的思想倾向,即"文死谏,武死战"。武臣一定要捐躯沙场才壮烈,文官一定要因劝谏死于昏君的重刑之下才伟大。而历来谏官们也确实有些偏执,不管大事小事,有无必要,一定要反复进谏,甚至上纲上线,千方百计把皇帝激怒了,一顿毒打然后流放蛮荒。其虽遭一时痛苦,却得了一世美名,足可享用终生,甚至名垂千古,倒也是一本万利的好买卖。记得《红楼梦》里的贾宝玉就曾讥斥这种行为是"沽名卖直",虽是小孩子的话,倒也切中其弊。

阳城其实也确实是在做一笔大的投机买卖,当时朝廷有许多事都值得上书劝谏,阳城却认为这些事价值不大,不值得一做,万一因此小事惹怒了皇上,把自己贬官外放,得不到多大的名声,却把老本都赔光了。

待到陆贽的事出来后,满朝文武无人敢救,阳城却看好这桩买卖,便孤注一掷,赌上一把,果然一出手便博得个满堂彩。

至于阻止裴延龄入相一事,阳城已有了足够的本钱——传扬天下的正是名声,此时就没有赌博的风险了,不过是顺势操盘运作,早已胜券在握。因为德宗尽管昏聩,却爱惜名声,决不会让自己背上杀直臣的恶名,所以阳城才敢公开宣言要撕毁任命诏书。

无论阳城真实用心究竟何在,其眼光堪称独到,手法更是高妙。

【原文】

晦非恒有,须养而后成。善养者其利久远,不善养者祸在目前。

【译文】

"晦"这种状态不是随时都有的,有时需要"养"才能成。善于养晦的人能得到长远的利益,不善于养晦的人,大祸就在眼前。

不善养晦的谢晦

宋高祖刘裕临终前,任命司空徐羡之、中书令傅亮、领军将军谢晦、镇北将军檀道济为顾命大臣,辅佐太子刘义符。

刘义符即位后,却亲近左右小人,游戏无度,不是在宫中操练兵马,便是在皇家花园华林园中设立市场,与左右侍臣和嫔妃假扮商贩和行人,自己亲自做起小买卖。

大臣多次上书劝谏,这位少年天子却置若罔闻,我行我素。于是,谢晦、徐羡之和傅亮便暗中密谋把新帝废掉,另立明君,又找来镇北将军檀道济一同商量。

四位顾命大臣意见一致,并且掌握内外军权,便领兵进入皇宫,将新帝捉住。他们以太后的名义下诏,宣布新帝的罪过,把他废为营阳王,另立宜都王刘义隆为帝。

谢晦、徐羡之等人觉得留着营阳王终究是个后患,便派人把营阳王杀害,又把平日看不顺眼的庐陵王刘义真也杀了。

刘义隆即位,也就是宋文帝。谢晦等人虽然认为自己废昏立明是为了江山社稷,但也担心文帝会为兄弟报仇,便让徐羡之、傅亮在朝中执掌朝政,自己和檀道济手握重兵居守外镇。这样即使有事,也足可置朝廷于死地。布置停当,谢晦便出镇荆州,檀道济出镇广陵。

文帝即位初期,表面上仍尊崇谢晦四人,晋官加爵,等到掌握京师禁卫军后,便开始策划除去这几人了。

他注意到檀道济一开始并未参与谢晦的废立阴谋,便找来檀道济和他一同商议讨伐谢晦。檀道济果然从命,并主动请命讨伐谢晦。

宋文帝便派禁军逮捕徐羡之、傅亮以及谢晦在京师的家属,下诏宣布三人杀害营阳王、庐陵王罪恶,派大军讨伐谢晦。

谢晦知道后,便发兵造反。他开始时并未把朝廷的军队放在眼里,自以为谋略当世无双,指挥才能也无人可比,自己又居长江上游,顺流而下,夺取京城不过指日间事,到时不过再另立一个皇帝而已。

两军相接,谢晦才知道是檀道济领兵攻打自己,心理防线一下子便被突破了。况且檀道济是当时最善于打仗的将领,威震敌国,谢晦面对这样的对手,真的是彷徨无策。

谢晦的军队被檀道济打得溃不成军,谢晦本人被生擒,送到京师斩首,家中男子也都同时被斩于刑场,而徐羡之、傅亮及家人早已被文帝诛杀了。

【解读】

古语说:"伴君如伴虎。"那么废昏立明就实实在在是骑在一头疯虎上了,欲行不得,欲下不能,其结果不外有三种:一是杀死疯虎,自己便可安全,也就是改朝换代。二是听天由命,任凭疯虎跳跃,如果侥幸不死,还可逃过大劫,也就是放弃一切权力,把头送进虎口中,看起来凶险无比,实际上却是最好的办法,陈平、周勃就是如此。第三种就是拼命驾驭疯虎,以力相抗,好的可以自保终身,却贻祸子孙,如霍光;稍差些的便要葬身虎口了,如谢晦。

废昏立明最早的例子是商朝的伊尹,当时的君主太甲昏庸无道,伊尹便把他废黜,流放远方,自己管理国家。三年后太甲洗心革面,改恶从善,伊尹又把他接回来,请他继续当君主。伊尹的事例既为后人赞美,也成为废昏立明的标准典范,可惜后世却无人能及,因为伊尹能始终握牢大权。

历来昏庸无道的君主多,可大臣们勇于废昏立明的并不多,倒是改朝换代的多。然而,能够改朝换代,需要的因素是多方面的,所以尝试的人多,成功的也不多。

中国的长命王朝很多,西汉、大唐、赵宋乃至明清,都有两三百年的历史,其间岂无昏君虐主,而大臣有权势的也不乏其人,却少有人敢于废昏立明。这些大臣自然也知道一个好的君主对国家、对百姓的意义,却不敢去做,甚至不敢去想,原因无他,只因此事过于凶险,而且怎样做也难以保全自身,还要背上犯上的恶名。

东汉灵帝昏庸,宦官乱政,大将皇甫嵩因讨伐黄巾军,手握天下重兵,有人劝他率兵进京,诛除宦官,废昏立明,可以立万世不拔之功。皇甫嵩却不敢,他也知道自己翻手之间就可做到,却怕背负骂名,宁可自己有功得不到赏赐,甚至被宦官诬陷,被免职为民,也绝不做这种事,就是要保持自己忠贞的臣子之节。

霍光废昌邑王而立汉宣帝,开辟了西汉中兴之路。霍光胆大心细,终身掌握内外大权,宣帝看到他就吓得心里发毛,肌肤战栗,然而霍光刚死,宣帝就把他家抄杀得一干二净,连怀抱中的婴儿都不放过。

两相比较,就可以发现皇甫嵩不是胆小,而是英明。

西汉陈平、周勃合谋,诛杀吕产、吕禄,恢复刘室江山,也是怕皇帝过后报复,便把皇帝废黜,另立文帝。汉文帝继位后,二人把所有权力交还给皇帝,不但终身无事,而且世世富贵。周勃曾被人诬告"谋反"下狱,薄太后气得拿枕头打汉文帝,骂道:"周勃当时手握天子符玺,将百万兵,那时候不反,现在还会造反吗?"文帝顿时省悟,向太后谢罪,第二天便释放了周勃。

谢晦的废昏立明和霍光、陈平、周勃的用意一样,不是为了自己——因为四人已掌握朝权,位极人臣,而他是为了不负刘裕所托,安定江山社稷。

出发点虽对,方法却不对,首先不该废帝之后又加杀害,杀人有时并不能显示自己的权威,反而是种心虚无能的表现。至于无故杀庐陵王,更只能给自己增加罪名。后来宋文帝诛除徐羡之、傅亮,讨伐谢晦,罪名就是弑上杀王。

如果仅仅废黜刘义符而立宋文帝,他们的命运应该会被改写。宋文帝本来是一藩王,能凭空登上九五之尊,对几人也未必不心存感激,但杀了人家的亲兄弟却想让人不记恨、不报复,是根本不可能的。

当然宋文帝决意除去谢晦的主要原因还不在此,更重要的原因是不能容忍臣子有可以轻易废黜皇帝的强权。

所以谢晦废昏立明后,最明智的做法就是养晦,既不杀营阳王,也不眷恋权势,而是放弃一切权位,回家闭门不出,以此表白自己的忠心。宋文帝既得帝位,又无威胁,也不会无端加害,反而会施以厚恩,何患之有?

谢晦不学陈平、周勃的谦逊,却要学霍光的强横,又本末倒置,不掌握京师禁军,把皇帝控制在手心之中,反而出守外镇,自以为居上流,握强兵,可以控制朝廷,却不知心腹已失,得到的不过是枝干而已。既要以武力胁迫朝廷,却不识轻重缓急,想不败是不可能的。

谢晦少年时就跟随刘裕南征北伐,刘裕一生用兵打仗的计谋几乎都是谢晦所出,也是陈平、张良一流的人物。然而陈平、张良只出计谋,从不带兵,这是因为谋士之才和大将之才是不同的。

谢晦有谋却无勇,自以为刘裕能得天下,自己的功劳最大,行军布阵,指挥众将也无人可及,便决心起兵造反,然而,一遇到檀道济,便百谋无用,一触即溃,身死家灭。

谢晦和徐羡之、傅亮三人以自己和家人的鲜血染红帝座,废昏主,立明君,开辟了元嘉盛世,对国家和百姓是幸事,对三人而言,值不值得就是很难说的事了。

【原文】

晦亦非难养也,琴书小技,典故经传,善用之则俱为利器。

【译文】

"晦"也并非是很难养的,小到弹琴、书法这些雕虫小技,大到经书典籍传世巨著,只要善于利用,都可以成为养晦的有力工具。

【事典】

朱权以琴书避祸

宁王朱权是明太祖朱元璋的第十七个儿子,洪武二十四年(1391年)被封为宁王,王府设在大宁。

宁王有兵甲八万,战车六万,战士都骁勇善战,部下所属朵颜三卫都是明初降附的蒙古部落,作战更为勇猛。宁王也很有谋略,和燕王朱棣都是实力雄厚的藩王,因为驻守边塞,防御外族入侵,所以又被称为"塞王"。

朱棣起兵,建文帝害怕宁王和朱棣会合一处,便征召宁王入京。宁王怕进京被废为庶人,托病不行,意存观望,因此被削除三护卫亲军。然而三卫虽削,兵马依然驻留大宁城中。

朱棣初起兵时,兵微将寡,又怕宁王从后抄袭自己的老窝北平,便以诈谋进入大宁城中,挟持宁王,兼并了他的八万精兵,又用重金厚赂买通朵颜三卫的首领,为自己反抗朝廷效力。

朱棣得到大宁兵马和朵颜三卫的援助,如虎添翼,后来终于能夺天下,便是奠基于此。

宁王本来想坐观成败,没料到身落人手,家人子女也都落入朱棣手中。朱棣许诺一旦夺得天下,便和他平分之,兄弟二人各帝一方,宁王得此重诺,便全心为朱棣效力。

朱棣得帝位后,却全然不提中分天下、各自为帝的事,其他被建文帝废黜的亲王如周王、代王也都恢复王爵,发还护卫,宁王却被羁留京师,连封国都没有了。

宁王不但不敢提中分天下的事,连回大宁故藩的请求都不敢提。他知道自己遭朱棣猜忌,处境危险,便上书请求把苏州封给自己。

朱棣对他说:"苏州在京师境内,又是国家财赋的主要来源,我不是吝惜,而是国家制度不允许把它封给亲王。"

宁王又请求把杭州封给自己。

朱棣说:"当时皇帝要把杭州封给五弟,后来考虑不妥,没有封。允炆无道,把它封给自己的弟弟,也没封成。看来此地不适宜封王,建宁、重庆、荆州、东昌都是好地方,你自己选一处吧!"

宁王知道朱棣还是对自己不放心,后来便选了南昌这个富庶的地方,朱棣倒是爽爽快快地答应了。

宁王到南昌后,按规矩是应该国家出钱给修建王府,朱棣却下旨让宁王以布政使衙门为王府,房上的屋瓦和建筑格局也不许改成王府制,表面上是说国家财政困难,一时拿不出钱来,实际上是要用等级上的差别挫辱宁王。

宁王到南昌后不久,便有人密告朝廷,说宁王用巫蛊妖术镇魇皇上,而且出语诽谤朝政,朱棣派人查问,却无凭据。

宁王虽未遇祸,却也吓了个半死。他干脆老实到底,自己构筑了一处精舍,每天在里面读书弹琴,吟啸自若,所往来的也都是文人学士,吟诗作赋,探求古经义理。

朱棣见他如此识趣,这才放下心来。宁王得以始终无恙,一直到明英宗正统十三年(1448年)才去世。

【解读】

朱棣虽以藩王而得天下,却认为是天命,对各亲王的防范也不是很严。他认为以区区三护卫万人左右的兵力起兵争天下,不过是以卵击石,毫不足畏,所以当时周王、代王、谷王都被发还三支护卫亲军。

然而朱棣唯独对宁王猜忌防范,只是因为宁王有带兵打仗的经验,又有谋略,旧时部属也有很多,倘若一有机会,建立旗号,难保不会有人响应,这样一来必然会造成大的麻烦。

所以朱棣把宁王改封到南昌,在当时而言也算是穷乡僻壤了,民风也不剽悍,既不发给三支护卫亲军,又不给修王府,就是要给宁王一点颜色看。

　　宁王看透了朱棣的用心,所以千方百计要避开祸患,他索性连布政使官府也不住,自己盖所房子,只与琴书为伴,吟咏情兴,优游卒岁,表示自己对世事已无所萦心。

　　应该说朱棣对宁王的防范压制不是没有道理的,宁王未必没有反心,所以朱棣一点机会也不留给他,宁王养晦避祸也是迫不得已的事。

　　后来宁王的后代朱宸濠贿赂刘瑾、钱宁等人,得以恢复三支护卫亲军,便以护卫亲军为基础,发兵反叛,如果没有王守仁,武宗的天下几乎不保。

【原文】

　　醇酒醉乡,山水烟霞,尤为养晦之鼎炉。

【译文】

　　美酒和醉乡、山水烟霞,更是养晦最好的鼎炉。

【事典】

韩世忠口不言兵

　　岳飞和韩世忠、张浚都是宋高宗时的抗金名将,高宗因怕这些名将建立的功业太大,以后难以管制,所以急于和大金议和。因众将抗金意志坚决,而且在战场上节节胜利,大金在军事上抵御不住岳飞、韩世忠,便在外交上向宋高宗施加压力,说大宋议和没有诚意。

　　宋高宗听信秦桧的奸计,解除了三人的军权,任命张浚、韩世忠为枢密使,岳飞为枢密副使,用职务上的升迁使三人脱离军队。

　　后来秦桧因岳飞多次阻挠他与大金议和的奸计,又屡次出言攻击他,心中怨恨,便罗织罪名把岳飞逮捕入狱,害死于风波亭。

　　韩世忠和岳飞的私人关系并不是很好,两人还曾因军队的分配问题发生过重大分歧。岳飞成名在韩世忠之后,后来的声誉却超过韩世忠,韩世忠也难免有所嫉妒。

　　然而当他听到岳飞被秦桧害死的消息后,忠义奋发,明知触怒秦桧,自己很可能做岳飞第二,依然按捺不住,当面质问秦桧,岳飞所犯究竟何罪。

　　秦桧无言以对,支支吾吾说:

　　"岳飞的儿子岳云给部将张宪写信,让张宪要求朝廷派岳飞回军中,话虽不明白,这事件莫须有。"

　　"莫须有"是当时的口语"也许有吧"的意思。

　　韩世忠大怒,厉声说道:

　　"仅凭'莫须有'三字,何以服天下人心。"

　　说完,韩世宗拂袖而去。

岳飞死后,韩世忠知道自己也难容于秦桧,便连章请求解除枢密使的职务,秦桧便授他一个闲散的官职。

韩世忠赋闲之后,口不言兵,每天骑驴携酒,泛游西湖,许多人都不知道这是名震天下的韩元帅。

韩世忠的部将旧属路过杭州时,都来拜访老师,韩世宗却拒而不见,平时更不和军中大将互通消息,以免被秦桧罗织罪名。

秦桧害死岳飞后,对韩世忠也是恨之入骨,恨不能对他也如法炮制。然而他没想到害死岳飞激起的民愤会如此之大,自己也感到很害怕,又见韩世忠口不言兵,且和军队断绝往来,也不再出言阻挠自己与大金议和的奸计,既无威胁也无妨碍,便放过了他。

韩世忠

【解读】

若论中国古代奸人中最可恨的,不是桀、纣,也不是曹操、王莽,而是秦桧,不是因为他做的坏事比别人都多,而是因为他害死了岳飞,仅此一条就是够他遗臭万年的了。

当岳飞下狱时,只有韩世忠一个人敢于当面斥责秦桧,何其勇也;后来他坚决辞去枢密使的要职,闲居西湖,骑驴饮酒,观赏风景,口不言兵,与部属也绝无往来,又何其智也。

秦桧一生害死的忠臣良将难计其数,岳飞冤死风波亭,宰相赵鼎被逼绝食而亡,其他许多忠臣也都被秦桧以各种手段害死。韩世忠在秦桧淫威最炽时直挫其锋,后来却能寿终正寝,便得益于他的养晦功夫。

当然这也不是说岳飞不善养晦被秦桧害死就是不智,从古代历史中要想找出像岳飞这样大智大勇、大忠大义、聚文武全才于一身的人真还没几位。在他之前似乎只有关羽可比,然而关羽被神化了,其实毛病极多,单刚愎自用就使他难以被称为良将。他之所以能成为关王爷和包拯被称为包青天一样,是出于民间传说的渲染。后来大概只有明朝的于谦勉强可以和岳飞相比,虽才能功业有所不如,忠义为国、不顾自身利害的耿耿忠心却是一样。两人的庙都建在西湖边上,未必是偶然的巧合。

在进一步便以身殉国,退一步既不失忠义,又可保全自身的情形下,我们既赞美岳飞和于谦——因为他们的脑子里已被国家、民族、百姓利益填满了,没给自己的生死利害留一点位置,也很钦佩韩世忠的机智和谋略,正如我们赞美烈士,却不

能苛求每一个战士都成为烈士一样。

【原文】

人所欲者,顺其情而与之;我所欲者,匿而掩之,然后始可遂我所欲。

【译文】

别人想要的东西,要顺着他的想法给予他。我所想要的,却要想办法掩藏起来,不让人知道自己的想法,然后才能得到自己想要的一切。

【事典】

冯道的"老到"

冯道在后晋石敬瑭手下任宰相,因为石敬瑭为求得契丹出兵援助自己打败后唐,夺取天下,不仅割卢龙一道和雁门关以北地区为厚赂,而且自称臣、称儿。事定后,需要派一名重臣为礼仪使,到契丹为契丹主耶律德光和萧太后上尊号。石敬瑭心中的理想人选是冯道,但考虑到此行可能有去无回,所以难以启齿,便叫几名宰相商议决定。

捧着诏书的文书小吏一到中书省便哭出声来,因为自己的皇帝对外藩称儿、称臣实在是太屈辱了。

冯道正和几名同僚商议政务,见状大惊,待明白来意后,几名宰相都吓得面无人色,唯恐这桩既危险又屈辱的差事砸到自己头上。

冯道看出了大家的意思,也不说话,很镇静地在一张纸上写下"道去"两字,其他人看后既感到解脱,又替他难过,有人甚至当场落泪。

冯道出任礼仪使到了契丹后,契丹主对他很重视,本想亲自出迎,后因有人劝他"国君不应迎宰相"才作罢。

给契丹主和太后上过尊号后,冯道便被契丹主留下来为官。契丹族的风俗只赐给贵重大臣象牙笏,或在腊日赐牛头,有一样就是特殊宠幸,冯道却全得到了,他还吟诗道:

"牛头偏得赐,象笏更容持。"

契丹主知道后大为高兴,暗示要长期留他在契丹为官,冯道说:

"南朝为子,北朝为父,我在两朝做官。没有什么分别。"契丹主听了更是喜欢。

冯道把得到的赏赐都用来买木炭,对人说:

"北方寒冷,我年纪老了,难以忍受,不得不多做些准备。"

他摆出一副扎根契丹的架势。

契丹主开始唯恐留不住冯道,待见他如此,不仅不再怀疑他的忠诚,反而觉得自己的儿皇帝那里更需要这样忠诚有名望的大臣辅佐,便让冯道回石敬瑭那里。

冯道三次上表推辞,表称自己眷恋上国,不忍离去,契丹主一再催促强迫,冯道才显得百般不情愿地上道。

他先在驿馆中住了一个月,然后慢腾腾向回返,一路上到一个地方便停下来住宿,一点也不着急,契丹主派人查探后,愈加放心。冯道直走了两个月,才出了契丹国境。

冯道身边的人问他:

"我们能逃出虎口,返回家乡,恨不得身生双翅,您却走走停停,却是为何?"

冯道笑着说:

"急有什么用? 我们如果走快了,契丹用快马一天就可以把我们追回去。我们走得慢,他们难以觉察我们的心意,这样才能安全返回。"

左右的人听后,都恍然大悟,钦佩不已。

【解读】

冯道似乎已是"小人"的代名词了,然而君子身上往往也会有令人难以容忍的缺点,有些小人的身上也不乏闪光点,这是由人的多样性和复杂性所决定的,难以一概而论。

抛开道德的因素,冯道还是一位很有计谋、手法老到的人。

冯道早年便负重名。他为父亲守孝在家时,契丹主就想派兵把他劫持到契丹做官,只是因为边防士兵及早发现了这一图谋,才没有得逞。礼仪使一职的最佳人选是冯道无疑,因为他既是南朝宰相之首,又素来受契丹重视。由他出任礼仪使,就不会出意外的纰漏,然而他一去不返也是必然的,所以石敬瑭不忍心开口,别的宰相会落泪,正是这个缘故。冯道却表现出"铁肩担道义"的风范,也许是因为他知道难以推开,索性应承下来。

冯道完成使命后,便绝口不提回南朝的事,契丹主要留他做官,他便欣然从命,而且装出一副陶陶然乐不思蜀的样子,多蓄木炭,似乎要在契丹安居乐业,老死此方了。

冯道自然也渴望回南朝老家,但身不由己,想也无用,索性听天由命,顺其自然,倒得到了回去的机会。

他上表推辞、行走缓慢更是老到的体现,所谓"欲速则不达",慢走反而能回家,快了就要被捉回去。

在人们所熟知的通常道理下,其实还埋藏着更深的道理,更深的计谋,掌握了"它"的人才是真正有智谋的人,冯道可谓其一。

冯道是小人似乎是确切无疑的了,然而冯道历事四姓十主,始终身居宰辅高位,却不通贿赂,不仗势欺人害人,遇到后唐明宗这样的明君,也能尽心辅佐,屡进谏言。在有关国计民生的处理上,他也能尽心尽力,无论作为一个人还是一名官员,这都是值得肯定的。

古代把在朝为官比作女子嫁夫,要始终如一忠于君主,而不论这君主是否值得忠诚。冯道被视为小人就因为他屡次改事他主,如同寡妇多次改嫁一样。寡妇改嫁,至少是不守贞节;而官员易主,自然就是不守臣节了。

然而这一点在今天看来并不重要,在当时也不是奇怪现象,因为那时这样的人多不胜数,冯道另一点最受人诟病的地方是他侍奉契丹。但是石敬瑭已经称"儿臣"了,"儿臣"的臣子又怎样保守气节?况且第一个向石敬瑭建议向契丹称臣、割让土地的是桑维翰,桑维翰却被视为有民族大义的君子,冯道不过奉行而已,反负恶名,也是从道理上很难说通的事。

　　冯道曾用谀言劝得契丹主不再无故残杀中原人,中原生灵因他一言之故存活下来许多,连最痛恨冯道的欧阳修也称"春秋之不灭中国人者,以道一言之力也"。如此看来,他即便是小人,也难以泯灭他拯救无数生灵的大功德。他还用自己的金钱赎回许多被契丹将士掳走的妇女,给她们钱让她们安全返家,又用自己的地位保护了许多被契丹捉住的大臣和名士,这也都是冯道身上的一道道亮点。

　　古人说:"盖棺论定。"其实盖棺也很难论定,因为每个时代都有每个时代的道德标准,只能是"是非功过,任由后人评说"了。

【原文】

　　君子养晦,用发其光;小人养晦,冀逞凶顽。晦虽为一,秉心不同。

【译文】

　　君子养晦,是准备在适当的时机发挥自己的才智;小人养晦,却是准备以后发泄自己心中的怨毒。虽然都是养晦,出发点却是不一样的。

【事典】

王振"养晦"成祸

　　王振原是名教书先生,后来见中举人、考进士跻身仕途以求显达的路太过漫长,实在艰难,便剑走偏锋,心头一狠,自行阉割,入宫当了一名宦官。

　　因为他读书识字,性格狡诈,又工于心计,善于揣摩别人的心思,很快便受到明宣宗的赏识,被派到东宫侍奉太子,也就是后来的明英宗。

　　明英宗年纪很小,王振原来就是个"孩子王",他凭借自己的狡黠获得英宗的欢心,言无不听,计无不从,口称"先生"而不直呼王振的名字,表示自己对他的尊重。

　　明宣宗去世,英宗即位,王振便跃过金英等几名宣宗朝得宠的太监,执掌司礼监,这是宦官衙门里权力最大的部门。

　　王振劝英宗要用严刑峻法制御大臣,不然大臣们会因为皇帝年轻而加以轻视,英宗觉得很有道理,却不知这正是赵高当年愚弄秦二世的方法。

　　明仁宗、宣宗两朝,大明王朝达到了政治经济文化各方面的顶峰,政治宽松而不松弛,民风淳朴,人心向善,是历史上少有的太平盛世。

　　在王振的严刑之下,许多大臣陆续入狱。不过当时英宗的祖母太皇太后张氏还在,宣宗遗诏里也写明:国家重要事务要请太后决断。内阁中大学士杨士奇、杨荣、杨溥号称"三杨",都是历事永乐、洪熙、宣德、正统四朝的元老重臣,王振对他们也很忌惮,所以还不敢太过放肆。

贤明的太皇太后却觉察出王振的不轨行为,她觉得此风断不可长,便请"三杨"入宫,又把英宗和王振都叫来。

王振一进殿门,没等向太皇太后叩拜请安,几名女官已上前按住他,抽刀搁在他脖子上,只等太皇太后一声令下,便叫他人头落地。

英宗和"三杨"都不明所以,王振更是吓得魂飞九天,只管叩头乞命。

太皇太后宣布王振干预朝政、蛊惑皇帝的罪状,并说:

"太祖高皇帝定制:内臣不得干预政事,违者斩。今天就是执行律法的时候。"

英宗忙上前跪倒,苦苦求情,"三杨"见状,也只好跪下,帮皇上说话。太皇太后虽想除去王振,但"三杨"的面子不能不给,便严厉训诫王振一顿,饶了他一命。

王振逃过一劫,总算知道权力在谁手中了,他也彻底老实下来,再不敢给英宗出坏主意了。

他执掌司礼监,经常要到内阁办事,每次都站在内阁门外,"三杨"请他到阁内坐着喝杯茶,他也坚决不肯,说国家政务要地,不是他这样的内臣能进的。关于国家政务,他更是一个字也不敢提及。

"三杨"见他如此谦恭谨慎,还以为原先看错了他,对他的印象也好转过来。太皇太后经常派女官到内阁打听王振是否干预政事,"三杨"都回说没有,对王振还赞誉有加,太皇太后听后也就放心了。

明英宗正统七年(1442年),太皇太后去世。内阁中杨荣已死,杨士奇因儿子杀人获死刑而闭门不出;杨溥年老多病,也很少到内阁来;新入阁的几位大学士声望不高,难以和王振抗衡。

王振见时机已到,便把蕴藏心中的怨毒一气发泄出来。他先是摘下了朱元璋在宫门立的禁止宦官干预政事的铁牌,然后一手把持朝政,至于他所做的坏事,难以一一表述,只能用无恶不作来概括,大体宦官专权都是如此。

王振权力、地位、财富都达到极点,居然又想用立边功来给自己青史留名。恰值瓦剌入寇,王振便诱导英宗御驾亲征。他根本不懂军事,又听不进别人的劝谏,全凭自己的喜好指挥大军,结果在土木堡一战中,断送了明朝五十万大军,他也被愤怒的士兵杀死,英宗被瓦剌俘虏,史称"土木之难"。

【解读】

从明英宗正统七年(1442年)太皇太后去世到正统十四年(1449年)土木堡之变,王振专权祸国仅仅七年。然而就在这七年里,他给大明王朝造成的创伤却是难以估量的,大明王朝也从此由强盛转为衰弱,这一切都是因王振一人之故。

小人不仅懂得养晦,而且往往更擅长此道。君子养晦,还要顾重自己的身份面子、道德规范。小人则无所顾忌,凡是可以保护自己、伪装自己的法宝都可以祭出,因为他只要达到得志得势,根本不顾恤人言。所以君子养晦往往只在一时,小人养晦则无时无处不在。当然小人养晦正确的说法应该是"伪装"，但从表面特征上来看，两者并无不同。

【原文】

至若美人遭嫉，英雄多难，非养晦何以存身？

【译文】

至于漂亮的女子经常遭到嫉妒，英雄豪杰往往多灾多难，在灾难临头时，不养晦怎能保存住自己？

【事典】

马援养马避祸

西汉末年，王莽篡汉，天下大乱，群雄并起。刘秀占据河北，公孙述占据四川，隗嚣占据陇西，群雄中以此三人势力最强。

隗嚣素闻马援之名，聘任马援为绥德将军，视为腹心，凡事都和他商量，一同决策。

刘秀和公孙述先后分别在洛阳、成都建立帝号。隗嚣自料力量不足，便想依附一方以成功业。他和马援商议，派马援去查探两帝虚实，以便决定依附哪一方。

马援临行时，隗嚣授予他全权，说：

"你看这两人哪一位能成大业，就可以代我决定依附哪一方。我信任你的眼光，完全听你的决定。"

马援和公孙述从小住在一条街巷里，交情也很好，便率领宾客先到了成都。

隗嚣的实力较刘秀、公孙述稍弱，却也成鼎足之势，无论依附谁都有举足轻重的作用，所以刘秀和公孙述都极力拉拢隗嚣。

马援作为隗嚣的全权大使，又是公孙述的故交，公孙述自然极为重视。他本想亲自出城迎接马援，但手下大臣却劝阻说：

"陛下今已是天子，应该有天子的尊严与气派，这才能使远近的人都闻风而服。马将军虽是陛下的朋友，也不能因私交而废朝廷尊严，从古至今，没有天子出迎使臣的道理。"

公孙述听了觉得很对，便派一名重臣出城迎接，晚上在馆舍招待，也极为丰盛热情。第二天，公孙述排出天子的全副仪仗，两旁卫士执戟夹道站立，又派迎客的司仪一站站传呼马援的名字，引导他到宫中觐见。

公孙述为了显示天子尊严，也不和马援欢叙旧情故交，反而装出满脸的庄重，摆足了帝王的架子。马援感到受了侮辱，口虽不言，心里已经瞧不起公孙述了。

公孙述转而又为马援和他的手下制作新衣，然后在宗庙中大会百官，专为马援立了旧交的位置，以丰盛的宴席款待马援和官属，并封马援为侯，授予大将军的要职。

马援的手下见公孙述的气势盛大，招待又极尽丰盛，给的官爵也高出想象，都喜出望外，劝马援留在成都。

马援却头脑清醒地说："现在天下谁胜谁负尚未可知，公孙述不学周公，握发吐哺走迎国士，和天下贤豪共图大业，反而故作神圣，跟木偶似的，这样的人怎能留得住天下俊贤？"

马援给隗嚣写信说："公孙述不过是井底的青蛙，妄自尊大，不如专心注意洛阳。"

建武四年(28年)冬天，马援带着隗嚣的亲笔信又来到洛阳。刘秀听说后，便请他到宫中相见。

刘秀只派了一个宦官把马援请到宣德殿，自己穿着便服，戴一顶头巾，身旁连一名卫士都没有。

马援一到，刘秀便走上前笑着迎接，谦虚地说："卿遨游二帝之间，现在见到卿，令人自惭形秽。"

马援才高智富，眼光更是独到，一见刘秀，大为心折，说："当今之世，不仅君主选择大臣，臣子也要选择君主，臣从远方来，陛下怎知臣不是刺客，却毫无防备？"

刘秀大笑道："卿不是刺客，而是说客。"

马援佩服地说："天下大乱，群雄并起，都以帝王自尊，如今见到陛下，恢弘大度，和汉高祖一样，才知道帝王自有帝王的风度。"

刘秀听了马援的话，也很高兴，便任命马援为待诏，派太中大夫来歆送马援回隗嚣那里。

马援力劝隗嚣依附刘秀，隗嚣素来信服马援，便派儿子到洛阳做人质，决意依附刘秀。马援便带着家属宾客与隗嚣的儿子一同来到洛阳。

不久，隗嚣又听信部将王元的话，凭仗自己险固的地势拥兵自守，坐观天下成败，又背叛了刘秀。

马援知道后多次给隗嚣写信劝说，隗嚣认为马援贪图富贵，出卖了自己，更为愤怒。作为隗嚣的使臣马援在洛阳备受猜疑，又和隗嚣断交，竟然进退不得，处境尴尬之至。

马援带领的宾客很多，都靠他一人养活，马援的薪水本来就不高，如今因形势变化，遭朝廷猜疑冷落，便上书要求拨给一块空地，自己率宾客去养马为生。

刘秀对马援仍很看重，但也无法重用他，便拨给他上林苑，让他去养马。

后来隗嚣公开发兵反叛刘秀，刘秀经过长时间观察，确认马援对自己忠心不二，便招马援进宫，向他征询讨伐隗嚣的计谋。马援为刘秀尽心谋划，刘秀大喜，便派他率五千精兵去游说隗嚣的部将，离间隗嚣上下之间的关系，马援这才真正加入刘秀的阵营中，走出困境。

建武八年(32年)，刘秀亲征隗嚣，被隗嚣重兵拦阻。大将们都认为地形不熟，敌人的兵力虚实也无法知道，贸然进攻危险太大，刘秀不甘心无功而返，犹豫不决。恰好马援赶到军中，刘秀大喜，马上把他叫来，把大将们认为不能进军的种种理由告诉他。

马援便在刘秀面前用米堆成山川地图,为刘秀演示各军从哪条路进军,敌人虚实如何。马援分析得一清二楚,并断言进军必胜。

刘秀一击掌道:"敌人已在我眼中了。"第二天早晨便下令总攻,隗嚣的军队一触即溃。

【解读】

汉高祖刘邦说:"子房论兵,每与我合。"光武帝刘秀也说:"伏波(马援后任伏波将军)论兵,与我意合。"若论谋略,马援并不逊于张良,可惜出身不正,开始时站错了队伍,以致空负一身才学,未能及早得到发挥,以致功业迁延,遂成憾事。

假使马援开始时便投身刘秀麾下,绝不会让张良专美于西汉。张良虽多谋略,却不能带兵打仗,马援的将才即使在西汉的功臣猛将中也是第一流的,纵然比不上韩信,也足可与绛灌同伍,功名世业当在后汉功臣首位。

秦琼卖马,马援养马,英雄每多遭难。当隗嚣决策投向刘秀又中途背叛后,马援的处境既尴尬又危险,更不用说穷困交加了。稍有不慎,便会被当成间谍处死,即便不被当作间谍,马援本是和隗嚣的儿子一同到洛阳做人质的,隗嚣反叛,刘秀斩杀人质也是理所必然。

马援养马一方面养晦保身,另一方面也是穷困所迫,但也还有更深的寓意:一是宁愿在洛阳做养马这样下贱的事,也不回隗嚣那里做高官,享厚禄,自可表明对刘秀的忠诚;二是这样可以与世隔绝,避免了刺探朝廷虚实、充当间谍的嫌疑,正是一举多得。

马援是真正的智者,隗嚣视他为知己,公孙述虽表面摆架子,却也很念旧情,封他为侯,并授予大将军之职。马援和这两人共事,都可以位极人臣,享尽富贵。马援却认定了素无往来的刘秀,后来刘秀终于一统山河,验证了马援的鉴识。

马援有许多名言警句传诸后世,如"老当益壮,穷且益坚","大丈夫当战死沙场,以马革裹尸还","君择臣、臣亦择君","画虎不成反类犬"等等,千百年来被人们广为传诵。

【原文】

愚者人嗤,我则悦安,心非悦愚,悦其晦也。

【译文】

愚蠢是众人所嘲笑的,我则乐于承受并心安理得,我也不是真心喜欢愚蠢,而是喜欢这种"晦"的谋略。

【事典】

不识北斗的和安

东魏孝静帝时,和安在宫中侍奉孝静帝。他恭敬小心,脑筋灵活,善于逢迎别人的意思,很得孝静帝的喜欢。

一天深夜,孝静帝在宫中和几位有学问的大臣研究天文,便让和安出去看看北斗的斗柄指向何方。

和安出去转了一圈,回来后吞吞吐吐地说:"陛下恕罪,微臣不识北斗。"

孝静帝和几位大臣听了,既感到吃惊,又为他的无知感到脸红。和安却面色坦然,毫无愧疚之感。

当时掌权的丞相高欢听说后,却认为和安淳朴厚道,遂任命他为仪州刺史。

【解读】

北斗七星是所有星座中最耀眼也最易辨认的,稍有学识的人都会知道,和安却不知道,无怪乎孝静帝要为他感到脸红了。

然而身为中书舍人的和安并未无知到这种地步,否则他也当不上中书舍人。和安既不是无知,也不是淳朴,而是狡诈。

当时朝廷大权握在丞相高欢手中,孝静帝不过是个傀儡而已。而古人认为天象对应着人事,从天象的变化便可查知人事的变迁,所以一般人研究天文,妄谈休咎都是触犯忌讳的。

孝静帝和大臣闲着没事,研究天文自娱,也算不上大事,但权臣高欢却认为此举大有深意,说不定是借北斗斗柄所指的方向暗示大臣们要尊主权、废臣权,因为在古代的天文学中,北斗代表着丞相这个位置。

当然孝静帝未必有此意,和安却马上想到更深一层,知道此举触犯高欢忌讳,宁可背上无知的恶名,也不能陷进去。果然,和安不但无事,反而升官。这哪里是无知,而是巧智。

【原文】

愚如不足,则加以颠。既愚且颠,谁谓我贤?养晦之功,妙到毫巅。

【译文】

如果仅愚蠢还不足以迷惑对手,就再加以疯癫。既愚蠢,又疯疯癫癫,谁还能认为我贤明呢?这就达到了养晦功夫的顶端了。

高洋裸奔戏妻

东魏因内乱,大权落入权臣高欢手中,高欢死后,又把权力如同皇位一样传给儿子高澄。高澄为齐王、大将军,总揽文武大权,东魏孝静帝不过是个应名皇帝。

高澄父子都有篡魏自立的野心,只是时机不成熟而已。高澄并不在意孝静帝,倒很忌惮自己的弟弟太原公高洋。因为高洋从小就显露出不凡的才华,在朝野内外都有很高的声誉。高澄想像父亲一样把一切传给儿子,却怕自己死后,儿子幼小,权位会被高洋夺去,便有除去高洋之意。

高洋深感不安,只得谨言慎行,装愚作傻。见到高澄时,他只是唯唯诺诺,对高澄的意思无不顺从,仿佛是一个无主见的酒囊饭袋。

高澄逐渐地轻视他,还嘲笑说:"这样的人也能得富贵,相书上的道理真令人无法理解。"

高洋每天退朝回家,便关上房门自己一人独处,有时面对妻子竟然一整天一句话也没有。他为妻子李夫人买的衣服、首饰和玩物,高澄看到后,故意欺负他,把这些东西抢走。李夫人有时生气不给,高洋便说:"哥哥想要,为什么不给呢?"高澄有时也会感到不好意思,高洋便亲手塞给他,既无吝色,也没有勉强的意思。

高洋有时在家中无事,便脱光了衣服四处乱跑,李夫人又好笑又好气地问:"你这是做什么? 疯疯癫癫的。"

高洋说:"我逗你开心,让你笑一笑。"

府中人便纷纷传说主人有疯癫病,实际上高洋是用这种方法来锻炼身体,增强体质。

高澄知道后,对手下人说:"我原以为他不过是愚蠢而已,如今看来还是个疯子。"自此便解除了对高洋的戒备。

后来高澄和杨愔、崔季舒在密室中商讨篡魏自立之事,为避人耳目,便把侍卫都打发得远远的,结果却被他掳掠来的奴仆兰京杀害。

高洋闻变后立即赶到。他神色不变,指挥卫士平乱。众人听说高澄遇害,都惊慌失措,待见到高洋措置得当,有大将风度,才安下心来。

高洋代替高澄为齐王、大将军,后来篡魏自立,建立了北齐,为齐显祖。

【解读】

父子兄弟,骨肉亲情,出自人的天性,却只在平常人家庭中才能得到完全体现。而在皇室贵族和富贵人家中,却不仅薄而且往往会变成毒素,使人变成疯狗,互相蚕食不已。此无他,争"权"与"钱"而已。

父子之情浓于兄弟之情,这似乎也是由人的天性所决定的,好东西要留给儿子而不给兄弟,也是人之常情。而在皇家,这好东西就是"江山社稷"。利愈大,抢的人愈多,决心也愈大,这已经无法用亲情来说服,也无法用道德来规范,只能用最残忍也最保险的方法,先下手把对手除掉,这样儿子才能确保得到江山社稷。

高澄提防并想除去高洋,并不是因为他天性凉薄、生性如狼,而是这种必然性使然。这从后来高洋果然夺去了本该属于侄子的一切,就再一次验证了这种必然性。

一个人有才能并有很高的声望自然是好事,但在对手眼中就很可怕了,所以高洋先要装出愚蠢无能的样子。高澄无理抢夺他妻子李氏的东西,他也逆来顺受,装作无血性。他裸体跑步来锻炼身体,又得个疯疯癫癫名。

一个人既愚蠢又无血性,还疯疯癫癫,这样的人还有什么可怕的呢? 然而世上最可怕的往往就是这种突然反常的人,因为反常的里面包藏一颗祸心!

谋晦第四

谋晦卷第四（上）

【原文】

若夫天时突变，人事猝兴，养晦则难奏肤功，斯即谋晦之时也。

【译文】

如果形势发生了突然变化，意外的灾害也突然降临，养晦则在时间上来不及，也难以收到大的功效，这时就是使用谋略促成"晦"这种状态产生的时候了。

【事典】

以屈求伸的温峤

晋元帝时，王敦起兵攻入京城，挟持元帝，专制朝政。

中书令温峤忠心晋室，不亲附王敦。王敦因为温峤是当世名士，名望很高，如果辅佐元帝和自己作对，也是件麻烦事，便请温峤为自己的左司马，想要巧借事端以军法杀之，既名正言顺，又不会有害贤的恶名。

温峤明知此职暗藏杀机，却苦于无法拒绝，否则抗命不遵也就成了罪名。他的亲戚朋友都为他担心，却也想不出好的办法。

温峤却坦然无畏，到王敦的大将军府任职。他表面上对王敦很恭敬，做事也很勤奋。他帮助王敦处理大将军府的事务，都很适宜，王敦想找杀他的事端，一时也找不到。

王敦宠信小人钱凤，对他言听计从。温峤便经常对人说："钱世仪（钱凤的字）精神饱满。"温峤素来看人极准，有人才鉴定专家的美誉，当时人能得他一句评语，都引为殊荣，足可做一生定评。所以钱凤得到温峤一句赞语，喜不自胜，便把温峤当成知己，经常在王敦面前说温峤的好话。

王敦本就听信钱凤的话，又亲眼看见温峤对自己恭敬，做事也勤奋，能有这样一位名士辅佐自己倒是意外之喜。于是王敦不但消除了杀心，对温峤也越来越

温峤虽然安全了,却也知虎穴不是久留之地,常思谋如何才能安全脱身。恰好丹阳尹的官职空缺,温峤便对王敦说:

"丹阳尹控制国家的咽喉,大将军应该选择自己的人担任,如果皇上抢先用自己的人,恐怕对您不利。"

王敦连连点头称是,认为温峤是真心为自己考虑,便征询他的意见:"依你看派谁去最合适?"

温峤说:"依我看谁都不如钱凤。"

王敦又询问钱凤的意见,钱凤因为温峤夸赞自己一直很感激他,又听说他主动推荐自己出任要职,更是高兴,反而推荐温峤出任丹阳尹一职。

王敦也觉得温峤是名士,被众人所推服,出任丹阳尹比钱凤合适,便任命温峤为丹阳尹。温峤却苦苦推辞,说不愿离开大将军身边。他越是推辞,王敦越是觉得他忠诚可靠,非让他担任不可,温峤便装作十分委屈的模样接受了。

温峤要赴京师任职,王敦为了表示郑重,集合大将军府的僚属设宴为他送行。

喝了一阵酒后,温峤起身为大家敬酒。敬到钱凤面前,钱凤还没来得及喝,温峤故意装出酒醉的模样,伸手把钱凤的头巾打落在地,怒声道:"钱凤是什么人物?温太真(温峤的字)敬酒他居然敢不喝!"

钱凤没料到一向和自己亲密的温峤竟会突然当众羞辱自己,一时间神色愕然,说不出话来。王敦见状,忙出来打圆场,哈哈笑道:"太真醉了,太真醉了。"

钱凤见温峤醉态可掬的样,又听了王敦的话,也没法发作,只得咽下这口恶气。

温峤临行前,又向王敦告别,苦苦推辞,不愿去赴任,王敦不许。温峤出门后又转回去,痛哭流涕,表示舍不得离开大将军,请他任命别的人。

王敦大为感动,只得好言劝慰,并且请温峤勉为其难。温峤出去后,又一次返回,还是不愿上路,王敦没办法,只好亲自把他送出门,看着他上车离去。

钱凤受了温峤一顿羞辱,头脑倒清醒过来,对王敦说:"温峤素来和朝廷亲密,又和庾亮有很深的交情,怎会突然转向,其中一定有诈,还是把他追回来,另换别人出任丹阳尹吧!"

王敦已被温峤彻底感动了,根本听不进钱凤的话,不高兴地说:"你这人气量也太窄了,太真昨天喝醉了酒,得罪了你,你怎么今天就进谗言加害他?"

钱凤有苦难言,也不敢深劝。

温峤安全返回京师后,便把在大将军府中获悉的王敦反版的计划上报朝廷,并和庾亮共同谋划讨伐王敦的计划。

王敦这才知道上了温峤的大当,气得暴跳如雷,给王导写信说:"太真和我分别才几日,便做这等恶事!我一定要悬赏雇人活捉他,亲手拔了他的舌头。"

然而无论王敦怎样咆哮,却已对温峤无可奈何了。

【解读】

汉朝的飞将军李广一度曾被罢免职位,赋闲在家。一天,李广出外打猎回来晚了，被巡查的亭长叫住呵斥了一顿。李广记恨在心，觉得自己是虎落平阳被犬欺了。

不久匈奴大举入侵，李广又被起用，率兵出塞攻打匈奴。李广便用军令把那名亭长征召到自己军中，亭长一到军中，就被李广斩于剑下。

王敦要把温峤调入军府中加害，用的正是李广使用过的这种方法，盖因军中事务隐秘，大将又有专杀专诛之权，想要害死一个人真如捏死一只蚂蚁，易于行事又容易掩饰。

然而温峤毕竟非常人可比，他假做恭谨勤奋，转变王敦的杀意，又好语结交钱凤，虽然处身步步杀机之中，他却如履坦途，三下两下便把两人弄得如置身云端，陶陶然不辨东西，温峤却已如泰山之安。

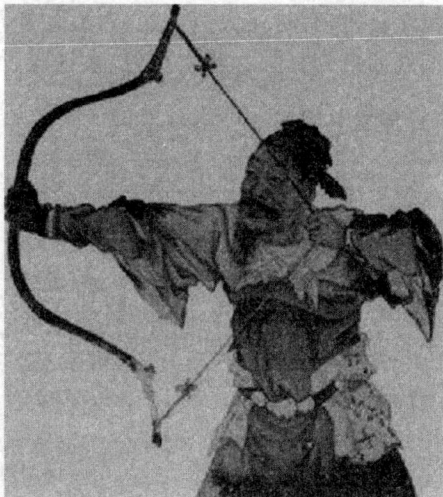
李广

温峤借在王敦府中任事之机，知道了他要反叛朝廷的详细计划，却苦于无法传递消息，丹阳尹一职空缺后，温峤一直等待的虎口脱身的时机便到了。

他先是劝王敦抢先在朝廷任命官员之前挑选自己最信任的人去担任，随后又力荐钱凤出任。他已算准自己一定是王敦心中最合适的人选，钱凤也一定会出于感激推荐自己。

得到任命，稍露欢喜之情便会被人窥知心迹，所以他又拼命力辞，既显得自己对此职毫无兴趣，又表示自己对王敦的依恋之情，用的正是"欲取先予"的手法。王敦也不是一般人，假如温峤欢欢喜喜、迫不及待地要离开自己，他也许会马上觉察出来。温峤越是推让，王敦越是觉得他没有异心，感情也拉近了一层，更觉得非温峤不行。两人如同拧一股绳子，越拧越紧，丹阳尹一职就已绑定在温峤身上了。

王敦在钱别温峤时，温峤故意装醉当众羞辱钱凤，这绝不是画蛇添足，而是险中求胜。王敦一向对钱凤言听计从，温峤怕自己上路后，钱凤说自己的坏话，甚至阻止自己赴任，那可就前功尽弃了。虽然只是一种可能，却不能不预先防范，把这种极端危险的可能消除于无形，这更显示出温峤计谋的深远和缜密。

"酒后无德"是常人都会有的失态，没人会去计较一个人酒醉后的言行。温峤便装醉羞辱钱凤，造成两人失和的假象。待到后来钱凤觉悟温峤有诈，果然向王敦劝谏时，王敦便认为他是记恨温峤无心的过失，大不以为然，一个字也听不进去。

温峤在临行前向王敦告别的一幕，真令人慨叹世界是大舞台，人生何处不成戏，搭戏台、穿戏装、涂抹小丑实属多余。

温峤的再三恳辞竟至痛哭流涕，不过是要坚定王敦让自己离去的决心。他在假哭，王敦大概已被感动得心中流泪了，钱凤的谗言不入和他能安然到达京师，与此有决定性的关系。

纵观温峤从身入虎口到安然脱身，真如高人弈棋，一步步看似平淡简易，却无不暗藏玄机，有时又大悖常棋，过后才知乃是棋道至理，一步步行来，把一盘已被将死的残局翻为完胜。非大智慧、大计谋者孰能如此？

【原文】

晦以谋成，益见功用，虽匪由正道，却不失于正，以其用心正也。

【译文】

"晦"用谋略来促成，更能收到大的功效，虽然有不走正道的嫌疑，在大义上却又不失为正，这是因为心中的本意是正直的缘故。

【事典】

胡林翼巧走夫人路线

太平天国起义，胡林翼和曾国藩同建湘军，因战功卓著被任命为湖广巡抚。

朝廷猜忌汉族带兵将领，便任命满洲贵族官文为湖广总督，以制约胡林翼。

官文，字秀峰，是满洲正白旗人。他只是个标准的花花公子，因出身贵族而在宫中任头等侍卫，后因烽火遍地，被派出带兵。

官文虽任总督，却百无一能，而妒贤嫉能的本事倒还有一些。他知道朝廷对汉族将领既不得不用，又不敢重用；既希望将领早日立功平叛，又怕汉族将领势力过大，会把满族驱逐回东北这种左右为难的心理，所以对胡林翼左右掣肘，百般刁难。

胡林翼被官文弄得根本做不了事，有心要向朝廷告状，却也知道一个汉人巡抚和满族总督打官司，输赢不用想都能知道。这样一来，现状不会改变，反而更会增重朝廷对自己的疑心，所以胡林翼愁得一筹莫展。

官文私生活奢靡无度，手下又养了一批食客，耗费军饷很多。

胡林翼本来就难于筹到军饷，对此愈加觉得难以容忍，便和布政使阎敬铭商议，决心向朝廷摊牌，弹劾官文。

阎敬铭劝他说："从大清朝立国以来，从不让汉人将领单独执掌军权，现在满人、汉人将领并用，已属万不得已。巡抚弹劾总督，又是汉人弹劾满人，不胜已是必然的了。即便朝廷重视大人，撤回官文，也绝不会把湖北这块天下要冲之地让大人一人掌握，必会另派一满人来，后来的也未必比官文强，说不定更糟。官文不过是挥霍些金钱，每年送他十万也不算大事，大人还是忍耐吧！"

胡林翼思前想后，觉得阎布政使的话句句在理，只好强自忍耐。

这一天是官文最宠爱的四姨太的生日，四姨太喜好排场，非要请湖北的全体官员来为自己祝寿，官文便遍送请柬到巡抚、布政司、按察司各衙门，邀请大家赴宴。

大家接到总督的请柬，都觉得以朝廷官员之尊去给一个姨太太祝寿，有失体

图文珍藏版

统，不去又于总督大人脸面上过不去，都来巡抚衙门请示胡林翼。

胡林翼厉声正色说道："诸位都是堂堂的大清官员，却要去给一个小妾祝寿，你们即便不顾及自己的尊严，置朝廷体统颜面于何地？"

大家本来也是这种想法，又蒙巡抚大人一番大义相责，便都约定好不去赴宴。

官文在家中置办好了几十桌酒席，准备宴请省府的主要官员，然而到了下午，却不见一个人影。官文急忙派家人到各衙门去请，结果一个个都灰溜溜地回来，皆被以各种理由拒之门外，根本见不到各位大人。

官文心知肚明，却也没办法，这种事情毕竟不能用总督的行政命令。四姨太知道了，觉得大损颜面，又哭又闹，骂官文没本事，没人缘，还要寻死上吊的。

官文被她闹得恨不得自己先死了，正在不可开交处，门房却来报巡抚大人的轿子到了，用的是全职衔名帖，又送给四姨太一份昂贵的寿礼。

四姨太先是要死要活，一听说巡抚大人亲自登门祝寿，又是喜从天降，有巡抚大人拜寿，这脸面可是贴金了，忙催官文出迎。

官文自知和胡林翼关系不睦，请人时也没想到他会来，当时全省的官员一个不见，倒是没想到的来了，既给足了面子，又给自己解了围，心里这份感激无言可喻。

胡林翼满面春风，为总督大人道喜，官文也极尽热情。两人饮酒没多时，胡林翼的母亲和妻子又乘轿而至，为四姨太祝寿。

官文和四姨太更是喜加上喜，轿子直接抬入内宅，四姨太亲自为胡母倒酒。胡林翼的母亲和妻子在席上夸赞四姨太美貌、聪明、贤惠，又有才，把四姨太夸得飘上天了。

四姨太虽受官文宠爱，却是偏房，地位不高，家世也很贫贱，所以常有自卑感，看胡母慈祥高贵，又极为疼爱自己，便在席间请求认胡母为母亲。

胡母马上答应，还派人取来礼物送给刚认的女儿。

四姨太这一天先是受尽了冷落，随后又喜事接连，她索性把官文和胡林翼都请进来，当堂认胡林翼为哥哥，官文也极力赞同。

这以后不是胡林翼的母亲和妻子进总督衙门看望四姨太，就是四姨太进巡抚衙门看望胡母，两家内眷天天往来不断，四姨太称呼胡林翼也是哥哥不离口，如同一家人一样。

官文和胡林翼的关系也一下子由水火之势变成了水乳交融，官文不但不再难为胡林翼，反而事事都听胡林翼的。胡林翼要向朝廷申请事项，便预先写好奏折，由官文以自己的名义向朝廷申请，没有一件事不获批准。

有时官文也会有不同意见，四姨太发怒说："我哥哥还不如你？他的话你还能不听？"

官文听后，立马签字盖印，所有的事都按胡林翼的意思办，后来索性对胡林翼送来的奏折看也不看，盖印签发，自己只管在内室拥美妾，饮酒享乐。

湖广督抚和睦的关系为全国之最，朝廷也下诏表彰，希望各省学习。

国学经典文库

智慧谋略全书

韬晦术

图文珍藏版

【解读】

有时候建大功名,创大事业,甚至坐高官都不需要自己有多高的水平,即便你是个庸才,只要善于用人,用能人,用贤人,一样可以做到,这叫作"因人成事"。

清朝中叶最善于"因人成事"并且得以名垂青史的有两位,一位是官文,另一位则是湖南巡抚骆秉章。

官文因四姨太之故虚心委任胡林翼,而他一生功名事业也都是胡林翼为他创下的。胡林翼率湘军浴血奋战,所立的每一份功劳都要先记到官文头上。官文万事不理,只管吃喝玩乐,享尽尊荣,功劳却一件不落地落到头上,不但官运亨通,而且裂土封爵,在道理上似乎说不通,事实却是如此,只因这里面有更大的道理在。

骆秉章和官文颇相类似。他因衷心佩服举人左宗棠的才学,虚心委任,凡事不管不问,只管签字盖印,余下的便是与姬妾喝酒、打牌、听戏,功名和官文也差不多。

据说左宗棠一天深夜草拟一份奏折,循环朗读,觉得文笔绝美,兴之所至,竟直闯内室,推开骆秉章的卧室便闯进去。

骆秉章正和小妾饮酒,衣衫不整,见左宗棠昂然闯入,不免大惊失色。左宗棠却看也不看二人一眼,捧着奏折读了一遍,随后轻蔑地对骆秉章说:"你能写出这么好的文章吗?"说完径自走出。骆秉章晃了晃头,并不觉得这是对自己的冒犯,静静神,继续和小妾饮酒。

胡林翼、曾国藩、左宗棠和李鸿章被称为清朝中兴的四大宗臣,世称曾、胡、左、李。平心而论,胡林翼和左宗棠能建立如此大的功名与官文、骆秉章的虚心委任及全力支持是分不开的。官、骆二人也因此坐享其成。古往今来有太多的才能智士毁于人事倾轧之中,郁郁而终,胡、左二人算是很幸运。

无能未必做不成大事,不智也未必真的发挥不出智慧,要看你如何发扬自己的"无能"而已,如官文、骆秉章,无能何妨?可以因人成事!

胡林翼开始时与官文极端对立,这也是清朝开国以来满汉同僚之间的正常现象,不过二人之间显得极端些而已。胡林翼想以自己的官职去留为筹码,向朝廷摊牌,有官无胡、有胡无官,其势必然行不通,假若真的如此做,胡林翼一生的事业怕是要终止于此了。

直道行不通,自然只有"曲线救国"了。胡林翼巧借官文四姨太过生日一事大做文章。他先是直言正色,使省府官员都不敢登门祝寿,他也不急于去,直到官文和四姨太的心等急了,等冷了,绝望了之后,才突然现身,不惜屈巡抚之尊为总督的小妾祝寿,官文和四姨太的反应也是在情理之中。

胡林翼又趁热打铁,搬动母亲和妻子为四姨太祝寿。胡林翼的父亲是探花,妻子则是总督陶澍的女儿。太夫人和夫人可谓身份尊贵,比身为小妾的四姨太身份不知高出几倍,对四姨太却又亲密无比,四姨太才会巴结认母。当然,胡林翼的本意也不过是借此改善与官文的关系,四姨太认母、认兄,成为他在总督府里最强有力的内助倒是意外的收获。即便没有这一层,他和官文的关系也会得到彻底的改善,四姨太也会为他说好话,只不过要差一些罢了。

胡林翼手法的妙处在于：阻止众官员去而自己独去,否则省府官员全到场,他即便亲自去也显不出情意深重,两相比较有霄壤之别。出动母亲和夫人不过是更上一层楼而已,却得到了更大的收获。

此事在当时已被人到处传扬,胡林翼也因此颇受非议嗤笑,然而做大事者岂拘细节? 若必如那些俗儒所言事事拘执、步步道义,也只能待在家里闭门不出了。

曾国藩极为自负,很少夸奖别人,唯独对胡林翼赞不绝口,推崇备至,自谓不如,而且是出自肺腑。

【原文】

谋晦当能忍,能忍人所不能忍,始成人所不能成之晦,而成人所不能成之功。

【译文】

谋晦要能忍耐,能忍住别人所不能忍耐住的,才能成就别人所不能成就的"晦",然后才能立下别人不能建立的功劳。

【事典】

王猛临阵许官

王猛率兵攻打燕国,燕国也派慕容评率重兵抵御秦军。

两军对垒,王猛派将军徐成去侦察燕军的布防情况,和他约定好中午回来,徐成却直到晚上才回来。

王猛大怒,认为徐成违犯了军令,非要把他按军法处斩不可。邓羌为徐成求情,说:"如今敌众我寡,明天早上就要大战了,徐成是大将,应该饶过他这一次。"

王猛不答应,说:"如果不杀徐成,必然会败坏我的军法。"

邓羌苦苦求情,说:"徐成是我的部将,虽然过了期限该被斩,我愿和他一起杀敌来赎他的罪。"

王猛坚决不答应饶恕徐成。邓羌也激怒了,径自回营,击鼓集合自己的队伍,要攻击王猛。

王猛派人问他为何要反攻主帅,邓羌说:"我们受圣旨远途来讨敌。现今敌寇已在眼前,却要自相残杀,我要先除掉想自相残杀的人。"

王猛不怒反喜,认为邓羌既重情义又有勇猛,派人对他说:"将军收兵吧,我赦免徐成了。"

徐成被释放后,邓羌到王猛营中谢罪,王猛握着他的手说:"我试一试将军而已,将军对部将尚且舍生相救,何况对国家呢,我现在不担心敌人了。"

两军交锋,王猛看到燕军人数众多,器械精良,士气也很旺盛,并不像原来想象的那样软弱,颇出意外,回头对邓羌说:"今日之事,除了将军不能破此强敌,胜败在此一举,将军可要努力杀敌啊!"

邓羌说:"如果您能让我当司隶校尉,这些敌寇您就不必放在心上了。"

王猛摇头说:"这事已超出我的权限,不过我可以保证让你当安定太守,封万户侯。"

邓羌满脸不高兴地退回去,不一会两军激战,王猛却找不到邓羌,派人去找他,邓羌却在营帐中卧床不起,根本不理会使者。

王猛自己骑马到邓羌营中,答应给他司隶校尉的官职。邓羌大喜,招集部将在帐中连喝了几碗酒,然后和徐成、张蚝跨马持矛,左右冲杀,如入无人之境,反复进出冲杀多次,燕军的阵势被他冲得七零八落,溃不成军。

这一战,燕军大败,被杀和投降的有十多万人,被俘虏了五万多人。

【解读】

王猛使将用将可以说是不拘一格,如同调驯猛虎,既要保持猛虎的野性和凶猛的格斗能力,又要让虎服从命令,这也确实是一件很难把握的事。

徐成出外侦察,误了期限,王猛执意要把他处斩,似乎过于严厉。然而军法不严就没有威力,"军法如山"也就只是一句空话了。邓羌为徐成说情,已属徇私枉法,随后居然带兵要攻击主帅,即便不是造反也是最严重的犯上行为。王猛却容忍了他这种犯上,只因强敌在前,倘若先来个窝里斗,孰胜孰败,都只会给敌人以可乘之机。

邓羌得寸进尺,临阵要官,要的又是司隶校尉。司隶校尉是负责京师治安的显要官职,不经皇上的批准,王猛确实无权授予此官。邓羌却知道符坚无事不听王猛的,只要王猛金口一开,司隶校尉就是自己的了,所以王猛许诺他太守、万户侯,他拒不接受,在两军交战之际居然回营帐中睡觉,摆明了是在要挟。

王猛又一次退让,亲自前去答应封官,邓羌这才心满意足,奋勇驰骋,杀得燕军大败。

王猛治军一如其人,以严猛著称,唯独这一次对邓羌的犯上和要挟屡屡退让,盖因非邓羌不足以取胜也。审时度势,权一时之变以济大用,王猛使将用将之术确实已到了高深莫测的境界。

当然这也只能是一时的变通手法,绝非治军正道,否则对将士百般姑息迁就,势必养成一大批骄兵悍将,不单不能御敌,反成腹心之患。唐朝后期的藩镇割据就是最好的例证,到了五代,此弊更是遍地皆是。

刘备用一诸葛亮而成鼎足之势,符坚用一王猛,前秦遂强。

王猛在前秦与诸葛亮在蜀国的位置是一样的,出则将,入则相,国家内外军政大权握于一手。王猛也竭尽己能,把前秦由一个少数民族建立的小国,变成当时最强大的国家,假如王猛多活二十年,天下一统必能实现。

王猛每次出征讨伐敌国,都要先为敌国的国主和首要人物修建馆舍,准备把他们俘虏回来后妥善安置。可喜的是他每次都如愿而归,这也说明王猛每次出征都有百分之百的胜算,这一点不但一般名将比不上,诸葛亮也力有不逮。

夫事有不可行而又势在必行,则假借行之势以明不可行之理,是行而不行矣。

【译文】

如果事情不能去做却又不得不去做。便假借做的名头来说明不可做的道理,这样就达到了做而实际上不做的目的。

【事典】

梁储草诏拒封

明武宗时,秦王上书请求把关中空闲的田地赏给自己做养马的牧场,江彬、钱宁、张忠几人受了秦王的贿赂,也都劝武宗把地赏给秦王。

大学士杨廷和及别的大臣认为不妥,上书劝谏,武宗听信小人的话,不听群臣劝谏,坚持要把地封给秦王,并命令内阁草拟诏书。

大学士杨廷和、蒋冕见武宗难以劝说,便称病不出,用罢工来表示抗议。

武宗气得发疯,天天派宦官到内阁强迫大学士草诏。当时只有梁储一人守在内阁,他知道无论如何也改变不了皇上的决心,便不推辞,提笔草写诏书。

诏书上面写道:"太祖高皇帝定下法令,这块地不许分给亲王。这不是吝惜,而是考虑到这块土地宽广肥饶,亲王如果得到了,在里面多养战马士兵,既富贵又骄横,一旦被奸恶小人引诱,图谋不轨,对社稷皇族不利。"

"你秦王如今得到这块土地,应该更加恭谨,不要收养奸恶小人,不要多养战马和士兵,不要听狂人的话图谋不轨,震动全国,危害我国家。到那时朕虽想保住我们的亲情也不可能了。"

宦官见大学士愿意草拟诏书,很是高兴,喜滋滋地捧着回宫见皇上。

武宗也很高兴,把诏书拿过来审读一遍,却吓得出了一身冷汗,一拍脑袋说道:"这事原来有这么可怕呀!"便打消了原来的念头。

江彬、钱宁、张忠等人也被这番话吓得不敢再为秦王申请了。

【解读】

武宗不听群臣劝谏,是他一生的本色风格,但他也有一点做得好,就是大权始终握在自己手里,而且信任重用杨廷和、梁储、蒋冕这些栋梁之材治理国家,所以武宗之世虽极乱却能不亡。

梁储知道仅靠祖宗制度、国家法令这些冠冕堂皇的道理是难以说服皇上的,索性从命,却把此事可能会产生的严重后果写出来,由皇上自择。

武宗虽然胡闹成性,却也知道不能拿江山社稷开玩笑,所以他虽百般逼迫内阁草诏,一旦明白了后果,马上便收回成命。

其实即便武宗不在意,秦王看到这份封地诏旨后,也断不敢接受,他也不过是想养些马增加藩国的收入,岂肯为了钱而担上谋反的嫌疑。

劝谏是大臣的职责,也是一门学问,如中医治病一样,要对人、对症下药才能奏效。一味地苦谏、强谏,甚至尸谏,忠则忠矣,却于国于己俱无实用。

梁储可以说是深通此门学问的人了,他不劝不谏,反而比劝谏更为有效,只因他击中了此事的要害。

【原文】

破敌谋、挫敌锋、勇武猛鸷,不如晦之为用。

【译文】

破坏敌人的阴谋、挫折敌人的锋锐,勇猛的武力、猛烈的阵势,有时还不如"晦"的功效大。

【事典】

李泌单骑平乱军

唐德宗贞元元年(785 年),陕虢都知兵马使达奚抱晖用毒酒杀害了节度使张劝,自己控制了军队,并向朝廷要求任命自己为节度使。

当时朝廷正兴兵讨伐李怀光,达奚抱晖又和李怀光的部将达奚小俊联络,请他增援自己。

唐德宗对李泌说:"如果达奚抱晖和李怀光联合一处,就难以制伏了,抱晖占据陕州,朝廷的水陆运输就都要断绝了,不得不麻烦你去一趟了。"

李泌并不推辞,德宗便任命他为陕虢都防御水陆运使,并要派神策军护送他上任,问他需要多少人马。

李泌说:"陕城三面悬绝,如果用兵攻打,连年累月也未必攻得下,臣只请一人一马进入军中。"

德宗惊讶道:"你一人一马怎能行?"

李泌说:"陕城的军民,一向顺服朝廷,这不过是抱晖一人作恶而已。如果派大军去,他们心中恐惧,一定会闭城不纳。臣一人到陕城城外,抱晖用大军攻臣不值得,若派小将来杀臣,未必不反而被臣所用。况且朝廷重兵驻防安邑,陕州人想要加害臣,也会怕官军讨伐,这也是臣可以利用的依靠。"

德宗说:"话虽这样说,可是朕正要重用你,为朕管理国家事务,宁肯失去陕州,也绝不能失去你,还是让别的人去吧!"

李泌说:"别的人一定进不去陕城,而今事变初期,陕城叛军人心不齐,所以能出其不意,破除奸谋。如果别的人去,心中犹豫,道上耽搁时间,陕城人心一定,计谋既定,根本靠近不了陕城了。"

德宗听李泌分析得丝丝合扣，便同意了。

李泌一出潼关，节度使唐朝臣率三千人马迎接他，说是奉皇上密诏送他进陕州。

李泌说："我向皇上辞行时已奉旨意，允许我便宜行事，你们一个人都不能跟着我，否则我进不了陕州城。"

唐朝臣因受密诏，不敢让李泌一人前往，李泌便给他写了一道手令，命令他退回去，再加速向陕城进发。

达奚抱晖不派手下出迎，反而在路上安排了许多探子，听说李泌没带一兵一卒，这才放下心来。

李泌中途在曲沃休息，抱晖的手下将领不等抱晖下令，便来迎接。李泌笑道："大事成了。"他到了城外十五里，抱晖也不得不出城迎接，李泌满口夸奖他稳定军心、保护城池的功劳，对他毒杀节度使的事只字不提，又说："军中有些谣言，不足介意，将军们都各按职务正常工作。"抱晖以为朝廷真的不打算追究自己，更加高兴。

李泌进入陕城，军中将领们都来参见，要李泌单独接见，好向朝廷表示忠心。

李泌说："军中更换元帅之际，有些谣言，这也很正常，我一到事态就稳定了，其余的话我不想听。"

这些将领听了李泌的话，心里都安定下来。李泌便索要军中的文书，专心在屋里调配军粮。

大家见李泌不闻不问军中变乱的事，人心也就由骚动不安变得和平时一样了。

第二天，李泌把达奚抱晖找来，对他说："我不是可惜你而不杀，而是杀了你，别的将领会不安于心，朝廷派别的将帅来也进不了军中，所以让你继续活下去。你自己找个安定的去处，一定不要入关，然后悄悄来迎取家人，我保证你和家人的安全。"

达奚抱晖见李泌进城后，军心已经稳定，都想顺服朝廷，自己再想制造混乱已不可能。况且李泌饶恕了自己毒杀节度使的大罪，自己得以活命，也算是意外之喜了。达奚抱晖不敢有所侥幸，急匆匆悄悄地逃走了，改名换姓隐居他乡，也没人知道他最后的下落。

达奚抱晖所联系的外援——李怀光的部将达奚小俊领兵进入陕州地界，听说李泌已进入陕城，便知进也无功，又原路返回了。

【解读】

安史之乱以后，由于皇上信用宦官，大将有功不赏反而被诛，败将或反而升官，功与罪专视贿不贿赂宦官而定。大将们往往被迫造反，或拥兵自保。为了使将士们从命，又不得不用重赏来笼络人心，逐渐形成了兵骄将悍的风气。

后来将士们往往因赏赐薄而杀主帅，另换一位自己喜欢的大将做主帅。朝廷连年用兵，也极为艰苦，对哗变的将士百般容忍姑息，一军之中将士们推举谁，朝廷便任命谁做主帅，不敢稍有违背，虽然民主，权力却已不归朝廷了，后来的藩镇割据便起因于此。

达奚抱晖毒杀主帅,自立为主,在当时并不新鲜。如果不是陕州地处水陆要冲、朝廷贡赋运输必经之处,德宗大概也索性任达奚抱晖为帅了。

李泌要求单骑赴任,看似胆大,却是经过缜密的分析推理,因此握有完全的胜算。

他认为陕州不像其他的藩镇一贯和朝廷作对,军中哗变只是达奚抱晖一人作乱,其他人不得不随从而已,军心并未依附抱晖。假如快速赶到,收敛人心,抱晖如鱼脱水,想作乱也没有力量了。如果派官军护送,陕州人害怕被治罪,必然为自保而与官军作战,是本来不反倒要逼着他反了,即便最后能讨平,也要多费许多手脚。

李泌到了中途,抱晖的部将便私自出城迎接,李泌便知人心尚可挽回,所以他以督运军饷为名,安抚众心,即使抱晖不起疑心,又使军中人人安定。

待到众心稳定后,李泌便申明利害,驱逐抱晖。抱晖见人心已归附李泌,自己孤家寡人,只得抱头鼠窜。

历来对乱军的处置方法无非是能讨则用大兵征讨,不能讨便听之任之。李泌之所以能单骑戡平乱军,首要原因是没有让官军护送,自己任的又是转运使,似乎与乱军无关,这才能进入陕州城。而朝廷官员一到,军中将士就有了依附,抱晖想挑动将士造反也无人随从了。另一个原因则是当机立断,到达神速。抱晖只是希望朝廷授给自己节度使的职务,还不想和朝廷彻底决裂,犹豫不决之际,已被李泌挫败了奸谋。

李泌对抱晖逐而不杀,也很高明。如果杀了抱晖,其他将领便会人人自危,浮言一起,人心思乱,大事又将去矣。

【原文】

至若万马奔腾、千军围攻,我困孤城,勇既不敌,力不相侔,惟谋惟晦,可以全功。

【译文】

如果敌人以千军万马围困我于孤城之中,勇猛比不上敌人,实力又相差悬殊,此时便只有用谋晦的手段来保全自己并建立功业了。

【事典】

铁铉借灵守城

燕王朱棣起兵,建文帝所派的主帅李景隆先败于白沟河,复败于德州,又在济南城下与燕军作战,大败而逃,朱棣便乘胜包围了济南。

山东参政铁铉随军监督粮草,便和参将盛庸固守济南城。

济南城墙既高又厚,不易攻破。朱棣为了保存有生力量与朝廷抗衡,一般见到防守坚固的城池都弃而不攻,以免过多地损耗实力。他认为济南是南北通道的中心，一旦攻下济南城，就可以划疆固守北方，能有一个稳固的根据地，所以他指挥士兵，昼夜攻城，又用河水灌城，势头极为凶猛。

铁铉指挥民众拼死抵御，城虽未被攻破，情势也极为危急，便派人到城外诈降。

朱棣大喜，燕军也都高呼万岁。

铁铉却安排壮士安守在城墙上，在城门上用绳索吊起一块大铁板，约好等燕王一入城门，便放下铁板砸死燕王。又派人把守吊桥，让他们等燕王入城，便斩断吊桥，阻截燕军入城。

这面计谋安排妥当，朱棣却懵然无知。第二天早上，他脱下盔甲，换上亲王的冠服，排出全副仪仗，吹吹打打，耀武扬威地进城，准备接管济南。

朱棣一入城门，几名壮士心里发慌。铁板放早了一刹那，只砸断了朱棣坐骑的马头，没砸到朱棣本人。

朱棣见状，便知有诈，跌落下马后，换了一匹马便向回逃，把守吊桥的士兵居然吓傻了，没有及时斩断吊桥，朱棣才得以逃回军中。

朱棣恼羞成怒，下令加紧攻城，又调来火炮轰击城墙，非拿下济南城洗雪耻辱不可。

城墙虽厚，也难以抵挡火炮的轰击，一旦城墙被毁，城池也就被攻破了。

铁铉又心生一计，在一块大白木牌上写道：太祖高皇帝之灵，让士兵高举灵牌，立于城墙之上。

朱棣蓦然见到父皇的灵位，大惊失色，拜伏在地，叩头不止，又传令军中不许放炮轰城，以免误伤父皇灵位。

铁铉借机修补城墙，全力防守，燕军虽然仍猛力攻城，但无火炮辅助，士气减弱不少。围攻济南三个多月，也未能进城一步。

此时大将平安率兵二十万，要攻打德州，切断燕军的粮饷通道，朱棣见势不妙，只好忍痛放弃济南，撤回北平。

【解读】

朱棣自起兵以来，几乎百战百胜，军威未曾受挫，却惨败于济南城下。

铁铉诈降诱骗朱棣进城，是官军四年平燕战役中唯一一次可以除去朱棣的良机，朱棣一死，战事也就终止了。"惜乎其不中！"

铁铉又假借朱元璋的灵牌阻止燕军以大炮攻城，更是出人意料的妙举。

朱棣起兵与侄子争夺皇位，心里一定会觉得愧对父亲，因为建文帝是朱元璋生前就确立的合法继承人。他起兵造反，虽说是迫不得已，但也和朱元璋的意旨违背。所以他一见到灵牌，就惊慌失措，拜伏在地，不敢仰视，这正是他心里的罪恶感在起作用。

朱棣率十几万人连破李景隆的百万大军，却死攻一济南城不下。铁铉的防御手段固然高明，但这道祭出的灵牌才是挽救济南城的关键所在。

因为朱棣一攻城就会见到父皇灵牌，攻城之志已被无形中夺去。旷日持久，燕军的士气也逐渐消磨殆尽，各种攻城手段均被铁铉巧妙破解，士气也萎靡不振。

主帅被夺志,三军被夺气,这正是李景隆率百万大军每战必败的原因。风水流转得也快,朱棣屡胜之后,在济南城下也因此故而无功。

朱棣惧怕朱元璋的灵牌也表现了他一生中对朱元璋的负罪感。他夺取南京,登上帝位后,便大修北平城,排除众议迁都北平,表面上是为了更好地防范蒙古部落的侵入,实际上是因为朱元璋的灵寝在南京,他在南京就会感到不自在。未迁都之前,他也总是留太子在南京监国,自己却回北平居住。考察他一生行迹,在北平十分有九,在南京十分才一而已。

朱棣死后更是要葬在北平,却不回南京陪他的父亲,是死后也不敢去见父皇。他的子孙后代倒是个个陪着他,也就是现在的十三陵,这样便把开国君主一个人孤零零地扔在南京了。

朱棣的这种心理一般人很难猜得到,铁铉不仅猜到而且加以利用,才能用块白木牌抵御住了万马千军。

谋晦卷第四(下)

【原文】

晦者忌名也,以名近明,有亢上有悔之虞。

【译文】

谋晦最忌讳的是过高的名声,因为美名近于"明"这种状态,名声过高会有无形的威权,而使居于上位者不安,这样就有折损颠仆的危险了。

【事典】

卫青不立威名

卫青因姐姐卫皇后受宠于汉武帝,被任命为大将军,封长平侯,率大兵攻打匈奴。

右将军苏建在与匈奴作战中全军覆没,单身逃回,按军律当斩。

卫青问长史、议郎等属官:"苏建应当如何处置?"

议郎周霸说:"大将军出兵以来,从未斩过一名偏将小校,如今苏建弃军逃回,正可斩苏建的头,来立大将军之威。"

卫青说:"我因是皇上的亲戚而带兵出塞,并不怕立不起军法的威严,你劝说我杀人立威,却失掉了做臣子的本分。我的权限虽可以斩杀大将,然而我把专杀大将的权力还给皇上,让皇上来决定是否诛杀,来显示我虽在境外,受皇上尊宠,却不敢专权杀将,这不是更好吗?"听了卫青的话,属官们都钦佩地说:"大将军高见,属下

国学经典文库 智慧谋略全书 韬晦术 图文珍藏版

等万万不及。"

卫青便派人把苏建押回长安,汉武帝怜惜其才,并未杀他,让他出钱赎罪,而对卫青的处置大为满意。

苏建后来又跟随卫青出塞攻打匈奴,他劝卫青说:"大将军的地位是至尊至重了,可是天下的贤士名人却没人夸赞传扬您的威名。古时的名将都向朝廷推荐贤良才能之士,自己的名声也传遍四海,希望大将军能学习古时名将的做法。"

卫青摇头说:"你只知其一,不知其二。自从武安侯田蚡、魏其侯窦婴各自招揽宾客结成朋党以颂扬自己的名声以来,皇上常常恨得咬牙切齿。亲近贤士名人,进用贤良贬黜不肖,这都是皇上的权柄,我做臣子的,只知道遵守国法,履行自己的职责而已。"

汉武帝宠爱卫青特甚,命令群臣见到卫青都要行跪拜礼,以显示大将军的尊贵。

群臣都不敢抗旨,见到卫青无不匍匐礼拜,只有主爵都尉汲黯见到卫青依然行平揖礼。有人好意劝汲黯:"对大将军行跪拜礼乃是皇上的意思,您这样做不怕皇上恼怒吗?"

汲黯昂然道:"跪拜大将军的多了,多我一个不多,少我一个不少。难道说大将军有一个平礼相交的朋友,就不尊贵了吗?"

卫青听说后,非常高兴,登门拜访汲黯,谦虚地说:"久仰大人威名,一直没有机会和大人结交,今幸大人看得起,请您把我当您的朋友吧!"

汲黯见他态度诚恳,不以富贵骄人,便破例地交了这个朋友,卫青以后凡有疑难问题,都虚心向汲黯请教。

汉武帝很欣赏卫青的谦逊,也就不计较汲黯的抗礼了,对卫青的宠爱始终不衰。

【解读】

俗话说:"礼多人不厌。"礼多固然有虚伪的嫌疑,也确实没人讨厌,相反无论多么贤明、正直的人,你天天挑他的毛病,指责他的过失,他也会忍受不了;而马屁只要拍得准,拍得妙,什么人都会堕入其中而不觉,把你当成大大的好人。古有"金钱万能"论,实际上马屁也是万能的,偶尔失灵,只是技术不过关而已。

卫青身为主帅,不擅杀违犯军法的大将,不向朝廷推荐贤良,把皇上赋予他的权力又谦虚地还给皇上,既是养晦,也是在拍皇上的马屁,意思是说我不敢侵夺您的权力,还是您自己来行使吧!汉武帝果然被拍得晕乎乎的。

古来大将出征,为了让将士不敢违犯军令,往往要杀人立威,有时固然是为严肃军法,有时却仅仅是显示自己"执法如山"。无论怎样,对确立军法的严肃性都是必需和有效的。

然而皇上虽然赋予主帅这一权力,却未必都喜欢大将使用这一权力,因为这容易造成将士畏惧主帅甚于畏惧天子的局面,这已构成军事政变的基本要素。

清朝的大将军年羹尧倚仗雍正对他的宠爱,把主帅的权力发挥得淋漓尽致。

每次大军出征回来，年羹尧便坐在帅帐中，集合将领们，查看功过簿，有功的马上给予赏赐，几品几品的冠带就在他身边，立刻让有功的将领换上，升官可谓神速；而有过的将领，宣布完罪状后，也是马上拉出帐外斩首，连个缓期执行的机会都不给留。所以众将和士兵们见到年羹尧如见阎王，无不吓得两腿发抖，年羹尧一声令下，即便是赴汤蹈火也在所不辞，不敢稍有懈怠。

不过将士们还是愿意追随年羹尧，虽然脑袋掉得快，升官也快，毕竟后者的概率要大一些。

年羹尧能百战百胜也是因此原因。

然而雍正却忍受不了，因为军队只听年羹尧的，他已失去控制权，于是他便先削了年羹尧的兵权，然后赐死。

许多皇帝宁肯削弱军队的战斗力，使用文臣、宦官制约大将，或使用平庸无能的将领，也不重用有才能又受将士拥戴的大将，这也是由于上述原因。权力绝不能下放，放了也不允许你使用！

向朝廷推荐有才能的人，本来是件好事，但也有其弊病。身居高位的人向皇上推荐人做官，皇上不忍心驳他的面子，即便认为不妥，也会委曲听从。而被推荐的人往往会感激推荐者而不感激皇上，久而久之便会形成私人小集团，与皇权对抗，这也是皇帝最忌讳的。

不擅权，不荐士，谦恭好礼，这都是些小事，卫青却善于在这些小事上做文章，深谙古人"防微杜渐"的妙理，小事犹防，还会有大事吗？所以卫青能始终得到汉武帝的尊宠和信任。

看来谋晦之道并不难，也不需要做太大的事，只要事事注意，事事小心，就可以与灾祸越来越远。

【原文】

负君子之重名，偶行小人之事，斯亦谋晦之道也。

【译文】

假如已背上正人君子的名声，并且名望很高，偶尔做一件不伤大雅的小人做的事，这也是谋晦的一种手段。

【事典】

崔暹的小人之举

东魏末年，政治风气败坏，大臣们多数贪污受贿。东魏的权臣高欢也很想澄清一下吏治，可是为首的太保孙腾、尚书令司马子如等人都是高欢的布衣旧交，素来执掌朝政。高欢不忍心下手惩处他们，便任命儿子高澄为大将军领中书监，并把朝政都转移到中书，借高澄的手来惩处这些贪污的权贵。

高澄任命吏部郎崔暹为御史中尉，崔暹明白高欢父子的意思，便纠举弹劾，既不避权贵，又不遗余力。他上书弹劾尚书令司马子如、太师咸阳王元坦以及并州刺史可朱浑道元等人贪污受贿的罪状，极尽抨击之能事。

高澄便顺势把这些人逮捕入狱，免官的免官，处死的处死，流放的流放，波及极广，吏治为之一清。崔暹因此名震天下，也得到了正人君子的美名。

东魏高阳王元斌有个异母妹妹元玉仪，风流放荡，不守妇道。高阳王一家都很嫌弃她，因此无人敢娶。后来她无奈之下竟给孙腾做了家妓，又被孙腾抛弃，淫声远播。

大将军高澄有一天在路上遇见元玉仪，一眼就看中了，便收纳为妾。浪子荡妇一经遇合，正是各得其所宜。

高澄极为宠爱元玉仪，便凭借自己的权力封玉仪为琅邪公主。高澄深知元玉仪名声不雅，自己收她为妾已属不妥，又封为公主更是有碍观瞻。他担心崔暹会像弹劾那些权贵一样对自己毫不留情，直言劝谏，自己也要大为难堪，便对崔暹的叔父崔季舒说："崔暹知道此事后，一定会向我直言劝谏，我也有办法对付他。"

等崔暹进来奏事，高澄一改往日对他的礼貌，板紧面孔，一点也不给他好脸色看。高澄虽先给他个下马威，心里却也忐忑不安。

崔暹却一字不提此事。过了三天，崔暹又进来请示，忽然从袖中掉下来一张拜访客人用的名刺。

高澄奇怪地问道："你要去拜访谁啊？"

崔暹故作惶恐的神态说："我还没能见到公主。"

高澄大喜，握住崔暹的手臂，直接把他领入公主房中，宾主畅谈极欢。

崔季舒对别人既埋怨又佩服地说："崔暹常常恨我奸佞，在大将军面前，总是说他叔父我该杀，等到他自己做起这些事来，比我在行多了。"

【解读】

崔暹一生所为，基本上还无愧于"君子"二字，尤其在御史中尉任上，弹劾贪污的权贵高官，除高欢父子外无一漏网，对于严肃国法、澄清吏治都是有重大贡献的。

然而人无完人，君子也未必事事处处皆君子。高澄自己做了不雅的事，以为崔暹一定不会放过自己。崔暹向朝廷弹劾当然不可能，因为朝廷大权就在自己手中，然而被他那张利口说上一顿，也够自己脸红心跳的了，所以心里也很畏惧。

孰料崔暹不仅不劝谏，反而主动要求拜见公主，高澄喜出望外，对崔暹更为宠信了。

其实崔暹明白自己的一切都是高澄父子给的，谁都可以得罪，只有这两人得罪不得。两人中高澄尤其得罪不得，否则不是名声的问题，而是命有没有的事了。

崔季舒慨叹崔暹比他还奸佞，其实君子未必不懂小人之道，只是自顾身份和道德纲常，不屑于去做而已，真要做起来，确实比小人还有水平，盖因君子通常总比小人有才也。

君子偶尔也会有小人之举，小人有时也会表现出君子风度，但这却改变不了君子、小人的本质。因为判别君子、小人要从大体上来看,要从大节、大义上来界定,所以崔暹不失为君子,而崔季舒终归是奸佞小人。

【原文】

己所不欲,拂逆则伤人之情,不若引人入晦,同晦则同欲,无逆意之患矣。

【译文】

自己所不愿意的事,强行反对拒绝会损伤别人的感情,不如引别人进入自己的"晦"的状态中,位置相同心意也会相同,就没有这些麻烦了。

【事典】

朱温之妻巧言救人

五代时期,朱温和兖州刺史朱瑾、郓州刺史朱瑄两兄弟的关系原本不错。朱温曾和朱氏兄弟结成同盟消灭了军阀秦宗权,因为是同姓,便结为兄弟。

朱瑾、朱瑄见朱温大梁的士兵精壮勇猛,便在两方交界处用金银诱惑大梁士兵逃奔到自己这面来。

朱温本就想吞并兖、郓二州,只因曾经和朱氏兄弟结过盟,不好意思翻脸,便以此事为借口,发兵攻打兖、郓二州。他不仅尽占二州之地,还得到了朱瑾的妻子,以他的好色如命,自然要占为己有,便带回大梁。

朱温的妻子张夫人贤惠又有智谋,听说此事后便主动去迎接。

见到朱瑾的妻子后,张夫人拉着她的手,哭道:"兖、郓二州和我家司空本是同姓,又约为兄弟,他们兄弟因为一点点小事大动干戈,让姐姐落到这步田地。如果有一天汴梁被别人攻破,我也和姐姐一样的下场了。"

朱温听后,心里也倍感凄凉,便不忍心霸占朱瑾的妻子,只让她出家为尼。张夫人一直供给她的衣食,不使有缺。

朱温

国学经典文库

智慧谋略全书

韬晦术

图文珍藏版

【解读】

朱温残忍暴虐,又好色如命乃至禽兽不如,这样的人也会得天下,真是没有天理。

朱温只怕一人,就是他的夫人张氏,不但家中的事全听张夫人的,就是行军打仗的事也每每征询夫人的意见。有时已率大军出征,张夫人派名信使追上他,让他回师,朱温想也不想,立刻回转。

嫉妒是女人的天性,而古时女人的三从四德中却以不嫉妒为一种美德,这也和给女人裹足一样,是一种违反人类自然本性的"美德"。

张夫人即便兼备三从四德,也不会不嫉妒,更不会愿意自己的丈夫今天抢人家的媳妇,明天霸占人家的妻子,但如果强行拦阻,效果未必好,说不定适得其反,而自己也会有"妒忌"的名声。

张夫人从同情朱瑾之妻的遭遇到联想自己他日可能会有的下场,实际是在告诉朱温:你不过是侥幸打了胜仗,便霸占人家的妻子当玩物。如果有一天你败了,你的老婆也一样会被人家抢去当玩物。

朱温想到这一层,悚然大惊,心里也一定很不是滋味,即便霸占了朱瑾的妻子也不会有乐趣可言。因为每次只要朱温看到她,都会想到自己的老婆也可能被别人这样玩弄,气也要气疯了,所以便送朱瑾之妻到尼姑庵出家,算是保全了她的贞节。

"家有贤妻,男儿不做横事。"可惜张夫人死得早,朱温全然没了管束,坏事做绝,终于死在自己儿子的刀下,也算是天理昭彰了。

【原文】

人欲无厌,拒之则害生,从之则损己,姑且损己从人,继而尽攘为己有。

【译文】

人的欲望是没有止境的,拒绝就会有祸患发生,顺从又会损害自己,而先损自己来满足他人,然后就可以把他人所有也都占为己有。

【事典】

冒顿寸土不让

冒顿是匈奴单于头曼的太子,头曼后来又喜爱别的妻子生的小儿子,想废掉冒顿而立小儿子为太子。冒顿便杀掉头曼,自立为单于。

当时东胡强盛,听说冒顿弑父自立,内部形势不稳定,便乘机挑衅,派使者到冒顿那里,索要头曼的一匹千里马。

冒顿问左右大臣,大臣们都说:"千里马是匈奴的宝马,绝不能送给他。"

冒顿沉吟着说："东胡索要千里马不过是个借口，假如我们不给，他就有理由攻打我们，就要发生战争。"

左右大臣都攘臂愤慨地说："宁可和他们一拼生死，也绝不可示弱送马。"

冒顿说："打起仗来就要损失几千几万匹马了，人会死得更多，不值得为了一匹千里马付出如此大的代价，况且都是邻国，在乎一匹千里马也显得过于小气。"

冒顿便派人把千里马送给东胡。

过了不久，东胡又派人来索要单于的一个阏氏（单于的妻子称为阏氏），冒顿又问左右大臣。

左右大臣都义愤填膺，说："东胡太没有道义了，竟敢索要阏氏，是可忍，孰不可忍，请您下令发兵攻打他。"

冒顿说："为了一名女子和邻国大动干戈，损失人马牲畜无数，太不值得了，况且和人家邻国友好，何必吝惜一名女子。"便又把东胡索要的阏氏送了出去。

东胡王见所求辄获，意气骄横，根本瞧不起冒顿单于，又派使者见冒顿，说："你我两国边境之间有块空地，有一千多里，你匈奴也到不了那里，把这块地送给我吧！"

冒顿又问左右大臣该如何。

左右大臣们说："这本来就是块无用的土地，给他也可以，不给也可以。"

冒顿闻言大怒，说道："土地是国家的根本，怎么能把土地送给别人？"

凡是说可以把地给东胡的大臣都被他斩首了。冒顿紧接着下令国中，集中兵马，有敢迟到者一律斩首，然后亲率大军袭击东胡。

东胡素来轻视匈奴，全然不加防备。冒顿一举消灭了东胡，把东胡的百姓和牲畜占为己有。

【解读】

冒顿弑父自立，虽属自保，也显露出他凶猛残忍的天性。然而面对东胡的无理要求，他却一忍再忍，而且忍常人所不能忍，这是因为他要成就常人所不能成就的事业。

当时东胡最为强大，东胡敢于提出无理至极的要求也是倚仗自己的实力，索要千里马和阏氏不过是想挑起事端，以便自己出师有名。假如此时冒顿不答应请求，正式开战，一定占不到上风。

冒顿偏偏都忍住了，要马给马，要人给人，就是不给你开战的理由。另外，也以谦卑懦弱的姿态达到骄敌、愚敌、痹敌的目的，同时用所受到的耻辱来激发国内斗士的血性。"知耻近乎勇"，耻辱常常会增强斗志。

东胡见所求无不获，心满意足，既不把匈奴放在眼里，也不屑于出兵攻打了，却不知"骄兵必败"，在表面的胜利中，已经输掉了最关键的战争要素。

匈奴是游牧民族，逐水草而生存，视马为最重要的宝物。冒顿连千里马和心爱的女人都舍得拱手送出，按说一块无用的废地更没什么舍不得的，因为没有水草的土地对游牧民族而言是块废弃的土地。

东胡王如此想，也就漫不经心地索要，根本没有想到有战争的可能，也根本不作防范。

匈奴的大臣们也是如此想，所以有人满不在乎地说可以给，谨慎些的人说不给也可，其实都没当作一回事。

冒顿却以此为契机，要向东胡开战。其实也不是这块土地真的有那么重要，而是战争的最佳时机已到。

前两次东胡都有充足的准备和精心的防范，而此次东胡已骄，又无戒备，正是予以沉重打击的好时机。

而己方经过东胡两次无理挑衅，将士们无不血脉偾张，斗志高昂，如果长期不战，斗志也会有所减弱。

冒顿看准的正是这两点，所以才能出其不意，一举消灭强敌。匈奴自从遭受秦始皇打击以后，到冒顿手里才又重新强大起来，成为西汉王朝最大的敌人。

冒顿一定没有读过《孙子兵法》，然而观其行事，无一不与兵法合。骄敌、痹敌、愚敌，鼓舞己方斗志，出敌不意，攻敌无备，无一不是兵法中的精髓，而赵括之流熟读兵法的人却往往不能正确使用兵法，丧师殒命为后世笑。历史上有的是这种例子：不读兵法的人善用兵法，熟读兵法的人背离兵法。那么是读兵法好还是不读兵法好呢？真是桩糊涂公案。

【原文】

居众所必争之地，谋晦以全身，谋晦以建功，此又谋晦之大者也。

【译文】

身处大家都想要抢夺的位置，通过谋晦的手段来保全自身，通过谋晦的手段来建功立业，这才是谋晦的大家。

【事典】

刘晏左右逢源

唐德宗时，刘晏一手掌管全国的赋税收入和各地的转运工作，权重财雄，许多权贵大臣看着也很眼热，便推荐自己的子弟到他那里工作，都想分一杯羹。

刘晏一时犯了难，他知道这些权贵一个也招惹不起，否则用不上三天，自己就会被流放到边远蛮荒地区，杀头抄家也不是不可能的事。然而如果答应了这些人的要求，收下他们的子弟，委任官职，这些膏粱子弟根本不懂财政工作，自己指挥他们也不灵，到头来搞得一塌糊涂，承担罪责的还是自己，真是左右都难以得好的事。

他苦思冥想多日，终于想出一个两全其美的方法。凡是推荐来的权贵子弟，他都照单全收，委任要职，却不分配给他们任何实际工作，所有的事务依然由自己精心挑选的官吏来做。

这些膏粱子弟既有官位、丰厚的薪水，又不必做繁冗细碎的财务工作，还可以积累自己升官的资历，个个乐不可支。权贵们也都认为刘晏很给面子，对刘晏的工作也都大力支持。

刘晏手下那些做实际事务的官吏都不是由正途出身，本来也不可能升到高官，只要有丰厚的奖金，对官职根本不在乎。

刘晏便用官位满足权贵们，用钱来满足手下的人。这样一来，他在工作中便左右逢源，不受牵制。

【解读】

刘晏是中国历史上最杰出的理财家，可谓前无古人，后无来者。

刘晏理财的政绩最为突出，事迹也很多，这里暂且不论。然而他之所以能有如此突出的理财政绩，固然是因为他非凡的理财才能，更重要的是他为自己营造了一个非常和睦的人事环境。

在中国封建社会里，仕途是否顺达，官运是否亨通，乃至于有多大的政绩，实际上并不取决于你有多大的才能，而在于你是否有良好的人事关系。

如果没有良好的人事关系，你纵有通天的才能，被弃而不用，也不过与草木同朽。或者才如李白，叫你去上阵杀敌；勇如虎贲，却叫你去舞文弄墨，如此一来，一定连普通人都不如。

所以，既要有才能，又要有良好的人事关系，才能得到合适的位置，发挥出自己的才能，创造出非凡的成绩，可谓"万事以人为本"。空喊着"天生我材必有用"的李白到头来终无所用，郁郁而终，根本原因就在于他忽视了"人"。

刘晏自小即是神童，九岁便在朝中任秘书正字，对官场的一切耳濡目染，早已熟稔于心，为自己以后的仕途积累了宝贵的经验。

刘晏掌管全国财政几近二十年，一个人能在如此炙手可热、人人想夺的职位上停留如此长的时间，在倾轧激烈的封建官场上是难以想象的。刘晏能够如此，全在于他与上下左右的人事关系都很融洽，人人都从他那里得到自己所需要的，也都愿意他留在这个职位上。

刘晏既满足了各方的需求，又从不违反原则，巧为变通而已。基于此，又在财政上创造出非凡的政绩，这几乎只能是想象中的事，刘晏却身体力行地做到了。

这不仅仅是刘晏才能高，也是他心思灵活，不迂腐呆板，善于变通，才能八面玲珑，事事尽善。如同岳武穆用兵，妙用其心而已。

诈晦第五

【原文】

诈虽恶名，亦属奇谋。

【译文】

诡诈虽然是不好听的名词，却也是可以出奇制胜的谋略。

【事典】

朱元璋的心声

朱元璋打败陈友谅、张士诚，定鼎南京，建号称帝，由刘伯温亲自选定风水宝地，开工兴建宫殿。

朱元璋住进建好的皇宫后，没事便到处走走，熟悉一下环境。

一天，他走到一间刚完工的大殿里，看着雕梁画栋，金碧辉煌，回想自己当年当和尚的情景，不禁感慨丛生，四下顾望无人，便信口把心中所想说了出来：

"唉，我当年不过为饥寒所迫，想当个盗贼，沿江抢掠些金银财物而已，哪承想能有今日这番气象。"

说完后，他仰面观看棚壁，却吓了一跳。原来有一个漆匠正在一个大梁上做最后的油漆工作，由于梁木宽大，朱元璋先前竟没发现他。

朱元璋马上意识到自己一时冲动失言，一番只能藏在心底、不能让任何人知道的真实想法可能都落入这名漆匠耳中了。如果不杀人灭口，势必会传扬得四海皆知，那可是丢人丢脸又不利于自己以天命愚弄百姓的大事。

他开口让那名漆匠下来，连喊了几遍，漆匠却充耳不闻，继续慢条斯理地做着手中的活。朱元璋大怒，加大了音量喊，那名漆匠仿佛才听到声音，忙下来跪在朱元璋面前，叩头说："小人不知陛下驾到，没有及时避开，冒犯了陛下，请陛下恕罪。"

朱元璋怒声道："你耳聋了怎的？我叫了你几遍你都不下来？"

漆匠叩头说："陛下真是英明皇帝，连小人耳朵聋都一看就知道，陛下圣明，也是小人和万民的莫大福分。"

朱元璋生性多疑，但看漆匠脸上神色并无太大变化，心想他骤然听到这样大的秘密，自然知道厉害，即使没有吓得掉下来，也会面如土色，不会如此平静，看来他真是个聋子。

也因为朱元璋此时心情好,又见漆匠为自己的宫殿做活做得不错,且很会说话,便摆摆手让他继续干活去了。

这名漆匠当晚找个借口逃出皇宫,连夜逃回了老家,携带家小躲避他乡。而朱元璋后来因为国事繁忙,根本记不得这件事了。

【解读】

其实不仅是朱元璋,几乎所有的农民起义最开始都不过是被饥寒压迫所致,反是死,不反更没活路,所以宁肯造反来求活路。这类起义根本谈不上有什么为国为民、解救苍生的远大政治抱负。

朱元璋起义后,势力越来越大,军队越来越多,占的地盘也越来越广。他找来地图一看,全国的地方已被自己占得差不多了,完全可以当皇帝了,这时才恍然大悟:原来帝王也没什么天命,我这样的人也完全可以做。

朱元璋当了皇帝,统一四海后,偶尔回想自己当年最落魄时求一顿饱饭都不可得,如今却富有天下,贵为天子,一定也会感到啼笑皆非吧!

朱元璋当初为了有口饭吃,出家当了和尚,可惜连年兵荒马乱,又赶上了大饥荒,和尚也没得饭吃,只好又去从军,跑来跑去也不过为了有口饭吃而已。假如他当和尚时有三顿青菜豆腐可吃,到老也不过是个担水劈柴的粗笨和尚,根本谈不上建立什么大明王朝。

伟人有时也是"饿"出来的,这也算是读历史的一条新发现吧!

那名漆匠的才能或许并不比朱元璋差,观其骤闻天大的秘密却不惊不慌,真有"泰山崩于前而色不变"的大将风度,马上又想到用耳聋来保护自己,这份机智也是人所难及。面对朱元璋的盛怒,漆匠巧拍马屁,使其转怒为喜,饶了自己一命,又显示出非凡的口才。

至少在这一番较量中,漆匠获胜了。假如由他建立一个什么王朝,也未必不可能,也许是他生的地方好,没有朱元璋饿得厉害,所以他只能是名漆匠!

【原文】

孙子曰:"兵不厌诈。"施之于常时,人亦难防。

【译文】

孙子兵法上说:"兵不厌诈。"就是在平常时候施展出来,人也是很难防范的。

【事典】

称帝自娱的刘守光

刘仁恭、刘守光父子占据燕地(今北京一带),刘守光因和父亲的爱妾私通,被父亲责打一顿,赶出家门。

刘守光趁大梁朱温派兵攻打幽州，刘仁恭没有防备，形势混乱之际，率兵回援，赶走了梁将，占据了幽州。他把父亲刘仁恭囚禁起来，又杀了前来争夺权位的哥哥刘守文。

刘守光囚父杀兄，大权在握，便骄横不可一世。当时后梁朱温和太原李存勖之间正展开生死决战，没有力量顾及刘守光，幽州倒是太平无事。

刘守光自以为实力强大，便派使者到太原去见晋王李存勖，要求河朔各藩镇拥戴他做河朔元帅。

晋王李存勖见信大怒，便要发兵攻打幽州，他手下大将劝道："刘守光恶贯满盈，不久就要被灭族了，姑且表面推尊他，让他安稳些。"

李存勖转念一想又觉得好笑，何况正全力与后梁周旋，实在抽调不出部队教训刘守光，便和镇州节度使王镕、定州节度使王处直联名上表，推尊刘守光为尚父、河朔元帅。

刘守光以为三镇畏惧自己，愈发狂妄，又向后梁太祖朱温要求河北都统的官职。朱温也知道刘守光既愚蠢又狂妄，不值得和他较真，出于和李存勖同样的目的，便任命他为河北采访使，为了显得正式些，还派使者去册封。

刘守光让手下草拟了一份受封尚父、采访使的礼仪表，他的手下知道主子狂妄又不学无术，便拿出唐朝册封太尉的礼仪表献上，好满足他的自大欲望。

刘守光看后，奇怪地问："这里怎么没有郊天改元的事项？"

他的手下耐心解释说："郊天和改元都是皇上才能有的事项，尚父虽然能至尊至贵，毕竟还是臣子，哪能有郊天、改元的事。"

刘守光大怒，把礼仪表文扔到地上，说道："天下大乱，豪杰争抢，朱温、杨谓、王建、李茂贞哪一个不是在自己占据的地方称帝建号，他们兵马没有我强，又天天打仗。我大燕地方有两千里，战士有三十万，边境无事，境内安定，我要做河北的天子，谁能禁止我？尚父有什么值得做的。"

他不顾手下劝阻，索性自称为大燕皇帝，行郊天大礼，改元应天，足足过了一把瘾。

晋王李存勖知道后，既惊愕又好笑。他回太原告诉监军张承业，张承业也忍俊不禁，说："恶不积不足以灭身，老子说'如果要抢他的，就要先给他。'刘守光如此猖獗，马上就要灭亡了，咱们派个使者去祝贺一下，愚弄一下他，让他再骄傲些，咱们就可以把他定的鼎抢回来了。"

李存勖依言照办。

刘守光八月份称帝，李存勖在十二月份便派大将周德威率精兵三万攻打大燕，仅用两年时间便扫平全燕，生擒刘守光父子，斩于太庙。

【解读】

王朔先生著名的小说《过把瘾就死》，用在刘守光身上倒恰如其分。

西汉初年，南越王赵佗在南越称帝，对前来责问的汉使说："吾闲来无事，称帝以自娱耳。"令人瞠目结舌，原来称帝还有消遣娱乐的功能。

刘守光之称帝,其实和赵佗一样,都是关起门来封王,自娱自乐而已。况且他声称要做河朔天子,而不是四海天下的天子,看来他的狂妄还有很大的局限性。

刘守光所说朱温、杨谓、王建等人的情况也是实情,五代时期就是这样,只要有十七八个人,七八把刀,再占领一座四面透风的土城,就敢立地称王。当然,王得快,"亡"得也快。

晋王李存勖当时正全力攻打后梁朱温,根本腾不出手来招呼刘守光,所以对刘守光要求尊为尚父这样狂妄得出格的事也答应照办:一是让他骄傲些;二是免得他在自己背后捣乱,拖自己的后腿,用的也是愚敌、骄敌之策。一到与后梁的战局有所缓和,李存勖便马上派兵扫平大燕,清除自己身后的祸患,这对他以后能毫无后顾之忧地对后梁决战有极为重要的意义。

要对付一个人,就要先想法让他骄傲;一个人骄傲起来就会变得很愚蠢,一个既骄傲又愚蠢的人还有什么难以打倒的吗?

【原文】

运诈得理,可以成晦焉。

【译文】

运用诈术只要合理适当,也可以达成"晦"这种状态。

【事典】

杨行密"盲眼"平叛

杨行密是安徽合肥人,以盗贼起家,后又从军,趁唐朝末年天下大乱之际,逐渐壮大势力,占据了淮南全境,自称吴王。

杨行密的部将田頵在外打了胜仗,回来向杨行密报捷。吴王府中的将领以为田頵一定抢了许多金银财宝,都向他索求贿赂,田頵很生气,却也无奈。更为可气的是,一名狱吏也向他伸手要贿赂。

田頵大怒道:"难道狱吏预先知道我要入狱了,来向我收取贿赂?"他向杨行密汇报完事情后,径自出城,指着城门说:"我绝不再踏入此门。"回到防地后,便领兵造反。

杨行密的内弟朱延寿将兵在外,因杨行密瞧不起他,总是欺负侮辱他,便暗中和田頵通谋,要里应外合,杀掉杨行密。

杨行密知道田頵不过是外患,朱延寿却是心腹大患,自己又无法夺取他的军队,惊恐不安,便和自己的卫队统领徐温商量。

徐温也没什么办法,便回家求教自己的宾客严可求,严可求为他出了个主意。徐温把这个主意告诉杨行密后,杨行密由于实在想不出别的办法,只好依计而行。

他先是佯装头疼眼花,然后便声称看不清东西。朱延寿知道后,唯恐有诈,便派使者到王府中,假称奏事,实则是试探虚实。

杨行密看到张三便说是李四,看到李四便喊王五,使者们回到军中都说吴王眼睛确实是瞎了。

朱延寿依然不敢相信,他写信给姐姐朱夫人,让她设法查清杨行密是否装瞎。

府中的奴婢们听说主人的眼睛看不见东西了,便开始偷东西的偷东西,偷懒的偷懒,朱夫人也不禁止,倒用此来试探杨行密。

杨行密每天跌跌撞撞,不是撞在柱子上,就是撞在门上,头撞得伤痕累累。他看到奴婢们胡作非为,更是恍如不见,朱夫人也依然不敢深信。

杨行密有名爱妾,早和一个俊仆有情,只是一直没有机会。她倒是相信杨行密是双目皆盲了,便在杨行密眼前与仆人亲亲热热,卿卿我我。她看杨行密端坐一旁完全没反应,更加胆大,索性在他面前公开淫乱。杨行密依然端坐如入定老僧,对眼前的淫乱场景无动于衷。

一直严密窥视杨行密的朱夫人见到了这一幕后,确信杨行密不是装出来的,便写信告诉朱延寿。

这天杨行密在朱夫人房内,竟一头撞在梁柱上,头破血流,朱夫人为他擦拭头上血迹。杨行密说道:"我本来要干一番大事业,却有心无命。如今不幸失明,儿子们都还幼小,不能承担起军府的事,你请三舅回来,我把这府交付给他,我就可以安心地度完余生了。"

朱夫人大喜,马上写信给朱延寿,杨行密自己也派使者去军中请他,暗地里却叫徐温做好准备。

朱延寿得信后并不怀疑,便跟随杨行密的使者一同回府。杨行密到寝室门口迎接他,徐温则率卫士从后面擒住朱延寿。

杨行密杀掉朱延寿兄弟,又把朱夫人赶出家门,再把那一对奸夫淫妇也问斩以泄恨,重新掌控军队,很快就平息了田頵的兵变。

【解读】

汉高祖刘邦的功臣、绛侯周勃曾被诬下狱,出狱后慨叹:"我曾将兵百万,却哪里知道狱吏的尊贵!"其实狱吏是最可怕的,否则法律也就失去了威慑性。

田頵因一狱吏而造反,不过是因狱吏而想到了牢狱之灾,其反也是很正常的。而一狱吏不是向囚犯,而是向功臣索贿,真属匪夷所思。

杨行密一向以宽容爱士受到部下的拥护,然而宽容到这等程度,就只能说是放纵为患了。

在内忧外患齐至,又失去了对军队的控制权后,杨行密无奈只得装瞎,然而一个好好的人骤然害此大病,也很难取信于人,何况身边还有一个严密盯防的暗探。

杨行密不愧是盗贼出身,有狠劲,更有忍劲。看错人,走路撞东西,不去管奴婢们的胡作非为,这都是常人能装出来的,所以也无法解除朱氏姐弟的疑心。

然而坐视心爱的女人与奴仆淫乱,却依然不动于心,神态也无丝毫变异。这等忍劲和定力绝不是一般人能做到的,只能称之为"忍人"。

宋氏姐弟败在这等"忍人"手里,也实在不冤枉,因为一般人只能以常理来判断事情,而杨行密这等"忍人"却是以常理难以测度的,任谁都会栽在他手里。

【原文】

直道长而难行,歧路多而忧亡羊,妙心辨识,曲径方可通幽。

【译文】

笔直的大道漫长而又难以达到终点,小路众多却又使人茫然不知所从。只要细心观察思考,小路才是到达终点最快捷、最省力的途径。

【事典】

李林甫的曲径通幽

唐玄宗开元初年,李林甫因是世家子弟,得以任千牛直长。他和宰相源乾曜的儿子关系很好,便托他向他父亲要求得到司门郎中这个职位。

源乾曜不屑地说:"郎中需要既有才能又有名望的人来担任,李林甫哪是这样的材料?"却也不好一点面子不给,便把李林甫迁升为东宫谕德。

李林甫宦海沉浮,倒也逐步提升。可他嫌这样太慢,他需要的是平步青云,一步踏到宰相的阶梯上。

可是他在朝廷里并没有上可通天的关系,找来找去倒被他找到了一条途径,去和已是半老徐娘的裴光庭的夫人武氏私通。

裴光庭当时任侍中,也是宰相。李林甫的家人朋友都很为他担心,更不理解,劝他说:"你是世家子弟,虽非豪富,美妾艳婢还是买得起的,何苦去和一个上年纪的女人鬼混。她丈夫又是宰相,一旦事发可是掉脑袋的事,你这是图的什么?"

李林甫却不听劝,天天和武氏打得火热。也不知是两人掩饰得好,还是裴光庭根本不在乎,两人始终未东窗事发。

不久,裴光庭去世,两人更是肆无忌惮,武氏竟想让李林甫接替死去的丈夫在朝中的职位,也就是宰相,而且还很有办法。

原来当朝第一红人高力士原本是武三思的家奴,而武氏就是武三思的女儿。武氏找到高力士,死缠硬磨,非逼着高力士举荐李林甫为宰相。

高力士顾念旧主情谊,又禁不住武氏的死缠烂打,只好答应想办法。当时朝中的日常事务都是由高力士代替玄宗处理,但他为人谨慎,任命宰相这样的大事,他不但不敢代劳,连向玄宗开口推荐都不敢,只能等待时机。

因裴光庭死后,宰相位置有一空缺,玄宗便征询宰相萧嵩的意见。玄宗对萧嵩提出的几个人选都不满意,便自己决定任命韩休为相。

高力士侍奉玄宗左右,知道后马上通知武氏,并告诉她该当如何,武氏马上又告诉李林甫。

李林甫第二天一上朝,便上荐章,极力赞美韩休的才能和品德,请求皇上任韩休为相。

唐玄宗很感惊讶,没想到有人和自己的心思吻合,对李林甫平添几分好感。

过了几天,玄宗正式下诏任命韩休为相。韩休并不知道是皇上自己任命他为相,还以为这全是李林甫大力推荐的功劳,对李林甫感激涕零。

所谓"投我以桃,报之以李"。韩休上任后,便也极力推荐李林甫才能超卓,正是宰相的不二人选,高力士也在玄宗左右巧妙地为李林甫说好话,玄宗不久又任命李林甫为礼部尚书,同中书门下三品,也就是宰相了。

【解读】

李林甫在朝中没有强有力的靠山,便转头走女人的路线,找的却是武氏这位半老徐娘。

武家在武则天、唐中宗时代确是风光无限,男封亲王,女封公主,若在那个时候,李林甫想私通武氏也没这可能,因为他根本接近不了武家这样显赫的门庭。

唐玄宗发动宫廷政变,诛杀韦后、安乐公主,武氏家族也从高峰跌入低谷,成为人人厌弃的废姓。李林甫能顺利勾搭上武氏,就是因为他烧的是"冷灶"。

然而人们忽视了一个细节:武姓虽然被废,武氏的家奴却红得发紫,李林甫就是用烧"冷灶"的方法来打通"热门",果然一试即灵。只可怜韩休被李林甫用"买空卖空"的手法套进去,全心全力为李林甫谋求了宰相职位。

抛开道德的善恶,李林甫心机之深和权术之精在古代奸臣榜中也是无人可比的。唐史称他"不学无术,出言鄙陋",却能专权二十多年,把一代明君玩弄于掌上而使之不觉,看来小人之才和君子之才是两种根本不同的学问。

【原文】

诈以求生,晦以图存。非不由直道,直道难行也。

【译文】

用诡诈来求生,用晦来保全自己。这并不是不走正道。而是因为正道根本就行不通。

【事典】

叔孙通的变通术

叔孙通是秦二世时的儒士,被任命为待诏博士。

陈胜、吴广揭竿而起,天下纷纷响应,秦二世听说后,也很是忧虑,便召集待诏博士和儒生们询问方略。

秦二世问:"由楚地来的戍卒攻占了城池,先生们认为该当如何?"

三十多名博士和儒生异口同声地说："臣子造反，这是不能赦免的死罪，希望陛下赶快发兵讨伐。"

二世听后，勃然大怒，脸上的神色都变了。

叔孙通上前说："大家听说的都不对。如今天下合为一家，先帝毁掉郡、县的城墙，销天下的兵器，向天下表示不再用兵打仗了。况且上有圣明天子，下有完善的法律，人人尽职守法，四海安宁，哪里有人想造反呢？这不过是些偷鸡摸狗的小贼罢了，何足挂齿，各郡的守尉很快就可以把他们抓获，根本不必担心。"

二世转怒为喜，笑道："先生说得很对。"

博士儒生们脑筋灵活的很快来个急转弯，附和叔孙通，说是盗贼作乱；脑筋僵硬的便依然坚持说是百姓造反。

于是二世便把说成造反的人都关进监狱里，罪名是夸大事实，诬蔑圣世；反应灵活的人都不问罪；赐给叔孙通二十匹帛，一件衣服。

叔孙通回到馆舍后，跟随他的儒生们都问："老师今天为什么说的都是谄媚奸谀的话？"

叔孙通惊魂未定，摸着兀自怦怦乱跳的心，说了一句当年孔子遇见盗跖时说的名言："我几不脱于虎口。"就是说差一点没能从虎口脱身。

叔孙通见暴秦败亡已定，继续留在朝中必遭杀身之祸，便带着儒生们逃出咸阳。

他先是投奔项梁，项梁亡后又侍奉楚怀王。

后来在项羽军中，汉王刘邦从汉中反攻项羽，叔孙通又投降刘邦。

刘邦最讨厌儒生，认为儒生们只会穿着宽大衣服，戴着高高的帽子，装模作样，说些不着边际的空话废话来骗取官职俸禄。所以见到儒生，他便把他们的帽子摘下来，往里面便溺，以羞辱儒生。

叔孙通知道刘邦的脾性，便脱掉儒装，改穿短小贴身的衣服，刘邦很是高兴。叔孙通既不向刘邦宣讲儒家学说，更不向人推荐自己的学生，而是向刘邦推荐那些盗贼出身的壮士。刘邦更是高兴，拜叔孙通为博士，号稷嗣君。

叔孙通的学生们饱受冷落，见自己的老师根本不把自己放在心上，反而偏向外人，都暗地里骂叔孙通："我们跟随先生多年了，幸好跟随先生投降大汉，如今不推荐我们做官，反倒天天推荐那些狡猾的盗贼，这是什么道理？"

叔孙通听到后，便对学生们说："汉王正冒着刀林箭雨争夺天下，你们这些儒生能上阵杀敌吗？所以我先推荐那些能斩杀敌将、夺敌战旗的勇士，你们等着看吧，我并没忘记你们。"

刘邦平定天下后，建立西汉王朝，跟随他一起定天下的都是没有知识的武夫，更不懂什么规矩，在朝堂上喝酒争功，醉了就大喊大叫，甚至拔剑砍殿上的柱子。

刘邦看着乱糟糟的景象，也很头痛，便想立点规矩，让功臣们老实些，否则这样闹下去也太不成体统了。

叔孙通猜到了刘邦的心思，知道时机已到，便对刘邦说："儒家虽不能争夺天下，却善于守成。臣愿招集鲁国的儒生，和臣的弟子们一起制定朝廷礼仪。"

刘邦同意后,叔孙通便和鲁国的儒生以及自己的学生一起,斟酌古代和秦朝的礼仪制度,因时制宜,制定了一套切实可行的礼仪制度。

从此,大臣们上朝,都严格遵循礼仪。稍有越轨便被一旁监视的御史拉下惩治,人人心中畏惧,大气也不敢出,更不用说酗酒闹事了。

刘邦看着昔日和自己并肩的功臣们匍匐礼拜在自己脚下,真如白日登仙一般,说不出的快活受用,慨叹道:"我直到今日才知道天子的尊贵啊!"

他迁升叔孙通为太常,又赐金五百斤。叔孙通这时才提出:"臣的学生们跟随臣多年了,又和臣一起制定礼仪,希望陛下给他们封官。"

刘邦此时已从心里喜欢儒生了,便把叔孙通的学生们都封为郎官。叔孙通又把刘邦所赐的五百金都分给学生们,学生们都欢天喜地,夸赞叔孙通说:"叔孙老师真是圣人啊!"

【解读】

儒家讲究"杀身成仁",两千多年来已成为儒家弟子的座右铭了。然而并不是杀身就能成仁,如遇到盗跖这样的凶徒、二世这样的暴君,虚与委蛇,甚至曲媚求生都是智慧的体现。如果偏要拿鸡蛋撞石头,身是被杀了,仁却成不了,空死一场,毫无意义。

史学家范晔在《后汉书》中说:"义重于生,舍生可也;生重于义,全生可也。"这句话最得"杀身成仁"的要旨,就是说一定要权衡是否死得值得,不审度"义"和"生"的轻重关系,一味杀身只是做无谓的牺牲。

叔孙通谀言献媚,以求得脱身,固然有小人嘴脸,但仍不失为一代儒学宗师。鲁国的儒生嘲笑他快要侍奉十个主子了,都是靠当面奉承主子来求得亲近富贵,羞与之同列。叔孙通并不反驳,也不以为羞,反而骂鲁国儒生为"鄙儒"。因为他知道自己的学说终将大用于天下,光辉于百代,巧诈、谀奉都是为了保存自身,不肯做无谓的牺牲,终于奠定汉家礼仪制度,开启儒家复兴之门。

非仅叔孙通有小人嘴脸,他的学生们也是怨则骂,喜则谀,小人气十足,然而却也可爱,因为他们是活生生的人,能让人感受到新鲜活泼的气息。

后代的那些儒家门徒,尤其是那些道学家整日板着面孔,疾言厉色,装出无限的威严,俨然如仁义道德的化身,殊不知都是一具具活僵尸,还没有戏台上的木偶灵活可爱。而叔孙通和他的学生们才是真正的"儒家本色"。

【原文】

操以诈而兴,莽以诈得名,诈之为术亦大矣,虽贤人有所不免。

【译文】

曹操凭借诡诈而兴霸业,王莽凭借诡诈而得到了名声,诡诈作为一种谋略,功效是很强大的,即使贤能的人也不免要使用。

王湛借痴成名

王湛是西晋开国功臣王浑的弟弟,他平时寡默少语,状类痴愚,遂以痴著名。

王湛的父亲死后,王浑和儿子们都看不上王湛,对他也极为冷淡。王湛便在父亲的坟墓旁搭了一间茅屋,住了进去。

王浑的儿子王济是当时的名士,他更是不把王湛当叔叔看待,每次扫墓径去径回,也不去看看叔叔。王湛知道他来,也不去接近他,偶尔路上撞个面面,都只是冷淡地寒暄一两句。

后来,王济有一次去扫墓,忽然心血来潮,便去看望叔叔,并问起他的近况。王湛不仅对答如流,而且声音的音调极美。

王济大出意外,又和他纵论天下大事。王湛语出惊人,分析事情鞭辟入里。

王济从小就听说叔叔痴愚,而今骤然间见其高谈阔论,肃然起敬。他住到叔叔的茅屋里,把酒长谈,夜以继日,越谈越是心惊,越谈越是心喜,一连住了好几天,自叹不如远甚,慨叹道:"家有名士三十年却没人知道。"

他临走时,王湛送到门口。王济带来的马匹中有一匹烈马,很难驾驭。王济有心再试一下叔叔的深浅,便问道:"叔叔也懂得骑马吗?"

王湛说:"还算懂得一些吧!"他接过烈马的缰绳,跃身上马,控御自如,而且骑马的姿态也极为美妙,比那些有名的骑士技艺还要高超。王济更是觉得叔叔多才多艺,高深莫测。

王济回到家后,王浑奇怪地问:"你怎么耽搁了这么多日子?"

王济回答说:"儿子今天才得到一个叔叔。"

王浑更是奇怪,便问他原因。王济便从头到尾细说一遍,极口夸赞王湛是名士。王浑不服气地问:"比得上我吗?"

王济委婉地说:"比我强多了。"

晋武帝司马炎也知道王湛的痴名,并且总喜欢拿此事与王济开玩笑,每次见到王济,总是打趣说:"你那位痴叔死了没有?"王济总是无言以对。

此番王济进宫,司马炎照例打趣他:"你家那位痴叔死了没有?"

王济心雄胆壮,昂然说道:"臣叔不痴,其实是位名士。"便把自己和王湛的交谈略述一遍,盛赞叔叔的才艺和美德。

司马炎也颇出意外,问道:"你叔叔比得上谁呢?"

王济答道:"山涛之下,魏舒以上。"

从此,王湛由痴愚而成为名闻天下之士,后来当了汝南内史。

【解读】

历代重文章,魏晋却崇尚"玄谈",一句两句的名言出口,马上就是名士,而且非如此不能成名,所以人人闭窗苦读老庄,磨炼嘴皮上的功夫,终因"清谈"而误国。

王湛的痴愚自然是煞费苦心装出来的,就是要把自己在众人心目中的形象降至最低点,正是老子所说"良贾示人以虚"的原理。然后在庐墓旁韬光养晦,苦读老庄,暗察事理,积攒实力,磨炼本领,然后突然爆发,自然会给人的心理造成巨大的冲击,从而一掷定终身。

这就和名将用兵一样,出老弱于前,屡战屡退,示敌以不能,却暗伏精兵猛将于后,待将敌诱至己方势力圈后,一举予以全歼。

处世、从商其实和用兵打仗一样,只是因为战争凶险,非胜即败,所以时刻注意用谋用计。

而为人处世没有这种危险,也就缺乏动力和压力,使用谋略的人就少,成功的也少。假若有人真把人生当作战场,处处善用谋略,这个人不是伟人也一定会成为名人。当然,为人处世一定不能有害人之心,这样才能善终。

【原文】

厌诈而行实,固君子之本色;昧诈而堕谋,亦取讥于当世。

【译文】

讨厌诡诈而实实在在行事,这固然是君子的本色;然而不识诡诈陷入别人的奸谋中,也是要被当世人讥笑的。

【事典】

和士开以退为进

和士开是北齐世祖高湛的宠臣。他为人奸佞狡诈,引导高湛日日纵酒淫乐,不理国事,自己得以从中招权纳贿,结党营私。他又和高湛的皇后娄氏私通,通国皆知。高湛却不以为意,对他宠信如故。

高湛死后,后主即世,娄太后临朝执政。久已不满和士开专权乱政、秽乱宫廷的亲王重臣集体发难,要求把和士开逐出朝廷,贬到外省为官。

娄太后不听,亲王大臣们也坚持不退,双方各不相让。第二天,亲王大臣们又到朝中要求太后贬逐和士开,态度更为坚决。

娄太后无奈,只好任命和士开为兖州刺史,等葬完齐世祖高湛后就让他去上任。

亲王大臣们一俟丧事完毕,就督促和士开上路。娄太后舍不得和士开离去,要留他等过了百日再走,亲王大臣们坚决不允许,娄太后也只得命和士开上路。

和士开知道一离开朝廷就永无回头之日,说不定在半路上这些人就会逼着太后下诏处死自己,一时间忧惧参半,想了一夜才有了办法。

和士开用车拉着两名美女和一副珍珠帘子去拜访娄定远,娄定远也是极力主张驱逐和士开的大臣之一。

和士开见到娄定远,故意装出诚惶诚恐的样子,流泪说:"诸位权贵要杀士开,全靠大王保护之力,保全了我的性命,还任命为一州刺史。如今向您辞行,送上两名美女、一副珠帘,聊表谢意。"

娄定远没想到无功却受禄,见到绝色美女和珍珠帘子,更是喜出望外,问和士开:"你还想还朝吗?"

和士开说:"我在朝内太不安全,如今能出外任职,实在是遂了心愿,不想再回朝中了。只请求大王保护士开,长久担任兖州刺史就心满意足了。"

娄定远以为和士开贿赂自己只是求自己保护他,便信了他的鬼话,满口答应。

高湛

和士开告辞,娄定远送他到门口。和士开说:"我如今要到远方去了,希望能有机会觐见太后和皇上。"

娄定远知道和士开和太后的奸情,也没往深处想,以为和士开不过是想和太后叙叙情而已,便答应了下来。

在娄定远的安排下,和士开得以见到娄太后和齐后主。

和士开痛哭流涕地说:"在群臣之中,先帝待臣最为恩厚。先帝忽然驾崩,臣惭愧不能追随先帝于地下。如今看朝中权贵的意思,并不只是要害臣,而是要剪除陛下的羽翼,然后行废立大事。臣远行之后,朝中必有大的变故,倘若太后和陛下有所不讳,臣有什么面目见先帝于地下?"

娄太后、齐后主被他这一番危言吓得魂不附体,失声痛哭,娄太后便问和士开应当怎样对付。

和士开爬起身,掸掸衣服,笑道:"臣在外固然没办法,如今臣已在宫中,需要的不过是几道诏书而已。"

娄太后、齐后主视他为救星,一切任他所为。和士开便草拟诏书,把娄定远贬为青州刺史,其他大臣也都贬逐得远远的,对亲王则下旨严词谴责。

亲王大臣们见和士开已和太后、皇上打成一片,知道大势已去,只有怅然喟叹而已。

一直带头坚持贬逐和士开的太尉、赵郡王高睿心有不甘,再次进宫找太后理论,被娄太后命卫士在宫中永巷内拉杀。

娄定远此时才知上了和士开的当,只好把和士开送他的两名美女和珠帘都还给和士开,又把家里的珍宝拿出来贿赂他,这才免除后祸,真是"赔了夫人又折兵"。

鱼不可脱于水,龙不可脱于渊,人不可脱离权。

一个久握重权、身居高位的人一旦失去权柄就会惨不可言,即便想成为平民百姓,过贫苦下贱的生活都不可能。其实权力和富贵都是双刃剑,控制得宜便身享荣华,太阿倒持则大祸立至,先前所拥有和享受的,也正是转头来毁掉自己的。

和士开虽有智计,却已脱离权柄。娄太后和齐后主孤儿寡母,心无主见,高睿等重臣借机切入其中,逼迫娄太后贬逐和士开,娄太后迫于众议,又自知声名不雅,也只好忍痛从命。眼看大局已定,不料娄定远见利忘义,又头脑简单,把大家甘冒万险、拼决生死从和士开手中夺来的权柄又归还给他,不仅自己遭殃,还连累赵郡王高睿白白断送了性命。利欲之害人每每如此。

【原文】

是以君子不喜诈谋,亦不可不知诈之为谋。

【译文】

所以正人君子即便不喜欢使用诡诈的计谋,却也不能不知道这种手段的使用方法。

【事典】

王濬的惭愧

王濬是西晋平吴的主将,也是第一个攻入建安、迫使孙皓出降的功臣。

当时王濬归属王浑节制,王濬率楼船经过王浑的驻地时,王浑怕他夺了平吴首功,派人命令他停止前进,会同大军一同进发。

王濬明白王浑的心意,谎称江上风太大,战船无法停下,顺流直下,遂立大功。

王浑先是胆小如鼠,拥重兵观望不进,待见王濬立下大功,又心生嫉妒,便上书朝廷,诬蔑王濬不服从主帅军令,又把孙皓宫廷中的宝物抢掠一空,甚至诬蔑他有占据东吴、自立为王的野心。

王濬不服,连章自辩,和王浑争论不休。晋武帝司马炎倒不昏庸,常为二人和解。

王濬回师后,王浑的党羽便上奏朝廷,说王濬违犯诏令,不听主帅节制,又罗织其他罪名,要求把王濬下狱治罪。

司马炎置之不理,封王濬为辅国大将军、襄阳县侯,赏赐也算优厚了。

王浑耻于首功被王濬夺去,和王濬争功不已。王濬没想到立了大功,反遭挫辱,心中愤恨,每次见到司马炎,便陈述自己率军平吴的经过和王浑父子及党羽诬陷排挤自己的情况,有时不胜激愤,径自拂衣而出。司马炎体谅他的苦处,也不怪罪。

益州护军范通劝王濬说:"您建立的功勋是至美了,却不懂得如何身处功名。假如您回师之日,辞绝官爵,以百姓的身份回到自己家中(角巾东第),根本不提讨平吴国的事。如果有人问起,就说:'皇上的威德,群帅指挥得力,老夫有什么功劳。'这是蔺相如折服廉颇的方法,王浑羞愧也要羞死了。"

王濬恍然大悟,惭愧地说:"邓艾平定蜀国,反遭杀身之祸。我也是怕大祸临头,才上书朝廷,在皇上面前亲口述说,并不是为了争功,而是为了免祸。不过您说的这方法是好,我一时情急,没有想到而已。"

【解读】

羊祜曾说:"功名之际,臣实难居。"西晋平吴的准备工作都是羊祜一手完成的,晋武帝想让羊祜躺在床上监护众将,指挥平吴战役,好使这不世之功归于他。羊祜却坚辞不肯,推荐杜预代替自己。试观王濬身建奇功反倒要为免祸日日唇焦舌敝、忧虑重重,弄得焦头烂额,羊祜可谓有先见之明矣。

功高不赏,反而被诛,在情理上不通,事实上却每每如此。并非都如韩信那样功高震主,也不是人主不明,而是嫉妒的人太多,罗织罪名、恶语诬蔑无所不用其极,所谓"众口铄金",想要保身也是一件很难的事。

王濬的争功,不是为了得到丰厚的赏赐,而是鉴于邓艾平蜀得祸,为求自保而已。所幸晋武帝宽厚明察,不信谗言,否则王濬争功保身适足以祸身也。

范通所说的"功成之日,角巾东第,口不言功",把功劳上推皇上,下推群帅将士,这才是功臣身处功名之际的不二法门。人能如此,也就不怕功高震主了。假使韩信能做到这一点,也可以和萧何、张良一样,成为汉室宗臣,功名始终,子孙世世富贵,传国无穷,焉有被斩于宫中之祸?

"祸由己作",历代开国功臣大多不得善终,也都是因不善于身处功名之故。真都如范通所说的那样,即使遭逢桀纣,也可善保功名。东汉云台二十八将功成之后便释去兵权,以侯爵归第,每日上朝退朝而已,个个子孙富贵,与东汉相始终,这就是明证。

功臣并不难当,只是功臣大多不愿这样做,总是贪恋权势而已。已处"亢龙"之势,还总想百尺竿头更进一步,皇上毕竟不肯因你功劳大就让位给你,所以剩下的就只能是"有悔"了。

【原文】

人皆喜功而诿过,我则揽过而推功,此亦诈也,卒得功而无过。

【译文】

人们都喜欢归功自己却把过错推给别人,我却把过错揽到身上,把功劳推给别人,这也是一种诈晦,却最终能得到功劳而没有过错。

【事典】

韩安国的持重

汉武帝元光三年(公元前132年),魏其侯窦婴的门客灌夫因酒醉得罪了丞相武安侯田蚡,田蚡便搜集灌夫在家乡的种种罪状,锻炼成狱,罪当斩首。

窦婴上书论救,便和田蚡争执不下。窦婴是景帝时窦太后的侄子,也是平定吴楚七国叛乱的功臣。田蚡虽然无功无能,却是田太后的弟弟,仰仗太后的威势,汉武帝也要逊让三分。

窦婴救不下灌夫,便索性攻击田蚡,想要拼死攻击田蚡以达到救出灌夫的目的,田蚡也转而攻击窦婴。

汉武帝对两人的相互攻击也很头痛,他心里偏向窦婴,却迫于太后,无法怪罪田蚡。他大集廷臣,辩论两人的是非,希望大臣们能为窦婴说句公道话,自己借此台阶,为两人和解。

大臣们都认为窦婴是而田蚡非,却畏惧田蚡权势无人敢出口发言,只有主爵都尉汲黯认为窦婴对。内史郑当时开始也为窦婴说话,后来却不敢坚持。时任御史大夫的韩安国两不得罪,认为窦婴说的也在理,丞相田蚡处置灌夫也不为过,请皇上圣裁。

汉武帝等了半天,全然不得要领,气得愤然骂道:"让你们评论是非,却一个个局促如驾辕的骖驹,我一并斩了你们!"

退朝后,田蚡把韩安国叫到自己车中,责备他说:"不过是个老得没毛的家伙,你怕他什么? 在朝中还要首鼠两端?"韩安国诡词辩解说:"您为何不摆出点谦逊的姿态? 魏其侯毁损您,您就把丞相和侯爵的印绶归还皇上,对皇上说:'臣幸得因后族而任事为相,无功而得富贵,确实不称职,魏其侯说臣的缺点都对。'这样,皇上必然因为您谦逊而欣赏您,绝不会罢免您的相位。魏其侯听说后,还不羞愧地关起门嚼舌自尽? 如今人家毁损您,您又毁损人家,如商贩女子互相口角、争论是非一样,太不顾自己的身份体统了。"

田蚡听完后,后悔道:"我和他争论时太着急了,没想到这一招,你怎么不早提醒我?"

后来汉武帝终因太后的压力,把窦婴和灌夫都斩首,心里却记恨上田蚡了。

【解读】

窦婴和田蚡都是外戚,然而窦婴正直,爵位富贵都是凭军功获得的,所以为众人所推服。田蚡却无能无功,只因是太后弟弟,拜相封侯,至于因灌夫酒醉过失要把他斩首灭族,十足是小人得志便猖狂的嘴脸。

韩安国心里也是认为窦婴对,但他是贿赂了田蚡,由田蚡提拔到御史大夫的,势必不能公开说田蚡的坏话。如附和田蚡,违心地谴责窦婴,虽可保富贵,却得罪了皇上。田蚡责备他为何惧怕一个失去权势的秃翁,其实韩安国是怕皇上秋后算自己的账。而身为御史大夫,官至九卿之首,一句话不说自然也交不了差,便模棱两可,哪方也不得罪,把难题像踢皮球一样踢还给皇上。虽于脸面有损,却是保身良策。否则,偏向窦婴则大祸立至,偏向田蚡则遗祸将来,而又不能无所是非,便两不得罪以免祸。可见,韩安国深得处世要领。

至于他教给田蚡的以不争为大争,以退让为进取,甘受毁损而不自辩,正是受到对手攻击时最佳的防护良策。不过这是君子处世之道,田蚡本质上就是个小人,即使明白也做不到,何况他根本不明白。

功劳不敌权势,才能不如亲信,昔日的荣光更折换不来今日的权力。窦婴不明此理,忿争不已,便和灌夫同遭弃市之祸。然而他不顾家人的劝阻,宁肯为灌夫失去侯爵,却不料与之同死,也可谓"求仁得仁"了。

【原文】

君臣之间,夫妇之际,尽心焉常有不欢,小诈焉愈更亲密,此理甚微,识之者鲜。

【译文】

在君王和臣子、丈夫和妻子的关系中,尽心尽力地去侍奉也经常会有不欢快的事发生,使用一点诈谋反会更加亲密牢固,这道理很微妙,知道的人却很少。

【事典】

上官桀转祸为福

汉武帝晚年多病,又遭罹太子之变,心中忧懑,常居寝宫不出。

上官桀任未央厩令,负责御马的喂养。他见武帝基本上闭门不出,也乐得偷懒,马喂得不勤,更不为马洗澡,御马一个个又脏又瘦,也没精神。

武帝一天病势稍愈,想到自己喜爱的龙马,便出来巡视,见状后大怒,说:"上官桀以为我要病死了,再也见不到这些马了?"便要把上官桀斩首。

上官桀吓得魂不附体,跪下叩头说:"臣闻皇上圣体欠安,日夜忧虑,寝食俱废,心思没放在马上,所以没能养好。"话未说完,便泪流满面,哽咽不能成语。

汉武帝听后,心头一热,觉得上官桀是太爱自己了,不仅不怪罪,反而提拔他为侍中,又迁官太仆,后来与霍光同受顾命,辅佐汉昭帝。

这是因为上官桀善用小计谋而稳固、改善了君臣之间的关系。另外夫妻之间因为施小谋而使关系更趋亲密牢固的,当推唐肃宗和其妃子张良娣。

唐玄宗晚年,因安史之乱逃到蜀中。太子中途留下,指挥众将平乱,在灵武称帝,为唐肃宗,遥尊玄宗为太上皇。

肃宗的妃子张良娣狡黠,善于逢迎。肃宗开始时兵微将寡,四周都有安禄山的叛军,每天晚上睡觉时,张良娣总挡在肃宗的前面。肃宗觉得好笑,对她说:"抵挡敌人不是女人做的事。"

张良娣却说："如果有敌人猝然进犯，妾以身抵挡，您就能从后面逃走了。"

肃宗虽不以为然，却也大为感动。

张良娣在灵武产下一子，三天后就起身，亲手缝制战士的衣服。肃宗怕她劳累致病，不让她做。

张良娣却说："眼下形势危急，妾身哪能安心静养，缝几件战衣，也能为陛下平乱尽点心力。"肃宗更为感动，认为她不但爱自己，而且忧国不顾身，是难得的深明大义的贤后，便对她言听计从。

张良娣逐渐干预政事，和宦官李辅国表里为奸，把持了朝政，肃宗发现后已经晚了，只好任凭二人架空自己。

后来张良娣又和李辅国争权，趁肃宗病重之际，想发动兵变除掉李辅国，反被李辅国先下手杀死。重病中的肃宗因二人在宫廷中大起干戈，竟惊悸而死。

【解读】

汉武帝恢弘大度，为一代英王，然而喜怒无常，常因一言一事之微而诛杀大臣。司马迁因为李陵说了一句公道话便下蚕室，郅都也因武帝出巡时道路修得不好而被处死。

上官桀因武帝病重，不勤于职事，按武帝的脾气自然是要杀无赦，因为他认为上官桀是因自己生病而幸灾乐祸，有盼望自己死的意图。

上官桀被武帝抓个正着，眼见不活，急中生智，诈称是忧虑皇上的龙体，心思不在养马上，以致把马饿瘦了。

也许是他感情逼真，表演得也到位，聪明的汉武帝也被蒙骗住了，不但不治他的罪，反而视为心腹，后来竟成为顾命大臣，险些酿成大祸。

张良娣之举与上官桀一样，都是十足的小人伎俩。张良娣的故作姿态因处夫妇之间，更易被人信任，到后来权柄在手，不但不再爱君奉国，反而处处胁持皇上，露出狰狞面目。

拍马屁固然是小人伎俩，正人君子既不齿更不屑为之，每愤恨小人之无耻，又嘲笑受拍者的糊涂，然而临到自己被拍，一样陶陶然不辨贤愚，小人之往往得志便是因此。

其实君子有时也很会拍马屁，唐太宗手下的魏徵，历来被尊称为古今谏臣第一，其实却是用强谏来拍太宗之马屁。

何以言之？魏徵曾在李密和太子李建成手下任职，都没有直谏强谏的美名，原因是强谏就要被砍头。

转到唐太宗手下，魏徵便强谏不休，其实是吃准了太宗喜爱这一手，即便有时把唐太宗顶得忍无可忍，他也有预伏的手段，就是"君明则臣直"，意思是说您圣明我才正直。太宗希望得到的就是"圣明"二字，也就不能不容魏徵的强谏，反而越被他顶撞就越高兴，因为这更能反衬出自己的"圣明"。

当然魏徵拍马屁是为国为民，与小人的拍马屁性质不同，但从技术上而言却是一样的,只是前者难度更大,不易被人觉察而已。

汉高祖刘邦曾戏弄周昌,骑在他脖子上问道:"朕是什么样的君主?"

周昌转头答道:"陛下是桀、纣一样的昏君。"

这才是强谏,而不是拍马屁!

【原文】

诈亦非易为也,术不精则败,反受其害,心不忍不成,徒成笑柄。

【译文】

诈晦也不是很容易做到的,技术不精湛就会失败,自己反要受到伤害,心里不够忍耐也做不成,只能成为别人笑话的把柄。

【事典】

慕容翰诈疯归国

慕容翰是东晋初鲜卑族首领慕容廆的庶生儿子。他作战勇猛,又善于安抚民众,在当时有很高的声望,被任命为建威将军,和同母生的弟弟慕容仁、慕容昭并为名将。而慕容皝因是嫡生子,被立为世子。

东晋成帝咸和八年(333年),慕容廆病逝,慕容皝继位,后自称燕王,建立燕国。他继位之初,用法严峻,功臣将领心里都很不安。

慕容翰知道自己兄弟三人威名太盛,难容于嗣君,便对家人说:

"我受先父委任,不敢不尽自己的全力。幸而仰仗先父的神威,每战都能立功,这是上天眷佑我国家,并非人力所能做到的,而别人却认为是我的功劳,又认为我心雄才高难以制伏,我不能在家坐等大祸临头。"于是便和儿子出逃投奔段辽。段辽一向仰慕慕容翰的将才,对他很是重用。

第二年,段辽派弟弟段兰和慕容翰一起攻打燕国,慕容皝派慕容汗和司马封弈率兵抵挡,结果大败而逃。

段兰要乘胜追击,一举全歼,慕容翰怕因此一战而灭了燕国,便劝阻段兰,说前面一定有埋伏,慕容汗等败逃乃是诈败,是用来诱引己方进入埋伏圈的。

段兰也是名将,自然看得出诈败与真败的区别。他也隐约猜到了慕容翰的心意,遂不听劝阻,执意进军。慕容翰索性带领自己的人马调头而回。段兰孤掌难鸣,也只好怏怏返回。段辽知道后,自然猜疑慕容翰是"身在曹营心在汉",假如是徐庶还不要紧,如果是慕容翰这样的大将,身处自己心腹肘腋之间,危险可就大了。于是段辽对他加意防范,更不予以重用。

咸康三年(337年)十一月,慕容皝以其弟慕容汗为质,邀后赵发兵共讨段辽。翌年三月,慕容皝率兵攻打令支以北诸城,段辽将追之,慕容翰深知段辽必败,便劝阻段辽。而段兰对上次慕容翰阻止追击一事耿耿于怀,大怒之下率兵追击,结果大败。段辽自此不断战败，最后逃奔密云山。慕容翰于是投奔宇文氏。

宇文氏首领宇文逸豆归非常嫉妒慕容翰的才能。慕容翰知其不容自己，又无法脱身，便整日酣饮，酒后便发出种种狂笑。后来他发了疯，有时竟躺卧在自己的便溺上。在路上遇到行人，他便跪地叩头伸手要食物。

宇文逸豆归先是怕他用诈，派人密查，一段时间后觉得不是装出来的，便不拿他当回事了。慕容翰便每天在外乞食，行遍了宇文氏的国土，把山川形势都牢牢记在心里。各处守关的士兵也根本不去注意这个疯子。

燕王慕容皝很感激慕容翰在关键时刻放了自己一马，又认为他只是怕自己不容他而出奔，并非叛乱，便有心召他回国。慕容皝于是派商人王车到宇文氏之领地做买卖以试探慕容翰的心迹。

慕容翰见到王车，苦于无法说话，便用手摸着胸口，点头示意。慕容皝知道后，高兴地说：

"慕容翰想要回来了。"

慕容翰用的是三石多的硬弓，所用的箭也长大。慕容皝便为他制造了合手的弓箭，埋在地里，上面画上记号，派人偷偷告诉慕容翰。

慕容翰知道后，趁人不备偷了几匹名马，带着两个儿子，去取出埋于地下的弓箭，便向燕国逃回。宇文逸豆归派骁勇的骑兵多人追赶，慕容翰说：

"我在你们国家客居很久了，如今想回归故国，现在既然上了马，就没有回头的道理。我以前的疯都是装出来骗你们的，我的武艺还和以前一样，你们不要逼我，免得自取死道。"

追兵们都很轻视他，根本不听，直前而上。慕容翰弯弓搭箭说：

"我一度在你们国家存身，不愿意杀死你们。你们在百步开外立一把刀，我用箭射刀环，如果一箭射中你们就回去，如果不中你们就上来抓我。"

追兵们不相信他有这本事，便在百步外立一把刀。慕容翰一箭正中刀环，追兵们吓得四散奔逃，唯恐被他的神箭射中。

慕容翰回到燕国后，慕容皝如获至宝，待他比慕容庑生时更为优厚。

【解读】

吕布辕门射戟，解了刘备的围；关羽过关斩将，回归旧主。慕容翰可谓兼而有之矣。

孙膑为逃避庞涓的毒手，诈疯以免祸，慕容翰的事与他的很相近。

诈病诈疯都是在受到怀疑、即将有大祸临身时所用的最后一招，既属不得已，也是没办法时的办法。方法是简单，但要装得比真的还像也不是件容易的事，既要演技上乘，又要有一股狠劲。孙膑当年不惜自食粪便，慕容翰也躺卧其中。若不是爱惜自己的才学未得展用，不愿埋没于地下，孰肯如此自辱，挥刀一决是何等的爽快！伟人也真不是容易当的。

慕容翰因避祸出奔，却犯了古人"出奔不投敌国"的忌讳，除非你铁了心要出卖自己民族的利益。慕容翰随即便尝到了苦头，既不得不和祖国作战，又处处想保全祖国，遂把自己置于危险的境地，不得不用装疯这样的下策来保全自己。假如慕容皝不派人接他回国，他岂不是要一直装疯到底，不过也许用不了三年五年，他也就由装疯变成真疯了。

　　他诈疯之际，犹不忘到处观察敌国的山川形势，倒显示出他作为名将的本色，但他的出逃之举毕竟还是不够慎重。

避晦第六

【原文】

易曰："趋吉避凶。"

【译文】

《易经》上说："人应该奔往吉利的地方，而躲避开凶险。"

【事典】

销毁证据办案的田叔

汉景帝时，窦太后最喜欢小儿子梁王刘武。汉景帝也喜爱自己的弟弟，出则同辇，入则同卧。梁王手下的侍中、侍郎、谒者等属官也都在宫中有名册，出入不禁，与汉宫的宦官没有差异。

汉景帝当时未立太子，一次和梁王对饮，有些酒意后，举杯说："我千秋万岁后，当传位梁王。"

太后大喜，梁王也心喜不已，而侍宴的窦太后的侄子窦婴却说："天下者，是高祖的天下，父子相传，这是汉朝的制度，陛下怎能擅自传给梁王？"

汉景帝自悔失言，以后不再提起，窦太后却大怒，免除了窦婴的官职，取消他入宫觐见的资格。

窦太后溺爱少子，见他太子做不成，便千方百计多赏赐他财物。梁王豪富，不要说各亲王不如，甚至梁王府中的金玉、金器比宫廷中还要多几倍。

吴楚七国反，各藩王跃跃欲试，响应者很多，只有梁王因是皇帝的同母弟，态度没有丝毫的游移。吴楚重兵攻击梁国，梁王派韩安国、张羽为将，拼命抵御吴楚的进攻。窦婴率朝廷大军赶到，却坚壁不战，准备用梁国消磨敌军的锐气，造成敌人的重大伤亡，自己乘敌之敝，就可一举全歼。

这计策倒也奏效，梁国以一国之力居然与吴楚七国的敌军鏖战三个月，不过也屡次陷入绝境。吴楚七国犯了"顿兵坚城"的兵法大忌，最后被窦婴所率官军一举平灭。

七国之乱平定后，梁国所杀伤、俘虏的敌人和官军一样多，而功劳更大。汉景帝大喜，觉得打虎真得亲兄弟，危难时方见真情，便赐给梁王天子专用的旌旗，让他在梁国内建立天子旌旗，出称"警"，入称"跸"。这些都是帝王专用，用来向四方夸耀梁王地位的崇高。

梁王立了大功后，窦太后在宫中家宴时又对汉景帝提出："皇上百年晏驾后，传位梁王。"汉景帝起身离席跪地说："遵命。"

大臣袁盎在一旁又以理力争，还是说父死子继的规矩，太后无力反驳，汉景帝也借机不再提起。

梁王眼见太子之位就要到手，却被袁盎轻轻一句话给弄得无影无踪了，对袁盎恨之入骨，便派刺客杀了袁盎。

汉景帝派人搜捕刺客，却一无所得，他估计一定是梁王所为，便派大臣田叔去梁国追查。梁王先前还死保刺客公孙诡、羊胜，后在韩安国等人劝说下，知道闯的祸太大了，便让公孙诡、羊胜自杀以灭口。

田叔到了梁国，梁国的属官倒是很合作，很快得到了所有证据，他回来的路上却把这些证据一把火都烧了。他手下的官吏大惊失色，问道："这都是好不容易得到的证据，烧了怎么向皇上交代啊？"

田叔笑道："留着这些才没法交代呢。你们放心，有我在不会牵连到你们。"

他手下的官吏都面面相觑，不知他此举究竟是何用意。

当时窦太后忧虑梁王的事，数日不食，汉景帝也很头疼。田叔空着手来见汉景帝，汉景帝问道："这事是梁国做的吗？"

田叔说："是的，犯的都是死罪。"

汉景帝心头紧缩，他最担心也最不愿看到的事终于发生了。他哑着嗓子问："证据何在？"

田叔答道："臣都烧了。"

汉景帝不明所以，瞪大眼睛看着他。田叔又说："陛下不要再查梁国的事了，事情到此为止吧！"

汉景帝问："这是什么道理？"

田叔答道："如果证据确凿，您就得用法律制裁梁王，可太后必然食不甘味，寝不安席，万一有个好歹，陛下岂不要担上不孝的恶名。如果您不制裁梁王，法律又成了空文，以后如何去约束他人，所以还是不问的好，况且臣已查明，都是梁王手下人干的，梁王并不知道，这些人也都已伏法被诛，梁王是清白的。"

汉景帝大喜，说："你赶快进去告诉太后。"

田叔见到太后，也是说梁王并不知情，都是手下人背着梁王做的，已经依法处死，梁王与此没有任何干系。

太后大喜，心中的气也平复了，马上与皇上一起吃了一顿饱饭。

汉景帝慨叹道："大臣还得是田叔这样懂得经术的人才能称职啊！"便提升田叔为鲁国相，让他教导鲁王。

【解读】

古代藩王中，能建立天子旌旗，出称"警"、入称"跸"的只有梁王一人，他被宠爱的程度更是无人可比。然而景帝仓促削藩，导致七国之乱，如不是梁王忠心不二，以一国之力抵御住吴楚七国的猛烈进攻，景帝的龙椅是否能坐稳也很难说，至少要天下大乱，众生涂炭。从这点讲，梁王对景帝、对苍生社稷都是有大功的，也称得上一代贤王。

梁王深得太后宠爱，也极孝顺，每次听说太后身体欠安，便哭泣不食，直到听说太后平复才进饮食。每次朝见太后，梁王都不愿离去，却迫于朝廷制度，不得不回到自己的封国，虽处极富极贵之地，却因思念太后而郁郁寡欢，也是个可怜的富贵人。

梁王的骄奢和不守制度其实也是窦太后和汉景帝两人过分宠溺所致。汉景帝后来也有所觉悟，常想给他立点规矩，梁王便每每闹出些恶作剧，来个突然失踪什么的，太后便大哭大闹，说景帝杀了自己的儿子，绝食抗议。汉景帝上忧母后，下忧爱弟，也常常是焦头烂额。明知由着梁王的小孩子脾气闹下去非出大祸不可，可稍一管束太后就不吃饭了，景帝对梁王也是没有一点辙。

但是梁王虽然得不到太子的位置，却始终没有反心。刺杀袁盎也不过是发泄怒气，他自己也不知道这事的后果有多严重，后来明白了也是恐惧不已。

田叔是汉初的名臣，他知道此事的棘手程度。案件必须要查，查不明白会让人嘲笑朝廷无能；可查明白后，又不能按明白办：真要依法处死梁王，太后势必活不下去，景帝岂不是一举害死母亲和弟弟两人，连桀、纣都不如了？

所以查要明白，办要糊涂，拿些手下人顶罪伏法，保全了梁王，就是保全了太后，更是保全了皇上，这才是真正的"难得糊涂"。至于那些记载梁王罪过的证据当然是销毁为宜，否则朝中一些只知规矩、不懂变通的大臣又会坚持依法惩处梁王，皇上又要陷入两难境地。

景帝慨叹大臣应像田叔这样懂经术，就是说要因时因势因人而知道变通，既不坏规矩又能处处得宜，比那些只知墨守成规的大臣强多了。

田叔行事很有自己独特的风格，更有不尽的韵味。他任鲁王相，刚到任时，就有一百多鲁国的民众到相府，状告鲁王夺取他们的财物。田叔把为首的二十人各打五十大板，其余的各打二十大板，发怒说道："王爷不是你们的主人吗？你们怎敢诬蔑自己的主人？"

鲁王听说后倍感惭愧，拿出自己府中的钱，请田叔偿还给百姓。田叔说："王爷自己夺的，却让国相偿还，这是国王为恶而国相为善。"坚决不肯，鲁王便自己逐个偿还。

鲁王喜好打猎，田叔便每次都跟随他到猎苑中，鲁王见国相受风吹日晒，很难为情，便派人请国相到屋中休息。田叔不肯，说："王爷还暴露在阳光下，我岂能自己去享福。"鲁王打一天猎，田叔便坐在外面受一天风吹日晒。鲁王见状，也不好意思经常出外打猎了。

责罚告状的百姓来使鲁王羞愧，又坚持让鲁王自己还钱，既巧妙补救了鲁王的过失，又使鲁王有好的名声。用自己受苦的方法使鲁王减少打猎的次数，这是不言之谏，这些方法都比犯颜苦谏，甚至比抬棺尸谏效果好得多。

有味哉，田叔！

【原文】

夫祸患之来,如洪水猛兽,走而避之则吉,逆而迎之则亡。

【译文】

灾祸患难的到来,如同洪水猛兽一样可怕,逃到别的地方避开它就会大吉大利。不顾利害、迎头赶上就只有死亡了。

【事典】

白衣宣至白衣还的杨铁崖

杨维祯是元朝著名的文学家,自号铁崖,故而人称杨铁崖。他一生著述极丰,尤以诗为众人钦服,号"铁崖体"。

杨维祯在元朝泰定四年(1327 年)中进士,做过一些下等官职。由于恃才傲物,性格冷僻,他不受上司喜欢,多年得不到升迁。后来他被提升为江西儒学提举,但此时天下已大乱,义兵四起,杨维祯便到富春山躲避战乱,后又迁至松江。

由于他在文学上的声名极大,每天去拜访他的文人墨客都很多,杨维祯和这些人诗酒唱和,倒也逍遥自在。

他有时戴华阳巾,身披羽衣,横吹铁笛,作《梅花弄》曲,或者叫侍儿唱《白雪》的歌词,自己弹琵琶伴奏,叫宾客们蹁跹起舞,远处望去,以为都是神仙中人。

朱元璋定鼎南京后,召集名儒编纂礼乐方面的书,因为杨维祯是前朝最有名的文学家,便派翰林学士詹同上门以礼聘请。

杨维祯叹息说:"哪有女人都老得快入坟墓了,还想着去嫁人的道理。"坚决不肯入朝。

第二年,朱元璋又下令当地官府督促杨维祯入朝,不从命便杀之。

杨维祯也很恐惧,便上书朱元璋,说:"如果让我编书,我愿竭尽所能。如果一定要让我做官,就是强我所不能,我也只好蹈海而死了。"朱元璋看后,答应了他的请求,派人用征聘隐士的礼节,以安车驷马接他入京。

杨维祯在京师待了三个多月,编完书后便要求回家,一向抱定士大夫不为所用即杀之的朱元璋,竟破例放他回山。史馆编书的人都在城外为他设宴饯行,宋濂赠他一首诗,有两句写道"不受君王五色诏,白衣宣至白衣还",称赞他的隐士高风。

杨维祯年已老迈,又受了惊吓,心理波动很大,回到家后便死了,终年七十五岁。

【解读】

野兽躲进深林中,还要扫灭痕迹;飞鸟飞到高空中,也要掩藏影子,为的就是不被猎人注意、捕捉到。

杨维桢生逢乱世，决心隐居度过余生，却偏偏不耐寂寞，每日和海内名士互相唱和，以致名声越来越大，想不被人注意、捕捉到，是根本不可能的。晋张翰曾说过："名满天下，求退良难。"退已不易，藏身更需谨慎，杨维桢虑不及此，自炫自鬻，终致晚年受生死威胁，险些名节不保，也是不善避晦之故。

　　朱元璋在帝王中独创一条"士大夫不为我所用，便当杀之"的法规，不肯应召做官的要杀，做官想辞官的也要杀，好像官爵在他手中已被玷污了，送都送不出去似的。

　　其实这不过是他的自卑感在作崇，他虽当了天子，却以曾当过和尚、出身低贱为耻，以为士大夫不肯出来做官，是瞧不起他这个和尚出身的皇上。这实在是多虑了。

　　不论朱元璋有多少是是非非，但有一点是肯定的，他是位大英雄，因为中国历史上，只有汉高祖刘邦和他是以布衣的身份夺得天下的。刘邦也不过是个流氓，但历来的皇帝中，却没有哪个敢声称自己超过汉高祖的。英雄何论出身！

　　先前，人们总有一种牢不可破的观念横亘胸中，认为元朝是入侵的游牧民族建立的，汉族人民一定生活在水深火热之中，天天想着如何"驱逐鞑虏，还我河山"。推翻元朝，建立汉人的大明王朝，也一定是无数仁人志士怀着伟大的政治理想，抛头颅、洒热血来完成的。后来细读元明史，才发现不然，既感失望，又很迷惑。朱元璋在总结元朝灭亡的经验教训时曾说："前元待士甚优，以致亡国。"待士甚优，何以亡国？真是咄咄怪事。他派徐达北伐攻取北京时，又嘱咐将士："元主曾生养我等父母，我等也曾北面事之，城破之日一定不要缺了

海瑞

礼数。"既看不到阶级仇，更找不到民族恨了，反而有些微的感激之情，这才明白：朱元璋反元和黄巢反唐、李自成反明一样，都是饥寒压迫所致，与民族并无关系。

　　《明史记事本末》在描述明朝后期的情形时，曾有八个字的断语——"官贪吏暴、乡绅横行"。够了，一个国家到了这种地步，根本不给普通百姓留一点活路，不反何待？不亡何待！

　　由此例明白了元朝灭亡和明朝灭亡如出一辙：待士甚优，待民暴虐。李自成、张献忠横行天下时，读书人、士大夫除牛金星、李岩少数几人外，其他都没有降附，更甭说主动投降义军了。明朝能得士大夫的心可谓至牢至固，但一样亡国。

　　其实海瑞很早就发现了这一问题，所以主张恢复肉刑，对贪官污吏实行剥皮囊草。大臣们都嘲笑他迂腐不通世务，而且以"刑不上大夫"为理论根据，海瑞愤怒地说："刑不上大夫，小民何辜了？"真是一语道破天机。朱元璋待士严厉，待民宽

厚,开创洪武盛世;末期待士极优,待民暴虐,终失民心。

记得电视连续剧《康熙大帝》中,借孝庄太皇太后之口,极力鼓吹要得"士子心",得到士子心就是得民心。

这是本末倒置型的错觉,得士子心未必得民心,反之能得民心却一定能得士子心。明初和明末就是最好的例证。

朱元璋所立的士大夫不为所用即杀之的法律历来被人当成朱元璋残暴的证据,然而作为知识分子不为本朝效忠,而要为前朝守节,怎么会有好结果呢?

【原文】

是故兵法三十六,走为最上策。

【译文】

所以兵法有三十六条计策,逃走才是最好的计策。

【事典】

吕后的卑词婉约

汉高祖刘邦去世后,吕后临朝称制。匈奴单于冒顿曾把刘邦和三十万汉军围困在平城达七日之久,虽对大汉很轻视,然而对刘邦还多少有些忌惮。

刘邦一死,冒顿单于便心骄气傲,想挑起兵端,便派使者给吕后送去一封信,上面说:

"孤独苦闷的君王,生于荒野大泽之中,长于旷野牛马蕃育的区域,多次到达边境,希望能游览中国。陛下独立,孤独苦闷孀居,两位君主都不高兴,也没办法让自己快乐起来,希望以我的所有,换你的所无。"

这竟然是一封言辞亵慢的求婚书,冒顿单于妻妾成群,自不会对吕后这位老太婆有何兴趣,不过是借戏侮她来戏侮大汉。

吕后见信后大怒,便召集群臣商议,要大举讨伐匈奴以雪此辱。

吕后的妹父樊哙率先高喊道:"我愿带十万人马,横行匈奴之中。"

吕后大喜,季布却怒声叱道:"樊哙理应斩首。"

朝堂上的人都吓了一跳,不知季布在哪儿偷吃了熊心豹胆,竟要斩元勋国戚。

季布接着说:"当年高帝率三十万精兵讨伐匈奴,却被围困在平城七日七夜,那时樊哙也在军中,却束手无策;今日为何就能以十万人马横行匈奴之中,这不过是当面阿谀陛下,犯欺君之罪,按律当斩。"

樊哙被质问得哑口无言,其他众将也纷纷附和说,以高皇帝之英武,尚被困于平城,匈奴势力强盛,委实不宜擅起战端。

吕后见众将意思一致,回头细想也确实如此,便忍下这口恶气,退朝回到宫内,不再提讨伐匈奴的事了。

过后,吕后为安抚冒顿单于,居然卑词婉约地写了一封拒绝信,上面说:

"单于不忘我中国,赐给书信,我等国人都很恐惧,我自思自忖:年已老迈,气息也衰弱,牙齿也脱落得差不多了,走路的步子都不均匀,单于听信了传言,我实在不足以使您自污。我国无罪,应在您赦免之列。我有自己坐的车两辆,马八匹,送给您平时乘坐。"

然后派宦官张泽送去。

冒顿单于原以为汉朝一定会倾竭国力攻击自己,便严加戒备,没想到等来的不过是一介汉使。冒顿单于读信后反倒觉得羞愧,便又派使者送给吕后好马,回信说:"我生长荒野,没听说过中国的礼义,多亏陛下赦免了我。"便又和汉朝和亲。

【解读】

外交是最要谨言慎行的,一言一行失宜,带来的可能就是战争。隋高祖杨坚初称帝时,很想睦邻友好,主动给陈后主写信致意,并无讨伐陈国之意。陈后主却极为傲慢地回了一封信,其中有句话说"想彼统内如宜,此宇宙清泰",意思是说你把自己的区域管理好了,这个世界就清静太平了。

杨坚很不高兴,把信给大臣们传阅。于是杨素、贺若弼都跪在地上请罪,说"主辱臣死",宁死也要讨伐陈国,一雪此辱,遂立下平陈大计。贺若弼率八千人渡江吸引住陈国主力,韩擒虎只带五百精兵就攻破金陵,生擒陈后主。

冒顿单于其实也是在玩火,刘邦被围平城,不过是过于轻敌,并非实力悬殊。吕后时,刘邦虽死,元勋猛将俱在,真要再打一仗,匈奴并无胜算可言,否则他何必挑衅,直接攻打边关就是了。

"主辱臣死",君主受辱,臣子就该拼死赴敌,樊哙的表现就是这种传统心理的直接反应。可惜平城之困,给汉将们的印象太深刻了,连在项羽手下尚能以勇猛闻名的季布也反对开战,这种持重求稳、为国家而忍小忿的态度是值得赞许的。

吕后性格刚毅,心狠手辣,汉初三大功臣有两位直接死在她手上,即韩信和彭越。然而面对匈奴单于的侮辱和挑衅,她不但采纳众将的意思忍耐住了,而且还以谦卑的姿态回了一封信,倒使得冒顿心生惭愧,回信谢罪,并达成了和亲。吕后时边塞得以无事,民众得以休养生息,后来的文景之治其实就奠基于此。

忍私人一时小忿而虑民生大计,以谦恭卑顺来折服匈奴的骄横怠慢,吕后在此事上显示出她治国的深远谋略,不愧是中国第一位女强人。

【原文】

避非只走也,其道多焉。最善者莫过于晦也。扰敌、惑敌,使敌失觉,我无患焉。

【译文】

躲避并非只是逃跑,方法有很多种,最好的方法没有超过"晦"的。干扰、迷惑敌人,使敌人失去对我的辨别能力,我也就没有后患了。

【事典】

朱棣的缓兵之策

明洪武三十一年(1398年)六月,朱元璋病逝于南京,皇太孙朱允炆继位,是为建文帝。

建文帝继位伊始,便仿效汉景帝大力削藩,各藩王相继被逮入京师,废为庶人。

建文帝最忌惮的就是封藩北平的燕王朱棣,却因他势力雄厚,不敢贸然动手,就先消除一些藩王,剪除朱棣的羽翼。待他形单势孤时,再下手除掉。

朱棣明白朝廷的意图,也不甘坐以待毙。他和心腹谋士道衍和尚密商对策,在王府的后花园修筑地下室,在地下室中操练兵马,打造兵器,私铸金钱。

此事做得虽然隐秘,但还是被朝廷知道了。建文帝以防守边关为名,把朱棣麾下燕山三护卫中精锐官兵都抽调到别处;又把北平都指挥使司、布政使司和按察使司的官员全部换成自己的亲信,以控制北平城并监视朱棣的动向;又派将军宋昌驻重兵怀来,随时准备平息朱棣可能发动的兵变。朱棣真如瓮中之鳖,伸手可捉。

朱棣见形势危急,又苦于准备不足,便想铤而走险,孤注一掷。道衍和尚劝阻了他,声称天时未至,人事不足,地利已失,失此三者,贸然起兵不过是送死,又为他密献一策。

朱棣便单身冲出王府,跑上街头,披头散发,鞋也跑丢了,还在街道两旁小摊贩的摊子上乱抢东西,遇到行人手里拿着食物,抢过来就吃……于是京城人都传言:王爷被皇上逼疯了。

北平布政使司急忙上奏朝廷,说燕王得了疯疾,请皇上指示进止。

建文帝准备妥当,马上就要擒拿燕王入京,却不料有此变故,心中固然是半信半疑,但怎么说也不能对一个疯子动手,这也太失朝廷体面,只好让各处按兵不动,又让北平官员查实燕王是否真疯了。

北平三司的官员知道事关皇室,不敢不特别慎重,只好耐下心来仔细观察,即便心有所疑,也不敢断言燕王是诈疯。

没等他们最后查明白,朱棣又使计把三司官员诱入王府,一网打尽,就此起兵。

【解读】

朱棣诈疯不过是缓兵计,使皇上无法马上向自己下手,从而争取了宝贵的时间,待天时、地利、人和三方面都有利于自己时,便断然起兵。

朱棣出身皇室,自小养尊处优,让他装疯也着实难为他了。然而他虽然演技并不高明,不能表演得逼真,但只要假装出这种姿态,朝廷就要有所顾忌,不彻底查明此事就无法对他下手,因为他毕竟是皇上的亲叔叔。然而要证实一个人是否真疯也不是容易的事,他只要装出种种疯态,就无法确定他不是真疯,朱棣正是利用皇上和官员的这种心理,把主动权牢牢掌握在自己手中。

【原文】

察敌之情,谋我之势,中敌所不欲,则彼无所措手矣。

【译文】

观察揣摩敌人的情形和心理,从而建立自己的声势,站到敌人无法攻击的位置,敌人就无法向我动手了。

【事典】

张释之敬老免祸

汉文帝时,张释之为公车令,负责掌管各宫门。

汉朝宫廷制度:凡是乘车出入殿门、公车司马门的人,必须下车。当时还是太子的刘启和梁王同坐一车入朝,以为宫廷就是自己的家,外臣宦官要下车,自己是主人,何必下车,便和梁王稳坐在车上。

张释之看到后,从后面追赶上来,坚决阻止太子和梁王入宫,并上章弹劾太子和梁王过司马门而不下车,是对皇上的大不敬。

薄太后无奈,只好派使者下诏赦免太子和梁王的罪过,二人才得以入宫。汉文帝向太后道歉说:“儿臣没有教育好自己的儿子。”

汉文帝很欣赏张释之执法不阿的精神,连太子和梁王有过错,都敢抓住不放,何况别人。汉文帝便提升他为中大夫,后又任命他为廷尉,掌管刑罚。太子刘启对张释之却怨恨在心。

文帝去世,太子刘启继位,是为汉景帝。张释之自知得罪过皇上,大祸难免,天天忧虑畏惧,却不知该如何逃脱。

有处士王生,善于黄老的言说,被征至朝廷。王生和张释之很好,便与他合演了一出戏。

第二天上朝时,三公九卿都恭候景帝的到来,王生突然对张释之说:

“我的鞋带开了,你过来给我系上。”

大臣们都愕然,以为王生突然疯了,张释之却面色恭谨,走过去跪在地上为王生把鞋带系好。

大臣们哗然,认为王生不过是个白衣处士,老而贫贱,居然敢在朝廷上当众侮辱身列九卿的张廷尉实在过分。反倒是张廷尉看他年老,不愿和他计较,真跪地为他系了鞋带。张廷尉敬老爱老的高尚品德,大臣们一致称赞,而对王生却一阵痛骂。

景帝正一直想等个好的借口重重处罚张释之,又不让人说是报复,听说这件事后,对张释之倒是刮目相看,便不打算报复他了。

后来有人问王生为何当众侮辱张廷尉,王生说:“我老矣,自思不能帮张廷尉做些什么,张廷尉是天下名臣,我当着三公九卿的面,在朝廷上羞辱张廷尉,让他为我跪地系鞋带,不过是为了增加他的名声。"

人们知道后这才恍然大悟,都夸赞王生富于智谋。

景帝虽不打算处置张释之,看着他也不免心堵,便任命他为淮南王相,一是聊示薄惩,稍稍出口恶气,二是眼不见为净。

【解读】

张释之是汉初名臣,在廷尉任上政绩最为突出,历来被举为执法公正的楷模,然而他在处理太子和梁王过司马门不下车一事上,却既暴露出法家的刻薄寡恩,毫无人情味,又有矫情自饰的嫌疑。

法律是天下人共同遵守的准绳,处置一人不单纯是要惩罚这个人的过失,更是要让其他的人有所鉴戒,不再犯这样的错误。

太子身为储君,和皇帝一样都是国家的象征。太子不下司马门谈不上有什么不敬,更没有人敢于攀比太子,犯同样的过错,此事本可不究,张释之却抓住不放、大做文章,不过是借此抬高自己的身价。

商鞅在秦国变法,推行法家刑名之学,执法严峻,王子犯法,一样严惩不贷。结果后来王子继位为王,商鞅便惨遭车裂之祸。张释之结怨太子,如果不是王生为他巧出计策,也不会比商鞅好多少。

王生此计就是要给张释之重新树立一个新的良好形象——贵而不骄,富而有礼,敬老爱老,身甘下贱。有了这么多良好品德护身,名声自然更高,景帝要收拾他也不能不有所顾虑。

历代执法都讲究"王子犯法,与庶民同罪",高喊的人是骗子,相信的人是傻瓜,既相信又准备身体力行的更是愚不可及的笨驴,包青天云:"不过是想象中物而已。"

【原文】

居上位者常疑下位者不忠,人之情不欲居人下也。遭上疑则危,释之之道谨忠而已。

【译文】

高高在上者常怀疑下属对自己不忠,因为人的正常心理就是不甘居人下。遭到上面的怀疑是极为危险的事,解除上面疑心的方法也只有恭敬、谨慎忠心不二而已。

【事典】

露宿街头的徐达

徐达是朱元璋的功臣之首,一生率大军东征西讨,所谓"功定天下之半,声驰四海之表",称得上是明朝的韩信。

朱元璋和徐达本是同乡,少小亲善,朱元璋称帝后也一直称呼他大哥,以示尊宠。可朱元璋越是亲热地叫大哥,徐达越是心里发毛,如同芒刺在背,感觉就像被鬼叫魂一样,处处小心谨慎,不敢有丝毫的差错,心里依然畏惧不安。

朱元璋观察了很长时间,虽没发现徐达有何异常表现,还是放心不下。这也难怪朱元璋神经过敏,徐达手握重兵,又在将士中有着崇高的威望,他如果有当皇帝的野心,自己也只好避贤者路了。

所以朱元璋也是两难:不重用徐达无法平定天下,重用徐达则等于太阿倒持,把帝位和自己及家人的生命交到徐达手中,端看他取不取了。

朱元璋想了很久,终于想出一个试探徐达真心的办法。徐达总是在春天领军出征,到秋冬之际便回师京城,缴上将军印信,回府休假。这一次徐达出征回来,朱元璋照例下殿迎接,口称大哥,亲热无比。徐达汇报完战事后,朱元璋便留他在宫中闲谈,装作漫不经心的样子说:"大哥功劳最大,却没有一座像样儿的房子,我以前当吴王时住的府邸现今空着没用,就送给大哥将就住吧!"

徐达一听,心都提到嗓子眼儿了,知道自己已到了鬼门关口,忙俯身下拜,苦苦推辞,朱元璋见他态度诚恳,也就不再提了,徐达却是汗透重衣。

过了几天,朱元璋在吴王府邸中设宴,款待自己昔日的布衣兄弟,徐达自然也被请去。酒宴上朱元璋连连劝酒,徐达不敢违命,只好拼命喝,结果不胜酒力,宴席没结束便已醉倒了。

朱元璋便命人把徐达抬到自己以前睡过的床上,对众人说:"我已经把这所房子送给徐大哥了,今天不过是代他请大家喝酒,主人已醉,咱们也散了吧!"便率众人离开。

徐达酒醒后才发现自己是在吴王府邸中,而且睡在皇上先前用过的床上,顿时吓得魂飞九天,忙一跃而起,冲出府门。府中的奴仆们不知何故,都出来劝他回去,说皇上已经把府邸赐给大将军了。

徐达哪敢再踏入府门,又不敢擅自回家,怕朱元璋心中生疑,索性和衣睡在街道上。

仆人们都苦苦劝他,数九寒冬睡在街道上非冻死不可,徐达置之不理,仆人们只好进去拿被褥。凡是上好的朱元璋用过的,徐达都不要,仆人们只好拿出自己的被褥给他,徐达才接受。仍以街道为床,睡起觉来。

夹杂在仆人中的锦衣卫密探忙入宫禀报朱元璋,朱元璋不觉露出笑容,命他继续监视。

徐达宿醉未醒,又自知逃过了生死一劫,虽睡在街道上,心里却很平稳,居然在凛冽寒风中睡着了。

朱元璋得知这一情况后才喜笑出声,认定徐达是铁了心要做自己的臣子,绝没有自立为帝的野心。

徐达天一亮便入宫求见,见到朱元璋后口称死罪,连连叩头谢罪,请求惩罚。朱元璋却哈哈大笑,甚是欢畅,便下令在吴王府邸的对面为徐达造一座府邸,赐名

【解读】

在人们的历史观念中,似乎每一代开国君主都要大杀功臣,尤以刘邦和朱元璋为最。其实是受了《厚黑学》的误导,朱元璋固然是杀戮功臣的能手,刘邦却有些冤枉。

除去一些短命王朝外,大的王朝无非是两汉、唐、宋、元、明、清。元朝、清朝不是汉族政权,姑且不论。后汉刘秀保存功臣最为人称道;唐太宗英明仁慈,更是不杀功臣;宋太祖杯酒释兵权,功臣也个个以富贵终生。剩下的也就是前汉刘邦和明朝朱元璋了。

刘邦似乎已成了"厚黑学"的鼻祖了。刘邦脸皮厚诚然不假,他一身的流氓气,但心却不黑。

细数西汉功臣,被杀的无非是三个异姓王——韩信、英布和彭越。韩信是不甘于当淮阴侯,耻于与周勃、灌婴同伍,挑动陈豨造反被吕后杀死于长乐钟室。刘邦出外平定了陈豨的叛乱后回宫,见到韩信已死,心里还很可怜他。可以肯定地说,假如韩信未死,刘邦一定会再放他一马,把他废为百姓,让他没能力造反就是了,这也正是刘邦恢弘大度的品德。

英布是因韩信被杀,自己起了疑心公开起兵造反而被杀。他和韩信死得都不冤枉,功劳再大也没有资格造反;有些冤枉的是彭越,但三人本来就是一根枝上结出的三个果实,已去其二,彭越也难以独存,形势使然也。

除去这三人外,周勃、樊哙、灌婴、夏侯婴等功臣很多,无一受戮,所以说刘邦滥杀功臣乃是不实之词。

刘邦听说蒯通教韩信造反,便把蒯通抓来,准备把他下油锅炸了来泄恨。在刘邦心里,韩信还是个好人,不过是让蒯通教坏了,刘邦为人如此,说他心黑委实太过。

朱元璋才是不折不扣的厚黑人物,不过话也须两面说。刘邦功臣杀得少,可称帝后总是东征西讨去平叛,忙得不亦乐乎。朱元璋大灭功臣,共杀了五六万人,可直至明朝灭亡,没有一起武将造反的事例,用五六万人的生命换取两百年没有叛乱,值与不值已无法用数字来判定,更无法用道德来评说。道德和法律都是帝王用来愚弄和统治民众的,君王的作为自然不在此范畴之内。

徐达不仅是古代名将中杰出者,避祸的本事更是高超。他自小和朱元璋一同长大,对朱元璋的性格和心理揣摩得最熟,更熟知韩信的故事,处处引以为戒,才能保得无事。

帝王们都有一种迷信心理,认为自己以前住的老房子一定有帝王之气,自己也正是因此荣登帝位,有敢觊觎以图染指者必杀无赦。

朱元璋把自己当吴王时的府邸赏给徐达,名为赏功,实则已露杀机,端看徐达是否甘为臣子了。

徐达倘若不察接受房子,或者酒醉后在吴王府中安睡一夜,就会被疑心为要凭借自己的帝王之气有所图谋,以后的事自然也不必说了。

徐达干脆来个夜宿街头,用苦行自虐来向朱元璋表忠心。朱元璋至此才对他信用不疑,为他大起府邸,又和他结成儿女亲家,成祖朱棣的徐皇后就是徐达的女儿。

徐达的二儿子徐增寿于建文帝时为左都督,与燕王朱棣暗通消息,被建文帝囚禁于宫内。燕军攻破南京,一向仁弱的建文帝亲手斩杀了徐增寿,然后与皇后自焚。

朱棣称帝后,追封徐增寿为定国公,世代传袭。明代功臣子孙中只有徐达的后代有魏国公、定国公两公,魏国公居南京,定国公居北京。而历朝皇帝秉承明成祖旨意,对定国公的荣宠赏赐比魏国公要多几倍,其他功臣子孙更难望其项背。

【原文】

如若避无可避,则束身归命,惟敌所欲,此则不避之避也。

【译文】

如果根本没有地方可以躲避,就干脆放弃抵抗,把生命交到对方手中,随便他怎样处置,这也是避不开时躲避的方法。

【事典】

姚枢的先见

元宪宗蒙哥即位,大封宗室,尤其偏爱弟弟忽必烈,便把攻掠下的中原地区的军民都赏给忽必烈。

忽必烈自以赏赐丰厚,很是高兴,便设宴款待部下,以示庆祝。

部下们都纷纷向忽必烈庆贺,只有汉臣姚枢默然无语。忽必烈素来敬重姚枢,知道必有缘故,待众人散去后,便单独留下姚枢,问他原因。

姚枢说:"如今若论土地广大,民众之多,财赋之厚,有能比得上中原地区的吗?这地方的军队和民众都归大王所有,皇上去统治谁啊?万一有一天大臣们向皇上进言,皇上一定会后悔,把这些都夺回去,大王不是空欢喜一场吗?"

忽必烈一听,觉得有理,酒也醒了,问姚枢:"那该怎么办?"

姚枢说:"您只要兵权,把民众和财赋都还给皇上,军队的费用再向皇上索取,这样就名正言顺了。"

忽必烈第二天就按此向宪宗申请,宪宗赏赐过后也觉得很后悔,忽必烈的请求正合己意,便顺势答应了。

过了不久,果然有人向宪宗进谗言,说忽必烈在中原招揽人心,中原百姓都拥戴他,忽必烈有在中原自立为帝的倾向。

宪宗听信谗言,便派阿蓝答儿在中原成立钩考局,调查这些事。阿蓝答儿便调查忽必烈安抚军民、任免官吏、征收赋税这些事,还扬言:"等我调查完毕,除了刘黑马、史天泽这两名大臣要向皇上奏请外,其余的人我都杀掉。"

忽必烈的手下都惶惶不安,无法自保,忽必烈也很愤慨,要和阿蓝答儿评理。姚枢劝他说:"皇上是君,是兄长;大王是臣,是弟弟,这事据理力争是没用的,况且这些事也很难用口舌辩白清楚,继续下去一定会有大祸。大王只有带着妃妾和家人回到皇帝身边,摆出在上都安居乐业的架势,这些谣言就不攻自破了。"

忽必烈采纳了他的建议,第二天便率妃妾和王府中人北上回京师。宪宗听说他如此,已明其意,心里也很自愧,兄弟二人一见面,忽必烈还没开口,宪宗已泪流满面,制止他说出来,随后就取消了钩考局,对忽必烈也友爱信任如初。

【解读】

姚枢原是金国军资库使,蒙古军队攻破许州时得到了他。他也是蒙元得到的第一位汉人士大夫,成吉思汗和元太宗窝阔台都很器重他。元世祖忽必烈为亲王时便招姚枢到府中,尤为敬重,凡事都听取他的意见。忽必烈称帝后,他历任宣抚使、中书左丞、昭文馆大学士、翰林学士承旨等要职,和许衡、窦默并为元世祖时的汉人名臣之首,死谥文献。

蒙古族夺取中原,建立元朝政权后,认为大金国是由于过分吸收中原文化导致衰弱,所以对汉民族文化的吸收有一种本能的抵制。元既是中原地区第一个非汉族政权,也没像满清那样被汉族文化所同化,基本还保持了蒙古族的特色。但其寿命也很短,只有八十九年,所以说拒绝同化未必是好事。

成吉思汗并不懂一个大一统的帝国为何物,所以他建立的汗国虽然版图辽阔,为古今所仅见,却没想到把它建成一个中央集权制的帝国,而是分给子孙们各自为王,如同蒙古族的各部落一样,可谓善攻而不善守。他死后庞大的帝国便四分五裂,不但停止向外扩张,反而内部攻杀不已,这对当时世界各国、各民族倒是一件值得庆幸的事。

宪宗把中原地区的军民土地都赏赐给弟弟忽必烈,在蒙古族是一贯的传统。姚枢却以汉人知识分子的先知睿见看出此事行不通,因为当时蒙古大汗对中亚、东亚等汗国已基本失去控制能力,如果再失去中原地区,大汗手中便只有蒙古本部和西域了。而无论土地的广阔、人民的众多,还是财富的丰厚,中原地区都不是蒙古本土和西域所能比拟的,所以他断言宪宗一定会后悔,再把这些夺回去,与其根本得不到,还不如握牢军权的好。

后来的事情发展验证了姚枢的先见,忽必烈仅握军权也依然遭到猜疑,不得不再退一步,放弃军权,带领家人回到宪宗身边,以此表明自己绝无占据中原、自立为帝的野心,以便重新赢得宪宗的欢心和信任。

如果他以亲王、皇弟的身份与阿蓝答儿发生冲突,势必要站到宪宗的对立面,这就和其他汗国一样,会与中央政权发生武力冲突,而以忽必烈当时的势力而言,被消灭是注定无疑的。

【原文】

避不得法,重则殒命,轻则伤身,不可不深究其理也。

【译文】

行使避晦的权谋如果不得要领,情形重的要丧失性命,情形轻的也会损伤身体,所以不能不深入研究避晦的道理。

【事典】

徐渭的自残

徐渭是浙江绍兴的秀才,因善于写文章而负重名。胡宗宪开府杭州,平定沿海各省的倭寇,便招徐渭入幕府。

徐渭熟读兵书战策,喜欢谈论军事谋略,胡宗宪剿平倭寇的两大臣寇——徐海、汪直,徐渭始终参与其事。

当时胡宗宪手握东南沿海数省兵权,威势极重,大将们参见时都俯首不敢仰视,徐渭却以白衣书生的身份与胡宗宪分庭抗礼,纵论天下大事。

胡宗宪先是依附严嵩的义子赵文华,凭借严嵩父子的关系得以久握兵权。严嵩被废后,胡宗宪失去靠山,便想靠自己的力量赢得皇上的宠信。他知道明世宗喜欢符瑞,恰好得到一头白鹿,便进献给世宗,并让徐渭撰写表文。

徐渭这篇称颂符瑞的表文写得文采飞扬,世宗看后大为高兴,果然对胡宗宪宠爱备至。大臣们都上章弹劾胡宗宪乃严嵩党羽,以及其贪污军饷、虚报战功、挥霍无度等大罪,世宗都置之不理,重用依旧。

胡宗宪见徐渭一篇表文果然打动了君主的心,对徐渭也更加敬重。总督府制度森严,徐渭却率意而行,根本无视军法制度,经常外出饮酒不归。

有时胡宗宪深夜需要草写奏章,却找不到徐渭,只好在夜里打开辕门,派卫士到处寻找,烛火通明,军令传呼,都以为发生了什么大事。而徐渭有时喝醉了,被卫士们找到,他也不肯回来,胡宗宪只好坐等他酒醒。

倭寇平定后,大臣们因胡宗宪是严嵩同党,坚决咬住不肯放松,上章弹劾不已,世宗开始还回护他,说:"宗宪不是严党,是朕自己提拔重用的他,群臣只是因他屡献符瑞才怨恨攻击他。"但毕竟弹劾的人太多,胡宗宪在总督任上种种不法之事也都被揭露出来,世宗只好把他下狱调查,他竟在狱中病死。

胡宗宪死后,徐渭只好回到家乡。他见胡宗宪因是严嵩同党而遭大祸,感到自己作为他的亲信自也难幸免。忧惧恐慌,竟想用自残的手法躲过可能会有的刑罚。他先是用巨锥刺破耳朵,深入脑中居然不死,后又用锤子锤碎自己的肾囊。

然而朝廷大臣痛恨的只是胡宗宪一人,世宗更没有追究胡宗宪之意,徐渭所担忧的会被归类为胡党而遭迫害的事并未发生。他自残之后,一者忧虑,一者痛悔,竟致精神恍惚，失手杀了继妻，倒真被下狱论死，幸亏同乡张元忭力救，才得以出狱。

徐渭至此绝意功名，致力于书法、绘画和诗歌文学创作，在艺术领域达到极高的造诣。只是他性格狂放，行事不拘礼法，不为当时的人看重，所以并没有太大的名气。

他死后二十年，袁宏道偶然得到他的一部分文章，喜不自禁，拿给国子监祭酒陶望龄看。二人都极为赞赏徐渭的艺术成就，搜集他的诗文绘画和书法，刊印发行，并撰文予以宣扬，徐渭才得以名传后世。

【解读】

都说是"树倒猢狲散"，其实更多的时候是"树倒猢狲死"，想"散"又谈何容易。胡宗宪党附严嵩父子，确属奸党无疑，然而剿平东南倭寇，功劳也确实很大。明崇祯帝一怒之下杀了兵部尚书陈新甲，兵部给事中沈迅在崇祯帝前诋毁陈新甲，崇祯帝鄙夷地说："让你去做陈新甲的事，你还不如他呢。"那些自命正人君子、极力把胡宗宪排挤至死的人又有几人比得上胡宗宪呢？

成就人才难，善于使用人才更难，而毁掉一个人才却极易。明朝中叶以后的"君子"们专以排挤异己为己任，极尽口诛笔伐之能事，可惜口头和纸面上的本领能毁掉办事的人才，却制止不了李自成、张献忠的造反，也抵挡不了满清的进攻，最后只能以自杀殉国来成仁，对国家、百姓和自己都毫无益处。

徐渭才华横溢，诗文字画造诣极高，凛凛有英气，颇肖其为人。他以一介书生的身份进入胡宗宪幕府，参与剿平徐海、汪直两大倭寇，足以证明他腹中确有韬略。

然而他过后的自残行为却说明他依然只是不经世事的书生，既沉不住气，又经受不住打击。与其自残避祸，何如隐姓埋名，逃到一穷僻壤处谋生，待风平浪静后再重新出头？倘若如此，何至于自己精神崩溃，杀了继妻，险些把自己送入黄泉。

韬晦是避祸的法术，忍辱、自污也都是行之有效的手段，但自残绝不包括在内。徐渭的手段也够拙劣的，当然这也是他狂放轻率的性格所决定的。

性格往往决定一个人的命运，这听来似乎是宿命观，但在关键时刻，这种现象却显露无遗。

【原文】

古来避害者往往避世，苟能割舍嗜欲，方外亦别有乐天也。

【译文】

自古以来躲避灾害的往往避开尘世，选择出家，如果能彻底断绝自己的嗜好和欲望，佛道两家倒也是另一番乐土。

持不语戒的朱耷

朱耷是清初著名画家,擅长花鸟写意,负一时之盛名,号"八大山人"。

朱耷是明朝宗室出身,世居南昌,应该是宁王朱权的后代。明朝亡后,他剃发出家,当了十几年的和尚。

朱耷书法学颜真卿,也很有名。他所画怪石、花、竹、鱼、鸟之类更是鲜活生动,如欲跃出纸面,令人赏玩不忍释手。

临川县令胡亦堂听说后,把他请到衙门中居住。朱耷从空门返回红尘,心里总是很压抑,有时痛哭,有时大笑,人们都认为他得了疯病。

一天晚上,朱耷忽然撕裂身上的僧衣,一把火烧掉,然后穿上俗世的衣服,回到了南昌。他服饰怪诞,又都破旧不堪,经常一人在街市里行走,如同疯子一样,小孩们都围观嬉笑,无人知道他就是大名鼎鼎的"八大山人"。

朱耷虽有疯癫的名声,绘画上的造诣却出神入化。每当大风雷雨天,他便爬上高山,观望山林景色,直到日出天晴,景色的急剧变化有动于心,便欢呼大叫返回家,执笔作画,水墨濡染,云气蒸蔚,人们看后都惊呼为仙人之笔,绝非凡世间物。

朱耷对自己的画作并不甚爱惜,附近的人每有所求,便为之提笔。走在路上,经常有人抓住他的衣服,拉住他的手,求他作画。他也总是笑而不拒,但就是不给达官贵人和富人作画,这些人出多少银子也买不到,只好从朱耷身边那些穷苦的人手中转购。

一天朱耷忽然在门上大书一"哑"字,从此便不再说话,但他喜欢笑,更喜欢饮酒。有人请他喝酒,他便缩肩拍掌,哑哑笑个不停。喝酒时又喜欢与人猜拳,胜了便笑声哑哑,输了便用拳轻打对手的后背,常常不自觉潜然泪下。

【解读】

家国之痛,是人世间最大的痛苦,文天祥说:"痛定思痛,痛何如哉!"朱耷所承受的正是这种深入骨髓的痛。

每一次改朝换代,最先遭殃的自然就是前朝皇家宗室子弟,尤其是光武帝刘秀以宗室子弟建立东汉,中兴汉室,后代的君王们便总结出一条经验:对宗室子弟一定要斩尽杀绝,绝不能姑息手软,留下一人就可能留下想象不到的祸患。从此宗室子弟的祸患堪称炽烈了。

不过有时也很令新兴的君王头痛,譬如说朱元璋称帝时,既无兄弟,也无亲戚,孤零零一人,而到明朝末期时,朱氏子孙繁衍已达二十三万多人,这真是一个令人难以想象的惊人数字。二十多万人散处全国各地,若想斩尽杀绝还真是一件难以做到的事,除非仿效希特勒施行惨无人道的"种族灭绝法"。

所以明朝灭亡后,那些有名的亲王、郡王们是被屠戮一空,而如朱耷这样可能在拥挤的皇家王册上根本占不到一名之地的疏远子弟才有机会侥幸逃生。但不管怎样说,像朱耷这样的出身,莫说出头无望,死亡的概率也要比平常人高。

出家为僧历来是古人避祸的首选,佛教最实际的功效莫过于为苦难的人们在精神和肉体上提供一个避难所。朱耷出家正是借用宗教的庇护,以一身僧衣保护自己。但他研究的不是佛教经典,而是书法绘画艺术。

不过名气大了以后,自然会引人注目。朱耷只好再为自己加一道"疯癫"的面具,一个疯疯癫癫的和尚自然不会对任何人有害,然而二十多年苦痛刺激,他的疯癫也有许多真实的成分。

"苦难是艺术的源泉",这句话虽然未必适用于每一位艺术家,但大多数超凡的艺术品都结晶于深重的苦难却也是不争的事实。朱耷在绘画艺术上能达到前人未有的高度,也正是因为他的苦难是前人所少有的。

秦始皇用百万民众的苦难筑就了万里长城,雍正皇帝则用曹家的苦难造就了一部《红楼梦》,前后尽可辉映,都是人类文化史上的奇迹。人们常慨叹雍正帝在帝王中的地位不高,其实仅就他抄没曹家,使得曹雪芹写出《红楼梦》一事,便足可和秦皇汉武、唐宗宋祖并列,毕竟中国只有一部《红楼梦》。

【原文】

避之道在坚,避须避全,勿因小缓而喜,勿因小利而动,当执定深、远、坚三字。

【译文】

避晦的要诀在于坚定一心,避害一定要避得全面,不要因形势稍缓而心喜,也不要因贪小利而妄动,要认定避得深入、避得遥远、坚定一念这三条规律。

【事典】

选择流浪的重耳

晋献公听信骊姬的谗言,害死了太子申生,重耳和同母弟夷吾则都逃到外国避难。

晋献公死后,骊姬便立自己生的儿子奚齐为国君,可惜大臣不买账,在晋献公的葬礼上,权臣里克弑杀了奚齐。大臣荀息又立骊姬妹妹所生的儿子卓子为君,里克又杀了卓子。

如此一来,国内已无国君的合法继承人,里克想要迎重耳回国接任国君。此时重耳正在母亲的国家翟国避难,里克便派人到翟国请重耳回国。

重耳推辞说:"我违背了父亲的命令,出逃他国,父亲死了,我也不能像别人的儿子那样奔丧守礼。如今父亲死了,我怎敢再违背父亲的遗愿回国接任国君呢?大夫还是另立别的公子吧!"

里克没办法,只好从梁国迎回在那里避难的夷吾接任国君,他就是晋惠公。

重耳继续在列国间流浪。

【解读】

重耳、夷吾逃到外国避难，最大的愿望自然是能安全地回到晋国。晋国大夫里克杀了奚齐、卓子后，重耳就是最合适的王位继承人了。

然而重耳看出晋国的灾难并未终结，内有奸臣擅权，即使做了国君，也难保自己的身家性命，外面又有夷吾这个最大的竞争者。如果此时回国，很难说不成为第三个牺牲品，所以他宁愿选择继续流浪，寄食他国，也不回去当有名无实、处境又危如累卵的国君。

夷吾贪恋国君地位，回国接任，虽然除掉了里克，晋国却一直处于动荡不安之中。夷吾死后，国人无不盼望重耳回国，重耳才在众望所归的情形下回国任国君，晋国因他而中兴，五年间便由一弱国成为中原霸主。

心晦第七

【原文】

心生万物,万物唯心。时世方艰,心焉如晦。

【译文】

心产生世上万物,万物的根源在于心。身逢乱世,时事艰危之时,心便也如阴天一样,进入"晦"的状态。

【事典】

携妓东山的谢安

东晋时,"王谢"就是贵族的代名词,"王"是指王导家族,"谢"指的就是谢安家族,当然谢氏家族能与王氏家族并列则是谢安当上宰相后的事了。

谢安,字安石,少年时就负天下重名,朝廷屡次征聘他做官,他都坚辞不出。他喜欢会稽山水,每日里和王羲之等名士游山玩水、钓鱼打猎,乐而忘返。

谢安经常泛海游东山,而且每次都携带妓女,携妓而游名山也就成了谢安的特征了。好在东晋并不过分看重礼法,这一点还不被人视为荒诞,反而是风流的表现。

谢安的弟弟谢万也是名士,在朝廷中任西中郎将,监司、豫、并、冀四州的军事,并兼任豫州刺史。谢万虽不懂军事为何物,却握有很大的军权。谢安虽是布衣平民,名气却比谢万大得多,被公认为宰相的最佳人选。

当时东晋内忧外患,处境很令人担忧。王导死后,朝野上下都希望再有一位王导这样的贤相支撑摇摇欲坠的晋室小朝廷,于是大家都把目光投向每日携妓邀游东山的谢安。谢安却似乎对世事无所挂怀,打定主意要老死于名山盛水之中了。朝廷中的士大夫们都互相哭丧着脸说:"安石坚不肯出来做官,这全天下的百姓可怎么办呢?"盼他出来做官的呼声越来越高。

谢安的妻子是京师长官丹阳尹刘惔的妹妹,每次回娘家,看到的都是宾客满门,车如流水马如龙的景象,而自己家却是冷冷清清,门可罗雀。她不能不感到失望,对谢安说:"大丈夫为人处世,不应该像我哥哥那样吗?"

谢安听后,仿佛闻到了腥臭的气味似的,捂住鼻子说:"我恐怕也免不了这样啊!"神情极为愁苦。

后来谢万因指挥大军作战时不战而逃,被朝廷罢免官职,废为庶人,谢氏家族的地位和声望也一坠千丈。谢安在妻子和族人的苦劝下,为挽救家族的命运,便应征出山做官,在征西大将军桓温府中任司马。

桓温没想到谢安会给自己这么大的面子,喜出望外,对谢安也极为器重。

谢安到桓温府中任职。不过是个跳板,不久就到朝中任侍中,掌管吏部,与尚书令王坦之同辅朝政。

其时桓温总揽兵权,威震内外。他总想废除晋朝。自立为帝,却又怕众人不服,不敢仓促行事。朝廷上下也都知道他有此野心,却也无奈之何。

简文帝死后,桓温本以为简文帝会把皇位识趣地让给自己,简文帝倒也确有此意,却被王坦之拦住了,只是让桓温辅政。

桓温大怒,从镇守地姑孰返回京城,京城里讹言籍籍,都说桓温此番是要杀尽王谢二族,然后废帝自立。桓温也认为一切都是王坦之和谢安搞的鬼,想趁二人来见时下手除掉,所以在府中安排了刀斧手,用帷幕遮住。

王坦之和谢安一同去见桓温,明知无异于探头虎口,却又不得不去。见到桓温后,王坦之浑身流汗,手上的手版都拿倒了;谢安却是面不改色,神情依旧,与桓温谈笑风生,畅叙往日情分,桓温倒一时硬不下心来杀掉二人了。

谈话之中,一阵风吹过,把帷幕吹起,露出埋伏于后的士兵,谢安笑道:"我听说诸侯有道,是在四面设兵防守,桓公怎么在两厢幕后埋伏人呢?"

桓温很是尴尬,敷衍道:"这也是军府中的老规矩了,为防刺客而已。"

桓温帝位没得到,便派人向朝廷要求给自己加九锡,也就是在仪仗中增加九种法器。从王莽以后,奸臣篡夺帝位,加九锡既是一种征兆,也是一道不可省略的步骤,加九锡之后便是强行请皇帝禅位于己了。

谢安明知如此,却也无法不给,便叫袁宏起草给桓温加九锡的制文。

袁宏是当时的文章圣手,曾随桓温出征,那时需要赶写一篇檄文,他倚在马上,文不加点,顷刻间便写了万余言,极富文采,所以当时朝廷的诏旨制册大多出自他的手笔。

袁宏尽心尽力地写好后,谢安却在上面一通乱改,然后扔还给他,让他重写。袁宏连写几次,均遭同一命运。袁宏丈二和尚摸不着头脑,不敢问谢安,便私下里问王坦之。

王坦之笑道:"以你的大手笔,哪里还用修改,桓温年老病重,活不了多少时间了,谢安这是在想办法拖延。"

桓温果然没等到加九锡,一命呜

谢安

呼,晋室朝廷总算逃过一劫。

桓温死后,谢安才成为名副其实的宰相。内忧虽去,外患越来越强,前秦苻坚灭掉燕国,已和东晋隔江相望,苻坚在王猛的辅佐下,不断吞并周围的小国,已有一统天下的态势。东晋在强大对手的威胁下,也是有朝不保夕的感觉。

东晋孝武帝太元八年(383年),苻坚倾国而出,调集重兵八十多万,号称百万,渡江讨伐东晋。

东晋举国上下震惊恐慌,谢安的侄子谢玄为大将,也觉得无法抵挡强大无比的前秦军,向谢安询问御敌方略,谢安只说了一句"朝廷已有旨意",便不再说了。

谢玄心里没底,不敢强问,便让部将张玄进去询问。谢安被问得烦了,索性坐车到山中的别墅里,招集亲朋好友饮酒听音乐,又和谢玄下围棋,赌注便是这座别墅。谢安本来下不过谢玄,可这天谢玄心里恐慌,竟输了。谢安又出门登山游玩,到夜里才回来,然后招集众将,指挥部署,派谢玄、谢石率精兵八万抵御入侵的前秦军。

谢玄、谢石率军与秦军隔淝水对阵,谢玄派人过河向苻坚要求前秦军向后退一些,空出些地方,让晋军渡河,然后展开决战。

苻坚想趁晋军渡河渡到一半时发起攻击,便答应了这个要求,下令全军后退。没想到军队向后退了不远。便有人大喊:"秦军败了。"只这一声喊,前秦的百万大军竟然顷刻间土崩瓦解,纷纷逃起命来,谢玄率军渡过河后,从后追击,秦军狼奔豕突,自相践踏,死者遮蔽原野,所谓的百万大军,居然损失了七八成。

淝水大捷的捷报传至京师时,谢安正和人下围棋,看完战报后便若无其事地放到床上,客人问是什么事,谢安平淡地说:"孩子们打败敌人了。"

谢安表面上漫不经心,内心却是狂喜,毕竟东晋的君臣百姓又逃过了生死大劫。他起身回内室时,脚下木屐的齿柱都被门槛折断了。

【解读】

谢安隐居不出,并不是真的不想做官,而是一方面等待机会,另一方面也是通过隐居来提高自身的价值。

《后汉书》中说贾复功成名就后"阖门养威重",也就是说关起门来不见人,令人感到高深莫测,用这种方法来提高和培养自己的声望。谢安的隐居也是同样的道理,古人为人处世方面的哲学还是相当高明的。

有时人在社会上和商品在商场上一样,是有其本身价值的,而且价格也不是一成不变的,通过特定的手段就可以达到增值的目的。谢安的隐居和屡次推辞朝廷的征聘,正是这种手段。他每推辞一次征聘,自身价值就无形中增长了许多,这也和如今的名画拍卖有些类似,每拍卖一次,物品的价格便会上浮很多。至于携妓泛游山水,并非风流,而是变相的自我炒作。

谢安的目标直接指向宰相一职,而不愿意在官场中沉沉浮浮损耗自己的声名。他坚持忍耐了二十几年,终于在万众一心的企盼中如救星一般升起在东晋的天空。

当然谢安的相业还是很辉煌的。当时的人把他和王导相比,并说谢安文雅胜过王导。王导任相时，前后有王敦、苏峻等几次兵变，晋室几倾。谢安却以个人的能力使得朝廷平稳渡过桓温的危机，当时措置稍有不当，就有可能使得桓温兵变，晋朝也可能马上就寿终正寝了。

淝水之战是东晋王朝面临的最大外患，即便在今天看来，东晋不亡于前秦也只能称之为万幸，因为实力相差过于悬殊，如同一个大力士和孩童比拳击。

赤壁之战、昆明大捷、淝水之战都是古代战史上以少胜多的光辉典范，一方是百万之众，另一方则是可怜的数万人，而百万之众却总是败得一塌糊涂，令人瞠目之余也不由得怀疑这些战例的真实性。

"杀敌一千，自伤八百"，这是兵法上的规则，虽然打仗可以出奇兵，用奇谋，可一切也都要以实力做后盾，并不能如炒股票那样买空卖空；即便以近代中外战争史上的战例来推理，也找不到这些"光辉典范"能够成立的理由，充其量也不过如同《三国演义》中赵子龙在长坂坡独战曹操的百万大军一样，都不过是不足征信的小说家言。

古人也会吹牛，而且善于吹牛、敢于吹牛，吹的都是大牛，而且是在号称字字真实的正史中。

【原文】

鼎革之余，天下荒残，如人患羸疾，不堪繁剧，以晦徐徐调养方可。

【译文】

每次改朝换代之后，天下荒凉如同废墟，国家就像人患有导致极为虚弱的重病一样，既不能多做事，也不能多运动，只能用"晦"的状态来慢慢调养。

【事典】

李沆的先见之明

李沆是宋太宗赵光义太平兴国五年（980年）的进士，极得宋太宗的赏识，被任命为太子的老师。

真宗继位，李沆便被任命为参知政事，又升为平章事，成为真宗的第一位宰相。

李沆为相，专以镇静无事为念，提拔选用人才也都选择老成厚重的人，不喜欢浮华无实、好大喜功的人。中外官员凡是奏请修改制度、兴造事端的，他都一概否决。李沆说："我待在宰相这个位置上，对国家也做不了多大贡献，只能对四方的奏请一概否决。兴一事必有一弊，朝廷体制已经尽善尽美，大小无不完备，如果答应了一个请求，就会生出许多事端，受害的还是国家和百姓。现今内外无事，妄生事端不过是'天下本无事，庸人自扰之'罢了。"

李沆在朝廷上力保镇静，杜绝佞幸。寇准是李沆同年进士，与丁谓关系很好，屡次向李沆推荐丁谓。李沆笑道："丁谓这种人，能让他居于众人之上吗？"

寇准性情刚烈,反驳道:"以丁谓的才能,相公能让他久居人之下吗?"

李沆淡淡一笑道:"你现在认为我说得不对,二十年后,你就会记起我的话。"

后来寇准为相,大力提拔丁谓,丁谓得志之后果然一脚把寇准踢到了雷州,让他险些命丧蛮荒。寇准想起李沆的话,叹服地说:"李文靖(李沆的谥号)真是圣人啊!"

宋真宗一次和李沆谈论治国的经验,问最先考虑的应是哪一条,李沆说:"不用浮薄后进喜事的人。"宋真宗问谁是这样的人,李沆说:"梅询、曾致光就是这样的人。"

李沆死后,有人向真宗推荐梅询可以重用,宋真宗想起李沆说过梅询不是君子的话,便摒弃而不用。

宋朝边将李继迁举兵造反,全国震动,朝廷上下也忙个不停,宰相们也经常很晚不能回家。

王旦当时任参知政事,也就是副宰相,一天慨叹道:"我们什么时候能见到天下太平,我等可以优游无事?"

李沆道:"外有强敌为患,可以给我们以警戒,等到四海宁静,朝廷未必无事。"

李沆每天把四方水旱、盗贼的情况奏报给皇上,王旦认为这些都是小事,不足以麻烦皇上。李沆说:"皇上还是个少年,应当让他知道四方百姓生计的艰难,要不然,少年人血气方刚,无事可做,就会留意声色犬马,大兴土木,对外发动战争或者祈祷拜神之类的事就多了。我老了,见不到这些,这正是你日后要忧虑的事了。"

李沆的话后来句句应验,大家都佩服他的先见之明,称他为"圣相"。

李沆在家中执行的也是无事政策。他在封丘门建了一所房子,门前的厅室很狭窄,仅能转过一匹马,别人都劝他把门厅修得宽敞些。李沆说:"房屋是要传给子孙的,门厅作为宰相的居第而言是窄了些,作为一般家庭还是足够用的。"

李沆不治产业,因房屋狭小,他弟弟劝他再建一所大房子。李沆说:"我任宰相这些年俸禄优厚,朝廷又经常有额外的赏赐,用这些钱造所大宅子并不难。可是这个世界就不是圆满无缺的,人生在世,何必要求事事都称心如意呢?况且建房子最快也要一年的时间,人生朝不保夕,谁能保证一年后会如何呢?人就如林中的小鸟一样,只求有一根树枝能够栖身就足够了。"

【解读】

宋太宗太平兴国五年(980年)是宋朝初期人才的丰收年,李沆、王旦、寇准都是这一年的进士。

李沆人称"圣相",言"圣"似乎有些溢美,但足以称得上贤相,而其先见灼识更是后人无比。

宋朝经过赵匡胤、赵光义两代的征伐,国土基本已确立下来,宋太宗赵光义从中期开始便偃武兴文,与民休息。自唐末战乱,五代争伐,人命不如猪狗,百姓又被征兵、运输、重赋所困,至此才过上正常人的生活。到真宗继位时,国力已得到恢复和增强,开始向北宋的鼎盛时期迈进。

李沆担任宰相正是北宋由弱变强、由穷转富的关键时期。他凭借宋真宗对他的信赖，全力实施与民休息、培植国力的政策，除了遵守旧章外，不多生一事，以免扰民害民，而北宋也借此达到全盛时期。

一切遵守旧章似乎有"墨守成规"之嫌，在改革开放的今天看来，更是有封建、落后、顽固的味道。然而在封建时期，确实有许多时候需要这种"墨守成规"，如西汉的曹参恪守萧何的规矩，史称"萧规曹随"，其实也是"墨守成规"。

《周易》说："穷则变，变则通，通则久。"每一种制度或体制实行久了，都会产生上下淤塞的弊病，这就需要变通。然则变通以后导入正轨，也就需要把握住方向，持之以镇静，若再变来变去如万花筒一样，就不仅不通，而且使人无所适从，其弊病就不是"穷"而是"亡"了。

这种镇静和无为称得上是一个国家和一个民族的韬光养晦阶段，不求有功，不求美名，而国家在清静中元气充盈，民族在无为中得以富强，这倒和古代个人的养生术相近。实际上古人正是以调养个人身体和意识的手段来治理国家的，即所谓"修身、齐家、治国、平天下"。

在政治和经济体制都比较单一的封建时期，这种手段还是行之有效的。

【原文】

至若天下扰攘，局促一隅，举事则力不足，自保则尚有余，以晦为心，静观时变，坐胜之道也。

【译文】

至于天下大乱之时，自己只占据一角之地，吞并天下力量不足，保全自己倒还有余，就要以晦为心念，静静观察时局的变化，这是坐着就可以取胜的策略。

【事典】

朱元璋的缓称王

郭子兴死后，朱元璋掌握军队大权，然而面对群雄林立的局面，却也不知路在何方。

朱元璋很重视征询读书人的意见。他攻下徽州后，邓愈把朱升推荐给他，朱元璋向朱升询问当前的急务，朱升说了九个字："高筑墙，广积粮，缓称王。"

朱元璋细细揣摩这九个字的含义，如同在茫茫夜色里看到了曙光。他又和周围的谋士商议了几天，制订了一套政策。

一是继续向韩山童称臣，奉行韩山童的年号，也就是缓称王。

二是乘元朝军队全力对付刘福通、韩山童，群雄又相互争夺之际，在江南、两淮间督促民众及时耕种，又在交通便利的地区建立粮仓，储备粮食以备以后打仗时用，也就是"广积粮"。

三是招集民众,加以训练,扩大军队的实力,也就是"高筑墙"。

【解读】

元朝末期,义军蜂起,有名有号的不可胜数,最有实力,也最有号召力的当属刘福通和韩山童、韩林儿父子这一支。

韩山童自称是宋徽宗的第八代孙子,当重兴大宋,为中原之主。这一旗号很有影响力,当时各地义军都纷纷响应刘福通和韩山童的号召。

韩山童死后,刘福通立韩林儿为帝。郭子兴、朱元璋等义军首领都接受韩林儿的官职,刘福通、韩林儿也就成为元军打击的最主要目标了。

朱元璋所掌握的滁州义军在各支义军中势力并不大,但地理位置绝佳。刘福通、韩林儿纵横中原,如一道坚实不可逾越的高墙为朱元璋抵挡住了元军的进攻,朱元璋才得以在江南和两淮间从容不迫地开辟和巩固自己的根据地,消灭了张士诚和陈友谅两支义军,势力逐渐壮大。

但他既不称帝,也不称王,始终奉行韩林儿的旗号,元军只是把他当成韩林儿的部属,把主要力量都放在对付刘福通和韩林儿这面。刘福通、韩林儿纵横中原十几年,最后虽被镇压下去,却也消耗尽了元军的实力。

朱元璋却趁机积蓄力量,兵精粮足,时机一到,便自称吴王,派徐达、常遇春率军北征。两年后,韩林儿被朱元璋部将廖永忠杀害;又一年,徐达攻克北平,元顺帝逃往大漠,元朝灭亡,大明王朝建立,天下的得来却也如此之易。

【原文】

夫士莫不以出处为重,详审而后始决。出难处易,以处之心居出之地,可变难为易。

【译文】

士大夫都以是从仕做官还是隐居不出为最重要的事,仔细衡量轻重得失才能做出决定。从政很难,隐居却很容易,如果用隐居的心态来做官,就可以化难为易了。

【事典】

任职却不任官的彭玉麟

曾国藩为镇压太平天国起义,创建湘军,于陆勇之外,成立十营水师,由彭玉麟指挥。

彭玉麟统率湘军水师屡立战功,朝廷也因此屡屡为他加官,他却都坚决推辞,不肯接受官职。

彭玉麟在给朝廷的奏折中说:"人的聪明才智,用久了就会枯竭,所以从古以来的臣子,开始都能有所建树,到了晚途末节,就会栽跟头,遭灾惹祸。这固然是因为他才力不继,也是因为他不善于掩藏自己的短处所致,而当时的朝廷也不善于保全这些人的长处,这些人只知猛进不已,却不知退身藏短,所以往往致祸。"

彭玉麟虽无官职,清廷倒还是按照他的功绩为他加官,由按察使、安徽巡抚、两江总督到兵部侍郎。彭玉麟却终生只带领长江水师巡视江防,死后清廷按兵部尚书的规格为他赐葬,抚恤家属,并在他立过功的地方建立他个人的专祠,用来祭奠,规格在功臣中也是最高的。

【解读】

古往今来,任职办事却终身不接受官爵的人大概只有彭玉麟一人。

东方朔自称"大隐隐于金马门",却也担任宫内侍郎。彭玉麟受曾国藩的委托,创建湘军水师,一开始就坚持要以白衣的身份办事,而且能坚持终生,不接受任何官职,的确是一代奇人。

当官的人最怕的自然是降职、免官、丢官,遭人嫉妒、受人倾轧也同样是因为官做得大。

彭玉麟既不任官,自然不怕削官、丢官,没有官爵也不会有人嫉妒眼红,也就免除了官场中的一切烦恼。当然人的正常心理是办事就是为了做官,为了升官;钱不怕多,官不怕高。彭玉麟反其道而行之,在一般人的眼里怕是难以理解吧!

彭玉麟虽无官职,却比一般的封疆大吏更受朝廷的信任和倚重。左宗棠、张树声等封疆大吏遭人弹劾,朝廷便托彭玉麟去查办。各省督抚大吏的任免,朝廷也总是虚心征询他的意见。这倒是容易理解,彭玉麟连官职都不要,自然不会去结党营私,更不会有不轨的野心。

彭玉麟不要官职,却不是不尽心办事,相反他的军功在湘军中是首屈一指的,长江水师更是曾国藩镇压太平天国的基础和中流砥柱,可以说没有长江水师,根本镇压不了太平天国。彭玉麟不仅尽心办事,而且好管闲事。他每年都要巡视长江防务,遇到沿途官吏有贪污虐民不称职的,马上向朝廷弹劾罢免,有的甚至使用军法,先斩后奏。所以不法官吏听到他的名字,便两腿发抖,百姓则称他为"彭青天"。

彭玉麟一次巡视江防到了安徽,有百姓拦轿喊冤,说是当朝大学士李鸿章侄子抢走了他的老婆,求彭玉麟为他做主。

李鸿章的侄子倚仗李鸿章的权势,在当地抢男霸女,无恶不作,当地官府也无人敢过问,被害的百姓则是有冤无处诉。

彭玉麟请来李鸿章的侄子,问他百姓所诉是否属实,李鸿章的侄子倒是心雄胆壮,不仅承认,而且态度言辞都极为蛮横。

安徽巡抚知道后,意识到要出大事,唯恐李鸿章怪自己保护不力,连忙坐轿来拜访彭玉麟,求情要人。

彭玉麟听说巡抚来访,已知其意,起身迎接时,告诉亲兵:"把人拉到船尾斩了。"安徽巡抚脚刚踏到船头,没寒暄上一句,李鸿章侄子的人头已被亲兵用铜盘托了上来。

彭玉麟也怕给当地官员留下后患，便给李鸿章写了一封信，上写："你的侄子在家乡败坏你的名声，想必你也不会高兴吧，我已替你处置了。"

李鸿章接信后，既羞又愧，给彭玉麟回信表示感谢。

只有这等千古奇人才能做出这等千古快事。

【原文】

廊庙枢机，自古为四战之地，跻身难，存身尤难。

【译文】

朝廷中执掌机密的显要位置，自古以来就是四面争夺交战的焦点，想到达这位置很难，在这位置上想站稳脚跟更难。

【事典】

胡广的中庸术

胡广是东汉南部华容县人，从小就丧父丧母，家境贫苦。胡广一边操持家务。一边勤奋学习，长大后到太守法雄府中做了名小吏。

东汉政府选拔官员是由各郡向中央推荐人才，然后通过考试择优录用。各郡太守的一项很重要的任务就是发现和举荐人才，称之为察举孝廉。孝廉考试分为三等，如果举荐的人才成绩优秀，朝廷就会下诏嘉奖太守，同时也作为他的一项政绩。

胡广被法雄的儿子法真慧眼识珠，由法雄推荐给朝廷。考试后汉安帝认为胡广是天下第一，任命他为尚书郎，并且下诏嘉奖法雄。

胡广既有才干，又小心谨慎，办事勤奋，仕途顺畅，经过五次升官，升到尚书仆射，后又出任济阴太守和汝南太守，回朝后便升为司农，旋即迁升司徒，成为三公之一。

梁冀专权，专立幼小皇帝以便自己掌握政权，结果冲帝、质帝接连死亡。太尉李固给梁冀写信，坚决要求立年长贤明的藩王为帝，并和司徒胡广、司空赵戒建立同盟，准备以三公的势力逼迫大将军梁冀就范。

胡广、赵戒开始时也和李固同心协力，要求梁冀立贤明的清河王刘蒜为帝。梁冀虽不愿意，但见三公意见一致，也感到无辞拒绝，后来在宦官曹腾的劝说下，以武力逼迫群臣同意立他妹夫蠡吾侯为帝，是为汉桓帝。

李固和杜乔坚持本议，胡广和赵戒却畏惧梁冀的淫威，不敢坚持，群臣也无人敢附和李固、杜乔二人。

桓帝即位后，李固和杜乔被梁冀挟怨害死，胡广却因所谓的拥立皇帝的"定策功"被封为安乐乡侯。

李固临刑前给胡广写了一封信，表明自己的心迹并谴责胡广临阵变节，胡广看信后痛哭流涕,愧不欲生。

胡广在朝中练达政体,随事纳谏,对朝廷政务的处理更是无人可比,但在大是大非上却不敢坚持己见,随事俯仰,如同墙上草。他又触犯士大夫的忌讳,和宦官丁肃通婚,名声受损不少,但权位却愈益牢固。当时京师人送他一句谚语:"万事不理问伯始(胡广,字伯始),天下中庸有胡公。"这一半是夸赞他熟悉朝廷典制、善于处理国家政务,另一半则是讥讽他随风倒的为人了。

胡广历经东汉安帝、顺帝、冲帝、质帝、桓帝、灵帝六朝,从顺帝汉安元年(142年)担任司空,到汉灵帝熹平元年(172年)病逝,在三公位置上呆了三十一年,当过一任司空、两任司徒、五任太尉,又任过太傅,所推荐的都是天下名士。

他曾和陈蕃、李咸同为三公,陈蕃、李咸都是他推荐提拔上来的。每次正式朝令时,陈蕃、李咸都装病请假,表示不敢和胡广并列,当时的人都认为这是难得的荣耀。

胡广于汉灵帝熹平元年(172年)病逝,享年八十二岁,当时公卿、大夫、议郎、博士几乎都是他的门生弟子和任三公时的下属。从他病逝到下葬,朝廷几百位大臣为他戴孝,祭奠追悼,丧事之隆重,两汉之间也只有他一人而已。

【解读】

"人以类聚,物以群分。"自古以来,对人的划分似乎只有两种,即君子和小人,这倒是标准的"一分为二"的原则。

到了曾国藩那里,划分得就更为苛刻了,提出"不为圣贤,便为禽兽",只是不知他为自己定位在哪里。若论圣贤他绝对够不上,不论他再造大清的功劳有多大,圣贤的队伍里也绝不容有"曾剃头"这号人物插上一脚,否则圣贤们一定会如逃瘟疫一样逃得精光,只余他一人独步自雄,四望彷徨了。若把他降为禽兽,又似乎过于冤枉,他也只能是"名满天下谤满天下"的大清中兴功臣。

所以人的划分不能过于简单,正如人本来就形形色色一样,划分也应有许多不同的标准,不能只用君子、小人两把量尺。

李固、杜乔和梁冀是人群的两极,用君子和小人这两把尺子衡量就再合适不过了。胡广则是一个很复杂的人物,他任三公长达三十余年,不必说他处理了多少国家政务,单是发现、推荐和培养人才就有几百名,几乎遍布当时的朝廷上下,对于国家机器的正常运转还是功不可没的。

从顺帝后,东汉便在权臣揽权和宦官乱政之间摇摆,非此即彼,朝廷政治就没正常过。杨震、李固、杜乔、陈蕃、李膺这些贤明士大夫们便和权臣和宦官们展开生死较量,前仆后继,义无反顾,虽然都失败了,却也可歌可泣。然而除此以外也还有一大批人,如胡广一样,他们既不敢正面与邪恶势力抗争,却也不为虎作伥,他们在自己的职位上做好自己的工作,尽力使国家政权还能发挥正常的作用。虽然最后也失败了,因为东汉还是灭亡了,但毕竟使得东汉中叶以后千疮百孔的破船沉得慢了许多。这样一批人即便不值得赞扬,却也不必过责。

【原文】

惟不以富贵为心者,得长居焉。

【译文】

只有那些不把富贵看得很重的人,才能长久保住自己的位置。

【事典】

怕见贵人的颜延之

颜延之是刘宋时期著名的文学家,和谢灵运齐名,人称"颜谢",所撰《颜氏家训》也极有名,是研究魏晋南北朝时期历史风范的重要资料。

宋文帝时,颜延之任太常,儿子颜竣任武陵王刘骏的主簿,文名也极盛。

文帝晚年,太子刘劭以东宫卫兵发动政变,弑父自立。武陵王刘骏起兵,颜竣为刘骏撰写檄文。

刘劭见到檄文后,怒不可遏,他知道是出自颜竣的手笔,便找来颜延之,故意问道:"这檄文是谁写的?"

颜延之老老实实地回答:"是颜竣的手笔。"

刘劭问:"你怎么会知道?"

颜延之说:"他是老臣一手教出来的,他的文体风格自然一看便知。"

刘劭看颜延之毫无隐讳,怒气消了一些,皱着眉头说:"颜竣檄文中的言辞何至于此?"

颜延之喟然叹道:"他连他老父亲都不顾,怎会照顾陛下?"

刘劭看他一副楚楚可怜相,本来想把他当逆犯家属灭族,此时倒不忍心了,便放过了他。

刘骏攻入京城杀死刘劭后,即位为帝,是为宋孝武帝。颜竣论功为第一,被封以公爵,任侍中、吏部尚书,领骁骑将军。颜延之也因儿子贵重之故被迁升为金紫光禄大夫。

颜竣权倾朝野,大臣们都趋奉不及。颜延之却居陋巷,住茅屋,穿布衣,凡是颜竣孝敬给他的钱和物,他都一概不接受。颜延之经常坐一辆又老又瘦的牛拉的破车,一天在道上恰遇颜竣出行,前呼后拥,声势煊赫,颜延之便停下车,在路旁为儿子让路。

颜竣看到父亲,忙下来向父亲谢罪。颜延之说:"我一生不喜欢见到权要人物,如今不幸见到了你。"

颜竣富贵以后,大修府邸。颜延之对他说:"你自己凡事小心些吧,别让后人笑话你愚拙。"

颜延之一天早上到儿子的府中,见门外许多官员都在等候,颜竣却在府中酣睡未起。颜延之大怒，骂道："你出身贫贱，而今升到天上，却如此骄傲，这样能长久吗？"

后来颜竣果真因恃宠骄纵而败。

【解读】

颜延之和谢灵运齐名，却没有谢灵运的轻浮狂躁和居高自傲，他熟见当时王侯贵族的骄奢淫逸，最后亡家灭族也都是因此，所以能甘贫乐贱，终始无忧。

颜竣不顾父亲和家族的安危，为武陵王撰写檄文，颜延之和整个家族都命悬丝发。刘劭连父亲都忍心杀害，更何况别人？颜延之老老实实承认事实，而且不辩解一句，装出一副被儿子抛弃的可怜父亲的形象，险而又险地逃过一劫，可以说是善于保身了。

武陵王讨伐刘劭时，几次病危，都是颜竣尽心扶持，出外发令，上下调度，居功甚伟，所以武陵王刘骏即位为帝后，便授颜竣以朝政，权势贵重为当朝第一。

颜延之不喜反忧，他拒绝儿子送的东西，居陋巷、乘牛车，无非是想言传身教，给儿子一点警戒。可惜颜竣只学会了父亲的文笔和才能，却没有父亲的智慧和先见之明，以为自己和别人不一样，能久居富贵权要而不败，这也是所有这类人所共有的侥幸心理，结果自然是走向败亡，无一或免。

【原文】

古人云："我不忧富贵，而忧富贵逼我。"人非恶富贵也，惧富贵之不义也。

【译文】

古人说："我并不担忧得不到富贵，却担心富贵来逼迫我。"人的本性没有讨厌富贵的，畏惧的只是富贵得来不义。

【事典】

田畴义不受封

田畴是东汉末年刘虞的部属，刘虞被公孙瓒攻灭后，田畴便回到无终，招集自己宗族和愿意跟随自己的几百人，进入徐无山中，在山中险要之处选择一块平坦的地方安营扎寨，开垦荒田，躲避战乱。

田畴营建了一处世外桃源，躲避战乱的人都带着家小归附他，几年间便有五千多家。田畴便为这些人制定简单的法律，又修建学校，俨然如一独立王国，治理得井井有条。

袁绍派人招抚田畴，任命他为将军，让他安抚附近地区，田畴拒绝不理。

后来曹操攻打袁绍，因袁绍的儿子袁尚逃到乌桓，曹操便要攻打乌桓，以根绝袁氏。

国学经典文库

智慧谋略全书

韬晦术

图文珍藏版

曹操欲攻打乌桓却苦于路径不熟,需要一位熟悉地理的向导,便派人去请田畴。田畴早就怨恨乌桓杀害自己家乡的名人望族,想要报复却力量不足,听曹操使者说是请自己引导大军攻击乌桓,马上收拾衣装随使者上路。

他的手下人都不理解,问他:"当年袁绍仰慕您的威望德行,五次派人送来重礼,聘您做将军,您却守义不屈。而今曹操只派一个人来,既无重礼,也没有高官,您却像怕赶不上似的,这是为什么?"

田畴笑道:"这里面的原因就不是你们能知道的了。"

曹操见到田畴大喜,任命他为蓚县县令,田畴随大军来到无终。

其时正值盛夏,连降暴雨,山上泥石俱下,道路泥泞不堪,又处处积水,大军无法前进,乌桓也派兵守住险要关口,以逸待劳。

曹操见军至绝处,无计可想,便向田畴请教。田畴说:"这条大道秋天和夏天经常积水,浅不能行车马,深不能通舟船,一直就是令人头痛的事,不过以前北平的郡城是建在平冈,通过卢龙关塞,可以到达柳城。自光武帝建武年间以来,关塞陷落断绝,已经将近两百年了,不过关塞附近还有一条小路可走。如今敌虏认为大军只能从无终进军,道路断绝也只能退回,一定会松懈防备。如果咱们佯装退回,转到卢龙口从小路度过白檀天险,就可到达敌虏不设防守的空虚之地,路途很近也很方便,攻其不备,乌桓可以不战而成擒了。"

曹操对这个计划完全同意,便率领大军返回,为迷惑乌桓,又在路旁竖立一块木牌,上写:"如今是夏天,道路不通,等到秋冬季节,再来进军。"

乌桓的侦察兵看到后,以为曹操真的是无路可进,率大军回归许昌了。乌桓首领知道后,更是满心欢喜,防守上更为松弛。

曹操让田畴为向导,入徐无山中,凿山埋谷,开通道路五百余里,经过白檀天险和平冈,直达乌桓所在的柳城。

乌桓发现曹军后以为神兵天降,都惊愕不已,仓促应战。两军在白狼山激战,乌桓首领蹋顿和主要首领都被斩于阵中,投降的有二十多万人,乌桓遂灭。

曹操回到许昌,论功行赏,以五百里地封田畴为亭侯,田畴拒不受封,说:"我本来是要为旧主公刘虞复仇,因力量不够,率众远逃,已失去信义,如今不过遂我本愿而已,却以之求利,就不是我的本心了。"曹操很理解他的心情,也不强迫他。

后来曹操惨败于赤壁,越发觉得田畴在消灭乌桓一战中立的功劳太大,不应该听从他的谦让,对左右人说:"我这是成就了一人的心愿却败坏了朝廷大法。"便旧事重提,坚决要以五百里地封田畴为亭侯。

田畴上书拒绝,表示宁死也不肯接受侯爵,曹操不听,执意要加封,双方往返十多次,田畴宁死不退让。

曹操让世子和大臣们商议是否该听从田畴的谦让,世子曹丕和尚书令荀彧、司隶校尉钟繇认为田畴的谦让是难得的美德,应该听从。

曹操仍不甘心。田畴和夏侯惇交情很好,曹操便让夏侯惇去劝说田畴。夏侯惇到了田畴家中,也不敢贸然开口,晚上便在田畴家住,准备等待机会开口劝他。田畴却一句话不说,根本不给夏侯惇机会。

夏侯惇临走时,苦苦劝导田畴,告诉他不接受侯爵的封赏就会有大祸。

田畴说:"我当年没有给刘公报仇,又逃到远处,是一忘恩负义之人。如今受朝廷大恩,得以苟活于世,已是侥幸的事,岂能出卖卢龙关塞来换取爵禄封赏呢?纵然朝廷偏爱我,我能不有愧于心吗?将军素来知道我的本心,还如此相迫,如果实在不得已,我只有自杀于将军面前了。"话未说完,已是满脸泪水了。

夏侯惇见状,只好讪讪离开,回去见曹操后据实讲明,且为田畴说情。曹操感叹不已,知道无法令田畴屈服,只好打消封侯的念头。

【解读】

西汉飞将军李广一生以未得封侯为憾事,田畴却坚决拒绝亭侯的封赏,甚至以死自守。这也并非全是出于谦让,而是身处乱世保身养晦的方法。

田畴在徐无山中为自己和家人营造了一个世外桃源,本想终老此生,所以袁绍以厚礼高官相聘,田畴置之不理。曹操一招即至,田畴不过是欲借曹操之手消灭乌桓以复仇罢了。

东汉朝廷毁于董卓之乱,宗室刘虞占据幽州,雄霸一方,表面上依然遵奉汉献帝为主。刘虞想派使者到长安向皇上呈送奏章,却找不到合适的人选。大家都推举田畴,说他虽然年少,却是天下奇才,田畴当时只有二十二岁。

当时四方除了割据一方的军阀,就是蜂起的盗贼,道路不通。田畴舍弃刘虞备好的车马,从自己家客中选了二十人,一路专择险要的小道来到长安,呈上刘虞的奏章。朝廷这才知道遥远的幽州依然是大汉的疆土,便任命田畴为骑都尉,田畴却认为国家多难,做臣子的不应该贪求荣利,坚辞不受,拿到朝廷给刘虞的诏书后便返回幽州。

公孙瓒

他回来时刘虞已被公孙瓒所杀。田畴在刘虞墓前祭奠,宣读朝廷的诏旨,然后大哭离去。

公孙瓒知道后,悬赏捉到了田畴,怒道:"我现在是幽州之王,你为什么不把朝廷诏旨还报给我?"

田畴说:"汉室衰微,天下的人都怀有异心,只有刘公还保持臣子的节义。朝廷给刘公的诏旨中对将军并没有好话,恐怕你也不愿意听,所以我没有送给你。况且将军杀害无罪的君长,又仇恨守节守义的大臣,我恐怕燕赵的义士们宁可赴东海而死,也没有愿跟随将军的了。"公孙瓒听他说得义正辞严,只好放了他。田畴便率宗族逃入徐无山中,立誓说:"主公的仇不报,我不能立名于世。"

田畴自甘做汉室忠臣,所以拒不接受袁绍的将军印绶。他知道曹操也不会做汉室的忠臣,所以对于人人极欲得到的侯爵的封赏宁死不肯接受,不过是嫌这封赏来路不正,受之则污辱身名而已。

【原文】

兴利不如除弊,多事不如少事,少事不如无事。无事者近乎天道矣。

【译文】

发起一桩有利的事不如除去一桩弊端,多一件事不如少一件事,少事又不如无事。能做到使天下无事就接近上天运行的规律了。

【事典】

王旦设箱烧奏章

王旦继李沆为相,在政策方针上并无大的变化。李沆对于官员们有关变革兴事的奏请一概强硬地否决,王旦的方法则更为阴损一些。

他在宰相的政事堂放了一个木箱,让官员们把有关变革兴事的奏章都投到里面,如同今时的举报信箱一样。

好事的官员们踊跃不已,以为表现自己、向皇上邀功请赏的时机到了,纷纷撰写奏章,投到里面。

王旦却根本不打开箱子看,更不把奏章转呈给皇上,待到箱子满了,他便砸开箱子,把奏章聚成一堆,当众举火焚毁。目睹此景的官员们心都凉了,以后便无人再提出此类奏请。

一次一个算命的给皇上上书谈及宫廷中的事,宋真宗大怒,把算命的杀死了。在抄没这名算命者的家时,发现许多朝廷大臣在这位算命者的家中占卜吉凶祸福的证据,真宗更是怒不可遏,要按人名把这些大臣都下到御史狱问罪。

被牵连的大臣们都恐慌不已,纷纷找王旦求情。王旦便拿了一本占卜的书,进宫去见真宗,说:"大臣们占卜算命,也是人之常情,况且言语也没有涉及朝廷的,不足以治罪。"

真宗怒气不减,坚决要治这些人的罪。

王旦把怀中占卜的书拿出来,说:"臣少年微贱时,也不免做过这种求神问卜的事,不过是想知道自己的前程而已。如果陛下一定认为这种行为就是罪过,请您把臣也一起下到御史狱治罪吧!"

真宗听后怒气才消了,勉强同意赦免这些人的罪过。王旦回到中书省后,马上把那所谓的证据烧毁了,真宗果然又后悔了,派人到中书省索取证据,见已销毁,只

图文珍藏版

好作罢，一起波及很广的冤狱就此消释于无形。

真宗欲任命王钦若为相，王旦坚决反对，说："王钦若遇到陛下这样的明君，被重用为枢密使，无论从受恩还是从礼遇上而言，都已到了顶点。臣请陛下还是把王钦若留在枢密使这个位置上吧，况且中书省和枢密府的地位品级也是相同的。本朝开国以来，还没有南方人任宰相的先例，虽然说选用贤能不必拘泥成规，但也得是贤能的人才可以为之破例。臣作为宰相，不敢压制人才，这也是朝廷内外的一致看法。"

真宗听他说得有理，便打消了念头。后来王旦死后，真宗才任命王钦若为相。王钦若在朝堂中说：

"就因为王公，我晚了十年才当上宰相。"怨恨之情溢于言表。

王钦若和陈尧叟、马知节同在枢密府任职，一次因事争吵起来，各不相让，真宗制止他们争吵，并叫来王旦裁决是非。

王旦赶到后，王钦若倚仗真宗宠爱，依然不知收敛，与陈尧叟、马知节争吵不休，如同市井中的泼皮无赖一般。马知节受欺不过，痛哭流涕，要求把王钦若和自己都下到御史狱问罪。真宗见王钦若等人根本无视自己的存在，更没有朝廷大臣的体统，气了个倒仰，一迭声叫侍卫把二人送到御史狱里。

王旦见皇上正在气头上，也不深劝，说道："王钦若等人仰仗皇上宽厚，还得麻烦皇上为他们劝架，确实应按朝廷制度惩处，皇上请先回宫中休息，臣明天来领圣旨。"

王旦第二天进宫，向真宗请示："王钦若等人应该治罪，只不知皇上要定他们什么罪名？"

真宗想起此事，依然是一肚子怒火，说："他们在朕的面前争论吵闹，有失朝廷礼仪，这条罪名还不够吗？"

王旦说："皇上拥有四海，为天下之主，可手下重臣却犯有争吵无礼的罪过，这事如果传到契丹、西夏那里去，恐怕有损您的威严吧！"

真宗没想到这一层，闻言悚然大惊，急忙问遭："那该怎么办？也不能对他们放任自流啊？"

王旦说："皇上不必治他们的罪，臣出去叫他们三人递交辞呈，您批准他们辞官就是了。这样既给他们以惩戒，又不致让外国窥探到朝廷的虚实。"

真宗连声称好，王旦便到枢密府对三人婉转传达皇上让他们辞官的意思，三人自然不敢违背，马上向皇上递交辞呈，三人同日免官。

王旦在人才选拔上也排斥那些浮躁冒进的人，谏议大夫张师德是考取进士时的状元，为了升官快些，两次到王旦府上求见，想通通门路，王旦却拒而不见。

张师德莫名所以，以为一定是有人在王旦那里说了自己的坏话，很是不安，便求同是宰相的向敏中向王旦说明自己的心意，也为自己辩解澄清一下。

向敏中还没找到机会对王旦说，朝中正好有知制诰的缺。这是掌管草写圣旨的要职，也是文人们视为极荣耀的差事。在拟定人选时，王旦忽然长叹一声说："可惜了张师德了。"

此话正好触动向敏中的心事，他忙问原因。

王旦说："我经常在皇上面前夸赞张师德是名家子弟，也很有品德，准备重用他，谁知他两次到我府门求见。他是状元及第，功名富贵都是已经定好了的，只要静静等待就可以，这样的人还要到处找寻门路，那些没有他那些优越条件的人又该怎么办呢？"

向敏中便把张师德对自己说的意思对王旦说明，王旦笑道："在我面前怎会有人敢轻易诋毁别人，师德是后起之秀，未免小看我了。"

向敏中为张师德求情道："正好有这个缺，师德也能胜任，大人就提拔他一下吧！"

王旦说："让他等一等，也让他知道官不是钻寻门路能得到的，也好给那些想这样做的人立个榜样。"

榜样立好后，官员们果然都见危知惧，各安其职，不敢到处找寻门路，想走捷径了。

其时自澶渊之盟后，北宋与大辽和西夏就没有战事发生，王旦在相位又力持少事、无事的安静政策，四海升平，倒也近乎天下无事，可惜到了后来出了著名的假造天书事件。

事情的起因居然也是因为澶渊之盟。王钦若因嫉妒寇准成就这一桩不世之功，而自己当时主张逃跑而遭人耻笑，便诡言向真宗进谗："澶渊之盟是春秋战国时那些诸侯小国都引以为耻的，城下之盟，陛下身为四海之主，居然亲自签订盟约，这可是洗刷不掉的耻辱啊！"

经他一说，宋真宗也感到确是有些耻辱，便问如何做才能洗刷这桩耻辱。

王钦若便说只有封禅泰山才可夸示四海、威服邻国，又说欲封禅泰山要有天瑞稀世绝伦之类，并且断言前代的那些所谓天瑞也有不少是人为制造出来的。

真宗被他蛊惑动了心，便想假造上天赐给自己天书这件"天瑞"。他害怕王旦坚决反对，一次在宫中赐宴，在王旦临走时赐他一瓶酒，让他回家和妻子同饮。

王旦作为宰相，时常会受到赏赐，不以为意，回去和妻子吃饭时打开酒瓶要喝，倒出来的却是一粒粒价值连城的珍珠。

王旦赫然震惊，知道一定要有不寻常的事发生，皇上这是在向自己行贿，好封住自己的口。

第二天上朝时果然便有了天书事件，王旦已受重贿，只好一言不发，不敢出言反对。

真宗借此大兴土木，四处修造宫观，求天祈福，将多年积蓄的资金消耗一空。压抑已久的官员们也借此纷纷上书争言符瑞，好邀合圣心，升官晋级。

王旦只因收受贿赂，无法反对，却知道国家就此多事了。尤令他难忍的是，真宗派给他礼仪大使的差事，每次到各地举行谢天仪式，王旦都得手捧那本假造的天书走在最前面。他深以为耻，感到如同吃下一个苍蝇，却又不得不咽下去，不久便悒悒而终。

皇上也会向臣子行贿,这确实是千古奇事。王旦并非贪得贿赂,而是知道皇上心意已决,无法挽回,只好保持缄默的态度。受到牵连的还有寇准,那本假天书就是他受命到京城亲手献给真宗的。

王旦和寇准是同年进士,一人相业辉煌,一个成就澶渊之盟,都是北宋的社稷功臣,却也都立场不够坚定,卷入了假天书事件。王旦是因为收受皇上贿赂,寇准则是希望能重新得到皇上的重用,一时失计,到头来后悔不及,成为终生憾事,一世英名为之受损不少,堪称难兄难弟。

尽管如此,王旦的相业还是少有人比的。他在宰相的职位上任职十八年,李沆死后,便独掌政权十二年。他以自己的始终如一保证了国家的稳定和持续发展,再次验证了韬晦对于一个国家、一个民族走向富强的重要性。

用晦第八

【原文】

制器画谋,资之为用也,苟无用,虽器精谋善何益也。

【译文】

制作器械和筹划计谋,都是为了使用的。如果不能使用,即使器械精良、计谋完善又有什么意义呢?

【事典】

周世宗斩将立威

周世宗柴荣是后周太祖郭威的养子,被封为晋王、开封(首都)尹。郭威病重时,便命柴荣掌管内外兵马,执掌军权。

郭威死后,柴荣即位,是为后周世宗。郭威刚死,与后周有杀子之仇的北汉刘崇便向契丹求援,合兵围攻后周的潞州(今山西省长治市)。

告急文书传到开封后,周世宗决定亲征退敌。郭威刚死,上下人心浮动,听到北汉和契丹联合入侵的消息后,都很恐慌,纷纷劝谏周世宗不要冒险亲征,连一向不参与政事、只求保身养禄的冯道也破天荒地强谏。

周世宗怒道:"当年唐太宗平定天下,都是亲自带兵,朕怎敢偷懒。"

冯道软里带硬地顶了一句:"不知陛下能成为唐太宗否?"

周世宗又说:"以我方兵力之强,破刘崇如同以山压卵。"

冯道又阴阳怪气地说:"不知陛下能成为泰山否?"

周世宗看得出冯道和众将都很轻视自己,分明是认为自己不是刘崇的对手,愈发恼怒,只有宰相王溥力赞世宗亲征。周世宗决意亲征,让冯道负责把郭威的灵柩送到墓地安葬。

后汉刘崇也认为周世宗一定不敢亲自带兵出征,于是放过潞州不攻,直插腹心,大有一举夺取开封的势头。

两军主力在高平(今山西晋城市西北)相遇,刘崇有精兵三万,借来契丹精兵一万,军容严整,阵势威猛。

刘崇见后周兵力不多,倒后悔向契丹求援了,他派人向契丹将领传言:契丹兵马不必参战,只观看北汉如何破敌即可。

两军交锋，周世宗手下的右军将领樊爱能和何徽不战而逃，率骑兵向后逃窜。步兵一千多人见跑不过骑兵，索性解甲投降。

周世宗见手下马、步二军居然不逃即降，分明是把自己卖给敌人了，自己便要率手下亲兵交战。

殿前都指挥使张永德和禁军将领赵匡胤拉住了他，二人率殿前亲军奋勇上前，人人拼死力战。北汉军队初见后周骑兵逃走，步兵坐降，都喜出望外，没想到胜利来得如此容易。正在得意之际，没想到张永德和赵匡胤率军杀到，勇敢善战超乎想象。三万精兵竟被少于自己几倍的军队冲杀得阵脚大乱，溃不成军，刘崇只好收拾残卒，向后退却。

契丹将领见后周威势很猛，也不愿意硬拼，况且刘崇先已有言不用契丹参战，便坐山观虎斗，刘崇退后，也全军后撤。

周世宗派使者去追樊爱能、何徽等骑兵将领，让他们回来参战。这些将领却没有一个肯听话的，有的还把周世宗派去的使者杀了，并且扬言："契丹大军全都到来，官军大败，剩下的人都投降了。"

河阳节度使刘词率领后续部队赶上来，中途遇樊爱能。樊爱能告诉他官军惨败，劝他返回河阳。刘词不听，率军继续前进，在高平与周世宗会合。

第二天，刘崇集聚残兵，仍有一万多人。两军交战，后周增添了一支生力军，强弱对比也发生了变化，北汉再遭惨败，刘崇只率百余名亲兵逃回晋阳。

周世宗检查俘虏时发现己方投降北汉的一千多名步兵，他一怒之下把这些士兵统统斩首。

官军大捷的消息传开后，樊爱能、何徽等人厚着脸皮又陆续返回，还把罪过推给下属，说都是士兵临阵脱逃，自己等人不过是追赶逃兵去了。

周世宗在野外宿营，对这些返回的骄兵悍将很是头痛，不知该如何处置。他躺在行宫帐中，身边只有张永德，便问张永德该如何严肃军纪。

张永德说："樊爱能这些将领本来就没什么功劳，先帝宽厚待下，把他们提拔为大将，他们却临阵脱逃，死有余辜。陛下想要平定四海，如果军法立不起来，纵然有熊虎一样的战士，百万的军队，也无法指挥调动他们。"

周世宗正在犹豫，闻言心意便决。他奋身坐起，把枕头扔到地下，马上派卫兵把樊爱能、何徽等七十多名逃将抓起来，责备他们说："你们都是几代老将，不是不善于打仗，如今却望风而逃，没别的原因，不过是想把朕作为奇货卖给刘崇而已。"周世宗把这些将领一体斩杀，从此军威大振，一改五代时期兵骄将惰的陋习。

【解读】

南美一个小国有句名言："哪天早晨只要一名中尉起得够早，就可以发动政变当总统。"五代时期的情况倒很相似，不仅皇帝换得如走马灯一样快，而且皇帝也多，所谓五代十国也，还不包括那些不上经传的闭门称帝者。

周世宗遭逢乱世，深悟韬晦，无论是做亲王执掌开封府，还是执掌军权，都保持低调政策，对于保身而言固然得计，但也带来一个重大弊端——威望不够。

周太祖郭威只因没有亲生儿子,干儿子也只一个,所以帝位也就理所当然地落到柴荣头上。他虽成为皇帝,众将和大臣们却都瞧不起他,连一生谨慎做事小心的冯道也敢对他冷嘲热讽,威严真是无从谈起了。

胜则邀功请赏,败则卖主求荣,这也是五代时期将领的通病。对他们而言,换个主子不过是换个领军饷的地方而已,忠君爱君的理念听都没听到过,跳跳槽反而令领的钱增多,何乐而不为?

俗话说"法不责众",周世宗却反其道而行之,一口气杀掉了投降的步兵一千多人和七十多名逃将。应该说这些将士跟随郭威多年,能征惯战,周世宗又正值用人之际,把这些人赦罪以后重新任用才是常情。周世宗知道不杀这些人自己的帝位就不能确立,威信和军纪就都建立不起来,虽有将有兵却无法使用,所以毅然斩将立威,走出韬晦的阴影。

【原文】

沉晦已久,人不我识,虽知己者莫辨其本心。用晦在时,时如驹逝,稍纵即逝之矣。

【译文】

沉入"晦"的状态过久,大家也都看不清他本来的面目,即便是知己者也很难认清他的心迹。使用晦术重在把握时机,时机如同白驹过隙,稍一疏忽就会失掉。

【事典】

慕容垂择机兴燕

慕容垂是前燕国主慕容皝的儿子,文才武功为世少有。慕容皝认为他有奇霸之才,所以为他改名为慕容霸,并想立他为太子,在大臣劝谏下才打消此念,封他为吴王,让他率重兵抵御前秦。

慕容皝死后,太子慕容儁即位,对慕容垂险些夺了自己的位子记恨于心,处处猜嫌,慕容垂的日子就难过了。所幸主政的太宰慕容恪贤明,上下弥缝,慕容垂倒还可以勉强度日。

慕容儁死后,慕容儁即位。慕容暐年纪幼小,大权落到太后可足浑氏和太傅慕容评手里,而慕容垂倚之为靠山的慕容恪也病死了。

慕容评忌惮慕容垂才能高、功名重,怕他迟早夺了自己的地位。太后可足浑氏一向讨厌慕容垂,两人合谋,削夺了慕容垂的兵权,招他回邺城,然后密谋把他除掉。

太宰慕容恪的儿子慕容楷和舅舅兰建知道了这个消息,忙来告诉慕容垂,劝他先下手除掉慕容评,掌握大权,就可能转危为安。

慕容垂毅然道:"骨肉相残在国内挑起祸乱,这种事我宁死也不肯做。"

两人又出去打探消息,回来对慕容垂说:"太后和太傅的主意已经打定了,你该怎么办可要快些,晚了就来不及了。"

　　慕容垂说:"如果事情真的无法挽回,我宁可投奔别国避难,别的方法不在考虑之列。"他和世子慕容令研究一下,便决定出逃。他假借出城打猎的名义携带夫人和四个儿子以及慕容楷和舅舅兰建一同逃到了前秦。

　　前秦苻坚一直想吞并前燕,所顾忌的就是慕容恪和慕容垂两人,而今慕容恪已死,慕容垂又来投奔自己,喜从天降。苻坚亲自到郊外去迎接慕容垂,并许诺要和他一同平定天下,然后把燕国封给他,世世传袭。

　　苻坚也很喜爱慕容令和慕容楷,厚加赏赐,任以高官,每次上朝进见时,苻坚都特别注意看这三人。

　　王猛不同意苻坚的做法,劝他说:"慕容垂父子如同龙虎一样,绝不是用恩德、官禄、财物能买住他们的心的,一旦风云变幻,他们就会借机兴起,那时就难以制伏了,不如早一点下手把他们除掉。"

　　苻坚说:"我正招揽四方英雄来统一天下,怎能反而杀英雄,况且我刚见他时已经竭诚许诺,平常百姓还要讲讲信用,何况万乘君主?"苻坚任命慕容垂为冠军将军,封宾传侯,任命慕容楷为积弩将军。

　　苻坚派王猛攻打前燕,由于前燕太后可足浑氏乱政,太傅慕容评昏庸无能,只知收受贿赂,被王猛一战平定。

　　慕容垂父子在前秦行韬晦之策,深得苻坚重用和赏识。王猛和阳平公苻融屡次劝苻坚杀掉慕容垂父子以绝后患,苻坚对王猛言听计从,唯独在此事上坚执己见。

　　苻坚发百万大军攻打晋国,淝水一战全军溃逃,死亡十之七八,只有慕容垂率领的三万精兵完好无损,全军撤回。

　　苻坚丢弃了乘舆、仪仗和辎重,只带一千多人逃到了慕容垂的军中。

　　慕容垂的儿子劝他说:"咱们燕国被灭,燕国人心中最后的希望就在您身上了,只不过因为时机不到,所以韬光养晦在前秦栖身而已。如今苻坚惨败,是上天借此机会让咱们重新建立燕国,这个机会不能放过,您别以个人的感情耽误了社稷大业啊!"

　　慕容垂说:"你的话很对,可主上竭诚待我,别处不去,只投到我的军中,我怎忍心害他?假如上天真的抛弃了秦国,何必怕它不灭亡。我们先在危难时保护他一次来报答他对我们的恩德,然后再慢慢找机会消灭秦国,这样既不亏心,也可以用道义来取天下。"

　　他弟弟慕容德说:"秦国强盛时灭了燕国,秦国衰弱时咱们灭掉它,这叫报仇雪耻,怎能算亏心? 哥哥怎能放着秦国不取,却要把数万人马拱手送人?"

　　慕容垂说:"我当年被太傅逼得无处容身,到秦国逃命。秦主以国士待我,恩德礼遇都到了顶点,这恩德如何能忘? 如果秦国真的灭亡了,我也只要燕国的田地,不要秦国的土地。"

　　慕容垂的家人和亲友都劝他杀掉苻坚,占据邺城,乘混乱时收复旧地,慕容垂坚决不听,把三万军马交到苻坚手上。

符坚对慕容垂信任不疑,慕容垂便请求让自己到燕国故地安抚民众,并且拜谒祖庙。虽有人对苻坚说慕容垂会一去不复返,苻坚还是答应了他的请求,并派人率军护送他回国。

慕容垂回到邺城后,认为自己救了苻坚一次,已经报答了他的恩德,便秘密筹划重建燕国,恰好有丁零人翟斌起兵叛乱,苻坚便令慕容垂带兵征讨,给他三万人马,出入的数目倒是相等。

慕容垂知道这是最后一次机会了,便不再犹豫,和翟斌联合,反攻邺城,与前秦决裂;之后又东征北讨,收复燕国故地,重建大燕,史称后燕。

【解读】

战国时的烈士豫让说过:"人以国士待我,我以国士报人。"自古以来以国士待人的有很多,以国士报人的却不多见。慕容垂在苻坚穷途末路时不加伤害,反而把手中的三万人马拱手交出,可谓有国士之风矣。

"历史往往有惊人的相似之处。"苻坚收容慕容垂和曹操收留刘备极为相似,如同一个故事的两个版本。慕容垂在前秦的韬晦和刘备种菜也差不多,只不过曹操奸诈,苻坚仁德,两人的还报也就不同。

机会往往只有一次,错过了就很难再得到。慕容垂却把这绝好的机会放过,用来报德,真可和关云长华容道义释曹操相媲美。但事情都是因果相连的,就因为慕容垂放过了这次机会,苻坚又把机会回送给他。慕容垂把握住了这次机会,正如关羽没有第二次放曹操的道理,所以慕容垂虽然最后反攻秦国,依然不失为国士。他是在重兴自己的国家,完成自己作为燕国人的职责。

【原文】

欲择时当察其几先,先机而动,先发制人,始可见晦之功。

【译文】

要选择时机应当认清事情最初的微妙迹象,先占有有利的时机来行动,先发制人,这样才能显示出韬晦的功效。

【事典】

查容假醉避祸

查容,字韬荒,是浙江海宁人。因为是名士,他被平西王吴三桂聘去做幕僚。

查容到了昆明后,吴三桂对他极尽礼遇。可过了一段时间后,查容发现吴三桂有割据称帝的野心,便潜谋脱身之策。

一次,吴三桂请他喝酒,他故意装醉,做出种种对吴三桂无礼的行为,希望吴三桂一怒之下把自己赶走,就可名正言顺地离开昆明。

谁知吴三桂对他很是宽容,并不计较他酒后失态。查容无奈,只好不告而别,临行时在墙壁上留下一首诗,其中一句是:"将军有酒能投辖,壮士闻鸡已出关。"意思是说你虽然好客,把我的车轮子投到井里想留住我,我听到鸡叫时已经出关了,表明自己离去的决心。

吴三桂见到诗句后,马上派一名武士去追赶查容。武士追到查容后,向他说明王爷留客的诚意,请他回去。

查容在马上把武士提起来扔到地上,说道:"你老子是不会为你留下的。"

武士回去报告后,吴三桂大怒,派人去刺杀查容。查容改换服装,从小道一路赶回家乡,摆脱了刺客的追杀。

不久,吴三桂便起兵造反,最终被消灭,当时的人都夸赞查容有先见之明。

【解读】

海宁查氏自清初便是文化望族,名士文人代出不穷。当今翻译家、诗人穆旦和武侠大师金庸都出自海宁查家,可谓兴盛不衰。

吴三桂当时虽然骄横跋扈,也是因为他对清朝立的功劳太大,大清朝廷对他也极尽宽忍之能事。至于说他要造反,并没有显著的形迹,查容却能见微知著,洞烛先机,确是有先见之明。

查容的脱身之策也很高明,只是演技还不到家。明朝时唐寅被宁王朱宸濠请去作画,唐寅也是察觉宁王要造反,怕受牵连,便假装酒醉做出一些荒唐举止,宁王也不肯放他。唐寅索性当着宁王妃妾的面拉开裤子撒尿,宁王终于忍受不了,只好放他回家。不过这等下流举止,查容自顾身份,是宁死也不肯做的,所以也只好硬跑了。

当时云贵一带都是吴三桂的地盘,查容以一个不识路径的外乡人居然能摆脱刺客的追击,其机智和体力都令人佩服,因为其间的凶险万状是不难想到的。

【原文】

惟夫几不易察,幽微常忽。待其壮大可识,机已逝于九天,杳不可寻矣。

【译文】

可叹的是事物的最初状态很难察觉,常因细小微弱而被人忽视,等它逐渐长大到容易识别的时候,机会却飞到九霄云外去了,遥远而不可寻觅。

【事典】

陈树屏片言解纷

陈树屏任江夏县知事时,张之洞为湖广总督,谭继洵为湖北巡抚。一天,官员们在黄鹤楼公宴,边喝酒边观赏江面风景。

不久,大家都有些醉意了,一人忽然谈起武汉长江江面的宽度,巡抚谭继洵说是五里三分,张之洞却说是七里三分,两人争执不下,争得脸红脖子粗。

眼见这场酒宴要不欢而散,总督和巡抚手下的人谁也不敢劝解,更不敢说哪一方对,只在心里暗暗骂那个挑起话头的人。

陈树屏因为官职最小,坐在最后的座位上,却举手发言道:"总督大人和巡抚大人说的都没错。"

众人愕然,知道他是要为二人打圆场,却不知他如何能自圆其说。

陈树屏接着说:"江面水涨时,宽度就是七里三分,水落下时就是五里三分,总督大人说的是水涨时的宽度,巡抚大人说的是水落时的宽度,两位大人都没说错。"

众人鼓掌喝彩,张之洞和谭继洵也拊掌大笑,争执化解,大家重执杯盏,痛饮欢歌。

【解读】

张之洞是清朝末期著名的洋务派、实业家,几乎当了一辈子的封疆大吏,谭继洵则是戊戌六君子中谭嗣同的父亲。

官场倾轧有时并非因为争权夺利,一言半语不合、些微意气之争都可能酿出大的争端。唐朝中期以后的牛李党争起因也不过是一点小事,倘若有人善于化解,两方消除芥蒂,也就不会有后来的朋党之争。只因没有及时化解,由小及大,矛盾越结越深,纠缠固结就是用百万大军也无法破解开,以至皇帝都发愁,感叹道:"除藩镇割据之祸易,解牛李党争难。"而朋党之争、宦官乱政和藩镇割据又成为唐朝灭亡的三大原因。

张之洞

张之洞虽任总督,但巡抚依然是一省的最高军政长官,两者并没有严格的上下属关系,所以谭继洵敢于与张之洞争。

当时并无精密的测量设备,两人也不过都是随口一说,说的都未必对,却因出现分歧而固执相争。他们争的不是数字而是意气,这也是争执中最可怕的。因为意气之争最容易在人心里植下难以铲除的芥蒂,以后是否会长成牛李之争那样的恶性肿瘤,也是很难说的事。

陈树屏自然也不知道长江宽度有多少,却巧妙地用一句话满足了两人的好胜心,也给两人铺好了顺脚的台阶,两人脸面得以保存,也乐得迈下台阶,毕竟冤家宜解不宜结。

陈树屏最妙之处在于既拍了两位上司的马屁,又没有丝毫谄媚谀奉的味道,拍得无迹可寻,真是君子拍马屁中的绝品。

【原文】

是故用晦在乎择时,择时在乎识几。识几而待,择机而动,其惟智者乎?

【译文】

所以用晦的关键在于选择时机,选择时机的关键在于认清事物的萌芽状态。认清这种状态而等待,把握住成熟的时机而动手,这难道不是只有有智慧的人才能做得到的吗?

【事典】

仇钺的叛中之叛

明武宗正德五年(1510年),安化镇守王置鐇举兵反叛朝廷。游击将军仇钺来不及脱身,陷于叛军之中,为权宜之计,便假装跟从王置鐇以避杀身之祸。

安化兵变的消息传到京城,朝廷震惊。京师中人纷纷传言:"游击将军仇钺已投叛军,兴武营守备保勋与叛将王置蟠是儿女亲家,要为叛军做外应。"

朝中大臣听后,都信以为真,只有老将军李文正不信,说:"仇钺一定是身不由己,陷身叛军之中,必定不会跟着反叛。保勋虽然是叛将姻亲,但他对朝廷忠心不二。如果怀疑他们而不重用,那么凡是与叛军将卒有瓜葛的就都害怕了,谁也不愿意归顺朝廷了。"他极力推荐保勋为参将,仇钺为副将,责令他俩讨贼以自明,武宗听从了他的建议。

保勋得到任命后,感激朝廷不怀疑自己却加以重用之恩,当天便率军赴安化平叛。

仇钺被困在安化城中,虽然不知道朝廷动向,却不甘心附逆。他一面假装生病,卧床不起,不参与叛军的事,一面又秘密联络自己以前率领的壮士,积蓄力量,准备等朝廷大兵一到城下,自己便在城中发兵响应。

不久,保勋派人潜入城中,告诉仇钺朝廷已任命他为副将,命他讨贼立功。仇钺越发感激,又和保勋定好里应外合的计策和暗号。

仇钺派人游说叛将何锦说:"朝廷大兵到了河边,我军应快速出城,抢占渡口,防止官军决开河水灌城,并应派重兵沿河防守,阻止官军渡河。"

何锦闻言,认为有理,便率精兵出城防守,城内只留老弱和叛将周昂守城。

仇钺又派人去请周昂,言称自己病重将死,周昂急忙到府中来探视他的病情。仇钺躺在床上呻吟不止,说自己马上就要死了。

"死"字音犹未落,仇钺预先埋伏的壮士乘周昂不备,从后面举大锤把他打死,斩首挂在马鞍下示众。

仇钺一跃而起,披挂上马,率壮士出门沿街大呼,昔日部下便又云集到他的麾下。仇钺指挥士兵夺取城门,斩杀守卒,控制了安化城。

城内的叛军因群龙无首,不战自乱。叛军首领王置鐇正在府内,还不知城中已发生变化,被仇钺冲进府内生擒。

城外的保勋见城头改换了旗号,知道仇钺已得手,便挥军渡河。仇钺也从城内杀出,两相夹击之下,叛军大败。何锦走投无路,投河自尽,其余叛军四散逃亡,安化便一战而平。

【解读】

历来被叛乱的军队裹挟的人的出路似乎只有两条:一是随同造反,二是自杀以明志。仇钺却走出了第三条路。

他开始时必须在表面上附从叛军,否则人头落地,就什么也谈不上了。保住命后,他称病是为了使自己不致越陷越深,同时也有机会联络旧部准备反击。

他用计把城中的重兵调出,然后又使诈杀死了守城叛将,使城内叛军无法统一在一起,从而顺利地控制了城池,擒住了叛首。

应该说这些步骤没有特别出奇之处,一步步平平实实施展开来,却得到了意外的完胜结局,超一流棋手下棋也正是如此。

武宗虽然荒淫,在信任仇钺这一点上还是很明智的。假如他相信传言,如汉武帝灭了李陵满门那样,使仇钺无路可返,他就只有随着叛军随波逐流,命运还比不上李陵。明武宗自然无法和汉武帝相比,但单就此事而论,明武宗却比汉武帝高明,度量也大得多。

解厄学

北宋·晏殊

导读

"生之维艰,何足道哉?"是北宋晏殊的《解厄学》中的一句话。也许你很好奇,这个晏殊和那个写"一曲新词酒一杯,去年天气旧亭台""无可奈何花落去,似曾相识燕归来"的晏殊是同一个人吗?答案道:"是的"。

出身富贵之家的晏殊,十四岁时就因才华横溢而被朝廷赐进士,一生尊荣富贵。他从秘书省正字的官职做起,一路上行至知制诰,进礼部侍郎,又任礼部、刑部、工部尚书,同平章事兼枢密使,自始至终圣眷不衰。时人评论他"性刚简,自奉清俭。能荐拔人才,"《宋史》本传说:"自五代以来,天下学校废,兴学自殊始。"范仲淹、韩琦、孔道辅、富弼等都是他提拔推荐的。当他天年享尽,病卒于家之时,还得仁宗皇帝亲临祭奠,在当时这是何等的殊荣?

晏殊

今天再翻开《解厄学》,从"藏锋、隐智、戒欲、省身、求实、慎言、节情、向善"一路读来,感觉句句切中要害,散发出智慧的光辉。无论你是初入社会一团混沌,还是春风得意正在上升,或正面临困厄焦头烂额,都不妨请教一下这位"晏大人",分享一下他的智慧。

藏锋第一

厄者，人之本也。锋者，厄之厉也。厄欲减，才莫显。

上求贤，毕其功而志易。下求荣，成其事而意满。不知戒惕，上下难容也。

仁者不逐其名，仁贵焉。明者不恋其位，明弃焉。勇者不争其锋，勇敛焉。

生之惟艰，何足道哉？

——晏殊

【原文】

厄者，人之本也。锋者，厄之厉也。厄欲减，才莫显。

【译文】

困厄，是人生固有的现象。显露锋芒，是困厄加剧的原因。想要减少困厄，就不要轻易显露才学。

【事典】

俗语道："人怕出名猪怕壮。"长肥的猪，必定会被送进屠宰场；人太有名了，必会被人嫉恨。喜欢显摆自己的人，一定会招人恨！所以，有处世经验的人一定懂得瞻前而顾后，适可而止，有所节制，绝不会得意忘形，锋芒毕露。

唐顺宗在做太子时，心气很高，曾对东宫的心腹大臣说：我要全心全意帮助父皇实行革除弊政的计划！但他的幕僚王叔文却告诫他："作为太子，首先要做的应该是尽孝道，多向父皇请安、多关心父母起居饮食冷暖之事，不宜多言国事，况且改革一事又属当前敏感问题，你若过分热心，别人会以为你在邀名邀利，招揽人心，如果陛下因此而对你起了猜忌之心，你拿什么来开脱自己？"太子听了觉得仿佛如雷贯耳，从此紧紧地闭上了嘴巴，不再对朝政发表意见。

唐德宗晚年荒淫而又专制，干了许多祸国殃民的事情。但识时务的太子始终不声不响，不让父皇察觉自己的心思。终于，德宗驾崩了，太子顺利继承了皇位。即位后，唐顺宗有了施展拳脚的空间，可以实现自己的政治抱负了，于是才有了唐后期著名的顺宗改革。

从这个故事中我们可以看到隐忍的重要，如果唐顺宗当年不听人劝，那么不但有可能丢掉太子之位，甚至连性命也可能丢掉，更遑论实现自己的政治理想了。因此，"藏锋"对于"解厄"的重要性是毋庸置疑的了。

晚清的著名大臣曾国藩被后世奉为"官场楷模"。从表面上看这是因为，第一，他升官最快，三十七岁官至二品，在清朝独此一人；第二，官做得最好，政声卓

著,治民有言;第三,保官最稳,历尽宦海风波而安然无恙,荣宠不衰。从深层次上了解,其实是因为曾国藩熟读中国历史,对官场之道参深悟透,积淀了一整套官场绝学,用之于中国官场,攻无不克,战无不胜。

由于对中国文化有着精深的理解,曾国藩非常明白"屈是为了伸,藏心本是蓄志"的道理。因为他学养深厚,因此"凡规画天下事,久无不验"。他能思揽全局,抓住要害,表现出高超的战略水平,以至"天子亦屡诏公规划全势"。他学养深厚,能慧眼识英才,大凡他所举荐的人,皆能不负所知。连李鸿章对此都格外佩服,称他"知人之鉴,并世无伦"。他以文人身份站立行伍之间,成为文武皆备的肱股之臣。

多年的官场历练,使得曾国藩特别重视修炼自己,他认为最重要的是戒傲气、少言实干。他在写给九弟的信中说:自古以来讲凶德致败的道理大约有两条,一是长傲,二是多言。丹朱不肖,曰傲、曰嚣讼,就是多言。历代公卿,败家丧命,也多是因为这两条。我一生非常固执,很高傲,虽不多言,但笔下却近乎嚣讼。安静下来自我反省,我所以处处不顺,其根源也是这两条……我在军中多年,怎么会没有一点可取呢?就是因为"傲"字,百无一成。所以我谆谆教导各位兄弟引以为戒。曾国藩做的很多事情,都成为后世之人学习为人处世的生动教材。

同治三年,湘军攻破天京,红旗报捷,他让官文把这条消息列于捷疏之首,即有谦让之意,尤其是裁撤湘军,留存淮军,意义极为明显。不裁湘军,恐权高震主,危及身家;如裁淮军,手中不操锋刃,则任人宰割。因此他顾全大局,叫李鸿章按淮军不动,从自己处开刀。

曾国藩在奏折中说:"臣统军太多,即拨裁撤三四万人,以节糜费"。从当时的材料来看,曾国藩裁撤湘军的表面原因是湘军已成"强弩之末,锐气全消",而时人却认为这完全是借口,实为避锋芒。时人王定安就说过:"曾国藩廉退,以大功不易居,力言湘军暮气不可复用,主用淮军。以后倚淮军以平捻。然国藩之言,以避权势,保令名。其后左宗棠、刘锦棠平定关外回寇,威西域,席宝田征苗定黔中,王德榜与法朗西(法兰西)战越南,皆用湘军,暮气之说,庸足为定论乎?吾故曰,国藩之暮气,谦也。"

当时曾国藩所统湘军约计十二万余人,但左系湘军进入浙江以后已成独立状态,早在攻陷天京以前,江忠义、席保田两军一万人已调至江西,归沈葆桢统辖,鲍

图片标题: 曾国藩

超、周宽世两军二万余人赴援江西以后，随即也成为沈葆桢的麾下人马，剩下的便只有曾国荃统率的五万人，而这些人也正是清政府最为担心的。于是曾国藩从这五万人开始进行裁撤。

早在裁湘军之前，曾国藩就曾写信给李鸿章说："唯湘勇强弩之末，锐气全消，力不足以制捻，将来戡定两淮，必须贵部淮勇任之。国藩早持此议，幸阁下为证成此言。兵端未息，自须培养朝气，涤涤暮气。淮勇气方强盛，必不宜裁，而湘勇则宜多裁速裁。"

同为清廷重臣的李鸿章深深理解曾国藩的苦衷：朝廷疑忌握兵权的湘淮将领，舆论推波助澜，欲杀之而后快，如湘淮并裁，断无还手之力；若留淮裁湘，则对清廷可能采取的"功高震主者杀"起到强大

李鸿章

的牵制作用。李鸿章既窥见清廷的用心，又理解了曾国藩的真实意图，因而决定投双方之所好，坐收渔人之利。他深知在专制制度下"兵制尤关天下大计"，淮军兴衰关乎个人宦海浮沉。他致函曾国藩表示支持裁湘留淮的决策，说"吾师暨鸿章当与兵事相终始"，"淮军改隶别部，难收速效"，"惟师门若有征调，威信足以依恃，敬俟卓裁"。

曾国藩藏锋的"龙蛇伸屈之道"，是一种自我保护、自我实现价值的生存之道。正是他懂得何时该曲何时应伸，所以才能在官场之上立于不败之地，同时也很好地实现了自己的个人抱负。

和曾国藩相反，历史上很多有才干的人却大多命途多舛。究其原因，他们大多犯了恃才傲物的毛病，过分卖弄才学给他们带来了数不清的麻烦，让才华反而成了自己身陷困境的原因。

公元102年，多年担任西域都护的班超离任返回都城洛阳，朝廷派任尚接任他的官职。在朝廷里有人反对这个任命，说："任尚自恃有才，一向傲视天下，他这个人听不得别人的意见，惯于自作聪明，实难担起治理西域的大任。"

也有人为任尚说话："治理西域，本需大才之人，方能处理错综复杂的情况。任尚聪明过人，又有何不妥呢？如果说他有才不用，那么就是别有用心的指责，这岂能服人？"

朝廷最后还是选择了任尚。

上任伊始，任尚就去专门拜访了班超。他向班超请教说："大人在塞外三十年，经验丰富，请大人赐教。"

班超诚恳地回答："依你之见，该当如何治理塞外呢？"

任尚信心满满地说："治理塞外,当严加法纪,多行威严,令人不敢相欺。胡人既知我大汉天威,必不敢叛。"

没想到班超却并不同意他的看法,还说:"如此一来,塞外恐生事端,当真会有反叛之事了,这样万万不可。"

任尚很吃惊,也非常不解,他问道:"以法治世,乃不变之理,大人为何有此担忧?"

班超回答说:"塞外非同中土,治世之法亦当求变。要知塞外的朝廷官员多是在内地犯过错误之人,他们出塞乃是立功求赎,他们都不是安分之人,岂能一概以法治之?还当用心教化啊!至于塞外诸国,它们各有企图,亦应多加引导,广施仁德,这样它们才不会反抗。"

过于自信的任尚听了,却并不以为然。

班超看到他的样子,非常担心,他严肃地提醒任尚说:"你过于聪明,处处讲究以智胜人,性情也十分严正,这容易使你自高自大,疏远众人。人们嫉恨过于显露才干的人,你在西域千万要压抑自己,不可处处逞能。"

由于不理解班超的批评,任尚从班超处回来后,心情十分不快。他对手下人说:"我以为班超是个英雄,谁知他十分怯懦,言语之间全是无聊之词。为官者若不显露才干,何以服人呢?我看他是老了,他的话还是不信为好。"

他手下的人劝告说:"班超投笔从戎,又在塞外多年,他是不会浪得虚名的。大人不知塞外实情,还是小心为上。"

任尚听不进去,还口出狂言道:"以我任尚之才,小小的塞外自不在话下。我要另辟蹊径,建立不朽的功劳。"

任尚不听班超的劝告,上任之后,增设了许多苛刻法规。他对朝廷官员小错必纠,常加以惩罚;对塞外诸国,他以天朝大国自居,不时发号施令,全无以礼相待之心。在他的管理之下,各级官员怨声载道,西域的形势也开始严峻起来。手下人担心事态扩大,急忙劝任尚说:"现在人们只知大人的才干突出,而无人称颂大人的仁德,这不是件好事啊!民心要以仁德收之,而个人的才干却无益于号令天下,大人不该再这样做下去了!"

任尚听了十分震怒,狠狠鞭打了进言之人,又发布号令说:"朝廷的威严是不可侵犯的,本官的命令也是必须要服从的,塞外之地缺少教化,不讲法制,这种局面一定要彻底改变。"

任尚的做法激起了许多人的不满,渐渐地朝廷官员开始懈怠,明里暗里和任尚对抗。西域诸国对任尚失望,公开拒绝他的号令。

不到四年的时间,西域诸国先后反叛,任尚无计可施,只能向朝廷求救。朝廷把任尚召回,另派将领段禧出任西域都护。不久,西域的混乱局势不可收拾,朝廷只好撤销了西域都护。

任尚的自以为是、不听劝告,不但让自己陷入了窘困,还给国家带来了巨大的损失,我们应该引以为戒。

【解读】

中国民间有许多这样的"俗话":"枪打出头鸟""出头的椽子先烂"等等,道出了我们为人处世的一个重要的规则——在人生的道路上,我们所遭遇的许多困厄,都是因为遭到嫉妒而导致的。很多人不明白这个道理,喜欢到处夸耀自己的才干和学问,唯恐别人不了解自己,没想到反而使自己的人生平添了许多麻烦。而那些有大智慧的人,因为对人性有着深刻认识,从来不会凭空炫耀的自己的才能,而是低调做人,踏实做事。他们自然就免去了这些纠结,在成功的道路上走得更快更远,更有可能获得充实而圆满的人生。因此,我们一定要懂得不轻易显露才华是为了更好地施展才华这个道理,让"低调"成为我们行事为人的主旋律。

【原文】

上求贤,毕其功而志易。下求荣,成其事而意满。不知戒惕,上下难客也。

【译文】

当权者招揽贤士,他们达到了目标之后便会改交想法。地位低下的人求取富贵,目的达到了常常会骄傲气盛。不懂得戒忌和警惕,上司与下属就不能相互容纳了。

【事典】

中国历史上,有很多关于高人和隐逸的故事。

吕尚是伯夷的后人,姜是他的族姓,因此又叫姜尚。姜尚字子牙,后世尊称为太公望,后人多称其为姜子牙、姜太公。他是中国历史上最享盛名的政治家、军事家和谋略家,周朝的开国老臣。

姜尚是一个大器晚成的人。当年他出世时,家境已经败落了,所以姜子牙年轻的时候干过宰牛卖肉的屠夫,也开过酒店卖过酒,聊补无米之炊。但姜子牙人穷志不短,无论宰牛也好,还是做生意也好,始终勤奋刻苦地学习天文地理、军事谋略,研究治国安邦之道,期望能有一天为国家施展才华。虽然他满腹经纶、才华出众,但在商朝却怀才不遇。直到他已年过六十,满头白发,仍在寻找施展才能与抱负的机会。终于,姜尚八十岁时于渭水边遇到了求贤若渴的周文王,自此得以施展才华辅助文王治理西岐。当了周文王姬昌的太师之后,他帮助姬昌制定了一系列发展经济的政策,如:实行"九一租税制",即农人租用公田,只缴纳九分之一租税的低税制度;给大大小小的官吏"分地",作为官吏的俸禄,而且子孙可以承袭等。这样,就调动了农人在官田上努力生产、官吏们自觉地搞好本人分地生产的积极性,极大地促进了生产力的发展,为将来讨伐商纣王,灭殷兴周奠定了基础。后来周武王伐纣成功,登上大王的宝座,开创了周朝八百四十余年的江山,姜尚功不可没。

但是,因为他功劳太大,声望太高,在朝野一呼百应,反而引起了周武王的猜忌。因此,在论功行赏的时候,武王将他封到了那时还是寸草不生的荒凉之地——

吕尚

齐,想要用这种方式来控制他的影响力。如果姜尚是一个普通人,受封到这样荒凉的地方,心中肯定会愤不平,大闹情绪。然而姜尚欣然受命,很痛快地去到齐地上任了。在他的精心治理下,还不到十年,齐地就因为盛产鱼盐,渐渐变成了富甲天下的地方,而姜尚也安稳地在这里得享天年,并著《太公兵法》十三篇传世。从那时起一直到春秋战国时,齐地一直是有名的富饶的地方。

姜尚深谙天道,因此他得以看破世间的名利,让自己优游于人世,做到"立言、立德、立功",其人生的完满令后人无不羡慕。

同是满腹才华,建功无数的古人,帮助刘邦建立西汉的张良却由于"不知戒惕"而落得了不幸的结局。

张良,字子孺,号子房,祖先是韩国人,伯父和父亲曾是韩国宰相。秦灭韩后,他图谋恢复韩国,结交刺客,在古博浪沙(在河南原阳东南)狙击秦始皇未遂,逃亡至下邳(今江苏徐州市睢宁县古邳镇)。

传说张良年少时在下邳游历,在破桥上遇到黄石公,得到一本《太公兵法》。后来他追随汉高祖刘邦,为开创西汉王朝立下了汗马功劳。楚汉战争中,很多次都是因为张良的计策,才使刘邦险中取胜。著名的鸿门宴中,张良以过人的智慧,保护了刘邦安全脱离险境。后来,刘邦又采纳张良不分封割地的主张,阻止了天下再次分裂。与项羽划分楚河汉界后,本来志得意满的刘邦觉得可以放下兵刃,开始休整了,但在深谋远虑的张良的推动下,他不失时机地对项羽发动攻击。最后在垓下全歼项羽楚军,一统了天下。

自从汉高祖入都关中,天下初定,张良便托辞素来体弱多病,闭门不出。随着刘邦皇位的渐次稳固,张良逐步从"帝者师"退居"帝者宾"的地位,遵循着可有可无、时进时止的处事原则。在汉初刘邦剪灭异姓王的残酷斗争中,张良极少参与谋划。在西汉皇室的明争暗斗中,张良也恪守"疏不间亲"的遗训。

公元前201年,刘邦江山坐定,册封功臣。萧何安邦定国,功高盖世,列侯中所享封邑最多。其次是张良,封给张良齐地三万户,张良不受,推辞说:"当初我在下邳起兵,同皇上在留县会合,这是上天有意把我交给您使用。皇上对我的计策能够采纳,我感到十分荣幸,我希望封留县就够了,不敢接受齐地三万户。"张良选择的留县,最多不过万户,而且还没有齐地富饶。

张良回到封地留县后,潜心读书,搜集整理了大量的军事著作,为当时的军事发展,做出了重要的贡献。但是,由于张良仍羁于朝廷,在许多宫廷事务中发挥着

图文珍藏版

影响,最终被吕后设计陷害。虽然正史载其病死,而许多野史中却道其被毒致死。在汉初三杰中,他的下场仅比韩信好一些,得留全尸而已。

纵观千古,真正能顺应天道做到"功成,名遂,身退"的能有几个人呢？真是令人慨叹啊！

在官场上,上司和下属是互相依托的,都要严守各自的戒忌,否则就会上下异心,难以成事。"藏锋"不仅对下属重要,对上司也是很关键的。一个好的上司必须能激励下属、团结众人,而不是只会表现自己。自私自大的人,最后只会众叛亲离。

后周世宗时,大将韩通做京城都巡检。世宗认为京城范围狭小,他对大臣们说:"京城关乎一国的威仪,理当大而广之,朕想扩建京城,你们认为如何？"由于当时国力不振,百姓困苦,大臣们纷纷表示反对。他们说:"时下仍有战乱,百姓尚需休养,如果扩建京城,势必劳民伤财,这件事不如以后再办。"

世宗很不高兴,非常恼怒地说道:"如你等所说,朕要等到何时？京城一日不修,朕便一日不安呐！"

大臣韩通见世宗不悦,急忙劝慰说:"凡事要有轻重缓急,扩建京城既是大事,又岂能拖延呢？陛下旨在为振国威,自不是为求个人享福,陛下的苦心我们做臣子的应该加倍领会啊！"

韩通的话说到了世宗心坎上,他教训大臣们说:"韩通深体朕心,而你们却不知要领,太让朕失望了。"

于是,扩建京城之事便定了下来,世宗任命韩通总管这项工程。

退朝之后,群臣围住韩通,纷纷指责他,说:"你只顾讨好皇上,而不顾百姓的死活,这是为臣不忠啊！以前看你耿直无私,今日怎会这般势利呢？"

韩通大声道:"为臣的要听君命,这是臣子的大道,难道你们不知吗？你们公开反对君命,无论有理无理,都是大错特错的,要说不忠,你们才是真正的不忠啊！"

一位大臣反驳韩通说:"凡事都有戒忌,你为了取悦皇上而不惜民力,出尽风头,你只会受到万人的攻击啊！这件事皇上不该,而你更不应推波助澜,你这样做会让人们唾骂的。"

世宗给了韩通三年的建城期限,而韩通却另有打算,他对自己的儿子说:"想要令皇上垂青,当要令皇上大大惊喜,我想加速建城,日夜赶工。"

韩通的儿子很有智谋,他不同意父亲的想法,劝阻道:"大臣们反对建城,可见这件事不得人心。父亲若是再强迫民力赶工,不是更令人非议了吗？一味讨好皇上也是不足取的,和众人作对更是大忌,父亲若只想个人升官发财,又有谁会真心拥护您呢？"

韩通根本不以为然,说:"我乃奉旨办事,谅别人也不敢说三道四。我要赢得皇上欢心,免不了让下面的人多多受累了,这是无法两全的。"

在韩通的无情催逼下,百姓和官员都苦不堪言,怨声载道。

当时,韩通的一位下属由于劳累过度,病倒在工地上,韩通知道了,不但不加关心和同情,反而责罚了他。韩通的儿子实在看不下去,又劝父亲说:"父亲急于建功,也不应该置部下的生死于不顾,如此一来,他们心怀恨意,今后父亲又能依靠谁呢?部下都希望有个体恤他们的主子,而厌憎只为自己捞取名誉的上司,父亲不可太苛刻了。"

韩通不听儿子的良言规劝,反而将他痛骂一顿,以后的行为毫无收敛。

事实上,仅仅用了半年,建城的工程就完工了。世宗大喜过望,夸奖韩通办事得力,在朝堂上立时宣布升迁韩通的官职,又赏赐他不少的金银珠宝。

韩通觉得自己干得漂亮,风光无限,而不知道人们对他的怨恨却日渐增长,就连他的部属也以他为耻,私下里不停地诅咒他。

到赵匡胤发动陈桥兵变的时候,一个痛恨韩通的下层军官王彦升趁乱把他杀掉了。韩通被杀后,不但没有人替他喊冤,还有许多人拍手叫好。赵匡胤为了顺应人心,没有追究王彦升所做的事情,只是把韩通以礼安葬了事。

【解读】

"狡兔死,走狗烹;飞鸟尽,良弓藏;敌国灭,谋臣亡。"这说的是中国几千年封建社会当权者为了维护自己的统治,用以对付有功之臣的残酷手段。一方面,作为统治者害怕功高震主者会危及自己政权的稳固,于是会想方设法将之除掉;另一方面,作为臣下建功立业的时机已经过去,没有施展才华的空间了。因此那些有清醒头脑,早已明白这个道理的人,纷纷选择了"功成,名遂,身退"的道路,远离权力中心以求自保。反之,也有一些不够聪明的人,以为自己功高盖世,于是骄傲自大不知自律,反而放纵自己,居功自傲,以致招来祸患。因此,要想处理好上下之间的关系,一定要懂得遵守一些必须遵守的戒律,时刻警惕不要让自己越过边界,否则就会引来灾祸,不但难以达到自己追求的目标,还有可能丢掉身家性命。

【原文】

仁者不逐其名,仁贵焉。明者不恋其位,明弃焉。勇者不争其锋,勇敛焉。

【译文】

仁德的人不追逐名声,仁德才是最宝贵的。明智的人不会贪恋权位,真正的明智是懂得放弃。勇敢的人不会争强斗狠,真正的勇敢是知道内敛。

【事典】

刘秉忠是元世祖忽必烈最为信赖和重用的汉臣。他字仲晦,本名刘侃,祖籍瑞州(今江西高安),元太祖十一年生于邢州(今河北邢台),少时曾出家为僧,号子聪,又号藏散人。在忽必烈创立元朝的过程中,刘秉忠做出了很大贡献。他献计献策,制定朝仪官制,被誉为元世祖的"股肱重臣"。但功成名就后的他毫不贪权图利,而是以清廉自持,千百年来令人无不敬仰。

刘秉忠的先祖曾在辽当过官,金灭辽后,又服务于金朝。刘秉忠生来就风骨秀美,异于常人,他素有志向,为人豪爽不羁。他从小就聪明好学,据说每天记诵数百言,能够过目不忘,对《易》等经史、天文、地理、律历以及卜算、遁甲等都有深入的研究。按照元朝的制度,凡是在蒙古贵族领地为官的汉人,都必须以儿子为人质,因此刘秉忠十三岁的时候就在都元帅府做人质,在这里学习到了许多为政的本领。

十七岁时,刘秉忠就到邢台节度使府当了令史,主要负责文字记录和抄写工作。但从小就心怀异志的刘秉忠对这个简单的工作并不感兴趣,时常郁郁不乐。一次,刘秉忠将毛笔投掷在书案上,感叹道:"我家世代为朝廷所重用,我怎么能自甘沦落,当一个刀笔小吏呢? 大丈夫生不逢时,怀才不遇,就应该隐姓埋名,以待时机,以求有朝一日再施展自己的鸿鹄之志。"

后来,刘秉忠辞职到武安山中隐居。他的才华得到天宁寺虚照禅师的赏识,特意将其招入山中,为其剃度,并改名子聪,在寺庙中掌书记之职,所以后来人称"聪书记"。十年之后,二十七岁的刘秉忠在空门中潜心治学,博览群书,对古今治乱兴衰研究得十分透彻,由此具备了超乎寻常的政治见解和胆识。在这种情况下,刘秉忠开始寻找机会,以期实现治国安邦的宏伟心愿。

1241 年,身居漠北和林(今蒙古人民共和国哈尔和林)的藩王忽必烈欲有所为于天下,积极接纳中原文士和儒释道三教名流。燕京(今北京)大庆寺高僧海云禅师应忽必烈之邀请,身赴漠北,途经云中时,闻知刘秉忠的才名,特意约他同行。刘秉忠也欲施展自己的才华和抱负,于是与海云禅师一同北上,谒见忽必烈。到达和林后,刘秉忠多次受到忽必烈召见。他纵论天下时事,深受忽必烈的赏识。当梅云禅师返回时,刘秉忠被留了下来。从此,刘秉忠为辅佐忽必烈完成统一大业竭尽了全部精力,为忽必烈承袭中原帝业、治国平天下设计了一幅完整的政治蓝图。

当忽必烈奉胞兄蒙哥汗之命,治理漠南之地时,忽必烈率刘秉忠等臣属南下,开府于金莲川。胸怀大志的刘秉忠建议忽必烈应"思周公之故事而行之",要抓住这一建立基业的千载良机。他对忽必烈说:"在朝廷内部,应该遵循古代典籍礼制,依照伦理法度为指导思想。在内部莫大于宰相,宰相统领百官,感化万民;在外部莫大于将帅,将帅统领三军,安定境域。因此要选择良相贤将,内外相济,这是当前最为迫切的问题。"

对于蒙古国官制混乱的缺陷,刘秉忠又上疏建议:"目前官无定次,清洁者不能升迁,污滥者不能降陟。应当参考古例,制定百官爵禄仪仗。此外宜慎选县宰,使民心安定。县宰正,民心自安。"同时,他还建议去除繁苛酷刑,取消了鞭背之刑,严禁私设牢狱,使法令更加完善。

为了减轻百姓负担,刘秉忠提出"国不足,取于民;民不足,取于国。有国家者,置府库,设仓廪,亦为助民;民有身者,营产业,辟田野,亦为资国用",认为国与民二者是互为补充、如鱼之与水的关系。因此他主张轻徭薄赋,减轻百姓的差役负担,免除苛捐杂税,为漠南地区经济的发展奠定了基础。

刘秉忠还积极倡导学校教育,主张尊师祭祀,开科举士,选举有才华的读书人做官。他建议忽必烈,应由官府出钱奉养那些没有产业的名士宿儒,使之不受贫困侵扰。这样,就得到了许多文人志士的拥护和支持。

刘秉忠的上述各项建议和做法实际上为忽必烈推行"汉法"奠定了理论基础。

这些建议的实施,尤其是在河南唐、邓诸州和陕西凤翔、京兆等地兴利除弊、铲除贪官污吏、招抚流民垦田、兴修学校、保护儒士等,是忽必烈推行"汉法"的一次实践。这次实践的成功使忽必烈认识到只有"行中国之省",方能"得中土之心"的道理,为他以后统一全国打下了基础。

1259 年,蒙哥汗死于伐宋的军营中,忽必烈返回漠北,从幼弟阿里不哥手中夺得大汗之位。至此,除偏居江南的南宋之外,大漠南北和中原地区已落入忽必烈的股掌之中。这时,忽必烈面临着如何统治中原、继承中国历代帝王基业的迫切任务。于是,他再一次向刘秉忠问计。

早在漠北汗王府时,刘秉忠就曾向忽必烈进言指出:"可以在马上取天下,不可以在马上治天下。"这一道理深深地打动了忽必烈。当忽必烈再次请教"治天下之经,养民之良法"时,刘秉忠广采历代王朝的典章制度,并根据当时的实际情况,一一编列成章,呈送给忽必烈。据此,忽必烈将纪年方法改为与中国历代王朝传统相吻合的"中统",后又改年号为"至元"。在至元八年,又采取刘秉忠建议,废除"蒙古"国号,建国号为"大元",于次年定都中都(今北京),改称为大都。此外,在官制、军政和司法等方面,忽必烈也依照刘秉忠等人的建议,从中央到地方一一进行了改革,建立了一套完善的中央集权统治。

由于刘秉忠的精心谋划,元朝的统治终于走上了与中国历代封建王朝相衔接的轨道。例如"颁章服,举朝仪,给俸禄,定官制",使章服有序,朝仪合礼,官有其职,位有定员,值食有常俸,因此吸引了各地人才,使那些朝廷旧臣、山林隐逸之士都重新得到录用,元朝的统治面貌焕然一新。因此,奠定元朝"一代成宪",首功之臣实非刘秉忠莫属。

后来忽必烈令刘秉忠还俗,官拜光禄大夫,位太保,参领中书省事。同时,又下诏以翰林学士窦默之女为妻,赐给府第,成立家室。还俗后的刘秉忠虽然地位非常高,权力也非常大,但是仍然斋居素食,过着心如止水的简朴生活。

在刘秉忠的一生中,从未因为个人私事而利用过手中的权力,这和其他手握朝廷大权谋取私利的高级官员相比,犹如天壤之别。因此当刘秉忠于至元十一年在上都南屏山无疾而终时,忽必烈悲痛万分。对群臣说:"秉忠事朕三十余年,小心谨慎,行事细密,不避艰险。正直无私,言无隐情。"

这段话无疑是对刘秉忠的中肯评价。据说刘秉忠在南屏山闲居时,独自在山间修建了一栋小屋,自己一个人住在林间,身边没有侍童陪伴。在茶饭之余,他走在山林之中,忘记了尘世的权力,终日淡然吟诗作词,怡然自得,过着悠闲自乐的生活。

刘秉忠死后,被追赠为太傅,追封赵国公。元仁宗时,又晋封为常山王。

刘秉忠以自己的远见卓识获得了忽必烈的赏识,几十年来侍奉忽必烈左右,为统一全国出谋划策。他劝忽必烈推行"汉法",使蒙古得以入主中原,站稳脚跟,因此可以当之无愧地被称为一代谋略大家。而他在功成之后,视权力如淡水,更为他赢得了巨大的声誉。在他看似散淡的政治生涯中,实则隐藏着卓越的智慧,这也正是他受到后人尊敬和赞赏的原因所在。他的一生,可以说真正达到了仁德、贤明、忠勇的境界,值得被世人奉为楷模。

和刘秉忠相反,春秋时有名的大臣伍子胥却由于不肯退让,贪恋权位而引来了杀身之祸。

伍子胥是春秋末期吴国大夫、军事家、谋略家,名员,字子胥,原本是春秋时楚国人,封于申地,故又称申胥。伍子胥的父亲叫伍奢,伍子胥的哥哥叫伍尚。传说伍子胥是姑苏城的创建者,他的祖父叫伍举,因为侍奉楚庄王时刚直谏诤而显贵,所以他的后代子孙在楚国很有名气。伍子胥性格刚强,青少年时,即好文习武,勇而多谋。周景王二十三年(前522),因楚平王怀疑太子"外交诸侯,将入为乱",于是迁怒于太子太傅伍奢,将伍奢、伍尚骗到郢都杀害,伍子胥只身逃往吴国。

春秋时期,楚国的伍子胥和申包胥是好朋友,二人惺惺相惜,常常聚在一起议论国家大事,互相都非常敬重对方。

伍子胥的父兄被楚平王冤杀后,他悲愤不已发誓要为父兄报仇。他对申包胥说:"楚王无道,杀我父兄,这是任何人都无法忍受的,何况是我呢?"

申包胥也为伍子胥的遭遇感到哀伤,哭着对伍子胥说:"大王昏庸,实为可恨,你还是自保性命要紧。大王自断臂膀,他是没有好下场的,你不可过于冲动啊!"

伍子胥恨恨道:"我伍子胥岂是寻常之人?楚王与我结仇,日后他必死无疑。我不仅要杀他,更要灭亡楚国,以绝其嗣。"

申包胥止住眼泪,双眼瞪视着伍子胥,大声警告他说:"你身负大仇,找楚王寻仇也就是了,为何要灭亡楚国呢?你这个人行事如此偏激,不讲原则,真是让人恐惧。如果你一定要灭亡楚国,那么我一定会保卫楚国的。"

后来,伍子胥果然投靠了吴王阖庐,他借助吴国的力量,带领吴军攻入楚国都城。当时,楚平王已死,伍子胥于是把楚平王的尸体从坟墓中掘出,打了三百鞭,以示复仇。

逃到山中的申包胥听说这件事后,放声大哭。他派人面见伍子胥,对他说:"你为了复仇,竟掘墓鞭尸,引狼入室,这太过分了。你这个人野心不小,不肯退让,这是取祸之道啊!现在你大仇得报,不可再意气行事了,请你劝退吴兵,归隐山林,如此方可保全自己。"

伍子胥却对来人说:"申包胥的好意我心领了,可我不能遵命行事。我像天黑时还远未走到目的地的人,胡走乱闯,顾不上什么天道不天道了。"

申包胥看到伍子胥这般疯狂,知道自己不能劝得住他,伤心道:"他先前为复仇冲昏了头脑,现在又因贪恋权位而不肯罢手,我看他是无药可救了。我们终究是相交一场,我为他感到悲伤啊!"

于是申包胥跑到秦国,向秦国求救。秦国不答应出兵,申包胥就日夜不停地哭,七天七夜没有停止。秦哀公被感动了,于是出兵打败了吴军,拯救了楚国。

夫差当上吴王后,伍子胥屡屡进谏,与夫差意见不合,夫差开始厌烦他。太宰伯嚭与伍子胥有矛盾,趁机对夫差进谗说:"伍子胥自视甚高,又居功自傲,大王不听他的谏言,伍子胥一定不满。大王不如少和他见面,以免伤了君臣和气。"

个性狂傲的夫差立时被激怒了,他冷笑着道:"伍子胥终是臣子,难道我还怕了他不成？他若再敢胡言犯上，我是不会饶恕他的。"

伍子胥被夫差疏远，心情十分郁闷。一次，他对好友诉苦说："我一心为了吴国谋划，可谓废寝忘食，为何大王反会冷落我呢？"

好友真心劝说道："自古君臣之间就多有猜疑，此事并不奇怪啊！现在大人位高权重，名望日隆，有人暗中进谗，大王自会忧心，大人该思量对策了。"

伍子胥却不以为然，摇头道："和小人计较，我不屑为之啊！只要我忠心办事，又何愁大王不回心转意？"

好友也摇头说："大人事事不肯让人，纵是没有错处，也会令人不快。大人的忠心不是问题的关键，依我看来，大人的权位太高才是麻烦的根源。大人若想避开祸患，当辞官让位。"

伍子胥哪里听得进去，他愤愤地说："我无错无过，岂能自动引退？我的一切都是辛苦挣来的，哪有拱手让人之理？"

由于伍子胥不知退让，使得吴王对他终于忍无可忍。最后，夫差派人赐给伍子胥属镂之剑，命其自杀。一代名臣就这样把自己送上了不归之路。

【解读】

贪婪而不知节制是人性中的一个大弱点。因此，对于权力和名声，多数人都十分渴慕。尤其是对那些具有强烈权力欲望的人来说，利用一切机会从别人的手中夺得权力，是其人生中的最大乐事。而当他们功成名就之后，就会牢牢抓住手中的权力不放，有些人甚至会利用权力来谋求个人的私利。然而，这些人在追名逐利的道路上往往走到了反面，最后不但葬送了好不容易得到的一切，甚至还搭上了性命，真可谓得不偿失。

纵观古今，人们对于权力和名声的态度，不外乎几种情况：第一种，追求权力，贪恋权位。一旦掌握权力之后，就牢牢地把持和控制权力，擅权专断，作威作福，甚至罔顾民生疾苦。第二种，身处高位却小心谨慎，恪尽职守，尽忠报国。第三种，在到达顶峰之后，功成身退以求明哲保身。

其实，权力和名声都是身外之物，可以给人带来幸运，也能给人带来不幸，人的内心的充实是无法靠这些东西得到的。真正的智者有着充满仁德的内心世界，因此不会眷恋这些东西，而是去追求更高的境界。这样的人生态度，才是战胜一切困厄的法宝——正所谓"仁者无敌"。

【原文】

生之惟艰，何足道哉？

【译文】

人们的生活都充满了艰难，又有什么值得称道的呢？

魏时博陵安平有一个叫崔挺的人,从小就十分好学,很年轻就已经博览群籍,拥有了渊博的学识。在当时,崔姓一族是当地有名的礼义之家,三世同堂,和睦同居,从来没有发生过什么矛盾。当时的人都很钦佩和羡慕崔家。后来,因连年饥荒,家境难以维持,崔家才不得不分门立户。分家时,崔挺与弟弟崔振互相谦让,弟弟拗不过哥哥,崔挺将家中的田地房宅及财产都让给了弟弟,自己仅留下一点墓田。虽说家境艰难,但弟兄二人都处之泰然,每日仍旧手不释卷,潜心读书。

当时由于连年灾荒,谷价暴涨,同乡中有家境比较富裕的人,见他弟兄二人生计艰难,便送些粮食给他们。弟兄二人在推辞不掉的情况下就收下了,但随后又将这些粮食转送给更困难的乡邻,自己一点不积存。乡里的人都为他们的品德和善举所感动,赞扬崔挺兄弟是真正的君子。

后来,崔挺出仕为官,由于政绩卓著,声誉远扬,屡屡获得升迁。当时的尚书李冲对他极为器重。崔挺被授任昭武将军、光州刺史。虽然官越做越大,崔挺仍保持着自己的良好德操,在刺史任上,恩威并施,推行教化,政绩斐然。在他的治理下,全州风俗纯正,百姓安居乐业,社会秩序井然。

散骑常侍张彝也是当时出名的好官。他受命到各地巡视,考察风俗教化。来到光州后,见崔挺把全州治理得一片清平,大加赞赏,说:"我领命监察各州吏治,专意搜集谣传诉讼等民情,纠举州政阙失。进入光州境地,但见一片升平,与您相比,我实在有愧清使的美称了。"

崔挺重法治,但更关心百姓的利益。当时的刑律苛重,有的地方甚至和秦朝的法律差不多,有的不尽公正合理。例如,当时犯罪被发配到边地服役的人逃跑较多,为此,朝廷特别做出严酷的规定:一人逃跑,全家受罚,都被充作劳役。对此,崔挺觉得于民于国都十分不利,就上书直抒己见。他认为,古代《周书》中就有关于父子犯罪各负其咎,不得相互牵连的规定。今日天下善人少,恶人多,原因何在?不是由于世风日下,而是由于治理不当的缘故。一人犯罪,祸及全家,有此规定,岂不是坏人越罚越多。其实许多人是被牵累在内,本非恶徒,这样一来,好人也就被逼成了坏人。崔挺同时引用史实为佐证说,春秋时,孔子的弟子宋人司马牛为其兄所牵连而受罚,鲁国大夫柳下惠因其弟盗跖而受株连,本人清白有德,却无端受辱,岂不令人悲哀,这不符合皇上的慈忍之道!崔挺援古证今,晓以利害,言辞恳切又纯正文雅。他的诚心诚意的进谏,感动了高祖,高祖欣然应允了他的奏请。

崔挺全心全意为老百姓着想,因此多有利国利民之举。如当时州内缺少铁,而铁器需用量很大,都得从外地购进,一路搜求转运,价格十分昂贵,一般的人买不起,影响了农业生产,且难及时满足百姓各种需求,官府用铁也极不便当。崔挺又上书表奏,请求复设铁官,发展铁业,使得百姓和地方政府都能得到实惠。

崔挺的这些德政感动了广大百姓。当时掖县有位九旬老者,自称年轻时曾在林邑得到一块美玉,四寸见方,光彩四射,且这块玉珍藏在海岛已有六十余年,因为看到崔挺治政清明,希望将玉奉送给他。崔挺谦虚地推辞说:"我的品德难比古人,不能将美玉视为一己珍宝。"他派船随老人去取这个宝物,发现那块美玉果然光润无比,堪称稀世珍宝。崔挺即刻奏表将美玉送到京城。孝文帝太和十九年(495年),高祖驾临兖州,特地宣召崔挺,询问他治理边地的方略,并论及文章撰制等事。高祖谈得尽兴,亲赠御制文章一集,还对周围大臣夸赞崔挺说:"倘若为臣者都如此,朕还有何忧虑。"

世宗即位后,崔挺多次上书,乞求告老还乡。景明初年,终于离任。全州百姓闻讯,扶老携幼,都从四面八方赶来送行,他们在崔挺后面送出很远很远,依旧不愿他离去,且人人落泪。许多人还拿来了贵重的绢帛,要送给刺史大人。崔挺也深受感动,一边劝慰,一边说服众人,所赠礼品一概不受。

崔挺于五十九岁时去世。这年冬天,他被赠封为辅国将军、幽州刺史,谥号"景"。那些过去在崔挺手下做事的大小官员,听到噩耗后都悲痛不已。为了纪念崔挺,大家在城东广因寺为崔挺铸起了八尺高的铜像,又用八关斋的仪式来追思崔挺,为他祈祷冥福。

古人说:"天有不测风云,人有旦夕祸福。"往往福不可能突然来临,祸却常常从天而降。这就使得人生需要早做打算,最好在祸患未起之时就能做好准备,这样才能不被困厄所难,转危为安了。

阳武人陈平是西汉时著名的军事家和谋略家。他少时喜爱读书,有大志,曾经在举行社稷仪式时为乡里人分肉,十分公平,乡里的父老都对他大加赞赏。他自己却感慨地说:"使平得宰天下,亦如是肉矣!"

公元前209年,陈胜在大泽乡起义,并立魏咎为魏王。于是,陈平辞别兄长,前往临济投奔魏王。后来又转入项羽手下做谋士。但陈平得不到项羽重视,郁郁不得志。他在鸿门宴上见到了刘邦,认为刘邦将来必成大器。这时,刘邦被项羽困在咸阳,等于软禁。刘邦和张良商议如何脱困,可此时张良也身陷敌营,一筹莫展。这时,他们想到了陈平,张良决定孤注一掷,暗中去找陈平。两人一见如故,相见恨晚。临别,张良直言来访的意图,陈平思考片刻后,说:"要从项羽身边救出刘邦,首先要'调虎离山',必须让范增离开项羽几天,不然怎么也不行。"

第二天,陈平设计:请项羽给楚怀王上义帝的尊号,送他到郴州去养老,这样项羽就可以此号召天下了。陈平的话,正中项羽的意。不久,范增上朝见项羽,项羽对范增说:"天无二日,民无二主。"接着,把陈平的话变成自己的话说了一遍,说是自己想起来的,范增立即附和说:"大王,这事儿还真得解决,宜快不宜迟。而且,这事儿还就得我去。"但范增毕竟也是谋士,临行前向项羽提出三件事,第一件就是不能让刘邦回到汉中,项羽答应后,范增才走。陈平估计范增走远了,就趁着早朝奏上一本说:"刚安定下来,必须节约。现在诸侯们聚集咸阳,每路兵马都不下四万人,军粮的负担极重,若不赶快让诸侯们回国,恐怕老百姓就负担不起了。"项羽一听,大吃一惊,马上传旨:天下诸侯,路远的给10天期限,路近的给5天期限,在限期内做好回国的准备;唯有刘邦留在咸阳,陪王伴驾。

项羽扣住刘邦,也在陈平的意料之中,陈平趁各路诸侯返国的机会,授意张良,使用声东击西的计策。于是,刘邦依张良之意上表,向项羽请假回故乡沛县省亲。

项羽犹疑不决,张良故意说:"不能叫刘邦回乡取家眷,不然他也许就在沛县称王了。您不如派遣他带着残兵败将回汉中去,再派人去沛县取他的家眷做人质,好教他规规矩矩做人。"

陈平乘机上奏:"陛下既封刘邦为汉王,也已经布告天下,臣民共知,却不让他上任,恐怕不足以取信天下吧!人家也许会说,陛下一登位便说假话,那以后执行法令,也会阳奉阴违了。不如听张良的话,把刘邦的眷属当人质,留在咸阳,遣他回汉中去,这样既可以保全信用,又可以约束刘邦,这不是两全其美吗?"

项羽犹豫了一段时间,最后同意了。刘邦心里欢喜无比,回营后立即起程。陈平出的声东击西的计策救出了刘邦,不仅保住了刘邦的性命,更为刘邦日后东山再起赢得了良机。

公元前205年春,因司马卬背楚降汉,项羽迁怒于陈平。陈平不仅遭到了项羽的责备,而且他出的计谋项羽也不再采纳。陈平觉得自己成了受气包,说不定哪一天项羽还会杀他,尤其是他已看清了项羽是个鲁莽武夫,最终是不可能取得胜利的,于是他挂印封金、偷偷地走了。他想起在汉王手下的魏无知是自己的老朋友,不如也去投奔刘邦。

天快黑时,他逃到了黄河边,找了一个船夫送他过河。没想到船到河心,从船舱里又出来了一个船夫。原来他遇到了水盗。陈平灵机一动,他马上脱了衣服,扔在船板上,光着上身来帮船夫划船。船夫看他腰间什么也没有,衣服掉在船上也没有什么声音,知道他身上什么贵重东西都没有,也就打消了加害他的念头。一场凶险,竟被他轻而易举地化解了。

到了汉军,陈平经汉将魏无知推荐,面见刘邦。两人纵论天下大事,十分投机。刘邦破例任陈平为都尉,留在身边做参乘(陪他出行,为他驾驭马车的官员),并命他监护三军将校。这一下引起了将领的不满,纷纷说他品行不端,贪图贿赂(也就是后人有时提起的"昧金""盗嫂"),认为这种人不能信任重用。

刘邦经不住众人再三诋毁陈平,便也心生疑团,召陈平来质问道:"听说你原来是帮助魏王的,后来离开魏王去帮助楚霸王,现在又来帮助我,这怎么不让别人怀疑你的信义呢?"陈平不紧不慢地回答道:"同样一件有用的东西,在不同的人手里作用就不同了。我侍奉魏王,魏王不能用我,我离开他去帮助楚霸王,霸王也不信任我,所以我才来归附大王。我虽然还是我,但用我的人可不一样了。我久慕大王善于用人,所以才不远千里来投奔大王。我什么也没带,来到这儿什么都没有,才

陈平

接受了人家的礼物。没有钱,我就生活不了,也就办不了事。如果大王听信谗言,不起用我,那么,我收下的那些礼物还没有动用,我可以全部交出来,请大王给我一条生路,让我辞职回家,老死故乡。"寥寥数语,道明了各方的政治优劣,话中有话。

刘邦的疑虑顿消,对陈平倍增好感,并重重地赏赐一番,提升他为护军中尉,专门监督诸将。从此,陈平一心一意为刘邦"六出奇计"夺取天下,成为西汉安邦定国的著名谋臣。

陈平是一个杰出的谋臣,但是即使像他这样的人也无法完全避开灾祸。因此,人生确实是艰难的,即使一时成功,也没有什么值得夸耀的。《孟子·公孙丑》中说:"祸害和幸福,都是自己找的。"《吕氏春秋·自知》中说得更明确:"存亡安危的原因,先不要到外界去找,关键在于自知之明。"祸患虽然有客观因素造成的,但多数是自身生发的。要消灾除患,最有效的办法是要有自知之明,洁身自好,斩断祸根,就能远离险境,从容处事了。

【解读】

我们常常说,人生的道路是曲折的,充满了艰难困苦。凡是获得了一些成就的人,无不是克服了这些障碍,以坚忍执着的态度攀登上面前的高峰的。他们在成功的路上洒下的是无数的汗水和泪水,在成功之后往往较好地保持着谦逊、自知的美德。因此面对身处逆境的他人,那些真正有大智慧的人从来不会妄自尊大;而面对成功者,他们也不会妄自菲薄。因为他们知道,在化育万物的自然和宇宙之中,人类是那么渺小,那么不值一提。如果狂妄地炫耀自己,只会把内心的浅薄和怯懦表露无遗。就个体而言,每个人都有自己的长处和短处,都不是完美的,即使取得了一些成就,也不应该自我膨胀。当认识达到这样的高度时,"藏锋"就绝不仅仅是一种在世间谋得进取的谋略,而是与天地宇宙相依相存的大智慧了。

隐智第二

用智者利,弄智者弊。暗用无敌,彰显无功。

不为己谋,君子之智也。莫使己亏,小人之奸也。不怨智寡,忠义失焉。

上惟忠,能次之。下为实,术次之。不明其心,厄之难止。

愚者言智,愚也。智者言智,祸也。

——晏殊

【原文】

用智者利,弄智者弊。暗用无敌,彰显无功。

【译文】

运用智谋是有利的,玩弄智谋是有害的。暗中使用智谋有成效,公开卖弄智谋就毫无作用了。

【事典】

北魏孝文帝拓跋宏是北魏献文帝拓跋弘的长子,北魏的第6位国君。他是一位卓越的少数民族的政治家、军事家和改革家。他崇尚中国文化,实行汉化,禁胡服、胡语,改变度量衡,推广教育,改变姓氏并禁止归葬,提高了鲜卑人的文化水准,是西北方各民族陆续进入中原后民族融合的一次总结,对中华民族的发展起了重要的作用。

魏孝文帝在五岁时就继承了帝位。由于北魏拓跋家一直引用汉武帝"立其子杀其母"的老办法,就是在立儿子做太子的同时,杀掉太子的母亲,以此来防止吕后篡权那样的悲剧重演,因此拓跋宏的生母也这样被杀死了,年幼的拓跋宏由祖母抚养长大。在471年至490年的20年间,政权一直由太皇太后冯氏把持。由于拓跋宏聪慧早熟,冯太后对拓跋宏一直存有戒心,担心他长大后会对自己不利,所以并不喜欢他。有一次,她听信谗言,杖罚了幼小的拓跋宏。又有一次,冯太后在大冷天里,把穿着单衣的小皇帝关在一间空屋子之中,3天不给饭吃,还打算废掉他。后来因为大臣穆泰的劝阻,拓跋宏才保住了皇位。拓跋宏3岁时生母就被赐死,所以一直都不知自己的亲生母亲是谁。他生性孝顺,因为从小就跟着冯太后,就一直把冯太后当亲生母亲一样。所以,虽然冯太后对他并不很疼爱,但是拓跋宏却真可以算是冯太后的肖孙,即使被责罚也毫无怨言。因此冯太后后来打消了废掉他的念头。

孝文帝成年亲政后,有一个人为了讨好孝文帝,就跟他说:"陛下当年幼小,太后不喜欢陛下,陛下实是凶险万分呐。若不是大臣元丕、穆泰、李冲一再劝阻,陛下的大位就不保了。陛下不想出这口怨气吗?"

孝文帝看着这人冷笑着说:"你为了取悦朕,竟不惜攻击太后,你确是个有心计的人。不过朕最恨狡诈之人,只怕你在朕这里什么也得不到了。"

最后,他把这个人赶出了朝廷。

这件事发生后,孝文帝还专门召集群臣训示说:"朕任用你们治理国家,你们当把心智用在政事上去,切不可挖空心思讨好朕。只要你们政绩卓著,即使你们顶撞了朕,朕也决不计较,厚加赏赐。"

宫廷内部由于关系复杂,争权夺利之事屡禁不止。有人建议孝文帝说:"现在朝廷朋党不少,互相争权夺利,这样下去是要生乱的。陛下当用智谋各个击破,互相牵制,如此方能无患。"

孝文帝却反问他道:"自古比朕智谋高的君主很多,他们可曾根绝此事?"此人无言以对。

孝文帝又道:"朝廷争斗,当以诚以情化解,如果用智用力,那么只会乱上加乱。朕不用智谋,而是用心感动群臣,这样才能一劳永逸啊!"

孝文帝用自己的行动来证明了自己的正确,首先,他常常探视冯太后,嘘寒问暖,无微不至,对冯太后总是十分恭敬,没有丝毫怨恨之意。同时他对自己的弟弟十分友爱,凡事体谅,不乱加猜疑。他对他们说:"我们乃一奶同胞,任何事情都不能把我们分开。只要朕能做到的,你们都可大胆提出,朕一定满足。"对于大臣,孝文帝在严肃法纪的同时,又表现得十分仁慈宽厚,他说:"执法严格是为了国家安定,而爱护你们则是朕的真心。朕如果放纵你们,那么朕就失职了,对你们也是大的伤害。倘若你们有生活上的难题,朕会为你们解决。此言既出,决不食言。"

由于孝文帝对群臣确实以礼相待,一片赤诚,群臣都深受感动。他们在一起议论说:"皇上弃天子之威、圣人之智而不用,悉心教化我们,这才是真正的明君啊!我们若不加理会,不体圣心,又有何面目立于天地之间呢?"也正是由于孝文帝的一片赤诚,推动了当时胡人对于汉文化的学习与接受,加快了我国北方少数民族和内地的融合,推动了经济与文化的发展。

与孝文帝相反,隋末的李密却由于卖弄自己的聪明而葬送了原本可得天下的大好形势。

李密(582—619)字玄邃,一字法主,京兆长安(今陕西西安)人,祖籍辽东襄平(今辽宁辽阳南)。是中国隋末农民起义中瓦岗军的后期领袖。大业九年(613年)李密参与杨玄感于黎阳(今河南浚县东北)起兵反隋。玄感败,李密逃亡。十二年,李密入主瓦岗军,成为当时最强大的一支反隋武装的首领。

隋朝末年,天下大乱,群雄并起。李密为首的义军是当时势力很强的一支,因此很多人都认为他有可能最后问鼎天下。

但是,在打了不少胜仗之后,李密骄傲起来。他不爱护自己的士兵,军中又一向不积蓄钱帛浮财,士兵们立了战功,他竟拿不出什么来赏赐。

看到这种情况,军师徐世勣对李密说:"士兵们冲锋陷阵,生死苦战,主公不奖有罚,这是鼓动不起人心的。我担心从此兵不力战,士气不振啊!"

李密却不以为然,说:"你的担心是多余的,你不知道,不奖有罚,正是我的智计。我就是要让士兵知道,只有不断征战才会有所收获,否则,士兵安于奖赏,他们会懈怠的。"

徐世勣叹息道:"这种智谋不仅不足取,也过于露骨,怎会有功效呢? 主公还是改弦更张,另谋更有效的方法。"但李密固执己见,不听劝说。

李密不关心自己的士兵,反而十分优待投降的隋军将领,对他们非常大方,赏赐丰厚。他还得意地对手下人说:"优待降将,必能瓦解敌人士气,争取更多的人倒戈,在此我们不能吝啬。"

有人提出异议说:"主公不赏士兵,反赏降将,只会激起士兵的不满。主公优待降将用意虽好,但意图明显,人人得见,只会使士兵感到不公。主公厚此薄彼,实不为高。"

李密勃然大怒,说道:"我优待降将,就是要大张旗鼓地宣传,否则无人得知,又有何功效? 士兵随我多年,应知道我的苦心,他们不该怪我。此事不可更改!"

李密开仓发放粮食,任凭来求取粮食的人随意拿走,不加任何限制。徐世勣见事不妥,忙规劝说:"粮食乃生存之根,十分宝贵,主公怎会任人领取呢? 主公应加限制啊!"李密却回答说:"我这样做,乃是让人知道我军粮食充足,使其知难而退。如此显示我军的实力,不是很好吗?"

徐世勣争辩道:"这只是一厢情愿,并不足取啊! 纵是智谋,也要暗中为之,方有功效,何况此计乃自我损毁,于敌无损,主公这样做太不明智了,需马上改过。"

糊涂的李密拒绝了徐世勣,司仓贾润甫接着进言道:"主公的智谋只是为了显示我军实力,可取得人民的拥护才是夺取天下的根本。现在老百姓没有粮食吃,多有饥饿而死的,他们会怎么看待主公呢? 仓廪的粮食总有被拿尽的时候,没有了粮食,谁又会追随主公呢? 此事关系甚大,主公不可轻视草率。"

李密非常固执,仍然坚持自己的主张。

徐世勣对李密的所作所为感到十分失望,他私下里对心腹说:"主公行事乖张,虑事不周,也就罢了,可怕的是他又拒绝规劝,不肯改过。主公这样耍弄小聪明,我担心大事难成啊!"

由于徐世勣不停地进谏,李密感到心中不快,便把他调到外地镇守。临行之前,徐世勣放心不下,又进言道:"主公聪明过人,但行事不可外泄,用智当求万全隐秘。如果智谋广为人知,不加掩饰,那么敌人便会有机可乘,反对自己不利了。主公在此千万小心。"

李密不耐烦地说:"事无定法,你何必这样固执? 我做事自有分寸,无须多虑。"

徐世勣走后,李密更加没有了顾忌,自以为是地干了许多傻事。他的一举一动毫无隐秘可言,导致连连惨败,最后自己也被李渊杀掉了。

【解读】

一些人对于"智谋""手段""心机""权术"的过于推崇,往往却成为他们无法成就大事的根本原因。这其实也就是俗话所说的"聪明反被聪明误"。要知道世间的事自有"天道"主宰，如果违背了自然和人类社会发展的固有规律，不论手段再如何高明，能力再怎样强大，最后也很难有什么好结果，甚至还会使人陷入更大的困厄之中。因此，我们可以运用智谋来化解困厄，但同时决不可玩弄智谋，过高估计智谋的作用。从另一个角度来说，真正有智慧的人也不会处处卖弄智谋，因为他们知道出奇才能制胜。只有戒除虚荣之心，把聪明用在体会和把握为人和处世之道上，才能获得真正的成功。

【原文】

不为己谋，君子之智也。莫使己亏，小人之奸也。不怨智寡，忠义失焉。

【译文】

不为自己谋划，这是君子的智慧。不使自己吃一点亏，这是小人的狡黠。不要抱怨缺少智慧，要担忧忠义的丢失。

【事典】

西汉时，文帝的廷尉张释之是掌管司法的官员。张释之字季，南阳堵阳（今河南方城县东）人。生卒年不详。汉文帝元年（前179年）被选为骑郎，历任谒者仆射、公车令、中大夫、中郎将等职。文帝三年升任廷尉，成为协助皇帝处理司法事务的最高审判官。他认为廷尉是"天下之平"，如果执法不公，天下都会有法不依而轻重失当，百姓于是会手足无措。他严于执法，当皇帝的诏令与法律发生抵触时，仍能执意守法，维护法律的严肃性。他认为"法者，天子所与天下公共也"。如果皇帝以个人意志随意修改或废止法律，"是法不信于民也"。他的言行在皇帝专制、言出法随的封建时代是难能可贵的。景帝即位后，张释之出任淮南相，非常公正清廉，从不阿谀权贵，连太子和亲王犯了错误，他都敢直言相谏，因此很得皇帝赏识。时人称赞"张释之为廷尉，天下无冤民"，他对实现文景之治，做出了重要的贡献。

文帝时，有人胆大妄为，偷窃了汉高祖庙中神座前的玉环。汉文帝对窃贼敢于盗祖庙大为恼怒。全国上下一致行动，很快盗贼就被抓到了。汉文帝下令把盗庙贼交给廷尉严加惩治。张释之依据西汉法律中规定的偷窃宗庙的珍宝、服饰、器物的条款，判处盗贼斩首示众的"弃市"刑罚。

张释之把这个判决上奏汉文帝后，汉文帝勃然大怒，责问张释之："这个贼无法无天，为非作歹，竟敢盗窃皇家祖庙中的玉环器物。我之所以把此案交给廷尉去处治，就是要你严加惩处，判以灭族重刑。可是你却像办平时其他案子一样，只是按照法律条文的规定，上报判处的意见。你这样处置他，怎么能够维护先帝高祖的尊严呢？再说也违背了我尊奉祖先，恭敬、孝顺的心意。"

张释之看到汉文帝大发脾气，于是也脱帽叩头谢罪，口里却依然据理力争地辩驳说："根据法律规定将窃贼判处'弃市'就是最重的了。到底是判斩首弃市罪还是判灭族罪,应该按照罪行情节的轻重来定。现在要是对盗窃了宗庙中的玉环器物的贼就判以灭族罪的话,那么有朝一日,再有个胆大妄为的亡命之徒,若公然去挖掘祖庙,到那时陛下又将用什么刑罚来加以惩治了呢?"

汉文帝听后沉思不语,最后接受了张释之的正确意见。由于张释之坚持公正执法,因此招来许多人的忌恨,这其中也包括太子,即后来的汉景帝。

汉文帝驾崩后,汉景帝即位。张释之知道朝中定会有人借机报复自己,大祸难免,故装病准备辞官。这时,刚好有一个很敬慕张释之的处士王生被召至朝廷,他非常善讲黄老之道。

有一天上朝的时候,王生看着廷尉张释之说:"我的袜带开了,你替我把袜子脱下来。"张释之照他的话做了。

张释之

过了一会儿他又对张释之说:"你给我把袜子穿上。"张释之没有丝毫不快,当着众人,跪下来为王生老人穿好了袜子。

过后,许多人问王生老人为什么要在衙门当着众人这样侮辱廷尉张释之,责备他这样做太过分了。

王生意味深长地说:"我又老又贫贱,自己这一生都没有对廷尉张释之做过什么好事,也不知怎么样来报答他。张延尉是如今全国有名的德高望重的大臣。之所以我要故意耍弄他,让他为我脱袜穿袜,是想借此提高他的声望啊!"

张释之恭恭敬敬地对待王生这件事,使当时在场的公卿大臣更加敬重张释之的为人。而景帝原本很厌恶张释之,在这件事之后也对他刮目相看,打消了报复他的念头,只把他调离京城就罢了。

和耿直的张释之的结局相反,智勇双全的韩信却因为不能遵守君子之道而落得了身首异处的下场。

韩信(约前231—前196),西汉开国功臣,曾被汉高祖封为齐王、楚王、上大将军,后贬为淮阴侯。他是中国历史上伟大军事家、战略家、战术家、统帅和军事理论家,中国军事思想"谋战"派代表人物,被后人奉为兵仙、战神。

年轻时的韩信性格放纵而不拘礼节。他未被推选为官吏,又无经商谋生之道,常常依靠别人的救济糊口度日,因此许多人都讨厌他。当时下乡南昌亭长觉得韩信非凡夫俗子,把他邀为门客,但不为其妻所容,"食时信往,不为具食",韩信愤然离去,"钓于城下",但所获不能果腹。一位正在河里漂洗衣服的妇女见韩信饥饿,便把自己带来的饭分给他吃,一连数十日皆是如此。韩信十分感激地说:"吾必有以重报母"。漂母听了非常生气,"大丈夫不能自食,吾哀王孙而进食,岂望报乎!"信闻之,深感惭愧。

淮阴屠户中有个年轻人看不起韩信,想侮辱他,说:"若虽长大,好带刀剑,中情怯耳。"并当众挑衅他说:"能死,刺我;不能,出胯下。"韩信注视了对方良久,慢慢低下身来,从他的胯裆下爬了出去。当时街上的人都因此耻笑韩信,认为他是个怯懦的人。

刘邦消灭项羽后,大将韩信被封为楚王。韩信来到楚地后,找到了当年让他从裤裆下边钻过去的青年屠户,对他说:"你当年污辱我,幸亏我用智隐忍才保住自己的性命,否则哪会有今天的荣光呢? 我不想报复你。"他还让这个屠户做了中尉。许多人对此都大感意外。

韩信的亲信对他说:"大王大人大量,不杀死屠户已算便宜他了,怎么能让他做官呢? 似他这样的小人反复无常,不能让人相信呐。"

韩信却得意地说:"屠户只是个泼皮无赖,无勇无谋,岂会相信他? 我这样做只是表示我的大度宽容,以使众人倾心,屠户不过是我的一个棋子罢了。"

封王后,韩信越来越骄横,他在楚地全凭自己意愿行事,甚至连刘邦的号令他都阳奉阴违,不加理会。

项羽的部属钟离眜在项羽死后投奔韩信,为韩信所收留。为此,不少人劝韩信说:"敌方之将本应捆绑献给朝廷,大王不这样做,反把他视为上宾,不是太离谱了吗? 更犯忌的是,皇上深恨钟离眜,大王包庇皇上的仇人,是自取祸殃啊!"

韩信起初很坚定,他说:"我和钟离眜私交甚好,他落难投我,是对我的极大信任,我怎肯出卖他呢? 这件事是做不得的。"

但是在人们的反复规劝下,韩信开始动摇了,他私下也问自己:"为了一个钟离眜而和皇上闹翻,是不是太不明智了?"

刘邦原本就嫉恨韩信的才能,对他并不信任。当他听说韩信收留了钟离眜时,更是怒火中烧,他说:"韩信心有异志,早晚必反,朕要亲自领兵剿灭他。"谋士陈平在旁阻拦说:"韩信善能用兵,陛下不要轻启战端。以臣看来,对付韩信还应智取,陛下也就不会有刀兵之险了。"

陈平于是给刘邦献了一计,让刘邦以天子视察各地大会诸侯的名义,骗韩信赴会,借此擒拿他。

韩信接到刘邦的邀请,明白来者不善,问对亲信怎么办。

亲信劝他交出钟离眜,说:"钟离眜一日在楚,皇上就一日猜疑大王,如此大王就处境凶险了。钟离眜对大王毫无用处,何必爱惜他呢?"

韩信动了心,他把钟离眜找来,说:"我想不出还有什么自救的方法,只有牺牲你了。你不要怪我,要怪就怪我不该和皇上结仇啊!"

钟离眜很吃惊,但还是镇静地说:"刘邦之所以不马上攻取楚国,是因为我在你这里,刘邦才有所忌惮。你要逮捕我向刘邦讨好,我死之后,你接着就要倒霉。何况此事传出,你韩信便是背信弃义的小人一个,谁也不会拥护你了!"

韩信大怒,命人杀了钟离眜。韩信拎着钟离眜的脑袋去见刘邦,刘邦仍然把韩

国学经典文库

智慧谋略全书

解厄学

图文珍藏版

信抓起来下了大牢。刘邦对他说："你这个人善用智计，难道智计就会保你无事吗？钟离眜与朕有仇，但与你有旧，你杀他向朕示好，可见你心地不善啊！你如此不讲道义，不该受到处罚吗？"

善用智谋的韩信为自己的"不义"得到了最严厉的处罚。

韩信

【解读】

人人都有自我，然而从对待"我"的态度上，我们却可以把世间的人分成"君子"和"小人"两大类。君子的"我"是"大我"，他们为人处世有博爱之心，眼光长远，善于把握大局。而正是因为有这种"不为己谋"的智慧，他们反而会被人拥戴，为贤明的君主所赏识，得到了实现自己远大抱负的空间。而小人决定自己的行为的唯一标准是"利益"，只要不吃亏，能得好处，可以丢掉道义和良心。因此，虽然他们获得了眼前的利益，却让别人认清了他的小人嘴脸，被人所不齿。当这种人遇到了灾难和厄运的时候，有谁会去关心他呢？更不用说帮助他实现自己的理想了。因此，在认识的高度上，我们必须明白这个道理：世界其实不属于聪明人，而属于那些懂得遵守天地正义的人。因为无论这个人多么聪明，一定是"多行不义必自毙"，而貌似愚笨的老实人却往往可以平平安安的生活下去。

【原文】

上惟忠，能次之。下为实，术次之。不明其心，厄之难止。

【译文】

上司都希望下属忠诚，能力才华还是次要的。做下属要注重诚心，权术还在其次。不明白其心理，困厄就难以停止。

【事典】

秦始皇是中国历史上有名的暴君，但他对真正的忠勇之臣却是很能容忍的。当年因为嫪毐谋反，嬴政迁怒太后，不但摔死了太后和嫪毐所生的两个孩子，还把太后软禁起来。这件事在一时闹得举国上下议论纷纷，很多人从孝道的角度对他进行劝谏。余怒未消的秦王嬴政下令："有敢以太后之事劝谏者，乱刀砍死，并以蒺藜（带刺的刑具）划刺其脊背和四肢，尸体堆在宫门外示众。"

有二十七位大臣仍然冒死进谏，都被嬴政毫不留情地统统杀死，二十七具尸体都堆在宫门外，这时又来了一位觐见的大臣。这次来的人叫茅焦，原是齐国人。没有人知道他是什么时候到秦国来的,也不知他到底有什么才能。因此茅焦虽被拜为客卿,但一直默默无闻,没有显现出有什么过人的才能。与茅焦住在一起的宾客,听说他进宫上言,全都吓得卷起铺盖逃之夭夭。

嬴政也没想到还有人敢来。听说茅焦求见,已经杀了几十个人的秦王嬴政先派使者出殿提醒道:"不许以太后之事进谏。"

茅焦却回答:"正是为此事而来。"

嬴政让使者警告茅焦:"你没有看到宫门外的尸体吗?"茅焦答:"我听说天上有二十八宿,如今已经死了二十七个人,我来就是要凑够二十八之数。我不是怕死的人!"

听到使者的回报,秦王嬴政火冒三丈,马上召茅焦进宫。自己则按剑而坐,横眉怒目。左右的大臣全都惊恐万分,为茅焦捏着一把汗。

进殿之后,茅焦不慌不忙地行过礼,对秦王说:"我听说长寿的人不忌讳死亡,享国之人不忌讳亡国;忌讳死亡的人命不久,忌讳亡国的人不能保全。生死存亡之事,都是圣明之君迫切要听到的。不知陛下是否愿意听一听?"

吕不韦

嬴政的怒气小了一些,问道:"此话怎讲?"

茅焦更加大胆地说:"陛下有狂乱乖戾的举动,陛下自己不知道吗?"

听到这样不怕犯上的话,嬴政反倒平静了。他好奇地问:"都有哪些?我愿意听你说一说!"于是,茅焦历数秦王的过错,说:"陛下车裂假父,有嫉妒之心;摔死两弟,有不慈之名;迁母于咸阳宫,有不孝之行;劐剌谏士,有桀、纣之举。天下人听说这些事情,就会瓦解四散,没人再倾向秦国了。我怕秦国会因此灭亡,所以替陛下感到很危险。我的话讲完了,请用刑吧!"说罢,除去衣服,伏在刑具上。

虽然茅焦把秦王嬴政亲政以来所做的事情几乎全都否定了,然而他的话很有道理。因为尽管此时秦国军事力量强大,东方六国已经阻止不了秦国统一的进程,但是人心的向背仍然是不能忽视的大问题,它对秦国统一大业的进行起着阻碍或推动作用。为了减少统一的阻力,加快统一的进程,必须尽最大可能争取人心,赢得政治上的主动。这一点年轻的国王嬴政认识得很清楚。所以他听了这一席话,立即转怒为喜,他亲自下殿,一边扶起茅焦,一边说:"赦你无罪!请先生穿上衣服,我愿意向你请教。"随后又拜茅焦为自己的仲父,封为上卿。

杀人无数的秦始皇能这样对待敢于说逆耳忠言的茅焦,其实是因为看到了他是真正在为秦国的前途着想,有一片赤胆忠心。这也是嬴政作为一个有为的君王所乐意见到的。

当然,在中国历史上,也不乏那些精通观人之术,却用在保全自己谋取私利上的聪明人。他们在仕途上的一路春风，其实反映出历代官场钩心斗角的丑陋真相。

南宋时，有名的奸臣秦桧当上宰相。有一天，宪圣皇后召秦桧的夫人入宫一起吃饭，宴席中有一道菜是清蒸淮河青鱼。皇后得意地问秦桧夫人："你吃过这种鱼吗？"

秦桧夫人回答说："这种鱼我经常吃，而且我吃过的鱼个头比今天这个更大、肉更多。明天我就送一些进宫来给您尝尝。"

夫人回家后，把吃饭的经过讲给秦桧听。秦桧听了心中大叫不妙，生气地责骂夫人："你怎么这么不懂事！"

原来深谙为宫之道的秦桧知道，夫人这简简单单的一句话，弄不好会毁了自己的前程。

因为宪圣皇后请秦桧夫人所吃的鱼是贡品，是皇家才有的享受。而现在，如果自己能拿出比皇宫更好的鱼，岂不显得自己的生活比皇帝还要豪奢？这一定会引起皇室的不满，秦桧怎能不急？

他苦思冥想，终于想出了一个解决的办法。

第二天，秦桧派人找来十几条草鱼送进宫里。这种鱼虽然个头大，却是很普通的鱼，并不珍贵。宪圣皇后原本为自己都很难吃到的鱼，秦桧家里却有那么多感到十分恼火，但是看到秦桧送来的鱼后，她的气恼却一下子烟消云散了。她看了看鱼，笑着对侍从说："我还奇怪秦桧怎么能弄到那么多青鱼，原来是他的夫人将鱼搞混了！"

不久，这件事被当作一件趣谈传入皇帝耳中，皇帝还认为秦桧夫妇生活简朴、忠厚老实，没有见过什么世面，自然对他又多了几分好感。秦桧的相位坐得更稳了。

后来，秦桧专权卖国，陷害岳飞等忠臣良将，成为南宋王朝最终灭亡的罪人，被牢牢地钉在历史的耻辱柱上，被后世唾骂至今。可见天不藏奸，大道犹存。

【解读】

人们常常错误地认为，上司赏识一个人只是因为他具有突出的才能。其实这是非常片面的理解。作为有着远大目标的领导者，往往最重视的是那些能够与他成为"同路人"的人，这些人才能得到他的信任和重用。因为这些人可以用自己的忠诚，帮助他克服达成目标的过程中不可避免的艰难困苦。如果一个人很有才能，却缺少忠诚，便会被视为潜在的敌人，不可能被委以重任。反之，对于下属来说，他们评价领导者的标准是他能够给自己带来多少真实的利益。只有这些实实在在的好处，才能让人们全心全意地追随他往前走。如果身为上司，只会玩弄权术和辞藻，而不能顾全下属的实际利益，时间长了就会丧失人心，众叛亲离。因此，要想避开世间的困厄和障碍，必须懂得观察人心，只有具备了洞察世事人情的能力，才有可能走上一条较为平坦的人生道路。

【原文】

愚者言智,愚也。智者言智,祸也。

【译文】

蠢笨的人炫耀智谋,这是愚蠢的行为。智慧的人纵论计谋,会给自己招来祸端。

【事典】

楚襄王是怀王的儿子,他做太子时,曾被作为人质留在齐国。楚怀王去世后,太子向齐王要求回国。齐王不同意,说:"你把楚国东部的五百里土地献给我,我放你回去,如果不给我土地,就不同意你回去。"太子没有办法,只得回去向老师慎子请教。老师说:"献地给齐国,是为了换取你的自由,你如果因为爱惜土地而不给,那么父亲去世你不能奔丧,这是不义。所以,还是献地比较合适。"于是太子再次拜见齐王说:"我愿献出五百里楚国土地给您。"

齐王于是就放太子回到了楚国,不久太子做了楚王即楚襄王。这时,齐王派出大军前来楚国索要土地。楚襄王告诉老师慎子说:"齐国派人前来索要土地,该怎么办呢?"慎子回答说:"您明天接见群臣,让他们都来出谋献策。"楚王首先召见了上柱国子良,向他讨教。子良回答说:"您不能不给他土地。您以国君之尊而许诺要给强大的齐国土地,如果不给,就是不讲信义,以后就不能向诸侯各国约盟。可以先给,然后出兵夺取回来。给地是讲信义,夺回是勇武之举。所以我认为应当给。"子良退下后,楚襄王又召见了昭常。昭常听完情况后却回答道:"不能给。万乘之国,就因为土地辽阔才能成其万乘。失去东部五百里国土,就是丢掉了一半国土,徒有万乘之名而实际上不足千乘,这是不行的,所以我认为不能给。我请求前去保卫此地。"昭常出去后,景鲤也进去见楚王。景鲤对楚王说:"确实不能给。但是我国也无力独自守卫这片土地。请让我西行向秦国求援吧!"

景鲤走后,慎子求见楚襄王。楚王把三位大夫的意思转告给慎子说:"子良说不能不给,可以先给,后夺回;昭常说不能给,由他去镇守东土;景鲤说不能给,但又不能独守,让他西去求秦国救援。我应该用谁的计谋呢?"慎子答道:"三个计谋全部都要采用。"楚王生气地变了脸色说:"你这样说是什么意思?"慎子说:"请大王听我把他们的话向您解释清楚,您就会看到的确应该如此。您先派上柱国子良带人去向齐王献五百里之地。第二天,再派昭常担任大司马镇守东土。昭常走的第二天,再派景鲤带五十辆兵车西行向秦国求救。"

楚王想了想说:"好。"于是就按此计划开展行动。子良到了齐国,齐国就派出军队去接受楚国的土地。这时,昭常却对齐使说:"我奉命守卫国君这块土地,甘愿与国土共存亡。我共有兵力三十多万,虽然兵器不良,部队也不精,却宁死也要与齐军决一胜负。"齐王听说后责问子良道:"您前来献地,昭常却守卫着不给,这是为什么?"子良说:"我身受国君之命献地,昭常假借王命,请您攻打他。"齐王就兴兵大战,欲攻取东土。但齐军还没开到边界,秦国已经派五十万大军逼进齐国的边境,声称:"阻止楚太子回楚国是不仁,夺取楚国东边的五百里土地是不义。如果齐国收兵就算了,否则我们愿等着与他一战。"齐王害怕秦国,只得请求子良回国告诉楚王,自己不要楚国的土地了。然后又派使臣到秦国去,请求退兵。

富有智慧的慎子稳居幕后,帮助楚王化解了一个个巨大的危机。他建议楚王采纳子良、昭常、景鲤三位大夫的计谋,实际上就是由"仁""明""武"构成的多管齐下。这样,既为楚王树立了仁义的形象,不给敌方以再挑衅的借口,又利用自身和外力在捍卫国土的同时不留下任何隐患,环环相扣,有理有节,称得上是古代应对国家危机的全胜之策了。反观齐王,在这场智慧与武力的较量中落得完败的下场,真是偷鸡不成蚀把米啊!

《三国志》的作者陈寿,自幼聪明好学,年少时拜蜀中名士谯周为师。陈寿悟性极高,经常得到谯周的夸奖。但是陈寿也有一般才子难免的通病:自视甚高,喜欢逞强好胜。

陈寿喜欢和别人争辩,甚至是无理搅三分,亦能使别人无话可说。谯周不喜欢他这一点,直言不讳地告诫他说:"才智不能用到邪道之上,否则有害无益。你与人斗智不休,毫不收敛,这只会激起你的逞能之心,归入浮躁之列。何况人都有妒贤之缺,你这样下去必遭挫折啊!"陈寿对老师的话并不在意。

后来陈寿在蜀国做官,担任观阁令史。当时,宦官黄皓专权,大臣们都争着攀附他,陈寿却对他不理不睬。有人暗示陈寿说:"黄皓奸诈过人,你不巴结他分明是和他作对,你自信斗得过他吗?与其受难,不如应付他一下才好。"

陈寿不屑道:"我乃读书人,岂能巴结一个宦官?若论智谋,黄皓哪里是我的对手?我就不屈服他,他又能把我怎样呢?"

于是陈寿不时在朝堂上给黄皓出难题,又出言讥讽他。黄皓心中恼怒,表面上却称赞陈寿忠心为国。陈寿以为自己占了上风,喜形于色。

有人提醒陈寿道:"你官位不高,虽说机智过人,但终不是黄皓的敌手,你不该主动招惹他。黄皓能掌控朝廷,其奸诈自是了得,你不该小看他。黄皓引而不发,你更要当心了。"

陈寿轻松一笑,说:"黄皓智谋再高,在我看来也是小人的奸计,何必怕他呢?我就是要在智谋上征服他,使其不敢放肆。"

黄皓决心整治陈寿。他召集心腹说:"我威加海内,无人不服,只有陈寿跳出来跟我作对,这是绝不能忍受的。读书人向来轻狂,以智者自许,我一定要让他知道我的厉害。"

黄皓于是指使心腹诬陷陈寿,给他列出了十大罪状。黄皓借此询问陈寿,冷冷地问他:"以为你是个人才,谁知这只是表面现象啊!现在有人揭发,你还想抵赖吗?"

陈寿气愤地说了许多为自己辩解的话,不想黄皓一句未听,只道:"天下没有主动认罪之人,特别是你这样的狂妄之徒。我不想和你理论,你智谋再高也救不了你自己了。"

黄皓依仗权势,将陈寿罢黜,赶出朝廷。陈寿冤情难诉,无计可施。

蜀国灭亡后,在家赋闲多年的陈寿又出来做官。写了一部《三国志》,得到了晋朝司空张华的赞赏。张华准备提携陈寿担当中书郎,有人马上反对说:"陈寿虽有才学,但他为人浮躁,性格狂妄,目中无人,让他治学尚可,为官重用绝不可行。试想一下,他自认天下智慧第一,又有准能驾驭他呢?何况他的智慧只是空谈,无助于理政啊!"

张华和陈寿面谈,陈寿不知谦让,自顾畅谈不止。张华中间插话,陈寿也不留情面地指出张华的不足之处,毫无顾忌。这样一来张华也对他失去了信心。他对自己的手下说:"陈寿有才不假,可他的傲气也是令人难以忍受的。他好为人师,轻视他人,如此为官必将独断专行,刚愎自用,看来此人不可托付大任了。"

纵观陈寿的一生,真是充满坎坷。他虽然有才能,却多次被贬,始终不被朝廷重用,无法施展自己的抱负。晋惠帝元康七年(公元297年),陈寿郁郁而终。我们难道不可以说他应该为自己的人生境遇承担大部分责任吗?

【解读】

真正有大智慧的人,不会把聪明形之于外,不会把心机摆在脸上。因为他们了解真正的天地之道,明白天外有天,人外有人的道理。这就是俗话为什么说"大智若愚"的原因。那些喜欢高谈阔论的,往往是才疏学浅之辈,因为被狭窄的视野所局限,他们总是以为自己是世界上最聪明的人,却不知自己的愚蠢早已被世人看在眼里。当然,聪明人有时也会犯糊涂,毫无保留地把自己的思想暴露在光天化日之下,却不曾想把自己变成了一个最显眼的靶子,让那些从阴暗角落射出的箭镞找到了目标,结果糊里糊涂地被人暗算了。这样的人恐怕也算不上真正有智慧吧!

因此,从这个意义上来说,考察一个人是愚笨的还是聪明的,一定不是听他怎样说,而是看他怎样做。

戒欲第三

欲大无根,心宽无恨。好之莫极,强之有咎。

君子修身,避祸也。小人无忌,授首也。一念之失,死生之别也。

治贪以严,莫以宽。惩淫以辱,莫以隐。伐恶以尽,莫以慈。

制欲求于德,务求于诚。悟者畅达,迷者困矣。

——晏殊

【原文】

欲大无根,心宽无恨。好之莫极,强之有咎。

【译文】

欲望强烈的人不能把握住自己,心地宽广的人不会充满恨怨。喜欢什么不要过度,强求什么定有灾难。

【事典】

世人对于使东汉王朝三分天下的几个重要人物的评价大大不同,其中对于曹操更是众说纷纭。青少年时的曹操在世人眼中的形象就大相径庭。有的认为他狡诈多疑,难成大事;有的说他与众不同,将来必成大器。如当时有名的俊杰之士汝南王俊曾评价曹操:"定天下者,舍足下而谁?"南阳何颙,见了曹操,也曾叹道:"汉家气数将终,得天下者,必斯人矣。"还有颍川李瓒,乃党人首领李膺之子,曾为东平相,临终时对儿子李宣说:"国家将乱,天下英雄无能胜曹操。张邈是我的好友,袁绍是你的外亲,但不可投,只可投曹操。"其中最出名的是许劭的"定评":"子治世之能臣,乱世之奸雄。"一治一乱,一能一奸,因时而变,料定曹操既流芳千古,又遗臭万年。

东汉末年,魏国的实力早已大大超过吴蜀,但是,有着"代汉"野心的曹操为什么始终没有称帝呢?当时他其实已经完全具备了称帝的条件,并且也没有能够和他抗衡的对手。作为一个政治野心非常强大的人,曹操这样做其实是有着自己对于人事的非常清醒的看法的。

如曹操在政治方面,为了取得自己的优势,不避奸臣之名,力行"挟天子以令诸侯"之策,把汉献帝当作一面旗帜以号令天下。在待人处事方面,也不忌暴露一种权诈风格。如曹操曾对人说:"谁欲害我,我就会心跳。"为证明这一点,他令一侍从官:"你身上藏着刀来到我身边,我就会心跳得厉害,然后抓住你,从你身上搜出刀。假若我惩罚你,你别说是我要你干的,我会厚赏你的!"侍从官照他的话去做,结果却被曹操杀害了。

但是曹操有着明确的政治目标,为了达成这个目标,他将自己代汉的意图深藏不露。因为他深知,如果放纵自己的欲望,做出不适时宜的举动,将会给自己的宏图伟业带来无穷无尽的麻烦。因此,终其一生,他都拒绝称帝,只承认魏王的名号。

汉献帝都许前后,侍中太史令王立曾多次上奏章说:"天命有去就,五再不常盛,代替火德的是土德,承继汉位的是魏,能安天下的是曹姓,只要委任曹氏就行了。"曹操听说此事后,让人带话给王立,说:"知道你忠于朝廷,然而天道深远,希望你不要多说!"曹操明白自己羽翼未丰,对于这一类称说天命的言论,不能不采取慎之又慎的态度。

即使如此,曹操仍然招来了政敌的不断攻击。周瑜骂曹操是"托名汉相,实为汉贼";刘备说曹操"有无君之心",说他"欲盗神器"。如果任其自然而不加以辩解,曹操不仅可能丧失"挟天子以令诸侯"的政治优势,而且可能会成为四方诸侯"清君侧"的对象;内部的拥汉派势力也会起来反对自己。赤壁之战遭受挫折后,开始形成天下三分的局面,刘备、孙权虎视眈眈,以马超为首的关中诸将心怀疑贰,成为曹操的心腹大患。在这种情况下,内外政敌乘机加强了宣传攻势,说曹操有"不逊之志",企图动摇他的政治基础,有人甚至干脆要求曹操交出兵权,以削弱曹操的政治实力。为了反击政敌,安抚内部的拥汉派势力,继续保持自己"挟天子以令诸侯"的政治优势,曹操将自己代汉的意图进一步深藏起来,而特别强调自己对于汉室的忠心。

建安十五年十二月,曹操特地为此下了一道《让县自明本志令》。第一部分从自己二十岁时被举为孝廉写起,说当时因自己不是隐居山林的知名人物,担心被世人看作平庸之辈,因此只打算做一个有作为的郡太守,以此扬名于世。后遭豪强忌恨,称病回乡,避世隐居。被征召为都尉,又升任典军校尉后,志向有所扩大,但也只是想封侯做征西将军,死后好在墓碑上刻上"汉故征西将军曹侯之墓"几个字。总之,旨在表明自己从年轻时起就志向有限,而且只想匡时济世为国立功,并没有什么个人野心。第二部分回顾举义兵、讨董卓以来的经历,说明在起初志向仍是很有限的,后来实力有所增强,又成为遏制袁术称帝的力量,同时为国家、为大义甘冒艰危,消灭了袁绍、刘表,从而平定了天下。如今身为丞相,作为臣子,地位的尊贵已达到极点,已超过了原有的志向。言外之意是,自己不会再有什么野心了。最后总结一句:"假使国家没有我,真不知会有多少人称帝,多少人称王。"意谓自己为阻止别人称帝称王做了不少工作,既不准别人称帝称王,自己又怎么会去称帝称王呢? 第三部分正面表明自己忠于汉室,并无"不逊之志"。先以春秋时齐桓公、晋文公兵势强大但仍能尊奉周室自比,继以周文王得到了天下的三分之二、但仍然臣服于弱小的殷朝自喻,接着表达了对于乐毅和蒙恬的深切敬佩之情。意在说明自己一来世受汉恩,二来汉又无负于己,那么自己对于汉室的忠心,就更是毋庸置疑的了。接下来,曹操进一步说明自己得到汉室信用已经超过三世,自己对于汉室的忠心,不仅要对世人宣说,还要通过妻妾去向别人宣说,并称这些都是自己的肺腑之言。最后还引了周公金縢藏书的典故,来说明自己何以要如此不厌其烦地表明心迹。

"金縢"是一种用金属封口的柜子。《尚书·金縢》载,周武王病重,周公向祖先祷告,愿代武王身死,祷毕将祷词藏在金縢之中。武王死后,成王年幼,周公摄政,其弟管叔造谣说周公将取代成王,周公为避嫌而出居东都洛阳。后成王打开金縢发现了祷词,知道周公忠诚,又迎回了周公,让他重新执政。曹操在这里以周公自比,说明自己写这篇文章的目的就像当年周公存金縢之书以备考查一样,是为了消除人们的疑虑和误解。

令文的第四部分针对政敌的攻击,斩钉截铁地表示:他不能放弃兵权,回到他的封地武平侯国去,这既是出于对自身和子孙安全的考虑,也是出于对国家安全的考虑,他不能"慕虚名而处实祸"。不仅如此,他还打算接受朝廷对三个儿子的封爵,以此作为外援,作为"万安"之计。接着笔锋一转,抒写对于古代贤士介之推和申包胥功成身退、拒不受赏的高尚品质的崇仰之情,表示自己虽有"荡平天下"的功劳,然而封兼四县、食户三万,内心还是很不安的。最后宣称:国家还不安定,他不能够放弃政权。至于封地,他是可以退让的。并具体提出他愿将所封四县交出三县,食户三万减去二万,以减少别人对他的诽谤,同时稍稍减轻自己所负的责任。

曹操的这篇令文,确实表明了他内心的想法。他在为自己辩解的同时,表明了牢牢掌握兵权和政权,同政敌坚决斗争的决心。

建安二十四年冬,曹操在孙权的配合下,取得襄樊大捷之后,孙权给曹操上书,称说天命,劝曹操当皇帝,自己情愿称臣。曹操读罢来信,将信出示群臣,说:"这小子竟想让我蹲在火炉上去挨烤啊!"汉朝以火德王,故这里以火炉比汉朝。曹操的意思是,他如以魏代汉,必然招致来自各方面的反对,就像在火炉上挨烤一样。说这话的目的一是为了揭露孙权的真实用心,二是为了试探一下群臣的意向态度。群臣对曹操的用意心领神会,于是文官以陈群、桓阶为首,武将以夏侯惇为首,纷纷劝进。这些人劝进自然都不无阿附曹操之意。但对曹操代汉称帝条件的分析,大抵还是比较客观的,比如说献帝只剩下一个皇帝的名号,一尺土地、一个老百姓都不再属汉朝所有,说的就是事实。但曹操早已成竹在胸,听完大家的建议,冷静地说:"'施于有政,是亦为政。'如果天命在我这里,我就做一个周文王得了!"

"施于有政,是亦为政"语出《论语·为政》,意思是说只要将《尚书》上说的孝顺父母、友爱兄弟的风气影响到政治上去,也就是参与政治,何必一定要做官才算参与了政治呢?曹操引用这句话,意在说明只要掌握了实权,不必计较有没有皇帝这个虚名。然后明确表示即使当皇帝的时机已经成熟,他也不当皇帝,而要像当年周文王给周武王奠定基业那样,积极创造条件,让自己的儿子去做皇帝。

其实曹操不称帝主要有以下几方面的考虑:首先,孙权劝他称帝,是从自己的利益考虑的。一来,孙权认为:这样做可以博得曹操的欢心,从而实现吴、魏之间的和好,自己就可分出身来全力对付蜀汉。襄樊之役中,孙权为了从刘备手中夺回荆州,从背后袭杀关羽,帮了曹操的大忙,但却得罪了刘备,结束了吴、蜀之间长达十年的联盟关系,这时他比什么时候都更需要缓和同曹魏的矛盾,不然就将可能陷入两面作战的不利境地。二来,孙权认为曹操如果真的称帝,就会再次招致拥汉派的强烈反对,从而陷入困境,减轻对吴国的威胁。因此,孙权貌似恭顺,实则是在使坏,曹操看穿了孙权的意图,不肯轻易上当。

其二,从当时情势看,如果贸然称帝,确实会给政敌和拥汉派势力增加攻击的口实,使自己在政治上陷入被动。综观曹操的一生,内部的反对和反叛大多发生在他当魏公、魏王之后,这是很能说明问题的。因此,继续维持献帝这块招牌,对于安抚拥汉派,巩固内部,仍有不可忽视的作用。

其三,至少从建安十五年起,曹操一再"自明本志",说自己绝无代汉自立之心,言辞恳切,说了差不多十年,现在如果突然变卦,否定自己,对自己的声誉名节必然会造成不利影响,不如一如既往,将戏演到底为好。

其四,更重要的是,曹操是一个讲求实际的人,只要掌握了实权,并不怎么看重虚名,"施于有政,是亦为政"一语便充分反映了他的想法。

总之,曹操不当皇帝,是从策略上全面权衡得失后所做出的决定,不为虚名而贸进,这是曹操一种明智的选择,是很好地控制了自我膨胀的欲望的结果。这也是三国最终被魏国统一的重要原因。

在历史上,还有许多人,虽然没有建立盖世功勋,但在做人做事上也值得后人好好效仿,因为他们真正把自己的小我融入了"为天下苍生"这个"大我"之中,让个人的才能为国家和人民的幸福发挥了作用。

朵儿赤的父亲曾是西夏国的史官,西夏亡国时他献城投降。朵儿赤十五岁时便通晓《论语》《孟子》《尚书》,是很有名的学者之一。

元世祖忽必烈在位时,一次在香阁召见了朵儿赤。忽必烈对朵儿赤说:"你是西夏的有识之士,不知对治国有何见解?"

面对忽必烈的问话,朵儿赤不假思索地回答道:"陛下圣明仁智,广有四海,当务之急是亲近君子,疏远小人。小人惯于甜言蜜语,陛下在此一定要保持理智,否则,小人误国的悲剧便要上演了。"

忽必烈点头道:"你不奉承朕,直言治国之要,可见你是个正直的人。朕向来讨厌阿谀奉承之徒,朕对你十分满意。"

忽必烈高兴之下,问朵儿赤想做什么官,朵儿赤说:"加官晋爵,是许多人的梦想,但臣却不想这样。"

忽必烈觉得很惊诧,问道:"你的确是与众不同啊,却不知是何原因令你如此呢?"

朵儿赤说:"做官虽是荣耀,但也是责任,如果没有真才实学而硬往上爬,那么不仅国家受害,自己也要招来祸事了。臣自度才学有限,所以不敢奢求。"

忽必烈哈哈大笑,连道:"就凭你这番言语,便可证明你绝非无识之人。你既有一身才学,当要为国尽力,你不要推辞了。"

朵儿赤谦让不掉,便说:"陛下信任微臣,臣就斗胆建言了。现在西夏屯田,实际上是占用了正规部队,如遇战事调动,就又耽误农田耕作了。西夏土地贫瘠,开垦的土地不到十分之一,如果把新长成的青年人另编户籍,充实为屯垦的人力,这样农田收获会增多,兵力也有盈余了。请允许臣做他们的总管。"

忽必烈点头应允，任命朵儿赤为中兴路新民总管。

事后，朵儿赤的家人埋怨他自讨苦吃，说："屯垦种田，这是份苦差事，别人避之不及，你不该主动请缨。皇上让你挑选官职，你应大胆要求担任那些好差事。你真是太傻了。"

朵儿赤摇头道："你们的见识太浅了，只想贪求高官，不想其中之患，这样会有好结果吗？"

家人都不同意他的看法，御史朵儿赤动情地耐心解释说："谁都想荣华富贵，但也不能强取硬要啊！皇上并不太了解我，我也没有建过寸功，如果不知谦虚，贸然求官，那么皇上必认为我是一个急功近利的人，还会看重我吗？我自请屯垦，乃是压制欲望，先行建功之举，一待有了功劳，我才能站稳脚跟，也不愁不会升迁了。"

家人了解了他的看法，于是停止了争论。

朵儿赤一到任所，便全身心地投入了领导屯垦的工作。他带领青壮年子弟开垦农田，堵塞了黄河的九个缺口，疏通了它的三个出口。

朵儿赤勤恳地劳作，取得了不少的成绩。这时又有人劝他说："你为朝廷做了这么多事情，应当随时向朝廷报告，这样，你的功劳才不会被埋没。"

朵儿赤不同意他的说法："如此一来，我当是以功求荣之人了，反对我不利。做事不要勉强，我还是但行好事，莫问前程吧！"

三年过后，田赋总额增加了一倍。忽必烈听到这个消息心中大悦，他立时提升朵儿赤为潼川府府尹，还下诏对他进行嘉奖。

【解读】

从积极的方面来说，人类的永不满足的欲望是使自身得以持续发展的重要因素，但是因为放纵欲望而使自己陷入困厄的实例更是比比皆是。从现象上看，人们是被困厄所纠缠，但是究其根源，却都与不能控制自身无法满足的欲望有关。当人的内心被各种贪婪的欲求所控制，就再也无法看清自己应该走的道路。因此，归根结底人类的困境并非外界造成，人们乃是被自我所困。要想自己不被困厄所缠，学会控制欲望是必须经过的途径。如果理智战胜不了欲望，那么困厄也是无法终结的。在这个诱惑无处不在的人世间，人们要切记不能好高骛远，迷失自己。只有清醒的头脑和一步一个脚印的努力，才能引导你走向自己的目的地。

【原文】

君子修身，避祸也。小人无忌，授首也。一念之失，死生之别也。

【译文】

君子修身养性，是为了躲避祸患。小人无所顾忌，是自寻死路。一个念头的失误，就会造成生死之别。

国学经典文库

智慧谋略全书

解厄学

图文珍藏版

【事典】

历史上那些懂得进退，明了得失，知道把自己摆在合适的位置的人，我们可以把他们称为君子。

范蠡，原为春秋时期越国大臣。在他的帮助下，越王勾践重整越国，消灭了越国的世敌吴国，成为春秋时期最后一位霸主。范蠡也因此被封为上将军。但对人性有着深刻认识的范蠡深知越王只可共患难，不可共富贵的个性，也明白急流勇退的道理，于是他在功成名就的时候决然辞别越王，隐退江湖。

范蠡离开越国后，来到了齐国。他隐姓埋名，更名为鸱夷子皮。意思仿佛是说，自己是盛酒的革囊，用起来可以很大，收起来又可以很小，舒卷自由，能屈能伸。在齐地住下来以后，他便试着用自己的才智致富。他在海边募人开垦荒地，从事生产，积累了大量钱财。齐国宰相陈成子听说鸱夷子皮很有本事，便请他去做官。范蠡感叹道："我当官当到卿相，种地得到千金，这是布衣出身的最高境界了。如果长久去享受，这是不明智的。"于是，他送回齐国的大印，不久，又把所有的家产分发给穷人，自己悄悄地离开了海边。

听说陶是当时天下的中心，交通枢纽之地，也是经济和贸易的会聚点，是经商的好场所，他便带上部分财产在陶定居，自称"陶朱公"。他平时从事一些农牧生产，但主要通过囤积居奇等候时机再行转卖等方法，积累了大量的资金，不久就成为巨富。天下于是都知道有个富商"陶朱公"。范蠡又把财产分出许多以接济贫困的朋友和同乡，真所谓"富而好行其德者也"。他自己则闭门不出，最后在陶寿终正寝。《尚书·洪范》说："向来有五种福分，一是寿，二是富，三是健康平安，四是修养德行，五是能善终。"一个人，若能够做到舍弃骄横吝啬，压制怒气断绝欲望，才可能享受这五种福分。范蠡就是这样的人。

司马迁

司马迁曾经写道："故范蠡三徙，成名于天下，非苟去而已，所止必成名。"字里行间对于这个拥有大智慧的人洋溢着由衷的慨叹和钦羡之情。

当然，能够像范蠡一样知进退的人在历史上并不多见，我们看到的更多是一些因为缺乏修养和主见而最终被困厄所吞噬的人。

北魏孝武帝时，权臣高欢把持大权，从来不把孝武帝放在眼里，谋逆之心昭然若揭。孝武帝想要铲除高欢，于是便找来一些心腹商量。

孝武帝对大家说："高欢欺朕太甚，不除此人，天下必亡，朕不能坐以待毙啊！"

有人献计道："欲除高欢，非大将贺拔岳莫属，他手握重兵，对高欢不满，陛下眼下只能依仗贺拔岳了。"

孝武帝于是亲手刺破前胸，派人把心血送给贺拔岳，密令他除掉高欢。

贺拔岳收到诏命，感到十分不安，他召来自己的谋士，问他们："皇上命我讨伐高欢，此事可为与否？还请你们发表高见。"事关利害，亲信各怀心事，谁也不出声，贺拔岳斥责道："你们都想推卸责任，难道置我的生死于不顾吗？平日我厚待你们，想不到你们竟是这样对我。"

见此情景，一位亲信连忙说道："高欢掌握大权，皇上早已被架空，将军何必为皇上殉葬呢？依我之见，将军不能听从皇命。"

另一位亲信也说："皇上已成为傀儡，将军不但不能奉诏，还要投效高欢。若非如此，高欢必然迫害将军，对将军不利。"

看见亲信们都主张投效高欢，贺拔岳感到十分为难，他说："身为臣子，我不奉诏命已是不忠，又怎么能去能服侍高欢呢？我自叹实力不济，难与高欢相抗，我还是选择自保吧！"

于是贺拔岳拒绝执行孝武帝的诏命，但也不投效高欢。他便托词在原州牧战马，率兵到达了平凉，以求置身事外。对于贺拔岳的做法，他的一位同在朝中的朋友以为不妥，特地赶到贺拔岳的营中，当面对其苦劝道："现在皇上与高欢相争，不可调和，你身为领兵之将应当及早做出抉择。似你这样患得患失，还想两边都不得罪，怎么可能呢？"

贺拔岳吞吞吐吐地说："我不想插手其事，就是想躲避灾患，否则灾患立来呀！"

朋友说："你不敢表明立场，分明是有所顾忌罢了，这才左顾右盼。你的私欲太强了，你该为了国家挺身而出，铲除奸佞。"

贺拔岳支吾道："高欢势力太大，我讨伐他只会白白送死，又有什么用呢？我是有心无力啊！"朋友觉得他实在太糊涂，又进一步劝道："你如此犹豫，后患无穷啊！高欢知道皇上密诏之事，他会饶你吗？何况你与高欢早就不和，他也是不会放过你的。"

可是不管朋友如何苦口婆心地劝说，坚持己见的贺拔岳仍不为所动。朋友哀叹道："你不听良言，终有后悔之日。"

贺拔岳也叹息道："敌强我弱，这也是没有办法的事啊，你尽管骂我好了！"

对于贺拔岳的观望，高欢恨之入骨。他派人打探贺拔岳的一举一动，对手下说："贺拔岳只求自保无事，他想得太简单了，官场上向来就是你死我活，我怎会让他遂心满意呢？"

于是高欢派人去收买贺拔岳的手下将领侯莫陈悦。由于侯莫陈悦一向被贺拔岳轻视，早已心怀怨恨，他马上投进了高欢的怀抱。不久，侯莫陈悦以议事为名，把贺拔岳骗入自己的军营，将其杀害了。

对于那些没有政治远见，又缺乏是非立场的人来说，不管他怎样想保全自己，最后都必然会被险恶的人世吞没。

【解读】

现实生活是复杂的,到处潜伏着祸患和困厄。意志力薄弱的人逃不过自身欲望的陷阱;缺乏清醒头脑的人会将自己葬送在对于权力和地位以及金钱的无休止的追逐之中。他们最终的结果是可悲的,也是不值得同情的。而品德高尚的君子之所以令人敬佩,并非因为他们没有和常人一样的欲望,而是因为他们决不让欲望左右自己。君子之所以能够做到这一点,是和长期的修身养性所形成的品德有关的。对于那些任由自己的欲望无限扩张的人来说,毁灭和崩溃是迟早的事情。这个规律是不会因为任何人而改变的。由于无法克制的欲念的驱使,人们往往在一念之间,便会铸成改变命运的大错。因此人们在任何时候都应该对自己保有警惕之心,这样才能避祸全身。

【原文】

治贪以严,莫以宽。惩淫以辱,莫以隐。伐恶以尽,莫以慈。

【译文】

整治贪欲要严苛,不要宽容放纵。惩戒淫欲,要使其受辱,不要加以隐讳。祛除恶欲要斩草除根,不要滥施仁慈。

【事典】

斗子文,名谷於菟,字子文,是楚国有名的令尹。他的身世非常奇特,据说出生之后就被抛弃在云梦泽边上,有老虎看见他,不但不吃他还喂他吃奶,因此他长大后取名为谷於菟,意思是虎乳养大的。

楚国的令尹子元死后,楚成王要斗廉当令尹。斗廉推辞说:"当今与楚国为敌的是齐国。齐国有管仲、宁戚治国,国富民强。我的才能比不上管仲、宁戚之流。您如果想改善楚国的法政,与中原抗衡,非用斗子文(斗伯比的儿子,名谷於菟)不可。"百官也齐声保奏:"只有此人,方称其职。"楚成王准奏,就封斗子文为令尹。

斗子文确实很有才能,而且为官廉洁,处事公平,不徇私情。

斗子文家族中有个人,认为同族中出了这样一个大官,自己就可以有恃无恐地在外边胡作非为了。一次他在市上买东西,不但不给钱,反而把卖东西的农夫打倒在地,被当时负责司法的官员廷理抓了起来。

审问的时候,被拘捕的犯人不但不服罪,反而十分嚣张,大声说:"我是令尹斗子文的堂弟,你们敢把我怎么样?"廷理本来对犯人有一肚子气,决心依法审判的,一听说这犯人原来是令尹的堂弟,吓出了一身冷汗,暗自庆幸发现得及时,否则,一旦用了刑,岂不闯了大祸!想到这里,赶忙命令手下人给犯人松绑,还连连道歉说:"误会,误会!"笑嘻嘻地一直把犯人送到门外,回转身倒把手下人痛骂了一顿,说他们有眼无珠,成事不足,败事有余。

廷理放了犯人,觉得立了大功,连忙整理衣冠,兴冲冲地去报告令尹斗子文。

以为这回令尹会感谢他,赏识他,说不定还能在楚成王面前进言保举,得到提拔重用!

斗子文听完他的汇报,不动声色地问道:"是你放的人吗?"

廷理答道:"是的,是的,大人,这是我应该做的。"

斗子文猛拍几案,站起来厉声命令:"你马上给我把人抓回来!"

这突如其来的愤怒,把廷理吓呆了。他愣愣地站着,半天也答不出话来。他怎么也不明白,令尹为什么会发这么大的火。

斗子文又说:"楚国之所以设廷理一官,就是用来维护国家法令的。正直的官员执行法令,灵活而不违背原则,坚决不损害法律。现在你擅自释放犯法的人,这就是没有维护国家的法律,秉公办事。难道我当令尹就是为了让自己的家族享受特权吗?你身为廷理连这点道理也不懂?!"

斗子文看到廷理很难为情的样子,又心平气和地说:"你想,我身为令尹,协助楚王治国,有人对我严格依法行事有意见,但我并不因此而抛弃法律,赦免那些违法的人。现在我的这个堂弟明明是犯了法,你却为了照顾我的面子把他放了,这不是在全国人面前展示我的私心很重吗?掌握一国之权柄,而被人在背后骂我私心自用,这样活着还不如死了的好。现在你赶快把放走的犯人抓起来。"

廷理结结巴巴地说:"这次是否就不必再抓回来了,您在家时教育一下了事。您看,放了的人又抓起来,面子也……"

"不,要抓!"斗子文坚决地说。他回过头去,命令手下的武士把那个犯法的堂弟抓了来,当面交给廷理,尽管犯人的母亲一路跟来了,并且跪在斗子文的面前求情,斗子文若无其事,仍然命令廷理把犯人押走。

楚成王听说了这件事,连鞋也顾不上穿,光着脚就去见斗子文。一进门就笑眯眯地说:"我找了个徇私枉法的人当廷理,惹你生气了,特来向你道歉。"楚成王回到朝廷后,立即下令罢免了这个廷理,请斗子文兼任廷理之职。

斗子文还对楚成王说:"国家之祸,都是因为君弱臣强所致。建议凡是百官世禄田邑的收入都要交一半给国家。"楚成王采纳了这个建议,传令百官执行,斗子文以身示范,穿着布衣上朝,家中无一日的积蓄。然后他又先要本家斗氏族执行,其他百官也就不敢不服从了。在斗子文的治理下,楚国的财力大为增强。他还十分注意治理军队,选贤任能,当令尹四十年,使楚国得到大治,为后人所推崇。

像斗子文这样的人,看上去似乎不通人情,连亲戚的情面也不看,但这种无情的背后是对天下苍生负责的大情怀,正所谓惩恶即是扬善。在中国历史上还有很多这样有大智慧和大慈悲的人,正是他们为后世树立了榜样。

明成祖时,大臣周新被任命为浙江按察使,是官职为三品的封疆大吏。

周新上任后,经常到各州县去巡视,而且不带任何随从,他说:"我微服私访,方能探得实情,否则难免办事出错啊!"

一次,周新来到治下的一个县巡视,他把自己打扮成一个普通老百姓的样子,四处走访,了解实情。

这个县的知县是个贪官,作恶多端,周新了解到这一事实后,非常气愤,他对当地百姓说:"如此恶人,你们为何不去官府告发他呢? 你们太老实了。"

老百姓无奈地告诉他:"官官相护,上告也是无用。知县凶狠无比,我们若是告他,定会遭其疯狂报复,我们着实害怕啊!"

周新一声长叹,对他们说道:"恶人当道,你们越怕越会受害,不如起而抗之。人不能容忍恶人,否则,恶人的气焰就会更加嚣张。光是自己不作恶是不够的,更要联手打击恶人呐!"

于是周新独自去见知县,他故意责问知县说:"听说你鱼肉百姓,做尽了坏事,这是真的吗?"

知县不认识周新,以为他是一介平民,听他说完立时勃然大怒,向他吼道:"小小百姓竟敢污辱本官,你这是活得不耐烦了!"

知县当时就把周新关进大牢,准备严加处置。

狱中的囚犯有很多都是蒙冤之人,因此周新在这里掌握了更多知县的违法证据。之后,周新向狱吏展示了自己的真实身份,知县闻讯,赶过来向他磕头谢罪,求饶道:"下官不知大人真实身份,这才冒犯大人。大人定是听了刁民的诬告,方使大人对下官心生误会。下官只求大人宽贷。"

看着知县磕头不止,周新斥责说:"你身为父母官,不为百姓谋福,只为个人谋利,这是盗贼的行径啊! 你的一己之恶,受害的却是全县百姓,对你仁慈就是对全县百姓的残忍,你这是自作自受!"

说完周新拂袖而去。怕得要死的知县又急忙拿出重金托人带给周新,向他求情说:"是福是祸,全凭大人的一句话了。大人一言就可叫人生死,自己也会得到实惠,大人还是开恩留情的好。"

看到贿赂,周新感到自己受到了污辱,他怒斥求情人说:"如果我贪图知县的钱财,那么我也是一个恶人了。人有恶欲,上天不佑,你们看错人了。"

周新的强硬态度让他的家人惶恐不安,他们劝周新说:"官场污浊已非一日,你如此认真当心知县的报复。"

周新却不为所动,坚持说:"我不能助纣为恶,恶人不除,百姓难安,我怎能胆怯呢?"

果然,一位和知县有旧的高官找到周新,开门见山道:"你和知县无冤无仇,惩办他对你也没有丝毫好处,为什么非要置他于死地呢? 此事还容商议啊!"

周新脸色铁青,冷笑说:"身为百姓都要铲奸除恶,何况我是朝廷命官?"

高官低声道:"知县和我颇有交情,我不忍见他遭此大难,特来求助于你。看在我的薄面,你就放他一马吧!"

神情严肃的周新厉声说:"你让我执法犯法,可见你居心不良,诱我为恶了。在这件事上我六亲不认,何况你的薄面呢?"

最后周新如实向朝廷揭露了知县的桩桩罪行,使他受到了应得的惩罚。

古人云:"得民心者得天下。"民心是由多种因素形成的,执法公平与否直接关系到民心的向背。因此,历代明君贤士都强调公正、严格执法,并希望从上到下率先垂范。商鞅主张"刑无等级";韩非主张"法不阿贵";唐甄主张"善为政者,刑先于贵,后于贱"。东汉学者王符感叹道:"法术明而赏罚必者,虽无言语而势自治也。"用今天的话来说,只要法律严明而又严格公正执法,不用多说天下也可太平了。

【解读】

对于"恶"的无情惩处就是最大的善。有时世人往往会因为"东郭先生"式的"慈悲"而错过了蠲除罪恶的大好机会,这样的结果是不但贻害他人,而且也不能自保。因此,在现实的社会中,对于那些贪婪而不知自止的恶行,必须采取严厉的措施加以打击,丝毫不能有任何心慈手软。因为这样才能警示世人,将恶念扼杀在摇篮里面,同时催发善行的花朵。历朝历代,老百姓对"法制"既抱有很高的期望,又怀着很大的疑虑。大家关注的焦点就在能否公正执法上。执法者如果徇私枉法、法外施仁,必将引起民忧、民怨、民愤,不可避免会催生社会危机。许多有远见的政治家也非常清楚这一点,他们把能否严格执法提到影响国家安危的高度。由此看来,法不徇情,既是执法者全身远祸的策略,更是顺应时势与民心,实现天下大治的方略。

【原文】

制欲求于德,务求于诚。悟者畅达,迷者困矣。

【译文】

制服欲望要求助于修德,务必诚勉牢记。颖悟的人顺畅通达,迷惑的人困厄多难。

【事典】

《史记·郦生陆贾列传》记载:汉惠帝时,吕后执掌朝政,准备大封本家吕姓族人为王。但是因为害怕这样做太露骨而遭到文武大臣的反对,所以暂时没有实行。楚人陆贾头脑清醒,口才又极好,是有名的辩士,曾多次出使诸侯,不辱君命,官拜太中大夫之职。作为谏官,陆贾考虑自己不去谏阻不行,若去谏阻吕后又未必肯听,而且还会有性命之虞。在进退两难之际,陆贾为避祸全身就称病辞官,在土地肥沃的好峙县(今陕西乾县东)安家,静观时变。他把自己为官所得和出使时别人所赠送的共约千金分给五个儿子,让他们安心种田。自己则带着几个随从,到外地游山玩水,并让五个儿子轮流提供饮食,过着悠闲的生活,不再过问政事。他的行为使得朝廷中无论哪一派都打消了对他的怀疑,因此陆贾无论在吕后当政之时还是吕后倒台之后都能全身远害,安度晚年。

因此,我们说,欲望有时是人生的动力;有时又是罪恶的源头,是苦难的根源。在人生的旅途中要想扬帆远航而不在中途搁浅,必须减轻负担,把一切应该放下的坚决地放下。陆贾不愧为智者,在动乱的时局下,在进退两难之际,称病隐退,分金避祸,虽然时不能兼济天下,但也可谓独善其身了。

中国历史上还有很多这样的人，他们真正做到了穷则独善其身，达则兼济天下，不愧为真正的智者。

北魏时的李士谦幼年丧父，家里虽然很有钱，他却十分简朴，说话也很慎重，口中从不吐杀、害之类的话。亲戚朋友来聚会的时候，他总是摆好酒肉，端坐在桌子前陪着客人，即使坐一整天也不疲倦。李家宗族众多，每到春秋两季社祭日，总要欢聚一堂。有一次，大家在李士谦家聚会时，他给大家吃黍米饭。家族中的人不懂其中的道理，问为什么要这样，李士谦说："孔子把黍排在五谷之首，荀子也认为应先吃黍米。古人所崇尚的东西，难道我们可以违背吗？"宗族中的人不论老幼，都肃然起敬，不敢再纵情作乐。

李士谦自己过着简朴的生活，却把积攒下来的钱财都用来赈济百姓，帮助州里人。州里有人办不起丧事的，他就亲自去周济，帮助办理；还有的兄弟分家，因钱财分得不均以致互相吵闹的，李士谦就出钱补给那些分得少的，让他们兄弟和睦。这样一来，往往是兄弟之间觉得很不好意思，又相互推让。村子中有牛跑到李士谦家田里吃秧苗，他不仅不责备主人，还把牛牵到阴凉地方，割草喂它。每逢看见偷割他家庄稼的人，他总是故意装作看不见，偷偷地避开。李士谦的一个家奴与乡人角力，那人扼住家奴的喉咙，一不小心把他掐死了。那人非常害怕，跑到士谦家里请罪。李士谦对他说："你本来没有杀他的意思，不是故意杀人，不必请罪，你最好赶快逃走，别让差役们抓住你就是了。"家僮曾抓住一个偷粮食的人，李士谦安慰那个人说："你的做这件事只不过是因穷困的原因，从道义上来说，你是没什么错的，我不应该责备你。"于是放那个人走了。

李士谦一直都宽厚待人，助人为乐不求回报。有一年，他把几千石粮食借给乡里人，正好当年秋天庄稼歉收，借粮的人因为还不起债，就到李士谦的家里来道歉。李士谦说："我们家里的余粮，本来就是要用来帮助大家的，我当初贷给大家也不是为了获得利息。"于是他把欠粮的人都叫来，当着大家的面把债契烧了，还对大家说："这下债都清了，你们别再想这件事了。"第二年庄稼丰收，借粮的人争先恐后地到他家还粮。李士谦坚决地拒绝了，一份也没收。

又过了几年，州里闹饥荒，饿死的人不计其数。李士谦竭尽家里所有，煮了粥分给百姓们吃，这些粥救活了很多人。春天的时候，李士谦又拿出好的粮种，分给州里的农民，给他们当种子。赵郡的百姓都感动得痛哭流涕。

有人对李士谦说："你靠这些善行积了很多阴德。"

李士谦哈哈笑道："阴德是什么？阴德就像自己的耳鸣一样，只有自己能听到，别人都不知道，让人知道了就不是阴德了。现在我所做的一切，家里人都知道，百姓们也知道，这还讲什么阴德不阴德。"

隋朝开皇八年(588)，李士谦因病去世，赵郡的男女老少听说后，都痛哭流涕地说："我们这些人不死，却让李参军死了！"于是，有成千上万的人参加李士谦的葬礼。在他的葬礼后，人们送来很多东西，李士谦的妻子卢氏一概不收。她对州里的父老们说："他一生乐善好施。现在他死了，我们怎么能违背他的遗愿呢？"

像李士谦这样的人可以称得上是"悟者"了，他们达到了很高的人生境界，不再会为世俗的名利而烦恼,自然也就不会因此陷入困厄。

乾隆的时候,王杰曾督浙学三任,督闽学两任,三充会试正总裁,桃李满天下。对王杰来说,做官是为国家选拔人才,但这在势利小人的眼里,却是一个肥差。一次,心怀嫉妒的奸臣和珅,故意对王杰说:"你的职位太重要了,一个书生只要得到你的垂青便可青云直上,不知那些人是如何报答你的呢?"

王杰明白他的意思,回答说:"为国选贤,绝不是买卖交易,我王杰何求报答呢?我若是个贪婪之人,纵使没有这个位置,也会到处伸手。你太小看我了,我王杰虽不是君子,但绝不是嗜利的小人。"

王杰不谋私利,清正廉洁,他总是教导门生说:"人若长久,必须制服欲望,坚守节操。诱惑无所不在,没有高尚的道德做支撑,终有抗拒不了的时候。你们要时刻记得,人品不高,欲望便会肆虐,到时就悔之莫及了。"

一次,王杰的一位得意门生调任回京,正遇上王杰过生日,他带上白银数百两,前去给王杰贺寿。当门生献上礼金,王杰顿时沉下脸来,他不高兴地说:"我当初教导你们好好做人,难道你都忘了吗?你有这份情义已然足够,给我送礼实在不该!"

门生诚恳地说:"恩师对我有知遇之恩,这点礼物只是表表心意而已,恩师千万不要拒绝。此事纯属咱们师徒私事,无关其他,恩师切不可误会了我的真心。"

王杰也诚恳地对他说:"你不忘师恩,为国尽忠,为师十分高兴,这比任何礼物都要珍贵,你又何必多此一举呢?今天如果我收下了你的礼物,那么你我的关系就俗气了,难免私欲萌生,这是为师不愿看到的。"门生只好收回了礼物。

但王杰不允许自己的儿子参加科举考试,这让他的同僚很不理解,他们问王杰:"常言说'望子成龙',而你却不想让儿子出人头地,这是为什么呢?"

王杰摇着头说:"知子莫若父,我知道我的儿子不适合做官,我并不是有心误他。我的儿子优点虽多,但缺点亦是不少,他喜欢饮酒,争强好胜,心胸不广,他若为官只会给他带来祸患。"

一次,乾隆帝也问起王杰的儿子,说:"你正直廉洁,想来你的儿子也不会差的,应该给他入仕的机会。"

王杰仍是不肯,他忧心忡忡地说:"陛下关心犬子,臣感激不尽,无奈犬子少德,难成大事。再说臣居要职,若让犬子入仕,势必惹人非议,这件事还是放下最好。"

乾隆感动不已,对群臣说:"无德之人只求私欲满足,他们只会败国害家。王杰品德高尚,连对自己的儿子都不肯徇私,这是一般人能做到的吗?王杰能有成就,绝非偶然呐!"

王杰生活简朴,从不铺张浪费,他反复告诫家人说:"人都有欲望,只有平时加强修养,才能抑制它。大吃大喝会使欲望增加,骄奢会使道德失去,这样下去人就堕落了。我只想培养你们的良好品德,打掉富贵人家的恶习,如此你们方能一生受益。"

王杰与和珅共事多年,和珅千方百计想拉拢他,却始终没有得逞。到了嘉庆朝,和珅被抄家后,王杰又被升为首辅大臣,还被皇帝夸赞道:"能长久不沾污秽,尽忠为国,非道德君子决难为之。王杰最难得的不是他的才能出众,而是人品高贵啊!"

【解读】

虽然可以依靠严刑峻法来维系社会的稳定,但是真正的社会和谐却有赖于整个社会道德水平的提高。因此,对民众施以教化,远比使用暴力更能从根本上解决问题。这就给立法者在道德修养方面提出了更高的要求。"上行而下效",老百姓对于领导者的行为会亦步亦趋地效仿。如果领导者能够树立很好的榜样,整个社会的道德水准就能够维持在较高的水平,欲望的洪水猛兽在这个强大的约束下也就不再有泛滥的可能了。反之,如果身为领导者却不能很好地约束自己的行为,不管使用多么严酷的法律也很难起到正面的作用。

对于每一个人来说,则一定要从本质上看清楚放任永无止境的欲望对自己身心是一种摧残,要懂得节制,不要舍不得放弃。生存是人类的一种本能、一种追求、一种智慧。要生存,没有物质保障不行,于是乎"天下熙熙,皆为利来;天下攘攘,皆为利往。"然而,过分地追求私利却可能让人坠入死亡的陷阱。由此,人们悟出了一个道理:鱼与熊掌不可兼得。人要平安活在世上,必要时,或舍利禄而得悠闲,或舍金钱而得健康,或失权位而得性命。没有通悟的人舍不得,没有胆略的人取不得。只有取舍得当,才能远离灾祸的侵害。

省身第四

自知者弗窘也，识世者无求也。

人有异，命不同焉。物有别，衰相近焉。待己如人，大计不失。

智不及事，非察莫中。人心多易，非思难度。俗不堪亲，非礼无存。

忧身者无邪，正而九焉。忧心者无疾，宁而吉焉。

——晏殊

【原文】

自知者弗窘也。识世者无求也。

【译文】

有自知之明的人是不会身陷窘境的。看透世事的人是不会奢求的。

【事典】

人往往很容易就看到别人的缺点，却很难看清楚自己的短处。

战国时，楚庄王想攻打越国。杜子听说后，就去晋见庄王，问道："大王想讨伐越国，是因为什么呢？"

楚庄王说："这是个机会呀！越国近期刚刚被吴国打败，又碰上大旱，粮食歉收，人心不稳，正是政乱兵弱的时候，这时候去攻打它，很容易成功。现在不去攻打它，等它渡过了这个难关，就再难有这样的机会了。"

杜子听了以后，长叹一声说："唉，人们认识事物，就像眼睛看东西一样啊！"

楚庄王不明白杜子是什么意思，又觉得他话里有话，忙说："难道先生以为有什么不妥吗？请先生指教。"

杜子没接楚庄王的话，却指着一百多步以外的一件东西问楚王："那是什么？"

楚庄王定睛看去，原来是殿前庭院中放着的一辆车子。

杜子又问他："能看得十分清楚吗？"

楚庄王点点头："能啊！"

杜子又回过身，指着楚庄王的眼睛问："可是，大王您能看清自己的睫毛吗？"

楚庄王想了想，如实回答说："不行。"

杜子于是说："就是这样了。人的眼睛看东西，能看清百步之外的东西，却看不清就在自己眼前的睫毛。人们认识事物，能认识远处事物的本质，却看不清自己身上的对错。大王说越国政乱兵弱，那是没错。可是楚国呢？自城濮一战后，楚国屡败于秦晋，丧失国土数百里，兵难道强吗？楚国境内，大盗为非作歹，祸害百姓，可是当官的却拿他们没办法,这难道不是政乱吗? 以政乱兵弱的楚国去攻打同样政乱兵弱的越国,胜负的可能各居其半,这怎么能说是个机会呢? 况且无缘无故地攻打别国,在诸侯之中会有坏名声,今后什么事情都不好办了,这难道是什么好事吗?”

楚庄王听后,沉思良久,说:“你说得没错。”于是,就放弃了攻打越国的想法。

总之,缺乏自知的人对别人也不可能有正确的看法,这会极大地影响他自己对于事物的判断,导致错误的结论,害人害己。

唐高宗李治在位时,皇后王氏与淑妃萧氏争宠,互不相让。

皇后王氏是一个善良的好人,但心胸却不是十分宽阔,她因为怨恨萧氏夺去了皇帝的恩宠,每日不停地诅咒她。

当时,武则天正在感业寺落发为尼,高宗旧情未忘,多次去探视她。王皇后听到这个消息后,竟突发奇想,对心腹侍女说:“萧淑妃是我的大敌,她迷惑皇上,皇上也不听良言。武媚娘如今仍受皇上记挂,我想利用武媚娘来对付萧淑妃,这个计策应该会成功吧?”

心腹侍女迟疑道:“武媚娘也是个厉害角色,万一她日后成了娘娘的劲敌,娘娘岂不是引狼入室? 此事还应谨慎啊!”

王皇后自以为了解武则天,自信地说:“萧淑妃气焰正盛,不这样就不能打败她。武媚娘的事以后再说,我相信谁也不能占到我的便宜。”

于是,王皇后劝说高宗把武则天接回宫中。高宗惊异道:“朕也有此念,只恐你情有不愿,想不到你如此明事啊!”

武则天回宫后,皇后对她十分亲热,她向武则天诉说了自己的心事后要求她:“我同情你的遭遇,这才劝皇上把你接回,共享富贵。皇上如今被萧淑妃迷惑,你要帮我多劝皇上。”

精明的武则天满口应承,心中却是另有打算。她竭力讨好王皇后,曲意奉承甚至到了肉麻的地步。王皇后感到十分受用,认为她老实可靠。但王皇后的心腹侍女对武则天看法不一样,她对皇后说:“和萧淑妃相比,武媚娘这个人太有心计了,娘娘不可不防啊! 萧淑妃只是争宠,武媚娘却有野心,武媚娘更加可怕。”

王皇后却说:“你说的我感觉不到,难道会有这样恶毒的女人吗?”

心腹侍女说:“娘娘知书达理,性情温雅,而他人就未必如此了。娘娘不擅长权术之道,难免对他人存有误判。娘娘不应和武媚娘亲近,更不要相信她。”

王皇后一笑道:“你说得太离谱了,难道我连一个武媚娘都不如了? 我是六宫之主,我会输给别人? 我知道你为我好,我不怪你,你也不要过于放肆了。”

武则天入宫之后,萧淑妃很快失宠。而武则天暗中逐渐建立了自己的势力,牢牢控制了高宗。渐渐地,武则天露出了本来面目,对王皇后不恭不敬起来。王皇后后悔不已,她愤恨地说:“武则天恩将仇报,果然是狼心狗肺之人,我不会放过她。”

王皇后的心腹侍女在旁劝说道:“娘娘心地善良,若论玩弄阴谋诡计,娘娘不是武则天的对手啊! 好在娘娘眼下并未和她翻脸,不如暂且隐忍,以待时机,否则,形势更对娘娘不利。”

王皇后乱了方寸,每天都向高宗告武则天的状,时间长了高宗不胜其烦,反而质问她:"从前你尽是说她的好处,难道你是个反复无常的人吗?"

王皇后又哭又闹,高宗开始讨厌她。

在工于心计的武则天的巧妙布置下,王皇后步步落败,失去了高宗的宠幸。最后,王皇后被废黜,由武则天取而代之。

她的结局不正是因为既不自知也不知人所造成的吗?

【解读】

俗话说,人贵有自知之明。因为只有真正了解自己的长处和短处,才能在这个世界上找到属于自己的位置,而不会因为盲目的追求导致人生的失败。从这个意义上来说,有着清醒的自我认识的人是不会陷入失败的窘境中的。当然,认识世界的重要程度也并不比认识自己低。并且,在这个过程中,除了积极地实践,还需要不断地进行深刻的自我反省,只有这样才能较好地认识自然界和人类社会,并掌握它们发展变化的规律。真正达观的人,既不会奢求别人,也不会勉强自己。因为他们知道,人应该有所追求,但是过分放纵自己的欲望,就会因自不量力而失去原本可以得到的一切,甚至让自己陷入困厄。因此,取所应得,舍所应舍才是君子处世的准则。

【原文】

人有异,命不同焉。物有别,哀相近焉。待己如人,大计不失。

【译文】

人有差异,其命运便会不一样。物有差别,其衰亡却是一样的。对待自己要像对待他人一样,就不会有致命的闪失。

【事典】

《庄子》里有一则故事很好地说明了关于人生与命运的辩证法。

有一天,弟子问庄子说:"人与天地相比,谁大谁小,谁贵谁贱?"

庄子说:"人成形于天地,受气于阴阳,立于天地之间,犹如小石小木之在大山一般,实在太渺小了,又凭什么自尊自大? 计四海之位于天地之间,不似蚁穴之在大漠中乎? 计中国之在海里,不似小米粒之在大仓库中吗? 天地万物无数,人不过是其中之一;人与万物相比,不似毫毛之在马体乎?"

弟子似有所悟,说:"先生的意思是山外有山,天外有天吧?"

庄子说:"有这方面的意思。"

弟子问:"那么我以天地为大、以毫末为小,可以吗?"

庄子道:"不可! 任何物体,从度量上讲无法穷尽,从存在的时间上讲又无休无止;可以无限地分割下去,来无始,去无终。因此,大智大慧的人对待远近的看法是:小而不以为少,大而不以为多,知量上各无穷也。他博通古今:远古虽遥不可及,但不感困惑;近虽伸手可及,亦不踮脚去取,知时间上各无起止也。他知天道有盈虚消长、得失存亡,故得而不喜,失而不忧。他明白天道坦荡,故生而不悦,死而无憾,知终始之变化也。计人之所知的东西,远不如其所不知的东西多。其生之时,不如其未生之时长久。以其至小,求穷其至大之域,如此则迷乱而无所获世。由此观之,又怎能知道毫末就足以定为至小至细的界限呢? 又怎能知道天地就足以穷尽至大之域呢?"

弟子道:"我明白了。先生您是说:大中有小,不要以大为大;小中有大,不要以小为小。"

庄子道:"还不确切。不如说:大上有大,小下有小。大无穷,小亦无穷。"

弟子问:"那物里物外,怎样来分别贵贱,怎样去区别小大?"

庄子道:"站在道的立场去看,万物无贵无贱;站在物的立场来看,自贵而相贱;以世俗的观点来看,贵贱不在自己本身,都以外在的荣辱毁誉作标准。以外在的差别去看,因其所大而大之,则万物莫不大;因其所小而小之,则万物莫不小。大柱可以撞破城门却不能塞住洞口,用途不同也;骐骥骅骝等好马一日可以奔驰千里,但是它们捕鼠的本领却不如狸猫,这是技能有别;猫头鹰在夜里也能抓到像跳蚤一样的小东西,可以称得上明察毫末了,但它在白天即使双目圆睁却看不见丘山一样大的东西,这是功能有限。可见贵贱有时,不由自主也。我说弟子啊,你怎能了解贵贱之门、小大之家?"

懂得这种道理的人,心中会少背很多包袱,因此做起事来就会简单而轻松,并且往往因此化解厄运于无形。别人会觉得他是运气好,其实他是因为得道多助罢了。大家熟知的孟尝君与鸡鸣狗盗之徒的故事也说明了这个道理。

孟尝君是战国四公子之一,素有贤名。他广招门客,各地能人智士都慕名而来。对这些人,孟尝君无论优劣全都收在门下,分为上、中、下三等予以招待,因此他的门客达到三千多人。

孟尝君的贤名传到了秦国,秦王说:"怎样才能把孟尝君找来为我所用呢?"他的臣下出主意说:"把你的兄弟泾阳君送到齐国去做人质,同时请孟尝君到咱们秦国来。我们任命孟尝君为丞相,齐国听说了也不会放了泾阳君了,很可能让他做齐国的相国。这样一来。孟尝君位我们秦国效力了,泾阳君当上齐国的相国也会暗中帮助我们的。"

秦王立即采纳了这个建议。

齐国怕得罪强大的秦国,于是同意让孟尝君到秦国去一趟,到时候再见机行事。至于让泾阳君做人质实在不敢接受,于是就把他送回秦国去了。

孟尝君带着一千多名宾客来到秦国咸阳谒见秦王,并把一件白狐裘送给了秦王。因这白狐裘天下无双,秦王甚是喜欢。秦王所宠爱的燕姬也很喜欢,无奈只有这一件,她也不敢据为己有。因当时天气很暖,秦王便命人把它收藏了起来。

过了一段时间,秦王没有任命孟尝君做丞相,只是把他软禁在馆舍中。泾阳君听说了这件事,心中不安。因为当初他去齐国事做人质时,孟尝君以礼相待,对他非常好。于是他想要帮孟尝君一把,让他能早点回国。

泾阳君私下会见孟尝君，并告知秦王最宠爱燕姬，只要燕姬替他说几句好话，他便可脱身。于是孟尝君派人拿白璧去见燕姬，但是燕姬并不喜欢，说只要白狐裘。这下可难倒了孟尝君，因为那白狐裘已送人了，再无第二件。这时下等门客中的一个人自告奋勇地说："此事交给我吧，我有办法拿回白狐裘。"孟尝君颇感意外，疑心此人在开玩笑。就问他："你有什么办法？"那人从容回答："我善于学狗叫，善于偷盗。"

　　当晚那个人把自己打扮起来，样子真的像狗一样。他从秦宫的狗洞钻进去，还不时地学狗叫，这样一来真的没人注意他，就这样他顺利地偷来了白狐裘。当这"狗盗"之客把白狐裘交与孟尝君时，在场的人都惊呆了。他们高兴得手舞足蹈。

　　孟尝君立即请泾阳君把白狐裘交给了燕姬。

　　夜里，秦王到燕姬处饮酒，趁他非常高兴，燕姬对秦王说："妾听说孟尝君是天下的大贤人啊！他本在齐国做相国，不想到秦国来，是我们秦国用大王您的名义再三邀请他才来的。你若不用他就算了，怎么能起杀人之心呢？邀请别国的相国到自己的国家来，又无缘无故地杀了人家，这像什么话？更何况人家是天下闻名的贤人啊，你就不怕自己背上杀害贤人的罪名吗？您这样做，妾担心从此天下贤士都不到秦国来了！"燕姬此番一劝，秦王改变了主意，第二天就下命令放孟尝君等人回去了。

　　孟尝君生怕秦王改变心意，因此连夜飞驰而去。当他们赶到秦国要塞函谷关时，已是半夜，门早已经锁上了。按当时的规矩要等到鸡叫时才可开门。孟尝君担心秦王追来，急于出关。但是怎么让秦国守将开关呢？他和门客们聚在关门前干着急没办法。

　　突然有雄鸡啼叫的声音！一鸡长鸣，百鸡呼应。秦国官吏忙起来开了关门，孟尝君一行人扬长而去。此时明明是半夜，怎么会有鸡叫的声音呢？原来这鸡叫声是一个擅长学鸡叫的门客发出的。

　　第二天果然秦王改变了主意，命人去追孟尝君，但是他们已逃出了函谷关，再也追不到了。

　　孟尝君终于回到了齐国，回想起这段经历，他感慨地说："我这次能脱离虎口，全仗'鸡鸣狗盗'之徒。平日里我把他们归入'下等门客'，不曾想今天却是他们救了我们的命呢！"

　　这是一个发人深省的故事，恰好说明了每个人都有自己的长处，只要遇到合适的时机，都能发挥作用。

【解读】

　　由于先天的差异，人与人的命运大不相同，这常常使许多人内心无法平衡，因此痛恨造化弄人者也大有人在。然而，这样做的结果往往于事无补，反而使人生充满怨恨，失去乐趣。其实，每一个人都是非常独特的，都拥有独一无二的人生轨迹。因此，我们必须要正视这种差异，积极进取，乐享属于自己的人生。从另一个方面来说，万事万物虽然都有差异，但是生死荣枯的规律却是一样的，认识到这一点，对于我们建立正确的世界观也是非常重要的。从某种意义上来说,生命的意义都是自己创造的,你想要什么样的人生就会拥有什么样的人生。

　　事物的千差万别组成了多姿多彩的自然界,万事万物各有不同才使世界如此精彩。因此,看待和评论事物的时候,我们要全面评价事物的优缺点,千万不能进行片面的比较。我们不必为了人们某方面的缺点和不足就觉得这个人一无是处,而自己也不必因为某些方面不如别人而心存遗憾。能够最大限度地发挥出自己的特长和优点就可以了。

　　如何对待其他人,往往也是影响我们的人生轨迹的重要因素。无论是在处理什么问题的时候,如果一个人能做到推己及人,就不会有什么大失误。懂得这一点,知道爱自己也爱别人,那么无论是与家人、同事或朋友,必然都可以融洽相处,让自己的人生之路多一些助力,少一些障碍,何乐而不为!

【原文】

智不及事,非察莫中。人心多易,非思难度。俗不堪亲,非礼无存。

【译文】

一个人的智慧赶不上事情发展迅速,不深入观察就无法研判。人心容易发生改变,不深入思考就难以猜测。世俗不可以亲近,不严守礼法就不能生存。

【事典】

人没有不喜欢安乐的生活的,但如果因沉溺安乐而导致放纵,就值得警惕了。有志之士应时刻提醒自己不要耽于享乐,丧失前进的勇气。要知道,做大事的人所忍耐的苦难也要比常人多。

　　蜀汉昭烈帝刘备,字玄德,涿郡涿县(今河北涿州)人,据说是汉朝中山靖王刘胜的后代。东汉汉灵帝末年,刘备因起兵讨伐黄巾军有功而登上汉末政治舞台,后来在诸葛亮等人的辅佐下成为三国时期蜀汉的开国皇帝。

　　三国初年,蜀主刘备驻守徐州时,听说甘氏有女,长得冰肌玉骨,美丽非常,便纳她为妾。后来,刘备的原配夫人糜夫人早逝,刘备便扶甘氏做了夫人。由于甘夫人天生丽质,加之肌肤白若霜雪,令刘备十分迷恋,就连亡命途中,也与甘夫人时刻不离。

　　一次,有人献给刘备一个雕琢精巧的玉人,高3尺,栩栩如生,光彩照人。刘备爱不释手,便把玉人放在甘夫人房间里,自己得意地看着两者媲美生辉。在他看来,眼下自己有巴蜀这块地盘,而且外事内政有丞相诸葛亮张罗,不用他操心,已经非常满足了。于是常常一边拥抱着甘夫人,一边把玩着玉人,口中还念念有词道:"玉之可贵,德比君子,况为人形,而不可玩乎?"为自己玩物丧志寻找借口。这可急坏了甘夫人,她倒不是因为刘备爱玉人吃醋,而是因为这样下去,复兴汉室基业何以成功呢?

　　深知安逸能使人丧失进取之心的甘夫人,很了解刘备。她知道,刘备经过长期的艰苦努力,才由一个一文不名的贩草鞋的乡村野夫而拥有了西川,建立了蜀汉政权。这固然可贺可喜,但这只是一个开始,应该更加发奋图强。刘备原有的计划是复兴汉室,灭曹操,吞东吴,统一天下。但是刘备,自从建立蜀汉政权以来,开始安于平静的生活,不爱听别人的劝告,甚而还宠信那些阿谀之徒,意志颇为消沉,大志即将磨灭。长此以往,哪里还能实现他原来囊括四海、复兴汉室的宏愿呢?甘夫人不能不忧虑。她几次想摔掉玉人,又怕刘备不高兴;几次想谏言,毕竟自己又是不参政的妇道人家,不好直言。

刘备

这一天。夫妇二人在一起闲聊,甘夫人说:"妾今天看了个故事,说古代宋人得了玉石,献给宋国的正卿子罕。可是子罕不但不接受,连看都不看一眼。献玉的人说:'此玉成玉人状,是一块稀世之宝,故而才敢奉献给你。'子罕却说:'我平生以不贪为宝贵,你是以玉为宝贯,若是将玉赠送给我,那么,你我都丢失了宝贝,你丢掉的是宝玉,我丢掉的是廉洁这块宝。'所以子罕不以玉为宝,在春秋时代传为佳话。"

正当刘备听得津津有味之时,甘夫人又说:"现在曹操、东吴都未消灭,陛下你却以一块玉石玩于股掌。你可知道,凡是淫、惑必生变,千万不可长此以往啊!"

一向有大志的刘备,也明白自己产生了安乐思想,所以听后,沉思了一会,终于撤掉玉人,摒绝奸佞小人,重新振作起来再图大计了。

刘备能够这样做,也算是懂得正视自己的问题了。正因为如此,作为一个无论在哪一方面都并不特别强大的人,他才能够与曹操和孙权这样的强敌平起平坐,三分天下。

也有一些人,因为自恃真理在握而忘掉了处事的分寸,随心所欲,漠视他人,最后不但没有做成应该做的事情,反而丢掉了性命。

晋武帝时,尚书卫瓘为人比较严苛,并十分倨傲。卫瓘出生于儒学官宦世家,祖父卫嵩在汉明帝时是著名的儒士。父亲卫觊,任曹魏尚书。由于家庭的影响和父辈的熏陶,卫瓘青少年时就以"性贞静有名理,以明识清允称",受到邻里、亲朋的称赞。他10岁时丧父,从小便磨炼自立的能力。年仅20岁就做了曹魏的尚书郎。

三顾茅庐

西晋武帝泰始元年(265年),晋武帝司马炎废掉了魏国的最后一个皇帝曹奂,建立了西晋。这个时期是卫瓘政治上得心应手的时期,也是倍受晋武帝信任的时期。他先后转征东将军,晋爵为卫瓘公,都督青州诸军事、青州刺史,征东大将军,青州牧等职。所在职内,皆有政绩。当时的幽、并一带,东有务桓、西有力微,他们拥兵自据,各霸一方。卫瓘巧妙地施以离间计,致使务桓归降而力微忧虑而死,不费兵刃之力解决了西晋的两大边害。晋武帝闻知后,对其大加奖赏,以表谋略之功,提拔他为尚书令。太康初年(280年—289年),又升为司空,太子少傅,晋武帝还将其心爱的女儿繁昌公主下嫁与卫瓘之子卫宣。

晋惠帝司马衷即位后,作为皇帝的老师,卫瓘已进位太保,与汝南王共辅朝政,他不仅可以佩剑上殿,而且可以入朝不趋(趋即低着头小跑,以表示对皇帝的恭敬),殊荣达到了顶峰。然而福祸相倚,荣极生悲。

在当年晋武帝立惠帝为太子时,由于惠帝天生愚鲁,智商不高,很多人都觉得不妥,但没有人敢提出异议,只有卫瓘对晋武帝说:"可惜了天子的宝座,臣实不能向陛下道贺啊!"

晋武帝明白他的意思,当面虽未斥责他,但心里还是很不乐意的。

后来卫瓘又多次提到立太子的事,晋武帝终于忍不住了,他对卫瓘说:"这是朕的家事,满朝文武都不言及,难道只有你特殊吗?"

卫瓘赌气道:"太子是他日的君主,关系国家命脉,岂是陛下的家事? 太子智力有碍,如不能治国,天下定会多事。臣认为陛下考虑不妥,当另立太子。"

晋武帝大怒,对卫瓘说:"你太过分了,竟敢当面指责朕。朕不治你的罪,将来也会有人惩办你。"

卫瓘心中还是不服,在私下乱发怨言,他对同僚说:"皇上是糊涂了,大好的江山怎会交给一个白痴呢? 我劝皇上是为国分忧,我并没有半点错处啊!"

同僚听了他说的话,吓得脸色苍白,急忙制止他说:"你如此议论皇上和太子,言语不恭,纵是无错,也是大大的不敬和失礼了。这不是对与错的事,你不可再说

国学经典文库　图文珍藏版

此事了。"

卫瓘仍然不能明白自己的错处，却笑话同僚胆小，嘲弄道："你们只知保命保官，却不敢直言进谏，我卫瓘从心底蔑视你们。"

一位卫瓘的族人见其口无遮拦，私下劝他说："你有忠心不假，但也要遵守礼法，注意分寸。你随意议论皇上和太子。这是臣子应该做的事吗？你要知道，你的言行会使很多人愤怒，他们都会报复你的。"

卫瓘倨傲地昂着头说："我不吐不快，管不了这许多了。我进谏皇上不听，我只能这样发泄了。"

族人顿足道："你这是找死，亏你还理直气壮。你要躬身自省，极力补过。"

卫瓘的言语传到太子妃贾南风的耳中，她恨得牙根紧咬，问侍女说："这个卫瓘成心和太子作对，难道太子和他有仇吗？"

侍女摇头道："卫瓘一向标榜正直，他如此放肆，定是为了沽名钓誉。"

贾南风恨恨地说："这个人不把太子放在眼里，就是我们的敌人，此仇一定要报。"

晋武帝死后，白痴太子即位，称晋惠帝。贾南风成了皇后，她做的第一件事便是报复卫瓘。她对心腹说："卫瓘向来反对皇上，此人不除，便是大患。"

心腹迟疑道："皇上初立，人心未稳，此时惩治卫瓘可是太急？不如暂时不问，一旦局势稳定下来，再治卫瓘不迟。"

贾南风立时发怒，她叫道："此恨我已积蓄多时，片刻也不想再等了。卫瓘险些坏了大事，他早该死了。这个人目无君长，无论如何也不能让他活在世上，伤我尊严。"

贾南风指使人捏造卫瓘谋反，并以惠帝的名义下诏，将他逮捕。为了掩人耳目，贾南风又特命卫瓘的仇家荣晦操办此事，暗示他不必有所顾忌。荣晦大行其私，不仅卫瓘遭殃，连他的子孙九人也都被杀掉了。

【解读】

要想更好地反省自己，我们必须保持头脑清醒，这非常重要。因为事物的发展变化往往超出我们的预料，如果不能跟上发展的脚步，在判断时往往会失误，让事业陷入窘境。人的心思变化往往非常微妙，不用心揣摩就会被表面的现象迷惑。要想准确地辨别真伪，知人善任，必须用心思考，扫除迷障，找到真相。所以，归根结底，保持清醒的头脑，善于学习，勤于思考是我们进行自省的重要途径。

此外，外界不良风俗的影响也往往是我们深陷困窘的重要因素。如果没有坚强的意志和良好的修养，人们就会随波逐流，最终导致腐败和堕落，让人生走进黑暗和困厄之中。因此，只有建立正确的世界观，并严守法律和道德的底线，才能让我们的生活不致脱出正轨。特别是在社会大变革的时代，由于各种思想碰撞剧烈，泥沙俱下，人们的道德标准也极其混乱，要想保全自身，解厄避祸，尤其不能放松这方面的要求。

【原文】

忧身者无邪，正而久焉。忧心者无疚，宁而吉焉。

【译文】

担忧自身的人没有邪念，遵循正道才可以长久。担忧良心有失的人没有愧疚，心灵安宁才可谓吉祥。

【事典】

三国时，吴国的张昭是两朝老臣，他为人直率，在孙权面前从来直言不讳，因此获得了孙权的信任，但也因此产生了矛盾。

一次，远在辽东的公孙渊派人递交降表，孙权一看，高兴极了，马上派张弥、许晏两人去拜公孙渊为燕王。

张昭听了，阻止孙权道："公孙渊背叛了魏国，他恐怕会因此受到征讨，所以才远道来求我们援助，归顺并不是他的本意。如果公孙渊改变了主意，打算重新获得魏国的谅解，就会杀人灭口，这两个使臣肯定回不来了。那样的话，不是白白送了他两人的性命而叫天下人耻笑吗？"

孙权打断张昭的话，说出了自己的想法，并对张昭的话一一加以驳斥。张昭也不示弱，就这样反复了几次，张昭一次比一次态度坚决。言词也开始变得激烈起来。孙权说不过张昭，觉得面子上过不去，就变了脸，拔出宝剑怒气冲冲地说："吴国的士人入宫则拜见我，出宫则拜见您。我对您的倚重也到无以复加的程度，可是您却多次在大庭广众之下让我难堪，我真担心有一天会因为不能容忍而杀死了你。"

张昭听了孙权的恐吓，既没慌张也没退缩，而是非常镇定地说："我之所以明知道您并不按我说的做，还满腔热忱地来规劝您，是因为常常想到太后在临终时发出的遗诏，叫我尽心辅佐您啊！"

说完，张昭泣不成声。孙权见状也感到伤心，把宝剑扔在地下，和张昭相对而泣，但是孙权很固执，他没有因此而采纳张昭的意见，仍旧派张弥和许晏到了辽东。

张昭见孙权不听劝告，非常气恼，回府以后，就称病不理国事。孙权对他这样做很生气，干脆派人用土堵住了他的府门，表示永远不再用他为官。张昭看孙权把他家门堵了，更是气愤，他也不示弱，索性在院里用土封住了门，表示永远不出门为孙权办事。

张弥、许晏按照孙权的意图来到辽东，然而公孙渊果真变了卦，把他们俩给杀了。孙权万万没想到真让张昭说中了，他感到极为惭愧，觉得对不住张昭，就急忙派人运走了堵在张昭门口的土，几次向张昭赔礼道歉，可张昭不理会。孙权派人前去请张昭，结果都吃了闭门羹。

几天过去了，孙权还是没见到张昭，他急得团团转，后来竟派人放火烧张昭府上的大门。他想，大火一着起来，张昭就会往外跑，到那时，自己不就看见他了吗？

孙权觉得自己主意不错。可是，张昭看见孙权放火烧门，索性把大门关死，等着大火把他烧死。孙权一看这招不灵，惊慌失色，他怕火着起来真把张昭烧死。于是，急下令将火扑灭。

孙权在张昭门口暗暗责备自己，恨自己办错了事，伤了这位股肱之臣的心。张昭的儿子一看再僵持下去就太不像话了，便连拉带劝硬逼着父亲去见孙权。

孙权一看张昭终于出了门，就诚恳地请他到宫中一叙。张昭来到宫里，孙权再次向张昭承认了错误，并表示今后要尊重他的意见，搞好君臣关系。张昭见孙权如此诚心诚意，满肚子的闷气顿时烟消云散，就又竭尽全力地协助孙权治理国家。

因为张昭的直率和坚持是没有任何私心的，因此，他得到了"宁而吉焉"的结局。历史上还有很多这样的事例，也同样能够说明天道自会眷顾心底无私的人。

明嘉靖四十三年（公元1564年），黄河决口，方圆数百里变成了一片汪洋。

危难关头，潘季驯被任命为洽河总督。他的家人劝他推辞不就，说："水患难治，这份差使向来是费力不讨好的，你不如托病请辞，可免烦忧。"

潘季驯听了很生气，说道："百姓哭天号地，一个有良心的人此时不该为自己谋划。我若听从你们的建议，我这一辈子良心难安，你们这是害我啊！"

他日夜兼程赶到了重灾区，天天勘察水势和堤防，不久就累得病倒了。潘季驯的属下劝他休息几日，说："大人治水救民，也要保重身体，何况治水也不是一时的事，大人身体要紧啊！"潘季驯挣扎着从床上爬起来，他喘息着对属下说："水患不除，老百姓随时都有性命之忧，我的身体跟这比起来有何重要？我这样做不是有人逼我，而是良心不容我安歇。"

潘季驯的话感动了他的下属，虽然工作繁重却没有人叫苦叫累。一次，连日降大雨，河水暴涨。潘季驯为了探查水情，决定下河勘察。在场者无不苦苦相劝道："风急浪涌，大人这样下河太危险了，请暂作等待，雨停方可。"

潘季驯对众人说："水势大，正是勘察的好时机，这样才能发现隐患，及时治理。治水就要豁出性命，否则要我何用？"

潘季驯带着几个人跳上一叶扁舟，勘察了沿岸堤防。事后，潘季驯的一位朋友十分后怕，他问潘季驯说："当时情况凶险，万一你身遭不测，你的家人又有谁照顾呢？你太冒失了，以后不可这样了。"

潘季驯一笑道："朝廷托我以大任，百姓寄我以厚望，这一切都不能辜负啊！我想此生若能治好水患，造福百姓，就是死也无憾了，又有什么可惧怕的呢？家人也一定会理解我的。"

由于治水总督手中掌管大量资金，因此这个职位被人视为可以捞钱的肥差。而潘季驯为了把钱财全部用在治河之上，一面严令属下不得贪占，一面对自己要求甚严，连衣食都能减则减。他时常教育属下说："贪占钱财是盗贼的行径，不仅会遭人唾骂，而且会良心不安，遭受惩罚，聪明人是不能干这等事的。钱财不能花用一世，而良心的愧疚却能令人一生不得安宁。治水又等同于救百姓的性命，这个救命钱更不可妄动，否则报应甚速啊！"

有人想贿赂潘季驯，希望他购买自己的材料。行贿者说："大人治水辛苦，也该为自己想想后路。大人买谁的东西都是花钱，只要大人一句话，大人和我就都有利益了，外人也挑不出毛病，这不是件好事吗？"

潘季驯气愤地斥责他道："看你说得这么轻松，可见你定是个见利忘义的黑心之人，我怎会和你这样的人做交易呢？治水的钱谁也不能贪占，打此主意的人都是兽类！"

由于潘季驯一心扑在治水上，很少花心思照顾家庭，所以他家人的生活比较困窘。不知内情的人都怪他迂腐。潘季驯的家人也埋怨他说："别人为官，光宗耀祖，富贵兴家，你不置家产，不怕别人笑话你吗？"

潘季驯却对家人说："富贵而家破的人不在少数，这就是营私的结果，你们不能视而不见啊！我的俸禄已不少了，虽不富贵，但够衣食，为什么还不满足呢？我这样做良心无失，无灾无难，这就是宝贵的财富啊！"

潘季驯治河二十多年，先后四次担任治河总督，为朝廷立下了大功，也赢得了天下百姓的一致称赞。

【解读】

只有爱惜自己的羽毛，对自己负责的人，才能对别人负起责任。反之，只顾眼前，随波逐流，没有长远打算的人下场是不会好的。经常关照自己的内心的人，由于可以不断进行修正，往往可以在道德上达到较高的标准。我们的古圣先贤在这方面给我们做出了杰出的榜样。他们由于坚守道德的高标，因此在当时不合潮流，不合时宜，不能获得高官厚禄，肥马轻裘。也许还会被浅薄之人视为"丧家之犬"，但是数千年之后，那些当年在名利场上风光一时的人物大都墓木已拱，灰飞烟灭之时，他们却名垂青史，被后人奉为圣贤。

求实第五

致远者实,近利者虚。众趋者慎,己悦者进。

不拘于书,则不失于本。不求于全,则不损于实。人无贱者,惟自弃也。

大智无诈,顺乎天也。小智无德,背乎情也。识察务忧,忧弗学也。

苦劳而少获,非实之过也。闲逸而多得,乃实之旨焉。

——晏殊

【原文】

致远者实,近利者虚。众趋者慎,己悦者进。

【译文】

能带来长远利益的是务实,只带来眼前好处的是虚名。对群众追捧的事要谨慎,对自己喜欢的事要敢为。

【事典】

在逆境中,坚持自己的信念和原则是克服困难的最好方法。如果因为惧怕眼前的困难而放弃远大的目标,就不能得到成功所带来的满足与快慰。因为不去战胜困难,也就永远无法获得成功。

孔子周游列国时,在陈、蔡两国边境被困,连粮食都没有了。但孔子面对困境,依然怡然自得地唱歌、弹琴、修订乐谱。

追随他的学生们不理解孔子的行为,子路去问他:“夫子现在还唱歌,难道这也是礼的要求吗?”孔子不答,直到奏完一曲后才说:“子路啊,在这种情况下,君子演奏音乐是为了使自己没有骄纵之心,小人演奏音乐则是为了使自己不害怕,你难道是在不了解我的情况下跟随着我吗?”于是孔子给了子路一个盾牌让他跳舞,这样跳了三遍之后,子路的心情也平静下来了。

子贡对老师说:“夫子之道达到了非常高的境界,所以不容易被天下人容纳。夫子是不是可以稍微降低一些标准呢?”孔子说:“子贡啊,好农夫擅长种庄稼却不能说必然能得到收获,好工匠能够心灵手巧却不一定顺所有人的爱好。君子能够弘扬道义,是希望天下人能够按照正道原则去做而回归天理,怎么能让道义降低标准而苟合世俗呢?如今你不修你的正道却去考虑怎样被天下所采纳,是因为你的志向不够远大呀!”

颜回听了老师的话若有所悟,说:“夫子之道达到了非常高的境界,所以不被有些人容纳。即使如此,夫子尽心尽力去推行,以仁德之心救百姓于水火之中。虽受阻遭嫉,不为一些人所容,对夫子之道有何伤害呢? 这可能正是道的珍贵吧! 任何环境中能够坚守正道不动摇,这是君子才能做到的。不修养正道,是我们的耻辱;我们传播正道了,却不被一些人采纳,那是他们的耻辱。"孔子高兴地说:"颜回有这样的见识太好了!"

这时微风送来了阵阵的清香,孔子顺着香气传来的方向往前走,在山谷的深处发现了一片兰花,她们天姿神韵,端庄素雅,生长在这里,不为人所知,不为人所赞,却默默地芳香四溢。

于是孔子对弟子们说:"兰花在深谷之中,不以无人而不芳,任何环境中不改变其节,像君子一样清正、坚强和高洁,她们是真正的君子!"然后作《猗兰操》并操琴赞颂,学生们都受到了启发和鼓舞。

孔子继续说:"困境所含的道理,就好比是从严寒到温暖,经过严寒之后,温暖的春天就会到来,这些只有贤德的人能够了解,有些人却不能明白。"

子贡问:"为什么有些人不明白呢?"

孔子说:"胸无大志的人只看到眼前,对自己没有见到的就不相信。而对于有道德修养和担当大任的人来说,不会被外在环境所左右,因为他们心中有道,所以能高瞻远瞩、智慧深广,把逆境变为顺境。"

弟子们听了孔子的话都感到精神振奋,他们和老师一起坚持着,终于解除了困境。

其实,中国历史上有许多仁人志士都像孔子一样懂得坚守,因为他们看得透眼前的雾障,胸中装满了未来的光明。

宗泽是我国北宋末、南宋初的抗金名臣。他在任东京留守期间,曾 20 多次上书高宗赵构,力主收复中原,但均未被采纳。他指挥的东京保卫战是两宋之际以宗泽等抗战派将领为首的宋朝军民抗击金军侵略、保卫首都开封的重要战争。

北宋哲宗元祐六年(公元 1091 年),宗泽参加了科举考试。考试之前,宗泽和大家一起议论天下大事,宗泽说:"现在朝政弊端颇多,我们读书人应该敢为人先,为天下苍生请命。如有机会,我一定建言政事,尽抒己见。"

一起参加考试的书生们和他争辩道:"我们读书人当以入仕为头等要务,否则寒窗之苦就枉受了。如你所说攻击弊端,岂不自毁前程? 这样做了,又有哪个考官敢选取你呢? 你还是随俗一点的好,切不可因此招来祸患。"

宗泽说众学子没有气节,众学子却嘲笑他不识时务。

考试开始了,宗泽在文章中大胆直言,指出了很多朝政弊端。考官看完他的文章后叹息说:

"此文文采飞扬,笔力雄健,实是一篇难得的好文。只可惜文中言辞激进,恐怕写此文者难以高中了。"

但是考官非常喜欢宗泽的才华,于是将他的文章呈送给主考官,并且说:"这篇文章笔力纵横,颇见功力,只是立意有些偏激。下官以为人才难得,恳请大人网开一面。"

主考官看罢文章,也很吃惊,他皱着眉头说:"这个书生妄议朝政,言多冒犯,录取他岂不犯了大忌？他敢写这种文章，难道不顾自己的前途了吗？"

由于考官舍不得失去这样的人才，就极力劝说主考官，他动情地说："下官以为，作此文者虽有言语不妥之处，但他乃是真心为国，一片赤诚。他不是空谈，更不是点缀太平，这样的人才是朝廷缺乏之才，正可干些实事。"

在考官的恳求下，主考官勉强将宗泽录取到了甲科的最后。

宗泽考上了进士后，保荐他的考官召见了他，对他说："你才学甚佳，只是言辞不合时宜，以后你要注意。"

宗泽先感谢了考官的关心，之后却道："言之无物，是文章的大忌，更是为政的大忌。我决心做官为民，多干实事，不负大人举荐之恩。"

考官被他坚决的态度所感染，勉励宗泽说："你有如此大志，我也就放心了。望你永葆斗志，为国分忧。"

之后，宗泽被任命为馆陶县尉。当时，朝廷正在大力开凿御河，由于适值隆冬季节，天气寒冷，许多服役的人都被冻僵了。宗泽见状十分不忍，他给朝廷上书，建议等到开春之后再开河。他说：为了开河而使百姓痛苦、丧命，这不仅有失仁道，而且动摇国本令百姓怨恨朝廷。百姓的性命需要朝廷来保护，朝廷的安定需要百姓来维护，如果朝廷做事背离了这一宗旨，那么就是虚实不分轻重不辨。朝廷采纳了宗泽的建议。

宗泽在任龙游县令时，见当地百姓不读书，感到忧心如焚。他问属吏说："没有学问就干不成大事，你知道百姓为何不读书吗？"

属吏回答道："龙游地偏人穷，人们养家糊口尚凡艰难，哪有钱财读书呢？龙游没有一处学堂，官府也从未管过此事。"

宗泽长叹道："百姓知书，方能达礼，这件事官府不能不管。这是一件实事，对朝廷有利，对百姓更是好处多多。"

宗泽于是在当地修建学堂，安排老师，为此付出了很多精力和时间。有人说他做这件事对升迁无益，是自讨苦吃，宗泽却自信地说："开启民智，教化风俗，这是惠及万代的实事，我不能不做啊！与之相比，升迁事小，我是不会后悔的。"

宗泽的行为，正是一个目光长远，不存私心的智者的行为，他为一方百姓所做的实事，虽然可能无助于眼前的升迁，却成就了他流传千古的忠臣之名。

【解读】

对于什么是"虚"，什么是"实"；什么是"好"，什么是"坏"，不同的人会有截然不同的标准。有人可以舍生取义，也有人能因小利而忘大义。当然，这两种取舍带来的结果是大不相同的。人类的虚荣心常常给自己带来意想不到的困扰。金钱、美女、权势、地位这些东西总是让人很难抗拒，许多人为此做出违背道德，触犯法律的事情，还有人甚至为此丢掉了身家性命。其实，人活百岁终有一死，房子再多，一个人也不能同时睡两张床。真正能够让自己永垂不朽的其实与这些东西无关。因此，我们一定要清醒地认识到：千万不要为了眼前的小利而忽视了更大的目标。要实现自己的价值，就要有独立思考的勇气。一个有思想的人，绝不会盲目跟风，因为众人所趋未必是己之所好。只有坚持自己的想法，忠于自己的内心，敢于特立独行的人，才能走出自己的成功之路。

【原文】

不拘于书，则不失于本。不求于全，则不损于实。人无贱者，惟自弃也。

【译文】

不拘泥于书本上的知识，就不会偏离事物的本意。不追求完美无缺，就不会有实际的损伤。没有人注定是卑贱的，除非自我放弃。

【事典】

秦始皇在位时，秦国王宫里有一个叫优旃的矮个儿艺人，因为他机智幽默深得秦始皇宠幸。经常有人拿优旃的矮小来嘲笑他，优旃却从不当回事，没有一点自卑的样子。人们感到不解，就问他说："你身材如此矮小，处处遭人嘲笑，为什么却不感到难过呢？"

优旃回答说："我个子矮小不假，但我身一身本事，衣食不愁，矮小对我来说又有什么关系呢？何况矮小是天生的，我讨厌自己也是无用，所以不如坦然面对了。人不可能十全十美，好事也不可能一人占尽，我为什么要为这件事难过呢？"

人们由此敬佩优旃的智慧，再也不因他的矮小而小看他了。

一次，秦始皇召他赴宴。开宴之时，上天忽降大雨，大殿外台阶下手持值牌站岗的卫士都被雨淋湿了全身。优旃见他们打着哆嗦，十分同情。

他问他们说："你们想休息吗？"卫士齐声说："想休息。"

优旃点头道："这个不难，只要你们听我的号令便可以了。"

一个卫士胆怯地说："先生只是个艺人，皇上又怎会听从先生的话呢？我们卫士有护卫之责，没有皇上的旨意是不能擅离职守的。"

优旃自信道："我虽然矮小身卑，但我一定可以说服皇上。上天不给我高大的身材，却给了我智慧，这就是公平啊！"

于是优旃向秦始皇祝酒高呼万岁，随后，他又高声对卫士们说："你们虽然长得高大，但又有什么用呢？你们在雨中站岗，不得歇息，而我这个矮小之人却在殿中享福。"

秦始皇听出了他的话外之音，笑着对他说："你天天这样快乐吗？"

优旃说："人生在世不如意的事太多，不如看开一点，这样活着便有乐趣了。"

秦始皇对他的回答很满意，于是让卫士分成两班轮流站岗，歇息。

优旃虽是艺人，但他很关心国事，不时向秦始皇进谏。有人担心他惹祸上身，总是规劝优旃说："你无权无位，何必多此一举呢？皇上性情粗暴，当心皇上会发怒啊！"

优旃平静地说："关心国事是每个臣民的义务，我有幸接触皇上，怎会不尽力呢？只要我的进谏委婉一些，皇上就不会治我的罪。"

一次，秦始皇要把宫廷的园林扩大到向东到函谷关，向西到雍地和陈仓。许多大臣劝谏无效，他们找到优旃，对他说："皇上执迷不悟，我等劝谏无用，先生一定要出面啊！"

优旃想了一下，说道："你们身为朝廷大臣，已经尽力了吗？皇上不听，你们可反复进谏嘛！"

大臣们叫苦说："皇上事事追求完美，全不顾实际状况如何，这是难以改变的。我等身为臣子，难道会逼迫皇上吗？这件事只有先生可以解决，望先生不要推辞。"于是优旃点头应允了。

第二天，优旃面见秦始皇，他做出欢喜的样子说："听说皇上要扩大园林，臣高兴得一夜未眠。皇上太英明了，此举不仅有助于享乐，而且可以御敌。臣建议把许许多多的禽兽放到园林里，敌国入侵时，让麋鹿用角顶他们便可以御敌了。"

秦始皇恍然大悟，于是放弃了扩大园林的打算。

优旃不因为自己先天的缺陷而放弃努力，他接受了许多人难以接受的现实，反而比许多正常人活得还要有意义，充分彰显了自己的人生价值。

西晋著名的将领王浚是灭吴时的主将，也是第一个攻入吴都建安、迫使吴主孙皓出降的功臣。因当时王浚归王浑节制，而王浑先是屯兵不进，见王浚攻势很猛，又以共同议事的名义，也要王浚停止进军。

但王浚不愿被王浑阻拦，于是就以江上风大，战船无法停下为由顺流而下，立了大功。晋武帝派出使者慰劳王浚。

王浚班师回朝后，被封为襄阳县侯，采邑万户。

王浑嫉妒王浚有功，上奏武帝说王浚违令不听指挥，又诬说王浚率军将吴国宫室抢劫一空。王浚不服，上疏为自己辩解。晋武帝对他没有论罪。

王浑又指使其党羽罗织其他罪名陷害王浚，晋武帝置之不理。当时朝中有很多人认为王浚功高赏轻，大臣秦秀、孟康就替王浚代请。武帝也就按照他们的请托，升王浚做镇国大将军，加特进散骑常侍，官至龙骧将军，后又提升为抚军大将军。

王浚认为自己的功劳大，而竟被王浑父子跟他的亲友党羽压制；每次晋见皇帝，王浚都要诉说自己的功劳与被冤枉的情形，有时无法克制自己的愤怒，竟口不择言，说出一些不应该说出的话。晋武帝司马炎则每次都大度包容。

益州护军范通对王浚说："你的功劳，当然很高，可是你对待这么高功劳的态度，似乎还不能尽善尽美。当初凯旋回京之日，就应该脱下军衣，改穿便服，回到自己家宅，一句都不提及削平吴国的事。如果有人问你，就回答说：'这是皇帝的英明领导，将帅的同心合力，我这个年纪老迈的人，有什么贡献！'这是蔺相如使廉颇终于屈服的办法，王浑如果知道您这样做了，难道会不惭愧？"

王浚恍然大悟，惭愧地说："邓艾平定蜀国，反遭杀身之祸。开始时，我恐惧邓艾的事件重演，大祸可能临头，不能不陈述当时实情。后来越想越无法承受，这是我的度量不够宽宏。您说的这个方法很好，我一时情急，没有想到这一点啊！"

王浚之后果然不再提自己建功之事，晋武帝对他也更信任了。这件事充分说明了我们看清楚事物的本质的重要性。其实,古代的那些忠臣良将,有很多都深深地懂得这个道理,他们也正是因此而摈弃了世俗的见地,让自己得到了道德的升华,成为后人敬奉的楷模。

【解读】

我们都读过"郑人买履"的故事,那个郑国人"宁信度,无自信也"的行为实在令人觉得可笑。但是,仔细想想我们身边的确有不少这样的人,他们在做事情的时候往往脱离实际,要么死守教条,要么过于追求完美。这样做的结果,往往使目标和结局南辕北辙,让理想化作空想,使信心遭到挫败。要想避免这样的结果,我们必须坚持实事求是的精神,坚持独立思考,相信自己,与时俱进。同时一定要认识到求实并非事事追求完美,作为行动者,只要尽力而为,尽量减少缺憾就可以了。尽人事,听天命,敞开胸怀接受任何结果。这才是积极向上的人生态度。

【原文】

大智无诈,顺乎天也。小智无德,背乎情也。识寡务忧,忧弗学也。

【译文】

大的智慧没有奸诈,它是顺应自然规律的。小的智计不讲仁德,它是违背人情的。见识少不要忧虑,忧虑的是不用心学习。

【事典】

汉朝的名臣韩延寿做官的时候,十分崇尚礼仪,重视教化。凡是他所到之处,一定要聘请当地的贤士,来帮助自己教化和治理老百姓。

他采纳好的建议,举荐礼让之士,表扬孝悌之行。平时还修治学校,在春秋两季举行"乡射"活动,陈列钟鼓管弦,让百姓学习升降揖让之礼;农闲的时候则设斧钺旌旗,教大家学习射箭驾车之事。大凡修建城郭,收租纳税,一定都事先明告日期,按期举行,郑重其事,因此官吏和民众都很敬畏拥护他。

他在乡里设立乡正、伍长管理基层,要民众努力做到父慈子孝、兄友弟敬,不许收留奸狡之徒。闾里阡陌之间,一旦发生什么非常事件,官吏就会得到消息,奸狡不法之徒都不敢进入其境内。

为了推行孝治天下,韩延寿率先垂范。有一次外出巡视全郡各县,发现高陵县有一对亲兄弟为了田产纠纷前来告状,韩延寿大为伤心,说:"我幸得位居本地太守,为全郡的表率,不能宣讲、发扬教化,以致属下百姓竟有亲骨肉互相争讼,既有伤风化,又使县以下贤德的长吏、啬夫、三老重重地蒙受羞辱,罪过在我这太守,应该首先退下反省。"这天,便称病不理公务,回到馆驿闭门思过。高陵一县的官员们都不知怎么办,令丞、啬夫、三老也都自己把自己拘禁起来,等待处理。于是,那打官司两兄弟的整个宗族都互相责备,两兄弟更深感悔恨,自动剃掉头发,祖露上身,前来谢罪,并保证至死不再争斗。韩延寿这才心怀大悦,开门接见,安排酒席相对饮食,予以勉励,说要告诉乡里,以适当方式表扬悔过从善之民。这件事很快传到外面,全郡闻风而化,莫不转向诫勉,百姓再没有相互争斗、打官司的事发生,恩泽忠信浸润了周边二十四个县。由于韩延寿采取"教化为先"的方略,在东郡任太守三年,当地令行禁止,民风淳朴,治安稳定,没有发生任何动乱等非常事件。

韩延寿能取得这样的成绩,是因为他明白要想天下太平一定要教化为先的道理。要"为之于未有、治之于未乱、防患于未然",从制度、礼仪、廉耻、孝治等方面引导民众知荣弃耻,褒荣贬耻,扬荣抑耻,纯洁民风,使人与人和谐相处,减少矛盾和冲突。也就是说,他是用顺乎天意的大智慧,大道理来进行管理,这样不但给百姓带来了好处,也给他带来了政绩,真是着眼大处的治世之法呀!

大智慧自然带来大收获,而不正当的用心,即使表面上达到了目的也会带来数不清的祸患。

清代纪晓岚的《阅微草堂笔记》记载了这样一个故事:有一天,某个大户人家因为受到盗匪的打劫,悬赏重金来缉拿盗匪。半年多后,盗匪被全部抓获,经审讯后一一认罪。

按说这件事已经得到了很好的解决,但是因为这个大户对这些盗匪极端仇恨,总觉得还不够解恨。于是便用银子贿赂狱卒,让他们千方百计地折磨那些强盗,甚至把他们吊起来,脚不着地,身不挨席,连厕所夜不许上。这些盗匪大小便只能拉在身上,久而久之生出蛆虫在裤裆里蠕动,嗑着他们的臀部和大腿。唯独没有断绝食物,目的是不让他们死得太快而已。

盗匪们对这个大户人家的做法恨之入骨,他们想:抢劫财物,强奸妇女,按照法律,不过是杀头之罪。两项罪名加在一起审判,也不过杀一次头,万万没有凌迟碎骨的道理。于是,他们便在当庭审讯时,一起说曾经轮奸了那大户人家的所有妇女。这件事被堂上旁听的人传了开去,那些平时对这个大户人家有所不满的人,更是添油加醋地四处传播这件丑闻,说盗匪本来已经定罪了,但大户人家还不惜花大钱对其百般折磨,就是因为盗匪们轮奸了他家的全部妇女。一时间人们议论纷纷,谁也没有办法说清真假,大户感到非常丢脸,自己后悔也来不及了。

按说这些盗匪按照法律治罪是罪有应得的,但是大户仗着有钱,还要在法律之外百般折磨虐待他们,就是自己的不对了。

他用了不该用的心机,违背了法律和道德,虽然自己解了恨,却让家里的人蒙受了洗刷不尽的奇耻大辱,难道不是自找的吗?

【解读】

真正有智慧的人绝不会逆天行事,因为他们最懂得尊重自然规律就不能玩弄奸诈的手段,不能把私欲放在最前面,只有这样做才能保证自己不会陷入窘境。有些看上去聪明的人往往却不明白这个道理,他们以为为了达到目的可以不择手段,因此往往会用小伎俩来逾越不该逾越的界限。当然,事实上他们可能达到了目的,但是这样获得的利益往往是不安全的,因为他们违背了天理人情。所以,如果用不正当手段获得的钱财,最后往往会被人用同样的方式掠夺去。清朝的和珅就是一个这方面最典型的代表。其实仁德并非空泛的概念,它能给人带来实实在在的好处,看不到这一点的人,是目光短浅的,不会获得真正的成功。

学习也是这样。只要用心学,老老实实地用功,时间长了自然就会获得丰富的知识。如果不去用功。反而天天担心自己学识浅薄,则会流于一种不切实际的行为,倒是值得担忧的了。

【原文】

苦劳而少获,非实之过也。闲逸而多得,乃实之旨焉。

【译文】

辛苦劳累却少有收获,这并不是求实的过错。清闲安逸却多有所得,这才是求实的宗旨。

【事典】

元世祖至元二十二年秋天,宗王阿只吉为叛王海都所败,被罢职,世祖命伯颜代统他的军队。在此之前,边境防军因地荒且塞,常常军粮不足。伯颜到来届,立即命令全军采蒇怯的叶子和蔓菁的根,晒干后把它贮存起来,每人必须采足四斛,草籽也必须如数采集贮藏。到了严寒的冬天,大雪飞扬,人和马就靠这些填饱肚皮。他还命令士兵捕捉旱獭,先吃它的肉,然后把它的皮晒干、制好,贮存了近万张。过了不久,伯颜派使者用车子把这些兽皮送到京师,进献世祖。世祖一见兽皮,就笑着对其他大臣说:"伯颜因为边地寒冷,士兵衣服单薄,只是想用这些兽皮来换我的棉衣罢了。"于是赐给边庭士兵冬天的衣服。至元二十四年二月,有人向朝廷告发亲王乃颜将要谋反,世祖命令伯颜前去暗中观察。伯颜用车马载了很多皮毛衣服,前往乃颜领地。他每经过一个驿站,就给驿站的官吏留下一些皮毛衣服。到了乃颜驻地,乃颜设宴款待伯颜,准备在酒席上逮捕伯颜和从人。伯颜察觉后,就与从人骑马冲出来,分三路逃走。每到一个驿站,站上的官吏因得过他的好处,争相献出良马,使伯颜和从人得以脱险。回到京城,伯颜把乃颜要谋反的真相报告给世祖。四月,伯颜跟随世祖御驾亲征,因考虑到亲疏关系,建议不用蒙古军而用汉人骑兵去对付乃颜,世祖接受了这一建议,很快打败并活捉了乃颜。

看起来不容易的事情,在伯颜这里解决得干脆利落,不着痕迹,这并非因为伯颜运气好,而是他动了脑子。古人说:欲流之远,必先浚其源;欲树之高,必先固其根。伯颜不是危机来了才开始想办法,而是预谋在前、预安在先。在严寒未到来之时,就采集储备粮草,安全渡过边塞饥寒的困境;事先笼络乃颜领地驿站官吏,在危难逃脱之时得到了他们的帮助;在讨伐乃颜时建议世祖不用蒙古兵而改用汉人骑兵,一举顺利活捉了乃颜,平息了谋反。

真正的聪明人都会干一、备二、想三,对可能发生、即将发生、必然发生的事,预先筹划,精心备对,一旦危机来临,不至慌张失措,而能神闲气定,从容应对了。

春秋时六国争霸,公输般替楚国制造了一种攻城的器械叫作云梯,准备用它进攻宋国。墨子知道后，从鲁国来到楚国都城郢（今湖北江陵县），指责公输盘制造云梯攻击宋国是不明之举。墨子虽然从道义上说服了公输盘，但公输盘想到进攻宋国的计划已为楚王批准，一时难以中止，感到很为难。

于是墨子前去拜见楚王，问道："一个有钱的人，不吃自己的米和肉，反而去偷窃邻居的酒渣和粗米糠，这是何故？"楚王说："这种人一定有爱偷东西的习惯！"接着墨子把楚、宋两国的土地及物产进行比较，说："现在大王进攻宋国，不是和我说的那个有钱人一样吗？我看道理上说不过去，事实上也达不到目的。"楚王说："你的话虽然很对，但公输般已替我制造了云梯，一定可以征服宋国。"

墨子为了打消楚王攻宋的念头，便和公输般在楚王面前进行对抗表演。墨子解下衣带当作城墙，以小木扎作为守城的器械。公输般用云梯先后九次改变攻城的方式，墨子进行了九次抵御。公输般攻城的器械已经用尽，而墨子的守御方法仍然很多，公输般到了山穷水尽的地步，说："我知道如何攻破你，但我不说。"墨子也说："我知道你将怎样进攻我，但我也不说。"楚王问其故，墨子说："公输般之意，不过是想杀死我，杀了我，宋国就无人守御了。但他估计错了，我的弟子禽滑厘等三百人，已经拿着我的守御器械赶到宋国，即使是杀死我，也不能攻陷宋国的都城。"于是，楚王放弃了攻宋的计划。

还有一个故事也可以说明事先做好谋划的重要性，因为只有这样才能最大限度地避开灾祸，做成大事。

李世民登基做了皇帝之后，非常看重长孙皇后的胞兄长孙无忌。因为长孙无忌通经史，善策划，有谋略，少年时代就与李世民结下了深厚的友谊。当年李世民率军过黄河以后，长孙无忌被任命为渭北道行军典籍，从此，他经常跟随李世民出征作战。武德九年（公元626年），太子李建成和齐王李元吉策划谋害秦王李世民，长孙无忌决策"玄武门之变"，先发制人，诛杀了李建成和李元吉，助李世民夺取皇位。李世民即位后，长孙无忌兼有佐命元勋和皇戚国舅的双重身份，可谓炙手可热。

但是正当唐太宗打算给长孙无忌授以辅政要职时，长孙皇后对太宗说："我有幸做皇后，尊贵已极。我不愿意娘家人因此而掌握

长孙无忌

朝廷大权，以免引来可悲的后果。西汉高祖的吕皇后和武帝的霍皇后，都因宠信外戚，而导致诛灭九族。"唐太宗没有把皇后的话当回事，仍然任命无忌为尚书右仆射。

长孙皇后知道明谏无效，于是暗中劝告哥哥，让他自己向皇帝辞职。长孙无忌也是个明白人，于是向唐太宗上表要求退隐。唐太宗见兄妹态度坚决，只好免去长

国学经典文库 智慧谋略全书 解厄学 图文珍藏版

孙无忌的尚书右仆射，拜封仪同三司。贞观七年(公元633年)7月，唐太宗又打算拜长孙无忌为司空，长孙无忌又辞谢，唐太宗不许。事后，长孙无忌又通过高士廉启奏皇上："臣有幸身居外戚国舅的地位，皇上屡任我要职，我恐怕招来圣主私亲之议，给皇上造成不好的影响。所以，为臣甘愿以死退辞。"

　　唐太宗因为对长孙无忌十分倚重，所以坚持不让长孙无忌辞职。长孙无忌兄妹没有权迷心窍，而是反复向唐太宗进谏，不同意皇亲国戚霸据朝权，以盈满为戒，防患于未然。唐朝初年所以政治清明，出现了贞观之治的局面，不能不说是因为有长孙皇后这样贤明的皇后和无忌这样明理的大臣辅佐的结果。

【解读】

　　我们提倡实干，并非要求人们埋头拉车不问方向，不讲方法。实干并非傻干。当一个人付出与回报不成正比的时候，如果他是一个懂得求实的人，就应该停下来好好反省一下，看看自己哪里做得不对，有什么欠缺需要弥补，等到搞清楚之后再重新来过。总之，只有懂得不吃无谓的苦，不做没有价值的功，我们才能进步得更快。因此，一个懂得求实的人，必定比别人收获更多。这并非因为他在付出上投机取巧，而是因为他懂得运用智慧，懂得动脑子，这正是我们作为人类比地球上其他生物高明的最重要的原因。

慎言第六

言之祸，无论优劣也。语之弊，由人取合也。

君子不道虚言，实则逆耳。小人不表真心，伪则障目。见言见志，其行亦断也。

贵者宜谦不宜傲。卑者宜恭不宜放。人无信，则言勿听。

不知机而无泄，大安也。不避亲而密疏，大患也。

——晏殊

【原文】

言之祸，无论优劣也。语之弊，由人取舍也。

【译文】

言论能给人带来灾祸，好话和坏话都可导致恶果。言语能给人带来害处，言语的取舍全在人为。

【事典】

孔子周游列国的时候，来到周朝的都城参观周朝的祖庙，看见祖庙的右边台阶前有一尊铜人，样子很是奇怪。

铜人的嘴被封了三层封条，背后面还有铭文写道："这是古代一位慎于言语的人。小心啊！小心啊！不要多说话，说多了话必然有闪失；不要多事，多事必然有灾祸。平安快乐的时候一定要小心，不要做使自己后悔的事情。不要以为没有妨碍，祸患将随之增长；不要以为没有危险，祸害将随之增大；不要以为没有危害，祸害将随之到来。不要以为没有人知道，天灾正在那里等待着对你的惩罚。小的火苗不扑灭，烈焰冲天便无可奈何；小的水流不堵塞，奔流成河便一筹莫展。长长的细线不截断，就将织成罗网，茂盛的树苗不砍除，就将变成巨木。如果出言不慎，就会埋下祸根。强横的人不会正常死亡，好胜的人一定会遇到敌手，盗贼怨恨主人，民众憎恶权贵。君子知道天下不可以一手遮盖，所以就对人退让一点，谦卑一点，使人亲慕自己。持一种谦卑、退让的态度，就不会有人能与自己争衡。人们趋向那边，我独坚守此处；众人心智迷乱，我独思想坚定。把智慧深藏心底，不与人争技艺之短长。这样做，即使我地位高贵，也不会受到危害。江河之所以成为江河，是因为它卑下。上天没有特别厚爱的人，但是他一定佑助善者。小心啊！小心啊！"

看完以后，孔子回头对弟子们说："记住这铭文。这些话虽然鄙俗，但是切中了事情的要害。俗话说：'格外小心和谨慎，就如同身临深渊边缘，如同脚踩薄冰一样。'如果能够照这样立身处世，怎么会因为嘴巴而遭到灾祸呢！"

古今中外的智者莫不认为"沉默是金"。话说得太多,会招厌恶,无形当中也会暴露自己的很多秘密和隐私,招致别人的轻视。因此古人常说"事不关己莫开口,话不逢人半句多"。说话要恰到好处,才能发挥出它应有的作用。说得太多,反而适得其反。

宋代大文学家苏东坡的故事,在这方面有着典型的意义。苏东坡第四个儿子出世时,他写了一首著名的自嘲诗《洗儿戏作》。诗曰:"人皆养子望聪明,我被聪明误一生;惟愿孩儿愚且鲁,无灾无难到公卿。"诗中所说"惟愿孩儿愚且鲁"的想法未必真实,但却揭示出一种社会现象——聪明人不免会受打击,"愚且鲁"者却能"无灾无难到公卿"——倒是千真万确的。其实这种事情不仅仅宋代才有,其原因也不难理解,在位者大多忌才,只想用奴才,不想用人才,唯恐人才压倒自己。即使在不得已的情况下用了人才,早迟也不免要加以打击。因此,聪明人走运的时候少,倒霉的时候多。

苏东坡从小聪明绝顶。《宋史·苏轼传》中说他10岁时"母程氏亲授以书,闻古今成败,辄能语其要"。20岁时"博通经史,属文日数千言"。22岁应考,主考官是北宋一代宗师欧阳修,他看了苏轼的《刑赏忠厚之至论》,十分惊喜,曾经告诉别人说:"吾当避此人出一头地。"仁宗初读苏轼及其弟苏辙两个人的卷子,"退而喜曰:朕今日为子孙得两宰相矣! 神宗尤爱其文,宫中读之,膳进忘食,称为天下奇才"。但苏轼如此聪明,名气如此之大,却为何一生不受重用,而且屡受打击?《苏轼传》最后的评语说得好"或谓轼稍自韬戢,虽不获柄用,亦当免祸。虽然,假令轼以是而易其所为,尚得为轼哉!"这就是说:有人认为苏轼的说话做事如果能够谨慎一点,收敛一点,不要那么锋芒外露,虽然没有受到重用,至少不会惹祸。

苏轼年轻的时候可谓一帆风顺,少年得志,因此说话做事,略无顾忌,当说就说,当作就做,心胸坦荡,以诚待人。他认为"作文当如行云流水,初无定质,当行于所当行,止于所不可止。虽嬉笑怒骂之词,皆可书而诵之"。他作文是这样,做人也是这样,嬉笑怒骂,出自肺腑。对人说真话、诉真情、情真意切、毫无保留,完全不知道人情险恶。《东坡事类》一书中有这样的记载:"苏子瞻(苏轼字)泛爱天下,士无贤不肖欢如也。尝自言上可陪玉皇大帝,下可陪卑田院乞儿。子由(其弟苏辙字)晦默,少许可,尝戒子瞻择交,子瞻曰:吾眼前见天下无一个不好人!"这是何等乐观,何等真诚! 他在抒怀言志的时候,说自己"有笔头千字,胸中万卷,致君尧舜,此事何难?"认为帮助皇帝把国家治理好是一件不在话下的事情。既不怕别人说他吹牛,也不担心别人对他忌刻。他认为天下无坏人,对人从不设防,因此遇到飞来横祸的时候,毫无思想准备,束手无策。

按说苏轼很年轻就崭露头角,金榜题名,得到皇帝重视,名士推崇,本不应该遇到什么麻烦,为什么还会受到一连串的打击? 按照俗人的说法,这是他自找的。当时虽有推行新法与维持旧法的党争,但双方都并不以他为拉拢对象。如果按当时为官者的做法,利用两者之间的矛盾,从中取利,不难做到位极人臣,终生富贵,再说苏轼也具备这样的条件。可他无意于此,偏用全部精力去探讨变法的得失。不论新法旧法,凡于国于民不利的他就不客气地进行指责。新党上台的时候,他指出某些新法过犹不及,于民不利;旧党上台的时候,他又反对全废新法,主张择善而从。这样,两边的人都对他不满,都要打击他。他当了费力不讨好的大傻瓜。他成天想的,是如何有利于国,有利于民,想到了就要说,如鲠在喉,不吐不快,说了得罪人也在所不惜。就是没有想到如何有利于自己,更没有想到这样做下去会对自己非常不利。他的聪明在于能够看出变法的种种利弊,如果他没有这个聪明,看不出问题来,就是想说也没有什么可说的。他看出来了,说出来了,问题也出来了,来自双方的打击接踵而至,打得他晕头转向,因此他才会感慨地说"我被聪明误一生"。

一个糊涂人要想变得聪明并不困难,只要努力去学就行;但是一个聪明人为了避祸而装糊涂,缄口不言,那就困难得多,这正是郑板桥所说的"难得糊涂"。苏轼一生天真,说话做事皆依本性,无所顾忌,要他装糊涂,他做不到,只好寄希望于下一代,"唯愿孩儿愚且鲁"。

从苏轼的身上我们可以看出,即使身负奇才,如果不能谨言慎行,好自为之,也无法很好发挥自己的才能,只能在浩叹中看着年华老去却不能有所作为。

【解读】

古人常常告诫我们"祸从口出"。从古至今人类经常面对沟通不良而引起的麻烦和困惑。而且,有的时候,就像好心也能办坏事一样,好话也能导致误解和伤害。因为说话者的主观意图与听话者的内心需求很难完全一致,因此语言往往成为阻碍沟通的"墙壁"。有些时候,人们甚至还会故意用"断章取义"的办法来攻击别人,以求达到自己的目的。他们用别人言语的片段来拼凑和罗织罪名,用似是而非的罪状来蒙蔽和污蔑他人,混淆视听。这种"招数"常常使人们百口莫辩,因此,要想避开这种"言祸",最好的办法是多听少说,多做少议。让那些窥伺别人的小人在这个方面抓不到把柄,沾不着便宜。

【原文】

君子不道虚言,实则逆耳。小人不表真心,伪则障目。见言见志,其行亦断也。

【译文】

君子不说假话,说实话就会听起来使人感到不舒服。小人不表露真心,伪装就会使人看不清真相。听其言可知其心意,其行为也可以判断了。

【事典】

嬴政是历史上有名的暴君,性情残暴乖戾。但是在统一六国的过程中,他也表现出了识人善任的特点,对那些真正的人才,即使言语冲撞也不予怪罪,善加礼遇。这也是他能一统天下成就千古一帝的大业的原因。

嬴政刚即位时,对待臣民态度和言行都很谦恭。他从不看重人出身和经历,并能充分听取臣下的意见,这自然使手下人对他十分忠诚。公元前236年,秦军在前线正与诸侯酣战,眼看各国诸弱侯已经衰弱,但他们仍要做最后挣扎,并且伺机合纵抗秦，尤其是韩、魏、赵三国居于诸侯七国中央之地，是秦东进的主要障碍。且燕国与赵国相临，若此四国合纵抗秦，必会对秦构成重大威胁。为了离间四国合纵，秦王嬴政忧心忡忡。

顿弱是秦国的一介平民，但他富有智谋，并且善于发表自己的见解，还惯于用间术。嬴政听说此人之后，很想单独与顿弱谈话，想看看他对国政有什么见解。但顿弱知道嬴政性格狂傲，不易服人，于是他便故意端起架子，让人传话给嬴政说："我生来就不会向别人下跪参拜，如果大王能允许我参见时免去跪拜之礼，我就可以去面见。不然的话，我是不会去见他的。"

嬴政

但嬴政不因顿弱提出的条件而生气，反而很爽快地答应了他的要求。

见到嬴政，顿弱张口就说了一句让嬴政摸不着头脑的话，借以吸引嬴政的注意力。他说："天下有一些有其实而无其名的人；也有一些无其实却有其名的人；还有一些无其名且无其实的人，大王您知道吗？"

嬴政果然对此大感兴趣，他很干脆地回答不知道。

顿弱解释说："有其实而无其名者，便是商人。商人不种田种粟，但家中却囤积谷米，所以说商人是有其实而无其名的人。无其实而有其名的人是农民，农民虽有生产粮食的名声，但家中却没有积粟，所以说农夫是有其名而无其实的人。无其名又无其实者是大王您啊！您虽登上了王位，拥有万乘车马、天下财富，却不能供养父亲，得不到孝子之称，自然也无孝子之实，所以，大王便是既无其名也无其实的人。"

听到这里，嬴政勃然大怒，顿弱明明是在挖苦他！但怒言未发，只听顿弱又说："山东有六个诸侯国，以大王的威力不能征服他们，可是却把威风撒在母后头上，这种做法实在是不可取啊！"顿弱这里所说的母后之事，是指嬴政亲政后因母亲有私宠行为而被他赶出宫的事情。

对于顿弱的考问，嬴政听了虽然生气，但还是忍住了，并转移话题问顿弱说："山东的六个诸侯国该怎样兼并呢？"

顿弱竟以嬴政母后这样耻辱的事情和敏感的话题来刺激嬴政，无异于揭他的伤疤。依嬴政对母后淫乱后宫之事的敏感程度，他早就要暴跳如雷了。然而，为了听到统一六国的良策，嬴政宁愿受辱，这种克制力不可谓之不大。

顿弱见嬴政未恼，便切入了正题，他献策说："六国之中韩国所处的位置，好比天下的咽喉；而魏国所处的位置，好比天下的胸腹。大王可以给我万金，让我去韩、魏游说活动,收买韩、魏两国所信任的王戚贵臣,让他们为秦做事。秦若在他们国家有了内应,那么取两国就易如反掌。而韩、魏到手,天下也就会成为大王的天下了。"

顿弱的话正合了嬴政的心意,他心里暗自高兴,但却故意对顿弱说国贫,难以拿出万金来。而顿弱便又向嬴政讲了利害关系,他说:"天下不会这样容易就被取得,诸侯国之间不是合纵,就是连横。若连横成功,诸侯就得听命于秦,秦就能成就帝业;而若合纵成功,诸侯就会联合抗秦,并且听命于楚王。秦若能成就帝业,天下何止万金来供养大王;而楚如果成为天下之王,即使大王有万金之富,恐怕也不属于您了。"

顿弱说完,嬴政大喜,他马上采纳顿弱的计谋,赐给他万金做资本,让他到东边游说韩、魏两国。不久,顿弱便实现行间目的,收买了韩、魏将相效力于秦。接着顿弱又北上游说赵、燕,用金钱收买人心。使燕顺服于秦,让赵悼襄王废弃名将廉颇,还收买了赵王宠臣郭开等人,陷害了名将李牧,将秦东进的大绊脚石搬掉了。

顿弱接下来到了齐国,让齐王向秦朝拜,迫使韩、魏、赵、燕四国服从于秦。顿弱能取得这些辉煌成果,其实都是因为嬴政能克制自己的情绪,发现顿弱的才能,使顿弱得以行间五国,不负王命。

顿弱的"狂言"之所以被嬴政接受,是建立在顿弱确有奇才,并忠心报国的前提下的。如果不识时务、不分场合,狂妄自大、胡言乱语,恐怕就没有这样的好结果了。

南北朝时,北周大将贺若敦自以为功高才大,不甘心居于同僚们之下,看到别人做了大将军,唯独自己没有被晋升,心中十分不服,怨言非常多,还暗中下定决心要好好干它一场,和他们一较高下。

不久,他奉调参加讨伐平湘洲的战役,打了个胜仗之后,全军凯旋,为国家立了一大功。他满心自以为此次必然要受到封赏,不料由于种种原因,他不但没升迁,反而被撤了职。他为此大为不满,对传令史说了很多对朝廷不满的怨言。晋公宇文护听后十分震怒,把他调回京城,逼他自杀。贺若敦临死之前有所醒悟,对儿子贺若弼说:"我有志平定江南,为国效力,而今未能实现,你一定要继承我的遗志。我是因为这舌头把命都丢了,这个教训你不能不记住呀!"说完了,便拿起锥子,狠狠地刺破了儿子的舌头,想让他记住这血的教训。

光阴似箭,转眼几十年过去了,贺若弼做了隋朝的右武侯大将军,但是他非但没有记住父亲的教训,还常常为自己的官位比他人低而大加抱怨。不久,他自认为还不如他的杨素做了尚书右仆射,而他仍然是一个将军,未被提拔。他非常生气,时常流露出来不满的情绪和怨言。后来一些话传到了皇帝耳朵里,使得贺若弼被逮捕下狱。皇帝杨坚责备他有三太猛:嫉妒心太猛;自以为是、自以为别人不是的心太猛;随口胡说目无长官的心太猛。但是因他有功于国,不久也就把他放了。但他仍然没有吸取教训,还对其他人夸耀他和皇太子之间的关系密切,连高度的机密也都对他附耳相告,言无不尽。没想到后来杨勇在隋文帝那里失势,杨广取而代之做了皇太子,贺若弼的处境就可想而知了。

后来隋文帝得知他又在那里大放厥词，就召见他说："我用高颖、杨素为宰相，你多次在众人面前放肆地说'这两个人只会吃饭，什么也不会干'，这是什么意思？言外之意是我这个做皇帝的也是废物不成？"贺若弼辩解说高颖是他的老朋友，杨素是他舅舅的儿子。他了解他们两个人，也确实说过他们不适合担当宰相的话，但并非对皇帝不满，好容易才算混了过去。

贺若弼因言语不慎曾经得罪了不少人，朝中一些公卿大臣怕受株连，这时都揭发他过去说的那些对朝廷不满的话，并认为他罪当处死。隋文帝听了之后问贺若弼自己寻思可有活命的道理？贺若弼辩解说他曾凭皇上神威，率八千兵渡长江活捉了陈叔宝，希望能看在过去的功劳的份上给他留条活命。隋文帝问贺若弼说："出征陈国前，你曾经对高颖说过陈叔宝被削平后咱们这些功臣会不会飞鸟尽，良弓藏？高颖对你保证说皇上绝对不会这样做。有这回事吗？"贺若弼默认了。后来隋文帝念他确实曾经为朝廷立过汗马功劳，只把他的官职撤销了事。

【解读】

俗话说："良药苦口利于病，忠言逆耳利于行"。对于这个道理，不会有人不认可。但是在现实生活中，我们却常常可以看到违背这个道理的行为。因为很多人忍受不了实话带来的冲击，因此不喜欢和那些正直的人交往，反而因为喜欢甜言蜜语而和那些别有居心的人打得火热。说到底这其实都是虚荣心在作怪。但是，如果我们要为自己的人生和事业负起责任，就必须学习鉴别真伪之道。否则当自己被小人所误的时候会后悔莫及，无法挽回。那么，怎样才能分出真伪呢？首先，要保持清醒的头脑，懂得把握事物的本质，这样就可以拨开语言的迷雾，找到人心的真意。同时，我们要了解真实的人应该是言行一致的，所以不但要听其言，还要观其行，对于那些说得好听却不能在行动上有所表现的人，我们自然可以有所判断了。

【原文】

贵者宜谦不宜傲。卑者宜恭不宜放。人无信，则言勿听。

【译文】

富贵之人应该自谦、不要自傲。卑微的人应该恭顺，不要放肆。一个人如果没有信誉，那么他的话是不能听从的。

【事典】

有人因为懂得放低姿态而解除了自己的困厄，也有人因为不懂谦卑而陷入困厄之中。

宋义曾任楚国令尹，后来追随项梁。项梁和项羽起兵造反，打了许多胜仗，项梁便不把秦兵放在眼里，他说："亡秦乃是天意，我们替天行道，怎么能有不胜之理？现在我军可以大胆进攻，一定要速战速决！"

宋义劝阻道:"秦军曾横扫天下,今虽屡屡战败,也不能小看,而我军连胜必骄,这是兵家大忌,将军务必在意。"

项梁对宋义存有偏见,他曾私下对项羽说:"宋义从前贵为令尹,今日一定不甘屈居你我之下。他明里是好心,可不知他心里在盘算什么? 对他既不能重用,也不能轻信。"

项梁对宋义表面上尊重,只是对他的进言一律拒绝。宋义多次碰壁之后,渐渐醒悟过来,他对自己的好友说:"项氏叔侄名义上是恢复楚国,实际是在培养他们自己的势力啊! 我这个楚国旧臣不是他们的亲信,难怪他们对我如此冷淡。"好友担心道:"大人已知他们不能容人,为什么不早早离开呢?"宋义叹了口气说:"不为信任,便为异己,项氏叔侄怎么会让我轻松离去呢? 恐怕我此念一生,他们便会除掉我了。"

项梁打下城阳之后,下令屠城。宋义大惊,对项梁说:"暴秦之暴,百姓早已受够,这才会天下反叛,将军难道不知吗? 得天下当以仁德聚拢民心,望将军收回成命。"项梁怀疑宋义别有用心,挖苦道:"我想杀人,大人百般阻拦,世人若知此事,定会颂扬大人的仁德。不过此事必行,就让天下骂我这个恶人吧!"城阳全城被屠,宋义伤心之余,哭着说:"可恨我如今卑微,有心救人却无能为力,这不是我的过错啊!"

从此,宋义不再对项梁直言,反极力夸他用兵如神。宋义的好友感到奇怪,问他说:"你和从前判若两人,事事都不争辩,反而竭尽所能地讨好项氏叔侄,你太不负责任了。"

宋义反问好友说:"我无职无权,何责之有? 项氏叔侄刚愎自用,他们是死是活与我何干呢?"

一次,项梁假意征求宋义意见,当着众人的面说:"大人贵为楚国令尹,德高望重,不知大人有何赐教?"宋义赔笑道:"往日之事不可再提,我只是个亡国的令尹,我有罪啊! 将军大智大勇,乱世雄起,大楚复兴有望,全在将军,将军才是真正的英杰,我听从将军的号令好了。"

项梁心中大喜,他对宋义点头说:"大人抬爱,项梁受之有愧了。"

项羽见宋义媚言,感到突然,就对叔父说:"宋义这个人一向孤傲,他怎会当众自贬呢?"项梁不屑地说:"宋义是个聪明人,他现在是想通了。今非昔比,他还敢和我们作对吗?"从此,项梁对宋义解除了戒备。

宋义见项梁不再防范他,就开始专心筹划离开,他对好友说:"项氏叔侄只谋私利,排斥异己,他们终会败亡的,在他们身边太危险了。一有机会,我便要远走。"不久,项梁有事要联络友军,宋义主动请缨,借此离开了他。不久,项氏军队在定陶被秦军打得大败,项梁也死于此役。

有人的谦恭是刻意为之,谦恭得很辛苦;但也有人的谦恭是因为天性纯善,无欲无求,能达到这种境界的人,还有什么可以打败他的呢? 唐朝中兴名将郭子仪就是这样一个"纲常楷模",他功高权重,却保持着谦虚的名声,结局是福寿双全声名显扬,门第显盛全始全终。

开元天宝是唐代的鼎盛时期,但巨大的危机已经隐藏在盛世的背后了。唐玄宗好大喜功,征战不断。又给边将以很大的权力,渐渐使节度使形成专兵之势,权力膨胀。其中安禄山是最突出的一个。

天宝十年,安禄山在范阳举兵,十五万军队,马步相兼,鼓行而西。唐朝承平日久,几代人不识干戈,叛军长驱直入,十二月即攻陷东都洛阳。

此时的郭子仪五十八岁,和另一大将李光弼负责阴山防线。就在唐军败如山倒的时候,十二月,郭子仪打败北路叛军,取得唐军的第一次胜利。接着,他指挥大军包围关中,派兵打开通向井陉关的道路,使朔方军和河东军联成一体,这一战略部署使叛军攻关中的计划成为泡影,形成了对唐有利的局面。

第二年三月,郭子仪东出井陉,与李光弼合兵。五月,郭李军队在嘉山大败史思明的九路叛军,使整个战场的形势有利于唐军。但好局势换来的是玄宗的轻敌冒进。他催逼把守潼关的唐军出关迎敌,结果全军覆没,长安也丢了。玄宗逃往四川。太子在军民的拥戴下留在关中,进驻灵武。七月,太子在灵武称帝,史称肃宗。朝廷新立,无兵可用。这时北方各军镇中,只有朔方军的建制基本完整,肃宗立即派人传令河北前线的郭子仪、李光弼带兵返回。郭子仪接到诏令后,立即率五万大军西行,于七月底到达灵武,新朝的实力渐渐充实起来。在争夺西京的战斗中,经过了一年多的拉锯战。至德二年九月,郭子仪率十五万大军,与十万叛军在长安西南的香积寺决战,大败叛军,收复长安。十月,郭子仪又收复洛阳。随后,河东、河西、河南失陷的各郡也都平定。十月,肃宗回到沦陷了一年又四个月的长安,和百姓们一同热泪长流。十一月,郭子仪凯旋班师,肃宗亲自到灞上迎接,对他说:"虽吾之国家,实由卿再造。"郭子仪因兴复大功进位司徒。

大功已立,麻烦就来。唐王朝度过了安史之乱中最危难的一劫,郭子仪也由一名边将上升为执掌兵权出将入相的辅国之臣。形势的变异使皇帝与臣子的关系也发生了变化。

唐朝皇帝有一个"心病",那就是皇位继承权不固定,太子时时有被废乃至被杀害的危险,皇帝对武人总不放心。特别是安史之乱后,对前线掌兵的人多方牵制。而宦官在皇帝身边,便于控制,又是家奴,皇帝就让他们替自己办事。郭子仪手握兵权,自然受猜忌,也免不了受宦官的气。

但郭子仪对国家有一片忠纯之心。所谓忠是忠君体国,没有野心;所谓纯是干净透彻,没有杂念。所以,他能做到招之即来,挥之即去,无怨无悔。

乾元元年九月,郭子仪、李光弼等将进军河北的叛军巢穴,朝廷却不设统帅,让宦官鱼朝恩做观军容使,节制各军,最终导致相州会战唐军的失败。鱼朝恩一向妒忌郭子仪的功名,乘机向肃宗进谗。肃宗决定朔方军易帅,召郭子仪入朝。当朝中的使臣来军中宣诏时,将士们痛哭流涕,挽住使者的马头,希望郭子仪留下来。郭子仪只好瞒哄道:"我去设宴为钦差饯行",这才得以上马而去。

郭子仪被罢免兵权后,谨慎处事,没有丝毫怨言。上元元年九月,肃宗任命郭子仪为诸道兵马都统,因鱼朝恩从中阻挠,又没能实施。

而当广德元年,吐蕃军队打到长安时,新即位的代宗想起了郭子仪,紧急下诏:

命他为关内兵马副元帅,出镇咸阳,抵御吐蕃。但是被解除兵权后,郭子仪赋闲在家,他的亲信部属也都被遣散。郭子仪接旨后,没有一句怨言,更没有幸灾乐祸观望不动,还是立即召集几十骑兵,离京赴任。

宦官鱼朝恩和郭子仪关系不好。有一年,郭子仪父亲的坟被人掘了。这对郭子仪来说是奇耻大辱。当时有人说是鱼朝恩指使人干的,传言四起,朝中震动,都担心郭子仪借此事发作,做出激烈的举动。毕竟,鱼朝恩是皇帝身边的红人。

郭子仪回朝后,肃宗亲自去抚慰。郭子仪没有疾言厉色,也没有装出不在乎的样子,反倒给了皇帝一个台阶。他说:"当年我带兵不严,有的士兵干过偷坟掘墓的事情,这次算是老天对我的报应吧!"几句话把一场隐忧化解。

当然,郭子仪也不是个逆来顺受的受气包。他的忍让也有限度、讲对象、分时机。代宗中后期,宦官总监全国军队,又率领天子禁兵,军权之大,开李唐立国的先例,皇帝逐步异化为宦官手中的傀儡工具。代宗也痛恶鱼朝恩的专权,密令宰相元载伺机除掉他。郭子仪也认为鱼朝恩久掌禁军,恐生变故,上奏代宗宜早做防备。大历五年,鱼朝恩在朝堂上被处死。

【解读】

"满招损,谦受益。"古人对处世之道的总结是非常精辟的。对于那些功成名就,身居高位的人来说,还有什么比保持一颗平常心,居安思危更重要的呢? 成功已成为过去时,要想保护胜利的果实,并且向更高的目的进发,缺少了这种谦卑自省的态度是不行的。那些不懂得这个道理,到处炫耀自己的地位和财富的人,除了招来别人的嫉妒,给自己增加麻烦以外,不会得到任何好处。而对于那些还处于社会较低层次,无权无势的人来说,做到温顺谦恭,则是全身避祸的重要条件。如果不能认识到这样做的重要性,一味随心所欲,放诞不羁,不懂妥协,必然招来大祸,甚至危及性命。总之,作为人类社会的一分子,我们不管在什么时候,身份地位有何变化,都要记住谨言慎行,说到做到。言必信,行必果,否则会失去别人的信任,也就更谈不上追求事业的成功了。

【原文】

不知机而无泄,大安也。不避亲而密疏,大患也。

【译文】

不知晓机密就无法泄露了,这是最安全的。不回避亲人就会使秘密疏漏,这是大的祸患。

【事典】

保守秘密需要谨慎的安排,参与的人越少越好,还要注重细节,哪一方面出了纰漏都不行。

秦始皇巡行东南诸郡,于沙丘平台(今河北广宗西北大平台)暴病身亡。沙丘离秦都咸阳有 1000 多里,要把灵柩运回去治丧安葬,路程遥远,绝非数日之内能够抵达的。随驾巡行的丞相李斯为此忧心忡忡,他一方面担心四方百姓闻知此事会群起造反;另一方面继嗣的太子未立,而嬴氏诸公子大多在京都,大公子扶苏又兵权在握,闻知帝丧,也可能发动政变,国内形势可能由此变得动荡不安。

面对严峻的局势,为了稳定政局,丞相李斯决定封锁皇帝驾崩的噩耗,秘而不宣,一切待返都做好准备后伺机行事。于是李斯秘密吩咐几名贴身而亲信的太监来安排、料理此事。首先将棺木装载在可以卧息又有窗户通风的车里,拉紧窗帘,由太监亲自驾车,一日三餐仍如同秦始皇生前一样送入车内。另一方面,文武百官前来奏事的,让他们恭跪车前,车内由太监传出皇帝的旨意。这件事只有少子胡亥、中书令赵高以及办事的太监五人知道,把一切控制在可控的范围之内。不料,由于七月天气暑热,始皇尸体很快腐烂生蛆。车队行进到九原郡(今内蒙古包头西),尸臭从车内散发出来,远远都能闻到这股恶臭。蛆虫也从棺内爬出,事情马上就要暴露了。在这个危急时刻,李斯急中生智,立即命令随从官吏去当地征来一石鲍鱼,装进车内。鲍鱼的腥臭味与尸体臭味相似,于是再次瞒过了众人的耳目。待到九月,车队抵达咸阳,经过精心准备,认定万无一失以后才发丧,将皇帝驾崩的消息诏告天下,顺利化解了一场可能暴发的政治危机。

有的时候,秘密会被人无意中发现,但是却被有意泄露出去。要想不被发现,最好的办法是不要有秘密。

明嘉靖时,张居正官居内阁首辅,权倾一时。

当时有一位大臣名叫辛自修,他是与张居正同科中举的,但辛自修当时是倒数第一名。在一次闲谈中,张居正曾随随便便地对辛自修开玩笑说,今有半联请教:"辛自修,自修没自修,白面书生气虎榜。""虎榜"即是末名。言者无意,听者有心。张居正是说完就完了,但这半副对联却始终似石头般压在辛自修的心中。他时刻留意张居正的一举一动,以便寻得下半联报仇雪恨。

万历初年,国事由张居正主持,大权在握,显赫一时。

一天清早,天刚蒙蒙亮,辛自修想在上朝前拜访张居正,便来到张府。家人告诉他说张在花园里,辛便径直走到花园,见张居正在一假山旁,但眨眼之间就消失了。辛自修怕出意外,急急跑去,只见一块石板刚刚盖上,还有一截被卡住的袍角正往里缩。辛灵机一动,抽出佩剑割下袍角,离开了花园。

这天早朝张居正没来,辛自修心想,他到哪里去了呢?为了揭开这个谜,辛自修找了一个机会,从那石板缝里钻进去,发现这里原来是一条暗道,出口恰是太后娘娘的卧室。辛自修此时心里有了底,久久压在他心头的那半副对联终于有着落了。于是,他把下联写在黄绢上,并用它包了张居正的袍角,呈给了神宗皇帝。

神宗打开丝绢,先见袍角,再看绢上写道:"张居正,居正不居正,黑心宰相卧龙床。"神宗看了,心中大怒,恨不得扒了张居正的皮。张居正不但侵占他的权力,连他老娘也不放过,岂能轻饶?但辛自修奏道,此事不可声张,得顾及皇家面子,且容慢慢来。

腊月初八是晒袍节,由礼部派人一一查找,破旧袍换新,理所当然对张居正的袍子特别关照。虽然张居正请人修补了官服,但那袍角仍旧露出破绽。于是神宗就定了张居正"猥亵皇恩"的罪,削职为民,发配边疆,永不赦返。张居正启程时,辛自修给他送行,并送给他一张纸片。张居正一看,纸片上写的正是辛自修所对下联,才恍然大悟。正是当初行为轻浮导致了今日的局面,真是后悔莫及。

【解读】

都说好奇害死猫,人类的好奇心有时同样是导致困厄的重要原因。对于那些不能很好地控制自己的行为的人,最好不要参与需要背负沉重心理压力的机密事情,这样才能保证自己的安全。同样,正是为了保护亲人,很多人才不让其了解他们无法承受的秘密。一个明智的人,一定会谨慎地对待自己的言行,不会放纵自己的好奇心。当然,想要不泄密,最好的办法就是不要有秘密。如果自己心底坦荡,不做不可告人的事情,哪里又会有保守秘密的折磨的?要想在这个方面做得好一些,就要更多地学习,了解人类的本性,这样才能使自律由于自知而变成自觉的行为。达到了这样的境界的人,还有什么不可以信任的呢?

节情第七

知书而后忘情焉。抑性而后正身焉。

纵亲见私,不容也。纵友见拙,不智也。纵怜见稚,不厚也。

天怒成灾,人怒成害。君子戒悲,小人戒忧。不舍之情,羁身也。

幸不恃色,荣定其品也。义不恃媚,信定其谐也。

——晏殊

【原文】

知书而后忘情焉。抑性而后正身焉。

【译文】

有知识才能不为情感所左右。抑制天性才能不走歪路。

【事典】

"年少轻狂"指的是由于涉世未深,见识不够多,年轻人往往会犯狂妄自大的毛病。随着阅历的增长,聪明人会意识到山外有山、天外有天,逐渐懂得控制自己冲动的行为。

中国唐代著名的书法家柳公权所创的"柳体"和临写的《玄秘塔》直至今天仍然为人们所喜爱。他的习字故事也为很多人所熟知。

柳公权自幼聪明好学,尤其喜好写字,到了十四五岁时,他已能写出一手好字,经常受到老师的表扬,日子久了,不知不觉就骄傲起来,以为天下没有比自己书法更好的人了。

一日,他和几个伙伴们一起玩耍,有人提议说玩捉迷藏,有人提议玩摔跤,柳公权则摆摆手反对说:"不行,不行,咱们还是比比谁的字写得好吧!"

于是,大家便在大树下摆了一张方桌,比了起来。柳公权很快写完了一篇,露出洋洋得意的神情。这时,一位卖豆腐的老头走到孩子们中间说:"让我看看你们谁写得好!"孩子们都高兴地让他看自己的字。老头挨个看了一遍,摇摇头说:"你们的字都不怎么样。"

柳公权很意外,追问老汉道:"我的字到底怎么样?"

"也不好。你的字就像我担子里的豆腐,软塌塌的,没筋没骨的。"老汉说。

柳公权一听老汉的评价,马上不服气地说:"我的字不好,那么请你写几个让我看看!"

老汉微笑道:"我一个卖豆腐的,你跟我比有什么出息。城里有一个用脚写字的人,比你用手写的强许多倍呢,如果不服气,你就去瞧瞧吧!"

第二天,柳公权带着满肚的狐疑进城了。到了城里一打听就找到了。不远处,有一棵大树上,挂着一块白布,上面有三个大字:字画汤。树底下,许多人正围在一起低头瞧着地下。柳公权急忙跑过去一看,的确有一位已失去双臂的老人,他正坐在地上用脚写字呢。只见地上铺着纸,他用左脚压着一边,用右脚的大拇指和二拇指夹住毛笔,运转脚腕,一排劲道的大字便出现在人们的眼前。众人不禁一阵阵发出喝彩的声音。

柳公权都看呆了,他这才明白什么叫人外有人,天外有天。心里想:自己有完整的手臂,还赶不上人家用脚写的,更可笑的是,还骄傲自满,自以为天下第一了。于是柳公权来到无臂老人面前,双膝跪倒,说道:"先生,请您教我写字吧!"无臂老人推辞道:"我一个残疾人,能教你什么,我也只是混口饭吃罢了。"

柳公权诚恳地说:"请您不要推辞了,您不收下我,我就跪在这不起来了!"

无臂老人见他情辞恳切,于是说道:"你要实在想学,那么你就照着这首诗练下去吧!"

说罢,老人又用脚铺开一张纸,挥毫写下一首诗:写尽八缸水,墨染涝池黑,博取众家长,始得龙凤飞。这首诗意思是说,练字的辛苦,练字的功夫,用尽了八缸水,染黑了涝池水,博取众家之长,虚心学习,才有今天这苍劲有力的龙飞凤舞。

柳公权是个聪明人,他一下子就领会了诗中的寓意,他不但懂得了写字必须勤写勤练,虚心学习,更懂得了做人也不能恃才傲物,否则将会一事无成。

柳公权怀着一种不可名状的感激之情,接过了老人的诗词,带着羞愧匆匆回到了家。从此以后,他再也不炫耀自己,而是每日坚持不懈地挥毫泼墨,刻苦练习,并且也不忘悉心研究名人字帖,最后,他终于练成了流传千古的"柳体"。

在历史上,真正做了一番大事的人,往往都能忍辱负重,管理好自己的情绪,即使在非常困难的时候也能坚持下去。大家熟悉的"卧薪尝胆"勾践就是这样一个典型。

吴王阖闾死后,儿子夫差即位。阖闾临死时对夫差说:"不要忘记报越国的仇。"夫差记住这个嘱咐,叫人经常提醒他。每当他经过宫门,手下的人就扯开了嗓子喊:"夫差!你忘了越王杀你父亲的仇吗?"夫差流着眼泪说:"不,不敢忘。"他叫伍子胥和另一个大臣伯嚭操练兵马,准备攻打越国。这样过了两年,夫差亲自率领大军去打越国。两国的军队在太湖一带打了一场大仗。越军大败,越王勾践带了五千个残兵败将逃到会稽,被吴军围困起来。

勾践的大臣范蠡说:"咱们赶快去求和吧!"于是勾践派文种到吴王营里去求和。文种在夫差面前把勾践愿意投降的意思说了一遍。吴王夫差想同意,可是伍子胥坚决反对。文种回去后,打听到吴国的伯嚭是个贪财好色的小人,就把一批美女和珍宝,私下送给伯嚭,请伯嚭在夫差面前讲好话。经过伯嚭在夫差面前一番劝说,吴王夫差不顾伍子胥的反对,答应了越国的求和,但是要勾践亲自到吴国去做人质。

文种回去向勾践报告了这件事。勾践把国家大事托付给文种,自己带着夫人和范蠡到吴国去了。勾践到了吴国,夫差让他们夫妇俩住在阖闾的大坟旁边一间石屋里,叫勾践给他喂马。范蠡跟着做奴仆的工作。夫差每次坐车出去,勾践就给他拉马,有一次,夫差生病了,勾践毛遂自荐,说自己能治夫差的病,可是夫差不让勾践接近他,勾践只能尝夫差的屎来治病,果然,夫差的病被勾践治好了,这样过了两年,夫差认为勾践真心归顺了他,就放勾践回国了。

勾践回到越国后,立志报仇雪耻。他唯恐眼前的安逸消磨了志气,在吃饭的地方挂上一个苦胆,每逢吃饭的时候,就先尝一尝苦味,还自己问:"你忘了会稽的耻辱吗?"他还把席子撤去,用柴草当作褥子。这就是后来人传诵的"卧薪尝胆"。

勾践决心要使越国富强起来,他亲自参加耕种,叫他的夫人自己织布,来鼓励生产。因为越国遭到亡国的灾难,人口大大减少,他订出奖励生育的制度。他叫文种管理国家大事,叫范蠡训练人马,自己虚心听从别人的意见,救济贫苦的百姓。全国的老百姓都巴不得多加一把劲,好叫这个受欺压的国家改变成为强国。

但是,在对待吴国上,勾践始终谦卑有加,一丝野心也不露出来。

到了公元前485年,勾践归越五年了。这时越国国库充实,耕地大大增加,人民也十分团结。于是勾践的想要起兵报复吴国,一雪会稽之耻。范蠡却觉得时机尚未成熟,连忙跑进宫中谏阻说:"我国虽然尽心人事,但时机不成熟,勉强去求成功,对己不利。"勾践猛然醒悟过来:对啊,我又自高自大起来,忘了过去受过的苦难了。

又整整过了一年,吴王的老臣伍子胥眼见越国一天天强大,心里越加闷闷不乐,劝谏吴王应早日灭掉越国,吴王不听他的话。伍子胥气愤地说:"大王不听劝阻,过不了三年,吴国必然会被越国攻破了!"吴王大怒,赐伍子胥一把宝剑,命他自杀。

伍子胥死后,吴王宠信太宰伯嚭,朝政更加腐败昏暗。这时,勾践召见范蠡,问道:"吴王已杀伍子胥,阿谀之徒日众。可否伐吴?"

这次,勾践已经不像上次那样锋芒毕露了,可是,范蠡说:"反常的迹象虽然已经萌芽,但从整体看,吴国灭亡的征兆尚不十分明显,现在还不可伐吴。"范蠡非常清楚吴越的力量对比,如果强行出兵,只能招致再一次的失败。勾践想了一想,深以为然。于是,又把对吴国的"谦卑"政策继续执行下去。

公元前482年,吴王夫差带精兵北上,到卫国黄池大会诸侯,国中仅有太子友及老弱残疾留守。这时候,勾践和范蠡认准时机已到!于是,他们率兵从海路迂回进入淮河,然后登陆直捣吴都姑苏。

越兵训练多年,武器精良,范蠡等皆为宿将,双方交锋后,吴军大败,吴太子友被杀。

夫差在黄池闻此噩讯后,不敢张扬,暗中派使臣,一如越国当年兵败椒山一样,卑词厚礼,请求勾践赦免吴国。越王和范蠡知道吴国的实力尚在,自己仍然没有把握可得全胜。于是范蠡对勾践说:"现在还难以使吴国灭亡,大王且准和,待机再给予毁灭性打击。"

于是勾践赦吴

四年后,越王勾践再次北进伐吴。吴军慌忙应战,惨败于笠泽(今太湖附近)。越军继续挥师,将吴都姑苏团团围住。按着范蠡的战略,高筑营垒,围而不歼,竟达三年之久。

最后,吴王夫差实在势穷力尽,日暮穷途,支持不下去了。于是,他派使臣跪行至越军大营,乞求罢兵言和。这时的勾践,又有点妄自尊大了,一见吴王如此谦卑,就想允许和议。范蠡对时局看得明明白白,在一旁说道:"当年大王兵败会稽。上天把越国赐给吴国,结果吴国不要,致有今日。现在天又把吴国赐给越国,越国怎么可以逆天行事?况且,大王卧薪尝胆,全是为了一个吴国。难道忘记昔日的耻辱了吗?谋划二十年,一旦捐弃前功,天予不取,反受其咎。"

吴国的使者无可奈何,只好涕泣着离开了越国的大营。不久,越国的军队就灭了吴国。勾践封夫差于甬东(会稽以东的海中小岛)一隅之地,让他去当几十户人家的君主。夫差蒙受此辱,悔恨交加。直到这时,他才看出勾践和范蠡的城府之深,可是,什么都已经晚了。他深悔当初不听伍子胥之言,才有后来之耻。于是他用一块麻布蒙面,表示没脸见九泉之下的伍子胥,随后拔剑自杀了。

【解读】

对于个性的表达,人们往往看法殊异。有人认为,人活一世应该尽情展现自我,解放天性,按照自己的意愿去生活,这样才是完美的人生。也有人认为,人是社会的动物,无论在哪里生活都不可避免地要与周围的人发生关系,只有适当克制自己的欲望,使人与人之间相处融洽,才能让前面的道路少一些障碍,更好地实现自己的人生理想。这些看法都不无道理。

对于那些拥有丰富的知识和阅历的人来说,他们更加注重个人情感的把控。因为他们对于世界与社会的本质有着更加清醒的看法,因此无论在何种情况之下他们都能保持淡定自在和超脱的姿态,正所谓:"行到水穷处,坐看云起时。"

一般来说,当一个人年龄尚小、涉世未深的时候,往往不太懂得收敛自己的性情,这是很正常的。但是到了一定的年龄仍然随心所欲,不顾别人的感受,则不能不说是自私了。这种人往往在伤害别人的同时也伤害了自己,为社会规范所不容,无法得到别人的承认。只有认识到这一点,才能有所成就。

【原文】

纵亲见私,不容也。纵友见拙,不智也。纵怜见稚,不厚也。

【译文】

纵容亲情就会显露私心,这是人们不能容忍的。纵容友情就会显现笨拙,这不是聪明的做法。放纵同情就会显出幼稚,这不是忠厚的原意。

【事典】

明朝初年,抗倭名将戚继光从浙江只身被调到蓟门一带任总兵,以抵御蒙古的侵扰。他看到这里的军队纪律松懈，士卒的性情又过于冥顽，如果骤然用军法约束他们，恐怕会适得其反。但是，对于一支军队来说，没有严格的纪律，战斗力就不强，也就不能称其为军队，这该怎么办呢？

戚继光不愧是一位善于治军的名将，针对这种情况，他马上上书请求从浙江一带派一支纪律严明的部队，用来倡导勇敢和守纪的精神。

朝廷批准了这一建议，给他派来了三千名"戚家军"老兵。戚继光命令他们在野外列队，正赶上下大雨，雨水打在这些老兵脸上，淋得睁不开眼，浑身上下也都湿透了，可没有一个人去擦脸上的雨水，也没有一个人动弹一下，仿佛忘掉了外面的一切……

戚家军老兵们的表现使得原来那些纪律涣散的士兵内心受到极大的震动，认识到一支攻无不克的军队首先是一支纪律严明的军队。于是在后来的训练和作战中，这些士兵个个严格要求自己，极大地增强了军队的战斗力，使得蒙古一听到戚家军的名字就闻风丧胆，落荒而逃。

作为富有实战经验的优秀将领，戚继光懂得严格要求才是对士兵的大爱，如果姑息纵容他们不守纪律，到战场上真正吃亏的才是他们。优秀的领导者都懂得这个道理。

汉武帝的妹妹隆虑公主老年得子，封为昭平君。她对昭平君非常疼爱，娇生惯养，任其所为。后来她病重的时候，唯恐自己死后昭平君闯祸，所以用金千斤、钱千万替昭平君预赎死罪。汉武帝当时答应了她。不久隆虑公主病故了。昭平君知道母亲已经为自己预赎了死罪，更加骄纵，无法无天，一次酒后，竟杀死了无辜的大臣。

昭平君罪大恶极，按罪当斩。但武帝左右的人都替昭平君求情。武帝说："我妹妹老年才有这么个儿子，而且临终还托付给我，我也不忍心杀他。但是先帝制订了法令就是要惩恶扬善，我若不杀他，则上对不起祖先，下对不起百姓。"最终汉武帝还是把昭平君处死了。

但是，执法必严，严必有度。适度的严才能达到严的效果；过犹不及，严就失去了原来的意义。

三国时魏国刚刚建立的时候，刑法非常重。当时魏国的官吏宋金等人从合肥叛逃吴国，按照魏国法制应治罪斩首。曹操还嫌处罚太轻，要加重刑罚。于是主审官就奏请将其母亲、妻子和两个做官的弟弟全部斩首。

这时尚书郎高柔上书说："士卒逃亡，确实可恨；但我也听说其中颇有后悔之人。我认为现在应宽待逃亡者的妻子。这样，一可以使敌人对逃亡者不信任，二可以诱其还心。像以前那样处理，本来就觉得太严了，若再加重刑罚，使现在军中的士卒看到，一人逃亡诛及全家的后果，今后怕都要逃走了。刑罚过重非但不能制止逃亡，反而会促使更多的人逃亡。"

曹操听后觉得非常有道理，就照着他的话去办。结果从那以后逃亡的人数大大减少，而且还真有一些叛逃者又偷偷地跑了回来，重新加入曹军。

罚不失爱，严中有情，这是管理者惩戒部下时的一条原则。虽然从表面上看严肃的法规被破坏了,但是从长久来看,罚不失爱,就抓住了下属的心,这样更能有效地维护法律规章的严肃性,被管理者们也会自觉地遵守规章制度。

宽和严,德和刑之间,是对立统一的关系。它们既相互矛盾,又相互依赖;既相互对立,又相互包含。从它们之间的这种关系出发,在处理两难问题时,就可以找到合适的度——严中有情,宽中有猛;柔中有刚,刚中有柔。兼顾二者,既维持原则,又不失灵活。

但是,如果只看到眼前利益,对一些涉及原则的行为也不予重视,姑息养奸,迟早会为之所害。

五代时,杜重威在后唐的军队只是一名下级军官。

一天,后唐驸马石敬瑭去军营视察,杜重威趁机极力巴结,并向他暗表忠心说:"大人雄才伟略,小人仰慕已久,日后如有差遣,我一定会竭尽心力,万死不辞。"

此时,石敬瑭野心勃勃,正在到处搜罗自己的死党,见杜重威主动投靠,他便有意将杜重威收至门下。一个了解杜重威的人对石敬瑭的人说:"看一个人是否值得信任,只要看他平日的言行就可以了,杜重威官虽不大,但官架十足,讲究排场,不敬他的士兵总会遭到他的打击报复。遇有好事,杜重威从不相让。挖空心思去争夺,不惜行奸使坏。总之,杜重威只重名利,缺少道义,大人要重用这样的人,需要慎重啊!"

石敬瑭并非善类,其实他仅仅是想利用杜重威而已,他说:"做非常之事,就要用非常之人,何必拘于他的人品呢?贪名好利者一旦以名利诱之,他们任何事都肯做呀!"于是,石敬瑭便开始多方提携杜重威,为了让他死心塌地,他还把自己的胞妹许给他为妻。

就这样,杜重威成了石敬瑭手下的心腹干将,当石敬瑭灭唐建晋自称皇帝时,杜重威第一个站出来拥护。

当时,石敬瑭以割让燕云十六州、向契丹自称儿皇帝为条件当上了后晋皇帝,这使得他为天下人所不耻。有人便劝杜重威说:"石敬瑭的丑行惹得天

石敬瑭

下大怒,你追随他不会有好结果的。你现在有兵有权,应该替天行道,带头起兵讨伐他才是上策。"

杜重威表面答应,背地里却将那人杀死,还向石敬瑭表功说:"陛下代唐,乃天意民心,臣杀此人,略表寸心。如有人抗拒天命,请陛下命我出征,定不会让陛下失望。"

此时,成德军节度使安重荣聚集境内十万兵反晋,石敬瑭急命杜重威迎敌。杜重威心中窃喜,他对部下说:"皇帝新立,正是我们建功封爵的时机,为了我们自己

也要拼命啊！只要能获胜,你们可用各种方法,不要顾忌人们的非议。"

由于安重荣的士兵缺乏训练,杜重威很快就打败了他。为了邀功领赏,杜重威竟将安重荣的部将全部斩首,并杀死百姓万余人来假充军的首级。

杜重威的残暴行径震惊了天下人,他的一位至亲苦劝他说:"名利对你真的那么重要吗？你为了名利竟不惜杀害无辜,难道你就不怕报应吗？做人平安最好,你就不为日后着想吗？"

面对至亲的责问,杜重威没有半点懊悔之心,还恬不知耻地说:"我的荣华富贵都是由此而来,我还管得了那么多吗？世上的恶人也不是仅我一个,他们不是活得都很好吗？"

杜重威当成德军节度使期间,把官府中的钱粮全都掠到自己府中。他对百姓极力搜刮,致使百姓不堪其苦,纷纷逃往他乡。

有人在朝堂上当众弹劾杜重威的罪行,石敬瑭却不予理睬,他只向手下的大臣说:"杜重威有谋反的迹象吗？"大臣不敢妄言,只是摇头。

石敬瑭如释重负,便为杜重威开脱说:"杜重威忠心于朕,朕就放心了。在朕看来,他贪财好利都是小事,你们就不要抓住这个不放了。"

大臣争辩说:"杜重威如此贪婪,足以证明他是个典型的小人,您相信小人的忠心会持久吗？陛下现在不整治他,恐怕日后他对朝廷不利啊!"

石敬瑭不听大臣的劝谏,仍然很信任杜重威,只是口头训诫了杜重威几句,此事便不了了之了。

石敬瑭死后,杜重威的野心更加膨胀,每日都梦想着当上中原之主。此时,契丹已改国号为辽,耶律德光称帝。耶律德光为了吞并后晋,大举入侵。

杜重威为了个人富贵,偷偷派人前去辽营请降,后晋随之灭亡。

河东节度使刘知远建立了后汉,杜重威遂又向刘知远称臣。刘知远看透了杜重威的小人面目,不顾他的摇尾乞怜,把他和他的三个儿子一并斩首,陈尸街头。

【解读】

人类的情感是宝贵的,无论是亲情、友情或是对于弱者的怜悯之情。但是,即使是这些珍贵的感情,如果不分场合,不分对象滥施滥予,也会走到反面,不但会害了亲友也会使自己陷入不仁不义的局面。因此,无论在什么时代,社会对于人们的行为都有相应的道德和法律的约束,用以保障人们可以获得公平的对待。有的时候,法律甚至看上去有些"冷血",但是,正是这样的"冷",避免了让小部分人的利益凌驾于大家之上,给大多数人保留了温暖的情感空间。同样,对于弱者,如果因为怜悯其弱而忽视了分析导致他成为弱者的原因,滥施仁义,不但不能从根本上拯救弱者,反而会给自己带来灾难。这就是为什么说这种行为"不厚"的原因。

【原文】

天怒成灾,人怒成害。君子戒悲,小人戒忧。不舍之情,羁身也。

【译文】

上天愤怒会造成灾难,人们愤怒会造成伤害。君子戒忌悲观,小人戒忌忧思。不肯割舍的情感,束缚着人的身心。

【事典】

武则天是中国历史上唯一的一个女皇帝,在她通向皇帝宝座的道路上,到处都写着"隐忍"二字。武则天的忍有三个方面:一是忍得住,不以小怨小恨树强敌;二是狠得下,不因小恩小惠留祸根;三是看得远,不因小得小失动全局。作为一个权欲极强,不甘屈人之下的人,武则天在未得到最高权力之前,面对来自敌人、盟友,甚至亲人的阻挠,她总是妥协、隐忍,在适当的时候再给予反击。

荣国夫人杨氏是武则天的母亲,她对武则天影响很深,武则天对母亲也很孝敬。乾封元年,八十八岁的荣国夫人情欲依然旺盛。她爱上了外孙贺兰敏之。贺兰敏之就是那个被武则天介绍给高宗的韩国夫人的儿子,也是武则天的外甥。史书说他年少潇洒,是个帅哥。在武则天的堂兄弟武惟良等被杀,武元爽等被流放之后,他被承认为武氏的嫡嗣,封为周国公,鸠占鹊巢,搬进了周国公府,成了那位八十八岁老夫人的陪伴者,而此时他不到三十岁!这当然是为了满足荣国夫人的需要。

荣国夫人由于早年受过武家人的气,对他们深恶痛绝,也不愿武氏家族中人东山再起。贺兰敏之成为周国公后,武氏家族从岭南回归的希望,就渺茫了。但这和武则天的谋划并不合拍。武则天要攫取更大的权力,武氏家族的助力是不可或缺的。但她是母仪天下的皇后,对生母当然要有所顾及,也就隐忍了那个倚仗老太太宠爱而肆无忌惮的外甥。

但是,武则天不能忍受贺兰敏之母亲韩国夫人和自己的妹妹魏国夫人。虽然当年是武氏自己把她们介绍给高宗,来博皇帝欢心的,现在她大权在握,再也不能容忍这两个女人再和自己分享丈夫。于是,武则天把这两个人害死了。高宗皇帝痛惜魏国夫人的去世,泪流满面地对贺兰敏之说:"刚才我上朝时还没怎么样,退朝后就已经无药可救了,怎么死得这么快呀?"贺兰敏之什么话也没有说,只是对着皇帝号哭。其实,俩人心里都明白,都还有未说出的话。武则天听到这个情况以后,说了一句话:"此儿疑我!"决心一定要除掉贺兰敏之。

但是,由于母亲荣国夫人还活着,离不开贺兰敏之,武则天投鼠忌器,还是将这件事情隐忍了四年多。直到荣国夫人670年九月死后,才于次年四月把贺兰敏之流放到雷州。在半路上,他被人用马缰勒死了。

对武则天来说,隐忍四年的滋味必定不好受,但她还是忍下了。因为如果和母亲也闹翻,她的声威和品格都会被贬损,她的内心也无法安宁。现在,母亲死了,一切可以按她的计划行事了。

武则天的隐忍还在临朝称制中获得了西京留守刘仁轨的决定性支持。在尚未摸清刘仁轨的态度时,武则天派郎将姜嗣宗去西京摸底。姜嗣宗以皇后心腹的身份去办这件机密又重大的事,应该说有功于武氏。可这个毛头小子怎么也料想不到,自己就毁在武则天和刘仁轨这一对老谋深算之人的手里。

当时,朝中情况是裴炎正借助徐敬业等人的扬州兵变逼压武则天。按说去试探别人,又事关朝廷重臣,应该不露声色地多看多问,少说多听。但姜嗣宗自恃为武后心腹,对太后与裴炎之间斗争的曲折,又知之甚详,就在刘仁轨面前夸夸其谈,自诩有一双洞察问题的锐利眼睛,能够在别人疏忽的地方发现问题,然而他没料到,这种夸夸其谈竟给自己招致杀身之祸。他向刘仁轨谈到自己的感觉:裴炎有谋反的迹象已经有一段时间了。"别人能觉察出来吗?"刘仁轨问。"能察觉出来。"姜嗣宗答。

打探完毕,姜嗣宗启程返回东都。临行,刘仁轨对他说,有一封密表要他转呈太后。姜嗣宗接受了这个委托。他返回东都后,向太后呈上了这封密表。太后看过后,喜出望外,因为她得到了她所需要的东西。在密表里,刘仁轨叙述了与姜嗣宗的那段对话,后面加上一句"姜嗣宗知炎反状不告"。

刘仁轨这一招可算阴谋。他在信里表达了两层意思:一是承认裴炎的谋反,也就暗示出支持武氏临朝称制。二是他不能断定姜嗣宗是出于无知还是出于武后的试探,他不能拿自己去冒险,只好推出了姜嗣宗。而就武则天本心来说,姜嗣宗只是去探听刘仁轨对称制的真实态度,并无设计陷害之意。但既然刘仁轨冠冕地把球踢给了她,她就公事公办吧!尽管姜嗣宗对她是有帮助的,但谁让他自己不小心呢?在权力场上,"帮助过"又算什么呢?

武后对裴炎是抄家问斩,对姜嗣宗的处决,手段比处决裴炎更为残忍,姜嗣宗则是"拉杀之"(杖杀)。对付裴炎的同时,武则天还必须在平叛战场上取得胜利,这是最关键的。在选派讨逆统帅的问题上,更见武氏通虑全局,深谋远虑。

三十万大军的统帅最后被定为李孝逸。李孝逸和李唐王室有深厚的血缘关系。他和太宗平辈,同出自一个曾祖父。这样一个人物,挑选来做讨叛军的统帅,是否合适呢?这时候,一些驰名的将领,如程务挺、李多祚、黑齿常之等,他们的声望都比李孝逸高,战场经验也比李孝逸丰富。为什么武则天没有挑选他们而挑选了李孝逸呢?

武氏的深谋一是李孝逸是西南方面军队的将领,和裴炎关系疏远,而不像程务挺那样,属于裴氏集团。二是废李显时,武氏与裴炎合作,就是用的程、张二人的西北军和御林军方面的力量。现在任用李孝逸,有一种平衡权力的意图,她要各方力量都能为她所用,又不会坐大。

第三,也是最重要的,任命李孝逸还含有安抚李唐皇室的意义在内。在北起燕赵,南迄洞庭的地区,李唐皇室作州刺史之类者,还大有人在,这些人若与徐敬业合流,危害性是很大的。在徐敬业打着匡复李唐皇室旗号的时候,太后却向李唐皇室递送秋波,这不能不说是政治上的一招高棋。

当然,武则天也没让李孝逸独掌平叛大军的统帅权。她派魏元忠作监军,又派少数民族将领黑齿常之参加会战,这也算是深谋中的深谋吧!

武则天能够在险恶的政治斗争中一次次占得先机、把握主动,不得不归功于其极深的城府和谋划。在时机不成熟之时，她始终都能深藏自己的意图，隐忍不动。而一旦时机一到，她又极其果敢地下手。无论是藏是露，武则天皆能拿捏得恰到好处，最终登上了皇帝的宝座。

社会是复杂的，人生也会遇到很多不如意的事。有智慧的人懂得为人处事，应当敬以持躬，恕以待人，决不能放纵自己的感情，一意孤行。要小心翼翼，不论大事小事，都不敢有丝毫的疏忽。凡事都为别人留有余地，不独自居功，有过也不推卸责任。能做到这一点的人，在人生的道路上一定可以顺利前行。

曾国藩就是一个非常懂得处世智慧的人。他认为，对欺侮或欺骗我们的人不要轻易地去计较。他在长沙岳麓书院读书时，有一位同学性情偏执急躁，因为曾国藩的书桌放在窗前，那人就说："我读书的光线都是从窗中射进来的，不是让你遮着了吗？赶快挪开！"曾国藩照他说的把书桌移开了。

曾国藩常常在晚上掌灯用功读书，可是那人又说："平常不念书，夜深还要聒噪人吗？"曾国藩于是改为低声默诵。

不久，曾国藩在科举考试中中举，差役来报喜的时候，那人更大怒说："这屋子的风水本来是我的，反叫你夺去了！"

旁边的同学听着不服气，就问他："书案的位置，不是你叫人家安放的吗？怎么能怪曾某呢？"那人说："正因如此，才夺了我的风水。"同学们都觉得那人无理取闹，替曾国藩抱不平，但曾国藩却和颜悦色，毫不在意，反过来劝同学不要往心里去。从年轻时的修养气度，就可以看出他今后的为人和成就。

后来，曾国藩任两江总督时，因为求才心切曾被人骗过一次。

一个冒充校官的人，拜访曾国藩，高谈阔论，谈笑风生，有不可一世之概。曾国藩礼贤下士，对投幕的各种人都倾心相接，但心中不喜欢说大话的人。见这个人言词伶俐，心中好奇，中间论及用人须杜绝欺骗事，正色大言说："受欺不受欺，全在于自己是何种人。我纵横当世，略有所见，像中堂大人至诚盛德，别人不忍欺骗；像左公（宗棠）严气正性，别人不敢欺。而别人不欺而尚怀疑别人欺骗他，或已经被骗而不知的人，也大有人在。"曾国藩察人一向重条理，见此人讲了四种"欺法"，颇有道理，不禁大喜，对他说："你可到军营中，观我所用之人。"此人应诺而出。

第二天，他拜见营中文武各官后，煞有介事地对曾国藩说："军中多豪杰俊雄之士，但我从中发现有两位君子式的人才。"曾国藩急忙问："是何人？"此人举涂宗瀛及郭远堂以对。曾国藩又大喜称善，认为这是一个难得的人才。但一时没有合适的位置安排，就暂时让他去督造船炮。

多日后，有士兵向曾国藩报告这个人卷款逃走了，要求下令发兵追捕。曾国藩默然良久，说："停下，不要追。"士兵退下后，曾国藩双手捋须，说："人不忍欺，人不忍欺。"身边的人听到这句话，想笑又不敢笑。

过了几天，曾国藩旧话重提，幕僚问为什么不发兵追捕。曾国藩的回答高人一筹："现今发、捻交织，此人只以骗钱计，若逼之过急，恐入敌营，为害实大。区区之金，与本人受欺之名皆不足道。"此事的处理足见曾国藩的远见与胸襟。

这些事常人往往很难容忍，尤其是那些好逞一时之勇的人，他们往往认为这是

国学经典文库 智慧谋略全书 解厄学 图文珍藏版

懦弱的举动。而曾国藩的做法,正和所有成大事者的做法一样,他因为有更加远大的目标而容忍了眼前发生的事情,很好地控制了自己的情绪,使得事业不会受到不良影响,自己也不会因此行为失当,遭人耻笑。

【解读】

当愤怒的情绪爆发的时候,往往人的理智被压抑到了最低点,令人无法对事物做出正确的判断,反而会被感情牵着鼻子走。这种充满破坏的力量的情绪,会让人们的行为失当,做出让自己和旁边的人都受到伤害的事情。因此,有大智慧的人是不会让自己被情绪所左右的,他们的目光可以穿透这些雾障,看透事情的本来面目,超脱个人的悲欢,让人生变得更有价值。而眼光短浅,心胸狭隘的人则做不到这一点,他们会"以物喜,以己忧",为一己之私终日忧心忡忡,无法解脱,看不透得与失之间的关系,把自己囚禁在看不见的牢笼中不能自拔。要想改变这种局面,就要努力提高自己的修养,放宽眼界,树立正确的人生观和远大的目标。这才能到达"柳暗花明又一村"的境界。

【原文】

幸不恃色,荣定其品也。义不恃媚,信定其谐也。

【译文】

宠幸不能倚仗女色,荣显是由其德行决定的。情义不能倚仗献媚,信誉是由其和谐决定的。

【事典】

在为唐朝打天下的过程中,长孙顺德立下了大功。唐朝开国后,他被封为薛国公,任左骁卫大将军,后来的仕途一直比较顺利。有些人常常误以为他仕途顺利是因为与皇室有亲缘关系;其实长孙顺德非常聪明,他不仅打仗战术过硬,在官场上也游刃有余。他曾对一个总是得不到升迁的同僚说:"我和你同时投靠皇上,为什么有今天的天地之别?你不该反省反省吗?"

那个同僚说:"你和皇上是至亲,你又立了许多战功,这都是我无法与你相比的。"

长孙顺德却摇头说:"在官场上最重要的是懂得钻营,要用智,要敢为。我平日无时不在苦思。连说话的语气都要事先揣摩。看你埋头做事,却不思考这些大事,落到今天的这个地步也就不奇怪了。"

其实,长孙顺德的这番话,也是他通过自己的经历总结出来的,他也曾吃过仗着皇帝宠幸,不注重自己的德行修养的亏。

唐太宗继位后,长孙顺德受封1200户,还特别得到了宫女的厚赏,太宗为示优待,竟允许他经常住在宫中。长孙顺德在和唐太宗的闲谈中,总是劝谏说:"现在天下初定,陛下不可太仁慈,当敢作敢为,不要顾虑太多的非议。天下是陛下的,陛下怎么做都不过分。"

唐太宗不赞成长孙顺德的说法，教训他说："正因为江山稍平，朕才要顺应民意，以仁治国。个人的智慧不能取代民心，朕也不能独断专行啊！你这个人强调自我，太过霸道，以后要有所改正才好。"

长孙顺德仗着皇上的宠爱，对朝廷法纪并不看重。一次，他和朋友聊天时说："任何法纪都有它的漏洞，关键是你能否找出它的破绽了。有人说我违法，可他们找不到证据，没有证据，他们又能把我怎么样呢？"

长孙顺德贪赃枉法，挥霍无度，为了逃避制裁，他每次都指使家奴收受别人的贿赂，自己决不出面。他得意地对心腹说："万一事发，我只推托不知罢了，大不了治我个管教家奴不严之罪。"

长孙顺德在官场中用尽心机，苦心经营，却还是败露了。唐太宗又气又恨，他对大臣们说："长孙顺德官高爵显，为什么会干这种糊涂事呢？这就源自他自以为是、不敬上天的缘故。应该让他记住这个教训。"

所有人都以为长孙顺德终于受到惩罚了，却不料，唐太宗并没有惩罚他，而是赐他几十匹绢。大理寺少卿胡进对唐太宗说："长孙顺德已然犯罪，本该刑罚，陛下这样做不合法度，让人费解。"

唐太宗说："长孙顺德是个聪明人，我这样做只想引发他的愧心。如果他不知羞愧，到时再惩治也不迟啊！"长孙顺德见皇上不罚反赏，并没有多想，自以为皇上念及他的功劳，所以一点也没有悔改之意。唐太宗见没有功效，非常气愤，立即将长孙顺德免职，并严加训斥。

长孙顺德丢了官，在家里闲居，他整日怨气冲天，不可遏止。本来脾气就暴躁的他更加暴躁，动不动就打骂家奴，看上去简直是疯疯癫癫，不可理喻。

一天，他的一位老友见他如此，叹息着对他说"你心中不服，不甘如此，是这样吗？"长孙顺德又吼又叫，神情激动。

长孙顺德正要向他倾诉自己的怨气，老友不等他张口就打断他说："你以聪明自居，不畏上天，鄙视他人，这是你的大病啊！你的心机用过头了，所以才遭此贬，为什么不甘做一个愚人呢？你的祸患都是因为你的聪明而起，现在看来，你的聪明并非真聪明，你要有勇气承认这一切了。"

长孙顺德起先听不进去，苦思了多日，他终于想通了。他急忙将老友请来，诚恳地道谢说："多谢你的教诲，否则我真是苦海无边了。我本凡夫俗子一个，却偏以圣贤自居，如此怎会心平气顺？我不知道天高地厚，早该受此责罚。"

从此，长孙顺德性情大变，变得谦和起来。平日，他在家饮酒赏花，心情也不压抑了。他还常对家人说："我有幸衣食不愁，有酒有肉，这都是上天的恩赐，而我从前不知道珍惜，想想真是无地自容。我本来就不算什么，要感谢上天厚待我啊！"

一年之后，唐太宗查阅功臣图，又想起了长孙顺德。于是暗自派人去观察长孙顺德的行踪，去的人不久便回报说："长孙顺德无怨无尤，每日饮酒赏花，和从前判若两人了。"

唐太宗又深入了解了长孙顺德的言行，十分高兴，便与大臣商量恢复了他的爵位,还任命他为泽州刺史。长孙顺德重获荣耀后,一改过去放纵的行为,做事低调,谦逊待人。从前,泽州的地方官员中有很多人接受百姓馈送的礼品,并且已经成为一种惯例。长孙顺德彻底纠正了这一弊政,下令禁绝,他告诫下属官员说:"我们做官的并不比百姓高一筹,为百姓做事实属应该,如果我们不自我约束,而是自我骄傲起来,那可就离祸患不远了。"

在中国古代漫长的封建社会中,有许多热衷于满足自己的贪欲和权欲的人,把"媚上"作为惯用的一套攀升术,用粉饰自己,曲意奉承等等招数来迷惑统治者,达到自己的目的。对这一招使用得最娴熟的莫过于清代的大贪官和珅了。他从一个普通的生员而被逐渐提升为兵部尚书、大学士,直至一等公爵,成为集军、政、财大权于一身,统揽一切的权臣。他到底何德何能? 一切都是来源于一个"媚"字。但是,"义不恃媚",和珅最终的下场证明了违背大道行事,最后是不可能长久的。

和珅是中国清代声名显赫的大臣,他的名气不仅仅来源于他是一位权臣,更是一位有名的大贪官。和珅的贪欲之大,敛财之多是历史上所罕见的。和珅之所以能够聚敛钱财,使自己银库的银子比国库还多,这是因为他所拥有的权力巨大,使之成为毫无约束的敛财大臣。

和珅在一个颇有地位的八旗官宦家庭。父亲曾担任八旗都统,因此和珅从小受到了正统的教育,在他十岁时入学咸安宫官学。咸安宫官学是雍正年间建立的,专门培养内务府的优秀子弟,乾隆年间扩展招收八旗官员的俊秀子弟,在选拔时非常严格。和珅生得英俊潇洒,同时又有较好的学识基础,因此被录选咸安宫官学进行学习。在咸安宫官学学习期间,和珅熟通古今,对四书五经倒背如流,并且通晓满语、汉语、蒙语、藏语四种语言。这为他日后官场的发迹打下了深厚的基础。

乾隆三十四年,和珅正好二十岁,刚刚完成咸安宫官学的所有学业。此时和珅风度翩翩,一表人才,身居朝中高位的英廉看中了和珅是个有发展前途的青年,竟将自己宠爱的孙女许配给他。有了刑部尚书兼户部侍郎英廉这位大靠山,和珅立刻开始春风得意。在英廉的帮助下,和珅被挑选为御前侍卫。

虽然御前侍卫差事的地位不高,但是却能接近皇帝,一旦得到皇帝的赏识,就有了提升的好机会。和珅是一个非常聪明的人,又有着很大的政治野心,因此他处处留心,寻找展示自己的机会。

有一天,乾隆皇帝要外出,仓促间找不到皇帝专用的仪仗"黄盖"。乾隆很生气,就用了《论语》中的一句话问道:"是谁之过?"其他侍卫都瞠目结舌,不知所措。这时和珅领会到了皇帝的意思,立即应声道:"典守者不得辞其责。"他声音洪亮,口齿清楚,语言干脆。应答明确又得体。

乾隆一下子怒气全消,见和珅仪表堂堂,口齿伶俐,就开始询问和珅的家世、年龄等情况,和珅都一一作答。

这一次的君臣会面,为和珅将来的迅速崛起埋下了伏笔。

从这以后,皇帝开始注意起和珅来,而和珅也早已将乾隆的脾气、心理、好恶摸得清清楚楚。因此和珅与皇帝的每一次会面和交往，都能使乾隆非常满意和开心。和珅的职位从此也以惊人的速度不断升迁。乾隆四十一年正月升为户部右侍郎，三月升为军机大臣，四月兼任总管内务府大臣。

在乾隆四十年时，和珅被皇帝授命处理云贵总督李侍尧贪污一案。在查办李案中，和珅再一次显示了其精明能干。李侍尧是清初勋臣李永芳的后裔，他的父亲曾担任户部尚书，他本人也曾任户部侍郎、广州将军、两广总督，后任云贵总督、武英殿大学士。由于其位高权重，把其他许多大臣都不放在眼里，对和珅也是极为轻视。因此当乾隆派他去查办此案时，和珅是非常卖力的。

和珅一到云南，首先将李侍尧的总管拘捕，经过严刑拷打，终于获取了李侍尧贪污的重要材料证据。并没有将和珅放在眼中的李侍尧这才低头认罪，心中对这位"乳臭未干"的毛头小伙子也有了几分敬意。在查办李侍尧案件的过程中，和珅不知通过什么渠道了解到了云、贵两省的吏治腐败情况。他在给乾隆的奏折中，陈述了这两省吏治败坏、财政亏空的问题。乾隆阅读这一奏折后，内心十分满意，觉得自己派和珅去查办李侍尧案确实是选对了人。因此，乾隆在高兴之余，就给在返京途中的和珅加官，晋升为户部尚书兼议政大臣。

回朝之后，颇有心机的和珅又向乾隆面陈了设关、盐务、钱法以及清缅关系、同交趾（今越南）的贸易等方面的问题，并提出了一些颇有参考价值的建议。他在奏折中称："从前设立的收税关口，禁止携带丝、纸、针、绸出关，但关外还有腾越、龙陵、思茅等地，地阔民众，难免有所偷漏，因此奏请改设关口以收实效。"鉴于从四川流入云南的私盐"味好价廉，致使官盐销售困难，政府税收下降"的情况，和珅又奏请在川滇交界处缉拿私盐贩。并在云南省查办私钱，设法整顿市场。

根据和珅以往的履历来看，他丝毫没有治理地方的经验。而他这次西南之行却能查出这么多的问题，一方面也许是他的过人才智和心机之功，另一方面也许是有人为他提供情报。但是不论怎么说，和珅这次西南之行成为他一生中的第二个转折点。

龙心大悦的乾隆对和珅所奏之事一一准奏，不久又提升和珅为御前大臣，补镶蓝旗都统。继而又将和珅升为正白旗都统，领侍卫内大臣。没过两年，乾隆又赐和珅长子名丰绅殷德，还将自己最宠爱的小女儿——固伦公主许配给这个孩子，下旨等丰绅殷德和六岁的小公主一到成年，就举行婚礼。

从此以后，乾隆对和珅信任更是超乎寻常，各种头衔相继赏赐给和珅：户部尚书、《四库全书》馆总裁、太子太保、国史馆正总裁、文华殿大学士、三等忠襄伯等爵。到乾隆统治晚年和嘉庆初年，和珅又任首席军机大臣兼管吏、户、刑三部；嘉庆三年又晋封为一等公爵，成为集军、政、财大权于一身，总揽一切的权臣。

另外，乾隆喜好巡游，曾多次巡幸江南，东巡祭祖，朝拜孔庙，和珅每每都形影不离，随侍左右。借此机会和珅百般讨好乾隆。和珅还利用自己掌管钱财的权力，扩建圆明园和避暑山庄供乾隆享乐。

对于乾隆平日生活上的服侍，和珅更是体贴入微。乾隆年岁较高时，偶感风寒便咳嗽，每当上朝遇到乾隆咳嗽，身任宰相大臣的和珅便当着文武大臣的面，为这位老迈的皇帝捧着痰盂。可以说，乾隆对和珅的信任和宠爱甚至超过了自己的皇子。

就在和珅一步步地爬上权力顶峰的过程中，和珅的贪欲也在不断地膨胀。而权力的不断授予，使其不受到任何其他权力的约束，最终成为一人之下、万人之上的大权臣，这就为他聚敛钱财打开了一扇大门。

和珅的行为在当时也早已为朝野所诟病，只是因为乾隆的信任，无人敢动他。当乾隆驾崩后，嘉庆帝即位，立即派人查抄了和珅的府邸，查出田土八千余顷，房屋两千余间；银号十处，本银六十万两；当铺十处，本银八十万两；金库内赤金五万八千两；银库内银元宝八百九十五万多个。珠宝库、绸缎库、人参库都装得满满的，和府的财产甚至超过了国库的所有。因此当时就有民谣说："和珅跌倒，嘉庆吃饱。"

【解读】

如果一个女人仅仅是靠美色获得宠幸的话，当青春不再的时候，就会被抛弃一边。因为美貌是短暂的，不能持久的。要想让自己的地位稳固，还是要靠良好的品行和自身的修养赢得认同。人与人之间的情义也是如此，只有努力获得相互的信任，才能建立和谐稳定的关系，在这个基础上才会生发出更加美好的，互相依恋的情义。情义需要精心维护才能持久，在这个过程中双方还要有所节制，不能一厢情愿，不考虑对方的感受。要给大家留下适当的空间，情义才能健康地生长，成为牢不可破的关系。

向善第八

吉有其因,福有其源。天佑善者,其心悟焉。

言善未必善,观其行也。言恶未必恶,审其心也。名勿信,实勿怠。

君子亦怨,不误其事。小人亦友,不辍其争。利可求,道可守。

恶惑愚不惑智也。善贵诚不贵法也。

——晏殊

【原文】

吉有其因,福有其源。天佑善者,其心悟焉。

【译文】

吉祥有它的原因,幸福有它的根源。上天保佑善良的人,他们的头脑是清醒的。

【事典】

一个人如果不注意自己的言行,很可能招来大祸还不自知。

鲁宣公十七年(前592年),晋国国君景公邀请齐顷公参加诸侯在断道(今河南济源西南一带)这个地方的盟会。

晋景公派大夫郤克先到鲁国,与鲁国上卿季孙行父同去齐国。到了齐国,正碰到卫国上卿孙良父、曹国大夫公子首也到齐国办理外交事宜,四人便一起入朝觐见齐王。这四个人外表都有一些缺陷:郤克一目失明,季孙行父秃顶,孙良父是跛子,公子首驼背。

齐顷公接见使者时,看到他们心中觉得十分好笑。退朝后,还把这些作为笑料告诉他母亲萧太后。为了让萧太后也开开心,齐顷公第二天专门设宴款待使者,还特地选了一个只有一只眼的人为邵克驾车,让一个秃子为季孙行父驾车,让一个瘸子为孙良父驾车,让一个驼背为公子首驾车。布置好以后,他请萧太后在使者要经过的一处高台上偷偷地看。萧太后看到这情形,忍不住大笑起来,连左右的宫女也打趣取笑,笑声传出了很远。

听到传来的笑声,四国的使者吃了一惊。环顾左右,郤克立刻明白了她们在笑什么,就让副使留在齐国,等候齐顷公答复参加盟会的事。告诉他:"如果不能完成这个任务,你就不要回国复命了。"之后他立刻离开了齐国。郤克的突然不告而辞,让齐顷公意识到了萧太后的笑声会引起一场灾祸,他不敢亲自去参加断道盟会,但又不能没有表示,便派了高固、晏弱、蔡朝、南郭偃四位卿士代他参加。

齐国的四卿走到半路上,高固对其他三人说:"形势不对,我们去参加盟会,这是用四个卿士来代替国君,凶多吉少,不能去。"高固的话引起其他三人的注意,他们想到被萧太后大声取笑以后郤克的突然回国,觉得可能会有麻烦。但又觉得跟他们没有多大关系,于是说:"两国交兵,尚不斩来使,何况是盟会呢!"但高固坚持不去,自己回国了,只有晏弱等三人去了断道参加盟会。

三个使者担惊受怕,好在盟会上晋国并没有过分地难为他们,于是三人以为没事了,是高固杞人忧天。会后,齐国三个使者踏上回国的路,刚走了一段路,晋军就逮捕了晏弱;又走了一段路,晋兵又逮捕了蔡朝;又过了一个地方,晋兵逮捕了南郭偃。但抓他们的时候,晋国都不说明理由,是以把他们强行逮捕,关押起来。

晋卿苗贲皇在路上遇到了晏弱,得知晋国的行为,就去对晋景公说:"这三人并没有罪,我们逮捕了他们,别人会说晋国君臣不守信义;这样长期扣押着他们,对我们有什么好处呢?这样让逃回的人得到了理由,又伤害了前来会盟的人。"晋景公被说服了,但没向齐使者道歉,仅仅放松了看管,让晏弱、蔡朝、南郭偃三人得到机会逃回齐国,劫难总算结束了。

而郤克的怨气却没有因此消掉,后来齐晋两国之间发生战争,郤克领兵奋击,齐兵大败,兵士死伤无数,齐顷公几乎被活捉。

齐顷公为了寻开心,居然耍小聪明来戏耍别国使者,这种不谨慎的行为给自己带来了严重的后果,当然怪不着别人。

成吉思汗之所以能成一代天骄,开创元朝的基业,并不是偶然的,而是他发挥出了自身的聪明才智所促成。成吉思汗是天才的军事家、战略家,在他的坎坷经历中,我们可以看出他确实具有超人的资质。但只有这种内在的资质还不足以使之成为历史上最伟大的人物之一,更重要的是,他的一生经常面临险恶的环境与时势,由于这种外在的压力,使他超人的潜质不断发挥出来,这正是所谓的时势造英雄。

成吉思汗最为成功的一点,在于他不论在何种情况下,都能根据实际的需要,采取恰当有效的策略。他还能虚心接受别人的意见,经过自己认真地分析,择善而从,并在实际行动中贯彻执行,从而逐步达到自己的目的。成吉思汗运用谋略的开端,是利用王罕与其父亲也速该的亲密关系,借之为外援,以谋划恢复父业。在得到王罕的允许之后,又借助王罕答应出兵之名,激将札木合也替自己出兵,然后再借用札木合答应出兵的事实,再来激将王罕发兵,用此两个部落的强大兵力,北征蔑儿乞部。从此之后,成吉思汗便纵横捭阖,施展各种谋略,逐步统一蒙古。成吉思汗利用王罕与札木合之力,北征蔑儿乞,而夺回妻子孛儿帖之后,以非常远大的眼光和气魄,依附于札木合手下,甘为札木合的部下。此时成吉思汗只想利用札木合恢复孛儿只斤部长的地位,重新掌管他的百姓而已,不料札木合常以他曾经失妻获子之事加以讥笑侮辱,成吉思汗在知耻近乎勇的情形下,展开倾覆札木合而夺其部众,重建独立地位的谋略。

当时的成吉思汗年仅二十五岁,他能在强大的札木合眼皮底下,干出如此成功的举动,当然令札木合愤恨和嫉妒。成吉思汗恰如其分地利用了父亲也速该过去在蒙古各部落中的威望，号召蒙古业已离散的各个部落，重振独立大业，这是非常得人心的举措。所以，他能在屈居人下之时，逐渐收聚人心。

在时机成熟之时，成吉思汗终于与数十个忠诚干将毅然脱离札木合部，逃回幼年时的故乡，举起独立的大旗，吸引蒙古各部纷纷来归，由此奠定创业的基础。

在众人的推举之下，成吉思汗即大汗位。即位后，由于担心札木合前来攻击，于是团结部属，上下一心，勠力图强，并组织起自己的宿卫部队，制定严格有效的法令纪律，建成坚强有力的战斗核心，使得自己首先立于不败之地。成吉思汗建立起蒙古历史上最为严格而有效的战斗组织，对于他日后的成功，极为重要。在这一点上，他表现出超乎常人的远谋大略。靠着这些组织与法令，不仅减少了不少野心家的觊觎，而且形成了能够有效指挥整个部落的中军，这是他创业的基点。

成吉思汗曾被泰赤乌部长俘虏，他以死囚身份，被押赴蒙古各部示众。因为他身份特殊，各部落高层人物对他并无任何隐讳，因而他在被看守当中，实际上已经看遍了各部内部的施政情况及首脑人物的作为，也听到很多关于他们的政治内幕和贵族中的隐私丑闻。等他脱离大难，成家立业，又多次看到克烈部王罕的排场。在他追随札木合一年多的时光中，更深入了解到札木合为政上的一切得失。因此，在他新即汗位不久，便在内政与外交上采取了一系列的革新措施。

成吉思汗自幼喜欢听老人们讲故事，从这些有关蒙古历史与人物的故事中，学习到辨别善恶是非及判断情势成败的能力。他又生长在艰苦的环境中，能够虚心地接近各种人物，进而了解他们的心理反应。所以成吉思汗的人生经验，远比一般人丰富。自从成吉思汗自己开始为政，便立志吸取别人的长处，革除别人的短处和积弊。所以，他能集思广益，听取众人的意见，然后择善而从，彻底执行。看他首先建立内宿卫、外宿卫和散班巡察、物品供应四种部队在其左右，就可知他非常明了今后的任务是要建立一个庞大的军事帝国，而这四种部队就是他指挥一切的行政首脑部门。各个队长、总队长，都是他的侍卫官，同时也是他的得力参谋，更是随时可以派遣去独当一面的大将。这样的组织，不仅可以保证他的命令得以有效地执行，而且可以把政治、军事和经济的大权，都集于一人之手。

在其首脑部门之下，还有两种组织，一是组成十三个"翼"，作为作战部队；一是对生产单位进行分工，如管牧马、管牧牛羊、管对外贸易、管招徕宾客、管训练骑射、管围猎、管户口、管技术等，这些都是军国体制下的野战军与政治组织。成吉思汗为了自己的部属可以作战，更将部落的百姓分给各个将领。将每十个生活在一起的壮丁组成一个十夫队，让其中的一人担任十夫长，而每十个十夫队组成一个百夫队，任命其中的一个十夫长担任百夫长，再在百夫队的基础上组成千夫队，而千夫长就是将军。各级为长者发展并运用就近可用的资源，来养育、训练、支持和协助他们所指挥的部队，使之保持精力充沛，士气高昂，信心坚定，能以最好的状态参加作战行动。这是一种能够调动各级军官与士兵活力的体制，在蒙古历史上是第一次出现，充分反映了成吉思汗的战略之谋与组织之谋。

在外交方面，自成吉思汗二十五岁称汗起，至四十岁助金夹击塔塔儿部为止，此十五年中，他采取见庙烧香主义，对所有的素有地位和势力的部落首领，一律都成吉思汗对王罕的非常顺从，令王罕一直非常相信他，最终也不愿与他为敌。成吉思汗也承认金国的统治，对金国总是准时进贡，年年进奉良马白驼，这在金国史书中也有记载。成吉思汗对其东方的札木合、北方的泰赤乌部、西方的蔑儿乞部、西方的乃蛮部、南方的塔塔儿部，都曾想方设法，与之修好，甚至在共同围猎之时，故意驱赶野兽进入他们的围场，以买其好。正是成吉思汗低首下心的十五年，才换得与邻国和平共存的时间，使自己得以建军蓄力，然后才能逐步实现自己的计划。

成吉思汗的成功，也许正好印证了"吉有其因，福有其源。天佑善者，其心悟焉"的道理。一切都不是偶然的，你的行为决定了你的结果。

【解读】

孔子曾说："死生有命，富贵在天。"其实是要告诉我们，生死祸福是有一定的规律的，如果违背这些规律，是不会得到好的结果的。俗话说，善因结善果，如果想要得到幸福吉祥的生活，就要向善做好事。不要眼睛只看着别人，处处发现别人的不是，却不拿同样的标准要求自己，说一套做一套，到处摆出一副傲慢冰冷的姿态，对人横眉竖眼，这种人时刻能让人感受到冰冷和冷漠，这样的人是不会为大家所接受的。那些真正的好人，会时时处处发现善良和美好，有着宽广的胸怀，善于包容和接纳。处处先替别人着想，事事以人为先，让他身边的人感到温暖和善意，因此处处受到别人的欢迎。同时他们也可以疾恶如仇，绝不会被坏人和坏事所吓倒，为了坚持真理和正义可以付出自己的一切。这样的人才是大彻大悟者，幸福不属于他们还会属于谁呢？

【原文】

言善未必善，观其行也。言恶未必恶，审其心也。名勿信，实勿怠。

【译文】

说好话的人不一定是君子，要观察他的行为。说坏话的人不一定是小人，要审视他的内心。虚名不要轻易相信，务实不要丝毫松懈。

【事典】

尉迟恭，字敬德，是隋唐时期最有名的战将之一。他原为宋金刚的部下，公元620年四月，宋金刚兵败之后，尉迟恭等人被迫投降了李世民，一同投降的寻相将军及宋金刚的部下士卒在夜间偷偷地逃走了。因此，唐营里都指着尉迟恭窃窃私语。屈突通、殷开山等几人害怕尉迟恭逃跑，为唐留下后患，就把尉迟恭捆了起来，然后跑去对李世民说："尉迟恭骁勇善战，万人不敌，日后必为唐之大患，必须及早除掉他。现在我等已乘其不备把他捆起来了，听候您的发落。"

李世民听说之后却责备他们说:"你们太鲁莽了,你们为什么不想想,如果尉迟恭要叛变,他怎么可能落后于寻相将军?现在寻相叛而敬德留,足见尉迟敬德毫无叛志呀!"

李世民说完话,马上走到尉迟恭面前,亲自为他解开了绳索,并把他带到了自己的卧室,拿出一箱金子相赐,说:"大丈夫只以意气相待,请不要为小事介怀。如果将军不愿意留在这里,这箱金子可作为路费,略表我的心意。当然,我是怎么也不会因谗害正,更不会强留不愿与我交朋友的人。"

尉迟恭听李世民这样说,立刻声泪俱下,激动地拜倒说:"大王如此相待,恭非木石,岂不知感?我誓为大王效死,但厚赠实不敢受。"

李世民十分高兴,将尉迟恭扶起来说:"将军果肯屈留,金不妨受。"

尉迟恭继续推辞,李世民便说:"先收下,作为以后有功时的赏赐吧!"

第二天,李世民带了500骑兵巡视战场,突然遭到王世充骑兵的包围追杀。王军人数超过万人,带队的又是大将单雄信,单雄信是隋唐时名将,惯用长槊,他紧紧地缠住李世民不放,李世民眼看就要被生擒,正在这性命攸关的紧急关头,突然一员猛将飞驰而至,冲开层层包围,把李世民从敌人的围困中救了出来。

此人正是众人皆疑独李世民信任的尉迟敬德。李世民回营后,众将官见只是虚惊一场才放下心来,对尉迟恭也产生了一层敬意。

李世民对敬德说:"众将疑公必叛,我谓公无他意,相报竟这般快速吗?"李世民又将昨夜那箱金子相赐,尉迟恭这才收下。经过这件事以后,李世民更加信任尉迟恭,他几乎成了李世民的贴身侍卫,每次征战,都寸步不离。

李世民喜好冒险,总喜欢把最勇猛的将领组成一支突击队,在敌军阵中左冲右突,以挫敌锐气或打乱敌人阵脚,而每次尉迟敬德都参加了突击队。尉迟敬德也为能加入这支冒险队伍为荣,感激李世民的信任,对李世民更加忠诚,决心以死来报答李世民的知遇之恩。

唐朝开国之后,皇室内部争夺皇位的斗争越演越激烈。李世民的哥哥李建成被立为太子,但他怕功劳盖世、战将如云的李世民与他争夺太子之位,便联合三弟李元吉刺杀李世民。可是,李建成又十分害怕李世民的大批战将和护卫,尤其是形影不离而武功最为高强的尉迟敬德。李建成深知尉迟恭是除掉李世民的最大障碍。于是他就采取了分化互解之策。

一天,李建成派人送给尉迟恭一车金银珠宝,尉迟恭坚决辞谢不受:"敬德出身微贱,久陷逆地,幸亏秦王提拔,才有今日,现欲酬报秦王相遇,尚未有好机会。若取太子礼,我报恩更报不过来了……"

李建成见金银珠宝并不能收买尉迟敬德,便又施一计,准备以北讨突厥为名,调尉迟敬德作先锋,由李元吉带领离开长安。并决定在大军出发前,乘尉迟恭不在李世民身边时突然行刺以便除掉李世民。

尉迟敬德在探知这一情况后,就与其他谋臣一起,劝说李世民先行下手。于是,李世民率先发动玄武门事变,尉迟敬德协助李世民,捕杀了李建成和李元吉,并亲手割下两人的首级,假传圣旨斥退李建成等人布置的军队,然后冒险执槊闯到李渊面前,逼迫李渊立李世民为太子。

就这样,李世民在尉迟敬德等人的协助下,终于顺利地登上了太子之位,不久便做了皇帝。

李世民正是凭着自己的胆识,慧眼识人,用行动感动了尉迟敬德,获得了一个死心塌地的拥护者。尉迟敬德也用自己的行为报答了他的信任。

历史上还有一些人,他们好像天生就懂得,要想得到权力,首先就得靠近掌握着实际权力的人。要一点点地靠近他们的身边,然后用各种方法获得信任,这样才有可能一步步到达权力的顶峰。于是他们巧言令色,大奸似忠,好话说尽,坏事做绝,为达到目的不择手段。他们的言行,充分证明了"言善未必善"的道理。东汉末年的王莽,就着这样的典型。

李建成

王莽生于汉元帝初元四年,死于公元23年。由于他的姑姑是汉元帝的王皇后,王莽和他的家族在当时一直有着显赫的地位。

王莽的祖先原来是被秦国所灭的齐国王氏子弟。到了汉武帝时,家族中有个叫王贺的进宫做了绣衣御史,这虽然是一个小官职,却使王氏家族有了难得的历史机遇。王贺的儿子是王禁,王禁的妻子生了四个女儿,其中一个女儿王政君后来成了汉元帝的王皇后。

公元前33年,汉元帝病死,儿子刘骜即位,这就是汉成帝。汉成帝尊生母王皇后为皇太后。此后,王氏家族开始显赫朝野:国舅王凤做了大司马大将军并领尚书事,为当朝第一权臣,他的其他兄弟,也就是王莽的伯伯叔叔都封了侯,但王莽的父亲王曼因为早亡,没能封侯,这使王莽和其他堂兄弟相比寒酸了许多。

但这并没有使王莽灰心丧气,相反倒激发了他出人头地的欲望。他从小就谦逊有礼,而且节俭勤奋,拜名士为师,虚心学习,苦读经书。回到家里,也是很恭敬地孝顺母亲和寡居的嫂子,负责教育已亡兄长的孩子。他还广交朋友,对待掌握朝政大权的叔叔伯伯们,他更是恭敬有加。

汉成帝阳朔三年,王莽的伯父、独掌朝政的王凤生病休养在家,王莽侍奉左右,基本上没有离开过卧榻的旁边。他还自己亲口尝药,以免烫着伯父,前后几个月没有解开衣带好好休息,其孝道超过了伯父的儿子们,这使王凤极其感动。王莽的辛苦没有白白付出,王凤临死告诉太后,要提拔王莽的官职,太后同意了。不久,就拜王莽为黄门郎,虽然官不大,但却是皇帝身边的官职,升迁的机会很多也很快。果然,没多久成帝便升王莽做了射声校尉,品秩二千石,相当于地方的郡守,官职已经很高了。

这时的王莽仅仅二十四岁，可谓前途无量。在公元前16年，王莽的叔父成都侯王商请求成帝将自己的户邑分封给王莽。同时，很多的名士也联名上书，赞誉王莽的人品和才德。汉成帝便顺水推舟，封王莽为新都侯，食邑一千五百户，晋升为骑都尉光禄大夫侍中。其中的骑都尉表示武官，而加上光禄大夫便可以参与朝政大事了，至于侍中更加重了他的权势，因为侍中可以侍奉皇帝身边。

三十来岁的王莽已是掌握大权的重臣了，但王莽并没有显露出一点骄横之气，相反，他更加谦恭了。不仅广交名士，和众大臣友好往来，还经常将家财分发救济贫寒的宾客。这时的王莽对现有的权势已有些不满足了，他开始有了更大的欲望，而他所做的这一切则有些给别人看的意味了。

王莽当时之所以不敢太放肆，是因为他还有一个强大的对手，这就是淳于长。他也是王氏的外戚之一，并且其官位和声势在王莽之上。大权在握的淳于长得志之后便忘乎所以，他骄横过度，还和被废的许皇后的寡居姐姐许嬺私通，后来又把她纳为妾。淳于长为了讨被废许后的欢心，向成帝说情，使成帝又将许后升为婕妤，但淳于长胆大包天，居然对敢调戏许后也。这事被王莽举报，淳于长被免去所有的官职，回到了自己的封地，最后，成帝将他定为大逆之罪，抓了起来。之后淳于长死于狱中。不久，任大司马大将军的叔叔王根推荐王莽代替自己摄政。在公元前8年，成帝升王莽为大司马。这时的王莽不足四十岁。

高升后的王莽依然是那么谦逊有礼，他找来贤德的人做官，皇帝赏赐给自己的钱都拿来分给大家，而他自己却极其节俭。有一次，他的母亲生病，大臣们纷纷让自己的夫人来府上探视，王莽的夫人也到门外迎接，但众夫人却误以为她是王府的仆人，因为为王夫人的穿着太普通太节俭了。但有谁知道，这一切都是王莽为攫取更大的权力而做的虚伪的掩饰呢？

公元前7年，成帝死去，但成帝没有儿子，结果，元帝的孙子刘欣即位，就是汉哀帝，这样就使其母亲傅姓一系亲属成了外戚，与王氏势力发生了权利之争。王太后为了稳定朝政，让王莽辞去官职。王莽在京城闲住两年后，被汉哀帝赶回了南阳自己的封地。不过，太皇太后的存在给王莽的复职提供了条件。

王邑

回乡后的王莽没有消沉，他对名士更加礼遇。儿子杀死了一个奴隶，这在当时本来不是大事，因为法律有规定，主人对奴隶有生杀之权，即使是冤杀，受点处罚便可以了事，但王莽借题发挥，他让儿子自杀偿命。为了自己的政治前途不惜拿儿子性命为赌注，王莽确实残忍了一些。

王莽的行为起了作用，众多大臣纷纷为他求情，要求恢复他的官职。恰好这年又发生了日食,这在封建社会是一种惩罚的征兆,说明皇帝政事有错误的地方。这又成了为王莽说情的大臣们借题发挥的好借口。汉哀帝只好下诏将王莽召回京城。

王莽回京一年之后,汉哀帝死去,他也没有儿子,结果王莽在姑姑太皇太后的支持下做了新帝汉平帝的辅政大臣。接着,王莽将傅姓外戚赶出了京城,而他自己却当上了"安汉公"。

王莽又命手下人上书太皇太后,表面说她应该保重贵体,不该太劳累,不必亲自处理小事。实际上是为了给王莽专权争取机会。太皇太后果然答应了,将大权基本上给了王莽这个侄子。但是不久之后,王莽就露出了本来面目,废掉汉平帝,建立了新朝。

王莽靠谦逊有礼的虚假外衣博得亲族大臣的信任和支持,这为他通向权力的顶峰铺平了道路。但是他最终的行为说明了他披的是善的外衣,行的却是恶的勾当。对于那些想要做一番大事的人来说,不要被表面现象所迷惑,做到知人识人,一定要看行动,否则会吃大亏。

【解读】

在识人这件事上,很多人都有过教训。有些人善于伪装自己、表现自己,特别会说甜言蜜语,因此往往能够给人留下好印象。但是如果不观察他以后的行为就早早下结论,恐怕迟早会吃大亏。因为一个人的行为才能真正表现他的内心,而语言却是可以掩盖很多东西的。在现实生活中我们发现,一些不太会说话,常常因言获罪的人其实深交下去会给你带来意想不到的惊喜,也许会成为最值得信任的朋友。而一些嘴巴很甜,看上去特别懂事的人,也许并非言行一致。因此,在与人交往时,我们应该不抱偏见,尽量摒弃主观好恶,注重观察人的行为。同时还要善于反省自己,放宽胸怀包容别人。这样,才能拨开表面的迷雾,真正识别善恶,让自己在人生的道路上越走越宽阔。

【原文】

君子亦怨,不误其事。小人亦友,不辍其争。利可求,道可守。

【译文】

君子也会有抱怨,但不会耽误正事。小人也会有朋友,但不会停止争斗。利益可求取,道义可以坚守。

【事典】

正义与邪恶之间必有一争,但是最终都是正义战胜了邪恶,这大概就是天道在起作用吧!历史上能够成大事者,都有高超的智慧和冷静的头脑,这样才能随时看清楚对手的变化。在遇到强手时,能够见招拆招,灵活应对,进退自如。康熙与鳌拜之间的争斗,就尽显了康熙的智慧。

鳌拜是康熙早年的四大辅臣之一,排位第四,但朝中大事,往往是鳌拜说了算。以客观情理,鳌拜已是资深老臣,应予关心和保护,然而,康熙却要设计捕杀他,这要从康熙亲政伊始说起。

康熙继承王位时仅有八岁,到康熙六年他十四岁亲政时,初登政治舞台的少年皇帝即给世人显示了他不凡的智慧。他机智果断地清除了自己身边的一股邪恶势力,整顿了朝纲,在成功统治国家的政治道路上迈出了第一步。

康熙的父亲顺治在死前遗诏四位辅政大臣帮助康熙治理朝政,尽管这四个人都宣誓过要"协忠诚,共生死,辅佐政务,不结党羽,不受贿赂"等。但他们之间的矛盾很快就使誓言化为泡影,辅政大臣中形成了一股强大的私人势力,严重威胁到康熙王朝的政治前途,弄得不好,康熙王朝就会毁于乱世之中。

在这四名辅臣中,索尼年老早死,苏克萨哈与鳌拜之间有着不可调和的矛盾,而遏必隆偏偏又追随鳌拜。其中最危险的人物就是鳌拜,他在辅臣中虽然排在第四位,但他为人恃功自傲,盛气凌人。索尼一死,他便独揽辅臣大权,连年幼的康熙也不在他的眼里。鳌拜肆无忌惮地结党营私,安插心腹,随意打击迫害不顺己意者,且不止一次罗织罪名,害死朝廷大臣,就在康熙亲政的同时,鳌拜制造了冤杀辅臣苏克萨哈的事件。平时的朝中大事皆由他说了算。他经常当着康熙的面呵斥大臣,而且稍不顺意,就在康熙面前大吵大闹。康熙知道,任其下去,早晚要闹出塌天的乱子来。当鳌拜提出要处死苏克萨哈时,康熙清楚苏克萨哈是无辜受害,于是坚决不同意这件事,鳌拜竟然一整天反复强奏这件事,直到逼得康熙不得不让步为止。

康熙亲政前就非常头疼鳌拜的强悍专权,他和孝庄皇太后都深深感到必须除掉这个擅权乱政的家伙,但鳌拜在朝中势力很大,尤其是长期以来,他在皇帝周围的重要职位上安插了不少亲戚子辈和心腹人物。比如其弟穆里玛是黄旗满洲都统,掌握军队,大学士班布尔善、吏部尚书阿思哈、兵部尚书噶褚哈、工部尚书玛尔赛、一等侍卫阿南达等都是他的党羽。在这种情势下,要想除掉鳌拜就需要十分慎重,如没有万全之策,一着不慎就会使天下大乱。机智沉着的康熙一面策略地抵制鳌拜的狂妄行为,一面暗中进行最后动手的准备。

康熙五年,有一次吏部官员开会议事。鳌拜的党羽阿思哈、侍郎泰必图按照鳌拜的意愿,提出在各省督抚衙门派官监视的意见,刚直的吏部侍郎冯溥反对这种做法,生气地说:"总督巡抚都是国家重臣,说他们都不可依赖,还另派人去监视,这些人的权力太大了。"泰必图闻言当即勃然大怒,仗着鳌拜的势力起身扑过去,瞪眼挽袖就要殴打冯溥。冯溥毫不畏惧,从容地说:"现在是开会谈事,难道不许我有不同意见吗?况且谁对谁错也要由皇上决定,难道你就敢认定你对?"及至到了康熙面前,康熙坚定地肯定了冯溥,压下了鳌拜党羽的一点气焰。

康熙六年时,冯溥任左都御史,不久内阁有一份皇上亲批过的奏折,已经拿给中书科抄写,马上就要发出,这时鳌拜竟想要回来改动批语。冯溥断然制止了他,说:"奏本经过皇上批示即将发出,谁也不能再加改动。"鳌拜十分恼怒,设法要康熙治冯溥的罪。康熙却认为冯溥做得很公正,为此告诫鳌拜,今后草拟奏章须要谨慎认真。

为了抵制鳌拜滥施淫威，保护正直的官吏，在关键的时候，少年康熙也毫不客气地予以驳斥。康熙六年，内宏文院侍读熊赐履曾上疏详陈政见，提到内臣者却有外臣之表。又说：国家章程法度，其间有积重难返者，若不略加整顿，而急功喜事之人，又从而认为更变，只知道目前尺寸之利以便其私，而不知无穷之弊已潜倚暗伏于其中。熊赐履在疏中暗指鳌拜扰乱朝纲、培植个人势力的危害。

鳌拜闻讯自然对此十分敏感，怒气冲冲地说："这明明是揭发我！"接着便要康熙以妄言罪处治熊赐履，进而还让康熙下令禁止言官上书揭发坏人坏事。康熙看他太过分了，便冷冷地驳他说："人家说他自己对治国的看法，关你什么事呢！"把咄咄逼人的鳌拜顶了回去。

康熙尽管有机会就抵制鳌拜的不规言行，但仍在表面上表现出十分尊重他，用欲擒故纵手法，稳住鳌拜。鳌拜处死了苏克萨哈之后，康熙又把鳌拜和遏必隆一同封为"太师"，对班布尔善、玛尔赛也予晋升，照常重用。

有一次鳌拜借口有病，好多天不上朝，有人说他在家密谋不轨，康熙立刻带领侍卫到鳌拜家看望。门卫要进去报告，被康熙止住，他和侍卫直接入内来到鳌拜卧室。鳌拜见皇上突然来临，神色便不安起来。侍卫迅即走至鳌拜床前，掀开席子，只见一把锋利的钢刀闪闪发着寒光。鳌拜对此十分紧张，似乎要发作，不料康熙却笑着说："刀不离身，是咱们满人的故俗，何足为怪。"康熙的这种以不变应万变得轻松语气，使紧张的气氛顿时得以缓和下来。

康熙回到宫中，立刻以下棋为名召见索额图，研究铲除鳌拜的具体方案。索额图是已故辅臣索尼的次子、皇后的叔父，他是康熙除掉鳌拜的重要助手，原任侍卫，七年，改任吏部侍郎。八年五月，忽然又自请解除封王名号而效力左右，复为一等侍卫。康熙加强了身边的保卫工作之后，有了自己的主动权。这时，动手的时机基本成熟了。

动手铲除鳌拜的行动计划非常巧妙有效。少年康熙准备得十分充分，表现了他的军事和政治智慧。康熙早就暗中挑选好一批年纪和自己相当、身体又强壮、手脚又利落的侍卫拜唐阿等人，天天在一起练习射鸟、摔跤。鳌拜等人出来进去都以为皇上年少，爱好武术，在一起玩玩而已，根本没有介意。谁知这群摔跤手就是康熙的特殊卫队。

五月十六日是鳌拜入朝谒见皇帝的日子，行动的时刻到了。康熙先召集年轻的侍卫们，大声问道："你们都是我的臣属和好朋友，然而，你们是服从我呢，还是听鳌拜的呢？"年轻的侍卫们齐声回答："我们只服从皇上。"接着康熙列举鳌拜种种恶行，部署具体的行动步骤。一会儿，鳌拜进到宫里，康熙一声令下，一群年轻人抢上前去，用捕网把鳌拜兜翻在地，捆绑起来，投进了牢狱。一个狡诈强横的枭雄最终栽到了少年康熙手里。

接着，康熙公开宣布了鳌拜的二十条罪状，与此同时，在索额图的协助下，康熙以极快的速度逮捕了鳌拜集团和一批首恶分子。

鳌拜这股邪恶的政治势力终于被年轻的康熙皇帝彻底清除，受迫害的文武官吏也都被平反昭雪。

对于康熙的少年老成,聪明机智,法国人白晋后来说了一番很到位的话:这位皇帝虽然年轻,但是治理和决策方面所做的一切,却已像一位很老练的皇帝了。

在康熙与鳌拜的对弈中,无论矛盾的风浪是平静还是波动,康熙皆能"心静气定"地行其智谋之道,终于把一次接一次的叛乱平息下来。康熙的一切雄才大略也都自此一步步展现出来。无怪乎《清史稿》称康熙为"心气皆盖人也"。

历史上,奸臣把持朝政,把皇帝当成傀儡的政治现象屡见不鲜。并不是这些皇帝甘当傀儡,而是这些奸臣看到皇帝或昏庸无能,或有勇无谋,或实力不足,于是利用了这样的形势,为所欲为。但是,由于他们这种"争",背离了"道"的要求,所以不管手段多么厉害,得到的"利"也总是不能长久。

三国时,孙权去世后的吴国陷入了权臣相争的内部倾轧中。继孙峻诛诸葛恪之后,吴国朝政又为孙峻所把持。孙峻素无名望,且骄矜残暴,招致朝臣与百姓的极大怨愤,不断有人试图谋杀他,都被他发觉处死。他在擅权三年之后,于吴太平元年中历九月病卒,临死将大权交给其从弟孙綝。

孙綝与孙峻同祖,受命之时只有三十四岁,又无战功,所以当时在外征讨魏国的吕据等大将很不服气,曾与诸葛恪一起受孙权辅政遗诏的滕胤更不甘心受孙綝节制。吴太平元年中历九月和十月,吕据和滕胤先后举兵讨孙琳,孙綝派从兄孙虑迎击吕据和滕胤,后因吕、滕二人配合不好,被孙虑钻了空子,兵败,被夷三族。

铲除了朝中的政治敌手,孙綝遂无所顾忌,谁都不放在眼里。他自任大将军,封永宁侯,总揽政纲。在征讨吕据、滕胤时,孙虑为主帅。但孙綝对他却很轻视无礼,于是孙綝又受到了来自宗族内部的威胁。吴太平元年中历十一月,孙虑联合将军王敦,密谋杀死孙綝。事泄,孙綝杀死王敦,孙虑被迫饮药而死。孙綝又一次稳固了自己的地位。

当时魏国的大臣李丰、夏侯玄、毌丘俭等人先后举兵反对司马师被族诛,大将诸葛诞自感危机,遂于吴太平二年中历五月叛归吴国。魏国以二十万大兵将诸葛诞围困在寿春。孙綝急欲收降诸葛诞扩充势力,先后派出三批军队共十一万人去为诸葛诞解围,均告失败,孙綝怒而斩杀了大将朱异。这场战争,劳民伤财。没有救出诸葛诞,孙綝还自戮名将,引起了吴国上下一片怨声。

孙綝自知招怨甚大,遂称疾不上朝,并让弟弟孙据掌管宿卫,另外三个弟弟孙恩、孙干、孙闿分掌诸营之兵,拥兵自固。他这样总揽兵权,不仅是为了防备诸臣叛伐,而且要防备吴主孙亮对他动杀机。

孙亮这时已年满十六岁,于诸葛诞叛魏前即已亲政。他对孙綝擅权的不满日益显露出来,对孙綝所奏表章,常常不客气地质问不休;他还简选十五至十八岁的士卒子弟三千人,令大将子弟为将帅,在皇家林苑中终日操练。当孙綝救诸葛诞未成,大失民心之时,孙亮觉得时机已经成熟,遂与太常全尚、将军刘承等人共谋诛除孙綝。

孙亮之妃是孙綝的外甥女,她听到孙亮等人的密谋,就使人告诉给孙綝。孙綝先发制人,于吴太平三年中历九月。派兵夜袭全尚之宅,将他拘捕;又遣弟孙恩杀死刘承。孙綝亲率士卒将孙亮的宫殿团团围住，孙亮闻讯，执弓上马，对宫内群臣们说："我是大皇帝（孙权）的嗣子，即位已经五年了，谁敢不跟从我去拼杀！"众人上前劝他不要去送死。不多时，孙琳就冲了进来。他宣布废孙亮之帝位，降之为会稽王。尔后，孙亮被送往会稽，全家被杀于流放的途中。

孙綝在废黜孙亮后，很想自己即位称帝，左思右想，唯恐诸臣不服，只得派人将孙权的第六子孙休从会稽接来，拥之为帝。这个时候，孙休处于一个如果与孙綝对抗就有可能被废黜，甚至被杀的困境，处于弱势的孙休知孙綝势力强大，为稳住他，不惜对他及其宗族封官晋爵。不仅孙綝本人被任为丞相、荆州

周瑜

牧，增加五县封邑，他的四个弟弟都分别被任为将军，封为县侯、亭侯。孙休虽然当了皇帝，从来不敢贸然行事，以免重蹈孙亮的覆辙。然而孙綝的嚣张跋扈使矛盾渐渐激化，双方渐渐从合作性博弈走向了非合作性博弈。一次孙綝向孙休进献牛和酒，孙休拒绝了。孙綝大为恼怒，乘酒酣之时，故意对孙休的近臣张布说："初废少主时，多劝吾自为之者。吾以陛下贤明，故迎之。帝非我不立，今上礼见拒，是与凡臣无异，当复改图耳。"这是对孙休的公然威胁恫吓。孙休听了张布的汇报，一面对孙綝屡加赏赐，以稳其心；一面将孙恩加侍中之职，与孙綝分掌其原来独揽的职权。当时有人告孙綝欲谋反，孙休不加审讯，就将其交给孙綝处理，弄得孙綝很尴尬。

孙綝感到孙休不像孙亮那么好对付，就想到地方发展自己的势力。吴太平三年中历十一月，孙綝正式提出到武昌屯兵，孙休满口答应。他又请求将他以前统领的中营精兵万余人带往武昌，并要求取走武库中的兵器，孙休也一一应允。

当时，朝中大臣看到孙休对孙綝如此不加防备，暗暗为之担忧。事实上，在麻痹孙綝的同时，孙休已与近臣张布、左将军丁奉密议诛除孙綝之策。当年十二月戊辰日，朝中按例举行腊会，孙綝似已感到将起变故，称病不赴会。孙休连续派了十几个人去请他，孙綝不愧为诡计多端之人，他整装准备赴会，又暗嘱家人说："速将应付事变的兵卒集合好，待我一入宫，你们就在府中放火，我可以借口回府灭火，尽快离开皇宫。"

果然，孙綝入宫不久，就传来其府内起火的消息。孙綝请求回府，孙休说："外面兵卒那么多，何劳丞相亲自操劳此事？"孙綝还是要强行离去，丁奉和张布忙向左右亲信使眼色，大家一齐上前，将孙綝牢牢地捆绑起来。孙綝失去往日的威风，跪地叩头说："我愿流放到交州！"孙休说："你怎么当初不将吕据、滕胤流放到交州呢？"孙綝又说："我愿没入官家为奴！"孙休说："你当初为什么不以吕据、滕胤为奴呢？"孙休是在指责他逼死吕据、族灭滕胤，孙綝对此无以辩白，只好引颈就戮。此后，孙休令将孙綝夷灭三族。其弟孙闿闻讯欲乘船逃奔曹魏，途中被追杀。其从兄

孙峻虽早已死去,也被掘出棺材,将其所佩印绶取走,豪华的棺材被砍得七零八落,才重新埋葬。

【解读】

其实,争与不争并不能说明这个人是君子还是小人。人非圣贤,当遇到不平的时候,有一些抱怨是正常的。只要在这样的环境条件下依然能承担自己的责任,想办法完成任务,把事情做好,这样的人就是值得信任的君子。反之,遇到困难就满腹牢骚,放弃争取,这种不争其实是对自己和别人不负责任,这样的人是无法与之共事的,更不用说成为朋友了。有些人平时一团和气,关键时刻却不能有所承担,只顾自己不管别人。如果身边都是这样的人,遇到困难的时候恐怕只能靠自己了。因此,一个人想要拥有患难与共的朋友,就一定要结交那些有真性情,说真话办实事的人,要用真心去对待他们。当面对利益和道义的时候,不要将二者对立起来,要在坚守道义的同时兼顾利益。其实,只要良心摆正了,才会真正得到长远的利益,未来才能更美好。

【原文】

恶惑愚不惑智也。善贵诚不贵法也。

【译文】

邪恶能迷惑愚人,不能迷惑智者。善良重在真诚,不在于方法。

【事典】

我国古代有许多被后世推崇的"贤人",他们做事凭借的是仁善,真诚,因此不但做出了一番事业,还完善了自己的人格,成为古往今来仁人志士们的榜样。

周公姬旦是中国古代杰出的政治家,周文王的第四个儿子,周武王的弟弟、周成王的叔叔。他曾先后两次辅佐周武王东伐纣王,并制作礼乐,大治天下。因其采邑在周(今陕西岐山东北),爵为上公,故称周公。

周文王在世时,周公就很孝顺、仁爱,行动从不敢自主,规规矩矩,做事向来不敢自专。他在父亲面前,尽行儿子之道。与此同时,辅佐武王伐纣,被封于鲁。但周公并没有到自己的封国去,而是留下来辅佐武王。

武王死后,成王继位,当时成王还是个十多岁的孩子。当时的形势迫切需要一位既有才干又有威望、能及时处理问题的人来应付复杂的局面,这个责任便落到周公肩上。周公摄政,顺理成章,理所当然。然而受封在东方监视武庚的管叔和蔡叔,对周公摄政很不满意。按照兄弟间排行,管叔行三,周公排四,管叔是兄,周公是弟,不论是继位,还是摄政,管叔都比周公有优先权,所以管叔不服。蔡叔虽然行五,但他的态度是支持管叔。他们散布谣言,说周公"将不利于孺子(成王)",想谋害成王,篡夺他的王位。

灭商后的第三年,管叔、蔡叔鼓动商朝旧势力发动叛乱。响应的有东方的徐、奄、淮夷等几十个原来同殷商关系密切的大小方国。一时间，周王室处于风雨飘摇之中。

周公临危不乱。他首先稳定内部，保持团结，说服太公望和召公。他说："我之所以不回避困难而主持政务，是担心天下背叛周朝。否则我无颜回报太王、季王、文王。三王忧劳天下已经很久了，而今才有所成就。武王过早地离开了我们，成王又如此年幼，我是为了成就周王朝才这么做的。"

周公统一了内部意见之后，于第二年举行东征，讨伐管、蔡、武庚的叛乱。出征前进行了占卜。他说："殷人刚刚恢复了一点儿力量，就想乘着我们内部混乱，起来造反，重新夺回他们已经失掉的权位，妄图再让我们成为他们的属国。这是白日做梦！我告诉大家，殷人里

姬旦

头有一伙人，愿意出来帮助我们，有了他们的帮助，我们一定能够平定叛乱，一定能保住文王和武王的功业。"又说："我们小小的周邦，是靠了上天的保佑才兴盛起来的，我们承受的是天命。为了这次出征，我又占卜一次，卜兆表明，上天又要来帮助我们了，这是上天显示的威严，谁都不能违抗，你们应该顺从天意，帮助我成就这个伟大的事业！"大家听了，众志成城，随同周公一起东征。

周公东征持续了三年，终于平定了管叔、蔡叔、武庚联合的武装叛乱，粉碎了以武庚为首的复辟阴谋，把周朝的统治地区延伸到东部沿海地区。

后来，当东都洛邑建成时，周公的礼乐也制成。这时成王已经长大，周公便把政权交给成王，自己退居辅佐地位。周成王迁都洛邑后，周公召集天下诸侯举行盛大庆典。在新都正式册封天下诸侯，并且宣布各项典章制度，也就是所说的"制礼作乐"。

周成王执政后，周公担心成王年少，贪图安逸，便写了一篇《毋逸》，劝勉成王：要懂得勤劳辛苦的好处，不要一味贪图享受。要学习商代几个贤王和周文王的榜样，爱护百姓，励精图治，以便长久地享有王位。他谆谆告诫成王，要成为一个有作为的国君，要像文王那样礼贤下士，治理好国家。

成王执政后，按照周公制定的典章制度治理国家，重视农业和手工业的发展，并在中原和沿海地区进行贸易活动，使商业走向发达。成王执政37年，继位的康王执政26年，出现了"成康之治"的繁荣景象。

"天有不测风云，人有旦夕祸福"。真正智慧的人，能够从以往经历当中总结经验，因此往往能预测到灾难祸患的来临，在之前就进行各种准备工作，所以不会受祸患所困，也就不为困厄而发愁了。所以说，困厄是无法困住有智慧的人的。

秦王十年（前237），秦王嬴政发布命令：所有在秦国做事的其他诸侯国人，必须在规定的时间内离开秦国。秦王嬴政为什么要发布这个命令呢？原来，韩国为

了减轻秦国的军事压力,就派了一个叫郑国的水利工程师到秦国,名义上是来帮助秦国兴修水利,实际是要借此耗费秦国的人力物力,拖垮秦国。这个秘密后来被秦国发觉,秦国的宗室大臣就对秦王嬴政说,凡是来秦国的诸侯国人,都没安好心,他们不是说客,就是间谍,并不是真心为秦国效力。秦王嬴政听了后,就决定驱逐其他国人,因此下了这道命令。

丞相李斯本是楚国人,因此也在被驱逐之列。秦国一天天强大,眼看就要统一天下;现在因为出了郑国这么一个间谍,就把所有的诸侯国人全部赶走,这样做太没有道理,而且对秦国也会造成巨大的损失。于是李斯就给秦王上书,列举了历史上诸侯国客卿对秦国的贡献,揭示了驱逐诸侯国客卿造成的严重后果,劝秦王嬴政要有海纳百川的胸襟,继续利用客卿的力量,实现统一天下的大业。

秦王嬴政看了李斯的《谏逐客书》,很受震动,就撤回了逐客令,恢复了李斯等人的官职。秦国国势日益强盛,最终吞并六国,统一了天下。

李斯讲的确实很有道理。在各诸侯国中,秦国偏处西隅。起初的时候,在政治、经济、文化各方面都比较落后,各诸侯国瞧不起它,很少跟它来往,还不时派兵侵夺它的土地。秦国以一个偏僻小国最终统一天下,很大程度上得力于秦穆公、秦孝公、秦始皇这些君主胸怀宽阔,能够广纳天下英才。

秦穆公是"春秋五霸"之一。他能够以弱小的秦国成就霸业,主要靠了百里奚、蹇叔、孟明视等能人的辅佐。

百里奚本来是虞国人,很有才能,但因为家里穷,没有人引荐,很长时间一直穷困潦倒。后来经过宫之奇的推荐,勉强做了虞国的大夫。但过了不久,虞国就被晋国消灭了,百里奚成了俘虏,被押到晋国。正好晋献公要把女儿嫁给秦穆公,需要一些奴仆陪嫁,百里奚就成了陪嫁品,被送往秦国。百里奚十分气愤,走到半路,乘人不注意偷偷跑了,哪里想到他跑到楚国,楚国人把他当奸细抓了起来,最后把他押送到南海去放马。

秦穆公办完婚事,见陪嫁奴仆的名单上有个百里奚,却没见到这个人,一查问,才知道是半路上跑了。秦穆公一心想称霸中原,正在四处搜罗人才,他早就听说百里奚这个人很有本事,就马上派人去寻找百里奚。派出的人回来报告说,百里奚在南海给楚国放马。秦穆公本来想派使者带着厚礼去见楚王,赎回百里奚。后来一想,礼物太贵重了会引起楚王的猜疑,就按照当时市场上买卖奴隶的价格,用五张羊皮去赎回了百里奚。

秦穆公见到百里奚,就向他请教富国强兵的道理。百里奚讲得头头是道,句句说到了秦穆公的心坎上。百里奚又向秦穆公推荐他的好朋友蹇叔,说蹇叔的才能远远超过自己。秦穆公马上派人带着厚礼,去宋国把蹇叔请到了秦国。然后,秦穆公就任命百里奚为左相,蹇叔为右相,主持政务。后来秦穆公发现蹇叔的儿子西乞术、白乙丙和百里奚的儿子孟明视武艺高强,就任命他们为大夫,管理军事。有了这些人的辅佐,秦国一天天强大起来,先后取得了一系列军事胜利,秦穆公也从而成为天下的霸主。

百里奚、蹇叔、孟明视、白乙丙都不是秦国人,但秦穆公重用他们,终于成就了